［内部资料　注意保管］

中国工商银行年鉴

ALMANAC OF ICBC

2009

中国工商银行年鉴编辑委员会　编

中国金融出版社

责任编辑：张翠华
责任校对：潘　洁
责任印制：丁淮宾

图书在版编目（CIP）数据

中国工商银行年鉴．2009（Zhongguo Gongshang Yinhang Nianjian. 2009）/中国工商银行年鉴编辑委员会编．—北京：中国金融出版社，2009.12
ISBN 978－7－5049－5291－2

Ⅰ．中…　Ⅱ．中…　Ⅲ．工商银行—中国—2009—年鉴　Ⅳ．F832.33－54

中国版本图书馆 CIP 数据核字（2009）第 187571 号

出版发行　中国金融出版社
社址　北京市丰台区益泽路 2 号
邮编　100071
印刷　天津银博印刷有限公司
尺寸　205 毫米×280 毫米
印张　53.25
插页　12
字数　1978 千
版次　2009 年 12 月第 1 版
印次　2009 年 12 月第 1 次印刷
印数　1—4500
定价　185.00 元
ISBN 978－7－5049－5291－2/F.4851
如出现印装错误本社负责调换　联系电话(010)63263947

分行（学院）组稿负责人

李新明　薛　波　童玉会　邹建文　李有文　孙占国　张学锋
杨胜坤　成善栋　耿武贤　俞　龙　陈田武　孙金培　张继良
冯建军　薛文才　张金星　蒋凤生　童志军　潘福常　李　峰
王　冬　王　涛　王均明　黎跃辉　陈文举　李增耀　贺世国
戚兴明　兰　鸥　牛胜海　郑鸿礼　李志林　董春阳　王晓建
熊　超　范碧平　金云生　陈爱武

组　稿　人　员

李媛婧　高　珅　郝福和　闫　峰　徐丽梅　赵　宇　武凤敏
栾叶文　周加晔　薛　云　王文宇　卢茂魁　陈思滔　钱智文
段维斌　范保成　张治安　陆　冬　常　庆　陈鹏飞　王川若
温　珂　熊　英　徐　涛　代　祺　田亚鹤　柴用栋　雷延平
王相启　欧阳昀　郭　浩　王润莉　张少文　许科挺　李　彬
王　帅　关杏妍　季　晖　王克民　朱梅丽　杨才然　刘　彻
钱忠华　刘子萍　程　涛　谢　敏　支　彦　贾知青　王鹤丹
马　宁　秦　健　徐小育　邵冬霞　张航宇　吴于思　李　丹
洪　渊　朱冠群　申　锋　许　睿　韩站芳　王文超　陈　琳
周　伟　周浩阳　陈　钢　胡运勇　蔡宁伟　王振宇　郭　巍
郑　良　李洪涛　陈春光　王晓明　廉　何　陈　云　肖亮亮
郑　琳　林珣珣　刘　辉　张红彬　陈立忠　熊少军　赵　洋
王　伟　季　冰　李杰军　贾美琴　王　希　赵幼力　邹　新
苏建旭　刘　陶

董事长　姜建清

董事长致辞

2008年，是我国经济社会发展进程中极不平常、极不平凡的一年，也是工商银行发展史上值得深刻铭记的一年。这一年，本行按照董事会确定的战略目标，开拓前行，锐意进取，有效应对了国际国内经济形势急剧变化和突如其来特大自然灾害带来的困难与挑战，继续保持了平稳健康的发展势头，圆满地完成了股改上市后的首个三年发展规划，为股东、客户、员工创造了新的价值，为经济社会发展作出了积极贡献。

本行坚持用科学发展理念获取新的成长动力，着力通过改善经营结构、加强内部管理、推进创新发展，在严峻复杂的经营环境下实现了较高的盈利增长。集团税后利润较上年增长35.6%，保持了自2003年引入国际审计以来连续高增长，年复合增长率达37.6%，使本行成为全球最盈利银行和成长性最好的国际性大银行之一。收益结构进一步优化，手续费及佣金净收入占营业收入的比重达14.21%，比股改之初的2005年提高了7.72个百分点。成本收入比为29.54%，较上年下降了5.30个百分点，保持了良好的成本控制水平。投资回报持续增长，加权平均权益回报率和平均总资产回报率分别为19.39%和1.21%，比上年提高3.24个和0.20个百分点，在国际大银行中名列前茅。每股收益0.33元，同比增长37.5%，比上市之初的2006年增长了94.1%。受益于良好的盈利成长和经营结构的改善，本行在各项业务快速发展的过程中保持了较好的资本充足水平，2008年末资本充足率和核心资本充足率分别为13.06%和10.75%。年末总市值达1 739.18亿美元，稳居全球上市银行之首。

本行把支持经济发展与坚持商业银行原则相统一，因势而变，顺势而为，把握机遇，在复杂的经营环境中继续保持了健康发展的良好势头。适应国家宏观调控政策和央行货币政策变化，及时调整信贷政策，积极稳健地增加信贷投放，既有力地支持了国家扩内需促增长政策实施，又增强了本行的盈利能力。适应社会日益增长的金融服务需求，依托先进的信息技术平台，加快新产品开发，新设立西藏分行，使本行进一步成为国内金融服务供给能力最强的银行机构之一。适应综合化、国际化发展趋势，推出了私人银行服务，整合了在香港的投资银行体系，在境外相继设立了悉尼分行、纽约分行、多哈分行和中东子银行，综合化和国际化发展迈出新步伐。

本行密切关注国际金融危机的演变发展及对全行各项业务的影响，采取了有效的风险防控措施，初步经受住了严峻风险的考验。我们对这场金融危机反应敏锐，应对及时，措施有力，相关风险特别是外币债券的风险得到有效控制和审慎处理，境外机构流动性充裕，经营稳健。信用风险得到有效防范和及时处置，不良贷款余额和比例继续双下降。加大拨备提取力度，拨备覆盖率为130.15%，同比提高了26.65个百分点，抵御风险的能力大大增强。

本行以开展"奥运服务年"为契机，着眼国际先进水平，从网点渠道、业务流程、IT系统、产品创新、服务管理等层面，系统改进客户服务，并启动了客户体验工程，提高了服务效率和精细化、差异化水平。本行在北京奥运会期间实现了零事故和零投诉，既在奥运服务中提升了形象，也以服务奥运为契机推动了服务工作的整体改善。

本行不断完善公司治理机制建设，促进了公司治理效率的提高。根据境内外监管要求和公司发展的内在需要，进一步修订了董事会审计委员会工作规则、独立董事工作制度及董事会秘书工作制度，制定了独立董事年报工作制度，使公司治理制度更加规范。顺利地完成了第一届董事会和监事会的换届工作。在此我代表董事会，向刚刚离任的各位董事和继续留任的各位董事、监事表示衷心的感谢，他们的勤奋敬业和专业素养使本行首届董事会和监事会圆满完成任务，有力地推动了工商银行事业的发展。新当选的6位非执行董事中，环挥武、李纯湘和魏伏生由财政部提名，高剑虹、李军和郦锡文由汇金公司提名，增选了黄钢城独立董事。这7位董事均为经济金融领域的专家，具有较高的理论素养和丰富的实践经验，相信他们的加盟将为本行改善公司治理和推动科学发展发挥重要的作用。

本行切实履行社会责任，进一步树立了负责任的大银行形象。在汶川特大地震灾害发生后，全行为抗震救灾提供了优质高效的金融服务和无私援助，是抗震救灾贷款和捐助最多的银行之一，累计发放抗震救灾及灾后恢复生产贷款288亿元，捐款1.42亿元，其中，员工个人捐款8 869万元。在应对金融危机的严峻挑战中，本行对一些经营暂时困难但基本面较好的企业，按商业银行原则给予多方面的金融支持，积极帮助企业渡过难关。本行继续大力推行“绿色信贷”，严控高耗能、高污染行业的贷款投放，加大对节能环保等领域的支持。2008年末，本行符合国家环保政策的贷款企业及贷款余额占比均超过99%。

良好的经营表现、不断完善的公司治理、社会责任的忠实履行，使本行在国内国际金融市场的形象与地位进一步提升。2008年《环球金融》、《银行家》、《财资》等知名媒体及中介机构将“中国最佳银行”、“亚洲最佳银行”等131个奖项颁给了本行。

当前这场旷世金融危机仍在发展蔓延，无论金融业还是实体经济都面临着前所未有的挑战。但是我们也看到了世界各国正携手应对危机的努力，意识到了危机也蕴涵着的重大历史机遇，感觉到了冬天里春的讯息，我们对中国经济和本行的健康发展充满信心。从今年起我们将实施股改后第二个三年发展规划，着力通过拓展市场和调整结构来保持盈利的合理增长，通过加强全面风险管理和内部控制来保持资产质量的稳定和各类风险的可控，通过推进经营转型来增强可持续发展能力，通过完善公司治理和加快改革创新来提升发展活力和动力。

我们在冬天里积蓄能量，迎接春天的到来！我们更在冬天里成长，傲雪迎风、不断发展壮大！

二〇〇九年三月二十五日

行长　杨凯生

与国内外同行们一样，在过去极不寻常的一年里，工商银行也经受了来自全球金融风暴的严峻挑战。令我们感到欣慰的是，通过全行上下积极应对，共克时艰，本行在复杂多变的经营环境下继续呈现出较强的竞争发展、抵御风险和业绩成长能力，向股东、投资者、存款人和全社会交出了一份合格答卷。

在急剧变化的经营环境中继续保持了盈利的良好成长。在受历史罕见国际金融危机、资本市场低迷、利率调整以及特大自然灾害等诸多减收增支因素影响的情况下，本行通过加快创新发展，调整经营结构，抓好开源节流，使税后利润再创历史新高，达到1 111.51亿元，同比增长35.6%，延续了自2003年引入国际审计以来的高盈利增长势头。良好的经营业绩得益于本行不断优化的收益结构，2008年在名义利差不断收窄的情况下，主要依靠经营结构的改善使净利息收益率(NIM)达到2.95%，比上年提高0.15个百分点；手续费及佣金净收入440.02亿元，占营业收入的比重达14.21%。

顺应宏观经济运行大势，充分发挥大银行在国民经济生活中的重要作用。在过去的一年里，我们主动加强信贷政策与国家财政政策、产业政策、区域政策的衔接配合，把握好信贷投放总量和结构。2008年第三季度后，根据国家宏观调控方向、重点和力度的变化，及时扩大了信贷规模；第四季度又进一步加快了贷款投放进度。全年境内分行新增人民币贷款5 367.65亿元，同比多增1 900.65亿元，增幅为14.3%，贷款增量居同业首位，着力支持了国家重点项目建设、符合国家产业政策的重点行业和重点客户；积极支持了中小企业发展和扩大消费，全年境内分行中小企业贷款和个人贷款分别新增2 008.42亿元和772.29亿元，占全部新增贷款的51.8%；支持了自主创新和节能环保等领域，控制了高耗能、高污染和产能过剩行业的贷款投放，以金融杠杆手段推动了环境保护和资源节约。

在日趋激烈的市场竞争中实现了各项业务的健康快速发展。适应客户资金流的变化，及时调整经营策略，实现了存款业务和理财业务的协调增长。全年新增客户存款13 250.33亿元，创历史最好水平，同比多增7 530.10亿元，增量占比市场第一；银行类理财产品发行总量达21 297亿元，遥遥领先同业。各类新兴业务继续快速健康发展，各项主要指标均居国内同业的首位。全年承销各类债券52只，承销金额达1 646亿元，继续保持债券承销发行第一大行的地位；托管资产规模连续十年居国内第一，在基金管理、代理保险等领域均保持市场领先优势；企业年金业务主要项目市场占有率接近50%，是国内最大的企业年金服务机构；银行卡发卡量超过2.38亿张，年消费额近8 000亿元，其中，信用卡发卡量突破3 900万张，年消费额超过2 500亿元，市场领先优势进一步扩大。电子银行产品功能和服务模式不断推陈出新，离柜业务交易量占比提高至43.1%，既提高了服务效率，又降低了经营成本。

在应对国际金融危机的冲击中有效控制了风险。坚持审慎经营的方针，加大内部评级法成果在信用风险领域的应用，风险管理水平进一步提升，使本行在这场席卷全球的特大金融危机中实现了整体风险可控的目标。2008年初以来，我们根据国际金融市场变化情况及时调整投资策略，优化投资组合品种和币种结构，大幅减持了涉险外币债券，并用减持获得的现金对低风险债券进行波段操作，获取了一定收益，有效抵补了减持的损失并成功避免了可能出现的更大风险。2008年末，本行不良贷款余额下降72.92亿元，不良率下降0.45个百分点至2.29%，连续9

年实现了不良贷款绝对额和占比的“双下降”；拨备覆盖率达到了130.15%，同比提高26.65个百分点，抗风险能力进一步增强。

在奥运金融服务的严格检验中提升了服务水平和品牌影响力。我们秉承以客户为中心的现代服务理念，以开展“奥运服务年”为契机，大力提升服务水平，持续改进客户服务，奥运期间实现了“零事故”和“零投诉”，为奥运会成功举办作出了积极贡献。同时，为满足社会日益增长的多元化金融服务需求，2008年本行推出了私人银行服务，累计建成财富管理中心100家、贵宾理财中心3 000家，对一大批营业网点进行了全面改造，电子银行服务网络更加健全，分层分区服务体系基本形成，客户服务更加精细化和个性化；科技创新继续保持同业优势地位，一批重点项目投产运行，面向未来的第四代应用系统的建设已正式启动；产品创新加快，拥有各类金融产品2 055个，成为国内金融产品数量最多、门类最齐全的银行机构之一。服务的全面改进，使广大客户真切感受到工商银行的新理念和新价值。

忧则兴，预则立。我们清醒地认识到，2009年将会是本行股改以来面临困难较大、挑战严峻的一年，同时又是蕴涵重大发展机遇的一年。我们将进一步坚定信心，砥砺勇气，全面推进本行新一轮三年发展规划的实施，以积极进取的姿态迎接各种挑战，努力在复杂环境中实现健康平稳快速发展，在建设国际一流现代金融企业的道路上迈出新步伐，谱写新篇章。

二〇〇九年三月二十五日

监事长　赵林

2008年1月28日，姜建清董事长出席我行收购诚兴银行交割仪式。

2008年3月22日，姜建清董事长参加中国企业信息化500强颁奖仪式并获“中国企业信息化功勋奖”。

2008年3月27日，姜建清董事长、杨凯生行长出席我行私人银行业务开业仪式。

2008年5月25日，姜建清董事长在四川地震灾区德阳安置点慰问我行四川汉旺支行受灾员工及家属。

2008年7月30日，姜建清董事长出席2008泛北部湾经济论坛并发表演讲。

2008年10月15日，我行纽约分行举行开业典礼，姜建清董事长和纽约州银行里查德·奈曼厅长为纽约分行揭幕。

2008年10月21日，姜建清董事长为我行多哈分行揭牌。

2008年12月6日，姜建清董事长参加2008中国企业公民论坛暨2008年第五届中国最佳企业公民颁奖盛典并致辞，我行被评为“2008年最佳企业公民”。

2008年9月23日，杨凯生行长出席我行悉尼分行开业仪式，并宣布悉尼分行正式开业。

2008年10月20日，杨凯生行长与西藏自治区向巴平措主席共同为我行西藏分行揭牌。

2008年2月4日，王为强监事长在广西桂林慰问遭受冰冻雪灾影响的桂林分行员工。

2008年4月22日，监事长王为强出席总行党校“领导力、执行力”专题培训班开班仪式并讲课。

2008年7月28日，赵林监事长主持召开中国工商银行股份有限公司第一届监事会第十七次会议。

2008年11月21日，赵林监事长到宁夏分行进行调研并慰问一线员工。

2008年7月9日，张福荣副行长到北京分行考察奥运金融服务工作。

2008年11月30日，牛锡明副行长代表我行领取《21世纪经济报道》评选的“亚洲最佳银行”奖。

2008年2月20日，张衢副行长在河北分行电子银行中心调研。

2008年11月19日，王丽丽副行长率团出席2008年亚太经合组织工商咨询理事会（ABAC）第四次利马会议，金融经济工作组会议并发表主题演讲。

2008年12月18日，李晓鹏副行长出席我行在北京举行的基金业务答谢酒会并致辞。

2008年5月29日，刘立宪纪委书记赴陕西汉中分行看望慰问在防震棚中居住的受灾员工及家属。

2008年11月19日，易会满副行长考察法国巴黎银行并与该行高级管理层会谈。

北京分行重点支持建设的北京地铁四号线工程项目。

山西分行重点支持建设的太原新机场。

辽宁分行重点支持建设的鞍钢260万吨转炉炼钢项目。

上海分行重点支持建设的上海环球金融中心。

江苏分行重点支持建设的南通苏通大桥。

浙江分行重点支持建设的我国高压容器专业生产企业——浙江金盾压力容器有限公司。

安徽分行重点支持建设的合武（合肥—武汉）铁路项目。

福建分行重点支持建设的福建联合石油化工有限公司。

湖北分行重点支持建设的武汉天兴洲公路铁路两用长江大桥项目。

海南分行重点支持建设的海南东环铁路项目。

云南分行重点支持建设的云南滇东电厂火电项目。

青海分行重点支持建设的拉西瓦水电站。

宁夏分行重点支持建设的宁夏发电集团有限责任公司的风电项目。

大连分行重点支持建设的辽宁红沿河核电一期工程一号核岛。

青岛分行重点支持建设的青岛国信体育馆。

宁波分行重点支持建设的民营企业——金田铜业集团。

厦门分行重点支持建设的集美大桥。

广东分行营业部重点支持建设的广州市环保设施工程——西朗污水处理项目。

目　　录

第一部分　改革创新与业务发展

第二部分　综合化经营与国际化发展

第三部分　内部管理与风险控制

第四部分 党建工作与队伍建设

第五部分 境内分行成就

第六部分 重要文献

第七部分 理论研究和调研成果

第八部分 综合统计

第九部分 大事记

第十部分 附 录

Contents

Part 1 Innovation & Development

Part 2 Mixed Operation & Multinational Operation

Part 3 Internal Administration & Risk Control

Part 4 Party & Staff Building

Part 5 Achievements by Domestic Branches

Part 6 Material Documents

Part 7 Theoretic Research & Investigation Achievement

Part 8 Comprehensive Statistics

Part 9 Chronicles of ICBC in 2008

Part 10 Appendix

第一部分

改革创新与业务发展

执行编辑：邢新华

圆满完成股改后首个三年发展战略规划

2006—2008年的三年，是我行股改后首个三年发展战略规划的实施期。三年来，全行认真贯彻三年规划战略指导思想，坚持在发展中推进经营转型，在转型中提升发展质量和层次，使全行经营面貌进一步发生了深刻变化。

从发展规划实际执行情况看，首个三年规划所提出的主要经营指标执行效果理想，实际完成值契合甚至优于规划制定的三年总目标和总要求。规划提出的经营结构调整战略、区域发展战略、创新战略、差异化服务战略、跨国经营战略、全面风险管理战略、科技引领战略和人才兴行战略八项重大战略得到顺利推进，全行经营模式和增长方式有了重大转变，实现了规模和效益的协同发展，效率和质量的同步提升，转型发展的实际效果好于规划预期。2006—2008年，全行以14.8%的年均资产增长速度，实现了43.8%的净利润年均增速；在贷款增速低于非信贷资产平均增速的情况下，平均资产收益率（ROA）突破1.2%，整体资产获利能力持续提升。作为一家上市股份制银行，规划期内我行以超过19%的股东权益回报率（ROE）、超过0.3元的每股收益和超过1.8元的每股净资产值，履行了向股东的回报承诺，充分显现了转型成长的价值。

具体来看，首个三年发展规划的实施成效体现在以下方面。

一、信贷与非信贷业务并重发展，资产结构更趋优化

规划期内，我行审慎稳健拓展信贷业务，坚持规模扩张与风险控制的有机平衡，适度控制贷款增长速度，着重调整信贷结构。规划期内，我国经济处于上升周期，金融机构放贷积极性高，2006—2008年，国内金融机构本外币信贷资产年均增长达到15.7%。我行坚定执行业务转型战略，持续推动业务结构多元化，有重点地拓展信贷市场，切实控制信贷风险。规划期内我行客户贷款年均复合增长率为11.4%，相比同业增幅保持平缓。

在合理把握信贷增长总量的同时，更加注重优化信贷的品种、客户、期限和行业结构，统筹协调当期利益与中长期利益、收入与风险的关系，初步走出了构建集约式、精品化信贷业务发展模式的路子。特别是公司信贷业务转型成效突出。2008年我行公司贷款区域配置结构持续优化，在长三角、珠三角和环渤海等经济发达区域的贷款余额占全行贷款总额的比例由2005年的55.3%上升至57.8%，提升2.5个百分点；贷款客户结构显著改善，全行境内机构AA-级以上（含）公司客户贷款在全行境内机构公司贷款余额中的占比由2005年的63.68%提高到68.8%，上升5.12个百分点；贷款行业结构动态调整，截至2008年末，境内机构对重点行业贷款占公司贷款余额的比重由2005年末的50.71%提高至61.21%。

另外，我行坚决推动非信贷业务实现跨越式发展，大力拓展非信贷业务领域，挖掘新业务增长潜力，债券投资、资金交易等资产类业务，以及理财、投资银行等中间业务对于全行经营业绩的贡献不断提升。2006—2008年，全行非信贷类资产年均复合增长率高达17.8%，较贷款年均增幅高出6.4个百分点，推动非信贷资产占总资产比重上升至2008年末的54.5%，其中，投资及交易类资产占总资产比重超过30%，非信贷资产和信贷资产并重的资产配置格局基本形成。

二、收益结构逐步多元化，盈利能力显著提升

规划期间，全行坚持以效益为发展的核心目标，着力挖掘业务利润空间，经营效益和盈利能力均大幅提升。2008年实现营业净收入超过3 000亿元，较2005年增长91%，实现净利润1 112亿元，较2005年增长1.93倍。更重要的是通过大力倡导和采取集约化的业务发展模式，实现了资产盈利能力的持续提升和收益结构的渐进转变。

一方面，资产盈利能力显著提升。2008年全行净息差（NIS）达到2.8%，较2005年提高0.27个百分点，净利息收益率（NIM）达到2.95%，较2005年提升0.4个百分点。收益能力提高带动全行资产平均收益率由2005年的0.66%增长至2008年的1.21%。

另一方面，收益结构多元化特征更趋明显。2008年，全行存贷利差收入占比下降至47.4%，较2005年下降10.6个百分点，投资利息收益和手续费及佣金净收入已成为我行经营收益的重要来源，多元化盈利结构基本形成。其中，中间业务的跨越式发展对于优化全行盈利结构的影响力持续快速提升。规划期内我行手续费及佣金净收入已经由2005年的105亿元提高至2008年

的440亿元，增长超过3倍。截至2008年末，我行手续费及佣金净收入占营业净收入的比重已达到14.2%，较2005年提高了7.73个百分点。

三、业务结构深入转型，打造第一零售银行战略初见成效

全行大力推动零售业务发展，积极转变以往过度依赖公司和机构客户的业务结构，成效显著。规划期内，全行个人客户金融资产余额居同业首位。2008年实现零售业务营业净收入1 063亿元，占营业净收入的比重达到34.3%，零售业务税前利润618亿元，较2005年提高约1.7倍，年复合增长率约为40%，零售业务已成为全行最主要和增长最快的利润来源之一。2008年全行个人贷款占贷款总额的比例也达到18.2%，较2005年提高2.5个百分点。

四、风险管理水平不断提高，资产质量显著提升

规划期内，全行在业务高速发展的同时坚持审慎稳健的风险政策，坚持抓好风险防控，不断提高资产质量，连续三年实现不良贷款存量和不良贷款率“双降”。2008年全行不良贷款率降至2.29%，已达到国际同业的中上等水平。在深入强化贷款风险掌控、严格贷款量化和分类管理的基础上，我行继续审慎计提贷款减值准备，2008年末贷款拨备覆盖率达到130.15%，较2005年大幅提升76个百分点，实现了对不良贷款的完全覆盖，进一步巩固了贷款整体质量。

截至2008年末，我行持有各类美国次贷相关债券（次级住房贷款债券、Alt－A债券、结构化投资工具、雷曼债券、CDOs、“两房”相关债券等）合计41.40亿美元，仅占全行资产的0.30%。我行已对上述资产按市值评估结果累计提取拨备达19.20亿美元，拨备覆盖率（拨备金额/浮亏金额）超过100%。表明转型进程中我行对整体风险的掌控水平和调控弹性保持良好。

（总行城市金融研究所）

认真落实国家宏观调控政策

2008年，全行深入贯彻国家宏观调控政策和金融监管要求，积极应对复杂多变的国内外经济金融形势，有效发挥了大银行支持经济平稳较快发展的作用。

一、及时调整信贷政策，合理把握信贷投放总量和节奏

2008年上半年，根据从紧的货币政策要求，合理把握信贷总量和投放进度。积极应对南方冰冻雨雪灾害和四川汶川大地震，及时制定抗震救灾信贷政策，为支持灾区提供高效信贷服务。进入第三季度后根据宏观调控方向、重点和力度的变化，及时扩大了信贷规模，加大了对经济发展的支持力度；第四季度又根据扩大投资拉动内需的政策，进一步加快了贷款投放进度。同时，在深入分析经济金融形势变化和市场机会以及应把握的风险点的基础上，提出了“区别对待、有进有退”的信贷工作思路，既满足了经济发展对我行的信贷资金需要，又有效控制了信贷风险。截至2008年末，境内分行各项贷款余额43 831亿元，比年初增加4 625亿元，其中，人民币贷款余额42 739亿元，比年初增加了5 307亿元，增幅为14.2%，贷款增量居同业首位。

二、完善行业信贷政策，信贷结构进一步优化

积极发挥行业信贷政策对信贷结构调整的导向性作用。2008年，结合行业发展趋势和国家相关产业政策，总行集中刷新了公路、汽车、城建等24个行业信贷政策，新增了石油化工、房地产、广播电视、通讯设备4个行业的信贷政策，行业政策覆盖率达71%。为有效防范和控制行业信贷集中风险，对公路、电力生产、城建、开发区、教育、钢铁（含铁合金）、纺织、房地产8个行业试行了总体信贷限额和信贷增长限额管理。28个重点行业贷款增量中98%以上投向积极支持类和适度支持类客户，对符合国家产业政策、国家鼓励发展的行业信贷政策明确的重点目标客户增加贷款503.92亿元；积极支持了中小企业发展和扩大消费，全年中小企业贷款和个人类贷款分别新增1 759亿元和773亿元；积极支持了自主创新和节能环保等领域，控制了“两高”和产能过剩行业的贷款投放，对不符合国家产业政策、行业信贷政策明确的限制类和退出类客户共退出贷款137亿元。截至2008年末，全行AA－级（含）以上法人客户贷款余额占比达到68.3%，与2007年基本

持平，增量占比达到68.3%。A－级（含）以下客户贷款余额较年初减少545.5亿元，其中BB级和B级客户贷款余额较年初减少258.4亿元。

三、严格控制信贷风险，信贷资产质量持续提高

密切关注国际金融危机的演变发展及对全行各项业务的影响，采取了有效的风险防控措施。一是健全信贷监测分析体系和方法。按季对全行信贷运行情况进行监测和通报，引导各分行有重点地加强和改进信贷管理工作；根据信贷结构调整要求，按月监测分析贷款增量计划执行进度、行业限额管理执行情况和存量贷款退出情况；加强了对突发性贷款风险监测工作，以应对复杂多变的国内外经济形势对部分企业造成冲击后突发的信贷风险；加强了对担保圈企业信贷管理，按风险程度进行分类，实行区别对待、分类管理，并在新办理保证方式融资时审慎判断保证人的实际担保能力。二是完善了贷款大户管理制度建设，积极推行贷款大户访谈制度，加强贷款大户的风险监控和跟踪督办。从全行5 000多户亿元以上大户中筛选出330户高风险客户和287户潜在风险客户，作为全行监控的重点。2008年，列入总行、分行跟踪督办客户名单的潜在风险大户贷款余额压降164.07亿元，总体压降幅度达11.14%。三是积极退出潜在风险贷款。2008年，总行分四批下达约3 762亿元的包括行业信贷政策限制和退出类客户贷款、环保违法客户贷款、部分具有潜在性风险特征的小企业B类、C类贷款等风险较高贷款的退出清单，并下达了1 076亿元的退出和转化任务。任务下达后，及时完善配套政策措施，密切监测各行退出计划执行情况。全年全行共退出潜在风险贷款1 087亿元，进一步夯实了我行信贷资产质量，并腾出了更多的信贷资源支持优质客户和业务发展。四是积极清收处置不良贷款。全行综合运用各种不良贷款清收处置政策，充分发挥现金清收、以物抵债、呆账核销、重组转化等清收处置措施的效能，清收处置不良贷款592亿元，不良贷款余额下降78亿元，不良率下降0.46个百分点，降至2.28%。拨备覆盖率达到130.15%，提高了26.5个百分点。

四、推动信贷流程改造，加强信贷管理创新

在深入分行调研和全行范围内调查问卷的基础上，全面深入地研究分析了信贷流程各主要环节存在的政策制度和具体操作方面的问题，共解决流程改造涉及的162项问题中的102个，取得重要进展。调整了总行内设机构，将机构客户和境外信用风险管理职能纳入信贷管理部，构建了全行统一的信用风险管理平台。制订了二级分行信贷管理部门设置和职能调整实施方案，明确二级分行设置信贷管理部，主要承担辖内信用风险管理职能，负责督促落实对公、个人信贷业务的现场、非现场检查和风险监测评价等职能。积极推进资产管理系统建设，全年资产管理系统共投产4个版本，总计22个项目，功能要点超过33 000个。大力推进全行无纸化审批工作，升级改造了信贷业务影像资料扫描调阅、系统业务流程化操作等重点项目，完成功能点700多个。进一步提高信贷产品核心竞争力，研究制订了《信贷产品创新管理方案》，明确了信贷产品创新范围、流程以及部门职责等内容，为提高信贷产品创新效率提供了制度保证。对现有产品体系的管理办法进行修订完善，着手研究开发固定资产支持融资业务品种，拟订并购贷款管理办法，积极促进新领域的信贷业务发展，推出商品融资这一结构性短期融资业务，提高贷款平均周转速度和信贷资金使用效率，提升信贷服务效率。

（总行信贷管理部）

公司治理机制建设

2008年，工商银行严格遵守营业所在地的法律法规以及上市地相关监管规定，围绕建设全球最盈利、最优秀和最受尊重的国际一流金融企业的目标，以完善公司治理结构和“三会一层”运行机制为重点，强化制度建设，持续推进经营模式和增长方式的转型，提高信息披露质量，深化投资者关系管理，加强公司治理的总结、规划和评估工作，公司治理水平不断提升。

一、加强公司治理制度建设，进一步完善公司治理结构

2008年，根据境内外最新监管规定，我行持续推进公司治理制度建设，制定了独立董事年报工作制度，修订了董事会审计委员会工作规则、独立董事工作制度、董事会秘书工作制度、重大信息内部报告管理办法（试行）等。

2008年6月6日，我行顺利完成了监事长的换任，赵林接替王为强出任新一任监事长；随着大部分董事、监事任期届满，我行遵照相关规定和法律程序，配合股东单位积极酝酿提名董事、监事候选人，及时进行董事、监事的换届选举，圆满完成了董事会成员的顺利交替和平稳过渡。2008年10月27日，股东大会决议通过姜建清、杨凯生、张福荣、牛锡明、梁锦松、约翰·桑顿（2008年11月因其他工作需要辞任）、钱颖一7人连选连任我行董事，王炽曦连选连任我行股东代表监事，选举环挥武、高剑虹、李纯湘、李军、郦锡文、魏伏生6人为我行非执行董事，增选黄钢城为我行独立董事；2008年4月，我行原高级管理层成员副行长张衢因年龄原因退休，5月，原董事会秘书潘功胜因工作变动原因辞任。我行及时选任副行长和董事会秘书，确保了高级管理层的平稳有效运作。2008年7月6日，易会满出任副行长，2008年7月8日谷澍出任董事会秘书。董事会、监事会和高级管理层成员具有丰富的各领域实践经验和开阔的国际视野，为我行不断提升公司治理水平奠定了基础。

二、不断完善"三会一层"运行机制

2008年，我行进一步完善"决策科学、执行有力、监督有效"的公司治理机制，加强"三会一层"的定期沟通、协调运作和信息共享机制，不断提高股东大会、董事会、监事会、高级管理层运作效率，切实保证公司治理机制有效发挥作用。

（一）股东大会会议情况。2008年，我行共召开1次股东年会和1次临时股东大会，审议通过了关于2007年度利润分配方案、关于调整2008年度股东大会对董事会对外捐赠授权、关于选举董事监事等25项议案。继我行以两地视频连线方式召开2006年度股东年会取得巨大成功之后，2007年度股东年会仍采用相同方式召开。在总结以往成功经验的基础上，我行认真研究会议各项法律问题，不断完善会议筹备和组织工作，全力确保会议内容、会议程序符合法律法规和两地上市规则的要求，得到境内外股东、投资者和媒体的广泛好评。

（二）董事会决策情况。2008年，应对国内突如其来的特大自然灾害的冲击、奥运会对金融服务的高标准要求以及由美国次贷危机引起的全球经济形势的急剧变化，董事会秉持稳健经营的方针，积极推进战略转型，审慎应对竞争挑战，把握市场机遇，推动各项业务全面快速发展。以创新和变革为发展动力，持续优化调整业务结构，不断完善业务流程，加强员工队伍建设，进一步优化资产结构、信贷结构、收入结构、渠道结构、客户结构，经营业绩、运营效能和竞争实力得到显著提升，圆满完成首个三年规划确定的各项发展目标。经与高级管理层深入研究，董事会果断决策，对持有的外汇债券及相关金融衍生产品等外币资产和金融危机中的业务开展提出了一系列明确的风险策略和应对措施，有效降低了我行在此次金融危机中的损失，进一步提升了我行的市场地位。

2008年，董事会召开会议14次，审议议案53项，听取汇报25项。议案中既包括财务决算、经营计划、定期报告等常规事项，也包括全面风险管理框架、《巴塞尔新资本协议》实施规划、社会责任报告等首次提交董事会审议的重要事项。

同时，董事会结合国际大型金融企业的发展经验，立足工商银行自身的发展战略和企业文化，进一步明确了"国际一流商业银行"的内涵，提出了通过增强竞争发展能力、提高公司治理水平、积极履行社会责任，使工商银行"成长为全球最盈利、最优秀、最受尊敬的银行"的发展愿景。该愿景的确立、规划和描述，为推动工商银行由"大"到"强"的转变和由本土领先银行到国际一流商业银行的战略转变指明了方向。

2008年，董事会各专门委员会根据公司章程和各委员会工作规则的规定，积极履行职责，围绕战略发展、财务监督、风险控制等重点工作，为董事会提供专业意见和建议，形成了对董事会科学决策的有力支撑。董事会各专门委员会全年共召开会议19次，审议议案22项，听取汇报14项。

（三）监事会监督情况。2008年，监事会根据国家有关法律、法规和本行章程的规定，围绕我行重大经营决策与实施过程，依法行使职权，深入开展监督检查工作。

加强财务监督，促进进一步提高财务管理水平。监事会认真审核董事会提交股东大会审议的利润分配方案、财务决算方案和对外披露的定期报告，听取外部审计师的专项汇报。加强日常财务活动的监督，对总行8个业务部门和32家分支机构的财务收支和会计核算事项、财务数据采集与报表编制、资产处置、集中采购等情况进行了专项检查或调查，发出查询函45份，发出检查意见与建议4份，均得到有关部门及分行的积极回应。

加强风险与内控监督，促进依法稳健经营。监事会重点关注了我行经营管理的重大事项、风险管理与内部控制情况，及时了解和掌握国内外经济金融情况的变化对我行资产质量的影响。监事会在非现场监测的基础上，对我行流动性管理情况、债券资产管理情况、房地产开发贷款与小企业贷款、个人贷款、贷款利率管理、收购项目的决策程序、关联交易管理、信息披露制度完善等情况进行了专项检查或调查，并形成监督报告，向管理层提出了有关意见与建议。

加强履职监督，促进依法有效履职。监事会对我行董事会、高级管理层及其成员遵守法律法规和公司章程、行使职权与履行义务、执行股东大会决议、执行议事规则、执行相关报告制度等情况进行了监督，并依据《监事会对董事会、高级管理层及其成员的监督办法》，开展了对董事会及高级管理层成员2007年度履职行为的监督评价工作，形成监督评价意见，向董事会及高级管理层成员进行了反馈。监事会对我行独立董事年报工作制度执行情况和2007年年报工作的主要情况进行了专项检查。

2008年，监事会共召开8次会议，审议通过12项议案，听取专项汇报14项。监事会监督委员会共召开5次会议，审议通过7项议案，听取专项汇报12项。监事会成员列席董事会会议14次，先后听取了总行12个部室有关工作情况的汇报，分赴9家省级分行及港澳分支机构等进行工作调研。

（四）高级管理层执行情况。2008年，高级管理层积极执行股东大会和董事会决议，定期向董事会汇报经营管理状况，认真接受监事会监督，依法合规履行职责。在急剧变化的经营环境中，高级管理层根据董事会的决策，适时调整政策，强化风险管理，加强内部控制，优化管理制度，加快业务创新，调整经营结构，改进全行服务，抓好开源节流，在激烈的市场竞争中不仅继续保持市场领先优势，而且实现新的突破：2008年，我行实现了自2003年以来连续第六年高增长，税后利润年复合增长率达37.5%，成为全球最盈利的银行，是全球成长性最好的国际性大银行之一。同时，我行还巩固了全球市值最大银行的地位。

三、持续推进公司治理机制建设，取得显著成效

（一）全面风险管理体系建设稳步推进。2008年，全行零售内部评级法项目开发取得较大进展，非零售内部评级法客户、债项评级成果开始应用于风险管理的全流程，市场风险制度建设与系统开发取得新进展，操作风险高级计量法（AMA）项目启动，风险集中管理得到强化，风险防控水平显著提高。

（二）内部审计的有效性和独立性不断增强。2008年，我行重点从治理、机制、流程和系统层面分析全行风险控制的质量与效率，评价公司战略的执行效率与效果，通过全面实施审计标准化建设工程，内部审计管理实务框架得以建立和完善，审计内容不断丰富，审计质量不断提高。

（三）内部控制水平进一步提高。2008年，我行以推动内部控制体系建设为主线，以加强过程控制为重点，认真开展内控评价，建立健全内控日常管理机制，深入开展合规性检查和常规审计，切实加强操作风险及合规风险管理，诚信、和谐、先进的内控合规文化得以弘扬，内部控制体系不断健全完善。

（四）人力资源管理改革成效显著。2008年，我行继续深化人力资源管理提升项目，进一步明确员工职业发展通道和阶梯，梳理、整合各岗位序列归属及任职资格标准，逐步完善新体系下的员工晋升发展机制。通过优化人员配置、完善劳动用工管理制度、推进差异化薪酬激励机制建设、加强职业培训、完善员工福利保障体系等措施，进一步构建了新型人力资源管理体系。

（五）信息披露工作进一步完善。2008年，我行修订了部分信息披露制度，规范了相关工作规程，秉承“真实、准确、完整、及时”的原则，在认真做好年报、季报、半年报等定期报告的基础上，积极增加“主动披露”，及时向资本市场传递我行重要信息，以维护与投资者的良好关系，塑造良好的市场形象。全年累计发布临时公告及相关资料124份（其中A股55份，H股69份）。主动性信息披露为展现我行战略部署，提升公司价值起到了积极的推动作用。

（六）投资者关系管理扎实推进。2008年，我行努力推进投资者关系管理的转型与发展，加快投资者关系管理的标准化、流程化建设；不断拓宽投资者沟通渠道，丰富沟通方式，全方位加强与投资者的沟通；不断完善业务经营分析机制，夯实投资者关系管理的信息基础；建立完善投资者信息反馈机制，推动我行公司治理水平和内在价值不断提升；强化精细化、个性化股权服务工作，组织制定投资者关系突发事件应急预案，实现投资者关系管理精细化、专业化。

（七）战略合作不断深化。2008年，我行与高盛集团、运通集团、安联集团持续深入合作，共同开展了信用风险压力测试、信贷资产组合风险模型、金融市场业务与风险管理自主研发、操作风险高级计量法等风险管理项目以及金融市场产品开发项目，在公司治理、风险管理、产品开发、业务联动、市场营销、员工培训等领域取得显著成效。2008年3月，我行收购南非标准银行集团20%股权，全面启动了与该集团在资源银行、公司银行、投资银行、全球市场、非洲与国际业务、全球资源基金等领域的业务合作，有效促进了我行全球金融服务链的打造、对跨国企业客户服务水平的提高以及盈利水平的提升。

（八）负责任的大银行形象进一步树立。2008年，我行积极承担企业社会责任，努力维护利益相关者权益，切实践行“经济人”与“社会人”的统一。坚持“以人为本”，全方位关爱员工，努力实现员工与企业共同成长。在金融危机席卷全球的情况下，不仅通过稳健经营有力地维护了股东权益，而且通过主动加强信贷政策与国家财政政策、产业政策、区域政策、环保政策的衔接配合，推动国民经济快速、平衡、可持续发展。热心慈善公益事业，在汶川特大地震灾害发生后，全行为抗震救灾提供了优质高效的金融服务和无私援助，累计发放抗震救灾及灾后恢复生产贷款288亿元，捐款1.42亿元，是抗震救灾发放贷款和捐助最多的银行之一。积极服务奥运，实现“生产运行零事故”和“奥运

服务零投诉”，为北京奥运会的成功举办作出积极贡献。

（九）公司治理评估深入开展。根据中国证监会要求，对上一年度“公司治理专项活动”承诺整改进展情况进行认真梳理，查漏补缺，起草报告，经董事会审议通过后予以披露。完成了与麦肯锡公司合作的公司治理评估项目，最终形成题为《建设中国领先的公司治理》的报告，对我行完善公司治理水平提出有益建议。在行内相关部门的积极配合下，对我行公司治理建设情况进行了全面总结和自我评价，编制了《中国工商银行公司治理建设报告》并提交董事会审议通过。此项报告是我行成立以来第一次自主开展的针对公司治理建设情况的总结，我行也是国内大型商业银行中首家对公司治理状况进行阶段性回顾总结的上市银行。此外，在总结公司治理建设成果的基础上，结合全行面临的新形势、新任务，研究拟订了2009—2011年公司治理建设规划。

2008年是我行公司治理建设的丰收年。公司治理机制不断完善，治理水平大幅提升，治理能力显著增强。我行先后荣获香港上市公司商会“2008年度香港公司管治卓越奖”、南开大学2008年度“中国最佳上市公司董事会奖”、香港会计师公会“2008年最佳企业管治资料披露金奖”、中国上市公司金牛奖、金鼎奖、主板上市公司价值百强和最具社会责任上市公司等十余项公司治理大奖，我行公司治理日益得到投资者和社会各界的广泛认可。

（总行董事会办公室）

投资者关系管理

2008年我行投资者关系管理以“诚信、公平、互动”为原则，致力于打造“规范、高效、精细”的投资者关系管理平台，持续推动与投资者就本行战略规划、公司治理、财务状况、发展前景等准确、及时和清晰的双向沟通，保持公司治理的透明度，推进公司价值的持续提升，实现股东利益的最大化。截至2008年末，A股市场可比银行市盈率平均水平为8.7，我行为10.9；H股市场可比银行市净率平均水平为1.68，我行为1.95，市场估值水平大大高于同业其他银行，稳居全球市值最大上市银行的位置。

我行在投资者关系管理方面的探索与创新，也得到资本市场的广泛认可。在上海证券交易所和深圳证券交易所联合指导、中国上市公司投资者关系管理研究中心主办的“中国投资者关系评选”中，我行荣获“投资者关系百强第一名”、“最佳董秘”和“最佳IR网站”三项大奖；在“IR Magazine”的全球评选中，我行获得2008年度中国内地“最佳投资者关系董事长/首席执行官”大奖。

一、积极推进与境内外投资者的全方位沟通

（一）扎实开展投资者沟通交流活动。通过定期业绩推介会、投资者论坛、接待投资者和分析师来访等多种方式，与国内外投资者、分析师进行充分、及时、有效的沟通。2008年共举办大型定期业绩推介会2次，安排国际路演2次，组织大型反向路演3次，举行团体推介会20场，参加境内外投资者论坛16场，在总行召开投资者和分析师会议约500场，接听投资者热线电话1 500多个，全年通过各种方式累计会见投资者和分析师达2 000余人。

（二）持续优化投资者交流电子平台。持续优化包括投资者关系网站、投资者热线电话、投资者信箱等在内的投资者交流电子平台，及时、便捷地与投资者沟通公司信息，时刻保持与全球投资者的紧密联系。

（三）适时调整投资者预期管理策略。2008年，我行积极跟踪全球经济形势和市场关注热点发展变化，适时调整沟通策略，有效引导投资者预期。上半年中国经济快速增长，货币政策从紧，资本市场关注信贷紧缩政策对银行收入影响等问题。为此，我行着重从多元化的收入结构方面，向市场阐述我行盈利的可持续增长能力。下半年中国经济增速回落，投资者更加关注经济下行周期中银行资产质量等问题。为此，我行重点从资产负债结构、稳健信贷政策和领先同业的风险控制水平等角度，展示我行在抵御经济周期方面的比较优势，坚定投资者长期持股的信心。

二、进一步深化经营信息采集和分析工作

（一）拓展经营信息采集视野。通过各种渠道，广泛收集各类信息，及时了解宏观经济变动情况及国内外同业数据，将我行经营数据纳入全球经济和国际同业框架下，扩大经营数据分析的广度和范围，增强了我行业务经营亮点的可比性和说服力。

（二）进一步丰富和优化数据库模板。建立宏观金融数据、投行估值及盈利、金融同业经营信息等信息采

集机制，优化经营管理数据、业绩发布演示及问答材料等投资者关系材料模板，持续更新A股投资者、H股投资者、分析师研究报告等投资者关系数据库，进一步夯实了投资者关系的管理基础。

三、完善市场信息的反馈传导机制

（一）加强投资者信息反馈。定期对投资者和分析师关注的问题进行整理，分析研究投资者对我行业绩的基本看法，了解资本市场对我行经营举措的反馈和建议，及资本市场在不同经济形势下对我行经营的关注点，为我行改善经营管理提供决策参考。

（二）深入开展股东观点调查。为了解投资者和分析师对我行投资者关系工作的整体看法和评价，采用调查问卷和电话访问的方式，组织开展了两次股东看法调查，通过收集投资者和分析师对我行信息披露、公司治理及与投资者沟通等方面的意见建议，为我行完善投资者关系管理提供借鉴。

四、做好精细化、个性化的股权管理服务

（一）强化股权管理与监测。密切监测并及时分析我行股权结构变迁，加强与我行A股、H股主要股东的沟通交流。定期监测我行A股和H股前五十大股东持股变动情况，有针对性地开展个性化沟通和服务。

（二）妥善处理特殊股权事宜。为有效应对基石投资者解禁事宜，加强与A股、H股基石投资者的沟通，及时了解其减持意向。积极协调管理层与投资者开展交流，增强投资者对我行投资价值的了解和认可，稳定其持股信心，确保基石投资者所持股份解禁前后我行股价稳定。

五、加强投资者关系理论研究及规范化建设

（一）加强投资者关系理论研究。以我行投资者关系管理实践为基础，全面考察国际最新研究成果，以识别投资者—理解投资者—沟通投资者为主线，对上市公司的投资者分类、投资者预期管理、投资者沟通等相关问题进行了深入研究，编制完成《上市公司投资者关系管理》一书。

（二）完善投资者关系管理体系。着手制定我行投资者关系突发事件应急预案，以“预防第一，主动面对”为原则，从应急管理组织和协调体系、应急管理措施等方面对突发事件进行了界定，并对如何处理投资者关系突发事件进行制度性安排。

（总行战略管理与投资者关系部）

建立竞争力报告制度

商业银行核心竞争力是处在核心地位的、影响全局的赖以生存和发展的能力，是银行的长期持续竞争力。定期持续地跟踪研究全行的核心竞争力发展变化情况，不仅是商业银行经营管理的创新需要，而且是建设国际一流现代商业银行的重要战略举措。2008年，总行按照数据的重要性、可得性和可靠性原则，持续、广泛收集一级资本排名靠前的国际大银行（中资银行除外）、国内主要上市银行的公开披露数据和大量相关资料，以及工商银行大中城市行的经营考核和地区同业数据，建立了包括工商银行核心竞争力国际比较、国内同业比较和大中城市行比较三个层次的竞争力报告制度，定期监测工商银行核心竞争力的发展变化情况。

一、工商银行核心竞争力国际比较定期报告制度

2008年，国际金融形势进一步恶化，全球金融业处于大动荡、大调整、大分化之中，全球经济下行明显。在这种特殊的国际环境下，总行运用广泛收集的国际大银行年报、中报披露数据以及大量相关资料，以2006年为基期，构建了六维29因素的工商银行核心竞争力国际比较评价体系、评分模型和评价指数，从资本结构、产品、业务结构、风险管理、组织结构、员工效率和员工激励、品牌价值、市值管理及外部环境等方面，按半年频度，采取定量指标和定性指标相结合的方式，对工商银行与一级资本排名最前的（除中资银行外）、财务年度相同的10家国际大银行的核心竞争力情况进行定期比较和监测分析，揭示工商银行竞争力变化的新特点和新趋势，形成工商银行核心竞争力国际比较研究报告。

核心竞争力国际比较研究报告主要包括以下内容：一是资本结构竞争力比较分析。具体从规模优势、盈利能力、资本充足率三个方面比较分析工商银行与国际大银行的竞争态势。二是产品、业务结构竞争力比较分析。用非利息收入占比、信贷资产占比和生息资产比重反映工商银行与国际大银行的差距与变化情况。三是风险管理竞争力比较分析。从控制与风险管理、资产质

量、市场风险承受能力和流动性管理四个方面比较分析工商银行与国际大银行的风险管理水平。四是组织结构比较分析。主要对工商银行与国际大银行的公司治理结构情况进行比较分析。五是员工效率和员工激励比较分析。运用人均效率、人均费用和人均效益指标比较工商银行与国际大银行的员工效率和激励情况。六是品牌价值、市值管理及外部环境竞争力比较分析。从品牌价值、市值管理和外部环境三个方面分析工商银行与国际大银行的竞争力差异及变化趋势。最后，综合上述六个维度的比较分析结果，得到反映工商银行核心竞争力强弱的国际比较综合得分和排名，以及反映工商银行核心竞争力变化情况的国际比较综合发展指数。

二、工商银行核心竞争力国内同业比较定期报告制度

为比较研究工商银行核心竞争力在日趋复杂的国内金融环境下的发展变化新趋势，总行在广泛收集国内主要上市银行年报、中报披露数据以及大量相关资料的基础上，以2006年为基期，构建了六维33因素的工商银行核心竞争力国内同业比较评价体系、评分模型和评价指数，从资本结构、产品、业务结构、风险管理、组织结构、员工效率和员工激励、品牌价值、市值管理及市场影响力等方面，按半年频度，以包括工商银行在内的国内11家上市银行为样本，对工商银行在国内市场竞争中的优势和劣势进行定期比较和监测分析，形成工商银行核心竞争力国内同业比较研究报告。

核心竞争力国内同业比较研究报告主要包括以下内容：一是资本结构竞争力比较分析。具体从规模优势、盈利能力、资本充足率三个方面比较分析工商银行在国内主要上市银行中的竞争地位。二是产品、业务结构竞争力比较分析。用手续费及佣金净收入占比、信贷资产占比和生息资产比重反映工商银行在国内同业中的结构优化情况。三是风险管理竞争力比较分析。从控制与风险管理、资产质量、信用风险集中度、市场风险承受能力和流动性管理五个方面比较分析工商银行与国内主要上市银行的风险管理能力。四是组织结构比较分析。主要对工商银行与国内主要上市银行的公司治理情况进行比较分析。五是员工效率和员工激励比较分析。运用人均效率、人均费用和人均效益指标比较反映工商银行与国内主要上市银行的效率和激励水平。六是品牌价值、市值管理及市场影响力比较分析。从品牌价值、市值管理和市场影响力三个方面分析工商银行在国内同业竞争中的领先优势及变化趋势。最后，综合上述六个维度的比较分析结果，得到反映工商银行核心竞争力情况的国内同业比较综合得分和排名，以及反映工商银行核心竞争力提升变化的国内同业比较综合发展指数。

三、工商银行大中城市行竞争力指数定期报告制度

为科学合理地反映大中城市分行现实竞争能力和潜在竞争能力，总行在充分考虑发展战略的前瞻性、经营管理的特定性和数据来源的可得性的基础上，持续广泛地收集工商银行城市分行的经营数据和区域经济、金融指标，以2007年为基期，以北京、天津、上海、重庆四个直辖市分行和排名前100位的二级分行（含省分行营业部）为对象，构建了四维30因素的大中城市行竞争力评价体系和评价指数，运用分层分析法（AHP方法），对影响竞争力的因素进行层层分解和定期监测比较分析，按季度发布大中城市行竞争力指数，形成工商银行大中城市行竞争力指数定期报告制度。

大中城市行竞争力指数定期报告主要包括以下内容：一是市场竞争能力分析。对各大城市行的当地市场份额及同业金融指标进行比较分析。二是盈利能力分析。对各大城市行的盈利能力经营指标进行比较分析。三是发展能力分析。主要比较分析反映各城市行增长能力的增量和增幅指标。四是风险控制能力分析。主要比较分析各大城市行的资产质量及经营的稳健性程度。最后，综合以上的分析内容，以指数化方式给出大中城市行的竞争力评价结果。

为进一步完善竞争力报告制度，2008年总行已着手研究基于当地市场竞争能力的工商银行一级分行核心竞争力评价体系和评价模型。该模型将直观地描述和反映落差很大的各地区经济金融环境及一级分行在当地的实际竞争能力，客观地比较不同经济金融环境下各一级分行的竞争力。届时将形成包括工商银行核心竞争力国际比较、国内同业比较、一级分行比较和大中城市行比较四个层次的完整全面的竞争力报告制度框架。

四、建立竞争力报告制度的作用与意义

截至2008年末，工商银行核心竞争力国际比较研究报告、国内同业比较研究报告已各发布3期，大中城市行竞争力指数已发布4期，在工商银行的战略决策和经营管理中发挥了重要作用。一是竞争力报告以定量化方式清晰地描述了工商银行核心竞争力的现状与发展变化新特点，反映了工商银行在国内外市场竞争中的优势和“短板”，研究了工商银行与国际一流大银行之间的差距和不足，分析了工商银行在国内竞争中的综合领先优势以及主要竞争对手的竞争强项，比较反映了工商银行大中城市分行的现实竞争能力和潜在竞争能力，有助于工商银行决策层和管理层及时了解和掌握全行在国内外金融市场中的竞争地位和发展变化趋势，认清新机遇、应对新挑战、探索新思路。二是竞争力报告深刻剖析了全行在发展中存在的问题，探讨了培育和提升核心竞争力的路径和方法，对于工商银行制定科学的发展战

略、形成有利于科学发展的体制机制、全面提升核心竞争力、实现自身的健康和可持续发展、建设国际一流现代金融企业具有重要的参考意义。

（总行管理信息部）

深入开展奥运服务年活动

2008年，全行以“奥运服务年”为契机，精心组织，全面落实奥运金融服务各项工作，实现了全行运行安全零事故和金融服务零投诉，为奥运会和残奥会的成功举办作出了积极贡献，也推动了全行服务水平的进一步提升和优秀品牌形象的进一步确立。

一、圆满完成了奥运金融服务任务

（一）狠抓综合服务环境治理，企业形象再上新台阶。

1. 网点建设步伐加快。为迎接奥运盛会，全行加快了对硬件设施的建设步伐，新建、改扩建了一批起点高、功能全的贵宾理财中心和财富管理中心，并按照我行外汇服务网点中英文标识相关规范的要求，对营业网点内外部英文标识进行规范统一。奥运会开幕前，全行已建成并投入运营的贵宾理财中心及财富管理中心有1 633家，其中奥运赛区城市分行473家，这批网点成为我行服务中高端客户的高效平台，向中外客户提供标准、便捷、优质的柜面服务。

2. 自助机具投放力度加大。全行加大了自助机具在重点区域的投放力度，全行现有ATM 25 821台，各类自助终端238 850台。

3. 收单环境不断完善。为确保自助设备支持外卡和EMV卡，全行统一对ATM、POS等自助设备软硬件进行了升级，全行ATM机具支持外卡收单业务的比例达94%，支持EMV卡的机具比率达68%。同时，充分发挥我行收单系统能够同时受理内外卡及EMV卡的优势，大力拓展内外卡合一特约商户，并积极促进内卡商户向外卡商户转化。北京分行两度荣获人民银行营业管理部颁发的奥运重点区域拓展一等奖和外卡环境建设一等奖。

4. 机具管理维护到位。全行在运行管理和技术保障方面加强了对自助机具的监控和维护，确保重点服务区域内机具正常运行。奥运期间，全行自助机具的开机率和正常运行率分别达到96.23%和91.42%，其中北京分行自助机具开机率和正常运行率分别达到98.27%和96.97%。

（二）加强业务和服务技能培训，全面提高服务水平。

1. 加强涉外业务培训，有效增强了重点网点员工处理涉外金融业务的能力和水平。据统计，6个奥运赛区城市分行8月1日至8月24日累计办理个人结汇6.01万笔、金额13.25亿元，外币兑换4.79万笔、金额9.81亿元，售汇2.73万笔、金额13.36亿元，旅行支票销售量达585万美元；外币代兑机构累计办理个人外币兑换业务3.41万笔、金额1.28亿元。

2. 为充实大堂服务和双语服务力量，各奥运赛区城市分行全面启动了对一线柜员和大堂经理的外语培训。奥运期间，6个奥运赛区城市分行共计接待境外客户26 444人次，日均达1 652人次。

3. 拓展网点外汇业务经营范围。积极在奥运赛区城市、主要旅游城市、口岸城市拓展外汇全功能服务网点，统筹规划可兑换币种和现钞供应，推动外币兑换业务的发展，完善外汇业务服务体系。全行新增速汇金网点113个，北京、上海、广东等8家分行获得授权直接与艾西益公司签订代兑协议，将我行个人外汇业务的货币代兑功能予以延伸。

4. 充实一线人员配备，将具备外语服务能力、能应用手语服务、熟悉个人外汇管理政策和外汇业务处理的员工向关键专业和重点区域倾斜配置。

5. 提升电话银行中心服务能力。电话银行中心组成一支高水准的涉外服务队伍，提供专业的英、法、日、韩、德、俄语客户服务，并做到了奥运期间英语7×24小时不间断的客户服务，小语种周一到周日正常工作时间的客户服务。自7月1日至9月25日，电话银行自助语音来电2 200余万通，人工坐席接听电话1 950余万通，接听率达到95%，客户满意度达到99%。

6. 实行弹性工作制度。在奥运期间，6个奥运赛区城市分行根据实际需要，适时实行错时工作制、延时工作制等弹性工作方式，对奥运场馆附近营业网点的对外营业时间进行调整。

（三）强化安全经营意识，确保信息系统和网点安全运营万无一失。

1. 加强重要系统性能容量管理。总行对数据中心服务器和网络设备性能容量情况进行全面评估，并对一级骨干网、网上银行、电话银行等重点通信线路进行扩容，确保全行信息系统保持安全稳定运行。奥运期间，全行业务交易量按主机交易量统计口径，工作日日均交易量为8 236万笔、高峰日交易量为9 657万笔，与奥运前相比分别增加15.01%和7.42%；主机系统ATM相关交易日均交易量为1 220万笔、高峰日交易量为1 489万笔，与奥运前相比增加8.69%；主机系统POS相关交易日均交易量为258万笔、高峰日交易量为336万笔，与奥运前相比分别增加7.05%和23.19%；个人网银工作日日均交易量为492万笔、高峰日交易量为574万笔，与奥运前相比分别增加1.73%和6.52%；外卡日均交易量为1.75万笔、高峰日交易量为1.96万笔，与奥运前相比分别增加2.35%和7.1%。

2. 落实安全保卫工作。全行始终从构建社会主义和谐社会和实现“平安奥运”的高度，认真做好奥运期间的风险防范工作。一是对安全防范设施进行了检测、维护和更新，确保安防设施功能齐备，运转正常；二是加强守押公司的履约监督，研究特殊时期接送款工作的应急方案；三是加强在各数据中心、软件开发中心以及营业网点的物防、技防和人防措施，确保各项业务安全运营。

3. 加强全行参数安全管理。总行将涉及资金流向管理、操作权限管理、工作时间管理、业务标准管理地区参数表的分行维护权限做封闭处理，实行统一审批管理，最大限度地降低了全行参数管理风险。

（四）建立健全应急响应机制和值守制度。

1. 完善应急响应机制。奥运期间，全行积极落实客户业务咨询和服务投诉“首问负责制”，并针对ATM缺钞、卡钞、吞卡处理等问题设计了奥运期间投诉业务快速处置途径，保证了应急业务及时合规处理。奥运期间，全行未发生一例涉外服务投诉，一般日常投诉业务均得以快速、妥善解决。北京分行自实施自助机具非营业时间应急处置措施以来，共受理客户应急需求245笔，其中吞卡158笔、卡钞87笔，现场处理114笔，所有问题均得到妥善解决。

2. 实行“应急值守制度”和“每日零报告制度”。奥运期间全行信息系统、运行管理、安全保卫及各相关业务全部进入应急状态，干部轮岗带班、昼夜值守，确保联络畅通。同时，各级分支机构按照总行要求，从8月4日到9月20日实行“每日零报告制度”，及时报送每天发生的信息系统事件、安保事件、涉外服务事件、新闻危机事件、三人以上的集体上访以及其他影响安全稳定运营和社会形象的事件，全面加强了奥运期间的应急管理工作，确保了全行生产运行零事故。

（五）积极开展服务监督检查工作。

1. 建立了多层级服务检查制度。为巩固和提高网点服务环境，满足奥运服务需求，各行建立了多层次的奥运服务监督检查机制（各级行负责人对核心网点定期督察，领导小组对网点持续检查，专业部室对网点专项抽查，网点定期自查）。从7月中旬开始，各行还将服务查访作为常规性工作，保持每天一查，以检查促提高。

2. 强化了服务监督管理机制。奥运赛区城市分行建立了包含网点客户流量、排队等候时间、业务投诉反映及业务差错率等要素的综合监测评价制度，完善了服务考核评价机制。同时，各行加强了对网点服务的定期研究分析、服务考评、检查排名、员工培训激励、客户满意度与内部服务满意度监测评价等，促进了网点服务管理水平的提高。

（六）做好新闻宣传管理工作。

1. 重视外部宣传管理工作。奥运金融服务活动开展以来，全行围绕奥运主题开展了形式多样的宣传活动。如奥运会和残奥会举办期间，总行在中央电视台黄金时段安排广告投放，北京分行组织“我为奥运献新闻”和“中国摄影家协会老影友聚焦工行奥运服务”活动，天津分行通过当地电视、报纸、广播等媒体宣传推广新业务、新产品等，有效传播了“共创和谐 共建美好”的服务理念，提升了我行支持奥运、服务奥运的良好社会形象。

2. 加强内部宣传管理工作。7月份以来，全行通过持续开展奥运服务经验宣传推广活动，树立了一批先进典型，积极营造了“比、学、赶、帮、超”的服务创优工作氛围。同时，总行“网讯”还增设了“奥运金融服务专栏”，及时报道各行奥运金融服务工作开展情况，有力宣传了各分行奥运服务的先进理念和工作方法。

二、全行服务工作成效明显，服务水平提升显著

（一）奥运金融服务带动全行服务管理水平大幅提升。

1. 建立起上下联动、反应快速的奥运综合服务工作机制。为提供优质高效的奥运金融服务，总行成立了由行领导牵头，个人金融业务部、办公室、信息科技部等11个部门组成的迎奥运文明规范服务活动领导小组，制订了奥运金融服务工作方案。同时，围绕奥运服务重点内容，配套建立了奥运综合服务工作督办及通报机制，确保了奥运期间业务运行无事故和客户服务无投诉。

2. 加强了对服务理念的再认识。在奥运金融服务工作过程中，全行普遍加强了对服务工作的再认识，整体服务水平显著提高。特别是6个奥运赛区城市分行立足长远，强化服务意识，激发服务潜能，创新服务手段，规范服务行为，改善服务环境，综合服务水平大为提高。

（二）奥运金融服务带动营业网点服务质量大幅提升。

1. 提升了全行员工的主动服务意识。做好奥运金融服务工作，需要全行员工的积极参与和协同配合。此次奥运金融服务活动，极大地提升了全行员工的服务意识、责任意识和大局意识。

2. 规范了银行网点形象。奥运期间，通过延长网点营业时间，设置专属绿色通道，整治网点环境，规范网点、机具标识，规范员工仪表、仪容，配备公示牌、电子显示屏等，进一步提升了我行网点的整体形象。

3. 推动了全行外汇业务发展。在奥运金融服务活动开展中，各行扩大了可办理外汇业务的网点范围，增加了受理结售汇、签发和兑付旅行支票的网点数量，完善了网点个人外汇业务服务体系，为快速发展全行个人外汇业务夯实了基础。

4. 完善了营销渠道的服务内涵。通过提供奥运金融服务，各行进一步完善了资金管理、收费缴费、营销服务、金融理财、代理销售、电子商务六大平台，提高了网上银行、电话银行、手机银行和自助银行四大渠道的服务水平，满足了中外客户的服务需求，促进了柜面业务分流，推动了全行业务的多渠道发展。

5. 提高了客户的满意度。对金融资源比较富余的一级分行营业部和城市分行的1 800户对公客户和3 600名个人客户进行了满意度调查，对公客户和个人客户满意度分别达到86.44%和85.88%，客户满意度有了明显提升。

（总行办公室）

实施产品创新战略

2008年，全行对产品创新的认识进一步深化，围绕创新产品研发、体制机制完善、工作制度建设、产品创新研究等方面稳步开展各项工作，重点创新项目进展顺利，产品管理进一步规范，产品创新的制度办法逐步完善，全行产品创新竞争力已逐步显现，对全行改革发展起到了重要推动作用。工商银行进入了一个以创新促发展的新时期。

一、产品创新认识逐步深化

我行对产品创新的认识是一个从无到有、不断深化的过程。随着市场和客户需求的变化，特别是适应经营发展的需要，全行对产品创新的认识不断深化：以往靠关系维护客户，现在则需要通过产品和服务赢得客户；以往很少体验和关心客户需要，现在则认识到要围绕客户需求开发有竞争力的差异化产品；以往主要由总行各部门和各分行自发地进行产品创新，现在则在总行统一规划下有计划、有组织地开展产品创新；以往产品创新具有较大的偶发性，现在则已纳入全行新的三年规划，有了明确的工作目标和任务。这些情况表明，全行的经营理念已发生了可喜的变化，对产品创新的重要性也有了新的认识并在实践中逐步深化。

二、产品创新体制、机制建设取得新突破

在体制方面，为有效提升分行产品创新能力，在北京、上海、江苏、浙江、山东、广东、深圳7个经济发达地区分行设立了产品创新部，并作为产品创新示范行，带动分行区域产品的创新，从体制上为产品创新提供了更好的保障。

在机制方面，一是建立了产品创新报告制度，对全行产品创新情况进行总结，研究存在的问题，分析产品创新的动因和效果，有效推动了产品创新工作的顺利开展。二是建立了市场需求反馈机制，在总行网讯上设立了“金点子”产品创新专栏。该专栏主要推介全行创新的思路和做法，收集全行产品创新方面的新点子、新需求、新想法，以及员工和客户对产品的体验感受等，初步建立了市场需求和产品创新之间的信息传递渠道。三是建立了产品创新项目组管理机制，出台了《产品创新业务项目组规则》，清晰界定了业务项目组的组建方式、工作职责和工作流程，进一步提升了产品创新项目的管理水平。四是建立了产品目录管理机制，首次颁布了《产品目录管理办法》，明确了产品概念，规范了全行产品目录的建立、维护和管理，使全行初步了解了产品的数量、产品的内容、产品的性质，为加强产品管理、开展产品创新研究等工作奠定了良好的基础。五是引入了客户体验工作机制。制定了以用户为中心的产品研发流程和配套管理办法，并将其贯穿于产品生命周期管理的全过程，为提升创新产品客户满意度提供了有力的支持。六是建立了产品设计规范管理机制。研究制定了《产品设计规范管理办法》，使全行在制定和颁布产品设计规范时有章可循，为提高产品标准化水平、提升产品质量和研发效率作出了积极尝试。七是建立起分行产品创新考核管理机制。印发了《分行产品创新工作考核办法》，对分行产品创新数量、质量和产品创新管理等工作进行全面考核，努力营造全行产品创新氛围，

调动分行开展产品创新工作的积极性。

创新体制、机制的建立和完善，为产品创新工作提供了组织、制度和资源保障，初步形成了有利于促进创新型银行建设的良好环境。

三、产品体系初步形成，竞争力大幅提升

根据我行产品目录统计，截至2008年末，全行产品已达2 055个，其中，全行性产品1 650个，占全部产品的80%；分行特色产品405个，占全部产品的20%。这些产品覆盖了资产、负债与中间业务，涉及存款、贷款、银行卡等12大类别；实现了营业网点、网银、电话、手机、自助设备等多渠道的销售和服务；涵盖了对公、个人、机构等各类客户群体；体现了个性化服务、分层服务、主动服务、一站式服务和引导式服务等多种服务模式。可以说，一个种类较为齐全，品种较为丰富，多种渠道服务，涵盖不同客户群体，体现不同服务方式的产品体系已初步形成。

在我行产品不断丰富的同时，也拥有了一批广受赞誉并极具竞争力的拳头产品。如客户数最多、荣获“中国最佳现金管理银行”的现金管理产品；发行量和余额稳居同业第一的本外币理财产品；发卡量和消费额双领先的信用卡产品；引领行业、收入连续多年领先的投资银行产品；业务规模、收益保持行业领先，国内外获得多项大奖的资产托管产品；受托管理、账户管理、年金基金托管业务市场占比领先的年金产品；客户量和交易额同业占比绝对领先，并获得多项国际殊荣的电子银行产品。我行还研发了一批拥有自主知识产权的产品，如率先推出了双币种国际卡、U盾、支票直通车、综合对账单等专利产品。一些分行也推出了具有竞争力的区域特色产品。这些产品的推出，及时适应了市场变化、满足了客户需求，大幅提升了我行产品的整体竞争力。

四、重点领域产品创新成效显著

2008年，根据全行改革发展重点，结合我行产品创新现状，总行制定了产品创新的整体工作思路：以客户为中心，以市场为导向，以创造经济效益和提高服务水平为目标，建立健全产品创新管理体系，探索建立集通用和灵活于一体的产品开发模式，逐步培养起一支具有较高素质的产品创新队伍，加强对重点市场和高端客户需求的研究，精心打造、整合和优化产品管理平台，努力推动重点产品创新，使产品数量和质量得到显著提升，并在国内同业中显现竞争力优势。同时，总行确定了全行产品创新工作的原则方向，即坚持站在客户立场，从市场角度出发，坚持五个统一，坚持客户分层、突出重点；坚持全球化视野和前瞻性开发，占据市场制高点；坚持盈利性原则；坚持创新与整合并举；坚持集约化和协同开发；坚持板块结合，总分行协作创新。根据上述指导思想和原则方向，围绕重点领域、热点市场和高端客户需求，2008年提出打造4个全新平台、优化3个现有平台、整合2个分散平台、开发3个新系统和一批产品的重点创新项目的工作思路。2008年全行各专业通力合作，重点创新项目得到了很好落实。

一是银证、银银通、监管资金与支付保证金等产品平台的建设和优化，不仅实现了集约、通用的产品开发模式，而且真正实现了产品的灵活配置和快速上线，为我行今后在这些领域迅速推出新产品，保持市场领先优势提供了保证。如监管资金与支付保证金托管平台，专门为二手房、电子商务BtoB等交易双方提供资金托管服务或作为第三方对专项资金进行监管。该平台具有服务渠道多、业务范围广、可扩展性强等同业领先优势，我行可即时把握市场先机，结合市场和客户需求在该平台快速推出针对性产品，快速抢占这一新兴市场。

二是私人银行、全球现金管理、企业财智创业等系统开发，为我行客户带来了更加全面、专业化的金融服务，客户满意度得到有效提升。如全球现金管理系统的推出，通过以主办行身份为各类企业提供全球、跨行现金管理服务，实现了我行现金管理服务的新跨越，不仅巩固了我行在该领域的领先优势，而且也为我行服务大型集团企业客户提供了新的利器。

三是一批个性化高端产品的推出，有效改变了我行大众化产品多、中高端产品少的状况，为我行有效抢占高端客户市场、实施分层服务策略提供了支持。如贵宾网银在电子银行渠道首创分层服务理念，实现了“贵宾服务专区”、“专享通道”、“专享优惠”、“专属产品”、“专属服务”的“五专”服务，进一步丰富了面向中高端客户的产品，有效提高了中高端客户对我行的忠诚度和满意度。

四是一批具有开创性产品的推出，不仅提升了客户服务水平，而且也为我行创造了新的利润增长点。如我行独家推出的中小企业在线财务软件，把企业ERP财务软件与银行账务管理进行了有机结合，形成独具特色的在线银企互联服务模式，通过我行网银为客户提供在线服务，不仅可以方便客户操作，还有效利用了我行信誉。此外，通过收取年服务费，也为我行增加了利润来源。

五是多渠道与客户互动、一站式产品销售和服务新模式，彻底改变了传统业务办理模式，实现一次验证、全程服务，使被动办理业务的过程转变为针对客户特点主动引导产品销售的过程，对于提高产品销量和客户满意度、促进交易型网点向销售型网点转型，起到了积极的推动作用。

六是一批现有产品的优化改造，在有效改善了客户体验的同时，也极大提高了业务处理效率，降低了运营成本。如ATM渠道和网银渠道短信合并发送的实现，

有效降低了我行信息费用支出成本，目前，全行短信量日均大约200万条，余额变动提醒短信大致占40%，按照10%的余额变动提醒合并量、每次合并2笔进行估算，就节约了4万条短信，按照每条5分钱的成本计算，每天节约运营成本约2 000元。

七是推进业务类创新项目，分行产品创新步伐加快。业务创新方面，推进开发了五个统一工程，流程再造，三卡整合，综合询价交易系统，理财产品远程交易，新加坡、首尔、诚兴分行、印尼子银行FOVA系统推广工作，投行业务管理系统，银税信息共享系统等一批业务创新项目。同时，指导分行加强产品创新管理工作，各分行产品创新步伐不断加快，结合本地区情况推进了特色产品开发。

2008年全行各领域创新产品的推出，极大地提升了我行产品的市场竞争力，推动了相关业务的快速发展。特别是一批平台，如银证、理财、银保、基金、预约、银银通等的建设和优化，为我行后续快速推出各创新产品，提供了坚实的基础，为我行在这些领域扩大市场份额，保持领先优势提供了可靠保证。

（总行产品创新管理部）

分销渠道建设

2008年，全行以实现渠道、客户及业务全面协调可持续发展为目标，多措并举整合营销服务渠道资源，重点加强机构网点建设，加大自助银行投入力度，丰富电子银行营销和服务功能，着力加强客户经理队伍建设，使全行营销服务渠道的客户服务能力和市场竞争力得到增强，经营效能也有了较为明显的改善。

一、2008年全行分销渠道建设基本情况

2008年，对分销渠道进行了全面分析和系统规划，明晰渠道发展定位，稳步推进了各类渠道的整合与协调发展。

（一）持续加大营业网点建设力度，深入推进网点经营转型。

1. 实施“分类管理、差别对待”机构资源区域配置政策。2008年底，全行境内机构共16 252家，其中，境内分支及直属机构16 250家，较2007年减少224家。全行按照“突出重点区域”的原则，加快机构网点区域布局结构调整，网点资源配置适度向经济发达县域倾斜，在厦门、广州等城市实施了网点布局优化和战略转型项目。

2. 实施营业网点装修升级改造工程。按照“优先发展营业网点，严格控制办公用房”的原则，实施营业网点购建装修改造项目4 579个，建筑面积约205万平方米，完成了100家财富管理中心和2 000家左右贵宾理财中心建设。

3. 积极构建分层分类网点功能服务体系。制定印发了《中国工商银行营业网点分层分类功能服务体系建设指导意见（试行）》，提出了财富管理中心、贵宾理财中心、理财网点和金融便利店等不同类型网点的建设指引。在“客户统一视图”识别机制指导下，将客户层级与网点类型有机地结合起来，由不同类型的网点为不同层级的客户提供服务，满足了客户多层次和个性化的服务需求。

4. 进一步加大网点改建和综合化改造力度。2008年，970家经营规模适当、发展势头良好、内控管理严格的分理处和储蓄所改建为二级支行。截至2008年末，服务功能较弱的分理处和储蓄所分别较2007年减少了741家和459家。另外，进一步加大了单一网点综合化改造力度，扩大了网点经营范围和业务处理能力，提高了网点资源的使用效率，增强了网点的市场竞争力。

5. 顺利申设西藏自治区分行，完善全国机构网络服务体系。2008年10月20日，西藏自治区分行正式成立。西藏自治区分行的成功申设是我行支持西藏地方经济发展，完善自身机构网络布局，更好地服务广大客户的一项重大举措，在中国工商银行发展历程上具有重要的意义。同时，我行还对参与新型农村金融机构试点工作进行了政策分析及前期论证。

（二）着力加强自助银行建设，实现实体机构与虚拟网点协同发展。截至2008年末，全行共有28 656台ATM，较2007年新增5 236台，增长了22.4%；共有21 363台自助终端，较2007年新增9 662台，增长了82%。不断深化ATM流程优化项目，提高了ATM交易效率和使用便捷度，自助银行业务分流功能进一步发挥。

（三）深入拓展电子银行渠道，不断增强电子银行营销与服务功能。加强网上银行、电话银行、手机银行、自助终端四类渠道和网点电子银行服务区建设与功能整合，充分发掘电子银行营销与服务功能。在全行推广使用网银自助服务机，全年投放量达到9 039台；有1 828家网点新建电子银行服务区，建有电子银行服务

区的网点总数达到5 841家。开通贵宾电话专线服务，全年共接听贵宾客户来电20万次，接听率达98.5%，实现代客交易量3万笔、交易额17.6亿元。

（四）多措并举提升客户经理业务素质。2008年，全行采取总行统一组织、分行自行组织、与工银瑞信基金管理公司合作组织等多种形式，努力完成新增金融理财师和财资管理师等培训任务。先后组织新增金融理财师（AFP）培训5 199人，新增国际金融理财师（CFP）培训1 330人；组织12 571人参加行内初级财资管理师资格的培训认证，有6 002人成绩合格，获得初级财资管理师资格认证，通过率为48%；全行共有3 519人参加行内中级财资管理师资格的培训认证，有705人获得中级资格认证，通过率为20%。积极开展了引进国际财资管理师（CTP）的试点工作。

（五）切实加强专属服务渠道建设。一是设立私人银行部，加快发展私人银行业务，提高我行在高净值客户市场的服务能力和市场竞争能力，不断拓展盈利空间。二是加强信用卡VIP客户服务中心建设。2008年，全行新增VIP客服中心51家，使全国VIP客服中心的数量达到75家，覆盖至全部的直辖市、省会城市（西藏除外）和部分商旅发达的二级城市。三是加强成都电话服务中心建设。扩大成都电话服务中心的业务受理范围和业务权限，开通并扩大信用卡贵宾服务专线“4006695588”的服务范围，为白金卡客户、双币贷记金卡（原国际金卡）客户和微软、IBM和惠普等重点集团客户提供专属服务，差异化服务水平进一步提高。

二、2008年分销渠道建设所取得的成效

（一）立体、多元化的营销服务渠道体系得到初步构建。通过加强分销渠道建设，全行已从单一分（支）行分销，发展到物理网点、自助银行与电子银行等多渠道分销，不同渠道对不同类型客户的服务差异化进一步凸显，渠道交叉销售、相互联动、相互补充的营销局面初步形成。全行以机构网点为核心渠道、自助银行和电子银行为交易主渠道、客户经理为销售主渠道的立体化、多元化的营销体系基本形成。

（二）机构网点区域布局进一步优化。2008年末，在六大区域中，长三角、珠三角和环渤海三大经济发达区域的网点占比合理提高，较2007年末分别提高了0.17个、0.12个和0.14个百分点。

（三）网点功能、服务能力及市场竞争力得到提高，分层分类网点功能服务体系初步形成。2008年末，全行网点日均常开柜口数有了不同程度的增加，平均达到5.7个，贵宾理财中心达到8.6个，网点柜口数量的增加使柜面业务处理能力得到了有效提升。同时，通过网点升级改造工程及实施客户分类服务网点功能体系建设，全行以财富管理中心、贵宾理财中心、理财网点及金融便利店为主体的分层分类网点功能服务体系初具雏形，营业网点的功能定位更清晰，客户结构更优化，内部分区更合理，服务能力更强大。

（四）网点经营效能得到明显提高。2008年末，全行机构网均存款50 605.8万元，比2007年末提高9 513.1万元，增幅为23.2%；网均贷款28 135.3万元，比2007年末提高3 410.1万元，增幅为13.8%。

（五）自助银行业务运行质量和盈利能力得到有效提升。截至2008年末，ATM累计交易量26亿笔，同比增长19.64%；累计交易额15 557亿元，同比增幅45%；单机日均交易笔数297笔，较2007年增加5笔；灵通卡本行ATM的结算交易离柜占比为34.9%，同比提高7个百分点。

（六）客户经理队伍进一步壮大，业务素质进一步提高。2008年末，全行共有客户经理59 382人，占全行从业人员总数的11.9%，比2007年末增加10 975人。其中：专职个人客户经理已经达到28 143人，比上年增长6 753人；新增个人营销客户经理6 613人，完成全年新增5 000名个人营销客户经理配备计划的132.3%；网点大堂经理10 309人，比上年增加1 655人。全行客户经理业务素质得到了进一步增强，截至2008年底，我行拥有的金融理财师（AFP/CFP）持证人数分别达到7 275人和1 086人，国内同业占比分别达到23%和34%，继续保持领先地位。客户经理人员配备及业务培训的加强，在整体上提升了全行客户关系维护能力和市场竞争力。

（七）专属服务渠道服务能力进一步加强。截至2008年底，全行特约商户数量已超过20万户，初步形成覆盖全国的自有特约——特惠商圈。POS设备投入总量为20余万台，2008年新增6万台左右（包括归属我行的直联、间联POS设备）；POS内卡消费收单交易额合计3 964亿元，同比增加1 307亿元，增幅接近50%；POS外卡消费收单交易额54亿元。特约单位回佣收入总计超过13.8亿元，较同期增加3.6亿元，增幅超过37%。

（总行人力资源部）

品牌建设

品牌影响能力是提升我行竞争发展能力，加快建设国际一流现代金融企业的重要组成部分。2008 年是我行全面推进品牌建设工作的启动之年，全行按照“建立品牌建设推进机制”、“前瞻性地推出全行品牌发展战略”的要求，以提升品牌影响力为目标，以品牌整合为核心，进一步理清品牌建设思路，从品牌规划、视觉形象、传播渠道、市场合作等方面大力推进品牌建设，使品牌观念逐渐深入人心，我行品牌形象进一步提高，有力促进了全行核心竞争力的提升。

一、科学规划，进一步明晰品牌建设思路

（一）摸清家底，明晰思路。2008 年上半年完成了《关于全面推进我行品牌建设工作的报告》，详细分析了我行品牌建设优势，总结了近年来银行业品牌建设的趋势，针对影响我行品牌建设的两个核心问题——缺乏市场机制和架构清晰的品牌体系，从观念、架构、整体品牌、视觉形象、渠道和市场手段 6 个方面，提出了全面推进我行品牌建设的思路。

一是实行“三个观念”转变，即由产品中心向客户中心转变，实行以客户为中心，根据客户的需求、信息接受特点开展品牌建设；由片面品牌建设观向系统品牌建设观转变，将品牌建设的重点放在科学规划品牌战略，合理调配品牌建设资源，建设高效、低成本的品牌传播渠道，配合业务发展的实际需要组织有效的品牌营销等方面；由业务品牌体系向服务品牌体系转变，通过树立我行独有的服务品质、服务精髓，建立我行品牌不可复制的优势地位。

二是建立一套从客户需要出发，对产品和服务创新有推动作用的品牌架构，以及与其相配套的品牌管理流程。重点打造个人金融服务、信用卡服务、电子银行服务等核心服务品牌。

三是实行整体品牌的“两个延伸”，即将整体品牌内涵的诠释延伸至子品牌和产品营销层面，通过丰富的视觉形象充分体现我行整体品牌的稳健、诚信、活力、进取、创新、专业等多元化内涵，建立品牌建设与营销、客户的良性互动。

四是规范与创新并重，以客户多元化的视觉偏好为出发点，推出具有鲜明特色和较强视觉冲击力的形象，有效吸引客户“眼球”；同时深入规范品牌视觉形象使用，构建统一的品牌“视图”。

五是充分利用自身渠道优势，以实体网点为核心，将网点、网站、直邮和大众媒体传播渠道有机结合起来，构建多元化的传播渠道，打造强大的品牌传播力。

六是创立品牌维护机制，将服务创新和企业社会责任的履行作为品牌维护的重要手段，执行更为科学、严格的资源使用制度，建立市场化的第三方合作机制，建立品牌的市场化监测制度。

（二）制定规划，明确目标。在上述品牌建设思路的基础上，2008 年下半年又完成了《中国工商银行品牌建设研究报告》，制定了我行品牌建设三年规划，提出了今后三年我行品牌建设的战略目标，明确了品牌架构、管理体制、品牌建设的内外部传播、整体品牌与子品牌发展策略、经费投入、视觉形象、市场合作、品牌维护、品牌国际化发展等方面的措施。

一是建立层级分明、重点突出、结构简洁、与业务与客户双向联系紧密的品牌架构。统一品牌视图，深化品牌建设与业务发展、整体品牌与子品牌的联系，促进相关资源的合理使用。

二是建设科学、高效、市场化的品牌管理体制。通过成立品牌管理委员会、实行资源的差异化管理等措施，形成从品牌决策、营销推广、评价体系，到市场监测与反馈等一整套品牌管理体系。

三是完善整体品牌与子品牌发展策略。通过将整体品牌与核心子品牌、重点产品的传播紧密结合，不断丰富与扩展“您身边的银行，可信赖的银行”的内涵；促进子品牌从业务品牌向以客户分层为基础的服务品牌转变，并加强重点产品的品牌化推广。

四是加强品牌的内外部传播建设，通过全行性品牌教育、总分行间的品牌联动等活动促进各管理层与执行层达成品牌建设共识，自觉地在日常工作中运用品牌工具；大力开发我行自有的物理网点与电子渠道的传播功能，丰富大众媒体传播形式，提高品牌传播的准确率。

五是深化品牌视觉形象发展。通过提升视觉形象规范性、不同客户群体针对性和美学品味等措施，系列开发适用于不同传播渠道的视觉形象资料，丰富与深化我行品牌视觉形象的表现力和感染力。

六是规范品牌第三合作方发展。通过加强对服务商的资质考核、分类管理，构建市场数据库等手段，逐步发展与培养一批优质服务商，为全行营销活动组织和品牌建设提供支持。

报告同时提出了建立与差异化、分级管理、重点支持的品牌架构相适应的经费投入机制，建立与服务工作升级相协调、与社会公益活动相配合的品牌维护机制，面向国内客户群体树立国际化品牌形象、在国外提高整体品牌的知名度等战略目标与建设思路。

二、整合品牌架构体系

从业务发展和客户需求出发，对我行现有品牌体系进行了整合，运用业务分类、品牌分类、品牌与产品分级及客户分类4个维度构建了新的立体品牌架构，结构清晰简洁；划分了“核心子品牌、一般子品牌与重点产品”三个层级，明确了5个核心子品牌、7个一般子品牌、21个重点产品，针对不同层级进行不同力度的资源配置，集中优势资源，在客户选择性大、迫切需要品牌支持的重点业务上实行重点投入；明确了品牌命名规则，一般子品牌以“工银”统一冠名，重点产品实行简洁明了、序列化的命名，母品牌的统领性及子品牌的可识别性更强；根据业务需要对子品牌进行了归并、退出和新建，使品牌架构更加明晰；明确了每一子品牌和重点产品的客户群体指向，促进了品牌组合与品牌群落之间的联动营销。

三、启动网点营销传播系统建设

重点开发了我行自有传播渠道尤其是营业网点渠道，加强网点营销传播系统建设。通过大量的网点实地考察与基层调查研究，明确了客户需求、行为特征、员工行为，完成了6个城市行30家不同层级网点的网点营销传播系统设计，从传播系统设计理念、载体规划、分区应用等方面初步拟订了系统建设的规范；加强网点传播内容建设与管理，推出了涉及个人金融、电子银行、银行卡、结算等业务的11个视频宣传短片，以及“微笑篇”平面广告灯箱片与海报，分别在全行营业网点的视频设备、橱窗灯箱与海报栏中统一发布；研究启动了营业网点播出系统平台开发，有力促进了网点传播资源的充分利用，降低了传播成本。

四、积极组织多种形式的品牌传播活动

进一步强调营销传播组织在品牌建设中的重要性，丰富我行整体品牌与子品牌的营销传播形式。整体品牌方面，继2007年之后继续独家冠名了CCTV2008年度感动中国人物评选活动，有效延续并提升了我行关注民生的形象，配合了我行成立25周年宣传重点；“两会”时期、奥运时期与10－11月我行上市纪念时期在CCTV黄金时段、奥运会后在庆功晚会直播中播出我行“微笑篇”企业形象电视广告，在2008年的重大事件中突出传播了我行形象；冠名资助了中华健康快车基金会贵州凯里站白内障手术项目，组织了新闻媒体与内部员工的实地探访慰问，中央电视台等近30家全国及地方媒体进行了报道，进一步树立了我行富有社会责任感的品牌形象。业务与产品方面，充分运用广告发布、业务推介、商业赞助、促销活动等多种形式开展营销宣传，广告媒体除传统形式外更增加了手机媒体、楼宇媒体等新兴形式，营业网点的传播阵地作用也日益凸显，传播形式不断丰富。

五、加强视觉形象建设

推出了“微笑篇”新版企业形象电视广告及配套系列平面广告，展现了我行整体品牌与牡丹卡、金融@家、理财金账户等各项子品牌形象，传播了我行“共建和谐社会、共创美好生活”的企业理念；推出了我行“25周年成就”图片展，展示了我行在改革中诞生、在开放中成长取得的辉煌成就；配合奥运服务，制定了营业网点中英文标识应用规范；推出了工银财富管理品牌广告、牡丹灵通卡“我用我灵通”篇电视广告方案，有力推动了业务营销宣传。

六、加强品牌制度建设

加强了宣传经费管理，促进了经费资源切实为品牌建设工作服务，在2009年宣传经费计划制订中，重点支持了子品牌与重点产品营销宣传，及我行自有品牌传播渠道建设；加强集中采购制度执行，2008年通过集中采购支出的费用在全年费用中约占77%；在总行网讯及NOTES工作台设立了企划工作园地，为总行部门之间、总分行之间的品牌建设工作提供了交流平台。

2008年，我行品牌价值在国内、国际进一步得到了广泛认可。在明略行（MillwardBrown Optimor）“全球最具价值品牌百强”排行榜中，我行位居金融企业首位，全球企业第12名；在Brand Finance“全球银行品牌500强”榜单中名列第5位；被中国十大影响力品牌推选组织委员会授予“中国金融服务最具影响力品牌”；荣获中国品牌监测中心、《中国名牌》“2008年度十大增值品牌”；荣获《第一财经》“2008年度公司金融服务品牌奖”及“2008年度最佳零售金融服务品牌”。

（总行办公室）

中国工商银行私人银行部成立

一、私人银行部成立基本情况

私人银行业务具有资本占用较少、盈利水平较高和综合经营风险相对较低的突出优势。大力发展私人银行业务不仅可以进一步拓展银行业未来盈利空间，也是我国银行业应对高净值客户市场激烈竞争、提升个人高端客户市场竞争力的迫切要求。我行作为国内个人金融业务的领导者，大力发展私人银行业务，对巩固个人金融业务的市场地位、提升我行品牌形象具有重要意义。

2008 年 3 月 4 日，中国工商银行第一届董事会第三十二次会议审议通过了关于设立私人银行部的议案。2008 年 3 月 27 日，经中国银监会批复同意，中国工商银行私人银行部正式成立，成为国内首家经银监会批复成立的私人银行业务专营机构。私人银行部总部设在上海。到 2008 年末，私人银行部北京分部、广州分部、深圳分部相继揭牌开业，完成了首轮在长三角、珠三角以及环渤海经济圈的机构布局。

二、私人银行部业务范围

中国工商银行私人银行业务以“诚信相守、稳健相传”为经营理念，以“想所未想、创所未创”为服务宗旨，充分彰显工行品牌特色和私人银行服务特征。主要为高净值客户提供财务管理服务、资产管理服务、顾问咨询服务、各项增值服务、海外金融服务以及中国银监会批准的其他业务，搭建金融和非金融服务的开放式产品平台，为客户专业遴选合适的产品，提供整合的综合金融服务和增值服务。

三、私人银行业务开展情况

一是产品开发体现专业特色。以全权委托资产管理为核心，配以股权融资、权益投资、全球投资、外币投资、证券投资、配置投资等卫星投资产品，全方位满足客户的需求。研究设计投资标的与期限结构多样的私人银行专享理财产品，设计推出了涵盖资本市场、货币市场、债券市场、信贷市场和外汇市场的系列专享产品，并首创了信贷资产买断、银行与信托联合贷款、红酒收益权转让等多项理财产品，受到了社会关注和客户欢迎。

二是服务方式不断创优出新。建立产品营销、尽职核准、售后服务三大制度，立足于服务的便捷性、安全性和及时性，制定了远程销售服务指引，首创了客户远程委托交易的服务方式，受到客户的广泛欢迎。

三是品牌营销形成亮点。以主题营销活动增进客户体验，以客户体验引导口碑相传，精心组织了“京聚——走近梅兰芳”、“品味”、“与大师相聚”音乐会、亲子教育冬令营等一系列丰富多彩的非金融增值服务，定期举办投资策略报告会、医疗健康、艺术品鉴赏等活动。以特约顾问式、项目合作式等方式搭建开放式服务平台，进一步增进了与私人银行客户的沟通，提升了社会影响和服务口碑。

四是积极培育诚信、稳健、和谐的经营文化。坚持稳健合规经营，全面加强内控和风险管理。根据私人银行服务专享、尊贵、安全、私密的属性，加快建章健制，做好私人银行营运平台和业务系统搭建的整体规划工作，完成私人银行客户关系管理、客户信息管理、集中式业务处理等系统的开发，全面覆盖产品管理、客户管理、业务管理、经营管理等各个环节。

五是加强专业队伍素质能力建设。立足新机构、着眼新发展，加快推进人才队伍建设。以职业化、知识化、专业化为方向，启动并推进人力资源管理提升项目，形成具有市场竞争力的财富顾问团队、产品专家团队和经营管理团队。其中，财富顾问团队具有 CFP/AFP 专业资质。着力构建以“行商”为特征的客户服务模式，不断改进对客户的服务。以主动营销、联动发展推荐、客户转介绍为切入点，大力拓展多元化营销渠道，推动私人银行服务由产品销售向提供投资组合方案，由标准化服务向个性化、专业化服务的方向转变。

四、客户拓展和产品创新情况

截至 2008 年底，私人银行有签约和意向签约客户 2 049 户，管理金融资产约 180 亿元。2008 年共发行 26 款本外币私人银行客户专享理财产品，合计 36 亿元。各类专享理财产品风险控制措施严密，收益水平明显高于同期同类产品，赢得了客户信任，在一定程度上满足了高净值客户资产多元化的配置需求。2008 年在“搜狐”网开展的评选中，我行被评为“最具潜力中资私人银行”，表明了市场对我行私人银行业务发展的认可。

（总行私人银行部）

中国工商银行西藏自治区分行开业

一、西藏自治区分行设立基本情况

2007年9月27日，经中国工商银行第一届董事会第二十七次会议审议决定，拟在西藏自治区设立分支机构。经过紧张筹备，2008年10月20日，中国工商银行西藏自治区分行（以下简称西藏分行）在拉萨市正式挂牌成立。西藏分行的设立，是我行支持西藏地方经济发展，完善自身机构网络布局，更好地服务广大客户的一项重大举措，在中国工商银行发展历程上具有重要的意义。

西藏分行是直接隶属中国工商银行总行管理的一级分行，业务范围涵盖了国内商业银行全部本外币存款、贷款、结算、代理业务、中间业务、银行卡、电子银行等，及经银监会批准的其他业务。下设综合管理部、市场营销部、风险管理部、业务管理部和营业部5个部门，营业部作为服务窗口面向客户提供柜面金融服务。

二、业务发展情况

开业以来，西藏分行以科学发展观为指导，明确了立足区域和分行实际，做优做强不做大，重点发展负债业务、结算业务和中间业务的工作思路。采取“走出去、请进来”的方式，走访当地政府部门和重要客户，加强沟通，寻求支持和合作，深入了解地方社会经济发展状况和客户需求，积极推介我行产品，努力扩大我行在区域内的影响和认知度，取得良好的工作开局。2008年末，发展法人客户50户，各项存款余额10.37亿元，其中：储蓄存款0.18亿元，公司存款0.13亿元，机构存款10.06亿元；银行卡、电子银行、汇款业务也有了良好的起步。

三、加强建章立制工作

完善内部管理机制，加强内控建设和两个责任制的落实，努力提升经营管理水平。一是本着“内控优先、制度先行”的指导思想，按照“符合内控管理、符合监管要求、符合西藏分行实际”的三大原则，在组建期间制定各项规章制度共计81个。在开业后，结合西藏当地实际情况和分行各项工作运行的实际特点进行补充完善，并高度重视内控制度的执行。二是明确规定了行级领导干部党风廉政建设和案件防范工作责任分工，并由行领导与部门负责人分别签订了《党风廉政建设和案件防范责任书》，实行了层层包保责任制，确保两个责任制落到实处。三是成立了全面风险管理、内控、保密、中间业务等10余个管理委员会，明晰职责，集中审议分行重大经营管理事项。内部经营管理机制的建立并不断完善，为下一步市场拓展奠定了基础。

（西藏自治区分行）

启动第四代应用系统建设

为更好地适应全行未来5-10年业务发展需要，总行于2007年开始至2008年9月，历时1年多的时间，开展了新一代应用系统（第四代应用系统）架构规划研究工作。2008年10月31日，总行正式启动了第四代应用系统建设，并命名为“1031”工程。

一、第四代应用系统建设背景

（一）应用系统发展历程。总行一直重视并致力于核心应用系统的建设，先后研发了三代核心应用系统：

第一代应用系统（SAFII）诞生于20世纪80年代中期，是我行电子化系统从无到有、业务处理从手工到自动化的标志性产品，该系统以账户为中心，支持柜面、银行卡等各项银行业务，为我行的信息化建设奠定了技术基础，积累了经验。

第二代应用系统（CB2000综合业务系统）从1996年开始规划和建设，并于2002年完成了全行推广。该系统是我行从专业银行向商业银行转变进程中具有划时代意义的改革产物，实现了综合柜员、统一账务核算、资金汇划清算以及24小时的业务服务。该系统是我国金融行业中第一个自主研发的、全行统一的大型核心银行系统，得到了业界的高度认同和良好评价。

第三代应用系统（NOVA全功能银行系统）于2003年11月推出，该系统在我行全面完成数据集中的背景下，以CB2000系统为基础，通过不断优化，形成集业务操作、经营管理、分析决策于一体的全功能综合化系统，在客户服务、电子银行、信用风险管理、决策支持等方面的信息系统建设上取得了重大突破，为我行顺利实现股份制改造、建设现代金融企业提供了强大的技术支撑。

（二）规划建设第四代应用系统的必要性。规划建设第四代应用系统，既是我行外部发展环境变化提出的要求，也是满足我行未来几年改革发展的内在需要。

1. 外部发展环境变化带来新的需求。我行完成股份制改革及成功上市后，外部复杂多变的经济环境以及监管要求，对提高信息分析的准确性与及时性提出了更高的要求。一是随着我国金融创新步伐的加快，金融消费者的服务需求日益呈现出个性化、多样化的特点，要求我行信息系统具备灵活、高效的创新能力并提供稳定、高效的系统服务。二是各家商业银行的技术平台日益趋同，我行需要加快技术创新，继续保持科技领先优势，为业务提供更好更优的服务。三是随着银行信息化程度不断提高，监管部门对信息系统连续性运行要求越来越高；银行在产品创新和经营管理中大量运用新技术的同时，也带来了信息安全管理问题，持续提高信息系统的安全管理水平成为我们面临的重大挑战。

2. 我行中长期发展战略的要求。我行中长期发展战略对科技工作的要求主要体现在深入实施科技引领发展战略，保持我行信息科技的领先优势，通过技术创新促进业务创新和产品创新，从而实现以下几个方面的目标：一是以持续提升核心竞争力为根本目标，巩固我行的市场领导地位；二是加快产品创新步伐，并为各区域业务发展提供强大支持；三是贯彻服务战略，坚持以客户为中心的理念，持续提升客户服务水平；四是继续深入实施国际化和综合化的发展战略；五是支持业务流程再造及优化，推动内控流程改革；六是深化全面风险管理、财务管理以及绩效考核等领域的应用系统建设。

同时，各分行和业务部门也对信息科技发展提出了新的要求。分行希望加强信息整合和共享，加强业务需求整合，实现以客户为中心，更灵活快速地响应市场变化与业务需求，建设高效、安全的生产运行环境等；总行各部门从业务发展角度出发，在加强对客户服务和市场营销的支持、建设境内外一体化的应用系统、实现管理信息大集中、深化风险管理系统建设等方面提出了一些需求。

（三）第四代应用系统建设的主要目标。一是实现信息整合和共享，整合客户、产品、内部机构等关键业务信息，达到全行统一标准和视图；二是提升客户关系管理和营销管理水平，实现对不同等级客户的差异化服务；三是支持我行的国际化和综合化发展；四是解决系统之间耦合性高的问题，实现对业务产品创新、流程再造的灵活支持和快速响应；五是提供全行统一的风险计量和绩效考核管理，推进全面风险管理、财务管理以及绩效管理体系建设；六是实现系统高可用性和连续性运行，强化信息安全防护和管理，为我行改革发展提供一个安全、稳定、高效的系统运行环境。

二、第四代应用系统架构规划主要内容

（一）第四代应用系统架构规划思路。遵循我行发展战略，按照“企业架构＋项目驱动”的方式，逐步推进我行应用系统向第四代应用系统架构的转型。

（二）第四代应用系统建设遵循的原则。为了稳步实现我行应用系统架构的转型，第四代应用系统的建设将遵循统一规划、分步推进、服务至上、成本可控、确保安全、整体联动的原则。

1. 统一规划。在全行发展战略的指引下统一进行规划，结合业务的发展需要，明确应用系统建设的总体目标和阶段性任务，并按照统一的规划进行实施。

2. 分步推进。在NOVA系统的基础上进行改造，将结合各类业务产品创新和流程再造工作分步推进，力争利用3－4年的时间完成。

3. 服务至上。以服务我行业务发展为根本出发点，致力于通过应用系统平台的提升，进一步提高我行的客户服务能力、经营管理质量和风险控制水平。

4. 成本可控。遵循审慎的原则，增加系统软硬件等方面的投入，并在实施的过程中对资源使用效益进行认真评估，严格控制建设成本，做到资源的合理使用。

5. 确保安全。以生产系统安全稳定运行为前提条件，全力保证生产运行安全和业务的连续运行。

6. 整体联动。结合业务需求的实现同步推进系统架构的转型，通过系统架构的转型实现业务的灵活快速创新。在第四代应用系统建设过程中科技和业务部门加强联动，共同推进业务架构和IT架构建设。

（三）第四代应用系统的特点。

1. 客户视图统一，即实现对客户信息的统一、渠道和服务的整合，真正实现“以客户为中心”；

2. 核算相对独立，即采取层次化、构件化、模块化方式实现应用系统之间的松耦合，支持快速的产品和业务创新；

3. 境外应用一体，即完善推广境外机构统一的业务处理系统，满足国际化发展战略要求；

4. 管理信息集中，即实现从数据集中到信息集中和业务管理集中的转变；

5. 全面风险管理，即健全我行信用风险、市场风险和操作风险系统，支持我行实现新资本协议内部评级

法高级法；

6. 业务多点接入，即实现全行集中的业务处理中心的多点接入，实现业务跨区受理。

三、第四代应用系统建设的实施

（一）成立工程领导小组。第四代应用系统建设是一项工作量大、涉及面广、技术实施要求高、组织协调难度大的系统工程，为确保工程建设的顺利进行，总行成立了以杨凯生行长为组长，易会满副行长为副组长，相关部门总经理为成员的工程领导小组。同时，在工程领导小组下设立办公室，负责具体工作的总体推进和协调，工程领导小组办公室设在信息科技部。

（二）编制并印发了《“1031”工程三年计划》。工程领导小组办公室围绕总行发展规划和战略转型要求，根据我行第四代应用系统建设总体规划，按照“基础技术平台和公共信息平台优先实施、需求明确项目优先实施”的思路，在充分征求了各部室意见基础上，编制并完善了工程三年工作计划。同时，结合各专业发展规划和相关应用系统现状，研究并制定了《NOVA＋业务架构》，为后续工程实施打下良好的基础。

（三）第四代应用系统建设的标志性成果。根据第四代应用系统架构规划，结合比较明确的业务要求，第四代应用系统建设将按照分步实施的策略，在2008年先期启动的客户信息整合、核算与产品分离、银行卡系统整合、活期明细优化改造等工作的基础上，整体工作在2009—2011年3年中逐步推进。

1. 2009年：全面实现客户信息整合，进一步优化银行户口功能，实施信用卡系统剥离和企业网上银行重构工程，初步建立产品管理与定制平台、私人银行及财富管理平台、新一代全球现金管理平台、业务营运风险管理平台、数据分析挖掘平台等多个应用平台，完成网上银行、金卡前置等系统的多点接入改造。

2. 2010年：基本完成FOVA系统建设，完成对电话银行系统的多点接入改造，建立和完善零售和非零售内部评级、客户信用评级、操作风险高级计量法（AMA）等应用系统。

3. 2011年：基本建成第四代应用系统。实现产品与核算剥离，初步建立统一的本外币一体化的金融市场交易管理及市场风险管理平台，以及集中式的业务营运中心处理平台。

第四代应用系统建设，是我行信息化建设历史上的一个重要里程碑，工程建设着眼于我行建设国际一流现代金融企业的愿景，立足于达到国际同业先进水平，把信息科技打造成为我行不可复制的核心竞争力。

（总行信息科技部）

信贷业务流程改造

自2008年初开始，总行启动了信贷业务流程改造工作。通过深入基层，广泛召开各种形式的研讨交流和座谈会，比较全面地了解了我行信贷业务流程现状，基本摸清了业务流程存在的主要问题，在反复研究讨论的基础上，提出了全面、系统的信贷业务流程改造方案，并按照方案确定的计划安排稳步推进。

一、全行信贷业务运行的基本架构

经过多年探索和实践，我行已基本形成了较为规范的信贷运行管理体系，信贷风险防控水平不断提高，并总体上保持了全行信贷业务持续稳定健康发展。一是建立了前中后台分离的信贷管理体制；二是构建了较为系统的信贷政策制度体系；三是形成了较为丰富的信贷产品序列；四是建立了行业领先的信贷风险管理IT系统。总体来看，我行信贷业务运营管理稳健有序，信贷管理水平在国内同业中基本保持了领先水平，并得到监管部门的肯定，为继续改造完善公司信贷业务流程、实现可持续发展提供了有力支撑。

二、信贷业务流程中存在的主要问题

通过调研，总行较为深入地研究分析了信贷流程各主要环节存在的政策制度和具体操作方面的问题。主要表现在以下几个方面：一是各项政策制度和各类系统建设的整合力度不够；二是岗位职责重叠，业务处理层级多；三是无纸化审批流程与纸质审批流程并存；四是评级授信调查评估环节有待优化；五是贷后管理职能弱化；六是CM2002和PCM2003系统需进一步完善。

三、信贷业务流程改造的方案

（一）总体思路。在对调研中发现各类问题进行深入分析的基础上，总行确立了以“整合、拉直、电子化”的总体思路。“整合”，就是归并、整合业务流程，减少重复操作，对于内容相近的工作，尽可能在一个工作环节中实现。“拉直”，就是建立客户分层、整体营销和一站式审批机制，研究不同层级客户的营销和贷后管理职能划分问题。“电子化”就是以 CM2002 和 PCM2003 系统为核心，实现与信贷业务流程相关各系统的无缝链接，完善系统功能，形成全行统一的信贷业务处理与管理的技术平台，实现全流程电子化。

（二）改造总体安排。对调研中整理出的问题，总行提出了 10 项流程改造工作重点，其他问题也逐项研究提出了解决思路，落实了责任部门，确定了分阶段整改进度。

四、流程改造进展情况及其效果

（一）流程改造进展情况。截至 2008 年底，流程改造涉及的 162 个具体问题中已解决 102 个，其余问题计划于 2009 年上半年解决。流程改造重点工作的进展情况如下。

1. 无纸化审批。制订了《关于实施公司信贷业务无纸化审批有关事项的通知》（工银办发［2008］495 号），全面部署了推行无纸化审批工作。截至 2008 年底，大部分分行已达到总行无纸化审批工作要求，2009 年上半年，将在全部分行的大部分信贷业务中实现无纸化审批工作。

2. CM2002 系统功能优化。对流程调研中提出的 38 个系统问题以及与系统相关联的 23 个问题，按计划完成了阶段性的系统改造工作。截至 2008 年底，上述总共 61 个问题已解决 33 个，涉及 1 200 多个功能点。

3. 完善授信审批分部设置与职能。制定了《关于完善授信审批分部（工作组）垂直集中管理的意见》（以下简称《意见》）（工银发［2008］117 号），进一步规范授信审批的运行模式及工作流程。《意见》规定了授信审批分部（工作组）可按二级分行设置，也可跨二级分行设置。分部人员和派驻审批人员在授权范围内与二级分行或支行有权签批人“双签”审批，双方的审批权限相匹配。此外，《意见》还对人员聘用及管理、考核与薪酬分配等进行了规范。

4. 调整二级分行信贷管理部门设置与职能。制定了《关于调整和完善二级分行信贷管理部门设置与职能的通知》（工银发［2008］123 号），要求各行须在二级分行设置信贷管理部，作为二级分行的内设机构，实行双重管理，以二级分行属地化管理为主。

5. 评级授信流程整合。制定了《关于印发法人客户评级授信有关文件的通知》（工银发［2008］90 号），明确法人客户信用等级基本上由二级分行直接根据模型评级结果确定。同时，该通知还明确了评级授信的具体操作流程。与新的评级授信流程相配套的评级授信系统整合工作将于 2009 年初投产运行。

6. 项目贷款调查、评估与审查环节的优化整合。制订了《项目贷款调查、评估、审查审批流程优化方案》，对部分风险相对容易判断或控制的项目贷款，在坚持项目贷款基本流程的基础上可根据客户经济实力、行业特征及具体贷款的风险大小，按照“调评合一、评审合一、资料共享”3 种模式进行优化。采用调评合一流程的项目贷款范围、采用评审合一优化流程的客户名单及贷款金额上限，以及我行认可的共享资料金融机构范围由总行确定，原则上一年一定。

7. 扩大授信项下授权审批制适用范围。《关于印发法人客户评级授信有关文件的通知》（工银发［2008］90 号）明确国际贸易融资业务和产业链融资业务实行授信项下授权审批制，并规定了具体业务流程。

另外，还制定了《关于加快国内贸易融资业务发展的通知》（工银办发［2008］692 号）、《法人客户低风险信贷业务管理规定》（工银发［2008］92 号），对国内贸易融资业务和低风险信贷业务的范围、类型和业务流程进行了明确规定。拟订了《小企业经营机构管理办法》和《微型企业融资管理办法》，以优化小企业评级方式，适当放宽三类行准入标准，并完善业务考核。拟订了《关于加强公司客户经理队伍建设的实施意见》，将重点客户分为“总行级、省行级、地市级”三个层级，积极推行大型公司客户经理网络服务制度，增强各层级行整体协作营销。制订了《公司客户经理助理岗设置方案》，对客户经理和客户经理助理岗职责进行了明确。

（二）流程改造的效果。

1. 业务操作更加完善。较好地解决了调研中发现的一些具体操作问题，如重复扫描等，使得流程更加简洁，系统操作更加顺畅。

2. 业务效率进一步提高。通过完善评级授信授权流程、推进信贷业务无纸化审批、优化低风险信贷业务流程等改革措施，全行信贷业务的效率得到改善。

3. 风险管理水平得到有效提升。一是通过实施 CM2002 系统与相关系统的对接，实现信息共享以提高风险预警和控制能力。二是强化授信审批职能的垂直集中，进一步提高风险控制能力。三是二级分行信贷管理职能调整、信贷作业监督前移等措施，有力地强化了放款前的控制，并将进一步夯实贷后监督检查的组织基础。四是通过完善各项政策制度和业务管理办法，进一步优化各项风险控制措施，也将推动我行信贷风险管理水平上新台阶。

（总行信贷管理部）

个人金融业务流程改造

历时两年的全行个人金融业务流程再造（一期）工程于2008年底圆满完成，该项目解决了涉及流程设计、服务效率等137个问题，对全行个人金融业务发展起到了积极的推动作用。

一、改变流程设计方法，满足客户多元化需求

流程再造彻底转变以产品为中心的流程设计方法，按照以客户为中心的经营理念，从客户实际需求出发创新产品和服务功能，满足不同层级客户的多元化金融需求，促进了各项个人金融业务发展，实现了我行主要个人金融业务始终处于同业领先地位。

二、优化服务环境，提升客户满意度

通过网点分区和装修改造突出不同层次网点功能定位，树立起我行全新服务形象，使普通客户服务区和贵宾客户服务区功能得到了更有效的发挥。通过建立弹性服务窗口制度、灵活调配网点资源等措施，提高服务受理效率，进一步优化劳动组合，实现客户服务满意度和我行资源利用的最大化。

三、增强自助设备功能，减轻柜员劳动强度

通过开通存取款一体机循环功能等措施，有效提高自助机具使用率，减少了柜面压力，特别是在业务高峰期，显著缓解了网点排队现象，同时也减轻了网点对自动取款机设备加钞的日常维护工作量。通过投产单功能自助设备，有效减少自助设备成本，网点运营成本不断降低。

四、简化交易环节，节省客户等待时间

例如将柜面使用频繁的基金TA账户开户和基金购买交易整合为一个交易，使柜面基金业务办理等候时间从每笔10分钟缩短到每笔5分钟，大大减少了客户办理业务的时间，有效缓解了基金业务销售的柜面压力。

五、降低业务运行成本，提升集约化经营效果

柜面业务处理效率的大幅提升，使更多员工从传统交易中解放出来，将更多精力集中在客户服务和产品营销上，网点和员工投入产出比不断提高。随着新图形终端和自助设备的推广和使用，网点信息化、电子化程度不断提高，改善了全行业务营运质量，提高了客户服务水平。

六、提升风险管控能力，确保个人金融业务平稳运营

通过各项风险防控措施的实施，全行个人金融业务操作风险管理水平显著提升，与个人金融业务相关的内部经济案件起数与涉及金额均呈逐年下降趋势，2008年全行涉及个人金融业务的案件起数与涉案金额均实现了自1997年以来的历史最低水平。

（总行个人金融业务部）

业务运行管理体制改革

2008年，全行各级运行管理部门按照“全面构建价值型运行体系，努力打造一流的金融后台”的总体要求，着力加强核算管理、流程管理、风险管理和服务支持，运行效率、运行质量、运行安全水平持续提升，在全行改革发展和经营管理中发挥了重要的支持和引领作用。

一、业务集中处理稳步推进，发挥了运行管理在全行经营战略转型中的推动作用

按照“集约运营、服务共享”理念，以业务分离、

服务分层为切入点，构建了全行统一的业务集中处理平台，实现了跨城市、跨地区的业务集中处理。业务品种不断丰富，逐步将对公非现金业务和个人非实时业务纳入平台，实现了汇划、银保通、跨行支付、委托收款、代收学费、代发工资、批量发卡、网银落地指令、银行承兑汇票、个人客户信息维护等10余种业务的集中处理，设计和论证了影像分割、工作流、OCR识别、队列管理、网点考核等近20个业务集中处理功能。在总结上海、陕西、云南、重庆等分行试点工作的基础上，完成《业务集中处理操作规程》。2008年，全行业务集中覆盖率达到30.2%，同比提高近4%。

二、监督体系改革继续深化，发挥了运行管理在全行过程控制中的关键作用

按照“流程改进、风险导向、统筹规划、成本效益、审慎现实”的原则，在方案设计和系统建设的基础上，深入分析现行监督体系面临的问题及深层原因，明确了监督体系改革的目标、原则、路径和特征，全面启动监督体系改革试点工作。制定《新一代监督系统操作规程》，完成新一代监督系统主体功能的设计，开发投产62个基于数据分析的监督模型，覆盖个人金融、电子银行和对公业务，先后两批在广西、安徽、广东分行营业部等13家分行进行试点，以风险导向和流程导向实现对主要风险环节的监督。数据分析、方式互补、良性循环的新监督体系试点工作取得初步成效，开始改变长期以来重凭证要素、轻风险要点的简单重复的传统复审模式，风险识别的准确性、风险管理的针对性和监督效率得到有效提高，改革成效初显，业务运营监督检查体系向风险管理与质量控制的战略转型迈出坚实一步。

三、远程授权改革扎实开展，发挥了运行管理在全行效率提升中的积极作用

按照“完善事权划分和事中控制体系，提升业务授权效率和质量，集中控制业务授权风险，减少授权人力资源占用”的目标要求，提出完善业务核算事权划分，建立集中式、跨分区、跨网点、多方式并存的授权体系。制订《远程授权改革方案》，明确了远程授权系统的定位、实施目标、实施原则、实施过程中的关键问题及解决方案等内容。在江苏分行辖属13家二级分行开展分别以网点、支行为单位的不同组织模式的远程授权改革试点，初步建立了专业化、标准化的业务核算授权模式和流程。

四、风险管理切实增强，发挥了运行管理在全行风险控制中的重要作用

不断完善和深入落实运行风险管理机制，切实发挥业务运行在操作风险过程控制中的关键作用，把好操作风险的第一道防线。加强运行管理专业操作风险分析和管理，加强全行事中控制和案件防范的案例分析，准确把握全行风险事件和业务运行风险的态势，深入落实风险预警提示制度，及时发布风险预警提示，实施主动的风险管理。强化运行风险关键环节管理和检查，提高营业网点规范化运营和风险管理工作水平。认真落实人民银行反洗钱的要求，优化反洗钱监控系统，继续加强反洗钱工作。实施应急密押集中管理试点，以二级分行为单位实行在会计业务处理中心集中办理，有效减少密押管理的风险点。加强核算要素管理，加快构建核算要素管理系统，努力提高我行核算要素的电子化管理水平，降低核算要素的风险。研究防范外部欺诈风险形势，针对全行高频率堵截假票据、假证件等外部欺诈案件制定了管理对策，提高全行防范外部欺诈风险的水平，2008年全行共防堵伪造、变造票据和支付凭证679笔，金额22.99亿元，识别各类虚假身份证件6 500余件，有效避免了潜在的巨大损失。

五、核算组织更加高效，发挥了运行管理在全行业务运营过程中的基础作用

高质量地组织完成各类业务核算工作，全行业务核算质量迈上新台阶，全年核算差错率控制在1.15‰，创历史最好水平。2008年，运行制度体系框架初步建立，《运行管理基本制度》和《重要事项核准报备管理制度》在全行实施，为运营集约化、管理一体化创造了良好的制度环境。按照业务发展、内部控制的要求，制定、修订涉及资金收付、现金业务、支票影像等业务范围的专项制度。全面梳理历年分散的核算制度，修订完成《中国工商银行会计业务核算规程》，为规范核算行为、提高核算效率、防范核算风险打下了坚实的制度基础。由运行基本制度、运行专项制度、核算办法和操作规程3个层次组成的制度体系框架初步形成。临柜业务流程不断优化。2008年，账务核算体制改革不断深化，浙江、广西等分行将核算层次上收至二级分行，账务层次进一步集约，资源利用效率和风险管理水平进一步提升。实施核算系统交易优化，全面简化本外币汇划业务发报流程，提高系统的自动化处理程度。完善本级清算业务监督操作规程，确保了总行本级业务安全运行、账务核算真实准确。积极探索改革内部账户核算模式，北京分行通过将代理业务的核算封装成定向工作流，减少了授权环节，强化了风险控制。

六、现金标准化、集约化管理持续加强，发挥了运行管理在全行业务发展中的保障作用

在现金业务量日益增长的情况下，合理配置现金营运管理资源，不断丰富现金营运管理手段，提高现金业务运行效率和服务水平。金库标准化建设如期启动，以

打造“标准统一、管理科学、内控严密、服务高效”的建设标准、管理标准和服务标准。通过加强库存限额管理，实现了现金备付率控制和综合运用率提高的目标，全行现金备付率控制在0.5%，现金综合运用率达到61%。现金营运集约化改革和业务库整合取得实效，实现72%的库存现金由现金营运中心集中管理。各级运行管理部门在保证现金业务正常支付和资金安全的前提下，全面实施现金业务精细化管理，丰富和完善现金营运中心职能，逐步将上门服务、自助设备配钞、同业现金代理、现金调运、领缴、整点、保管等业务集中统一管理，实现了现金业务运行效率的提高和现金服务质量的提升，有力保障了前台、中台相关业务的安全运营和营销工作的顺利开展。

七、清算业务稳健运行，发挥了运行管理在全行资金业务中的支持作用

各项清算业务高效、稳健运行，全年完成人民币清算业务量17.75亿笔，同比增长46.07%，金额206.28万亿元，同比增长10.46%，进一步巩固了第一清算银行地位；外币清算业务量460.8万笔，同比增长12.19%，金额4.48万亿美元，同比增长6.16%。在基金、理财、资金交易和结售汇业务大幅增长的情况下，加快后台系统和清算业务通用平台建设，完成内部资金收付系统等10多个系统项目的上线和推广，加强全行资金后台业务管理，清算质量和效率进一步提升，全行2008年外币清算直通率平均达到99%，同比提高1%，其中英镑直通率保持100%，保持国际同业先进水平；清算业务自动化处理水平和清算效率继续提高，全行汇入汇款自动处理率达到84%，同比提高4%，汇出汇款自动处理率达到90%，同比略有提高。主动适应境内客户外汇汇款业务需求变化，加强与账户行的合作，启动与纽约银行合作的“全球直联汇款”项目；作为欧元及日元境内代理结算行和参与行，组织完成相关系统开发和投产，制定业务管理办法，确保了境内外币清算的顺利开展；成功申办成为中国外汇交易中心净额清算系统的保证金保管银行，奠定了我行在同业清算中的市场地位。加强清算业务的风险管理，密切关注国内外金融市场动态，建立资金交易情况监控和简报制度，制订资金清算指令状态跟踪和拦截方案，有效防控资金清算风险。完成同城和异地清算业务灾备中心的建设，使我行清算业务具备了应对重大灾难的能力。

八、深化参数集约化、规范化、标准化管理，发挥了参数对业务管理的基础性控制作用

按照“高度集中程序化”的参数管理总体目标要求，深化参数集约化、规范化、标准化管理。全面完成“账务设置统一运行管理体系”建设工程，净化了账务环境，促进了核算管理质量和风险控制力的提高。启动账务动态管理体系的建设，以建立起管理全面、标准清晰、控制有力的账务动态管理体系，实现总行对账务开立、使用、撤销整个核算过程的刚性控制。加快参数管理信息化、系统化的建设步伐，启动参数全生命周期管理项目建设，为建立标准化的参数规划设计和参数管理流程奠定了基础；投产参数管理系统，构建了一个更加高效、安全、快捷的参数和业务管理平台。优化参数设计管理流程，前移参数设计，参加重点项目业务需求分析工作，全面参与各项目参数设计。加强新版本、新项目的参数设计和维护管理，完成核算与产品分离、境外NOVA多语言多时区、信用卡系统整合等138个新产品、新项目的参数设计，同比增加84个，增幅达156%。建立参数工作报告制度，加强参数业务监督和检查，保障生产系统安全运行。

（总行运行管理部）

人力资源管理

2008年，全行人力资源管理实施了一系列重大改革，初步建立了适应现代金融企业制度和国际化发展需要的新型人力资源管理体系，为全行改革发展提供了坚强的组织保障和有力的人才支持。

一、人力资源管理提升项目深入推进，初步实现了人力资源管理的战略转型

人力资源管理提升项目继续推向深入。一是初步构建了公司化人力资源管理体系。建立了全行统一的岗位职级体系，确立了“纵向可晋升、横向可交流”的员工发展机制；引入先进的绩效管理理念和工具，整合绩效管理办法，提升绩效管理水平；实行全行统一的岗位绩效工资制，明确“以岗定薪、以能定资、以绩定奖”的薪酬激励机制。岗位职级体系、绩效管理体系和薪酬管理体系三大支柱的建立和完善，为建设国际一流商业银行提供了人力资本管理的制度基础。

二是促进了全行管理观念和价值体系的转变。项目引入了岗位、绩效、能力、市场等现代公司管理理念，改变了唯职务、唯资历、唯身份的传统管理观念，有助于淡化官本位的观念意识，有助于改变千军万马挤独木桥的晋升意识，有助于打破平均主义大锅饭的分配意识。更为重要的是，通过推广宣传市场化的人力资源管理理念，引导管理层关注岗位的价值贡献以及员工的业绩提升，引导员工关注自己的业务能力、专业发展和绩效贡献。新的价值体系和管理观念的树立为深化改革、为工行的长远发展奠定了思想基础。三是推动了人力资源管理模式的改变。在项目实施过程中，人力资源部门制定项目实施的政策、方案和规则，员工岗位、岗位等级和工资档次的具体确定则由直线管理者执行。新体系改变了原来人力资源部直接操作人力资源管理措施、直线管理者被动接受的管理格局，人力资源部门转变成为政策制定者、专业技术顾问以及监督者，直线管理者则深入参与到员工管理的各个环节，成为员工管理的直接责任人和主要推动力量。新的管理模式有助于实现业务管理和人员管理的有机结合，营造全行上下共同开展人力资源管理的良好氛围，为下一步深入改革提供了体制保障。

二、干部管理体制改革不断深化，打造了一支高素质的管理人员队伍

积极探索多种方式选聘管理人员，逐步使公开选拔、竞争上岗成为选拔管理人员的重要方式，进一步推进了一级分行副行长、行长助理的公开选拔和总行本部正副处长的竞聘上岗，2008 年在全行范围内公开选拔 27 名一级分行副行长、行长助理人选。抓紧做好培养选拔优秀年轻干部工作，建立了一支德才兼备、素质优良、数量充足、结构合理的后备干部队伍，把一大批政治素质好、业务能力强、工作业绩突出、群众公认的优秀人才选拔充实到了各级管理岗位，使各级管理层结构进一步改善，整体功能显著增强。

推行管理人员聘任制，坚持干部定期交流制度，改进和完善管理人员考评机制，落实领导干部述职、任职谈话等制度，进一步加大了对举报反映各级领导干部和干部选拔任用工作的信件的调查处理力度，干部监督工作在事前、事中、事后的风险控制作用得到有效发挥。按照下管一级，监控两级的原则，进一步加强了对分行中层管理人员选拔任用的管理和监督。在全行组织人事部门开展干部人事档案审核验收工作，促进了全行人事档案的规范化和标准化，提高了干部管理基础性材料的准确性。

三、人员规模得到有效控制，人员结构呈优化调整态势

主动适应全行业务发展和战略转型的需要，实现了人员管理工作重心由总量调控向结构优化的转变，着重提高人员配置效率。员工总量得到有效控制，员工的学历结构、岗位结构和区域结构得到进一步的优化，人员配置逐步向重点区域、重点业务领域倾斜。严格掌握人员录用及退出的标准和条件，坚持人员进入、退出审批制度，员工队伍的整体素质不断提高。关键岗位轮换和强制休假制度进一步完善，制度执行落到了实处。为适应《劳动合同法》的颁布实施，全面修订了劳动用工制度办法，进一步完善了我行劳动用工管理制度体系，有效维护了我行和员工双方的合法权益。根据内外经营环境的变化，适时调整了人员退出政策，改革了退养费核定与增长机制，健全了内部退养工作机制，维护了内退人员权益，实现了内退政策调整的平稳过渡。后勤管理体制改革、代办员清理转制工作等相继完成，自谋职业人员善后管理工作进一步完善，劳动争议调解机制日渐成熟，全行劳动用工关系更趋和谐稳定。

四、大力实施人才兴行战略，科学有效的引才、育才、用才、留才机制初步形成

围绕全行人才战略，抓住吸引、培养、使用、留住等关键环节，逐步建立了以培养、评价、使用、激励为主要内容的人才工作制度体系。通过编制 2009—2011 年人才发展战略规划，确立了未来 3 年人才发展战略和指导思想，对未来 3 年人才总量、人才结构和人才效能等方面作出了统筹安排，明确了优化和创新人才管理工作机制的方向。持续推进全员教育培训工程，特别是通过加大对高素质人才、关键领域人才的培养力度，带动和促进了全行各类人才协调发展。以岗位要求为核心，开展岗位任职资格培训、履岗能力培训和职业发展培训，着力建设培养领军型管理人才队伍，开拓型营销人才队伍和创新型专业人才队伍。根据岗位性质和任职要求建立健全业务职务序列，构建新的职务体系，构建科学规范的岗位任职资格体系，完善员工职务晋升体系，实现了员工职业发展多元化和专业化，拓展了员工的晋升通道。推进了非管理类员工职务改革，开展了非管理类员工职务聘任工作。积极引导员工开展职业生涯设计，注重中年员工职业发展，员工的职业归属感和方向感明显增强。

五、机构布局进一步优化，流程银行建设初见成效

机构管理体制改革不断深化，机构总量持续精简，机构布局更趋合理，扁平化改革深入推进，渠道战略规划稳步实施，机构整体功能进一步提升。加大了对低效网点撤并力度，加快改建二级支行、二级分行营业部及各类办事处，清理整顿各类延伸网点。加大重点区域的

进入力度，设立了工商银行西藏自治区分行，长三角、珠三角、环渤海等发达区域的机构占比逐渐提高，机构网络布局进一步优化。直辖市分行、直属分行、二级分行和部分省区分行扁平化改革逐步深化，城市分行竞争力明显提升。实施网点改造、功能分区、亮化美化工程，网点分层分类功能体系建设进展顺利。根据“下管一级、监控两级”的方针，不断优化机构监管体制，形成了境外机构内部等级管理办法和二级分行综合监管办法的基本框架，机构内部等级评价体系更加丰富完善，评价结果的应用范围进一步扩大。

组织机构改革和业务流程再造成效显著。全行自上而下实施了组织机构改革，建立了对公客户市场营销管理体系，细化了客户的分层分类管理；通过对总行信贷业务相关部门的职能分工进行调整，进一步优化了信贷业务流程，理顺了总行部门的职能分工，完善了前中后台分离的信用风险管理体系，搭建了大客户集中营销、专业产品专业营销的体制机制；建立起统筹成本、风险和资本约束的新型财务管理体系，推动了科学合理的激励约束机制建设；整合了本外币资金交易业务，实现了资金交易业务集中运作；建立了私人银行业务组织体系，私人银行业务逐步开展；扩充企业年金业务的外延，逐步开展养老金业务；调整了部分业务线的组织机构，进一步理顺了业务管理流程。

六、不断完善绩效考核和工资费用分配机制，以价值创造为导向的薪酬福利机制逐步建立

实行以经济增加值（EVA）为核心的绩效考核和工资费用分配机制，构建了开放式的绩效挂钩平台。通过以价值创造为导向、公开透明的工资费用资源配置模式，形成了股东价值和员工报酬同步增长的良性互动机制，也逐步使工资总量的内部区域配置结构渐趋合理。通过向经营效益好的分行倾斜，确保了我行薪酬在重点区域保持一定的市场竞争力。按照公司治理机制的要求，初步构建了科学合理的董事会成员、监事会成员、高级管理人员的激励约束机制。健全了高管层薪酬激励的组织机制和工作流程，加大了高管层绩效考核与银行经营业绩的关联度，实行基于平衡计分卡（BSC）的绩效考核体系。上收了分支机构的工资支付权，逐步实现了从二级分行到一级分行两个层级的上收改革，实现了总行对网点工资分配的全面监控。境外机构工资改革步伐进一步加快，有效稳定了外派人员队伍。在夯实基本医疗和基本养老保险的基础上，在全行范围内继续深化企业年金和补充医疗保险制度，员工福利保障体系进一步健全。

（总行人力资源部）

信息化建设

2008年，全行信息科技工作深入贯彻落实“科技引领”和“十一五”信息科技发展战略，在保持全行信息系统安全平稳运行的同时，不断加快应用创新步伐，持续提升科技管理水平，并启动了“1031”工程（即第四代应用系统）建设，巩固了我行信息科技在国内同业的领先地位，促进全行业务又好又快发展。

一、全面实现2008年重点科技工作目标和任务

（一）全行信息系统总体运行平稳，全年未发生全局性及关键业务系统全辖性生产事故。数据中心日均处理业务量达到8 686万笔，同比增长了565万笔；日峰值达到11 675万笔，同比增长了503万笔。在业务量不断增长的情况下，不断强化生产运行管理，信息系统可用率达到99.98%，为全行业务发展和经营管理的顺利进行提供了有力支撑。

（二）圆满完成信息系统奥运安全保障工作任务，经受住了雪灾、地震等自然灾害的考验。全行各级科技部门认真贯彻落实总行党委和监管部门关于奥运保障工作的有关要求，积极开展性能容量评估，提前做好系统、网络等基础设施容量扩充以及系统优化等各项准备工作，认真开展信息科技奥运专项自查和检查，使得奥运期间主要业务时段信息系统可用率达到100%，实现了“平安度过奥运”和“生产运行零事故”这一总体目标，为我行在奥运期间为客户提供优质服务奠定了坚实的基础。

在我国南方遭遇雪灾天气以及四川地震发生后，全行各级科技部门快速采取应急措施，尽快恢复生产，为受灾分行紧急调配ATM设备，实施电话银行成都分中心人工坐席转移，及时推出网上银行公益捐款栏目等。在两次灾害事件期间，全行二级分行及以上机房的供电、通讯和业务运行全部保持正常，全行信息系统基础设施和应急处理能力经受住了严峻的考验。

（三）根据全行业务发展及经营管理需要，完成全

功能银行系统2008年版本的开发与投产任务。全年完成4个综合版本和3个普通版本的研发、测试及投产工作，涵盖420个应用类新项目和488个优化项目；应用研发规模达到62万个功能点，同比增加27%。各分行积极主动地开展本行特色业务开发工作，共研发了644个应用项目，促进了分行本地特色业务的开展和经营管理水平的提升。

（四）正式启动“1031”工程建设。为了构建具有灵活性、先进性、高性能、抗风险的应用架构体系，满足我行未来架构重组、业务流程变动、产品快速创新和经营管理变革的需要，经过一年多的研究论证，我行启动了第四代应用系统建设工作（简称“1031”工程建设），明确了2009—2011年3年的工作任务和计划。

二、狠抓生产运行管理，全行信息系统运行平稳

（一）生产运行自动化、规范化水平进一步提升。丰富系统监控和性能容量管理手段，提高了主机性能统计分析和容量预估以及主机系统监控水平；完成了软件版本与补丁分发产品新版本在两大数据中心的实施推广，推动开放平台批量操作自动化改造，提高了生产操作的自动化水平；组织完成用户集中管理系统在全行的推广工作，为用户集中管理和安全审计提供了工具平台，进一步提升了我行开放平台的安全管理水平。

（二）全行应急灾备体系进一步完善。组织完成2008年度全行业务灾备应急演练，以及金融市场部、资产托管部的集中式营运中心的业务灾备切换演练，提高了我行的业务连续性运作水平；制定灾备等级标准要求并对所有应用系统的灾备等级进行划分，为未来3年灾备体系优化实施奠定基础；完成一级分行生产系统建立远程监控和操作环境项目在浙江、广东、山东分行的试点投产，为项目在全行的推广奠定基础。

（三）加强科技基础建设，进一步提升服务能力。优化数据中心主机资源，完成主机和存储系统的升级扩容，进一步提高了主机核心系统的业务处理能力；启动数据中心（上海）园区扩建工程和“两地三中心”建设研究，以满足我行业务发展和信息系统业务连续性不断提高的要求；持续加大设备投放规模，全年新增ATM（含一体机）8 000台，使全行安装在用的ATM设备数量达到28 600余台；在全行推广VOIP电话和IP电话系统，开通工银亚洲、澳门、新加坡、东京等16家境外机构的视频会议系统，有效降低了办公成本，提高了科技资源的使用效益。

（四）信息安全防护工作进一步加强。全面梳理信息系统安全防护框架，制定《信息及信息系统安全等级定级指南》和《信息系统安全等级保护实施办法》，落实各项信息系统安全等级保护要求；制订全行客户端安全管理方案，并完成了客户端网络接入准入控制、客户端操作行为控制等内容的试点；开展应用系统内部重要信息安全防护，完成了应用系统信息展示安全控制项目在CS2002、行业信息库、CM2002等系统的试点，为后续进一步推广奠定基础；组织信息安全技术小组开展专项分析和研究，做好信息安全事件的应急响应和技术支持。

三、应用产品研发和系统推广工作取得重大进展

（一）深化个人客户服务产品创新，积极支持“大个金”发展战略。推进“五个统一”工程的实施，完成银行户口项目开发及在部分地区的投产，实现了客户账户信息的统一管理；组织完成私人银行系统一期项目的研发与投产；推出工银财富卡、个人支票等创新型金融产品，优化本外币理财产品销售系统；完成“专业化经营系统化管理”改革及绩效评价项目的研发和投产；组织完成北京、福建、大连、山东、辽宁等12家分行金卡业务上收并对金卡前置应用进行优化，进一步改善了我行用卡环境，提高了金卡前置应用系统的性能。

（二）丰富对公产品功能，提升对公司客户的服务水平。推进结算与现金管理产品升级，全面整合现有业务系统、产品功能、服务渠道、定价策略、营销管理，进一步提升现金管理产品的市场竞争力；丰富财智账户创业系统功能，推出智富通卡，满足中小企业客户日新月异的服务需求；建立银银合作平台，为不断丰富银银合作业务、创造新利润增长空间提供有力的系统支持。

（三）适应国际化发展战略需要，加快境外机构业务系统的研发及推广。进一步丰富完善FOVA系统功能，实现了境外机构批发业务、网上银行、银行卡业务以及ATM/POS收单等业务从无到有的突破性跨越，基本覆盖境外机构的所有业务；全面完成FOVA系统在诚兴银行、首尔分行和新加坡分行的推广以及在工银印尼的试运行，有力支持了相关境外机构的业务发展。

（四）加快新兴业务建设与推广，推进金融市场、债券等业务快速发展。研发业务对账系统，进一步提高了外汇资金交易数据一致性和准确性；完成总分行交易系统RET－AD的实施和投产，投产全行债券投资系统，实现全行统一的债券业务管理，提升了我行债券交易内部管理水平；优化融资业务系统管理模式，提高我行在市场化产品中的定价水平；完成黄金对公现货及递延业务系统、黄金交易二级系统、黄金代理清算业务系统等系统的投产，全面推进我行黄金自营及代客业务的发展。

（五）优化电子银行产品体系，丰富业务交易渠道。完成WAP手机银行项目的研发与投产，丰富了我行的业务交易渠道；投产个人网上银行贵宾服务项目，为我行贵宾客户提供了“贵宾服务专区”等“五专”

服务；加强网上银行交易安全，开发并投产二代U盾，进一步提升U盾的安全等级；整合一体化电话银行后台应用，实现南、北托管中心所辖人工坐席资源统一调度；研发推出银保平台，支持各类保险公司（寿险和财险）的多种复杂型保险产品的代理销售，加快保险产品创新和上线速度。

（六）完善风险管理体系，提升我行风险管理水平。完善非零售信用风险内部评级法系统，丰富债项评级系统功能，进一步提高了我行信用风险控制能力；完善业务运营风险管理系统，扩大业务运营风险管理系统覆盖监控点范围；完成市场风险管理系统一期投产，实现每日VAR值计量及3个历史时点VAR计量，全面提升我行市场风险管理水平；完善法人不良贷款管理系统，实现了对法人和个人不良贷款、账销案存资产等风险资产的清收、转化、处置等管理流程的整合、优化，建立并完善了风险资产管理的信息化处理手段。

（七）丰富资产管理系统功能。完成新一代个人贷款核算二期项目的研发与投产，实现对个人信贷业务产品服务的进一步优化完善和业务创新支持；推进信贷作业监督系统建设，投产个人、法人信贷作业监督系统，全面优化完善了信贷作业的监督管理，实现信贷业务档案的移交、监督检查、资料入库的全流程管理，以及信贷作业监督的电子化、流程化、自动化；推出间接银团贷款、机构客户授信额度管控系统、CM2002英文版、PCM2003联动公民身份联网核查系统等改造项目，进一步丰富优化信贷管理系统功能。

（八）积极推动业务流程再造。推动公司信贷业务流程优化，完成了审批流程优化、影像扫描客户体验优化等优化工作，全面完成个金流程再造一期二三阶段任务；全面推动单证中心建设，共有27家境内分行实现单证业务集中处理，并实现了新加坡、首尔等境外机构的单证业务集中至总行单证中心处理。

（九）优化数据仓库体系，提高管理信息化水平。完成数据仓库业务投产，进一步优化ETL性能，构建更加成熟、稳定的数据仓库技术平台；推进数据集市整合改造，将非零售内部评级系统数据源切换为数据仓库，分步实现1 104报表、个人目标客户监测系统数据源切换为数据仓库；建立数据质量管理平台，为开展全行数据质量治理工作提供有效的支撑手段，并配合业务部门开展对公应用数据治理工作；建立财务会计报告管理系统，实现各项对外披露信息的自动化生成，满足我行对外信息披露的及时性、准确性要求。

（十）及时完成人民银行、银监会等监管部门相关应用系统以及政策性项目的研发任务。根据人民银行的相关实施计划，成功上线港币直接参与者功能，并陆续开通了英镑、欧元、日元等币种业务，并投产实施了欧元、日元的结算行功能；优化反洗钱监控系统，提高反洗钱报送数据质量；开展储蓄国债代销系统的升级改造，进一步丰富业务品种及管理功能；完成小额支付系统改造，做好人民银行企业征信、个人征信系统版本开发投产。

四、加强全行科技管理，不断提高科技管理的标准化、规范化水平

（一）信息科技管理制度和各项技术规范进一步健全。完善信息科技管理制度，形成了由30个管理办法、60个实施细则和30个管理手册组成的较为完整的科技管理制度体系；发布《信息科技专业检查指引》，涵盖73个检查指引表、2 010个检查要点，进一步提高了科技管理制度的科学性、全面性和操作性；健全技术规范体系，制定、修订《信息系统安全等级保护实施办法》、《信息及信息系统安全定级指南》等19项技术规范，提高了全行科技管理的标准化、规范化水平。

（二）优化科技管理流程，落实各项管理措施。建立技术架构评审会制度，确保了科技项目的投资、资源充分体现业务的方向和需要，使技术架构规划工作更加科学化、规范化、合理化；积极推动数据标准化管理，修订数据管理办法和《数据生命周期管理技术规范》，同时开展相关数据清理、归档、备份工具的建设和优化工作。积极开展专利的发掘和申请工作，全年获得《分布式业务系统中的软件版本升级系统及其方法》等9项专利授权，使我行拥有的专利数量达到72项，标志着我行在自主创新技术的保护强度得到进一步加强。

（三）全行科技队伍建设进一步加强。全行科技队伍数量稳步提高，信息科技专业人才培养力度进一步加强，先后开展了信息安全、网络、项目管理、运行管理以及系统分析等方面的高级专业培训，同时开展各类基础性的岗位培训，提高了技术和业务人员的知识水平和管理能力。

2008年，我行再次入选国家信息化测评中心发布的“中国企业信息化500强”并位列第一；获得英国《银行家》授予的2008年度“最佳业务连续性管理奖”，再次彰显了我行强大的科技实力。

（总行信息科技部）

积极履行社会责任

2008年，面对国内外经济形势急剧变化的严峻挑战，面对突如其来的特大自然灾害的冲击，面对奥运会对金融服务的高标准要求，我行坚持履行企业的经济和社会责任，在应对时艰、服务大局中保持了健康平稳的发展势头，为国家、股东、员工、客户及社会创造了新的价值，进一步确立了我行优秀企业公民的形象。2008年，我行先后荣获“人民社会责任奖”、“最佳企业公民”、“中国企业社会责任榜：杰出企业奖”、“最具社会责任十佳上市公司”等企业社会责任大奖，同时还荣居2008年“中国50家最受尊敬上市公司”榜首、“国有上市企业社会责任榜”百强第3名。

一、抗灾救灾情况

2008年初，我国南方遭受了罕见的雨雪冰冻灾害。为帮助受灾地区尽快恢复生产生活，我行在有效防范风险的前提下，开辟了抗灾救灾贷款快速审批通道，先后提供贷款312亿元，有力支持了煤电油运等企业恢复生产，支持了与民众生活密切相关的食品及其他生活必需品的生产和购销。为帮助灾区群众解决实际生活困难，我行还积极组织开展捐款活动，共向受灾地区捐款1 085万元。

2008年5月，汶川特大地震发生后，总行党委按照党中央的指示，快速反应、紧急动员、周密部署，团结和带领广大干部员工全力投入抗震救灾工作中，表现出万众一心、众志成城、迎难而上、百折不挠的抗灾精神。全行各级机构和广大干部员工踊跃向灾区人民伸出援手、奉献爱心，共计向灾区捐款14 191万元（其中境内外员工捐赠8 869万元），交纳特殊党费5 305万元、特殊团费184万元，捐助价值约50万元的抗震救灾物资，是这次抗震救灾中捐款最多的金融机构。

同时，我行向抗震救灾部队官兵紧急发放了“抗震救灾牡丹联名卡”，解决了部队临时资金周转需求问题；迅速启动信贷业务应急审批流程，累计发放抗震救灾及灾后恢复生产贷款288亿元；及时抢修受灾网点和设施，向灾区紧急调拨100台ATM设备，满足了灾区人民的需要；为确保向客户提供连续的信用卡坐席服务，在地震发生当日，即完成了电话银行成都分中心的人工坐席业务向北京、上海两大电话银行托管中心的转移。我行还创造性地组织“流动银行”，搭建“帐篷银行”和“板房银行”，千方百计创造条件恢复网点营业，以最快速度重新搭建起抗震救灾的金融大动脉，受到了监管机构和社会各界的广泛称赞。

我行加强对全行信息系统的监控，加大对受灾地区分行的技术支持力度，为确保我行受灾网点率先恢复对外服务提供了有力的技术保障。与此同时，紧急完成个人网上银行公益捐款流程改造，迅速开通了网上银行、手机银行等电子银行捐款专属免费通道，及时宣传和引导客户通过电子银行专属通道捐款，确保公益捐款渠道通畅，第一时间将善款传递到位。在震后的两个月内，即通过电子银行为全国各地175家慈善机构传递善款超过20万笔，金额达到7 200余万元。

我行员工主动前往各地医疗机构参加义务献血，有些员工还加入志愿者队伍，利用公休假参加北川、唐家山堰塞湖等地的救灾抢险。在这次特大自然灾害面前，在国家和人民最需要的时候，我行千方百计为灾区提供特别支持和服务，以实际行动诠释了“您身边的银行，可信赖的银行”的庄严承诺，获得了中国红十字总会颁发的“中国红十字勋章”。全行多个组织及个人被银监会、全国总工会、中国金融工会、中央金融团工委等部门授予先进集体和先进个人荣誉称号。

二、绿色银行建设

（一）绿色信贷。2008年，我行积极利用行业和客户信贷政策，建立信贷支持节能环保的长效机制，进一步推进信贷业务结构调整，有效实现经济利益和社会责任的平衡。

1. 严格授信审批。2008年，全行授信业务部门严格落实国家环保政策法规、节能减排工作要求，深入贯彻绿色信贷评审机制，实行环保政策的“一票否决制”，从严审查环评、土地、项目核准、备案等项目审批文件，将企业环保守法情况作为授信的前提条件，对达不到准入标准的客户和不符合“四个必须 ”条件的项目坚决不予贷款。对限制类项目，一律不增加融资，对淘汰类项目，禁止各类融资支持。在评级授信审查过程中，加强对客户能耗水平、环境影响的风险评价，审慎评估与核定高耗能、高污染和产能过剩行业客户的信用等级和授信额度。对环保违法企业和项目、降耗减排不达标、管理落后的企业从严掌握授信政策，加大融资压缩力度，真正将我行的行业信贷政策落到实处。

2. 主动调整信贷结构。目前，我行已对国家明确的高耗能、高污染行业制定了具体的行业信贷政策，对行业内企业实行名单制管理，同时加快对行业内劣势客户和落后产能的信贷退出步伐。在实际操作中，我行对拟继续支持的存量客户进行了类别划分，并制定了配套的基本信贷原则；对新建项目和新建信贷关系企业参照国家相关标准实行严格的信贷准入管理；对技术装备水平、污染物排放不符合国家相关政策、制度标准要求的企业，视具体情况制订压缩、清退计划，并通过我行信贷管理系统实施业务控制和计提模拟拨备制度，有效控制对“两高”行业的贷款，进一步优化贷款结构。2008 年，我行共对“两高”行业 152 户企业的 35.22 亿元贷款实现了清退。

3. 积极支持环保产业发展。我行积极探索金融创新业务，逐步加大对环保工程及相关技术推广的信贷支持力度，通过业务转型建设“绿色银行”。积极支持国家确定的十大节能重点工程、十大环保重点工程、具有良好发展前景的企业为实现节能减排进行的技术、设备更新和改造，提高我行和客户的可持续发展能力。2008 年末，我行由国家环保部门认定的环保合格以及环境友好企业数量约占境内分行法人客户数量的 99.87%，贷款余额约占境内分行法人客户贷款余额的 99.92%。

2008 年，我行加大对节能减排、循环经济等企业和项目支持力度，优先考虑“绿色信贷”领域资源综合利用项目、新能源开发利用项目、有助于改善人居和生态环境等项目。共发放节能环保项目贷款 491.53 亿元，同比增长 69.17%。

4. 制度建设。2008 年，我行组织全行分支机构开展了对全部有融资余额的境内法人客户环保依法合规情况的全面检查，并根据检查及与当地环保部门沟通的结果，将企业环保信息逐户录入我行 CM2002 系统中，在全行范围内初步建立了对境内有融资余额法人客户环保信息的识别、监控、反馈与处置机制。2008 年，我行累计对 146 户环保潜在风险客户进行了系统锁定，涉及贷款余额 51.25 亿元，在企业整改合格前停止发放任何形式的融资。

（二）降低自身经营能耗。2008 年，我行通过在内部经营管理中大力推广无纸化信息理念，全面实行网络化、电子化办公，大量减少了纸质材料使用和社会资源占用；在具备条件的办公场所提供使用可回收、可降解材料，推广使用环保产品，不断减少人均能源消耗和减少污染。各分支机构按照国家环保节能政策和我行的有关要求，加强办公区域水、电、暖的管理，严格落实办公节能降耗。

（三）倡导电子银行业务。我行在继续满足客户原有需求的前提下，坚持以客户为中心，不断加强电子银行产品和服务创新，深入推行电子银行业务。通过电子银行为客户提供无纸化服务，有效降低银行对实体经营场所的依赖，减少碳排放。2008 年末，我行通过电子银行完成的业务量已占全行总业务量的 43%。

三、捐助公益

（一）慈善捐助。2008 年，我行结合贫困地区经济社会发展具体情况，努力为贫困地区民众办实事、办好事，受到有关部门和社会各界的充分好评，先后被中国扶贫基金会授予“2008 中国民生行动先锋”，被国务院扶贫办评为“中央国家机关等单位定点扶贫先进单位”。

2008 年，我行积极与中国扶贫基金会合作开展“扶贫月捐计划”，支持我国扶贫事业发展，将扶贫月捐汇划业务的手续费作为向中国扶贫基金会的捐赠而免予收取。与中国银联携手发行了国内首张慈善主题信用卡——“中国红”慈善信用卡，持卡人无须特别支出，只要积极办卡、刷卡，发卡银行和中国银联就会向中国红十字基金会“中国红行动”进行捐款。向国际小母牛组织捐资 120 万港元，指定用于四川省南江县及通江县等地开展家庭养殖项目。继续开展“中国工商银行光明行”活动，捐资 70 万元再次资助四川省通江县、南江县、万源市 700 名贫困白内障患者实施复明手术；捐资 270 万元冠名赞助了“健康快车——工商银行凯里光明行”项目，为贵州省凯里地区 1 100 名贫困白内障患者免费实施复明手术。中华健康快车基金会因此授予我行“光明功勋奖”。

我行努力探索绿色扶贫新模式，于 2008 年全面启动了以农村沼气开发为核心的绿色扶贫项目。截至 2008 年末，我行已投入资金约 200 万元，共建成沼气池 260 口，近半数已投入使用。南江县建成 120 口沼气池后，每年户均增收节支 3 000 余元，全村每年新增经济效益 36 万元，可直接减少煤炭使用量 24 万公斤，保护植被 240 亩。

（二）扶助文教事业。2008 年，我行共投入 60 万元扶助教育资金，在四川省通江县、南江县、万源市成功举办“中国工商银行第六届优秀贫困大学生助学行动”和“中国工商银行第六届优秀山村教师评选活动”，资助名额由往届的 60 名扩大到 100 名，选择对扎根山区教育工作的优秀乡村教师和品学兼优但家庭经济条件特别困难的新入学大学生进行资助。

2008 年，我行继续向北京大学捐赠教育基金 100 万元；继续冠名赞助“CCTV 中国工商银行杯感动中国年度人物评选活动”；捐助 50 万元支持中国钱币学会进行学术研究；资助 16.5 万元帮助“母婴平安工程”、“幸福工程”等公益活动。各分行也积极扶助文教事业，上海分行大力支持由中国文联和中国曲协联合主办的“中国曲艺牡丹奖”上海赛区的比赛；北京分行与共青团北京市委联合主办 2008“中国工商银行杯”首都大学生辩论邀请赛，共有 32 支首都高校辩论代表队直接参与辩论。

（三）志愿者活动。2008年，我行积极推动全行青年志愿者活动的品牌化、规范化，开展了一系列以"献爱心、讲责任、促和谐"为主题，以"中国工商银行青年爱心行动"为统一名称的青年志愿者活动。全年共开展各类员工爱心行动1 745次，参加员工8万余人次，直接受助者18万余人次，捐赠金额（不含抗震救灾捐款）300余万元。

2008年3月5日，我行举行"青年志愿活动与企业社会责任"论坛和启动仪式，确立了"中国工商银行青年爱心行动"的全行青年志愿者活动工作品牌，在全行掀起了一轮新的青年爱心行动高潮。

四、实施送温暖工程

我行一贯秉承"以人为本"的理念，大力培植优秀的企业文化，努力创造舒适的办公环境，提供更为广阔的职业生涯发展空间，建立完善的员工激励机制，促进员工与企业共同成长。

2008年，我行积极改进困难员工帮扶救助工作，认真研究和探索建立特困救助长效机制的途径，有效解决了特困救助资金的来源和渠道，保障了全行特困救助工作的有效开展。全年送温暖工程总计支援困难员工1.94亿元，其中包括从总行特困救助金中拨付1 298万元，对全行11 022名特困员工进行了救助。元旦、春节期间，我行高级管理层人员分别到辽宁、大连、广西和广东等分行走访员工家庭，慰问困难员工。我行组织开展了全行特困救助金管理情况的调研，对现行特困救助金管理办法进行修改和完善。四川汶川特大地震发生后，我行及时组织对四川、甘肃、陕西等受灾分支机构员工及家庭人员伤亡、房屋及财产损失和受灾员工子女就学造成家庭生活困难情况进行摸底调查，积极开展了有针对性的帮扶救助工作。

（总行战略管理与投资者关系部）

个人金融业务

2008年，全行围绕"打造第一零售银行"的总体目标，全面推进"以客户为中心"的个人金融业务与经营管理体制转型，改善和提高客户服务能力、整体营销能力、持续盈利能力和市场竞争能力，实现了个人金融业务的持续稳健发展。截至2008年末，全行个人金融业务创造营业贡献901.37亿元，实现税前利润618.13亿元，同比增长35.61%。

一、"两化"改革深入推进，经营管理机制改革成效显著

截至2008年底，所有二级分行、直属分行均已经实施了"两化"改革，直辖市分行"两化"改革逐步试点，个金专职分管副行长制度也逐步建立，内部机构职能进行了整合。在考核机制上，部分改革行建立了"双重管理、双线考核"机制，新的体制和机制对全行业务快速发展起到了积极的推动作用，使得我行个人金融业务在不利的经济、金融环境下，仍然保持了稳定发展。2008年末，全行个人客户1.9亿个，其中个人贷款客户482万个；全行储蓄存款和个人贷款市场份额分别为18.1%和9.2%。

二、产品创新力度加大，业务发展保持市场领先优势

（一）进一步强化了储蓄存款对个人金融业务发展的基础性作用。全行不断改进储蓄存款发展模式，提高客户综合回报，促进储蓄存款快速增长；加强与公司、机构业务联动营销，增加代发工资客户，拓宽储蓄资金来源；加强理财产品与储蓄存款协同发展，提升理财业务服务水平，吸引客户资金。同时，2007年加息政策累积效应显现及2008年资本市场低迷，也推动了储蓄存款增长。2008年末，全行储蓄存款余额为40 102.48亿元，比上年末增加7 661.74亿元，增长23.6%。

（二）建立需求引导型理财产品创新模式，拓宽产品来源，适时推出了"灵通快线"超短期及固定期限（四周滚动型）、"珠联币合"增强型浮动收益、股权收益权、葡萄酒收益权等多款市场首创理财产品，成为国内理财业务市场创新的领先者。围绕客户对信贷类固定收益理财产品大幅增长的需求，及时引入"信托+理财"业务模式，推出多款信托融资类热销产品，有效维护了客户资源。

（三）继续加大代理基金业务产品和服务创新工作力度。推动基金专户理财业务准备工作，一方面认真分析客户需求，跟踪最新政策；另一方面，联合合作基金公司开展基金专户理财产品设计，初步制订了30余个产品方案，构建完成具备各种风险收益特征的专户理财产品线。参与了国内首只QDII券商集合理财产品的代理推广工作。面对不利的市场环境，进一步加大基金定投的推广力度，扩大债券、货币基金销售，实现了基金

销售额、客户数量、收入等多项指标的市场占比第一。

（四）将银保通系统的开发和应用作为促进代理保险业务合规经营的切入点，2008 年银保通系统分 4 批次投产，共有 15 家寿险公司和 5 家财险公司，总上线公司数达到 28 家，上线保险产品达 210 款，数量居同业之首。大力开展保险营销推广活动，促进了业务稳定发展。截至 2008 年末，全行实现代理保险业务收入 27.44 亿元，较 2007 年增长 142.83%。

（五）丰富和创新个人贷款服务，促进个人贷款业务稳定发展。完善直客式个人住房贷款，为住房贷款客户提供更多增值服务，推出按周还本付息、“随心还”等还款方式；开展银保通个人人寿保险单质押贷款业务，提高了贷款的便利性和贷款的额度；推出存贷通理财增值服务等措施竞争优质客户。截至 2008 年底，我行个人贷款余额为 8 112.47 亿元，较年初增加 683.73 亿元，增长率为 9.2%。其中个人住房贷款（含个人商用房贷款）新增 621.45 亿元，增长率为 10.23%；个人消费贷款新增 100.77 亿元，增长率为 11.07%；个人经营贷款减少 38.49 亿元。

三、创新客户服务模式，抢占中高端客户市场

坚持“以客户为中心”的经营理念，通过提升客户服务水平积极推动中高端客户发展，优化了客户结构。2008 年我行已建立起统一客户视图下的网点分类管理体系，将营业网点划分为财富管理中心、贵宾理财中心、理财网点和金融便利店 4 个层次，初步形成了具备统一网点模式、统一标识形象的中高端客户专属服务平台。加强客户经理队伍建设，全面开展 CFP 和 AFP 培训，打造了国内最大的金融理财师队伍，提升了理财服务专业水平。全行以此为基础全面开展“理财金账户”服务升级营销活动，大力推广“六专”贵宾理财服务体系，促进了中高端客户数量和金融资产的快速增长。面向全行中高端客户，推出了以“财富积分、真情回馈”为主题的个人综合积分营销活动，提升了客户满意度和忠诚度。

不断推动全行发展财富管理业务。面向金融资产 100 万元以上高端客户创新金融理财与增值服务，优化财富管理服务流程，丰富专属理财产品，开发机场贵宾、医疗、教育等增值服务项目，各分行还结合本地财富客户需求，整合外部高端合作资源，举办“红酒品鉴”、“高尔夫畅谈”、“艺术品鉴赏”等主题沙龙，有效提升了在财富管理高端客户市场的竞争力。

四、全力拓展牡丹灵通卡市场，促进全行借记卡业务快速发展

深入挖掘优质的客户资源，以牡丹灵通卡作为市场拓展工具，重点做好牡丹灵通卡与各类个人金融业务的捆绑销售。遵循“以卡先行，再办业务”的原则，充分发挥牡丹灵通卡“综合交易账户”作用，将牡丹灵通卡与代发工资、基金、保险、理财产品、结算汇款、个人信贷、网上银行、电话银行等产品打包销售。将发展牡丹灵通卡与调整客户结构结合起来，瞄准潜力及中端客户发卡，以资产实力较强的中端客户和成长性好的潜力客户持续置换综合贡献度低、发展潜力小的低效客户。2008 年末，借记卡发卡量为 1.99 亿张，比上年末增加 1 253 万张；实现年消费额 5 413 亿元，增加 870 亿元。

（总行个人金融业务部）

公司金融业务

2008 年，全行公司业务系统坚定不移地开拓优质市场，不断创新金融服务，全面推进业务转型，强化营销组织与管理，圆满完成各项目标任务，继续保持同业领军者地位，各项工作取得显著成绩。

一、盈利能力强劲增长，效益与质量稳步提高

2008 年，全行继续实施市场领导者战略，巩固和拓展优质客户市场，努力提高综合收益水平。截至 2008 年末，全行公司业务利润贡献达 1 113 亿元，增长 53%；实现 EVA 近 789 亿元，增长 87%；贷款收益率持续提高，由 2007 年末的 6.32% 提高到 7.13%；贷款质量持续改善，公司贷款不良率为 2.87%，下降 0.61 个百分点。

二、合理把控信贷投放节奏和力度，公司存贷款业务稳健增长

2008 年，全行合理调度信贷规模余缺，有序安排信贷投放，确保重点客户、重点项目融资需求，本币存贷款余额、增量均位居同业第一。截至 2008 年末，境

内分行本币公司贷款余额 31 329 亿元，增加 3 891 亿元，增幅为 14%。其中项目贷款 16 136 亿元，增加 2 774亿元；流动资金贷款 11 773 亿元，增加683 亿元；房地产贷款3 420 亿元，增加434 亿元。本币公司存款余额为21 679 亿元，增加 1 574 亿元，增幅为8%。一般现汇贷款余额为 108 亿美元，减少48 亿美元。国际贸易融资累计发生额为335 亿美元，增长32%；对公外汇存款余额为158.6 亿美元，增加33 亿美元。

三、坚持拓展优质市场，重点客户和项目营销成绩显著

全行始终把维护和拓展优质客户市场作为重中之重，突出综合化服务和个性化服务，促进了客户结构进一步优化。截至2008 年末，AA－级以上优质客户贷款余额占比69%，提高0.51 个百分点。为积极配合国家扩内需促增长的战略部署，加强与政府和央企的合作，总行分别与山东、湖北、浙江、广东省政府以及铁道部、交通部、国家电网、中核集团、华能集团等单位签订战略合作协议或进行会谈，储备大型优质项目贷款约1 万亿元。通过创新金融服务，成功营销武广铁路客运专线、京沪高速铁路、辽宁红沿河核电、福建宁德核电、山东海阳核电、中哈原油管道、防城港钢铁基地等特大型项目，积极支持国家电网改造、铁路基建、重点城市市政改造等重点项目，确保了我行在电力、交通、城建等行业的市场领导者地位。

四、抓住市场机遇，债券承销取得突出成绩

2008 年，全行实施重点客户、重点行业、重点区域攻坚战术，以较大优势夺得债券承销同业占比第一名。截至2008 年末，全行共承销短期融资券和中期票据1 519 亿元，市场占比为26%，同比提高10 个百分点，发行量领先第2 名近1 倍，实现承销费收入4 亿元。其中，为37 户企业承销发行823 亿元短期融资券，同比增长54%，市场占比为20%，领先第2 名155 亿元；为11 户企业承销发行696 亿元中期票据，市场占比为41%，领先第2 名501 亿元。在电力、冶金、交通、石化、电信五大行业，北京、上海、山东等资源相对丰富地区的分行全面实现同业占比第一。完成了中石油、中石化、中国电信、中国网通、国家电网、铁道部、鞍钢集团等大客户百亿元以上债券承销业务，储备了一汽集团、中海油、中信集团、中石油股份、国家电网等一批百亿元以上承销项目，储备项目预计发行金额约1 200 亿元。

五、公司业务转型成效显著，中间业务收入迅猛增长

全行加大交叉销售、综合营销力度，着力推动公司信贷向公司金融业务转型，大幅提高客户综合回报率。2008 年，根据铁道部、京沪高速铁路公司、中石油、首都机场集团、中国电力财务公司、中广核集团、海尔集团、中国烟草总公司、大飞机公司等客户个性化需求，量身定制涵盖贷款、银行承兑汇票、短期融资券、中期票据、信托贷款、委托贷款、保理、资产证券化及企业债、现金管理、保函等产品的组合化金融服务方案，通过有竞争力的综合融资成本和个性化服务有效满足企业的合理需求，并率先推介，取得了良好效果。截至2008 年末，全行公司中间业务收入达197 亿元，同比增长77%，占全行中间业务收入的44%。以总行牵头营销客户为例，债券承销、顾问类业务、现金管理、企业网银、国际结算和企业年金业务覆盖率分别达到16%、38%、62%、80%、60%和15%。

六、加大产品创新力度，不断提升公司金融业务市场竞争力

2008 年，全行密切关注并快速响应市场变化，不断研发适应市场需求的金融产品和服务，为公司业务发展提供了强大的动力支持。一是推动信贷余额管理向流量管理转变，努力做大“信贷项目池”，并获得初步成效。全年共受理近300 个项目、共计256 亿元的入池申请，从中遴选了169 亿元项目进行入池处理，实际操作了100 余亿元，为我行提高资产流动性管理水平，促进信贷结构调整和收益结构优化发挥了积极作用。二是创新理财业务模式，不断推出新型理财产品，满足客户个性化理财产品需求。针对中石油系统主要客户理财需求，为客户进行专属理财产品研究和设计，从确定理财业务模式、制订理财方案、组织资产包与之对接等多方面入手，最终实现中石油财务法人理财40 亿元，探索出一条针对大型集团客户推广标准化法人理财业务的新思路；研究推出国内首款期酒概念理财产品“中粮期酒认藏消费＋投资理财”，探索出实物消费与投资理财创新相结合的新模式。三是大力发展银团贷款，进一步优化公司贷款品种，分散信贷风险，提升我行市场地位及综合效益。2008 年全行共签约银团贷款150 余笔，总金额约10 910 亿元，承贷金额934 亿元，保持了同业领先地位。四是加快探索新型抵押担保方式，研究推出采矿权抵押贷款新产品，积极拓展拥有矿产资源客户的信贷业务。努力探索经营权、林权、更多种类收费权等新型抵押担保方式，不断拓展信贷业务空间。

七、营销体制改革稳步推进，公司业务系统管理进一步加强

经过多年探索和努力，我行在直接营销、牵头营销、联动营销等方面积累了宝贵经验，取得了显著成效。在总行牵头营销的客户中，各项业务同业占比不断提升，总行、分行协调联动进一步增强，对客户需求的

反应速度进一步提高。更重要的是，按照“层次清晰、分工合理、权责明确、整体协调、充满活力”的新型营销体系建设总体思路，制定了公司客户分层营销体系指导意见。同时，还起草了加强公司客户经理队伍建设实施意见，从人员配备、培养选拔、任职资格、辅助岗位设置、日常管理、考核激励等方面入手，全面加强公司客户经理队伍建设。这些办法的制定，为增强公司业务的系统推动能力和市场竞争力奠定了良好基础。

八、不断完善金融服务，积极支持中小企业发展

2008 年，全行加强金融产品和服务创新，改进业务管理机制，积极支持符合产业和环保政策、市场发展前景好的中小企业客户，推动中小企业业务健康发展。完善中小企业金融服务组织体系，试点成立小企业金融服务专业支行和小企业服务中心等专营机构，建立小企业贷款审批绿色通道，充实融资产品种类，提供全方位、一站式、综合化金融服务。依托交易链延伸，积极发展有真实物流和现金流的贸易融资业务，推进小企业贸易融资业务发展。加大产品创新力度，开发循环贷款产品，满足小企业灵活性用款需求。探索小企业资产证券化、小企业集合债券等新业务，多渠道支持小企业资金需求。荣获中国银监会“全国小企业金融服务先进单位”称号。2008 年，境内分行共向 36 267 户小企业发放贷款 3 572. 29 亿元。

九、抗灾救灾成效显著，加快灾区生产生活恢复进度

针对 2008 年初我国南方地区低温雨雪冰冻及 5 月份四川汶川特大地震灾害，全行快速反应，多举措为抗灾救灾工作提供金融支持，保证抗灾救灾资金及时到位。在意向性融资支持上，向遭受重创的东方电气集团、四川省电力公司、四川高速公路建设开发总公司分别出具 100 亿元、300 亿元、360 亿元融资支持函。在贷款发放上，共发放各类救灾贷款 350 亿元，其中四川分行 239. 83 亿元、陕西分行 19. 85 亿元、重庆分行 4. 12 亿元、甘肃分行 10. 3 亿元，有力推动了灾区电力、燃气、交通等基础设施和城市道路桥梁建筑企业、大型装备制造企业生产的恢复和灾后重建工作。

（总行公司业务一部）

债券与融资业务

2008 年，我行本外币债券自营业务、债券代理业务与人民币同业融资业务健康发展，制度创新和产品创新能力不断加强。

一、债券自营业务稳步发展

2008 年，全行本外币债券投资业务进一步发展，债券组合进一步优化，债券资产占总资产的比重进一步上升，债券投资利息收入进一步扩大。截至 2008 年末，全行人民币债券投资余额比年初增加 216 亿元，增幅为 0. 75%。我行本外币债券投资按持有目的划分的账户余额情况见下表。

项目	本外币		人民币	
	余额（亿元）	占比（%）	余额（亿元）	占比（%）
以公允价值计量且其变动计入当期损益类	228. 89	0. 76	226. 77	0. 78
可供出售类	5 147. 05	17. 04	4 254. 45	14. 63
持有至到期类	13 205. 88	43. 71	12 967. 03	44. 60
应收账款类	11 627. 68	38. 49	11 627. 68	39. 99
合计	30 209. 50	100. 00	29 075. 93	100. 00

二、债券代理业务稳居同业之首

2008 年，我行共代理发行凭证式国债和储蓄国债（电子式）8 期，金额合计 611. 67 亿元，发行手续费收入合计 3. 62 亿元，市场占比达 32. 31%，稳居同业之首。其中，代理发行凭证式国债 5 期，金额合计 390 亿元，手续费收入 2. 73 亿元，市场占比达 30%；代理发行储蓄国债（电子式）3 期，金额合计 221. 67 亿元，手续费收入 0. 89 亿元，市场占比达 37. 37%。同时，代理兑付凭证式国债 8 期，金额合计 766. 8 亿元，实现兑付手续费收入合计 0. 99 亿元。

三、同业融资业务保持较快增长

截至 2008 年末，境内分行（含总行）同业融出资金余额比年初增加 1 001 亿元，增幅为 291. 12%；累计办理融出资金业务 2 436 笔，交易额为 21 395 亿元，实现利息收入 17. 76 亿元。全行融入资金余额比年初减少 1 988 亿元。全行累计融入资金业务 1 679 笔，交易额为 54 722 亿元，利息支出 23. 45 亿元。

四、强化基础建设推动债券和融资业务健康发展

（一）制定债券投资管理办法和业务指引，引导全行债券投资业务发展。制定印发了《债券投资管理办法》（工银办发［2008］58 号），以及债券投资指引，指导全行境内外机构继续保持以主权级债券为主的债券投资结构，限制分行对非主权级债券的投资，分行对非主权债券的投资应通过特别授权的方式实现。

（二）投产债券投资与资金交易管理系统，提高业务运行效率和管理水平。债券投资与资金交易管理系统的投产使用，结束了分行债券自营业务手工管理的历史，填补了分行债券资产的系统管理空白，使我行债券业务管理能力和服务水平迈上一个新台阶。该系统建立了全面的台账管理体系，基本涵盖了人民币债券业务的所有管理信息；实现了前中后台数据联动，核算管理体系更加科学，并实现了会计核算制度与国际会计准则接轨；同时借助于丰富灵活的查询功能和复杂报表的定制生成，基本满足了我行人民币资金债券交易管理的全部数据要求，为资金债券业务的安全高效运行、为投资决策分析和风险管理提供了强大支持。

（三）强化债券投资与资金交易管理系统监控职能，建立债券业务旬报和定期分析报告制度，及时掌握全行人民币债券情况，为相关业务投资决策提供依据。

（四）适应融资业务发展的需要，根据目前新的市场环境和政策规定，下发《融资性存放同业管理规定》（工银资负［2008］156 号）和《融资性存放协议文本》。

（五）完善融资业务授权管理，坚持“分类授权、严控风险”的基本要求，合理制订融资业务基本授权方案，对不同类别产品、不同分行区别授权，促进风险控制协调发展。

（总行资产负债管理部）

机构金融业务

2008 年，面对资本市场深度调整、同业竞争空前激烈的市场形势，全行机构业务部门认真贯彻总行各项决策部署，顶住压力，迎难而上，坚定信心，积极应对，有效促进了机构金融业务的持续健康发展。

一、坚持以经营效益为中心，成功巩固市场领军地位

按照“调整结构、改善质量、提高效益”的发展思路，机构业务部坚持以提高经营效益为中心，努力提升机构业务市场占比，成功巩固了市场领军地位。

（一）营业贡献实现历史性突破。2008 年机构业务营业贡献达到 391 亿元，比 2007 年增长 71%。机构业务存款余额达到 22 592 亿元，日均余额达到 21 238 亿元，比 2007 年增长 2 462 亿元。机构中间业务收入取得突破，达到 32 亿元，比 2007 年增长 110%。资产业务稳步健康发展，面向总行直营机构客户，开展融资业务余额达到 8 711 亿元，实现了全行机构客户资产、负债及中间业务的快速协调发展。

（二）市场占比保持同业领先。机构业务存款规模及增量双双位居同业第一，市场占比分别达到 43% 和 40%；银保代理业务收入和业务量夺回同业第一地位，其中银保财险业务实现跨越式发展，同业排名由 2006 年的第 3 位提升到第 1 位；金融期货特别结算业务接入中金所交易会员数量后来居上，跃居同业首位；第三方存管资金总量、期货公司保证金总量均居同业第一。

（三）交叉销售再创新佳绩。与我行签署托管协议的保险公司达到 33 家，托管资金达 2 196 亿元；与 9 家保险公司开展了总对总现金管理业务合作；与 19 家保险公司开展了在线推介合作；代理银行同业结算业务收入超过 1 亿元，增幅达 57%；率先进入军队公务卡市场，成为试点单位公务卡唯一承办行；与 344 家中央预算单位及 8 000 多家地方预算单位签订公务卡发卡协议，发卡总量达到 59 万张。

二、大力推进营销工作，市场拓展卓有成效

2008 年，按照“力度要大、节奏要快、内容要新、效果要好”的工作要求，全行机构业务部门加大了营销的组织推动力度，进一步巩固和提升了与重点机构客户的合作关系。

（一）主题营销特色鲜明，内容丰富。2008 年，针对机构客户的特点，分别以“银保牵手、合作双赢”、“促进共赢，创新提升服务”、“创新合作模式，分享成长机会”、“深度服务政府机构，创建客户满意银行”、“尽心尽力，创建支持国防建设放心银行”为主题，面向保险公司、证券公司、银行同业、政府机构、军队客

户等重点客户在全国范围内开展了5大主题17项营销活动，进一步巩固了各项业务市场份额。

（二）重点工作全力以赴，成效显著。在激烈竞争中脱颖而出，一举中标代理国家和北京市财政非税收入收缴业务代理银行，开辟了银政合作新领域，巩固扩大了我行代理财政业务领先优势；全面强化军队客户营销工作，总分行联动开展了一系列多层次、有特色、力度大的“八一”营销活动，通过高层拜访、座谈会、联谊会等多种形式，进一步密切了军银联系，拓宽了合作空间；大力营销券商第三方存管业务，把券商资金摆放比例提高到80%以上，显著提升了客户综合贡献。

（三）营销服务注重细节，提升品质。在四川汶川大地震发生后，积极响应救灾部队金融服务需求，快速启动了应急保障预案，紧急下发通知部署工作，并于2008年6月及12月深入震区对救灾官兵进行走访慰问；积极为财政部国库司、中国红十字会总会提供金融服务，确保救灾资金汇划准确、及时，得到了客户的广泛赞誉，展现了我行一流的服务态度和能力；对2 494家中央预算单位、131家军队单位、各地住房公积金中心开展服务质量调研，根据客户反馈情况，进一步细化了服务措施，提升了客户满意度。

三、紧紧围绕客户需求，持续加大创新力度

根据机构金融市场发展变化，2008年机构业务部进一步加大了业务及产品创新力度，继续保持了业务发展的高成长性。

（一）挖掘客户需求，积极推进产品创新。及时推出机构投资者网下申购电子化项目，实现了资金电子化划拨，提升了我行银证业务对机构投资者的吸引力；顺利投产会员与交易所转账系统，为交易会员提供了快捷准确的电子出入金服务，提高了期货业务处理的自动化水平；成功推出军队单位公务卡审核报销系统，为业界首创，并在总后第一批试点单位和武警总部等军队单位中推广应用，为国防资金财务公开、支付公开、管理公开提供了保障；投产网上银税服务平台系统，实现了企业客户在网上银行申报纳税系列功能，为客户提供了便捷的金融服务，并在系统开发中引入客户体验机制，进一步提升了业务竞争力。

（二）依托科技创新，提升精细化管理水平。在同业中率先推出代理财险业务管理系统，为提高我行财险销售集中管理水平、强化业务管控能力创造了有利条件；成功投产证券公司存款账户开销户管理项目系统，全面改善了我行证券公司账户报备工作，账户开销户得到有效控制。

（三）关注创新型产品与服务，开展前瞻性研究。对融资融券、对公寿险、期货标准仓单质押贷款、银银合作平台、军人住房贷款等新业务进行了积极探索，提前做好推出新业务的各项准备工作，为拓展新兴业务市场打下了良好基础。

四、积极推进科学管理，有效夯实发展基础

2008年，机构业务部门从整章建制、科学考评、队伍建设及风险防范等方面加强业务管理，进一步夯实了机构业务可持续发展的根基。

（一）努力完善各项规章制度。在已有的一整套机构业务制度管理办法的基础上，继续强化银保业务风险控制、军队信息保密管理，并初步搭建了金融期货特别结算业务的制度管理架构，为业务的持续健康发展提供了基础保障。

（二）科学考评市场竞争能力。根据机构业务市场竞争导向，研究制定了机构业务竞争力评价体系，从负债业务、专项业务、营销管理3个维度对各分行竞争力情况进行了评价，通过深化考核，强化激励，推动全行机构业务部门向市场要效益，向管理要效益，全面巩固和扩大我行业务领先优势。

（三）稳步推进营销体系和队伍建设。按照“专业化管理、网络化营销、综合化服务”要求，进一步强化了总分行直营重点机构客户的营销工作，明确了工作责任，调动了各级行营销积极性，有效提升了重点机构客户金融服务水平。同时，高度重视并加强客户经理队伍建设工作，针对保险、证券、期货客户的产品推广工作开展了5期境内培训及1期境外培训，进一步提升了机构客户经理队伍的专业素质。在集中培训的基础上，注重发挥网络载体作用，共计开展了4期网络培训，培训人员超过3.3万人次，有效扩展了培训覆盖面。

（总行机构业务部）

金融市场业务

2008年，在全球经济危机不断深化、国际金融市场持续动荡的背景下，全行金融市场业务取得了迅猛发

展。本币资金经营效益大幅提高；外币投资风险得到有效化解；结售汇业务保持稳步健康增长态势；外汇买卖等业务稳步增长，金融衍生产品业务规模总体保持良好发展势头。

一、各项业务发展情况

（一）本外币资金经营效益大幅提高。截至2008年12月31日，总行金融市场部负责运作的人民币债券、融资资产规模达到27 173.92亿元，实现投资、融资业务收入849.83亿元。组合收益率大幅提高，投资净息差NIM显著扩大。全行外币债券投资组合余额为156.25亿美元，较2007年末减少了91.3亿美元；全年各类交易量达3 356.32亿美元。

（二）结售汇业务保持稳步健康增长态势。全年代客结售汇规模为3 023.18亿美元，较2007年同比增加31亿美元，市场排名第2位，继续保持了同业占比领先优势。

2008年，人民币外汇即期结售汇在保证全行人民币外汇交易利润稳步增长的前提下，做市业务量和业务笔数都有了显著的提高，全年完成交易23 798笔，同比增加148.41%，成交量6 552.09亿美元，同比增加122.02%，按照交易量统计，我行在银行间市场即期排名第1位，较上年同期上升11个位次。在全国外汇交易中心的表彰评选中，我行获得了年度最具影响力做市商、年度最佳交易规范会员行、年度交易优秀会员等多个奖项，为巩固工行作为全国最大商业银行在银行间人民币外汇市场的竞争优势地位奠定了坚实的基础。

（三）代客外汇资金交易规模迅速增长。即期外汇买卖业务（含账户黄金）交易量为413.76亿美元，与2007年同期基本持平，交易笔数为8 266笔，与2007年同期相比增长了54.16%。远期、掉期外汇买卖业务交易量累计为707.27亿美元（不含南非兰特交易），比2007年同期增长32.54%。

（四）金融衍生产品业务总体继续保持良好发展势头。一方面远期结售汇、人民币外汇掉期等人民币外汇交易规模与收入水平稳步增长，人民币利率掉期、远期利率协议等利率衍生产品做市、交易能力大幅提高，在改善全行收入结构、推动经营战略转型、提升综合金融服务水平等方面均发挥了重要作用；另一方面，受关键金融指标异常波动影响，部分代客结构性衍生产品交易中出现垫款现象，客户信用风险有所显现，业务开展及风险管理工作难度加大。

1. 人民币汇率衍生产品（代客交易部分）。全年代客远期结售汇交易量325亿美元，较2007年增长47.7%。代客人民币外汇掉期业务快速发展，全年累计交易量达到49亿美元。

2. 人民币汇率衍生产品（银行间交易部分）。银行间外汇交易市场中掉期交易迅猛发展，逐渐成为境内同业对冲远期结售汇头寸的主要工具，我行银行间人民币外汇掉期交易量由2007年的0.2亿美元增长至246亿美元。

3. 人民币利率衍生产品。叙做人民币利率掉期交易292笔，累计交易量333.3亿元，是2007年交易量的6.6倍；市场交易量占比达到8%，同比增长5.5%；实现收益8 336万元，是2007年收益的4.89倍。

4. 结构性存款业务规模700亿元，较2007年720亿元略有下降，实现收入2 000万元。

5. 代客债务风险管理。主动放缓了业务发展节奏，全年业务规模由2007年的458亿元下降为114亿元，交易收入也相应从4.5亿元下降至1.2亿元。

针对2008年金融市场情况，主要采取以下针对性措施。

（一）本币投资方面。一是把握市场趋势，本币债券投资业务成绩显著。实施了投资中长期债券、延长组合久期的投资策略，配合进行波段操作，新增投资收益大幅超过市场水平。2008年，总行银行账户完成新增人民币债券投资规模累计4 731.19亿元，加权平均收益率为4.22%，高于可比市场水平46个基点。配合债券投资策略，在上半年债券利率高点大量加入资金进行建仓。同时，抓住直接融资工具加速发展有利时机，大力拓展信用债券投资业务，改善组合结构，提升投资收益。二是大力开展短期资金交易，共完成本币货币市场融资交易（包括拆借和质押式回购）7.42万亿元，同比增长26%。通过货币市场融资交易，补充了全行资金缺口，有力支持了全行资产业务的发展。

（二）外币投资方面。一是积极应对金融危机，果断减持风险债券，努力化解投资组合信用风险。二是大力开展美国国债等高流动性产品的波段操作和短线交易，全年实现波段操作收益2.43亿美元，比2007年增加2.3亿美元，有效提高了投资组合的整体收益率，很大程度上弥补了减持风险债券带来的价差损失。三是推进债券投资币种多元化工作，改变投资风险过于集中美元的状况。四是积极开展回购交易，协助做好外币资金流动性管理工作。全年债券回购交易量2 399.29亿美元，比2007年增加1 522.36亿美元，增幅达273.60%。

二、产品创新情况

1. 完成“汇盈通”个人外汇保证金交易业务的相关准备工作。修改完善了“汇盈通”个人外汇保证金交易业务的相关管理制度，完成了业务系统的测试与优化，并向银监会正式报备。

2. 进一步加强与南非标准银行的战略合作，筹备开展了股权投资保值事宜。推动全球24小时交易网络建设工作，参与制订纽约分行交易模式实施方案，细化代理操作流程，研究各项风控措施和应急办法，为全球化布局进行了前期准备。

3. 先后推出了“汇择通”、“融资双币通”等多款创新产品，利用无风险套利原理，与代客理财业务结合推出“期利通”跨市场套利产品，并逐步发展成为个人外汇理财产品的主要品种。

4. 开展了利率期权产品在投资理财和债务风险管理方面的市场应用和需求分析。初步完成了外汇期权交易管理办法和操作规程的制定工作。

5. 复杂衍生产品定价的量化分析研究工作取得阶段性成果。此外，作为自主研发定价软件的必要准备和技术储备，定价技术应用研究也已取得较大进展。

三、风险控制情况

（一）本外币投资业务风险控制方面。

1. 强化合规经营和风险意识，严格执行操作规程和内控制度，全年投资融资交易量累计近8.1万亿元，未发生操作风险，无不良资产和风险损失。

2. 进一步加强外币债券投资的各项风险管理工作。建立了信用风险分析和报告制度；强化对各种风险债券的监控，重点加强对次级房贷支持债券、非政府担保抵押债基础贷款和CDO基础资产信用情况的监控；制订减持和风险对冲方案，努力做好信用风险的管理工作。在严控信用风险的同时，重视市场风险管理，严格将各项市场风险指标控制在总行确定的限额之内。

3. 修订并形成《外币债券业务操作流程》，进一步完善了投资审批、交易账户日报和前后台对账等制度，努力做好在金融危机中对操作风险的防范工作。

（二）金融衍生业务风险控制方面。

1. 将金融衍生产品交易纳入全行统一授信管理。发布《中国工商银行法人客户和交易对手评级授信管理办法》，通过设立衍生产品专项授信额度，在国内同业中率先将代客金融衍生产品交易纳入全行统一授信管理，信用风险防范体系日趋完善。

2. 做好存续交易管理工作。一是在交易前，按照《债务风险管理业务总行审批标准》，规范交易审批流程，从严把握产品——客户适用性标准，严格审核总协议、交易委托等法律文本，确保交易审批手续严密、合规。二是在交易存续期间，及时发布市值，并按照管理办法要求分行及时调整客户保证金或授信额度，切实落实客户信用风险管理措施。三是在客户出现现金流损失后，在坚持商业化处理原则、持续做好信息披露工作的同时，积极采取利用市场时机代理客户平盘、制订一对一服务方案、加强与同业及监管机构沟通等措施，既为客户履约交割创造有利条件，也有效避免了客户连锁反应的发生。

3. 规范业务操作流程、授权管理及岗位职责。制定了《外汇资金交易人工报价操作规程》，《综合报价平台系统即期外汇买卖业务（含账户黄金）手工报价实施细则》等一系列新的业务制度及办法，并对外汇买卖、结售汇业务管理办法进行了补充、修订，风险管理的制度化、规范化水平大大提高。

4. 推进交易系统建设。在对现有交易系统主要功能、联结关系、优化需求进行全面梳理的基础上，制订了金融衍生业务系统建设中长期发展计划。投产了人民币外汇交易RET－AD系统，进一步完善了我行交易系统架构，大大提高了远期结售汇等非标准期限业务的交易效率，同时也降低了手工操作风险。正式启用Summit系统管理人民币利率衍生产品，初步实现了交易定价、系统估值、限额控制、会计处理的自动化流程控制。提前对Summit系统进行了可行性测试，确保系统扩展性能够满足业务发展需要。

（总行金融市场部）

理 财 业 务

2008年，全行理财业务迅猛发展，市场竞争力大幅提升，继续领跑理财市场。

一、各项业务指标情况

2008年全行代理销售理财产品7 419.92亿元。其中，代理销售个人理财产品5 948.77亿元，代理销售法人理财产品1 471.15亿元；代理销售基金金额4 809.80亿元，代理销售保险金额1 998.45亿元，代理销售国债金额611.67亿元。2008年全行代理销售理财产品实现收入103.32亿元。其中，代理销售个人理财产品实现收入74.75亿元，代理销售法人理财产品实现收入28.57亿元。

2008年全行自行发行理财产品21 296.45亿元。其中，发行个人理财产品13 423.71亿元，发行法人理财产品7 872.74亿元。2008年全行自行发行理财产品实现收入32.60亿元。其中，发行个人理财产品实现收入23.75亿元，发行法人理财产品实现收入8.85亿元。

二、业务拓展情况

（一）代理销售理财产品业务发展迅猛。

一是根据各阶段保险市场特点确定重点合作伙伴和主推产品，以促销售、推广银保通系统、提升同业占比为切入点，大力促进保险产品结构优化和系统优化。推动稳健收益型寿险产品成为主打险种，逐步提高期缴产品的销售比例；银保通系统推广获得突破性进展，促进代理保险业务合规经营，新公司投产进度明显加快。

二是注重销售渠道和产品创新，促进代理基金业务发展。不断丰富盈利模式和业务管理体系，开展一系列电子银行优惠活动，大力推动电子银行渠道应用；加大与优质基金公司的合作力度，争取创新型基金产品代销工作，全力开展存续期基金营销活动，培育基金定投等潜力市场，优化业务交易系统，促使代理基金业务市场占比进一步提高。

三是加快第三方存管业务拓展工作。与多家重点券商进行业务合作和营销联动，制订总对总的整体营销方案，推进银证联名卡业务发展，共同拓展客户市场。积极宣传使用我行第三方存管业务系统方便、安全、快捷等优势，开展交叉销售，促进了各项业务的共同发展。

（二）我行自主研发理财业务快速发展。针对私人银行、财富客户、理财金账户客户和潜力客户的特点和理财需求，设立了"私人银行精赢系列"、"工银财富专属系列"、"理财金账户专属系列"和普通理财产品等不同的产品体系，满足了优质个人客户差异化的理财需求，分层次营销服务取得明显成效。同时，加大法人客户市场拓展力度，健全法人营销制度，制定《法人理财业务营销管理办法》，并将法人理财业务发展纳入分行行长经营绩效综合考核，明确研发部门和销售部门捆绑考核机制，有力推动了法人客户理财业务的发展。

在加大理财产品销售的同时，从产品、管理、系统等方面进行创新，为理财业务的持续发展提供了动力支持。建立理财营销部门与产品研发部门定期例会制度，保证信息交流畅通，密切结合市场及客户需求实施产品创新，大力推进产品体系的完善和服务的创新，形成了"前台筛选客户需求—信息反馈中台产品研发—主动销售并总结经验—保持客户维护—更新和创新产品—持续开展营销"的需求引导型创新模式，创新成绩显著。

一是加快产品创新。创新推出"灵通快线"超短期系列理财产品，以媲美活期储蓄的流动性和良好的收益性，填补了我国银行系理财产品在现金管理方面的空白，成为2008年我行理财产品创新和零售银行服务升级的拳头产品，获颁《金融界》杂志"2008年度最佳债券和货币市场理财产品奖"。率先推出投资于商业票据的理财产品，全年共发行商票类理财产品12只，总投资超过30亿元，取得了较好的效果。创新推出待上市流通股投资型理财产品，其中，工银财富·华发股份股票收益权理财产品获得了《理财周报》"2008年中国十大最佳银行理财产品"的称号。发行了多款投资资本市场的类基金型理财产品，获得了市场的好评。创新推出国内首家红酒期权理财产品，获得市场一致好评，荣获金融界网站"2008年度最佳设计创新理财产品奖"。针对市场投资者偏好黄金投资的新形势，创新推出了澳元本金黄金挂钩型产品，获得市场好评。创新推出表外交易的美元套利交易型理财产品，将募集的客户美元资金通过叙作货币掉期交易转换为人民币并投资于央票等境内投资工具，并通过远期货币掉期交易锁定掉期汇率套取利差，受到了客户的欢迎。推出固定收益类创新型理财产品，如投资分拆期限贷款、后备贷款和后续项目贷款等方式作为保障的理财产品，以及其他国有商业银行、政策性银行、全国性股份制银行资产回购、银行担保项目投资类理财产品。

二是推进管理创新。成立理财业务审查委员会，作为理财业务的最高管理机构，制定议事规程和管理办法；印发《资产管理型理财产品会计核算基本规定》，完善理财业务会计核算办法。创新运行模式，建立前——中——后——托管的科学完整而且独立的理财业务运行机制，为理财业务的规范化管理奠定了良好的组织基础，在银行同业中首开先河。创新经营模式，授权9家分行开办区域性理财业务，打开了区域理财产品销售的新局面。

三是加快系统开发。提出理财平台优化思路，支持收益结汇型、类基金型、实时交易型、协议类打新股型产品等多种创新产品快速推出上线，为理财业务的快速发展奠定良好的基础。投产"理财业务管理系统"（PPM），将理财产品的募集成立、投资管理、权限控制、申赎清算、账务核算、收益分配等操作环节纳入系统进行管理，形成一个完整的自动化程度较高的控制系统，对权限管理和操作流程实现事前硬控制，最大限度地降低理财业务操作风险。成功启用理财产品风险分析系统，为前台投资管理和中台风险监测分析提供了强大的工具。

此外，始终把加强风险管理放在突出位置抓紧抓好。一是不断完善制度建设。在投资管理方面，先后制定了《法人理财业务管理办法》、《理财业务投资管理办法》、《理财业务交易投资类投资管理流程》和《理财业务项目投资类投资管理流程》，规范投资管理操作流程，以适应新的管理流程的要求。在中台风控方面，按不同投资产品类别分别制定了投资操作指引、《理财业务清算和托管服务操作规程》、《理财产品管理系统参数管理操作规程》，对每一类产品各环节的操作流程进行了规范，对各环节的风险点及防范措施进行了规定，制定了《金融市场业务操作规程》和《金融市场部理财产品信息披露操作指引》，进一步优化披露工作质量。二是制定《信托公司选聘办法》，规范对中介机构（信托公司）合作方的选择标准，挑选业内具有较高知名度和内控严密的证券公司作为服务券商。加强对托管行、信托公司、证券公司等合作机构监督和管理，不断规范业务管理和运作。三是完善理财风险分析手段和风险报告制度。由专人负责风险监测和风险分析，每月出具理财业务风险报告，并实行双线报告。

（总行金融市场部）

票据业务

2008年，我行积极拓展票据业务，努力扩大业务运作空间，全面推行票据存管制度，成功投产票据联机记账系统，持续加强票据业务风险管理，努力提高票据业务综合收益，实现票据业务规模调节和收益增长的双赢目标，继续巩固了我行票据业务的市场领先地位。

一、全行票据业务经营概况

截至2008年末，全行纳入信贷统计口径的贴现（含转贴现）余额比年初增加732亿元；买入返售余额比年初下降158亿元。贴现余额同业占比为17.1%，市场份额继续位居第一。买入票据同比增幅达到16.3%；卖出票据同比增幅达到301.4%。与2007年相比，2008年实现票据净利息收入增幅达9.2%，票据贴现收益率同比大幅提升269个基点，资产收益率创历史新高。2008年末全行票据资产不良率为零，连续5年保持资产质量优良。

二、主要工作措施及成效

（一）主动适应宏观经济形势变化，增强票据业务管理政策前瞻性和灵活性，促进全行票据业务稳健发展。

1. 完善票据融资业务统一定价管理，增强利率政策对业务发展的导向作用。2008年共发布23期票据融资业务指导利率，其中上调16期，下调7期。准确把握关键时点市场机会，有效引导各级票据业务经营机构经营行为和买入节奏，为全行经营收益增长作出贡献。

2. 创新票据流量管理，拓宽票据业务运作空间。引导分行转变票据业务经营理念，充分利用票据理财、系统外转卖和再贴现多渠道票据出口，在规模约束环境下加快票据资产周转，提升票据经营综合效益。

3. 灵活调整票据业务经营策略，充分发挥票据业务规模均衡调节作用。在2008年宏观调控“前紧后松”背景下，紧密围绕全行资产负债管理总体要求，前3个季度严控票据资产规模总量，持续压降票据资产规模；第四季度加大票据市场运作力度，实现票据资产余额快速恢复性增长，促进了全行信贷计划调控目标的均衡实现。

（二）全面实施票据存管制度，推进系统内票据市场建设，为票据融资业务可持续发展夯实基础。

1. 建立健全票据存管各项配套制度。印发《关于印发票据存管相关管理办法和分类标准的通知》（工银办发［2008］181号），规范了票据存入、质量分类、系统内交易、代理托收等业务行为，进一步完善了票据移存制度，促进了票据存管规范化、制度化。

2. 顺利完成票据存管系统开发与投产。2008年初，票据存管系统在全行正式上线运行。该系统配合票据存管制度实施，提供商业汇票实物代保管、交易鉴证、代理托收等系统服务，并为基于实物票据的电子化交易提供清算支持。该系统投产对于加强全行票据业务操作风险集中防范，构建票据资产池以及推进我行票据融资业务经营转型与创新发展具有重要作用。

3. 风险检测面进一步扩大。2008年是票据存管制度正式实施的第1年，全行经风险检测票据达6 550亿元，风险检测面较2007年扩大26.4个百分点，全行票据存管率为60.6%，顺利实现全年存管风险检测目标。分行依托存管系统网上融资交易平台，全年累计交易13万笔，金额3 654亿元，有效降低系统内票据交易成本，提高了交易效率，为建立规模资源市场化配置机制奠定了基础。

（三）成功投产票据联机记账项目，深化票据业务系统功能建设，为票据业务管理深化和创新发展提供坚实保障。

1. 票据联机记账项目投产，提升了票据业务核算质量和操作风险防控水平。BMS票据系统联机记账项目成为全行首个覆盖全辖、由支行级票据融资经营机构直接驱动主机记账的资产业务管理系统，为构建我行业务与账务管理一体化平台、改革业务运营模式进行了初步探索。票据业务联机记账项目不仅统一规范了全行票据业务会计核算，进一步强化了系统对业务操作风险硬控制，还实现了票据资产递延收益的按日计算和自动结转，为全行票据业务精细化核算提供了基础保障。

2. 持续深化票据系统功能建设，有力支持票据业务稳健发展。成功将以 SHIBOR 为基准定价扩展到票据贴现业务，实现票据融资业务各品种与货币市场价格挂钩；实现票据系统与机构客户授信管理系统和财务报告信息系统的对接；完善了票据系统对公示催告票据的查询和控制功能。

（四）完善票据业务风险管理，确保业务平稳安全运行。加大票据业务专项检查力度，排查票据业务风险隐患。认真研讨票据融资业务风险管理重点和对策，督促分行对检查中发现的问题及时有效整改。组织多种形式业务培训，切实加强全行票据业务队伍建设。

三、票据营业部经营管理水平进一步提升

（一）服从全行规模调控大局，积极加强调度控制，充分发挥了票据业务的蓄水池作用。2008 年，票据营业部从全行大局出发，在 2007 年末票据融资余额已比 2006 年下降近 900 亿元的基础上，继续及时把握总行信贷调控政策，综合运用配置规模资源、控制买入节奏、释放转卖票据、加大催收力度等多种措施，加强规模分类管理和业务统筹，积极发展买卖结合的流量业务，适时扩大买入返售业务，确保有限规模满足总行各时点调控要求和系统内外重点客户需求。截至 2008 年末，票据营业部的票据融资余额比年初减少 602 亿元。其中，计入贷款规模统计口径的票据融资余额比年初减少 436 亿元，占全行票据融资余额的比例为 23%，严格控制在总行规模调控计划之内。第四季度通过加大票据买入力度，努力提升票据融资余额。与总行确定的全年票据业务增量计划比较，票据营业部实际为全行让渡了票据融资规模 596 亿元，积极支持了全行规模调控与信贷业务的增长。

（二）服务全行票据风险管理，加强存管票据检测，充分发挥了风险把关控制作用。2008 年，票据营业部积极参与和支持总行票据存管新制度的实施，有效扩大票据风险检测面，及时揭示和反馈分行票据存管质量情况，研究提高存管效率的有效途径，促进了存管工作质量和水平的提升，全力支持分行稳健发展票据业务。全年存管票据未发现假票、克隆票等伪假票据，票面质量良好率保持在 96.5% 以上，跟单资料质量良好率保持在 96% 以上，票据瑕疵率保持在较低水平。

（三）加强客户营销拓展，提高票据业务经营效益，充分发挥了票据专营机构的市场经营作用。2008 年，在持续让渡票据规模、支持信贷有效增长的经营形势下，票据营业部着力加强票据市场拓展，抓好开源增效，通过延伸信息交流和营销平台，研讨票据业务合作与创新途径，积极维护和发展客户关系，加大业务组合交易，不断寻求创利机会，扩展市场影响力，实现了良好的经营效益。2008 年，票据营业部票据买卖交易累计达 16 万笔，其中，买入系统外票据占买入总量的 50%。在已向分行累计移存返利 14 亿元的情况下，实现账面利润 20 亿元，比上年增加 9 亿元，人均创利超过 700 万元。

（四）全面强化基础管理建设，加强内控管理，充分发挥了“工行票据”的品牌价值作用。密切关注经济形势变化，进一步强化制度建设和执行力度，健全基础管理，完善风险管理体系，加强风险揭示预警，及时传导风险防控要求，持续优化与改进内控制度和操作流程，顺利通过 BSI 公司质量体系年审，提高了风险防控水平。全年累计发出托收票据 148 002 笔，收回托收票据 146 559 笔。逾期 6 天（含）以上票据托收笔数逾期率为 0.6%，金额逾期率为 0.4%，控制在总行考核指标的目标值之内。实现了假票收进率、不良贷款率、资金损失率、经济发案率连续 8 年保持为零的纪录，不仅继续为全行票据业务的风险防控和稳健发展发挥了重要的堡垒作用，而且在全国票据市场继续起到工行标准引领、专营品牌传播的标杆示范作用。

（总行资产负债管理部）

中 间 业 务

2008 年，全行境内外机构共实现手续费及佣金收入 467.11 亿元，比 2007 年增加 66.96 亿元，增长 16.7%。

一、各类中间业务发展情况

（一）结算、清算及现金管理业务。全年共实现收入 130.02 亿元，增长 41.1%。全行新开对公结算账户 90.4 万户，增长 24.59%；新增现金管理客户 60 188 户，增长 121.65%，现金管理客户总量达到 118 751 户，增长 102.8%；代理财政业务预算单位 33 713 家，增长 85.40%；代理同业客户 3 070 户，增长 66.31%；境内外机构国际结算量共计 7 565 亿美元，增长 27.53%，其中，境内机构国际结算业务量达 5 794 亿美元，增长 37.22%；新增企业网银客户 46.4 万户，客

户量达到 144.4 万户，增长 47.3%。

（二）个人理财及私人银行业务。全年实现收入 103.27 亿元，下降 35.4%，主要是由于资本市场调整导致代理个人基金业务收入下降。若剔除此影响，个人理财及私人银行业务收入增加 31.34 亿元，增长 89%。全年代理销售开放式基金 4 310 亿元，基金存量达到 5 520.83亿份，基金客户数达到 1 314.88 万户；个人银行类理财产品销售额达 13 424 亿元，增长 7.7 倍；代理销售保险产品 1 027 亿元，增长 77.4%；贵金属业务交易总量 1 063 吨，增长 2.7 倍，其中“如意金”销售量 18 吨，增长 3.9 倍，账户金交易量 796 吨，增长 3.4 倍；新增个人网银客户 1 763.5 万户，客户量达到 5 671.8万户，增长 45.1%。

（三）投资银行业务。全年实现收入 80.28 亿元，增长 78.2%。承销短期融资券 896 亿元，其中，主承销金额为 823 亿元，增长 53.43%；承销中期票据金额为 634 亿元。

（四）银行卡业务。全年实现收入 71.99 亿元，增长 34%。截至 2008 年底，全行信用卡发卡量 3 905 万张，增长 67%；年消费额 2 551 亿元，增长 57.6%。灵通卡全年消费额 5 413 亿元，ATM 单机日均交易量 297 笔。

（五）对公理财业务。全年实现收入 27.88 亿元，增长 43%。全年累计销售本外币对公理财产品 7 873 亿元，增长 5.8 倍；代理销售保险业务量 1 027 亿元，增长 77.4%；第三方存管客户数达 1 588 万户；承销金融债券 116 亿元。

（六）资产托管业务。全年实现收入 20.66 亿元，增长 41%。全行托管资产净值达到 11 438 亿元，同比下降 13.08%。其中，托管证券投资基金 5 046 亿元，委托类资产 5 909 亿元，QFII 资产 106 亿元，QDII 资产 377 亿元，企业年金基金 540 亿元，保险资产 2 252 亿元。

（七）担保及承诺业务。全年实现收入 18.49 亿元，增长 228.4%。

（八）代理收付及委托业务。全年实现收入 7.56 亿元，增长 29.5%。

（九）其他业务。全年实现收入 6.96 亿元，增长 89.1%。2008 年末，全行企业年金客户达到 15 534 家，增长 20%；正式启动法人受托业务，受托管理年金基金 40 亿元；管理年金个人账户 505 万户，增长 50%。

二、采取的主要工作措施

（一）继续落实中间业务跨越式发展战略。各级行进一步突出中间业务在全行经营转型中的战略地位，把中间业务作为一项重要的战略性业务和体现核心竞争力的关键指标，放到了重点发展的位置上，加强了对中间业务的领导，强化协调和推动职能，为做大做强中间业务提供了坚实的基础，提高了中间业务发展的推动力。

（二）以挖潜创新并举弥补资本市场调整对全行中间业务收入增长的冲击。面对资本市场调整给全行中间业务收入增长带来的较大缺口，全行上下积极探索新的增收路径，大力推进银行类理财产品、黄金、代理保险、非股票型基金销售、资产托管、电子银行、投资银行、企业年金等新兴业务发展，成效明显，实现了全行中间业务收入的稳步增长。

（三）不断强化中间业务收入管理。一是加强中间业务收入预算管理，细化捆绑预算，促进部门间相互配合与相互支持；紧扣同业占比指标，完善了分产品、分部门、分机构中间业务收入分析制度，及时发现中间业务增收中存在的薄弱环节并采取有效措施。二是投产中间业务管理系统（MAMS），制定了 MAMS 系统管理办法、操作手册、应急方案、费率模板等，组织了系统管理和操作人员培训等工作。三是加强中间业务收费减免管理，严格执行中间业务收费标准和收费减免管理制度，完善了收费减免审批管理，有效防范了各类操作风险的发生。

（四）健全中间业务收入考核激励机制。引入同业占比考核，实施中间业务收入及占比与激励费用挂钩。对代销基金、代理保险、国际结算等重点产品，实行销售收入与绩效工资挂钩制度。

（总行财务会计部）

银行卡业务

2008 年，全行信用卡业务实现了发卡量、消费额、透支额和收益快速协调增长，巩固了同业领先地位，确立了中国第一信用卡银行的市场地位和品牌形象。

一、以扩大规模为先导，不断优化经营结构

2008 年，全行信用卡坚持走规模化、精品化、全球化和专业化的发展道路，继续以扩大规模为先导，发

卡量、客户数、消费额、透支规模等指标再次刷新历史纪录，核心业务指标保持同业领先。截至2008年末，信用卡发卡量3 905万张，较年初增长67%；客户数突破2 692万户，增加1 069万户，增长65.87%；消费交易额为2 551亿元，增长57.6%；信用卡透支余额为172亿元，增长了108%。在扩大规模的同时，注重优化经营结构，改善运行质态，质量指标、效益指标不断提升。截至2008年末，信用卡中高端客户渗透率达到13.8%，提高了2.8个百分点；180天以上不良透支率为1.99%，控制在设定的弹性区间内，低于监管部门设定的控制标准；实现总收入60.7亿元，实现中间业务收入35.8亿元，中间业务收入在总收入中的比重达到59%。

二、以系统整合为平台，加快产品流程创新

（一）“三卡整合”成功投产，产品功能创新步伐加快。“三卡整合”项目于2008年11月正式发布版本，该项目以现行NOVA系统为基础，将准贷记卡、贷记卡、国际信用卡整合到同一系统，信用卡各产品使用同一个章程，消除了基本功能差异，实现了产品整合、系统整合、流程再造与服务提升的统一，不仅突破了制约我行信用卡业务发展的瓶颈，更为实施信用卡产品创新、流程优化、精细化管理搭建了良好的运营平台。

（二）优化产品结构和业务流程，风险管控水平有效提升。以市场为导向、以客户为中心加快产品线调整，初步建立覆盖普通、中端、高端客户群体的产品线，同一产品内形成普及版、标准版和高端版的划分格局。推进审核政策、审核系统创新，实施“宽进、低额、多用、升级”策略，推动信用卡风险审核从“审收入”到“审信用”转变，完善发卡政策和业务流程，不断加强全面风险管控能力。审核系统关联交互项目的投产，实现了系统自动查询功能，通过特殊审批策略应用，实现了部分行内客户、普及版客户的自动审核审批，审核作业效率进一步提高。

三、以“三张卡”为依托，强化项目发卡营销

（一）功能卡实现跨越式发展。采取“总行统一牵头、全行同步推进”的模式，加大“总对总”模式下的集团发卡力度，深入挖掘总分行内部的集团客户资源，首家推出财政单位公务卡和牡丹运通商务卡，公司卡等优质卡种占比不断提高，中央预算单位公务卡、军队公务卡、交通卡等拳头产品取得跨越式发展。

（二）主题卡已初具规模。在巩固运动卡、快乐猪福卡等产品优势的基础上，成功发行“中国红”慈善信用卡、牡丹美食卡等多款具有鲜明特色的主题信用卡，不断丰富产品文化内涵，增强客户价值，目前已初步形成了针对特定客户群体，满足特定服务需求，开拓特定消费领域，研发特定增值服务，具有特定文化内涵的主题卡产品系列。

（三）联名卡应用领域不断拓宽。关注市场最新消费热点，深入挖掘持卡人需求，通过与批发零售、通讯、旅游、食品、交通运输、地产、教育、卫生等行业的重点单位合作推出联名卡产品，实现产品功能和服务创新，联名卡已由“名称特色”发展为“功能特色”。2008年分别与中粮、南航、网通、联想、艺龙等20多家优势企业强强联合发行联名信用卡，不断延伸产品链条，拓宽应用领域，整合客户和服务资源，实现合作双赢。

（四）多元化销售渠道基本建立。依托行内客户资源和渠道优势，开展整体营销，发挥联动优势，提高我行现有客户向信用卡客户转化的比率。同时，通过完善电话营销、网上营销、柜面营销等方式，建立多元化的发卡销售渠道，通过立体化销售媒介，扩大目标客户群体，提升中高端客户结构占比。

四、以“百日促销”为抓手，加快抢占收单市场

（一）“百日促销”成效显著。紧紧抓住节假日消费旺季的有利商机，组织全行开展“百日促销”等促销竞赛活动，通过“日日刷、月月游、年年奖”积分兑换旅游产品等活动，切实将牡丹卡品牌优势、规模优势转化为效益优势、质量优势。全年信用卡累计消费交易额达到2 551亿元，较上年同期增加933亿元，增长了57.6%。

（二）分期付款推广取得明显进展。引导分行发展信用卡分期付款业务，加强分期付款商户合作，与神州数码、橡果国际、苏宁电器、海航旗下幸运国际旅行社等商户达成分期付款业务合作意向，推出了工行网上商城分期付款业务，分期付款业务交易额和手续费收入持续攀升，呈现逐季加速增长势头。

（三）特色商户圈逐步显现。在酒店餐饮、旅游交通、时尚购物、休闲生活、医疗教育、运动健身、文化娱乐等领域，商户规模呈加速扩张的态势，我行特惠商户链已经初步形成，商户类别基本涵盖了持卡人主要生活领域，专属牡丹卡持卡人的特色商圈已经显现出来，对提高牡丹卡附加值、提高用户忠诚度意义深远，为消费交易额的快速增长奠定坚实基础。

五、以奥运服务为契机，大力提升客户服务水平

（一）成立信用卡电话服务中心，服务主渠道优势日益凸显。通过加强运营管理，优化业务流程，丰富业务内容，扩大处理权限，初步形成了专业化、集约化的电话服务模式，大大提高了信用卡电话服务中心的接听率、在线处理率和一次性解决率，有效发挥了电话服务

中心信用卡服务的主渠道作用。四川汶川“5·12”大地震期间，迅速启动应急机制，妥善完成电话服务业务转移，在未使持卡人明显感受到牡丹卡电话服务下降的基础上，为地震灾区持卡人提供了一揽子优惠措施；奥运期间，电话服务中心的日均接听率达到98%以上，且未出现一例服务类投诉，服务能力和服务水平明显提高。

（二）全面动员部署，做好奥运金融服务。奥运期间，设在6座奥运城市的信用卡VIP客户服务中心较好地承担了服务应急中心的职能，为信用卡中、高端客户提供基础、应急以及当地特色旅游咨询、指引等高效优质服务，切实提升了牡丹卡服务品质。

（三）加快服务渠道建设，“三进”工程深入推进。结合全行网点升级改造项目，持续推进“产品进点、服务进区、功能进柜”三进工程，积极借鉴北京、上海、浙江等分行的前台营销经验，制订了全行营业网点高低柜链接营销信用卡方案，充分发挥网点资源优势，建立长效的柜面营销机制，进一步提高我行信用卡渗透率。目前，全行各级网点在信用卡营销、宣传、业务和服务提供上的覆盖面已经达到100%，借助网点资源发展信用卡业务的优势逐步显现。在国内首家推出限时服务，对外承诺客户提交申请表后15个自然日内向客户寄出卡片，随即又推出限时调额、限时积分兑换等服务项目，推行服务承诺制，提高标准化客户服务水平。

（四）VIP客服中心建设全面启动，高端客服工作再上新台阶。截至2008年底，境内VIP客户服务中心达到75家，基本覆盖所有省会城市与经济发达、旅游发达的二级城市。以财富管理中心、贵宾理财中心、理财网点、金融便利店四类营业网点为基础，以发卡机构网点和信用卡VIP客户服务中心为标杆的网点服务网络初具规模。同时，积极推进重点城市机场贵宾室建设和海外VIP客户服务中心扩建，完善信用卡高端客户增值服务。

六、强化品牌宣传推广，牡丹卡品牌满意度和美誉度显著提升

以牡丹卡发卡20周年为主线，广泛开展一系列宣传活动，扩大了牡丹卡品牌社会影响，赢得了社会广泛赞誉。先后荣获腾讯网颁发的杰出贡献奖、最具影响力信用卡，荣获和讯网中国信用卡测评最佳发卡银行、中国信用卡测评技术创新奖、中国信用卡测评白金卡奖等3项大奖；在中国人民银行、公安部联合整治银行卡违法犯罪专项行动中，荣获人民银行和公安部联合颁发的联合整治银行卡违法犯罪专项行动风险防范奖；在2008年度第二届“中国最佳银行理财产品评选暨2008年中国最受尊敬银行评选”活动，牡丹信用卡荣获“2008年最佳客服信用卡品牌”和“2008最具成长性信用卡品牌”两项大奖；在“2008搜狐金融理财网络盛典”活动中，牡丹交通卡系列喜获“信用卡优秀服务奖”。

（总行银行卡业务部）

结算与现金管理业务

一、现金管理业务

我行现金管理业务起步于1998年，是国内最早推出现金管理业务的商业银行。经过10年多的发展，工商银行已牢牢占据中国现金管理市场的领先地位，并已成为全球最具实力企业在中国首选的现金管理合作伙伴，领跑于中国现金管理市场。截至2008年末，全行现金管理客户达到118 751户，新增60 188户，增幅超过100%。其中，总行级现金管理签约客户达557户，全年新增143户，同比增长34.5%。现金管理客户占对公客户比重为4.08%，继续保持稳步增长态势。据统计，入围2008年《财富》500强的21家非银行类中国内地企业，全部与我行建立了现金管理业务合作关系，世界500强的前25家企业中，也有11家非银行类企业或其投资企业选择我行为中国内地现金管理服务银行。现金管理巩固重点优质客户合作关系的作用更加突出，业务市场地位进一步巩固。

跨国企业在经济全球化和资本全球流动的环境下，进行全球性或区域性现金和风险管理的需求日益强烈，为顺应客户需求，我行先后与多家国际大行建立现金管理业务合作关系，不断优化合作模式与系统直联水平，为实施全球化现金管理打好基础。截至2008年末，我行已与10家国际大行建立了合作关系，分别是：德意志、花旗、汇丰、摩根大通、瑞穗实业、渣打银行、韩国国民银行、美国银行、韩亚银行和南非标准银行，其中，前8家银行已投产现金管理应用系统。在与国际同行开展现金管理业务合作过程中，共同竞争到一大批知名跨国公司在国内的现金管理业务，目前通过直联方

式，我行与外资行共同为跨国公司提供现金管理服务的客户有 34 个，账户数达 133 户，其中 2/3 为世界 500 强客户，服务方式主要集中在支付和查询两项内容。

2008 年，我行现金管理业务市场认可度进一步提高，先后获得了《财资》杂志授予的“中国最佳现金管理银行”、《金融亚洲》“中国最佳现金管理银行”和《亚洲货币》“人民币最佳现金管理银行”。这些奖项的取得显示了我行现金管理业务在业界的领先优势，同时也为我行现金管理品牌价值增加了新的内涵。

二、公司无贷户市场拓展情况

2008 年全行新开对公结算账户 90.4 万户，净增账户 54.6 万户，同比分别增长 24.04% 和 30%，所有一级（直属）分行的对公结算账户增量一直保持同业第一的位置，有 20 家一级分行实现对公结算账户存量四行占比第一、第二级分行的四行占比第一的比例也达到了 48%，有效强化了我行对公市场优势。在所有对公结算账户中，日均存款在 5 万元以上的账户数达 216 万户，占全部账户数量的 47%。账户营销推动公司无贷户客户市场的进一步发展，截至 2008 年底，公司无贷户数量达 292 万户，较 2007 年净增 47 万户，增长率达 19.19%。其中，日均存款在 100 万元以上的核心客户为 10.7 万户，较 2007 年增长了 8 621 户，客户结构进一步优化。

公司无贷户市场的拓展，大幅提高了客户的价值贡献。截至 2008 年底，全行公司存款余额达到 2.16 万亿元，较 2007 年底增加 2 630 亿元，全年结算与现金管理中间业务收入达到 61.38 亿元，同比增长 87.94%。人民币对公结算业务量达到 520 万亿元，同比增长 30%。全行公司金融资产累计销售额达 9 577.56 亿元，结算与现金管理专业创造营业贡献达到 467.38 亿元，同比增长 77.04%，在全行各专业中稳居价值贡献的第 3 位。

三、代理业务发展情况

（一）同业代理方面。为巩固我行同业代理市场的传统优势，加强了与中资同业的沟通交流，进一步深化了国内同业结算代理业务合作。2008 年 7 月与渤海银行签署《代理人民币支付清算业务合作协议》，2008 年 10 月与交通银行签署《代理款箱寄库业务合作协议》、《代理兑付银行汇票业务合作协议》，代理业务范围进一步拓展。

（二）结算中间业务管理方面。面对日益激烈的同业竞争压力和低迷的市场环境，通过积极创新，大力开拓市场，全年结算专业中间业务收入突破 60 亿元大关（61.38 亿元），比 2007 年增加 28.72 亿元，同比增长 87.95%，在全行中间业务收入的占比达到 13.63%，为全行中间业务发展作出了积极的贡献。

（三）代理结算服务方面。利用我国期货市场的良好发展态势，2008 年全面拓展集中式银期转账业务，加大对法人期货投资者的营销力度。通过举办“银企金融服务座谈会”等形式，以点带面，多方结合，推介对公金融服务，提升品牌形象，取得良好营销效果，充分带动了现金管理、理财、黄金等业务的综合发展。在财政部“中央财政非税收入收缴代理银行”招标中，获得中央财政非税收入收缴代理银行资格。2008 年度我行代理中央财政集中支付业务直接与授权支付两项业务在财政部组织的年度考评中获得“良好”等级。

四、贵金属业务市场拓展情况

2008 年，全行贵金属业务成交金额达到 2 067 亿元，成交量达到 1 063 吨，同比增长 269%，实现了成交金额和成交量的“双突破”，提前 2 年完成了全行战略发展规划中“贵金属业务在 2010 年实现成交金额 2 000亿元”的目标。贵金属业务在全国已经拥有超过 14 万客户，实现中间业务收入合计 3.9 亿元，同比增幅 4 倍，在同业中排名第一。全行所有分行均已开办品牌金业务，全国覆盖率达 97%，销售量已达 17.9 吨（折合人民币约 37 亿元），同比增长 3.9 倍，实现收入 1.4 亿元；账户金成交规模快速增长，成交量达 796 吨（折合人民币约 1 542 亿元），同比增长 3.4 倍，实现收入 1.3 亿元；代理上交所实物黄金买卖交易量为 52.6 吨，同比增长 140%。代理对公实物黄金买卖交易量为 37.8 吨，同比增长 106%。代理个人实物黄金买卖开户数达到 15 万户，实现交易量 14.8 吨，同比增长 315%。代理上海黄金交易所会员清算和仓储交割业务拥有 156 家会员单位，代理清算业务量一直占据同业首位。自营交易量达到 176 吨，同比增长 113%，继续保持同业占比优势。黄金寄售业务交易量达到 19.9 吨，同比增长 146%。

（总行结算与现金管理部）

电子银行业务

2008年，电子银行专业抓住业务发展的历史机遇，全面构建基本客户群，努力推动业务快速发展，在产品研发与应用、市场推广、业务管理和服务支持等诸多方面的工作都取得了显著成效，同业占比第一的领先优势进一步巩固。

一、全面超额完成各项任务指标，电子银行竞争力和品牌美誉度进一步增强

2008年，网上银行新增企业客户46.4万户，新增个人客户1 763.5万户；电子银行业务笔数占比达43.10%，较2007年增长5.90个百分点；电子银行实现交易额145.3万亿元；电子银行业务考核口径收入达到21.6亿元。我行电子银行在国内同业中确立了较大的领先优势。一是客户规模领先同业，不论是企业客户还是个人客户在同业市场均列第一；二是进一步巩固电子商务、电子客票等重点市场的领先优势，其中，在厦航、海航、东航和国航市场占比分别达到67.00%、66.00%、48.00%和37.00%；三是网站浏览量稳居国内同业第一。

我行电子银行业务飞速发展的成绩得到了媒体和公众的广泛认可。在《环球金融》最佳网上银行评选中，首次荣获“亚洲最佳个人网上银行”称号，并获得“中国最佳个人网上银行”、“中国最佳企业网上银行”、“亚洲最佳投资管理个人网上银行”和“亚洲最佳投资管理企业网上银行”4项大奖；在2008年度（第五届）亚太最佳呼叫中心评选活动中，连续第3年荣获“中国最佳呼叫中心”；“中国最佳呼叫中心管理人”；连续第2年荣获“亚太地区最佳呼叫中心”；连续第3年荣获中国金融认证中心（CFCA）“中国最佳网上银行”奖项。全年共计获奖29项，是历年获奖最多的一年，奖项涵盖了功能、服务、品牌等多方面，体现了客户和业界对我行电子银行的全面认可。

二、坚持产品创新领先，核心竞争能力不断增强

2008年，电子银行专业紧紧围绕热点市场和重点客户需求，共推出45项面向客户的创新产品，优化和完善了118项产品功能。同时，积极探索基层调研以及专家组工作新模式，切实巩固了国内反应速度最快、经营业绩最佳、产品体系最全的标杆地位。一是积极创新完善金融理财、资金管理、营销服务、收费缴费、电子商务、代理销售6大平台产品，巩固电子银行交易优势。二是重点拓展四大渠道建设，力促多渠道间互联互通。推出手机银行（WAP），实现了针对WAP客户群金融服务零的突破；推出了自助终端企业年金查询、跨行汇款、基金、第三方存管等功能；推出银企互联分行特色业务平台系统、银企互联模拟器，进一步强化分行网银产品开发的主动性与灵活性。三是加强安全产品创新，提高电子银行风险防范能力。研发了二代U盾、电话银行口令卡、内管参数异步授权、可疑账户查询系统、可疑指令自动批复、客户端安全提升、网银增加图片显示关键交易信息等产品，提升了电子银行对外界风险的抵御能力。四是开展产品标准化和可用性工程研究，规范产品设计和研发标准。对人民币账户黄金、个人网银基金、个人综合对账单等100多项功能进行了优化改造。

三、加强营销推广和外部合作，品牌和重点市场营销效果显著

2008年，电子银行专业围绕重点市场和重点产品，组织开展了以手机银行（WAP）、贵宾网银、基金、保险、理财、电子客票、余额变动提醒等为主题的系列宣传营销活动，积极开展和财务软件公司、农发行、中移动等企业的合作，促进了客户量和业务规模的持续增长。2008年，网上理财交易额达到11 966.6亿元，同比增长58.5倍；网上基金交易额达到4 305.5亿元，占全行个人基金交易额的51.51%，同比提高8.70个百分点；网上黄金交易额达到2 751.1亿元，同比增长3.6倍；B2C交易额达到696.4亿元，同比增长98.86%；企业通知存款交易额达到5 456.8亿元，同比增长21.21%；B2B交易额达到139.1亿元，同比增长90.55%；在国内同业中独家开通个人网上银行小额售汇业务，交易额达1.3亿美元，月均交易笔数占全行售汇业务量的比例超过30%。

四、加快电话银行中心和服务支持体系建设，客户服务能力和水平进一步提升

积极推进电子银行中心新营业用房建设各项工作，为我行提升电话银行服务水平奠定了扎实基础。开通“4006695588”贵宾专线服务，全年共接听贵宾客户来

电20万次，接听率达98.50%。顺利完成山西、河北等六家分行人工服务集中，进一步推动电话银行一体化进程。正式启动北方托管地区的“网上客户经理”在线客户服务，进一步拓宽了我行的客户服务渠道。制定电子银行服务支持管理办法，对电子银行业务的回访、操作辅导、咨询与投诉等服务支持工作流程进行了梳理和规范，明确了各级服务支持人员的分工和职责，首次在全行范围内开始建立标准统一、管理规范的电子银行服务支持体系。

（总行电子银行部）

投资银行业务

一、投行收入高位增长，成为中间业务的中坚力量

2008年，全行境内共实现投行收入77.4亿元（含短期融资券收入4亿元），同比增加34.6亿元，增长81%。2002年以来全行投行业务收入年均复合增长率超过85%，远高于同期全行中间业务收入44%的年均复合增长率。同业四大行占比为36%，继续保持第一位。

2008年，投行收入在全行中间业务中的占比达到17.2%，比2007年提升6.9个百分点，在所有中间业务品种中排名第二。投行收入同比增加额占中间业务增加额的35.4%，比2007年提升30.2个百分点，在所有中间业务品种中排名第一。投行业务对全行经营战略转型的作用越来越突出。

二、推进投行产品创新，加强投行品牌建设

2008年，全行在稳步发展常年财务顾问、企业资信服务、银团安排、投融资顾问等我行传统投行业务的基础上，积极适应市场环境以及客户需求的变化，在重组并购、信托+理财、产业投资基金、股权私募等投行领域加大品牌项目营销运作力度，取得了新突破，迈出了新步伐。

（一）顺应我行国际化经营战略，大力推动跨境投行业务发展。2008年，全行顺应我行国际化经营战略，加强境内外分支机构的联动与合作，大力推动跨境投行业务发展。印尼棕榈园、印尼镍矿等项目经过与客户反复磋商目前均已取得积极进展。成功与俄罗斯莫斯纳尔银行在俄罗斯企业赴香港发行HDR以及IPO业务领域建立了战略合作关系。同时，与澳门诚兴银行、南非标准银行的投行业务合作也进展顺利。一些海外分行把投行业务作为发展的重点或突破口，积累了一定的业务基础。经过积极推动，境内外分行开展投行业务的热情空前高涨，主动营销跨境投行业务的意识大大提高，为下一步跨境投行业务的发展奠定了良好基础。

（二）把握行业并购重组热点，大力发展并购重组业务。在成功运作宝钢集团并购新疆八一钢铁集团项目的基础上，以参与国内钢铁行业重组为主线，积极推进宝钢重组广东钢铁业、鞍钢并购三钢等重大项目，成果显著。其中，继宝钢并购八钢项目被评为“2006年十大战略并购事件”之后，宝钢并购韶钢、广钢项目又被《证券日报》等权威媒体评为“2008年十大重组并购事件”。同时，还积极运作了昆明星耀重组、天津创业环保并购等重组并购项目，取得了丰硕成果。此外，积极推动了大唐收购内蒙古塞罕坝风电公司、山西煤炭行业整合等项目，我行为大型行业龙头企业提供投行服务的经验和能力不断提升。

（三）运用投行手段支持区域经济发展和金融创新，提升投行服务层次。一是积极推动产业投资基金业务发展。2008年，成功受聘担任江西省政府“鄱阳湖产业投资基金”的财务顾问，为江西省政府的鄱阳湖产业投资基金提供从组建方案设计、监管部门报批、基金公司发起、基金募集到基金投向等在内的全面综合服务，极大地提升了我行参与产业投资基金的角色作用。在此基础上，还与重庆市发改委达成了产业投资基金业务的合作框架。产业投资基金正式进入投资运作阶段后将为地方实体经济发展注入强劲动力。二是积极参与天津滨海新区场外交易市场（OTC）、股权交易所的建设。研究设计利用天津OTC市场发展债务及衍生产品交易业务的方案，天津OTC市场筹备组已拟聘请我行担任其财务顾问。积极与天津滨海国际股权交易所开展合作，共同推进股权融资业务合作，搭建股权融资业务平台。

（四）推动PE主理银行、股权私募业务发展，拓展股本融资业务领域。创新推出PE主理银行业务，与优势资本基金管理公司达成PE主理银行服务协议，充分利用我行客户、信息、资金等优势为PE基金提供全面服务，共同分享股权融资的高端价值。此外，总分行

还在股权私募、上市顾问业务领域营销运作了一批项目，都取得了阶段性成果，同时也积累了经验、锻炼了队伍。

（五）推动理财业务发展，提高我行综合收益。大力推进非总行直营客户一对一理财业务的发展，发行完成国电集团、京珠高速、贵州高速、陕西蒲二电、宁波长丰等十多个、近百亿元的理财项目，以总协调人及投资管理人的身份为企业提供包括结构设计、交易执行、投资管理等在内的一揽子投行服务，显著地提高了我行的综合收益。

（六）继续做好短期融资券等业务，开拓企业债券承销业务产品线。2008 年，全行承销短期融资券 896 亿元、中期票据 634 亿元、金融债券 116 亿元，承销量均居同业第一。积极跟踪国家有关部门推动企业债券业务发展的政策动态，与相关券商探讨联合开展企业债券承销业务的可行方式，积极做好项目储备，争取抢占企业债券业务先机，建立企业债券承销业务产品线。

（七）完善银团资产转让业务，开拓投行业务新领域。一是以新的制度框架推动信贷资产转让业务发展。印发《银团资产转让与交易业务管理办法》，累计完成银团资产转让与交易业务规模达到125亿元，探索了在新的制度框架下发展信贷资产转让业务、盘活信贷资产存量的可行模式。二是积极研究支付监理业务创新。探索我行对房地产等行业客户资金运用进行监督管理的可行模式和具体流程，加强企业资金运用风险防范，开拓新的投行收入来源。三是丰富企业资信服务产品系列。在继续做好资信调查、资信证明等常规资信服务的同时，推广“天玑星级服务”、“资信评级顾问”等创新资信产品，推动资信业务收入实现翻番式增长。

三、投行研究中心正式启动，团队建设迈出新步伐

一是投行研究中心正式成立。2008 年 9 月 17 日，总行举办“资本市场与行业分析报告会暨投行研究中心启动仪式”隆重举行，姜建清董事长宣布投行研究中心正式启动。目前投行研究中心已有 27 名投行分析师到岗，逐步推出了投行专题报告、投行行业分析报告、资本周刊、行业周刊、股票策略周刊、热点评述 8 大类研究产品，开始在重大热点问题研究、投行项目支持和提升常年财务顾问服务水平方面发挥重要作用。2008 年，投行研究中心已发布研究报告 229 篇，累计 188 万字，得到了行内外的广泛好评。二是进一步推进企业理财师培训认证计划。开展了共 4 期、超过 2 500 人次的“企业理财师”资格认证培训和考试工作。目前全行已有 1 196 名“一级企业理财师”和 123 名“二级企业理财师”，直接为 8 000 多家客户提供常年财务顾问服务，投行业务营销触角大大延伸，投行服务覆盖范围显著提高。

四、加强投行业务风险管理，提升投行服务水平

一是扎实、稳健提升常年财务顾问业务的服务质量。将常年财务顾问服务内容细化为日常咨询、增值研究、理财咨询三类，根据客户特点分别提供服务。以外部采购和内部开发相结合的方式提升常年财务顾问研究产品的数量和质量。初步建立了由总行投行专家、数十名投行分析师、分行千余名企业理财师组成的常年财务顾问服务团队，以研究产品、客户研讨会、《企业理财》刊物等多种方式提供常年财务顾问服务。常年财务顾问业务经过不断的规范和梳理，已经具备了较为丰富的服务产品、较为稳定的专业服务团队。二是加强投行项目运作风险管理。加强投行项目风险评审委员会运作管理，将短期融资券、信托理财、银团资产转让等各类投行项目均纳入委员会审议，规范投行项目立项、审批程序，严格投行项目在运作实施、服务收费、会计处理、备案存档各环节的管理要求。三是积极推动投行业务发展战略咨询项目。聘请波士顿咨询公司对我行投行业务发展战略开展咨询，完成咨询项目建议书，梳理投行业务下一步发展战略。

（总行投资银行部）

资产托管业务

2008 年，全行资产托管业务经受住了全球金融危机和国内资本市场深幅下跌的严峻考验，实现持续稳定均衡发展，托管资产规模站稳万亿元平台，托管业务取得历史性最好效益。

一、托管资产规模站稳万亿元平台

截至2008 年末，我行托管资产总净值11 438 亿元，较 2008 年初减少 13.08%，远低于同期上证指数 65%

的降幅。其中，托管证券投资基金 5 046.19 亿元，市场占比为 26.74%；托管保险资产 2 252.12 亿元，市场占比为 36.60%；托管企业年金基金 540.25 亿元，市场占比为 42%；托管 QFII 资产 105.63 亿元（折合人民币）、QDII 资产 377.38 亿元（折合人民币）；各类托管业务均保持市场领先地位。工行是国内唯一达到万亿元规模的托管银行，连续 11 年位居同业首位。

二、托管业务品牌建设初见成效

经过 11 年的快速发展，我行强大的业务优势、科技优势、内控优势、人才优势已逐步转化为托管品牌优势。2008 年，我行托管业务品牌建设取得前所未有的显著成绩，连续荣获香港《财资》、美国《环球金融》、英国《全球托管人》和国内《证券时报》等权威财经媒体评选的年度“中国最佳托管银行”大奖；获得中国基金行业 10 年庆典“杰出贡献奖”；我行集中托管项目获得中国证券业协会向非证券机构唯一颁发的“证券期货业科学技术奖最佳创新奖”。

自 2004 年以来，我行资产托管业务已经获得 14 项国内外大奖，优良的服务品质获得国内外金融领域的持续认可和广泛好评，国际影响力和品牌知名度与日俱增。

三、托管业务营运安全准确高效

2008 年，资产托管业务营运规范严谨，为各类委托人提供安全、准确、高效的托管营运服务。全年新增托管证券投资基金 25 只，总数达 107 只；新增托管 2 518个委托资产组合，总数达 3 372 个；托管 QDII 组合 26 个；新增托管 QFII 组合 2 个。

严格依据法律法规、契约和合同，准确完成我行所托管的证券投资基金、保险资产、企业年金基金、QFII、QDII 等各类资产的会计核算、估值、报表报告等工作，会计账务准确、真实、完整，全年共完成各类托管资产投资指令 56 575 次、完成估值 74 522 次、成交清算 75 362 次，公开披露信息 26 959 次，调拨资金 197 493.34亿元，未发生一笔差错。

四、各类托管业务稳定均衡发展

2008 年，包括证券投资基金、企业年金基金等在内的各项传统业务均保持市场领先优势，收支账户资金、全球资产和基金公司特定客户资产管理托管等新业务营销、创新能力进一步增强，业务品种不断丰富，传统业务与新兴业务并肩发展。

2008 年，全年新增托管证券投资基金 25 只，当年新增托管只数达到前 10 年托管只数总和的 30%，托管证券投资基金总数达到 107 只，托管基金份额市场占比接近 27%，稳居国内榜首。

各类委托型资产托管业务均衡发展。2008 年，我行以优质服务提升营销效果，成功为中石油、一汽集团、五矿集团、国家电网、山西焦煤等一大批有影响力的企业和企业集团提供企业年金基金托管服务，其中，2008 年 3 月正式开始托管的中石油企业年金基金初始金额高达 205 亿元，是目前国内最大的企业年金基金。保险资产托管客户数量稳步增加，2008 年新增 4 家保险公司客户，签约保险公司和资产管理公司达到 33 家。收支账户资金托管、信托资产托管和券商集合理财托管等类型托管业务也在 2008 年实现快速发展。

全球资产托管业务实现跨越式发展，2008 年成功协助 7 家客户获得 QFII 资格，我行获得批准的 QFII 托管客户已达 11 家。同时，QDII 托管业务稳中有升，持续领跑同业，市场占比超过 50%。

我行以市场变化和客户需求为导向，积极推进托管业务创新，以创新研究驱动业务营销。2008 年 3 月，证监会正式放行基金公司特定客户资产管理业务，我行当天即与基金管理公司正式签署了特定资产管理三方合同，成为国内最早开办此项业务的托管银行。截至 2008 年末，我行与 14 家基金管理公司合作完成 36 个项目的托管，委托资产总规模达到 193.3 亿元，取得行业垄断性优势。此外，我行在 2008 年先后托管了中国人寿慈善基金会慈善基金、浙江天堂硅谷股权投资基金、四川绵阳科技城产业基金等创新产品，极大地拓展了我行托管业务的领域，对提升托管实力产生积极的影响，得到了监管部门的高度评价，巩固了市场领先优势。

五、托管业务管理体系日趋完善

在严格授权管理和严控风险的基础上，积极支持具备条件的分行开办托管业务，初步建立起较为完善的全行托管业务管理架构：一方面，促进了分行托管业务快速发展，截至 2008 年末，分行托管规模达到 4 596.57 亿元，比 2007 年增加 40%；另一方面，逐步完善业务激励机制，调动分行营销积极性。同时，加强对分行的业务指导，通过制作统一的托管业务协议范本、营销材料和法律法规汇编等材料，定期举办全行性托管业务营运、营销和管理培训班等，为分行业务发展提供支持。

在大力发展国内托管业务同时，我行还积极培养境外机构参与全球托管业务，工银亚洲和工银伦敦的托管业务实力和系统建设已初具规模，首尔分行在积极筹备开展托管业务，与南非标准银行已经确立托管合作关系，为进一步把全球托管网络拓展到非洲市场奠定了基础。与全球知名托管机构密切合作，全球托管网络正在逐步拓宽。

六、托管业务风险管理水平持续提升

2008 年，我行坚持风险管理和业务发展并重的发展理念，充分发挥交易监督和内部控制两大职能，托管业务风险管理水平持续提升。

严格履行托管人职责，强化交易监督工作。全年向各类资产管理机构进行监督提示1 114次，发送事中监督投资指令11 420次，向监管部门报送定期监督报告812份。同时，根据不同类别托管资产特性，实施有针对性的专项监督，完成各类托管资产交易监督报告，对大型客户投资提供个性化监督。不断完善监督模式和交易监督系统，提高监督水平。

2008年，我行在国内首家施行SAS70托管业务审计年度化，并获得国际会计师事务所出具的2007年度SAS70无保留意见报告，确保内部控制达到国际一流标准；成功实施2008年度资产托管业务灾难恢复应急演练，并将在国内托管银行中唯一实施的托管业务灾难恢复应急演练年度化与制度化，保证我行托管业务在遇到突发事件或灾难时能够连续正常运营，为我行更好地履行托管人职责提供了坚实的保障。

七、托管业务科技系统创新力度不断加大

2008年，我行加大科技创新力度，顺利投产资产托管业务与外汇交易中心直联连通系统，成为首家及迄今唯一一家实现与外汇交易中心直联的托管银行；11月投产监管资金及支付保证金托管平台，满足了不同类型客户的资金监管要求；开发完成与基金公司的电子化对账系统，并取得良好试运行效果。科技创新大大提高了业务处理效率，有效促进了托管业务的良性发展。

（总行资产托管部）

企业年金业务

2008年是我国企业年金基金管理机构扩容后市场格局重塑的第1年，面对激烈竞争的企业年金市场，我行企业年金业务以从高要求、全面发展为主题，积极有效加强管理，实现各项企业年金业务快速协调发展。

一、业务规模快速增长，市场地位更加巩固

2008年，全行以综合效益最大化为目标，推动企业年金受托管理、账户管理和基金托管业务整体快速发展。到2008年底，全行企业年金客户达到15 534家，较2007年增加2 265家，增长17.07%；管理企业年金个人账户505万户，增加157万户，增长45.11%；托管年金基金540亿元，增加353亿元，增长188.77%；法人受托业务2008年正式启动，受托管理年金基金40亿元。同时，全行还管理其他养老金个人账户30万户，托管其他养老金基金311亿元。据人力资源和社会保障部统计数据，2008年底我行企业年金受托管理、账户管理、基金托管3项业务在11家法人受托机构、16家账户管理机构和10家托管机构中占比分别为8.6%、48.8%和42.3%，是国内最大的企业年金基金管理与服务机构。

二、业务创新不断深入，产品体系更加完备

2008年，全行在提高企业年金基金管理与服务品质的过程中，稳步推进业务创新，进一步提升了专业服务能力和市场竞争力。在2007年11月取得法人受托资格后，结合法人受托业务特点，研究制定了整套业务规程和法律文本，构建起受托管理业务基础框架，法人受托业务全面启动，到2008年底签约客户达到256家。成功推出我行作为受托人发起设立的首个“2+1+N”集合计划产品——“如意养老1号”，亮出“如意养老”系列产品品牌。“如意养老1号”是市场上首个支持职工个人选择投资组合的年金产品，体现出我行创新能力和管理能力，提高了拓展中小客户市场的竞争力。与此同时，与其他管理机构合作开发推出2个新的“2+2”集合计划产品——“国寿工行永睿企业年金计划”、“泰康工行恒泰企业年金计划”，进一步丰富了集合计划产品种类。

三、加大市场拓展力度，客户营销成效显著

首先，着力做好中央企业和地方大型企业营销工作，建立分工协作的重点客户营销工作体制。按照客户的需求，全行组织年金业务考察、推介会等营销活动300多次，涉及企业5 000多家。在对中央企业、大型集团企业的营销中采取总行、分行、支行三级联动的营销策略，成功获得中国一汽集团、中国网通集团、中国航天科技、河南平煤集团、山西焦煤集团等大型年金项目。全年参加233个企业年金项目投标，中标率达80%以上。在铁路系统企业年金基金管理机构初选中，我行以绝对领先的分数位居账户管理和托管备选机构之首，为取得铁路系统年金营销的成功奠定了坚实基础。

其次，以集合年金计划产品为载体，通过与合作机

构联合开展营销推动和产品推介，有力促进了中小企业年金市场的拓展。到2008年末，“太平工行智信计划”累计签约客户1 487家，成为年金市场上客户量最多的一款集合计划产品；“平安工行相伴今生计划”管理年金基金近20亿元，是年金市场上资金规模量最大的一款集合计划产品。“如意养老1号”11月一经推出即获得良好的市场反应，到2008年底签约企业233家。

四、持续加强业务管理，保证业务健康发展

2008年，全行持续加强企业年金业务管理，保证各项业务健康可持续发展。一是进一步完善业务规章制度，制定了《年金业务专用印章管理办法》、《年金业务档案管理办法》、《企业年金基金受托业务管理办法》、《企业年金基金受托管理业务操作规程》、《账户管理业务内部控制指引》等制度。制定受托管理业务4类标准合同文本，以及与部分机构的标准合同文本。二是加强企业年金业务日常运行管理，确保业务处理平稳顺畅。组织开展了以“关注·倾听”为主题的年金业务客户服务调研，针对客户对我行年金业务管理与服务的意见，采取有效措施改进和加强业务管理与服务。三是加强业务研究，积极参与行业法规制度建设和服务标准的研究制定工作，开展《养老金改革与工商银行企业年金业务创新研究》等课题研究。2008年3月，我行发起召开商业银行企业年金业务第一次联席会议，建立起银行业企业年金业务联席会议制度，并组织开展了数据接口、业务流程、服务收费、信息披露等课题研究。

五、稳步推进系统建设，提升业务处理能力

2008年，全行积极推进企业年金业务系统开发和优化升级工作，进一步提升了业务系统处理能力和后台支持能力。一是对账户管理系统进行4次优化，开发投产账户管理系统客户版，进一步提升了客户服务能力；二是开发受托管理系统二期项目并投产，搭建法人受托业务信息处理平台；三是以账户管理系统、受托管理系统功能为基础，启动养老金综合管理系统开发工作；四是完成ATM、自助终端年金查询项目和牡丹年金卡项目。

六、加强专业队伍建设，不断提高素质能力

2008年，全行进一步加强专业队伍建设，总行组织年金业务培训班4期，网络培训1次；各分行组织年金业务培训班200多期，有效提升了年金从业人员的专业素质与工作能力。同时，全行企业年金业务金牌客户经理培养工作不断推进，累计培养金牌客户经理213名，使高水平的专业客户经理队伍得到进一步加强。随着国内养老保障体制改革进程的加快，为更好地适应市场发展变化和业务领域拓展的要求，总行企业年金中心于2008年8月更名为养老金业务部。

（总行养老金业务部）

营业部业务

2008年，营业部积极开展业务转型，突出特色经营，飞机融资和船舶融资产品线继续保持同业领先地位，出口信贷、国际银团、商品融资产品线取得了较快发展，同时重点开拓了租赁融资、资源银行等新产品线，各项业务保持了稳健的发展态势。

一、各项业务指标完成情况

2008年末营业部资产总额为1 176亿元，增加377亿元，增幅为47.2%。实现拨备后利润15.8亿元，人均创利2 000万元。实现净利润11.9亿元；实现经济增加值7.41亿元；实现中间业务收入1.5亿元。2008年末各项存款本外币余额为1 218亿元，增加443亿元。本外币贷款余额为351亿元，其中，人民币贷款157亿元，外汇贷款为28.3亿美元。

产品线业务稳步发展。2008年末全行飞机融资余额为426亿元，增加104亿元，飞机保函为236亿元，历年来累计为270架飞机融资；为船舶融资余额为95亿元，船舶保函157亿元，历年来累计为166艘船舶融资；全行国际银团融资余额为150亿元，国际备用银团贷款为71亿元；出口信贷余额为73亿元，增加24亿元；商品融资余额为69亿元，占全行国内贸易融资贷款余额的10%。

二、巩固成果，坚持创新

（一）飞机融资业务。一是坚持产品创新。作为日租独家融资安排行，为东航2架A320飞机安排日本经

营性杠杆租赁并提供融资；采取法式租赁结构支持国航2008年引进10架飞机，在不占用总行外汇资金的前提下通过结构创新安排融资2.4亿美元。二是融资结构进一步优化。目前飞机融资采用法国税务租赁、日式经营租赁等结构化融资的项目占比达60%，集中体现了飞机融资的专业技术性。同时，也有效地实现与借款航空公司的风险隔离，加强我行对飞机资产的控制权。三是国内市场份额进一步扩大。全年直接参与了国航、东航和南航所有飞机招标项目，指导分行参与部分地方航空公司的飞机招标项目，我行中标并参与了其中15架飞机的融资，融资额约30亿元，市场占比达到40%。

（二）船舶融资业务。积极开拓国内能源运输市场，创造新的利润增长点，成功中标国内最大船舶融资项目。积极开拓国内中国旗舰能源运输市场，以本币补偿外币、以国内市场补偿国际市场，先后完成了长航油运、长航凤凰、时代航运、广东粤电、温州海运、广州珠江燃料电力、中海发展等多个国内电煤运输船、油轮融资项目。成功牵头中标了国家开发投资公司28条新建散货船100亿元大型船舶融资银团项目，成为目前国内最大的人民币船舶融资项目。

（三）出口信贷业务。积极营销重点走出去项目和与标准银行合作的结构融资业务，业务量实现了新的突破，当年签约安排额17亿美元，我行实际承贷额为10亿美元。根据中国出口信用担保公司统计，2008年我行保险额占比居各家银行之首，达到31.19%。

（四）国际银团业务。配合有关部门确定了全行境外机构超权限国际银团贷款业务工作流程，促进了境内机构国际银团贷款业务的集中经营。专业融资产品集中经营使我行业务获得快速发展，风险控制得到加强，境内外分行也受益较大。同时，通过加强与工银中东、工银莫斯科、悉尼分行、纽约分行等机构的联系，挖掘业务机会，形成与境外机构的积极联动，有效推动了国际银团产品线业务的发展。

（五）商品融资业务。理顺商品融资产品体系，商品融资正式纳入国内贸易融资，明确了总行相关部门的职责；在加强与中外运等老三大物流公司的合作的同时，积极推动与中远货运、中铁物流、中海物流新三家全国性物流公司的合作，签署了商品融资质押监管合作协议，同时明确了上述6家全国性监管公司的商品目录；确定了8家区域性物流监管公司及其监管的商品目录。积极推动商品融资信息网的建设与维护，及时向分行发布5期重要商品价格预警提示，保证了商品融资的稳健运行。

三、积极营销，开拓存贷款的新增长点

加大存款业务挖潜力度，营销汇金公司50亿美元存款，对缓解我行外汇资金紧张的局面起到积极作用，对提高经营利润效果明显。传统信贷业务方面，在前3个季度信贷规模紧张的情况下，争取有限的贷款规模尽力满足优质大客户的资金需求，稳步发展与客户的传统业务合作。一是在2008年国家电信重组过程中，及时跟踪联通重组进度情况，为保持和稳定我行在“新联通”的市场份额，积极争取联通新时空在我行办理了60亿元项目贷款再融资。二是及时满足中石化大额、紧急提款需求，共向中石化累计发放贷款405亿元，累计收回380亿元；全年利息收入2.56亿元。三是积极探索内外联动，为境外分行拓展跨国公司业务提供支持。通过外保内贷方式，与瑞士嘉能可（中国）签署了5亿元借款合同，累计循环提款5.2亿元，不仅为我行与嘉能可的长期合作奠定了良好的基础，也支持了境外分行的业务发展。

四、加强管理，进一步提高风险防控能力

在信贷管理方面，一是加强信贷基础管理，强化信贷人员信贷业务基础知识和基本操作技能的培训，提高信贷从业人员的风险意识和管理能力。二是积极完善信贷业务规章制度，配合有关部门重新修订《中国工商银行专业融资产品簿记管理办法》，对簿记业务账务处理、资金汇划、系统操作及回购格式等方面进行了细化，并对簿记业务审批程序和权限、风险监控职责、经济资本承担等予以明确。三是注重信贷审查与风险控制，认真落实抵质押价值评估工作。对船舶、飞机等抵质押资产进行了专项附加评估，摸清了抵质押价值家底，并提出了相应的管理要求。四是结合自身特点，强化全行专业融资产品基础数据统计职责，利用台账系统与人工收集结合并相互验证方式，初步建立了专业融资产品统计基础数据库。此外，加强不良贷款的清收转化，收回银宏公司贷款1亿元，完成国旅集团债务重组工作。

（总行营业部）

第二部分

综合化经营与国际化发展

执行编辑：贾炜

中国工商银行纽约分行开业

中国工商银行纽约分行位于纽约市第五大道725号20楼，是工商银行在美洲地区的业务平台，依托工行集团强大的资金、网络和技术优势，提供大额存款、贷款、美元清算、国际结算、贸易融资、咨询顾问等综合性跨国金融服务，竭诚服务于中美两国经贸往来。纽约分行内设办公室、合规部、市场部、营业部、资金部、清算部、风险管理部、会计部和电脑部9个部门，共有员工25人，其中外派人员10人，当地雇员15人。

一、纽约分行申设历程

2007年4月11日，工商银行向美国银行监管机关正式递交关于成立中国工商银行纽约分行的申请材料。2007年11月1日，纽约州银行局有条件通过了设行申请。2008年，纽约分行申设团队在总行和有关各方的大力支持下，积极与美方保持沟通与协调，及时回复问讯，不断更新报告，最终实现了工商银行在美设立营业性机构的历史性突破。

2008年8月5日，美联储官方网站公布了批准中国工商银行设立纽约分行的决定。同年9月16日，在纽约州银行局本部大楼，隆重举行了中国工商银行纽约分行牌照颁发仪式，这标志着中国工商行正式获得在美营业资格。工商银行驻美机构历经11年艰辛展业，从无到有，从小到大，通过不懈努力，终于开行成功，实现了工商银行国际化征程中里程碑式的胜利。

二、纽约分行开业庆典

作为中国工商银行在美国的第一家分行，2008年10月15日纽约分行在纽约隆重开业。中国工商银行董事长姜建清、副行长王丽丽亲赴纽约为分行揭牌，联合国副秘书长沙祖康夫妇、中国驻联合国大使张业隧、中国财政部副部长李勇、中国人民银行副行长易刚、美国财政部副部长 David McCormick、纽约市副市长 Robert C. Lieber、纽约州银行局局长 Richard H. Neiman 及著名经济学家、诺贝尔奖获得者蒙代尔等社会各界嘉宾近500人齐聚一堂，共同见证了这一历史时刻。

纽约最高建筑、著名的帝国大厦无偿为开业庆典点亮象征中国的红色、黄色彩灯成为当晚的“经典之作”，充分体现了工商银行作为全球市值最大银行与日俱增的国际影响力，特别是在美国金融业“寒冬”之际，更彰显其大行气魄与风范。

三、纽约分行业务开展情况

在开业庆典圆满结束之后，纽约分行迅即将工作重心聚焦到业务平台建设、市场资源挖掘和发展战略研究上来，秉承严谨规范、客户至上的经营理念，严格遵循美国监管准则，注重风险管理和内部控制，积极为中美两国经贸往来客户、跨国企业和金融机构提供优质金融服务。根据总行战略部署，确立了打造美元清算、外汇交易和市场研究三大中心的工作目标。2008年美元清算系统、反洗钱系统、资金交易系统等业务平台建设基本完成，美联储清算账户和代理行清算账户开立工作有序推进。以中、美两国大中型企业为目标客户，积极开展市场营销，培育客户基础。相继走访了中远、中建、五矿、中石油、中石化、海尔、国航、海航、联想和中国电信等大型中资企业在美分支机构；多次与沃尔玛、AB啤酒、美铝、APP、百事可乐和HP电脑等大型美国本土企业开展交流；广泛联系政府机构、社团协会、银行同业、证券交易所、投资基金、资产管理公司等机构金融客户，客户营销服务工作取得重要进展。

（纽约分行）

中国工商银行悉尼分行开业

2008年5月19日，澳大利亚金管局颁发中国工商银行悉尼分行银行业务经营许可证，标志着悉尼分行正式设立。悉尼分行的成功申设是工商银行国际化战略的又一次突破，从此，中国工商银行业务网络正式拓展到南半球最发达的澳新经济圈，对提高全行国际化经营水平、增强客户整体服务能力具有深远的战略意义。

悉尼分行位于澳大利亚最大的城市悉尼市的金融中心，营业和办公场所逾1 000多平方米。悉尼分行在成功建设综合业务系统的基础上，完成了SWIFT、澳元清算、证券清算、信贷管理等系统的应用和整合，建立了可靠的业务运行平台。

悉尼分行建立了完善的组织结构和经营管理体系。分行管理层由总经理及三位副总经理组成，下设营业部、市场部、财资市场部、风险管理部、会计科技部和综合管理部6个部门，另外设有独立的内部审计和合规管理岗位。截至2008年底，悉尼分行有正式员工25人。

悉尼分行按照总行和当地监管条例，搭建了风险控制框架。构造了清晰严谨的前中后台风险管理架构；遵照当地反恐和反洗钱规定，建立可疑资金审核报告等内外部控制流程；遵循当地法规和市场规则，建立合规性风险防范制度，形成了有效的风险控制体系。

悉尼分行为客户提供广泛的金融服务。涵盖贸易融资、项目融资、银团贷款、公司贷款、公司存款、其他存款、资金业务、外汇交易、衍生交易、结算服务和资金清算等业务。

针对澳大利亚金融市场的特点以及国内客户走向澳洲市场的发展机遇，悉尼分行的市场定位是首先为从事中澳贸易和投资的国内集团客户以及其分支机构、当地客户提供全方位金融服务。悉尼分行将高起点构建盈利模式和发展路径。一是致力于开发资源客户市场。以中澳铁矿石、有色矿、天然气等能源和资源行业的贸易和投资企业为目标客户。悉尼分行的特殊定位是架起连接澳洲市场与工商银行集团网络的桥梁，实现工商银行集团的一体化服务与澳洲客户的直接对接。二是致力于为客户创造财务价值。利用各项金融工具，设计整合的服务方案，引导企业进入货币市场、交易市场和资本市场，在经营方式上实现由贷款扩张型向投行服务引领型转变，为吸收低成本资金和创造中间业务收入创造条件。三是致力于服务高端个人客户。增强综合服务功能，为高价值个人客户提供量身定制服务，在满足其以财务收益为重点的个性化需求的同时，拓展服务领域。

在大力推动银行业务发展的同时，悉尼分行倡导创造企业核心价值，培育企业文化，并提出建设“Advance and Enhance”、“Care and Share”的理念，倡导积极进取、不断提升、关爱他人、互利共赢的企业文化，培养员工的职业追求和协作精神，强化以客户为中心的经营理念，树立工商银行良好的市场形象。

（悉尼分行）

中国工商银行中东子银行和多哈分行开业

一、工银中东和多哈分行基本状况

中国工商银行（中东）有限公司（以下简称工银中东）于2008年10月20日在迪拜正式开业，是工商银行在阿联酋设立的全资子银行，注册资本5 000万美元，2008年末总资产6 032万美元，净资产5 014万美元。中国工商银行多哈分行是工商银行在中东地区设立的第2家营业性机构，于2008年10月21日在卡塔尔首都多哈正式开业。

2008年10月20日和21日，中国工商银行董事长姜建清、副行长王丽丽与来自阿联酋、卡塔尔两国政界、商界、金融界、学术界的众多贵宾共同出席了两家机构的开业庆典，并分别与阿联酋总理、财政次长、央行行长及卡塔尔财政部长等政要进行了会晤。工银中东和多哈分行的成立，使工商银行成为首家在中东地区设立营业性机构的中资银行。

工银中东设立于迪拜国际金融中心（DIFC），多哈分行设立于卡塔尔金融中心（QFC）。目前，两家机构内部共设客户部、投行研发部、资产负债管理部、营业部、风险管理部、合规部、财务会计部、人事总务部8个部门，两地员工共计29人。

二、业务范围

多哈分行和工银中东分别于2008年1月和4月获得了所在地监管机构颁发的业务最全面的一类牌照，并于7月末获得监管部门营业许可，开始试营业。按照所取得的牌照，工银中东可以开展特定范围内的商业银行和投资银行业务，致力于为客户提供综合化的银行业务服务，多哈分行则侧重为客户提供传统商业银行服务。自监管机构批准营业开始，两家机构已经可以开办吸收存款、发放贷款、自营投资、代客投资、贷款及投资安排、资产管理、金融产品及信贷咨询和托管服务安排等业务。依托工行集团的雄厚实力，工银中东和工银多哈还可为客户提供包括代理咨询，股票、基金、债券、外汇及其他结构性产品在内的投资服务，并可根据客户情况提供离岸金融、信托安排及全球财富管理等方面的金融服务。

作为全球市值最大银行在中东地区的营业性机构，工银中东和多哈分行将以阿联酋和卡塔尔为基础，以海湾合作委员会（GCC）国家为重点服务区域。积极贯彻国家“走出去”战略，为走入中东或即将进入中东的中资企业提供金融支持；满足中东客户“石油美元”投资中国的金融需求，为已投资或欲投资中国的中东客户提供优质服务；支持中东地区经济发展，向参与中东发展的各国企业、机构和个人提供金融支持。

三、业务开展情况

2008 年，工银中东和多哈分行紧紧围绕总行各项工作进度安排和经营要求，深化市场调研，探索发展模式，做好制度建设，夯实管理基础，在较短的时间内完成了外部申设工作和内部规章制度框架的搭建，研究和探索了区域集中管理模式的恰当实现形式，进行了客户资源的开发和储备，充分利用现有牌照资源，大力开拓当地市场，成功实现盈利。2008 年，工银中东和多哈分行在资产、负债及中间业务方面均实现了有效突破，取得了良好开局。营业仅约半年，就累计办理贸易融资业务 99 笔，金额 2.17 亿美元，办理各类保函 12 亿美元，累计吸收存款 4 500 万美元。

（一）高效率完成机构申设。为进一步落实总行董事会关于在迪拜国际金融中心设立中东子银行、在卡塔尔金融中心设立多哈分行的决议，中东机构申设筹备组细化分工到人，监控进度到天，全力以赴做好申设工作，于 2008 年 4 月圆满完成公司注册，7 月完成所有业务系统建设工作，开始试营业。

（二）高标准建立制度保障体系。在取得外部监管的认可后，工银中东和多哈分行及时将工作重心由申设转移到内部制度的建立、梳理和完善上来，致力于建立高标准的内部制度体系，确保在内控严密的基础上开展业务。

（三）积极探索实践有效的区域管理模式。借鉴中东地区多数金融机构以迪拜为区域中心，辐射中东地区和北非的管理模式，将中东机构作为一个虚拟整体，在此基础上按照工作职能划分各专业条线，对各专业牵头负责人和汇报路径进行明确，积极探索实现区域管理的有效途径。经过短期磨合，各专业在信息传递、互动沟通等方面均达到了较好效果，配套的人事及财务制度也逐步完善，合规有效地行使了总行授权，顺利达成了各项工作目标，当地监管机关对中东机构管理模式的实际风险控制效果给予较高评价。

（四）高起点推进营销工作。2008 年，工银中东和多哈分行以有意拓展中东业务的中国实体和有意拓展中国业务的中东实体为目标客户，充分发挥两家机构的战略协同效应与业务互补优势，确立了“稳中求快，以点带面”的市场拓展方式，明确了“营销一批、储备一批、研发一批”的递进式业务发展策略，与中石油、中石化、中建、中水、华为等大型中资企业的中东机构建立了密切业务联系，与迪拜政府、阿联酋电信、阿布扎比投资局等本地大型客户开始了有效合作。

1. 大力拓展传统商业银行业务。深入调研当地经济增长点和与中国经济贸易往来的主要区域及相应金融需求，对同业运作经验和盈利模式进行深入分析。一方面通过对中资企业客户和本地客户的走访联系，广泛收集信息，寻找业务机会；另一方面，致力于加强内外联动，依托国内业务资源，力求在有效控制和管理风险的前提下，在较为熟悉的传统商业银行业务领域以点带面地迅速突破，逐步扩大成熟业务品种的规模。在正式获准营业后，工银中东和多哈分行在低风险贸易融资业务方面迅速实现突破，并不断扩大业务规模，累计办理贸易融资业务 99 笔，金额 2.17 亿美元；抓住市场重大项目机遇，为中国石油管道建设企业成功出具 3.29 亿美元履约保函及 2.61 亿美元预付款保函，该项目预计可实现中间业务收入约 390 万美元，并为下一步的大额信用证及贷款业务打下良好基础；通过业务创新和牌照资源互补，累计吸收存款 4 500 万美元；对中建、中水、华为等客户的授信工作也取得了阶段性成果。

2. 深入研究投资银行业务。开业以来，工银中东和多哈分行高度重视投资银行产品研究，尝试开发新的投行项目，探索投资银行发展方向，寻求在合适时机将投行产品或项目推向市场，拓宽收入渠道。在通过同业拜访、基金公司衔接等方式对当地市场客户需求进行了解的基础上，明确了以“股权融资为突破口，依托国内工行网络，加强产品研发和包装，努力构建中东销售渠道”的初步投行业务发展思路，完成了 4 个项目的储备，1 个项目的分析和包装，当地销售渠道建设也在不断加强。

（工银中东、多哈分行）

工 银 瑞 信

2008年在艰难的市场环境中，在工行的大力支持下，工银瑞信努力在危机中寻找机会，在基金业整体低迷的背景下，公司各方面均攀上新的台阶、实现了跨越式发展。基金管理规模逆势增长28.99%至752亿元，规模排名从行业第21名跃升至第6名。根据银河证券基金研究中心评分，公司2008年综合资产管理能力跨入行业4强，公司更是荣获基金业最权威奖项——《中国证券报》“2008年度十大金牛基金公司”。

一、建立科学投资管理体系，取得优良投资业绩

工银瑞信自成立以来，始终坚持“稳健投资、价值投资、长期投资”的科学理念，依靠团队协作，为客户提供长期稳定的良好回报。经历了牛市、熊市市场转换考验，工银瑞信的投资管理体系日臻完善，建立了包括最高投资决策机构——投资决策委员会、投研联席会议、基金经理与研究员在内的全面投资决策体系，通过定期召开投资决策委员会会议、投研联席会议、投资策略会议和晨会对资产配置策略、行业配置策略进行商讨和决策。公司引入ALGO量化管理系统，为研究员、基金经理提供量化的分析模型和组合优化手段，实现了从选股、组合构建、组合优化调整到风险管理的全程量化分析管理。

公司旗下基金整体投资业绩优异，各类基金业绩位居行业前列。截至2008年12月末，工银瑞信旗下计入晨星排名的基金2008年整体业绩位居行业前1/4，其中核心价值、工银强债、工银货币业绩排名均进入189只股票基金、29只债券基金和51只货币基金的前10名；核心价值基金凭借成立3年多来持续的优良业绩，更是获得晨星1年期和3年期的五星评级和《中国证券报》“2008年度同业领先开放式股票型基金”。企业年金、专户业务投资也取得佳绩，公司在工行年金组合、统筹外养老金组合的众多管理人中脱颖而出，业绩居领先地位。

二、共同基金资产管理规模逆势增长

2008年，工银瑞信在艰难的市场环境中继续加大新发与持续营销力度。通过3只新基金的发行，公司募集了95亿元资金；根据股市下行中投资者对低风险产品需求的增加，充分把握2008年债券市场上涨的机遇，公司加大债券和货币市场基金的持续销售，全年实现270亿元净申购。在基金行业规模下滑40.85%的情况下，公司规模仍增长了近170亿元至752亿元，规模排名由行业第21名一跃升至第6名，2008年度规模增长和排名上升幅度位居行业之首，公司行业地位稳步提高。

三、非共同基金业务取得良好开端

通过较高的综合实力，公司先后获得了企业年金投资管理人和特定资产管理业务资格，公司非共同基金业务正式起航。在年金方面，2008年公司先后中标近百家客户，并获得了工商银行、中国银行、中信集团、光大银行、南昌铁路局、乌鲁木齐铁路局等诸多重量级客户的年金合同，市场份额和行业影响力快速提升。在专户方面，公司自2008年初第一批拿到特定资产管理业务资格后，目前特定资产管理业务管理规模已达145亿元，居行业首位。

四、业务资格、产品线不断完善

2008年工银瑞信发行了工银瑞信中国机会全球配置股票型证券投资基金（QDII）、工银瑞信信用添利债券型基金和工银瑞信大盘蓝筹股票型基金，截至2008年末共管理9只共同基金，构建了包括股票型、配置型、债券型、货币型和QDII在内的较为完整的产品线，是行业内构建产品线最快的基金公司之一；2008年初获得特定资产管理业务资格后，工银瑞信可以全面开展包括共同基金、QDII、企业年金基金、特定资产管理等业务，是61家基金公司中获得较齐全产品资格的9家之一。

五、构建了严密的风险管理体系

工银瑞信在充分分享瑞士信贷先进风险管理理念、系统和技术的基础上，建立了包括四道风险防线，涵盖投资风险、运作风险和法律合规风险在内的完备风险管理体系，风险管理处于行业领先水平。公司2008年无一例违法、违规事件发生，顺利通过全球投资业绩标准（GIPS）年度认证，并先后荣获《上海证券报》“中国基金公司最佳风险控制奖”、《证券时报》“网站最佳安全性能”等一系列风险管理奖项，获得社会各界高度评价。

六、客户服务和渠道支持水平不断提升

工银瑞信坚持以客户为导向，通过开展多层面的渠道客户经理与机构客户活动和沟通支持，及时向客户提供全面的资讯与服务，构建了多层级的优质客户服务体系。一方面建立了以工行为主、其他银行、券商和电子直销为补充的多渠道的销售服务网络，与13家商业银行和18家券商共31家建立了代销服务关系；另一方面，机构客户数量和范围不断增加，截至2008年末，维护着150家直销机构客户、25家单一计划年金客户和近百家集合计划年金客户。同时，公司持续完善客户服务中心建设，搭建了包括热线电话、网络即时在线、手机短信息、电子邮件、网站论坛、信函等多渠道和立体化服务平台，为客户提供全面、优质的服务。2008年实现电话接听率达到95%以上，客户满意度达到90%以上。在2008年9月《基金观察》“基金客服满意度排名”调查中，公司客服邮件回复速度质量位列第一，综合评分位列前5名。

七、建设了完备的业务保障体系

工银瑞信不断加强制度建设，建立先进的人力资源管理体系，搭建了强大的科技管理系统，打造了支持多元化业务开展的后台运作系统，为公司业务的快速、健康发展提供了完备的业务保障支持。按照“内控优先，制度先行”的指导思想，公司高度重视制度建设，构建了包括100多项制度的4级公司制度体系。公司打造了一支158人的优秀专业团队，投研与市场营销人员占比超过60%，其中，基金经理平均从业年限9年，是行业里平均投资管理年限最长的公司之一。结合国外先进经验，公司建立以现金为基础的长短期激励体系、定量与定性相结合的业绩评估体系，尤其是系统科学地对基金经理、研究员和前台销售人员进行评估与激励。公司运营及数据中心初具规模，形成了以基础建设、软件系统和应用研发为三大核心的IT架构体系，在2008年上半年证监会组织的信息系统安全检查中，安全达标项目居全行业之首。公司打造了多功能后台运作系统，有效支持包括境内投资基金、QDII海外投资基金和年金、专户、工行理财产品等多元化业务的开展。

八、社会声誉不断提高

2008年，工银瑞信及旗下基金获得了一系列权威奖项，包括基金业最权威奖项——《中国证券报》“2008年度金牛基金管理公司”、《证券时报》“2008年度十大明星基金公司”、“2008年度网站最佳安全性能奖”、《理财周报》“2008中国最受尊敬基金公司”，以及和讯网财经风云榜2008年度中国十大品牌基金公司、2008年度最佳投资者关系基金公司、2008年度最佳基金网上交易平台，杜海涛荣获“年度稳健投资基金经理”，公司总经理郭特华被授予“2008年度最佳掌门人”称号五项大奖，并荣获新浪“金麒麟年度基金业风云人物奖”，工银价值荣获《中国证券报》“2008年度同业领先股票型基金”等。

九、对工商银行的贡献丰厚

2008年，工银瑞信实现营业收入6.3亿元，税后利润1.94亿元。截至2008年12月末，工银瑞信净资产已达5.08亿元，股东权益和累计已分配股利共约6.47亿元，相当于2亿元注册资本的323.50%。其中，工行注册资本为1.1亿元，股东权益和累计已分配股利为3.56亿元，为股东实现了丰厚的回报；截至2008年12月末，公司借助工行网络渠道营销支付工行代销费用和佣金等逾11亿元，并出资培训工行营销人员，进一步提高工行营销人员资本市场知识和综合经营意识，支持基金销售业务发展，积极回馈股东销售费用；积极与工商银行在相关业务领域进行配合协作，在理财业务、私人银行业务、企业结算现金业务、企业年金业务等方面已与工商银行建立协作模式，与工商银行的业务协同效应初步体现。

经过3年多的发展，工银瑞信已初步建成为一家综合实力较强的基金公司，未来将致力于发展成国内规模最大、专业水平最高、最受尊敬的基金管理公司，在工行打造“第一资产管理银行”的战略进程中发挥公司资产管理专业化、市场化优势，成为与工行战略地位相匹配的资产管理公司。

（工银瑞信基金管理有限公司）

工 银 租 赁

工银金融租赁有限公司（以下简称“工银租赁”）成立于2007年11月28日，是国务院确定试点并首家获中国银监会批准开业的银行系金融租赁公司，也是工商银行实施综合化经营战略以来设立的第1家全资非银

行金融机构。2008年是工银租赁成立后第一个完整的经营年度。面对复杂严峻的经营形势，公司迅速建立起较为完善的产品服务体系和经营团队，租赁业务取得快速发展，初步取得了行业领先地位，为母行的综合化经营作出了新的探索。

一、超额完成经营计划，初步取得行业领先地位，开辟了全行综合化经营的新渠道

截至2008年12月31日，工银租赁总资产达到116.48亿元，营业收入为5.54亿元，其中，租金收入4.16亿元，中间业务收入1.33亿元，营业利润2.53亿元，净利润2.08亿元，资产负债率为81.07%，ROE为11.19%，资本充足率为18.94%，不良资产率为零，全面超额完成了年初董事会下达的租赁资产规模达到100亿元，实现营业收入3.9亿元，营业利润1亿元，不良资产率为零的经营任务，各项指标显示公司经营状况良好。

2008年，工银租赁坚持专业化、市场化、国际化的发展战略，突出飞机、船舶和大型设备的业务特色，开拓创新，稳健经营，租赁业务起点高、进展快、影响大，取得了多项业内“第一”，初步确立了行业领先地位。

——在航空金融领域，公司与东航、海航、深航等多家国内大型航空公司成功合作，目前已拥有14架波音、空客、ERJ等不同类型飞机的所有权，开创了国内商业银行拥有飞机所有权的历史。

——在航运金融领域，面对行业下行趋势，公司坚持高标准遴选项目，在严控风险的前提下有所作为。与华能集团签署的总额53亿元的12艘新建散货船租赁协议，是目前国内最大的船舶租赁项目，同时也是国内银行系租赁公司首笔船舶租赁业务。

——在设备金融领域，公司积极与分行联动，开发结构性融资产品，满足客户多元化的融资需求，在交通、能源、城建等重点领域取得多项突破。目前已拥有火电、水电、矿山机械、轨道交通设备等租赁资产共计62亿元。其中，与武汉地铁签署的20亿元设备租赁协议，是国内租赁公司在下半年促内需、保增长的政策环境下首次以租赁的形式为城建交通提供融资，对以创新方式拉动投资起到了良好的示范作用。

2008年，工银租赁一方面全力拓展租赁业务，通过各种渠道寻找业务机会，提高经营效益；另一方面，牢记自身在全行综合化经营中肩负的使命，探索建立有效的机制和方法，搭建业务平台，促进行内联动，发挥协同优势，推动全行整体战略的实现。一年来，通过租赁业务的开展，丰富了综合服务手段，协助分行稳定了重要客户，为母行带来租金汇兑清算、结售汇、手续费等中间业务收入，带动了优质贷款项目的实施，增强了贷款项目的物权保障及资产管理能力，发挥了综合贡献作用。租赁业务在行内已经得到越来越多的关注和认可，正逐渐成为全行产品和服务体系中的一个较为成熟的产品线，并以其自身的特点，对相关业务发挥着越来越大的优化和带动作用。

二、构建各项业务体系，规范公司运营管理

一年多来，工银租赁根据母行的相关规定并结合租赁业务的特点，建立起了较为完善的产品服务体系、营销渠道、业务流程和相对稳定的资金来源，并建立了风险管理体系、内控体系、财务核算体系、人力资源管理体系、各层级考核评价体系、信息系统等内部运营管理的体系和流程，为租赁业务的顺利开展提供了基本保证。

在产品和服务方面，工银租赁从无到有，建立起了目前国内租赁公司中较为完善的产品服务体系。提供包括新购设备融资租赁、新购设备经营租赁、融资型售后回租、优化型售后回租、国内联合租赁等产品，同时，积极探索租金转让与证券化、资产管理、产业投资顾问等创新型金融服务。

在融资渠道方面，工银租赁努力在监管政策允许的范围内，开辟并巩固了商业银行融资的主渠道。截至12月31日，公司共获得建行、交行、民生、招行等13家金融机构授信283亿元，累计融资148亿元，其中，同业借款105亿元，转让应收租金43亿元，能够覆盖业务发展对资金的需求并初步满足流动性管理的需要。同时，启动了向母行申请增加资本金和获得授信的工作，以进一步增强公司的融资能力。

在营销渠道方面，工银租赁以“依托母行，自主营销”为原则，一方面继续探讨加强行司联动，发挥工行整体优势；另一方面，不等不靠，自主开发业务、营销项目、维护客户，增强独立发展的能力。同时，利用律师行、投资银行、咨询公司等外部力量来拓宽公司客户群，获取业务机会。广泛与国际同业接触，与国际上的行业巨头结成战略合作伙伴，在飞机、船舶租赁及其他融资领域全面开展长期的合作，积极探讨设立海外机构，收购机船资产业务，为公司实施国际化发展战略打下基础。

在发展战略方面，2008年公司研究制定了《工银金融租赁有限公司2009—2011年业务发展战略规划》，分析了公司今后3年发展面临的内外部形势，提出了租赁业务发展的目标、措施、市场重点，以及配套的业务支持体系发展计划，提出了到2011年境内租赁资产达到750亿元人民币的发展目标。

在与母行联动方面，工银租赁自筹备期开始，就逐步理顺与母行的各项工作关系，2008年9月在福州召开了部分分行参加的租赁业务发展座谈会，听取行内各个层面对发展租赁业务的意见和需求；推动将租

赁业务纳入总行综合考核体系，制定并下发了《租赁业务考核办法》，从业务发展、经营效益和组织协同3个方面对分行发展租赁业务进行考核；研究推动双边记账、模拟考核及行内转让应收租赁款等激励措施，提高分行开展租赁业务的积极性；对一些重大项目，加强与总行公司业务部和分行进行联合营销，探索建立综合化、多元化的营销体系，大力推介结构化融资产品，提升对大型优质项目及产业链融资的整体竞争力。

在人力资源管理方面，工银租赁建立了较为完善的人力资源管理制度，探索多元化的人才招聘渠道。通过系统内招聘和社会招聘，已有69名员工到岗，并制订了公司职级和薪酬体系以及各个层级的绩效考评方案，探索建立长效的激励约束机制。

在财务管理方面，根据企业会计准则及总行有关要求并结合租赁业务实际，开发建立了公司财务核算体系，制定了《工银金融租赁有限公司会计核算规范》等财务制度，规范了公司会计科目体系、会计核算管理、会计报表的编制与管理及资产减值准备计提、固定资产管理等资产管理工作。成立了财务审查委员会，对大额财务开支实行集体决策。

在基础设施建设方面，本着勤俭节约的原则，在最短的时间内完成了公司正常运营所需的基本建设。天津、北京两地办公场所完成了装修，各项办公配套设施均已完工并通过验收。

在信息系统开发建设方面，工银租赁的网络系统与总行数据中心连接，借助行内网络办公，解决了银监会报表和人民银行报表的网络访问需求；办公自动化系统正式投入使用，并根据使用情况不断进行升级改造；租赁业务信息系统一期工程基本完工并将上线运行，二期工程也已开始规划。

三、大力加强风险和内控工作，全面提升风险管控水平

一年来，工银租赁始终把加强风险管理放在突出位置，初步建立起适合租赁业务发展需要的风险管理体系。在组织架构方面，形成了三层级（总体风险决策监督层级、日常风险决策监督层级、风险控制和执行层级）职能型风险管理组织架构；在制度体系方面，制定了涵盖全面风险管理、信用风险、市场风险、流动性风险、操作风险和实物资产风险在内的各类规章制度48项；在业务流程方面，初步形成了风险管理总体流程和租赁业务基本操作流程。随着公司风险管理体系的逐步完善，严谨、和谐、求实、创新的风险管理文化正在逐步形成。

四、高度重视党建工作，成立党团和工会组织，推动作风建设和企业文化建设

经总行机关党委批准，工银租赁成立了党支部，并按照总行的工作部署和要求，开展各项党建工作。

一是按照总行党委的统一部署，扎扎实实地开展了学习实践科学发展观的教育活动，结合公司特点，开展丰富而具有实效性的活动，得到了总行机关党委的赞扬。二是加强领导班子建设，开展党风廉政教育。通过观看反腐倡廉警示片、召开民主生活会等活动，教育党员保持健康向上的心态，自觉接受群众监督。三是加强组织建设，积极慎重地发展新党员。对要求上进的员工积极做好教育培养工作，组织参加入党积极分子培训班和党校学习，吸收条件成熟的员工加入党组织。

（工银金融租赁有限公司）

国际业务综述

2008年，面对复杂多变的经营环境，全行上下不断巩固管理基础，着力市场营销，注重产品创新，境内国际业务经营规模和效益取得较快发展，市场竞争力巩固并逐渐提升，专业化销售能力不断增强，走出一条规模和速度并举、效益和质量兼顾的全面、协调发展之路。

（一）经营规模和营业贡献实现快速增长。2008年，境内国际结算、结售汇、国际贸易融资和外汇担保业务规模发展较快。全年办理国际结算5 795亿美元，连续3年保持了30%以上的高速增长，其中贸易结算高于同期全国进出口增幅近18.5个百分点。办理结售汇业务3 023亿美元，同比增长37.31%。办理表内外国际贸易融资510亿美元，同比增长60.9%。外汇担保业务余额114亿美元，首次突破百亿美元大关。江苏分行全年实现国际结算1 013亿美元，成为全行首家国际结算超千亿美元分行。

在业务规模较快增长的同时，营业贡献和业务收入稳步提升。全年境内国际结算和国际贸易融资业务营业贡献25.13亿元，其中，国际贸易融资营业贡献同比增长440%。国际结算、外汇担保和代客外汇买卖及结售

汇业务收入合计达到62.24亿元，同比增长61.09%，高于全行中间业务收入平均增幅，在全行中间业务收入占比由上年的10.16%提高至13.82%，提升了3.66个百分点，其中，国际结算和外汇担保收入21.8亿元，同比增长92.35%，国际结算收益率较上年增加了10.87元/万美元，代客外汇买卖及结售汇收入38.59亿元，同比增长48.53%。

（二）市场地位得到有效提升。2008年，国际结算量四大行占比为22.99%，较上年末上升1.7个百分点，特别是贸易结算四大行占比为23.97%，其中，进口贸易结算四大行占比28.21%，达到近年来的最好水平。结售汇业务四大行占比为21.66%，较上年末增加1.99个百分点，列四大行占比提升速度之首。

（三）服务创新能力持续改善。2008年，全行国际业务产品研发与创新取得较快进展。在北京、天津等分行的积极配合下，总行通过银企互联系统，为中化集团量身定做了国际结算及国际贸易融资集中操作方案，打造我行服务于大型企业集团单证及贸易融资业务集中处理平台。分品种、有选择地扩大了与外资代理行合作的进口代付业务，解决重点优质客户的融资需求。与工银亚洲签订了国际保理合作协议，确定了内外联动模式下的业务方案，拓宽业务办理渠道。境内各行纷纷加大服务和产品创新力度，面对快速变化的市场需求和日趋激烈的同业竞争，占据客户营销主动，赢得市场竞争先机。

（四）专业化营销水平稳步提高。2008年，全行积极拓展客户资源，加强专业化营销。截至年底，全行国际结算客户已达65 000户，其中，2008年新增国际结算单证与贸易融资客户5 371户。在7 000家国际业务基础目标大客户中，全行国际结算业务覆盖率已达到63%。全年累计销售“财智国际”套餐10 825笔，金额达120.86亿美元。

（五）单证集中工作取得新的进展。截至2008年末，全行共投产上挂了29家境内外分行。2008年当年有7家境内外分行顺利投产上挂，其中首尔和新加坡分行国际结算和国际贸易融资业务成功上挂，实现了全行国际业务集约化进程向海外的新突破。单证中心各项业务平稳运行，向分行和客户提供了优质、高效的后台支持与服务。

（总行国际业务部）

对外金融往来与合作

2008年工商银行深入贯彻实践科学发展观，圆满完成了股份制改革后的首个三年规划，国际化发展迈出较大步伐，核心竞争力持续提升，获得了国际、国内相关领域及媒体的积极肯定和广泛认可。业务的不断发展带动了对外交往的进一步扩大和国际合作的不断深化，通过多个境外机构的成功开业、对国际会议及论坛的积极参与以及各类国际性奖项的获得等多种渠道和平台，构建了日趋广泛的对外交往与合作网络，跨国经营能力和水平得到进一步提升，国际影响和地位不断提高。

2008年度，共接待各类外事来访、涉外业务洽谈750余批，约4 000余人次，其中，行领导参加的有90余批，400余人次。来访机构包括各个国家和地区的银行、信用卡公司、资产管理公司、基金管理公司、国际评级公司、会计师事务所、证券保险公司、国际组织及论坛、知名财经杂志、知名海外院校、各类跨国企业客户等，在国际业务、公司金融业务、个人金融业务、基金托管业务、电子银行业务、现金管理业务、员工培训等多个领域进行了广泛的交流与合作，对增强在国际金融界的影响力，进一步提高业务发展水平和经营管理能力有着十分重要的意义。

2008年度，共审批出国（境）团组361个，1 427人次，分别比上年度减少了28.5%和44.2%。因公出访团组完成了包括国际会议、海外网络拓展、重要客户营销、业务培训研讨、外派工作等相关任务。团组的顺利出访有效促进了全行的人才培训、对外合作和跨国经营。其中，总行行领导出访团组出访共26个，所率团组分别赴美国、英国、澳大利亚、俄罗斯、阿联酋、卡塔尔、南非、墨西哥、阿根廷等国家，除出席各类重要国际会议、论坛外，还执行了包括主持海外机构开业、拜访所在地监管机构、营销海外重要客户、合作协议签署等在内的多项出访任务。对外交往尤其高层出访成效显著，不仅建立了良好的投资者关系，增强了投资者对工商银行的信心，同时也开拓了新的市场，显著提升了全行的国际声誉和市场地位。

2008年，行领导分别出席了达沃斯论坛、亚太经合组织（APEC）工商咨询理事会（ABAC）会议、国际货币会议、国际货币基金组织暨世界银行年会、中印金融发展高层论坛、博鳌亚洲论坛、摩根大通中国投资者论坛、清华2008管理全球论坛、高盛2008年中国投资前沿大会等多个世界性大会或论坛，对加强与相关国家和地区经济金融界、监管机构乃至政府的交流和沟通，提升全行乃至中国银行业的国际影响力起到了十分积极的作用。

2008 年，共荣获国内外媒体 40 余个奖项，其中有 20 个来自境外媒体，如荣获美国《环球金融》杂志“中国最佳个人网上银行”、“中国最佳企业网上银行”、“亚洲最佳投资管理个人网上银行”、“亚洲最佳投资管理企业网上银行”4 项大奖；在英国《银行家》杂志年度最佳银行评选中，荣获“亚洲最佳银行”称号，同时还摘取了“中国最佳银行”殊荣；在美国《新兴市场》报 2008 年银行业成就奖评选活动中，荣获“亚洲最佳银行”；等等。这些国际性奖项的获得，进一步表明了国际顶级媒体对工商银行经营业绩和发展前景的认可，也是全行国际化发展迅速、全球性机构网络不断发展，在区域和全球领域的影响力日益增强的最好证明。

10 月 27 日，易会满副行长在赴俄罗斯出席第三届中俄经济工商界高峰论坛期间，在王岐山副总理和俄罗斯茹科夫副总理的见证下，代表工商银行与俄罗斯莫斯纳尔银行签署了“工商银行与欧洲金融莫斯纳尔银行关于在香港证券交易所首次公开发行股票（IPO）和香港预托证券（HDR）的业务发展与合作协议”，成为迄今为止中俄银行间最有深度和突破性的一项合作。

（总行国际业务部）

参股南非标准银行集团

2008 年 3 月，我行顺利完成收购南非标准银行集团 20% 股份的交割工作，正式成为标准银行集团最大的单一股东。我行向标准银行集团派驻 2 名非执行董事，其中杨凯生行长担任副董事长，并作为集团董事事务委员会、集团风险与资本管理委员会、集团信贷委员会的委员参与公司管理。

在全球金融危机的背景下，2008 年标准银行集团经营管理保持了稳健发展的势头，实现净利润 140 亿兰特（IFRS），同比增长 10%，总资产、总贷款及总存款规模均居南非银行业首位。同年标准银行集团被《银行家》杂志评为非洲最受尊敬的银行，我行对标准银行集团的投资被评为“南非最佳交易奖”。

我行参股标准银行集团获得了良好的投资收益。按权益法核算，2008 年我行应占标准银行集团净利润约 27.9 亿兰特，与我行投资成本相比，年度投资回报率约为 7.7%。自 2008 年 3 月入股至年底，我行已收到标准银行集团现金分红 12.13 亿兰特。

（总行战略管理与投资者关系部）

与高盛投资团、标准银行的战略合作

一、与高盛投资团的战略合作

2008 年我行积极推进与战略投资者在风险管理、金融市场、人才培养、银行保险、银行卡、资产管理、公司治理等领域的合作，取得了显著成效。

（一）与高盛集团的合作。

1. 风险管理领域。我行与高盛在全球范围内经过招标筛选，聘请了两家知名咨询公司，双方投入 140 余人，在信用风险压力测试、计量交易对手信用风险、开发信贷资产组合风险模型、应用内部评级量化结果、构建市场风险 VaR 计量方法论、编写《产品控制政策》、提供内部交易过渡解决方案、完成操作风险高级计量法（AMA）等方面开展了卓有成效的合作，取得了阶段性成果。

2. 金融市场领域。双方积极交流资金类、理财类新产品研发经验，合作开发第 4 期“东方之珠”理财产品，并聘请咨询公司参与我行金融市场业务与风险管理研发项目，提高资金交易的风险管理水平。

3. 员工培训领域。高盛为我行员工提供了信息披露与控制、外汇期权产品、海内外并购相关定价技术、估值模型等专业技能培训，并就美国次贷危机等事件与我行合作举办了风险管理专题讲座。

4. 公司治理领域。高盛派驻专家为我行信息披露和投资者关系管理提供支持，并在内控合规建设、人力资源管理方面为我行提出合理建议。

5. 财务控制领域。高盛聘请知名咨询公司与我行实施了财务控制咨询项目，内容包括财务预算体系、考核体系、管理分析报告等多个方面。

（二）与美国运通公司的合作。2008 年，我行与运通公司在合作发卡、市场营销、业务培训、风险管理以及客户服务等方面继续加强合作。截至 2008 年底，牡丹运通卡发卡量超过 60 万张，累计消费额超过 100 亿元。双方合作对“境外旅游精选”活动进行了市场宣传，合作向员工提供了多方面的培训并介绍运通网络新产品战略。双方还在合作中密切配合，成功阻止多起境外网站欺诈。为提高服务水平，运通公司还向我行提供了微软、IBM 等重点集团客户服务案例分析。

（三）与德国安联集团的合作。2008 年我行与安联集团国内寿险子公司中德安联保险公司在银保代理、资产托管、网上保险、人员培训等方面开展了多项合作。自与安联集团签署《战略投资协议》至 2008 年底，我行累计代销中德安联的银保业务总量超过 30 亿元，中德安联在我行资产托管净值超过 17 亿元。

二、与标准银行的战略合作

2008 年 3 月 18 日，我行与标准银行集团在北京召开战略合作启动会议，正式签署了《中国工商银行与标准银行集团业务合作协议》。双方成立了以我行杨凯生行长和标准银行集团首席执行官 Jacko Maree 为联席主席的战略合作联合指导委员会，组建了 6 大领域 10 余个部门参加的战略合作工作团队，双方积极沟通，互信互利，密切配合，各项合作进展顺利。截至 2008 年底，双方共同营销跨国重点客户 30 个，开展合作项目 56 个，已成功完结项目 7 个，取得了良好收益。与标准银行集团的战略合作，对我行推进境内外业务联动发展、完善全球金融服务链、提升跨国客户服务水平发挥了重要作用。

（总行战略管理与投资者关系部）

工银国际

2008 年是工银国际控股有限公司（以下简称“工银国际”）发展历程中具有承前启后的重要意义的一年。按照总行要求，工银国际顺利完成了从商业银行向投资银行的经营转型，构建了工商银行全新的境外投行业务平台，实现了总行对在港经营机构战略整合的目标，是工商银行实施综合化经营和国际化经营战略的重要成果。

一、工银国际转型背景及工作重点

工银国际前身为工商国际金融有限公司，持有香港金融管理局颁发的有限制银行牌照，主要从事商业银行业务经营。受到有限制银行牌照的监管制约，公司经营规模比较小，业务品种单一，客户资源受到限制。为充分利用工商银行在香港的机构资源，整合经营布局，经过详细调研，总行作出了工银国际向投行业务转型的决策。围绕总行关于在港机构整合的战略部署，2008 年工银国际工作重点主要有两个方面：一是向香港监管部门提出申请并获得投行业务牌照，实现向投行业务的经营转型；二是合规稳妥地终止商业银行业务的经营，完成信贷资产转让，并退还有限制银行牌照。

二、实施经营转型的整体过程

（一）进一步增强监管沟通，加快经营转型进度。总行对于工银国际的经营转型非常重视。2008 年 1 月 10 日，姜建清董事长亲自致函香港证监会方正主席，回顾工行上市以来的发展历程，表达了工银国际在香港市场向投行业务经营转型的发展构想；方正主席此后复函姜建清董事长，对工商银行近年来的发展状况及对香港金融市场的正面影响给予了高度评价，对总行的战略构想表示认同。总行高层领导与香港证监会的良好沟通，有力地促进了工银国际投行业务牌照申请工作的顺利进行。

公司管理层同时加强了与香港金融管理局的沟通。公司在多年的经营活动中，与香港金管局一直保持了良好的交流与合作。在征得香港金管局意向后，工银国际于 2008 年 1 月 15 日正式提交了关于公司向投行经营转型的书面申请，并于 2008 年 3 月 25 日得到香港金管局同意公司实施经营转型的正式批复。

（二）制订经营转型的工作规划。工银国际成立了专门的工作小组，拟订了详细的经营转型工作规划，协调有关机构，积极推动申设进程。第一，申请并获得香港金管局对公司向投行业务经营转型的批准，并成立两家专门从事投行业务的子公司作为经营转型的申设主体；第二，严格按照香港证监会的审批要求，建立和完善公司架构和治理机制，向证监会申请并获得从事投行业务的经营牌照；第三，合规稳妥地终止公司原有商业银行的客户存贷款业务，推动向工银亚洲转让信贷资产的进程，并向金管局申请退还有限制银行牌照。

（三）充分利用工行内部专业资源，提高牌照申请效率。在投行机构负责人员的选聘以及投行牌照申请材料的整个准备过程中，公司充分利用工行内部投行业务资源和专业优势，并聘请了在本地资本市场知名的律师行对有关申请材料进行审阅把关，使公司牌照申请工作得以顺利完成。

经过全力准备，公司于2008年1月25日将投行业务牌照的申请材料提交香港证监会进行预审。2月21日，经证监会资质审查，完成相关受规管活动负责人员的聘用。3月25日获得金管局同意公司经营转型的正式批复后，公司立即启动成立投行业务子公司的法律程序，投资成立工银国际融资有限公司（工银国际融资）和工银国际证券有限公司（工银国际证券）两家投行业务子公司，并由工银国际融资作为申请主体于4月11日向证监会提交了投行业务牌照的正式申请材料。

（四）经营转型完成后投行业务的持牌与机构布局情况。为适应投行业务发展的需要，工银国际在经营转型后合理安排经营布局，在投行业务经营过程中先后设立了多家附属子公司，以子公司为主体申请相应的受规管业务牌照，从事各类投行业务活动。截至年末，公司共有7家附属公司，其中5家香港注册公司，2家BVI注册公司。

在5家香港注册的子公司中，有2家已获得香港证监会受规管业务牌照，其中，工银国际融资有限公司（工银国际融资）于2008年5月27日获得第一类和第六类受规管业务牌照，并获得上市保荐人牌照；工银国际证券有限公司（工银国际证券）于2008年11月14日获得第一类受规管活动业务牌照，并于11月24日获得香港证券交易所股票交易权，成为香港证券交易所交易会员及香港中央结算所直接清算会员，将来主要从事证券经纪业务，目前正在进行正式开业前的各项筹备工作。此外，公司已设立了工银国际期货有限公司，正筹备申请第二类受规管活动即期货合约交易的牌照；为方便对外签约、提供及接受服务，还设立了工银国际服务有限公司等。

（五）投行业务开展情况。工银国际融资于2008年6月正式开展投行业务活动，在全球融资市场受金融海啸影响的市场大环境下，公司努力开拓自身的业务发展渠道，密切依托总行和内地分行的投行业务资源，多方位开发商机，积极开展IPO上市保荐、财务顾问、合规顾问、并购顾问等各项业务营销，工银国际的投行业务品牌在香港首次亮相。

工银国际融资在债务市场方面积极配合总行和有关内地分行，在内外联动方面做了大量工作，不但强化了公司的市场开拓能力，同时也增强了内地分行在重点客户营销中的竞争优势。截至年末，公司作为债权人委员会的财务顾问已参与签约三项国内大型债务重组项目；配合总行营业部出售美元贷款资产，以适应全行外币贷款存量政策的要求，减低汇率波动对银行业绩的影响；在收购兼并业务方面，参与系统内的两项潜在收购项目，提供财务、市场、会计及中外法律等全方位的顾问服务，并协助进行有关尽职调查工作；作为澳门分行的财务顾问协助工行落实澳门地区业务整合；等等。

在基金及资产管理方面，工银国际融资配合总行投行部及江西省分行，于2008年12月31日与江西省政府下属的江西省投资集团合资组建了鄱阳湖产业投资管理公司。在贷款业务方面，公司配合总行的重点营销项目，协助总行参与南沙石化项目营销。同时，公司还积极与总行及分行联动，参与国内大型煤化工项目竞标。

（六）强化内控系统，完善风险管理，应对新的监管要求。经营转型后，公司根据监管要求以及经营环境的变化，应香港证监会的监管要求和总行的各项政策指引，及时新增和完善各项政策、手册和专业指引，加强风险控制，确保内控完整有效，降低操作风险和合规风险，为投行业务拓展创建良好内控环境。

三、推动资产转让进程，彻底实现经营转型

（一）积极推进资产转让工作。为顺利实施经营转型，公司于2008年2月全面启动资产转让工作。3月12日，召开资产转让协调会，会上成立了由工银国际和工银亚洲有关负责人员参加的资产转让联合工作小组，并明确了资产转让的主要原则。在总行的指导和协调下，工银国际和工银亚洲于9月9日正式完成资产转让。2008年9月12日，公司正式由“工商国际金融有限公司”更名为“工银国际控股有限公司”。

（二）稳妥安排终止存款业务。为尽早向金管局交回有限制银行牌照，工银国际管理层积极稳妥地处置原有的商业银行存款业务，制订了详细的处置方案。公司管理层于2008年5月中旬审定了有关公司客户存款的处置办法，并将终止存款业务的相关安排通报香港金管局。存款处置工作进展顺利，公司于5月30日向全部存款客户发出通知，对存款业务的转存、续存或中止均作出了明确的安排。按照处置方案，终止存款工作与贷款资产移交同时于2008年9月9日完成。

（三）适时退还有限制银行牌照。退还有限制银行牌照，有利于公司转型后避免双重监管，减轻公司运行中的监管成本。在商业银行存贷款业务终止后，经请示总行，工银国际就退牌事宜与香港金管局进行了多方沟通。按照金管局关于自愿退牌的各项要求，公司安排外部审计师进行退牌审计，并聘请律师行对公司退牌一事提出法律意见。2008年10月31日，公司正式将全套退

牌申请材料递交香港金管局。经过审查，金管局批准公司于2008年12月31日正式退牌，至此公司的商业银行业务正式中止，经营转型工作取得了圆满成功。

（工银国际）

工 银 亚 洲

行政总裁　陈爱平

2008年，全球经济遭遇了百年一遇的金融危机的强烈冲击。作为国际金融中心的香港，也面临着自1997年亚洲金融危机以来最为严峻的考验。工银亚洲作为立足于香港的上市银行，也受到金融市场剧烈波动的负面影响。但工银亚洲坚守稳健经营策略，充分发挥作为中国工商银行集团海外旗舰的优势，“内外联动”，全力搭建中港一体化的金融服务平台，全方位服务中港两地优质客户，有效减缓了金融危机对经营的冲击。2008年，工银亚洲的盈利总额虽有所下降，但盈利能力仍稳定增长，收益结构及客户结构更趋合理，风险控制能力进一步加强。

一、2008年业务发展情况

（一）盈利增速有所下降，但降幅低于同业，资产负债增长较为平稳。2008年，工银亚洲共计实现税后盈利9.69亿港元，较2007年减少39.8%，但降幅远低于可比同业水平。每股基本盈利为0.77港元，较2007年减少45%。董事会决定向普通股的股东派发末期股息每股0.18港元，全年股息较2007年减少47%。截至2008年底，工银亚洲综合总资产为1 946亿港元，较2007年增长1%。其中，贷款总额为1 371亿港元，同比增长13%；综合总客户存款及存款证合计为1 425亿港元，较2007年小幅下降0.9%。

（二）经营效率继续提高。2008年，工银亚洲努力加强客户结构调整，改善贷款组合，在保证资产质量的前提下进一步改善净息差，经营效率持续提高。全年综合净利息收入达29.98亿港元，较2007年增加26%；综合净息差由2007年的1.47%提高至1.55%。同时，工银亚洲的整体成本对收入比率显著下降，由35.6%降至33.3%，主要由于营业收入总额增加及年内对成本进行了有效控制。此外，平均普通股股本回报率为6.8%，平均资产回报率为0.48%。

（三）资产质量继续提升，资本充足性良好。2008年，得益于严格的风险管理政策，工银亚洲的不良贷款比率处于0.65%的低水准。具体来看，不良贷款的个别和组合减值拨备总覆盖率从2007年的51.9%上升到74.4%，其中，组合拨备从2.1亿港元增加到3.79亿港元；个别减值拨备加上抵押品市值对不良贷款覆盖率则从2007年的88%增加到92%。与此同时，工银亚洲秉承审慎原则，为所持有的冰岛三大银行的债券进行了总额为6.11亿港元的拨备。截至2008年末，工银亚洲的资本充足率为13.6%，较上年同期增加0.6%，资本充足情况良好。

（四）主要业务发展情况。

1. 企业银行。2008年，工银亚洲继续维持香港银团贷款主要牵头行的地位。尽管香港银团贷款市场明显收缩，但工银亚洲在年内仍安排和参与了多项主要银团贷款项目，在香港市场排名第八位。同时，工银亚洲积极发展与资本市场相关的业务，继续为企业收购合并提供咨询和融资服务等综合化金融解决方案，特别是在协助国内优质企业拓展海外市场、进行全球布局方面取得了长足的发展。此外，工银亚洲也在贷款资产交易方面取得了较好的收益。

2. 零售银行。2008年，工银亚洲全面实施以“财富管理”为核心的业务转型，提升零售银行业务的价值贡献度。截至2008年末，工银亚洲已有1/3的分行采用新式设计与装修，设立财富管理中心，为零售客户提供全面的财富管理服务。工银亚洲的财富管理服务充分发挥工银亚洲在内地信息和人才上的优势，为客户举办了多期与内地经济有关的投资讲座，协助香港居民通过投资，分享内地经济成长的成果。

其中，工银亚洲与内地工行采用共同的财富管理品牌，专门为高端客户推出“理财金账户”服务，为两地理财金账户客户提供中港一体化的专有服务，让客户享受到跨地域理财的便利，以实现“全球最优秀华人理财品牌”的目标。

3. 全资附属公司华商银行业绩表现出色。2008 年，华商银行充分贯彻了工银亚洲为客户提供一站式跨境金融服务的既定战略，以人民币银行业务作为核心，充分发挥与工银亚洲和内地工行的协同效应，“内内联动”、“内外联动”，全面服务于香港和内地的优质客户，在激烈的市场竞争中实现了跨越式发展，全年实现税后盈利 2.15 亿港元，比 2007 年增加 1.53 倍。

二、主要管理业绩

（一）“内外联动”成效显著。2008 年，工银亚洲根据市场发展和客户需求，在各项业务发展中继续深入贯彻“内外联动”的方针，成效明显。联动领域从传统银行业务拓展到 IPO、派息、股票回购等资本市场领域；联动产品既包括存贷款、结算、银团贷款等传统产品，又实现了背对背保理、风险参贷、质押锁定等新型产品创新；联动方式也从客户信息共享、产品优势互补发展到风险互控等深层次内容。通过“内外联动”，工银亚洲也实现了与内地工行机构的互利双赢。

（二）应对金融海啸冲击，加快结构调整，防范潜在信用风险。一是未雨绸缪，对潜在的风险客户逐户审查，重点关注依托珠三角地区开展生产及加工贸易的中小企业及部分潜在风险较大的大型企业；二是加快退出有潜在风险的客户；三是对中小客户进行集中管理，由专门的商业中心集中控制。

（三）采取果断措施，及时控制债券投资风险。在金融海啸导致债券投资出现较大风险暴露后，工银亚洲立即采取了果断的处置措施。一是对所持有债券按其单一发行体信用风险敞口、地区分布、行业分布及经营范围是否涉及次级按揭贷款业务等一系列影响工银亚洲资产质量的条件进行归类、排序及监控；二是密切关注债券市场的最新动向和债券价格走势并确定审慎的投资策略；三是根据市场情况及时减持部分债券头寸以降低风险暴露，并对债券组合和风险管理机制进行相应调整。

（四）加强业务创新，创造新的利润增长点。在市场环境发生变化的背景下，工银亚洲大力加强业务创新，通过增加新兴业务收入来弥补传统业务收入的下降。如推出利率期货、利率掉期等新产品；大力发展信用风险低、息差高的 TT 代付业务；采用“四方协议”等担保方式为客户办理 DF 业务；与总行合作开展双保理业务；为相关并购融资项目安排人民币银团贷款以及推出并积极营销财智账户管理系统等。

（五）内部管理精细化程度明显提高。首先，客户管理系统（CRM System）得到持续优化，在提高营运效率、加强客户管理、提高优质客户识别能力和风险防范能力等方面发挥了重要作用；其次，根据业务发展和风险控制的需要，调整组织架构，成立债务资本市场部，专职负责结构融资及二手银团买卖，并对公司业务部内部按照行业改组为符合香港和总行公司业务营销的管理模式，提高了客户经理的专业化水平。

（六）部门之间的协调配合继续加强。2008 年，工银亚洲各部门之间的联动配合已成为各部门开发新业务，营销新客户的重要手段。“四方协议”、TT 代付、IPO 收票等产品的开发和成功营销都归功于各部门之间的通力合作。同时，对客户进行交叉性、综合化营销已经收到良好实效。

三、履行社会责任

（一）获得“商界展关怀 5 年 +”标志。2008 年，工银亚洲获得香港社会服务协会颁发的“商界展关怀 5 年 +”标志，以表彰工银亚洲及其员工多年来对社区所作的贡献。“商界展关怀 5 年 +”标志是为表彰出色履行社会责任的香港企业而设。

（二）赈灾募捐、捐资助学。四川汶川地震发生后，工银亚洲员工及客户快速筹得超过 200 万港元善款，通过香港红十字会将善款汇往灾区。此外，工银亚洲与员工募集善款为云南省昭通市贫困山区的水屯村援建了一所希望小学，改善了当地的教育环境。

（三）其他社区服务活动。作为 2008—2009 年度香港明爱筹款委员会主席，工银亚洲全力支持了香港明爱的各项捐赠筹款活动并将来自于联营卡香港明爱万事达卡的部分收益捐予香港明爱。此外，为推广音乐文化发展，工银亚洲分别赞助了香港中乐团和香港管弦乐团的精彩演出，并邀请多个慈善组织的弱势社群欣赏音乐会。

（工银亚洲）

香 港 分 行

总经理　库三七

一、经营业绩

2008年香港分行的税后经营利润为1 295.17万港元，较2007年的5 460.96万港元下降76.28%。截至2008年12月底，资产总额为174.48亿港元，较2007年底的155.55亿港元增长12.17%。负债总额为173.91亿港元，较2007年底的154.49亿港元增长12.57%。总收入为0.99亿港元，较2007年底增长25.32%。总支出为0.86亿港元（其中不包括利息支出），较2007年增长56.36%。

二、主要业务情况

（一）贷款业务。截至2008年底，贷款余额为103.4亿港元，较2007年增加7.55亿港元，增长7.88%。贷款中以银团贷款为主，占总贷款的88.89%。

（二）资金业务。截至2008年底，香港分行的投资组合为15.36亿港元，在利息收益和债券投资回报方面都取得良好成绩。债券业务带来的净利息收入达7 306.49万港元。

（香港分行）

澳 门 分 行

总经理　沈晓祺

2008年面对金融海啸的严峻考验，澳门分行坚决贯彻执行总行境外发展战略，知难而进，勇于开拓，严于管理，发挥工商银行品牌优势，加快网点布局，合理配置资源，稳步推进零售业务发展；发挥科技平台优势，加快电子化建设，完善服务功能，提高服务水平；发挥澳门国际融资平台优势，积极拓展优质信贷市场，提高综合经营实力；发挥管理优势，建立风险控制长效机制，有效防范风险，各项业务实现了持续、稳定、快速增长。

一、基本经营情况

截至2008年12月末，澳门分行总资产达15.53亿美元，比年初增长了62.72%；各项存款为14.40亿美元，比年初增长了123.28%；各项贷款为12.30亿美元，比年初增长了59.93%；累计办理国际结算业务46.75亿美元，比2007年增长了74.37%；银联卡收单158.12亿澳门元，比2007年增长了40.96%；实现净盈利819.58万美元，比2007年增长了49.69%，完成总行下达全年指标的157%；中间业务收入645.05万美元，比2007年增长了84.10%。资产回报率（ROA）为0.72%，同比提高了0.01个百分点；资本回报率（ROE）为15.34%，同比提高了3.92个百分点；成本收入比为49.49%，同比下降了12.66个百分点。根据澳门金管局披露的数据，在澳门28家银行中，澳门分行总资产、存款、贷款和实现利润分别排名第10位、第10位、第6位和第9位，表现出良好的成长性。

二、主要工作措施

（一）实施业务战略转型，加快零售业务发展，提高核心竞争力。本着“网点分类，功能分区，业务分流”的经营理念，加快支行网点、财富管理中心、ATM自助终端建设，不断提升综合服务功能，初步形成了布局合理、功能完善、多渠道立体化的现代零售银行服务网络。

在网点建设上，对现有网点，逐步增加多元化服务，设立“理财金账户”服务柜台和大堂经理，增加证券交易服务中心，不断提升营业网点经营及拓展能力。2008年8月28日，澳门分行第5家支行海湾支行开业，标志着澳门分行朝着建设主流零售银行的目标又迈进了一大步。截至2008年12月末，澳门分行已经拥有5家支行、3家财富管理中心，26台ATM，加上已投产的新一代网上银行，初步形成了布局合理、功能完善、多渠道立体化的现代零售银行服务网络。

在核心业务拓展上，努力开拓优质商户，严格业务管理，不断提高资金清算效率和金融服务质量，巩固并确立了在澳门银联卡收单清算业务中的领先优势。2008年，澳门分行银联卡收单158.12亿澳门元，比上年增加45.95亿澳门元，增幅为40.96%，市场占比继续稳居澳门同业第一的地位，并以卓越的市场表现，获得2008年度中国银联澳门区“收单卓越表现奖”和“银联卡交易量银奖”。

在客户基础建设上，澳门分行十分注重与当地政府机构、社会团体、富裕阶层人士、龙头企业等建立融洽和谐的关系，并以之作为营销目标，通过拓展销售渠道，挖掘潜在资源，巩固了客户基础。2008年，澳门分行账户数量增长了108.22%，客户数量增长了115.52%。

（二）充分发挥工行的品牌优势，积极调整营销策略，综合营销实力不断增强。依托海外FOVA系统，澳门分行把一大批具有较高知名度的工行产品品牌如理财金账户、e时代卡、金融@家、汇财通等引入澳门金融服务市场，成为澳门金融领域里多个细分市场的开创者。适应客户理财需求，先后开设3家财富管理中心，为中高端客户提供理财服务。

2008年澳门分行实施机构调整，合理调配资源，实现两个“转变”，即从以产品为中心，分散营销客户，转变为以客户为中心，市场细分、客户细分后集中专注营销；从局限于存款、贷款业务及其转账结算的劳动密集型业务，转变为利用各种金融产品努力为客户提供资产、负债、理财业务综合配置服务的智力密集型业务，逐渐摆脱了主要依赖传统业务发展的旧有模式，向全功能商业银行的目标又迈出了坚实的一步。

在服务产品上，澳门分行通过业务创新，完善服务产品，不断提高市场竞争力。推出理财金账户，为高端客户提供尊贵、尊享和尊崇的专业理财服务；与工银亚洲合作成功开办了代理股票买卖业务，为客户提供优质高效的投资服务渠道；引入“全球快汇”产品，发挥工商银行品牌优势和网络优势，为客户提供结算汇划服务。

2008年，澳门分行凭借工商银行品牌优势，实施强势营销。通过团体营销，挖掘潜在优质客户，先后营销了中联办、外交公署、澳门科技大学等客户。开展了“五福临门”、“工行五载五重奏”等大型系列营销推广活动，在社会上引起很大轰动，取得了明显成效，工商银行品牌形象日益深入人心。

（三）坚定不移地执行海外科技发展战略，电子化建设取得了突破性发展。在2007年成功投产中国工商银行境外分行核心银行系统的基础上，澳门分行抓住机遇、倾尽全力，适时升级优化系统的业务功能和运行管理水平。经过一年的努力，系统功能日臻完善，网上银行、电子银行、自助终端建设取得了突破性进展，为今后的发展奠定了先进、坚实的科技平台。

2007年9月FOVA系统投产之后，澳门分行依靠工商银行科技发展实力，在总行的大力支持下，针对澳门本地业务发展特点，不断进行系统优化和升级，先后提出了200多项优化需求，组织投产了FOVA系统2月份版本、4月份版本、7月份版本，并于10月19日成功投产2.7.0版本和2.7.1版本，进一步完善了服务功能，更好地适应了澳门本地化经营特点。借助于FOVA核心系统平台，先后投产了贷款系统和保证金系统、理财金账户、e时代卡等多项业务系统。投产了新一代网银系统，并在澳门地区首家推出U盾电子证书服务，提高了网上银行交易的安全性。推出企业网上银行发薪即时支付服务，实现了即时扣账、即时查询的功能。澳门分行的网上银行以其功能完善、安全可靠成为澳门地区银行同业的领先者。

（四）优化信贷结构，资产业务健康稳妥发展。2008年，澳门分行实施以城市基础设施、行业龙头企业、大型项目银团贷款和优质中资企业为主的信贷发展战略，借助澳门高度开放的经济特点，以中国工商银行强大的客户网络资源为依托，有效实施内外联动战略，发挥国际项目融资、国际贸易融资、国际贸易与非贸易结算等业务优势，搭建起一个“立足澳门、融合内地、通达全球”的国际金融服务平台，资产结构和客户结构得到优化，经营效益进一步提高，业务基础更加稳健。

一是主攻行业龙头企业、城市基础设施及当地优质骨干企业市场，打破当地老牌银行的业务垄断，在澳门水、电、气等公用事业，市政工程，基础设施等领域，已成为主要贷款银行和业务伙伴，处于同业领先地位。

二是成功牵头筹组新葡京50亿港元银团贷款项目，在澳门金融同业中引起较大反响。这个项目是澳门地区首个获得四大国有商业银行共同支持的项目，充分展现了澳门分行在当地银团贷款市场中的竞争实力。

三是充分发挥国际金融平台优势，成功营销某大型中资企业国际双边融资业务，这是迄今为止澳门地区银行同业市场上最大的一笔双边贷款业务。“以存定贷、存贷匹配”的融资安排模式，有效控制了单个项目金额过大带来的客户信用风险和流动性风险，满足了客户财务安排需要，实现了银企双赢。

（五）采取有效措施，加强风险管理和内控建设，抵御金融海啸的冲击，资产质量继续保持较高水平。随着澳门分行各项业务的快速发展，风险管理显得尤为重要。2008年以来，澳门分行积极贯彻总行的风险管理企业文化，一手抓业务发展，一手抓风险控制，取得良好成效。

一是加强信贷业务全程管理监控，确保信贷资产安全。2008年，美国次贷危机引发全球性金融动荡，信贷持续收缩，市场流动性紧张，对宏观经济和金融市场都造成了一定冲击。对此，澳门分行高度重视信贷风险管理，加强信贷风险预防及监控手段，在贷款发放中，要求借款人提供抵质押或公司保证，对于提供不动产为抵押的个人物业按揭贷款，相应调整了贷款抵押率，保障银行信贷资产安全。在贷后监控方面，除了加强与借款人的沟通了解和市场信息收集之外，还在提款和额度使用方面紧密监控，了解借款人的财务支付能力和资金周转情况，发现问题及时跟进，采取有效措施，降低贷款风险。

二是把握市场变化，为正确决策提供依据。建立市场分析例会制度，通报市场情况，掌握市场信息，制定应对措施，确保各项业务顺利开展。针对澳门当地个别银行出现的挤提事件，澳门分行还专门制定了《挤提事件应变措施操作指引》，明确了特殊情况下各部门职责和工作流程，避免和最大限度地减少可能发生的损失。

（六）合理配置人力资源，为可持续发展提供保障。2008年，澳门分行根据业务发展需要，适时进行组织机构调整，将原有的企业银行及金融机构部门分拆为3个公司业务部门，明确定位和目标，营销更专注于细分市场和客户资源；设立分行运作支援中心、合规合法部，加强中后台风险管控能力，经营管理日趋规范。

在人力资源管理上，以富有竞争力的用人机制，吸纳不同层次、不同专业的人才，满足业务发展需要。通过不断加大人力资源管理培训力度，健全和完善人力资源管理体制，实施完善的培训、选拔、用人制度，为每位员工职业生涯的成长发展和实现自我价值创造广阔的空间。截至2008年末，全行共有员工174人，其中，本地员工146人，占比为83.9%，员工平均年龄为33.7岁，大专以上教育程度的员工占比为67.3%，本地化人才战略取得显著成效。经过几年的吸纳、培养，澳门分行已经建立起了一支以本地员工为主、有较高专业技能和综合素质、勇于拼搏进取的员工队伍，为分行的可持续发展奠定了坚实的基础。

（澳门分行）

诚兴银行

总经理　朱晓平

诚兴银行为澳门注册的商业银行，于2008年1月28日成为中国工商银行控股子公司，注册资本为1.5亿澳门元，工商银行持有其79.9333%的股份。诚兴银行提供存款、贷款、贸易融资、国际结算等全面商业银行服务。2008年末总资产为34.7亿美元，净资产为2.7亿美元；年度实现净利润2 558万美元，ROA为0.78%，ROE为10.7%；不良贷款率为0.28%，比2007年下降0.14个百分点。2008年，英国《银行家》杂志再次授予诚兴银行澳门地区“最佳银行奖”；美国《环球金融》杂志也将诚兴银行评为“澳门最佳银行”；惠誉国际给予诚兴银行独立评级“C”，支撑评级“2”的正面评价，较2007年进一步提升。

诚兴银行在2008年1月28日被正式收购后，较好保持了外部客户关系和社会形象的稳定。继续与重要客户——澳娱及其附属企业维持良好合作关系，稳定澳娱、澳博在本行的账户和存款，成功争取澳博上市募集款全数归行，并为工银亚洲争取到收款行地位；继续在当地同业中保持相对领先的市场地位，进一步巩固与监管机构及有关政府部门的关系，公众形象持续稳定和提高。同时，通过在新设ATM、新开网点、银库资金安排、业务培训、信贷风险分析、确定共有客户名单等方面与澳门分行加强合作，在澳门市场上统一了工商银行的服务标准，树立了“ONE ICBC”的统一品牌形象。

自加入中国工商银行以来，诚兴银行确定了“充分利用澳门当地资源，开拓内地和周边两个市场”的发展战略。即在巩固和保持澳门当地优质市场份额的基础上，依靠工商银行境内分行的品牌和资源优势，积极开拓内地市场；依靠诚兴银行自身的区位优势，积极开拓香港、东南亚等周边市场。为加快内外联动业务发展，诚兴银行先后与10余家境内分行建立了业务联系机制，并以代付业务为抓手积极与境内分行开展合作，合作分行从珠三角向长三角、中部地区、环渤海地区不断延伸。截至2008年底，诚兴银行共与20家一级分行进行了代付业务合作，累计办理代付业务885笔，金额20.72亿美元。在全球金融危机蔓延形势下，诚兴银行在全行牢固树立了“存款立行”的经营意识，在行内成立了存款工作协调委员会，统筹公司客户、机构客户与个人客户、企业法人和政府机构的存款营销工作，并将工作着力点放在特区政府机构存款营销上，取得了显著成效。

2008年，诚兴银行按照集团内统一的风险管理框架，把加强全面风险管理作为保持各项业务健康发展的基础工程。自行组织了反洗钱检查，加强日常稽核监督检查，对司库业务及各分行进行现场审计，确保了各项业务稳健合规运行。调整了各决策委员会的构成，完善了信贷、投资等业务的风险指引。积极处置债券资产，2008年末持有的债券资产从1月28日交割时的120亿元下降到40亿元左右。建立每月风险分析会制度，深入分析国际经济金融形势变化对澳门的影响及澳门房产楼市变化趋势。选定代表澳门不同地区不同价位的10个标志性楼盘进行量化跟踪分析，根据楼市变化状况适时调整楼宇按揭贷款额度及审批权限，加强对银团贷款的集中管理，在收紧标准的同时兼顾效率。2008年11月8日，诚兴银行成功投产FOVA系统，系统涉及几乎所有产品和业务，进一步提升了该行的风险控制和业务发展能力。

（诚兴银行）

新加坡分行

总经理　徐力

2008年在动荡的金融形势下，新加坡分行稳扎稳打、积极应对，一边继续实施转型战略，一边采取各种应急措施，努力预防和化解金融风暴带来的不良影响。

一、主要经营指标情况

2008年，新加坡分行实现利润1 084.88万美元，完成总行下达计划585万美元的185.45%。不良贷款余额为2 098万美元，比2007年末减少2 404万美元，降幅达53.40%。不良资产比率为2.01%，2005年以来新增不良贷款为零。营业费用600万美元，控制在了总行费用计划之内。表内总资产为14.67亿美元，比上年末11.85亿美元增长23.80%。其中，贷款资产总额8.37亿美元，比2007年末5.15亿美元增长3.22亿美元，增幅达62.52%；贸易融资4.81亿美元，比2007年末1.67亿美元增长3.14亿美元，增幅为188.02%；债券投资总额4.67亿美元，比2007年末5.42亿美元下降7 500万美元。国际结算量119.53亿美元，比上年末31.16亿美元增长88.37亿美元，增幅为283.60%，连续3年翻番。国际结算收入达到216万美元。

二、主要经营业绩

（一）继续实施转型战略，"结构调整"不断深入。

1. 客户结构调整效果明显，优质客户群不断扩大。一方面，在信贷业务上明确目标客户准入标准，通过行业标准、财务及经营状况标准、授信标准、KYC（Know Your Customer）、公司管理层、合规监管标准以及产品结构7方面的标准，选择优质信贷客户；另一方面，严格目标客户的准入审查程序。新加坡分行2008年经过对1 000强客户的初选、审核以及总经理办公会审定3个环节，最终确定160户公司目标客户，对名录以外的新客户严格按照"准入标准"和"审查程序"重新审定。

与此同时，积极营销优质目标客户。全年共走访119家目标客户，举办啤酒节、石油贸易座谈会等客户联谊活动，成功营销公司客户10户，包括中联油新加坡有限公司、中海油新加坡贸易公司、中化国际石油公司、中化国际新加坡公司、中海油国际新加坡公司和中国电信新加坡公司6家中资客户；蒂森克鲁伯亚洲、枫树投资、吉宝集团、城市发展4家本地优质客户。

2. 加大产品创新，挖掘效益增长点。

一是努力做大个人金融业务。发挥汇款中心网点优势，积极开展个人金融产品营销和创新，重点开拓汇款批发业务。新加坡分行代理印尼子行和莫斯科子行的个人预结汇汇款、中资建筑公司劳工的批发汇款也都已顺利展开；与国内分行合作办理"留学小管家"；代理牡丹借记卡、人民币理财产品的新产品开发也在进行中。2008年新加坡分行个人业务收入达到165万美元，比2007年增长40%。

二是丰富公司业务融资产品，调整信贷资产结构。2008年在金融市场动荡、资金头寸紧张的情况下，分行各部门大力合作努力丰富融资产品、分散信贷资产风险，在海外代付、福费廷、出口转押汇、出口贴现、进口押汇和出口发票融资等方面都有了新突破。至9月底，共办理福费廷1 292笔、金额7.93亿美元，分别比2007年同期增长57.95%和272.75%，新开办的发票融资业务余额为2.53亿美元。2008年新加坡分行与苏州分行合作在全行范围内首先推出了转押汇业务。

三是开展负债业务，创新资金服务。利用监管当局放松存款限制的契机，开始向客户宣传存款业务，努力将资金业务的债券投资功能向提供代客理财、货币保值等产品转型。

3. 中间业务收入增长迅猛，利润构成更趋合理。一是保持合理信贷资产规模，确保稳定利差收入；二是提升中间业务收入占比，增加收入结构多元化；三是扩大个人业务收入占比，开展适度理财，树立市场形象。2008年9月末，新加坡分行实现中间业务收入287.53

亿美元，比2007年增长21.78%。

4. 完善考核方案，加强有效激励。为确保各项转型工作的不断深入，新加坡分行2008年进一步调整内部考核办法，充分发挥绩效考核的导向作用。将新产品收益独立出来考核个人、公司等市场部门，加大了新客户数量、日均存款和中间业务收入的考核，并按照序时进度季末公布业绩进展。

（二）狠抓不良资产清理，经营成效显著。

2008年不良资产处置的最大收获是对安乐有限公司不良贷款清收处置的圆满完成，共计收回1 194万新元，其中通过债权转让处置收回1 050万新元。自2005年发现安乐有限公司的贷款还款能力不足后，新加坡分行采取了包括签订补充协议、对项目和抵押物进行重新评估、项目销售专户管理、向专业资产处置机构询价、与借款人与潜在投资者进行项目转让和承接债务的谈判等各种贷款保全和处置措施。2008年以来，新加坡分行加大对安乐有限公司贷款的清收处置力度，2月正式行文上报总行申请最终处置核销方案。一方面推动借款人和债务承接方遵守最终处置方案；另一方面，继续每月的现金清收。7月收到总行批复后，新加坡分行抓紧组织法律文件起草等工作，终于在8月收回全部款项。

（三）加强内外联动，发挥整体竞争优势。

1. 国际结算和贸易融资方面。新加坡分行2008年国际结算和贸易融资来委及互委业务共4 379笔，总金额达131.9亿美元。其中，境内分行来证总量702笔，金额达13.86亿美元；代付业务583笔，总金额8.33亿美元。与苏州分行、广东省分行营业部合作完成风险参贷业务2.4亿美元，为深圳分行转开一笔62万新元保函。通过与国内分行合作，优化了资金资源的配置，提升了资金效益。

2. 公司业务方面。2008年新加坡分行与上海分行合作成功办理对中化国际新加坡有限公司1亿美元的内保外贷业务。同时，与国内分行共同跟踪了一批重大项目。

3. 个人业务方面。与国内分行合作代理开立牡丹灵通卡、开办“留学小管家”等个人金融服务。2008年初在北京分行的配合下，新加坡分行为中国驻新加坡大使及使馆人员代理开立理财金账户及牡丹灵通卡、签订个人理财协议，满足了境外使馆人员对国内个人资产保值、升值的需求。在总行的支持下，从2008年5月开始新加坡分行与北京、上海、广东、浙江、江苏等8家分行正式合作开办“留学小管家”业务，有效开拓了个人业务市场空间。

（四）强化风险管理，提升市场反应能力。

1. 完善和落实各项信贷风险管理制度和措施。通过细化贸易融资授信审批、核准单笔贸易融资业务和确定贷后检查间隔期3道控制措施，有效落实和完善了贸易融资业务的信贷管理制度。通过制定差异化的检查频率、规范贷后检查内容、拓展信息来源渠道、进行风险提示和确定贷后检查流转程序等措施，完善贷后管理操作流程。此外，分行还出台了《资产集中风险管理办法和控制措施》，加强对国别风险、行业风险及单一客户集中度风险的控制管理。

2. 健全和完善流动性风险管理制度和措施。自次贷危机以来，新加坡分行高度重视并不断完善流动性风险管理，制定了流动性风险报告制度、引入流动性风险指标体系进行监测、加强分行内部资金筹集部门与应用部门的沟通协调、扩大吸收存款力度，并逐步建立紧急流动性应对预案。

（五）全员行动应战FOVA投产。FOVA系统的推广应用是新加坡分行2008年全员参与的一件大事，在时间紧迫、需求差异、语言障碍等重重困难面前，分行上下齐动员，各层管理人员更是责无旁贷，在保证正常生产运营的基础上打了一场漂亮的FOVA攻坚战。除了FOVA工作小组夜以继日地与总行沟通需求、确认数据以外，分行全体员工严格按照时间进度表学习和操练FOVA的各类交易。对于系统画面上各种难以识别的缩写，新加坡员工加班加点强制记忆。为满足投产FOVA所需各项需求，分行在费用资源、办公场地、员工招聘等方面都给予了特别支持。2008年11月17日前后，总行技术支持的员工与新加坡分行全体员工奋战通宵，顺利经历了核数、移行、切换、验证等工作，实现了FOVA在新加坡分行的顺利投产。

（新加坡分行）

东京分行

总经理　宋宁

2008年，东京分行在积极应对美国次贷问题引发的金融市场剧烈动荡、各类风险因素急剧增加的复杂局面的同时，结合分行中长期发展规划，继续推进战略转型，深化内外联动，扩大市场营销，强化风险管理，集中资源发展低风险高收益产品。2008年，分行历史上首次实现拨备后利润超过千万美元，达到1 386.6万美元（含上缴总行营运资金利息179.1万美元），同比增加752.9万美元，增幅达118.8%；账面利润1 207.5万美元，同比增加843.7万美元，增幅达231.9%，超额完成全年利润考核计划（438万美元）；中间业务净收入569万美元，同比增加367万美元，增幅达181.7%，创分行历史新高。

多项发展性指标刷新分行历史最高纪录。2008年末资产总额达14.29亿美元，同比增长20.7%。国际结算业务发生额达45.9亿美元，同比增长29%；贸易融资业务发生额达13.89亿美元，同比增长120%。累计办理日元清算业务44 245笔，同比增长10.4%，清算业务累计发生额24 479亿日元，同比增长47%；累计办理海外汇款业务10 660笔，同比增长28%，汇款业务累计发生额434亿日元，同比增长88%。12月末各项存款余额2 007万美元，同比增长39.5%。受金融危机影响，不良资产比例轻微上升至1.09%，但总体风险情况仍处于较好控制之中。

在百年不遇的世界性金融危机的严峻环境中取得这样的成绩实为不易，2008年东京分行重点加强了以下几个方面的工作。

一、深入推进战略转型，努力调整资产结构

2008年，东京分行继续推进战略转型计划，一方面大力发展中间业务，努力实现中间业务收入跨越式增长；另一方面，规避金融经济动荡风险，优化调整资产结构，努力降低对银团贷款和债券投资的依赖，提高贸易融资和大型中资客户日式租赁融资等资产业务比重。一是抓住机遇，大力发展贸易融资业务。分行抓住中日两国间贸易往来持续增长这一历史机遇，加大贸易结算业务营销力度，以贸易结算业务带动贸易融资业务的发展。同时，应对2008年国内市场美元资金供求矛盾突出，贸易项下海外代付需求急剧增加的市场变化，为支持国内分行满足客户服务需求，东京分行充分利用当地市场便利条件，适度做大代付业务。2008年各项贸易融资业务发生额创分行历史最高纪录，并成为新增盈利的主要来源。二是为规避金融风暴冲击，优先保证贸易融资和租赁融资业务的资金需要，2008年初以来分行以较大力度控制传统银团贷款和债券投资业务发展，把有限的资金资源向贸易融资和日式租赁融资等业务倾斜。为此，分行完成了首次贷款出售业务，为灵活运用日本信贷二级市场积累了经验。三是加强租赁融资业务营销力量。为进一步做大做强日式租赁融资业务，在企业金融部新组建了融资租赁业务组，首次以银团贷款代理行和担保托管行的身份完成一笔飞机租赁融资业务。经过艰苦努力，2008年资产结构调整原则得到贯彻，信贷资产中，大型中资客户相关资产占比同比提高31.2个百分点，而一般性本地银团贷款占比则下降了10.6%；债券投资在总资产中的比重为9.5%，同比下降0.8个百分点。

二、加大市场营销力度，重点发展目标客户

一是强化营销考核力度。在2007年已经建立的双边客户营销机制基础上，进一步明确双边客户营销目标任务，对有关人员采取与绩效挂钩的分配制度，以激发其营销积极性。二是积极推进产品创新。在零售业务方面，经认真研究客户需求，设计了面向高端客户、与本

行现有资产业务挂钩的“个人期间限定大额优惠存款”理财产品。2008年共销售3期，销售金额超过2亿日元，新增个人客户29名，增加个人存款1.67亿日元，同时，也积累了在日本当地开办个人理财业务的经验。

有效的营销宣传活动，取得了较为满意的成果。港资客户大昌贸易行、华人企业TOUCHI等在东京分行的出口押汇业务量快速增长。2008年先后与6家中国劳工公司新建立业务合作关系，新增个人账户122户，个人存款余额比年初增长159%。

三、加强代理行管理，扩大代理行营销成果

根据总行代理行管理有关文件精神，结合实际，制定了《中国工商银行东京分行代理行管理实施细则》，从代理行工作的组织分工、代理行关系管理、代理行营销管理、代理行业务往来流向管理、代理行账户管理5个方面对代理行相关工作作出明确具体的规定，使代理行工作更加制度化、规范化。积极开展与外资代理行在代付业务转卖方面的合作，全年共转卖代付业务3.74亿美元，实现转卖中间业务收入179万美元。在2008年外汇市场资金供求关系紧张，流动性管理压力骤增的情况下，积极争取当地代理行增加资金拆借额度，取得扎实进展。利用分行的人员优势、地域优势、业务优势，继续加强对国内中小型代理行的日元清算业务营销。目前共有7家国内中资代理行在东京分行开立了日元清算账户。

四、完善联动机制，重视主动发起

2008年，为进一步完善内外联动工作机制，制定了《东京分行内外联动工作规范》，从内外联动的工作类型、组织管理、工作考核、学习与培训5个方面，对相关事项作出具体规定。

重视主动发现内外联动机会、主动为国内分行提供支持，全年为国内分行提供日资企业对华投资信息52条，其中，能够确定投资额或资本金的信息39条，能够统计到的投资总额20.1亿美元、资本金4.6亿美元，得到国内分行的好评。

五、严格内部控制，落实整改措施

2008年东京分行的内部控制管理重点抓了两个方面的工作。一是开展对各部门的内部业务审计。对照有关部门的内部管理制度和业务规程，由内部审计部开展对相关部门的内部审计。二是继续实施“对照金融厅检查指引提升合规性管理能力”的工作项目。这项工作2007年就已经开展，2008年结合金融厅检查结果，继续深入开展对照金融厅检查指引的内部检查。严格的内部控制管理，保证了各项业务顺利进行，全年没有发生重大风险事故。

六、强化风险管理，狠抓资产质量

一是严格防范房地产行业风险。受美国次贷危机影响，许多以日本房地产为投资目标的外资基金公司撤出日本，导致日本房地产市场萎缩，房地产行业风险上升。面对这一形势，分行数次召开专题会议，研究分析房地产行业新动向和存量借款人的风险状况，年初即决定压缩房地产企业贷款和消费金融企业贷款，5月份又制定了暂停新发放房地产企业贷款，继续压缩消费金融类贷款的业务策略。对存量房地产企业贷款，加强与借款人及其主办行的沟通，实时把握借款人经营状况、财务动向和主办行对该企业的支持情况，要求企业变更临时抵押登记为正式抵押登记，采取各种措施努力防范风险。

二是千方百计防止流动性风险发生。面对资金市场严峻形势，分行采取拓宽日本同业资金拆借渠道、预留拆借额度储备、日元掉期美元、审慎合理安排资产负债期限匹配等有效手段，化解相关经营难题。同时，根据总行要求和日本金融厅检查意见，对有关流动性风险和市场风险管理办法进行修改完善。

七、推进网点建设，落实系统投产工作

为改善客户服务环境，突出工行品牌形象，充分有效地利用营业场所满足业务发展需要，东京分行于2008年12月开始对营业厅进行开业11年来的首次改造。通过此次改造，分行营业厅客户容纳量将大幅提高，客户舒适度将明显增强。同时，也抓紧进行开设二级分行的准备工作。

投产FOVA系统是海外系统建设的重点工程，全分行上下高度重视，科学合理地解决日常业务工作与系统投产工作的矛盾，在确保日常业务工作不错不乱的前提下，保证了新系统培训等相关工作有序进行。

（东京分行）

首尔分行

总经理　崔基仟

2008年，首尔分行实现账面利润1 464.82万美元，同比增加405.18万美元。总资产13.67亿美元，国际贸易融资、贷款、债券在总资产中的占比分别为42.36%、12.44%和38.48%。负债总额为13.42亿美元，其中，同业拆入资金余额7.04亿美元，同比减少1.18亿美元，减幅为14.36%；从总行拆入资金4.15亿美元，同比增长0.87亿美元，增幅为26.52%；存款余额为1.4亿美元，同比增长0.41亿美元，增幅达41.4%。

回顾2008年，首尔分行主要采取了以下工作措施。

一、扩大客户群体，优化客户结构，并严控潜在信用风险

积极开展企业客户营销活动，优化客户结构，拓展对优质客户的服务内涵。2008年新增SK能源、韩国电力、大韩住宅公社、大韩高速道路和韩国燃气等一批优质客户。信贷客户数量从2007年末的61家增长到2008年末的78家，主要为韩国前60强的大企业集团成员，总体信用风险状况良好。除三星生命外，韩国15家世界500强企业均与首尔分行开展了不同形式的合作。

在加强客户营销的同时严控潜在信用风险，积极退出劣变企业。通过贷后风险监测，安全退出了2008年发生经营风险的三星石化公司；加强了对建筑、造船、汽车、半导体等受经济周期波动影响较大行业的风险监测工作。对发现潜在风险的企业，及时采取削减或暂停授信额度、限制融资品种、缩短融资期限等措施控制风险。

二、积极开展内外联动，推动境内外业务一体化发展

2008年共办理159笔联动业务，其中联合营销40笔、投资银行业务19笔、信息咨询35笔、内外保贷及保理业务14笔、资信调查36笔、新产品推荐5笔、核保见证10笔。与大连分行联动营销STX船舶项目，并提供核保解决方案；与浙江嘉兴分行联动营销三星物产新投资项目，争取到1亿美元的资本金账户和资本汇款业务；为境内分行受理各类查询、纠纷40多件，为境内分行提供核保见证服务及多家韩资企业信息。全年办理境内分行开来的信用证通知1 123笔，金额约7亿美元；与广东分行合作开展对三星SDI的进口保理业务，金额共计4 312万美元，拓宽了中间业务收入来源。

三、调整业务结构，发展中间业务，提高收益水平

积极调整业务结构，主动增加对进口押汇、进口T/T融资、D/A、D/P和代付业务的信贷资金投放，努力提高利差收入。2008年末，国际贸易融资业务余额为5.79亿美元，全年累计发生额为26.09亿美元。通过与境内分行保持密切联系，争取更多来委业务，全年共办理境内分行美元转汇业务15 304笔。加强与境内分行和韩国同业的合作，与上海分行合作，大力发展预结汇业务，全年共办理预结汇2.2万笔；办理来自韩资银行的转汇业务36 177笔，与境内分行一起为客户提供了快捷、优质的汇款服务。大力发展柜台汇款和个人金融业务，全年共办理柜台汇款业务12 983笔，较上年同期增长58.6%。

四、认真组织FOVA系统投产、分行落地经营和二级网络延伸工作

根据总行统一部署，2008年2月，首尔分行正式启动FOVA系统推广工程。历时8个月，完成了大量差异性需求的提出、论证、开发、测试、移行和投产演练工作，于2008年11月成功投产FOVA、单证和SUMMIT三大系统。实现了FOVA系统海外推广以来三大系统的首次连接运行，并开创了境外机构单证业务上挂总行单证中心的历史。配合系统投产同步完成办公场所迁移工作，解决了多年未决的落地经营问题。推动大林分行申设工作，已完成分行选址、国内监管报批等程序。

五、加强内控和员工队伍建设

进一步规范对首尔和釜山分行一年两次的内部审计工作。加强对重要岗位人员的业务风险控制，对财务会计等重要岗位进行界定，并制定实施强制休假制度。继续强化贷后风险分析会制度，提高对潜在信用风险的监控力度。借FOVA投产契机，对有关业务操作流程和管理规定进行梳理修订，通过规范操作加强内控。针对业务操作中的关键环节和风险点，加强员工培训工作。一是加强对国际贸易融资业务主办人员的培训，通过提高审单质量有效控制风险；完善业务操作流程，在有效控制单证审查风险基础上加强客户服务工作，不断提高业务处理效率和质量。二是对釜山分行进行信贷业务培训，强化釜山分行相关营销人员的风险防控意识，提高其风险识别能力，规范贷后管理要求。三是对新入行员工开展全面培训，组织中韩业务骨干为新员工讲解银行业务，帮助新员工迅速掌握业务知识和操作要求。

（首尔分行）

釜 山 分 行

总经理　荆仁

2008年，釜山分行坚持“因地制宜、突出特色、稳健经营、持续发展”的经营方针，加大市场营销力度，推进客户和业务结构调整，加强业务风险防控，各项业务取得可喜发展。

一、经营情况综述

（一）资产规模及结构。2008年末釜山分行总资产8 106.76万美元。其中，债券投资3 554.95万美元，同比减少1 676.65万美元，减幅为32.05%，在总资产中占比为43.85%；贷款余额为400万美元，同比减少1 000万美元，减幅为71.42%，在总资产中占比为4.93%；拆放同业与上存系统内款项合计1 922.74万美元，同比减少133.31万美元，减幅为6.48%，在总资产中占比为23.72%；国际贸易融资余额为2 107.49万美元，同比增加1 302.21万美元，增幅为161.84%，在总资产中占比为26.00%。

（二）负债规模及结构。2008年末釜山分行总负债8 200.71万美元。其中，存款余额321.04万美元，同比增加1.9万美元，增幅为0.59%，在总负债中占比为3.91%；系统内借入资金余额7 280万美元，同比减少1 222.20万美元，减幅为14.38%，在总负债中占比为88.77%；拨入营运资金余额为520.95万美元。

（三）收支结构及收益规模。2008年釜山分行收入合计364.76万美元。其中，债券投资收益191.17万美元，占比为52.40%；利息收入为77.84万美元，占比为21.34%；系统内往来与金融同业往来收入76.93万美元，占比为21.11%；中间业务收入为13.02万美元，占比为3.56%；汇兑损益为5.8万美元，占比为1.59%。支出合计329.06万美元。其中，系统内往来与金融同业往来支出262.47万美元，占比为79.76%；营业费用为63.94万美元，占比为19.43%；利息支出2.65万美元，占比为0.81%。2008年釜山分行实现拨备前利润35.61万美元，同比增加10.99万美元；提取贷款损失准备金22.53万美元，实现税后净利润58.14万美元。

（四）汇款业务简况。汇款业务是釜山分行零售业务的主打优势产品。釜山分行全年累计办理汇款业务5 041笔，同比增长36.5%，其中，柜面汇款笔数为3 611笔，同比增长52.2%。

（五）国际结算业务简况。2008年釜山分行努力开拓与当地韩资代理行的代付业务合作，积极推动国际结算业务发展。全年累计完成国际结算业务18 444.42万美元，其中，非贸易结算6 633.32万美元，贸易结算11 811.1万美元。2008年釜山分行共办理国际贸易融资3 841.91万美元。

二、经营策略及管理措施

（一）调整客户结构，建立优质客户群。根据综合实力、行业状况、业务特点、风险水平、抵质押情况等因素将客户分为立即退出、压缩授信、维持业务、扩大授信四类。对报表未经外部会计公司审计的客户全面停止授信业务；对规模较小、实力偏弱的贸易型企业坚决退出；对实力相对较强的渔业贸易型企业从严控制授信条件，仅办理低风险贸易融资业务；对当地优质制造型企业维持或扩大授信，深化合作。2008年末基本实现公司客户全部集于优质生产制造型企业。

（二）强化风险管理，降低业务风险。面对2008年严峻复杂的经营环境，对现有客户按照所属行业、经营状况、业务风险、抵押情况等进行分类排查，根据风险程度为客户设置不同监测标志，逐一进行动态监测分析，实施业务分类管理。从紧从严控制新增资产业务，审慎开展低风险业务。

（三）狠抓客户营销，促进公司业务发展。对存量客户，通过日常营销、节假日营销、高层拜访等方式，不断加强银企联系，提升结算、贸易融资业务量，扩大业务范围。锁定区域内21家重点目标客户，逐户制定营销措施，积极针对营销，成效显著。

（四）深化同业合作，培育新业务增长点。一是大力发展转汇款业务。加强与釜山银行、大邱银行、庆南银行的业务联系，在签订汇款合作协议基础上，进一步深化合作，印制汇款介绍和宣传卡在其营业柜台摆放，开展转汇款业务促销。2008年，3家银行转汇款业务笔数达1 430笔，同比增长8%。二是稳步开展国际贸易融资代付业务合作。在加强代理行信息收集与业务监测的基础上，与釜山银行、大邱银行签订国际贸易融资代付业务合作协议，在流动性和风险可控、手续完备前提下，适度开展期限短、收益性好的低风险贸易融资代付业务，扩大了资产规模，提高了资产收益率。

（五）发挥整体优势，加强内外联动。抓住东和恩泰公司在上海设立分公司的机会，与上海分行联动营销，于2008年5月成功开出一笔375万美元的备用信用证，随后又两次开展低风险备用信用证外保内贷业务，3次累计办理外保内贷业务750万美元。对NK公司的现金质押外保内贷业务也已完成内部审批程序。受青岛分行委托，对韩国世原公司和昌新公司开展核保鉴证业务，顺利完成两家公司16份担保文件书的核实鉴证，并出具了代理审核函，两笔核保业务共计4.1亿元人民币，扩大了业务种类和手续费收入。通过开展总部营销协助境内分行成功获得韩国东日胶带公司中国子公司的业务。与浙江分行合作完成了韩国GS公司及其在华子公司的内保外贷业务。2008年，釜山分行成功投产FOVA系统和国际结算单证系统，将境内优势产品线延伸至本地，实现了国际结算单证业务的集约化管理，客户服务能力和风险控制能力得到进一步提升。

（釜山分行）

法兰克福分行

总经理　刘金

2008年，法兰克福分行努力克服金融危机影响，各项业务稳步发展，经营效益不断提高。2008年末，资产总额达到7.81亿美元；实现账面利润994万美元，同比增长156%。在各项收入中，利息收入3 212万美元，同比增加306万美元，增幅为11%；中间业务收入387万美元，同比增加92万美元，增幅为31 %，在总收入中的占比为23%。ROA为0.79%，ROE为13.86%，成本收入比为38%。年末不良贷款余额为零。2008年法兰克福分行的主要工作措施如下。

一、抓住时机，积极发展资产业务，实现利息收入较大幅度增长

2008年，法兰克福分行银团贷款规模有较大幅度增长，债券投资业务稳中有增，债券投资组合表现出较

高的流动性和安全性，对中央银行可抵押债券投资保持稳定，强化了对总行美元资金的跨时区头寸运作管理工作。尽管受宏观经济影响，国际贸易融资年末余额下降较多，但抓住上半年有利时机，积极开展贸易融资业务，加快资产业务结构调整，实现了利息收入的较大幅度增长。

2008年末，法兰克福分行在一级和二级市场上参与银团贷款签约金额共计1.32亿美元，同比增加3 468万美元，增幅为35.63%；实际提款余额为1.19亿美元，同比增加4 157万美元，增幅为53.69%。银团贷款和短期贷款在总资产中的占比为15.35%，同比增加10.03个百分点。

2008年法兰克福分行共办理国际贸易融资705笔，合计15.27亿美元，同比分别下降59%和26%。虽然下半年受金融危机影响，承办的代付业务笔数大幅下降，但金额下降幅度较少，2008年末以代付业务为主的贸易融资余额为3.29亿美元，同比下降1.57亿美元，降幅为32.30%。2008年贸易融资日均余额为5.05亿美元，实现利息收入2 636万美元，同比分别增长18%和3%，得益于美元基准利率的大幅下降和融资利差的不断扩大，全年实现利差收入917.36万美元，同比增长了8.55倍。

2008年，受全球金融危机影响，债券投资难度加大，法兰克福分行密切关注市场，及时调整投资结构，确定投资方向，适当增加债券投资。同时，为规避9月份急剧升高的市场风险和信用风险，卖出了1 000万欧元的MORGAN STANLEY债券。第四季度，由于金融危机加剧，法兰克福分行未新增债券投资。2008年末，法兰克福分行债券投资余额为22 973万美元，同比增加228万美元，在总资产中的占比为29.4 %。在整个债券投资组合中，欧洲央行可抵押债券余额为21 573万美元，占债券投资组合的94 %。所有债券均为投资级以上债券，其中A级以上债券投资余额20 885万美元，占比90.90%。总体来看，法兰克福分行的债券投资组合具有较高流动性和安全性。

二、提高营销服务水平，加快中间业务发展，中间业务收入创历史新高

2008年法兰克福分行实现中间业务收入387万美元，同比增加92万美元，增幅为31%，中间业务收入在全部收入中的占比为23%。

（一）欧元清算和商业汇款业绩创历史新高。作为中国工商银行全行唯一的欧元一级清算行和总行欧元清算中心，2008年法兰克福分行继续采取多项灵活措施，针对国内不同分行和客户的需求，持续提升整体服务水平，促进欧元清算业务稳步发展，收益和交易量均创历史新高。随着产品流程的规范和服务水平的提高，特色产品“欧元中国通CEE”、“美元中国通CUE”也取得稳步发展。2008年法兰克福分行共完成商业汇款10.02万笔、清算额为48.58亿欧元，同比分别增长48.13%和52.41%；外汇汇款手续费收入202.03万欧元，同比增长37.58%。全年欧元清算总笔数为16.5万笔、总清算额为600.88亿欧元，同比分别增长71.42%和236.43%。全年法兰克福分行承担了工商银行系统内80%左右的欧元清算业务。

（二）国际结算业务进展顺利。2008年，法兰克福分行国际结算业务量达到95.17亿美元，实现手续费收入372.62万美元。全年议付业务笔数和金额分别为773笔和8.5亿美元，同比分别增长29%和140%。特别值得一提的是2008年通过本行交单的客户数量由2007年底的143户上升到2008年末的187户，客户数量明显增加。

三、强化市场营销，树立工行形象，积极稳定和开拓市场

2008年以来，法兰克福分行继续从产品和业务营销入手，围绕树立工行形象、创工行品牌的宗旨，通过主动上门营销拜访、接待客户来访、参加当地商务活动等机会，积极在欧洲同业和企业中宣传工行及工行产品，取得明显效果，分行自身在市场上也具备了一定的影响。

（一）高度重视本地客户营销工作。2008年以来法兰克福分行通过不同方式和渠道营销客户，取得初步成效。截至2008年末，共拜访、接待来访企业客户50多个，全年新开立账户40个，其中，企业账户22个，个人账户18个。分行共有企业和个人客户68个，比上年增加33个。对于世界500强企业，分行先后拜访了西门子、戴姆勒、大陆集团等本地公司，并已经和西门子在保函业务领域内开始合作，截至2008年12月底，分行已经顺利为西门子集团开出2份投标保函和1份反担保保函，总金额为176万欧元。随着企业客户数量的增加，法兰克福分行的存款业务量也呈现出稳中有升的发展态势，月存款额从2008年初的356万美元增加到2008年12月末的801万美元。

在个人金融业务营销上，分行配合总行外交官个人理财业务的总体规划，在2008年继续营销法兰克福总领事馆，对工商银行的外交官个人理财业务进行了比较详细的介绍和讲解，外交官们的响应比较强烈，有些外交官们还提出了一些其他个人金融业务需求。经过对这些需求进行初步市场调研和可行性分析，分行准备以外交人员为试点，在总行的指导和支持下尝试开展一些个人理财、个人贷款业务，为以后进一步拓展个人金融业务积累经验。此外，就代理本地华人华侨在工银亚洲和国内工行开立欧元账户的事宜与工银亚洲以及总行个金部进行了接洽，经过多轮协商，目前已经确定了与工银亚洲的合作事项。

（二）深化代理行营销，扩大业务来源。在对同业的营销工作中，主要重点选择了信用级别高、本地机构分布广、有强烈中国业务需求的中型银行为合作对象，不断开辟新的合作领域、加深合作深度，扩大业务来源。此外，分行与总行代表团一起，还拜访了巴伐利亚州银行、奥地利中央合作银行、奥地利第一银行、德累斯顿银行等，也向其营销了汇款、贸易融资等业务。

2008年，分行接待了进出口银行、国家开发银行、意大利UBI Banca、法国外贸银行、荷兰商业银行、意大利国民银行、德累斯顿银行等机构的来访，并就欧元清算业务、中国汇款业务、风险参与业务以及承诺互换等业务的开展进行初步接洽，目前进出口银行已经在分行开立了欧元清算账户。中小银行风险参与业务也取得良好发展，又有多家银行与分行合作风险参与业务。

在代理行营销上，分行在2008年10月首次成功举办了面向欧洲银行的业务推介会。来自10家欧洲银行的18名与会代表参加了业务推介会。在业务推介会上，首次推出了人民币预结汇同业代理产品，引起了与会银行的极大兴趣。人民币预结汇不但可以极大方便本地华人客户，一定程度上也延伸了工行的服务，而且还可以大大促进经法兰克福分行汇往中国的各类汇款业务的增长。

（三）投资银行业务取得突破。2008年，法兰克福分行与德国证券交易所、路德、佰达、德勤等大型律师事务所进行了互访，接待并拜访多家咨询公司和客户，就投资银行业务合作进行了探讨，通过交流了解中国企业来德国进行并购、上市等投行业务市场情况，为拓展新的业务领域进行了初步探索和调研，并开始根据自身条件和市场情况研发投行业务产品。9月底，经过长时间的营销准备后，分行与中国林德物流集团正式签署了《金融顾问服务协议》，成为林德集团在德国的独家金融顾问银行，为林德集团提供包括收购德国帕西姆机场项目在内的综合性金融资询顾问服务及商业银行业务服务。11月，分行参与营销的德国METZLER私人银行QFII托管业务正式落户工商银行。

四、加强资金业务和资产负债管理，积极应对全球金融危机

2008年法兰克福分行货币市场业务大幅增长，资金拆放收益有所提高；实行积极的资产负债管理，兼顾了效益性和流动性的统一；总行跨时区头寸管理资金利用率平均在81%以上，单日调拨金额再创新高，减少了金融危机的影响。

（一）货币市场业务大幅增长，收益进一步提高。2008年，法兰克福分行资金部共进行了2 211笔货币市场业务，比2007年增长了875笔，增幅超过了65%，累计交易量达1 089亿美元，比2007年增长了514亿美元，增幅超过了89.24%。一是密切关注市场，抓住波段，积极入场交易。全年资金部头寸管理资金取得了100多万美元的收益。二是加强同业往来，积极扩大同业交易对手。针对头寸管理不断增加的隔夜资金，积极扩大代理行交易对手，将临时资金以尽可能好的价格拆放同业。三是积极配合总行，合理处置好短期资金的拆放。进入2008年第四季度以来，各国央行为对抗金融危机，缓解市场拆借紧张局势，纷纷采取了宽松的货币政策，向市场大量注入资金，分行充分利用欧洲央行直接成员行的优势，积极与总行联系，扩大欧洲央行的交易，协助总行管理隔夜欧元资金，提高了全行欧元资金的收益和安全性。

（二）实行积极的资产负债管理，兼顾流动性和效益性的统一。分行加强对国际市场利率走势的分析，强化了资产负债管理。做好业务产生的资产负债预测和分析，合理利用总行资金拆借额度，最大限度地满足了业务发展需要。针对国际市场利率走势，合理错配部分资产负债资金，有效提高收益。

五、大力推进内外联动、外外联动，取得显著效果

2008年分行共处理内外联动项目40多个。其中协助营销公司总部6个，为国内分行介绍来华投资欧洲企业客户11个；协助国内分行解决单证业务纠纷3起，收回合计金额约15万欧元的单据；推荐客户给海外其他机构2个，涉及抵押担保业务金额约1 000万港元；办理内保外保业务1笔，金额508.9万欧元；协助国内分行调查欧洲企业信息5个，涉及融资金额1.15亿元人民币；境外分行开立账户2个，给总行发送并购信息1个。通过与国内分行的内外联动，一方面给国内分行带来了新业务；另一方面，扩大了工行在欧洲本地企业中的影响，让客户认识到了工行的整体优势，提高了营销的效率。

在做好内外联动工作的同时，继续与境外兄弟行积极开展业务合作，外外联动、共谋发展，2008年分行与伦敦分行、卢森堡分行在银团参与、担保业务等方面进行了卓有成效的合作。

六、做好信息科技工作，操作系统稳定运行，系统升级实施顺利

2008年，法兰克福分行根据总行安排及本地业务发展需要，实施了多项业务系统升级工作。同时，分行还完成了灾难备份机房互联网接入项目，PC服务器和工作站更新工作。根据总行安排，安装完成分行视频会议系统和VIP电话项目。从2008年11月开始，FOVA系统的前期培训及其他准备工作也在有条不紊地进行。

七、加强风险防范，提高内控管理水平

在内控管理上，分行继续根据业务情况完善制度办

法，构筑起了风险控制的第一道屏障。根据总行要求，积极组织“学规定、促合规”活动，取得较好效果。

在信用风险控制上，对所有金融机构信贷客户试行了金融机构评级办法，增加了对不同金融机构间的可比性，补足了公司客户评级办法的空隙，获得了外审的认可。继续推进总行公司法人客户评级授信办法在分行的实施工作，全年共审查14笔新增贷款和债券投资，其中否定4笔新增需求，有效地控制了客户信用风险的发生。在反洗钱工作上，积极做好反洗钱制度、流程的规范和及时更新，做好反洗钱日常付款、账户的监控。2008年分行的反洗钱工作得到了内外部审计的充分肯定。

（法兰克福分行）

卢森堡分行

总经理　高明

2008年，卢森堡分行按照“发挥分行＋子行牌照组合优势，致力于发展工商银行在欧洲资产业务簿记中心；持续深化内外联动和外外联动业务功能与模式；实现离岸市场和在岸市场相互促进、协调发展”的经营指导方针，实现了各项业务的新发展。

一、2008年经营指标完成情况

（一）主要业务指标完成情况。截至2008年末，卢森堡分行资产规模达到13.03亿美元，较年初增加3.46亿美元，增幅达36.15%，资产规模达到历史较高水平。各项资产业务继续保持了开业以来零不良的纪录。资产结构方面，债券投资占比大幅度压缩，债券占总资产的比例由年初的67.24%下降到年末的44.33%。贸易融资和与总行内外联动项下银团贷款业务占比逐步提高，包括贸易融资在内的贷款业务占总资产的比例由年初的30.24%提高到54.34%，资产结构进一步优化。其中，2008年分行共叙做代付业务总金额达12.85亿美元，截至年末代付余额达3.85亿美元，较年初增加约2.9亿美元，增幅达305.26%；银团贷款提款额为3.22亿美元，较年初增加1.3亿美元，增幅达67.71%，新增银团全部为代总行簿记型的银团。

在负债方面，尽管面临低迷的市场环境，2008年末各项存款余额（含客户存款和同业存款）仍达8 246万美元，较2007年同期增长5.38%；月均余额达8 972.93万美元，比2007年增长了14.39%。2008年共办理国际结算业务1 698笔，累计22 149万美元。金额较上年同期增加6 498.45万美元，增幅达到41.52%。

（二）财务收支状况及预算完成情况。2008年卢森堡分行实现净利息收入1 800万美元，同比增加1 018万美元，增幅为130%；实现中间业务收入405万美元，同比增加141万美元，增幅为53%；营业费用505万美元，同比增加35万美元，增幅仅为7%；实现拨备前利润1 073万美元，同比增加438万美元，增幅为69%。受金融危机对债券资产的负面影响，分行2008年共提取1 295.68万美元债券减值准备，加上为贷款提取的特殊风险准备金125.16万美元，2008年卢森堡分行新增拨备共计1 420.84万美元，抵御风险的能力进一步增强。

二、2008年主要工作措施

（一）积极探索内外联动新举措，实现业务新突破。在目前卢森堡当地的基金业务和资产管理业务发展渠道尚未畅通的情况下，分行着力拓展包括贸易融资、保函见证、投资银行、资产簿记、风险参贷等多种形式的内外、外外联动业务，大力拓展业务领域，努力增加收入。

一是利用分行和子行并行平台，积极拓展资产簿记业务。簿记麦克理飞机融资项目8 000万美元，簿记中石油亚洲天然管道项目4 000万美元，并承诺簿记国航飞机融资租赁项目约1.1亿美元。簿记业务的发展显现了卢森堡分行子行在资产业务拓展中通过互动互补提升工行在同业中的整体竞争力的优势，也使分行信贷资产结构得到了改善。

二是抓住机遇，大力发展代付业务。2008年，由于人民币升值预期强烈，代付业务的发展出现了历史性的机遇。分行年初就将代付业务确定为资产业务发展的重点之一。本着防范风险服务客户的精神，对代付业务的流程进行了调整和优化，制定了专门的管理办法。全年共叙做代付业务12.85亿美元。

三是跨境业务合作不断取得新突破。经过与国内分行密切合作，内外联动，成功地为中国第一家在泛欧交易所上市的中国玉米油有限公司（卢森堡）提供上市收款服务，为华为荷兰公司开立了保函，为拟在华投资的当地公司提供投资咨询和开户结算服务，为厦新电子比利时公司提供资金管理方案，信用证通知议付业务也取得了较好发展。通过内外联动、外外联动相结合，为德国客户开立履约保函。通过外外联动，与伦敦子行达成信用证业务风险参贷意向，已办理业务7笔，近5 000万美元。通过发挥工商银行的整体优势，卢森堡分行实现了相关业务领域的突破，培育了新的业务增长点。

（二）审时度势，加强资产负债管理。一是严格控制和收缩传统的银团贷款及债券投资业务，利用大众银团贷款重组的契机顺利退出大众银团项目，出售了部分高风险金融债，减少了风险敞口；二是突出以内外联动为主的短期贸易融资类业务的拓展，并取得了较好成效；三是加强对利率汇率等敏感要素的研究和管理，尽量熨平市场波动造成的不确定因素，并努力提高收益水平。在负债业务上，除进一步着力拓展零售业务存款资源外，分行还通过协调总行、同业互联、区域跟踪等方式，有效拓宽同业融资往来。同时积极探索资产卖断和回购等多种途径，一方面盘活资金，另一方面增加了中间业务收入，使收入结构更趋合理。

（三）努力防范和化解危机风险。

一是逐笔排查监控分行债权资产的风险情况。实行债权类资产管户责任制，将实时监控管理工作落实到责任人，对借款企业股价、信息、经营情况和财务状况实施全方位的实时监控。监测信息专人汇总提交管理层，针对不同的风险状况，研究采取相应的管理措施。

二是深入进行专题分析，把握风险整体状况。对银团贷款进行专题分析，梳理所有银团贷款的协议并对主要条款进行汇总，尤其是对提款条件和退出条件进行认真研究，并从严执行总行新下发的备用贷款管理办法，防范可能出现的风险。

三是加强资金管理，确保流动性需求。积极拓宽资金来源渠道，并提前做好头寸预测，加强调度，确保业务正常开展。

（四）加强基础建设，促进业务发展。

一是重视制度建设。坚持制度先行于业务，制定了《代付业务资产转让管理办法（暂行稿）》、《关于进一步加强贷后管理的通知》、《工商银行卢森堡分行代理国内企业在泛欧交易所上市金融服务方案》、《中国工商银行卢森堡分行网上银行业务管理办法》、《卢森堡分行客户投诉管理办法》等，修订了《卢森堡分行债券投资管理办法》。为进一步探索加强海外机构人力资源管理的新路子，出台了《卢森堡分行员工考评办法（试行）》，对于科学评价员工业绩、调动员工的工作积极性起到了重要作用。

二是开展专题研究，明确业务发展方向。先后完成了《利用子银行平台拓展欧洲基金业务以实现业务转型的报告》、《卢森堡分行投资银行业务调研分析》等与业务发展密切相关的分析报告。借助于总行私人银行部的成立，启动了私人银行业务研究工作。

（五）加强系统建设，提升自动化水平。一是FOVA系统在卢森堡的推广应用工作已经启动，分行参加了两次总行组织的需求讨论会，主要的差异化需求已与总行相关部门沟通并找到了解决方案。二是分行网上银行平台正式推出，客户服务渠道更加多样化，受到客户欢迎。三是CM2002系统在卢森堡安装完成，业务数据成功录入系统。四是NOTE系统、网讯、视频会议系统、IP电话系统、HELPDESK（生产变更提交平台）在卢森堡分行开通，打通了分行与总行和国内分行联络的安全高效通道。五是顺利实现了分行主机系统和SWIFT系统的升级。六是分行自行开发的国际结算业务报表应用系统等投入使用。

（卢森堡分行）

工银阿拉木图

总经理　赵国强

2008年，工银阿拉木图遵循本行董事会确立的"突出特长、加快创新、规范运营、健康发展"的经营原则，以有效控制风险为前提，以中间业务为特长，以合理营运资金为重点，严格遵守当地监管法规和总行的规章制度，严格管理，规范经营，克服金融危机的不利影响，继续保持了健康和可持续的发展。

截至2008年末，本行资产总额达到4 852万美元，比2007年末增加222万美元，增长4.8%；总资产的月均余额为5 111万美元，同比增加1 308万美元，增长34.39%。负债总额达到2 884万美元，同比减少25万美元，下降0.86%。其中，存款达到2 860万美元，同比减少18万美元，下降0.63%，存款占总负债的比例为99%。月均负债总额达到3 273万美元，同比增加1 057万美元，增长47.70%；月均存款总额为3 233万美元，同比增加1 087万美元，增长50.65%。全年共完成国际结算业务量7.1亿美元，比2007年增加3.4亿美元，增长91.89%。全年累计实现账面利润321万美元，同比增加40万美元，增长14.23%；实现税后净利润253万美元，同比增加40万美元，增长18.78%。按照账面利润计算，平均资产收益率为6.28%，平均资本收益率为17.44%；按照税后净利润计算，平均资产收益率为4.95%，平均资本收益率为13.72%。全面完成总行下达的2008年度预算计划。

一、加强服务，推出新品，力保中间业务

面对哈萨克斯坦居民消费能力下降、进口关税上涨等诸多不利因素，通过提高服务质量，推出人民币预结汇新品，积极争揽中国公司外派员工的工资汇款，力保个人汇款业务量。全年公司汇款同比增加3.4亿美元。全年实现中间业务收入171万美元，同比持平。

二、积极营销，扩大存款来源，合理运用资金，增加利息收入

面对中间业务下降、资本金对吸收存款和资金运用的限制，一方面积极营销，使存款有了较大幅度的增长；另一方面，合理运用资金，通过购买国债和央行票据，增加资产收益率，全年实现净利息收入为215万美元，同比增加48万美元，增幅28.74%。

第一，加强与国家开发银行合作，获得国开行贷款结算行资格，第一笔贷款的企业已在行内开立账户，该账户日均存款达到200万美元左右，第二个项目贷款2亿美元，经过近3年的跟踪营销，2008年9月底首笔提款1.088亿美元汇入项目单位在行内开立的账户，并将4 300万美元转入建设单位在行内开立的账户。

第二，加强对使领馆的营销和服务，除了代收签证费、代发工资外，使馆还在行内开立了抗震救灾捐款账户，扩大了工银阿拉木图的知名度。

第三，捕捉信息来源，加大对中石油集团驻哈项目单位的营销力度。2008年中石油集团所属中油国际事业有限公司汇入购油款金额达到5 000多万美元；东方皇冠公司项目工程汇入款达到654万美元。不仅增加了存款，而且带动了结售汇业务和国际结算业务的发展。同时，与新疆分行合作，发放内保外贷26.32万美元，实现利息收入2.1万美元，填补了流动资金贷款业务的空白。

第四，紧紧依托总行的整体优势，实施对公司集团客户的高层公关。2008年初与总行公司部、国际部联合营销中广核、中石油和中石化三家集团公司，为该集团公司高层进行面对面业务演示推介，得到客户好评，并就公司在哈国的投资项目达成初步合作意向。

三、加强资产负债管理，提高净利息收入

从增加存款入手，合理安排资金运用，使净利息收

入有较大幅度提高，保持了利润合理增长。积极利用中长期哈国债利差扩大的有利时机，增加债券投资，全年实现投资收益101万美元，同比增加34万美元，增长50.75%。金融企业往来收入合计116万美元，同比增加6万美元，增长5.45%。

四、落实总行部署，加强内部管理

向总行内审局提交2007年度全年业务内控评价自查报告，从公司管理、业务流程和IT流程3个层面进行了控制测试和穿行测试，按时间进度对各项业务进行自查，发现问题及时整改。完成了总行人力资源部境外岗位梳理和项目提升的工作，撰写和编制了岗位说明书和机构岗位设置表。

五、密切关注危机形势，加强市场调查研究

面对危机形势，加强调研工作，按季撰写和向总行报送哈国经济金融形势报告。同时，按照总行的要求，撰写哈国信用卡业务、基金理财等业务市场调查报告，制作内外联动业务宣传手册演示稿，为内外联动的整体工作奠定了基础。

（工银阿拉木图）

工银伦敦

总经理　许金雷

2008年，在前所未有的严峻形势下，工银伦敦大力推动业务转型，坚持建立长期稳定的各类客户群体，拓展新业务品种和新业务来源，提高中间业务和低风险业务的收入占比，千方百计缓解流动性管理压力，保持了平稳健康的发展态势。

2008年末工银伦敦总资产达8.66亿美元，较2007年末增长6%。全年共实现营业收入2 010万美元，同比增加845万美元，增长72.53%。其中，净利息收入1 175万美元，同比增加170万美元，增长16.92%；中间业务收入513万美元，同比增加363万美元，增长242.00%，中间业务收入占总收入的比例已经达到25.52%。全年实现拨备前利润1 557万美元。2008年，工银伦敦主要工作如下。

一、成功中标劳埃德银行（Lloyds TSB）转汇款业务

该银行是英国本地最大的零售银行，个人客户业务份额占当地市场的25%。工银伦敦3年来一直密切关注这家银行在中国业务相关领域的活动，积极推介工商银行整体实力和优势，在获悉该行转汇款业务投标信息后管理层特别重视此事，立即投入竞标准备工作并及时上报总行。总行国际部牵头召集组织了有关部门专家，认真研究标书，对标书中的细节问题作出了清晰、完整和准确的解答。劳埃德银行对工商银行内外联动的效率和资质非常满意，最终接受工商银行的方案。该项目每天的汇款笔数约为200笔，每年将增加汇款手续费等中间业务收入约100万美元。

二、积极争取市场融资，成功筹组俱乐部贷款

2008年，针对国内外汇资金紧张的形势，为进一步拓宽筹资渠道，缓解流动性管理压力，工银伦敦于5月底正式启动了俱乐部贷款的筹组工作。经过工银伦敦的努力和总行国际部的大力支持，相关银行终于同意以比较低的利率参加。牵头行为劳埃德银行，参加行为汇丰、摩根大通、美联等银行，均为多年与工银伦敦合作密切的关系银行。总金额1亿美元，合同利率为LIBOR＋40BPS，综合利差（含牵头费、律师费、代理行手续费和其他杂费）为LIBOR＋93BPS。该综合成本较为符合国际金融市场实际定价水平及工银伦敦的信用评级和实力。该俱乐部贷款无须总行出

具单独担保函或安慰函，充分表明了各关系银行对工银伦敦经营管理能力的认可。该贷款的成功，标志着工银伦敦金融同业业务取得了新进展，资产负债管理和流动性管理水平进一步提高，同时也为解决外汇资金紧张情况作了有益尝试。

三、积极内外联动，纵深推进市场营销

在建立和巩固自身的客户群体的同时，工银伦敦还不断给国内外兄弟机构介绍优质跨国公司客户。比较突出的是哈铜公司和嘉能可公司。在公司业务联动方面，工银伦敦从大局出发，克服资金紧张的困难，参加了中国业务潜力巨大的若干跨国公司的核心银团贷款，为进一步争取这些公司的贸易融资、国际结算以及现金管理业务打下了良好基础。积极与海外兄弟行开展互惠互利合作，解决子银行对单个主体授信能力不足的困难，以风险参贷的方式分享一些低风险的贸易融资收益。

四、积极向国内介绍离岸账户服务

在重庆分行的支持下，重庆公路工程（集团）股份有限公司终于同意就非洲有关工程项目在工银伦敦开立离岸账户。该企业是一家专业从事公路工程具有国家总承包一级资质的施工企业，有承建国外工程资格，在多个国家有在建工程项目。此次成功营销不仅实践了开拓市场的相关设想，也可望带来可观的负债和中间业务。

五、贸易融资业务有新的尝试和突破

2008 年，与在伦敦的一家中东银行合作成功一笔信用证担保业务，工银伦敦承担了一中资顶级企业的信用证付款风险。与国内某行的应收账款风险参贷业务合作达成了意向。争取到总行营业部和信管部的支持，对中化英国石油公司授信 1.5 亿美元。

六、加强人力资源保障工作

及时充实了信贷市场部、营业部、会计部等部门的人员，公司业务营销能力和国际结算业务的处理能力得到进一步加强。修改了员工手册，全方位、多层次培训计划启动。

（工银伦敦）

工银莫斯科

总经理　郑卫东

工银莫斯科于 2007 年 11 月 7 日成立并正式对外营业，作为一家中国工商银行新设的境外机构，2008 年工银莫斯科根据董事会年初提出“保开门、防风险、创新路、求发展”的经营方针，在健全管理机制、全力拓展业务、严格控制风险、打好经营基础等诸多方面都迈出了重要而坚实的步伐，实现了中资银行在俄罗斯市场多项业务创新。

一、资产业务全面启动并取得重要进展

截至 2008 年底银行资产 4 156 万美元，其中发放贷款 750 万美元，实现贷款利息收入 3 万美元；购买俄罗斯联邦国债 2 418.88 万美元，实现债券投资业务收入 46.33 万美元；累计上存央行存款计 44 笔，约折合 17 436 万美元，实现收益 49.09 万美元；累计办理拆放同业 27 笔，约折合 8 750 万美元，实现利息收入 23.68 万美元。资产运用取得了较好的收益。

二、负债业务从无到有，发展势头强劲

工银莫斯科通过点面结合、内外联动等多项措施，积极营销并扩大客户群，开户数量从无到有，存款也呈逐月增长态势，截至 2008 年底，银行负债 1 118 万美元，其中，客户存款余额 368 万美元，向总行拆借 750 万美元。

三、中间业务稳步发展并取得了一定成效

2008 年工银莫斯科大力宣传工商银行内外联动优

势，推介预结汇等特色业务产品，得到了客户的青睐。全年共办理国际结算业务 3 102.94 万美元，实现收入 4.85 万美元。其中，来证通知 357.61 万美元，信用证开证业务 15.07 万美元，代收 7.67 万美元，保函 928 万美元，跨境贸易项下汇款 59.22 万美元，非贸易项下汇款 1 724.97万美元，资本项下汇款 10.4 万美元，办理俄境内汇款业务 2 179 笔，折合 29 640 万美元。累计办理代客外汇买卖业务 3 600 万美元，实现收益 9.08 万美元。

四、投资银行等创新性业务实现了重要突破

2008 年 10 月 28 日，在中俄两国总理定期会晤机制下的金融论坛上，易会满副行长代表中国工商银行与欧洲金融莫斯纳尔银行签署了两行投资银行合作协议。该协议的成功签署，不仅为中资银行在俄罗斯拓展投资银行业务开启了大门，而且在新的国际经济金融形势下，有力向外界展示了工商银行作为全球性银行的整体实力，在峰会上引起关泛关注。

五、全力推进各项法人业务的有效开展

进入俄罗斯市场以来，工银莫斯科强化营销工作的基本目标，即构建梯次递进的客户结构，使之成为全行经营以及业务开展的重要基础。截至 2008 年底，共有 39 个机构成为银行客户，开立公司法人账户共 123 个。此外，在深入对客户市场进行调研的基础上，工银莫斯科还研究并确定了“基础客户与重点客户分别占客户总量 70% 和 30% 的结构比例”的营销原则，通过基础客户解决存款、结算、汇款等基础业务量的问题，将中资背景大企业在俄的下属机构划为重点客户，解决贸易融资、贷款、并购顾问等高端业务来源和收入增长点问题。通过采取“点面结合”的营销策略，初步形成梯次客户结构。

六、代理行网络初具规模，在俄影响面逐渐扩大

工银莫斯科在集中精力吸引企业客户的同时，还致力于建立一个完善的代理行网络，吸引金融机构来委业务。截至 2008 年底，工银莫斯科已与俄罗斯储蓄银行、外贸银行、莫斯科银行、天然气工业银行、奥地利中央合作银行（俄罗斯）、中国银行（俄罗斯）、德意志银行 7 家代理行签署了综合业务合作协议，启动了短期资金存、拆放同业、委托平盘、外币现钞调运、代理购买俄罗斯联邦国债等业务，解决了短期剩余流动性生息和代客外汇买卖平盘等实际问题，有效地压缩了外币现钞库存，缓解了敞口汇率风险，使得资产运用取得了较好的收益。

七、离柜业务有了重要发展

为扩大服务半径，方便客户并提高效率，在短期尚不具备网上银行系统功能支持的情况下，工银莫斯科创造条件引进了俄罗斯银行业应用较为成熟的企业银行支付查询系统，并于 2008 年 7 月投产。企业银行远程支付系统的投产与应用，改变了单一网点的不利局面，将银行的服务范围扩大到全俄罗斯，为下一步的客户拓展提供了技术支持。

八、加强小型搭桥软件的开发，为业务处理提供更多技术支持

在总行科技部门的帮助下，2008 年工银莫斯科成功实现了出纳现金系统第一期的投产，一定程度上提升了业务处理能力、扩充了业务营销手段。同时，依靠自身力量，工银莫斯科开发扩充了报表工具功能，提高了系统自动化处理能力。

（工银莫斯科）

工 银 印 尼

总经理　袁斌

一、业务发展和经营管理情况

2008年，按照总行统一部署，印尼子银行大力实施内外并进策略，克服困难，积极开拓，有步骤地优化了分销渠道，有重点地组织了目标客户营销等市场开拓工作，迅速搭建了生产和办公网络科技平台，全面规划网点布局，着力推动科技、制度、机制和产品整合，有效控制了转型过程中各类风险，取得了较好的经营业绩。

（一）资产负债情况。2008年末，资产总额为13 934.49万美元，较年初增加7 091.58万美元，增幅为103.63%。其中，各项贷款余额为5 789.02万美元，较年初增加2 330.67万美元，增幅为67.39%；债券投资5 321.75万美元，较年初增加2 644.65万美元，增幅为98.83%。负债总额9 491.95万美元，较年初增加3 805.85万美元，增幅为66.93%。其中，各项存款余额为9 309.35万美元，较年初增加3 789.10万美元，增幅为68.64%。

（二）财务收支情况。全年实现账面利润202.9万美元，实现净利润141.57万美元。列支营业费用354.29万美元，同比增加103.29万美元。其中，人力费用列支199.7万美元，同比增加74.7万美元；经营费用列支154.59万美元，同比增加28.59万美元。实现营业净收入417.92万美元，同比增加158.92万美元，增幅为61.36%。其中，实现贷款利息收入294.56万美元，同比减少15.44万美元；债券投资收益249.91万美元，同比增加109.91万美元；中间业务收入129.91万美元，同比增加95.91万美元；存款利息支出282.74万美元，同比增加43.74万美元。

（三）资产质量情况。年末不良贷款余额为55.33万美元，较年初下降1.94万美元。不良贷款率为0.95%，较年初下降0.68个百分点。贷款损失准备余额为26.02万美元，风险拨备覆盖率为47%。

（四）主要经营效率指标。股本回报率为5.35%，同比增长5.29个百分点；资产回报率为2.45%，同比增长2.44个百分点；净利息差率（NIM）为4.15%，同比下降0.68个百分点；成本收入比84.77%，同比下降12.14个百分点。

二、主要工作措施

（一）FOVA系统引进工程有序推进。

1. 完成基础网络、办公和业务系统的搭建。如期实现所有网点间的网络联通，彻底改变了无网络连接的状态。升级了所辖各城市之间以及与境外中心之间的专线，持续开展网络优化，提升网络运营能力。搭建了防病毒服务器，投产了加密机，提升计算机与网络安全管理能力。搭建了NOTES服务器，开通视频会议系统、IP电话系统、公文系统，全面提升管理效率与沟通效率。开通了SWIFT系统，填补了外汇业务汇款清算系统的空白。

2. 系统业务操作培训有序展开。成功组织了印尼当地员工到中国境内的两次培训、测试，与培训单位一起探索出一条多元文化背景下跨语种培训的路子。组建了由当地员工构成的FOVA系统推广骨干队伍，有序实施了全行12个网点、清算中心以及总部各部门参加的转培训工作。

3. 岗位重组、流程制度再造有序展开。设计完成了FOVA投产后各网点岗位设置与岗位描述。编写了500多页的本地化FOVA系统操作流程和近2 000页的柜员操作手册，保证了投产后各网点业务人员合规、有序、及时地处理各项业务。

4. 数据移行程序开发与测试工作有序展开。克服新旧系统数据结构和业务处理模式的显著差异，如期完成了移行文件的文件结构、导出程序和导出检测程序的编写，并随着年内版本的升级而不断完善，开展了十几轮的移行测试，有力地保障了投产后数据的正确性。

5. 项目工程有序推进，如期实现试运行投产。引入了项目工程管理理念，组建当地员工广泛参与的项目管理和实施团队，明确项目管理工作机制，并随着项目的推进适时调整，在推动项目工程有序实施的同时，规范引导当地员工的参与，努力提高系统本地化水平。2008年2月如期实现版本发布，2008年4月如期实现版本投产，2008年7月成功实现试运行投产。

（二）信贷管理体系逐期完善。

1. 信贷基础管理工作进一步夯实。制定并实施信贷审查委员会议事规则，详细规定了审贷会报审材料、报审程序、会议程序和审批程序及相关要求，推行集体审贷制度，提出了业务限时规定，提高审批效率。设计了信贷业务流程图，构建了涵盖信贷调查、审查和审批，信贷业务办理，贷后管理，质量分类到信用收回的完整的信贷业务流程体系，明确了业务流程上各环节的风险点及关注事项和相关人员的主要职责。加强了信贷基础管理工作，从根本上控制和解决调查、审贷、放贷和贷后管理过程中各个风险点。

2. 信贷管理模式作了全面改进。本着“提高效率、有效制衡”信贷风险防控原则，对信贷管理体系架构进行了重新设计。在信贷管理模式上，实行“总部垂直管理，属地区域集中”的扁平化管理模式。即在总部设立信贷管理部和信用审批部，并将原隶属总行营业部和雅加达区域分行的信贷部门并入信用审批部。总部驻地的信贷业务由子行信贷管理部和信用审批部直接管理，对总部非驻地重点城市设立信贷管理、审批分部，由总部派驻属地办公，负责属地地区的信贷管理和信用审批工作。

3. 审贷和授权机制更加完善。对信贷管理和信用审批部门的岗位重新进行了梳理和设计，实行政策制定、事前调查、评级授信、押品评估、贷前审查、信息档案和贷后管理等流程化管理，建立有效制衡又密切联系的工作协调机制。根据12个分支行信用风险控制能力和市场需求状况的不同重新设计了授权体系，实行差别化授权。本着严控风险和高效审批相结合的原则，重新调整和设计业务流程，确立了信贷业务全部集中子行总部和分部审查，信贷集中审查与分支行的审批授权相互制约的机制。

（三）资产负债和财务管理效能显现。

1. 资产负债管理健康运转，调配能力明显提升。将资金业务从国际部独立出来，单设资金部，建立资产负债管理委员会制度，对影响全行的重要经营决策、投资策略、利率政策等建立了集中决策、集中审议制度，实行了配置决策、调拨指令和业务操作三分离，完善了制约机制，强化了风险控制，保证了业务稳健发展。建立了资金头寸管理制度和利率管理机制，实行大额资金存款和提取报告制度，提高资金安排调度等运营效率；制定了资金调拨和拆借管理流程，对资金调拨和外汇拆借实行指令和操作分离，有效控制了操作风险和道德风险。建立了外汇买卖汇率、预结汇汇率和外汇利率每日报价机制，加强对分行汇率和利率指导，提高了外汇收益。

2. 预算考评机制全面引进，经营导向作用得到充分发挥。针对原哈利姆银行预算考评机制的空白，全面引入业务指标与评价相结合的绩效考评机制，2008年在此基础上，建立完善了预算与考评相协调的互动机制，将管理机制直接提升到工行现有考评水平，将综合经营指标分为业务发展、结构转型、风险控制、财务收支和经营效率5类指标，对分行实行综合预算管理，强化对分行的经营指导。同时，将全行指标和业务创新按部门职能分解落实到总部部门，建立了“纵横互动，点面结合，分别考评，按绩取酬”的考核评价体系和奖励办法。在计分方法上，实行计划指标和效率指标相结合，业务指标与日常评价相兼顾的计分考评办法，对计划指标实行完成率计分，对效率指标实行标准差计分，对日常工作实行360度打分，引导各行在注重业务发展的同时，提倡工作联动，加强协作，强调控制风险、提高经营效率和盈利能力。大力提倡“业绩至上，多劳多得”的分配思想，迅速激发了当地职工营销客户，提升业绩的积极性，培育了良好的上下协作、公平竞争的经营氛围。

3. 财务会计管理职能进一步强化，财务监测机制初步建立。建立了财务审查委员会审议制度，建立了财务授权机制，对单笔和累计财务开支实行分级授权，对超授权开支须报经有权人审批，有效控制了不合理成本开支，节约财力保证了业务发展重点。完善财务核算制度，制定了进口押汇、出口押汇、保函、银团贷款和债券业务核算管理办法，规范财务会计核算，确保了经营数据的准确、真实、完整。建立了财务日报、月报和季度投影分析制度，为领导及时提供决策支持。探索设计了财务核算改革模式，实行“核算集中、物理区域分离”的核算模式。在财务管理部设置雅加达和泗水两个财务核算小组，集中审查核算总部驻雅加达和泗水分中心和主要分行的财务成本支出，强化了财务开支的事中审查和财务核算的统一和规范。

（四）市场营销拓展重点突破。

1. 工行个人金融品牌业务成功实现本土化经营。个人预结汇汇款业务顺利开展，在总行和上海分行的大力支持下，与新加坡分行、首尔分行均开通了代理办理预结汇业务合作的渠道。代理发行国际借记卡业务市场拓展良好。面向往返中印两地的留学生、旅游、商务人士等客户群体，代理北京、上海、广州分行发行牡丹国际借记卡业务，带动了个人开户数量、中间业务的发展。充分发挥工商银行的整体优势，通过对国际借记卡与个人预结汇汇款产品的捆绑营销，取得了良好的效果。

2. 投行及公司业务取得了一定突破。在深入进行项目分析的基础上，将工作重点放在电力、镍矿项目、铁矿项目以及棕榈园合作等财务顾问、融资顾问等投资银行业务，建立了项目跟踪制度，对重点项目实行专人跟踪，建立完善信息档案，并积极寻求突破机会。此外，通过与境内分行内外联动，将项目本身相关的结算、存汇、融资服务封闭在集团内办理，内外联动效果显著。

3. 国际结算贸易融资业务拓展有序。认真贯彻总行关于境外业务的发展战略，落实“因地制宜、突出特色”的经营方针，加快了贸易融资领域产品体系建设工作，开展了预结汇、福费廷、风险参贷、转开保函及保函加保、海外代付、进出口押汇、打包贷款等产品研发，丰富了产品服务内容。

（工银印尼）

第三部分

内部管理与风险控制

执行编辑：孙清华

积极应对国际金融危机的冲击

2008 年，全行密切关注国际金融危机的演变发展及对全行各项业务的影响，采取了有效的风险防控措施，相关风险特别是外币债券的风险得到有效控制，境外机构流动性充裕、经营稳健。信用风险得到有效防范和及时处置，不良贷款余额和比例连续 9 年实现了“双下降”。加大拨备提取力度，拨备覆盖率同比提高了 26.5 个百分点，抵御风险的能力大大增强。总体来看，我行在这场席卷全球的特大金融危机中，受到的直接损失有限，整体风险可控，初步经受住了严峻风险的考验，并提高了风险管理水平。

一、全面加强信贷风险防范

根据经济形势的发展变化，适时调整和完善信贷政策，推动信贷制度创新和信贷流程改造，加强行业风险管理和客户结构调整，加大潜在风险贷款退出力度，对部分行业实行限额管理，强化不良贷款清收处置，取得良好成效。2008 年全行退出潜在风险贷款 1 087 亿元，清收处置不良贷款 596.1 亿元，促进了全行资产质量的持续改善。截至 2008 年末，全行不良贷款余额（集团口径）降至 1 044.8 亿元，不良率降至 2.29%，分别比 2007 年末下降 72.92 亿元和 0.45 个百分点。拨备覆盖率达 130.15%，比 2007 年末提高 26.65 个百分点，抗风险能力进一步增强。

二、全面加强金融市场风险管理

全行密切关注全球金融市场的新变化，及时研究分析业务策略，调整优化外汇资产总量与结构，大幅降低外汇风险敞口与汇兑损失。跟踪监测交易对手和债券发行主体信用风险变化情况，适时减持外币债券，控制投资损失，并足额计提了减值准备。截至 2008 年末，我行对面值为 72.64 亿美元的涉险外币债券保有减值准备共计 22.64 亿美元，拨备覆盖率（拨备余额/浮亏金额）达到 104.48%。妥善应对了雷曼兄弟公司破产问题，及时实施风险对冲措施保护了我行权益。

（一）加强本外币投资风险防控。2008 年，总行金融市场部强化合规经营和风险意识，严格执行操作规程和内控制度，全年投资融资交易量累计近 8.1 万亿元，未发生操作风险，无不良资产和风险损失，保持连续多年零风险资产、零操作损失的纪录。进一步加强外币债券投资的各项风险管理工作。修订《外币债券业务操作流程》，进一步完善了投资审批、交易账户日报和前后台对账等制度，努力做好操作风险的防范工作。建立了信用风险分析和报告制度；强化对各种风险债券的监控，重点加强对次级房贷支持债券、非政府担保抵押债基础贷款和 CDO 基础资产信用情况的监控；提出并实施减持和风险对冲方案。同时，严格将各项市场风险指标控制在总行确定的限额之内。

（二）加强外汇业务风险防控。总行制定了《外汇资金交易人工报价操作规程》、《综合报价平台系统即期外汇买卖业务（含账户黄金）手工报价实施细则》等一系列新的业务制度及办法，并对外汇买卖管理办法进行了补充、修订，大大提高了风险管理的制度化、规范化水平。

（三）加强金融衍生业务风险防控。总行制定了《中国工商银行法人客户和交易对手评级授信管理办法》，通过设立衍生产品专项授信额度，在国内同业中率先将代客金融衍生产品交易纳入全行统一授信管理，信用风险防范体系日趋完善。做好存续交易管理工作。在交易前，利用风险提示函改进风险揭示方式，规范交易审批流程，从严把握产品——客户适用性标准，严格审核总协议、交易委托等法律文本，确保交易审批手续严密、合规。在交易存续期间，及时发布市值，调整客户保证金或授信额度，切实落实客户信用风险管理措施。在部分客户出现现金流损失后，我行在坚持商业化处理原则、持续做好信息披露工作的同时，积极采取利用市场时机代理客户平盘、制订一对一服务方案等措施，既为客户履约交割创造有利条件，也有效避免了客户连锁反应的发生。制定下发《关于对代客金融衍生产品交易业务垫款提取减值准备通知》（工银财会［2008］207 号），明确客户欠款按照《中国工商银行坏账准备管理办法》（工银发［2005］174 号）要求及时分类并计提减值准备。妥善化解交易对手风险。雷曼兄弟公司是我行唯一出现违约事件的交易对手。我行通过发送提前终止通知书的形式，于 2008 年 10 月 8 日终止了与雷曼国际（欧洲）存续的 18 笔衍生产品交易，并重新叙做了其中 14 笔相应交易，首尔分行的 4 笔存续交易申请提前终止，不再叙做。由于处置及时、措施合理，不仅未造成我行任何损失，还通过准确把握市场时机取得交易收入近千万美元，最大限度地保护了我行权益。

三、积极做好国际结算和国际贸易融资业务风险管理

对于受金融危机影响较深的国际结算和国际贸易融资业务，全行国际业务部门通过清晰顺畅的前后台协调分工、审慎稳健的授权审批机制、规范的内部控制管理、标准高效的单证业务处理流程，实现了对国际结算和国际贸易融资业务项下各项风险的全程、有效控制。在业务准入时把好第一道关，要求分行做好对贸易商品、国别风险、交易记录、资金流向等前期审查工作，把握贸易融资背景的真实性，落实担保抵押；及时跟踪监测重点客户以及其上游企业的销售情况变化，加强对货物及货款的路径监测与控制；加强市场风险管理技术和配套产品的运用与推广。同时，坚持依法合规经营，规范业务流程和操作，切实做好国际结算和结售汇业务的操作风险和反洗钱风险防范，在现有产品的基础上不断进行创新，研发低风险的国际贸易融资产品，拓宽国际贸易融资发展渠道。截至2008年末，境内国际贸易融资不良率为1.26%，低于全行不良贷款率平均水平，在全行信贷风险控制线之内。

四、加强境外机构风险管理

总行逐一制定完善境外机构危机应对预案，统筹安排外汇资金做好境外机构的资金支持与保障工作，防止境外机构出现流动性风险。对境外代理行授信实行名单制管理，及时分析市场相关情况，并采取相应措施，最大限度地防范和控制代理行风险。各境外机构建立动态高效的风险监测、处置和反应机制，加强对风险资产业务的监控。根据市场情况采取果断措施，及时减持部分债券头寸以降低风险暴露，并对债券组合和风险管理机制进行相应调整，及时控制债券投资风险。同时，加快信贷结构调整，防范潜在信用风险。2008年境外机构实现拨备前利润4.36亿美元，同比增长22.54%；拨备后利润2.41亿美元，同比下降29.43%；净利润1.97亿美元，同比下降29.27%。截至2008年末，境外机构不良贷款率0.67%，不良资产率0.44%。总体来说，2008年，我行境外机构依托多年转型发展奠定的良好基础，努力经营，稳妥应变，初步经受住了金融危机的考验，保持了相对稳定的资产质量，取得了规模和效益的平稳发展。

（总行风险管理部、国际业务部、金融市场部）

全面风险管理

2008年，全行全面风险管理体系进一步完善，内部评级法项目成果加快应用，市场风险管理体系逐步健全，操作风险高级计量法项目顺利启动，不良贷款清收处置工作再创佳绩。

一、建立了领先于同业的全面风险管理体系

（一）全面风险管理制度体系进一步健全。2008年，我行陆续印发《全面风险管理框架》、《风险限额管理办法》、《风险管理评价办法》等多个全面风险管理的政策制度，制定了全行风险管理三年规划，加上已经实施的《风险报告制度》、《风险管理委员会章程》，全面风险管理的制度体系进一步健全。

（二）风险管理委员会运转顺畅。2008年，总行和各一级（直属）分行风险管理委员会累计召开会议481次，审议全面风险管理的各类议题328个，审议全面风险管理的政策制度175项。各级行风险管理委员会秘书处及时组织提请风险管理委员会审议重大风险管理事项，认真履行工作职责，定期总结报告委员会决议及风险管理任务执行情况，完善了委员会决议执行督办机制，保障了委员会的高效运作。

（三）全面风险管控作用得到提升。《风险管理评价办法》实施后，各分行能够根据评价结果，主动查找本行风险管理的差距，及时研究制定整改措施。30家分行已将评价结果纳入分（支）行长绩效考核体系，对提升分行风险管理水平起到了重要作用。

（四）风险报告工作取得新的成果。2008年，全行正式建立了风险报告重点联系行制度和外部专家制度，促进了总行、分行之间的信息交流，拓展报告研究领域，提高了风险报告的权威性和准确性，较好发挥了风险报告反映风险、评估风险、提示风险和预警风险的作用。加强宏观经济研究，按季编写宏观分析报告，注重将我行业务发展及风险管理与宏观经济形势分析相结合，增强了风险分析的权威性、关注问题的针对性和管理建议的可行性。风险报告体系进一步完善，全面风险管理报告、专题风险管理报告、风险提示和宏观经济报告共同组成了多维的、日益丰富的风险报告体系。2008年，总分行共完成各类风险管理报告363篇，其中专题

风险管理报告210篇，比2007年增加了90篇，报告质量和分析水平有了新的提升。

二、加快内部评级法项目成果推广应用步伐

（一）加速推进非零售内部评级成果在风险管理流程中的推广应用。推进风险计量结果在贷款定价、信贷审批、经济资本计量、绩效考核等风险管理全流程的应用。客户评级优化系统平稳运行，客户评级结果的准确率明显提高。债项评级及客户RAROC系统顺利投产，实现了对每笔债项违约损失率的计量，为风险量化结果在风险管理全流程运用搭建了良好的信息平台，为我行实施内部评级法高级法奠定了坚实的基础。积极推进压力测试工作，围绕宏观经济衰退、房价下跌、金融危机冲击等情景开展压力测试分析，开发基于内部评级量化结果的压力测试模型，自主开发了国内首个信用风险压力测试系统，进一步完善了信用风险压力测试体系。

开展信用风险高级计量项目。在内部评级法二期工程解决单个客户和单笔业务风险计量的基础上，2008年开展了信用风险高级计量项目，构建了组合风险计量体系，更加科学地反映了我行组合资产的实际风险特征。建立衍生产品交易对手信用风险管理框架，涵盖限额占用、限额监控、超额管理、保证金管理以及参数维护等内容，较好地解决了信用风险敞口计量的问题，为量化衍生产品交易对手限额占用以及产品定价奠定了基础。

（二）加快零售内部评级法项目开发与系统建设。

1. 完成零售内部评级法项目开发。零售内部评级法项目于2007年3月启动，至2008年第一季度末全面完成，取得了两方面重要成果：一是开发完成了申请、行为、催收和市场营销等覆盖项目完整生命周期的各类信用评分模型，建立起针对个人信贷和信用卡两大类零售业务的信用评分模型体系，统一了风险控制标准，为个人信贷业务管理提供风险识别量化工具；二是实现了全行零售敞口资产池的划分和违约概率、违约损失率、违约风险暴露等风险参数的计量，为拨备计提、资本计量等应用作好准备。

2. 推进个人客户内部评级相关信息系统建设工作。研发个人客户内部评级系统，实现评分模型计算、资产池划分和风险参数计量及监控分析功能。个人客户内部评级系统个人贷款部分和信用卡部分建设进展顺利，已于2008年第一季度、第二季度在全行范围相继投产。启动数据挖掘平台研发工作，实现零售业务数据集中管理，确保满足模型开发、验证和组合计量的需要。

3. 推动零售内部评级结果在个人信贷和银行卡业务管理流程中的应用。制订个人贷款业务信用评分、信用卡业务信用评分和资产池划分等应用方案，推动内部评级结果在信贷管理流程中的应用，提高我行零售业务风险管理水平。

4. 全面启动实施新资本协议的各项准备工作。在银监会的指导下，我行对照新资本协议实施监管指引的要求，应用内部评级法项目成果对2007年12月底全行零售资产的信用风险情况进行了定量测算，对我行零售内部评级体系的治理结构、数据积累、验证体系、报告体系、评级应用、制度办法等方面进行了全面、深入的分析，为新资本协议的实施奠定了基础。

三、不断健全市场风险管理体系

（一）加快构建市场风险管理的基本制度。2008年，《市场风险管理制度》、《市场风险识别管理办法》、《市值评估管理办法》、《市场风险计量管理办法》、《市场风险限额管理办法》、《市场风险报告管理办法》、《重大市场风险应急管理办法》、《利率风险管理办法》和《汇率风险管理办法》等市场风险管理的基本制度正式印发实施，全行市场风险管理制度框架体系基本建成。《市场风险计量方法》和《金融市场业务市值评估方法》已经市场风险管理委员会审议通过，为我行市场风险计量、市值评估工作提供了统一、规范的技术规范。

（二）健全风险计量技术手段。2008年3月投产市场风险管理核心系统，计量和披露在险价值（VaR），实现了市场风险计量的集中统一管理。启动具有自主知识产权的金融市场业务与风险管理自主研发项目，构建完成VaR计量方法论，建立了产品控制的技术方法，使我行市场风险计量与产品控制能力有了新的提升。

（三）加强市场风险限额管理。编制《2008年度交易账户市场风险限额指标管理方案》，逐步健全市场风险限额结构、限额审批与分配、限额使用与监控、超限额审批等管理程序与流程，建立境内外分行限额执行监控与报告机制，将市场风险限额指标纳入日常市场风险监控管理。

（四）建立多层次市场风险报表及报告体系。建立《市场风险信息快报》和《市场风险分析日报》等市场风险日报机制，每日对国内外金融市场信息进行动态跟踪，对整体组合风险状况进行及时监控。按季完成银监会1104报表和全行市场风险分析报告，不断加强报告分析的全面性、及时性和有效性。加强市场风险专题报告工作，完成《金融危机的发展历程和对我行的影响》、《关于全行外币债券投资组合风险状况分析的报告》、《国际金融危机下全行金融市场业务风险分析报告》等专题分析报告。

四、稳步推进操作风险高级计量法项目建设

（一）完成操作风险高级计量法项目第一阶段差距

分析。按照2010年初步完成系统开发和2013年全面实施的整体规划，制订了操作风险高级计量法工程规划方案。对我行操作风险监管资本进行定量测算，分析各种算法对我行资本充足率的影响。依据《巴塞尔新资本协议》、银监会关于实施操作风险高级计量法的基本要求和国外银行的实践经验，提交差距分析报告，确定项目实施计划和时间进度表。

（二）开展操作风险高级计量法项目第二阶段工作。确定操作风险管理框架，初步完成操作风险标准法达标评估，组织起草风险与控制自我评估（RCSA）的制度文件，编制《操作风险高级计量法模型构建整体方案》和《操作风险高级计量法项目系统框架图》，相关政策制定工作基本完成。

五、不良贷款清收处置工作再创佳绩

（一）多种方式清收处置成效显著。2008年，全行充分发挥现金清收、以物抵债、呆账核销、重组转化等各项措施的效能，深入挖掘不良贷款清收处置潜力，取得良好成效。全行累计清收处置不良贷款596.13亿元。其中，现金清收不良贷款241.31亿元，占清收处置总额的40.48%。累计抵入抵债资产48.83亿元，处置抵债资产62.41亿元，较好地发挥了抵债资产清收处置不良贷款的通道作用。努力抓住新呆账核销政策出台的有利时机，积极稳妥组织呆账核销项目，严谨有序推进审查审批工作，取得突破性进展，累计核销呆账121.87亿元，比2007年多核销40.65亿元，同比增长50.05%。累计处置5 000万元以上大额不良贷款263.51亿元，占法人客户不良贷款处置总额的60%，成功解决了一批多年悬而未决的复杂问题。

（二）不断加强不良贷款管理制度建设与业务检查。修订了法人客户不良贷款管理办法，研究起草个人客户不良贷款管理办法；根据财政部新的呆账核销管理办法，及时修订我行法人及个人客户《呆账核销管理办法》与《账销案存资产管理办法》；根据财政部关于金融机构地震灾区不良贷款重组和减免有关问题的通知要求，适时出台《关于落实地震灾区不良贷款重组和减免工作的实施意见》，支持地震灾区重建和恢复生产。组织对陕西等8家分行2007年度不良贷款处置业务的专项检查，对不良贷款处置业务的依法合规开展起到了积极的促进作用。

（三）特殊资产清理工作取得积极进展。截至2008年末，已累计处置完毕自办公司461个，总体处置率达到99.56%，较2007年末提高3.88个百分点。2008年处置两笔委托持股股权，金额合计3.75亿元，委托持股余额较2007年末下降18.74%。可疑类贷款剥离交接、政策性破产项目审查等工作继续稳步推进。

（四）积极创新不良贷款监测机制。进一步完善了贷款质量监测体系，实现了按日、月、季等不同监测时点的有机结合，定期监测与实时监测的有机结合，监测视角由事后监测向事前预警延伸，监测范围由境内分行口径向境外机构延伸。建立了重大突发事件快报、重点分行风险提示等风险监测工作机制，及时对国内外影响我行贷款质量的重大突发事件作出反应。优化了贷款质量监测月报体系，调整完善了监测维度，充实了监测月报内容。

（五）不良贷款管理与清收处置工作的信息化水平得到全面提升。建成并在全行投产了不良贷款管理信息系统、个人不良贷款管理系统和账销案存资产管理系统，实现了全行信贷、非信贷，法人、个人，表内、表外特殊资产全环节、全部处置方式的信息化管理，对进一步规范我行特殊资产处置行为、提高处置效率和管理水平奠定了技术基础。

（总行风险管理部）

内部审计

2008年，全行内部审计部门以科学发展观为统领，围绕全行中心工作，开展内部审计活动和外部审计协调工作，推进和深化内部审计标准化建设，努力提高审计层次和价值，全面完成了年度工作任务，在支持和服务全行转型发展和提升竞争力的过程中发挥了应有作用，实现了首个内审三年发展规划确定的主要目标。我行被审计署评为全国内部审计先进单位。

一、年度审计计划全面完成

2008年共计完成全行性审计项目16项，区域性审计项目22项，非现场审计风险监测31项，审计调查5项，离任审计15项，审计调研15项。

（一）重点评价了主要机构、产品、流程和系统风险管控的有效性。密切关注国际国内经济金融形势变化对我行可能造成的潜在风险，适时调整审计重点和内

容，开展了不良贷款管理专项审计、资金业务专项审计、信息科技风险审计以及公司客户贷款、个人客户贷款、房地产贷款、信用卡和财务等业务风险监测和房地产贷款风险调研等。通过多层次、多角度的审计活动，对全行信贷、IT、资金、电子银行等主要业务在本轮经济周期变动情况下的风险管控状况进行了分析。同时，还通过部分区域性审计项目关注了各区域分行主要风险的变化情况。

（二）持续评价了全行内部控制的有效性。在完善评估内容、优化方法技术的基础上，依据自主建立的内部控制评估体系框架和标准，连续开展了2007年、2008年两个年度的内部控制有效性评估，分析并描述了全行公司治理、业务流程与IT层面的控制结构与控制点。评估报告经董事会审议通过，于2008年3月25日分别在上海证券交易所、香港联交所首次对外披露，客观展示了我行内部控制体系运行现状，强化了我行稳健经营的市场形象。

（三）从治理层面评价公司战略决策执行与管理运行的效率和效果。开展了经营管理效益审计、国际化战略执行情况评价、检查监督体系有效性调研等项目，重点关注影响公司战略执行效果的经营理念、体制机制、制度流程、资源配置、激励与约束等因素，关注业务开拓创新中质量与速度、风险与控制、发展与效益之间的制衡机制。

（四）关注集团风险、并表风险管理及重大突发事件可能形成的风险问题。开展了部分境外机构审计、工银瑞信、工银租赁专项审计和关联交易管理调研，进一步实现了对全行本外币业务、境内外机构全面风险管理框架内的审计监督。为适应监管要求，开始介入对集团风险及并表机构风险管控的审计监督领域。同时，还重点关注了审计期间国内外发生的重大事件可能对我行经营管理产生的影响，适时开展了奥运期间业务系统安全审计、抗震救灾资金使用情况审计。

（五）持续跟踪了2007年审计发现问题的整改情况。通过对部分城市分行信贷业务后续审计、新产品后续审计、IT后续审计、内部控制有效性评估等项目，以及部分区域性或非现场后续审计项目和风险监测工作，持续审阅了信贷管理、电子银行、产品创新、系统安全、财务管理等业务领域在以往审计中所发现问题的整改情况，同时建立并加强了与管理层的沟通与反馈机制，共同促进问题的持续整改。

（六）加强了审计延伸检查。在完成董事会批准的年度审计计划项目的同时，各内审分局有针对性地开展区域性审计、调研和非现场监测，进一步跟踪、监控和深查重大问题和倾向性问题，提高了审计发现的深度和力度。

二、外审协调工作成效明显

（一）协调配合国家审计署、银监会和法定外部审计机构完成了对我行的各类检查工作。进一步完善了相应的协调配合、信息沟通机制，建立了行内高层联系通报制度，准确、及时、全面地报告了检查情况，反映了重要信息，确保了检查顺畅进行。

（二）主动加强沟通，提高协调效果。通过先期拜访、期间走访、主动介绍我行运营概况、适时安排双方高层会面、及时通报整改结果、反复交换意见、密切跟踪检查结果、跟进解释和补充资料等一系列活动，增强了协调工作的针对性，营造了虚心接受检查和主动配合检查的良好氛围，赢得了检查者的尊重、理解和信任。

（三）秉持服务宗旨，发挥增值作用。在满足外审要求的同时，努力为全行服务，合理利用协调配合中获得的信息成果，注重与全行分享外审关于内部控制和风险管理的经验，积极传导国家监管政策。学习借鉴外部审计的先进理念和工作方法，积极借助外审专业优势为行内提供业务咨询和培训服务。

三、审计服务方式和结果运用机制进一步优化

（一）通过现场审计、非现场监测、审计调研、审计评估以及合作外包等多种形式的审计活动，对董事会、监事会、高管层以及审计委员会履行了相应职责，对资本市场、监管机构和外审机构履行了披露义务。

（二）改进了报告形式与内容。侧重报告审计发现的等级较高或潜在影响较大的风险和问题，分析形成问题的深层次原因，反映管理层对问题和风险的认知与改进状况。2008年共向董事会及审计委员会提交专项审计报告（评估报告）35份、《风险评估监测分析专报》8期、《内审情况专报》23期。

（三）加强了与各级经营管理层的沟通和反馈。分赴河北、广东等17家分行开展走访调研和征求意见活动，了解新形势下各分行所关注的风险与控制，经营管理所面临的主要困难和问题，征求对内部审计提供服务的需求和建议，增进了双方的理解与互信，促进了审计意见和建议的有效采纳。

四、内部审计管理运作机制不断完善

（一）全面启动内部审计标准化建设。制定了《关于全面推进内部审计标准化建设的意见》，明确了标准化建设的目标任务、基本原则和主要内容。本着“借鉴、整合、补缺、优化”原则，制定并印发了十项制度办法，形成了以《内部审计基本工作规范》为纲，项目管理制度为主体，工作管理制度和外部协作制度为辅助的内审制度框架体系，对内部审计的工作职责、运行机制、业务流程、质量控制以及外审协调等进行了健全规范。规范了审计实务的操作标准，结合审计项目编制了包括内部控制评估、信贷风险审计、新产品审计等一批主要审计业务产品的审计方案和工作手册，规范了

审计工作模板的要素和标准，将审计活动建立在较为规范的程序和方法之上。

（二）进一步规范了内部审计工作流程。实施了“项目分级、方案报批、团队实施、专家支持、质量控制、报告评审”六个关键环节管理，强化了风险分析、专家评审和质量控制，加强了对计划执行效果的检查、指导和监督，提高了一体化运作机制下的资源配置能力与效率。真正从机制和流程上去引导并提升审计项目的执行层次和执行效果。

（三）建立完善内部审计方法技术体系。从质量、效益、发展3个维度，按照信用风险、市场风险、流动性风险、经营风险、声誉风险、战略风险6大风险类别，设计开发了对全行产品线和管理线进行审计风险监测和评估分析的指标体系，并与内部控制评估标准体系共同构成了内涵与外延统一、具有较强操作性的审计评估的方法体系。风险与内控的审计评估体系在审计计划的制订、各类项目的非现场审计以及内部控制自我评估中都得到了较好运用和发展，对促进审计发现能力和风险预警能力的提升发挥了重要作用。

（四）优化了内部审计信息系统。实现了审计业务信息系统（二期）和审计管理信息系统（一期）研发投产，实现了对审计项目所需数据的非现场采集、排查、分析与挖掘，解决了审计部门进行非现场监测、分析与评价以及现场审计检查所需数据问题；通过计划管理、项目管理、问题管理等主要模块的使用，审计管理信息系统开始成为内部审计管理工作的基本工具和基础平台。

五、内部审计队伍的知识与能力结构进一步改善

（一）分层次多渠道开展专业化培训。2008年利用集中授课、视频讲座、外部合作、案例模拟等多种方式，举办专业资质认证、内控自我评估、境外机构审计实务、财务管理、资金业务等18期专项培训。内审系统中具备CIA、CISA、CFA、FRM等国内外职业资质人员占比已达53%，达到了国内内部审计业界的先进水平。持续深入的规范化培训有效改善了内审队伍的职业素养和资质构成，为未来升级发展打下了扎实的技术与人力基础。

（二）落实人力资源管理措施。完成了人力资源提升项目实施后分局绩效分配方式改革、借调人员管理和内审特聘专家队伍的组建等事宜；调整充实了内审局和部分分局的领导班子；从系统内和社会招聘了一批内审急需专业人才；完成了内审系统高级专业技术资格的评审推荐等人力管理工作，进一步增强了内审队伍的凝聚力和活力。

（三）内部审计文化建设持续加强。继续倡导以“服务、增值、和谐、双赢”为核心价值的内部审计理念，“公正、客观、保密、胜任”的职业操守，并将其作为一切工作的出发点和落脚点，根植渗透于各项审计活动之中，在保持审计相对独立性、坚持审计专业质疑性的同时，不断加强“顾大局、重协作、讲诚信、求实效”的作风建设，努力营造互信互敬、理解支持、良好合作的审计环境，实现了审计目标与全行发展目标的高度一致。

六、全面总结和规划内部审计工作

在组织开展深入学习实践科学发展观活动的基础上，全面总结了2006—2008年内部审计工作，梳理了3年来审计项目发现的问题和风险，分析了首个内部审计三年发展规划的执行效果，系统积累全行风险管理和内部控制状况的基本信息，为今后实施科学发展提供了对照和参考。深入分析了当前经济金融形势下内部审计所面临的任务与挑战，明确了未来3年内部审计发展的理念、目标和路径，制定了《2009—2011年内部审计发展规划》。

（总行内部审计局）

内控机制建设

2008年，我行股改后第一个内控体系建设三年规划圆满完成，《业务操作指南》常规管理机制更加健全，操作风险管理得到进一步加强，全行内部控制水平有了较大提升。

一、进一步推动全行内部控制体系建设

2008年，我行全面完成股改后第一个内控三年规划（2006—2008年）各项任务，建立了权责分明、有效制衡的现代公司治理结构，形成了良好的内控环境。健全了全面风险管理体系，投产推广了内部评级法、市场风险管理核心系统等一系列风险管理基础项目工程，抵御和掌控风险能力得到增强；大力推进了组织结构调整和流程优化，实施了人力资源管理提升项目，进一步健全了内部组织结构和激励约束机制；创新了监督管理

模式，加强对各类检查监督的统筹管理，协调开展多层面的合规检查和审计评价，监督与纠正效率明显提高；加快了信息化建设步伐，推进企业级数据仓库（EDW）建设，实施数据质量治理工程，规范信息传递和披露机制，确保了信息内外部之间有效沟通。通过实施内控三年规划，“内控优先、程序至上、审慎经营、依法合规”的理念深入人心，逐步形成了对各项经营管理活动全方位覆盖、全过程控制和全员参与的内部控制体系，不断满足了外部监管和内部管理的要求，树立了良好的企业形象。在此基础上，紧密结合新时期全行发展战略规划和国际国内经济环境，深入分析内控发展面临的新形势与新要求，进一步完善了全行内控体系建设的基本框架，启动了第二个内控三年规划（2009—2011年）工作，为在新时期全面推进全行内控体系建设打下了基础。

二、建立健全《业务操作指南》常规管理机制

在2007年深入推广应用《业务操作指南》（以下简称《指南》）的基础上，2008年通过加快《指南》体系建设，健全《指南》推广应用常规管理机制，进一步优化了全行的业务规章制度，规范了业务操作流程，有效地防范了操作风险。一是建立健全《指南》常规管理机制。2008年初下发了《业务操作指南管理办法》，明确了管理职责，同时建立了《指南》编制计划管理工作机制，规范了编制体例和审核程序，确保各业务部门在下发业务制度和操作规程时同步下发。二是加快建立“全覆盖”的《指南》体系。2008年全行累计新编制和修订了275张流程图，其中，新增208张，修订67张，新识别风险点528个，风险环节938个，建立控制措施1 265项，《指南》已覆盖12个专业。三是建立《指南》电子发布平台，提升《指南》应用效率。在网讯平台上开发了《指南》电子发布平台，制定了《业务操作指南电子发布平台管理办法》，实现了电子、纸质指南的双线发布。同时，按照“专业隔离、机构隔离”的思路，实施指南使用系统硬控制，进一步加强了《指南》的保密管理。利用平台的便捷性，通过开展有针对性的重点培训、执行《指南》培训资格认证等措施，员工能更加熟练掌握和运用《指南》，提升了《指南》应用效果。四是严格执行《违规积分管理规定》。积分管理实施一年来，对违规操作的警示作用已逐步显现，员工遵章守纪、合规操作的主动意识明显增强。2008年全行被积分人数49 624人，累计积分101 054分。

三、认真组织开展内控评价工作

2008年，在全面吸收2007年一级（直属）分行内控评价办法和指标体系修订工作经验的基础上，着重对基层行内控评价办法和指标进行了完善，新增、修改了65项评价指标，修订后的指标体系结构更加均衡合理，更具有针对性和可操作性，能更全面准确地评价基层行内控管理现状。同时，继续对一级分行内控评价方法进行深入探讨，完成了内控评价信息系统升级开发工作。通过推广使用内控评价信息系统，加大非现场评价工作的力度，推进内控评价的标准化、规范化建设，全行内控评价工作的效率和水平都有了较大提升。

根据改进后的内控评价方法，总行对2007年内控评价为四级的两家分行进行了全面评价，对其他分行进行了效果评价和限制评价。据统计，各一级（直属）分行平均得分为84.37分，较2007年度提高1.66分，平均等级为内控评价二级。其中，过程评价平均得分为84.77分，较2007年上升0.38分；效果评价平均得分为84.79分，较2007年上升2.71分；被限制评价扣分的有7家分行，比2007年减少了6家。各分行共对全行4 013个基层行进行了内控评价，各二级分行平均得分为87.24分，较2007年上升1.67分，县支行平均得分为87.08分，较2007年上升1.32分。从等级占比情况看，被评为一级的基层行1 017个，占比为25.34%，同比增加403个；被评为二级的基层行2 768个，占比为68.98%，同比增加142个；被评为三级的基层行217个，占比为5.41%，同比减少182个；被评为四级的基层行8个，占比为0.20%，同比减少6个；被评为五级的基层行3个，占比为0.07%，同比减少8个。评价结果表明2008年全行内控管理水平较2007年有了一定的提高。

四、努力提高操作风险管理水平

2008年全行以改进操作风险损失事件统计、加强操作风险报告和监测、研究建立完善的操作风险管控体系为重点，着力提升操作风险管理水平。一是充分发挥操作风险委员会职能，全面推进操作风险管理工作。定期组织召开操作风险委员会会议，根据损失统计、指标监测、审计检查等结果，深入分析带有苗头性、普遍性的问题，挖掘风险成因，及时发布风险提示，提出改进风险管理的建议，努力提高操作风险信息整合和风险趋势预判能力。二是大力改进和加强操作风险损失事件统计工作。2008年6月下发了《操作风险损失事件统计制度》，进一步明晰了操作风险损失定义、损失形态、统计标准、职责分工和报告路径等内容，提高了损失数据统计的完整性和准确性。新的统计办法下发后，各分行认真做好统计工作，通过双线报告逐级进行汇总分析，大大提高了全行操作风险损失事件分析和报告的水平。三是努力提高操作风险监测工作水平。集中力量对原有的监测指标体系进行了修订和完善，初步设计了32项核心监测指标和52项一级指标，并拟订操作风险监测工作管理办法，在此基础上认真组织开展操作风险

监测工作，及时分析操作风险成因，提示操作风险隐患，按季发布监测通报，为管理层提供决策参考。四是研究建立完善的操作风险管控体系。积极探索建立前、中、后台分离的操作风险管控架构，理清各部门在操作风险管控中的工作职责和内在联系，强化制约平衡机制，初步制定了完善操作风险管控体系的设想，为下一步构建操作风险管理体系奠定了良好的基础。

（总行内控合规部）

关联交易风险防范

2008年，在董事会和董事会关联交易控制委员会的领导推动下，全行不断推进关联交易管理制度建设等基础性工作，并抓好落实执行，关联交易管理得到全面深化，并取得积极成效。

一、不断夯实关联交易管理基础

（一）完善制度框架。2008年3月印发了《关联方名单查询管理暂行办法》，对关联方名单的查询与使用、关联方情况的收集与报送途径、管理流程和职责分工等进行了规范。2008年9月印发了《一般关联交易备案管理办法》，对一般关联交易的定义、备案工作的职责分工、备案的频率及内容、备案材料的转送与保管等内容作了具体规定。以上制度办法进一步完善了我行关联交易管理制度框架。

（二）加强系统控制。根据《关联方名单查询管理暂行办法》，在"特别关注客户信息系统"（CIIS系统）中建立了关联方名单查询系统，汇集经关联交易控制委员会确认的关联方名单，各分支机构和有关部门在办理相关业务事项时按规定查询交易对方是否为本行关联方，从而建立了关联交易风险的系统控制机制。

（三）有效实施审计检查。总行内部审计局于2008年10月20日至11月30日对我行上市以来关联交易管理情况进行了现场审计调查，对关联交易相关政策与制度的适用性和完整性、组织运行的协调性、业务管理的有效性以及2008年关联交易情况进行了检查，并形成《内部审计情况专报》，对调查过程中发现的薄弱环节进行了归纳分析，提出了改进建议。

二、稳步推进关联交易日常管理

（一）顺利完成关联方名单确认工作。总行法律事务部认真督促各分行和有关部门按月报送全行各级关联方信息，及时进行关联方的初步确认工作，实现了按不同监管要求分类动态管理关联方信息。2008年，关联交易控制委员会召开两次会议，确认两批关联方名单。

（二）定期备案、统计和披露关联交易信息。董事会办公室认真做好关联交易控制委员会的日常事务工作，包括会务工作、会议资料的整理归档、向关联交易控制委员会报送关联交易统计及备案信息、维护关联方名单查询系统数据等。同时，根据境内外上市公司规则的要求，协调有关部门和中介机构对我行关联交易情况进行调查，完成年度关联交易信息披露工作。按月收集汇总全行关联交易发生和余额数据，并按银监会要求报送有关关联交易的非现场监管报表。

三、深入开展关联交易调查研究

2008年下半年，针对银监会对我行检查中提出的关联交易管理方面的问题，我行走访同业开展了有针对性的调查研究，就我行关联交易管理的机构设置和职能分工、制度和系统建设等问题进行了总结分析，通过深入调研、查漏补缺和借鉴同业经验，提升关联交易管理水平。

（总行董事会办公室）

财务会计管理

2008年，全行财务会计部门认真贯彻落实总行党委的各项决策部署，完善财务管理机制，充分发挥预算、考核和财务资源配置的杠杆作用，为推动全行业务稳健协调发展作出了积极贡献。

一、强化预算管理的调控作用，努力推动全行经营目标的实现

2008 年，面对经济形势变化快、挑战多、实现经营目标压力大的复杂形势，财务会计部门充分利用预算编制和监控手段，强化利润和 EVA 在资源配置中的导向作用，加强预算执行情况的监测、分析以及与业务部门、分支机构的沟通，精心做好利润预测和各项财务安排。同时，推进分产品、分部门预算在一级分行的实施，深化财务精细化管理，增强经营合力，推动全行各项经营任务的完成。各行经营业绩也普遍提高，继 2006 年实现全部分行拨备前利润盈利、2007 年实现全部分行拨备后利润盈利后，2008 年首次实现全部分行经济增加值为正值。

二、完善经营绩效考评体系和资源配置机制，强化经营导向和激励作用

2008 年，围绕提升核心竞争力的需要，进一步完善了经营绩效考评办法，在境内分行、总行部室考核中，着力强化市场拓展能力考核，通过对核心业务以及目标客户市场占比的考核，强化对业务转型和结构优化的引导，对巩固和扩大我行在主要业务领域的竞争优势起到重要的引导作用。加强部室捆绑考核，全面协调部门考核与分行考核关系，构建完善部门和分行两个层面纵横结合的综合考核体系，进一步促进部门协作和条块联动。改进境外经营性机构经营绩效考评办法，促进境外机构加快经营转型，提高资本回报。

在财务资源配置方面，强化以 EVA 为核心的多维激励费用挂钩方式，加大费用分配向重点业务的倾斜力度，提高费用与中间业务挂钩比例，继续下达网点装修改造专项费用，充分发挥了费用资源配置的激励作用。在固定资产资源配置方面，以城市区域发展战略为导向，加大了对经济发达区域的固定资产投入倾斜力度。按照“优先发展营业网点，严格控制办公用房”的原则，统筹安排装修改造资金，加大了对渠道建设尤其是营业网点建设的资源投入力度。2008 年，全行构建高端网点 152 个，租赁 303 个，计划装修改造的 1 870 个贵宾理财中心（含财富管理中心）已全部完成。截至 2008 年末，全行累计建成贵宾理财中心 3 060 家，财富管理中心 103 家，实施核心竞争力项目的网点超过 6 000家，营业网点面貌有了显著改观，提升了各类渠道的市场竞争能力。

三、以会计信息质量为核心，进一步完善会计核算与财务信息披露体系

根据我行业务发展和内部管理需要，按照细化收入、支出，体现资产负债项目与损益项目相互对应等原则，对中间业务、结售汇等相关会计科目进行了细化调整，新增、调整科目两百多个，为财务分析、预测和决策提供了有效的信息支持。

遵循企业会计准则，在财务会计基本制度框架内制定统一的具体业务会计制度。拟订衍生金融工具会计核算改革方案，明确关于衍生金融工具的核算制度，加强对金融创新业务的会计支持和核算规范。针对全行新兴业务和在日常会计处理过程中反映出的问题，制定下发了一系列会计核算基本规定予以规范。针对可能给财务报告造成重大影响的重要非常规交易、复杂交易或特殊交易，制定相关会计政策和程序，并与外部审计师充分沟通，保证会计处理方法的准确。积极关注美国次贷危机引发的投资风险，按照审慎原则制定资产减值方案，协调安排账务处理，确保财务报表能够充分反映相关债券投资的风险。

加强对外信息披露体系建设工作，完善合并报表制度，开发财务会计报告管理系统，有效提高合并会计报表披露的准确性和时效性。在合并范围增大、时间要求紧的情况下，进一步完善报表数据采集与汇总合并流程，按照资本市场信息披露要求，按时完成了 2007 年度和 2008 年各期财务报告的编制工作。

四、加强财务基础管理，完善财务管理机制

一是完善财务管理制度和系统，规范财务基础管理。研究制订 2008 年度营销费用预算和分项目财务费用授权方案，加强对费用授权指标执行情况的监测分析。根据新的《企业会计准则》以及《金融企业财务规则》等制度要求，对我行现行风险拨备制度及投资、信贷等五项分类资产减值准备管理办法进行全面修订。制定印发《对外捐赠支出管理办法》，加强对外捐赠支出管理。优化财务管理综合系统，在监控及时性、信息精细化以及报账信息查询等方面进行了完善，进一步提高了系统管理效能。优化风险拨备系统，完善应付利息管理系统，投产财审会项目信息管理系统优化版。

二是健全应税事务管理机制。积极配合税务机关开展税收专项检查工作，有效地配合了税务机关检查工作的开展。及早对全行 2007 年所得税申报工作进行部署，定期监测财产损失税前扣除情况，加强各行财产损失税前扣除管理，圆满完成全行 2007 年度所得税汇算清缴工作。下发《企业所得税核算管理办法（试行）》（工银办发［2008］391 号）和《2008 年企业所得税预算管理办法》（工银办发［2008］339 号），在全行实行所得税核算和预算管理，建立以净利润为中心的考核机制，加强了所得税成本控制。

三是规范固定资产管理，全面完成公务用车改革。按照有收有放、区别对待的原则，修订固定资产 2008 年度财务基本授权，确保固定资产资源投入重点向营业网点倾斜。制定下发《中国工商银行营业办公用房面

积标准（修订）》，规范全行营业办公用房面积使用管理，及时有效指导全行营业网点建设。出台《公务用车管理办法（试行）》，加强全行公车管理。完成全行公务用车改革工作，基本实现了“全辖车辆总数压缩三分之二，相关公务用车费用节约三分之一”的预期目标，全行公务用车规范使用步入正轨。

四是强化总行直属机构财务集中管理。制订总行本部及直属机构财务管理体系改革方案，完善直属机构财务集中改革工作。适应业务发展需要，研究解决新设直属机构财务管理问题。完成总行用友 NC 系统升级工作，提升财务管理技术手段。配合国家审计署的专项审计和2005—2007 年涉税事项检查，对总行本部各项财务制度、核算流程进行了全面梳理，不断提高本部财会管理工作水平。根据直属机构经营发展变化要求，分类强化预算控制，加强执行监测分析。

五是加强境外机构财务管理。按照全行预算管理的统一要求，结合境外经营特点，核定完成了境外分行、子银行及境外代表处共 20 家机构 2008 年度财务预算。增强对集团财务预算的前瞻性和管控力，首次将控股机构财务预算纳入集团考虑范畴，对工银亚洲及工商东亚下达指导性预算指标。做好境外机构财务会计信息基础性工作，推进境外报表向境内报表的对接工作，提高境外机构财务信息披露水平。在对全行并表管理情况进行摸底的基础上，制定《并表管理办法（试行）》，加强全行并表管理。

五、进一步完善集中采购管理机制，保持集中采购业务的良性发展

完善以总行、一级（直属）分行为主、相互协调的集中采购发展模式，按照“上收一批、梳理一批、规范一批、锁定一批、稳定一批、下放一批”的原则，上收一批重点项目的采购权，由总行实施统一集中采购，充分发挥全行集中采购规模效应。进一步完善采购规章制度，规范操作流程，健全集中采购管理机制。制定下发《2008 年度集中采购目录》等一系列办法，明确总行、分行工作任务，加强对总行上收项目的规划管理。完善总行集中采购评审委员会和专家小组组织管理机制，年内先后组织 13 次总行集中采购评审委员会会议，对 528 项次集中采购项目进行了审议，保证了业务发展的需要。加强风险控制和事后监督，强化关键文件审核和内部档案管理，开展系统内集中采购大检查，健全自我约束机制。改革授权方案，提高采购效率。创新工作方法，及时完成全行性所需物品及服务的集中采购，保证重点业务的发展需要。2008 年，全行集中采购保持了良性发展，集中采购占比达到 89.03%，比 2007 年提高 6.75 个百分点，共组织集中采购项目 8 102 个，节约采购资金 30.16 亿元。

（总行财务会计部）

资产负债管理

2008 年，全行资产负债管理工作以科学发展观为指导，在国际、国内经济金融形势复杂多变的形势下，统筹把握宏观政策与我行发展战略，坚持实施审慎灵活的配置策略，有效传递经营导向，确保了资产负债的平稳运行和结构优化，资产负债管理能力和效果大幅提升。

一、资产负债管理

2008 年，总行资产负债管理委员会以完善资产负债管理制度和报告、促进资产负债结构调整优化为重心，召开 4 次会议，研究审议了《资产负债管理委员会 2008 年工作计划》、《2008 年银行账户债券投资指引》、《人民币利率管理办法》等 14 项议案（其中审议 5 项，审定 2 项，审阅 7 项），定期审阅流动性风险管理报告、资产负债管理报告、人民币贷款利率执行情况分析报告和资本管理报告，及时研究提出资产负债管理策略建议，形成了 11 项决议，充分发挥了资产负债管理的辅助决策职能，有力地推动了全行资产负债管理水平的提高。

二、信贷计划管理

2008 年，我行认真贯彻落实宏观经济和货币政策要求，信贷计划管理工作取得较好成绩。全行存贷款平稳实现预定目标，增量创历史最高水平。2008 年全行人民币各项存款（含同业存放）新增 11 094.5 亿元，同比多增 2 354.2 亿元，增幅为 15.4%；全行人民币各项贷款新增 5 306.9 亿元，同比多增 1 655 亿元，增幅为 14.2%。贷款均衡性大幅提高，信贷资源得以高效利用。2008 年前 3 个季度新增贷款均衡率分别达到 92.4%、68.6% 和 63.1%，同比分别提高 25.5 个、4.1 个和 3.3 个百分点。第四季度央行实施适度宽松的货币政策后，全行贷款年度增量目标适度调增，当季新增贷

款1 743.2亿元，同比提高1 578.5亿元。

（一）科学分解信贷计划分品种、分地区指标，明确年度计划管理的相关政策要求。2008年人民币贷款计划管理的指导思想是以提高全行信贷资源配置效率为目标，按照“总量平衡、条块结合、动态监控、适时调整”的原则，进一步加大信贷总量控制下的结构调整和流量管理力度，促进信贷资源向资产质量好和收益水平高的业务（或地区）倾斜；合理把握贷款投放进度，严格落实人民银行分季度调控要求，对分行各季度贷款增量实行指令性计划管理。

（二）适时调整人民币信贷计划管理方式，及时研究人民币贷款总量、分品种及分地区计划调整方案。随着国内外经济金融形势的变化和国家宏观调控及央行货币政策的调整，我行从落实全行经营战略目标、提高信贷资产收益水平和推进信贷结构调整等方面考虑，多次对年度和重要时点的贷款需求进行摸底调查，研究确定并适时调整2008年人民币贷款总量及分品种、分地区计划方案。

一是适度调整2008年人民币贷款总量计划目标，平衡全行人民币贷款总量需求矛盾。2008年初确定了全行人民币贷款3 650亿元的年度增量计划；年中调增年度信贷计划5%至3 832.5亿元；第四季度央行取消信贷规模限制后，适时适情研究测算，指导分行合理扩大信贷总量。

二是适时调整信贷计划品种结构分布。在2008年中总量受控的情况下，通过适度压缩票据贴现业务计划满足项目贷款和抗震救灾的信贷需求；2008年下半年随着总量计划的增加，为满足经济下行周期中对信贷风险和利率风险的防控需要，适时调增票据贴现业务年度增量计划。

三是在继续坚持重点向经济资本回报高、区域市场环境好和资产质量优良分行倾斜原则的同时，适当满足了部分市场潜力大、资产质量好且市场占比低的分行增长需求。在“扩内需促增长”的政策背景下，为落实国家支持地震灾区抗震救灾和灾后重建的政策要求，以及振兴东北老工业基地、中部崛起、西部大开发等区域发展要求，对贷款基数低、计划总量有限的中西部和东北地区分行予以适当支持。

（三）有效调控人民币贷款投放进度，确保各项贷款的平稳均衡投放。一是在综合分析全行贷款计划实际执行进度，了解同业贷款增长情况和征求总行相关部门意见的基础上，及时研究提出月度、季度和半年末等重要时点的贷款增量目标的掌握意见，按月专题报告人民币贷款计划执行情况，及时总结分析信贷计划执行情况，研究提出下一阶段增量调控目标和工作措施建议。二是按季度起草并下发2008年人民币贷款投放进度的通知，及时向分行明确重点时点信贷计划掌握要求，总结人民币贷款计划执行情况，核定下达贷款增量计划。三是继续按日监测人民币贷款分品种、分地区计划执行情况，加强对部分贷款投放过快分行的窗口指导，督导相关分行均衡发放贷款；及时起草信贷运行监测周报，监测全行信贷运行动态，提出相关措施建议；按照“滚动预测、动态监控”的原则，要求分行对月末最后5－10个工作日的贷款投放和收回情况以及大客户贷款余额变动情况逐日进行准确预测。

（四）积极应对雨雪冰冻灾害和地震灾害，密切关注灾情发展，及时做好救灾贷款发放、流动性管理等各项工作，为救灾及灾后重建提供有力支持。2008年初，我国南方出现较大面积雨雪冰冻自然灾害。我行积极落实《中国人民银行关于抗御严重雨雪冰冻灾害做好金融服务工作的紧急通知》（银发［2008］36号）有关要求，摸清受灾地区信贷需求，切实做好应急金融服务和信贷支持工作。对受灾地区分行在人民币贷款计划安排上予以支持，研究对灾区分行2008年人民币贷款年度计划的分期分批解决方案；认真组织分行做好抗震救灾贷款的统计工作，协助向人民银行及银监会报送有关情况。

5月12日汶川地震发生后，及时启动流动性应急预案，适度提高资金备付和库存现金，并做好与抗震救灾相关的金融服务和信贷支持工作。允许受灾地区分行在总行系统内备付金账户透支清算，减免受灾地区分行因地震灾情、系统中断等不可抗力因素造成的系统内自动借款罚息。对受灾地区分行在人民币贷款计划安排上予以支持，对于相关分行发放的抗震救灾贷款，将在分行报送贷款发放明细、总行进行专项认定的基础上，在监测月末人民币贷款计划执行情况时予以必要的剔除或还原。

三、资本管理

2008年资本管理工作着重于建立健全资本管理制度体系，升级完善经济资本计量标准，在全行范围内推广应用资本管理系统，年度资本管理计划控制目标顺利实现。截至2008年末，全行计划单位的经济资本占用总量为3 419.82亿元，完成当年计划3 438亿元的99.5%。我行并表口径资本充足率为13.06%，同比下降0.03个百分点；核心资本充足率为10.75%，同比下降0.24个百分点，基本实现了将资本充足水平控制在12%左右的调控目标。

（一）建立健全了资本管理制度体系，进一步夯实了资本管理制度基础。在多次征求各相关部门意见并反复修改完善的基础上，经资产负债管理委员会2007年第四次会议审议通过，正式印发《中国工商银行资本管理制度》（工银发［2008］18号）以及配套的《中国工商银行经济资本管理办法》、《中国工商银行资本充足率管理办法》，我行资本管理制度体系初步形成，对于我行规范资本管理行为，妥善运营和管理资本，深化经济资本管理，提高资本充足率管理的规范性、主动性以及与经济资本管理、账面资本管理的协调性都具有深远意义。

（二）综合考虑各种风险因素，进一步升级完善经济资本计量标准。按照“研发一代、监测一代、应用一代”的原则，在2007年应用经济资本计量标准2.0版本的基础上，2008年经济资本计量标准3.0版本正式投入应用，并印发《中国工商银行经济资本计量标准（试行）》（工银发［2008］45号）。经济资本计量标准3.0版本引入非零售内部评级法成果，实现经济资本时点占用和平均占用的精确计量；计量对象进一步精细化，法人贷款、个人贷款精确到债项借据级，票据精确到票号级，信用卡精确到账户级，进一步发挥了经济资本在机构、产品、客户、网点和具体业务决策中的重要作用。

（三）全面实现资本管理系统在全行范围的推广应用。资本管理系统于2008年1月正式投产并开始试运行，从2008年第一季度起，开始在全行范围内正式投入应用，为全行各级机构提供经济资本占用数据，用于EVA和ROROC的计算。该系统作为全行分产品、分机构经济资本占用计量和管理的信息技术平台，为我行提高资本管理水平，推进全行经济资本应用发挥了重要作用。

（四）进一步强化经济资本对分支机构的刚性约束作用，基本实现了2008年资本管理计划控制目标。为监控经济资本限额执行情况和资本充足率目标完成情况，定期编制《经济资本占用情况表》和《经济资本计划执行情况表》，在关键时点及时启动资本管理限额滚动预报机制，准确掌握各行经济资本限额使用情况。在此基础上，按季度编制资本充足率统计报表，监测与分析资本充足状况。同时，及时与监管部门沟通资本充足率监管政策，基本实现了当年资本管理计划控制目标。为适应宏观调控政策和我行规模管理方式的转换，核定了各境内机构2008年末经济资本限额指令性计划并下发各分行执行。下发《关于认真落实国家宏观经济政策做好年末信贷计划收尾工作的通知》（工银办发［2008］712号）、《关于做好年末人民币贷款及经济资本计划执行情况滚动预测工作的通知》（工银资负［2008］291号），要求各行做好人民币信贷资产经济资本限额的滚动预测工作，确保年末经济资本限额计划顺利完成。

四、利率定价管理

2008年，针对货币政策和金融市场变化，我行积极采取有效措施，加强利率定价管理，研究制定贷款利率定价模型和同业存款定价标准，及时调整和完善定价方案，合理控制贷款利率下浮和付息成本。在各分行和总行各部门共同努力下，稳定了全行利差收入，保持了存贷款业务的平稳发展。

（一）积极开展制度建设，夯实管理基础。为完善全行利率管理机制，提高利率管理水平，适应利率市场化改革以及我行新的经营形势和管理需要，研究制定了《中国工商银行人民币利率管理办法》（工银发［2008］124号），明确了利率管理相关部门职责、理顺了利率管理的职责和流程，进一步完善了我行利率管理框架，夯实了制度基础。研究制定《中国工商银行利率风险管理办法（试行）》（工银发［2008］122号），明确了我行利率风险识别、计量、监测、控制、报告、事后检验以及特殊业务利率风险管理的具体要求和流程，完善了我行利率风险管理框架。

（二）加强贷款定价管理，促进全行资产收益率的提高。根据宏观调控政策及全行信贷业务经营的情况，研究制定了公司贷款定价标准和固定利率贷款定价标准，针对不同信用等级、不同贷款品种、不同抵质押方式和计结息方式的贷款，分类制定不同的利率浮动指导标准，实现利率定价从定性管理向定量管理的转变。同时，对全行贷款利率执行情况深入分析，制定并测算分行下浮利率贷款机会成本率，按月监测、按季通报各行指标完成情况，鼓励分行提高议价能力，提高信贷资源使用效率。

（三）灵活调整同业存款定价水平，提高市场竞争力。为加强同业存款利率定价管理，提高同业存款市场竞争力，我行制定了同业存款定价标准，并根据货币政策变化、市场利率走势和我行资金情况进行了灵活调整。及时推出了短期同业定期存款，以SHIBOR为基准制订同业存款定价方案，定期发布指导利率，实施了灵活的定价策略，在不同时点对不同客户、不同分行采取了差异化的定价模式，及时根据市场变化6次调整同业存款指导价格，提高了对重点客户竞争力和对市场形势变化的应变速度，实现了存款规模和付息成本的有效平衡。

（四）加强利率风险管理，提高风险管理水平。一是研究银行账户利率风险计量方法，完善利率风险缺口分析和静态模拟，编制银行账户利率风险限额管理方案，初步确立利率敏感性缺口比率、利率风险敏感度等风险限额指标，提高了我行的利率风险计量水平。二是针对贷款原始利率信息录入有误、缺口计量不准的问题，改进了CM2002、PCM2003和主机系统有关利率信息字段，印发了《关于规范人民币对公贷款利率信息系统录入操作的通知》（工银资负［2008］276号），规范了存量和增量贷款的利率输入，防范利率执行的操作性风险。

五、人民币资金管理

2008年，全行科学安排人民币资金运作策略，及时调整内部资金转移价格，完善内部资金转移价格定价机制，扩大SHIBOR定价机制在我行市场化产品定价中的运用范围，使我行的人民币资金管理处于同业领先水平。

（一）积极应对流动性大幅波动，保持流动性管理同业领先水平。2008年，我行积极应对形势变化，通过“早预测”、“巧安排”和“多合作”，积极应对央行货币政策调整、新股发行和节假日带来的流动性冲击，及时调整流动性管理策略，实现了“在控制流动性风险和资金成本基础上确保支持全行资产业务发展，在确保全行流动性安全基础上提高我行资金运作收益”，不断提高流动性管理水平，继续保持在同业中的领先地位。2008年全行日均超额备付率1.35%，比2007年下降0.24个百分点；月均超额备付率1.47%，比国有控股商业银行平均水平低0.24个百分点，比股份制银行平均水平低0.6个百分点。以2008年总行新增债券投资收益率测算，节约的备付资金将分别增加我行当年利润7亿元和19亿元。

（二）灵活调整流动性管理策略，有效平衡流动性和效益性。2008年，针对流动性形势发生较大变化的实际，全行根据经营情况灵活调整流动性管理策略，取得了流动性和效益性的有效均衡：2008年1－9月，在人民银行连续下调法定准备金率的背景下，市场及我行流动性全面趋紧，我行及时采取了延长融资期限和关键时点提前融资的策略；2008年10－11月，鉴于宏观调控重点转变为“一保一控”，我行抓住人民银行下调存款准备金率和存贷款基准利率之前的时间差，及时调整流动性管理策略，缩短融资期限，采取双向资金运作策略，并以融入资金大力支持贷款、票据和债券等资产业务的发展；2008年12月，货币政策基调转为适度宽松，我行积极融出资金，减少低息资金占用。2008年总行净融入天数为267天，比2007年增加146天；净融出天数为98天；累计融入57 672亿元，平均成本为2.9548%；累计融出19 353亿元，平均收益率2.4817%。

（三）及时调整全行内部资金转移价格，不断完善内部资金转移价格定价机制，促进全行资产负债业务协调发展。2008年前3个季度，结合人民银行从紧货币政策和外部市场利率变化，我行及时根据全行存贷款预期实际收付息率和全行业务发展情况，先后4次调整全行人民币内部资金转移价格，并上调分行上存总行二级存款准备金利率，同时将市场化定价机制引入同业存款资金集中定价，鼓励低成本负债业务发展，促进分行提高贷款议价能力和抑制分行信贷投放冲动。随着货币政策调整重点转向适度宽松和存贷款利率的大幅下降，按照“促进优质资产业务发展、大力发展低成本负债业务、促进存款业务规模和成本的协调发展”的经营政策导向，我行先后两次调整内部资金转移价格，并同时下调二级存款准备金率1%，加大对分行资金支持，鼓励分行资产负债业务协调发展。从整体效果看，内部资金转移价格有效发挥其价格杠杆效应，促进了全行各项业务的协调发展。

（四）积极配合人民银行做好SHIBOR建设工作，扩大SHIBOR定价机制在我行市场化产品定价的运用范围。一是发布《关于推进2008年上海银行间同业拆放利率建设有关事宜的通知》（工银发［2008］36号），在全行范围内积极推动SHIBOR市场建设。二是逐步扩大SHIBOR在内部资金转移定价中的应用范围。2008年，我行分别实现了对各分行短期资金业务和票据业务的内部配置价格执行和短期同业定期存款按SHIBOR为基准定价。三是发布《关于以SHIBOR为融资产品定价基准发布指导利率的通知》，建立分行同业融资以SHIBOR为基准的定价制度，并逐步扩大定价产品范围。四是发布《关于网上同业拆借（拆出）及考核有关问题的通知》，进一步规范全行网上同业拆借业务定价。

六、外汇资金管理

2008年，外汇资产负债管理工作围绕外汇资金总量平衡和结构优化中心目标，多措并举，有效促进了外汇存贷款业务协调发展，大幅降低外汇风险敞口与汇兑损失。

（一）主动调整外汇资产负债管理政策，促进外汇存贷款业务协调发展。2008年总行8次调整境内分行外汇资金利率，2次调整境外机构拆借资金利率，及时传导外汇业务的经营导向。采取分摊汇兑损失、调整分行外汇存贷款利率审批权限和一般现汇贷款规模控制等一系列措施，提高外汇存贷款管理的有效性和针对性。各分行资产负债管理部门积极会同相关部门大力吸收外汇存款，支持国际贸易融资业务，严格控制一般现汇贷款，有力地扭转了全行外汇存贷款的倒挂局面。截至2008年12月末，全行（境内）外汇各项存款余额296亿美元，新增76亿美元。外汇各项贷款余额160亿美元，下降83亿美元。外汇存贷款由2007年末的缺口23亿美元改善为2008年末的存差136亿美元。

（二）大幅度降低外汇敞口，汇率风险管理取得显著成效。在2008年上半年特别是第一季度外汇资金紧张的形势下，全行积极吸收外汇存款，扩大债券回购和货币掉期交易，有效弥补了外汇资金缺口，并支持了重大境外并购。在下半年国际金融危机蔓延、全球金融市场恶化伊始，及时主动减少了境外资金运作规模，最大限度地规避外汇资金运作风险。综合运用存贷款缺口控制、债券回购等措施，加强外汇资产负债结构的调整优化，总行消化了被动持有的结售汇未平盘头寸，全行外汇风险敞口和汇兑损失大幅下降。截至2008年末，我行外汇敞口净额为79.57亿美元，比2007年末下降108.92亿美元，外汇风险敞口大幅度下降。

（总行资产负债管理部）

信 贷 管 理

2008年，全行信贷管理工作深入贯彻国家宏观调控政策和金融监管要求，积极应对复杂多变的国内外经济金融形势，及时调整信贷政策，完善风险管理体系，加强信贷制度建设，实施流程改造，完善信贷管理体制改革，信贷资产质量持续提高，信贷结构不断优化，信贷风险管理水平进一步提升。

一、深入研判宏观经济走势，前瞻性做好信贷管理工作

（一）把握宏观经济形势，加强信贷工作指导。为增强信贷政策指导的计划性和预见性，保证我行信贷业务持续稳定健康发展，通过组织召开信贷管理座谈会等方式，加强对宏观经济形势和政策变化的研判，准确把握经济金融形势和我行的市场机会及风险点，提出了“区别对待、有进有退”的工作思路，进一步明确了复杂环境下加强信贷管理的具体目标和措施。

（二）制定信贷管理三年战略规划，深入研究信贷结构调整方向。一是在研究分析未来3年信贷形势的基础上，制定了2009—2011年信贷管理工作规划，提出了未来3年信贷管理主要目标和保障措施。二是着力研究信贷结构优化方案，在对宏观经济发展趋势预判的基础上，从产品、行业、区域、客户和期限等维度提出了未来3年信贷结构优化思路，制定了结构调整目标。三是从信贷资产期限结构、贷款进退等角度对我行信贷结构现状进行了深入分析，出台了长期贷款限额管理、创新短期贷款品种以及通过贷款转让实现长期贷款分流等政策。

（三）及时制定抗震救灾信贷政策，为支持灾区建设提供高效信贷服务。一是5月13日紧急制定下发《关于在抗震救灾中做好信贷工作的通知》，对救灾期间灾区电力、通讯、公路、铁路等行业中符合贷款条件的企业紧急融资需求，实行临时追加授信及提供流动资金贷款支持。二是在《关于做好抗震救灾金融服务工作的通知》中，提出了6项为灾区个人贷款客户提供特殊信贷政策和服务的具体工作意见。三是通过临时复牌，积极支持受灾地区灾后重建工作。采取了快速批复同意地震重灾区的德阳、广元、雅安等二级分行在办理抗震救灾、灾后重建的法人客户信贷业务时，暂不受总行停复牌制度有关权限上收的限制等措施，支持灾后重建工作。

二、推动信贷流程改造，加强信贷管理创新

（一）深入重点分行现场调研，积极推进公司信贷业务流程改造。公司信贷业务流程改造是2008年总行确定的一项重点工作，也是提高信贷风险防控水平、提升信贷服务效率的基础工程。总行先后派出调研组赴北京、河北、天津等7家分行，研究论证流程改造思路，并在全行范围内以调查问卷的方式开展公司客户信贷流程调查，汇总整理出亟待解决的问题6大类162项，研究制订了信贷流程改造的方案。经过全行上下的积极努力，截至2008年末，162项问题按计划进度已解决102个，流程优化工作取得了重要进展。

（二）积极推动信贷管理体制改革，强化二级分行信贷管理职能。为构建符合我行实际的信贷风险控制体系，总行组织研究制订了二级分行信贷管理部门设置和职能调整实施方案，明确二级分行设置信贷管理部，主要承担辖内信用风险管理职能，负责督促落实对公、个人信贷业务的现场、非现场检查和风险监测评价等工作。同时，明确在二级分行层面实行放款前提条件核准、放款前手续完备性和合规性审查监督职责三位一体的信贷作业监督体系，从体制上保证信贷作业监督职能由放款后监督向放款前监督的转变。

（三）加快信贷产品创新步伐，推进信贷流量管理转型。一是研究制订了《信贷产品创新管理方案》，明确了信贷产品创新范围、流程以及部门职责等内容，为提高信贷产品创新效率提供了制度保证。二是创新丰富信贷产品体系，着手研究开发固定资产支持融资业务品种，制定并购贷款管理办法，积极促进新领域的信贷业务发展。三是对银行承兑汇票业务、国内保理等业务管理办法进行修订完善，以不断适应监管要求和业务发展需要。四是注重信贷产品结构调整，加强信贷流量管理。积极发展具有“短、平、快”特征的贸易融资产品，推出了商品融资这一结构性短期融资业务，促进了贷款平均周转速度的加快和信贷资金使用效率的提高。

三、加大潜在风险贷款退出，夯实信贷资产质量

（一）积极置换潜在性风险贷款，夯实信贷资产质量。2008年上半年，总行研究筛选出约3 500亿元存量

贷款作为潜在性风险贷款退出范围，分3个批次分解下达分行，要求分行在年内完成1 000亿元潜在性风险贷款退出任务。2008年下半年，又选定部分潜在风险客户作为第4批存量贷款退出客户，要求分行抓紧退出。经过多方努力，2008年全部完成了潜在风险贷款退出计划。

（二）及时跟踪存量贷款退出计划执行情况，通过政策配套加大退出执行力度。一是采取定期通报和现场督导相结合，督促分行加大退出计划的执行力度。除实施定期通报外，总行还组织了7个工作组对存量贷款退出计划额度较大的分行进行现场督办，对退出客户名单实行动态调整。二是探索利用利率管理工具加大潜在信贷风险贷款退出力度，对列入存量贷款退出范围的客户发放贷款（不含重组贷款）利率要求原则上在基准利率基础上至少上浮10%，小企业至少上浮30%。三是集中力量抓好贷款大户的退出工作。实行退出大户行长责任制，对于纳入存量贷款退出范围、贷款余额超过1亿元的大户授信方案，须由一级（直属）分行或总行审批。

（三）严格逾期欠息信贷资产质量分类，提前做好风险防范工作。制定印发了《关于法人客户逾期欠息及损失类信贷资产质量分类有关事项的通知》，严格逾期欠息及损失类信贷资产质量分类。要求对于本金逾期或欠息30天（含）以内的表内信贷资产，分类结果不得优于关注二级；本金逾期或欠息30天（不含）以上的表内信贷资产，分类结果不得优于次级一级。为确保资产质量分类结果准确，在12级分类系统中对符合上述条件的分类结果进行刚性控制。

四、深化行业信贷风险管理，探索行业限额管理模式

（一）扩大行业信贷政策覆盖面，加强行业投向指导。2008年初总行集中刷新了公路、汽车、城建等23个行业信贷政策，新增石油化工、房地产、广播电视、通讯设备4个行业的信贷政策，行业政策覆盖领域进一步扩大。为使全行更好地贯彻落实行业信贷政策，总行组织举办了两期全行视频培训，对公路、电力、钢铁、造纸等重点行业的信贷政策进行了详细讲解。2008年下半年，结合经济金融形势和行业变化趋势，总行组织对房地产、公路、电力等10余个重点行业的发展态势和我行信贷风险进行分析，提出了相应的政策措施。

（二）建立行业信贷分析例会制度，加强行业信贷风险调研与分析。针对复杂的经济形势，总行加大调研力度，先后开展了纺织、煤炭、船舶制造、钢铁等多个行业调研，重点选取了城市基础设施、开发区、房地产以及土地储备四个与房地产相关的行业进行深入研究，组织相关部门共同探讨，出台了加强重点行业风险管理的具体措施。

（三）加强房地产政策指导和市场调研，切实防范房地产信贷风险。针对宏观调控背景下房地产行业信贷风险不确定性增加的状况，研究制定了房地产行业信贷政策，明确以长三角、珠三角、环渤海地区以及其他地区的省会城市、中心城市为信贷投放重点。同时制定下发了《关于进一步加强房地产信贷业务管理的通知》和《虚假个人按揭贷款处置规定》，进一步规范房地产信贷制度管理；组织对房地产贷款业务量较大的分行进行调查，并对房地产信贷风险进行了深入分析和压力测试。

（四）探索实施行业信贷限额管理，防范行业总量风险。行业限额管理是2008年行业信贷政策工具的创新。2008年，总行首先选择了贷款余额较大且增长较快的公路、电力生产、城建、开发区、教育、钢铁（含铁合金）、纺织、房地产8个行业试行限额管理，按照各行业对公司贷款组合的风险收益贡献对信贷资源进行了优化配置，以防范重点行业融资总量和系统性风险。

五、完善区域信贷政策，构建国别风险管理体系

（一）实行信贷业务授权精细化管理，研究完善区域信贷政策。一是研究拟订了2008年度信贷业务授权方案。新方案在评级授权、授信审批部单签、与行业信贷政策匹配等方面进行了积极探索和优化，体现了公司客户流程改造调研中对评级授信整合的要求。二是加强区域信贷政策研究。2008年9月组织召开了信贷政策座谈会，研究不同区域的资源特点，科学合理地调整有关信贷政策，完善区域信贷管理模式。

（二）完善法人客户信贷业务停复牌制度，加强对不同区域分支机构信贷经营风险的控制。一是修订印发了《公司法人客户信贷业务停复牌制度（修订）》，实行定量指标与定性内容相结合的管理方式，并通过系统进行刚性控制，进一步增强了停复牌制度的科学性和执行力。二是本着“该停牌的坚决停牌，该复牌的及时复牌”的原则，充分发挥停复牌控制分支机构信贷风险和约束信贷行为的作用。三是对被处罚机构实行核准名单制管理，以不影响被处罚分支机构对相关企业优质信贷业务的办理。

（三）构建国别风险管理体系，加强境外机构信贷管理。为进一步提高对国家信用风险的识别和防范能力，总行研究制定了《国家信用风险管理办法（试行）》，制定了国家信用风险限额管理模式和超额控制的工作程序，并着手开展国别风险分类和国别限额的测算工作。同时，进一步加强境外分行信贷业务管理，研究制订了2008年境外分行信贷业务授权方案，将境外分行信贷业务纳入全行统一的信贷管理体系。

六、加快贸易融资业务发展，积极发展小企业与个人信贷业务

（一）加强对贸易融资业务拓展的政策支持。一是加强调查研究，制定加快贸易融资业务发展的支持政策。2008年7月、9月和10月，总行先后在深圳、大连、北京召开贸易融资业务专题座谈会，制定下发了《关于加快国内贸易融资业务发展的通知》，指导和推动全行加快发展贸易融资业务。二是积极拓展小企业贸易融资业务。逐步整合小企业信贷政策和贸易融资信贷政策，使小企业授信、业务准入与流程等规定符合小企业贸易融资业务的发展。三是结合2008年下半年经济形势和一些分行发展国际贸易融资业务中的问题，对国际贸易融资业务发展中需要关注的风险进行提示，并提出了相关管理要求。

（二）促进小企业信贷业务稳健发展。一是研究制定了《微型企业融资管理办法》和《小企业经营机构管理办法》，进一步明确细分了微型企业的管理模式，并对小企业经营机构实行专业经营和分类管理。二是加强业务调研，了解宏观调控、汇率波动等外部环境影响下小企业集群的生产经营情况及信贷风险状况。三是研究制定了《关于促进小企业信贷业务稳健发展的若干意见》，提出调整小企业客户结构、拓宽小企业融资渠道、适度调整小企业经营机构考核标准、对符合条件的小企业贷款可办理展期等工作意见。

（三）推进个人信贷业务规范健康发展。一是对近年来管理规定进行整合，制定下发了《个人住房贷款管理办法（2008年版）》。二是根据市场需求变化，及时修订个人房屋抵押贷款、个人商用房贷款、个人经营贷款等管理办法，以满足业务发展需要。三是下发了《关于进一步促进个人贷款业务稳健发展的意见》，要求各行保障个人贷款业务规模，并对个人信贷业务授权及个人经营贷款政策、商业用房贷款政策等进行了调整。此外，还修订了《个人信贷业务停复牌管理办法》，加强对分支机构个人信贷业务的管理和考核。

七、健全信贷风险监控体系，提高风险防控能力

（一）完善贷款大户风险监控制度建设，积极推行贷款大户访谈制度。一是加强贷款大户管理制度建设。研究制定了《贷款大户风险监控办法》，下发了关于加强贷款大户、集团关联客户信贷风险管理的通知，要求各级行关注大户经营异动情况，提高对贷款潜在风险的识别能力。二是加强贷款大户的风险监控和跟踪督办。对全行亿元以上大户进行了整体分析，筛选出部分高风险客户和潜在风险客户进行重点监控。同时，加大跟踪督办工作力度，对重大信贷风险事件进行调查分析。三是加大对重点风险客户的访谈力度。选择部分大型集团客户进行总行、分行联合分析和高管访谈，指导分行不断提高对贷款大户的风险管理水平。

（二）转变信贷监测分析重点，积极协调配合内外部审计和检查工作。一是坚持按季对全行信贷总体运行情况、贷款质量、结构调整以及贷款收益等情况进行监测和通报，引导各分行有重点地加强和改进信贷管理工作。二是进一步丰富信贷监测月报的内容，增加了贷款增量计划执行进度、行业限额管理执行情况和存量贷款退出情况，并从2008年7月起，按月发送给总行信贷业务前、中、后台等部门，促进我行信贷数据共享和风险管理联动。三是进一步做好突发性贷款风险监测工作。印发了《关于进一步加强突发性贷款风险事件监测的通知》，建立了大额信贷突发性风险事件应急反应机制。四是加强对担保圈企业信贷管理。下发了《关于加强担保圈企业信贷管理的通知》，要求各分行尽快对存量保证贷款中涉及担保圈的贷款进行彻底清查，实行区别对待、分类管理。

（三）严格信贷作业监督管理，有效防范和规避信贷业务操作性风险。一是制定了《关于加强信贷作业监督工作的通知》，并赴上海、浙江、江西等分行进行信贷业务作业监督调研。二是拟订了信贷作业监督职能前移的方案，明确了信贷作业监督岗位设置和职责，制定了新的信贷作业监督流程。三是严格执行信贷作业监督考核管理。对2008年以来各分行信贷作业监督工作情况、存在的问题进行了通报。截至2008年末，全行历史存量贷款已全部完成作业监督，夯实了信贷管理的基础。

（四）加大信贷检查工作力度，督促分行认真落实整改。一是组织实施房地产信贷业务现场检查。在前期分行自查的基础上，组织7个现场检查组开展房地产开发贷款专项现场检查，要求有关分行及时整改。二是加大对虚假按揭贷款的查处力度，派员赴相关分行对群众反映的虚假按揭贷款问题进行现场核查。三是严格个人贷款资金流向管理，下发了《关于开展个人信贷资金进入证券市场情况专项检查的通知》，组织对部分分行开展专项检查。四是做好配合审计署审计、银监会检查和内审局审计工作，及时准确地提供审计要求的数据资料数百份，积极参加专项审计和检查工作的访谈数十次，并督促各分行落实整改。

八、推动信贷无纸化审批工作，优化资产管理系统功能

（一）组织实施信贷业务无纸化审批，提升信贷运行管理效率。信贷业务无纸化审批是我行运用先进的信息技术，依托资产管理系统平台，对信贷业务操作及管理模式进行的一项重大变革。为推动全行由纸质审批模式向电子化审批模式转变，总行多次组织到深圳、广东、山东等分行跟踪调研，解决分行遇到的问题。经过

精心组织和周密安排，从 2008 年 8 月开始分 3 个阶段在全行实施公司信贷业务无纸化审批工作，进一步提升信贷业务运行管理水平。

（二）完善资产管理系统的制度建设，不断优化信贷 IT 系统功能。一是编写完成资产管理系统 CM2002 系统用户手册、资产管理系统 PCM2003 系统用户手册和新一代个人信贷业务核算系统用户手册，更好地指导全行资产管理系统及新一代核算系统应用。二是制定下发了《资产管理系统数据信息安全管理办法》和《资产管理系统业务应急管理办法》，明确了应急事件分类、启动程序、处理流程、终止程序和应急业务监督及管理等内容，进一步提高了资产管理系统对应急事件的反应能力。三是顺利投产了资产管理系统 2007 年 11 月、2008 年 2 月版本功能和 2008 年 4 月版本，加快资产管理系统 2008 年 7 月和 11 月版本开发测试工作，不断推进系统功能优化和升级改造。

（总行信贷管理部）

授 信 管 理

2008 年，全行授信管理工作紧密围绕评级授信、贷款评估和押品管理 3 条主线，牢牢把握控制风险、提高效率和改进服务 3 大主题，坚持在传承中思创新、在创新中求发展，不断加快授信业务转型和管理创新，努力提升工作效率与服务质量，认真履行为信用风险管理把关守口的职责，实现了“总量控制、均衡投放，有进有退、调整结构，做大流量、保证质量，夯实基础、稳步发展”的管理目标。2008 年，全行完成集团关联客户评级授信方案 3 210 个，涉及成员企业 13 166 户，核定最高综合授信额度 52 816 亿元；完成单一客户评级授信方案 19 706 个，核定最高综合授信额度 38 548 亿元；完成授信调整方案 1 620 个。全行完成项目贷款评估报告 3 691 份，共涉及项目总投资 31 380 亿元，申请贷款额合计 12 793 亿元，其中，对 784 个项目出具了谨慎决策或不予贷款支持意见，共涉及项目总投资 1 962亿元，申请贷款额合计 784 亿元。全行完成押品价值评估 90 216 宗，较 2007 年增长 21.82%。举办各级业务培训 253 次，培训员工 20 249 人次，通过在岗培训、岗位交流等多种方式促进了授信专业队伍素质快速提高。

一、授信业务管理创新成果显著

（一）完善评级授信管理办法，扩大统一授信范围。2008 年，总行完成了全新的评级授信管理办法的修订工作，印发了《法人客户和交易对手评级授信管理办法》和《法人客户和交易对手统一授信实施办法》。新的授信管理办法首次将境内与境外、公司客户与机构客户、评级与授信、综合授信与债项授信统一起来，首次将债券投资、衍生交易等新兴业务品种纳入统一授信范围，首次明确将小型、微型企业中关联成员客户纳入集团客户统一授信管理，首次制定了总部融资客户的授信管理规定，更好指导分行开展评级授信工作。与前版授信管理办法相比，不但彻底改变了评级授信管理职能分散、评级授信管理制度不一的原状，真正实现了授信主体、对象、形式与币种的四统一，而且建立起了一套更科学、可操作、前瞻性的评级授信制度体系。

（二）创新贷款评估方法，试行中长期项目贷款管理办法。总行确立了以中长期债项评级为基本手段，以项目融资专项授信核定为落脚点，将项目贷款评估与项目专项授信进行有机整合的转型思路，在全行范围内试行新的中长期项目贷款评估方法和制度体系。新的中长期项目评估管理办法基于周期分析理念实现了项目贷款风险的量化与区分管理，引入了打分卡贷款评估方法，提高了评估工作的标准化水平，彻底改变了目前我行中长期项目贷款评估完全依赖专家判断的传统做法。

二、信用风险控制力不断提高

（一）从严评估高耗能高污染行业项目。2008 年，总行严格项目贷款评估环节，对不符合国家产业政策、市场风险较大、偿债能力较弱的项目以及石化、化工、建材、钢铁、有色和电力 6 大高耗能高污染行业项目从严审查，坚持贯彻科学发展观，把国家的宏观调控政策落到实处，先后对轮胎行业 250 万套全钢子午线载重轮胎项目、有色行业高纯锌冶炼技术改造工程项目以及石化行业年产 40 万吨聚氯乙稀及配套项目等 17 个贷款项目建议谨慎决策或不宜进入审贷程序，把住了市场准入关口，有效地防范了潜在的融资风险。

（二）严格控制流动资金贷款限额。根据流动资金贷款改造及信贷产品结构调整要求，总行在日常评审工作中，积极通过调整授信结构来优化信贷资产结构，对每一户企业都设置了流动资金限额，严格控制流动资金贷款，鼓励分行积极发展贸易融资业务支持客户生产经营，引导分行把更多的非专项授信额度用于办理贸易融资业务。

（三）积极支持龙头企业融资需求。在严格审查客户与项目风险的同时，坚持“优中选优”的原则，对明显具有区域优势、产品优势的客户和发展前景较好的行业龙头企业给予适度支持，积极支持分行的市场营销工作。2008年，总行重点支持了受国家政策支持力度较大且属于我行行业信贷政策积极支持类的核电行业中的中核集团和广核集团，重点支持了宝钢集团、鞍钢集团、河北钢铁集团、沙钢集团等钢铁行业龙头企业和美的集团等国内白色家电行业的龙头企业，以及中铝集团、金川集团等具备资源、规模优势的有色行业龙头企业的发展，使我行的信贷客户结构得以不断优化。

（四）加快信贷退出步伐。积极实施“两个转变”，即由被动性退出向主动性退出转变，由单一退出方式向多种退出策略并用转变，在制订授信方案时，严格把握客户融资风险大小，坚持因企施策，注重工作实效。在执行授信方案时，本着最大限度地降低风险的原则，积极引导分行选择最佳时机，做到“早退多压”。2008年仅通过特别授权业务就压缩流动资金贷款7亿元，平均压缩比率为25%。

三、业务管理系统功能不断优化完善

2008年，总行投入大量人力，集中创新和升级业务管理系统，着力研发评级授信审批系统、中长期项目贷款评估系统以及优化押品价值评估系统。新评级授信审批系统的投产，可实现与债券投资系统、总行融资系统、分行融资管理系统的实时挂接，全面提升系统对各类业务的授信刚性控制功能，也为规范评级授信申报审批流程，满足评级授信的日常管理需求提供保障。中长期项目贷款评估系统投产后，可实现评估打分卡、项目后评价、评估人员管理、参数管理等多项功能，将彻底解决多年来中长期项目贷款评估工作一直游离在CM2002信贷管理系统之外的问题。押品价值评估系统的优化，进一步简化了押品价值评估业务流程，率先迈出了信贷业务流程优化的第一步。在内部管理方面，总行设计开发了授信业务工作系统，将评级授信、项目贷款评估、综合管理以及押品价值管理工作统一纳入该系统，实现了数据统计、资源归集、内务管理等多项功能，有力地提高了工作效率。此外，还在NOTES系统中开通了《授信业务园地》，设置了通知通报、问题反映、工作交流等栏目，拉近了总分行之间的距离，拓宽了总分行之间的交流空间。

四、专业管理实现“四到位”

一是检查工作到位。总行对16家一级（直属）分行进行了现场检查，并对9个重点行业进行了调研。经过精心组织，充分准备，使检查工作做到了有的放矢。通过采取多种形式，查访分行业务薄弱环节，尤其是重点检查了分行是否将集团（关联）客户与我行承担信用风险的表内外业务全部纳入授信范围。针对分行普通存在的问题，进行了通报批评，下发了整改意见。

二是专业指导到位。为有效指导分行开展授信工作，帮助分行授信审批人员掌握审查要点、规章制度，提高专业素质，总行以“授信业务评审工作反映”形式印发了《离岸公司的授信审查与风险防范》，指导分行掌握离岸公司的运作模式、经营特点及风险因素，并对离岸公司类法人客户提出了评级授信把握意见。借鉴国外先进的案例教学模式，组织编写了《抵押风险评估案例》，从我行审查审批的上万宗抵押品中精心筛选了30个典型案例，涵盖了不同押品种类、评估方法、价值类型、报告格式等多项内容，对开展押品价值评估具有较强的指导意义。

三是对重点行业的项目贷款后评价工作到位。为分析市场变化对我行中长期项目贷款的影响，总结我行公路、房地产行业项目贷款评估管理经验，客观、准确地评价和分析公路、房地产项目的风险因素及偿债能力，总行在全行范围内组织开展了公路、房地产行业项目贷款后评价工作，进一步完善项目评估方法，提高项目贷款评估质量和效率，有效揭示和防范项目信贷风险。

四是督导工作到位。为确保分行完成评级、授信工作，不影响客户评级的及时性和连续性，总行逐月发文进行名单式催报，督促各分行按总行要求时间上报关联企业授信申请，提高工作效率。根据总行掌握进度，两次发文督促分行加快评级工作进度，确保所有法人客户信用评级在年度内完成。

五、队伍建设取得新突破

为应对复杂多变的国际金融市场，适应授信业务发展的新需要，总行开始探索建立授信业务人员资质认证制度，率先以押品价值评估人员为突破口，从全行押品价值评估业务骨干中甄选的26名人员参加了历时35天的MAI资格认证培训班，通过强化资质认证，建立准入制度，着力培养一批研究型、专家型人才，不断提高授信人员整体素质。2008年通过举办现场培训班，培训分行业务骨干1 200余人次，对提高全行授信业务人员专业素质起到了重要作用。

（总行授信业务部）

信用审批

2008年全行信贷审批部门积极克服经济大幅波动、特大自然灾害频发等带来的困难，认真贯彻国家宏观调控政策和总行各项信贷政策，坚持推进信贷流程优化和授信审批垂直集中管理等各项改革措施，不断提高信贷审查审批质量和效率，大力支持信贷业务发展和创新，全面完成了各项工作任务，为促进全行信贷业务健康发展、实现全行经营目标作出了贡献。

2008年各级信贷审批部门共受理审批公司客户信贷业务（不含授信方案，下同）38.04万笔，金额5.94万亿元，完成审批37.93万笔，金额5.41万亿元，完成审批业务数量和笔数占比分别为99.7%和91.1%。从审批结果看，审批通过36.55万笔，金额4.95万亿元，分别占已完成审批笔数和金额的96.4%和91.5%，未通过审查13 841笔，金额4 611亿元，占比分别为3.6%和8.5%。审批通过的金额是当年公司客户人民币贷款累计发放额的1.78倍，不仅保证了公司客户信贷业务的增长需要，而且为我行信贷业务的持续稳健发展奠定了基础。

2008年各级信贷审批部门共受理审批个人信贷业务121.9万笔，金额2 740.4亿元，已完成审批121.8万笔，金额2 733.3亿元，完成审批业务数量和笔数占比分别为99.9%和99.7%。从审批结果看，审批通过113.43万笔，金额2 514.4亿元，占已完成审批业务笔数和金额的93.1%和92.0%。未通过审查8.3万笔，金额218.9亿元，占比分别为6.9%和8.0%。

一、加强政策学习，适时调整审查策略和思路，进一步提高了全行信贷风险把控能力

2008年国际、国内经济形势和国家宏观调控政策变化速度之快、变动幅度之大、变化频率之高都是前所未有的。面对这种情况，全行各级信贷审批部门员工加强对宏观经济政策的学习，及时调整信贷审查尺度和审查把握要点，信贷风险的把控能力和前瞻性进一步提高。2008年上半年，根据从紧的货币政策要求，全行上下合理把握信贷总量和投放进度，按照总行要求大力调整信贷结构和布局，努力提高综合收益水平；第三季度，根据国家宏观调控方向、重点和力度的变化，信贷审查适时调整思路，总行及时对12个主要行业的贷款及非融资类保函、国际贸易融资和个人贷款等业务的审查掌握意见进行了调整，使信贷审查工作较好地适应了形势和政策变化要求；进入第四季度后，根据“扩内需、保增长、促发展”的政策要求，各级信贷审批部门迅速作出反应，对国家确定的铁路、高速公路、机场、电网电力以及能源基础设施等重点投资领域，特别是对国家紧急启动的和已核准审批的投资项目适度放宽了贷款期限、宽限期、利率水平以及还款安排等条件限制，通过信贷审查的具体工作把我行积极贯彻国家宏观调控政策和央行货币政策的要求落到了实处。

二、努力践行科学发展要求，正确把握信贷投向，确保新增信贷资产质量和收益水平

在2008年宏观经济走势不确定性增大、信贷供求矛盾突出及外部经营环境恶化的情况下，全行各级信贷审批部门在信贷审查中更加注重按照总行调整信贷结构的总体要求优中选优。一方面，对符合我行信贷投向、风险基本可控、收益较好的业务努力提高审查审批效率。对特别重大的项目，在确保风险可控的前提下，努力为营销竞争创造条件，支持前台、服务营销的意识进一步增强。比如福建福清核电一期工程2×100万千瓦级核电机组86亿元项目贷款，总行经与分行充分沟通，最终提出了比分行申请更有竞争力的贷款方案。另一方面，对潜在风险较大、收益不高的融资申请，审查部门坚持原则、敢于说“不”。据统计，2008年全行各级信贷审批部门未能通过审查的公司信贷业务达13 841笔，金额4 611亿元，占当年已完成审批笔数和金额的3.6%和8.5%，其中总行完成审批的825笔业务中，未能通过审查的有205笔，金额1 775亿元，占总行当年完成审查的业务笔数和金额的24.9%和11.4%。各分行在审查审批中也能够坚持政策原则，尽职审查。如江苏无锡分行在信贷审查中严格控制客户担保圈所带来的经营风险，重点加大了对第一还款来源的可靠性分析，及时果断地否决了多笔风险不可控的融资申请。

与此同时，各级信贷审批部门认真落实总行2008年初提出的下浮利率贷款要比2007年明显下降的要求，对申请实行固定利率或下浮利率的贷款和外汇贷款从严审查，努力做到能不下浮就不下浮，能少下浮就少下浮，有效压缩收益较低业务的占比。如广东分行营业部按照风险和收益相匹配的原则制定了收益标准，对重点优质客户贷款利率基本不下浮，且要求综合收益率不低于5%－10%，其他客户贷款利率必须上浮，且综合收

益率不低于20% -30%，对压缩类和潜在风险客户，以及存量贷款的展期、重组、再融资基本全部执行上浮利率，以此作为业务审查审批的主要依据之一，提高了业务收益与风险的匹配水平。据统计，2008年我行新发放的各项贷款平均利率为7.05%，在四大行中排名第一。

三、大力支持信贷产品创新，积极探索管理创新，不断增强创新型业务风险把控能力

开展创新型业务的审查是对审查部门风险识别和把控能力的综合考验，也是商业银行核心竞争力的体现。2008年全行各级信贷审批部门以积极的心态面对考验，大力支持各类信贷产品创新业务，创新类业务的审查审批显著增长。一是承销短期融资券和中期票据业务量呈现快速增长势头。2008年总行共受理短期融资券、中期票据等债务融资工具承销业务45笔，金额4 098亿元，分别是2007年的3.2倍和8.99倍，为全行取得短期融资券及中期票据承销发行业务同业占比第一打下了基础。二是及时完成企业债券投资审查任务。2008年总行要求企业债券投资业务也要进行信用风险审查，信用审批部先后受理了铁道部2008年第一、第二、第三期铁路建设债券，首钢总公司、合肥市建设投资控股（集团）有限公司等企业债券投资业务12笔，金额合计197亿元。三是在产品创新审查方面有新的突破。总行在无适用办法的情况下，审批同意对华能甘肃能源开发有限公司收购甘肃庆阳正宁南煤田南矿区采矿权项目贷款10亿元。按创新思路审批同意陕西分行以固定收益搭桥贷款为陕西省高速公路公司提供融资50亿元。此外，各分行信贷审批部门也积极面对市场变化，在总行允许的范围内大力开展业务创新。如上海分行授信审批部研究开发了“重点建筑修缮贷款”，按照“从优选择重点建筑、审慎测算现金流量、合理确定金额期限、严格实施账户监管、定期评价资产收益”的原则支持相关业务发展，通过落实现金流封闭管理，尽可能落实抵押或保证担保等措施，既拓展了新的业务空间，又使我行贷款安全得到较好保障。北京分行授信审批部针对北京宅急送物流公司、北京医药集团等在贸易链中下游客户较为集中，应收账款周转速度快的特点，以其动态应收账款集合作为还款保障，创新中小型物流企业、药品经销商池融资发展模式，通过建立应收账款质押池、开立应收账款监管专户的方式锁定还款来源，降低融资风险，更好地满足了客户融资需求。

在大力支持信贷产品创新的同时，各级信贷审批部门还积极开展管理创新，不断提升服务效率。湖南分行根据各种信贷业务不同特点确定不同的办理时限，并通过《授信审批部服务承诺管理办法》、《授信审批部限时服务承诺书》加以规范，自觉接受监督。湖北分行深化“审批公示、阳光操作”，使信贷业务审查审批全过程可在“湖北网讯”授信审批公示专栏中分级浏览，通过提高工作透明度促进审查审批质量和效率的提高。山东、吉林、海南、甘肃分行和广东分行营业部等也在推行限时审批和阳光承诺方面做了很多有益尝试，改善了前中台的信息沟通，促进了审查审批质量和效率的提高。

四、恪尽职守，高效完成救灾贷款的审查工作，为灾后重建提供有力支持

2008年，我国遭遇了南方大面积雨雪冰冻灾害和“5·12”汶川大地震。灾情发生后，全行各级信贷审批部门以实际行动贯彻党中央、国务院关于救灾和灾后重建的指示精神，恪尽职守，优先确保救灾业务的审查。南方部分地区发生雨雪冰冻灾害后，为帮助灾区煤、电、油运企业迅速恢复生产，有关分行开辟了专门的流动资金贷款审批绿色通道，在有效防控风险前提下加快审批，累计发放贷款40.1亿元，有效支持了受灾地区煤、电、油运企业尽快恢复正常生产运营。“5·12”大地震发生后，各级信贷审批部门按照总行《关于在抗震救灾中做好信贷工作的通知》要求迅速行动。四川、重庆、甘肃、陕西等受灾地区分行信贷审批部门员工顾全大局、克服各种困难，坚守工作岗位，保证了抗震救灾和灾后重建信贷业务审查审批工作的正常开展。据统计，灾后仅四川分行授信审批部就累计完成抗震救灾及灾后重建贷款审查审批141笔，涉及金额153.58亿元。重庆分行加班加点，高效地完成了重庆钢铁集团和重庆建工集团抗震救灾活动板房、太极集团重庆涪陵制药厂和重庆医药股份有限公司等共计1.46亿元抗震救灾贷款的审查审批，有力支持了灾后重建工作。陕西分行对陕西延长石油公司部分输油管道因地震受损而向我行提出的5亿元紧急营运资金贷款需求，迅速优先安排审查，高效完成审批，保证了贷款的及时发放。据统计，全行共审查审批并发放抗震救灾及灾后恢复生产贷款达288亿元，履行了工商银行的社会责任，为支持灾区人民渡过难关、恢复生产、重建家园尽了一份力。

五、积极参与公司信贷业务流程再造，项目贷款流程优化和无纸化审批工作取得明显进展

2008年，全行各级信贷审批部门积极参与公司信贷业务流程再造的相关工作。总行信用审批部参与了北京、河北、天津、浙江、江苏、广西和吉林等分行的实地调研，牵头提出了项目贷款流程优化的方案。提出对部分风险相对容易判断或风险相对可控的项目贷款实行“调评合一”流程，对部分行业龙头客户投资建设且以其综合效益还贷的项目贷款实行“评审合一”流程，对由国开行、建行牵头组建银团且已完成评估的基础设施项目贷款实行“认同评估”流程，为提高竞争性项目的审批效率提供了制度保证。

为了加快推进信贷业务无纸化审批改革，各级信贷审批部门在业务审批工作任务十分繁重的情况下，采取纸质和无纸化审批两套系统同时运行的工作方式配合无纸化审批系统的试运行，工作量大大增加。该系统投产后，各级行信贷审批部作为无纸化审批系统的应用部门，及时进行流程梳理、制度修订、系统培训等工作，保证了无纸化审批工作的稳妥有序推进。截至2008年底已有23家分行基本达到了总行无纸化审批阶段性工作要求。天津、湖南、陕西、深圳分行及广东分行营业部在无纸化审批工作实施中由分管行领导带头自上而下推动，严格执行电子流程审批要求，到2008年底除项目贷款和授信业务外，各项业务均实行了无纸化审批。为了提升信贷业务无纸化审批系统功能，规范无纸化审批后各环节操作，总行也对尽职调查报告进行了规范，拟订了项目融资、流动资金贷款、非融资担保、房地产贷款、贸易融资、低风险业务和小企业业务等几大类的调查报告模板框架，其中，低风险和银行承兑汇票业务的调查报告模板已提交科技部门进行系统开发。

六、大力推进全行授信审批体制垂直集中管理和集体审议规范化建设

为了进一步完善垂直集中管理的授信审批体系建设，根据公司信贷流程改造的要求，总行制定下发了《关于完善授信审批分部（工作组）垂直集中管理的意见》，细化了授信审批分部的职能和授权管理要求，明确了人员聘任、考评、发展的原则以及与二级分行的关系。截至2008年底，全行25家按要求应设立授信审批分部的省（区）级分行全部在二级分行层面设置了授信审批分部，共设置分部291个。山西分行制定了分行授信审批垂直集中管理方案和分部绩效考核办法，并按照“一对多”模式在辖内设立四个授信审批分部，明确各授信审批分部为省分行授信审批部派出机构，分部人员列入省分行编制，工资由省分行集中统一发放，考核由省分行统一组织，从机制上保证授信审批分部发挥独立风险控制职能。内蒙古、吉林、山东、湖南、广东、四川、海南、甘肃、宁夏和新疆等分行也进一步加强和完善授信审批分部管理制度和办法，基本实现了对授信审批分部的垂直集中管理。

2008年，全行信贷业务集体审议制度也得到了进一步加强，各级信贷审批部门共组织召集信贷审查会议（包括小组会）9 068次，审议各类信贷业务（含授信方案）56 520笔，涉及金额95 631亿元，使集体审议制度得到较好地坚持。为了进一步推动全行专职审议制度建设，总行制定下发了《关于加快完善信贷业务集体审议制度的通知》，根据全行信贷审议工作的实际情况，对要求履行集体审议程序的业务范围作了调整，同意内蒙古、吉林等13家分行可以按专职和兼职相结合的方式确定信贷审议委员，并明确了分行专职审议委员待遇和编制问题，为各分行落实专职审议制度创造了条件。到2008年底，已有天津、福建、四川、陕西、宁波等分行选聘了部分专职审议委员，山西、广东分行专职审议委员已全部到位，并制定了专职审议委员管理、考核办法，加强了对专职审议委员的考核与管理，落实审贷责任，进一步提高了审议质量和效率。

七、审批队伍建设得到加强，审查审批人员业务素质进一步提高

总行结合人力资源提升项目的相关规定，修订下发了《信贷审批人管理办法》，使信贷审批资格认定和审批人规范管理进一步优化。同时，按照新办法规定的程序组织完成了2008年全行信贷高级审批资格考试工作，认定了298人的高级信贷审批资格。各分行也根据相关要求制定或修订了分行审批人管理制度，并组织了本行的初、中级审批资格考试、阅卷和资格认定工作，共认定中级审批资格人员1 235人，初级审批资格人员756人，使信贷审批人梯队建设进一步完善，为提高全行信贷风险管理水平提供了人才储备。截至2008年底，全行具有高级信贷审批资格的人员已达2 586人，具有中级审批资格的人员9 904人，初级审批资格人员3 184人。

在员工培训方面，总行先后举办了信贷审查人员培训班和一级（直属）分行授信审批部及分部负责人培训班，从信贷政策讲解，到审贷方法介绍，从重点行业审查思路分析，到具体业务审查经验总结，对各分行授信审批部和分部负责人及工作在一线的信贷审查骨干进行了综合培训。与总行相关部门配合，完成了4期前后台交叉培训，培训总行、分行信贷业务人员400余人。同时积极鼓励和支持员工加强业务学习，考取资格证书、参加国家行业协会培训班等其他相关培训，都收到了良好效果。各分行也因地制宜，采取多种方式对辖内信贷审查审批人员进行了培训。

八、深入基层行做好调研和检查，促进各级行信贷审查审批水平不断提高

2008年，总行信用审批部先后赴天津、辽宁、江苏、广东等18个分行开展业务检查和调研活动，加强业务指导，帮助分行解决信贷审查审批中遇到的实际问题和困难。各一级分行信贷审批部门也根据实际工作需要经常深入到基层行加强对分部的业务指导和检查，增进与一线营销部门的沟通，积极促进分部审查审批水平和风险识别能力的提高。与此同时，总行在全行范围内组织了一次信贷审查审批工作的全面检查，多层面、多角度地对2007年以来信贷审查审批工作情况进行了回顾总结，对夯实信贷审查工作基础，排查和降低潜在风险起到了较好的作用。

（总行信用审批部）

授权管理

2008年，总行法律事务部进一步规范和改进全行授权管理工作，继续加强全行授权管理机制建设，强化对授权管理工作的监督与指导，积极推动授权管理工作顺利开展，授权管理的内控杠杆作用得到较好发挥。

一、年度基本授权工作

（一）总行基本授权工作。根据我行章程及有关文件规定，在全面总结2007年度全行授权管理和执行情况的基础上，组织总行相关部门拟订2008年基本授权方案。及时印发对境内各一级分行和直属分行的《授权书》、《2008年度基本授权通知》、对总行副行长、票据营业部总经理、牡丹卡中心、总行营业部总经理、总行部门总经理、直属机构负责人以及对境外分支机构的8个授权文件，顺利完成2008年度总行行长授权相关工作。

（二）分行转授权工作。总行基本授权方案印发后，指导并督促分行根据总行授权和转授权相关规定，及时完成2008年度转授权工作和转授权文件备案工作。配合相关业务部门开展分支机构授权执行情况的监督检查，强化授权管理工作的严肃性和规范性。

二、日常授权管理工作

根据授权管理相关规定，认真分析研究并及时解答各业务部门及各分行在日常授权管理中遇到的问题，协助核定授权管理的权限范围，配合总行各业务部门做好有关授权调整和特别授权工作（全年共办理120余件），保证全行业务授权管理工作依法合规顺利实施。

（总行法律事务部）

运行管理

2008年，全行运行管理部门严格按照总行党委的部署要求，主动适应全行提高竞争能力和打造国际一流现代金融企业的新形势和任务要求，以科学发展观为指导，倾力打造集约型业务运营平台、价值型业务管理平台、效率型资金清算平台和安全型风险管理平台，全面构建价值型运行管理体系，努力打造一流的金融后台，圆满完成各项目标任务，运行效率、运行质量和运行安全水平进一步提高。

一、后台集约化运营取得新成效

（一）集约运营改革稳步推进。按照“集约运营、共享服务”的发展理念，实施了集约运营改革。根据构建“网点全面受理、后台集中处理”业务运营格局的设想，探索建立集交易处理、账务核算、业务管理和客户服务功能于一体的全行统一的业务集中处理体系。扎实推进系统平台建设，对公非现金业务中的资金汇划、外汇汇款、网银落地指令，以及个人业务中的批量开卡、批量代发工资等10余类业务品种已纳入业务集中处理体系，可实现全行范围内集中处理。制定集约运营规章制度，对先期投产的业务种类制定了业务集中处理操作规程，明确了业务处理和风险控制要求。有序推进改革试点，分别在陕西的省分行层面和上海、重庆、云南的城市分行层面投产集约化业务运营平台。继续推进各城市分行的业务集中处理改革，有效分离前后台业务。截至2008年12月31日，票据交换、人民币汇划、外汇汇款、网银落地、代理业务、凭证管理等近20类后台业务集中到城市分行业务处理中心进行处理，业务集中覆盖率达到30.2%，同比提高4%。集约运营效果初步显现，业务处理效率和人力资源配置效率得到提升，风险控制能力得到增强。

（二）现金业务标准化和集约化建设扎实开展。加强现金业务管理制度和系统建设，制定了现金业务操作规程，进一步规范现金业务操作，加强了现金业务的风险管理；试点投产现金营运管理的多个系统。依据现金营运中心和业务库的建设标准、管理标准、服务标准，启动实施金库标准化建设工作。对分散的业务库进行整合，全行各类金库由2008年初的1 228个减至当年末的1 153个，构建了以现金营运中心为核心的现金业务集约化管理平台，实行对营业网点的点对点现金调拨，提高了现金业务运行效率和服务质量。发挥现金实物保管体系和整体化现金物流体系优势，完成现金收付、上门收款、代理同业现金、保管箱、委托保管和代理保管等业务发展任务。2008年全行现金收付量达到33.87万亿元，为23 000个客户站点提供上门收款服务，累计上门收款近8 000亿元。在现金业务量呈现大幅增长的情况下，切实增强现金活动的事前预测、事中控制和事后疏导，加强库存限额管理，落实库存限额考核管理制度，提高了现金营运管理效率和现金服务水平，控制了现金业务风险。组织开展反假货币工作，全行共收缴人民币假币712万张，10 733万元。组织完成人民银行多期纪念币的代理发行工作，受到人民银行的好评。我行深圳、上海等6家现金业务库获得上海黄金交易所评定的“全年操作无差错奖”。

（三）资金清算效率和质量进一步提升。2008年完成人民币清算业务量17.75亿笔，同比增长46.07%，金额206.28万亿元，同比增长10.46%，进一步巩固了人民币第一清算银行地位；完成外币清算业务量460.8万笔，同比增长12.19%，金额4.48万亿美元，同比增长6.16%。加快了后台系统和清算业务通用平台建设，完成内部资金收付系统等10多个系统项目的上线和推广，加强全行资金后台业务管理，清算质量和效率进一步提升，2008年全行外币清算直通率平均达到99%，同比提高1%，其中，英镑直通率保持100%，保持国际同业先进水平。清算业务自动化处理水平继续提高，全行汇入汇款自动处理率达到84%，同比提高4%，汇出汇款自动处理率达到90%，同比也有提高。主动适应境内客户外汇汇款业务需求变化，加强与账户行的合作，启动与纽约银行合作的“全球直联汇款”项目；作为欧元及日元境内代理结算行和参与行，组织完成相关系统开发和投产，制定业务管理办法，确保了境内外币清算的顺利开展；成功申办成为中国外汇交易中心净额清算系统的保证金保管银行，奠定了我行在同业清算中的市场地位。加强清算业务的风险管理，密切关注国内外金融市场动态，建立资金交易情况监控和简报制度，制订资金清算指令状态跟踪和拦截方案，有效防控资金清算风险。完成同城和异地清算业务灾备中心的建设，使我行清算业务具备了应对重大灾难的能力。

（四）远程授权改革积极推进。研究制订了适用全行的远程授权改革方案，明确了构建集中式、跨网点、多方式并存的授权体系。组织江苏分行开展分别以网点、支行为单位的不同组织模式的远程授权改革试点，取得初步成效，提高了业务运营授权效率。在总结试点经验的基础上，启动全行远程授权系统的建设，为全面推进全行远程授权改革，实现控制业务运行风险、提高业务授权效率、优化人力资源配置和调整业务运营布局奠定了坚实的基础。

二、业务核算管理不断强化

（一）推进运行制度建设。根据“构建三个层次框架、实现两个转变”的总体要求，加快运行管理制度的建设和落实。组织编写运行管理基本制度的学习教材，深刻阐释运行管理基本制度中重要内容的背景、要义。制定涉及资金收付、现金业务、国库信息处理、本票业务、支票影像等专项制度。对历年分散的核算制度进行了全面梳理，修订完成《中国工商银行业务核算规程》，3个层次的制度体系初步形成，为业务高效运行和风险科学管理提供了可靠的制度保障。

（二）积极探索基础管理手段的创新。为进一步加强业务运行的规范化管理、提高运行管理的现代化和信息化管理水平，积极构建管理系统。在部分试点分行投产了业务运行重要事项核准报备管理系统，搭建了业务运行重大事项管理的统一平台。在深入调研论证的基础上，提出建立能实现影像精确索引、全行逻辑统一、物理分散的会计凭证档案影像管理平台的方案，并启动了系统构建工作。设计了业务运营信息分析系统，为实现对全行业务运行规模、效率、质量等多方面的全面科学分析探索先进的手段。

（三）不断优化业务核算流程。优化信贷业务核算流程，促进信贷台账和主机系统相关信息的联动更新；初步构建内部账务处理系统，利用电子制单技术，逐步取消内部账务处理流程中的手工填制环节；全面优化前台资金汇划和票据签发业务的发报流程。业务处理流程的不断优化，为简化操作环节、提升业务处理效率和核算质量、增强风险控制能力起到促进作用。

（四）全力做好雪灾、震灾、奥运期间的运行服务工作。2008年初部分地区发生雪灾，运行管理部门不畏艰辛，不等不靠，采取一系列可行措施确保了全行资金支付正常运行、现金及时供应，保证了各项业务安全有序运行。“5·12”汶川大地震发生后，运行管理部门严格按照人民银行和总行的统一部署，制定关于做好抗震救灾期间运行管理工作的严密措施，确保了本外币清算、赈灾等款项支付的安全高效，赢得社会广泛赞誉。奥运期间，制定全面加强赛期业务运行管理的工作措施，提升各赛区分行和重点旅游、口岸城市所在分行的运行服务工作水平，为全行安全、优质、高效的奥运服务作好了保障。

三、运行风险管理得以加强

（一）扎实推进监督体系改革。为改变我行沿袭20多年重凭证要素、轻风险要点的简单重复的传统复审模式的监督体系，全面启动监督体系改革。设计了基于数据分析的新一代监督系统平台，组织完成系统开发，系统平台已具备对公、个人、电子银行和银行卡等业务线目前所认知主要风险环节的有效监督。按照“制度先行”原则，初步制定了新一代监督系统的操作规程，明确了系统各个环节和流程的操作规定，规范了风险管理的工作流程。先后分两批在广西、安徽、广东等13家分行进行试点投产。监督体系改革试点的成效已初步显现，风险识别的准确性、风险管理的针对性和监督效率得到提高。

（二）切实强化运行风险的日常管理。不断完善和深入落实运行风险管理机制，切实发挥业务运行在操作风险过程控制中的关键作用，把好操作风险的第一道防线。积极配合我行操作风险管理委员会加强运行管理专业操作风险分析和管理，加强全行事中控制和案件防范的案例分析，准确把握全行风险事件和业务运行风险的态势，深入落实风险预警提示制度，及时发布风险预警提示，实施主动的风险管理。组织开展运行管理制度执行情况大检查、全行专项查箱查库及重大节假日节前查库工作，并跟踪落实检查过程中发现问题的整改，强化运行风险关键环节管理，提高营业网点规范化运营和风险管理工作水平。

（三）扎实抓好重点风险的防范。认真落实人民银行反洗钱的要求，优化反洗钱监控系统，继续加强反洗钱工作。实施应急密押集中管理试点，以二级分行为单位实行在会计业务处理中心集中办理，有效减少密押管理的风险点。加强核算要素管理，加快构建核算要素管理系统，努力提高我行核算要素的电子化管理水平，降低核算要素的风险。认真研究防范外部欺诈风险形势，针对全行高频率堵截假票据、假证件等外部欺诈案件制定了管理对策，提高全行防范外部欺诈风险的水平，2008年全行共防堵伪造、变造票据和支付凭证679笔，金额22.99亿元，识别各类虚假身份证件6 500余件，有效避免了潜在的巨大损失。

（四）加强客户集中对账管理。按照集中、上收、电子化和“五个统一”的要求，优化涵盖银企对账、个人综合对账内容的客户对账系统功能，使对账系统兼具业务运营和管理的职能。完成个人综合对账业务在全行的推广，整合提高了对账资源的利用效率，保证了对账单发放的时效性，降低了对账成本，提升了服务质量。积极拓宽邮寄、网上银行、电子回单柜、面对面等多渠道对账方式，满足客户的多样化对账需求。全行对账集中率、对账覆盖率均达到99%以上，同比均有所提高。

（五）开展业务培训，强化风险管理执行意识。通过举办监督体系改革、运行管理基本制度、外部欺诈风险防范、反洗钱等多个培训班，开展对全行运行管理骨干、风险监管人员、参数监控人员、对账人员等的业务培训，举办全行营业经理技能竞赛等有效措施，广大运行管理人员的科学管理观和风险观得到增强，业务素质和能力得到提高。

四、运行支持系统建设和参数管理进一步加强

（一）组织完成全行业务应用系统版本的推广和人民银行相关系统的投产。结合全行改革发展的总体要求，科学设计运行系统、提高业务运行的信息化水平。认真研究和积极参与我行新一代应用系统（NOVA+）的规划、设计和研发，完成核算与产品剥离项目一期版本的投产。组织NOVA系统各月度、季度版本项目的测试和投产，完成新加坡、首尔、诚兴银行FOVA投产以及伦敦、新加坡、东京分行FOVA推广方案论证的相关工作。加强与人行、财政、税务等部门的协调和沟通，完成人民银行相关业务系统的建设和推广任务。配合全行各业务线完成产品开发过程中的相关需求编写、业务验证工作。

（二）发挥参数对业务管理的基础性控制作用。按照“高度集中程序化”的参数管理总体目标要求，深化参数集约化、规范化、标准化管理。全面完成“账务设置统一运行管理体系”建设工程，更好地净化了账务环境。启动账务动态管理体系的建设，实现总行对账务开立、使用、撤销整个核算过程的刚性控制。加快参数管理信息化、系统化的建设步伐，启动参数全生命周期管理项目建设；投产参数管理系统，优化参数设计管理流程，前移参数设计，参加重点项目业务需求分析工作，全面参与各项目参数设计。加强新版本、新项目的参数设计和维护管理，完成核算与产品分离、境外NOVA多语言多时区、信用卡系统整合等138个新产品、新项目的参数设计，同比增加84个，增幅达156%。建立参数工作报告制度，加强参数业务监督和检查，保障生产系统安全运行。积极应对2008年大量新项目投产带来的新挑战，建立有效的工作机制，并通过加强管理、加大测试和培训力度，保障了年终决算工作有序进行，为及时、准确、真实、全面地反映全行经营成果作出了积极贡献。

（总行运行管理部）

法 律 事 务

2008年，全行法律事务工作以保障依法合规经营和防控法律风险为核心，主动顺应宏观形势变化和全行发展需要，积极支持各项业务发展创新，强化诉讼案件特别是被诉案件监控管理，充分运用法律手段清收不良资产，为我行改革发展和经营管理提供全方位优质法律支持，各项工作取得显著成绩。

一、积极发挥法律咨询审查对业务发展创新的支持保障作用

2008年，全行各级法律部门处理书面咨询审查事项18万多件，出具法律意见16万多份；书面审查各类交易合同标的金额6.6万多亿元，揭示风险点24万多个，提出风险防范和控制措施24万多条；参加业务谈判2万多次，累计谈判时间超过5万小时。

（一）有效保障金融创新的合法性。根据全行产品创新、市场创新、制度创新和管理创新的实际需要，积极参与有关创新方案设计工作，认真审查和协助制定各类创新涉及的协议文本和规章制度，重点关注业务创新涉及的法律依据、法律关系及风险防范措施，确保金融创新工作在有关法律和监管框架下健康开展。

（二）为我行重大融资项目提供优质法律服务。积极支持我行重点公司业务事项，提前了解客户需求及我行业务目标，会同行内有关部门就业务模式、办理条件、文本修改等事项与客户进行沟通和磋商，克服交易背景结构和法律关系复杂、中英文资料量大等困难，高效率完成相关法律咨询审查工作。

（三）为个人金融业务发展创新提供有效法律保障。高效做好私人银行筹建、运营相关法律工作，积极参与我行各类新型个人理财产品设计、宣传、销售、信息披露等工作，确保我行依法合规开展个人理财业务，协助整合和修订相关业务规章制度、操作规程和协议文本。针对“5·12”汶川大地震、北京奥运等特殊事件，协助有关部门制定和实施符合监管要求的特殊金融服务政策。

（四）积极支持国际化经营发展。尽职做好我行境外收购项目相关法律工作，协助推进境外分支机构申设及开业运营工作，在尽职调查、章程制定、协议文本审查、授权文件准备、外国律师选聘等方面提供有力法律支持。认真开展国际业务法律咨询审查工作，积极支持业务部门开拓市场，审慎防范和规避相关法律风险。密切关注国际金融危机对我行有关业务项目的影响，妥善采取针对性法律措施维护我行权益，尽可能降低国际金融市场动荡可能带来的负面影响。

（五）进一步加强法律环境变化的应对调整工作。密切关注法律法规和监管规章发展动态，深入分析新法律规定对银行经营管理和相关业务产生的影响，及时向管理层和相关业务部门进行风险提示。结合我行实际和业务发展需要，修订完善行内有关业务规章制度和合同文本，主动预防和规避新法规实施可能带来的法律风险。

二、诉讼案件管理和风险防控水平进一步提高

2008年，全行法律部门办理各类诉讼案件3.89万件，标的金额824亿余元，其中，超过80%的案件由我行法律人员自行代理，按法律服务市场平均价格计算，为我行节约律师代理费近20亿元。在前述案件中，起诉案件3.63万余件，标的金额775.5亿元，其中，99%的案件获得胜诉；被诉案件2 642件，标的金额48.5亿元，在已结案的15.4亿元被诉金额中，通过积极应诉取得胜诉结果的金额为12.8亿元，为我行避免78.5%的经济损失。

（一）认真执行诉讼案件授权管理制度。严把诉前论证和诉讼审批关，认真收集相关证据材料，周密制订诉讼方案，合理控制和减少诉讼成本，加强外聘律师的监督和管理，有效提高诉讼案件管理规范化水平和诉讼效益。

（二）从操作风险入手强化被诉案件风险防控。将被诉案件风险防控作为操作风险管理的重要内容，研究制定《操作风险事件引发的被诉案件处理办法》，对操作风险引发的被诉案件风险防控机制、案件处理要求、责任追究等作出明确规定，会同有关部门及时采取相应措施，努力从根源上消除因操作风险事件引发的被诉案件。

（三）加强被诉案件督导和协同应诉工作。认真统计和分析全行被诉案件情况，及时跟踪监控重大、典型或敏感性被诉案件，加强对被诉金额较大分支机构的督导和风险提示，上下联动，共同克服应诉工作中面临的各种困难，在多起重大被诉案件中获得完全胜诉，有效避免和减少了被诉案件对我行造成的经济损失和声誉损

失。

（四）积极推动自办公司剥离债权被诉风险化解工作。通过大量沟通协调工作，促成最高人民法院印发《关于审理国有商业银行剥离其对自办公司的债权纠纷案件有关问题的通知》，明确了自办公司债权纠纷案件的审理原则，为我行化解相关被诉风险提供了有力的法律依据。自最高人民法院司法文件印发后，全行此类被诉案件已结案68件，占比66.67%，涉及被诉金额2.2亿元。其中，我行胜诉避免损失1.9亿元，避免损失率为86%。

三、运用法律手段清收不良资产工作再创佳绩

（一）积极运用各种法律手段清收不良资产。全行法律部门努力克服各种困难和障碍，灵活采取起诉、支付令、以诉促谈、强制执行等多种法律措施，以现金清收为重点，加大依法清收力度，提高胜诉案件执行率和依法清收效果，2008年累计收回各类资产185亿元，其中，收回现金148亿元，占比达80%，比2007年提高11个百分点，为我行实现不良贷款额和不良贷款率双下降、提高经营效益奠定了坚实基础。

（二）组织开展清理执行积案专项活动。要求各行高度重视，结合实际制订实施方案，集中优势资源重点解决一些重大典型的积案；要主动加强与当地政法委、法院和监管机构的沟通协调，积极争取外部支持和有利条件，适时请求相关部门依法采取必要的手段对重点积案督办执行，想方设法解决重点积案问题；分行领导要亲自过问有关工作，对专项活动给予指导和支持。同时，落实目标责任，强化监督考核，推动专项活动扎实开展并取得明显成效。

四、积极开展上市公司治理和知识产权保护法律工作

（一）认真做好上市公司治理法律工作。为我行召开股东大会、信息披露、重大事项报告等公司治理工作提供必要的法律支持，确保相关工作依法合规开展。根据境内外上市地有关监管规定，研究制定《关联方名单查询管理暂行办法》等规章制度。顺利完成关联方信息查询系统开发及信息数据导入工作，提高关联交易管理的规范化水平。积极开展关联方信息收集、汇总和初步确认工作，提交董事会关联交易控制委员会确认2008年以来新增的关联自然人1 586人，关联法人22家。

（二）加强商标管理和知识产权保护。依法办理我行各类金融服务产品的商标注册、续展和复审工作，做好我行行名、行徽等核心商标的境外保护，推进境外机构的核心商标注册工作。2008年完成62件商标注册，办理21项商标复审、续展和异议工作。针对涉嫌侵犯我行商标权益的行为，及时开展法律维权，妥善处理有关单位和个人因著作权、域名、专利权使用问题与我行发生的纠纷。针对我行申请注册、复审、异议和已注册商标及核心商标境外注册情况，分别建立电子登记簿并形成商标管理台账，实现全行商标的动态监控和管理，提高商标管理的电子化水平和实际效果。

五、法律工作基础建设进一步加强

完善法律事务工作规章制度，修订印发《境内分行经营绩效和业务发展考评法律事务专项考评办法》和《中国工商银行法律事务工作考评办法》；组织修订《中国工商银行法律审查办法》，确保有关法律审查制度设计更加符合业务发展创新对法律审查工作提出的实际需求；制定印发多份法律风险防控指引，对分行开展有关法律咨询审查工作的程序、方法、技巧和风险控制要点等进行指导；利用多种形式加强法律人员专业和业务培训工作，切实提高全行法律人员专业素质和工作水平；以《网讯》“法律在线”栏目、《金融法规专题报告》、《金融法律简讯》、《法律信息快递》以及“法律工作管理系统”为媒介，普及和宣传金融法律知识、银行业务典型案例，引导分行沟通交流有关法律问题、风险防控经验和技巧，有效提升全行法律工作水平。

2008年，总行法律事务部荣获《亚洲法律杂志》（Asia Legal Business，ALB）颁发的“最佳银行与金融服务公司律师”（Banking and Financial Service In-House Team of the Year）及“最佳公司律师”（China In-House Team of the Year）两项大奖，成为近几年第一个获得“最佳公司律师”荣誉的商业银行和第一个同时囊括两项大奖的公司律师团队。张炜总经理荣获《亚洲法律杂志》亚太地区“十大杰出企业法律顾问”奖项，成为中资银行中唯一获得这一殊荣的法律团队负责人，体现出外界对我行依法合规经营和法律工作业绩的充分肯定与高度赞誉。

（总行法律事务部）

反洗钱工作

2008 年全行认真落实人民银行关于加强金融机构反洗钱工作的要求，全面加强反洗钱工作，反洗钱的管理质量和效力都得到了较大提高。

一、进一步理顺反洗钱工作机制，加强反洗钱内控制度建设

全行严格按照人民银行监管要求和总行反洗钱规定，大力推动和加强反洗钱制度建设，建立健全了反洗钱工作报告制度，研究制定了《反洗钱客户风险分类管理暂行办法》、《电子银行业务反洗钱管理办法》、《对公业务反洗钱管理办法》等一系列反洗钱管理办法。各分行根据管理办法要求并结合自身实际，认真制定反洗钱实施细则，健全完善了全行反洗钱内控制度体系。

二、持续优化反洗钱监控系统，确保大额可疑交易的顺利报送

我行认真做好反洗钱监控系统的维护，及时协调解决系统运行中初期存在的不稳定问题，保证了系统在平稳运行中不断优化。在系统中增加了反洗钱系统白名单、处理业务量统计报表等功能模块，并较好地完成了积压数据的清理工作，有效提高了我行反洗钱数据报送的质量和效率。2008 年我行共向中国反洗钱监测分析中心报送人民币大额交易 4 000 余万笔，可疑交易报告 1 000 余万份。目前我行反洗钱监控系统报送数据的同方校验（本地校验）通过率接近 100%，人民银行初次校验通过率为 98% 左右，新接口规范下人民银行内容校验通过率处于同业领先，系统运行趋于稳定。

三、大力加强重点可疑交易专报工作

2008 年我行共向人民银行报送重点可疑交易专报 560 份，比 2007 年增加了 319 份，其中，被公安机关立案侦查的有 31 份，同比增加了 23 份。建立了重点可疑交易专报定期（按季）分析报告和风险提示制度，加强对全行的洗钱风险提示工作，收到了很好的效果，其中，广西分行重点可疑交易专报工作在侦破北海传销案中发挥了积极作用，安徽分行通过重点可疑交易报告为安徽省第一例正式立案的涉嫌洗钱案件提供了重要线索，获得反洗钱监管部门和警方的积极评价。

四、加强重点地区、电子银行、境外机构等领域的反洗钱工作

2008 年我行选择洗钱风险较大地区，建立了重点联系行制度，大力加强这些地区分行的反洗钱工作。全面加强电子银行反洗钱工作，针对外部检查中反映的我行网上银行存在的问题，要求各分行加强企业结算账户开立和网上银行注册环节的客户身份识别工作，加强企业网上银行公转私业务的监测和分析，切实防范电子银行洗钱风险。此外，制定并印发了《中国工商银行股份有限公司反洗钱调查问卷》和《反洗钱调查问卷评分标准》，并对新建境外代理行和境外合作机构进行反洗钱问卷调查和评估，加深对各代理行反洗钱工作机制和反洗钱内部控制状况的了解，降低代理行洗钱风险。

五、认真做好反洗钱协查和监督检查工作

2008 年全行完成各类协查任务共计 506 次。在北京、贵州、广东、甘肃等分行的共同努力下，汶川地震诈骗账户协查“8·12”专案的协查工作受到了人民银行的通报表扬。我行还组织开展了速汇金业务、手工新增反洗钱数据、个人结汇业务的检查工作，对各分行进一步加强反洗钱薄弱环节的管理工作起到了较好的督促作用。

六、大力加强反洗钱培训和宣传工作

2008 年 5－6 月我行在全行范围内重点开展了反洗钱培训月活动，共组织培训班 16 795 个，完成知识答题 243 798 份，组织知识竞赛 701 场，培训覆盖面达到 100%，考试合格率达 99.84%，各级管理人员的反洗钱责任意识和反洗钱知识水平有了较大提高，整个活动取得了令人满意的成效，受到了监管部门的好评。

（总行内控合规部）

管 理 信 息

2008年，全行管理信息工作不断深化“统计局、数据库、参谋部”职能，打造核心业务，提升核心能力，突出职能增值，取得新的成绩，在支持全行经营管理、市场营销、风险防范和外部金融监管方面发挥了重要作用。

一、对外信息工作迈上新台阶，定期信息披露报告荣获国际机构3项大奖，评优排名工作创历年最好成绩

（一）积极适应监管新要求，圆满完成2008年定期信息披露工作。2008年，针对两地监管当局、上交所和联交所对定期信息披露工作提出的新要求，总行管理信息部周密部署定期报告编制，加强部门协调沟通，严格控制编制流程，圆满完成2007年年度报告和2008年季度报告、中期报告的编制，全面、及时、客观地介绍了我行的经营业绩、改革成果和竞争力提升的进展情况，对市场高度关注的我行持有的次级房贷支持债券、结构化投资工具（SIVs）、美国房地美和房利美债券投资和Alt－A级住房抵押债券的面值、评级、浮亏及拨备情况作了详细披露，打消了市场的疑虑。年报、中报分别增加和扩充了讨论与分析、财务报告附注、上市公司和非上市金融企业的股权投资情况、年度内控自我评价、社会责任报告和市场风险价值（VaR）分析，反映我行在汶川地震灾害救援及重建中所体现的企业责任与社会责任，有力提升了我行的市场地位和负责任大行的形象。2007年年度报告由于内容详尽全面、分析讨论深入、风险披露详尽、政策措施清晰，受到国际专业机构的高度评价和认可，分别获得香港会计师公会授予的“2008最佳企业管治资料披露金奖”、英国Lafferty公司授予的“中国最受欢迎年度报告”、美国媒体专业联盟（LACP）授予的“远见奖”铜奖，有效提升了我行良好的市场形象和国际声誉。

（二）加大评优工作力度，我行荣获国际奖项创历年最好成绩。总行管理信息部密切保持与境外媒体的沟通联系，认真组织介绍材料，突出我行经营业绩、竞争优势和改革发展成果的宣传和推介。2008年，我行共获境外权威媒体授予的国际奖项29个，其中7个综合类奖项和22个业务奖项，是获奖数量最多、获奖覆盖面最广、获奖层次最高的一年。《银行家》、《欧洲货币》、《环球金融》、《金融亚洲》、《财资》等杂志同时将“中国最佳银行”授予我行，在我国金融界尚属首次。《银行家》、《新兴市场报》同时首次授予我行“亚洲最佳银行”称号，使我行在所获奖项级别方面迈上了新台阶。我行还获得零售银行、电子银行、现金管理、项目贷款、企业并购、资产托管、信息科技和年报设计制作等业务领域的22个业务分项奖，获奖覆盖面之广为历年之最，我行品牌知名度及品牌价值不断提升。

二、数据仓库实现新跨越，企业级数据仓库实现多个业务领域的应用，客户信用风险管理系统被授予国家级“全国企业管理现代化创新”一等奖

（一）深化数据仓库应用，支持了全行经营管理和风险防范。企业级数据仓库（EDW）为业务运营、市场营销、资本管理、风险控制等领域的14个系统提供数据支持，信息集成能力进一步增强。自动化统计平台（CS2002）新增了各级机构主要经营管理指标、同业存贷款指标、人均网均效率指标、客户结构指标、理财产品指标的T＋1日自动生成和实时监测，决策支持能力显著提升。客户信息集成管理平台（PCRM和CCRM）实现从7 000万重点个人客户到近2亿全部个人客户信息集成的飞跃，功能大幅提升，营销支持能力明显增强。客户信用风险管理平台（CIIS系统等）实现了与CM2002、PCM2003、电子银行和卡作业审批等信贷生产系统的信息共享和有机连接，成为全行信用风险管理的重要环节。截至2008年12月31日，通过CIIS等系统全行累计堵住不良信用客户再融资34.59万笔，565.51亿元；在贷后管理中预警高风险客户33.44万户，837.08亿元；通过扣收系统全行累计收回现金18.96万笔，12.23亿元，2008年当年收回现金10.55万笔，5.86亿元；直接创造价值逾100亿元，为全行资产质量和经营效益的提高作出了贡献。由于客户信用风险管理平台在国内同业中率先实现了多项突破和创新，国家有关部门给予很高评价，授予国家级“全国企业管理现代化创新”一等奖。这也是四大行中首次获此奖项。

（二）积极落实监管要求，征信系统建设应用领先同业。征信系统数据提升显著，个人征信数据准确性为98.6%，企业征信数据的准确性为92%，征信客户异

议回复率为 99.7%、异议解决率为 94.5%。银监会和税务总局共同推动的银税信息共享试点工作取得积极成效，应用领域不断拓展，银监会肯定我行“试点工作力度大，建设推动力度最为迅速”。银监会信息披露系统应用于我行高风险存量贷款预警，不良客户纳入了我行存量贷款退出清单，取得了很好效果，银监会领导对此给予充分肯定，要求对外宣传时一定要把“工行的应用情况、案例重点加上”。

（三）加强基础建设，夯实了全行经营管理信息基石。启动了全行经营管理信息标准化体系研究。搭建全行企业级数据仓库（EDW）业务管理架构，制定了 EDW 业务管理办法和利率重定价日、日均值、协议有效性界定等业务标准，为 EDW 规范应用奠定了基础。投产数据质量管理平台，及时分发数据质量问题，形成了 EDW 发现问题、生产系统改正问题的闭环运作机制，推动“数据质量源头负责制”的落实。与运行管理部门、信息科技部门共同探索 EDW 投产后数据治理新模式，在上海、黑龙江、贵州、河南、山西、苏州分行积极开展试点，圆满完成对公业务、实时清算等 7 个系统的数据联合治理，数据的完整性、准确性、一致性大幅提升，显著增强了有关系统数据的可用性。

三、统计工作取得新成绩，金融统计数据大集中工程率先完成，银监会非现场监管统计报表及时准确完整报送

（一）圆满完成金融统计集中工程。2008 年，人民银行实施金融统计集中工程，由总行统一向人民银行集中报送四级机构（总行、一级分行、二级分行和县支行）数据。设计开发数据集中统计子系统，增加统计系统存储和接收四级机构数据功能，完成四级机构的归并维护工作，实现 NOVA 和 CM2002 网点与人民银行地区编码对照、数据集中合法性登记。适应人民银行数据集中对数据报送规则改变的要求，协调解决账务上收无法自动采集的部分县级机构数据、CM2002 与主机不一致、计算机处理能力不足等问题，先后与多个部门共同研究制定物理网点数据还原需求。金融统计集中工程圆满完成，全行月报、季报数据在网点中率先通过校验进入到人民银行数据库中，集中进度、数据质量均列各大商业银行首位，多次受到人民银行的表扬。

（二）落实非现场监管统计报表任务。2008 年是银监会非现场监管统计报表和分支机构非现场监管统计报表同时运行的第一年。为确保各项报表的及时、准确填报，及时组织分行有关部门逐个报表、逐个项目进行分解落实，明确责任和上报时间，建立了大机自动取数与分行纵向填报、总行横向采集、境外营业性机构直接报送相结合的工作机制。规范工作流程，明晰各部门数据填报流程，规范各类报表的数据来源、数据采集方法和数据核对要求，提高全行监管数据的准确性、及时性和稳定性，实现了每个报表周期准确、完整地向银监会报送。

（三）完善覆盖全行统计制度。适应经营转型和中间业务核算体系的调整，完善全行综合统计制度，扩展统计信息服务的深度和广度。建立财富管理与资产管理统计制度和统计指标，按月监测全行财富管理和资产管理的进展情况。认真贯彻落实人民银行、银监会的统计工作要求，修订外汇“全科目”统计指标，确定助学贷款违约客户统计数据的提取和报送，确保了总分行各级机构非现场监管报表的顺利报送。适应境外机构业务发展对统计监测的新需求，对境外机构统计制度进行了全面修订，修订后的基础指标由原 5 000 余个发展为 6 392个，并将澳门诚兴银行、工银中东、多哈分行、纽约分行、悉尼分行纳入监控范围。加强和改进统计信息服务，分类编制分行主要指标情况表支持全行制定三年发展规划，完整提供我行历史统计数据支持工商银行成立 25 周年成就展，充分利用积累的历史统计数据服务全行业务发展。

四、网讯工作迈出新步伐，在统一全行思想、服务全行核心竞争力提升中发挥了积极作用

（一）创新工作机制，加强国内外经济金融形势及全行重点工作专题宣传。先后开辟了抗击冰雪灾害、抗震救灾、奥运金融服务、次贷危机、学习实践科学发展观、信贷业务流程改造、优质服务年、加快金融创新等专栏，配合形势要求和宣传要点，高质高效完成全行重点信息、重要事件和中心工作的信息报道工作。在北京、天津、上海、浙江、福建、山东、广东、云南、甘肃、新疆 10 家分行设立网讯记者站并开设“提升核心竞争力”专栏，刊发浙江、上海、广东、天津、福建和新疆分行的 17 篇典型经验材料，深层次报道分行在业务发展、改革创新、风险控制、企业文化建设等提升核心竞争力方面的典型经验。网讯浏览量继续保持快速增长，日均浏览量和信息访问量同比增长 30% 以上，分别达 16 万次和 50 万次，进一步得到全行各级领导和员工的关注和欢迎。

（二）创新技术应用，提升完善网讯系统展示效果和各项实用功能。对网讯进行了升级改版，侧重服务功能、私密功能和后台操作功能的创新，将最新计算机网络技术应用于网讯系统，在页面展示、系统功能等方面有较大的提升。网讯页面展示改为宽频，增加了首页信息容量和版面美观度；完善了信息检索功能，检索速度和方便度大大增强；增加了信息防复制打印下载功能，提高了信息的保密性；编辑后台增加了复杂图表处理、信息回复、视频嵌入、信息索回等功能，提高了网讯工作的效率。

（三）创新管理工作，确保总分行网讯安全高效稳

定运行。随着网讯的影响力不断扩大，进一步加强和规范网讯管理，确保全行网讯系统的稳定运行和信息内容的安全。创新了网讯动态工作管理方式，根据工作进程及时召开座谈会，通过网讯后台发布工作要求，提示分行关注采集重点，根据信息报道的需要，指定分行或提示部门报送特定信息、通过在线交流加强总分行信息员沟通等。

五、分析工作赋予新内涵，核心竞争力报告制度建立

（一）认真落实总行党委“编制竞争力报告”的要求，建立了工商银行核心竞争力定期监测分析制度。跟踪监测国际10家大银行发展变化新特点，完成了《工商银行核心竞争力国际比较》2007年度分析报告和2008年上半年分析报告，对新的国际国内经济金融环境下工商银行核心竞争力与国际一流银行间的差距与发展变化趋势进行了比较研究，探讨和提出了转变增长方式、开展并购交易、形成财富管理体系、提高风险防范和管理能力、加快国际化进程等培育和提升核心竞争力的路径和方法。在此基础上，主动监测分析国内11家主要上市银行的发展变化新特点，完成了《工商银行核心竞争力国内同业比较研究》2007年度分析报告和2008年上半年分析报告，对工商银行在国内市场竞争中的优势和劣势进行了比较分析，提出了建立定量风险管理模型和工具、重视员工效率和员工激励问题等培育和提升核心竞争力的政策建议。根据姜建清董事长指示，按季完成了《大中城市行竞争力指数监测评价报告》，通过对大中城市行市场能力、盈利能力、发展能力、风险控制能力的定期持续的监测评估，实现对城市分行竞争力现状评价和变动趋势预警。

（二）按照总行党委深入学习实践科学发展观活动课题要求，认真研究完成《中国工商银行银行核心竞争力研究报告》。该报告界定了工商银行核心竞争力的科学内涵，提出了我行核心竞争力的10大要素，通过回顾总结我行成立25年来成就，阐明了以科学发展观为指导、不断提升核心竞争力的重要意义。该报告运用商业银行核心竞争力国际评价体系、评分模型和评价指数，从资本结构、产品结构和业务结构、风险管理、组织结构、员工效率和员工激励、品牌价值、市值管理及外部环境等方面入手，分别对我行与国内外主要银行近年核心竞争力情况和市场竞争优劣势进行了比较研究和实证分析，从国际国内两个层面揭示了我行核心竞争力在当前金融背景下的新变化和新特点。指出当前制约我行核心竞争力提升的5个突出问题，提出了新时期全面提升核心竞争力的战略目标和总体要求。针对影响核心竞争力的主要弱项指标制定了提升目标及五项基本原则，从加快结构调整、深化体制机制改革、强化风险管理、创新人才队伍和加强党建工作等方面提出了针对性较强的工作措施。

（三）依托数据仓库海量信息，挖掘分析影响全行核心竞争力的因素。重点关注全行客户结构、客户行为、客户贡献、产品覆盖信息，突出反映全行区域竞争力情况和客户业务活动变化情况，先后完成了《工商银行重点个人客户使用目标产品数量及迁移情况分析报告》、《工商银行法人客户账户结构分析报告》、《工商银行法人客户贡献分析报告》、《三大经济区我行客户资源及竞争力分析报告》等10多篇研究报告，提出了改善经营管理、提升市场竞争、稳定客户资源、发展区域市场的参考性建议和意见，“参谋部”的职能作用有效发挥，受到行领导和有关部门的肯定。

六、保证信息渠道的畅通，经受了抗震救灾的考验

汶川大地震发生后，全行管理信息部门反应迅速，密切配合，做到抗震救灾信息快速发布，受灾分行经营数据快速反映，保证了信息渠道畅通无阻。迅速建立灾情统计报告制度，综合统计系统（CS2002）开设窗口，对受灾地区营业机构的经营数据T+1日不间断监测；建立受灾地区贷款质量统计制度，持续监测受地震影响新增的不良贷款及相应拨备情况；保持与四川、陕西、甘肃、重庆等受灾地区分行的密切联系，保证各项报表按时报送，数据质量不受影响。将人民银行要求与我行实际结合，加强与总分行有关部门的合作，暂缓受灾客户企业征信和个人信贷、银行卡数据报送。迅速开设抗震救灾网讯专栏，及时报道全行开展抗震救灾工作的政策、措施和取得的积极成效，保证网讯工作不间断，使网讯始终成为总分行联系沟通的重要渠道。

（总行管理信息部）

安 全 保 卫

2008年，围绕我行建设国际一流金融企业的整体战略目标，全行保卫部门坚持贯彻总行党委确定的

"减库、减人、减枪、管少、管好"十字方针，进一步深化守押社会化改革，狠抓案件防控，健全领导责任制，重点做好南方部分省市发生特大雨雪冰冻灾害、四川汶川大地震以及奥运会期间的全行安全稳定工作，为全行改革发展提供了强有力的安全保障。2008年我行荣获中央国家机关社会治安综合治理领导小组授予的"平安奥运先进集体"称号，总行保卫部也荣获北京市公安局授予的"集体嘉奖"一次。

一、全行外部案件防控成效明显

2008年，全行成功堵截抢劫、盗窃、诈骗等外部欺诈事件11起（抢劫1起、盗窃1起、诈骗9起），防止资金风险8 593万元。配合公安机关成功破获陕西分行营业部高陵泾河工业园区分理处ATM盗窃案，抓获犯罪分子3人，追回全部涉案资金24.42万元。除湖北荆门天门支行ATM盗窃案尚在侦破中外，其余全部外部案件结案，结案率达到92.3%，全行2008年未发生重大、特别重大刑事治安案件，案件防控工作继续居同业领先地位。同时，按照"贴近业务，服务业务"的工作宗旨，2008年总行保卫部积极配合相关业务部门做好外部欺诈风险防控工作，针对奥运期间银行卡、自助设施类犯罪可能大幅增加的情况，总行保卫部积极协助个人金融、银行卡、电子银行等部门共同部署落实了相关防范工作，确保了我行奥运金融服务的顺利完成。2008年全行各级保卫部门协请公安机关查封处置假冒我行支付页面246个，假冒我行网站56个，欺诈邮件网站1个，介绍网银盗窃方法网站1个，"工行黄金友"不明软件1个。

二、守押社会化改革全面深入

守押社会化改革是我行向国际一流金融企业变革的组成部分，也是当前全行保卫工作改革的重点工作。2008年总行保卫部加大了全行守押社会化改革各个层面、各个关键环节的攻坚力度，在扩大改革覆盖面上实现了新的突破，35个一级（直属）分行中，有12个分行实现100%社会化守库，16个分行实现100%网点押运社会化。同时，还起草了全行统一的《守押社会化业务管理办法》、《守库服务合同》、《押运服务合同》，指导各行在签订合同时明晰界定双方责任、权利和义务，确保合同条款的完整性、严密性，有效规避风险和责任，维护我行合法权益，并努力实现最大限度地节约财务费用。截至2008年底，全行1 154座金库中有758个实现社会化守库，占比达到65.7%，较2007年底提高8.1个百分点；全行15 709个营业网点中，有14 340个实现社会化押运，占比达到91.29%，较2007年底提高7.4个百分点；在26 208个现金上门服务单位中，有24 324个实现社会化押运，占比达到92.81%，较2007年底提高6个百分点。

守押社会化改革使全行保卫的"三减"工作成效显著，截至2008年底，全行枪支已经压减到692支，较2007年底减少713支，减幅达到50.7%，实现零配枪的一级（直属）分行已增至24个，绝大多数分行已经彻底或基本消除了枪支风险。对尚配有枪支的一级（直属）分行，通过督促其按照《枪支管理法》严格依法配枪、用枪、管枪，提高操作规范化程度，实现了全行2008年不发生涉枪案件和事故的枪支管理目标。

三、防范设施标准建设化工作全面推进

2008年全行各级保卫部门在所辖营业场所升级改造中，既严格遵守国家相关安防标准和建设程序，又根据我行金融业务发展实际需求，切实加强了与政府相关监管机关的沟通协调，保证了新（改）建工程的顺利进行和按期投入使用，为全行营销渠道的升级改造，实施新的发展战略提供了有力支持。截至2008年末，全行营业网点除现金区防尾随通勤门安装率为99.99%外，防弹玻璃、数字监控、2路防区紧急报警、入侵报警安装率和报警联网率都达到了100%，金库的数字监控、入侵报警、震动入侵报警安装率和报警联网率也全部达到了100%，扣除同业退还寄库、拟撤销营业网点等客观因素，我行金库和营业网点安防基础设施建设及改造任务已经基本完成。

四、指导和协助地震灾区机构做好安全保卫工作

汶川大地震发生后，总行保卫部立即于第一时间通过NOTES向各一级（直属）分行保卫部下发了《关于加强地质灾害事件安全保卫工作的通知》，指导四川、陕西、甘肃等受灾行保卫部门立即启动应急预案，与当地公安机关进行联系沟通争取援助，并切实加强了事发机构的金库、营业网点以及办公场所、枪支弹药等防护目标的安全保卫，在人员疏散、办公场所安置、抢运款项、建立临时营业网点等方面做了大量扎实有效的工作，保证了受灾行资金人员安全及相关业务迅速恢复。同时，根据公安部、银监会和总行领导要求，全行保卫部门积极配合相关业务部门，协助公安机关侦办和打击各类假冒赈灾捐款的短信、网银欺诈事件，保障广大献爱心群众和受灾人民的利益，维护我行企业声誉。

五、全面做好奥运期间安全保卫工作

（一）制订奥运期间保卫工作方案。明确了"奥运前排查整治"和"奥运期间重点防控"两个阶段、不同地区和不同单位的奥运安保工作重点及要求，突出强调要确保实现"力争不出大事，尽量少出小事，有事迅速妥善处置，最大限度降低影响"的平安奥运目标。各奥运承办城市分行在5月底前制订完善了本行奥运安保工作计划及相关实施细则，这些举措为全行奥运金融

服务的安全实施发挥了重要作用。公安部、银监会在《关于开展银行业金融机构奥运安全保卫工作情况的通报》（公传发［2008］417号）中，对我行的做法给予了充分肯定。

（二）部署开展枪支管理专项检查。13个辖内仍有配枪的分行按照《中国银监会办公厅关于进一步加强枪支管理工作的通知》要求，开展了以持枪人员与枪支弹药使用管理为重点的专项检查，奥运前总行保卫部还派人对山东、河北等距北京较近的配枪行进行了重点检查。相关行均做到了枪支弹药账实相符、账账相符，配枪单位和持枪人员普遍增强了对枪支管控重要性的认识，制度执行力得到有效提升，为确保奥运期间不发生涉枪案件及事故夯实了基础。

（三）奥运会期间对奥运会承办城市分行及相关分行进行抽查。奥运会举办期间，按照《奥运期间安全保卫工作方案》中“奥运期间重点防控”要求，组织对河北、天津、内蒙古、山西、青岛、辽宁等分行进行安全检查，并起草《关于我行奥运安保工作落实情况的报告》上报公安部、银监会。

（总行保卫部）

案件查防

2008年，全行按照总行党委的统一部署，坚持以科学发展观为指导，从严治行，强化管理，不断加大案件查防工作力度，取得了较好成效。

一、全行案件查防工作的基本情况

2008年，全行立案查处案件同比下降50%；涉案金额同比下降19.4%。其中，百万元以上案件同比下降66.7%。另外，2008年全行还成功堵截外部诈骗、抢劫、盗窃等“三类案件”11件，避免经济损失8 593万元。

二、案件查防工作的主要措施

（一）深化案防责任的落实。总行党委和各行党委更加重视案防责任的细化分解和贯彻落实，在全行进一步形成逐级负责、层层落实、上下协同、全面推动的案防工作机制。为进一步完善公司治理，加强内控管理，适应一些部门职能的调整转变，总行对案件防范工作责任制进行了修订，进一步明晰了各级机构和部门管理人员的案件防范责任。总行纪委首次对总行专业部门负责人案防履职情况进行了检查，进一步推动了各部门案防责任的落实。各行也加大了对所辖管理层案防责任履职情况监督考核。如云南、新疆等分行在督促分行本部专业部门负责人案防履职工作中，专门制定了考核办法，将案防责任履职考核与绩效、评先挂钩。

（二）突出对案件高发风险点的防范治理。2008年总行将权限卡管理、客户经理管理、基层机构负责人管理、理财业务、信贷业务、代发工资业务和员工涉赌7个风险点列为案件防范的重点，督促和指导各行对上述风险隐患逐一排查和专项治理，逐步消除案发隐患。总行开展了对全行个人理财业务案件风险情况调研，提出了加强管理的建议和防范对策。根据客户经理受贿案件和违规问题多发的问题，下发了《关于进一步加强客户经理风险防范的通知》，从严格客户经理的选拔任用、加强客户经理监督和培训、完善客户经理业绩考核标准等方面提出了管理意见。

（三）强化科技手段对业务流程的刚性控制。总行专业部门进一步探索制定业务操作“硬控制”措施，防范各类风险和案件的发生。总行运行管理部开发了全行共享的业务运营风险管理系统，采用数据分析方式建立柜员和客户交易行为习惯模型，用于识别柜员和客户的异常交易行为，并根据特定对象的风险暴露水平投入不同的监督资源，提高监督检查的针对性和有效性。总行个人金融业务部根据代发工资业务风险防范工作需要，在全行推广应用了代理业务数据传输系统，同步印发了《代发工资业务管理办法（修订）》，并组织工作组对新系统推广情况进行了检查。

（四）扎实开展案防教育活动。总行开展了内容丰富的案防教育活动。一是开展“学规定、促合规”学习教育活动。为加强内部管理，总行制定下发了《员工违规行为处理暂行规定》，在全行广泛开展了“学规定、促合规”教育活动，并对全部一级（直属）分行进行了现场培训和指导检查。二是将近年来我行发生的6件典型案例制作成警示教育片，在全行集中开展了为期3个月的警示教育活动，收到了良好的效果。三是将警示教育片《诱惑的黑洞》作为各行党委理论学习和各级管理人员警示教育的重要内容，加强廉洁文化建设，各级管理人员廉洁从业的自觉性进一步增强。

（五）加强对重点关注行和案发行的督导监管。根据各行案发情况总行确定了案件重点关注行，并制订了重点关注方案，定期派员进行现场督导。一年来总行派员对关注分行共计 11 个重点二级分行及所辖 18 个支行进行了督导检查。重点关注行高度重视整改工作，进一步完善工作机制，加大工作力度，采取多种措施提升内控案防管理水平。经过一年的整改，关注行案件高发势头得到遏制，均未发生 50 万元以上大案。总行还加强了对其他一些发案分行的督导，与基层行共同分析案发原因，研究治理对策，提出整改要求，取得了良好的效果。

（六）严格问责案件有关责任人。按照《员工违规行为处理暂行规定》加大问责力度。同时，有效开展员工不良行为动态排查，防患于未然，把案件风险降到最低。

（总行监察室）

第四部分

党建工作与队伍建设

执行编辑：周小斌

深入学习实践科学发展观活动综述

按照中央统一部署，全行从2008年9月下旬开始开展了深入学习实践科学发展观活动。学习实践活动以二级分行以上领导班子和党员领导干部为重点，全体党员参加，在全行同步开展。全行共有11 386个党组织、1 119个处级以上领导班子、16 848名处级以上党员领导干部、233 074名党员，以及305名非党处级以上干部参加了学习实践活动。在党委的统一领导下，各级行党组织以“坚持科学发展观，提升核心竞争力，建设国际一流现代金融企业”为主题，紧紧围绕“党员干部受教育、科学发展上水平、人民群众得实惠”的目标，着重把握坚持解放思想、突出实践特色、贯彻群众路线、正面教育为主的原则，紧密结合实际，以求真务实的精神扎实推进学习实践活动的开展，促进全行在建设国际一流现代金融企业的进程中迈出了科学发展的新步伐。

一、主要做法

一是党委高度重视，加强组织领导。各级党委把学习实践活动作为首要政治任务来抓。学习实践活动开始前，党委认真进行思想发动，积极做好各项准备，为活动开好局、起好步打下了坚实基础。学习实践活动启动后，党委第一时间进行研究部署，制订了符合实际的实施方案，建立健全领导机构和工作机构，认真研究各阶段、各环节的重点工作，并建立了联系点制度。全行各级机构共成立学习实践活动领导小组752个，派出指导检查组128个，建立党员领导干部联系点7 555个，党员领导干部深入联系点16 429人次。为保证活动的覆盖面，总行对境外机构党员干部参加学习实践活动也提出了具体要求，并利用他们回国内集中开会的机会，组织境外机构党员领导干部开展了学习讨论，境外机构根据实际情况也认真开展学习实践活动。为加强对分支机构活动的指导工作，总行和各一级分行派出了指导检查组，有力地保证了全行活动的顺利开展。

二是广泛开展学习，大力解放思想。各级党委紧密联系国际国内经济金融形势，组织广大党员干部深入学习中央领导同志的重要讲话精神，重点学习十七届三中全会、中央经济工作会议精神和党中央、国务院关于经济金融工作的一系列部署要求，并随着形势发展增加新的学习内容。全行各级党委中心组开展学习4 337次，各级党组织也在广大党员中广泛开展了学习培训，参训党员达77万多人（次）。各级党委注意以学习武装思想、解放思想，以思想的进一步解放、观念的进一步更新，破解改革难题、推动新一轮的大发展，共开展解放思想专题讨论1 621次。解放思想讨论以党员领导干部为重点，充分发扬民主，实行上下联动和党内外互动，促进了全行干部员工形成共识、开阔思路，使科学发展观深入人心。

三是领导干部带队，深入开展调研。总行党委围绕建设国际一流现代金融企业的重大战略问题，确定了竞争力、创新、服务、流程改造、风险管理、渠道、品牌、人才、国际化、企业文化、社会责任12个方面的调研课题，由党委成员和高管人员领题带队，深入开展调查研究。党委成员和高管人员深入境内外分支机构开展调研70余次，先后在西北、中部、长三角、华北等地区召开不同层次、多种形式的座谈会、研讨会，广泛听取了各方面意见。研究课题完成后，党委连续召开6次扩大会议以及全行发展战略研讨会，进行深入讨论研究，形成了股改上市后第2个三年发展规划。分支机构党委按照总行的统一要求，也都结合本单位实际认真确定调研课题，党员领导干部深入基层一线开展了积极的调研，深入查找影响科学发展的突出问题。活动期间，各级党员领导干部赴基层开展调研达13 880人（次），形成调研报告4 301篇，这些调研成果对推动全行科学发展具有很强的指导意义。

四是丰富方式方法，增强活动效果。为确保学习实践活动在全行系统同步开展，做到全行一盘棋，总行结合各层级机构实际制订了详细周密的活动方案。各级党委既坚持中央关于学习实践活动的基本要求，又根据行业特点和不同层级机构的实际，创新活动方式方法，增强了活动效果。总行利用行内网络视频系统，组织总行本部、一级分行、二级分行、县支行近3万名党员干部进行了为期3天的集中学习，引导党员干部联系实际学、带着问题学，受到干部员工的欢迎。各分支机构结合实际，创新活动载体，努力在活动方式上贴近党员干部思想实际、贴近工作实际，如开展“有事我来办”意见征集活动，“创新思路，创造业绩，创优机制”主题实践活动，“创建和谐银行、营造温馨家园”系列文化活动等。总行各部室紧密结合部门工作实际集中精力开展课题调研、制定业务发展规划；各内审分局在外审计的工作组成立临时党小组，坚持开展学习讨论。全行各级党委在组织好在岗党员学习实践活动的同时，还根据实际情况组织离退休和内退人员党员参加学习培训，引导广大离退休、内退人员党员做到思想常新，理想长存。各级行还注重强化舆论宣传，充分利用简报、网讯、板报、墙报等多种形式进行宣传报道，为开展活动营造了良好的舆论氛围。

五是充分发动群众，坚持开门教育。全行开展了“我为科学发展献一策、为提升竞争力见行动”活动，积极引导和发动广大员工围绕推进国际一流现代金融企业建设建言献策，共征集到合理化建议2.9万多条。各级党委通过召开座谈会、上门走访、发函、发放意见表等多种形式分别征求了监管部门、股东单位、客户代表以及“两代表一委员”、基层单位和员工的意见，并利用调查研究等各种机会，听取一线员工及老党员、离退休老同志的意见建议。党委班子成员还广泛开展了谈心活动，与各层面员工面对面沟通交流。各级领导班子共征求到意见建议17 000余条。活动中，还开展了领导班子分析检查报告群众评议、学习实践活动群众满意度测评工作，采取不同形式，把领导班子分析检查报告、整改落实方案和解决问题情况向群众公布，自觉接受监督和评议。总行领导班子分析检查报告群众评议“好”的占95%以上，群众满意度测评总体满意率达到99.8%。各级党委共发放评议表47 513张，征求到意见建议1万余条。

六是围绕发展主题，加强班子建设。各级党委把学习实践活动作为加强领导班子建设的难得机遇，通过召开专题民主生活会和撰写分析检查报告，统一思想，提高认识，查找问题，明晰思路，增强班子和干部领导科学发展的能力，形成民主和谐、务实创新的良好氛围。各级党委在会前进行了充分准备，围绕贯彻落实科学发展观、推动科学发展的主题，广泛征求意见建议，班子成员认真准备发言提纲，专题民主生活会主题突出、气氛热烈、交流坦诚、思考深入，取得了良好效果。全行各级党委专题民主生活会参会人数达5 100人。各党支部（总支部）也组织召开了专题组织生活会，许多支部还将参加人员扩大到了一般党员干部。各级党委的分析检查报告都是在党委书记亲自主持下，党委成员集体参与讨论，多次修改完善形成的。通过撰写分析检查报告，各级党委班子对科学发展观的认识达到新的水平，领导和推动本单位科学发展的思路更加清晰。

七是坚持边查边改，注重活动实效。各级党委按照中央要求，坚持边学边改、边查边改，紧密结合实际研究制定整改落实措施，着力解决影响和制约科学发展的突出问题，特别是紧扣经济金融形势，认真研究抵御金融危机的对策，将中央扩内需保增长的政策落到实处。活动中，全行共梳理出涉及体制机制改革、经营管理、产品与服务、流程改造、教育培训、党建与企业文化建设以及工作作风等方面存在的问题5 000多个（次）。各级党委把干部群众提出的意见建议进行了分门别类的梳理，一项一项列出来，根据分析检查报告中查找出的问题和干部群众提出的意见建议，制订了整改落实方案，明确了整改的内容、目标、时限和责任，共制定整改落实措施4 410多条。各级党委高度重视解决关系员工群众切身利益的问题，将员工群众的安危冷暖放在心上；注重加强制度的废改立工作，全行废止制度792项，完善制度2 312项，制定和已经出台制度3 467项，形成了有利于科学发展的制度环境。

八是坚持统筹兼顾，推动业务发展。活动期间，正值岁末年初业务和营销旺季，各方面工作任务十分繁重。各级党委把学习实践活动作为推动工作的重要机遇和强大动力，努力做到统筹兼顾，合理安排，协调推进，把活动激发出来的工作热情引导到国际一流现代金融企业建设的实践当中。各级党委按照中央要求，认真研究抵御金融危机的对策，切实贯彻落实国家宏观调控政策，主动了解各级政府关于扩大内需、促进增长的具体安排，掌握国家重点项目和广大企业的融资需求，加强银行服务与政府投资、企业经营的沟通衔接，及时扩大了信贷规模，加大了对经济发展的支持力度，充分发挥了一家大银行的作用。

二、活动成效

通过深入开展学习实践科学发展观活动，全行广大党员干部特别是领导干部对科学发展观的理解达到了新的高度，思想和行动真正统一到了科学发展观的要求上来；各级行领导班子对全行改革发展中存在的主要问题有了更加清醒的认识，对新时期进一步推进工商银行的科学发展形成了新的思路和广泛共识；以学习实践活动为契机，全行在解决影响和制约科学发展的突出问题、推进体制机制创新上有了新的突破，为加快建设国际一流现代金融企业打下了坚实的基础，全行广大员工、社会各界和客户也切身感受到了学习实践活动给工商银行带来的新变化新气象，活动比较好地实现了“党员干部受教育、科学发展上水平、人民群众得实惠”的目的，主要体现在以下九个方面。

一是推进工商银行科学发展有了新思路。通过学习实践活动，各级党委更加深刻地认识到，工商银行作为中国经营规模最大的国有控股上市银行，自身的稳健可持续科学发展不仅关系到工商银行的未来，更关系到国家的金融安全和稳定，必须在战略层面研究谋划未来发展问题。以学习实践活动为契机，全行进一步明确了“力争资产、资本回报及人均净利润保持或达到国际国内先进水平，形成强大的可持续盈利增长能力，成为全球最盈利银行；公司治理完善、经营结构合理、服务创新能力强、风险管理水平高、员工队伍素质优秀，成为全球最优秀银行；进入国际金融市场领导地位，品牌影响力大，美誉度和市场声誉卓著，重视建设先进企业文化，忠实履行社会责任，做优秀企业公民，成为全球最受尊重银行”的发展愿景。

二是支持国民经济平稳较快发展有了新成效。通过学习实践活动，各级党委深刻理解经济决定金融、经济好才会有金融好的道理，把支持经济健康平稳较快发展作为自身的重大责任，坚持把学习实践活动与支持扩大内需、促进经济增长的各项工作紧密结合起来。全行根据宏观调控方向、重点和目标的变化，及时完善了信贷政策，扩大了信贷规模，加大了对经济发展的支持力度。2008 年全行新增人民币贷款 5 307 亿元，增长 14.2%，同比多增 1 655 亿元，贷款增加额居同业之首，贷款是全行历年来投放最多的。从投向上看，积极支持了国家重点项目建设，以及符合国家产业政策的重点行业和重点企业的发展，帮助受金融危机冲击和整体经济下行影响而出现暂时困难的行业龙头骨干企业渡过难关，支持了中小企业发展和扩大消费，坚持“绿色信贷”标准，在贯彻落实国家宏观调控政策上做到了快速反应、统筹兼顾、严控风险，受到监管部门和社会各界的好评。

三是质量效益有了新改善。保持稳定的资产质量、创造良好的盈利成长是在急剧变化经营环境中贯彻科学发展观的根本所在。全行积极克服外部环境变化导致的拨备增提、利差收窄、支出增多等不利因素影响，通过加快业务创新发展、抓好开源节流和提高风险管理水平等措施，使税后净利润增长仍达到 35%，并跃升为全球最盈利银行，股东回报持续增长，2003 年以来 6 年净利润年复合增长率达 37.5%。同时，进一步提高了风险识别和判断能力，增强了风险防控的预见性、敏锐性和风险处置的及时性、有效性，保持了资产质量的稳定。良好的盈利成长和稳定的资产质量使全行经受住了席卷全球的特大金融危机的考验，提振了社会公众对银行业的信心。工商银行改革发展取得的成绩得到了市场各方、社会各界的充分认可和高度评价，在国际金融市场地位和影响力也大幅提升，被国际权威媒体《银行家》、《环球金融》、《欧洲货币》等评为“中国最佳银行”，2008 年共获得国际国内 131 个重要奖项。

四是竞争发展能力有了新提升。通过学习实践活动，党委更坚定了在发展中转型、在转型中发展的方针，深入推进发展方式转变，打造核心竞争力，增强可持续发展能力。根据外部环境变化和同业竞争态势，及时调整经营策略，加快业务与产品创新，健全营销服务体系，完善激励考核机制，使全行在日趋激烈的市场竞争中保持了各项业务的健康快速发展。2008 年全行新增人民币各项存款 11 094 亿元，创历史最高水平，增量与余额市场占比均保持第一；银行类理财、信用卡、结算与现金管理、投资银行、资产托管、企业年金和电子银行等各项新兴业务继续快速健康发展，各项主要指标均居国内同业首位。

五是服务水平有了新提高。各级党委把改进服务作为检验这次活动成果的一个重要方面，坚持“以客户为中心”的现代服务理念，着重从丰富金融产品供给、打造先进服务流程、优化渠道服务功能等方面全方位改进金融服务，使服务质量不断提升，为客户创造更多价值，社会日益增长的多元化金融服务需求得到了更好的满足。全行推出了私人银行服务，建成财富管理中心 100 家、贵宾理财中心 3 000 家，对一大批营业网点进行了全面改造，电子银行服务网络更加健全，基本建立起分层服务体系，为 1.85 亿个人客户和 300 多万公司客户提供优质、高效和规范的服务。全行在奥运金融服务中的“零事故”和“零投诉”，充分体现了工商银行服务的进步，广大客户也从工商银行服务的改善中感受到了新变化新价值。

六是体制机制改革有了新突破。完成了 137 项个人金融业务流程改造任务，积极推进了信贷业务流程整合，优化了信贷部门设置，提高了服务效率；进一步深化了人力资源管理提升项目，完善了市场化薪酬分配机制，充分调动了各层面员工的积极性；稳步推进了监督体制、授权体制和后台业务集中处理体制改革，扩大了试点范围，为下一步整体推进监督中心转型、授权改革以及运营集约化、管理一体化改革奠定了基础。研究了分支机构内部等级管理体制、省（区）分行营业部管理体制及县支行变革实施方案，为进一步革除按行政级别确定机构等级的传统机制创造了条件。内部管理体制机制的不断健全与完善，有效激发了全行经营发展的活力。

七是党建和人才队伍建设有了新举措。在学习实践活动期间，总行大力表彰了创建“四好”领导班子先进集体，通过先进典型带动，促进各级领导班子建设和基层党组织建设，提高党员队伍素质和凝聚力。适应综合化国际化发展和现代金融企业建设需要，深入推进了人才兴行战略的实施，启动了银行家成长计划和十大人才高峰工程，加大了教育培训力度，实施了中年员工技能提升计划。2008 年全行通过集中面授与远程教育相结合的方式，共完成各类员工培训 4.6 万余期、198 万人次，全行员工人均受训约 8.5 天。各级行还通过人员跨地区流动、流程改造和扁平化改革等多种途径，优化人力资源区域、专业、岗位结构布局，盘活现有人员，努力实现人才资源效益的最大化。

八是和谐银行建设有了新面貌。更加注重把党的思想政治工作优势与企业文化建设、现代金融企业中的人性化管理相融合，从切实解决党员和员工最关心的问题入手，办实事、办好事，凝聚人心。在学习实践活动中，各级党委开展了多种形式的扶危济困活动，共计拿出 4 832 万元帮扶老党员、生活困难党员和员工45 305 人。对地震灾区分行开展了“冬季送温暖”活动，确保受灾分行员工度过一个安全、健康和温暖的冬天。全行还提高了离退休人员基本养老金待遇，提高了内退人员收入水平，完善了补充医疗保障制度，全面推广企业年金工作。全行坚持履行经济责任和社会责任的有机统一，在支持经济社会发展、保护环境和资源、援助社会公益事业等方面树立了负责任的大行典范。出资270万元捐助了“中华健康快车”项目，为黔东南州贫困白内障患者进行为期3个月的免费治疗，帮助1 100名病人实施了复明手术。在抗击汶川特大地震灾害中，全行累计发放抗震救灾及灾后恢复生产贷款288亿元；共计捐款1.4亿元，其中，员工个人捐款8 869万元，广大党员还缴纳“特殊党费”5 305万元。工商银行向社会捐助的各种款项已逾4亿元。

九是工作作风有了新转变。在学习实践活动中，以二级分行以上机构和领导干部为重点，加强了工作作风建设，对全行干部员工提出了“坚持认真负责、反对松懈马虎，坚持细致谨慎、反对漫不经心，坚持纪律严格、反对软弱涣散，坚持管理缜密、反对粗枝大叶”的要求，使全行干部员工的大局意识、责任意识、协调意识、服务客户和基层意识不断增强。总行党委从改进班子自身工作方式和工作作风做起，精文简会，坚持和完善了调查研究制度和重点联系行制度，通过调查研究，及时完善总行的工作部署，更有针对性地指导全行工作。

三、工作经验

一是党中央正确领导，中央学习实践活动领导小组办公室和中央指导检查组的悉心指导，是学习实践活动取得成效的保证。党中央对学习实践活动重视程度很高，中央学习实践活动领导小组先后召开了四次工作会议，对学习实践活动进行周密的部署。中央领导同志身体力行，带头参加学习实践活动，为全党作出了表率。中央学习实践活动领导小组办公室和中央指导检查组认真贯彻中央精神，严格把握活动方向，多次深入联系单位检查指导，帮助联系单位扎实完成每一步骤、每一阶段和每一环节的工作任务，在学习实践活动中发挥了不可替代的重要作用。

二是各级党委高度重视，领导干部率先垂范，是学习实践活动取得成效的关键。总行党委充分认识到开展学习实践活动的重大现实意义和紧迫性，党委班子成员在活动中积极发挥了示范带头作用。总行党委的分析检查报告和整改落实方案经过反复讨论、修改和锤炼，数易其稿。各级党委对学习实践活动高度重视，切实增强搞好活动的责任感、使命感，党员领导干部在活动中注重走在前、作表率。党委主要负责同志认真履行第一责任人的职责，带头学习调研，带头解放思想，带头查找问题的思想根源，主持研究起草分析检查报告，主持制订整改落实方案。活动中，各级党委一把手亲自作学习报告1 426场次。在各级领导班子和党员领导干部的带动下，广大干部员工以极大的热情投身到了学习实践活动中，形成了“人人讲科学，事事谋发展”的良好氛围。

三是坚持解放思想，把学习贯穿活动始终，是学习实践活动取得成效的前提。解放思想对于推动全行改革发展、提升竞争发展能力具有战略意义。学习实践活动开展之际，恰逢改革开放30周年之时。在举国上下、各行各业全面总结回顾改革开放经验的良好氛围中，全行各级领导班子、广大干部员工以更开阔的眼界、更开放的胸襟、更开明的态度来挖掘问题、面对问题和解决问题，使调查研究、解放思想、广开言路的好做法蔚然成风。

四是坚持边查边改，解决突出问题，是学习实践活动取得成效的途径。学习实践活动一开始就确定了边学边改、边查边改的原则，各级党委在查找和解决突出问题上狠下功夫。从应该改和能够做的事情抓起，及时解决不适应、不符合科学发展观的主要问题，解决影响改革发展稳定的突出问题，解决群众反映强烈的热点问题，使干部员工看到学习实践活动带来的新气象。各级党委不仅认真查找和解决自身经营发展中存在的问题，而且把保发展、保稳定、保民生、保中央方针政策贯彻落实作为学习实践活动最大的实践、最重要的实际、最需要取得的实效，通过开展活动促进了各项政策的贯彻落实，使活动成效在支持经济平稳较快发展上得到集中体现。

五是坚持群众路线，员工广泛参与，是学习实践活动取得成效的基础。密切联系群众是党的优良传统，重视走群众路线是党开展工作的一贯原则，学习实践活动中很好地坚持了这一原则。各级党委充分发扬民主，吸收群众全程参与，认真听取监管部门、员工、客户、服务对象等多方面的意见建议，虚心向群众学习，真诚接受群众监督，把群众满意作为评价活动成效的重要依据。走群众路线、开门搞活动不仅是一个集中民智、发挥群众首创精神的过程，而且是一个统一思想、形成共识的过程。这种双向的交流不仅使各级领导班子的经营决策吸收了群众的智慧，也使群众更深入、更清晰地了解了本单位的发展思路和举措，贯彻执行起来更加积极顺畅。

六是突出实践特色，推动科学发展，是学习实践活动取得成效的动力。全行学习实践活动突出了结合业务实际开展活动的定位，把转变发展方式作为实现科学发展的重要途径、把加强风险管理作为推进科学发展的基础工程、把完善公司治理作为推进科学发展的制度支撑、把加强党的建设作为推进科学发展的坚强保证，切实将科学发展贯彻落实到全行经营管理的各个方面。各级党组织和广大党员干部紧扣“科学发展”这个主题，通过各种方式将学习实践活动融入到岗位工作中。特别是把开展学习实践活动与应对国际金融危机、促进经济平稳较快发展、解决突出问题和推动当前工作紧密结合起来，坚持以发展为要义，坚持统筹兼顾，用各项工作的实际成果来衡量和检验活动的成效，做到了两手抓、两不误、两促进。

（总行党委组织部）

系统党建

2008年，全行各级党组织以学习贯彻党的十七大精神为主线，结合开展深入学习实践科学发展观活动，加强党的执政能力建设和先进性建设，推进党的思想、组织和作风建设，为建设国际一流现代金融企业提供坚强的思想和组织保障。

一、加强思想建设，提高党员干部队伍思想素质和能力

一是深入推进党委中心组学习，加强各级领导干部的理论武装工作。总行制定下发了《党委中心组学习计划》，指导、推动全行中心组学习活动。总行党委中心组充分发挥示范导向作用，围绕两会、中纪委二次全会、中央经济工作会议、党和国家领导人重要讲话精神等，分专题组织了认真的集中学习，并通过视频形式延伸至三级党委中心组成员；将党委中心组学习创新的成功经验延伸到全行干部理论学习中，以现场和视频相结合的形式，精心筹划和组织了4次处以上领导干部学习贯彻党的十七大精神轮训，实现了高层次理论教育的快速传导和同步熏陶，充分发挥出视频同步学习的“波纹效应”；以课题调研为抓手提高中心组学习成效，组织开展了“贯彻落实党的十七大精神”课题研究，全行共报送课题研究报告253篇；与2007年相比，数量翻了5倍，研究内容更为全面，质量也有一定提升，对全行改革发展各项工作提出了具有针对性、建设性的意见，取得了较为满意的成效。

二是深入推进领导干部研究式学习，提高领导干部的政治理论素养。通过总行党校、长春和杭州分校以及党校教学基地，全年共举办3期省行领导干部培训班、3期二级分行行长和省行处长培训班，4期县（城区）支行行长培训班，共培训三级领导干部610多人。在党校领导干部培训班上，始终坚持党校姓党，突出重点，把学习贯彻科学发展观、十七大精神的学习贯穿教学始终，立足提高领导干部理论素养和党性修养，提升领导干部的领导艺术和管理能力。同时，积极应对工商银行上市后日趋激烈的竞争和挑战，在传统党校课程的基础上增加了“领导力”等方面的教学内容，并举办了两期领导力培训班。精心举办领导干部第3期研究班，通过对党的理论的学习，引导学员以十七大精神为理论指导，抓住全行经营发展面临的深层次问题，完成了3篇课题报告，分别从打造工商银行特色企业文化，提升工商银行软实力；实施品牌战略，提升工商银行核心竞争力；加快从显性风险贷款管理向隐性风险贷款管理转型三个方面，从理论、政策、战略层面作了分析和研究，并提出了可行的建议和方案。

二、加强领导班子思想政治建设和作风建设，提升各级领导班子的凝聚力和战斗力

一是认真落实民主生活会制度。各级行党委把开好民主生活会作为领导班子解决自身存在问题，提高整体战斗力的重要途径。结合深入学习实践科学发展观活动，全行各级党委召开了贯彻落实科学发展观专题民主生活会（与年度民主生活会合并召开），认真总结贯彻落实科学发展观的成效和体会，深入分析检查不符合科学发展观要求的突出问题和思想根源，理清发展思路，明确努力方向，提出改进措施。各级党委民主生活会会议准备充分、主题突出、气氛热烈、交流坦诚，普遍取得了良好效果。总行党委成员每人分头参加2个以上分行领导班子民主生活会，各分行领导也参加了所属分支机构的民主生活会。总行通过加强会前介入、会中指导和会后检查，对各分行民主生活会进行全程督促指导，使民主生活会的质量得到进一步提高。

二是深入开展创建“四好”领导班子活动。在全行范围内组织开展了创建“四好”领导班子评选表彰，建立健全创建“四好”领导班子的长效机制，以“四好”领导班子活动为抓手大力推进各级班子建设。同时，结合实际开展领导班子思想政治建设调查研究，系统总结领导班子思想政治建设的基本状况、主要做法、特点和经验，深入分析领导班子思想政治建设面临的新形势、新任务和新问题，认真研究适应现代金融企业建设需要进一步加强领导班子思想政治建设的思路举措，在新的体制机制环境下更好地发挥党的干部优势和组织优势。

三是大力加强党员领导干部作风建设。总行党委班子成员以身作则，带头从改进班子自身工作方式和工作

作风做起，精文简会，坚持调查研究制度和重点联系行制度；带头弘扬艰苦奋斗、勤俭办行之风，反对铺张浪费和大手大脚。同时，以二级分行以上机构和领导干部为重点加强作风建设，对全行干部提出了“坚持认真负责、反对松懈马虎，坚持细致谨慎、反对漫不经心，坚持纪律严格、反对软弱涣散，坚持管理缜密、反对粗枝大叶”的要求，不断增强各级领导干部的大局意识、责任意识、协调意识、服务客户和基层意识。

四是以党风建设带动行风建设。总行对全行范围内作风建设情况进行了调查，征求意见和建议700余条，并整理成10个方面问题，对加强党风和行风建设提出了明确要求。各分行通过专项治理、集中整顿等方式，认真查找和解决管理人员作风和敬业方面存在的问题，较好地解决了一些管理人员作风漂浮、服务意识和敬业精神不强的问题。严格控制了公务消费，规范了管理人员的职务消费行为，坚决反对和制止奢侈浪费。坚持以人为本、关注民生，认真解决员工反映的突出问题，加强对执行《劳动合同法》情况的监督检查，积极防止和化解矛盾，创造和谐稳定的环境。各级行以举办奥运会为契机，深入开展“奥运服务年”、创建文明单位和文明窗口、民主评议行风等活动，持续改进服务，有力提升了工行社会形象。

三、加强基层党的建设工作，发挥基层党组织的战斗堡垒作用和广大党员的先锋模范作用

一是大力加强基层党组织建设。针对近年来各行内设机构调整带来的党组织工作机构的变化，总行制定了《关于进一步加强分支行党群组织工作机构建设的意见》，进一步规范各分行党组织工作机构的设置，夯实党建工作基础。截至2008年底，全行各级党组织共设立党委800个，党总支1 086个，党支部9 936个。完善了总行党建工作联系单位制度，充分发挥联系单位在全行党建工作中的“排头兵”、“试验田”作用，积极探索加强党建工作的新思路。根据中组部要求，总行结合实际制定了《中国工商银行党费收缴、使用和管理实施细则》，规范全行党费收缴、使用和管理工作。加强基层党建工作调查研究，按照围绕中心、服务大局、拓宽领域、强化功能的要求，完善基层党组织工作制度，丰富组织生活内容。大力加强党务干部队伍建设，配齐配强党务工作人员，提高党务工作队伍的整体素质。

二是重视抓好党员队伍建设。按照“坚持标准、保证质量、改善结构、慎重发展”的原则，对发展党员工作常抓不懈，特别重视在青年员工、高素质人才和基层一线员工中发展党员，重视在关键岗位配备优秀党员。2008年全行新发展党员5 134名。在新发展的党员中，基层网点和业务一线员工的占比达50%以上。截至2008年底，全行党员总数达236 133余名。各级行党委坚持不懈地抓好党员的教育管理工作，认真落实党员权利保障条例，充分尊重党员权利和发扬党内民主。同时，坚持把“创先争优”活动作为加强党员队伍建设的有效载体，通过深入开展党员责任区、党员先锋岗、党员示范承诺、党员志愿者服务等多种形式的活动，不断增强党员队伍的生机和活力。广大党员在各自岗位上充分发挥先进性，成为推动全行改革发展的中坚力量。

四、深入开展“讲党性、重品行、作表率”活动，加强组织部门自身建设

根据中组部统一部署和总行党委要求，从2008年开始利用3年时间，在全行组织人事系统开展“讲党性、重品行、作表率”活动。2008年为“集中活动年”，活动的内容为：抓好十七大精神和全国组织工作会议精神的学习，同深入学习实践科学发展观活动有机结合，采取有效措施，集中解决一些妨碍带头落实“讲党性、重品行、作表率”要求的突出问题，特别是广大干部员工最希望干部工作、组织工作和人力资源工作解决的重点、难点问题，在思想观念、工作作风和工作方式方法上有明显转变。

全行各级组织人事部门认真贯彻落实中央精神，加强领导，精心组织，认真抓好集中活动的学习动员、分析评议、整改提高和活动总结4个阶段工作。在活动中坚持从严治部、从严律己、从严带队伍，深入开展学习教育，主动查找和解决突出问题，有效地激发了组织人事干部“讲党性、重品行、作表率”的内生动力。在全行深入学习实践科学发展观活动启动后，各级组织人事部门把“讲党性、重品行、作表率”活动积极融入学习实践活动中，带头学习调研、带头征求意见、带头改进作风，广大组织人事干部在思想观念、素质能力、工作作风和工作方式方法上有了新转变、新进步和新提高，在建设模范部门和过硬队伍上有了新成效。

（总行党委组织部）

领导班子建设

2008年，全行各级党委和人事组织部门围绕全行工作大局，大力加强领导班子建设，深化干部人事制度改革，加强干部管理和制度建设，各级领导班子结构进一步优化，凝聚力和战斗力进一步增强。

一、以优化领导班子结构为重点，加强各级领导班子建设

为使各级领导班子能够更好地适应股改上市和市场竞争的需要，增强分行（学院）和内审分局的领导力量，按照党委要求，2008年对北京等20个分行（学院）以及5个内审分局的领导班子进行了充实调整。全年共任免分行（分局）高级管理人员30人，其中分行行长5人，内审分局局长1人，副职干部24人。通过调整补充，分行和分局领导班子得到进一步充实，一批年纪轻、学历高、业务精、素质好的优秀年轻干部走上了领导岗位，班子年龄、知识、专业结构不断优化，领导能力和管理水平进一步提高，整体力量进一步增强，为全行改革发展的顺利推进提供了良好的组织保证。

二、圆满完成部分一级分行副行长、行长助理公开选拔工作

为深入贯彻党的十七大精神，不断推进和深化干部人事制度改革，建立健全人才选拔机制和高级管理人员储备机制，经总行党委研究，决定在全行范围内公开选拔27名一级分行副行长、行长助理。这次公开选拔工作各级党委高度重视，全行干部员工广泛参与，各项工作准备充分、组织严密、程序科学、要求严格，经过个人报名、资格审查、笔试、面试和党委研究等环节，最终有65人进入考察范围。考察后，党委研究确定了25位同志任一级分行副行长或行长助理，另外从考察人选中选拔了5名同志交流到总行任部门副总经理。通过这次公开选拔，不仅扩大了选人视野，发现了一批优秀人才，而且在全行进一步树立了正确的用人导向，并为开展公开选拔工作积累了宝贵经验。

三、组织开展创建“四好”领导班子先进集体表彰工作

为总结和推广创建“四好”领导班子活动中的先进经验和做法，进一步推动创建活动深入开展，切实加强各级领导班子建设，行党委决定在全行评选表彰一批创建“四好”领导班子先进集体。在各单位回顾总结、民主推荐和总行考察基础上，经总行党委研究，确定北京、上海、浙江、山东、广东、贵州、苏州7家一级（直属）分行和北京海淀西区支行等35家二级分行（机构）为创建“四好”领导班子先进集体表彰单位。

（总行党委组织部）

廉政反腐建设

2008年，在总行党委的领导下，全行各级党委纪委深入学习贯彻党的十七大精神，贯彻落实中央建立健全惩治和预防腐败体系《实施纲要》和《工作规划》，按照中央纪委和总行党委各项决策部署，以改革创新精神推进惩治和预防腐败体系建设，党风廉政建设和反腐败工作取得了新的进展，在廉政教育、管理监督、制度创新、案件查防、执法监察、长效机制和作风行风建设等方面取得了明显成效，为顺利实现第一个三年发展战略规划目标提供了有力保障。

一、贯彻落实《实施纲要》和《工作规划》，扎实推进惩治和预防腐败体系建设

2008年初，总行对全年落实《实施纲要》任务进行了分工，推动部室抓好落实，并将落实情况作为党风廉政建设检查的重要内容对部分部室进行了考核评价。各一级分行、直属分行、直属学院和直属机构党委（以下简称各行）进一步抓好任务分工和落实。根据中央印发的《建立健全惩治和预防腐败体系2008—2012

年工作规划》，结合2006年以来全行落实《实施纲要》情况，在深入调研、广泛征求意见的基础上，总行制定印发了贯彻落实规划的《实施办法》，对2008年以后一个时期全行反腐倡廉总体任务进行了全面部署。各行将《工作规划》和总行《实施办法》纳入党委理论中心组的学习内容，着手制订实施方案，利用各种载体开展宣传，引导管理人员深刻领会基本精神和主要任务。全行教育、制度、监督、改革、纠风、惩治等方面工作呈现整体推进态势，反腐倡廉建设的良好局面进一步巩固和发展。

二、强化教育与管理，推动管理人员廉洁自律工作取得新进展

各级行党委把党的十七大精神纳入理论中心组学习和党校党课教育内容，增强了管理人员学习贯彻中国特色社会主义理论体系的自觉性和坚定性。开展多种形式的警示教育活动，组织观看《诱惑的黑洞——刘金宝案件警示录》等警示教育片，加强廉洁文化建设，各级管理人员廉洁从业的自觉性进一步增强。全行共有1 730名管理人员主动上缴了收受的礼金、有价证券和支付凭证591万余元。开展了公款出国（境）旅游专项治理工作，处理涉嫌公款出国（境）旅游2人；全行共压缩出国（境）团组10个，减少出访64人次。研发应用了廉政管理系统，进一步加强了对管理人员廉洁从业的监督管理。员工对管理人员廉洁从业满意度明显提高，2008年举报总行管理干部的信访件97件，较上年下降37.4%。

三、落实党内监督各项制度和措施，切实加强对管理人员监督

总行建立了巡视工作制度，设立了巡视工作机构，制定下发了巡视工作规定和实施方案，并对河北、天津分行开展了巡视，全面了解和掌握了被巡视单位领导班子情况，总结了好的经验和做法，对存在的问题提出了改进意见和建议。总行制定下发了关于进一步落实党风廉政建设责任制的意见，提出了8条具体措施，并首批对总行6个部室落实责任制情况进行了量化检查评价，通报了检查结果，提出了整改要求，中纪委转发了工商银行“总部抓、抓总部”这一做法。全行加强了对管理人员监督工作，2008年全年共对违反责任制规定的70名管理人员进行了责任追究，对6 272名管理人员进行了任前廉政谈话，对有苗头性问题的1 223名管理人员进行了诫勉谈话或函询，11 417名管理人员报告了个人有关事项，936名管理人员申报登记了配偶、子女经商办企业情况，同时有26 630名管理人员进行了述职述廉。总行机关部（室）务公开工作取得了初步成效。各级行进一步完善了行务公开制度。

四、有效开展案件防范工作，进一步巩固案防成果

2008年，各行认真学习贯彻杨凯生行长在案件形势分析会上的讲话精神，把案件防范作为经营管理工作的重要组成部分来抓，与经营管理工作同研究、同部署、同检查和同考核，保证了各项案件防范工作制度和措施的落实。总行修订了案件防范工作责任制，进一步明晰了各级管理人员和各类岗位的案件防范责任，并通过层层签订责任书等形式促进了责任落实。继续加强对重要风险点防控，对年初确定的7个重要风险点进行了专项治理。继续开展员工不良行为动态排查，全行共排查出各类异常行为人员1 183人，组织处理799人，其中，解除劳动合同59人。总行将行内近年来发生的6件典型案例制作成警示教育片下发全行，在全行集中开展了为期3个月的警示教育活动，收到了良好的效果。继续加强对重点监控行和重点关注行监控整改，总行和各分行都定期派员进行现场督导整改，切实提高了其案防工作水平。总行开展了对全行个人理财业务案件风险情况调研，提出了加强管理的建议和防范对策。各行在案防工作中积极创新思路和方法，如山东、河南分行大力开展执行力建设活动，有效地提高了基础管理和内控案防水平；辽宁分行依托支行行长坐堂制，着力构建内控案防工作网络，成功堵截了2起内外部案件。2008年，全行案件数和百万元以上案件数同比分别下降了50%和66.7%，千人发案率为0.03，实现了年初总行确定的目标。

五、加强作风和行风建设，切实维护员工合法权益和利益

总行对全行范围内作风建设情况进行了调查，征求意见和建议700余条，并整理成10个方面的问题，对加强作风和行风建设提出了明确要求。总行和各分行结合开展学习实践科学发展观活动，查找作风方面存在的突出问题，认真进行整改，有力推动了作风和行风建设。总行还对反映侵害员工利益的4件信访件进行了核查，严肃处理了相关责任人；受理申诉7件，维护了员工合法权益和利益。各级行以举办奥运会为契机，深入开展“奥运服务年”、创建文明单位和文明窗口、民主评议行风等活动，持续改进服务，有力提升了工行的社会形象。

六、开展“学规定、促合规”学习教育活动，不断增强员工依法合规意识

2008年，总行制定印发了《员工违规行为处理暂行规定》，并在全行广泛开展了“学规定、促合规”教育活动，组织编写了处理规定问答并印发每个员工，总行监察室对全行教育活动进行了全程指导检查并对全部

一级（直属）分行进行了现场培训，各一级（直属）分行绝大多数班子成员特别是一把手参加了现场培训。各行也采取多种形式开展学习教育活动。据统计，全行累计开展学习培训 20 288 次，培训 42 万余人次；编发学习简报 4 899 期，登载网讯信息 3 044 条。通过学习教育，提高了各级管理人员和员工的合规经营、合规操作意识，推动了全行党风廉政建设和案防工作的开展。

七、加强执法监察和项目监督，有力促进制度落实和合规经营

2008 年，重点对基层机构负责人执行内控案防制度和客户经理管理、集中采购、资产处置制度执行情况开展了执法监察。全行共成立执法监察组 980 个，对 3 770个机构开展了执法监察，立项并办结 846 个。下达执法监察建议书 2 097 份，提出整改建议 6 130 条，督促完善制度355 项，处理违规人员 1 045 人。总行重点对 2 个分行基层机构负责人落实内控案防制度情况和总行 2 个部室落实财务管理制度情况开展了执法监察，提出整改建议 10 余条。各行纪检监察部门共对 3 723 个共计金额 41. 2 亿元的集中采购项目进行了现场监督；总行监察室对信用卡卡片、办公设备等总行 10 多个集中采购项目和营业大楼二期工程招投标项目进行了现场监督。

八、扎实开展学习实践活动和主题实践活动，不断加强纪检监察队伍自身建设

2008 年，在深入学习实践科学发展观活动中，注意突出实践特色，开展“做党的忠诚卫士、当群众的贴心人”主题实践活动，着力解决与科学发展观要求不相适应、不符合的突出问题，增强服务、保障、推动全行科学发展的能力。认真抓好一级（直属）分行纪委班子建设，督促各行选好配强纪委书记和监察室主任。总行监察室增设了内设机构并配备了人员，各行也选调一批年富力强的同志充实到纪检监察岗位。建立了基层党风廉政建设信息员制度，总行选择了山东、辽宁、山西、四川、湖南、内蒙古、厦门 7 个分行进行了试点，推广了四川、辽宁、山西 3 个试点行经验，全行设立信息员 6 322 人。探索建立了纪检监察干部滚动进出机制，实行与业务部门干部双向交流，提高了队伍素质和能力。加强纪检监察业务培训，全行共举办培训班 957 个班次，总行先后举办了一级（直属）分行监察室主任和二级分行纪委书记等培训班，组织全行 50 多名纪检监察人员参加了中纪委举办的业务骨干培训班和境外培训班。

（总行监察室）

总 行 党 建

2008 年，机关党委认真贯彻落实中央国家机关工委和总行党委的决策和部署，主动适应建设国际一流现代金融企业新形势新任务，以深入开展学习实践科学发展观活动为主线，以建设廉洁和谐总部为目标，坚持围绕中心，服务大局，解放思想，开拓创新，深入推进总行党的思想、组织、作风、制度和反腐倡廉建设，加强改进精神文明建设和工会、共青团工作，各项工作取得新成效。

一、以学习实践科学发展观为重点加强思想建设

坚持用马克思主义武装党员干部的思想，发挥党支部在理论武装工作中的主体作用，采取多种有效方式组织党员干部深入学习马克思列宁主义、毛泽东思想、邓小平理论和“三个代表”重要思想，认真学习党的十七大和十七届三中全会精神，学习党中央、国务院金融方针政策，学习总行党委改革发展决策部署，引导党员干部把思想认识统一到中央精神上来，进一步增强贯彻执行党的路线方针政策的自觉性和坚定性；引导党员把智慧和力量凝聚到实现工商银行愿景上来，进一步增强建设国际一流现代金融企业的责任感和使命感。

根据中央和总行党委的统一部署，抓好总行深入学习实践科学发展观活动。按照活动方案的要求，督促各部室党支部成立活动领导小组，制订具体方案，明确实践活动指导思想、目标要求、主要原则和方法步骤，落实职责分工，完善工作机制，确保活动按照统一程序和进度稳步推进；建立联络员制度，布置工作任务，掌握进展情况，收集意见建议，督促任务落实，确保上情下达和下情上达的顺畅；在“机关宣传栏”开辟专栏，及时宣传交流各支部完成“规定动作”、探索开展“自选动作”的好做法，相互促进，整体推进。截至 2008 年 12 月底，总行各部室保质保量顺利完成第一阶段学习培训、深入调研、解放思想讨论三个环节和第二阶段专题民主生活会环节，按时转入分析检查环节。通过开展学习实践活动，总行党员干部对科学发展观科学内涵、精神实质和根本要求的认识进一步深化，不适应、

不符合科学发展要求的思想观念进一步转变，影响和制约科学发展的突出问题初步解决，保证科学发展的体制机制正在完善，总行学习实践活动取得初步成效。

二、以建设廉洁总部为重点加强改进作风建设

针对建设国际一流现代金融企业新形势对总行党员干部作风建设提出的新要求，以建设廉洁总部为目标，研究探索加强改进总行机关作风建设的新思路、新途径。

一是开展作风建设情况调研。巩固去年集中教育成果，采取点面结合方式，发函征求各一级（直属）分行和直属机构意见建议，同时发放《总行机关各部室作风建设情况测评表》，重点对总行部（室）文风会风、秉公办事、工作效率、服务质量、协作配合及廉洁自律等进行测评。组成3个小组分赴陕西、广东、浙江、河南、黑龙江和厦门6个重点联系行深入调研，个别访谈24位分行领导，召开分行内设机构负责人、一般员工座谈会12个，发放调查问卷千余份，征得意见建议700余条，梳理汇总形成《关于总行机关作风建设情况的调研报告》，归纳出总行在区域政策、办事效率、人员培训、服务质量、工作作风等10个方面存在的突出问题，提出了加强教育管理、转变作风、实行支部工作量化考核等6项针对性改进措施。总行党委领导姜建清、杨凯生、赵林、刘立宪均作出重要批示。按照领导要求，调研报告印发各部（室），作为学习实践科学发展观活动的参考，对照检查"照镜子"，针对突出问题研究制定整改措施并明确责任人和时间进度。

二是实行部（室）务公开。研究制定《关于总行机关实行部（室）务公开的意见》，对部（室）务公开的基本原则、内容、形式、范围和时限以及组织领导与监督检查提出了明确要求，并召开党支部负责人会议进行动员部署。督促各部（室）普遍建立领导小组，完善工作机制，制订实施方案，采取员工大会、公开栏、电子邮件、传阅文件等多种方式，就重要事项向部（室）内全体员工公开，进一步提高部（室）工作透明度，保障员工知情权、参与权和监督权，调动员工参与民主决策、民主管理和民主监督积极性，推进决策科学化、民主化。下半年重点对部（室）经费的管理使用进行了规范，督促各部（室）制定完善经费管理使用的制度和办法，明确使用范围和审批标准，清晰界定审批流程，进一步加强了内部监督，提高了经费使用效能。

三是开展调研报告评选活动。鼓励总行机关处以上干部贯彻总行党委和董事会的决策部署，以落实科学发展观、转变发展方式、提升核心竞争力、建立健全保障科学发展的体制机制为目标，深入实际，深入基层，深入客户，围绕人才、创新、服务、渠道、品牌、企业文化、社会责任、区域发展、结构调整与转型、风险管理、流程改造、公司治理、党建与队伍建设、反腐倡廉等重大课题进行调研。部（室）报送调研报告97篇，经认真评审，对一等奖5篇、二等奖10篇、三等奖18篇调研报告给予了奖励和表扬。

坚持围绕全行改革与业务发展中心加强反腐倡廉建设。组织支部纪检委员认真学习第十七届中央纪委会议和全行纪检监察会议精神，进一步明确全年总行机关反腐倡廉工作任务；组织员工参加《建立健全惩治和预防腐败体系2008—2012年工作规划》和工商银行《员工违规行为处理暂行规定》答题活动，不断增强员工反腐倡廉、依法合规意识；举办中国工商银行抗震救灾先进事迹报告会、中国工商银行杯感动中国人物闵恩泽院士专题报告会，组织观看《历史的考验》、《诱惑的黑洞——刘金宝案件警示录》、总行纪委与高检院联合拍摄的警示教育片，通过正面先进典型和反面警示案例，帮助员工树立正确的权力观、地位观和利益观，筑牢拒腐防变的思想防线。此外，主动配合总行纪委对信贷管理部、机构业务部、信息科技部、结算与现金管理部、风险管理部、财务会计部6个部（室）党风廉政建设情况进行了量化检查评价，强化了监督检查。

三、以增强凝聚力、创造力为重点加强改进组织建设

坚持"围绕中心、服务大局、拓宽领域、强化功能"的总要求，加强改进总行党的组织建设，进一步提高党支部的凝聚力、创造力和战斗力。

一是组织开好部（室）领导干部民主生活会。按照中央和总行党委的统一部署，对部（室）党员领导干部专题民主生活会和年度民主生活会作出部署。各部（室）明确主题，严格程序，通过召开座谈会、上门走访、发函等多种形式，广泛了解员工、基层、客户的意见建议，深入查找个人和班子在深入贯彻落实科学发展观方面存在的突出问题、影响和谐稳定的突出问题、党性党风党纪方面群众反映强烈的突出问题，严肃认真开展批评与自我批评，研究制定了整改措施。总行部（室）民主生活会质量有新提高，党支部解决自身问题的能力进一步增强。

二是开展"讲党性、重品行、作表率"主题党日活动。各支部组织党员认真学习党章和十七大报告，回顾改革开放30年来国家和工商银行取得的辉煌成就，通过参观访问、上党课、参观党史展览、知识竞赛、专题演讲、召开座谈会、社会实践等形式，增强党员的先进性意识和党性观念，鼓励党员干部在建设国际一流现代金融企业的实践中发挥表率和先锋作用。办公室等14个党支部获主题党日活动组织奖。

三是进一步规范党费收缴管理工作。严格执行中组部、总行党委的有关规定，按照新的缴纳基数和比例逐人审核，及时收缴，按时上缴。组织总行1 701名党员

交纳“特殊党费”164.75万元用于抗震救灾，在全系统发挥了带头示范作用。

四是认真抓好党支部建设和党员发展工作。指导13个党支部完成组建、改选和补选；审批发展预备党员48名，批准55名预备党员按期转正；举办支部宣传委员培训班，提高兼职党务干部的履职能力和综合素质。

五是举办入党积极分子培训班。采取读书自学、看录像、专题讲座、闭卷考试等方式，组织60名入党积极分子学习《中国共产党章程》和党史、党建知识，帮助他们端正入党动机，坚定理想信念。

四、以构建和谐总部为重点加强改进精神文明建设和思想政治工作

把继承与创新、管理与服务结合起来，通过精神文明创建活动和思想政治工作，在总行营造和衷共济、文明向上的良好氛围，努力构建国际一流现代金融企业和谐总部。今年有望连续第四年荣获中央国家机关“文明单位”，首获首都“文明单位”。

一是举办“总行机关2008年春节团拜会”。总行党委成员与1 500余名员工欢聚一堂，共享收获喜悦，共话美好未来，喜迎中华民族的传统节日，进一步密切了党群干群关系。

二是召开青年座谈会。总行党委主要领导与青年员工座谈，面对面听取青年关于改革与业务发展的意见与建议，了解青年的工作、学习和生活方面的愿望和要求，对青年成长进步提出殷切期望，进一步增强了青年员工的归属感和投身工商银行事业的责任感和使命感。

三是举办心理健康知识讲座。注重人文关怀，邀请中国科学院心理研究所所长张侃作专题讲座，普及心理健康知识，帮助员工正确认识压力，了解掌握心理调适知识，提高压力管理能力，引导员工以健康的情绪和积极的心态，对待工作、学习和生活。

四是认真做好2007年度“文明处室”总结考核工作。在部室推荐、推选的基础上，组织支部委员分8个小组进行交叉考核检查，经NOTES网上公示、机关党委全委会审批，111个处级机构被评为总行机关2007年度“文明处室”。同时，认真抓好半年检查工作，重点对办公环境、劳动纪律、仪表着装、安全保密等进行抽查，对有办公环境不整洁、商密文件未入柜、仪表着装不符合要求、上下班迟到早退等进行通报，要求限期整改并认真督察整改结果。

五是继续开展“网络思想政治工作”。管好NOTES网“行内意见与建议”，为员工交流思想、反映情况、建言献策提供平台，关注并主动参与网上热点问题讨论，加强正面引导，化解矛盾，理顺情绪，形成共识；办好“机关宣传栏”，及时宣传先进典型、表彰好人好事，交流支部建设活动情况以及党建经验。全年登载宣传稿件459篇。

六是履行社会责任，提升文明素质。开展向四川汶川地震灾区“送温暖、献爱心”活动，先后组织总行员工自发为灾区捐款209.8万元，募捐衣被7 999件。开展“迎奥运、讲文明、树新风”知识答题活动，普及文明礼仪知识，培养文明观赛意识。组织青年员工参加“清洁城市，走进2008”行动，消除非法小广告，清洁交通护栏，美化周围环境。组织“中国工商银行爱心行动”队伍义务植树活动，为绿色奥运作贡献。认真收集总行遭受低温雨雪冰冻灾害和汶川地震受损员工情况，及时送去总行党委的关心和慰问。

七是办好总行图书资料室。新进纸质图书963册，订阅期刊150种、报纸31种，购买经济类电子图书6 980册，订阅1 987种电子期刊及14 000余篇经济类博士论文。每个工作日登载“金融参考”、“经济动态”、“重要文章”、“投资数据”等内部资料588期，丰富了员工文化生活，较好地满足了员工持续学习的要求。

五、以满足员工不断增长的物质文化需求为重点加强改进群众工作

工会、共青团积极围绕全行中心工作，主动适应员工多样化需求，开展各具特色的活动，增强员工团队意识和协作精神。

一是举办“总行机关2008年职工运动会”，总行领导、董事会成员、总行员工及数据中心（北京）、牡丹卡中心4 000余人参加开幕式和83个集竞技与趣味性于一体的比赛，展示了总行员工团结拼搏、追求超越的风采。

二是开展形式多样的体育健身活动。登山、乒乓球、篮球、钓鱼、羽毛球比赛，得到了各部（室）总经理与员工的热烈响应和普遍参与；指导成立的健身、乒乓球、网球、羽毛球、篮球、游泳和钓鱼等运动协会，由员工自我管理、自我发展，吸引更多的员工参与到体育运动中来，在水平提高的同时，还主动参与到业务营销活动中去；组队参加“迎奥运”2008年金融系统网球赛，成绩名列前茅；组队参加全国金融系统各总行（司）高尔夫练习赛，获得两个单项二等奖和三个个人三等奖；组队参加中央国家机关第五届“公仆杯”乒乓球联赛，取得男子C组团体第二名并成功晋级B组；组队参加金融街地区羽毛球比赛，获得团体亚军、男子单打第一的好成绩。

三是加强改进青年工作。开展“学习贯彻团十六大精神”主题团日活动，引导团员青年争做“四个新一代”有志青年；举行清算中心和国际单证中心“中央国家机关青年文明号”挂牌仪式，邀请总行领导和中央国家机关团工委领导揭牌，并对文明号创建工作提出新的要求；创办“中国工商银行青年学习讲坛”，请著名专家学者作报告，帮助青年开拓视野、增长知识、

陶冶情操。

四是关心员工生活，维护员工权益。坚持为员工办好事、办实事，全年为员工办理电影卡、劳保费、图书费、生日费及防暑降温费、节日补助等福利，及时慰问机关困难、大病、失去亲属员工30余人。

（总行直属党委）

教育培训

2008年，全行教育培训工作紧紧围绕全行改革发展中心任务和重点工作，按照统一规划、分级实施的原则，通过集中面授与远程教育相结合的模式，采取自主培训、委托培训和联合培训等多种形式，广泛深入地开展了大规模、分层次、多渠道的全员培训，全年共举办各级各类培训班4.6万期，培训355万人天（198万人次），人均培训8.5天。其中，总行直接组织境内外面授培训班364期、培训2.8万人次，培训人数比2007年增长10%；组织各类网上培训与考试36期、53.6万人次。

一、全方位开展中高级金融人才培训

一是高级专业人才培训。总行组织国际专业资质认证课程集中面授34期，培训700余人、1 700人次，所涉及的9大类专业领域均为国际权威职业资格，基本代表了国际最高从业水平。根据已经揭晓的考试结果，已有139人通过相关认证考试，其中注册金融分析师（CFA二级）、注册信息系统审计师（CISA）通过率都在60%以上，远高于全球平均水平（全球平均通过率为40%左右）。截至2008年底，全行"风险管理师（FRM）"、"注册信息系统审计师（CISA）"等持证人数达到250名，位居国内同业前列，初步形成了国际化专业人才储备。

二是中高级管理人才培训。加强与境内外知名大学、银行与研究机构的合作与交流，拓宽国际化经营管理人才培养的渠道和方式。2008年，圆满完成与香港大学、复旦大学联合举办的"第3期中高级管理人员IMBA培训"，共历时两年，开设课程16门，培训62人。截至2008年底，共有147人参加了该项目的学习；持续实施"高级管理人才海外研修计划"，2008年共选派9名优秀中青年管理骨干赴美国伊利诺伊大学进行为期10个月的培训与实习。截至2008年底，共派出72人，绝大部分学员已学成回国，成为工行经营管理的中坚力量。

三是高级销售人才培训。总行组织940余人参加国际金融理财师（CFP）培训，2 900余人参加金融理财师（AFP）培训。全科通过CFP资格考试人数新增341人，累计达到1 225人，国内同业占比达25%；通过AFP资格考试2 696人，累计达到7 779人，国内同业占比达39%。CFP与AFP的通过人数和同业占比继续保持领先地位。

二、推行以专业资格培训与柜员岗前培训为核心的标准化、规范化培训

一是系统规划、扎实推进专业资格认证培训。在广泛征求总行人力资源部、专业部（室）及各级分行等多方面意见和建议的基础上，起草完成《中国工商银行专业资格暂行管理办法》，系统规划了全行专业资格认证培训的整体框架、序列设置和认证实施等内容，为下一步全面开展工作提供了制度性支撑；根据相关专业对知识或技能的要求，有序推动全行专业资格认证培训与考试工作，组织3.8万名员工分别参加了"个人信贷客户经理"和"财资管理师"专业资格培训与考试，启动了"风险管理"和"中小企业客户经理"专业资格认证培训工作。对确保员工的从业水准、促进人岗匹配起到了积极的作用，也为全行推行岗位资格培训积累了经验。

二是全面建立了"先培训、后上岗"的柜员岗前培训机制。在选择12家分行进行为期1年试点的基础上，总行制定下发了《柜员岗前培训管理办法》，并形成了全行统一的岗前培训大纲、核心课程、教材以及试题库、师资库。2008年，各行根据统一标准，培训新入行柜员7 300余人，转岗柜员1 300余人，覆盖率达100%；组织在岗柜员的能力补差培训2.8万余人，占应训人数（13.5万余人）的21.3%。通过开展岗前培训，新柜员的岗位适应周期大大缩短，实际操作能力全面提升，受到了基层行的普遍欢迎。

三、实施差异化、多维度的岗位适应性培训

一是有针对性地安排战略决策层的学习与专题讲座。围绕"中央经济工作会议精神"、"学习十七大精神"和"深入学习实践科学发展观活动"等专题，协助总行党委举行中心组学习8次，三级党委成员通过视频系统同步参加了学习。同时，为董事、监事和高管人员举办"国际性银行并购经验和教训"、"全球金融危

机——启示与应对”2 期专题讲座。

二是加强对管理层的现代经营管理能力和政治素质培训。围绕现代金融管理知识、治行方略与发展战略、领导力与执行力、党性修养与反腐倡廉等多个方面内容，全行培训各级行正副行长及同级管理人员 11.2 万人次，占全部培训任务的 5.7%。总行分 5 批对 150 余名一级分行正副行长及同级人员进行了“领导力”培训。同时，通过总行党校与长春、杭州两所分校，分 12 批对 700 余名各级党员领导干部进行了为期 15 天至 2 个月的政治理论培训；通过视频形式，在全行范围内开展了“处级以上领导干部学习贯彻十七大精神轮训”。

三是实施专业培训计划。围绕业务创新与发展、风险管理与控制、重大科技项目应用、业务流程再造等重点工作，全行培训各级各类专业人员 24 万人次，占全部培训任务的 12.1%。总行直接培训个金、信贷、科技等各主要业务产品线人员 2.5 余万人次，较上年增长 13.1%，创历年新高。重点实施了“信贷业务市场营销与风险管理联合培训项目”，共举办 4 期，培训 260 人；加强了风险管理领域的培训，举办风险管理方面的各类培训与讲座 4 期、200 余人，组织 1 200 余人参加了“银行风险与监管国际证书”（ICBRR）考试，通过率达到 70%，占全国通过人数的 50% 以上。

四、强化培训平台与资源建设

一是加强院校核心功能建设。2008 年，全行院校共完成各类培训任务 2 804 期、27 万人次，培训期数和人数分别较上年增长 18.2% 和 21.8%；开发培训项目 223 项，比上年增长 2.8%，形成了教材、光盘、录像带、课件等各类成果 450 种；圆满完成“工商银行核心区域竞争力提升研究”等一批总、省行级的重点课题研究任务，院校的服务水平和能力有了进一步提升。为提升院校的培训质量管理水平，总行在全行院校中投产、应用了培训质量管理信息系统（TQMIS），全面实现了对培训质量的全程监控和信息化管理。同时，在长春和杭州两院实施了数字化教学系统建设，着手建立辐射全行的远程视频直播课堂，以此扩大现场培训受益面，实现培训效益最大化。

二是进一步发挥远程教育的功能和优势。全面建成远程考试系统，全行同时在线考试规模可达 20 万人，建立了以总行为中心，覆盖 37 个一级（直属）分行和长春和杭州两院的 40 个考试结点。通过该系统，2008 年共举办各类网上考试与知识竞赛 13 个，参加人数达 33.5 万人，远程试题库数量达到 7.4 万余道。同时，实施网上培训项目 23 个，培训 20.1 万人次。通过网上培训与考试的及时互动，有效提高了培训质量。

三是在全行范围内基本建成模拟银行培训平台。全行除山东、海南、陕西因校址搬迁、改造等原因尚未完成外，共有 33 家一级（直属）分行建成模拟银行。目前该平台已广泛应用于新入行柜员以及转岗柜员的岗前培训当中，并广泛延伸至在岗柜员的新业务新系统操作技能训练，有效提高了员工的实际操作能力。2008 年，全年共利用模拟银行开展培训 130 多期、1.1 万多人，模拟银行培训效果逐步显现。

四是建设门类齐全、形式多样的“教材库”。围绕岗位培训与业务发展的需要，及时提炼、整合相关知识内容，全年累计组编文字培训教材 30 本、1 100 万字，印发 21.9 万册，重点完成了一批“贸易融资”、“财富管理”、“基金营销”等方面的案例教材；加大网络化教材的开发力度，全年新增课件 118 门、598 学时，网络课件累计达到 350 门、4 200 学时。

五是完善内外结合的“兼职教师库”。根据兼职教师选拔聘用标准和条件，全行兼职教师数量达到9 313 人，比上年增加 20% 左右，其中，行内兼职教师人数为 8 042 人。通过强化管理者及业务骨干的培训责任、建立定期培训制度，进一步强化了兼职教师队伍建设，全面提升了师资队伍的整体质量。

（总行教育部）

长春金融研修学院教育培训综述

2008 年，长春金融研修学院（以下简称长院）为充分发挥培训在工行股改后高增长阶段的人才保障和智力支持作用，以科学发展观为指导，坚持统一法人意志，认真贯彻落实总行教育培训部署和学院“四个转变”要求，围绕中心，服务大局，求真务实，开拓创新，深入推进创新开发体系、培训管理体系、培训服务体系和资源整合体系建设，超额完成全年各项教育培训工作任务，圆满完成 2006—2008 年学院发展计划目标，为完成“十一五”发展规划奠定了坚实基础。

一、理清工作思路，制订三年计划

长院经过反复分析、论证，根据学院《“十一五”

发展规划》和2006—2008年发展计划执行情况，制订了《2009—2011年发展计划》，明确了未来3年学院发展的指导思想、战略目标和行动措施。指导思想是：以科学发展观为指导，坚持统一法人意志，贯彻工商银行同一企业文化价值理念，围绕总行发展战略目标，通过实施服务战略、创新战略、品牌战略、人才战略，建立有利于学院可持续发展的核心竞争力，实现又好又快发展。在总结前两个三年发展规划的基础上，实施“四个转型”和“四个体系建设”，正确处理好“三个协调发展”之间的关系，即逐步实现教育培训从满足型为主向引导型为主转变，从适应国情型为主向符合国际通用型为主转变，从知识更新型为主向智能增强型为主转变，从群体普及型为主向个性提高型为主转变；抓好创新开发体系建设，抓好培训管理体系建设，抓好培训服务体系建设，抓好资源整合应用体系建设；实现培训需求分析管理与培训实施过程管理的协调发展，一次性培训与持续性、终身培训的协调发展，一般性培训与个性化培训的协调发展。战略目标是：与总行三年发展规划目标相适应，通过不断资源优化整合与环境配套改造，把学院建设成为与工商银行国际化金融企业地位相适应的，具有队伍和谐优势、产品价值优势、文化品牌优势和管理科学化优势的最值得信赖的行业一流国际金融培训中心。行动措施是：加强培训体系、资源整合、核心品牌、企业文化、人才队伍、科技网络、客户渠道和综合保障八大工程建设。

二、优化培训服务，转变增长方式

一是扩大岗位培训规模。介入总行部室培训项目策划和设计，为总行培训项目聘请优秀培训师，加强与各一级（直属）分行、二级分行的紧密合作，巩固和扩大岗位培训规模。全年承办各类现场培训125期，培训学员11 847人次、72 749人天，培训期数、培训人次数和培训人天数分别比上年增长2.46%、3.62%和15.09%。

二是自主开发培训项目。为更好地服务于全行业务发展，针对“培养一批领军型管理人才、开拓型营销人才、创新型专业人才和知识型操作人才”的需要，学院成立培训项目开发小组，加大自主培训项目研发工作。全年自主开发“金融理财师”、“银行职业经理人”、“中国资本市场与个人金融产品营销创新”、“中间业务议价能力”等培训项目16个，组织实施培训28期，培训学员3 206人次，较好地满足了全行改革发展对中高级管理人才及专业人才的需求。

三是着力开展远程教育。按照“再造一个网络大学”的发展思路，构建了内外网并举的远程教育平台，进一步完善长院网上报名系统、网上答疑系统、管理员审查系统、网上考试系统和现场呼叫系统，形成以网络为依托，远程培训产品为主干，其他辅助培训产品并存的较为完善的远程教育培训体系。全年举办远程培训8期，培训学员2 496人次；承办全行在线考试15期，在线考试11 863人次。

四是积极研发培训教材。为做好银行从业人员新兴业务培训与推广工作，成立银行新业务课题组，独立编写并公开出版银行新业务系列教材《私人银行业务》、《投资银行业务》、《法人理财业务》和《金融租赁业务》；与总行教育部、团委、国际业务部合作，编写出版《财富管理业务培训教材》、《柜员岗前培训教材》和《青年业务英语学习ABC》。

五是精心制作培训课件。为大力推广远程教育、丰富远程教育信息资源，在继续做好《每周金融参考》、《专题研修参考》系列课件的基础上，加大资源投入，扩大课件制作规模。全年新开发《速汇金项目网上考试》、《金融风险业务网上知识竞赛辅导材料》等4个SCORM标准课件25.5课时。此外，还制作DVD、三合一课件等非SCORM标准课件近688个，累计2 074课时。

三、深化改革创新，提升管理水平

一是开展环境管理体系认证。为进一步深化科学管理理念，节能降耗，提高员工、学员及相关方环保意识，该学院在保持ISO 9001:2000质量管理体系认证基础上，2008年又启动ISO 14001:2004环境管理体系认证项目，确立“遵纪守法，自觉保护生态环境；预防污染，持续改进环境绩效”的环境方针，并据此提出“节约资源，降低消耗；美化环境，推进生态文明；无环保事故”三大环境管理目标，在原《质量手册》基础上编写完成第一版《质量环境管理手册》，并于10月13日通过ISO 14001:2004环境管理体系认证。通过采取科学方法对固体废弃物进行分类，在餐厅安装隔油装置和油烟净化设施，实施美化、亮化、节能降耗管理方案，在教育培训服务过程中渗透节能降耗理念，员工、学员及相关方环境保护意识明显增强，学院资源消耗量、能源节约量同比明显降低，实现了人与环境、环境与文化的和谐，得到总行和社会有关部门的好评，为长院教育培训事业的持续健康发展奠定坚实基础。

二是完善人力资源管理机制。制定《员工绩效考核暂行办法》和《职工带薪年度休假暂行办法》，建立以业绩考核与行为能力评价相结合的个人绩效考核机制，调动员工工作积极性，促进学院和个人价值的协调发展；启动人力资源岗位职级体系改革，制订《员工职业发展工作实施方案》，构建以岗位价值为核心的岗位职级体系，完善员工晋升发展机制；以员工现行岗位及岗位等级为基准，对照其所在岗位序列的职务层级等级区间，确定员工的序列职务层级归属，并依据员工能力、绩效等方面与其相应层级岗位任职资格要求，完成38名非管理类员工相应层级职务的聘任工作；开发员工薪酬福利查询系统，为员工收支查询、纳税申报提供便利。

三是加强内部经营核算统计。印发《关于规范内部管理有关事项的通知》和12种内部统计报表，进一步规范学院财税管理和统计工作，满足学院内部统计监管工作需要；开发并启用长院经营核算系统，实行按部门、按培训班、按经营项目、按构成要素进行收支预算和核算，每月通报内部经营核算情况，积极为部门考核和院领导决策提供参考；召开季度工作情况分析通报会，通报各部门收入、费用控制、客房入住率、培训服务质量等主要指标完成情况，解决工作中存在的问题。

四、加强队伍建设，构建和谐学院

本着“党员干部受教育、科学发展上水平、人民群众得实惠”的活动宗旨，在全院范围内组织深入学习实践科学发展观主题演讲比赛、百题知识竞赛、专项课题研究、征求意见座谈会等系列活动，召开党员领导干部学习实践科学发展观专题民主生活会，制订整改落实方案，形成学院中长期发展思路、规划目标和工作措施，集中解决了思想观念、发展思路和体制机制问题，员工满意率达97%，顺利通过总行检查组验收；深入开展“讲党性、重品行、作表率”活动，教育引导组织人事干部加强理论武装，强化党性锻炼，坚持公道正派，提高道德修养，着力解决在政治坚定性、品德纯洁性、行为先进性等方面存在的突出问题；认真开展“学规定、促合规”教育活动，组织员工学习《员工违规行为处理暂行规定》，进一步增强员工提高遵章守纪、规范操作、恪尽职守、制度至上和风险防范意识；加强对重要岗位、重要部位人员管理，实施集中采购项目授权制和项目经理人负责制，定期开展风险案件防范工作，形成全员案防格局；积极开展“我为节能作贡献”活动，树立广大员工节能意识，降低能源、资源消耗，为建设节约型学院献计献策；举办内退离退休员工郊游、青年员工演讲比赛、十七大知识竞赛、青年党员价值观座谈等多项活动，增强团队凝聚力，为学院发展提供强大动力；大力开展“学习型学院”建设，组织开展员工综合素质教育、学术论坛各12期，培训员工945人次，人均受训17.2次；深入开展重信重访问题专项治理工作，有力地维护了全院正常的工作秩序；积极开展社会慈善捐赠活动，全院346名在编、离退休、内退和外聘员工累计889人次分别通过“员工捐款”、“特殊党费”、“特殊会费”、“特殊团费”、“女工捐款”、“机构捐款”和“个人特别捐款”等方式为汶川地震灾区捐款23.43万元，人均捐款677.22元，在全行各分支机构中名列前茅；积极部署抗震救灾宣传报道工作，用一周时间编辑出版《现代商业银行》增刊——《大灾·大爱·大行担当》，其中“共和国的承诺”、“行动资讯”、“震撼中国”、“感动工行”、“地震日记”等栏目以深度报道的形式为全行真实记录了工行人在波澜壮阔的抗震救灾中所承载的社会责任；积极开展慰问帮扶救助工作，全年对重大疾病患者、特困群体、离退休员工及其员工遗孀遗孤帮扶救助慰问51人次，慰问金达4.34万元。2008年度，学院被中央、总行、地方政府有关部门授予9项荣誉称号，其中，被中央精神文明建设指导委员会授予“全国精神文明建设工作先进单位”荣誉称号，被吉林省政府授予“绿化生态单位”荣誉称号，被长春市政府授予“爱国卫生先进单位”、“热情支持社区党建和社区建设工作先进集体”等荣誉称号；学院被中共长春市纪律检查委员会、长春市监察局批准为长春市软环境质量监测点；先后有9人次受到总行和地方政府有关部门的表彰奖励。

（长春金融研修学院）

杭州金融研修学院教育培训综述

2008年是全国上下深入学习贯彻党的十七大精神，顺利战胜百年不遇的雨雪冰冻灾害，积极取得抗震救灾工作的胜利，成功举办第29届奥林匹克运动会的难忘一年。在这一年里，杭州金融研修学院（以下简称杭院）在总行党委的正确领导下，密切关注我国在政治经济社会生活中发生的一系列重大变化及工行经营发展形势，认真履行人才培养职责和社会责任，并按照“打基础、树形象、练内功、求创新、谋发展”的总体思路，切实抓好学院的创新发展工作，超额完成了年度各项工作目标和任务，顺利走上了“十一五”时期后3年创新转型之路，教育培训工作实现了新的跨越，主要取得了以下七个方面的工作成绩。

一、初步建立了21世纪银行精英系列化培训产品体系

2008年，面对国内外经济金融业复杂多变的形势，杭院紧密结合工行业务发展和创新重点，围绕培养21世纪银行精英这一主要目标，积极研发培训项目、培训课件、培训教材、科研课题，形成了以培养21世纪银行精英为主导的系列化培训产品，进一步夯实了学院教

育培训可持续发展的基础。

一是研发新兴培训项目21个。2008年成功开发了工商银行发展战略、财富管理业务、财资管理师、个人信贷业务营销人员C类（高级）资格认证项目、商业银行新兴业务、打造优质信贷银行战略、有效执行、网络金融、工商银行内部评级体系等11个面授培训项目，其中有7个培训项目得到了顺利实施。同时，根据远程培训发展目标，自主研发了领导力情景模拟训练营混成式培训、金融专业英语证书考试综合类（FECT）考前培训、银行从业人员公共基础考前培训、机构客户经理网络远程培训等10个远程培训项目，为浙江分行等开发个性化远程培训项目7个，形成了以“项目研发”推动远程培训发展的良好局面。

二是开发制作各类培训课件14个。2008年，学院加强与总行教育部以及人民银行、中国造币总公司、中国教育技术协会金融专业委员会等金融系统重要客户的联系与合作，不断拓展课件开发路子，创新课件制作技术，初步建立了总行课件、自主开发课件和委托定制课件互为补充的课件提供渠道，顺利完成了“个人信贷业务相关法律问题”、“私人银行入门”、“网络金融入门”、“银行从业人员金融基础知识”、“财资管理师”、“投行分析师”等14个网络课件和流媒体课件的制作、发行工作，形成了具有杭院特色的、符合市场需求的，以流媒体课件、动画类课件、纯Flash课件、视频课件和网页课件等各种类型互为补充的系列化课件产品体系。

三是编著出版培训教材5本。2008年初，学院制定出台了培训教材开发三年规划和教材开发管理办法，切实把教材工作落到实处。一方面，编著完成了《商业银行全面风险管理》、《商业银行新兴业务》、《网络金融》、《商业银行企业文化》和《实用银行英语听说》5本培训教材，全院共有26位教师承担了上述教材的编写工作，并与中国金融出版社合作公开出版。另一方面，积极参加总行有关岗位资格培训教材2008年版本的撰写、修订、发行工作，主要承担了《个人信贷业务（初级）岗位培训教材》、《个人信贷业务（中级）岗位培训教材》、《个人信贷业务营销标准化工程项目手册（V4.0）》、《财资管理师培训教材》、《一线柜员岗位培训教材》、《个人客户经理岗位培训教材》的修订、校印和发行工作。

四是研究撰写科研课题21项。2008年，学院积极参加总行规划研究类、业务发展类、产品创新类等重要课题的研究工作，申报了“中国工商银行三年发展规划研究”、“工商银行竞争力研究”、“工商银行员工职业发展机制研究”、“紧缩货币政策下的经营对策研究”、“工商银行企业文化研究”、“商业银行远程培训模式的探索与实践”等既针对总行宏观管理层面，又符合学院教育培训特点的课题，并如期完成了8个总行级课题和13个学院级课题的研究、课题报告的撰写工作。同时，组织开展了学院2007年度优秀科研成果评审，召开了各学术团体2008年年会，举办了“全面打造商业银行投资银行业务竞争力”、“绿色信贷，让人类、地球以银行为荣”两届金融研究论坛，举办了以“商业银行风险管理”、“货币战争”、“次贷危机”、“网络电子商务”为主题的学术性沙龙活动，使学院的科研氛围日渐浓厚、成果丰富。

二、较好地实现了培训、考试的规模结构效应

一是课堂培训完成全年目标任务的133%。2008年，杭院共举办各类课堂培训班196期，培训17 288人次、107 525人天。其中，总行培训班110期，培训10 107人次；委托培训班86期，培训7 181人次。虽然2008年杭院有一栋学员宿舍楼交给软件开发中心杭州研发部使用，减少了90个床位，至少相当于每个月少办4期培训班，但是学院积极克服困难，充分利用和挖掘各种有利条件，突破住宿资源瓶颈，不仅没有减少课堂培训期数和人次，而且超额完成全年目标任务的33%，取得了较好的培训业绩。

二是远程培训完成全年目标任务的274%。2008年初，杭院制定出台了远程培训三年发展规划，着力开拓远程培训市场。通过加强市场调研，开发需求旺盛的远程培训项目，以及创新远程培训模式和培训管理方式，吸引了许多分行和员工选择远程培训方式进行学习，远程培训呈现快速发展的良好势头。全年举办各类网络远程培训班38期，培训学员8 222人次，完成年度计划的274%；新发展远程培训会员单位10家，使杭院的远程培训会员单位总数达21家。在远程培训实施过程中，积极尝试采用混成式远程培训、全程直播培训、直播点播相结合等不同的培训方式，创造性地进行了虚拟班级管理，班主任全程跟踪和监控学员网上学习情况，为学员提供互动的学习平台。

三是混成式培训拓展了培训工作新路子。2008年，该学院在课堂培训和远程培训的有机结合上进行了积极实践，取得了明显效果。在课堂培训的同时进行远程直播，主要利用总行的视频会议系统对财资管理师培训、CFA（一级）培训等11个课堂培训班提供了总计102学时的视频会议直播，将课堂培训有效覆盖到全国二级分行或支行。在远程培训中设计部分实体授课课程，主要在“领导力情景模拟训练营”项目中进行了尝试，根据课程特点，将在线学习、实体授课、模拟训练、网络研讨等方式有机结合在一起，深受学员好评，满意率达100%。

四是组织承办网上考试11次。2008年，为更好地满足全行日益增长的岗位资格认证考试、员工技能等级考试等在线考试服务需求，该学院加强研发工作，不断

完善网上考试系统功能，并向总行提出全行考场建设标准建议，安装考场实时监控系统，确保了网上考试的公平和公正。全年承办总行结算与现金管理部“财资管理师”初级、中级考试，总行个人信贷业务营销人员专业资格初级、中级考试，以及浙江分行柜员等级考试等各类网上考试项目11次，考生达62 436人次；建设和维护网上考试题库16个，各类题目达12 341题。

五是该学院内教师完成1 645学时的授课任务。2008年，该学院继续狠抓院内师资队伍建设，通过定期组织教师业务学习和教学法研讨、下行调研实践、开发新课程、坚持新课程试讲等一系列教学活动，进一步提升了院内教师的专业水平和授课能力。全年组织院内教师集中学习8次，内容涉及当前经济金融热点、银行核心业务、工商银行高层讲话精神以及同业信息等。同时，在课堂培训中积极实施“沙盘模拟训练”等课程，有力地促进了教学模式的创新。全年院内教师承担了1 645学时的授课任务，其中送教上门144学时。

三、有力地发挥了信息科技的支撑作用

2008年，该学院信息化建设坚持围绕教育培训中心工作，切实发挥科技对各项工作的平台支持和保障作用。

一是加强学院信息化建设需求分析，根据学院发展的需要，申报并实施了5号楼无线网建设、多媒体教室改造等科技项目，引入了先进的设备和技术，较好地发挥了信息科技对岗位培训的技术保障作用。

二是积极向总行申报在线考试系统建设、机房环境改造、网控中心环境改造、办公环境改造、学员接待管理系统建设5个科技项目，进一步提升学院的软硬件设施档次。

三是按照信息化、网络化、数字化、现代化的总体要求，加强学院新校区的信息化建设规划和方案的设计工作，初步形成了新校区的信息化建设规划方案。

四是加强信息系统建设，通过集中管理方式进行外网计算机的病毒防治，在全行率先完成了NOTES邮件系统的升级改造，同时完成了学院行政办公系统和“网讯”系统的升级改造。

四、进一步提高了质量管理和服务水平

一是培训质量满意率达99%以上。2008年，该学院对所有培训班按照培训质量管理体系的要求进行标准化运作和管理，有针对性地对其中的122期培训班进行了问卷调查和监测。通过对问卷结果进行统计分析，学员对培训班总体评价的平均满意率为99.93%，课程设置平均满意率为99.57%；教学保障平均满意率为99.83%，班主任工作平均满意率为99.98%，每一项指标都在2007年较高水平的基础上又有一定程度的提高，培训质量受到学员的普遍好评。

二是后勤服务满意率均达97%以上。2008年，后勤部门按照该学院培训质量管理体系的工作流程和后勤服务质量管理体系认证的标准化要求，积极做好学院交给的各项后勤保障任务。通过完善人力资源管理制度、抓好员工培训学习、开展服务创新、加强企业文化建设等一系列工作，进一步提高了服务质量和服务水平。据统计，学员对后勤管理综合满意率达99.12%，其中，餐饮满意率为99.12%，住宿满意率为97.55%，接送站满意率为99.55%，教室卫生满意率为99.94%，票务服务满意率为99.45%。

五、进一步深化了人、财、信息保障机制

一是人力资源管理提升项目全面实施。2008年，该学院内部管理坚持以人为本，不断推进学习型组织建设，积极实施员工年度培训学习计划，全年人均培训学习时间达105学时。同时，积极做好人力资源管理提升项目的全面实施工作，制定出台了部门绩效考评管理办法和员工绩效管理办法，建立了科学的业绩考核体系；制订了员工职业发展工作实施方案，稳步开展员工职业发展工作，进一步提高了学院各类人才的使用效率。

二是财务管理工作重点明确落实到位。学院财务管理工作紧紧抓住年度财务预算和决算、季度财务分析、月度内控检查、实时科目监控、动态固定资产管理等重点工作，积极为学院的发展提供财物保障和财务信息支持。充分发挥财审会、集中采购评审会的作用，尤其是集中采购工作严格按照总行和学院有关集中采购工作的实施细则，对本年度基建、电子设备、运输设备、印刷等采购项目进行了规范化管理，全年完成学院权限内集中采购项目5个，总行统一采购项目7个，既规范了采购流程，又降低了相关费用。

三是信息工作的决策支持影响力进一步扩大。2008年是该学院进入“十一五”后3年创新转型之年，为进一步提升教育培训的地位和作用，学院领导班子充分发挥近年来积累的教育培训经验，围绕当前工商银行如何建设国际一流培训院校、如何构建现代金融企业培训体系、如何推进岗位资格认证制度、如何发展网络远程培训等热点问题进行认真思考，并深入实际调查研究，撰写了具有一定高度和深度的调研报告上报总行，得到了总行领导的关注，其中有2篇调研报告在总行《综合与调研》上刊登。

六、党建工作较好地发挥了政治保证

2008年，该学院党建工作以党的十七大精神为指导，深入开展学习实践科学发展观活动，进一步加强领导班子建设，全力推进党的思想、组织、作风建设，为教育培训工作的快速发展发挥了强有力的政治保证。

一是领导班子的党性和能力不断增强。学院党委认真抓好党委理论学习中心组、党员等各个层面的政治理

论学习，重视加强处以上党员领导干部的党性教育和领导力培训，尤其重视加强“四好”领导班子建设，经过一年来在理论、能力、制度、作风等方面的进一步建设，“政治素质好、经营业绩好、团结协作好、作风形象好”的领导班子形象进一步树立，战斗力、凝聚力进一步增强，不仅带领全体员工取得了优异的工作业绩，而且以科学发展观为指导，审时度势，高屋建瓴地提出了学院未来3年的发展愿景、建设6大中心、实施6项战略措施的规划构想，引领学院向新的发展目标前进。

二是党支部的战斗堡垒作用充分发挥。各党支部根据该学院党建工作的总体部署，认真组织党员、员工学习党的十七大精神、全国两会精神，积极开展深入学习实践科学发展观活动，并结合部门工作特点，组织了丰富多彩的创先争优活动，把党员、员工的思想有机地统一到学院的发展大局中，使党支部的战斗堡垒作用和党员的先锋模范作用得到了充分发挥。

三是纪检监察的监督作用日益显著。学院纪检监察工作坚持“标本兼治、综合治理、惩防并举、注重预防”的方针，为学院改革、发展和稳定提供坚强的政治保证。通过以科学发展观为指导，深入开展形式多样、内容丰富的党风廉政教育，筑牢反腐倡廉的思想基础。通过稳步推进惩防体系构建工作，将反腐倡廉建设列入2008年各部门工作计划，积极开展“学规定、促合规”主题教育活动，建立了上下联动的党风廉政建设信息员制度，加强廉政档案的建设和管理，从源头上防止腐败现象的发生。通过狠抓党风廉政建设责任制的落实，将党风廉政建设责任制分解成26条具体要求落实到各责任部门，得到了较好的落实。另外，对基建办公室认真组织开展执法监察工作，认真做好群众举报、信访和案件查防工作，一年来无案件发生。

七、工会组织切实履行了桥梁纽带作用

一是加强民主管理，有效推进和巩固职工大会制度建设，顺利召开第三届第二次职工大会。

二是积极开展思想和业务教育，重点开展了《劳动合同法》、《就业促进法》、《劳动争议调解仲裁法》的学习和宣传贯彻实施工作。

三是以“迎奥运、讲文明、树新风”活动为契机，群众文体活动持续开展，成功举办了第六届辞旧迎新趣味运动会，进一步丰富了员工的校园文化生活。

四是积极组织开展抗震救灾、福利救助等工作，通过组织员工捐款、捐物、献血等系列活动，尽力帮助四川灾区人民战胜困难、重建家园；在节假日走访慰问困难员工家庭，探访患病员工，将以人为本、关爱员工的理念始终贯穿在工会各项工作中。

（杭州金融研修学院）

工 会 工 作

2008年，在总行党委和中国金融工会的领导下，各级工会认真贯彻落实全行2008年工作会议精神，紧紧围绕全行中心工作，充分发挥工会组织的职能作用，突出重点，狠抓落实，较好地完成了全年各项工作任务。

一、广泛开展劳动竞赛和岗位练兵活动，员工队伍素质明显提高

围绕提高核心竞争力的总体要求和目标任务，积极配合业务部门广泛开展岗位练兵和技术比武，激发了全行员工学业务练技术的热情，对提升员工队伍的业务素质起到了很好的促进作用。分别与运行管理部和个人金融业务部共同组织举办了全行营业经理、个人客户经理岗位练兵和技能比赛活动，并选拔其中优秀选手通过视频同步直播在全行成功进行了业务技能的集中展示，多位总行领导参加了展示活动，姜建清董事长、杨凯生行长分别作了重要讲话。联合总行有关部门通过远程教育网络系统，分别举办了全行国际保理业务网上知识竞赛、风险管理业务知识竞赛和信息数据库业务知识竞赛。以服务奥运为契机，在全行特别是奥运会主办及协办城市行组织开展了“争创巾帼文明岗，优质服务迎奥运”活动。积极评选和推荐申报各类先进典型，充分发挥先进典型对提升员工素质的示范和带动作用，2008年全行共有2个单位、3名个人分别荣获全国五一劳动奖状（章），4个单位获得全国工人先锋号，25个单位分别获得省部级五一劳动奖状和工人先锋号荣誉称号，14个基层网点获得“全国巾帼文明岗”荣誉称号，在全行进一步营造了学习先进、争当先进的氛围。

二、不断深化职代会和基层民主管理工作，工会组织建设和工作活力得到加强

积极落实总行党委关于各一级分行组建职代会的工作要求，进一步加大督导工作力度，强化动态指导，及

时交流先进经验，到2008年末，已有36个一级分行、直属分行成立并召开了首届职代会。不断完善行务公开制度，进一步畅通信息传递渠道，规范的内部信息披露制度逐步形成，员工知情权、参与权、监督权得到有效落实和保障。在中国金融工会三届四次会议上，工行3名员工当选为中国工会十五大代表，并参加了工会十五大会议，是所有金融机构中参加人数最多的单位。大会结束时，中共中央总书记、国家主席、中央军委主席胡锦涛在人民大会堂同全国总工会新一届领导班子成员和工会十五大部分代表座谈，工行劳模代表郭艳受到了胡锦涛总书记的亲切接见。会议结束后，组织各级工会认真学习贯彻工会十五大精神，及时向党委汇报了工行贯彻落实工会十五大精神的情况，姜建清董事长、杨凯生行长、刘立宪工会主任都对做好工会工作作了重要批示。认真抓好总行党委《关于加强分支行党团工会组织工作机构建设的意见》（工银党［2008］40号）的贯彻落实，及时督导并协助解决各行工会组织机构建设中存在的问题。充分发挥工会积极分子队伍的作用，深入开展职工之家建设活动，进一步满足了员工多样化的需求，增强了基层工会组织的活力。工行3个单位分别获得全国模范职工之家和职工小家荣誉称号，20个单位分别获得全国金融系统模范职工之家和职工小家荣誉称号。

三、积极构建和谐稳定劳动关系，员工合法权益得到有效保障

深入开展各级工会参与协调和创建和谐劳动关系情况的调研，交流推广了创建劳动关系和谐企业的典型经验。认真处理群众信访，针对信访人数和来信内容，及时做好处理和转送工作。2008年共处理信访64件，来访3人次，来电7件次，及时向有关部门反馈群体信访情况和突出问题，引导各级工会做好政策解释和矛盾化解工作，努力维护全行和谐稳定的劳动关系。组织开展了女员工权益保护专项集体合同工作的摸底调查，并召开了女员工权益保护专项集体合同工作研讨会，进一步明确了深化和推广女员工权益保护专项集体合同工作的思路。2008年末，江苏、福建、河南、苏州分行辖内已有11个二级分行（支行）签订了女员工权益保护专项集体合同，在保障和落实女员工权益方面发挥了重要作用。以新颁布实施的劳动关系法律条例为契机，加大对《劳动合同法》、《就业促进法》、《劳动争议调解仲裁法》培训力度，不断提高工会干部维护员工权益的能力和水平。

四、积极改进困难员工帮扶救助工作

认真研究和探索建立特困救助长效机制的途径，有效解决了特困救助资金的来源和渠道，保障了全行特困救助工作的有效开展。2008年从总行特困救助金中拨付1 286.40万元，对全行11 047名特困员工进行了救助，受到了广大员工的好评。2008年元旦、春节期间，总行领导分别到辽宁、大连、广西和广东等分行走访基层员工家庭，慰问困难员工。组织开展了全行特困救助金管理情况的调研，对现行特困救助金管理办法进行了进一步修改和完善。四川汶川特大地震发生后，在总行党委统一部署下，认真履行职责，全力以赴组织发动了全行最大规模的抗震救灾募捐活动，全行员工捐款额达到8 765万元，创下了工商银行成立以来员工一次性捐款的最高纪录。姜建清董事长、杨凯生行长等行领导亲自将员工的捐款直接送达灾区，以实际行动履行了大型银行的经济责任和社会责任，得到了全社会的广泛赞誉。及时组织对四川、甘肃、陕西等受灾分行员工及家庭人员伤亡、房屋及财产损失和受灾员工子女就学造成家庭生活困难情况进行摸底调查，实施了有针对性的帮扶救助工作。

五、大力开展群众性文体活动，员工文化生活丰富多彩

根据中国金融工会安排，代表全国金融系统组织参加了中华全国总工会“全国职工学习十七大精神主题知识竞赛”活动，并获得了全国第一名，取得全国金融系统有史以来最好成绩，中国金融工会专门发文进行了通报表彰，在金融系统产生了重大影响。配合“全民健身与奥运同行”系列活动的开展，举行了“全行迎奥运员工乒乓球比赛”，得到了行领导的充分肯定，杨凯生行长、刘立宪工会主任亲临现场观看决赛并为优秀选手颁发了奖牌。经过近半年的组织筹备，在全行举行了纪念改革开放30周年暨工商银行成立25周年员工书法美术作品展示活动，全行41个单位、400多名员工共创作各类作品427件，姜建清董事长、杨凯生行长等领导亲自出席开幕式并与员工一起现场参观了展览。展示期间累计接待全行参观员工达3 500人次，受到了广大员工的一致肯定。积极参加全国金融系统纪念改革开放30周年摄影、四川汶川抗震救灾诗词歌曲和先进事迹征稿等活动，组织整理上报图片570余幅，先进事迹和报告文学200余篇、诗词300余首、歌曲10余首，是全国金融系统获奖最多的单位，进一步展现了全行员工爱岗敬业的精神风貌和奋发向上的时代精神，展现了工行员工“一方有难、八方支援”的团结互助精神。

六、大力弘扬劳模精神，促进全行形成尊重劳动、尊重创造的良好氛围

认真研究劳模管理工作遇到的新情况、新问题，不断完善培养劳模、选树劳模、表彰劳模、关心劳模的机制。组织召开全行疗休养工作会议，研究解决疗休养工作中存在的突出问题，使疗休养工作得到进一步加强和改进。按照总行党委的要求，组织安排全行部分劳模、

先进人物座谈会暨疗休养活动，受到了党委的肯定和广大员工的好评。劳模代表联名发出了致总行党委的感谢信和致全行员工的倡议书，进一步在全行营造了学习劳模、崇尚先进的氛围。工行疗休养工作也得到了上级工会和专门机构的肯定，在中国职工疗养协会、中国职工发展基金会、中华全国总工会资产监督管理部、《中国劳福事业》杂志社和工人日报社联合组织的评选活动中，工行被评为“全国职工疗休养工作优秀单位”，是全国50个、金融系统5个获此殊荣的单位之一。

（总行工会工作委员会）

共青团工作

2008年，系统团委认真贯彻总行党委和团中央的要求，在行领导的关怀和指导下，一方面坚持服务全行中心工作，紧紧围绕创新型银行建设、国际化发展、企业文化建设、提升服务竞争力、企业社会责任履行等发展战略任务，找准工作切入点，努力发挥共青团的组织化优势和广大青年的生力军作用；另一方面坚持以服务青年成长成才需求为共青团工作的立足点，积极引导全行青年立足本职岗位建功立业，在刻苦学习中提高素质，在勤奋工作中取得发展，在不断奉献中实现价值，主要完成了以下8个方面的工作。

一、坚持用社会主义核心价值体系和工商银行核心价值观教育引导青年，深入开展“我与祖国共奋进，我与工行共发展”青年主题教育实践活动

一是以纪念改革开放30周年和建行25周年为契机，召开了“崇尚一流，追求卓越，我与工行共发展”全行青年座谈会。杨凯生行长、赵林监事长、刘立宪纪委书记等行领导出席了座谈会，杨凯生行长作了重要讲话，8位工行不同发展时期的优秀青年代表结合工行发展历程与个人成长经历现场进行了发言。全行各级行领导、团干部和团员青年代表近13 000人通过视频参加了座谈会。杨凯生行长的讲话在广大青年中引起了强烈反响，会后两天内总行团委就收到青年员工心得体会近150篇。

二是以庆祝建团86周年和团的十六大为契机，在全行开展了丰富多彩的主题活动，如总行机关举办了青年学习讲坛，北京分行举办了“我与工行共发展”历届杰出青年访谈活动等。

二、引导青年积极参与企业社会责任履行，启动中国工商银行青年爱心行动

2008年3月5日在山东举办了“青年志愿活动与企业社会责任”论坛，正式启动了全行青年爱心行动，刘立宪纪委书记、总行党委办公室、党委组织部、党委宣传部、工会等有关部门以及山东分行领导出席了活动。活动总结了全行青年志愿活动经验，推动了工行青年志愿者活动的品牌化、规范化。全行各级团组织以“献爱心、讲责任、促和谐”为主题，开展了一系列青年爱心行动：在抗震救灾方面开展了捐赠款物、缴纳特殊团费、“热血献爱心”义务献血等活动；在服务奥运方面组织开展了争当“奥运微笑大使”和奥运志愿者、“文明迎奥运，青年见行动”服务竞赛等活动；在扶贫帮困方面开展了“爱心父母”牵手孤残儿童、与敬老院老人联谊等活动；在服务社会方面开展了金融知识进社区、送金融知识下乡等活动；在捐资助学方面开展了爱心助学捐款、“捐一本书，点亮一个希望”等活动；在环保节约方面开展了“心系环保，关爱生活”、“抵制白色污染，共建美好家园”、“绿色和谐，你我同行”等活动。一年来，全行共开展青年爱心行动1 745次，参加青年达8万多人次，捐赠金额（不含抗震救灾捐款）300多万元，直接受助人数达到1.8万多人。活动为全行广大团员青年奉献爱心提供了重要平台，已成为工行爱心银行建设的一个重要内容。

三、积极响应总行党委和团中央号召，组织动员团员青年开展抗震救灾工作

一是组织动员广大青年员工积极参与抗震救灾捐赠活动，向灾区捐款捐物。

二是根据团中央和金融团工委的统一部署，组织团员缴纳“特殊团费”183.58万元，用于在灾区兴建“金融希望学校”等活动。

三是组织广大团员青年以“青年爱心行动”形式参与救灾和灾后重建工作，第一时间组织了青年抗震救灾突击队，发动青年员工进行了预约献血登记，组织动员了3 500名抗震救灾青年志愿者候选人，在青年文明号中开通了救灾捐赠绿色通道，号召青年员工立足岗位，用优质的服务切实支持抗震救灾工作。

四是大力加强抗震救灾青年先进典型的挖掘宣传表彰工作，总行团委先后编发9期“抗震救灾，青年有

责”专题信息，被中青网转载，3 个青年集体和 15 名青年被金融系统和总行党委表彰。同时，各基层团组织也加大了对抗震救灾工作中表现突出的团员青年的推优入党工作力度。

四、深化青年创新创效活动，开展“我为业务与产品创新进一言”青年客户体验活动

活动得到了总行领导的肯定，姜建清董事长和刘立宪纪委书记对活动作出了重要批示。活动历时 4 个月，共有 5 000 多名青年参加，1 036 名来自个人金融、公司业务等各类业务岗位的青年体验员通过专业培训、体验实践、走访座谈，形成了 2 000 多篇体验报告，其中，317 篇在总行网讯产品创新专栏里发布，31 篇已被采纳使用。活动突出了程序的规范性、内容的广泛性和形式的多样性，取得了良好的效果：初步建立了一支具有一定专业素质的青年客户体验员队伍，形成了一批质量较高、针对性和实用性较强的体验报告，提高了广大青年员工的主人翁意识和创新意识，增强了青年员工在实践中发现问题、解决问题的能力，进一步拓展了青年创新创效活动的领域、渠道和载体。

五、围绕全行国际化发展战略，与国际业务部联合开展了中国工商银行青年英语学习竞赛活动

一是组织开展青年英语学习活动，组织开展了英语演讲、英语辩论、英语读书、英语业务应用推广等丰富多彩的学习竞赛活动，在全行团员青年中掀起了学习英语的热潮，参与青年超过 6.6 万人次。

二是组织编写了《银行业务英语学习 ABC》，为青年提供了应用性和可读性强的英语学习读本，推动了活动的深入开展，得到了广泛好评，银监会团委还将此书推荐给银监会各位领导。

三是举办青年英语大赛，将英语语言、业务应用和英语才艺表演有机结合，全行 3 700 多名青年参加了大赛，80 名选手进入了决赛。杨凯生行长、赵林监事长、王丽丽副行长、李晓鹏副行长、刘立宪纪委书记等行领导出席了总决赛，杨凯生行长作了重要讲话，对活动给予了充分肯定，对青年参与工商银行的国际化进程提出了殷切希望。此项活动是团组织服务工商银行国际化发展和青年学习业务英语需求的一项具体举措，也为全行发掘了一批青年英语人才。

六、服务青年员工成长成才需求，开展争当“青年岗位明星”等争先创优活动

一是在全行管理类和运行类岗位青年中开展了争当“青年岗位明星”活动，398 名基层优秀青年脱颖而出，分获年度、季度青年岗位明星。

二是结合抗震救灾和奥运服务开展了专项评选，共评选出 52 名“抗震救灾”青年岗位明星和 36 名“优质服务”青年岗位明星。

三是参加团中央和金融团工委的各项评选创优活动，经推荐，总行战投部王文彬同志被评为全国青年岗位能手，票据营业部王衎同志被评为全国优秀共青团员，北京分行赵婷婷等 6 位同志被评为全国金融青年服务标兵（明星）。通过活动大力宣传了一批各类先进青年典型，激励了广大基层青年员工争当敬业爱岗、技能精湛、勇于创新、贡献突出的优秀青年员工，营造了人人可以岗位成才的良好氛围。

七、围绕全行提升服务竞争力战略，在青年文明号中开展优质服务月活动

以庆祝“五四”青年节和服务奥运为契机，分别于 5 月和 8 月在青年文明号中开展了以增强服务意识、提高服务能力、优化服务环境、强化服务质量、保证服务安全等为主要内容的创建活动。各级青年文明号充分发挥文明窗口作用，组织青年员工走进社区、学校普及金融知识，提供便民金融服务。同时，广泛开展奥运志愿活动，为广大群众和外国友人提供翻译、咨询等志愿服务等活动。经过创建评选，34 个集体被新命名为 2007 年度全国青年文明号，249 个集体被继续认定为 2007 年度全国青年文明号，58 个集体被评为总行级青年文明号，284 个集体被继续认定为 2007 年度总行级青年文明号。

八、继续以能力建设为重点，强化基层团组织建设工作

一是做好团十六大代表的选举工作。召开全行团员代表大会，选举了总行团委张立军和福建分行林凤玉两位同志为工行参加团十六大的代表。

二是继续举办全行团委书记岗位能力培训班，贯彻刘立宪书记的指示精神，突出了团的特色，加强了业务能力、管理能力等综合能力的培训。

三是深入开展青年发展状况和共青团工作调研。先后对 10 564 名青年员工、管理者和团干部进行了调研，分别形成了《中国工商银行 2008 年青年发展指数研究报告》和《全行基层共青团工作调研专题报告》。

四是开展了“三优”评选活动，共评选出 215 名全行优秀团员、团干部和五四红旗团委（团总支、团支部）。

五是加强基层团支部和团小组建设，举办了基层共青团工作交流会，20 个基层单位进行了经验交流。

截至 2008 年底，全行共有 35 岁以下青年 137 748 人，团员 45 983 人，各级团组织 5 710 个，团干部 6 531人。

（总行系统团委）

离退休人员服务和管理

2008年，全行离退休人员管理部门在总行党委的正确领导下，全面贯彻落实科学发展观，秉承以人为本，构建和谐社会，打造和谐工行的发展宗旨，以进一步做好新形势下离退休人员服务管理工作为抓手，积极推进离退休人员各项政治、生活待遇的落实，推进各项与离退休人员息息相关的政策的执行，推进离退休人员工作部门自身素质的提高，保证了离退休人员队伍的稳定。

一、离退休人员思想政治建设不断加强

一是紧抓离退休人员政治理论学习不放松。2008年，各行切实按照中组部和总行党委的统一部署和要求，通过多种形式组织好离退休人员的政治理论学习，采取看录像、听讲座、学文件、答问卷等方式组织离退休人员学习中央有关文件，学习关于深入贯彻落实实践科学发展观的有关论述、摘编、书籍等，并且不定期举办内容丰富、贴近实际、涉及面广的各类知识讲座。很好地把组织老同志学习与加强政治思想工作结合起来，把增长知识和了解社情结合起来，使得离退休人员能够及时了解、正确认识党和国家的大政方针以及工行的改革发展情况。截至2008年底，全行共开展政治学习3.78万次，举办各类讲座1 484次，共有98.91万人次参加。

二是坚持定期向老同志通报情况不懈怠。2008年，各行很好地执行了定期通报情况制度，坚持通过春节茶话会、每月活动日和《情况通报》等多种形式，做到一年2－3次由行领导向老同志通报情况，及时传达有关文件，通报近期行内重要事务。广大老同志与在职在岗的员工一样，能及时了解党的方针政策、金融形势，了解总行、分行经营状况、行内改革动态及业务发展情况。截至年底，全行共通报情况3 604次，参加人数18.74万人，努力做到了行内重大事件都通报，行外重要事情都知晓。

三是坚持走访慰问，带去组织关怀。2008年，各行始终坚持重大节日对老同志进行走访慰问制度，切实按照走访慰问的总体要求，保证该走访、该慰问到的老同志一个不漏，让老干部及其家人深切感受到党的温暖和组织的关怀。元旦、春节期间，姜建清董事长、杨凯生行长等行领导也亲自到离退休老行长家中走访慰问。截至年底，全行共走访慰问老同志约5.8万次，共有1.6万人次参与慰问，除此之外，还慰问特困老干部及遗孀9 579人，共发放慰问金1 981.86万元。

二、离退休人员党支部活动蓬勃开展

截至2008年底，全行共有离退休党员54 340名，党总支195个，党支部2 461个。2008年，全行各级党委高度重视并积极支持离退休党支部开展活动，各基层党组织积极组织开展符合离退休党员实际并受老同志欢迎的活动，支部活动蓬勃开展。

一是按照中组部《进一步加强离退休干部党支部建设工作的意见》（中组发［2006］12号）的精神，以“支部班子好、党员队伍好、组织设置好、活动开展好、群众反映好”为目标，合理选配支部班子成员，优化组织设置，加强思想政治学习。截至年底，全行各离退休党支部共举办培训班1 051次，2.74万人次参加；组织学习7 293次，53.51万人次参加。

二是挖掘并宣传离退休人员的先进事迹。2008年9月，总行离退休人员管理部冯孝凯总经理带队走访慰问了现暂居上海的退休老同志单怀光、朱荣庄夫妇，偶然得知朱荣庄同志虽患病在身，但夫妇二人仍积极捐款为家乡教育事业和基础道路建设作出贡献的先进事迹，经党总支研究决定，对单怀光、朱荣庄同志给予了表彰，并号召总行离退休人员和工作人员学习他们的无私奉献精神。

三是积极开展丰富多彩的主题党日活动。各行协助各党支部组织主题党日活动。如以爱国主义教育为主题的参观游览活动；各种先进事迹的宣传报道；慰问老党员和困难党员活动等。

四是奉献爱心，捐款捐物援助四川地震灾区。2008年“5·12”汶川大地震发生后，广大离退休人员纷纷伸出援助之手，积极踊跃向灾区同胞捐款，仅总行机关的离退休人员在短短几天的时间里共筹集善款4.59万元，交纳“特殊党费”10.6万元。还有133位老同志主动捐衣被688件。全行老同志在向地震灾区“送温暖、献爱心”捐款活动中充分展现出了作为老共产党员的高风亮节。

三、离退休人员生活待遇落到实处

2008年，各行按照“能办则办、尽量从优”的准则，以相关政策为导向，为离退休人员生活待遇的落实，生活水平的提高做了大量工作。

一是离退休人员的统筹外养老补贴、遗属生活补贴做到及时发放；不折不扣地落实好老干部的“两费”待遇，目前全行已连续5年未发现拖欠医药费现象。

二是在调查了解各行丧葬费、抚恤金的发放情况和执行标准的基础上，促成了总行《关于员工因病或非因工死亡有关福利待遇的意见》的出台，建立了企业化的丧葬抚恤标准，提高了离退休人员丧葬费、抚恤金发放基数。

三是将统筹外养老金投资收益盈余部分按1 000元/人标准，以“一次性生活补贴”的名义，发给离退休老同志，并督促各行遵照执行，做好宣传解释工作。

四是各行均按照中组部关于提高离休干部护理费发放标准的相关政策，及时调整、发放了护理费。

四、离退休人员服务管理细致周到

随着离退休人数的不断增加，各行工作人员克服困难，互相协作，坚持以人为本，亲情化服务，把服务重点向老弱病残、鳏寡孤独者倾斜，尽量满足离退休人员的合理要求，把服务工作做好做实。

一是各行切实保证了各种票证及时发放，有关费用及时报销。

二是保障老干部出行用车需求。部分有车的分行基本保证了老干部看病、活动用车，做到了安全行车无责任事故；实行车改的分行，也通过各种方式保证老同志看病、活动出行无忧。

三是妥善处理老同志丧葬事宜。各行离退休人员管理部门全年共处理丧葬事宜2 177次。在老同志临终前后，各行离退休人员管理部门切实做到病中探望到位、临终关怀到位、治丧工作到位、抚慰家属到位，对家属提出的希望和要求，在政策允许的范围内能解决的尽力予以解决，解决不了的耐心做好解释工作。

四是持续开展为老同志过生日活动。2008年，全行离退休人员管理部门共为32 591位老同志庆祝生日，给他们送去生日的祝福。

五是加强离退休人员活动场所建设和管理。2008年，各行尽最大努力对活动场所的设备进行了更新和场地维护，有的分行将门球场修葺一新，有的分行为保证活动开展添置了设备。截至年底，全行各活动场所日均接待老同志1.32万人次。

六是全面做好离退休人员医疗保健工作。2008年，各行根据自身实际，坚持定期家访和巡视制度，对常年患病行动不便的老同志进行看望，给予必要的关心和照顾。全面做好离退休人员的医疗费用报销工作，并与医疗机构合作，认真完成了年度体检、注射疫苗等医疗保健工作。截至年底，全行共前往医院探视老同志1.93万人次，去家中探望老同志1.34万人次，平均每天外出探望病人89人次。

七是积极开展有益于离退休人员身心健康的文体活动。2008年，各行按照“六个老有”的老干部工作方针，依托老干部活动中心和场所，针对老同志年龄和身体特点，因地制宜地组织开展有益于老同志身心健康的文体活动，各行先后组织了老年舞蹈队、合唱团、书法班、摄影班、台球队等，以丰富老同志生活。截至年底，全行共组织开展各类文体活动5 259次，约有17.63万人次参加。

五、离退休人员管理部门自身素质持续提高

一是积极开展“讲党性、重品行、作表率”活动。根据中组部《关于在全国老干部工作部门开展“讲党性、重品行、作表率”活动的实施意见》（老干通字［2008］4号）的精神，全行按照“集中活动年”的具体要求，深入组织广大工作人员开展学习活动，在自查的同时，采取多种形式广泛听取离退休人员提出的意见和建议，查摆不足，认真进行整改，转变工作作风和工作方法，在提高工作能力上下功夫，不断推动“讲党性、重品行、作表率”活动向纵深发展。

二是认真开展老干部工作方针政策学习宣传活动。按照《关于深入学习宣传老干部工作方针政策的通知》要求，并结合自身工作实际，在全行范围内开展了学习宣传老干部工作方针政策活动。把学习宣传活动作为“讲党性、重品行、作表率，树组工干部新形象”活动的一项重要内容进行安排、部署，取得了较好的成效。

三是召开全行离退休人员管理工作座谈会。牛锡明副行长与会并认真听取了会议代表提出的意见和建议。会后，总行离退休人员管理部认真贯彻牛锡明副行长指示精神，将建议和意见根据可行性原则进行了整理汇总，及时与相关部门进行沟通，促进各项问题能够更好更快地解决。

四是举办一期统计人员培训班。为了进一步做好2008年的年终统计工作，确保统计工作的顺利完成，总行于9月在青海金融培训学校举办了一期离退休人员管理部门统计人员培训班，为年终统计汇总做了必要的准备工作。

五是深入基层，开展专题调研。2008年，全行离退休人员管理部门广泛开展调研活动。截至年底，全行共下基层调研1 180次，召开座谈会1 178次，撰写调研报告397篇。其中，总行离退休人员管理部《关于我行退休干部服务管理工作的调查与思考》的调研报告，被中组部评为优秀调研成果三等奖。

六是认真做好老同志的信访工作。2008年，各行高度重视老同志的信访工作，对老同志的合理诉求能解决的要按照有关政策和规定及时予以解决，解决不了的做好耐心的解释工作。同时，认真做好督查督办工作，坚持做到事事有结果，件件有回音。截至年底，全行各级离退休人员管理部门共处理老干部来信1 725件次，

接待来访 7 793 人次，接听来电 24 608 次，回复率达到 99.56%。

七是高质量完成了信息统计工作。按照中组部的要求，圆满完成了《2007 年退（离）休干部统计表》、《离休干部信息库》的统计汇总工作，做到数字准确、报送及时，被中组部评为全优报表单位并通报表扬。

（总行离退休人员管理部）

精神文明建设

2008 年，全行宣传思想工作以科学发展观为指引，紧密围绕党中央精神和全行改革发展中心任务，在宣传贯彻党的十七大精神、引导员工争先创优和加快管理制度建设等方面大胆创新、开拓实践，较好地完成了全年工作任务，为建设国际一流的现代金融企业提供了精神支撑和思想保证。总行党委宣传部也因此获得了“全国金融系统思想政治工作先进单位”荣誉称号。

一、扎实组织文明单位评选，营造健康向上的良好氛围

2008 年是 3 年一届的国家级文明单位评选年。通过总行推荐与地方推荐相结合，共有北京新东安支行、山西晋城分行、浙江分行营业部、台州分行、衢州分行、绍兴分行、安徽分行营业部、福建福州闽都支行、四川成都金牛支行、甘肃金昌分行、青海省分行（机关）、贵州分行营业部南明支行和广西桂林分行 13 家单位被评为“全国文明单位”（其中 4 家由总行推荐），河北分行营业部桥西支行、山西省分行（机关）、辽宁朝阳分行、吉林松原分行、黑龙江双鸭山市分行等 21 家单位被评为“全国精神文明建设工作先进单位”（其中 6 家由总行推荐），推动了全行文明创建整体实力和总体水平的提高，营造了浓厚的群众性创建氛围，树立了良好的社会形象。同时，根据中央文明办建立“创建文明单位大看台”网站的要求，工行 9 家“国家级文明单位”的创建情况在“中国文明网”发布，通过这个平台展现了工行的行业新风和优质服务品牌形象。

二、积极创新员工思想理论教育模式，组织开展首届“感动工行”员工评选活动

活动以弘扬爱岗敬业、开拓创新、无私奉献、团结友爱精神为主线，着力挖掘宣传立足岗位创造突出业绩、体现先进文化特质和优秀道德品质的基层员工，在全行上下特别是基层员工中引起了强烈反响。经逐级推荐和严格遴选，境内外 46 家机构共推荐 106 名候选人。在严格初审的基础上，以评委投票和全行员工网上投票相结合的方式，先后进行了两轮筛选。全行共有 28.5 万名员工参与投票，占员工总数的 70%，其中，14 家单位参与率达到 80% 以上，成为建行以来在较短时间内参与人员最多、效果最好、组织最为成功的一次网上评选活动。通过投票，最终确定了 10 名获奖人选并进行了实地考察和全行公示。

（总行党委宣传部）

企业文化建设

2008 年，总行围绕构建企业文化体系基本框架，大力推进企业文化建设系统工程，在推进企业文化建设项目、建立企业文化报告制度和企业文化建设三年规划等方面做了大量工作。

一、推进企业文化建设项目

在 2007 年企业文化调研评估成果的基础上，形成并完善了《企业文化诊断评估报告》，提出了对企业文化现状的基本判断和对未来文化发展的初步建议，为推进企业文化建设项目奠定了较为坚实的基础。在此基础上，完成了《关于全面推进我行企业文化建设的报告》和《2009—2011 年企业文化建设三年发展规划》。并结合深入学习实践科学发展观活动专题调研工作，多次在总行各部室和各一级（直属）

分行层面征求书面意见，从中充分吸纳有益的思路和建议，融入《2009—2011 年企业文化建设三年发展报告》与《关于全面推进我行企业文化建设的规划》的修改与完善中。

二、完成课题研究

编撰完成近两万字的《中国工商银行企业文化研究》课题报告。用丰富翔实的调研数据对全行企业文化现状进行了全面剖析，并提出了工行企业文化体系基本框架、总体思路和具体措施。

三、建立企业文化报告制度

2008 年，根据党委关于建立企业文化报告制度的要求，该部起草形成了《企业文化报告制度总体方案》，明确了年度企业文化报告的内容和起草流程，确立了企业文化建设的组织领导机制和沟通协调机制，为工行企业文化建设提供了可靠的制度保障。

（总行党委宣传部）

第五部分

境内分行成就

执行编辑：周小斌

北京分行

【业务指标完成情况】

2008年，北京分行实现拨备前利润172.3亿元，拨备后利润173.7亿元，同比分别增长18%和16%，继续保持系统和同业第一；本外币资产总计1.46万亿元，增加1 413亿元，增长10.72%；本外币存款余额为14 190亿元，增加1 394亿元，增长10.89%；人民币全部存款余额为13 771亿元，较年初增加1 353亿元，其中，储蓄存款增加911亿元，跃居系统第一；本外币贷款余额为2 525亿元，增加204亿元，增长8.79%；人民币各项贷款余额为2 436亿元，较年初增加252亿元；中间业务收入38亿元，增加4.73亿元；全行不良贷款余额为31.9亿元，不良贷款率为1.26%，分别较年初下降11.3亿元和0.6个百分点，低于北京地区四大行和银行业金融机构的平均水平，拨备覆盖率达到130%。在总行综合经营绩效考核中排名第一。

【主要工作措施】

一、积极开拓优质市场，不断巩固和扩大市场领先优势

一是巩固负债业务优势地位。实行分行、支行、网点三级联动的分层营销体系，完善营销激励考核机制，稳定机构军队存款规模，实施主动负债管理。截至2008年末，该分行本外币各项存款日均余额较年初增加540亿元，时点余额增加1 394亿元，存款余额及增量均居系统内第一。二是积极竞争优质信贷市场。充分发挥北京总部经济优势，加速推进信贷业务创新和转型，全力竞争优质大客户大项目；积极拓展小企业金融市场，建成投产3家小企业服务中心，小企业信贷业务实现快速健康发展；稳健发展房地产信贷业务，大力拓展个人住房信贷市场，继续保持个贷余额和累放量同业第一。三是保持中间业务快速增长。巩固和扩大结算、代理等传统业务优势地位，充分挖掘银行卡、电子银行、企业年金、代客资金交易、国际贸易结算重点品种等中间业务增收潜力，积极抢占银证、银保、银期合作等新兴业务市场，实施中间业务收入缺口管理，全行中间业务实现跨越式发展，收入同业占比达到42.3%，稳居北京同业首位。四是切实提高资金营运收益。积极应对资金运营的严峻考验，优化调整资金运作结构，全面拓展资金运用渠道，加大产品创新和系统推动力度，合理转化高成本负债，切实提高资金营运收益，人民币和外币营运率分别为2.94%和5%，达到四年来最好水平。

二、全面推进改革创新，增强竞争发展的活力和动力

一是大力开展产品创新。结合北京区域特点和优质信贷客户需求，创新开发“理财+贷款”、“理财项目池+信托”、“委托理财+项目贷款”等结构性融资和产品组合。自主研发“当代信托融资”、“珠联币合——安享回报”等个人理财产品，推出“存贷通”、“个人房产抵押一贷通”等个贷新业务。成功发行牡丹网通联名卡、牡丹南航联名卡、牡丹1872高尔夫联名卡和牡丹美食卡等牡丹信用卡新产品。进一步丰富电子银行产品功能，开发电子渠道缴纳水费、个人贷款信息自助查询、WAP手机银行缴费、手机短信认证等服务新渠道。二是深入推进业务流程改造。改革运行管理流程，优化整合前台业务流程，投产内部户通用交易，前台40%的内部户业务实现核算自动化。实施后台业务集中项目，实现22项业务后台集中处理，有效提高业务运行效率。调整业务监督方式和流程，初步实现由业务复审向风险管理与质量控制转型。三是不断完善服务管理。健全完善《北京分行服务工作专项考核办法》，制定出台《贵宾理财中心服务规范与运行管理办法》，加大贵宾理财中心服务考核力度，并将其纳入支行行长绩效考核，推动全行服务水平稳步提升。创新建立客户服务投诉处理系统及配套管理办法，该系统自2008年7月投产运行至年末，共收集客户投诉3 528件，投诉

解决率高达99.29%，实现服务投诉的规范化管理。

三、圆满完成奥运金融服务，全面提升服务品质和能力

一是高度重视奥运金融服务工作。专门成立奥运服务领导小组和奥运综合服务办公室，组织推动奥运金融服务工作有序开展。逐级层层签订“奥运金融服务责任书”和“平安奥运责任书”，统一全行服务思想，明确服务工作责任和目标。加大服务工作督导检查力度，奥运前夕，连续开展2次覆盖全行所有营业网点的服务工作大检查；奥运期间，由分行行领导分别带队进行服务工作巡查，确保奥运金融服务万无一失。二是大力加强服务供给能力。新建（含迁建）网点60家，升格81家，撤并、改造低效网点18家，新建自助银行15家，新安装ATM和存取款一体机336台。完成450家网点标识亮化工作和510个无障碍设施建设项目，规范所有营业网点中英文双语标识。增强前台人员综合营销能力，截至年末，共有131名客户经理通过综合认证考试，全行综合柜员占比达到20%。三是不断提升高端客户服务水平。加大贵宾理财中心建设步伐，新增贵宾理财中心100家，贵宾理财中心以上层级网点达到202家，出台贵宾客户“六专服务内涵”和“九项服务承诺”，积极提升客户经理服务水平，全行AFP和CFP持证人数分别达到331人和52人，建立理财专家团队和高端客户“核心服务团队”，有效提升了高端客户服务品质。四是建立健全服务工作长效机制。严格落实《服务质量管理手册》，进一步完善《服务工作考核办法》。定期开展服务工作第三方监测和调查，全行服务综合满意度达到86.2%，保持全年优良级服务水平，普通客户和贵宾客户满意度双双超过85%的年度目标。

北京分行顺义小企业服务中心正式启动。

四、大力加强风险和内控管理，切实提升应对国内外复杂经济形势的能力

一是强化全面风险统一管理。高度重视全面风险管理，健全组织架构和规章制度，充分发挥全面风险管理委员会和各专业委员会的职能作用，深入推进“两个责任制”建设，积极主动配合各类外部审计检查与整改工作，全行保持无案件事故。二是强化信用风险控制。完善法人客户分类分级管理体系，深入排查风险企业和贷款，及早制定管理预案；实施严格的房地产贷款名单制管理，强化房地产客户账户资金监管和风险分析；实行小企业信贷垂直派驻审批模式，成立个贷风险委员会，严把合作机构准入关，提高抵押登记率，完成个贷档案集中上收工作。三是加强操作风险防控系统建设。完善制度办法，规范操作流程，注重发挥营业经理、运行督导员、总会计的监督作用，持续开展基层网点“飞行式”检查，强化科技系统硬控制，抓好关键人、关键岗位、关键风险点，充分发挥三道防线作用。完成内控合规管理系统二期开发工作，初步建立网点风险评价数据模型。四是强化其他各类风险控制。积极提升利率管理水平，出台《本外币利率管理实施办法》，加强重点客户的资金流向监测和预警，合理摆布资金结构，避免流动性风险。完善合同管理制度，提高负面新闻应急处理能力，严格防范法律风险和商誉危机。

五、加强党建和队伍建设，为全行改革发展提供强有力的人才保障和智力支持

一是深入开展学习实践科学发展观活动。按照总行统一部署，认真完成活动准备动员、学习调研和分析检查各阶段工作，开展各类集中学习培训488次，培训党员15 394人次，形成调研成果13个，调研报告178篇，组织召开各级专题民主生活会，修订“四好”班子考评办法，对35家支行班子创建工作进行了量化考评。二是积极提升人力资源配置效率。建立完善绩效管理体系，出台《分行绩效管理实施方案》，形成经营目标层层分解的压力传导机制。推进全行岗位职级体系改革，优化岗位设置，明确职务层级归属，为员工职业发展搭建良好平台。完善分行薪酬福利管理体系，提高季度追加绩效工资和EVA挂钩工资分配标准，增强薪酬激励的同业竞争力。三是加快建设学习型银行。面向管理人员，举办“高管封闭周训”、“领导力提升混成模拟训练营”等封闭培训，着力提升管理层的领导力和执行力；面向专业人员，开展金融理财师等专业认证资格培训，全行各类中、高端资格认证人员达700余人；面向

销售和运行类人员，启动综合化培训项目，培训客户经理11 000余人次，综合柜员占比达到20%以上。四是加强党风廉政建设和防治腐败工作力度。认真落实党风廉政建设和案件防范责任制，积极开展员工行为动态分析，加大专业部门检查和“飞行式”检查力度，推进流程再造与机构调整，推动资金、信贷、财务等内部改革，强化对集中采购评审环节等监督工作，从源头抓好治腐工作。五是构建以人为本的企业文化。努力培育塑造具有北京分行特色的经营文化、服务文化、内控文化、人本文化和品牌文化，积极发挥各级党委的战斗堡垒作用和党政工团的桥梁纽带作用，大力营造稳定、和谐、进取的发展氛围。

天津分行

行长 华耀纲

【业务指标完成情况】

2008年，天津分行实现拨备前利润32.48亿元，实现拨备后利润31.12亿元，分别较上年增长34.6%和28.5%，成为天津地区第一家利润跨越30亿元台阶的商业银行。本外币各项存款余额较年初增加213.26亿元，本外币各项贷款余额较年初增加162.59亿元，创历史新高。全年实现中间业务收入6.58亿元，较上年增加0.62亿元，增幅达10.5%。清收不良贷款7.3亿元，实现了不良贷款余额和不良贷款率双下降，创历史最好水平。2008年不良贷款率为1.68%，较上年下降了0.61个百分点；不良贷款余额为16.32亿元，较上年下降了2.19亿元。

【主要工作措施】

一、以争创一流为目标，不断提高市场地位

2008年，天津分行坚持以敢为人先的精神把握机遇，以争创一流的勇气开拓市场，努力探索符合自身特点的发展道路，在激烈的竞争环境中，市场地位得以持续提高。2008年，分行的存、贷款余额双双跃居同业第一，国际贸易融资累放量和余额、电子银行、结算账户规模等也在同业名列前茅。

在资产业务方面，积极应对复杂多变的经济形势和货币政策的变化，以竞争优质、多元发展、提高议价为重点，实现资产业务又好又快发展。一是以竞争优质为重点。分行抢抓滨海新区、中心城区及郊县三个层面联动发展的新机遇，积极抢占优质项目贷款市场，加大对高速公路、港口、电厂、管网等优质市场的贷款投放，全年项目贷款投放达202.13亿元，较上年增加58.87亿元，增幅为41.09%。二是以多元发展为重点。分行择优介入国内知名房地产企业的开发项目，全年累计投放房地产贷款74.68亿元，较上年增加11.79亿元；创新研发“科技保”、“钢贸通”等融资产品，国内贸易融资、小企业贷款等新兴资产业务累放量达51.1亿元，较上年增加36.1亿元；顺利完成公积金委提业务的投产与推广工作，推动了个人住房贷款的发展，全年累计发放个人住房贷款18亿元，贷款余额较上年增加1.3亿元。三是以提高议价为重点。分行规范了贷款利率浮动管理，加强贷款定价指导。利率下浮贷款占比由年初的52.73%下降到年末的48.21%，下降了4.52个百分点；基准利率贷款占比由年初的32.78%上升到年末的37.19%，上升了4.41个百分点。

在负债业务方面，通过两个“强化”，进一步巩固了存款业务市场地位。一是强化主动营销，提高营业网点的揽存能力。分行推进网点营销辐射能力建设，改变以往坐等客户上门的被动模式，变坐商为行商，深入推进客户经理“四个一”户外营销工作，走进社区、楼盘、企业、商场，提高金融服务辐射范围。同时，深入研究市场特点、分析市场变化，在全行不间断地举办“登门见喜 工享家年”、“工享阳光 畅意随行”等主题营销活动。截至年末，分行储蓄存款增量首超百亿元，较年初增加149.88亿元，刷新历史纪录。二是强化业务源头，挖掘对公存款的客户资源。实行对公存款工作例会制，按月分析存款形势，研究竞争对策。积极开展结算账户开户竞赛活动，与天津市工商局开展合作，从源头上获取企业注册信息，拓展客户资源。按月通报结算账户开户工作进度，全年人民币结算账户净增户14 942户，结算账户数量超过农行天津分行，位居同业第一。深化与政府、财政、社保、军队等重要机构的业务合作，大力吸揽机构存款。研究制定了“天津分行利用网上银行方式进行信贷资金监管业务管理办法”，借助现代手段，努力实现信贷资金在行内的封闭流转。

2008 年 9 月 26 日，天津分行与天津滨海新区建设投资集团有限公司签订全面合作框架协议。

在国际业务方面，坚持锁定国际业务发展的重点支行、目标客户和重点产品的发展策略，促进了市场地位的提升。一是锁定业务发展重点支行。年初，分行确定了开发、保税、塘沽、津西、营业部、河西、北辰、武清 8 家支（分）行为国际业务发展重点行，加大政策倾斜力度，按旬进行通报监测，鼓励重点行率先发展。同时，分行在对所辖支行考核时就国际业务产生的中间业务收入按照系数予以放大，以鼓励各行重点发展，并取得了显著效果。2008 年，分行国际业务结算量超过 100 亿美元，达 110.88 亿美元，较上年增加 43.57 亿美元；国际贸易融资累放额 14.03 亿美元，较上年增加 6.97 亿美元；全年实现外汇中间业务收入 1.13 亿元，较上年增加 0.41 亿元。二是锁定业务发展目标客户。年初，分行按照核心客户、重点客户、一般客户实行分级管理，采取分行直接营销和督导支行营销相结合的模式，加强行内部门联动，制订特色营销方案。截至 2008 年末，分行与天津市进出口量在 1 亿美元以上的大部分客户都建立了业务联系，全年新增国际结算及贸易融资客户数分别达到 101 户和 29 户。三是锁定业务发展重点产品。2008 年，分行依托总行“财智国际套餐”，创新票财通、定期存款与进口代付等产品组合，为客户提供覆盖国际贸易全程并延伸至国内贸易的结算、融资等综合型服务，有力地促进了市场地位的显著提高。截至年末，分行国际业务结算量在四大行的市场占比上升至第二位，国际贸易融资余额和累放量上升至同业第一位。

在中间业务方面，坚持把发展中间业务作为调整收益结构、推进经营转型的重要举措，通过强化管理、深挖潜力、加快创新，实现了中间业务的良性发展。一是强化中间业务管理。以系统投产为契机，加强收费管理，严格控制以减免收费为主要手段的中间业务促销活动。加大中间业务收入在各支行序时考核中的比重。对分行重点发展的业务品种，在对支行的利润考核中确定收入放大系数，有效地促进了全行重点业务的发展。二是深入挖掘传统业务的增收潜力。推进个人业务一体化战略，梳理业务产品，制作业务手册，根据客户不同人生阶段的金融需求，总结各类客户的典型特点，并以“套餐”形式进行重点推介。2008 年，天津分行实现个人金融中间业务收入 2.94 亿元，继续在同业位居第一。大力发展结算业务，将账户信使与上门收款业务进行整合营销，推出了有天津分行特色的套餐服务。推动银期转账业务，先后与津投期货、和融期货等签署了合作协议；组织开展以“财富·价值·共赢”为主题的现金管理业务营销推广活动，当年新签现金管理服务协议 2 749户（含总行级现金管理协议 2 户），完成总行计划的 176.78%。三是加快新兴业务创新步伐。推进投资银行业务，在期限银团方式的“信托 + 理财”、“信托 + 票据”（批发型）等业务上实现了零的突破，开发了服务企业客户的“天玑”系列产品，拓展了产品线，全年实现投行业务收入 1.38 亿元，较上年增加 0.53 亿元，增幅为 62.5%。推进机构业务创新，创新开办保险资产托管，积极探索收支账户托管，尝试开展了代理信托计划资金收付业务，全年实现机构业务收入 969 万元，是上年的 11.5 倍，全年新签署年金合同 27 单，继续保持同业第一。继续深入推进电子银行“跑马圈地”战略，坚持质量并举的方针，对企业网银实施“名单式管理、按月监控”，全面超额完成了总行下达的各项电子银行开户指标。推进信用卡业务服务创新，组织了形式多样的积分兑奖活动，开展了信用卡主动调额业务，2008 年，信用卡发卡规模达 113.3 万张，增幅达 30%。

二、以奥运服务为契机，全力提升社会美誉度

2008 年，天津分行借奥运东风，不断健全服务管理制度，积级构建多层次服务监督管理体系，全行服务面貌焕然一新，得到了监管机构、社会各界及广大客户的一致好评。2008 年通过天津市公众投票、新闻媒体

评选，该行获得了最佳公众形象、最佳服务质量等四项大奖，社会美誉度显著提高。一是健全服务管理制度。继续推行领导干部“三个一”管理机制和领导干部服务责任区制度，通过实施体验与管理交织结合的服务管理机制，既促进了高管人员亲身体验体察全行服务工作存在的不足，又实现了分工负责、分片管理，落实对口网点的服务管理工作。在奥运会期间实行了每日报告制度和有情况即报制，推行了每日巡视制度和应急演练制度，完善细化安全保卫和服务措施，取得了服务零投诉和运行零事故的优异成绩。二是积极构建多层次的服务监督管理体系。不断丰富服务检查手段，通过开展覆盖全行所有网点的服务现场执行力检查、组织仿真客户服务巡查、尝试引入外部中介进行服务测评，构建了内外结合的服务监督检查体系。在科学评价网点服务的同时，有效促进营业网点客观认识服务情况，提高了营业网点的服务竞争能力。三是狠抓服务标准化、规范化建设。推进服务标准化工程，系统整合了分散的服务标准，在全行推广自行拍摄的《营业网点服务规范化示范片》，组织员工反复观看，对照示范片的各项服务标准查找差距，规范行为。总结提炼编写了通俗易记的“优质服务十牢记”面向全行网点推广，并结合“优质服务十牢记”，组织开展了“学榜样、树典型、立标杆”工作，形成了营业网点管理规范化、各岗位服务标准化的良好局面，塑造了全行整齐划一的品牌形象。

三、以夯实管理为保障，持续增强驾驭能力

2008 年，分行进一步夯实了风险管理和内控案防两大基础工作，资产质量显著改善，内控水平不断提高，为各项业务的健康发展奠定了坚实基础。一是夯实风险管理基础。天津分行积极推进全面风险管理，制订了《风险管理评价办法》等规章制度，完善了分、支行的风险管理体系。强化贷后管理，建立了特别关注贷款客户高管人员访谈制度，启动高端客户访谈工作，及时掌握客户动态，防控贷款风险。全面检查 2007 年以来新办理的各类公司信贷业务，对贷款安全进行了压力测试。对个人关注类贷款按月分析、定期通报。在进一步推进大额不良贷款集中管理的同时，创新个人类不良贷款的清收方式，成功清收了人保公司提供履约保证保险的汽车消费不良贷款，推广了个人不良贷款委托中介清收模式。全年清收处置个人客户不良贷款 0.84 亿元，清收处置法人客户不良贷款 6.44 亿元。现金清收占比达到 79%。二是夯实内控案防基础。2008 年，天津分行业务集中覆盖率进一步提高，全年上收集中了 17 项业务，有效减少了营业网点的风险点。制定了违规积分管理实施细则，明确积分认定操作程序，统一积分台账模式，做好问题库和违规积分台账管理。加大对权限卡、业务印章等重点领域的合规检查。积极开展基层行内控评价，并尝试开展对分行部室的内控评价工作，配合审计署、监管部门完成有关检查、审计工作，并得到高度肯定。健全案件防范长效机制，开展了创建“零案件银行”活动，得到了天津银监局的表彰，继续保持了分行多年来无经济案件和重大事故的良好记录。

四、以以人为本为核心，积极营造和谐氛围

一是以良好的作风感召员工。2008 年，天津分行坚持把树立以数字说话、以业绩说话、以发展说话的良好行风作为营造“以贡献论奖惩、以作为论地位”的坚实基础，在全行上下提倡“想干、会干、干好”的理念。以找差距、定目标为核心，在全行各级领导干部中组织开展了“解放思想、干事创业、科学发展”学习实践活动，促进了全行各级领导干部以争创一流、赶超先进的精神找准定位、明确规划。认真落实总行部署，在开展深入学习实践科学发展观活动中，创造性地开展了以实地调研、互相学习为核心的“比一比、看一看”学习交流活动，使各支行行长们亲身感受身边支行的变化，零距离全面了解区域内兄弟支行的经营管理情况，在全行领导干部中形成了比学先进的良好风气，也促进了领导干部综合素质的提高。在天津银监局举办的 2008 年度金融分支机构高级管理人员任职期间考试中，分行成绩在全市大型银行中名列第一，得到了天津银监局的通报表扬。二是以机制的力量激励员工。2008 年，天津分行积极推进人才机制建设，努力搭建公开、平等、竞争、择优的职业发展平台。积极构建动态的人力资源管理机制，设计开发了员工综合考核评价系统，启动并模拟测试了《天津分行岗位评价模型与员工工资等级档次晋升调整规则》项目。围绕分行五年教育培训规则，积极搭建基于岗位差异、覆盖全员的培训平台。推进薪酬分配制度改革，制定并运行了新的内退人员退养费管理办法、员工补充医疗保险管理暂行办法，推行企业年金制度，调增在岗及内退员工住房公积金个人缴存额，实现了分行效益与员工收入的协调和可持续发展。

河 北 分 行

行长　沈立强

【业务指标完成情况】

2008年，河北分行实现拨备前利润48.85亿元，经济增加值为10.9亿元，同比增加19.73亿元。本外币各项贷款新增222.11亿元，同比多增71.04亿元。人民币贷款新增235.01亿元，同比多增99.61亿元。其中，项目贷款为97.45亿元，房地产开发贷款为24.84亿元，个人住房贷款为66.48亿元，票据贴现为486亿元。本外币全部存款突破3 000亿元，达到3 224.2亿元，新增661.3亿元，是上年的2.4倍。人民币存款新增611.17亿元，是上年的2.3倍。其中，储蓄存款为404.35亿元，是上年的7.57倍；对公存款为206.82亿元，市场占比为46.68%。清转处置不良贷款50.01亿元，不良贷款额下降23.6亿元，不良率降至4.99%，下降2.77个百分点。拨备覆盖率达到69.31%，提高13.12个百分点。销售个人类理财产品1 443亿元、保险75.74亿元、基金512亿元。实现中间业务收入16.55亿元，同比增加6.04亿元，增幅为57.5%，分别超过同业和系统平均增幅30个和28个百分点；占营业净收入的比重为20.37%，同比提高5.24个百分点。

【主要工作措施】

一、积极支持地方经济发展

河北分行结合总行党委战略部署，兼顾支持地方经济建设，在宏观调控、信贷规模紧张的大背景下，充分发挥该行在融资、服务等方面的综合优势，为工商银行在实现业务全面领先优势和地方经济发展中作出了突出的贡献。为推动国家扩大内需政策落地，努力解决本省急需的重大项目建设资本金、企业流动资金和中小企业融资难等问题，河北分行成立专门服务小组，深入重点客户，上门征询金融服务需求。特别是针对受金融危机冲击和整体经济下行影响而出现暂时困难的电力、钢铁、煤炭等全省龙头骨干企业，进行具体问题具体分析，更多地着眼于企业的发展前景，主动与企业研究协商渡过难关的具体措施。与此同时，对符合行业信贷政策、产品先进、市场竞争力强、经营健康的优秀小企业重点支持。通过进行业务流程改造，精简环节，优化手段，提高效率，努力满足中小企业发展的融资需求。重视并加强与政府的深度合作，在全省银行业中首家与石家庄市政府签订全面合作协议，建立全方位、宽领域、深层次优势互补的战略合作伙伴关系，承诺为石家庄市城市基础设施、公路建设、环境保护工程和电力、现代服务业等共计100个产业项目，提供300亿元意向性融资，并提供常年财务顾问、企业信息服务、投资顾问、银团贷款安排管理、资产证券

2008年11月20日，河北分行与石家庄市政府签订落实扩大内需促进经济增长全面合作协议。

化等投资银行业务。

二、重点项目营销取得新突破

河北分行认真贯彻落实总行决策部署，以重点项目大客户、新市场为核心，采取各种有力措施，调动各种有效资源，积极抢占重点项目营销。一是成立了重点项目银企对接工作领导小组，组建营销服务团队，调动全行资源，全力以赴做好各项金融服务。二是对重点项目开通“绿色通道”，最大限度地简化手续，实行项目贷款调评合一，加快审批进程和贷款投放速度，确保项目建设资金及时、足额到位。三是在加大新产品的推广力度方面，重点发展搭桥贷款、固定资产支持融资、贸易融资、备用贷款等新产品，努力满足企业发展的资金需要。重点投向关系国计民生的张石高速、秦皇岛、曹妃甸、黄骅电厂等公路、铁路、港口、电力、城市建设等基础设施领域，全年投放项目贷款突破210亿元，余额新增97.45亿元，同比多增14.64亿元。同时，积极响应河北省委、省政府“三年大变样”号召，坚决落实全省城镇化战略部署，全力支持各地城市建设和市容改造，2008年初率先向石家庄、唐山城建项目投放贷款43亿元，有力地促进了城市基础设施的完善和市容市貌的改观。为支持河北省经济产业升级，河北分行积极推行“绿色信贷”，加强了对节能减排、技术创新及循环经济项目的支持力度。对违反国家产业政策、环保政策，可能对环境造成重大不利影响的企业和项目实行“一票否决制”，全年投放“绿色信贷”392亿元，支持了多个重点技改和环保项目。在国家宏观调控政策重大调整后，重新部署做好当前信贷投放工作的具体措施，加大信贷投放，力促河北经济平稳快速发展。

三、不良贷款处置成效显著

河北分行充分认识到不良贷款清转处置工作的艰巨性和重要性，各部门、各基层行合力攻坚，灵活采取各项有效举措，多种处置方式并用，压降不良贷款工作取得了骄人的成绩。加强与省政府及省国资委等有关部门的汇报沟通协商，通过政府资源和银行资源良性互动，加快化解国有企业债务风险。总行首席风险官魏国雄与河北省副省长孙瑞彬就加快化解国有企业债务风险等问题进行了专门洽商，进一步推进了宝硕、沧化、邯郸发达集团债务问题和华药集团债务链问题的解决进程。针对国企存在大量债务，通过剥离、核销等手段，加快不良贷款处置进程，结合总、省行风险专业会议精神和各分支行清收处置工作中遇到的问题，逐户分析，反复研究，采取“一户一策”办法，对于能执行的尽快执行，能终结的尽快终结，做到“成熟一个处置一个”，为信贷投放腾出更多的空间。2008年全年累计核销477个项目、近19亿元，占比全国工行系统核销总量的16%，继广东分行后成为全国系统核销金额最多的分行。充分运用以物抵债政策资源，通过抵偿贷款后快速处置的方式来盘活资金，切断担保链条，解决国有企业债务问题，全年通过以物抵债解决企业不良贷款3.85亿元。

四、创新管理机制、营销体制改革

为解决紧缩货币政策下企业融资难的问题，创新开办“信托+理财”业务，河北分行为秦皇岛开发区国有资产运营中心、唐山冀东水泥等企业增加贷款23亿元。通过大力发展中短期融资券、银行承兑汇票、信用证以及票据、企业债券等产品，解决了贷款规模不足的问题。通过创新融资方式，积极推出商品融资业务，追加年度贷款计划40亿元，有效解决了企业流动资金短缺问题。通过组建跨部门、跨产品的联动营销团队，进一步延伸服务领域，从企业需求出发，主动为企业量身定制一揽子金融服务方案，积极为企业提供账户托管、年金等全方位金融服务，不断延伸业务领域。特别针对曹妃甸开发建设对金融服务升级的需要，适时在曹妃甸成立曹妃甸港区支行，延伸服务触角。并利用工商银行强大的创新能力和人才优势，为企业发展添油助力。积极为河北烟草、华北电网、新奥集团、长城汽车等客户提供优质、便捷的支付结算和现金管理服务。大力发展电子银行业务和银行卡业务，帮助企业加快资金周转速度，提高资金使用效率，降低融资和管理成本。改革专业各自为战的营销模式，开展捆绑营销试点，初步形成个人与对公业务统一营销、整体服务格局。调整优化人力资源配置，探索“一班制”改革，引导人员从二线向一线、从后台向前台、从管理向营销岗位转移，营销人员占比提高了2个百分点。加快网点改造步伐，新建77家贵宾理财中心和100家标准化理财网点，完成550个网点室内外形象标识的标准化改造，网点多层次服务体系初步建立。改革绩效考评方式，增加竞争力指标的考核权重，对城区和县支行增设增长率、同业占比等指标，使考评方式更加贴近市场。创新业务组织模式，推行项目贷款调评合一，涉及37个项目、129亿元贷款，工作效率大为提高。统筹人力、财务、网点等各方面资源，个人金融业务实现超常规发展，理财类产品销售额是上年的4.19倍，其中，个人保险增长2.92倍，个人理财产品和基金销售额分居系统第二位和第一位。积极培育增收新亮点，营销品牌金683公斤、个人账户黄金交易34吨，分别是上年的13.6倍和7.5倍。投行业务实现收入3.05亿元，增长192%，成功争揽唐钢股份、开滦集团托管和账户资格。办理国际结算90亿美元，增幅为65.38%，市场占比明显提升。银行卡和电子银行业务快速推进。信用卡新增105万张，居系统第三位，消费额达120亿元，同业占比均超过60%。企业网银客户占全部对公客户的比例超过50%，同业占比为74%；个人网银突破200万户，同业占比为54%；网银交易额为2.69万亿元，同业占比为50%。

五、全力支持奥运金融服务

2008年奥运期间，河北分行成立由行领导任组长的奥运金融服务工作领导小组，明确相关职能部门责任，制订工作预案，层层抓好落实，并在秦皇岛、承德、廊坊、保定分行确定了17个奥运重点服务网点。

奥运期间，建立奥运金融服务突发事件按日报告制度，服务动态周报制度和系统运行安全制度，对全行奥运金融服务工作进行随时监测和督导，实现了奥运金融服务工作零投诉和平安无事故。强化奥运金融服务和安全保卫工作，落实各类应急预案，实现服务零投诉和平安无事故。秦皇岛分行围绕奥运服务，加强组织领导，做了大量繁重细致的工作，成效显著。以维护稳定为重点，创新信访工作方式，积极化解各类矛盾。

六、全面加强思想政治和企业文化建设

河北分行把培育先进文化作为可持续发展的动力，在全行大力倡导和高扬“以人为本、科学发展、和谐发展”的主旋律，着力构建员工与企业和谐发展、共同成长的价值体系。深入开展“同心工程”和“温馨家园”活动，隆重举办“感动工行”大型巡回演讲，以先进人物和事迹激发广大员工投身改革发展的热情，引发强烈反响。开展“培育勤勉廉洁文化、强化提升执行力”主题教育和执行力建设专项检查，促进了各项决策部署的落实。按照中央和总行部署，深入开展学习实践科学发展观活动，各级行各部门用科学发展观指导实践的能力得到锻炼和提高。组织多种类型的教育培训和业务练兵活动，在工总行第七届个人金融业务“双佳”评选中，10名“最佳个人金融员工”中，河北分行2人上榜，其他比赛中也均获佳绩，队伍综合素质进一步提高。

七、坚定不移地打造良好的社会信用生态环境

河北分行坚持诚信经营，严格规范业务经营行为，积极开展投资者风险教育活动，采取举办理财讲座、理财沙龙、投资报告会等形式，向客户宣传基金、保险和银行理财产品的产品特征、风险程度，引导客户树立正确的投资理念。认真保护客户隐私，对个人贷款等客户信息，严格按照商业秘密执行保密。坚持职业道德培养与业务技能培训并举，努力增强依法合规经营意识。认真履行反洗钱社会责任和义务，不断完善反洗钱工作机制，狠抓制度落实和队伍建设；深入开展商业贿赂专项治理工作，按照“总体安排，重点切入，整体推进，及时调整，确保实效”的工作原则，把防治商业贿赂作为一项重要内容纳入全行工作安排，层层组织落实，重点抓好自查自纠问题整改、商业贿赂案件排查和长效机制建设，促进内控管理水平的提升。全面推广员工违规积分系统，组织“学规定、促合规”活动，开展为期百日的案件风险隐患清查工作，对重要风险点逐项检查，努力消除操作风险，全行自2006年以来连续3年实现平安无案件，创造了内控管理新的历史。

八、积极践行社会责任

“5·12”汶川大地震灾害发生后，河北分行在第一时间内行动起来，全力支援抗震救灾工作。一方面，开辟绿色通道，实行网上银行汇款实时汇划，千方百计满足抗震救灾的金融服务需求；另一方面，迅速动员、广泛组织开展员工爱心募捐活动，捐款总数达138万元，缴纳特殊党费212万元，在全省金融系统中捐款最多，充分展示了工行员工的爱心和责任，体现了“大行有大爱”的企业精神。被省政府评为支持河北经济社会发展特别贡献金融机构，获首届金融贡献奖，为四大行唯一获奖单位，沈立强行长被评为河北省2008年度十大经济风云人物之一，系河北银行业中唯一获此殊荣的金融高管。

山西分行

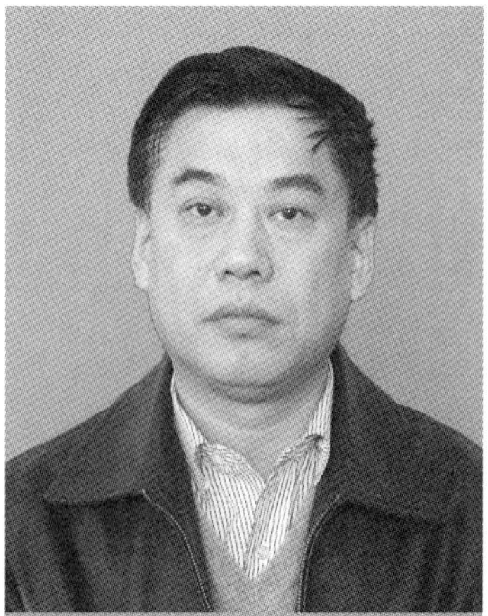
副行长　林明（主持工作）

【业务指标完成情况】

2008年，山西分行实现拨备前利润37.95亿元，同比增加10.15亿元，增长36.51%。实现账面利润35.75亿元，同比增加8.55亿元，增长31.43%。实现经济增加值19.54亿元，同比增加5.34亿元。人民币各项存款余额为2 437.17亿元，较年初增加507.37亿元，增长26.29%，同业占比为34.28%。其中，储蓄存款余额为1 346.31亿元，较年初增加316.70亿元，增长30.76%；对公存款余额为1 082.57亿元，突破千亿元大关，较年初增加190.18亿元，增长21.31%。人民币各项贷款余额为881.37亿元，较年初增加119.58亿元，增长15.70%。票据融资余额为125.79亿元，较上年增加28.98亿元。中间业务收入实现8.51亿元，同比增长14.51%，中间业务四大行占比为38.39%，

较上年增加2.58个百分点。不良贷款余额为12.42亿元，较年初下降1.74亿元，不良贷款率为1.38%，较年初下降0.43个百分点。

【主要工作措施】

一、加大传统业务市场拓展

2008年，山西分行加大了对煤炭、交通、电力、冶金等基础产业和重点项目的支持力度，累计发放项目贷款134亿元。牵头组织银团贷款，适时高效地支持了太原、大同城市建设和旧城改造等21个项目，参贷总额达到20.5亿元。积极推进流动资金贷款改造，大力推广贸易融资业务，国内贸易融资余额较年初净增8.07亿元。主动发挥票据融资对信贷规模余缺的有效调节作用，继续保持了票据业务的快速发展和票据大行的市场地位。完善了重点系统、重点客户多级营销网络，加大煤炭“一金两费”专户的营销力度，以新开对公结算账户为切入点，狠抓低成本存款营销。负债结构进一步优化，各项存款中定期存款占比较年初下降了0.5个百分点，低于系统内平均水平3.68个百分点。国际业务经营规模和盈利能力大幅提升，国际结算量突破33亿美元，外汇公存、非贸易结算和国际贸易融资同业占比第一。

二、巩固第一零售银行地位

大力拓展优质个人客户市场，个人中高端客户数达70.72万户，增长23.98%，中高端客户在全部客户中的占比为12.83%，较上年提高1.38个百分点。私人银行客户数为478户，在系统内占比为6.12%。积极推广“理财中心核心竞争力开发”项目，增强了网点竞争能力，贵宾理财中心、理财网点占比分别较上年提升14个和5个百分点。储蓄存款增量四大行占比达到34.22%，高于第二名农行6.02个百分点。在储蓄存款大幅增长的同时，代理销售国债、基金、保险等个人理财产品254.3亿元，收入达1.98亿元。加大了对优质住房贷款个人按揭项目的竞争力度，个人贷款较年初净增2.97亿元，继续保持四大行同业第一位。强化信用卡业务营销，发卡量和消费额同业市场占比分别达到65.5%和68.5%，处于市场绝对领先地位。

三、开拓新兴业务市场

按季组织开展以产品营销为重点的劳动竞赛，促进了重点产品收入的大幅增长。销售实物黄金3 104公斤，实现黄金业务收入3 685万元，销售额和收入在系统内均排第一位，同业占比达80%以上。销售法人理财产品324亿元，实现中间业务收入3 716.9万元，是上年的13倍。开办了45亿元“理财+信托”结构性融资业务，实现中间业务收入2 943万元。代理中石化上门收款有偿服务实现历史性突破，服务费收入达1 533万元。代理太钢不锈、晋煤集团等企业总计112亿元短期融资券主承销业务，实现手续费收入740万元。成功营销了潞安集团、焦煤集团等53户企业年金业务，新增账管规模19.27万人，实现年金业务收入453万元。自主研发推出了“牡丹晋通卡”，成为全国高速公路实现非接触收费的首例信用卡产品，当年发卡2.8万张，实现交易额4 200万元。开展电子银行“一行一项目”营销活动，全年电子银行交易额实现2.63万亿元，同比增加近5 000亿元。

四、加强全面风险管理和信贷管理基础

强化风险管理委员会制度建设和规范运作，建立风险管理评价体系，对辖属分行风险管理进行量化评价，对各类业务风险实施目标化管理。健全完善信贷管理体制，按照总行要求，组建了四个授信审批分部，实施垂直集中管理，在二级分行成立了信贷管理和风险管理部门，信贷风险控制机制进一步完善。加强信贷准入管理，出台了小企业、个贷业务经营机构准入管理办法，向总行申请并批复了4个二级分行小企业信贷业务复牌及管理行类别上调，确定了辖内资质较强的18个一级支行开办小企业信贷业务，新增9个一级支行开办个贷业务。完善了法人客户分类评级工作，信贷资产结构进一步优化。强化了专职审议制度，组建专家型信贷业务审议团队。开展了信贷作业监督，明确职责要求，规范信贷业务操作行为。实行不良贷款精细化管理和分类清收策略，突出重点，逐户制订处置预案，运用多种手段提高清收处置效率，全年共清收处置不良贷款7.96亿元，实现拨备回拨2.9亿元。加快推进存量风险贷款退出工作，有效杜绝了风险隐患，夯实信贷资产质量，全

山西分行副行长林明向企业客户介绍我行服务优势。

年存量贷款退出12.96亿元。

五、进一步提升经营管理水平

启动了公司、机构、结算专业大客户的直营改革，提升了营销服务的整体功能。健全完善了考核激励机制，推行了各级行管理人员绩效目标合约管理，启动了对二级分行主管行长的绩效考核，建立了行长特别奖励基金。认真贯彻落实奥运金融服务相关要求，组织开展了“迎奥运文明规范服务百日活动”，确保了奥运期间高质量、高水准的营业服务，提升了品牌价值和社会形象，辖内有7个单位被省银行业协会授予“文明规范服务示范单位”称号。按照“四优先、六统一”的原则，加快网点布局调整和升级改造步伐，促进了网点结构功能和营销服务水平的全面提升。积极推进员工职业发展工作，进一步拓宽了员工晋升通道和发展空间。加强网点客户经理配备，不断充实和壮大客户经理队伍，年末客户经理总数达到全员的16%。

六、有效加强安全稳健运营能力

开展了“内控管理效益年”活动，组织基层行深入开展内控评价，扎实推动内控责任体系建设，加强对财务管理、理财产品、结售汇、小企业及个人贷款、抗震救灾资金等业务的现场检查。完善了运行管理制度，开展了金库标准化建设，业务运行风险防控能力得到增强。组织了案件防控和操作风险系列活动，落实党风廉政建设各项责任机制，强化监督制约，加大案件查防力度。组织开展员工行为动态排查，进一步巩固员工案件防范思想防线。开展了“党员身边无违规、员工身边无案件”活动，组织全员学习《员工违规行为处理暂行规定》，并签订了承诺书。强化生产系统安全运行管理，提升了营业机构网点服务和安全管理水平，确保了奥运会和重大节假日期间安全稳定运营。组织开展了以“平安迎奥运，和谐促发展”为主题的百日安全教育活动，在10个二级分行完成了集中监控系统建设并投入运行。

七、以人为本加强队伍建设

一是深入开展科学发展观学习实践活动。按照总行统一部署，迅速行动，落实责任，扎实开展了学习实践活动。通过理论辅导，专家授课，召开创新发展研讨会，举行支行行长、中年员工、客户经理以及二级分行部门负责人等参加的座谈会，广泛征求意见，认真查找问题。结合改革和业务发展实践，开展解放思想大讨论、建言献策活动，对一些涉及范围广、影响层次深、事关员工切身利益、受到员工高度关注的事项进行了研究落实。召开了专题民主生活会，通过开展批评与自我批评，统一思想，增强了班子凝聚力。在深入学习、调查研究、解放思想、征求意见、召开专题民主生活会的基础上，认真总结了近年来贯彻落实科学发展观的主要成效和体会，分析检查了影响和制约科学发展的突出问题和思想根源，理清了发展思路，明确了努力方向，制定落实了改进措施。二是不断加强党建和干部队伍建设。加强对各级领导班子年龄结构、专业结构和性格特点的研究，年内调整选配二级分行党委副书记6人，强化各级班子的人事管理、内控管理和运行管理工作。评选表彰了先进基层党组织、优秀党务工作者和优秀共产党员，推动了“创先争优”活动的深入开展。以业务一线、高学历群体和青年员工为重点，发展新党员430人，基层党组织建设得到有效加强。以分层次培训为重点，开展了内容丰富、形式多样的业务培训，累计培训员工4.8万人次。组织了“迎奥运”首届职工运动会、“和谐之声”歌咏比赛等文体活动，极大地活跃了员工业余生活。组织开展送温暖活动，在节日期间对特困劳模、特困员工和老党员进行慰问。三是认真履行大型银行社会责任。在2008年南方冰雪灾害和“5·12”汶川大地震发生后，迅速为灾区捐款开辟绿色通道，及时向重点煤炭企业发放11.5亿元贷款，向救灾设备生产企业紧急投放3 000万元贷款。号召干部员工向灾区人民伸出援手，支援抗震救灾，定向捐助地震灾区在晋大学生100万元，员工自发捐出善款和“特殊党费”631.01万元，充分展现了众志成城的团队精神和集体主义精神，践行了国有大型银行的社会责任，被省委省政府授予“爱心捐助成就奖”。扎实开展行风评议活动，再次荣列金融系统第一、窗口服务行业第二，得到省委省政府的高度评价。企业文化建设取得了新的进展，多个单位和员工取得了长足进步，分别荣获全国“模范职工之家”、“金融模范职工之家”、山西省“五一劳动奖状”、“山西省女企业家”、总行“巾帼文明示范岗”和“巾帼岗位标兵”等称号，省分行本部被授予“省直文明和谐单位标兵”、“全国文明单位”称号。

内蒙古分行

行长　郝彬

【业务指标完成情况】

2008年，内蒙古分行实现拨备前利润20.62亿元，同比增加2.08亿元；实现拨备后利润21.52亿元，同比增加3.44亿元；实现经济增加值10.66亿元，较上年增加2.94亿元，增长38.08%。人民币各项存款余额1 132亿元，较年初增加194亿元，外币各项存款7 365万美元，较年初增加2 424万美元。人民币各项贷款余额（含票据贴现）685亿元，较年初增加79亿元，增长13.04%。实现中间业务收入4.63亿元。本外币不良贷款余额较年初减少4.54亿元，不良贷款率为2.99%，较年初下降1.13个百分点，全年共清收处置不良贷款9.17亿元（含呆账核销及转抵债资产）。

【主要工作措施】

一、积极拓展优质信贷市场，各项贷款均衡投放

一是加强优质客户营销，切实增强对重点项目的市场竞争能力。积极完善三级联动营销机制，积极争取优质项目贷款市场份额，全年各项贷款余额较年初增加79亿元，其中，项目贷款增加88.5亿元，主要投向了公路、铁路、煤炭、电力等重点项目和优质客户。二是在压降传统流动资金贷款的基础上，积极推动国内贸易融资业务发展。按照“按时收回、重新配置、压缩存量、搞活流量”的经营思路，全年累计压缩流动资金贷款30.73亿元。对全区贸易融资市场深入调查分析，全年国内贸易融资业务实现零的突破，融资余额达到1.33亿元。三是在严控风险前提下，稳步发展房地产开发贷款和小企业信贷业务。精心筛选优质项目，严格审查审批，合理把握投放节奏，全年房地产开发贷款净增1.26亿元。进一步规范小企业信贷业务贷款管理、强化不良贷款清收、做好退出客户工作，组织调研进一步掌握全区小企业资源状况，加快推动业务发展，全年投放小企业贷款2 245万元。四是积极发挥票据业务对信贷投放的调节作用，加强票据流量管理，努力扩大票据转卖出口，全年累计票据买入92.7亿元，实现票据融资业务利息收入1.59亿元。五是组织了多个调研组加强调查研究，准确把握信贷投向。

二、加大营销力度，各项存款和理财业务稳步增长

在机制上，要求各行一把手亲自抓存款营销工作，围绕提高市场占比这一总体目标，有针对性地开展工作。加强对二级分行的督导检查，进一步完善存款的监测分析和考核通报制度，取得了积极的效果。人民币各项存款余额较年初增加194亿元，增长20.7%，同比多

2008年12月31日，内蒙古分行行长郝彬慰问年终决算一线员工。

增108亿元，创历史最好水平。其中，储蓄存款较年初增加94.96亿元，增长17.75%，公司存款较年初增加34.39亿元，增长16.31%，机构存款较年初增加64.78亿元，增长33.77%。在具体工作上，加大对重点系统、重点单位、优质客户的营销力度，维护和深化合作关系，积极稳定存款。加大对新市场的开拓，努力寻求新的存款来源。实施理财产品销售与存款业务捆绑营销，实现两者相互促进、共同发展，全年共销售基金及理财产品183.62亿元。

三、实施“第一零售银行”战略，个人金融业务发展取得新突破

围绕“一个中心、两个水平、三个精细、四个到位”的工作重点，坚持改革创新，强化市场营销和客户服务。一是加强组织领导，全面推进“两化”改革。全行个人金融业务网均利润和人均利润分别较上年增长46%和35%，储蓄存款网均增量2 159万元，人均增量186万元，分别是上年的3.33倍和2.86倍。二是以储蓄存款为基础，积极发展基金、保险、理财产品等新业务。全行个人金融资产新增，储蓄存款增量，个人理财产品、基金、保险、人民币理财产品销售额均居同业首位。三是继续坚持“分类指导、差别管理”，加大个人贷款业务营销投放力度。加强个人信贷合作机构准入管理，实施分区域差别发展战略，积极推进重点分行个人贷款中心建设。全年累计投放个人贷款38.31亿元，个贷余额较年初增加20.4亿元，增量占比居同业第一。四是加大核心产品的推广力度，坚持“定位中端，竞争高端，培育潜力”的市场竞争策略，加大信用卡、灵通卡、网上银行、理财金等核心产品推广力度。五是大力推进营业网点升级改造，提高渠道服务竞争力。全年建成贵宾理财中心19家，在建财富管理中心1家，投入运营的贵宾理财中心深入推进核心竞争力项目，加强业绩考核，有效提升了业务处理效率和客户服务质量。

四、实施服务与创新战略，中间业务和各项新兴业务稳步发展

进一步完善工作规则，编制了全行创新发展三年规划和产品创新实施细则。调整修改《中间业务委员会工作规则》，加大同业占比的考核力度，制定《2008年中间业务考核奖励办法》，建立同业竞争信息分析报告制度。加大产品宣传和业务推广力度，结算与现金管理的市场影响力进一步增强。全行实施了结算账户拓展工程，积极推动账户黄金和实物黄金市场营销工作，全年实现贵金属业务交易量10 795.82公斤，实现贵金属业务收入225万元，实现了历史性的突破。投资银行、企业年金、资产托管业务取得稳固发展。全年常财业务收入较上年增加1 014万元，为包头城市投资发展公司等8户企业提供投融资顾问服务，实现收入3 188万元；全年累计与140余户企业签署企业年金业务合作协议，管理企业年金个人账户数3.72万户，较年初增加6 787户，实现企业年金业务收入112.28万元；全年累计托管各类资产4.01亿元，实现托管业务收入16.8万元，较上年增长318%。发挥全行整体优势，信用卡业务取得较快发展，信用卡发卡总量在四大商业银行中占比为37.1%，继续保持同业领先地位。深入实施“跑马圈地”和“二次创业”战略，电子银行业务继续稳步发展，全年共实现电子银行交易额8 641.16亿元，较上年增长40.03%，实现电子银行收入854.14万元，较上年增长61.79%。研究制定了《国际贸易融资核准制实施办法（试行）》等管理办法，提高业务审批效率，坚持“抓大不放小”，努力推进产品创新，积极展业务领域，全年实现国际结算量14.53亿美元，较上年增长22.29%。

五、继续推进经营机制综合改革

一是强化财务预算管理，优化资源配置，全面推行分产品、分部门预算管理，进一步改革完善考评体系，淡化计划完成率考核，增加同业占比考核，引导各行不断提高核心业务的发展速度和目标市场的竞争力。二是深化资金管理体制改革，加强资金来源与运用的监测与管理，坚持预测预报制度，加强全行资金统一调度与管理，积极压缩备付占用，努力提高资金使用效率和营运水平。三是继续优化区域布局，深化二级分行扁平化改革，坚持优化配置与提升层级并举，全年撤并低效网点46个，迁址改造低效网点27个，升格为二级支行52个，特别对边远林区的16个机构网点实施撤并，妥善进行人员安置、业务移交等工作，增强了机构整体竞争力。四是改革信贷业务管理和审批流程，进一步完善经营管理体制，业务操作和客户服务效率得到进一步提高。

六、加强全面风险管理，不断提高风险管理水平

一是进一步健全完善全面风险管理体制，组织编制了《全面风险管理三年规划（2008—2010）》和《风险评价实施细则（试行）》，全行已形成以风险管理委员会为主体，各专业委员会为辅助的全面风险管理组织体系。二是严格信贷管理，积极调整优化信贷资产结构，加大不良贷款的清收处置力度，进一步完善清收处置预案管理制度，强化组织领导和动态管理，健全激励和考评机制。特别针对千万元以上不良贷款大户，继续推行“三级领导挂牌”清收和分行督导工作机制，加大监督考核力度，多次组织到不良贷款大行调研指导，协助开展对大户的清收处置工作，全行不良贷款余额和占比继续双降，信贷资产质量进一步改善。三是强化内部控制和案件防范，制定明确了《基层营业机构负责人内控管理要点》、《节假日案件防范管理规定》等。四是深入落实内控评价工作，对辖属的二级分行和县级支行进行了现场评价，评价面达100%，深入排查问题并及时进行整改。特别为有效解决基层行案防悬空问题，试点

并在全行推行了《基层机构各级各类人员案件防范工作主要职责》。五是加快推进守押社会化改革，加快安全防范设施标准化建设步伐，全年未发生抢劫、盗窃、诈骗（既遂）、涉枪案件和重大事故，成功堵住2起假票据诈骗案，涉及金额515.8万元。

七、坚持以人为本，进一步加强员工队伍建设

一是加强各级党组织和领导班子建设，努力提高执政能力和经营管理能力。二是加强员工教育培训，全面推进企业文化建设，努力构建和谐用工关系。三是深化人力资源管理提升项目，完善薪酬激励机制。四是深入开展学习实践科学发展观活动，党员干部进一步受到了教育，增强了运用科学发展观理论指导实践的能力。五是大力做好维护稳定工作，集体访和越级访件数、人数同比明显减少，特别是“两会”、奥运会、残奥会等重大会议期间，积极采取有效措施，没有发生群体性进京上访事件。六是大力弘扬抗震救灾精神，动员全行上下共筹集爱心捐款209万元，交纳“特殊党费”107万元，被自治区党委政府授予“抗震救灾先进单位”。七是推行民主管理，成功召开了全区系统首届职代会，广大员工的凝聚力、向心力不断增强。

辽宁分行

行长　朱立飞

【业务指标完成情况】

2008年，辽宁分行实现拨备前利润15.7亿元，实现拨备后利润11.6亿元；实现经济增加值1.8亿元。成本收入比为59.8%，比上年下降1.8个百分点。拨备覆盖率为86%，比上年提高10个百分点。累计清收、处置和转化不良贷款31亿元。年末不良贷款余额38.6亿元，比年初下降29.4亿元；不良贷款率为3.81%，比年初下降5.43个百分点，实现了把不良贷款率压降到4%以下的目标。实现中间业务收入8亿元，同业占比为31.1%。各项存款时点余额为1 874亿元。人民币各项贷款余额为1 004亿元，比年初增加280亿元。剔除清收等因素，公司客户贷款实际增加128亿元。票据业务累计买入量1 791亿元，实现利差收入14.5亿元，同比增长63%。

【主要工作措施】

一、奋力克难攻坚，实现了不良贷款清收的再突破

继续把不良贷款清收列为全行重点工作，并确定把不良贷款率压降到4%以下的清收目标，深入落实“行长清、明责清、挂钩清、限时清”的“四清”工作要求，全力开展清收决战。一是抢先抓早，从年初开始深入各行，逐户研究方案，确定目标和工作进度，有效推进了清收处置进度。二是协调政府部门，督促加快破产企业实施进度，全年核销政策性破产企业不良贷款3.58亿元。三是反复协调各级法院，加快诉讼清收案件的审理和执行进度，解决了沉积多年的清收难题。四是多措并举，利用协议清收、还款免息、重组转化等手段，现金清收不良贷款6.7亿元，重组转化2.6亿元，呆账核销11.5亿元。五是在清收工作中，努力提高议价水平，实现拨备回转6.5亿元。六是狠抓信贷管理、严控贷款劣变、关注三类贷款余额为零。

二、合理控制节奏，实现了贷款营销的再突破

一是合理把握贷款投放节奏，以域内钢铁、电力、公路、铁路、电网、港口等行业优质客户为目标，快速推进优质贷款投入，全年向上述行业客户投放贷款200亿元，进一步优化了信贷结构。二是以政府南方招商为契机，确定营销重点，开展三级联动营销，储备的优质项目超过1 000亿元，其中，已通过总行审批的424亿元，为今后优质贷款投放奠定了良好的基础。三是与优质大客户的业务合作进入到崭新阶段，单笔向鞍钢发放项目贷款21亿元，一次性满足交通厅提款需求16亿元，创造了贷款投放之最，也进一步巩固了该行的竞争优势。四是以国内保理、发票融资、国内信用证等业务品种为突破口，大力拓展国内贸易融资业务，全年累计办理8.4亿元。其中，为抚顺发电成功办理系统内首笔

国内双保理业务，填补了业务上的空白。五是加强住房开发与个人按揭贷款的经营联动，遏制了住房按揭贷款持续下滑的势头。

三、准确把握市场，实现了票据业务的再突破

继续贯彻“安全、稳产、调整”原则，把握市场，推进票据业务稳健发展，票据业务买入量同比增加708亿元，利差收入同比增收3.6亿元。一是抓住年初信贷紧缩的市场环境，抢抓年初票据业务营销，实现第一季度买入票据339亿元，为完成全年目标奠定坚实基础。二是准确把握市场，采取“稳进快出”的运作策略，及时锁定利差，有效规避利率风险，实现票据管理的精细化，票据资金周转次数为18.7次，年收益率为15.2%。三是抓住总行实施业务流量管理契机，灵活交易方式，实施业务拆分，拉动业务增长，全年累计办理流量控制业务814亿元，增加利差收入1.44亿元。四是积极调整票据业务结构，本地业务量占比提高9个百分点，优质客户业务量占比达到40%，进一步增强了该行票据业务的抗风险能力和可持续发展能力。

辽宁分行与辽宁省旅游局、中国银联辽宁分公司联合推出牡丹旅游联名卡。

四、突出“第一要务”，实现了中间业务的再突破

把中间业务列为2008年工作的第一要务，集中力量发展中间业务。加强个人客户经理队伍建设，加大保险、基金、个人理财等本外币理财业务，累计销售个人理财产品279亿元。大力拓展账户管理业务市场，对公结算账户存量达到8.24万户，比年初增加1.4万户；增量同业占比为59.2%，位居四大行首位。推动国际业务创新发展，国际结算业务量同比增加13.7亿美元，增长40%；国际贸易融资业务同比增加3.6亿美元，增幅达730%；外汇中间业务收入对全行中间业务收入的贡献度比上年提升3.9个百分点。银行卡业务当年净增发卡50.4万张，累计实现消费额109亿元；实现银行卡业务总收入1.36亿元；中油项目交易额、回佣收入两项指标继续保持总行第一。强化电子银行业务营销，全年新增企业电子银行客户1.6万户，新增个人电子银行客户96.4万户；电子银行交易额2.2万亿元，增长47%；电子银行业务笔数突破3亿笔，增长32%；离柜率达38%，提高了8个百分点。年金业务快速发展，新增企业年金客户52户，企业年金个人账户1.5万个，在已建立年金制度并运作的企业客户中，该行市场占比达68%。资产托管业务规模不断扩大，新增托管资产12.3亿元，托管资产规模达22.3亿元。

五、强化成本意识，实现了负债综合收益的再突破

以推行“两化”改革为契机，积极落实第一零售银行的战略要求，不断加强个人客户经理队伍建设，实现了储蓄存款的持续快速增加。全年储蓄存款时点增加192亿元，日均增加64亿元。以年初确定的100家重点客户为主，通过实行行长包户制和定期走访制，狠抓活期存款和资金日均留存，不断强化对招商项目、新建项目以及重点大客户的公司存款营销。全年公司存款日均增加26亿元，其中，存量活期存款占比达到90%，较上年提高了2个百分点。以军队、住房公积金、金融同业等重点行业和新增客户为重点，抓住元旦、春节等重大节日契机，积极组织开展了潜力客户挖掘战和存量客户保卫战，全年机构及同业存款日均增加16亿元，完成了计划的163%。

六、突出“培训提高工程”，员工素质和管理基础进一步强化

一是实施“培训提高工程”，提升全员综合素质。按照“培训提高年”的工作要求，落实各项培训计划，突出转岗培训和适岗培训，全年举办各级各类培训1 685期，培训67 488人次，促进全员综合素质的提高。进一步强化客户经理队伍建设，全行个人客户经理队伍已达1 413人，其中营销、理财经理1 153人，大堂经理260人，较好地发挥了作用。二是加强机构网点建设，保持网络竞争优势。积极推进贵宾理财中心建设，全面完成57家中高端网点的装修改造。机构网点升级改造步伐进一步加快，撤并低效网点25个。加快城市新区市场进入步伐，实现网点跟进25个。不断完善考评管理体系，制定实施了全行柜员业务量考核实施办法。三是推行全面精细化管理。下半年省行党委适时提出了“全面加强精细化管理，加快向优良银行迈进”

的新目标，组织全员开展了“全面推行精细化管理”活动。为落实好全面精细化管理活动，逐级成立了活动领导小组，明确了活动的时间安排、具体内容、方法步骤，经过学习提高、查找差距、全面整改等阶段的工作，全行的精细化管理理念得到了牢固树立，精细化管理的成效日益显现。四是深入实施“包点坐堂”。作为“优质服务年”活动的延续，把行长“包点坐堂”特别是支行行长“坐堂”作为一项长效机制确立下来。出台了支行行长“坐堂”管理办法，专门成立了行长“坐堂”督查组，举办了支行行长“坐堂”经验交流会，组织开展了“坐堂”行长代表巡回报告，对优秀“坐堂”行长进行了通报表彰。行长“包点坐堂”制度的有效实施，极大地促进了全行服务水平的提升，对于提高全行的经营管理水平起到了重要的作用。五是积极调动广大员工工作积极性。投入专项资金，提高了一线岗位员工以及高级专业人才的薪点值，增加了劳务人员、资深员工的工资档次，调整了新录用大学生的工资等级。同时，进一步加大绩效考核力度，全年绩效工资投入总量较上年增长了15.6%。员工的福利待遇进一步提高。为全行员工办理了企业年金，将各二级分行员工住房公积金单位缴存比例由10%调增到12%，新增了员工的综合医疗和重大疾病两项补充医疗保险，建立了内退人员退养费核定及增长机制。

七、深化“内控外防安全工程”，内控管理水平不断提高

强化内控管理，消除案防工作的死角和盲区，实行自上而下的网络化管理，建立了涵盖全行所有人员的案防工作电子网络台账，形成全员参与、上下联动、齐抓共管的案件查防工作体系。建立了覆盖全员的案防责任网络，采取了各级领导包行、包专业、包网点的“三包”措施。始终把“管人”作为第一关口，严格落实员工动态考核和违规积分管理。组织开展调研，推动员工违规积分管理与合规检查问题库的建立。强化了重点业务、重点部位和重点环节的风险防控，成功堵截了两起案件。同时，落实案件查防工作奖惩制度，严格执行案件考核“一票否决”，强化案件责任追究力度。积极配合协调内审外查和监管评级工作，抓好各类检查发现问题的后续整改，相关问题得到了全面整改落实。深入落实全行物、技防建设，技防设施项目正在积极推进。创新安保工作模式，目前已在省行及所属13家分行建立了警务工作站。信访稳定工作开创崭新局面，以维护稳定和化解矛盾为宗旨，积极努力地开展工作，在地方党政部门的大力支持下，信访工作形势逐步趋于稳定。群体访、进京上访次数较上年大幅度下降。

吉林分行

行长　李安山

【业务指标完成情况】

2008年，吉林分行实现拨备后利润8.8亿元，同比增长211%；经济增加值首次实现由负转正的历史跨越，余额达1.64亿元，同比增长144%。全年累计清收处置不良贷款24亿元，不良贷款余额控制在52.5亿元，不良贷款率降至8.3%的历史最低水平，分别比年初下降8亿元和2.9个百分点。各项存款增加137亿元，各项贷款增加94.4亿元，增幅分别达到12.5%和16.9%，均创历史最好水平，特别是储蓄存款当年净增加118亿元，总量突破800亿元，实现了增量存量同业占比双第一的奋斗目标。人均利润、网均存款同比分别增长20万元和1.4亿元，经营效率显著提升。优质项目贷款余额占比提升2.3个百分点，流动资金贷款占比下降4.9个百分点。活期存款占比保持50.2%的较高水平。全年实现中间业务收入6.1亿元，同业占比第一。信用卡发卡量突破62万张、实现消费额63亿元，均为同业占比第一。电子银行交易量1.8亿笔，交易额突破2万亿元。国际结算量、国际贸易融资累放额分别达到31.3亿美元、3.7亿美元，同比分别增长18%、125%。全年新增对公结算账户1.37万户，其中高质量的现金管理客户1 857户。电子银行离柜业务占比达到50.4%。客户结构方面，AA级以上优秀客户贷款占比

提高到69.2%；个人优质客户总量超过46万户，理财金账户超过5.8万户，净增2.15万户。

【主要工作措施】

一、深入推进资产质量攻坚，全力以赴夯实经营基础

动员全分行上下充分估计质量攻坚的艰巨性和复杂性，加快不良贷款处置进程，不断开辟新的清收渠道。一是重点强化现金清收，提高不良贷款受偿率。通过上门催收、法律诉讼、还款免息等多种方式，全年累计现金清收不良贷款9.5亿元，占清收处置额的39.6%。二是针对不良贷款重点区域、重点项目和重点客户的大额不良贷款，进一步完善领导干部挂帅清收责任制，实施重点攻坚。确保了吉林市城建基础设施不良贷款、交通系统大额不良贷款取得了实质性清收转化进展。全年累计清收处置5 000万元以上大户不良贷款10.6亿元，占全部清收处置额的44%，其中，清收完毕亿元以上不良贷款客户3户，合计3.79亿元，5 000万元以上客户8户，合计6.78亿元。三是合理配置核销资源，加快消化“冰棍效应”。积极组织个人贷款和房地产开发贷款核销，累计核销呆账贷款4.5亿元，极大地净化了精品业务的发展空间。四是省行直接参与重点项目清收预案的制订，切实发挥以物抵债的通道作用，处置亿元以上大户不良资产1.9亿元。五是创新不良贷款处置手段，与华融资产管理公司长春办事处合作，委托其对疑难不良贷款进行清收处置。六是完善存量潜在风险贷款压降措施。针对符合总行退出重点的“三类客户”（重点关注客户、行业退出类客户、劣质小企业客户）和“两类贷款”（关注三级贷款、老流动资金贷款），科学制订清收转化和信贷退出计划，逐户逐笔落实责任人和制订具体可行的清收处置预案，全年实现存量风险贷款的合理压退25亿元，确保了全分行资产质量的提升。

二、加大市场营销力度，切实提升信贷业务综合竞争力

着力把握机遇提升信贷创利能力，根据宏观经济形势的变化合理把握信贷投放总量，确保实现早投放、早收益。一是全面落实国家宏观调控政策，切实履行了大行责任。全年信贷投放较好地体现了国家宏观调控政策和央行货币政策要求，在支持经济平稳较快发展中有效发挥了信贷投放渠道的作用。上半年根据从紧的货币政策要求，合理把握了信贷总量和投放进度；进入第四季度后，结合宏观调控方向、重点和力度的变化，积极扩大了信贷投放规模，特别是按照杨凯生行长到吉林调研期间的讲话精神，主动加大了对吉林经济发展的支持力度。全年各类贷款累放额超过500亿元。长春地区信贷投放规模大幅增长，吉林省核心区域的信贷综合竞争能力在激烈的市场竞争中不断增强。二是明确重点行业、重点区域、重点客户的公司业务发展战略。按照“好中选优、调整结构”的原则，积极支持了汽车、电力、高速公路等基础产业，对25户省行直营、公司客户实行了分层营销；对重点行业、重点区域、重点客户，择优发展融资业务。全年向交通、电力、城建、汽车、钢铁等产业重点项目和核心客户新增贷款44亿元，占全部公司贷款新增额的82%。三是稳健发展票据业务和贸易融资业务。充分发挥规模调节作用，累计办理票据业务719亿元，实现利息收入4.88亿元，同比增长48.9%。特别是针对一汽集团等本地战略客户的直贴业务市场竞争力大幅提高，全年累计办理票据贴现50多亿元。重点推进国内贸易融资快速发展。通过梳理排查，确定贸易融资重点客户，全年累计办理国内贸易融资额16.5亿元，国内贸易融资余额达到10.3亿元，当年净增长9.87亿元。四是通过“绿色信贷”深化信贷结构调整。积极支持央企以及吉林省重点项目建设、符合国家产业政策的重点行业和重点客户的同时，通过主动的信贷结构调整，有效控制了“两高一剩”行业的贷款投放，有力地促进了信贷结构优化。

2008年12月15日，吉林分行与长春市政府签署合作授信协议。

三、加大规模化发展，稳步推进第一零售银行战略

继续推进零售业务规模化发展，并以较大优势领跑同业，坚决做到每个二级分行、每个支行在区域内都是第一零售银行。一是突出加强存款竞争，确保夺回增量存量同业占比第一的市场份额。把稳存增存当做年初最重要的工作之一，进一步加强了储蓄存款特别是活期储蓄存款的竞争，及时制定和完善稳存增存措施和竞争营

销策略，加大了个人理财、代理、结算以及代发工资业务的争夺，抓住股市、楼市资金回流的时机发展储蓄存款。在第三季度末储蓄存款净增加70亿元，年末达到118亿元，创造了全行储蓄存款增长最高纪录。二是进一步加快渠道建设。当年新建扩建网点67个，其中贵宾理财中心50家，逐步完善由财富管理中心、贵宾理财中心、一般理财网点和金融便利店组成的多层次物理网点营销服务系统，提升网点功能和价值。加大投入，加快网点视觉形象系统改造，营业网点的社会形象和服务能力大幅提升。加快推进各层次网点的软硬件设施综合建设，持续推进网点核心竞争力建设项目，通过“树立一批品牌网点，带动一茬高端客户，形成一种轰动效应”，赢得扎扎实实的市场地位。三是继续深化零售业务“两化”改革。整合营销渠道，建立跨专业和集中统一的个人金融产品营销体系，建立个人金融业务与公司业务、机构业务捆绑营销机制。进一步强化了一级支行层面零售业务专职副行长管理职能，通过归口管理、统一营销，充分发挥各类零售业务产品在个人客户中形成的上下游服务链，提高市场营销的渗透率和成功率。配备了长春、吉林等中心城市和重点地区客户经理、大堂经理，提升了网点服务内涵，极大地改善了服务质量。四是提升个人金融业务创利能力。针对2008年资本市场剧烈震荡的趋势特点，及时调整营销思路，加大了代理保险业务、第三方存管业务、代发工资业务及理财产品的营销力度。通过组织“百日营销竞赛”、理财沙龙活动等主动营销方式，全省个人金融资产规模总量达306.3亿元，同比增长92.5亿元，增幅达43%，稳居同业第一。

四、加快业务创新，推进经营模式和增长方式的转变

大力推进发展方式转变和结构调整，提高可持续发展能力。一是着力推进新兴业务升级发展。重点推进了公务用卡、铁路用卡、金山卡、南航卡等项目，开发投产了保险代理、亚泰、新天地、长百等一批银行卡新项目。深化“产品进点、服务进区、功能进柜”活动，成立了全省首家信用卡VIP客户服务中心，积极与中石油、苏宁等客户合作开展了促销活动。二是以电子银行业务为平台电子，持续开展“金融@家真情回馈，好礼送不停”等专项营销活动，扩大电子银市场普及度和客户认知度。深挖核心客户资源，全年新增企业网上银行客户5 874户，同比增长62%。三是立足于中间业务发展市场空间大的实际，实施业务发展和效益突破。积极应对汇率变动的风险敞口，通过压缩或以人民币置换外汇贷款，减少汇兑损失，大力营销一汽进出口等高端客户，壮大国际业务发展规模。积极推进证券公司第三方存管业务，开户数量达到了30.3万户，增加5.6万户，实现第三方存管业务收入665万元。结算与现金管理业务快速增长，以开户营销为切入点，营销公司无贷户、中小企业客户1.37万户。加大了贵金属和对公理财的营销力度，扩大财智账户品牌的知名度。分别销售品牌金、个人实物黄金和个人账户黄金393公斤、198公斤和1.75万公斤，销售超短期、固定收益类对公理财产品55亿元，使之成为结算业务新的增长点。

五、深化服务品牌建设，积极承担社会责任

继续深入开展“优质服务年”活动，着眼于该行的长远发展，积极适应经营环境和市场竞争形势的变化，继续以改进服务为抓手，不断在转型中提升发展水平，持续增强竞争能力。一是面对汶川特大地震灾害，全行按照总行的统一部署，紧急动员，迅速行动，全力投入到金融支持和赈灾募捐等各项工作中。全行为抗震救灾提供了优质高效的金融服务和无私援助，各级党组织、共青团、各级工会组织，包括离退休人员在内的全行广大干部员工共计捐款229.3万元，体现了工商银行员工无私奉献、团结友爱的良好精神风貌，赢得了社会的尊重。二是在奥运金融服务的严格检验中，展示了该行良好的服务水平。以“奥运服务年”为契机，在奥运金融服务中树立负责任的大行形象。把奥运金融服务作为“一把手工程”，确保了奥运金融服务无死角、无投诉、无事故。落实了支行行长一线营业网点坐班制，一旦发生服务事件确保能第一时间进行应急处理。突出做好窗口服务，使每个柜台、每个网点成为展示工行品牌形象的窗口。三是切实加强一线网点服务能力督察。灵活调整窗口设置和服务流程，充分发挥大堂经理作用，确保了业务高峰期不出现客户长时间排队现象。在奥运期间，加大了服务巡查力度，同时高度重视客户投诉，确保没有发生重大服务事件和涉外服务纠纷。

六、坚持依法合规经营，强化风险管理内控制度建设

始终坚持把加强全面风险管理与内部控制作为业务健康发展的基础工程。一是把风险管理作为全行的基础工程。突出加强内控建设，开展“合规文化建设大考核活动”，通过完善内控规章制度，把操作风险的防范责任落实到经营管理的每一个环节，实实在在地解决屡查屡犯问题。加强了对重点关注行、易发案部位、重点风险领域和内控薄弱环节的检查，切实消除风险隐患。积极配合审计署、监管部门和国家税务总局的审计检查，加强理财业务的合规管理，按照监管部门要求做到产品风险揭示到位。二是保持对案件查防的高压态势。毫不放松地抓好案件防范工作，继续保持零发案势头，将案件专项治理作为一项常规工作纳入操作风险管理范围，严控各类案件尤其是大要案的发生。在全行集中开展了《员工违规行为处理暂行规定》宣传教育和学习活动，使员工牢固树立制度观念，提高遵章守纪、规范操作、恪尽职守的自觉性。保持了良好的安全生产运行态势。进一步完善了各类应急管理机制，增强危机管理与化解的能力。三是加强对诉讼案件授权管理和重大被

诉案件的指导监督，提高了诉讼风险防控能力。完善反洗钱机制，优化反洗钱监控系统功能。严格落实信息系统安全责任制，认真执行各项管理制度和相关业务应急预案，有效地保证了全行各项业务的连续运行。

七、深入开展学习实践科学发展观活动，不断加强党建和队伍建设

一是深入开展学习实践科学发展观活动。坚持学习与实践相结合，突出实践特色，认真查摆与科学发展观不适应、不协调的问题，强化对科学发展观的理解，不断谋求科学发展对策。随着学习实践活动的深入，全行上下特别是各级领导干部对科学发展观的理解达到了新的高度，对改革发展中存在的问题有了更加清醒的认识，对新时期进一步推进吉林分行科学发展形成了新的思路，采取多种形式，促进学习实践科学发展观活动成果向工作实践转化。二是加强各级领导班子建设。加大领导干部思想政治建设和干部考核监督力度，解决各级班子和队伍的经营理念、职业操守和能力素质问题。重视基层党组织建设和广大党员的教育管理，毫不放松地开展了党风行风建设和反腐倡廉工作，形成与现代金融企业相适应的教育、制度、监督并重的惩治和预防腐败体系。三是实施人才兴行战略和全员培训工程，努力建设一支数量充足、结构合理、素质优良、适应经营发展需要的人才队伍。紧密地结合分行经营管理和业务发展实际，有效实施了分层次、专业化的全员培训工程，系统地针对客户营销、信贷管理、反洗钱、理财、企业年金等开展了近百项专业培训，全面提升了员工的新理念、新知识和业务水平。四是坚持建设“和谐银行”，重视发挥党的思想政治工作优势，深入组织开展员工思想状况调查，及时把握员工思想脉搏，全面做好维护稳定工作，不断化解和消除各种矛盾或不稳定因素。充分调动全行员工的积极性和创造性。进一步发挥党、政、工、青和离退休人员的作用，推进行务公开和民主管理，维护了稳定发展的大局。

黑龙江分行

行长　李久新

【业务指标完成情况】

2008年，黑龙江分行实现拨备后利润10.92亿元，同比增加5.57亿元。实现经济增加值7.28亿元。各项存款比年初增加243亿元。其中，对公存款增加60.78亿元，储蓄存款增加174.96亿元。销售基金保险等各类理财产品261.82亿元。各项贷款比年初增加131.29亿元，增长21.45%，增量同业占比49.85%。全年累计投放公司法人客户贷款305.87亿元，公司贷款新增3.34亿元。票据贴现增加123.66亿元，个人贷款增加4.29亿元。实现中间业务收入6.35亿元，四大行同业占比为29.78%。清收处置不良贷款30.92亿元，不良贷款余额为43.9亿元，较年初减少23.56亿元，不良贷款率降至5.91%，比年初下降5.12个百分点。存量贷款退出38.25亿元。贷款拨备覆盖率为70.26%，同比提高2.26个百分点。

【主要工作措施】

一、做大做强个金业务，继续巩固区域“第一零售银行”地位

一是加强营销考核机制建设。对二级分行行长、主管行长、个金经理按实现同业第一的目标兑现相应奖励；对“直通式”考核最佳网点进行四个档次的考核激励，奖励直接兑现到所主任、客户经理和一线柜员；对省、市、支行三级客户经理按照工资岗位序列提升项目分别兑现相应待遇；对所有重要个人金融产品“定价到产品、奖励到个人”，按照“谁营销、谁受奖”的原则及时兑现到个人；对“储蓄存款+理财产品”营销实行奖励费用“自报预拨”制度。为将上述激励措施落到实处，分行开发了“个人金融产品营销积分管理系统”，业绩考核覆盖分支行、网点和客户经理，有效地调动了网点和客户经理争先创效的积极性。二是强

化渠道和队伍建设。大力构建营业网点、自助银行、电子银行“三位一体”的服务渠道体系。积极推进网点分层和功能分区，已建设2家财富管理中心和87家贵宾理财中心。拓展公共场所ATM布局，新投产135台取款机和66台存取款一体机，首次投产89台单功能自助服务终端，延长了服务时间，拓展了服务空间，提升了服务品质。继续加强个人客户经理建设。深入开展市场营销活动。深入开展“工行理财惠万家，财富增值你我他”市场营销活动，锁定优质单位和客户群“走出去”营销，深入优质单位开展“扫楼工程”。全年共锁定目标单位3 591个，锁定目标客户66.4万人，营销小分队深入目标单位9 199次，成功营销49.7万人次。

2008年5月24日，黑龙江分行与俄罗斯储蓄银行代表团座谈。

二、加大营销工作力度，进一步提升市场竞争力

一是把握营销重点，大力拓展域内资源。加快优质贷款投放进度，对年初列入督办计划的黑龙江省交通厅、中国网通（集团）黑龙江省分公司、大唐七台河发电有限公司等20余户优质企业累计投放贷款50亿元，出具有条件贷款承诺函44亿元。做好项目储备，推进目标客户“优选”工作。根据发展潜力、与分行合作关系、综合贡献等情况，对辖内客户融资需求进行全面收集和分类排队，筛选出87户重点行业龙头企业作为支持重点，按照行业归属逐级落实营销负责人，加强业务督导、实施跟踪问效。不断深化高端客户“差异化”营销，全面提升个性化服务水平。对重点企业融资情况和营销难点逐户深入研究，为黑龙江省电力有限公司、华电集团等优质客户制订了切实可行的综合金融服务方案。二是优化信贷结构，合理配置资源。在项目选择上，好中选优，优先满足总行审批项目及高速公路、铁路、电力、城建等行业的优质客户融资需求；在业务谈判上，增强议价能力和定价水平，注重风险控制与经济效益的平衡发展；在资源配置上，坚持先内后外，统筹规划，合理安排的基本原则；在贷款投放上，合理把控质量、结构、规模，充分发挥系统内合作对该行资产质量和信贷结构的调节功能。三是开阔营销思路，贸易融资业务效果明显。一方面，加强产品宣传推广力度，通过对黑龙江省国内贸易融资核心企业、重点企业产业链调查，从应收账款、预付账款、物流存货、上下游交易对手等环节增强了产品营销针对性，争取意向性合作客户20余户；另一方面，加强服务专业化程度，为哈尔滨鑫达高科有限公司、哈尔滨日报报业集团、华电能源股份有限公司等企业制订切实可行的国内贸易融资业务服务方案，配合企业逐一筛选应收账款，落实业务要件。同时，以省电力公司为核心企业的17户上游企业作为国内保理业务目标客户，挖掘贸易融资需求1.6亿元。四是注重平衡发展，不断加大中小企业信贷支持力度。围绕中国石油天然气集团公司产业群开展摸底调查，将一批综合贡献度大、风险小的生产配套小企业作为重点扶持对象。根据开办行地域特点和小企业发展情况，摸索出由客户直接提供工商银行认可担保的“直客”式营销和由中介机构提供保证担保的“间客”式营销两种小企业营销模式。2008年成功办理小企业流动资金贷款业务2笔，金额540万元，实现小企业融资业务零的突破。

三、抢抓增长点，推进中间业务全面发展

一是投资银行业务全面发展。在创新银团贷款业务上，衍生了联合贷款、期限银团、买断型银团、回购型银团、信贷资产转让以及分别担当牵头行、参与行、代理行等多种角色的八种银团类业务。全年累计办理银团贷款项目6个，贷款21笔，金额145 500万元。同时，填补了“银团安排承销与管理业务收入”科目空白，实现收入621万元。在拓展融资顾问业务上，设计“融资租赁型”、“股权融资型”、“矿权融资型”、“账户管理型”、“结构化融资型”、“房产抵押型”等多种融资顾问方案，制订“委托贷款投资型”、“理财产品投资型”、“基金产品投资型”等多种投资顾问方案，全年完成21个投融资顾问项目，实现收入2 137万元，占全部投行中间业务收入的43%。在并购重组顾问业务上实现了零的突破，圆满完成了黑龙集团公司子公司黑龙江黑龙股份有限公司重组并购顾问项目。二是电子银行业务增收渠道不断拓宽。与中国电信集团黑龙江省分公司及中国电信股份有限公司黑龙江分公司合作，全面开通代收中国电信移动通讯费、固定电话费、宽带费等

业务；与保险公司合作，开展网银代付、代扣、应用网银贵宾室财务室代付、收费站代扣等业务。加强 WAP 手机银行推广工作。对柜面新开网银客户、存量网银客户，采取手机银行（WAP）与网银捆绑营销和客户回访等方式，积极推介手机银行（WAP）。“交易推介”产品实现了零的突破，高阳捷讯手机直充交易推介业务成功投产。推进电子银行服务示范工程建设。2008 年累计建成电子银行服务示范区 177 个，占全省网点总数的 32%，有 131 个电子银行服务示范区离柜业务量占比超过了 40%。积极进行网银分行特色业务平台构建工作。个人网银“财政罚没”系统测试完成，“大庆石油公司财务报销系统”企业网银分行特色业务投产试运行，确立了同业领先优势。客户服务呼出中心正式投产运营。三是银行卡业务快速发展。通过深入推进公务用卡项目，继续扩大省级财政预算公务用卡单位数量，2008 年发行财政公务卡 1.8 万余张；市级财政公务卡项目实施工作全面展开，成功取得哈尔滨、齐齐哈尔、牡丹江、黑河市级财政公务卡代理权；军队公务卡项目成功发卡，实现突破。通过加强联名卡发行力度，成功发行了哈尔滨红博联名卡、大庆人寿卡、牡丹江红博卡、佳木斯人寿卡。推广南航明珠牡丹信用卡项目开端良好，成功投产“银行卡集中制卡管理系统”，顺利完成了南航芯片卡制作准备工作。通过积极推广消费分期付款业务，采取灵活的收费政策，在全省开展 6 期免手续费优惠活动，全年分期付款交易额 3 370 万元，手续费收入 21 万元。四是结算与现金管理业务开创新局面。在对公理财业务上取得跨越式发展，全行对公理财销售额达到 66.77 亿元，完成全年计划的 290%，同比增加 66.4 亿元，是 2007 年的 197 倍。在积极营销推广结算新产品上，与哈尔滨铁路局合作推出集团账户管理模式，得到铁道部认可并在全国推广。在对公结算账户上，通过开展结算账户规模和账户质量双提升活动，2008 年全辖共新开立对公结算账户 24 699 户，净增 11 828户，继续保持黑龙江第一结算银行地位。在现金管理签约客户上，将“财智账户”作为对公金融服务品牌投放市场，开展行业解决方案推广活动，全年新增现金管理签约客户 1 255 户，同比增加 261 户。

四、落实两项措施，全力开展不良资产清收工作

一是加强督导，全力推进清收工作深入开展。通过行领导挂帅清收，取得显著成效。年初以来，省行行长亲自带队多次深入牡丹江、鸡西、七台河、佳木斯等二级分行督导清收工作，明确工作重点和主攻方向，确定清收工作突破口和落脚点，落实具体措施，保证了清收工作的顺利开展。通过省行风险管理部帮扶清收，成立 3 个清收工作组，深入到齐齐哈尔、牡丹江、黑河等 6 个二级分行及 18 个支行，逐户了解不良贷款清收进展，帮助各行研究解决清收工作中的疑难问题，推动各行清收工作进度。通过部内人员督导清收，风险管理部内人员对 192 户法人客户不良贷款及 83 个风险按揭项目进行包户，人人包户，落实责任，加强督办，形成了人人抓清收，人人促清收的良好局面。通过强化考核推动清收，对风险按揭项目压降和法人客户不良贷款清收进展情况按旬进行考核通报，对不良贷款清收处置情况、行领导包户清收、城市（县）支行清收排名情况按月进行考核通报，对清收工作迟缓或无明显效果的分行及时下发督办通知书，落实责任，明确进度，确保抓出实效。二是完善奖罚机制，促进不良贷款清收处置工作有效开展。修订下发《中国工商银行股份有限公司黑龙江省分行 2008 年度不良贷款清收处置奖罚办法》，扩大奖励范围，提高奖励标准，按月对清收有功人员兑现专项奖励，对月末计划完成率排名末位的分行取消奖励资格。同时，制定并完善《中国工商银行黑龙江省分行营业部、二级分行行长经营绩效综合考评办法》，将不良贷款清收计划的执行情况作为绩效考核内容，建立了清收成果与行长绩效工资挂钩机制，明确奖惩措施，定期考核，据实兑现，有效地调动了各级领导抓清收工作的主动性。

五、防控风险，提高效益，加强信贷业务管理

一是促进信贷结构调整，提升贷后管理水平。对全行法人客户实行战略客户、重点客户、一般客户、退出客户分类管理；对新建项目、新增融资客户及时核定客户分类，上报总行审批、备案，保障新增融资的安全性和可靠性。加强行业分析。对影响分行贷款质量较大的房地产和教育行业贷款进行全面系统性风险分析，分别提出信贷掌握意见和风险控制措施，对重点客户根据贷款风险程度逐户下达风险掌控意见，促进重点企业和重点行业信贷结构调整。二是积极打造国际业务特色支行，拓展国际业务发展空间。根据牡丹江绥芬河支行和东宁支行、佳木斯同江支行、黑河兴安支行国际业务发展需要，分别制订国际业务特色银行工作方案。总行批准给予绥芬河特殊的信贷政策，制约其业务和经营发展的瓶颈实现突破。三是加大贷款退出力度，夯实存量信贷基础。确定信贷退出目标 26.84 亿元，退出任务指标到行、分解到户，落实到人。逐户研究制订退出方案。落实现金清收、置换老流动资金贷款、还款免息、以物抵贷、依法清收等各种有效措施。2008 年分行共退出法人存量贷款 38.25 亿元，完成总行退出计划的 142.52%，清收和处置个人虚假按揭贷款 11 747 万元。

六、加强内控外防工作，确保安全稳定运营

2008 年，黑龙江分行组织开展“一个教育、两个建设、三项检查、四道防线”内控管理主题活动，加强遵章守纪教育，加强安全设施建设和规章制度建设，加大对各项业务的自查、复查和抽查力度，巩固和深化了内控管理工作成果。认真总结《内控体系建设三年规划》各项措施落实情况，进一步加强内控文化建设，完善激励约束机制，建立操作风险监测预警机制，在此

基础上制定2009—2011年内控体系建设规划。组织开展基层行内控评价工作。成立测试评价组进行现场测试，根据测试情况对评价指标进行补充和完善。制定《黑龙江省分行支行内控综合评价操作手册》，介绍评价方法，统一评价标准。制定《黑龙江省分行支行内部控制评价实施细则（试行）》和《黑龙江省分行基层行内部控制评价方案》，规范评价工作程序，提高全行内控管理水平。

七、加强服务管理，狠抓服务质量

全面推行“首问负责制”。黑龙江分行将2008年确定为“优质服务创新年”，将“首问负责制”作为服务创新的重要内容，并纳入服务工作现场考评。选好配强大堂经理和个人客户经理，做好对不同层次客户的识别、引导、分流和理财服务工作。通过推行上述措施，减少了客户的有效投诉，提高了客户满意度。积极开展“迎奥运、讲文明、树新风”活动。对迎奥运服务工作进行全面部署，在奥运前夕对服务工作开展自查和整改。通过自查查遗补漏，提高对外服务水平。通过开展技能竞赛、礼仪展示等活动，不断提高员工综合服务素质。

上海分行

行长　孙持平

【业务指标完成情况】

2008年，上海分行实现考核拨备前利润160亿元，实现拨备后利润150.88亿元。实现经济增加值87.08亿元，较上年增加13.90亿元。实现中间业务收入36.26亿元，同比增幅达21%。本外币总资产首次突破8 000亿元，达到8 385亿元；本外币各项存款余额6 351.40亿元，比年初增长1 009.32亿元，增量创历史新高，其中，储蓄存款增加705.37亿元，对公存款增加303.95亿元。本外币同业存款余额为1 671.77亿元。本外币贷款余额为3 068.08亿元，比年初增加77.64亿元，其中，人民币贷款余额2 902.25亿元，比年初增加232.42亿元，创2000年以来的最好增量水平。资产质量持续改善，全年共处置清收转化不良贷款16.43亿元，不良贷款继续实现“双降”，不良贷款余额为40.88亿元，不良贷款率为1.33%，较年初下降0.14个百分点。

【主要工作措施】

一、积极应对形势变化，各项业务继续巩固领先地位

全行把握形势变化，以变应变，业务发展取得了较好成绩。一是信贷业务变中求胜，保持稳健增长。正确把握投放节奏，前三个季度有效控制贷款投放总量和进度，确保信贷规模控制目标；第四季度及时调整信贷政策多增贷款，加大重点项目贷款投放，票据贴现和个人贷款恢复增长，年末余额分别超过100亿元和450亿元。正确把握信贷投向，客户营销优中选优，重点拓展国内贸易融资市场，着力探索现代服务业和先进制造业信贷业务。加强贷款大户分类管理和小企业贷款存贷比管理，严防行业性、系统性和突发性风险。二是存款业务狠抓营销巩固领先优势。对公存款继续保持快速增长，实施板块网格化管理，狠抓有贷户存款回报，人民币对公存款突破3 000亿元，余额和增量均在同业保持领先。人民币同业存款克服市场下滑的压力，积极稳存增存，通过第三方存管、差别定价、托管营销等措施，第四季度一举新增527亿元；大力争揽外币同业存款，余额比年初增加12.76亿美元。储蓄存款抓住市场热点转换实现强劲上涨，人民币储蓄存款增量首超700亿元，创历史新高。人民币非信贷资金运作收入133.82亿元，增长34%；运作年收益率为2.76%，同比上升0.67个百分点。三是中间业务迎难而上成效显著。通过“四个转化”，实现“四个提高”，实现个金代理类和非理财类业务的协调发展，提高非理财类中间业务收入占比；实现对公理财和对私理财业务协调发展，提高对公理财类中间业务收入占比；实现代理销售和自行研发产品协调发展，提高自营类产品中间业务收入占比；

实现“一次性”中间业务和基础类中间业务协调发展，提高经常性中间业务收入占比。优化中间业务增收结构，保证中间业务平稳持续发展。系统内首发区域性理财产品，全年共销售21.8亿元；代理个人保险收入2.16亿元，增长318%；银行卡收入5.86亿元，增长64%，新增发卡86.3万张，存量突破200万张；电子银行收入2.34亿元，增长57%。大力拓展中期票据和短期融资券承销业务，实现投行专业收入5.25亿元，增长75%；公司结算业务收入4.33亿元，增长45%；国际结算量624亿美元，在四大行中占比提高了1.55%；国际清算专业收入增长近50%；加大品牌金营销力度，黄金业务实现收入1.24亿元，增长383%；资产托管收入同比增幅超过50%，企业年金收入同比增长近30%。

二、继续强化综合营销，加快优质客户拓展和结构调整

为进一步深化客户发展战略，大力拓展客户资源，提高综合营销水平，全行构建了纵向和横向相结合的覆盖四大类客户与30项重点产品的客户拓展竞争力的评价体系，从机制体制上深化了客户拓展与综合营销模式。明确公司业务二部、结算与现金管理部、个人金融业务部、机构业务部四个部门为条线牵头部门，牵头负责制订并实施个人客户、有贷户、无贷户、同业客户与相关产品的综合营销计划。拟订了法人结算客户、法人贷款客户、机构客户、个人客户四大类核心客户发展指标和30个普及性强、业务发展空间大的核心产品指标，制定了《2008年度综合营销绩效考评办法》。要求业务部门制定综合营销工作手册，全面开展重点客户走访和客户综合营销推介活动，狠抓基础业务突破。对分行各类存量与新增客户同时进行现金管理、代发工资营销开户，并大力推进网银渠道代发工资。按季度评价各行部（团队）与相关部室的客户发展与产品综合营销成果，在营销手段、产品、考核制度方面提供配套支撑，督促各行部贯彻客户拓展竞争力评价的各项要求，加快业务转型，提高综合营销水平。

三、扎实推进内控建设，管理基础不断夯实

全行在抓好业务工作的同时，不断提高精细化管理水平。内控水平实现了新的提升。认真贯彻执行案件防范工作责任制签约工作，认真开展“学规定、查隐患、促合规”专项活动，配合做好内外审检查工作，对检查发现的问题进行深入整改；实施内控专业线考核和违规积分管理，启动网点人员标配工作，推出基层网点内控管理手册，举办内控合规专业培训，内控管理手段不断完善。服务管理跨上新台阶。以奥运服务为契机，推进奥运服务达标建设，圆满完成奥运期间各项金融服务工作，全行整体服务质量得到提高，工行品牌形象得到提升。按照上海市委、市政府迎世博会600天行动计划的总体要求，开展“迎世博”优质服务活动，打造行业优质服务标杆。开展“名家、名店、名品、名声”四大系列主题营销，网点视频管理项目取得重大进展。支撑工作又有了新进步。安全保卫和信息科技工作确保了全行安全稳定运行，实现了第21个安全年。法律事务集中进一步推进，有效地加强了对业务的法律支撑和风险防范。

四、认真开展学习实践科学发展观活动，党建和企业文化建设取得积极成效

开展深入学习实践科学发展观活动，对存在的问题进行深入剖析，进一步加深对科学发展观内涵的认识。针对查摆出来的突出问题，提出整改目标和25条整改措施，并落实了责任人和进度要求。制订分行2009—2011年三年发展战略规划，明确该行未来三年发展的思路、目标和措施。全面实施“三测评”探索党建工作新模式。全面展开群众对党员、党员对支部、支部对党委的满意度测评工作，在加强党员教育、管理、监督和服务上探索了新的工作模式，被上海市委组织部评为上海市优秀基层党建创新成果一等奖。实施“十不”承诺制，落实党风责任制，有效深化党风廉政建设。分行和虹桥支行分别荣获总行一级分行和二级分行“创建‘四好’领导班子先进集体”荣誉称号。开展系列主题活动丰富企业文化内涵。成功举办纪念改革开放30周年暨建行25周年系列活动，为抗震救灾无私奉献

2008年4月17日，上海分行行长孙持平在分行贷款重点支持建设的上海长江隧道工地调研。

捐款捐物750万元，开展“与奥运同行”第四届员工运动会，成功举行多期“行家开讲”系列文化讲堂活动，开展“感动工行——上海分行十大好人好事”评选活动，开展帮困送温暖活动，继续加强凝聚力工程建设。

江 苏 分 行

行长　施刚

【业务指标完成情况】

2008年，江苏分行实现拨备前利润158.01亿元，拨备后利润152.14亿元，净利润113.79亿元。实现经济增加值90.04亿元。人民币各项存款余额为5 219.51亿元，比年初增加854.34亿元；外币存款增加5.26亿美元。人民币各项贷款余额为3 614.22亿元，比年初增加453.75亿元。实现中间业务收入35.56亿元，较上年增长50.52%。国际业务结算量在系统内首家突破千亿美元，达到1 014亿美元。电子银行业务交易额为6.82万亿元，银行卡直接消费额390亿元。五级分类不良贷款率为1.06%，较年初下降0.02个百分点。

【主要工作措施】

一、及时明确新一轮发展目标和经营指导

2008年江苏分行全面总结2005—2007年经营发展成果，通过总结经验和体会，鼓舞了全行员工的斗志和士气。在年初市县行行长会议上，结合经营形势变化和自身发展要求，旗帜鲜明地要求全行在坚持“突出重点、调整结构、协调发展、积极创新、精细管理”二十字指导方针的基础上，更加重视把提高市场竞争能力和转变增长方式作为新一轮经营发展的着力点。在盈利“双超百亿”的基础上，进一步明确了2008—2010年新的三年发展目标，并根据总行要求，滚动编制了2009—2011年发展规划。前瞻性的经营指导和明确的工作方向统一了思想，凝聚了人心，为业务经营发展提供了内驱动力。

二、适应宏观形势发展变化，及时调整信贷经营策略

面对复杂多变的外部形势，上半年在严格执行信贷计划的基础上，把加强流量管理和提高产出效率作为信贷工作重点。贸易融资发生额为484.33亿元，同比增长83.65%。表外业务发生额为1 187.84亿元，同比增加334.75亿元。有贷户日均存贷比提高2.2个百分点，信贷关联度较高的中间业务收入同比增长64.15%。下半年，分行根据国家“扩内需、保增长、调结构”的宏观要求，认真落实适度宽松的货币政策，主动走访各级政府和重点企业，加快项目评审和信贷投放，10月份新增人民币贷款58.37亿元，11月份新增人民币贷款90.99亿元。抢抓新一轮基础设施建设的机遇，全年

江苏分行与江苏省体育局联合举办江苏奥运之星评选活动。

新增项目贷款187.36亿元。坚持小企业信贷发展战略不动摇，根据市场需求全面开展组合营销活动，小企业贷款新增28.9亿元。以品种创新带动业务发展，个人贷款新增60.33亿元。在加强优质信贷市场开拓的同时，根据外部经济形势，突出加强第一还款来源管理，对环保不达标企业实行一票否决，严格做到小企业“十个不贷”。开展信贷客户风险排查分类，主动退出潜在风险贷款78.6亿元，完成总行计划的156.95%。不唯计划及时加快风险处置，全年累计处置不良贷款25.67亿元，处置率达到71.74%，实现现金清收14.31亿元。

三、紧紧围绕协调发展，突出存款和中间业务市场竞争

一是出台专项考核奖励办法，引导各级切实抓好存款工作。积极拓展批量储蓄市场，代发工资同比增加117亿元。发挥网点阵地营销作用，加强对大额取款的监督和跟踪。高度重视储蓄存款和理财业务的互动发展，全口径个人金融资产增长19.9%。人民币对公结算账户净增4.6万户，其中基本户净增2.61万户，均列同业第一；新开户净增存款126.6亿元，占对公存款增量的35.5%。加强他行系统大户的营销拓展，省烟草公司和省移动公司存款明显增长。有贷户存款新增21.53亿元，财政存款新增52.83亿元，社保基金增存36.43亿元，住房公积金个人账户新增10.26万户。二是坚持中间业务加快发展不动摇，对公理财、投资银行、担保承诺、资产托管、企业年金等中间业务收入翻番式增长，对公结算、代理寿险、灵通卡等11个项目收入超亿元。国际结算重点客户新增1 105户。国际结算量四大行占比为24.86%，提高了2.3个百分点。银团贷款保持品牌优势，股权融资、债券融资、债务重组和私募顾问业务全面推进。信用卡总量221万张，灵通卡总量1 464万张，同业占比分别提高了2.1个和1.3个百分点；新发展特约特惠商户2 698家，银行卡消费额390亿元，增长41.3%。个人理财产品销售719亿元，增长24.5%。对公理财产品销售突破千亿元。品牌金销售1.32吨，代客个人实物黄金交易为302公斤，账户黄金交易量11.3亿美元。新签约现金管理客户5 867户，总量实现翻一番。新增企业年金客户318户、个人账户9.1万个，企业年金综合建账率、资金到账率分别较年初提高22个和20个百分点。资产托管规模和收入分别是上年的2.8倍和7倍。第三方存管个人客户为88.33万户，净增6.73万户。

四、加快重点领域创新发展，提升科学管理能力

一是深化渠道建设和管理，加强网点建设工作规划，网点建设效率和质量持续提升。全年新建贵宾理财中心以上业态网点115家，对公理财中心81家，离行式自助银行57个，70%的网点完成了CI识别系统的更新改造。对公理财中心的理财产品销售占比达到52.4%，贵宾理财中心的个人理财产品销售、储蓄增量和理财金账户开户占比分别达到43.6%、34.9%和54.2%。自助机具开机率和投产率分别上升0.45个和11.79个百分点，电子渠道分流率达到45.9%，较年初提高了9.9个百分点。二是切实加强服务管理，深化“优质服务年”活动，开展迎奥运文明规范服务活动。发挥服务质量推进委员会的作用，明确部门服务管理职责，完善客户投诉、咨询及建议处理流程，服务质量推进委员会牵头、各职能部门分工负责的服务组织体系初步形成。邀请第三方对营业网点服务质量进行拉网式检查，重视对服务存在问题的整改，找准网点服务的改进方向。三是积极探索业务流程优化。在20个支行101个网点开展远程授权改革试点，网均营业经理由1.77人减至1.5人，采取市分行集中模式的宿迁分行网均营业经理为1.3人。全面推行小企业授信项下提款核准制，小企业贷款、银行承兑汇票、低风险业务实现无纸化审批，个人贷款业务实现“2+1+2”审批流程。根据总行统一部署，按计划完成第三阶段个人金融业务流程改造工作。稳步推进业务集中处理，主要业务集中度为70%，业务集中覆盖率达61%。四是大力推进营销创新。成功组织“超百亿”大型营销宣传和“江苏奥运之星”评选活动，有效扩大了品牌影响。开展个人客户精确集中营销900余场，选择200个优质公司客户推行个性化金融服务试点，遴选163户重点目标客户和他行优质客户实行省市行联合营销。个人客户产品捆绑率为3.4个，比年初提升0.7个；使用两种以上产品的中高端客户占比为36.6%，比年初提高2.6个百分点。五是强化激励约束机制建设，完善行长经营绩效考核体系，加大了对竞争力指标的考核。制定员工绩效工资二次分配指导意见，对管理类、专业类、销售类和运行类四类岗位建立差异化的考核体系。在营业部开展个人业务销售激励项目试点，积极探索明码标价、营销联动、绩效分成、兑现到人的考核机制。落实总行重点产品销售激励计划，提高销售类、营业网点岗位以及骨干专业人才的工资调节系数。

五、改善内部管理，确保安全稳定运营

持续推进内控文化建设，开展“内控管理创新年”活动，推进管理创新。在全辖深入开展“学规定、促合规、防案件”主题教育活动，表彰百名“制度执行标兵”，评选内控案防创新先进奖和鼓励奖各10个，进一步增强各级操作人员的程序意识和管理人员的责任意识。强化内控管理委员会统一决策和统筹管理职能，建立业务检查统筹管理制度和内控管理委员会内控提案制度。创新开发“内控综合管理信息系统”，实现了全行内控综合管理信息的共创共享共管，年末系统共录入计划项目2 229个，涵盖了四级机构580个单位。大力推广违规记分考核管理，继续对管理人员落实《基层管理人员内控管理纲要》进行评审。通过层层签订案件防范责任书、

分解落实重点防控任务的形式，形成了“纵向到底、横向到边”的案防责任体系。坚持全面部署和突出重点相结合，明确把客户经理管理等11个领域以及总行确定的权限卡管理、基层机构负责人管理等7个方面作为内控案防重点，扎扎实实抓好一批内控案防重点领域的管理。制定出台个人客户经理和公司客户经理“十不准”。开展代发工资业务专项治理，网上代发率从17.7%提高到76.4%。加强外部欺诈风险防控工作，共发现和堵截假票20起。加强对各类理财产品的风险提示，切实防范声誉风险。加强电子银行客户注册和证书管理，从严整治批量开户、虚假交易等违规行为。狠抓网点安防设施达标建设，基本实现了“一项达标”、“四个到位”的创安目标。抓好员工行为动态管理，坚持违法违规行为“六必查”，严肃查处各类违规违纪问题。全行内控综合评价等级保持一级，各类问题综合整改率达95%以上，操作风险损失率控制在0.15%以内。

六、深入开展学习实践科学发展观活动，加强员工队伍建设

一是按照中央和总行党委的部署，高标准开展学习实践科学发展观活动，深化对科学发展观科学内涵、精神实质和根本要求的认识，并结合分行实际全面谋划今后一段时期的发展方向、发展模式和发展途径，形成了引领全行科学发展的总体框架。大力开展“四好”领导班子创建活动，省分行党委班子被总行通报表扬，苏州和宿迁分行党委班子被总行通报表彰。二是完善管理人员问责考核，严格落实党风廉政建设责任制和“三谈两述”制度，提高各级管理人员的责任意识和廉洁意识。三是加强员工队伍建设，优化人员配置效率，人员重点向资源丰富地区、经营一线和营销岗位倾斜。以人力资源提升项目为基础，稳步推行以岗位价值为核心的新型岗位职级体系。重视中年员工职业规划，充分调动中年员工的工作积极性。对经营管理、专业骨干和一线操作人员实施分层分类培训，提高全体员工履岗任职能力。四是积极开展奉献爱心、支援抗震救灾工作，全分行捐款总额达440多万元，交纳“特殊党费”278多万元。扎实开展文明创建工作，市级以上文明单位合计119个，各有一名员工荣获全国和江苏省“五一劳动奖章”，两名员工荣获金融系统“五一劳动奖章”，苏州分行荣获全国“五一劳动奖状”。重视做好离退休和内退人员工作，抓好信访稳定工作，总体保持了平稳的经营环境。

浙 江 分 行

行长　徐新桥

【业务指标完成情况】

2008年，浙江分行实现经济增加值86.5亿元；拨备后资产利润率为3.29%，风险调整后经济资本回报率42.39%。人民币各项存款新增731.4亿元，其中，对公存款新增352.41亿元，储蓄存款新增378.99亿元，同业存款新增32.62亿元；各项贷款账面新增421.83亿元，实际新增515.1亿元（包括贷款转让）；实现中间业务收入36.13亿元，中间业务净收入占营业净收入比重达到14.65%，同比提高2.84个百分点。全行信贷资产质量经受金融危机和经济下行考验，不良贷款余额为61.45亿元，不良贷款率为1.66%，继续保持优良水平。全年未发生经济案件，实现了安全经营。在总行经营绩效考评中第十三年位居一级分行第三位、省级分行第一位。

【主要工作措施】

一、抓理念，科学发展更加深入

按照中央和总行部署，深入扎实开展学习实践科学发展观活动，精心组织安排，集中学习调研，认真查找问题，分阶段抓好落实；尤其是把转变理念放在突出位置，举办全省高级管理人员读书班、支行行长培训班、“提高领导力”讲座等，阐述科学发展理念，统一全行思想认识。通过学习实践活动，全行各级领导班子和广大干部员工加深对科学发展观内涵的理解，进一步认清

形势，增强科学发展的意识和责任感，有力地推动了各项工作的开展。与此同时，以科学发展观为指引，立足当前，着眼未来，科学制定2009—2011年三年发展战略规划，明确新三年的发展目标和八大战略举措，为进一步推进发展理清思路、指明方向。

二、抓质量，风险掌控更加有力

针对金融危机和经济下行对资产质量的影响，自始至终把防控信贷风险作为各项工作的重中之重，在历次行长会议和多次专业会议上周密部署，举全行之力狠抓各项措施的落实。上下半年两次开展地毯式贷款风险排查，按照提出的10项重点，全面彻查客户资金链、融资担保和表外融资等状况；加强集团关联企业贷款、异地贷款、表外融资管理，扩大行业限额管理范围；努力提高突发性信贷风险事件处置能力，最大限度地减少信贷资产损失；加大潜在风险贷款压降和清收转化力度，压降潜在风险贷款93.8亿元，清收转化不良贷款18.46亿元；加快信贷结构调整，夯实信贷管理基础，年末AA－级及以上法人客户贷款占比达到68.14%，抵质押贷款占比达到51.67%。经过上下共同努力，全行资产质量继续保持优良水平，尽管不良贷款有所上升，但风险总体在可控范围内。在着力防控信贷风险的同时，加强操作风险管理。开展“三增强”主题教育活动和“学规定、促合规”教育活动，深化内控述职，完善内控评价，加强业务规章制度梳理整合，深入开展各项合规审计，积极开展反洗钱工作，加强操作风险监测，确保全行依法合规经营；认真抓好案防工作，强化管理人员防案职责，深化员工行为动态管理，扎实开展商业贿赂专项治理，有效防范案件风险和道德风险。

2008年6月13日，浙江分行举办牡丹白金卡尊尚酒会。

三、抓市场，领先优势更加稳固

针对同业竞争的严峻态势，始终坚持风险、市场两手抓，着力提升核心竞争力，进一步稳固了存、贷款市场领导地位。根据前三个季度货币信贷从紧态势，通过合理摆布规模、开展资产转让、发展表外业务等途径，加强优质客户关系维护，全年贷款净转出93.3亿元，银票等表外业务新增189.1亿元。第四季度国家宏观政策重大调整后，适时调整信贷经营策略，积极抢抓扩内需促增长中的优质市场机遇，以总行与省政府合作签约以及全省各个层面签约活动为契机，增进与政府的合作关系，紧盯政府重大项目建设计划，积极走访、全力营销，筛选并储备了一批优质基础设施项目。把做好小企业金融服务作为调整经营结构、支持经济发展的战略举措，召开小企业信贷工作会议，调整信贷政策和营销策略，推进小企业信贷业务稳健发展，小企业贷款新增39.2亿元。积极推进流动资金贷款结构调整，国内贸易融资新增10亿元。大力发展个人贷款业务，适时调整信贷政策和拓展重点，个贷新增102.5亿元，余额和新增市场占比保持第一。坚持把存款作为全行发展的核心业务，深入研究新形势下社会资金的流动规律，全力抓好旺季揽储工作，发挥整体合力巩固重点系统客户存款，切实从源头上抓住各类资金特别是低成本资金，狠抓新开户增存和贷款派生存款、理财转化存款的循环回流，对公存款和储蓄存款创历史新高，各项存款增量四大行占比为31.23%，保持第一。

四、抓转型，经营格局更加合理

在巩固传统业务优势的同时，大力发展新兴业务和中间业务，加快形成多元化经营格局。针对年初同业中间业务发展带来的严峻挑战，全行积极应对，召开中间业务工作会议，找准薄弱环节，落实十大措施，迅速夺回同业第一的位置，2008年末中间业务收入市场占比达到28.8%。全年累计实现投行业务收入8.90亿元，同比增长31.89%；分别销售对公、个人理财产品330.4亿元、1 277.7亿元；新增现金管理客户1 695户，同比增长67%；累计办理国际结算业务429.37亿美元，同比增长13%，四大行占比达到27.31%；信用卡发卡量达到216.7万张，比年初净增65.47万张，累计消费金额为205.75亿元，同比增长76.29 %；个人和企业网银客户分别新增116.35万户和2.54万户，累计交易额达到8.1万亿元，业务离柜率达到50.25%；持续推进客户扩面工程，新开对公结算账户50 626户，增量四大行占比达到80%，新增国际业务客户760户；新增年金客户177户，新增账户管理人数3万户，新增托管资金11.13亿元，累计实收托管资产171.64亿元。

五、抓创新，服务品质更加优良

以打造浙江省服务品质优良银行为目标，以创新为手段，着力解决服务中的制约因素，市场形象和客户满意度进一步提升。加快推进渠道建设，调整网点结构和布局，加大网点装修改造，增加自助设备投入，全年建成贵宾理财中心120家，改造普通网点120家，优化低效网点15家，迁址48家，ATM、POS机和自助终端分别新增450台、9 000台和565台。以迎奥运为契机，进一步提升网点现场服务质量。进一步完善产品创新机制，规范产品创新工作流程，加大产品创新激励，评选并奖励“网贷通”等5项重点产品。创新推广商务伴侣、易融通等业务，较好地满足了市场和客户的需求。实施信贷业务流程改造，加快构建公司客户分层营销体系，组建省分行大客户业务部，启动信贷操作中心建设，推广建设柜员管理中心，加快外汇汇款等业务集中进度，继续深化扁平化管理、账务上收、财务集中管理、守押社会化改革。

六、抓队伍，和谐氛围更加浓厚

实施适度增长的人员政策，全年净增550人，优先配置到重点区域和岗位。深化人力资源管理提升项目，推行绩效合约签订，员工业绩考核和薪酬分配体系进一步完善。推进“316”核心专业人才队伍建设，开展岗位任职资格认证、柜面员工业务技能鉴定、岗位练兵、业务比武等活动，增强员工履岗能力和综合素质，在全国个人客户经理、营业经理竞赛中该行均获团体第一名。以落实党建工作目标责任制为抓手，深化“四好”领导班子建设，以党风廉政建设责任制为保证，深入开展党风建设和反腐倡廉工作，提高各级领导班子和广大党员的素质，使党建成为促进全行发展的重要推动力量。以创建“和谐银行、温馨家园”为载体，积极培育分行特色企业文化，开展“浙江工行骄傲”人物评选和全省巡视演讲；努力推进精神文明建设，有4家二级分行创建成“全国文明单位”，有8家分支机构新创建成省级文明单位；充分发挥工、团、妇组织职能作用，召开首届职代会；积极开展帮扶活动、“送温暖”活动和谈心家访活动，全行踊跃捐助汶川地震灾区，累计捐款619万元。

安徽分行

行长　赵鹏

【业务指标完成情况】

2008年，安徽分行实现拨备前利润40.59亿元，拨备后利润35.92亿元，同比分别增加9.6亿元和9.23亿元。实现经济增加值18.07亿元。本外币各项存款余额为1 907.8亿元，比年初增加268.84亿元，增长16.4%，其中，储蓄存款增加167.25亿元，公司存款增加28.62亿元，机构和同业存款增加72.97亿元。在四大行中，存款余额和新增额占比分别为33.67%和30.88%，均居首位。销售各类个人理财产品202.75亿元，对公理财产品282亿元。本外币各项贷款余额为1 197.35亿元，比年初增加166.26亿元，增长16.12%。在四大行中，贷款余额和增量占比分别为38.93%和122.74%，均居首位。实现中间业务收入9.68亿元，同比增加2.46亿元，增长34.1%。在四大行中，中间业务收入和同比增加额占比分别为33.14%和31.21%，均居首位。

【主要工作措施】

一、全力拓展优质业务市场

一是积极拓展优质信贷市场。认真贯彻落实国家宏观调控政策和总行行业信贷政策，重点营销铁路、高速公路、煤炭、电力和城市基础设施等行业优质项目贷款，全年累计投放项目贷款182.2亿元。加快推进个人贷款业务健康快速发展，重点投放个人住房按揭贷款，稳步发放消费贷款和个人经营性贷款，个人贷款比年初增加66.32亿元，增长29.56%。积极推进小企业信贷业务平稳健康发展，累计投放小企业贷款83.02亿元，小企业客户数和贷款余额分别比年初增加20户和4.98

亿元。加快票据业务创新，着力做大票据业务规模，累计办理票据贴现169亿元，贴现收益率同比提高3个百分点。加快推广信贷替代型产品和表外资产业务，办理“理财+信托”结构化融资业务18.2亿元；重点发展国内贸易融资业务，累计办理国内贸易融资114.4亿元，同比增长3.49倍。二是着力巩固和扩大存款市场份额。认真做好代发工资、第三方存管业务的拓展和挖潜工作，抓住存款源头，积极促进储蓄存款稳定增长。实施公司存款分层营销，强化以贷引存，并以百强对公业务网点营销竞赛活动和结算账户双提升营销活动为契机，充分挖掘公司无贷户增存潜力，积极争揽公司存款。积极争揽各级财政、住房公积金中心、部队等重点客户以及各类专项资金，切实抓好百万元以上客户稳存增存工作，促进机构和同业存款持续稳定增长。三是深入推进“安徽第一零售银行”建设。制定《深入打造安徽第一零售银行的意见》和《第一零售银行考核办法》，加大考核通报力度，第一零售银行建设取得积极进展。2008年末，个人金融资产、个人贷款、银行卡和电子银行4大类核心业务8个市场占比指标均居同业首位，“大个金”经营利润和客户结构优化等质量指标也有明显提升。继续深化“两化”改革，在各二级分行和所有支行基本实现对“大个金”业务的集中分管和专管。认真组织开展“共享成长，真诚服务”个人中高端客户精准营销活动，积极抢占个人中高端客户市场。四是加快推进中间业务和新业务发展。紧紧围绕“抓规模、抓短板、抓重点和抓推动”来开展中间业务工作，深入挖掘传统中间业务收入增收潜力，大力发展新业务、新产品，不断突破中间业务发展的瓶颈。实现个人中间业务收入3.96亿元。实现投资银行业务收入1.95亿元，同比增长107.02%；新增企业年金签约客户17户，托管资金增加25.5亿元。实现会计结算中间业务收入1.44亿元，同比增长58.4%。新增电子银行客户123.4万户，同比增长41.45%；实现交易额3.72万亿元，同比增长12.72%。办理国际结算63.06亿美元，国际贸易融资9.94亿美元，外汇资金业务49.85亿美元，同比分别增长33.6%、26.3%和58%。新发信用卡52万张，同比增长47%；实现消费交易额77.5亿元，同比增长82.7%。五是积极推广应用新业务和新产品，开辟中间业务收入新的增长点。销售银行类人民币理财产品64.01亿元，同比增长165.44%。代理销售个人保险29.03亿元，同比增长115.10%。销售品牌金条347.95公斤，实现个人账户黄金交易15 902.09公斤。成功办理单笔10.6亿元人民币债务管理业务，实现中间业务收入320万美元。成功争取到省财政公务用卡试点独家代理资格，“新版银烟通”项目营销取得显著成效，推出了牡丹绿地、牡丹柏庄等重点企业联名卡。实现保险“见费出单”项目交易额50亿元，市场占比为65%。实现信用卡分期付款业务交易额4.7亿元。顺利投产马钢公司、安徽烟草、安徽移动等重点银企互联项目。开创银政合作全新模式，开发投产了财银直联系统项目。联合太平人寿成功投产电话行销项目。

二、加强全面风险管理

一是深入推进全面风险管理体系建设。着力规范风险管理委员会运作机制，省行和二级分行风险管理委员

安徽分行与安徽省科技厅签订支持自主创新合作协议。

会审议议题的及时性、全面性、针对性显著增强。大力深化风险管理评价工作，将评价结果纳入二级分行经营绩效和业务发展考评范围。创新风险报告评价机制，制定《专题风险报告成果运用情况监测及考核暂行办法》，大力推进风险管理报告成果运用。二是突出加强信贷风险管理。切实增强信贷风险防控的预见性、敏锐性和风险处置的及时性、有效性，有针对性地防范和化解信贷风险。严把贷款准入关和投放关，坚持合理的行业限额和贷款比例，强化“绿色信贷”建设，不断提高新增贷款质量。建立信贷风险监测预警机制和重点行业月度报告制度，重点加强对钢铁、石油石化、化工、纺织、房地产等行业或客户的风险分析和预警提示，强化小企业信贷风险分析监测，风险防控的前瞻性和及时性显著提高。加强集团关联客户风险管理，重点监控违约客户及其关联企业，严格限制新增加融资。开展贷款大户风险分类工作，实施差异化风险监测，并建立风险监控考核评价机制，贷款大户风险管理水平不断提高。深入推进信贷作业监督，将信贷作业监督工作纳入信贷

停复牌管理，信贷业务100%经过作业监督、信贷业务档案100%集中到综合档案部门统一管理。三是大力推进信贷结构调整。按照区别对待、有保有压、结构优化的原则，深入推进信贷结构调整。将信贷结构调整计划纳入年度综合经营计划，明确工作目标、任务和措施。同时，加大考核力度，引导全行进一步增强信贷结构调整的前瞻性和主动性，取得明显成效，优质客户贷款占比稳步提高，信贷风险度和经济资本占用较低的信贷产品比重显著上升，贷款集中度风险逐步下降。四是加快退出存量风险贷款。将信贷管理工作重点由显性信贷风险管理向潜在信贷风险管理转变，加大潜在风险贷款退出力度，重点加大关注三级贷款流量和小企业客户“换手率”管理，对小企业退出客户和部分重点风险大户实行系统锁定，督促各行逐户落实压降措施。全年累计清收转化各类潜在风险贷款47.83亿元。综合运用各项不良贷款清收处置政策，突出抓好重点行和重点项目，同时坚持抓大不放小，加快不良贷款清收处置进度，全年共清收处置不良贷款19.11亿元。五是加强市场风险和操作风险管理。加强贷款利率浮动管理，严格控制贷款利率下浮，促进贷款综合收益水平的提高。2008年末，公司客户人民币下浮利率贷款机会成本率为2.82%。加强操作风险监测指标的统计分析，明确重要风险点和关键环节，加快完善相应的管理制度，强化管理措施，切实消除风险隐患。进一步加强应税事务管理，积极配合税务机关做好税收专项检查，有效控制了涉税风险。

三、扎实推进服务与创新

一是深入开展优质服务活动。制定并印发了服务工作指导意见，深入开展系列优质服务活动，不断增强服务能力，提升服务质量。大力推进营业网点建设，全年新迁址跟进网点19个，设立24小时自助服务网点21个，完成装修改造网点108个，升格二级支行45个，撤并低效网点15个。稳步实施新评级授信业务流程，评审工作效率显著提高。制定了《2008—2010年客户经理队伍建设三年规划》，统筹推进公司、机构、个人客户经理队伍建设。加快提高科技创新水平，研发推出了客户分析、基金销售管理等多个管理系统，为客户服务和市场竞争提供了有力支持。二是圆满完成了奥运金融服务任务。按照总行以及监管部门要求，全面开展客户满意度调查监测，加强营业网点现场服务质量管理与控制，促进窗口服务水平进一步提升。加强奥运服务工作检查督导，重点对合肥、黄山、池州等旅游城市奥运金融服务工作进行了专项检查，并针对检查中发现的问题认真抓好整改落实。加强奥运服务工作组织领导，认真落实各项服务措施，实现奥运服务“零差错、零投诉”。三是切实支持抗雪救灾和抗震救灾。在安徽遭遇罕见雨雪冰冻灾害期间，及时调拨抗雪救灾资金，想方设法保证对外营业，全力保障煤电油运行业贷款需求，共发放抗雪救灾贷款36.6亿元。汶川地震发生后，积极为抗震救灾工作提供支持，免收捐款汇划手续费，并实行“绿色通道”服务，切实为群众捐款提供优质服务。简化业务办理程序，及时向6户企业提供了1.62亿元抗震救灾信贷资金支持。

四、大力提升精细化管理水平

一是着力深化内部改革。进一步修订完善了费用分配办法，加大经营绩效考评结果与激励费用挂钩比例，引导全行加大市场营销力度，提高市场占比。制定创新费用考核分配办法，推动全行加快创新业务和创新产品的推广应用。完善二级分行经营绩效和业务发展考评办法，加大市场竞争力指标和经营转型的指标考核，绩效考评的导向作用进一步增强。制定绩效考核与管理指导意见，实施差异化考评，重点加大对销售类岗位的薪酬激励力度，切实增强销售类岗位的吸引力和价值创造力。按照“监管一级，监控两级”的要求，由省行对支行及营业网点实施绩效考评并按季度通报，进一步提升了支行及网点经营管理水平和经营效益。适度增加对支行业务经营的转授权，加大对重点支行的政策倾斜力度，深入开展“明星支行”创建活动，进一步激发了支行的经营活力。深入推进业务集中处理改革，各二级分行均全面完成业务集中处理改革任务。全面实施监督体系改革，在全辖网点顺利投产业务运行风险监控系统。顺利投产国际结算单证中心系统，实现国际结算单证业务集中处理。二是加强内控外防。继续深化基层行内控评价工作。认真组织开展合规建设推进年活动，重点抓好风险排查和制度梳理工作，促进了内控管理水平有效提升。加快案防工作长效机制建设，认真组织开展案防工作责任制量化考核，强化二级分行领导班子成员和省行机关部室负责人案防工作职责，试行二级分行领导班子成员案防风险抵押金制度。深入开展“学规定，促合规”教育活动和案件防范工作大检查，加强员工行为动态管理，突出抓好奥运期间员工行为动态专项排查活动，及时消除了案件隐患。坚持案件防范形势分析会制度，前移防范关口，案件防范能力进一步增强。严格落实安全目标管理责任制，加强安全防范设施建设，认真组织安全检查活动，切实加强信息系统安全运行管理，严格保密工作管理，没有发生任何刑事治安案件和责任事故。

五、切实加强党建和队伍建设

一是加强党建工作。按照总行党委关于深入开展学习实践科学发展观活动的统一部署和安排，深入开展思想动员，认真制订活动方案，切实加强组织推动，取得了阶段性成效。认真实施党风廉政建设责任制落实情况量化考核，切实抓好检查发现问题的整改落实。省行和基层行分别召开了党员领导干部民主生活会和以学习实践科学发展观为主题的专题民主生活会。二是加强员工队伍建设。深入开展二级分行“四好”班子考评活动，对3个二级分行“四好”班子进行了表彰。制定《管理人员选拔任用工作全程纪实实施细则》，切实加强管理人员选拔任用工作管理。进一步完善人力资源管理提升项目，岗位职级体系建设工作稳步推进。积极实施分层次、系统性的全员培训，员工年人均受训3.6次。圆满完成了模拟银行建设。三是加强企业文化建设。认真组织开展“培育现代企业文化，提升竞争发展能力”主题教育活动，努力实现企业文化的“落地”与“深植”。大力开展文明建设先进单位和个人评选活动，省行机关等27个单位荣获第八届“安徽省文明单位”称号。全面落实信访责任制，切实加强员工思想政治工作，及时消除各类不稳定因素和苗头隐患。及时修订完善各类应急预案，大力开展应急预案学习和演练活动，促进员工提高有效应对和妥善处置突发事件的能力。扎实推进行务公开，着力抓好行务公开制度的落实。成功召开了省行首届一次、二次职工代表大会。

福建分行

行长　杨春林

【业务指标完成情况】

2008年，福建分行实现拨备前利润41.58亿元，拨备后利润40.76亿元。新增人民币各项贷款159.63亿元，贷款余额突破1 000亿元大关，增幅为17.78%。若加上通过创新方式增加的142.05亿元融资，实际融资额达到302亿元。本外币公司贷款余额四大行占比为30.03%、人民币公司贷款余额四大行占比为29.97%，双双重夺同业第一。不良贷款持续保持“双下降”，余额为18.84亿元，比年初下降1.48亿元；不良率为1.74%，比年初下降0.43个百分点。2008年度荣获总行“公司业务最具市场竞争力奖”第一名。负债业务创历史新高，重新夺回竞争主动权。年末人民币各项存款余额为1 344.44亿元，较年初增加278.69亿元，增长26%。其中，储蓄存款增加166.28亿元，公司存款增加56.25亿元，机构和同业存款增加56.16亿元。本外币各项存款增量四大行占比为32.74%，较上年末提高12.46个百分点，跃居同业第一。中间业务全面迅猛增长，迈出经营转型强劲步伐。全年实现中间业务收入11.1亿元，同比增加4.08亿元，增长58.09%。中间业务净收入占营业净收入的15.05%，同比提高1.83个百分点。投行业务收入额居四大行首位，同比增加1.94亿元，增长250%。实现对公结算账户同业占比“增量第一”到“存量第一”的突破性进展，人民币对公结算业务收入居四大行首位，全年实现结算与现金管理中间业务收入增幅222%。累计办理国际结算107.23亿美元，增幅为61.8%。国际贸易融资累计发生额四大行占比达45.4%，居首位。全年实现个人中间业务收入3.61亿元，占全部中间业务收入的33%，继续位居各专业首位。牢牢确立信用卡业务同业第一的位置，全年发卡量、消费额居四大行首位，是福建省内第一家发卡量“超百万”、消费额“超百亿”的银行。实现信用卡中间业务收入增幅133.93%，信用卡中间业务收入居四大行首位。电子银行业务重回个人和企业网银新增客户、存量客户四大行第一的位置。全年实现电子银行业务收入继续保持四大行第一，同比增长89.81%。实现企业年金收入同比增长101万元，收入额居四大行第一。管理个人账户数、年金托管规模、账户管理客户数、年金基金托管客户数等年金业务指标继续领跑同业。

【主要工作措施】

一、提升科学发展能力，夺取竞争发展的主动地位

认真贯彻总行部署，紧紧围绕提升核心竞争力这项中心任务，按照五年发展愿景描绘的路径，结合全年不同阶段的发展形势和特点，审时度势，及早谋划，主动应对，扎实工作，切实完善各项工作措施，积极应对各种风险和挑战，稳妥推进各项业务，始终牢牢把握竞争发展的主动权，圆满完成了全年各项任务。全面分析了竞争发展形势，找准了中间业务、负债业务、个人金融业务、国际业务、结算与现金管理业务、

投行业务6块经营“短板”，系统研究了接长“短板”的对策，使全年的工作更具针对性和目的性。新年伊始，全行抓住旺季机遇大干快上，存贷款业务一举奠定了全年发展的坚实基础。在深入学习实践科学发展观活动中，结合五年发展愿景的实施情况和总行关于制订新三年规划的统一部署，科学测算和周密制定未来三年的经营发展目标和主要策略措施。在新的三年规划统领下，全辖进一步形成了锐意改革、朝气蓬勃、奋勇争先、科学发展的经营管理氛围，群策群力促进核心竞争力和主要业务同业占比的全面提升，努力开创一流分行建设的新局面。

福建分行与福建省邮政公司、邮政储蓄银行福建省分行签订全面业务合作框架协议。

二、深化管理体制改革，推动竞争实力的全面增强

调整对各二级分行的经营绩效考评办法，在总行1 000分考评指标分之外增设600分“短板”业务专项考评指标，加大了对市场竞争力指标和经营转型指标的考核权重，推动各行把握经营重点、调整业务结构、增强竞争力。调整对支行的经营绩效考评办法，按照2007年末存贷款规模将各支行划分为10亿元以上、3亿－10亿元、3亿元以下三类，分别采用不同的考核指标和权重进行考核，促进支行综合经营、特色发展。采取试行单列考核、扩大财务和信贷授权、强化联动营销等办法，扶持主战场——营业部的发展。深化机构扁平化改革，优化机构人员配置，完善扁平化支行管理模式和保障机制。推行网点达标晋级管理，将网点的经营规模与机构等级及其负责人的岗位等级挂钩，推动分支机构做大做强。完善规模、经济资本和资金价格管理传导机制，壮大资产业务，控制负债成本，提高资产收益。联动营销、捆绑营销、分层营销体系逐步完善，菜单（MENU）营销法有效推行，健全和落实营销激励机制，推行个金业务计件工资制等按劳所得、凭贡献取酬的机制，营销效率大幅提升。持续深化运营集约改革，业务集中覆盖率提高至48.32%。清算对账工作连续12个月排名系统第一。稳步推进监督体系改革，强化风险质量监测，柜员高风险操作行为降幅达90.74%，核算差错率下降至0.0101%，运行业务核算质量得到进一步提升。积极推进各项科技工作，加快应用系统研发与推广步伐，顺利完成NOVA系统各系列升级版本的测试投产任务，数据仓库、信息统计、网讯和办公自动化系统建设有序推进。

三、完善全面风险管理，夯实持续发展的经营基础

信用风险、市场风险、操作风险管理不断完善和加强。坚持“有保有压、有进有退”的信贷策略，不断优化信贷结构，积极推进“绿色信贷”建设，控制一般流动资金贷款规模，切实关注和防范房地产行业信贷风险、个人信贷风险、小企业信贷风险，确保了新增贷款的质量。加大潜在风险贷款的退出力度，认真开展信贷风险监测和分析，遏制了存量贷款的劣变。大力开展清收处置工作，累计清收处置不良贷款12.65亿元，4户亿元以上不良贷款大户中的3户不良贷款已降至亿元以下。妥善处理各类经济纠纷案件，借助法律手段执行清收6.35亿元，胜诉案件执行率达到44.26%。

四、加强内控外防工作，筑牢安全发展的坚固防线

认真开展各项检查审计工作，完善反洗钱工作机制。完善员工异常行为报告路线，深入开展员工行为分析排查，及时化解和消除案件隐患。着力开展郊区、县支行业务合规性检查和客户经理管理的执法监察工作，促进边远支行合规经营、防范风险。妥善处理来信来访，认真开展解释和疏导工作，及时化解各类矛盾和问题，有效维护和谐稳定氛围。在推进营业网点装修改造和支行扁平化改革过程中，切实落实各项内控外防措施，保障业务发展和安全防范工作同步推进。全辖网点安防设施达标率为100%。在银行业监管部门组织的金融机构安全评估中平均得分95.37分，在同业中名列前茅。被省委省政府评为“平安建设”先进单位。内控合规工作在总行考评中名列第一。纪检监察工作被总行评为良好单位。保卫工作考评排名系统并列第一。

江西分行

行长　初苏华

【业务指标完成情况】

2008年末，江西分行实现拨备前利润22.1亿元，拨备后利润19.1亿元，实现经济增加值10.7亿元。实现中间业务收入6.5亿元。本外币全部存款余额为1 263.1亿元，比2007年末增加245.5亿元。其中，储蓄存款增加110.2亿元，销售理财产品111亿元；对公存款增加94.1亿元；同业存款增加40.4亿元。本外币各项贷款余额为641.3亿元，增加60.9亿元。法人客户中AA－级以上客户贷款余额为266亿元，占法人客户贷款总额的67.4%。个人中高端客户数增加5.4万户，资产占比达64%，提高2.9个百分点。总行锁定存量贷款退出20.3亿元；清收处置不良贷款9.4亿元；不良贷款余额为19.6亿元，下降883万元；不良率为3.06%，下降0.33个百分点，实现“双下降”。离柜业务量占比39%，提高了5个百分点；银行卡新增发卡39.6万张，实现直接消费额37.1亿元。国际业务结算量26.5亿美元，增加4.8亿美元，贸易融资业务量2.2亿美元，增长1.7倍；外汇资金业务量25.3亿美元，增长19%。现金管理签约客户新增1 977户。企业年金签约192户，增加101户。资产托管规模达364亿元，增加260亿元。

【主要工作措施】

一、以加快发展为主题，经营规模迈上新台阶，发展质量进一步提升

（一）积极应对宏观经济调整，资产业务稳健发展。一是大力拓展优质项目信贷市场。认真分析市场，加强对重点优质企业和重点项目的营销，重点营销公路、铁路、电力等行业和项目。在上半年信贷规模较紧的情况下，优先支持优质重点客户和优质项目的资金需求，使有限的信贷资源向国家政策鼓励发展的行业倾斜，向分行发展的战略业务领域和重点目标客户倾斜。二是稳健发展中小企业信贷业务。成立中小企业信贷中心，设立专门机构、配备专门人员、实行单独考核，开展小企业信贷业务营销管理责任制试点和达标认定工作，实行梯度发展策略。三是积极发展住房信贷和个人信贷业务。稳健发展房地产开发贷款业务，在选好优秀开发商的前提下选好优质项目，对全省房地产开发企业实行名单制管理，并逐户开展了有针对性的营销。同时，加大按销售进度还款工作力度，坚持按揭贷款与开发贷款封闭运作，确保按揭资源不流失。继续加强个人贷款中心建设，及时调整个贷政策，优先发展重点地区

2008年10月23日，江西分行与南昌市人民政府签订战略合作框架协议。

和个人住房贷款。加强个人汽车贷款、个人质押贷款和个人经营贷款营销，及时推出迎合客户需求的个贷产品，推动了个贷业务快速增长。四是大力发展贸易融资和票据业务。将国内贸易融资业务作为调整信贷结构的战略融资产品，积极开展回购型保理、发票融资、国内信用证开证业务、国内信用证项下卖方融资等贸易融资业务品种，加快贸易融资业务发展。充分发挥票据业务对全行信贷均衡投放的调节功能，打造新的重要收入来源渠道。积极拓宽票据业务出口，发展异地票据业务市场。同时，加强票据业务风险防范，实现票据业务健康发展。

（二）大力组织各项存款，资金实力大幅提升。加强客户资源拓展和客户关系维护，创新服务手段，为客户提供一揽子金融服务，增强客户忠诚度，从而巩固和扩大存款来源，优化负债结构，提高市场份额。将储蓄存款作为稳定和持续增加的资金来源，加强对个人中高端客户的维护，开展季度主题营销，抓热点抓源头，加大代发工资业务营销力度，通过理财产品营销客户，大力吸收资本市场回流资金，储蓄存款实现了历史性的突破。构建对公存款增长有效机制，建立和完善稳存增存的营销体系和工作机制，明确营销服务责任人，上下联动，实行分层营销。加强同业合作，积极竞争同业存款，扩大低成本资金来源。

（三）新兴业务快速发展，抢占了市场竞争制高点。一是银行卡实现量质“双提升”。大力发展项目联名卡，重点推进公务用卡试点扩面工作，累计签约各级预算单位301家。成功批量投产电话通业务。积极改善信用卡受理环境，落实“限时办卡”服务，打造消费积分定期回馈平台，实现发卡量、消费额、收益与质量的全面发展。新增发卡和消费额在四大行中占比分别为47%和43%。二是电子银行发展势头强劲。开展了电子银行服务路演“扫楼、扫街、扫区”活动，加快电子银行产品开发和应用推广力度，顺利投产江西爱付宝支付系统和多媒体终端机公积金查询等系统，制订集团系统客户资金集中归集管理项目方案。全年新增网上银行个人证书客户10.4万户、企业证书客户5 113户；新增服务区71个，服务区网点与实体网点占比达到80%，提高21个百分点。三是国际业务整体联动发展。按照“步入市场、深入客户、上门营销”模式，对重点客户进行名单制管理，开展直通式营销和本外币整体营销。积极拓展贸易融资市场，国际贸易融资达2.2亿美元；通过外汇定期存款和本外币互存，积极营销外资代理行存款达1.1亿美元；根据外商投资企业外汇资本金账户唯一性的特点，以账户营销为切入点，积极营销外汇资本金2.9亿美元。

二、以结构调整为主线，优化经营结构，经营转型稳步推进

一是坚持优质客户发展战略，客户结构进一步优化。全方位、多角度筛选优质客户，将全省优质客户细分为“战略客户、目标客户、潜在客户”，落实营销责任人，实行动态管理。着力构建优质客户营销机制，围绕“法人客户、中小企业客户、个人中高端客户”三条客户线竞争客户，制定优质客户分类管理指导意见，增强营销服务工作的针对性和有效性。成立若干重大项目营销领导小组，省行领导带头挂牌营销20个有重大影响的优质项目。以优质客户为切入点，实施“挖转”和“渗透”营销策略，大力营销优质新开户、他行优质客户及优质客户上下游优质企业，拓展一般结算客户，客户结构更加合理，客户基础更加坚实。二是深化“大个金”战略，第一零售银行地位更加巩固。继续依托“两化”改革平台，完善管理体制和经营机制，有效发挥“大个金”平台的基础作用，深入推进银行卡、电子银行业务与个人金融业务的融合，实现“大个金”业务协调发展。下大力气加强渠道建设，健全网点建设工作机制，专门成立网点建设工作办公室和网点建设领导小组，负责统筹规划网点建设，优化网点布局，实现网点布局与市场资源的有效匹配。继续加大网点建设资金投入，按照网点建设“四统一”原则规范网点改造，加快网点渠道改造步伐，在网点硬件设施方面缩小了与同业的差距。同时，加强网点软环境建设，优化了分层服务体系。全年新改建贵宾理财中心40个，投建离行式自助银行16家，ATM93台。三是创新发展中间业务，收入结构进一步优化。加大中间业务与资产负债业务的联动发展，完善中间业务考核激励机制，设立创新奖，开展分机构、分专业中间业务考核评比活动，充分发挥激励机制导向作用。以票据资产托管为重点，积极拓展外汇理财、信托等高端业务，大力推广“信托+理财”组合产品，着重发展新型理财资产托管业务。理顺年金业务发展渠道，实行“一户一策”重点营销。积极拓展以黄金业务为重点的贵金属业务，实现销售品牌金142.6公斤，纸黄金交易量13 759.8公斤。建立健全银保业务考核、监测管理机制及组织体系，加快发展银保业务。积极协助总行推动江西省政府组建江西产业投资基金工作进程，初步完成基金投向产业定位等前期工作。

三、以完善体制机制为着力点，集约化经营水平进一步提高

一方面，加快业务流程优化。稳步推行营业网点“一班制”工作模式，推进柜员岗位优化整合工程，调整业务授权，通过合理安排劳动组合和减少内部环节，节约了前台柜员数量，减轻了前台柜员工作压力，有效充实了一线营销队伍。加大前后台业务分离，提高后台业务处理集约化程度。实现网银落地集中处理项目投产，推进区域性业务集中处理，后台处理范围扩大，提高了业务处理集中度。加快运行监督机构上收集中管理力度，统一规范全省监督工作。另一方面，积极完善激

励机制，充分发挥费用资源的激励约束和经营导向作用，将费用与EVA和中间业务收入挂钩，根据利润预算完成情况实现资源配置，挖掘经营潜力。加强工资总额管理，规范绩效工资费用分配方式，提升工资总额资源配置效益，加强工资费用对重点和新兴业务发展的支持力度。进一步完善绩效考核办法和考核指标体系，突出效益和效率考核，强化收入与业绩挂钩；努力推进收入分配直接到网点、个人，激发基层网点和员工的经营潜能。

四、以从严管理为保障，强化全面风险防控，管理基础进一步夯实

一是加强信贷管理，密切关注江西省国有企业改制动态，重点关注房地产、“两高一剩”行业、涉及环保隐患的重点监控企业、部分抗风险能力弱的一般加工企业及小企业，以及出口退税政策影响较大企业的贷款风险，对发现的潜在风险贷款提早研究应对措施，早退出、早清收。制订翔实的信贷退出方案，实行“锁定到户、责任到人”，注重一户一策、因企制宜、按月监测、按季考核。强化新增违约贷款监督考核和责任评议，从源头上控制正常关注贷款向下迁徙。加大不良贷款清收处置力度，完善大额不良贷款清收处置三级联动工作机制，积极运用债权转让等方式转化贷款潜在风险，成功收回三九宜工等风险大户不良贷款。加强两年以上账龄抵债资产处置和小额不良贷款清户工作，抓好个人风险贷款压降工作，2007年以后新发放个人贷款关注类占比降至2.4%。二是加强全面风险管理，积极开展风险管理评价工作，开展法人客户贷款风险压力测试工作，创新风险管理委员会工作机制，建立风险报告重点联系行制度。充分发挥风险管理委员会审议决策重大风险事项作用，通过抓落实、抓督办，加强特殊风险预警与提示，推动风险管理由事后处置向事前预警前移。三是不断完善内控案防工作，开展“学规定，促合规”活动，实施《违规积分管理规定》，提高员工依法合规经营和案件防范意识。完善反洗钱工作机制，进一步提高反洗钱工作水平。全面推进守押社会化改革，实现全省工行系统枪支为零。落实信访工作责任制，确保了奥运会以及改革开放30周年纪念活动期间没有发生集体访和进京访。

五、以队伍建设为根本，加强企业文化建设，和谐发展氛围更加浓厚

一是加强队伍建设。初步搭建员工职业发展平台，逐步优化员工晋升发展通道。引导员工从二线向一线转移，促进人岗匹配、人岗相适，客户经理队伍进一步扩大。进一步完善选人用人机制，健全公开竞聘制度，公开、公平、公正选拔任用干部，先后选拔17名副处级干部。全年举办各类专业培训710期，培训50 550人次。二是强化服务管理，提升客户服务水平。实行星级员工评定管理，增强了员工服务的主动性。首次开展法人客户满意度调查，建立神秘客户服务暗访制和个人客户满意度调查制，对84个网点进行了随机暗访。完善二线为一线服务考评，切实提升了客户服务水平。全年客户投诉共143件，比上年减少170件。三是企业文化建设扎实推进。以人为本，努力营造责任文化氛围，积极倡导奉献精神和团队精神，员工危机意识和责任意识进一步增强。健全了省、市、支行三级职代会制度，顺利召开股改后第一届职工代表大会。实施员工多层次福利保障和补充医疗保险制度商业化改革，组织多次抗寒抗震救灾献爱心募捐活动，举办了一系列群众喜闻乐见、有益身心健康的文娱活动，全行员工凝聚力、向心力进一步增强。

六、加强党建工作，深入开展学习实践科学发展观活动

全行以高度的政治责任感和使命感，精心组织，科学部署，深入开展学习实践科学发展观活动。先后组织开展了学习科学发展观理论、深入基层调研、解放思想大讨论、献计献策等一系列活动，召开了专题民主生活会，形成领导班子分析检查报告和组织员工群众评议。通过学习实践科学发展观，全行广大党员和领导干部认真查找不符合科学发展要求的思想观念，着力解决影响和制约科学发展的突出问题，加深了对科学发展观的思想认识，增强了贯彻落实科学发展观的自觉性和主动性，取得了扎扎实实的成效。

山 东 分 行

行长　沈荣勤

【业务指标完成情况】

2008年，山东分行实现拨备前利润达到115亿元，同比增加19.5亿元，增幅为20.42%；账面利润达到103亿元，同比增加21.4亿元，增幅为26.23%。全年累计清收处置转化不良贷款41亿元。年末不良贷款余额为55.45亿元，较年初下降0.06亿元；不良率为1.91%，较年初下降0.27个百分点。年末本外币各项存款余额为3 358.54亿元，较年初增加582.29亿元，同比多增248.75亿元，余额和增量四大行占比分别为29.31%和29.67%。人民币各项贷款余额为2 846.07亿元，较年初增加378.25亿元，同比多增44.21亿元，余额和增量四大行占比分别为37.13%和32.23%，均为第一。信用卡发卡量在前两年连续翻一番的基础上，再次实现成倍增长，当年新增发卡100.94万张，同比多增49.06万张；市场保有量突破200万张；实现消费额134.34亿元，同比增加62.41亿元。电子银行个人客户突破500万户，年内新增97.3万户；交易额达到3.72万亿元，同比增加1.14万亿元。投资银行业务收入达到7.8亿元，新增企业年金签约客户473户、个人账户43.89万户、资产托管规模100.71亿元，实现"三资格"业务零的突破，填补了票据转让、股权投资、理财集合信托资金托管等多项空白。办理国际结算311.68亿美元，销售个人理财产品296亿元，对公理财产品485.89亿元。

【主要工作措施】

一、准确把握宏观调控政策，各项贷款平稳较快增长

一是信贷总量适度，投放有序。上半年在国家严格控制信贷总量的形势下，制定实施了"一保四放开"的信贷方针，突出投放重点，拓宽融资渠道，保证了重点客户资金需求，推动了战略性业务加快发展。第三季度适度宽松的货币信贷政策出台后，适当扩大信贷规模，加快投放进度，全力做大信贷总量。二是贷款投向合理，结构优化。制定出台了信贷结构调整实施意见，按照"区别对待、有保有压、调整存量、做大流量"的总体原则，加快调整信贷客户结构、品种结构和行业结构。全年压降一般流动资金贷款108.24亿元，增加国内贸易融资172.81亿元，占全部流动资金贷款的比例达到23.28%，较年初提高17.06个百分点。加大次

2008年7月7日，山东分行行长沈荣勤在烟台莱山机场工行贵宾室检查奥运服务准备工作。

优贷款和劣质贷款退出力度，压降存量退出客户贷款46亿元。认真贯彻“绿色信贷”方针，坚决压缩落后生产能力和高耗能、高污染项目信贷投放，全年退出“两高一剩”行业贷款7.9亿元。三是信用方式多元，融资渠道拓宽。面对旺盛的资金需求和有限的信贷资源，积极开展信用创新，大力拓展信贷二级市场，非信贷融资业务加快发展。全年牵头组织银团贷款75亿元，办理信贷资产证券化5.95亿元；办理委托贷款50.3亿元，同比增加19.7亿元；短期融资券66亿元，同比增加5亿元；“信托+理财”业务53.3亿元，同比增加53.3亿元。

二、发展方式发生积极转变，盈利能力不断增强

一是贷款利息收入保持较快增长。在信贷规模受到限制的情况下，着力在提高投放均衡度、增强议价能力、发展高收益品种上下工夫，实现了信贷业务内涵式增长。全年贷款投放均衡度为61.8%，同比提高1.92个百分点；贷款收益率为7.45%，同比提高0.91个百分点；净利息收益率（NIM）为3.69%，同比提高0.06个百分点。累计实现贷款利息收入199.14亿元，同比提高46.86亿元，增幅为30.77%，高于贷款增长幅度15.42个百分点。二是中间业务贡献度进一步提高。在突破零收入、低收入、负增长和增速缓慢的业务产品，做大做强中间业务规模的同时，进一步完善中间业务费率管理机制，规范收费标准，加强减免费管理，深入挖掘增收潜力，确保各项收入应收尽收。全年实现中间业务收入27.1亿元，同比增加9.3亿元，占营业净收入的比重达到15.23%，同比提高3.22个百分点。三是票据融资业务创历史新高。在货币信贷政策持续从紧的形势下，充分发挥票据业务“短平快”的特点，快进快出，积极运作，大力推动利率较高的直贴业务发展，起到了调节信贷规模、促进效益增长的作用。全年累计买入票据578.15亿元，同比增加126.28亿元，实现票据业务净利差收入8.32亿元，同比增加2.21亿元。四是节流减支工作成效明显。加强租赁费、修理费、会议费等营业费用管理，完善基本费用、挂钩费用和专项费用分配机制，进一步优化了资源配置，提高了产出效率。创新备付金管理模式，合理摆布资金头寸，压缩人民银行备付金日均余额3.3亿元、系统内备付金4亿元，提高了资金使用效率。用足用活短期融资限额，通过申请总行专项借款，降低融资成本，全年节约利息支出2.15亿元。大力推行公务用车改革，扩大集中采购范围，提高应税事务管理水平，有效控制经营成本，节约了费用开支。

三、服务创新稳步推进，竞争能力不断增强

一方面，服务工作持续改进。年内完成224家网点的改造工作，建成了1家财富管理中心，78家贵宾理财中心，建设了一批在当地有影响、有一定档次和吸引力的营业网点。开展多层次多形式的服务检查，组织网点实时监控录像抽查，聘请中介公司实施客户满意度调查和神秘人检查，促进了网点服务质量提升。全面实施达标网点管理，深入推动网点品牌创建活动，共评选出四星级网点11个，五星级网点10个。进一步完善公司客户分层营销体系，启动个人客户分层服务工作，初步建立了以“网点分类、客户分层、业务分流”为内容的个人客户分层服务管理体系。认真组织开展“迎奥运文明规范服务系列活动”，在奥运金融服务的严格检验中，展示了良好的企业形象和服务水平。另一方面，创新能力进一步增强。完成了综合业绩评价系统、社保卡“五保合一”项目、军区经费管理系统等57个项目的研发投产工作，在省内同业率先推出了社保卡、保险见费出单、“特易通”电话POS机、电信收单等新业务，推出了“新股随心打”人民币理财产品，开发了个人网银、自助终端平安保险续期缴费功能，实现了灵通卡、e时代、理财金及信用卡多媒体终端跨行转账。全年共申报创新项目56个，经认真评审，共评出2个创新项目特等奖、5个一等奖；3个个人突出贡献奖，全行创新氛围日益浓厚。

四、内控机制日益完善，风险掌控能力不断增强

一是信用风险得到有效控制。面对经济持续下行、风险不断加大的形势，进一步加强信贷政策引导，完善监测预警机制，持续开展对受金融危机影响较大行业的风险分析，有效防范了行业性、突发性信贷风险。突出强化大户风险管理，严格落实特别关注客户高层访谈、分析评价和重大事项报告制度。密切关注小企业风险状况，组织对小企业经营情况进行了专题调研，有针对性地制定出台了风险防控措施。进一步加强信贷基础管理，组织对业务增长较快的贸易融资业务和风险较高的房地产开发贷款进行专项检查。进一步加大不良贷款清收处置力度，着力抓好大额不良贷款处置，省行专门成立“不良贷款清收处置办公室”，建立重点大行对口联系制度，有效扩大了清收处置成果，确保了“双降”目标实现。二是案件防范工作卓有成效。内控机制不断完善，股改后第一个内控建设三年规划圆满完成。技术防范手段日益丰富，柜面业务操作风险监督系统二期全面投产，营业网点远程实时监控范围不断扩大，非现场预警体系日趋完善，有效提高了风险监测预警能力。深入开展案件防范教育，开好防范案件分析会，加强员工行为动态管理，抓好重点风险点防控，加大突击检查、问题整改和责任追究力度，增强了案件防控能力，连续第二年实现零发案。三是安全运营工作持续加强。稳步推进守押社会化改革，加强安全基础设施建设，狠抓各项安保措施落实，连续第七年实现防抢、防盗、防涉枪案件成功率达100%。全力维护信息系统安全，全省生产系统可用率达到99.99%，ATM开机率达到98.42%，信息系统运

行更加稳定可靠。防范外部欺诈工作成绩显著，成功堵截30起案件，涉及金额1.04亿元。密码保密工作继续加强，全年没有发生失泄密事件。

五、执行力建设取得阶段性成果，工作效能不断增强

一是“双零”网点、“双零”柜员建设成效突出。员工制度执行意识不断增强，违规操作现象大大减少，全年凭证业务量差错率由第一季度的0.61‰下降到年末的0.32‰。二是服务质量明显提升。客户服务持续改进，“95588”投诉量同比下降50.2%；个人中高端客户满意率为36.4%，比上年提高6.8个百分点；对公客户满意率为52.3%。积极改善员工工资福利待遇和工作生活条件，采取多种形式为员工办实事、办好事，员工满意度不断提高。三是推进办事公开初步展开。不断完善行务公开机制，拓宽公开事项的范围，决策管理透明度进一步提高。成功召开了全省第一届职工代表大会，民主管理制度得到切实落实，民主化、科学化管理进一步加快推进。四是领导作风和机关作风发生积极改观。领导干部调查研究和工作联系点制度得到全面落实，重大事项报告制度、收入申报制度执行到位。机关作风制度体系不断完善，办公流程进一步规范，服务意识逐步增强，工作纪律、办公秩序、服务效率出现积极变化。

六、党建和队伍建设取得新进展，全行凝聚力不断增强

一是深入学习实践科学发展观活动扎实推进。按照中央和总行党委统一部署，认真组织学习培训，深入开展调查研究，组织解放思想大讨论，召开专题民主生活会，认真总结贯彻落实科学发展观的主要成效和体会，深入分析检查不符合科学发展观要求的突出问题和思想根源，制定落实整改措施，各级领导班子和领导干部对科学发展观的理解进一步加深，贯彻落实科学发展观的自觉性和坚定性进一步增强，有效促进了对全行重大战略问题的研究，促进了“人才兴行”战略实施，促进了领导班子和基层党组织建设的加强。二是领导班子建设不断加强。按照“四好”班子要求，积极推进领导班子转型，着力加强学习型、创新型、进取型、服务型、实干型、廉洁型“六型”班子建设。省分行党委被总行评为“四好”领导班子先进集体。大胆选拔优秀年轻干部，在全行范围内开展了二级分行副行级干部和一级支行副行长公开选拔，一批优秀人才脱颖而出，被选拔到重要领导岗位。积极推动机关干部员工下基层，组织一批省行机关经理到支行挂职锻炼，拓宽了干部培养渠道。三是干部员工素质不断提高。深入开展全员教育培训，举办中高级管理人员MBA研修班，实施支行行长和网点负责人专业培训，组织金融理财师和个人客户经理岗位资格认证考试，开展一线柜员适岗能力培训和各种形式的技术比武活动，营造了浓厚的学习型银行氛围。积极调整人员布局结构，一次性选拔配备527名个人客户经理，组织了6个二级分行间的内部人才招聘，初步形成了人才跨区域流动机制。不断完善人力资源管理机制，实施了非管理类员工职务聘任工作，建立了以价值创造和收益分享为导向的绩效工资分配模式，完善了管理人员年薪管理办法，启动了企业年金制度、基本医疗保险和补充医疗保险制度，平稳完成了劳动合同换签和内退人员退养费套改工作。四是和谐银行建设取得新成效。持续推进企业文化建设，具有本行特色的文化理念初步形成，宣传推广工作不断推向深入。切实做好新形势下的思想政治工作，积极开展扶危济困和帮扶救助，组织各种形式的争先创优活动，加强矛盾纠纷排查调处，营造了和谐稳定的发展氛围。进一步加强共青团和青年工作，通过启动青年爱心行动，开展“投身奥运服务”主题实践活动，组织“青年岗位明星”网上评选，促进了青年成长成才，增强了共青团的生机与活力。认真履行大行职责，承担社会责任，组织向汶川地震灾区捐款1 112万元，有力支持了抗震救灾和恢复重建。大力推进“绿色信贷”，服务中小企业和民营经济发展，受到社会广泛关注和新闻媒体专题报道。

河 南 分 行

行长 明柱亮

【业务指标完成情况】

2008年，河南分行实现拨备前利润36.59亿元，同比增加4.38亿元；实现拨备后利润28.81亿元，同比增加11.14亿元，实现经济增加值13.12亿元，同比增加9.48亿元。年内各项存款增加378亿元，同比多增387亿元。人民币各项贷款增加138亿元。不良贷款余额为45.03亿元，较年初减少19.99亿元；贷款不良率为3.78%，较年初下降2.35个百分点。办理表内国际贸易融资3.82亿美元。实现中间业务收入10.9亿元。全年实现电子银行收入6 231万元，信用卡新增发卡95.7万张，办理国际结算42.3亿美元；代理基金285亿元，代理保险60亿元，累计发行对公和个人理财产品398亿元。实现电子银行交易额2.54万亿元。账户管理年金客户达到98家，管理企业年金个人账户34万个，市场占有率为95%以上；新增托管规模38.4亿元，市场占有率为90%以上。实现投行业务收入18 875万元，同业占比第1位。全年投入网点升级改造资金3.4亿元，升级改造网点94个，建成财富管理中心2家、贵宾理财中心69家、一般理财网点23家，服务中高端客户的能力进一步增强。电子银行渠道建设成效显著，新增ATM 227台、自助终端机510台、自助银行245家，电子银行业务替代率达到50.4%。累计化解潜在风险贷款52亿元，累计清收处置不良贷款35.06亿元。全行未发生大的差错事故，实现“零发案”目标。

【主要工作措施】

一、突出“四争”导向，大力提升市场份额和市场形象

2008年，河南分行积极适应总行加快提升竞争力的战略部署和竞争发展现状的迫切需要，明确提出把“同业第一、系统进位、中部领先”作为战略目标，加压驱动，主动作为，确保在市场份额上占据优势地位。在2007年底改革发展研讨会上，把“同业第一工程”放在实施“十大工程”的首要位置，统一全行思想和行动；在绩效考核上，突出同业占比和市场份额，作为财务资源配置和干部任用的主要依据。尤其围绕“速度快、质量好、后劲足”的要求，以省行党委名义下发了《关于提升核心竞争力 实现可持续发展的决定》，提出了“六个坚定不移”，确保全行速度、质量与可持续发展的有机统一。淡化任务观念，强化市场意识，全面打响争夺客户和市场攻坚战。由于竞争发展能力的大幅度提升，分行在同业中实现了与全省经济发展相同步，在系统内实现了发展增量与规模总量的基本匹配，在政府、监管部门和社会公众中也赢得了应有的地位。河南省省委书记徐光春对分行支持经济发展情况作出了专题批示表扬。

二、突出经营转型，加快提升发展质量和发展后劲

一是着力拓展优质客户市场，推进资产负债结构调整。始终把拓展优质信贷市场作为结构调整和做大规模的重要手段，紧跟经济形势变化，重点争抢大项目、大企业、高端客户和主要业务领域，公司贷款较年初新增101亿元，居同业第一位。通过开展银团贷款、信托理财、短期融资券等信贷业务创新，在提高优质市场份额的同时有效优化了信贷结构。注重发展贸易融资、小企业、票据贴现和个人贷款等经济资本占用低、收益率高的信贷业务，推动贷款收息利率较2007年同期提高0.95个百分点。坚持把存款业务放在转型发展的基础地位，着力实施公司资产业务带动战略，提高机构同业对全行效益的贡献度，在实现新增额同业第一的同时，公司存款成本低于系统平均水平0.51个百分点。二是着力提升新兴业务综合贡献度，推进收益结构调整。始终把发展新兴业务作为经营转型和提升收益水平的重要途径，专题召开新兴业务推进会，从组织、人员、费用等方面倾斜投入，助推新兴业务跨越式发展。银行卡、代理保险、年金和托管、投资银行、国际贸易融资、电

子银行等业务都占据了同业第一位置。新兴业务蓬勃发展推动了中间业务收入的快速增长，年末中间业务收入占营业净收入的比重较年初提高2个百分点，盈利增长的可持续性明显增强。三是着力构建“大客户”营销服务体系，推进客户结构调整。始终把客户拓展作为促进转型和可持续发展的重要支撑，举全行之力推进扩户工程，对公结算账户结算账户净增2.9万户，同比增长266%，同业市场占比达到54%；积极实施“抓大带小”战略，着力培育高端客户群，新增个人中高端客户10万户，新增100万元以上对公高端客户831户，增长17.7%。四是着力增强服务供给能力，推进渠道结构调整。始终把渠道建设摆到优先位置，两年来累计投入渠道建设资金近4亿元，重点加强了贵宾理财中心的升级改造，已建成财富管理中心3家、贵宾理财中心100家、一般理财网点200家，服务中高端客户的能力明显增强。把电子银行作为重要的服务渠道和经营转型的主要抓手，新增电子银行客户170万户，电子银行业务量实现了与物理网点的平分秋色。同时，大力加强营销渠道建设，个人客户经理和对公客户经理占人员总量的比重达到20%，发挥了市场拓展的主力军作用。

2008年10月15日，河南分行与河南神火集团有限公司签订全面战略合作协议。

三、突出质量控制，努力提高盈利持续增长能力

一是建立信贷资产质量控制的全流程管理。把流程管理贯穿于信贷风险防控的全过程，明确公司、个贷、授信、信管、风险五个部门的信贷管理职责，强调公司、个人信贷部门既要承担贷款营销责任，又要对新发放的贷款以及现有五级分类中的前两类贷款质量负责，强化各信贷部门的横向互动和前台、中台、后台的纵向联动，分兵把口，逐级控制，坚决防止存量贷款向下迁徙形成新的不良贷款。同时，注重贷款过程合规控制，严格实行下徙贷款认定和问责制度，对于新发生不良贷款严肃追究相关人员尤其是管理人员的责任。二是强力开展资产质量攻坚。把2008年作为“质量攻坚年”，制定不良贷款压降工作专项考核办法，加大不良贷款清收处置在行长绩效考评中的权重；建立省行领导分包不良贷款大行和二级分行领导包不良贷款大户、不良贷款督办制度、不良贷款大行和大户分析、诫勉谈话等制度，强力推动不良贷款攻坚。不良贷款清收处置额排系统第二位，清收处置效果排第五位，是几年来该行清收处置力度最大、效果最好的一年。通过清收处置不良贷款，贷款风险成本较上年同期减少61%，增加EVA 4.65亿元，为分行经营效益大幅度提升作出了突出贡献。加大非信贷风险资产处置力度，累计处置抵债资产3.78亿元，存量抵债资产较年初减少3.11亿元。三是全力化解潜在风险贷款。坚持把潜在风险化解作为质量控制的主要关口，加大存量贷款退出进度，压缩退出总、省行锁定名单客户贷款49.37亿元，防止了贷款劣变和形态下移。加大互保贷款化解力度，互保贷款较年初下降19.14亿元，优化了贷款担保结构。

四、突出全面风险管理，持续提升风险掌控能力

一是加快完善全面风险管理机制。重新整合风险管理委员会，提高了风险管理委员会的运作效率和决策的权威性。尤其针对金融危机对我国行业信贷风险的影响，加大公路、集团客户、房地产、中小企业、表外业务等专项业务的风险分析力度，共组织专题风险分析18项，审议全面风险管理议题62项，涉及金额51亿元，及时揭示和提示各类风险点，增强了各专业和基层行防范风险的主动性、前瞻性。二是突出抓好操作风险防控。狠抓岗位控制的有效性建设，深入学习《业务操作指南》，积极推行《违规积分管理规定》，深化运行管理、法律事务等各类风险提示，严防出现操作风险及有可能发生的信用风险、流动性风险等衍生风险。加大各类问题整改力度，建立问题整改“七项制度”，2008年共查出各类问题11 030个，整改率达到100%。严防票据诈骗风险，堵住各类外部结算诈骗55笔，涉及金额5.7亿元；把诉讼风险作为操作风险防范的重要环节，共审结被诉案件118件，金额2.5亿元，挽回损失2亿元，挽回损失率达到80%；加大理财业务风险点提示，有效防范了信誉风险。着力开展内控评价上等级活动，内控等级由三级进入二级序列。三是强化案防长效机制建设。明确全年“零发案”目标，加强员工行为动态排查，尤其针对总行确定的11个风险点、河

南银监局提出的两类机构和四类业务的防控以及省行提出的代理业务、金库、款箱等环节的风险点，进行分析排查和风险评估；创新案防分析会形式，采取“请上来，走下去”相结合的办法，重点加强案防形势和防控重点的预警，保障了各项业务的安全运营。此外，分行还深入开展了为期3个月的“提升执行力”主题教育活动，助推了全行竞争发展能力的快速提升；深入开展了学习实践科学发展观活动，以解决制约竞争发展的突出问题为主题，进一步理清了发展思路、扫清了发展道路上的障碍；结合奥运年的实际，狠抓各种不稳定因素的排查疏导，努力为员工解决一些实实在在的难题，进一步营造了和谐发展氛围；积极履行大行的社会责任，尤其是在抗震救灾活动中，为灾区捐款近500万元，树立了良好社会形象，也凝集了全行上下奋发有为、共克时艰的热情和信念。

湖 北 分 行

行长　左新亚

【业务指标完成情况】

2008年，湖北分行实现拨备前利润28.0亿元，拨备后利润26.7亿元，同比分别增长19.1%和18.7%。实现经济增加值12.8亿元，同比增长56.1%。新增本外币存款（含同业存款）364亿元，增长23.8%。其中，储蓄存款增加208亿元，余额突破千亿元大关，达1 115亿元；公司和机构存款增加156亿元。新增本外币贷款157亿元，增长18.2%，贷款余额突破千亿元大关，达1 020.4亿元。实现中间业务收入10.2亿元，同比增长19.0%。电子银行交易额为1.6万亿元，信用卡发卡量净增68.8万张，国际结算量为45.7亿美元。

【主要工作措施】

一、继续实施资产业务带动发展战略，优质信贷资产持续快速增长

一是奋力抢抓优质重点项目贷款。突出重点，武广客运专线、汉宜铁路等重点铁路项目营销取得了实质性进展，共发放铁路项目贷款61亿元。加大对武汉城建项目二次营销力度，全年累计投放贷款44.3亿元。持续加强电力、高速公路重点项目营销，全年分别向这两个行业投放贷款44.7亿元和67.8亿元。二是稳步推进中小企业及个人贷款。小企业贷款增加3.2亿元，利率平均上浮11.27%，保持了较高的定价水平。通过强化“开发与按揭”联动、创新业务品种、拓宽营销渠道，新增个人贷款25.8亿元，新增额居同业首位。三是大力加强信贷业务创新转型。开办了卖方融资、买方融资、国内保理、发票融资及商品融资等贸易融资新产品。金融租赁业务取得历史性突破，总签约额50亿元，当年提款11亿元。积极争取武钢、长江电力等大型企业中期票据业务，成功承销20亿元的发行份额。

二、全面强化存款基础地位，存款市场份额明显扩大

一是全方位争揽储蓄存款。抓住资本市场调整时机，加大了储蓄存款市场拓展力度。以代发代收为突破口，抢占储蓄存款源头，全年新增代发工资单位23.9万户，代发工资总金额224.4亿元；着力发展灵通卡等介质类产品和“灵通快线”业务，增大储蓄存款流量；加强第三方存管和理财产品销售，拓展了个人优质客户资源。二是推动对公存款及对公理财协调增长。持续开展对公结算账户营销竞赛活动，新开对公结算账户34 501户。加大公务用卡、住房公积金、代理财政、对公理财等业务的营销力度，巩固扩大了对公存款市场份额。三是强化同业合作促进增存增效。与多家保险公司开展了“专家型保险理财服务”活动。以“合作促进共赢，创新提升服务”为主题，深化了与本土证券公司的合作。发挥综合优势，与农业发展银行、进出口银行、邮政储蓄银行等的业务合作不断深化，收到良好成效，全年同业存款日均余额为39.88亿元，同比增加4.67亿元。

三、着力推进经营模式和增长方式转型，中间业务和新兴业务保持了良好发展势头

一是全面拓展中间业务增收渠道。重点拓展代理保险、理财、结算与现金管理、投资银行、企业年金和资产托管、贵金属等业务增收潜力，代客贵金属买卖、对公理财、代理证券期货、住房公积金存款、代理个人保险、个人理财、国际贸易融资、投资银行、外汇托收、短期融资券等新产品中间业务收入同比翻一番。二是全面巩固和提升牡丹信用卡“湖北第一卡”的市场地位。加大项目营销力度，推动发卡规模快速扩张，全年发行公积金卡近20万张，发行学生卡10万多张，发行联名卡、财政公务卡近5万张。抢抓保险费代收、汽车、房地产销售等领域的收单业务，促进了交易额的较快提升。采取灵活定价政策，积极拓展电器、家装、汽车等行业的分期付款业务，实现汽车销售分期付款业务交易额3 000多万元。三是加快国际业务创新步伐。积极参加省内外各类招商引资活动，成功营销外资项目（企业）58个，实现资本金汇入40 694万美元。努力拓展国际业务客户数量，全年新增单证和贸易融资客户124个，新增国际贸易融资重点客户20家。加快产品创新，进口代付、远期结售汇、财智国际套餐、出口保理等业务取得突破，表内贸易融资业务覆盖全部二级分行，自行买入福费廷、进口TT融资、出口发票融资等新业务相继开展。四是全面巩固电子银行业务市场领先优势。通过电视台、电台、报纸和网站等媒体，以广告、知识讲座等形式，大力宣传“金融@家”、“工行财e通”、“U盾”等电子银行产品，创造品牌效应，实现了客户数量和质量的同步增长。

四、加强基础性管理工作，为业务发展提供有力支撑

一是全面加强服务渠道建设。系统研究渠道战略，整体规划渠道布局，营业网点、自助银行、电子银行和客户经理队伍四大分销渠道建设协调推进。全年建设贵宾理财中心40家，装修改造网点187个，升格改建二级支行48家，优化整合低效网点77个。新增了电子银行服务示范网点102家，配备网银自助服务机401台、自助服务终端机690台，安装存取款一体机176台、取款机188台。二是进一步完善激励约束机制。修订行长经营绩效综合考评办法，充分发挥“指挥棒”作用。新办法加大了对市场竞争力指标的考核力度，引导全行不断提高核心业务的发展速度和目标客户的扩展力度，巩固或夺回主要业务领域的竞争优势。改变费用配置与业务挂钩方式，有效推进经营转型。除继续实行激励费用与中间业务收入挂钩外，对新增存款、理财产品销售额和新增贷款等业务配置激励费用。与业务挂钩的费用配置均采用市场占比系数调节方式，引导全行努力增强市场竞争力。三是全面加强业务运行管理。按照规范前台、做大中台、整合后台的总体思路，着力抓好网点运营、运行监管、金库建设标准化，积极推进监督体系、授权方式、事权划分改革，加强重要风险点、现金营运和参数管理，进一步加大业务集中、账务上收和清算业务集约化的工作力度，运行质量大幅提升，实现了“低差错、无事故、零案件”的管理目标。四是持续提升服务工作水准。组织开展了以“提升业务创新能力、市场营销能力、品牌影响能力、客户服务能力、风险掌控能力和保障支持能力”为主要内容的群众性劳动竞赛和管理创新、业务创新、服务创新活动，以及迎奥运

湖北分行行长左新亚为湖北牡丹信用卡发卡量突破百万张揭牌。

文明规范服务系列活动，服务质量、面貌有明显改善。全行有20个单位分别被评为中国银行业文明规范服务示范单位、湖北省银行业文明规范服务示范单位、湖北省银行业服务效率先进单位和“创文明行业、促荆楚和谐”竞赛优胜单位。

五、强化内控案防，风险掌控能力明显提升

一是扎实开展“精细化管理年”活动。在全行范围开展了以“优化经营环境、明晰岗位职责，加强风险防控、提升竞争能力”为主题的“精细化管理年”活动，通过分阶段、有计划、有重点地推进该项工作，较好地解决了“岗位履职不严、制度执行不力、操作流程不精、业务管理不细”等管理粗放问题，管理质量和经营成效明显提升。二是进一步加强信用风险管理。认真落实宏观调控政策和总行行业信贷政策，严把信贷准入关。加强集团关联客户管理，对30家客户纳入集团关联统一授信，加强了政府投资类客户的关联管

理，对城建系统、公路系统应纳入关联管理的，全部纳入了关联管理。加强对贷款客户的监测，对亿元以上贷款大户经营情况、风险情况按月进行监测分析评估；对到期贷款按月进行预警，督促催收；对逾期贷款进行风险提示，督促采取风险防范措施。专项清理整顿个人信贷业务，全行个人住房贷款期房预登记的清理、换证工作取得阶段性成效，期房抵押率有所下降，信贷风险得到初步控制。全力压降潜在风险贷款。在总行确定的7类存量贷款退出公司客户范围基础上，将退出范围扩展到已显现风险苗头的公路路网行业贷款、部分未能按进度还款的房地产开发企业贷款以及其他潜在风险贷款；对潜在风险贷款客户实行名单制管理，加强潜在性风险贷款研究和甄别，将贷款存量贷款退出执行情况与新增加贷款规模直接挂钩。多措并举清收处置不良贷款，全年清收转化不良贷款10.3亿元，完成总行计划的154%。三是操作风险及案件防控综合治理卓有成效。强化各级管理人员的履职责任，纠正和防止了在位不作为或乱作为。持续开展“扫雷工程”，整改问题619例，整改率100%。反洗钱工作经验被人民银行在全省同业内予以推广。安保工作扎实有效，押运社会化程度继续提高。各二级分行监控报警中心全部投入运行。堵住诈骗案件16起，金额5 551.8万元。协助公安机关抓获64名针对ATM实施诈骗活动的犯罪嫌疑人。全行实现了内部案件“零发案”，案防工作总体呈现出持续向好的局面，在同业中居先进水平。

六、扎实开展学习实践科学发展观活动，党建工作和队伍建设全面加强

一是按照总行统一部署，在全行系统同步开展了深入学习实践科学发展观活动，使广大干部员工特别是各级领导班子和领导干部对科学发展观的理解进一步加深，贯彻落实科学发展观的自觉性和坚定性进一步增强。通过深入学习、调查研究、征求意见、解放思想、召开专题民主生活会，各级行党委认真总结了近年来贯彻落实科学发展观的主要成效和体会，深入分析检查了不符合科学发展观要求的突出问题和思想根源，理清了发展思路，明确了努力方向，制定了改进措施，形成了新的三年发展规划。二是坚持党风廉政建设与业务工作同部署、同检查、同落实。通过扎实开展“学规定，促合规”活动、举办预防职务犯罪专题讲座、组织观看警示教育片和集体廉政谈话等多种形式，营造了领导干部廉洁从业、勤勉敬业的良好氛围。三是员工培训力度不断加大，培训内容不断更新，培训方式和渠道更加多样化。在完善各分支行职工代表大会制度的同时，召开了全行第一届职工代表大会，二级分行及其以下机构职代会（职工大会）建会率达100%。四是企业文化建设和精神文明创建活动取得新的进展，省分行荣获“全国企业文化优秀单位”，全行新增1家“全国级精神文明创建先进单位”、1家“四好班子”、1家“总行级文明单位”、13家“省级文明单位”、1个“全国级青年文明号”和2个“总行级青年文明号”先进集体。

七、主动履行社会责任，品牌价值进一步提升

全年信贷投放较好地体现了国家宏观调控政策和央行货币政策要求，有力地支持了地方经济平稳较快发展。一是积极倡导“绿色信贷”理念，对所有贷款企业和项目实行环保“一票否决权”，开展“绿色信贷”专项检查，主动退出“两高一剩”行业，力促武汉城市圈“两型社会”建设。二是主动履行纳税义务，全年共缴纳税额10.25亿元，成为全省纳税最多的企业之一。三是在抗击冰雪灾害和汶川地震灾害期间，全行上下恪尽职守、无私奉献，为救灾工作提供了优质服务和无私援助。全年共发放救灾专项贷款21.42亿元，组织员工向灾区捐款和缴纳特殊党费、团费共计629万元。

湖 南 分 行

行长　吴宏波

【业务指标完成情况】

2008年，湖南分行实现拨备前利润26.54亿元，拨备后利润22.98亿元，实现经济增加值9.91亿元。各项存款（不含同业）增加228.19亿元，其中，储蓄存款增加160.15亿元，公司存款增加54.64亿元，机构存款增加12.97亿元。各项贷款增加134.7亿元。实现中间业务收入10.11亿元。实现个人金融营业总额442亿元，位居同业第一。新增个人网上银行101万户，新增企业网银1.76万户，电子银行客户达576万户，稳居同业首位；网上银行交易额达13 539亿元。信用卡实际发卡68万张，总量达113万张，消费额达56亿元。新开对公结算账户30 683户，净增账户15 844户，营销法人理财产品222.38亿元，签约现金管理客户2 625户，实现国际业务结算量27.5亿美元，累计发放国际贸易融资3.71亿美元，国际结算和贸易融资新增客户49户。累计清收处置不良贷款15.98亿元，不良贷款清收处置率达42.5%。不良贷款年末余额为36.53亿元，比年初下降1.85亿元，不良率为4.11%，比年初下降了0.98个百分点。

【主要工作措施】

一、加大优质信贷市场营销力度

以交通、电力、城市基础设施等行业的重点客户和重点项目为突破口，通过高层营销、部门配合、上下联动、加强与开行合作等措施，加大市场营销力度，增强了市场整体竞争能力，营销了一批重点客户和项目，扩大了优质信贷市场的占有份额。

二、促进各项转型业务快速发展

一是坚持用高目标带动“大个金”业务高质量的大发展。坚持储蓄存款的基础地位不动摇，通过积极维护高端客户，走访存款大户，完善奖励办法、拓展农村金融市场等措施，狠抓节日揽储和市场占比的提高，为全行储蓄存款较快增长奠定了基础。年末储蓄存款比年初新增161亿元。坚持加快代理业务发展，代理个人保险额31亿元，代理基金销售201.5亿元；本外币理财产品销售同比增加42亿元；代理国债同比增加1.3亿元。加快个人贷款业务发展，个人贷款余额比年初增加15.8亿元。加强与个人贷款合作机构的沟通联系，全年新增合作机构280个，其中营销他行信用等级为AA级以上纯按揭合作机构12个。二是保持扩大电子银行领先地位。不断加大创新力度，完善电子缴费、银企互联、WAP手机银行、网上黄金、工行信使、网上基金

湖南分行行长吴宏波走访企业。

和网上理财等一系列金融服务，成为湖南唯一全面开通移动、电信、联通3家话费代缴业务的银行。同时，加大营销力度，组织300多支营销小分队，开展“扫街、扫楼、扫房”拉网式营销，到湖南银监局、人民银行、省发改委、金融同业、通信、电力、高校、烟草等单位宣传演示，推介工商银行网上银行、银行卡和个人理财等金融产品。目前已成为湖南省内银行业第一家电子银行客户突破500万户的银行。电子银行业务占比达46%，近一半的业务在网上银行办理。三是创新发展信用卡业务。结合区域实际，分别组织开展了“公务员卡”、“一日一柜一卡”等信用卡专项营销活动，如牡丹信用卡百日促销活动，“五月寻美味、品尝特色菜”促销活动、“牡丹惠友收获季”系列主题促销活动、“共刷银联卡、共享好生活”联合促销活动等，取得了较好效果。根据湖南特点，创新推出湖南公务员卡，使发卡量迅速增加，累计达29万多张，一度占全系统80%的份额。推出的“1872”牡丹卡，在全国率先创造了信用卡与网络联合的新形式，得到了总行的肯定。四是积极开展账户扩面工作。强化“客户是银行一切业务发展的基础”的认识，致力于打基础、管长远，大力开展账户扩面和向结算账户要效益活动，实现账户规模和效益的双提升。要求全行上下紧紧围绕“三通过”，推动“大对公”业务快速健康发展，即，通过网上银行做好对公结算账户扩面工作，通过对公账户扩面做大对公营业总额，通过营销对公理财产品来挖转他行存款，取得了初步成效。全年新开对公结算账户30 683户，净增账户15 844户，新开账户增加对公存款128亿元；共营销法人理财产品222.38亿元，签约现金管理客户2 625户。

三、强化不良贷款清收处置工作

通过实施“抓大清小”战略，推动不良贷款的清收处置。如实行行长经营绩效考核与清收处置不良贷款挂钩、与贷款风险控制挂钩，继续实行不良贷款客户“会诊”制度，执行不良贷款项目经理责任制，实行不良贷款大行重点督导制，建立不良贷款小户限期清户责任制，完善不良贷款清收处置考核奖励机制，实行不良贷款清收处置问责制等，以促进不良贷款的清收处置。同时，继续实行行领导挂帅抓不良贷款大户清收工作制度，建立了不良贷款小户限期清户通报制度，推动不良贷款清收处置和精细化管理向纵深发展。2008年，不良贷款余额和占比实现了“双下降”。

四、深化内部体制机制改革创新

一是在内部管理和机制创新等方面进行改革创新，如新型目标管理办法、三层两线一体化营销、运行管理人员优化组合改革、不良贷款“会诊”制度、“两个质量档案”、视频“四定”制度、费用配置管理办法改革、全面实行产品计价分配办法等，都取得了较好成效。二是在完善费用分配办法上，体现“少数人做大项目、多数人做小项目”的特点，将激励费用与员工本人所直接创造的绩效挂钩，让少数人做大项目得到应有的激励。同时，鼓励大多数人做小项目，通过多做规模效益型产品，按产品计价多拿绩效。这样既能保证经营大项目的少数人积极性得到保护，又能有更多的费用激励多数人经营小项目。三是在深化人力资源提升项目实施上，突出重点，实现效益增长与工资激励的有机结合；奖罚分明，不搞平均主义，使真正为业务发展作出贡献的员工得到重奖；科学考核，按不同岗位设置不同的基本工作量，只完成基本工作量的只发基本岗位工资，完成基本工作量以后才能参与绩效工资的分配等。四是在客户经理队伍建设上，坚持既抓数量扩张，又抓质量提升和绩效考核。2008年底通过运行管理人员优化配置改革等措施，全行拥有了一支近3 000人的专职客户经理队伍。同时，关注员工职业生涯设计，拓宽员工的职业发展空间。

五、健全完善内控案防体系建设

在全行牢固树立“业务越是发展，内控越要加强”的理念，进一步健全完善内控体系，提高内控管理水平。如层层落实案防责任制，加强视频监控管理和网点钱箱监管、加大检查监督频率、建立健全考核办法和规范审计流程等。全年组织开展各项审计检查活动14项，其中，自行组织开展项目8项，参加项目6项。组织开展了反洗钱培训月活动，培训覆盖面为100%。培训月活动投入1 991人次，举办各类培训班269个，培训人员达7 847人次；11 484人参加了反洗钱知识答题，合格率为100%；开展知识竞赛15场次，其他形式的培训活动96场次。向人民银行报送重点可疑交易4份，涉及单位账户10户，涉及交易866笔、金额96 660万元。同时，积极协助监管机关开展反洗钱核查工作，全年共协查10次，涉及金额近10亿元，得到了人民银行、公安机关的好评与肯定。

六、全面提高班子队伍综合素质

深入开展学习实践科学发展观活动，促使全行干部员工受教育，科学发展上水平；推进解放思想大讨论活动，全行干部员工的忧患意识、责任意识和机遇意识得到增强；鼓励广大党员通过党组织表达支援地震灾区的心愿，全行共有6 014名党员交纳特殊党费135.4万元；扎实开展迎奥运金融服务系列活动，服务质量明显改善；通过多渠道、多形式、多层次地开展以经营管理人员、业务营销人员为主体的教育培训，员工队伍的综合素质不断提高，凝聚力进一步增强。

广 东 分 行

行长　黄明祥

【业务指标完成情况】

2008年，广东分行实现拨备前利润172.29亿元，同比增长6%；实现拨备后利润154.18亿元，同比增长13.5%；实现经济增加值85.7亿元，同比增长13%。各项存款余额为6 935.72亿元，比年初增加820.44亿元，增长13.42%；本外币贷款余额为4 013.04亿元，比年初增加249.33亿元，增长6.62%，增量四大行排名第一位。实现不良余额及不良率的持续“双降”，不良贷款余额比年初减少32亿元，不良贷款率比年初下降1.02个百分点。全年实现中间业务收入50.42亿元，自营性中间业务占比大幅提高，实现收入41.4亿元，同比增长47.6%。

【主要工作措施】

一、紧抓流量管理，实现资产业务稳步发展

一是牢牢把握广东省产业与劳动力转移的“双转移”战略实施和广东新十项工程投资计划的机遇，按照“有进有退，优中选优”原则，大力发展经济资本占用低的业务品种，重点支持风险低、效益高、经济资本回报率高、综合贡献度大的产品、客户、行业。二是着重抓好广东主流经济和主流行业中的重点客户和重点项目，大力支持全省电力、电讯、石化、冶金、电子、民航、铁路等行业重点项目建设，全年新增项目贷款207亿元，居同业首位。分别与广东省人民政府及东莞、佛山、中山、韶关、惠州、江门等市人民政府签订了金融合作协议。三是积极支持中小企业和外贸经济发展，全年累计投放小企业贷款381.9亿元，支持小企业客户3 689家；累计发放国际贸易融资153.2亿美元，同比增长31%；累计发放国内贸易融资619.7亿元，同比增长227%。

二、强化存款竞争意识，巩固和扩大存款市场份额

抓住资本市场大幅震荡，居民储蓄意愿有所增强的时机，加大储蓄存款营销力度，引导客户将部分定期存款分流到理财产品，活化负债业务，降低负债成本。加大代发工资的营销力度，从源头上增强本行的储蓄存款基础。深化与财政、社保、军队、公积金、海关、证券等龙头机构客户的合作关系，大力拓展中小机构客户群，稳定机构存款来源。紧抓奥运机遇，发挥渠道优势，积极营销外汇存款，降低汇率变动所带来的不利影响。

三、加快产品创新，开辟中间业务新收入渠道

在同业中率先推出“灵通快线”超短期理财、存贷通等个人金融业务产品。加速推动“票财通”等法人理财业务，全年共发售法人理财产品1 053亿元，同比增长20.8倍。打造“理财+信托”新融资模式，自行设计的“工银财富—华发股份股票收益权理财产品”在“2008年第二届中国最佳银行理财产品评选”活动中位居“2008年十大最佳银行理财产品”榜首。做大做强投资银行业务，完成了本行首单上市公司股权融资项目和首单非上市公司股权融资项目，珠海中富集团银团贷款顾问业务开创广东分行境外银团业务先河。投产牡丹电话通，为中小商户业务发展和个人消费业务发展提供良好交易平台。开发自助终端联通手机充值、广之旅旅游票预售等多项功能。信用卡和灵通卡中间业务收入同比分别增长23.8%和38.1%。2008年，广东分行荣获广东省人民政府颁发的“金融创新奖”。

四、深化改革创新，推进经营转型

加快渠道建设，推进以贵宾理财中心为主体的中高端网点建设以及网点功能分区建设，2008年建成财富中心10家，贵宾理财中心205家。加大自助设备投放力度，推进电子渠道进厂区、进社区，截至2008年底，ATM和自助终端达5 755台，通过网上银行、电话银行和自助设备完成的交易笔数占总交易的45%。全面整合评级、授信、评估流程，提高评审效率。加强柜面交易整合，简化前台操作。实施客户满意战略，强化客户

满意度监测和售后服务管理。

五、加强风险管理，提高风险掌控能力

加强风险监测和贷后管理，实施动态管理，狠抓企业资金归行监控工作。优化信贷管理组织架构，使风险管理更贴近市场。抓好不良贷款的清收处置工作，对重点大户实行省行“直管制度”。开发内控合规监测分析系统，加强非现场分析工作。成立理财业务审查委员会，加强理财产品风险提示与规范销售。

六、坚持以人为本，加强队伍和企业文化建设

一是深入开展学习实践科学发展观系列活动。成立了深入学习实践科学发展观活动领导小组和办公室；在二级分行以上党员领导干部中集中开展了三次解放思想大讨论，省行领导班子、各二级分行领导班子成员深入基层开展调研，切实提高分析和解决实际问题的能力；活动中共编发工作简报180期，收到征文548篇。二是按照新形势要求加强人员培训。通过支行行长培训班、支行行长资格认证考试等方式抓好管理人员培训；配合业务开展，加强理财产品、信贷政策、“三优”业务、国际业务等专业岗位培训；不断完善人力资源管理提升项目改革，做好员工职业生涯规划工作，最大限度地调动员工积极性。三是继续倡导“共创共享”的企业文化。圆满举办首届职工代表大会，切实推动本行的民主管理；举办多项评优活动，组织登山、球赛、户外拓展等文体活动，不断增强凝聚力和员工归属感。

2008年12月16日，广东分行与阳江核电有限公司签订中广核集团阳江核电项目银团贷款协议。

七、履行社会责任，树立良好社会形象

热情支持社会公益事业。坚持“绿色信贷”，严控“两高一剩”行业贷款。开展扶贫帮困、助老助残、助学支教等各项青年志愿者活动，全年各项捐款累计超过1 360万元。汶川地震后，全行员工捐款超1 000万元，是系统内和广东银行业中捐款最多的省级分行。全力以赴做好救灾金融服务工作，地震后一个月内，通过柜面办理捐赠汇款8.7万笔、金额5.3亿元。

做好奥运金融服务。制定和完善应急处理机制，实现奥运期间“生产运行零事故”和“奥运服务零投诉”，3个营业网点被全国银行同业公会授予“中国银行业文明规范服务示范单位”称号，19个营业网点被广东银行同业公会授予“广东银行业文明规范服务示范单位”称号。

广 西 分 行

行长　张恪理

【业务指标完成情况】

2008年，广西分行实现拨备后利润32.5亿元，同比增长37.2%。各项存款余额为1 260亿元，比年初增加184亿元。各项贷款余额为924亿元，比年初增加105亿元。实现中间业务收入7.4亿元，同比增加970万元。年末不良贷款率为1.37%，比年初下降0.25个百分点，在保持不良贷款率低于全国平均水平的基础上，已连续四年实现不良贷款“双降”目标。

【主要工作措施】

一、开展“大个金发展年”活动

为了主动适应总行战略转型和应对激烈的市场竞争，广西分行把2008年确定为“大个金发展年”，并取得了明显成效。一是储蓄存款重新夺回全辖增量市场占比第一的位置。年末储蓄存款增量市场占比32.9%，比排第二位的农行高出3.8个百分点，实现了2008年姜建清董事长对分行提出的“当年储蓄存款增量超农行，同业占比第一”的目标要求。二是广西“第一发卡银行”市场优势得到进一步扩大。全年银行卡发卡量214万张，消费额140亿元，信用卡发卡量、消费额和透支规模同业市场占比均超过50%，均位居广西同业第一。

二、更加突出存款基础地位

继续把存款工作作为全行十分重要的基础工作来抓，进一步细化存款工作措施、办法，对年内增加的短期低成本存款奖励利差，增加二级分行考核利润，充分调动全行增加存款的积极性，促进了各项存款快速增长。由于存款大幅增加，全年日均归还总行借款68亿元，减少借款利息支出约5 200万元。

三、抓好优质信贷市场营销

根据国家宏观调控政策变化和总行战略转移要求，结合广西实际，继续推动个人贷款加快发展，个人贷款存量和增量市场占比分别为35.9%和38.2%，在广西同业保持领先优势。同时，把氧化铝、食糖、电力、交通、港口和房地产等广西支柱产业作为信贷营销重点。同时，加快流动资金贷款的改造，大力发展国内贸易融资、票据等业务，逐步提高短期贷款比重。

四、抓好贷款质量管理

高度关注国家宏观政策变化可能引发的信贷风险，特别加强对房地产、民营公路BOT及水电、民营上市公司等项目的分析与监控，提前做好防止贷款劣变的预案，加快潜在风险贷款的退出。坚持行领导挂帅制度，

2008年3月20日，广西分行与越南湄公河平原住房发展银行签订边贸结算业务合作协议。

组织清收督导小组，成功清收了融水古顶水电、柳州红花水电、柳江造纸厂等银监会和总行双线监控的大额不良贷款清收项目，为全行资产质量保持优良夯实了基础。

五、继续推动业务创新发展

一是继续推动电子银行跨越发展，为业务创新搭建平台。二是创新开发了中国储备粮总公司网上银行资金集中管理项目，突破了业务发展的区域限制，实现业务拓展向全国延伸，为广西分行可持续发展开辟了新的道路。三是与广西农村信用社合作成功推出“银银通”项目，弥补了分行在农村地区没有网点的不足。四是继续扩大“边贸通”产品优势。在2007年与越南工商银行等3家越南银行开通“边贸通”的基础上，2008年又与越南湄公河平原住房发展银行开通了此项业务，并与越南外贸银行和越南技术商业银行达成了合作协议。五是成功投产电话POS系统。该系统的成功投产，成为该行抢占收单市场的重要竞争工具。

六、抓好党建、案防、维稳等工作

深入开展学习实践科学发展观活动，各级领导班子和党组织建设进一步加强；继续完善员工违规违章积分管理，提高违规监督覆盖率；扎实推进监督体系改革和守押社会化改革，有效释放部分二线人员充实到业务一线；严格落实维稳安全工作责任制，健全维稳工作预案，确保了全行无重大案件、无群体进京上访事件和安全责任事故发生。

海 南 分 行

行长　石琪贤

【业务指标完成情况】

2008年，海南分行实现拨备前利润8.42亿元，拨备后利润8.76亿元，经济增加值5.06亿元。五级分类不良贷款余额为3.99亿元，比年初下降0.79亿元；不良率为1.76%，比年初下降0.07个百分点。贷款损失拨备覆盖率为81.71%，同比提高3.31个百分点。本外币各项存款余额为482.14亿元，比年初增加103.41亿元。其中，对公存款余额为263.63亿元，比年初增加62.03亿元；储蓄存款余额为218.51亿元，比年初增加41.38亿元。本外币各项贷款余额为226.9亿元，比年初增加33.08亿元。累计实现中间业务收入2.56亿元，同比增加0.46亿元。

【主要工作措施】

一、解放思想，开阔思路，践行科学发展

一是深化发展意识，加大调研帮扶力度。通过深入开展科学发展观活动，深入调研研究，创新发展理念，把握发展规律，转变发展方式，加大帮扶力度，破解发展难题，积极引导、鼓励和培养全行上下树立科学发展理念。二是深化效益意识，完善模拟拨备制度。建立健全动态资金价格和模拟风险计提拨备管理办法，让全体员工充分理解EVA经营考核理念和经济资本约束的内涵，引导全行员工树立成本效益意识。三是深化服务意识，引入客户体验机制。通过聘请优秀在校大学生勤工俭学在大堂引导客户、开展体验客户感受活动等举措，将服务理念、服务意识渗透到职工的思想意识之中，真正树立起“以客户为中心”的服务理念。四是深化创新意识，实施同业占比考核。不断完善“以客户中心”的市场营销机制，引入同业占比考核，健全“1+N”的联动营销模式，不断巩固和扩大同业竞争优势。五是深化内控意识，落实违规处理条例。加大《员工违规行为处理暂行条例》学习力度，在全行传导“尽职者免责、失职者问责”的责任意识，克服以习惯传统代替制度的思维和行为惯性，树立起内控优先的责任意识。六是深化执行意识，创新督查督办系统。创新开发出基于OA网络的“督查督办管理系统”，对全行重大经营决策和重要工作部署进行全程跟踪，不断增强执行力建设。

二、开拓进取，务求实效，加快全面发展

一是积极拓展优质市场，着力提高资产业务综合贡献。积极开展各个层面的营销和客户关系维护工作，增加优质贷款投放。全年贷款利息收入14.45亿元，同比增加3.55亿元，增长32.57%。二是积极壮大资金实力，着力降低负债业务经营成本。落实分层服务营销，强化对优质存款大户余额变动监测和点对点维护服务工作，充分发挥理财产品的“蓄水池”作用，加强客户资金的封闭管理，确保资金体内循环。全年新增对公结算账户10 831户，其中，新增日均存款余额100万元以上的公司核心客户238户；新增金融资产5万元以上的中高端客户1.47万人。全年新增各项存款103.41亿元。三是积极优化收益结构，着力加快中间业务收入增长。成功与7家企业签订企业年金合作协议。全年销售理财产品180.78亿元。代理保险业务同业占比为68%；代理基金业务同业占比为63.96%；银行类理财产品同业占比为74.04%。个人结算、灵通卡、基金、保险业务等多项收入指标均居同业第一。大力推广企业网上理财、网银代发工资和网上通用缴费等电子银行业务。全年新增企业网上银行客户7 017户，新增个人网上银行客户14.26万户。实现电子银行交易额3 779亿元，同比增长115%。抓住100万驾驶员群体、60万城镇社保群体和6万公务员群体，大力发展交通卡、社保卡、公务卡项目，成为首家投产公务卡系统的银行。抓住财险实行“见费出单”改革等契机，为7家财险公司、2家大型百货商场、3家五星级酒店进行MIS改造。全年新增特约商户641户，新增POS机1 468台。四是积极合理运作资金，着力提高资金营运获利水平。将信贷增量与流量管理有机结合起来，做好贷款与票据的协调发展，用足用好贷款规模。全年累计办理票据业务324.71亿元，实现票据业务利息收入2.92亿元，同比增长265%。五是积极采取多种措施，着力减少经营管理费用支出。完善了《海南省分行差旅费开支管理办法》和《海南省分行会议费支出管理办法》，加强对各分支行财务事项进行细化节约管理。利用现有IP网络资源改进视频会议系统，完成了全辖18个单位的视频会议系统建设和省行机关、省行营业部、省行科技部3栋大楼的VOIP电话及电话会议系统建设及投产，大量节省了办公费用。成立了海口城区支行、琼海支行、儋州支行、三亚分行集中采购管理模式，通过实行分片区集中采购，扩大了集中采购规模效益。六是积极做实风险管控，着力降低风险控制经济资本。建立健全动态资金价格和模拟计提拨备管理办法，有效引导全行牢固树立成本效益意识，提高成本控制和财务管理能力，积极创建“资源节约型银行”。全年共盘活清收转化不良贷款1.82亿元，压降潜在风险贷款5.92亿元。

2008年4月10日，姜建清董事长在海南分行行长石琪贤陪同下深入一线网点调研。

三、统筹兼顾，优化结构，推进转型发展

一是客户结构进一步优化。年末公司有贷户152户，其中AA-级以上优质法人客户占比73.58%。个人中高端客户占比达到9.22%，较年初提高0.8个百分点。信用卡个人中高端客户渗透率9.1%，比年初提升1.4个百分点。净增对公结算账户9 143户。二是贷款结构进一步优化。全年新增贷款主要投向浆纸制造业、电力生产、石化、航空业等海南资源优势行业。年末上述行业贷款余额共92.78亿元，占法人客户贷款余额的59%，同比提高4.3个百分点。全年清收退出潜在风险贷款5.92亿元。法人不良贷款余额3.68亿元，比年初减少0.64亿元，法人贷款不良率2.33%（不含贴现），比年初下降0.83个百分点。个人不良贷款余额0.32亿元，比年初减少0.14亿元，个人贷款不良率0.9%，比年初下降0.52个百分点。三是区域结构进一步优化。全年新增信贷业务主要集中在海口、三亚、洋浦信用环境良好、信贷资源较为丰富的区域，占新投放量的96%。

四、强化服务，提高质效，实施品牌发展

一是提升服务理念，不断完善服务设施。以迎接奥运为契机，继续深化“服务客户、服务前台”理念，设立双语服务中心和11个奥运金融服务网点，在金贸支行等五个网点设置了残疾人无障碍通道和残疾人服务绿色通道，完善服务突发应急反应机制。二是强化服务考核，出台服务考核办法。制定《中国工商银行海南省分行基层行服务工作考核暂行办法》等一系列服务管理细则，推行“一笑三声双手递，物品定位纸收起”的柜面服务标准，在分支行、基层部门与网点、网点员工三个层面建立起服务工作考核机制，从服务管理、服务质量、服务效率和服务创新四个方面进行综合考核。三是改善服务环境，实施网点综合改造。按照“网点分类、功能分区、客户分层、业务分流”要求，不断优化网点布局和功能化改造。全年建成财富中心1家，贵宾理财中心12家，改造升级网点16个，实施“户外标识改造项目”的网点48家，覆盖率为46%，实施“LED广告滚动屏改造项目”的网点96家，覆盖率为92%。四是畅通服务渠道，加大自助设备投放。通过加大对前台硬件设备的投放、调整和功能开发力度，大力拓展电子化与自助机具相结合的分销渠道。全年共新增POS机1 468台，新增ATM30台，更新110台多媒体自助终端和改造3台单功能自助终端设备。全年ATM日均交易量为315笔，同比增加31笔，增长10.92%。离柜业务占比为42.37%，同比提高2.27个百分点。五是提高服务效率，加强一线人员配备。引入服务过程管理，细化每个环节的时间和人员控制。配备专职客户经理52名、大堂经理90名和专业化的客户经理等，有效识别引导客户使用不同的服务渠道和产品，提高工作效率。六是提升服务层次，深化专家理财服务。不断加强高级服务人才队伍建设，已形成特许金融分析师（CFA）2人、国际理财策划师（CFP）9人、理财策划师（AFP）24人、国际信用证专家（CDCS）6人的专家级理财团队，为中高端客户提供高技术、高品质、专家级的理财服务。依托客户关系管理系统，按照客户个性化需求提供量身定做的综合服务方案，提高个性化服务水平。七是完善服务管理，强化产品售后工作。在落实大户定期回访工作的基础上，通过短讯、电话、信函、上门等多方式，积极唤醒结算、电子银行和银行卡的“不动户”和“睡眠户”，切实做好该行产品售后服务工作。八是树立服务品牌，加大业务宣传力度。与海南电视台、《海口晚报》、海南在线等15家省内主要媒体签订宣传协议，合作推出“工行专栏”，实行“统一标准、统一形象”的品牌建设策略。全年共发表对外新闻稿件680篇（次），同比增加50篇。成功化解新闻危机事件近20起，取得良好的社会宣传效果。

五、与时俱进，改革创新，坚持持续发展

一是因需而变，创新管理办法。建立健全考核激励机制，制定和修订了分支机构、内设部门、网点、大堂经理、客户经理等考核办法，推出经营费用分配、动态资金价格和模拟计提拨备等管理办法。对贷款实行分类管理，评估过程引入流程图，细化每个环节的时间控制、人员控制，做到参与授信方案制订，参与调查分析研究，参与审批谈判的“三个参与”。二是因势而变，深化扁平化改革。继续推进分支行扁平化改革试点工作，省行营业部、海甸支行和东方支行等试点行已根据业务发展的需要，制订了扁平化改革方案。同时，调整了国际业务部和客户服务中心的职能。聘请优秀在校大学生勤工俭学在大堂引导客户、开展体验客户感受活动。实施总会计省行统一委派制，组建省行运行督导员队伍，使海口城区运行督导员数量降幅为47.62%。整合和调整分支行报送的各类报表材料的种类和频次，使基层行固定上报的材料由322种减少至176种，减幅为45.3%，报送频次由2 248次减少为1 307次，降幅为42%。三是因效而变，实施科技创新。充分发挥科技是第一生产力，成功投产督查督办管理系统、债项评级系统、柜员业务量统计系统、ATM故障告知系统、三亚住房维修基金管理系统、品牌金销售资金自动归集、公务用卡信息报送系统等13个全新的应用系统，有效地提高了全行工作效率和经营管理水平。

六、夯实基础，增强后劲，构筑和谐发展

一是求真务实，深入学习践行科学发展。成立以石琪贤行长为组长的学习实践科学发展观活动领导小组，分区域分重点深入地方政府、相关企业、基层网点进行调查研究，并结合科学发展观召开了专题民主生活会，集思广益，为破解影响科学发展难题，坚持科学发展奠定基础。全年共组织讨论41次、1 800多人次，形成调研报告42篇，收集各类意见建议340多条。二是防微杜渐，不断提高内部控制能力。全面梳理了分行制定的247个规章制度，初步形成以制度规范行为、按制度办事、靠制度管人的内部控制机制。充分利用网点、支行、事后监督中心、专业部门和监管部门等内部多层次检查监督体系，加强对前台、中台、后台的检查监督。积极配合海南银监局、人民银行、总行广州内审分局、总行内审局、税务局等内外监管部门对该行开展高管履职、合规风险管理指引后评价、中间业务收入、审计调研和税务检查等工作。结合《员工违规行为处理暂行规定》学习和“学规定，促合规”教育活动，进一步加大内控“过程控制”和“双线抓整改”力度。全年共有5家分支机构的法人客户信贷业务取得了总行复牌或撤销处罚的批复；有5个分支机构涉及6个品种个人信贷业务取得复牌或降低处罚。三是警钟长鸣，积极开展案件查防工作。以易发案风险点为重点，制定了《案件防范工作责任制实施细则》和《案防工作挂点制度》等多个制度。组织召开了2次省行机关案防分析会，突出排查重要岗位人员1 575人，通过加强对自助设备的巡查工作和加大对客户的操作风险提示等措施，成功堵截了25起外部欺诈类事件，涉及金额0.2亿元。2008年分行被海南银监局确定为原则性监管行。四是惩防并举，深入开展党风廉政建设。开展以“讲党性、重品行、作表率”为主题教育活动，组织干部员工参观《海南省反腐倡廉警示教育展览》和观看《椰岛警示录》录像，筑牢员工思想道德防线。按照中央和总行的工作要求，深入推进反腐倡廉和治理商业贿赂工作，确定反腐倡廉建设8大重点，细化全年任务9大类48项，明确责任单位、具体时间和工作要求，逐级调整工作领导小组114个，逐级签订目标责任书732份，责任分解覆盖率100%。五是以人为本，不断加强员工队伍建设。全面做好员工劳动合同的清理、签订工作。按时完成员工企业年金的申请、发放工作。落实了销售类岗位、营业网点岗位和内退人员内退费套改工作等员工关心的热点问题。拨专款建设“职工书屋”，组织丰富多彩的文体活动。全年共举办各类培训班222期，培训1.4万人次。全年共有70人取得财资管理师认证资格，22人取得企业理财师认证资格，246人取得信贷审批人资格，新增国际金融理财师8名、金融理财师20名。制定了《关于建立梯次后备人才库制度的意见》和《第一梯次后备人才库建设实施方案》，聘请专业的人力资源管理公司介入对后备人才的遴选，经过考试、考核和考察，最后将按1.5的配比确定50名左右人才入库。六是和谐共进，积极锻造健康企业文化。召开“第二届发展战略研讨会”，着力塑造与弘扬以“知福·感恩·回报”为主题的企业文化，修订了《员工互助扶困基金章程》，主动关心原分流、下岗、内退等员工，主动争取各方面理解和支持，妥善化解自谋职业人员上访事件。在“5·12”汶川大地震发生后，迅速组织广大干部员工向灾区人民捐款上百万元，荣获海南省“抗震救灾奉献奖”，受到社会各界的广泛好评，负责任的大行形象得到社会各界认可。

四川分行

行长　陈焕祥

【业务指标完成情况】

2008年，四川分行实现拨备前利润42.11亿元，实现拨备后利润31.37亿元。各项存款余额为2 664.94亿元，比年初增加629.81亿元，其中，储蓄存款比年初增加270.22亿元。各项贷款余额为1 415.71亿元，比年初增加320.03亿元，其中，项目贷款余额增加196.43亿元。五级分类不良贷款余额为92.34亿元，占比为6.52%，剔除震灾因素转入不良贷款57.45亿元，全行五级分类不良贷款余额为34.89亿元，占比为2.46%，分别较年初下降7.18亿元和1.38个百分点。实现电子银行交易额1 7780.41亿元，比2007年增加4 816.18亿元；信用卡总量达到119.55万张，较年初增长69.74%；实现国际结算量43.27亿美元、外汇资金交易38.10亿美元，同比分别增长43.09%和37.50%。

【主要工作措施】

一、以科学发展观为指引，进一步明确发展思路和目标

按照中央和总行党委要求，切实加强组织领导，扎实推进学习实践科学发展观活动。全行20个党委和469个基层党组织、8 932名党员通过开展深入学习实践科学发展观活动，进一步统一了思想认识，坚定了发展信心。省分行党委以科学发展观统领全局，坚持全面协调可持续发展，初步提出了以实现“系统中西部强行、同业中第一大行、为进入全国工行系统利润百亿元俱乐部打好基础”三大目标为主要内容的2009—2011年三年发展战略规划。

二、以抗震救灾为使命，着力抓好恢复重建和灾后发展

一是临危不惧，全力以赴抗震救灾。地震发生后，省分行迅即启动紧急预案，及时成立抗震救灾应急指挥中心和抗震救灾领导小组，组织了19个工作组和7个抗震救灾工作业务专班，全力开展抗震救灾工作，不仅实现了金融同业中员工伤亡最少、账款损失最小、恢复营业最早，而且做到了赈灾救助最多、服务灾区最好、恢复重建最快，为夺取抗震救灾和灾后恢复重建双胜利打下了坚实基础。二是不忘使命，努力搞好灾后金融服务。灾后第二天，全行克服种种困难，648个营业网点中有583个网点及时恢复对外营业，成为金融同业中恢复营业最快、恢复面最广的银行机构。在同业中率先建

立了“帐篷银行”、“板房银行”和全功能自助银行。灾后第三天，向抗震救灾相关的行业企业投放了第一批贷款3.89亿元，在同业中率先与成都市政府签署了200亿元灾后重建项目融资合作协议。到2008年末，累计发放用于抗震救灾和灾后恢复重建贷款260.65亿元，为全省抗震救灾工作提供了强大的金融支持。三是心系灾区，深入开展慰问帮扶活动。累计为重灾地区受灾员工和群众购买价值112.47万元的救灾所需物资，组织包括内审分局在内的在川机构员工捐款390.30万元，组织广大党员交纳“特殊党费”164.39万元，组织工会会员捐款34.61万元。向受灾最严重的成都、德阳、绵阳、广元、雅安市政府及企业单位累计捐款捐物880万元。四是科学运筹，稳步推进灾后恢复重建。向灾区投放了自助柜员机254台、POS机具2 280台、PC机516台、存折打印机610台、各类UPS电源184台（套）、网络设备672台。及时成立了对口支援金融业务工作领导小组，主动与各级政府和广大企业建立联络机制，积极与援建四川灾区的18个省市的兄弟行衔接，为援建单位提供开户、结算、融资等“一条龙”金融服务。到2008年末，为江苏、北京等主要省市对口援建单位开立账户66个，存款时点余额达123 937万元，日均余额为24 604万元。

四川汶川大地震期间，四川分行行长陈焕祥在德阳绵竹支行指导抗震救灾工作。

三、以优质市场为目标，不断提高全行可持续发展能力

一是深入推进“争大”工程，努力提升优质信贷市场占比。全面推进绿色信贷建设，重点加大对电力、交通、城建、重装等八大行业板块的优质客户和优质大项目的投放力度，切实推动全行信贷结构优化。到2008年末，全行AA－级以上客户贷款占比达到69.27%，比年初上升1.24个百分点，信贷资产结构调整取得显著成效。二是夯实“大个金”发展基础，着力打造“第一零售银行”。全力开展“大个金”旺季营销活动，与18家知名基金公司、7家保险公司组织开展了“工行理财、成就未来”理财大巡讲活动594场次。2008年，全行新增个人贷款32.09亿元，四大行增量占比为34.94%。累计销售个人理财产品854.02亿元，同比增长210.38%，同业排位第一。金融资产5万元以上中高端客户达到74.73万户，比年初新增15.37万户，客户质量进一步提升。三是着力提升新业务效益贡献，拓宽利润增长来源。全年实现代理保险业务量71.80亿元，同比增长120.25%。累计开展电子银行演示营销活动2 966场，参加的企业客户7 453户、个人客户7.5万多户。2008年末，全行企业网上银行客户4.32万户、个人网上银行客户221.36万户，分别较年初增长53.89%和49.69%。积极推广投行业务品牌，全年实现投行业务收入27 042万元，同比增长135.94%。

四、以创新发展为主线，全面提升市场核心竞争力

2008年，全行围绕“八大创新”工作目标，进一步深化机制改革，完善市场营销体系，推动产品创新，全面提升全行核心竞争力。一是加强制度管理创新，保障各项改革举措落到实处。2008年，全行对6 000多个岗位进行了公开竞聘，建立了动态、循环的选人用人和良性竞争激励机制。进一步完善了全行财务预算管理机制和二级分行经营绩效考核体系，突出了核心竞争力考核。不断完善授信审批垂直管理机制，深化落实“六个统一”，继续实施“五个提前”，实现了押品价值评估与评级授信、信贷评审一体化，加快了评审环节工作效率。制定了《创新工作考核办法》，针对本部11个综合管理部室和12个经营管理部室分别设定了44项和37项创新考核指标，推动了各专业创新工作的有序开展。二是强化市场营销创新，提高对目标市场的竞争力。银行卡专业以联名卡、公务卡等项目营销为龙头，共与385家财政预算单位签订了公务卡项目合作协议，发行公务卡7 700余张；与成都军区联勤部等31家单位签署了联名卡项目合作协议，新增联名卡25.8万张。资产托管业务规模不断壮大，截至2008年末，托管金额达31亿元，比年初增加15.58亿元。坚持“大结算、大账户”经营理念，大力拓展对公理财市场，全年销售对公理财产品211.11亿元。三是进一步推进产品创新，持续培育价值创造能力。全行加大各类产品的创新力度，通过票据信托、票据资产转让、集合资金信托计划等多种新产品积极满足优质客户多元化金融服务需

求。2008年，全行累计办理信贷资产回购业务10.20亿元，实现收益693.53万元；与省农发行办理融资性存放同业业务145亿元，实现收益5 124万元；完成两期票据资产包信托转让项目，合计销售票据信托型理财产品14 400万元，转让票据资产14 213万元。全年共办理国际贸易融资21 918万美元，同比增加4 084万美元。

五、以依法合规为基础，继续提升全面风险管控能力

一是完善动态管理机制，不断提高信贷管理水平。继续推进信贷统一细分名册管理，坚持“有进有退”的信贷策略，严格控制“两高一剩”行业贷款投放，努力构建信贷业务“大进大退”新格局。到2008年末，全行增加融资类客户贷款比年初增加292.32亿元，占比为78.9%，较年初提高7.13个百分点；维持融资类、压缩融资类客户贷款分别比年初减少30.67亿元和13.16亿元，占比分别下降4.16个和2.97个百分点。二是加快不良资产清收转化，全面提升资产质量水平。全年累计清收处置不良贷款15.29亿元，其中，现金清收9.49亿元，有效地促进了资产质量的持续好转。积极推动抵债资产处置工作，探索抵债资产处置新途径新举措，全年抵债资产处置率达109%，较上年提高了2个百分点。三是加强内控刚性化约束机制建设，着力提升内控管理水平。全行持续推进内控体系建设，认真贯彻落实《内控体系建设三年规划》积极探索创新内控案防工作新路子，在各二级分行建立了集生产运行值班，安全保卫远程监控，自助机具（ATM）远程管理，行政值班，内控、服务等非现场监督“五合一”的管控中心，以刚性约束机制强化内控案防工作。四是完善“三不为”长效机制建设，有效提升精细化管理水平。全行紧紧围绕责任分解、责任考核、责任追究三个环节及时完善相关配套制度，进一步加强员工动态管理，有效化解案件风险隐患。同时，全面落实反腐败《实施纲要》，突出责任机制建设、商业贿赂专项治理和监督管理三个重点，初步构建起了惩治和预防腐败体系。

六、以渠道建设为重点，深入挖掘客户综合贡献度

一是大力实施网点建设“六三工程”，充分发挥物理网点功能。2008年，全行共新建贵宾理财中心53个，集并低效网点10个，迁建网点22个，新设机构1个；新增投放自动柜员机346台（不含更新置换）、多媒体自助终端780台、POS机5 350台、网银自助服务机400台。二是不断提升网点营销服务水平。在全辖网点全面建立“五位一体”客户识别细分流程机制，积极推行文明规范服务系列活动，全行共组织9 120人（次）开展服务感受体验活动456次，对1 368个同业网点进行了服务感受体验。三是持续加强客户经理队伍建设。全行进一步完善客户经理的选拔、培训、考核、激励、退出机制，全面推行客户经理“3+1”考核模式，建立各专业客户经理资格认证制度，打造有四川分行特色的理财师品牌和客户经理队伍。到2008年末，全行已建立了一支拥有3 308人的客户经理队伍，占全行员工总数的21.3%。全行共有16人取得CFP资格、145人取得AFP资格，3 988人通过个人理财师内部认证考试。

七、以和谐银行为目标，努力打造四川分行特色企业文化

一是切实加强党建工作。深入学习贯彻党的十七大精神，认真组织开展党委中心组理论学习，组织处级以上干部参加了总行学习贯彻党的十七大精神轮训班，组织全行员工开展“学习贯彻十七大大精神、努力践行科学发展观”网上知识竞赛。深入开展“讲党性、重品性、作表率”党员教育活动和“四好”班子创建工作。组织开展抗震救灾先进党组织和优秀共产党员的评选、宣传工作，全行受总行表彰先进集体39个，先进个人120人，记功嘉奖18人，抗震救灾一线入党135名。二是大力宏扬抗震救灾精神。全行召开了抗震救灾先进事迹报告暨表彰大会，对75个先进集体和265名先进个人进行了表彰并组织在全行开展抗震救灾精神“大学习、大讨论、大宣传”活动，举行了32场报告会，全行一万余名员工聆听了先进代表的事迹报告，同时建立了抗震救灾陈列室、编印了有关书籍和宣传资料片。三是强化信访维稳工作。不断加强信访管理和重大突发事件应急管理工作，主动调研排查不稳定因素，加大对重点行、重点人员的排查力度。加强与总行和地方党政部门的协调，妥善应对各类新闻危机，有效预防了负面影响。四是积极开展具有四川分行特色的企业文化建设。及时提炼、总结和推广四川分行特色企业文化，全行277名副总经理级以上领导干部参加了企业文化建设主题教育培训。先后组织召开了分支行行长工作会议和改革发展研讨会，组织开展了学习实践科学发展观系列活动，围绕发展大造声势，为凝聚人心、振奋精神、激励士气起到了重要作用。

重庆分行

行长　刘卫星

【业务指标完成情况】

2008年，重庆分行实现拨备前利润27.9亿元，同比增长41.21%；实现账面利润27.1亿元，同比增长55.9%；实现经济增加值15.7亿元，同比增长94.4%。本外币各项存款（含同业）新增204.1亿元，增长22.4%。本外币各项贷款新增161.9亿元，增长24.4%，其中，公司贷款、个人贷款分别增长106.8亿元和21.9亿元。实现本外币中间业务收入6.1亿元，同比增长25.6%。不良资产余额比年初减少2亿元，不良资产率为1.66%，下降0.57个百分点；不良贷款余额比年初减少1.84亿元，不良贷款率为2.16%，下降0.8个百分点。没有发生案件和重大差错事故，全年实现了安全运营。

【主要工作措施】

一、着力创新，全面实施九大发展战略

一是“第一存款银行”成效初显。2008年，重庆市分行把存款作为首要任务来抓，通过举全行之力狠抓源头揽存、贷款拉动和旺季营销，深入实施“1158”工程，存款工作逐步走出近几年的低迷状态，步入持续增长的正轨。储蓄存款市场占比提高。全年新增代发单位2 284个，新增月代发额4亿元，在这一源头带动下，全行储蓄存款新增86.5亿元，增长18.2%，同比多增94.6亿元，完成总行年度计划的288%，新增额四大行占比为24.8%，同比提高了3.9个百分点。对公存款平稳增长。全年公司存款新增50.3亿元，增长22.7%；机构存款新增72.1亿元，增长34.9%。二是“第一信贷银行”深入推进。通过做大经营规模，各项贷款余额保持同业领先。各项贷款余额市场占比13.2%，保持了第一的排名，其中，公司贷款余额市场占比12.8%，个人贷款余额市场占比16.6%，分列同业第一、第二位。突出发展重点，个人贷款业务实现快速增长。通过用好开发贷款这一有限资源，提高按揭贷款与开发贷款比例，促进了个贷业务的快速健康发展。全年个人贷款新增21.9亿元，增长14.5%。通过优化信贷结构，公司贷款业务投向更趋合理。公司贷款投向不仅更加注重期限结构调整和资产流动性，而且大力支持重点行业，优化了行业结构。通过实施“181”工程，小企业金融业务亮点突出。全年新开小企业结算账户13 467户，新建立小企业信贷关系715户，累计投放小企业贷款13.7亿元。三是“第一理财银行”地位巩固。面对理财市场偏冷的情况，分行在继续加大市场营销力度的同时，及时调整产品结构，适时推出主题活

2008年5月15日，重庆分行行长刘卫星到市消防总队慰问即将奔赴抗震救灾一线的消防官兵。

动，不断完善激励机制，确保了代理基金、保险与本外币理财产品销售的快速发展。全行代理基金销售44亿元，市场占比第一；代理个人保险销售29.6亿元，市场占比第一；实现本外币理财产品销售154.1亿元。四是“第一结算银行”发力提速。通过加强与人民银行、税务和财政部门合作，以银、税、库联网缴税系统推广为契机，竞争纳税企业到分行开户；通过充分利用贷款资源，从贷款大户入手，利用其产业链核心地位，带动上下游客户在分行开户；通过围绕提升单位结算账户的功能和价值不断创新产品，为客户提供综合附加的服务，吸引客户在分行开户。全年新开对公结算账户17 239个，新开账户四大行占比第一，账户存量四大行占比第一。五是“第一电子银行”优势扩大。认真落实总行电子银行“跑马圈地”的发展策略，深入贯彻“加大营销、落实责任、充实队伍、强化培训、考核奖惩”二十字方针，电子银行业务实现了跨越式发展。客户规模快速扩张，新增企业网上银行客户10 441户，新增企业电话银行客户4 600户，新增个人网上银行客户26万户。业务质量稳步提升，实现网银交易额5 559亿元，电子银行业务占全部业务比重达到了47.1%。六是“第一发卡银行”实现突破。在认真分析辖内经营资源、竞争态势及同业操作流程的基础上，明晰发卡条件、优化发卡流程，举全行之力强化促销工作、提升服务水平，确保了发卡规模与发卡质量的重大突破。全年信用卡新增发卡44.3万张，银行卡刷卡消费额为161.3亿元，信用卡客户量、刷卡交易额和经营收益稳居同业第一。七是“第一投资银行”渐入佳境。通过重点发展常年财务顾问和企业信息服务等基础类投行业务，做大重组并购、结构化融资顾问、间接银团等品牌类投行业务，积极探索资产证券化等新型投行业务新路子等措施，使投行业务快速发展。全年实现投资银行业务收入1.2亿元，同比增长144%。八是“第一年金银行”优势凸显。将国有及市属大型企业作为首选目标，开展综合营销；抓住民营经济快速发展机遇，做大做强民营企业年金市场；坚持“抓大不放小”原则，成为中小企业年金服务的主供应商。全年新增企业年金客户26家，实现年金收入175.9万元。九是“第一托管银行”高速发展。结合重庆市场实际，大力营销企业年金基金客户、项目资本金托管业务、收支账户资金托管业务，积极营销市财政局、劳动局、住房公积金中心和土地房屋管理局三峡产业基金、个人养老账户基金、公积金资金和商品房大修基金托管业务。新增托管规模90亿元，实现托管收入435.2万元。

二、注重长效，持续优化经营结构

一是不断优化客户结构。在个人客户方面，个人中高端客户数量有效增加。通过充实客户经理、大堂经理队伍，深度挖掘个人贷款、信用卡业务中的优质客户资源开展针对性营销，个人优质客户数有较大幅度提高。全行5万元以上的中高端客户31.1万户，比年初增加4.9万户。在法人客户方面，法人优质客户贷款余额不断提高。通过抓源头，不断深化与各级政府职能部门的合作，掌握优质客户、优质项目信息资源；抓挖转，充分利用分行在贷款投放上的竞争优势，积极营销他行优质客户；抓管理，通过设定房地产客户准入参考标准，量化存量房地产客户参考指标，实施晋级、降级、退出等分类管理，信贷结构进一步优化。全年投放AA-级（含）以上优质客户贷款220.1亿元，占累计投放量的61.7%；AA-级（含）以上法人优质客户贷款余额为344.2亿元，增加了35亿元。二是不断优化资产结构。围绕EVA的有效增加，坚持高效资产增加和低效资产压缩“双管齐下”，促进了资产结构不断优化。在票据业务方面实现又好又快发展，累计票据融资交易量403.8亿元，票据资产不良率控制为零。在不良资产处置方面效果明显，累计清收处置不良贷款5.4亿元。三是不断优化费用配置。一方面，继续完善费用配置管理办法。按照总量控制、分类指导、增量挂钩、兼顾运行保障、全面推进业务的原则，对原费用配置管理办法进行了修订和完善，更加突出对全行经营发展的积极推动作用。另一方面，充分发挥了市行与二级行两级管理积极性，费用配置效率有效提升。按产品线直接配置费用的36项业务全面提升，效果明显。

三、统筹兼顾，有效完善内部管理体系

一是完善了审批集中，审批质效同步提高。在信贷审批管理方面，采取分步实施的方式，先后对全辖24个分支机构的法人客户信贷业务、小企业信贷业务、个人贷款业务实施了审查审批集中管理。相继出台了各项信贷业务管理办法和详细的审查要点，加强了业务操作的规范化管理，从机制上保障了信贷业务审查审批的质量和效率。在评级授信方面，优化了评级授信调查报告、规范了调查行为、简化了审查要点，逐户排列了2008年度评级授信方案申报、审查、审批完成时间表，完善了全员弹性工作机制，推进评级授信一体化创新与管理不断深入。在项目贷款评估方面，加快了项目贷款评估改革的步伐。从加强审查报告的可读性、流畅性、风险相关性角度出发，制定了形式简洁、表述清晰、内容合理的标准审查模式，切实提高了核心客户项目评审的工作效率。二是加强了服务管理，服务水平有效提高。在网点建设方面，全年完成老网点升级改造78个、搬迁或新设网点18个，其中，升级为贵宾理财中心50个，新建离行式自助银行15个。在环境改善方面，加强了营业网点内部形象的规范化管理；在全行范围内持续开展了“优质服务用语”推广活动；加大了服务宣传力度，充分利用各类媒体加强正面宣传报道，树立了良好社会形象。在机制建设方面，建立了体验机制，按照“内部体验，外部监督，内外结合，持续改进”总体思路，组建了行内100人的体验团队和行外50人的服务监督团队，扩大了产品影响，提高了客户满意程度。三是强化了风险控制，日常运营保障有力。在内控检查上，全年成功堵截和化解操作风险41起，避免和挽回该行及客户经济损失5 446万元。在信贷风险控制上，全年公司法人客户关注三级贷款清收转化率实现了100%；年末个人类客户关注类贷款余额为9.7亿元，比年初下降5.3亿元。在案件防控方面，全面深入落实了运行管理、科技、法律、监察和保卫等工作的规章制度，加大了操作风险防范力度，确保了安全营运。

四、以人为本，稳步推进和谐分行建设

一是员工队伍建设富有成效。通过推广各类岗位资格考试，全年有697人通过了财资管理师、国际清算与贸易融资产品经理和票据从业等资格考试，员工知识结构不断优化。通过继续推行培训积分管理，狠抓员工培训，形成了全员学习的浓厚氛围。全年组织员工参加各类培训250期，累计9 635人次。通过培训和教育，全行员工素质有较大提高。另外完成了模拟银行建设。二是和谐团队建设深入人心。全行各级领导始终坚持“以人为本”的管理理念，以实施人力资源管理提升项目为契机，完善员工职业生涯设计，充分调动了员工干事创业的积极性、主动性和创造性。同时，各级领导还深入基层一线，了解员工疾苦，关心员工生活，掌握员工思想动态，通过深入细致的思想政治工作和切实有效的帮扶解困措施，切实增强了团队凝聚力。三是文明单位创建全面开花。在企业文化建设方面，采取多种宣讲方式，广泛组织企业文化体系宣讲和解读，确保企业文化“落地”和“深植”。在文明单位创建方面，通过健全工会组织，加强建章立制，推进民主管理，成功创建1个全国金融模范职工小家、2个重庆市总工会模范职工之家和2个重庆市财贸金融工会模范职工之家。在学习型组织创建方面，取得卓有成效，2个基层行分获全国总工会“职工书屋示范单位”和重庆市总工会“市级学习型组织标兵单位”称号。四是民主管理进程逐步深化。建立了市行职代会制度，并成功召开了市行首届职工代表大会第一次会议；积极在全行范围内推进行务公开，4个基层行顺利通过重庆市厂务公开领导小组检查验收；深入开展民主管理调研，向总行报送2篇调研文章。

贵州分行

行长　黄再红

【业务指标完成情况】

2008年，贵州分行实现拨备前利润29.43亿元，拨备后利润28.75亿元，同比分别增长27.46%、31.88%。营业收入59.81亿元，同比增长25.65%；实收利息52.49亿元，同比增长30.31%；人民币各项存款余额为938.16亿元，增长20.64%。其中，储蓄存款突破400亿元，增量占比居四大行第一位；人民币各项贷款余额780.66亿元，首次当年增量突破百亿元，保持增量占比同业第一；不良贷款余额为8.81亿元，占比为1.13%，较2007年下降0.14个百分点。中间业务收入为5.29亿元，增幅在全国一级分行中排名第14位。实现电子银行交易额4 799.63亿元，离柜业务量占比为38.1%。实现国际业务结算量12.24亿美元，投资银行业务实现收入1.24亿元。

【主要工作措施】

一、灵活应对经济环境变化，积极抢抓发展机遇

一是在年初百年不遇的冰冻灾害中全力“抗冰冻，保营运”，支持重点行业关键企业的生产自救。冰冻灾害发生后，全省县支行至少保证一个网点开门营业，城区支行50%以上开门营业，保证了群众取款和抗灾单位用款需要。积极创新授信业务审查审批手段，在保证合规的前提下，迅速发放抗灾和灾后重建贷款24亿元，有力地支持了优质企业的抗灾自救。分行在冰冻期间的社会责任行为受到贵州省委、省政府表彰。二是在国家从紧货币政策中落实“有保有压，加大项目储备”的策略，及时调整信贷结构。结合上半年国家货币政策和区域经济发展情况，对磷、铝、煤等具有比较优势的资

源型项目，向有规模实力、有管理能力和发展前景良好的重点龙头企业倾斜。审慎把握城建、房地产开发贷款，从严控制一般加工制造企业贷款额度，对不符合产业发展方向的“两高一剩”企业和项目加大授信压缩额度，通过特别授权等方式加快对潜在风险贷款的退出力度。分行一方面坚决执行中央和总行的各项政策；另一方面提前储备本地潜在优势项目，积极介入公路、煤磷化工、重点城建等前期准备及与总行沟通，得到了总行支持。三是在“扩内需，保民生”宏观经济政策中结合贵州实际，支持重点工程和重大项目建设。分行在坚持审查标准不降低的同时，加大对重点工程特别是纳入国家4万亿元刺激内需盘子项目的营销工作。重点投放国家高速公路网及其骨干连接线，对列入省交通“十一五”重要省道项目也给予了积极支持，全年发放项目贷款28亿元。同时，积极介入贵州农村电网改造建设和一些优势资源项目的开发利用，为后续发展储备了一批项目。

二、积极推进渠道建设，提升全行服务竞争力

一是优化中心城市和重点县域机构网点布局。按照“早启动、早投入、早使用、早见效”的工作安排，全行共搬迁网点33个，升格网点4个，通过“撤、并、改”调整优化低效网点11个，并按贵宾理财中心、一般理财网点、金融便利店三个层次，对中心城区和重点县域网点进行改造，分别完成贵宾理财中心35个，一般理财网点217个，金融便利店22个，网点形象和功能得到全面提升。二是打造优质高效的网点营销服务核心团队。在完善网点功能，实现多项业务一站式办理的基础上，分行以理财师、客户经理、大堂经理为重点打造营销服务团队。一年来，累计培训金融理财师131人次，其中，AFP 104人次，CFP 27人次，通过考试并取得资质的AFP 154人，CFP16人，名列省内同业前茅。381名员工通过个人客户经理认证，222名个人客户经理顺利通过年检。另外，在全行范围内开展了个人营销客户经理的专项考试、认证工作，组织300名个人信贷客户经理参加总行个人信贷客户（A、B类）考试，2 195名员工通过了个人理财产品销售人员资质审查和认证。截至2008年末，贵州分行共配备各类个人客户经理552名，全面超额完成配备400名个人客户经理的目标。其中，大堂经理124人，个人理财经理78人，个人营销客户经理350人。三是改变网点管理模式，激活网点竞争力。加大了网均、人均、市场占比等业务指标考核，使考核指标更加细化和科学；通过定期调度，重点解决加快个人贷款持续健康发展、完善金融理财师考核、发挥贵宾理财中心作用、搭建分层次服务平台、做好主动负债营销等问题，指导各行继续转变观念，推动业务转型；统筹贵宾理财中心、金融理财师和中高端客户三个重要生产要素，在贵宾理财中心运营平台上，依托金融理财师这一高端个人金融业务营销人才，辅之以大堂经理的规范营销，全面拓展中高端客户市场。四是加强服务监督提高网点服务执行力。成立服务监督小组，对网点服务进行定期检查，按季通报，使网点服务在内部机制和外部监督共同制约下不断提升。

三、重视引导增长方式转变，促进业务经营转型

一是通过经济资本限额管理，引导各行主动调整优化资产结构和盈利结构，降低资产组合的整体加权风险，促进盈利性、安全性和流动性的协调运作，逐步提升经济资本管理水平。二是多策并举抓好中间业务组织推动工作。围绕“扩大业务规模、优化产品结构、增加收入渠道、加强收费管理、完善考核机制、提高收入水平”这条主线，确立中间业务优先发展地位，加强中间业务日常动态监管。通过对产品及差距分析，建立健全考核激励机制，提升中间业务发展潜力。全年实现中间业务收入52 872万元，人均和网均中间业务达到8.25万元和191.56万元，中间业务收入对全行利润的贡献由上年的21%提升至25%，系统内增幅排名第14位，计划完成率排名第11位；在全省四大行中，市场占比达38.62%，较2007年上升了0.25个百分点，巩固并扩大了同业领先优势。三是全面开拓业务发展空间。大力拓展进口押汇、出口押汇、出口发票融资等产品，并在资金、规模、利率审批等方面给予有力支持，推动了分行国际贸易融资业务的快速发展；强化电子银行营销人员的业务素质培训，加强重点客户和重点产品的营销推广，最大限度地发挥营业网点的营销作用，离

贵州分行开展电子银行进校园——电子产品宣传展销活动。

柜业务占比达38.1%，较上年提升3.1个百分点；依托总行的“法人客户营销管理系统”，自行研发“法人客户名册管理系统”，组建各二级分行结算与现金管理中心，重点营销现金管理服务、对公法人理财、品牌金、账户黄金、账户信使、结算套餐等新兴业务产品，维护、挖转并举，实现了客户数、产品数量、收入同步增长，对公结算账户总量跃居同业第一；相继推出公务用卡、牡丹百信卡、开办分期付款等银行卡业务，信用卡有效发卡量达到32万张，透支总额达到5.5亿元，信用卡消费额达26亿元。

四、从严控制各类风险隐患，确保经营管理稳健有序

一是把领导班子建设作为风险防范工作的基础和核心。省分行与各部室、各二级分行分别签订党风廉政和案件防范工作责任制责任状，把防范道德风险、操作风险工作落实到具体的经营管理活动中。分行及省分行营业部领导班子被总行评为“四好”领导班子。二是业务发展与案防内控同布置同落实。按照“业务发展到哪里，案件防范就布置到哪里，监督检查就延伸到哪里”的要求，分行不断完善常规业务检查，并及时安排新业务、新环节和新风险点的治理，在发挥专业部室案防主力军作用的同时，辅以内控、监察等部门重点督查，起到一般与重点结合、日常与专项结合的内控案防机制，发挥案防的威慑作用，提高实际检查效果。三是全面风险管理体系建设进一步加强，风险报告逐步制度化、规范化，风险监测数据覆盖面宽，分析利用向纵深发展。四是及时处置可能形成的非业务性风险事件。对业务经营以外的其他事件，按照应急预案，做到处置及时、掌控有力，把可能产生的负面影响减到最小程度。

五、加强人力资源挖潜管理，奠定可持续发展基础

一是进行岗位梳理，完成全行岗位职级体系搭建。围绕人力资源项目提升的工作要求，对各类岗位进行全面梳理，逐一制定各职务层级的岗位任职资格标准，全行6 000余名员工顺利进入相应的岗位等级，全面完成了薪酬套改。强化了对关键岗位、绩优员工的激励作用，薪酬和绩效管理模式更趋科学合理。二是把教育培训作为人力资源更新的重要来源，对管理者、专业技术人员、一般员工（尤其是中年员工）等进行多层次的网络教学或集中面授培训，把业务技能、案防内控、职业道德作为培训的内容，使员工不断适应日益变化的新形势、新局面。

六、制定三年发展规划，促进全行可持续发展

分行制定了三年发展规划，重点支持省内国家重大项目和重点工程建设，继续推进业务转型，并在近两年内力争存贷款“超双千亿”，实现经营发展质的飞跃。

云南分行

行长　蒋玉林

【业务指标完成情况】

2008年，云南分行实现考核净利润21.21亿元，同比增长44.38%。实现经济增加值14.98亿元，同比增长53.65%；人民币贷款余额为796.78亿元，比年初增加117.35亿元，增长17.27%，同比多增27.46亿元。人民币存款余额为1 244.21亿元，比年初增加208.54亿元，增长20.14%，同比多增117.23亿元。个人理财业务累计销售理财产品149.74亿元。实现中间业务收入6.81亿元，同比增加1 689.96万元，增长2.54%。不良贷款余额为12.84亿元，比年初下降0.27亿元；不良贷款占比为1.61%，比年初下降0.29个百分点。

【主要工作措施】

一、坚持以科学发展为统领，推动业务全面协调发展

一是大力发展中间业务。各级行领导深入基层，靠前指挥，积极开展对中间业务发展的督促和指导工作，充分发挥整体优势，通过公司、机构、个人金融等前台部门的联动营销，积极争取竞争的主动权，有力地推动了中间业务的快速发展，最终取得了同业占比第二的成

绩。二是实施积极信贷战略。加大优质贷款营销和投放力度，不断提高信贷整体收益。对15个优质项目出具意向书和有条件承诺函，涉及金额233亿元。成功争取到龙开口电站、功果桥电站50亿元的贷款份额及龙开口电站金融服务牵头主办行资格，积极介入中国电力投资集团公司拟在缅甸恩梅开江、迈利开江开展水电站BOT项目建设营销工作。紧密跟踪营销昆明新机场和省内支线机场，顺利投放丽江机场5亿元项目贷款。首条铁路项目贷款——玉蒙铁路项目贷款成功获总行批准。加大对城建基础设施融资支持力度，累计发放项目贷款27.9亿元。全年累计完成国内贸易融资贷款余额11.1亿元，比年初增加10.86亿元。小企业信贷业务在数量和质量上实现新的突破，年末全行小企业贷款余额为9.94亿元，比年初增加4.38亿元，增长78.78%，创历史最好水平。进一步优化信贷投向和信贷结构，一般加工流通行业、高风险行业的信贷总量继续得以控制。AA－级（含）以上客户贷款428.27亿元，较年初增加24.14亿元。三是努力扩大负债规模。全面落实存款工作“一把手工程”，实施“抓大促重”、“全面开花”策略，进一步营销和维护好烟草、电力、交通、通信、医院、新闻出版、广电传媒等系统和新核心客户群。加大对政府、证券、保险、同业、军队五大行业龙头的营销力度，组织开展主题突出、特色鲜明、注重实效的市场营销活动。向省农村信用联社、邮储银行等客户开展产品推广活动，加强银行同业合作与交流，实现优势互补和互利共赢。挖掘储蓄存款发展潜力，调动全行资源，开展全员营销，努力提高市场占比。深入开展定向组合营销，大力争揽基金定投、第三方存管、代发工资、理财金账户等优质客户，从源头上抓住储源，推动储蓄存款快速增长。

云南分行行长蒋玉林深入保山分行营业网点调研。

二、坚持以风险防控为基础，不断提高经营管理水平

全面风险管理体系不断完善。进一步完善风险管理组织架构，建立信用风险、市场风险、操作风险监测预警机制。以加快提高内控水平和核心竞争力为目标，大力推动内部控制体系建设，进一步加强操作风险管理和合规管理，培育良好的内控环境和文化。信用风险防范工作明显加强。紧紧围绕不良贷款清收处置主线，采取重点抓大户、大项目的清收处置措施，全力压降不良贷款、积极清收潜在风险贷款。通过现金清收、转化为公司贷款、小企业贷款、个人经营贷款和核销五种方式进行清收处置，基本解决曲靖分行批量个人贷款历史遗留问题。内控案防责任制进一步落实。广泛开展“制度落实年”的各项活动，进一步完善了各项规章制度，使全行内控案防工作责任制更加具体明确。按照“谁主管、谁负责”的原则，建立“横到边，纵到底”的安全防护网，形成整体联动，齐抓共管，保障业务发展的工作机制，不断提高安全管理水平。认真组织开展常规审计检查。在全省范围内组织开展专项审计和检查，加强了对重点业务的再监督，切实控制操作风险。深入整改总行重要经营管理事项大检查和内控评价中发现的问题，认真组织开展2008年度基层行内控评价和内控重点监控行的内控帮扶督导工作，配合税务部门完成对分行的应税事务全面检查，顺利完成了总行案件重点关注行对分行的考评验收工作。

三、坚持以改革创新为突破，着力完善经营机制体制

一是实施人员区域调整。继续实施人力资源跨区域转移工作，分流85名员工到省分行营业部工作，解决人力资源结构失衡的问题。二是加快业务流程再造。创造性地实施“区域中心城市行模式”，汇划业务实现了100%集中。成功试点以通存替代省内汇划改革项目，操作环节由7个缩减为2个。组织全辖开展“离柜业务竞赛活动”，全行业务离柜率达到60.72%。通过流程再造，释放720余名柜面人员充实到营销岗位，提升了业务运行效率和质量。三是建立健全激励机制。将全年目标任务进行量化分解，分别设定业务发展类和协调发展类等两大类业务指标，按照不低于全年任务计划40%的比例，分项设定各类业务考核指标，建立量化费用挂钩考核体系，对各项业务指标实行费用比例挂钩考

核。同时，设置序时进度系数、系统排名系数和同业占比系数，对挂钩考核费用额度进行综合调整。四是实施业务创新战略。积极开展信贷替代类业务创新，向云南华能澜沧江水电有限公司、云南滇东能源有限公司、保山槟榔江水电有限公司营销融资租赁业务。完成了网点营销业绩考核系统、业务协调类监控系统、员工违规积分管理系统、银行业中间业务报表系统等应用系统的开发，推动了分行经营管理的信息化建设。在公务用卡推广、业务流程再造、城镇居民基本医疗保险统征、银行卡收单市场拓展等方面，通过自主研发应用系统，为市场营销配套了信息化的业务解决方案，有力地推动了分行的业务发展。

四、坚持以客户满意为中心，切实提高优质服务能力

一是提升网点综合功能。全年共建成1个财富管理中心、95个贵宾理财中心、52个理财网点、1个金融便利店，精简优化低效网点32个，配备ATM 70台，多媒体终端（简易）设备83套，安装多媒体发布显示系统150套、排队叫号机180台，建成电子银行示范网点25家，对98个营业网点实施了装修改造，199个网点完成功能分区改造，客户服务流程和视觉营销体系进一步优化和完善，全行网点服务质量明显提高，工作效率快速提升。二是开展服务竞赛活动。在全行组织开展优质服务竞赛活动，通过主题教育实践、联合营销、迎奥运文明规范服务、营销技能比赛，业务技能竞赛，积极探索服务标准化建设新思路，有效提升个人客户经理和营业经理的业务技能水平，全行服务质量和效率显著改善。三是加强客户经理建设。完成100名个人营销客户经理招聘工作，客户经理数量上升到520名，其中，取得金融理财师（AFP）资格的116人，取得国际金融理财师（CFP）资格的14人。在7家重点二级分行成立个人客户维护中心，指导辖内支行、网点开展分层次客户服务工作。

五、深入开展学习实践活动，着力加强人才队伍建设

一是深入开展实践活动。按照中央决策部署和总行党委的统筹安排，在全行掀起了深入学习实践科学发展观活动的高潮，及时成立活动领导小组及办公室，召开专题党委会议，研究制订活动实施方案，安排部署学习实践活动。省分行领导带头深入省分行营业部、曲靖、红河、玉溪、德宏、楚雄、大理、普洱、版纳、文山等二级分行和香格里拉支行开展调研活动和学习实践活动的指导检查，抓住年末岁初的关键时机，正确处理好学习实践活动和推动业务发展的关系，做到“两手抓、两不误、两促进”，有效地推动了学习实践活动的深入开展和各项业务的快速健康发展。二是加强领导班子建设。按照“四好班子”建设要求，对14个二级分行领导班子进行调整充实，调整提拔交流干部18人，对16个机关部室领导班子进行调整充实，调整提拔交流干部15人，完成了机关3个部室副总经理（副主任）公开选拔工作。三是加大员工培训力度。进一步加强培训质量管理，建立培训档案，指导全行开展员工教育培训工作。全行共举办培训班1 329期，培训78 602人次。四是推进企业文化建设。认真组织开展省分行机关“流动红旗”比赛活动，成功举办纪念工行成立25周年文艺汇演。积极开展精神文明创建活动，全年共创建2个全国级文明单位、9个总行级文明单位、39个省级文明单位、6个州市级文明行业，推动了全行文明创建工作的内涵和质量不断提高。

六、坚持以社会责任为依托，努力树立良好企业形象

一是抗震救灾高效无私。云南分行认真履行商业银行的社会责任，全力做好抗灾救灾工作，深入灾区主动了解受灾企业的金融需求，优先把信贷规模用于支持云天化、云南电网公司等大型企业的抗灾救灾工作。同时，发扬“一方有难、八方支援”的精神，积极组织捐款捐物等多种形式的献爱心活动，全行员工累计向地震灾区捐款306万余元。二是公益活动持续开展。开展“送温暖、献爱心”活动，为科技扶贫、图书馆建设、希望小学兴建、教学条件改善等提供资金支持。积极响应昆明市委、市政府“创建国家园林城市”活动，出资113万元，在官渡广场和五华区篆塘公园建设“工行林”，被昆明市委、市政府列为驻滇企事业单位参与建设“生态昆明园林城市”的典范和样板，得到社会各界的充分肯定和广泛好评。

陕 西 分 行

行长　惠平

【业务指标完成情况】

2008年，陕西分行实现拨备前利润27.84亿元，实现拨备后利润26.73亿元；实现经济增加值14.34亿元，同比增长131%；各项贷款余额为808亿元，较年初增加148.91亿元，增长22.59%，市场同业占比保持领先；各项存款（含同业）余额为1 889亿元，较年初增加406.33亿元，增长27.40%，市场同业占比保持领先；实现中间业务收入76 046万元，市场同业占比保持领先；不良贷款继续保持“双下降”，资产质量不断优化；全年工作安全平稳运行，无事故案件发生。

【主要工作措施】

一、适应市场环境变化，及时调整经营发展思路

按照“建设国际一流金融企业优秀分行”的目标和“顺势而变、乘势而上”的总体要求，在年初工作会议上明确提出努力实现“同业占比领先、系统位次前移，尽快建设系统先进分行和金融同业领跑银行”的奋斗目标。年中，根据市场竞争的严峻形势和业务发展状况，适时提出“珍惜成果，团结奋进，把握大局，主动调整”的要求，迎难而上，创造性地开展工作，通过存款保卫战、贷款超前投放等举措，把信贷规模紧缩、资本市场深幅调整、同业竞争力度加大的不利影响降到最低限度。第四季度，根据宏观经济形势变化，认真贯彻执行党中央、国务院和总行关于“扩内需、保增长”的战略部署，积极探索加大信贷投放，全力支持经济发展的新思路和新方法，进一步丰富了改革发展思路，增强了全行员工共克时艰，加快推进业务发展的信心和决心。

二、大力拓展重点业务市场

一是确立信贷引领战略，加快推进公司业务转型。向郑西铁路、省高速集团等重点企业累计发放贷款432.9亿元。与延长石油（集团）签订融资意向300亿元的全面战略合作协议，储备一大批优质项目。推进公司信贷向公司金融转型，信贷替代产品创新取得重大突破；信贷业务与个人、机构金融业务一体化营销和交叉销售取得长足发展；加快贸易融资业务发展，实现业务收入同比增长6.3倍；积极稳妥地支持中小企业发展，榆林分行小企业信贷业务类别由二类上调为一类，营业部由四类调升为三类，为该项业务加快发展创造了良好条件。二是坚定地推进了“大个金”发展战略，个人业务贡献度不断提升。个人客户金融资产余额达1 209亿元，其中，非储蓄金融资产为249亿元。加快个人高端客户群体和服务体系建设，个人中高端客户数量占比为7.44%，列系统第10位。AFP、CFP达到304人，

2008年11月19日，陕西分行与延长石油（集团）签订战略合作协议暨备用贷款协议。

占全省金融同业70%以上。加大在繁华地段和重点区域设置和改造机构力度，对42家网点实施了迁并，升格各类机构17家，网点综合化率达84%。加大自助银行建设，自助设备正常运行率为94.75%。三是提升机构业务规模质量。紧盯同业重点客户，开展拓展工程。先后获得省电力公司、西铁局等大型企业年金业务代理资格，连续三年获总行年金业务“特殊贡献奖”。与永安保险签署资产托管协议，成功办理农业发展银行陕西省分行融资性存放同业业务。四是加强结算业务。理顺公司存款营销管理机制，抓好无贷户源头营销，开展“对公结算账户规模和质量双提升”、“对公百强网点营销竞赛”和存款营销冲刺活动，公司存款净增额创近年最好水平。代理法人理财产品收入系统排名第二，贵金属业务收入列系统第一。强力营销现金管理业务，新增现金管理客户同比增幅达89.79%。五是加快新兴业务发展，调整经营结构。加大中间业务收入考核权重，开展中间业务创收竞赛活动，优化收入结构。继个金、结算业务后，公司及投行、信用卡两项业务收入均突破亿元大关，电子银行、代理保险、法人理财、贵金属交易等中间业务收入实现了翻倍增长。加快电子银行业务发展，电子银行对全部企业法人和个人客户覆盖率分别达到62.4%和37.06%，电子银行交易额同比增长52%。高度重视投资银行业务发展，实现投资银行业务收入1.15亿元。外汇业务经营收益持续增加，资金营运收益不断提高。

三、切实加强全面风险管理

进一步加大不良贷款清收处置力度。根据宏观经济形势变化，认真落实行业限额管理和调控要求，加强了果汁、机械、采掘等行业的信贷结构调整。注重防范集团客户和关联企业风险，严格信贷审查标准。加强对重点行业贷款和大额高风险贷款客户的监管，提高对重大风险事项的快速反应能力，有效控制了大户贷款风险。亿元以上贷款大户不良率大幅下降。全面推行信贷作业监督，加大信贷业务现场检查力度。从工作机制、管理制度、工作定位、工作流程等方面不断规范和细化操作风险管理工作，开展了反洗钱专项检查，全年操作风险零损失。加强内控管理体系建设。围绕创建内控管理二级行目标，与营业部、二级分行和省行各部室签订内控目标责任书。组织开展“两争一建”内控文化合规建设活动、员工职业养成教育巡讲活动以及业务风险点与员工不良行为的“双排查”活动。深入推进商业贿赂专项治理工作，扎实开展围绕《员工违规行为处理暂行规定》的“学规定、促合规”教育活动。抓好重信重访管理，围绕奥运、纪念改革开放30周年等重大活动，提前排查不稳定苗头，全力做好集体访的预防和处置工作。加快推进守押社会化改革步伐，首次进入系统无枪行之列。认真落实案件防控责任和措施，有效遏制了治安案件与安全事故的发生。

四、突出持续创新，深化流程再造

加大业务创新力度。编制《2009—2011年业务产品创新发展规划》和年度实施计划，建立新产品组织管理构架，完善产品创新流程、风险管理、内部控制和后评价管理体系。推出牡丹畅通卡、牡丹华山卡等一批颇具优势的产品和“信托+理财”、贸易融资等替代流动资金贷款等业务，加快债券代理和同业融资创新步伐，推动资金营运效益稳步提高；积极探索流程创新。建立新的信贷审批业务流程。提前完成区域化集约改革项目投产，实现实时清算、跨行支付和网银落地四大类13项业务的集中上收。业务集中覆盖率达33.55%，集中覆盖程度达83.3%。组织实施“网点运行标准化管理工程”，最大限度地整合柜面业务，推动网点服务效率和综合竞争力的有效提升；进一步深化人力资源管理提升项目改革。加大全员绩效考核系统推广力度，在营业部试行员工个人收入与中间业务产品营销挂钩考核办法；进一步创新服务方式，积极组织开展“奥运文明规范服务系列活动”，努力改善服务质量，有效降低客户等候时间，实现“奥运服务零投诉”，促进服务效能明显提高。

五、积极推进党建和队伍建设，切实履行社会责任

进一步推动“四好”班子建设，全面建立实施企业年金和补充医疗保险制度，开展多层次员工培训。建立系统职代会制度，搭建员工参政议政的平台。发挥工、青、妇等群众性团体作用，开展系列劳动竞赛活动和献计献策活动。立足岗位成才，员工岗位资质学习和各类岗位技能比赛取得优异成绩。积极应对地震灾害，成为陕西灾区最早恢复营业的金融机构。切实履行大行责任，累计发放抗震救灾贷款19.85亿元。经总行授权向地方政府捐赠、员工捐款以及党员交纳“特殊党费”等方式，向地震灾区捐款490.77万元。先后获得“陕西经济先锋单位”、“陕西地区最具竞争力银行”、“陕西地区金融机构特别公益大奖”、“改革开放30周年企业文化建设先进单位”等奖项。省行本部和韩城市支行获得“国家级精神文明先进单位”称号。

六、深入开展学习实践科学发展观活动

紧密结合工作实际，紧扣“坚持科学发展观，提升核心竞争力，建设国际一流现代金融企业优秀分行”主题，推动学习实践活动不断深入。通过组织专题辅导及业务调研活动、召开专题民主生活会、在革命圣地延安开展“学习实践科学发展观主题党课”等活动，进一步增强全行贯彻落实科学发展观的自觉性和坚定性，将科学发展观的要求切实转化为谋划发展的正确思路、促进发展的工作措施和领导发展的实际能力，做到了两手抓、两不误、两促进，达到了统一思想、促进经营管理和业务发展的目的。

甘肃分行

行长 许海

【业务指标完成情况】

2008年，甘肃分行实现账面利润10.17亿元，全辖16个二级分行全部实现了拨备前和账面利润“双盈利”。人民币全部存款较年初增加152.84亿元，同比多增87.66亿元；各项贷款较年初增加50.23亿元，同比多增13.97亿元。不良贷款余额较年初减少1.46亿元，占比下降0.92个百分点。实现中间业务收入4.4亿元，信用卡消费交易额15.75亿元，办理国际结算12.85亿美元，累计销售个人理财类产品83.3亿元。

【主要工作措施】

一、理清工作思路，提升科学发展水平

2008年初，甘肃分行在推进思想解放、深入调查研究的基础上，提出和确定了要继续坚持“三个做大、三个提升”的经营工作思路，在系统内大力推进“精品行”建设，在同业中不断增强核心竞争力，努力把甘肃分行打造成全省盈利水平、资产质量、竞争发展、业务结构以及服务水准最佳的银行。为了把发展的思路贯彻到位，把经营的目标落实到位，甘肃分行引导辖内各级行在经营管理中进一步解放思想，转变经营观念，提高科学发展水平。通过联合清华大学举办高管人员领导力提升高级研修班，与兰州大学合办全行副总经理（级）领导干部培训班等教育活动，进一步统一思想，开阔思路。结合深入学习实践科学发展观的活动，引导广大党员干部深入研究探讨全行改革发展的新思路、新举措。第四季度，面对急剧变化的经济形势，全行及时调整信贷计划，完善工作措施，在“扩内需、保增长”中发挥了积极作用。通过一系列措施，全行上下经营工作的思路进一步明确，科学发展的意识显著增强，在同业中勇于竞争、在系统中敢于争先、在经营中善于拼搏的良好氛围逐渐形成。

二、加大业务营销，提升市场拓展水平

按照总行改革发展要求和市场竞争形势，各级行紧紧盯住任务目标、盯住同业占比、盯住薄弱环节，进一步加大市场营销力度。一是着力抓好资产业务。全行坚持以优质重点客户为核心，以项目贷款为先导，不断加大公司贷款营销力度。2008年，累计新增项目贷款87.34亿元，流动资金贷款34.39亿元，投放住房开发贷款3.05亿元，实现票据业务收入1.16亿元。二是着力抓好存款业务。加大重点客户营销维护，通过实施“金税工程”、国库集中支付、建立军队应急资金保障体系和第三方存管业务等工作，深化了银政、银军和银企之间的合作。积极争取个人客户结余资金回流储蓄账户，促进了储蓄存款的增长和同业占比的提高。三是着力抓好中间业务和新兴业务。积极拓宽中间业务收入渠道，扩大市场规模，业务收入继续保持了同业领先地位。

三、强化经营管理，提升风险掌控水平

一是抓好信贷管理。全行紧紧围绕全面风险管理和不良贷款清收处置两条主线，大力推进贷款精细化管理。对293户法人客户进行了全面分析，逐户制订了贷款风险管理方案。二是抓好内控管理。先后组织开展了深化“平安网点”创建活动和“学习贯彻《处理规定》，促进依法合规经营”的主题教育活动，11月下旬又在全行范围开展为期1个月的重要业务事项大检查，成立了工作领导小组，制订了具体检查方案，通过对内外部账户、银企对账、员工持客户卡折、关键岗位轮换、上门收款和服务五个方面的现场检查，进一步增强了员工依法合规意识。三是抓好安全管理。严格落实案防责任制度、员工警示教育制度、行为动态排查制度和案防分析会议制度，加大内审和专业检查监督力度，提高各类检查的效率和效果。

四、加强党的建设，提升队伍建设水平

一是认真开展深入学习实践科学发展观活动。甘肃分行党委高度重视，周密部署，精心组织，制订了具体实施方案，建立了党委成员联系二级分行制度，通过视频形式组织两次专题报告，召开了解放思想大讨论的主题会议，形成了甘肃分行领导班子分析检查报告，进行了民主评议，学习实践活动取得了阶段性成效。二是强化领导班子建设。深入开展“四好”班子建设活动，坚持党委中心组集中学习制度，加强对领导干部的教育、管理和监督。注重党员干部作风建设，提出“一个带头、两个深入、三个勤于”的要求，以作风的改进促进干部队伍素质的提高。三是强化员工队伍建设。针对不同岗位、不同层次员工群体的特点，组织各种适应性、实用性和技能性的在岗教育培训，开展全方位的岗位练兵和业务竞赛活动，增强了员工队伍从业的技能。8 月份召开了系统第一届职工代表大会，进一步增强了广大员工加快发展的信心和决心。四是强化企业文化建设。全行以精神文明建设为重点，不断丰富企业文化的内涵，逐步形成了营销文化、内控文化、服务文化、廉政文化及和谐文化的体系。2008 年甘肃分行被甘肃省委、省政府和省总工会授予“省级文明单位”、“全省职工职业道德建设先进单位”的荣誉称号。

2008 年 11 月 30 日，甘肃分行与省内大型优质企业签订银企合作协议。

五、推进服务工作，提升整体服务水平

一是加快服务渠道整合升级。甘肃分行成立渠道规划和建设委员会，全面协调推进营业网点、自助银行、电子银行和客户经理队伍四大分销渠道建设，进一步提升了综合服务能力。按照总行企业形象管理手册的要求，对全行营业网点户外标识进行了更新改造。积极推进电子银行业务发展，有效发挥对柜面业务的替代分流作用。二是推进服务规范化建设。坚持和改进服务质量专项考评，以推广营业网点服务现场质量管理与控制为突破，全面推进服务质量管理体系的建设。继续加强客户投诉管理，全行营业网点在显著位置公布投诉电话，畅通客户投诉处理程序和渠道，有针对性地改进服务水平。三是强化服务工作管理。先后制订和完善了一批服务工作制度办法，组织了“学习好的经验，提供好的服务，树立好的形象”主题教育活动，开展了“迎奥运、讲文明、树新风”服务活动，举办了岗位技能比赛。全行有 2 家支行、15 个营业网点被授予国家和全省银行业文明规范服务示范单位和百家金牌服务单位。

六、积极处理突发事件，提升应急管理水平

一是处理好甘南不稳定事件。“3・14”甘南藏区不稳定事件发生后，甘肃分行立即启动突发事件应急预案，成立工作领导小组，全面指导应急工作的开展，并细化工作措施，抓好责任落实，保库款财产安全。二是做好抗震救灾工作。汶川特大地震，辖属陇南、甘南等分行受损最重，业务运行系统受到影响。在总行的有力指导下，甘肃分行迅速成立领导小组，由行领导亲赴灾区一线，指挥抗震救灾工作。在震后 8 天内连续抢修 14 个受损营业网点，在当地率先对外营业。广大干部员工踊跃向灾区捐款捐物 716 万元，成为全省捐赠最多的金融单位。三是做好信访稳定工作。甘肃分行党委把维护稳定工作纳入重要议事日程，以化解群体性上访为重点，先后派出 6 个矛盾纠纷排查化解工作督导组，对辖属 16 个二级分行开展了工作指导，维护了分行大局的和谐稳定。

青海分行

行长　李志诚

【业务指标完成情况】

2008年，青海分行实现拨备前利润3.75亿元，同比增长21%；实现拨备后利润3.56亿元，同比增长43.35%。实现经济增加值1.62亿元，同比增加2.58亿元。减值损失准备余额5.7亿元，拨备覆盖率为72.35%。本外币各项存款（含同业）净增55.72亿元，各项贷款净增31.74亿元。实现中间业务收入1.09亿元。新发信用卡6.8万张，存量突破10万张，理财金卡存量达到10 025张，同比增加4 017张。新增电子银行客户83 559户，实现交易额1 639亿元。实现国际结算量235亿美元，实现结售汇2.30亿美元，同比增加0.55亿美元，国际贸易融资余额达到1 276万美元。不良贷款余额为8.05亿元，较年初增加8 565万元。全年清收处置不良贷款2.12亿元，不良贷款率为5.67%，较年初下降0.86个百分点。

【主要工作措施】

一、积极竞争优质市场

认真贯彻落实国家宏观调控政策和总行信贷政策，大力推进“绿色信贷”建设，以电力、盐湖化工、有色金属、交通四大行业为重点，抢占优质客户资源，拓展优质市场。2008年在水电行业新增贷款24.42亿元，有力地促进了拉西瓦电站等一批清洁能源项目建设。加大项目储备工作力度，向羊曲、班多水电站出具了72.43亿元有条件贷款承诺函，为信贷业务持续、稳定发展奠定了良好的基础。按照“定位中端、竞争高端、培育潜力”的市场定位，以电子银行、信用卡、纸黄金等品牌业务为重点，不断提升个人金融业务市场竞争力和产品影响力，客户和业务结构得到优化。加强存款组织推动工作，积极做好电力、财政、交通、烟草、社保、电信、铁路、部队等大系统及重点优质客户的存款、理财产品的综合营销工作，保证资金体内循环。2008年，存贷款增量、增幅均创历史新高，传统业务保持了良好的成长性。

二、大力发展中间业务

坚持“规模、质量、收入”并举的原则，突出中间业务在全行经营转型中的战略地位，努力克服资本市场持续低迷对中间业务收入带来的不利影响，推动中间业务稳定发展。一是完善中间业务激励机制，有效调动了全行上下拓展中间业务的主动性和积极性。二是推动业务创新，不断开拓新的业务领域。成功营销了青海盐湖集团中期票据项目和西部矿业短期融资券项目。与青海省电力公司、青海盐湖工业（集团）有限公司、青海金地不动产评估咨询有限公司签订了企业年金账户管理及托管合同。国际贸易融资业务市场开拓取得新成

青海分行与青海省农村信用社联合社签订全面业务合作协议。

绩，为青海黄河上游水电开发有限责任公司开立了2 000万美元的备用信用证，为盐湖工业集团办理了4 800万美元的售付汇业务，累计为青海华电大通发电有限公司办理有追索权保理融资4笔1.1亿元，为青海桥头铝电有限公司办理了0.1亿美元的进口代付业务，此项业务实现了零的突破。三是大力发展代客理财业务。2008年累计销售各类理财产品35.45亿元。其中，代理销售基金7.55亿元，同比减少41.78亿元；代理销售国债5.41亿元，同比增加1.44亿元；代理销售保险6 039万元，同比增加4 058万元；销售品牌金23.4公斤，销售纸黄金17 000公斤，同比增加16 257公斤，是2007年销量的23倍。组织开展了“汇款直通车、储蓄异地通”、牡丹灵通卡e时代刷卡促销、银行卡发卡劳动竞赛等活动，多产品、多渠道开展联动营销，促进了中间业务发展。四是加强了与电信、移动、联通的合作，代理缴费业务范围不断扩大。与青海省农村信用联社签订了业务合作协议，在代理支付结算、同业融资、公司金融、现金结算和外汇资金交易及清算、电子银行、个人金融、企业年金和托管等领域开展全面合作。

三、加快不良贷款清收处置进度

扎实推进不良贷款清收处置工作，不良贷款大户清收处置工作取得了实质性进展，资产质量持续好转。积极推进不良贷款精细化管理，建立了不良贷款处置预案审批制度、会诊制度和领导挂帅清收制度，分类排查不良贷款，按照“先易后难，应收尽收”的原则，逐户制定了处置预案和处置方式。各级行长挂帅，对不良贷款大户清收处置工作加强督导，形成了多方参与、上下联动、齐抓共管的工作局面。通过坚持不懈地努力，成功清收青海数码网络有限公司不良贷款本息10 526万元；通过贷款重组转化清收西宁市城市建设开发总公司不良贷款2 000万元。积极开展还款免息、呆账核销、以物抵债清收处置工作，通过还款免息方式收回青海贤成实业股份公司等5户企业不良贷款本息3 472万元；申报、审查、审批法人客户不良贷款核销项目2户、个人客户52户，核销不良贷款654万元。

四、优化财务资源配置

从加强财务预算编制和执行入手，科学编制财务预算，严格实行授权控制，适时进行调控，较好地发挥了财务预算对全行经营管理的引导作用。进一步完善了行长经营绩效考评办法，增加了市场竞争力考核指标，充分利用经济增加值指标，积极引导各支行提升市场占比和转变经营观念，努力增收节支，开源节流，推动了全行财务预算目标的实现。积极推进财务资源配置改革，进一步完善了费用分配与业绩贡献紧密挂钩的财务资源配置机制。加大对重点业务发展的费用投入，推动业务品种与收入结构调整，形成了资源投入促进业务发展、业务发展拉动资源增长的良性互动局面。加大新产品的营销考核力度，增强了各行创新发展的积极性和创造性。

五、切实加强内控管理和风险控制

全面落实《内控体系建设三年规划》，整合各类业务检查和合规检查项目，初步建立了功能互补、相互衔接、自查和交叉检查相结合的检查监督机制。加强了操作风险日常监测分析报告和非现场审计监测工作，开展了内控评价整改情况“回头看”活动，对全辖内控体系建设三年规划的落实情况进行了跟踪审计，促进了查出问题的有效整改。加强执行文化建设，以《业务操作指南》推广应用、《员工违规积分管理办法》全面实施和“八个风险点”责任制落实为重点，全力构建办事按制度、操作依规程、岗位相制衡、过程有监督、违规有处罚的控制体系，有效防范了系统运行事故和各类案件的发生。突出操作风险防控开展合规性检查，共发现问题1 103条，整改1 080条，整改率为98%，全行内控管理水平不断得到提高。全面风险管理工作不断加强，制定了《青海分行风险管理评价办法（试行）》和《青海分行全面风险管理专业考核办法》，通过建立和完善全面风险管理框架体系、制度、流程、机制，提升了风险识别、评估、预警、控制、化解的能力和水平。风险管理委员会审议事项扩展到资产损失核销、风险产品分析、重要风险制度、重大风险事件、业务授权等多个领域，审议内容覆盖了全部业务领域的重要风险管理事项，使经营管理、业务运行、市场开拓、新业务推广等各项工作严格置于风险防范的基础之上。

六、金融服务水平不断提高

加强服务标准化规范化建设，认真落实《中国银行业文明服务示范单位管理办法》和《中国银行业文明规范服务示范单位考核标准》，推行各具特色的标准化服务，员工规范服务意识明显增强，全行整体服务水平进一步提升。在全行开展了迎奥运文明规范服务系列活动和“迎奥运促服务、展示诚信和谐形象”主题活动及奥运金融服务达标工作，围绕“平安奥运”主题，开展了金融服务、业务运行、科技风险、自助机具、网点安全等专项检查整改工作，以“业务运行零差错，客户服务零投诉”的优异成绩，经受了奥运金融服务的严格检验。强化服务质量管理工作，加大对服务质量的考核力度，组织开展了以服务品种、服务方式、服务效率、服务质量为重点的满意度调查，促进了服务质量和效率的提高。积极推进网上银行、电话银行、手机银行和自助银行四大渠道建设，全年新投产8家贵宾理财中心、新建15家自助银行（含离行式）、新增33台自动柜员机，投产营运的柜员机总量达122台，分层分区服务体系基本形成，综合服务功能明显提升。

七、党建和队伍建设全面推进

按照总行党委的统一部署，认真开展了学习实践科学发展观活动，通过举办专题报告会、开展专题调查研究、分析查找问题、召开民主生活会等形式加深对科学发展观的理解，深入落实科学发展观各项举措，为实现科学发展提供了有力的思想保证。通过组织开展“我为科学发展献一策、为提升核心竞争力见行动”活动，营造了全员思发展、谋发展、促发展的工作氛围。积极参加总行举办的党委中心组学习和集中轮训，领导干部及全体员工贯彻落实科学发展观的自觉性和坚定性进一步增强。认真落实党风廉政建设责任制，加大对各级管理人员的监督力度，督促各级管理人员自觉执行领导干部廉洁从业的五项重点规定。公开竞聘了7名支行副行长，调整充实了11个支行领导班子，交流干部26人，优化了班子结构，增强了干部队伍活力。坚持以人为本，加大员工培训力度，举办各类培训班414期，培训员工8 120人次，为现代金融企业建设提供了重要的人才支持。组织员工参加个人客户经理等8个专业岗位的资格认证培训和考试，年内全行有101人获得各类岗位资格认证。

宁夏分行

行长　王保林

【业务指标完成情况】

2008年，宁夏分行实现拨备前利润5.61亿元，同比增长18.5%；实现拨备后利润5.85亿元，同比增长36.82%；实现经济增加值3.24亿元，同比增长141.91%。各项贷款增加45.76亿元，增长28.89%。各项存款增加32.79亿元，增长18.01%。实现中间业务收入1.54亿元，同比增长3.8%。不良资产余额下降1.01亿元，不良资产率降至0.71%；不良贷款余额下降0.98亿元，不良贷款率降至0.79%。总资产净回报率为2.22%，经济资本回报率为34.14%，同比分别提高0.84个和12.01个百分点。成本收入比37.52%，下降了1.25个百分点。信贷资产拨备覆盖率为68.75%，提高了16.53个百分点。

【主要工作措施】

一、推动信贷业务健康跨越式发展

认真贯彻国家宏观调控政策和总行信贷工作要求，适时调整信贷竞争发展策略，在支持自治区经济跨越式发展中有效发挥了大行作用，在信贷结构优化调整中显著提升了信贷盈利水平。上半年根据从紧的货币政策要求，合理把握了信贷总量和投放进度；进入第三季度后根据宏观调控方向、重点和力度的变化，及时扩大了信贷规模，第四季度又根据国家扩大投资拉动内需的政策，进一步加快了贷款投放进度。全年累计发放各类贷款144亿元，重点支持了“一号工程”重大项目建设和符合国家产业政策的重点行业、重点客户。共计向法人客户发放新增贷款50.85亿元，其中，煤炭、电力、医药、现代加工业等行业信贷投放总量达46.18亿元，占全部新增贷款的90.82%。累计发放住房开发贷款1.43亿元、个人住房贷款6.22亿元，住房开发贷款较年初增加0.56亿元，个人住房按揭贷款增加2.62亿元。在积极发展大中型企业短期贷款市场，带动流动资金贷款增加15.53亿元的同时，累计办理商品融资业务3.75亿元，国内贸易融资余额达3.66亿元，较年初增加3.16亿元；累计办理国际贸易融资1.14亿美元；开展委贷业务4.7亿元。全年实现贷款利息收入12.68亿元，增长35.85%；总行考核口径净利息收益率为4.54%，高于系统内平均水平1.61个百分点。

二、提高竞争能力和可持续发展水平

盈利能力进一步增强。全行经济增加值、总资产净回报率、经济资本回报率三项核心指标稳居同业首位。资产负债业务竞争力逐步提高。各项贷款增量在当地四大行占比升至32.83%；煤炭、电力行业贷款市场占比分别达到56%和23%。个人住房按揭贷款市场份额仍处于同业首位。法人无贷客户存款较年初增加13.52亿元，增长23%；依托网点支行在客户服务和产品分销中的主力军作用，银川地区各行储蓄存款增量市场份额位居同业第二。

绝大多数新业务已处于同业领先地位。累计销售各类理财产品167亿元，市场占比遥遥领先于同业。对通润铝材公司实现了自开办投行业务以来最大一单融资顾问业务，并成功营销了神华宁煤25亿元短期融资券和6亿元“信托+理财”产品。年金托管业务进一步提速，年末已与13家企业签订了年金账户管理合同，管理个人账户1.33万户；与12家企业签订年金基金托管合同，托管年金8 300万元，资产托管规模已达7.3亿元。净增结算账户2 349户，增量占比跃居第一；累计销售品牌金160公斤，确立了贵金属业务的先发优势。个人金融中间业务收入实现0.92亿元，国际业务、公司业务、电子银行中间业务收入大幅度增长。在信贷资产健康快速发展以及资本市场低迷格局的背景下，中间业务净收入占营业净收入的比重为13.1%，人民币对公结算、人民币个人结算、代理及个人理财、代理保险、代理及对公理财、信用卡、电子银行、企业年金八项中间业务收入市场份额位居第一，合计收入额为1.12亿元。

宁夏分行行长王保林深入宁夏惠农口岸了解企业需求。

渠道竞争力显著增强。17家网点支行储蓄存款增加额和个人理财产品销售额在全行结构占比分别为37%和35%。部分一级支行依托贵宾理财中心的渠道优势，大大增强了个人金融业务的竞争能力。信用卡发卡量达到13.27万张，实现消费额9.83亿元，发卡量、交易额同业占比分别高达47%和55%。电子银行交易额达2 582万元，较2007年增长113%，电子银行业务占比为45.6%，提高了15.7个百分点。

三、经受“迎奥运迎大庆”金融服务检验

狠抓“奥运服务年”和自治区“五十大庆”金融服务工作，持续改进了客户服务，服务投诉下降48%，再次被宁夏银行业协会评为服务优秀单位。分层分区服务体系初步形成，一年来新建贵宾理财中心10家、理财中心4家，投放ATM 40台、多媒体自助终端30台、各类POS机360台。继续推进了信用卡“三进工程”，重新打造了信用卡VIP服务中心，提高了业务受理效率和服务效能。客户体验工程全面实施，个人金融业务流程改造一期工程基本实现，对公业务流程改造取得积极进展，授信审批制度建设进一步加强，客户满意度和社会美誉度有了新的提升。

改进服务的有益实践使得优质客户快速增长。先后与黄河上游水电公司、宁夏交通投资公司、中色宁夏东方集团公司3户大型优质客户签订了银企战略合作协议。完成121家法人客户的信用等级评定，其中A级（含）以上客户109家，占全部法人客户数的比重为90%。新发展国际结算客户28户，现金管理客户101户。新增个人中高端以上客户8 317户，总户已达7.19万户；新增企业网上银行证书客户971户，个人网上银行证书客户1.7万户。

四、深化扁平化改革和两级格局建设

建成网点支行7家，并启动了第四批8家网点支行扁平化改革。适时推出了永宁支行、中宁支行内设机构改革，按照网点支行模式对其实行一拖一、扁平化管理。加大了对机构网点的规划布局和调整力度，全年调整各类机构22个。全行业务集中覆盖率达到56.32%。完成了对网点支行柜面业务处理和风险控制的规范化、标准化和流程化整合。突出加大了对大额重点账户、上门结算服务账户、异动频繁账户的对账力度，银企对账率为100%。对石嘴山监督与对账分部业务上收分行集中管理。

五、严格风险管理和内部控制

主动应对国际金融危机对全行各项业务的影响，加快推进了信贷管理由显性风险管理向隐性风险管理转变。深化了信贷管理体制和机制改革，推进了公司信贷无纸化审批推广应用，有效发挥了评级授信管理、押品价值评估、项目评估和信贷审查等各环节对信用风险识别、计量、控制和检测作用。累计退出公司客户存量贷款1.84亿元，清收处置不良贷款1.29亿元，全盘化解了个人商用房按揭违约和不良贷款，全行不良贷款率降至0.79%，下降0.85个百分点。全面完成《内控体系建设三年规划》，健全了适应扁平化经营格局的合规风险管理机制。持续开展各类合规性检查、专业检查和常规审计，并积极推进了内控评价与合规性审计检查、员工违规积分管理资源共享机制建设，较好地完成了总行有关基层行内控评价试点工作。通过积极开展“三抓两争一创”、“学规定、促合规”活动，扎实推进案件查访工作、“平安品牌支行”建设等工程，操作风险过程控制得到进一步强化，在同业间树立了依法合规和积极稳健的良好形象。

六、开展深入学习实践科学发展观活动

按照总行党委的统一部署，在全行范围内扎实开展了深入学习实践科学发展观活动，各级领导班子和管理人员对科学发展观的理解进一步加深，践行科学发展观的自觉性和坚定性进一步增强。坚持“以人为本”理念，基本构建起了新型的人力资源管理体系，人才管理、绩效管理、薪酬管理与经营活动的契合度不断提高，“五险一金”和自主福利政策深入落实。通过学习实践科学发展观，促进了全行重大战略问题的研究，形成了新的三年发展规划；促进了领导班子建设和基层党组织建设，强化了党组织的战斗堡垒作用和领导科学发展的能力；促进了“人才兴行”战略的实施，提高了员工队伍的素质和凝聚力；促进了思想政治工作和企业文化建设，进一步营造了和谐经营氛围。

新疆分行

行长　吴宁锋

【业务指标完成情况】

2008年，新疆分行实现拨备前利润11.89亿元，拨备后利润11.92亿元，净利润10.04亿元。本外币各项存款余额（含同业）达到1 114.45亿元，较年初增加144.02亿元，同比多增44.94亿元，增量占比升至36.9%，位居同业第一。其中，储蓄存款达到517.1亿元，较年初增加95.02亿元；机构存款余额为424.19亿元，较年初增加了69.58亿元，同比多增7.58亿元，增量占四大行的51%。本外币各项贷款余额达到335.97亿元，较年初增加26.86亿元，同比多增11.5亿元。全年实现中间业务收入（含银行卡还原数）5.37亿元，个人银行类人民币理财产品、代理个人寿险、黄金等个人理财业务实现超速发展。人民币理财产品累计销售额为95.4亿元，个人寿险产品销售额11.1亿元。个人账户黄金业务累计交易量达13 393公斤（含美元账户黄金），是2007年的9.6倍。实现代理及对公理财收入1.24亿元。信用卡累计发卡量达到60万张，实现信用卡累计消费额55.4亿元。电子银行交易额达7 275亿元，新增网上银行企业客户1万户，存量客户达到3.7万户。累计办理国际结算业务58.76亿美元，累计办理国际贸易融资业务57 594万美元，累计完成表内国际贸易融资业务10 514万美元。首次实现国际结算量、非贸易结算、表内贸易融资增量三项指标同业第一。本外币营运资金总量达824亿元，占全行本外币资产总额的71%，本外币资金业务实现收入19.43亿元。累计办理票据融资177.33亿元。累计清收处置不良贷款8.48亿元。实现不良贷款余额及占比较年初“双下降”，其中不良贷款余额为19.48亿元，较年初减少0.45亿元，不良贷款率为5.8%，较年初下降了0.64个百分点。

【主要工作措施】

一、大力拓展优质市场

一是开展大型项目信贷市场营销，筛选10个总投资超10亿元、30个总投资超亿元的重点项目列入新疆分行项目储备和直接营销计划，对项目实行全过程的跟踪营销。重点对公路、铁路、电力、煤炭等行业中的国家和自治区重大建设项目开展行外银团营销工作；积极做好交通、农业、电力、制造、批发零售等行业中优质客户的贷款营销和维护工作稳步推动流动资金贷款业务增长。加大对自治区骨干企业和农业产业化龙头企业客户的筛选和甄别工作，积极开展对农牧团场目标客户金融产品的综合营销，争揽他行优质客户；以大中城市为主体的集约化发展战略，加大对重点城市行、优质客户、重点住房开发项目的信贷支持，成功营销住房开发贷款项目19个，力促房地产贷款业务取得新突破；继续做好客户票据和中小企业金融业务综合营销工作，围绕钢铁、煤炭、电力、石油等票据贴现重点行业、重点目标客户积极跟踪营销，大力发展票据直贴业务。

二是努力开展增存揽储工作。坚持存款基础性地位不动摇，紧紧抓住自治区、兵团重点建设项目机遇，狠抓公司存款，巩固和扩大市场份额；全力竞争客户，稳定储蓄存款增长；进一步细化目标，确保机构存款稳步增长，倾全行之力做大存款规模，降低存款成本，牢牢掌握市场竞争主动权，为全行各项业务更加协调地向前发展提供了充裕的资金基础。

2008 年 2 月 26 日，新疆分行与自治区邮政公司签订现金管理服务协议。

三是促进中间业务和新兴业务持续快速发展。以同业占比为核心，对各行中间业务市场竞争力进行全方位考核评价，同时兼顾预算进度考核。在做强做精传统优势中间业务的基础上，继续以效益为目标，对中间业务产品和市场进行深入分析，以营业网点发卡、项目营销发卡为主线，大力拓展新市场，继续巩固和扩大了疆内第一发卡银行的成果；加大代理业务营销力度，不断巩固并扩大分行代理业务的领先优势；密切与企业联系和银贸合作机制，狠抓国际业务新产品推广和营销，量身定制新产品方案，在贸易融资、外汇资金、产品组合等方面积极推动国际业务持续增长。

二、进一步加强和改进信贷管理

坚持以改善信贷资产质量为中心，切实把握宏观调控政策和新疆经济走向，调整优化信贷结构，强化信贷监督检查，规范信贷基础管理，增强风险防控能力，不断提升信贷业务核心竞争力，推动了全行信贷业务持续稳健发展。一是积极开展存量信贷业务作业监督检查工作，通过边查边改、边改边查等方式稳步推进信贷作业监督工作；二是积极开展业务监测、检查与调研，通过完成 19 项信贷业务检查、核查及 28 项信贷业务调查和调研，多角度揭示了贷款变动趋势、分布特征、违约原因，提出了相应的管理建议；三是上下联动，逐户逐笔分析、研究、制订、落实风险化解方案，并坚持跟踪督办、定期进行通报，切实加强贷款风险管理；四是通过以清收处置不良贷款的力度积极清收转化关注类贷款、定期通报等方式，重点加强了关注类贷款尤其是关注三级贷款的流量管理，促使其合理流动，加强贷款流量管理；五是强化贷款大户风险管理，积极应对突发性贷款风险，进一步规范资产质量分类工作。

三、进一步改观服务面貌

不断强化服务监督与管理，努力完善服务考核评价体系，全面实施网点服务质量提升工程，加大对营业网点服务现场执行能力的检查督促力度。深入推进中高端客户发展及维护工作，不断创新服务模式，努力构建“分层服务、集中维护”的个人中高端客户服务体系，中高端客户服务成效逐步显现。切实加快分销渠道建设，大规模进行网点装修改造，全年购置装修升级营业网点 74 个，其中财富管理中心 1 个，贵宾理财中心 10 个，理财网点及金融便利店 60 个。进一步加大了自助设备的投放规模，建设离行式自助服务区 11 个，附行式自助服务区 60 个，ATM 业务发展综合排名系统内第四，较上年提高了两个位次。离柜业务量占比达到 42.08%，较上年提高了 8 个百分点，其中，个人金融离柜业务量占比达到 63.6%，较上年提高了 7.5 个百分点。

四、有效加强风险管理和内部控制

根据全面风险管理建设三年规划，将分散在各部门和各分支机构的各项风险管理工作统一起来，努力促进风险管理由分散、多头管理向集中、统一管理转型，不断推进全面风险管理工作向纵深开展。重点加强关注类贷款尤其是关注三级贷款的流量管理，进一步加大潜在风险贷款压降退出力度。强化贷款大户风险管理，启动了贷款大户访谈制度。稳步推进重点疑难不良贷款清收转化，综合运用各种处置政策手段，不良贷款清收处置工作取得新进展。累计清收处置不良贷款 8.48 亿元，不良贷款余额净下降 0.45 亿元，不良贷款率下降了 0.64 个百分点，降至 5.8%，全行信贷资产质量根基更加坚实。以推动全行内部控制体系建设为主线，全面落实内控体系建设三年规划。深入开展合规性检查和常规审计，切实加强操作风险及合规风险管理，积极营造“全行重视、全员参与、全面覆盖、全程控制”的内控氛围，为全行各项业务的健康、快速发展提供了有效保障。

五、深入开展学习实践科学发展观活动

按照总行统一部署，在全行同步开展了深入学习实践科学发展观活动，各级党委成立了领导小组及学习活动办公室。严格按照总行指导意见，精心组织，周密安排，认真完成了党员领导干部学习培训、专题调研、解放思想大讨论、召开领导班子专题民主生活会、形成领导班子分析检查报告、组织群众评议等活动，顺利完成了前两个阶段的工作任务。通过这项活动，广大干部员工特别是各级领导班子和领导干部对科学发展观的理解进一步加深，贯彻落实科学发展观的自觉性和坚定性进一步增强。

大 连 分 行

副行长　鞠延强（主持工作）

【业务指标完成情况】

2008年，大连分行实现拨备后利润11.8亿元，同比增长32.1%。本外币各项存款余额为752亿元，较年初增加130亿元，是分行成立以来增长最多的一年，其中，储蓄存款增量87.9亿元。本外币合并各项贷款余额为426.2亿元，较年初增加65亿元，是近15年来增长最多的一年。全年实现本外币合并账面中间业务收入3.6亿元。个人理财类产品销售额达到240.6亿元；累计新发信用卡15.2万张，消费交易额达到19.5亿元；人民币结算业务量达到3.59万亿元，增长12%；国际结算总量为57.38亿美元，增长37.5%。全年累计退出潜在风险贷款8.3亿元，累计清收处置不良贷款5.39亿元，年末不良贷款率为3.43%，较年初下降了0.51个百分点。

【主要工作措施】

一、加大传统业务改革创新力度，实现资产负债业务突破性增长

坚持以重点客户、重点产品、重点项目为核心的发展战略，不断优化信贷结构。公司贷款方面，重点将信贷资金投向符合国家产业结构升级和总行信贷政策支持的电力、港口、公路、城市基础设施建设等项目，全年累计新发放贷款217亿元。加快贸易融资业务发展，国内贸易融资业务从无到有，年末余额达到9.1亿元。加强票据融资的利率和规模管理，积极做好流量业务，票据余额、增量及收入指标均创历史新高。个人信贷业务坚持以个人住房贷款为重点的发展战略，年末个人贷款余额为93亿元，继续保持“第一按揭银行”和“第一个贷银行”的领先优势。积极完善对公存款营销和管理机制，主动控制筹资成本，加强关系营销和产品营销，适时开展揽存短程赛和银军联谊等营销活动，在主动退出大量高成本存款的条件下，实现了对公存款稳步增长。以代发工资、第三方存管、灵通快线等作为储蓄

2008年11月28日，大连分行召开首届一次职工代表大会。

存款回流沉淀的重要方式，大力开展分层次营销和主题营销活动，实现了储蓄存款的突破性增长和客户结构的持续优化。截至年末，个人中高端客户金融资产比重达到80%。

二、强化产品整合营销，推动中间业务和新业务的稳步发展

全年个人理财类产品销售额累计达到240.6亿元，在四大行中占比为55.3%，进一步扩大了市场领先优势。以银团贷款为重点大力发展投资银行业务，投资银行业务收入实现新的突破，同比增长69.9%。人民币结算业务量达到3.6万亿元，同业领先优势持续扩大。积极推动公务用卡和各类联名卡重点项目营销，全年累计新发信用卡15.2万张，是分行成立以来发卡量最多的一年，跃居同业第一；发卡存量规模达到34万张；信用卡累计消费交易额达到19.5亿元，同比增长78%，位居四大行之首，实现了规模和效益的大幅提升。电子银行渠道作用得到进一步发挥，业务离柜率、中高端客户渗透率均大幅提高；企业网上银行、个人网上银行各项指标同业领先优势进一步扩大。在人民币升值、出口下降等不利因素冲击下，仍大力拓展国际业务，保持了国际业务的稳健发展，全年国际结算总量为57.38亿美元，增幅达到37.5%。

三、不断提高风险管理水平，全面防范各类风险

结合分行老国有企业贷款比重高、在经济下行过程中贷款潜在风险突出的实际情况，加大对隐性风险贷款识别和显性风险贷款的清收处置，进一步强化贷款逾期管理，有效遏制贷款劣变；重点加强对非国有控股事实关联企业贷款互相担保和关联担保的监控，强化统一授信和押品管理；大力防范房地产行业信贷风险，对发放的开发贷款开展逐笔检查，跟踪销售进度，强化贷后管理，切实防范信贷资产劣变。持续完善内控管理和反洗钱各项工作，加强被诉案件管理，大力提高业务核算质量，认真落实安全保卫工作责任制，确保各类系统安全运行，实现了“平安奥运”和全年无大案要案和恶性事件的发生。稳妥开展保密、信访等各项工作，为全行业务经营创造了稳定、和谐的发展环境。

四、大力抓好体制改革和服务工作，不断提升经营管理水平

积极启动公司业务改革创新和零售业务计价考核体系建设，完善运行类人员业务量核算系统，加快现金营运中心筹建进度。围绕同业、系统内以及行内三个方面推出多项统计分析产品，为经营决策提供支持。银税监管合作信息试点工作得到总行的充分肯定，并在系统内进行经验推广。圆满召开了股改以来的首次职代会，促进了分行的民主管理和行务公开工作。进一步加快渠道建设，全年累计装修改造网点39个，建成附行式24小时自助银行22个，并加大ATM等自助终端和设备投入，改善网点服务功能。在全部网点安装滚动屏、液晶电视、橱窗广告和户外灯箱，提升网点对外宣传能力。加强员工队伍建设，充实一大批员工到基层网点销售类岗位，新入行大学生全部安排到一线锻炼，招聘大量以本科生为主的柜员员工，启动个人客户经理营销技能培训项目，重点解决大堂经理和客户经理配备不足，以及基层人员素质不高的问题。在总行个人客户经理技能大赛中取得优异成绩。成立服务推进工作委员会，制定了多项服务管理制度和办法，分行服务能力和水平得到整体提升。

五、深入学习实践科学发展观，理清工作思路，明确未来发展方向

按照中央和总行统一部署，分行在全辖范围内广泛深入地开展了学习和实践科学发展观活动，使广大干部员工特别是各级领导班子和领导干部对科学发展观的理解进一步加深，贯彻落实科学发展观的自觉性和坚定性进一步增强。通过深入分析近几年改革发展情况，找准存在的问题和原因，增强了全行上下的忧患意识和责任感，理清了改革发展思路，制定了未来三年发展规划，确定了未来的发展方向。通过学习实践活动，全行上下工作热情明显提高，工作节奏不断加快。继续做好党风廉政建设和反腐败各项工作，围绕“权、钱、人”重点环节和部位大力开展执法监督，构建惩治和预防腐败体系，为持续科学发展奠定了基础。

青岛分行

行长　栾建胜

【业务指标完成情况】

2008年，青岛分行实现拨备前利润15.92亿元，同比增加2.74亿元；实现账面利润15.58亿元，同比增加3.41亿元，均居同业第一位；中间业务收入3.96亿元，同比增加5 662万元。人均账面利润49.5万元，网均账面利润1 403.6万元，各项效率指标均居四大行之首。本外币各项存款余额（不含同业）达到596.6亿元，较年初增加110.29亿元，存款增量居同业第一位；本外币各项贷款余额达到488.79亿元，人民币贷款余额为470.77亿元，较年初增加106.24亿元，实现了贷款存量增量同业排名双第一，而且创造了青岛分行发展史上年存贷款增量双过百亿元的新纪录。实现国际业务结算量88.11亿美元，同比增加26.03亿美元。实现信用卡净增发卡量19.5万张，增量居同业第一位；信用卡消费额20.27亿元。实现个人网上银行新增开户数22.76万户，企业网上银行新增开户数3 735户，电子银行交易额6 250亿元，进一步扩大了同业领先优势。实现个人理财产品销售377.76亿元，较上年增加290.59亿元；新增理财金账户20 742户，同比多增13 690户。全年累计清收处置不良贷款8.3亿元，不良贷款余额由年初的12.3亿元下降到9.3亿元；不良贷款率由年初的3.18%下降到1.9%，已经优于系统内平均水平，且达到四大行最低。同时，连续七年实现了经济案件“零”发案率、安全营运“零”事故率，实现了又好又快的发展。

【主要工作措施】

一、进一步转变观念，强化积极进取、令行禁止的责任意识

为保持全行积极向上的发展势头，巩固和扩大同业领先优势，青岛分行及时采取措施，提升理念，调整机制，强化积极进取、加快发展的理念。通过深入落实“崇尚完美、追求卓越”的企业文化，杜绝消极应付、不思进取的不良思想苗头，使“敢于争第一、习惯争第一”的竞争观念深入人心，在全行形成了一种“心往一处想，劲往一处使，讲营销、比贡献，扎扎实实搞经营，一心一意谋发展”的良好局面。

二、强化市场开拓能力，促进核心竞争力的提高

一是强化分支行联动营销，效果显著。通过“团

2008年6月1日，青岛分行行长栾建胜在分行贷款支持建设的青岛市重点工程“青岛海湾大桥”建设工地调研。

队+方案”营销模式的广泛运用，分支行之间、各专业之间不断加强协调配合和信息沟通，联动营销氛围浓厚，营销人员组合营销，提高业务综合收益的意识也不断增强。通过针对客户不同特点和需求，充分运用产品组合创新，体现差异化服务，满足客户个性化需求，不仅赢得了客户的好评，也使青岛分行争揽大客户的能力显著提升。二是计划目标与客户目标有效对接这一营销法宝的使用日益得心应手。分行通过各种途径对全市重点机构和同业客户信息进行收集调查，广泛寻找目标客户，列出详细名单，根据认领与分配相结合的原则，将目标客户名单与支行进行对接，营销的针对性和实效性大幅提高，也取得了明显的效果。三是集中开展了丰富而有效的全行营销活动和阶段性专项业务营销活动。通过积极开展“首季开门红劳动竞赛”活动，调动了全行干部员工的积极性，从而真正做到了早行动、早落实、早受益，为完成全年工作开了个好头。通过组织专项业务营销活动，有效地推动了阶段性发展不够理想的国际结算、贵金属买卖、理财产品销售等业务的快速发展。四是广泛开展高层营销，带动了机构业务的快速发展。青岛分行通过高层带头、梯次跟进的营销方式积极收复机构业务“失地”，取得了具有里程碑意义的成果。一方面，与政府合作渠道不断拓宽。在青岛市财政局举行的“青岛市行政审批服务大厅入驻银行”、“青岛市市级财政国库集中支付”招标中均成功中标；在“青岛市行政审批服务大厅入驻银行”招标中更是获得唯一入驻银行资格。另一方面，军队系统业务份额持续提高，特别是某海军驻青大项目成功开户，标志着该项目正式落户工商银行。五是加强宣传和推介来提升工商银行业务品牌知名度。为宣传工商银行的品牌价值以及分行在经营发展方面的卓越表现和对当地经济作出的突出贡献，青岛分行陆续与青岛市报业集团、半岛都市报社建立了全面合作伙伴关系，畅通了宣传渠道，在新闻宣传的层面和发稿频率等方面，均取得了长足的进步。特别是在主流新闻媒体发表的“二次创业”助力工行腾飞；“发挥大行优势、服务地方经济”；“工行百亿信贷助力拥湾战略”；工行铸就银行业“旗舰”及“青岛工行存贷款增量双过百亿”等多篇大型新闻宣传的专访报道文章，有效提升了工商银行的影响力和美誉度。

三、内部控制基础进一步夯实，风险管理水平不断提升

一是努力推动全分行内控管理品质的提升。在2007年内控综合评价达到二级行的基础上，积极深化内控管理，提升管理品质，进一步推进操作风险管理、合规风险管理、常规审计检查，使分行2008年的内控管理水平达到二级偏上的水平，为2009年内控综合评价升级奠定了坚实的基础。认真做好有关合规性检查和常规审计工作，高度重视各类检查发现问题的整改工作，在全分行范围内组织开展了“专项集中整治”活动。继续加强《业务操作指南》的学习培训工作，进一步拓宽培训渠道，充分利用自学、集中学、交流讨论等多种方式组织学习培训，并组织、督促基层行考核验收，检验培训效果，确保每一位员工熟练掌握本岗位的业务操作流程。二是对到期贷款和潜在风险贷款进行预警提示。对6个月内到期的贷款进行提示，对3个月内到期的贷款进行预警，对1个月内到期的贷款进行催办；对正常关注类贷款中的逾期欠息贷款发送预警通知；对个人违约3期以内的贷款向支行发送逐笔清单。通过上述措施的贯彻实施，将风险防控工作提前，有效控制了不良贷款迁徙率。三是积极创新信贷审查审批流程。对小企业和个人信贷业务大力推行五人审批制度。设立个人信贷业务流动审批分中心，重点服务于郊区支行营销的业务量较大的按揭贷款项目，缩短郊区支行向市分行报送资料的时间，在提高审批效率的同时缓解市分行的审批压力。组建信贷政策服务小组，参与分、支行重点客户的营销，并以此为切入点，通过中台业务前置的方法，实现与前台部门的联动，做好服务范围延伸，提高服务内涵。结合青岛市分行的实际，对一般法人客户的评级授信和贷款业务实施“三位一体”的审查模式。四是针对2008年市场紧张的局面，通过提高资金价格的方式来抵消信贷规模控制造成的不利影响，较大幅度地提高了全行的贷款定价和收益水平。

四、加快经营管理机制转换，促进运营效率的提高

一是搭建岗位职级体系，加快构建员工职业发展新机制。在人力资源提升项目成果的基础上，开展了全行员工职业发展工作，实现从现行职级体系到新的岗位职级体系的转换，为完善员工晋升发展机制奠定了基础。二是完善绩效管理和薪酬分配制度，强化激励约束机制。除提高全员薪点值、实行员工同工同酬外，坚定实施以增量考核为主的综合绩效考核机制和营销积分激励机制。对营销中作出突出贡献的集体和个人给予奖励，真正做到奖勤罚懒，多劳多得，有效激发了员工的工作热情。三是深入推进扁平化改革。在总结经验的基础上加大二级支行的增设力度。全年又新增设二级支行13家，进一步压缩了管理链条，提高的营销和管理效率，拉动了全分行运营效率的提高。

五、加强党风廉政建设和队伍建设

一是完善强化党风廉政建设责任制工作。对2007年总行对青岛分行党风廉政建设责任制量化评价考核中查出的问题及时进行整改；继续把党风廉政建设责任制量化检查评价工作与行长绩效考评挂钩，对分行本部党风廉政建设进行量化检查评价。在“四好”班子创建活动中，群众对青岛分行党委领导班子的满意度达到98%。二是严格执行党内监督各项制度和廉洁从业各项规定。将治理商业贿赂长效机制建设纳入源头治理工作，重点加强了对集中采购的监督、对管理人员的监督，有效防范了商业贿赂案件的发生。三是深入开展学

习实践科学发展观活动，全面加强党的建设。按照总分行党委的统一部署，积极开展学习实践科学发展观活动，通过读书报告会、专题辅导报告会、交流会、汇报会等多种形式进一步增强科学发展观意识，理清科学发展思路，并积极查找问题，及时整改。四是加强教育培训工作，提高从业人员素质。以转变观念为核心，重点开展管理层的培训；以业务创新发展为主导，抓紧进行专业技术人员的培训；以标准化、规范化建设为基础，扎实做好一线员工和新入行员工的培训。全年完成各类专业培训130期，培训人员8 348人次；参加组织上岗资格考试44期，考试2 528人次。扎实而有效的培训工作，不仅使全行干部员工战斗力得到极大提升，而且还得到了市经贸委的高度赞扬，并作为先进经验典型在青岛市企业教育培训工作座谈会上予以推广。五是加强了一线员工的规范化服务教育，组织开展了迎奥运文明规范服务系列活动，圆满完成了奥运金融服务保障工作，奥运期间的金融服务工作实现了零投诉。

宁波分行

行长　郁炯彦

【业务指标完成情况】

2008年，宁波分行实现拨备后利润36.3亿元，同比增长22.48%，人均创利达到107.14万元。实现经济增加值20.87亿元，税前经济资本回报率为55.67%，资产利润率为3.93%。成本收入比为18.22%。本外币各项贷款余额为899.39亿元，比年初增加124.04亿元，其中，人民币各项贷款新增139.32亿元。本外币各项存款余额为846.58亿元，比年初增加109.16亿元。实现中间业务收入7.02亿元，国际结算量达到150.17亿美元，实现网上银行交易量1.09万亿元。牡丹信用卡总有效卡量达到48.2万张，比年初净增23.1万张，实现直接消费额19.4亿元。分行新开对公结算账户10 943户，净增6 847户。新签约现金管理企业户600户。理财金账户数量达到31 122户，户均资产达到29.27万元。全年实现理财产品销售325.46亿元。

【主要工作措施】

一、抓结构调整，推动信贷业务健康增长

以宏观调控为契机，按照经济增加值、盈利水平、风险分散、客户综合贡献度等要素来调整信贷结构。择优甄选大项目，以联动营销方式持续不懈抓好重点项目营销，至年末，分行已建立贷款项目储备约167个，项目总投资约2 118亿元，计划贷款额达到743亿元。依托财智融通这一中小企业服务集成产品品牌不断增强客户对工商银行的依赖度；与宁波首家小额贷款公司签订全面合作协议，逐步与一批小企业建立业务联系，有效拓展小企业贷款业务；重点对B类支行进行业务指导和产品、技术支持；全年小企业人民币贷款余额为136.3亿元，比年初增加14.52亿元。实施“公私联动，整合营销”策略，将住房按揭贷款营销纳入对公客户经理考核，将个人业务的贡献度作为中小企业建立信贷关系的条件之一。大力推行“1+5+X”个贷综合营销模式，充分利用有限的个人贷款资源提高个贷综合收益水平。及时做好国内贸易融资核心客户审核认定、业务交流和业务推广，国内贸易融资余额为15.71亿元，较年初增加12.2亿元。

二、抓存贷联动，保证资金自我供给平衡

继续联动抓好旺季营销，全行旺季储蓄存款增加达到创纪录的24.94亿元。通过第三方存管客户拓展、代发工资业务竞赛、理财储蓄组合营销等行动，以优势产品的推介促进储蓄存款的增长。以提高储蓄存款奖励标准、增加存款考核权重等手段进一步激发全行发展存款业务的动力，确保了全年储蓄存款的大幅增长。2008年共新增本外币储蓄存款67.75亿元，创历史新高。明确提出贷款必须有一定的存款派生率的工作要求，下发了《关于加强公司存款工作的通知》，实施了“两挂钩、两保障、一倾斜”工程。举全行之力做好“结算账户双提升”。研究建立核心客户名单制管理和分层次的营销管理体系，为核心客户配置专属客户经理，充分利用产品、渠道和中间业务收入等指标项之间的关联关系，有针对性地开展营销活动。建立机构大客户档案，并通过“体验工行产品”、“服务心连心，满意在工行”等主题联合营销活动，不断密切银政、银证、银期、银军和与公积金管理中心等的业务合作。全年实现对公存款新增37.38亿元。

2008年11月4日，宁波分行与宁波市交警支队合作开展的“牡丹畅通市民卡”项目正式启动。

三、抓模式转变，促进中间业务多元发展

全年投融资顾问业务办理48笔，业务收入6 416.88万元；牵头4笔行内外银团贷款，共分销贷款9.7亿元；配合总行2008年“工元一期”资产证券化项目，成功转让9.93亿元贷款。以“工行理财日”、“理财下乡”、“百场理财沙龙”、“金彩童年、美丽人生”等主题营销活动为依托，以“灵通快线”等产品为抓手，以“基金定投”为突破口，累计实现个人理财销售239.69亿元，占四大行个人理财业务收入的68%。以“扩大销售规模，稳定存量规模，狠抓产品收入，抢占市场份额，吸引他行客户”作为发展重点，配合开展“共赢理财”推介会，共实现法人理财产品销售85.77亿元。采取“稳传统区域、抓重点区域、盯薄弱区域”的营销策略，建立了与当地外经贸部门、海关、外汇局等信息管理部门以及出口信保公司等机构的联动机制，全面启动“财智国际”品牌的各项宣传和推广，并因势推出“付汇理财通”产品组合，有效地推动了国际业务发展。以保险、农业发展银行、财政统发工资单位等系统行业大户为主要目标，深入开展公关活动，抢滩高端客户市场，全年新发展网银集团客户78户。开展11次专项营销活动，并配合做好电子银行示范工程建设和产品组合销售，有力地推动了电子银行业务的快速发展。开展“每日五卡”营销竞赛活动，加大联名卡发卡力度，持续推动交通卡、市民卡、公务卡等重大项目的发展，牡丹卡有效卡量得到快速提升。注重发卡质量，与大型商家组织了系列促销活动，实现牡丹信用卡直接消费额19.4亿元，同比增加3亿元。逐户回访全国现金管理客户，及时了解客户需求动态。结合现金管理分行业解决方案演示、请全国级现金管理签约客户雅戈尔代表介绍现金管理经验、现场签约、分支行分层联动等形式，努力营造宣传氛围和发展质量。全年实现现金管理服务收入684.6万元。

四、抓内控建设，夯实各类风险管理基础

把认真做好年度评级授信作为风险防控的重中之重，确保授信方案能够合理确定对客户意愿和能够承受的最高风险限额。组织对表内外信贷业务风险情况全面检查，对公路行业、房地产贷款等开展专项检查。制定《宁波市分行融资大户风险监控实施细则》，持续加强大户风险监控。对A-级及以下客户贷款、行业信贷政策退出类客户、过度融资客户、出现异动情况等具备潜在性风险特征的客户进行重点研究，逐户逐笔调查分析。全年退出潜在性风险贷款10.18亿元。出台《个人虚假贷款无责任借款人不良信用记录删除管理实施细则》等，规范个人贷款借款人信用信息管理。继续开展“争创内控一级行”活动，制定《宁波市分行〈业务操作指南〉管理办法实施细则》，全面贯彻实施《违规积分管理规定》，投产使用积分管理台账，将检查项目、检查发现问题、积分认定等环节纳入了流程控制。全年对267名员工进行积分认定，累计达446.5分。全面实施总会计分行委派制，建立运行风险定期提示制度。推广行政印章用印审批系统。抓好反洗钱工作，一年来向当地人民银行报送重点可疑交易专报7份。对7个高风险点的防治监控工作进行分工安排，并明确有关部门管理职责。通过走访了解、个别谈话等形式开展员工行为动态排查，各管理（A）类支行每季度召开一次专题员工行为动态分析会，各B类、C类支行每月开展一次员工行为动态排查。组织员工观看《赌之害》、《诱惑的黑洞——刘金宝案件警示录》等警示教育片，并通过座谈、撰写观后感等方式进一步提高教育效果。制定《案件线索处置规定》和《员工抵制检举重大违规违纪行为和堵截案件奖励办法》，公示案件线索的举报途径，建立案件线索快速反应机制。结合形势重新确定保密要害部门、部位，完善保密办公管理规定。组织开展“学规定、促合规”、“提高内部控制执行力”等主题活动。结合宁波分行实际，认真组织学习贯彻总行制定的《员工违规行为处理暂行规定》，进一步增强员工内控意识。实施节假日后首个营业日行长签到制度，掌握节假日后首个营业日的人员动态。做好重点风险领域的合规性检查和审计工作。全年组织各项审计项目64个，发现问题492个，提出整改意见188条，其中已督促整改问题450个，整改率为91.49%。通过审计挽回直接经济损失678.6万元人民币。全年无重大事故和案件。

五、抓改革创新，增强业务持续发展后劲

通过调整网点结构、重设内设机构、实行部分业务和管理职能集约化等措施，圆满完成县域支行扁平化管理改革。成立营业网点升级改造办公室，按照“客户分层、功能分区、服务分类、业务分流”的原则，做好升级装修改造。共完成27家贵宾理财中心建设，17家一般理财网点改装和扩建，完成了2家低效网点优化，并着手筹建外滩财富中心。加大自助银行建设力度，全年新增3家自助银行。制订《管理（A）类支行营业网点柜面业务流程再造指导意见》，全面推行“功能分区、客户分层、服务分类、业务分流”管理。稳步实现全辖外汇汇出汇款、国际收支申报等业务的集中处理。组建分行柜员权限管理中心，将城区全功能银行系统主机柜员、总行和省行统一认证系统柜员管理统一归并到柜员权限管理中心，纳入监督中心管理，并完成城区支行近900名柜员的岗位权限重置。推进现金业务集约管理，实现101个网点现金调拨和尾箱款的集中接送、95个上门服务企业收款业务集中整点。提出“完成两个计划，提高一个占比”的考核新思路，把计划完成和市场占比作为县区支行的考核标准。修订《客户经理考核办法》，体现了“1+X”的新颖考核模式。结合民主推荐、组织考察和公开选拔、竞争上岗来扩大选人、用人渠道，将能力强、业务精、绩效优、年纪轻的管理人才充实到各级领导班子。全年分别对37个管理（A）类、B类支行和11个分行部室管理人员进行了调整和充实。加大干部交流工作力度，全年实现分支行间干部交流7名，管理（A）类支行间干部交流7名。加强对社会化押运委托代理业务履约监督管理，并建立了与安邦护卫有限公司的每季度联席会议制度，还提前完成了宁海、象山、慈溪、余姚四个支行社会化改革移交前对运钞车有偿移交、业务交接员移交、押运员移交等事宜的前期准备工作。

六、抓党建工作，加快和谐银行建设步伐

党委中心组认真学习了党的十七大精神，并开展“学习十七大精神网上知识竞赛”活动，全行参赛2 600人，参赛率在80%以上。对支行近两年“四好”领导班子创建活动进行评比表彰，共评选出四个“四好”领导班子先进集体。加强党员队伍建设，全年发展新党员38名，同时做好预备党员的教育考察工作，对55名预备党员期满后按规定及时办理转正手续。成立学习实践科学发展观领导小组，制订实施方案，邀请相关专家、教授来分行集中授课4次。组织开展“解放思想大讨论”、“我为科学发展献一策，为实现三年目标出份力”活动来提高广大干部员工的认知度。成立两个检查指导组对各支行学习实践活动进行不定期的巡查督导。分行行级领导分别选择不同专业课题，下基层行调研撰写调研文章。组织召开民主生活会查找分行领导班子和个人在贯彻落实科学发展观方面存在的突出问题，深刻剖析原因，形成高质量的党委分析检查报告。成立和谐银行创建工作领导小组，印发《关于开展和谐企业创建工作的实施意见》。开展评选“感动工行——宁波分行十佳敬业有为员工”活动。做好“重信重访”专项治理，重点做好内退人员矛盾化解工作，有效防止了集体进京上访事件的发生。组织全国文明城市创建活动，把迎全国文明城市检查同迎市级机关新一轮作风民主评议、开展迎奥运金融服务工作紧密结合起来，组织迎检有关知识的学习宣传，并召开动员大会，将推进自身发展同履行社会责任紧密结合起来。在2008年宁波市第三届金融产品展示会上，荣获“2008市民最满意银行”、“2008最具竞争力银行”两项大奖。

厦门分行

行长　金胜

【业务指标完成情况】

2008年，厦门分行实现拨备前利润13.8亿元，同比增长23%；拨备后利润13.2亿元，同比增长16.3%，拨备后利润四大行占比为34%，列居首位。本外币存款为453.5亿元，比年初增加85.8亿元，增长23.3%，增量四大行占比为45.2%，列居首位，存量占比为26.7%，较年初提高2.3个百分点。本外币贷款为424.5亿元，比年初增加69亿元，增长19.41%，增量四大行占比为46.1%，列居首位，存量占比为28.9%，较年初提高2个百分点。中间业务收入达2.6亿元，比上年增1 000万元。净增人民币结算户3 800户，存量账户达到2.2万户。实现电话银行个人客户净增12.4万户，存量客户达38.6万户，企业客户净增941户，存量客户达6 138户。电子银行交易额为4 617亿元，同比增长55.7%，电子银行业务笔数占比为57.2%。新发信用卡13.3万张，信用卡存量达40万张，信用卡消费额为36.2亿元。票据贴现达40.5亿元，国际结算业务量为64.7亿美元，国际贸易融资发生额为14.6亿美元。新增年金账户管理客户数14家、年金基金托管客户数13家，企业年金账户管理数、基金托管规模及业务收入均列同业第一。托管规模9.8亿元，信托及年金托管业务收入列同业第一。实现投资银行业务收入2 005.1万元，贵金属交易达4.3吨。

【主要工作措施】

一、坚持推进发展

厦门分行始终坚持把发展作为第一要务，坚持用发展的眼光、发展的思路、发展的方法处理前进过程中存在的问题。坚持加快发展，不满足于现状，不满足于已取得的成绩，不局限于完成任务指标，始终以“同业第一”为标杆，突出抢占市场，巩固扩大领先业务优势，加快弱势业务、短板业务追赶步伐，扩大市场份额，增加同业占比。

二、坚持经营模式可持续性

厦门分行着力调整基础设施贷款、房地产贷款比重过大的信贷结构，加大现代工业制造业、物流业领域竞争，加大有优势、有品牌、有市场、有竞争力的企业信贷市场拓展力度，提高现代工业制造业、物流业贷款比重，提高贸易融资业务在流动资金贷款中的比重。提高贷款议价水平，增加利率上浮贷款的比重，增强盈利水平。出台发展中小企业客户措施，推进中小企业金融业务营销拓展，加大以中小企业为重点的客户竞争力度，扩大优质客户群。充分利用信贷业务资源，有效实行存

2008年3月28日，厦门分行与平安养老厦门分公司联合举行企业年金恳谈会。

贷联动管理，以贷款业务推进其他金融业务营销。及时调整资金内部转移计价，着力解决长期以来借入资金过大，贷、存款业务发展不协调的问题，促进负债、资产业务协调发展。大力开辟业务新的增长点，积极开展企业财务顾问服务，加大投行业务竞争力度。

三、不断创新发展方式

厦门分行毫不动摇地推进改革创新，积极主动适应经济金融形势变化和同业竞争环境变化，努力把中央的经济金融政策、总行各项工作部署和要求、厦门的市场竞争情况同分行的工作实际紧密结合起来，找准工作的切入点，不断创新工作思路和工作方法，创新业务产品和服务方式，提高营销水平和营销效果。以客户为中心，梳理和完善前台、中台、后台职能，梳理和整合业务操作流程。调整个人信贷业务流程，对个人贷款实行集中处理，提高工作效率，防范业务风险。合理配置柜面资源，加强大堂经理识别、引导工作，增设柜面窗口。完善客户经理管理办法，建立核心客户多层次、多功能的服务体系，通过提供专属服务渠道、专属理财产品等个性化服务，深度挖掘高端客户价值。深入开展“百、千、万”增值服务，提供个性化服务，围绕创造客户价值，深化差别服务内涵，提升优质客户的服务水平和服务层次。全行后勤保障更加有力，品牌推广不断深入，宣传营销积极有效，形象大幅提升。

四、继续保持健康有序发展

厦门分行坚持市场开拓与风险防控并重，确保业务发展的同时，风险得到控制；速度发展快的同时，质量得到保证；规模扩大的同时，效益得到提高。分行贷后管理进一步加强，内部控制、风险管理较好地贯彻了总行和监管部门的要求，保持了连续六年无案件和重大事故。

五、坚持科学发展方式

厦门分行积极推进行务公开和民主管理，维护和落实职工合法权益，涉及职工根本利益，由职工代表进行讨论审议，充分调动员工积极参与经营决策。重大事项由职代会派职工代表参加并进行全程现场监督，充分发挥职代会监督作用。出台公开竞聘管理办法，员工职务晋升，以公开竞聘为主，全行共有40多人通过公开竞聘分别走上副总经理级、经理、营业经理及其他工作岗位。理顺代理用工待遇，解决加入工会、参加团组织活动等问题，推进同工同酬。为员工办理补充医疗和重大疾病保险，提高员工医疗健康保障水平。开办周末大讲堂，开展员工业务技能培训，提高员工素质水平。加强中年员工的职业发展指导和转岗适岗培训，妥善安排中年员工职业发展。进一步完善绩效考核机制，加大业务协调发展、业务贡献的考核，引导优化经营结构，提升同业竞争力，注重风险控制，真正体现效益优先。全行开拓创新、奋力争先氛围更加浓厚，员工积极性进一步调动，精神文明建设成果丰硕，分行获得各级文明单位称号达13家，比上年增加6家。

深圳分行

行长 王晓燕

【业务指标完成情况】

2008年，深圳分行实现考核利润64.31亿元，同比增长39%，实现经济增加值41.37亿元，同比增长67%。实现中间业务收入13.07亿元，同比增长31%。本外币存款余额为2 209亿元，其中，人民币储蓄存款余额为692.53亿元，比年初增长31.54%；本外币贷款余额为1 139.05亿元，比年初增长7.20%。不良贷款额为11.25亿元，比年初下降1.24亿元，不良贷款率为0.99%，比年初下降0.19个百分点，首次降至1%以内，继续保持“双下降”。人均利润达140万元，网均利润接近5 500万元。20家一级支行中，有19家支行利润过亿元，7家支行跻身总行城区支行经营40强，竞争力不断提升。

【主要工作措施】

一、持续提升核心业务市场竞争力

一是提高个人业务市场竞争力。推出健康理财季、幸福理财季、科学理财季、缤纷欢乐年等营销活动，在保持储蓄存款快速增长的同时，全年累计销售理财产品961亿元，实现了理财与储蓄业务的良性互动、协调发展。在房地产市场大调整形势下，保持了个人贷款的稳健增长，年末余额达452亿元，资产质量继续位居同业前列。升级了60家贵宾理财中心，建立了1家财富管理中心，组建了私人银行深圳分部，中高端客户营销渠道不断完善。新增代发工资企业1 785户、第三方存管8.6万户、个人网银60万户，信用卡突破65万张，同比增长46%，四项核心业务指标持续优化。二是提高公司业务市场竞争力。不断提升战略客户核心竞争力，11家战略客户业务同业占比第一；储备了一批重点短融、中期票据目标客户，内保外贷、外保内贷、委贷担保等重点产品取得了突破。不断丰富"财智融通"品牌服务内容，创新推广"黄金宝"行业融资担保方案、"国内贸易融资业务试点方案"等融资产品，国内贸易融资业务取得跨越式发展，年末余额为43.3亿元，增长15倍，在流动资金贷款中占比提高至28.6%；累计发生额为62.3亿元，同比增长6倍。累计销售法人理财1 072亿元，是2007年的9倍。三是提高机构业务市场竞争力。人民币同业存款全年日均达1 820亿元，保持市场第一；区级财政机构客户营销取得实质性突破，代理业务量和手续费收入升至同业第一；新增托管项目共计13个，规模总计201.6亿元，证券公司定向资产管理业务托管、资产证券化资产托管取得突破。

深圳分行行长王晓燕在"深圳银行业改革发展三十年回顾与展望"演讲比赛现场接受采访。

二、不断提高服务和创新水平

以迎奥运服务为契机，全面提升优质服务质量，外聘专业机构进行网点服务培训，全面推广低柜建设，增配网点大堂服务员，促进了网点服务转型，网点外部服务监测得分继续提高，客户服务满意度显著提升。完成3家新支行及8家新网点的筹建工作，设立39家大型离行式自助银行，完成25家理财中心、1家财富管理中心的装修以及近450台自助设备的安装、更换工作，完成网点LED显示屏安装工作，营业环境显著优化。大力开展创新工作，取得显著成果，财政国库集中支付银行端处理平台、"房易网"二手房网上自主交易平台等创新产品获深圳市金融创新奖，华为国内供应链融资业务获总行小企业信贷产品创新方案评选一等奖。

三、增强内控风险和案防能力

主动适应宏观经济形势变化，前瞻性地进行了风险防控，经受住了市场不利变化的考验。提前应对房地产市场周期波动，一方面信贷部门严格贷后项目管理，市场部门提高准入门槛；另一方面调整个人房贷政策，重点营销一手房交易。前移信贷风险防控关口，加大对开发贷款、小企业贷款以及个人贷款的风险排查，有效防范了潜在信用风险。不良资产处置成效显著，全年累计清收处置不良贷款12.57亿元，进一步夯实了资产质量。启动了"动态内控评价"和"动态经济责任审计"两个项目。强化了操作风险管理、合规管理、常规审计检查，加强了反洗钱工作的深度和广度，积极配合国家审计署历时5个月的现场审计工作，得到了审计署积极的评价。深入开展了"学规定、促合规"教育活动，全行员工合规意识进一步增强；案件防范能力不断提高，截至2008年底，全行连续六年无重大案件和事故发生。

四、深入开展学习实践科学发展观活动，人力资源管理与企业文化建设再上新台阶

按照总行党委统一部署与要求，深入开展了学习实践科学发展观活动，召开了党员领导干部专题民主生活会，组织了员工开展解放思想大讨论。进一步完善了人力资源管理制度体系，建立了岗位序列管理、员工晋升发展通道等内容，营销人员占比提高至17%，人力结构进一步优化。明确了二级支行行长任职资格标准，加大了副经理以上管理人员公开竞聘，组织了各类任职资格考试，对管理人员集中开展了管理能力和执行力培训，取得了显著的效果。举办了美术、书法、摄影大赛以及"青春杯"篮球赛等活动，为员工增加了补充医疗保险，完成内退人员退养费套改，人均工资实现较大

幅度增长，使全体员工分享到了分行经营发展的成果，进一步团结了队伍，凝聚了人心。

苏州分行

行长　朱春华

【业务指标完成情况】

2008 年，苏州分行实现拨备前利润 45.17 亿元，同比增加 6.34 亿元；实现账面利润 44.7 亿元，同比增加 7.18 亿元。人民币各项存款余额为 1 088.33 亿元，比年初增加 177.34 亿元；人民币同业存款余额为 76.49 亿元，比年初增加 11.45 亿元。人民币各项贷款余额为 1 066.21亿元，比年初增加 111.8 亿元。外汇存款余额（含同业）为 10.58 亿美元，比年初增加 3.43 亿美元；外汇各项贷款余额为 41 278 万美元，比年初减少 46 270万美元。本外币三项不良贷款余额为 11.14 亿元，占比为 1.02%。全年实现中间业务收入 92 645万元，同比增加 32 340 万元；国际业务结算量为 503.2 亿美元，同比增加 137.12 亿美元；电子银行交易额为 30 447.57 亿元，同比增加 10 678.52 亿元。总资产达到 1 319.52亿元，比年初增加 210.64 亿元。在全国工行系统直属分行、一级分行营业部经营绩效年度考评中，连续三年保持第一的领先地位。

【主要工作措施】

一、以突出客户群体建设为基础，强化负债业务竞争发展

一是公司存款保持良好拓展态势。全年共确定了 25 家高端企业营销名录，25 家高端直营客户存款余额为 16.25 亿元，比年初增加 1.17 亿元，日均存款 21.89 亿元，同比增加 9.94 亿元；年末全行对公结算账户达 79 792户，比年初增加 11 241 户，当年新开对公结算账户 21 066 户，新开账户新增存款 51.04 亿元；年末全行有贷户对公存款比年初增加 46.04 亿元。二是抓住机遇，坚持不懈抓储蓄。认真部署对短期理财产品、第三方存管的资金回流；加快代发工资新开户和网银代发转化工作，充分发挥好代发工资业务对稳定增加储蓄来源、扩大优质客户基础的作用；组织开展个人金融业务专项调研活动，提升全行储蓄存款的组织能力。年末人民币储蓄存款余额为 450.31 亿元，比年初增加 99.62 亿元，增幅达到 28.41%，是苏州分行历史上增加最多的一年。三是机构业务取得较快发展。深入推进代理支付结算业务，进一步加强同业合作；积极与苏州兴业银行进行相关业务洽谈，达成了同业代理全面合作协议；加大与政府相关部门的合作力度，全年新增市级财政集中支付客户 6 户，客户总量达到 84 户；企业年金和资产托管业务稳步增长，与 32 家单位签署企业年金合同，与 5 家单位签署意向协议，新增账户管理人数 4 391

苏州分行与常熟市人民政府签订 50 亿元金融合作协议。

人，成功营销福利计划23个，账户管理人数6 729人；年末新增项目贷款专项资金托管8.3亿元，收入170万元。企业年金业务和资产托管业务在同业处于领先地位。

二、举全行之力，大力推进个金转型

一是全力拓展客户。全面启动了理财金账户客户健康管理增值服务项目，为理财金账户客户打造专业医疗服务网络。年末全行理财金账户56 858户，比年初增加17 412户，完成全年计划任务的174.12%；牡丹灵通卡当年新发卡80.51万张，有效卡量达250.6万张。二是大力推广产品。通过各种传播渠道，形式多样地加强各类产品推广，持续在电视、报纸、广播、户外、短信以及邮件等方面，全方位传播分行各类产品信息、投资理财建议、理财团队介绍，全年销售各类理财产品305.73亿元，同比增加162.46亿元。三是加快推进渠道建设。加快全行网点的建设和亮化改造，进一步提升全行网点的运营效率，优化客户服务。完成财富中心4家，贵宾理财中心50家，一般理财网点43家，在行式自助银行34家，离行式自助银行14家，在线运行自动柜员机480台。到年末，具备理财功能的网点总数达到97家，占全行营业网点总数的52%，网点功能得到了进一步提升。四是强化专业队伍建设。1－9月共组织代理保险论证资格培训828人，取得资格376人；邀请资深专家加强销售人员业务素养培训；积极组织金融理财师资格考试，分别通过AFP和CFP资格考试48人和12人，AFP和CFP人数分别达到178人和36人。举办客户经理业务技能比赛，在省行客户经理业务技能比赛中获得团体第一和个人综合第一的优异成绩。

三、高标准定位，持续提升中间业务贡献能力

一是外汇中间业务收入取得较大突破。以优质客户和核心业务为重点，推进业务稳健发展；开展国际结算优质客户专项营销活动，建立完善了年进出口超5 000万美元以上优质客户信息数据平台；大力发展贸易融资业务。至年末，全行共办理即、远期结售汇103.43亿美元，同比增加16亿美元，实现汇兑损益1.88亿元人民币，占外汇中间业务收入的三分之二。二是银行卡业务保持快速发展势头。年末公务用卡单位数超过120家，发卡近4 000张；完成大学生卡发卡超过8 000张；成功推出苏州台商联名卡、苏州赛格电子市场联名卡、吴江奥林联名卡和美罗牡丹联名卡；推出第三方公司代理营销信用卡工作，实现发卡4 000多张。积极扩大信用卡消费规模，已发展包括住宿、餐饮、百货等特惠商户共71家；加快推进分期付款业务，全年实现分期付款额1 694万元，实现手续费收入74万元；推行对高端客户的分层服务，建立健全了苏州地区白金卡客户档案管理台账和日常服务台账。三是电子银行业务继续保持同业领先地位。持续做好业务宣传，加强重点产品市场拓展，努力提供优质专业服务。全年共完成市区企业网银制证4 356笔，是2007年的2.22倍。电子银行业务核心指标在当地工行、农行、中行、建行、交行五行中占比持续保持在50%以上份额，继续领先苏州电子银行业务市场。四是投行业务在较高平台上实现高速增长。进一步巩固和充实常年财务顾问、企业信息服务、投融资顾问和银团贷款安排管理四项常规投行业务；细分目标客户确定营销方案，确立以常年财务顾问、融资顾问业务为投行业务的“主线”产品，发展银团牵头等金融产品，拓展上市顾问、股权私募、兼并重组等新兴产品。全年实现融资顾问收入6 986.31万元，同比增加5 319.74万元，增长319.2%；实现企业信息服务收入1 663.15万元，比上年增加543.13万元，增长48.49%。

四、把握好投放节奏，好中选优拓展优质信贷市场

一是公司信贷业务继续平稳顺利推进。深入开展市场调研，以区域金融资源为导向，抓好中高端客户的营销管理和新开户。25家分行级高端公司客户年末贷款余额为59.3亿元，比年初增加17.73亿元。强化信贷规模管理，全年公司类人民币贷款比年初增加86.55亿元，占人民币贷款新增总量77.42%。二是进退并举，稳健发展小企业信贷业务。以资产质量管理为中心，以业务稳健发展为主题，强调发展与管理并重；严把客户准入关，大力发展贸易融资等方式，降低小企业信贷经营风险；积极研究创新小企业融资产品，以产品创新支持和满足小企业合理的融资需求。全年小企业信贷业务总体保持了平稳发展态势，2008年末，全行小企业信贷客户为1 676户，减少111户，贷款余额为137.2亿元，比年初增加1.53亿元；不良贷款余额为2.96亿元，不良率为2.15%，分别比年初上升1.56亿元、1.12个百分点，在区域内同业情况比较而言，总体风险相对得到了较好的控制。三是个人信贷业务突出个人住房贷款，保持平稳发展。增强网点营销功能，延伸个人贷款服务；扩大个人贷款及相关产品的宣传覆盖面；加强业务管理，及时发现问题，转化风险，落实风险化解措施。2008年末，个人住房贷款余额为233.7亿元，比年初增加17.86亿元；其他个人贷款年末余额为58.77亿元，比年初减少6.9亿元，个人贷款总量为292.51亿元，占人民币贷款总额的27.43%，比年初下降了2.06个百分点。

五、以信贷风险控制为重点，加强全面风险管理

一是信贷管理基本经受了严峻的考验。贯彻落实国家宏观调控政策，推进信贷业务由“存量管理”向“流量管理”转变，积极推动小企业信贷发展和国内贸易融资业务的发展；努力提高信贷资产质量，对发生的每笔新增不良贷款下发“逾期贷款清收通知书”，全年共下发通知书35份；加大责任评议，落实停复牌制度，积极参与当地政府、人民银行和银监部门组织的债务重组活动；加强调研和检查分析，排查风险与存在的问题。2008年末，公司类不良贷款余额为8.9亿元，占比为1.13%，分别比年初上升3.51亿元、0.27个百分点，信贷资产质量总体良好，在四大行中保持第一。二

是深入推进不良资产清收处置。及早明确并落实清收处置计划；合理运用各种处置手段，清收转化不良资产。2008年末，挂牌共处置不良贷款2.93亿元，其中，现金清收1.55亿元，挂牌处置率达40.51%；全年通过诉讼收回不良贷款本金1.08亿元，占现金清收总额的47%；全年共处置抵债资产6 189万元。深化不良资产精细化管理。全年共新增不良贷款11.4亿元，其中，法人客户7.83亿元，个人客户3.57亿元。做好不良贷款的预案管理工作，全年共对100户不良贷款预案进行了审批，其中，新发生不良贷款27户。以风险管理委员会为平台推进全面风险管理工作进程。三是内控管理和运行风险控制得到有效强化。完善内控合规工作，2008年共梳理各类制度共计221项，其中梳理根据总行制度制订的细则96项，梳理分行自行制订的规定125项；优化业务流程，积极稳妥地推行了远程授权试点项目，进一步提高授权效率；深化后台集约化管理，全年成功堵截假银行汇票7起，金额800万元，假存单3起，总金额达8.83万元。继续巩固安全防范设施建设，全行营业网点安防设施健全。

六、加强党建工作和队伍建设，营造和谐经营氛围

一是抓好理论学习制度落实，提高领导干部理论水平。强化组织制度，扩大学习成果；强化重点课题研讨制度，在重点课题研讨活动中注重“三个结合”；以党风廉政建设和案件防范工作为主线，广泛开展法纪教育、警示教育和“学规定、促合规、防案件”主题教育活动。二是抓好中层干部教育，提升经营管理水平。配合总行深入学习党的十七大精神和学习实践科学发展观活动，把各类视频学习会和专题讲座扩大到分行全体中层经营者，提高了分行中层经营管理干部队伍素质，及时选送中层干部参加总行和省行组织的各类业务培训，进一步加强了中层干部思想建设、组织建设、作风建设和党风廉政建设，拓宽经营思路，对业务发展起到了积极作用。三是教育培训覆盖面和针对性得到进一步提高。2008年共举办适应性岗位培训220期，学习人数3 434人，培训率为100%，全面完成了总行下达的各项培训任务，为员工岗位胜任能力的提升和全行各项业务的发展提供了坚实的人才保障。借助模拟银行，打造标准化柜员。按照总行模拟银行建设工作的要求，改建了拥有25个学生机位同时容纳50人培训的模拟银行教室、2个机位的仿真标准网点。有效提高了员工培训的实用性和针对性。四是以人为本推进和谐银行建设。切实维护员工的合法权益，认真学习和贯彻落实《劳动合同法》、《就业促进法》、《劳动争议调解仲裁法》等相关法律法规精神；关心特殊员工，认真做好特困救补助和先进疗休养工作，全年对100多位困难员工实施了救补助，金额近30万元，在抗雪灾、战高温及节日加班期间进行了三次特殊慰问；积极开展劳动竞赛和技能比赛活动，成功举办了第十届员工综合业务技能比赛；四川汶川地震发生后，全行干部员工为地震灾区捐款累计达到212.47万元，被苏州市委、市政府评为“苏州市支援抗震救灾先进集体”。

广东分行营业部

总经理　周志方

【业务指标完成情况】

2008年，广东分行营业部实现拨备前利润87.39亿元，实现拨备后利润80.52亿元。全辖38家支行中35家支行账面盈利超亿元，账面盈利3亿元以上的13家。2008年末全辖总资产为3 348.98亿元，人均有效资产为3 386万元。本外币存款余额为3 188.8亿元，比年初增加225.51亿元，同比多增8.9亿元。本外币各项贷款余额为1 994.53亿元，比年初增加122.74亿元，其中，人民币各项贷款比年初增加201.54亿元。实现中间业务总收入23.56亿元，中间业务收入居同业第一位。累计清收处置不良贷款25.73亿元，年末不良率为2.15%，比年初下降了0.1个百分点。不断加大内控检查和风险防控制度建设力度，风险防范意识和能力不断提高，在总行内控评价中由三类行上升为二类行。全行未发生重大事故和内外案件，实现了安全营运。

【主要工作措施】

一、主要业务市场占比和竞争发展能力得到进一步巩固和提升

通过导入战略解码管理工具，突出对支行、部室的市场占比和可持续发展力的考核，加强对客户经理的直线考核，加强分类指导，强化过程管理等，各项业务保持了健康快速的发展势头。一是利润占比占据四大行半壁江山。2008 年拨备前利润占全省工行系统的 50.7%，在广州地区四大行中占比为 48%，全市占比为 30%。二是中间业务收入在系统内和区域内领先。四大行占比为 37%，比第二位高 7.6 个百分点，中间业务收入占全省系统的 46%。三是各项存款余额占比稳居市场第一。各项存款余额四大行占比为 33.4%、全市占比为 18%，均居首位。储蓄存款四大行增量占比为 35.3%、存量占比为 35.6%，保持双第一。四是人民币各项贷款余额和增量同业第一。在广州地区，人民币各项贷款存量占比为 42%、增量占比为 32%，均居四大行第一。五是新兴业务市场领先。理财业务、投行收入、企业年金、资产托管业务、银行卡、代理收入、电子银行、担保收入、人民币结算收入、代理保险收入居全市第一位。在全国一级分行中，代理及个人理财、投行、银行卡、个人中间业务、担保承诺、资产托管、企业年金等收入进入前五强。

2008 年 5 月 17 日，广东分行副行长兼营业部总经理周志方向广东红十字会捐赠员工捐助的抗震救灾款。

二、事关基础建设和长远发展的几项核心工作得到有效贯彻执行，而且成效明显

近年来分行坚持走可持续发展的道路，牢牢把握住“客户战略、产品渗透、渠道建设、营销队伍、创新能力”等经营发展中的关键问题和重要环节，并扎实推进这些工作。一是扎实开展学习实践活动。通过做好工作部署，提出以“四看、四抓”为结合点，着重处理好五大关系，组织开展解放思想大讨论活动等，学习实践活动取得实实在在的成效。二是客户战略初见成效。2008 年末，结算账户四大行占比为 47%，全市占比为 21.4%，第一次超过广州市商业银行，居全市第一；投行客户 1 259 户，同比增长 252.7%；企业网银客户为 4.19 万户，同比增长 57%；个人中高端客户为 87.73 万户，同比增长 11%；个人网银客户为 224.5 万户，同比增长 31%；特约商户为 7 561 户，同比增长 175%。存量第三方存管客户为 63.5 万户，同比增长 16%，净增量在一级分行中排名第四位。产品渗透工作成效明显，全行积极推广“套餐 + 菜单”式营销，新增套餐客户 1.04 万户。公司优质客户同时使用 3 种以上产品的渗透率为 34%，同比提高了 13.5 个百分点。个人中高端客户同时使用 3 种以上产品的渗透率为 47.3%，同比提高了 8 个百分点。三是渠道建设和服务面貌得到明显改善。通过与全球知名的 IBM 公司合作启动网点规划项目，提高渠道建设和规划的前瞻性，同时更多地依靠分行自身的力量，多做工作来抓好渠道建设。累计完成 5 家财富管理中心建设、165 家贵宾理财中心装修改造，更换了 320 家网点招牌，重点建设了 120 家对公重点网点；累计新增加自助设备 1 420 台，总量 2 327 台，离柜业务率接近 60%，每台 ATM 日均业务量仍高达 415 笔，在全国系统内列第二位。四是市场营销队伍数量和质量得到提升。2008 年末，客户经理总量为 1 937人，比年初增加 350 人，客户经理占全部员工的比例为 19.8%，同比提高了 3.2 个百分点；此外，还培养了一批专家式的骨干队伍，26 名员工通过了总行高级专业人才储备考试；拥有 AFP、CFP 资格的达 210 人和 39 人，财资管理师 132 人，企业理财师 55 人，贸易融资产品经理 187 人，金融风险管理师 5 人。五是经营结构进一步优化。2008 年末存贷比提升至 62.6%，比全市平均存贷款比高 2.6 个百分点；个人贷款、贸易融资、小企业贷款三类贷款余额在全部贷款中的占比达到 26%；中间业务占营业净收入的比重达到 19.3%，高于全行平均水平 4.98 个百分点；成本收入比持续保持在 20% 左右的先进水平。六是创新发展能力领先。在市场、业务、管理等方面积极创新，成效明显，2008 年分行荣获广州金融业发展创新及突出贡献二等奖，这是银行类机构获得的最高奖励；此外，多个专业获得了总行的表彰。七是业务联动和区域联动进展顺利。把握毗邻港澳的区位优势，在 2007 年与工银亚洲签订全面

合作备忘录的基础上，推荐120多位高端客户开立工银亚洲的账户，办理贷款及各类理财业务近1亿港元；在华南路三期项目、琶洲会展项目开展联合贷款；通过境外机构办理NDF和国际结算业务40多亿美元。加强与省行及系统内分行的业务联动，共同做好省行15户重点大户和分行10户重点大户的直营工作，同时发挥好总部经济的优势，做好辐射和带动作用。

三、多元化的市场发展格局初步形成

通过搭建"三大"平台，即"与金融同业资源共享、渠道互换的平台，以金融创新建立业务产品的多元化平台，与穗港澳业务联动的平台"，以此来推动市场多元化发展。一是理财业务市场在同业和系统内领先。2008年理财业务四大行占比进一步提升到68%，比上年提高了17.2个百分点；代理基金业务在全国一级分行中稳居前2名；销售法人理财产品403亿元，是上年全年的22倍。二是投行业务收入在同业和系统内领先。全年实现收入4.09亿元，在全国一级分行中排第五位。三是银行卡、电子银行、国际业务在同业和系统内领先。2008年末，信用卡发卡量达到110万张，在广州地区第一家突破百万张规模；银行卡业务收入3.46亿元，近两年年均增长35%；电子银行交易额5.2万亿元，增长1.2倍，电子银行业务收入1.74亿元，增长2.8倍；国际结算197.42亿美元，增长69%；代客资金业务规模1 307亿元，增长45.1%。四是企业年金和托管规模在同业和系统内领先。管理年金个人账户22.27万户，近两年年均增长2.4万户；资产托管规模达到287亿元，年均增长2倍。企业年金收入和资产托管规模在全国一级分行中居第二位。

四、以人为本带好队伍，工作能力得到提升

在加强"四好"班子建设方面，2008年获得总行创建"四好"班子先进集体称号。在加强干部员工职业发展规划方面，启动了员工职业发展计划，全面实施了企业年金制度，员工流失率由前几年的6%降至2.7%。在强化员工的社会责任感方面，在2008年初冰雪灾害中以及四川汶川地震后，全体员工第一时间行动起来，通过各种方式积极支持救灾工作。

五、高质量管理的基础进一步夯实

以高速度发展与高质量管理并重为指导思想，要求全行各级领导干部、各专业、各岗位人员切实增强风险意识，细化风险管理措施，提高风险管理能力，确保不管是在宏观经济发展的上升期还是调整期，都能实现高质量的发展。一是培育与经营发展相匹配的管理文化。通过"过程管理"、"合规管理"、"全员管理"，努力解决在制度有效性、操作合规性、监督严密性等方面存在的细节问题、关键风险点，形成良好的风险管理文化。二是强化信贷风险管理。将优化信贷资产质量作为工作的重中之重来抓好落实，加快清收处置存量不良贷款，前移风险关口，加快退出潜在风险贷款，严把新增贷款质量关。三是抓好操作风险和外部案件的防范。在内部控制方面，在总行内控评价中由三类行上升为二类行；在外防方面，重点抓好针对存折（卡）、假冒票据、自助设备等违法犯罪活动，强化反洗钱制度建设；在监督检查方面，按照当地银监局要求，开展了案件防控"百日大清查"专项活动，组织实施了信贷业务风险和信贷人员履职情况大检查，接受了审计署重庆特派办的全面审计、安永外部审计以及广东银监局、外管局，天津和昆明内审局的业务合规检查，加强了业务规范管理。

第六部分

重要文献

执行编辑：邓子来

加快经营转型　提高竞争能力
实现业务健康发展和效益持续增长

——在中国工商银行2008年工作会议上的讲话

姜建清

（2008年2月1日）

这次会议的主要任务是，认真贯彻党的十七大和中央经济工作会议精神，以科学发展观为指导，总结2007年工作情况，分析当前经济金融形势，部署2008年工作任务。

下面，我讲几点意见。

一、上市一年来全行创造了良好经营业绩，积累了宝贵经验

2007年，全行认真贯彻党中央、国务院关于经济金融工作的方针政策，积极落实金融监管要求，深入实施三年发展战略规划，适应新的形势变化不断完善经营策略，实现了各项业务健康发展和经营业绩大幅提升。境内外机构实现净利润824.42亿元，同比增长65%。不良贷款率下降1.02个百分点，降至2.77%。拨备覆盖率提高31.7个百分点，达到102%。上市后首个完整会计年度的良好业绩表现，使工商银行在国内国际同业和资本市场上的形象进一步提升，市值跃居全球上市银行首位，国际评级调高且优于其他可比银行，获得许多国际奖项。这是我们在新起点上推进改革发展的一个良好开端。

上市一年来的探索和实践，使我们深化了对怎样办好一家上市银行的思考，积累了从国情行情出发建设现代金融企业的经验。概括起来，主要有以下几点：

第一，必须把落实国家宏观调控政策与贯彻商业银行经营原则有机结合起来。去年我们认真落实科学发展观，坚持稳健的信贷经营方针，全行人民币贷款新增3 651.9亿元，增长10.8%，增幅明显低于金融同业；信贷投向体现了国家政策导向，积极支持了重点基础产业、现代制造业、新型服务业、自主创新领域，在同业中率先倡导“绿色信贷”理念，并推出了相应的政策措施，更加有效地控制了“两高一剩”行业的贷款投放；在总量控制的前提下，突出加快了小企业和消费信贷等战略性业务发展，其增量占全部贷款增量的67%。由于我们较好地把握了落实宏观调控政策与贯彻商业银行经营原则的结合点，既在宏观调控中充分发挥了大银行的作用，又以宏观调控为契机调整优化了信贷结构，防范了经营风险。

第二，必须把可持续的公司价值增长和卓越的股东回报作为核心经营目标。全行围绕价值创造，优化资源配置，加强成本控制，推进经营转型，不仅使盈利水平在连续四年高增长的基础上创出新高，而且进一步形成了可持续增长的收益结构。去年全行通过优化存款结构，在利率上升的周期中，保持了存款低成本增长；通过优化资产业务结构，提高资产议价能力，加强资金营运，扩大了利息收入，净利息收入增幅达到38.1%，NIM达到2.79%，较上年提高0.4个百分点。中间业务获得前所未有的发展，净手续费及佣金收入的增幅达到108%，占营业净收入的比重提高到13.26%。从一些关键财务指标来看，成本收入比保持在34.2%的较好水平，平均权益回报率和平均总资产回报率分别达到16.2%和1.09%，比上年提高了0.83个和0.38个百分点，达到国际银行业良好水平。上市一年来公司市值的大幅增长是公司内在价值成长的表现，反映了投资者对全行经营业绩的认可。

第三，必须把增强竞争力作为应对金融开放的关键措施。全行把上市后的第一年作为“优质服务年”，以服务和创新为抓手提高市场竞争力，服务渠道建设、业务流程改造、技术和产品创新全面推进，服务供给与市场适应能力明显增强，在日益开放的竞争格局中保持了各项业务快速增长，在许多战略业务领域巩固和扩大了领先优势。为增强国际竞争力，我们还利用境内外上市形成的资本条件和日益上升的国际影响力，积极推进综合化经营和国际化发展，工银金融租赁有限公司正式设立，莫斯科、印尼子银行相继开业，控股澳门诚兴银行正式交割，收购南非标准银行部分股权接近完成，纽约、迪拜、多哈、悉尼等分支机构申设也取得重要进展。客户从我行服务的改善中感受到了上市的变化，投资人从我行的业务成长和综合化、国际化发展进程中看到了投资潜力。

第四，必须把完善公司治理作为实现健康发展的根

本保障。一年来全行按照上市公司的要求不断完善公司治理机制，“三会”及高管层的运作机制更加规范，投资者关系管理和信息披露得到监管部门和市场各方的认可；扁平化管理、财务集中等内部改革取得重要进展；全面风险管理体系建设取得新的突破，非零售业务风险管理量化水平达到内部评级初级法标准；内部审计与控制体系的职能作用得到充分发挥，重要经营管理事项大检查取得明显成效。去年立案查处的案件数量和涉案金额分别下降23%和70%，发案率继续在国内外同业中保持了较低水平。完善的公司治理机制和有效的内控外防体系在保证全行健康发展和平稳运行中发挥出越来越重要的作用。

第五，必须在现代金融企业建设中充分发挥党的政治优势。我们在推进各项工作中始终坚持以人为本，加强党建工作，充分发挥党的政治优势。召开了全行党的代表大会和党建工作会议，掀起了学习贯彻党的十七大精神的热潮。全面实施了人力资源管理提升项目，初步构建了市场化的新型人力资源管理体制，深入开展了全员培训工作，系统规划了企业文化建设，进一步增强了全行的凝聚力，调动了广大员工的积极性，实现了员工利益与公司价值、股东回报的协调成长。

以上这些新的经验，是全行立足新起点、着眼新目标，积极实践科学发展观的结晶，是与经营成果同等重要的宝贵财富，需要在今后的工作中认真坚持并不断加以丰富。总之，上市一年来改革发展取得的显著成绩，是党中央、国务院正确领导的结果，是国家有关部门和社会各界大力支持的结果，更是全行干部员工艰苦努力的结果。在此我代表行党委和董事会，向国家有关部门表示衷心的感谢！向全行广大干部员工表示亲切的慰问！

二、认清国内外经济金融形势，增强工作的预见性和主动性

当前，国际国内经济金融形势发展变化很快，不确定性明显增加。从国际形势来看，全球经济保持增长的基本趋势虽未发生根本改变，但在美国次贷危机、国际原油价格飙升和全球通货膨胀压力加大等不利因素的多重冲击下，世界经济增长正面临日益明显的下行风险。特别是美国次贷危机持续蔓延，使美欧等成熟市场的银行业遭受巨额损失，美国经济减速甚至可能发生经济衰退，国际金融市场动荡加剧，全球经济前景更加扑朔迷离。从国内形势看，我国经济总体保持着健康快速发展，但仍存在着投资增长过快、货币信贷投放过多、外贸顺差过大、资产泡沫不断积累、通货膨胀压力加大、节能减排形势严峻等突出矛盾和问题。中央经济工作会议要求把防止经济增长由偏快转为过热、防止价格由结构性上涨演变为明显通货膨胀，作为今年宏观调控的首要任务，并明确提出实行从紧的货币政策。分析2008年国内外经济金融走势，银行业发展既有许多新的机遇和有利条件，也面临严峻挑战和潜在风险。

（一）国际国内经济金融形势对我国银行业发展总体有利，但不确定因素增加也给银行经营带来新的风险。我国银行业由于所持有的美国次贷行业头寸低，受次贷危机的直接影响不大。但目前次贷危机影响的深度和广度尚不明朗，在经济全球化和我国扩大对外开放的大环境下，国际金融风险的传播和全球经济放缓，有可能对我国经济金融健康发展造成多方面的影响，特别是外贸依存度高的行业有可能受出口下降、汇率风险上升等因素影响导致企业亏损，从而危及银行的信贷资产安全。我行一些境外机构面临的国际金融风险防控形势同样十分严峻。

从国内形势看，宏观调控的加强有利于降低经济周期性波动对银行经营的不利影响。但是，随着对“两高一剩”和房地产行业调控力度的加大，以及物价、资产价格的上涨，一些企业的生产经营会遇到困难，给银行的信贷风险管理带来新的问题，加大不良贷款的反弹压力。同时，资本市场的剧烈波动，利差收窄和利率市场化的推进，人民币汇率弹性的增加，也使流动性风险和市场风险管理面临新的考验。面对国际国内风险相互转化、跨市场风险相互传递、新旧风险相互交织的严峻形势，全行务必要保持清醒头脑，冷静观察，审慎应对。

（二）保持盈利持续增长具备有利条件，但也存在许多不利因素。今年两税合并是中资银行的重大利好。我行近年来一直坚持稳健的信贷经营方针，积极推进经营结构调整，执行从紧的货币政策也具有一定的工作基础。从某些方面看，宏观紧缩的政策环境有利于我行提高资金定价水平，增加资产业务收益。但政策环境的变化也会多方面影响全行的利润来源，比如，提高存款准备金率和发行定向票据等直接影响全行的资金使用效益，不对称利率调整也会导致银行存贷利差收窄。在流动性收紧、市场利率持续走高的情况下，我行持有的各类债券面临公允价值重估的压力。随着央行加息和股票市场调整等累加效应的显现，基金销售热降温，保持基金业务收入高增长的难度较大。此外，今年影响盈利增长的其他不利因素也比较多，比如我行改制的政策性效应已全部释放，提高市场竞争力需要加大渠道和科技升级改造等多方面的投入，等等。尤其应该清醒地看到，我行虽然已连续五年保持了盈利高增长，但在资本回报、资产回报等指标上与国内国际一些先进银行相比仍然存在较大差距。积极把握有利条件，应对各种困难，保持良好的盈利成长性，是今年和今后一个时期需要认真解决的重要课题。

（三）大银行在新的金融发展格局中具有规模优势，但在新兴业务领域和高端市场面临更加激烈的竞争。从紧货币政策的实施，对于依赖信贷快速扩张支撑

盈利增长的银行形成了更大的转型压力，加之监管部门鼓励金融创新政策的不断推出，必然使中间业务和新兴业务市场竞争日趋白热化。同时，央行对冲流动性的操作也使一些资金实力较弱的银行流动性趋紧，存款市场竞争不可避免地会发生一些新的变化。我行虽然在传统业务领域具有明显优势，许多新兴业务也占据市场领先位置，而且银根紧缩的政策环境更有利于我们发挥资金大行、信贷大行的优势，但是竞争对手的追赶脚步很快，我行在某些业务领域的领先优势正在缩小，有些分行市场份额下降较多，各级机构在竞争格局的分化调整中都面临新的考验。更需要重视的是，我国银行业全面对外开放一年来，外资银行抢滩设点步伐很快，国际金融市场动荡促使跨国银行把发展的目光更多地投向包括我国在内的新兴市场，中资银行在高端业务和高端客户市场领域面临前所未有的挑战。适应市场变化、提高竞争力是全行面临的一项十分重大而紧迫的任务。

面对国内国际经济金融形势的深刻变化，我们必须增强从全局和战略高度推进经营发展的能力，既要敏锐把握机遇和有利条件，又要把挑战和风险估计得更充分一些，把对策和措施考虑得更周全一些。今年，全行工作的总体要求是，以党的十七大和中央经济工作会议精神为指导，全面落实科学发展观，认真贯彻国家宏观调控政策和金融监管要求，巩固扩大改制成果，继续完善公司治理，转变发展方式，加快金融创新，改进金融服务，千方百计提高市场竞争能力，实现各项业务的健康发展，保持经营效益持续增长，继续朝着国际一流现代金融企业的目标迈进。

三、明确2008年经营目标，全面提高竞争发展水平

2008年是全面贯彻党的十七大精神的第一年，又是改革开放三十周年，是举办北京奥运会之年，也是我行股改后实施的首个三年发展战略规划的最后一年。做好今年工作具有十分重要的意义。综合分析今年面临的经营形势和竞争环境，统筹考虑境内外监管要求和股东回报预期，董事会研究确定全行经营发展的核心目标是：实现净利润1 088亿元，增长32%。在不发生增资扩股的情况下，资本充足率和核心资本充足率分别保持在11%和9%左右，ROE、ROA分别达到18.9%和1.18%，实现EVA 674亿元。成本收入比控制在38%以内。拨备覆盖率达到128%。

根据上述核心目标测算，今年的主要经营计划为：各项存款增量超过10 000亿元，增长13.9%以上；人民币各项贷款增加3 650亿元，增长9.8%；中间业务收入超过531亿元，增长40%以上，净手续费及佣金收入占比至少提高2个百分点，达到15%以上；清收处置不良贷款450亿元（其中呆账核销70亿元），使不良贷款余额降至1 000亿元以内，不良贷款率降至2.5%以内。发案率下降30%，有效遏制大要案和恶性事故发生。

围绕上述总体要求和经营目标，今年要着力抓好以下四项工作：

（一）认真贯彻国家宏观调控政策，提升信贷经营管理水平。从紧货币政策的核心是从紧的信贷政策。面对严格的信贷总量调控要求和全社会旺盛的信贷需求，我们一定要增强大局观念、政策观念和战略意识，严格按央行信贷调控要求控制总量，把握节奏；严格按国家产业政策和金融监管要求把握贷款投向，调整信贷结构。要切实做到竞争优质，压缩一般，退出劣质，有保有压，做大流量，提高定价。

一要切实把信贷增量与流量管理有机结合起来，以总量控制促进结构调整。要增强信贷调控的严肃性和权威性，做到按月掌握、按季控制、均衡投放，对超计划放贷分行要责令限期压回，并提高经济资本配置系数。要把贷款增量与存量收回再贷统筹加以安排，尽快下达信贷退出计划，对应退未退的贷款继续实行模拟计提拨备制度。加强贷款定价管理，新放贷款不仅原则上不下浮利率，而且上浮比率要达到同业平均水平以上，更加注重衡量企业的综合回报。要加大信贷关联产品创新力度，积极创造条件扩大资产证券化规模，主动竞争短期融资券、公司债承销等信贷替代业务，支持重点客户合理资金需要。

二要完善信贷政策，准确把握信贷投向。根据国家产业政策及时完善行业信贷政策，并把“绿色信贷”政策作为行业信贷政策的重要内容，加大推行力度。要在信贷管理系统中尽快完成对所有法人客户加注环保标识，严禁对环保违法企业发放新贷款，限期退出存量贷款。要统筹行业与区域信贷发展，不断提高行业信贷政策的区域适应性，扩大区域信贷政策的行业覆盖面。要完善鼓励重点信贷品种发展的政策措施。贸易融资业务要打破区域限制，努力做大规模，积极争取国家有关部门支持，增加外汇资金来源，实现国内国际贸易融资一体化发展；项目贷款要重点投向基础产业、基础设施、现代制造业和节能环保等领域，重视支持中西部地区重大项目开发；小企业信贷业务要坚持发展与管理并重，细化政策、梯度推进、确保质量，防止对国家政策明令退出的“五小”企业发放贷款；个人信贷要重点发展个人住房按揭业务，支持个人购置首套自住普通商品房，严格执行第二套房贷政策，稳步发展消费信贷业务和个人经营性贷款；票据业务要保持合理增长，加快周转，增加收益。

三要强化信贷风险管理，重点防范政策性和结构性风险。密切关注在国内信贷政策从紧、全球经济增长趋缓环境下，一些企业潜在风险的显现，尤其要预测预防当前重点调控的“两高一剩”（高能耗、高污染和产能过剩）行业、“两高一资”（高耗能、高排放和资源消

耗型）产品出口企业的风险，关注小企业的环保能耗方面的风险。要首先在房地产、电力生产、公路、钢铁、城建等贷款金额大、集中度高的八个行业探索行业信贷限额管理，深化对集团客户资本和资金流的监控，更加有效地防范信贷集中风险。要高度关注房地产市场变化，尽快对房地产贷款进行风险压力测试，以此为基础进一步实行区别发展、分类管理，前瞻性地做好风险的应对工作。

要突出抓好不良贷款大行和不良贷款大户的清收处置工作，充分利用一些区域性不良贷款处置的优惠政策，加强与资产管理公司合作，积极创新不良贷款处置方法和途径。力争今年清收处置金额达到450亿元，不良贷款大行的不良贷款率全部降到5%以内。

（二）加快经营转型，保持盈利的可持续增长。要适应从紧的货币政策环境和市场竞争形势，更加自觉地推进发展方式转变，积极开辟新的盈利增长点，调整优化收入结构，努力通过经营转型来拉长盈利高成长周期。

一要强化存款基础地位，巩固和扩大市场份额。存款不仅是传统业务发展的基础，也是新兴业务成长的源泉。推进经营转型不是要不要增加存款的问题，而是以什么样的方式和怎样的成本发展存款问题。全行务必要正确认识存款业务在转型发展中的基础地位，深入研究新的经济金融环境下社会资金流转规律，积极适应存款市场竞争形势，着力通过改进服务、加快创新统筹推进各类存款协调增长，实现存款业务与其他业务相互带动，促进客户资金在全行内部循环流转。要着重改进储蓄业务发展策略，大力开拓第三方存管客户，努力通过提供更加丰富和优质的投资理财服务吸引客户，切实抓住储蓄业务增长的源头，尽快扭转储蓄负增长态势，实现稳定发展。要加强对各类存款增长和市场占比的考核，完善内部资金定价机制，充分调动各行发展存款业务的积极性。各分行存款增量市场份额都要力争当地第一。

二要巩固第一零售银行市场地位，提升个人金融业务的利润贡献度。零售银行业务是我行的传统优势和最为稳定的收益来源，也是受到来自各方面竞争冲击最大的业务领域。全行要深刻认识各家银行转型发展中突出零售银行战略的大趋势，举全行之力加强零售银行业务竞争、扩大零售银行业务收入。要继续推进“专业化经营、系统化管理”改革，完善“大个金”的经营体制，加强各类个人金融业务的统一营销，放开所有渠道销售各类金融产品，力争今年全行个人金融资产销售额达到1.32万亿元。

要重点推进面向中高端客户个金业务的升级发展。尽快完成三卡整合，完善信用卡销售策略，全面抓好信用卡市场拓展，努力在发卡量和消费额上拉大与排名第二位的银行的距离。进一步优化灵通卡功能，建立以理财金账户白金卡为载体的财富管理服务体系。第一季度总行私人银行业务部和上海私人银行分部要争取挂牌，香港私人银行分部要同步成立。国内其他大城市私人银行分部的筹建也要在调研的基础上加快推进。加强与工银瑞信和在港相关机构合作，尽早打开私人银行市场。

三要积极拓展金融市场业务，提高资金营运收益。借鉴国际先进经验，探索建立自营与代客业务机构分设的运营模式。构建覆盖全球主要金融中心的交易平台。充实专业人才队伍。要科学制定债券投资策略，在有效控制风险的基础上，扩大信用类产品投资，提升高收益资产比重。积极争取有关部门支持，尽早解决重组性债券资产的退出问题。要努力做大交易类业务特别是代客和做市交易业务，大幅度提高交易业务收入。加强与高盛在衍生产品交易方面的合作，尽快开发衍生产品交易系统，提高我行交易产品研发、定价和交易管理能力。

四要大力拓展中间业务市场，保持中间业务收入高增长。发展中间业务是银行避免经济周期影响的战略选择，国内信贷政策从紧和国际经济趋缓，迫使我们必须进一步加速中间业务发展。要不断创新发展思路和完善竞争策略，既要努力通过壮大客户基础、挖掘市场潜力、提高定价水平，增加传统中间业务的市场份额，扩大竞争优势；又要不断开发新的产品，进入新的市场，开辟新的业务增长点，确保全行中间业务收入增速和市场份额“双第一”，提升中间业务收入对全行利润的贡献度。

理财业务发展要实现新跨越。适应境内外资本市场的发展变化，在改进基金销售策略的同时，重点加快银行类理财产品尤其是针对公司、机构客户的理财产品的创新发展，使银行类理财业务成为中间业务收入新的增长极。要建立理财业务专项考核奖励制度，充分调动全行发展理财业务的积极性。要认真贯彻银监会即将出台的理财业务风险管理指引，向客户准确、充分地提示产品风险，确保理财业务健康发展。在人民币汇率较快上升期，要注意境外投资产品的汇率风险。

结算与现金管理业务发展要实现新突破。实施结算账户拓展工程，全面开发各类结算业务市场，使结算业务成为全行最为稳定且重要的中间业务收入增长点。要不断增强现金管理业务的专业服务能力，加快向综合理财、供应链金融和全球现金管理服务延伸，增加业务渗透力和覆盖面。

投资银行业务发展要实现大升级。进一步整合投行业务资源，完善和扩充产品线，重点做好一批有市场影响力的并购重组等品牌类业务。要加快组建相对独立的行业分析师队伍，使行业分析研究报告成为能直接创造效益的金融产品，开辟新的收入来源，也为工商银行未来进入资本市场创造条件。

资产托管、企业年金业务发展要迈上新台阶。深度挖掘现有托管业务的市场潜力，积极拓展各类新型托管业务，加快搭建全球托管网络，依托内外联动，大力发展QDII、QFII等托管业务，力争年底托管资产规模突破2万亿元大关。要依托我行企业年金全牌照优势，全方位开发各类市场，继续保持市场领先优势。

贵金属业务发展要迈出更大步伐。成立贵金属业务中心，重点做大本外币纸黄金交易、黄金自营和代客交易业务，并逐步向白银、铂金业务延伸。积极发展账户金、品牌金定投业务，扩大交易所系统实物黄金销售，研究推出黄金期货、对公账户纸黄金交易、黄金信托理财等新业务，尽快形成规模效益。

同业与跨业合作业务发展要形成新的优势。继续深化银保合作层次，全面放开渠道销售合作伙伴的保险产品。要打造先进的银证综合服务平台，尽快推出“银证快车”新产品。以银期综合业务平台为依托，率先开展金融期货结算业务，抢占银期业务发展制高点。要创建银银合作平台，重点打开中小银行客户的投资理财和网上银行市场。要加强对信托业的研究，积极开辟银信合作新领域。

五要稳步推进国际化、综合化发展，进一步增强跨市场、全球化服务能力。要不断提高境内国际业务市场份额。以外汇资产业务带动各项外汇中间业务发展，实现国际贸易融资与国际结算业务的协同快速增长。加大国际结算产品创新力度，尽快完成各分行单证业务上挂，进一步提高国际结算业务集约化经营管理水平，推动贸易结算与非贸易结算业务的全面、协调发展。

抓住机遇拓展境外业务。要按计划完成收购南非标准银行股权的资金交割，认真做好控股澳门诚兴银行后的业务整合，确保取得良好的协同效应和投资回报。积极创造条件，争取纽约分行、悉尼分行和中东两家子银行尽早开业。综合运用多种方式，择机进入新的目标市场。继续按照一行一策原则推进境外机构盈利模式转变，加快经营本土化、业务多元化发展进程。

完善境内外综合化经营布局。要加强对工银瑞信、金融租赁等控股或独资公司的管理，支持其加快发展，做大规模，实现较好的投资回报。尽快完成在港机构的业务整合，加速发展投资银行、私人银行、直接投资等业务。要进一步做好准备，力争在进入保险业务和证券经纪市场方面取得突破。

（三）建立战略推进机制，促进全行竞争力提升。全行的竞争发展战略已经明确，关键是抓好落实。从今年开始，总行决定从“竞争力、创新、服务、渠道、品牌、企业文化和社会责任”七个方面建立年度工作报告制度，以进一步明确责任，完善措施，强化考评，推动落实，形成系统推进战略执行的有效机制。

一要建立竞争力报告制度。制定完整、系统的竞争力分析评价体系，全面评估我行市场竞争力状况，并按季对各类业务和各分行的竞争力进行分析通报，编制年度竞争力报告，从而找准差距、明确目标、完善策略，促进全行竞争力的不断提升。从今年起，在对各分行和各有关部门的经营绩效考核中，增加必争业务的市场份额、目标客户的数量扩展、大中城市行竞争力状况等方面的指标和权重，促使全行更加重视抓好优质市场发展，在优势业务上继续保持领先地位，在劣势业务上加快追赶步伐，在核心业务领域把失去的市场份额夺回来。

二要实施产品创新战略。制订年度产品创新计划，实施产品目录管理和生命周期管理，明确产品研发重点与开发时限，并每年总结报告产品创新发展与成效。要完善产品创新机制，围绕重点领域、热点市场和高端客户需求开展创新。个人金融领域，要加快推广“五个统一”，尤其要在开户信息整合及对账单整合上取得突破，尽快推出个人银行综合户口；搞好手机银行的研发，创新银行卡、财富管理、消费贷款等产品。在法人金融领域，积极搭建基金、保险等理财系统和银证、银银、银企互联平台，并以此为支撑，重点研发公司理财、全球资产托管、全球现金管理等产品以及组合型金融新产品，深度开发法人客户新的市场领域。

三要持续提升服务水准。要编制年度服务工作报告，全面总结上一年的服务工作，提出改进服务新的举措，明确新的阶段目标，分解落实责任，定期分析改进成效及存在问题，促进全行服务工作每年上一个大的台阶，尽早成为国内服务最好的金融企业。

要加强服务规范化建设，更加关注客户体验和售后服务，加快建立适应不同层次客户需求的服务标准体系。以营业网点服务现场质量控制为重点，开展多种形式的客户满意度监测，构建“内部体验、外部监督、内外结合、持续改进”的服务质量管理体系。要切实加强客户投诉管理，健全通畅、高效的客户投诉处理程序和渠道，完善客户投诉信息统计和分析机制，有针对性地采取改进措施。要改进服务质量专项考评，大力表彰服务先进单位和个人，进一步在全行形成争先创优的浓厚氛围。要认真研究奥运金融需求，以奥运举办城市为重点，有针对性地加强奥运金融服务工作，充分展示我行现代化优质服务的良好形象。

四要加快分销渠道建设。“营销以渠道为王，得渠道者得天下”的市场定律在银行业同样适用。全行上下都要把分销渠道建设摆到重要位置，落实牵头部门，系统研究渠道战略，整体规划渠道布局，建立包括计划、政策、组织、统计、报告在内的完善的工作机制，协调推进营业网点、自助银行、电子银行和外勤客户经理队伍四大分销渠道建设，建立按财富管理中心、贵宾理财中心、普通理财网点和金融便利店分类的网点标准验收及统计制度。力争再用两年左右时间基本完成分销渠道的再造与转型，形成更加强大的渠道优势。

营业网点是我行产品和服务分销的主渠道，必须不断巩固扩大而不能丧失优势。要在前几年基本完成低效网点裁减的基础上，尽快把工作着力点转移到优化网点布局和完善网点服务功能上来，确保在战略核心区和大中城市的网点优势。今后，长三角、珠三角和京津地区的分行，以及100家大中城市行不得再减少营业网点，确需裁减网点的，须报总行审批。要在市场前景预测和量本利分析的基础上，前瞻性地确定各类网点的营业面积标准，宜租则租，宜购则购，抓紧在中心城市的优越地段和目标客户聚集区建设一批新的高端营业网点。今后三年，总行将安排50亿元资金专项用于高端网点购置，其中今年安排20亿元。网点升级改造工作要全面提速，总行决定今年网点改造投入资金提高到61亿元，力争年末基本完成三年渠道升级改造计划。

自助设备是营业网点的重要补充和延伸，要扩大投放，优化布局，改进操作系统和交易界面，完善支持维护和运行监控体系，不断提高使用效率，降低运行成本。今年计划再投放ATM等自助设备8 000台，要早规划、早采购、早安装，尽快发挥效能。

电子银行是分流柜面业务和提供现代化服务的重要渠道，要不断拓展交易、销售与服务功能，积极探索新型盈利模式，抓住机遇快速扩大客户和业务规模，力争今年电子银行业务占比再提高5个百分点，达到42%。

客户经理队伍是主动开展市场营销和维护中高端客户的重要力量，必须尽快配齐配强。各行要根据中高端客户发展情况，确定客户经理（包括外勤客户经理）配备计划，组织行内招聘，尽快形成数量充足、素质优良、结构合理的客户经理队伍。内外勤客户经理要有合理比例。要加大对销售岗位的激励，加强销售技能培训，提高销售人员的市场竞争力。

五要建立品牌建设推进机制。加强对品牌以及品牌文化的研究，借助外部咨询公司力量，前瞻性地推出全行品牌发展战略，统筹规划和统一管理全行的品牌建设，编制年度品牌建设报告，全面提升我行品牌形象和价值，以此应对同质化竞争。要以中国工商银行ICBC统一品牌为引领，梳理和整合业务品牌体系，建立品牌设立的准入标准和市场推广效果测评机制，切实解决业务品牌相互干扰、品牌建设持续性不足和品牌美誉度不够等突出问题。要结合营业网点的升级改造，同步推进网点内部业务品牌宣传的标准化和科技化建设，优化网点的空间设计和使用，发挥营业网点作为品牌传播与营销主阵地的作用。要启动新一轮的银行卡、理财金账户和电子银行等主品牌建设，使这些已有一定声誉基础的品牌形成新的市场影响力。

六要建设具有工行特色的企业文化。在整体规划企业文化建设的基础上，编制企业文化建设报告，评估每一阶段的建设成效，诊断存在问题，明确改进措施和年度推进计划。要尽快形成企业文化简明手册，广泛开展形式多样的传播和推广活动，形成各级管理人员带头、全员参与的企业文化建设格局，促进企业文化核心理念深入人心，真正实现“落地”和“深植”。

七要定期发布社会责任报告。要加强现代金融企业社会责任的研究，借鉴国内外企业履行社会责任的良好做法，明确与我行发展战略相衔接的社会责任目标，在经营、管理和服务中体现企业社会责任的要求。要建立定期评估机制，使社会责任的履行规范化、常态化、制度化。要尽快发布我行首份社会责任年度报告，全面展示我行对股东、员工、客户、民生和环保等方面所履行的社会责任，赢得更广泛的社会公信和尊重。

（四）完善公司治理，强化基础管理。要继续推进公司治理这一提升竞争力的基础工程，加强风险管理和内部控制，进一步形成治理完善、充满活力、富有效率、有利于科学发展的体制机制。

一要完善公司治理机制。认真总结分析改制以来公司治理的经验和不足，比照国际先进标准完善公司治理。按照公司章程，组织好董事会、监事会及相关专业委员会换届工作，健全“三会”和高管层工作机制。深化投资者关系管理和关联交易管理，不断完善信息披露制度。全面分析评估首个中期发展规划执行情况，前瞻性地制定新的三年发展规划，提高战略决策与执行能力。

二要统筹推进个金和对公业务流程改造。抓紧对前两个阶段个人金融业务流程改造工作的进展、成效和存在的问题进行一次检查评估，更有针对性地推进第三阶段工作，争取提前完成任务，尽快发挥出新流程的作用，并要及时建立流程持续优化机制。

着力推进对公业务流程改造。要借鉴个金业务流程改造中一些好的经验，在充分研究论证和广泛听取基层及客户意见的基础上，逐项梳理、抓紧启动对公业务流程改造。要把信贷流程作为对公业务流程改造的突破口，对营销、评级、评估、授信、审批、贷后管理等信贷业务的整个流程进行全面整合，精简业务环节和审批层级。要结合业务流程优化，相应调整有关部门职责。

三要深化经营管理体制改革。完善营销管理体制，建立营销部门与产品部门、对公部门与对私部门协同营销的制度规范，加快形成有利于发挥整体竞争优势的一体化营销格局。按照效率、质量、安全的原则，积极推进业务运营、交易授权和运行监督体系改革，加快构建运营集约化、管理一体化的价值型运行管理体系。继续深化资金管理体制改革，逐步实现本外币资金的总行全额集中配置与管理。

深入推进机构扁平化改革。在去年基本完成二级分行及直属分行扁平化改革的基础上，进一步完善扁平化管理模式，在条件成熟的一级分行稳步推行全辖扁平化管理。积极探索省分行营业部管理的先进模式，建立能够充分释放其经营活力的管理体制，以及与其相配套的资源倾斜机制，形成有利于提升省会城市行竞争力的体制机制。

四要不断完善全面风险管理体系。继续积极探索风险集中管理，建立一体化的方法和规范的流程，整合散落在不同领域的风险信息与管理。要积极推动非零售业务内部评级法量化成果在风险管理全流程的应用，尽快实现零售业务内部评级法项目的投产。启动操作风险高级计量法项目，迅速研发异常交易监控系统，全面提升各类风险管理技术水平。适应银根紧缩的新形势，加强流动性管理，注意防范流动性风险。要高度重视业务创新中风险的防范，尤其要注意研究和汲取法国兴业银行发生的重大金融衍生产品交易案件教训，及时完善相应的风险防控措施。要在综合化经营和国际化发展的进程中，同步建立切实有效的银行集团风险管理体系，明晰并表管理架构和流程，健全隔离风险的体制机制。

五要改进和强化内部监督检查机制。进一步健全适应现代金融企业治理要求的内审内控体系，优化监督检查资源配置，提高各类检查效率和效果。深入开展内控评价，促进全行内控水平的持续提高。要重视并配合好国家审计署对我行股改上市后的首次全面审计，主动自查、深入整改，进一步树立依法合规经营的良好形象。要认真落实银监会关于银行案件事故防范工作的要求，深化案件防控目标责任管理和长效机制建设，深入开展“平安单位”创建活动，保持案件事故低发的良好势头。

六要增强科技引领和保障能力。继续加大科技投入，实施升级发展战略，推进硬件设施和软件系统升级，保持并扩大我行科技领先优势。要加快新一代综合业务系统的研究和开发，今年完成核心系统架构设计，启动核心系统改造优化、客户信息整合和应用集成平台建设等六项工作。加快推广海外 NOVA 系统，年内基本建成功能完整的境外机构综合业务处理系统。要分清轻重缓急，优化科技资源配置，保证市场潜力大、业务优先度高的应用系统研发进度。要加强企业级数据仓库的管理和应用，支持全行信息披露、业务发展的信息挖掘需要。进一步提升 IT 治理水平，确保系统安全稳定高效运行，尤其要高度重视并做好奥运期间的安全生产工作。

四、加强党建和队伍建设，充分调动员工的积极性和创造性

面对新的竞争形势和任务要求，各级领导班子要坚持以人为本，加强党建工作，发挥政治优势，实施人才兴行战略，最大限度地激活人——这个生产力中最活跃、最能动的因素。

（一）加强领导班子和基层党组织建设，更好地发挥领导核心和战斗堡垒作用。各级行领导班子一定要按照中央的统一部署，带头在全行深入开展学习实践科学发展观活动，用中国特色社会主义理论体系武装头脑、指导实践，增强从基本国情和工商银行实际出发建设现代金融企业的能力。要适应新的市场竞争形势，加快班子知识、专业结构优化和整体功能的改善，对不同分行、不同部门、不同层次班子的调整配备，要根据经营管理和市场竞争需要，各有侧重，尤其要重视大中城市行特别是一级分行营业部的班子建设。要全面科学衡量班子工作，把“一把手”领班子、带队伍、管人才情况列为考核内容，更加注重考核干部群众对领导班子的公认度、满意度，更加注重考核各级行的行风行貌。要对后备干部进行一次筛选，制定后备干部队伍建设中长期规划，发现和培养一批更年轻、更有潜力的优秀后备干部。

要探索具有大型现代金融企业特点的基层党建工作的新路子。深入调查机构扁平化改革后基层党组织建设情况，规范分支机构党组织工作机构设置，推进先进性教育长效机制建设，增强基层党建工作活力。

（二）加快人力资源开发，深入挖掘人力资源潜能。要认真总结分析人力资源管理提升项目实施情况，及时指导个别机构解决好新体系构建中存在的问题，继续有针对性地加强政策宣传解释，引导和教育干部员工转变观念，把各类人员的积极性进一步调动起来。要在新的岗位职务管理体系基础上，逐步按岗位性质建立差异化绩效考评指标，完善基于岗位胜任能力的行为能力评价体系，适当提高劳务派遣用工转制比例，为各类员工铺设多通道的职业发展路径，形成更加有效的激励约束机制。

从今年起，人力资源管理工作的重点要由总量压缩转变为结构优化，着力解决人员富余与人才短缺并存的结构性矛盾，突破制约竞争发展的人才瓶颈。要对从业员工的年龄、学历、专业背景，以及区域和岗位分布状况进行全面调查分析，结合全行改革发展的战略布局，制定人力资源结构调整中长期规划。要选择一批典型分行进行“麻雀解剖”，深入分析岗位设置、劳动组合、管理方式等各方面存在的问题，提出管理行和二线人力资源合理配置的具体办法措施。要逐行测算效率指标，研究员工跨区域流动的目标、办法与路径。要构建内部三级人才市场，拿出适合中年员工特点的岗位组织定向招聘，并制定特殊政策，引导员工向客户经理、柜台一线和人员紧缺的地区流动。

创新培训方式，提高培训效果。要全面整合各专业资格等级认证，建立统一规范的专业序列资格等级认证标准和相应的培训、考试、认证管理办法，逐步使考试认证结果成为员工上岗、晋职的必要条件。要针对管理类、销售类、专业类和操作类人员的不同特点开展培训，提高培训实效。要坚持培养与引进相结合，加紧落实高端人才培训计划，加快建设一支专家型人才队伍。要借助多种渠道为全行员工适岗、转岗培训创造条件，尤其要根据中年员工更新知识、技能的特殊需要，制订专项培训计划。要鼓励员工竞争参训、自主择训，大力开展岗位练兵活动，进一步形成建设学习型银行的浓厚

氛围。

（三）牢牢把握“三个更加注重”，深入推进反腐倡廉建设。认真学习贯彻胡锦涛总书记在中纪委第十七届二次全会上的重要讲话精神，按照更加注重治本、更加注重预防、更加注重制度建设的要求，从我行经营管理实际出发，实施《建立健全惩治和预防腐败体系2008—2012年工作规划》。要加快建立拒腐防变教育长效机制，深入开展理想信念、党风党纪和廉洁从业教育，加强面向全行的廉洁文化建设，认真落实中纪委“七个不准”等廉洁自律各项规定。要健全反腐倡廉制度体系，在机构调整和流程改造中注意合理划分、科学配置各部门的权力和职能，加强对道德风险高发部位的权力制约，努力消除引发权力滥用、权力“寻租”等腐败现象的制度因素。加大对违反制度行为的查处力度，出台违规违纪人员惩戒规定，发挥从严惩处在治本方面的效用。要开展对党内监督各项制度执行情况的专项检查，建立巡视工作制度，促进党风廉政建设责任制的落实。

（四）凝聚和调动一切积极因素，营造和谐稳定环境。各级行一定要从政治和全局的高度，认识维护稳定工作的重要性，统筹运用各种手段协调利益关系，最大限度地增加和谐因素，减少不和谐因素。要以落实信访维稳责任制为主线，进一步加大矛盾纠纷排查调处和源头治理力度，注意发现非正常上访事件的苗头，抓住解决问题最佳时机，努力把问题解决在基层和初始状态。同时，更加注重做好对非正常上访人员的思想疏导和教育转化工作。要认真开展落实《劳动合同法》情况调查，维护各类员工的合法权益。关心困难员工和内部退养人员生活。在政策范围内积极协助自谋职业人员办理失业证或再就业优惠证，解决好最低生活保障或失业保险金等问题。要以员工满意度和凝聚力为衡量标准，创新思想政治工作内容和形式，充分发挥工会、共青团等群众组织在人文关怀和心理疏导工作中的作用。年内要在一级分行建立起职工代表大会制度，促进广大员工主体作用的有效发挥。

同志们，国内国际经济金融形势的发展变化，给我们的经营发展带来了新的机遇和更加严峻的挑战，全行一定要审时度势，因势利导，以更加积极有为的精神状态和求真务实的工作作风，加快推进经营转型和提高市场竞争力，实现又好又快发展，为把工商银行建设成国际一流的现代金融企业而努力奋斗。

以改革创新精神推进人事组织工作
为提升全行竞争发展能力提供坚强保证

——在中国工商银行人事组织工作会议上的讲话

姜建清

（2008年2月3日）

全行2008年工作会议结束后，紧接着召开这次人事组织工作会议，以党的十七大精神为指导，深入研究全行改革发展新的形势任务对人事组织工作提出的新要求，安排部署2008年的人事组织工作，说明新时期加强人事组织工作的重要和紧迫，总行党委对这项工作高度重视，并寄予很高的期望。下面，我先讲几点意见。

一、认清新形势新任务，牢牢把握人事组织工作大局

我们刚刚总结了上市一年来的成绩和经验，应该说过去的一年是全行盈利能力和风险控制能力显著增强的一年，是竞争发展能力快速提高的一年，也是国内国际市场形象进一步提升的一年。全行以科学发展观为指导，从新的历史起点出发，在建设国际一流现代金融企业的新征程中迈出了新的步伐，打开了新局面。

过去的一年，也是全行党的建设和人事组织工作具有开创意义的一年。特别是圆满召开了全行党的代表大会，经过上下反复酝酿，逐级遴选，选举产生了出席党的十七大的代表，也使广大党员受到了一次具体、生动的党性锻炼和党内民主教育。召开了改制以来首次党建工作会议，对现代金融企业建设中党的建设工作进行了全面部署，组织全行掀起了学习贯彻十七大精神的热潮，从而进一步形成了党的建设与现代金融企业建设协调推进、相互促进的工作局面。持续开展“四好”领导班子建设活动，加强管理人员选拔任用和监督管理，班子的凝聚力和干部队伍的战斗力有了新的增强。全面实施人力资源管理提升项目，与现代公司治理相适应的新型人力资源管理体系初步形成，激励约束机制更加健

全和有效，实现了员工利益与公司价值、股东回报的协调增长。深入实施人才兴行战略，员工队伍整体素质进一步提高。机构改革不断深化，二级分行扁平化改革全面推进，管理体制得到进一步改进，经营效率和服务水平有了新的提升，等等。党建和人事组织工作的加强，为全行改革发展提供了政治保证和人才支撑。这些成绩的取得，是各级行党委正确领导、科学决策的结果，是全行各部门协作配合、共同努力的结果。同时，人事组织部门的同志在这些工作中也发挥了十分重要的作用。一年来，全行各级人事组织部门锐意进取，开拓创新，扎实工作，付出了极其艰苦的努力。在这里，我代表总行党委向大家，并通过你们向辛勤工作在人事组织战线上的同志们表示感谢和慰问！

当前，全行竞争发展的任务很重，面临的经营环境也更加复杂多变，新的形势任务对人事组织工作提出了新的更高的标准和要求。党的十七大报告指出，党的自身建设任务比过去任何时候都更为繁重。世情、国情、党情的发展变化，决定了以改革创新的精神加强党的建设既十分重要又十分紧迫。各级行党委和人事组织部门在贯彻党的十七大精神中，一定要紧密联系实际，认清新形势、肩负新使命。

首先，要紧密联系国际国内经济金融形势的深刻变化，用全局和世界的眼光研究和推动人事组织工作。近来，国际金融市场动荡加剧，全球经济增长放缓，发展前景变幻莫测，经济金融全球化程度不断提高和我国对外开放不断扩大的大环境，正在对我国经济金融的稳定健康发展形成多方面的影响。今年，我国宏观调控力度的进一步加大、从紧货币政策的实施，对我们经营转型、风险管理和业务创新提出了更为紧迫的要求。能否认识外部经济环境的复杂性和多变性，科学把握宏观调控的节奏和力度，促进经济平稳较快增长；能否适应国际国内经济金融形势的发展变化，提高经营管理水平，实现业务健康发展和盈利可持续增长，是对我们各级领导班子和领导干部把握全局的能力、驾驭复杂局面的能力的考验，同时，也为人事组织工作提出了一个新的重大课题。这就需要人事组织工作在推动各级领导班子建设、提高各级领导干部素质能力方面发挥更大的作用。

其次，要紧密联系提升竞争发展能力的中心任务，用战略的思维研究推动人事组织工作。随着我国金融业国际化竞争的加剧，增强竞争力的任务十分紧迫。党的十七大对提高银行业竞争力提出了明确要求，去年我行发展战略研讨会和今年的工作会议对提高全行竞争力进行了全面部署，提高竞争发展能力成为当前全行的中心工作。管理体制和人力资源是构成竞争力的核心部分。这些年来，我们在深化管理体制尤其是人力资源管理体制改革方面迈出了较大步伐，取得了长足的进步，但与现代金融企业建设要求和新的竞争发展形势相比还存在多方面的不适应，特别是管理链条过长、经营机制不够灵活、流程不够科学、人员结构不合理等深层次的问题，仍然制约着全行竞争发展水平的提高。人事组织工作应在推进管理体制改革、开发人力资源等方面发挥更大的作用。

最后，要紧密联系新形势下党建工作和队伍建设中遇到的新情况，用改革创新的精神来研究推动党的建设和组织工作。当前，随着我国银行业现代金融企业制度建设的快速推进和全球化发展布局的逐步推开，全行党的建设和组织工作也面临许多新的情况，如在推进现代化、国际化发展过程中，如何适应新形势要求，加强党的建设，充分发挥党的领导核心、政治核心作用；如何适应多元化用工方式，做好党员的发展、教育和管理工作，更好地发挥党员的先锋模范作用；如何适应机构改革深化的新情况，加强基层党组织建设，充实职能，创新方式，发挥各级党组织的战斗堡垒作用；如何适应和谐银行建设需要，加强思想政治工作，发挥党的政治优势，营造稳定和谐、充满生机与活力的良好氛围；等等。这些都是党的建设和队伍建设面临的新情况，也是人事组织工作面临的新挑战，必须以改革创新的精神研究新思路、推出新举措、取得新突破。

面对新的形势和任务，全行各级党委和人事组织部门一定要进一步增强责任感和紧迫感，增强工作前瞻性和主动性，切实做到围绕中心、服务大局，推动全行人事组织工作不断迈上新台阶。当前及今后一个时期，全行人事组织工作的总体要求是：以党的十七大精神为指导，认真贯彻落实科学发展观，全面加强党的建设、领导班子建设和员工队伍建设，完善人力资源管理体系，加快人力资源开发，深入实施人才兴行战略，深化组织机构改革，为全行竞争发展和国际一流现代金融企业建设提供坚强的组织保障和人才支持。

二、深入学习贯彻十七大精神，全面加强党的建设和干部队伍建设

党的十七大明确提出了新时期加强和改进党的建设的目标要求以及六个方面的重大任务，为今后一个时期全行党建和干部队伍建设指明了方向。各级党委要深刻领会十七大精神，从全局和战略的高度，充分认识新时期加强党建和干部队伍建设的重要性和紧迫性，进一步增强党要管党和抓党建带队伍的责任意识，积极研究探索现代金融企业建设中加强党的建设和干部队伍建设的有效方法和途径。

（一）加强党的思想建设，用中国特色社会主义理论体系武装头脑、指导实践、推动工作。当前及今后一个时期，摆在我们面前的一项重大政治任务，就是要学习好、宣传好、贯彻好党的十七大精神，把全行广大干部员工的思想和行动统一到党的十七大精神上来。各级党委要按照总行党委的统一部署，加强领导、精心组

织，通过中心组学习、党校培训、专题研讨等多种行之有效的方式，组织好全体党员和广大员工的学习，既从整体上深刻领会中国特色社会主义理论体系，又要分专题展开深入研讨，精研深思，使广大党员对党的理论创新成果认识更加深刻、把握更加全面、运用更加自觉。各级领导班子、领导干部要作学习的表率，始终做到先学一步、学深一点。党委中心组要增加集中学习的时间和次数。总行党校、分校及各级行培训学校要集中精力组织好十七大精神的学习培训，上半年把全行处级以上领导干部轮训一遍。同时，要把十七大精神的学习贯穿到各类教育培训当中去，逐级落实党员学习培训责任。

要大力弘扬理论联系实际、学以致用的马克思主义学风，按照中央的统一部署，在全行开展深入学习实践科学发展观活动，并与推进国际一流现代金融企业建设结合起来，将学习贯彻活动引向深入。要认真研究思考涉及本行、本部门工作的事关全行改革发展的一些重大战略课题，认真研究思考当前国内国际经济金融形势发展变化带来的新机遇、新挑战，理清发展思路、解决突出问题。要把理论学习的成果尽快转化为从国情行情出发建设现代金融企业的才干和本领，不断提高各级领导班子和领导干部的战略决策能力、改革创新能力、竞争发展能力、风险防控能力和统筹协调能力，推进全行加快经营转型，提高竞争能力，创造出经得起实践和历史检验的经营业绩。

（二）加强领导班子和干部队伍建设，把各级领导班子建设成为善于领导科学发展的坚强集体。建设一支高素质的领导班子和干部队伍是加强党的建设的重中之重，是顺利推进各项改革，全面建设国际一流现代金融企业的根本保证。全行一定要继续坚持把开展“四好”班子创建活动，作为领导班子建设的重要抓手，认真总结两年来“四好”班子创建活动经验，进一步探索创建活动的基本规律和方法。要将创建活动与实施发展战略相结合，以“四好”领导班子创建活动促进人才兴行战略的实施，推动学习型银行的建立，使“四好”班子创建活动成为全行实施发展战略的有效支撑与保障。今年总行将对两年来“四好”领导班子创建活动进行评比表彰。

要按照提高素质、优化结构、增强能力的要求，进一步改善各级领导班子结构，建立合理的年龄梯次结构、配套互补的专业知识结构、团结相容的个性结构。要根据经营管理情况和市场竞争需要，优化对各级分行和各部门领导班子的配备，尤其要重视大中城市特别是一级分行营业部的领导班子建设，加快对那些工作不力、管理薄弱机构的班子进行重点考察和调整充实。要积极探索领导班子提高能力、增强合力、激发活力的新思路和新途径，在选好配强“一把手”的同时，进一步规范副职的设置，形成以岗位为基础，前中后台分离、专业类别统一、分工明确、责任清晰的领导班子管理体系，做到以岗位任职要求为标准选拔领导干部，按岗位职责考核领导干部，按岗位类别培养领导干部。总行党委正在研究把“一把手”领班子、带队伍、管人才情况作为全面科学衡量领导班子工作的重要内容，重点考核评价“一把手”及领导班子的人力资源管理能力。

要以实施人力资源管理提升项目为突破，稳步推进干部管理体制改革。要认真贯彻落实党的干部路线、方针和政策，进一步做好干部选拔、培养、管理、监督工作。同时，积极借鉴现代人力资源管理理念，着力构建更加科学规范的干部管理机制。要坚持民主、公开、竞争、择优的干部管理制度改革方向，进一步完善民主推荐、民主测评、组织考察工作机制，拓宽选拔工作中的民主渠道，扩大公开选拔、竞争择优机制的实施范围。今年，总行将公开选拔部分分行副行长和总行部室副总经理。要对后备干部进行一次筛选，及时做好后备干部的调整补充工作，制定后备干部队伍建设中长期规划，并尝试通过职业生涯发展规划这一新途径，加大对能力强、潜力大、业务精、年纪轻干部的培养力度。要积极学习引入现代人力资源管理工具和人才测评手段，探索管理人员选拔任用、考察考核的新方法，加快建立以绩效合约和行为评价为主要内容的管理人员考核评价体系，创造有利于干部健康成长、发挥才干的环境，把各方面的优秀人才吸纳到各级干部队伍中来。

（三）加强基层党的建设，充分发挥基层党组织凝聚人心、推动发展、促进和谐的重要作用。各级行党委要进一步以改革创新的精神加强基层党的建设，拓宽领域、完善格局、创新载体、健全机制，努力探索具有大型现代金融企业特点的基层党建新路。要深入调研机构扁平化改革后基层党组织建设情况，规范分支机构党组织工作机构设置，努力把党的工作覆盖到各个领域。要积极借鉴党建工作联系单位的经验，不断完善基层党组织运行机制，逐步形成机关党建、部门党建、机构党建、网点党建互补互动的基层党建工作新格局。要进一步完善基层党组织工作制度，丰富组织生活内容，提高组织生活质量。要创新基层组织发挥作用的有效方式，开展“凝聚力工程”建设，探索党的上级组织服务基层组织、党的基层组织服务党员、党的各级组织和党员服务员工的有效途径和方式，更好地凝聚广大党员干部与员工的智慧和力量。

高素质的党员队伍，是全行竞争发展的中坚和骨干力量。要深入贯彻落实保持共产党员先进性四个长效机制文件，巩固和发展先进性教育活动成果。要组织广大党员认真学习党章特别是新写入党章的党的理论创新和实践发展成果，以及对党员、党的干部和党的各级组织提出的新要求，进一步提高学习、遵守、贯彻和维护党章的自觉性，使广大党员不断增强先进性意识，成为全行改革发展中的先锋。要通过抓好学习培训、加强实践锻炼、严格组织生活等多种途径，做好党员经常性教育工作。要继续做好发展党员工作，重点做好在高知识群体、青年员工和业务一线包括柜员合同工、劳务派遣用工中发展党员的工作，重视提高新员工群体中党员的比例，优化党员队伍结构。要贯彻落实建立健全党内激励、关怀、帮扶长效机制的要求，以老党员和生活困难党员为重点，广泛开展送温暖、献爱心活动。要发动党员干部深入开展“创先争优”活动，并通过党员责任区、党员先锋岗、党员示范承诺等多种创建形式，努力在全行上下形成“创先争优”的浓厚氛围。

（四）加强作风建设，努力形成团结奋进干事业的良好局面。作风就是形象，作风就是战斗力。特别是对于像我们这样一个市值居全球上市银行首位的大型银行来说，干部队伍作风必然也是境内外投资人和广大客户更为关注的问题，直接影响着工商银行在国内国际金融市场的形象。建设国际一流的现代金融企业，必须建设一支作风过硬的干部队伍。各级党委一定要以对党和工商银行事业高度负责的态度，把加强干部队伍作风建设放在更加突出的位置，紧密结合全行改革发展新的形势任务，切实找准和解决干部队伍作风上与现代金融企业建设目标任务不相适应的问题。要模范践行八个方面的良好风气，并转化为自重的准则、自醒的镜子、自警的标尺、自励的目标。要加强党性修养和政治锤炼，坚决以中央纪委第十七届二次全会提出的“六个决不允许”的要求约束自己，自觉遵守政治纪律，始终与中央保持高度一致，局部服从全局，做到令行禁止。要切实增强民主意识，坚持民主集中制原则，扩大党内民主、尊重党员的民主地位；深入推进职代会建设和行务公开，落实广大干部员工的知情权、参与权、选择权和监督权。要切实增强服务意识，关心员工，服务基层和客户。特别要深入到困难多、问题多、矛盾多的机构，倾听员工和客户的呼声，采取有效措施，帮助基层解决突出问题和实际困难。要切实增强反腐倡廉意识，构牢抵御腐败的思想道德防线，自觉遵守中纪委“七个不准”等廉洁自律各项规定，讲职业操守、重个人品行、树新风正气。

三、加快人力资源开发和机构管理体制改革，不断提高核心竞争力

人力资源是第一资源，机构管理是事关全行运行效率的关键环节。深入开发人力资源、深化机构管理体制改革，是提高核心竞争力的战略举措，是人事组织工作中两项十分紧迫而重大的任务，今年全行一定要投入更大的精力，力争取得更大的突破。

（一）加强人力资源的战略规划与科学配置。要根据全行新的战略发展布局，系统性、前瞻性地编制人力资源开发的整体规划，进一步推动人才兴行战略的实施。要在继续控制人员总量的同时，把工作重心放到调整人力资源布局和提升队伍素质上来，形成人力资源调整与经营转型、创新发展相协调的动态优化机制。在区域结构上，要配合全行区域发展战略的实施，进一步将人力资源配置向业务量大、经营业绩好、经营效率高的重点区域和城市行倾斜，继续严格控制金融资源匮乏及经营效率低下地区的人员规模，积极探索组织员工跨区域流动的有效途径。在年龄结构上，要着眼于可持续发展的需要，通过一个时期的有序调整，逐步形成一个合理的年龄梯次结构，使我们的员工队伍既富有经验又充满活力。在专业结构上，要适应转型和创新需要，重点加大新的效益增长点和新兴业务领域的人力资源投入，加大综合化、国际化发展急需人才的配备，提高人才的投入产出比和边际效益。在岗位结构上，要结合流程改造和扁平化改革，进一步梳理前中后台、二线与一线、管理机构与基层网点的人员配置，合理确定管理、专业、销售和运行四类岗位人员的结构比例，精减机关管理人员，大力充实前台和市场营销岗位，深入挖掘人力资源潜力，盘活人力资本，释放劳动生产力。这次会议结束之后，要立即在系统内组织客户经理招聘，尽快把客户经理队伍壮大起来，把外勤营销型客户经理队伍建立起来。要以总行、一级分行和二级分行三级经营管理单位为主体，统筹考虑直属机构、境外机构、控股机构等各类机构需要，加快构建全行的内部人才市场，完善员工内部流动机制，有效解决人员富余和结构性短缺的矛盾，增加人力资源的价值创造。

（二）拓宽员工职业发展通道。要在去年实施人力资源提升项目的基础上，也就是在新的岗位序列和职级体系的基础上，进一步围绕“员工和企业共同成长”这个主题，加快推进员工职业生涯规划工作。要根据我行管理基础和员工特点，借鉴国内外大型企业的成功实践，构建多通道、分序列的职业发展路径，明确员工职业发展方向，完善人才培养机制，拓宽职业发展空间，使全行人力资本得到深度挖掘。要加强人事组织部门与教育培训部门和各专业部门的协调配合，全面整合各专业资格等级认证，建立统一规范的专业序列资格等级认证标准和相应的培训、考试、认证管理办法，逐步使考试认证结果成为员工上岗、晋级的必要条件，促进专业人才的成长。要适应业务创新和综合化、国际化发展的需要，突出抓好一批专家型、复合型、国际化人才的培养。

要重视充分发挥各级、各类、各年龄段人才作用，调动全员的积极性。尤其要针对全行中年员工占比较大的实际情况，更加关注中年员工的职业发展问题，其岗位进退不要简单地以年龄为依据搞“一刀切”。对职业经验丰富、善于学习的业务骨干，要继续合理使用，充分发挥他们对青年员工的传帮带作用；对知识技能老化、岗位适应能力不强的中年员工，要有针对性地进行职业生涯转型指导，实施职业援助计划和技能振兴行

动，帮助他们走出一条职业发展的新路子，为全行改革发展作出新的贡献。

（三）加强全球员工管理工作。随着我行国际化发展战略的深入推进，加强全球员工管理将成为我们面临的一项新的重要任务。我们要按照境内外人力资源一体化、内部培养选拔和外部智力引进并举的原则，以创新的思路和措施，做好全球员工及外籍员工的管理工作，全面提升境内外机构人力资源管理水平。要结合境外机构人力资源管理提升项目的实施，进一步完善外派人员激励约束机制。要科学制定国际化人才发展规划，以及全球员工一体化管理方案，将国际雇员纳入全行统一的人力资源体系统筹管理。完善中高层经营管理人员的定向培养计划，创新外派人才选拔和选派机制，推动境内外人才交流使用，培养和储备一批数量充足、素质较高、结构合理的国际化员工队伍，为我行实施国际化发展战略提供有力的人才支持。

（四）规范用工管理。要按照“依法合规、统筹兼顾、分步推进、到期续签”的原则，认真做好新版劳动合同书及相关协议书的签署工作，以实施《劳动合同法》为契机，进一步形成依法合规、择优进入、严格考核、激励有效、约束有力、退出有序的用工机制，提高全行用工管理的规范化、制度化和市场化水平。尤其要注意规范柜员合同工和劳务派遣等用工制度，切实做到政治上一视同仁，经济上同工同酬。

（五）完善绩效管理和分配制度。绩效管理是战略执行的工具，是调动员工积极性的基础工作。我们建设国际一流现代金融企业，必须追求卓越的绩效管理，促使各级机构和各部门不断提高战略执行力。要充分利用人力资源管理提升项目成果，进一步健全绩效管理体系，完善支持全行发展战略和经营目标的绩效指标体系，推动自上而下的目标分解和自下而上的沟通反馈，构建良性互动、逐级承诺的绩效文化。要整合全行各机构层面、各专业条线、各类型员工的绩效管理制度及政策，形成与岗位职级体系相匹配的、能够促进全行整体业绩提升的绩效管理制度。要积极推行分岗位类别、分岗位序列的差异化绩效考核，建立工作业绩与能力素质并重的员工绩效评价体系。对中高级管理人员要逐步实行个人绩效合约制度，将个人绩效与组织绩效紧密挂钩，并研究落实经营绩效年度考评与管理层任期考评相结合的绩效考核机制；对专业类员工要突出专业能力考核，并逐步完善关键岗位员工定量化的绩效指标考核；对销售类员工采用销售团队业绩和个人业绩相结合的方式进行业绩考核；对运行类员工的工作业绩考核要侧重于个人的工作质量和数量。

要进一步完善基于EVA考核的工资总量分配机制，倡导公开、透明的分配文化，坚持价值贡献与收益分享相结合，确保员工利益与公司价值、股东回报协调增长。完善岗位绩效工资制，强化岗位、绩效、能力、市场等现代化分配理念的贯彻落实，逐步实现关键员工和重点岗位薪酬的市场化。今年总行将重点加大对全行销售类岗位的薪酬激励力度，增强销售类岗位的吸引力和价值创造力。要推广全面薪酬管理的理念，推进企业年金和补充医疗保险制度建设，进一步完善员工福利保障体系，全面建立科学合理、富有效率、即期激励与远期激励相结合的收入分配体系，充分激发各层各类员工的积极性和创造力。

（六）提升机构管理水平。提升竞争力是全行最为重要而紧迫的战略任务，分销渠道网络完备作为我行的核心竞争优势，必须不断巩固扩大而不能丧失。从国际银行业来看，在经过多年裁减分支机构之后，重新定位、投资和配置营业网点成为新的趋势，国内同业主要竞争对手在机构网点布局优化和升级改造方面也在积极推进。全行机构管理工作必须以提升竞争力为导向，按照“总量稳定、结构优化、功能提升”的原则，完善机构发展规划，加快优化全行机构网络布局和资源配置，形成与全行发展战略相适应的机构布局和竞争优势。各分行要抓紧对重点地区、重点城市及营业网点布局、同业的网点分布情况进行一次深入调查，以网点布局调整为重点制订网点发展的具体计划，尽快把这项工作推动起来。

要进一步加速渠道整合升级。各行要进一步健全网点升级改造管理机构，优化工作流程，加强检查验收，按期报告工作进展，保证网点升级改造工作进度和质量。要改变以牌照数量统计分析网点的方法，科学设立涵盖贵宾理财中心、普通理财网点、金融便利店、自助银行等不同功能类型网点以及各类网点劳动组合、竞争发展状况的全面统计分析体系，并建立年度报告制度。

要深化机构改革。适应全行个金、对公、营销及运行等业务流程的改造，及时跟进相应的机构设置和部门职能调整，促进服务改进和竞争力提升。继续深化扁平化改革，积极探索提升省分行营业部竞争力的管理体制和机制。

这里需要提醒大家注意的是，当前全行体制机制改革内容很多，特别是涉及员工切身利益的人力资源管理改革力度较大，一定要做到政策严密、方法科学、步骤稳妥、工作扎实，妥善处理好各方面的利益关系，努力营造积极向上、和谐稳定的改革发展环境。要认真研究今年《劳动合同法》颁布实施对劳动关系的影响，分析在劳动争议方面可能出现的新情况，提前制定工作预案，妥善解决因劳动争议所引发的各种矛盾，避免群体性事件的发生。要对人力资源提升项目实施以来的情况进行深入细致的调研，及时解决遗留问题，使这一新的人力资源管理体系更加规范和完善。要加强离职管理工作，严格按政策和程序办事。要主动与当地有关部门协调，积极协助自谋职业人员办理失业证或再就业优惠证，尽力协助他们通过当地有关部门解决好最低生活保障或失业保险金等问题。同时，要进一步畅通诉求渠道，引导员工以理性合法的形式表达利益诉求、解决存在问题，注重做好对非正常上访人员的思想疏导和教育转化工作，努力消除不稳定因素，善于化消极因素为积极因素。

四、高度重视人事组织工作，不断提升人力资源管理水平

人事组织工作关系全行发展全局，各级行党委一定要更加重视人事组织工作，全行人事组织部门要以更加开阔的视野，更加先进的管理理念，深化人事组织工作体系建设，高标准地加强人事组织干部队伍自身建设。

（一）进一步推动人力资源管理工作转型。全行人力资源管理要将自身发展方向与全行战略目标紧密结合，加紧构建适应国际一流现代金融企业建设要求的人力资源管理体系，研究适应提升竞争力需要的机构管理模式。要进一步转变职能，紧紧围绕中心任务，主动参与创新，推动各项战略的执行和贯彻。要继续强化服务和支持职能，深入了解业务发展需求，科学合理配置人力和机构资源。要大力强化培育和协调职能，使人力资源管理部门成为员工发展成才的助推器，促进人岗相适、人尽其才、才尽其用，使全行员工的人力资本不断增值，实现员工和公司的共同发展。

人力资源管理工作不仅仅是人力资源部门的工作，要营造全行上下共同开展人力资源管理的良好氛围。各级直线管理者要更多地承担起人力资源管理职责，在人力资源管理部门组织下，既要做好员工的人岗匹配、业务管理和绩效考评工作，更要为员工提供绩效改进辅导，帮助员工进行职业生涯规划，促进员工的职业发展，大力营造团结一致、积极向上、和谐友好的团队环境。广大员工也要积极参与人力资源管理工作，在运用自己的才华智慧为工商银行作出更多贡献的同时，也拥有更多的成长机会和更加广阔的人力资本增值空间。

（二）大力加强人事组织干部队伍建设。人事组织部门是全行的党员之家、干部之家和广大员工之家，担负着协助党委管干部、管党员和管人才的重要职责。希望全行各级人事组织干部要内强素质、外树形象，不断提高人事组织工作的政策水平、知识水平和工作水平。

一要继续保持优良作风。近几年全行人事组织部门围绕以公道正派为主要内容的“树人事组织干部形象”主题持续开展了多种形式的学习教育活动，取得了明显成效。今年，要按照中组部的统一要求，在全行广泛开展“讲党性、重品行、作表率，树人事组织干部新形象”的实践活动，进一步将树形象工作引向深入，提高人事组织干部自身建设的规范化、科学化、系统化水平。要通过这次主题实践活动，促进各级人事组织部门和干部，弘扬公道正派、清正廉洁的工作作风，进一步树立我行党性坚强、作风优良、纪律严明、业务精通的好形象。

二要不断增强学习能力和业务本领。要加强对先进的人力资源管理理念、方法和工具的学习，提高工作的科学性、系统性。要熟悉掌握全行发展战略，保证人力资源管理工作的正确方向。要加强对全行各项主要业务的学习了解，把握全行创新发展实际情况和内在需求，不断提高工作的针对性和有效性。

三要大兴调查研究之风。全行人事组织干部要牢记“两个务必”，保持和弘扬求真务实、脚踏实地的工作作风，深入基层、深入实际，采取多种方式对业务流程、组织架构、领导班子建设、岗位设置、绩效管理、人员配备等各方面进行调查摸底，掌握实情，找准症结，积极研究解决工作中存在的突出问题。

四要坚持改革创新。刚刚召开的全行 2008 年工作会议对人力资源管理工作提出了许多新要求，工作重点和着力点也更加突出。各级人事组织干部要不断更新理念，创新机制，改进工作方式方法。要积极学习借鉴国际国内人力资源管理的先进理论和优秀成果，结合实践经验，把握工作规律，提高工作能力，不断创造新的成绩。

2008 年是我们贯彻落实党的十七大精神的开局之年，也是落实首个三年发展规划的收官之年，人事组织工作肩负着重要使命和责任。大家一定要紧紧围绕全行改革发展的战略任务，科学筹划，突出重点，加强协调，力争在各项工作上取得新的突破，为把我行建设成为国际一流现代金融企业作出新的更大的贡献。

提升审计层次　强化监督职能
为增强全行竞争发展能力提供保障

——在中国工商银行内部审计工作会议上的讲话

姜建清

（2008 年 2 月 28 日）

本次会议的主要任务是：贯彻落实全行发展战略研讨会和年度工作会议精神，分析当前改革发展形势对内部审计工作提出的新要求，研究进一步强化审计职能、提高审计质量和层次的新措施，促进内部审计系统更加充分有效地发挥在风险管理、内部控制和公司治理过程中的监督评价作用，为提升全行竞争发展能力作出新贡献。

下面我讲三方面的意见。

一、过去一年内部审计在全行改革发展进程中发挥了积极的作用

2007 年是工商银行改革发展进入新阶段，坚持以科学发展观为指导谋求转型发展的重要一年。这一年，全行盈利能力和风险控制能力显著增强，竞争发展能力快速提高，在建设国际一流现代金融企业的新征程中迈出了新步伐。作为全行公司治理和内控体系的重要组成部分，内部审计在董事会的领导下，在监事会的指导和高管层的支持下，紧紧围绕全行改革发展战略和经营管理目标，在全行改革发展进程中发挥了突出的作用，各项工作都取得了新的进展。

（一）内部审计体系的职能和作用进一步增强。向董事会负责的内部审计体系的建立和发展，体现了全行公司治理的完善和风险控制能力的进一步增强。内部审计体系在新的公司治理架构下运作两年多来，得到了董事会及其审计委员会的高度关注和充分重视，有关内部审计的工作和报告机制不断完善，信息沟通渠道日益畅通，内部审计已成为董事会及其审计委员会有效履行监督职责的重要资源和手段；各级经营管理层逐步理解并认同内部审计的制度安排及其监督检查的职能所在，主动接受审计检查，积极采纳审计意见，重视并反馈整改情况，一种良性互动的内部控制与监督纠正机制和环境正在形成；内部审计以风险为导向，将监督评价全行风险管理、内部控制和公司治理的充分性与有效性的职责要求落实于各项审计活动之中，审计理念和方式发生了深刻的变化，工作思路与管理机制日渐清晰，成为全行风险管控体系中一支不可或缺的专业监督力量。

（二）内部审计部门的履职能力和水平明显提高。内部审计部门认真理解董事会的战略决策和公司的经营目标以及自身的关键任务，将审计重点集中在董事会和高管层关注的内部控制和重要风险领域，积极有序地开展了不同层面的审计活动，全面落实了董事会批准的年度审计计划。一方面，在业界率先开展了内部控制有效性评估，首次从公司、流程和 IT 层面了解全行内部控制的整体状况，初步建立起一套与国际领先实务相衔接的内部控制自我评估体系框架和评估标准，为我行持续开展内部控制评估、满足监管要求的长期需要打下了基础；另一方面，持续开展了财务、信贷、新产品、IT 和境外机构等领域的专项审计，完成了高管人员离任审计等常规性审计任务，发现和揭示了部分经营管理活动中存在的共性和系统性风险与控制隐患。各类审计活动都尝试思考和分析了机制、流程以及执行力等深层次的原因，提出了有针对性的审计意见和建议。审计结果得到了经营管理层的认可和利用，在总行完善部分重要业务管理制度，申设境外机构的过程中发挥了支持与参考作用。审计报告得到了董事会、监事会、高管层以及审计委员会的关注和重视。

（三）内部审计管理机制和运作模式日渐成熟。以加强履职能力建设为主线，从我行行情出发，学习和借鉴国际先进做法，在完善管理机制，创新管理模式，提高队伍素质等方面迈出了新步伐。推行了有效整合系统资源，提高审计效率的“六统一”管理模式；启动了风险评估与内控评估方法体系建设，初步形成了内部审计的专业程序和标准；投产了审计信息业务和管理系统，初步搭建了审计专业化的业务和管理信息平台；强化了内审分局管理与考核，调整了部分分局班子，顺利实施人力资源提升项目，增强了总行内部审计局的组织和管理能力；开始规划内部审计人员的培养、使用、激励机制，持续大规模的职业培训使队伍的素质结构和能力发生了积极的变化。通过一年的工作，符合工商银行管理特点和业务处理模式的审计管理运行体系、方法技

术体系已具雏形，在国内业界引起了关注，也得到了监管部门、内部审计协会的肯定。

（四）内部审计的工作领域进一步拓宽。在全面完成年度项目的同时，内部审计还在协调外部审计、落实监管要求、推动合规管理方面做了大量的工作。协调、监督外部审计完成了各时期财务报告审计工作和相关事务推进工作，满足了全行财务信息披露工作的时间和质量要求；协调、配合银监会和审计署等监管部门完成了各类专项检查任务，督促全行认真落实各项问题的整改工作；牵头组织了全行重要经营管理事项大检查工作，与内控合规部共同协调组织全行各级机构完成了重要经营管理事项的自查、复查和抽查工作。内部审计系统在协调大量的内、外部监督检查工作过程中，体现了较强的大局把握能力、组织协调能力和内外检查结果利用能力，不仅完整准确地提供了全行合规经营的情况，满足了监督检查的要求，而且及时全面地向董事会、管理层报告了外部检查监管的信息和重点，有效督促了全行问题整改的进程，发挥了监管检查内外交流的窗口和内外联动的平台作用。

总体来说，2007 年内部审计系统上下在深化监督职能、提高履职能力、完善管理机制方面进行了积极的实践和探索，取得了明显的进步。这种进步和变化凝聚了全体内审人员的努力和心血，也得益于各分行、各部门的通力支持与合作，在此，我向内部审计系统员工以及所有关心、支持内部审计工作的同志们表示衷心的感谢！

二、新的改革发展形势对内部审计提出了更高层次的任务和要求

年初召开的工作会议明确将加快提升竞争能力作为当前和今后一个时期全行的中心任务。在风险可控的前提下实现创新发展，是提高核心竞争力的基本要求，也是我行实现又好又快发展的根本保障。内部审计作为全行公司治理和风险防控体系的重要组成部分，一定要清醒地认识当前新形势下的职责使命，促使一切工作支持和服务于全行的中心任务。

（一）国际国内经济金融形势变化，要求增强内部审计工作的预见性和前瞻性。工商银行上市一年多来，金融业经营的宏观环境和微观基础正在发生着重大而复杂的变化，出现了很多新情况、新问题。国际流动性过剩、油价高企、美元贬值，美国次贷危机影响难以估计，成为引发经济衰退和影响金融稳定的隐忧；国内投资增长偏快，价格上涨压力加大，节能减排形势严峻，楼市股市潜在风险积累，国家从紧货币政策调控下的经济金融运行变数增多。在我行加快推进区域发展和国际化、综合化战略布局的同时，跨境和跨业综合经营风险，以及战略风险问题日益突出，已无可避免地要面对国际国内风险相互转化、跨市场风险相互传递、各类风险相互交织的严峻局面。

面对复杂局势，增强风险管理战略的预见性和前瞻性尤为重要，我们必须审慎应对。内部审计不能再耽于一时一地一事的简单查错纠弊，目光要看得更宽一些，耳朵要听得更远一些，工作层次要更高一些，学会在国际、国内金融市场的大背景和大环境下识风险，从全局和战略高度上看内控，加强对创新发展重大问题的前瞻性研究，能够在复杂的风险表象下预见和预警可能影响全行发展的重大风险问题和战略性问题。近来花旗和兴业银行的损失事件深刻提醒我们，在内部审计中尤其要注意深入分析突发事件和大额损失事件可能对全行造成的影响，发现个案问题进而分析可能存在的倾向性问题，发现局部问题进而追溯可能存在的系统性问题，发现全行在管理、执行和发展等方面存在的问题，并进而分析体制、机制与流程上存在的缺陷，为董事会和管理层正确决策提供可靠的依据和参考。最近，我们已要求首席风险官组织风险管理、内部审计和其他相关部门，对全行资金交易业务流程，包括 IT 系统做一次全面检查，重点了解资金交易方面存在的问题，杜绝类似于法国兴业银行损失事件的发生。

（二）提升竞争力战略措施的全面实施，要求提高内部审计提高工作的针对性和有效性。当前复杂多变的经济发展形势和金融竞争格局，使我行实施提升竞争力的改革创新的过程充满挑战，风险的复杂性、突发性和扩散性考验着全行的风险防控能力，加强风险管理成为提高核心竞争力的重要内容。总行正加快完善全面风险管控体系，改进风险管控技术，培育风险管控文化。内部审计部门应当准确把握全行创新发展与风险管理的内涵，清醒认识在全面风险管理体系和内部控制体系中的角色定位和核心职能，集中精力，有针对性地履行好自己应尽的职责。

内部审计是全行风险管控的最后一道防线，是相对独立的监督系统，其主要职责是对全行风险管理和内部控制的充分性和有效性进行再监督和再评价。目前，全行除各级行的内控合规队伍在加强内控合规制度建设方面发挥着主力军的作用外，各业务部门也有一支专业的检查监督力量，业务第一线还有一部分专职人员履行检查职能。在这样一个庞大的监督检查职能体系当中，内部审计队伍是非常精干的，其 300 多人的队伍不应该也不可能分散到所有业务条线和机构前沿末端“盯人防守”，专业内控部门和业务管理部门应当履行自控、自查、自纠职责。内部审计应当融入业务发展的全过程，循着重大风险的轨迹，重点关注全行创新发展的关键环节和重大风险领域的控制情况，监督评价各类风险管理程序和风险评估方法的有效性、信息系统控制的充分性和安全性、财务信息的真实性和完整性、全行经营管理的效率和效益，等等。总之，监督层次要上移，审计视野要深远，检查重点要集中，评价结果要精准。我们非常希望内部审计能够看到经营管理层没有看到、没有想

到的问题，提出有价值的建议来，真正促进全面风险管理和内控体系的完善，支持全行创新发展与风险控制能力的同步提升。

（三）国家金融监管形势的变化，要求增强内部审计工作的主动性和适应性。随着我国金融改革和创新步伐的加快，国家金融监管政策日趋完善。监管部门在注重合规监管的同时强调风险监管，在控制风险的同时鼓励创新，开始由机构监管向功能监管转变，由境内监管向跨境监管延伸，由分业监管趋向综合监管。同时，还特别关注董事会的领导力和管理层的执行力，注重集团公司对整体风险的管理和控制能力，加强了银行及其附属机构的并表监管，强化了对信息披露质量的要求。

今年国家审计署将对我行开展全面审计，银监会也要开展公司治理和集团风险控制相关内容的多项检查，这是对大型上市银行贯彻落实国家经济金融政策和银行业监管要求，提升经营管理能力的一次全面检阅。内部审计应当主动去研究国际、国内两个环境和两个市场的监管要求和监管规则，主动从集团公司和全面风险管理的角度去规划思考审计工作，不仅要关注一般控制环境对我行内部控制状况的影响，更要关注公司治理对全行内部控制状况的影响，全面监督评价包括境内外机构、本外币业务、并表机构的整体内部控制情况。同时，实现与监管部门和外审机构的沟通互动，通过有效的审计活动传导国家的监管要求，督促各项经营管理活动遵循相关的监管法律法规，通过积极的审计工作来验证我行加强风险管理与内部控制的努力和成效。

（四）职能转型的深化过程，要求尽快提升内部审计工作质量和层次。随着我行公司治理结构的不断完善和内外部监管要求的日益严格，特别是全行提升核心竞争力的转型发展战略的全面实施，各相关方对内部审计期望的不断提高，必然要求内部审计遵循国际通行的专业框架与实务标准，运用先进规范的技术与方法，全面提升工作质量和工作层次，真正履行与现代公司治理要求相适应的审计职责，增加对组织的价值。因此，内部审计必须从基础性建设和资源积累阶段加快向工作效率和价值提升阶段推进。

与全行实施三年发展规划同步，2008 年是内部审计首个三年发展规划的最后一年，这一年的工作将奠定未来内部审计发展的新起点。事实上，过去两年多，内部审计逐步完成了打基础和建框架的各项工作，在下一步的工作中，关键是要以科学发展观为指导，在提升审计层次和提高审计质量上下工夫，加快推进内部审计的专业化和标准化进程，把建立与国际接轨、国内领先的内部审计体系作为努力的目标，在学习借鉴的基础上，结合工商银行的管理特点和经营实际，从制度机制、管理流程、实务标准、技术方法以及资源配置等多方面进行统筹规划、整体构建和协调提升，真正通过审计标准化工作来树立内部审计的职业形象。

三、明确2008年重点审计任务，扎实落实提升内部审计工作价值的各项措施

2008 年的总体工作要求是：以科学发展观为统领，以风险为导向，以增值为目的，以监督评价全行风险管理、内部控制和公司治理有效性及经营管理绩效性为主线，扎实推进审计管理和实务专业化、标准化的各项措施，努力提高审计层次和审计价值，加快构建适应现代商业银行公司治理要求，具有工行特色、在国内领先、与国际接轨的内部审计体系，服务于全行提升竞争力战略的全面实施。

围绕上述要求，今年要重点做好以下几方面工作。

（一）高质量完成年度审计计划。2008 年的内部审计项目计划已经董事会批准，这一计划是在对经济金融形势进行深入分析，对全行风险和内控状况进行客观判断的基础上提出的，体现了董事会所关注的重点风险，贯彻了银行和市场监管的要求，反映了当前我行经营管理的实际需要，同时保持了审计检查的持续性，有较强的针对性。内部审计要结合新形势、新要求，重点关注以下领域，把握好审计的切入点和结合点。

——内部控制有效性。开展内部控制有效性评估是市场监管的要求，也是持续改进全行内部控制的需要，是一项长期性工作。在去年试点的基础上，今年要完成对全行内部控制有效性的整体评估，提供评估报告，在满足年报信息披露需要的同时，综合运用评估结果，有针对性地解决和纠正内部控制体系中存在的问题，建立内部控制自我评估体系框架和评估标准的自我更新与完善机制，保证今后全行内控评估的长期需要。

——信用风险、流动性风险和市场风险管理有效性。从紧货币政策实施，产业机构调整深化，汇率改革和利率市场化加速等因素，将会使全行经营中面临的信用风险因素增加，流动性风险管理难度加大，市场风险上升。内部审计要关注国家宏观经济调控政策在我行的执行情况，深入开展信贷管理审计、资金业务审计和新产品创新审计。重点分析行业政策影响下形成不良贷款的问题，评估大额贷款的风险状况，审阅资金业务的交易控制、产品定价和风险敞口管理情况，跟踪部分风险表现复杂、技术含量高、收入回报高的新产品的风险控制状况。同时，要开展公司关联交易审计，了解主要附属公司特别是境外机构的风险状况及对母行的影响，加强对集团并表能力的综合评估。

——信息系统运营安全。信息支持系统事关全行创新发展和国家金融安全，已成为我行今后面临的重大风险之一，绝不能掉以轻心。要继续加强对总行和四大中心的运营安全、软件开发与测试及信息安全等方面的风险控制审计，特别要关注个别事件和突发事件的影响；全面评估信息科技发展战略、治理架构、系统整体性能和效益等。同时，要重点检查电子银行业务系统的风险

和控制状况，确保重要业务系统的安全运行。

——公司战略执行效率与效果。关注董事会决策和管理层执行力，开展经营效益审计和财务管理审计，重点评价总行相关部门制定政策的合理性、有效性，评价总、分行经营绩效与财务资源配置的匹配性和有效性，促进全行改善管理、提高效益。同时，要关注国际化发展战略的推进效率，开展境外机构审计，重点分析评估总部支持和境内机构协作发展有效机制的建设情况。

（二）全力协调配合好外部审计检查。上市银行信息公开透明，一切经营和管理活动都应当置于公众的监督之下，而主动规范管理、合规经营也是我们对股东和社会的责任。作为一家大型商业银行，工商银行在贯彻执行国家宏观政策，参与构建和谐社会，维护国家经济金融安全方面，要坚持高标准，成为自觉接受监管检查、依法合规经营的优秀银行。

今年我行接受外部监管检查的任务很重，审计署审计已全面开展，银监会八项检查已安排，社会审计（安永）如期进行，内部审计部门要统筹资源，协调内外，积极配合，全力支持。审计署这次对工商银行的审计，是代表国家对我行股改上市后首次进行的全面审计，是对我行近年来经营管理水平的一次重要检验，全行上下务必高度重视，已确定被检查的重点分行更要提高认识，认真对待。总行已经明确了主管领导，成立了专门的组织协调机构，建立了信息沟通和工作配合机制；总行各相关部门和各分行也要建立快速反应机制，先期开展自查自纠工作，尤其要对去年开展的重要经营管理事项大检查中发现的问题进行深查细纠，违规必究，究必查处，做到对本单位的情况心中有数，有问题主动反映，查实后深入整改，绝不能藏匿取巧，贻误时机。

内部审计部门作为配合外部检查的牵头协调部门，要发挥桥梁和纽带作用，加强与监管部门的沟通互动，密切与管理层的交流合作，传导国家监管政策和检查重点，妥善安排内、外部各类检查的频率和检查的机构，与全行分享关于内部控制和风险管理审计的经验，并通过积极的协调配合全面展示我行加强合规管理的成效，进一步树立依法合规经营的良好形象。

（三）加快完善专业管理运作机制。科学的审计计划必须通过好的程序机制来组织实施，内部审计作为一个相对独立的监督评价体系，必须有完善的专业管理框架，规范的运行管理机制。去年内审系统推行的“六统一”管理模式对于整体提升审计工作层次与效果有很好的引领作用，是一条很有成效、值得推行的经验。但专业的自我认识与系统的自我更新推动内部审计必须选择更为先进的管理方式，目前正在启动的审计标准化建设工程，就是一种很好的演进程序。标准化的核心内容是建立与现代商业银行要求相适应的内部审计管理框架、运行机制和实务标准。这是内部审计实现升级发展，逐步走向成熟的重要标志。内部审计要抓紧制定下发推进标准化建设的意见，重点解决好以下几方面的问题。

一要在学习借鉴国际通行做法的基础上，结合工商银行的管理特点和业务模式来构建标准化内容体系。本着“整合、借鉴、补缺、优化”的原则，从管理和操作两个层面系统规范制度、流程和标准，确保从管理流程到实务操作，从生产系统到管理平台，从程序标准到技术方法与全行风险管理和内部控制的要求相适应，形成与国际接轨，有工商银行特色的内部审计体系核心内容，实现国际标准本土化，本土做法标准化，这也是内部审计标准化建设的最终目标。

二要建立和完善专业的风险、内控评估和监测分析指标体系和方法体系。这是内部审计专业的核心技术，也是审计标准化所要规范的主要内容。目前，全行风险管理和控制技术进步很快，系统结构复杂，控制因素繁多，常规的查账技术方法已无法满足监督评估的要求，必须通过专业的风险评估方法和技术，遵循规范的程序和标准才能胜任。要尽快整合归类全行产品和业务的关键绩效指标和关键风险指标，提炼出适应内部审计对全行风险和控制的持续监测分析指标体系，划分审计单元并对相关风险进行评估，真正将审计计划和审计活动建立在科学规范的方法和程序之上，以准确的定性和定量分析评估结果支持审计结论的可靠性。

三要加快建立内部审计的专业信息平台。审计业务二期系统和管理信息一期系统去年已投产，并初步运用于审计实践，今年这项工作要加快进度，早见成效。要进一步提升系统的数据分析和管理支持功能，将各类审计活动移行到信息系统平台，逐步实现系统对审计业务的全程控制和实时管理，并向各管理层级开放问题与纠正界面，搭建向董事会、高管层开放的实时查询系统，使他们随时能够了解到审计的进展情况和问题整改情况。

（四）进一步提高审计资源配置效率。我行现行的内部审计管理体系垂直精干，内审局和十个分局以其相对独立的运作方式在全行内控体系中发挥着重要作用。但随着审计职责的不断深化和审计层次的日渐提升，现有体系下审计资源的配置方式与配置效率渐显乏力，必须研究改进资源集成和配置方式，创新资源培育和使用机制，实现审计监督能力的快速提高。

一是逐步由偏重机构监督向机构与功能监督并重的方向转变，提高系统审计资源的集成利用能力。要尝试按照风险类别、业务流程和控制程序来组织资源，形成具有不同功能的专家团队。要强化对产品、流程和不同风险类别的监督，实行项目分级分类管理，根据项目类别等级实行差别化的资源配置，为今后逐步建立功能审计制度和工作机制打好基础。

二是逐步调整内设机构设置与业务流程，提高现有组织资源的运作效率。要加强总行在计划管理、资源配置、程序标准、质量控制和信息技术等方面的组织协调功能，逐步形成风险分析、专家评审和质量控制后台，保证对全行审计计划的落实能力。要强化分局的延伸审计检查职能，培育分局各有特色的专业审计能力，形成规范、标准的审计操作前台，保证对全行审计计划的执行能力。

三是适当调整现有资源使用方向和重点，加大对总行层面的审计资源投入。要适应全行业务流程改造，风险集中管理的要求，加强对战略、管理和流程的源头审计。在充实总行本部和直属分局专业审计力量的同时，积极寻求与外部审计机构的咨询与合作，加强与内部相关部门的合作与交流，分享风险管理控制的经验，借鉴先进的方法和技术，深化监督评价的内容，提升审计检查的层次。

（五）重点抓好队伍专业化和职业化建设。要围绕内审体系建设的总体目标，系统规划内审人员的培养、使用、激励机制，逐步调整队伍的素质结构和能力结构，建立起梯次合理、结构多元、进退有序的矩阵式核心专业化团队。

一是调整充实高层次的专业力量。一方面，可以在全行聘请一些管理经验丰富、精通主要业务的专家组成内审专家委员会，定期研究全行重大事件或倾向性问题，分析发现重大风险线索，提出前瞻性或预见性的建议，参与审计方案设计、审计发现分析、审计意见和报告提炼，帮助提升审计的专业价值；另一方面，要有重点地引进一批有信息科技背景或有新兴业务经历的管理专才和业务专才充实到审计管理岗位，提升主审人的专业层次和业务能力。

二是打开内审人员技术与职业生涯发展通道。要在保持内部审计核心人才稳定的基础上，拓宽内部审计人员的晋升、交流与进退渠道。要深化人力资源提升项目，逐步推行内部审计专业职级序列管理，尝试建立内审分局与全行各管理层面优秀人才双向交流机制，增强内部审计的吸引力和凝聚力。近两年，一些优秀的业务或管理干部进入内审队伍，内审系统也有优秀干部充实到业务或管理岗位。总体上讲，内审队伍保持了稳定，质量在不断提升。我们特别高兴地看到，一支年轻的内审队伍正在成长，工作能力和水平快速提高，年轻的审计人员中获得各种国际、国内专业从业资格的特别多，对改善内部审计队伍能力和素质结构起到了重要的作用，大家在繁忙工作的同时重视加强学习，这种现象非常值得鼓励。

三是加大现有人员专业知识和业务技能的培训力度。要提高培训的针对性，分层级、多渠道培训内审人员。在培训专业方法与技术的同时，还要着力培养审计人员的管理视角与思维、沟通能力和分析判断能力。审计人员只有熟悉全行的业务管理体系及其运行特点和相关政策制度，熟知外部监管法律法规，才能更好地履行监督评价职责。

四是加强队伍的职业道德教育，努力构建诚信、和谐的内部审计文化。要强化内审人员的服务理念和增值意识，引导审计人员秉承公正、客观、保密与胜任的从业原则，践行客观独立的监督评价职责。要与管理层建立良好的沟通互动机制，尊重被审计单位，提高政策、制度的解读能力和执行能力，保持应有的职业水准、行为标准和道德规范，用高水平的内部审计成果来赢得各方面的认可。各级管理者要自觉接受审计的检查和建议，重视审计结果的运用和整改，特别要保证审计部门的知情权、参与权，重要会议要请内部审计部门参加，出台的规章制度要及时抄送内部审计部门，业务培训要让内部审计人员参加。大家都要为共同的事业，为工商银行的改革发展作出贡献。

同志们，在工商银行未来的发展中，内部审计的作用十分重要，总行党委和董事会对此高度重视并寄予厚望。希望大家以更饱满的工作热情和更严谨的工作作风，努力完成各项任务，为培育和提升我行核心竞争力，建设国际一流现代金融企业发挥更大的作用。

在中国工商银行宣传思想暨企业文化建设工作会议上的讲话

姜建清

（2008 年 4 月 1 日）

这次宣传思想暨企业文化建设工作会议，是在全行深入学习贯彻党的十七大精神，全面加快建设国际一流现代金融企业的新形势下召开的一次重要会议。刚才，王为强副书记对 2007 年全行宣传思想工作和企业文化建设情况进行了总结，对今年的工作任务作出了具体安排，我都赞成。

下面，我讲几点意见。

一、近年来全行宣传思想工作和企业文化建设取得了新进展新成效

近年来，特别是党的十六大以来，全行各级党委宣传部门认真贯彻总行党委的决策部署，自觉服务于全行改革发展的大局，唱响主旋律、打好主动仗，各项工作在继承中创新，在巩固中发展，在改进中提高，呈现出蓬勃向上和令人鼓舞的发展态势，为全行各项工作又好又快发展作出了积极贡献。

（一）加强思想建设，理论武装工作取得新成效。近年来，各级行党委将中心组学习作为一项战略性和基础性工作来抓，以马克思主义中国化最新成果为学习主题，认真学习领会党的十六大、十七大精神以及党和国家的经济金融方针政策，以武装头脑、指导实践、推动工作为目标，以真学、真懂、真信、真用为基本要求，把理论学习的成果积极转化为促进党委科学决策、推动改革发展的根本保证，真正做到了以思想理论建设促进全行中心工作。这些年来，各级行党委中心组先后着重学习了“三个代表”重要思想、科学发展观、社会主义核心价值体系等，全行各级领导干部对党的理论创新成果认识更加深刻、把握更加全面、运用更加自觉。各级行宣传思想部门深刻领会总行党委的部署要求，认真履行“学习秘书”职能，充分发挥协调助推作用，有效地推动了党委中心组学习制度的落实。去年，总行党委还创新中心组学习模式，通过视频系统使三级党委中心组成员同步参加理论学习，增强了中心组学习效果。总行党校、分校和各级行培训学校充分发挥主渠道作用，把理论学习作为教学培训的重要内容，贯穿到各类教育培训中去，推动了全行理论学习活动的有效开展和学习效果的明显提高。

（二）强化主题教育，宣传思想工作的吸引力、影响力和创新力不断增强。长期以来，全行宣传思想战线始终坚持服务我行改革发展的大局，选准切入点，找准着力点，广泛深入地开展了一系列富有工行特色的主题教育和大型宣传活动。从2002年起，结合全行不同时期的中心任务、工作重点和员工思想实际，每年推出一项形式新颖、主题鲜明的主题教育活动，先后开展了“WTO与工商银行经营理念”、“树立科学发展观，弘扬求真务实精神”、“建设创新型银行，打造国际一流商业银行”、“培育现代企业文化，提升核心竞争力”等主题教育和大型宣传活动，并配合每次活动精心编辑一本《员工学习手册》。全行普遍反映，《员工学习手册》针对性强、内容精练、重点突出、通俗易懂，已成为全行员工学习先进理念的“良师益友”。特别是2005年，全行以“工商银行股份制改革宣传教育提纲”为主要内容，广泛开展了股改专题宣传教育活动，为我行股份制改革的顺利完成，发挥了重要的推动作用。这一系列宣传教育活动既体现了时代精神，又富有工行特色，是我行近年来组织影响最为广泛、参加人数最多的一项员工教育活动。这些活动不仅有效地推动了各项业务健康快速发展，而且促进了基层行特色文化的创建，营造了以人为本、和谐统一的文化氛围，增强了工商银行的社会影响力，已成为新时期我行宣传思想工作的一大亮点和特色品牌。

（三）坚持以人为本，思想政治工作的主动性、针对性和实效性进一步提高。全行宣传思想工作始终坚持以人为本，突出“三贴近”的原则，及时为改革发展中广大员工的思想动向把脉，充分了解员工的意愿和诉求，不断增强宣传思想工作的针对性、实效性和吸引力、感染力。2004年，党委宣传部门在全行员工中开展了思想状况调查。2006年，又以各级管理人员为主体开展了思想状况调查。这两次大规模的思想状况调查正值我行全面启动股份制改革、加快构建现代金融企业制度的关键时期，调查覆盖范围广、代表性强，调查内容集中、针对性强，全面真实地反映了各级管理人员和广大员工的思想动态，在全行引起了很大的反响。总行党委先后两次专门听取了宣传部门的汇报，并根据调查反映出的问题，专门下发了《关于股份制改革过程中改进和加强思想政治工作的意见》和《关于印发干部员工思想状况调查反映问题改进措施和责任分工的通知》，及时指导全行更有针对性地开展思想政治工作。这些活动的开展，充分发挥了思想政治工作解疑释惑、理顺情绪、增强信心、维护稳定的作用，为统一全行思想、凝聚力量、引导广大干部员工积极投身股改攻坚战和现代金融企业建设提供了坚实的思想保障。与此同时，我们还积极学习引进国外先进企业成功实践“员工帮助计划”的新理念，将压力管理和情绪管理引入到传统的思想政治工作中，既体现了对员工的人文关怀，又创新发展了思想政治工作。

（四）紧跟时代步伐，精神文明创建和企业文化建设取得丰硕成果。近年来，全行按照“巩固、深入、提高、创新”的工作思路，认真贯彻“两手抓、两手都要硬”的指导方针，将企业文化建设与精神文明创建工作紧密结合，着眼于培育和提升核心竞争力，着眼于塑造一流的现代金融服务品牌，着眼于造就以人为本、和谐向上的文化氛围，在培育企业精神、树立先进理念、推动制度创新、塑造工行形象、提高员工素质等方面进行了深入探索和有益实践，有效地促进了业务发展、效益增长和稳定和谐，充分发挥了精神文明创建和企业文化建设的推动作用，彰显出宣传思想工作的时代张力和蓬勃活力。

在全行发展战略指引下，各级行根据业务发展需要，结合地域特点，通过努力探索、积极实践，创新和

扩展了工商银行文化内涵，涌现了许多先进典型，积累了丰富的企业文化建设经验，为我行改革发展提供了不竭的精神动力。尤其是股改上市后，为适应国际一流现代金融企业建设新形势对企业文化建设的新要求，总行党委把培育和创建优秀的企业文化作为一项事关全局的战略工程来抓，成立了“企业文化建设推进委员会”，确立了“企业文化‘形成—落地—深植’三步走方针”，制订了《关于企业文化建设工作的推进方案》，对全行文化的历史传承和现状做了全面深刻的梳理和剖析，形成了《工商银行企业文化诊断评估报告》，为下一步全行企业文化体系的全面构建打下了良好基础。

各级行在大力开展企业文化建设的同时，不断加强精神文明创建工作，积极树典推优，以点带面，充分发挥文明单位的示范作用和辐射效应，使创建工作和业务经营齐头并进，在全行形成了学先进、促发展的浓厚氛围，树立和展现了工商银行良好的社会形象和精神风貌。截至2007年底，全行共有国家级文明单位61个、金融系统级文明单位13个、总行级文明单位241个，创建成果名列金融系统之首。今天会上还将对第五届总行级“文明建设先进单位”进行表彰，借此机会，我代表总行党委向今天受到表彰的单位表示热烈祝贺，也希望你们再接再厉，再创佳绩，带动全行精神文明创建工作不断迈上新台阶。

总的来说，党的十六大以来全行宣传思想工作和企业文化建设取得了很大的成绩，为改革发展和现代金融企业建设作出了积极的贡献。这些成绩的取得，是总行党委正确领导的结果，是各级党委、各有关部门关心重视的结果，更是广大干部员工参与支持的结果，也是宣传思想战线全体同志锐意改革、不断创新、扎实工作的结果！在此，我代表总行党委向大家的辛勤努力表示衷心的感谢！

二、充分认识做好新时期宣传思想工作和企业文化建设的重大意义

最近党中央召开的全国宣传思想工作会议，明确指出了宣传思想文化工作在全局中的地位和作用，深刻分析了新时期宣传思想文化工作面临的新形势，指明了做好新形势下宣传思想工作和文化建设的根本方向和目标任务。全行一定要结合金融工作实际，认真学习领会，坚决贯彻落实，不断增强做好新时期宣传思想工作和企业文化建设的使命感和紧迫感。

（一）加强宣传思想工作和企业文化建设，是全行统一思想、更新观念、凝聚力量、引领发展的内在要求。股改上市后，全行的改革发展站在了一个新的历史起点，前不久，我行发布了2007年年报，我们取得了良好的成绩，净利润增长了60%以上，ROE超过了16%，ROA达到了1.02%，净利润折合美元达到了115亿美元，这些指标都达到了国际同类大型上市银行的中上水平。我们提出要做一个最盈利的、最优秀的、最受尊敬银行的目标，现在又向前迈进了一大步。如果再这么持续发展几年，工商银行成为全世界最赚钱银行的可能性是非常大的。这几年全行的经营理念、管理模式、运行机制、运行质量等都发生了一系列的深刻变革，但在体制、机制、文化等很多深层次的问题上离一个国际一流商业银行目标还存在很大差距，特别是随着现代金融企业制度建设的快速推进和综合化、全球化发展布局的逐步推开，全行宣传思想工作和企业文化建设也面临着许多新情况、新问题。在建设国际一流现代商业银行进程中，我们应该迈出怎样的一步，这对所有工行人来说都是值得思考的一个问题。在年初的工作会议上，除业务指标之外，总行提出了在七个方面要予以关注的问题，其中包括我们的竞争力问题、服务问题、创新问题、企业文化问题、社会责任问题等，这些是我们未来几年要破解的一些问题。最近，我们的首份社会责任报告已经编纂完成，即将对外发布，以后每年都要向社会发布我们的社会责任报告，此外，我们的品牌建设报告、服务工作报告、渠道建设报告，包括企业文化建设报告也都在积极酝酿，从今年开始，要在这七个方面建立年度工作报告制度，形成系统推进战略执行的有效机制。面对新形势新任务，如何着眼于工商银行可持续发展的战略目标，充分运用理论、舆论、思想、文化等综合优势，生动反映和深入推动全行改革发展的实践，不断扩大宣传思想工作和企业文化建设的影响力；如何以优秀的企业文化统领全行员工的思想和行为，提升工商银行的品牌形象，形成具有鲜明特色的企业核心价值体系；等等，都是我们必须面对的现实问题。这就要求全行宣传思想战线的同志们能够更加全面、准确、深入地宣传现代商业银行的经营理念，把握正确导向，营造浓厚氛围，形成强大声势，引导广大员工把思想和行动统一到总行党委的战略决策部署上来，把智慧和力量凝聚到建设国际一流现代金融企业上来。

（二）加强宣传思想工作和企业文化建设，是不断提升工商银行竞争力的战略选择。当今时代，思想文化越来越成为民族凝聚力和创造力的重要源泉，越来越成为综合国力竞争的重要因素。综观国际国内的金融竞争格局，关键是银行服务的竞争、人才的竞争、体制机制的竞争，而归根结底是思想和文化的竞争。党的十七大对提高银行业竞争力提出了明确要求，我行去年底召开的发展战略研讨会和今年的工作会议都从战略高度对提高竞争力进行了全面的部署。各级行党委和宣传部门应认清肩负的重要职责，紧密联系提升竞争发展能力的中心任务，用战略的思维研究和推动宣传思想工作和企业文化建设。比如，如何通过宣传思想工作的舆论营造和企业文化建设的传导引领，教育和引导广大员工全面落实科学发展观，树立崇尚一流、追求卓越的竞争意识；如何着眼于新时期新阶段的发展目标，把全行干部员工

的积极性、能动性引导到提升业务创新能力、市场反应能力、客户服务能力、风险掌控能力和保障支持能力上来，巩固和扩大市场领先优势，持续保持业务与效益的高成长，提升工商银行国际国内金融市场地位；如何通过企业文化建设来打造ICBC优秀品牌，注重以文化树品牌，以品牌强文化，不断赋予ICBC品牌文化内涵，提升品牌软实力，进而以品牌的文化力赢得市场、赢得客户。

（三）加强宣传思想工作和企业文化建设，是营造和谐稳定良好氛围的现实需要。总体上看，当前全行员工队伍思想的主流是稳定健康、积极向上的，广大员工在具体工作实践中深切感受到了改革为银行带来的新鲜活力，对改革的认识和承受能力不断增强，关心改革、认同改革、以改革和创新促进工行发展已经成为全体员工的基本共识。这些积极变化充分体现了当前我行改革发展目标与员工利益诉求的一致性，为我们开展新时期的员工思想工作和企业文化建设创造了良好条件。但同时，我们也要清醒地看到，当前全行体制机制改革内容很多，特别是涉及管理人员、员工切身利益的人力资源管理改革力度较大，新的《劳动合同法》实施对劳动关系带来了影响等，这些都会对员工思想观念和行为习惯产生冲击，使得员工和管理人员的思想日益呈现出多元化、差异化和复杂化的特点。加强宣传思想工作，就是要充分发挥宣传思想工作在凝聚人心、释疑解惑、化解矛盾、激励斗志等方面的积极作用，引导广大员工树立正确的价值观和使命感，保障全行改革发展的顺利进行；就是要通过核心价值体系的树立，在全行形成统一的指导思想、共同的理想信念、强大的精神支柱和基本的道德规范，用文化纽带把员工的思想意志凝聚到推进改革发展、实现战略目标上来；就是要通过规章制度员工行为规范的不断完善，使员工形成良好的职业修养和符合价值观体系的行为方式，真正做到爱岗敬业、诚实守信、厚德明礼、行止有序；就是要通过积极培育和谐文化，用美好的愿景鼓舞人，用宏伟的事业凝聚人，用科学的机制激励人，用和谐的氛围熏陶人，促进员工与企业共同发展。

总之，面对新的形势和任务，各级行党委和宣传部门一定要进一步增强工作的前瞻性和主动性，按照“学习新理论、分析新形势、研究新问题、提出新举措、促进新发展”的要求，切实做到围绕中心、服务大局，认真研究谋划今年以及今后一个时期宣传思想工作和企业文化建设的思路和措施，更好地发挥精神动力、思想保障和文化支撑的作用。

三、进一步加强各级领导班子和干部队伍的思想政治建设

思想政治建设是党的建设的根本，是领导班子和干部队伍建设的首要任务和核心内容。当前，全行正处在加快推进国际一流现代金融企业建设的关键时期，建设素质优良、作风过硬、执行有力、清正廉洁的各级领导班子和干部队伍，对于坚持科学发展，团结带领全行广大员工早日实现战略发展目标至关重要。因此，必须不断加强各级领导班子和领导干部的思想政治建设，用科学发展观等党的最新理论成果武装头脑，促使各级领导班子和领导干部进一步解放思想，转变作风，不断提高思想政治素质和领导水平，努力开创现代金融企业建设的新局面。

（一）加强理论学习，坚持用马克思主义中国化最新成果武装头脑、指导实践、推动工作。党的十七大报告强调，要深入学习贯彻中国特色社会主义理论体系，用马克思主义中国化最新成果武装头脑。这既是对全党的要求，更是对各级领导干部的要求。要积极引导广大党员特别是党员领导干部，认真学习邓小平理论和“三个代表”重要思想，学习科学发展观等重大战略思想，通过扎扎实实的理论武装工作，使学习的成效切实转化为高举中国特色社会主义伟大旗帜的坚定意志，转化为坚持中国特色社会主义共同理想的坚定信念，转化为推动我行各项工作不断向前发展的强大动力。要把认真学习实践科学发展观作为当前的首要政治任务，加大力度向纵深推进，努力在全面准确、务求实效上下工夫，在解决问题、推动工作上见成效。根据党的十七大和中央的安排部署，最近，中央组织部和宣传部联合下发通知，决定在全党开展深入学习实践科学发展观活动，先行试点，取得经验后再自上而下分批展开。虽然我行不是首批试点单位，但今年也要抓好深入学习实践科学发展观的活动。总行党委组织部、宣传部要对学习实践活动提出具体方案，各行、各部门要认真组织抓好落实。要通过活动的深入开展，引导全行党员干部深刻认识科学发展观的科学内涵、精神实质、根本要求，着力转变不适应不符合科学发展观的思想观念，着力提高运用科学理论分析和解决问题的实际能力，切实把科学发展观贯彻落实到全行经营管理的各个方面、各个环节。

（二）把握形势任务，切实提高总揽全局、驾驭复杂局面的能力。当前，国际国内经济金融形势发展变化很快，不确定性明显增加。总的来说，我国经济金融运行是健康平稳的。但是，投资和贸易顺差增长过快、节能减排形势严峻以及近来通货膨胀压力加大等矛盾和问题日益突出。另外，国际环境对我国经济金融的影响也日趋加大。特别是受美国次贷危机、国际原油价格飙升和全球通货膨胀压力加大等多种不利因素的冲击，全球经济走势面临着较大的不确定性和风险。受此影响，今年我国的宏观经济金融形势会更加复杂多变，同时也必将对银行业经营提出更新、更多的课题和挑战。在新的经营形势面前，各级领导干部、管理人员必须在思维方式、管理方法和经营作风上有新的转变，在领导水平和

驾驭复杂局面的能力上有新的提高。

要切实提高把握全局的能力。坚持不懈地贯彻执行党的路线方针政策和总行党委的各项决策部署，善于把主要精力放在抓方向、议大事、管全局上，集中精力研究和解决带有全局性、战略性和前瞻性的重大问题，牢牢把握正确的经营方向和驾驭金融市场的主动权。善于在谋全局、识大体的前提下，创造性地做好本单位、本部门的工作，真正做到以宽广的眼界胸怀全局，以宏观的战略思维分析全局，以“牵一发而动全身”的辩证思维谋划全局，以在大局下行动的党性修养服从全局，切实维护我行各项业务健康发展的良好局面。尤其是当前，面对严格的信贷总量调控要求和全社会旺盛的信贷需求，我们一定要增强大局观念、政策观念和战略意识，严格按央行信贷调控要求控制总量、把握节奏；严格按国家产业政策和金融监管要求把握贷款投向，调整信贷结构。绝不能为一己之利和眼前利益而损害全局和长远利益。

要不断提高驾驭复杂局面特别是应对上市后可能出现的各种风险和突发事件的能力。大家知道，近来一些号称风险管理严密的国际大银行爆发次贷危机和发生巨额交易损失事件，说明风险的复杂性、突发性和扩散性时刻考验着每一家银行的风险管理水平。管理成熟的银行尚且如此，我们作为刚刚完成改制的银行则更存在不小的差距。对此，我们必须保持清醒的头脑和足够的重视，要居安思危，增强忧患意识，善于洞察和把握国内外各种经济金融动态，及早发现影响我行改革发展的苗头性问题，切实做到未雨绸缪，防患于未然。同时，要形成统一指挥、功能齐全、反应灵敏、运转高效的应急机制，做到在各种突发事件和风险面前处变不惊，迅速反应，果断处置。

（三）坚持解放思想，不断释放改革发展的动力。思想的解放是经济社会发展的重要推动力量。这些年来，全行最深刻的变化就是广大干部员工思想观念的积极转变，这是我们取得成功的关键所在，是我们不断开拓发展、开创事业新局面的强大动力。通过近来组织的企业文化调研发现，各个层面员工的风险意识特别强，这就是一个很好的转变。实践无止境，解放思想也没有止境。完成新阶段的各项目标任务，更需要打开推动一切工作的“总阀门”，在解放思想上达到新的境界，把思想和行动统一到党的十七大精神上来，统一到总行党委的战略部署上来，紧紧抓住“提高竞争力”这个重大核心课题，进一步解放思想，更新观念，科学分析新机遇新挑战，全面认识新形势新任务，着力解决新矛盾和新问题。要坚持把改革创新作为提高竞争力的内在动力，进一步研究如何加强重点领域和关键环节的改革攻坚，整体推进体制、产品、技术和管理创新，持久保持动态竞争优势；要坚持把转变增长方式作为提高竞争力的主要途径，进一步深入研究如何统筹发展速度、规模、结构、质量与效益，统筹国内区域发展和国际化发展，优化资源配置，建立全面协调可持续发展的格局；要坚持把完善公司治理作为增强核心竞争力的基础工程，进一步深入研究如何提高战略决策与执行能力、风险管理与内部控制能力，建立企业价值、股东回报与员工利益协调增长的机制；要坚持把以人为本作为提高竞争力的核心保证，加强和改进思想政治工作，注重人文关怀和心理疏导，进一步深入研究如何最大限度地调动员工工作积极性，加强对各层次人才和全行员工的培训、使用和激励。要通过一系列政策措施的完善与落实，在全面开放的市场条件下进一步提高我行的核心竞争力，加快推进国际一流现代金融企业建设步伐。

四、努力为全行改革发展提供强有力的文化支撑

文化是发展之源。当前国际银行业的竞争越来越升级为文化软实力的竞争。加强企业文化建设，对内增强员工的凝聚力和向心力，对外增强企业的亲和力和影响力，既是提高全行核心竞争力的重要支撑，更是建设国际一流现代金融企业的必然要求。去年总行正式启动企业文化建设工程，就是要将工商银行的企业文化进行系统的、集成的挖掘和提升，切实增强文化对全行改革发展的重要促进作用。

（一）要在锤炼核心价值体系上下工夫，培育我行企业文化的内核。核心价值观是企业文化的灵魂。加强企业文化建设首先要加强核心价值体系的建设，以核心价值体系建设来统领全行员工的思想和行为，这对于有着36万名员工且处于高速发展阶段的工商银行来说，具有特别重要的意义。从二十多年的改革发展历程看，工商银行培育了许多较为先进的经营理念，如“经营效益高、资产质量高、自身信誉高”的“三高”观念、“效益、质量、管理、创新”八字方针以及“稳健的发展观、真实的效益观、全面的质量观、严格的管理观、科学的创新观”，等等，这些都为关键阶段的改革发展提供了强有力的精神动力和思想保障。

股改上市后，全行进入了全面建设国际一流现代金融企业的新阶段，面临的外部环境发生了很大变化。这既为我们创造了许多发展机遇，也带来了许多新的难以预知的困难。新的形势任务要求我们必须确立新的使命、愿景，迫切需要有一个新的适应时代要求的核心价值观来统领全行的改革发展。这个核心价值观，既要进一步巩固“持续创新、稳健合规、诚信务实”的基本价值取向，又要突出强化“客户导向、以人为本、灵活高效”的时代特征，具体来说应该具备以下六个基本要素：一是传承性，就是要充分展示工商银行深厚的优秀文化传统积淀；二是独特性，就是要鲜明地反映出工商银行的经营管理个性；三是先进性，就是能够有力地支撑工商银行的发展战略，符合时代发展的趋势；四

是代表性，就是既能全面反映整个工商银行的管理意志和价值导向，又能充分体现全体员工的共同心声；五是科学性，就是要基于严谨科学的调查研究，而不是主观臆断；六是实用性，就是语言既要言简意赅，又要朗朗上口，易于员工理解、贯彻和执行。

因此，我们要在前期扎实的文化调研基础上，根据前期诊断评估报告反映的情况和上述要求，进一步科学定位，尽快提炼出企业文化核心价值体系，抓紧制定核心价值观下的关键行为准则，形成企业文化的纲要，推动全行企业文化建设深入开展。

（二）要在创新传播方式上下工夫，促进企业文化"落地"和"深植"。风成化习、果行育德。发挥企业文化引领发展的作用，关键在于文化的"落地"和"深植"，在于企业文化的长期养成，要通过传播方式创新，广泛宣传工商银行的核心理念。一是通过网讯、行刊等多种媒体多种渠道传播，组织开展讨论，引导全行员工学习和理解。二是各级行要因地制宜开展各种形式的企业文化活动，使员工在参与活动中领悟我行企业文化的内涵。三是将企业文化传播与思想政治工作结合起来，既尊重员工的个体差异，又通过企业文化潜移默化提高员工对企业精神的认同，自觉践行核心价值观。要通过企业文化的"落地"和"深植"，把核心价值观融入到经营发展中，体现到制度的制定上，融会到员工日常工作中，切实发挥核心价值观在价值导向、制度约束、行为规范等方面的引导作用，实现核心价值观内化于心、外化于形。

需要特别强调的是，各级管理者要担负起更大的责任，切实做企业文化的倡导者、推动者和实践者；既要带头认真学习领会企业文化手册，深刻理解我行的"使命"、"愿景"，并积极践行核心价值观，以身作则、率先垂范；又要当好文化的"布道师"，在全行大张旗鼓地宣传、讲解、灌输核心价值体系和经营理念，使员工更好地理解文化、认同文化，带动每个员工个体的发展，在全行形成合拍一致的文化共振，以文化力提升凝聚力、品牌力和竞争力。

（三）要在文化与战略的融合上下功夫，增强文化对改革发展的助推力。有些同志错误地认为搞企业赚钱就行，其实这个观点是片面的。企业的发展与企业文化是互为前提、互相影响和互相推进的。为什么有些企业面貌不振矛盾很多，这跟企业文化建设推进不利，思想教育、作风建设等方面存在的问题是分不开的，而这些问题往往跟领导干部特别是主要领导干部对企业文化建设和宣传思想工作不够重视是有关系的。而企业文化和宣传思想工作也只有与经营管理工作深度融合，才能发挥其作用力。因此，我们要在企业文化建设中，始终把提升核心竞争力作为出发点和落脚点，将企业文化建设纳入全行发展战略规划中，与完善公司治理、转变经营模式和发展方式、提高创新发展能力等中心工作统筹考虑、协调推进。当前，尤其要把企业文化建设与提高服务能力建设结合起来，打造先进的服务文化；与加强风险管理结合起来，打造严谨的风险文化；与提高市场竞争能力结合起来，打造进取的营销文化；与创造学习型组织结合起来，打造积极的创新文化；与综合化与国际化经营结合起来，打造融合的共生文化；与品牌建设结合起来，用更前瞻性的思维、更国际化的语言、更整合的传播方式，通过文化的影响力来深化和拓展品牌建设。如果我们不重视文化建设，仅仅通过业务指标的下达、任务的考核，甚至简单地通过物质激励手段推进工作，就不能真正调动全行管理人员和广大员工的积极性，不能将工作变成管理人员和员工的主动行为。只有通过文化与发展、文化与战略的有机融合，才能既保证企业文化建设落到实处，又切实发挥企业文化对改革发展的助推器作用。希望大家认真思考这个问题。

五、加强和改善对宣传思想工作和企业文化建设的组织领导

新的形势任务对宣传思想工作和企业文化建设提出了更高的要求，需要各级行党委的重视支持，为开创工作新局面创造条件，提供组织领导保证。

（一）要切实加强领导。当前，全行改革发展的任务很重，宣传思想工作和企业文化建设在全行工作大局中所起到的作用也更加突出。各级行党委要把宣传思想工作作为推动工作的有力保证，把文化建设作为经营发展的重要推动力，摆上重要议事日程，与业务工作同安排同部署，真正做到"两手抓，两手都要硬"，确实做到思想上真重视，行动上真支持，工作上真带头，效果上真体现。要不断改进和加强宣传思想工作和企业文化建设的组织领导，构建党委统一领导，各部门共同参与、各负其责的工作体制。统一思想、凝聚人心、稳定大局、塑造形象等工作绝不仅仅是宣传部门的工作，各级行党委要善于调动各方面力量，各相关部门要密切配合，形成推动宣传思想工作和企业文化建设的强大合力。

（二）要以改革创新精神推动工作。当前社会各种思想会聚，多种问题相互交织，对全行管理人员和员工的思想观念和行为习惯影响更复杂和多元，做好宣传思想工作和企业文化建设的任务也更艰巨。各级行党委和宣传思想工作部门不仅要继承发扬优良传统，更要以创新精神做好工作。要清醒认识和科学分析当前的新形势，准确把握员工精神文化需要的新变化，把握新形势下宣传思想工作和企业文化建设的特点和规律，坚持用时代的要求来审视、用发展的眼光来研究、以改革的精神来推动，努力使宣传思想工作和企业文化建设更好地贴近实际、贴近一线、贴近员工，更好地体现时代性、把握规律性、富于创造性。要主动适应我行体制机制的深刻变革，注重用实施重点工程的办法推进工作，用组

织主题宣传、主题教育的形式增强效果，既注重发挥宣传思想战线自身优势，又调动有关部门的积极性，不断扩大工作的辐射力、影响力。要充分利用网络资源，探索开展网上思想政治工作和企业文化建设新途径，扩大宣传思想工作和企业文化建设的覆盖面和影响力。

（三）要重视、关心宣传思想工作和企业文化建设人才队伍建设。做好宣传思想工作和企业文化建设，归根结底要靠班子、靠队伍、靠人才。要适应新时期宣传思想工作和企业文化建设的需要，坚持德才兼备的原则，把那些政治立场坚定、思想理论修养好、组织协调能力强、熟悉意识形态和文化工作的优秀干部及时选配到宣传思想工作和企业文化建设岗位上来。要从政治上、工作上和生活上关心和爱护宣传思想工作和企业文化建设干部，充分调动他们的积极性和创造性。要认真抓好宣传思想工作和企业文化建设战线员工的学习，建立健全知识更新机制，重点实施岗位履职能力和创新能力培训，保证他们在学习上先行一步，进一步提高思想和业务素质，更好地为宣传思想工作和企业文化建设贡献聪明才智。

同志们，今年是我国实行改革开放三十周年，也是奥运之年，宣传思想工作和企业文化建设任务更艰巨、责任更重大。希望同志们以高度的政治责任感、饱满的工作热情和扎实的工作作风，做好各项工作，提高工作水平，努力开创全行宣传思想工作和企业文化建设的新局面，为建设国际一流金融企业作出新的更大贡献。

在中国工商银行未来三年发展战略座谈会上的讲话

姜建清

（2008 年 4 月 11 日 · 根据录音整理）

今天来开这样的一个座谈会，因为之前没有很多时间和分行的同志就发展战略问题进行交流，所以希望大家结合当地行的实际情况就未来三年的发展规划谈谈想法，重在交流，重在相互启发。

一、2006—2008 年发展战略的执行情况

2006 年，我们制定了 2006—2008 年发展战略，提交董事会讨论通过后正式下发执行。两年多过去了，全行在贯彻发展战略的过程中，深入推动战略转型，稳步调整业务结构和经营模式，三年规划中提出的各项阶段性目标均已顺利完成或超额完成。从今年的情况看，三年目标应该能全部完成。

在过去的三年中，我们已经非常明显地看到，各项业务在快速发展，同时，增长模式已经初步实现从过去的规模扩张型向效益质量拉动和结构优化型转变，转型的价值日趋显现，转型的成长性较好。例如，从中间业务发展情况来看，2000 年，我们的中间业务收入只有 24 亿元，这些年以来，总行把中间业务的任务要求越提越高，在不同的会议上反复强调，有些干部员工开始不理解，到最后大家都共同认可，现在全行在经营中已经形成重要共识，就是一定要把中间业务搞上去。去年我们实现了 344 亿元中间业务净收入，过去五年，我们中间业务收入年平均增长 58%，去年增长了 110%，今年 1－3 月份又同比增长了 73%。每年都担心完不成，年年都能保持高增长。一系列的战略转型举措提升了我行的核心竞争力。

工商银行历史上也搞过好多次的发展规划，有时候我们拿一份回过头看，差距较大。因此，搞一份规划，到几年后再来检查这个规划的执行情况，看落实没有，各项指标大概处于什么位置，这是件很有意义的事情。今年，我们第一届董事会要举行换届，从第二届董事会开始又需要制定一个新的三年发展规划。因此，现在我们想分片区地召开一些座谈会来讨论一些问题，总结我们过去所取得的一些成绩，研究未来三年我们战略规划的指导思想、发展目标和发展措施等问题。

二、制定新的三年发展规划的一些原则和方向性要求

我觉得在上一次战略规划的制定过程中，更多的是采取从上而下的方式，就是总行有一个发展战略，也是这么多年来，总行同各级机构在广泛沟通的基础上形成的一套想法，进而制定出一套指标任务体系，最后通过董事会审议后再分解到各分行执行，但是这份规划在体现各个区域的特点、分行的特色方面是有所欠缺的。一个好的规划既要有整体目标又要有特色方面的要求。这一次制定规划，也让各个分行从当地市场状况和自身发

展实际出发，前瞻性地考虑本行三年的发展计划。这样总行制定规划的流程就是从下而上，再从上而下，甚至可能有几个来回，最后形成一个既契合工商银行实际、符合工商银行整体发展方向，又突出差异化发展特色的规划。

工商银行的发展要有延续性，因为这几年的发展战略被实践证明是正确的，所以要延续；但是又要有创新性，因为现在的工商银行已经到了一个新的起点上。在未来的三年，如果我们干得很好的话，非常有可能成为全球利润最大的银行、市值最大的银行，再过若干年甚至可能是全球资产和资本最大的银行。但即使我们是利润最大、市值最大的银行，离国际一流商业银行还有相当大的差距。

在去年的发展战略研讨会、今年年初的工作会议上，其实总行党委和董事会已经对未来三年发展作出了一些方向性的要求和部署。比如，一是提出了核心竞争力的问题。竞争力一直以来是工商银行发展的一个主旋律，但什么是竞争力，什么是衡量竞争力的最好指标仍有待研究。这次我们搞了一些指标让大家测算，这些指标是不是合适，是不是需要加入更多指标，将来还要不断完善。二是提出了服务的战略。要求每年都拿出一个服务工作报告，包括服务的规划、服务的目标和服务的总结等。三是提出了创新的战略。过去也有创新，但是对于诸如一年创新战略是什么，三年的创新战略又是什么，哪些是总行的重点项目，哪些是省行的重点项目等，这些问题都不是很清楚。创新战略未来不光包括业务创新、产品创新和科技创新，还包括体制、机制和管理的创新。四是提出了渠道战略。我们有渠道的地方就应该有渠道战略，这个战略不是指简单意义上的渠道，如工商银行有多少家分行、多少家支行；也不是简单地提诸如“我们物理网点有多少、电子银行渠道分流业务有多少”等目标。渠道战略要求整个网点的内容进行变革，包括网点的布局、网点内部的设置规划、网点的分类等。同时，这里的“网点”概念包括私人银行、财富管理中心等像金融超市一样的机构。所以，整个网点的分类、客户经理的配备、网点内的设置等都属于渠道战略的内容，这些都需要进行变革。五是提出了品牌战略。说到品牌，在工商银行的历史上有过一些品牌的口号，但是系统地提出品牌战略，而且每年有目的、有计划地推进品牌战略，我们做得还不够。品牌本身是竞争力的一个重要内容，而且品牌是可以创造价值的。这些观念我们过去都不是很强，将来要强化。因此，有必要把品牌上升为一个战略来谈，要有明确的品牌目标。办公室最近已初步拿出品牌的报告，还没上党委会和董事会研究讨论。我们希望在未来三年，工商银行成为国内居首、全球十大金融品牌之一，这就是我们品牌战略的发展目标，关键是怎样去打造这样一个金融品牌。六是提出了人才战略。未来几年，到底工商银行的人才战略是什么，我们的人才结构怎样，我们在总行、省行、二级行的人才怎样布局，各类人才的学历、专业等结构怎样分布，人才的培训怎样计划，员工在工商银行的职业发展的目标和计划是什么，等等，这些都是未来三年人才战略需要研究的课题。

此外，未来三年我行的全球化战略该走到什么程度，综合化战略走到什么程度，这一切都是我们三年战略规划应该回答的问题。这些年我们已经深刻体会到，战略是非常重要的，只要战略正确，方向就不会错。什么东西都能错，战略的错误是不能犯的，一条路走错了，那就会越走越偏。

三、未来三年需要注意解决的几个问题

一是关于资产管理和财富管理业务。金融资产管理有表内表外两个体系。我们说管理资产如同丢沙包，手上抓两个，也就是反映在资产负债表里的资产，空中还有几个，当然这要看你的水平，水平好的，空中还可以多几个。这样一来，我们表外资产规模还可能超过表内，这些资产不反映在表内，但也能带来收入，能提高我们的效益。所以，我们以后不要光看资产负债表上有多少资产，我们要关注管理的资产总量。现在体制机制上还不太顺，统计也不够完善，很多统计还只是手工进行，将来要建立一套系统，把所有管理资产纳入统计体系，严格加强监管。过去说工商银行是信贷银行、结算银行、电子银行等，今后要更清晰地提出工商银行要成为资产管理或财富管理银行。现在已经规模很大了，将来前景更辉煌。

二是关于机构人员的规划问题。上一次的规划中这方面的内容不是很清晰，在新的三年规划中对于整体的机构和人员布局、现有结构的调整等都应进一步加以明确。要高度重视培训工作。员工培训是未来我们面对的一个重大挑战，要把培训工作作为一项法定的责任写进三年发展规划中。这些工作不一定马上能见到成效，但一定要有这么一个硬约束。要保证员工有一定的脱产培训时间，这有助于提高员工的技能水平和职业修养，强化员工的自我学习意识，通过员工观念、知识和技能的转变来弥补人员结构性不足的矛盾。

三是关于个人客户的结构调整。谈到个人客户结构调整，我初步设想了几个指标，我想，未来三年，如果我们私人银行客户能够达到3万人；理财金账户，也就是20万元以上资产的客户能够达到1 000万人；5万元以上资产的客户（扣掉理财金客户）能够达到5 000万人，那么，我们就可以说，工商银行个人客户结构调整已取得了阶段性成果。

四是关于网点的业务宣传。现在我行网点外面的标识是统一的，里面的区域布局是统一的，但网点的营销宣传内容还没有统一。今天看了两个网点，设施都不错，不过宣传的内容不行。回去后各行要想办法，开始

就选20多项主要题材，做成宣传片，通过网点内电视播放。内容可以包括业务宣传、风险提示、产品介绍，比如品牌金介绍等，关键是写好剧本，既能起到宣传效果，也要生动活泼让人爱看。全行这么多网点，每天少则有数百万客户来往，我们要把这个资源充分利用起来，做好产品和服务宣传，也对客户起到一个教育培训的作用。

五是关于县级市场的业务拓展。我们现在在县级银行市场的竞争力有些薄弱，但工商银行绝对不能走农行和邮政储蓄银行的网点扩展之路。我们要发展优质网点，一个好的网点要能够抵过别人5个、10个网点。我们与农行的市场竞争，以县行为重点，如果在网点规模、资产规模与农行同级县城网点拉不开差距，那么我们就要在服务质量、人员素质上拉开距离。要发挥中心网点的辐射力，抓主要业务和主要客户，大资金、大客户由工行做，小资金、小客户由农行等机构去做，这些都是外资银行在这些区域的发展策略，我们可以学习借鉴。我们现在不能再走以往“千军万马”设网点的模式，不再在县以下设网点，但是网点不下去，人要下去，下到镇，甚至条件好的乡。未来几年，我们基层行抓存款工作，关键就是要抓优质客户，虽然我们在基层员工规模上比不过农行，但是，如果我们能以1%的人员把其他行5%的最优质客户抓过来，成效就很好了。

近年来，城区经济发展到一定程度开始出现空心化，城区经济弱了，而郊区、外围经济反而走强了，我们要顺势而为，抓住这些成长最快的地区。但是必须要强化外勤，外勤人员可以占据网点人员的多数，还要充分依靠我们的品牌、产品和技术优势。这些都是我们向下渗透、拓展县级市场的优势和依托。

六是关于区域发展战略。今天我们这个会议实际是珠三角（包括海南）、港澳地区机构一次关于联合发展、联动发展和体制机制改革的座谈会，这个地区是工行优势所在，要有特别的发展思路，未来总行也会研究一些政策。

今天听了座谈之后，我比较担忧境外业务。境内分行整体发展势头是非常好的，去年的改革发展研讨会和今年的工作会议对于境内分行的发展有许多新的想法，很多分支行正在按既定的思路做，比如广东分行，变成了“巨无霸”，预计2011年会有300亿元利润！利润超百亿元的行，把山东分行加上去，有6家，再算上总行，这样就是7家单位，后面像深圳这样的分行，如果还有一批崛起，将来会有10来个分行单位利润上百亿元，那么，未来工商银行利润上两三千亿元也是有可能的。要真正成为全球金融业的领先者，成为最盈利的银行。

目前，我行在境内分行发展战略方面已经比较清晰，但是在境外的问题仍比较难。我们希望经过几年努力，境外机构能够达到10%的利润占比。大致匡算，2011年，全行大概有2 000亿元利润，10%也就是200亿元，压力很大。这几年如果境外业务发展不快，没有一些更清晰的战略，那么到时占比不仅上不去，还可能降下来，发展不平衡的局面会更严重。我们对境外整体战略的研究、战略布局和资源配置还是很重视的，内外联动的战略思路是比较明晰的，近几年境外会议也都在强调发展战略和发展方式问题。希望境外分行能就此进行更深入的思考，站在更高层次来思考下一步的发展模式。

特别是，港澳机构要有更高的标准，工商银行的境外发展战略，只要港澳机构搞好了，基本上一半的战略任务就搞好了。先说香港这个平台。首先，香港机构要成为综合化经营的一个试验区。在这里你们什么都可以做，目前来看做了一些，但做得还不够。经纪业务刚开始搞，私人银行业务也刚开始，将来资产管理、证券、投资银行、IPO、保险也都可以做起来。其次，香港要作为金融创新的一个试验地。谁先搞出来产品都可以在这里先试先行，然后再转到境内。再次，香港要成为境外盈利的重要贡献区。现在盈利不行，盈利太低。我们希望未来三年港澳机构利润加总能做到100亿元（包括并购），其中香港市场做80亿元，投资银行做10亿元，澳门市场做10亿元。最后，我行在港澳的机构要成为港澳和亚洲本土最重要的公司之一。在港投行也要专门研究，及时调整好思路，没有大思路不行。投资银行挣10亿元、20亿元是没有问题的，一定要把实力搞上去，总行会全力支持。前些年我去香港，同当时财政司司长唐英年以及后来的新上任的财政司司长等交谈，他们也谈到，要成立亚洲本土的投行，香港是没有本土投行的，都是外国人的投行。问题不是人家厉害，而是我们不行，为什么我们不能争口气！在亚洲地区，亚洲人的投行就一个野村证券。为什么中国作为一个大国，工商银行作为未来世界上市值最大甚至盈利最大的一家银行，我们的境外投行却搞不好呢？所以，一定要把投行做好，这是一个发展战略的问题。但是路要走好，过去的缺点是路没走稳。我认为，商业银行做投行业务，最赚钱的不是IPO，而是经纪业务。此外，海外购并是最有希望发展的业务，很多国内企业希望通过我们牵线去做国际收购。有时做成这样一笔业务，手续费就能赚几百万美元、上千万美元。这些业务你们都可以思考。工商东亚把投行业务调整和申请牌照后，可专门做一次投行发展汇报。

工银亚洲要努力成为工商银行全球财富的管理机构，成为全国和境内行理财的重要平台。这个责任要当之无愧、当仁不让。只有胸怀世界，才能站得高看得远。将来也希望工银亚洲成为澳门的理财中心。今天看了澳门的这些指标，我感觉，这些指标反映的金融资产并不说明澳门只有这点资产，而是澳门留不住“财”。澳门这个地方，过去是钱和人都留不住，人留不住是人玩半天就走了，现在还好点，可以呆个一两天。钱留不住，是流到香港去了，澳门不会理财，银行低端化。现在就应该想办法通过理财，把“财”留在澳门。财留在澳门，人才能留在澳门，你要发财，就得理财。另外，工银亚洲还有一些具体的问题，如IT方案要解决，IT未来发展的目标要搞清楚。

今天讲的一些都是大家互相启发的思路。各单位回去后要根据今天的思路进一步修改完善稿子，然后送往金融研究所。我相信，只要我们未来三年好好干，战略正确、执行到位，那么，工商银行三年后再开这么一个会，那时候情况肯定与今天大不一样，大家又站到一个更高的起点上。所以，大家一定要把这个规划做好，将来有机会再和大家一起讨论。

在浙江江苏调研时的讲话要点

姜建清

（7月7日－11日·根据录音整理）

一、关于当前小企业生产经营状况及金融服务工作

（一）全行小企业金融服务的总体情况。对小企业提供金融服务是工商银行的重要战略，这既是我们承担社会责任的需要，也是工商银行自身业务经营发展的需要。从2001年开始试点以来，我行小企业金融服务工作取得了较好的成绩。截至2008年6月末，全行小企业贷款客户约3.2万户，贷款余额2 268亿元，分别是2005年末的1.72倍和2.72倍；小企业贷款占全部公司客户贷款的比重由2005年末的3.6%提高到7.5%，对全行信贷结构的调整优化、控制信贷集中风险正在发挥着重要的作用；小企业不良贷款率为0.99%，较2005年末下降0.4个百分点，贷款质量明显优于全部公司客户贷款整体水平；全行小企业贷款利率平均上浮幅度为16.52%，平均利率水平为8.29%，有效提升了全行的净息差（NIM）水平。我行在小企业金融服务方面所做的工作也受到了监管机构和社会各界的好评，2006年、2007年连续被中国银监会评为全国小企业金融服务先进单位。

但我们也要看到，今年年初以来，小企业金融服务遇到了一些新的问题和挑战。一是受到信贷规模等多重因素影响，小企业贷款出现增长放缓的迹象。今年1－6月份，全行小企业贷款仅增加129亿元，年度计划完成比例不到30%，而2006年和2007年同期全行小企业贷款投放进度分别达到62%和71%。小企业贷款进度不仅大幅落后于前两年的同期水平，也远远落后于同期全行公司类人民币贷款的计划完成进度，完成全年小企业贷款增量计划面临较大压力。二是小企业信贷风险出现上升苗头，风险管理面临考验。6月末，全行小企业不良贷款余额为22.4亿元，较年初增加了5.83亿元，不良贷款率上升了0.21个百分点。其中，部分沿海发达地区分行的小企业贷款不良率已经超过了全行平均水平。

（二）当前小企业生产经营面临的主要问题。今年年初以来，浙江、江苏两省小企业的生产经营受到了国际、国内多种因素不同程度的影响，大致表现为“四升一降一紧两严”。“四升”是人民币升值和包括原材料、劳动力、能源在内的要素价格上升、信贷利率上升、外商投资企业的税率上升；“一降”是出口退税下降；“一紧”是信贷的从紧；“两严”是劳动用工和环保方面的监管更加严格。由于小企业处于产业链的末端，规模小、抗风险能力低，受到的影响也较大。对于银行来说，如果不能很好地把控风险，小企业信贷风险就会上升；但如果过度反应，或盲目采取过于谨慎的经营策略，则会造成企业正常的融资需求得不到满足，进一步加剧小企业的经营困难，也有可能丧失应有的业务机会。因此，我们要在准确把握经济发展形势的基础上，深入研究小企业贷款的经营策略，支持优质小企业健康发展，努力实现“双赢”。

从调研的情况来分析，由于企业所处的行业、产品竞争力、经营状况等有所不同，所受到的影响也是不同的。比如出口型企业受人民币升值、出口退税政策调整影响较大，生产加工型企业受原材料价格上涨影响较大。具体来看，小企业的状况可以分为三类。第一类是产品竞争能力和创新能力较强、销售渠道稳定、成本和能耗低、附加值高的小企业。这类企业成本的上涨可以通过产品价格的上涨、向消费领域传递来消化掉，受宏观经济的影响不大。但这类企业也不同程度地存在着对未来融资不确定性的担忧，担心资金链的中断。对于这一类当中的优秀企业，我们应该作为基本客户，更加积极地进入，占领优质市场，做好金融服务。第二类是外部生产要素价格上涨给生产经营带来较大影响的小企

业。这类企业中有些企业产品附加值较高，在细分市场上具有一定的定价优势，有些内部管理水平较好，可以通过充分挖掘内部潜力来转嫁一部分成本压力。尽管这些企业的盈利率可能会有所下降，但我们要审慎地研究下一步信贷政策，维持其正常的发展，不要因为过度压缩融资，加剧企业风险，最终导致银行风险。第三类企业主要依靠低价原材料和能源、低价劳动力、低环保成本等模式生存，一旦价格发生变化，竞争力就显著下降。这类企业如果不能在较短时间内完成转型，就将面临退出市场的境地，风险较大。

（三）坚定信心，促进小企业金融业务的健康发展。从调研情况看，信贷从紧对小企业的影响体现在两个方面：一方面是一些不具备优势的企业会面临资金紧张的实际困难；另一方面是一些企业存在负面预期，从而进一步影响到企业再投资和发展意愿，甚至可能影响到一些银行的基层分支机构不愿向小企业发放贷款，造成“多米诺骨牌效应”，最终加剧小企业风险。因此，引导形成企业对于融资的正面预期，对于经济实现稳定健康发展十分重要。

通过这次考察和座谈，我们更加全面地认识到当前企业面临的问题和挑战，同时也看到浙江、江苏等沿海发达地区经济仍然保持着持续快速发展的势头，小企业的基本面和预期也是好的。全行上下要进一步统一思想，树立信心，避免对经济发展中一些问题产生过度反应而造成不必要的紧张。要在深入分析的基础上，继续对优质小企业给予大力支持，不仅要“锦上添花”，也要“雪中送炭”，建立稳固的、良好的银企关系。

二、关于进一步做好小企业金融服务问题

小企业在促进经济发展、繁荣市场、增加就业等方面发挥着重要的作用，小企业的快速发展是浙江、江苏等沿海发达地区经济发展的重要推动力，而健康发展的小企业客户群也是商业银行持续发展的基础。我们一直高度关注浙江、江苏经济的发展变化。当前经济运行中出现的一些因素给小企业的发展带来了一些压力，客观上加大了小企业运营的风险。对此，我们既要进一步做好小企业贷款的结构调整，又要加大对小企业融资的支持力度，促进经济又好又快发展。具体来说，当前要从以下几个方面入手，进一步做好小企业金融服务工作。

一是做好客户分析，制定应对措施。要特别重视对小企业的分析工作。一级分行要对辖内所有小企业的生产、经营情况进行全面分析，尤其是对当前外部经济环境变化对企业的影响要进行深入评估，并预测原材料、能源、劳动力等要素成本进一步调整对企业的影响，逐一制定进入、维持或退出的措施。既要充分认识到小企业发展中面临的困难和问题，也要从中看到新的市场发展机遇，平衡好风险控制和发展之间的关系，好中选优、有进有退、结构调整，维持长期的客户关系。

二是抓住时机，促进小企业信贷结构调整。从企业层面看，随着国内外经济环境的变化，一些依靠劳动力、原材料等优势实现低成本发展的小企业经营模式受到了挑战，一部分过于依赖低成本发展的企业面临退出市场，而一些拥有高技术含量、高附加值、低能耗及创新能力强的企业则面临着新的发展机遇。今年下半年，全行要进一步加大对优质小企业的支持力度，帮助浙江、江苏、广东等部分发达地区的分行做好结构调整工作。各级行要抓住机遇，做好市场细分，在深入分析客户生产经营情况的基础上，扩大优质小企业业务的市场占比。

从我行小企业贷款的分布看，浙江、江苏、广东等沿海发达地区，经济发展有很大的潜力，小企业资金需求旺盛。总行要通过设立一些专项指标，比如贸易融资人民币专项贷款规模、小企业专项贷款规模等措施加以支持，有关分行不能因为大企业、大项目的需求而挤占小企业的专项信贷规模。同时，也要注意不同地区、不同行业对当前经济形势发展变化的反应程度。有些地区的小企业生产经营活动对于经济形势反应较慢，目前贷款需求仍然比较旺盛，对于这种情况要进行全面分析，注意风险，不能盲目乐观。

三是加快产品、体制创新，促进小企业金融业务健康发展。小企业金融业务最需要创新，而基层行最了解小企业生产经营规律，也最具创新活力和生命力。当前小企业生产经营面临多重压力，资金紧张的情况比较普遍，这既是进入优质市场的机遇，也是推进我们进一步加大金融创新的动力。要通过多种措施，用有限的信贷资源带动贸易融资、中间业务、表外业务、证券化业务等的全面发展。可以在一些小企业金融服务较为发达的地区分行进行创新试点，不仅可进行产品创新，也可开展体制、机制和管理模式的创新。在流程管理方面，要全面深入地研究目前在授权管理、核销权限、停复牌制度等方面存在的问题，逐一加以改进，为小企业金融服务工作提供更加有利的发展环境。在体制机制方面，要适应小企业贷款金额小、期限短、生产经营变化快、与传统的信贷管理要求差别较大的特点，探讨建立专门的小企业信贷客户经理团队，并在全面核算成本收益的基础上，落实有效的考核激励机制。

三、关于发达地区县域机构的发展问题

从经济发展的趋势看，沿海发达地区的城乡一体化进程正在加速，这些地区县域机构的布局和竞争力直接关系到我行的业务发展。近年来，我行在这些地区一些县级机构的竞争力下降得比较明显，同业占比落后。这反映了我们对这些地区县级机构的发展战略还不够清晰，重视程度还不够。认真研究我行的县域机构区别发展战略成为摆在我们面前的一个重要问题。我们不仅要研究县域机构的信贷业务发展战略，还要研究县域机构

的零售业务、资产管理、财富管理等业务的发展战略。县域机构的发展不能走过去铺摊子的老路子，而要用精简高效的机构和人员布局，获得较大的市场份额、优质的客户基础和较高的利润水平。要在全面规划的基础上，进一步创造条件、加大投入，建立科学的考核和激励机制，全面提升我行在这些地区县域机构的竞争力，打造一批具有较高的盈利能力和较强竞争力的优秀县级机构，走出具有工商银行特色的县域机构发展新路子。这要作为未来三年发展规划中区域发展规划的重要内容之一。

在中国工商银行分行行长工作会议上的讲话

姜建清

（2008 年 7 月 22 日）

这次会议的主要任务是，认真学习贯彻党中央召开的省区市和中央部门主要负责同志会议精神，落实银监会形势通报会要求，总结上半年工作情况，分析当前经营形势，布置下半年重点工作任务，要求全行保持清醒头脑，增强忧患意识，再接再厉，扎实工作，努力保持各项业务健康发展势头，确保圆满完成全年各项目标任务。下面，我讲几点意见。

一、关于上半年经营情况和面临的形势

上半年，全行总体经营发展形势是好的。面对复杂多变的外部环境和冰雪、地震等严重自然灾害带来的困难，全行上下认真贯彻党中央、国务院的决策部署和金融监管要求，深入落实科学发展观，统筹推进各项工作，取得了良好的经营业绩，主要表现在以下几个方面。

（一）财务指标完成情况良好。集团实现净利润 648.79 亿元，同比增长 56.75%，完成年度计划的 59.63%。年化平均权益回报率为 23.73%，年化平均总资产回报率为 1.44%，分别比上年提高 7.5 个和 0.42 个百分点。成本收入比为 28.46%。

上半年各项业务收益全面增长，结构持续优化。实现净利息收入 1 317.85 亿元，同比增长 28.94%，净利息收益率（NIM）达 3.01%，比上年提高 0.21 个百分点；净手续费及佣金收入 244.8 亿元，同比增长 64.65%，占营业净收入的比重达 15.8%，较上年提高 2.37 个百分点。

（二）存贷款业务健康发展。境内机构新增人民币各项存款（含同业）6 939 亿元，同比多增 71 亿元，完成年度计划的 69.4%。其中，储蓄存款增加 3 537 亿元，同比多增 3 054 亿元；对公存款增加 2 709 亿元，同业存款增加 692 亿元；外汇存款增加 30.2 亿美元，同比多增 20.2 亿美元。

新增人民币贷款为 2 562 亿元，增长 6.8%，低于全部金融机构增幅 2.6 个百分点，基本控制在人民银行要求的年度计划执行率 70% 的调控目标，较好地贯彻了从紧的货币政策。根据国家产业政策导向，修订完善行业信贷政策，实现了对全行信贷投向和结构调整的科学指导。“绿色信贷”政策深入实施，按照环保情况对贷款企业进行分级分类管理，符合国家环保政策的贷款企业占 99.8%，贷款余额已达 99.87%。

（三）改革创新步伐加快。业务创新机制进一步完善，累计推出近 200 个新产品。银行类理财业务快速增长，发行总量达 8 214 亿元，同比增长 444.8%。私人银行业务如期开办，已发展 300 多户高净值客户。信用卡发卡量突破 3 300 万张，消费交易额突破 1 100 亿元。电子银行服务与产品不断丰富，带动交易额及业务收入同比分别增长 58% 和 62%。投资银行业务成长为全行中间业务第二大收入来源。主承销短期融资券 386 亿元，承销中期票据 195 亿元，市场排名均列第一。金融租赁业务发展迅速，位于银行同业领先地位。成功发行 80 亿元资产证券化产品，创国内单笔规模最大纪录。全牌照年金业务发展有新的突破。科技创新取得新进展，企业数据仓库（一期）等一批重点项目投产运行。个人金融业务流程改造不断深化，信贷业务流程改造按计划稳步推进，跨地区业务集中处理、远程授权、监督中心转型改革开始试点。西藏分行获准筹建；收购澳门诚兴银行、南非标准银行股权的后续工作全面完成；悉尼、多哈、工银中东等机构正式获得当地监管机构的批准；我行在港全资投资银行——工银国际融资有限公司获准设立。

（四）风险管理得到加强。全面风险管理制度和报告机制进一步健全。内部评级法非零售项目前期成果投入应用，零售项目建设完成，市场风险管理核心系统建设加速推进，操作风险高级计量法工程开始实施，三大

风险的计量水平处于同业前列。信贷风险管理开始向显性风险与隐性风险管理并重转变，上半年退出和转化潜在风险贷款618亿元，完成年计划的57.37%；清收处置不良贷款276.9亿元，完成年计划的61.5%，不良贷款余额下降66.38亿元，不良贷款率下降0.33个百分点，降至2.41%。不良贷款拨备覆盖率达到116.08%，较年初提高12.58个百分点；足额提取债券减值准备，保持对债券减值风险的全面覆盖，风险抵补能力得到增强。案件查防工作深入开展，基础管理不断加强，发案数量和涉案金额同比分别下降50%和80%。

上半年经营成果是全行积极应对外部经营环境的重大变化、克服许多困难和矛盾取得的，成绩来之不易。特别是面对突如其来的特大地震灾害，全行在党中央、国务院的坚强领导下，迅速反应、紧急行动，临危不惧、恪尽职守，团结协作、服务大局，积极投入到救人、保财产、恢复营业、金融支持和赈灾募捐等各项工作之中。灾区分行最大限度地减少了人员伤亡和财产损失，最短时间内恢复了正常营业，受灾最为严重的四川分行上半年主要经营发展指标也实现了时间过半任务过半；全行为抗震救灾提供了优质高效的金融服务和无私援助，至6月30日已发放抗震救灾和灾后恢复生产贷款97.6亿元，为灾区捐款1.2亿元，其中，员工个人捐款8 869万元，以实际行动履行了大型银行的经济责任和社会责任。全行广大干部员工在抗震救灾斗争中表现出的顽强意志、奉献精神、敬业精神和团队精神，成为我们推进国际一流现代金融企业建设的宝贵的精神财富和强大的精神动力。

总的来看，国内外经济不利因素和特大自然灾害没有改变我行平稳健康发展的基本面，各项工作正在朝着预期的目标发展。这说明总行关于经营发展的各项决策部署是正确的，全行落实宏观调控政策、推进经营转型、加强风险管理等各方面的工作是积极而富有成效的。全行上下要进一步坚定做好各项工作，完成全年目标任务的信心，同时也要清醒地认识经济金融形势发展变化带来的一些新挑战。

当前，我国经济增长略有放缓，CPI有所回落，宏观调控效果逐渐显现。但经济发展仍然面临十分复杂的局面，既有通货膨胀的压力，投资过热反弹的可能，又面临着自然灾害影响较大，煤、电、油供需紧张，节能减排形势严峻，资本市场深幅调整，房地产市场出现疲软等新的问题和矛盾。而国际经济环境恶化，也对我国经济稳定和金融安全形成多方面的影响。美国次贷危机加深，美元大幅贬值，越南金融经济动荡并有向周边国家蔓延的可能，国际能源、矿产、粮食等初级产品价格暴涨，全球通胀加剧，世界经济增长放缓并有陷入滞胀的风险。国际经济金融局势动荡，导致我国产品出口需求增幅低于往年，针对我国的贸易壁垒增加；全球通胀对我国的传导持续不断，人民币升值压力加大，热钱流入风险加剧。国内外这种复杂多变的经济形势也正在深刻影响着我行的经营发展，需要全行密切关注和认真研究应对。

第一，要充分认识外部环境变化对全行信贷资产质量的影响。受多种因素的影响，近来一些企业生产经营困难增加，经济效益出现下降。一是能源、原材料、运输价格上扬，劳动力成本攀升，节能降耗政策约束力增强，使部分高耗能、高排放行业，以及一些成本转移能力较弱的企业盈利下降甚至亏损。二是虽然近来我国能源价格有了一些调整，但能源价格扭曲的状况仍未根本改变，国内国际油价差距较大，石油、石化、电力等能源产品价格倒挂，造成相关行业企业生产经营出现困难。而价格进一步调整又会加剧下游企业的困难。三是国际市场需求下降、人民币升值以及我国出口政策调整等因素，对一些出口依存度高的企业影响较大，企业外贸订单减少、盈利下降。四是部分热点城市楼盘交易量大幅萎缩，市场观望气氛比较浓重，一些房地产企业资金回笼困难，现金流状况处于近年来的最差水平。随着部分地区房屋价值缩水，加之贷款利率上升，个人房贷违约、断供现象有增多趋势。五是银行信贷紧缩、股票市场持续低迷，使一些企业面临融资能力下降的压力，有些前期盲目扩张、过度依赖银行贷款的企业资金链极易断裂，有些集团客户风险可能加速暴露。六是接连发生的特大自然灾害使部分企业损失严重，恢复生产面临许多困难。

据有关资料显示，今年前5个月，全国规模以上工业企业利润增速同比下降21个百分点，企业亏损面扩大，亏损额同比增长56%。处在产业链末端的小企业受经济环境变化的影响尤为突出，一些发达地区小企业开工率不足，甚至出现实质或应对性停产。企业效益下降和生产经营困难，必然会加大银行的信贷风险。上半年我行虽然继续保持了不良贷款余额和比率的双下降，但小企业和个人不良贷款余额和比率呈现上升趋势，房地产、交通运输等部分行业贷款劣变也有上升苗头。总行按照银监会设定情景对房地产开发贷款的压力测试结果显示，在房价不断下跌、利率持续上升的情况下，房地产开发贷款不良率将呈明显上升趋势。此外，我行现有的6 400多亿元个人住房（含商用房）贷款中，仍有部分贷款的剩余成数在6成以上，这部分贷款安全性可能会受抵押物价值波动的影响。

第二，要充分认识外部环境变化对全行流动性和存款发展的影响。今年年初以来，央行在实施从紧的货币政策中多次进行公开市场操作，存款准备金率已上调至17.5%的历史高位，回收金融体系流动性2.2万亿元，银行的流动性已逐渐由过剩转为趋紧，一些中小银行的贷存比已经接近甚至超过75%的法定比率。从我行上半年的情况来看，央行存款准备金率上调累计冻结我行资金2 108亿元，相当于存款增量的33%。尽管我行的贷存比仅为57.7%，但全行临时性资金缺口明显扩大，累计拆入资金3.5万亿元，由多年来的资金净拆出行转为资金净拆入行。同时，流动性波动幅度加大，流动性管理的难度明显增加。

银行体系的流动性趋紧，加剧了存款市场的竞争，一些地方甚至出现了多年不见的高息揽存等违规现象。上半年我行存款虽然总体增势不错，同业存款增量市场占比第一，但是人民币储蓄和对公存款增量占比均为四大行第二位。存款市场这种严峻的竞争形势应当引起全行的高度关注。

第三，要充分认识外部环境变化对全行盈利能力的影响。虽然上半年全行继续保持了50%以上的净利润增长，但必须清醒地看到经营环境变化中产生的多种减收增支因素，保持利润高增长的难度加大。从收入方面来看，一些与资本市场密切相关的中间业务发展受到较大影响，上半年代理基金业务收入仅为24亿元，同比下降53%，只完成年度计划的17%。同时，从紧的信贷环境进一步催化了中间业务的市场竞争，上半年我行中间业务收入市场占比为29.96%，虽然仍处在同业首位，但同比下降1.33个百分点，而排名第二位银行的占比上升3.1个百分点，与我行的差距缩小到1.77个百分点。另外，央行大量回收银行体系流动性，增加了银行低效资金占用，降低了银行资金盈利能力。

从支出方面来看，存款利率调升，资本市场低迷，使存款定期化趋势更为明显，利息支出扩大，上半年全行新增存款中定期存款占比达77%，而去年同期定期存款为负增长。物价上涨以及接连发生的雪灾、地震、洪涝等自然灾害会使全行相应费用开支增加。同时，为增强风险抵御能力而增加的拨备提取，也会相应减少利润。

第四，要充分认识外部环境变化对金融市场风险防范带来的影响。国际金融市场的持续动荡，各种不利因素相互交织，对我行市场风险管理提出了新的挑战。最近，房地美和房利美这两家美国最大住房抵押贷款融资机构陷入资金困境，表明次贷危机在发展延伸，目前信用违约掉期造成的金融风险正在扩大。我行持有的美国次级房贷支持债券虽已足额计提拨备，但受次贷危机扩散的影响，仍存在其他投资产品收益率波动、理财产品收益下降和代客交易产品运作风险扩大等不确定性，同时，还面临交易对手信用风险突变的考验。

总之，全行上半年工作有了一个良好基础，但当前及今后一个时期也面临许多新的困难和挑战。全行一定要深入研究分析经济金融形势变化趋势，提高对市场的判断与把握能力，既要正确估计经营发展的有利条件，积极把握新的机遇，又要居安思危，增强忧患意识，积极做好应对各种困难局面的充分准备。

二、关于下半年的工作重点和任务要求

6月13日，党中央召开了省区市和中央部门主要负责同志会议，胡锦涛总书记、温家宝总理在会上发表了重要讲话。会议全面深刻地分析了当前形势，对做好抗震救灾和恢复重建、推动经济社会又好又快发展、抓紧北京奥运会筹办等工作进一步作了安排。18日的银监会形势通报会，针对经济环境的发展变化作了新的风险提示，明确了相应的监管要求。全行一定要认真贯彻党中央、国务院的安排部署，积极落实金融监管要求，根据新的形势任务完善各项工作措施，努力在应对各种风险和挑战中，保持各项业务良好的发展势头，较好地完成全年目标任务。下半年要突出抓好以下几项工作。

（一）确保信贷业务稳健经营。中央要求，下半年要把保持经济平稳较快发展、控制物价过快上涨作为宏观调控的首要任务，把抑制通货膨胀放在突出位置，既要保持宏观经济政策的连续性和稳定性，着力解决经济运行中的突出矛盾和问题，又要增强宏观调控的预见性、针对性和灵活性，把握好宏观调控的重点、节奏和力度。我们要全面、正确地理解国家宏观调控要求，严格按计划和政策把握信贷总量和投向，坚持有保有压、扶优限劣，大力调整信贷结构，努力使全行信贷业务在经济周期波动中风险可控、质量稳定、经营稳健，以此更好地支持国民经济平稳较快发展。

要在严控信贷规模的同时，积极保证重点领域资金需要。要对下半年信贷需求进行全面调查和筛选，有层次地确定重点增贷目标客户，使有限的信贷资源向国家政策鼓励发展的行业倾斜，向经济资本回报率高的地区倾斜，向我行发展的战略业务领域和重点目标客户倾斜。要进一步把信贷增量与流量的管理有机地结合起来，把信贷与其他融资手段有机结合起来，保持票据业务适度增长，发展信贷资产转让业务，扩大银团贷款比重，拓展承兑汇票、保函、信用证等表外信用业务，推动资产证券化发展，竞争短期融资券、融资租赁等非信贷融资业务，规范发展“理财＋信托”业务，更多地依靠结构调整和业务创新，竞争优质信贷市场，支持经济发展的合理资金需要。

要着重加强对经济周期波动敏感行业的信贷结构调整。房地产、电力、公路、钢铁、纺织、汽车制造、城建等行业政策、成本、市场敏感度高，在当前国内外经济环境变化中行业内部分化加剧，而这些行业贷款占全行贷款余额的比重又比较高，必须密切关注其行业走势和信贷资产质量变化，完善行业信贷政策，提高市场准入标准，严格行业信贷限额管理，加快行业内客户结构调整。要按照监管要求，把改进房地产信贷业务经营管理放在尤为突出的位置。要密切监测房地产开发企业资金来源和项目销售进度、价格变动情况，动态评估企业风险状况和市场前景，完善名单制和资金封闭管理，严

把房地产开发贷款投向，主动调整存量贷款结构，严防企业以各种虚假方式套取贷款行为。要完善个人住房按揭业务的发展策略，既要严格掌握信贷政策和条件，加强借款人真实还贷能力的审查，又要加大营销和竞争优质客户力度，积极支持购买“首套房”的贷款需求，保持个人按揭贷款持续健康发展。

小企业是经济社会稳定发展的基础，是我行竞争发展的战略领域。要深入研究评估当前环境下小企业经营发展状况，本着“好”字优先、发展与管理并重、科学平衡风险与收益的方针，完善小企业信贷政策和管理机制。要细分市场、有进有退、区别对待，对受宏观经济环境影响相对较轻、创新能力强、产品有竞争优势、经营健康的优秀小企业，继续给予大力支持；对市场前景好而目前遇到临时性资金困难的小企业，要依据政策给予贷款重组、展期等多种方式帮扶；对受宏观经济环境影响大，不再具有低成本发展优势的传统企业，要果断退出。要适当增加浙江、江苏和广东等小企业发展较快、风险抵御能力较强地区的专项信贷规模，实行单独管理与考核，进一步抓住机遇开拓优质小企业市场。要积极探索通过小企业资产证券化、小企业集合债券等创新方式，多渠道支持小企业合理资金需要，分散信贷风险。要加强对小企业现金流的监控，实行小企业贷款流量管理和适度的换手率管理，在结构不断调整优化中保持小企业信贷业务健康发展。

（二）防范和化解金融风险。要加快全面风险管理体系建设，推进内部评级法等先进风险量化管理工具的开发应用，加强内部控制，实行更为审慎的拨备政策，通过多种渠道补充资本金，提高抵御风险能力。

切实加强信用风险管理。要增强信用风险防范的敏感性和预见性，突出加强受宏观调控影响大行业的风险管理，密切关注大型企业集团因扩张过快、过度融资和关联担保而引发的信贷风险。要深化信贷资产质量分类管理和贷后管理，更加灵敏地反应和及时应对贷款质量迁徙。要强化关注类贷款的管理，加大潜在风险贷款的退出力度。要继续加快不良贷款的清收处置，按照财政部新的呆账核销管理办法加快损失类贷款的核销，不断夯实资产质量基础。

高度重视防范市场风险和流动性风险。要完善市场风险防控机制，实施更加科学的流程设置和系统的硬控制。要加强对国际金融市场的研究，实行审慎投资策略，及时调整投资期限、币种和产品结构，进一步分散外币投资风险。要强化交易授权及限额管理，严控衍生品交易中的操作风险、道德风险及交易对手的信用风险。要多管齐下控制外汇敞口，降低汇兑风险损失。要适应银行体系流动性趋紧的新形势，科学调整资产负债总量、期限结构，保持长、短期贷款的合理比例，安排好分层次的流动性储备，稳步推进总行全额资金集中改革，提高全行流动性管理水平。

继续加强操作风险管理。当前重点是要对上半年审计署审计出的问题进行认真整改，配合好银监会正在进行的现场检查，尤其要针对理财、结汇、信贷、中间业务、并表业务管理和信息科技管理中存在的问题，主动进行自查自纠。对于屡查屡犯的问题，要多从制度上、流程上和执行上剖析原因，找准根源，完善管理。要完善反洗钱机制，优化反洗钱监控系统功能，加强重点领域的反洗钱工作。今年来我行案件防控工作总体上是好的，但大案要案仍有发生，最近一个时期又暴露出几起基层管理人员商业贿赂案件，应引起我们高度重视。各级行要不断研究案件风险的演变趋势，坚持不懈地抓好案防责任制和各项具体措施的落实，努力使全行案件风险低发态势继续保持下去。

（三）积极采取措施增加存款。要充分认识当前新的市场环境下，竞争存款对于增加流动性、降低筹资成本、巩固客户基础和开拓各项业务的重要作用，进一步加大对存款市场份额的考核力度，适当增加分行经营绩效考核中存款业务的权重，合理调整内部资金价格，充分调动全行增加存款的积极性，推动存款业务稳定、快速和低成本发展。各分行要全面巩固或夺回各项存款增量市场份额第一的位置。

要充分发挥全行的综合优势竞争客户、增加存款。既要根据市场竞争形势适时调整存款定价策略，又要避免不计成本地以高利率竞争存款。要更多地通过产品创新，以提供多元化增值服务吸引客户，以增加客户的综合回报来赢得市场。要充分利用个人理财、代理、结算、资产等业务的创新发展竞争储蓄，抓住股市、楼市资金回流的时机发展储蓄。充分利用信贷资源、资金实力、结算优势，利用公务卡、网上银行、个性化金融解决方案等现代服务手段，竞争公司和机构存款。要针对一些大系统、大客户存款的竞争态势，逐一研究提出应对策略，适当增加资源投入，要全力抓好财政、社保和军队存款，千方百计巩固已有的存款阵地，积极竞争他行的存款份额。要抓大不放小，加强无贷户营销，增加对公结算账户，扩展客户基础。要通过扩大有利于双赢的同业合作，发展客户关系，增加同业存款，抓住股指期货推出等新的商机竞争同业存款。要认真研究储蓄、对公和同业存款的转化规律，努力在社会资金的大循环中，巩固和扩大我行存款的总体市场份额。

（四）增收节支扩大盈利。各行要深入分析影响盈利增长的各种因素，着眼长远，抓住当前，趋利避害，开源节流。

上半年全行净息差虽较去年同期有所扩大，但仍小于同业先进水平。各行要继续认真执行贷款定价标准，切实利用好贷款供求关系的变化实现合理定价水平。对于贷款议价能力弱、贷款收益率低于同业水平的分行要适度控制信贷规模配置。要增强对国内国际金融市场行情走势的研究分析能力，及时优化本外币投资结构，丰富交易产品，完善交易策略，提高投资交易类业务收益水平。

要不断突破中间业务发展的瓶颈，努力实现中间业务收入增幅和市场占比双提高。要根据金融市场变化不断完善基金销售策略，既要及时捕捉国家促进资本市场稳定发展的各种商机，扩大偏股型基金销售规模，又要着力加强货币市场基金、债券型基金等多种类型基金产品的销售，最大限度地缓解基金销售下滑对中间业务收入的影响。要坚持业务创新与市场营销并举，挖掘结算等传统优势业务增长潜力，提升投资银行、信用卡、电子银行、资产托管等新兴业务的增长幅度，开拓银行类理财产品、贵金属、企业年金、私人银行等新的市场领域，增强中间业务收入的可持续增长能力。要逐项分析中间业务市场占比变动趋势和主要竞争对手，有针对性地完善竞争策略，落实责任、严格考核。处于领先地位的机构和业务，要巩固和扩大竞争优势；处于落后地位的，下半年要争取实现赶超。

在当前增收难度加大，物价上涨和自然灾害造成的各项支出增多的情况下，更要重视勤俭节约。各级行都要制定节支的目标和措施，大力压缩不必要的会议，减少不必要的出差，严格控制各种出国（境）考察活动，坚决反对各种形式的铺张浪费，把资源更多地用在业务发展最需要的地方，也使全行能够集中更多的财力支持灾区分行恢复重建。

（五）继续改进金融服务。现代市场的竞争归根结底是服务的竞争，全行特别是那些市场份额丢失较多的分行和专业，一定要抓住服务这个根本来深入研究竞争力问题，真正把竞争发展的压力转化为改进服务的动力。

要继续深化流程改造。按计划完成个人金融业务流程改造一期工程，实现“五个统一”，并尽早启动二期工程，解决业务流程差异化人性化设计、交易功能整合等深层次问题。信贷业务流程改造经过半年来的充分调研，已经梳理出存在的主要问题，确立了“整合、拉直、电子化”的总体改造思路。现在要抓紧完善方案，尽快付诸实施，力争年内使多数问题得到解决。继续推进业务集约运营、远程授权和监督体系再造试点工作，深化业务运营改革。

要加快推进渠道优化。目前全行网点改造工作已按计划全面铺开，各分行和总行有关部门要加强组织推动与督促指导，加快建设进度，力争尽早投入使用，发挥作用。要积极推进总行电子银行中心管理体制改革，启动新的电子银行分中心建设，不断增强电子银行的服务功能。要按计划完成客户经理的选配，尤其要突出加快外出营销型客户经理队伍建设，积极完善销售激励机制，充分发挥客户经理在营销服务中的重要作用。

要进一步提高产品创新效率和水平。继续着重抓好理财平台、银证平台、缴费平台、银行户口、全球现金管理和托管等一批重点项目的开发推广，深入开展客户体验、产品标准化和产品竞争力评估工作，增强产品的市场适应性和影响力。

要大力改善窗口服务。以营业网点服务现场质量控制为重点，完善客户满意度监测，加强员工服务观念教育和规范化服务培训，深入开展优质文明服务活动，使每个柜台、网点成为展示工商银行良好精神风貌和形象、信誉的窗口。

北京奥运会开幕在即，这是对我行服务能力的一次国际检验。全行上下，特别是六个奥运赛区城市和重点旅游、口岸城市分行要把做好奥运金融服务工作作为当前的首要任务，立即使各项服务和安全保障措施进入实际运转状态。各级行、各相关部门主要负责人要全面负责、坐镇指挥，并逐级、逐部门落实任务和责任，严格检查和问责。要在实际运转中，对支付环境、外语服务、外币兑换、投诉处理、系统安全、网点安保、应急管理等各项工作，进行一次再检验、再完善，做到精益求精。特别是在信息系统安全运行方面，绝对不能抱一丝侥幸心理，不能有任何疏忽大意，各级科技部门与业务部门要密切配合，抓紧时间查漏补缺，进一步清除安全隐患。要加强生产监控，严格控制生产变更，积极做好应急准备，严密防范和及时处理可能发生的内外部安全事件，坚决确保任何情况下业务运行不间断。要通过上下共同努力，真正使奥运服务成为全行服务向国际一流水平迈进的重要阶梯，也为奥运会的成功举办作出应有的贡献。

（六）大力支持灾后恢复重建。要继续大力弘扬抗震救灾精神，既充分调动灾区分支机构干部员工的积极性、创造性，又努力发挥全行整体合力，紧紧依靠当地党委政府的指导和支持，统筹抓好抗震救灾和业务经营发展，努力把灾害对经营发展的影响降到最低限度。

坚持以人为本，继续扎实做好受灾员工的生活安置、心理抚慰和思想工作。要加快过渡性安置房的搭建，使因房屋毁损垮塌目前住在帐篷里的受灾员工尽早搬进活动板房。同时，对房屋毁损的员工购买或修复住房，待国家有关政策规定出台后，积极予以帮扶。

加快受损机构网点恢复重建工作。各受灾分行应按照固定资产统保协议约定，及时与我行固定资产统保经纪公司和保险公司协调沟通，安排专人负责推进地震受损固定资产的定损和保险理赔工作。同时，要根据勘察、鉴定结果，抓紧确定受损营业用房的加固维修方案，及早施工，并通过租赁、新购等方式，尽快使“帐篷银行”、“板房银行”搬回营业办公楼，使目前部分恢复营业的网点尽早全面实现正常营业；要结合当地政府的规划和我行机构网点布局调整、服务渠道优化的要求，加紧规划、及早启动损毁机构网点的重建工作，总行将从固定资产购置维修指标、资金等方面予以支持，上下共同努力，把灾区网点建设得更加坚固、美观和现代。

要继续加强灾后恢复重建的金融服务工作。要根据国家陆续出台的有关政策措施，兼顾灾区的现实需要和长远规划，制定更加完善的信贷支持政策和全面服务措施，更有前瞻性地参与重点基础设施重建项目，更有针对性地服务于重点行业的优质客户和优质中小企业。对国家确定的重灾区普通商品住宅和经济适用房开发项目，以及灾区居民购置自住房，符合贷款条件的应积极予以办理。要抓紧调查核实灾区客户贷款受损情况，按规定提足拨备，严格执行有关政策规定，符合条件的可组织呆账核销，但也要防止发生逃废债等行为。

三、关于开展实践科学发展观活动与制定新的三年规划

面对当前复杂的经济形势和繁重的工作任务，中央对加强党的建设提出了新的要求。各级行党委一定要进一步增强政治意识、大局意识和责任意识，坚决贯彻落实好中央的决策部署，在全行改革发展稳定中更好地发挥领导核心作用。

（一）深入开展实践科学发展观活动。在全党开展深入学习实践科学发展观活动，是党的十七大作出的一项重大战略部署。这是继“三讲”、“先进性”教育之后在全党开展的又一次党内集中学习教育活动。目前这项活动已在试点单位展开，第四季度将全面推开。各级行党委要按照中央的总体部署和总行党委的具体安排认真做好相关准备工作。要搞好基本情况的调查摸底，掌握党组织、党员干部学习和实践科学发展观的主要情况，既要认真总结全行以科学发展观为指导，推进现代金融企业建设的新进展、新成效、新经验，又要找准不符合、不适应科学发展观要求的突出问题，认真研究思考本行、本专业未来一个时期的改革思路、发展战略和目标任务。要学习借鉴活动试点单位的先进经验，并结合下半年经营管理工作实际，着手制订开展活动的预案，征求各方面对预案的意见和建议，做到学习实践活动与改革发展有机结合、相互促动。要挑选一批熟悉党建工作、实际工作经验丰富的干部进行重点培训，作为开展活动的骨干。要掀起学习贯彻和宣传科学发展观的新高潮，做好舆论引导和思想铺垫，确保活动顺利启动、扎实推进，达到预期效果。

（二）以科学发展观为指导研究制定新一轮三年发展战略规划。对我们这样一家大型银行来讲，正确把握发展方向和战略，是加强党对现代金融企业领导的重要内容。今年12月，在中央召开改革开放30周年纪念大会之际，我行将召开“纪念改革开放30周年暨工行成立25周年”发展战略研讨会，回顾我行发展壮大历程，总结股改三年来的发展成就，规划未来三年的发展蓝图。目前，各分行、各专业部门都在按照总行的安排，对关系全行未来发展的全局性战略性问题进行深入研究。为了更好地引导全行以前瞻性的眼光和全球化的视野来规划未来三年的战略发展，这里我再讲几点原则和方向性要求。

第一，要以建设全球最盈利、最优秀、最受尊重的银行为愿景，清晰勾画出我行未来三年的战略目标。经过全行上下的艰苦努力，目前我行股改后的首个三年规划提出的各项发展指标已经提前完成，三年来全行保持了40%以上的盈利高增长，成为全球市值最大的银行。我们要站在这一新的起点上，以建设全球最盈利、最优秀、最受尊重银行为新目标，高标准规划下一个三年的发展，指引全行在建设国际一流现代金融企业的道路上迈出更大步伐。

第二，要保持战略的延续性，坚定不移地推进结构调整和经营转型。近年来，全行发展的最大特点是在转型中发展，股改后实施的首个三年规划中最基本的战略就是经营转型。近五年来，经营结构和经营模式加速改善，其中净手续费及佣金收入平均增长率达58%，全行可持续发展能力日益增强。未来一个时期，我们面临经济周期性波动的严峻挑战，只有通过发展方式的转变，才能长久保持平稳较快发展，才能拉长高盈利周期。我们必须继续坚持转型发展的方向，使我行不仅是信贷业务大行、负债业务大行、结算业务大行，也要成为资产管理大行、财富管理大行；必须坚持走结构调整的路子，全面改善资产负债结构、收益结构和客户结构，使我行不仅规模大，而且成为经营效率高、业务结构好、持续发展快的银行。

第三，要深入分析全行竞争力状况，紧紧围绕提高竞争力这个主题规划未来发展。要认真分析全行和各专业、各分支机构竞争力状况，深入剖析影响竞争力的体制机制问题，更加系统地提出提升市场竞争力的目标体系，以及相应的战略举措，尤其要着重从创新、服务、品牌、人才、企业文化和社会责任等方面，进一步完善提高核心竞争力的根本措施，使未来三年全行在国内市场的领先优势进一步扩大，在国际金融市场的竞争力明显提升。

第四，要坚持总分结合，统筹研究规划工商银行整体发展和各区域特色发展。新的三年规划要在总体规划工商银行发展的同时，从各区域的实际出发，本着发挥比较优势、促进协调发展的原则，更加系统地提出我行在东中西部、大中城市以及重点县域的发展方向、目标和战略，通过区域发展战略的实施，保证全行总体战略目标的实现。

第五，要顺应经济全球化、金融一体化的大趋势，完善综合化、国际化发展战略。新的三年规划要更加明确地提出构建以商业银行业务为主体、跨市场的金融服务体系的目标和路径；更加明确地提出扩展全球化服务网络，加快提高境外机构本土化经营能力，推动境内外

业务一体化发展的战略构想，增强境内外业务和各类金融业务协同发展的能力，增强全面参与国际竞争与合作的能力，增强全球、全市场配置资源与获取盈利的能力。

第六，要更加注重强基固本，不断提升公司治理和风险管理水平。建设最盈利、最优秀、最受尊重银行发展目标的核心和关键是建设卓越的公司治理和风险管理体系。我们在规划未来三年发展中，要积极借鉴国际先进公司治理经验，研究提高公司治理效率的途径和方法；积极引入国际先进风险管理理念、机制和技术，构建更加完善的风险管理体系，实施更加有效的内部控制，在学习中加快创新，在引进中实现超越，逐步形成国际一流的风险管理水平。

战略决定成败。各行、各部门要在抓好当前经营工作的同时，积极开展调查研究，广泛听取各方面的意见建议，会聚全行智慧，共同制定好新一轮发展战略规划。

（三）加强人才队伍建设。推动科学发展，关键靠人才，靠最大限度地调动全员的积极性、主动性和创造性。去年我们通过实施人力资源管理提升项目，初步搭建了一个以岗位职级、绩效管理和薪酬管理为核心的公司化人力资源管理体系。当前还要继续完善相关配套措施，实施《岗位职级体系管理办法》，完善员工晋升发展机制，创建员工多通道的发展平台，打开员工的晋升发展空间。这项工作事关员工切身利益，涉及范围广、影响层次深，各行务必高度重视，精心组织，明确政策要求，规范操作流程，加强宣传引导，确保改革顺利推进、取得实效。

下半年，总行还将在全行范围内公开选拔19个一级分行副行长和8个一级分行行长助理，这是我行拓宽选人用人视野、深化管理人员选拔任用制度改革的一项重要措施。这次选拔得到了全行广大干部员工的广泛关注和热烈响应，报名人数与公开选拔岗位数之比超过了13:1。我们要严格按照实施方案要求和有关政策规定做好组织工作，坚持高标准，严格测试、深入考察、慎重选拔，将公开、平等、竞争、择优原则贯穿于选拔的全过程，做到既要发现、选拔和储备一批优秀人才，又要形成正确的用人导向，充分调动各级管理人员的积极性。

最后，我着重强调一下维护稳定问题。昨天晚上的预备会议，传达了中央关于做好信访稳定工作的安排部署，通报了我行的信访形势，进一步明确了有关工作要求，各级行党委要切实按照中央和总行党委的安排部署，加强对维稳工作的组织领导。要积极配合中央组织的接访下访活动，主动向当地政府和中央信访督导组反映情况、汇报工作，力争推动一批长期遗留问题的解决。同时，要以此为契机，在全行集中开展一次信访问题拉网式排查，组织开展形式多样的领导干部接访活动，力求把各种矛盾纠纷全部纳入视线，综合采取各种措施化解不稳定因素，确保奥运会以及改革开放30周年纪念活动期间不发生集体访、进京访。要高度重视依法维护员工群众利益，发展和谐的劳动关系。要审慎把握好各项敏感政策的出台时机，把好事办好。要加强思想政治工作，加强基层基础工作，多做政策宣传、理顺情绪、教育引导和团结鼓劲的事情，切实维护好改革发展稳定大局。

同志们，当前经济形势发展变化很快，全行经营发展、灾后恢复重建和奥运金融服务工作任务繁重、关系重大。全行上下一定要居安思危、未雨绸缪、统筹兼顾，把下半年可能遇到的困难估计得更严峻一些，把应对措施制定得更严密一些，把各项工作抓得更扎实细致一些，努力克服各种新的困难和挑战，把党中央、国务院的安排部署落实好，把全行健康发展的势头巩固住、发展好。

在中国工商银行未来三年发展战略座谈会（广西）上的讲话

姜建清

（2008年7月31日·根据录音整理）

这次座谈会请了广西、贵州、云南、四川、重庆分行的行长，新加坡分行和工银印尼的负责人，以及总行有关部门的负责同志，来共同商讨未来三年工商银行发展的战略问题。这既是一次内部讨论会，也是一次解放思想的会议，大家充分敞开思想谈了自己的看法，会议开得很好。

下面我就未来三年发展的关键问题谈几点意见。

一、股改后首个三年规划目标基本完成，未来三年发展前景光明

即将过去的三年，我们实施了工商银行股改后的首个三年发展战略规划，截至目前，所有预定目标基本完成，有的甚至提前完成或超额完成。

这三年是工商银行发展历史上非常重要的一个阶段。我们完成了股份制改革并成功上市，实现了经营模式和增长方式的巨大转变，显著提升了竞争力，成长为全球市值最大、盈利最多的银行。三年来，我们在各项业务中实施了具体而有针对性的发展战略，包括第一零售银行战略、网点转型战略、流程改造战略、风险管理战略等。过去三年值得总结的地方很多，当然我们也要很清醒地看到仍然存在着一些问题。例如，下一阶段如何进一步推动转型发展？新的增长极在哪里？这些问题都值得我们深入思考。

去年，总行提出了核心竞争力的问题，要求各分行进一步审视在转型发展的过程中，我们的核心竞争力是否削弱或丧失。从目前情况看，中西部地区一些分行已经或多或少地在一些主要业务上被同业赶超，为什么会被赶超？其中的原因和教训，值得我们很好地分析和总结。此外，随着业务进一步发展，我们也提出了品牌、创新、服务、渠道、企业文化、社会责任、人才、培训等发展战略，这些内容也都要纳入到新的战略规划体系之中。

未来三年是工商银行发展历史上极其重要的三年，在此期间我们将初步实现我行经营模式和结构的战略转型。如果未来三年我们的各项发展目标都能实现的话，那么，我们在成为全球市值第一、盈利总量第一银行的基础上，又将朝着最优秀、最受尊重银行的目标迈进一大步，我们在国内外市场的竞争力将进一步提升，各家分行也将全面收复已经被竞争对手所赶超的业务失地。届时，我们不仅有一批盈利超过200亿元的分行，也将有一大批盈利在50亿－100亿元的分行。我们员工队伍的素质将进一步提升，工商银行的凝聚力、战斗力也将显著增强。从近年来发展趋势看，实现这些目标并非遥不可及。从目前测算情况看，很多目标是能实现的，但过程也不会很容易，因为现在同业都把我们当做主要的竞争对手。所以，在我们新的发展战略中，要有创新的思路，要有很多新的观念和新的举措。

二、新一轮发展中，要巩固发展市场的领导地位

近年来，市场竞争形势不断加剧，国内大多数银行都已经完成改制，未来几年农行也将完成改制，这些大的银行改制后，或有先发优势，或有后发优势，都将对工商银行市场老大的地位发起挑战。

这些年来，虽然我行资产的市场份额基本持平还略有上升，但存贷款市场的份额不断下降。如果这种市场份额下降的趋势长久发展下去，我们将很难维持现有的市场地位，我们也不可能以比别人小的市场份额长期获得比别人大的盈利份额。所以，工商银行除极个别特殊地区要做精品银行外，在大部分地区我们不能放弃老大地位，要又好、又大、又精，鱼和熊掌要兼得，不能丧失同业的领导地位。当然，这不是说要所有机构业务都做老大，在个别县、二级城市，我们可以做一些让步，但总体上我们不放弃这个领导地位。实际上，市场的领导地位可以为我们带来很多规模效益、品牌影响、地位收益，一旦失去地位，我们将失去很多，市场地位是有价值的。

特别要注意保持第一零售银行的战略地位，工商银行绝对不能失去这个地位。任何一个省级分行都要努力想办法把零售业务存量、增量和增长率都做到市场第一。这其中会有各种市场影响因素，比如农信社、农行机构多，网点分布广泛，对我们的零售业务构成挑战。但我认为，从全球银行实践来看，没有一家地方银行能够成功地挑战大型银行在零售业务方面的优势地位，非常重要的原因就在于大银行的客户战略、产品战略、科技战略是小银行无法企及的。如果我们丢掉了市场领导地位，那是输在我们自己身上，是我们自己工作没做好。

未来几年，作为新来者，我们在国际市场上的地位和份额可能会上升。但是在国内，我们面对的大的挑战，可能是一些大银行对我们一些主体业务市场展开进攻，以及一些股份制商业银行和外资银行对我们一些产品线的进攻，分流我们的市场份额。如果未来三年的发展战略是成功的，那么我们的优势地位就可以保持，甚至有所上升。这也是检验战略成功与否的一个标准。

三、竞争力的差距源于网点战斗力不足，下一步要深化渠道变革

近年来，我行的存款优势为什么出现下降？在几轮座谈中，大家都认为某些银行县域业务做得比较强是因为它们机构多。当然，这些行县域的网点比我们多是事实，但问题是我们的网点装修水平、业务产品功能、人员配备都和他行水平差不多，怎么能指望我们一个网点顶他行几个网点？然而同地区一些股份制银行一个网点的业务规模和盈利水平却基本相当于我们3－5个网点，尤其在江南一带镇级机构，一个网点就相当于我们六个网点，这就说明我们网点的战斗力太弱了。

股份制银行网点其实就是一家支行，其规模比我们大、人员比我们多、装修得比我们漂亮、产品功能也比我们多，业务综合化程度高。它们的网点负责人实际是支行行长，其整体水平比我们储蓄所主任高，一个支行行长与我们储蓄所主任比，所以才能一比三、一比四。

如果我们也照这样做，至少能一个网点胜他行两个网点。这样算来，网点的数量不就不少了吗？那么，怎样才能增强我行网点的战斗力呢？

（一）对分行零售业务存在的差距要逐一细化分析。对分行来讲，有的分支行零售和中间业务比竞争对手弱，那么就要进行细化的比较，要比较输在哪个支行、输在哪个网点，支行比支行、网点比网点，凡是发现做得不行的，就要想办法把它的竞争力提上去。有些行储蓄存款老上不去，省分行一把手就要亲自下基层搞调查研究，一个个储蓄所、一个个支行走到，认真了解核心原因，分析到底输在哪里。如果各分行都以这样的决心把工作做下来，不可能不成功。

（二）网点负责人应有相对独立的战斗力和战略意识。当前我们部分网点竞争力较弱，与这些网点负责人的层次和能力不高有关。我们一些网点的管理者原来是储蓄所的主任，对网点战略不清晰，只是被动地去服务客户。作为合格的网点负责人，应该具有网点战略思维，要了解本网点周边地区业务资源的分布情况，思考网点内外事务如何平衡、需要配备多少外勤人员等问题。网点应是一个独立的全功能的营业单位，一些储蓄所不具备独立的营业单位的功能和意识，只是被动接受客户，为上门客户提供服务，满足于每日账平表对。

现在很多商业银行，包括一些股份制商业银行，基本上都已改革了经营模式，它们的每个网点都是一个相对独立的营业单位，服务功能比较完善，有内勤人员和外勤人员，外勤人员主要负责在外营销，这可能就是我们在一些地方输给对手的非常重要的原因。如果我们一个网点负责人每天就关心开门、关门、账平、表对，而竞争对手的一个网点负责人却有一定的市场战略意识，那两者的差距就很明显了，我们在网点负责人层面上就输了。

要抓好网点改革，网点负责人就要改变观念，思考怎样才能做好网点负责人。各级行要加强对网点负责人的培训。我觉得，网点负责人要把网点当做支行看待，不管在概念上这个网点叫什么名字，其实际就是一家支行，一个独立的营业单位，其负责人就要思考怎么去做营销和市场。

（三）网点客户经理队伍建设要坚决和务实。我们当前正在做网点装修改造，网点的功能也在不断完善。但是，我们很多网点在“两个经理”建设上没有落实，这是下一阶段要重点抓的问题。一是客户经理没落实。客户经理是服务和维护客户、使客户资产不断增值的经理。网点的客户经理不是以他叫什么名字来界定的，如果仅从柜台里面坐到柜台外面，只会回答客户问题，做一些简单的咨询业务还远远不够。真正的客户经理，要能够服务和维护客户，解决客户的一揽子需求。二是营销经理未落实。较少有出门去“扫街”、“扫楼”搞个金业务营销的人。只是待在网点里，客户怎么会上门？“守株待兔”，兔子若不往你这棵树上撞，撞到其他行的树上去了，业务不就流失了吗？所以，我们的网点必须要配备真正以走出去发展新客户为主的营销经理。

去年北京分行网点排队问题严重，客户对我行服务意见较大，我们到网点去做调查发现，网点大堂没有做咨询服务的人，网点内人满为患，自助机器就在旁边，却没人设法把客户引导到ATM上，教他们使用。有一些网点这么做了，派了员工负责此项工作。有个储蓄所主任对我讲了句话，说一个好的大堂经理，其发挥的作用至少可以顶2－4个柜员，我认为这句话讲得有水平。现在我们有些网点没有客户经理，抱怨说是因为柜台业务繁忙，人员紧张腾不出来。其实，你越是这样，柜台压力越大，形成恶性循环。当然，现在这个排队高峰过去了，各网点大堂经理也配备上去了，但目前有些大堂经理仅是引导员、咨询员，各网点还没真正拥有分管客户的客户经理和走出去的营销经理，基本上是守势，还是“守株待兔”。如果把网点变革错误地认为仅是装修美化网点，那这样的网点发展理念还基本停留在原有阶段上。

（四）网点零售业务发展要抓住“新开户”这个关键。当前和下一步，我们要把个金业务迅速发展起来，可以通过两个渠道：一是抓现有的中高端客户，我们要力争提升服务层次，把原来50万元存款和资产的客户发展到100万元，当然这要建立在我们有好的产品和服务的基础上。二是要下工夫，增加新开户。

对公业务领域，我们现在重视发展非贷款客户，例如结算和现金管理部门在抓新开户指标，个人金融部门也要有这种指标。我们现在已有客户资产量指标，但还要有开户数指标，每天要统计新增的理财金和其他中高端客户户数，例如5万元以上客户有多少、20万元以上客户有多少，等等。当然，还要有其他的要求。希望各行都能提供这样的一张表，促使大家主动去找客户。只要有新开户就有新的存款来源，我们必须要抓新开户。个人零售存款的新开户靠谁去抓？支行或网点要配备营销经理，其营销业绩主要考核开户情况，包括理财金、中高端客户新增数，每月考核一次，干得好就可以多拿钱。至于怎么抓客户，去“扫楼”、“扫街”、争取亲戚朋友开户都行。如果一个分行成功组织起一支300人规模的专事个人金融业务营销的队伍，那效果就不得了。按这种方式推进工作，就肯定能获得成效。此外，我行原有的抓代发工资“源头”的优势不能丢失。

（五）网点发展要改变“只求所在，不求所有”的观念。对于经济非常发达的乡镇市场，我们不一定非到乡镇去开立机构，即便要设，首先要考虑在现有机构中作些调整。我们必须改变过去“只求所在，不求所有”的观念。什么是只求所在？就是过去我们做业务，非得到那里去开网点，然后等客户找上门来。我们的县城支行，为什么就不能多配3－5名外勤，让他们去乡镇把富裕客户引到县城开户，然后通过各种渠道，如网银等，来维护客户。

现在一些外资银行总部在北京、上海，它们的服务区域却覆盖全中国。有些地处香港的银行，它们的理财经理、私人银行经理满中国飞，它们的策略是买机票不买房子。我们将来在县城和发达的乡镇市场，要买汽油票不买房子。改变一些传统的经营方式和模式，开拓思路，就会发现很多事情都是可以做的。

总之，要深化渠道的变革。网点对于商业银行来说是非常重要的渠道，对于网点变革，要有整体规划和具体方案，要有执行网点变革的班子，对网点经营状况，包括历史状况和现在状况要有详尽分析，对于网点改造后的经营状况也要有详尽分析。如果说过去的网点经营不好，那么要能给出历史数据，说改造后网点经营得好，也要给出比较数据。对每个网点都要有分析，对改造的效果要进行评估，如果网点费钱改造之后还是老样子，那就是失败，要追究决策的责任。

渠道负责人都要有非常清晰的目标，要有柜员、客户经理负责维护中高端客户，也要有开拓新市场的营销经理。对渠道负责人的选择、对客户经理的考核、对渠道的宣传、对客户的宣传培训等工作都要加以重视。总行的一些宣传片已经做好了，各行可以在渠道里事先作些宣传，听取反馈后我们再作些调整。

希望各一级（直属）分行行长都要高度重视渠道变革，明年我行渠道第一轮改造就要基本告一段落，所以，各行的速度还要适当加快。

四、要尽快启动并加速推进内控体制和流程改革

现在工商银行确实面对一个严峻的问题，就是人力资源的分布和配置很不合理。人力资源结构性矛盾的问题非常突出，不同省市分行、同一省市分行内不同分支行、网点，一线与二线，市场营销与内部管理机构，前后台的人力资源配置不合理，人均效率差异极大，已经制约了我行竞争力的提高。历史地看，因为以前出现过较大的风险问题，所以，我们近年来在内部控制上加大了力量，这是必需的和有益的。但是，内部控制不能仅靠打人海战术，不能不讲成本。针对现在内控上存在的问题，我们在个金和信贷流程改革后，内部控制、前后台管理流程改革要提到议事日程了，这项工作就要开展。这项工作完成后，可以极大地解决我行的劳动生产率问题，让更多的人从现有岗位走出来，走到业务一线，充实柜员、客户经理、产品经理、营销经理的队伍。该项改革意义极其巨大，是一种内涵式人力资源结构调整。

我希望各分行能作些调查研究，采取些措施。比如说，现在事后监督中心的工作基本上就是重新输入所有的凭证要素。仔细分析一下，在长达6年的事后监督过程中，通过这种方式发现过多少起案件事故呢？如果没有发现问题，这就说明了我们这种事后监督方式有问题。现在一般凭证要素完整性方面的复核工作应该交给营业经理，他的责任就是在审核票据的时候，审查凭证要素。事后监督应集中审查复杂交易，这样风险管住了，成本也能节约下来。

此外，由于银行存在大量的现金交易，时效性要求较高，风险监督就不得不放在前台。同时，由于国内票据业务处理有较高的时间要求，有些是见票即付，支票清算追求快速，那就必须把授权人员放在前台，这是现有结算体制造成的。但我们能不能做到电子化的远程监控，能不能尽可能把第一线的业务授权放到后台呢？也就是把一些业务授权由前台监督转到远程监督。

内控流程一定要改，要把大量的生产力释放出来。二线管理人员那么多，很不应该。若后台都集中了，还要那么多中间层干嘛？要像省会城市行的营业部，不要让支行承担太多的行政管理职能，管理体制要作大的调整改革。流程改造如果做得好的话，可以使现有中后台人员的1/5，甚至更多充实到一线去，从事市场营销和客户经理工作。

五、要解放思想，推动机构考核制度改革

我们当前的分支机构中，行与行之间差距非常大，一些县支行或者城区支行，利润贡献甚至高于一些二级分行或一级分行。于是经常会出现这样的情况，一家盈利很高的机构，行政级别很低，另一家行政级别较高的机构，规模小、利润少、贡献低，但是工薪却主要跟着机构的行政级别走，并没有与利润贡献完全挂钩，这种现象很不合理。现在要打破这套机制较难，因为这是过去很长时间形成的，并与地方政府行政级别相配套。我们今后可以考虑，承认行政级别，但是工资薪酬级别要看贡献，把这两条分离开。将来改革后，哪家分支行利润高、贡献大，员工的收入就高。一家创10亿元利润的县支行行长，他的工资为什么就不能高于二级分行行长甚至更高呢？

我们可以通过这个机制来促进干部调迁。举例来说，一个人原来是处长，现在调他到富裕的县支行去，保留他的行政级别，高职低配，但是这个县支行利润很高，业务非常重要，他既能保留行政级别，工资收入还要比以前高出很多，他可能就愿意去。我们的激励机制要多用经济手段而非用行政手段，将来还要考虑逐步淡化行政级别。

如果将全国所有直属行、二级分行、县支行的业绩做一张表看看，中间的差异可能很大。要鼓励机构间的竞争，在竞争中赛跑，跑得好的不管你是什么行政级别，可以拿到更高的薪酬待遇。反之，如果按行政职务的激励办法，贡献大你就给他安排高的行政级别，将来贡献下去了，如何安置？

近来我们一直在思考城市行机构考核机制的改革问题。现在有些城市行竞争力有些不足，甚至下降，特别是对省行营业部要作些分析。我们对县级支行作过一个调查，也存在同样的问题。在一些发达县域如“百强县”，我们对当地的县支行投入不多，现在有些行的市场排位已经下降到当地第三、第四名了。同时，我们对于一些非常差的县支行的控制和鞭策又不多。今后对这些机构的体制改革要重新审视。

总的想法是：针对二级分行、县级机构，包括直属行，将来要建立一套以利润为核心的考核体系，我们的人力资源提升项目要逐步深化绩效考核，激励政策要逐步与现有干部行政级别分离，真正调动、激励或者鞭策各级机构，努力创造效益，增加动力。我们未来就是要建立以利润为核心指标的考核体系，其中稍加一些调整系数，比如考虑环境差异等因素。这样，不同机构、不同人员干好干坏，收入水平依次拉开了。建立这样的激励体系，各级机构和员工创造价值的积极性就能够极大地调动起来。

六、要特别注重提高经营效率

无论从国际还是国内比较，我行最大的差距就在人均指标上。未来三年，各行要紧紧盯住人均指标，如果人均指标分布太不均衡，存在巨大差异，要给予充分的重视，因为这个问题反映的实质是我们的资源配置不当。

有同志问为什么我们比一些股份制商业银行员工的收入低。我们可以看到，在全国很多地区，股份制商业银行以及其他很多银行的人均利润是我行的3倍，至少是2倍。我们输不是输在沿海地区，现在我们沿海很多地方人均利润都在100万元以上，不输给其他银行。我们人均指标是输在过去形成的全国资源分布不合理，某些地区分行人均指标非常低，就把全行的人均指标拉下来了。同时，我们现在的人均营业收入、人均利润，也仅相当于中行、建行的80%－90%，所以，现在我们员工收入也相应低一些，不可能我们赚钱比别人少，拿钱却比别人多。我们必须要赶上去。要有信心在今后三年人均利润、人均营业收入超过其他大型银行，同时，员工人均收入也超过他行。

七、要实行人员的结构性调整

（一）要通过强化培训应对员工年龄结构老龄化问题。我们现在有大约16万名员工处于40－50岁的年龄段，所以，很多分行提出人员年龄老化问题。其实，如果我们到国外去看，美国、欧洲这些成熟经济国家的银行大部分柜员都是40岁甚至50多岁的人。我们国家人口老龄化过程较晚，我们用惯了年轻人。20年后，或许我们在各个场所看到的都是大龄的服务人员，这是社会成熟的必然表现。当然，国外这些员工可能与我们基层员工在教育程度上存在差异。然而正是这样，我相信通过培训，1/3的大龄员工能够培训成适合新兴业务岗位的优秀员工，1/3的员工能够培训成一般可用的员工，另外1/3可能有点难度，对这最后1/3员工，通过培训可以勉强使用，实在不行再想其他办法。

此外，要给这些员工适当的压力，因为人都有惰性，不想学习。这些员工在年轻时代其实都有可能成为非常优秀的员工，之所以最后没有成功，可能也与他们面对的压力不够、内在动力不足有关。现在就必须要给他们一定的、合理的压力。也可配套以薪酬的激励，让一些二线部门工作的人员愿意到一线工作，把经济手段和其他手段结合起来，给予他们一定的压力，并改变他们的观念。

当然，强化对现有大龄员工的培训，并不是说现在完全不进新人，必须进的人还要进。人员机构零增长对于各分行来说，执行难度很大，因为有很多新业务新岗位需要大学生，有一些新兴业务确实必须由年轻高学历的人来做。既要把业务发展上去，又要把人员结构调整好，还要使人员配置符合未来业务发展的需要，几个要求都要做到，难度不小。因此，今后几年，一是要新进一些大学生；二是要抓好培训，使一些员工能够适应新岗位的需要，保证现有员工队伍的素质不会下降。有些行抱怨员工平均年龄38岁、40多岁了，员工队伍老龄化了，这是比较消极的说法。抓好培训，平均38岁也可能是一支非常优秀的队伍，不抓培训，平均25岁也可能是一支非常差的队伍，员工队伍的素质关键在于培训。

通过培训来提升员工的整体素质是一项很艰难的工作，但是未来三年一定要破解这个题，就是要想办法把这十多万40岁以上的员工通过培训教育使其适应新的岗位。不然的话，积累下来的问题会更多，尽管这可能是未来三年最难的问题，但一定要解决好。

（二）通过实行人员内部结构性调整，化解人力资源紧缺和效率的矛盾。目前，有些分行采取员工内部调整的办法，即通过把人均效率低的机构的员工向人均效率高的机构输送，来提高经营效率，解决人力资源的结构性矛盾。这个方法比较有效。当然，也有的同志认为在实际执行中困难很多。我想，没有一项决策是百分之百好的，完美的事情是没有的，一个决策60%是有利的，这样的决策就要敢于拍板。如果把40%的不利影响看得太大，事情就没法做了。当然也要看到不利的因素，如果看不到不利因素，也会出很多问题。好的决策就是要在利弊权衡过程中把问题看清，抓住主要矛盾，采取相应的解决措施。在执行过程中，通过细致的工作，把有利因素扩大到80%，把不利的因素缩小到20%。100%有利的事情，谁都可以做，但是大量的事情都是在面对诸多可能的选择中作一个决策，决策的结果能够让不利面尽可能缩小，这就是领导决策的意义。

内部人均效率的显著差异表明我们在人力资源配置上有很大的浪费。工商银行有1 000多个县级支行，差距极大，最好的县支行年利润超过6亿元，也就是说，甚至有6个省级分行落在它后面。想想一个省级分行有多少干部：行长、副行长五六个，20－30个处室，还配多部汽车；而一个县支行呢，1个行长、几个副行长。对比一下就看出，我们人力资源配置的不平衡。

我们要鼓励人均效率低的二级分行输出员工到本省效率高而缺人的地方去。当然，在机制上要给双方都有激励，让这些行愿意把人送出来，能解决自身存在的一些问题。既让好的行解决人力不足的问题，也让差的行提高人均效率。如果全国30多个分行平均每个一级分行能够转换500人，全行就能解决1.5万－1.8万个的劳动力结构调整问题。相反，如果全行新进1万多人，这是什么样的代价？粗略算一下账，可能会把全行人均效率拖低12个百分点，我们现在的效率指标已经和其他大行差了10%－20%，再降差距就更大了，所以，这1.8万人转换了，就可以少进1.8万人从而可以破解一个大难题。

八、要努力缩小区域发展不平衡性

发展过程中的不平衡性，是工商银行普遍存在的问题，也是未来一个大的挑战。在东部、中部和西部、东北地区，在二级分行、县级支行，甚至网点机构之间都存在着广泛的不平衡性。用人均指标，包括人均资产、人均存款、人均贷款、人均中间业务收入和人均利润衡量，全行之间存在着巨大的差别，这个差别实际上是我行在资源配置、资源投入产出方面巨大的浪费，或者是我们低效率的一个主要原因。

要解决这个问题可以从两方面着手：一方面是逐渐改善低效率地方的经营，缩小整体效率差距；另一方面是主动调整。调整资源投入是一种方式，还有就是人员调整。人员在内部作些调整，在一些地方增加一些人员投入，在另外一些地方可调整富余人员到人员短缺的地方和机构去，加快平衡。在未来三年中，希望有一个明显改变。将来总行也将更多关注和监控发展的平衡性，不解决不平衡性问题就是一个大的浪费，我们建节能型银行，银行的人力资源也是“能”，作到更好配置，我们的效率和效益才能进一步提升。

要重视西部大开发带来的战略机遇。近年来西部大开发已经呈现出非常好的发展势头，未来几年这些地区交通设施投入力度会很大，甚至部分铁路、公路还可能和东盟各国打通；由于特殊的资源分布，未来几年此区域电力项目也会比较突出；还有就是广西地区，有大量优质的天然深水港，未来可能成为对东南亚、南亚开放的前沿阵地，北部湾、泛北部湾的开发都会带来新的机会；西部地区矿产资源储量也很丰富，煤、铝、锰、铜、石油、天然气等资源性项目很有发展潜力。近年来，随着宏观层面的产业结构调整，国家也有意识地在该区域分布了一些大型化工、高新技术和新型产业。我们要高度重视该区域未来发展的战略、方向和动态，发掘市场机会，还要根据区域内市场和业务发展情况，认真研究资源投入分配政策。

在东南亚我们已经设有新加坡分行和印尼子银行，目前正在筹组越南分行，还将在泰国申设分行，未来这些地区的境外分行，也将凭借中国对外的经济联系与辐射，取得较快发展。西部区域未来将会成为中国发展非常迅速的新的一极，这个说法在胡锦涛总书记的讲话中已经提出，我们要高度重视西部地区经济的发展。

九、要加快创新

未来三年产品创新要摆到更为重要的地位。工商银行要在核心竞争力锻造方面与其他银行拉开差距，要锻造成不可复制的竞争力，产品创新力度要远大于今天。我们要有更多的人力和财力保证我们产品的创新在中国是最领先的、最进步的，我们要同时投产一批产品、开发一批产品、研究一批产品，要有源源不断的产品储备，做到人无我有，人有我新，始终占据市场产品的高端，未来三年，这项工作将是我们制胜的关键。

十、要通过战略规划编制统一全行思想

本次规划编制与前一次规划编制有非常大的不同，此次是自下而上，再自上而下，经过几个来回，讨论一些大家关心的问题，从中思考我们未来发展的方向。总行制订出方案后，还会听取大家的意见，在此基础上，把总行方案修改完整。

总行在制订方案的同时，希望各行也在这几个月内不断修改完善自己的战略，丰富充实内容，提高操作性和针对性。当然，在总行和一级分行的规划方案定了以后，还可以把战略发展规划的任务下达到二级分行，甚至是县支行，让它们就本地区的发展提出它们的目标和措施，一级分行可以确定对它们的要求。通过上下来回的过程，我们达到的效果就是各级行对于战略规划思路会比较清晰。

一个战略规划让一个班子理解是很容易的，要使全行员工都认清、认同并且朝共同的方向前进却是比较难的。我们就是要通过几个上下来回，通过一级分行到二级分行再到县支行的几个往来后，把规划变成全行上下所有员工的共同目标和共同奋斗方向，这也是规划制定的一个重要目标。

在中国工商银行2008年度巡视工作启动会上的讲话

姜建清

（2008年8月5日·根据录音整理）

这次会议主要是动员、部署和启动2008年度巡视工作。下面我讲两点意见。

一、充分认识巡视工作的重要意义

建立和推行巡视制度，是我们党在新的历史时期，为进一步加强党内监督、严肃党的纪律、推进党的建设作出的一项重大举措。2003年，中央印发了《中国共产党党内监督条例（试行）》，把巡视作为党内监督一项重要制度确立下来。2004年，中央专门成立金融巡视组，开始对金融系统进行巡视。一些金融机构也陆续在本系统内开展了巡视工作。2007年，巡视制度被正式写入党章。近年来的实践证明，巡视是对下级领导班子及其成员进行监督的有效手段。总行党委决定在我行系统开展巡视工作，具有十分重要的意义。

（一）巡视是推进从严治党、从严治行的重要举措。我行对党员领导干部一贯严格要求、严格管理、严格监督。近年来，通过抓集体领导和分工负责、民主生活会、信访处理、谈话诫勉、廉政档案、党风廉政建设量化检查评价等制度的完善和执行，确保了总行直管人员没有出现大的问题。但是，当前全行反腐倡廉建设的形势依然严峻，任务艰巨，对管理人员的监督管理不能有丝毫放松。这次我行借鉴中央及金融同业的经验做法，建立巡视制度、成立领导机构、派出巡视组，是在党内监督方面迈出的新的一步，也为构建教育、制度、监督并重的惩治和预防腐败体系，打下又一牢固基石。

（二）巡视是完善公司治理的重要手段。自2005年我行实行股份制改革以来，在总行层面逐步建立起由股东大会、董事会、监事会和高管层组成的现代公司治理架构，和党委会等有机融合，形成了决策权、执行权、监督权既相互制约又相互协调的权力运行机制。但是在一级、二级分行层面由于管理链条较长，制衡机制尚不完善，"管得着的看不见、看得见的管不了"的问题依然存在。巡视通过较长时间的现场监督检查和了解，在加强对分行班子及其成员监督、完善公司治理方面可起到弥补和加强作用。

（三）巡视是践行科学发展观的重要推手。在近期召开的全行分行长会议上，总行党委提出了"建设全球最盈利、最优秀、最受尊重的银行"的总体目标，实现这一目标，需要全行上下全面落实科学发展观，积极适应目前复杂多变的国际国内经济金融形势，认真贯彻国家宏观调控政策和金融监管要求，转变发展方式，加快金融创新，改进金融服务，加强队伍建设，提高市场竞争能力，保持经营效益持续增长。巡视的重要内容之一就是监督和推动各分行领导班子及其成员，按照科学发展观的要求，结合本地区实际，创造性地贯彻落实总行党委各项部署，实现又好又快地发展。

二、扎实完成首次巡视工作任务

巡视办对如何开展我行首次巡视工作，已经制订了比较详细、可行的方案，请大家照此组织实施。巡视办要继续做好组织协调等工作，为巡视组全面履行职责提供有力保障。我再强调几点需要注意的问题。

（一）增强做好巡视工作的责任感。巡视组是代表总行党委开展监督检查工作的，肩负总行党委的重托，应当充分发挥巡视组成员的专业优势和整体合力，以强烈的事业心和高度的责任感完成好这次巡视任务。这次巡视工作任务重、责任大，涉及面广，内容包括践行科学发展观、落实总行党委决策部署、执行民主集中制、落实党风廉政建设责任制和廉洁从业、选拔任用管理人员、维护员工合法权益等方面；工作敏感度高，对象是分行领导班子及其成员特别是主要负责人，巡视过程中也可能会遇到群众反映的种种棘手问题；加之我行首次开展巡视工作，工作制度刚建立、工作方法待检验、工作规律需摸索，巡视组要扎实工作、积极探索、认真总结、积累经验，推动我行巡视工作更快地走向规范化和成熟化。

（二）明确巡视工作的目标和任务。巡视的本质是监督，目的是促进科学发展，重点是班子成员。巡视组要当好总行党委的眼睛和耳朵，深入了解被巡视分行的真实情况，敢于和善于发现被巡视分行领导班子在践行科学发展观等六个方面存在的问题、不足或经验。特别是要找准影响改革发展的主要矛盾和问题，并注意分析原因、分清责任。巡视组要有效运用巡视成果，把它作为衡量巡视工作成效的重要标准。要向总行党委及时报告巡视中了解和掌握的情况，为决策提供依据；向被巡视分行提出有针对性和建设性的反馈意见，帮助其改进工作；向有苗头性、倾向性问题的领导班子和成员发出警示，促其及早纠正。同时，巡视组要树立“发现问题是成绩，澄清问题也是成绩”的观念，既要发现问题，又要对一些好的经验加以总结反映，注意把监督和爱护干部相统一，注意发现业绩突出、廉政勤政的优秀干部。

（三）理清巡视工作的思路和方法。巡视工作主要是从政治和宏观的层面对分行领导班子及其成员进行监督，这就要求巡视组要善于从全局上观察、分析和把握问题，重在“谈、听、看”上下工夫，尤其要通过深入广泛的个别谈话听取各方面的意见和建议。巡视在具体方法上不同于一般的业务检查，比如在检查分行落实总行党委决策方面，工作的着力点不在于对业务指标或数据的具体评估，而是以有关专业部门的评估为依据，分析被巡视分行领导班子及其成员对待总行党委部署的态度和做法，是否进行了认真深入研究，是否提出了具体可行的落实措施，是否解决了长期困扰发展或群众反映强烈的突出问题。巡视也不同于办案，发现的重大案件线索或班子成员违规违纪问题，一般应移交相关部门进行核查处理。对于线索明确的重要问题，报经巡视工作领导小组同意后，也可以综合运用巡视工作的各种具体方法调查清楚，然后移交相关部门处理。要广泛深入地了解掌握情况，善于从复杂的情况中把握问题的本质。

（四）树立和维护总行巡视组的形象。巡视工作是一项政治性、政策性很强的工作，巡视组成员要深刻学习领会并正确执行中央的方针政策及总行党委的各项决策决议，做到监督到位但不越位，处理好加强监督和尊重被巡视分行领导班子及其成员的关系，以较高的政策理论水平、平易近人的工作作风、严谨认真的工作态度取得被巡视分行党委和干部群众的信任。《巡视工作暂行规定》对巡视组提出了六条工作纪律，希望巡视组成员牢记在心、严格遵守，自觉接受各方面包括被巡视分行的监督。巡视组组长、副组长不但要严格要求自己，还要切实负起管理职责，带好队伍，确保巡视组树立起正确履职、作风过硬、廉洁自律的良好形象。

同志们，这次巡视的任务比较繁重，希望巡视组的同志们扎实工作，务求实效，不辜负总行党委的重托，圆满完成2008年度巡视工作任务！

在中国工商银行未来三年发展战略座谈会（天津、江苏）上的讲话

姜建清

（2008年9月28日·根据录音整理）

这次连续在天津和江苏召开未来三年发展战略座谈会，分别请环渤海和长三角地区的行长们过来共同商讨未来三年发展的战略和关键问题。按照中央安排，我行是第一批参加学习实践科学发展观活动的金融机构。经总行党委研究确定，我行深入学习实践科学发展观活动的主题就是提升核心竞争力，把工商银行建设成国际一流的现代金融企业。下面我就未来三年的发展问题谈几点意见。

一、环渤海和长三角地区是工商银行未来三年发展的重要战略区域，具有良好的发展前景

（一）环渤海区域分行将成为工商银行业务增长的重要一极。环渤海地区一般包括北京、天津、河北、山东和青岛。现在中央对环渤海、天津滨海新区的开发制定了专门的发展规划。作为未来中国经济发展新的一极，环渤海区域还将辐射带动中国中西部广阔地区的经济发展，对于中国经济实现均衡可持续发展意义非常重大。对于工商银行来说，当前我们在环渤海地区配置有全行20%左右的资源，该地区的利润贡献也占全行的20%。未来几年，环渤海区域分行的存贷款业务将实现高于全行平均增长速度的快速成长。从信贷业务看，随着国家产业布局的推进，河北、天津、山东、青岛的信贷增长将成为我行最重要的信贷增长来源；存款增长前景也很好，存款成长也将高于全行平均水平。环渤海地区是我行极具发展潜力的地区，下一个三年该区域分行要成为我行主要的盈利中心和新的增长极。总行要进行深入研究，专门制定环渤海区域的发展战略，帮助区域

内各行解决发展中遇到的问题。此外，我们在韩国的银行，例如首尔分行、釜山分行，以及在日本的机构，因为与环渤海地区经济和业务关联度很高，将来通过与该地区机构的内外联动也将获得良好的发展机遇。

环渤海地区各分行的经营特点各有差异。北京分行处在一个成熟化的地区，未来的发展方向和环渤海其他行有所不同，将来可能主要做零售金融业务、财富管理业务，重点加强对现代服务业的金融支持。环渤海其他分行情况也不一样：当前，山东分行正在迅速逼近甚至有可能赶超珠三角、长三角地区的分行，发展潜力巨大，前景良好；河北分行如果工作做得好，未来几年随着环渤海地区的经济发展，将有可能成为另一个山东分行，会逐渐走类似山东分行的发展道路；天津分行是一个城市行，作为国家滨海新区发展的重点试点区域，未来发展特点可能和上海分行相似。

（二）长三角地区分行仍将成为工商银行发展的“领头羊”。长三角地区是我国综合经济实力最强的区域，在中国社会主义现代化建设全局中具有重要的战略地位。对于工商银行而言同样如此。近几年，我行长三角地区机构为全行改制转型提供了重要支持。各行工作做得很好，有很多好的思路，许多创新为总行提供了很多经验，也为兄弟行所仿效。未来三年，长三角地区具有很好的发展机遇，对于长三角地区机构来说，抓住这个机遇，把工商银行业务提升到新的高度是我们必须着手做的事情。

未来三年，长三角地区机构在工商银行各经营区域中仍将处于“领头羊”的地位，但是也面临环渤海、珠三角地区机构快速追赶的挑战。中央已经提出长三角地区要加快发展现代服务业，形成以服务业为主的产业结构，上海尤其要围绕现代航运中心、国际金融中心、商贸物流中心建设，加快现代服务业的发展步伐。上海分行未来几年应主要研究如何加大现代服务业金融服务力度，并要有所突破。浙江、江苏分行未来几年在现代制造业金融服务方面还有相当的发展潜力，但也要着手研究现代服务业金融业务，要打下良好的基础。从现代制造业的发展来看，江苏、浙江都具有很大的发展潜力，电子信息、新材料、生物、装备制造业等新兴产业将有很大发展，江浙地区还将有很大的信贷需求。由于江浙沪一带将来可能会形成一个大的都市集群，所以，以城际交通设施为主的基础设施建设投资将为我们带来良好的信贷机会。同时，该地区的发展变革也会带来城市格局的重大变化，带动居住旅游、商业贸易、房地产等行业的系列发展。未来几年，长三角区域内的几家分行要协同做好相关的工作。

未来长三角地区人均 GDP 将达到中等发达国家的水平，因此，对于区域内分行来说，做好个人零售业务，包括财富管理、私人银行业务等将是未来业务的重点。

二、全面分析我行在环渤海、长三角地区的竞争优劣势，着力解决影响竞争力提升的问题

对于环渤海区域分行来说，我行竞争优势还是比较明显的，尽管竞争激烈，但是我行在北京、山东、青岛地区已经确立了显著的发展优势，预计在一定时期内还能够保持。天津、河北分行也在不断提升竞争优势。我们在环渤海地区的竞争优势可以分为两类：一是传统业务优势，即存贷款业务优势，其中储蓄存款已受到其他大银行的严峻挑战；二是新兴业务优势，环渤海地区分行在大部分中间业务上确立了竞争优势，但很多业务线还是面临着其他行的有力竞争。环渤海分行仍必须大力提升核心竞争力，否则，若干年后我们在这个区域内规模和效益方面确立的优势就可能丧失。

对于长三角地区分行来说，我们虽然在区域内具备一定的优势，但一些地方资产总量、存款业务优势已经丧失或者正在丧失，盈利第一大行的地位、财富管理大行、第一零售银行的地位也正在受到挑战。

影响我行核心竞争力的因素主要包括如下方面：一是指导思想和观念因素。各分行是否高度重视竞争力这个问题，是否认识到核心竞争力正在丢失，是否经常和竞争对手进行核心竞争力的比较，是否有决心和信心在竞争中占据优势地位。这是最主要的因素。二是机制体制因素。要分析解决我们现有体制机制方面影响竞争力的问题，例如：我们过去在考核机制、激励机制中对于竞争力提升的要求体现不够；官本位、大锅饭问题还不同程度地存在；重管理、轻市场、轻营销的问题还存在，对于管理成本也考虑不够；在内部机构设置中，存在较多的低效率现象；许多流程设置不尽合理，制约了发展效率；资源配置方面，高效网点、低效网点同时并存；人力资源方面，市场、营销人员的短缺与部分环节人员相对冗余同时并存等。三是渠道和人员因素。我们的网点和人员与他行相比并不少，但结构和质量优势不强。在人员上，我们存在一线少、二线多，市场人员少、管理内控人员多，外勤人员少、内勤人员多的问题。如果我们把做市场、外勤的员工与其他银行比，我们不仅不占优势，甚至处于相对劣势。四是激励因素。近年来，随着经营绩效的提升，我行利润总水平和薪酬总水平逐步具有了竞争力。但是我们在结构方面同样存在问题，特别是对直接从事市场和营销人员的激励还是不足。五是基层因素。我行在城市地区还占据优势的同时，在县域的机构，特别是在金融资源非常丰富的“百强县”的机构竞争力偏弱。所有这些影响竞争力的问题都是结构性的，而不是总量上的，所以，如果我们仍然依靠铺网点、增人员、争费用，问题还是无法解决。

三、长三角地区分行要率先转型，在发展中推动转型，在转型中促进发展

长三角地区分行还是要在发展中转型，在转型中发展。未来三年，我们没有时间停下来转型，必须保证在盈利快速成长的同时进行转型。如果我们不能在发展中及时调整和转型，也许下一个三年还可能勉强维持我行的市场地位，但在后一个三年发展中，我们所面对的形势将会更为严峻。如上海的产业结构正在调整，如果我们不作相应的调整，风险就很大。江苏情况较好，发展的梯度比较明显，苏南、苏中到苏北的梯次转移具备很大的腹地优势。面对长三角这种发展态势，未来三年我们要坚定不移地推进经营转型，尤其要注重提高零售金融业务的竞争实力，在三五年甚至七八年以后，当区域内各分行主要依赖于零售金融、财富管理、私人银行等业务取得回报的时候，我们就会感到现在的转型和打下的基础起的作用。

四、流程改革要处理好两种关系和两个问题

（一）要处理好风险与发展的平衡关系。工商银行原来在风险方面存在的问题较大，所以，全行很重视风险，并逐渐形成一种重管理、重内控的文化，我们以往工作的重心就自然落在中后台上。但由于人员总量限制，再加上部分流程设置不合理，中后台就挤占了市场一线环节的人力资源。如果中后台继续占压一线人员，那么即使网点进行了改造，仍可能出现一线特别是理财、营销人员配置不到位的情况。例如，总行要求配置什么岗位人员，网点就把某个员工指定为该岗位的人员，要增加大堂经理，就把这个员工指定为大堂经理，要增加外勤营销经理，就把该员工指定为外勤营销经理，换来换去都是一个人，实际上根本没有落实。网点效率低下问题也与内控管理流程不合理有关。各分行应当选择一些网点做调查，分析网点各个环节上的人员都在做什么，工作量是否饱和，还有哪些环节可以压缩或改进，然后提出改进建议。现有流程制度不合理的，我们可以调整。要解放思想，不要把制度搞僵化了，只要能控住风险，内部制度都是可以改的。我们一方面要加强管理，但同时也必须对内控管理的成本进行合理控制。管理太松，出案件不行；管理太紧，大部分人都去搞内控也不行，因为虽然风险降低了，但管理成本也提高了，相关收益随之减少，这里面存在风险和发展关系的平衡问题，是科学协调发展的问题。

（二）要处理好总分行管理权责关系。从管理流程上看，总行不是每个部门都直接面对市场，没有直接承担市场压力，所以，一些部门在制定流程和管理指标时可能倾向于制度越多越好，越细越好，致使分行无所适从。改变这套机制是一项大工程，需要一个渐进过程。对于分行来说，涉及分行范围内的事情，比如劳动集约、后台集中等，分行如果觉得合理，可以放手去做，有些事情涉及总行，分行不能独立决策的，可以向总行反映，与总行商量决定。并不是所有的事情一定要等到全部流程梳理清楚后才能做，只要工作细致，处理好关键环节，都可以尝试。

（三）要重视和解决两个问题。第一是授权方式变革问题。现在我们大量人员配置为网点营业经理。全行有3.2万名营业经理，其主要工作是做交易授权，按照我们现在的流程，这部分人员减不下来，因为各环节都需要授权。我在考虑，能不能改变授权中心的运作模式，实施远程授权。只要柜台需要授权时，授权中心就能弹出一个授权界面，授权中心人员就可以通过电视画面查看柜台交易情况，70%的现有交易授权都可以通过这种方式完成。另外30%交易涉及现金和客户本人的，我们可以另想办法来处理。这样可以省出大量人手充实到一线。

第二是人员配置问题。现在我行有大量的人在做内部报表，按机构、按块做，无论是省分行、二级分行还是城区行，层层都做，可能没有一个人能够完整说清楚各层级机构到底做了多少报表。还有一些员工在按条线做报表，从分行的处到科都在编制报表，重复劳动很多，挤占了我们大量的人力资源。如果我们能够把全行报表编制工作集中起来，建立一个报表中心，由该中心根据各层级管理需要，穷尽所有的报表，将报表编制由分层进行转为统一生成，那么就可以解放大量的人力。工商银行当前大概有2%的员工，也就是大约8 000人是在做报表，如果通过报表集中能盘出2 000－3 000人，那么，我们就能解决一部分一线人员紧缺的问题，省分行、市分行做这样的事情应当是很有价值的。

工商银行现在事后监督中心有1.1万人，加上营业经理、报表人员，一共5万人左右，一方面一线缺人，另一方面大量人员压在这些地方，如果我们能在管好风险的基础上，通过上述措施把一部分人员解放出来，全部充实到一线，工商银行网点的竞争力提升就指日可待了。

五、各分行要依据区域特点，以积极进取的态度探索发展新兴业务、提供新型服务

环渤海区域分行未来发展要注重创新。由于该地区经济发展处于前沿，对银行提出了很大的创新需求，我们要适应这种环境变化要求，从传统商业银行业务逐步转向一些新型业务，如抓住大量兼并、重组、上市的机会，开展投行服务，并以此巩固发展我们的传统业务。再比如，我们可以积极探索研究对一些新型公司的金融服务。要把握本区域产业变革升级的趋势，探索新型服务业企业的金融服务模式。现在上海、北京等发达地

区，中小企业大多数已不是制造业，而是从事媒体、出版、文化、律师、会计师事务、拍卖等新型服务的企业。这些新型服务业企业是最有前途、发展最快的企业。我们必须进行金融服务模式的转型，再按照原来针对中小制造业企业的服务模式来发展这些大城市的中小服务企业的金融业务，肯定是行不通的。应当认真思考和探索如何为服务企业提供相应的金融服务，认真推动创新研究。

面对未来发展需求，我们要加大创新力度。总行要选择一些分行在当地设立产品创新和研发中心，例如，可考虑选择一些分行设立创新分部，由总行创新部指导，分行管理，从当地一线实践出发，提出创新需求，由总行审查审批后集中开发，加快应对市场的变化，提升我们的竞争能力。

六、充分利用现有优势，构建标准化、多层次、精品化的网点宣传体系，提升品牌竞争力

目前，我们正在按照品牌建设要求大力推进网点标准化建设。现在，我们网点的标准化主要是门头的标准化和网点里面功能分区的标准化。还没有标准化的是网点内外的宣传。过去以宣传折页为主的宣传方式，视觉冲击效果不大，网点应配备大屏幕电视，放映工商银行的业务宣传片。考虑到各地不同网点条件差别很大，总行应该提出一些引导性的意见，而不要限定一种模式。可以找一些大城市，选择一二十个网点，做一些视觉系统，建立十几个模型，提供给各行参考。我们对外的品牌宣传和内部资料宣传要特别注重标准化，不要让分行分头去做，最好是总行收集意见后，由总行统一做，这也是我们整体品牌计划中的一个项目。

要注重发挥网点橱窗的宣传效用。我们能深刻感受到，现在商场的销售橱窗设计非常艺术，能把店内商品最好的一面呈现给客户。反观银行的橱窗，做得比较差，缺乏商场的宣传意识。工商银行有 1.6 万个网点，也就是说至少有万把个橱窗，但是我们没有想到利用它们去做点什么。我们宁愿用 500 万元在公路上打一个广告，却不愿意花 50 万元去改造并发挥橱窗的宣传作用，甚至为了节省电费，晚上把网点标牌的灯也关掉。工商银行这 1.6 万个网点橱窗，每天经过的人流量非常大，远远超过了公路上广告牌下经过的车流和人流。但是我们网点宣传的信息量很小，现在一些网点安置了电视，白天对内，夜晚可以考虑通过橱窗对外播放工商银行的业务宣传片。当然，宣传片制作要有艺术性，要有大导演指导编制，而不是分行随便找几个人拍出来的。如果站在客户立场上思考网点宣传，就会有很多主意，站在银行本位的角度想问题，就可能意识不到该做什么。

七、要改革以行政级别为主的经营管理体制，建立与利润挂钩的竞争机制

当前我们工作中还存在较强的官本位意识。一些机构变小，但仍然“三部一室”，官架子没小。有些机构规模很小，可以网点化管理，设置“三部一室”无非是为了保有一级的“地位”。其实，地位不是谁天生就有的，有钱赚才会有地位。我们很多境外机构，没有三五层楼的办公室，没有食堂后勤，甚至没有专车，为什么不配备，因为生存都不容易。而我们一些境内机构，生存不下去还要搞很多排场，因为可以伸手向上级行要钱。之所以会出现这样的问题，就是因为我们过去的一些理念和模式没有改变，官本位、官架子问题还一定程度存在。当然，做到一定规模的分支机构有一定管理职能是合理的，但不是所有网点、所有机构都必须保留这种职能。下一步非改革这种体制不可，将来工商银行要把官本位体制彻底改掉。

改革官本位体制，我认为可以从二级分行及以下机构着手，把各行的行政级别去掉。现在，我们把二级分行视同为一个行政性单位，发文、授权、行政、大机数据等一套机制也都是按照这个构架走，想采集更下层的数据都采集不到，我认为这套体制是不合理的。我们最小的二级行资产规模 10 亿元，最大的 660 多亿元，但是行政级别却一样，这样资源配置上必然会出问题。我们是商业银行，全球哪里还有银行搞行政级别的。应当探索的模式是行与行之间以利润为核心指标排位次。我们将不再用行政的“二级”、“三级”等标准来给各行划级次，而是根据利润大小排序，再根据地区差异作些调整，把不同盈利的二级以下的行划为诸如“甲类”、“乙类”、“丙类”行等，工资、等级、权限以此确定。做了这种划分之后，每年进行标准的调整，比如说今年确定 150 家甲类行，动态调整划分标准，一年一变，有升有降，总数控制。当然，我们还可以把甲类银行再细化分类，比如将甲类行再细分为“甲 A”、“甲 B”、“甲 C”等，目的是根据盈利情况拉出差距，薪酬、等级、授权等全部跟着利润走。建立这种机制，有利于工商银行内部开展力争上游的竞赛。

八、“因势而变”开展网点改造，积极推动百强县“新县行变革”

现在全国各地城市形态正在发生显著变化，过去的城区和现在的城区概念已不完全一样。过去的农村现在成为城市郊区，过去城市的远郊、县城现在可能已成为城市中经济发达的城区。工商银行网点发展滞后于城市形态的变化，我们从老城区、中心区域向新城区、郊区的业务延伸，包括网点、人力资源的调整没有很好跟上，大量资源占用在老城区里。当前和今后，随着城市形态的发展，有些老城区已逐步出现产业空心化，如果

我们不做及时调整，将来在老城区中的所有业务都会走下坡路。所以，各分行必须非常敏锐地把握城市形态、经济形态的变化趋势，及时进行网点布局的战略调整。未来几年，城市新区发展会越来越快，老城区发展会越来越慢，这种变化非常明显，我们如果进入时机晚了，机会可能就被其他银行抢走。反思我们拓展新城区网点方面存在的问题，就是没有做到“因势而变”，变得不够。现在我们在新城区和老城区的网点分布密度差距很大，而有些新区，大片居民区内连一个网点都没有，这就是我们网点建设的问题所在。关键是“变”没跟上，如果“变”跟上了，我们就现有的网点总量进行合理的结构调整，相信会取得很大的成效，因为我们的品牌和科技优势有助于我们在新城区打赢市场争夺战。

在网点建设方面，我们还要注意三个方面的问题：一是虽然工商银行在一些新城区、新郊县网点较少，但是只要能够把每个网点都建设成为类似于招商银行支行、浦发银行支行那样的网点，也能把业务搞好。我们应该探索工商银行新县行经营模式，在新城区、新郊县，在每个发达地区的县行，我们要走一些股份制商业银行的发展模式，点虽少，但战斗力强。二是总行必须上收网点的裁撤权限。各一级（直属）分行无权减少网点，网点裁撤的权限必须要集中到总行。如果不这么做，那么有部分行就可能通过撤网点，采取做“减法”的办法来提高效率指标。三是在向新区和郊县延伸网点的过程中，可能出现一些困难，例如干部员工不愿意去新区，即使愿意去的，对于当地情况也不太熟悉，若是从当地招聘人员，职业素质可能较弱，等等，所以，各分行要想一些办法克服这些困难，实现人力资源、网点资源、资金等的合理配置。

针对“百强县”等发达县域的发展情况，我们要推进“新县行变革计划”，就是在现有“百强县”基础上，根据整个经济发展布局，重新规划设计我行县域机构的网络布局、网点改造变革、人力资源配置、费用资源安排、激励考核配套以及信贷资源的投入等，迅速提升我行“百强县”机构的竞争力。全行要通过这一轮的变革，争取在三年后，在这些“百强县”特别是前列的县行中确立我行的领先优势，争取把资产、利润、存贷款等指标同业占比第一位的行从当前的25%提高到30%－40%，基本消灭排名第三、第四的现象。

九、要正确对待员工结构老龄化问题，实施中年员工“辅导计划”

工商银行现在有41%的员工处于40－50岁阶段，还有9%左右处于50岁以上阶段，也就是50%的员工年龄偏大，5年以后工商银行可能有一大批员工进入50－55岁阶段。我们是一家负责任的企业，不能把这些员工推向社会，所以，对于我们来说，这16万－20万的大龄员工的使用是一件很重要的需要我们狠下工夫解决的事情。并且，单靠增加年轻员工来解决劳动力短缺问题也不行，因为工商银行的人均效率已经比其他国有商业银行低20%，我们每新增5 000人，人均效率就要降低6%。增人不能根本改变工商银行人员结构老龄化的趋势，我们必须要迈过未来10年这样一个关口，10年以后，经过人员结构调整，我们可能又成为一家人员结构相对年轻的银行。中小银行没有过人员结构老龄化关，但我们马上要面临，必须要有充分的思想准备。

我们必须改变“一线员工吃青春饭”的传统思维。从现在开始，我们要花10年的时间实施中年员工“辅导计划”，把现有人员通过培训充分利用起来。随着科技的发展，将来业务处理会越来越简单，只要我们的系统做得好，这些大龄员工也能很好地适应工作。将来甚至55岁的人都有可能做柜员。我们只有把现有十几万大龄员工培养起来，延长他们的职业生涯，只有这样，才能迈过工商银行员工年龄老化这个“坎”。

十、薪酬体制改革中要坚持三个原则

大家都很关心薪酬的增长，这很正常。

一是薪酬增长要与效益提升密切挂钩。我们希望在人均效率提高的前提下人均收入也不断提升，赶上其他银行水平。今年上半年，我们人均工资基本上与建行持平，与交通银行、中国银行差距也仅一步之遥，但我们人均利润却比交行、中行、建行分别低5万－6万元、3万－4万元以及1万－2万元，按照人均工资与人均利润来比，工商银行是四大行中较高的。我们现在更不能跟中小股份制商业银行比薪酬，他们的人均薪酬虽然是我们的两倍，但他们的人均利润是我们的3倍甚至更多。当然，中小股份制商业银行没有我们这么多的低效网点的负担，但我们却不能把这些网点全部关掉，为了养活全行这么多员工，总行必然要稍微做一些平衡。所以，只要我们把人均利润差距弥补了，人均薪酬自然也能上去。薪酬跟着绩效走。至少与四大行或者五行相比，我们在人均绩效上应当做到最好，目前离这个目标仅一步之遥。

二是个人收入要与贡献度密切挂钩。现在工资改革逐步进入到一种稳步提升状态，但一种新型的大锅饭问题可能开始出现。各分行要加强绩效考核，把员工的贡献与薪酬联系起来考核。如果不能建立这套挂钩机制，我们现在搞的薪酬改革又将助长占位置，做官，“只求无过、不求有功”等问题。

三是要把管理人员占员工总额的比例控制住。这个比例要成为铁律。我们知道工厂讲车间管理成本，这个成本是要摊计到产品上的，所以管理成本不能过高。银行也同样，对于摊计到网点具体业务上的管理成本，要确定一定的限度，分析到底多大比例是合理的。要加强内控和管理，但也不能无限制地增加管理成本，影响到对业务人员的贡献度评价和薪酬分配。

十一、大力发展国际结算和贸易融资业务，实现对流动资金贷款的适度替代

原来中行在国际结算上具有显著的优势，现在我行以及其他银行与中行的差距正在不断缩小。在北京地区，我行的国际结算业务占比已经达到40%以上，贵州分行国际结算业务也成为了当地市场的老大。我们的结算大行，例如浙江分行，其市场占比已达到28%，与中行的差距也就一步之遥。可见，只要我们做得好，在未来三年就有一批分行能够成为当地的国际结算大行，那么，我们国际结算业务很有可能夺取市场第一的位置。

我行国际结算业务发展迅速与我们贸易融资业务做得不错有关。我行近几年抓贸易融资抓出了效果，取得明显的成绩，分行观念不断转变，现在很多行都很关注贸易融资市场。我行贸易融资总量已经超过中行，而且增长速度还在加快。总行提出要用国际贸易融资替代流动资金贷款，用国际贸易中的人民币替代外币，如果能够切实做到这点，那么，我行就能从过去流动资金贷款资本化、流动资金贷款借新还旧，逐步走向流动资金贷款的分类管理，集中管兑。将来要把流动资金贷款的20%转化为贸易融资。各分行如果不做贸易融资，相应的流动资金贷款额度就拿不到。要改革现有的流动资金贷款管理模式，使流动资金贷款发放形成循环流动，即跟随商品流和资金流完成环状流程，各个环节都能清晰掌控，再不能出现以往发放一笔贷款给客户却不知道客户资金投向的情况。

在中国工商银行深入学习实践科学发展观活动动员大会上的讲话

姜建清

（2008 年 10 月 7 日）

根据党的十七大部署，中央决定，从2008 年9 月开始，用一年半左右时间，在全党分批开展深入学习实践科学发展观活动。

9 月 19 日，中央召开了全党深入学习实践科学发展观活动动员大会暨省部级主要领导干部专题研讨班。中共中央总书记胡锦涛同志发表重要讲话，科学分析了世情、国情、党情的发展变化，深刻阐明了深入贯彻落实科学发展观的重大意义，对在全党开展深入学习实践科学发展观活动提出了明确要求。胡锦涛同志的讲话立意高远、内涵丰富，思想性、针对性、指导性都很强，是深入学习实践科学发展观活动的重要指导文件，是深入学习实践科学发展观活动的动员令，对于我们从全局和战略高度，充分认识深入学习实践科学发展观活动的重要性和紧迫性，坚持高标准严要求开展学习实践活动，推动经济社会又好又快发展，推动全行改革发展事业不断进步，具有重要指导意义。在全党动员大会召开的同时，中央召开了第一批深入学习实践科学发展观活动工作会议。中央政治局常委、中央书记处书记习近平同志对第一批深入学习实践科学发展观活动进行了全面部署。

按照中央的安排和部署，我们工商银行系统参加第一批学习实践活动。今天，我们召开全行深入学习实践科学发展观活动动员大会，主要任务是认真贯彻《中共中央关于在全党开展深入学习实践科学发展观活动的意见》和《中央关于第一批开展深入学习实践科学发展观活动的实施意见》，深刻领会胡锦涛等中央领导同志的重要讲话精神，对全行学习实践活动进行动员和部署。随后，中央指导检查组组长胡彪同志还要作重要指示。下面，我代表总行党委对搞好全行学习实践活动讲几点意见。

一、充分认识开展深入学习实践科学发展观活动的重大意义，切实把思想统一到中央的决策和总行党委的部署上来

在全党开展深入学习实践科学发展观活动，是党的十七大作出的一项重大战略部署。全行各级党组织要引导广大党员特别是党员领导干部紧密联系思想实际和工作实际，认真学习、深刻领会中央有关文件和胡锦涛同志重要讲话精神，把思想统一到中央的决策和总行党委的部署上来，进一步提高对这次学习实践活动重要性和紧迫性的认识。

第一，开展深入学习实践科学发展观活动，是坚持用马克思主义中国化最新成果武装全党的重大举措。我们党是一个善于进行理论创新的党，也是一个高度重视理论武装的党。在80 多年的奋斗历程中，我们党把马克思主义基本原理同中国具体实践相结合，形成了毛泽东思想和中国特色社会主义理论体系，指导中国革命、

建设和改革不断取得胜利。科学发展观作为中国特色社会主义理论体系的重要组成部分，是我国经济社会发展的重要指导方针，是发展中国特色社会主义必须坚持和贯彻的重大战略思想。科学发展观提出以来，党中央带领全党全国各族人民深入学习实践，不断深化对科学发展观的认识，不断丰富科学发展观的内涵，不断完善落实科学发展观的政策措施，扎实推动了党和国家各项事业的发展和进步。开展深入学习实践科学发展观活动，是近年来开展的保持共产党员先进性教育活动的深化，是用党的创新理论成果武装全党、教育人民、统一思想、推动工作的实际举措，必将促使广大党员、干部进一步深化对科学发展观科学内涵、精神实质和根本要求的认识，增强贯彻落实科学发展观的自觉性和坚定性。

第二，开展深入学习实践科学发展观活动，是推动经济社会又好又快发展的迫切需要。发展是我们党执政兴国的第一要务。坚持以科学发展观为重要指导方针，推动经济社会又好又快发展，是当代中国共产党人的神圣使命。党的十六大以来，我们党坚持以邓小平理论和“三个代表”重要思想为指导，深入贯彻落实科学发展观，抓住重要战略机遇期，沉着应对各种困难和风险，开创了中国特色社会主义事业新局面。今年年初以来，党中央带领全国人民战胜南方一些地区严重低温雨雪冰冻、四川汶川特大地震等重大自然灾害，成功举办了北京奥运会、残奥会，经济社会发展取得新的重大成绩。同时，我们也清醒地看到，我国经济社会发展中还存在不少突出矛盾和问题，面临新的困难和新的挑战。科学发展观能否全面贯彻、认真落实，越来越成为经济社会能否又好又快发展的关键。开展深入学习实践科学发展观活动，正是党中央根据我国改革发展处于关键阶段的实际，着眼于在新的历史起点上继续解放思想、坚持改革开放、推动科学发展、促进社会和谐，为夺取全面建设小康社会新胜利而作出的重大战略决策。

第三，开展深入学习实践科学发展观活动，是提高党的执政能力、保持和发展党的先进性的必然要求。执政能力建设是党执政后的一项根本建设，保持和发展先进性是马克思主义政党建设的永恒主题。党的十六大以来，我们党坚持把党的执政能力建设和先进性建设作为主线，以改革创新精神全面推进党的思想建设、组织建设、作风建设、制度建设和反腐倡廉建设，党的执政能力得到新的提高，党的先进性得到保持和发展。但面对新的形势和任务，与科学发展观的要求相比较，我们一些党员领导干部贯彻落实科学发展观的自觉性还不高，对科学发展观理解还不深，一些党员的思想、作风和能力素质与科学发展观要求还不适应。开展深入学习实践科学发展观活动，在改造客观世界的同时加强主观世界的改造，自觉转变不适应不符合科学发展观的思想观念，着力解决影响和制约科学发展的突出问题，对于提高各级领导班子和领导干部领导科学发展的水平，对于发挥基层党组织和广大党员推动科学发展的战斗堡垒与先锋模范作用都具有十分重要的意义。

第四，开展深入学习实践科学发展观活动，是顺应人民新期待、进一步密切党同人民群众血肉联系的重要步骤。科学发展观的核心是以人为本，其实质就是以最广大人民的根本利益为本。中央把“党员干部受教育、科学发展上水平、人民群众得实惠”作为第一批学习实践活动的总要求，集中概括了人民群众对这次活动的殷切期待。开展深入学习实践科学发展观活动，顺民心、合民意，具有深厚的群众基础，必将促使广大党员干部认真践行立党为公、执政为民的执政理念，做到权为民所用、情为民所系、利为民所谋，也必将进一步密切党同人民群众的血肉联系，使我们党的执政基础更加稳固。

第五，开展深入学习实践科学发展观活动，是工商银行落实中央决策和部署的具体行动。根据中央精神，这次学习实践活动要达到提高思想认识、解决突出问题、创新体制机制、促进科学发展等四项目标要求。开展深入学习实践科学发展观活动，把思想和行动统一到科学发展观的要求上来，把科学发展观的要求落实到各项具体工作中去，才能努力解决影响和制约科学发展的突出问题，解决党员干部党性党风党纪方面群众反映强烈的突出问题，才能加快建立增强工商银行竞争发展能力的体制机制，才能更好地把握贯彻商业银行经营原则与落实国家经济社会发展方针政策的结合点，促进全行科学发展，全面履行好国有大银行的经济责任、政治责任和社会责任。

第六，开展深入学习实践科学发展观活动，也是我行进一步推动国际一流现代金融企业建设的客观需要。金融是现代经济的核心，银行是高风险行业，银行在社会资源配置中的重要地位及其风险的延后性特征，决定了其科学发展的极端重要性。当前世界金融体系正处在大调整、大分化之中，全行的经营发展既面临前所未有的严峻挑战，也面临快速崛起的难得历史机遇。中国的商业银行站在了一个新的历史起点，也处在一个关键的发展阶段。在科学发展观的指引下，我行经过股份制改革和不断创新，全面建立了现代金融企业制度，显著增强了竞争发展能力、风险控制能力和可持续盈利能力，成长为全球市值最大和最盈利的银行。同时，我们也清醒地认识到，我行内部体制机制改革攻坚尚未完成，经营模式和发展方式仍在转变探索之中，一些影响和制约科学发展的问题还比较突出，保障科学发展的体制机制还不够健全，风险管理还不能完全适应日益复杂的外部环境变化，距离国际一流现代金融企业的战略目标还有很大差距。我们一些党员领导干部对于如何将本单位发展放到金融工作大局中去谋划、积极转变发展方式、提高服务水平、加强风险管理、增强核心竞争力等，思路还不够清晰；一些党员干部宗旨意识、大局意识、忧患意识、责任意识不强，作风漂浮、管理松弛、工作不够扎实。这些问题如不及时解决，我们就会丧失难得的发展机遇。开展深入学习实践科学发展观活动，解决影响和制约科学发展的突出问题，促进有利于科学发展的体制机制进一步形成，对于我行自身的健康和可持续发展，对于更好地发挥金融在推动经济社会和谐发展中的重要作用，都十分必要和及时。

我行这次学习实践活动，以二级分行以上领导班子和党员领导干部为重点，全体党员参加，在全行同步开展。这项活动政策性强，覆盖面广，时间很紧，要求很高，任务很重。各级领导班子和领导干部要切实通过学习实践活动，更加自觉地用科学发展观武装头脑、谋划发展、解决问题、推动工作。广大党员要积极投身到学习实践活动中来，努力在活动中增强党性、提升素质，在推动科学发展、促进社会和谐的实践中进一步发挥先锋模范作用。

二、把握指导思想，抓住关键环节，解决重点问题，确保全行学习实践活动深入扎实开展

这次学习实践活动的指导思想是：全面贯彻党的十七大精神，高举中国特色社会主义伟大旗帜，以邓小平理论和“三个代表”重要思想为指导，组织广大党员特别是各级领导班子和党员领导干部深入学习实践科学发展观，紧紧围绕“坚持科学发展观、提升核心竞争力、建设国际一流现代金融企业”这一主题，进一步解放思想、实事求是、改革创新，切实增强贯彻落实科学发展观的自觉性和坚定性，着力转变不适应、不符合科学发展要求的思想观念，着力解决影响和制约科学发展的突出问题以及党员干部党性党风党纪方面群众反映强烈的突出问题，着力构建有利于科学发展的体制机制，提高领导科学发展、促进社会和谐的能力，使党的工作和党的建设更加符合科学发展观的要求，把全行的发展积极性进一步引导到科学发展上来，把科学发展观贯彻落实到全行改革发展各个方面，真正使党员干部受教育、科学发展上水平、人民群众得实惠。

中央明确提出，这次学习实践活动要牢牢把握坚持解放思想、突出实践特色、贯彻群众路线、正面教育为主四项原则，统一按照学习调研、分析检查、整改落实三个阶段的要求展开。总行动员大会后，各级党委要认真领会中央和总行党委精神，扎实做好各项准备工作。要对学习实践活动进行专题研究，认真调查摸底，广泛征求意见，实事求是地确定本单位的具体目标，研究制订切实可行的实施方案。各基层党组织要通过各种有效形式，进行广泛深入的思想发动，充分调动广大党员、干部参加学习实践活动的积极性。在做好准备工作的基础上，按照三个阶段的方法步骤和具体要求，突出二级分行以上领导班子和党员领导干部这个重点，有序推进全行学习实践活动的扎实开展。

第一，深入学习调研，夯实学习实践活动的基础。这一阶段的主要任务是学好理论，提高认识，统一思想，转变观念。学习的时间要安排得充分一点，真正把科学发展观学懂弄通。

一是要搞好学习培训，在提高理论水平、掌握思想方法上下工夫。各级行要制订学习培训计划，通过采取个人自学、集中培训、专题辅导、交流研讨等形式，组织党员、干部系统深入地学习党的十七大精神，学习《毛泽东邓小平江泽民论科学发展》和《科学发展观重要论述摘编》，学习胡锦涛等中央领导同志一系列重要讲话。处级以上党员干部还要认真学习《深入学习实践科学发展观活动领导干部学习文件选编》，不断加深对科学发展观的理解。二级分行以上党员领导干部要在通读有关学习材料的基础上，对重点篇目进行精读，积极参加中心组学习，带头作学习报告。要丰富学习形式，创新学习载体，引导党员、干部联系实际学、带着问题学，提高学习培训的效果。总行将从今天开始，通过现场和视频相结合的形式，连续安排三天时间集中学习。这次集中学习活动开展后，总行还将陆续结合实际组织一些形式多样的专题培训，进一步提高全行各级党员领导干部贯彻落实科学发展观的能力。

二是要深入调查研究，在总结经验教训、增强运用理论指导实践本领上下工夫。各单位要根据所处区位和发展水平等特点，着重围绕落实科学发展观、转变发展方式、提升核心竞争力、建立健全保障科学发展的体制机制等方面，结合工作实际开展调研。各单位、各部门领导班子成员都要确定重点调研课题，带队开展调研，广泛听取意见建议，认真撰写调研报告，及时进行调研成果交流。通过深入开展调研，努力提高领导班子和党员领导干部分析和解决实际问题的能力。总行党委将围绕人才、竞争力、创新、服务、渠道、品牌、企业文化、社会责任、区域发展、结构调整与转型、风险管理、流程改造等方面课题，深入开展调查研究。总行党委成员、高管人员分别牵头组织调研，带队深入基层，广泛召开各种形式的研讨交流和座谈会，了解情况、发现问题、分析研讨，相关部门要积极参与调研工作，将科学发展理论与业务经营实际紧密结合起来，努力形成一批高质量的调研成果，为进一步理清全行发展思路、制定推进科学发展的方案措施奠定基础。

三是要围绕科学发展开展解放思想讨论，在确立科学发展理念、形成科学发展共识上下工夫。开展解放思想讨论是中央学习实践活动前期试点工作创造的一条成功经验，有利于深化学习效果，有利于找准突出问题，有利于激发改革创新的活力。各单位要按照科学发展观的要求，紧密联系工作实际和党员干部的思想实际，采取多种形式，组织开展解放思想讨论，引导广大党员特别是党员领导干部把思想认识从那些违背科学发展观要求的观念、做法和体制机制的束缚中解放出来，克服满

足现状、因循守旧等思想，开创思想解放的新境界。通过解放思想讨论，进一步加深广大党员特别是党员领导干部对科学发展观的理解，进一步增强忧患意识、责任意识和机遇意识，进一步开阔眼界、开阔思路、开阔胸襟，在事关本单位科学发展的重大问题上形成共识。总行将结合纪念改革开放30周年和工商银行成立25周年活动，就如何解决影响科学发展的认识问题组织开展解放思想讨论。各单位要在全体党员中广泛开展“我为科学发展献一策、为提升竞争力见行动”活动。

第二，深刻分析检查，找准影响和制约科学发展的突出问题及其主客观原因，明确科学发展的思路。分析检查阶段是承前启后、把学习实践活动引向深入的重要阶段。这一阶段的主要任务是征求意见、找准问题、分析原因、明确方向。

一是要认真开好领导班子专题民主生活会，深入剖析影响科学发展的思想根源。专题民主生活会要围绕深入贯彻落实科学发展观、进一步推动科学发展来确定主题。领导班子成员要结合分工，重点查找个人和班子在贯彻落实科学发展观方面存在的突出问题，查找党性党风党纪方面群众反映强烈的突出问题，深刻分析原因，开展严肃认真的批评与自我批评。民主生活会前，领导班子成员之间要相互谈心，交换看法，认真听取群众意见，认真撰写发言材料，做好充分准备。专题民主生活会可与年度民主生活会合并召开，适当扩大列席人员范围。已经召开过年度民主生活会的，仍要召开专题民主生活会。上级纪委、党委组织部等有关部门和指导检查组要派人提前介入，列席会议，加强指导。基层党组织要组织党员参加以学习实践科学发展观为主题的组织生活会，按照科学发展观要求分析查找自身差距和不足，明确努力方向。对民主生活会和组织生活会既要严格要求，提高质量，又不搞人人过关，注意保护党员、干部的发展积极性。

二是要形成高质量的领导班子分析检查报告，理清科学发展思路。这是分析检查阶段的中心环节，是对前一段活动成果的集中概括和体现，也是整改落实阶段的依据和方向。各级领导班子的分析检查报告要紧密联系实际，认真回顾十六大以来贯彻落实科学发展观情况，认真查摆贯彻落实科学发展观方面存在的突出问题，深刻分析形成问题的主客观原因特别是主观原因，确定贯彻落实科学发展观的主要思路和加强领导班子自身建设的具体措施。分析检查报告要突出检查和分析这两个环节，避免写成工作总结或工作报告。党委主要负责同志要全程主持分析检查报告的撰写。初稿形成后，以适当方式广泛听取各方面意见，经党委扩大会议充分讨论后，反复修改完善。总行各部门、各内审分局领导集体也要形成分析检查报告。

三是要组织群众评议，开门纳谏、汇集民意。领导班子分析检查报告形成后，要认真组织评议，广泛征求党员、群众的意见。参评人员既要有本单位的党员和群众，也应有一定的基层单位和服务对象的代表，体现参评人员的广泛性和代表性。参加评议人员可着重从对科学发展观的认识深不深、查找的问题准不准、原因分析得透不透、发展思路清不清、工作措施可行不可行等方面对分析检查报告进行评议。群众评议中提出的正确意见要体现到修改后的分析检查报告中来。分析检查报告和评议结果要在一定范围公开。评议可根据实际情况采取召开座谈会或书面评议等形式进行，不能简单作评价，也要进行讨论，确保找准问题，查透原因。

第三，抓好整改落实，确保学习实践活动出成果、见实效。整改落实是进一步深入贯彻落实科学发展观的关键所在。这一阶段的主要任务是明确目标，落实责任，扎实推进，取得成果。各级领导班子要以分析检查报告为依据，制订整改落实方案，明确责任，明确措施，明确时限；整改落实方案制订后，要采取适当方式向党员、群众公布，作出公开承诺。整改落实情况要向党员、群众通报，接受监督。整改落实方案应注重可操作性，要对查摆出来的突出问题和需要完善的制度，按轻重缓急和难易程度分别提出整改落实的目标、方式和时限要求，明确分管领导、责任部门，使整改落实工作有章可循。总行将在统一认识、深入调研、分析检查的基础上，召开“纪念改革开放30周年暨工行成立25周年”发展战略研讨会，就影响科学发展观贯彻落实、关系全行改革发展大局的重要问题和迫切问题，研究提出解决思路和相关举措。

关于学习实践活动要解决的重点问题。总行党委提出，这次学习实践活动要解决三个方面的重点问题。一是解决思想观念问题。要认真查纠各种不适应、不符合科学发展观要求的思想观念，着重抓住影响核心竞争力的突出问题，深化对科学发展观第一要义是发展的理解；抓住人才队伍建设和客户服务中存在的问题，深化对科学发展观的核心是以人为本的理解；抓住经营结构、经营管理、经营效率中存在的问题，正确处理好业务发展与风险控制的关系，深化对科学发展观的基本要求是全面协调可持续的理解；抓住维护股东、员工与客户利益关系，以及银行履行经济责任与社会责任、政治责任等重大关系问题，深化对科学发展观的根本方法是统筹兼顾的理解；抓住党风行风和党建工作中存在的突出问题，深化对贯彻落实科学发展观必须加强和改进党的建设的理解。二是解决发展思路问题。在这次学习实践活动中，要按照科学发展观的要求认真思考和谋划未来一个时期的发展战略问题。如何坚持以改革为突破，加大改革攻坚力度，使从总行到每个分支机构的经营素质得到普遍提升，为提高全行的竞争发展能力创造条件、奠定基础；如何坚持以创新为驱动，持续不断地增强自主创新能力，通过创新型银行建设打造核心竞争力；如何坚持以服务为宗旨，一切经营活动以客户为中心、围绕市场转，努力以最先进的技术、最适合的产品、最有效率和价值的服务满足客户、赢得市场；如何坚持以转变发展方式为着力点，定位目标客户，竞争优质市场，讲究投入产出，注重结构优化，加强风险管理和内部控制，在经营转型中走出一条可持续竞争发展的新路子；如何坚持以人为本，通过大力开展全员培训、调整劳动组织、改革人力资源管理机制，调动全员的积极性、主动性和创造性。在解答上述问题的基础上，以建设最盈利、最优秀、最受尊重银行为新的目标，明确经营发展思路。三是解决体制机制问题。我们将认真总结股改后首个三年规划的执行情况与基本经验，准确判断我行战略转型的进度与程度，研究制定新一轮三年发展纲要，在人才、竞争力、创新、服务、渠道、品牌、企业文化和社会责任等多方面作出规划，持之以恒地推进我行战略转型，把科学发展体现为新阶段的发展目标和战略举措。即着重完善公司治理，形成决策更加科学、执行更加有力、监督更加有效的运行机制；着重完善组织机构和制度流程，提高服务、管理与运营效率；着重完善绩效考核和人力资源管理体系，形成更富活力和更加有效的激励约束机制；着重完善创新管理，形成统一领导、矩阵管理、激励有效、协作顺畅、集中整合的创新管理体制；着重完善风险管理，形成覆盖境内外机构和各类业务的全面风险管理体系，加快建立更加完善的现代金融企业制度，为实现科学发展提供体制机制保证和制度支撑。

这里需要指出的是，上述三个方面的问题是就全行总体而言的，具体到我们某一个单位、某一个部门，到底哪些问题最突出，哪些问题最需要解决，哪些问题在学习实践活动期间能够解决，可能不尽相同。各单位各部门要坚持从实际出发，突出重点，按照科学发展观的要求，找准那些影响和制约本单位本部门科学发展的主要问题，集中精力解决好。

学习实践活动基本完成时，各单位要做好活动的总结工作，并采取适当方式向党员、群众通报。在此基础上，对学习实践活动要进行满意度测评。主要测评对解决本单位影响和制约科学发展突出问题的满意度，对开展学习实践活动情况的满意度。要合理确定参加测评人员的规模、范围，使之既有一定的代表性，又规模适中，力求测评工作简便易行，测评结果真实可靠。测评结果要以适当方式向群众公布。根据测评情况，进一步完善整改落实措施，确保学习实践活动中尚未解决的突出问题继续得到有效解决。

三、采取有力措施，务求全行学习实践活动取得实实在在的成效

对开展学习实践活动，中央的部署和总行党委的安排已经十分明确，现在的主要任务就是抓好落实。各级党组织要把学习实践活动作为党的建设的重中之重，思想上高度重视、工作上落实责任、组织上提供保障，确保学习实践活动各项要求落到实处。

第一，加强组织领导，落实领导责任。抓好学习实践活动，关键在领导，责任在班子。为了加强对学习实践活动的领导，总行成立了深入学习实践科学发展观活动领导小组，由我任组长，副组长由党委副书记、行长杨凯生同志，党委副书记、监事长赵林同志担任，党委其他成员、高管人员、有关部门负责人担任领导小组成员。活动领导小组下设办公室，负责学习实践活动的日常工作，活动办公室主任由党委组织部部长担任。二级分行及以上机构也要成立学习实践活动领导小组，抽调精干力量组建工作机构。总行将向各一级分行、直属分行、直属学院、直属机构派出3个指导检查组，指导和督促检查分支机构学习实践活动的开展。各一级分行可根据实际情况，派出1－2个指导检查组，指导和督促检查所辖机构学习实践活动的开展，防止活动走过场、出偏差。

各级行党委要全面负责本单位的学习实践活动，主要负责同志要认真履行第一责任人的职责，分管领导要认真履行直接责任人的职责，党员领导干部要发挥带头作用。这次学习实践活动面向全体党员，同时明确提出“领导干部是重点”。各级领导干部既要以党员领导干部身份参加领导班子的专题民主生活会、中心组理论学习等活动，又要以普通党员身份参加所在党支部的活动。同时，还要结合各自分工确定联系点。总行党委成员、高管人员每人确定1－2家分行（单位）作为联系点，通过深入联系点调查研究、督促检查、具体指导，帮助联系点找出工作差距，理清工作思路，解决实际问题。在这里，我代表总行党委郑重承诺：一是要发挥表率作用。总行党委领导班子成员要以普通党员的身份带头参加学习实践活动，给广大党员作出示范。要带头学习，带头调研，带头查摆问题，带头落实整改。二是要认真抓好全行学习实践活动的组织领导。要把学习实践活动作为当前工商银行党建工作的头等大事来抓，同推动当前各项工作结合起来，明确要求，扎实推进，确保取得实实在在的效果。

第二，科学安排部署，有序组织开展。由于这次学习实践活动采取全行系统同步开展的方式，各单位在组织好分支机构学习实践活动的同时，还要认真组织好本部的活动，确保整个活动有序开展、上下同步。各内审分局要按照总行内设部室的要求开展活动。对离退休和内退党员，要根据本人年龄和身体情况，采取灵活多样的方式方法组织开展活动。年老体弱、行动不便、确有困难的，经党组织批准可以不参加活动。流动党员原则上参加流入地党组织开展的活动。对已经与我行解除劳动关系但组织关系尚未转出的党员，原则上由我行党组织负责组织学习，具体方式由所在单位自行确定。境外分支机构的党员，要根据实际情况认真开展自学，领导

集体要撰写分析检查报告。总行将结合近期召开的境外工作会议，专门安排境外分支机构党员领导干部进行集中学习，确保境外分支机构的党员与境内党员一样受教育。同时，我们欢迎非中共党员领导干部共同参加学习，结合所分管的工作开展调查研究，为学习实践活动献计献策，但不作硬性要求。

第三，积极探索创新，务求实践成果。各单位开展学习实践活动的具体方式方法可因地制宜作出安排。要在坚持学习实践活动基本要求的前提下，根据金融行业的具体特点、各级机构不同层面、东中西部等不同地区，有针对性地提出具体要求，创新活动的载体。要充分发挥党支部的作用，积极探索有效形式，确保广大党员全员全程参加。各级领导班子要坚持边学边改、边查边改、边整边改。解决问题要突出重点，量力而行，尽力而为。侧重解决关系本单位科学发展的思路、重大措施等问题，下大力解决关乎基层群众的切身利益问题，集中解决好促进本单位科学发展的几个问题。对于问题解决的效果，要有客观的评判依据。总行在服务与渠道、金融创新、业务流程改造、经营业绩、风险控制、员工职业发展等方面要取得新的进展。

第四，加强宣传引导，营造浓厚氛围。各单位要以中央文件精神和总行这次动员大会精神为依据，认真做好学习实践活动的宣传工作。通过多种形式，大力宣传科学发展观的科学内涵、精神实质和根本要求，宣传开展学习实践活动的重大意义、指导思想、目标要求和主要原则，宣传学习实践科学发展观的先进典型，宣传学习实践活动的好做法、好经验，及时报道学习实践活动取得的成效。总行将不定期编发“中国工商银行学习实践活动简报”，并在网讯上开辟学习实践活动专栏，及时报道活动的开展情况，为学习实践活动的顺利开展营造良好舆论氛围。

第五，要把开展学习实践活动同推动当前工作紧密结合起来，做到两手抓、两不误、两促进。开展学习实践活动的根本目的，是为了全面贯彻落实党的十七大精神，更好地推动科学发展，促进社会和谐。活动期间，正值全行岁末年初业务旺季，各方面工作任务十分繁重。各单位要把学习实践活动当做推动工作的重要机遇和强大动力，把学习实践活动同开展纪念改革开放30周年和工商银行成立25周年活动，同促进全行改革发展稳定，同推动广大党员特别是党员领导干部讲党性、重品行、作表率结合起来，正确处理开展学习实践活动和做好当前各项工作的关系，积极推动各项业务发展。要把各级领导班子贯彻中央精神和总行党委部署要求、组织开展学习实践活动情况，党员领导干部在学习实践活动中的态度、表现、取得的成效情况，作为对领导班子和领导干部考核的重要内容，在学习实践活动中发现干部、辨别干部。要把学习实践活动的成效体现到解决突出问题、促进各项工作上，用各项工作的实际成果衡量和检验学习实践活动的成效。

同志们，在全党开展深入学习实践科学发展观活动，是党中央作出的一项战略决策，意义重大，影响深远。让我们紧密团结在以胡锦涛同志为总书记的党中央周围，高举中国特色社会主义伟大旗帜，坚持以邓小平理论和“三个代表”重要思想为指导，深入贯彻落实科学发展观，积极探索，勇于实践，以饱满的精神、扎实的作风全身心地投入到这次学习实践活动中，确保取得实实在在的成效，为全面推进国际一流现代金融企业建设提供坚强的思想保证、政治保证、组织保证，为我国夺取全面建设小康社会新胜利作出工商银行新的成绩和新的贡献。

加快实施国际化发展战略　打造核心竞争力
向国际一流金融企业的宏伟目标迈进

——在中国工商银行境外业务工作会议上的讲话

姜建清

（2008年10月28日·根据录音整理）

今天我们召开全行境外业务工作会议，主要任务是结合学习实践科学发展观活动，总结我行国际化战略执行情况和发展经验，分析当前国际经济金融剧变带来的新情况和新问题，讨论今后三年全行国际化发展战略，部署明年的主要工作。下面我就未来几年全行国际化发展问题，特别是当前全球经济金融情况谈几点意见。

一、全行国际化发展取得了重大成就

股改三年以来，全行上下积极贯彻国际化战略，准确把握国内外形势变化，加快跨国经营，促进境外发

展，开创了国际化发展的新局面。业务规模效益翻番，网络布局逐步完善，并购整合成效显著，系统建设取得突破，我行全球服务能力、市场地位及影响力均得到了显著提升。特别是最近一段时间，我行在悉尼、纽约、迪拜和多哈的四家机构相继开业，在国际上引起了强烈反响。

（一）全球网络布局初具规模。按照“壮大亚洲、巩固欧洲、突破美洲”的布局原则，我行经过16年的跨国经营实践，先后在全球15个国家和地区建立了20家境外机构，分支机构总数达126家，初步形成了跨越亚、非、欧、美、澳五大洲的经营网络格局。2006年以来，我们进一步加快了申设和并购步伐，境外版图不断扩大，机构布局逐步优化，先后设立了卢森堡子银行、莫斯科子银行、多哈分行、迪拜子银行、悉尼分行和纽约分行，完成了对印尼哈利姆银行、澳门诚兴银行和南非标准银行的收购。其中收购印尼哈利姆银行是我国银行业首次成功的跨国并购，入股南非标准银行创下我国企业境外投资的单笔金额最高纪录。

（二）持续发展模式逐步确立。境外机构经营效益持续向好，资产余额由2005年末的222亿美元增长到今年9月末的433亿美元；截至今年9月末，境外实现净利润1.8亿美元，上市后头三年即实现了规模和效益快速增长。在实现快速发展的同时，境外转型步伐不断加快，统筹兼顾了规模速度和质量效益。2005—2007年，境外资产年均增长21%，而同期境外利润增长33%，中间业务收入增长了48%，转型发展效果明显。地区分布上，则呈现出新兴市场利润贡献显著，欧洲地区经营效益提升较快的特征，实现了境外整体经营效益的稳定和平衡。近期，我们在境外新设立的机构数量较多，如果这些机构能够尽快实现盈利，那么，我行境外整体效益将会迈上一个新的台阶。

（三）境外科技建设加速推进。2006年初经过审慎论证、科学决策，全面启动了FOVA系统建设，经过全行几百人一年多的研发测试，于2007年9月在澳门分行试点投产，实现了我行自主研发的境外核心银行系统的首次成功境外投产。今年初以来，在完善系统功能的同时，积极稳妥地将该系统成功延伸至更多境外机构，初步建立了支持多分行、多币种、多语种、多时区的全行境内外统一的系统框架，迈出了打造全球一体化科技平台的关键一步，领先于国内同业。FOVA系统建设完成后，将成为中国银行业在境外最为强大的业务处理系统。到目前，FOVA系统在境外推广应用已经一年多，为我行将于今年年底正式启动的新一代综合业务系统积累了宝贵经验。未来随着FOVA系统的继续推广和不断完善，其强大的零售业务功能将成为我行打造全球第一华人零售银行的重要支撑，而FOVA系统与境内NOVA系统的无缝连接，将为境内外业务的互联互通提供良好的基础平台。

（四）全球服务能力稳步提升。随着全球网络布局不断优化，境内外积极加强联动，各机构在信贷、资金、结算、资本市场、客户资源等领域的协同能力稳步提高，不仅共同分享了目标市场和业务资源，促进境内外客户群体稳步扩大，而且增强了全球综合服务与竞争能力，为未来扩大跨国经营积累了宝贵经验。根据对31家境内外机构的非现场调查，各类机构均在不同程度上有联动业务往来，联动产品逐步由以往的中间业务领域拓宽到相对广阔的资产业务领域。评价选取的18家境内一级分行的联动业务量从2006年的104.43亿美元增长到2007年的222.15亿美元，增幅为112.73%；13家境外机构的联动业务量从2006年的194.23亿美元增长到2007年的452.84亿美元，增幅为133.15%。概括来说，由于境外战略布局的稳步推进，内外联动工作显现出管理模式渐进优化、机构覆盖面广、产品领域不断拓宽、产品种类逐步齐全和业务量逐年增长的特点。

（五）境外人才队伍日益壮大。经过多年的境外经营实践，我行已逐步建立起一支熟悉国际金融市场、适应多国情和跨文化管理的国际经理人队伍，并建立起一个上千人的综合素质较高的国际化人才梯队。境外人才选拔的视野更加广阔，加大了人才“引进来”力度，境外机构外籍员工占比已超过90%；培养人才的形式更加多样，加快了人才“走出去”的步伐，形成了推进国际化战略的重要保障。

近年来全行国际化经营取得的成绩令人瞩目，但我们也应该清醒地看到，我行国际化发展仍处于初级阶段，存在着许多问题和不足，需要在发展中解决和完善。具体表现在：一是总体上国际化经营程度相对较低，境外资产和利润在全行的占比仅有3%，我们仍是一家以国内业务为主的本土银行，国际化经营程度与国际先进银行相比还有很大差距；二是全行境外网络布局不尽完善，境外机构数量仍相对较少，尚未形成对全球各板块的有效覆盖，机构和资产集中于港澳地区，区域布局不够均衡，大部分境外机构的物理网点不足、电子渠道缺乏；三是业务结构亟须优化，受网点、渠道等因素制约，部分境外机构以批发性资产业务为主，零售业务比较薄弱，部分机构受牌照限制在开展零售业务上还面临障碍，本地化进程缓慢；四是部分境外机构竞争优势不足，业务产品单一，客户基础薄弱，尚未采取有效的市场细分和分类营销策略，尚未形成核心竞争优势，一些境外机构大量从事与本币不相关的离岸业务，在当地市场被边缘化现象较为严重；五是资源投入仍需强化，全球科技平台和国际化人才队伍建设还难以满足加速国际化发展的需要。许多境外机构的管理层甚至是整个团队均来自于国内，人才国际化程度不高，我们在吸收当地优秀人才并发挥其重要作用等方面所做的工作仍然不够。我行境外发展与中行相比，仍然存在较大差距。在机构与当地雇员数量、资产、贷款、存款、净利息收入、非利息收入、利润贡献度等方面均落后于对方。今年上半年，我行港澳地区以外机构的净利润贡献首次超过中行，很可惜的是，我们下半年没能将优势延续下来，由于债券投资的损失，部分境外机构计提了拨备，可以预见下半年的经营形势不会太理想。当然，这些问题都是我们在实现国际化发展过程中出现的问题，是前进中需要不断解决和克服的问题。只要我们予以高度重视，本着科学、务实的态度，这些问题将会随着我行推进国际化进程得到合理、全面的解决。

二、积极应对全球经济金融危机，谋划全行境外发展新思路

当前，全行正在按照中央的统一部署和要求，深入开展学习实践科学发展观活动。这次活动对于境外机构尤显重要，外派人员如果长期在境外工作而疏于学习政治，将在观念上落后于国内要求；如果不树立科学发展观，就不可能实现境外的科学发展。这次会议对学习活动作了统一部署和安排，境外机构要认真学习和落实，加深对科学发展观的理解，把开展学习实践活动作为应对挑战、解决矛盾、转型发展的重大契机。

正如我前面提到的，近几年来，我行国际化发展步伐明显加快，取得了令人满意的成果，但是也要看到，我行的国际化程度还很低，还有很长的路要走。学习实践科学发展观要突出重点，突出实践特色，紧密结合本部门、本单位的实际，确定活动的实践载体。全行国际化经营就是一个重点，就是一个很好的实践载体。我们要按照科学发展观的根本要求，高瞻远瞩，洞察全球金融业复杂多变的局势和发展方向，把握机遇，知行合一，将科学、合理的谋划变成现实，实现我行国际化经营的远大目标。

（一）正确看待当前国际经济金融形势，把握国际化发展大方向。近期，美国次贷危机已经演变成全球金融危机，正在逐步演变成全球经济危机，这对我国经济金融安全运行会有一定的影响，对于我行金融运行，特别是境外机构的经营产生一定影响。这场危机爆发的原因很多，波及面很广。第一，美国次贷危机已经蔓延成全球金融危机，从危机蔓延次序上看，美国次级贷款违约率上升导致次贷相关债券的评级下降和市场价格暴跌，由此引发了比较优惠贷款及其支持的债券价格的大幅下挫。第二，次贷危机导致了美国信用市场危机。次贷危机发生后，21世纪发展迅速的抵押债券凭证CDO市场急剧萎缩，CDO价格暴跌，信用类产品违约率上升，市场信心严重受挫，导致信用违约交换合约CDS的发行机构普遍陷入困境。CDS的赔付困难进而引发美国金融机构评级下滑，并出现了恐慌性的信贷紧缩状况，以CDO和CDS为主体的全球信用类产品市场陷入了崩溃境地。据统计，全球CDS市场发展非常迅速，市场规模从2000年的6 300亿美元急速发展到2007年末的62万亿美元，市场规模在7年间增长了近100倍，然而到今年年中市场规模下跌12%至54.6万亿美元，所以，一直被视为信用工具的保障产品CDS在这次危机中成为扩散风险的助推器。由于这些变化，华尔街许多投资银行、保险公司、商业银行成为深陷困境的高危群体。第三，美国次贷危机扩散成全球性危机。美国次贷危机和信用市场危机引发了全球股市暴跌，外汇和商品市场激烈动荡，危机从美国蔓延到欧洲，正在向亚洲和其他新兴市场渗透。金融危机已经引发了冰岛等国家的货币危机和财政危机，而且我相信，将有更多的举债过多的新兴市场国家陷入危机之中。

这场危机已经演变为自1929年大危机以来最为严重的金融危机，正在引发全球性经济萧条。具体表现为：第一，由于金融危机继续扩散，目前预计的损失总额将超过6万亿美元。截至2008年9月末，美国大型银行和保险公司等金融机构已经暴露的损失接近7 000亿美元，欧美和新兴市场的中小银行由于社会结构性产品交互、信息披露较为滞后等原因，都可能在近期相继暴露巨大问题。由于CDS市场规模巨大，预计未来金融机构暴露的损失还将不断扩大。这场风险也开始蔓延到对冲基金，对美国对冲基金造成的损失已高达2万亿美元，预计损失还将继续扩大，资本流动性短缺现象将越发严重，甚至出现了流动性黑洞效应。第二，全球经济已从2003—2007年的上行周期进入到急剧下行轨道。全球消费和贸易极度萎缩引发了产能过剩、投资过剩等一系列问题，对出口为主的新兴市场国家影响巨大。第三，由于资产和商品价格飙升现象快速消失，企业出口下降、效益下降、失业率上升导致消费需求萎缩，特别是对于经济预期的悲观看法，致使持币待购现象普遍，消费前景预期降低，全球经济增长动能衰竭，全球经济衰退将可能持续长达数年。第四，全球性经济萧条将引发新兴市场国家货币危机，甚至在一些国家和地区有可能出现政治和社会危机，例如比利时、中国香港、科威特等地都发生了游行或者罢工。

我们面对的危机确实是百年一遇的重大危机。危机已经严重影响了实体经济，破坏了正常的货币传导机制，银行间利率高企局面在相当长时间内难以缓解，金融机构之间严重缺乏信心，市场上很难找到合适的交易对手，彼此之间拆借等交易基本中断。这些问题又在不断加重债券等投资持有人的损失，影响了金融机构的负债能力和资产质量，形成了在实体经济和虚拟经济之间相互损害的恶性循环，严重削弱了处在融资中介的商业银行的资本实力。这样不仅影响了其放贷能力，而且也严重影响了其放贷信心，进一步对实体经济造成伤害，所以这场危机将很有可能导致世界经济严重滑坡，目前大多数发达国家的经济已经步入衰退或者处于衰退边缘。全球金融格局、金融结构和金融监管均有可能产生重大变化和调整。这场危机影响的深度、强度和持续的

时间都会超出我们的预期，这在世界经济史和金融史上都是极其罕见的，对于这场危机造成的严重后果，我们要有充分的认识。

当然，中国银行业到目前为止遭受的直接损失有限。我们的感受可以用两句话概括：一句是“擦肩而过”，由于我国资本市场和货币兑换等方面的限制，我国银行业参与次贷程度不深，受到金融危机的直接冲击有限，可以说是“逃过一劫”；另一句是“感同身受”，虽然说我国银行业受损失较少，但并不意味着就能够完全置身事外，我们有些境外机构债券投资较多，遭受到一定损失，而且随着危机向实体经济领域扩散，整个银行业的信贷安全和资产质量也值得关注。

金融危机对我国实体经济的渗透性影响已经显现。过去五年我国 GDP 年均增长达 10% 以上，而今年 9 月份的增速骤然降至 9%，国内经济拐点已经出现。从上半年看，成本上涨和人民币升值等因素导致我国出口型企业受到较大影响，部分中小企业面临亏损甚至破产，信用风险快速上升。从近期看，需求下降造成供需关系发生逆转，钢铁、煤炭、水泥、电解铝等重要行业出现了销售下降及亏损，许多企业陷入困境。受经济景气和宏观调控双重影响，尽管房地产价格仍保持高位，但成交量大幅萎缩，信贷资产质量面临着严峻考验。这些信号说明，当前市场形势非常复杂，企业承受的压力较以往更大，银行等金融机构的风险管控压力很大，外向型行业遭受外部冲击非常明显。目前，我国经济金融运行情况明显好于绝大多数国家，中国在全球地位更加重要，全球希望中国成为世界经济增长的引擎动力，中国经济稳健发展给世界经济走出衰退带来希望。但我们应该清醒地看到，对于我国出口型企业的影响已经比较明显并部分地影响到了相关行业，未来经济发展不确定不稳定因素明显增多，经济发展面临诸多困难和挑战。这些困难直接影响到银行业，进而对我行境外机构经营造成影响，我们对此要有充分的思想准备。

当然，危机中也蕴含着新的发展机遇。与危机中遭受重创的欧美银行相比，我行经营发展模式存在较大差别。正如温家宝总理对危机所作的总结，要处理好“三个关系”，即金融创新和加强监管的关系、虚拟经济和实体经济的关系、储蓄和消费的关系。首先，从金融创新和加强监管来看，我们在发展过程中，审慎尝试并推行了金融创新，但相对来说，我们没有太多复杂的金融创新产品，并且我行境外投资规模不大，没有涉足不熟悉的领域，全行金融创新正在有序推进。其次，从虚拟经济和实体经济来看，中国 70% 多的资金供应来自银行，银行在金融体系中占据主体地位，我国金融虚拟性程度不高，国民经济仍处于实体经济为主的范畴。最后，从储蓄和消费来看，我行一贯重视发展存款业务，目前存款余额达 1.2 万亿美元，贷存比仅为 50%，总资产中信贷资产占比仅为 45%。这种资产负债结构比欧美银行更为稳健，受到了西方银行业的广泛认同，我行全球地位和影响力得到显著提高。这次危机后，全球金融体系将进一步趋向多元化，减弱对美国金融市场的过度依赖，中国在全球金融市场的话语权会显著提高，这将为中资银行国际化创造良好的条件。美国经济下滑及金融市场动荡，使新兴市场经济体货币与区域货币的重要性相对上升，人民币在周边国家和地区的影响力将进一步扩大，都为中资银行预留了更为广阔的发展空间。因此，危机也同样蕴含着新的机遇，如果我们能准确把握，我行国际化就会有一个新的局面，在全球市场的战略地位就会有一个新的改观。

（二）加快经营转型，增强应对风险和持续发展的能力。从我行境外机构的经营现状来看，发展模式是不够合理的。从资产结构来看，境外机构资产中近 80% 都是债券投资与信贷资产，信贷投放集中于少数大型客户，在银团贷款方面，境外机构一般属于第三、第四级参贷行，对客户贷款信息掌握不足；债券投资选择发行体单一、发行体来源地区集中、评估发行体信用状况时过分依赖债券评级，评估手段相对简单。这样一种资产结构所造成的结果就是风险与收益的不匹配，往往是一笔大额业务出现问题就可能使一家机构全年甚至数年都背上沉重包袱。这次危机让我们深刻认识到，欧美等成熟经济体及其机构的高评级未必代表资产完全安全，随着一些获高评级的金融机构相继破产或被收购，以及某些成熟经济体国家出现经济政治危机，需要对这些评级机构的权威性和客观性重新审视。虽然近年来部分境外机构开始转向风险相对可控、有利于发挥内外联动优势的国际结算和贸易融资业务，但是总体来看所占比例太小，多年来一直采用的高风险、低收益的业务模式没有根本改变；从负债结构来看，目前境外机构 50% 以上的资金来源都是依赖总行拆借，而且普遍存在着以短期拆借资金来发展长期资产业务的情况，资金来源和运用期限结构不匹配，一旦市场流动性趋紧，毫无资金保障的自给能力；从盈利结构来看，大多数境外机构的收入几乎都来自贷款、债券和拆放同业的利息收入，其中贷款利息收入在利息收入中的占比平均超过 73%，在全球利差持续收窄、债券风险显著扩大、信贷市场面临萎缩的经营环境下，传统盈利模式难以为继；从产品结构来看，目前全行产品种类多达 1 600 多种，然而真正适用于境外、延伸至境外、立足于境外的产品少之又少，缺乏与实力强劲的国外同业相抗衡的产品竞争优势；从渠道结构来看，境外物理网点覆盖面较小，电子化建设相对滞后，境内先进电子渠道的强大功能在境外尚未发挥；从客户结构来看，境外机构客户基础薄弱，中高端客户占比不高，尚未形成稳定的本地化客户基础。

这些问题，有些是由于总行境外战略推行力度不够所致，有些问题是境外机构自身原因造成的。通过这次危机，如果我们再不深刻反思境外经营战略问题，找出适合自身发展的低风险模式，即使度过了金融危机，境外也不可能走出科学发展道路。境外机构要认真思考，如何走出适合境外情况、适合我行可持续发展的道路。当前，必须加快境外机构转型步伐，通过全面推进资产、负债、收益、业务、产品、渠道和客户结构的调整，实现风险可控、收益相对合理的发展模式，努力提高我行应对金融风险和可持续发展的能力。

一是要积极调整资产负债结构。要积极扩展业务范围，实现业务结构的多元化。大力发展存款业务，减少对总行资金的依赖性，增强自主经营的能力。当前，许多境外中资和当地客户更加信赖中资银行，要牢牢抓住营销机会，大力发展存款，辅之以财富管理、私人银行等业务，使存款来源更加广泛。研究在纽约、香港、欧洲建立资金交易中心，实现资金和债券交易的集约化管理，通过对全球市场资金的统一调配和使用，提高资金获利能力和风险管控能力。一个世界级的银行，不可能让所有境外机构都从事债券投资，未来集中的全球资金交易中心模式将对境外现有盈利模式带来冲击，也将从外力方面推动经营转型。

二是要在加快构建先进科技平台的基础上，逐步实现向低风险、高收益的产品结构转型。积极发展内保外贷、国际结算、贸易融资、汇款、资金清算等基础业务。加快构建全球一体化的先进科技平台，逐步实现向财务顾问、经纪理财、财富管理、私人银行等低风险、高收益的高端业务领域发展。加快我行境内优势产品在境外市场的销售和拓展。

三是要逐步实现由过去的“中资企业”向“中国市场相关企业和个人”的客户结构转型。要做好“走出去”中资企业的业务，要充分利用和挖掘国内外资、外贸企业，中资跨国企业以及每年多达几百万、上千万的因私出境居民、入境非居民个人和海外华人华侨等与中国相关的企业和个人客户资源。要利用中外经贸和投资往来的机会，通过客户结构的优化，实现境外业务结构、产品结构和收益结构的全面改善。在推进转型过程中，境外机构要因地制宜采取相应模式。例如，纽约分行应利用区位优势侧重开展资金、清算和结算业务，中东机构应根据当地客户结构和需求重点开展投资银行和财富管理业务，可探索与香港联动方式开展经纪业务，首尔分行应加强国际结算和贸易融资等传统优势业务。实际上，亚洲新兴市场蕴含的机会较多，而欧洲市场比较成熟，市场拓展难度较大，需要我们研究适合欧洲发展的新途径。

（三）知行合一，积极稳妥地实践国际化发展新规划。未来一段时期，我行跨国经营的战略目标是：全面实施国际化、综合化发展战略，打造层次分明、定位合理、渠道多样、运营高效的全球化经营平台，努力成为来华外资企业和“走出去”中资企业的首选合作伙伴银行、全球第一华人零售银行及全面综合经营银行，最终使我行成为全球最盈利、最优秀、最受尊重的国际一流现代金融企业。未来三年，力争在港澳和南非地区以外的境外机构盈利超过中行。要通过申设与并购并举，力争每年增设5家境外机构，2011年延伸至全球30个国家和地区；实现境外资产占比和利润占比从目前的3%提升至5%－7%的基本目标，未来进一步实现占比10%的理想目标；逐步在亚洲、欧洲、美洲、大洋洲和中东地区建立我行区域性中心，构建以亚洲为重点，覆盖主要国际金融中心和我国经贸合作地区的全球化网络体系，实现将我行从本土领先银行转变为在亚洲具有相当影响力的区域性银行的目标，并为最终成为全球性银行奠定基础。应该看到，我行在文化底蕴、管理水平、科技手段等方面在亚洲具有比较优势，并且在一些国家取得了实质性进展，已经具备了成为亚洲领先银行的条件，但是未来三至五年，我们还不可能成为一家全球性银行，因此，走国际化路线是很长的过程，要循序渐进、稳步推进。

将国际化的宏伟蓝图变为国际化的现实版图，需要我们扎实工作，在实践中科学认知，以认知促进实践。总体上说，我们要在目标市场选择上，坚持成熟市场与新兴市场并举；在网络拓展策略上，坚持战略并购与自主申设并举；在渠道拓宽方式上，加强物理网点和电子网络的有机结合；在全球布局导向上，坚持网络拓展和业务拓展相结合；在机构建设定位上，致力于本地化经营和融入主流银行地位，新设机构应力争在三年左右经过成长期进入成熟期，实现利润贡献，同时借助并购手段加快本地化经营步伐，稳步开展中小型银行的收购与整合，审慎对待大型银行并购机会，要确保每一次收购都能成功。一般来说，在经济高涨期，收购行为容易受到来自政府、监管层、社会媒介等各方支持，经济低迷时由于对未来预期担忧反而不支持。我认为应该逆向看待，即在经济高涨时，由于成本较高应该审慎对待，在经济低迷时，往往会出现好的机会要择机收购。总行对境外收购十分慎重，尽管当前全球收购机会非常好，但是大型银行资产结构非常复杂，掌控不好就容易招致亏损，所以要极其谨慎。幸运的是，我们以前收购都定位在新兴市场，因此，受危机影响不大，未来总行将更加侧重于新兴市场的中小型收购。各境外机构一定要做足做好工作，控制好各种风险，这是全局性的要求。

三、积极稳妥地实施国际化战略

为积极稳妥地推动境外发展，从容应对金融危机，各境外机构要以加快业务转型为契机，做好以下几方面的工作。

（一）积极推进境外机构建设。要加快构建覆盖东亚、东南亚、南亚、大洋洲、欧洲、北美、南美、中东非洲等全球八大区域板块、30余个目标市场的国际化经营网络，持续提升境外资产和利润占比。要重点拓展亚太、拉美和中东等高成长性市场，加大对欧美等成熟市场的渗透力度，稳步开展中小型战略并购与整合，审慎对待大型并购机会。对于尚未进入的目标市场，要灵活选用申设或并购方式，快速实现市场突破；对于已进入市场，充分发挥现有境外机构的节点功能，通过增设二级分支机构和进一步并购整合，加快在当地市场的规模扩张和市场渗透。要逐步实现在亚洲、欧洲、美洲、大洋洲和中东地区机构的区域整合，充分发挥机构和市场间的协同效应，增强全球资源配置能力和全行整体竞争力。

要在加快物理网点建设的同时，统筹全球电子渠道和代理行网络布局，形成全方位、多元化的全球金融服务网络。要加快ATM、银行卡、网上银行、电话银行、手机银行等电子网络铺设，弥补境外经营网络覆盖的不足。要重视代理行渠道建设，延伸代理行合作的广度和深度，提升代理行合作的质量和效益，加强代理行资源的管理和使用，使代理行渠道成为我行国际化网络的重要延伸和补充，发挥出更大的效力。

（二）大力整合、拓展全球产品线。要从境内到境外，以全球化思维统筹摆布产品线，全力推进产品线国际化、综合化，打造我行先进的强势业务品牌，增强客户的认知认同感，提升境外服务的核心竞争力。要以FOVA系统投产为契机，充分发挥境外多牌照优势，积极实现新兴业务和传统业务的互动发展，着力将境外机构打造成为集银行、证券、保险等多种金融服务为一体的综合化平台，尽快实现境内外信息、产品与业务的一体化和服务渠道的综合化。要充分利用香港业务平台的资源、区位、信息和多牌照的优势，着力打造投资银行、资产管理、理财和经纪业务等几大运营中心，支持全球业务发展，香港机构要充分利用外汇环境宽松等有利条件，为全行境外机构提供金融产品支持；其他境外机构以市场拓展为主，与香港平台紧密配合，共同形成立足香港、辐射全球、利益共享、优势互补、风险集控、资源集中的全球业务体系，要在实施中注意抓好三个重点。

一是以网上银行为突破，迅速将网银平台推向境外，实现境外服务模式的根本转变。同时以银行卡配套网银发展，构建境外“实体（网点）＋在线（网银）＋离线（银行卡）”的全方位渠道平台，着力推动境外零售业务尤其是华人零售业务的发展。加快实现境内外网银的协同运作和整合服务，使网银成为全球同业领先的一体化服务平台。

二是以投行业务为纽带，带动境外公司业务整合发展。境外机构要充分利用我行强大的资本与客户资源优势，积极发挥投行业务潜力大、增长快、带动性强的特点，将其与公司业务一体化运作、融合互动发展，使融资成为投行服务的重要组成，也使投行成为拉动信贷业务的重要渠道，通过业务协同提高综合收益，迅速提升境外整体竞争力。可以预见，中国企业“走出去”收购机会将越来越多，要抓住这个有利时机。

三是以财富管理为核心，引领私人银行业务跨越式发展。境外机构要大力拓展资产管理、财富管理、经纪业务和私人银行等综合理财业务。要充分依托香港的开放平台，以海外华人客户为目标，充分挖掘客户资源，通过境外网银平台或当地银行平台实现与香港的无缝连通，“以业务为载体、以文化为纽带”，努力将我行打造成为全球最大的华人零售银行。

（三）加快境外信息系统建设。我们已经成功研发了境外FOVA系统，FOVA系统未来覆盖所有境外机构是总行的重大决策，决定了我行国际化战略的成败与否。可以说，没有科技就不可能实现境外转型，没有科技就不可能实现境外现代化，这是境外发展的前提也是课题。继去年我们在澳门分行成功投产FOVA系统一期后，今年7月我们又顺利完成了FOVA系统完整版的开发，FOVA系统全面推广工作已经拉开序幕。

全行要高度统一思想，在推广过程中贯彻“积极稳妥”的指导思想，一方面要采取积极有效措施，提前做好各方面的准备工作，安排足够的人力参与系统推广工作，通过多种途径解决人手紧张等问题。另一方面，要确保不因系统推广影响各项工作的正常开展；要确保2010年前完成对境外机构的全面覆盖，保持境外系统建设与机构建设的同步推进，全力打造“One ICBC”的全球一体化科技平台；要借助系统推广和整合，不断加强业务监控和风险防范能力，加快实现国内外成熟理念和产品的共享，支持在全球范围内提供统一标准的金融服务，使境外信息科技优势成为未来几年境外跨越发展的有力保障。各境外行要高度重视系统推广工作，克服语言、法律监管、操作习惯等困难，总行的政策是早投产、早受益，在系统投产和初期使用中将给予相应支持。

（四）全面提高风险管理能力。这轮风险让我们进一步看到了全球金融体系的脆弱性，众多国际大银行遭受了重创甚至倒闭。随着我行日渐融入全球金融市场，我们不仅面临着国际化扩张风险，而且将在全球范围内直面各种复杂风险，要重视金融安全，坚持风险控制先行，避免重犯欧美银行在这次危机中的错误。要深入研究金融监管与产品的发展趋势，结合境外实践及同业经验，完善我行风险管理机制，确立境外全面风险管理的长期战略。尤其要深入研究跨国并购整合和业务经营中的风险管理思路，以《巴塞尔新资本协议》的实施为基础，尽快将境外各类风险纳入总行集中管理。要尽快建立更加有效地涵盖境外全部业务、产品和经营，覆盖战略风险、信用风险、市场风险、流动性风险和操作风险的全面风险管理体系。

这场金融动荡境外机构同样面临着巨大压力。各行要主动化解风险，确保各项业务持续健康发展。现在危机形势变化很快，各行要时刻保持高度警惕，建立动态高效的风险监测、处置和反应机制；要密切关注市场走向和客户动态，认真评估交易对手风险，及时掌握市场变化，合理制定风险对策；要逐笔排查资产，要对风险较高的资产加强监测、制定预案、择机处置、降低损失；要注意借鉴危机中风险抵御能力强的银行的先进做法，与我行的实际特点相结合，形成对金融风险的独立判断和符合我行实际的防控策略；要尽快摆脱对总行资金的依赖，多渠道筹措资金，缓解流动性压力，确保不出现流动性问题。

（五）科学合理配置国际化资源。尤其要在资金和考核上给予强有力的支持，为国际化发展注入活力。在资金支持上，一是要加大总体投入，未来三年，总行将对境外申设和并购配置相应的资金；二是要加强重点倾斜，将战略性投入与境外财务目标有机结合，对积极完善经营渠道、有效拓宽资金来源、合理调整业务结构、积极发展新兴业务和特色优势业务、转型效果良好的机构，在资金配置上给予倾斜。

在考核保障上，要加强考核的导向性和针对性，积极实施差异化、动态化管理，突出重点、因势利导，加强对新业务、新渠道建设和内外联动等潜力指标的考核，引导境外机构将当前盈利与全行国际化的长远利益有机结合。同时，要将国际化指标分解纳入对总行各部门的考核，形成全行产品线国际化的推进安排，每年选定重点部门，对产品线国际化做重点考核，引导全行有计划、有步骤、有重点地深入推进跨国经营。

（六）全力打造国际化人才队伍。未来几年是我行国际化的快速发展期，国际化人才的培育、储备和遴选机制是决定我行能否利用好当前的战略机遇、实现跨越式发展的主要制约因素之一。要以更广阔的视野和更宽广的胸怀建设国际化人才队伍，要认真研究国际化快速发展的新需求，不断完善人才的选拔和管理机制，充分利用好全行国际化人才资源，并在全球范围内遴选兼具国际视野和本土经验的中高级管理人才。在当前国际大银行纷纷裁员之际，可考虑适当招聘、培养一些优秀人才，逐步实现人才和管理的国际化、多元化；对于境外吸纳的人才，要给予发展空间，做到人尽其才；可考虑将境内分行高管选拔机制推广到境外，全面提升境外人力资源管理水平。要逐步建立梯次分明的人才库，适应境外业务线拓展、跨境并购和整合等不同需求，为国际化的持续发展储备人才、积累后劲。抓紧完成境外人力资源提升项目，完善境外人员激励约束机制，逐步提高境外机构薪酬体系的市场竞争力和对高水平人才的吸引力，实现以人为本、人才兴行。

（七）持续增强境外盈利能力。国际化发展是全行长期盈利增长的重要推动力，又是拓宽未来发展空间和利润来源的重要路径，是全行在更长时期内盈利持续高成长的基础保证。目前我行境外业务占比仅为3%左右，我们希望境外业务占比未来能达到10%，这是非常艰巨的长期任务。应该看到，境外机构虽然已经积累了一定规模和基础，但在盈利能力方面与国际领先银行仍有较大差距。现有机构要深刻领会境外转型发展的相关要求，转变经营模式和增长方式，以多渠道、全方位、现代化的金融服务参与竞争，切实提高综合实力和盈利能力；新增机构要在积极稳妥开局后尽快实现盈利，并购项目在整合后要有一个大的发展。

同志们！过去三年，全行上下解放思想、拼搏进取，在国际化征程上取得了显著的成绩。未来三年，我们应坚持面向未来，坚持科学发展，把握好难得的历史机遇，积极稳妥地落实好国际化战略，为把我行打造成为国际一流的现代金融企业而努力奋斗！

在中国工商银行第四代应用系统建设启动工作会议上的讲话

姜建清

（2008年10月31日·根据录音整理）

今天我们召开在工商银行历史上非常重要的一次会议，宣布正式启动我行第四代应用系统建设工作。刚才信息科技部介绍了第四代应用系统的规划内容，总行各位行领导和一些部门负责人也提出了一些很好的意见和建议。下面，我就第四代应用系统建设中的有关工作，再讲几点意见。

一、回顾我行应用系统的发展过程

多年来，我行始终坚持自主研发的原则，在几代科技和业务人员的共同努力下，先后推出了三代核心应用系统，建成了全行各项业务发展的基础平台，成为我行非常显著的核心竞争力，奠定了我行信息科技在国内同业的领先地位，为我行各项业务保持又好又快的发展作出了突出贡献，得到了业界和监管部门的广泛认同。

1996年我行开始研发第二代应用系统——综合业务系统（CB2000），并于2002年全面推广，实现了柜员综合业务处理、统一账务核算、资金实时汇划清算以及7×24小时的业务服务，在我行从专业银行向商业银行转变的进程中具有划时代的意义。

在完成全行数据集中后，结合我行发展的新形势、新要求，在CB2000系统的基础上，通过持续的优化和升级，形成了集业务操作、经营管理、分析决策于一体的全功能银行系统（NOVA），并先后在电子银行、本外币理财、现金管理、风险管理、经营统计分析等领域的信息系统建设上不断取得突破，形成了一批具有竞争力的优势产品，有力促进了全行业务的快速发展和经营管理能力的跃升。

近年来，我们在总结NOVA系统的优势及存在不足的同时，已经着手考虑建设第四代应用系统，并在境外业务系统（FOVA）建设过程中开始了一些实践探索。

二、建设第四代应用系统的必要性

当前世界金融体系正处在重组、变革之中，我行的经营发展既面临严峻的挑战，也面临着难得的历史机遇，这种金融形势的新变化、银行业竞争格局的新动向，对我行今后的发展提出了新要求。同时，近年来，国内其他银行借鉴我行经验，先后完成了数据集中，建立了统一的核心业务处理系统，各家商业银行的技术平台日益趋同。在同业快速追赶的压力下，我行需要加快技术创新，继续保持科技领先优势，为业务提供更好更优的服务。目前我行的技术优势，在国内同业的赶超下已经有所缩小，如果我们不及时启动第四代应用系统建设，我们现有的技术优势有可能在未来几年被他行赶上。

未来三年，我行要成为全球最盈利、最优秀和最受尊重的银行，建设国际一流的国际金融机构，必须持续提升我行的核心竞争力，不断巩固国内市场领导者地位；必须加快产品创新步伐，提升客户服务水平，全方位满足客户的各类金融需求；必须深入实施国际化和综合化的发展战略，积极拓展海外业务市场，推进证券、保险等新业务的发展；必须加快转变经营模式和增长方式，进一步提升风险管理水平，有效应对复杂多变的金融环境和市场环境；必须持续优化业务流程，推动流程银行建设，不断提高我行的经营管理水平；等等。所有这些规划目标的实现，都离不开信息科技的支持。因此，作为我行核心竞争力的重要内容，我们必须以科学发展的眼光规划好未来的信息化建设蓝图，根据我行今后三年的发展规划，前瞻性地建设适应我行未来发展战略要求的第四代应用系统。

三、第四代应用系统建设的目标和要求

未来三年，全行要在股改后第二个三年发展规划的指引下，深入实施科技引领战略，大力开展信息科技提升工程。在目前信息科技水平已经处于国内领先地位的基础上，第四代应用系统建设要着眼于我行建设国际一流现代金融企业的愿景，立足于达到国际同业先进水平，将信息科技打造成为我行不可复制的核心竞争力。

对第四代应用系统建设，我提以下几点要求。

一要加强工程建设领导。全行上下要高度重视第四代应用系统建设，要将其作为全行的大事来抓，总行已经成立了工程领导小组，并明确了各业务条线的牵头部门；各相关部门要积极参与，总行将在人员、资金等方面全力支持，共同推动系统建设各项工作的顺利开展。

二是业务部门与科技部门要密切配合。在系统建设过程中，业务需求要先行，业务需求整合是重点，要做到细致、全面，有前瞻性。总行各业务部门要加强需求管理，产品创新管理部和各业务牵头部门要切实承担起职责，严把需求质量关，加强需求的整合。同时，各业务部门要形成专业队伍，组织各专业条线集中开展调查研究，为第四代应用系统建设提供业务发展规划方面的指导。科技部门要在前期已经广泛征求业务部门和分行意见的基础上，安排专门的技术力量，与业务部门一起，集中精力做好第四代应用系统的设计和研发工作，不断完善和丰富系统功能。

三要通过建设第四代应用系统，进一步提高我行信息系统的灵活性，提高系统模块化、构件化水平，能够快速组合出各种产品，实现对业务产品创新、流程再造的灵活支持和快速响应。同时，要提高系统界面的友好性，方便我行客户、员工使用。

四要结合第四代应用系统建设，进一步整合客户、产品、机构等关键信息，实现全行信息的统一和共享。通过建立统一的平台、数据、模型，实现全行统一的客户关系管理、统一的绩效考核管理、统一的财务管理和全面风险管理，从而实现我行的“第二次数据集中”，即全行管理信息的集中和统一。可以说，真正实现以客户为中心，是第四代应用系统最鲜明的特点。

五要与FOVA系统推广同步推进。在设计和开发过程中，要充分吸取FOVA系统建设和推广的成功经验，使第四代应用系统适应我行国际化发展的需要。

六要做到两个重视。既要重视各类业务发展需求，紧紧围绕以客户为中心，通过第四代应用系统建设进一步推动业务发展，实现业务创新和技术优化的同步提升；又要重视信息系统的安全稳定，确保各项业务的连续性运行，为我行改革发展提供一个更加安全、稳定、高效的技术环境。

在中国工商银行首届营业经理业务技能大赛总决赛优秀选手现场展示暨颁奖典礼上的讲话

姜建清

（2008年11月21日·根据录音整理）

中国工商银行首届营业经理业务技能竞赛，经过近500场的层层比拼和交流，历时三个月，胜利落下帷幕。

今天，我们组织这场汇报展示，并通过视频向全行同步播出，表明总行对这次全行范围的营业经理业务技能竞赛活动的关注和支持，对进一步提升我行营业网点服务效率和风险管控水平的重视和期待。这次进京汇报表演的20名选手，是营业经理队伍中的优秀代表。在这里，向所有获奖选手和单位表示祝贺，向参加今天汇报表演的同志表示感谢。你们的汇报表演，充分展示了营业经理的聪明才智和工作热情，展示了营业经理丰富的专业知识和娴熟的业务技能，展示了营业经理积极向上、爱岗敬业和训练有素的职业素养。

回顾工商银行成立以来走过的辉煌历程，我们在改革中诞生，在开放中成长，与时代同行，完成了从国家专业银行到国有独资商业银行、再到国际公众持股公司的历史性跨越，取得了令人瞩目的发展成就，谱写了中国乃至世界金融发展史上一曲光辉的篇章。25年来取得的一系列辉煌成绩，我想原因是多方面的，但有一点是毋庸置疑的，就是凝聚了全行员工的汗水，凝聚了全行17万名运行管理员工的心血，也凝聚了全行3万多名营业经理的辛劳。借此机会向长期以来一直兢兢业业工作在一线的近3万名营业经理、17万名业务运行人员和30多万名基层员工表示感谢和敬意。

这次汇报表演有很多场景给我留下了深刻的印象。一是营业经理帮助企业识别银行票据，避免了银行和企业可能遭受的风险，展示了营业经理把握业务运行风险的水平，也充分说明加强一线事中控制和管理风险的必要性。二是营业经理妥善处理柜台争执，他们用富有艺术性的语言很好地说服了客户，体现了营业经理在正确处理业务营销和风险管理二者关系当中扮演了一个非常重要的角色。正是通过你们实际工作的传导，实践了经营和管理的统一，体现了工商银行稳健经营的风险管理文化理念，维护了工商银行依法合规经营的社会形象。三是在业务处理过程当中营业经理主动发现高端客户，并通过我们的营销网络充分挖掘客户的潜在价值，体现了业务运行对市场营销的支撑作用。这些场景是临柜业务的真实缩影，这些情景演示诠释的内涵，完全符合我行建设流程银行的发展方向，也符合我行网点转型、提高核心竞争力的战略方针。我们安排这次汇报表演并在全行进行实况转播，目的就是希望这样的情景演示能对全行起到一个很好的示范和带动效应。

虽然展示时间只有短短的一个半小时，但是我们看到，营业经理这个岗位不简单，他们身上的担子不轻，责任不小，各项规章制度对他们的要求不低。他们负责把握业务处理中的风险控制环节，解决网点业务运行中遇到的各种问题，维系网点正常的运行秩序，维护柜面客户的服务关系，他们是网点的内当家，是柜员的好教练。我想，他们的劳动决定着工商银行营业网点业务运行的安全，影响着工商银行对外窗口的服务效率、服务能力和服务形象，决定和影响着社会公众对工商银行的满意程度。

营业经理制度是我行加强业务风险管理、完善内部控制机制建设、提升操作风险管理水平的一项重要的制度安排。2005年，总行在业务经营任务非常繁重的情况下，作出了全面实施营业经理制度的重要决策，体现了总行对加强一线操作风险管理，建设经营稳健的国际一流现代商业银行的决心。三年来，全行广大营业经理不辱使命，作为营业网点独立的事中风险管理人员，履行专职授权职责，充分发挥了现场监督作用，与网点负责人形成了一道严密的风险防线，切实保障了全行业务的安全稳健运行；作为网点业务辅导员，通过现场辅导，及时解决了业务运行过程中出现的种种疑难问题，柜员的业务素质与技能也得到了明显加强，核算质量得到有效提升，服务质量明显提高，有力地促进了营业网点转型和核心竞争力提升。营业经理制度的实行收到了预期的效果，近年来全行操作风险管理水平的日益提高，就是有力证明。

总行之所以专门举办全行性的营业经理业务技能竞赛，就是为了使全行对他们的工作内容、工作职责多一些了解，对加强营业经理队伍建设工作多一份理解。我们应该看到，工商银行要真正提高网点服务水平、真正提升风险防控能力、真正提高业务运行效率，离不开这支处在网点一线的营业经理队伍。通过这次大赛，我们高兴地看到，全行上下对营业经理队伍建设重要性的认识明显加强。全行要以此为契机，进一步研究加强营业经理队伍建设问题，提高营业经理队伍的综合素质，更好地发挥营业经理队伍的作用。目前，我行股改后的第一个三年发展规划目标已经全面实现，工商银行站在了一个新的历史起点和发展阶段，全行面临建设全球最盈利、最优秀和最受尊敬的国际一流金融企业的新的任务要求。营业经理只有不断地加强学习，掌握新的产品，新的业务以及各项规章制度，熟悉系统功能的应用，强化执行能力，才能适应工商银行改革发展的新要求，希望你们发扬成绩，尽心尽责，不断提高自身各项素质，有效发挥职能作用，在营业经理这个重要的岗位上为工商银行的发展作出自己的贡献。

运行管理作为我行各项业务的基础平台，是全行业务流程的设计者和管理者，在银行产品同质化和战略发展趋同的背景下，银行核心竞争力在某种程度上是运行管理能力的竞争。同时，运行管理在操作风险管理中承担着过程控制的关键职责，在完善公司治理、推进业务发展和创新中发挥着基础性支撑作用。因此，运行管理在提高效率、推进经营转型和提高核心竞争力方面能够大有作为。当前，我行在不同层面上的发展存在不平衡性，整体效率不高；业务流程不尽合理，网点作为业务处理的主渠道，其服务和营销职能未能充分发挥，部分二三线人员冗余与前台营销人员不足的现象同时并存。这需要全行通过内涵式的挖掘，解决资源配置方面存在的低效问题，不断提高全行业务发展的质量和效率。改变以网点为基础的分散式业务运营布局，在更高层面上配置全行运行资源，构建集中、高效、简捷、安全的业务运营和风险管理模式，这是优化资源配置、提高效率的根本途径。总行目前正在研究制定未来三年发展规划，其中一项很重要的任务就是推进业务运营集约化改革，以业务分离、客户分层为切入点，构建全行统一的业务集中处理体系，建设全行共享服务中心（SSC），形成“网点全面受理、后台集中处理”的业务运营格局，从而实现业务集约运营、风险集中控制、业务布局优化、网点功能转型，包括以下几个方面的内容。

一是要兼顾效率与安全，推进事权划分机制改革，建立集中式、跨区跨网点的远程授权模式，从根本上改变我行业务授权模式单一的现状，达到提高业务授权效率，控制业务运行风险、优化人力资源配置的目标。此项改革力争明年见到成效。二是要加快以流程导向和风险导向的监督体系改革，从根本上改变目前重凭证要素、轻风险要点的简单重复的传统复审模式，利用数据分析模型提升风险识别的有效性和针对性，实现监督中心向风险管理中心、质量控制中心的战略转型，并着力优化作业监督方式、整合运行监管资源。要加快推进现金业务的集约化和标准化建设，在全行实施规范、统一的现金业务建设标准、管理标准、服务标准，构建符合现代化管理要求的现金业务运行平台。三是要进一步深化参数规范化管理改革，建立起管理全面、标准清晰、控制有力的账务动态管理体系，实现总行对账务开立、使用、撤销整个核算过程的刚性控制。

营业经理制度也要与时俱进，与改革同步，以不断提高事中控制的水平。这些以提高运行效率和强化运行安全为目标的强基固本改革，将在很大程度上改变现行的业务运行流程和风险管理方式。我希望运行管理的同志们认真做好这些改革的规划设计和组织推动，我也希望全行上下倾力支持这些事关全行经营模式和增长方式转变的基础性改革。

同志们，工商银行已经发生了历史性的变化，取得了令人瞩目的成绩，但是我们不能、也不应该仅满足于这一切，要更加奋发有为，进一步加快发展我们的各项业务，进一步增强我们的盈利能力和风险管控水平，提高工商银行核心竞争力。让我们携起手来，为尽快实现打造世界一流现代商业银行的目标而共同奋斗。

践行科学发展观　提升核心竞争力
加快建设国际一流现代金融企业

——在纪念改革开放30周年暨中国工商银行成立25周年发展战略研讨会上的讲话

姜建清

（2008年12月23日）

值此纪念改革开放30周年和中国工商银行成立25周年之际，在深入学习实践科学发展观活动期间，我们召开这次发展战略研讨会，主要任务就是认真学习贯彻胡锦涛总书记在纪念党的十一届三中全会召开30周年大会上的重要讲话精神，回顾全行25年的改革发展历程，总结股改三年来的改革发展成就，深入分析面临的经营形势，研究规划未来一个时期的发展蓝图，动员全行进一步解放思想，开拓创新，沿着科学发展的道路、朝着建设国际一流现代金融企业的目标奋勇前行。

下面我讲以下几个方面的意见。

一、25年来工商银行改革发展的辉煌历程

改革开放30年来，我国社会主义现代化建设取得了举世瞩目的成就，我国金融业也发生了翻天覆地的变化。作为改革开放辉煌成就的一个缩影，作为我国金融业蓬勃发展的一个代表，工商银行在25年的不平凡发展历程中，经受了各种困难和风险考验，以一往无前的进取精神和波澜壮阔的创新实践，谱写了自强与振兴的华彩篇章，走出了一条具有中国特色、符合工行实际的科学发展道路。

25年最重大的突破是现代金融企业制度的建立。工商银行的发展史就是一部改革史。通过艰苦卓绝的改革，我们完成了从国家专业银行到国有独资商业银行、再到国际公众持股公司的历史性跨越，实现了在国家控股基础上的产权多元化，搭建了由“三会”和高管层组成的现代公司治理架构，形成了适应商业银行经营管理需要的体制机制，整体构建起现代金融企业制度。

25年最显著的成就是全面持续快速的发展。我们确立了中国第一大商业银行的市场地位，无论是总资产和存贷汇等基础业务，还是新兴业务和科技实力，都持续领跑国内同业，并基本确立了以商业银行为主体、跨市场、国际化的经营格局。我们确立了健康和可持续的发展基础，依靠自力更生和国家政策支持，有效解决了经济体制转轨过程中形成的巨额不良资产包袱，积极转变了经营理念和发展方式，成长为一家资产质量优良、资本实力跃居世界前十、全球市值最大和盈利最多的银行。自2003年引入国际审计以来，全行净利润年复合增长率为38%，是全球成长性最好的大型银行之一。

25年最鲜明的标志是工商银行品牌的确立。我们以持续的创新实践和进取精神践行着服务宗旨，成为中国金融服务供给能力强、客户群体广泛、品牌价值和认知度最高的银行，近十年来被国内外知名媒体评为“中国最佳银行”、“新兴市场最佳银行”等众多奖项，国际信用评级也不断调升。在“中国500最具价值品牌”和“亚洲品牌500强”的评选中，我们都在上榜的金融品牌中位列第一。我们坚持履行经济责任与社会责任的有机统一，在支持经济社会发展、保护环境和资源、援助社会公益等方面树立了负责任的大行典范，多次被评为“中国最受尊敬企业”、“具价值企业之社会责任榜样”。

股份制改革三年来，我们在20多年改革发展奠定的基础上，在建设现代金融企业的历史新起点上，以新的实践和创造，续写了改革发展新的辉煌篇章。

这三年，全行盈利能力显著增强。由于这些年资产质量的改善、竞争发展能力的增强，特别是通过大力发展低成本、高效率的电子银行等业务，全行盈利水平大幅提升，2006年、2007年分别实现净利润498亿元和820亿元，成为亚洲最赚钱银行；2008年前三个季度实现净利润930亿元，跃升为全球最盈利银行。资产收益率、股东权益回报率分别从2005年末的0.66%、14.56%增长到2008年（预计）的1.22%、19.4%，分别高出国际十大银行平均水平1.3个和17.8个百分点。

这三年，全行经营转型成效明显。资产结构中，非信贷资产比重提高至55%；信贷结构中，行业结构全面改善，个人贷款、小企业贷款和贸易融资等业务比重不断提高；收入结构中，非存贷利差收入占总收入的比重由2005年末的42%提高到今年第三季度末的56%，其中净手续费及佣金收入占营业净收入的比重由6.4%上升到14.92%；渠道结构中，离柜业务比重由25.9%提高到41%，分层分区服务体系基本形成；客户结构中，个人中高端客户和优质法人客户占比不断攀升，对全行盈利的贡献进一步提高。经营效率显著改善，网均资产由2005年末的4.27亿元增加到目前的7.3亿元；人均资产、人均净利润分别由1 785万元、10.5万元增加到2 467万元、34.1万元，成本收入比保持在合理水平。

这三年，全行综合化、国际化发展迈出较大步伐。我们收购了非洲最大商业银行——南非标准银行20%的股权。控股了澳门最大本土银行诚兴银行。莫斯科、印尼、悉尼、纽约、迪拜、多哈等机构相继开业，全球化经营网络不断扩展，境外利润贡献日益提高。我们发起设立并控股了工银瑞信基金管理公司，独资设立了工银金融租赁有限公司，在港设立了全资投资银行——工银国际融资有限公司，进一步加快了跨市场的经营发展步伐。

这三年，全行服务面貌明显改观。确立了打造中国服务最好金融企业的战略目标，以深入开展“优质服务年”、“奥运服务年”以及“新工行、新服务、新体验”活动为载体，持续改进服务；从网点渠道、业务流程、IT系统、产品创新、服务管理等层面，系统改进服务，使全行的服务能力和市场形象明显提升，并以“零差错、零投诉”的优异成绩经受了奥运金融服务的严格检验。

这三年，全行风险管理持续改进。全面覆盖、独立有效的风险管理和内部控制体系基本形成，以内部评级法为重点的先进风险管理技术的开发应用，使全行风险计量水平走在了国内同业前列，并加速与国际接轨。不良贷款余额和比例持续“双下降”，其中不良贷款率由4.3%降到2.30%，拨备覆盖率由55%提高到128%。

发案率等主要内控指标处于国内国际先进水平。连续两年被评为“公司管治卓越奖”。正是得益于股改后公司治理机制的逐步完善和风险管理的全面加强，使我们经受住了这次旷世金融危机的考验，总体保持了稳健经营和健康发展的良好态势。

工商银行25年的历史性变化，股改三年来在新起点上的进一步提升与发展，是党中央、国务院科学决策和正确领导的结果，是监管部门有效监管和支持帮助的结果，也是全行广大干部员工克难攻坚、奋发图强的结果。在这里，我代表总行党委和董事会向为工商银行事业作出贡献的历任老领导、全行干部员工和离退休老同志表示崇高的敬意和衷心的感谢!

25年的改革发展实践，也是我们不断思考什么是真正的银行、怎样实现科学发展的过程，是一个规律探寻和真理求索的过程。25年的实践启示我们：

——必须坚持把解放思想和深化改革作为突破发展障碍的根本动力。工商银行每一次的历史性跨越与提升，都源自思想观念的解放，源自改革所释放的巨大能量。在观念转变和改革突破中，我们锻造出一个充满生机与活力的新工行。

——必须坚持把转变发展方式作为可持续发展的根本途径。改革发展的不同时期，我们都在艰苦探索可持续的发展道路。特别是经历了经济转轨时期的经营困境后，我们更是把转变发展方式提到了战略高度。股改后实施首个三年规划的核心就是转变发展方式，力求在经营转型中走出一条可持续发展的新路子。

——必须坚持把加快创新作为竞争发展的战略举措。工商银行的成长之路，就是一条创新之路。我们通过持续的理念、机制、产品和技术创新，在快速变化的市场需求和日益激烈的市场竞争面前，占据了主动，赢得了先机。

——必须坚持把加强管理作为实现健康发展的基础工程。我们根据不同时期的经营发展特点和监管要求，不断改进和完善管理体制、制度和技术，形成了规范、透明、严谨、稳健的管理文化。

——必须坚持把加强党的建设和员工队伍建设作为改革发展顺利进行的重要保障。25年来，我们经受住了各种考验、攻克了一系列难关的根本原因在于坚持了党的领导，保证了正确的改革发展方向；在于坚持以人为本，注重调动广大员工的积极性和创造性。股改以来，我们把发挥党组织的政治核心作用与健全现代公司治理制度相结合，把党管干部、党管人才与市场化配置人才相结合，使党建和队伍建设成为现代金融企业建设的重要推动力量。

这些经验和启示是全行改革发展实践的结晶，是我们宝贵的精神财富。我们要在新的实践中坚持运用，并不断丰富和完善，以更大的信心和热情去开创现代金融企业建设的新局面。

二、面临的形势与未来三年的奋斗目标

从明年起，我们将实施股改后的第二个三年发展规划。与首个三年发展规划实施处于国际国内经济上升周期不同，新一轮发展规划是在国际金融危机蔓延和全球经济衰退、我国经济下行风险加大的情况下启动的，也是在我国宏观经济政策作出重大调整和金融创新发展呈现新的阶段性特征的背景下开始的，挑战前所未有，机遇也空前巨大。实现未来三年的健康快速发展，必须对经营环境的深刻变化有个全面和正确的认识。

中央经济工作会议指出，明年很可能是我国进入新世纪以来经济发展面临困难最大、挑战最严峻的一年。与此相对应的是，明年也很可能是我行股改以来面临困难最大、挑战最严峻的一年。明年乃至更长一个时期全行将面临三大考验。

第一，面临风险防控的考验。从这场国际金融危机影响的演变趋势看，危机第一阶段的影响主要集中在金融领域，对我国金融机构的危害主要体现在外币债券投资的损失方面。我行持有与危机相关的外币债券虽占比较低，且较早采取了减持等一系列风险防控措施，直接损失不大，但金融危机仍在发展蔓延，我行境外债券投资仍面临进一步贬值的可能，外汇资金运作面临信用风险、流动性风险和交易对手风险的多重考验。危机第二阶段的影响则从金融领域向实体经济领域传导蔓延，国际金融危机转变为全球性的经济危机，经济危机反过来又会影响到金融领域，最终体现在银行信贷资产质量的劣变或恶化上。目前，国际金融危机对我国实体经济的影响正从沿海向内地、从中小企业到大企业、从劳动密集型和出口导向型企业向其他企业扩散，外部需求明显减弱，产能过剩问题凸显，企业经营困难加重，经济增速下滑的风险明显增加，加之我国处在周期性结构调整时期，短期问题与长期矛盾交织在一起，经济形势异常复杂、异常严峻，银行信贷潜在风险日益加大，我行近十年来形成的良好信贷资产质量正经受一次经济周期波动的大考验，也对全行的盈利成长构成较大压力。与此同时，扩大内需促进增长政策的实施，对信贷投放总量、进度和领域提出了新的要求，这也是对我们的政策水平和风险管理能力的重要考验。未来一两年是我行风险防控的一个重要关口。

第二，面临金融脱媒和利率市场化的考验。中央经济工作会议和国务院《关于当前金融促进经济发展的若干意见》都对加快建设多层次资本市场体系和推进利率市场化改革作出了重要部署。可以预见，未来一个时期我国股票、债券和基金等直接融资市场必将获得全面和更大发展，银行不可避免地会进一步面临存贷款业务分流的趋势。同时，金融脱媒也会加速利率市场化进程，带来银行净息差的收窄。这必将给我国银行业传统经营模式下的盈利成长带来更大的挑战。随之而来的利

率风险也将渗透到资产负债各项业务领域，并逐渐成为银行业一项主要的经营风险。

第三，面临市场竞争的考验。从国内情况看，几家大银行的综合实力竞争越来越激烈，且各有所长、各具优势，一些中小股份制银行在业务线上的竞争正在对各大银行构成越来越大的冲击，我行一些分支机构的竞争实力下降或部分业务被竞争对手赶超。国家扩内需促增长政策和适度宽松货币政策实施以来，各家银行纷纷加大了营销和创新的力度，一些银行市场扩张加快，金融竞争形势正在发生新的变化。从国际情况看，这场金融危机虽然使一些国际金融巨鳄遭受重创，但发达国家银行核心竞争力领先的格局并没有改变。在国际金融市场的大分化、大调整中，一些国际大银行通过并购，规模更加庞大，业务范围更加广泛，随着其度过危机及完成整合，必将成长为更具竞争力的世界级金融航母，成为我们未来国际化竞争的强大对手。未来几年是我们在新的金融市场竞争格局中全面巩固和扩大优势地位的关键阶段。

我们在充分估计经营环境复杂性和严峻性的同时，也要看到我国仍处于重要战略机遇期，党中央、国务院实施的一系列重大政策措施，正在对经济保持平稳较快发展产生积极影响。我们要善于在逆境中发现和培育有利因素，积极把握挑战中蕴含、危机下潜在的重大发展机遇。

一是国家扩内需促增长政策实施带来巨大的市场机会。这次扩大内需促进增长各项政策的实施，创造了大量新的金融需求。特别是国家一大批重大工程的建设、产业结构升级项目的实施，为银行信贷发展和信贷结构调整创造了巨大的市场空间、提供了新的政策条件。国家改善民生、扩大消费政策的实施，城乡居民收入水平的提高，为银行个人金融和理财业务发展创造了新的市场。国家鼓励出口、支持企业“走出去”和国内过剩产能向境外转移等各项政策措施的实施，为我行国际化发展提供了新的机遇。

二是适度宽松货币政策和发展资本市场政策的实施为金融创新创造了良好环境。为适应宏观调控政策的重大调整，国家有关部门正在加紧清理从紧环境下形成的相关金融政策和法规，鼓励银行创新金融工具，增加金融产品供给，增强金融服务能力；并购重组贷款、房地产信托投资基金、股权投资基金等一批新的融资方式开始逐步推出；外汇管理政策更加灵活，香港人民币业务发展将要加快；金融机构对不良资产处置自主权的进一步扩大和灵活性增强；等等。这些都为银行拓展新兴市场、调整经营结构，提供了政策条件，创造了市场空间。同时，直接融资市场快速发展在给银行带来挑战的同时，也会带来新的商机。比如，创业板的推出，期货市场品种的扩充，债券发行规模的扩大，都蕴涵着同业存款、资金清算、承销发行、投资银行等众多业务机会。关键是要善于发现市场，把握机遇。

三是国际金融市场大分化、大调整为我们国际化发展提供了难得机遇。在全球金融危机肆虐的环境下，我国保持了金融体系的稳健，我国金融的国际地位和影响力显著提升，在国际金融新秩序构建中的话语权增强，这无论对我们扩展全球业务网络，还是推进境外机构本土化经营，都具有极其重要的意义。与此同时，受金融危机影响，一些国家市场准入放宽，不少国际金融机构收缩或减缓市场扩张，这也是我们扩展国际市场的难得机遇。

复杂多变的经营环境，对于连续多年高增长的中国银行业来说是一个巨大的挑战，对于每家银行都是一场“大考”，只有经受住这场特大金融危机和宏观经济周期波动的考验，才可能真正成为一家好银行。工商银行能否顺利通过这场“大考”，并且抓住机遇、逆势而上、脱颖而出，关键在于我们能否加快转型，转变发展方式；能否进一步解决好自身存在的深层次矛盾，发挥好拥有的比较优势。应当看到，这些年来风险管理的加强、经营转型的推进、现代公司治理制度的建立，为我们赢得这场“大考”奠定了基础，但是经营管理中依然存在的深层次问题，也会在当前急剧变化的经营环境下表现得更为突出。一是有些领导干部科学发展观树立得还不够牢固。特别是在处理市场与风险、投入与产出、企业效益与员工价值等一系列重大关系上还难以做到正确把握、统筹平衡。二是体制机制改革还不够到位。以行政管理为主的机构管理模式和以产品为中心的流程设置模式还没有彻底改变，管理成本较高、服务效率较低、资源配置效益较差、部分机构竞争力较弱的问题尚未得到根本解决。三是全面风险管理体系还不够完善。市场风险管理体制还不够健全、技术存在差距；信用风险管理机制还需经受经济周期的检验；操作风险、声誉风险管理也需要适应日益复杂的外部环境而不断加以完善。四是经营转型还不够深入。资产业务的资本消耗较大的问题，利润来源对批发业务、传统业务、利差收入依赖过高的问题，经营布局、资源投入与区域经济、城市形态的现状、潜力和产出不相适应的问题依然较为突出。经营结构不合理、经营效率不高仍然是制约可持续发展的主要矛盾。五是人力资源开发还不够充分。全行员工总量偏多、分布不合理，部分城市行人力资源紧张等结构性矛盾依然突出，同时，员工平均年龄上升，高端人才紧缺，销售人员占比偏低。绩效考评还较为粗放，员工收入与贡献挂钩不够紧密，员工的积极性还没有充分调动起来。这“五个不够”是制约全行可持续发展的深层次问题，也是实现新的突破与提升的潜力所在。最大的挑战在于我们自己！

面对经营环境的深刻变化，面对前进中的矛盾和困难，我们要进一步解放思想，以全球的视野和创新的思维来谋划推动全行未来一个时期的发展。总的要求是，以党的十七大和中央经济工作会议精神为指导，积极践行科学发展观，认真贯彻适度宽松的货币政策和金融监管要求，努力通过提升核心竞争力扩大市场领先优势，通过推进经营转型增强可持续发展能力，通过加强全面风险管理保持资产质量稳定，通过完善公司治理、加快改革创新增强发展活力和动力，朝着建设全球最盈利、最优秀、最受尊重的国际一流现代金融企业目标迈出更大的步伐。

未来三年全行经营发展的主要目标为：三年净利润年均增长20%以上，资产收益率（ROA）和股东权益回报率（ROE）年均分别达到1.43%和21.23%；经营效率全面改善，人均和网均拨备前利润分别达到56万元和1 360万元左右，员工平均业绩贡献及收入在可比银行中具有竞争力；主要业务市场份额确保第一，并力争拉开与追赶者的差距；成本收入比控制在38%以内；资本充足率保持在11%－12%；不良贷款率控制在2%左右。

上述目标是在全面分析未来三年外部环境变化、统筹考虑全行经营管理基础上确定的，是一个积极进取的目标。完成这一目标，我们将进一步确立国内领先和国际竞争优势明显的优秀大银行地位，实现新的历史性跨越。全行上下要增强必胜信心，转变思想观念，按照未来发展的总体目标要求，研究新举措，创造新优势，开创新局面。

三、全面提升竞争发展能力

应对国际金融危机和国内经济下行中各种风险考验、实现可持续发展，关键在于提升竞争发展能力。全行要以强化战略业务和核心市场竞争为突破，全方位推进各项业务、各重点区域市场的大开发，全面提升国内国际市场竞争力。

（一）全面提升各项业务的竞争发展能力。要以巩固存、贷、汇等基础业务的市场地位来带动新兴业务的全面开发和跨越式发展，以新兴业务的大发展大提升来稳固基础业务的领先优势，进一步在各主要业务领域确立中国第一大行地位。

要巩固和扩大存贷款基础业务领先优势。存贷款业务是我行最基础的核心业务，今后较长一个时期仍将是全行盈利的最重要支撑。全行一定要从全局与战略高度认识存款业务在转型发展中的重要地位，正确处理好市场与效益、规模与成本的关系，不断完善存款定价策略与定价机制，在稳定扩大存款规模优势的同时把控好存款业务的成本。要深入研究新形势下社会资金的运动规律，加强客户资金流量流向的监测管理，切实从源头上抓住各类资金特别是低成本资金，抓好贷款派生存款、理财转化存款以及储蓄、对公、同业存款在我行体内的循环流转，未来三年要确保各项存款年均增速达到13%以上，各分行都要努力巩固或夺回存款余额和增量占比“双第一”的市场地位。

要努力保持信贷业务稳健与可持续发展。经济好才会金融好。信贷好，全行盈利成长才有保证。全行要认真贯彻落实党中央、国务院关于扩大内需、促进经济增长的政策措施，积极执行适度宽松的货币政策，抓住机遇，主动开拓优质市场，要根据宏观形势的变化合理把握信贷投放总量，未来三年保持年均10%左右的信贷增长。坚持区别对待、有保有压原则，重点加强对国家重大项目建设、节能减排、科技创新、技术改造、民生工程、灾后重建的信贷支持；积极创新信贷产品与服务，支持产业、行业的龙头骨干企业，支持中小企业升级发展，支持扩大消费，支持出口和国内过剩产能向境外转移，支持城乡一体化建设和涉农骨干企业发展，确保在这轮扩大内需中发展一批优质市场、优质企业，确保在这轮重大基础设施建设中夺得一批优质项目。

要巩固和扩大个人金融业务领先优势。实施服务精细化和协同营销工程，建立起较为完善的客户分层服务体系和以客户为中心的经营运作体系，提升个人金融业务的竞争发展能力，牢固确立中国第一零售银行的市场地位。紧紧依托个人金融业务的整体开发，增强储蓄业务的竞争力，保持储蓄存款占全部金融机构18%以上的市场份额。健全以住房按揭为核心的家庭融资服务体系，积极创新消费信贷产品与服务，推进个人贷款以年均15%以上的速度增长，到2011年在四大行中的占比超过30%。适应资本市场和货币市场走势，及时调整个人理财业务发展策略，开拓代发工资和代理基金、保险等个人代理业务市场，实现个人中间业务大发展。

要巩固和扩大信用卡业务领先优势。坚持走“规模化、精品化、专业化、国际化”的发展之路，在上一个三年奠定中国最大信用卡发卡银行地位的基础上，进一步从规模、质量、效益、服务、品牌等全方位入手，推动信用卡业务的大升级大发展，力争到2011年实现发卡量突破7 000万张，客户数超过5 000万户，年消费额突破5 000亿元，透支规模达到600亿元。改进客户营销策略，实现客户定位从“高收入”型向“好信用”型的转变，加大行内中高端客户的渗透力度，创建业内最佳的信用卡电话服务中心，形成领先同业的用卡环境。改善运行质态，进一步提升信用卡启用率、动卡率和效益贡献度。适时启动海外信用卡中心的筹建工作，推动信用卡业务的全球发展。

要巩固和扩大私人银行业务领先优势。国内私人银行业务市场正处在大发展初期，市场竞争格局尚未形成，我们要充分依托工商银行大个金业务平台，在已经建立4个私人银行分部的基础上进一步扩展专业化服务网络，争取用三年左右的时间形成布局合理、功能强大、与零售银行紧密配合、互相支持，与各相关业务有机对接的私人银行服务体系。要加强行内联动、扩大行外联盟，构建以客户需求为导向、开放式的私人银行产品平台，打造品种丰富、附加值高的高净值客户专享产品库，确立我行私人银行业务的核心竞争力，成为本土最佳私人银行。

要巩固和扩大资产管理业务领先优势。进一步规范和加快发展本外币理财业务，构建与目标客户需求相契合、分层次的理财产品体系，探索开发股票连结型、信托连结型、票据连结型、Pre－IPO和产业基金投资类理财产品，扩大理财业务领域，使理财业务成为我行介入多层次直接融资市场的“大通道”、传统业务的“蓄水池”、各项存款的“转化器”和中间业务收入增长的“动力源”。加紧建立财富管理业务的商业模式，构建高效的运营管理流程，配备专业的客户经理与专家支持团队，努力使我行成为高端客户财富管理的主要服务银行。建立完备的养老金管理产品体系，紧紧依托全牌照优势和全行综合销售平台，促进受托管理、账户管理、托管、投资管理四项业务整体协调发展，把先发优势延展为持久竞争优势。积极推进托管业务由基本服务向增值服务转变，由本地托管向全球托管转变，全面拓展资产托管业务市场，努力实现从“中国最佳”到国际一流资产托管银行的跃升。

要巩固和扩大结算与现金管理业务领先优势。完善分层次营销服务体系，巩固基础结算市场，做大高端结算业务市场，拓展代客综合支付结算、“银行服务供应商”等新型结算领域，2011年结算业务量达到900万亿元。加快发展本外币一体化全球现金管理业务，将现金管理服务领域扩展至企业整个供应链，开发涵盖现金和票据的广义资金池产品。突出企业财资管理专家式服务，增强为目标客户提供综合理财、风险管理以及电子商务等综合化金融解决方案的能力，成为中高端客户首选的结算与现金管理主办银行。

要巩固和扩大投资银行业务领先优势。进一步完善牌照类和非牌照类投行业务“全面突破、一体化发展”的战略布局，使投行业务成为全行经营转型的重要支柱。建立公司业务与投行业务双客户经理营销服务模式，形成国内领先的投行业务团队。抓住政策和市场机遇，以“融资加顾问”模式拓展各类并购重组业务，创新发展直接投资及股权私募顾问、产业投资基金等新型投行业务。适应直接融资业务快速发展的趋势，抢占债券承销业务先机，继续做好短期融资券和中期票据等业务承销工作，积极参与企业债、公司债以及地方债、市政债等债券业务，尽快形成我行较为完整的债券承销业务产品线，成为直接融资市场的培育者与引领者。充分利用工银国际牌照，以香港市场为重点逐步扩展境外投行市场，适时通过战略收购取得国内A股全面投行业务牌照，完善我行投行业务整体服务功能。

（二）全面提升各区域市场的竞争发展能力。要在总体规划的基础上，适应区域经济发展的新趋势，尽快推出分区域发展规划，进一步明晰各区域发展战略、经营定位和业务重点，形成重点突出、各具特色、竞争优势明显的区域发展格局。

要推进各区域机构的协调发展。长三角、粤闽和环渤海地区分行作为全行的三大利润中心，要全面提升、率先发展，使三大区域成为工商银行最具竞争优势的区域，成为转型发展的领跑者。长三角地区分行要抓住国家推动长三角地区一体化发展的战略机遇，尽快建立完善区域合作与利益协调机制，拓展区域金融联动的广度和深度，在积极支持结构大调整、产业大升级中全方位开拓市场，全面做大做强。粤闽地区分行要以服务粤深港澳地区一体化发展和服务海峡西岸经济发展为重点，建立区域合作发展平台和内外联动市场拓展机制，提升各项业务的发展水平。环渤海地区分行要抓住环渤海地区加速成为我国经济第三增长极的有利条件，深入挖掘资产业务发展空间，实现传统业务和新兴业务并举发展。京沪两行还要充分依托总部经济集中、各类要素市场会聚、产业结构升级转型、现代服务业蓬勃兴起的独特优势，积极拓展新兴产业、新型业务市场。

中部地区分行未来一个时期面临巨大的发展机遇和发展空间，要依托大中城市群带，积极跟进国家新一轮重大投资，抓住能源原材料基地、现代装备和高技术产业基地、综合交通枢纽建设和东部产业转移项目建设中带来的商机，着力做强做优资产业务，带动其他各项业务跨越式发展，力争三年在当地市场重夺第一、全面崛起。西部地区分行要抓住西部大通道重点项目、国家重要能源开发和接续基地、重要能源化工产品加工基地建设中的重大项目，突出特色，梯度发展。东北地区分行要抓住东北振兴机遇，全面提升经营管理水平，努力在新型装备制造业、新型原材料和能源保障基地、重要的技术研发与创新基地建设中争得较大优质市场份额，带动各项业务健康发展。中部和西南地区分行要成为全行盈利成长的第二梯队；西北、东北地区分行要夯实基础、集聚能量，争取下一个三年成为全行重要的利润增长极。

要全面确立大中城市行的核心竞争优势。大中城市行特别是100家重点城市行三年内要全面夺回或进一步扩大各项主要业务占比和综合盈利能力市场第一的地位。要加紧深化一级分行营业部管理体制改革，扩大经营授权，倾斜资源配置，进一步形成契合不同类别营业部实际的管理新体制新机制，激发其经营活力和辐射带动能力，支持和促使其以高于当地经济增长、高于当地金融同业增长、高于全行系统平均增长的速度发展。

要加快提升发达县域机构的市场竞争力。抓住我国城乡一体化建设快速推进的重大机遇，率先在经济发达县特别是“百强县”实施“新县行变革计划”，改造重点县支行营业网点，加快现代设施配备，改善服务功能和环境，适度加大资源投入，加强班子队伍建设，打造一批各项业务在当地全面领先、年创利超亿元的大县行，打造几个年创利超10亿元的小型巨人。试点在农村经济发达地区设立控股村镇银行。

（三）全面提升国际化综合化发展能力。要在全球金融格局大调整和我国金融深化日益加快的大背景下，积极谋划和稳步推进我行的国际化综合化发展布局，力争未来三年形成较为完善的国际化、全功能的金融集团发展格局。

要加快国际化银行建设。追随客户需求，深化内外联动，持续推进境外机构网络建设和本土化发展。坚持新兴市场与成熟市场、战略并购与自主申设、物理渠道和虚拟渠道并举，进一步扩展境外机构网络，形成层次分明、布局合理、渠道多样、运营高效的国际化经营平台。加强代理行建设，使其成为我行国际化网络的重要延伸和补充。加快完成FOVA系统推广，实现境外机构业务处理系统的统一，并将财富管理、银行卡、投资银行和资产管理等境内应用产品和电子银行服务延伸至境外，增强境外机构的综合服务能力。要抓住我行国际地位提升，而一些国际金融机构深陷困境或进行重大调整的时机，加快境外机构区域整合、产品整合和业务转型，增强境外机构自我发展能力和风险管理能力，积极竞争目标客户，推进本土化发展。力争三年内我行在港澳地区发展明显缩小与领先者的差距，在其他国家和地区的整体经营发展水平逐步超越其他中资银行，成为亚洲具有较强竞争力的区域性银行，从而显著提升从国际市场获取盈利的能力，力争2011年境外机构净利润占全行盈利的比重达到6%，迈出国际性银行发展的重要一步。

认真贯彻全行办国际业务的方针，紧紧依托全行渠道优势、人民币业务优势和客户资源优势，抓住新的政策机遇和市场需求，创新产品与服务，加强外汇业务市场营销，推动国际结算与贸易融资业务大发展，带动其他国际业务大开发。到2011年末，全行国际结算业务市场占比力争达到30%，有一批分行市场份额跃居同业首位，其余分行也要明显缩小与领先银行的差距。

要稳步推进全功能银行建设。要以工银瑞信基金管理公司为平台，扩大共同基金规模，大力拓展非共同基金业务领域，力争使管理基金规模进入国内前三名，并牢固占据银行系基金管理公司第一位置。依托全行客户资源和工银租赁公司专业化经营优势，加强信贷与租赁业务的协调配合，加快构建完备的产品体系和先进的服务体系，提升我行对大型优质项目及产业链融资的整体竞争力，争取到2011年境内租赁资产余额突破750亿元，牢固确立国内金融租赁行业的领先地位。要积极探索进入证券、保险业务市场的途径。进一步整合在港非银行业务经营机构，努力把工银国际建设成为立足香港、辐射境外、与境外其他机构有机连接的全球投行业务运营平台。要抓紧研究建立集团主体业务与子公司业务协同互动发展的管理体制和经营机制。加强对子公司的管理，使子公司发展战略与集团整体战略相协调，使子公司产品线成为集团主体业务竞争发展新的战略要道，使子公司的发展有利于提升集团的综合竞争实力，为集团带来合理的价值回报。要充分利用集团的资金、客户、IT平台、销售渠道和品牌等优势，支持子公司做大做强，实现跨越式发展。要建立科学合理的利益分配机制，加强境内外分支机构与子公司的业务联动，促进共同发展。

四、继续在发展中推进经营转型

我们通过经济上行周期的转型发展，连续六年实现了盈利高增长。面对国际金融危机及经济下行风险的影响，面对金融脱媒和利率市场化的挑战，面对主要竞争对手在效率指标上仍占有较大优势的压力，我们一定要在结构调整、经营转型上迈出更大步伐，进一步以发展方式的转变，推动实现更长时间、更好质量、更高水平的发展。

（一）优化资产负债结构。到2011年末，总资产中信贷资产占比保持在43%左右，债券资产占比提高到38%左右，外汇资产占比力争由3%提高到7%左右；总负债中存款比重保持在90%左右，更多地通过创新的手段，在利率下行周期控制好中长期高成本存款比重，择机发展主动负债业务，控制负债成本。同时，力求使资产负债匹配结构得到全面优化。

坚持“四轮驱动”，加快信贷资产结构调整。一要优化贷款行业结构。实现行业信贷政策对信贷业务领域的全覆盖，完善“绿色信贷”政策，更好地贯彻“有进有退”的方针，力争三年使AA-级以上客户贷款比重达到70%以上，退出潜在风险贷款3 000亿元。二要优化贷款品种结构。大力发展贸易融资业务，全面完成传统流动资金贷款改造，2009年贸易融资占全部流动资金贷款比重不低于20%，2011年力争提高到50%。扩大票据业务规模，2011年末占全部贷款的比重达到7%。项目贷款占比稳定在40%左右。中小企业贷款占比达到50%以上，小企业贷款增速要高于全部贷款平均增速；个人贷款占比达到20%以上，有效降低贷款集中度。三要适度调整贷款期限结构。合理设置新增信贷合约期限，控制中长期贷款比重，扭转贷款长期化趋势，力争2011年末中长期贷款占比降至60%。加强法人客户贷款余期结构调整，到2011年剩余期限5年以上贷款占全部法人贷款余额的比重控制在25%以内。四要推动从信贷持有大行向信贷交易大行的转变。着力通过信贷资产证券化、理财业务、银团贷款等创新方式来深化信贷结构调整，提高交易型贷款占比，打造资本节约型的信贷业务发展新模式。

要积极调整优化投资结构。要将国内债券投资领域扩大到国债、央行票据、金融债、公司债、信贷资产支持债券及信用类产品等多类型投资工具，拓展人民币掉期、境外固定收益产品等空间，逐步进入股权投资领域。全方位调整外汇投资品种、投资对象、产品种类和期限结构、区域结构，推进外汇资产的多元化运作。

（二）优化收益结构。要在利率进入下行周期和信贷市场供应能力扩张的情况下，通过提供综合性金融服务，进一步提高贷款议价能力，使 NIM 保持在同业较好水平，保持信贷业务收益对全行盈利的重要支撑作用。与此同时，努力提高非存贷利差收入占净收入的比重，进一步形成多元化的收入增长格局，明显改变利润来源对存贷利差、批发业务和传统业务依赖性较高的状况。加快提升抗经济周期风险强的零售银行利润贡献度，力争到2011年全行零售银行利润占比有较大幅度的提高；加快提升中间业务收入对全行利润贡献度，净手续费和佣金收入年均复合增长率高于可比银行，2011年占营业净收入的比重达到20%左右；加快提升新兴业务利润贡献度，力争2011年理财、信用卡、电子银行、投资银行、私人银行、资产托管、企业年金、基金管理、金融租赁、贵金属十大新兴业务年创收入达到500亿元；加快提升金融市场业务利润贡献度，2011年投资及交易类资产收益占比达到38%左右。

（三）优化渠道结构。整体规划、定期评估渠道建设，有效整合各类渠道资源，提升各渠道产品的交叉销售与协同服务能力，不断提高各类渠道市场竞争能力。

未来几年要保持1.6万家网点总量的基本稳定，重在调整结构、转型变革，大力提升网均业务规模和经营效益。适当增加长三角、珠三角和环渤海地区，省会城市和其他重点城市以及“百强县”机构数量。适应经济形态和城市形态发展变化趋势，积极调整网点布局，加快向经济技术开发区、城市新区、新兴居住区布点步伐，允许发达地区行向经济快速崛起的郊县、集镇适度延伸网点。加快形成更加完善的分层服务体系，力争到明年全部完成200家财富中心、5 000家贵宾理财中心、7 000家标准理财网点和3 000家左右金融便利店的建设，到2011年末将面向高净值客户的私人银行分部扩展到10家。推进网点综合化改造，争取到2011年末，将全行90%以上的营业网点改造成综合性网点，将分理处和储蓄所全部改造升格为二级支行，提高单一网点的服务功能和市场营销能力，形成能够“以一胜多”的竞争力。

进一步扩大电子银行渠道优势。加快新兴信息技术应用，努力建设集交易、营销、服务于一体的综合性金融服务平台，打造产品功能最丰富、客户体验和评价最优秀、营销和服务能力最强大、风险控制水平最先进、覆盖境内外主要经营机构的国际一流电子银行。加快建立跨渠道、跨平台、信息共享、标准统一的电子银行服务支持体系，切实提高客户服务水平，到2011年电子银行个人客户占全行个人客户总量的50%以上，企业客户占比超过75%，电子银行交易量占总交易量的比重达到56%。建立功能强大的呼叫中心，积极拓展外拨营销职能，打造跨时空的新型营销模式。加大自助银行投入力度，新建改建网点配套建设附行式自助银行，在繁华街区、商场、写字楼增设离行式自助银行，2011年末自助银行总量达到1.25万家。

（四）优化客户结构。深入实施客户拓展战略，坚持大中小客户并举，个人、公司、机构客户齐抓的客户发展策略，把有效客户数量和优质客户比重作为衡量全行竞争力提升和经营转型成果的两项基本指标，促使各级行、各专业以更加积极进取的姿态维护客户，进一步形成能够支撑全球最盈利银行发展的客户基础，形成一个好银行的客户结构。

进一步深化客户分类管理，实施差异化服务策略。增强细分市场能力，建立科学的客户分类管理系统，加快由大中小客户统一管理向分类管理转变，对高端、中端和潜力客户实施不同的发展策略。健全分层营销模式，完善客户分层服务体系。健全产品的交叉销售机制和客户信息共享机制，通过组合营销、综合营销，提高营销服务效率，满足客户全方位、一揽子的金融需求，深度挖掘客户价值。要主动适应经济形态变化和产业结构优化升级，抓好新兴行业和新型客户的拓展。要通过三年的努力，使全行个人中高端客户由目前的2 000万户发展到3 700万户，其中，私人银行客户达到3万户，财富管理客户达到80万户，理财金账户客户达到600万户，存款5万元以上客户达到3 000万户以上；中高端客户占全部客户的比重达到20%以上；中高端客户资产占所有客户总资产的比重达到80%以上。公司信贷客户中AA－级以上客户占比稳定在70%左右，A级以上客户占比达到90%以上。公司无贷户达到370万户，净增90万户，其中，中高端客户净增47万户，占比超过35%。结算账户达到540万户，净增160万户；现金管理客户达到25万户，净增15万户。机构客户稳定在7万户以上的水平，重在提高每个客户的贡献度。

五、努力经受住严峻风险关口考验

能否成功抵御这场国际金融危机和国内经济下行的风险，保持资产质量的稳定，关系到全行这些年来改革发展成果的巩固，关系到未来的健康发展，也关系到我国经济金融的安全稳定。全行上下一定要以高度的政治责任感和历史使命感，认真研究应对，确保安全平稳度过进入新世纪以来最为严峻的风险关口。

（一）确保经济下行趋势中信贷资产质量稳定。要逐地区、逐行业、逐客户、逐品种分析信贷风险变化趋势，量化评估宏观经济波动对信贷组合风险的影响，切实增强信贷风险防控的前瞻性和预见性。重点加强对受国际金融危机冲击和经济下行影响较大的行业以及相关产业链贷款风险的监测，积极采取行业信贷限额控制、集团风险控制、完善抵押担保、积极清收处置等各种措施降低或化解风险。要采取强有力的措施，有步骤地解决企业的“担保圈”问题，规避担保风险的连锁反应。要抓住适度宽松货币政策、直接融资工具增加所形成的有利条件，灵活运用各种手段加快调整资产结构和信贷结构。要积极支持优势企业收购兼并劣势企业实现做大做强，同时化解我行信贷风险。要切实落实好国家最近出台的贷款重组、不良贷款本息减免等新政策，努力拓宽不良贷款清收处置渠道，采取人员集中、管理集中等方式开展大额不良贷款的清收处置工作，最大限度地发挥呆账核销等政策的杠杆效应，推进不良资产快速处置。

同时，要确保新发放贷款质量。在现阶段投资力度加大、投资热情高涨的特殊时期，更要坚持审慎稳健的经营方针，既要认真落实国家关于金融促进经济发展的各项要求，又要严格按照国家产业政策和信贷政策，合理把握信贷投向和结构，积极扩大银团贷款分散风险，确保在这一轮扩大投资、拉动内需中新发放的贷款能够经受住历史和时间的检验。

（二）有效防控国际金融危机蔓延中的市场风险。积极审慎地实施投资与交易币种多元化，分散市场风险。尽快组建独立于前台的产品控制团队，集中行使产品控制职能，提升金融市场产品的市值验证、价格验证、损益计量和拨备计提的准确性。要以市场风险内部模型法工程建设为突破口，加快研发具有自主知识产权的市场风险计量技术和管理信息系统，提升市场风险计量和控制能力。密切关注国际金融危机的发展变化，跟踪我行持有的外币债券及其他资产的市值变化情况，加强对债券发行体及交易对手的监控，建立灵敏的反应机制，妥善应对，并及时足额提取拨备。

（三）严格防范操作风险和声誉风险。完善操作风险管理机制，建立权责明确的操作风险管理前台、中台、后台架构，加强计算机系统流程控制、人员风险管理和法律风险防控工作，关注业务创新和流程改造中的操作风险。继续完善案件防范长效工作机制，努力减少各类案件。大力推进操作风险高级计量法项目建设，加快投产阶段性成果，提升操作风险管理计量水平。加强声誉风险管理，完善客户投诉处理机制，建立小额损失赔付制度，投保商业性责任保险，健全危机公关处理机制。当前要突出加强理财业务中声誉风险的防范，提高产品设计水平，产品销售时要充分揭示风险，客户投诉时要及时妥善处理，发生群体事件时要积极应对。

（四）进一步完善全面风险管理体系。深刻吸取金融危机教训，适应全行业务创新和综合化、国际化发展进程，进一步完善公司治理机制，强化授权控制，完善前台、中台、后台事权划分，提升风险控制决策层次，提高风险定价水平，进一步形成覆盖全机构、全业务，包含表外业务风险、代客理财业务风险和国别风险在内的全面风险管理体系。统筹做好全面风险管理政策制度向境外机构延伸工作，统一全行风险报告路径，完善境外机构风险防控机制，确保境外机构的风险管理理念、风险偏好与总行保持一致，确保境外机构安全和稳健运营。进一步完善集团风险管理机制，开发集团并表管理信息系统，实现集团风险信息的集中和共享。不断完善以风险为导向的内部审计监督体系，深化监督内容、提升审计质量，有效发挥内部审计在全行内部控制、风险管理和治理过程中的监督评价作用。

要继续加快推进风险量化工具开发及应用，力争到2010年底在信用风险领域全面实施内部评级法高级法，2011年在市场风险管理领域实施内部模型法、试运行操作风险高级计量法，使我行成为银监会首批认定的“新资本协议银行”，风险计量水平达到国际一流水准。

要进一步完善资本管理制度。充分利用内部评级结果，改进资本管理计量方法。加强经济资本限额管理，探索多维度的经济资本配置方式，更加充分地发挥经济资本对于风险总量的控制和经营发展的导向作用。适度调整利润留存比例、择机发行长期次级债券，通过多种方式补充资本金，保持较高的资本和核心资本充足水平，保持较强的抵御风险能力。

六、迈出改革创新的更大步伐

越是矛盾大、困难多的时期，越要注重通过深化改革和加快创新来消除体制机制障碍，破解科学发展难题，激发科学发展活力。

（一）加快业务与科技创新。要进一步完善创新管理体制，建立长期稳定的产学研创新体系，设立创新奖励基金和重大创新奖励制度，营造鼓励创新的良好氛围，有效激励全行整体推进业务、产品和技术创新，努力建设创新型银行，为科学发展提供支撑、积蓄能量。

要大力推进业务创新。完善市场需求信息采集和客户体验机制，改进产品研发流程，加快发达地区产品创新基地建设，增强市场响应效率和服务供给能力，在重视质量的前提下，确保每年投放新产品数量以10%以上的速度递增，三年全行产品总量突破3 000个，进一步奠定我行金融产品最丰富、功能最强大、使用方便安全、价值含量高的市场地位。要开发一批“人无我有”、竞争力强的产品，重点打造金融资产质押、网站代建代管、银行卡个性化定制等一批金融产品平台，开发网上金融超市、网上产权交易所两大网上市场，推出个人网银跨行账户管理、人民币利率产品等创新型产品，创造新的竞争优势；整合优化一批“人有我优”产品，重点优化理财、基金等产品平台，以及全球现金管理、个人客户积分等系统，提升产品差异化和盈利性，巩固和扩大领先优势；紧跟新技术、新政策和新业务领域发展动向，超前研究和储备手机移动支付、手机U盾等一批新产品，开发潜在市场。

要创造更大的科技领先优势。目前面向未来的第四代应用系统建设已经启动，我们要以国际先进、能够适应业务快速发展需要为目标，高标准加以设计和推进。

要通过建立全行统一的客户信息系统，实现对全客户信息的统一、渠道和服务的整合，支持真正形成“以客户为中心”的全新服务模式；通过实施产品与核算的分离，实现信息系统的模块化、构件化以及各应用系统之间的松耦合，支持快速的业务与产品创新、灵活的业务流程再造；通过建立和完善境外一体化的综合业务处理系统，满足多语言、多时区、多币种、多监管的国际化发展需要；通过搭建创新型业务新平台，支持向新业务领域拓展，适应未来综合化发展需要；通过健全信用风险、市场风险、操作风险和业务运营风险管理系统，提升全面风险管理水平；通过管理信息的大集中，进一步提高全行经营管理信息的统一、实时和灵活应用水平。同时，要以提升系统高可用性和连续性运行为目标，进一步完善信息系统基础设施建设，健全运行管理和灾备体系，按照“两地三中心”模式建设生产中心的热备份中心，开展集中式业务营运中心的灾备体系建设，全面提升信息系统安全运营水平。

（二）构建完善的现代金融服务体系。服务是软实力，是真正难以复制的核心竞争力。全行要进一步突出服务在发展战略中的重要地位，以改革的思路解决制约服务提升的体制机制问题，以创新的思维完善服务举措，从渠道、流程、产品等各个环节，全面建立起适应新时期竞争发展需要的现代金融服务体系，用三到五年的时间使我行成为中国金融市场上客户满意度最高和客户首选的银行，成为国际金融市场上客户推崇的中资银行。要每年确定一批服务质量重点改进项目，近期要在提高服务效率、改进业务流程、改善网点功能、增强金融服务供给能力、提升中高端客户服务价值等客户关注较多的方面取得明显进展。要健全服务管理组织体系，明晰市场部门服务职责，强化服务综合管理机构协调推动作用。要健全服务管理制度体系，分渠道、按客户整合制定服务标准，推行内部服务规范和承诺制。要健全售后服务体系，完善服务投诉处理机制，争取三年内客户有效投诉率下降50%以上，投诉处理满意率达到95%以上。要健全以客户满意度为核心的服务质量监测体系，实现服务质量检测由主观评价到客观评价、由定性分析到定量分析、由内部检查到内部检查与第三方监测有机结合的转变，并要持续开展与同业先进水平、主要竞争对手服务质量比较分析。要健全立体化、全覆盖的差异化服务质量考评体系，强化服务质量工作的激励约束。

（三）启动品牌价值提升工程。加大品牌建设的投入，本着面向市场、适应发展、协调统一的原则，建立从品牌决策、营销推广到监测评价的品牌管理体制，增强品牌建设的推动力。要优化工商银行的整体品牌形象，在继续彰显规模、实力与稳健的同时，更加突出创新、专业、亲和与国际化等工商银行品牌特质的传播。要全面梳理整合子品牌，建立层级分明、重点突出的品牌架构，彻底改变以业务和产品定位品牌的方式，形成以客户为中心、以服务特色定位品牌的新体系。构建以本行网点、网站为重心，行内传播资源和大众传媒有机结合的多元化传播体系，形成强大的品牌传播力。

（四）进一步完善业务操作和运行管理的流程建设。以客户为中心、以风险控制为主线，全面推进流程改革，力争三年成为国内流程优秀银行。加快完成个人金融业务流程改造一期、二期工程，进一步优化网点前台交易功能，构建起个人金融客户分层服务体系和标准化处理流程。加快改造公司业务流程，清晰界定前中后台部门的职责，整合归并各管理环节和流程，配套建立客户分层、整体营销和一站式审批机制，以CM2002和PCM2003系统为核心，实现信贷业务流程相关各系统的无缝连接和全流程电子化操作。实施运行管理流程改革，按照“统一规划、分步建设、分步集中”的原则，在统一的业务运营平台基础上建设区域业务处理中心，实现网点全面受理、中心集中处理的运营模式，促进网点由业务操作型向服务营销型转变。深化事中控制体系和事权划分机制改革，精简业务授权，建立起集中式、跨机构、多方式并存的远程授权模式，争取到2010年底全面完成远程授权改革。推进监督体系改革，进一步整合监督资源，促进运行风险的有效控制。本着“一个流程一项制度”的原则，建立分层次的科学、统一的运行管理制度体系，实现制度和流程的有机衔接。

（五）加快实现总行全额资金集中管理。资金全额集中管理有利于及时应对市场变化和有效传导总行政策意图，是提高资金运营集约化水平和定价议价能力的根本途径。要在总结一级分行资金集中改革经验和周密论证的基础上，积极稳妥地推进全行资金全额集中管理改革，建立科学合理的内部资金转移定价机制，实现对资金来源与运用的流量实时监控、资金集约配置，引导分行协调发展资产负债业务。

（六）建立以价值创造为核心的内部机构等级管理体系。突破现行行政等级序列，主要按照利润总量和人均利润贡献指标动态确定各机构的内部等级，逐步实现分支机构行内等级与行政级别的脱钩，在同一序列内采用统一的标准和方法对分支机构实施统一评价，较低行政等级机构的行内等级可以高于较高行政等级机构的行内等级。在此基础上，将机构行内等级作为业务授权核定、基础性资源配置和管理人员薪酬确定的主要依据，进一步形成“以作为论地位、按贡献配资源”的激励约束机制。

七、加强和改进人力资源管理

人力资源结构性矛盾是制约全行竞争发展的根本性矛盾。我们必须下更大的决心推进人力资源区域、专业、岗位和素质结构的战略性调整，通过优化结构控制人员增量，盘活人员存量，推进人员转型，提升人员效能，进一步解放、调动和发挥人这个生产力中最活跃、最积极的因素，为全面建设国际一流现代金融企业提供坚实的人力资源保障。

（一）优化人力资源结构布局。统筹考虑全行区域发展和综合化国际化进程，重点优化人力资源三大布局。通过流程再造、后台集中、业务集约、跨区流动、压缩二线及培训转岗等方式，三年内调整、盘活人力资源3万人，每年新进及退休补充人力5 000人，主要充实专业技术、营销、客户经理岗位和业务一线。

区域布局。本着效益导向的原则，新增人员向发达地区和中心城市行倾斜，适应其业务快速发展对人力资源的需要。完善一二级分行的内部人才市场，统筹兼顾人员流入行、流出行和员工自身利益，探索建立行之有效的机制，引导人员在省（区）内跨二级分行、跨县（市）行流动，使重点竞争机构的员工占比有所上升，明显改善我行长期以来形成的区域间人力资本投入产出不平衡状况。

专业布局。人力资源投入在保证传统主体业务稳健发展的同时，适度向零售银行等战略业务领域倾斜，向价值创造力强、发展空间大的新兴业务领域倾斜。未来三年着重通过转型推动、适度引进和培训开发等手段，增加高层次复合型人才、高端专业人才比重，形成专业优势突出、结构合理，与业务发展相协调的专业人才队伍。

岗位布局。通过扁平化改革、流程改造和先进技术应用，特别是通过推行远程授权、改革事后监督方式、改进内控管理流程、建立区域业务处理中心、集中生成报表等办法节约人力。尽快实现人力成本投入产出的精细核算，尝试引入“费用包”管理手段，鼓励各行、各部门主动约束人力成本投入。力争用三年时间，使前台与中后台人员数量配比达到1∶0.83，管理岗位和运行岗位员工占比分别降至11.99%和43.7%，销售岗位人员占比不低于20%。

（二）实施中年员工职业振兴计划。目前全行员工平均年龄为37.6岁，其中41－50岁之间的中年员工16万多人，占全行员工总量的43.2%。只有把现有的十几万中年员工培养使用好，才能平稳度过员工平均年龄日益升高的峰谷，为工商银行长远发展打下良好的人力资源基础。各行尤其是基层行要坚决破除“唯年龄论”等束缚人力资源开发使用的思想观念，积极制订实施中年员工职业技能振兴计划，通过高频率、系统性、强制性的能力提升培训、岗位适应培训、技能转型培训，使绝大多数中年员工适应岗位要求，使其中至少1/3的中年员工能够在市场营销、业务操作和经营管理中发挥骨干作用。要大力营造谁与时俱进勤于学习，谁就能获得职业再发展，就能成为有用之才的良好氛围，鼓励中年员工消除职业倦怠心理，调动其不断学习、提升能力、创造业绩的积极性。要通过艰苦细致的工作，激活与挖掘中年员工的潜能和价值，争取三年走出一条中年员工职业振兴的新路子，十年形成以中青年为主、年龄梯次合理的员工队伍结构。

（三）加强人才队伍建设。坚持走人才兴行之路，整体规划人才队伍建设，建立员工成才率、人才合理使用率等指标的监测和考核机制，更好地发现人才、培养人才、使用人才和集聚人才，建设结构合理、素质优良、适应经营发展需要的人才队伍。启动银行家成长计划，以国际视野、本土经验和良好的政治素养为标准，三年培养100名能够胜任一级（直属）分行、总行部门领导职务和1 000名能够胜任二级分行领导职务的领军型管理人才。继续扩大公开选拔、竞争上岗的范围，把更多有潜力的优秀青年人才纳入选用视野。实施人才高峰工程，用三年左右时间培养3 000名具有国际国内专业认证资格的中高级专业人才，在个人金融、金融市场、公司金融、资产证券化、国际业务、投资银行、私人银行等需要重点加强和突破的核心业务领域形成总量超过3万名的中高级专业人才队伍。

要合理引进紧缺高端人才。坚持自主培养与外部引进并举，通过全球招聘、国际同业合作等多种方式，利用当前全球金融危机中一些国际大型金融机构裁员的时机，重点关注和吸引其领先领域的核心人才，缓解我行在投资银行、金融工程与衍生产品、金融期货等领域高端人才紧缺的状况。

要继续加大教育培训力度。树立大教育、大培训观念，本着务实、管用的原则，建立健全与全行战略规划相衔接、与业务发展相适应、以岗位胜任能力为基础的人才培训体系。坚持培训与使用相结合的原则，进一步优化培训资源配置。根据各类别人才职业发展的需要，稳步推进岗位资格认证培训、岗前培训、职业发展培训等，不断改进培训内容和方式、方法，增强培训的针对性和有效性。

（四）进一步完善薪酬分配制度。薪酬分配制度是企业最基本的动力机制，也是激发人力资源活力的有效手段。全行要进一步加紧建立健全覆盖各级机构、各个部门、各个岗位的全面绩效考核体系，真正形成科学、规范和精确的绩效考核为基础的薪酬分配体系，通过以岗定薪、以能定资、以绩定奖，将员工收入与所在机构的内部等级、经营成果、岗位责任、个人贡献更加直接和紧密地挂起钩来，在不断提高人均效率的基础上合理增加员工收入，并逐步使一批价值创造力强的员工薪酬水平具备市场竞争力，充分调动员工的积极性。

（五）用先进企业文化凝聚人心、激发活力。要紧紧围绕建设最盈利、最优秀、最受尊重银行的新愿景，汲取我行传统文化精粹，从新的改革发展实践中提炼出具有先进性和时代特色的企业精神，使员工高度认同全行未来发展战略和核心价值观，增强员工的自豪感和归属感，打造竞争发展的软实力。要更加重视发挥民主管理的作用，规范建立内部信息披露制度，让员工更多地了解和更有效地参与经营管理，自觉地把个人职业发展、个人收入与本单位、本机构的经营发展紧密结合起来。要统一规划和规范全行履行社会责任工作，借鉴国际标准完善社会责任报告的编制和发布，使社会责任报告成为向广大客户、投资者和全社会展示我行良好形象的重要窗口。

同志们，工商银行成立25年和股改三年来的辉煌成就已经载入史册，我们又将开启新的发展征程。困难和挑战考验着我们，责任和使命激励着我们。我们一定要以正在开展的深入学习实践科学发展观活动为契机，全面加强党的建设，不断增强广大党员特别是党员领导干部贯彻落实科学发展观的能力，用学习实践活动中形成的思想新境界、工作新状态、作风新面貌推动战略规划的实施，推动国际一流现代金融企业建设，奋力开创工商银行事业的新局面！

在中国工商银行2008年工作会议上的讲话

杨凯生

（2008年2月1日·根据PPT整理）

一、2007年经营管理情况

1.1 主要经营情况——经营效益情况

2007年，集团实现净利润824.42亿元，本行股东享有净利润817.42亿元，分别较上年增加325.62亿元和324.79亿元，增长65.28%和65.93%，2003年以来年复合增长率超过38%。

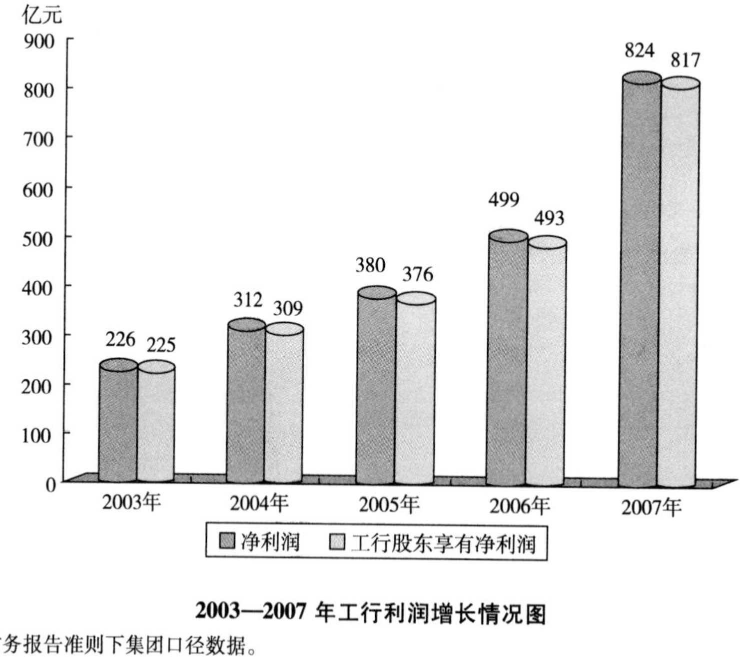

2003—2007年工行利润增长情况图

注：此图为国际财务报告准则下集团口径数据。

1.1 主要经营情况——主要财务收支项目情况

➢ 集团实现净利息收入2 253亿元，同比增长38.1%。

➢ 集团实现手续费及佣金净收入340亿元，同比增长108%。

➢ 业务及管理费支出增幅明显低于收入增幅。

1.1 主要经营情况——存款情况

2007年末境内分行人民币存款（含同业存放）余额为72 201亿元，比年初增加8 740亿元，增幅为13.8%，同比多增1 656亿元，完成7 200亿元年度计划的121.4%，增量创历史新高。

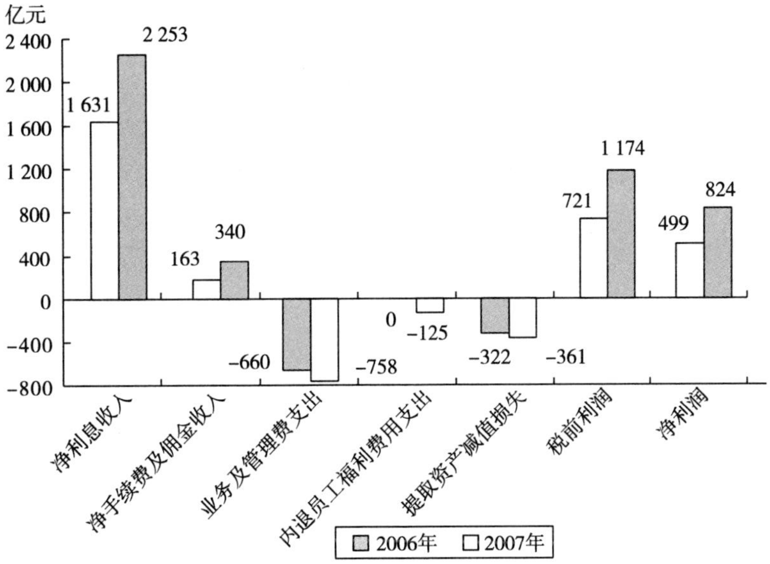

2007 年我行集团主要财务收支项目同比变动图

2006—2007 年本外币存款运行情况表

境内分行　　单位：亿元/亿美元、%

项目	2007 年			2006 年	
	年末余额	增量	增幅	增量	增幅
一、人民币各项存款	72 201	8 740	13.8	7 084	12.57
其中：储蓄存款	31 952	-220	-0.7	2 115	7.04
公司存款	20 106	2 743	15.8	1 456	9.15
机构存款	13 044	2 577	24.6	1 918	22.44
同业存放	7 099	3 641	105.3	1 594	85.51
二、外汇各项存款	220	-6.3	-2.8	-3	-1.26

➢ 存款活期化特征仍较显著，但整体趋势有所减缓。剔除同业存款，境内分行活期存款比年初增加 4 963.1亿元，定期存款比年初增加 136.1 亿元，同比少增 1 789.7 亿元。2007 年末人民币活期存款余额占比

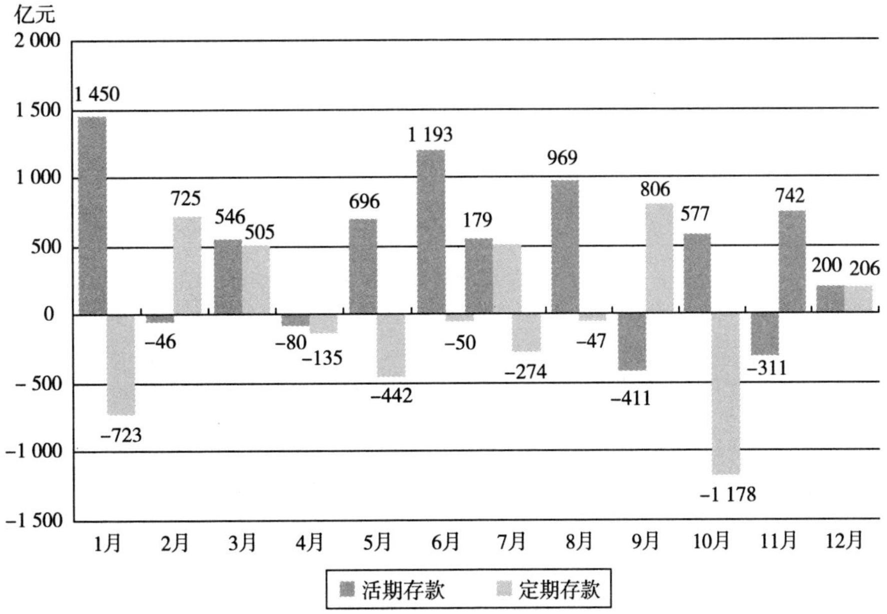

2007 年活期存款、定期存款月度变化图

53.7%，比年初提高2.8个百分点。

1.1 主要经营情况——贷款情况

2007年末境内分行人民币贷款余额为37 432亿元，比年初增加3 651.9亿元，当年增幅为10.8%。

2006—2007年本外币贷款运行情况表

境内分行 单位：亿元/亿美元、%

项目	2007年			2006年	
	年末余额	增量	增幅	增量	增幅
一、人民币各项贷款	37 432	3 651.9	10.8	3 129	10.2
1. 公司类	27 356	3 486	14.6	2 311	10.7
（1）一般流动资金	11 009	1 182	12.0	339	3.6
（2）项目贷款	13 362	1 567	13.3	1 534	14.9
（3）房地产贷款	2 986	738	32.8	438	24.2
2. 个人类	7 439	1 729	30.3	609	11.9
（1）个人住房贷款	6 077	1 333	28.1	378	8.7
（2）个人消费贷款	911	127	16.1	49	6.7
（3）个人经营性贷款	451	270	149.0	181	—
3. 票据贴现	2 555	-1 594	-38.4	192	4.9
4. 银行卡透支	82	30	59.6	17	51.4
二、外汇各项贷款	243	84	52.9	5	3.3

2007年，贷款运行呈现以下特点：

➢ 均衡性大幅提高。2007年境内分行人民币贷款日均增量达2 496亿元，新增贷款均衡率68.4%，比上年提高11.61个百分点。

➢ 贷款结构进一步调整。2007年境内分行个人类贷款和小企业贷款分别比年初增加1 729.3亿元和710.4亿元，增量占比达67%；票据融资余额比年初下降1 594.2亿元，满足了企业不同融资形式的需要。

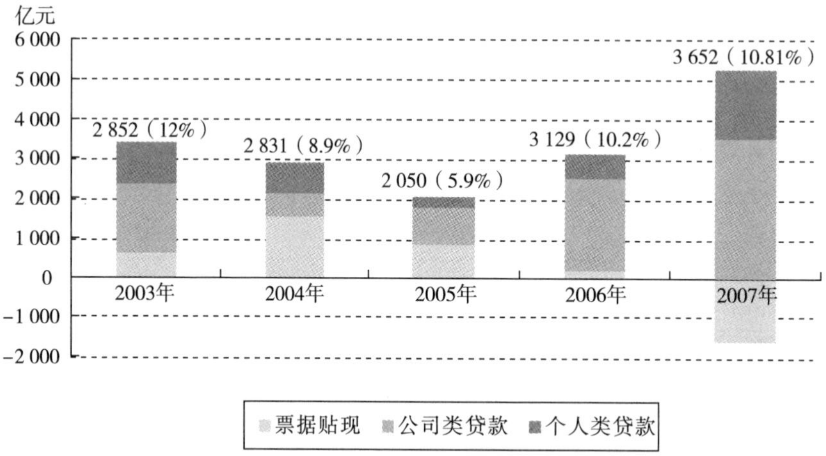

2003—2007年各类贷款增长情况图

1.1 主要经营情况——各项业务快速发展

➢ 银行卡发卡量2.1亿张，净增2 149万张；实现消费额6 162亿元，增长66.5%，其中信用卡净增1 291万张，实现消费额1 619亿元，继续保持同业领先地位。

➢ 各类理财产品销售达到11 187亿元，同比增长151.56%。其中，代理基金销售额8 750亿元，增长263.3%。

➢ 投资银行业务收入达到42.7亿元，增长57%。

➢ 托管资产总净值达13 160亿元，比年初增长1.84倍，在国内同业率先突破万亿元大关。

➢ 管理年金个人账户347.7万户，比年初新增196.7万户，托管年金基金187.8亿元，新增93.5亿元，账户管理和托管业务市场占比均超过50%。

➢ 实现电子银行交易额102.9万亿元，其中网上银行交易额89.9万亿元，同比分别增长127.5%和136.3%，离柜业务占全行业务比重提高到37.2%。

➢ 全行净增对公结算账户42万户，账户净增率位列四大行之首；新增现金管理客户27 155户，其中总行级现金管理客户达414家，较2006年末增长37.1%。境内分行国际结算业务量4 222.7亿美元，增长45.5%，结售汇、代客理财和外汇交易等业务都有较大发展。

1.1　主要经营情况——重点经营指标

2006—2007 年主要经营指标情况表

主要经营指标	2007 年	2006 年
1. 盈利能力		
1.1 平均权益回报率	16.20%	15.37%
1.2 平均总资产回报率	1.09%	0.71%
1.3 每股收益（元，未年化）	0.245	0.18
2. 收益结构		
2.1 净利息收益率（NIM）	2.79%	2.39%
2.2 净手续费及佣金收入占比	13.26%	9.00%
2.3 成本收入比	34.20%	36.3%
3. 资产质量		
3.1 不良贷款额（亿元）	1 130	1 377.45
3.2 不良贷款率	2.77%	3.79%
3.3 拨备覆盖率	102.24%	70.56%
3.4 信贷成本率	0.82%	0.83%

注：数据均为集团口径，2007 年为管理层数据；2007 年不良贷款额已考虑审计后可能增加的影响。

2007 年各项主要经营指标均优于 2006 年。其中：

➢ 平均权益回报率为 16.20%，较 2006 年提高 0.83 个百分点。

➢ 不良贷款率为 2.77%，较 2006 年末下降 1.02 个百分点；拨备覆盖率为 102.24%，较 2006 年末提高 31.68 个百分点。

1.2　应该肯定的几个方面

1.2.1　各分行经营业绩普遍提高

1.2.1　各分行经营业绩普遍提高——境内分行拨备后利润情况

2007 年，所有一级、直属分行均实现拨备后利润盈利（2006 年有 6 家分行亏损），其中，27 家分行同比增幅超过 50%；北京、广东、浙江、江苏、上海 5 家分行拨备后利润超过 120 亿元；辽宁、吉林等分行扭转了延续十多年的拨备后利润亏损状况。

1.2.1　各分行经营业绩普遍提高——境内分行绩效考核情况

分行拨备后利润完成情况表

单位：亿元、%

行名	金额	同比	增幅	行名	金额	同比	增幅	行名	金额	同比	增幅
北京	156.85	43.70	38.62	广西	24.29	11.41	88.62	青岛	12.07	5.95	97.16
广东	142.60	48.70	51.87	天津	24.11	9.32	63.04	厦门	11.55	5.81	101.28
浙江	134.84	43.12	47.01	湖北	22.32	12.71	132.30	新疆	10.57	18.53	232.65
江苏	127.64	47.85	59.97	贵州	22.18	7.05	46.63	大连	8.80	3.05	53.00
上海	126.08	45.29	56.07	云南	21.75	14.52	200.93	甘肃	7.85	13.60	236.44
山东	81.42	21.32	35.46	湖南	18.86	7.44	65.21	黑龙江	7.08	21.01	150.82
深圳	46.12	22.76	97.38	内蒙古	18.36	5.89	47.25	海南	5.05	3.05	152.08
宁波	29.74	9.82	49.27	河南	17.60	12.98	280.78	宁夏	4.38	1.45	49.66
福建	29.38	14.19	93.41	江西	17.34	8.61	98.65	吉林	2.97	7.07	172.18
山西	27.14	9.61	54.84	重庆	17.15	7.08	70.42	河北	2.75	-1.05	-27.57
安徽	26.62	9.71	57.42	陕西	17.11	12.40	263.78	青海	2.62	3.79	324.41
四川	26.14	19.04	268.20	辽宁	16.61	45.68	157.14				

一级分行绩效考评等级

分行	本期等级	上年等级	分行	本期等级	上年等级
北京	A++	A	海南	B++	C++
上海	A++	A	江西	B++	C++
浙江	A++	A-	新疆	B++	D-
江苏	A++	B++	湖北	B++	C+
广东	A++	B++	四川	B+	C+
山东	A+	B++	陕西	B+	C
贵州	A+	B++	内蒙古	B	C++
广西	A-	B-	青海	B	D+
山西	A-	B-	甘肃	B	D++
云南	A-	C++	湖南	B-	C++
安徽	A--	B-	河南	B-	C
重庆	A--	C++	辽宁	C++	E--
宁夏	A--	B--	河北	C++	C--
天津	A--	C++	黑龙江	C+	E++
福建	A--	C++	吉林	C--	D-

直属分行及营业部绩效考评等级

分行	本期等级	上年等级	分行	本期等级	上年等级
苏州	A++	A++	青岛	A--	B-
深圳	A++	A+	山东	A--	B-
宁波	A++	A+	河南	A--	B++
广东	A++	A	湖南	B++	B+
浙江	A++	A-	江西	B++	B+
广西	A++	A--	四川	B++	B
贵州	A++	A	甘肃	B++	D
江苏	A++	A--	河北	B+	B--
安徽	A++	A-	大连	B+	C++
云南	A+	B	陕西	B	C
厦门	A+	B++	内蒙古	B-	B--
山西	A	B++	辽宁	C++	E++
新疆	A-	C++	黑龙江	C++	C
福建	A-	B++	吉林	C++	C++
湖北	A--	B+			

与2006年度相比较，30家一级分行的绩效等级全部上升；29家直属分行及营业部中，27家绩效等级上升，仅有2家绩效等级与2006年持平。这表明全行经营绩效整体水平较去年大幅度提升。

1.2.2 宏观调控政策得到认真贯彻——信贷增速适当

2007年，全行认真贯彻有关信贷总量控制的宏观调控要求，境内分行人民币各项贷款增幅（10.8%）较全部金融机构平均增幅（16.1%）低5.3个百分点，较四大国有银行12%的平均增幅低1.2个百分点。

2007年金融机构贷款运行情况对比表

单位：亿元、%

机构	余额	占比	增量	增幅	占比
全部金融机构	261 691	100.0	16.1	36 323	100.0
其中：政策性银行	32 278	12.3	15.3	4 280	11.8
四大国有银行	121 504	46.4	12.0	13 055	35.9
工商银行	37 432	14.3	10.8	3 652	10.1
农业银行	33 754	12.9	10.6	3 236	8.9
中国银行	19 573	7.5	15.8	2 671	7.4
建设银行	30 745	11.7	12.8	3 497	9.6
其他股份制银行	48 190	18.4	19.1	7 716	21.2
交通银行	9 518	3.6	17.2	1 398	3.8
中信银行	5 408	2.1	21.6	959	2.6
光大银行	3 996	1.5	16.6	569	1.6
招商银行	6 249	2.4	15.9	857	2.4
兴业银行	3 898	1.5	23.6	746	2.1
城市商业银行	16 627	6.4	21.8	2 978	8.2
其他金融机构	43 092	16.5	23.8	8 293	22.8

1.2.2 宏观调控政策得到认真贯彻——“两高一剩”行业贷款控制有效

2007年，全行电力生产、钢铁、水泥等8个“两高一剩”行业结构调整客户（限制类、退出类客户）贷款余额较年初下降137.32亿元，目标客户（能耗水平低；排污控制达到先进水平；管理水平行业领先）贷款增加889.96亿元。

8个行业不良贷款余额较年初下降20.50亿元，降至152.15亿元，不良贷款率下降1.06个百分点，降至3.05%，8个行业不良贷款率下降速度快于全行不良贷款率下降速度（1.02个百分点）。8个行业的不良贷款率低于全行公司客户贷款不良率（3.48%）。

1.2.2 宏观调控政策得到认真贯彻——积极配合央行紧缩流动性的政策操作

六次认购定向央票，累计冻结资金1 646亿元，认购总量占央行全部发行量的23.4%，高于排名第二位的建行396.4亿元。

五大银行认购定向央票情况表

单位：亿元、%

缴款日期	全市场发行量	工行	农行	中行	建行	交行
2007－03－09	1 010	210	210	160	190	100
2007－05－11	1 010	250	250	0	180	160
2007－07－13	1 010	180	190	140	240	30
2007－08－17	1 010	270	120	170	300	0
2007－09－07	1 510	470	230	250	200	70
2007－10－11	1 500	266.4	220	150	140	108
合计	7 050	1 646.4	1 220	870	1 250	468
占比	100.0	23.4	17.3	12.3	17.7	6.6

此外，2007年人民银行十次上调法定存款准备金率，我行多缴存款准备金3 566亿元。

上述两项调控措施在2007年累计冻结我行资金5 212亿元，超过我行2007年度存款增量（不含同业口径，5 099亿元）。

1.2.3　盈利基础进一步夯实

2007年，我行盈利大幅增长是在解决内退员工福利费用问题和足额保有次级债减值准备的基础上实现的。

➢ 确认125亿元内退员工福利费用。把预计未来应支付的内退员工福利费用一次性计入2007年度损益，考虑相关递延所得税后减少当年净利润约93.75亿元。如剔除该因素，2007年净利润可达到918亿元，同比增长84%。该项处理使我行财务基础进一步夯实，降低了内退员工福利费用对以后年度损益的压力。

➢ 足额提取次级债减值准备。

➢ 从中间业务收入占比来看，我行2007年净手续费及佣金收入占营业净收入之比为13.26%，较2006年提高4.26个百分点；2007年我行ROA为1.09%，较2006年的0.71%提高0.38个百分点，表明我行利润增长对规模扩张的依赖度有所降低。收入结构的优化提升了我行在执行紧缩货币政策下利润持续增长的能力。

1.2.4　资产质量持续优化

2007年，我行不良贷款额和不良贷款率较年初均有较大下降。其中，不良贷款额为1 130亿元（集团口径，下同），较年初下降247.45亿元；不良贷款率为2.77%，较年初下降1.02个百分点。

2007年不良贷款情况表（集团口径）

单位：亿元、%

	2007年末	2006年末	同比增减	同比变动幅度
不良贷款额	1 130.00	1 377.45	-247.45	-17.96
其中：次级类	399.65	667.56	-267.91	-40.13
可疑类	617.25	620.36	-3.11	-0.50
损失类	113.10	89.53	23.57	26.33
不良贷款率	2.77	3.79	-1.02	-26.91

从不良贷款结构来看，次级类贷款较年初大幅减少，降低267.91亿元，减幅为40.13%，损失类贷款略有增加。资产质量的基础进一步夯实，减轻了在应对新一轮经济周期过程中贷款形态迁徙的压力。

1.2.4　资产质量持续优化——不良贷款清收处置有效

从同业情况看，我行不良贷款下降额、下降幅度、清收处置额、现金清收额、呆账核销额、以物抵债额均位居第一。

1.2.4　资产质量持续优化——资产质量基础更为坚实

➢ 资产质量分类与国际审计师认定差异进一步缩小（约为0.02个百分点）。

➢ 2007年末，虽未逾期但已纳入不良贷款管理的为143亿元，占NPL的14%，已逾期未进入不良的只有37亿元。

1.2.5　内部管理不断加强

➢ IT系统建设取得长足进步。在境外业务、风险管理、客户理财、市场营销、电子银行、银行卡等各业务领域的应用研发上均取得重大进展。2007年日均业务量达到8 121万笔，最高日峰值超过1.1亿笔，同比增长56%和31%。全行信息系统可用率达到99.86%。

- 从每秒交易率来看，我行达到3 000笔/秒，是建行（1 980笔/秒）的1.52倍，明显高于国内其他大型商业银行。
- 总行共完成4个综合版本和5个月度版本的开发、测试及投产任务，涵盖应用类新项目347个，优化原有项目287个；各分行共启动了506个应用项目的研发，其中有410个项目已顺利投产。
- 完成生产中心主机同城磁盘备份工程建设，达到国际领先水平；同时，在业内率先完成资产托管部和牡丹卡中心的灾备实施工作。

五行系统处理能力对比表

行别	每秒交易率（笔/秒）	生产主机容量（MIPS）
工行	3 000	43 520
建行	1 980	19 939
农行	1 700	28 388
中行	1 200	20 537
交行	200	3 240

注：MIPS为主机处理能力的单位，为百万条指令/秒。

➢ 率先实施内部评级法。内部评价法非零售项目上线运行，我行风险管理水平达到内部评价法初级法标准，代表内部评级法高级法实施标志的债项评级系统已经投产。

➢ 率先在大银行中实现全部一级分行财务集中。增强了财务风险控制能力，规范了财务支出行为，提高了财务资源配置效率。

➢ 完成了人力资源提升项目。实现了由单一的行政职务体系管理到多序列的岗位职级体系管理，由单一的年度评优方式向以目标为导向、以绩效为依据的整体式绩效考核机制的转变，建立了以岗定薪、以能定资、以绩定奖的薪酬分配机制。

➢ 操作风险得到有效控制。开展重要经营管理事项全面检查，深入推进案件专项治理，全行立案查处案件数量和涉案金额同比分别下降22.6%和70.2%。

1.2.6 服务水平有所改善

➢ 服务渠道建设取得较大进展。全行建设贵宾理财中心超过1 100家，装修改造一般理财网点1 865家。

➢ 服务流程有所优化。对个金业务流程进行了全面梳理，整体改造方案付诸实施，前两个阶段工作已经基本完成，成效正在逐步显现。对公业务流程改造也取得了进展，法人客户评级授信一体化管理模式初步形成。

➢ 服务供给能力显著增强。业务创新明显加快，成立了产品创新管理部，年度内总行连续举办了五期"创新沙龙"，产品线日趋丰富，目前全行已有1 500多个产品。

1.3 必须关注的几个问题

1.3.1 部分机构和部分业务的竞争力有所下降

➢ 部分大中城市行尤其是部分省分行营业部的竞争力下降。100家大中城市行中，有35家市场份额下降（存款、贷款、中间业务加权计算）；26家省行营业部中有14家市场份额下降。

➢ 有9家分行的中间业务收入排第三位。

➢ 全行有13家一级分行的各项存款增量排在四家大银行的第三、第四位。

➢ 有18家分行的储蓄存款余额失去市场第一的位置，其中4家分行排在第三、第四位。

1.3.2 客户结构不尽合理

➢ 全行个人中高端客户（金融资产5万元以上）1 797万户，仅占全部有效个人客户总数1.69亿个（剔除了1.2亿个小额账户和重复统计的客户）的10.6%。

➢ 核心产品在个人中高端客户中的渗透率不高，全行网上银行、理财金账户和信用卡在中高端客户中的渗透率仍然偏低（分别为22%、29.5%和14%）。

➢ 320万个法人账户中，无存款余额、无结算等业务发生的长期不动户有36.8万户，占比达11.5%，亟待激活。

1.3.3 流程还不够科学高效

➢ 个金业务流程仍有不适应之处，如个人开户整合、对账单整合、柜面身份认证和产品销售整合、ATM交易优化等方面仍需突破。

➢ 对公业务流程，特别是信贷业务流程有待改进。

➢ 多头营销格局还没有根本改变，制约着营销效率和竞争力的提高。

1.3.4 风险管理仍不适应形势变化和业务发展需要

➢ 信用风险管理面临全球经济增长放缓，国内实施从紧货币政策，以及部分行业进一步调整等考验。一些企业生产经营可能出现困难，这将导致信贷风险的增加。

➢ 市场风险管理机制、技术手段还不够健全和先进，面临利差收窄和利率市场化推进、人民币汇率弹性增大的严峻挑战。

➢ 在全行体制改革和业务创新过程中，操作风险管理也面临一些新的情况，案件防控任务依然很重。

二、2008年主要经营目标

2.1 财务预算

集团口径　　单位：亿元、%

指标名称	计划数	增幅
拨备前利润	1 776	15.7
拨备后利润	1 450	23.5
净利润	1 088	32
经济增加值（EVA）	674	37
平均权益回报率（ROE）	18.9	
平均总资产回报率（ROA）	1.18	
成本收入比	38%以内	

注：未考虑增资扩股情况。

2.2 业务发展计划——人民币存贷款业务

单位：亿元、%

指标	计划增量	增幅
人民币存款	10 000	13.9
储蓄存款	2 000	6.3
公司存款	3 000	14.9
机构存款	2 200	16.9
同业存放	2 800	39.4
人民币贷款	3 650	9.8
公司贷款	2 190	8.9
个人贷款	1 100	14.8
票据贴现	300	11.7
银行卡透支	60	93.9

严格执行贷款计划；严密监测贷款进度。

❒ 要深刻认识当前宏观经济金融形势，严格信贷计划管理纪律，合理把握贷款投放进度。

➢ 2008年是国家宏观调控的重要时期，当前宏观经济形势和利率、汇率政策决定了央行必须加大对商业银行货币信贷投放的调控力度。

➢ 在今年人民币贷款总量调控上，央行将采用"全年亮底、分季考核"的原则，明确要求各商业银行第一至第四季度贷款计划以38%、30%、20%和12%的比例为上限，对于各商业银行超计划放款将按一定倍数和1.89%的准备金利率发行定向票据。

➢ 总行将按照各分行年度人民币贷款计划和央行确定的季度比例上限，及时核定下达各行月末、季末等关键时点的贷款增量控制额度。对于超出计划额度的分行，将对其超额度部分按一定倍数计收资本成本和资金成本。

❒ 2008年全行信贷计划总量3 650亿元，与上年持平，信贷资源的供需矛盾非常突出，可供分配计划与分行预期需求差距很大。

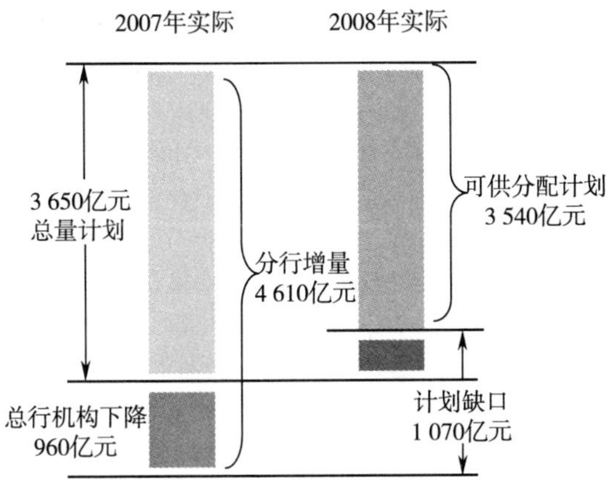

2007年总行通过票据业务反周期运作以及转出国开行存量贷款的方式，对分行贷款计划给予了大力倾斜。2007年票据营业部（-867亿元）、总行营业部（-122亿元）和牡丹卡中心（31亿元）三家直属机构合计为分行腾出贷款规模960亿元，总行对分行实际分配下达的计划为4 610亿元。考虑到今年三家机构贷款余额的恢复性增长需求（预计增长110亿元左右），因此今年分行可供分配的贷款计划为3 540亿元左右，相当于2007年计划数的77%，分行计划缺口合计达1 070亿元。

2.3 业务发展计划——外币存贷款业务

单位：亿美元、%

指标	计划增量	增幅
外币存款	2	3.2
储蓄存款	-10	-14.9
对公存款	4	3.2
同业存款	8	29.1
外币贷款	32	13.2
一般现汇贷款	-10	-6
国际贸易融资	42	47.8

注：汇率损失分别簿记至各分行。

2.4 业务发展计划——中间业务之一

指标	计划数	增幅
中间业务收入（亿元）	531	40%
净手续费及佣金收入占比	15%以上	13%以上
国际结算业务量（亿美元）	5 400	27.9%
人民币结算业务量（亿元）	4 500 000	12.5%
信用卡发卡增量（万张）	1 000	43.5%
信用卡消费额（亿元）	2 025	25.1%
信用卡透支余额增量（亿元）	60	93.9%
电子银行业务笔数占比	42%	13.9%

业务发展计划——中间业务之二

单位：亿元、%

指标	计划数	增幅
理财产品销售总量	14 700	36
其中：个人理财产品销售量	13 200	36.4
其中：银行类理财产品	2 000	29.8
代理基金（亿份）	10 000	40.1
代理个人保险	700	40.0
代理国债	500	1.2
法人理财产品销售量	1 500	30

注：法人理财产品可分为表内产品与表外产品两类，其中，表内产品主要包括各类本外币结构性存款，表外产品主要包括债市通、超短期理财、结构性理财、新股申购及其他资本市场理财、代客境外理财等产品。

2.5 业务发展计划——资金营运

境内分行口径　　单位：亿元/亿美元、%

指标		增量	增幅
人民币	缴存央行准备金	2 700	25.6
	债券投资	3 000	10.7
	买入返售资产	200	92
外币	总行外币债券投资规模	200	-19.9
	总行货币市场外币拆放业务剩余期限占比		
	其中：隔夜	≤32	—
	1个月（含）以内	≥25	—
	1-6个月（含）	≤28	—
	6个月至1年（含）	≤15	—

2.6 主要风险控制计划——资产质量

指标	计划数	增幅
集团：		
不良贷款余额	1 000 亿元以内	-9.22%
不良贷款率	2.5%以内	-11.03%
拨备覆盖率	128%	25.2%
信贷成本率	0.67%	-18.29%
境内分行：		
不良贷款清收处置核销额	450	-32.65%
其中：呆账核销	70	-13.64%
票据融资业务资产不良率	≤0.5%	—
非抵债类非信贷不良资产余额	37 亿元以内	-7.5%

注：票据融资业务资产不良率 =（新增不良票据资产余额/票据融资余额）100%。

2.7 主要风险控制计划——本外币债券与融资业务风险控制

境内分行口径　　单位：亿元、%

	指标	计划数	增幅
本币	新增非重组类债券组合和融资业务不良资产率	≤0.1	—
本币	非重组类债券年末银行账户组合修正久期（年）	3.3	50
本币	同业融资业务最高余额	4 700	14.8
本币	其中：同业拆借和同业借款	1 000	11.1
本币	债券回购	3 000	7.1
本币	金融机构法人账户透支	100	100
本币	信贷资产回购	200	25.0
本币	货币互存	100	100
本币	融资性存放同业	150	76.5
本币	其他融资业务	150	200
外币银行账户外币债券修正久期（年）		5	24.4

注：

1. 新增非重组类债券组合和融资业务不良资产率指计划期末非重组类债券组合和融资业务新增不良资产余额占全行非重组类债券组合和融资业务总余额的百分比；

2. 同业融资业务风险限额是指在任意时点上的最高余额。

2.8 主要风险控制计划——本币公司贷款下浮利率控制

境内分行口径

指标	计划数	增幅
下浮利率贷款机会成本率	3.50%	-2.78%

注：下浮利率机会成本率是指本年新发放公司贷款执行下浮利率与基准利率相比少收利息与本年新发放公司贷款利息收入之比。

三、2008 年要着重抓好的几项工作

2008 年，全行要坚持以十七大精神和科学发展观为指导，认真贯彻宏观调控政策，努力落实党委和董事会的战略意图，提高工作的前瞻性、主动性和统筹性，积极应对更加复杂多变的经济金融形势，进一步提高经营管理水平，全面增强核心竞争力，确保完成既定的各项目标任务。

今年在全面推进各项工作中，要抓住增强竞争力这个关键：

3.1 调整经营结构，通过实现可持续发展增强竞争力

以贯彻落实宏观调控政策为契机，继续着力推进经营结构调整，进一步构建可持续发展的业务格局和盈利增长模式，实现竞争力的不断提升。当前要着重抓好信贷结构和收入结构的调整。

3.1.1 调整信贷结构

❒ 调整贷款收益结构：对利率下浮贷款比重大、幅度大、贷款收益率低于全行平均水平，不良率偏高的分行，要进一步压缩其贷款规模，严控其系统内借款额度，促使全行贷款规模向高效益、低风险地区倾斜。

❒ 调整贷款投向结构：

➢ 完善“绿色信贷”政策体系。修订现有 26 个行业信贷政策，新制定石油化工、广播电视、通信设备三个行业信贷政策。

➢ 制定完善大客户信贷政策、产业集群信贷政策、小企业信贷政策和大中城市信贷政策，规划各区域信贷发展目标，动态评价区域信贷发展。

❒ 调整贷款产品结构：

➢ 在信贷规模有限的情况下，今年要继续发展贸易融资、票据贴现、小企业信贷和个人信贷等业务。

➢ 积极发展短期融资券、公司债承销等信贷替代业务，力争占据市场第一位置。

❒ 调整贷款存量结构：

➢ 尽早下达对不符合产品政策、不符合环保和节能减排要求、信用评级 A 级以下企业的信贷退出计划，落实到户、责任到人，按季考核通报。对应退未退的贷款加大模拟计提拨备。

➢ 主动转让分流，扩大资产证券化规模。

3.1.2 调整收入结构

❒ 在有效控制风险的前提下，实施进取型投资策略，提高资金营运收益率，确保全年实现债券投资和资金交易收入 1 100 亿元。

➢ 调整投资组合结构，将金融债、企业债、融资券等信用产品新增投资的市场占比提高到 10% -20%，余额较 2007 年增加 70%；3 年以上政策性银行债券投资比例提高到 20% -25%，国债投资占比最高提升到 20% 以上。

➢ 拓宽新的投资渠道，力争获批投资在交易所市场流通的各类债券、信托计划以及商业票据连结型等高

收益品种，提高收入的多元化程度。

➢ 进一步加大做市交易力度，丰富交易品种，增加交易业务收入。

➢ 争取国家有关部门支持，尽早解决重组性资产退出问题。

❑ 加大销售，加快创新，增强中间业务收入增长的可持续性，确保全年实现中间业务收入531亿元，增长40%以上，占营业净收入的比重提高到15%以上。

➢ 代理基金、保险、债券及股票业务收入达到174.2亿元，增长23%；

➢ 本外币结算业务收入达到92.2亿元，增长42%；

➢ 银行卡业务收入达到67.1亿元，增长50%；

➢ 投资银行业务收入达到66.3亿元，增长63%；

➢ 代客资金交易业务收入达到42.9亿元，增长57%；

➢ 理财产品销售业务收入达到31.2亿元，增长118%；

➢ 资产托管业务收入达到20.5亿元，增长40%；

➢ 代收代付业务收入达到12.1亿元，增长46%；

➢ 担保承诺业务收入达到8.9亿元，增长60%；

➢ 考虑到小额账户数量逐年减少，个人账户管理业务收入达到7.1亿元，下降15%；

➢ 委托贷款业务收入达到4.9亿元，增长45%；

➢ 个人外汇及其他业务收入3.3亿元，增长150%；

➢ 年金业务收入达到0.4亿元，增长183%。

3.2 优化业务流程，加快产品创新，通过进一步改进服务增强竞争力

通过优化和完善业务流程，加快产品创新，进一步解决制约服务质量和效率提升的问题，提高适应市场和客户需求的能力，提高银行服务水平和金融产品供给能力。

3.2.1 个金业务流程改造：尽早完成既定计划

❑ 加快推进个金流程改造第三阶段工作，争取提前完成任务，尽快发挥新流程的作用。

➢ 2月份版本重点解决个人结算、储蓄、自助终端和综合开销户等6类业务存在的12个问题。

➢ 4月份版本和7月份版本重点解决理财、银行卡、电子银行、营业网点硬件设备等7个方面存在的36个问题。

❑ 建立流程优化长效机制，根据市场变化、信息技术发展以及客户体验持续优化业务流程。

3.2.2 信贷业务流程改造：全面启动，重点突破

❑ 第一季度开展信贷流程改造专项调研，尽早制订改造方案，争取第三季度末基本完成改造任务。

❑ 改进授信评估与信贷审批机制。

➢ 年内完成客户评级授信一体化的系统改造工作。

➢ 逐步推进项目贷款评估向中长期债项评级授信转型。

➢ 加快评级授信结果的刷新速度，以充分发挥评级授信的风险管理功能。

➢ 探索建立在一定信用等级以上、一定金额以下、一定授信比例以内的符合产业政策的贷款在授信额度内直接核准信用业务的机制。

❑ 调整总分行部分内设机构职能。

➢ 完善总分行对高端大客户的直接营销职能。

➢ 加强贸易融资业务发展及信贷产品研发职能。

➢ 加强信贷操作环节管理职能。

3.2.3 运行管理流程改造：抓紧调研，大力推进

❑ 有计划、分步骤推进业务处理中心建设。

➢ 完善业务集中处理系统，增加集中处理的业务内容。

➢ 在认真总结上海、陕西分行试点经验的基础上，对建设全行统一集中的业务处理中心的可行性作进一步论证，4月底拿出报告。

❑ 整合柜面交易，尽可能简化前台操作模式，进一步提高前台服务效率。

❑ 投产远程授权系统和指纹授权系统，建立集中式、跨网点、多方式并存的授权体系。

❑ 改造运行监督流程，促进监督中心由业务复审向风险管理与质量控制转型。

3.2.4 健全完善产品创新工作机制，围绕重点领域、热点市场和高端客户需求，打造、优化、整合产品管理平台和产品应用系统，加快创新产品的推出速度和频率，丰富产品组合应用，年内要推出一批市场潜力大、客户需求迫切的重点产品。

3.3 完善绩效考核，通过加大营销和市场拓展力度增强竞争力

在考核指标体系中增加反映市场竞争力的指标，增加相关指标的权重，促使各行、各部门不仅要看计划完成率和业务增长率，更要关注市场份额及同业比较情况，注重提高市场竞争力。

3.3.1 完善境内分行行长经营绩效考核办法

❑ 增加对各分行中间业务同业占比和各项存款占比的考核，并进行单独评价和计分，直接调整综合考评得分。

❑ 对能取得同业可比数据的指标进行增量同业占比考核。

❑ 加大对大中城市行市场竞争力的考核力度，扩大其考评结果对所属一级分行综合考评得分的调整幅度。

3.3.2 完善境外机构考核办法

❑ 增设资本回报率核心指标，引导境外机构不断提高ROE。

❑ 加大中间业务和负债业务考核力度，促进境外机构经营转型。

❑ 实施差别评价，如对一些处于起步阶段的机构适当加大业务模式建立、经营机制建立、内外联动等定性指标考核权重，配合全行国际化战略的实施。

3.3.3　完善总行部门考核办法

❐　增加同业占比考核指标。

❐　完善部门捆绑考核，促使各部门间的协作配合，不断增强竞争发展合力。

❐　完善利润考核方式，使总行部门不与分行争利润，更好地调动分行与总行部门两个方面的积极性。

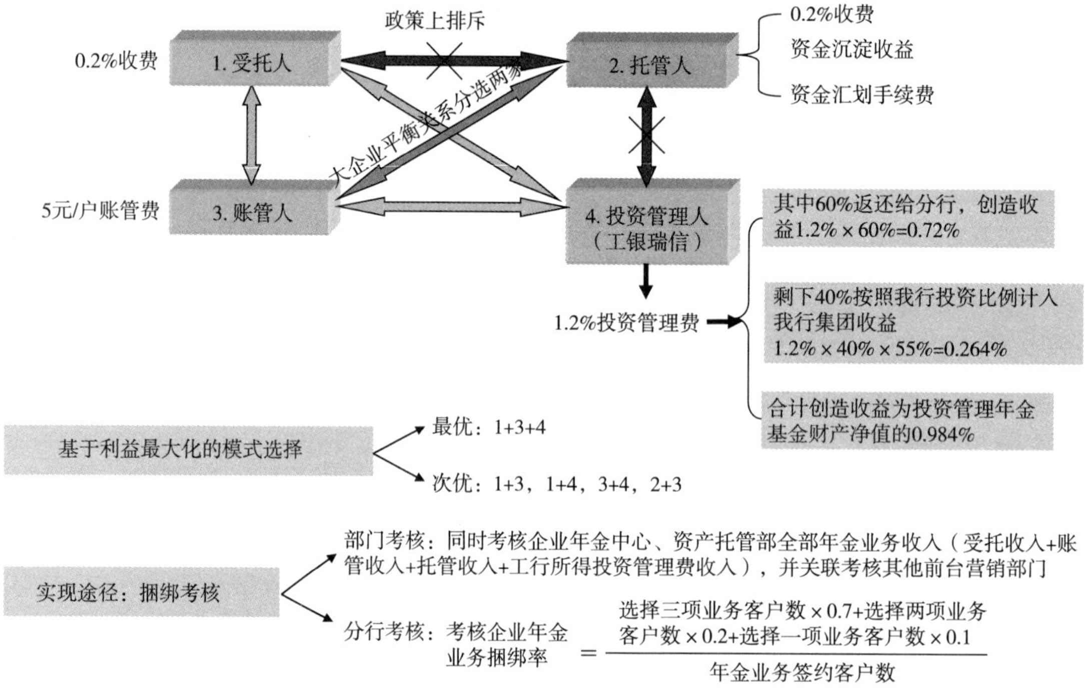

年金业务捆绑考核思路图

➢　信用卡利润全部反映在分行，各分行信用卡利润总和即为总行信用卡中心的利润贡献。

➢　对金融市场部主要考核资金营运收益水平与市场平均水平的差距，不再笼统考核涉及资金营运的成本因素。

➢　不考核运行管理部利润，着重关注其工作效率、服务质量及差错率。

3.4　加强内控基础建设，通过完善风险管理增强竞争力

进一步完善全面风险管理体系，应用风险管理先进技术，提高风险管理效率，降低风险管理成本，以保障和促进竞争力的提升。

3.4.1　改进风险管理机制

❐　加强经济资本管理，出台各项风险限额的管理办法。

❐　加强对分行风险及管理状况的评价工作，出台风险评价办法。

❐　加强全面风险管理机制的运行，充分发挥各级风险管理委员会及其专业委员会的作用。

❐　加强风险管理的技术保障，完善风险管理信息系统与综合业务系统的对接功能。

3.4.2　推进内部评级法项目的开发与应用

❐　非零售项目。

➢　推进项目成果在评级、授信、审批、授权等全流程的应用。

➢　完善模型优化和验证机制，不断提高风险量化结果的准确性。

❐　零售项目。

➢　完成零售业务内部评级法应用系统开发。

➢　制定出台零售资产内部评级法应用管理办法。

3.4.3　加快提升市场风险管理水平

❐　出台市场风险管理七项制度。

❐　完成市场风险管理核心系统的开发和应用，实现全行资金交易业务的数据集中、风险计量集中和限额管理集中。

❐　加快市值评估及市场风险计量模型开发与验证，全面实现交易账户逐日估值与报告。

❐　尝试运用VaR限额管理市场风险。

3.4.4　启动操作风险高级计量法工程

❐　抓紧研究确定总体规划和实施方法。

❐　着手建立操作风险损失数据库，并进行操作风险自我评估工作试点。

❐　结合新资本协议要求，进一步完善我行操作风险监测、报告体系。

3.4.5　加强和改进内部控制

❐　全面完成内控建设三年规划确定的各项任务。

❐　整合内部各项监督审计检查资源，减少重复检查，提升检查监督的质量和效率。

❒ 完善《业务操作指南》的动态维护机制，全面实施违规积分管理。

❒ 进一步加强案件防范，努力实现发案数量同比下降30%的目标。

❒ 积极配合国家审计署对我行的全面审计，并以此促进规范管理，提高经营水平。

3.5　抓好用工管理，通过提升员工队伍素质增强竞争力

深化人力资源管理体制改革，优化人力资源配置，深入实施人才战略。

3.5.1　依照《劳动合同法》规范劳动用工管理

❒ 落实《劳动合同法》要求，组织好合同到期员工和新录用员工新版劳动合同书的签署工作。

❒ 保留柜员合同工和劳动派遣用工方式，政治上一视同仁，经济上同工同酬。

❒ 杜绝不规范用工形式，防止产生新的劳动争议和用工风险。

3.5.2　完善人力资源提升项目配套管理制度

❒ 出台配套制度办法。

❒ 完善竞争上岗机制，扩大竞争上岗范围。

❒ 强化销售激励机制，调动销售人员积极性。

❒ 加强对管理者人力资源管理能力的培训和考核，强化直线管理者在员工职业发展中的责任。

❒ 启动境外分支机构人力资源提升项目。

3.5.3　优化人力资源配置

❒ 总量控制：保持全行总量稳定。

❒ 分类管理：根据不同分行的区位特征和竞争特点，实行差别化政策，优先保证重点区域业务发展的人员需求。

❒ 优化结构：实行人员优化率考核，促进人员区域、专业、类别及层次结构的进一步优化。有效控制管理类和专业类人员占比，提高销售类人员比重，合理确定运行类人员占比。

3.5.4　健全岗位专业资格等级认证制度

❒ 统一序列：尽快梳理、整合各专业任职资格序列，细化各序列资格等级标准。

❒ 规范考评：制定培训、考试规划，定期组织考试和等级评定。

❒ 加大激励：建立专业资格等级与岗位聘任、晋级挂钩制度，加大对专业人才的激励力度。

3.6　努力完成今年的一项特殊任务——奥运会期间的服务及安全稳定工作

2008年是奥运年，国务院和银行业监管机构都对奥运会期间的金融服务及安全稳定工作提出了很高的要求，全行必须认真完成这一特殊任务。

❒ 全力做好奥运会金融服务。

➢ 以迎奥运为动力，进一步改进全行金融服务。

➢ 切实加强奥运会有关城市的服务工作，有关分行要制订专门的奥运会金融服务方案。

➢ 创造性地开展奥运期间的宣传工作，提升我行品牌形象。

❒ 确保奥运期间IT系统安全运行。

➢ 主要业务时段全行系统可用率确保达到99.95%，不发生全局性重大停机事故。

➢ 进一步加大科技投入，前瞻性地扩充生产系统容量和性能。

➢ 控制好版本交付、测试和投产频率，奥运会期间不投产综合版本和进行系统升级。

➢ 进一步完善灾备体系，开展全行业务级灾难恢复应急演练，提高应急管理水平。

❒ 维护安全稳定局面。

➢ 加强奥运期间安全保卫工作，坚决遏制重大恶性案件和事故发生。

➢ 高度负责地做好信访工作，严防奥运会期间发生大规模集体上访，特别是聚集进京上访。

在中国工商银行人事组织工作会议上的讲话

杨凯生

（2008年2月3日·根据录音整理）

这次会议是在《劳动合同法》正式实施、我行人力资源管理提升项目顺利落地后召开的一次重要会议。刚才，建清同志作了重要讲话，充分肯定了近年来我行人事组织工作的成绩，对新形势下如何加强我行党的建设、领导班子建设和人才队伍建设进行了全面部署和安排，对做好人事组织工作提出了新的、更高的要求。全行一定要认真组织学习、贯彻和落实。下面，我重点就如何加强全行人员管理，如何进一步深化人力资源管理

提升项目两个问题再讲几点具体意见。

一、关于加强人员管理工作的问题

今年我行人员管理工作任务很重，面临的新情况和新问题不少。一方面，今年是劳动关系领域一系列新法规，例如《劳动合同法》、《就业促进法》、《劳动争议调解仲裁法》开始全面实施的一年，我行必须按照这些法律的规定，完善和规范相应的人员管理政策；另一方面，股改上市以来，我行各项业务发展十分迅速，业务量成倍增长，客户营销、一线柜面等业务岗位人员需求大大增加。我们要在人力资源管理提升项目实施的基础上，进一步合理调整员工的专业、岗位、区域分布，逐步建立以岗位为基础的市场化的人力资源配置体系。因此，今年全行人员管理方面要做的事情很多，要解决的问题不少。各级行党委、各部门都要高度关注这方面的工作，认真细致地落实好总行的有关部署和要求。

目前，全行人员总量仍然偏大，但更突出的是人员结构问题，如高端人才紧缺，客户经理偏少，一线员工和中后台人员的比例不协调，人岗不匹配等。这些问题在一定程度上制约了业务的发展，影响了服务水平的提高，阻碍了竞争力的增强。我们要按照建设国际一流金融机构的要求，不断提高我行的人员管理水平，努力解决好这些问题。

目前我行有些人均效率指标与国际、国内先进银行相比还有差距，但结合国情、行情和业务发展趋势看，全行人员总量基本是适当的，当前应该保持规模的相对稳定。今年，总行将在保持总量基本稳定的同时，着力内部挖潜，进一步坚持“因地制宜，分类指导”的做法，大体上将分行分为人员正增长、零增长和负增长三类，分地区确定差异化的政策。对金融资源丰富、业务发展迅速、内部管理规范、资本回报较高的地区要增加人员配置；对金融资源较好、业务发展较快、管理比较规范、资本回报潜力大的地区，要保持人员规模相对稳定；对金融资源匮乏、业务发展相对缓慢、潜在风险较大、资本回报偏低的地区，仍要适当削减人员规模。同时，我们也要注意，保持人员总量一定时期的相对稳定，并不是回到铁饭碗的老路上去。各行要通过严格管理、强化考核，及时处理违法违纪及严重违反规章制度的人员。对一些连续提供两次转岗培训仍不愿服从分配或无法胜任工作的人员，要按照《劳动合同法》的有关精神，及时予以淘汰。

今年是《劳动合同法》、《就业促进法》、《劳动争议调解仲裁法》正式实施的第一年。这三部法律的颁布实施，是我国在劳动保障法律体系建设方面迈出的重要一步，引起了各方面的广泛关注，必将对我国社会经济生活产生深远影响。全行一定要认真学习、熟练掌握、准确执行。

全面理解和正确贯彻落实这三部法律，不仅有利于保护员工的合法权益，充分调动广大员工的积极性，也有利于维护企业的用工权利，有利于加强员工队伍建设，有利于我行的长远发展。

为了认真做好《劳动合同法》的贯彻执行工作，总行已经按照有关法律规定制定了一套相关的制度办法，规范了劳动合同订立、变更、终止和解除的工作要求，并制定了应与劳动合同一并签署的“岗位协议”、“脱密协议”、“竞业限制协议”、“培训协议”，各行要认真落实。

当前，要抓紧安排好新版《劳动合同书》的更换工作。这项工作的基本要求是“依法合规、统筹兼顾、分步推进、到期续签”。

对原先订立固定期限劳动合同，2008 年内合同到期的员工，凡符合订立无固定期限劳动合同法定条件的，应当与其订立无固定期限劳动合同。如员工要求订立固定期限劳动合同的，可与其订立固定期限劳动合同，但要注意保留好员工的书面申请。对不符合法定签订无固定期限劳动合同情形的，续订固定期限劳动合同时，一般依照以下期限约定：管理、专业和销售类岗位员工为 5 - 8 年，运行类岗位员工为 3 - 5 年。在与上述员工续订合同过程中，应统一换签新版劳动合同书和相关协议书。

对原先订立固定期限劳动合同，2008 年内合同未到期的员工，原则上按照《劳动合同法》第九十七条规定，继续履行原劳动合同，但为补充必备条款，也是为了与人力资源管理提升项目衔接，应补签相关协议书。对其中已符合法定订立无固定期限劳动合同情形的员工，如员工主动提出订立无固定期限劳动合同，可与其订立无固定期限劳动合同。

对原先已订立无固定期限劳动合同的员工，各行应与员工协商后，全面换签新版劳动合同书，并订立相关协议书。

我行目前用工形式比较多，除上面所说的合同工之外，还有柜员合同工和劳务派遣用工。这批员工多年来为工商银行事业的发展作出了重要贡献。考虑到柜员合同工的历史成因和现状，为保证用工政策的平稳过渡，目前仍保留柜员合同工用工方式，继续使用总行制定的符合《劳动合同法》要求的独立合同文本。除少部分已符合签订无固定期限劳动合同的，柜员合同工的劳动合同期限以 3 - 5 年为主。劳务派遣也是《劳动合同法》所许可的一种用工方式，目前许多企业包括国有大型企业和银行同业仍在继续采用。我们要以实施《劳动合同法》为契机，进一步规范劳务派遣用工的管理。总的方向是逐步淡化对柜员合同工、劳务派遣用工的身份管理色彩，强化合同管理和岗位管理。对这些员工政治上要一视同仁，要确保他们能够及时参加行内党团、工会组织的各项活动；经济上要落实同工同酬，确保“五险一金”及时、足额缴纳。要为柜员合同工和劳务派遣用工的学习提高创造必要的条件，鼓励和帮助他们锻炼成才。

在执行《劳动合同法》的过程中，我们应该认识到这部法律的实施，并没有取消用人单位的用人自主权。当然《劳动合同法》实施后，劳动合同的长期化对员工管理还是会带来一定影响的。我们要依托人力资源管理提升项目，进一步健全完善新的岗位序列和职级体系，深入开展员工职业生涯规划，运用岗位胜任力模型、人才测评工具等手段，通过职业设计、能力开发、岗位调整，促进人岗相适、人尽其才、才尽其用，使全行人力资本价值得到深度开发，各级、各类、各年龄段人员的作用都能得到有效发挥。同时，要建立健全绩效管理机制，完善劳动合同的日常管理，及时淘汰严重违反规章制度或不能胜任工作的人员，逐步形成依法合规、择优进人、严格考核、激励有效、约束有力、退出有序的用工机制，使我行的人员管理工作进一步向规范化、市场化转型。

要加快构建总行和一级（直属）分行、二级分行三级内部人才市场，建立完善内部人员流动机制。要加大对各类新设、空缺岗位的系统内招聘力度，尝试组织人员相对富余地区的员工向人员紧缺地区的机构有序流动；低效地区机构的人员向价值创造力强的机构有序流动。要通过内部人才市场，多方位和多角度地发现、使用、培养和造就人才，激发员工潜能，为其提供多方面的发展机会。

各行要从提高员工本人、流入行与流出行三方的积极性入手，抓紧研究内部人才市场的运作机制和配套管理办法。比如，可以尝试采用长期借调方式，安排员工与流入行签订2－3年甚至更长期限的岗位协议。协议期间，表现不好或经考核不能胜任岗位要求的，可经流入行提出，由流出行重新安排岗位或纳入待岗管理。协议期满后，可由员工与流入行、流出行共同协商决定是返回流出行还是留在流入行工作。总行也要结合这种方式，研究建立对流出行和流入行的利益调剂机制。要努力解决好员工和流入行、流出行在推动员工内部岗位迁徙上存在的一些思想顾虑和实际问题，促进人员在区域、专业结构上的优化调整。今后，凡适合行内员工从业的岗位，原则上应以行内招聘为主。

这里，我要特别强调一下关于做好离职管理工作，切实维护稳定发展大局的问题。前些年，我行实施了部分员工可以内退和协议解除劳动合同自谋职业的做法。这些做法是有政策依据的，总体上实施的效果也是好的，促进了员工队伍结构的调整和劳动生产率的提高，保证了财务重组和股改上市的成功。目前，随着全行经营状况的不断改善和人力资源管理提升项目落地，员工收入增长预期普遍提高，主动申请离职的意愿将进一步减弱。同时，随着《劳动合同法》的颁布实施，各类人员的维权意识也有了增强。以往少数地方在人员管理工作中的一些不规范操作，以及部分分行在内退工作中存在的“一刀切”做法，都有可能对全行稳定造成压力。因此，加强离职管理，维护稳定大局，是我们当前人员管理工作中必须高度关注的问题。

近两年，我行一直在努力提高内退人员的收入水平。例如，保证了内退人员与在岗员工享有同等医疗待遇，2005年总行出台了差异化补贴政策，2006年、2007年又连续调高了内退人员的补助标准。最近，我们又一次性提取了125亿元，准备实施专户管理。这都是为了解除内退人员的后顾之忧，保证他们的收入水平能够有一个比较稳定和合理的增长。当然，内退人员收入水平是低于在岗员工的。这种差距是内退员工不再直接在行劳动，离岗之后无须承担岗位职责和风险的一种正常体现。过去，个别地方曾出现在岗员工与内退员工收入没有什么差距，甚至“倒挂”的现象，这对在岗员工的工作积极性产生了一定的影响，也是不对的。

最近，总行党委就如何进一步做好员工内退工作进行了认真研究，提出了加强和完善内退工作的要求，希望各行在工作中注意把握。第一，要进一步规范操作流程，坚持员工自愿申请原则，不要简单化操作，搞“一刀切”式的强制内退。第二，内退年龄条件应掌握在距法定退休年龄5年。第三，要完善内退生活费的核定与增资机制。从今年开始，在提高内退人员收入标准时，增量部分要考虑各行在岗员工收入水平间的差距，实行一定的区域差别化政策，以进一步平衡好内退人员收入与同一地区在岗员工收入的关系。在落实总行这些工作要求的过程中，现有内退人员尤其是部分距法定退休年龄还多于5年的已内退人员可能会出现思想波动，各行要深入细致地做好思想工作，充分宣传总行、分行在关心内退人员、提高内退人员待遇方面所做的工作，确保内退人员队伍的整体稳定。

前些年，我行陆续有一批员工通过自谋职业的方式，在领取补偿金后离开了工商银行。我行在实施这一做法的过程中，是按照有关规定操作的，是符合政策要求的。但近年来自谋职业人员的来信来访一直比较多，对全行乃至社会的稳定都带来了一定影响。我们要在坚持现行政策的前提下，进一步拓宽工作思路，尽可能地帮助自谋职业人员解决一些生活中的实际困难，以化解不安定因素。第一，要加强与民政部门或社保部门的沟通联系，力争帮助更多的自谋职业人员享受到当地最低生活保障或领取到失业证及失业保险金。第二，在可能的情况下，尽力帮助自谋职业后失业的人员在社会上实现再就业。要加强与当地主管部门的沟通协调，尽力协助自谋职业人员办理再就业优惠证。

二、关于继续深化人力资源管理提升项目的问题

2007年，全行实施了以构建岗位职级体系、整合

绩效管理机制、革新薪酬分配制度为核心内容的人力资源管理提升项目。截至去年底，全行所有员工都已进入了新的岗位职级体系，开始执行新的工资标准，绩效考核办法也已经做了调整和完善，人力资源管理提升项目已基本实施到位，取得了初步成效。

通过构建岗位职级体系，全行初步建立起了横向4大类别20个序列、纵向25个等级的岗位职级体系，确立了“纵向可进退、横向可交流”的员工发展机制，实现了由单一的行政职务体系向多通道的岗位职级体系的转变。

通过实行岗位绩效工资制度，每个员工既按照岗位价值的不同享有不同的岗位工资，也按照绩效贡献的大小领取相应的绩效薪酬；全行上下既在不同岗位间适当拉开了差距，也做到了每个员工没有因此次改革而降低收入，并力争做到了都有所增长；各级机构既初步打破了合同工、柜员工、劳务用工等各类员工的身份界限，在一定程度上推进了同工同酬，也保证了原用工制度的平稳过渡。应该说，人力资源管理提升项目是对传统人事管理制度的一次重大突破。这个项目的实施，有助于淡化官本位的观念意识，有助于改变千军万马挤独木桥的行政职务晋升机制，有助于打破平均主义大锅饭的分配方式。更为重要的是，通过推广宣传市场化的人力资源管理理念，进一步引导员工关注自己的业务能力、专业发展和绩效贡献，促进了全行价值体系的转变。

在人力资源管理提升项目实施过程中，各级党委高度重视，各行项目组和人力资源部门精心组织、辛勤工作，认真贯彻执行了总、分行党委的政策要求和工作部署。总的来说，人力资源管理提升项目实施过程是平稳顺利的，员工反响是积极正面的，全行上下对项目的实施效果也是比较满意的。

但由于时间紧、任务重，加之涉及面广、情况复杂等原因，去年项目的实施还只是搭建起了一个基础性的框架，项目中涉及的很多内容还没有完全到位，一些配套措施还有待进一步完善，也还有少量遗留的问题需要解决。而且，在工商银行这样规模巨大，传统国企文化氛围还比较浓厚的银行里，启动这个涉及所有人员切身利益的改革项目，难免会有少数员工不理解，难免会有一些不同的声音、不同的意见。这里既有员工本身观念转变不够，对项目不理解的原因，也有少数分行特别是一些基层行在组织实施中方法过于简单，宣传解释工作不到位带来的问题。

这个项目总体来说对大家都是一件好事，只要准确理解了项目精神，认识到实施这个项目所可能给自己职业发展和薪酬收入方面带来的益处之后，广大干部员工应该是支持和赞成这件事的。现在的问题是，我们一些当领导的，一些做人力资源管理工作的同志，本身学习就不够，对有些问题讲不清楚、说不明白，影响了实施效果。各行要加强调研分析，准确把握员工的思想动态，有针对性地化解矛盾。对于项目实施中涉及员工自身利益的问题，如岗位价值、工资等级、档次等，各直线管理者必须与员工当面沟通。各级管理人员都要提高人力资源管理能力，这是对管理者素质的基本要求。要注重宣传工作的技巧和沟通的方式，避免工作的简单化。人力资源部门和专业部门的管理人员不能相互推诿，要敢于和善于与员工进行交流，有针对性地释疑解惑，提高员工满意度。总行也将继续组织调研组到分行尤其是二级分行进行调研，了解员工想法，汇总相关信息，帮助分行解决存在的问题。

对在项目执行中存在的一些不规范做法应进行必要的调整。比如，要严格按照岗位的职责和价值确定不同人员的岗位等级。下级机构不能简单类比上级机构有关部门负责人的岗位等级划分办法。因为在不同层级的机构，有的部门尽管名称相同，但工作职责并不完全相同，对人员素质的要求也不尽一致。再比如，有些单位简单地按照某一部门负责人的等级平行地逐级降低下属人员的岗位等级，这也是不科学的。因为在各部门中，并不是各层级所肩负的责任都是成等比例递减关系的。在一个部门内相同职务名称的人员，等级也应该有所不同。还有一些单位存在压低非管理类岗位和基层岗位等级区间的现象，这也是不正确的。不应该出现管理类岗位等级一律高于非管理类岗位等级、各级行本部员工岗位等级普遍高于基层和一线员工岗位等级的现象。对岗位职责相同、任职要求相似的岗位，要以一级分行或二级分行为单位统筹考虑设置等级区间标准，避免在一个区域内相同岗位、相同能力员工的等级差距过大的现象。

另外，在确定工资标准时既要避免简单按照工龄、职称等因素划分等级和档次的做法，不搞论资排辈，也要考虑员工在工行服务年限长短等因素，对老员工、军队转业干部的历史贡献要有必要的体现。也就是说，一要正确运用岗位评估的方法和工具，按照岗位实际职责大小和素质要求正确评定不同岗位的等级，二要具体情况具体分析，合情合理地确定不同人员的工资档次。

根据人力资源管理提升项目实施方案的要求，项目实施后有半年的试运行期。考虑到大部分分行2007年12月份才完成相关工作，总行决定将分行项目试运行期统一明确为至2008年6月底结束。各分行要在这一时期内抓紧工作，力争解决好必须解决的遗留问题。在此期间，也要注意坚持和巩固前期的工作成果，不要出现大的变化和反复。为了督促各分行领导增强对这个项目的重视和参与程度，总行今年下半年要对分行项目的实施情况进行一次检查和考核。

去年人力资源管理提升项目实施的重点是放在岗位职级体系的建立和对每个员工定岗、定级、定档上面。项目实施后，基本搭建起了以岗位职级为基础的人力资源管理体系框架，形成了以岗定薪、以能定资、以绩定奖的激励机制。但要保证这个体系正常运转起来，真正取代我们原有的人事管理运行机制，还需要尽快完善相关配套制度，继续深化项目的实施。

一要继续完善岗位序列体系建设。当前，工商银行已初步建立了横向4大类别20个序列、纵向25个等级的员工职业发展通道。今年要按照“纵向有深度、横向有宽度、晋升有标准、发展有空间”的原则，从三方面入手，不断完善员工晋升发展机制，为员工的职业发展搭建更宽阔的平台。要建立员工正常的晋升机制，搭建职业发展阶梯，鼓励员工在专业序列内不断提升岗位技能，逐步向高层级岗位晋升。同时，在统筹考虑公司发展需要和员工个人志向的基础上，帮助和促进员工在不同序列之间转换，实现人尽其才，才尽其用。要建立规范的任职资格体系，实现岗位要求的明确化。帮助员工清晰地了解不同的岗位要求，明确自己职业发展的努力方向。

二要不断提高人岗匹配程度。由于时间关系和保持稳定的需要，我们在项目实施时没有通过搞“全体起立”的方式实现人岗的重新匹配。但从长远来看，还是应该逐步建立员工和用人单位、用人部门包括岗位主管间的双向选择、竞争上岗的用人机制和择岗机制，提高人岗匹配程度。要逐步建立规范化、制度化的岗位竞聘制度，为员工提供平等的竞争机会，使能者上、平者让、庸者下，从而解决高岗低配、低岗高配、因人设岗、因人定级等问题。同时，要根据员工职业发展需要，加强培训工作，提高员工履职能力和发展能力。对转岗员工要有针对性地开展转岗培训，提高其新岗位适应能力。要通过这些措施，尽可能发挥每一位员工的特长，充分调动员工的工作热情和积极性，形成岗位靠竞争、待遇靠业绩的良性氛围，从而提高全行人力资源配置效率。

三要继续完善绩效考核机制。绩效管理是人力资源管理工作中的一个重点，也是一个难点。做好绩效管理工作首先需要各级管理者具有先进的管理理念和责任意识，要有通过考核来区分员工业绩差别的意愿。如果在落实考核的时候“和稀泥”、走过场，一味想做“好人”，不敢承担责任，再科学、再合理的考核办法也无法真正发挥作用。

今年在绩效考核机制建设方面的重点是要逐步建立自上而下的目标分解机制，将全行战略目标和经营任务落实为各层级员工的行动计划。引导员工参与绩效管理过程，倡导承诺型的绩效文化，强化各级管理人员对绩效的承诺意识和责任分担意识。考核中要将业绩结果和行为评价有机结合起来。要进一步发挥绩效考核结果在劳动合同管理、岗位管理和员工晋升与发展方面的作用，强化绩效考核结果对员工的激励功能，使绩效管理真正成为人力资源管理体系的有机组成部分。

四要尽快健全各项人力资源日常管理制度。要明确员工岗位变动管理办法、工资日常管理办法、考勤休假管理办法等一系列日常化管理制度和流程。

此外，我行正在加快实施国际化发展战略，境外业务领域不断拓宽，境外机构正在逐步增多。但随着我行国际化发展战略的加速推进，目前的境外机构人力资源管理体制逐渐暴露出一些问题。主要表现在：国际化人才发展规划还不完备，缺乏对全球雇员一体化的管理制度；外派后备人才库总量较小、结构不够合理，外向型、复合型的国际化经营管理人才不足；缺乏有竞争力的激励约束机制，影响了对外派人员的遴选和管理。为解决这些问题，总行决定，2008年在我行境外分支机构中全面启动人力资源管理提升项目，以逐步建立适应新形势的境外机构人力资源管理新体制，形成境内外既一体化又具有不同特点的人力资源管理框架，构筑全球统一协调的人力资源管理平台，为我行国际化发展战略提供更强有力的人力资源支持。

境外机构人力资源管理提升项目的主要内容包括：优化岗位设置，将外派员工按商务旅行人员、短期工作人员、长期工作人员、国际经理人等类型重新定位，逐步完善分类的培养、选拔、激励、发展等相关管理制度；引入团队绩效理念和目标考核机制，根据境外机构发展的阶段性特点，实施差异化、引导性的绩效考核机制；在外派员工分类管理的基础上，全面引入岗位、绩效、能力、市场价格、生活成本、保险水平等薪酬分配理念，有序推进各境外机构的薪酬管理及相关制度的改革。

在境外机构人力资源管理提升项目实施中，总行将聘请国际知名咨询公司作为顾问，总行和各境外机构要分别成立项目组负责项目推进的日常工作。目前这个项目已经启动，各境外机构已经在着手开展岗位梳理和岗位说明书撰写工作，要争取在上半年完成各项主要工作。

最后，我要专门讲一讲关于完善一线营销人员、客户经理激励机制的问题。今年全行的中心工作就是要进一步提升竞争力。提升竞争力固然需要从多方面作出努力，但增强市场拓展能力和客户维系能力无疑是其中的一个重要内容。2008年深化人力资源管理项目的一项重要工作就是要建立一种有利于调动客户经理积极性，有利于调动对直接营销有贡献的员工积极性，有利于吸引和鼓励更多员工走向前台销售岗位的激励机制。

目前全行已经全面实行了岗位绩效工资制。每个员工的薪酬收入都由岗位工资和绩效工资两部分组成。岗位工资的实际水平是由各单位的薪点值和每位员工的岗位等级和工资档次所决定的；绩效工资的实际水平是由每位员工所属的岗位类别和个人业绩考核结果所决定的。不同类别的岗位，岗位工资和绩效工资的比重不一样。总行要求从今年开始，各行在确定薪点值时，除了可以设置必要的地区差异系数外，对销售类岗位的薪点值统一设置1.1的系数，即销售类岗位员工的薪点值统一上浮10%，以提升销售类员工的岗位工资水平。同时，要进一步提高销售类岗位的绩效工资收入。据测算，目前全行销售类员工人数占比为12.4%，岗位等级占比为12.6%，而销售类员工绩效工资占全行总绩效工资的21%。可以看出，分配于销售类人员的绩效工资比重已经高于其人数占比和岗位等级占比。在这个基础上，今年绩效工资中切给客户经理和对直接营销有贡献的员工的绩效工资，占全行绩效工资的比重还要进一步提高。各分行今年用于客户经理和对营销有直接贡献的人员的绩效工资总额不应低于本行绩效工资总额的25%。

要真正做好这项工作，关键有三点：一是要正确界定哪些岗位属于销售类岗位，哪些人员属于对营销有直接贡献的人员。总的原则是按照人力资源管理提升项目实施时所明确的岗位类别来认定，按照员工日常实际工作职责和内容来区分。二是要在不同产品线之间合理确定绩效工资的分配额度和挂钩办法。各分行应根据本行实际情况，统筹兼顾，结合不同阶段、不同机构的营销重点，在总行下达的工资总量中，合理确定本行当年销售激励工资的总额以及在各产品之间的分配。三是要完善和健全对客户经理、一线营销人员个人的绩效考核办法。有些绩效是可以通过计件反映的，而有些工作是难以定量考核的；有些事情是客户经理个人可以完成的，而有些业务则是通过营销团队合作才能见效的。各分行要在现有基础上进一步细化办法，严密制度，实施对客户经理及营销人员的合理考核。

大家应该看到，总行今年在健全和完善营销激励机制方面是下了决心的。总行希望通过这样的措施可以有效地调动客户经理、营销人员的积极性。各行要通过这样的机制激励更多的员工和管理人员到第一线去，去做客户经理，去从事营销工作。

2008年全行人力资源管理工作面临着更多的挑战，各级人力资源管理部门的任务很重，责任很大。我们相信，在各级党委的领导下，通过各级人力资源管理部门扎实有效的工作，一定能使全行的人力资源管理工作水平有一个新的更大的提高。

在全行机构业务企业年金业务第三方存管业务表彰颁奖仪式上的讲话

杨凯生

（2008年2月19日·根据录音稿整理）

很高兴来参加今天的颁奖活动。我想，今天下午这个活动应该说是一个比较轻松的活动。参加今天下午的活动的原因主要是因为这三项业务都非常重要，无论是机构业务、第三方存管业务还是企业年金业务。因此，为了表示对这几项业务的重视，为了表示对这几项业务的支持，同时，也是为了表示对来自各分行负责和从事这几项业务的同志们去年所取得的成绩表示祝贺和感谢，我想我应该来参加今天下午的活动。

我想说一下为什么我觉得这几项业务很重要。在今天上午的会上，李晓鹏副行长和德应同志都已经把机构业务的主要情况讲过了，我就不再更多地重复。明天还将召开年金业务会议，对去年年金业务的情况进行总结，对今年工作作出安排和部署。这些材料我已经看过，都表示赞成。我想简单说说我自己对这几项业务的看法。

比如说机构业务。为什么说它重要，为什么说应该重视这项业务，为什么应该下工夫继续抓好这项业务？我想固然要说现在机构业务存款有2万亿元，去年一年机构业务增加的存款占到我们全年存款增量的72%，所以，不能小看机构业务。我们还要说机构业务对我们整个营业收入的贡献度将近230亿元，中间业务收入为17.4亿元。当然，说机构业务重要，不仅仅要看这些数字。机构业务具有自身的几个特点，它涉及工商银行全行的经营基础和长远发展后劲。比如说，机构业务工作做得好与坏，水平高与低，实际上决定和影响了我们与特定客户群之间的关系。无论是政府机关、财政部门、军队，还是同业机构，都是一个比较特殊的客户群体，与他们的关系处理如何，对他们的服务水平的高低，在相当程度上，决定着工商银行的长远发展。从这个意义上讲，机构业务对塑造我们发展的外部环境，以及对夯实我们的经营基础都有着难以取代的作用。再比如说，机构业务在一定程度上把我们原来所从事的传统商业银行业务和目前正在迅速发展的资本市场保险市场等业务连接起来，包括银证关系、银保关系，以及与基金公司、信托公司，甚至下一步要开展的与期货公司的关系等。具体如第三方存管业务，明显地把我们长期所从事的传统商业银行业务与资本市场连接起来。这些业务开展得好不好，发展得快不快，在同业中具不具备足够的影响力和竞争力，直接关系到我们的客户基础，关系到我们低成本资金来源渠道是不是能进一步拓宽。但是更重要的是它决定了在中国的金融市场发育成熟之后，在直接融资规模不断扩大之后商业银行的地位。大家知道，这是不以人的意志为转移的，中国的金融市场一定会进一步发展，中国的直接融资规模一定会不断发展。这不仅不以我们的自身意志为转移，在一定意义上，也是我们所期盼和期望的。绝对不能把整个金融风险全部压在商业银行身上，这就决定了直接融资会扩大，资本市场会发展。在资本市场高度发达的环境下，商业银行对资金的中介作用会不会弱化，我们还能不能保持自己应有的地位和应有的影响力，在相当程度上，取决于我们现在机构业务的水平。所以，我想，在抓机构业务的时候，不能仅仅只想到存款和中间业务收入，要站在更高层面上，作更深层次的思考，从工商银行长远发展的战略高度来对待。

关于第三方存管，去年总行专门开了视频会，我作了讲话，刚才在讲机构业务的时候也涉及这个问题，今天我就不多讲了。总之，新的一年，我们要更努一把力，继续下工夫。1 500 万上线客户还不够，还要继续做好工作。从哪方面做？一方面是新增客户的挖掘。我们在柜台、网点要做好综合交叉销售。另一方面是我们的柜台延伸。到券商的柜台延伸工作，要服务好，管理好。如果管理不到位，可能会存在一定的误解。应该说，去年第三方存管工作做得不错。我们通过下半年特别是第四季度的努力，把原来慢的半拍赶上了。坦率地说，从一开始，我们从上到下对这项业务的认识还不到位，我们工商银行工作有慢了半拍的感觉，后来奋起直追，超越了竞争对手，希望今年在这方面再下些工夫。

关于年金业务，为什么要说呢？明天要召开年金业务会议，我明天有会不能参加了。据我了解，我们各分行机构业务和年金业务的分管领导是高度交叉的，大多数都是同一个。所以，我想借这个机会说一下年金业务的事情。年金业务现在我们全行管理的账户数是350 万户，看上去不多。但是去年一年，我们就将近增加了200 万户，从增长幅度来看是非常迅速的。我们目前账户管理数和托管资金数的同业占比都超过了 50%。可以说，到目前为止，工商银行是我国企业年金业务方面最大的银行。

但是我们要看到，这项业务在中国还是方兴未艾。长期以来，我们没有一个规范的企业员工退休之后的补充养老的规范，就是靠退了之后在社保机构领养老金。由于这样或那样的原因，我们退休统筹养老这一块，保险水平比较低，直接影响了广大企业员工退休以后生活的稳定。随着社会的发展，随着生活水平的稳定，随着企业经营情况的好转，国务院和有关部门在前几年作出了重要的决策，就是有条件的企业要建立规范的企业年金制度。这是很重要的制度，也是借鉴国际惯例推出来的。应该说，工商银行在这项业务上起步比较早，认识也是比较到位，但我们还要看到，目前这项业务方兴未艾，许多企业特别是大型国企，都要建立这项业务。所以，年金业务的受托人管理、账户管理、投资管理将成为金融机构竞争的一个新的业务。

企业年金业务关系到我们零售业务的基础，关系到我们个金业务的发展，甚至关系到我们公司业务的发展。不要静态地看今年 1 月份年金业务收入才 350 万元，从长远来看，今后这块业务是一个影响很大、潜力很大的业务。很难想象，一个企业的基本账户不在工商银行，它会把企业年金交给我们管理。也很难想象，一个员工年金在工商银行管理，但他个人的储蓄账户不开在工商银行。所以，我们要看到这项业务牵涉面很广，是涉及我们发展基础的重要业务。

工商银行在开展年金业务方面，有着我们的同行所不具备的，或者说十分羡慕的优势。我们完整拥有年金管理的四个牌照，这是非常少的。在这方面，我们有独特优势。但是，在实际业务开展过程中，在选择重点发展哪项业务的时候，牌照太多了也不太好处理。而且这四项业务中，还有政策限制。比如你从事了某项业务，就不得再从事另一项业务。这就带来问题了。我们怎么去营销？怎么去竞争？我们面对这些选择，到底选什么？有的时候，行内的部门有不同想法；甚至不同的分管行长也会有不同的感觉，这些都是自然的、正常的。但是我们一定要考虑到的一条原则是，能夺得的不能放弃。按照现在规定，不可能在同一个企业里从事四个牌照，最多从事三项，这三项一定要加上工银瑞信。如果排除工银瑞信，工商银行最多可以从事两项。因为这是政策限制。我们原则是能多不少，能三项不选二项，能二项不选一项，有一项我们也要，宁多毋少。要做到这一条，我们要统一营销，统一竞争，形成合力。怎样来做到统一营销，统一竞争，形成合力？这一点，在今年的年度工作会议上，我专门做了比较详细的说明。我估计各分行行长们也已经回去传达了。总行对分行的考虑，拿到了在你行开户的企业年金，拿到三项，得分最高；拿到两项，得分其次；拿到一项，得分最低。就促使你们力争三项，得不到三项争两项。这是一个办法。总行部门，还有托管部门，以及其他市场营销部门应该怎么办？把受托人管理的收费，托管的收费、账户管理的收费和工银瑞信投资管理的收费加起来，对几个相关部门捆绑考核。通过这个机制促使大家形成合力，促使大家争取工商银行的最大利益。如果说工商银行其他业务的开展，也都需要形成合力，则年金业务更需要，因为这项业务涉及行内行外，涉及政策限制问题。怎么效益最大化地发展年金业务是一个比较复杂的选择过程，是一个多重目标的选择过程，但是，我们必须要重视这项业务，要齐心协力做好这项业务。要形成账户管理、受托人业务、托管业务、投资管理四项业务整体营销，一起营销，一起投标，一起向客户推介，只有这样，才能保证工商银行在年金业务上收益最大。希望新的一年，这项业务能再上新台阶。

今天我利用这个机会讲一下这三项工作的重要性。这三项工作都值得和需要我们下更大的工夫，付出更多的心血，因为这几项业务事关我们的发展基础和发展前景。希望大家重视。谢谢大家！

努力让内控合规工作发挥更重要的作用

——在中国工商银行内控合规工作会议上的讲话

杨凯生

（2008年2月25日·根据录音整理）

当前，国内国际经济金融形势变化很快，全行加强风险管理和提高市场竞争力的任务很重，内控合规工作面临新的形势和更高要求。这次会议就是要认真研究分析一年来内控合规工作取得的主要进展和遇到的新情况、新问题，根据新的形势任务要求，对2008年全行内控管理工作作出安排和部署，下面我讲三点意见。

一、内控合规工作为全行改革发展作出了积极贡献

2007年是我行上市后的第一年，也是我行经营业绩大幅增长、创新发展能力显著加强、内部控制和风险管理水平继续提高的一年。过去一年取得的成绩和进步是全行上下共同努力的结果，也包含了内控合规战线同志们的辛勤工作。关于2007年全行内控合规工作，主要有以下几个方面值得肯定。

（一）《内部控制体系建设三年规划》（以下简称《规划》）付诸实施，全行内部控制水平有了明显提升。2007年2月我行《规划》正式颁布实施，《规划》以建设国际一流商业银行为目标，明确了内部控制体系建设的指导思想、框架体系、工作重点和具体任务，是当前及今后一个时期内部控制体系建设的一个指导性文件。在全行上下的共同努力下，《规划》中涉及2007年度的24项任务都得到了较好的完成，促进了我行内部控制体系的完善。如按照沪港两地监管要求修订了股东大会、董事会和监事会议事规则，进一步完善了我行的公司治理结构；以内部评级法为代表的先进风险管理工具研发应用取得重大进展，全行风险识别与评估水平大幅提升；制定出台了《关联交易基本规范》、《授权管理办法》、《信息披露制度》等一批重要管理制度，进一步健全了全行的规章制度体系；顺利实施人力资源管理提升项目，初步构建了市场化的、新型人力资源管理体制；着手拟订或出台了《业务违规操作积分处理规定》和《员工违规违纪处理暂行规定》等办法，员工操守管理日趋规范。

各分行按照总行《规划》要求，结合自身实际，全面加强了内控体系建设。许多分行制定了自身的内控体系建设三年规划，以及具体的年度工作计划，明确了内控工作目标和任务，并逐项分解到各个部门、专业直至具体岗位。如深圳、海南等分行将内控目标措施落实到每个部门和员工，形成“全行重视，全员参与，全面覆盖，全程控制”的内控工作格局；浙江、河南等分行整合检查监督体系，建立检查监督的长效机制，确保对各类业务风险环节和风险点实行及时、连续、全覆盖的合规性检查，对同类问题的检查和定性做到“一支队伍、一个标准、一种结论”，提高了检查效能；山东等分行改革监督中心工作模式，开发应用风险预警监测系统，强化了系统的硬控制；江苏分行积极培养操作人员“程序至上、违规必究”的合规意识和管理人员“尽责者免责、失责者问责”的责任意识，取得了很好的效果。2007年一级（直属）分行内控评价的结果表明，各分行内部控制水平都有了较大提高，各分行内控评价综合得分平均为82.71分，比上年提高了7.69分，其中6家分行被评为一级，比上年增加4家；20家分行被评为二级，比上年增加12家；8家分行被评为三级，比上年减少11家；2家分行被评为四级，比上年减少3家；消灭了五级分行。

尤其值得肯定的是，各级管理层对内部控制工作越来越重视，越来越负责任，从过去只关心扣多少分、评多少级，到更加关心如何真正解决内控中存在的问题；从过去只关心一些个别问题，“打补丁式”地进行整改，到更加关心如何从基础建设入手全面推进内部控制体系建设；从过去只关心评价期间内控工作做得好坏，

到注意关心经营管理全过程中的内控问题。这是一些很好的变化。我们说内控工作人人有责，是指全行员工对做好内控工作都有责任和义务，而对各级管理层来说，更要对内控工作负责任、尽义务，而且是负首要责任、尽最大义务。

（二）《业务操作指南》的全面推广应用，大大提高了全行业务操作的规范化程度。2006 年底，总行制定了八个专业的《业务操作指南》，将内部控制和风险管理要求融入业务操作的各个环节，这是我行完善业务操作流程、提高业务运作效率、有效防控操作风险、全面提高内部控制水平的一项创新之举，也是打造我行核心竞争力的重要措施。

为了确保这项工作落到实处，2007 年全行大力开展了《业务操作指南》的学习培训、考核、验收等工作，《业务操作指南》的推广应用进展较快、成效明显。各分行按照总行“做什么、学什么；学什么、考什么”的要求，从实际出发，探索了形式多样、行之有效的培训方式。如北京分行通过网络系统开展培训，扩大了直接受训面；贵州分行采取“定点、定人、定时、定内容”的方式，对营业网点实施“送教上门”或“飞行培训”；安徽分行积极开展总会计“带学”、营业经理“帮学”、运行督导员“送学”的“三学”活动；浙江分行和福建分行开展了《业务操作指南》的巡回辅导；辽宁分行实行《业务操作指南》开机界面制度提示；大连、深圳等分行建立《业务操作指南》考试题库，据不完全统计，全行共举办各类培训班 2.5 万个，实际培训 96 万人次，参加考核 47 万人次，考核通过率 99%。通过开展多种形式的《业务操作指南》培训学习，切实提高了全行员工对规范操作、防范操作风险重要性的认识，加深了一线员工对每一项业务流程、每一个风险环节、每一个风险点、每一项控制措施的理解，基本达到了“干什么，知道什么”的要求，不少柜员改掉了以往凭经验、凭习惯处理业务的不良行为，将“按制度、按流程”的操作理念渗透到了日常工作中，各类操作风险隐患得到了较好的控制，工作效率进一步提高。

为了保证《业务操作指南》的时效性和执行力，2007 年总行还重点加强了两方面的工作：一是加强了《业务操作指南》的日常管理维护工作，制定出台了《〈业务操作指南〉管理办法》，明确了指南管理的职责分工和工作流程，搭建起了《业务操作指南》动态维护的管理平台。与此同时，总行相关部门加强了《业务操作指南》补充和修订工作，个人金融业务部、电子银行部、结算与现金管理部对原《业务操作指南》中的 34 张流程图及时进行了修订。机构业务部、信贷管理部新编制了中央预算公务卡业务、个人信贷业务和小企业贷款业务等《业务操作指南》共 32 张。二是制定下发了《业务违规操作积分处理规定》，对执行《业务操作指南》不力、违规操作的人员及直接管理人员通过积分管理实行问责，这对保证《业务操作指南》的顺利实施，解决业务操作中屡查屡犯问题具有十分重要的促进作用。

（三）内控评价体系进一步完善，评价水平有了较大提高。我行内控评价工作起步比较早，从 2001 年开始，先后经过了内控评价试点阶段、基层行评价阶段、一级分行和基层行全面评价阶段，随着去年启动全行性的内控自我评价项目，内控评价工作进入了全方位的整体评价阶段，初步形成了对全行、对一级（直属）分行、对二级分行、对县级支行四个层次的完整内控评价体系。在完善内控评价体系的同时，评价办法也有了很大改进和创新。调整了对一级（直属）分行的内控评价指标体系，将过程评价指标体系由原来的 69 项增加到 83 项；评价范围由过去仅评价一级（直属）分行本级、营业部和一个二级分行扩大到一级（直属）分行全辖，更全面地反映出一个分行的内控工作水平；将一次性的评价工作转变为年度性的综合评价与一次性现场评价相结合的方式；引入了非现场评价方法，将各类检查结果、各类风险监测结果纳入到评价中来。经过调整，内控评价指标体系更健全、覆盖面更广、方法更合理、评价的结果更准确。

（四）操作风险管理能力有了提高，操作风险被控制在较低的水平上。商业银行操作风险管理从世界范围看都是一个并没有完全解决的问题。新近发生的法国兴业银行的案件也从某种程度上说明了这个问题的严重性。对于我行这样一个人员机构众多、客户数量庞大的商业银行而言，操作风险管理面临的挑战是很大的。2007 年全行上下通过完善内部控制体系，改进和加强操作风险识别监测工作，全面强化了操作风险管理。据统计，2007 年全行操作风险损失事件按可比口径较上年减少了 9.6%，操作风险损失金额减少了 5.84%，操作风险损失率由上年的 0.13% 下降到 0.09%，达到国际先进水平。同时，全行内部案件数比上年下降了 25.8%，涉案金额下降了 70.7%，千人发案率由上年的 0.07 下降到 0.06，涉案金额在四大行中仍然保持最低水平。

（五）开展了重要经营管理事项大检查，堵塞了管理漏洞，清除了风险隐患。为了进一步排查经营管理中可能存在的风险隐患，促进全行的依法合规经营，保持健康和可持续发展，2007 年下半年全行开展了重要经营管理事项全面检查。检查内容包括 15 个专业共计 52 个专项，检查活动分为自查、复查和抽查三个阶段。在自查阶段二级分行对基层网点的检查覆盖面达到 100%，一级分行对二级分行检查覆盖面达到 32.7%，对基层网点检查覆盖面超过 30%，通过自查共发现各类问题 22.93 万个；复查阶段，对一级（直属）分行的覆盖面达到 100%，通过复查新发现各类大小问题

1 383个；在抽查阶段，总行又组织力量对4个分行进行了抽查，结果表明各行在此次大检查中查出的问题大部分都已得到比较有效的整改，平均整改率超过了90%，对暂时难以整改的问题也都认真分析了原因，落实了后续措施。

2007年，各级内控合规部门还有针对性地开展了信贷授权、授信业务、个人贷款业务、资产负债业务、操作风险管理、反洗钱工作等专项检查和审计活动，取得了较好的效果。例如信贷授权、授信专项审计共发现问题23类、4 018个，其中信贷授权问题11类、1 575个（笔），涉及贷款金额105.15亿元；授信业务问题12类、2 443个（户）。对检查发现问题的整改促进了全行信贷管理水平的进一步提高。

（六）理顺了反洗钱工作机制，履行了相应的社会责任。2007年是我国反洗钱法律法规体系进一步完善的一年，《中华人民共和国反洗钱法》于2007年1月1日正式实施，我国于2007年6月被正式接纳为金融行动特别工作组（FATF）的成员国，2006年11月以来人民银行为此前瞻性地推出了多个监管规章和文件。为了适应监管的新形势新要求，进一步加强全行的反洗钱工作，2007年我行对反洗钱工作机制进行了必要的完善。一是对反洗钱牵头部门进行了调整，明确由内控合规部门牵头负责全行的反洗钱工作，并设立对公业务、个人金融业务、国际业务与海外机构、电子银行业务和银行卡业务5个专业反洗钱工作小组。二是加强了反洗钱制度建设。总行制定下发了《中国工商银行反洗钱规定》和《大额交易和可疑交易报告管理办法》，各级行也健全了相关制度规定，搭建起了较为完善的反洗钱制度体系。三是开发投产了新的反洗钱监控系统，实现了全行大额和可疑交易数据的“总对总”报送，即由数据中心（上海）统一向人民银行反洗钱监测分析中心报送，减轻了各级行的工作压力。目前我行每日向中国反洗钱监测分析中心报告大额交易约12万笔，可疑交易5万笔左右。这一监控系统的投产不仅减轻了基层员工的操作负担，而且提高了数据报送的准确性和及时性。此外，我行还配合人民银行和公安部完成了大量的反洗钱协查工作，较好地履行了一个大型商业银行的社会责任。

总体来说，2007年内控合规工作确实在全行的改革发展中发挥了重要的作用，作出了很多成绩，值得肯定。

二、进一步认清内控合规工作面临的新形势、新挑战

成功上市以后，我行确立了建设国际一流商业银行，成为全球最具盈利能力、最受尊重银行的发展目标。目前我行已成为全球市值最大银行，而且在公开发行上市后的首个完整会计年度，就实现了经营业绩的大幅提升，在国内国际同业和资本市场上树立了良好的形象。

然而我们也要清醒地认识到，要真正实现我们的发展目标还有相当长的路要走，还有很多的事情要做，需要全行上下付出更艰辛的努力。上市以来的业绩，只是一个良好的开端，使我行具有了成为全球最具盈利能力、最受尊重银行的可能，而这种可能变为现实，就要求我们必须有持续的高成长性；必须在各主要业务领域居于领导者地位；必须具有卓越的系统管理和内部控制水平；必须在诚信、合规、履行社会责任等方面做同业的楷模。为此，总行已经制定了加快体制、机制、业务、产品和技术创新，加快推进全行综合化、国际化经营，全面提升竞争力的发展战略。在整体战略布局中，加快提高内部控制水平是重要任务之一，也是投资者、社会公众和监管部门十分关心的一个问题。为此，我们必须深入分析目前我行内部控制体系中存在的不足和问题，并采取有效措施尽快加以解决，争取早日达到国际一流商业银行应该具有的内部控制水平。具体分析，我认为当前内部控制工作中还存在以下一些不足和差距。

（一）内控观念还不够先进。内部控制体系建设是一项极为复杂的系统工程，其中内控文化和内控意识是起着先导作用的。近年来各级行在加强内部控制体系建设、提高内控管理水平方面下了不少工夫，现在不重视内部控制、认为内控工作可有可无的人不多了，但从整体来说，还是缺少一种先进的内控观念。例如，不少同志还是简单地认为内部控制就是稽核和检查，加强内部控制就是要加大检查力度，结果往往事后检查多，而忽略了对经营管理过程、业务操作过程的控制。又如，有些同志还总是习惯性地认为加强内控就是要建规章制度，而并不去认真研究这些规定的科学性、合理性和可操作性，结果导致了规章制度层见迭出、繁文缛节，滋生了官僚习气和机关作风。再如，一些同志自觉或不自觉地把加强内控与服务创新对立起来，一强调服务创新就容易忽视或减弱内部控制，一谈要加强内部控制就不敢去大胆创新。凡此种种落后的传统的内控观念是造成我行内部控制水平还不是很高，常常陷入所谓“一抓就死，一放就乱”怪圈的原因之一。至于少数同志认为近年来我行内控管理水平不断提高，案件、违规情况明显好转，因而内部控制问题已经基本解决了，则更是一种不正确的认识。加强内部控制是现代商业银行一个永恒的课题。美国次贷危机和法国兴业银行巨额金融违规案充分说明了这一点。所谓国际先进的商业银行在内控管理中尚存在着这么多漏洞，对于刚刚完成改制、初步建立现代金融企业制度的工商银行来说，怎么能说内部控制问题已经解决了呢？

（二）风险识别和计量水平还不很高。长期以来，由于我国金融产品价格市场化程度不够，银行风险不能够或者不需要在产品价格中得到合理体现，所以，银行

业一直不很重视风险的识别和计量问题，特别是计量问题。近些年来随着利率市场化进程的加快，风险识别与计量开始受到重视并逐步得到加强。但由于这一工作起步较晚，目前我国银行业风险识别与计量水平整体上说都不很高。虽然率先推行内部评级法使我行在信用风险的识别和计量方面已经处于国内同业领先地位，但信用风险的评估和计量的成果，在贷款定价方面发挥的作用还很不够。在市场风险和操作风险的识别和计量方面，我行的基础则更显薄弱。尤其是操作风险管理，相应的指标体系和评估方法还处于初级阶段。2007 年我行操作风险的经济资本占用为 100 多亿元，这与我行使用的是操作风险的标准法来计算经济资本有关。如果我行能够完成操作风险的高级法建设，那么，操作风险经济资本占用的计算将更加精确。这方面工作总行目前已有所考虑，已经成立了操作风险高级法工作小组，希望在两年内完成系统建设。另外，在新产品、新业务的风险识别与计量方面，我行也还有大量的工作要做。

（三）规章制度体系有待进一步完善。我行长期以来制定的规章制度不可谓不多，但是应该看到，目前我行尚没有统一的规章制度制定标准和程序，致使我行规章制度体系的科学化、规范化和标准化程度还有待提高。首先是全行还没有一个制定规章制度的基本管理办法。各部门、各分行往往是根据自己的需要和习惯去自行制定制度，制度的制定、修改和废止的随意性较强，加大了制度理解和执行中的困难。对某一项业务、某一个业务环节来说，到底需要多少类和多少种制度，总分行之间究竟应该如何划分制度的管理层级也缺乏规划和标准，致使全行规章制度的系统性较差，存在着规章制度之间交叉重叠、不衔接以及一项业务规定分散在多项制度中的问题。《业务操作指南》出台后，这些现象有所好转，但是应该承认还没有完全解决这个问题。这个问题不解决，实际上就难以从根本上解决有章不循、违章不纠的问题。其次是在制度、程序的设计上往往是“以产品为中心”，即各专业部门根据自己的产品专业线来考虑业务流程的设计、系统的开发以及制定相应的规章制度，这就容易造成各项制度之间的矛盾和冲突，也影响了各专业之间产品的有效整合，妨碍客户信息的共享，降低服务的效率。再次是许多制度和流程制定的出发点主要是考虑风险的防控，即如何把风险控制住，而对如何充分评估每一个操作环节的风险程度，如何做到在风险可控的情况下，使每项制度和流程设计尽量简化，尽可能地降低管理成本等问题，还缺乏深入的研究和分析。最后是对制度的执行情况缺乏有效的反馈和后评价机制，制度的应用效果得不到及时跟踪，制度不合适的地方得不到适时修订，制度的有效性受到影响。

（四）检查监督机制需要进一步健全，检查监督工作的规范性也有待进一步提高。长期以来我行一直是重视检查监督工作的，建立起了包括内审部门、各级内控合规部门、各专业管理部门、各类监督检查中心和纪检监察部门在内的比较完整的检查监督体系。目前存在的主要问题是这些监督检查部门的职能划分还不够清晰，致使各类检查监督工作缺乏整体协调安排，经常搞轮番检查、重复检查，使基层行应接不暇，而有的时候在某些方面又存在着检查监督的空白点和盲区。部分检查监督工作从内容、方法到问题处理和整改都缺乏规范和标准。有时甚至出现不同专业的检查标准、依据和处理的标准不一致的情况，影响了检查监督的质量、效率以及整改落实。

这些问题既有机制、体制上的原因，也有思想观念和工作上的原因。面对新的形势和新的要求，我们要下决心尽快解决好这些问题。

三、关于2008年全行内控合规的几项重点工作

关于 2008 年如何进一步抓好内控合规工作，总行已有了一个计划，这次会议上还要作具体安排。我这里只想就几个重点问题谈一些意见。

（一）内控合规部门要进一步把工作重点转移到过程控制上来。我们以往总是习惯于简单地把内控工作等同于检查工作，把检查工作又简单地等同于去发现差错、纠正违章。这些工作固然是必要的，但我们不能仅仅满足于事后“亡羊补牢”。下一步必须把内控工作重点放到对经营管理和业务操作的过程控制上来，也就是说要学会如何通过内控合规工作去发现那些日常经营活动中，那些千遍、万遍重复的操作行为中有可能发生问题的环节所在，去解决和消除那些有可能引发问题的疏漏之处。这些环节有可能存在于决策、执行和信息传导、反馈过程中的任何部位，这些疏漏有可能反映在制度的有效性、操作的合规性、监督制约的严密性等各个方面。总之，只有去注意发现和解决过程中的问题，才能减少和避免最终不良结果的产生。去年我们之所以下工夫抓《业务操作指南》的编撰、培训和落实，其主要目的也在于此。但这还不够。下一步内控合规部还要认真系统地研究一下这个问题。这不仅是一个工作方法、工作内容的问题，甚至也不只是一个各监督检查部门之间的职能划分问题。这是涉及能不能真正建立起科学有效的内控管理体系的一个关键。

企业管理中有一个法则叫“海恩法则”，发明者是德国的一位名为帕布斯·海恩的飞机涡轮发动机设计师，他提出了一个关于飞行安全的理论：每一起严重事故的背后，有 29 次轻微事故，有 300 起未遂的事故，有 1 000 多起事故隐患。这是他分析了全世界空难事件后计算出来的数字，这一观点发表后，被引入企业管理领域，并在安全管理和系统管理方面产生了深远的影响。从“海恩法则”出发，思考我行的内控合规工作，可以得出两点启发。第一点启发是任何一次事故或内部

案件的发生都是量的积累的结果，因此对那些轻微的、看似不以为然的、司空见惯的不合规行为和不规范操作，都不能予以容忍或掉以轻心，否则这些司空见惯的问题经过一个量的积累过程，就会带来严重后果。第二点启发是正因为每一件问题背后都有这样一个量的积累的过程，所以不能仅依靠事后去“亡羊补牢”，而必须注意过程的管理。单纯寄希望于严密的制度和先进的技术手段是不够的，只有控制住流程的每个环节、每个步骤，才能从根本上减少和防止各类严重问题的发生。加强过程管理，是涉及全行内控体系建设的关键问题，我希望今年内控合规部门在这方面动点脑子，下点工夫，取得一些进展。

（二）认真做好反洗钱工作。尽管我行的反洗钱工作已经取得了不少进步，但是随着工商银行国际化进程的加快，对反洗钱工作的要求越来越高。无论是适应国际化发展需要，还是适应国内监管的要求，我行的反洗钱工作都必须进一步加强。2008 年全行上下要认真贯彻落实《反洗钱法》及人民银行等监管部门的监管规定，进一步完善反洗钱工作机制，落实岗位职责。内控合规部门要切实履行反洗钱的牵头职能，各相关专业部门以及基层营业机构都要有反洗钱的岗位和人员，确保把反洗钱工作落到实处。总行反洗钱的制度已经下发，各分行都要结合实际制定相关细则。要认真负责地做好大额和可疑交易报告、客户身份识别以及客户资料和交易记录保存等工作，加强重点可疑交易专报工作，努力提高反洗钱数据的报送质量。要进一步优化反洗钱监控系统的功能，提高反洗钱信息数据的自动完成水平，降低前台柜员和反洗钱操作人员的工作量。目前，我行的自动报送系统还不能达到令人满意的程度，各级反洗钱工作部门和基层员工都必须加强责任心，努力做好反洗钱数据和信息报送工作，数量上不要有遗漏，质量上要进一步提高。

同时，要高度重视电子银行业务领域的反洗钱工作，尽快建立健全电子银行业务反洗钱操作规程，防范电子银行业务领域的洗钱风险。要继续加强海外机构及代理行的反洗钱工作，各境外分支机构要严格遵守所在国的反洗钱法律法规和监管要求，严格履行我行监控义务，维护好我行良好的国际形象。

（三）积极配合外部审计检查，加强与监管部门的沟通协调。2008 年国家审计署要对我行开展审计，这是对我行上市以来经营管理和内部控制工作水平的第一次全方位的检验。全行都要高度重视，全力配合。除审计署直接检查的 6 家分行，即北京、上海、广东、深圳、天津、四川分行外，其他分行和直属机构也要做好接受延伸审计的准备。各单位主要负责人要对接受审计署审计负全责，并指定专人，负责配合审计组工作。各级内控合规部门要积极配合内部审计局，加强与审计组的沟通、联系，确保审计工作的顺利进行。今年银监会也将对我行进行 8 个方面的检查，其中对各分行的检查主要包括分支机构高级管理人员履职情况检查、大户贷款情况检查，以及各地银监局自行确定的检查项目。各级内控合规部门要认真履行对外协调职能，加强与当地银监局的沟通联系，积极配合做好监管检查工作。对监管部门检查发现的问题，要督促有关部门和机构认真落实整改。

同志们，在全行改革发展的新形势下，内控合规工作需要研究和解决的问题很多，我们进一步发挥作用的空间也很大，希望全行内控合规战线的全体同志，继续发扬优良作风，以更加积极的精神状态努力学习、扎实工作，为把我行建设成最具盈利能力、最受尊重的国际一流现代金融企业作出应有的贡献！

在中国工商银行财务会计工作会议上的讲话

杨凯生

（2008 年 2 月 26 日 · 根据录音整理）

很高兴今天有这个机会，与大家一起研究讨论新的形势下如何进一步做好全行的财务会计管理工作。

2007 年，全行各项业务继续保持健康发展，取得了良好的经营业绩。3 月下旬我行将正式公开披露业绩年报，相信市场会给予积极的正面评价。在去年全行的经营发展中，财务会计部门努力发挥自身的职能作用，为经营目标的实现作出了应有的贡献。同时，财会系统自身的改革也得到了切实推进，工作成效十分明显。在此，我代表总行党委向全行财会专业的同志们表示祝贺和感谢！

上市后首个会计年度取得如此良好业绩，令人满意，令人鼓舞，进一步坚定了我们加快经营转型的决心，增强了做好今年工作的信心。但必须看到，今年外部环境发生了不少新的变化，由此将给我们的经营带来一些新问题、新挑战。如果不能很好地应对，不能及时采取有针对性的措施，全行发展的好势头就难以保持，今年的经营目标就难以实现，我们在资本市场的表现就难以令人满意。这里，我想就如何认识今年的经营形势，以及在新的形势下如何进一步做好财务会计工作讲几点意见。

一、正确认识和把握2008年经营形势的特点

2008年形势有哪些突出的特点？从经营的角度来看，主要有以下三个方面。

一是作为上市银行，我们将面临更加严格的横向比较，更加激烈的同业竞争。从成熟资本市场的一般规律来看，市场表现是上市银行核心竞争力的重要标志，一家银行经营管理水平的高低会集中通过股价和市值直观地体现出来。

目前，除农行外，我国主要商业银行都已经股改上市了。实现股东价值最大化和追求良好资本市场表现成为各家上市银行重要的经营目标，上市银行普遍面临持续提升盈利水平的压力，相互之间的指标比较使得同业竞争更加直观、更加激烈。

从2007年的情况来看，我行各项业务发展势头良好，与主要的可比银行相比，在多数领域保持了领先地位，利润增长率居于可比银行首位。但是，我们也要看到，各家银行都在努力赶超对手，加劲相互比拼，有的已在一些领域超过了我们，有的已对我们形成了严重的挑战。例如建行，虽然在主要业务发展和财务指标的绝对数方面仍落后于我行，但在一些相对指标方面已领先于我们，不仅权益回报率和总资产回报率指标一直高于我行，而且在一些我行原来领先的方面也已经反超。例如，2006年我行手续费及佣金净收入占比高于建行0.05个百分点，但从2007年第三季度开始已低于建行；历史上，我行成本收入比一直低于建行，但从2007年第三季度开始我行成本收入比已经高于建行，扣除计提内退员工费用因素，预计2007年全年指标可能也高于建行，我行在成本收入比上的领先优势或者说在费用支出方面更大增长的潜力有所动摇；等等。其他相对指标如NIM，建行高于我行，信贷成本率建行低于我行。这些经营指标或多或少、或早或晚都将反映到股价上，集中表现为对我行市值领先优势的挑战。

目前我行市值居世界第一，在可比银行中领先优势明显，这是值得自豪的，但我们不能满足于此。如果不能持续取得更加优异的经营业绩，如果不能在同业竞争中、在主要业务领域内进一步巩固和发展我们的领先优势，那么，我们在资本市场上的领先位置就有可能受到撼动。因此，在新的一年里，我们要下更大力气确保在业已领先的方面甩开竞争对手，在落后的方面迅速赶上竞争对手或缩小与它们的差距。

二是外部经济形势复杂多变，完成全年预算任务的不确定性较大。应该说，今年我们保持盈利持续增长，完成全年经营目标具备许多有利条件，如所得税税率的调整等。但我们也应注意到，受次贷危机影响，国际金融市场动荡加剧，世界主要经济体特别是美国已出现了经济减速乃至衰退的迹象。在经济、金融全球化程度越来越高的情况下，我国经济将不可避免地受到全球经济波动的影响。从国内形势看，中央加大了宏观调控力度，着力防止经济从偏快转向过热，防止出现全面通货膨胀，明确提出了实行从紧的货币政策。从今年1月份情况来看，CPI高达7.1%，是近十年来单月增长最高的月份，而且可以断定2月份难以下降。M_2和全部金融机构新增贷款增速仍然十分迅猛，M_2同比增长18.94%，超出了人民银行的控制指标，人民币贷款新增8 036亿元，同比增长16.74%，超过了去年全年贷款增幅。因此，我们判断从紧的货币政策走向不会变。另外，前不久发生的大范围冰雪灾害，给国民经济和社会生活造成了巨大损失。区域性的灾后恢复建设与全面性的控制投资规模、防止通货膨胀之间的关系究竟如何把握也是一个新的问题。凡此种种使得我行今年的经营面临着一个少有的复杂环境。

比如，受加息等因素影响，2007年我行存款付息率同比提高了0.03个百分点，如果今年继续保持较大的加息力度，存款成本上升和利差收窄的可能性将继续加大。央行2007年连续十次上调法定存款准备金率，多次发行定向央行票据，累计锁定我行资金5 212亿元，超过我行2007年度除同业存款外的存款增量（5 099亿元），如果央行今年在紧缩流动性方面继续保持与2007年相似的力度，大量冻结资金将进一步降低我行资产的整体收益率。目前，资本市场的调整已使基金销售热有所降温，如果资本市场继续震荡，保持代理基金业务收入高增长的难度将进一步加大。2007年人民币兑美元汇率升值6.9%，我行汇兑净损失达到56亿元，今年1月份人民币已升值1.66%，升值速度在进一步加快，如果全行外汇敞口得不到有效控制，汇兑损失可能会进一步增加。在流动性收紧、市场利率持续走高的情况下，我行持有的交易类等债券面临公允价值重估的压力，直接影响当期利润等。这些给我们完成预算目标造成了不小的压力。

三是中间业务收入已经成为完成全年任务的关键和难点。过去几年，我行之所以以10%的贷款增长支撑了30%以上的利润增长，除了得益于全行推进信贷结构调整和加强风险管理外，一条很重要的经验就是实现了中间业务的持续快速发展，中间业务收入逐步成为全行利润增长的重要来源。2005年全行手续费及佣金净收入占营业净收入比重为6.14%，2006年提高到了

9%，2007年则达到了13.26%。今年，统筹考虑各方面因素，总行确定了中间业务收入531亿元的目标，增幅超过40%，超过净利润32%的增长计划，也就是说，中间业务净收入占营业净收入的比重、中间业务所形成的净利润占全行净利润的比重还要进一步提高。这体现了我们对于发展中间业务的重视和期待，也意味着，全行今年利润目标能否顺利实现，很大程度上取决于中间业务收入增长目标能否实现。

应该承认，今年要保持中间业务的高速增长的确面临着一些困难。一是今年的中间业务收入计划是在近几年连续保持高增速，收入基数迅速扩大的基础上确定的，增收压力明显大于往年。二是经过近几年的发展，全行中间业务增收来源已从主要依赖挖潜转向主要依赖新产品和新业务发展，中间业务收入增长对业务创新的依赖程度越来越高，能否实现中间业务收入快速增长，在一定意义上取决于今年业务创新的进度和成效。三是2007年得益于资本市场的快速发展，全行的代理基金收入、资产托管业务收入迅速扩大，占中间业务总收入的比重大幅度提高。如果今年资本市场出现大的波动，这部分收入将出现明显下滑，如何弥补这一缺口将是一个难题。四是各家银行对中间业务的争夺越来越激烈。以今年1月份数据为例，我行总体情况不错，但面临的压力也比较大。我行1月份中间业务收入为24.33亿元，与上年同期相比增长69%，建行1月份中间业务收入为22.38亿元，绝对额比我行低，但其同比增幅为102%。在绝对额上，我行在人民币结算、国际结算、银行类理财产品销售等业务方面收入高于建行，但在外汇买卖及结售汇、个人外汇、代理对公保险、灵通卡、担保承诺、个人委托贷款、代理国债金融债及受托理财、代理住房公积金存款归集等方面收入低于建行。从相对数来看，我行人民币结算、国际结算的增幅也低于建行。从分行情况看，我行有15家分行中间业务收入低于建行，其中有5家分行由上年同期领先转为落后，分别为浙江、湖北、四川、河南和云南分行。特别值得注意的是，仅有10家分行中间业务收入增长率高于建行，分别为河北、青岛、福建、宁波、深圳、内蒙古、上海、北京、重庆和贵州分行，有25家低于建行。

对这些困难和问题，我们不能回避。实现中间业务快速增长、推动收入结构转型是总行的既定战略决策，全行上下必须坚定不移地贯彻总行这一战略意图，正视并坚决克服前进中的困难，圆满完成全年中间业务收入计划。应该看到，今年中间业务收入增长势头还是令人乐观的，1月份全行实现中间业务收入24.33亿元，同比增长69%，完成全年任务的4.58%，与前三年同期相比，预算执行进度基本正常，开局不错。特别是有部分业务增势迅猛，更增添了我们完成任务的信心。比如，与上年同期相比，资产托管业务收入增长了425%、对公理财增长了143%、代理及个人理财增长了76%、国际结算增长了69%、外汇买卖及结售汇增长了90%、担保承诺增长了105%。这为我们完成全年任务打下了一个良好基础。

归纳起来看，2008年我们的经营发展有很多有利条件，也面临一些困难和不确定因素。虽然今年利润预算增幅低于去年，但要完成今年的预算任务还需要付出很大努力，全行特别是财务会计部门对此一定不要掉以轻心。而且，我们不能仅仅满足于完成今年的盈利目标，更要着眼长远发展需要，适应复杂多变的经济和金融环境，加快推动经营转型，调整优化收入结构，积极开辟新的盈利增长点，尽可能拉长盈利高成长周期。这是一个要求更高的战略任务。

二、进一步发挥好财务会计部门的职能作用，推动全行经营目标的顺利实现

今年复杂的经营形势，对全行工作特别是财务会计工作提出了更高的要求。经营调控是财务会计部门的一项重要职能，能否切实发挥好这一职能作用，关系到全行经营目标能否顺利实现。

近两年，财会部门不断完善经营调控手段，充分发挥预算考核和资源分配的引导、调控作用，较好地促进了全行工作的开展。一是在资源配置上，更多地通过激励费用与效益挂钩的方式推动了全行经营任务的完成。2007年，将增量费用分配与经济增加值挂钩，激励了全行努力增加盈利，提升经营业绩。我们还结合中间业务发展、纳税管理、市场营销等全年重点工作，加大了费用对相关事项挂钩分配的力度，促进了有关工作的顺利开展。二是进一步发挥考核的导向作用，加大了对全行经营行为的引导和推动。2007年，进一步完善了分行经营绩效考评体系，初步开展了对大中城市行市场竞争力的评价工作；实施了对总行部门经营指标的捆绑考核，推动了各专业间经营合力的加强。条块结合的考核模式进一步强化了绩效考核的作用，促进了全行的战略转型及年度中心工作的开展。三是开始从部门和机构两个维度编制预算。在总行本部和部分一级分行推行了分部门、分产品营业贡献预算，初步建立了条块结合的预算模式，提高了财务管理精细化水平，确保了全年预算的完成。

从上述财会工作的改革变化情况看，近两年全行经营调控方式已发生了较大的转变，这种转变不仅仅是手段和指标的改变，更是一种理念的改变，或者说是机制的改变。以前，囿于种种原因，我们对全行经营的调控主要是通过下达指令性计划来实施的。而现在，我们更多的是通过资源配置、加强综合考核等手段，激励、引导各行更好更快地发展、提高盈利能力，从而保证全行财务目标的实现。去年的情况说明了这种转变是有成效的。今年要进一步完善有关机制，做好有关工作。今年全行经营调控要突出以下几个方面。

一是考核中要突出同业竞争指标。从加快提高竞争发展能力，巩固和扩大核心业务市场领先优势这一目标出发，对分行行长的考核办法要相应进行改革。指导思想就是要通过加大对市场竞争力的考核力度，引导各行不断加快核心业务的发展速度，巩固和扩大在重点业务领域的竞争优势。要进一步强化对市场占比的考核，所有能取得可靠的同业比较数据的指标都要考核同业占比，以引导各级分支机构不仅注重完成计划指标，不仅要注重在系统内争先，更要注重自己的市场份额和同业排位，保持并不断增强市场竞争优势。目前，能取得可靠同业比较数据的指标包括各项存款、个人住房贷款、中间业务收入、投资银行业务收入、代理保险业务收入、资产托管业务收入、信用卡消费额、信用卡发卡量、国际结算量、结算账户开户客户新增数等，这些指标今年都要纳入考核体系。对一些暂时无法取得可靠同业数据的业务，用增长率指标进行考核，目的是要通过提高发展速度，促进各行提高在相关领域的市场份额。随着数据支持系统的逐步完善和同业比较数据收集掌握水平的提高，今后将进一步淡化计划考核方式，强化同业占比考核。

在部门考核中也要体现提升市场竞争力这一主导思想，要增设市场同业占比考核指标。今后凡是新纳入综合考评体系的指标原则上要以取得同业可比数据为前提。总之，在考核时要通过对某项业务市场份额的衡量，促使全行在业务发展上不仅要看计划完成率，也要看增长率，更要努力保持并不断提升市场竞争优势。

二是费用分配要发挥激励作用，保证重点需要。费用资源分配是促进业务发展和提高经营效益的重要手段之一。针对不同时期的经营特点应该有不同的、与之相适应的费用分配方案。去年在经营效益增长较快的背景下，按照与 EVA 增量挂钩的激励费用分配方式，各行的营业费用都有了一定增长。实践证明，将费用分配与 EVA 相挂钩的思路是对的。但由于目前的费用分配方法基本是以上年实际列支费用为基数，与 EVA 挂钩的主要还只是费用增量部分。这种办法需要从合理性方面进一步改进，使其激励作用、导向作用进一步增强。总行将根据今年的经营特点，重新调整 EVA 增量挂钩费用分配机制，以更有效地促进各行超额完成经营目标。

2007 年实行的与中间业务收入挂钩的费用分配方式取得了一定效果，促进了中间业务的快速发展。今年，中间业务是全行业务发展的重点，也是难点。在费用分配上要继续与中间业务的发展相挂钩，并且要加大对各行中间业务收入市场占比情况的挂钩考核力度，对市场占比排名第一的分行，要提高挂钩比例，以促进各行努力提高市场竞争力。

今年要继续加大网点建设投入，进一步改进和完善我行的硬件设施。这是费用支出应予保证的一个重点。总行将安排 61 亿元固定资产额度用于网点装修改造建设，几乎是去年的 3 倍，同时还将安排 20 亿元专项费用用于网点装修。专项配置的费用在考核分行利润、成本收入比时，将从分行费用总量中剔除，以体现总行加强服务渠道建设的决心。总行将尽快全额下达网点专项费用，各行也要在保障日常经营开支需要的基础上，进一步集中财力，及早行动，加快网点装修改造的进度。

三是在一级分行全面推广部门预算和考核。2007 年，我们在总行本部和部分一级分行推行了部门预算和考核，明晰了部门的经营目标和责任，各部门的工作动力明显增强。今年，总行将在总结经验，进一步完善部门预算和考核办法的基础上，在一级分行进一步推广部门预算和考核。实施部门预算和考核是一项涉及面广、协调难度大的工作，涉及各部门职责和利益的划分，矛盾和不同意见在所难免。各行要坚定推行部门预算和考核的决心和信心，努力把这件事做好，确保改革顺利推进。财会部门要加强与各部门的沟通协调，做精、做细、做准部门预算，提升预算的精细化和科学化水平。预算是考核的基础，要做好部门考核与预算的衔接。

部门预算编制要体现“捆绑”原则。有些利润指标不应采用在各部门间简单分解的办法，应该有必要的交叉和重复，也可以引入影子利润的概念。根据目前的机构设置特点，我们推行了机构预算和部门预算，但要通过指标分割使部门预算与机构预算实现平衡，难度很大，而且也无必要，部门之间预算可以有交叉和重叠。如年金业务，我行具备账户管理人资格、受托人资格和托管人资格，法律上规定一家机构不得同时为一笔企业年金基金的受托人和托管人。如果我们简单地将账户管理收入和受托管理收入计入企业年金中心，将年金托管收入计入资产托管部，则很容易出现年金中心和托管部为了各自的利益而抢业务的局面。如果将以上三部分的收入同时计入年金中心和托管部，两个部门同时对这部分收入负责，则有助于解决这一矛盾。又如，信用卡的年费收入也不应仅仅下达给银行卡中心，个人金融业务部也应对这部分收入负责。同样，代理保险收入除计入机构业务部外，也应重复计入个人金融业务部，这样有利于调动双方的积极性。

四是财会部门要进一步抓好中间业务的组织推动工作，确保中间业务收入持续快速增长。去年，各分行中间业务收入同业占比最高的为 43.99%，最低的为 20.55%，最高与最低相差 1 倍多；有 7 家分行中间业务收入同业占比列第二，还有 7 家分行列第三，其中有 6 家分行同业占比下降。这反映出各分行中间业务的发展水平很不平衡。希望各行能从加快培育核心竞争力的战略高度，扎扎实实做好中间业务的组织推动工作，各行领导以及财会部门要多研究、多过问中间业务的开展情况，多支持相关业务部门的工作，及时协调中间业务发展中遇到的困难，切实把总行发展中间业务的战略部署落到实处。

要搞好中间业务的发展，实际上还是一个职能协调问题，就是客户部门和产品部门之间的协调问题，要形成合力。要充分调动客户部门、营销部门的积极性，同时保证产品部门的积极性。我刚才举了企业年金、信用卡的例子，另外还有人民币对公结算业务的例子。总的目的是，不能因为缺乏合理科学的部门预算和严格有效的考核手段而影响了业务的发展。必须进一步健全分部门、分产品、分机构的中间业务收入预算和考核的"捆绑"机制。同时，加快建立按产品、客户和分销渠道等多维度的信息报告体系，为优化中间业务资源配置、理顺部门关系创造条件。

中间业务收费是一项政策性较强、社会关注度较高的工作，要切实规范中间业务收入管理。不该收的不要乱收，同时要严肃定价纪律，严格控制中间业务收费减免，减少"跑、冒、滴、漏"，做到该收则收，应收尽收。总行前一阶段下文调整了部分业务的收费标准，扩大了收费范围，今年，总行还将投产中间业务管理系统，以进一步规范、控制收费行为。各行要严格按照文件要求组织好中间业务收费工作，对越权、不当减免中间业务收费的分行，总行将进行通报，并在绩效考核中给予处罚。

最后，我想强调一点，总行通过包括编制预算、资源分配和绩效考核等一系列财务会计手段对一级分行的经营管理行为进行调控，目的是引导各行贯彻落实好总行的经营意图。各分行要认真领会，完整、准确地向二级分行传导。各分行可以结合实际制定相关的管理办法，但不能背离总行的调控目标，要保证统一法人体制的高效运转。

三、加强财务会计管理基础工作

财会部门在努力完成经营调控这一主要任务的同时，要不断加强和规范财务管理基础工作。今年要着重做好以下几项工作。

（一）完善财务报告与信息披露机制。目前，我行财务报告披露效率与国内外同业相仿。我行会计主表生成比较及时，主机系统可以在T+1日产生境内分行的总账数据，在完成与境外分行及控股子公司的并账处理后，可在15天之内生成合并会计报表。这个速度是不慢的。现在的问题是报表附注编制和外部审计耗时较长，这个过程中数据来源分散，需分行手工填报海量数据，总行核对、汇总的工作量也非常大。为进一步提高财务报告工作的质量和效率，维护和提升我行的市场形象，今年要继续在完善财务报告与信息披露机制上下功夫。

总行已决定由财务会计部牵头，协调相关业务部门与科技部门，进一步改进和提升现有财务会计报告管理系统的功能，实现与全行各业务系统相对接，整合分散的数据源，提高附注编制和审计支持数据的自动化生成水平，尽快具备每日生成模拟决算报表的能力。

编制财务报告是上市银行的一项重要工作，也是一项标准要求很高、专业性很强的工作，各行要重视财务报告编制工作，明确岗位配置要求，配备足够的高素质人员负责有关工作。人员未到位的，要在3月底前配备到位。

（二）在一级分行财务集中的基础上，总结经验，进一步提高财务管理水平。2007年，经过全行上下的共同努力，顺利投产了财务管理综合系统，在国内大银行中率先完成了一级分行财务集中。依托强有力的信息平台，建立了多层次、全方位的财务风险控制体系，强化了财务风险控制能力；实现了全面费用预算控制，促进了财务资源的优化配置；完善了财务监控手段，进一步强化了支出行为控制，提高了财务透明度；再造了财务流程与核算体系，推动了财务精细化管理水平进一步提升。

今年，要再接再厉，及时总结经验，巩固并提高一级分行财务集中改革的成果，进一步夯实财务工作基础。要持续优化财务管理综合系统，充分发挥好系统作用。要根据全行经营目标与内控管理要求，利用财务管理综合系统及时做好财务分析与财务监控，引导全行不断优化费用资源投入结构，发现和改进财务管理中存在的问题与薄弱环节，不断提升财务内控水平。

（三）进一步加强固定资产管理，保障业务发展的需要。一是要加速推进网点区域布局调整和改造工作。各行要本着"优先发展营业网点，严格控制办公用房"的原则，统筹安排年度营业网点装修改造资金投入计划。在购置高档营业网点的过程中，必须注意一定要选准目标，要确保购置的是地理位置好、经营效益佳、增值潜力大的物业；一定要严密程序，认真论证，不能少数人擅自做主；一定要确保拿到产权，不能留下任何后遗症。总行将调整营业网点投入审批授权，以加速推进营业网点区域结构调整与装修改造。各行要抓紧安排，尽快启动有关工作。二是继续做好公务用车改革工作。目前，各分行的公务用车方案总行已经全部批复，相关办法也全部下发，已有18家分行完成了改革。还没有完成改革的分行要根据方案要求加快实施辖内公务用车改革，年内要全部完成，并切实做到改革后车辆运营费用明显下降。三是要重新构建决策支持型的固定资产综合管理系统，更好地管好家底，利用好存量资源。四是要继续利用置换、出租、处置等方式加速处置和积极盘活闲置固定资产，减少无效固定资产占用。

（四）加强新企业所得税法的学习，稳步推进全行所得税管理工作。2008年1月1日，新的《企业所得税法》及其实施条例正式生效，这对银行业来说是一个重大利好，除了所得税税率从33%降为25%，直接减少8个百分点外，在收入确定、税前扣除标准和范围、境外投资抵免所得税等方面也作出了有助于银行业健康发展的政策调整，如提高了广告费、业务宣传费、公益性捐赠等项目的税前扣除限额，简化了电子设备折旧时间性差异纳税调整等。但新税法也对我们的应税事务管理工作提出了新的更高的要求，需要引起各行高度重视，如要确保充分扣除税法允许扣除的部分；要控制好业务招待费支出，以减少纳税调增额；要注意捐赠的方式，避免被确认为非公益性捐赠不允许税前扣除；等等。各行要加强对税收政策法规的学习，加深对新税法及实施条例的理解，加大对应税事务管理人员的培训力度，努力提高应税事务管理人员的业务素质，进一步强化我行应税事务管理，严格依法纳税，正确控制税收成本，切实降低涉税风险。

（五）进一步做好集中采购工作。实行集中采购不仅有利于规范采购行为，发挥规模效益，降低采购和监督的成本，也有利于加强廉政建设，减少和避免一些流弊的滋生。近几年，我行在规范集中采购行为、降低采购成本、保障业务发展等方面，做了大量细致的工作，取得了重要进展和较大成效。

各行要加强对集中采购工作的领导，进一步树立集中采购的理念，要从更高的层面认识集中采购工作的必要性和复杂性。各级领导要继续支持和关心集中采购工作，选调懂技术、会管理、品行好的干部充实集中采购队伍，相关部门要积极做好配合。要继续加强集中采购评审机制建设，确保集中采购工作既相互协调又相互制约。要加强风险防范，除对集中采购评审工作进行监督外，还要对集中采购项目的立项、供应商推荐、合同签约、款项支付等各环节进行监督，实行集中采购的全过程监督。要强化以总行、一级（直属）分行为主的集中采购模式，扩大集中采购范围。要加强管理，勇于创新，积极探索适合我行的集中采购管理新思路、新办法、新模式、新机制，正确处理好规范操作与提高效率，防范风险与降低成本的关系，为全行的业务发展提供保障。集中采购工作十分重要，也非常敏感，各行要加强廉洁自律教育，使集中采购工作真正做到公开、公平、公正，真正做到科学、有序、健康、高效，经得起审计检查和历史的检验。

总行对2007年各分行的集中采购工作进行了考评，做得比较好的分行有福建、湖南、浙江、河南和江西省分行，希望这五家分行再接再厉，其他分行也要迎头赶上。

（六）配合做好外部审计工作。配合审计署审计是我行2008年的一项重点工作。今年，国家审计署将对我行实施全面审计，其中包括对北京、天津、上海、广东、四川、深圳6家分行实施的重点现场审计，以及对其他一些分行、直属机构必要的延伸审计。现场审计工作预计在3月份全面展开。在审计署审计过程中，各分行要指定思想素质高、业务素质好的人员负责配合工作，及时、全面、真实地提供数据、文件资料，认真、及时地参加访谈，并按总行要求及时反馈本行审计工作配合情况。今年银监会也将对我行开展八个方面的检查，并将覆盖所有分行，各行要高度重视并切实做好配合工作。因对外部审计检查配合不力、工作疏漏造成不良影响的，总行将严肃追究相关单位和相关领导的责任。

同志们，今年的经营形势比较复杂，对此一定要有清醒的认识。大家一定要把面临的问题分析得更深一些，更透彻一些，把对策制定得更严密一些，更周全一些，紧紧围绕全行经营目标，突出抓好重点，积极克服难点，努力把今年的财会工作做得更好，更有成效。

发挥风险防控体系作用
促进全行各项经营目标的顺利实现

——在中国工商银行内部审计工作会议上的讲话

杨凯生

（2008年2月28日·根据录音整理）

刚才，董事长对2007年内部审计工作做了全面总结，对当前的形势进行了深入分析，同时也对做好今年的内审工作提出了具体要求。希望内审系统和各行、各部门要进一步深入领会董事长的讲话精神，进一步发挥好内审工作对全行健康可持续发展的支持保障作用，共同努力完成好今年的各项工作任务。

工商银行股改之后，我们组建了垂直的内部审计体系，在党委和董事会的领导下，从打基础、建框架做起，不断加强队伍建设，逐步提升履职能力，在推动健全法人治理机制，促进提高经营管理水平方面做了大量工作，取得了显著成效。更值得重视和肯定的是，内部审计体系的建立以及工作的开展，积极传导了与现代公司治理要求相适应的审计增值理念和风险控制理念，加深了我们对内审职能作用的理解，加深了大家对现代公司治理制度安排的认识。全行对内部审计工作的重视程度不断提高，对审计成果的利用逐渐成为一项常规性的重要管理手段。尽管当前的内审工作仍然面临一些问题，但对一支组建仅三年多时间的队伍来说，能够取得目前的成绩是很不容易的。内审系统的许多同志来自不同的专业和岗位，却能自觉接受新工作带来的挑战，在学习新知识、适应新要求方面付出了很多努力，这也是应该予以充分肯定的。内审部门还有一个特点，就是各内审分局是跨区域设置和跨省开展工作的，许多同志克服因长期异地交流及频繁出差而带来的困难，在生活方面作出了很多牺牲。借此机会，我对大家的辛勤付出表示慰问和感谢！董事长刚才的讲话已经很全面，我没有更多要讲的了，简单讲三点意见。有些内容曾经在前几天召开的全行内控合规工作会议上讲过，今天再作一些强调。

一、进一步加深对董事长讲话中所指出的关于“新的改革发展形势对内部审计提出了更高层次的任务和要求”的理解

成功上市以后，我行确立了建设国际一流现代金融企业，争取成为全球最具盈利能力、最受尊重银行的发展目标。2007年我行一跃成为全球市值最大银行，在公开发行上市后的首个完整会计年度，实现了经营业绩的大幅提升。良好的业绩表现赢得了国内外各界的广泛赞誉，增强了投资者对工商银行的信心，使我行在国内国际同业和资本市场上的形象进一步得以提升。

然而我们也要清醒地认识到，要真正实现我们的发展目标还有相当长的路要走，还有很多的事要做，需要全行上下付出更艰辛的努力。股改上市以来的业绩只是一个良好开端，使我行具有了成为全球最具盈利能力、最受尊重银行的可能，而这种可能能否成为现实，关键还要看我行能否长时期保持这种良好的发展势头。要想真正实现这个宏伟的目标，工商银行必须有长期持续的高成长性；必须在各主要业务领域始终居于领头羊地位；必须具有很强的系统管理能力和很高的内部控制水平；必须在诚信、合规、履行社会责任等方面做同业的楷模。这就要求我们在更多的方面实现跨越和突破。为此，总行已制定了加快体制、机制、业务、产品和技术创新，加快推进全行综合化、国际化经营，全面提升市场竞争力的发展战略，在公司治理、业务发展、区域布局、跨国经营、内部控制与风险管理、人力资源管理、企业文化建设等方面作出了系统的安排，根本目的就是要在激烈的同业竞争中保持和提升全行的核心竞争力。

在这个整体战略布局中，加强内审工作，加快提高内审工作水平是重要任务之一。我行要成为国际一流现代金融企业和全球最具盈利能力、最受尊重的银行，就必须有一流的内审体系。这也是投资者、社会公众和监管部门十分关心的一个问题。为此，我们必须深入分析目前内审体系建设中存在的不足和问题，并采取有效措施尽快加以解决，争取早日达到国际一流商业银行的内部审计水平。对这样的形势和任务，全行上下，不仅是各级内审部门，各级行领导，各专业部门、管理部门务必都要有清醒的认识。近些年来我行内部控制体系建设取得了明显成效，风险管理水平有了大幅度提升，但应该承认，差距仍然不小。我们必须认识到，加强内部控制是现代商业银行一个永恒的课题。美国次贷危机和前不久暴露的法国兴业银行巨额金融违规案充分说明了这一点。所谓国际先进的商业银行在内控管理中尚存在着这么多漏洞，对于刚刚完成改制、初步建立起现代金融企业制度的工商银行来说，更不能轻易地说我们内部控制体系已经健全了，管理运行机制已经完善了。只要这些问题还没有彻底解决，内审工作就只能不断加强，不能有任何忽视和削弱。

二、进一步明晰职责、加强协作，提高全行风险防控和监督检查体系的效率

经过多年的改革实践，工商银行逐步形成了具有自身特点的覆盖各层级的内部监督体系。这个体系包括了业务岗位的分离互控和部门间的制约，专业部门的自身检查和事后监督，以及内控合规、内部审计等部门的工作。工商银行改革发展进程中不断取得的成绩证明了这套监督检查体系的建设总的来说是成功的，运作是有效的。当然这种体制的设置与运行在发挥作用的同时，也存在一些问题。比如监督检查职能有点分散，相互间衔接有时不畅，检查标准化和规范化程度还不高，检查信息还不能有效共享等。我们应该进一步改进完善监督检查方法和运行机制，不断提高监督检查的质量和效率。

在我行的监督检查体系中，除了纪律检查和行政监察以及各业务部门自身的风险控制与管理岗位外，内部审计与内控合规是两个专门行使监督检查职能的机构，这两个部门是我行公司治理架构中的重要组成部分。应该说，在我行股份制改革以来，这两个部门各司其职，都在风险管理和内部控制体系建设中发挥了重要作用。内控合规部门主要是通过对所辖分支机构的全面检查，通过对全行经营行为和业务操作过程的监督，履行合规管理、操作风险管理和反洗钱管理等职责，保证银行管理层能够有效把握和管控好全行的经营行为。内部审计部门主要是通过对全行体制、机制的有效性，内部管理的严密性，经营行为的合法性等方面的监督检查，履行对全行风险管理、内部控制和公司治理效果的评价职责，保证董事会了解、掌握和监督银行高管层的履职尽

责情况。两者在工作职责与报告路线上既有不同之处，也有相同之点，因而这两个部门日常检查的对象、关注的风险领域可能会有重合。这里既需要进一步明确相应职责，划清工作职能，也需要加强信息沟通交流，加强协作配合，整合监督检查资源。

内部审计部门要进一步发挥在公司治理层面的审计作用，通过对全行的内控评价活动和有关专项审计，进一步分析评价我行内部控制体系的运行效率、工作质量和控制效果；内控合规部门要把监督检查的重点放在各项业务操作和经营管理的过程控制上；各业务部门管理检查工作的重点则是保证各项规章制度的执行和落实。这就可以形成比较清晰的全行业务管理、内控合规和内部审计三方面有序分工与协调运行的格局，进一步促进和提高全行监督检查工作的规范化、标准化水平。

这里我想简单介绍一个在企业管理理论中著名的关于安全生产的法则——海恩法则。这个法则讲的是每一起严重的安全事故背后有 29 次轻微事故，300 起未遂事故先兆及 1 000 起小事故隐患。我们不去讨论这些具体数据的精准性，但我认为这个法则的原理也适用于银行的风险管理。这个法则给我们的启示，一是任何一起大事故，一项大风险的产生，总有一个量的积累，一个逐步发展的过程，因而过程管理十分重要，这就是内控合规工作存在的必要性。二是任何一个大事故，一件大的风险事件产生后，固然需要总结经验，吸取教训，但就事论事的亡羊补牢往往效果是有限的。任何事件发生所涉及的因素一定是系统性的，对一个企业整个内控体系有效性的监督检查十分重要。这就是内审工作存在的必要性。希望各级行的领导，内审部门和内控合规部门的同志在抓好日常工作的同时，都要站在更高的层面上来认真思考工商银行监督检查和管理控制体系的整体建设问题，来研究各监督检查部门的职责分工和协作配合问题。

三、全力做好今年各项外部审计和检查的配合工作

今年我行接受外部审计和检查的任务比较重。国际会计师事务所进行的法定审计已成为一项常规性工作，国家审计署今年要对工商银行开展全面审计，银监会年内也安排对我行进行八个方面的检查，另外证监会及交易所可能也会有相应的检查。关于如何支持配合外部审计检查的问题，董事长已经提出了明确要求，希望大家认真落实。这里，我再补充几点意见。

工商银行作为全球市值最大的上市银行，监管部门审计检查的情况将引起市场的高度关注。全行上下都要进一步提高认识，高度重视并切实做好审计检查的配合工作。要把接受审计检查的过程作为促进自身规范管理，提高经营水平的过程。

目前，审计署审前调查组的数据采集和资料收集工作已经完成，由审计署指派的 6 家特派办对部分分行开展的前期调查工作也已基本结束，审计署即将全面进场开始现场审计。银监会八个方面的监管检查也即将陆续展开。总行有关部门及相关分行要统筹安排好各项配合工作。总行各部室的总经理，各分行的一把手要对本专业、本行接受审计检查工作负总责。各行、各部门要做好现场审计检查所需要的计算机环境保障与后勤服务工作，要克服困难，想方设法为检查组及时提供各方面的工作支持。总分行、各相关部门都要配备业务骨干负责配合工作，全面、真实、准确地提供各类数据和文件资料。在接受访谈时，要客观、全面、负责任地介绍情况。对检查中发现的问题，能马上整改的要立即整改，并如实反馈整改情况。需要做一些说明和解释的，要耐心细致地做好解释沟通工作。

内部审计局作为总行配合外部审计检查的牵头部门，要把各项工作切实做细做好。要抽调专门人员加强与外部审计检查部门的沟通联系，及时协助落实访谈需求和资料提供需求。同时，要加强与各部门及相关分行的沟通联系，确保配合保障工作顺利开展。内审系统也要充分利用这一次机会，学习借鉴外部审计机构的检查方法和技术手段，进一步提高自身的专业水平。

同志们，今年全行改革发展的任务很重，实现全年经营目标和计划的压力很大。希望内审系统的同志们再接再厉、勤勉工作，以更加奋发有为的精神面貌把今年的各项工作做得更好。同时，希望全行各级管理层对内部审计工作继续给予大力支持和配合，以此来促进自身经营管理水平的不断提高，共同完成好今年的各项工作任务。

积极开拓进取 夺取资产托管业务新胜利

——在中国工商银行资产托管业务工作会议上的讲话

杨凯生

(2008 年 3 月 17 日·根据录音整理)

很高兴今天有机会和全行从事托管业务的同志一起交换意见。刚才福荣行长的讲话很重要，全面总结回顾了去年我行资产托管业务的情况，并且对下一步尤其是 2008 年度资产托管业务目标任务和工作措施提出了明确的要求，我完全赞成，希望各分行认真贯彻落实。

我今天参会，主要是想表明总行和我对资产托管业务的关注和重视，并利用这个机会讲几点意见，供同志们在落实资产托管业务工作会议精神时参考。

一、资产托管业务十年发展取得了巨大成绩

（一）全行对托管业务的认识逐步加深。资产托管业务对中国金融市场来讲是一个新概念。在计划经济体制下，即使是在改革开放初期的中国金融市场里，都是不存在这个概念的。1997 年，中国资本市场发展到了一定程度，有关部门决定组建基金公司并且推出证券投资基金。为了保证投资人能够及时、全面地了解投资盈亏、投资方向、投资结构等基金投资的信息，同时为了通过独立第三方实现对基金管理人的监督，为基金提供更好的服务，在当时的制度设计中提出了要借鉴国际市场上比较成熟的做法，引入“资产托管人”概念和角色，并由商业银行来担任托管人。

1998 年，当国内证券市场上刚刚设立基金管理公司、出现证券投资基金产品的时候，我行就开始着手相关准备工作。记得当时我行资产托管业务工作就是由我分管的。在我们完成系统建设、场地设置、人员配备等各项准备工作后，经过向证监会多次汇报和争取，工商银行成为国内第一家获得托管人资格的商业银行。但是，我行资产托管业务起步时，并没有形成什么气候，当时大家对开展这个业务到底有什么意义，将来能不能做大，在全行经营管理中到底能起什么作用等方面的认识并不是很清晰。现在回头来看，走出这一步不仅是必要的，而且非常重要，它对我行的经营管理和收益结构多元化，对我们进一步实行经营管理的综合化乃至国际化，都具有重要意义。

（二）资产托管业务十年发展的特点。资产托管业务发展到今年已经整整十年。十年来，确实取得了巨大的进展，总结起来有以下三个特点。

一是发展快。十年来，我行托管资产规模翻了 200 多倍。1998 年是我行开办托管业务的第一年，托管了 60 亿元的资产，当时感觉这已经是一个不小的数字，而到现在，刚才福荣行长讲了，我们 2007 年底时的托管规模已经超过 1.3 万多亿元了，从 60 亿元到 1.3 万多亿元，我们只用了十年的时间，就走到了今天这样一个水平，实现了 200 多倍的增长！

与此同时，我们已经从初期仅仅托管证券投资基金，发展到了今天多品种的托管。比如保险资产托管，企业年金基金托管，我们都已经开始做了；QFII 和 QDII 的托管也都在做，这表明托管资产的领域已经越来越广泛。下一步，随着国内金融市场的逐步成熟和不断深化，托管业务领域还会进一步扩大，而且肯定会越来越大。

我行托管业务在同业中已经占据领先地位。有些业务的市场份额超过 50%，有些是 40% 左右，有的在 1/3 左右，总体来看，我行保持着 1/3 以上的市场份额，我行已经成为中国最大的托管银行。这样的领先地位，无论是在路演过程中，还是在同国际金融机构的会谈中，都得到了很大程度的关注，在向投资者介绍工商银行业务结构时，总是告诉对方，中国最大的托管银行是工商银行。当然，我们现在和纽约梅隆银行等国际大型托管银行相比还有很大差距。但它们都是百年老店了，而我们从事这个业务才短短十年时间。这种差距从另一个角度也反映了目前国内市场对托管机制的必要性认识还不够，该托管的领域还没有引进托管机制，使得投资人与受托人之间的关系无法得到合理的保护。

托管业务去年实现了 20 多亿元的营业贡献，直接的托管费收入就超过了 14 亿元，两者之间的差额是由托管业务派生的存款产生的转移计价收入。托管费收入、派生的低成本资金，这些都对全行作出了贡献。大家可以算一算，如果用放贷方式实现 20 多亿元的营业

贡献，需要发放多少贷款。

二是创新多。在国内托管业务领域，有许多第一是工商银行创造的。例如，市场上第一只债券基金、第一只货币市场基金、第一只保本型基金、第一只ETF基金、第一只LOF基金都是工商银行托管的，基金公司最早的QDII等，也是工商银行提供的托管服务，在十多年的发展过程中，我们争得了许多第一。与此同时，在许多方面，包括我们的制度设计和经营理念在一定程度上也影响了或者说左右了全国的托管业。有许多兄弟行，甚至监管部门在设计业务制度安排时，都借鉴和参考了工商银行托管业务的制度设计。

三是管理基础好。资产托管业务涉及面很广，投资者、管理人、收益人等当事人之间的关系很直接，一旦出现问题，影响非常巨大。在资产托管业务十年发展过程中，我们只是有过很小的疏漏，从来没有出现过大的问题，所以，到现在为止，我们对外依然可以说，工商银行十年来创造了资产托管业务零差错的纪录，这是非常不容易的事情。同时，我行是国内唯一自主开发业务处理系统的托管银行；是国内首家引入并通过SAS70国际认证的托管银行；也是在国内独家开展托管业务灾难恢复演练的托管银行。在托管业务发展的10年里，我行培养了大量人才，我行托管部先后担任的证监会基金影子定价小组组长、证券业协会基金估值小组组长、证券业协会业绩评价小组组长、证券期货业协会科学技术专家等，基本上都是托管银行中的唯一代表。这些都说明了我们资产托管业务的管理基础确实比较好。

十年发展，全行资产托管业务取得了巨大成绩，来之不易。这是全行上下共同努力的结果，特别是总行资产托管部在其中做了大量的营销、营运和组织管理工作。这里为什么要专门提到总行资产托管部呢？这是因为，各分行开展托管业务的时间还不长，十年的大部分时间里，系统开发、主要业务营销和管理，业务营运的绝大部分工作，都主要由总行来完成。所以，我讲的第一个方面是肯定资产托管业务十年来的工作，简而言之，就是成绩很大，步子很快，对全行的经营管理作出的贡献越来越大。

二、进一步加快资产托管业务发展步伐

刚才福荣行长已经就加快资产托管业务发展讲了很多，我都同意。我要强调的是，加快发展资产托管业务，既有必要，也有可能，为什么呢？这个和资产托管业务本身的特点有直接的关系。我觉得资产托管业务在以下几个方面具有重要的特点：一是高成长性，二是高稳定性，三是经济资本占用少。

（一）资产托管业务具有高成长性

资产托管业务的高成长性首先体现在业务规模的累积效应上，也就是托管业务有一个滚雪球效应，越滚越大。因为绝大多数托管产品没有终止期限，它的规模只会随着时间延长越积累越多。比如说企业年金基金就是这样，随着企业发展和收入水平提高，即使职工人数不增加，年金基金的规模会越来越大。同时，托管业务收入和带来的沉淀资金量也会相应地增加，托管业务的发展有时会超出我们的预料，所以说它具有高成长性。

另外，托管业务的高成长性还表现在托管的需求将越来越多。刚开始时，只有证券投资基金方面有托管需要。这些年来，托管业务品种已经越来越多，保险资金、企业年金、信托计划、私募基金等都引进了托管，将来还有更多的业务会引入托管。比如说企业债券，我们一直说中国的间接融资比例高，直接融资比例低，现在有关部门的指导思想已经很明确，要加快企业债券的发展，我们就可以设想，是不是能够发一些有特定用途的公司债？特定用途的公司债其实也是应引进托管机制的。企业债在国外一般不怎么托管，但在中国，就有着它的必要性。所以，托管业务的高成长性是不容置疑的。

（二）资产托管业务具有高稳定性。托管业务还有一个特点，就是客户一旦选定托管人，就不大容易变，除非托管人的服务水平让客户真正害怕了，担心了，他才会下决心离你而去。一般来说，不大可能有这种事情发生。原因在于，更换托管人会涉及许多当事人，涉及委托人、投资管理人、交易所、登记机构等，如果是企业年金的话，除上面这些当事人外，还会涉及受托人和账户管理人等，换托管人就必须要和方方面面去沟通、去协调，难度很大，所以，托管业务和一般的资产负债业务相比，在一定意义上它的稳定性更强。在资产托管业务的市场开拓和竞争中，一次成功，长期受益；一次失利，长期受窘。如果企业年金、信托计划、保险资产托管等业务在招投标时没拿到，还想按照传统业务的经营思路，与客户去谈，去商量过一段时间能不能再从别的银行转过来，这就不太可能了。因此，托管业务有一个很重要的特点就是稳定性，在市场开拓中要特别注意。

（三）资产托管业务占用经济资本少。经济资本占用少，就说明风险小，或者说和工商银行直接相关的风险比较低。对于资产托管业务，我不想直接用风险小的概念来描述，风险小的概念说多了，有可能使我们在业务发展过程中疏忽对风险的管理。所以，我想强调的是资产托管业务的第三个特点是经济资本占用少。

目前看，资产托管业务基本上不占用经济资本。当然不是说完全不占用，将来我行引入巴塞尔协议操作风险计量高级法时，将把常规风险小、目前未纳入风险计量的操作风险进一步纳入进来，就可以计算出托管业务中操作风险有多大，占用多少经济资本。但目前，因为托管业务不产生市场风险和信用风险，不在资产负债表内反映，因此基本上不占用经济资本，和其他资产负债

业务有重要区别。这也是大力发展资产托管业务的必要性。

资产托管业务不仅具有以上三个方面的重要特点，而且可以在全行的综合化经营中发挥重要作用。

托管业务信息披露充分，业务高度透明，是推动资产管理行业高速发展的重要基础，与我行由国有独资商业银行转向国家控股的股份制商业银行，构建完善的公司治理结构要求高度一致。

托管业务作为一种典型的中间业务，占用经济资本少，不存在产生不良资产的风险，没有拨备的需要。与我行要由传统资产负债业务为主转向资产负债业务与中间业务并重，大力发展中间业务，增加收益能力，改变相对单一的收益来源高度相符。

托管业务既是一种产品，也是整合相关产品的手段，与我行从为客户提供多样化产品向为客户提供综合回报式服务，将各项分产品的竞争优势通过整合成为综合回报的延伸高度一致。

托管业务不仅直接连接货币市场和资本市场，而且连通境内外市场，可以将不同市场的不同产品有机结合起来，与我行加快发展资本市场业务，充分实现货币市场与资本市场的有机结合并形成相应的产品发展格局高度相符。

托管业务的客户几乎都是大型机构投资者，境外客户更是全球知名金融机构，托管业务是进入国际主流金融市场的重要通道，与我行国际化发展从单一扩张境外机构转变为进入全球主流金融市场的战略高度一致。

因此，仔细分析就会发现，许多综合化经营业务都和托管业务紧密关联，发展托管业务有助于把传统资产负债业务和新兴的资本市场业务连接起来，有助于加快经营转型，有助于资产结构、负债结构和收入结构的调整，还有助于员工队伍和人才队伍的进一步培养，因此，大力发展资产托管业务的必要性、重要性不言而喻。全行要以这次会议为标志，或者说以十年资产托管业务的总结和回顾为新的起点，把工商银行资产托管业务推向一个新的十年，推向一个新的发展阶段。

三、全行重视、通力合作，发展资产托管业务

（一）发展资产托管业务要内外兼顾。资产托管业务对内、对外涉及面很广。

一是“对内”，不能把资产托管业务看成是资产托管部的事，它涉及多个专业、许多部门，比如与个金部、金融市场部、机构业务部、结算与现金管理部以及年金中心等都有密切关系。这就要求，第一，要全行重视，各部门要互相支持、互相配合；第二，资产托管部要善于协调好与其他部门关系，不能寄希望于自己单打独斗；第三，资产托管业务涉及许多部门各项业务，应该强调合作与配合。

例如在辩证对待扩大基金代销与基金托管的关系问题上，我们既不能因为强调发展托管业务而不代销其他银行托管的基金，也不能不考虑托管量和托管市场份额。托管部和个金部要认真研究既增加代销手续费，又有利于托管的运行机制，使两项业务相互支持，共同提高。

又如在辩证对待基金公司与行里各部门、不同业务之间的合作关系问题上，随着资本市场发展，银行业务与基金公司之间的融合度越来越高，金融市场、个人金融、公司业务、结算与现金管理、企业年金中心和私人银行等部门都将逐步与基金公司开展业务合作。这是好事，但各部门要处理好关系。如果各部门单打独斗，形不成合力，全行资源就没有办法得到充分有效的利用。资产托管部应该在这方面发挥重要的作用。第一，托管部和基金公司合作已经10年了，对基金公司最了解；第二，托管部作为证券业协会基金业绩评价小组牵头单位，专门负责制定国内基金业的投资业绩评价标准，又有一个在行业已经有一定影响的基金公司评价系统，这个系统应该成为全行相关部门共享的资源；第三，各部门与基金公司相对分散的合作产品，最终都可以通过托管集中起来。因此，希望托管部切实发挥好自身作用，与各部门一起努力，将资源整合好。

二是“对外”，资产托管业务开展涉及基金公司、保险公司、信托公司，涉及企业、个人和监管机构，而且涉及的监管机构包括保监会、证监会、银监会以及劳动和社会保障部，涉及面很广。这就要求我们在处理对外关系时，一方面对客户要善于营销，精于营销；另一方面对监管部门要多请示多沟通多汇报，让它们了解工商银行托管业务现状和水平。资产托管部现在担任证监会基金估值小组的组长，是证券业绩评价小组组长，还是证券基金会计核算专家小组的成员，这说明工商银行资产托管业务在业界、在监管部门已经有一定的话语权和发言权，这非常重要，是我们今后加快发展，开拓市场的重要基础，要下工夫把对外营销和客户关系维护工作继续做好。

（二）发展资产托管业务要协调好部门之间的利益。任何一项业务的发展，都是工商银行整体事业的组成部分，都需要各个部门有大局意识，有整体观念。树立大局意识，一是要从观念上着手，二是要从机制上解决。观念上着手就是全行上下都要认识到开展这项业务的重要性，机制上解决就是要有合理的考核，要让各部门、各分行都感觉到托管业务上去了，对我们本身业务发展有好处，对本行经营效益提高有帮助。

由于业务特点，托管人在某种程度上处在一个相对超脱的位置，对投资管理人等行使监督职责，因此，有时候在制度安排上会有所限制。例如在一项年金业务当中，工商银行如果是托管人，就不能再同时担任受托人，或者工商银行控股的基金公司就不能担任投资管理

人，原因是监管机构担心几个当事人之间产生内幕交易，互相不尽责，影响年金受益人的合法权益。正因为有这样互相制约的关系在里面，我们就需要研究什么是大局意识，什么是整体观念，怎样来保证工商银行整体收益的最大化。

以年金业务为例，工商银行是现在中国商业银行中为数不多的年金管理“全牌照”银行，这是好事，说明我们竞争力强，说明监管部门对我们认可。但各个角色之间存在鱼和熊掌不可兼得的局面。关于这一点，我在分行长会议上已经讲过，今天再重复一下。鱼和熊掌不可兼得怎么办？我的想法是，怎样能实现全行收益最大化，我们就怎么干。所以，在年金业务上，如果把受托人、账户管理人、投资管理人三者都拿到，整体上工商银行的收益是最大的；其次是两个，账管加投资，账管加受托，账管加托管；三项、两项争取不到，一项业务也要争，就是“三、二、一”模式。当然，今年总行对几个部门的考核办法也要作适当调整。调整的思路是，如果拿到的是受托人、账户管理人、投资管理人这三项业务，不能纯粹按照分工，把收益都考核在年金中心或工银瑞信头上；如果拿到的是托管业务，也不能只考核托管部。也就是说，无论拿到的是几项或哪一项业务，对几个关联部门都要同时考核，也就是说，只要对工商银行年金业务发展有好处，在对托管部、年金中心、工银瑞信的考核中都要有所反映，年金业务收入少了，几个部门应该同时受影响，这样才能从机制上保证将统一营销、捆绑考核落到实处。实际上，在工商银行众多业务的发展中都存在这种状况，只不过几项业务间的制约现象在托管上表现得比较突出。但无论如何，大局意识、整体观念、工商银行利益最大化的观念是我们必须牢牢树立的。当然作为总行，作为管理者，有责任、有义务把机制构建得更合理一点，以充分调动各部门的积极性，共同推进这个业务的发展，而不是互相掣肘、互相影响。

（三）发展资产托管业务要协调好总分行之间的利益。大局意识和整体观念不仅涉及总行各部门，还涉及总行和分行之间的关系。比如，托管业务是不是就是总行的事情，把客户竞争到手，对分行到底有什么好处，带来多少效益，我想这也是许多分行经常考虑的问题，托管业务有较强的特殊性，所以，我们强调集中管理，这些年来采取这个模式发展业务成效也是明显的。总行有托管部，两个分行设了分部，今年还可能再设一些分部。分部和当地分行的关系，包括利润和存款的计算都需要逐步明确。在利润问题上，总行托管部不会和分行争，全行托管业务产生的收益、产生的利润最后加总起来就是托管部的收益和利润，但可以簿记也应该簿记到相应的分行，这样分行才有积极性，同时也不会影响总行托管部的积极性。托管沉淀资金的收益也是分行比较关心的问题，这些沉淀资金形成的存款也要比照利润核算，能返还到分行的，就返还到分行。

只有通过以上办法，才能充分调动各分行来发展托管业务的积极性，请各分行参会代表回去要给分行党委、行长汇报清楚，总行在机制上已经想办法来鼓励推动分行开办托管业务，开办托管业务对分行来说是不会吃亏的，相反开办托管业务对工商银行的发展、对分行的发展都是有巨大好处的。所以，希望各分行从工商银行长远发展的战略高度来看待托管业务发展的必要性，进一步提高认识、通力合作、加强协调。

（四）要不断提高托管业务的基础管理和风险控制水平。托管业务涉及面广，涉及委托人、投资者和资产管理人等多方面利益主体，一旦出现问题和差错，后果非常严重。因此，必须高度重视，切实做好风险管理工作。一要靠系统，IT 系统必须先进、有效；二要靠管理，管理必须严格；三要靠人才。

1998 年，我们在刚开始做托管业务的时候，要求托管部在场地上和总行其他部门隔离，打出打进的电话都要有录音，以避免内幕交易。为此，有些年轻同志提出，这样侵犯了自己的隐私权，但这样做既是监管部门的要求，也是托管业务特殊岗位的特殊要求，从事托管业务就必须遵照执行。这就好像抽烟本身是不违法的，但如果烟瘾很大，那他只能选择不在加油站工作，只能去从事别的不禁止抽烟的工作。因此，托管业务必须坚持并不断完善各项内部管理和风险控制制度。

现在总行已经决定凡是涉及场内交易的托管业务，尽量集中管理，场外交易的资产托管业务则越来越多地在分行层面管理。因为有些分行在这方面的经验不足，比较容易产生操作风险和信誉风险，所以，各分行在开展这项业务的时候，要尽量把管理办法、运作手段想得更完备一点，保证不出问题。

另外，托管业务的另一个特点是，虽然是中间业务，同资产负债表无关，但实际上是直接接触资金和证券的，所以，希望各分行能够高度重视内部管理问题，确保托管业务健康稳健发展，让工商银行托管业务在未来十年中能再有一个 200 倍的增长，像董事长说的那样，争取成为亚洲最大、全球一流的托管银行。我们有理由相信，随着国内经济的快速发展、财富效应的不断增强，越来越多的行业和领域将引进托管机制，我们的托管业务也将大有可为。

在中国工商银行青年座谈会上的讲话

杨凯生

（2008年5月8日·根据录音整理）

5月是属于年轻人的月份，是属于劳动者的月份，更属于劳动着的青年人。总行党委对今天的座谈会很重视，本来建清董事长要参加，还准备作一个系统的发言，因为临时参加有关部门的一个重要会议，所以，委托我向全行的青年朋友们致以问候。今天我和赵林同志、立宪同志一起来参加座谈会，这也是赵林同志担任总行党委副书记之后第一次参加的正式会议，这是很有意义的一件事情。

今天，我想谈三层意思。第一，听了同志们的发言，我很受启发，也很受鼓舞。刚才发言的这八个同志，是工商银行成立20多年来，不同发展阶段的优秀青年的代表，他们中有的已近中年，有的是80后；有的已经踏上我行的中层甚至较高层的管理岗位，有的还正在基层一线从事具体的业务操作。他们的发言或回顾总结了经验和体会，透着成熟和干练；或充满了生机和活力，充满了激情和对未来的憧憬。

我听了大家的发言以后有两点启发。一是历史是一种延续，是一个过程。大到一个国家一个民族，小到一个企业一个单位，其历史总是由不同阶段、不同时期的人们所创造的。在发展的过程中缺少了任何一步都不行，在历史的延续中少了哪一天也不行。今天发言的同志，有的是在工商银行创立初期就投身到工商银行，有的是在工商银行发展期、转型期乃至改制期加入工商银行的。从这些不同阶段的优秀青年代表的发言中我们感受到，工商银行能够发展到今天，能够成为一个净利润近千亿元的银行，能够成为全世界市值最大的银行，是几代工行人奋斗的结果，是几代工行人辛勤付出的结果。历史是昨天的总结，历史也是未来的起点，无论是过来人，还是后来人，都不应该忘记这一点，都应该努力地去熟悉和了解工商银行的发展史，熟悉和了解工行人的创业史。只有这样，我们才能够做到前不负于先人，后无愧于来者。

二是无论在什么时期、在什么样的发展阶段，也无论青年人身上具有什么样不同的时代特征，但都有一个共同点，这就是青年人始终是一个国家、一个民族、一个企业、一个单位发展的生力军。从大家刚才的发言中，我们可以感到，虽然他们曾经处在工行不同的发展阶段，从事不同的具体工作，但他们都是工商银行不断改革和迅速发展的亲历者。大家都通过自己的本职工作为工行的改革发展作出了贡献。这就告诉我们，在任何时候都不应该忘记信任年轻人、依靠年轻人、关心年轻人，必须注意培养、教育和帮助年轻人。因为他们成长的过程就是工商银行事业不断发展的过程。在他们身上，寄托着工商银行的未来和希望。

听了大家的发言我也很受鼓舞。我看到了工商银行各个时期的年轻人，当然也包括今天的年轻人的精神风貌，看到他们既有理想、有志向，同时又脚踏实地、爱岗敬业；看到他们既锐意进取、勇于上进，同时又能继承文化、发扬传统。有了这种精神，有了这样一批年轻人，工商银行的未来就有希望，把工商银行打造成为最优秀、最盈利、最受人尊敬的国际一流商业银行的目标就一定能够实现。

第二，青年同志要更自觉地认识到自己的责任和使命。每一代青年人身上都有着鲜明的时代特征，每一代青年人都承担着一定历史时期的责任。现在我们说的青年员工大体指的是20世纪七八十年代以后出生的同志。他们是新的一代，他们是伴随着我国改革开放和发展进步的历史进程而成长起来的一代。当今经济社会所发生的深刻变化，在他们身上得到非常鲜明的体现。当前我行正在着力提升核心竞争力，加快向国际化、综合化发展目标迈进，在这个历史进程中，这一代青年员工将不仅是目睹者，更是参与者。从这个意义讲，工商银行这一代的青年员工是重要的一代，也是幸运的一代。

我在去年的全行青年座谈会上曾经说过两句话，“工商银行能有今天，来之不易，广大青年员工要倍加珍惜；工商银行的未来寄希望于大家，任重道远，广大青年员工要倍加努力。”今天我还是要重复或者说强调“倍加珍惜、倍加努力”这八个字。

为什么说要“倍加珍惜”呢？通常我们都说工商银行的历史从1984年成立到今天近25年了，实际上往前可以追溯到1948年中国人民银行的正式成立，因为工商银行是在全盘承接中国人民银行所办理的城镇居民储蓄存款，工商企业的存、贷、汇等各项业务，包括机构、业务、人员的基础上组建起来的。从这个意义上讲，我行的历史有将近60年了。当然了，我们通常都说工商银行是1984年成立的，那是因为在1983年9月，国务院发布了《关于中国人民银行专门行使中央银行职能的决定》，明确提出“成立中国工商银行，承担原来由人民银行办理的工商信贷和储蓄业务”。这是“中国工商银行”这个名字第一次正式出现在中国的金融史中。1984年1月1日，中国工商银行正式成立，整个筹备工作也就三四个月。当时总行租用了北京三里河一个服装厂闲置的厂房进行办公。现在的青年员工都不知道这段历史了，包括今天在座的总行部门总经理或副总经理，真正在那个楼里办过公的人也不多了，大部分同志是后来总行搬到翠微路后加盟的，还有的是在目前的办公楼建成后进入工商银行的。1984年工商银行成立，1994年开始盖今天的这幢办公楼，1998年入驻办公，2008年我们又开始建设二期工程，总行办公楼的变动和建设过程也从一个侧面反映了工商银行20多年来的发展进程。老同志可能都知道，当时在三里河的办公条件大概比现在任何一个支行还要差。

1984年，工商银行的资产规模是2 720亿元，今天是89 000亿元，增长了33倍；当时的贷款规模是2 470亿元，今天是40 800多亿元，增长了将近17倍；当时的存款规模是1 696亿元，今天是77 700亿元，增长了46倍。可以看出，当时的资产规模、贷款规模和存款规模都不够现在一年的增量。20多年来，在这种量的扩大的同时伴随着一系列更深刻变化，比如体制机制的变化。1984年成立时文件明确规定中国工商银行是国家专业银行。所谓专业，就是指专门从事某一方面的业务。后来《商业银行法》颁布，出现了国有商业银行的概念。从国有专业银行到国有商业银行是一次重要的转变，从国有商业银行到股份制改造，再到境内外同时上市，成为上市银行，更是一种历史性的转变。这种体制机制的转变，不仅表明所有制结构从国有独资到股权多元化，更重要的是带来的与之相关的一系列变化，比如说经营理念的转变。在计划经济体制下，应该说银行不是真正的银行，所以，小平同志才讲“要把银行办成真正的银行”，那就说明，原先不是真正意义上的银行，实际上是出纳机关。后来我们知道了银行要讲自负盈亏，自担风险，现在我们更知道了要追求股东价值的最大化。这种理念的转变是在20多年的过程中一步步实现的。

再比如说业务结构的变化，当时作为国家专业银行，单一地从事城镇居民的储蓄存款和工商企业的存贷汇业务，现在我们的业务产品有几百种，上千种，中间业务收入已经占到整个营业净收入的15%以上；当时只是单一的本币业务，外币业务是零，今天我们的外币总资产已经超过了1 000亿美元，折合7 000亿元到8 000亿元人民币，虽然在全行总资产中的比重还不是很大，但无论是国内还是国外，1 000亿美元的资产已经相当于一个中型银行的规模了。我们的业务已经从单一的本土化向国际化、综合化发展。原来我们总是说在中国，北到黑龙江漠河，南到西沙群岛，低到吐鲁番盆地，高到唐古拉山都有工商银行的网点，但当时在境外还没有机构。1994年新加坡分行成立，随后香港分行成立，到今天全球主要的金融中心都已经有了工商银行的机构。我们已经可以一次出手50亿美元甚至更多的美元来收购国际上的银行了。

再比如说，当时我们纯手工操作，“一支笔一把算盘”，许多同志的劳保福利中有一个待遇，那就是可以领取袖套，因为完全靠手工记账，要垫复写纸。到1985年，所谓实施了电子化经营的100家网点，实际上也不过是利用微机单机办理一些记账业务，而现在已经是有一个完整的、国内领先、国际上也并不落后的银行综合业务系统了。从20世纪90年代起，工商银行连续十几年来每年投入IT的资金平均在四五十亿元。曾经有一些银行和我们讨论，工商银行IT发展的经验是什么，能不能学？当得知了我们每年投入的经费后，他们说没有办法学。当时我们的资金汇划清算要靠邮电部门的信汇和电汇，大量的在途资金不仅影响了资金使用效率，也带来了很大的管理上的风险。今天我们已经可以利用自己的计算机系统实现全行资金的实时汇兑，及时清算。

所以希望青年员工倍加珍惜这一切。确实来之不易啊！

为什么说要“倍加努力”呢？那是因为我们距离所期望的目标和愿景还有相当长的路要走，任重而道远。要成为最优秀的银行、最盈利的银行、最受人尊敬的银行，成为国际一流的商业银行还有很多的事情要做，还有许多艰辛、努力需要我们付出。我们今天的市值已经是花旗的2.2倍。怎么看这个问题？董事长和我多次交换过意见，他说我们既要高兴，也要冷静；既要自豪，但也不能满足。毕竟这还是一个量的概念，我们要追求更多的质的东西。最优秀的银行，管理水平就应该是最高的，风险防范能力就应该是最强的，经营理念就应该是最先进的，金融创新能力就应该是最强的。最受人尊敬的银行，企业文化就应该是十分优秀的，履行社会责任就应该是很好的，社会形象就应该是得到公众、监管部门和客户广泛认可的。盈利能力最强，全世界所有的银行中你的净利润应该最大。要实现这些目标，我觉得有的已经不远了，比如最盈利。我想，不出意外的话，后年工商银行的净利润将是全世界第一。董事长说，也许就在明年。如果现在世界第一的花旗银行的麻烦还不能解决，如果它遇到的困难还继续扩大，如果今年明年我们的经营环境不出太大问题，我们自己不犯大的错误，那么明年最迟后年这个目标就可以实现。但是要真正成为最优秀的银行、最受人尊敬的银行，我们还有很多工作要做。

比如管理水平，这就要讲到全面风险管理了。信用风险方面，我们已经按照《巴塞尔新资本协议》的要求实施了内部评级法的初级法，但是代表更高管理水平的高级法我们可能要到2010年才能实施。我们零售业务信用风险的内部评级法今年也才刚刚实施。操作风险方面，符合《巴塞尔新资本协议》高级法要求的系统也正在开发。市场风险方面，我们按VaR值计算的系统已经上线了，主要衍生产品特别是外汇衍生产品的估值问题正在解决，还需要一个过程。当然这些问题并不是世界所有的大银行都已经解决得很好。但是想成为最优秀的银行，就理所当然地要把这些问题解决好。

再比如说企业文化建设。企业文化建设不仅是一个长期的过程，而且可以说是一个永恒的课题。因为所谓企业文化实际上说的是企业内部的一种氛围，是企业所存在的，看不见摸不着，但又可以感觉到体会到的一种风格，一种无形的力量。有人说，企业文化是一锅熬制多年的老汤，白菜进去，萝卜进去，豆腐进去，出来都会有这种味道。也就是说，企业文化真正建设好了，只要在工商银行干过两三年的人出来，就应该让人感觉到这个人是工行出身的。那就是全社会对工行企业文化的一种认可了。

所以真正达到理想中的目标，成为最优秀的银行、最盈利的银行、最受人尊敬的国际一流的商业银行，我们还有许多事情要做。希望年轻的朋友们能够倍加努力，胸怀全局，脚踏实地，做工行传统的继承者，做工行未来的开拓者；勇于创新，锐意进取，做提高工商银行竞争能力的推动者，做实现工商银行发展目标的践行者；努力学习，不断提高，争取成为新一代全面发展的工行人，成为在21世纪金融全球化进程中中国金融事业新一代的建设者。

第三，全行各级党委、各级领导要更加重视青年工作，要下更大的力气做好青年工作。青年是工商银行的未来，是工商银行的宝贵财富。工商银行目前30岁以下的青年有83 000多人。35岁以下的青年140 000人，占全行员工总数的34%，从这些比例和数字我们可以看出，青年决定着工商银行的未来。所以我们要站在战略的高度，更加重视青年工作，更加关注工行青年人的发展。

一是要充分信任青年人。对青年人的信任在一定意义上就是对工商银行未来的信心。青年人经验少，阅历浅，不够成熟，但是他们学习能力强，工作热情高，我们要相信他们的觉悟，相信他们的能力，保护好他们的热情和干劲。要把青年员工安排到有助于提高他们能力、业务发展最需要的、困难最多、任务最重的岗位去接受锻炼和考验，以增加他们的才干，磨炼他们的意志，锻炼他们的品质。

二是要更加关心青年人。现在大家经常说，压力比较大，竞争比较激烈。比如现在毕业大学生求职不容易，工商银行招一个人都是超过百人报名。大学生刚刚进入社会，进入单位，工作没经验，业务不熟悉，面对我们的老同志，面对科长、处长、行长，他们有时确实会有一点不知所措。他们会感到一种压力，会感到有许多困难，思想上难免会产生一些波动。各级党委、各级领导，无论是专门做青年工作的同志，还是负责业务的同志都要更加关心他们的工作和生活，努力地创造条件，为他们解决一些实际问题。同时更重要的是，要随时关心他们的思想动态和心理变化情况，帮助他们排解疑惑，解决思想问题。此外，对青年人也要严格要求，对他们的不足、缺点甚至错误要满腔热忱地指出，给予必要的批评、帮助和教育，促使他们在思想上、专业上、精神上、工作上、生活上能够全面发展，全面成长。

三是要大力培养青年人。要有计划有步骤地选拔任用培养年轻干部。通过岗位轮换、交流挂职、外派学习等方式进行全方位的培训和锻炼。要创造条件来培养青年人，使他们成长得更快一些，更好一些。我们担任领导的同志很重要的任务就是为一代一代的青年人搭台竖梯。各级党委要坚持党建带团建，支持团组织，帮助团组织更好地发挥共青团的作用，发挥他们组织青年、引领青年、服务青年、维护青年的作用。要为团组织开展各种活动创造必要的条件，要关心团干部的成长与发展。团干部也要交流，业务战线的同志适合做团干部的要充实到团的岗位上去，几年以后再回到业务岗位上继续锻炼，继续发展。这样团的工作才能更加围绕全行改革与业务发展中心工作，团组织才会更有凝聚力、吸引力和向心力。

同志们，青年朋友们，工商银行已经进入一个新的发展阶段，工商银行的前景是美好的，我们对工商银行的未来是充满信心和希望的。青年人要充分意识到自己的责任和使命，让我们大家团结起来，共同努力，为把工商银行建设成为最盈利、最优秀、最受人尊敬的国际一流商业银行而共同奋斗！

在中国工商银行奥运期间信息系统安全保障暨全行业务灾难恢复应急演练动员会上的讲话

杨凯生

（2008 年 6 月 23 日 · 根据录音整理）

同志们，刚才易行长就确保奥运期间信息系统安全运行，以及做好业务灾难恢复应急演练工作作了动员讲话，内容我都十分赞成。6 月 5 日，总行曾召开过关于进一步做好奥运金融服务工作的视频会议，对全行奥运期间金融服务工作进行了专门的部署，其中包括奥运期间信息系统的安全稳定运行等。今天的会议实际是再次强调有关工作，重申有关要求。下面，我就保证奥运期间全行信息系统的平稳运行、强化金融服务以及理财产品销售等问题讲几点意见。

一、信息系统的安全稳定运行工作马虎不得

近几年，我行信息系统的运行状况总体来说是好的，自 2006 年至今的三年中，内审部门、外部审计部门对我行信息系统的运行情况进行过多次审计和检查，总体检查情况是令人满意的，但这并不代表我行信息系统在日后运行过程中不会出现任何问题了，我们对此一定要有忧患意识，要时时刻刻保持警惕。一旦信息系统出了问题，后果是极其严重的。所以，刚才易行长反复做了强调，希望大家能够认真领会，认真落实。这里我想再具体强调几点。

第一，要确保今年第二季度版本成功投产。总行决定在奥运会前的 7 月 12 日最后投产一次大版本，即今年第二季度版本。这个版本投产的时期比较敏感，如果投产不成功，其影响将是巨大的，后果将是严重的。为了确保该版本的成功投产，总行信息科技部、各数据中心、软件开发中心要切实负起责任，各分行要加强组织、配合、协调工作。要注意总结以往版本投产经验，对版本投产过程中可能出现的问题，要未雨绸缪，做好应急预案；对投产过程中出现的问题，要以最快的速度把问题解决好、处理好，绝不能在奥运会前夕出现大面积的、影响很大的生产问题。

第二，要确保业务灾难恢复应急演练顺利进行。业务灾难恢复应急演练是对我行信息系统连续运行能力的一次大检验。今年的演练有一个重要特点，就是涉及面更广。据初步统计，今年参加演练的网点、机构将超过 1 500 个，同时还涉及境外机构，这是境外分支机构首次同时参加全行的业务应急演练，所以，这次演练的组织协调工作量更大、任务更重。这次演练既是检验我行信息系统在奥运期间有没有应对突发事件能力的需要，也是我行长远发展的需要，是我行信息系统建设的一项基础性工作，我们要把这次业务应急演练工作提高到一个更高的高度来认识和对待。从现在开始，全行上下特别是总行信息科技部、各数据中心、各分行，都要把这项工作摆到重要的议事日程上来，要确保此次业务应急恢复演练工作的顺利进行，要切实避免因此而可能对生产系统造成的影响。

第三，要切实加强各数据中心、软件开发中心园区的安全保卫工作。一些敌对势力总是想采取各种手段来破坏奥运会的顺利进行，我们一定不能让他们的阴谋得逞，他们除了直接对比赛场馆和其他方面采取一些破坏手段外，也可能会对关系我国经济运行和社会生活的重要行业，如对银行系统进行破坏，而银行系统中的科技部门更易成为攻击目标。我们对此一定要高度重视。近期总行已经安排保卫部、信息科技部对我行重要园区的安全保卫工作进行一次检查。各中心园区要在特殊时期采取特殊安全措施，要特别注意加强管理，从现在开始，各园区要停止一切接待外部的来访任务，禁止一切非园区工作人员、非总行科技部门的人员进入园区。各个园区要立即开展一次对安全保卫、门禁等制度落实情况的检查。目前各园区的有关制度都是很完备的、严格的，但关键是要认真落实好。

二、服务问题大意不得

信息科技工作是保证金融服务高效顺利的重要基础，在强调奥运服务的时候，这方面的工作显然是一个重要内容，有关要求刚才已经讲过，在这里我再讲讲其他方面的金融服务问题，比如柜面服务、支付环境建设、网点环境、自助设备的运行等，这也是监管部门反复强调的一些问题。

刚才我已提到，6 月 5 日总行专门召开了关于奥运金融服务工作的视频会议，并随后开展了全行上下较大

规模的自查活动，这期间银监会也一直在进行明查暗访。6月19日，银监会通报了各家商业银行奥运服务的检查结果，总行个人金融业务部已于20日把银监会检查发现的问题向各行做了传达，对下一步全行如何集中精力做好奥运金融服务工作提出了一些要求。这里我再把银监会通报中涉及我行的主要情况说一说，以引起大家重视。

一是有些银行自助机具维护管理还存在漏洞，仍然存在部分自助机具误贴标。如贵州分行都匀市桥城支行ATM虽然开通外卡受理功能，但未在机具醒目位置加贴国际银行卡组织的标识；有些行部分机具仍然加贴不干胶提示标签，如辽宁分行营业部新北支行部分机具，使用不干胶标识方式提示客服电话，而未更换成铝或铜铭牌，或以屏幕显示方式来提示。

二是有些自助机具出现故障时未及时处理。如黑龙江分行营业部中央大街支行外币兑换机因故障无法维修，已停止使用，多年未更换；江西分行景德镇西市区支行查询机有故障多次上报，但上级行一直未派人修理。

三是有些网点基础金融服务工作存在薄弱环节，如黑龙江分行营业部中央大街支行储蓄专柜大堂经理外出参加培训，但无人代岗。

四是有些网点服务存在问题，如广东分行营业部新白云机场支行，四个对私窗口中只有一个为普通客户服务；广州站西路支行六个对私窗口中，只有两个为普通客户服务，存在对客户疏导不力，导致客户排队的问题。

五是有些网点机构安全保卫工作存在隐患，个别网点安保人员脱岗。如山西分行大同魏都支行安保人员安全意识不足，外部人员进入非现金区计算机柜台内时无人阻止；天津分行围堤道支行营业厅没有配备灭火器材。

六是河南分行没有按照要求及时对奥运金融服务情况开展自查。后来据了解，该行实际开展了自查但未把自查情况及时向当地监管部门报送。广西梧州分行没有按上级行制订的计划和要求进行传达和执行，在银监局的督促下才进行了整改，等等。

这次通报中涉及我行的主要问题就是这些，与其他商业银行相比我行整体情况比较好，但我们确实也有不少需要整改的地方。抓服务问题不是一项阶段性工作，不仅仅是奥运期间能够为广大国内外客户提供高质量的服务，更重要的是这是一项长期任务。我行去年曾突出讲服务问题，就是因为我们意识到如果服务水平不能得到客户的认可，不能得到监管部门和社会公众的认可，那么要把我行打造成一流的金融机构，办成最令人尊敬的银行就是一句空话。我们要把在奥运期间突出抓服务作为提高服务水准、改进服务工作的重要契机。希望大家一定要高度重视这个问题，各级行行长要亲自抓，要多投入一些精力来搞好服务工作。

一是要进一步狠抓服务环境的管理。北京、天津、上海、青岛、沈阳、秦皇岛6个奥运举办城市分行，现在有些网点仍在装修，要争取尽快完工，要在奥运会前尽早投入使用，越早越好。网点建设本是好事，但不要因为网点装修，无法开门或场地混乱而造成不良影响。其他重点城市，如省行营业部、空港和海港城市、口岸城市、重点旅游城市的网点改造也要加快进度，要保证奥运期间能为广大国内外客户提供高质量的网点服务。

二是主要网点要尽快具备双向外币兑换能力和旅行支票兑付能力。这一点银监会要求很高，届时拿旅行支票的人可能会很多，因此，保障外币兑换、旅行支票兑付能力非常重要。

三是要加强自助机具的管理。要确保自助机具的正常运行，要加强夜间、假日期间的值班、巡查力量，尤其要保证机具出现故障后能得到及时维修，能够尽快恢复服务功能。

四是要积极完善外卡收单环境的建设。加强重点区域特约商户的拓展维护，规范特约商户受理标识，营造良好的用卡环境。以上这些工作既有阶段性的要求，不少工作要在6月、7月完成，但这些工作实际上都事关长远，现在无论是精力投入，还是费用投入将来都会有收获。各行不要将此看做负担，而应看做是我行长远发展的基础性工作。

五是要特别注意客户的投诉问题。一旦有投诉发生，要及时受理、耐心解释说明，要合情合理、依法合规地加以处理。不要因为我们受理不及时、服务态度不好、解释说明工作不到位而造成不良影响，希望全行特别是基层网点负责人要增强这方面的责任意识。

六是要进一步加大检查力度，保证服务工作落到实处。各行要针对服务工作组织开展各类不同层次的检查。近期银监会也会不断组织各种明察暗访，全行要在思想上、工作上做好准备。对检查发现的问题，要深入分析，明确责任，边查边改，消除各种隐患。这方面总行个人金融业务部已提出了一些要求。7月中旬以后，各一级支行、各网点要保持每天一查的频度，在此特殊阶段提出这种特殊要求，不是搞形式主义，目的是要引起大家重视，增强各级管理部门的责任意识。提出这个要求，总行是经过认真研究、反复考虑的，全行要认真加以落实。

三、理财产品的销售工作简单不得

理财产品的销售，实际上也是一个金融服务问题。银监会对理财产品的销售也是非常重视，反复强调，并在最近对各家商业银行理财产品的销售情况进行了检查。为了配合银监会做好检查，总行也相应下发过通知，提出过要求。从整体来看我行理财产品销售的合规情况是好的。6月7日，我和易行长去北京分行的网点就理财产品的销售情况进行了检查，与一些理财经理进行了面对面交流，发现他们在理财产品的营销、风险提示方面做得还是不错的。但是通过银监会的检查，还是发现了一些问题，比如北京分行复内大街支行自己印制的“灵通快线”的宣传资料中就没有风险提示内容，经调查原来这些资料是年初印制的，没有达到银监会的最新监管要求。

最近银监会将对上海、山西、宁波、深圳分行开展现场检查，有关检查将一直持续到7月中旬，检查内容涉及面很广，其中理财业务的合规与否是这次检查的重点之一。为了提高我们理财业务的经营管理水平，配合银监会做好这次专项检查，希望各有关分行能够按照总行通知中所明确的关于理财业务经营工作的重点和合规要求，进一步把工作落实好。希望通过我们的努力，银监会在下一轮通报商业银行理财产品经营状况时，我行的问题能够更少一些，我行的工作能够进一步得到认可。

在中国工商银行分行行长工作会议上的讲话

杨凯生

（2008年7月22日·根据PPT整理）

一、上半年全行经营管理情况

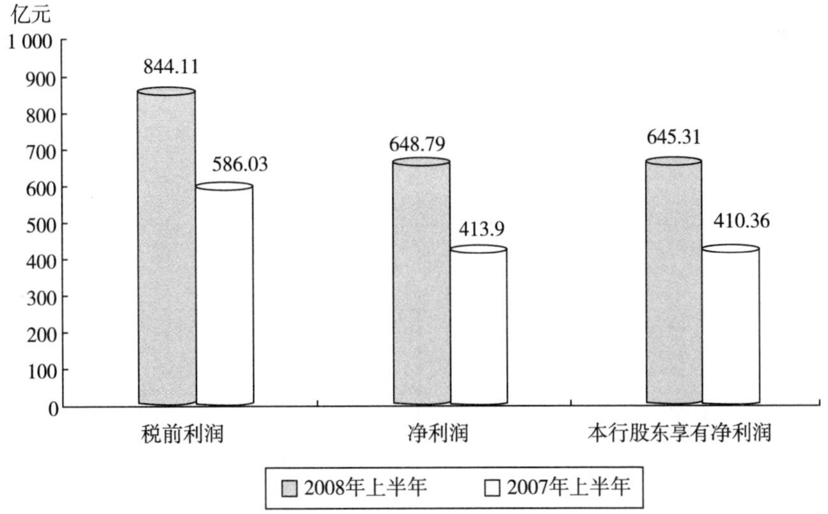

注：数据为国际财务报告准则下审计后集团口径。

2008年上半年和2007年上半年利润完成情况图

1.1 利润继续高速增长，经营效益持续向好

1.1.1 全行财务运行情况

1.1.1 全行财务运行情况——集团经营效益情况

上半年，全行（集团）实现净利润648.79亿元，同比增加234.89亿元，增长56.75%。其中，本行股东享有净利润为645.31亿元，同比增加234.95亿元，增长57.25%。

1.1.1　全行财务运行情况——集团主要经营指标情况

2007—2008 年上半年主要经营指标情况表

主要经营指标	2008 年上半年	2007 年	2007 年上半年
1. 盈利能力			
1.1　平均权益回报率	23.73%	16.23%	16.93%
1.2　平均总资产回报率	1.44%	1.02%	1.05%
1.3　每股收益（元，未年化）	0.19	0.24	0.12
2. 收益结构			
2.1　净利息收益率（NIM）	3.01%	2.80%	2.65%
2.2　净手续费及佣金收入占比	15.80%	13.43%	12.71%
2.3　成本收入比	28.46%	34.66%	31.09%
3. 资产质量			
3.1　不良贷款额（亿元）	1 051.36	1 117.74	1 286.61
3.2　不良贷款率	2.41%	2.74%	3.29%
3.3　拨备覆盖率	116.08%	103.50%	81.25%

注：数据均为集团口径。

2008 年上半年各项主要经营指标均优于 2007 年。其中：

➢ 平均权益回报率为 23.73%，较 2007 年提高了 7.5 个百分点。

➢ 不良贷款率为 2.41%，较 2007 年末下降了 0.33 个百分点；拨备覆盖率为 116.08%，较 2007 年末提高了 12.58 个百分点。

1.1.2　分行财务运行情况——境内分行净利润

境内分行利润增长情况表

单位：亿元、%

行名	2008 年上半年	2007 年上半年	同比增幅	行名	2008 年上半年	2007 年上半年	同比增幅	行名	2008 年上半年	2007 年上半年	同比增幅
北京	67.65	47.83	41.44	山西	13.51	9.07	48.89	江西	8.50	6.51	30.60
浙江	64.10	43.82	46.28	河北	12.17	6.57	85.23	黑龙江	7.65	3.52	117.14
上海	62.66	38.66	62.09	天津	11.52	7.53	52.93	青岛	6.42	3.33	92.76
江苏	58.11	38.86	49.53	辽宁	11.27	9.76	15.44	甘肃	5.26	2.95	78.16
广东	56.21	43.16	30.24	云南	11.01	6.65	65.57	厦门	5.15	3.54	45.59
山东	42.85	26.49	61.76	湖北	10.84	6.49	67.04	大连	4.32	3.12	38.66
深圳	28.43	13.13	116.55	贵州	10.31	7.08	45.61	吉林	3.98	1.57	152.60
四川	17.00	8.88	91.57	重庆	10.06	5.26	91.21	新疆	3.66	3.15	15.94
福建	16.06	8.71	84.34	湖南	9.94	6.12	62.55	海南	3.44	1.71	100.77
河南	15.41	4.81	220.50	广西	9.66	8.23	17.34	宁夏	2.62	1.32	98.35
安徽	14.36	8.61	66.94	陕西	8.91	4.74	87.79	青海	2.43	0.76	220.24
宁波	14.24	9.48	50.18	内蒙古	8.72	6.84	27.60				

注：

1. 计算境内分行净利润时，对费用列支进度未达到 50% 的分行按年度预算 50% 计算费用；未对各行计提拨备数进行调整。

2. 2008 年所得税按各行预计缴纳数计算，2007 年按 33% 税率计算。

上半年，各行净利润均有不同程度增长，北京、浙江、上海、江苏、广东、山东6家分行净利润均超过40亿元，共计实现净利润351.58亿元，占集团净利润的54.19%。

1.1.2 分行财务运行情况——境内分行经济增加值

分行经济增加值增长情况表

单位：亿元、%

行名	2008年上半年	2007年上半年	同比增幅	行名	2008年上半年	2007年上半年	同比增幅	行名	2008年上半年	2007年上半年	同比增幅
北京	54.05	35.93	50.42	山西	10.04	6.04	66.27	陕西	5.65	2.17	160.36
浙江	51.02	31.62	61.35	天津	8.26	4.82	71.40	黑龙江	4.85	1.25	286.84
上海	50.04	27.41	82.55	辽宁	8.00	6.95	15.08	青岛	4.77	2.03	134.62
江苏	45.94	26.95	70.47	云南	8.00	4.20	90.46	厦门	3.71	2.43	52.37
广东	40.11	29.81	34.56	贵州	7.56	4.89	54.41	甘肃	3.56	1.58	125.32
山东	33.29	17.69	88.23	重庆	7.34	3.11	135.64	大连	2.72	1.78	52.95
深圳	24.67	10.20	141.98	湖北	6.88	3.20	114.80	海南	2.64	1.05	152.06
四川	12.01	4.86	146.94	湖南	6.23	2.98	109.32	新疆	2.04	1.87	8.74
福建	11.72	5.41	116.57	广西	6.17	5.41	14.05	宁夏	1.97	0.79	149.82
宁波	11.18	6.77	65.06	河北	6.09	2.00	204.09	青海	1.92	0.34	470.28
河南	10.33	0.83	1 147.12	江西	6.08	4.30	41.34	吉林	1.21	-0.69	—
安徽	10.14	5.11	98.51	内蒙古	6.06	4.66	29.87				

注：EVA计算公式为（上半年净利润-经济资本月均余额10%）÷2。其中，经济资本月均余额10%为占用经济资本在整个年度应获取的资本回报。

35家一级分行、直属分行上半年EVA全部为正，总额达到476亿元，是上年同期的1.76倍，其中超过20亿元的前7家分行创造的EVA为299亿元，占比为62.81%。

1.1.2 分行财务运行情况——境外机构经营效益

上半年，境外机构效益继续大幅攀升，税前利润总额为2.31亿美元，同比增加7 080万美元，增幅达44.19%；净利润总额为1.94亿美元，同比增加6 151万美元，增幅为46.43%。

1.1.2 分行财务运行情况——净利息收益率

分行净利息收益率情况表

单位：%

行名	净利息收益率	贷款利率平均浮动幅度	存款付息成本率	行名	净利息收益率	贷款利率平均浮动幅度	存款付息成本率	行名	净利息收益率	贷款利率平均浮动幅度	存款付息成本率
宁波	4.93	2.47	2.14	云南	3.51	-2.29	1.84	陕西	2.48	-1.11	1.87
宁夏	4.83	-1.74	1.84	内蒙古	3.44	-0.33	1.79	河北	2.40	-2.77	2.17
贵州	4.67	-2.81	1.64	天津	3.38	-3.54	1.99	吉林	2.34	1.65	2.03
山东	4.63	2.98	2.10	安徽	3.10	-1.85	2.08	山西	2.34	-2.18	1.96
厦门	4.57	-3.26	1.92	海南	3.08	-2.41	1.72	上海	2.23	-5.15	1.94
福建	4.55	2.56	1.87	广东	3.08	-0.29	1.93	甘肃	2.21	-4.21	2.04

续表

行名	净利息收益率	贷款利率平均浮动幅度	存款付息成本率	行名	净利息收益率	贷款利率平均浮动幅度	存款付息成本率	行名	净利息收益率	贷款利率平均浮动幅度	存款付息成本率
浙江	4.47	4.72	2.14	河南	2.89	-0.60	2.07	深圳	2.13	-5.48	1.77
广西	4.04	-2.75	1.78	湖南	2.83	3.14	2.07	辽宁	2.10	-3.28	2.35
青岛	3.95	2.55	2.18	青海	2.81	-3.15	1.81	新疆	1.75	2.49	2.04
江苏	3.87	2.08	2.13	湖北	2.77	-3.17	2.06	黑龙江	1.60	0.16	2.27
重庆	3.64	-2.96	2.13	四川	2.74	-0.16	2.02	北京	1.45	-6.11	2.18
江西	3.52	-1.18	1.78	大连	2.70	1.57	2.33				

上半年，18家分行净利息收益率高于全行水平（3.01%）。

1.1.2 分行财务运行情况——绩效考评等级

与上年度同口径绩效等级比较，30家一级分行和29家直属分行及营业部中，54家行绩效等级上升，3家行绩效等级持平，2家行绩效等级下降，表明全行经营绩效整体水平较上年又有大幅度提升。这59家行中，34家行考核排名上升或持平，25家行考核排名下降。

➢ 与上年度相比，27家一级分行等级上升，2家持平，1家下降。

➢ 与上年度相比，27家直属分行和营业部等级上升，1家持平，1家下降。

一级分行绩效考评等级

（浅灰）代表上升　（深灰）代表下降

分行	本期等级	上年等级	分行	本期等级	上年等级
上海	A	B+	青海	D++	E--
北京	A--	B-	四川	D++	E--
浙江	A--	C++	江西	D++	E--
山东	B+	C--	天津	D++	D--
江苏	B+	C++	河北	D	E--
广东	C++	C+	甘肃	D	E--
贵州	C++	C--	河南	D-	E+
云南	C+	D+	陕西	D-	E--
福建	C	E++	湖北	E++	E--
安徽	C-	E++	湖南	E++	E--
海南	C-	E++	内蒙古	E++	E+
宁夏	C-	D-	辽宁	E-	E--
重庆	C--	E++	新疆	E--	E++
山西	C--	D--	黑龙江	E--	E--
广西	D++	D--	吉林	E--	E--

直属分行及营业部绩效考评等级

分行	本期等级	上年等级	分行	本期等级	上年等级
深圳	A++	B++	湖北	C++	D-
浙江	A-	B--	厦门	C++	C++
宁波	A-	B	甘肃	C++	E++
苏州	A--	B++	福建	C++	D++
广东	B++	B+	陕西	C+	E--
安徽	B++	C-	江西	C+	E++
贵州	B++	C++	四川	C	E++
江苏	B++	C++	辽宁	D++	E--
云南	B	C	河北	D++	E++
湖南	B--	D+	吉林	D++	E--
河南	B--	D-	黑龙江	D++	E--
山西	B--	D++	新疆	D++	C--
山东	B--	D	大连	D+	E++
青岛	B--	D++	内蒙古	E++	E--
广西	B--	C++			

1.1.2 分行财务运行情况——绩效考评等级变动原因

➢ 影响各行考核排名变化的主要因素是今年加大了对中间业务收入同业占比的考核，2008年上半年中间业务收入增长相对较多的分行，考核排位均有较大提升。

➢ 中间业务及其同业占比指标已经成为影响各行绩效排名的重要因素，充分体现了新考评办法强调引导市场竞争力提升和业务结构优化的经营导向。

1.2 面对复杂多变的市场，主要业务在激烈竞争中平稳发展

1.2.1 存贷款情况

2008 年 1－6 月，境内分行人民币存款（含同业存放）增加 6 939 亿元，同比多增 71 亿元，完成10 000亿元年度计划的 69.4%；人民币贷款增加 2 562 亿元，完成3 650 亿元年度计划的 70.2%；外汇存款增加 30.2 亿美元，同比多增 20.2 亿美元，外汇贷款减少 12.3 亿美元，同比少增 40.1 亿美元。

分行存贷款情况表

单位：亿元/亿美元、%

项目	余额	2008 年 6 月增量	2007 年 6 月增量	同比增减	全年计划数	计划完成情况
一、人民币存款（含同业）	79 139	6 939	6 868	71	10 000	69.4
1. 储蓄存款	35 489	3 537	483	3 054	2 000	176.9
2. 公司存款	20 956	850	1 487	－636	3 000	28.3
3. 机构存款	14 903	1 859	1 671	188	5 000	51.0
4. 同业存放	7 792	692	3 227	－2 534		
二、人民币贷款	39 994	2 562	2 475	87	3 650	70.2
1. 公司类	30 091	2 653	2 352	302	2 270	116.9
2. 个人类	7 895	456	830	－374	1 100	41.4
3. 票据类	2 008	－547	－707	159	280	－195.4
三、外汇存款	250.1	30.2	10.1	20.2	－3.0	－1 008.0
1. 储蓄存款	63.0	－4.1	－13.9	9.9	－10.0	40.6
2. 对公存款	154.0	28.7	17.1	11.6	7.0	409.6
3. 同业存放	33.2	5.6	6.9	－1.3	10.0	56.3
四、外汇贷款	230.6	－12.3	27.9	－40.1	27.0	－45.4
1. 一般现汇贷款	132.2	－22.8	－2.1	－20.7	－15.0	151.8
2. 国际贸易融资	98.4	10.5	29.9	－19.4	42.0	25.0

1.2.2　票据业务

❑　票据贴现余额持续下降，交易活跃。

2008 年 6 月末，全行贴现余额为 2 008 亿元，较年初下降 547 亿元。贴现余额市场占比为 15.6%，继续保持同业第一的市场地位，但较年初下降 4 个百分点。

上半年，票据业务交易结构变化，流量业务活跃。全行票据交易量为 6 536 亿元，同比增加 604 亿元。其中，买入票据 5 104 亿元，减少 487 亿元；卖出票据 1 432亿元，增加 1 091 亿元。票据业务实现净利润 36.91 亿元，同比增长 117.9%。

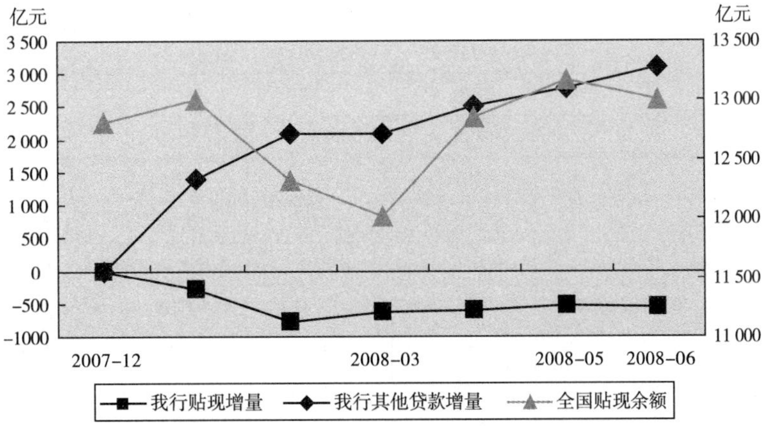

2008 年贴现与其他贷款增量变化趋势图

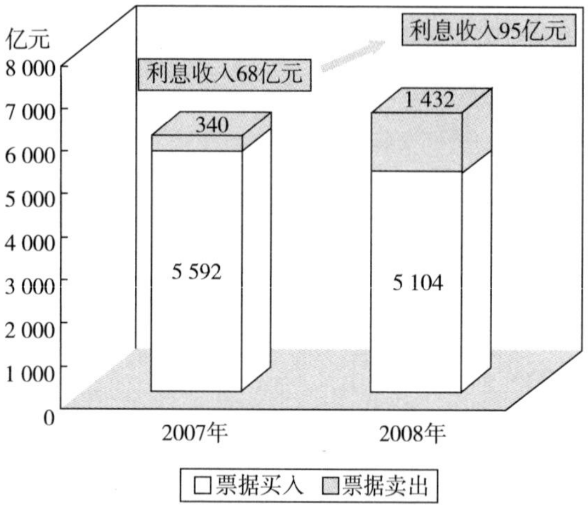

2007—2008 年前 6 个月票据交易结构对比

1.2.3 投资业务

❒ 截至 2008 年 6 月末，全行债券投资余额为 31 741亿元，比年初增加 918.85 亿元，增长 2.98%。其中，可供出售类、持有至到期类和应收款项类余额为 31 302 亿元，比年初增加 854.09 亿元；交易账户余额为 438.92 亿元，比年初增加 64.75 亿元。

投资类别	余额（亿元）	占比（%）	增量（亿元）	余额增幅（%）
债券投资合计	31 741	100.0	918.85	2.98
1. 交易类	439	1.38	64.75	17.31
2. 可供出售类	5 679	17.89	613.41	12.11
3. 持有至到期类	13 498	42.53	240.02	1.81
其中：政府债券	3 099	9.76	-29.00	-0.94
金融债券	9 917	31.24	217.00	2.24
企业债券	377	1.19	63.02	20.21
其他债券	105	0.33	-11.00	-9.75
4. 应收款项类	12 125	38.20	0.67	0.01
其中：非重组类	1 858	5.85	0.67	0.04
重组类	10 267	32.35	0.00	0.00

续表

注：统计口径为法人口径（本外币），债券投资余额不含债券应计利息。

❒ 截至 2008 年 6 月末，全行人民币债券投资余额为 30 026 亿元，比年初增加 1 167 亿元，增长 4.04%。上半年人民币债券交易规模及交易收入大幅增长，交易账户共完成人民币债券交易 1.3 万亿元，同比大幅增长 64%，实现收入 9.4 亿元，同比增长 96%。

❒ 2008 年上半年，实现代客资金交易业务收入 20.96 亿元人民币，同比增长超过 50%。

❒ 2008 年上半年，全行人民币债券投资收益率为 3.69%，比年初上升 52 个基点。从各类别债券收益率来看，交易类债券达到 4.81%，高于其他类别债券较多。

单位：亿元、%

		债券余额			收益率	
		6 月末	比年初增减	比年初增长	6 月末	比年初增长
四分类（重组性及非重组性债券）	应收款项类	12 125.50	0.67	0.01	2.43	0.18
	持有至到期类	13 207.79	526.61	4.15	3.82	0.42
	可供出售类	4 318.21	626.78	16.98	3.85	0.07
	交易类	374.86	12.82	3.54	4.81	1.78
	小计	30 026.36	1 166.88	4.04	3.69	0.52
发行主体分类（非重组性债券）	政府债券	4 310.11	-2.34	-0.05	3.65	0.07
	央行票据	8 118.59	295.83	3.78	3.79	0.51
	政策银行债	6 153.93	810.02	15.16	4.01	0.44
	银行同业和其他金融机构	412.35	-20.12	-4.65	4.28	0.14
	企业债券	727.27	81.71	12.66	5.03	0.44
	其他	36.45	1.78	5.13	5.06	—
	小计	19 758.70	1 166.88	6.28	3.88	0.39

注：统计口径为法人口径人民币数据（不含外币），余额数据中不含债券应计利息。

1.2.4　中间业务概况

2008年上半年中间业务收入同业比较表

单位：亿元、%

行名	2008年1－6月	2007年1－6月	增长额	增幅	四大行占比		
					2008年上半年	2007年上半年	变化
工商银行	243.55	164.83	78.72	47.76	29.96	31.30	－1.33
农业银行	137.35	101.92	35.43	34.76	16.90	19.35	－2.45
中国银行	202.80	127.78	75.02	58.71	24.95	24.26	0.69
建设银行	229.16	132.15	97.01	73.41	28.19	25.09	3.10
合计	812.86	526.68	286.17	54.34	—	—	—

➢ 2008年1－6月，境内分行实现中间业务收入243.55亿元，同比增长47.76%，完成全年预算的45.87%，预算完成进度比上年同期提高了2.42个百分点。

➢ 我行中间业务收入总量同业占比继续保持第一，但占比较上年同期下降了1.33个百分点。

单位：万元、%

类别	工行			农行	中行	建行
	2008年1－6月	占比	排名	2008年1－6月	2008年1－6月	2008年1－6月
人民币结算	369 726	46.86	1	66 470	157 035	195 688
代理及个人理财	488 302	38.41	1	209 809	223 339	349 951
代理保险	163 056	29.89	2	150 869	66 486	165 126
委托贷款	28 419	20.45	3	510	37 955	72 103
代理及对公理财	64 863	36.97	1	42 976	16 569	51 039
银行卡	277 906	22.57	2	533 662	157 926	262 043
电子银行	99 853	52.26	1	32 042	6 091	53 085
国际结算	96 634	17.31	2	43 494	326 494	91 706
代客外汇买卖及结售汇	223 213	20.54	3	80 752	555 276	227 258
投资银行	472 553	38.07	1	114 310	267 812	386 689
担保承诺	100 403	18.26	3	25 933	110 111	313 370
资产托管	123 968	37.79	1	42 862	52 345	108 908
企业年金	2 112	—	—	—	—	—
中间业务合计	2 435 526	29.96	1	1 373 457	2 027 966	2 291 618

从中间业务各品种收入同业占比情况来看：

➢ 我行人民币结算、代理及个人理财、对公理财、资产托管、企业年金、电子银行、投资银行业务收入继续保持同业第一。

➢ 我行人民币结算、代理及个人理财、委托贷款、对公理财、银行卡、代客外汇买卖及结售汇、资产托管等业务收入同业占比同比提高。

单位：万元、%

类别	工行		农行		中行		建行	
	增加额	增幅	增加额	增幅	增加额	增幅	增加额	增幅
人民币结算	101 456	37.82	2 831	4.45	49 297	45.76	46 633	31.29
代理及个人理财	2 944	0.61	－74 225	－26.13	－55 746	－19.97	－120 262	－25.58
代理保险	94 493	137.82	76 257	102.20	36 951	125.11	117 116	243.94
委托贷款	9 007	46.40	122	31.31	17 970	89.91	15 062	26.40
代理及对公理财	46 110	245.87	9 864	29.79	15 003	957.64	35 227	222.79
银行卡	76 295	37.84	118 665	28.59	30 946	24.37	86 401	49.19
电子银行业务收入	38 329	62.30	28 616	835.16	3 365	123.45	34 644	187.86
国际结算	50 692	110.34	6 681	18.15	193 332	145.19	53 758	141.66
代客外汇买卖及结售汇	75 678	51.29	34 084	73.03	120 500	27.72	124 081	120.26
投资银行	176 752	59.75	112 476	6 135.15	211 026	371.62	236 580	157.61
担保承诺	66 291	194.33	18 695	258.28	52 461	91.00	259 646	483.30
资产托管	80 065	182.36	11 132	35.08	23 607	82.15	76 211	233.09
企业年金	1 500	245.48	—	—	—	—	—	—
中间业务合计	787 198	47.76	354 274	34.76	750 184	58.71	970 083	73.41

从中间业务各品种收入增长情况来看：

➢ 我行各大类中间业务收入同比均实现增长，其中代理保险、对公理财、国际结算、担保承诺、资产托管和企业年金等业务收入增幅超过了100%。

➢ 我行人民币结算、代理及个人理财、对公理财、电子银行、资产托管、企业年金等业务收入同比增加额列同业第一。

1.2.5 理财产品发行

在股票市场调整幅度很大的情况下，我行实现了理财产品销售的高速增长。

➢ 销售个人理财产品共计8 552.4亿元/份。

❐ 销售银行个人理财产品5 486.09亿元，是上年同期的7.52倍。

❐ 代理销售基金2 017亿份，比上年同期减少1 083亿份。基金存量5 074.59亿份，我行基金代销额、基金存量、业务收入和客户数量等多项指标继续位居同业第一。

❐ 代理保险产品销售684.81亿元，是上年同期的3.28倍。其中，寿险412.15亿元，同比增长132.48%；财险263.67亿元，同比增长1297.98%。

❐ 代理销售国债364.5亿元，稳居同业第一。

➢ 销售法人理财产品2 876.50亿元，其中，吸收结构性存款217.06亿元。

1.2.6 债券承销、发行业务

2008年上半年，我行继续保持承销发行业务的高速发展，债券承销、发行业务量居同业首位。

➢ 短期融资券承销业务

❐ 上半年我行短期融资券主承销发行金额合计为386.1亿元，市场份额达到23.20%，在24家主承销商中位居第一，高出第二名光大银行11个百分点。

➢ 中期票据承销业务

❐ 中期票据推出以后，我行作为首批试点主承销商参与发行金额最大的铁道部及中国电信中期票据项目，是目前主承销金额最大的承销商。

➢ 金融债券承销业务

❐ 上半年我行储备的金融债券主承销项目金额合计超过350亿元，其中，商业银行金融债券250亿元，商业银行次级债10亿元，财务公司金融债券92亿元。

1.2.7 结算业务

我行继续大力实施“第一结算银行”战略，积极拓展结算业务市场：

➢ 全行新开对公结算账户522 914户，同比增长61.29%；净增对公结算账户为316 834户，同比增长200%。

➢ 新增现金管理客户20 058户，同比增长92.7%，其中总行级客户新增65户，同比增长95%。

➢ 贵金属交易总金额达到740亿元（折合黄金368吨），其中，“如意”金条销售量达到10.01吨，同比增长14倍；代理上海黄金交易所实物黄金买卖交易量达到25.07吨，同比增长180%；账户金交易量为249吨，同比增长4倍；代理黄金出入库量160吨，铂

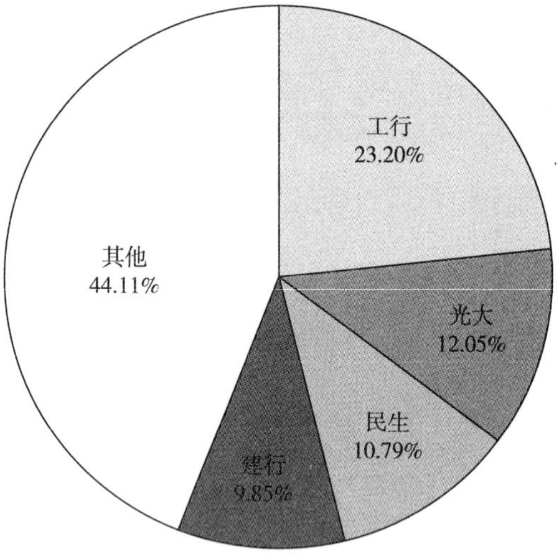

短期融资券市场份额占比图

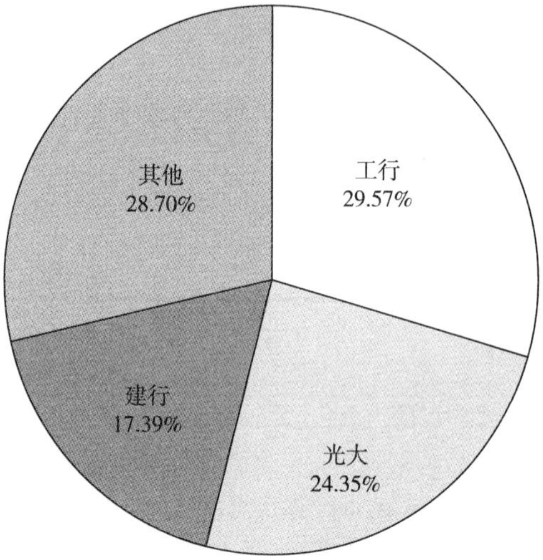

中期票据市场份额占比图

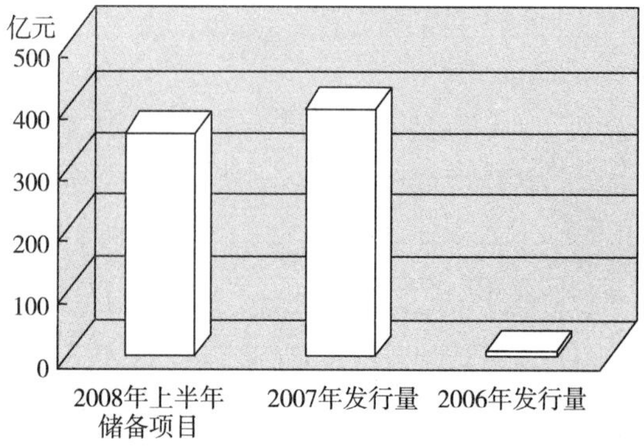

金融债券承销业务发展情况

金出入库量 17 吨；在上海黄金交易所自营交易量达到 76.02 吨，同比增长 84.23%，黄金寄售业务交易量达到 8.14 吨，同比增长 76.89%。

➢ 代理上海黄金交易所投资人开户总量、代理黄金交易所会员清算量、代理铂金交易量等多项指标居于同业市场第一。

➢ 上半年境内分行累计完成国际结算量 2 772.38 亿美元，比上年同期增长 989.52 亿美元，同比增长 55.50%，完成全年计划的 50.41%。

1.2.8 小企业金融业务

➢ 2008 年 6 月末，全行有融资余额小企业客户数量为 47 055 户，比年初增加 2 092 户；其中，有贷款余额的小企业客户数量 32 304 户，比年初增加 502 户。

➢ 小企业贷款利率平均上浮幅度为 16.52%，比年初上升 1.96 个百分点。小企业贷款平均合同利率为 8.29%，比年初上升 0.56 个百分点。

➢ 从 6 月末情况来看，全行小企业贷款利率比大中型公司客户贷款利率高出 1.72 个百分点，在一定程度上体现了风险溢价的要求。

1.2.9 电子银行业务

2008 年上半年，主要电子银行业务指标均达到或超额完成预算进度。

项目		2008 年任务	1－6 月完成	完成年任务比例（%）	较上年同期增长比率（%）
电子银行	交易额（万亿元）	135	68.1	50.42	58.50
	收入（亿元）	20	9.99	49.93	62.30
网上银行	企业客户（万户）	20	29.4	147.12	54.00
	企业证书客户（万户）	15	13.9	92.48	109.90
	个人客户（万户）	1 500	941.3	62.75	27.00
	个人证书客户（万户）	260	179.3	68.95	56.70
电话银行	企业客户（万户）	8	10	125.39	31.20
	个人客户（万户）	1 000	788	78.80	53.80
手机银行	客户（万户）	350	512.7	146.49	340.70
电子银行业务笔数（亿笔）		—	23.98	—	23.67
电子银行业务笔数占全行的比例（%）		41	39.50	—	—

注：

1. 表中电子银行业务笔数为剔除查询等业务后的实际交易笔数，如包含，上半年为 49.23 亿笔，同比增长 28.04%。
2. 上半年全行业务笔数为 127 亿笔，同比增长 8.32%。

1.2.10 投行业务

➢ 投行收入已成为中间业务收入的重要组成部分。上半年，境内分行实现投行收入 46.67 亿元，比上年同期增加 17.08 亿元，增长 57.74%，计划完成率为 68.64%。

➢ 投行研究中心正式运作。第一批 15 名分析师已经到岗，第二批 15 名分析师招聘选拔工作即将完成。投行研究中心现已编发多期周刊、热点评述、信息参考、行业深度分析和专题研究，开始在常年财务顾问服务、重大热点问题研究、投行项目支持方面发挥了重要作用。

➢ 投行业务品牌建设和业务创新成效显著。上半年，集中力量加强重大投行项目的营销运作。中兴能源投资印尼棕榈园跨境并购项目完成后预计顾问费收入 300 万美元，成功与江西省政府签署“鄱阳湖产业投资基金”顾问服务协议。

1.2.11 信用卡业务

信用卡业务持续保持高速增长态势。截至 2008 年 6 月末：

➢ 信用卡发卡量达到 3 302.67 万张，较年初增加 964.66 万张，增长 41.26%。

➢ 信用卡客户数达到 2 219.04 万户，较年初增加 596.74 万户，增长 36.78%。

➢ 当年累计实现信用卡消费额 1 107.55 亿元，较上年同期增加 432.28 亿元，增长 64.02%。

➢ 信用卡透支余额达到 117.59 亿元，较年初增加 34.73 亿元，增长 41.91%。

➢ 2008 年上半年，信用卡业务总收入达到 28.31

亿元，同比增加8.14亿元，增长40.33%；其中，信用卡中间业务收入达到16.04亿元，同比增加4.88亿元，增长43.70%。

各主要业务指标均超额完成进度计划，不良透支占比2.29%，控制在计划之内；信用卡业务发卡量和消费额继续保持行业第一。

1.2.12 托管业务

虽然2008年上半年由于资本市场大幅调整，资产托管规模有所下降，但我行主要资产托管业务规模仍然保持同业第一：

➢ 证券投资基金托管5 696.79亿元，排名第一，较排名第二的建设银行多877.36亿元。

➢ 保险资产托管2 375.94亿元，排名第一，较排名第二的中国银行多1 144.94亿元。

➢ QDII资产托管550.14亿元，排名第一，较排名第二的中国银行多260亿元。

单位：亿元

项目	工商银行				同业排名第二的银行		
	2008年6月末	2007年末	变动额	同业排名	银行名称	托管规模	较我行
总资产净值（亿元）	12 100	13 160	-1 060	第一	建设银行	约9 000	
其中：							
证券投资基金净值	5 696.79	9 174.33	-3 477.54	第一	建设银行	4 819.43	-877.36
证券投资基金份额（亿份）	6 063.16	5 953.97	109.19	第一	建设银行	4 875.94	-1 187.22
保险资产净值	2 375.94	2 409.08	-33.14	第一	中国银行	1 231	-1 144.94
QFII资产净值	138.76	164.68	-25.92	—	—		
QDII资产净值	550.14	700.77	-150.63	第一	中国银行	290	-260
企业年金资产净值	452.87	187.75	265.12	第一	—		
收支账户资产净值	101.85	34.41	67.44	—	—		

1.2.13 企业年金业务

企业年金业务继续保持市场领先地位，年金账户管理、托管市场占比双超50%。上半年共实现企业年金收入2 384.7万元，是上年同期的3.3倍。截至2008年6月末：

➢ 全行共为14 258家企业提供年金服务，比年初增加989家。

➢ 受托管理业务今年正式启动，受托管理年金基金2.94亿元。

➢ 管理年金个人账户433.9万户，比年初新增86.2万户。

➢ 托管年金基金452.9亿元，比年初新增265.1亿元。

➢ 管理其他养老金个人账户27.3万户，托管其他养老金基金280.5亿元。

1.2.14 渠道建设

截至2008年6月末：

➢ 全行完成装修改造和已进入装修阶段的贵宾理财中心达到1 564家，占全年装修改造计划（1 870家）的83.64%。

➢ 全行建成并投入使用的财富管理中心60家，在建并在年内能够投入使用的财富管理中心40家。

➢ 全行完成装修改造和已进入装修阶段的一般理财网点及金融便利店为1 859个，其中，237个已完成装修改造，73个已进入工程收尾阶段，1 549个正处于施工阶段。

➢ 前6个月ATM单机日均交易量为299笔（年初计划为300笔），较上年同期增加22笔。单机日均交易额为16.5万元，较上年同期增加41.03%。

1.3 风险控制的基础工作有所加强，抵御风险能力进一步提高

2008年上半年，我行风险控制的基础工作不断加强，抵御风险能力有所提高。《风险管理评价办法》正式实施，涉及信用、市场、操作、流动性等各类风险，评价结果作为分行行长经营绩效考核计分依据之一；创新了风险报告工作机制，建立了重点联系行工作机制和外部专家制；非零售业务内部评级法工程成果推广实施，债项评级系统和组合评级系统顺利投产，客户评级系统进一步优化；完成了零售业务内部评级法项目的设计工作，相应的系统开发和成果推广应用工作全面启动。

1.3.1 信用风险控制

1.3.1.1 信用风险控制——不良贷款余额及占比情况

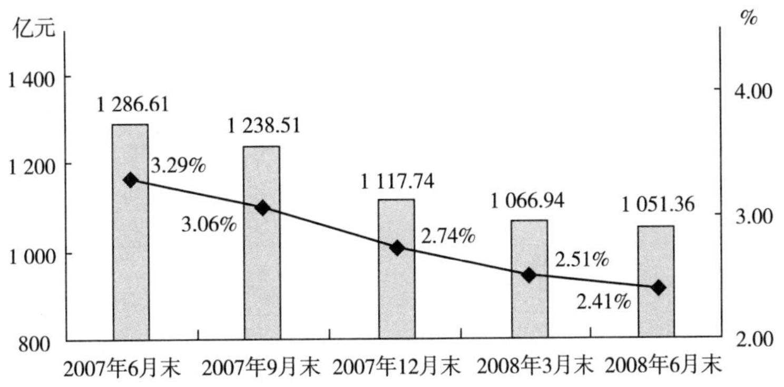

截至2008年6月末，全行（集团）不良贷款余额为1 051.36亿元，较年初下降66.38亿元；不良贷款占比为2.41%，较年初下降0.33个百分点，继续保持双降。

1.3.1.2　信用风险控制——不良贷款清收处置情况

上半年，全行综合运用现金清收、以物抵债、呆账核销等方式加大了不良贷款清收处置力度，累计清收处置不良贷款276.91亿元，超额完成年度序时计划，其中现金清收占比45.03%。两年以上账龄抵债资产余额下降幅度达8.93%，处置工作取得显著成效。

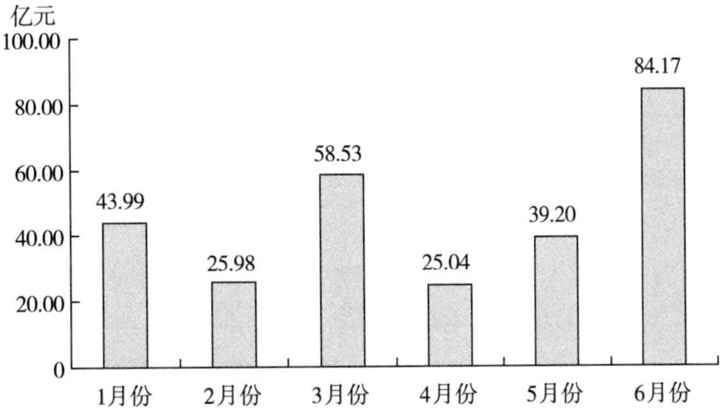

清收处置合计	现金清收	以物抵债	呆账核销	其他
276.91	124.68	19.66	58.68	73.89

1.3.1.3　信用风险控制——不良贷款迁徙情况

2008年上半年不良贷款结构及迁徙情况表

集团口径　　　　　　　　单位：亿元、%

类别	余额	较年初	占比	较年初
次级	375.11	-6.38	0.86	-0.08
可疑	558.83	-61.59	1.28	-0.24
损失	117.42	1.59	0.27	-0.01
合计	1 051.36	-66.38	2.41	-0.33

我行（集团）6月末次级类、可疑类和损失类贷款余额及占比均较年初下降，贷款质量进一步夯实。

1.3.1.4　信用风险控制——全行拨备覆盖水平

2008年上半年资产减值准备情况表

境内分行口径　　　　　　　　单位：亿元

项目	金额	同比变动
上半年提取资产减值准备	183.16	41.64
其中：贷款损失准备	137.72	-2.50
非信贷资产减值准备	45.44	44.14
项 目	金额	
6月末各项资产减值准备余额	1 271.49	
其中：贷款损失准备	1 211.66	
非信贷资产减值准备	59.83	

上半年，境内分行提取资产减值准备183.16亿元，各项资产减值准备余额达到1 271.49亿元。其中，贷款损失准备余额为1 211.66亿元，非信贷资产减值准

备余额为59.83亿元。不良贷款拨备覆盖率达到117.64%，比年初提高了13.09个百分点。

1.3.1.5 信用风险控制——分行拨备覆盖水平

单位：亿元、%

地区	拨备	拨备覆盖率	地区	拨备	拨备覆盖率
宁波	1.74	77.21	湖北	8.20	57.04
青海	4.69	74.21	四川	22.27	56.31
甘肃	9.01	73.82	陕西	19.46	55.22
上海	30.36	71.67	河南	31.83	55.20
辽宁	43.88	71.06	宁夏	1.02	55.03
海南	3.22	69.58	大连	6.97	54.69
重庆	13.11	67.53	贵州	4.90	53.70
新疆	13.30	66.06	江西	10.04	52.46
江苏	21.01	64.84	云南	6.85	48.83
浙江	17.43	64.53	吉林	29.59	48.29
广西	10.65	63.78	厦门	1.48	47.63
山东	35.76	62.25	北京	19.23	47.60
深圳	5.77	61.73	安徽	13.41	47.52
山西	8.85	59.53	天津	7.84	46.23

续表

地区	拨备	拨备覆盖率	地区	拨备	拨备覆盖率
河北	54.20	59.26	青岛	3.75	45.76
内蒙古	12.67	59.00	福建	9.06	43.90
广东	68.86	58.76	湖南	14.58	38.08
黑龙江	36.05	57.89	境内机构	1 211.66	114.85

注：

1. 各行拨备覆盖率为各行持有的拨备余额除以后三类贷款余额；

2. 正常类贷款组合拨备由总行计提，上述分行持有的拨备余额中不包括正常类贷款计提的拨备。

1.3.1.6 信用风险控制——贷款客户结构情况

❐ 全行积极拓展优质客户市场，信贷客户结构进一步优化。6月末，AA-级以上客户贷款余额为21 711亿元，占比为68.8%，比年初增加1 812亿元，占比上升0.49个百分点；A-级（含）以下贷款余额为2 013亿元，占比为6.38%，比年初减少316亿元，占比下降1.62个百分点；BBB+级及以下客户贷款余额占比进一步下降至4.7%。

2008年1-6月境内分行公司类贷款客户信用等级变化情况

单位：户、亿元、%

信用等级	2008年6月 户数	占比	余额	占比	比年初 户数	占比	余额	占比
AA-级以上	19 629	32.93	21 711	68.80	379	0.57	1 812	0.49
A+级、A级	31 348	52.59	7 832	24.82	1 163	1.85	930	1.13
A-级以下	8 630	14.48	2 013	6.38	-1 421	-2.42	-316	-1.62
合计	59 607	100.00	31 555	100.00	121	0.00	2 426	0.00

1.3.2 市场风险控制

1.3.2.1 市场风险控制——利率风险

➢ 不断完善利率风险管理体系。按照银监会《市场风险管理指引》的要求，明晰我行市场风险管理按银行账户和交易账户分别管理的框架，拟定了全行银行账户利率风险管理战略，研究制定了《利率风险管理办法》，进一步完善了与现代风险管理相适应的利率风险管理体系。

➢ 加强利率风险限额管理。逐步建立了总行层面的限额管理体系，对银行账户设定了缺口比率、利率敏感性比率、净利息收入敏感度、利率风险敏感度、债券久期等具体指标，试行利率风险限额管理。

➢ 市场风险管理基本制度制定完成。市场风险管理核心系统取得阶段性进展，3月底实现了交易账户VaR值的逐日计量和报告；金融市场业务与风险管理系统自主研发项目启动，完成了项目功能的总体规划，目前正在对近期将要实施的内部交易、产品控制、市场风险管理、模型验证等子项目的内容作出具体安排。

➢ 合理把握债券投资业务操作。针对目前市场利率处于高位运行和我行流动性趋紧的状况，在不增加投资组合整体利率风险的情况下，重点针对利率水平的阶段波动和各投资品种的相对价值变化进行品种结构调整。6月末总行人民币银行账户债券投资组合久期为2.46，较年初（2.41）略有提高。

1.3.2.2 市场风险控制——汇率风险

为保证在境外使用的外汇头寸达标的同时减少全行外汇敞口和汇兑损失，上半年采取了多项措施以降低外汇敞口：

➢ 适时调整内部资金往来利率及分行利率审批权限，用价格杠杆推进全行外汇存贷款业务协调发展。

➢ 向外汇存贷款借差行分摊人民币升值形成的汇兑损失，引导分行吸收外汇存款，控制外汇贷款，缩小外汇存贷款缺口。

通过控制存贷款缺口、优化外汇资产负债结构，消化去年被动持有的结售汇头寸，在外汇头寸下限达标的同时净卖出约100亿美元，使外汇敞口净额相应下降。在敞口净额下降的同时，上半年对外股权投资增加（约55亿美元）也进一步降低了外汇净敞口。

1.3.3　操作风险控制

➢　《内控体系建设三年规划》顺利实施。规划中规定的包括控制环境、风险识别、控制活动和检查监督等方面的工作任务已初步完成，全行内控管理水平进一步提高。

➢　《业务操作指南》应用范围进一步拓宽，常规管理机制逐步完善。出台了《业务操作指南管理办法》，14个业务部门正在抓紧制定相关专业的操作指南，覆盖全行各业务领域的指南体系正在形成。

➢　修订完善了《操作风险损失事件统计制度》。新制度借鉴了国际先进银行的经验，进一步明确了操作风险损失定义、损失形态、统计标准、职责分工和报告路径等内容，提高了损失数据的完整性和准确性，为我行实施《巴塞尔新资本协议》规划打下较扎实的数据基础。

➢　启动操作风险高级计量法研究工作。成立了操作风险高级计量法实施小组，与高盛公司密切合作，深入分析高级计量法所需的各项基础条件。该项研究工作不仅利于我行及时推进和实施操作风险高级计量法、防止经济资本配置不当所造成的浪费，而且还将从根本上推动我行操作风险管理水平的提高。

1.3.3.1　操作风险控制——信息系统运行

➢　信息系统运行持续安全稳定：

❖ 上半年，全行信息系统可用率达到99.99%，生产运行安全平稳；主机系统日均处理业务量达到8 128万笔，日峰值业务量最高达到9 826万笔。

❖ 积极应对自然灾害，采取快速应急响应措施，系统顺利经受了雪灾和地震的考验。特别是地震发生后，及时完成了成都信用卡客户服务中心人工坐席向北京和上海电话银行中心的切换，确保了信用卡客户人工服务的正常运营。

❖ 上半年，共完成全功能银行系统（NOVA）一个月度版本和三个季度综合版本（含2007年第四季度版本）的投产，共涵盖152个新项目和163个优化项目，积极推动了个人业务、公司业务、电子银行、海外业务等重大领域的应用研发工作。

❖ 为确保奥运期间信息系统的稳定运行，提前完成了重要系统的升级扩容。主机生产系统处理能力比上年同期增长36%，进一步提高了我行核心业务系统性能，并对网上银行、电话银行系统进行了扩容，对一级骨干网络线路进行了扩充。

❖ 认真做好各项应急准备工作，严格梳理和规范应急流程，充实应急资源，并结合人民银行和银监会的有关要求，组织开展奥运专项应急演练；7月4日，成功组织了2008年度全行业务灾难恢复应急演练，证明了我行灾备系统的有效性，锻炼了全行的业务应急处理队伍，进一步夯实了我行信息系统安全保障工作的基础。

❖ 进一步加强各中心的园区安全管理，总行组织对各数据中心和软件开发中心进行了检查，对后续工作提出了要求，全力确保奥运期间各中心的园区安全。

1.3.4　经济资本配置

1.3.4.1　经济资本配置——法人贷款和票据贴现经济资本占用情况

法人贷款和票据信用风险经济资本占用和信贷资产余额简表（本外币合计）

单位：亿元、%

产品		经济资本占用		信贷资产余额	
		2008年6月末	比年初增幅	2008年6月末	比年初增幅
流动资金贷款	短期贷款	684.08	-2.7	9 745.02	0.0
	一般中长期贷款	98.41	2.8	1 507.04	8.1
	出口买方信贷	0.63	-14.8	21.45	-15.1
	贸易融资	35.39	23.3	1 171.84	37.8
	各项垫款	0.84	8.0	6.81	-16.6
	短期项目贷款	43.48	-9.3	643.17	14.6
	中长期项目贷款	860.72	4.1	11 126.38	7.2
	银团贷款	99.53	14.6	1 446 .62	15.3
	系统内联合贷款	189.71	22.6	2 727.92	23.6
	国际融资转贷款	2.44	0.9	70.01	1.2
合计		2 273.85	3.5	33 805.05	5.5

产品		经济资本占用		信贷资产余额	
		2008年6月末	比年初增幅	2008年6月末	比年初增幅
住房开发贷款	短期住房开发贷款	6.03	4.3	86.57	9.5
	中长期住房开发贷款	181.64	10.8	2 660.84	11.8
其他房地产贷款	短期其他房地产贷款	1.18	-31.2	18.51	3.0
	中长期其他房地产贷款	41.75	4.1	584.16	10.2
外币票据贴现	—	0.00	-25.8	0.13	-24.3
非本行票据	直贴银票	7.28	-29.5	400.46	-29.7
	直贴商票	0.89	16.2	17.56	14.3
	转贴银票	19.48	-20.7	1 220.81	-21.5
	转贴商票	0.35	-49.4	16.33	-49.7
本行信用票据	—	0.00	0.00	353.42	-0.08

注：阴影表示经济资本占用增幅高于信贷资产余额增幅，下同。

截至2008年6月末，全行法人贷款和票据贴现（本外币合计，下同）经济资本占用合计2 273.85亿元，比年初增加3.5%，低于资产余额增幅5.5%。

分产品看，除各项垫款和出口买方信贷以外，其他产品经济资本占用增幅均小于资产余额增幅，表明新增法人贷款资产质量较高。

个人贷款和银行卡透支信用风险经济资本占用和信贷资产余额简表（本外币合计）

单位：亿元、%

产品		经济资本占用		信贷资产余额	
		2008年6月末	比年初增幅	2008年6月末	比年初增幅
个人住房贷款		218.09	8.2	5 757.72	7.4
个人消费贷款	汽车贷款	14.51	16.3	168.62	12.5
	信用贷款	1.28	-29.0	16.58	-29.2
	质押贷款	0.99	-21.1	60.18	41.9
	家居、装修贷款	2.56	-16.1	31.96	-16.8
	其他中长期	0.00	0.0	0.00	0.0
	个人助学贷款	2.15	-4.4	23.12	-6.8
	综合贷款	53.17	-3.1	663.78	5.1
个人经营性贷款	短期个人经营性贷款	16.87	-3.4	228.23	-6.8
	个人商用房贷款	33.71	2.5	725.45	1.6
	其他中长期个人经营性贷款	19.39	8.0	21.80	6.3
商务卡透支	准贷记卡	0.00	-25.0	0.01	-25.2
	贷记卡	0.03	169.1	0.40	168.4
	国际卡	0.03	47.3	0.43	47.9
个人卡透支	准贷记卡	1.72	8.9	23.01	8.3
	贷记卡	3.45	38.6	46.18	38.7
	国际卡	2.63	36.5	35.42	37.1
合计		370.57	5.4	7 999.88	6.4

1.3.4.2 经济资本配置——个人贷款和银行卡透支经济资本占用情况

截至2008年6月末，全行个人贷款和银行卡透支信用风险经济资本占用合计370.57亿元，比年初增长5.4%，低于个人贷款资产余额增幅6.4%，总体增长质量良好。

分产品看，个人住房贷款、汽车贷款、个人助学贷款、个人商用房贷款和个人经营性贷款经济资本增幅超过资产余额增幅，应引起关注。

1.3.4.3 经济资本配置——分机构经济资本占用情况

分机构信贷资产余额与经济资本增幅情况简表（本外币合计）

单位：亿元、%

机构	经济资本增幅	信贷余额增幅	机构	经济资本增幅	信贷余额增幅	机构	经济资本增幅	信贷余额增幅
北京	0.8	6.6	江西	5.7	6.2	青海	23.6	16.3
天津	15.3	12.3	山东	5.6	8.2	宁夏	1.8	6.2
河北	3.0	9.3	河南	13.4	8.4	新疆	9.4	5.1
山西	3.8	4.5	湖北	4.8	7.5	重庆	9.7	8.8
内蒙古	4.3	5.0	湖南	4.4	6.0	大连	10.0	7.4
辽宁	3.4	7.8	广东	2.1	4.4	青岛	13.3	10.6
吉林	-2.6	2.7	广西	5.2	6.5	宁波	11.6	10.7
黑龙江	1.0	4.2	海南	5.2	5.4	深圳	-1.4	5.0
上海	-0.4	2.5	四川	10.1	12.9	厦门	13.6	17.4
江苏	6.4	6.9	贵州	8.5	7.0	总行营业部	-20.3	-16.6
浙江	4.6	5.5	云南	8.7	8.7	票据营业部	-22.5	-17.6
安徽	9.1	8.3	陕西	3.6	8.9	牡丹卡中心	30.2	30.4
福建	11.3	10.8	甘肃	38.5	11.4	合计	5.0	5.9

截至2008年6月末，全行信贷资产信用风险经济资本占用比年初增加5.0%；信贷资产余额比年初增加5.9%，经济资本占用增速总体低于信贷资产增速，说明增长质量良好。

分机构看，甘肃、青海、河南、新疆等12家分行的经济资本占用增幅高于信贷资产余额的增幅，资产风险状况需引起关注。

二、目前面临的新情况和新问题

2.1　经济周期波动对信贷投放和管理工作带来了新的考验

虽然自财务重组以来，包括今年上半年，我行不良贷款一直保持双下降趋势，但原材料、能源价格、汇率和人工成本的上升，以及退税政策调整的影响和国际市场的变化，加之资本市场和房地产市场的波动，对一些企业尤其是中小型企业的经营状况，对居民个人的财产性收入都形成了一定影响。今年上半年我行信贷资产质量出现了一些值得关注的问题，这对我行的信贷投放和管理工作带来了新的考验。

➢ 密切关注小企业不良贷款双升的苗头，继续做好支持小企业发展的工作。

➢ 密切关注个人客户不良贷款余额上升的苗头，继续健康发展个人按揭业务。

➢ 密切关注正常类、关注类贷款中逾期贷款增加的问题，继续加大不良贷款处置力度。

➢ 密切关注部分行业贷款的潜在风险，继续执行并不断完善信贷政策。

2.1.1　小企业不良贷款出现双升的苗头

2008年前6个月，全行小企业不良贷款余额虽然不大，不良贷款率也在可承受的范围内，但出现双升的苗头。

6月末，全行小企业不良贷款余额为22.48亿元，较年初增加5.81亿元，不良贷款率为0.99%，比年初上升了0.22个百分点；我行小企业业务第一梯队12家分行的小企业不良贷款余额、占比较年初均出现双升。

单位：亿元、%

分行	不良贷款余额	比年初	不良率	比年初
江苏	2.83	1.53	0.73	0.39
山东	1.58	1.11	0.74	0.48
苏州	2.16	0.76	1.60	0.83
宁波	0.36	0.32	0.27	0.24
上海	1.89	0.55	0.78	0.14
福建	0.53	0.24	0.43	0.16
广州	0.6	0.6	0.63	0.63
安徽	0.23	0.19	0.37	0.29
深圳	0.38	0.15	1.72	0.69
广东	0.54	0.18	0.32	0.13
厦门	0.11	0.11	0.70	0.70
浙江	3.33	0.79	0.60	0.15
全行合计	22.48	5.81	0.99	0.22

2.1.2　个人客户不良贷款余额出现上升苗头

2008年6月末，尽管全行个人不良贷款率只有1.12%，不良率与年初基本持平，但个人不良贷款余额较年初增加3.97亿元。全行20家分行个人客户不良贷款出现双升。

单位：亿元、%

地区	不良贷款		不良贷款率		地区	不良贷款		不良贷款率	
	余额	比年初	占比	比年初		余额	比年初	占比	比年初
云南	2.7	1.44	1.73	0.86	安徽	0.65	0.13	0.24	0.01
山东	4.99	1.43	0.94	0.21	甘肃	0.75	0.05	2.78	0.02
江苏	1.6	0.8	0.32	0.15	厦门	0.43	0.04	0.48	0.03
广西	2.18	0.71	0.90	0.25	广东	3.27	-0.01	0.61	-0.03
陕西	5.14	0.58	4.03	-0.01	重庆	0.8	-0.01	0.47	-0.06
深圳	2.34	0.55	0.55	0.15	青海	0.6	-0.03	23.57	-0.57
浙江	1.08	0.49	0.12	0.05	江西	0.42	-0.03	0.25	-0.04
河北	3.19	0.48	1.02	-0.01	内蒙古	2.06	-0.06	3.30	-0.93
新疆	1.75	0.46	2.10	0.51	湖南	2.28	-0.08	2.15	-0.25
苏州	0.8	0.45	0.27	0.15	海南	0.37	-0.09	1.06	-0.36
山西	4.9	0.36	14.61	0.23	天津	1.69	-0.11	1.67	-0.15
黑龙江	5.41	0.28	6.23	0.27	大连	0.78	-0.14	0.87	-0.18
四川	1.56	0.26	0.66	0.05	福建	1.18	-0.21	0.55	-0.17
贵州	1.53	0.26	1.31	0.12	吉林	2.49	-0.51	2.52	-0.47
上海	3.68	0.25	0.81	0.08	河南	2.44	-0.53	1.38	-0.63
湖北	1.08	0.16	0.71	0.03	宁夏	0.16	-0.65	0.77	-3.03
广州	2.66	0.14	0.79	0.02	北京	11.66	-1.45	2.65	-0.40
宁波	0.28	0.14	0.20	0.09	辽宁	8.5	-1.7	19.25	-1.50
青岛	0.76	0.13	0.72	0.10	全国	88.17	3.97	1.12	-0.02

继续支持小企业发展，努力做好个人信贷业务。

2008 年上半年个人贷款和小企业贷款计划完成情况表（境内分行）

单位：亿元、%

品种	贷款余额	增长额	比同期	计划完成率
个人贷款	7 894.54	455.81	-373.73	41.44
小企业贷款	2 268.03	128.75	-352.54	23.41
合计	10 162.57	584.56	-726.27	35.43

2008 年上半年个人贷款同业比较情况表

单位：亿元、%

行名	贷款余额	余额占比	增量	增量占比
工行	7 894.5	30.06	455.8	29.89
农行	4 555.5	17.35	198.9	13.04
中行	6 233.4	23.74	419.2	27.49
建行	7 578.5	28.86	451.1	29.58
四大行合计	26 261.9	100.00	1 525	100.00

➢ 上半年，我行个人贷款和小企业贷款增速明显放缓。个人贷款比年初增长 455.8 亿元，同比少增 373.7 亿元，完成全年计划的 41.44%；小企业比年初增长 128.8 亿元，同比少增 352.5 亿元，完成全年计划的 23.41%。

➢ 个人贷款余额及当年新增额仍居同业首位。截至 2008 年 6 月末，我行个人贷款余额及增量市场占比继续位居同业第一。余额市场占比为 30.06%，分别领先建行、中行和农行 1.20 个、6.32 个和 12.71 个百分点；增量市场占比为 29.89%，分别领先建行、中行和农行 0.31 个、2.40 个和 16.85 个百分点。

下半年工作要求：密切关注走势，辩证把握风险，积极应对挑战，继续健康发展。

2.1.3 正常类、关注类贷款中的逾期贷款增加

2008 年 6 月末，虽然全行逾期贷款总额下降，逾期 30 天以上的贷款基本已全部纳入不良贷款管理，但正常类和关注类贷款中的逾期贷款比年初增加 14.69 亿元，这部分贷款有迁徙劣变的可能。

单位：亿元

项目		2007 年 12 月	2008 年 1 月	2008 年 2 月	2008 年 3 月	2008 年 4 月	2008 年 5 月	2008 年 6 月
逾期贷款	正常关注	37.88	41.53	35.97	43.23	46.38	55.43	52.57
	不良	869.58	850.64	851.50	831.84	824.99	814.01	791.91
	小计	907.46	892.17	887.47	875.07	871.37	869.44	844.48
其中：逾期 0-30 天	正常关注	20.48	13.97	13.10	27.23	25.01	25.70	50.63
	不良	13.53	8.16	4.00	6.39	7.81	9.22	16.80
	小计	34.01	22.13	17.10	33.62	32.82	34.92	67.43
逾期 30-60 天	正常关注	13.18	16.37	9.11	8.17	15.81	18.13	1.54
	不良	11.02	13.43	6.71	4.30	6.90	8.94	14.60
	小计	24.20	29.80	15.82	12.47	22.71	27.07	16.15
逾期 60-90 天	正常关注	4.17	10.64	13.35	6.78	4.95	11.55	0.37
	不良	10.53	11.00	14.28	6.90	4.73	7.25	15.56
	小计	14.70	21.64	27.63	13.68	9.67	18.80	15.94
逾期 90 天以上	正常关注	0.05	0.55	0.40	1.05	0.62	0.05	0.02
	不良	834.50	818.05	826.51	814.25	805.55	788.60	744.94
	小计	834.56	818.59	826.91	815.30	806.17	788.65	744.96

2.1.3.1 正常类、关注类贷款中的逾期贷款增加——地区和行业情况

单位：亿元、%

分行	正常类、关注类逾期贷款	比年初	增幅
大连	12.91	11.36	733.46
山东	5.96	3.49	141.07
河北	3.05	2.23	271.64
江苏	1.61	1.18	275.84
湖北	1.58	1.11	235.10

2008 年上半年，有 5 家分行正常类、关注类贷款中的逾期贷款增幅超过 100%；制造业、批发零售业和租

单位：亿元、%

分行	正常类、关注类逾期贷款	比年初	增幅
制造业	25.93	15.68	153.13
批发零售业	5.94	1.78	42.71
租赁商务	5.29	4.70	803.14
电力、燃气	2.40	1.43	148.49
公共管理	0.70	0.70	/

赁商务等行业增幅较大。

下半年工作要求：加快处置不良资产，夯实资产质量基础。

➢ 坚持严格标准、严格要求。要实施更加严格稳健的贷款质量分类标准，加强不良贷款管理。凡是逾期30天以上，要全部纳入不良贷款管理；对于交叉违约的贷款，即使在我行未出现违约，也应纳入不良贷款管理。

➢ 加大不良贷款清收处置力度，确保完成全年不良贷款清收处置计划和拨备回拨计划。要抓紧按财政部新的呆账核销管理办法，做好损失类贷款的核销；要在积极运用各种清收处置方式的前提下，优先加大现金清收的工作力度，力争超额完成现金清收的年度计划，尤其要抓好5 000万元以上不良贷款大户的清收工作。

➢ 进一步加强非信贷不良资产处置工作，特别是抵债资产的管理和处置。下半年务必要彻底清理两年以上账龄的抵债资产、股权投资和自办公司等特殊资产，避免引发声誉风险和法律风险。各行一把手要高度重视，督促落实。今后原则上不得再发生新的两年以上账龄抵债资产。

➢ 进一步完善拨备计提和管理机制。要进一步完善不良贷款拨备的测算、计提、使用和回拨全流程管理，强化拨备计提、使用情况与信贷政策挂钩的管理机制，对潜在风险贷款退出等结构调整措施执行不力的，要加大计提模拟拨备的力度。

2.1.4　部分行业贷款的潜在风险

2.1.4.1　部分行业贷款的潜在风险——房地产及相关行业

❒ 年初以来房地产价格增速放缓，部分地区出现下跌。

❒ 房地产企业资金紧张，预计下半年资金链问题更为突出。

❒ 6月末，我行房地产行业贷款增加353.46亿元，增长11.60%，完成全年限额（450亿元）的78.55%。前6个月，房地产业贷款劣变14.98亿元。

2.1.4.2　部分行业贷款的潜在风险——电力行业

❒ 电力企业亏损严重。

• 第一季度，5大电力集团均出现亏损，而2007年利润高达313亿元。

• 1-5月，全国规模以上工业企业中电力行业利润同比下降74%。

❒ 火电企业风险较为突出。

• 目前我国80%火电企业亏损。

• 电煤价格上涨，成本增加的压力将长期存在。

❒ 2008年6月末，全行电力行业贷款余额为3 565.79亿元，比年初增加443.52亿元，增长14.21%。

2.1.4.3　部分行业贷款的潜在风险——交通运输业

❒ 公路行业不良贷款增加较多：上半年，公路贷款劣变为不良贷款共计25.69亿元，涉及17户企业，是我行重点关注的劣变金额最大的行业。

❒ 不确定性因素加大。

• 国家将减少公路收费站数量。

• 收支两条线管理可能造成收费质押权悬空。

❒ 低等级公路贷款风险加大。

• 高速公路的发展，造成部分低等级公路车流量减少。

• 低等级公路收费下降，还款来源不足，信贷风险加大。

❒ 民营公路企业贷款风险较大。

• 上半年我行部分民营公路企业贷款发生不良，涉及金额较大，占全部公路贷款劣变金额的31.49%。

下半年工作要求：坚决执行和不断完善信贷政策。全行要坚决贯彻执行信贷政策和管理要求，总行将根据宏观经济运行和信贷风险的新变化，及时跟踪分析、调整完善信贷政策。

➢ 严格实行行业限额管理，对电力等8个实行限额管理的行业，未经总行审批同意，不得突破限额。

➢ 对房地产行业实行客户名单制管理，建立和完善总行和一级（直属）分行级优质、重点房地产企业名单管理制度。

➢ 加强小企业信贷业务流量管理，各行按照年换手20%客户的要求实现对小企业贷款的“换手”管理。

➢ 以国内贸易融资业务分流改造流动资金贷款。严控A+级以下企业周转限额贷款，大力发展国内贸融资业务。对专业贸易公司，特别是批零企业，以内贸融资产品支持其日常经营需求；小企业至少30%授信限额办理贸易融资业务。

➢ 抓紧修改和完善重点行业、小微企业与中型企业、信贷产品等多层面的信贷政策。

2.2　紧缩政策的实施对流动性管理水平提出了新的要求

上半年，由于人民银行不断通过提高存款准备金率、发行央行票据等方式收紧市场流动性，各银行流动性都不同程度地开始呈现偏紧趋势，我行流动性管理也面临新的要求。

2.2.1　准备金调整冻结大量资金

上半年，人民银行先后5次上调存款准备金率，共计3个百分点。

调整次数	日期	准备金率（%）
1	2008年1月25日	15.00
2	2008年3月25日	15.50
3	2008年4月25日	16.00
4	2008年5月20日	16.50
5	2008年6月15日	17.00
	2008年6月25日	17.50

➢ 以5月末全部金融机构人民币各项存款余额与上调比例简单测算，年初以来的多次上调存款准备金率累计冻结各金融机构资金约1.29万亿元（43.11万亿元×3%），对各金融机构的流动性都形成较大压力。

➢ 从我行情况来看，考虑年度内剩余月份存款增量因素后，预计5次上调全年将累计增加冻结我行资金约2 108亿元，占截至6月末本外币各项存款（不含同业）增量（6 329.71亿元）的33%，占各项存款（含同业）增量（7 048.39亿元）的29.9%。存款准备金率的多次上调一方面限制了我行部分资金运用途径，另一方面使得我行资金调度压力增大。

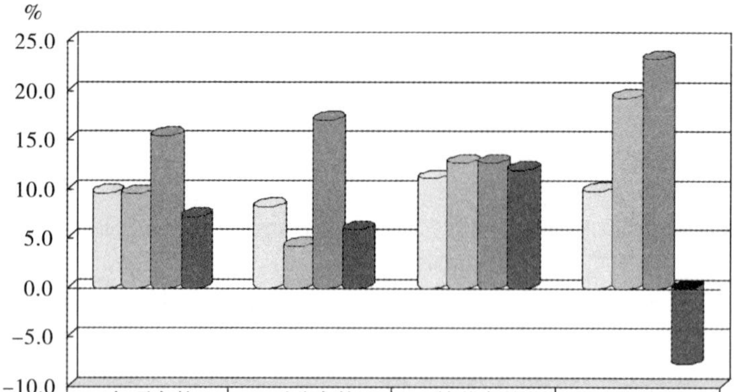

	各项存款	对公存款	储蓄存款	同业存款
□工行	9.6%	8.2%	11.1%	9.8%
■农行	9.5%	4.2%	12.7%	19.3%
■中行	15.4%	17.0%	12.7%	23.2%
■建行	7.2%	5.9%	12.0%	-7.7%

2008年1-6月我行存款增幅与同业比较

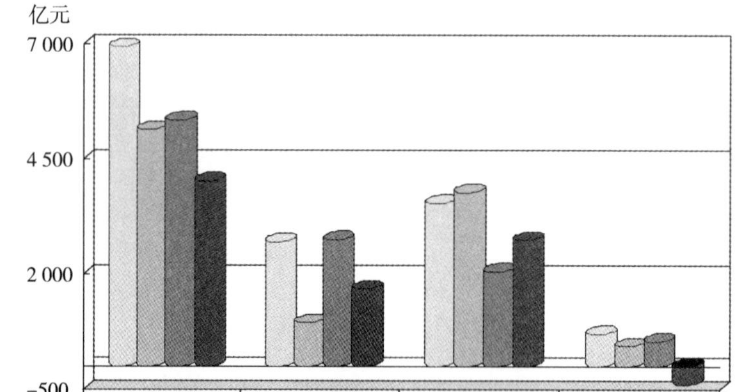

	各项存款	对公存款	储蓄存款	同业存款
□工行	6 938.48	2 708.87	3 537.27	692.34
■农行	5 138.63	938.06	3 771.17	429.4
■中行	5 340.62	2 755.06	2 050.26	535.3
■建行	4 028.97	1 675.62	2 745.47	-392.12

2008年1-6月我行存款增量与同业比较

2.2.2 存款竞争进一步激烈

❒ 上半年，我行各项存款（含同业）虽然同比多增71亿元，但增幅同比下降了1.2个百分点。

❒ 上半年，我行各项存款（含同业）增幅在四大行中排名第二，与排名第一的中行相差5.8个百分点，其中，对公存款增幅第二，储蓄存款增幅第四，同业存款增幅第三。

❒ 尽管我行各项存款余额、增加额仍然保持同业第一，但同业存放和对公存款增速放缓。上半年，同业存放增加692亿元，同比少增2 534亿元；公司存款增加850亿元，同比少增636亿元；机构存款增加1 859亿元，虽然同比多增188亿元，但形势不容乐观：一是今年初以来其他银行，特别是建设银行下大力气挖转我行军队存款，竞争激烈；二是我行证券公司客户保证金存款和中登公司存款增量低于建行。

2.2.3 持续性资金缺口出现

年初以来，我行多年来资金净拆出的情形发生了逆转，总行开始依靠持续、大量的市场融资来弥补资金缺口。

➢ 上半年，总行融入日均余额较去年同期增加727 亿元，增长 229%；总行融出日均余额较上年同期减少 145 亿元，下降 42%。

➢ 上半年，总行累计融入资金较上年同期增加23 760亿元，增长 200%；总行累计融出资金较上年同期减少 5 817 亿元，下降 43%。

➢ 在上半年的 123 个工作日中，净融入资金的天数比上年同期增加 43 天，占全部工作日的 65%，比上年同期提高 32 个百分点；净融出资金的天数比上年同期减少 34 天，占全部工作日的 31%，比上年同期下降 33 个百分点。

项目	2008 年上半年		2007 年上半年	
	融入	融出	融入	融出
日均余额（亿元）	1 044	198	317	343
累计金额（亿元）	35 642	7 836	11 882	13 653
工作日天数（天）	80	38	37	72

2.2.4　总行资金头寸波动加剧

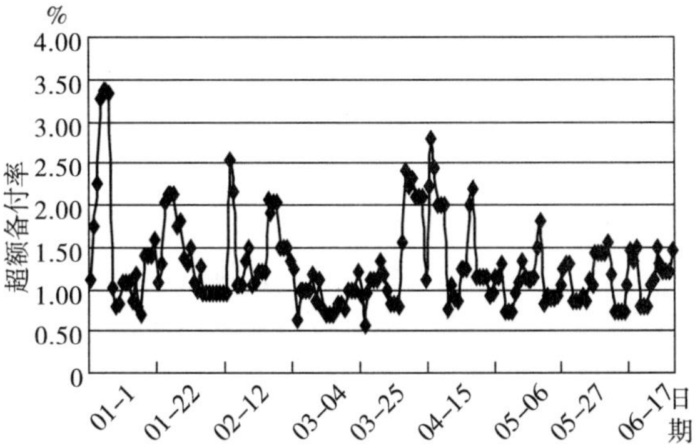

2008 年上半年超额备付率变化图

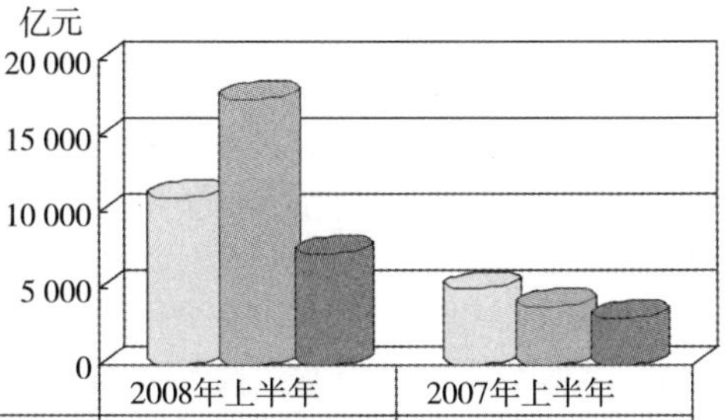

	2008年上半年	2007年上半年
1天	10 934	4 948
2-7天	17 448	3 851
8天以上	7 260	3 082

总行融入资金发生额期限结构对比图

❒ 全行资金头寸大幅波动。上半年，全行头寸最高为 2 561 亿元，最低仅为 424 亿元；全行超额备付率低于 1% 的天数高达 65 天，比上年同期增加 24 天。

❒ 融入资金期限加长。为降低流动性风险，提高市场融资稳定性，总行适当加长了融资期限。上半年，总行累计融入 2 - 7 天期资金比上年同期增加 13 597 亿元，增幅为 353%；累计融入 8 天期以上资金比上年同期增加 4 178 亿元，增幅为 136%。

❒ 融资利息支出大幅增加。上半年，总行融入资金加权平均利率为 2.96%，同比提高 0.42 个百分点，利息支出 15.7 亿元，同比增加 11.7 亿元；融出资金加权平均利率为 3.32%，同比提高 0.99 个百分点，利息收入为 3.5 亿元，同比减少 0.5 亿元。

2.2.5　资金备付率下降

❒ 上半年，全行日均超额备付率为 1.29%，较上年同期下降 0.19 个百分点，备付率持续低位运行，在保持较高资金使用效率的同时，也给日常头寸管理增加了难度。

❒ 1 - 6 月份，全行月均备付率为 1.26%，比国有商业银行平均水平低 0.25 个百分点，比股份制商业银行平均水平低 1.28 个百分点。按照全行存款日均余额 76 759 亿元测算，上半年分别节约资金 192 亿元和 983 亿元；按照我行上半年融入资金加权平均利率 2.96% 测算，分别减少利息支出 2.84 亿元和 14.55 亿元。

2.2.6　外汇存贷款依然存在缺口

❒ 第一季度外汇存款持续下降、外汇贷款加速上升，外汇存贷款缺口不断扩大，外汇资金流动性紧张。第二季度，总行利用分摊汇兑损失、调整内部资金往来利率等措施调控外汇存贷款业务的效果显现，外汇存款有所增加，外汇贷款开始下降，存贷款倒挂现象明显改善，在一定程度上缓解了外汇资金紧张压力。

❒ 但是，目前外汇贷款需求依然旺盛，外汇存款稳定性不高。由于汇金 50 亿美元存款一是按要求须用于境外，二是今年年内将逐步到期，扣除 50 亿美元外汇存款后外汇存贷款缺口依然不小。

下半年工作要求：多管齐下，综合应对，增强流动性管理能力。

➢ 调整内部资金转移价格，鼓励分行吸收低成本负债。上半年总行先后 4 次上调人民币内部资金转移价格，同时，上调一级分行上存总行二级存款准备金利率，连续两次上调外汇内部资金转移价格。总分行往来价格调整累计增加分行收入 91.45 亿元；存款业务平均利润率由 0.46% 大幅提高 36 个基点至 0.82%。

➢ 调整同业存款定价方案。区别存款性质，对同业活期存款实行差别定价；对银行类金融机构和财务公司实行名单制，适当提高重点优质客户的利率上限；提高同业定期存款利率，增加稳定性资金来源；建立分级授权管理机制，授予北京等 6 家分行自主定价权限，提高对重点同业客户竞争力和对市场的应变速度。

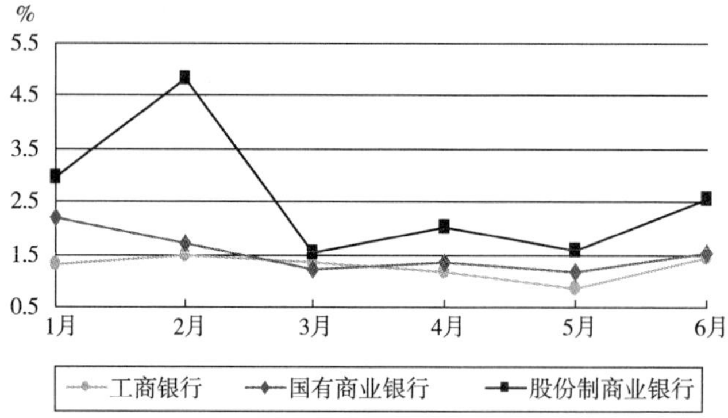

注：超额备付率＝超额准备金/各项存款（含同业）。

2008年1－6月超额备付率趋势及同业比较

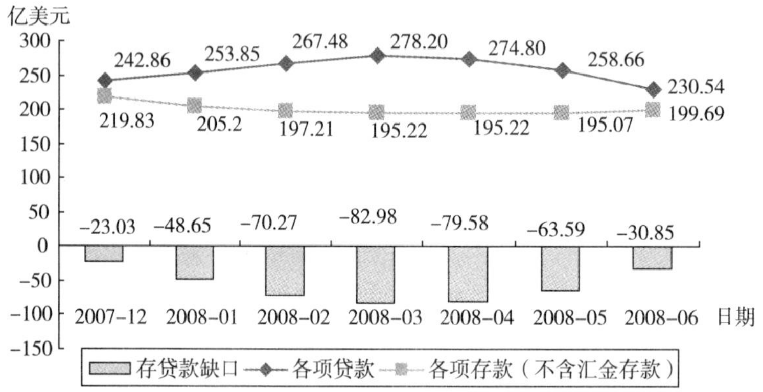

2008年上半年我行外汇存贷款及缺口月度情况

➢ 适当调整存款考核办法。

——境内分行考核办法的调整。增加各项存款同业占比指标，权重±20分；提高人均新增存款（本币）和人均新增存款（外币）考核权重，由各15分分别调高到25分和30分；将由于人民币升值所形成的汇兑损失分摊到分行，扣减外汇资金借差行的考核利润，促使分行吸收外汇存款，控制外汇贷款，使各行外汇存贷款收益与汇率风险相匹配。

——总行部门考核办法的调整。增加外币对公存款日均增量指标，同时考核公司业务一部、公司业务二部、结算与现金管理部、机构业务部；增加外币储蓄存款日均增量指标，考核个人金融业务部。

➢ 流动性管理措施。通过适当压低日常备付水平节约资金来创造流动性；加强融入融出资金的流量管理，适当提前融入较长期限资金，减少单日融入资金占市场交易量过高带来的流动性风险，同时，利用资金波动的时间差，融出短期资金；放缓总行债券投资进度，控制分行融出类资金业务规模，并在流动性紧张的关键时点，发动分行融入资金确保全行流动性安全。

下一步，总行将：

➢ 根据存款增长态势和全行资金形势，适当调整年度存款增量计划。

➢ 适当压缩债券投资规模，控制分行融出类资金业务总量，降低总行日均融入资金余额，将全行资金缺口控制在安全、合理的范围内。

➢ 密切关注存款增长情况，适时调整人民币内部资金转移价格，通过分期限、分产品内部定价，促使分行优化存款期限结构和产品结构，加大对同业存款等低成本负债业务吸收力度。

➢ 创新同业存款产品，开办1－3个月短期同业定期存款，提高同业存款的稳定性。

➢ 加强具有吸引力的理财产品包括对公理财产品的研发和推广。要注意研究解决理财产品筹集资金投资后的归行问题。

分行要：

➢ 采取差异化定价策略，确保同业存款存量，稳定同业存款增量。针对同业存款成本低、不用缴纳准备金、波动性大的特点，灵活调整同业存款利率标准，合理组合、搭配单一客户同业存款定价。

➢ 减少储蓄存款和对公存款在法定存款准备金调缴基数日（特别是每月30日）前后的大起大落，避免因多调缴准备金造成不必要的损失。

➢ 在目前全行流动性较为紧张的时期，各行要加倍重视大额资金的预测预报，确保全行支付安全。

2.3　宏观经济的不确定性对利润可持续增长形成了新的挑战

2.3.1　宏观调控紧缩效果显现

为抑制通货膨胀，防止经济过热，上半年宏观调控措施不断出台，其中，信贷规模与投放进度的双线调控要求和准备金率连续上调对我行盈利水平影响较大。

➢ 对信贷规模与投放进度的宏观调控要求使我行贷款增长受到严格限制，不可能简单地依靠贷款多投放增加盈利。

➢ 准备金率连续上调增加了我行低收益资产的资金占用，减少了资金机会收益。按照目前1年期央票平均利率4.058%和准备金利率1.89%的利差测算，2008年5次调整存款准备金率预计减少2008年税前利润约29.90亿元。如果央行继续上调存款准备金率，将进一步减少我行投资收益。

2.3.2　中间业务收入增长受同业竞争影响较大

上半年，我行中间业务收入虽然继续保持快速增长的势头，但中间业务收入进一步增长的空间受到同业竞争挤压。

➢ 我行同业占比保持第一，但建行占比提升更快。

➢ 中间业务整体发展较快，但部分业务同业增长势头很猛。

➢ 受资本市场影响，代理基金业务收入增速放缓。

➢ 部分分行中间业务收入同业占比下降。

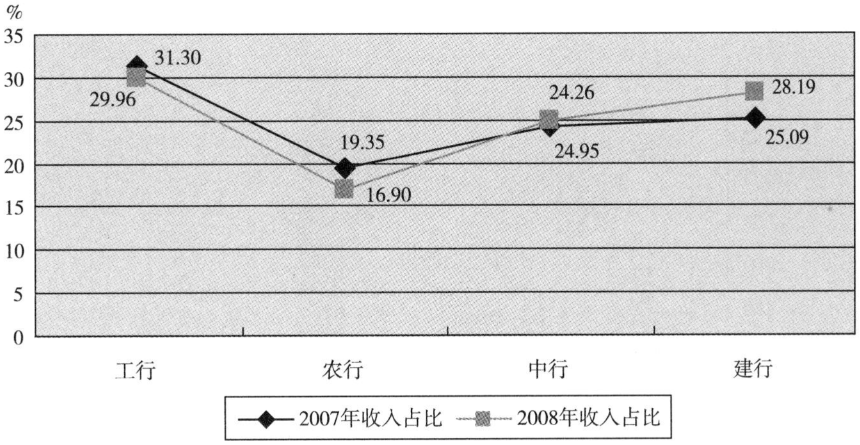

2.3.2.1　我行同业占比保持第一，但建行占比提升更快

我行同业占比（29.96%）继续保持第一，但同比下降1.33个百分点；建行同业占比为28.19%，同比提高了3.10个百分点。

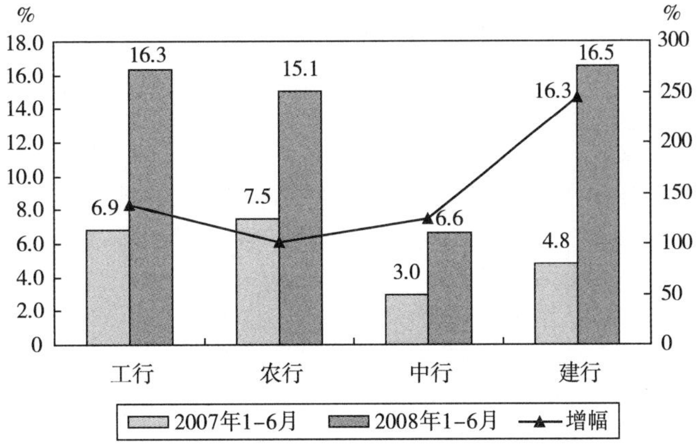

代理保险业务收入低于建行

2.3.2.2　中间业务整体发展较快，但部分业务同业增长势头很猛

❑ 上半年，我行代理保险业务实现收入16.3亿元，同比增长137.82%；农行为15.1亿元，同比增长102.20%；中行为6.6亿元，同比增长125.11%；建行为16.5亿元，同比增长243.94%。

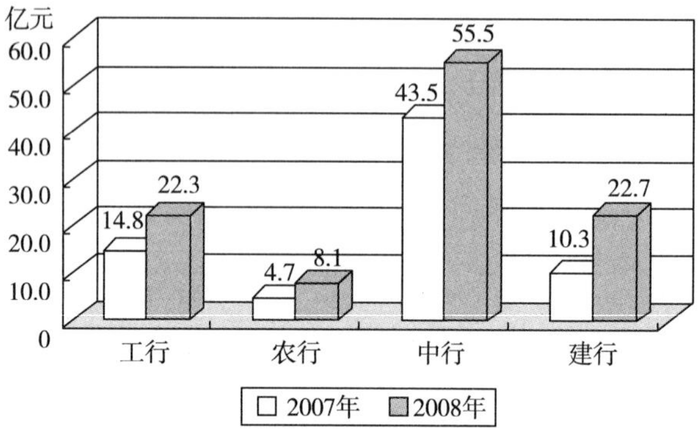

代客外汇买卖及结售汇业务收入低于中行、建行

❒ 上半年，我行代客外汇买卖及结售汇业务实现收入22.3亿元，同比增长51.29%；农行为8.1亿元，同比增长73.03%；中行为55.5亿元，同比增长27.72%；建行为22.7亿元，同比增长120.26%。

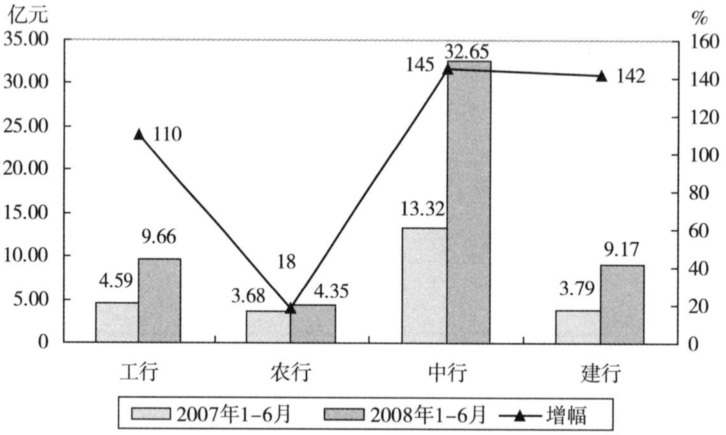

国际结算业务收入增幅低于中行、建行

❒ 上半年，我行国际结算业务实现收入9.66亿元，同比增长110.34%；农行为4.35亿元，同比增长18.15%；中行为32.65亿元，同比增长145.19%；建行为9.17亿元，同比增长141.66%。

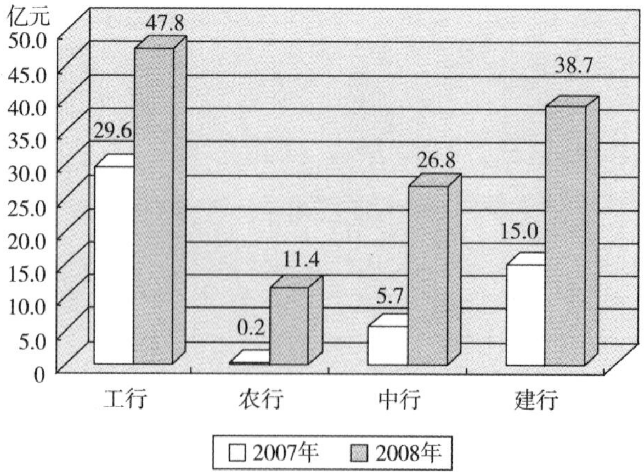

投资银行业务增加额、增速低于中行、建行

❒ 上半年，我行投资银行业务实现收入47.3亿元，同比增加17.7亿元，增长59.8%；农行为11.4亿元，同比增加11.2亿元，增长56倍；中行为26.8亿元，同比增加21.1亿元，增长3.7倍；建行为38.7亿

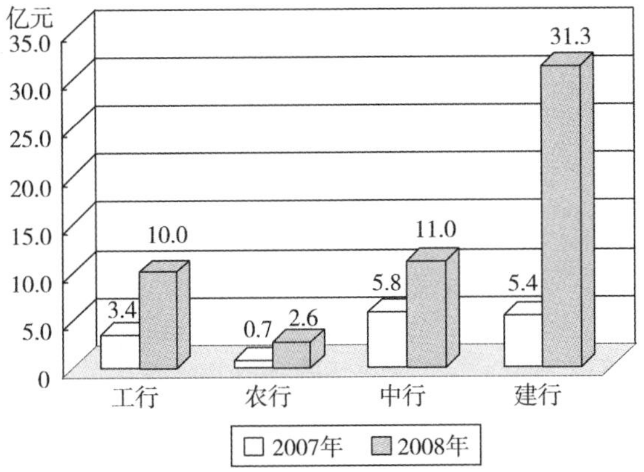

担保承诺业务增加额、增速低于建行

元，同比增加23.7亿元，增长1.58倍。

❐ 上半年，我行担保承诺业务实现收入10.0亿元，同比增加6.6亿元，增长194.12%；农行为2.6亿元，同比增长2.6倍；中行为11.0亿元，同比增长91%；建行为31.3亿元，同比增加25.9亿元，增长4.8倍。

2.3.2.3　受资本市场影响，代理基金业务收入增速放缓

❐ 受资本市场深度调整影响，代理基金业务收入距预算计划存在较大缺口。截至2008年6月末，全行代理基金业务收入只完成全年预算140亿元的17.44%。

2.3.2.4　部分分行中间业务收入同业占比下降

一级分行：

➢ 我行30家一级分行中，9家分行同业占比同比提高，21家分行同比下降。

➢ 13家一级分行中间业务收入市场占比列第一，14家列第二，3家列第三。同业排名同比提高的分行有4家，下降的有10家，维持不变的有16家。

直属分行（含广东省分行营业部和苏州分行）：

➢ 7家直属分行同业占比均下降。宁波、广东省分行营业部2家分行超过全行平均占比。

➢ 2家直属分行中间业务收入市场占比列第二，5家列第三。同业排名维持不变的有3家，同比下降的有4家。

2.3.3　自然灾害影响不容忽视

年初以来，我国连续遭受雪灾、地震、洪水等自然灾害，一方面使灾区分行经营受到一定影响，另一方面也增加了我行营业费用和社会捐赠支出。

➢ 受地震灾害影响，四川等分行的日常经营受到一定影响，贷款资产发生了一定损失。据统计，受地震灾害影响，灾情严重的四川、陕西、甘肃分行预计贷款损失达12.19亿元。

➢ 2008年上半年，我行因自然灾害已直接增加费用支出约6 000万元。

➢ 此外，地震波及的四川、陕西、甘肃、重庆等分行固定资产遭受了一定损失。据初步统计，不同程度受损的房产账面原值为31.12亿元，机具设备类账面原值为0.39亿元。目前，有关保险公司正在按保险协议进行资产定损和理赔，有关定损和理赔等金额尚未最终确定。

2.3.4　汇兑损失继续加大

境内外分行　　　　单位：亿元

项目	2008年第一季度	2008年上半年	变化
汇兑净损失	-37.88	-24.03	13.85
其中：汇兑损失	-115.14	-175.35	-60.21
衍生金融业务估值收益	77.26	151.32	74.06

2008年上半年，人民币继续保持升值趋势，我行外汇敞口带来的汇兑损失在继续加大。上半年与第一季度相比：

➢ 汇兑损失继续增加。虽然我行6月末外汇敞口较第一季度末下降，但受人民币继续升值影响，上半年境内外分行与外汇即期敞口相关的折算等汇兑损失在继续增加，由115.14亿元增加至175.35亿元，增加60.21亿元。

➢ 汇兑净损失虽然有所减少，但主要源于尚未最终实现但按会计准则可确认的衍生金融业务估值收益。由于第二季度远期结售汇等形成远期敞口的衍生金融业务估值收益快速增加（增加74.06亿元），上半年汇兑净损失较第一季度有所缩小。

虽然由于衍生金融业务的估值收益使我行上半年汇兑净损失得到一定控制，但如果人民币继续保持目前的加速升值趋势，外汇存款继续难以增加，则全年汇兑净损失将进一步扩大。

2.3.5　利息支出承受上升压力

年初以来，受资本市场行情剧烈波动、加息等因素影响，我行存款定期化趋势十分明显。截至2008年6月末，我行境内分行各项存款（不含同业）较年初增加6 329.71亿元，其中，定期存款增加4 857.36亿元，占存款增量的76.74％。定期存款增量占比虽然较第一季度末（94.81%）有所下降，但很显然存款定期化趋势仍在继续。存款的定期化趋势使我行利息支出承受了较大的上升压力。

此外，存款准备金率连续上调后，由于同业流动性趋紧，预期存款特别是同业存款的价格竞争将趋于激烈，这也将拉高我行整体资金来源成本。

2.3.6　净利息收益率有下降迹象

➢ 第一季度我行NIM较2007年度提高幅度快于建行等同业。由于连续加息滞后效应、货币市场利率上扬等因素影响，第一季度我行与建行净利息收益率较

2007年度均有所提高。我行为3.06%，较2007年度（2.80%）提高0.26个百分点；建行为3.26%，较2007年度（3.18%）提高0.08个百分点。由于我行第一季度NIM较2007年度提高幅度快于建行0.18个百分点，NIM与建行差距缩小至0.2个百分点（2007年度为0.38个百分点）。

➢ 从同业走势来看单季度NIM开始呈现下降迹象，第二季度我行NIM也有所下降。由于存款定期化、加息对存款滞后影响大于贷款等因素的推动，我行和主要同业单季度NIM已经开始出现下降迹象。根据我们对主要同业单季度NIM的测算情况来看，各行2008年NIM均较前期有不同程度的下降；我行上半年净利息收益率为3.04%，较第一季度（3.06%）也有所降低。

2.3.7 物价上涨扩大成本支出

➢ 随着汽油、柴油和电价不同幅度的调整，将直接增加我行下半年电费和车船燃料费支出。

➢ 考虑到资源价格调整的间接影响以及其他物价水平的上涨因素，下半年租赁费、修理费以及低值易耗品购置等经营性费用将有所增加。

2.3.8 次贷危机影响远未消除

➢ 我行持有的与美国次贷相关的外币债券市值进一步走低，相应计提的非信贷资产减值准备有所增加。上半年，我行对美国次级房贷支持债券（Sub－Prime）和ALT－A债券分别提取减值准备××亿美元和××亿美元。剔除上半年处置外币债券使用的拨备后，截至6月末，面值为××亿美元的美国次级房贷支持债券保有减值准备××亿美元，拨备率（拨备金额/面值）达到××%；面值为××亿美元的ALT－A债券保有减值准备××亿美元，拨备率达到××%。两类债券拨备对浮亏的覆盖率均超过××%。

➢ 外币债券投资收益率呈下降趋势。受美国次贷危机导致的一系列影响，外币信用债券市值下降，美联储降息救市，使得美国债券收益率仍有下行的可能，预期2008年外币债券收益率较2007年将有所降低。

➢ 最近又出现了房利美、房地美风波。尽管我行持有其债券金额远低于中行和建行，但下一步如果需要计提拨备，也将影响我行利润。

三、下半年的主要工作要求

在肯定上半年成绩的同时，我们要看到，下半年经济金融运行中的不确定性因素仍然较多。全行要增加忧患意识，要看到宏观经济不确定性可能对我行经营管理带来的影响，努力采取措施争取把对我行的不利影响降到最低限度。

在统筹安排，继续全面落实年度工作要求的基础上，下半年要突出抓好以下几项工作。

3.1 抓存款

总行将根据目前的存款增长态势和全行资金形势，适当调整年度存款增量计划。各行要密切关注存款同业占比的变化趋势，积极采取措施保持存款稳步增长，增加我行可用资金来源。既要积极通过内部资金转移价格等方式激励和引导分支机构大力吸收存款，也要合理控制付息成本，防止付息率快速上升。

3.1.1 抓储蓄存款

➢ 各行要加强存款同业占比指标监测，下工夫抓竞争力和市场占比的提升，努力夺回当地市场增量占比排名第一的位置。目前处于第一位的分行要确保占比的稳定并力争有所提高。对于少数新增占比处于当地第三四名的分行，下半年要力争同业占比第一。

➢ 加强客户维护，提高服务水平，实现存款与理财业务的协调发展。要以奥运服务和灵通卡产品升级为契机，大力开发中高端客户市场，提升对中高端客户的理财服务能力，吸引优质客户资金，实现稳存增存。

➢ 加快推进代发工资竞赛活动，促进储蓄存款长效增长。要进一步加强银行卡、电子银行等产品和服务的交叉销售。各行要进一步提高代发工资市场占比。

➢ 加快渠道建设，充分发挥贵宾理财中心维护优质客户稳定和增加存款的作用。各行要继续进一步加快网点更新装修进度，全面做好贵宾理财中心、财富中心和一般金融便利店的装修改造工作，充分挖掘金融资源和客户资源，利用新设和装修后网点的客户服务优势努力增加存款，要充分发挥贵宾理财中心的辐射带动作用，提高理财中心的吸引和稳定客户的能力，以促进储蓄存款增长。

3.1.2 抓机构存款及同业存款

➢ 实施“机构负债业务一把手工程”。各级行主管行长、各主管部门要承担起领导和主办责任。要将重点存款客户分工到班子成员，做到辖内重要机构客户营销任务落实到人，责任追究到人。各行领导班子要深入一线，靠前指挥，争取通过高层营销取得业务突破。

➢ 充实机构客户经理队伍。对存款2 000万元以上的机构客户要配备客户经理。对存款额度大、综合贡献高的机构客户，要配备由营销、产品、服务、创新等多方面人才组成的客户经理服务团队。

➢ 强化机构及同业存款营销。

——高层营销，稳定军队存款。把握“八一”期间的营销契机，各分行领导班子要带队实施高层营销，主题营销活动内容要突出新意，确保效果。

——紧抓龙头，营销财政、社保存款。通过积极参与代理财政、社保资金项目的投标，广开资金筹集渠道，拓展政府机构存款规模。

——全力以赴，争取证券存款。抓紧登记结算公司存款，确保我行业务优势；对在我行资金摆放比例较低的券商要逐一跟进，查明原因，采取措施；积极与重点合作券商开展专项联合营销活动；研究第三方存管业务收费与同业存款利率的统筹协调方法，处理好“费率”、“利率”的关系，巩固与发展与优质券商的合作，提高我行综合收益。

3.1.3　抓外汇存款

➢ 大力吸收外汇存款，争取与国际贸易融资业务形成良性互动。

➢ 及时调整内部外汇资金利率，保持外汇对公存款和同业存款报价具有一定的市场竞争力。

➢ 加快外汇理财产品开发与销售，稳定并力争增加外汇客户。

➢ 积极开展我行与外资银行本外币资金的对等拆借，增加我行外汇资金来源。

3.2　抓质量

➢ 全行要增强忧患意识，要有经受经济周期性波动考验的思想准备和工作准备。不良贷款出现反弹地区的分行更要高度重视资产质量问题。年末全行不良贷款余额和不良贷款率要分别控制在1 000亿元和2.5%以内。

➢ 执行更为严格、审慎的资产质量管理标准。调整关注类贷款定义和损失类信贷资产预判标准，增加对部分信贷资产分类结果认定的限制性规定。

➢ 加强贷款质量的监测分析工作。密切关注重点行业、地区、企业的贷款质量变化情况，积极防范房地产、纺织、石油石化、机械、汽车制造、钢铁、城建、电力、公路等政策敏感度、成本敏感度、市场敏感度高的行业的贷款和处于产业链末端、成本转嫁能力差的中小企业的贷款风险，坚决落实退出政策，监测到户，未雨绸缪，先走一步，防止贷款进一步劣变。

3.3　抓收支

下半年，各行要努力提高NIM水平，大力发展中间业务，合理安排费用开支，千方百计增收节支，确保实现年度利润计划。

3.3.1　努力提高NIM水平

3.3.1.1　努力提高NIM水平——努力提高有限信贷规模的回报水平

各行要密切监测宏观经济形势和信贷运行态势，合理把握贷款投放进度，继续优化信贷结构，增强贷款议价能力，努力提高有限信贷规模的回报水平。

➢ 要合理把握贷款风险和收益的关系。各行要统筹协调做好信贷计划、信贷政策落实和信贷营销工作，按照“有进有退、优中选优”原则，加快调整优化信贷结构。既要按总行核定计划掌握好信贷投放总量，又要通过结构调整尽可能多增加对优质信贷市场的投放，提高信贷业务竞争力和盈利水平。

➢ 要努力提高贷款议价能力。各行要利用信贷规模紧缩、信贷需求旺盛的有利时机，增强市场营销的主动性，继续提高贷款议价能力，提高贷款收益水平。要严格控制贷款利率下浮，利率下浮贷款占比要继续下降；要进一步理顺利率管理职责及流程，建立长效机制，积极推行贷款定价的标准化，促进贷款收益率进一步提高。

3.3.1.2　努力提高NIM水平——合理控制付息成本

➢ 要合理控制付息成本。

各行在大力抓好存款增长的同时，也要注意优化存款结构，合理控制付息成本，力戒付息成本的大幅上升。

3.3.2　增加中间业务收入

➢ 强化竞争意识，努力提高中间业务收入同业占比。

❖ 凡同业排名处于第二及以后位次的分支机构、产品，都要分析原因，明确追赶目标和考核责任。

❖ 加快偏股型基金替代类理财业务发展。努力挖掘代理保险、代理货币市场基金和债券型基金销售、银行类理财产品、贵金属等业务增收潜力，缩小代销基金收入波动造成的收入缺口。

❖ 进一步提高银行卡、电子银行、委托贷款、企业年金、第三方存管、资产托管等业务对全行中间业务收入的贡献度，改善业务规模、收费水平和收入增长之间的匹配关系。

❖ 继续做好短期融资券和中期票据等企业债券的承销工作。

3.3.2.1　加强中间业务精细化管理

➢ 以中间业务管理系统（ISMS）投产为契机，加强中间业务收费减免的规范化管理。同时，要加大治理担保承诺、代收代付、银行卡特约商户回佣等业务的收费减免。

❖ 严格控制以减免收费为主要手段的中间业务促销活动。

❖ 总行将根据市场形势和业务创新情况，不断增加新的收费业务，调整偏低的费率。

❖ 进一步完善考核激励机制，健全以中间业务收入市场占比为核心指标的考核体系，细化收入考核与费用挂钩办法，激发中间业务增收创新积极性，引导各行不断扩大市场份额。

❖ 定期通报各行、各部门中间业务收入同业占比。

3.3.3　合理安排费用支出

3.3.3.1　合理安排费用支出——合理安排费用支出结构

各行要根据本行年度利润预算完成情况预测结果，按照《2008年营业费用预算编制方案》有关规定，准确掌握和合理安排全年营业费用总量。各行要在保障日常基本经营需要的基础上，重点加大业务营销、业务发展费用的投入，促进各项业务的进一步发展和新业务的开拓。

各行要继续通过集中采购、财务集中等多种措施确保费用的有效使用和规范列支，加强支出行为控制，杜绝浪费，提高投入产出效率。

3.3.3.2 合理安排费用支出——做好网点建设工作

2008年度，全行网点建设投资预算为81亿元，计划对全行1 870个贵宾理财中心，7 000个一般网点进行升级改造。截至2008年6月末，313个贵宾理财中心已完成装修改造或进入收尾阶段；749个已进入装修施工阶段；808个正处于设计或装修招标阶段。另外，在全行计划装修改造的一般网点中，已有1 859个已完成装修或正处于施工阶段。

下半年网点建设工作要求：

➢ 各行要结合城市经济区域规划，进一步抓紧对网点结构进行调整，特别是在城市核心区域内的高端网点建设。

➢ 各行要加快进度，抓紧对应装修而未装修的一般网点的改造工作。

➢ 各行在构建新网点的同时，要统筹兼顾存量营业网点的综合利用，提高资产使用效能。

有限的固定资产投资和装修费用应主要用于营业网点的购置和装修，要严格控制一二级分行办公楼的购置和装修。

3.4 抓形象

党中央、国务院对当前复杂多变环境下保持经济平稳较快发展、坚决办好北京奥运会、确保社会大局稳定等方面的工作作出了全面部署，提出了很高要求。全行要进一步提高政策水平和管理能力，确保在一系列严峻考验中发挥大银行作用，树立一流银行的形象。

3.4.1 在贯彻落实国家宏观调控中树立负责任的大银行形象

❒ 要根据国家宏观调控政策的实施力度、节奏和重点，控制好信贷总量，把握好投放进度，调整好信贷结构。

➢ 控总量。继续按人民银行的窗口指导意见控制好全行的信贷投放总量。各分行信贷投放规模必须控制在核定的计划之内，未经总行批准不得超规模放贷。

➢ 把进度。建立大额贷款变动滚动预测机制，按月监测，按季考核。

➢ 调结构。

——根据各地信贷需求变化和各品种信贷计划执行进度，对信贷规模在区域和品种间的配置进行一次调整。

——根据国家产业政策和环保政策要求不断完善我行相关行业信贷政策，坚持有保有压、有进有退、扶优限劣、区别对待，更好地支持经济结构调整与产业升级发展。

❒ 要认真做好宏观调控形势下的中小企业金融服务工作。

➢ 认真贯彻国家关于扶持中小企业发展的政策导向，根据新的形势变化和国家有关部门出台新的政策措施，进一步完善我行中小企业信贷政策和管理机制，积极支持符合条件的中小企业健康发展。

➢ 适当增加浙江、江苏、广东等小企业发达地区分行的小企业贷款规模，并实行专项管理，保持全行支持小企业的力度不减。

➢ 创新小企业金融服务，大力推广保理、福费廷、贸易融资等业务，开发针对小企业购销链的融资新产品，试点推出小企业资产证券化、小企业集合债券，多渠道支持小企业的合理融资需要。

➢ 密切监测分析小企业现金流变化，推行和完善小企业换手率考核办法，促进小企业结构调整和升级发展。

3.4.2 在地震灾后恢复重建中树立负责任的大银行形象

❒ 抓紧做好受损机构网点营业办公用房的受损程度定级、保险索赔、整修加固、拆除重建等工作。

❒ 继续关心受灾员工的生活，当前重点做好住房毁损员工的过渡性安置工作，确保不让员工在帐篷里过冬。

❒ 加强灾后恢复重建的金融服务，严格防范震后次生金融风险。

➢ 完善灾后恢复重建信贷支持政策，支持符合条件的企业融资需要，支持灾区居民购置自住房的合理资金需要。

➢ 创新金融产品和服务，积极为灾后恢复重建提供并购重组等投资银行服务，以及其他一些现代化的服务支持。

➢ 积极按灾区特殊政策组织损失贷款核销，切实注意加强风险管理，严防逃废债行为发生。

3.4.3 在奥运金融服务中树立负责任的大银行形象

❒ 加强领导、明确责任，确保奥运金融服务各项工作措施的落实。

➢ 各分行尤其是奥运赛区城市和重点旅游、口岸城市分行一把手要亲自抓，对整个奥运期间的金融服务工作负总责。

➢ 立即进入奥运金融服务实际运转状态，并要分工负责，抓紧最后几天时间，进一步检验和完善各项服务措施。

➢ 建立上下畅通的问题处理机制，随时解决奥运服务中出现的各种问题，及时完善细化服务措施。

❒ 全力做好窗口服务，使每个柜台、每个网点成为展示工行品牌形象的窗口。

➢ 奥运服务重点城市和区域网点要根据实际条件

和客流量变化情况，灵活调整窗口设置和服务流程，充分发挥大堂经理作用，确保业务高峰期间不出现客户长时间排队等候现象。

➢ 加大奥运金融服务的巡查力度，对奥运重点城市和区域的网点要一天一查，发现问题及时解决。

➢ 高度重视客户投诉，完善投诉处理机制，保证客户投诉能在第一时间得到合情合理的处理，确保不发生重大服务投诉和涉外服务纠纷。

❒ 重点抓好银行卡服务，确保安全和高效。

➢ 改善奥运城市及其周边重点旅游城市奥运受理环境，加大POS机具投放力度，加强ATM等自助机具的使用管理，进一步拓展特约商户，加快EMV标准外卡收单系统的迁移进度及FIDELIO酒店收单系统的投放工作，提前做好设备、网络、系统等奥运支付环境巡查，确保奥运支付环境的良好运转。

➢ 总行及各分支机构应按照制订的奥运应急服务方案，建立高效快捷的应急反应机制，确保奥运期间提供优质的银行卡客户服务。

❒ 严格落实责任，确保奥运期间全行安全和稳定。

➢ 严格落实信息系统安全责任制，认真执行各项管理制度，重点完善安全等级3级（含）以上和相关业务的应急预案，认真做好信息系统应急预案启动的各项准备工作，确保奥运期间全行信息系统安全稳定运行，确保任何情况下保持各项业务的连续运行。要加强生产运行管理，密切监控信息系统运行情况和性能容量变化，并及时采取措施，各单位要在7月底前全面解决在前期奥运专项检查中发现的问题；要根据我行信息系统应急管理有关规定对各项应急预案进行梳理和检查，信息科技部门与业务部门要密切配合，在紧急情况下及时启动应急措施，将对外影响降至最低；要强化信息系统安全防护措施，做好应对攻击等信息安全事件的准备，保障网上银行等关键系统的稳定运行；要加强机房和园区的安全管理，尤其要加强外来人员管理，奥运期间总行各直属科技机构原则上不接待外单位人员的参观访问。

➢ 严格落实安全保卫责任制，立即启动《奥运安全保卫工作方案》，切实加强机房、营业网点、金库、自助银行等重点部位的安全保卫，及时排查消除安全隐患，确保奥运期间各机构网点和设施安全无事故。

➢ 严格落实稳定工作责任制，认真排查和化解矛盾，积极依靠政策部门控制有不良企图的人员，确保奥运期间不发生集体上访和进京上访。

3.4.4　在依法合规经营中树立负责任的大银行形象

❒ 毫不放松地抓好党风廉政建设及案件防范工作，保持低发案态势。

➢ 认真落实廉洁从业的各项规定，抓好从业人员行为规范的制定和实施。

➢ 建立巡视制度，并对部分分行进行巡视。

➢ 严控各类案件尤其是大要案的发生，认真研究分析当前案发特点和趋势，加强对重点关注行、易发案部位、重点风险领域和内控薄弱环节的检查，切实消除风险隐患。

➢ 在全行集中开展《员工违规行为处理暂行规定》的宣传教育活动，使员工牢固树立制度观念，提高遵章守纪、规范操作、恪尽职守的自觉性。

➢ 加快推进监督体系、授权机制改革，改进完善业务运行监督。

❒ 积极配合审计署、银监会和国家税务总局审计检查，促进依法合规经营。

➢ 强化理财业务的合规管理，按照银监会要求确保产品风险揭示到位。

➢ 强化结汇业务的合规管理，加强结汇客户资格和结汇资金流向的审查，严防境外“热钱”进入中国市场套利。

➢ 强化并表业务和中间业务的合规管理，加强业务创新中的风险防范。

➢ 强化费用开支的合规管理，严格执行财务管理规定。

➢ 强化应税事务管理，防范税收风险，积极配合国家税务总局对我行的检查。

3.4.5　在全面准确的沟通交流中树立负责任的大银行形象

❒ 要积极向地方党委、政府汇报，与客户沟通交流，全面准确地介绍工商银行的经营管理和业务发展状况，切忌简单化，防止片面性。

➢ 关于信贷规模。例如，不仅要从中央银行指导的我行贷款增幅与兄弟行的比较、我行信贷实际增幅与兄弟行的比较、我行贷款余额与兄弟行的比较、我行剥离贷款数量与兄弟行的比较、本行在全系统的增量和增幅排名等角度，还要从工行愿意积极协助地方金融创新等角度，说明工行是如何尽力而为的，是如何对地方社会经济发展提供支持的。

➢ 关于利润增长。要重点从以下角度说明在企业经营困难较多的情况下我行利润大幅增长的原因：

——中间业务增长主要不是来自对企业的收费。

——我行净利息收益率上升，企业融资成本增加的主要原因是基准利率水平提高。

——电子银行业务迅速发展，有效降低了我行营业成本。

单位:%

	公司贷款				个人贷款		
	合计	流动资金	项目贷款	房地产	合计	个人住房	个人其他
2008年上半年新发放贷款平均利率	7.38	7.35	7.25	7.99	7.65	6.90	8.64
与同期相比提高幅度	1.11	1.19	0.88	1.21	1.18	0.98	1.53
基准利率变动贡献度	1.01	1.04	0.88	1.12	0.92	0.90	1.16
期限结构变化贡献度	0.02	0.03	0.01	-0.02	-0.05	0.00	-0.06
浮动幅度贡献度	0.08	0.13	-0.01	0.11	0.31	0.09	0.43

❐ 要认真细致地做好各类人员的思想政治工作。例如：

➢ 如果离退休人员补充养老金形成了增值收益，是如何妥善安排这部分收益分配的。

➢ 内退人员收入待遇标准是如何逐步提高的。

❐ 要积极做好媒体工作，主动及时化解各类公关危机。

➢ 要增强敏感性，与媒体保持必要沟通，及时掌握可能出现的问题。

➢ 要增强主动性，提前准备好应对预案，迅速采取措施化解出现的公关危机苗头。

➢ 要增强责任感，认真分析公关危机的形成原因，及时向上级行汇报处理情况。

在中国工商银行公开选拔部分一级分行副行长、行长助理笔试见面会上的讲话

杨凯生

（2008年7月27日·根据录音整理）

一般来说，考试前有规矩，教师和家长不能再跟学生多说什么了，说多了考试成绩容易受到影响。今天的考试前，作为总行领导也不应该再说三道四了，应给大家创造一个平和宽松的氛围，这可能有利于大家正常发挥自己的水平。所以我今天的讲话，不给大家增加压力。一是看看大家，二是给大家鼓鼓劲、加加油，同时也利用这个时间和同志们谈谈心。当然不会耽误大家的考试时间，保证留出点时间给同志们进考场前调整一下自己的情绪，我想说这么几点意见。

一、总行为什么要搞这样一次集中公开选拔一级分行领导干部的活动，选拔的目的和意义是什么

一是为了深化工行人事制度的改革，建立更先进的用人机制。从哪几个方面去理解这一点呢？首先，通过公开选拔可以扩大用人视野。以往我们用人主要是靠领导发现和人事部门的推荐，然后考察、听取群众的意见。这种做法我们延续了多年，它有许多好处，如选拔的一般是在行里较有影响力的同志，一般都有一定的工作基础，经受过一定的锻炼。但是应该承认，这种做法也有它的不足和缺陷。往往容易看到的是领导包括人事部门比较熟悉的同志。有一些同志长期默默无闻地在一些岗位上工作，或者说在相对比较偏远的地方工作，说白了，不是整天在领导眼前晃的同志，有的时候就不容易看到他、想到他。我想，用公开选拔的办法就比较有利于拓宽我们的视野，有利于创造一种让各种人才脱颖而出的机制。所以，总行这次下决心拿出19个一级分行副行长、8个行长助理共27个岗位来公开地向全行进行招聘，并且鼓励大家、吸引大家来参与这么一种公开、公平、公正的选拔活动。这应该成为我们今后选人用人的一种重要方法。其次，这样做还有一个目的，就是为了激励广大员工，尤其是各层管理人员勤奋学习，努力工作。因为这种公开选拔的方式是考试加考查，考试主要是考专业知识，文化水平，综合分析判断能力，这有助于促进你平时注意学习、注意思考、注意积累，若完全凭经验，不善思考、不善总结、不善提炼，有时

就不适应这种选拔方式。但是，除了考试，我们还有考查，也就是说，光简单地会考试、能说会道也不行。董事长有句话，我觉得很重要，“公开选拔干部不是选秀”，“超女”、“超男”的办法我们不适用，我们要有严格的考查程序。所谓考查，就是要看你平时的工作态度、工作业绩、工作水平，看你平时的思想表现、工作表现是不是得到了周边同志和群众的认可。我们这次公开选聘是把考试和考查这两种方式结合起来，这两种方式如果结合得好，肯定有助于在全行各级管理人员中营造努力工作和勤奋学习的氛围。不学习、不提高不行，不能适应要求。只会读书，光有学历，若思想作风不行，工作业绩不行，得不到群众认可也不行。所以通过公开选拔这种方式能把这两者较好地结合起来。搞公开选拔就是要努力把选人的办法做到更合理。

二是为了倡导一种健康正派、积极进取的职业精神。年轻人都有上进心，许多年轻人都有自己心目中的职业生涯规划，这是好事。年轻人不甘平庸、不愿落后是好事，对此我们要鼓励，要倡导，这是现代文化理念。但是，我也要坦率地说，这种东西如果引导得不好，就会在一个单位、一个部门、一个地区出现讲钻营、讲投机、讲取巧的不良风气，甚至在有些地方会出现买官卖官的违法乱纪行为。工商银行绝不允许出现这种不良风气和违法乱纪的行为。怎么解决这个问题？就要从机制上源头上想办法。除了严肃用人纪律之外，要想办法创造一种机制，把年轻人积极进取、努力向上的热情维护好、引导好、发挥好，要创造一种机制让大家公平竞争，公开接受群众和领导的评判，让大家在一个共同的舞台上尽量展示自己的才华。这次总行下决心拿出27个岗位来面向全行招聘，全行有350多名同志报名，最后经过总行的审核，其中有303名同志符合这次既定的报名条件。今天在座的将参加考试的近300名同志，你们一是有勇气，二是有事业心，三是对总行下决心推出的用人机制改革不仅赞成和拥护，并且积极参与。所以，对你们今天的到来应该欢迎、应该肯定、应该表扬。

二、如何正确对待这次公开选拔的结果，应该以什么样的心态来参加这次公开选拔竞聘

对27个岗位进行公开选拔，有300多人报名参加，按照这个数字，最终的结果是要十里挑一了，最后肯定会出现有的同志参加报名了，但不符合条件没能参加考试；有的同志参加笔试了，但没能参加面试；有的同志参加面试了，但没纳入考查范围；有的同志列入考查范围了，但最终因为各种原因没有被任命。当然也有些同志通过报名、笔试、面试、考查、党委研究，最终走上了新的工作岗位。无非是这几种结果，有人被任命，有人被纳入后备干部资料库，有人可能还要较长时间地在原有的岗位上工作。大家要正确对待可能面临的种种结果，这是对我们思想水平、党性水平的一次考验，换个角度来说也是对我们心理素质是否健康的一次考验。走上新岗位的，要冷静看待自己，是不是自己过五关斩六将，自己就很行了？越是这时越要更多地看到自己的不足、自己的缺陷，看到需要继续努力的地方。没有选上或者暂时没有走上新的工作岗位的同志，可能有的同志会把这看成是一次失败，甚至是看做自己人生经历和职业生涯过程中的一种挫折。这样看也可以，参加竞聘总是希望能走上新的岗位，没有竞聘上总觉得这是一种缺憾。应该承认是一种缺憾，但关键是怎么看待这个问题。出现这种情况，原因也许是多方面的。可能由于自己专业知识还不足，综合分析判断能力还有欠缺，也有可能平时工作中群众、领导还有这样或那样的看法和意见，甚至就是因为在考试中由于偶然的原因影响了自己的发挥，等等。不管怎么样，最终面对这样的结果，不要简单地怨天尤人，要提醒自己去总结、去思考、去提高。一个岗位只能一个人上，肯定有上的有不上的，可能有的岗位有多个人报名，虽然都不错，但由于工作需要只能选其中一个，其他人就不能立即安排新的工作。这跟奥运会一样，提倡的是重在参与，提倡的精神是更快、更高、更强。如果刘翔奥运会没拿到金牌，我们会认为他不成功吗？他是失败者吗？从没有拿到金牌这个角度来说可能是失败了。但是不管怎么说，在座的每个人都不会误以为自己比刘翔跑得快吧，我们认为他还是英雄，还是一流的田径选手，要比我们跑得快得多。

你们能报名、能经过总行的资格审查来参加今天的考试，说明你们在许多方面已经具备基本条件，你们拿到了奥运及格赛的资格（这里有你们的年龄问题、学历问题、任职经历问题等），你们已经是工商银行整个事业中的一批骨干分子，要看到这一点。但是，如果这次没选上，说明自己要继续努力、继续提高，要做到不气馁、不松懈。如果选上了，要不骄傲、不满足，也要继续提高、继续进步。如果在这样的问题上经不起考验，或者是忘乎所以，或者是搞得自己灰心丧气，工作也没有劲头了，怕群众对自己有议论，怕领导对自己有看法，那就不对了。对这些东西要淡然处之，没有必要为此影响自己的工作、影响自己的情绪，既没有必要，也不应该。如果陷在这种情绪里、钻在牛角尖里出不来了，那就恰恰说明这次不选你是对的。中组部也说了，选干部要重视心理素质。过去我们常说要在大风大浪中考验干部，我看这种公开选拔和考试绝对说不上是大风大浪，这只是一个小河沟，一步没跨过去也没关系。你们已经具备了基本的条件，今后的路还很长，无论上下，我们要相信厚积薄发的道理，要注意积累，注意提高，这是根本之道，对我们今后的长远发展是很有好处的。我们大家对成功者（姑且把选上看做成功吧）不要嫉妒，对失利者（如果把暂时没有走上新的工作岗位就看成是失利的话）也不要看低了。今后的机会还

很多，这种方式以后还会多次举行，而且这种选人方式也只是今后多种选人方式中的一种。你们经历过这一次，起码还增加了经验，下次如再有类似的选拔，你们的心态就比第一次参加的人要更平静，更容易发挥。总之，我们要从更积极、更正面的方向来总结看待自己参加这次选拔的结果。这是对自己思想修养水平的一次考验。

中国的传统文化里有一种不好的东西，就是“笑人无，气人有”。我们搞公开选拔就是要营造一种氛围，打破这种风气。对走上新的工作岗位的同志，我们要给予更多的关心、祝福，当然也会有更多的监督。对于暂时没有走上新的工作岗位的同志，我们也要给予更多的关心，更多的鼓励，今后要向他们投以更多关注的目光，各级领导要更多地关心、更多地支持他们，为他们的继续成长创造更多条件，帮助他们继续进步。对你们的希望就是要以平常心，以正确的心态对待这次选拔，冷静地沉着地参加考试，你们现在要做的第一件事情就是充分发挥自己的水平，考出水平。

我在这里给大家介绍一下，总行为了组织好这次选拔是下了很多工夫的，我们给大家创造了公平、公正、公开的条件。比如说出题、印制题目时，总行监察室是始终参与了的，昨天试卷从北京运过来时，锁在箱子里，提箱子的是一位同志，拿钥匙的是另外一位同志。考试评卷方面，因为除了对错唯一的客观题以外，还有需要大家分析、评判的一些主观题，还有写作考试，不同的人对同样的答案看法可能不同，总行为了保证评卷结果的公平，规定在主观题评卷时必须经过两个老师的打分，两次评分差距必须在一定范围之内才有效。如果某道题一个老师评分为4分，同样一道题另一个老师评分为5分，则取中间值4.5分；如果一个为2分，一个为5分，则会提请重新评分，从而保证相对公平。大家可以放心，我们在机制设计上是比较严密的。在出题方面，专业题是由总行专家封闭出题的，公文处理题和写作题是请国家行政管理学院专家出的题，从综合知识的角度检验大家。最后总行人事部门会汇总结果，再决定哪些同志参加面试。按照计划，会选择100名左右同志参加面试，面试分为两组，如何保证两组面试评分标准差不多呢？面试是一种交流、一种互动，为了保证两组评分结果一致，总行会事先选几个人，由两组一起打分，形成一个统一的评分标准后再分两组面试。总之，总行会努力认真地搞好组织工作，给大家提供一个公平、公正、公开的平台。你们现在要做的就是沉着冷静地应对考试，考试结果出来后要正确对待，今后的路很长，我们要往前看。

总之，对大家参加本次选拔的要求就是四句话：积极参与竞聘，冷静看待结果，脚踏实地努力，继续不断提高。这几句话不论是对能走上新岗位的同志，还是一时不能走上新岗位的同志都适用。

我就简单讲这些，留半小时给大家平静平静自己的心态。谢谢大家！

在2008年全行案件形势分析会上的讲话

杨凯生

（2008年7月31日·根据录音整理）

近年来，总行纪委、监察室每年通过案件形势分析会的形式，组织部分分行和总行有关部门在一起分析全行案件形势，查找薄弱环节，部署工作任务。我认为这种形式很好、很有效，不仅为各分行和总行有关部门交流工作、沟通情况创造了机会，也为总行领导开展调研，了解全行的案防情况提供了平台。我听了一天半的会议，了解了不少情况，很有启发。

总的来看，近年来工商银行的案件防范工作取得了较为明显的成效。银监会对国际金融机构的风险防范情况曾进行过调研，比较了国内外金融机构的发案数量、损失金额等指标，在其2007年发布的中国银行业监管报告中作出了“以工行为代表的一批案件风险管控较好的金融机构，其案件损失率指标已经接近国际上案件管控较好的金融机构”的评价。这种成绩的取得是和各级行党委高度重视、专业部门各负其责，各级纪检监察部门的努力工作分不开的。刚才刘书记分析了全行案件形势以及案防工作中存在的问题，提出了下一步的工作要求，我完全赞同。对案防工作的要求总的来说就是一句话：不能松懈、不能麻痹、不能大意、不能满足现有的成绩，要在思想上始终紧绷防范案件的弦。我这次来参加会议，一是了解一下我行的案防形势，二是来看看长期从事纪检监察工作的同志。下面，我就进一步做好案件查防工作讲两点意见，供同志们思考和研究。

第一，要把案防工作视为银行经营管理的重要组成部分，使之真正成为银行内部控制工作的日常内容。长期以来，我行案防工作一直是由纪检监察部门组织协调的，用纪检监察术语来表述就是：建立起了党委统一领导，纪检监察部门组织协调，各专业部门各负其责，全员参与，上下联动，齐抓共管的案件查防工作机制。我认为这种表述很全面，也很准确。这种机制的好处：一是适应中纪委、地方各级纪委抓反腐倡廉建设、查处大要案的工作格局；二是符合我行专业部门多、业务品种多、各专业分工细致的实际情况。相对于其他业务部门，纪检监察部门综合性强，可以面向各行、各专业部门、各级人员开展工作，具有组织协调的优势。今后我们要继续坚持这种机制，充分发挥这种机制的作用。但是今天我想从另一方面来谈谈这个问题，就是说在这种机制下大家可能会有意无意地感到案件防范工作和银行的各项专业工作性质不同，可能会单纯地把它看成是政工工作。我觉得这种看法不准确。案防工作不是一般意义上的政工工作，而是银行经营管理中实实在在的一项内容、一个重要组成部分。从这个意义上讲，我想到了平时我们常说的“一手抓业务发展，一手抓案件防控”的说法，这种说法当然不错，但有时候也容易让各级管理人员，包括各级行行长，认为案防工作是游离于业务发展、游离于经营管理之外的一项工作；要抓案防工作，是要在抓经营管理之外再拿出一些精力来做的事。实际上，国际上的大银行都把防范操作风险作为经营管理的重要组成部分。所谓操作风险是指银行内部由不完善或有缺陷的内部程序，银行内部员工及计算机系统或外部事件所造成的人为损失的风险。这里很大一块内容就是我们通常所说的银行内部和外部案件。要与国际接轨，借鉴国外商业银行先进的经营理念，我觉得在对案防工作的认识上也需要接轨。操作风险在英文中是“operation risk”，operation 本身就有运行、运筹和经营管理的意思。我们不应把操作风险的防控，把案防工作只看成是一种支持和保障性质的工作，而应将其和内控工作有机地融合在一起，看成是银行经营管理、银行内控工作的重要组成部分。只有这样，才有利于各级管理人员不再把案防工作简单地看成是纪检监察部门的任务，才能更自觉地将其视为全行上下必须共同负责、上下联动、互相配合的工作。如果我们这样认识了，就能从上到下更加自觉地加强这项工作。

第二，要继续加强全行纪检监察队伍建设。国外银行有内审、稽核和内控合规部门。除了这些部门，我们还有一支从上到下的纪检监察队伍，这是中国银行业特别是国有控股大型商业银行的一个特点。这是一个特点，也是一种优势。正是由于存在这样一支队伍，在一定意义上讲我们的内控工作体系、监督检查体系比国外银行更强大，我们有理由在这方面比国外银行做得更好、更有效。当然，要更好地发挥纪检监察队伍的作用，必须要加强纪检监察队伍建设。下面，我想从两个方面来谈纪检监察队伍建设问题。

（一）要加大纪检监察队伍的干部交流工作，解决增量结构的优化问题，也就是要建立纪检监察队伍滚动进出的机制。这个问题以往提得不多，大家对此思考也不够。所谓滚动进出机制，就是把一些业务部门比较年轻的、有发展潜力的骨干，在提拔和使用前交流到纪检监察部门工作一段时间，一年也行，一年半到两年更好，之后再回业务部门去工作。这样做的好处很多，一方面，这些业务部门的同志会把当前一些新业务、新情况和新的要求带到纪检监察部门，在与纪检监察部门同志互相交流、共同工作的过程中，给现有纪检监察部门的同志以启发和提高；另一方面，这些同志到纪检监察部门工作一段时间，有利于增加他们的阅历，增强他们的自律意识和法纪观念，对积累如何做人的工作，增加管理经验也大有益处，这对他们将来的全面成长无疑会有很大的帮助。建立起这种纪检监察队伍滚动进出的机制，使从事纪检监察工作一定意义上成为干部成长和发展过程中的重要一步，就可以从机制上解决部分业务部门的同志不愿意到纪检监察部门工作的问题。这对加强纪检监察队伍建设，对培养锻炼年轻干部，乃至对工商银行的长远发展都大有益处。中组部最近在选拔内部各局负责人时，已经开始面向外部招聘、吸纳干部，例如企业局就希望从企业中招到合适的人员。因为这些同志工作对口，对相关情况很熟悉、很了解，会对组织部门的工作有一种促进。今后如果再回企业工作，他们的思路也会更开阔，做人的工作经验就会更丰富。我觉得这种做法应该借鉴。我希望各行的纪委书记会后能尽快向党委提出建议，积极探索建立这种机制的途径。我相信只要把这种机制设计合理，现在所面临的纪检监察部门干部调不进、走不出的问题就可以解决。如果有几个行能在这方面走得快一点，探索出一条路来，总行纪检监察部门再及时加以总结推广，经过几年时间，全行纪检监察工作面貌就会出现新的变化。

（二）纪检监察队伍要加强学习，解决存量素质提高的问题。目前在纪检监察部门工作的同志，相当一部分没有从事过银行业务工作，但他们兢兢业业、认认真真、默默无闻地在这个岗位工作了几年、十几年甚至二十几年，积累了丰富的纪检监察工作经验，我们应该向这些同志表示敬意。但也要看到，当前银行的发展越来越快，新业务层出不穷，管理要求越来越高，可能出现问题的环节也越来越多。在这种情况下，如果不注意学习，不努力提高，就很难适应新形势的要求。全行各级纪检监察干部都要增强紧迫感。学习的办法很多，多看业务文件、多参加业务会议就是学习和提高的有效途径。行内下发的业务文件、规章制度，各专业的工作部署都应无一例外地发送给纪检监察部门。纪检监察部门的同志要对这些东西认真琢磨，认真研究，现在经营管理的基本情况如何，业务部门现在做这个布置是针对什么，这个要求是想解决什么问题，这种要求能否落实，会不会达到预期目的，等等。琢磨透一条，就能提高一点，搞清楚一个规定，就能前进一步。这是一种有效的学习方法。只要能坚持研究、学习业务文件，日积月累，就可对全行各专业的情况更加了解，对全行的整体工作更加有数。这样就可以和专业部门配合得更自如、更主动、更有效，就可以进一步增强纪检监察部门在全行经营管理中的话语权，增强我们所提意见、建议的有效性和针对性。只要我们的队伍学习能力增强了，素质提高了，包括案件防范治理工作在内的纪检监察工作就能做得更好，更有成效，在工商银行改革发展的进程中就能发挥更大的作用。

在中国工商银行第四代应用系统建设启动工作会议上的讲话

杨凯生

（2008年10月31日）

第四代应用系统建设是关系到我行未来发展的一件大事，是今后几年全行性的一项重点工程。因此，各部门要高度重视，充分认识到建设第四代应用系统对我行的重要意义，密切配合、加强协作，确保工程建设在我行下一个三年战略规划执行期内顺利完成。在此，提四点要求。

一、加强领导，整体联动，确保系统建设顺利推进

（一）加强组织领导。为加强对第四代应用系统建设的统一领导，确保系统建设顺利推进，总行决定成立由我任组长，易会满副行长任副组长，信息科技部、产品创新管理部、运行管理部、个人金融业务部、信贷管理部、风险管理部、管理信息部、结算与现金管理部、电子银行部、银行卡业务部、金融市场部、国际业务部、资产托管部、投资银行部、办公室、财务会计部、人力资源部等部门总经理为成员的工程领导小组，统一协调指挥工程建设。工程领导小组办公室设在信息科技部。

（二）加强部门协调与配合。第四代应用系统建设既涉及技术平台改造，也包含了大量产品创新和管理改革内容。在整个第四代应用系统建设过程中，科技部门与业务部门要加强协调，密切配合，共同推动技术改造和业务创新、流程再造工作。

由于第四代应用系统几乎涉及所有的业务部门，重大项目的业务需求需要各相关部门密切配合完成，因此在第四代应用系统建设中特别要注意加强需求整合，统一规划。产品创新管理部要承担起牵头部门的职责，加强业务需求整合，并负责业务架构规划的相关工作，形成全行层面统一视图的业务流程和功能，并将架构治理作为一项长期工作持续推进。

同时，请运行管理部、个人金融业务部、信贷管理部、风险管理部、管理信息部、金融市场部、结算与现金管理部、电子银行部、财务会计部等部门，分别牵头推进第四代应用系统中各业务产品线的相关工作，信息科技部也要组成相应技术支持队伍，共同推进具体应用系统的转型建设工作。

第四代应用系统建设的难点主要在于整体联动、整体配合，从某种层面上讲业务需求比技术开发更重要，如果业务需求整合不好，系统即使开发完成了也难以发挥应有的作用。因此，各业务部门要注重提高需求质量，同时，产品创新管理部及各业务牵头部门要切实承担起相关职责，加强需求整合工作。

二、通过建设第四代应用系统，促进业务的持续快速创新

第四代应用系统建设以服务我行业务发展为根本出发点，致力于通过应用系统平台的提升，进一步提高我行的客户服务能力、经营管理质量和风险控制水平。因此，第四代应用系统建设要做到统筹兼顾，结合业务需求同步推进技术平台的改造，通过系统架构的优化实现业务的灵活快速创新，并推动业务流程变革。

同时，在第四代应用系统建设过程中，也是FOVA系统功能不断完善并逐步实现在境外分支机构推广的关键阶段。因此，要统筹安排好两个系统的开发和推广工作，实现我行境内外业务联动的目标。

三、按计划稳步推进第四代应用系统建设

目前总行已经基本明确了第四代应用系统建设后续的工作计划，以及阶段性任务和目标。全行各相关部门

要按照既定计划稳步推进系统建设，力争利用三年左右的时间基本建成第四代应用系统。

在工程建设期间，为了加强沟通和协调，工程建设领导小组要定期通过专题会议或总行技术审查委员会等形式，听取工程建设工作汇报，研究系统建设中所涉及的重大事项；工程领导小组办公室要通过简报等方式，分阶段通报系统建设的进展，明确下阶段的工作目标等。

四、关于第四代应用系统的命名

同意信息科技部提出的建议，第四代应用系统名称定为 NOVA PLUS（NOVA +）。

在中国工商银行2008年度决算工作会议上的讲话

杨凯生

（2008年12月3日·根据录音整理）

这次会议的主要任务是布置和安排2008年度年终决算工作。上午，沈如军同志已经把有关具体要求和大家谈了，各行回去后要按照要求认真落实。临近岁末，到了年终盘点的时候，我来主要是看看大家，今年的任务完成得不错，向大家表示感谢和慰问。

我简单地谈几点意见。

一、坚定信心，努力增收节支，确保今年财务目标的实现

有的分行反映，要完成今年的财务目标，压力不小。主要原因无非是：中央银行连续调整基本利率，使贷款收益水平下降，使付息成本上升；受资本市场大幅调整的拖累，今年中间业务的增幅明显低于2007年，影响了收入；等等。所以大家感到完成全年预算压力比较大。同志们反映的情况有一定的道理。但是，我们一定要坚定信心，利用这二十多天的时间抓好增收节支工作，确保今年财务目标的实现。这个目标不能动摇。

今年前三个季度，全行上下努力克服经济形势变动剧烈带来的不利影响，扎实推进各项工作。总体来看，经营状况、盈利状况是好的。到11月末，全行集团实现净利润1 153亿元，同比增长约32%。根据年初确定的目标来看，已经是超额完成了。既然是超额完成，为什么还要提确保今年财务目标的实现呢？第一，所谓的财务目标不仅是净利润一个目标。第二，最后这二十多天，我们还想更多地计提一些拨备，包括信贷资产和非信贷资产的拨备，尤其是外汇债券投资的拨备。在这样的情况下，现在的利润数1 153亿元还有变化的可能。中间业务手续费收入情况，到11月末，全行实现手续费佣金收入是363亿元，同比增长96亿元，增长幅度为35.96%，相信到12月底，还会上去一点。当然，因为这些年来，我们的手续费佣金收入增长幅度都是80%甚至100%，所以，现在30%多的增长幅度大家感到偏低了。在9月份时，增长幅度比这个数还要低。这个问题确实需要引起我们的重视。但是，从10月份、11月份的情况来看，情况基本上稳住了，增长幅度达到36%。在整个营业净收入的比重大概是13.65%，比上年同期上升了1.6%左右。全行前三个季度，包括11月份，费用开支的进度比较均衡，成本收入比始终控制在年初确定的目标之内。提取贷款损失准备金将近250亿元，拨备覆盖率超过120%，比上年同期有了明显的提高。

把前11个月的数字给同志们报报账，主要目的是要进一步坚定大家完成全年财务预算目标的信心，不能有动摇。因为，目前预算的执行，全行情况并不是完全平衡的，我们大概有三分之一左右的分行拨备后净利润的执行进度低于序时进度。年前剩下时间已经不多了，我们不希望出现较大面积的分行完不成年初计划的情况。虽然现在全行总体完成全年的财务预算目标看来是有把握的，但我们不希望出现较大比例的分行完不成，而靠其他分行超额完成来完成全行的整体任务。同时，要看到毕竟我们现在已经完成了净利润目标，这是个重要的基础。只要毫不松懈地把年前的一些工作抓好，各分行，包括现在一些比较困难的分行，把财务状况搞得更好一点，完全是有可能的。我们希望完成情况比较好的分行，年底之前能再加一把劲，力争多作一点贡献。主要目的是想更多地计提一些拨备，以接受更大的考验，为准备迎接实体经济更大的波动作一些准备。我们要有这个思想准备。明年，我们的信贷资产质量将面临全面的挑战。如果我们的盈利能力能够强一点，拨备能够多提一点，同时我们对不良资产的处置进度又能加快

一点，争取尽量回拨一点，那么我们整个工作就会比较主动，回旋余地就会比较大。否则就会陷入一个窘局，那就是，不良贷款增加，要增提拨备。如果不处置，不良资产的准备额越来越多，不良资产额越来越多，占用的资金也越来越多，对利润的压力也就越来越大。这样就陷入了一个非良性循环之中。所以，信贷投向的把握、不良资产的处置、盈利能力的提高等，都关系全局，各行要统筹考虑这些问题。

关于部分行中间业务计划完成进度慢的问题，请大家进一步加大力度。今年全行的理财产品销售不算少，希望大家加强营销（包括一些基金的持续营销）。现在一些股票型基金不好卖，但是固定收益率的基金，货币型基金、债券型基金开始受到投资者的关注。我们要加强现有的货币型基金、债券型基金的持续营销。工商银行的最大长处是在销售期的营销能力特别强，但是销售完了以后，持续营销的能力不是很强。要充分利用强大的营销网络、健全的营销渠道，抓好持续营销，以弥补现在理财产品不足的问题。现在有的同志经常抱怨，我们的理财产品太少了。这个问题确实存在，总行一直在抓，一直在督促尽量多、尽量快地推出各种适销对路的产品，但是这和整个市场的情况也是有关系的。我们要抓好一些产品的持续营销，如货币型基金、债券型基金。工银瑞信最近已经制订了计划，昨天专门开会研究了这个问题，希望各行回去抓一抓。这对大幅度提升中间业务的收入也是有好处的。总之，希望大家利用年前二十多天抓增收，抓节支，更好地完成各项财务计划。

在抓增收节支的过程中还有一个具体的问题，那就是网点固定资产投资的进度。上午沈总也谈到了，年底前该列支的要列支掉。当然，要注意一条，绝对不要弄虚作假，搞账外账。要依法合规，确保将来经得起检查。

第二个方面是要注意节支问题。应该说，这几年我们经营形势是比较好的，费用总体上比较宽裕。但这在一定程度上也滋长了部分分行花钱大手大脚的毛病。当然，该花的钱一定要花。这两年，我们集中精力抓网点，抓高端网点的购置，抓网点的装修，效果很好。明年还要继续抓，而且安排的力度不准备低于今年。我们计划明年再抓一年，后年再收收尾，工商银行整个网点的面貌就会出现一个较大的变化，这对我们核心竞争力的提升，对我们社会公众服务水平的提升会有极大的帮助。但是，该省的地方一定要省。最近，这一轮金融风暴袭来的时候，一些美国、中国香港投资银行花钱方式发生了很大的变化。比如，香港投资银行的一般人员到内地来出差，过去都是坐公务舱，现在不允许坐公务舱了。这些小事说明，这些银行赚钱时花钱很厉害，面临困难以后控制起来也很严格。相比之下，我们财务管理的水准还是有差距的。当然，现在不是说我们的财务状况已经变得困难了，而是说存在这种值得注意的风气和指导思想问题。希望财务部门要注意把好关，不能滋长这种风气。银行花钱永远不能大手大脚。全行成本控制意识、财务管理的精细化程度，在财务管理集中上收以后有了提高。但是费用开支标准上还是比较宽松，其中有哪些是合理的，有哪些是不合理的，需要评估。比如，包括装修费用、租赁费用、购置低值易耗品的费用、招待费用、广告费用等，稍微控制紧些就可能省出一大块。这两年，固定资产方面投入得多一些，主要是想改善我行的服务环境。但分行不要竞相攀比买办公楼，这些费用要用到营业场所网点建设上。

总的来讲，离年底还有不到一个月时间，希望大家再接再厉，抓好年终岁尾的工作，主攻薄弱环节，抓住有利时机，把全年的财务指标完成得更漂亮。

二、周密部署，细致安排，做好今年的年终决算工作，认真编制好明年的财务预算

一要把今年的决算工作做好，二要把明年的预算编好。今年的决算工作意义重大，既是对前一个三年规划结果的汇总，同时也是为下一个三年规划的实施打好基础。决算工作每年都要做，但是为确保年终决算的有序进行，还是要提出一些要求。年终决算涉及面很广，不仅涉及许多主要业务部门和非业务部门，还涉及行政部门，协调量很大。如果行领导不重视、不出面，仅靠财会部门去组织和推动，有时还是会存在一定的难度。行领导，特别是一把手，要重视年终决算工作。在这个过程中，财会部门要主动发挥好牵头部门的职能作用，积极主动地开展工作。

要确保核算结果的真实、准确。现在和股改前的一个很重要的差异，就是全行的经营结果、全行最后核算的结果必须向市场披露。如果全行的会计核算水平不可靠，数据不完整、不准确，要承担法律责任的。当然，不上市的银行也应该保证核算成果的准确性和完整性。但是，作为上市银行，我们受到更严格的市场监督，责任更大。所以，在年终决算的过程中，如何严把会计信息的质量关是一个很重要的问题。希望各级行领导能够高度重视，切实负起责任来，保证不出纰漏和偏差。比如，严格执行权责发生制，不能够违反费用的标准、摊销的标准，乱提乱摊；不要人为地调整表内外的应收利息，不得提前或者推后实现中间业务的收入；等等。这些都是年年讲的老问题。近来工商银行核算质量不断提高，但是还是应该引起大家的重视。再比如，工资性费用和经营性费用的合理区分，不要互相串用等。还有一些计提的问题，比如住房公积金的计提、科目的使用等。特别是一些新业务的核算方式比较复杂，有的同志不一定熟悉，要认真、负责、细致才能把这些工作搞好。另外，账务的核查，历史遗留问题的处理，都需要多动脑筋，多想办法，把这些问题处理好。

决算中的一个很重要的问题是应税事务的处理问

题。我们现在正在接受国地税对工商银行应税事务的全面检查。总的情况是好的，我们依法纳税的意识还是比较强的。尤其是股改以后，我们在总行财会部专门成立了应税事务处，负责推动全行应税事务的科学化和规范化。但是，通过对前一阶段检查情况的了解，还是存在一些问题。我们正在积极地和税务部门沟通。有些是政策性的问题，正在反映，但也有些是我们管理和操作上的问题。在年终决算的过程中，一定要处理好这些问题。总的原则就是：真实准确地反映我们的经营成果，准确掌握税收的政策法规。一方面，严格执行税收的政策和法律的规定，该缴的一分钱不少缴；另一方面，准确无误地把握好税收成本，不能因为计算的错误和对政策的不了解，不能因为和税务部门沟通得不及时，多缴或误缴税款，这也是应税事务管理水平不到位的一个表现。从今年开始，我们将把应税成本合理的分摊到各个分行。把税务成本分摊到各个分行，将直接影响分行的经营成果。总行有责任和义务做好这项工作，分行也有责任和义务做好这项工作。同时，年终岁尾之前，希望大家进一步加强和当地税务部门的沟通，把这次税收检查中的一些问题尽量处理好。

再有，要强调一下，决算完成后报表的编制与报送工作的准确性。分行报送上来以后，总行还要进行报表汇总和报表附注的编写工作，还要和审计师沟通，和董事会层面沟通等，还有大量的工作要做。分行准确及时地报送，会为总行汇总、撰写报表附注创造条件。所以，不要延误，不要出差错，更不能出现返工。

要以积极进取的态度编制好明年的预算。现在各行都在考虑明年的经营计划，总行也在考虑明年的经营计划。同时，总行还在编制三年规划。对于近一时期宏观经济的波动，财务部门可能感觉更敏锐一点。据我了解，各行的财务部门在编制明年的预算时，都采取了比较稳健的态度，或者说就是比较保守的态度，留有余地的态度。我认为，第一，要承认明年的形势不容乐观，有压力，有困难。第二，要以积极进取的姿态来编好明年的预算，不要和总行搞博弈。我们是统一法人，全行好了，分行也好；分行不好，对全行也有拖累。各行要树立统一法人的意识。前一段时间，各行也报过一些三年规划测算的数据，初步了解后，感觉大家对明年预算的编制和整个三年规划测算的差距比较大，不够衔接。当然，现在情况有新的变化，但是我们的总体要求还是各家分行要以积极进取的态度来编制明年预算。这不是要高指标，不是要对大家提不切实际的要求。预算编制应该反映工商银行不甘落后，一定要确保龙头老大的位置的决心，一定要体现把自己打造成最盈利、最优秀、最受人尊敬的一流金融机构的信心。要按照这个指导思想，去编制明年的经营计划。总行有一个初步的匡算，今年全年利润增长幅度大概是35%。明年，总体判断比今年会低。这是实事求是的。但是，不应该也不能够低得太多。太低是不符合总行的整体要求的，也不符合明年中央决定全国 GDP 增长仍然要保持 8% 左右的要求。所以，大家要有积极进取的态度。关键还要看到积极因素，坚定信心。比如说，在积极扩大投资拉动内需的总体方针之下，我们的信贷增长会高于今年，特别是高于今年前 10 个月。这就意味着，明年我们的贷款可以早投放。今年上半年，我们执行从紧的货币政策，贷款压得很紧，最后两个月增长很多，所以，今年贷款的均衡性比去年下降了很多，下降了十几个百分点。我们都知道，贷款放得越晚当年的收益就越少。而明年这一点就会发生很大的变化。像这些积极因素，我们都要充分地考虑到。希望大家一定编制好明年的预算，保证和三年规划相衔接，保证下一个三年规划的实施在明年能够有一个良好的开端。

三、做好年末信贷计划管理收尾工作

党中央、国务院对宏观经济形势作出了进一步的判断，认为国际经济形势还在继续恶化，国内经济运行中的困难还在继续加大。为了应对这个形势，党中央、国务院审时度势，及时对宏观经济政策作出了重大调整，确定由“稳健的财政政策、从紧的货币政策”调整为“积极的财政政策、适度宽松的货币政策”。为了落实党中央、国务院的要求，总行在前不久专门召开了分行行长会议，要求全行准确全面地理解、执行、落实中央的政策。年初，全行贷款计划是 3 650 亿元；8 月份，形势发生变化后，适度调增了 5%，调增到 3 800 多亿元。现在，中央提出适度宽松的货币政策后，人民银行不再对商业银行实行贷款规模控制，我们进一步扩大了新增贷款的总量。但是，作为商业银行自身来说，无论在从紧的货币政策，还是在适度宽松的货币政策下，永远都应该有自己的资产负债比例管理，都应该有自己的经营计划。具体如何把握，在 11 月 18 日的分行行长工作会议上，董事长和我都有讲话。总体来说，今年全年各项贷款增量按照 4 500 亿 - 4 600 亿元掌握。我们认为，这个数字既体现了适度宽松的货币政策的要求，体现了积极扩大投资拉动内需的要求，同时又符合我行目前的信贷管理水平，符合我行资产负债比例管理的要求。4 500 亿 - 4 600 亿元意味着我们全年贷款的增长幅度在 12% - 12.3%。这个增长幅度比中行、建行全年的增长幅度略低一点，但是贷款增加绝对额肯定比它们高，总量比它们大。我们认为，这是恰当的。年底前，我们已经将计划下达各分行，贷款（包括公司类贷款、个人类贷款）计划和票据计划是分别下达的，其中票据计划是 200 亿 - 300 亿元。如果公司和个人贷款规模用不完，结余的计划可以用于票据业务；但如果票据计划完不成，不要用于增加一般贷款。这是个基本要求，希望大家年底前能够注意把握。之所以作这个规定，简单地说有两点原因。第一，票据业务做得多，总体上体现了对中小企业资金需求的支持，这符合中央的要求。第二，我们判断，利率现在还在下降通道中，有一定的利率风险。但过急地投放贷款又不可行，做一些期限比较短、变现比较快的票据，有利于我们防控信贷风险和利率风险。4 600 亿元计划已经分到各行，各行要按照有市场、有销路、符合产业政策的要求去执行，不符合产业政策的不能投放，两高行业、产能过剩行业不能投放。在扩大内需和投资的过程中，绝对不能为日后经济结构的调整再增加新的困难和障碍。中国经济结构调整的任务还远远没有完成，无论是第一、第二、第三产业的关系，还是不同的行业之间的关系，甚至在同一行业内不同企业之间的关系，这个任务远没有完成。节能减排的工作也还没到位。在这样的情况下，我们现在信贷的投放绝对不能为日后的经济结构调整再增加新的困难和障碍。年底前，希望大家多做一点票据。这既可以有效地支持企业渡过难关，又有利于我们的经营管理。同时，年底前无论是发放贷款还是做票据，希望大家加强信贷流量的管理和滚动预测，切实做好年内信贷计划的平衡和收尾工作。各行要加强对贷款运作情况的监测，特别是对最后十天所需要的贷款投放及所需要的资金做好预测工作，并且努力提高预测的准确性和时效性。贷款，尤其是较大数额的贷款，原则上要求 12 月 25 日之前到位，不要搞年终突击性放款。年末人为抬高信贷基数，既看不到收益，又为明年的工作增加了新的不确定因素和难度。所以，大家一定要努力提高发放贷款的均衡性，不要到年终最后一两天急急忙忙往外放。历史的经验证明，匆匆忙忙放的贷款，无论是信贷质量还是信贷操作的规范性上，能否经得起检验都是问题。这也是落实科学发展观的体现。什么是科学发展观的基本要求，就是全面、协调、可持续；什么是落实科学发展观的根本办法，就是统筹兼顾。大家要把年末的贷款流量预测好，有大额的资金需求和信贷计划要及时向总行报告。特别是要防止出现资金局域性和时点性的不足。与上半年相比，我们现在资金形势已经出现了根本性好转。今年 6 月 31 日，我们的净融入资金为 1 200 亿元。到 10 月 30 日，我们的净融入资金下降到 300 亿元。12 月 5 日，中央银行下调法定存款准备金率，我行大概可以收回准备金 750 亿元。因此，整个资金形势会发生根本性的变化。总体来说，年内的流动性不应该有问题。但是要做好信贷的监测，防止局域性和时点性的资金调度与安排上的被动。要把工作做得好一点，凡事预则立，不预则废，凡事都要未雨绸缪。想得早一点，都会有好处。

再有，信贷管理水平的提高，要紧紧地依靠经济资本的分配和占用这个杠杆。经济资本的问题，从股改以后，我们一直在讲。但是，由于去年和今年实施了严格的信贷规模管理，在一定意义上，经济资本管理让位于信贷规模管理了。现在，人民银行取消了对商业银行的信贷规模管理，为我们实现真正意义上的资本管理创造了条件。以后对各分行信贷增量的管理，信贷资源的摆布，要更多地采用经济资本管理的办法，这比简单的分配信贷增量计划要合理和科学。明年要全面实行。今年年内，在调整信贷规模时，总行也已经下达了今年经济资本占用限额，是和今年的信贷规模相配套的。这里给各行打个招呼，各行在遵守总行下达的信贷计划的同时，也要执行总行下达的经济资本管理的要求，未经批准也不得突破。要以此为基础，为明年全面实行经济资本管理创造条件。经济资本和规模管理有一定的关系，规模大的占用经济资本肯定多，但两者并不完全相同。同样的经济资本量，如果分配在不同种类的信贷产品中，信贷的增量是可以有变化的。也就是说，经济资本的管理是鼓励把信贷资源运用到风险更小，收益更高的地方去。总之，希望大家从现在开始，要进一步树立经济资本管理的观念。

我再讲一点贷款和存款的定价问题。我们的收益率为什么比有的兄弟行要低呢？有客观原因，比如重组性资产占比高。但是即使剔除这个因素，都用非重组性资产来比较，我们的收益率也比人家低。有的做营销的同志抱怨，说拿不到项目，稳不住客户就是因为我们贷款利率比人家高，存款利率比人家低。但仔细比较发现，人家的净息差还是比我们高。那么项目没拉到，存款没拉到，是不是利率不合适导致的？这里有许多值得研究的地方。在积极开拓信贷市场，特别是现在信贷需求非常旺盛的时候，要研究如何进行合理的信贷资产定价。

存款方面，总的来看形势可以。但是现在同业存款的压力很大。同业存款全行今年是负增长，多数分行也是负增长。有的同志提出是否要提高利率。实际上今年我们已经提高了利率。我们开办了 7 天、10 天等短期定期存款，实际上就是提高了活期存款的利率。这起到了一些作用，也有一定的效果。比如，开设短期定期存款后，北京分行一下子上去 60 亿元存款，10 天后到期这 60 亿元马上就转走到利率更高的银行去了。这说明同业存款的逐利性确实很明显。但是，我们也要看到事情的另外一方面。比如，前一阵邮政储蓄存款竞争很激烈。有个兄弟行一下子竞争去 1 000 多亿元存款。而现在看来，本次利率调整一次下调 108 个基点，这个兄弟行手里的存款在一定意义上是增加了负担。

总之，在这些问题上，经营管理的前瞻性、科学性、预见性都非常重要，再辅之于市场开拓中的灵活性，一种积极进取的意识，一种非我莫属的锐气，加在一起，我们的各项工作就能够做得更好。

在总行信贷业务相关部门职能调整动员会上的讲话

杨凯生
（2008 年 12 月 15 日·根据录音整理）

刚才，牛锡明副行长把这次总行信贷业务有关部门职能调整情况给大家作了一个说明。今天的这个行务会，本来董事长是要参加的，但他到香港去参加工银亚洲的董事会去了，这个时间很早就确定并就会议作出相应安排。所以，经与董事长商量，由我来讲几点意见。

第一点，这几年来工商银行的信贷业务管理逐步加强，信贷业务管理水平有了新的提高。到目前为止，信贷业务仍然是工商银行的主体业务，信贷业务管理水平的高低，在相当程度上影响着我行竞争力的高低，影响着全行整体业务的发展。所谓信贷业务管理水平的高低，涉及面很广，如及时了解引导客户需求的能力强不强，对信用风险识别计量的水平高不高，对信用风险的防控是不是有效，信贷业务操作流程是不是科学，信贷业务的资产或者负债的定价是不是合理，等等，这些实际都是一个行信贷管理水平高低的重要衡量标准。应该说，这些年来全行信贷管理水平总体来说是在不断提高的。我们过去老用一个数字来说明我行的信贷资产质量，就是 1999 年以来新发放的贷款的质量如何如何。从去年开始，我们不再这么提了，因为 1999 年以来发放的贷款已占我们贷款余额的绝大多数，几乎就是我们所有的贷款总量，所以，再说已经没有什么意义了。我们现在已经从更完整的范围，从全行贷款总量来看了。总的来看，贷款质量是稳定的。与此同时，我们的客户结构，无论是公司信贷的客户结构还是个人信贷的客户结构都在不断的优化。我们信贷业务的品种，也从过去单纯的贷款向日益多元化发展，比如说我们已经成为企业短期融资券、中期票据乃至企业债最主要的承销银行；我们已经开始办理贷款转让业务，贷款资产证券化业务；我们的理财产品已经开始直接投资于我们的信贷资产；等等。这些都表明工商银行在信贷业务方面的经营方式已经实现了重要的转型。再比如说，近年来我们信用风险的防控能力也有了明显的增强。我们已经全面引入并在国内同业中首先使用了内部评级法初级法，RAROC 概念已经在贷款资产的定价中开始发挥作用。因此，有理由说，这些年来工商银行的信贷管理水平在不断提高，信贷业务的发展正在不断加快。

同时，还应该指出的是，目前工商银行信贷业务的竞争力也是不低的。说工商银行信贷业务管理水平在不断提高，信贷业务发展在不断加快，同志们可能都比较认可。说工商银行信贷业务的竞争力不低，我估计有些同志可能不一定完全赞成这个说法。实际上，我认为信贷业务的竞争力，一是要从安全性、盈利性、流动性再加上市场影响力等几个方面来综合考虑，而不是从某一个方面考虑；二是衡量一项业务、一个企业、一个银行的竞争力要有历史的眼光，要放在一个更长的发展阶段中来比较。比如在目前这样一个宏观经济周期的波动中，虽然眼下各家银行公布的不良资产的比例大体差不多，在 2% 左右，上下也就差零点几个百分点。但实际上，有的兄弟行已经感到，明年不良贷款比例可能难以继续保持下降态势了，这实际上也是一个竞争力问题。所以，我认为，反映信贷业务的竞争力，不能简单地看某一个项目我们是不是拿到了，不能看在短时期内增量谁快谁慢。当然该拿的项目必须拿到，该增长的必须增长，这一点没有任何问题。但是总的来说，无论在什么情况下，我们的经营行为必须符合我们自身发展的战略要求，符合我们多年来形成的一种风险偏好，必须符合工商银行的企业文化。前几年，我们的贷款市场占比是有所下降的，但绝对额遥遥领先。可以说，在一定程度上是以一定的市场退让，包括部分实践证明风险也并不是很大的项目的放弃，换得了贷款质量的相对稳定，换得了这次执行适度宽松的货币政策的操作空间。今天我说这段话的目的不是说我们的竞争力已经很强了，不是说我们可以放松开拓市场了，而是说我们这次信贷业务操作流程的改革，信贷业务部门职能的调整的目的不是降低风控要求，不是放松风险管理，也不是简单取消一些审批的环节，而是要使相关信贷业务部门的职能更科学、更合理，流程更有效、更简捷。

这是我想说的第一点意见，实际上就是这次改革的目的究竟是什么，在这个问题上，理解不能有偏差。

第二点，我行的信贷业务管理机制确实需要进一步改革，有些地方还要有较大的改革。工商银行从 20 世纪 80 年代成立以来，现有的信贷管理体系、机制，包括我们的业务流程，是在业务不断发展的过程中逐步形成的。随着信贷业务专业化或者说精细化管理水平的不断提高，我们的体系、机制也在不断演进，不断更新。在这个过程中，就出现了很多整合不够的地方，比如部门职能的整合、规章制度的整合、流程的整合等。例如，随着信贷业务体制不断强化，信贷业务越来越复杂，信贷管理部门越来越多，而我们的各项规章制度、政策、业务流程、系统建设的衔接、整合的水平不高。从单一的专业来看，有时设计的制度似乎是合理的，管理也是严密的，但整体上看，各个部门在履行职能的过程中缺乏充分的协同，常常出现部门功能的重复，职责的交叉，导致了一些业务操作不必要的复杂，影响了效率。再比如，信贷业务的专业化的分工，从调查、评估、审批到贷后管理，分工越来越细。在一个业务链条上，部门职能交叉重复。从纵向层面看，过去没有实现真正的一站式审批，一些超过权限的需要报到总行的业务，从二级分行到省分行到总行，层层都要审批，纵向的链条很长。从横向层面看，每一层的审批过程中都要进行循环，每一个循环都要涉及6－10个岗位。一笔业务处理下来，横着转，竖着批，大概要经历几十个工作岗位，可能会有多人签字、盖章，包括重复签字。看上去很严密，实际上责任反倒不清晰了，不利于风险防控。又比如，我们从2006年开始推行无纸化审批，即电子化审批，但是两年多来，我们一直采取的是电子化和纸介质并行的流程，审批流程走两次，电子化走一次，纸介质再走一次，这显然也是一种浪费，也是一种效率的降低。还比如，评级授信调查评估的环节以往也不尽合理。评级和授信所依据的材料基本一致，但是过去的评级和授信部门是严格的分成两套程序来操作的，产生了较多的工作重叠。调查和评估这两个相对独立工作环节，实际上从事的工作内容也比较趋同，要求也比较接近，在这样的情况下，各自独立开展工作，就会导致评估项目时间偏长，影响业务的开展，影响竞争力的提高。

再者，长期以来我们比较重视贷前的调查、授信、评估和最后的审批，但是贷后管理的职能相对是比较弱化的，以往剥离不良贷款时，我们就看到了许多贷款资料不完备、信息不完整的情况。贷后管理，无论是档案管理还是对企业经营管理情况的及时掌握都是不够的。还有我们一直引以为豪的CM2002系统和PCM2003系统也有一些问题需要改进和完善。比如说，在信贷业务处理的逻辑关系上还存在着一些不必要的循环。而且这个大的系统建立了以后，各个专业部门又有一些业务处理的功能模块，这些不同的功能模块之间的有效衔接和互相配合也是不够的。另外，在各个不同的部门之间岗位设置的数量要求也不是很清晰。有的部门和分行为了防范风险，甚至为了在一定意义上规避责任，也增加了一些不太必要的岗位和环节，结果人为地拉长了业务处理链条。此外，我们系统的业务操作界面，应该说也有需要改进的地方。

总的来看，工商银行的信贷业务管理的机制、体制、手段、方法确实还有许多需要改进的地方，有的地方甚至要作出较大的改进。

所以，在2007年末，党委在研究2008年的工作、安排2008年的任务的时候，就下决心要在对个金业务流程做了一定改革的基础上，对对公信贷业务管理流程做一些改革。为此，从2008年初就开始调研，几个行领导深入基层，跑了北京、河北、天津、浙江、江苏、广西、吉林等一些分行，广泛地听取了分行包括基层信贷业务人员的意见。调研结果证实了我刚才所说的这些问题的存在，迫切需要改进。通过调研，我们归纳了162个问题，总行相关业务部门据此提出了改进思路，分解落实了责任，确定分三个阶段来推进信贷业务流程的改革，并明确了具体的改革时间表。刚才牛锡明副行长已谈到，大体到2009年度中间，这个三个阶段的工作都会结束。一二阶段实际上在2008年底就可以结束了，第三阶段有些工作可能要到2009年度中间结束。

总的来说，对全系统信贷业务流程的改造正在按计划推进，总体进展比较顺利。但是这些问题的真正解决，除了要对分行的操作流程、对系统作必要的调整外，还需要对总行层面信贷业务有关部门的职能包括机构的设置作必要的调整。今天的动员会，就是正式宣布总行信贷业务有关部门的职能调整和组织机构改革的启动。

牛锡明副行长刚才全面介绍了总行信贷业务有关部门的职能调整方案。这个方案党委非常重视，先后听过两次汇报。董事长也非常关心，批示了很多具体的要求，我们也多次交换了意见。希望各部门回去以后按照总行印发的工银发［2008］127号文件，按照牛锡明副行长刚才的讲话精神，认真抓好贯彻落实。

最后，对这次改革工作提五点具体要求。

（一）统一思想和认识。要把思想和认识统一到党委的决策部署上来，统一到全行改革发展的战略要求上来。这次改革涉及一些部门职能的调整，涉及一些部门领导同志的安排。在这个过程中，部门领导同志要特别注意带头统一思想，统一认识。同时，各部门领导同志还有一个重要责任，就是要认真负责地做好本部门员工的思想政治工作，带头宣传解释这次改革调整的必要性和改革方案的内容。这次改革内容比较复杂也比较丰富，既涉及总行，也涉及分行，既涉及部门职能的调整，也涉及业务流程的整合，还涉及一些规章制度的修订，各部门的负责同志要带头向本部门各级员工宣传好、解释好这个方案。

（二）服从调动和安排。这次改革当中涉及人员的调整，既包括总经理、副总经理等部门领导，还涉及一些处级干部和其他的一些员工。人员调整的原则主要有两条：一是人随业务走，除了少数的正副总经理需要另外安排以外，其他人员基本上都要人随业务走，这是一个基本原则。希望各位领导同志做员工思想工作的时候把这个原则跟大家解释清楚。二是关于个人待遇问题，由于不同岗位的岗位等级、工资档次是不一样的，目前调整采取的原则是就高不就低。调整到新的部门、新的岗位之后，如新岗位等级较高，执行新的标准，如新岗位等级较低，则在原聘期内不下调，待聘期到期以后，再根据个人的工作情况、岗位设置情况统筹考虑，作必要的调整。因为人力资源提升项目的重要原则就是不同的岗位具有不同的岗位价值。当然，有些同志说我不愿意在这儿工作，我愿意到那儿工作，这就需要根据部门意见、部门工作需要等综合考虑了，看这个员工究竟具体适合哪个部门的工作。但总的来说这次调整中个人待遇是就高不就低，而且大部分同志的聘期还有较长的一段时间。今后工作状况可能还会发生变化，部门职能也会发生变化，聘期到期之后视情况再作新的调整。

根据这两条原则，希望：一是个人能够服从组织的安排；二是部门尤其是负有接受人员、处室责任的部门，要热诚地欢迎新同志的到来，并切实做好相关工作。总之，希望大家在这次改革过程中，能够做到思想稳定，队伍稳定，工作稳定。相信大家通过这场改革可以各得其所、各展其长。也希望各个部门在充实力量、调整职能之后，能够把工作做得更好，更有成效。

（三）认真组织好交接划转。所谓交接划转，包括人员交接、职能交接、业务交接、文件档案资料的交接等。这些工作都要做细做好。这里面涉及移交部门和接纳部门。人员交接，职能交接，业务交接，材料交接，都涉及两个部门，一个是移交出去的部门，一个是接收的部门。这里明确一下，移交出去的部门总经理是交接划转工作的第一责任人，要切实做好牵头工作；接收部门的总经理要积极配合，主动加强沟通配合。大家的工作要细致、缜密，保证做到工作不乱，业务不停，资料不缺。

除了工作不乱，业务不停，资料不缺以外，还有许多具体交接的问题。比如说，这个同志原来是入党积极分子，是培养对象，这些情况也要认真负责地把他交接好，不要影响员工今后的进步和发展。只有这样，才能使员工感到这次改革确实是工作的需要、是大局的需要，只要认认真真地做好本职工作，不需要增加不必要的思想顾虑和负担。

营业部的一些直营业务，除了方案中明确继续保留的船舶融资、飞机融资等业务，许多业务都要下划。下划工作比较复杂，划转的过程会遇到很多复杂的问题。所以经过研究，年终决算前暂时不做业务下划，待年终决算后再行开展。业务下划工作不仅仅是营业部和分行就能沟通协调解决好的，总行信贷管理部、风险管理部和财务会计部都要充分发挥职能作用。比如说，这笔资产的质量到底怎么样，如果这笔资产划转到某个行，对这个行的信贷资产质量有影响，作为分行行长就会有想法。这就需要信贷管理部、风险管理部和财务会计部研究合理的配套措施和管理要求，以保证划转工作顺利进行。1997 年营业部曾组织过一次划转，分行是有反映的，认为总行将一些不良贷款转嫁给了分行。目前，总行营业部通过两次剥离以后，资产质量和当时已经完全不一样了，总体来说资产质量是好的，没有什么大的问题，但也不排除个别的贷款会有一些问题。因此，在具体交接过程中，信贷管理部、风险管理部和财务会计部要想办法协助、配合、支持营业部和有关分行一起把工作做好。

（四）抓紧实施，限期完成。刚才牛锡明副行长已就改革日程提出了明确要求，各部门要按这个要求去执行，不要拖延。在这个过程中，为保证实施的顺利进行，除了相关信贷部门之外，还需要许多部门配合。比如说办公室，要进行必要的办公场所的调整，人力资源部、信息科技部等部门也有许多具体的工作要考虑和配合。希望各部门不要把这项工作仅仅看做是今天点了名的这几个部门的事，要积极支持、配合改革工作的推进。

（五）要有全行一盘棋的意识。要有全行一盘棋的认识，也就是说要有大局意识，要有整体观念。刚刚印发的工银发［2008］127 号文件，主要内容是部门职能调整，牛锡明副行长刚刚也重点强调了各部门的主要职能分工，总行党委力图把各部门职能划分清晰。因为职能不清晰和重叠是这次改革希望解决的一个重点问题。但是，大家对这个划分也不要抱过高的不切实际的希望和要求。首先，想通过几张纸把全行复杂的信贷业务职能全部说得很合理、很清楚是不可能的。我想这在一定意义上也是正常的。同时，业务在不断发展，管理要求在不断提高，新的问题也在不断出现，随着改革的深化，我们现在所制订的方案包括人力资源部下达的各部门的编制和职能，都会与时俱进地不断进行调整。

面对现实情况，我想首先大家要认真执行这个方案，其次在执行的过程中不断增加大局意识、增强全局观念，多沟通、多协调。这样，很多事情就容易解决，很多问题就容易处理。如果总是照搬文件，特别是死抠其中对自己有利的内容，各取所需，推诿扯皮，许多事情就不好办了。所以，希望大家在今后的工作中能够自觉注意这些方面的问题。行领导，行长包括主管副行长要通盘考虑，进一步做好协调工作；各部门要切实自觉地增强这方面的意识。

总之，这次改革是一件大事，不能出任何纰漏。特别是 2009 年，我们信贷业务压力是比较大的，怎样做好工作，以符合中央关于扩大投资、拉动内需的要求，符合积极的财政政策和适度宽松的货币政策的要求，怎样才能把控好信贷风险，这是对我们工商银行 2009 年信贷业务工作的新的考验。要通过这次改革，进一步增强我行接受这场考验的能力。否则，我们的改革就是失败的。所以，这次改革是对我们，包括对各部门的领导同志驾驭复杂局面能力的一次考验，是对各部门同志思想水平、政治水平、专业水平、管理水平的一次考验。希望大家结合现在正在开展的学习实践科学发展观的活动，把这次改革看做是工商银行践行科学发展观的一项具体措施，把改革和学习实践结合起来，打好我们这次改革调整工作的思想基础。同时，要通过这次改革，为明年我们的信贷管理工作打下良好的组织基础。

在山东分行经营形势座谈会上的讲话

杨凯生

（2008年12月17日·根据录音整理）

听了山东分行领导班子和11个二级分行行长对明年经营形势的研判，有两个基本的判断，一是今年山东分行经营形势是好的，拨备后利润将超过100亿元，达到104亿元，跨上了一个新的台阶。实现这一目标是需要其他许多经营指标做支撑的，包括资产质量、中间业务等，总的情况是不错的。二是通过座谈，感觉山东分行党委和各二级分行领导同志的精神状态是好的，是积极进取的，这表现在对明年形势的判断和对明年经营计划的初步确定上。下面我再谈几点意见。

一、充分认识明年形势的严峻性，未雨绸缪，做好工作

明年严峻的经济形势可能会给我们的工作带来不小的压力，要未雨绸缪，做好各项工作。目前这一轮金融风波还没有结束，最近这几周虽有点复苏的迹象，市场有点回暖，但波动和不确定性仍然很大，拐点并没有出现。尤其值得注意的是，金融风波的影响已逐步从虚拟经济渗透和扩大到实体经济。外需减少对中国这样一个对外依存度很高的国家来说，影响还是不小的。另外，由于国内房地产市场的低迷，与房地产高度关联的上下游产业也受到了影响。实体经济的下滑不仅直接影响客户的还本付息能力，而且影响这些客户在金融市场上的继续融资能力，这也会间接影响其对银行负债的偿还能力。这些都会影响银行的资产质量。由于我行坚持审慎的拨备原则，是超额计提拨备的，因而出现1亿元的不良贷款，对当期利润的影响远不止1亿元。按银监会的要求，今年底拨备覆盖率要达到130%。这虽然增加了银行消化未来资产质量不确定性的能力，但对当期的利润影响还是很大的。如果明年资产质量出现恶化，经营压力就比较大了。在这种形势下，明年不良贷款能否继续实现“双降”，或者做到不良贷款率下降，不良贷款额不明显反弹，以实现利润可持续增长，是需要我们认真分析和研究的问题。

明年我们要面对的压力还在于能不能全面准确地理解和贯彻落实适度宽松的货币政策。现在各省都提出要加大投资力度，这些投资中真正的财政投资只占很小的比例，很大一部分还是要靠银行贷款，当然还有社会其他投资，但这些投资相当程度上也是来自于银行贷款。我们能不能在这个过程中充分展示工商银行的实力和活力，让地方政府和客户比较满意工商银行的服务水平，同时又能保证信贷投向的准确合理，不为今后的结构调整和发展增加新的困难和障碍，也是明年经营管理中面临的较大压力。

总之，要充分认识到明年形势的严峻性，充分看到做好明年工作的难度，“凡事预则立，不预则废”，想得多一点，把困难考虑得充分一点，把工作措施想得细一点，克服困难的把握才能大一些。

二、注意对外关系维护，为全行创造更加有利的经营发展环境

（一）要让地方党委、政府、企业、社会公众、媒体充分看到工商银行在这一轮扩大投资拉动内需过程中工作的积极性和主动性。最近，总行和几个地方政府签订了战略合作协议，就是要让各方面看到在贯彻落实党中央关于宏观经济重大调整和战略部署过程中，工商银行的工作是主动的、积极的。一定要把这项工作做好。

（二）要准确地宣传我们的经营状况。现在很多企业出现了经营困难，利润大幅下降甚至亏损。对银行的高利润增长，一些人会误认为是银行提高贷款利率或乱收费的结果，是通过增加企业负担带来的。对此，我们要正确把握宣传角度。目前，中间业务收入在一定意义上似乎已经成为银行乱收费的代名词。对这个问题，要解释银行中间业务收入包含的内容很多，我们卖保险、基金和理财产品都要收费，财务顾问也需要收费，这都

是合理的，也是国际惯例，因为在这些业务办理过程中，银行是有成本的。对我行利润的增长，首先要说明我们的收入结构，存贷利差收入只占47%，另外53%的收入是与企业贷款无关的，也就是和企业负担没有直接关系。其次，近几年我行利润的较快增长也是多年来投入的结果，特别是科技投入。目前，我们办理一笔柜台业务的成本大约是4.5元，而通过电子银行办理只需要0.7元。同时，我们的电子银行交易量已占到整个交易量的40%以上，这大大降低了我们的经营成本。而之所以能有现在的电子化水平，是因为我们从1999年开始平均每年在IT方面的投入有40亿-50亿元，十年下来将近投入了500亿元，现在每年还保持着30亿-40亿元的投入。所以，我们盈利水平的提升是多年努力的结果。这不是增加了客户负担，而是大幅降低了客户负担，因为我们网上银行的收费比到柜台办要低，今后还会更低。

准确、全面地宣传我们的经营状况，为自身经营发展创造更好的外部环境，这在整个宏观经济波动不断加大的情况下是非常重要的。

（三）要注意防范公关危机。一是理财产品的销售。由于理财产品投资收益的不确定性，特别是目前一些外汇理财产品的负收益，潜伏着很多矛盾。我们在营销理财产品的过程中，要注意充分揭示风险，凡是银监会、总行有规定的，要严格执行，做到万无一失。这些问题处理不好，会酿成很严重的后果。比如雷曼在香港发行的迷你债券，由于雷曼公司出现了问题，所以，这种债券也就成了问题，投资者就给特区政府施加压力，要求银行回购。最初要求按市值回购，后来又要按面值回购，甚至还有人提出要有适当的投资收益，一步步迫使政府和银行让步。一旦出现银行回购的情况，很可能会引起连锁反应，香港这样做了，内地该不该这样做？外汇债券这样做，本币理财产品该不该这样做？因此，各行要高度关注理财产品的销售，有情况要迅速采取有效措施，全力以赴做好工作，并及时向上级行报告。二是中间业务收入方面。明年审计署可能会对银行的中间业务收入进行审计。各级行要全面梳理各项收费项目，加强收入管理，合理确定科目归属，准确及时入账。不要简单将收费解释为信贷收入的转移，即使是信贷收入的转移，也要解释清楚转移之后，与按正常贷款利率收取，企业负担究竟是重了还是轻了，要把账算清楚。在这个问题的处理上一定要妥善把握，全面准确理解国家有关政策、法规和我行的规章制度，向审计部门客观地解释说明各项中间业务收入的开展情况，这是对我们政策水平、思想水平和业务水平的一次考验。

总之，在明年经济运行困难显著加大的情况下，正确地处理好和党委、政府、企业、公众的关系非常重要，只有更多地赢得地方党委、政府的支持，赢得企业的理解和客户的配合，才能赢得更多、更好的业务发展机会。

三、振奋精神，以积极进取的姿态为明年工作打好基础

对明年的计划和预算，希望大家要以更积极、更进取的姿态来制订。这并不意味着要制订一个高不可攀、不科学、不合理的计划，而是要制订一个积极进取的计划。这样既有利于鼓舞士气，增强信心，凝聚力量，也有利于督促我们更加积极主动地克服困难。在当前经济发展较为困难的情况下，中央经济工作会议之所以仍然确定明年GDP增长目标为8%，温家宝总理解释说，就是要有利于提升信心，并且强调要实现这个目标虽然有困难，但经过努力还是有希望达到的。同样，我们在确定明年的业务发展指标、盈利指标、不良资产控制指标时也要本着这个精神，既要积极进取，也不能脱离实际。脱离实际反而会打击信心和工作的积极性。通过今天的座谈，我感到山东大部分二级分行的状况还是不错的，只有少数行经营压力相对大一些。总体来看，山东分行初步确定的明年利润增长计划是比较积极的。希望你们再研究一下，看能不能再积极进取一些，为全行改革发展作出更大的贡献。

大额不良贷款的处置也是明年山东分行的一项重要工作。要作为一个课题集中力量攻关，要像竞争贷款项目、营销存款、竞争年金业务一样，加强与政府、法院和企业的沟通，要充分利用目前我行加大信贷投入，加大对地方经济发展支持力度的机遇，争取地方政府在我行不良资产处置中的支持，全力以赴地将这项工作做好。处置不良贷款也会增加盈利能力，因为我们现在是超额计提拨备的，通过处置不良贷款，会有一块回拨收入。另外，不良贷款的处置有利于山东分行明年保持资产质量的稳定，是一举多得的事情。

此外，还要切实做好内部稳定工作。注意做好自谋职业人员的工作，积极争取地方党委、政府和相关部门的支持，确保把问题和矛盾消除在萌芽状态。对于内退人员，总行已经较大幅度增加了他们的收入，人力资源和相关部门要把这些政策宣传好、解释好，创造更加和谐的内部发展环境。内部不稳定就会干扰经营的正常发展，会妨碍我们全力以赴去抓经营。

在浙江分行经营形势座谈会上的讲话

杨凯生

(2008年12月18日·根据录音整理)

刚才听了浙江分行、分行营业部和部分二级分行负责人的情况介绍，增加了不少感性认识。今年初以来，尽管经济形势变化很快，但这并没有改变浙江分行在系统内作为一个大行、好行的地位，浙江分行今年拨备后利润在全系统内仍然处于领先水平，不良贷款率也低于全行平均水平。这是浙江分行党委带领全行员工共同努力的结果。下面我讲几点意见。

一、全行现在正面临一场严峻的考验

目前，中国的经济金融运行正面临一场考验，工商银行的经营管理也同样面临着考验。在这场考验中，浙江分行面临的考验可能比其他分行还要大。很多相对数据也说明了这种情况。如拨备后利润，虽然浙江分行在全系统内还是处于领先水平，但离年初既定的目标是有差距的，今年可能难以完成年初制订的计划。这说明我们年初对形势的判断和现在的实际情况已经发生了不小的差异。又如资产质量，目前浙江分行不良贷款率为1.02%，远低于全行平均水平，但今年却出现了“双升”。再如存款成本，今年浙江分行贷款利息收入增长30%多，存款付息成本支出却增长近60%。这些挑战，从大的方面说，来源于国际金融危机，从小的方面说，实际是浙江省经济结构的合理性受到了挑战和质疑。与此相对应，浙江分行的信贷结构、业务结构和盈利来源结构也受到了挑战。如盈利结构中利差收入占比高于全行平均水平，这与浙江分行贷存比高于全行平均水平有关。当然这个问题应该放在全行的范围来看，而不应该放在一个分行来看。但总的来看，存贷差收入占比越高的行，此次受影响的程度可能就越大。从目前的状况看，存款利率下调的空间已经不大。美国将基准利率调到0-0.25%，几乎进入了零利率时代，世界上有些经济体如日本以前就进入过零利率时代。目前我国的存款利率已经很低了，但真要进入零利率时代难度还是比较大的。而贷款利率下浮的空间还有，这就意味着存贷利差可能进一步收窄。另外，最近一些舆论认为，现在是实现利率市场化最好的时机。这不仅是学术观点，国家有关部门也正在研究。利率市场化肯定要推出，这是改革的方向，只是时间早晚的问题。从国际经验看，凡实现利率市场化的国家和地区，利差无一例外地比利率管制时要收窄，而且是大幅度收窄。如果真正实现了利率市场化，浙江分行的利润结构、业务结构、盈利结构将会受到更大的挑战。

我们的管理理念、管理手段和管理方法现在也受到了挑战。如贷款互保圈问题，浙江绍兴就比较典型，互保贷款比较多，现在出现了风险。怎样识别、控制、解决互保圈带来的问题，总行信贷管理部也作了专门分析，提出了一些解决办法，但要真正从技术上解决并不容易。怎么判断哪些互保是有效的，降低了贷款风险，哪些互保是无效的，哪些互保甚至会扩大风险，总行在这个问题上目前还没有拿出一个很好的解决办法，下一步要认真研究。再如银团贷款问题，目前对一个好的企业或项目，各家银行不是组成银团贷款，而是各自独立去营销，都希望独自抢到所有贷款，把其他行都排除在外。但最终的结果还是多家银行都参与，只不过是参与先后、份额大小的问题。不组织银团贷款，银行之间的信息不共享，贷款定价标准也不统一，除贷款以外的其他业务分享也不公平。更重要的是，一旦企业出现了问题，若某一家银行先收回贷款，企业的资金链可能会断，其他银行的贷款就将面临很大风险。因为不组织银团就对其他银行的行为没有约束。如果组织银团贷款，信息共享，定价统一，最重要的是对各银行的行为有约束，大家荣辱与共，共进共退，在企业出现问题时也可以一起与企业谈判，最大限度地保全所有银行的债权。因此，目前我们的贷款营销可以说是低层次、低水平的，以后应该更多地采用银团贷款这一国际通用的方式。

总之，此次经济波动对工商银行的影响，促进我们要从更深层次来研究、反思这些年来在信贷管理上哪些方面还需完善，哪些方面还需改进和提高，真正把这些问题解决好，这样才能吃一堑长一智。希望浙江分行在这方面能够想得更多一点，能够给总行提出一些有价值的建议和意见。

二、树立信心，全力做好明年的经营管理工作

我们现在要认真面对、研判形势，落实各项措施。

首先要树立信心，浙江经济不会因为这一轮风波而衰退，尽管从目前看浙江经济结构也有一些不合理的地方，但经济整体实力，包括政府实力都是很强的，浙江经济还是充满活力的。这是真正的希望所在。同时也要看到，浙江分行的管理是有基础的，队伍是敬业、认真的，这也是我们克服困难迎接挑战的重要基础。因此，我们要有信心，以更加积极进取的姿态做好下一步和明年的工作。现在总行正在研究明年的发展思路和经营计划，浙江分行作为系统内的大行，仍然有责任有义务走在前面。希望浙江分行明年在国内经济不确定性还比较大，困难还比较多的情况下，能够为全行的经营、管理，为全行可持续增长作出更大的贡献。

还有几个具体问题要注意，一是该计提的拨备要充分计提。拨备也是个重要的财务资源，关键是要迅速地处置、转化不良贷款。这次国务院出台的30条政策中，已在一定程度上扩大了银行处置不良贷款的自主权，这对我们是有利的。不良贷款的较快处置对保持明年的利润增长，保持资产质量的稳定是有好处的。二是贷款投放问题。虽然早放早得益，但在贷款前期工作还没有做好的情况下，第一季度发放过多的贷款是不可能的。在这种情况下，要大量地增持票据，多做一些贸易融资，为利率下调做一点准备。总行也会考虑调整明年的信贷计划管理方式，改变前一阶段那种在适应特殊情况下采取的信贷规模管理方式。10月份以来，总行调整策略，对票据业务发展采取了一种更积极的态度，对今年利润的持续增长发挥了作用。希望分行都能够充分认识这一点。三是注意稳定的问题。一方面是内部稳定的问题。前不久总行下决心提高了内退人员的收入，要把这些政策宣传好、解释好，创造和谐的内部发展环境。另一方面是外部稳定的问题。今年春节前部分企业可能会遇到新一轮的困难，各企业尤其是建设施工单位要在年底向职工兑现工资。在这个过程中，有些压力很可能会向银行转移，就像20年前的"饺子贷款"、"安定团结贷款"一样。事实证明，要处理好这些问题，必须依靠地方党委、政府的支持，依靠媒体的理解。因此，要努力做好向地方党委、政府的沟通汇报，做好与企业、媒体、社会公众的沟通协调。以前总行不赞成和地方政府签订合作协议，银监会也不赞成，因为地方政府不是真正的借款主体。最近总行也出面与一些地方政府签了一些协议。但这主要都是战略合作层面的，不是"打包贷款"。在目前这种特殊的情况下，加强银行和地方党政协调配合的一种表现，是应对当前经济运行中一些困难和挑战的一种方法。浙江分行要充分利用这次总行与省政府的签约机会，紧紧依靠地方党委、政府来解决我们工作中面临的一些困难，尤其是不良资产的清收转化，不管是重组、破产、清算，还是抵押物处置，都离不开地方党委、政府的支持。四是对银行的利润增长问题，要耐心、准确地向地方党委、政府、企业和媒体说明，银行的利润增长不是企业利润的转移。利率标准是人民银行定的，工商银行很多贷款的利率都是下浮的，特别是，近几年我行利润的较快增长是多年来投入尤其是科技投入的结果。另外要注意，将贷款利息收入转移为中间业务收入的做法是不规范的，没有意义的，反而会招致非议。工商银行历来是反对的。中间业务要坚定不移地发展，我们现在中间业务收入的占比不是高了，而是低了，特别是存贷利差收入减少后，我们更要大力发展中间业务，但绝不靠贷款利息收入的转移来发展。

总之，明年的经济形势会比今年更复杂，更具有不确定性，工商银行面临的挑战也更严峻。但只要我们坚持学习和践行科学发展观，坚持踏踏实实地做好工作，就能实现各项业务的可持续发展。利润增幅有波动是正常的，但只要把工作做好，工商银行整体向上的态势是不会逆转的。

在2009年度中国工商银行个人金融业务工作会议上的讲话

杨凯生

（2008年12月25日·根据录音整理）

很高兴又有机会和全行分管个金业务、从事个金业务的同志们见面。也很高兴有机会给"双三十"的同事，也就是最佳个人金融网点代表和最佳个人金融员工代表颁奖。过去我们讲选什么人不容易，往往说"百里挑一"，现在从1.6万多个营业网点中选出30个，可以说是"五百挑一"，从10万多名个人金融业务员工中选30名优秀员工，则更是"万里挑一"了。这些网点、这些同志，经过层层的评选，经过严格审定后能够获得这样的荣誉，是很不容易的。这是你们长期以来辛辛苦苦、扎扎实实在一线工作的结果，你们的工作虽然很平凡，但是取得了不平凡的成绩，你们为工商银行的改革发展作出了不平凡的贡献。给你们颁奖是对你们为工商银行改革发展所作贡献的一种肯定。我要代表总行，向获得荣誉称号的最佳个人金融网点和最佳个人金融员工表示衷心的感谢和热烈的祝贺！

我们都知道个人金融业务最重要的是在于抓住客户，个人金融业务最重要的环节是营销环节。客户是商业银行一切价值创造的源泉。而要让客户了解和认识工商银行，更多的需要通过基层的员工来实现。因此，我们对网点的建设、对网点的管理、对基层一线员工的成长，要给予更多的关注。这些年来，总行是下了一些工夫的，比如网点建设，可以说我们连续抓了两年，在最短的时间内，让工商银行的营业面貌发生了可观的变化，这种变化已经让客户和社会公众感觉到了。还有，近几年来，总行组织了较大规模的金融理财师（AFP）和国际金融理财师（CFP）培训；开展了个人营销客户经理和个贷营销客户经理的培训和认证工作；连续举办了大堂经理业务技能比赛、个人客户经理营销技能比赛，开展了包括评选“双佳”在内的多种活动，有力地引导和带动了全行个金系统员工队伍建设。这些工作都显著提升了我行的营销与服务水平。

总行党委一直非常重视个人金融业务的发展，在全行几项重大战略中，排在前面的就是第一零售银行战略。这几年，我行个人金融业务发展迅速，同业领先地位日益稳固，已经成为全行重要的利润来源。2008 年，个人金融业务预计将实现税前利润 640 亿元，较 2005 年提高约 1.92 倍，年复合增长率超过 40%，在全行整体利润中的占比将达到 40%。截至 11 月末，全行储蓄存款已超过 38 000 亿元，个人贷款余额超过 8 000 亿元，个人中间业务收入将近 150 亿元，均在同业中位居首位。同时，个人金融业务的结构调整工作也取得了显著成效，中间业务在个金业务利润中的占比已经达到 39%。个人中高端客户发展迅速，数量已达到 2 082 万户，其中理财金账户客户 440 万户。中高端客户以近 11% 的客户数量份额，提供了超过 77% 的客户资产占比。此外，我们的营销渠道体系也在不断健全，近年来，全行已新建、改造财富中心、贵宾理财中心 100 家和 3 000 家。通过实施理财金账户服务升级，开展个人金融业务流程再造，实施理财中心核心竞争力项目，完善优质客户服务体系等措施，全行服务水平进一步提升，在中高端客户市场的竞争力显著增强。

到今年底，我们将圆满地完成股改后首个三年发展规划。下一个三年，我们要迈上更高的台阶。当前的经营环境，对做好个人金融工作提出了新的更高要求。我们要站在促进国家经济社会发展，推动全行经营转型的高度，充分认识加强个金业务经营管理的极端重要性，坚持不懈地做好各项工作，为全行的可持续发展提供有力支撑。

下面，我讲几点意见。

第一，要正确认识目前的形势，坚定发展的信心。相信大家对当前的国际国内经济和金融形势，一直都很关注。从市场信号、政府反应和危机的自我强化机制三方面看，这次国际金融危机确实非常严重。它的未来演变趋势取决于风险的释放程度和各国政府的应对措施。这两个因素是互动的，因此还存在一定不确定性，但全球经济下行已经毫无疑问。今年下半年以来，国内经济形势也开始变得严峻起来。党中央、国务院审时度势，对宏观经济政策作出了重大调整。中央经济工作会议明确提出，要深入贯彻落实科学发展观，立足扩大内需保持经济平稳较快增长。明年整个经济运行的困难不小，我们完成各项经营指标的难度也不小，但是我们要学会全面分析形势，全面判断工商银行所处的发展阶段。总行正在充分评估我们面临的困难和压力，以积极进取的姿态编制 2009 年经营计划。可以说，中央对于保持经济健康发展的信心是坚定的，措施是全面和有力的。我们对于保持工商银行的成长性，继续向既定的发展目标前进也应该充满信心。商业银行的经营和宏观经济密切相关，面对当前的形势，我们既要增强忧患意识，把困难估计得更充分一些，把各类影响分析得更透彻一些，也要看到在中央有力的政策措施下，经济实现持续较快发展，工商银行继续保持良好发展态势，我行个金业务更上一层楼的各种有利条件，坚定信心，捕捉和把握好发展机遇。比如说，政府新出台的稳定资本市场和房地产市场的各项政策措施，将为个人中间业务和个人贷款业务的发展带来多方面的商业机会；党和政府一再强调的扩大内需、力保民生的各项政策也会给广大群众财富的增长创造条件，从而为个金业务的发展提供新的空间。希望大家主动适应新形势、新任务，周密准备应对措施，力争明年的个金业务取得更好的发展。福荣行长已经对明年的个金工作进行了部署，提出了要求，我都赞成。这次会议对明年的业务指标和计划任务作了分配，各行要确保完成，并自我加压，有更高的发展要求。只有各分行个金业务搞好了，全行个金业务的发展才能有保证，才能为新三年规划的实施打下一个良好的基础。

第二，要高度重视个金业务在全行的战略地位，坚持发展个金业务不动摇。在积极扩大投资，拉动内需的总体方针之下，我们明年的信贷业务，尤其是公司信贷业务会有一个较快的发展。同时，也会有更多的问题、难点和矛盾，因此，总行和各级行明年对公司业务、信贷业务会更重视、更关注，会下更多的工夫。这是应该的，也是必须的。但在这种情况下，我们是不是可以暂时放松一下个金业务呢？我认为，新形势下，我们更要高度重视个人金融业务，优先发展个金业务的决心不能动摇。这不仅是因为在资本约束日益严格的条件下，想仅仅依靠以贷款规模扩张来实现可持续发展已经不再可能。尤其是在目前宏观经济运行困难加大的情况下，我们只有充分发挥好个金业务抗周期波动能力强的优势才能保持盈利能力的持续增长。具有低资本消耗或不耗费资本的中间业务和零售业务是实现我们发展目标的重要途径。而且个金业务还具有规模经济特征，业务规模越大越容易获得更多交叉销售的机会，越能达到较高的综合收益，越能够形成持续的盈利能力。因此，我们只有坚持不懈地抓好个金业务，把个金业务真正做大做强，才能增强我们抵御当前及今后可能出现的各种风险的能力，才能为工商银行的长远发展打下更坚实的基础。从这个层面上讲，加快个金业务的发展具有战略意义。所以，我们对于个金的资源投入不能放松，加快个金业务发展的决心不能动摇。要从体制和机制入手，坚持深化改革，继续提高个金业务的管理能力和执行能力；继续下工夫抓好服务，不断提升客户满意度；继续解决好相关专业相关部门的配合问题，提高协同营销能力，确保个金业务的高效率和可持续发展。

第三，要巩固和扩大个金业务市场领先优势，为全行改革发展作出更加突出的贡献。姜建清董事长在近期的战略分析中指出，全行要清醒认识当前和未来一个时期面临的三大挑战，一是风险防控的挑战，二是盈利可持续成长的挑战，三是保持市场竞争优势的挑战。同时，总行也明确了未来三年的战略任务，就是在经营结构上，实行根本性的再造和转型，全面调整资产结构、业务结构、负债结构、收益结构、客户结构、渠道结构以及人力资源结构。全行个金业务也要在已取得成果的基础上，继续调结构、促发展、增贡献，继续巩固在市场上的领先优势。这其中包括，个人客户尤其是中高端客户数量要保持同业首位，在全行个人客户总量中的占比要继续提升。要进一步增强储蓄业务的竞争力，保持储蓄存款占全部金融机构 18% 以上的市场份额，各一级分行、大中城市分行、重点县支行要全面保持或夺回同业第一的地位。个人贷款总量、增量要牢固占据同业第一的位置，要健全以住房按揭为核心的家庭融资服务体系，积极创新消费信贷产品与服务，推进个人贷款以年均 15% 以上的速度增长，到 2011 年在四大行中的占比要超过 30% 。要密切关注资本市场、保险市场变化趋势，研究国际国内个人金融服务演进趋势，前瞻性地做好产品、流程、技术等方面的准备，迎接个人中间业务大发展的新机遇，保持中间业务同业领先优势，尤其是代理基金、个人理财产品销售等要力保同业第一。这几大块业务做好了，我们的利润也就出来了，工商银行的可持续发展也就有保证了。到 2011 年，个人金融业务对全行利润贡献度要进一步有所提高，只有这样，才能牢固确立中国第一零售银行的市场地位。

第四，我要拜托大家三件事情，第一是认真做好理财产品销售的风险防范工作。出现问题要及时处理，特别要注意防范兄弟行的风险波及我行。第二是在加快个贷业务发展的同时，一定要杜绝假按揭的产生。第三是要切实加强个金业务各项工作的日常管理，防止各种案件操作风险事故的发生。只有把这些问题都解决了，个金业务的发展才更加具备基础，才能把个金业务真正做好、做大、做强。

同志们，希望大家进一步发扬个金业务的光荣传统，勤勤恳恳，扎扎实实，积极进取，不断创新，把各项工作做得更好，为工商银行战略目标的实现作出更大的贡献。

就讲这些了。谢谢大家。

在中国工商银行宣传思想暨企业文化建设工作会议上的讲话

王为强

（2008 年 4 月 1 日）

这次宣传思想暨企业文化建设工作会议的主要任务是，学习贯彻党的十七大和今年初召开的全国宣传思想工作会议精神，回顾总结全行近年来宣传思想工作和企业文化建设情况，研究部署新时期宣传思想工作和企业文化建设任务，更好地发挥宣传思想和企业文化在全行改革发展中的重要作用，为建设国际一流现代金融企业提供强大的精神动力、思想保障和文化支撑。建清书记高度重视这次会议精神，今天亲自到会并要发表重要讲话，我们要认真学习，深刻领会，切实贯彻落实好。下面我先讲几点意见。

一、2007年全行宣传思想和企业文化建设工作成效显著

2007年是工商银行成功上市后首个完整会计年度，全行认真贯彻党中央、国务院关于经济金融工作的方针政策，深入实施三年发展战略规划，经营模式和发展方式明显改善，盈利能力和风险控制能力显著增强。这一年，全行党的宣传工作在总行党委的领导下，以邓小平理论和“三个代表”重要思想为指导，深入学习贯彻党的十七大精神，认真实践科学发展观，紧紧围绕党和国家工作大局和全行中心工作，始终坚持正确的政治方向和思想文化导向，突出重点，聚焦主题，锐意创新，体现特色，各项工作在传承中创新，在巩固中发展，在改进中加强，取得了新的进展和新的成效。

第一，理论武装工作得到新加强。总行党委认真贯彻党的十六大、十七大精神，紧密结合全行改革发展的新形势、新任务，积极探索党委中心组学习的新路子、新方法，通过视频方式带动各级党委共同进行理论学习，促进了各级党委中心组学习效果的提高。总行党委还充分利用总行党校、分校加大对各级领导干部的培训力度，积极探索创新党校培训思路和方法，坚持理论学习与实际工作的紧密结合，运用科学发展观和所学理论，围绕全行改革发展的重点问题开展了10个专题的研讨，有力地促进全行工作的深入开展。各级行党委也认真按照总行党委部署，以马克思主义中国化最新成果为主题，全面学习贯彻党的十七大精神，大力弘扬理论联系实际的优良学风，深入研究和把握上市后本行发展特点和战略布局，紧紧围绕全行改革发展的重点、难点问题，推动专题调研，形成了一批具有相当理论高度和实践意义的调研成果，并努力将理论学习成果转化为促进党委正确决策、推动改革发展创新的力量，做到了以思想理论建设促进全行中心工作。总行党委充分发挥宣传部门的职能作用，先后组织对十几家分行党委中心组学习情况进行检查和督导，对调研成果进行总结和评选，进一步在全行形成领导干部带头学习理论、引领创新实践的浓厚氛围。

第二，主题教育活动取得新成效。充分发挥主题教育活动品牌优势，适应改革发展新阶段发挥文化力、提升竞争力的迫切要求，不断赋予主题教育活动新内容。2007年，开展了以“培育现代企业文化，提升核心竞争力”为主题的教育活动，在培育企业精神、引入先进理念、推动制度创新、提高员工素质方面进行了深入探索和有益实践。组织了“企业文化大家谈”，开展了“创一流精品，树工行品牌——我心目中的现代金融服务”主题征文评选和“寻找风险点”的活动，积极引入了国外先进企业“员工帮助计划”理念，突出了主题教育活动的文化特点。总行还专门编发了《主题教育活动员工学习手册》，指导全行主题教育活动的开展。这些活动的开展活跃了基层文化，为深入推进全行企业文化建设奠定了良好基础，促进了各项业务健康快速发展和服务水平的提高，充分彰显出这一员工教育品牌载体在新形势下“统一思想、引领行动、助推发展”的重要作用。

第三，文明创建工作迈上新台阶。各级行党委将文明创建作为宣传思想工作有效载体和企业文化建设的重要手段，积极探索新形势下推进文明创建的有效途径，在推动业务发展、效益增长和稳定和谐方面取得明显成效，形成了不少有益经验和先进典型。总行党委宣传部不断加强对文明创建的指导和推动，从强化创建工作基础管理入手，及时修订了《文明单位管理办法》，打破了文明单位荣誉终身制，增强了文明单位动态管理的针对性和实效性，并按照新的评选标准，组织了第五届总行级文明单位评选。经层层推荐、严格审核，48家单位荣获“第五届总行级文明建设先进单位”称号。总行党委宣传部还对其中10家分行进行了检查，提出了改进思路和建议，使文明创建工作切实做到把握先进性，富于时代性，体现针对性，实现了在改进中提高，在创新中发展。

第四，企业文化建设实现新突破。我行成功上市后，新的经营发展形势和目标任务既对推进企业文化建设提出了更为迫切的要求，也为全面实施企业文化战略提供了较为成熟的条件。去年，总行党委正式启动了企业文化体系建设工程。总行成立了“企业文化建设推进委员会”，分行也建立相应机构，构建起强有力的组织领导体制。制定了未来三年企业文化建设整体规划，明确了实现文化管理的目标，提出了“三步走”方针。通过精心筹备和各方努力，“文化形成”阶段工作初步完成，形成了《企业文化诊断评估报告》，对我行文化历史与现状进行了系统梳理和深刻剖析，提出了对企业文化现状特点的基本判断和对未来企业文化发展的建议，为下一步构建企业文化体系奠定了坚实基础。

为了进一步发掘和弘扬我行文化传统和底蕴，在全行营造浓厚的企业文化建设氛围，总行党委先后组织召开了企业文化建设分片座谈会，部署了企业文化照片史料征集工作。各级行党委迅速响应，积极开展基层企业文化建设，一批具有新时期特色和文化亮点的基层典型单位不断涌现，23家单位被中国企业文化研究会评为“中国企业文化建设先进单位”，4篇论文获“中国企业文化建设优秀理论奖”。浙江分行作为金融系统仅有的3名代表之一，在“第四届中国企业文化论坛”上作了发言，充分展示了我行基层企业文化建设的新进展和新成就。

第五，专业队伍素质得到新提高。全行宣传思想战线积极推进思想作风、工作作风和学风建设，提倡“有为有位”的理念以及责任意识、创新意识和务实精神，围绕学习贯彻党的十七大精神和企业文化建设，重

点突出履岗能力培训，拓宽培训范围，努力增强政治理论素质、文化管理素养以及压力管理能力，进一步提升了专业队伍的业务素质和适岗能力。

总的来说，2007 年全行宣传思想和企业文化建设工作围绕大局、突出重点、成效显著，呈现出蓬勃向上、健康和谐的良好势头。在充分肯定成绩的同时，我们也要看到，同党委对宣传工作的要求相比，我们的工作还存在一些不适应的地方，突出表现在：一是有的行对宣传思想和企业文化建设工作在全行改革发展中重要意义的认识不清、重视不够，领导干部的“一岗双责”需进一步落实；二是有的行宣传部门工作机构和职能归属尚待明确，工作机制亟待进一步理顺；三是有的宣传干部责任意识、创新意识不够强，与形势发展不相适应。这些问题必须引起各级党委的高度重视，并在今后工作中认真予以解决。

2008 年是我国改革开放 30 周年，也是贯彻落实党的十七大精神的开局之年，抓好宣传思想和企业文化建设工作，具有突出的重要意义。各级行党委要围绕改革发展大局，以科学发展观为指导，深入研究和积极应对改革发展的新情况新问题，在思想境界和精神追求上有新提高，在实践科学发展观的能力上有新提升，在改革创新的工作中有新突破，不断探索党委宣传工作的新路子和新办法，用先进的理念引导人，用和谐的文化凝聚人，推动广大干部员工明晰发展目标和任务，树立崇尚一流和追求卓越的竞争意识，切实推动科学和谐发展。各级党委宣传部门既要保持清醒的头脑，进一步把握全行发展战略和形势，又要保持昂扬向上的精神风貌，进一步增强解决问题、打攻坚战的能力，扎实地将宣传思想和企业文化建设工作推向一个新的高度。

二、推进企业文化“落地”与“深植”，增强工商银行竞争“软实力”

推进企业文化建设、实施企业文化管理是深入实践科学发展观的重要举措，是推动全行持续协调发展、培育和谐氛围的战略决策。今年是构建企业文化体系、推进文化“落地”和“深植”的重要之年，也是由企业文化建设向文化管理阶段迈进的关键阶段。全行要在企业文化建设推进委员会指导下，全面树立文化管理观念，扎实推进企业文化管理工程。当前，尤其要重点把握以下四个方面。

第一，要深刻认识企业文化在全行发展战略布局中的定位。随着改革发展的逐步深入，企业文化已成为了上市公司树立形象和品牌的重要构成。总行党委在 2008 年工作会议上明确提出，要建立“竞争力、创新、服务、渠道、品牌、企业文化和社会责任”七个方面的年度工作报告制度，形成推进战略实施的有效机制。各级党委要围绕总行部署，深刻认识企业文化在我行发展战略布局中的重要地位和深远影响，以文化为统领，抓好战略推进机制建设，为提升全行竞争发展能力发挥系统的推动和保障作用。个别未建立企业文化建设推进委员会的分行要抓紧成立工作机构，完善工作推进制度，尽快配备胜任工作的合适人员。各级领导干部要将推进企业文化建设作为重要领导职责，率先垂范、深入领会、亲自宣讲，不断提高对企业文化的认识理解，加大文化践行力度，切实做到导向正确、步调一致，为员工掌握和践行企业文化发挥积极表率作用。要自觉地将文化管理渗透到各项工作中，把工商银行核心价值作为行为指南，作为管理举措的评判标准，努力成为我行企业文化优秀的实践者、引领者和推动者。

第二，要明确未来企业文化建设的主要任务。通过“文化形成”阶段对我行企业文化历史、现状和期望的调研剖析，我们的使命、愿景和核心价值体系已经逐步清晰，工商银行企业文化体系很快就要与大家见面。未来全行企业文化建设的总体要求是：以科学发展观为指导，进一步巩固“持续创新、稳健合规、团队意识、诚信务实”的基本价值取向，着力强化“客户导向、以人为本、灵活高效”的时代特征，为推进改革创新、谋求长远发展提供战略支持，致力于提供卓越的金融服务，致力于促进客户、员工、股东、企业和社会的协调发展，充分体现科学发展、和谐发展的要求。

当前乃至今后一个相当长的时期内，全行企业文化建设要以实现一个战略转变为基本目标，以加强两项管理为着眼点，以强化五种意识为重要途径，稳步扎实推进企业文化建设。“一个战略转变”，就是要从一般性的企业文化建设向企业文化管理转变，真正以文化统领发展、推动实践。“加强两项管理”，一是加强人本管理，真正重视员工需求，关注客户利益，将实现员工发展和客户认同作为工作的立足点和着力点，提升各级领导干部以人为本的管理意识和管理能力，增强全行凝聚力和向心力；二是加强愿景管理，通过战略目标的解读和传导，明晰企业愿景、使命和发展战略，达成全行员工的认同与共识，激发全行的积极性和创造性。“突出五种意识”，一是强化大局意识，将文化融会到经营管理中；二是强化品牌意识，推进业务与产品体系整合，使文化展现在与社会公众的每一个接触点中；三是强化风险意识，切实提高全面风险管理水平，以文化巩固全行稳健经营发展的基础；四是强化服务意识，推动流程银行建设，关注客户体验，用文化提升客户满意度和公众认同度；五是强化创新意识，加快金融创新和体制改革，用文化引领全行迈入更广阔的发展空间。

第三，要通过主题教育活动扎实推进企业文化“落地”与“深植”。要全力推进“文化落地”，清晰勾画出企业文化体系实施蓝图，广泛开展企业价值理念宣传活动，通过《企业文化手册》等载体，组织企业文化体系宣讲和解读，借助转培训方式，将企业文化理念逐级传导、灌输到位，使全行上下对企业核心价值基本了解和认同，为文化深植奠定扎实的思想基础。

要积极谋划“文化深植”举措，推进企业文化体系的深层植入。各级行要牢固树立文化可持续发展理念，积极推动文化传导和提升。组织实施文化自我提升辅导计划，继续开展企业文化专题培训。要巩固和扩大企业文化宣传阵地，充分运用“网讯”、《宣传工作信息》等渠道，宣传先进文化理念和工作动态，要不断探索和丰富企业文化传导方式，组织好“工商银行企业文化论坛”。要建立文化提升长效机制，切实做好企业文化年度报告工作。

要通过大力开展“培育现代企业文化，提升竞争发展能力”主题教育活动，助推企业文化“落地”与“深植”。要通过开展特色鲜明、短平快的教育活动，不断营造培育企业文化、推动科学发展的强大声势与浓厚氛围，提高教育活动的实效性和影响力。

第四，要推进基层企业文化建设，丰富企业文化体系内涵。要从践行文化管理的战略高度，深刻认识推进基层行企业文化建设的重要作用。各基层行要以总行企业文化体系为指导，结合本单位本地区发展实践，大胆实践，积极探索，构建区域特色鲜明、适应发展要求的子文化体系，在全行营造浓郁的文化实践氛围，不断丰富企业文化的价值内涵。要注重典型示范效应，进一步推广特色文化建设先进经验，以行内外企业文化理论和经验交流活动为契机，不断提高基层企业文化建设质量和水平。要下工夫做好企业文化史料征集与整理工作，使之真正忠实记录我行文化传承，集中展示我行的现代金融企业风采。要逐步开展专业文化体系建设，积极推进跨文化管理的探索实践。

三、以科学发展观为指导，切实做好新形势下的宣传思想工作

在不久前召开的全国宣传思想工作会议上，胡锦涛总书记提出了“高举旗帜、围绕大局、服务人民、改革创新”的宣传思想工作目标要求，各级行党委要按照这一目标要求，进一步明确当前和今后一个时期宣传思想工作的任务，把宣传思想工作落到实处。

（一）深入学习实践科学发展观，把学习贯彻党的十七大精神活动引向深入。党的十七大对贯彻落实科学发展观提出新的部署和要求，全行要继续抓住这一核心任务，将学习贯彻党的十七大精神推向深入。

一要将深入学习实践科学发展观与推进全行改革发展相结合。要开展深入学习实践科学发展观活动，引导全行解放思想，开拓进取，积极应对经济全球化和金融竞争国际化形势，把握全行竞争发展阶段性特征，明晰发展战略布局和市场定位，着力破解科学发展的重点难点问题，提升竞争发展能力，营造以人为本的和谐文化氛围，使全行沿着科学发展的轨道不断前进。在活动中我们各级领导干部要做解放思想、实事求是、与时俱进的表率，在深化对世情、国情、行情的科学认识中解放思想。在解放思想中真抓实干，真正把解放思想体现在具体工作中，落实到解决问题上。要解放思想，全面落实科学发展观，就要切实加强学习。领导干部的学习水平在很大程度上决定着其工作水平和领导水平。领导干部加强学习不仅是个人行为，更是政治责任。各级党委一定要把学习贯彻党的十七大精神和全面落实科学发展观作为头等大事抓实抓好。为此，总行党委决定进一步加大对各级领导干部的学习培训力度，总行党校将举办第十六期领导干部培训班，着力提高领导干部的理论水平和综合素质。

二要将深入学习实践科学发展观与提高领导干部能力和水平相结合。要以党委中心组学习为主要形式，组织各级领导干部深入学习领会当代中国马克思主义理论成果，准确把握科学发展观的重大意义、科学内涵、精神实质和根本要求，自觉改造主观世界，不断提升党性修养，提高精神境界，增强运用科学发展观解决问题的能力。各级领导干部要自觉加快知识更新，优化知识结构，努力成为胜任本职工作的行家里手。要坚持弘扬理论联系实际的优良学风，将课题研究作为实践科学发展观、解决突出问题的重要手段，要继续围绕推进国际化和综合化发展、优化经营结构、加快金融创新、塑造优秀企业公民、实施文化管理等课题进行研究探讨，在深化体制改革、转变发展方式、推动科学发展方面取得新成果，为党委科学决策提供有力支持，真正做到学以致用、用有所成。各级党委宣传部门要切实履行“学习秘书”职能，做好党委中心组学习服务工作。要进一步探索创新学习模式，组织好课题研究成果评选工作，将理论学习与发展实践紧密对接起来，不断增强党委中心组学习实效。

三要继续将大规模培训干部和积极推进员工队伍建设相结合。着力提高员工队伍素质，运用多种形式开展培训和轮训，注重加强对员工的教育和引导，推动全行学习贯彻党的十七大精神，努力践行科学发展观，推动新知识、新业务的学习，促进业务创新发展和市场竞争力的提高。要深刻领会总行党委战略意图，转变观念，凝聚力量，在新时期改进服务质量、完善风险管理、推动效益增长中作出积极贡献。要组织好“感动工行——践行十七大精神先进典型评选”活动，广泛挖掘一批立足岗位创造突出业绩、体现先进文化特质和优秀道德品质的优秀员工，彰显其平凡中的闪光点，树立起新时期新阶段的楷模。要突出评选活动的文化特色，进一步营造和谐向上的文化氛围。采取员工喜闻乐见的形式和方法，增强评选工作的吸引力和影响力，带动和鼓舞全行员工学先进、促发展，将学习贯彻党的十七大精神活动推向新的高潮。

（二）深化文明建设精品行建设，组织好文明单位评选活动。要在更宽视野、更高立意、更广范围内开展

文明创建工作，善于将文明创建与企业文化建设、与经营管理工作相结合，进一步延伸和丰富文明创建工作内涵和特质。要立足品牌战略，以打造精品、树立品牌为目标，以强化现代服务意识和品牌意识为主要任务，着力提高服务质量和水平，着力提升客户满意度和公众认同度，着力塑造良好的企业社会形象，培育和造就一批体现品牌竞争力和文化特色的基层文明创建精品单位。要积极进行战略目标的渗透传导，用愿景鼓舞人，用使命鞭策人，通过心理疏导帮助人，理顺人心、激励士气，切实推动科学发展，增强文明创建工作的时代张力和蓬勃活力。

今年国家有关部门将进行第四届国家级文明单位评选，这对全行文明创建工作提出了更高的目标和要求。各级行要将争创国家级文明单位作为学习和提升的契机，坚持“巩固、深入、提高、创新”，认真总结总行级文明单位创建经验，运用多种载体和方法，开展内容丰富的创建活动，有效地推动发展、促进和谐。要认真做好国家级文明单位筛选和推荐工作，广泛发动、严格审核，确保参评单位充分体现我行文明创建水平和特色。要进一步完善文明单位动态管理，加强信息化建设，促进文明单位创建活动的整体水平和总体实力的不断提高。

（三）要加强领导，进一步重视和发挥宣传思想工作的作用。各级党委要高度重视党委宣传工作，认真落实“一岗双责”机制，把宣传思想工作摆上重要位置。要加强领导，理顺关系，明确职能和机构定位，无论是专设还是挂靠，都必须确保党委宣传工作有足够的力量和专人去做。从目前全行的情况看，一级分行36家机构，党委宣传部门单设的占28%，挂靠的占65%，并入有关部门的占9%，从工作机构上看，单独设立的不到三分之一；目前一级分行从事党委宣传工作的人员只有96人，专职只有44人，仅占全行员工的0.01%，专职正副部长只有16人。无论是宣传工作还是其他工作，都应该做到九个字，就是要“有领导、有力量、有力度”。希望各级行党委要切实重视党的宣传工作，除了党委宣传工作，企业文化建设工作也是重要的部分。要针对快速发展的改革实践和队伍现状，切实加强执行力和创新力建设，迅速提高宣传干部队伍专业水平。要进一步倡导主动负责、认真务实和敢为人先、灵活创新的良好风气，把党委宣传工作与改革发展实践紧紧联系起来，注重抓落实、抓细节、抓成效，鼓励创新工作理念和方法，鼓励大胆探索尝试。要将“工作学习化，学习工作化”理念一以贯之，提倡从源头学，提高政治理论素质；从干中学，增强联系实际推进工作的能力；从细微处学，注重知识的点滴挖掘与积累，在宣传战线营造出勤于学习、善于学习的氛围。要把培训作为党委宣传工作的有机组成部分精心规划、统筹设计，将培训范围延伸到二级分行宣传干部队伍中，引导宣传干部在学习贯彻党的十七大精神中学一步，学深一步，真正成为科学发展观的优秀学习者、实践者和传播者。要加强党委宣传工作考核制度建设，研究建立量化考核指标体系，推出《党委宣传工作量化考核办法》，形成推进宣传思想工作的长效机制，使系统管理进一步科学化、规范化和透明化，提高工作效率和管理效果。

同志们，工商银行波澜壮阔的改革发展，为宣传思想和企业文化建设工作提供了新的发展机遇和广阔的发展空间，希望大家继续发扬对工商银行事业高度负责的精神，迎难而上、勇于拼搏、务实创新，积极应对新形势、谋划新发展，不断开创宣传思想工作和企业文化建设的新局面。

在中国工商银行党校第三期领导干部研究班结业典礼上的讲话

赵　林

（2008年6月26日）

经过45天的紧张学习，总行党校第三期领导干部研究班今天就圆满结束了。刚才，三个课题组代表交流了课题研究报告，学员党支部书记左新亚同志代表全班作了小结，他们的发言表明这期研究班在全体学员和党校同志的共同努力下取得了较好的效果。大家在45天的时间里，能按照总行党委的要求，潜下心来，认真学习，深入思考，联系实际，探索交流，学有所获，研有所得，圆满地完成了学习任务。在此，我代表总行党校向大家表示热烈祝贺！

根据大家的发言和之前的座谈，我感觉本期党校研究班主要有这么几个特点和收获。

一是教学内容丰富，重点突出。这期研究班把党的基本理论和十七大精神贯穿教学始终，安排了《马克思主义一脉相承和与时俱进》、《改革开放的历史进程和基本经验》、《树立和落实科学发展观》等专题讲座，组织大家认真学习，深入研讨，相互交流，力争把党的十七大精神和科学发展观理解透、把握准、掌握好，从而自觉地把思想和行动统一到党中央各项重大战略部署上来。与此同时，紧密结合工商银行实际和行业特点，设置了《当前国际经济形势》、《美国次贷危机研究》、《当前中美经贸关系热点问题》、《当前我行金融风险的思考》、《我行信用卡发展战略》等专题讲座，对于大家了解当前经济金融形势，深入开展课题研究具有很大帮助。此外，研究班根据总行党委关于领导干部教育培训工作的相关部署，积极应对工商银行上市后日趋激烈的竞争和挑战，增加了“领导力”及修身养性等方面的教学内容。开设了《管理创新与领导艺术》、《国学智慧与领导力》、《系统科学与战略思维》、《企业文化与基业常青》、《情商与领导力》等专题讲座。通过学习提升我行中高级管理人员的领导力、决断力、影响力和执行力。

二是把理论学习和研究实际问题相结合，取得了较好的学习成果。根据总行党委确定的2008年工作重点，针对我行改革和业务发展的需要，在广泛征询有关部门意见的基础上，围绕“提高核心竞争力”这个主题，党校提出了3个研究课题，组织学员共同研究。这些研究课题现实针对性强，也是总行在研究发展战略和经营管理上需要重视的问题。为做好这三个课题的研究，党校围绕课题开设辅导讲座，组织大家分课题组到相关分行开展调查研究，进行了十几次小组讨论。大家认真研究，深入探讨，反复修改，分别从打造工商银行特色企业文化，提升工商银行软实力；实施品牌战略，提升工商银行核心竞争力；加快从显性风险贷款管理向隐性风险贷款管理转型三个方面，从理论、政策、战略层面作了分析和研究，并提出了相应的建议和方案。除3篇课题研究报告外，大家还理论联系实际，紧密结合自己的工作和思想，着眼于解决改革发展稳定中的重点难点问题，撰写了结业论文，取得了较为丰硕的学习成果。下一步党校要认真研究如何利用好党校班研究成果，为我行改革和发展服务。

三是坚持党校培训方针，切实加强党性教育。这期研究班以坚持加强党的先进性建设为宗旨，以坚定理想信念为主题，以强化党的观念为重点，寓党性教育于培训的全过程。党校组织大家认真学习党建、党史、党章，开设了《关于加强党的执政能力建设的若干思考》、《当代中共党史的若干热点问题》等专题讲座，组织收看反腐倡廉案例警示教学片，引导大家坚定共产主义理想和中国特色社会主义信念，坚持马克思主义的世界观、人生观、价值观和正确的权利观、地位观、利益观，增强大家的党员意识、党风意识、党性意识，夯实大家廉洁从政的思想道德基础，筑牢拒腐防变的道德防线，提升理论修养、道德修养、党风修养和人格力量。通过教育，把党性教育的理论原则内化为大家的自觉行动。大家在班委会的组织和带动下，团结协作，共同努力，创造了良好的学习气氛，形成了和谐向上的班风，全班上下形成了昂扬向上、开拓进取的精神状态。

四是师资力量较强，学员的主观能动性得到充分发挥。第三期研究班的授课教师分别来自中央党校、北京大学、国防大学、解放军艺术学院等院校和国务院发展研究中心、中国社会科学院等研究机构以及国家部委、知名咨询公司和总行。既有长期从事马克思主义理论和中共党史研究的专家，也有在国内学术界有影响的中青年学者；既有长期从事经济金融工作的领导，也有活跃在高等院校的优秀教师。党校也充分尊重学员的主体地位，注重发挥学员的主观能动性和积极性，坚持通过不同形式征求学员对教学、生活的意见，让学员对课堂讲授的内容、效果等方面进行量化考评。在各项教学活动中让每位学员都有表达、展示的机会。这期研究班组织了两次“学员论坛”，并组织大家在老师授课结束时轮流登台对教师授课内容进行总结和点评，不仅对老师的授课内容进行系统的归纳总结，而且介绍了各自的收获和体会。这种横向交流既活跃了课堂气氛，也增加了学员之间的了解和沟通。通过一系列措施，大家学习的积极性和主动性得到充分调动。同志们以普通学员的身份，认真读书，深入思考，课堂上认真听讲，课下及时整理学习笔记，课间休息时，很多学员即时交流感想或与老师探讨。有不少同志主动复制课件、复习重要课程，一些因故缺课的同志主动补课。在课题研究过程中，大家畅所欲言，民主讨论，深度沟通，相互启发，表现出强烈的团队意识和合作意识，创造了良好的研讨环境，达到了较好的效果。学员党支部、班委会以学习为中心，认真履行职责，积极配合党校开展了一系列学习和文体活动，为本期研究班顺利完成学习任务发挥了重要作用。

45天的集中学习，每位同志都有很多收获。我想党校的这段经历会给大家留下长久的回忆，更会对大家今后的工作、学习、生活产生内在的、长远的积极影响。现在研究班的学习已经结束，同志们即将返回各自的工作岗位，投入紧张的工作之中。学习的目的在于应用，应用的关键在于转化。希望大家能够将党校的学习成果应用到实际工作中去，转化为观察和解决问题的科学方法，学以致用、用有所成。

结合当前形势和今后的工作，我提几点希望和要求。

一是坚持学习，持续提升自身的知识储备和领导能力，不断提高实践科学发展观的自觉性和能动性。从党校结业后，大家都将回到各自的领导岗位。在工作当中，很难继续像现在这样有大量的时间进行集中学习，但学习这根弦不能放松，要利用多种途径、抓住各种机会不断补充知识，提高综合素质，增强领导能力。在竞争日益激烈的环境下，工商银行要取得长足发展，离不开一支始终保持高素质的干部队伍，大家要有紧迫感和使命感。加强学习既是对党员领导干部的基本要求，也是自我适应和自我提高的需要。

二是不断开拓创新，既要认真贯彻落实全行的发展战略，又要紧密联系实际，创造性地开展工作。我们说的创新，既包括业务、产品和服务的创新，也包括体制、机制和流程的创新，通过不断地开拓创新，使得我们的业务发展、经营管理、风险控制和价值创造能够不断地适应市场、客户的变化和需求，不断提升市场竞争力和价值创造力。

三是推进企业文化建设，凝聚全行力量，不断推进我行的改革与发展，打造国际一流的现代金融企业。文化是一个企业的凝聚力所在，是宝贵的无形资产。先进的文化可以促进一个企业长期持续的发展，做到长盛不衰。目前总行正在研究制定企业文化建设规划，这次研究班的课题中也有这方面的研究，希望各位回去后能继续关注和探讨我行的企业文化建设，进一步加强这项工作。

四是加强作风建设，以良好的精神状态和求真务实的工作作风，推动各项事业向前发展。

最后，祝大家工作顺利，身体健康，返程顺利！

加快提升市场竞争力
打造国际一流的结算与现金管理银行

——在中国工商银行结算与现金管理业务工作会议上的讲话

张福荣

（2008 年 1 月 8 日）

这次会议的主要任务是，总结 2007 年结算与现金管理工作，部署 2008 年工作任务，动员结算与现金管理专业认真贯彻总行发展战略研讨会精神，全力拓展公司无贷户市场，提升业务竞争力，为建设国际一流的结算与现金管理银行而努力奋斗。

下面，我讲三个方面的问题。

一、结算与现金管理专业工作成效显著，为全行业务发展作出新贡献

2007 年，结算与现金管理专业紧紧围绕全行整体发展战略，努力推进国际一流的结算与现金管理银行建设，出色地完成了年初确定的工作目标。截至 2007 年末，全行新开对公结算账户 72.56 万户，完成全年计划的 181.41%，同比增长 33.2%，其中净增 42 万户，同比增长 33.2%；签约现金管理客户达到 58 563 户，新增 27 155 户，完成全年计划的 301.7%，同比增长 97.56%，其中总行级现金管理客户达 414 家，同比增长 37.1%，完成全年计划的 233.3%；人民币对公结算业务量达到400 万亿元，同比增长 53.8%，完成全年计划的 121.2%；结算专业实现中间业务收入 34.57 亿元，完成全年计划的 114.14%，同比增幅达到 44.17%。贵金属业务全年交易总量达到 288 吨，折合人民币 517 亿元，同比增幅达到 274%，实现中间业务收入 1.2 亿元。2007 年，结算与现金管理专业累计创造营业贡献预计为 263 亿元，完成全年计划的 103%，同比增长 30.5%，在全行专业排名中稳居第三位，为全行的良好经营业绩和市场表现提供了重要支撑。

（一）公司无贷户营销管理体系进一步完善。结算与现金管理业务高速发展，对营销管理工作提出了更高的要求。面对新形势、新任务，结算与现金管理专业坚持以客户为中心，大力加强公司无贷户营销管理体系建设，在客户资源管理、营销渠道建设和专业队伍建设方面都取得了很大进展。完成了“对公客户统一信息标准”划分，客户细分迈出坚实一步。根据对公客户综合贡献、特点以及我行的实际情况，筛选了 11.71 万户日均存款 100 万元以上的核心客户，实施差异化营销策略对促进各项业务资源的合理配置，深入挖掘客户价值发挥了重要的作用。积极推动面向中高端客户的专属服务渠道建设。通过对现有网点重新进行功能分区改造，在为低端对公客户提供标准化服务的同时，为中高端对公客户建立专属服务渠道、配备专职客户经理，开展一对一的产品销售和个性化服务。公司无贷户客户经理和结算与现金管理产品经理队伍建设得到加强。公司无贷户客户经理人数达到 2 151 名，现金管理产品经理达到 599 名。多层次的培训以及工作的有序开展，进一步提高了结算与现金管理专业队伍的综合

素质。

（二）抓源头，拓市场，营销工作实现新突破。全行按照“抓源头，拓市场”的指导思想，把结算账户的发展作为各项业务发展的源头，积极开展“中小企业结算营销”和“对公结算账户营销”活动，加大对公结算账户营销的力度。通过积极优化开户流程，加强结算产品创新和组合，加大宣传力度，引导客户开户，努力发掘客户的账户价值。通过加强结算账户使用情况的监测，建立开销户分析报告制度，保证开户营销工作稳步开展。通过集中控制销户、激活长期不动户等手段，保证账户数量有较高的净增长。到2007年底，全行共有28家一级分行实施了账户集中管理。在受理的销户申请中成功挽留了13 000多家客户，挽留率达到20.53%。在大家的共同努力下，全行对公结算账户的几个指标都创历史新高；其中，我行结算账户的净增长率达到19.36%，位居四大行之首，同业占比增加近2个百分点。

在大力拓展客户资源的同时，结算与现金管理专业以开户营销为切入点，积极发展公司无贷户市场。通过制订分行业金融服务方案、产品套餐升级模板，加大对公司无贷户市场的营销推广力度。结合结算产品创新情况，开展账户信使、国内信用证等产品的专项营销活动，拓宽了公司无贷户服务内容。积极组织理财产品销售和代理基金销售，提升公司无贷户服务层次，增强了市场竞争力。全行向公司无贷户累计销售六期“工行债市通”法人理财产品近100亿元，销售首只超短期人民币理财产品近10亿元，销售“东方之珠”代客境外理财产品近3亿元。其中，“东方之珠”产品销售额占对公销售渠道的72%。针对公司无贷户的基金代理业务，仅在开办后的11月份和12月份两个月内，销售额就超过15亿元。

结算与现金管理专业营销产生了良好的市场效果。2007年我行再次荣获中国中小企业家年会“全国支持中小企业发展十佳商业银行”称号，“全球快汇”产品营销成功入围《中国银行家》杂志“金融营销十佳”优秀奖。

（三）现金管理业务核心竞争力显著提升。全行积极开展形式多样的现金管理业务营销活动，形成了强大的市场竞争力。与韩国国民银行合作，成功举办首尔现金管理推介会，推动了我行现金管理业务的国际化进程。利用欧洲金融会议平台，先后在北京、上海和维也纳会议上进行宣传营销，提高了“财智账户”品牌的国际知名度。成功举办新疆现金管理业务银企座谈会和青岛中韩企业现金管理推介会，有效地巩固了客户关系，并竞争到多家潜在客户。四川、天津、河南、河北、湖北等分行发挥总分行联动的优势，利用现金管理签约仪式或产品推介会的方式，形成全行营销的合力。2007年，结算与现金管理专业成功组织全行首次对公营销业务竞赛，促进了分行之间的业务交流，提升了全行现金管理业务水平。

截至2007年末，现金管理业务带来的账户管理收入达到6.62亿元，占结算中间业务收入的20%，同比增长75%，有效增加了高端服务收入比重。在总行签约客户中，有神华股份、中国海运集团等多家知名大企业。一些重点现金管理项目也取得骄人成绩：成功中标中海壳牌人民币唯一现金管理银行；成功竞争到中国邮政总公司的唯一现金管理合作银行的资格；铁道部现金管理项目成功试点并开始全国推广，使我行在铁道系统中的业务份额接近50%；与中石油成功开展外汇现金管理业务合作，实现本外币现金管理一体化的新突破。与花旗、渣打、汇丰、摩根大通等外资银行合作开拓现金管理市场取得了较大突破，赢得了新的局面。争取到辉瑞制药、AB啤酒等多家跨国公司的现金管理项目。

全行现金管理业务的发展得到了市场的认可。继2006年获得《财资》(*The Asset*)“人民币最佳现金管理银行”后，2007年又分获《金融亚洲》(*Finance Asia*)和《财资》的“中国最佳现金管理银行”称号，现金管理品牌国际知名度得到有效提升。

（四）代理业务市场领先地位进一步巩固。代理财政业务市场份额稳中有升。在2007年10月财政部招标中，我行一举中标，取得代理财政集中支付和授权支付的代理银行资格。截至2007年末，全行共代理预算单位2 541家，比2006年增加1 595家，代理业务金额（包括授权支付和直接支付）达到1 500多亿元，同比增长34.07%。银行同业代理业务稳步有序发展，合作范围逐步扩大到代理现金、代理票据、代理清算、代理汇兑等业务领域，与国内股份制银行的合作关系进一步巩固，与花旗、汇丰、星展、渣打等外资银行建立人民币支付结算代理业务合作关系，代理外资银行的创新合作模式初步形成。代理期货业务市场竞争力显著增强，凭借科技优势及时开发了银期转账系统，与近80家期货公司建立银期转账业务合作关系，并有17家公司正式投产。

（五）贵金属业务持续增长。成功推出“如意金”产品系列，市场反应热烈，营销效果显著。截至2007年末，“如意”金条铸造产品已拓展到20克、50克、100克、200克、500克和1公斤6个品种。29家分行销售3 490公斤金条产品（折合人民币6.3亿元），实现销售净收入2 000多万元。“账户金”业务规模增长显著。35家分行“账户金”业务已经全部投产，实现交易量166吨，完成全年计划的386%，交易额达299亿元人民币，实现收入约6 638万元。交易所自营和代客贵金属交易业务发展较快。2007年，我行交易量达到104吨，是上年的2.4倍，远远超过交易所平均增长率。代理会员清算和仓储交割业务行业领先，业务量稳步增长。在上海黄金交易所156家会员中，我行为91家会员提供黄金资金清算业务，占比为58.33%。代理会员清算笔数为24 159笔，清算金额为806亿元（折合黄金424吨）。代理交易所黄金仓储稳步发展。目前，全行已有12个交易所指定交割仓库在运行之中，代理黄金交易所黄金、铂金仓储业务居行业领先地位。代理黄金出入库量446吨，铂金出入库量49吨，实现仓储收入779万元。

（六）产品创新步伐进一步加快。法人客户营销一期、二期系统顺利投产，为全行对公业务提供了一个综合的营销管理平台。财智账户、单位银行结算账户管理、法人级客户信息、“全球快汇”、对公收费、法人客户理财销售、代理黄金业务等一批重要系统和项目成功投产，有效提升了我行结算与现金管理业务的竞争能力。

（七）业务管理制度日趋完善。完成了集团账户、速汇款等多项业务管理办法，为市场拓展提供了有力保障。结合产品研发情况，制定详细操作规程，为产品推广提供及时支持。按照业务处理手续和岗位工作任务，绘制结算与现金管理业务操作流程图，揭示业务流程中的关键风险点，明确相关风险防范措施，梳理操作风险防范脉络。通过完善法人银行结算账户集中管理系统，进一步推进账户管理集约化改革，加强了开销户的统一管理，结算管理水平进一步提升。

回顾一年来的工作，我们不仅取得了显著的成绩，也积累了宝贵的经验。这些经验可以归结为三点：一是勇于克服困难，敢于应对挑战。结算与现金管理专业作为新成立的部门，相关的机制和体制还不是很顺畅，机构、人员和系统等各项资源保证也不是很到位。全体结算与现金管理人员面对这些困难不等不靠，而是站在全行业务发展的战略高度努力推进公司无贷户市场拓展和结算业务营销，表现出很强的职业责任感。二是突出工作重点，带动全面发展。结算与现金管理工作头绪很多，全行抓住了以开户竞争抢占市场、以现金管理创造品牌这两个重点，打开了工作的新局面，带动了公司无贷户营销管理体系建设的有序推进，以及各项工作的全面发展。三是积极进取，坚持创新。在复杂多变的竞争形势下，结算与现金管理专业以进取的精神和创新意识，推进工作方法和产品的创新，有效推动了业务发展。特别是以分区督导的方式抓开户营销是全行对公营销方法的有效尝试，对完成艰巨的开户任务发挥了重要作用。

同志们，在过去的一年里，结算与现金管理专业围绕全行发展战略，积极探索，勇于创新，初步建立起公司无贷户营销管理体系，完善了我行对公营销管理格局，有效扩大了对公客户资源，显著地提升了现金管理业务的核心竞争力，为建设国际一流的结算与现金管理银行奠定了良好的开局。

二、认清形势，理清思路，大力提升业务市场竞争力

在结算与现金管理专业成立之初，我们就提出“建设国际一流的结算与现金管理银行”的战略目标，这是符合国内国际竞争环境和全行业务发展内在要求的。目前从外部经营环境看，我们实现这一目标还面临着严峻的挑战。

首先，随着国内大型商业银行的陆续上市，来自资本市场的压力进一步加剧了业务竞争态势。各家银行均着眼于提升核心竞争力，不断地加快创新和转型步伐，寻求新的业务增长点和盈利空间。在这种背景下，作为商业银行三大传统支柱业务的结算业务，越来越引起各家银行的高度重视。结算与现金管理业务已经成为竞争客户，尤其是重点优质客户的切入点和突破口。各家银行都将客户资源竞争的重点转向了无贷企业。对无贷客户的竞争又主要集中在账户开立和结算与现金管理业务上。根据对公结算账户数量测算，我行在四大行中的占比已经不具明显优势，市场份额在一点一点地下降，我们在去年第四季度开展集中营销结算账户活动，虽然缓解了下降趋势，但目前仍处于较为被动的局面。

其次，人民银行现代化支付系统的全面投产和全国票据影像系统的逐步推广，大大提升了中小银行和外资银行的结算、清算能力；各家银行纷纷加大了系统升级改造的力度。农行、建行等机构相继实现了全国数据大集中，使我行传统的科技优势逐步缩小。

最后，随着我国对外开放的不断扩大，以及在经济全球化进程中参与程度的不断加深，国际化金融竞争逐步在更深层次、更广领域展开。一些外资银行通过参股中资银行等形式来弥补网点资源的不足，提升综合经营实力，对我行的结算业务优势构成了威胁。特别是在全球化背景下，越来越多的客户在结算与现金管理领域提出了全球化服务的需求，而外资银行在这方面具有显著的优势，对我们扩展新的结算市场形成了挑战。

从内部看，我们在经营管理上也存在一些需要加强和改进的问题，这些问题我在去年专业会和其他场合都反复强调过，但仍没有明显的改观。

一是机构设置问题迟迟没有解决。在全行581家二级分行（含城市行和扁平化管理分行的所有一级支行）中，单独成立结算与现金管理部门（一级部）的只有106家，占比仅为18.2%；联合设立（如结算与电子银行部、结算与机构业务部等）的共计101家，占比为17.4%；其余374家分行未设立结算与现金管理部门，占比达到64.4%。在二级分行以下没有专业的负责部门，公司无贷户的营销处于停滞状态，结算业务也没有得到应有的重视。

二是人员配备严重不足。以人员配备为例，在581家二级分行中，有43家分行无人专职从事结算与现金

管理业务，占比为7.4%；仅有1人的258家，占比为44.4%；有4人及以上的39家，占比为6.7%。支行以下结算业务营销基本无人去做。专业人员不足的情况已严重制约了结算与现金管理业务的发展。

三是专业考核机制不顺，激励作用不突出。从横向看，结算与现金管理专业考核在行长绩效考核中占比较低，结算与现金管理业务的价值贡献没有充分体现，与业务的重要性不成正比，使业务发展未受到应有的重视。从纵向看，总分行专业考核口径不一致，严重影响了专业管理指导能力和上下联动效果。一些分行把本应属于结算与现金管理专业的职责和考核任务划给其他部门承担，而且考核权重极低，使这项工作实际上处于放任状态，难以调动结算与现金管理专业人员的积极性，部门和机构分润考核机制不健全、不到位，也影响了这项业务快速发展。

面对这样的竞争态势，全行要提高对结算与现金管理业务重要地位的认识，提高对结算业务是我行核心业务的认识，理清业务发展思路，围绕全行发展战略研讨会确定的目标和战略，认真研究和规划好结算与现金管理工作，确立新的目标，实现新的跨越。我希望全行都要切实重视，认真思考，付诸行动，拿出措施解决业务发展中存在的主要问题，以应有的敬业精神和责任感经营好结算与现金管理业务。

要狠抓账户源头，积极抢占客户资源。广泛、稳固的客户资源为银行以低成本扩大金融产品销售提供了机会，更为股东获得长期、稳定的价值回报提供了保证，是我行可持续发展的基础，更是核心竞争力的重要体现。要充分发挥我行的结算优势，从结算账户开户抓起，紧抓市场源头，为全行对公业务发展打下坚实的客户基础。要创新营销模式，积极开展定向营销和产品营销，以公司无贷户和现金管理客户为目标，以基础业务为平台，带动对公理财、融资业务、现金管理、电子银行等各项业务发展，深挖客户价值。要积极落实全行区域发展战略，每个一级分行、每个城市行都要明确努力方向，明晰发展目标，力争尽快成为当地第一结算银行，把结算业务优势提升为市场竞争优势。

要努力创建业务品牌，增强核心竞争力。在激烈的市场竞争中，能否成功抢占客户资源，能否长久保持住已有的市场份额，品牌的作用不可忽视。全行在大力拓展客户资源的同时，要通过积极实施现金管理品牌战略，提高我行对公业务的核心竞争力。要紧扣对公客户整体资金管理的需求，在实现收、付款和流动性管理服务的基础上，将现金管理业务扩展到理财业务，形成高端竞争力。将现金管理和贸易融资结合，提高对整个产业链的竞争力。要积极实施国际化战略，把现金管理服务范围扩展到境外，形成全球的现金管理竞争力。

要夯实管理基础，保证持续发展。公司无贷户营销管理一直是我行对公营销管理中的一个“短板”。结算与现金管理专业承担着公司无贷户营销管理体系建设的重任。完成好这个任务不仅是做好公司无贷户市场的基础，更是完善我行对公营销管理体系的重要环节。要加强专业机构建设，充实专业队伍，为实施公司无贷户的营销管理搭建良好的平台。要建立科学的营销激励机制，理顺专业条线管理，为结算与现金管理业务发展注入活力和动力。要积极推进对公营销渠道的整合，促进全行对公营销管理水平的提升。要将公司无贷户营销管理工作做实、做细，完善我行对公业务营销格局，为结算与现金管理业务快速健康发展创造条件，打下坚实基础。

三、2008年结算与现金管理业务发展目标和工作措施

2008年结算与现金管理专业的目标任务是：扩大客户资源，新开对公结算账户60万户，确保净增30万户。新增结算账户数同业占比第一；增强现金管理业务核心竞争力，现金管理客户新增3万户，其中，总行级现金管理客户新增125户；继续保持结算业务同业领先的市场地位，结算业务量达到450万亿元，实现贵金属业务的新突破，贵金属交易总量达到500吨以上（含交易所场内交易、账户金和“如意”金交易，折合人民币约1 000亿元），业务收入力争实现3亿元，努力提升专业贡献价值，中间业务收入大幅度增加，营业贡献度进一步提高，对公理财产品（含行内理财产品、代理基金和贵金属理财产品）销售1 000亿元以上；进一步促进客户结构优化。

围绕上述目标，要重点抓好以下几个方面的工作。

（一）坚决实施账户大发展工程，快速拓展公司无贷户市场。要在全行结算账户整体发展战略的基础上实施分区域的账户发展策略，东部地区的分行要实现账户发展规模和质量的全面提升；其他地区的分行继续巩固和扩大账户发展的优势，带动各项对公业务发展。重点是增强大中城市行的经营活力、市场响应力和账户发展能力，充分发挥省行营业部和重点二级分行的辐射带动作用。要对一级分行、城市分行的结算业务市场占比进行排名，分别提出巩固市场地位和分阶段提升的目标。在最多不超过3年的时间内，每个行都要在当地市场实现排名第一。要按季汇报结算业务发展状况；要优化开户流程，提高效率，方便客户，让客户在工商银行的任何一个营业网点都能体验到有别于他行的高效、优质服务；要实施存量账户激活策略，加强销户管理，加大法人银行结算账户集中管理推广力度；要将销户审批权上收到二级分行以上，销户率指标要控制在35%以下；要加强与运行管理部门的联动，销户率指标要与运行管理部的考核挂钩，权重不低于5%；要对长期不动户进行甄别，对不活跃的潜力户进行跟踪管理，采取二次营销方式进行有效激活，深入挖掘账户价值。

要抓住产业转移及城市布局调整的机遇，实施市场跟随和客户跟随战略。在继续将东部地区作为区域营销重点的同时，抓住中部崛起和西部大开发的时机，开拓公司无贷户的新领域；要实施城市中心区与非城市中心区并举策略，积极向非城市中心区延伸服务范围。要抓住专业性市场大发展的机遇，实施重点突出、逐个突破的策略。以“生产资料专业批发市场”和“消费品专业批发市场”等专业市场为重点，设计具有专业特色的非融资类产品，力求投入少，见效快，迅速扩展公司无贷户的客户群。要抓住中小企业及个体工商户快速发展的机遇，实施全面覆盖的策略。将公司无贷户的服务范围向中小企业及个体工商户延伸，快速占领公司无贷户发展中更广阔的市场。要坚持实施主攻源头、系统营销的策略。密切跟踪行业主管部门出台的各类政策，认真分析潜在的机遇与挑战，积极建立合作关系，扩大市场份额和影响力。

要切实增强结算产品的拓展服务功能，实现结算产品由单一服务到全面服务、基础服务到增值服务的转变。要打造工商银行结算品牌，使之成为客户开展支付交易的首选品牌。

要充分利用客户资源，加快发展对公理财业务。对公理财业务是一项成长性好、盈利空间大、充分体现竞争能力和服务能力的核心业务。全行要从战略高度认识大力发展对公理财业务的重要性，明确结算与现金管理部门的对公理财销售主渠道职能。各分行结算与现金管理部门要牵头做好这项工作，指定专人负责，建立上下对口的对公理财营销组织管理体系。要将他行优质客户作为对公理财市场拓展的重点目标，积极竞争他行客户。对大型客户，要与现金管理方案相结合，提供个性化的理财服务；对中小客户，要发挥网点渠道优势，加强标准化理财产品的销售。要积极组织对公理财业务的营销活动，加大市场推广力度。总行将加强对这项业务的指导，统一组织好理财业务培训，促进理财业务高起点起步、高标准发展。

（二）加快现金管理业务升级，提升品质，增强竞争力。在现金管理业务上，这两年我们已经获得不少殊荣。但我们起步时间不长，产品设计还有缺陷，营销能力还不强，市场领跑者的气势还不足，要实现真正意义上的中国最佳现金管理银行、全球现金管理银行的目标，还任重道远，还要靠全行的共同努力。今年要在以下几个方面有所突破。

要加快现金管理业务品牌升级。总行要制作形象统一、口径统一的平面和视频宣传资料，涵盖从“财智账户”总品牌到具体的结算产品。各分行要在网点、媒体和户外持续投放，使我行的现金管理品牌知名度从专业领域升级到公众领域。要继续借助欧洲金融会议和国际知名杂志平台，提升现金管理业务品牌的国际知名度。

要加快现金管理业务营销升级。要改变现金管理业务被动营销的局面，主动谋划和组织系列的营销活动。要积极开展行业营销，通过举办行业座谈会、推介会等形式在各个行业市场实现扩张。要深入研究营销策略，讲求营销效果。每一次营销都要精心策划，对所有客户要一视同仁，一个标准，但方案要个性化。为了推动这项业务，在年中适当时间我们计划召开座谈会，分析形势，交流经验，探讨新思路，使现金管理业务有一个新的局面。

要加快现金管理服务模式升级。要突出现金管理专业水平，在收付款和流动性管理服务的基础上，增加服务内容，将现金管理升级到理财服务和供应链金融服务。要以现金管理业务为龙头，整合理财产品和贸易融资产品，为客户实施一体化的资金管理提供全面的金融解决方案。要以专业赢得信任，以专业主导市场，提升现金管理业务的整体发展水平。

要实现全球现金管理的突破。要加快产品创新，为企业搭建起全球多币种的财资管理平台，支持企业全球业务的拓展。总分行要建立起走出去企业服务名单，今年上半年要开展分层营销，了解企业业务需求，依托海外机构、合资机构和代理机构，实现现金管理服务目标。要紧跟海外网点布局和系统建设的步伐，把现金管理服务区域向海外延伸。要充分利用与外资银行的直联系统，开发反向代理功能，利用外资银行网络为中资跨国企业提供全球现金管理。

（三）加快贵金属业务发展，全面提升贵金属业务价值。伴随着我国经济的高速发展，黄金投资市场已逐步成为我国一个新兴投资市场。全行要抓住机遇，做大黄金投资与管理业务，全面提升贵金属业务价值贡献度。总行党委在发展战略研讨会上对贵金属业务发展提出了清洗的发展思路和工作要求。要加快构建起完善的黄金业务经营管理体制，进一步拓展黄金投资与管理业务领域，力争用3－5年时间使黄金交易量达到2 000亿元，黄金业务年利润总额突破20亿元。结算与现金管理部门目前作为全行贵金属业务牵头部门，要建立科学合理、高效运行的贵金属业务组织构架，落实贵金属业务统一归口管理的要求，认真研究和规范贵金属业务，在新的一年里迈出实质性步伐，为贵金属业务的快速发展奠定坚实的基础。

要深入发掘贵金属业务的盈利增长点，提升贵金属业务价值贡献。要充分把握开拓新兴市场的有利时机，做大贵金属代客投资避险市场，稳固代理交易业务市场，抢占新兴市场的先机。要积极开拓贵金属融资市场，通过黄金租赁、黄金借贷、黄金质押贷款等融资业务，支持黄金生产加工企业发展。要做强自营业务市场，要通过自营交易、黄金寄售、黄金衍生产品套期保值业务、境内外市场价差套利等众多业务品种，大幅度提高贵金属业务贡献度，确立我行在贵金属投资领域的市场地位。

要制定差异化市场营销策略。要以大型贵金属公司、投融资类金融机构、集团公司等合作伙伴为目标，培育和开拓高端客户市场，做深大型企业市场；以黄金采矿、生产、精炼等企业客户为中心，深入发掘需求，提供优质、可靠的专业化服务，做大中端企业；以个人客户、机构投资者等实物和投资需求为目标，进一步做强潜力客户市场，增强贵金属业务可持续发展能力。

（四）创新代理业务模式，巩固业务竞争优势。全行要充分发挥网点和客户资源优势，积极创新代理业务模式，寻找新的业务发展空间。要加大公司无贷户基金代理业务的力度，联动理财产品管理部门及基金管理公司设计开发创新理财产品，开辟中间业务收入新渠道。要逐步扩大银行同业合作领域，提供综合支付结算代理业务服务方案，与同业合作推广速汇款、国内信用证等产品，为客户提供证券保证金第三方存管、银期转账、理财等增值服务。在代理财政、期货、证券和保险等业务领域，要紧密关注政策和业务发展动向，把握市场机会，及时进行产品创新，巩固代理业务的竞争优势。

（五）加快产品创新，提高结算与现金管理业务的市场竞争力。结算与现金管理业务的竞争力需要强有力的产品和系统支持。要打造标准化系统平台，为产品开发提供有效支持。搭建开放的全球现金管理平台，为跨国公司客户提供跨地区、多币种的资金管理和风险管理，提高我行作为现金管理主办行的处理能力；要搭建同业代理平台，提供直联和客户端模式，拓展代理业务渠道，丰富代理产品，在代理同业方面确立竞争优势；要为分行提供分地区的产品开发平台，在主机系统中为分行提供更多的接口，方便分行自行研发本地客户需要的特色产品，满足区域内客户个性化需求。要加强产品整合创新，提升对公金融产品的综合竞争力。要加快开发具有行业特点的结算及现金管理产品，增强分行业产品的内聚度，支持分行业的营销；要打通结算、融资、投资等金融产品的组合通道，支持对公业务的整合。要加快开发重点增值新产品，创造市场新热点。要针对供应链中上下游企业的金融需求开发供应链金融产品，开发本外币结构性避险理财产品、贵金属理财产品、基金债券类理财产品等综合理财服务产品，开发财智账户卡满足中小企业灵活的结算需求。

（六）加强制度建设，提高业务管理水平。要梳理和优化结算与现金管理业务流程，抓住业务风险关键点，加强管理。要切实加强制度建设，做到产品开发制度先行。要加强对协议执行情况和服务质量的管理和检查，确保全行统一服务标准，保护品牌的市场形象。要严格中间业务收费管理，实施系统硬控制，杜绝随意减免。要建立规范化的客户信息管理工作制度。加强对客户资源的科学管理，充分利用客户营销管理系统积极开展客户状况的监测分析，为市场营销提供科学的决策依据。

（七）加强营销管理，切实发挥公司无贷户营销体系作用。要加强专业机构建设。各行要明确在二级分行有负责结算与现金管理业务的部门。二级分行的结算与现金管理部门要积极承担起公司无贷户和结算与现金管理业务市场拓展职责，指导支行和网点营销、维护公司无贷户，在全行建立起由总行、一级分行、二级分行和支行组成的结算与现金管理专业营销管理体系，保证业务的上下贯通。

要加强营销渠道建设，提高服务能力。在网点改造过程中要统筹布局，确保对公业务的营业面积，设立开户专柜，保证开户效率。要按总行既定方案加快“对公贵宾理财中心”的建设，完善对公优质客户服务的专属渠道。要对网点的对公业务服务内容、服务要求和服务流程进行规范，充分发挥对公营销渠道的作用和效能。

要加强专业队伍建设。要在二级分行充实结算与现金管理专业人员，确保支行和网点的公司无贷户客户经理和产品经理队伍专职专责，对公营业网点要至少配备1名专职公司无贷户客户经理。要积极将网点对公司无贷户的营销与柜员转型相结合，将网点临柜人员转化为管户柜员，使其承担起公司无贷户客户关系维护任务，充实结算与现金管理营销队伍。要加强结算与现金管理专业人员的培训，要加快推进专业岗位资格认证，对高端人才引入外部专业资格认证，培养一批财资管理师和黄金分析师。

要优化专业考核体系，增强业务发展动力。各行要提高结算与现金管理专业在行长绩效考核中的比重，其中在业务均衡发展指标中的比重原则上不得低于30%。要清晰界定本行结算与现金管理部门的职责，部门职能和考核指标要与总行保持一致，确保考核传导机制发挥作用。总行也要优化专业考核办法，突出重点工作，建立部门考核与部门主管个人评价相结合的考评体系，充分调动结算与现金管理专业每个员工的积极性。

同志们，2008年我们面临更大的挑战，任务也更加繁重，全体结算与现金管理专业员工，要统一思想，积极进取，努力拓展对公客户资源，提升业务核心竞争力，努力开创结算与现金管理工作的新局面！

全面构建价值型运行体系 努力打造一流的金融后台

——在中国工商银行运行管理工作会议上的讲话

张福荣

（2008 年 1 月 24 日）

这次会议是在全行组建运行管理部门以来的第一个完整年度结束之际召开的。会议的主要任务是：回顾总结 2007 年的运行管理工作，研究确定下一阶段的发展方略和工作重点，动员全行运行管理专业贯彻发展战略研讨会精神，全面构建运营集约化、管理一体化的价值型运行管理体系，努力打造一流的金融后台，为加快提高工商银行竞争力发挥重要的引领和支持作用。

下面，我谈几点意见。

一、顺势而为，运行管理工作成效显著

一年来，各级运行管理部门立足于工商银行改革发展的新起点和新高度，服从和服务于全行打造核心竞争力的整体战略部署，坚持科学发展，强基固本，深化改革，精心打造业务运营体系、制度管理体系和服务支持体系，运行效率、运行质量、运行风险管理得到全面改善。总的来看，2007 年是我行运行管理能力增强、潜力释放的一年，区域业务中心建设开始试点，运行监督体系改革成功启动，运行管理基本制度、重要事项管理制度正式实施，业务运营集约化、风险管理科学化、运行管理一体化扎实推进。

（一）运营集约水平进一步提升。适应我行提升竞争力的战略要求，全行运行管理战线积极推进业务流程重组，加大运行资源整合力度，加快提高运营集约化水平。

——区域化集约运营改革正式启动，运营布局优化取得良好开端。为根本改变业务运营布局，经过充分论证，制定了建立全行统一、互为备份的区域业务处理中心，实施跨城市、跨分行、跨地区业务集中处理的方案，提出将区域业务处理中心定位于集交易处理、账务核算、业务管理和客户服务功能于一体的全行共享服务中心，为全行金融创新、市场营销、客户服务搭建安全高效的统一业务处理平台。方案明确了区域业务处理中心的建设目标、建设原则、功能定位、平台结构、组织架构、业务布局、管理模式和实施步骤。完成了区域中心统一的集约化业务处理平台的设计和一期开发，使我行具备了跨地区集中处理业务的能力。以此为基础，在上海分行和陕西分行正式启动区域化集约运营改革，试点范围逐步扩大。目前，陕西分行跨地区集中处理的覆盖范围已扩展至 3 家二级分行，实现了 79 个通汇机构和 16 个非通汇机构的本外币汇款业务的集中运营，规模效应初显。

——城市分行业务处理中心建设持续完善，集约化处理水平稳步提升。继续推动城市行业务处理中心的集约化、规范化建设。通过进一步梳理业务流程，有效实行业务分离，城市分行业务处理中心集中处理的业务种类进一步增加，功能进一步完善，集约化程度进一步提高。2007 年全行业务处理集中度达到 78%，业务集中处理覆盖率达到 26.6%，同比增长 15.6 个百分点。北京分行在推进网银落地集中处理的过程中，实行信息流的完全封闭处理，同步增强了操作风险管理能力。

——网点业务核算流程梳理和优化取得新进展，工作效率、服务水平有效提升。以简化临柜操作、提高服务效率为宗旨，深入开展了网点业务流程梳理和优化。通过逐笔分析近 2 000 笔交易，兼顾效率与安全原则，制订了改革事权划分机制的方案，调整授权类型，大量精简无效授权。江苏分行积极推进远程授权试点，将部分授权业务“迁移”至“后台”进行集中授权，在缓解柜面压力、增强授权有效性、提升服务质量方面探索出了一条新路，有效降低了授权人员占用。

——现金业务集约化、精细化管理持续深入，现金营运效率和效益继续提升。有序推进现金中心集约化营运改革，逐步构建起以现金营运中心为核心的现金业务集约化管理平台，实现对营业网点的点对点现金调拨，提高了现金业务运行效率和服务质量。加强库存限额管理，实现库存限额管理的制度化。克服存款活期化、ATM 占款增大、人民银行发行库大面积撤并和实行严格存取款预约限制等多种因素的影响，实现了现金备付率控制和综合运用率提高的目标，全行现金备付率、现金综合运用率分别为 0.54% 和 61.6%，日均减少无息资产占用 157.9 亿元，比上一年度均有所改善。

——资金清算管理继续加强，清算工作迈上新台阶。高效组织各类清算业务，在本外币清算量、基金清算量、各类资金交易和结售汇业务量大幅度增长的情况下，确保了资金清算安全高效。狠抓清算直通率管理，全行2007年外币清算直通率平均达到98.43%，同比提高1.31个百分点，其中英镑直通率已达到100%。进一步完善两班工作制，加强资金头寸划拨管理，准确及时办理资金调度，保证了全行资金运营安全。加快核心业务处理平台建设，业务自动化处理能力进一步提升，成功申请成为外币结算银行；在境外成功推广查询查复系统，大幅降低了业务查询成本，有力地支持了境外分行的业务发展。积极推进清算业务同城、异地备份中心建设，异地备份中心正式投入使用，清算业务初步具备了应对重大灾难的能力。

（二）业务管理体系进一步完善。根据科学配置资源、实施运行管理一体化的要求，全行积极推进运行管理体系建设，提升运行管理价值。

——运行制度建设有序开展，制度体系逐渐完善。完成运行管理基本制度，提出了新的组织结构下全行运行管理工作的内容、原则、目标和任务。建立业务运行重要事项核准报备管理制度，对业务运行重要事项的范围和内容进行了清晰界定，明确了运行管理部门对全行业务运行事项实行统一管理的职责，“管理一体化”的运行管理体系有了坚实的制度保障。结合核算要素、现金营运、事权划分等业务管理的要求，制定和修订了《业务核算事权划分管理办法》、《空白重要凭证管理办法》、《会计核算专用印章管理办法》、《金库标准化建设及管理规范》等20余个专项业务制度，制度体系进一步完善。

——内部管理不断深化，管理效能逐渐提高。为深入推进运行管理，提升运行管理价值，全行运行管理部门积极探索和实践各种管理新举措。浙江分行在开发投产柜员指纹身份认证系统的基础上，建立柜员管理中心，将多个系统的柜员签发、启用、注销等操作集中到二级分行统一管理，改变了柜员管理分散的状态，提高了管理效能。山西分行尝试按作业流程建立内部转移价格体系，通过价值导向的管理机制，提高了精细化管理水平。吉林分行实施网点标准化建设工程，试行对岗位设置及岗位权限、业务流程、账务设置等标准化管理，网点资源得以有效整合和优化，运行效率得以提升。

（三）风险管理能力进一步增强。通过优化业务流程、完善制度建设、强化事中控制、实施监督检查、加强队伍建设等多种手段强化操作风险管理，业务运行质量和风险管理水平进一步提高。

——监督体系改革正式启动，监督中心由业务复审向风险管理与质量控制的战略转型迈出重要一步。深入分析现行监督体系存在的问题，制订了流程导向和风险导向的监督体系改革方案，确定了监督体系改革的目标、原则和路径，提出了改革后新监督体系的总体框架和组织体系。重新规划了监督体系的作业流程，设计了新一代监督系统，旨在促进风险监督重点调整和流程优化的实时互动、良性循环，为全面推进监督体系改革、实现监督中心的战略转型奠定了坚实基础。山东分行实施监督中心改革试点，促进监督资源共享，初步实现了监督方式的转变，为全行监督体系改革提供了经验。总行本级业务管理制度体系得到完善，监督机制不断创新，建立了覆盖本外币汇款、资金、债券等6大类上百种业务处理的全过程监控体系，实现了外汇清算业务的当日监督，风险管理水平进一步提高。

——聚焦关键风险点，加强风险特征和管理对策研究，提高运行风险管理的主动性和针对性。建立风险提示制度，及时根据内外部风险暴露的最新特点，对各时期的运行风险焦点进行深入分析、主动管理、动态提示，引导全行运行管理战线提高风险管理的针对性。推广金库指纹锁系统，对金库管理人员进出金库时间进行硬控制，截至年底，77%的分行使用了指纹锁系统。强化上门收款业务风险管理，在全行上门收款站点多达25 000个、全年累计完成上门收款多达6 800亿元的情况下，为客户提供了安全高效的上门收款服务。推广风险监控系统，覆盖到所有网点，以实现对重点时间、重点环节、重点网点、重点柜员的有效监控。建立上下联动、协调统一的参数风险和质量监控体系，确定了约500个参数监控要点，开发了参数表下载检查系统和监控系统，提升了参数监控效率。

——推进客户对账的统一管理，提高对账工作质量和效率。制定客户对账管理办法，对单位、个人、信用卡对账实行统一管理，为建立健全统一、高效的对账体系打下了坚实基础。开发和优化了涵盖个人客户和法人客户的全行统一的客户对账系统，规范了客户对账信息，个人综合对账在6家分行成功投入运营。积极拓宽邮寄、网上银行、电子回单柜、面对面等多渠道对账方式，满足客户的多样化对账需求。规范和统一电子回单柜的管理，为提高自助服务水平、拓宽对账渠道起到了积极促进作用。全行对账集中率、对账覆盖率和对账单回收率均稳步提升，全年对账集中率和对账覆盖率均达到98%以上。

——加强运行管理队伍建设，进一步提高运行风险的管理能力。针对运行风险监管人员的工作特点制定工作手册，明确相应的工作制度、工作权限、工作方法和工作内容，统一规范履职行为。发挥总行级运行督导员队伍的职能作用，集中检查资源，统一检查标准，提高检查质量，促进各项制度的落实。精心组织重要经营事项检查、运行制度执行情况检查、参数管理监控检查、年终决算参数专项检查、日常和节前突击查库等多项检查活动，涉及事权划分、岗位分离、要素管理、现金营运、参数管理等数百个风险关键环节，有效提高了运行风险的管理水平。广泛开展对全行运行管理骨干、风险监管人员、参数监控人员、对账人员等在内的业务培训，广大运行管理人员的科学运营观、管理观和风险观得到增强，业务素质和能力得到提高。

——积极适应外部监管要求，加强反洗钱工作。适应大额和可疑交易的确认标准、报送流程及报送时间等标准的变化，改造和优化反洗钱监控系统，重新梳理并明确了大额和可疑交易的数据报送流程，提高了反洗钱工作的针对性。

以上措施确保了我行业务核算质量持续向好，风险管理效果显著增强。2007 年继续保持无重大案件发生的良好记录，核算差错率控制在万分之三以内，共成功防堵外部假支付凭证类欺诈案件 600 余起，金额累计达 12.9 亿元；收缴假币近 300 万张，金额过亿元，有效避免了潜在的巨大损失。

（四）服务支持功能进一步发挥。

——业务运行支持系统建设扎实推进。圆满完成 NOVA 系统 7 个综合版本及月度版本相关内容的测试及投产演练工作，顺利完成海外 NOVA 一二期工程的投产。高效组织支票影像交换系统、银行机构代码改造、人行跨行储蓄通存通兑系统、代理国库信息处理系统、SWIFT 应用系统升级改造等 50 余个项目的上线和推广工作。配合全行各业务线完成产品开发过程中从需求编写到业务验证的相关工作，系统支持能力进一步增强。

——参数管理集约化、规范化、标准化建设继续深化。设立账务设置统一运行标准，清理非标准科目 1 663个、不规范总账 10 568 万个、错用账户 138 211 个，实现了对科目、总账、账户的刚性控制，建立起全行统一的科目使用标准、总账设置标准、账户应用标准、报表反映标准，有效提高了对核算管理的控制力。加强新版本、新项目的参数设计管理和新版本推广参数组织管理，启动参数规划设计标准化管理工作，并首先在参数功能评审和参数投产推广阶段实施。在满足产品功能的前提下，有效控制新增参数表，2007 年在参数表需求同比增加 51% 的基础上，新增参数表数量同比减少 12%，参数表无序增长势头得到有效遏制。加快参数信息化建设，开发投产了第二代参数管理系统，启动境外参数管理系统建设工程。参数在业务管理、风险控制、产品创新中的作用进一步强化。

——年终决算顺利完成。面对今年我行境外 NOVA 系统首次决算以及项目投产多、会计科目调整大等形势，制订周密的年终决算工作方案，积极组织决算测试，加强人员培训，以高效的工作机制有序推进不规范账务数据清理、挂账清理、账务核对、资产清点等各项工作，提前一周实现年终“零”差错，圆满完成年终决算各项任务，为及时、准确、真实、全面反映全行经营成果作出了积极贡献。

同志们，过去一年的工作任务十分繁重，运行管理战线紧紧围绕全行总体发展战略，顺势而为，迎难而上，取得了令人瞩目的成绩，运营集约化、管理一体化的现代商业银行运行管理体系建设开局良好。这是全体运行管理人员团结进取、锐意改革的结果。在此，我谨代表总行党委向大家致以诚挚的感谢和慰问！

二、乘势而上，全面建设价值型运行管理体系

2007 年的运行管理工作，为我们加快发展奠定了坚实基础。不久前召开的发展战略研讨会，明确了科学发展、加快提高工商银行竞争力的总体要求和基本原则，并将区域业务处理中心建设、业务运营监督体系改革、事权划分和授权方式改革列为全行提升竞争力的战略措施，为我们加快发展注入了强劲动力。总行党委把业务流程优化列入今年全行重点工作，对我们加快发展提出了明确要求。我们要明确目标，发挥优势，乘势而上，充分认识运行管理在深化公司治理和提高全行竞争力中的战略作用，全面构建工商银行价值型运行管理体系，努力打造一流的金融后台。

（一）构建以提升价值创造能力为导向的价值型运行管理体系。工商银行从事的是金融服务业，满足客户需求是我们的安身立命之本和发展壮大之源。满足客户需求既要求产品本身具有强大功能，更要求以高效运行体系和快速响应能力为有力支撑，而且越是个性化、高附加值、高贡献率的产品，越需要优质高效的后台运行作为依托。这就要求运行管理必须深化业务运营流程改革，建设高度集约化的业务运营体系，为全行各项业务和产品提供高效的运行支持，为客户创造价值，以管理创造价值。

工商银行是一家以股东价值最大化为目标的上市公司，每一项经营活动都应围绕这一目标进行。这就要求运行管理部门在组织核算的过程中，科学地匹配各种运行资源、核算要素，将公司治理链条上的各个环节有机地联系起来，真实、准确地反映各项经营活动的信息，保证公司内部和外部监督与制衡机制的有效运作。作为一家公众公司，需要适应国际监管规则，接受行政监管、市场监督、媒体监督的全面约束，其风险管理状况也是监管机构和全球投资人关注的焦点。运行体系在风险管理中发挥着过程控制的关键作用，过程控制本身就是降低风险损失、创造价值的过程。同时，上市银行的运行风险管理也要求重视资本约束、成本约束，讲究成本效益原则，实行科学风险管理。

经过一年多的实践，我们对价值型运行管理体系的内涵和特征有了越来越清晰的认识。价值型运行管理体系，就是能够适应建设国际一流现代金融企业需要，以价值创造为取向，以流程管理和核算管理为基础，以运营集约化和管理一体化为目标，以改革创新为动力，以运营流程高效、核算管理统一、风险管理科学、服务支

持有力为特征的运行管理体系。

（二）实施集约运营，再造运营流程，打造一流的金融服务后台。金融创新引发了国际银行业在经营理念、组织架构、资源配置和操作流程等方面的一系列变革。国际先进商业银行早已开始实施业务集约运营，根据其发展战略建立了区域性业务处理中心，在全球范围内实行专业化、标准化、低成本、高效率的连续作业，网点的功能定位于零售银行业务、中小企业服务和现钞服务为主的平台，实现了网点功能向服务营销型转变。

20世纪90年代开始，我行在运行管理领域相继实施了统一会计管理、网点和柜员综合化、核算管理一体化、账务核算体制、业务流程等系列改革，构建了“3+1”集约化后台中心。以上改革极大地提高了作为各项业务发展基础平台的运行管理能力，提高了全行业务的运作效率，奠定了我行在同业中的优势地位，促进了全行业务发展。

但是，受制于当时的计算机应用水平和各种内外部环境，我行的账务组织模式、核算方式、业务布局并未发生根本改观。城市行业务处理中心由于无法突破地区范围，受软硬件条件和人员数量、素质的制约难以真正形成对柜面的替代效应，很难通过一定的分工进行专业化、标准化运营，集约化程度和规模效应受到一定的限制。

这种局面导致全行运行效率难以取得突破性的提升，从一定程度上来说，它已成为我行提高效率、改善服务和提升竞争力以及深化各项改革的瓶颈。由于银行的业务运行体系，特别是业务运行平台具有长期积淀、相对稳定的特征，其设计是否科学、运行是否有效，对全行的改革和发展起着基础性的作用。因此，调整业务布局、重塑运营体系必须具有前瞻性，立足全局，着眼长远，统筹规划。

工商银行是国内同业领先的银行。在运行管理体系的建设上，同样必须保持领先优势。我们的目标应该是：打造一流的金融服务后台，为我行提升竞争力、创建国际一流现代金融服务企业打下坚实的运营基础。一流的金融服务后台，其标志应该是集约化程度最高、服务功能最强、流程设计效果最优、风险控制手段最科学。

经过论证，我们认为，以业务分离、分层服务为切入点，在统一的业务处理平台之上组建全行性的、互为备份的区域业务处理中心，作为全行的共享服务中心（SSC），实施跨城市、跨分行、跨地区的集约化、专业化、标准化作业，是一种最为切实可行的方案。

实施区域化集约运营，是构建价值型运行管理体系的核心。全行要充分认识到，建设区域业务处理中心不仅仅是运营集约化的要求，也是实现管理一体化的可靠组织保障，同时还是实现科学风险管理的有效手段。目前，国内商业银行为顺应业务集约运营的趋势，纷纷加快了改革步伐，有的股份制银行走得更快一些。打造一流的金融服务后台，目标是清晰的、可行的，但任务繁重而紧迫。各级行、各部门要牢固树立大局意识，排除各种干扰，充分发挥全行的整体合力，共同促进这一全行性战略目标的实现。

（三）价值型运行管理体系的建设仍面临着一些挑战。我行战略转型的持续深入，客户需求的不断升级，都对价值型运行管理体系建设提出了更为严格的要求。同时，在由“部门银行”向“流程银行”转变的过程中，运行管理的发展还面临着体制、机制、资源配置等诸多方面的制约，这些问题不抓紧解决，不仅会增加运行管理的难度，而且会削弱全行各项业务发展的基础和后劲。

一是统一运行管理格局尚未完全形成。我们讲价值型运行管理体系，应该是管理统一的体系，以最有效地配置资源。目前我行业务流程仍不同程度存在着条块化分割倾向，相关营销部门承担着一些运行管理职能，部门间的职责边界有待进一步理清。一些项目在投入运行之前未经过运行流程论证与规划审核，造成流程烦琐或脱节，原本可以直通处理的业务，却实行落地处理，原本可以集中处理的业务，却分散在网点柜面来完成。一些与业务运行相关的制度办法，未通过运行管理部门下发，导致制度之间衔接不够、相互交叉，甚至矛盾，不利于业务的开展。这些问题的存在，加大了运行管理的难度，制约着运营效率和服务水平的提高，制约着价值型运行管理体系的建设进程。

二是运行管理价值尚未得到客观反映。价值型运行管理体系是以价值创造为取向的体系。如何客观地展现运行管理的价值，是摆在我们面前的重要课题。全行组织机构改革后，运行管理部门按照建设“流程银行”的要求担负起运行流程设计和管理，加快建设我行专业化、集约化业务运营平台的使命，并在组织业务核算的过程中，承担着操作风险过程控制和运行质量一线管理的重要职责。作为各项业务的基础平台，运行管理在全行业务发展和创新中发挥着基础性支撑作用，任务非常艰巨，责任十分重大。但是，目前运行管理的价值并未得到充分体现，主要表现在：运行管理与产品、营销部门间的内部计价体系尚未建立，运行管理的价值贡献未能得以科学的量化；运行管理考核在行长绩效考核中占比过低，与运行管理的重要性、复杂性、艰巨性不匹配，导致部分行对运行管理工作不够重视。重市场营销轻内部管理控制、重业务发展轻后台资源配置的倾向在一定程度、一定范围内仍旧存在。具有同样职责的运行管理部门，在各行人力资源提升项目中定位却从一类到四类不等，如此巨大的差异，说明部分行对运行管理的职责、地位及其基础性作用的认识严重不足，其负面和消极作用不能低估。

三是运行管理队伍尚需继续加强。全面建设价值型运行管理体系，必须以人为本，把人才作为第一资源，高度重视运行管理人才的开发和培养。目前我行运行管理人员的年龄结构、知识结构、专业化结构还不尽合理，一些行存在不重视运行管理人员配备和培养，优秀的运行管理人员流失的现象严重。没有人员素质作保证，一切发展目标都是空谈。稳定和激励运行管理队伍，已成为一项迫在眉睫的任务。各行对此务必高度重视，根据本行的实际情况，采取有力措施充实运行管理队伍，并加大激励力度，以增强运行管理人员的荣誉感、责任感，使运行管理的价值得到真正充分的体现。否则，运行管理优秀人才和核心人才流失的现象可能会进一步加剧，这不仅是运行管理的损失，更是会给工商银行事业造成损失。

我们要深刻认识构建价值型运行管理体系和打造一流金融后台的实质内涵和本质要求，既要看到运行管理体系建设的良好基础和机遇，树立改革意识和责任意识，增强信心，鼓足士气；又要正视所面临的一系列问题、困难和严峻挑战，增强构建价值型运行管理体系的紧迫感和使命感。

三、因势而变，深入落实价值型运行管理体系的各项要求

2008年是工商银行实现“两个转变”战略和推进服务工作根本改善，全面提高竞争力的一年，总行已经确定了加快提高工商银行竞争力的奋斗目标，明确要求全行树立崇尚一流、追求卓越的竞争意识，提出了提升客户服务能力、风险掌控能力、保障支持能力等各方面的具体要求。全行运行管理部门一定要因时而变、因势而变，认真落实总行的一系列重大决策和部署。今年运行管理工作的总体要求是：以科学发展观为指导，以全面提升运行管理价值为中心，按照安全、效率、质量的要求，倾力打造集约型业务运营平台、价值型业务管理平台，效率型资金清算平台和安全型风险管理平台，努力构建运营集约化、管理一体化的现代商业银行价值型运行管理体系。

（一）以业务运营集约化为目标，打造集约型业务运营平台，全面提升业务运营效率。业务运营集约化是价值型运行管理体系的基本特征和目标。要依据我行建设国际一流现代金融企业的愿景，吸收、借鉴现代服务管理理论和国际现代商业银行的成功实践，再造业务运营流程。业务受理环节的流程设计要以提高客户响应速度为重点；业务处理环节的流程设计要在控制风险的情况下，以提高业务处理效率为重点。要以服务分层、业务分离为切入点，实现业务集约运营、风险集中控制、业务布局优化和网点功能转型。

——加快建设区域业务处理中心，继续提高业务集中处理程度和层次，进一步提升业务运营集约化和标准化水平。要根据区域业务处理中心建设方案，按照“统筹规划、统一管理、集约高效、内控优先、流程优化”的原则，有计划、分步骤地做好区域业务处理中心的建设。

要进一步丰富跨地区集中处理的业务种类，加快区域中心系统平台开发进度。区域化集约运营改革要以统一业务处理平台为依托。今年要完成对网点业务流程的全面梳理，在将资金汇划、票据交换、代理业务、网上银行落地、会计核算、账户管理、客户信息维护等业务纳入区域中心集中运营的基础上，进一步完善功能，全面实现对公业务和个人业务跨地区集中处理，为后期全行业务集中提供系统支持。

要进一步加快试点步伐，有序扩大区域化集约运营覆盖范围。要做好试点区域业务处理中心的机构组建，解决好区域化集中处理的管理方式、经营模式、财务管理、核算管理、风险控制等问题，建立完善的区域中心系统架构、业务处理流程和管理流程。要在上海分行和陕西分行试点成熟的基础上，再增加3家试点一级分行，首先实现辖内范围内的业务集中处理；在条件成熟时，将上述5家一级分行业务处理中心的业务范围覆盖至周边省份，并将其改设为总行××区域业务处理中心，完成东、南、西、北、中5大区域中心的布局，并建立互为补充的备份机制，为实现全行范围内的跨城市、跨分行、跨地区的集约化、专业化业务运营打下坚实的基础。

区域化集约运营改革是一项全行性的系统工程，要在总行统一组织下，集中资源，稳步推进。各分行、各部门要牢固树立大局意识，积极配合总行做好方案优化、流程设计、制度制定等工作，共同推进这一系统工程的实施。试点行要采取有力措施，按照试点要求，积极扩大试点的业务范围和地区范围，并做好机构组建、人员调整等配套工作，及时跟踪试点过程中发现的流程问题、管理问题，提出解决或完善方案。

——整合柜面交易，改革授权方式，提高服务效率。服从于网点功能转型的需要，加快网点业务流程的再造。要在综合平衡效率和风险的前提下，简化柜面交易，按照开销户类、汇划类、调整类、贷款发放类等进行整合，设计简易型前台操作模式，简化前台柜员的操作；通过优化主机交易程序设计，对部分贷款发放等交易的账务处理、资金清算实现系统直通式处理和自动控制，提升服务效率。要进一步推进授权机制改革，推行远程授权方式，逐步建立集中式、跨网点的授权体系，改变当前授权效率低的弊端，提升业务授权的效率和质量，减少授权的人力资源占用。要扭转操作权限分散管理的现状，强化业务事中控制，增强操作风险管理能力。

——拓宽现金服务渠道，推进金库标准化建设，提高现金业务集约化运营水平和服务效益。积极试点对公客户的自助式现金封包存款服务，实现现金业务柜台服

务与自助服务的资源互补，拓宽现金服务渠道。要优化金库的功能区域设置，实行守押社会化的金库，要合理划分功能区域并对区域实行分层级管理。要加强金库管理标准化和服务标准化建设，规范操作，统一库存现金调控，将金库建设成为软硬件建设标准明晰、业务运营高效、风险内控严密、服务质量优良的现金业务处理后台。各行要按照总行金库标准化建设的总体要求，统筹规划，制订具体的达标实施计划，力争在今年完成省会城市行、二级分行现金营运中心标准化建设达标工作，明年实现全行金库标准化建设目标。

（二）以改革创新为动力，打造价值型业务管理平台，切实提高运行管理价值贡献度。

——推进运行管理制度体系建设和执行力建设，提升业务运行整体价值。《运行管理基本制度》和《业务运行重要事项核准报备管理制度》是运营集约化、管理一体化的制度保障。全行要有组织、有计划地开展学习和培训，并着力抓好制度的贯彻落实，确保这两项制度在全行业务运行管理中的权威性。凡涉及业务核算、柜面操作和后台集约处理的事项，均应严格按照制度规定的范围、权限和流程，履行相应的管理程序；各级行运行管理部门要切实发挥好对本行各机构、部门的管理职责，确保管理一体化目标的实现。要结合基本制度的规定，加快各专项制度的制定和修订。要对我行综合业务核算规程进行全面修订和完善，根据业务发展情况，及时出台相关的业务管理办法，制定符合我行现状的业务规程，逐步完善三个层次的运行管理制度框架体系。各分行要及时根据本行的实际情况，制定相应的实施细则，并加强对辖属机构制度执行情况的监督检查，提高运行制度的执行力。要建立运行制度的定期评估机制，及时梳理、修订相关制度办法，以建立覆盖全方位和全过程管理、能适用于不断变化的内外部环境、与业务发展形成良性互动、具有持续有效性的业务制度体系。

——加强业务管理的标准化体系建设，巩固运行管理价值。要建立健全运行管理标准体系，提高业务运行的标准化水平，巩固运行管理价值。逐步建立统一的业务许可标准，统一运行管理的执行机制；统一运行管理考核标准，加强对分行业务运行管理的评价，强化业务运行质量管理；统一业务操作标准，明确业务流程各环节操作求和风险控制点，保证全行业务规范运行；统一业务岗位标准，确保上岗者具备相应的履职能力；统一业务监管标准，规范全行运行监管队伍的执行标准和要求；统一人员准入标准，保证全行运行管理人员的业务素质，提高全行运行管理工作的标准化程度，提升客户服务的标准化水平。

——探索建立业务运行的价值管理体系，体现运行管理价值。要运用价值链和作业成本管理理论，着手建立与运行效率、运行质量、运行安全、运行成本相关联的价值驱动指标体系和业务运行集约处理的成本分担机制，构建运行管理内部计价体系，通过精确的成本管理，反映各业务线、各项产品的运行成本和运行部门的贡献，对后台集中处理的业务项目进行科学计价，通过价格杠杆不断强化成本效益意识，合理分配资源，严格控制运行成本和开发成本，促进前后台部门之间的有效合作，最大限度地提高运行效率。进一步加强业务运行的考核管理，各行要提高运行管理专业在行长目标考核和经济资本考核中的比重，充分发挥考核激励指挥棒的作用，把考核激励与提高运行效率、增强运行能力结合起来并形成良性互动。

（三）以优化资源配置为重点，打造效率型资金清算平台，提升清算业务竞争力。

——启动清算通用平台项目的建设，逐步实现清算业务的集约化管理。要在巩固本外币清算一体化改革成果的基础上，建立统一的清算业务标准体系，逐步整合全行的清算业务运行系统，达到业务组织管理、业务处理流程、业务操作规程的统一，进一步加强直通率和清算对账管理，各分行要配合做好内部资金收付管理系统的推广和债券投资与资金交易管理系统（BIFT）的下延工作，实现资金汇划、头寸调拨、债券结算和资金业务核算的集约化管理。

——整合总分行、境内外清算资源，加快建设我行全球资金清算网络。年内要完成分行境外账户的上收，各分行要配合总行做好准备工作，确保账户安全关闭，各项业务平稳过渡。要促进境内外业务联动发展，继续培育有条件的境外分行经营外币代理清算业务的能力，并以此为依托，加快我行全球资金清算网络的建立，逐步实现我行7×24小时资金的连续清算，为我行国际化发展战略搭建安全高效的资金汇划清算平台，为我行在全球范围内进行不间断资金交易提供有力的支持保障。

——全面完成清算业务备份中心建设，建立健全应急机制。要确保如期完成同城备份中心建设，并制定相关管理办法，开展应急培训。各分行要配合总行为业务备份中心运行做好人员储备，年内要完成一到两次的业务应急演练，完善业务应急预案，全面提升灾难应急反应能力，保障我行清算业务的连续运营。

（四）以科学风险管理理念为导向，打造安全型风险管理平台，增强风险管理能力。要切实发挥好业务运行在过程控制中的关键作用，把好操作风险的第一道防线，健全事权划分、事中控制、岗位分离、分管分用、业务监督、检查督导等多种机制，对业务运行的全过程进行有效地监管。

——深化监督体系改革，扎实推进监督中心的战略转型，构建科学的运行风险管理体系。要本着“流程改进、风险导向、统筹规划、成本效益、审慎现实”的原则，扎实推进监督体系改革。各分行应在总行的统一安排下，有序推进监督体系的改革。新一代监督系统是监督体系改革的前提和基础，要扩大新一代监督系统的业务覆盖面，年内完成系统主体功能的开发，逐步实现对公、个人金融和电子银行等业务运行风险的监督。要随系统开发进度不断扩大监督体系改革的试点范围，在条件具备的分行，实现跨二级分行设置监督机构，提高监督体系的集约化程度，总行要尽快拿出相关方案。要严格执行监督业务的准入和退出机制，通过监督，推动业务流程的持续改进，提高系统对操作风险的控制水平，增强全行业务运行风险管理能力。要加强监督体系的规范化管理，完成监督体系管理办法和操作规程等相关制度办法的制定工作。要按照监督体系改革的总体要求，有机整合监督中心、总会计、运行督导员等监管力量，做到现场检查与非现场监控有机结合，建立“层次清晰、各司其职、协调运转、内控严密”的现代商业银行运行监管体系。要以监督中心转型为契机，着手建立全程的、量化的业务运行操作风险管理体系，推动风险管理的科学化建设。要加快建立适应总行本级风险管理实际要求的业务运行监督系统，不断提高总行本级业务核算的监督水平。

——创新风险管理机制，提升风险管理价值。要高度重视案件防范工作，妥善处理业务发展和内部管理的关系，有效遏制案件的发生。要加强风险主动管理，强化风险事前控制。要推进营业经理集中管理和授权方式改革，提高效率，提高营业经理工作的独立性，规范其履职行为，解决好营业经理工作机制中的人员管理、考核管理、薪酬管理等相关问题，切实发挥事中控制的作用。要积极探索印章等核算要素的电子化管理方法，加强业务用章的规范化管理，提高运行效率和风险控制水平。要完善运行风险事件的报告制度和评价体系，强化运行操作风险的管理基础。要深入分析外部欺诈风险事件的手段和特点，完善风险事件信息收集制度、风险案例提示制度，增加防伪识别设备的投入，运用有效的技术手段，强化外部欺诈风险防控工作。要继续发挥全行参数监控的平台优势，加强对全行参数监控工作的统一组织和规范指导，进一步强化参数监控在操作风险管理方面的重要作用。要着手建立全行运行管理检查资源和检查信息的共享机制，改变目前业务运行检查中多头检查、重复检查的状况。

——继续做好对公业务反洗钱工作，切实履行反洗钱义务，维护我行声誉。各行要按照反洗钱工作要求，严格落实客户身份确认制度，细化操作流程，做好系统的优化和升级工作，发挥反洗钱监控系统的作用，按照新标准、新途径切实做好反洗钱日常报送工作，提高反洗钱工作效率和质量。

——深化参数管理体制改革，发挥参数在业务管理、风险管理中的控制作用。要继续深入推进参数管理改革和创新，深入研究和充分挖掘参数在全行业务管理、风险控制以及产品创新中的效能，突出发挥参数对全行业务运行管理与经营发展的支持效力，形成快捷、灵活、高效的市场反应能力，建立高效、规范的参数管理体制。要将参数设计和管理贯穿于项目需求提出、设计、开发、测试、推广和应用全过程，启动参数规划设计标准化管理和全生命周期参数管理建设项目，抓好参数设计源头控制。要继续推进“境内外统一运行参数管理系统”建设项目。要进一步健全科学的账务管理体系，年内建立起全行账务设置动态管理机制，为各项业务的核算和运行管理提供良好保障。

构建价值型运行管理体系、打造一流的金融服务后台，对知识更新的要求越来越高。全体运行管理人员要善于学习，不断提高学习能力，按照建设学习型银行的要求，以最快速度学习和获取新知识、新信息，以最短时间将新知识、新信息应用到改革发展中，努力造就一支将学习贯穿于整个职业生涯的，具有良好职业素养和较强业务素质，能够在流程创新、业务管理方面都有所建树的运行管理队伍。

同志们，推进运营集约化、管理一体化进程，构建价值型运行管理体系，打造一流的金融服务后台是我行科学发展、加快提高竞争力的客观要求和必然趋势。各行要认真贯彻总行的战略部署，进一步增强使命感，顺势而为、乘势而上、因势而变，以更加严谨的作风、更加进取的精神，全面谱写建设价值型运行管理体系的新篇章！

在中国工商银行信访稳定工作座谈会上的讲话

张福荣

（2008年2月26日）

近来，中央联席会议组织召开了全国处理信访突出问题及群体性事件电视电话会议。会后，又相继印发了

《关于做好2008年处理信访突出问题及群体性事件工作的意见》、《关于集中开展重信重访问题专项治理工作的实施意见》等文件。近日，国家信访局又召开了中央党政军机关信访工作联席会议，对“两会”期间，特别是北京地区的信访工作进行了部署。对此，总行党委高度重视，连续召开党委会、维稳及信访工作领导小组联席会议，研究部署了相关工作，并决定召开这次部分分行信访稳定工作座谈会。参加今天会议的20个分行，是信访稳定工作任务相对较重的行，你们的工作成效，将直接影响到全行乃至全国信访稳定工作的大局。今天把大家召集过来，主要是共同学习中央会议及文件精神，分析当前信访稳定形势，统一思想认识，明确下一步工作思路和措施，尤其是研究如何在今年“两会”、奥运会和纪念改革开放30周年期间切实做好我行的信访稳定工作。下面，我讲三点意见。

一、关于2007年信访工作

2007年，全行认真贯彻落实党中央、国务院《关于进一步加强新时期信访工作的意见》和全国第六次信访工作会议精神，采取了一系列有针对性的措施，及时化解了大量矛盾纠纷，妥善处理了一批信访突出问题及群体性事件，为社会和谐稳定及全行改革发展创造了良好环境。一年来，重点抓了以下几个方面的工作。

（一）狠抓责任落实，形成工作合力。各级行党委从政治和全局的高度，把信访工作纳入重要议事日程。党委会、行长办公会定期听取信访工作汇报，将信访工作与业务工作同安排、同部署、同考核。按照“属地管理、分级负责”和“谁主管、谁负责”的原则，进一步健全了责任制和责任追究制，层层落实了领导责任和工作责任。整合工作力量，完善运行机制，进一步形成了党委统一部署、信访领导小组组织协调、各部门各负其责的协调联动、齐抓共管的工作格局，增强了做好信访稳定工作的整体合力。

（二）狠抓源头预防，切实减少各类矛盾纠纷。各级行认真落实总行《关于全面深入开展矛盾纠纷排查化解工作的意见》，按照“五个步骤”（学习部署、集中排查、调处化解、检查验收、限期整改）和“六个一批”（复查复核终结一批、涉法涉诉移交一批、完善政策减少一批、寻求方法解决一批、扶贫助困感化一批、依法打击处理一批）的要求，集中开展矛盾纠纷排查化解工作，找准引发矛盾的症结，寻求解决纠纷的突破口，努力既减增量，又消存量，使大量信访问题解决在了基层和萌芽状态，避免了一些矛盾的升级和激化。2007年，全行共对自谋职业、分流清退、内部退养、军转退役等各类群体反映的2 085件实际问题进行了排查调处，其中已化解1 736件，处结率达到83%。

（三）狠抓妥善处置，维护稳定大局。各行按照总行统一部署，结合自身实际，制定完善了处置群体性事件应急预案和工作机制，健全了信访信息汇集、分析、预警制度，落实信访动态每日报告制度，主动加强与地方政府和有关部门的沟通联系，及时果断地采取有效措施，妥善处置了一批群体性事件。在全国“两会”、党的十七大等重要会议期间，全行未发生集体进京上访事件，为维护稳定大局作出了贡献。

（四）狠抓基础建设，提高信访工作整体水平。各级行认真研究新时期信访工作面临的新情况、新问题和新特点，有针对性地加强组织建设、队伍建设和制度建设，特别是对一些信访基础薄弱、工作比较被动的分支机构，加大帮促力度，以重点突破带动整体提高。加大了信访干部培训力度，开展了信访工作评优评先活动，及时总结推广了典型经验和做法，进一步激发了各级信访部门和信访干部的积极性和主动性。

2007年全行信访形势继续向好的方向发展，呈现出信访总量、进京访和集体访数量“三个下降”的趋势：一是全行共受理群众来信来访（电）31 877件（次），与2006年相比减少11 587件（次），下降了27%，其中，群众来信、来访和来电同比分别下降了10%、24%和40%。二是全行共接待群众集体上访358批（次）、7 363人（次），同比减少66批（次）、2 174人（次），分别下降了16%和23%。三是总行本部共接待群众进京访2 482人（次），同比减少1 105人（次），下降了31%。其中，进京集体访47批（次）、1 548人（次），同比减少32批（次）、1 357人（次），分别下降了41%和47%。国家信访局等部门对我行信访工作给予了充分肯定和表彰。总行办公室被国家信访局、国家人事部联合授予“全国信访系统先进集体”称号，成为金融系统唯一获此殊荣的机构。这些成绩来之不易，是国家有关部门大力支持的结果，是各级行党委高度重视的结果，是各部门协作配合、狠抓落实的结果。同志们以高度的责任心和使命感，尽心尽力，甘于奉献，做了大量工作。在此，我代表总行党委向同志们表示诚挚的感谢和敬意！

二、关于当前信访形势

在充分肯定成绩的同时，我们也要清醒地认识到，改革发展的“黄金期”也正是各类问题的“凸显期”，由机制体制改革和利益关系调整引发的各种矛盾纠纷，大量通过信访渠道显现出来。当前，一些深层次矛盾还没有从源头上得到完全化解，群众聚集串联、非正常上访问题尚未得到根本改观，矛盾反复甚至激化的可能性依然存在。上述问题如不能及时妥善地解决或处置，非正常上访攀升的势头如不能得到有效遏制，不仅会给我行改革发展带来严重的负面影响，而且会危及社会的和谐稳定，应当引起全行的高度重视。

（一）从全国信访形势的大背景来看，近年来，中央联席会议、国家信访局把有关国有企业改制、与企业协议解除合同人员和军转退役人员、劳资纠纷、金融领域等方面的矛盾纠纷列为重点突出问题，认为其中不排除引发大规模集体上访或群体性事件的可能。上述问题在我行也有不同程度、不同形式的表现和反映，主要是：自谋职业人员要求我行协助办理最低生活保障、办理失业证和再就业优惠证，领取失业保险金等；部分基层一线员工、复转退役人员、内部退养人员要求提高薪酬待遇；有的客户对我行的金融产品和服务质量提出投诉等。对这些问题全行一直高度关注，并不断采取措施加以解决，但由于主客观条件的限制，短期内难以彻底解决。因此，在今后一个时期内，这些突出问题仍有可能形成各种形式的来信来访，甚至出现群体性事件。

（二）从群众信访活动的表现形式来看，主要有以下几个特点：一是重复信访较为突出。2007 年，全行共受理重复信2 166 件、接待重复访3 238 人（次），分别占群众来信、来访数量的21% 和 29%。这些信访事项中，一些历史遗留问题和现实问题相互交织，一些合理诉求与不合法行为相互交织，部分群众坚持过高要求，为达到目的往往一信多投或反复纠缠，有的甚至采取过激方式制造事端，加大了问题解决的难度。二是非正常上访规模不断扩大。尽管去年全行信访总量、进京访和集体访实现了“三个下降”，但群众串联聚集的群体性日渐突出。全行受理的 754 件联名信，签名总数14 819 人（次），超出来访总数3 711 人（次）。在总行处置的 4 起群体性事件中，来访人数均超过 100 人，最多一起达 350 余人。甘肃、贵州、辽宁、湖南、江苏等分行发生的群访事件，单批来访也都在百人以上。有的非正常上访不仅规模大，而且性质严重，影响恶劣。最近贵州分行就发生了一起 120 余名自谋职业人员冲闯办公大楼，封堵出入通道，严重影响正常办公秩序的恶性事件。三是呈现组织化倾向。在群体性事件和非正常上访活动中，少数上访骨干分子事先预谋策划，组织严密，分工明确，有的负责起草上访材料，有的负责制定调整上访策略，有的负责联络境外媒体记者进行现场报道，组织化倾向十分明显。四是跨区域、跨行联合聚集的情况时有发生。近两年来，群体性事件涉及的省份、参与的人数越来越多。从地区分布来看，以往上访人员主要来自东北三省，现已扩大到华北、西北、西南、中东部地区 20 多个省份。从人员构成来看，除自谋职业人员外，少数被清退代办员、因退役子女工作安置问题而上访的人也参与其中，共性和个性问题相互掺杂。此外，受其他金融企业分流人员的鼓动，今年首次出现了工行和建行两行协议解除劳动合同人员联合进京上访的情况，更加大了防范和处置工作的难度。

（三）从信访群众的心理变化来看，主要有以下几个特点：一是择机性。在行内外举办一些重大会议、重要活动的敏感时期，如“两节”、“两会”、党的十七大、纪念我行股改上市一周年等前后，部分上访人员择机、择时赴省进京上访，抱着“把事情闹大，引起高层关注”、“大闹大解决、小闹小解决，不闹不解决”和“法不责众”的心态，组织或参与非正常上访活动。二是隐蔽性。在近几次群体性事件中，骨干分子不再抛头露面，而是躲在幕后操纵，或是在异地通过手机短信进行联络指挥，既煽动蒙蔽了大量不明真相的群众参与非正常上访，又制造出其本人没有组织和参与上访的假象。在具体策略上，他们把进京路线从过去直接前往转为先到周边城市聚集再辗转进京，聚集方式也从以往一次性全体行动转为分期分批行动。三是从众性。从联合接访和集中处置的情况看，近几次大规模群体访事件中，初次进京上访的约占 50%，大都是受多次进京上访人员的蛊惑，抱着试试看的思想，随大溜而来的。四是逆反性。由于对答复意见不满，少数上访人员情绪对立，出现逆反心理和过激行为，造成个别问题扩大化、简单问题复杂化。少数性格偏执的人不惜以自伤、自残相要挟，个别上访者甚至纠集不法之徒殴打我信访工作人员，少数骨干分子与一些境内外媒体记者联系，对聚集群访事件进行歪曲报道，严重影响了我行的社会声誉和良好形象。

（四）从全行信访工作开展情况来看，还存在一些问题：一是重视程度不够。有的分行对做好新时期信访工作的重要性认识不足，对影响全行和谐稳定的因素重视不够，工作不细，甚至被动应付。有的分行没有发挥好信访工作领导小组的职能作用，信访部门的岗位设置和人员配备还不到位，机制不健全、制度不完善、责任不落实。二是信息预警滞后。今年 1 月中旬，总行获悉部分自谋职业人员拟组织串联进京上访的苗头后，要求一些重点分行立即排查摸底，迅速掌握有关信息。但大多数分行没有及时报告进京上访的动向。直到 1 月下旬 300 余人突然在全国总工会聚集，有关分行仍未准确掌握进京上访人员的数量、构成等具体情况。三是处置力度不够。有的分行对矛盾纠纷的排查调处不到位，使正常的信访问题迟迟得不到解决，从而形成了非正常上访。群体性事件发生后，有的分行没有按照处置预案及时采取有效行动，以致贻误战机。在处置集体进京上访事件中，有的分行没有按照总行要求，及时派出得力的工作小组；有的与当地政府驻京办、公安、信访等部门沟通协调不够，劝返不力。四是存在畏难情绪。有的分行认为自谋职业、被清退代办员等协议解除劳动合同人员已不属于我行员工，我们又没有维护治安的执法权，仅靠做思想政治工作收效甚微，因此，在排查化解矛盾和集中劝返处置中办法不多，措施不力，工作陷入被动。

总之，面对复杂严峻的形势，全行必须始终保持清醒的头脑，进一步增强忧患意识、大局意识和责任意识，居安思危，未雨绸缪，及早谋划，周密部署，把困难想得多一些，把应对措施准备得更充分一些，把信访稳定工作做得更扎实一些，坚决维护好全行和全国稳定工作的大局。

三、关于2008年信访工作任务

2008年，是全面贯彻落实党的十七大精神的第一年，也是我行股改后实施首个三年发展规划的关键一年，全国和全行大事、要事多，特别是3月份全国“两会”即将召开，8月份将举办北京奥运会，之后还将迎来改革开放30周年，做好今年的信访稳定工作任务重，难度高，压力大。同时，在今年这个特殊时段，国家有关部门和各地政府对信访稳定工作的高度重视和大力支持，也为我们解决信访难题、做好稳定工作提供了有利契机，再加上我们近年来已经形成了比较健全的信访工作机制，拥有一支经验丰富、善打硬仗的信访工作队伍，我们完全有条件、有能力把工作做好，变压力为机遇。根据中央联席会议、国家信访局的安排部署，结合我行实际，全行信访工作的总体要求是：以党的十七大精神为指导，深入贯彻落实科学发展观，按照党中央、国务院和总行党委的统一部署，紧紧围绕全行中心工作，继续深化矛盾纠纷排查化解工作，集中开展重信重访专项治理，健全和完善信访工作制度，切实加大信访突出问题解决力度，力争在促进案结事了上有新突破，在预防和处置群体性事件上有新成效，进一步形成群众依法有序信访的良好局面，为确保“两会”顺利召开、奥运会成功举办、纪念改革开放30周年活动成功举行，为我行的安全运行和健康发展创造更加和谐稳定的环境。

按照这一总体要求，今年要重点抓好以下六项主要任务。

（一）抓好重点时期的非正常上访工作，坚决遏制住集体赴省进京上访势头。“两会”召开在即，种种迹象表明，一些别有用心的人正在串联蛊惑自谋职业人员、内退人员、被清退代办员等，企图组织更大规模的赴省进京上访。对此，全行务必高度重视，讲政治、顾大局、抓大事。特别是矛盾比较集中、群体性上访事件发生较多的地区，主要领导同志更要落实责任，靠前指挥，确保辖内机构和队伍稳定，经营管理秩序良好。处置群体性事件既要坚决果断，又要细致扎实，做到抓早抓小抓苗头，进一步完善和落实信息汇集、分析、排查、预警等各项防范机制，同时，要积极争取当地党委、政府和信访、维稳、公安等部门的支持，多方面做好工作。要密切关注重点领域、重点人群的上访动态，特别是对一些居心叵测、进行串联和组织非正常上访的骨干，要时刻防控，及时掌握相关信息，必要时通过司法机关依法控制和处置，对违法者坚决予以打击。对一般上访者要做好政策宣传解释和劝解疏导工作，分化瓦解非正常上访群体。一旦发生赴省进京群访，要快速反应，及时启动应急预案，采取坚决有力的措施，果断稳妥处置。有关负责同志要在第一时间赶赴现场协调指挥，坚决防止事态蔓延扩大，把负面影响降到最低。

在昨天召开的中央党政军机关信访工作联席会议上，中央联席会议办公室、国家信访局对做好“两会”期间信访工作明确提出了要“最大限度地减少进京个体访，严禁发生进京集体访，依法处置非正常上访，杜绝群体性突发事件”，并决定在“两会”召开前组织开展一次集中劝返工作。总行各相关部门和各分行要按照中央的要求部署，加强应急力量，制定和落实好应急预案，对重点地区、重点人员再进行一次深入细致的排查，确保不留死角盲点；要加强信息沟通，相互配合，共同做好进京上访人员的接访、劝返、处置工作；各相关分行要做好充分准备，务必做到“随叫随到、随到随接，随接随返”。

“两会”之后，奥运会各项工作以及纪念改革开放30周年系列活动都将进入关键时期，全行维稳工作仍不能有丝毫松懈和疏忽，主要领导同志、相关职能部门要时刻紧绷维稳这根弦，把握全局、强化责任、精心组织、严密防范、妥善应对各种信访突发事件，努力减少和杜绝非正常上访特别是进京访，坚决防止我行出现影响社会稳定、危及奥运安全、损害国家形象事件的发生，为首都北京和全社会的和谐稳定尽应尽之责、作出应有贡献。

（二）继续深化矛盾纠纷排查化解工作。今年要把矛盾纠纷排查化解工作的着力点放在解决容易引发集体上访、群体性事件和非正常上访的突出问题上来，巩固和扩大工作成果。对去年已经排查调处尚未完全化解的遗留问题，各行要继续按照“六个一批”的工作思路，不断创新方法逐步消化解决，力争处结率达到100%，并要避免矛盾出现反复，确保已结案件质量。对已经调处化解的信访问题进行认真总结，深入剖析引发矛盾纠纷的诱因，归纳有效化解矛盾的方法，提炼工作中积累的宝贵经验和好的做法，并通过召开案例分析会等形式宣传推广，促进全行矛盾纠纷排查化解能力和水平进一步提高。

（三）集中开展重信重访专项治理活动。这几年，通过全行上下的共同努力，一大批疑难复杂信访问题得到妥善解决，但仍有一些问题因为种种原因没有得到化解。这些问题不解决，不仅会增加工作难度和化解成本，而且会使影响稳定的隐患越积越多。因此，按照中央联席会议的安排部署，总行党委决定，今年在全行集中开展一次重信重访专项治理活动，力争在破解信访难题上有新的突破。要明确工作措施，研究制订我行集中开展重信重访专项治理的具体实施方案，利用半年左右的时间（自3月份起至8月底），按照“学习部署、梳理交办、分析原因、研究解决、督导检查”的工作步骤，处理一批信访积案，大幅削减重复信访存量，使大部分疑难问题案结事了，上访老户息诉息访。要明确工作要求，对群众来信来访3次（含）以上、目前尚未息诉息访的信访案件逐一建档、登记造册，逐一对案情诉求进行分析，尽快规范、公正地作出处理。要抓住一批政策性强、敏感度高、影响面大的典型案例，联合有关部门进行核查会诊，努力本着案情公开、诉求公开、办理过程公开、处理结果公开的工作原则进行治理，力争通过解决一个问题，化解一类矛盾，使一批人息诉罢访。

（四）加大研究解决重点突出问题工作力度。对群众反映强烈、社会影响面大的问题，加强与相关方面的沟通协调，加大综合治理力度，最大限度地从源头上减少不稳定因素。一是把自谋职业、内部退养、复转退役等群体反映有关劳务纠纷、社会保险、福利待遇等方面的问题作为重点，积极争取国家和地方信访、社保、民政、维稳等部门的工作支持，协调有关部门完善相关政策，督导分支机构认真加以落实。特别是对那些诉求合理、事实清楚，又基本没有政策障碍的问题，要积极加以解决，努力化解一批遗留问题。总分行要加强沟通，部门之间要密切配合，为妥善处置各种、各类信访问题提供支持。事实证明，有些信访问题，只要核实情况，认真研究，是完全有可能解决的。二是围绕《劳动合同法》、《劳动争议调解仲裁法》等法律法规和我行人力资源管理提升项目实施以来，与员工切身利益密切相关的劳动合同管理、用工制度改革、岗位竞聘考核、绩效薪酬分配等新问题，深入开展专题调研，认真分析在劳动争议方面可能出现的新情况，加快建立健全各级行的劳动争议调解委员会，完善劳动争议处理机制，增强工作的预见性和针对性。三是重视做好后勤剥离人员的稳定工作，在坚持兑现原有承诺的同时，努力为其业务发展创造条件，及时消除各类不稳定因素和苗头隐患。

（五）积极规避业务纠纷，加强舆论引导。当前全行业务创新发展日新月异，各行要高度重视和切实加强对员工新业务、新产品、新技术的培训，强化业务操作管理，教育和引导员工增强合规意识，主动规避业务纠纷。特别是在宣传营销理财产品等新业务新产品时，注意做好对客户的完全风险提示。同时，要完善客户投诉管理机制，规范客户投诉处理程序，及时妥善化解业务纠纷。

妥善处理信访突出问题及非正常访事件，离不开全行广大员工和客户的理解、支持和配合，离不开行内外良好的舆论环境。各级党委必须把加强舆论引导工作摆到更加突出的位置，切实抓紧抓好。要加强集中正面宣传，积极宣传我行近年来在推进改革发展、维护员工利益、履行社会责任等方面所采取的措施和取得的成效。进一步完善新闻危机应急处理机制，尽早预警、主动“干预”可能出现的负面事件，提高预防和处理负面新闻报道的能力。要注意加强对各类媒体特别是网络媒体、电子媒体舆情的跟踪监测，争取有关部门的支持帮助，及时封堵、删除有害信息，切实防范利用网络串联上访、恶意炒作和不实报道。对于发生的聚集上访和群体性事件，要本着有利于事件妥善处理、有利于维护正常社会秩序、有利于维护我行形象的原则，做好应急处置工作，防止因舆论引导不得力造成负面影响的扩大。

（六）进一步健全和完善信访工作机制。要切实加强对信访工作的领导，健全和落实信访工作责任制。各一级（直属）分行没有设立信访工作办公室的要抓紧设立，已经设立但没有达到专职工作人员配备要求的要尽快配齐；基层分支机构也要明确工作机构，根据工作实际确定专（兼）职信访干部，形成上下贯通、左右联动的信访工作网络。要注意把那些政策水平高、能力强、善于做思想政治工作和群众工作的人员充实到信访岗位，并通过举办业务培训、组织专题研讨、开展督导检查、加强业绩评估等多种形式，促进信访干部综合素质和能力的提高。要积极搭建信访工作电子化平台，尤其是重视信访信息的开发与利用，抓住全国信访信息和全行信访管理“两个系统”建设的契机，提高信访信息综合利用质量。要全面落实信访工作各项制度规范，建立健全信访工作综合协调、绩效考评和预警应急处置等工作机制，在更深层次促进信访工作有效开展。

同志们，信访工作面临的新情况较多，维护稳定的责任重大，全行一定要以对党和工商银行事业高度负责的态度，加倍努力，扎实工作，为改革发展营造良好的环境，为维护社会和谐稳定作出积极贡献。

整合资源　凝聚力量
开创资产托管业务发展新局面

——在中国工商银行资产托管业务工作会议上的讲话

张福荣

（2008年3月17日）

这次资产托管业务专业会议的主要任务是，全面总结2007年资产托管工作，分析研究今后一个时期面临的形势和任务，部署2008年工作。凯生行长参加今天的会议，还要结合全行经营管理战略，对托管业务的发展发表重要讲话。下面，我先讲几点意见。

一、2007年全行资产托管业务实现跨越式发展

2007年，全行资产托管业务系统全体员工全面贯彻总行决策部署，紧紧抓住资本市场高速发展的大好时机，认真落实资产托管业务座谈会精神，锐意进取，上下联动，在市场营销、业务管理、系统开发和队伍建设等方面都取得了显著成绩，资产托管业务实现了历史性跨越。

（一）规模效益突出。

一是总量增长迅猛，全行托管业务规模和收入双双超过前九年总和。托管资产总净值增加到13 160亿元，比上年增长184%，在国内众多托管银行中率先迈上万亿元的台阶。实现托管费收入14.6亿元，完成年计划的304%，比2006年增长了334.52%，规模总量和收入总量都超过了前九年总和，业务发展进入规模效应突出的阶段。

二是经营效益突出，托管业务已成为全行人均创利最高的业务之一。2007年，全行实现托管业务经营贡献27.94亿元，完成年计划的378.59%，同比增长367.22%。全系统人均实现托管费收入和人均经营贡献分别达到608万元和1 164万元，资产托管业务成为全行人均创利最高的业务之一。

（二）业务发展步入良性轨道。2007年，是全行营销、整体发展资产托管业务的第一年，总行加大对全行托管业务的指导和人员培训力度，制定了业务考核办法和营销指导意见，出台了企业年金基金和收支账户资金托管等业务的管理办法，推动全行资产托管业务步入良性发展轨道。

一是各分行托管业务快速起步。2007年，所有经总行授权的分行托管资产规模比年初增加2 477.29亿元，实收托管费7 607.1万元，规模和收入同比增长都超过了300%。特别值得指出的是，北京、上海和深圳三家分行实现托管费收入分别超过1 000万元，其中，北京分行收入超过2 000万元，山东分行和广东分行营业部超过300万元。北京、上海等13家分行超额完成总行下达的全年托管业务收入任务。各分行托管业务规模和收入迅速增长，是资产托管业务全行营销、整体发展战略的重大突破。

二是总分行在业务领域上优势互补，发展均衡。2007年，多数分行开办了企业年金基金、信托资产、券商理财、收支账户资金等品种的托管业务，与总行以证券投资基金、保险资产和全球业务托管为主体的业务品种形成了很好的优势互补。同时，总行积极推进集中托管模式，年内完成了北京、安徽等17家分行企业年金基金场内投资的集中托管。集中托管模式的逐步推行，在降低业务风险、提高营运效率和服务水平的同时，形成了总分行在业务营销和业务营运上相互配合、相互支持的机制，奠定了全行业务均衡发展的良好基础。

（三）主要产品继续保持市场领先优势。

——证券投资基金托管业务继续领跑市场。2007年证券市场延续上年牛市格局，基金业整体业绩骄人。我行紧跟市场节奏，加大与广大优秀基金公司的密切合作，基金托管规模和托管费收入大幅增长。全年托管基金净资产9 174.34亿元，同比增长241%，基金托管规模继续稳居市场第一，市场占比接近29%。同时，依托持续营销和不断创新，使得我行优质基金客户与产品占比不断提高，业务品质进一步提升，经营效益大幅度提高。

——保险资产托管业务优势稳固。2007年，全行保险资产托管规模2 409亿元，比上年增长了163%，全年新签约保险资产托管客户6家，签约保险机构总数达到30家，与大型保险公司普遍建立了托管合作关系，保险资产托管市场占比继续保持在40%以上，这已经

是我行连续几年保持40%以上了；多种方式并举，积极探索产品创新，着力提高保险资产托管业务收入，效益增长迅猛，全年实收保险资产托管费2 201.24万元，增幅达410.09%。

——企业年金基金托管业务局面良好。2007年，全行企业年金基金托管规模和客户数量平稳上升，市场领先优势明显。托管企业年金基金资产总规模187.75亿元，比年初增加了103.8亿元，增长123.6%；托管企业年金基金客户数量比年初增加了608户，增长457%；市场占比接近50%。国电集团、中国海洋石油、东风汽车、晋煤集团、韶关钢铁、红塔集团等一批知名企业选择我行为年金基金托管人，我行托管品牌在企业年金业务领域进一步彰显。部分分行年金基金托管取得重大突破，特别是广州、深圳、安徽、山西和北京5家分行共托管企业年金基金129.29亿元，占全行年金基金托管资产净值的68.86%。

——成功托管全国社保基金。托管全国社保基金对于竞争养老保障类资金托管具有很强的示范效应，全国社保基金是各家托管银行必争的关键客户和特殊客户，同时也是对服务要求极高的客户，在连续跟踪、高层营销和深入开展专业交流的基础上，2007年10月，成功托管全国社保基金，这为下一步我行在养老金托管领域的业务拓展奠定了良好基础。

——全球托管业务进入快速发展通道。积极培育、广泛营销，签约QFII客户快速增长，全年成功营销17家QFII客户，为下一步提升QFII托管市场份额奠定了良好基础；QDII托管成果丰硕，至2007年底，成功托管3只QDII基金、83只银行QDII产品和1家保险公司QDII投资组合，我行迅速成长为国内最大QDII托管银行。另外，与众多基金公司、商业银行、保险公司、证券公司和信托公司建立了QDII托管合作关系，业务拓展的基础日益牢固。

——各类新型托管业务取得很大进展。顺应资本市场发展，我行在证券公司集合理财、信托计划、私募股权投资基金、产业基金托管等方面进行了积极探索，不断优化服务方案，市场竞争取得较大进展。全行信托资产托管规模突破千亿元大关，16家分行相继开办收支账户资金托管业务，证券公司理财计划托管业务全面启动，托管产品结构日趋合理。

（四）托管业务风险管理能力全面提升。

一是成功实施异地灾难恢复应急演练，实现SAS70审计常规化，托管业务的风险控制能力大大增强。2007年，面对规模快速扩张、业务处理流程向全球延伸、推行国际化会计核算准则带来的巨大挑战，坚持风险管理和业务发展并重的经营理念，加大灾备体系建设，成功组织实施了国内托管行业首次异地灾难恢复应急演练。引入SAS70年度审计，实现了外部审计的常规化。应急演练和外部审计的积极推行所取得的积极成效，表明我行托管业务的整体风险控制能力得到极大提升，与国际托管银行的差距进一步缩小。

二是交易监督系统成功投产，实现了从人工监督向系统自动监督与人工监督相结合的转变。总行研发并成功投产的交易监督系统一期工程，使得托管业务的投资监督告别纯手工操作时代，交易监督能力迅速增强。系统化风险管理手段的运用，促进了业务的平稳营运，实现了全年托管业务无差错运营。强有力的风险控制能力已经成为我行营销的一大亮点。

（五）创新为业务发展注入动力。2007年，技术创新和产品创新给我行托管业务的发展注入了源源不断的动力。

一是持续开展前瞻性研究为业务创新奠定了坚实基础。针对资本市场即将推出的新产品和新交易制度，总行成立了专门的托管业务新产品课题组，相继取得了资本市场开放与托管业务全球化发展、私募股权基金托管、股指期货等一大批研究成果，把握住了市场发展脉搏，为赢得竞争先机创造了条件。

二是产品创新引领业务快速发展。2007年，我行托管业务在各个业务板块创新不断，成功托管国内首只分级创新封闭式基金、首只类基金保险产品、首只基金公司股票型QDII基金。不断推出创新产品，进一步巩固了我行在整个托管行业的地位。

与此同时，各分行积极探索产品创新路子，如重庆分行与当地建委合作推出房地产开发商项目资本金托管；四川分行开办广巴高速公路工程款专项资金托管业务；浙江分行开办我行首只公司型私募股权投资基金——浙江天堂硅谷合众创业投资基金托管业务。这些业务创新，提升了我行市场竞争力，推动了托管业务的快速发展。

（六）科技系统对业务的支持能力进一步提高。2007年，新一代托管业务系统成功投产，新系统全面兼容新旧会计准则和国际国内会计准则，支持不同币种和多种类型的业务营运，极大地提高了托管业务集中处理效率。新系统的及时投产，为缓解规模急剧增长和人员不足之间的突出矛盾、安全营运、顺利完成业务处理提供了坚强的科技支持，为构造托管业务核心竞争力提供了重要的技术平台。

同时，围绕这一系统框架搭建的风险控制、全球托管业务报文处理、绩效评价等子系统相继投产，托管业务直通式综合处理能力和客户增值服务能力得到极大提升，科技系统对托管业务的发展正在发挥着极其关键的推动作用。

（七）托管业务品牌获得国内外广泛认可。在业务快速发展的同时，我行托管服务的国际知名度和市场影响力不断提高，2007年初，美国《环球金融》和香港《财资》杂志分别将2006年度“中国最佳托管银行”荣誉授予我行。年末，《财资》杂志将2007年度“中国最佳托管银行”殊荣授予我行，我行已经连续三年蝉联这一奖项。与此同时，国内著名财经媒体《证券时报》和《数字商业时代》在国内首次对托管银行进行评选，分别将“最佳托管银行”桂冠授予我行。我行证券投资基金账户集中托管项目获得中国证券业协会2007年度“证券期货业科学技术奖最佳创新奖”。我行托管业务的市场影响力和品牌感召力受到了海内外媒体和投资者的高度关注和广泛认同。

二、资产托管业务面临的机遇与挑战

随着经济体制、金融财税体制改革的深化，资本市场、货币市场、保险市场、养老金市场和基金市场都将出现新的情况和新的特征，资产托管业务的经营格局也会发生新的变化。从今年前两个多月的实践来看，市场变化是比较深刻的。因此，必须全面、深刻分析资产托管业务发展面临的机遇与挑战，增强信心，抓住机遇，迎接挑战，求真务实，开拓进取，全面开创资产托管业务发展新局面。

（一）良好的市场形象为资产托管业务发展奠定了坚实基础。随着我行公司治理结构不断完善，盈利水平增长，我行在国内外资本市场上的形象进一步提升，雄厚的资本实力、庞大的客户基础、广泛的网络渠道、领先的市场地位、强大的科技支持和高效的内控管理赢得了较高的国际声誉，为加快包括资产托管在内各项业务的稳健发展奠定了坚实基础，创造了难得的机遇。全行要充分利用有利于发展的新形势，切实发挥我行经营优势，加大品牌宣传力度，提升资产托管业务的核心竞争力。

（二）资本市场的深刻变化是资产托管业务发展的重要机遇期。随着股权分置改革顺利结束，我国资本市场进入了新的发展阶段。资本市场正在发生着深刻变化。一方面，企业债券市场兴起，股指期货、创业板等一系列重大举措推出，将进一步完善资本市场的内在功能，深化资本市场改革；另一方面，QFII额度增加和审批重新开始，QDII机构投资者多元化和规模增加，将进一步加快资本市场对外开放。作为直接连通和服务于资本市场的托管业务，将迎来重要的发展机遇期。

（三）机构投资者队伍的壮大是托管业务发展的重要来源。托管业务主要服务于机构投资者。作为中国资本市场健康发展的重要力量，目前，各类机构投资者持有近50%的A股市场流通市值，这些机构投资者是托管业务的重要组成力量。2008年，以证券投资基金、社保基金、企业年金、保险资金、信托资金、QFII和QDII等为代表的机构投资者将在资本市场改革开放中进一步发展壮大，投资规模和市场占比继续增大，将成为托管业务快速发展的主要动力。

（四）业已形成的规模效益将促进托管业务健康发展。托管业务的规模效益特点在2007年得到充分显现。不仅综合经营贡献突出，成为全行重要的利润来源，而且综合经营贡献增长速度大大高于规模增长速度。2007年，资产托管规模增长1.8倍，托管费收入和沉淀资金形成的低成本存款转移计价收入增幅均超过3倍，这是其他业务所不能比的，可以看出，托管业务的规模效应基础越来越稳固。可望在2008年为全行作出更大的综合经营贡献。

（五）托管业务增长空间越来越大。托管机制逐步推广应用到保险、信托、企业年金、QFII、QDII等众多领域，对于完善各类资产管理的治理结构，建立公正、透明、高效的投资、运作及监督机制，有效保护投资者利益起到良好作用。住房公积金、慈善基金、二手房交易资金、产业基金、基金公司特定资产管理业务等越来越多的行业和领域引入托管制度，为托管业务的未来发展开辟了新的增长空间。同时，借鉴国外经验，部分基金管理公司开始寻求会计、行政外包，一旦变为现实，将大大改变托管银行现行业务结构，2008年，我们要抓住机遇，深入研究，积极探索，在可能的条件下力争尽早进入，尽早确立先发优势，实现托管业务可持续发展。关于会计、行政外包等，托管部2007年已经作了一些先行研究，下一步如何开展，如何去做，还需要进一步论证。

在看到业务发展面临良好机遇的同时，我们也要清醒地认识到，2008年资产托管业务发展还面临许多严峻的挑战。

（一）经营环境越来越复杂。从国际形势看，美国次贷危机、全球通货膨胀等引发国际金融市场动荡，对国内市场产生的影响正在逐步加深；从国内形势看，为抑制经济过热和通货膨胀采取的宏观调控措施，将使得资本市场的调整频率和力度加大，作为直接服务于资本市场的资产托管业务将面临复杂的外部经营环境。我们必须审时度势，深入分析市场变化趋势，采取有力措施，积极应对。

（二）外部竞争日趋激烈。一是国际一流托管银行加快在国内市场布局。花旗、汇丰和渣打银行占据了QFII托管业务的主要份额，纽约梅隆银行、布朗兄弟哈里曼（BBH）等全球主要国际托管银行正在不断游说监管部门全面开放托管市场，准备与国内托管银行正面交锋。在QFII市场上，外资银行所占比重很大，到目前为止，在证监会待批的QFII产品中，汇丰占22只，我行有18只，花旗有17只，境外机构对我们的挑战比较严峻，竞争压力比较大。二是由于托管业务积累快、收益高、成长性强、风险小，不占用经济资本，国内商业银行纷纷加大投入，大力开拓。有些银行为了抢占当前市场份额，任意降低托管费率，甚至提出以零费率参与竞争，托管业务有恶性竞争的趋势。我行在国内托管业务市场面临着巨大挑战，托管业务市场竞争将越来越激烈。

（三）内部经营困难不小。一是资产托管业务从业人员，特别是总行人员严重短缺，目前依靠大量加班加点的局面不可能长期维持，一旦不慎，就会酿成经营风险；二是许多分行至今没有负责从事托管业务的机构，也没有配备托管业务专职人员，人员兼职现象比较普遍、稳定性差、专业素质不高，独立营销客户的能力不强，不能满足托管业务快速发展的需要；三是系统开发人员不足、系统建设压力很大，不能适应托管业务全球化发展需要；四是业务流程、管理体制和管理手段与托管业务专业化发展的需要之间还存在着较大距离。

三、进一步加快托管业务发展的要求

资产托管业务具有很强的垄断性和稳定性，客户忠诚度高，可以带来长期稳定收益；具有很好的成长性和拓展性，规模效应明显，增长空间巨大，是一项具有广阔发展潜力和空间的中间业务；具有很高的附加价值，不仅能带来可观的托管费收入，还能够派生大量低成本存款和汇兑、汇划业务，综合回报高；是商业银行开展资本市场业务的良好途径。随着托管业务由基本服务逐步向增值服务发展，证券借贷、现金管理、信息服务、绩效评价等投资者服务功能将逐步成为业务主体，托管业务将成为全行经营战略转型、实施综合化经营改革的重要一极。

为了实现全行的发展战略，实现资产托管业务的发展目标，提出以下几点工作要求。

（一）资产托管业务要全行参与，全面提速，加快发展。我行在证券投资基金托管、保险资产托管、企业年金基金托管和QDII资产托管等方面已经确立了明显领先地位，这些业务大都集中在总行，要继续做下去，而且要做得更好。对于信托资产、证券公司集合理财、收支账户资金等各类潜力大、增长快的新兴托管业务品种，将主要在分行发展，各分行是否能够抓住重要时机，加快托管业务发展，实现经营目标，将直接影响和决定未来我行在国内托管业务领域的地位。

分行将在资产托管业务上扮演越来越重要的角色，各行都要对资产托管业务认真规划，深入研究。必须明确各分行行长是资产托管业务的第一责任人和首席客户经理，主管行领导是资产托管业务发展的直接责任人，必须加强组织推动和高层营销力度，做到协调到位，营销到场，责任到人。总行将建立督导制，及时推动和跟踪各行业务发展进度。总行将认真总结在重点地区设置托管分部的经验，进一步加强托管业务的队伍建设和机构建设。要做到切实加大资源倾斜力度，充实托管业务人员，已经具有一定规模的分行，可以设置专业部室，包括那些托管收入已经达到百万元左右的分行，虽然目前似乎还在整个收入中占比不大，但各行一定要有前瞻性，要看到发展的潜力。要结合当地资源状况，找准发展方向，明确发展重点，实现新的突破，还没有开办业务的分行，今年要实现零的突破。加快专业队伍配备，各行要保证总行2007年聘任的60名资产托管高级客户经理队伍的稳定，并且要随着业务发展及时补充人员。今年，没有设置托管业务部门的分行也要设置资产托管业务岗位，起码要配备二至三名业务人员专门负责托管业务。业务量大的分行，人员比例要相应提高。

（二）实行集中托管模式，做大做强资产托管业务。集中托管是全球托管银行业普遍采用的经营模式。目前来看，集中业务营运有利于分行集中有限的人力、物力和财力开拓市场；有利于总行和承办行集中托管、批量处理，缓解托管业务的后台处理压力；有利于控制业务风险，降低经营成本，实现全行资产托管业务收益最大化。

要对所有涉及场内交易的托管业务实行集中，但对不涉及场内交易的信托资产、收支账户资金、资产证券化资金、产业基金、私募股权投资基金等托管业务，由分行实行属地化托管。这样就将总行与分行的工作职责和内容明确下来。要加快国内托管网络建设，上半年要组建完北京、广州和杭州三个托管分部。山东分行条件具备时也要设置分部。各分部在业务上直接受总行资产托管部指导，日常管理由各分行负责，收益在分行簿记。分部除负责本辖区托管业务的营销与管理外，还要协助总行顺利完成托管营运和集中托管目标，辐射和带动周边分行开展托管业务。在实行集中托管营运模式过程中，要正确处理好总分行利益关系，在托管费返还分行的基础上，试行资产托管业务沉淀存款返还，从而调动分行的积极性。这次会上，托管部还将征求各分行对存款返还办法的意见，旨在让分行营销获得实实在在的收益，安心、全力开拓市场，做好市场拓展工作，促进全行资产托管业务和谐发展。同时，托管部要进一步研究处理好市场营销与业务营运的关系，明晰总行、分部、分行间的职责分工，确保高效的托管效率和优质的客户服务质量。

（三）加快全球资产托管步伐。随着我国资本市场不断开放，全球托管业务必将成为我行托管业务发展的重要方向。要力争用三年左右时间，使我行成为一家在国际上具有影响力和竞争力的托管银行。

要加大QFII、QDII托管业务营销力度，把QDII强、QFII弱的格局尽快调整过来。在QFII托管业务方面，要抓住额度增加、重新开始审批的有利时机，积极与监管部门沟通，争取我行签约的客户早排队、早审批、早见效。同时，总行和境外分支机构要继续深度挖掘QFII潜在客户，做好市场信息和客户需求收集，建立广泛营销渠道和多层次客户梯队，不断完善境内外机构配合联动营销机制，继续扩大QFII托管战果；对于已经正式进入A股市场投资的QFII客户，要借鉴国际托管银行的普遍做法，实行定期回访制度。我们在QFII营销方面，境内外分行的联动还有差距。因此，所有境外机构都要积极参与，对此要做一次深入讨论，有一个具体安排。在QDII托管业务方面，要广泛关注，重点培养，积极维护现有和潜在客户，加强与贡献度高的优质客户合作，进一步巩固我行在QDII托管业务中的领先地位。

加快从本地托管向全球托管网络布局的延伸。要提升已成为我行次托管人的工银亚洲和工银伦敦托管复杂产品的能力，实现其托管服务由当地市场到周边市场的扩展；积极推动东京、首尔、新加坡、卢森堡、法兰克福和即将成立的纽约等分行大力开拓托管业务，并在人员和系统等方面给予支持，推动其尽快建立和完善托管业务营运条件。不断完善全球托管业务模式，今年要逐步实现从现有“一对一”（我行+全球托管代理人）托管模式向“一对多”（我行+境外分支机构+全球托管代理人）模式的突破，将具备条件的境外分支机构纳入托管网络。同时，依托我行在亚洲和欧洲以及未来美洲国际金融中心的境外机构，逐步搭建全球托管网络，建立起以主要国际金融中心为核心，带动、辐射周边市场，最终形成以我行境外机构为主、国际托管银行为辅、覆盖全球、24小时不间断的全球托管业务网络。

要深入研究和积极关注我国资本市场开放过程中的创新产品。一方面，要抓住当前境外机构进行境内战略投资和私募股权投资的契机，积极研究为其提供托管服务的方式方法，进一步拓展托管业务范围；另一方面，要着手研究境外机构直接在境内发起设立基金等新业务，与监管部门密切联系，关注市场动态，做到早入手、早参与，尽早确立业务优势。

（四）完善业务流程，提升托管水平，提高风险控制能力。随着我行托管规模呈几何级数增长，客户对业务发展中的个性化服务需求越来越多，现有业务流程已经不大适应托管业务进一步高速发展的需要。因此，要尽早启动托管业务流程再造工程。

要做好前期研究工作。流程再造是事关托管业务未来发展成败的基础工程，要深入研究，充分论证。要全面分析托管业务未来发展特点与趋势，充分借鉴国际一流托管银行的先进经验，力争2008年第三季度前形成翔实、全面、操作性强的可行性报告，为扎实、稳妥推进流程再造打好打牢基础。第四季度启动流程再造工作。

在流程再造中着重处理好四个关系：一是处理好托管业务快速发展中业务批量处理与适应客户个性化需求之间的关系；二是处理好前中后台合理分工与相互配合之间的关系；三是处理好总行、分部以及分行之间的职能分工和角色定位关系；四是处理好当前业务创新与未来业务发展的关系。

要把托管业务流程再造与托管业务系统升级改造有机结合起来。充分发挥托管业务系统的作用与优势，全面涵盖产品协商、业务营运、风险控制、交易监督、绩效评估、信息披露全过程。

四、科学规划，做好2008年工作

（一）总体要求。认真贯彻落实全行工作会议精神，加大营销力度，巩固强强联合，完善管理体制，加强业务指导，优化业务流程，强化风险管理，加快业务创新，保持并扩大我行在基金、保险、信托、证券、年金和全球托管等领域的优势，推动资产托管业务全面发展。

（二）目标任务。2008年，全行托管资产总规模确保17 000亿元，力争20 000亿元；资产托管业务收入力争20亿元，经营贡献确保30亿元，力争35亿元。其中，各分行托管业务收入确保1.5亿元，力争2亿元。证券投资基金托管规模确保10 000亿元，力争12 000亿元；企业年金基金、保险资产等各类委托资产托管规模确保5 000亿元，QFII、QDII等全球托管业务规模达到1 000亿元。初步搭建全球托管网络，在各个业务领域继续保持市场领先地位。我们在证券投资基金托管、保险托管、企业年金托管、信托托管这几个方面领先的业务绝对不能退步，而且领先的份额还要增加，不能减少。

关于2008年资产托管的具体工作，月秋同志还要做布置，我下面仅就几项重点工作谈些意见。

（一）全力做好各项业务营销。

——确保证券投资基金托管市场优势。分析研究资本市场发展特征，以巩固证券投资基金托管市场领先地位为目标，以优质基金管理公司为主要客户对象，实现对基金管理公司的全面营销，基金托管做到全面覆盖。对所有新发行基金的托管，我们要争取多拿些来，填补在基金公司客户中的空白。在明确目标客户的基础上，分解落实营销任务，明确责任，通过扎实营销，组织调集好营销力量，要及时掌握客户信息，增强营销主动性，加快营销频率，坚持全面营销、重点营销，以获得更大市场份额；关注基金公司创新产品发展趋势，提升营销服务水平，完善营销服务方案，讲求营销服务技巧，全面实现营销目标。

——不断提高保险资产托管规模和效益水平。在保持现有保险托管市场格局基本稳定的情况下，今年将以加快保险客户资产移交和提高托管效益作为重点工作。保险公司法人机构所在地分行，如北京、上海、广州等分行要积极协助总行加快保险客户资产移交工作。托管部要认真评估保险资产托管收费水平，加强与客户的沟通和谈判，进一步提高议价能力，努力提高各类保险资产托管产品托管费率，不断提升保险资产托管业务的盈利能力。

——要突出做好企业年金基金和事业年金基金托管业务营销。2008年，中央企业将全面启动企业年金制度，企业年金相关政策法规也在逐步完善，年金基金托管业务将迎来快速发展期。同时，由于管理机构增多，同业竞争将更加激烈。今年的营销结果在很大程度上会决定我行今后是否能够继续保住国内最大企业年金基金托管银行的市场地位，我们不能丧失这个机会。各行要全面贯彻落实全国分行长会议精神，统一营销，捆绑考核，争取工行整体收益最大化。总分行都要瞄准目标客户，切实加大市场营销力度，坚持“抓大不放小、抓新户不放老户、抓增量不放存量”的策略，想方设法促进年金基金托管规模的持续快速增长。要明确负责人对重点客户实行重点突破。央企是年金市场大户，是各行竞争焦点，也是决定各托管银行市场格局的主要阵地。北京分行要利用优势，继续做好央企年金基金托管营销工作，确保拿到应有的市场份额。各行也要在国资委监管的央企和地方大中型企业中选择重点营销目标，实行名单式管理，逐户营销，全面实现重点突破。今年总行要重点营销100户以上，每个分行重点营销客户数量不能少于30户。要做好已确定合作意向但尚未签署托管协议客户的二次营销和已托管客户回访工作，稳定老客户市场。做好当地社保部门原有年金存量托管营销工作，争取在存量年金市场分割中取得较大市场份额。要做好托管事业单位年金托管项目的准备。国家已确定在山西、上海、浙江、广东、重庆5省市先期试点养老保险制度改革。先期试点的上述地区五家分行要尽快了解当地政策和相关情况，积极营销，实现突破。今年还没有进入试点的省市分行，也要进行市场前期调研和营销努力，争取市场先机。

——集中力量营销基金公司特定资产托管业务，尽早确立先发优势。基金公司特定资产托管业务是基金管理公司接受特定客户财产委托担任资产管理人，由商业银行担任资产托管人，运用委托财产进行证券投资的业务，是监管部门批准开展的新型业务，具有市场潜力大、收益好的特点，是今年我行资产托管业务发展的重点。在“统一管理、属地营销、集中托管、合理簿记”原则下，各行要对辖区内大中型公司、机构和个人客户进行全面深入调研，筛选出账户余额在5 000万元人民币以上的客户作为目标客户，采取多种形式积极营销。2008年全行计划营销特定资产托管客户150家，其中50家由总行直接参与营销，100家以分行为主负责营销，各分行要高度重视这项新业务的开展，做到不留空白点，总行托管部要加强业务指导和培训支持，争取尽快建立我行在这一业务上的先发优势。

——全面突破产业基金托管等新型托管业务。“十一五”期间，我国产业投资基金将进入快速发展阶段。除去年已经批准的5只产业基金已经进入筹建阶段外，目前有超过12个省市，近20个产业基金项目处于计划准备中，资金规模约3 000亿元。因此，上海、山西、广东、苏州和四川分行要全力营销、全力争取国家已经批准的5只产业投资基金托管业务；其他行也要密切联系当地政府，跟踪当地产业基金进展情况，争取营销主动。同时，要研究为产业基金提供融资、财务顾问、项目对接等方面的综合服务方案，增强我行在产业基金综合服务方面的竞争力。

——扎实推进养老保险个人账户基金托管业务发展。经过多年试点，做实基本养老保险个人账户改革试点取得全面进展，即将出台的《做实养老保险个人账户基金投资管理暂行办法》明确规定，做实后的个人账户基金将引入第三方托管，为资产托管业务的发展带来了重大机遇。个人账户基金实行个人账户管理和基金积累制，同时，由于覆盖面广，具有强制性，规模远大于年金基金市场。因此，各行要提前介入，先入为主，做好前期营销工作。试点省市所在地的天津、山西、辽宁、吉林、黑龙江、上海、江苏、浙江、山东、河南、湖北、湖南和新疆分行的分管行长要负责具体营销，当前要重点做好当地政府、劳动社保厅（局）、财政厅（局）的营销工作，尽早确立合作意向。要根据各地实际情况，做好投入产出和成本效益分析，正确处理短期投入和长期利益关系，在可承受的范围内进行必要的投入，积极应对客户需求和他行竞争。其他非试点省份的分行也要加强与当地劳动社保厅（局）、财政厅（局）接触，做好前期营销工作。总行已制订《养老保险个人账户基金托管方案》，为各行提供营销支持。

（二）完善考核机制，促进托管业务健康发展。2008年，要从以下几方面改进考核工作：一是进一步完善资产托管业务考核办法，以“有利于发展业务、有利于加强管理、有利于激励先进”为指导原则，细化和完善考核内容，增加对重点业务和全年工作任务的考核，提高考核的针对性和可操作性，考核结果按季纳入分行行长绩效考核。二是提高资产托管业务在分行行长绩效考核中的权重，增加对各行在四大行托管业务收入市场占比情况的考核。三是制定实施资产托管业务存款返还办法，按照“谁营销，谁受益”的原则，对实施集中托管的业务，按照托管规模的一定比例向分行返还存款。

（三）加强培训，提高能力，打造托管业务有持续竞争力的团队。2008年，要进一步加强全行托管业务人才培养和培训工作。一是完善资产托管业务专业人才队伍培养计划，制定资产托管业务专业人才管理办法，在总行试点以证券从业人员资格考试和国际注册投资分析师（CIIA）为主体的培训和资格认证。二是在全行范围内组织实施大规模的托管业务培训计划。针对管理、营销、营运不同层次的人员，分别组织4－5期国内培训，2期境外培训，在总行组织20期专题培训，同时，借助远程培训网络、制定操作手册等多种方式，加大培训力度，全年完成1 500人次的培训计划。托管业务虽然做了10年，但对工商银行来讲还是新业务，我们还有很多同事不太了解资产托管业务，不知道如何开展资产托管业务，在这种情况下，加强培训非常重要。因此，总行和分行要高度重视这项工作。此外，要看到我行托管业务与国际大型托管银行之间还存在巨大差距，应采取积极有效的措施，尽快缩小与国际同行之间的差距，进一步加大境外培训力度，有针对性地培训托管前沿知识，以不断提高我行托管业务从业人员的管理能力、市场营销技巧和业务营运水平，促进托管业务健康发展。

同志们，2008年资产托管任务艰巨，责任重大，全行要进一步统一思想，振奋精神，扎实工作，整合资源，凝聚力量，开创资产托管业务发展新局面。

在中国工商银行迎奥运文明规范服务系列活动视频会议上的讲话

张福荣

（2008年4月23日）

还有100多天的时间，举世瞩目的第29届奥运会就要在北京开幕，包括银行业在内的全国各行各业都在为举办一届“有特色、高水平”的奥运会而积极地准备着。近来，人民银行、银监会和银行业协会都相继召开会议和印发文件，对做好奥运金融服务工作进行了部署，银行业协会还向全行业发出了开展“迎奥运文明规范服务系列活动”的号召。对于这项工作，总行已经发文进行了全面部署，一些专业也分别作了研究布置。各行要认真按照要求，精心组织，迅速行动，抓好落实。这里，我再谈几点意见。

一、进一步统一思想，增强大局意识、责任意识和服务意识

成功举办北京2008年奥运会意义重大，这既是全世界人民的体育盛会，也是一次展示中国灿烂历史文化、辉煌建设成就和人民良好精神风貌的难得机遇。党和国家领导人一直高度重视奥运会的各项筹备工作。胡锦涛总书记去年考察北京奥运工程建设时强调：“举办奥运会，是我国各族人民的共同心愿，是中华民族的百年企盼，是全国的一件大事。我们一定要尽最大努力把奥运会办好，以增强全国各族人民的自信心和奋斗精神，增强中华民族的自豪感和凝聚力，共同为实现中华民族的伟大复兴而奋斗。”温家宝总理在今年政府工作报告中进一步明确要求：“要扎实做好各项筹办和组织工作，加强国际合作，创造良好环境，确保成功举办一届有特色、高水平的体育盛会。”

对于中国银行业来说，2008年奥运会和残奥会既是扩展业务和提升国际形象的重要机遇，也对我们的金融服务工作提出了新的挑战。据估算，在奥运会和残奥会期间，会有来自约220个国家和地区的数万名运动员、教练员、政府官员和媒体记者，以及800多万境外游客云集北京、云集中国，为我们带来巨大的国际化的金融需求。为奥运提供金融服务，不仅仅是奥运会合作银行的事情。工商银行作为我国经营规模和全球市值最大的银行，全力服务好奥运也是我们应尽的职责和义务。

应该看到，近年来特别是上市以来，我们把改进服务作为竞争发展的内在要求和公众公司的社会责任，从服务理念、服务渠道、服务流程、服务管理、服务创新等多方面采取了很多措施，也取得了阶段性的成果，全行的服务面貌有了很大改观。但是与国际先进水平相比，我们的服务工作还有一定的差距或不足。奥运会的到来，既是对国内各家银行国际化服务水准的一次严格的检验，也为各家银行加强服务竞争、展示品牌形象，提供了一个广阔的舞台。因此，全行上下一定要统一思想，以高度的责任感和使命感，高标准、高起点地抓好奥运服务工作，以安全、优质、高效、便利的金融服务为奥运会的顺利举办作出应有的贡献，在全力以赴服务好奥运的过程中推进全行的创新发展。

二、认真贯彻落实总行部署，扎实做好各项准备工作

总行党委对奥运服务工作高度重视，有关部门和一些重点分行也做了大量细致的准备工作。如北京分行2007年就开始启动“360天行动计划”，着力加强一线服务、后台保障、服务宣传等方面的工作；天津分行深入开展“迎奥运优质服务年”活动，狠抓客户投诉管理，以服务工作为切入点，不断增强同业竞争力，树立

我行良好的社会品牌形象；青岛分行向全行员工发出倡议书，号召从本职做起，从自身做起，努力提高国内外客户对我行服务的满意度。

随着奥运赛事的临近，做好奥运服务各项准备工作显得更加紧迫。为进一步加强对奥运服务工作的组织领导，总行已经成立了由行领导挂帅，个人金融业务部牵头，办公室、工会、银行卡、人力资源、信息科技、电子银行、运行管理、国际业务、法律事务、保卫等相关部门主要负责人组成的迎奥运文明规范服务活动领导小组，全面负责活动的组织部署和督导推动。各行也要成立领导小组，由主要领导负责、相关部门参加，明确责任分工，加强沟通协调，完善活动方案，落实时间进度，保证系列活动的深入开展。这里我再强调几点要求。

（一）加快提高涉外金融服务能力。

一要增强涉外金融服务功能。奥运赛区城市及主要旅游、口岸城市要增加外汇全功能服务网点，完善外汇业务服务体系，确保重点区域附近的网点具备开办外卡收单、外币兑换、旅行支票、现汇汇兑等个人外汇业务的资格。要按照国家有关部门关于奥运支付环境建设的统一部署，进一步构建便捷、高效的银行卡受理网络，奥运服务重点区域的内卡和外卡特约商户覆盖率要确保超过90%，ATM应具备外卡取现、交易查询和实时汇率提示功能。加强外汇现金头寸管理，备足兑付头寸，做好外币兑换备付金专款调拨工作。加强对一线人员外汇业务的培训，使奥运服务重点网点的员工能够按照客户的需要，熟练、准确地办理各项外汇业务。

二要提高多语种服务支持能力。加强对前台一线人员、大堂经理、客户经理的外语日常用语培训和服务情景演练，增加具有外语服务能力的电话银行坐席。奥运期间，各行要根据实际，统一调配本行外语人才，确保一线涉外服务的阶段性需要。同时，要尽可能在残奥会运动员驻地周边网点配备手语服务人员和相应的便利设施，保障业务顺利办理。

三要规范设置英文标识和指引。各行要按照全行统一企业形象管理和网点标识的要求，规范使用营业网点内外部、ATM自助终端中英文标识，确保机具上加贴的标识与机具功能相符，杜绝“误贴标”现象，方便境外客户及时办理各项业务。要制作外语版的营业网点服务指引地图、业务办理流程图。制作中英文客户服务手册、业务办理指引，在营业网点、酒店、机场等多渠道摆放发送，满足境内外客户需要。

（二）努力整体改善全行服务面貌。结合服务奥运的需要，要进一步落实总行关于改进服务的战略部署，加紧解决好服务工作中存在的突出问题，力争奥运期间使各项工作的成效充分显现出来，使全行的服务状况和市场形象有一个大的改观。要集中精力和资源，突出加快奥运赛区城市和重点口岸、旅游城市的网点改造和亮化美化工程，增加ATM、POS机、网点终端等自助设施的投放。加强对营业网点排队情况的监控，科学调整劳动组合，落实弹性窗口和弹性岗位制度，适当开辟“奥运绿色通道”服务窗口，提高服务效率，力保奥运期间不出现客户长时间排队等候现象，这是我们的最低要求。要充分利用奥运商机，围绕我行综合服务优势、整体品牌形象，以及与奥运服务密切相关的业务种类，精心策划和组织几次营销宣传高潮，扩大我行的市场份额和影响力，特别是要扩大我行的影响力。同时，要注意严格遵守奥林匹克知识产权保护的相关规定，不损害中国银行作为2008年北京奥运会、残奥会唯一合作银行的合法权益。

（三）确保计算机系统安全平稳运行。要全面开展运行设施和网络的检查，进行性能容量评估。各业务部门要配合科技部门对主机系统、关键开放平台、网络、机房等重要生产系统和设施进行检查评估，根据评估结果及时做好系统优化和扩容，相关扩容工作要在6月底以前完成，确保奥运期间不发生系统性能容量原因导致的生产事件。

要加紧完成与奥运服务相关应用版本的研发、测试和投产工作。要针对部分卡种外卡交易成功率较低、处理速度慢和系统兼容性不够的问题，抓紧进行分析，提出解决方案，力争在奥运会前外卡交易成功率有个大的提升。要及时升级和更新ATMC、POS机等终端应用版本，抓紧完成ATMC统一平台系统版本的推广。

要做好奥运期间的生产运行监控，尤其是做好对关键应用系统运行情况的监控，发现故障要及时处理，不得推诿。要统筹安排好人员值班，重点加强一线值班力量，并高标准配置二线技术值班人员。要做好服务商技术支持安排，并主动与公安、通讯、消防、供电等单位做好沟通，争取这些单位在奥运期间向我行提供高等级的保障和支持。要确保奥运期间境外分行和工银亚洲系统安全稳定运行。

要加强信息系统的安全管理，做好奥运期间安全事件和安全动态的监控和预警。及时了解和掌握行业内有关网络攻击、病毒扩散等方面的动态信息，重点加强网上银行系统的安全防护，充分预估内外部可能出现的各种情况，提前准备好各项防范措施。做好园区和机房环境安全管理，按照从严管理、最小授权的原则，对目前用户登录生产系统的（逻辑）访问权限和人员进出机房等区域的（物理）访问权限进行全面的梳理和重新设置；各分行特别是奥运服务重点分行要加强对辖内网点互联网接入环境和自助服务区的安全管理。要对全行生产环境中的重点历史遗留问题进行全面梳理，确保其在奥运前得到及时有效解决。

（四）健全奥运期间突发情况应急处理机制。各行特别是奥运赛区城市分行及重点旅游、口岸城市分行，必须健全奥运期间金融服务应急处理预案，确保能够妥善处理服务和业务运行中的突发事件或特殊情况。各行要成立由各专业部门组成的应急指挥中心，在奥运会期间实现24小时运转。

要健全电子银行服务的应急响应机制。实时监控ATM自助终端、特约商户、外卡收单、网上银行、电话银行等电子渠道的运行情况，确保服务平台和业务处理系统的正常运行。指定专人专项负责ATM自助终端的加钞和吞卡领取工作，完善紧急挂失、紧急取现、紧急补换卡等紧急服务措施，争取在第一时间使各种紧急情况都能够得到妥善处理。

要健全业务咨询及投诉处理机制。完善网点大堂经理、一线柜员、“95588”人工坐席、电话银行贵宾服务专线、信用卡VIP客服中心等多位一体的客户投诉和应急处理渠道，落实“首问负责制”，按照“谁接待、谁受理、谁跟踪、谁解决”的原则，及时和妥善处理客户的业务咨询和服务投诉问题。对无法及时解决的复杂问题和客户反映集中的问题，要及时上报，避免因问题拖延形成负面影响。

要健全新闻宣传应急处理机制。重视做好媒体监测工作，主动加强与当地新闻主管部门和各类主要媒体的沟通协调，努力减少负面新闻报道，有效控制新闻危机的不良影响。

要健全信息系统应急处理机制。重点做好信息系统中安全等级3级（含）以上和涉及客户服务部分的应急预案完善，确保一旦发生突发事件后，关键对外服务系统和奥运服务重点分行生产系统能够得到优先恢复，将影响降至最低。总行计划在7月初组织一次全行业务级灾难恢复应急演练，各部门、各分行要积极配合，提前做好准备。

三、认真开展检查验收，促进奥运服务各项任务要求和工作标准落到实处

最近，各地银监局和银行业协会将对商业银行奥运准备工作进行检查，总行也将组织一次全面检查验收工作，推动有关服务措施的落实。希望各行按照总行要求，认真开展自查自纠，发现问题及时整改和完善。

要加强对营业网点、自助服务终端的检查。要从营业网点的形象标识规范、橱窗宣传、内部分区、柜台设置和ATM、电话银行和网上银行的运行，到窗口服务的规范、标准服务流程的执行、授权程序的合理安排、大堂经理和客户经理的配备等方面进行检查。

要在全面检查的同时，重点抓好六个奥运赛区城市及全国重点旅游、口岸城市分行的检查验收工作。对重点分支机构要高标准、严要求，力争各项服务工作先行一步、高人一筹，充分体现工商银行的最好服务水平。

要采取客户现场体验与明查暗访相结合的方式，注重检查的深度和整改的针对性。通过组织客户模拟奥运期间服务情景，现场体验各种服务渠道和流程的便利性、合理性和安全性；组织服务监督人员拨打电话银行，了解坐席人员的服务态度、服务规范和文明用语，以及对各项业务的熟悉程度，及时改进和完善服务工作中的不足。要积极配合当地的监管机构、银行业协会开展相关工作，主动地接受监督指导。

同志们，做好奥运金融服务时间紧迫、任务艰巨、责任重大、使命光荣。全行要积极行动起来，以优质高效文明规范的金融服务，为举办一届有特色、高水平的奥运会作出应有的贡献，为国争光、为中国金融业争气！

在中国工商银行个人金融业务“两化”座谈会上的讲话

张福荣

（2008年4月24日）

这次座谈会内容很重要，开得也很好。会上，山东分行及其临沂市分行、营业部大观园支行重点介绍了实施个人金融业务“专业化经营、系统化管理”的经验，江苏、江西、河南、浙江等分行也交流了各自的经验做法，我们还现场参观考察了大观园支行在“两化改革”中成功实现网点转型的情况。从会议交流情况看，各分行按照总行的改革部署，结合当地实际情况，作了大量艰苦的探索，在构建“大个金”经营格局、推动个人金融业务持续发展上，趟出了新路子、积累了新经验、取得了新成效。现在看来，“专业化经营、系统化管理”的模式已基本成熟，具备了全面推广和进一步深化的条件。我们这次会议的目的，就是要通过经验交

流，进一步引导和动员全行统一思想认识，认清发展趋势，加快把“两化”改革推广开来、引向深入，为新的市场环境下个人金融业务的竞争发展创造体制机制优势。下面我结合会议经验介绍和交流讲三个方面的意见。

一、经过两年多的探索实践，“两化”改革取得了阶段性成果

“两化”改革是总行在个人金融业务发展到新的历史阶段作出的一项重大战略决策，是一项重大的体制机制创新，对于个人金融业务可持续发展，形成持久竞争力，具有十分重要而深远的意义。

大家一定还记得，我行个人金融业务的转型是从2001年开始的，在当年的个人金融专业会议上我们提出了三个战略转变的发展思路，即营销工作由以产品为中心向以客户为中心转变；业务发展由以存款为导向向以市场和客户需求为导向转变；经营目标由增加储蓄存款向提高经营效益转变。接下来的几年里，我们积极构建“大个金”的经营格局，开发和推广理财中心核心竞争力项目，加强产品创新和市场营销等工作，使全行个人金融业务进入了全面开发、综合发展的新层次。2004年，总行又提出打造“中国第一零售银行”的战略目标，进一步把个人金融业务摆上了重要战略地位，驶上了发展快车道。但相对于新时期全行经营转型和创新发展的迫切要求而言，相对于全面开放环境下个人金融业务竞争的新形势而言，我们在管理体制和经营机制中还存在一些深层次的问题和弊端，制约了全行个人金融业务的进一步健康发展。主要是在城市行，还没有真正建立以客户为中心的经营机制，部门职能仍主要按产品划分，造成多头管理、分散营销、信息相互割裂；管理链条和业务流程过长，市场响应速度和营销效率不够；考核激励体系不健全，营销人员素质提升较慢，价值创造与资源配置不匹配；等等。

在这样的形势背景下，总行于2005年11月作出了实施个人金融业务“专业化经营、系统化管理”改革的部署，其主要目的就是要对个金业务的经营管理体系进行一次比较全面、彻底的优化和完善，从而形成一个有利于促进个金业务快速、协调、可持发展的机制，以根本上提升个金业务的发展质量、层次和竞争能力，推动第一零售银行目标和全行战略转型目标的实现。

这项改革从启动到今天已经有两年零五个月的时间了，其间大致经历了两个阶段。第一阶段从2005年底至2007年初，主要是改革试点探索阶段。2005年总行正式作出实施个人金融业务“两化”改革的决定后，率先在深圳和上海探讨、深圳和浙江衢州分行启动了试点。2006年试点范围扩大到23家一级分行辖属的46家二级分行，以及浙江、安徽、广东3家一级分行营业部。同年，总行先后在杭州、深圳等地召开座谈会，总结经验，推动试点。可以说，这一阶段是统一思想、树立理念、形成制度、探索经验的阶段，是打基础的阶段。

第二阶段从2007年初到现在，是改革推广实施阶段。2007年1月，总行召开了全行“两化”改革工作视频会议，杨凯生行长进一步强调了改革的几项原则，以及需要重点解决的问题，作出了进一步扩大改革范围的部署，标志着改革试点工作告一段落，开始进入推广实施阶段。同年开发投产了网点零售银行业务考核系统和个人客户经理考核系统，印发了《城市分行零售银行业务“专业化经营、系统化管理”改革方案》和相关考核制度办法，为改革进一步推进提供了有力保障。可以说，这一阶段是改革全面铺开和深入推进的阶段。目前改革已在全部省、自治区分行推开，其中，山东、浙江、江西、安徽、河南、湖南、广西、四川和新疆等分行已在全辖范围内推行“两化”改革。

在各级行的共同努力下，经过两年多的探索实践，目前“两化”改革已经取得了比较明显的成效，新的体系框架初步建立，形成了统一的营销体系。按照以客户为中心的原则，改变了部门多头营销格局，将原有涉及零售业务产品的多个部门整合成统一的零售业务管理部门，建立起统一、高效的零售银行业务营销平台。形成了分层次的客户服务体系。在统一客户视图的基础上，建立了与不同客户定位相对应的“财富管理中心—贵宾理财中心—理财网点—金融便利店”等分层服务体系，提高渠道综合运用能力和客户关系管理能力。形成了全程的风险管理体系。按照全面风险管理原则，将风险管理由产品和部门层面提升到客户和流程层面，构建起涵盖零售业务操作风险和信用风险管理的全流程、一体化平台，提高了风险防范和控制能力，形成了科学的考核激励机制。部分改革行建立了“双重管理、双线考核”机制，强化了个人金融业务部门对网点零售业务和个人客户经理的统一考核与直接管理，增强了各层面、各业务流程与整体绩效的关联度，提高了零售业务的战略执行力和个人客户经理队伍的积极性。

应当看到，目前通过“两化”改革形成的新体制新机制，已经开始并日益明显地在个人金融业务竞争发展中发挥作用。可以说，全行能够在日新月异的国际化金融竞争中继续保持个人金融业务的市场领先优势，并使多项经营指标创出历史最好水平，很重要的一点甚至说根本原因在于新机制的驱动。2007年，个人金融业务营业贡献为719.54亿元，占全行的比例为32%。个人金融资产销售额达11 163亿元，同业占比第一。实现个人中间业务收入207.6亿元，同比增长148.6%，占全行中间业务收入的比重为52.4%，同比提高2.4个百分点。今年第一季度，个金业务继续保持良好开局。实现营业贡献207.42亿元，同比增长49%。新增存款2 201.6亿元，完成全年计划的110%；销售个人

银行类理财产品2 345亿元，是上年同期的7.2倍。实现个人中间业务收入52亿元，同比增长69.7%。客户结构进一步改善，资产5万元以上的中高端客户增长较快，完成全年计划的58%。

从各分行情况看，一些“两化”改革起步早、进展快、工作实的分行，个人金融业务综合经营管理水平和整体竞争发展能力也都有了很大提高。从山东分行介绍的经验看，实施“两化”改革以后，新体制在市场营销和内部管理方面的优势得以充分发挥，个人金融业务的市场竞争力得到明显提升。2007年该行个人存款和理财及个人住房贷款增量同业占比均居同业首位，个人中间业务增长200%，占该行整个中间业务收入的比重达50%。浙江分行“两化”改革后，业务发生明显变化，存款强劲增长，理财业务增势显著，个人贷款稳步发展，客户结构持续优化。江西分行坚持整体联动，推进改革，完善组织架构，保证了改革的顺利进行和业务发展。河南分行坚持全面启动，重点推进，统一营销，强化管理，保证了改革扎实推进。几个行的经验介绍，都不同程度地反映出实施“两化”改革后的明显成效。

总体上讲，全行的“两化”改革有进展、有收获，实践证明我们的改革思路是正确的，方案是可行的，只要全行认真加以实施并在实践中不断进行完善，“两化”改革就一定会深入进行下去，就会在竞争发展中发挥更大的作用。

二、认真总结“两化”改革经验，进一步统一和深化思想认识

回顾两年多的改革之路，我们创造性地完成了很多开拓性的工作，积累了许多宝贵经验。这次会议只安排了几家分行介绍经验。然而从与各分行多种方式的交流情况看，大家都有一些好做法、好经验值得总结。也许由于各行面临的市场环境以及本行的组织架构、经营结构上的不同，各行在“两化”改革的具体做法上也有一定的差异，但有一些基本经验是共同的，这就是“四个坚持”。

第一，坚持以客户为中心构建个人金融业务运营体系。我们处在客户经济时代，这一经济形态的突出特征是：买方市场、客户主导。这就要求我们必须以目标客户需求为导向、以目标客户价值为主导配置资源和构建运营机制。我们实施“两化”改革，就是希望通过机制方面的变革和创新，改变长期以来我行个人金融业务存在的服务机制和工作流程以产品和部门为中心的状况，真正形成以客户为中心的运营模式。因此可以说，对“两化”改革是否重视，也一定程度上反映出一个行以客户为中心的经营理念是不是真正树立；“两化”改革的效果如何，则体现出一个行的工作是否真正贯彻了以客户为中心的要求。山东、江苏、江西、安徽、浙江、河南等分行之所以在“两化”改革方面认识早、行动快、效果好，就是因为以客户为中心的理念在这些行已经深入人心，不仅思想高度统一，而且真正落实在了具体工作之中。

第二，坚持以提升整体核心竞争力为出发点构建个人金融业务运营体系。“两化”改革是全行的一项重大的体制机制创新，是一项复杂的系统工程。要在个人金融业务领域构建以客户为中心的分层次营销服务体系，构建以风险管理为主线的内控管理体系，构建以价值为核心的绩效评价与考核体系，就要对二级分行原有的机构、职能、流程、人员、考核进行重新整合再造，改革涉及内容多、范围广，难度相对较大。改革行的实践证明，只有正确处理好局部与整体、短期与长期的关系，才能保证“两化”改革的成功实施。那些改革进展快、效果好的分行，一条重要经验就是正确处理了各方面的利益关系，实现了各部门协调配合流畅，管理职责清晰，资源配置统一，分行个金部内部新的职能机构之间，个金部与其他部门之间，以及个金部与支行之间的互相支持、相互配合，使全行在个人金融业务的竞争发展中形成了合力，发挥出了综合优势。例如，临沂市分行在实施“两化”改革工作中，较好地解决了这几方面的关系，建立了协调统一的运行机制，已经明显感受到了改革带来的成效，感受到了竞争能力的增强。截至今年3月末，该行人民币储蓄存款增量占比同业第一，理财产品销售占比同业第一，个人贷款的余额、累放、新增均居同业第一，中间业务收入同业第一。

第三，坚持以人为本构建个人金融业务运营体系。现阶段“两化”改革的首要目标就是增强城市分行的零售银行战略执行力，提升我行一线营销水平和营销效能。现代金融业的竞争，说到底是人才的竞争。离开了人这个核心要素，再好的机制也只能是一个空壳，资产优势、渠道优势、科技优势和经营优势都不可能有效发挥作用。当前影响我行个人金融业务竞争力提升的突出问题，除了机制问题之外，还有人的问题。人员结构不合理，素质总体偏低，客户经理数量过少，特别是高端人才十分紧缺，严重制约了我行市场营销能力的提升。实践证明，只有建设一支强大的客户经理队伍，才能真正保障“两化”改革工作落到实处，也才能真正使新体制新机制发挥出应有的作用。改革过程中，许多分行都高度重视个人客户经理队伍建设，通过相关部门职能的整合释放劳动生产力，多渠道充实客户经理队伍，并更加注重强化客户经理的素质培训，促进一线人员营销和服务技能的提升。例如，湖南分行就十分重视在“两化”改革中打造一支过硬客户经理队伍，到2007年末共配备个人客户经理1 116人，较上年翻了一番多；一年中共举办了13期客户经理和业务骨干培训班，目前，全分行拥有AFP、CFP资格的客户经理近80人，同业排名第一，有效保障了“两化”改革后经营发展

的需要。

第四，坚持以绩效考评机制的完善为关键构建个人金融业务运营体系。绩效考评具有重要的导向作用，是激励约束机制的核心和基础。这次“两化”改革的一项重要内容就是要进一步健全对支行、网点和个人客户经理的考核体系，全面和立体地评价机构、部门和员工的工作业绩，有效调动各方面发展个人金融业务的积极性。在改革推进过程中，许多分行注重研究新的管理理论和方法，根据总行的总体方案设计，紧密结合本行实际，完善对网点和客户经理的管理与考核，从而有效调动了网点和个人客户经理的工作积极性和主动性。今天介绍经验的分行都在这方面形成了比较成熟的机制。比如，江苏分行营业部通过实施个人客户经理激励项目，形成了较为完善的个人金融业务双线管理、双线考核机制，激发了个人金融业务的经营活力。此外，其他分行这方面的改革也都迈出了新步伐或者说取得了新突破。比如，四川分行的一些试点行以网点为平台，以网点负责人、营业经理为支点，以客户经理、大堂经理和柜员为主体，形成了“一面两点三线”的考核框架，也取得了比较好的效果。

应该说，这四条基本经验反映出我们在推进“两化”改革的过程中，对个人金融业务经营管理规律认识上的提高，既是今后全行深化“两化”改革必须坚持的基本原则，也是个人金融业务发展应该始终贯彻的基本方针。这次会上，大家也谈到了改革中遇到的一些具体问题，我想只要我们坚持这些基本经验、基本原则，只要坚持以客户为中心，以效益最大化为出发点，以工商银行发展为最高目标，就一定能够克服各种困难和妥善解决好各类问题，从而不断把“两化”改革引向深入，实现个人金融业务更好更快地发展。

三、坚定不移地推进“两化”改革，保障和促进个人金融业务健康快速发展

当前，国际经济形势动荡加剧，全球金融市场跌宕起伏，尤其是美国次贷危机至今仍看不出见底的信号，未来形势如何发展或对全球经济产生多大冲击，都难以预料，这势必会对我国经济金融的稳定健康发展形成多方面的影响。同时，国内经济金融运行的各种不确定因素也明显增多，最近国务院又提出了“既要防止经济由偏快转为过热，抑制通货膨胀，又要防止经济下滑，避免大的起落”的宏观调控新要求。外部环境的复杂多变，对我行的经营发展带来许多新的挑战，也给我们加快推进经营转型提出更紧迫的要求。个人金融业务是商业银行的利润稳定器，具有客户数量多、资本消耗低、风险分散和收益受经济周期波动影响小等明显优势。因此，越是变化快、不确定因素多的复杂市场环境，我们越要重视发展个人金融业务，深化“两化”改革，来为个人金融业务的健康快速发展提供强有力的体制保障和机制动力。

下一步全行个人金融业务“专业化经营、系统化管理”改革的总体要求是：各省（自治区）分行要在年内全部完成二级分行的“两化”改革工作，形成持续的竞争优势。目前已经完成改革的，要及时总结经验，完善相关配套措施，进一步扩大“两化”改革效果；已经启动的，要稳步推进，确保高质量完成改革任务；尚未启动的，要抓紧工作进度，适时启动。各直辖市分行要按照“以客户为中心，实行统一营销、归口管理，实行双重管理、双线考核”的原则，研究并进行“专业化经营、系统化管理”的改革。直属分行的改革深圳分行已积累了一些经验，希望这项改革在直属分行不要停顿下来。各行一定要认识到，改革是工商银行发展的内在要求，不断地突破体制、机制障碍，是发展的一个规律。这项改革早晚是要进行的，犹豫、抵触、误解都将延缓改革，导致竞争力下降。为保障“两化”改革顺利推进，我再提几点具体要求。

一要进一步完善“双重管理、双线考核”机制。对网点个人金融业务和个人客户经理进行双重管理和双线考核，是被实践证明行之有效的重要机制，对调动各方面的积极性起到非常重要的作用。因此，我们要把网点个人金融业务和个人客户经理的“双重管理、双线考核”作为“两化”改革的重要组成部分，在实践中不断加以总结完善，使之成为平衡分行个金专业与支行之间条块关系的制度力量，既充分调动支行积极性，又发挥个人客户经理和网点的主观能动性和整体协同效应，从而显著提升我行个人金融业务的市场竞争力。同时，要做好“两化”改革绩效考核系统的推广应用和完善工作。进一步加强系统功能培训，不仅要培训各行绩效评价中心人员、一线营销人员，还要培训管理人员，真正通过系统的推广，使有关干部员工更加及时、直观地了解本机构及个人的业绩，调动各个层面的工作积极性。加强系统数据的应用，各行要以考核系统提供的数据为主要依据，开展对贵宾理财中心经营绩效的评价。要根据经营管理需要，不断优化完善系统功能，通过绩效考核引导改革、促进发展。

二要积极推行二级分行个人金融业务专职副行长制度。从二级分行“两化”改革的实践来看，在这个层面上，由一位行领导统一管理个人金融业务，在推进改革实施、减少协调成本、提高工作效率等方面具有明显优势，从一定意义上讲，实行个人金融业务专职副行长制度，是保证“两化”改革顺利推进的一项重要举措。因此，对于还没有启动“两化”改革或没有完成“两化”改革的二级分行，可先设立专职副行长分管所有个人金融业务，为“两化”改革创造条件。各分行要抓紧研究制定二级分行专职副行长与个人金融业务部门绩效的捆绑考核制度办法，促使专职副行长更好地履行职责。

三要加强个人客户经理队伍建设。没有数量充足、素质优良的客户经理队伍，“两化”改革就不可能达到理想的效果。各行要严格落实客户经理配备计划，通过系统内公开招聘、高校毕业生补充等多种方式加快壮大客户经理队伍，确保上半年新增客户经理5 000名，年末总量达到3万名。同时，要适应客户结构不断优化和客户需求日益多元化的要求，加快客户经理素质的培训，鼓励更多客户经理参加各类专业资格等级考试，力争今年全行AFP达到6 000名，CFP达到1 200名。要组织开展“双佳个人客户经理”评选活动，充分调动客户经理的积极性。要积极研究市场化条件下的用人机制，落实销售类人员激励制度，增加客户经理的收入水平和岗位吸引力。要完善客户经理等级序列管理和职业生涯规划，形成规范有序、激励有力的客户经理职业发展机制，吸引更多高素质人才加入到客户经理队伍中来。

四要加快推进贵宾理财中心和财富管理中心建设。加快贵宾理财中心和财富管理中心建设，提升渠道服务能力，推动中高端客户服务全面升级，是“两化”改革的一个重要目标。今年总行拨出几十亿元专项资金用于网点渠道建设，这说明总行下大力气改进网点渠道服务的决心。各行要按照网点分类、功能分区、客户分层、业务分流的标准，统一规划和设计，保证改造质量和效果，确保完成新建贵宾理财中心1 900家的目标。同时，要重点选择客户资金充沛、交通便利、车位充足的贵宾理财中心，优化升级改造为财富管理中心，保证到年末全行建成并投入营运的财富管理中心达到100家，其中上半年争取投入营运60家。要按照“两化”改革要求，研究如何发挥财富管理中心作用，对财富管理中心实施“双重管理、双线考核”，以新机制推进财富管理中心更好更快地发展。

五要重视和加强风险管理。在新的经营管理模式下，个人金融业务部门承担了繁重的风险管理职能。各行要完善个人金融业务管理制度和操作流程，建立案件防范工作的责任、教育、预警、防控、监督、奖惩机制，严格落实案件责任追究制度。要以流程再造为契机，正确处理提高效率和强化风险管理的关系，准确把握风险环节，深入分析和研究有效措施，增强系统对风险的约束力。要全面推广代理业务数据传输系统，及早对辖内各类代收代付业务进行梳理，按照先易后难的原则逐步将其纳入代理业务数据传输系统统一管理，并积极探索将各类代收代付业务纳入区域业务处理中心集中处理的模式。要结合个人金融业务前后台分离的实施，加强对重要岗位的管理，实现有效的岗位制衡和过程控制；加强对个人客户信息的安全管理；加强对网点负责人的管理，各行内控合规、运行管理、人力资源、个人金融等部门要积极配合，合理设定网点负责人的业务管理权限。要加强个人理财业务合规经营，做好客户风险评估工作，将个人客户的风险评估全面纳入系统管理。要针对流程再造、灵通卡产品升级、代理业务数据传输系统优化等项目开展员工培训，使员工全面掌握系统功能，切实提高员工的风险识别能力。

同志们，个人金融业务“专业化经营、系统化管理”改革经过两年多的探索实践，取得了重要进展，积累了宝贵经验，希望大家进一步统一思想，提高认识，开拓创新，扎实工作，继续推动“两化”改革，为建立适应现代金融企业需要的经营模式进行不懈探索，为建设中国第一零售银行注入新的动力和活力！

立足市场　明确方向
提升结算与现金管理专业的核心竞争力

——在中国工商银行结算与现金管理专业核心竞争力座谈会上的讲话

张福荣

（2008年5月22日·根据录音整理）

我们这次会议是继去年全行开展账户营销活动以来的首次大型座谈会，通过近一年的市场营销，我行在取得丰硕成果的同时，也积累了宝贵经验。刚才，各分行的同志谈了很多在提升结算与现金管理专业核心竞争力方面很好的经验和做法，内容涉及经营策略、组织建设、渠道转型等各方面，我认为这是结算与现金管理专业的同志们积极探索、勇于创新的结果，是总分行同志们团结一致，共同奋进的体现，对我们今后的工作将会起到积极的指导作用。下面，就提升结算与现金管理专业核心竞争力讲三点意见。

一、结算与现金管理专业在推动全行经营转型中发挥了重要作用

结算与现金管理专业在成立近两年的时间里，取得了显著成绩。机构设置逐步完善，渠道建设不断推进，非融资类产品体系日益丰富，以客户关系管理为核心的营销服务体系已初具规模，市场竞争能力不断提升，为推进全行经营模式转型作出了重要贡献。

——市场意识不断强化。经过去年账户营销工作的锻炼，总分行结算与现金管理专业的同志在观念上有了明显的转变，更加重视市场，更加重视客户。今年以来，结算与现金管理专业的同志进一步确立“以客户为中心”的经营理念，加快发展，各项工作继续保持良好势头。前四个月，全行累计新开结算账户32.92万户，计划完成率达到54.87%。净增结算账户20.23万户，计划完成率达到57.81%。对公结算账户四大行占比又有广东、贵州两家一级分行迈入了当地同业第一的行列。全行实现结算业务量191.32万亿元，计划完成率达到42.52%。实现中间业务收入15.11亿元，计划完成率达到31.2%。

——营销管理体系日趋健全。各级行高度重视结算与现金管理专业在推动经营转型，带动业务发展中的基础性作用，不断充实结算与现金管理机构和人员配备。截至4月末，原来没有设立结算与现金管理经营机构的二级分行中，又有9家分行设立了专职负责结算与现金管理业务的机构，21家设立了与其他机构合署办公，但是有人专职负责结算与现金管理业务的结算业务中心。

物理网点和客户经理两大营销渠道建设也在稳步推进。截至第一季度末，全行共有具备对公客户服务能力的营业网点13 611家，其中，已建成贵宾理财中心1 030家，专职客户经理2 151人，兼职客户经理11 409人，全行开户专柜的设置率已接近80%，在建成的贵宾理财中心中开户专柜的设置率达到95%以上，结算与现金管理专业已经初步建成了布局合理、流程规范、职能健全、分层分类的对公物理网点渠道体系，初步形成了业务素质高、营销技能强的客户经理营销渠道体系。

——对公结算产品体系日益丰富。结算与现金管理专业既承担着营销职能，又肩负着我行对公结算类产品的研发职能。经过总分行的共同努力，结算与现金管理专业现已建成了以本外币资金池、收支管控为核心的现金管理产品体系，以结算套餐、行业套餐、财智账户卡为核心的标准化结算产品体系，以代理同业、银X通系列为核心的代理产品体系、以自营与代客黄金交易、品牌金销售为核心的贵金属产品体系，以全球快汇、速汇款为核心的海外拓展产品体系，以法人客户营销管理系统为核心的内部管理产品体系等多条完整的产品线，而且形成了总分行联动的完善的客户需求收集转化机制，为营销与维护工作提供了坚实的基础。

二、立足市场，明确方向，不断增强结算与现金管理专业核心竞争力

2006年，总行决定设立结算与现金管理部专门负责公司类无贷客户的维护管理工作，这是应对新的竞争发展形势，增强全行竞争发展能力的一项战略性举措，对于保持和扩大我行的客户规模和业务规模优势，实现业务结构和收入结构的调整，推进经营转型意义十分重大。两年来，结算与现金管理专业不但在市场拓展、产品开发等各个方面积累了丰富而宝贵的经验，尤为重要的是，我们对如何进一步提升结算与现金管理业务的核心竞争力，如何定位结算与现金管理专业的发展方向等一系列重大问题，有了更加深刻和清晰的认识。

作为公司无贷户的管理部门，结算与现金管理是前台市场部门，这个定位应该是非常清楚的，也应该是没有任何疑问的。和其他的市场部门相比较，结算与现金管理专业的特殊性主要表现在，它是最大的一个公司业务部门，因为它负责管理的公司类无贷客户数量最为庞大。同时，它是承担了产品设计和产品推广的市场部门，其他市场部门都没有这样的职能。结算与现金管理专业一定要定位于市场，一切工作要围绕市场来展开。按照这样一个定位，我们应该重点解决好以下几个问题。

（一）重视客户关系管理。客户是商业银行最为宝贵的资源。客户的规模和质量、客户与银行业务关系的紧密程度，不仅代表了银行当前的经营管理水平，还代表了银行未来的业务增长潜力和抗击经营环境变化风险的能力。与产品、服务这样相对稳定的因素相比，客户关系更难以控制和管理，对企业的生存和发展带来的冲击更大。在金融产品和服务同质化越来越严重的情况下，金融机构实施差异化战略的重点，已经从原来的实现产品服务的差异化逐步转移到实现客户资源的差异化上。发展和维护客户资源，保持这些客户对企业的信任和依赖，应该成为我们的一项核心的经营战略。

结算与现金管理专业负责管理200多万户的公司无贷户，履行好客户关系管理职能的责任十分重大，各级行的结算与现金管理部门都要把公司无贷户关系管理作为一项核心工作来抓。一是要千方百计扩大客户规模，通过组织开展好账户营销等工作，保持一个比较高的客户增长速度，不断增加客户数量，发展和巩固我行在客户规模上的比较优势；二是要开发和应用专业化的客户关系管理模式、流程、技术和方法，强化对客户消费需求发展趋势的预判能力，增强对客户金融需求的干预引导能力，提高对客户需求的反馈速度，从整体上保持客户对我行服务的满意度，从而降低他行抢夺我行客户资源的风险；三是要组织开展好各种形式、各个层次的银

企交流活动，大力宣传我行的服务优势和特点，帮助客户认识工行、了解工行和信赖工行，增进银企之间的感情，增加合作机会。这两年来，各级行结算与现金管理专业在强化公司无贷户关系管理职能方面做了大量工作，值得肯定。下一步还要进一步加强这方面的工作。

必须承认的是，按照定位市场这样的要求，我们的工作还存在薄弱环节，使得我们难以充分发挥出前台部门的作用，也制约了结算与现金管理业务核心竞争力的提升。为此，我们要重点实现以下两个方面的转变。

第一，实现客户关系管理从粗放式管理到精细化管理转变。公司无贷户管理的一个突出问题，是客户管理水平比较低，管理模式粗放，管理方式简单。由于不能通过系统及时、准确地获取公司无贷户数量、存款、中间业务收入等关键业务指标，我们还难以评价不同行业、不同地域、不同规模的公司无贷户对我行的价值贡献，难以分析公司无贷户的金融消费特征，也就不能有针对性地制定公司无贷户关系管理政策、管理策略和管理方式。在这样一个条件下，我们很难照顾到客户的个性化服务需求，也很难提前掌握客户需求的变化趋势，有针对性地加以引导和干预，来实现客户满意和保持客户与我行的合作关系。因此，我们迫切需要采取各种手段，推进客户关系管理从粗放式向精细化转变。

第二，要实现对公网点从业务操作型向经营营销型转变。网点是我们非常宝贵的经营资源。这几年，结算与现金管理专业在对公网点建设方面做了大量工作，取得了明显成效。但是与目标相比仍有一定差距。对公网点建设的核心目标，就是推进网点从业务操作型向经营营销型的转变。各级行结算与现金管理部门都要采取有力措施，使网点不仅仅是交易处理的平台，更是产品销售、业务宣传和客户关系管理的重要平台，促使各级行真正把网点经营起来、把网点经营好。这次评选出的“百强对公业务网点”，在建设经营营销型网点工作中作出了突出成绩，下一步要推广他们的经验做法，促使全行的对公网点都真正实现这样一个转型。

（二）组织和推动市场营销工作。与所有的市场部门一样，结算与现金管理专业要承担产品和服务的销售任务，要求我们做好制订销售计划、管理销售队伍、评价销售业绩等工作。在这里我想重点强调两点，一是要增强交叉销售平台的功能，不断提高销售效率、降低销售环节的成本，实现结算、理财等各类对公金融服务产品的交叉销售。二是要充分发挥销售业绩评价对产品管理的促进作用。结算与现金管理部门要与各个产品管理部门建立良性的沟通协调机制，及时、准确地向各个产品管理部门反馈产品的销售情况，对哪些产品好销、哪些产品滞销做到心中有数，促使各个产品管理部门及时开发适销对路的产品，来满足客户需求，增加我行的收入。

（三）搞好市场调查研究。市场调查研究是开展市场营销活动的基础，如果不掌握客户、同业、监管等市场各个方面的信息，营销管理决策就很难开展，客户细分、针对性的产品开发和产品销售推广活动的效果也很难保证。我们和国际发达商业银行之间的差距，很突出地反映在市场调研研究能力比较弱这个环节上。如何发挥好市场调查研究这个职能，如何有效地组织开展市场调查研究工作，如何培育市场调查研究能力，如何将市场调查研究的成果应用到我们专业的营销管理中去，是我们结算与现金管理专业同志要认识思考的问题。在这个方面，我们已经迈出了步伐，要坚定不移地继续推进。这个问题解决好了，将有力推动我们这个专业的发展，也将有力推动全行对公业务线的市场营销能力的发展。

（四）推进产品和业务创新。作为市场部门，结算与现金管理专业一定要密切跟踪客户需求的新变化，了解市场新动向，及时研究满足客户潜在需求的必要性和可行性，进而创造出新的商业模式，开发出新的业务市场，在市场竞争中抢得先机。这方面的工作包括设计和组织开发新产品，设计和组织新的服务流程和运营流程，开展产品功能、运营流程的评价等，使我们对于客户需求始终能够作出敏锐的反应，使我们的产品和服务能力始终处于同业领先的水平，使全行的经营管理活动真正围绕满足客户需求这个中心来展开。

三、实现结算与现金管理专业发展的新突破

（一）下决心，花力气，抢占客户资源，提高市场份额。2008 年国家实施从紧的货币政策。从紧货币政策的核心是“紧信贷”，在信贷规模受到限制的情况下，商业银行需要更多地倚重于资金业务和各类中间业务，结算与现金管理部门承担着重要工作，所以我们要采取措施拓展客户市场，努力提升对公账户及对公客户发展的价值。

——增量客户。对于增量客户的增存，各行要从市场分析的角度入手，对于新设立的企业采用抓源头的方式争取从企业设立之初就建立与我行的金融服务关系。对于已在他行开户的客户，要采用广告宣传地毯式营销与客户经理重点突破相结合的方式，争揽挖转在他行的存款。各行要注重对增量客户的营销力度，要注重本行在当地同业市场占比情况，加快四大行占比排名升位的速度。

——存量客户。对于存量客户的增存工作，各行要从客户分析的角度入手，着重分析客户在我行接受金融服务的路径、渠道，使用的产品、频率等，有针对性地设计个性化增存方案，要利用我行网点、服务、产品等各方面的优势争取一举成为客户唯一服务银行。各行要加大基本存款账户、一般存款账户在新开账户中的比重，提高客户稳定率；对只在我行开立专用存款账户的

客户，要加大营销力度，争取其把更多的业务品种、业务量、其他结算账户转到我行，成为我行的基本客户；对临时存款账户要千方百计地提高转存率，争取将其中大部分发展为我行的长期客户；对开户3个月但无交易量发生的结算账户，要安排上门走访，了解情况；对长期不动户要分片包干，有效提高账户激活率。总行结算与现金管理部要安排专项活动，将长期不动户的激活率从上年的26%提高到50%以上。

（二）强化渠道建设，“百强对公业务网点”要实行“四个统一”。各行要以评比“百强对公业务网点”为契机，加强对公营业网点的管理，增加对公营业网点服务品种，切实提高对公营业网点经营绩效。科学评价对公营业网点对公客户的维护情况、对公账户的发展情况、对公业务的贡献情况、非融资类产品的销售及收入情况等。

“百强对公业务网点”要成为全行经营对公业务网点的楷模，要以“统一的营销策略”、“统一的营销流程”、“统一的营销品牌”和“统一的考核评价”为标准进行建设。

一是统一的营销策略。“百强对公业务网点”要按照统一的营销策略开展营销工作，根据不同类型的客户需求提供不同的金融产品、突出不同的营销渠道：对已纳入总行结算与现金管理部核心客户名单的，必须配备具有中级财资管理师资格的客户经理进行客户关系维护，客户经理至少要按季度出具客户分析报告，为客户推荐的金融产品要以具有附加增值功能的高端产品为主，客户经理主管至少要按季度根据分管客户的价值变化对客户经理进行业绩评定；对非核心客户要由支行具备初级财资管理师资格的客户经理和网点柜员负责营销和维护，这类网点必须落实管户柜员制度，要把网点内的所有客户分解落实到具体人员，管户柜员必须对所管理的客户负责，客户贡献度的提升与下降必须要与管户柜员的业绩评定挂钩，为客户推荐的产品以标准化的结算产品和结算套餐为主。此外，对于开户专柜的设置，这类网点设置率必须达到100%。

二是统一的营销流程。“百强对公业务网点”必须采取统一的营销流程开展营销工作，以规范、专业、快捷的服务流程提升客户服务水平。总行结算与现金管理部正在制订标准化的营销流程对客户服务进行规范和统一，各行要按照标准的营销流程进行服务，具体包括：对公客户进入网点后，大堂经理必须按照对公和个人兼顾的原则询问客户需求，借助财智账户卡识别客户等级，引导客户办理各类业务；大堂经理或柜员要打破专业限制，根据客户需求向客户营销我行各类产品，实现捆绑营销、综合营销；柜员了解到客户具有理财需求及现金管理服务需求时，必须介绍给坐班的理财经理，由理财经理为客户设计个性化服务方案。“百强对公业务网点”作为对公业务的模范网点，应该成为统一营销流程的试验田和排头兵，为全行对公营业网点营销服务流程的提升作出贡献。

三是统一的营销品牌。“百强对公业务网点”应该成为我行对公客户服务的拳头品牌，总行将从外部形象、内部设计等方面对“百强对公业务网点”进行统一规划，形成适合对公业务发展，适合对公客户营销与服务的品牌形象。“财智账户”是工商银行的重点品牌，我们要充分发挥品牌作用，加快品牌建设和推广，以“财智账户”带动结算、代理、贵金属等分支品牌的体系建设，实现品牌营销宣传的合力。

四是统一的考核评价。总行将围绕“百强对公业务网点”建立一整套考核评价体系，通过跟踪监测“百强对公业务网点”人均存款、中间业务收入、对公客户数、对公账户数、对公理财产品销售及其他金融产品销售等指标，评价全行网点对公业务变化情况，分析变化的原因，采取应对的措施。原则上要求，除所处经济区域发生较大变化外，这类网点的客户数、账户数、中间业务收入及存款额至少要以每年10%的速度递增。

（三）大力开展营销活动，确保完成经营目标。下半年，结算与现金管理专业要以提升核心竞争力为目标，继续开展内容丰富，形式多样的营销活动，确保全年各项经营指标的顺利完成。要开展结算套餐、行业套餐的营销活动，通过客户分类实现有针对性的产品营销，带动中间业务收入的增长；要细致分析公司存款增速放缓的原因，在公司存款下降较为严重的客户群体中开展以吸收存款为目标的营销活动；要开展针对重点产品，如理财产品、财智账户卡的营销活动，发挥重点产品在客户关系维护中的作用。特别要注意通过理财业务与现金管理业务结合、通过理财业务与投融资等业务的结合，强化我行高端业务领域的服务能力。营销活动的组织要在两个层面展开，一是总行要在广泛征求各分行需求的基础上，组织一次有影响力的营销活动，实现营销效果最大化；二是各行要根据本行业务情况组织好分行层面营销活动，尤其是动员二级分行人员参与，扩大活动影响范围，提高营销效果。

（四）加强监测分析。目前，结算与现金管理专业存在着许多需要进一步深入分析的领域，但是受制于数据的匮乏和获取数据的不畅，许多很有意义的分析工作无法进行下去，因此亟待搭建一个数据统计分析的平台，建立监测分析体系。我们要抓紧制定监测分析办法，明确数据采集方式，明确数据提供渠道，明确监测分析发布方式，并对监测分析进行评价和反馈，通过监测分析反映专业发展水平和营业贡献度，提升部门的价值，提升专业的活力。

（五）建立健全激励机制。一是要明确结算与现金管理专业的责任和目标，将指标层层分解到各级分行、支行及网点，使各级机构都有明确的工作目标；二是在任务分解的基础上，实现对结算与现金管理专业工作实行量化考核，定期通报考核结果，以促进业务快速发展；三是各行应根据本行具体情况继续实施开户有奖政策，并将奖励标准与账户质量挂钩，抓账户拓展的同时，有效促进账户质量的提升。

适应市场变化　明确工作思路
推动个人信贷业务又好又快发展

——在个人信贷工作座谈会上的讲话

张福荣

（2008年8月5日）

当前，国内外经济金融形势发展变化很快，个人信贷业务也面临着新的严峻挑战。我们召开这次个人信贷业务座谈会的主要目的，就是贯彻刚刚召开的分行行长工作会议精神，分析当前形势，统一经营思想，兼顾当前和长远，统筹局部和全局，找出工作中存在的突出问题和薄弱环节，提出针对性工作措施，推动个人信贷业务持续、健康发展，巩固我行市场领先优势，在经济周期的波动中实现个人信贷业务又好又快发展。下面，我主要谈三个方面的意见。

一、今年初以来个人信贷业务保持健康发展，同时面临严峻挑战

今年初以来，全行上下共同努力，密切跟踪市场变化，积极应对同业竞争，切实加大市场营销力度，提高风险防范水平，保持了个人信贷业务的健康发展。主要体现在以下两个方面。

一是个人贷款持续较快增长，市场占比保持领先。今年市场形势复杂，同业竞争加剧。为保持业务持续增长，全行上下做了大量艰苦细致的工作。总行个人金融业务部和相关部门加强协作，努力营造良好的业务发展环境。绝大多数分行能够认真贯彻总行工作要求，根据本地市场实际，推出一系列提升营销能力和服务水平的新措施，市场拓展工作取得一定成效。截至7月末，全行个人贷款余额为7 916.3亿元，较年初新增477.6亿元。其中，个人住房贷款余额为6 516.8亿元，较年初新增439.3亿元；个人消费贷款余额为952.2亿元，较年初新增41.5亿元；个人经营贷款余额为447.4亿元，余额保持基本稳定。我行个人贷款余额仍居四大行第一位。

二是个人贷款质量持续向好，收益水平不断提高。截至6月末，全行个人贷款不良率为1.12%，比年初下降0.01个百分点。其中，个人住房贷款不良率为0.98%，比年初下降0.03个百分点；个人消费贷款不良率为2.29%，比年初下降0.14个百分点；个人经营贷款不良率为0.52%，继续保持在较低水平。1－6月，全行实现个人贷款利息收入270.81亿元，同比增加84.75亿元，增幅达45.55%。6月末，个人贷款产品营业贡献为95.35亿元，同比增加29.99亿元，增幅达45.88%；实现利润贡献80.16亿元，同比增加23.08亿元，增幅达40.43%；实现经济增加值49.42亿元，同比增加24.28亿元，增幅达96.58%。

这些成绩，是我们在经济金融环境复杂多变，同业竞争十分激烈的情况下取得的，来之不易。但是，这些成绩与我们的预期目标还有一定的距离，同时，我们也要看到，个人信贷市场今年初以来发生的一些新变化和我们面临的新挑战。

从内部来看，主要是各分行发展不平衡，多数分行取得较好增长，但部分重点分行未充分发挥应有作用。7月末，全行35家一级、直属分行中，有29家分行个人贷款余额实现增长，6家分行有所下降。增量在40亿元以上的分行有5家、在20亿元以上的有4家、在10亿元以上的有8家。安徽、河北和山东等分行高度重视个人信贷业务发展，调动资源，加大投入，加强市场营销，取得了良好效果，个人贷款增量分别达到55.11亿元、51.95亿元和42.05亿元，同比分别多增13.74亿元、17.46亿元和11.25亿元。

需要关注的是，上半年个人贷款余额大行对于全行的业务拉动作用有所减弱。截至7月末，个人贷款余额在400亿元以上的浙江、广东、江苏、山东、上海、北京、深圳7家分行个人贷款余额合计4 426.7亿元，占全行的55.92%；但新增额只有142.11亿元，仅占全行的29.76%。除山东分行外，上述其他6家分行今年新增额同比均大幅下降。其中，浙江、江苏、广东和北京分行同比分别少增了105.6亿元、79.3亿元、76.2亿元和7.39亿元。深圳和上海分行余额分别下降27.95亿元和15.44亿元，合计占全行累计下降额的86.88%。

本次参会的福建（比年初新增22.3亿元，同比少增29.59亿元）、重庆（比年初新增19.89亿元，同比少增6.24亿元），个人贷款新增额占全行各项贷款新增额的比重均超过其余额占比，但增量较上年同期都有不同程度的下降。

从外部来看，主要是同业竞争进一步加剧，我行领先优势缩小，竞争压力很大。农行、中行、建行等同业竞争对手今年均继续把个人贷款作为重点战略业务，在不同程度上加大了资源的倾斜和投入，强化市场竞争。建行在年初个人住房贷款余额被我行超过后，立刻采取综合措施，加强组织推动力度，于5月再次反超了我行。中行确定今年个人贷款新增目标占全部人民币各项贷款新增总额的39%，采取的措施较为灵活，近期增长势头较为迅猛，已成为我行又一有力竞争者。在同业的挤压下，我行个人贷款市场领先优势正受到强有力的挑战。虽然我行个人贷款余额仍居四大行第一位，但随着近期建设银行个人贷款的快速增长，双方差距已不断缩小。值得注意的是，近期我行个人贷款增量已经失去了市场第一的位置，落在建行之后，处于第二位。

7月末，我行个人住房贷款余额已由上半年的一度领先变为目前落后建行约93亿元。个人住房贷款增量也失去了同业第一地位，1－7月共比建行少增了约56亿元。

从各分行的情况看，上半年我行增量同业占比居第一位的有北京、山东、河北、安徽、河南等13家分行，居第二位的有广东、云南、重庆等10家分行，居第三位的有浙江、福建等6家分行，居第四位的有上海、江苏和深圳等6家分行。同期建行有13家分行位居同业第一位，12家分行位居第二位，中行有8家分行位居第一位，农行有1家分行位居第一位。

分析上述这些变化产生的原因，一方面，由于经济金融环境发生变化，同业竞争进一步加剧；另一方面，也与我们一些分行在新的市场形势下，个人信贷业务发展的指导思想出现偏差，产生了摇摆，工作力度有所减弱有关。部分行过分强调房地产市场出现“拐点”的可能性以及由此可能引发的个人住房贷款风险，因而放松了个人住房贷款营销工作，还有一些分行放大个人经营贷款的风险，因此在市场营销上等待观望。在一级分行贷款规模的掌控上，存在个人贷款规模被其他业务挤占的现象。同时，由于各区域市场发展情况不平衡，部分市场情况较好、业务发展快的分行因个人住房贷款规模不足制约了业务发展，有些分支行还因此停止了纯按揭项目的营销，有的甚至造成我行开发贷款支持项目的按揭资源流失的情况，而另一部分分行规模却出现闲置。以上这些因素在不同程度上影响了个人贷款的持续快速发展。

二、准确把握市场形势，进一步明晰个人信贷业务发展思路

在当前形势下，个人信贷业务在以下三个方面，需要认真分析，统筹把握。

（一）准确把握当今商业银行经营转型发展的趋势，坚定不移地推进个人信贷业务健康快速发展。股改上市以来，加快经营转型，加快实现经营模式和增长方式的根本转变一直是我们发展战略的核心。为此，总行提出打造国内第一零售银行和第一按揭银行等一系列重大经营发展战略，并多次强调其目的就是要通过加快发展个人金融业务促进全行业务结构、产品结构、客户结构和收益结构的调整和改善，减少对利差收入的过度依赖，提高全行经营结构的合理性和适应性；就是要通过提高个人信贷资产比重，优化信贷结构，分散信用风险，提高全行信贷资产质量的健康性和稳定性，建立一种低资本占用、低风险、高回报的信贷业务经营模式。

个人信贷业务受国家宏观经济周期波动的影响小，盈利稳定，风险分散，经济资本占用低，能够为股东带来丰厚的回报。个人贷款对其他个人金融产品如银行卡、电子银行、存款和个人结算等具有较强带动作用，综合效益明显。个人贷款客户经过筛选和资格审查，资质较好，在其较长的还款期内进行交叉营销，可以进一步提高我行个金产品在优质客户中的渗透率，促进零售业务整体竞争力的提升。基于这些考虑，近年来全行对发展个人信贷业务的重视程度不断提高，营销工作力度不断加大，个人贷款余额在全行人民币各项贷款中的比例逐年提高，占比已由2000年的5%上升到目前的20%。个人信贷业务在全行经营转型中的作用越来越突出，地位越来越重要。

在看到全行信贷转型发展的积极变化的同时，我们也必须清楚地看到，我行历史形成的以公司信贷资产为主体、高度依赖利差收入的经营增长方式还没有根本转变，全行的经营状况在很大程度上依然受到经济周期变化和市场波动的影响，长期、持续、稳定发展的基础还不十分牢固，经营转型仍然任重道远。因此，在贷款规模紧缺的情况下，今年总行仍对个人贷款规模进行了必要倾斜。大家一定要进一步深刻认识经营转型的重要性和紧迫性，进一步深入领会总行的战略取向，不要单纯算表面账、算短期账，片面强调保障某一类贷款规模的重要性，而忽视个人信贷业务甚至挤占个人贷款规模。必须树立科学的、可持续的业务发展理念，兼顾当前利益和长远利益，保障个人信贷业务的资源投入，把总行既定的业务发展战略贯彻执行好，把个人信贷业务健康快速发展的良好势头巩固好。

（二）准确把握房地产市场形势，努力实现个人住房贷款业务高质量、高效益、健康发展。今年上半年，房地产市场延续了去年第四季度以来高位调整的态势，

部分热点城市楼盘交易量萎缩，市场观望气氛比较浓重，房价涨幅趋缓甚至下跌，随着贷款利率上升，购房者负担加大，房贷违约现象有增多趋势。下半年，实行“一保一防”即保持经济平稳较快发展、控制物价过快上涨是宏观调控的首要任务，国家将继续保持宏观经济政策的连续性和稳定性，同时增强宏观调控的预见性、针对性和灵活性，把握好调控的重点、节奏和力度，避免出现大的起落。我们要全面、正确地理解国家宏观调控政策，深入分析研究个人住房贷款市场开拓和风险防范面对的新情况和新挑战，积极调整策略和措施，在经济周期波动中保持个人住房贷款业务高质量、高效益、健康发展。

一方面，我们要着眼于房地产市场的走势，坚定个人住房贷款业务发展的信心和决心。当前，房地产业已经成为我国国民经济的基础产业、支柱产业和先导产业，经济迅速发展和城市化进程加快是推进房地产业发展的两个主要宏观经济条件，从中长期来看，这两个条件都不会发生根本变化。中央最近又进一步明确要引导房地产市场健康发展，稳定对经济发展的预期。随着国民经济的持续健康发展和城市化水平不断提高，城市人口会稳步增加，城镇居民收入水平将逐渐提高，居民的住房需求也会不断增长和释放。作为居民购房的主要资金来源，个人住房贷款将面临更为有利的外部环境，获得更为广阔的发展空间。对房地产市场，我们不仅要关注其短期波动，更要注重把握其长期发展趋势；不仅要关注在局部地区房地产市场出现的问题，更要认清当前全国房地产市场的总体形势。同时，我们对房地产市场调整也应作辩证分析，既要看到短期波动对个人住房信贷业务营销工作带来的不利影响，也应看到必要的调整将促进房地产市场合理回归，促使消费者理性购房，使更多的地区市场重新进入价值区间，进而扩大个人住房信贷业务的安全边际，使个人住房信贷业务步入更加健康的可持续发展轨道。

另一方面，我们必须要高度重视各方面因素对房地产市场短期走向的影响，密切关注部分地区房价波动的风险。房地产业是资金密集型产业，在从紧货币政策影响下，部分开发商资金状况日益吃紧，在现金流趋紧和市场持续低迷的情况下，一些总体实力偏弱的中小房地产开发企业可能会出现一些新情况，部分地区房地产市场仍可能维持一段时期的调整，我行个人住房贷款质量也面临房地产市场调整的严峻考验。我行现有的 6 400 多亿元个人住房贷款中，超过 63% 发放于 2006—2007 年的高房价时期，这部分贷款面临着抵押物价值波动的风险。

面对市场中的不确定因素和营销工作中的诸多挑战，我们既不能无视风险、盲目扩张，也不能过度渲染风险、裹足不前，必须一手抓业务发展，一手抓风险防范。当前，各行要在正确把握当地房地产市场形势的基础上，找好营销切入点。我国幅员辽阔，东、中、西部城市化发育程度差异较大，部分中西部省份和部分二线城市，房屋价格相对较低，以自住性需求为主，受宏观调控政策影响较小，房地产市场和个人住房信贷市场发展较为平稳，已成为各家商业银行市场竞争的新焦点。即使同在东部地区，不同城市之间的发展情况也有很大的区别。只要我们坚持科学发展，控制好风险点，找准市场切入点，通过差别化政策和精确营销，就一定能够争取更大的市场空间。

（三）正确把握市场和客户需求，促进个人贷款各品种统筹协调发展。个人消费贷款和个人经营贷款是个人信贷业务的重要组成部分。随着内外部环境的改善，经过几年的努力，个人消费贷款和个人经营贷款实现健康发展的基础已得到进一步夯实。一方面，我国社会经济保持着快速发展，居民消费结构不断升级，个体私营经济持续增长，居民融资需求日趋多样化，个人消费贷款和个人经营贷款潜在客户群进一步扩大，我行客户选择空间也随之增大；另一方面，经过多年的业务探索和经验积累，全行对个人信贷业务发展规律和风险特征的认识不断加深，前中后台分离的个人信贷经营管理体制已经构建，个人信贷政策制度不断健全规范，这些都为包括个人经营贷款和个人消费贷款在内的个人贷款各产品进一步持续、健康发展提供了有力保障，使我们现在可以做到规模发展。因此，各行要审时度势，抓住战略机遇期，契合市场需求，进一步把这两项业务抓好抓实，确保完成年初制定的工作目标和营销任务。

准确地判断形势，是我们做好市场营销工作的前提。总体上我们可以形成这样的认识：第一，个人信贷业务是收益比较高，成长性好的业务；第二，个人信贷业务风险可控，目前较低的不良率就能够证明这一点，虽然暴露出来一些问题值得我们关注，但总体风险状况还是可控的；第三，大家普遍关注的房地产市场目前正处于一个成长阶段，在这个市场上，个人按揭业务应该说是有发展空间的；第四，对于个人综合消费贷款、个人经营贷款以及汽车贷款业务，还是应该稳步推进。

三、明确发展方向，推进个人信贷业务健康发展

打造“第一零售银行”、“第一按揭银行”是全行实现经营转型的重要发展战略，各行的经营指导思想务必要统一到这上面来，要清醒地认识到个人贷款业务无论是现在还是将来，都对全行改革发展起着重要作用，各行要科学制定个人贷款发展规划，合理调整各贷款品种的结构。作为全行战略转型和资产业务结构调整的一项重要内容，总行希望用 3 年左右时间，将个人贷款在人民币各项贷款余额中的占比提高到 25% 左右，使其进一步成为资产业务的重点产品。各行一定要采取有效措施，继续加大个人贷款资源投入，确保我行个人贷款

稳步快速发展。

当前，要以坚强决心，克服各种困难，以“第一按揭银行”为目标，全力投入市场竞争。个人住房贷款市场占比第一的分行要进一步巩固领先地位，拉开与同业的差距；市场占比第二的分行要尽快实现抢争市场第一的目标；市场占比第三、第四的分行要卧薪尝胆，尽快把发展速度提上来。个人贷款年度新增计划执行进度较快的分行，9月底要完成年度计划的80%，继续发挥好引导作用；目前计划执行进度较慢的分行，9月底要完成年度计划的70%。目前负增长的分行，要认真分析自身原因，市场需求旺盛的分行，8月份要实现正增长。市场确实严重萎缩，存在较大风险的，应尽量选择优质客户积极营销，努力减少负增长，要有所作为，不能停滞不前。

为确保实现上述目标任务，全行要重点抓好以下工作。

（一）进一步加强业务组织推动。一级分行是资源分配和政策细化落实的重要枢纽，是当前推动个人信贷业务发展的关键环节。各一级分行要明确自己肩负的重大责任，切实做好个人贷款营销组织工作。

一要进一步完善个人信贷业务行长责任制。要将该项制度的落实和完善作为近一个阶段的主要工作抓手。在发展个人信贷业务过程中，行长有行长的责任，部门有部门的责任，前台后台都有不同的责任。从实践中看，很多分行实行的问责制已经起到了较好效果。在此基础上，有条件的分行还可以把个人信贷业务发展指标纳入到行长绩效考核当中去，无论是作为一类指标、二类指标还是作为子指标，都可以考虑。已经列入的分行，可以适当地增加权重。

二要加大资源投入。资源是做好个人信贷业务的重要保证。实践证明，重视不重视，结果是截然不同的。在资源配置上，首先要把个人信贷业务的营销、审批环节的人员配备好、配备齐。目前要重点增加市场营销力量，每个分行要根据已经确定的个人贷款客户经理与业务量的比例，抓紧配齐人员，这项工作主要由一级分行负责。其次要把激励机制的作用发挥到位。合理的激励机制能使我们取得好的回报，获得更佳的经营业绩。要在现有个人贷款营销考核奖励办法的基础上，进行进一步规范和完善，狠抓绩效工资分配办法的落实，坚持公开透明原则，确保绩效工资及时足额分配到一线业务人员。最后是关于贷款规模保障的问题。对个人贷款规模进行适当倾斜是总行今年已经确立的一个方针，总行下达的个人贷款规模要实行专项管理，严禁挪用于非个人贷款品种，已经挪用的要及时归位，不能及时归位的总行将扣减其个人贷款规模。在贷款规模管理中，总行坚持动态的按月监测、按季考核。对个人贷款主要是个人住房贷款执行计划较好的分行，总行个人金融业务部可及时协商资产负债管理部，视情况调增其个人贷款规模。

三要加强协调配合。个人信贷业务的发展需要各有关部门密切协作。要尽快完善个人信贷业务前中后台联动考核机制，将贷款营销、审查审批、信贷管理等各项考核内容进行有机捆绑，科学设置权重，并提高相互之间的考核影响分数，实现前中后台业务发展目标的一致性。各行要进一步强化协调机制，明确协调负责人，按月或按季召开业务协调会，及时解决前中后台部门业务联系中出现的新问题。目前特别要进一步提高个人贷款营销部门和审批部门的沟通配合，不断提高审批效率。

四要保持政策稳定。政策稳定是建设“第一按揭银行”，做强个人信贷业务的关键。我们整体信贷政策的出台要在服从国家宏观调控政策的前提下，做到有利于市场发展，有利于市场培育，有利于风险防控。要从这些方面出发来考虑研究制定个人信贷业务政策。需要强调的是：第一，当前的个人信贷政策是有可操作性的，执行起来是有效的，不应轻易改变，要保持政策连续性。第二，个人贷款重点品种、重点地区的发展政策，也要稳定。各相关部门、各行要继续贯彻已有制度要求，认真落实，确保执行不走样。第三，对于停复牌等政策制度，要积极及时地予以调整和完善，形成明确、规范的制度要求。第四，针对各分行管理水平的不同和市场需求的特点，应适当地扩大或者收缩部分经营授权，同时应合理设置各分行对其分支机构的转授权比例。第五，要进一步加强业务创新，总行将考虑适当地授予一级（直属）分行一些产品创新权。

（二）继续加强个人住房贷款市场营销。要坚持打造“第一按揭银行”的目标不动摇，以实现同业占比第一为目标，继续加大个人住房贷款营销力度，在保证资产质量稳定的前提下，实现个人自用房贷款的快速发展。

要进一步加强个人住房贷款与住房开发贷款的资源配套和经营联动，继续加大一手房贷款市场的营销管理力度，确保按揭资源不流失。是否做到、如何做到，各行要在行长组织下总结，作出安排。要紧密跟踪市场形势，积极拓展二手房贷款市场，鼓励发展纯按揭业务。要根据总行新版《个人住房贷款管理办法》有关政策规定以及提升后的系统功能，积极做好新产品、新业务的营销推广工作，做好直客式个人住房贷款、固定利率个人住房贷款等新业务的试点工作，综合利用存贷通等理财增值服务和还款方式创新等服务举措，做好优质客户关系维护，不断提升我行服务能力和竞争能力。要根据市场发展实际，发现和培植个人住房信贷业务新的资源和利润增长点。总行将根据各地市场情况及我行开发贷款资源投放情况，选择100家左右二线城市分行，给予一定政策倾斜，鼓励这些分行积极发展个人住房贷款业务。

（三）稳步发展个人消费贷款业务，在风险可控的前提下适度发展个人经营贷款业务。各行要瞄准中高端客户群体，充分发挥各类营销渠道功能，积极稳妥地推进个人消费贷款和个人经营贷款的营销工作，确保完成序时计划任务。

当地房地产市场低迷、个人住房贷款市场出现持续萎缩的分行，要认真研究本地市场需求，在有效防控风险的前提下，有针对性地加强个人汽车贷款、个人质押贷款和个人经营贷款营销，确保我行个人贷款整体增长目标的实现。总行鼓励重点地区发展的政策没有变化。长三角、珠三角等重点区域分行要主动加快发展，积极研究和适应市场需求，开展业务创新，保持和取得同业竞争优势。总行将适当扩大对部分分行个人经营贷款授权，以支持业务发展。

（四）完善个人信贷业务营销组织体系。近几年，我行的个人贷款业务得到了快速发展，客户数、业务量和管理幅度都大幅度增加。但是，我们在人力资源和业务支持等方面的投入却没有相应跟上，在相当程度上制约了我们的市场拓展能力、客户服务能力和贷后管理能力。各行要尽快完善个人信贷业务营销组织体系。

一是继续加强个人贷款中心建设。要以“专业化经营、系统化管理”的总体要求指导个人贷款中心的建设工作，将个人贷款中心纳入网点建设规划，结合全行贵宾理财中心建设和网点升级改造等工作统筹考虑并稳步推进。每个开办个人贷款业务的二级分行（城市分行），今年原则上至少要组建一家符合“个人信贷业务营销标准化工程”项目要求的个人贷款中心。

二是健全个人信贷营销服务体系。要进一步完善个人金融网点的个人贷款营销服务职能。具备条件的分行应尽可能地将个人贷款业务的咨询和受理工作延伸至贵宾理财中心、个人理财中心，并与个人贷款中心建设相结合，形成较为完善的个人信贷营销服务体系。已经开展的要注意总结经验。

三是加强个人信贷营销队伍建设。各行要继续完善个人信贷营销岗位设置，充实人员，使人员配备与业务量、管理幅度和所承担的管理职能相适应。要做好个人信贷营销人员资格认定和培训工作，推动个人信贷营销队伍专业化，逐步构建起初级、中级、高级三个层次的营销队伍。

（五）积极探索新形势下发展个人信贷业务的新思路。在继续重视产品创新的同时，进一步加强对客户分层、差别化服务、行内外营销渠道建设和存量客户交叉销售等问题的研究与规划。要通过客户细分和差别化服务，形成我行竞争优势，增强市场竞争能力。要加强对个人贷款存量客户的维护与价值挖掘，提升客户忠诚度，提高优质客户个人金融产品的渗透率。要提升渠道效率和管理水平，在对行外渠道进行营销时，既要有必需的费用保障，又要创新思路，降低不必要的成本。要利用好批发营销和定向营销模式，定期维护优质房地产开发商、汽车经销商、房地产中介等业务合作伙伴，及时对其进行分析与选择。对优选的合作机构，要强化对其服务，做好工作衔接，形成双方合作的长效机制。

（六）切实提高风险防控水平。对于风险的控制要“三到位”，即研究到位，布置到位，防控到位。

一要规范业务操作。要认真贯彻落实国家宏观调控政策，严格执行个人第二套（含）以上住房贷款政策，按照监管部门的二套房认定标准进行已贷款购房套数调查，认真核实个人征信息系统信用报告以及其他证明借款人已贷款购房套数的材料，认真执行监管部门规定的贷款利率及成数要求。

二要防范信用风险。要把好客户准入关，坚持市场开拓与风险防范并重的原则，着力营销优质客户，认真进行贷前调查，控制好贷款真实性和客户还款能力等风险点，加强对贷款用途的监控管理。对从事个人贷款贷前调查的人员，要加强培训，通过良好的机制保持队伍的稳定性。

三要防范外部营销合作机构的潜在风险。要认真落实监管机构和总行对于外部营销合作机构的管理规定，在按揭贷款合作方面，要选择开发企业实力较强、区位环境较好、销售前景良好、销售价格合理的按揭项目；在汽车经销商和二手房中介机构方面，要严格审查其资质和企业运行情况，确保我行在合作中的资金安全，并维护我行良好企业形象。

四要在当前市场变化比较多的情况下，特别注意防范操作风险，严防假按揭。

（七）面对新的挑战，加强对市场研究。要注重研究个人信贷业务发展的特点，总结个人信贷业务发展规律。各一级（直属）分行和二级分行，都应该安排一定力量，来进行这方面的研究工作。总行对这方面的市场研究工作要加强指导，与分行及时沟通，定期发布调研信息，指导做好个人信贷业务发展工作。当前重点要进行以下几个方面的市场调研：一是研究房地产市场变化、走势及其对我行个人信贷业务的影响。二是纯按揭市场的现状、潜力和我们应采取的工作措施，研究这个问题是因为未来纯按揭业务将是市场竞争的焦点之一，需要我们未雨绸缪，做好准备。三是二手房贷款市场变化趋势研究。四是对个人经营贷款要从市场、风险、管理和发展四个方面进行调研和分析。五是密切关注同业在个人信贷市场的新动向和新举措。六是对个人信贷客户结构的变化情况进行分析，努力从中发现对我们有益的启示。这些调查既要立足于当前，也要兼顾长远。希望总分行共同配合，把调查研究工作做好。

同志们，面对复杂多变的市场形势和激烈的市场竞争，只要我们理清思路，坚定信心，有做好这项业务的决心，就一定能够有所突破，有所进步，实现个人信贷业务的又好又快发展。

在中国工商银行信用卡业务 2008 年半年度工作会议上的讲话

张福荣

（2008 年 8 月 6 日）

这次工作会议的任务是，认真贯彻刚刚结束的全国分行行长工作会议精神，总结今年以来信用卡业务发展情况，部署下半年重点工作，进一步明确今后银行卡工作发展思路，推动信用卡业务实现从规模大行向规模效益强行发展的新跨越。下面我讲几点意见。

一、信用卡各项工作稳步推进

（一）继续保持信用卡市场领先优势。今年以来，我行信用卡业务继续领跑国内信用卡市场，发卡量、消费额等核心指标稳居同业第一。截至 2008 年 6 月末，国内同业信用卡发卡量超过 1 亿张，我行达到 3 302.67 万张，基本实现全年发卡目标，占比为 31.60%，同业第一，较第二名招行高出 8.86 个百分点。重点地区的发卡规模进一步扩大，截至 6 月末，全行 25 家分行发卡量位居当地同业第一，8 家分行位居当地同业第二，2 家分行位居当地同业第三。其中，天津、广东、江苏和上海分行同业排名均较年初上升一名。

信用卡消费额和透支规模迅速扩大，从而带动中间业务收入大幅增长。截至 2008 年 6 月末，牡丹信用卡累计消费额突破 1 107.55 亿元，同业第一，占比为 29.18%，较第二名招行高出 6.79 个百分点。月均消费额和单月消费额不断刷新历史纪录，前 6 个月月均消费额超过 184 亿元，6 月单月消费额达到 210 亿元，首次突破 200 亿元大关。随着消费额的提高，透支规模开始步入高增长轨道，上半年信用卡透支额为 117.59 亿元，较年初增加 34.73 亿元，增长 41.91%，远远高出以往半年度增幅。不良透支控制在 3% 以内，比率为 2.3%，与年初持平，优于年初提出的 2.6% 控制水平。随着消费额和交易额的大幅提高，业务收入也随之水涨船高。截至 2008 年 6 月末，实现信用卡业务总收入 28.31 亿元，其中，利息收入为 4.88 亿元，占比为 17.25%，同比增长 40%；中间业务收入 16.04 亿元，占比为 56.64%，同比增长 43%，收入结构进一步优化。

总体来看，上半年我行信用卡发卡量、消费额、透支额和总收入同步增长，同比增幅均明显优于去年上半年的同比增长情况，而且各项主要指标的增长结构更加合理。这说明了我行信用卡业务在整体效益、经营水平等方面有了提高，在转变经营模式和增长方式方面有了实质性效果。

（二）加大主题卡、功能卡、联名卡的开发推广力度。上半年，我行主题卡发卡规模迅速扩大。到 6 月末，猪福卡发卡量达到 928.61 万张，运动卡发卡量达到 537.20 万张；“中国红”慈善主题信用卡也即将推出。

包括公务卡、交通卡和公司卡在内的功能卡产品步入了良性发展轨道。通过多方努力，我行成为中央预算单位公务用卡的首家试点行和主要合作行，已与 41 家一级中央预算单位签订了项目协议，大大领先其他试点银行（排名第二、第三的银行分别为 15 家、13 家），为 5 072 家地方预算单位提供公务卡服务，全行公务卡实现发卡 27 万张；军队系统公务卡项目初战告捷，取得二炮公务卡独家试点资格，7 月 11 日我行又与总后勤部签署了《军队单位公务卡服务协议》，目前正在与军队系统探讨八一保障卡的合作事宜。今年以来，交通卡发卡量已达到了 163.42 万张。其中，北京、上海分行通过交通卡“扣分、扣款”，提高了交通管理效率；山西分行开发“牡丹晋通卡”采用非接模式，解决了当地司机过路过桥的快速收费问题；福建分行通过中间业务平台批量扣款，提高了卡片的使用率与交易额。陕西、海南、宁波、江苏无锡分行已与当地交管部门签署合作协议，正积极进行筹备，力争下半年实现发卡。交通卡项目提高了我行信用卡业务的竞争力，维系了一大批高端客户。公司卡项目初见成效，由总行统一牵头营销与服务的世界 500 强企业已超过 80 家，今年初以来已与微软公司和 ISSC 公司（IBM 子公司）达成办卡协议，与惠普公司、北电网络已达成合作意向。各地分行也与当地社保、住房公积金等社会管理部门联合推出了功能性信用卡，如陕西公积金卡、山东社会保障卡等，这些区域性项目对其他分行也有借鉴意义。

联名卡合作领域全方位拓展，正逐步渗透到社会生活的各个领域。总行今年上半年首发了中粮和南航等 7

个全国性联名卡。各地分行推出多款区域性联名卡。截至2008年6月底，全行在总行备案的区域性项目已达135个，总发卡量达295.72万张。总分行深度维护与持续开发中油卡等已有联名卡，中油卡实现发卡117.22万张，推进速度比较快。

（三）持续推进业务流程再造。今年初以来，牡丹卡中心通过内设机构调整，强化了管理和服务职能，着手理顺各项业务制度，进一步落实下放了包括区域性联名卡审批权等十项管理权限，初步建立起以市场为导向、以客户为中心的业务流程体系，扩大了分行业务审批权，激发了分行积极性、主动性和创造性。

不断优化申请表，简化审表、调查和审批流程，创新引进了普及版业务，初步形成了普及版、标准版和高端版的客户划分。创新引进了“宽进、低额、多用、升级”业务，正在推动信用卡从“审收入”到“审信用”转变，扩大了目标客户范围，加快了客户梯度升级转化。上半年投产了审核系统关联交互项目，实现了对部分客户的自动审核审批，加强了客户识别功能。积极推动内部评级法的应用，将评级模型与审核系统等系统连接实现自动处理，对客户申请、用卡行为、透支催收进行量化评估并纳入审批、调额、催收业务流程。

（四）加快“三卡”整合，优化产品功能。“三卡”整合工作按计划实施，目前整体进展情况较为理想。根据市场和客户的需要，在产品和系统优化方面开展了大量有益工作，促进了信用卡功能和品质的提升。一是实现了人民币贷记卡双币化变更、POS终端机统一业务变更、银行卡邮寄管理系统优化、个人客户信息整合等功能。二是通过新增立项，增加信用卡在理财服务、银证转账第三方存款和个人综合消费贷款等业务的结算功能。三是开发了中油车队卡的限制消费、预付费模式、多联名模式等功能。四是推出了短信透支催收、定制余额提醒等功能。五是优化了ATM等六个渠道的信用卡业务功能。

（五）进一步完善客户服务体系。信用卡客户服务体系进一步完善，服务质量评价机制初步建立。初步建成了以电话服务中心为主，网点、专职客户经理和VIP服务中心为辅的多方位、全天候的客户服务渠道；在国内首家实现15个自然日限时办卡，近期将在行业内率先推出限时调额服务；并制定了发卡机构柜面服务、电话服务、VIP客服中心服务、后台操作服务和差异化服务五大业务流程。在做好信用卡标准化服务的基础上，继续深入探索重点客户服务模式，针对高端客户、集团客户初步构建了差异化服务体系。差异化服务是各家商业银行的重要选择；没有差异化，就很难维系客户，很难实现全面发展、协调发展。

（六）探索推进牡丹信用卡品牌建设。多措并举，重塑牡丹信用卡的视觉形象，以更具亲和力、人性化的设计理念诠释牡丹卡的品牌内涵，将全新的牡丹卡品牌形象通过对账单等多种渠道传导给客户。加大广告宣传力度，推进全行牡丹信用卡品牌的标准化和一致性。通过首发仪式、新闻发布会、大型公关活动等形式，加大牡丹卡的媒体关注度。四川地震发生后，立即启动应急预案，为灾区人民提供了一揽子信用卡特别服务和优惠服务。以上各项措施有力地改善了牡丹信用卡的品牌形象。

二、信用卡业务发展当前存在的主要问题

全行信用卡业务总体上保持了快速健康发展，但在经营发展中还存在不容忽视的一些问题。

一是少数分支机构对信用卡业务重要性的认识尚需进一步提高。董事长多次强调“要举全行之力推动信用卡业务的大发展，实现发卡量、消费额和收益的更快增长，牢固确立中国第一信用卡银行的市场地位和品牌形象”，这是对全行信用卡提出的经营目标和工作要求，而目前“举全行之力”这个问题尚未得到解决，合力尚未形成，一些分支机构对信用卡业务的认识不足、投入不够、措施不力，导致业务发展缓慢，同业占比不是上升而是下滑。目前，各家商业银行都非常重视信用卡业务，工作力度越来越大。如果我们对信用卡业务认识仍然不足，投入仍然不够，措施仍然不力，我们在这个市场上的优势将不复存在。

二是各级行机构设置有着明显差异，信用卡从业人员数量与业务规模的快速发展有着较大差距，在一些分行信用卡从业人员不是在增加而是在减少，要引起重视。由于机构改革等原因，部分分行特别是大多数二级分行不再设立专门的信用卡部门，也没有人员从事信用卡工作，信用卡业务受到很大影响。在同业中，我行信用卡专业人均发卡比率最高。目前，我行信用卡发卡量达到3 300万张，从业人员只有6 000多人；而招行发卡量只在2 400万张左右，从业人员却超过7 000人。这个问题通过一两次会议很难解决，但是我们还是要尽可能从市场培育和市场发展的角度来考虑人力资源的配置和调整问题。

三是信用卡人才流失严重，队伍素质亟待提高。由于种种原因，我行信用卡从业人员流失较为严重。2007年较2005年的发卡量、消费额、营业收入等指标的增幅均在两位数以上，但人员降幅也在两位数以上。业务呈跨越式发展，而人员却逐年下降，影响了业务的发展。这个问题是亟须解决的。

四是信用卡业务本身还存在一些不足亟待改善。近年来全行已经逐步建立起分产品的核算和评价体系，但在信用卡业务的核算和评价方面还需进一步完善。业绩评价在一定程度上的失真对系统内信用卡经营氛围和经营积极性带来了一定的负面影响，需要加以认真对待和及时解决。经营质态需要进一步改善，卡片和客户结构需要进一步优化，卡片启用率、动卡率、中高端客户渗

透率、客户满意度和忠诚度等指标需要进一步提高；客户服务还需要进一步改善，服务网络尚需进一步扩大，服务能力尚需进一步加强，服务品质需要进一步提升。部分指标市场占比不理想，如透支规模较第一名的招行和第二名的建行分别低出16.95个和3.60个百分点；部分重点分行业务发展还不够好不够快，在当地同业占比处于落后地位，目前仍有10家分行的发卡量市场占比排在第二、第三名的位置，一些行对消费市场的推动力不够，有11家分行的消费额占比排在第二、第三名甚至第四名，即使同业排名第一的分行，也没有形成绝对竞争优势。这些都需要我们认真分析，进一步采取措施迎头赶上和巩固优势。

三、信用卡业务当前面临的竞争形势

我国信用卡产业正处于加速发展的时期。受理环境大为改善，市场规模迅速扩大，市场潜力十分巨大。国民经济持续的高速增长，居民收入水平的不断提高，催生出规模庞大的中产阶层和高收入人群，为信用卡产业发展提供了庞大的客户基础。随着社会大众对金融服务需求的日益多元化，信用卡业务也将面临更加广阔的市场空间，这给所有商业银行带来了巨大商机。近年来我国政府大力扶持信用卡产业，出台了一系列政策措施，特别是个人征信体系的不断完善和新的《银行卡条例》的推出，为信用卡产业加快发展提供了良好的政策环境，将从制度层面保障银行卡产业的健康发展。经过政府有关部门、商业银行、中国银联等信用卡组织的多年努力，县级以上城市基本实现全国联网，硬件设施已形成一定规模，信用卡受理环境明显改善。据统计，截至2008年5月末，中国境内银行卡受理商户已达88万户、联网POS机139万台、联网ATM 14万台。这种布局与速度，显示了信用卡软硬件环境的全面发展。经过多年培育，持卡人的用卡知识不断丰富，刷卡消费和用卡理财习惯逐渐成熟，银行卡的使用越来越普遍。随着信用卡产品功能的不断完善，网上支付、手机支付等电子支付业务的发展，进一步拓展了信用卡的使用途径。我国信用卡市场有着巨大的开拓空间。

同时，我们也要清醒地认识到信用卡面临着日益严峻的同业竞争压力。一是随着互通互联格局的形成，受理硬件环境的建成，市场进入成本大幅降低，进入壁垒也随之降低，发卡机构将越来越多，竞争会越来越激烈。据统计，截至2008年5月底，国内发卡机构已达140多家，累计发行信用卡已超过1.1亿张。二是开拓中间业务收入对银行利润增长的重要性日益凸显，各家银行将更加重视信用卡业务，将其作为银行重要的利润增长点。大型商业银行不断加大资源投入，加强总部建设与系统建设，改善信用卡经营，争夺信用卡市场，建行通过与美国银行的合作提高了信用卡的业务水平，中行也行动起来、加大投入，采取措施扭转信用卡业务落后局面；股份制银行积极引进外援，加速推进信用卡经营管理的专业化进程；城市商业银行等中小商业银行也加紧发行信用卡，与各大行争夺发卡和收单资源；外资商业银行利用国内市场开放之机，不断蚕食中国信用卡市场。竞争对手开展的组合营销、费率优惠等促销手段层出不穷，加紧抢占信用卡市场份额。三是信用卡持卡人对信用卡的产品、服务及受理环境的要求越来越高，这对信用卡业务提出了新的要求和挑战。商业银行必须不断提升信用卡的品质，提升服务质量，才不会让持卡人失望，才能维系住客户。

总的来说，我国信用卡市场空间广阔，市场分割刚刚开始，竞争格局尚未形成，价格竞争压力很大。全行一定要对信用卡市场的竞争形势有个清醒的认识和正确的判断。

四、下半年的主要工作

下半年，要抓好以下几方面工作。

（一）继续大力扩大发卡规模，抢占优质客户资源。要进一步加快信用卡客户转型，建立多元化销售渠道和立体化的销售媒介，拓宽合作伙伴渠道。要加大项目营销和集团发卡的工作力度，高标准选择功能卡和联名卡合作方，创新销售媒介，引进电话营销、网上申请等电子销售媒介，以扩大信用卡覆盖面，提高行内客户的转化率，吸引发展行外客户和新客户。在渠道创新中要注重引进市场机制，探索解决在合作推广中的资源投入、向中间商付费、卡片质量控制以及对合作方进行引导、管控等问题。要注重提高中高端客户占比，定期开展对现有客户的筛选升级，改善卡种结构和客户结构，要对中高端客户渗透率进行考核。总行将继续配置资源，加强考核激励，提高信用卡启用率和动卡率。要进一步提高办卡效率，明晰办卡指引优化审批流程。继续加大项目开发力度，密切与机构、公司等部门合作，开展联合公关，争取赢得大型机构公司客户的集团发卡，有效发挥项目营销在扩大市场规模中的积极作用。

（二）继续大力拓展消费和收单市场。下半年要继续做好全国范围内的“日日刷、月月游、年年奖”积分兑换活动和国航里程兑换以及各分行开展的积分兑换活动，提高持卡人消费热情，培养用卡习惯，推动消费额快速增长。大力宣传我行信用卡分期付款业务，做大分期付款业务，扩大良性透支规模。在做大透支方面应有信心，应把透支业务策划好、规划好、开展好。我行分期付款业务手续简单、还款方便，更具起点低、自由展期、期数选择多、免提前还款手续费、退货退分期手续费等特点，具有很强的市场竞争力。全行要充分利用分期付款的产品优势，积极拓展分期付款合作领域。要加强特约商户网络建设，尤其要围绕功能卡、主题卡和联名卡的产品特点和客户消费特点，培植商户圈，打造服务链。要充分发挥我行新外卡收单系统可以同时受理本外币卡和EMV标准卡的优势，大力发展外卡收单商户，加快内卡商户向内外卡合一商户的转化。适时出台和调整考核政策，适当提高消费交易额的考核权重。

（三）继续抓好产品与流程创新。要抓好产品创新机制建设，总分行银行卡部门都要与产品创新部、信息科技部等相关部门密切配合，健全日常沟通和工作机制，建立并完善适应市场需求，快速响应市场的信用卡产品创新机制，根据市场需要迅速推出新产品、新功能、新服务，力争做到信用卡产品创新始终引领行业发展趋势。在主题卡、功能卡和联名卡方面要不断创新，通过发行针对特定人群的信用卡产品，提高中高端客户占比。

要抓好业务流程创新机制建设，总行要负责制定标准版信用卡的主动升级业务流程，在系统和政策上支持到位，总分行都要针对规模庞大的普及版信用卡群体，实施“多用、升级”策略，定期开展对现有客户的筛选升级。当前要特别重视优化审批作业流程，推动风险审核从“审收入”向“审信用”转变，构建全新的客户信息模型，关注客户基本情况、与工商银行业务往来情况以及社会公用事业的信用程度，通过这三个要素组合，确定客户信用状况。这事实上体现了一种目标客户的战略和策略。要适时调整授信政策，在风险可控的前提下，扩大透支规模，拓宽中间业务收入渠道。

（四）进一步完善客户服务体系。要进一步加强服务网络建设，充分利用我行网点资源，大力推进信用卡产品进点、服务进区、功能进柜的“三进工程”，并实现高柜产品营销和低柜业务受理的有效衔接，充分利用与客户接触的每一次机会，开展信用卡营销。在原成都分中心的基础上，努力打造业内最佳信用卡电话服务中心。在这场抗震救灾过程中，电话中心发挥了独特的作用，但也要考虑规划与建立备份中心问题。要加强全国75个信用卡VIP客服中心的运营维护，继续推进奥运城市应急服务中心建设，加强运营管理和规范管理。要建立总分行联动的客户服务运作模式，利用营业网点、信用卡电话服务中心、总分行客户经理等服务资源，构建针对集团客户、高端客户、普通客户的分级分层的服务体系，实现“服务管理精细化、普通服务标准化、高端服务个性化”。要加强服务质量和客户关系管理，形成定量分析和定性评价相结合的牡丹信用卡客户服务标准和评价体系。各分行要把服务放在更重要位置上来，从思想观念上重视服务问题，不要以为有了“95588”，有了电话银行中心，各分行就可以不管客户服务了，对客户服务在各个层次上都有要求，网点能解决的问题就地解决、不要出网点和分行。今年初以来，客户各类投诉并没有减少，抱怨有之，批评有之，诉讼有之，媒体曝光有之。对服务无论讲多少、怎么强调都不过分，服务就是竞争力。

（五）抓好风险体系建设，提高内部控制水平。要全面提升风险管理水平，建立科学的风险控制体系及规范的风险识别、计量、监测、处置机制。根据业务发展需要适当加大风险管理资源投入，加快零售资产内部评级系统在信用卡风险管理领域的应用，建立符合《巴塞尔新资本协议》监管要求的内部评级法体系，实现对信用卡风险的全面量化管理，加强风险预警和监测，提高风险防范能力，逐步构建与国际一流商业银行要求相适应的信用卡风险管理体系。要遵循“了解你的客户”和“了解你的业务”的原则，深入研究发卡信用政策，适时调整授信政策，在对客户风险状况进行综合评估的基础上，实现集中化的总授信额度管理。要在资产规模快速增长的同时，高度重视信用卡资产质量管理，严格控制新增不良透支。强化风险预警监测及风险资产的催收转化，拓宽不良透支的清收处置渠道。要针对外部欺诈交易金额和数量快速增长、作案手段日趋复杂的特点，采取有效方式密切监测和防范信用卡欺诈风险，主动配合有关部门，有力打击套现等信用卡犯罪行为。要加强信用卡专业的内控制度建设、内控合规管理和内控评价工作，加强业务处理、制度流程的过程控制和风险控制，严防操作风险。

（六）大力推进品牌建设，提升品牌形象。要“以实力为基础，以服务为保障，以宣传为导向”开展牡丹卡品牌创建工作，引导客户由规模认同到功能认同、从服务认同到品牌认同的转变。认真开展牡丹卡品牌调研，为品牌建设提供方向指引和决策依据，在工商银行总的品牌战略框架下制定牡丹信用卡的子品牌战略，注重母品牌和子品牌之间的相互影响、相互促进关系，在此基础上，进一步挖掘、提炼与传播牡丹信用卡的品牌内涵，达到与工行形象的和谐统一。依托全行统一视觉形象系统，建立全国统一的牡丹卡视觉形象规范体系，设计、制作牡丹信用卡的标识、广告语和形象广告。可以引进设计公司，把它做得更好。在全国范围内加大牡丹卡广告宣传的频次和力度，增加牡丹卡在各类媒体的正面曝光度，增强社会对牡丹卡的关注度，提升牡丹卡的品牌知名度和美誉度。要建立完善全系统的品牌建设工作机制，搭建全行品牌管理组织架构，大力宣传我行银行卡业务所取得的各项成绩和优势，争取社会舆论的支持和肯定，营造有利于我行信用卡业务发展的氛围。

（七）抓好人才队伍建设，为信用卡业务发展提供人力资源保障。人才队伍建设一是数量，二是质量，三是培训。各行要根据自身情况，根据现有业务的规模和将来业务的需要，增加信用卡从业人员。在增加数量之后，要注重提高业务人员的业务能力和业务素质。各分行在调整机构时一定要将信用卡业务考虑到、考虑好。人员培训主要要由总行和一级分行来统一组织安排。要充分利用全行教育资源，扩大培训的覆盖面。加强全行信用卡专业教育培训工作，完善信用卡专业的行内培训机制，引导信用卡从业人员学习了解信用卡先进管理理念、成熟营销经验以及科学运作模式，尤其要加大对信用卡专业客户经理队伍的培训，提高其服务营销能力。同时，要加强对全行各专业销售人员信用卡业务培训，使其了解信用卡产品、功能、服务，以便更好地宣传和营销信用卡。

五、认真做好信用卡业务三年发展规划

经过全行上下几年的共同努力，牡丹信用卡的业务规模实现了较快增长，全行要站在新起点，进一步统一思想，深刻认识信用卡业务的本质特征及其规律性，从规模、质量、服务、品牌等方面着手，推动信用卡业务的全面、协调和可持续发展，实现信用卡业务的新跨越。未来几年是我行信用卡业务的战略关键期，为此总分行要一道研究编制好信用卡未来三年发展规划。2009—2011年全行信用卡业务发展的思路是继续扩大规模，保持市场份额的领先地位，在规模增长的基础上量质并举，改善运行质态，实现规模、质量和效益指标全面增长，确立中国信用卡第一品牌和第一信用卡银行地位。具体目标是：到2011年实现信用卡总发卡量至少达到7 000万张，客户数达到4 700万户，客户数与发卡量占比保持在1∶1.5，年消费交易量突破5 000亿元；到2011年末，信用卡透支规模要达到1 000亿元，不良透支占比控制在3%以内；到2011年末，实现信用卡总收入突破110亿元，中间业务收入突破66亿元。各行要高度重视，参照总行提出的总体目标，结合本行的实际情况，认真编制2009—2011年信用卡三年发展规划。在进行战略规划时深入思考以下几个问题。

（一）如何将信用卡业务作为一个产业来经营、作为工商银行的核心业务来发展？

（二）为做好信用卡业务，总行和分行应如何加大人才储备和资源配置？总行应作出哪些政策、制度安排？

（三）如何提升牡丹信用卡的品质？提高信用卡的美誉度和客户忠诚度？

（四）如何全力提升信用卡发展能力，确立不可撼动的信用卡业务优势？

（五）信用卡经营体制、机制要有哪些转变和创新，才能适应信用卡业务全面发展的需要？

我相信在全行的共同努力下，下半年的信用卡业务一定能够取得新的进步。谢谢大家！

在中国工商银行个人代理业务工作会议上的讲话

张福荣

（2008年8月26日）

今年3月我们曾召开过全行个人代理业务座谈会，从那次会议以来，大家做了很多卓有成效的工作，全行个人代理业务的发展速度进一步提升，市场占比进一步提高。在今天的会议上，总行个金部又根据新的形势变化，对前7个月业务发展情况作了分析总结，对后4个月工作作了具体部署。我认为这些分析判断是准确的，工作措施是可行的，符合工商银行和当前市场的实际状况。下面，我谈几点意见。

一、切实重视发展个人代理业务

（一）发展个人代理业务是第一零售银行战略的重要组成部分，是我行立足当前、着眼长远的一项重要决策。经过这几年的发展，个人代理业务已成为工商银行个人中间业务的主体。数据显示，2007年我行个人中间业务收入的70%左右来自于个人代理业务，而个人中间业务收入在全行中间业务收入中的比重为50%。今年前7个月，尽管资本市场低迷对我行的一些业务产生较大影响，但是个人代理业务的收入仍占到个人中间业务收入的48%以上。未来随着我国居民收入的增长和个人财富的增加，以及投资理财意识的不断增强，个人代理业务的发展前景更加广阔。大力发展个人代理业务不仅是我们立足当前，着力提升个人金融业务综合贡献度以及全行整体盈利水平的重要手段，更是面向长远，推进零售业务战略转型和优化全行经营结构的重大举措。

（二）发展个人代理业务是竞争和维护优质客户的重要手段。个人代理业务涉及面广，适应性强，能够在不同市场背景条件下，满足客户多元化的金融需求。如股市上升时，股票基金、投资连结保险、第三方存管能够满足客户投资资本市场、博取较高收益的需求；股市

回调时，国债又能够满足客户保证本金安全、获得无风险收益的需要。又如，作为个人理财“金字塔”的塔基，保险产品发挥着独特的风险管理和资产保全的作用，分红险和万能险既能为客户提供最低保证收益，又保留了与保险公司分享经营成果的机会；代发工资则适应了个人支付结算电子化的时代要求，能够为客户带来支付结算便利。个人代理业务的这种产品特性和业务优势，决定了其在个人金融服务中的重要地位和作用，也决定了其在个人客户竞争中的重要地位和作用。只有加快发展个人代理业务，不断提升个人代理业务的产品创新、客户服务和市场营销能力，我们才能在日趋激烈的市场竞争中发展客户、维护客户，从而提升个人金融业务的综合竞争力。

（三）个人代理业务对其他个人金融业务乃至全行其他业务的发展起着重要的推动作用。对个人代理业务不能用简单、孤立的眼光来看待，而是要充分看到这项业务对其他多项业务协调发展的促进和带动作用。比如，基金、保险等个人代理类理财产品，与储蓄存款、银行类理财产品同是个人客户金融资产的重要组成部分。客户在我行购买代理基金或保险，可以因此会减少在我行的储蓄，但如果我们的产品销售和综合服务工作做好了，赢得客户的满意和信任，则客户有可能将存放在他行的资产转移到我行。又如，代收代付业务的发展，可以扩大我行的客户基础和资金来源，对于储蓄存款、电子银行、代理基金和保险等业务，能起到积极的促进作用。再如，很多基金公司、保险公司在与我行合作的过程中，将资产托管在我行，将存款存放在我行，将结算与现金管理业务委托给我行，在我行为其员工办理银行卡、网上银行等业务，又衍生出许多新的业务需求和商机。个人代理业务的这种纽带和杠杆作用，表明其是一项业务联动性较强、综合收益较高的业务，在推动这项业务发展上需要有更全面、更清晰的思路和视野。

二、进一步明确今年的业务发展目标

根据我们年初制订的计划，今年全行要实现个人中间业务收入 270 亿元，占全行业务收入的 9.39%；其中，个人代理业务收入 210 亿元，占全行业务收入的 7.35%，占个人中间业务收入的78%。截至7月末，全行实现个人中间业务收入 102 亿元，仅完成序时计划的 37.8%，要完成全年目标计划的难度和压力很大。对于当前市场的发展趋势，总行将进一步作深入分析，各分行也要认真分析当地的市场状况以及自身业务发展情况，尽快拿出切实可行的措施。总的要求是，力争实现今年的中间业务收入和个人代理业务收入目标，确保实现这两项收入超过去年的水平。2007 年全行实现个人中间业务收入 210 亿元，代理业务收入 130 亿元，我们只要在今年剩余的几个月时间内工作到位、措施到位，超过去年水平完全是可能的。各分行要分项目对今年计划执行情况作一个分析，看看差距在哪里，潜力在哪里，努力方向在哪里，要调动一切积极因素，尽可能实现年初下达的计划目标。

要密切关注同业竞争态势，同业排名落后的分行要确保实现名次的跃升。代理基金、代销保险和代收代付业务名次在第二位的，要保证跃升到第一；名次在第三的要力争跃升到第一，保证跃升到第二；名次在第四的，要保证跃升到第三，力争第二。到年末的时候，全行要做到没有排名第四的分行。要实现这个目标是有一定难度的，靠按部就班的工作不行，必须拿出切实有效的措施，加大工作力度，加快业务发展速度。

对于今年的计划，总行也会在充分听取各行意见的基础上，通盘考虑，适当作些微调，关键是各行要抓好各项措施的落实，尽最大努力去完成计划任务。

三、当前要突出抓好几项重点代理业务

（一）抓紧发展代理基金业务不放松。我行年初制订的计划是基金代销 10 000 亿元、实现收入 140 亿元，而前 7 个月全行实际代销量只有 2 000 多亿元、实现收入仅 29 亿元，这个差距相当大。实事求是地讲，要完成原订计划已经不可能了。尽管如此，各行还是要把基金代理业务作为重点工作抓好，不能放松对基金代理业务的营销和推介工作，不能放松与基金公司的密切合作。这方面的教训是深刻的，如果因为市场萧条而降低我们的服务水平，一旦形势发生变化，客户就会离我行而去。全行要立足长远，对基金业务的特性有一个清醒的认识。我们只要做到紧抓各个业务环节不放松，那么未来基金业务市场的主动权还是属于我们的，而一旦放松相关工作，那将对明年乃至今后基金业务的拓展带来很多负面影响。全行要树立信心，认真研究在新的市场形势下，如何做好新基金的发行，如何做好存续期基金的销售。要从销售策略和方式上加以创新，对不同的网点、不同的渠道提出不同的销售要求和销售目标。同时还要研究网上基金销售的问题，可以先进行试点，总结经验，然后考虑是否逐步推开。

（二）实现代理保险业务的新突破。目前在代理个人保险业务市场上工行、农行、建行不分伯仲，差距也就是 1－2 个百分点。我行虽然代理个人保险销售额同业第一，但从分行层面看，处在第一位的仅有 13 个分行，而且领先优势并不明显，还有 20 多个分行居于同业第二、第三位，有两个分行居第四位，这说明我行在保险市场上的竞争优势还没有得到充分体现。希望各分行会后都作一个深入的调查分析，看看是否全部的网点都能够销售保险产品？是否只能销售一个产品而不能销售多个产品？是否放开了银保通上线的保险公司和产品在网点的全面销售？在充分考虑保险公司经营管理水平、偿付能力、客户服务水平和营销支持能力的基础

上，我们要做到与更多的保险公司都能够展开合作，借此提高全行整体的保险产品销售能力。

在保险产品的销售上，这几年有些分行部门之间的磨合是有问题的，主要是由于部门职责不够清晰、定位不够准确造成的。出现这些不应有的扯皮现象，影响了全行的整体营销水平，削弱了全行的市场竞争力。今天要进一步明确：一是在保险的销售上要坚持集中定价、统一签约，坚持由个金部门负责代销产品协议的签订，尚未做到的分行要尽快在行长、分管行长的协调下把这一问题解决好，不能一拖再拖。二是对议价能力比较强的分行，总行可以授权签署补充协议来提高收费的标准。三是对区域性的保险公司，允许一级分行、直属分行签署业务合作协议，前面讲的集中定价、统一签约主要指的是全国性的总对总，对于区域性的要适当放开。在代理保险业务上，需要突出强调的是产品议价问题。现在保险公司在和银行打交道的过程中，讨价还价的情况非常多。提高议价能力是一个技巧和方法的问题，也需要一定的魄力和洞察力，在这方面全行要作一些积极的探索和尝试。

（三）发挥优势做好代发工资业务。在今年3月的会议上我曾明确指出，代发工资业务是我行一项非常好的传统业务。工商银行是第一家做代发工资业务的银行，业务做得早也做得好，市场份额我行独大。但是近几年，部分分行对代发工资业务的认识有了偏差，认为存款多得不得了，不肯做代发工资业务了，甚至对有些送上门的客户都置之不理。其他银行则认为这是一个很好的市场，采取种种办法抢走了许多好的客户，非常可惜。现在认识到这个问题还为时不晚，全行一定要把这项源头性的、基础性的工作抓好。对于代发工资业务，各分行要认真调研规划，摸清企业的数量，摸清哪些是我们发展的对象，哪些是我们竞争的对象。要从能为工商银行带来综合回报的客户入手去开展营销，灵活运用高层营销、组合营销、分层营销等多种营销方式，实践证明高层营销对代发工资业务的推动作用最为明显。各分行在做好市场规划后要把任务分解到二级分行，因为支行做代发工资业务比较难，二级分行做起来比较合适。目前在代发工资业务上全行要做到三个改变：一是要改变代发工资业务增长乏力的现状；二是要改变代发工资业务在有贷户、基本户中比例偏低的状况；三是要提高网银代发工资的比重，这是个综合效益的问题。今年开展的代发工资业务专项竞赛活动，希望各分行持续组织下去，对活动可以作一个阶段性的总结。同时，要自我加压，确定新的、更高的发展目标，促进我们在代发工资业务市场上重新获得应有的市场份额。

四、发展个人代理业务需要重点解决的问题

个人代理业务是第一零售银行战略的重要一环。自2005年我行提出第一零售银行战略以来，很多同业也相继提出或确立了大力发展零售业务的战略构想，实际上都想做第一零售银行。面对这样的竞争态势，关键是要检查我们自己是否真正练好内功。为了做好包括代理业务在内的个人金融业务，当前全行要重点解决以下几个问题。

（一）领导尽责的问题。各级行的领导要切实尽到打造第一零售银行的责任。打造第一零售银行是全行的事，更是各级领导者的事，如果连领导层面都不去推动，就很难实施打造第一零售银行战略。各级行领导班子要定期总结分析为打造区域第一零售银行都做了哪些组织推动工作，需要在经营发展上作出哪些政策支持和调整，在体制和机制上有没有急需解决的问题；要定期研究分析区域内个人金融业务市场发展变化，有针对性地提出指导意见。目前部分分行所辖支行已经开始实行个人金融业务专门经营制，这就是一个很好的创新。前一段在总行党委中心组学习的时候，董事长就明年及今后的工作思路谈了四个问题，其中前三个问题谈的都是个人金融业务问题，由此可见个人金融业务发展在全行整体工作中的重要性。个人金融业务这张牌打不好，对于工商银行的未来我们是无法交代的，要有一个相应的问责制度。

（二）队伍建设的问题。在人力资源相对紧张的情况下，各行一定要科学合理地调配人员，满足个人金融业务营销发展的需要，特别要保证有足够数量的客户经理。董事长曾经指出，现在的客户经理数量有水分，你需要报哪个数他就可以报哪个数，你说报大堂经理他马上说这人是大堂经理，你说报客户经理他又说是客户经理，你说报外勤他说是外勤。各行会后一定要把客户经理数量核实，实实在在地把客户经理配备到位。关于人员的问题每次会议谈得太多了，可能每个分行的确有自己的难处，但无论如何还是要尽可能地把客户经理岗位人员调配好，保证有充足的力量来从事市场营销。

（三）考核激励的问题。激励机制怎样才能充分发挥作用？首先要有科学的激励标准，并且每个时期能根据市场的变化适时调整激励的指标权重，以此来体现我行的发展战略导向和经营重点。前不久总行出台了一个激励政策，即拿出某项中间业务产品收入的2%，用做一线销售人员的专项奖励。各行要用足用好这个政策。同时，各分行要根据自身实际，采取更灵活、更有效的激励措施，最大限度地发挥激励效果。其次要强化激励政策的连续性和针对性。特别是在发展代理基金、保险等业务过程中，我们要学习一些同业的长处，保证相应的激励措施及时到位。最后要有透明和有效的考核激励办法。现在有一些分行采用了跟单计价的办法，值得在全行推广，还有的行实行绩效奖励与每个人的业务量、销售的产品直接挂钩，实际上也是体现了跟单计价的原则。

五、近期要做好的几项重点工作

今年剩下的时间已经有限了，要实现今年的各项经营目标还面临一定的困难。各行要深刻地认识当前的经济金融形势，根据市场走势及时调整经营策略，不断从体制和机制上为发展创造条件、提供保障。工行个金专业有一个很好的传统和作风，那就是善打硬仗和恶仗，希望同志们能继承和发扬这一传统，力争今年能够有一个好的经营成绩。为此，近期全行要做好以下几项重点工作。

（一）重视发展存款业务。到7月末，我行储蓄存款净增4 000亿元左右，完成全年计划的200%，是近几年增长速度最快的。但是我们应该看到，增长4 000亿元的水平和同业相比还有差距，全行还有一半左右的分行增量占比排名还不是同业第一。虽然我行的储蓄存款存量市场占比现在仍是第一，但领先排名第二的同业也就一两千亿元，转眼间就有可能被超过。在这种面临被超越的情况下，全行要进一步端正对存款业务的认识，抓存款的力度只能增不能减。从现在起到年末，总行对各分行在储蓄存款业务上的要求是：增量目前排在第一的分行要尽量提高市场份额，增量不在前面的分行，要研究怎样把名次提升上去，做到第一的位置。目前很多分行的存款在区域内与他行轮流排名第一，呈现拉锯状况，这说明在当前存款市场上我行的竞争优势还不充分，不能占据主动。为什么只要个金专业开会，不管大会小会，逢会必讲存款呢？因为存款是第一零售银行的重要指标之一，是第一零售银行的重要标志之一，如果存款失去排头兵位置，再谈第一零售银行就没有底气了。目前，总行和分行都在研究新的三年发展规划，全行要力争经过两三年的努力，在四大行中储蓄存款占比达到35%，在所有金融机构中占比达到20%，如果达到这一目标，那么，我行第一零售银行的位置将难以撼动。当然这需要真正做到集全行之力，资源配置到位、专业化经营到位、激励措施到位、客户经理配备到位，否则就是纸上谈兵。

（二）逆势抓好个贷业务。个贷业务年初订的计划是1 100亿元，后来改为900亿元，按现在这个增长速度看，可能最后连实现700亿元也有困难。8月初总行曾召开个贷业务座谈会，听取了一些分行的意见建议。之后又召开了个贷业务发展专题会议，明确了一些新的政策措施和指导意见：一是扩大部分分行的个人按揭贷款和经营贷款的权限，按揭可以做到3 000万元，经营贷款可以做到500万元，对原来50万元权限的调到100万元，100万元权限的调到200万元；二是允许分行转授权给支行；三是实行个人贷款规模专项管理，不能挪用，个人贷款超计划的总行可以考虑追加；四是总行追加123家二线城市行重点发展个人信贷业务，主要集中在东部、中部地区。此外，还专门提出了关于人员配备的一些意见。正式文件将随后下发。各行要认真落实好这些政策要求，在新的市场环境下，进一步加强资源整合，加大营销力度，保证今年的个贷业务发展有一个较好的局面。

（三）发挥优势做好个人理财业务。今年初以来，全行个人理财业务保持了较好的发展态势，我行在四大行中的占比为66.75%，领先第二名近40个百分点。从分行情况看，除了5家分行排名第二以外，其余分行都排名第一。这是一个扬眉吐气的指标，值得称道。在看到成绩的同时，我们也认识到当前理财业务持续发展还面临一些困难，主要是产品创新不足，很难满足市场的需要。前不久杨凯生行长主持会议专门就此进行了研究，相关产品设计和生产部门都作了表态，总行还会做一些推动工作，加快落实进度。根据董事长在相关会议上的意见，总行还将授权6－8家分行实行理财产品创新的报备制。理财业务主要是中高端客户的业务，理财市场主要是中高端客户的市场，我们要通过一系列措施充分调动各层面的积极性，尽快增加理财产品的供给，争取更大的市场份额和更高的收益回报。

（四）高质量发展灵通卡业务。近几年，我行的灵通卡业务为信用卡业务发展作出了重要贡献，如果没有灵通卡业务的发展，就没有现在我行信用卡在中国的市场地位。在未来灵通卡业务发展上，全行既要讲数量，更要讲质量，要努力提高灵通卡业务的整体贡献度。各行要继续保持必要的投入，保证稳定的营销力量，加强市场调研工作，开展有针对性地营销。联名卡业务要进一步推动。动卡率问题要引起关注，它反映了我行客户的质量，反映了卡的质量，也体现我行的整体收益水平。

（五）坚定不移地实施中高端客户战略。客户是个人金融业务的基础，客户战略是最根本的战略。其中，中高端客户更是决定了个金业务的未来，决定了一家银行的市场地位。今年初以来，全行中高端客户数量有了显著的增加，5万元以上的客户已经突破2 000万户，财富管理客户也达到35万多户。但在这一领域的市场竞争尤为激烈，与同业相比，我们中高端客户数量优势并不明显，我行是在同业中最早提出客户视图和中高端客户战略的，要认真总结发展经验，一以贯之地把这个战略实施好。在具体实施过程中要注意把握好以下几点：一是要有培育中高端客户市场的目标和规划，以及细化的措施；二是要有营销队伍和相应的能力，中高端客户尤其是财富管理以上级别客户的维护和营销是需要一定水平和能力的；三是要有必要的投入，如果对中高端客户的维护没有足够的投入，则辛苦拓展的客户很容易流失；四是要有能为这些客户带来可观回报且风险可控的产品；五是要有符合市场原则、跟得上市场形势变化的营销手段。最近，董事长提出一个相当具有挑战性的目标，就是用三年左右的时间，把中高端客户做到

5 000万户，全行要围绕这个目标，提早规划，认真研究，努力奋斗！

同志们，今年后几个月的工作任务相当艰巨，全行要认清形势，坚定信心，把握重点，开拓奋进，努力完成好各项既定的经营目标，推动个人金融业务发展再上新台阶，为打造中国第一零售银行作出新贡献。

在中高级管理人员财富管理业务培训班上的讲话

张福荣

（2008 年 9 月 18 日 · 根据录音整理）

这次培训班是工商银行首次就财富管理业务面向中高层管理人员举办的专题培训，在当前各项工作压力大、任务重的情况下，把各位分管行长集中起来，专门学习并通过案例分析的形式研讨财富管理业务，充分表明了总行对这项工作的高度重视和加快发展这项业务的决心。下面我讲三点意见。

一、商业银行财富管理业务的发展现状和趋势

财富管理是指商业银行为满足财富客户的金融需求，在量身定制的基础上，为其提供全面的银行、保险和投资理财产品与服务，协助客户实现资产保值增值的业务。

从欧美成熟金融市场的情况来看，财富管理业务目前已经成为西方商业银行非常重要的盈利来源。自 20 世纪 80 年代以来，随着金融脱媒的加剧、利率市场化和资本约束的加强，西方商业银行越来越重视财富管理业务。财富管理业务的信用和市场风险小，经济资本占用水平低，对财富客户群的产品渗透率高，能创造充裕、稳定的收入流，在零售银行中属于盈利能力最强和资本回报水平最高的一类业务。据市场研究机构提供的数据，欧洲个人金融资产 10 万美元以上的财富客户数量占个人客户总数的 12%，拥有的金融资产占 46%，面向该类客户的财富管理业务创造的利润占商业银行利润总额的 40% 以上，净利润率高达 25%。香港花旗银行财富管理业务收入的盈利占其全部盈利的 20%；瑞士银行财富管理业务所创造的净利润占整个集团的 35% 以上；2007 年汇丰银行在全球 37 个国家（地区）的卓越理财客户数超过 210 万户，当年为该行提供了近 50 亿美元的利润贡献，占整个汇丰集团税前利润的 20%。

从中国的社会需求看，财富管理有巨大的市场。近年来，随着资本市场改革趋于深化，金融工具创新日益活跃，财富增值效应不断凸显，居民财富迅速积聚，财富客户群体不断壮大。根据人民银行统计资料，2005 年底我国居民金融资产余额首次突破 20 万亿元大关，市场研究机构测算当年全国个人金融资产 100 万元以上的财富客户数量约为 110 万户，据此推算 2007 年末超过 200 万户。《2007 年全球财富报告》显示，未来五年全球财富将继续保持 5% 以上的增速，而中国将以 17% 以上的速度增长，远高于世界平均增幅。另据国家统计局调查，到 2010 年，全国 25% 的城市家庭将步入中产阶层。

个人财富的快速增长催生了财富管理的巨大需求，为银行开展财富管理业务提供了巨大的发展契机。伴随着财富客户群体迅速壮大，财富管理业务因其持续、稳定、可观的回报已成为国内外金融机构的创新热点和竞争焦点。外资银行如瑞银集团、汇丰银行和渣打银行等早已圈定中国的优质客户开展财富管理业务。以汇丰为例，其在中国内地的卓越理财中心已达到 42 个，占其网点总数的 68%。近几年来，建设银行和招商银行也纷纷将财富管理定位成拉动零售银行业绩增长的龙头业务，集中投入优势资源。比如建设银行针对金融资产 300 万元以上的客户推出了财富管理服务；交通银行今年提出，用 3 年时间，举全行之力，打造最佳财富管理银行；2007 年，招商银行在全国已拥有 18 个财富管理中心，168 个金葵花理财中心，金葵花理财客户数量近 30 万户。同时，基金、信托、证券等非银行金融机构也借助专户理财、定向理财、集合资产管理或信托计划等资产管理平台快速切入财富管理市场，各类私募基金的涌现也不断分流银行财富客户的资金。可以说，财富管理市场上参与主体多元化、业务竞争白热化的大趋势已经出现，并将在较长时期内继续，财富管理不会因为近期国内外资本市场变化而降低热度，所以，我们对财富管理业务必须加强研究，掌握更多信息，拿出更多措施做起来。

二、加快发展财富管理业务是我行打造“中国第一零售银行”的战略选择

在7月召开的分行行长工作会议上，总行提出了“建设全球最盈利、最优秀、最受尊重的银行”的战略目标。坚定不移地加快打造“中国第一零售银行”，是实现这一战略目标的重要内容。作为当前也是未来零售银行中价值最大、发展最快、竞争最激烈的部分，财富管理业务的又好又快发展，将进一步推动整个零售银行的业务创新，带动客户关系管理能力与综合经营水平的持续提高，从而提升我行零售银行业务的整体核心竞争力。

一是有利于建立完整的个人客户分层服务体系，进一步提高我行细分市场服务能力。财富管理旨在搭建面向财富客户的市场开发和金融服务体系，有效满足这一特定客户群的需求。加快发展我行的财富管理业务，有利于构建分别针对高净值客户、财富客户、中端客户的分层服务模式，涵盖各个细分市场的客户群，从而将“定位中端、竞争高端、培育潜力”的个人客户发展战略落到实处。

二是有利于强化高端客户关系管理，持续提升我行的企业价值。财富管理在全面分析财富客户需求的基础上，为其整合提供差别化的金融产品和服务，可以有效提高我行在财富客户中的产品渗透率，有利于培育、锁定高端客户群，培养、提高客户的忠诚度，提升我行的社会形象。从业务发展实际情况来看，今年上半年，我行财富客户的理财金账户、本外币理财、银证业务和网上银行的产品渗透率分别达到66%、30%、35%和45%，渗透水平高居各类个人客户群体之首。

三是有利于创造零售银行充裕、稳定的现金流，建立个人金融业务可持续盈利模式。财富客户的金融资产和利润贡献度在个人客户群中占据重要份额，充分体现了金融服务业的“二八”法则。截至今年6月末，我行财富客户数为30.45万户，占全部个人客户总数的0.16%，但其金融资产总额7 198.25亿元，占全部个人客户金融资产总额的比例高达15.67%，户均约230万元。按照业绩价值贡献模型（PVMS）测算，上半年全行财富客户贡献的个人金融业务税前利润为55.23亿元，占全行个人金融业务税前利润的15.4%；财富客户人均创利超过18 000元，是全行个人客户人均水平的近百倍。这充分表明，大力拓展财富管理市场，通过对财富客户群体的产品渗透与价值挖掘，有利于进一步提升高端客户对零售银行业务的利润贡献度，形成持续的业务盈利能力。

四是有利于巩固和提升零售银行市场竞争优势，加快打造我行个人金融业务核心竞争力。财富管理涉及不同的金融市场，超越全球各个市场的边界，可以实现银行、保险、基金、证券等行业的有机联结；跨国界和跨市场经营为我行参与国际竞争提供了条件，可以培养、提高我行与国外金融机构竞争的能力；通过业务范围的扩展、金融产品的交叉销售和管理架构的重构，可以实现我行业务范围和业务规模的扩大，改善业务结构和盈利结构。

工商银行作为中国最大的个人金融服务提供商，始终引领着中国零售银行业务发展，在国内市场上较早进入了财富管理这一领域。从2005年开始，我行在北京、上海、广州等国内主要的经济发达城市，依托理财中心和金融理财师团队，面向财富客户提供个性化的财富管理服务。截至今年上半年，全行投入运营的财富中心66家，分布在35个重点城市，涵盖长三角、珠三角、环渤海经济圈等财富客户聚集的经济发达地区。今年以来，开办财富管理业务的分行财富客户数量及金融资产增速比全行平均水平分别高6.87个和8.76个百分点。财富中心作为高端客户服务旗舰店的示范效应初步显现，对带动全行财富管理业务发展起到了积极作用，显示出较强的生命力。

客观地看，在中国财富管理市场上，目前我行与同业相比，有着几方面的明显优势。

一是品牌优势。工商银行作为一家兼具本土化和国际化色彩的大银行，在多年业务经营中积淀形成了特有的品牌文化，目前又成为全球最盈利和市值最大的银行，这是同业难以企及的。前些天我接受了一家咨询公司有关工商银行品牌建设的访谈，他们普遍认为工商银行的品牌能为工行的发展提供不可或缺的助力，帮助工行成为最大最好的银行。

二是客户优势。工商银行拥有1.7亿个个人客户，包括1 800万个中高端客户，并通过多年的业务往来，与他们建立起了牢固的客户关系。这种广泛、真实和持久的客户关系，不仅有利于我们维系存量财富客户，而且可以通过客户的口碑传播效应拓展新的市场。董事长在前不久的一次党委学习会上提出了未来三年我行中高端个人客户要达到5 000万个，在个人客户总量中占20%左右，全行要努力实现这个目标，只有这样才能确保客户战略的实施和领先优势。

三是科技优势。工商银行拥有目前国内同业规模最大、集约化和专业化程度最高的科技队伍，具备了强大的技术实力和可持续发展能力。为财富客户市场细分和向其提供财富规划、投资组合管理等服务提供了强有力的系统支持。不仅如此，我行在国内大型商业银行中第一家完成了全行数据集中，同时将境外分行的核心信息系统集中到了境外数据中心，不仅为财富客户本土服务提供了系统保障，也为下一步推进财富客户的境内外联动服务提供了系统支撑。最近我注意看了个金部的三年业务发展规划，很受鼓舞，关于境外业务的发展，思路和想法是很清晰的，要发挥这个优势，必须借助科技的优势和力量。

四是创新优势。近年来，工商银行大力推动营业网点转型、流程再造和理财产品创新，客户服务水平不断提升，创新优势明显。经过去年的努力，“五个统一”基本完成。去年凯生行长亲自率队深入一线调研，完善和优化业务流程，应该说在服务创新方面的大力举措，现在看已经体现出效果来了。流程再造去年两期，今年是第三期，现在接近完成，对工商银行服务能力的整体提升确实发挥了重要作用。

五是人才优势。为了打造高素质的财富管理专业团队，工商银行在国内商业银行中率先启动了金融理财师培训项目，引入国际金融理财师（CFP）认证制度，并将国际金融理财师课程引进员工培训大纲，成为最早开展CFP本土化培训的国内金融机构，培养了一批经过系统专业培训和严格考试认证、业务精通、操守良好的理财专家。目前全行获得国际金融理财师（CFP）和金融理财师（AFP）专业资质的专家近6 000人，占到全国同业的三分之一，在第一零售银行打造过程中作用明显。这一批专家型理财师队伍为我们向客户提供完备、专业的财富管理服务奠定了坚实基础。

当然，我们在看到优势的同时，更需要认清自身的差距和不足。第一是市场占比问题，我行财富客户的市场占比在15%左右，虽然处于同业领先位置，但与工商银行在中国零售金融市场上的大行地位还不匹配，这也说明我们在高端客户这一细分市场上的开发与服务能力亟待提高。第二是在市场拓展上，亟待从等客上门的传统坐商模式，向上门营销的行商模式转变，加速推动客户结构的优化。第三是在销售方式上，需要尽快从单一产品推销，向顾问服务基础上的组合营销转变，亟待从重售中推介、轻售后维护，向融售前、售中、售后的全流程销售服务转变。第四是在流程设计上，亟待从以交易环节为主线，向以客户服务体验为主线转变。第五是在客户关系管理上，亟待从局限于客户本人、一时、一地的交易触发型，向着眼于客户及其家庭、以金融理财为核心兼具非金融服务的终身关怀与共同成长转变。这些问题是我行当前及今后一段时期内拓展财富管理业务所面临的主要问题，必须引起全行的高度重视，群策群力，寻求破解之道。

三、加快推进财富管理业务又好又快发展

目前，总行正在研究制定2009—2011年三年发展规划，就财富管理业务而言，希望用三年左右的时间，使财富客户的数量在现有基础上再增长2倍，达到100万户左右，市场占比提高4－5个百分点。为实现这一目标，在业务发展中要坚持以下几条原则。

第一，立足构建零售银行服务体系。财富客户拥有较多数量的可投资金融资产，是个人客户的重要类别，其市场开发与客户关系管理依托于零售银行，是零售银行市场营销与客户服务体系的重要组成部分。零售银行要为财富管理业务提供有力支撑，各行要集中优势资源加大对财富管理业务的投入。

第二，秉承以客户为中心的理念。要按照财富客户的需求特征、风险偏好与金融消费模式，整合、研发金融产品，设计服务体系，优化业务流程，真正体现个性化和差异化，切实强化高端客户服务能力。

第三，注重打造软实力。在加强财富中心硬件建设的同时，加快构建高效的财富客户服务体系。一定要下大力气加强一线客户经理营销团队和专家支持平台建设，培育一支市场敏感度高、专业知识全面、市场营销与客户维护技能精湛的服务队伍。我们在营销方面要学习同行和其他行业的长处，要高度重视整合、优化服务项目，持续改善服务流程，全面推行服务质量管理，不断提高服务品质。

第四，坚持统一规范与加快创新相结合。在坚持全行财富管理业务统一规划、统一品牌、统一流程和统一标准的基础上，鼓励各行根据当地财富客户的实际需求和金融资源，加快产品与服务创新，为客户提供多样化产品选择和个性化增值服务。

为此，全行要扎实做好七项重点工作。

一是打造面向财富客户的专属金融服务品牌，建设工商银行独有的财富管理客户识别体系。2002年我们已经针对金融资产20万元以上的个人客户提供“理财金账户”贵宾理财服务，下一步将面向金融资产100万元以上的客户推出统一的财富管理服务品牌和视觉识别系统。这一品牌体系既要秉承工商银行多年来形成的品牌文化的特有内核，融合工商银行高端理财服务的优势，向目标客户准确传递我们的服务理念，又要体现与同业财富管理服务品牌的差别，体现与面向其他客户的个人理财业务品牌的差异，逐步培养财富客户的品牌偏好。

二是以客户需求为中心，搭建完整的财富客户专属金融产品体系。国际先进银行财富管理的成功经验表明，在资本市场管制逐步放松、金融工具创新日益活跃、财富增值效应不断凸显的大环境下，个人客户特别是拥有大额可投资金融资产的财富客户对多元化投资理财产品的需求趋于强烈，这也是当前乃至今后商业银行财富管理业务维系老客户、挖转新客户的切入点。下一步我行将继续按照财富客户的需求特征、风险偏好与金融消费模式，集合行内外各部门、各机构的专业优势，梳理、整合、研发金融产品，向财富客户提供专属理财产品、专属保险产品和专属融资产品，形成流动性互补、收益水平分层、保障标的分类的金融产品线，最大限度地满足财富客户的个性化理财需求。

三是以财富规划和资产管理为核心，整合、构建全行统一的财富管理平台。市场调查表明，中国大陆的财富客户成长带有鲜明的时代烙印，他们所共有的一个突出特点是还在为事业打拼，对未来发展有明确方向，但

缺乏打理财富的时间和专业规划的技能。财富管理从客户角度出发，其着力点主要落在财富规划和资产管理上，重点向财富客户提供综合规划、资产配置和投资组合管理服务。

四是以尊贵、安全、私密、便捷的服务体验为主线，构建财富客户差异化服务流程。按照“统一落地”原则，实现财富客户通过各个渠道提交的复杂型财富管理服务需求统一落至财富中心及时响应，避免多头响应或无人负责的现状；按照“客静我动”原则，优化财富中心内部分区和服务流程，通过预约等方式，确保为财富客户提供一站式金融服务；按照“化繁为简”原则，在风险可控前提下，引入支票委托、远程和全权委托等创新交易方式，提升客户服务体验。当然，确保客户体验的一个重要前提就是客户经理要了解客户，要及时掌握客户信息和客户需求。

五是以贴身、全面为重点，构建财富客户增值服务平台。根据财富客户的需求特征，以健康管理、贵宾礼遇、综合保障、私人助理等服务为重点，通过整合各分行现有服务和向第三方服务机构统一外购，建立统一的财富客户尊享增值服务平台；加快芯片、磁条双介质财富卡的推广，利用芯片的多应用性，开发财富卡在高端会籍管理、客户推荐红利等方面的增值服务应用功能，为搭建财富客户增值服务体系提供有力支持。

六是升级和新建并举，加快财富客户的服务渠道建设。各行要按照全行财富中心建设统一规范要求，优先选择地理位置优越、财富客户资源丰富、车位充足、客户经理配备到位的贵宾理财中心，升级为财富中心，年内确保建成100家财富中心，到2010年末建成200家财富中心，辐射全国各一级（直属）分行，充分发挥财富中心作为竞争和维护高端客户主渠道的作用，每家财富中心要覆盖3 000－4 000名客户，要尽早做好渠道规划，建设好。

七是以专业、敬业和勤业为重点，打造一支高素质的财富管理专业团队。在财富管理业务中，人的因素是最关键的。工商银行的财富客户关系管理采用团队服务模式，服务团队包括前台客户经理和中后台专家，前者负责客户市场开发、日常维护，后者负责为客户经理团队提供专业支持。可以说，财富管理服务水平的专业化程度，主要取决于服务团队的专业化水准。我们将参照境外同业标准，按照每家财富中心至少配备8名客户经理、每10名客户经理配备一名支持专家的标准，用3年左右的时间建设一支2 000人左右、具有高度职业热诚、高超营销技能和高强协作精神的财富管理客户经理队伍。同时，在总行和一级分行组建一支200人的专家团队，承担资产配置与投资组合模型设计、专属产品研发、资产管理计划定制等工作，并应分行需求直接为一线提供专业支持。

我相信通过这次培训，我们每个人都会对财富管理有新的认识，我希望同志们回去后认真研究，把财富管理业务作为未来三年发展规划的重点考虑进去，在总行统一组织下，把财富管理业务做大、做强、做优。

在中国工商银行个人代理业务工作视频会议上的讲话

张福荣

（2008年10月10日·根据录音整理）

为促进全行个人代理业务发展，总行决定召开这次个人代理业务工作会议，对代发工资、代理基金、代理保险等个人代理业务进行研究部署。下面，我讲几个方面的意见。

一、今年前三个季度中间代理业务的基本情况

（一）全行个人代理业务发展力度加大。今年年初以来，全行努力推进代发工资、代理基金、代理保险等个人代理业务营销工作，全行个人代理业务的发展速度得到提升，市场占比进一步提高。截至9月底，全行共代理销售基金2 717亿元，基金存量5 045亿份，市值3 806亿元，代理基金销量市场占比由2007年的35%提高到46%，基金客户数1 249万人，实现代理基金业务收入35亿元；全行共有29家分行基金销售额同业占比较上年有所提升，24家分行四大行占比排名第一；基金代销额、基金存量、业务收入和客户数量等多项指标继续位居同业第一。2008年前三个季度代理个人保险业务也实现了快速健康发展，寿险业务和个人财险业务齐头并进，业务量和收入同比大幅增长。截至9月底，

全行累计代销个人保险产品868亿元，寿险与个人财险的总体代销量居同业之首。前三个季度，全行代理个人保险业务收入22.8亿元，较上年同期增收14亿元，同比增长160%。

8月末全行个人中间业务收入四大行占比为32.37%，比2007年末提升了2.35个百分点。这其中个人代理业务收入84亿元①，在个人中间业务收入中占比为64%。8月末代理基金、代理保险、代收代付、代理国债和证券业务收入的四大行占比分别为40.87%、30.08%、39.16%和47.34%，除了代理保险业务收入的同业占比微降0.3个百分点外，收入总量仍处于同业第一位。截至9月末，全行共实现个人中间业务收入130亿元。

（二）代发工资业务营销活动取得成效。今年初以来，全行开展了代发工资业务营销竞赛活动，取得了一定的成绩，主要体现在三个方面：一是代发工资单位数量明显增加。截至8月末，全行新增代发工资单位25 700户。在新增的代发工资单位中，一类和二类代发工资单位占比分别为21%和38%，比相对应的存量占比各高出4个和6个百分点。二是代发工资业务加快向网银渠道分流。截至8月末，全行新增代发工资单位中，通过网银代发工资的约有14 800户，占新增总数的57%，比去年末网银代发工资单位存量占比高出35个百分点。三是优质代发工资个人客户占比不断提升。在今年新增的680余万个人客户中，中高端客户约170万户，占比为25%，比存量占比高出约16个百分点。截至8月末，全行通过代发工资营销活动共新增“牡丹灵通卡·e时代”515万张，在新增代发工资客户中的覆盖率为57%；新增理财金账户客户34万名，在新增中高端客户中的覆盖率约为20%。

（三）个人代理业务发展中存在的主要问题。目前，全行代发工资等代理业务发展仍存在一些亟待解决的问题。一是目前仍有部分分行对代发工资业务重视程度不够，缺乏有效的营销措施，资源投入不足，导致代发工资业务增长乏力，市场占比不升反降。二是行内对公客户资源利用不充分。据统计，目前全行260余万法人客户中，代发工资单位22万户，仅占全部法人客户的8%。显然这个比例是很低的，这说明我行代发工资业务还有很大的发展空间。三是代发工资新系统推广速度缓慢，有将近三分之二的分行未投产使用代发工资新系统，造成代发工资业务操作风险隐患仍然较高。四是网银代发工资的比重还需进一步提高。2007年末全行通过网银代发工资的单位在所有代发工资单位中的占比仅为22%。经过今年前三个季度的努力，网银代发工资单位的占比虽有提高，但目前仍然不到30%。今年个人代理业务收入任务完成率也很不理想，到9月末全年任务完成率仅为40%，实现个人中间业务收入目标面临非常大的压力。对这些问题，各行要作深入的比较分析，有针对性地加以解决。

二、对个人代理业务的重要性要有充分的认识

（一）个人代理业务是利润的重要来源。大力发展代发工资等个人代理业务是我行立足当前、着眼长远的一项重要决策。2007年我行个人代理业务收入在个人中间业务收入中占70%左右，在全行中间业务收入的占比也在30%以上。今年初以来，尽管资本市场的变化对我行的一些业务产生较大影响，但是个人代理业务收入仍然占到个人中间业务收入的65%左右，这充分说明个人代理业务是利润的重要来源。随着社会经济的发展，可以预见其发展的前景将更加广阔。在这种市场情况下，全行必须高度重视，认真规划，大力发展个人代理业务，以此提升个人金融业务综合贡献度和全行整体盈利水平，推进零售业务战略转型，优化经营结构。

（二）发展个人代理业务将有效提高核心竞争力。个人代理业务服务领域宽，涉及广，适应性强，能够满足客户多元化的金融需求，具有诸多业务优势，有利于我行大幅增加优质客户，吸引客户资金。例如，发展代发工资业务就是我行拓展个人中高端客户、增加资金来源的有效手段，在全行各项业务中具有源头性和基础性作用。可以说，谁掌握了代发工资业务，谁就在竞争客户和争夺资金上具备了先天的优势。从我行零售业务发展的过程看，代发工资业务确实让我们受益匪浅。虽然近几年我行代发工资业务发展速度有所放缓，但目前仍有约8 000万职工在我行代发工资，年代发工资额在7 000亿元以上。现有代发工资职工在我行个人客户总量中的占比超过40%，按照目前国内50%左右的储蓄率计算，我行每年通过代发工资积淀的储蓄资金可达3 500亿元。这些积淀的资金就是我们业务发展的“源泉和活水”。再有，个人代理业务产品适应性强还体现在其能适应多种市场环境上。比如在股市上升时，股票基金、投资连结保险、第三方存管能够满足客户投资资本市场、博取较高收益的需求；股市回调时，债券基金、保本基金、货币基金及国债等又能够满足客户保证本金安全、获得低风险收益的需要；还有保险产品，它是个人理财“金字塔”的塔基，能发挥独特的风险管理和资产保全的作用，分红险和万能险既能为客户提供最低保证收益，又保留了与保险公司分享经营成果的机会。个人代理业务的产品特性和业务优势决定了其在个人金融业务中的重要地位和作用。只有加快发展个人代理业务，不断提升个人代理业务的产品创新、客户服务和市场营销能力，才能提升客户满意度，才能在日趋激烈的市场竞争中发展客户、维护客户，从而提升个人金

① 含灵通卡，个人委托贷款业务收入以及根据审计要求调减的代理个人基金业务收入5.89亿元。

融业务的综合竞争能力。

（三）发展个人代理业务可以有效促进和带动相关业务的发展。个人代理业务对其他业务的促进和带动作用是非常明显的。例如，发展代发工资业务除了可以直接增加储蓄存款之外，还可以通过组合营销带动灵通卡、基金定投、网上银行等业务的全面发展。而且，通过代发工资可以增加与客户的接触，为银行向客户推介各项产品和服务提供机会和可能。如果我们能够抓住机会，很好地满足客户的金融需求，就能带动其他金融业务的增长。比如，随着代发工资业务占比的提升，我行的存款占比、灵通卡发卡量占比也会随之提升，各种理财产品的销量也会相应增加。因此，对代发工资的这种业务联动作用要有全面、正确的认识。

（四）发展个人代理业务有利于客户资源的整合，实现对公和零售业务的协调发展。大力发展零售银行业务，不代表就只能一个客户一个客户地去营销。由于个人金融需求的相似性，大部分零售银行产品具有广泛的适应性，使得零售银行具备了批量发展的可能。如果哪项业务能一次性地给我们带来批量、持续的新客户和业务量的增长，将能充分发挥零售银行的规模效应。而作为个人代理业务重要品种之一的代发工资业务就具有这样的特征。我行在对公业务客户数量、业务品种、业务规模等方面都具有明显的优势，与国内各主要公司、机构、团体都有广泛的联系。而这些公司、机构中的员工正是我行个人代理业务的重要目标客户。如果把这些公司、机构客户营销成为我行的代发工资客户，我们就可以通过为企业提供代发工资的契机，向这些员工“批量”营销我们的各类金融产品。从这个角度讲，我们必须充分利用好我行的对公客户资源，坚持对公、零售业务协调发展，发挥1+1>2的协同效应。在这方面，零售业务部门和对公业务部门急需统一思想，加强协调，以代发工资业务为纽带，推动全行公私联动，以“批量化”模式促进零售银行业务的快速发展，同时促进和带动其他业务的发展。

（五）发展个人代理业务有利于分散银行的经营风险，实现稳健经营。个人代理业务相比传统的资产负债业务有两个显著特点，一是它所产生的非利差收入很少受到利率波动的影响，能够有效规避利率风险；二是它具有委托代理性质，业务风险多由委托方及客户共同承担，作为受托方的银行风险相对较小。从这个角度看，大力发展个人代理业务可以有效分散银行的经营风险，提高银行业务收入和利润的稳定性。

三、要站在建设国际一流现代金融企业的新高度，规划好、发展好个人代理业务

这里，我们要统一认识，认识到零售银行是工商银行的核心业务，而个人代理业务是零售银行的核心业务。我们要站在建设国际一流现代金融企业的高度，规划好、发展好个人代理业务。离年底还有不到三个月的时间，要完成总行确定的目标，时间很紧，压力很大。根据前面提出的总体思路，近期要做好以下几方面工作。

（一）努力实现今年个人代理业务的营销目标。今年全行的个人中间业务收入计划是270亿元，占全行业务收入的9.39%；其中，个人代理业务的收入计划是210亿元，占全行业务收入的7.35%，占个人中间业务收入的78%，这是年初制订的工作计划。截至9月末，全行实现个人中间业务收入130亿元，仅仅完成序时计划的48%，还不到50%。全行实现个人代理业务收入84亿元，完成序时计划40%，比个人中间业务的序时计划完成得还要差一些。全行要完成今年的个人中间业务收入计划特别是完成今年个人代理业务收入计划的难度相当大。总行根据全行前一阶段业务开展情况和发展需要，提出了个人代理业务下一阶段的营销目标，各分行要认真研究并落实下去，实现今年第四季度个人代理业务的营销目标，力争实现今年的中间业务收入、个人代理业务收入目标，确保中间业务收入超过去年210亿元的水平，其中个人代理业务收入指标也必须超过去年的130亿元。目前，个人中间业务收入计划、个人代理业务收入计划的完成情况，绝大多数分行都很不理想。在这种情况下，各行要调动各种资源，采取各种有效措施，认真做好各项工作规划，努力完成各项工作目标。关于几项具体业务的工作目标如下。

一是代发工资业务。代发工资业务潜力是很大的，根据全行前一阶段代发工资业务营销活动开展情况和业务发展需要，总行重新制定了营销活动目标，将全年新增代发工资单位户数目标由3万户提高到6万户，其中，一二类代发工资单位占比不低于75%，网银代发单位占比不低于70%；新增代发工资额3 000亿元，市场占比由2007年的28%提高到35%；新增代发工资职工数3 400万人，市场占比由2007年末的23%提高到30%。新发展的代发工资单位重点要放在已经与我行建立业务关系的优质对公客户和未与我行建立业务关系的优质单位（包括新成立的优质企业）上。公司、机构、结算与现金管理等对公部门要分别负责好对有贷户、机构户、无贷户的代发工资业务的营销工作。根据全行对公客户的构成情况，总行要求全行新增代发工资单位中，有贷户占比要高于10%，机构户占比要高于20%，无贷户占比要高于50%。各行的具体营销任务，总行将在即将印发的代发工资业务营销工作方案中予以明确。会后，不管是各专业还是各分行的营销目标，都要尽快地落实下去。

二是代理基金业务。第四季度各行要继续大力做好代理基金业务营销工作，确保代理基金业务收入、销售额同业占比实现大幅提升。特别要求同业占比落后的分行务必在年内实现业务收入、销售额同业占比第一的经

营目标；同业占比已经第一的分行务必在年内实现同业占比要有较大幅度提升的目标。要做好股票、债券、货币市场基金的组合配置，大幅增加基金销售收入，完成总行下达的销售任务。

三是代理个人保险业务。第四季度是全年个人保险销售的旺季，也是我行巩固同业领先地位的良机。尽管前三个季度已提前完成年初确定的代理个人保险业务收入计划，但是应该看到，完成全行个人中间业务收入、个人代理业务收入计划的任务还十分艰巨。各行要按照今年第四季度保险促销活动安排，全力争取保险公司的销售支持，全面提升网点销售产能，扎实开展各项销售组织工作，确保寿险销售额夺回同业第一，扩大财险销售额同业第一的领先优势，实现全年代理个人保险业务收入36亿元的任务目标，为个人中间业务收入计划和个人代理业务收入计划的实现作出贡献。

（二）实现代发工资业务的快速发展和较大突破。各级行要把发展代发工资业务作为夯实零售业务基础，加快实现“第一零售银行”目标的战略性基础业务来抓。各行要尽快采取有效措施，改变代发工资业务增长乏力、代发工资业务有贷户和基本户占比过低、网银代发工资占比过低的现状，全面提高我行代发工资业务的市场占比。对这项业务要明确行长负责。在营销活动期间，各级行要立即成立由行领导负责的代发工资营销活动领导小组，在行长组织下确定代发工资营销目标及措施，统一调动对公及个人营销部门的力量。分管行长要具体负责代发工资业务的组织推动。个人金融业务部门的总经理要负责组织实施如代发工资业务的营销推动工作。为了做好这项工作，一定要明晰代发工资业务各相关部门的营销职能，这个问题总行已经在上个月的专题会议上予以明确，我在这里重申一下：个人金融业务部门负责代发工资业务的营销目标制定、任务计划分配、考核办法制定、网点代发工资营销组织、代发工资业务考核和后续个人金融业务组合营销等工作；公司、机构、结算与现金管理等对公营销部门则分别负责有贷户、机构户、无贷户的代发工资业务营销工作。有贷户、机构户、无贷户代发工资单位的营销要层层作出计划，由各行个人金融业务部门汇总后在一周内上报总行，同时各部门要将本部门的营销计划抄报其总行主管部门。

要力争使与我行有结算、信贷关系的优质对公客户在我行办理代发工资业务的占比达到90%以上。电子银行部门主要负责网银渠道代发工资业务的营销服务和支持工作；运行管理部门负责代发工资业务的核算管理工作；信息科技部门负责系统开发及技术支持工作。

要明确各级行的营销管理职责。总行负责统一管理、指导全行代发工资业务发展并直接营销总行管理的大客户；一级（直属）分行负责组织辖内代发工资业务营销及自身负责的大客户的营销工作；二级分行要充分发挥“中坚力量”的作用，负责具体组织开展代发工资业务营销活动，并做好统计监测、考核激励等工作；支行及营业网点主要负责代发工资业务的具体受理。各行要特别重视高层营销，对优质代发工资单位，要定期开展高层互访，稳固双方合作关系。总之，全行上下要实行分层营销策略，各级机构、人员要认真履行自身营销职责，加强信息沟通，提高营销成功率。

在营销代发工资业务时，要准确定位，找准目标市场。我行代发工资的目标市场要定位于以中高端和潜力客户为主的优质单位，定位于第一、第二类优质代发工资单位，定位于能为我行带来综合回报的优质单位，定位于人均收入高于当地职工平均收入水平的优质单位。总行为全行定位代发工资单位提供了一个标准，把代发工资单位划分为四类：职工年平均工资收入是全国城镇单位在岗职工年均工资收入2倍以上的单位，为第一类代发工资单位；职工年平均工资收入是全国城镇单位在岗职工年均工资收入1－2倍的单位，为第二类代发工资单位；职工年平均工资收入是全国城镇单位在岗职工年均工资收入0.8－1倍的单位，为第三类代发工资单位；职工年平均工资收入是全国城镇单位在岗职工年均工资收入0.8倍以下的单位，为第四类代发工资单位。全行在今后营销代发工资业务时，都要严格按照这一标准，大力营销第一、第二类单位，适度营销第三类单位，有条件地营销第四类单位。

总行根据2007年全国城镇职工收入统计数据，将党政机关、教育培训机构、金融机构、医疗机构、科研机构、新闻出版机构、IT企业、电力企业、石油开采企业、石油加工企业、烟草制品企业等17类客户作为代发工资业务的目标客户，各行可结合本行和当地实际情况，进一步细化本行的目标客户名单，提高营销的针对性。

为便于各行更好地与他行竞争优质代发工资业务，梳理现有代发工资业务，提升整体效益，总行决定今后对第一、第二类代发工资单位，可由各行根据业务需要适度减免客户代发手续费，且减免额不占用分行年度中间业务收费减免额度，对第三、第四类代发工资单位手续费的减免，则必须严格遵守总行中间业务收费减免管理办法的规定，并严格控制减免总额度。

要积极宣传网银代发工资业务的好处，对网银代发工资客户实行优惠收费。对代发工资金额小、资金沉淀率低、占用柜面资源多、综合利润贡献低的单位，若客户不愿接受代理收费也不愿通过网银代发，可以考虑逐步退出。全行对代发工资业务收费原则上要做到能收尽收，准确核算各代发工资单位的综合效益。对未收取代发工资手续费的单位，要加大组合营销力度，力争代发工资单位职工尽可能多地使用我行的灵通卡、购买我行的基金定投、理财产品、保险产品等，提高代发工资业务的间接收益或综合收益。

总行决定将代发工资业务列入重点产品销售激励计

划，对营销成功的第一类、第二类、第三类和第四类代发工资单位，分别按照代发工资单位职工每户 2 元、1.1 元、0.5 元和 0.1 元的标准，向分行拨付奖金。各行也要拿出配套营销费用并制定具体的奖励标准，之前奖励标准低于总行标准的，要及时调整，确保不低于总行标准。各行要准确统计新营销代发工资单位的数量、代发额等指标，按照奖励标准奖励相关营销人员。

为搞好这次营销活动，扩大影响，提升效果，总行还将拨出 1 000 余万元作为今年第四季度代发工资业务专项营销费用并分发各行。各行要用好这块费用，使之能够大幅度促进代发工资业务的开展。

营销活动结束后，总行将评选出 10 家代发工资营销先进分行，在全行通报表彰。同时，总行及分行还要建立具体、可行的代发工资业务考核激励机制，使之持续发挥作用。总行今后将把代发工资业务纳入境内一级（直属）分行绩效考核和个人金融业务综合考核。各行也要参照总行考核模式，将代发工资业务纳入各级行行长和相关部门负责人的绩效考核，以充分调动各级机构和员工营销代发工资业务的积极性。

各行要注重后续营销。营销代发工资业务成功仅仅是一个好的开头，我们必须积极开展后续组合营销，向客户推介更多的金融产品和金融服务，才能使代发工资业务持续稳健地发展下去。

全行要将网银代发工资作为向客户推荐的首选方式，做到有条件的客户均通过网银代发。网银代发既能降低我行经营成本、提升代发工资效益，又能降低业务风险，还能方便客户自助操作。因此，全行必须强化网银代发工资宣传，向客户优先推荐网银代发方式。要及时推出企业网银证书工本费优惠、免首年年费等措施，并以通过网银代发工资作为减免手续费的附加条件。各级行电子银行部门要加大对营销人员的培训力度，营销人员要积极开展上门服务，帮助客户熟练掌握网银代发工资业务的各项操作，并及时解决网银代发工资中出现的问题。

各行要加快代发工资业务新系统和 U 盾的推广。对不具备网银代发条件的新老客户，要逐步将他们转移为通过新系统代发工资。从前一阶段来看，不少分行仍存在新系统推广速度过慢的问题，各行要立即采取措施改变这种现状，免费向优质代发工资单位提供 U 盾，争取客户早一点使用我行新系统发放工资。对一些去年总行推广新系统前已经自行研发了代发工资业务加密系统的分行，允许其今年暂不推广总行新系统，但这些分行必须向总行上报代发工资业务风险控制承诺函，保证本行代发工资业务系统已经具备总行新系统的风险控制功能，而且不会发生操作风险。在 2008 年底前，除已能满足总行代发工资业务系统操作风险控制要求且经总行批准的分行之外，其他分行必须投产使用总行新系统和 U 盾。2009 年底前各分行必须全面投产使用总行的代发工资业务新系统。

（三）坚定地做好基金代销业务，扩大领先优势。今年以来，代理基金销售遇到了一些困难，这种情况目前还没有根本改变。总行和各行要针对市场变化，认真研究在新的市场形势下，如何做好新基金的发行，如何做好存续期基金的销售。要从销售策略和方式上加以创新，对不同的网点、不同的渠道提出不同的销售目标和要求，并进行具体的指导。在今年的最后几个月中各行必须做好以下几项工作。

一是要落实营销激励方案。关于基金的营销激励方案，总行已印发了文件，各行要继续执行好。同时，要针对今年基金发行的实际情况，把同业占比、重点基金发行情况作为各分行基金代销工作的重点考核指标。各分行在执行总行有关奖励政策的基础上，有条件的分行还可以出台更有利于业务发展的激励政策。今年上半年，有些分行已经出台了相关政策，效果非常好，在第四季度要继续用好这些政策，这样代销的业绩会提升，市场份额也会提高。

二是要加强与优质基金公司的合作，发行与持续营销并举。要精选合作伙伴，进一步加强与优质基金公司的合作力度，巩固与广发、易方达、博时、南方、嘉实、诺安、融通、汇添富、上投摩根、景顺长城、华安、申万巴黎、国投瑞银和招商等传统优质基金公司的合作伙伴关系。要充分利用我行在基金代销领域的品牌优势，积极与其他优秀基金管理公司建立更紧密的合作关系，把规模做大，把市场做大。根据市场形势，要加大对托管基金、重点公司基金和创新基金的代理发行力度，有效结合我行渠道优势及上述基金的产品优势，吸引更多的投资者通过我行认购基金，大幅拓展我行基金客户群体。要积极争取创新型基金产品的代理发行，不断丰富我行的代销基金产品线。从现在来看，基金创新速度在放慢，但创新不会停下来，要从中寻找新的合作机会。

三是要继续抓好基金定投营销。要利用我行开展的基金定投优惠活动积极拓展基金定投客户群。通过专项考核和加强激励等方式促进基金定投业务发展，达到稳定我行客户群体和增加基金申购额的目的。

为实现股票型和混合型基金销售额的突破，总行集中经营资源，与 18 家与我行有良好合作关系、行业领先、在客户中具有影响力的大型基金公司组织了基金存续期营销活动。各行要认真贯彻落实总行工作要求，周密部署，做好第四季度股票、混合型基金存续期的营销活动，增强我行代理基金业务的竞争力。

四是各分行要配合监管机构做好代理基金业务自查及检查工作。根据中国证券监督管理委员会公告，证监会将于今年第四季度赴我行进行代理基金业务现场检查。总行已于 8 月 18 日发文就该项工作进行了部署。希望各行高度重视，认真安排，配合监管机构做好自查和检查工作。要通过检查进一步规范全行的基金销售，有效防控基金业务风险的发生。

（四）提高保险合规销售和风险管理水平，稳健发展代理保险业务。当前，国内银行代理保险市场发展变化很大，监管部门提出银行代理保险业务要适当增加期缴型、保障类产品占比，这对于规范银行代理保险业务市场、保护客户合法权益、促进代理保险业务规范、健康、持续发展是十分必要的。

这里我要强调一下，在代理保险业务上，各行应继续强化代理保险业务的管理，理清部门职责，提高全行的整体营销水平和市场竞争力，扭转同业竞争的不利局面。在保险销售上要坚持集中定价、统一签约，要坚持由个人金融业务部门负责代销产品协议的签订，把好产品准入关。对议价能力比较强的分行，总行可以授权分行通过签署补充协议来提高收费的标准，但仅限于一级、直属分行层面，二级分行和支行不能再层层议价、层层签约了。对区域性的保险公司，允许一级分行、直属分行签署业务合作协议。

当前，要着力加强合规销售和风险管理。近期总行连续下发通知，要求加强代理保险合规销售和风险管理，并要求各行进行自查整改并上报情况。前天，总行转发了银监会关于做好投连险产品自查工作的通知，对各行代理个人保险业务特别是投连险合规销售工作提出了明确要求。各分行要加强对网点负责人、客户经理的培训和管理，一定要做到合规销售。在销售产品时，要准确识别目标客户，对所有客户都要进行风险提示。要加大银保通系统推广力度，尽快实现所有产品都通过银保通系统销售。总行考虑从明年开始建立对合作机构的评价机制，确立评价标准和评价方法，遴选达标保险公司开展合作。对信誉差、管理差的公司不予合作或终止合作。

最近，个别商业银行在代理个人保险业务上出了一些问题，可能会受到监管部门的严厉处罚。尽管我行坚持审慎、合规经营，受到监管部门的肯定，但这一事件也可能会使我行受到波及和影响。各行一定要引以为戒，着重抓好以下工作：一是要在开展代理个人保险合规销售和风险管理工作自查整改的基础上，立即在辖内开展对代理投连险产品销售的自查工作。对代销过程中发现保险公司存在以任何形式承诺保本的，应立即停止所涉及产品的销售。二是参照银行理财产品客户风险评估，认真开展有关个人保险产品销售的客户风险评估工作，从源头上防止不当销售，杜绝误导销售。三是各行应制定、完善包括代理个人保险业务在内的应急预案，对出现重大客户投诉、群体性事件、媒体负面报道等重大问题，要立即启动应急预案，妥善处理，并将情况及时上报总行。近期总行和各分行一定要重点关注投连险产品合规销售情况、投连险客户投诉动态，切实维护客户的合法权益，维护我行的声誉。

最后我再强调一下持续做好灵通卡业务营销的问题。要加强对目标客户的营销，积极开拓灵通卡市场。要瞄准金融资产5 000－20万元的中端及潜力目标客户进行发卡，积极开展定向发卡营销，并利用我行品牌、产品、管理、系统、服务、渠道等方面的优势，大力挖转他行客户。要紧盯节假日等消费高峰期，组织开展统一主题的刷卡促销系列活动和季节性专题促销活动，实施积分奖励回馈计划，加大对灵通卡市场营销的支持力度，增加对灵通卡营销资源的投入，切实巩固并扩大灵通卡市场规模和市场占比。

要积极稳妥地推进灵通卡产品升级，巩固和扩大“牡丹灵通卡·e时代”客户群。全行要在今年底完成4 000万张灵通卡升级更换为“牡丹灵通卡·e时代”的升级换卡任务，在2009年完成全部灵通卡，即1.1亿张灵通卡（包括今年升级的4 000万张灵通卡）升级更换为“牡丹灵通卡·e时代”的升级换卡任务。要加强部门间的联动营销，创新功能独特、服务优惠的高附加值联名灵通卡产品，提高联名灵通卡的市场占有率，扩大市场规模，提高联名卡的综合效益。总行要求在今年第四季度内未发行联名灵通卡的分行至少要发行1种区域性联名灵通卡。

要改善灵通卡用卡环境。各行要加快自动柜员机、自助终端安装投产进度，进一步优化自助设备网络布局，不断扩展离柜业务的种类和服务内容，提升服务水平。加强灵通卡业务收入核算管理，加强部门间的合作和沟通，按照分部门考核、分产品核算的原则，准确、客观地反映牡丹灵通卡的当期收益，真实反映灵通卡业务的贡献度。要按照中间业务收费标准收取灵通卡年费、开卡手续费等费用，严格控制年费和开卡手续费减免范围，严防灵通卡业务收入的“跑、冒、滴、漏”。

坚定发展信心　明确目标任务
进一步提高我行个人金融业务市场竞争力

——在中国工商银行个人金融业务工作会议上的讲话

张福荣

（2008年12月25日·根据录音整理）

这次会议是在纪念改革开放30周年暨工商银行成立25周年的背景下召开的一次重要会议。会议的主要任务是，认真贯彻总行发展战略研讨会精神，回顾股改三年来全行个人金融业务发展情况，分析当前经营形势，谋划未来三年发展思路及明年工作任务，动员全行开拓创新，扎实工作，全面提升市场竞争力，努力实现打造“中国第一零售银行”的发展目标。下面，我讲几点意见。

一、三年来全行个人金融业务的发展成就及经验

股份制改革以来的三年，全行紧紧围绕打造“中国第一零售银行”的总体目标，坚持“以客户为中心、以市场为导向”的经营理念，深入推进“大个金”发展战略，在快速发展中创造了良好的经营业绩，为全行经营转型及三年发展规划目标的实现作出了重要贡献。

（一）经营贡献持续提升。2008年前11个月，全行个人金融业务实现税前利润606亿元，较2005年提高约1.92倍，3年复合增长率超过40%，成为全行增长最快的利润来源之一。其中，实现个人中间业务收入144.94亿元，四大行占比第一，近3年复合增长率达到63%。2008年前11个月，全行个人金融业务实现营业贡献824.82亿元，完成年度预算的85.54%，近3年营业贡献年复合增长率达到33%。个金业务营业贡献在全行的占比超过30%。

（二）客户结构持续改善。截至2008年11月末，全行个人金融资产5万元以上的中高端客户达到2 082.23万户，个人金融资产100万－800万元的财富客户达到31.76万户。中高端客户金融资产占全部客户资产的比重已达到77.94%，其中财富客户金融资产占比已达到12.28%。理财金账户客户数达到439万户，3年增长约252万户。

电子银行和信用卡客户也快速增长。截至2008年11月末，个人网上银行客户5 546万户，3年间增长了4 060万户；个人电话银行客户4 746.82万户，3年间增长了2 874万户；手机银行客户1 368.59万户，3年间增长了1 335.66万户。信用卡客户达到2 660万户，3年间增长2 060万户。

（三）各项业务持续协调发展。

一是储蓄业务与理财业务实现协调快速发展。截至2008年11月末，全行人民币储蓄存款余额达到37 780亿元，分别较2006年和2007年末增加6 088亿元和6 404亿元，余额占比居同业之首。与此同时，全行个人客户金融资产余额达到48 000亿元，包括银行类理财产品、基金、保险、国债在内的各类个人理财销售额达到17 088.75亿元，也位居同业首位。

二是个人信贷业务实现规模、质量和效益的同步提升。截至2008年11月末，全行个人贷款余额达8 044亿元，在四大行中的占比为30%，居同业第一。今年累计发放个人贷款2 954亿元，新增606亿元，其中，个人住房新增贷款占到89.4%，全行个人贷款不良率控制在1.38%，资产质量保持良好水平。今年已实现利息收入507亿元，同比多增141.08亿元；近三年个人贷款利息收入年复合增长率达到34.04%。

三是个人理财业务市场领先优势进一步加强。截至2008年11月末，全行累计销售银行类个人理财产品11 849.40亿元，3年复合增长率达到873.32%，在四大行中占比超过50%。代理保险已成为我行个人中间业务收入的重要来源，今年已完成代销984.14亿元，分别较2006年和2007年有了大幅增加。第三方存管业务新增客户达到247.60万户。全年代理国债销售611.67亿元，进一步巩固了第一大国债代销商地位。面对今年以来国内外资本市场深幅调整的不利因素，我行在代理基金销售额、代理基金业务收入、客户数量等主要指标上继续保持同业占比第一。

四是个人结算及代收代付业务保持平稳增长。截至2008年11月末，全行实现个人结算业务收入22亿元，分别较2006年和2007年增加了6亿元和1.82亿元；四大行占比为45.51%。同时，全行加大代发工资等代收代付业务发展力度，代发工资户数已经达到50 969

家，金额达到1 452.25亿元，并促进了其他业务的捆绑营销和联动发展。

五是牡丹灵通卡和ATM离柜业务保持快速发展。截至2008年11月末，全行牡丹灵通卡发卡量已达1.89亿张，其中，“牡丹灵通卡·e时代”卡7 874.18万张，占41.34%，3年复合增长率达到246.19%。牡丹灵通卡消费额大幅攀升，3年分别实现消费额2 495亿元、4 539亿元和4 859亿元，在四大行中占比第一。ATM交易迅猛增长，受理能力持续增强，2008年前11个月累计交易额已达14 037.66亿元，比3年前增加了8 884.51亿元；单机日均交易量为297笔，比3年前提高了57笔。

（四）风险管理持续加强。三年来，全行个人金融专业千人发案率始终控制在0.2以下，案件起数与涉案金额逐年下降，其中2007年较2006年分别下降52%和79%，2008年（前11个月）较2007年进一步下降25%和28%，是近十年来的历史最低水平。

三年的经营成果和发展实践充分证明，总行党委关于打造“中国第一零售银行”的战略目标、思路和举措是完全正确的，各行结合实际、落实总行决策部署的工作是积极有效的。同时，我们也在几年的创新实践中，对个人金融业务的发展规律有了更加深入的认识和思考。

第一，必须坚持把转变思想观念作为打造“中国第一零售银行”的行动前提。近年来全行对个人金融业务发展重要性的认识不断提高，经营理念不断更新。总行提出“大个金”发展战略，就是立足于以客户为中心，着眼于资源整合，致力于提升个人金融业务核心竞争力而采取的重要举措；之后又提出打造“中国第一零售银行”战略，并将其作为全行第一发展战略，则是在深刻研究分析经济金融形势变化的基础上，为加快全行经营转型、实现可持续增长作出的战略选择。在正确思想、科学理念的指导下，我们通过实施“两化”改革，全面推动了经营机制和管理体制的转变；通过实施核心竞争力项目，全面促进了网点转型和服务水平提升；通过实施统一客户视图和中高端客户重点发展战略，全面推进了客户结构的优化和调整；通过实施产品和业务创新，全面带动了资产、负债和中间业务的协调发展。正是由于全行上下思想认识的逐步统一、经营理念的与时俱进，才保证了个金业务的持续健康快速发展。

第二，必须坚持把改进和完善服务体系作为打造“中国第一零售银行”的核心内容。零售业务是“渠道为王”、“服务制胜”。三年来，全行在网点服务、渠道建设、流程再造等方面做了大量艰苦细致的工作，取得了显著的成效。深入推进了个人理财中心核心竞争力项目，建立了标准化的客户服务流程，推广了个人客户营销管理系统（PBMS），充实了客户经理和非现金柜员力量，目前已实施核心竞争力项目的网点数量达到6 035家。全行建立起统一客户视图下的网点分类管理体系，形成财富中心、贵宾理财中心、理财网点和金融便利店四个层次，并通过理财金账户服务升级活动和构建“六专”贵宾理财服务体系，初步形成了具备统一网点模式、统一标识形象的中高端客户专属服务平台。目前，全行财富中心和贵宾理财中心已分别新建、改造100家和3 000家。大力发展电子银行业务，目前电子银行交易占比已经提高到39.4%，较2005年末增长13.3%。启动实施并基本完成了涉及137个项目的流程再造工作，从治标和治本层面解决了影响服务效率的突出问题。实施“五个统一”工程，建立了全行统一的个人金融业务客户信息平台、营销管理平台、账户核算平台、综合对账管理平台和业务考核平台。目前全行已清理了1.26亿条无效个人客户信息和6 900万户无效账户。特别值得一提的是，全行在奥运金融服务中，以“零差错、零投诉”的高水准服务，为展示全行良好企业形象和服务水平作出了努力，银监会和人民银行分别授予我行“中国银行业迎奥运文明规范服务系列活动组织奖”和“奥运支付环境建设优秀单位奖”。个金战线的同志们在奥运金融服务中做了大量工作，发挥了重要作用，值得表扬和肯定。实践证明，改善服务的各项措施为全行个人金融业务的发展创造了一个良好的平台，对全行竞争力的提升起到了重要促进作用。

第三，必须坚持把健全体制机制作为打造“中国第一零售银行”的重要支撑。全行2005年底开始进行“专业化经营、系统化管理”改革，目的在于对个金业务的经营管理体系进行一次比较全面彻底的优化和完善，主要是解决营销体系和考核体系的问题。目前，所有二级分行均已实施了“两化”改革，个金专职分管行长制度也逐步建立。同时，注重加强专业员工队伍建设，目前已建立了超过3万人的个人客户经理队伍，其中，获得金融理财师（AFP）和国际金融理财师（CFP）资格的员工分别达7 275人和1 086人，在国内金融同业中居第一位。此外，在全行范围内组织了大堂经理业务技能比赛、客户经理营销技能比赛、“双佳”评选等活动。启动了个人业务销售激励项目试点工作，逐步建立起以业绩价值为基础的个人客户经理考核激励机制。实践证明，新的体制机制的建立，提高了经营管理活力和效率，激发了员工的积极性和主动性，对个金业务发展起到了积极的支撑和推动作用。

第四，必须坚持把业务和产品创新作为打造“中国第一零售银行”的不竭动力。个金业务创新工作贯穿了发展的各个领域和各个层面，贯穿了发展的全过程。在同业率先推出了基金定投、利添利账户理财、T+0快速赎回、代客境外理财“东方之珠”、“灵通快线”超短期理财、存贷通、循环授信创新型产品，促进了理财类业务和贷款业务的发展。在国内首家推出符合人民银行标准的磁条加芯片双介质借记卡。启动和推进牡丹灵通卡产品升级项目，进一步提升了客户用卡便利性和安全性。推出财富管理业务，依托财富中心向财富管理客户提供个性化、全方位的金融服务和其他增值服务。实践证明，创新能力的高低直接决定了个人金融业务发展的持久竞争力，持续的创新使得我们的营销手段更加丰富，利润来源得到拓展，服务质量和效率不断提高。

第五，必须坚持把风险防控作为打造“中国第一零售银行”的基本保障。全行按照“内控优先、制度先行”的原则，建立了以章程办法、业务手册、操作规程、操作指南为主体的较为完备的个人金融业务制度体系，加强了IT系统对风险的硬控制；以业务流程优化再造为契机，进一步实现了业务前台营销与中后台处理的人员和系统分离。加强了代理业务的合规销售，按照有关规定做好对客户的风险提示，正确宣传，正确引导。实践证明，只有切实增强风险防范能力，才能为个人金融业务的持续健康发展创造良好环境。

以上经验是全行个人金融业务改革发展实践的结晶，是践行科学发展观的成果，我们要在今后的工作中坚持运用并不断加以丰富。三年来个人金融业务取得的显著成绩，是在总行党委正确领导下，全行个金员工辛勤努力、奉献进取的结果，这里我代表总行向大家，并通过你们向个金专业的全体员工表示慰问和感谢！

二、当前及今后一个时期全行个人金融业务发展面临的形势和任务

未来一个时期全行个人金融业务发展面临严峻挑战。国际金融危机还在蔓延，全球经济衰退趋势明显，国内经济下行风险加大，特别是房地产和汽车市场低迷、消费热点降温，股票市场波动性增大、投资者信心严重不足，对个人金融业务的市场拓展和风险防控带来双重考验。而金融同业纷纷把个人金融业务作为战略发展方向和重点，加大资源投入，加快发展速度，使我行巩固个人金融业务市场优势地位的压力和难度进一步加大。

同时，我们也要认识到，在明年及今后一个时期中国经济仍将保持平稳较快发展的大背景下，个人金融业务发展也面临着重大机遇。随着国家改善民生、扩大消费政策的实施，城乡居民收入水平将不断提高，居民消费意愿和消费能力将不断增强，为个人信贷、银行卡等业务的发展创造了更多的金融需求和更大的市场空间；国家完善多层次资本市场体系，以及居民投资理财意识的增强，为个人理财业务发展带来了新的商机；金融脱媒和利率市场化的演进，对银行加快经营转型提出了更加紧迫的要求，为个金业务发展提供了巨大的推动力量。

在复杂多变的经营环境下，全行个人金融业务能否变压力为动力、化挑战为机遇，关键还在于我们能否进一步解决好自身存在的深层次矛盾和问题。问题主要有：一是思想认识不到位，业务发展还有一定摇摆性。一些分支机构对个金业务的重要性仍然认识不足，或者在业务发展过程中存在摇摆性，没有把第一零售银行战略作为全行推进转型、提升核心竞争力的重要内容来坚定不移地贯彻执行。具体表现为，对个金业务资源投入不到位，人员配备不到位，考核不到位，缺乏有利于业务持续发展的长效机制。二是竞争力有待进一步提升。全行个金业务在总体保持竞争优势的同时，在业务结构、经营效率和高端市场等领域，还存在竞争优势不足、市场地位不稳固的问题。如我们的人均利润还低于有的商业银行，网均利润在同业中并不领先；中高端客户占比还不高；作为核心基础业务的储蓄存款新增市场份额还落后某一家商业银行；等等。三是服务工作还不适应客户的需要。经过这几年来的努力，我行的服务水平已经得到了很大的提升，但是服务渠道、流程、产品还有许多亟待改进的地方，还缺乏统一的服务标准，服务效率和客户满意度还有待提高。

在制定新一轮三年发展战略规划时，董事长提出了“建设全球最盈利、最优秀、最受尊重银行”的发展愿景。个人金融业务也初步形成了未来三年的发展规划，并将在这次会议上进行讨论。未来三年的总体目标是，全行个人金融业务创造的税前利润应占到全行的40%；人民币储蓄存款余额突破5万亿元；个人贷款年均新增15%以上，余额突破1万亿元；中间业务收入保持每年10%以上的增速；确保主要业务市场占比同业第一；中高端客户数量达到3 700万户，占客户总量的比重提升到20%以上。经过几年的不懈努力，使我行成为业务规模最大、产品种类最全、客户满意度最高、品牌美誉度最佳、盈利能力最强、客户服务首选的“中国第一零售银行”。

为实现这一发展目标，未来一个时期全行要重点加强三项工作。

（一）深化以“两化”为核心的个人金融业务经营管理体制改革。全行“两化”改革已经推进了近三年，可以说专业化经营的改革目标已初步实现，基本搭建起了零售银行业务专业化经营的体制机制框架，实现了个人金融业务的统一资源配置，统一市场开发和营销。相对来说，难度更大的系统化管理改革稍显滞后，而这一工作非常重要，只有建立了科学合理的以流程为基础的分层客户服务体系和以价值创造为导向的绩效考评体系，才能调动一线客户经理的主观能动性，增强网点的市场竞争力，为新的市场环境下个人金融业务的竞争发展创造体制机制优势。因此，必须要进一步加强改革的组织推动工作，认真论证实践直辖市分行和直属分行的“两化”改革，并重视巩固和扩大改革成果，充分发挥新机制和新体制对业务发展的促进作用，不断提升业务发展层次和水平。

（二）实施以个人客户服务精细化管理为主要内容

的服务质量改善工程。客户是核心竞争力最主要的组成部分。为此，总行提出要全面推行个人客户服务精细化管理，实际上就是对核心竞争力项目的深化和延展，目的就是要实现服务操作的“精、准、细、严”，即通过完善精细化服务规范来解决“精”的问题，建立适应不同类别网点、不同层次客户需求的服务标准体系，推进基础服务规范化、个性服务差别化；通过完善网点服务检查工作机制来解决“准”的问题，建立规范量化检查表格、引入第三方公司进行客户满意度监测，准确掌握我行服务质量信息，促进服务管理常态化；通过完善客户经理服务质量考核体系来解决“细”的问题，以考核细化保证操作细化、管理细化、执行细化；通过完善制度和流程来解决“严”的问题，严格控制偏差，严格执行服务标准和制度，使服务理念融入全行员工日常工作和行为中，形成客户服务持续改进的推动机制。

（三）加强以协同营销为重要手段的市场拓展工作。对于银行来说，协同营销在为顾客创造、传递更大价值的同时，还可以有效降低营销成本，创造更多的盈利机会，实现客户与银行的双赢。而要加强协同营销，必须在公私业务部门之间、在个人业务部门之间、在境内外机构之间实现客户资源共享和营销资源共享，实现捆绑销售和综合考核。要制定开展协同营销的工作规划，明确工作进度要求和各阶段工作目标，确保在较短时间内形成整体竞争优势。要在系统建设上实现客户信息的完整展现，为挖掘客户相关需求、提供综合解决方案创造硬件基础。要构建整体联动，协同营销的管理平台，在制度上提高各业务部门之间营销工作的一致性和各产品之间的关联性，在工作流程上提高客户服务的整合性。要在考核中增加协同营销有关内容，在现有考核单一产品销售指标的基础上，增加重点产品覆盖率和交叉销售率等综合考核指标。

三、多策并举，确保个人金融业务 2009 年工作目标的实现

2009 年全行个人金融业务主要经营目标为：金融资产 5 万元以上客户增加到 2 400 万户；个人金融资产销售额 13 250 亿元。其中，储蓄存款新增 5 000 亿元；个人贷款新增 900 亿元；实现个人中间业务收入 201 亿元。为完成上述目标，全行要重点做好以下几项工作。

（一）继续推进“两化”改革，完善大个金经营体制。一要以推进“双重管理、双线考核”为工作重点，建立针对“财富管理中心—贵宾理财中心—理财网点—金融便利店”的四类网点统计体系、指标评价体系和考核体系，定期公布四类网点绩效评价排名结果，为各行配置资源，改善网点经营，提升网点竞争能力提供科学依据。二要尽快完成“两化”绩效评价系统中的全部参数设定，做好相关培训和系统应用工作，特别是完善对支行网点和客户经理的考核，并适时将考核结果与其他月度、季度考核相衔接，充分调动网点和客户经理的积极性。三要继续扩大改革覆盖面，直辖市分行在前期选择支行试点的基础上，要形成较为成熟的改革方案；直属分行要继续深化改革；对于新组建的机构，必须按照“两化”改革方案设置零售业务部门组织机构和人员岗位。四要深化二级分行个人金融业务专职副行长负责制，落实专职副行长业绩与个人金融业务部门绩效相挂钩的捆绑考核办法，激励其更好地履行职责。五是深入研究个人金融业务专营机构经营发展模式，提高网均、人均贡献度，提升竞争力。

（二）实施个人客户服务精细化管理，全面提升服务水平。2009 年，要抓紧制定并施行个人客户精细化服务规范，在全面执行核心竞争力项目的基础上，制定各类营业网点在业务分区、环境管理、人员配备等各个层面的具体细化的运营标准规范，制定针对网点不同岗位员工的服务规范。要建立全方位、常态化的网点服务检查工作机制，采取日常检查、专项检查、交叉检查和客户满意度调查等方式，强化网点服务工作的检查监督。要尽快建立全行客户服务质量考核体系，从财务、顾客满意度、市场占有率、新增目标客户、员工满意度等几个维度开展对各分行的服务精细化考核，努力做到考评客观有效。考核的重点要放在中高端客户的服务上，放在中高端客户关系的维护上，放在中高端客户的拓展和营销上，确保中高端客户有大幅度增加。

（三）加强个人金融业务协同营销机制的建设，形成业务发展的整体合力。一要加强公私协同营销，各行个金部门要与公司、机构等部门密切协作，充分利用我行法人客户资源，实施“走出去”的营销策略，主动向目标客户营销我行个人金融业务，增进银企合作关系。二要做好个人业务部门间的协同营销，个金、电子银行、信用卡等部门要统筹制订个人业务年度发展计划，统一下达任务指标，统一考核；统一个人目标客户定位，确保各部门主要营销资源均用于目标客户的市场开拓；建立网点分层服务体系、客户经理服务体系以及网上银行、电话银行分层服务体系的协调发展机制，提升多渠道服务品质和营销能力。三要加强个人金融业务产品协同营销，制订多产品交叉销售方案和套餐式金融服务方案，在为客户办理单项业务时挖掘其他产品的交叉销售机会。同时，针对个人金融业务的重点目标客户，适时推出在同业市场具有竞争力产品，其中针对专属贵宾客户开发的理财产品占比不低于 30%。四要加强境内外协同营销，以海外华人、驻外员工较多企事业单位为目标客户，在境外机构推广我行服务品牌，并在境内外互通贵宾理财服务，促进我行境内外零售业务和国际业务互动发展。

（四）加强对省分行营业部的业务指导，实施针对性的区域发展策略。总行和一级分行都要加强对一级分行营业部的直接业务指导，促其加快发展，尽快扭转市

场竞争的不利态势。2009年，各一级分行营业部个人金融主要业务的市场占比必须有所提升，特别是处于第三、第四位的营业部要作出规划和安排，在2009年上半年摆脱落后状态，实现跃升；已处领先地位的要继续扩大领先优势。各分行要适应区域经济特点，实施城市导向的区域发展战略，在提升一级分行营业部竞争发展能力的同时，巩固在中小城市的市场优势地位，中小城市行要在软硬件建设、自助设备和特色服务等方面狠下工夫，快速提升网均效益。要将经济发达地区县级城市行打造为个人金融业务新的区域增长点，总行已经按所在经济圈和GDP排名等要素，明确了重点县级城市行范围，2009年将重点在这些地区加大个金资源投入，争取在较短的时间内实现我行县级区域市场地位的提升。

（五）进一步完善渠道建设，不断提高营销能力。目前，按财富管理中心、贵宾理财中心、普通理财网点和金融便利店分类的网点改造工作已经全面铺开，并且初见成效。2009年，要再建1 000家贵宾理财中心，并完善已建成理财中心的业务流程和管理机制，巩固我行的渠道领先优势。要加快个人贷款中心推广，将个人贷款中心纳入全行网点建设规划，推进形成高效的业务处理枢纽和有力的营销渠道支点。要细化网点业绩评价，从业务分流、存贷款规模、产品销售、业务收入、客户结构等方面开展考核管理。要加快推进个人金融业务流程再造二期工程，实现个人金融业务处理流程的全面优化，并促进网点由业务处理型向营销服务型转变。个人客户经理是主动开展市场营销和服务中高端客户的重要力量，2009年要继续增加配备10 000人，形成一支稳定的能够走出去的营销队伍。总行将统一组织CFP培训1 000人，推动分行自行组织CFP培训500人、AFP培训2 000人，并对现有金融理财师实行标准化的年审考试机制，增加个人客户经理资格认证考试频率到每年两次。各行要全面强化金融理财师团队管理，在进行财务指标考核的同时，从团队协作意识、工作态度与质量等多个方面进行综合评价和激励，促进金融理财师充分发挥作用。

（六）高度重视储蓄存款的基础地位，实现稳定发展。只有储蓄业务持续稳定发展才能为个人金融业务的转型发展、为全行的持续创新提供有力保障。因此，推进经营转型不是要不要增加存款的问题，而是以什么样的方式和怎样的成本发展存款问题。针对当前市场实际，全行必须在思想上正确认识存款业务在转型发展中的基础地位，在工作方法上创新思路，强化措施。要重视业务背后客户这个根本因素，通过改进服务来稳定客户，通过强化营销和为客户创造价值来竞争、吸引客户，通过代发工资等手段从源头上抓住优质客户，带动存款增长。要把握好新的市场环境下资金流转规律，增强各类个金产品与储蓄存款之间的协同互动效应。特别是要抓住增加居民收入、扩大消费的政策机遇，有针对性地研究制定营销措施，加大吸存揽储力度。要探索主动负债发展模式，调整存款的期限结构，降低付息成本，进一步增强盈利能力。2009年，全行要实现储蓄存款增量同业第一；一级分行营业部、重点城市行要确保储蓄增量市场位次有所提升。

（七）坚持营销与管理并重，推动个人信贷业务又好又快发展。2009年，个贷业务发展总的思路是，坚持打造“第一按揭银行”目标不动摇，切实落实联动管理措施，确保按揭资源不流失。同时，要大力拓展二手房和纯按揭个人住房贷款业务；扎实做好个人经营贷款的市场拓展工作；推动个人汽车贷款业务发展，积极推进个人综合消费贷款、个人质押贷款业务发展；以提高业务综合贡献为目标，注重发展个人委托性贷款及个贷非息业务，尤其是住房公积金委托贷款业务。一要将个人信贷客户的金融资产和金融服务纳入个金统一客户视图，继续深化个贷营销标准化项目工程，建立分散营销与集中处理的高效个人贷款运营体系，将个人贷款的受理工作适当延伸，理财中心要辟出专门区域，设置专门人员负责个贷营销工作。二要在防范风险的前提下，实现个人信贷业务的精细化管理。根据各一级分行区域市场特点、业务规模和管理水平等情况，灵活实施差别化政策，给予不同业务创新权限和贷款授权。三要加强产品创新，尽快完善个人经营贷款的循环贷款功能，不断丰富个人信用贷款功能。四要提高对贷款客户的服务水平，结合个人金融统一客户视图，对个人贷款客户实行差别服务和风险定价。要加强对我行贷款客户交叉产品的营销，努力使我行400余万个人贷款存量客户成为我行理财金、信用卡、电子银行等产品的目标客户，促进个人贷款综合贡献度和经营效益的进一步提升。

（八）不断突破发展瓶颈，努力实现个人中间业务的新跨越。

一要实现代发工资业务的较大突破。2009年全行要新增代发工资单位户数10万户，新增代发工资总额4 500亿元，新增代发工资职工4 000万户。代发工资额在城镇单位就业人员劳动报酬总额中的占比要达到40%；代发工资职工总数在全国城镇就业人员中的占比要达到35%；各级行、各部门要明确职责，按照总行制定的分类标准，着力营销以中高端和潜力客户为主的优质单位，努力实现第一、第二类代发工资单位占明年新发展单位的75%以上。新增代发工资职工中高端客户占比不低于25%。要大力拓展网银代发工资客户，新营销的代发工资单位中网银代发工资客户占比应不低于80%。要注重客户资源的挖掘，努力通过交叉销售提高代发工资业务的综合收益。

二要稳步推进个人理财业务的发展。要稳定和争揽优质客户，确保明年个人本外币理财产品销售额达到3 200亿元以上。要注重利用行内资源，积极拓宽产品供给渠道。已获授权开办区域性理财业务的分行，要加快产品开发，做好销售工作，促进特色业务的发展。要积极探索与券商、保险公司、基金公司、信托公司等非银行金融机构的合作，丰富和补充我行个人理财产品体系，并逐步实现理财业务与保险业务、证券业务、信托业务的一体化经营。要以“灵通快线”系列低成本产品为基础，大力拓展现金管理型产品，使其成为我行个人理财业务的基础收入产品。

三要稳健发展代理保险业务。代理保险工作中，必须坚持集中定价、统一签约，由个人金融业务部门负责代销产品协议的签订，把好产品准入关。要积极加强同保险公司的沟通协调，树立平等合作的理念，着力解决双方合作中的问题，争取保险公司向我行配置相应的资源，提高我行在同业竞争中的地位。要提高对客户的需求识别和风险分析能力，根据客户实际进行针对性营销，坚决避免违规销售、误导及不当销售的行为。

四要坚持做好基金代销业务，继续保持市场占比第一。要加强对证券市场和基金产品的研究，提高我行基金理财服务内涵；要根据客户需求和风险偏好做好客户的资产配置建议，实现各类风险收益特征基金产品销售的协调发展；要落实好基金销售激励机制，激发一线员工营销基金的积极性；要有效利用我行渠道优势和优秀基金管理公司的产品优势，拓展中高端客户群体；要坚持发行与持续营销并举，继续抓好基金定投、利添利账户理财等业务的营销工作。

五要持续做好灵通卡业务营销，推进服务升级。主要瞄准金融资产 5 000 – 20 万元的中端及潜力目标客户营销灵通卡，其中，2009 年新增持卡人 5 万元以上的中高端客户占比要达到 20% 以上。继续做好灵通卡与代发工资、个人理财、保险、基金、个人信贷等业务的捆绑销售。紧盯节假日等消费高峰期，组织开展统一主题的刷卡促销系列活动和季节性专题促销活动，不断提高积分奖励回馈计划的吸引力，提升客户的满意度和忠诚度。积极稳妥地推进灵通卡产品升级，在 2009 年完成全部灵通卡升级更换为“牡丹灵通卡・e 时代”。

六要积极推介个人结算业务。要抓住个人结算需求较大的良好机遇，提前开展集中营销活动。同时，要继续坚持“本外币一体化”的发展思路，通过组织出国金融服务营销活动，稳定有个人外汇业务需求的中高端客户，带动因私购汇、资信证明、旅行支票、外汇汇款等业务的发展。

（九）积极发展财富管理业务。2009 年，财富管理业务拓展的众多基础性工作已基本完成，2009 年将进入业务发展的关键年。全行要乘势而上，加快升级发展，进一步巩固和扩大财富客户市场占比。2009 年，全行财富客户数量要达到 45 万人以上，财富客户金融资产占全行个人客户金融资产比例要超过 15 %。要加强调查研究，尽快建立起清晰的财富管理客户识别体系。要升级和新建并举，加快财富客户的服务渠道建设，确保 2009 年建成财富管理中心 200 家。要打造高素质的财富管理专业团队，建设形成 1 600 人左右的财富管理客户经理队伍，在总行和一级分行组建 100 人左右的后台支撑团队。要按照财富客户的需求特征、风险偏好与金融消费模式，设计专属产品。要以财富规划和资产管理为核心，重点向财富客户推介资产综合规划、资产配置和投资组合管理服务。以尊贵、安全、私密、便捷的客户体验为主线，尽快构建具有我行特色的财富客户高效服务流程。

（十）加大投入，树立良好的个人金融服务品牌形象。总行将按照打造强势品牌的要求，加大品牌传播和广告宣传投入力度，根据市场状况，组织一系列营销宣传活动。各行要按总行统一要求，步调一致地做好组织实施工作，在全国范围内营造出强大宣传声势。要做到三个注重：一要注重以点带面，充分发挥重点产品与服务的带动作用，以理财金账户、幸福贷款、财富管理和牡丹灵通卡四大品牌为主线，组织做好市场推广和营销宣传活动。二要注重内容和时机的选择，根据新业务、新产品的开发情况，根据当地市场热点及同业竞争情况，确定传播重点，适时推出新的广告宣传。三要注重宣传方式选择，精心构思品牌传播策划，加强新闻媒体公关，通过整合营销传播提高品牌知名度和美誉度，促进品牌资产增值，带动个金业务发展。

（十一）全面提升风险管理和内控水平。一要合规销售，降低客户投诉风险。这要作为 2009 年风险控制的重要内容。随着资本市场的深度调整，针对银行理财产品和代理基金、保险的投诉事件也呈现多发趋势。这类现象的背后，既有投资者的必要风险意识不足的问题，也有销售人员与客户沟通不够的问题。必须切实做好对客户风险承受能力的评估，将风险提示做得更加细致透彻，确保客户了解风险并愿意承担风险，避免潜在纠纷。二要继续严密内控管理，细化监督内容，避免个别营销人员的非规范操作。三要密切关注个人贷款潜在风险。总体上，我行个人住房贷款质量较为稳定、客户结构较好、担保较为充足、抵御房价下跌的能力较强，贷款风险可控。但是，若房地产市场继续处于销售不畅、价格回落的低迷状态，可能潜存着部分楼盘房价下跌导致购房者违约、部分贷款抵押物贬值、个别企业制造假按揭骗取银行贷款的冲动加大等风险。对这些问题，我们要密切关注，早作研究，提前做好应对准备。

最后，我再强调一下 2009 年第一季度个人金融业务的营销工作。我们必须在旺季揽存中夺得更多的市场份额，才可能完成全年新增储蓄存款的目标，同时为理财产品的销售创造条件。各行要根据客户投资心态，加强宣传推介，做好代理基金、银行类理财产品和保险等的交叉销售。总行确定 2009 年第一季度营销目标为：力争新增储蓄存款 3 500 亿元，各类理财产品销售2 000

亿元，个人贷款新增230亿元，个人中间业务收入50亿元。各行要高度重视总行下达的目标任务，统一认识，提高执行力，确保完成工作任务。

同志们，2009年是我们新的三年发展规划的第一年，也是我们改革发展的关键之年，全行要着眼长远，确立更高目标，坚定发展信心，大力拓展市场，提升服务品质，加强风险管理，确保个人金融业务健康、持续、快速发展，在新的起点上实现更大的跨越！

贯彻宏观调控政策　大力调整信贷结构 保持信贷业务持续健康稳步发展

——在中国工商银行2008年信贷工作会议上的讲话

牛锡明

（2008年2月19日）

这次会议的主要任务是，认真贯彻落实刚刚结束的全行工作会议精神，总结2007年信贷工作，安排部署2008年信贷工作任务。下面，我讲三方面的意见。

一、2007年全行信贷工作回顾

2007年，是我行股改上市后的第一个完整会计年度。全行信贷工作按照总行改革与发展总体部署，以提高信贷核心竞争力为目标，严格控制信贷风险，努力改进管理方式和提高服务效率，积极支持市场拓展和业务发展，为实现全行经营业绩的大幅提升作出了重要贡献。

（一）信贷业务持续健康发展保障了全行经营业绩的显著提升。2007年，全行信贷工作正确处理业务发展与风险控制的关系，牢固树立市场观念和服务意识，不断提高工作效率，保证了信贷业务的稳健有序发展。年末，境内外机构各项贷款余额40 744.17亿元，人民币贷款比年初增加3 651.9亿元，增长10.8%，增幅明显低于金融同业。全行通过加快贷款周转和提升资产质量，提高了信贷收益水平，全年境内分行贷款累放额为39 473.5亿元，累收额为35 287.7亿元，贷款周转率达0.95次。表外业务余额达16 051.7亿元，比上年增加6 392.9亿元。信贷资产质量持续改善，不良率降至2.77%，比去年初下降1.02个百分点。1998年以前的存量贷款控制在780亿元，历史存量贷款风险已基本化解。信贷业务的快速发展带来了良好的经营效益。境内外机构实现净利润824.42亿元，同比增长了65%。全行实现贷款利息收入2 252.52亿元，比上年增长488.88亿元，增幅达27.72%，NIM达到2.79%，比上年提高0.4个百分点，拨备覆盖率提高31.7个百分点，达到102%，全行抗风险的能力明显增强。

（二）信贷结构调整取得明显成效。近年来，全行结合国家宏观调控政策的要求，积极调整信贷结构。2007年，总行进一步完善了以25个重点行业为主体的行业信贷政策体系，积极推进“绿色信贷”建设，严格执行行业准入标准和行业信贷结构调整政策。电网、港口等5个积极进入类行业和煤炭等7个适度进入类行业增加贷款1 918.37亿元，占25个重点行业贷款增加额的92.3%。11个产能过剩及潜在过剩行业的贷款增长得到了有效控制，限制和退出类客户贷款减少140亿元。行业信贷结构的持续优化，增强了我行抵御行业系统性风险的能力。同时，大力推进贸易融资、小企业和个人信贷业务发展，截至去年末，全行贸易融资余额为870亿元，在四大行中的占比达到34.37%，比去年初上升15.02个百分点。当年新增国际贸易融资余额为64.03亿美元，占四大行的48.34%，居第一位。其中，国际贸易融资表内和表外业务累放额分别比去年初增长156.84%和74.66%；国内贸易融资表内业务和信用证余额分别较去年初增长1.4倍和4.73倍。全行小企业贷款余额为2 139亿元，增长710.4亿元，完成年度计划的104.38%，小企业贷款在全部法人客户贷款的占比为7.34%，上升1.65个百分点。个人贷款增加1 729.29亿元，占比上升了2.67个百分点。全行AA-级及以上客户占比提高0.96个百分点；A-级以下客户中，贷款余额减少的有8 142户，减少贷款799亿元。

（三）垂直独立的授信审批体系初步建立，信贷风险控制能力和服务效率进一步提高。2006年下半年以来，全行加快推进信贷体制改革，积极构建适应我行实际的信贷风险管理体制。总行组建授信业务部和信用审批部后，重新调整了信贷管理部的职能，实现了业务风险管理与职能风险管理的有效分离。在一级（直属）分行层面推动建立垂直集中的授信审批体系，27家一级分行按照总行的部署组建了授信审批部门，对下实行派出制，授信审批工作专业性和独立性明显增强。总行信贷体制改革后实行“一站式”审批，对超过一级（直属）分行授权的业务，直接由分行前台部门报总行审批部门；山东、四川等行紧密结合本行实际强化信贷垂直集中管理和岗位价值考核机制，提升了授信审批的工作质量和效率。2007年，总行审查核准集团客户评级授信方案349个、单一客户评级授信方案84个，审批授信调整方案263个，共完成项目评估177个。对存量押品全部实现了入库管理。总行信用审批部门完成了对836笔信贷业务的审查，组织召开信贷审查会议168次。特别是对市场竞争激烈、时效性高的优质大型竞标项目，如北京地铁9号、8号和10号线二期、机场线及亦庄线等重点项目以及辽宁红沿河核电、青岛海湾大桥项目和国家电网等短期融资券业务实行特事特办，建立快速评审机制，提高了我行对优质信贷市场的反应能力，在同业竞争中赢得了主动。

（四）信贷产品创新能力得到较大提高。一是创新信贷产品，推出营运资金贷款、周转限额贷款和临时贷款，将12 000亿元传统流动资金贷款分类改造为新流动资金贷款和贸易融资产品两大系列，进一步提高贷款精细化管理水平。开发国内保理、国内发票融资等国内贸易融资新产品，贸易融资产品体系日趋丰富。广东分行对“三优”（优质客户、优质资产和优质业务）进行服务升级试点，深圳分行对18户优质核心企业制订个性化综合金融服务创新方案，提升了我行信贷业务竞争力。二是创新信贷管理方式。总行加强了统一授信管理，初步建立了覆盖公司与机构客户、境内与境外客户统一评级授信管理框架。完善了债项授信管理，将资金业务全部纳入统一授信管理，明确将金融衍生产品和以银行账户持有的债券投资业务纳入统一授信范围，扩大信用风险防控领域。健全了押品价值的评估制度，福建、陕西等行细化了押品价值评估流程，夯实了押品价值评估管理基础。总行修订了法人客户信贷档案管理办法，进一步完善信贷档案管理流程。优化了资产管理系统功能，如期完成各版本投产工作。启动了无纸化审批，提高了信贷审批的信息化水平。适应我行国际化发展战略，加强CM2002资产管理系统功能境外延伸和推广应用工作，增强了全行信贷风险的防控水平。

（五）信贷资产质量不断提高。2007年，全行信贷管理部门采取多种措施狠抓重点关注客户贷款压降和关注三级贷款流量管理，并通过模拟计提专项拨备加强督导与考核，取得了明显的效果。截至去年末，全行关注三级贷款余额为124.56亿元，剔除当年新发生的94.05亿元，年初锁定的331.1亿元关注三类贷款的压降率达90.8%。重点关注客户贷款余额为18.52亿元，比去年初减少了261.19亿元，清收转化率达93.38%。其中，清收58.41亿元，转化93.13亿元，超额完成年度目标。贷款潜在风险明显降低，去年底信贷资产质量内部审计与外部审计结果基本一致。全行加大不良贷款处置力度，综合运用现金清收、以物抵债、呆账核销、重组转化等措施，全年累计清收处置不良贷款673.45亿元。其中，现金清收不良贷款299.69亿元，实现拨备回拨144.88亿元，不良贷款清收处置额及不良贷款下降额均创同业最高，为全行信贷资产质量提高和效益的提升作出了积极贡献。

（六）贷后监督管理和信贷基础性建设取得重要进展。去年，总行和各一级（直属）分行对5 121户1亿元以上贷款大户进行了重点监测分析，涉及贷款金额22 048.97亿元。其中，总行对有潜在信贷风险的641户企业进行了重点跟踪监测，这些企业的贷款较去年初压降283.90亿元，降幅为15.55%。全年累计对5 722家大户企业的6 190亿元风险贷款进行了预警提示和清收督导工作，我行贷款同业占比下降了3.51个百分点。各行普遍加强了信贷作业监督和档案管理，累计检查出23万宗贷款的风险隐患和贷款操作的问题节点，并及时进行了整改，整改率达95.38%；当年新办理公司和个人信贷业务的档案入库率为97.87%和95.56%，比上年分别提高59个和62个百分点。坚持停复牌制度，总行直接组织召开两次信贷风险告诫会。组织实施了房地产开发、个人贷款、信贷资金流向、重大风险客户、境外分行信贷管理等专项信贷检查。各行进一步健全了贷后风险防控机制，北京分行推行贷款大户主监测人制度，上海分行强化信贷操作风险控制，信贷监督走向深化。同时，进一步加强信贷队伍建设，信贷管理人员业务素质和技能得到提升。总行直接组织了30余期管理人员和操作人员培训；在全行组织了高级审批人资格考试，认定了2 000多人信贷业务高级审批资格。江苏、浙江、大连等行启动信贷监督管理人员资格考试与认证制度，信贷队伍管理更加规范化。

应该说，上述成绩的取得，与各级行领导和有关部门大力支持密不可分，更是全行信贷部门员工上下协同奋战、努力工作的结果。在此，我代表总行党委、董事会和高管层向与会代表，并通过你们向全行广大信贷战线上的员工表示感谢和慰问！

但我们必须清醒地认识到，作为当今全球市值第一银行，面对股东、社会公众和我行员工的要求与期待，面对在金融同业中建设国际一流银行的战略发展目标，任务艰巨、责任重大。特别是2007年以来，美国次贷引起一些国际大型银行问题频出，更使我行的信贷风险掌控能力面临着诸多新考验。全行要树立强烈的忧患意识，增强紧迫感和使命感，加快改革创新，努力把信贷管理工作提高到一个新水平。

二、科学把握国际国内形势，深刻认识当前宏观调控对信贷工作的影响

今年影响国际国内经济发展走势的不确定性增多，

宏观调控政策对银行信贷经营提出了更高的要求。作为一家大型上市银行，如何科学把握国际国内经济走势，更好地贯彻落实宏观调控政策，是当前信贷工作必须认真研究的重要课题。

（一）要切实把握好国际国内形势变化趋势，增强信贷工作的前瞻性。为了防范国内经济运行由偏快转向过热的风险和疏导流动性过剩的压力，2007 年底，中央经济工作会议明确提出 2008 年要实行“从紧的货币政策”，这是贯穿今年经济金融工作的政策主线，各行要认真贯彻落实。应当指出，由于近期国内外经济和金融形势发展变化很快，不确定性增加，会影响到宏观调控政策的力度与节奏的变化。从国际形势看，尽管全球经济保持增长的基本走势未发生根本改变，但在美国次贷危机、国际油价震荡和全球通胀压力加大等不利因素的冲击下，世界经济增长正面临着下行风险。在经济全球化的背景下，美国经济的震荡会对我国经济特别是出口型企业带来重要影响。从国内形势看，我国经济总体上保持着健康快速发展的势头，但经济运行中依然面临着投资增长过快、货币信贷投放过多、外贸顺差过大、通货膨胀压力加大、节能减排形势严峻等突出的矛盾和问题。加之今年初我国南方等地区发生罕见的冰雪灾害等，这些因素相互交织，构成了影响我国经济运行的复杂环境。值得高度关注的是，1 月金融机构人民币贷款增加 8 036 亿元，同比多增了 2 373 亿元，而此前三年同期平均新增量仅为 4 700 亿元左右。我行信贷投放也较迅猛，1 月增加 1 132 亿元，到 2 月 15 日已经增加到 1 558 亿元，占全年投放计划的 42.7%。在当前错综复杂的经济金融环境下，全行要增强政治敏感性，从讲政治的高度，不断加强学习，深刻把握未来我国宏观调控政策走向，认真贯彻落实国家宏观调控政策要求。全行要严格遵守和执行工作纪律，充分认识到执行国家宏观调控政策既不意味着简单地控死信贷规模，也不是不顾风险地盲目发展，更不能怀着怕吃亏的心理“攀比放贷”，必须坚持“有保有压、有进有退”的信贷政策，致力于优化和调整信贷结构，合理把握信贷投放，努力实现信贷业务又好又快的发展。

（二）要深刻认识宏观调控对信贷的影响，增强工作的主动性。宏观调控政策的实施是一个系统性工程，对银行信贷工作而言，其影响既涉及诸多的产业领域，也涉及信贷政策、制度、产品范畴及银行的市场进入、退出标准等。第一，货币信贷政策的调整直接影响着银行信贷资金投放的规模、速度和经营成本。央行通过严控信贷规模、实行加息和提高存款准备金率、发行定向票据等政策措施，严格限制了银行的货币投放总量和投放节奏。第二，宏观调控政策对产业结构调整产生深刻的影响，对商业银行信贷风险管理提出了新的要求和挑战。根据宏观调控的基本目标，我国的产业结构、产业布局和产业延展体系将发生重要变化，呈现出优化升级的基本趋势，不同产业和企业在宏观调控中的承载力度也将出现较大差异。因此，在贯彻落实国家宏观调控政策中，既要严格按照政策导向选择信贷新增投向领域，也要有计划、有步骤地进行市场退出，并妥善解决和处理一些企业资金周转困难而增加的违约风险，防止出现信贷风险的连锁反应，这对商业银行防控信贷风险能力带来严峻考验。第三，宏观调控的政策也为商业银行持续稳健发展提供了重要保障。在从紧的货币政策环境下，客户融资渠道相对收窄，有利于我行提高资金定价水平，增加信贷收益；而信贷投放总量的限制也有利于营造良好的银行同业竞争环境，促使银行主动调整信贷结构，实现信贷业务持续健康发展。因此，对商业银行来说，宏观调控政策的实施，既给银行信贷风险管理带来巨大的挑战与压力，也意味着产生和形成了新的市场机遇。全行要从全局和战略的高度正确认识宏观调控政策对商业银行信贷工作带来的全面而深远的影响。

（三）以落实宏观调控政策为契机，防范潜在信贷风险。随着宏观调控力度不断加强和产业结构优化调整，我行存量贷款质量将面临新的考验。近年来，为防范和控制信贷风险，全行将很大的精力放在清收转化和处置不良贷款上，这为我们赢得了良好的资产质量基础，从根本上化解了信贷资产质量的风险。这说明我们在防范、控制、处置显性信贷风险方面已积累了较丰富的经验，也取得了很好成效。从现在和今后一个时期看，调整和优化信贷结构的难点不仅在于拓展新增信贷领域和压降不良贷款，更重要的是对潜在信贷风险的防范和潜在风险贷款的提前退出。所谓潜在信贷风险，是指虽然贷款形态正常，目前能够按时付息，给银行带来收益，但自身存在若干的不确定性因素，一旦未来劣变为不良贷款，将给银行带来巨大损失（包括名誉损失）。据统计，2007 年末，全行信用等级在 A－级（含）以下企业 10 051 户，贷款余额为 2 328 亿元，其中，有近 1 000 亿元已表现为不良贷款，另有 1 300 多亿元虽为正常但潜伏着较大的风险；A＋级、A 级客户的贷款为 6 900 亿元，占比为 23%，也潜伏着若干风险因素。房地产贷款、公路贷款与宏观调控政策联系紧密，存在各种不确定因素，进而存在贷款劣变的可能性。因此，真正考验商业银行信贷管理水平的是对潜在信贷风险的管理，这需要我们的工作重点从“清收处置不良贷款”向“退出潜在风险贷款”进行转移。潜在信贷风险具有不确定性、突然爆发性、难以控制和损失巨大等特点，美国次贷就是这种贷款。这类贷款的风险点难以提前识别，再加上我们长期以来偏好于长期持有贷款，不愿忍痛割爱，防范这部分贷款风险具有较大的难度。因此，今后一个时期，要对潜在信贷风险的管理进行重点研究，要通过甄别潜在信贷风险的风险点来识别这种信贷资产，提前主动退出。而一旦把这部分贷款管好了，我们的信贷风险防控水平就会得到进一步提升。各行要树立超前意识，及早部署，积极主动地退出潜在风险贷款，切实提高宏观调控下的信贷风险防范能力，这是今后全行信贷工作面临的重要任务。

三、2008年全行信贷工作安排

在日前召开的全行工作会议上，总行已明确了2008年的工作任务。根据这一任务，2008年全行信贷工作的主要目标是：各项贷款增加3 650亿元，增长9.8%。其中，个人贷款增加1 100亿元，小企业贷款增加550亿元，国际贸易融资增加50亿美元（累放360亿美元），国内贸易融资增加300亿元（累放1 000亿元）。全行不良贷款余额控制在1 000亿元以内，不良率降至2.5%以内。继续加强对潜在风险贷款和不良贷款的清收转化控制工作，努力实现1 000亿元的潜在风险贷款退出计划，清收处置不良贷款450亿元。

根据上述经营目标，今年信贷工作的总体要求是，围绕打造国际一流信贷银行的战略目标，牢固树立科学发展观，深入贯彻国家宏观调控政策和金融监管要求，按照“总量控制、均衡投放，有进有退、调整结构，做大流量、保证质量，夯实基础、稳步发展”的原则，加快信贷经营转型和管理创新，进一步提升工作效率和服务质量，保持信贷业务持续健康稳步发展。为此，今年全行要重点抓好以下工作。

（一）坚决贯彻落实国家宏观调控政策，将信贷增量与流量管理有机结合。全行要高度重视宏观调控政策的变化，坚持稳健的信贷经营方针，严格控制信贷总量，保持均衡投放。今年初，总行已根据央行对信贷规模实施季度调控的要求，制订了全年序时投放计划。各行要按照全年的序时进度，统筹协调信贷计划、信贷政策和信贷营销工作，及早研究分析优质客户和业务的资金需求，严格控制好季末关键时点的信贷投放。对超计划放贷分行要限期压回，同时总行将提高其经济资本配置系数。

要加大信贷关联产品创新力度，扩大信贷资产证券化的规模，由贷款持有到期向贷款转让过渡，逐步实现由传统的“信贷存量管理”向“信贷流量管理”转型。要积极争取监管部门的支持，今年全行拟通过资产证券化方式转让贷款数百亿元，为优质信贷业务发展提供空间。全行要加强信贷产品的创新和推广步伐，努力适应宏观调控政策下的客户融资需求变化，主动推出具有“短、平、快”特征的新型信贷产品。要进一步加强信贷资产的流量管理，通过做大累收累放额，提高贷款平均周转速度，提高从紧货币政策下的信贷资金使用效率。

要加强对存量贷款规模的置换管理。今年，总行拟将从风险类客户和产品中退出潜在风险贷款1 000亿元，用于支持优质客户和业务的发展。经总行研究，今年信贷退出与置换将主要集中在如下领域：A－级及以下客户流动资金和项目贷款，行业信贷政策限制、退出类客户和环保违法客户，总行和各分行重点跟踪督办的关联关系复杂、扩张较快、过度融资大户，关联违约客户，部分小企业贷款等。总行将尽快把上述退出任务分期分批下达各行，全行要充分利用当前我国经济持续快速增长、客户经济效益普遍较好的时机，大力压缩和收回这部分贷款，为优质信贷业务发展腾出空间。总行将定期对潜在风险贷款压降情况进行跟踪监测督导，并继续采取计提专项拨备等手段，推动各行加快潜在风险贷款的退出进度。今年仍要加强对关注三级贷款的流量管理。各行要把正常和关注一级、二级贷款中，逾期或欠息60天的贷款直接转入关注三级贷款，进一步夯实信贷资产质量。

要加强小企业贷款的流量管理。近年来，我行小企业信贷业务发展较快，尽管目前小企业信贷资产质量较好，但千万不能掉以轻心。传统的小企业因产业特点、规模偏小及融资渠道限制等最易受经济周期性波动的冲击和影响。针对小企业平均生命周期较短的特点，今年要对小企业实行“客户换手率”管理。要切实加强小企业贷款的跟踪监测，总行将研究建立独立的小企业信贷监督管理指标体系，提高小企业信贷管理的针对性。大力组织清收和压缩系统锁定的历史存量小企业退出客户贷款（小企业D类贷款），防止不良贷款的“冰棍效应”。目前全行历史上遗留下来的“小企业D”贷款104.8亿元，基本都是不良贷款。今年，总行将逐户列出名单，向分行下达任务，定期考核通报。

要加强新增和存量贷款并轨后的管理。从今年起，总行正式将1998年以前存量和1999年以后发放的贷款实行统一并轨管理。并轨后，各行要将新增和存量贷款合并统计、统一监测、统一考核通报和进行信息披露。特别要强调的是，今后所有贷款到期后都要严格按照现行的收回、展期、再融资、重组等方式处理。凡发生不良贷款的，要严格按照尽职规定追究相关人员的责任。要在现有新增不良贷款责任人档案的基础上，对于新发生不良贷款、关注三级贷款以及部分风险初显贷款，建立逐户逐笔的清收转化责任档案，明确责任人，并对清收转化情况进行跟踪管理。对1亿元以上的关注三级贷款，要由主管行长负责牵头组织清收化解。全行要继续加大不良贷款清收处置力度，减少风险资产挤占信贷规模，优化信贷资源配置。

（二）坚持“好中选优、有进有退”策略，大力调整信贷结构。要完善行业信贷政策体系，启动行业贷款限额管理，控制行业融资总量风险。为防范重点行业信贷总量和系统性风险，今年总行将对房地产、公路、电力生产、城建、开发区、教育、钢铁、纺织8个行业实行限额管理。行业信贷限额管理是我行借鉴国际先进银行风险控制理念的重要举措，将使行业风险管理从关注单一、局部风险管理逐步过渡到兼顾成本和收益、风险和市场、资本约束和规模增长等综合因素，进而有利于今后实施资产组合型的全面风险管理。

要加大对行业和客户的经济周期敏感度分析，积极支持铁路、民航、港口、电网、石油、电信运营等基础设施类行业信贷增长；适度支持电力生产、公路、城建、开发区建设、煤炭等行业信贷增长；有选择地支持现代制造业、现代物流业、环保产业、新型服务业、医院、教育、文化产业的优质客户。继续控制医药、造纸、汽车制造、纺织等行业以及钢铁、水泥、电解铝、焦炭等行业中高能耗、高污染项目的贷款投放和增长。积极推进“绿色信贷”建设，各行要按照宏观调控政策的要求和行业信贷政策准入标准，从严掌握新开工项目的信贷准入，重点审查新开工项目的合规性，坚决控制对“两高一剩”行业的贷款投放。同时，为了加强行业信贷政策的区域适用性和执行力，今年总行对煤炭、城建、开发区、公路、住宿、水泥等具有明显区位特征的行业，进一步明确区域差异化的信贷准入标准。

要积极防范房地产行业信贷风险。针对国家对房地产行业调控力度进一步加大的趋势，今年总行将首次制定房地产行业信贷政策，指导分行信贷投放。各行要高度重视宏观调控对住房制度体系、房地产供需结构带来的影响，严格准入标准，优中选优，审慎发放房地产开发贷款。坚持梯度发展、稳健经营的原则，房地产贷款主要投向长三角、珠三角、环渤海地区以及其他地区的省会城市和中心城市。严格控制对经济欠发达、信用环境差、市场需求小、管理水平低的县（市）发放房地产贷款。对县（市）支行贷款业务的准入由一级（直属）分行确定名单，从严管理。在授信审批工作中，要严格房地产客户准入条件，重点支持规模大、实力强、资质高、信誉好的大型房地产客户的优质项目融资需求，对中小型房地产客户要从严评审。对房地产公司不得发放统借统还贷款，统借统还贷款一律由总行审批。同时，加强房地产信贷风险的预见性和管理工作的主动性，按照住房开发贷款、商用房贷款、个人住房按揭等业务品种进行压力测试，提前制定风险防控措施。

要加强国别风险管理，建立覆盖境内外分支机构的全面风险防控体系。随着当前中资企业加快国际化经营步伐、我行境外发展战略快速推进，我行信贷风险管理面临着严峻挑战。为防范国别风险，从今年起，总行将对已经和拟设立境外机构的国家，以及与我国投资及经贸往来日益密切的国家和地区，开展国别风险分析评价，逐步建立“国家主权评级、国别风险限额、国别信贷政策”三位一体的国别信贷风险管理体系。要探索国别信贷风险管理方式与技术手段革新，及时监测和分析国家信用风险敞口，及时调整风险限额。同时，要加快完善境外分支机构的信贷管理，加快推进境外分行信贷风险管理体系建设，制定境外分行信贷管理流程和信贷业务流程，并加大从国内选拔和外派优秀信贷业务人员充实境外分行的力度。

要调整和优化个人信贷结构。继续积极发展个人住房贷款以及以个人住房作为抵押的个贷品种，适度发展个人消费贷款和经营贷款，严格控制保证类个人贷款业务。个人经营贷款与小企业信贷政策要统一整合，统一管理，今年要推出统一的信贷政策。在稳步推进东部地区个人信贷业务发展的同时，积极挖掘中西部地区中心城市的个人信贷市场，及早布局，适当加大信贷投入。要深刻吸取美国次贷危机的教训，在加强对借款人第一还款来源审查的同时，加强抵押物管理。上半年，各行要对个人存量贷款抵押情况进行彻查，对抵押物不足值的贷款，及时更换和补充新的抵押物，或采取措施尽快收回。要对现有与我行合作的中介机构进行全面清理，对存在潜在风险的中介机构要提前终止合作。

要严格外汇资金管理，积极应对人民币升值带来的汇率风险。鉴于当前我行外汇资金趋紧，要严格外汇贷款准入，除了国际贸易融资以及一些与人民币贷款配套必须适当增加的综合收益高的贷款项目外，对一般的外汇贷款必须从严掌握，原则上不予支持。各行要高度重视汇率变化带来的信贷风险，重点研究人民币升值因素对以出口销售为主且对汇率变动敏感的涉外经营客户的影响，分类排查，及时采取有效的风险防范措施。

要加强贷款定价管理，防范利率风险。针对我行贷款利率下浮比重偏高的状况，要严格控制下浮利率范围和幅度，对一般加工业贷款以及展期、再融资和重组贷款实行利率上浮。对退出或压缩类企业以及潜在风险客户，要通过利率上浮杠杆促使企业主动转向其他融资渠道，降低我行信贷风险。今后新发放贷款原则上不得下浮利率，而且上浮比率要达到同业平均水平以上。对利率下浮贷款比重大、幅度大、贷款收益水平低于全行平均水平，不良率偏高的分行，要减少其信贷规模。要严格控制固定利率贷款，除国家垄断性行业和对我行综合贡献度特别大的优质客户外，原则上不执行固定利率。

（三）加快信贷创新，改进信贷管理方式，不断提升服务效率。要积极创新产品，大力推进贸易融资业务发展。今年总行明确提出了“打造国内第一贸易融资银行”的发展目标，全行要加强贸易融资产品创新，提升我行贸易融资业务市场竞争力。要适应国际贸易中记账交易逐步取代信用证结算的发展趋势，创新应收账款融资类产品及与汇款结算相配套的融资品种。积极创新商品融资系列产品，研究开发针对特定行业、客户的订单融资产品；加强信贷产品组合创新，为重点客户量身定做结构性贸易融资方案，在利率、汇率、资金等方面进行综合协调配套。创新内外贸相结合的产品，依托交易链的延伸，为客户提供覆盖国际、国内贸易全过程的融资和服务，在满足客户多样化需求的同时提高银行的综合回报。推进全行加强与物流公司、保险公司、银行同业的合作，充分利用外部经营资源扩大业务范围，实现贸易融资持续快速发展。各行要理顺贸易融资管理体制，明确各专业部门贸易融资业务管理的职责。进一步调整完善贸易融资信贷政策，在国际和国内贸易融资中全面推行授信项下的核准制业务流程。严格控制普通流动资金贷款，用贸易融资产品满足其基于交易的融资需求，疏导普通流动资金贷款有效分流。要积极拓展小企业贸易融资业务。整合和协调小企业信贷政策和贸易融资信贷政策，使小企业授信、业务准入与流程等符合小企业贸易融资业务的发展。对为核心企业提供配套产品和服务的小企业，要进一步加大政策支持力度。

要创新客户信贷管理，进一步细分客户信贷政策体系，在有效防范风险的前提下满足不同层面客户的融资需求。当前，我行客户信贷政策主要是针对大型企业设计的，尽管近年来也制定出台了小企业信贷政策，但仍比较单一，导致风险管理缺乏针对性，也制约了介于大型企业与小型企业之间的中型企业信贷市场的培育。今年，总行将对客户信贷政策进行细分，逐步建立覆盖大型（集团）企业、中型企业、小企业、微型企业等多层次的完善的客户政策体系，不断增强我行客户信贷政策的市场适应性和风险管理措施的针对性。

要创新授信审批管理，提高中后台服务效率。大力推进客户评级授信整合，提高授信评审效率。评级授信一体化管理既要突出对客户评级授信业务的统一管理，又要根据实际适时调整，在保证有效控制风险的前提下，增加管理的灵活性，满足业务发展的效率要求。各行要抓好新评级授信管理办法的落实和执行，根据当地实际情况细化工作要求，进一步提高评级授信整体工作水平。总行将组织研究探索建立在一定信用等级以上、一定金额以下、一定授信额度和比例以内直接核准信用业务的机制。对项目评估实行分类管理，按照复杂程度和风险高低明确项目评估时限。加快推进项目贷款评估向中长期债项评级授信一体化转型。对新建项目法人客户，在项目评估时一并出具评级授信意见，提高评级授信、项目评估结论的一致性。各行要根据中长期债项评级授信管理的要求，坚持定性和定量相结合、专家判断和科学计量相印证的原则，客观评定中长期债项等级，合理核定债项授信额度。

要深化授信审批体制改革。授信审批由一级（直属）分行实行垂直集中管理，对提高信贷决策层次、防范信贷操作风险、提高审批质量、把好信贷准入关，意义重大。目前，尽管各分行都已按照总行要求组建了授信审批部门及派出机构，但授信审批垂直集中管理程度存在很大差异，部分行对派出机构人员的考核、管理及薪酬发放仍由原二级分行负责，或由省行与驻地二级分行共同管理，弱化了垂直集中管理的效果。要坚定不移地推进授信审批体制的垂直集中改革，明确省（区）分行对授信审批派出机构的人员统一聘任、考核业绩和发放薪酬。凡考核和管理未实行垂直集中的行，今年要改革到位，总行将对分行授信审批体制改革情况进行督导检查。

要推进一级（直属）分行专职信贷审议制度建设。专职审议制度有利于提高信贷审议的质量和效率，有利于对信贷风险标准的统一把控。目前，我行约有50%的信贷业务由一级分行负责审查和审批。但一级分行层面集体审议工作不规范，审议制度和工作规则不统一，人员不固定，集体审议未能充分发挥作用。今年，要加强对分行专职审议制度建设的督导和检查，切实推进一级（直属）分行层面专职审议制度建设。

要加快内部评级法在信用风险管理中的推广应用，缩短我行与国际先进的信用管理方式的差距。要按照建设国际一流金融企业的战略目标，充分发挥内部评级法的风险量化功能，今年要全面推行非零售客户的内部评级法，并在试点的基础上逐步推行公司客户的债项评级。下半年要试点推行零售客户的内部评级法，逐步使全行的信贷管理达到《巴塞尔新资本协议》的要求。

要加快系统创新，完善资产管理系统功能，保持我行IT在国内同业信贷管理中的领先优势。推进系统功能深度开发，整合系统信息资源，实现前中后台之间、个人与法人客户系统之间的信息共享，发挥系统信息在信贷风险管理中的联动效应。推进系统境外延伸工作，提高对境外机构信贷业务操作及管理的技术支持和保障能力，增强境内外分支机构之间的信息共享。要适应信贷创新和发展的要求，优化完善银团贷款和个人质押贷款系统流程，提升系统对资产证券化、委托＋理财、贷款转让以及信用衍生产品等创新业务的支持能力。加快押品评估系统升级，完善评估管理功能。进一步拓宽系统对信贷业务的支持渠道，及时拓展网上银行信贷业务，为客户提供多渠道、方便快捷的服务平台。做好系统新功能的推广应用，加快推进无纸化审批进程，由总行自上而下全面实行公司信贷业务无纸化审批，依靠现代网络技术手段提高信贷业务处理效率。

（四）前移信贷操作风险防控关口，加强信贷监督管理。为加强操作风险管理，今年要强化二级分行层面的信贷操作风险控制，将目前实施的放款后作业监督管理前移至放款前的信贷操作集中监督。信贷部门要负责集中履行放款前提条件核准、担保核实、借款合同及相关协议审核、信贷资金监督支付等信贷业务操作职责，逐步建立贷款前提条件审核、贷款监督支付、信贷档案管理等“三位一体”的新型信贷作业监督体系。各行要高度重视信贷操作风险的防范，信贷业务前中后台要加强衔接，及时将已办妥的信贷业务资料移交监督部门，进一步提高信贷业务监督工作质量和效率。信贷作业监督部门要严格履职，认真核查，对于检查发现的问题，及时反馈有关部门补充和整改。对疏于职守、有章不循，故意隐瞒信贷档案的，要严肃处理。要加大对监督发现问题的整治力度，建立整改责任制度，严格落实责任人。今年3月底前，各行要完成全部现有存量贷款的作业监督工作，6月底前要完成相关整改工作。今年，各一级（直属）分行对辖内二级分行信贷作业监督工作检查面要达到100%，总行对一级（直属）分行检查覆盖面要达到50%以上。对信贷档案仍未集中管理、问题严重、档案入库率低等基础管理薄弱的行，将采取告诫谈话、业务停牌等整治措施，促使全行今年信贷业务档案的入库率达到99%以上。

要加强信贷资金监督支付管理。今年，监管部门将分别制定出台新的流动资金贷款、固定资产贷款、项目融资、个人贷款等管理办法，并提出了要按照贷款真实用途监督贷款资金的支付使用，包括由贷款银行将信贷资金直接支付到借款客户的交易方（第三方）账户。各行要加快从传统的“实贷实存”向“实贷实付”管理转变，切实规范信贷资金支付管理，严格审核交易的真实性，从源头上控制贷款被挪用风险。要继续加强信贷资金流向跟踪与监控，严防利用虚假交易、关联交易套取银行贷款，严格防范信贷资金流入股市。

要进一步完善停复牌制度，增强停复牌管理的科学性和适用性。为准确反映分支机构的整体管理水平和信贷风险状况，今年总行将根据我行股改后的信贷管理新要求，修订完善停复牌办法，实行定量指标与定性内容相结合的管理方式：建立包括不良贷款余额、不良率、贷款迁徙率、关注三类贷款劣变率等定量指标的综合评价体系，并实行系统刚性控制；增加定性评价内容，将信贷基础管理等要求纳入停复牌管理范围，加大对基础管理薄弱的分支机构实施停牌处罚力度。严格执行停复牌管理，按照既要防范风险又要利于优质业务发展的要求，进一步增强停复牌制度的适用性，对超过风险控制线或管理不规范的分支机构，有针对性地采取业务整顿、业务停牌等措施控制风险，对整改成效显著的分支机构则及时予以复牌，对暂时不能复牌的停牌机构，对其优质客户实施名单制管理，避免优质信贷业务和客户流失。

要实行贷款大户风险监控负责人制度。启动重点关注客户高管人员的访谈工作，对1亿元以上贷款大户要逐户进行访谈。建立贷款大户定期风险预警提示机制，对贷款大户及集团客户进行风险筛查，选取其中潜在风险较大的客户进行重点监测，对部分连续违约且违约金额较大的企业进行刚性控制。加强集团客户管理，完善跨行关联客户牵头行统一评级授信制度，明确牵头行与融资行的职责，落实管理责任。要积极防范现有贷款客户的融资总量风险，认真研究相关政策对微观主体生产经营和资金链的影响，重点分析宏观调控下我行信贷风险的变化。对从紧货币政策下客户资金回笼、融资途径变化进行监测，及早采取防范措施。特别要高度关注实行多元化运作并主要依赖银行融资高速扩张的集团企业，从严控制我行融资占比。加强客户资金来源与运用情况的审查与贷后跟踪，有效识别客户“短资长用、短贷长投”的风险，防止从紧货币政策环境下客户出现流动性紧张导致我行融资出现损失。加强对突发性贷款风险的监测，实现前中后台的信息沟通和共享，扩大信息收集渠道，将客户财务分析与重要事件分析紧密结合，增强对突发性风险的预测水平，及早采取措施化解风险。完善集团关联客户的风险识别与预警机制，加强检查监控，做到“不少不漏、不留死角”，力争实现全面覆盖。各行要全面排查已评级授信客户的关联关系，属于关联客户的，要全部纳入集团客户统一授信；对新评级授信客户，要严格审查，确保辖内集团客户全部实施统一授信管理。

要加强押品管理，增强押品对信贷资产质量的保障作用和风险的缓释功能。全行要以全部存量押品入库为契机，进一步提高入库押品的质量。实施押品价值评估差异化授权，加强对押品的监测管理，建立押品价值情况报告制度及押品风险提示制度。对实行押品质量分类管理，强化押品价值重评，建立抵押缺口与风险敞口的动态对应关系，为信贷决策和风险拨备提供专业数据支持。加强押品出库管理，加大对非正常出库押品的监测，深入分析押品灭失原因，有效防范操作风险。各行要高度重视押品管理工作，加强押品入（出）库管理，强化在库押品的动态监测，审慎评估在库押品中机器设备的价值，降低在库押品中机器设备的比重，加强押品灭失管理和责任追究，最大限度地降低抵押贷款风险。

要加强贷后管理工作。各行要采取有效措施，切实解决当前贷后管理薄弱、贷后跟踪分析流于形式等问题。要进一步健全客户经理业绩考核评价体系，适当增加贷后管理工作内容的考核权重，引导其主动加强贷后管理；要探索建立与信贷业务风险滞后性特征相匹配的激励约束机制，按照贷款期限逐年兑现考核奖励。对个人客户（不含个人经营贷款）的贷后管理要坚持“换手管理”原则，个人贷款发放后，客户经理要及时将信贷档案移交信贷管理部门，由信贷管理部门、法律部门实施贷后管理和风险监测。

（五）深化信贷流程改造与创新，实行前中后台交叉培训和换岗管理。实行信贷流程再造，是完善我行公司治理结构一项基础性工程，对提高信贷风险控制能力、保证业务健康发展至关重要。今年，总行明确提出将信贷流程再造作为对公流程改造的突破口，加快推进涵盖信贷业务调查、评级授信、评估、审查审批、放款、贷后管理与监督、贷款收回、不良贷款清收与处置等前中后台各环节的全部业务流程改革。流程改革必须兼顾防范风险与提高效率的原则，信贷流程再造不是简单的减少业务处理环节，而是在有效防范风险的前提下，通过“一站式营销”和“一站式审批”体系的建设，提高信贷流程的管理效率。因此，既要对当前信贷流程中内容重复、环节冗长的部分进行必要的简化，也要对问题突出、风险防控相对薄弱的环节加强控制。

今年上半年，总行将选择部分重点分行进行现场调研，全面客观地评价现行信贷业务流程的科学性和合理性，并根据调研结果制订信贷流程改革的方案，于下半年开始在全行组织实施。各行也要加强信贷流程的调研，收集和整理信贷流程中的有关问题情况，及时与总行进行沟通和衔接，为全行信贷流程改革奠定基础。

要将信贷流程改造与建立“一站式”分层营销经营体系实行有机的结合。如果只进行信贷管理体制改革而不建立客户分层营销管理体系，就不可能同时处理好控制风险和提高效率的关系。因此，要加快推进一级（直属）分行由管理型向经营型转型，由一级分行和主要城市行直接负责信贷大客户的营销，形成多层次的营销体系。分行要亲自负责辖内大客户和大项目的营销，客户经理既可以是营销团队也可以是个人。应通过制订大客户营销授信管理方案，建立客户经理服务体系，实行扁平化营销等方式，强化一级分行直接参与信贷业务调查、审查和审批的职能。

要加强信贷队伍的建设，实行信贷业务前中后台交叉培训和换岗管理。信贷业务中后台要承担对前台客户经理的风险管理培训，使其全面树立风险意识，这是中后台的重要管理职责。今后，客户经理风险培训要列入中后台年度培训计划，每年培训时间不应少于 24 小时。同时，前台也要对中后台进行营销知识培训，提高中后台人员的市场意识和服务意识。探索建立前台客户经理和中后台风险经理轮岗交流制度，定期实行前后台人员的岗位轮换，这是提高风险防范能力的机制保障。总行前中后台要密切协调，研究制订系统的培训计划和方案，构建全面的信贷管理业务培训知识体系。各行要加强信贷人员专业技能培训，根据业务发展与信贷风险管理的需要，拓展业务培训的广度与深度，努力在全行培养一支高素质的信贷管理专业队伍。

要加强信贷管理人员统一的资格认证管理。今年，要进一步加强信贷审批人资格管理，总行将制定新的信贷审批人管理办法，完善信贷业务审批人资格认定、聘任、职责、权利和考核程序，并将审批人管理与信贷垂直管理体系相结合，实行差别化授权管理。同时，要研究建立涵盖信贷业务中后台人员的信贷管理从业资格认证制度，规范认证标准，逐步在全行实行统一的信贷风险分析师管理制度。

最后，要强调的是，今年国家审计署将对我行实施全面审计，开展对包括总行和若干家分行的现场审计。目前，审计署审前调查组已进驻总行，审计署特派办也将会对一些分行陆续开展前期调查。对于审计发现的问题审计署也可能会延伸到其他分行。本次审计重点是近年来我行贯彻执行国家宏观调控政策的情况，信贷工作是这次审计的重要内容。另外，第一季度，银监会也安排了对我行执行国家宏观调控政策情况的现场检查。各行要积极做好准备，全力配合审计署审计和银监会的现场检查。要认真整理和准备近年来我行信贷管理中的先进典型案例，主动汇报我行贯彻落实国家产业政策和宏观调控政策，着力防范信用风险，从严控制新增贷款质量、调整优化信贷结构所取得的明显成效。要加强与现场审计、检查人员的沟通和协调，及时发现和查找问题，加强整改。要以外部审计和检查为契机，进一步完善信贷管理，全面提升我行信用风险掌控能力。

同志们，在新的一年里，全行要积极适应国家宏观调控政策变化的新形势和新要求，按照总行确定的发展战略目标，坚定信心，开拓创新，扎实工作，加大信贷结构调整，全面提升信贷经营管理水平，为全行的改革发展作出新的更大贡献！

坚持科学发展观
努力提升管理信息核心能力

——在中国工商银行管理信息工作会议上的讲话

牛锡明

（2008 年 3 月 5 日）

管理信息工作在全行处于非常重要的位置。管理信息部门是工商银行的“统计局”、“数据库”、“参谋部”，是工商银行的核心机密部门，是工商银行的决策支撑系统。管理信息部门提供的信息质量直接影响着工商银行的各项决策。

我从中央党校学习回来后到管理信息部进行了调研，听取了管理信息工作和这次会议筹备情况的汇报。本次会议的主要任务是，贯彻全行发展战略研讨会和年度工作会议精神，总结近年管理信息主要创新和 2007 年工作，安排部署 2008 年管理信息工作任务。刘志刚同志对过去工作的总结和2008年工作的安排，我都同意。这里我着重就全行加快经营转型，提高竞争能力，实现业务健康发展和效益持续增长对管理信息工作提出的新要求讲几点意见。

一、管理信息工作为全行改革发展作出了积极贡献

年初召开的全行工作会议总结了我行上市以来的成绩和经验，肯定了过去的一年是全行盈利能力和风险控制能力显著增强的一年，是竞争发展能力快速提高的一年，是国内国际市场形象进一步提升的一年。2007年，全行以科学发展观为指导，从新的历史起点出发，适应新的形势变化，迈出了新步伐，开创了新局面，实现了各项业务健康发展和经营业绩大幅提升，市值跃居全球上市银行首位，国际评级调高且优于其他可比银行，多项业务在国际获奖，建设国际一流现代金融企业开端良好。

过去几年特别是2007年，全行管理信息战线按照总行部署，针对上市后全面监管和经营管理的新变化，开拓创新，做了大量卓有成效的工作，取得了很好的成绩，为全行改革发展作出了积极贡献。

（一）信息披露和对外信息工作提升了我行良好的国际形象。信息披露是公司治理的重要内容，是董事会极为重视的工作，要求高，任务重，出不得丝毫纰漏。管理信息部门按照沪港上市地的监管要求和董事会的部署，高质量地完成了定期信息披露工作，准确全面完整地反映全行改革发展成就和经营业绩，社会各界反响良好。特别是去年美国次贷危机爆发以后，管理信息部门敏锐地抓住市场关注的银行业持有次级债问题，启动快速反应机制，及时完整持续地披露了我行持有的次级债情况，消除了公众对工商银行持有次级债的疑虑，取得了信息披露工作的主动权。及时、高质量的信息披露，既表明了全行公司治理水平明显提高，信息披露制度建设完整规范，信息披露规则约束刚性有力，又显示了全行对信息披露工作高度重视，责任部门有序协作，流程控制合理高效。

评优评级工作硕果累累，近几年荣获了国际知名财经媒体颁发的78个奖项；穆迪、标普、惠誉三大国际评级机构调升我行信用评级，我行与可比银行的评级开始打破“平局”，领先优势初显。成功举办“中国论坛：实现可持续增长——融资和投资机遇”，代表之多、层次之高近年罕见，是《欧洲货币》这几年在国际上与有关机构合办的一系列论坛中最好的一个。富有成效的对外信息工作有力提升了我行良好的国际形象，体现了我行不断提升的经营业绩，大力宣传了我行改革发展的丰硕成果。

（二）统计监测增强了全行实时调控的能力。统计业务作为管理信息的基础工作，自2002年开创主机自动取数、报表自动生成，实现统计方式变革以来，每年都有新发展。T+1汇集了全行主要经营数据，成为各级行领导每天必看、科学决策的重要帮手。2007年实现了每个报表周期准确完整地向人民银行、银监会报送，1104报表报送的及时性和完整性达到100%，名列四大行首位；全面完成人民银行数据大集中工程的系统优化和制度准备，成为完成数据全面报送并通过各项校验的第一家商业银行；覆盖全行的统计制度和统一指标体系建设富有成效，统计监测全面反映了集团和法人层面的业务活动、经营管理和各类风险控制情况；常用指标库在规范全行数据口径方面进一步发挥作用；CS2002动态监测系统进一步升级，增强了全行经营管理的实时监控能力，提升了全行年终决算的时效性和准确性，为全行调控规模，监测贷款投放进度，落实宏观调控要求每日提供信息支持。

（三）数据仓库应用推动了全行客户结构、经营结构的调整。以客户关系管理系统为代表的数据仓库，已经建设成为全行客户信息集成和管理平台，集中了全部法人客户和全部个人客户、重点个人客户的整合信息，随着个人客户和法人客户统一视图建设向纵深推进，实现了对客户结构、客户贡献、金融行为偏好、使用主要金融产品等客户信息及趋势的定期监测和自动展现，向全行个人、企业信贷管理系统和营销管理系统定期批量传递关键评价指标，支持了业务部门的市场营销、产品定价等关键经营管理活动，对全行客户结构调整和经营结构调整发挥了重要作用，使管理信息工作日益融合到全行核心业务中，推动管理信息工作从事后监测走向事中控制和事前引导，提升了管理信息的价值。

数据仓库（EDW）一期工程顺利投产。数据仓库是一项创新性工作，需要各部门共同参与配合才能做好。2007年，管理信息部、信息科技部作为业务和技术双牵头部门，在需求编制、确定模型、定义数据标准、解释业务逻辑、梳理应用文档和数据移植过程中，会同信贷管理、风险管理、运行管理、个金等15个部门，密切配合，协同攻关，顺利完成EDW一期工程建设和业务投产。数据仓库工作涉及面非常广，不是管理信息部门自己的工作，是我们全行的一项重要工作，作为这项工作的双牵头部门，管理信息部、信息科技部协同配合得很好，15个相关业务部门也给予了积极配合，表现出很强的团结协作精神，特别是信贷管理部，在CM2002、PCM2003系统对接方面给予了很大的支持和帮助。在这里要特别感谢这些部门。

（四）人民银行征信系统、银监会信息披露系统以及特别关注客户信息系统的应用增强了全行信用风险管理能力。按照人民银行统一要求，全面试运行企业征信系统、中小企业征信系统，投产应收账款质押登记公示系统，与我行法人客户和中小企业新增授信生产流程刚性连接，有效提升了跨行际信用风险控制能力。银监会

信息披露系统应用成果得到刘明康主席充分肯定，应用考核列各商业银行第一。投产“特别关注客户信息系统（CIIS）贷后预警子系统和征信异议处理子系统”，优化不良客户欠款扣收追索系统，形成多系统联动的客户信用风险管理集群，覆盖了贷前、贷中和贷后环节，在客户信用风险管理、风险预警管理中发挥了重要作用。据统计，截至2007年底，全行累计堵住不良信用客户再融资17.41万笔、295.06亿元；清收转化不良贷款10.71万笔、11.08亿元；在贷后管理中预警高风险客户5.09万户、6.03万笔、贷款428.45亿元，直接创造价值逾50亿元，为全行提高资产质量和经营效益作出了贡献。

（五）数据治理工作提高了全行的数据质量。2007年是全行的“数据质量年”，我们提出要像抓信贷资产质量那样抓数据质量，推行了全行数据质量通报制度，提出了量化数据治理指标，印发了数据质量考核办法，对全行主机数据质量、人行征信系统数据质量、非现场监管报表数据质量、个人客户和法人客户关系管理系统等全行数据质量情况进行跟踪和按月通报，指导分行快速、正确开展相关纠改工作。大机数据质量进一步得到巩固和提升，核算类数据质量达到历史最好水平，非核算类数据质量明显改善，征信系统数据质量、1104非现场监管报表和客户风险数据质量受到人民银行和银监会的肯定。到2008年2月，上报人民银行个人征信系统数据质量大幅提升了94.1%，完整性上升到98.6%。报送银监会的客户风险统计数据准确率由年初的93.6%提升至年末的99.4%。

在这里，要特别表扬一级分行。全行绝大部分基础数据都产生在分行，数据录入的质量对全行数据有着决定性影响。我们这几年坚持不懈抓数据质量治理，取得了很好成绩，各一级分行做了大量基础性工作。没有你们的努力，我们的数据质量达不到这样的水平。

（六）高质量的分析报告成为重要的决策参考。我在2004年管理信息工作会议上提出，管理信息部门要发挥好“统计局”、“数据库”、“参谋部”的作用。近几年管理信息部门从数据分析入手，积极发挥参谋助手作用，服务全行战略转型，完成了一批高质量的研究课题和分析报告，先后提出“定位中端，竞争高端，培育潜力客户”的全行个金业务发展战略和加快客户结构、收益结构和资产结构调整的工作建议；定期提出三大经济区客户资源竞争报告和全行法人客户结构分析报告，得到总行各位领导的高度重视，《中国工商银行核心竞争力战略管理研究》课题提出的政策建议，成为全面提高全行核心竞争力的决策参考。

（七）网讯平台发挥了引领全行行动的作用。网讯就是行内的“中央电视台”，在信息传递中发挥着非常重要的作用。网讯工作紧紧围绕全行中心任务，担当全行权威信息发布、重大事件报道、网上舆论引导、动态信息反馈的重任，全面宣传经营管理决策动态，集中报道服务质量改善举措，重点交流新兴业务发展经验，翔实记录改革发展历史轨迹。根据我行上市以后的新形势和新要求，网讯及时发布了业绩发布会、投资者见面会信息，发布了外界对我行经营业绩和经营管理的评价信息，充分发挥了网讯“信息窗口”的职能，起到凝聚员工向心力的作用。配合“优质服务年”，开辟专题专栏，传递总行精神，反映工作进展，方便总分行纵向沟通和分行间横向交流，在提高员工执行政策的自觉性和积极性方面起到了重要作用。在我行第一届党代会期间，组成现场报道小组，全天候报道会议盛况，及时记录代表选举的历史瞬间，受到行领导高度肯定和全行一致好评。各分行网讯工作紧扣全行改革发展，贴近管理决策、贴近业务发展、贴近员工需求，对全行工作发挥了直接促进作用，异彩纷呈，各具特色。

2007年，各分行的管理信息工作也开展得积极主动，并取得了很好的成绩。上海分行不断提升数据的掌控力、平台的支撑力、分析的渗透力、信息的辐射力、产品的创新力、人才的攻坚力六个核心能力，是全行管理信息工作的排头兵；北京、浙江、深圳分行统筹统计监测、数据仓库应用、网讯工作，各项工作始终处于全行领先地位；苏州分行数据仓库应用和统计分析工作有声有色；河北、吉林、山东、湖北等分行监管报表报送质量较好；江西、湖南、甘肃、四川等分行在建设特色网讯方面作出了积极尝试；山东、河南、广东、天津等分行应用数据仓库系统对本行业务发展提供了良好支持。

经过近几年的创新发展，管理信息部门为全行深化改革创新、加快转型发展、加强风险防范、提高经营效益和提升核心竞争力作出了积极贡献。这些成绩的取得，是总行党委正确领导的结果，是各级行党委科学决策的结果，是管理信息战线开拓创新的结果，是全行部门团结协作的结果。在此，我代表总行党委对管理信息部门作出的优异成绩、对信息科技、信贷管理、风险管理、运行管理、个金等部门的协作配合提出表扬！对全行从事管理信息工作的同志们表示亲切慰问！对人民银行、银监会的工作指导与关心支持表示诚挚感谢！

二、大力提升管理信息工作的决策支撑力

总行党委提出，要全面落实科学发展观，千方百计提高市场竞争能力，在新的起点上实现又好又快发展。各分行、各部门都在认真研究如何提高本行、本部门的竞争力。管理信息战线要以科学发展观为指导，努力提升管理信息工作的决策支撑力。

管理信息工作决策支撑力是全行核心竞争力的重要组成部分。管理信息工作的决策支撑力主要是信息集成能力，是全行核心竞争力的重要组成部分，可以概括为以下六个方面：信息披露，集中体现公司治理水平和全

行经营业绩；统计监测，全面反映全行经营过程和风险管理现状；数据挖掘，完整呈现全行经营结构和综合贡献程度；经营分析，有效发挥参谋助手作用和决策支持能力；网讯信息，集中展现全行经营动态和企业文化风采；评优评级，直接显示社会认同和权威评价结果。这些工作有的是全行核心竞争力的组成要素，有的是全行核心竞争力水平的客观反映。在所有这些工作中，基础的是数据质量，耗费时间、精力、人力最多的也是数据采集以及如何保证数据的质量。

提升管理信息工作决策支撑力是应对新挑战的必然选择。工商银行股改上市是一场脱胎换骨的变革，体现在管理信息工作上就是刚性要求明显增强，对信息集成能力提出了新的挑战。管理信息部门要面对金融监管、公开披露和经营决策等不同方面的不同需求，从全行各部门和各类生产系统中提取并集成所需信息，实现生产系统的匹配，才能高质量、高效率地实现信息集成。管理信息部门必须发挥信息工作牵头部门的作用，积极与相关业务部门协调沟通，寻求业务部门的支持，取得业务部门的一致行动，共同解决问题，共同克服困难，才能提升决策支撑力，迎接新挑战，完成新使命。

提升管理信息工作决策支撑力是适应新发展的必然要求。全行新时期改革发展的中心任务是加快提高竞争能力，保持业务与效益的高成长性，关键是调整经营结构，加快业务创新，改进金融服务，加强内控建设，完善风险管理。做好这些工作，都需要强大的信息支持。管理信息部门要针对产品结构、客户结构、渠道结构、收入结构变动情况开展经营分析，要针对本地区经济金融发展情况和同业竞争态势开展竞争分析，要针对本行中间业务、创新业务、理财业务发展情况开展跟踪分析，要针对辖内分支机构的竞争力消长情况开展定期分析，提出有观点、有价值、有建议的分析报告。这些分析关乎全行可持续发展和核心竞争力的提高，要作出分析，就必须提升管理信息工作的决策支撑力，才能承担新任务，实现新发展。

提升管理信息工作决策支撑力是顺应新形势的必要举措。经济金融全球化程度不断提高和我国对外开放不断扩大的大环境，正在对我国经济金融的稳定发展形成多方面的影响；国家宏观调控力度进一步加大、从紧货币政策的实施，对全行经营转型、风险管理和业务创新提出了更为紧迫的要求。充分认识外部经济环境的复杂性和多变性，科学把握宏观调控的节奏和力度，快速适应国际国内经济金融形势发展变化，提高经营管理水平，实现业务健康发展和盈利持续增长，是对全行各级领导班子和领导干部把握复杂局面、驾驭全局能力的考验，同时也是全行管理信息战线必须面对的新的重大课题。必须提升管理信息工作决策支撑力，才能适应形势要求，发挥好参谋助手作用。

三、切实做好2008年管理信息重点工作

2008年是全面贯彻十七大精神的第一年，又是改革开放三十周年，也是我行股改后实施的首个三年发展战略规划的最后一年。做好今年工作意义重大。根据全行总体工作要求，2008年管理信息工作的主要任务是：以科学发展观为指导，认真贯彻全行发展战略研讨会和年度工作会议精神，加快创新发展，提升核心能力，为推进全行核心竞争力战略提供强大信息支持。为此，要突出抓好信息披露、统计监测、数据质量治理和数据仓库应用等重点工作。

管理信息重点工作是根据全行发展战略要求，结合管理信息工作现状和特点确定的。我们把管理信息工作粗略分为三大类。一是基础性工作，如统计工作，承担监管信息采集，支持信息公开披露，联结征信信息应用，是基础类的重要工作，数据质量要求很高，数据来源错综复杂，往往需要领导协调、部门配合、全行支持，有时还需要相应的机制约束和配套的制度保证。我这几年深刻体会到，统计这样的基础工作，行长的主要职责是搞好协调，为管理信息部门创造一个良好的工作环境。行长只要做好了协调工作，具体事项管理信息部门自己就会做好；如果行长不把横向的、需要协调的工作做好，管理信息部门可能寸步难行，有劲使不上，这一特点在管理信息工作上表现非常突出，行长应当经常地问一问管理信息部门，有没有工作要行长协调，有没有事项要部门协作。二是拓展性的工作，如评优评级、网讯拓展、核心竞争力分析等，需要一支高素质的队伍，通过自身的努力就可以完成，关键是明确时间表，落实责任制，充分授权，抓紧抓实。三是创新性工作，如信息披露、数据仓库工作就是新内容，既要大胆创新，又要沉稳细致。以数据仓库为例，要把工商银行建设成为国际一流商业银行，不建数据仓库是不行的，作为全球市值第一的大银行，建设规模宏大、高度集成的数据仓库，只能走自主创新的发展道路，有很多新问题要研究，有很多新领域要突破，需要集聚集体智慧、依靠全行力量、引进外部支持，才能取得实质性进展，形成新的应用成果。

（一）把握监管要求，高质量做好定期信息披露。定期信息披露作为权威信息发布，是社会各界关注和研究的重点。作为沪港股市的大盘蓝筹股，工商银行股价对两地市场运行影响极大，社会关注度极高，信息披露容不得半点闪失。2008年，沪港两地都将正式施行一批新的披露规则，对信息披露内容和时间提出了更高的要求。我们要未雨绸缪，认真落实监管要求，切实做好信息披露工作。

一是加强信息披露规范的研究。工商银行作为全球第一大市值的上市银行，我们披露的信息备受市场关注，同时国际金融市场变幻莫测，资本市场跌宕起伏，

对经济金融的影响变数很多，需要我们密切关注，加强披露信息的日常跟踪监测，了解新情况，掌握新要求，熟悉新规则，提高信息披露工作的主动性、前瞻性和预见性。

二是完善行内工作机制，把监管要求转化为明确的编制环节、工作流程、部门分工，将定期信息披露工作制度化、规范化和流程化，进一步落实时间表、责任制，各部门、各分行要根据信息披露的统一部署、工作内容和时间要求，切实负起责任，主动做好相关信息披露事项。

三是探索建立信息披露快速反应机制。经过一年多的上市实践，全行定期信息披露的机制基本上建立起来，现在运作也比较顺畅。但一些不可预测的、突发性的事件，每个年度都可能发生，有些是属于管理信息部门公开披露范围内的，应对是否得体、是否及时，直接关系工商银行的形象，这对我们是一个非常大的考验。工商银行作为一个国际性大银行，需要建立信息披露快速反应机制，明确不同类型事件的不同应对程序、应对时间、应对方式和报告路线。这项工作要在今明两年完成。

四是规范使用全行经营管理数据，要求各级行、各部门在监管报送、市场营销、印发资料过程中，使用总行统一发布、规范定义的公开数据，坚决杜绝不规范使用全行经营管理数据的现象。

（二）把握政策要求，高效率完成统计监测任务。为了防范国内经济运行由偏快转向过热的风险和疏导流动性过剩的压力，国家相继实施了一系列宏观调控政策，调控力度进一步加大，人民银行和银监会相应对统计工作提出了更高要求。我们要严格遵守和执行工作纪律，一丝不苟地把全行统计工作做好做实，让人民银行、银监会百分之百地满意。

一是做好人民银行金融数据集中工程数据报送工作。人民银行将于年内实施金融数据集中，要求各商业银行总行集中向人民银行总行报送全辖以及一级分行、二级分行、县级机构四级数据，报送内容涵盖现行所有金融统计数据。由于我行已经建立扁平化核算体系，机构设置与行政区划不一致，一些县级机构没有总账数据，人民银行实施数据集中工程后，各行数据采集、数据审核和数据返传的工作量成倍增加，任务更加繁重，必须建立由主管行领导挂帅的跨部门协调机制，强化部门间的协调配合，解决数据采集、数据审核和数据补充问题，高质量完成报表填报。

二是全面落实银监会非现场监管报表报送要求。银监会2008年推行分支机构非现场监管统计报表体系，评价商业银行区域风险分布与特征，数据收集、审核、整理和应用各个环节技术性很强，对各行信息挖掘、人员素质和组织协调提出了很高要求。各行要从完善内控机制、自觉接受监管的高度认真对待，成立由主管行长负责的跨部门领导小组，加强监管统计工作的组织领导和推动协调，做到任务、人员、时间、责任“四落实”和报表、软件、硬件、管理制度“四到位”，确保各项监管统计工作顺利完成。

三是系统构建全行提升核心竞争力的评价体系。总行决定，从2008年起全面评估工商银行市场竞争力状况，定期编制和发布全行核心竞争力国际国内评价指数和大中城市分行竞争力评价指数，为全行提高发展竞争力的战略决策、战略管理、战略推进提供信息支持，促进全行竞争发展能力的不断提升。各分行要相应对辖内分行的核心竞争力进行定期评价。

（三）把握创新要求，进一步深化数据仓库应用。企业级数据仓库（EDW）是全行统一共享的基础数据平台，是全行管理信息系统走向逻辑集中的大集中工程，是管理创新、业务创新和科技创新的有机载体，可以有效降低全行使用各类业务数据信息的成本，为领导决策、信息披露、风险控制、市场营销、业绩考核等各项日常经营管理活动及时提供强大的信息支撑。建设企业级数据仓库是提升全行现代管理能力的重要举措，也是提升管理信息核心能力的关键步骤，必须以创新精神为指导，多部门共同建设，争取早建成、早受益。2008年要在完成一期工程的基础上推进应用步伐，按照“开门建设EDW、开门应用EDW”的原则，实现对1104报表、非零售内部评级的全面数据支持。

一是制定EDW业务管理办法，为数据仓库推广应用提供制度保证，规范数据质量、数据标准、业务元数据、信息安全、数据服务、参数和用户管理规则，明确工作框架和应用流程，用数据仓库的建设应用成果支持全行的经营管理工作。

二是建立全行产品信息库，实现精细化管理。要以全行企业级数据仓库为基础，启动全行产品管理信息系统（PMS）的研发建设工作，建立产品、客户、渠道多维度信息管理体系和理财产品销售状况的自动统计，为全行竞争力管理提供可靠数据来源。

三是继续抓好征信类系统应用，支持全行实施“绿色信贷”工程，树立我行有社会责任感的良好形象。加大客户信用信息深度加工应用，支持集团关联客户风险管理和不良贷款扣收，提升我行信用风险掌控能力。

四是认真开展银税信息共享试点工作。银监会决定，自2008年7月1日起，在长沙、济南和大连三个城市开展银税信息共享工作试点。湖南、山东和大连分行要高度重视，行长抓，信贷部门参与，认真按照银监会要求开展相关工作。试点中要重点解决依法提供信息、依法取得信息的问题，不仅要保证数据源合法，而且要保证程序合法；要合规使用信息，尤其是客户不良记录信息的使用，有效控制法律风险；要严格执行保密规定，专人管理，授权查询。

五是及时做好CS2002境外延伸工程。根据境外

NOVA 建设进度及时启动 CS2002 境外延伸工程，力争做到“境外 NOVA 建设到哪里，CS2002 系统延伸到哪里”，支持全行国际化发展战略。

（四）把握质量要求，高标准推进数据治理工作。数据质量是科学决策的基础。我们一再强调，数据的质量是数据的生命，是基础的基础。没有高质量的数据一切工作都谈不上，不合格的数据比没有数据问题更严重。尽管这几年我们坚持不懈，像抓信贷资产质量那样开展数据治理，全行数据质量发生了质的飞跃，数据的可用性显著增强，取得了很好的成果。但是，由于全行业务的快速发展，新产品的不断推出，每天都要产生新的海量数据，稍一放松，数据质量就有可能出现反弹。各部门、各分行必须充分认识数据治理工作的长期性和艰巨性，要坚持长抓不懈，治理强度一点也不能削弱。

一是积极探索 EDW 平台投产后的数据治理工作新模式。管理信息部门要牵起头来，有关部门积极配合，搭建数据质量管理平台，构建数据质量校验规则动态管理体系，发现和掌握出错数据情况和出错数据在系统、分行的分布，增强数据治理的针对性，加快数据治理步伐，取得数据治理的新成果。

二是继续按照数据质量源头负责制原则，开展数据治理工作，运行管理部和管理信息部要密切配合，开展主机相关系统（对公业务系统、实时清算系统、外汇资金清算系统、出纳管理系统、综合业务批量系统、会计要素管理系统）数据质量提升工作；信息科技部和管理信息部要协调行动，研究建立 EDW 数据服务管理机制，开放底层数据查询，尽快将 EDW 平台应用起来，发挥作用。

三是强化数据质量考核，以 EDW 平台投产为契机，加强总分行联动，密切部门协作，共同推动我行数据治理工作深入开展，各分行领导要高度重视数据治理工作，按照总行要求积极主动、创造性地开展数据治理工作，切实提高全行数据质量；信贷管理部、个人金融部、银行卡部、信息科技部和管理信息部要继续密切配合，提升征信系统数据质量，顺利迎接 2008 年人民银行开展的征信数据质量检查。

同志们，要做好今年的重点工作，需要各行领导的重视，增强协作意识，扩大协同效应，共同努力，把管理信息工作核心能力提升到新水平，为打造国际一流商业银行作出新贡献。

推动模拟银行建设　打造员工培训新平台

——在中国工商银行模拟银行建设工作推进会上的讲话

牛锡明

（2008 年 6 月 3 日・根据录音整理）

今天我们召开的模拟银行建设工作推进会，通过视频系统一直延伸到二级分行，目的就是让大家进一步认识到模拟银行建设工作的重要性和紧迫性。视频会后，总行还将在上海分行金融培训学校安排一个现场会，以便使各行进一步增加对模拟银行的认识和了解。这次会议的主要任务是，统一思想认识，明确目标要求，动员各行全面启动、认真做好模拟银行建设工作，使新入行柜面一线员工全部达到“先培训、后上岗”的要求，为提高员工业务操作能力提供有力支持。

下面我就模拟银行建设工作讲几点意见。

一、充分认识模拟银行建设工作的意义，将模拟银行作为一线柜员培训的重要平台

我们这里所说的“模拟银行”，是以我行全功能银行操作系统为依托，在充分利用我行现有测试环境的基础上，根据全程模拟化、规范化、标准化的要求而建立的柜面业务操作教学与训练平台，主要应用于一线柜员培训。它作为我行科技保障、业务发展和培训工作等各方面综合实力的体现，代表了目前银行业培训的先进水平，是我行教育培训手段的重大变革，标志着我行培训理念和技术水平迈上一个新的台阶。从更深层次意义来看，模拟银行建设，为快速有效提升一线柜员实战技能提供了高效的培训平台，对实现服务规范化和标准化、改善和提升我行公众形象、防范操作风险、增强网点盈利能力和竞争能力具有重要作用。

（一）模拟银行培训是实现对外服务标准化的有效途径。当前，我行正处在股改上市后全面建设现代金融企业的重要时期。作为一家国际公众持股公司，市场对我们提出了更新、更高、更全面的服务要求。营业网点作为最直接的对外服务窗口，客户对其服务的期望水平日益提高，柜面服务标准化、规范化的要求更加紧迫。

大家知道，我行历来重视一线柜员的教育培训工

作，多年来组织开展了大量的一线柜员培训，但以往的培训主要是在课堂上由老师讲授，通过黑板和书本完成，包括操作性强的技能培训也不例外。一线柜员走出教室就上岗位，在岗位上摸索，在纠正错误中学习，或者采取师傅带徒弟的方式一对一地学习。由于没有统一的辅导标准，师傅与师傅操作不同，不同的师傅带出的徒弟操作不同，以后徒弟再当师傅、再带出不同的徒弟，如此往复循环，导致全行前台业务操作和提供的服务千差万别。目前，我们沿袭多年的这种传统的师傅带徒弟的培训方式已经不再能满足员工技能培训的需要。

因此，我们迫切需要开创一种全新的培训模式和手段，培养一支具有标准化作业能力的柜员队伍。利用模拟银行进行标准化柜员培训，就像大规模生产线输出的是标准化产品一样，模拟银行就是标准化的人才生产线，经过模拟银行培训的柜员，从举止言行到服务流程和服务质量都是同一标准。最终将会实现全行15万名一线柜员的服务都是一样的标准，全行1.7万个网点的服务都是一样的规范，就像客户走进全球任何一家麦当劳和肯德基所得到的服务都一样，今后客户走进任何一个工行的网点、任何一个工行的柜台窗口，都能得到同样品质的服务和感受。所以说，模拟银行培训是实现对外服务标准化、规范化的重要途径。

（二）模拟银行培训是提升柜员实战技能的高效手段。银行业的竞争归根到底还是人才的竞争，只有打造一支高素质、高技能的员工队伍，才能为客户提供高水准、高品质的服务，才能赢得领先的市场地位和卓越的品牌价值。随着我行各项业务的快速发展，对柜员业务操作能力提出了更高的要求。我行的全功能银行系统（NOVA）一般每季度都有大的季度版本投产，每月又有小的月份版本投产，每次版本投产都意味着现有业务产品的升级，或是新的业务、新的产品投入市场，如此快速的产品升级换代，必然导致作为产品价值链条传导的终端——柜面的操作要求频繁变化，这就要求柜员的业务技能也要保持高度同步的快速升级，并要具备较强的学习能力。而传统的课堂培训，虽然可以很好地解决业务知识的学习，但缺乏实战技能的训练。过去柜员经过课堂培训后，直接就上柜台做业务，在操作质量和效率等方面都要经过一段较长时间的磨合。而经过模拟银行培训的柜员，由于进行了反复强化仿真训练，对业务操作技能掌握较为熟练，养成了良好的工作习惯，上岗后可以很快进入角色，独立进行业务操作。同时，由于上岗前接受过柜员岗位相关知识和技能的系统培训，对于新产品、新业务的再学习基础较好，接受能力较强。

（三）模拟银行培训是降低柜面操作风险的有力保障。操作风险事件会严重影响银行的投资者关系、客户关系等的维护，严重影响银行的公众形象，对银行的长期持续发展构成威胁。对于一线网点柜员，防范操作风险的一个关键措施就是减少其临柜操作错误的发生概率，而业务培训便是减少差错率的一个重要措施。利用模拟银行开展柜员培训，要求学员在模拟银行的业务系统上进行反复的操作训练，熟悉业务操作流程的每一个具体环节，特别是提高对关键风险点的识别和防控能力，可以有效强化柜员风险意识和操作水准，减少其上岗后的差错率，相应降低业务操作风险。

二、明确目标，全面推进模拟银行建设工作

总行党委对模拟银行建设工作非常重视。我在2006年教师节座谈会上，就提出了要在全行建立模拟银行，并开展试点培训工作的要求。2007年总行在总结上海、四川、深圳、天津等分行开展模拟银行培训经验的基础上，组织12家试点分行运用模拟银行对新入行柜员进行了操作技能培训，培训考核达标率为98.16%，试点取得了非常好的成效。今年2月25日，总行党委（扩大）会议在专题研究2008年全行教育工作时，对模拟银行工作进行了专门强调，姜董事长、杨行长分别作了重要指示。3月底，我还去上海分行模拟银行，亲身体验了一下模拟银行培训，更加坚定了推进模拟银行建设的决心。到目前为止，模拟银行建设推广工作在总行这个层面已经做好了相关准备，总行教育部、信息科技部、运行管理部、结算与现金管理部、数据中心（北京）等有关部门，共同研究了关于模拟银行建设使用的有关问题，多次召开了包括总行、分行、院校参加的研讨会、视频会，反复论证模拟银行建设可行方案和风险防控问题。在此基础上，总行已制定了《关于做好模拟银行建设的意见》和《中国工商银行模拟银行管理办法》，对模拟银行建设工作作出明确部署，各行要认真贯彻落实。这里我再强调几点。

（一）模拟银行建设的范围。模拟银行建设范围为各一级（直属）分行，原则上建在各行属院校；没有行属金融培训学校的分行，如浙江、厦门、苏州等分行，可根据培训需要确定模拟银行建设地点，或利用其他行属院校的模拟银行进行培训。

针对一线柜员工学矛盾突出，不便集中安排到一级分行模拟银行基地培训的问题，各行也要根据实际，在一级行建立模拟银行的基础上，积极为二级分行创造条件，因地制宜地建立小型的模拟银行培训环境，满足一线柜员技能培训的需要。

（二）模拟银行建设的任务。2008年要在全行完成模拟银行建设任务，具体包括如下内容。

一是要完成模拟银行环境设施建设。根据培训需要，配备模拟银行硬件设备，比如计算机终端、点钞机、密码机、磁条机等柜面业务机具；搭建模拟银行培训环境，即开通与测试环境网络链接；配置模拟银行教学物品，比如模拟现钞、模拟凭证、模拟印章、封包、钢箱等。环境设施建设工作是整个模拟银行建设的前提

性、基础性工作，是开展模拟银行培训的物质保障。

二是要完成模拟银行培训基本功能建设。要在设施建设到位的基础上，强化模拟银行培训功能，满足开展业务应用系统操作技能训练、银行基本业务技能训练和服务规范训练的标准化教学要求。是否具备较高的教学水平和能力，是衡量模拟银行建设成效的重要标准。

三是要完成模拟银行管理制度建设。各行要按照总行有关模拟银行管理办法和要求，制定切实可行的实施细则，包括模拟银行教室管理、模拟银行系统管理、培训专用凭证和权限卡管理、学员管理、培训流程管理等实施细则，保障模拟银行安全有序运行。制度建设是模拟银行建设工作的重要组成部分，是模拟银行建设和安全使用的重要保障。

（三）模拟银行具备的功能。模拟银行的培训对象主要是一线柜员（包括新入行柜员的岗前培训，在岗柜员的新业务新产品新系统培训，由其他岗位转入柜员岗位、由单一储蓄或现金柜员岗位转入综合柜员岗位人员的转岗培训等）。各行模拟银行建成以后，主要实现以下培训功能。

一是利用模拟银行进行临柜业务应用系统操作训练，如个金业务、结算业务、电子银行业务、银行卡业务等。要通过模拟银行积极创造“仿真”的网点业务经营环境，使学员在培训时有身临其境的感觉，使培训更加贴近网点的真实情况。

二是利用模拟银行进行银行基本手工技能训练，如人民币点钞、反假币、传票翻打、珠算、文字录入等专项技能强化训练，达到熟练操作的培训目的。

三是利用模拟银行进行服务规范训练。学员在模拟银行可以按照营业网点一日营业流程和服务规范要求，模拟客户接待，进行营业前准备、营业中具体业务操作、营业终了轧账等业务操作处理的全过程，同时把“三声服务”、“礼貌”、“热情”、“微笑”等服务礼仪要求融入其中，达到规范服务的培训目的。

（四）模拟银行建设的步骤。模拟银行建设工作采取统一部署、分步实施的原则。各行必须严格按照总行的总体部署，制定工作推动时间表、责任制，保证模拟银行建设任务按时完成。建设工作大致分为四个阶段推进。

第一阶段：策划阶段（2008 年 5 - 6 月）。总行统一规划模拟银行建设，各行按照总行要求成立模拟银行建设项目小组，研究制订《模拟银行建设实施方案》，报总行备案。

第二阶段：实施阶段（2008 年 7 - 8 月）。各行按照实施方案完成模拟银行设施建设、功能建设和制度建设。

第三阶段：验收阶段（2008 年 9 月）。各行组织模拟银行建设工作验收，并撰写模拟银行建设工作总结。

第四阶段：使用阶段（2008 年 9 月起）。模拟银行投入培训使用。

实际上，总行从前年开始一直在策划模拟银行建设事项，总行教育部牵头，联合信息科技部共同研究策划，总行其他部室如运行管理部、现金与结算管理部、个人金融业务部、人力资源部等也给予了很大的支持。到目前为止，模拟银行建设的各项准备工作已基本就绪，今天我们这个会议，标志着在全行全面推进模拟银行建设工作的正式启动。各分行会后要成立模拟银行建设项目的推进小组，由今天参加会议的行长来挂帅推动。模拟银行建设工作虽然是由教育部门牵头，但是需要各有关部门的互相配合才能推动起来，因此，也请各位行领导要重视部门协调工作。如果我们能争取用两到三年的时间，使我行所有网点、所有临柜提供的服务都达到标准化，那么，工商银行的社会形象将会有非常大的改观。

三、准确把握模拟银行建设工作要求，确保模拟银行建设工作圆满完成

（一）高度重视，狠抓落实。模拟银行建设，不仅仅是培训方式、培训手段的变革，更是一项提高我行15 万名一线柜面员工整体素质、全面改善营业网点窗口形象、提升工商银行企业形象、增强客户服务能力和市场竞争力的战略举措。工商银行作为国内经营规模最大的商业银行，服务着国内最广泛的客户群体。我们不仅要在网点装修、外部形象和内部布局方面下工夫，更重要的是要打造一支操作规范化、服务标准化、具有很强的市场竞争能力的柜员队伍，将服务的精髓和标准嵌入到网点每一项业务经营之中。从某种意义上讲，模拟银行培训可将全行一线柜员按照统一的标准塑模定型，提高柜员标准化服务技能，进而有效提高客户满意度，提升我行品牌价值和市场竞争能力。因此，各行要站在这样的战略高度，把模拟银行建设作为一项重要任务，切实抓紧抓好抓出实效。

（二）加强领导，增强协作。模拟银行建设是一项牵涉面广的系统工程，需要各有关部门的协同配合。各行要成立由模拟银行建设项目主管行长任组长，教育、人力资源、信息科技、运行管理、结算与现金管理、个金等相关部门负责人和金融培训学校负责人参加的模拟银行建设项目协调管理小组，统筹协调和管理模拟银行建设和培训工作。各有关部门要明确职责、各司其职，加强协调、通力合作，切实保证模拟银行建设和培训工作的有序开展。

（三）防范风险，确保安全。模拟银行是利用现有测试环境开展仿真培训，涉及“测试环境管理”、“培训专用重要空白凭证管理”和“权限卡管理”等关键风险防控环节。各行在模拟银行建设和使用中，要切实把安全放在第一位，规范模拟银行建设和培训管理，加强建设和使用过程中的风险防范。要严格按照现有测试

环境管理规定、《信息系统安全体系规范》及相关制度要求，做好相关资料及环境数据的安全保密工作，进一步梳理完善现有规章制度，从模拟银行凭证、权限卡等关键环节入手，加强日常管理，降低模拟银行建设和培训过程中可能出现的各种风险，保证模拟银行培训的规范安全运行。

（四）立足实际，讲求实效。模拟银行建设以立足实际、讲求实效、能满足培训基本需要为原则。未建立模拟银行的分行，需根据本行的培训规模和使用频率，充分利用现有设备，建立相应规模的模拟银行；已建立模拟银行的分行要根据总行要求，视实际需要，在原有基础上扩建或增配部分必要设备，进一步完善模拟银行培训条件。

（五）充分利用，发挥优势。各行要充分发挥模拟银行技能培训优势，提高培训使用率，在充分用于一线柜员岗前培训柜面业务操作技能培训的同时，着眼长远，拓宽思路，挖掘潜力，进一步扩大模拟银行培训应用范围，在条件成熟时逐步将模拟银行延伸到其他有需求的中后台业务培训领域，使模拟银行在我行业务改革和创新中发挥更大的培训支持作用。

同志们，模拟银行建设对于全行教育培训是一项全新的开创性工作，对于全行业务发展、网点服务规范化标准化水平提高，起着至关重要的战略性作用，各行要高度重视、扎实推进，并充分利用模拟银行开展规范化、标准化培训，为提升我行优质服务水平、提升我行核心竞争力、建设国际一流现代金融企业作出新的贡献！

贯彻落实党的十七大精神
全面做好新形势下离退休人员管理工作

——在中国工商银行离退休人员管理工作座谈会上的讲话

牛锡明

（2008 年 6 月 17 日）

我们这次离退休人员管理工作座谈会的主要任务是：深入学习贯彻党的十七大精神和全国老干部局长会议精神，认真总结近三年以来的全行离退休人员管理工作，按照中组部《关于进一步加强新形势下离退休干部工作的意见》要求，研究部署我行今后一个时期离退休人员管理工作的任务。下面，我谈几点意见。

一、近三年离退休人员管理工作取得了可喜的成绩

近三年，全行离退休人员管理部门紧密围绕总行党委确定的发展方向和目标，增强大局意识，贯彻以人为本、科学发展的理念，积极应对工作中的新情况、新问题，不断开拓创新，与时俱进，做了大量扎实有效的工作，使离退休人员管理工作取得了长足的发展。概括起来主要有以下几个方面。

（一）离退休人员思想政治建设得到新加强。三年来，全行各级离退休人员管理部门在总行党委的领导下，坚持定期组织老同志开展政治理论学习，以多种形式深入学习党的十六大以来的路线方针政策，深入开展中国特色社会主义理论体系教育，着重学习科学发展观、构建社会主义和谐社会等重大战略思想，不断用马克思主义中国化最新成果武装离退休人员头脑，使老同志在思想上始终与党中央保持一致；坚持定期向老同志通报全行经营发展的重大决策，引导老同志从大局出发理解改革、支持改革，为我行的股改上市献计献策；坚持定期走访慰问，加强与老同志的思想沟通和交流，及时了解和掌握各种事发因素和苗头，有针对性地进行教育和疏导，把思想政治工作做在前面，从而保持了离退休人员队伍的稳定。据统计，仅 2007 年，全行就组织学习 7 000 余次，举办辅导讲座 1 000 余次，有近 29 万人次参加，通报情况 3 000 余次，走访慰问老同志8 000 余次。

（二）离退休人员党支部建设工作取得新突破。目前全行有离退休老党员 5 万多人，占离退休人员总人数近 50%，有离退休人员党支部 2 406 个，离退休党支部建设已成为我行党建工作的重要组成部分。自 2006 年中组部《关于进一步加强和改进离退休干部党支部建设工作的意见》下发以来，各行认真回顾基层离退休党支部建设情况，总结成功经验，查找存在的问题和不足，尤其是 2007 年中组部召开进一步加强和改进离退休干部党支部建设工作座谈会后，各行按照总行下发的《关于转发傅思和同志在贯彻落实中组发［2006］12 号

文件精神工作座谈会上讲话的通知》要求，纷纷结合本地区本部门的实际，研究制定贯彻落实的具体意见和措施，使离退休党支部建设工作在以下几个方面取得了成效。

一是教育管理方式趋于科学。各行从老同志年龄、身体状况的实际出发，本着有利于教育管理，有利于离退休党员参加支部活动和发挥作用的原则，改革创新党支部建设内容。通过规范党费留成比例，限定支部书记的年龄，允许居住边远、行动不便的党员将其组织关系转入居住地党组织，为行动不便党员提供灵活的学习方式等措施，使支部教育管理方式更加科学合理。

二是班子结构和组织设置趋于合理。各行离退休党支部经换届改选，一批素质较高、身体状况较好、工作能力较强、年龄相对较轻的离退休党员被充实到党支部班子中来，改善了支部班子的结构。各行还按照“班子健全、组织覆盖、制度完善、活动经常”的要求，根据离退休党员的身体、年龄状况和居住地分布情况，不断优化组织设置，在党员集中的居住区、宿舍区建立党支部、党小组，利用活动站点开展组织活动，保障了离退休党支部活动的正常开展。

三是制度建设趋于完善。各行按照12号文件精神，修订完善了离退休党员组织生活制度、学习制度、联系党员制度、流动党员管理制度、党费收缴和管理制度、监督检查制度等，使基层党建工作更加制度化、规范化。

四是活动内容趋于丰富。各行离退休人员管理部门帮助离退休党支部开展灵活多样的支部活动，既有以继承革命传统为主题的参观访问，也有以发挥余热奉献爱心为内容的公益活动；既有先进典型的宣传活动，也有关心困难党员的走访慰问。这些活动的开展使支部凝聚力和向心力明显增强。

（三）老同志的生活待遇有了新保障。各行离退休人员管理部门按照中组部和总行党委的要求，进一步加大了工作力度，有效保障了老同志生活待遇的落实。一是认真落实天津会议精神，加大了平时督促检查的力度，每年都对医药费拖欠问题进行专项调查，保证了离退休金按时足额发放，离休干部医药费实报实销。目前全行已连续四年未出现拖欠医药费现象，尤其是北京、天津、辽宁等部分分行还对医药费报销和管理模式进行了尝试性改革，取得了明显成效。二是在股改上市前，为了保障离退休人员原有待遇不降低，在各级党委的领导下，总行相关部门查找政策依据、整理离退休人员信息，积极向财政主管部门争取，经过努力工作获得了财政部的理解和同意，最终允许我行对2005年6月30日前离退休人员享受的统筹外养老金进行精算预提，建立了统筹外福利负债专项基金，用于保障股改前离退休人员的既有待遇，这是经财政部批准计提的独立基金。此基金由我行企业年金理事会负责管理，管理模式逐步规范，取得了良好的收益，为提高这笔基金的可持续支付能力打下了基础。人力资源部门在会议期间还将就基金的问题向大家通报具体情况，我这里就不多说了。三是多次提高了部分长期瘫痪、生活不能自理离休干部的医疗待遇和护理费标准。对生活困难老党员进行走访慰问，并发放了慰问金。对新中国成立后到当地解放前参加革命工作的退休干部，在生活待遇上给予了适当照顾。每逢重大节日各级行普遍开展了走访慰问和送温暖活动，让老同志充分感受到各级党委的温暖和关怀。

（四）服务管理工作迈上新台阶。随着离退休人数不断增加，老同志“双高期”的到来，服务管理工作任务十分繁重，但各行在工作人员不增甚至减少的情况下，团结一致，互相协作，急老同志之所急，想老同志之所想，发扬无私奉献精神，克服人员少、工作量大等困难，坚持以人为本，亲情化服务，把服务重点向老、弱、病、残和鳏、寡、孤、独倾斜，坚持定期家访和巡视制度，对常年患病行动不便的老同志进行看望，给予必要的帮助照顾，并与医疗机构合作，全面做好离退休人员的医疗保健工作，受到了老同志的一致好评。在组织活动方面，做到了体能与智能相结合，趣味性与娱乐性相统一，室内与室外相兼顾，依托老干部活动中心和场所，根据老同志的特点、爱好，因地制宜地积极开展生动活泼、健康有益的老年文化活动，丰富了广大老同志的晚年生活。与此同时，为了进一步活跃全行离退休人员的文化生活，推动离退休人员管理服务工作的深入开展，与《城市金融报》联合举办了“我的退休生活”、“为了夕阳更美丽”等征文活动，在老同志和工作人员中营造了“自己总结自己，自己教育自己，自己提高自己”的良好氛围。仅2007年，全行就利用1 000余个活动中心和老年大学，组织开展文体活动6 800余次，有19万余人次参加。

（五）离退休人员管理部门自身建设展现新气象。一是从转变工作作风入手，为提高服务质量夯实基础。各行离退休人员管理部门积极转变工作作风，着重强化服务意识，着力在提高服务水平和服务质量上下工夫。在工作中，大家起早贪黑，顶严寒，冒酷暑，不辞劳苦，不求索取，甘于为老同志排忧解难，提供热情周到的服务，赢得了老同志的高度赞扬。二是从弘扬先进入手，为稳定队伍夯实基础。各行离退休人员管理部门认真开展老干部工作先进集体和先进工作者评选活动，掀起了评先进、学先进、赶先进的热潮，稳定了队伍，增强了离退休管理工作人员的荣誉感和自豪感。三是从爱岗敬业入手，为管理服务夯实基础。为切实提高全行老干部管理人员的理论和业务素质，各行以能力建设为重点，认真组织工作人员学习了十七大报告、《党章》、《关于进一步加强离退休干部党支部建设工作的意见》和《社会主义荣辱观》教育读本等，教育员工忠于职守，爱岗敬业，珍惜职业，珍爱生活，把为老同志服务当做一种责任，当成一种荣誉，从而使广大工作人员管理服务意识进一步增强，执行力进一步提高。

总的来说，近三年来我行的离退休人员管理和服务工作在总行党委的正确领导下，取得了显著成效，这是各级行党委加强领导、各有关部门大力支持配合的结果，也是离退休人员管理工作部门积极努力、勤奋工作的结果。在此，我代表总行党委对各位近年来的辛勤努力和无私奉献表示衷心的感谢！

二、深刻领会和准确把握党的十七大对老干部工作的新要求

在党的十七大报告中，胡锦涛同志明确提出要“全面做好离退休干部工作”，这是党中央对老干部工作提出的新的更高的要求，为在新的历史条件下进一步开创老干部工作新局面指明了方向。我们要认真学习、深刻领会和准确把握十七大报告提出的“全面做好离退休干部工作”的深刻内涵，以更加开阔的视野，更加强烈的责任，将离退休人员工作放在党的建设、干部队伍建设工作这一大系统中去研究，去思考，去开拓新的局面，完成好党的十七大赋予我们的职责。

（一）要围绕“全面”做文章。要达到“全面做好离退休干部工作”的要求，首先，加强领导是关键。全行要上下一盘棋，各行党委要把离退休人员管理工作摆上议事日程，主要领导要经常关心过问，分管领导要定期听取汇报，加强工作指导，带头做尊老敬老的模范。组织部门要把离退休人员管理工作作为组织工作的一个重要方面，加强具体指导，及时协调解决工作中的重要问题。同时，离退休人员管理部门要充分发挥职能作用，经常向分管领导汇报工作，及时与组织、财务等相关部门沟通协调，提出意见和建议，形成推进工作的整体合力。其次，既要全面做好离休干部工作，也要全面做好退休人员的工作。当前，全行共有离退休老同志119 981人，其中有离休干部8 029人，并以5%的速度逐年递减，虽然人数逐年渐少，但离休干部整体已进入高龄、高发病期，对离休干部的照顾不能因人数的减少而有一丝一毫的松懈。目前全行退休人员总数已达111 952人，并以4%的速度逐年递增，各行要从退休人员数量不断增加的实际出发，逐步加强对退休人员的服务管理工作，要把本行原领导班子成员和干部管理权限范围内退休领导干部的政治待遇落到实处。

（二）要贯彻“以人为本”的科学发展观。为构建和谐社会、和谐工行，要以实现好、维护好、发展好老同志的根本利益作为工作的出发点和落脚点，想老同志所想，急老同志所急，帮老同志所需。从讲政治、讲大局的高度，从建设和谐社会、和谐工行的高度上来认识离退休人员管理工作的重要性和艰巨性，不断增强责任感和紧迫感，始终把离退休人员管理工作摆在重要位置。要看到目前社会养老体系还不完善，工商银行作为股份制上市公司，尚有承担社会责任的义务，各行要为我行的离退休人员提供全方位、多层面的服务，要通过我们的具体工作让他们感受到党的温暖，享受到工行改革和发展的成果，提高他们的幸福感和满意度，激励他们成为构建和谐社会、和谐工行的积极因素，力所能及地发挥他们应有的作用。

（三）要按照培养创新精神，提高创新能力的要求，积极开拓离退休人员管理服务工作新领域。学习贯彻党的十七大精神，对于我们来说，就是要在工作中不断改革创新，与时俱进。要在研读的过程中联系目前我行离退休人员各方面的实际，深入思考和探索。当前，要注意做好三个结合：一是要把管理服务与落实老同志政治待遇相结合。进一步摸索、创新离退休党支部的设置与活动方式，增强工作的针对性和实效性。二是要把管理服务与落实老同志生活待遇相结合。按照“特事特办”的原则，做到“宜宽则宽、宜优则优”，着重解决好老同志的特殊困难。三是要把管理服务与丰富老同志精神文化生活相结合。开展更多适合老同志特点、促进老同志身心健康、形式多样的活动，并尽可能增加基础设施投入。四是要把管理服务与组织发挥作用相结合。要发挥老同志的政治优势，广泛宣传老同志的光辉历程和历史功绩；要发挥他们的经验优势，不断进行“二次人才开发”，为创建和谐社会服务；要发挥他们的威望优势，积极弘扬他们的优良传统和作风，使之成为建设和谐社会的重要力量。

三、努力做好新形势下离退休人员管理工作

2008年和今后一个时期，离退休人员管理工作要全面贯彻落实党的十七大精神，以邓小平理论和“三个代表”重要思想为指导，深入贯彻落实科学发展观，按照全面做好离退休干部工作的要求，围绕中心，服务大局，进一步落实好老干部的政治、生活待遇，扎实推进离退休党支部建设和离退休人员思想政治工作，努力提高离退休人员管理服务水平，不断开创老干部工作的新局面。2008年工作要点已经下发，这里，我重点强调几个问题。

（一）要把党的十七大精神的学习贯彻不断引向深入。组织广大离退休人员学习党的十七大精神，是今年离退休人员工作的首要任务，也是今后一个时期离退休人员思想政治建设的一条主线。各行要在巩固前一阶段学习成果的基础上，引导广大离退休人员不断深化对十七大精神的学习，在加强思想政治建设上力求取得新的成效。

一是要把组织学习与自身学习结合起来。全行离退休人员管理部门要先学一步，学深一步，以自身学习的实际成效促进离退休人员的学习。要结合实际制订学习计划，集中时间和精力，精读原文，全面准确领会十七

大精神。党员领导干部要率先垂范，带头开展学习，带头贯彻落实，及时总结学习贯彻十七大精神的成效和经验，带领离退休人员将学习活动不断引向深入。

二是要把组织学习和激发离退休人员学习的积极性、主动性结合起来。要针对老同志的思想实际，通过宣讲会、报告会、辅导班、座谈研讨等灵活多样的方式，帮助老同志加深对十七大提出的重大理论观点、重大战略思想和重大工作部署的理解和认识。要发挥离退休党支部在组织离退休人员学习中的作用，利用老年大学、活动中心等阵地，组织系统的学习，切实增强学习效果。要按照总行党委《关于开展纪念改革开放30周年暨工行成立25周年有关活动的通知》精神，结合本行实际，精心组织老同志参加有关纪念活动，使他们充分感受三十年来我国改革开放和现代化建设的巨大变化和辉煌成就，加深对十七大精神的理解。

今年是我国改革开放三十年，国家对此已有明确安排，总行也已就此事下发了通知，而今年也适逢工行成立25年，这两个纪念活动很可能要结合起来搞。现在退下来的老同志在工商银行1984年成立以后和实施转型的过程中都是作出了杰出贡献的，各行回去之后要结合这两个纪念活动安排好老同志活动，让他们再次回忆、体会、体验一下亲身参与过的这25年来工行改革的历程，老同志亲身经历的事情会比较感兴趣，所以，各行一定要组织好这两个纪念活动。

三是要把组织学习与解决实际问题结合起来。要发扬理论联系实际的学风，坚持学以致用，用以促学，既要在组织学习中帮助离退休老同志解疑释惑，解决思想上的问题，又要在实际工作中帮助他们纾难解困，解除生活上的后顾之忧，深入思考离退休人员管理工作面临的新情况、新问题，以改革创新的精神、严谨务实的作风，不断探索新的解决途径和方法。

（二）要深入贯彻落实《关于进一步加强新形势下离退休干部工作的意见》。近日，中共中央组织部、人力资源和社会保障部联合下发了《关于进一步加强新形势下离退休干部工作的意见》（中组发［2008］10号），这是在认真总结这些年来老干部工作的丰富经验，深入研究新时期老干部工作面临的突出矛盾和问题的基础上，出台的一部纲领性文件，文件从八个方面对如何做好当前离退休人员管理工作提出了指导性意见，有很强的可操作性，各级行党委和离退休人员管理部门要结合本行实际，抓好贯彻落实。特别是要注重抓好以下几项工作。

一是进一步加强离退休人员思想政治建设。各行要把离退休人员思想政治建设摆在重要位置，认真落实离退休干部阅读文件、听报告、参加重要会议等制度，根据离退休人员特点和需求，创新和改进落实离退休人员政治待遇的方式方法。要继续抓好基础设建，着眼于丰富老同志精神文化生活，积极推进离退休人员学习和活动阵地建设，把老干部活动中心、老年大学的基础设施建设纳入本行本部门的发展规划，加大投入力度。要加强和改进离退休党支部建设，将其纳入党的基层组织建设总体规划，统筹安排，分类指导，整体推进，从离退休党员的实际出发，优化组织设置，健全工作制度，选好支部班子，创新活动方式，保障活动经费。要加强和改进离退休人员思想政治工作，坚持以正面教育、自我教育为主，充分调动离退休人员的积极性和主动性，使广大离退休人员坚定理想信念、珍惜光荣历史、永葆革命本色。

以上是总行从思想政治建设方面提出的要求。我想思想政治建设的含义也是多方面的，其中对离退休老同志给予精神上的慰藉、安慰也是重要内容之一。这些离退休人员工作时间一般都在30－40年，从工作岗位上一退下来，心态、环境、社交圈出现非常大的变化，有很多老同志在转型过程中是有许多实际问题需要解决的，有人转型得好，有人转型得不好。老同志工作了一辈子，退下来之后肯定有失落感，非常需要安慰，而且每个地区的具体情况也不同，这就需要大家结合本地区情况，创造性地去做好这方面的工作。

二是要建立健全离休干部医药费保障机制。目前我行离休干部最大的100岁，最小的70岁，平均年龄已达80岁，95%以上都患有3种以上疾病，已整体进入“双高期”，医药费支付压力很大，为了保证离休干部医药费“按规定实报实销”，近年来，总行先后组织召开了三次座谈会，专题研讨了离休干部医药费保障机制的建立问题，特别是股改后离休干部医药费的使用、管理和合理划拨等问题，总结交流了一些分行医药费管理改革经验，为保证离休干部医药费及时报销，确保不发生新的拖欠奠定了良好基础。我行股改后离休干部医药费改由统筹外福利负债基金列支，虽然大大缓解了基层的财务压力，但各行仍要按照“保证需要、方便就医、加强管理、防止浪费”的原则，不断完善管理制度，加强监督检查，探索成功经验，鼓励节约，真正把离休干部的医药费管好、用好，巩固近年来无“拖欠”工作成果。总行今年将对各行医药费报销情况进行审计检查。

三是开展进一步加强退休人员服务管理问题的调研。各行要在继续做好离休干部服务管理的基础上，按照《关于全国老干部工作部门2007年调研信息工作情况通报和2008年度重点调研课题通知》精神，开展对新形势下退休人员服务管理工作的调研，尤其是本行原领导班子成员和干部管理权限范围内退休领导干部的服务管理问题，积极探索新思路、新途径、新方法，并认真总结经验，做好调研成果的转化运用。

四是要下大气力抓好离退休人员生活待遇的落实。为贯彻落实中组部《关于进一步加强新形势下离退休干部工作的意见》，并考虑到去年统筹外福利负债基金运作正常，投资收益良好等因素，经总行党委研究决定，今年在保证全部股改前离退休人员寿命期内养老金正常支付的前提下，超额收益部分以一次性慰问金的方式发放给每位离退休人员。今后，总行将每年对基金收益和支付情况进行精算，并适时通报基金运作情况，确保基金及其投资收益全部用于离退休人员待遇。当年是否发放一次性慰问金将根据上年投资收益情况确定。各行要做好相关事项的宣传工作，并及时将慰问金等补贴发放到老同志手中。

在此，要强调一点，为老同志办实事是要坚持的基本原则，但要按照政策，实事求是地为老同志办实事。政策和策略是老干部工作的生命，一项政策的实施会对所有的离退休人员产生影响。老同志退休之后空余时间及精力比较多，比较关注待遇问题，他们不一定是缺少这点待遇，主要计较的是待遇是否对所有人都公平。所以，一定要把握政策，实事求是，统筹兼顾，待遇公平。

五是建立健全退休干部活动费保障机制。中组部《关于进一步加强新形势下离退休干部工作的意见》在强调加强退休干部服务管理工作的同时，明确指出，要“确定管理和活动的经费，并按照规定列入单位经费预算，确保落实到位”。根据这一精神，各行要研究具体落实的措施和方法，根据经营管理效益的情况，列支退休干部日常、必需、合理的管理和活动经费。

六是切实做好老干部的来信来访工作。胡锦涛同志指出：“信访工作是为人民群众排忧解难的工作，也是构建社会主义和谐社会的基础性工作。”各行一定要从构建和谐社会的高度，充分认识做好离退休人员信访工作的重要性，以对党的事业高度负责的精神，怀着对老同志的真挚感情，认真处理好每一封来信，接待好每一次来访，切实解决好老同志最关心、最直接、最现实的利益问题。对老同志的合理要求，要按照政策积极解决；对一些特殊的困难和问题，要本着“特事特办”的原则，力所能及地给予照顾；对不符合政策规定的，要耐心细致地做好说服解释工作。要注意通过老同志的来信来访，了解他们的思想动态和生活现状，捕捉需要解决的新情况、新问题，以促进离退休人员管理服务工作的开展。

（三）适应建设国际一流现代金融企业需要，加强离退休人员管理部门队伍建设。随着工商银行现代金融企业制度的不断完善，对离退休人员管理工作要求也越来越高，这对工作人员的思想政治建设和业务能力建设，提出了新的要求。工作人员既要有热爱老同志的诚心和强烈的敬业意识，又要精通老干部工作的相应政策、法规和具体规定，甚至还需要具备服务于老同志的医疗、保健、财会、文化等综合性的知识。所以，加强离退休人员管理部门的自身建设，提高工作队伍整体素质，是离退休人员管理部门一项长期和艰巨的任务。

一是要进一步夯实离退休人员工作基础。为适应我行改革发展形势，各行离退休人员管理部门要从长远出发，树立忧患意识，大力加强整章建制工作，明确工作人员职责，细化工作流程，从制度上防范由于机构、人员调整等因素使老同志工作受到影响的情况，进一步形成管理靠制度，办事讲规矩，决策依程序的机制。

二是要以提高工作人员整体素质为重点，开展“讲党性、重品行、作表率，树组工干部新形象”活动。在离退休人员管理部门开展“讲党性、重品行、作表率”活动，是认真贯彻落实党的十七大精神的重要举措，是以改革创新精神推动离退休干部工作、不断开创离退休干部工作新局面的必然要求，是建设一支高素质老干部工作队伍的有效载体，也是全面提升离退休干部管理水平、实现“全面做好离退休干部工作”要求的基本保障。各行要充分认识开展此项活动的重要意义，切实把这项活动开展好。要通过开展活动，使工作人员贯彻落实科学发展观的自觉性进一步增强，离退休人员反映的一些突出问题得到有效解决，老同志对工作的满意度明显提升，工作人员在思想观念、素质能力、工作作风和工作方式方法上有新转变、新进步、新提高。各行要按照《关于在全国老干部工作部门开展“讲党性、重品行、作表率”活动的实施意见》的总体安排，精心组织，力争用三年的时间，使工作人员队伍达到深怀感情、主动服务；增长才干、精通业务；淡泊名利、甘于奉献；创新求实、锐意进取；团结和谐、真诚待人的目标要求，打造一支具有可信、可靠、可敬、可亲的鲜明形象的老干部工作队伍。总行将根据活动进展情况，适时开展先进集体和个人的评选活动。

此外，对于这项工作，还需强调几点：首先，老干部工作要以情为主，以柔代刚。老干部退休之后容易产生失落感，心态不稳定，所以，我们要用柔和的方法对待，不可硬碰硬。耐心是做好离退休人员管理工作的基础，要多从对方角度考虑问题。其次，在思想上对离退休人员要一视同仁，落实政策。在平时工作中不能因为感情亲疏而区别对待。国家、行里给的政策一定要落到实处，并本着实事求是、宜宽则宽的思路去处理。再次，要帮助老同志树立“家庭为主，单位为辅”的意识。要让老同志以家庭为轴心去生活，明白单位只是一个辅助角色，这样我们的工作就好做得多。最后，要让老同志能够安度晚年，老有所医。

三是要建立与本行离退休人员管理工作相适应的机构和专兼职离退休工作人员队伍。各级行党委要站在“全面做好离退休干部工作”的高度，加强领导，理顺工作关系，无论是设立独立机构还是挂靠，都要确保离退休人员管理工作有相应的机构、足够的力量和专人去做。特别是离退休人数较多的一级分行，其工作机构应独立设置，并在二级分行配备专职人员。除此以外，其他一级分行离退休人员管理机构和人员均应挂靠在人事组织部门，这对加强和做好离退休人员管理工作是有利的。从目前全行的情况看，离退休人员管理部门单设的仅有6家，占16%，挂靠人事组织部门的有22家，还有10家挂靠在工会等其他部门，全行现有专职人员437人，仅占全行员工的万分之十二，这与管理着近12万名离退休人员的工作任务不相适应，不利于全面做好离退休干部工作。同时，各级行党委和人事组织部门要看到，老干部工作者是做好老干部工作一支不可或缺的队伍，一定要真正重视、真情关怀、真心爱护这支队伍，以事业留人、以感情留人、以适当的待遇留人，保持工作人员队伍的稳定。

同志们，工商银行的改革发展已处在新的历史起点上，要实现全行各项业务又好又快的发展，树立崭新的市场形象，全行各级离退休人员管理部门就要肩负起自身的责任，维持好安定团结的发展环境。希望大家继续发扬吃苦耐劳、无私奉献的精神，以求真务实的态度，锐意进取，努力工作，推动离退休人员服务管理工作再上一个新台阶，为支持我行经营发展和安全稳定，实现建设国际一流金融企业的目标作出新贡献。

在中国工商银行配合银监会现场检查视频会议上的讲话

牛锡明

（2008年7月3日）

6月初，银监会向我行发出了检查通知书，决定从6月20日开始对我行进行为期4个多月的现场检查，检查内容涉及信贷资产、理财业务、信息科技风险等多个领域。总行已根据银监会现场检查的要求下发了《关于配合银监会做好现场检查工作的通知》（工银办发［2008］358号），对有关工作进行了具体安排。为了使全行进一步重视这项工作，总行决定召开这次视频会议，就如何配合好银监会的现场检查做进一步布置，确保银监会在我行的各项现场检查顺利进行。下面，我受总行党委和姜建清董事长、杨凯生行长的委托，讲五点意见。

一、从进一步提升经营管理水平的角度充分认识监管检查的重要性

我行作为一家刚刚完成改制的银行，虽然在经营管理上进行了卓有成效的改革和探索，但与国际先进商业银行相比，我们还有诸多亟须完善和改进的地方。比如：风险管理体系还需进一步完善，一些国际上先进的技术还没有得到全面的应用，风险控制的手段和方法还比较单一，管理中还存在不少的漏洞和隐患等。

近几年来，银监会的监管指导对我行经营管理水平的提升起到了非常大的作用。为更好地督导商业银行稳健发展，银监会不断探索新的监管方式与手段。今年银监会的检查改变了过去面面俱到的方式，在检查通知下发前，银监会已对我行进行了长达5个月的前期调研工作，对我行的基础数据进行了充分挖掘和全面分析，对我行开展的各项经营活动进行了大量制度与流程方面的访谈与研究，在此基础上，银监会才最终确定将信贷资产、理财业务、并表管理、信息科技风险和内控制度五个方面的内容作为今年对我行的检查重点，而这些检查重点也正是我行目前面临的经营管理的重点与难点。银监会今年对我行的检查首次启用了新的现场检查系统，这套系统是银监会针对近几年来各商业银行数据逐步集中总行的特点开发研制的，它使监管流程更加规范，现场检查更有针对性。由此我们可以看出，银监会此次对我行的检查完全不同于以往，检查的内容也是我行目前的经营中的难点，这既会给我们带来压力，也给我们带来动力和契机，可以通过对问题的发现和整改进一步提升我们的经营管理水平。

所以，我希望大家一定要高度重视做好银监会现场检查的配合工作，各分行和总行相关部门要充分利用这次银监会现场检查的机会，尽可能多地整改与解决我们经营管理过程中的薄弱环节与难点问题，力争通过此次检查将我行经营管理水平提升到一个新的层面。

二、实行一把手负责制，全力做好配合工作

今年，银监会对我行的现场检查采取的是总分行相结合的工作方式，即在对总行层面进行总体检查的同时，要求各地方银监局对辖区分行进行相应的核查，除此以外，各地方银监局还可以根据辖内监管情况，安排自定项目的检查。银监会这种上下结合、整体联动的检

查方式，给我们的配合工作提出了很高的要求。今年上半年，我行在接受国家审计署的审计检查时，各级行一把手、总行部门总经理非常重视，协调配合得很好，特别是北京、上海、天津、广东、四川、深圳分行的一把手，亲自抓协调配合工作，分管行长具体抓落实工作，使我行与审计部门的沟通非常顺畅，我们的意见得到了如实反映，我们的工作也得到审计部门的认可和表扬。这次银监会进驻检查的面更大一些，内容更多一些，我们同样要以虚心接受检查的态度，积极协调配合的工作精神，协助银监会顺利地完成对我行的检查。

为了全力做好银监会检查的配合工作，总行成立了专门的配合监管检查工作领导小组，由杨凯生行长任组长，我和魏国雄首席风险官任副组长，各部室总经理为组员，负责领导全行做好配合工作。领导小组下设配合监管检查工作协调小组，并明确由总行内部审计局牵头。总行各部门总经理、各分行行长要对本专业本行接受检查全面负责，并健全协调工作机制，加强对配合检查工作的领导，随时掌握配合工作的进展情况，全力保证各项配合工作有序有效开展。

三、确保各项检查配合工作落到实处

总行各部门和各分行要结合工作实际，尽快研究切实可行的配合工作措施与办法，并制定具体的配合工作规则，明确牵头部门及相关部门的责任与任务；各部门要选派业务全面、沟通能力强、响应速度快的高素质人员作为配合工作的联系人，承担现场检查的协调配合任务。

快捷的沟通与反馈机制是做好配合工作的关键，总行各部室、各分行要在保持与总行协调小组密切联系的基础上，重点做细做好以下几方面的工作。

一是与现场检查组之间要保持高度的信息畅通。要积极主动地与现场检查组沟通联系，及时协助落实访谈需求和资料提供的需求，了解其方法、重点、动态及对有关事项的态度，争取配合工作的主动，提高配合工作的效率。在接受检查过程中遇到与检查人员意见不一致的情况时，要耐心、认真地解释。去年银监会现场检查通报的问题中，有个别问题就是因为被检查单位没有向检查人员提供完整的资料，或没能向检查人员准确解释我行业务流程和相关规章制度而被当做问题提出来的，今年不应该再出现类似的情况。

二是各条业务线的检查信息要上下畅通。对各专业现场检查过程中出现的或可能出现的问题，分行要随时与总行相关业务部门沟通。总行各部门要充分发挥系统管理职能，加强对分支机构对口专业的指导，及时掌握本专业接受检查进展的情况，督促、指导本专业认真配合好检查工作；与此同时，还要高度关注可能出现的系统性问题及典型个案，尽早了解，及时上报。

三是各部门之间、分行与辖内各分支机构之间的信息沟通渠道要畅通。银监会对我行任何一项经营活动的检查，可能会涉及多个部门，部门之间的随时沟通非常重要，各分行要迅速建立与完善这方面的机制。总行部门与部门之间也要密切配合。大家都知道，这几年我行机构改革力度比较大，对业务线重新进行了梳理，不少业务的归口管理部室发生了变化，再加上一项业务可能涉及多个管理部门，在配合工作上，我希望总行各部门一定要站在全行的角度，要有高度的责任感，千万不能出现互相扯皮推诿的现象。

四是要高度重视与客户之间的信息沟通。对我行的一些检查还有可能会延伸到我们的重要客户，我们要配合银监局做好与客户的沟通与解释工作，总行、各分行的营销部门一定要做精做细前期的沟通工作，对一些大的系统性重要客户，总行要出面提前进行沟通解释，取得客户的理解与支持，既要保证现场检查人员顺利开展调查取证，又要保证客户理解银监会的调查取证并给予积极配合。

为便于总行及时掌握配合检查进展情况，总行要求各一级（直属）分行、各被查并表机构、总行各部室要在每周五中午12:00前，将本单位配合接受检查情况、配合工作中存在的问题以及下一阶段工作安排等情况，以简报形式报送总行配合监管检查工作协调小组和业务主管部门，遇重大事项要随时报告。

四、高度重视被关注和已查出的问题，做好检查发现问题的自查自纠及边查边改工作

总行各部室、各分行在做好检查配合工作的同时，要重视检查发现问题的原因分析，对发现的问题要及时进行整改。各级行行长、总行部门负责人要对本行、本系统的边配合边整改工作负全责。总行各部门、各分行要及时掌握全系统全辖的检查情况，全面梳理检查中发现的问题，研究解决方案，明确整改责任、整改内容和整改要求，对能够即时纠正的问题，要指导督促有关部门或分支机构边配合检查边进行整改；对检查中发现的屡查屡犯的问题、隐患问题，要从制度、流程方面着手进行剖析，揭示管理中的盲点和薄弱环节，尽快研究切实可行的措施，力求能从根本上遏制问题的再次发生；对改革发展过程中遇到的管理难点问题，我们要积极主动地与检查组进行充分的交流，详细沟通问题产生的原因，共同研讨解决问题的办法。

五、在做好配合工作的同时努力学习监管机构先进的检查方式与方法

目前，我行的各项业务基本都有了相应的监测系统，在前中后台也分别配备了风险控制、监测分析、监督检查人员，我行日益完善的管理框架与日趋先进的风险控制技术，为我们近几年的稳健发展起到了非常重要的作用。但在每年的各种自查、检查中，我们还发现了

非常多的问题，一些问题甚至已经给我们的经营带来了损失与风险隐患，如何更有效地进行内部自我控制与监管是我行这几年来一直在重点研究并想有所突破的问题。前面我讲过，今年国家审计署、银监会对我行的审计与检查，无论从理念上还是方法、技巧上与以往都有很大的不同，他们进驻现场之前都组织了一批既懂业务又懂信息系统的专家人员对我行数据进行全面系统的分析，在较短的时间里就筛选出检查的重点，有些重点是我们还没有发现或发现了没有引起重视的，这一点非常值得我们思考。从这里我们至少可以看出，在观察问题、分析问题的视角和思维方式上，我们是有差距的。所以说，监管机构今年对我行的审计与检查，对我们来说应该是一个绝好的机会，他们给我们带来了很多先进的技术与方法，我希望我们每个部门、每个分行、每个人在接受与配合检查工作的同时，要抓住一切机会，认真学习他们观察问题、分析问题的视角和思维方式，学习他们在检查中运用到的先进技术与方法，并不断将学到的东西充实与运用到我们的实际工作中。

同志们，今年我行经营管理的各项任务很重，接受并配合检查的任务也很重，上半年我们取得了很好的经营业绩，协调配合审计工作也得到了审计署的好评，希望大家再接再厉，以国家利益为重，以工行大局为重，做好银监会现场检查的协调配合工作，并以审计署、银监会今年对我行的全面审计检查为契机，提高我行公司治理、风险管理、内部控制水平，真正把我行建设成国际一流的商业银行！

在2008年教师节座谈会上的讲话

牛锡明

（2008年9月4日）

在全国第24个教师节即将来临之际，我们在这里召开座谈会，共同庆祝教师节，并一起交流、研究工商银行教育培训工作发展的思路，是很有意义的。上市以来，我行教育培训战线上的同志们立足于本职工作，奋发向上，无私奉献，表现出了强烈的爱岗敬业精神，为工商银行的教育培训事业作出了积极贡献。在此，我代表总行党委向全行广大教师、教育工作者表示热烈的祝贺和诚挚的问候！感谢大家为我行发展付出的辛勤劳动！

借此机会，我就工商银行的教育培训工作谈几点看法，与大家共同探讨。

一、教育培训在我行的改革发展中发挥了积极作用

一年来，各级教育培训部门的同志们努力适应我行股改上市后新的发展战略要求，紧紧围绕全行中心工作和重点任务，增强服务意识、创新意识与发展意识，持续开展了多渠道、分层次、大规模的全员培训，在提高员工整体素质、支持和促进业务发展等方面发挥了积极的作用，有效保证了人才兴行战略的具体落实。

（一）高级专业人才队伍培训成效明显。总行下发了《关于加强高级专业人才培训工作的意见》，加强了对这项工作的组织领导和系统规划；开发完成了高级专业人才培训档案管理信息系统，初步实现了对高级专业人才的按类别、信息化管理。按照国际专业资质要求，开展了“注册信息系统审计师（CISA）”、“计算机高级技术”等9个类别的高级专业人才培训，举办面授培训班22期，培训1 300人次，所涉及的各个培训领域均为国际权威职业资质，基本代表了国际从业水平，并走在了国内金融同业的前列。

（二）专业资质培训稳步扎实推进。在广泛调研、多方征求意见的基础上，研究起草了《中国工商银行专业资格培训认证制度（讨论稿）》，系统规划了全行专业资质培训认证的整体框架，初步形成了专业资质培训认证基本制度；对全行主要业务线和相应岗位设置情况进行了梳理和归纳，初步确定了“金融营销师”、“风险管理师”等十个专业序列，作为下一步实施专业资质培训、考试和认证的基本范围。这项工作对提高全行员工履职能力，实现规范的持证上岗等都将发挥积极的作用。

（三）一线柜员岗前培训全面开展。总行下发了《柜员岗前培训管理办法》和相关实施意见，建立完善了全行统一的岗前培训大纲、基本课程和统编教材，为一线柜员系统、规范的岗前培训奠定了基础；通过部门协调、上下联动，全行模拟银行建设取得了新进展。到8月末，全行共有20余家一级（直属）分行建成模拟银行。

（四）岗位适应性培训进一步加强。以提升现代经

营管理能力和政治素质为重点，对各级行领导进行了领导力、现代管理知识培训，学习贯彻十七大精神轮训和党校政治理论培训；对部分业务人员和销售人员进行了“信贷业务市场营销与风险管理”培训，对信贷前中后台业务人员进行了交叉培训。继续开展了中高级营销理财人员培训，目前全行已通过国际金融理财师（CFP）和金融理财师（AFP）资格考试的人数分别占金融同业的25%和36.4%，处于领先地位。此外，全行还继续开展了各类新业务、新产品、新技能方面的培训，其中总行直接举办各类业务培训班158期，培训13 588人次。

（五）网络远程教育培训面不断扩大。上半年，远程网络考试系统建成投产，全行同时在线考试规模可以达到12万－20万人，实现了“随机组卷、自动判卷、统计分析”等网上考试功能；建立了以总行为中心，覆盖全行37个一级（直属）分行、长杭两院和软件中心的40个考试结点。该系统自4月投产以来，已在网上进行了13个考试项目，考试人数达到25.6万人次。网上培训规模继续扩大，受众面宽、成本低、效率高和方便员工学习培训的优势进一步体现。

（六）院校管理进一步规范。推进院校培训质量管理信息化建设，以国际ISO 10015培训质量管理标准为参照，在全行投产应用了院校培训质量管理信息系统，加强了对院校各个培训工作环节和流程的即时监控和信息共享，进一步提升了院校工作效率和内部管理水平。

二、认真研究制定好新的教育培训发展规划

2008年我们将全面完成股改后实施的首个三年发展规划，并将制定新的三年战略规划。新规划对实现我行建设国际一流现代金融企业的目标至关重要、意义重大。我们要充分认识教育培训在人才兴行战略中的重要地位，做好迎接新任务、新挑战的思想和措施准备。今年初以来，姜建清董事长就全行教育培训工作多次作出指示，并主持党委会进行了专题研究，要求我们在未来三年内，建成国际一流的员工培训和考试基地。我作为分管领导，深感任务艰巨，责任重大。

新的三年发展规划首先要明确全行教育培训工作的目标。这个目标应该是：首先，要培养一大批优秀专业人才，我行的人才绝对数量和占比在国内应该居第一位，只有这样才能保证我行的竞争优势。其次，优秀人才要有优秀的“头脑”，所谓优秀“头脑”是指人才队伍要不断地更新知识，如果知识结构和内容不能及时更新，我们辛辛苦苦培养的人才也要“生锈”，也要落后，就会成为落伍人才。教育培训就是要不断地给人才队伍装软件，让他们始终是具备前瞻性知识的人才。最后，我们的人才队伍还要有非常优秀的创新能力，优秀人才加优秀“头脑”最终要落实到优秀的创新能力，没有创新能力，优秀人才和优秀“头脑”只能是“花瓶”。如果在未来的5－10年，我行在同业中的这三项指标都处于领先地位，就表明我行的教育培训抓到了工作的实质，我们的竞争优势就有了保证。

教育培训作为一种软实力，是一个战略性问题，其成果要在5－10年后才能逐步显现，如果不抓，其不良后果也要在5－10年后逐步显现。我们要把工商银行的教育培训体系搭建起来，为此，要重点研究解决以下几个问题。

（一）关于中高级管理人员培训问题。中高级管理人员是工商银行发展的中坚力量，这批人要成为培训的重点。我所说的中高级管理人员主要包括一二级分行的正副行长和总行部室的正副总经理，甚至还可以扩大到总行、分行的处长。这批人是工商银行的团队核心，他们的工作思路、经营理念和素质能力直接决定了我们的管理水平、经营绩效和风险掌控能力。因此，要下工夫做好这批人的培训工作。过去几年，我们在中高级管理人员中集中开展了以EMBA核心课程为重点的现代经营管理知识轮训，取得了较好的效果。今后对管理人员除了要有目的地开展这种大规模、系统化的集中轮训之外，更重要的是建立起管理人员的知识更新机制，并作为一项制度坚持下去。培训的内容要立足于提高其经营管理能力、领导能力、创新能力和廉洁自律意识。培训安排要符合职务、岗位特点和我行实际，学习方式要灵活多样，可以采用境外研修、国内面授、专题研讨、自主选学等途径，目的就是要确保各级管理人员观念、知识能够得到持续、及时的更新，及时了解和把握党的经济金融方针政策、廉政要求以及国内外的经济金融动向和总行的战略部署，名副其实地履行好大银行的管理岗位职责。

（二）关于高级专业人才培训问题。这项工作已于2007年开始启动，目前已经取得了明显成效，为下一步继续做好相关工作积累了初步的经验和良好的条件。在这一问题上，我们要充分认识到，业务和产品可以复制，可以跨越式发展，但教育和人才培养只能是一步步积累，特别是高级专业人才，不可能单凭办几个培训班就能解决问题，也不要寄希望于一两年内就能产生明显的效果。我们不能期望这项工作出现立竿见影的效果。十年树木，百年育人。这是一项长期、艰苦、持续的工作，必须遵循客观规律，必须脚踏实地、坚持不懈地推进和落实，必须站在战略和全局的高起点上对待这个问题。目前，我们对高级专业人才的培训主要着眼于国际资质认证，今后条件成熟时还要制定工商银行内部的高级专业任职资质和相关培训标准。对于这些人，我们重点是提高其业务能力、风险控制能力和创新能力，走业务专家的道路。当然，他们也可以担任领导职务。我们培养人的目的是为了使用人，把合适的人放在合适的岗位上，把优秀的人放在重要的岗位上。我们要逐步拓宽

高级专业人才的成长道路，研究制定专业人才的培养、选拔、使用和考核机制，拓展员工职业发展空间，培养我行的专业人才队伍。

（三）关于专业资质培训问题。目前，全行的专业资质培训认证工作还属于起步阶段，距离形成一套统一、权威的制度体系和长效机制还有一定差距。但经过前几年的摸索，我们已经初步搭建起整体框架，并在一些专业岗位开始实行。这项工作主要是针对一些工作岗位所需要的专业知识和专业技能，目的在于保证我行不同层级岗位的起点标准，建设一支能够始终保持较高专业水准的合格员工队伍。资质和岗位不同，资质只是任职的资格，不与薪酬挂钩，岗位才与薪酬挂钩，但两者又是有联系的，具备资质是到某一岗位任职的前提。年内要出台《中国工商银行专业资质管理办法》，3 年内要建立起一套规范、系统、完整的专业资质培训、考试与认证制度体系，今后工商银行的主要业务岗位必须先有专业资质，才能上岗工作。下一步，要加快这项工作的进度。要从关键岗位入手，尽快建立相对成熟的专业资质培训序列和相应的实施细则，基本建成专业复杂程度由低到高的资质标准框架，力争 2011 年底全面开展各类专业任职资质培训和考试，并建立资质证书管理数据库，形成相对完善的专业资质证书管理体系。

（四）关于一线员工岗前培训问题。近年来，虽然各行对一线员工进行了积极培训，但培训时间较短，培训内容缺乏针对性、系统性和规范化，同时有些行还在运用“师傅带徒弟”的传统方式，这一方面使一些新招聘人员上岗后没有完全达到岗位的知识、技能要求，另一方面造成了全行前台业务操作和服务上的千差万别。为此，总行决心建立起一套完善的一线员工岗前培训制度，全面实现“先培训后上岗”。这不是一个简单的顺序调整，而是理念的转变，目的是使一线员工操作规范、符合柜台服务要求，通过标准化服务，展示和提升我行社会形象，保证客户走进工商银行任何一家机构，都能得到同样品质的服务和感受。目前，对新入行员工全行基本上做到了“先培训后上岗”，要巩固和提高工作成果，进一步从时间、内容上加以规范，以保证质量。同时，要将岗前培训扩大到转岗员工当中，凡未参加过规范的岗前培训且尚未达到岗位能力要求的在岗员工，特别是基层中年员工，要进行弥补知识和技能差距的培训，3 年内对全部应训人员轮训一遍。岗前培训要作为工商银行的一项基本制度长期坚持下去。

三、夯实基础，为教育培训的可持续发展提供保障

要按照新的发展要求，把教育培训放在更加重要的位置，加强基础建设，优化资源配置，强化培训管理，切实保障各项工作任务高质量、高效率地开展。

（一）拓宽视野，以开放的态度推进教育培训的改革。经过三十年的改革开放，中国经济已逐步融入国际化潮流。工商银行建设国际一流商业银行的目标是走国际化道路，教育培训也要逐步与国际标准接轨。在一个开放的环境中要想不落后，就必须有国际化的视野和超前思维，避免闭门造车、唯我独尊。要以世界眼光，结合本土经验，采取“请进来”、“走出去”的方法，加强与国际一流金融机构、培训咨询机构和著名院校的合作与交流，积极借鉴和吸收全世界同行的先进理念、先进方式和先进经验，把工商银行的教育培训提升到世界一流水平。要加快对国际认证评价体系的研究，认真查找我行教育培训与国际标准和规范之间存在的差距与不足，采取有效措施，提高我行在教育培训认证评价方面的有效性和权威性。

（二）加快建设教育培训档案信息管理系统。这是一项事关长远的基础性工作，如果没有这样一个平台，我们的教育培训水平就很难提高，人才培训的成效就很难体现，各类人才的管理和使用就缺乏基本依据。要认真听取各方面意见，吸收借鉴国内外同行的经验，以超前的思维设计和开发员工培训档案信息管理系统，实现对全行员工培训信息的统一集中和科学管理，这个系统要与人力资源管理信息系统进行对接，建账到人，随时追踪、完整记录员工培训与学习的轨迹，为业务发展和人力资源管理提供信息服务。

（三）多渠道开展员工教育培训。要进一步挖掘现有教育培训渠道的潜力：一是充分发挥网络远程教育的优势。以内外网远程教育系统为基础，探索网上培训与集中培训相结合的混合式培训模式，条件成熟的二级分行可以建立网络学习教室，为员工网上学习创造条件；要进一步丰富外网系统学习课件，拓宽员工 8 小时以外的学习通道。二是进一步发挥内部培训基地的作用。明确总行党校、直属学院和省分行培训学校的职能分工，优化功能布局，实行特色立校、质量兴校、品牌强校，推进统筹发展、集约发展和择优发展，各有侧重地发挥作用。三是有效利用模拟银行。在全部一级（直属）分行和一些条件成熟、需求量大的二级分行建立模拟银行培训环境，在满足一线员工岗前培训的基础上，逐步扩展培训功能，提高利用率。

（四）完善师资、教材、试题库等培训要素建设。这三个方面是目前教育培训比较薄弱的环节，从现在开始就要着力加强。师资的好坏直接关系到培训的效果与质量。要建设一支专兼职结合和行内外结合的教师队伍。岗位培训的特点直接决定了大量培训授课任务主要由兼职教师来完成，要尝试推行行内兼职教师聘任制、行外教师客座制，全面实行管理人员、业务骨干兼职讲课制度，分级建立兼职教师师资库，促进优秀师资资源的共享，形成内外结合、数量充足、结构合理、相对稳定的兼职师资队伍。教材是开展培训工作的重要载体，要借鉴国际大型商业银行在这方面的经验和成果，结合

我行实际，加大案例式、活页式教材的开发力度，组编精品教材，形成以岗位为基础、业务为导向、层级分明、系统完整的培训教材体系。开展培训考核是检验学员培训成效的有效手段，今后，随着各类专业资质培训工作的实施，考试规模和范围将进一步扩大。要调动各专业部门的积极性，争取经过3年努力，使我行的考试题库数量达到一定规模，初步实现各类考试网络化。

（五）建立健全培训基本制度。在推进员工培训中，制度建设最具基础性，培训越发展，越需要相关制度作保障。一是要建立激励和约束并重的全员培训制度，一方面，要对员工参加培训的最低时间作出强制性规定，将历年学习和培训的平均完成率作为员工职务晋升的重要参考依据；另一方面，要有相关的激励政策，在工学矛盾突出的情况下，调动员工参与培训的积极性，把“学习与发展”的理念灌输到员工的思想和行为之中，把培训与员工的职业生涯紧密联系起来。二是要从强化培训的组织领导入手，推行目标管理责任制度。赋予各级直线管理人员在员工培训与发展中的责任，对各级行教育培训开展情况进行目标考核，待条件成熟后，纳入到行长经营绩效考核范围。三是要从加强教育培训工作自身建设入手，研究制定《中国工商银行员工岗位培训管理办法》和相关指导意见，将全行教育培训工作纳入制度化、规范化管理的轨道。

需要强调的是，推动我行教育培训事业的发展，广大教育培训工作者是关键，要积极引导他们争当教育专家，不断提高自身的管理能力和专业素质，通过高水平的教育培训队伍，完成高质量的教育培训工作。各行要制定切实可行的政策措施，吸引和鼓励优秀人才从事教育培训工作，加强教育培训工作力量；要高度重视教育培训者的知识更新、素质提高，保证他们在学习上先行一步；要研究建立教育培训专业的资质认证工作，加强教育培训工作者的专业化建设；要营造尊师重教的良好风气，切实把广大教育工作者的积极性、主动性、创造性调动起来。

同志们，面对全行新的发展形势和任务，教育培训作为一项基础性、战略性工作，只能加强，不能削弱，工商银行无论发展到什么阶段，通过教育培训提高员工队伍素质的要求不会变，通过教育培训推动和促进业务发展的方针不会变，通过教育培训帮助促进员工更好成长的出发点不会变。希望各级领导和教育工作者进一步增强紧迫感和责任感，坚定信心，扎实工作，在工作中不断创造新的业绩！

在中国工商银行首届营业经理业务技能大赛总决赛闭幕式上的讲话

牛锡明

（2008年11月8日·根据录音整理）

中国工商银行首届营业经理业务技能大赛总决赛经过两天紧张、激烈的比赛，今天落下了帷幕。此次大赛，在各级行工会和运行管理部门的精心组织下，在杭州金融研修学院的大力协助下获得了圆满成功。在此，我向大赛的成功举办表示热烈的祝贺！下面，我讲四点意见。

一、本次营业经理业务技能大赛充分展现了营业经理的风采，推动了全行营业经理业务水平的提高

为有效提高营业经理的履职能力和业务水平，总行工会和运行管理部联合举办了此次营业经理技能竞赛。此次竞赛得到了各级行和广大营业经理的积极响应。各行以竞赛为契机，将竞赛与学习业务、交流经验和提升客户服务水平紧密结合，掀起了以提高运行技能、履职能力为目的的大练兵、大比武活动，营造了“边工作、边学习、边提升”的积极进取的良好氛围。这次营业经理业务技能大赛，也为全行营业经理提供了一次很好的学习交流和展示自我的机会。同时，此次竞赛使各级行进一步了解了营业经理的工作性质、工作内容，提高了对营业经理工作岗位重要性的认识，增强了全行营业经理的学习意识、合规意识、服务意识和效益意识，对打造一支具有高素质的营业经理队伍具有重要意义。

各行结合此次竞赛，广泛开展了业务培训、技能演练活动。各分行按照总行的要求，精心筹划方案，扎实有效组织竞赛活动。全行共组织营业经理技能竞赛490余场，近万名营业经理参加了各个层次的学习培训和选拔。各行在竞赛组织过程中，注重试题的有效性和实用性，采取视频录像、知识竞赛、真假票据鉴别等竞赛方

式，提高了竞赛的知识性和趣味性。参加总决赛的70名选手，都是工商银行运行管理专业的优秀代表。在这两天的总决赛中，他们充分展示了自己的聪明才智、工作热情、丰富的专业知识、娴熟的业务技能，充分展现了营业经理积极向上、爱岗敬业、训练有素的职业素养，集中代表了我行优秀营业经理良好的职业形象。

今天看了一上午的比赛，主要是看了笔答题、抢答题和情景题。看完以后，我觉得在我们营业经理队伍当中有着非常多的优秀人才，那么多的知识都记在脑海里，这说明他们平时是下了很大工夫的，熟悉这些规章制度是很难的，平常不加强学习是不可能达到这种程度的。而且，大家在抢答题上非常踊跃，发现问题马上抢答，非常积极。如一个女选手在情景模拟时，回答问题非常娴熟，处理问题非常自然。我觉得这种精神是非常好的，一是说明营业经理平时下了很大的工夫，对整个业务过程比较了解；二是他们有这么一股劲，不是说没有抢上就不去抢了，而是一如既往地继续抢答，这种精神是值得学习的。通过上午的观看，我能够感觉到，大家在日常工作当中是非常认真学习和掌握规章制度的，这也从一个侧面反映出我们的营业经理非常敬业。

虽然这些选手取得的成绩不同，但是他们是从全国层层选拔出来参加总行总决赛的优秀选手，从自身素质来说，都是工商银行最优秀的。所以在这里，我要向此次大赛取得优异成绩的分行代表队和优秀选手表示衷心的祝贺！同时，对他们付出的辛勤劳动表示衷心的感谢！

二、进一步推进运行管理体系改革，使运行管理风险防范体系更加有效

营业经理制度是为加强业务风险事中控制，完善内部控制机制建设，提升操作风险管理水平的一项重要制度安排。自2005年全面实施以来，通过营业经理的委派，在网点内部建立了有效的制衡机制。营业经理作为独立的事中风险管理人员，与网点负责人在网点管理上相互制约，强化了营业网点的风险防控体系；通过营业经理专职授权，发挥事中现场监控作用，保证了业务核算的真实性，也使营业网点的核算质量得到有效提高；通过营业经理现场辅导，及时解决业务运行中出现的问题，柜员业务技能得到加强，业务处理效率得到提高；通过营业经理与网点负责人的合理分工，有效促进了市场营销和内部管理水平的加强，营业网点的服务质量和竞争力明显提高，为全行业务安全运营、稳健发展发挥了重要作用。

今年初以来，全行运行管理部门按照运营集约化、管理一体化的总体要求，实施了业务集中运营改革，集约化效果初步显现，风险集中控制的能力明显增强，业务处理专业化水平得到提高。下一步，要继续深入推进监督体系及远程授权改革，全面启动账务动态管理体系建设。

（一）严密部署，协调推进远程授权及监督中心的改革。为加大改革的推动力度，总行将成立由行领导任组长，总行相关部门负责人参加的远程授权及监督体系改革领导小组。各行要充分认识远程授权及监督体系改革的艰巨性和复杂性，高度重视并扎实做好各项改革试点及推广工作，成立由分行领导任组长、分行各相关部门总经理参加的远程授权及监督体系改革领导小组，统筹安排远程授权及监督体系改革工作。

总行将按照监督体系改革的试点行范围来统一部署远程授权的试点工作，协调推进两项改革。全行要本着“集约管理、全面有效、成本控制、审慎现实、循序渐进”的原则，认真做好两项改革的试点及推广工作。

对于监督体系改革，试点行要全面验证系统提供的风险识别、确认、计量和评估功能的合理性和准确性，认真做好风险事件关键驱动因素的分析工作，加强对风险事件的管理，做好试点经验总结并及时报告总行。要积极研究在新的监督流程下如何优化配置监督资源，研究实现跨二级分行集中监督模式的可行性、实施方案及面临的问题。要对监督模型的合理性和准确性、准风险事件确认流程的实用性和简洁性、报表的准确性、风险计量公式科学性等内容进行持续评估。要充分利用业务运营风险管理系统提供的风险识别、风险确认、风险收集、风险计量和风险评估功能，对风险状况、风险特征进行认真评估，指导二级分行认真执行准风险事件的识别、确认流程，认真分析风险事件的关键驱动因素，加强对统计分析类准风险事件的管理。

远程授权明年要见成效，各行要结合现场授权与远程授权的特点，深入研究远程授权在授权质量、授权效率及营业经理人力资源配置等方面的优势以及可能存在的问题，统计本行不同网点、不同时段的授权业务量的分布情况，分析并研究授权业务不均衡的原因及解决途径。结合网点规模，分析本行营业经理配置及履职情况。试点分行要进一步扩大远程授权范围，提升远程授权的集中层次，进一步发挥远程授权的规模效益。要结合远程授权改革，对影响授权效率的业务处理流程进行研究，积极探索进一步优化业务授权流程的途径。要充分利用新技术和手段，提高远程授权的质量。进一步研究实施远程授权后营业经理的职能分解，以及与网点其他监管资源的职能整合，合理配置监管资源，研究并制定适应远程授权的配套制度。

（二）统筹规划，稳步启动账务动态管理体系建设。近期，运行管理部还将启动一项重要的改革项目，即建立账务动态管理体系工程。此项目是继成功实施“参数1007项目改造工程”和“建立账务设置统一运行管理体系”工程之后，进一步深入治理账务管理中更深层次问题的一项工程，目的就是要实现全行账务核算行为的高度标准化，提升会计核算质量和业务运行风

险管理能力。

目前，各行在科目账户使用、会计分录使用、核算流程、账务组织等方面均存在不统一的问题；在账务撤销方面我行还缺乏一个科学有效的管理机制。建立账务动态管理体系工作就是要从账务核算和账务撤销两方面着手解决现存的问题，一是统一规范全行的账务核算行为，由总行统一制定相关核算标准，将目前采取系统记账方法的账务核算进行统一。同时，再将手工账务基本取消，纳入系统管理，最终通过参数对我行各项业务的核算规程与操作流程实行全方位硬控制，减轻前台人员的核算处理复杂度，降低基层分行的账务管理难度，提高我行核算管理的自动化水平和标准化程度。二是建立账务撤销管控机制，形成一个整洁规范、运行有序的账务环境。

通过以上两方面工作最终实现如下目标：以参数集中管理为手段，使账务处理行为高度标准化，实现总行对会计分录、核算流程、账务组织、账务撤销等方面的统一管理和硬性控制，在全行建立起管理全面、标准清晰、控制刚性的账务动态管理体系。在此项工程的启动过程中，各行要相应做好各项准备工作。

一是加强组织，周密安排。此项工作是一项推动我行账务核算全面步入标准化管理轨道的艰巨工程，几乎涉及我行所有核算业务和专业管理部门，需要进行系统改造、数据清理、参数规范等一系列工作，存在一定风险。各级行行领导要高度重视这项工作，安排专人负责，精心组织，按照总行布置的工作计划和内容有条不紊地开展。

二是协调配合，加强沟通。运行管理部门是此项工作的牵头部门，要特别加强与财务会计、信息科技、个人金融、结算与现金、牡丹卡中心、电子银行、国际业务、管理信息等相关部门的协调和沟通。各行在项目开展过程中要坚决按照总行的标准执行，确保账务核算治理的全面性和彻底性，推动工商银行的账务核算全面步入标准化轨道。

三是控制风险、保证质量。此项工作约历时两年，治理范围广，是对账务核算深层次的治理。各行要正确把握项目开展与业务运行的关系，既要按照总行的工作计划和要求保质保量完成项目工作，又要在项目实施过程树立风险意识，密切关注业务运行情况，确保业务平稳运行。

业务运行管理的核心体系是我们整个资金，包括账务核算方面的管理。第二个关键作用就是操作风险的管理，这在全行业务发展当中处于非常重要的位置。经过10年时间的奋斗，全行信用风险的管理体系框架基本已经建成。今后三年，我们要把操作风险管理体系这个框架建立起来。实际上，操作风险管理体系涉及面更复杂、更广泛。对我们来说是一个考验，是一项新的课题。操作风险管理体系和业务运行的核心体系是密切相关的，与科技上的风险监控系统也是关联的。我们现在业务处理流程大部分是业务受理以后进行账务处理，业务集中在一个地方做，今后要进一步研究账户设计的原则、前台业务受理与后台业务处理分离的方式和途径。

三、切实做好检查整改工作，有效提高运行风险的防控水平

为强化业务运行管理，提高制度执行力，今年6－9月，总行组织了全行运行管理制度执行专项检查，在分行自查的基础上，总行对青海、广西等分行进行了金库运行检查；抽调部分分行运行管理部负责人组成检查组对吉林、河南等分行进行了重点抽查。此次全行检查历时3个月，覆盖面广，检查内容较为全面，是近年来较大规模的一次检查。从分行自查和总行抽查的整体情况来看，全行业务运行管理制度执行总体情况良好，各行在业务运行管理、金库建设、营业经理履职、事中控制、事后监督等方面管理水平都有不同程度的提高，发现问题的次数和频率较前期检查有所下降，没有发现严重违规现象，这反映出各行业务运行管理制度执行力和风险防范意识不断加强，操作风险的控制取得了较好成效。但我们也要清醒地看到，在日常业务操作和管理中不规范操作行为仍然存在，制度执行上仍存在不足，各行要以此次检查为契机，继续抓好制度的贯彻落实，持续提升运行风险防控能力和水平。

（一）认真做好整改工作。各行要对检查中发现的问题进行跟踪，尽快整改。对历次检查中屡查屡犯的问题，要逐项梳理，认真分析原因，明确改进的方式方法。对于相关制度滞后于业务发展或制度之间相互抵触的，要及时做好制度的修订和完善。

（二）进一步加强现金业务管理，推进金库标准化建设。在这次检查中发现，各行在现金及金库管理方面还要进一步加强。各行要继续推进现金中心集约化营运改革，规范上门收款等高风险业务的审批和操作程序；加快金库标准化建设，加大金库等硬件设施投入，合理调整库点布局。

（三）提高网点风险精细化管理水平。要通过建立完善对营业网点的风险评价分类体系，提高业务指导和监督检查的针对性和有效性。要根据部分行的案件情况，加强对偏远、服务于某一固定客户的营业网点的风险管理，对于此类网点，可通过严格落实岗位分离、加大检查频度或定期轮换岗等措施来防控风险。要对风险要素或者风险点、风险环节进行分类排队和梳理，根据风险点、风险环节的风险含量来确定风险等级，根据不同的风险等级制定不同的管理办法。

（四）整合监管资源，切实发挥监管效能。在优化整合现有运行监管队伍、节省人力资源占用的基础上，创新运行风险监督模式，充分利用业务运营风险管理系

统、视频监控、监管人员等监管资源的互动，通过监管资源的信息共享，推进组合化的监督，实现对风险的“双线四眼”管理，有效提高风险防控能力。我这一次到四川出差，专门去看了省行营业部，那里有“五合一”的监控平台，还有专人24小时监控，看有没有什么异常。这样的监控措施很好，万一有什么情况，马上就能发现。我回来以后，马上把科技、运行等涉及的部门联系起来，共同做这个事情。我们的风险防范、防控体系可能要有一些新的思路、新的手段，要建设监管资源的系统工程，实现现场监督与视频监控资源的组合化监督。

（五）进一步完善风险分析与提示制度，提高运行风险管理的前瞻性和预见性。加强运行风险的敏感性管理，继续推行运行风险分析和提示制度，实施风险主动管理，增强风险的事前控制力。

（六）加强运行风险管理文化建设。通过剖析典型案例让员工充分认识违规操作的严重性和危害性，增强遵守规章制度和操作规程的自觉性和主动性，形成合规审慎的运行风险管理文化体系。

（七）采取多种形式提高运行管理人员素质，造就一支专业运行队伍。要做好管理人员、监管人员和柜员分层次有针对性地培训，尤其是加强对新产品、新业务、新制度、新流程的培训力度，切实提高业务能力，造就一支综合素质高、业务技能好、执行意识强的专业运行队伍。

四、做好年终决算的各项准备工作

年终决算是对我行年度经营情况和财务成果情况的集中反映。今年年终决算又是在NOVA系统项目投产众多版本的基础上进行，特别是核算与产品剥离项目、应付息计提系统等与年终决算密切相关的项目陆续投产，给今年的决算工作带来较多不确定因素。与此同时，澳门诚兴银行、首尔分行、新加坡分行等境外分行FOVA系统刚刚在11月投产，也对今年年终决算提出了新的要求。

（一）加强年终决算运行管理工作的组织领导，确保年终决算工作的顺利进行。各行运行管理部门要充分认清今年年终决算工作面临的复杂情况，抓紧时间，精心组织，周密安排，积极做好年终决算的组织协调工作。要根据总行的统一部署，结合本行的实际情况，制订详尽的年终决算工作实施方案，圆满完成系统年终业务处理各项功能的测试工作，对年终决算测试发现的各类问题要保证在年终决算日前全部解决，为年终决算的顺利实施创造良好的条件。

（二）做好年终参数管理工作，保证全行财务成果真实反映。参数管理工作在年终决算中发挥举足轻重的作用。年终参数设置的是否全面、准确，不仅直接关系到我行损益、利润等财务指标的正常结转，也关系到各项经营数据的客观、真实，年终参数设置的正确与否是我行年终决算能否取得圆满成功的关键所在。因此，各行要高度重视年终参数管理工作，必须按照总行的统一要求，在规定的时间内完成相关参数的设置工作，确保全行年终各项损益、利润结转的正确。

（三）加强业务管理，防范业务风险。各行运行管理部门在年终决算期间，要加强对辖属分行运行管理工作的指导，强化运行管理人员的风险防范意识，采取有力措施，切实防范各项业务运行风险。要加大对业务处理过程中的重要环节、重要交易等业务事项的监控力度；分行监督中心要严格执行连续监督制度，加强对重点部位和薄弱环节的监控；各行要做好对账、查库工作，确保账务相符；要加强对辖内网点核算要素的管理，保证决算期间外币资金清算的及时、准确，保证我行各项经营基础数据的全面、真实、准确。

同志们，运行管理部门是全行最基础、最重要的核算管理部门，这条战线的工作质量对全行各项业务的正常开展至关重要。现在临近年底，各级运行管理部门要全力以赴，扎实工作，全面完成今年运行管理的各项工作任务。

在中国工商银行监督体系改革培训班上的讲话

牛锡明

（2008年12月16日·根据录音整理）

今天，总行在这里举办全行监督体系改革培训班，对监督体系改革相关内容进行全面培训，同时部署监督体系改革的各项工作。参加这个培训班的有总行各相关部门的负责人，也有各一级分行的主管行长及运行管理部总经理，还有分行监督中心主任及业务骨干。在此次培训班上，我不想讲太具体的事情，主要站在全行的角度，从全局上针对运行管理工作，讲点观点、讲点改革思路。

一、2009年全行风险管理的任务非常艰巨

2009年，工商银行将面临着重大考验，全行的各级领导、员工都要有充分的思想准备。大家知道，次贷风波已经引起国际金融危机，金融危机正在引发世界性的经济衰退，这个事实已经看得很清楚了。2009年世界经济有可能零增长；中国经济的增长率计划为8%，有些研究机构预测为7.5%，也有机构预测为7%，更悲观的预测为5%。如果2009年我国经济增长率能够达到8%，我行的部分贷款质量会受影响，但不会产生实质性影响。国家拉动内需的政策主要在基建领域，与基建相连的贷款问题不太大，但是同进出口联系的贷款可能受的影响比较大。我行中部地区的分行可能会好一些，沿海地区的分行资产质量的压力将非常大。所以，2009年保持资产质量稳定、实现不良贷款率继续下降的难度是非常大的。

工商银行自1984年成立以来，我们先后经历过几次考验。一次考验是1992—1993年，那会儿由于一些机构大干快上，乱铺摊子，大办公司，多种经营，结果是产生了一大批不良资产和投资烂账。第二次考验是在1999年，剥离不良资产后贷款额下来了，随即面临着一轮新的营销和放款，贷款给谁又是一次考验。这一次我们经受住了考验，迅速地从原来只做流动资金贷款，只做工商企业的业务调整到做基本建设领域贷款、个人贷款和票据。因此，2000年以来，我们所发放的贷款一直保持着高质量，没出现大的问题。从2003年到现在，我们利润年均增长38%，不良贷款率降到2.38%，取得了效益和质量双丰收。但是，我们还没有经过大考。什么叫大考呢？就是在经济下行周期中，工商银行能否保持利润的持续增长和贷款资产的高质量。现在，我们正面临这样的考验。2009年，世界经济有可能衰退，我国经济的下行风险也在加大。在这样的大背景之下，工商银行的资产质量能不能保持相对的稳定，这要经过2009年、2010年这两年的检验，才能最后得出结论。未来这两年对我们将是非常巨大的考验。因此，我们要用很大的精力应对这场考试，通过加强管理、调整信贷投向和结构来保持我们资产的高质量，使工商银行平稳地通过这场考验。让我们大家共同努力，使工商银行在几家商业银行中做到利润最好，资产质量最高，这也是我们未来两年的主要目标。

二、运行管理在内控体系和操作风险管理体系建设中处于核心位置

工商银行的愿景是要建成“最盈利、最优秀、最受尊重的银行”，这为我们未来的发展指明了方向。“最盈利”是银行经营的目标，搞银行就是为了盈利，就是为了赚钱，这是我们办银行的宗旨。“最受尊重”说明我们要承担大行的经济和社会责任，以自己的言行和经营结果来赢得社会尊重。那什么叫“最优秀”？我的理解，最优秀银行的一个重要方面就是它的内控水平和风险管控水平应该是非常高的。最优秀的银行不能一天到晚出案件，不能产生大量的不良贷款。客户为什么到工商银行办业务？不是为了工商银行的盈利高，而是因为工商银行的良好信誉，把钱存在工商银行有安全感。没有安全感的银行肯定没有客户。工商银行为什么有安全感？除国家信誉外，我们的内部控制好、风险管理体系好也是一个重要原因。因此，我认为，最优秀是与内控体系和风险控制体系有关的，我们要建成一家最盈利的银行，首先必须是一家最优秀的银行。

我们的运行管理在内控体系和风险管理体系的建设中处于什么位置？运行管理部门作为全行业务运行流程的设计者和管理者，是我行内部控制的第一道防线，是操作风险过程管控的实际承担者。可以看出，我们工商银行的运行管理部门在内控体系建设和风险体系建设中处于一个极其关键、核心的位置。工商银行是经营信用和运营资金的，谁跟整个资金的运行密切相关？一个是运行管理部，另一个是信息科技部，这两大部门同整个工商银行的资金运行有着非常密切的关系。运行管理是紧紧围绕着银行内部的资金流而产生的各式各样的业务管理，最核心的要求是保证资金流的效率与安全。当客户的资金进入到工商银行的体系内，它要在银行体内做循环运动，这种运动所产生的管理方面的需求，与我们的运行管理有着直接而密切的关系。运行管理可以从对公对私的角度分，可以从现金非现金的角度分，可以从临柜业务和电子银行业务分，还可以从前中后台分，从哪个角度分都行，但它最核心的是围绕着资金的运行而产生的管理需求。因此，我们运行管理的目标有两个：一个是保证资金运行的效率，另一个是保证资金运行的安全，资金的效率与安全就是运行管理的最主要的任务。在运行管理体系和流程的设计上，当一笔资金进来后，它能在运行体系中高效运行，同时又保证资金安全，能做到这两点，运行管理的改革就到位了。资金运行的安全与效率是工商银行运行管理的关键与核心，我们对这一实质把握住了，理解和认识深刻了，改革方向才能更明确，改革的措施才能更到位。信贷是一种资产业务，它的基本要求是在保证贷款安全流出的同时，未来也要安全地流回并带来利息收入。信贷资金是一种所有权属于银行但使用权属于客户的资金，它管理的重点和难点是要保证资金在借款人手里是安全的和有效益的，这样才能保证银行的资金安全。而运行管理是对工商银行体内资金循环的管理，怎么保证体内资金循环的安全性和效率性，是运行管理的重点和难点。一个是体外，一个是体内，这两者管理的侧

重点是不大一样的。

工商银行体内资金怎样流动，实际上是按照运行管理的流程图来运行的，运行管理就是在设计工商银行的资金流程图。运行管理是在管理工商银行内部资金流动的大动脉。科技手段的不断更新为业务运行流程的持续改进提供了强有力的支持。我们的业务运行管理正在由手工处理向计算机处理转变。运行风险主要是道德风险，而道德风险又主要反映在落地点上。运行风险的防范重点应是减少落地点，落地点越少，无缝连接越多，风险越小，效率越高。因此，运行管理系统的改革又和内控建设和操作风险管理有非常密切的关系。资金运行的效率与安全既反映了运行管理水平的高低，也反映了内控和风险管理水平的高低。怎样通过运行管理体系的改革来保证资金效率达到最高，同时又保证资金运行的安全，不出操作风险，不出道德风险，这给我们提出了新的课题，也给内控体系建设和操作风险管理体系建设提出了新的课题。

三、运行管理改革要坚持三项原则

在运行管理体系的改革中有很多需要遵循的原则，但是最根本的有三条。

第一条是前中后台分离原则。这是现代商业银行管控风险的最基本原则。前后台分离要区分哪儿是前台、哪儿是中台、哪儿是后台，前中后台是不是形成了相互制约而又有机结合的整体。信用风险管理体系的建设遵循了这个原则，信用风险的管控非常成功，近十年来发放贷款的不良率控制在2%以内，再有3年的时间，应该说一个比较完备的工商银行信用风险管理体系就可以建成了。市场风险管理体系看来也是按照前中后台分离的思路去做的，实际上运行管理部门在市场风险管理体系建设中是承担着中台的职责。但是，相对于信用风险和市场风险这两大体系，操作风险管控体系的建设就滞后一些，下一步应该考虑怎样搭建操作风险的管控体系。在建设操作风险的管控体系当中，也应该提出前中后台分离的原则，只有这样才有可能管控住风险。操作风险实际上是人的风险，人的风险行为最终要导致风险事件的发生，给银行资金带来损失。运行管理在操作风险和内控体系建设当中处于核心位置，发挥着关键作用，因此，运行管理改革也必须坚持前中后台分离的原则，把握好了这一原则，才能取得运行改革的成功。

第二条是双线管控的原则。办任何一项业务，我们都要有两双眼睛，要坚持双眼原则。这个原则已被大家承认或者说接受了。银行的任何一项资金业务，一个人是不能办的，必须要有两个人才能办，这就叫双眼原则。为什么配营业经理？就是这个道理。但是，双线管控的原则，大家还不是很好理解。银行整个的资金运行管理如果仅仅凭一条线控制风险肯定是有难度的，要双线才能管控住风险。比方说信用卡，用卡消费后，马上有一条消费信息就会发到你的手机上，这样，你账户的支付情况完全掌控在你的手中，你就会感觉到信用卡很安全，就愿意用这张卡。这并不是原来就有的，是后来的创新。这实际上就是一种双线管控的原则，一条线是业务处理线，另一条是信息线，这两条线建起来以后，如果卡被盗用，马上就知道了。客户的银企对账也是遵循了双线管控的原则，一方面，业务处理按照相关规定、流程进行；另一方面，业务处理信息通过对账告知客户，两条线正常运作就能保证资金安全。这些例子说明这种双线的原则已经在业务管理中得到了运用。

第三条是异地监测的原则。自己监测不了自己。自己干的事不到万不得已，总不愿意暴露风险。在信用风险管理体系的建设中，大客户的风险原来是自我监控。后来发现自己放出去的贷款成了不良贷款，很难如实地把它反映出来，自己监控成了自我掩盖，出了风险总想自己摆平，结果风险越滚越大，直至彻底爆发。现在通过CM2002系统推行上级对下级的监控，特大型客户由总行监控，直接提出压减授信的意见，掩盖不良贷款的难度大大增加了，贷款质量的真实性大大提高。这说明：只有通过另一部分人借助计算机系统异地监控，才能及时发现问题，也才能采取措施控制风险。

四、积极推进运行管理体系改革，提高资金的运行效率和风险管控能力

前面说了，全行运行管理体系改革的根本目的是要不断提高资金的运行效率和增强风险管控能力。这既是检验运行管理改革到不到位，有没有效果的标准，也是我们推进运行管理改革的归宿。现在，我们提出要对整个运行管理流程进行再造，这里面包括方方面面的内容。概括起来有四个方面的内容：一是减少中后台人员，充实前台客户经理队伍，大力加强前台客户经理队伍的建设，让我们的客户经理能够以客户为中心来提高工商银行的服务，保证尽可能多的客户在工商银行做业务。二是分离柜台业务，柜员主要负责接柜，把业务接进来，后续的业务处理要分离到中台。三是集中中台，把整个中台的业务都集中起来，集中到一地或集中到异地。这样做的好处是，前台可以有更多的精力为客户服务，而且业务处理集中后，可以提高资金的效率和安全性。下一步我们要建业务处理中心，这个事已经酝酿好几年了，我们原来的想法是在全国建立若干个全行性的业务处理中心。现在的想法是逐步集中，把业务从二级分行逐步集中到一级分行业务处理中心。2009年，我们还要推进业务集中处理的改革，主要是在一级分行辖内把能集中的先集中起来。集中是一个趋势，等到什么时候彻底集中，下一步再来研究。四是整合后台。运行部门、监督中心属于后台。运行管理的改革也主要集中在中后台的改革。2009年主要进行监督中心和远程授权两项改革，通过这两项改革释放劳动力。实际上，后

台的大整合应该在内控的大框架中考虑，不仅仅是运行管理，内控资源和后台检查也应该整合。

推进运行管理的改革，首先要从观念、理念上进行更新与突破，要用新的理念、新的思维、新的方式去考虑改革的问题。因为大环境在变，技术手段在变，客户的需求也在变。我们依据手工时代所设计的流程、制度、管理在电子化、信息化的时代还是否适用？或者是否必要呢？在电子化、信息化普及的环境下，业务处理中人工环节越多，操作风险就越大。因此，我们改革的思路是"减少人为环节让它无缝连接"，能无缝对接的最好无缝对接，减少环节就能减少风险。例如，信贷准贷证流程的改革，准贷证出来后直接记账，环节减少了，人员减少了，风险也减少了。实际上电子银行的很多做法都是无缝连接，基本上不落地处理。银行的管理极致就应该是这样，服务到家，所有的人工成本都可以省掉，这里面最关键的风险就是系统的管理。

其次是人力资源效率配比的问题，即如何保证效率最高。柜员占比多少是最优，应以客户排队不排队为标准。一方面客户排队，另一方面营业柜台开不满，说明柜员配得不够，资源有闲置。如果所有的柜都开了，但没有客户，说明柜员配多了。客户到银行网点办业务，首先接触到的就是柜员。我们不能轻易精减柜员，精减柜员唯一的依据是客户办业务时不再等待，而目前排队还是个很突出的问题。在确定了柜员的数量后，中台、后台的人又应保持什么样的配比呢？对于中后台而言，只要能管控住风险，应该是人员越少越好。在这个前提下，中台和后台能整合的应尽量整合，能集中的尽量集中。我们现在进行的远程授权改革和监督体系改革都是为了提高运行管理体系的运行效率，但同时不能降低风险管控能力。总的来说，我们要确定柜员、中台人员和后台人员的合理配比。如果我们的现状不符合这个配比，就说明我们有些工作还没有做到位，还可以进一步改革。

这几年来，总行运行管理部门就运行管理体系改革做了大量的研究，比如业务集中处理体系、监督体系改革、远程授权改革的问题。这些改革都涉及理念更新、思维突破的问题，所以，考虑运行管理改革不要局限于以前的做法，要考虑到业务发展，要用创新的思维去考虑改革的问题，要用新的理念来指导改革。

五、2009年要全力推进监督体系改革

监督体系和远程授权改革不仅要提高资金运行效率、增强风险管理能力，还要实现流程改进和人力资源的优化配置。

监督体系改革首先要完整地把握其深刻内涵。监督体系改革是基于数据分析的风险导向的监督流程再造，是全面整合监督资源的全新运行机制变革，是建立科学风险管理平台的重大改革，是促进业务流程的持续改进的强大动力，是业务运营风险管理体系的全方位重构。

推进监督体系改革需要重点做好以下几个方面的工作。

一要积极加快系统开发。新一代监督系统的建设是监督体系改革推进的前提和基础，其开发进度和版本质量直接决定着监督体系改革步伐大小和改革效果。根据总行党委加快改革步伐的要求，需要进一步加快系统开发进度，2009年4月底前高质量完成新一代监督系统主体功能的开发，为监督体系改革顺利推进打下坚实基础。

二要稳步组织系统试点推广工作。基于系统主体功能采取分期开发、分批投产的策略，考虑系统功能有一个逐步成熟的过程，新一代监督系统投产采取分三批试点，两批推广的策略。在广西、安徽和广东分行营业部的第一期试点工作已经完成；第二期试点工作正在进行中；第三期试点工作将在2009年2月开始。依据改革实施计划，明年上半年要完成新一代监督系统主体功能在全行的推广工作，明年下半年要在部分具备条件的分行积极探索跨二级分行的集中监督模式。

三要有序推进制度建设。监督体系改革涉及系统、流程、机构、人员和管理要求等多个方面，非常复杂，一定要做到制度先行，以确保各项改革流程在制度的规范下进行，化解改革过程中可能出现的各种风险。从这种意义上讲，监督体系改革不仅要建立一整套科学高效的监督流程，还要建立一套科学的适应风险导向和流程导向监督的制度体系，以明确监督的工作机制和工作职责，确保监督体系高效、有序运行。

四要有机整合监督资源。随着新一代监督系统质检功能的投产，需要我们有机整合现有的总会计、运行督导员与监督中心人员，进一步优化监管队伍的人力资源配置，建立全新的工作机制，以充分发挥监管资源的协同效应与整体合力。同时，要积极推动监督中心的转型，各行要严格按照总行的要求，在一级分行和二级分行完成风险与质量管理中心的改组工作。

这里，我特别强调两点：一是改革任务环环相扣，各项改革都必须按期完成，否则就会影响下一步改革工作的进行。如系统建设跟不上，则整个改革将无法推进；制度建设跟不上，改革也会受影响。二是虽然我们建立了风险导向的监督方式，也设计了监督模型，但这些模型的风险识别效果由于受模型设计水平、数据质量、开发质量等多种因素的影响，其风险识别的科学性、完整性和准确性的提高是一个渐进的过程。因此，需要我们在实践中不断积累经验，将监督模型的修正和优化贯穿于监督的始终，不断提高设计、开发、应用水平，最大限度地发挥基于数据分析的新监督体系的效能。

五要加强组织领导、协调联动。总行已经成立了由行领导任组长的改革领导小组，运行管理部、信息科技

部、办公室、人力资源部、财务会计部、内控合规部、教育部、个人金融业务部、银行卡业务部、国际业务部、电子银行部等部门总经理（主任）为小组成员。因此，要求这次培训后，各分行也要成立相应的改革领导小组和改革推进工作组，明确责任分工和进度安排，组织骨干力量研究、落实具体工作任务，按照总行的实施方案，确保改革工作按时、保质完成。监督体系改革是一项涉及前中后台联动的系统工程，各分行和总行相关部门要树立全行"一盘棋"的思想，切实加强相关工作的协调和配合。运行管理作为牵头部门，要负责协调解决改革过程中出现的问题。信息科技部门要进一步增加开发资源，保证系统开发进度和版本质量，严格按照计划时间表完成系统功能的开发。个人金融、电子银行、银行卡、国际业务部门，要配合做好新一代监督系统的开发和优化工作，负责实施产品流程的持续改进，严格落实监督业务的退出机制。人力资源部要配合牵头部门尽早做好人员规划和业务运营风险专家人才的选配工作。财务会计部要按照改革进度，及时组织设备的采购，确保全行系统投产时设备到位。教育部要协助牵头部门做好版本、制度的培训工作，做好部分监督人员的适岗培训工作。

六要加强改革的指导和推动。这次培训结束后，各行回去要迅速组织对辖内机构的转培训，把监督体系改革的来龙去脉、改革主要思想、改革中应把握的重点工作以及改革后带来的好处讲清楚、讲透彻，要让全行广大干部员工都深刻领会监督体系改革的精神实质，更好地参与和推动这项改革。还要加强制度和流程培训工作，确保全行监督人员在新型监督体系下，具备应有的操作技能。各行要依据总行改革方案制订具体的监督体系改革实施方案，方案要包含监督机构的调整、监管资源的整合、监管队伍结构的调整等内容。按照统筹规划的原则，各行的具体实施方案应及时报总行。监督体系改革涉及总会计、运行督导员和监督中心的有机整合，因此，全行运行管理部门要切实承担起这项改革的业务组织、实施与协调的职责，克服监督体系改革任务应由监督中心组织实施的片面认识和做法。各行运行管理部门要加强对系统推广的组织、指导和督促，确保系统在监督中心、相关监管岗位及有关业务部门实现全面投产。

七要严格落实监督准入、考核和退出制度。监督仅是一种事后机制，监督体系改革就是要通过实行流程导向的监督，积极发挥业务流程对风险管控的作用，最终实现流程控制风险的目的。为了充分发挥新一代监督系统的最佳效能，运行管理部门既要把好业务监督的准入关，又要及时把已实现系统硬控制的业务退出监督范围，以提高监督效率、释放监督资源。各相关部门要积极配合运行管理部门的工作，确保按规定的流程将准入、退出机制落到实处。此前，一些与业务运行相关的产品或流程，由于未经过运行管理部门而投入使用，使得运行管理部门在设计监督模型时，监督范围可能难以覆盖到这部分产品或流程，这样可能会带来管理上的真空，这对我们的风险管理是极为不利的。各部门对此务必要引起高度重视，凡涉及业务核算、网点柜面业务操作或后台集中处理的重要事项，都要严格按照程序向运行管理部门履行核准报备手续，以便及时将它们纳入监督范围，共同发挥管理合力。

八要严格履职、加强管理。新的监督体系建立后，为进一步提高监督的有效性和针对性，要加强对监督体系的管理，确保监督人员严格按照监督流程和监督标准，认真履行监督检查职责。监督中心要尽快适应新的监督流程，并在此过程中积累风险管理经验，总结风险管理规律，以持续优化监督模型和监督流程，充分发挥监督体系在操作风险管理中的过程控制作用。各产品部门要充分利用系统的功能，根据发现的问题及时采取切实有效的管理措施，加强对相关产品的风险管理，致力于推动业务流程的持续改进。

九要认真做好改革的总结和验收。改革过程中，各分行要定期对本行改革进度、改革成效和改革过程中存在的问题等情况进行详细的总结，及时报告总行，总行要密切跟踪，准确掌握全行改革推进情况，及时协调解决改革中出现的问题。整体改革完成后，各分行要形成完整的改革实施情况报告上报总行。总行要制定考核标准，加强对全行改革实施情况的验收，确保改革真正取得预期效果。

下一步，大约在春节后要召开全行运行管理工作会议，总行人力资源、科技、教育、电子银行、个金等有关部门都要参加，除了布置运行改革和远程授权这两项重大改革以外，人力资源的优化问题在这个会议上也要作为重要内容提出来，既是 2009 年运行管理部门的重点工作，也是全行的重点工作之一。2009 年，我们要通过这两项改革平稳地优化人力资源××人，这是一个硬指标。监督体系改革，要通过整合总会计、运行督导员及监督中心人员岗位，释放人力资源××人。人力资源的优化配置不可避免会涉及部分人员的转岗问题。因此，要尽快确定改革后新的监督流程需要的岗位种类、上岗标准及岗位数量；确定具体的转岗人员数量及具体名单；制订转岗方案，包括转岗计划、岗前培训。同时，要做好转岗员工的思想工作。

监督体系改革完成后，各行监督体系需要多少人员，以 2008 年初的监督人员为基数，能释放多少人员，各行回去后要认真摸底。改革后监督体系的专家型队伍要优先从现行监督人员中挑选，不够的，人力资源部门要负责充实。释放出来的人员如果转岗，是在运行管理部门内转还是转到其他部门，转岗前要经过什么样的培训，各行要统筹考虑、精心规划。对于释放的人员安排，要实行到人的统计，各行都优化了多少人员，都到了什么岗位，需要一个人一个人地落实。

监督体系改革，总行要组织好，但改革的效果如何，各行的执行力是更为关键的因素。希望各行积极配合，坚决贯彻总行改革思路，加强组织领导、增强执行力，圆满完成监督体系改革的各项工作。

抓住历史机遇　加快业务发展
推动电子银行业务再攀新高峰

——在中国工商银行电子银行业务工作会议上的讲话

张　衢

（2008年1月15日）

这次会议是在电子银行业务发展势头良好并且面临新的历史机遇背景下召开的一次工作会议，会议的主要任务是：回顾发展历程，总结成功经验，分析经营形势，部署下一阶段工作，动员全行加快电子银行业务发展，推动电子银行业务再攀新高峰。下面我讲三个方面的意见。

一、发展势头强劲，电子银行业务再上新台阶

2007年全行上下发扬"二次创业"精神，鼓足干劲，认真贯彻落实电子银行的发展战略，各方面工作都取得了显著成绩。

（一）全面超额完成各项任务，电子银行美誉度进一步提高。2007年全行电子银行各项任务大幅超额完成年度计划，业务发展加快、质量提高、规模和效益猛增，分流柜面业务、缓解柜面压力的作用进一步增强，同业领先优势得以巩固，各项业务发展成绩喜人。一是电子银行交易额大幅度增长，达到实现102.8万亿元，成为国内首家超过百万亿元的银行。二是客户数量与质量同步增长，新增个人网银客户1 583万户，客户量达到3 908万户，比上年增长68%，动户率较上年提高10.2个百分点，达到44.8%的历史新高，实现了年初预定目标；新增企业网银客户37.6万户，客户量达到98万户，比上年增长62%，动户率达到了62.8%，较上年提高了1.3个百分点；新增电话银行个人客户1 107万户，达到3 440万户，增长47%。三是电子银行收入提高，效益突出，据测算实现各项收入42亿元以上，其中，网上基金和理财收入分别为28.72亿元和0.93亿元，直接账面收入达到12.8亿元。四是电子银行分流柜面业务力度加大，分流业务比重达到37.2%，比年初提高了7.1个百分点。建有电子银行服务区的网点从2 401家增长到4 013家，这些网点业务分流率均超过40%。五是电话银行集约化程度进一步提高，完成了河南、江苏两家分行电话银行的托管，实现了被托管行信用卡客户服务统一集中受理，客户服务综合效应逐步显现。

我行电子银行出色的业绩也得到了国内外公众和媒体的普遍认可。2007年首次获得了《环球金融》杂志授予的"全球最佳存款服务网上银行"和"亚洲最佳存款服务网上银行"称号，连续第五年荣获"中国最佳个人网上银行"，此外还获得亚太地区"中国呼叫中心特别贡献奖"等各类奖项共16项，电子银行的美誉度进一步提高。

（二）坚持创新领先，产品应用推广彰显优势。2007年，全行上下努力打造电子银行六大平台、四大渠道，积极发挥电子银行产品专家组在产品创新和新业务攻关方面的作用，成功推出了电子速汇、代理实物黄金、集中式银期转账、超短期理财、托管账户、信用支付和代理销售平台等44项创新产品，优化了网上基金、银企互联等174项产品和功能，进一步适应了市场和客户需求，提高了产品可用性和竞争力，有力地促进了电子银行业务的快速发展。例如，新投产的代理实物黄金交易量达4亿元，个人网上银行理财产品交易额达201亿元，电子银行第三方存管银证转账业务交易额达到4 353亿元。各分行也积极开展区域特色产品创新，例如北京分行开通了网上缴交通罚款特色业务，广西分行推出了网上"边贸通"，浙江分行开通了中小企业自助循环贷款"网贷通"业务和面向阿里巴巴诚信通客户"易融通"业务等，产品创新为电子银行业务发展奠定了坚实的基础。

全行产品应用推广也取得了佳绩，通用缴费、B2C、基金、国债、理财产品、第三方存管等已在电子银行渠道全部开通；全行新发展银企互联客户214户，银企互联累计存量客户已达632户，全年银企互联交易金额达15.6万亿元，比上年同期增长727%。其中，浙江分行成功为中国烟草浙江省公司、中石化浙江分公

司、浙江物产集团等26家大型企业客户开通了银企互联业务。全行与98家券商合作开通了第三方存管业务，客户数量达1 496万户，实现了全年计划目标。

（三）电子银行重点市场、重点产品拓展成效显著。2007年，全行抓住资本市场和电子商务市场活跃的良机，加大宣传投入，组织了以基金、电子商务、电子客票、第三方存管、代发工资等重点市场及重点产品为主的系列宣传营销活动，促进了客户和业务规模的持续增长，并带动了行内相关业务的发展。例如，网上基金交易额占比达到42.7%，成为全行基金销售的重要渠道；电子商务市场优势进一步增强，在支付宝的交易额已经突破100亿元，占比达39%，腾讯的交易额增长5倍以上，市场占比在盛大和联众均超过50%，其中在盛大的占比大幅提升17.5个百分点；我行在各大航空公司电子客票市场的交易占比也得到全面提升，其中在厦航、国航、南航电子客票市场占比分别提高了13.3个、11.6个和8.2个百分点，分别增长64%、38%和30%；电子速汇交易金额达到8 393亿元，同比增长204%；网上代发工资客户达到3.9万户，占全行代发工资客户的19.2%。

各行积极开展丰富多彩的营销活动，也取得了显著成效。如新疆分行各有关部门紧密协作，开展联合营销，发展企网客户2.1万户，是前六年新增客户合计数的3.8倍；湖南郴州分行全辖460户代发工资单位全部实现网上代发工资，转化率达100%；河北承德分行营销省地税B2B网上报缴税项目取得突破性进展，带动企网客户新增1 800户，成功竞争60多家他行优质客户，实现手续费收入60多万元，并带动存款增长2亿元。

（四）深化制度管理，风险防控取得实效。全行认真研究业务发展中的新情况、新问题，深化制度建设，规范业务行为，加强业务检查和风险监督，提高各级行制度执行力，及时妥善应对解决风险事件，电子银行业务管理与风险控制水平进一步提高，全年未发生内部案件和重大责任风险事故，外部欺诈风险事件数量和金额分别比上年下降77%和94%，得到了客户、同业及电子商务合作企业的普遍认可，保障了电子银行业务的持续快速发展。

（五）渠道建设得到加强，服务水平进一步提高。2007年，我行网站推出“公司机构版”和“个人客户版”，建成集理财、基金、股票、黄金、外汇、债券、保险和期货八个交易频道于一体的金融理财平台，新提供了视频讲座、理财书吧等服务，网站内容越来越丰富，服务更加专业，形式更为新颖，金融门户网站形象初步确立。电话银行业务发展迅速，全行电话银行总呼入量达到2.5亿通，人工接听量为2 851万通，人工日均接听量为7.8万通，接听率（不含独立行）达89.5%，服务水平进一步提高。其中，上海分行积极开展电话银行呼出业务，维护企业网银客户6 000多家，回访个人客户3 000多人，代理销售保险5 500万元。自助终端功能进一步增强，市场认同度稳步提高，使用自助终端办理业务的客户逐渐增多，业务量增大，其中广东分行自助终端日均业务笔数超过200笔。

电子银行业务能够取得如此优异的经营业绩是我行高瞻远瞩、创新发展的结果，是各分行和各相关部门高度重视、密切配合的结果，更是电子银行专业人员励精图治、全力拼搏的结果，在这里我代表总行向大家并通过大家向奋战在电子银行业务战线的同志们致以崇高的敬意和亲切的慰问！衷心地感谢大家对电子银行业务和工商银行发展所作出的贡献！

二、抓住历史机遇，全面推进电子银行业务快速发展

当前电子银行业务已经由初创期迈入快速成长期，并面临着难得的市场环境。回顾发展历程，我们要在总结经验、认清形势的基础上，以科学发展观为指导，充分把握机遇，全面推进电子银行业务新一轮的快速发展。

（一）电子银行业务走过了不平凡的发展历程。我行自2000年正式推出电子银行服务以来，经过几年的艰苦创业，各项业务从无到有、从小到大，走出了一条务实高效的发展道路，取得了出色的经营业绩，形成了牢固的核心竞争力。从2001年电子银行业务全面起步到今天占据行业龙头地位，我行电子银行的经营业绩发生了翻天覆地的变化：从2001年到2007年，企业网银客户由7 000户增长到98万户，年平均增长127.9%；个人网银客户由131.4万户增长到3 908.3万户，年平均增长76%；电子银行交易额由3.6万亿元增长到102.8万亿元，年平均增长74.7%；业务收入由1 242万元增长到12.8亿元，年平均增长116.6%。近期的统计显示，我行在工行、农行、中行、建行、招行等主要银行同业市场中，个人网银客户的占比达到了46.8%，企业网银客户的占比达到了61%，保持了同业领先优势。这种跳跃式的发展速度和成效，是电子银行专业的光荣，也是工商银行的骄傲。如今，电子银行已经成为全行业务发展的亮点，成为业务创新和经营转型的重要推进器，成为工商银行核心竞争力的重要内容，成为服务客户、提升全行美誉度的重要品牌。

电子银行业务在几年的时间里能够取得长足的发展和进步，我认为主要原因有以下两个。

一是全行深刻地认识了电子银行在当今和未来银行经营中的地位及其重要性，从改革与发展的高度转变思想，统一认识，将其作为创新发展、经营转型和改善服务的重要内容，在决策上科学正确，在执行上坚决有力。从发展的轨迹来看，我行电子银行业务发展是健康的，每一步都走得扎实而富有成效。我们的工作思路和

方法是科学的，没有停顿更没有走弯路，环环相扣，先人一步，胜人一筹，创造出了具有工行特色、为业界推崇的发展模式，显示出了强大的核心竞争力。同时，我们的策略和措施是正确的。

第一，每年都有工作重点，抓住拓展业务中的难题逐个解决，有序推进，培育了市场，推进了转型。我行电子银行起步虽晚于他行，但以企业网上银行服务为切入点，从全方位布局、优化客户服务、创新产品入手，着力打造四大渠道、六大平台，逐步增强自己的优势，形成工行业务特色。2000—2002 年是初创期，交易额很小，我们以重点分行为导向，树起了样板；2003—2004 年业务有了一定的发展，但仍处于启蒙状态，我们从抓提高认识和完善网银系统入手，着力于基础建设；2005 年我们改进了网站服务，解决了门难进、没人理、看不懂的问题，使客户更为方便地使用网银；2006 年，我们提出了建设六大平台、四大渠道，重点解决了系统功能和服务平台建设问题；2007 年我们加速“跑马圈地”，立足于扩大客户群，提高动户率，拓展优质客户，创造收入。我们一年一个重点，层层推进，对外营销培育客户，对内转变观念，提高思想认识。目前，大家的观念认识和网银的功能都有了很大提升，是以往无法比拟的，是质的提高和优化。

第二，我行始终把电子银行作为新的渠道引入各项业务领域，使之成为各专业的工作内容，并与分流率结合起来，推动电子银行向各专业深入发展；“电子银行是全行的”这个观念已经深入人心。各专业已认识到电子银行是竞争的利器，是有效的工具和平台，都积极地把自己的产品推上网银，希望树立本专业在虚拟银行中的品牌形象。这个根本性的观念转变推动了电子银行业务飞速发展。如果电子银行仅靠电子银行专业自己去做，就不会有今天的辉煌。

第三，我行始终以创新产品引导和培育客户需求，使客户从中受益，从而推进业务发展，做大市场、做优产品，做好服务渠道，提高业务贡献度，在激烈的市场竞争过程中，开拓出了一条具有工行特点的稳定、快速、高效的发展道路。

二是发挥了全行上下的积极性、创造性。各级行在开发市场的过程中不断转变观念，在提高认识的同时不断推进市场营销和服务，在认识和行动相互促进、相辅相成中高速推进了业务的大发展。从工作的进程来看，起初是一种等一等、看一看，要我干、为任务计划干的状态。随着业务的应用推广，逐步认识到这个新事物是竞争的强有力的渠道，是转型分流的重要途径，是发展的必然趋势。各专业都将其作为自己的业务方式和内容，分支行都自觉地将其纳入工作目标和内容，变成我要干、为赢得市场干、为自己干。思想观念的转变使全行的积极性和创造性迸发出来，新点子、新思路、新举措不断涌现，有力地推进了业务大发展。而业务的发展成绩又增添了全行的信心，鼓舞了士气，电子银行业务发展进入了良性循环。

（二）电子银行业务正面临难得的发展机遇和严峻的挑战。我行电子银行业务发展速度快、质量高、效益好，成绩非常显著，但同时也必须客观地看到我们仍面临许多压力和挑战。

一是部分竞争优势消失或减弱，竞争压力越来越大。我行在电子银行领域所取得的成就和模式成为所有银行追赶和效仿的目标，成为同业对手的模板，它们投入很大，起点很高，发展更快，各具特色，有许多产品开发抢在前面，博得了客户的好评和市场的认可，使得我行的比较优势越来越小。各家银行经过五六年的发展也已经积累了一定的经验和人员队伍，与我行的差距也显著缩小，使得我行难以再用一般的网银产品吸引他行客户。如果丧失了新的吸引力和竞争力，也就可能导致客户流失。这是对我们最大的挑战，我们必须要有危机感、紧迫感，必须加快速度，升级发展，不断再造优势，增强优势，发展优势，不断以新产品和服务优势让客户惊喜。

二是尽管连年取得高速发展，但基本客户群还未真正成形。所谓电子银行基本客户群就是愿意接受并有能力自助办理电子银行业务、符合我行经营发展要求、具有一定规模的基本客户群体。从数量角度讲应该占到我行客户的相当比例，应该包括尽可能多的中高端优质客户。具体说，我认为未来三年电子银行的个人目标客户群应该占到全行个人客户数的 45% –50%，按全行有 1.8 亿个人客户来计算，其中电子银行的目标客户应该有 8 000 万户左右；就企业客户而言，电子银行的企业目标客户群应该占到全行企业客户数的 75% –80%，按全行有 240 万企业客户来计算，其中电子银行的目标客户应该有 180 万户左右。从客户质量方面讲他们应该是经常地使用电子银行产品。个网客户动户率应该达到 50% 以上，企网客户的动户率应该力争达到 80% 以上。目前我行电子银行客户群数量仍比较小，只占个人客户的 21% 左右；客户动户率还不够高，个网客户动户率只有 44% 左右，其中真正的交易户只有 23.9%。因此，客观地说，我行电子银行基本客户群还未成形。为了实现从量变到质变的飞跃，全行必须继续加快业务发展，做大客户规模，提高动户率，用 2 –3 年时间建成基本客户群。

三是尽管业务转型进程很快，但电子银行成为交易主渠道尚需时日。服务问题仍然是迫切需要解决的问题之一，通过电子银行渠道分流柜面业务是我行业务转型的一个重要内容，分流率是一项衡量业务转型进程的指标，我们要力争在 2 –3 年内使分流率尽快达到 50% 以上。近几年，我行电子银行业务每年提高分流率 5 –7 个百分点，2007 年已经达到了 37.2%，在全行业务量 2 –3年就翻一番的情况下，取得这样的成绩很不容易。

但是，我们的目标是尽快缩小与国外先进银行的差距，从根本上缓解柜面排队，促进业务转型，今年将成为十分关键的一年。目前，各行的分流率高的有50%多，低的只有百分之十几，分流还不到位。2005年，汇丰银行的电子银行业务占全行业务量的90%左右，柜面业务只占10%左右。与国际先进银行的平均水平相比，我行仍有不小的差距。当我行的业务分流率达到50%以上，才能说实现了经营转型。

四是电子银行服务标准和产品创新还亟待提高。这从根本上决定了电子银行的竞争力，决定了对外的形象。随着电子银行业务的发展和普及，客户数量日渐庞大，对服务的要求越来越高，电子银行的操作必须更加简易可靠、新颖而人性化，既有普遍适用性，又满足高端客户需要，各得其所。我行电子银行产品功能虽然已经很丰富，电子银行渠道产品达到640多个，专属产品达到150多个，也初步引入了客户体验理念和工作机制，进步很大，但是在产品精细化、人性化方面的优势仍显不足，总有各种不够精致的地方存在，留给人们不便和遗憾，这种不足反映出在管理水平和素质上的差距。在电话银行业务上虽然集约化进程走得最早、最快，但是在服务能力和规模上仍然跟不上市场发展的需要，与国际先进水平差距仍很大。国际著名的一些大银行的电话银行中心都有一万余人的规模，而目前我行的电话银行仅1 000多人。因此，我行的电话银行至少要发展到5 000人以上，才能维护好2亿客户的庞大客户群，才能实现服务到位的要求。因此，若想保持并扩大市场份额和比较优势，在产品和服务上就必须更上一层楼，更专注于追求精致，注重好上加好，优中更优。

尽管竞争形势严峻，发展中还存在诸多挑战，但是我们也有很多有利的条件，面临着难得的发展机遇。

一是我们已经具备了良好的基础，具有良好的社会声誉，已经形成了一整套成熟有效的发展思路和措施，这是优于他行的强大的竞争力优势。全行对电子银行的认识已经发生了本质上的变化，做大做强电子银行业务已经成为全行上下的共识。当前重要的是尽快地转换机制，使相对经营优势转化为市场优势，尽快抢占市场。我们的优势得来不易，是硬实力和软实力结合带来的。软实力是我们的业务管理能力和需求处理能力，这是其他行难以超越的；硬实力是科技能力，这也是我行的优势。目前，北京研发部开发人员有400多人，明年将达到500人，大部分是为电子银行服务的，若这支队伍能达到700－800人，那么，电子银行的开发力量将十分强大。

二是社会对电子银行越来越认可，外部环境越来越有利于发展。社会的进步使人们的观念转变，如今网上银行、电话银行、手机银行已经普遍被银行客户所广泛接受，并成为了银行柜面服务渠道的重要补充和替代，客户的猛增和银行电子银行交易量的高速增长就是最好的例证。随着我国经济继续保持快速发展，资本市场更加繁荣和活跃，人民生活水平提高和生活方式改变，对安全快捷的电子银行服务需求迅速高涨。

（三）新形势下电子银行业务的发展方向和工作思路。面对发展机遇和严峻的竞争形势，当务之急就是要抓住机遇，集中精力、加大投入，在高起点上继续快速发展。对未来三年电子银行业务发展的基本思想是：在继续扩大经营规模的同时，尽快建成电子银行业务的目标客户群；在发展速度不减的前提下，注重业务质量的提升，把电子银行建设成为全行交易型业务的主渠道，并将电子银行发展成营销和服务功能兼备、效率和效益良好的综合服务平台，巩固并扩大电子银行业务在同业的优势地位。为此，应该重点明确以下工作思路。

一是扩大业务发展空间，不遗余力地拓展潜在市场。任何新生事物都有一个快速发展期，任何业务发展都有一个黄金时期，对电子银行这一新兴业务而言，目前正是业务快速发展的黄金时期。这个时期可能仅持续几年的时间就会结束，哪家银行看得清楚，就会占得先机，谁的动作快些，就会赢得主动。刚才分析了我行个人网银比较合理的目标客户数是占到个人客户的45%－50%（现在我行个人网银客户占个人客户的比例是21%），要在三年左右达到目标，必须每年平均发展8%－10%的个人客户；对于企业网银客户群，现在我行的企业网银客户占比是40%，必须每年平均提高12个百分点，才能在三年后实现占比75%－80%的目标。各行应算好自己的账，按照应有的发展速度去拓展市场，算着市场空间去抢占市场，而不是等着总行安排的指标做业务。要在我行还有比较优势的时候，尽快地去竞争他行的客户，与时间赛跑，与对手赛跑，拉大与对手的差距，这才体现竞争力。一旦对手也发展了，争夺客户的空间和重组客户群的难度就很大。对大行和先进行而言，尽管电子银行客户占比已高，但更要重视这方面的工作，进一步巩固我行的市场优势。我们强调对公对私业务是网银的“两只脚”，要一起抓，如果对公业务抓不好，许多个人业务也无法开展，只有“两只脚”协调动作才能够跑起来。各行要抓好这两方面的业务，发挥出综合优势。

二是贯彻精品化路线，巩固并发挥既有优势。为了有效保持并扩大市场份额和优势，必须继续贯彻产品驱动的战略，走出精品化的产品路线。精品产品和普通产品的差别就在于细节，在于内在品质的细微差异。要想使得产品和服务成为客户青睐的对象，就必须用精益求精的标准来审视和提高我们的产品，将其中那些最盈利、客户最欢迎、最常用的产品打造得精良之极，有口皆碑，无可挑剔，将网站建设得更加精致、更加人性化，并针对优质客户群，针对高端客户，辟出专用的渠道、专门的产品、专享的服务、专有的优惠。产品精致化的难度很高，电子银行部、产品创新管理部和信息科技部要付出更多努力，与各专业部门密切协作。同时，要时刻关注他行电子银行的动向，借鉴它们的经验来优化产品，在比较中找出差距，在学习中更上一层楼。

三是加速全面发展，充分挖掘电子银行四大渠道的潜能。目前我行的电子银行四大渠道具有以下特点：网上银行增长很快，效果最好，但动户率仍不够；电话银行已经显现效益，但服务能力不足使得规模效益发挥不充分，管理机制有待改进；手机银行的运用受技术的制约而滞后，仍处于探索性阶段；自助终端等设备运用效果初步显现，但普及率还有待进一步提高，服务功能还需要进一步优化。要进一步提高电子银行业务分流率，就必须对电子银行全面扩容和优化，充分挖掘四大渠道的整体潜能：网上银行要提高产品创新和精细化程度，增加贵宾服务渠道的同时提高运行的稳定性、可靠性；电话银行要进一步扩大规模、增加人员，理顺和改进管理方式，形成职责分明而高效的管理体系；手机银行要加快研发推出新产品，尽快抢占这一新兴市场的主控权；自助终端要在进一步普及的基础上，优化功能，实现其服务能力和质量的全面提升。

三、采取有效措施，努力推动电子银行业务再攀新高峰

2008 年全行要抓住业务发展的历史机遇，继续加大投入，深入有效地实施“跑马圈地”战略，构建基本客户群。加快产品创新和应用推广步伐，增强产品可用性，扩大产品覆盖面，提高产品竞争力；紧紧围绕投资理财、电子商务、中小企业结算等重点市场和 WAP 手机银行、银企互联、代收代付等重点产品，切实加大营销和宣传力度，做大客户规模；推进风险管理体系建设，保障业务健康发展；建立服务支持体系，提升服务能力；深挖市场潜力，增加业务收入，实现规模、质量、效益的协调和可持续发展，牢牢占据电子银行同业第一的领先地位。

2008 年电子银行业务发展目标是：网上银行个人客户新增 1 500 万户，其中，新增证书客户 260 万户；网上银行企业客户新增 20 万户，其中，新增证书客户 15 万户；电子银行交易额达到 135 万亿元；电子银行业务笔数占比提高 5 个百分点，达到 42%；电子银行中间业务收入增长 60%，实现 20 亿元，电子银行的各项业务收入力求超过 60 亿元；新增建有电子银行服务区的网点 1 500 家，总数达到 5 500 家。

为确保实现上述目标，要重点做好以下几方面的工作。

（一）加大市场营销力量，全面有效地推进“跑马圈地”战略。各行要抓住机遇，进一步优化电子银行业务发展机制，增加人、财、物等方面的资源投入，强化考核激励措施，促进业务扩张性发展。业务的竞争就是人才的竞争，在机构扁平化和人力资源改革过程中，各行要继续加强电子银行机构、队伍建设，将精通技术、业务全面、善于拓展市场的优秀人员充实到电子银行队伍中，确保每个基层行都有专职人员负责电子银行产品的推广和服务支持等工作，增强业务和市场的拓展能力。各行各专业中都要有精通电子银行业务的人员，并加强业务培训，使他们都在电子银行业务上成为营销的能手。近来浙江金华分行通过加强培训，使一批 40－50岁的员工成为了电子银行的骨干，该行的经验值得全行借鉴。而电子银行专业的人员更要提高专业能力，不仅要自己会用，还能解决运营服务过程中一系列客户难题，辅导更多的人。

（二）加强重点市场和重点产品营销，做大客户和业务规模。全行要针对重点市场和重点产品组织开展营销活动。一要重点围绕投资理财市场开展营销。通过大力营销宣传网上基金、第三方存管、工行理财产品等能给我行带来较高回报的产品，发展客户，获取收入，其中网上基金交易额占比要力争超过 60%，第三方存管业务通过我行发起的交易金额要超过 6 000 亿元，各行该项业务增长要超过 50%。二要重点围绕网银代发工资产品开展营销，全面梳理柜面传盘方式办理代发工资的对公客户，灵活采用价格优惠策略，对于符合网银代发工资条件的企业，必须将其转化为网银代发工资客户，对于新开立基本存款账户的客户，要力争全部发展成为网上代发工资客户，各行网上代发工资客户占全部代发工资客户的比例力求超过 50%。三要重点围绕电子客票市场开展营销，要联合主要航空公司、大型机票代理网站开展面向散客的联合促销活动，积极将在国内开展业务的外国航空公司发展成为我行在线支付业务合作商，各行在电子客票市场的占比要比 2007 年再提高 5 个百分点。四要围绕中小企业客户市场开展营销，及时向客户推荐使用网上收款、银企对账、集团理财等高级功能，做好普及版到证书版的升级营销，力争将 40% 的普及版动户升级为证书客户。五要抓住奥运商机，宣传营销电子速汇、跨境汇款、网上购汇、网上外卡收单等业务，电子速汇业务量要比 2007 年翻一番。各行要切实投入资源，认真抓好重点市场、重点产品的营销宣传工作，推动个人以及企业网银客户群快速发展壮大，其中，个网客户占全行个人客户的比例要力求超过 30%，企业网上银行客户占全行企业客户的比例要力求超过 50%，以巩固和扩大电子银行基本客户群。

（三）拓展优质客户群，提升业务发展质量。一要针对中高端个人客户开户、办卡、贷款、买卖基金等环节切实开展电子银行业务的捆绑营销，大力发展 U 盾和口令卡客户，尤其要将办理对外转账汇款的客户发展为 U 盾客户。二要梳理、挖掘电子商务企业和网站资源，建立目标客户台账，实施名单式拉网营销，积极发展新商户，加快 B2B 业务推广，积极拓展烟草、税务等行业类 B2B 应用。三要做好客户摸底和调查工作，

制定目标客户清单，通过集中推介、上门营销、高层公关、联合财务软件开发商共同营销等方式，深入开展银企互联业务推广，进一步扩大我行在龙头企业、集团企业等优质企业客户市场中的份额。

（四）加大产品创新力度，扩大重点产品竞争优势。一要推出贵宾网银、WAP手机银行、个人网银预注册、网上预约，以及银银通、资金池等一系列新产品、新功能，进一步拓展和丰富电子银行产品线。二要引入客户体验理念及工作机制，围绕基金、理财产品、证券、代发工资、银企对账等重点产品加强产品优化工作，按客户行为习惯改造交易流程和页面，努力将重点产品做精、做好，提高产品技术含量、可用性和美誉度，扩大重点产品的同业领先优势。三要加快产品创新速度，在业务需求编写上要实行标准化、模块化，将具有共性的业务需求提炼成为可供今后反复使用的业务集成件，同时在产品开发上实现部件化，通过不同模块、部件组合，减少重复开发，加快产品创新速度。四要优化银企互联平台和自助终端平台，为各行研发适应不同地区、市场、行业和客户个性化需求的特色产品提供支持，各行也要积极主动开展产品创新工作，加快分行特色业务的发展。

（五）加快渠道建设步伐，拓展服务范围。一要加强网站建设，推进网站技术平台升级，不断优化服务功能，细化服务内容，将我行门户网站打造得更人性化、更精致化，同时引入“金融超市”理念，强化交易网站的营销服务职能。二要探索和改革电话银行中心的管理体制，增加人员配备，以适应业务量的增长，并积极开展外拨营销、催收催透、呼出唤醒、电话回访等新型客户服务。三要建立完善的电话银行中心考核体系，各电话银行中心（含独立行）都要将接听率、服务水平等指标纳入考核范围，接听率必须提升到92%以上，同时，各分行要加强电话银行外呼业务，充实人员，进一步提高客户服务质量。四要继续推进电子银行服务区建设，所有改造、新建网点要按照总行规范设立电子银行服务区，符合条件的网点演示电脑配备率达到100%，确保电子银行服务区建设质量和效果。

（六）建立服务支持体系，全面提升服务能力和水平。一要仔细梳理服务环节，消灭服务断点，在全行范围内组建跨专业、跨渠道且标准统一、服务规范的电子银行服务支持体系，做好电子银行回访、操作辅导、咨询与投诉受理等工作。二要密切部门协作，各尽其责，保证电子银行服务支持体系高效运转。三要加强电子银行服务支持工作的管理和督导，针对当前新注册客户跟踪回访率低，存量客户动户率不高等突出问题，制订行之有效的解决方案，层层落实，加强督导，保证我行用户都能正常使用电子银行。四要切实做好业务运行监控，完善业务应急处理机制，关注并解决好重点客户遇到的生产问题，加快应急事件反应速度和处理能力，维护好客户关系。

（七）正确把握风险管理尺度，保障业务健康发展。要正确把握风险防范和业务发展的关系，在风险可控、可承受的情况下，大胆创新、积极开拓，努力推动电子银行业务发展。全行要尽快构建起电子银行风险管理体系，开展风险识别、评估和监控工作，提升风险识别和监控能力。各行要以2007年重要经营事项检查中发现的问题为重点，加强对基层网点的日常业务辅导和检查，建立培训和检查档案，加大整改力度，不仅要杜绝严重违规行为和内部案件，还要认真纠正那些“看似危害不大”、屡查屡犯的问题，形成严谨合规操作的良好风气和习惯。

同志们，电子银行业务的整体发展已取得阶段性成果，进一步发展的黄金时期已经到来，我们要紧紧抓住历史机遇，大力开展产品及服务创新，积极抢占目标市场，努力构建基本客户群，全面加快业务发展，进一步做大做强电子银行业务，为提高工商银行竞争力而奋斗！

保持领先优势　提升竞争实力
推进向国际一流金融信息系统的新跨越

——在中国工商银行信息科技工作会议上的讲话

张　衢

（2008年1月23日）

这次科技工作会议的主要任务是，认真贯彻落实总行发展战略研讨会精神，全面总结2007年信息科技工作，分析今后一个时期信息科技工作面临的形势和要求，部署2008年信息科技工作任务，动员全行科技人员再接再厉，扎实工作，促进我行建设国际一流现代金融企业目标的实现。

下面，我讲三个方面的意见。

一、信息科技工作成效显著，有力地支持了全行业务发展和经营转型

2007年，全行各级科技部门围绕我行总体发展方向，遵循“十一五”信息科技发展战略，积极应对产品创新需求紧迫和业务量快速增长带来的挑战，如期完成了各项科技工作任务，为保障全行各项改革发展任务的顺利进行作出了重要贡献。

（一）应用产品研发与推广取得突破性进展，推动了全行改革创新与流程再造。根据我行2007年总体经营发展目标，全行科技部门不断创新和优化金融产品，按计划圆满完成全功能银行系统4个综合版本和5个普通版本的开发、测试及投产工作，总行完成应用类新项目研发347个，优化原有项目287个，分别比2006年增加了25%和79%，应用研发规模达到49万个功能点，较2006年提高了58%。

面对业务需求急剧增长的紧迫局面，科技部门团结协作，密切配合，顺利完成了境外业务、客户理财、风险管理、电子银行等年度计划十大应用领域的研发、测试与投产工作。同时，积极配合业务改革发展需要，完成了个人金融业务流程再造、第三方存管、个人贷款核算体系优化、金融期货及港股直通车等计划外重大研发任务。各分行也根据地方特色业务发展和本行经营管理需要，不断开展应用创新并取得重要进展。

一是境外业务系统建设取得重大突破。经过科技和业务人员共同努力，历时一年多顺利推出了我行自主研发的境外机构综合业务系统，并在澳门分行成功投产，实现了境内外系统高度整合、业务互通互连，标志着我行境外业务系统建设迈出了坚实的一步。

二是大力开展应用创新和流程再造。2007年，全行深入开展优质服务年活动，科技部门克服了时间紧、任务重、人力资源紧张等诸多困难，顺利实施了“大个金”系统三期等项目，积极推进个人金融业务流程再造，完成了71项功能改造，显著提高了对客户的服务效率与质量；研发了个人和法人客户理财产品销售系统，发行了约70只个人理财产品、四期债市通产品以及两款无固定期限短期理财产品；优化个人客户营销管理系统，投产法人客户营销管理系统，建立起对客户营销的新平台；积极优化第三方存管系统，并实现了1 100万户客户的迁移，使我行银证业务再上一个新台阶。银行卡系统功能得到进一步优化和扩展，率先发行符合人民银行EMV规范的银行卡，并完成海南、青岛、四川3家分行金卡总中心模式上收；推出财智账户系统，丰富大型跨国企业的资金管理功能，提升了现金管理服务产品的品质，使我行签约的现金管理客户超过58 000户。

三是电子银行系统功能进一步丰富，巩固了电子银行业务的优势地位。网上银行方面，建立了网上代理销售平台和网上银证综合平台，研发推出了“银证快车”，整合了银企互联产品，并优化了门户网站，极大方便了客户的使用。电话银行方面，推出了跨行汇款、外币基金交易、代客销售保险等一系列新增功能，实现了江苏、河南分行电话银行的托管上挂，使托管上挂的分行数量达到30家。在业务创新的推动和信息科技的支撑下，2007年全行电子银行业务得以稳步发展，电子银行交易额达到102.9万亿元，同比增长127%，牢牢确立了在国内同业的领先地位。

四是搭建了新的全行客户信息系统平台。不仅实现了个人、法人客户信息数据的跨地区整合，同时还顺利完成了全行1.24亿个无效个人客户信息的清理工作，为我行进一步实现“以客户为中心”打下坚实的基础。

五是财务管理综合系统的投产与推广，有力支持了全行财务集中管理。该系统建立了全行统一的财务信息平台和门户，有效实现了财务管理流程控制和过程管理，控制了财务风险，为进一步提高我行管理会计水平提供了良好的平台。系统在全行推广后，实现了一级分行财务集中管理，并在年终决算中发挥了重要作用。

六是搭建了数据仓库基础技术平台。经过几年来不断的探索，2007年完成了数据仓库基础技术平台的搭建，奠定了全行各种决策分析应用的数据基础，为管理科学化、定量化和精细化提供了全面的信息支持，标志着我行经营管理正在由数据集中向信息集中转变。

七是风险管理相关系统建设取得重要进展。2007年，全行推出了多项风险管理应用项目，提升了风险管理水平。业务运营风险管理系统实现了会计风险监控系统和事后监督系统的整合；利率风险管理决策支持系统为全行利率管理提供全面的技术平台。同时，构建了非零售信用风险内部评级打分卡体系，推出国内领先的客户、债项打分卡系统，为实施内部评级法高级法奠定了基础；搭建了全面风险管理信息支持平台，并开展了资本管理系统一期建设，为全面提高我行的风险管理水平提供了重要的技术手段。

八是根据业务发展和市场竞争需要，各分行研发了大量的优秀应用项目，满足了分行经营管理的需要。据统计，2007年各分行共启动了506个应用项目的研发，其中有410个项目已顺利投产，取得了显著效果。如上海分行研发的“现金营运管理系统”，创造性地将物流的理念引入到现金管理中，实现了现金业务的集中经营和风险集中控制；广东分行的“前台个人客户营销识别系统”，能从纷繁众多的银行前台客户中识别出中高端客户，并提供客户信息等级、产品营销、业务决策支持；浙江分行的“网贷通系统”，满足了当地企业的融资要求，产品投产后获得了企业客户的好评；江苏分行

的“电子交易中心资金管理系统”、河南分行的“企业入资核查系统”等，都有力支持了分行业务的蓬勃开展。同时，部分分行在技术改造方面也取得了新的进展，如北京分行推出的“UPS 集中监控系统”，提高了 UPS 运维水平，节省了维护成本，减少了设备维护人员的工作量。

（二）信息系统总体运行平稳，为全行发展提供了良好环境。2007 年，在国内资本市场迅速发展等因素影响下，全行业务量不断攀升，日均业务量达到 8 121 万笔，日峰值最高超过 1.1 亿笔，分别比 2006 年增加 56% 和 31%。在全行业务量屡创新高的情况下，各级科技部门始终坚持“安全生产第一”，狠抓安全生产运行管理，认真落实各项改进措施，进一步完善信息化基础建设，信息系统整体可用率达到 99.86%，确保了十七大、“两会”等关键时期全行信息系统的安全平稳运行。

一是不断强化日常管理，生产运行管理水平进一步提高。各级信息科技部门采取各种措施加强生产运行管理，强化问题整改落实。同时，加大信息安全管理力度，推进安全体系规范在全行的实施，加强网银系统的技术安全防范，保障了信息系统的整体平稳运行。各一级分行未发生全辖性生产事件，四级及以上生产事件数量同比下降 19%，完成了下降 10% 的计划目标。

二是生产运行管理自动化和规范化水平进一步提升。各类系统监控手段进一步丰富，实现了按照业务渠道和产品类型对主机交易的实时监控，提高了监控运维水平；通过建立应用版本及补丁分发的自动化管理平台，实施开放平台批量操作自动化，提升了运行操作的工作效率和规范化水平。

三是灾备体系进一步完善，信息系统连续性运作水平持续提升。成功完成生产中心主机同城磁盘备份工程建设，在业内第一家建成了同城加异地的完整灾备架构，同城灾备系统的容量、性能和技术均处于国际领先水平，并经受住了实战检验。2007 年 8 月数据中心主机生产系统磁盘发生了故障，由于同城备份系统有效地发挥了作用，使得业务没有受到任何影响。此外，还在业内率先开展了总行集中式营运中心的共享场地灾备建设，完成资产托管部和牡丹卡中心的灾备实施工作，成为国内托管行业中第一家正式实施灾备恢复演练的银行。

四是科技基础设施建设进一步夯实。围绕全行优质服务年创建工作，各分行强化网点信息系统基础设施建设，认真开展网点旧终端设备的更新，着力为柜员创造方便、快捷的系统环境。2007 年全行共完成 76 500 多台柜面终端设备的改造，占比超过 50%，预计今年可以全面完成更新任务。2007 年全行新投入 ATM 6 620 台，在用的 ATM 设备总量达到 24 309 台；在用的 POS 机设备和多媒体自助终端设备分别接近 13 万台和 1.2 万台。这些自助设备的大量投放有效缓解了柜面压力，实现了客户分流。

（三）科技管理标准化、科学化程度进一步提高，为科技可持续发展提供了保证。2007 年，全行信息科技管理制度进一步完善，形成了包含 30 个管理办法、59 个实施细则和 25 个管理手册在内的制度体系；技术标准规范体系进一步健全，先后完成了《数据生命周期管理规范》等 16 项技术规范的新编和修订工作，提高了全行科技管理的标准化、规范化水平。

全行科技队伍保持了相对稳定的发展态势，科技人员素质进一步提升。总行科技队伍达到 3 247 人，增加 687 人；各分行专职科技队伍达到 6 446 人，其中一级分行本部人员合计达到 2 416 人，增加 110 人，河北、重庆、宁波、湖北、陕西、浙江、海南 7 家分行本部科技人员都增加了 10 人以上。同时，配合人力资源管理提升项目，结合岗位工作要求，培训技术和业务人员 6.8 万人次，进一步提升了科技人员的素质和能力。

2007 年，全行科技工作取得了令人瞩目的成就，刚才总行对作出突出贡献的单位和个人进行了表彰和奖励，表明总行对全行科技工作十分重视、对广大科技人员的辛勤奉献给予了高度评价。在此，我代表总行向全行的科技工作者表示诚挚的问候，对大家在过去一年中的拼搏与贡献表示衷心的感谢！

在看到过去取得的成绩、坚定工作信心的同时，我们也应清醒地认识到，当前的科技工作与全行改革发展的要求相比，与建设现代金融企业的要求相比，还存在着一些差距：一是尽管全年信息系统总体运行平稳，但仍发生了“8・15”等一些影响较大的生产事件，这说明我们对数据中心信息系统的风险防范、性能评估及应急机制方面还存在不足，科技部门要从硬件、软件、管理等各方面进行综合分析，进一步调整思路、落实改进措施，提高生产运行的安全性、可靠性。二是应用开发能力依然跟不上业务高速发展和创新的要求，需求质量有待提高，产品研发的工业化基础较为薄弱，研发人员相对不足，技术和业务经验需要积累，测试队伍仍在进一步建设中。同时，部分分行的技术力量仍然很弱，有的仅处于维持状态，难以满足市场竞争的迫切需要。三是在业务量高速增长的情况下，系统不适应的问题日趋突出，流程再造、技术更新已越来越紧迫地提到议事日程上来。以上这些问题是当前信息科技部门面临的重大压力和难题，而解决好这些难题正是科技发展的重要内容，是提升整个科技水平的关键。我相信，我们的科技队伍一定能战胜这些困难，勇攀新的高峰。

二、新形势对信息科技工作提出了更高的目标

不久前召开的全行发展战略研讨会，进一步明确提出加快提升全行竞争力、建设国际一流现代金融企业的

重大战略任务。在全行提高核心竞争力、实施战略转型和推进创新发展的过程中，信息科技的发展起着决定性作用。因此，我们要认清发展形势，增强紧迫感和责任感，不断提升科技实力。

（一）国内外同业发展势头强劲，对我行的科技优势地位提出了严峻挑战。回顾信息科技的发展历程，我行走出了一条高速、稳健发展的路子，这些年来所实施的一系列重大的科技决策，经过实践证明是完全正确的，没有走过弯路，从而奠定了我行信息科技在国内同业的领先地位，总体达到了国际水准。经过多年的艰苦奋斗，我行已经初步具备了国际银行业先进水平的IT基础，基本建立起了符合现代银行发展要求的科技架构和管理体系，形成了具有较强竞争力的、完整的产品体系，建立了较为完备的灾备体系和业务连续性运行机制，科技管理和决策能力也在逐步增强，科技队伍稳步发展，形成了可持续发展的核心竞争力，成为工商银行重要的竞争优势。

但近几年来，国内外各家商业银行也在不断加快信息系统建设步伐，通过借鉴同业经验、借助外部力量支持等多种方式，也先后完成了数据集中、核心业务系统研发推广等基础建设工作，并在这个基础上大有赶超之势；各家商业银行不断推出创新产品，力图快速缩小与我行的差距，部分银行甚至在一些客户精细化服务、内部管理等应用方面有新超越。

由于我行拥有全球银行中最大的客户量、最大的业务量，目前我行所采用的设备和技术，是当今国际商业银行中最前沿的，因此，我们在管理上缺少可以分享的经验，在技术上缺少可以借鉴的先例，更需要摸索、创新，才能继续保持并扩大科技领先优势，满足业务发展的需要。我们必须要加强对未来科技发展趋势等战略问题的研究，加强新技术、新方法的应用，加快核心应用系统的升级步伐，在更高层次的技术平台基础上形成新的优势，加快建设世界一流信息科技系统的步伐，确保全行改革发展目标的顺利实现。

（二）内部发展要求和外部发展环境，都对信息系统的安全稳定运行提出了更高要求。2006年以来，随着资本市场的快速发展，全行的业务量不断攀升。2006年的日均业务量、日峰值分别比2005年提高16.35%和20.06%，而2007年的这两项指标分别比2006年提高了56%和31%，分别达到了8 121万笔和1.1亿笔。不难预见，在国内经济形势持续向好的情况下，相当长一段时期内业务量增长的势头还会持续下去，如何确保在业务高速增长下信息系统的安全稳定运行，是我们面临的一个严峻挑战。今年是奥运年，这是举世瞩目的大事，国家对此非常重视，多次对安全生产工作提出要求。我行作为国内最大的商业银行和在国际上享有一定声誉的上市公司，奥运会期间信息系统的运行状况，不仅关系到对国内外客户的服务水平，还关系到我行乃至国家的形象，形成广泛的国际影响。因此，全行科技工作一定要以安全生产为先，全力以赴做好安全生产工作。

（三）在实施ICBC品牌战略、提升客户服务水平的过程中，信息科技工作面临着重大的挑战。实施总行提出的品牌战略，使ICBC成为影响力广泛、美誉度高、富有实力和专业品质的国际著名品牌，提升服务品质是关键，而目前全行服务工作还存在柜台操作流程不完善，业务整合不到位，信息共享不充分，设备装备不足，流程精细化欠缺，上下之间、前后台之间、各业务之间协同不够等问题，这些都需要通过提高科技水平来改善和提高。这绝不是一句空话，一切取决于业务和科技部门的共同努力，取决于我们科技建设的眼光、投入和进程。另一个值得重视的服务问题是在产品研发中贯彻以客户为中心的原则，注重客户体验，学会站在客户的角度去审视产品，做到界面友好、通俗易懂、方便使用，使客户通过各渠道获取的服务体验一致，这样才能在客户心目中树立良好的形象，留住老客户、吸引新客户。

此外，加快综合化、国际化发展步伐也对信息科技工作提出了新的要求。国际化发展是我行打造国际一流商业银行的必由之路，也是商业银行提高自身竞争力的需要，而这个目标能否顺利推进很大程度上取决于信息科技能否提供更加强大的服务能力和支撑能力。今后几年中，我们应更加注重以国际化的视角和眼光来规划信息科技工作。

新的发展形势赋予了信息科技新的历史使命，我行的战略转型对信息科技提出了更高的要求。只有打造国际一流水平的信息科技基础，增强信息科技服务客户、推动战略转型、促进可持续发展的能力，才能使我行在激烈的竞争环境中赢得竞争优势，才能确保我行建设世界一流金融企业目标的实现。下一阶段全行科技工作的任务是艰巨的，责任是重大的。

三、对2008年信息科技工作的要求

根据全行业务发展和经营管理的需要，总行提出了2008年科技工作的目标和重点任务，这次会上将具体布置。在此，我提几点要求。

（一）加强生产运行管理，确保信息系统的安全稳定运行。安全运行是一切工作的出发点。在去年底的科技发展研讨会上，针对如何做好安全生产运行工作，我曾提出“不在高危上运行、不在高危上投产、不在高危上操作”等要求，总的目标是全力以赴确保安全生产运行。我们不否认信息技术风险的存在，但要千方百计地控制其爆发，并将风险损失减少到最小。总行信息科技部作为全行科技业务的统一管理部门，要切实做好安全生产运行工作的组织和管理，及时协调解决各中心、各分行在研发、测试和生产中出现的问题。为保证

版本稳定性，避免由于变更过于频繁而影响版本质量和进度，信息科技部要尽快制定加强需求与变更管理的办法，严格把关，防范系统在高危上投产，并降低系统投产后的运行风险；数据中心要进一步强化生产系统日常的性能与容量管理，及时进行预警，严格执行版本集中投产的有关规定，提升生产运行自动化操作和管理水平，降低人为因素对生产的影响；软件开发中心要加强技术管理，科学论证需求的合理性，储备推广技术成果，推出优质版本，切实提高开发质量，消除内在风险；测试中心要继续优化测试流程，严把质量关，不让“带病”产品投产，降低由于版本问题给生产带来的影响；各分行要注意收集涉及产品使用、业务发展等信息，并及时向总行反映；总行各相关业务部门要加强需求变更管理，及时反映业务和市场的变化情况，尤其是与资本市场以及新产品推广密切相关的业务变化情况，以便科技部门提前做好应对工作，做到未雨绸缪。

（二）适应全行发展需要，加快应用产品研发。当前全行的研发任务越来越重，我们要在满足各项业务发展和经营管理需要的同时，确保在重点研发领域实现进一步突破。

一要做好新一代核心应用系统研发工作。从20世纪80年代中期开始，我行核心应用系统建设大体经历了SAFII系统、CB2000系统和NOVA系统三个阶段，这些系统均在不同的历史阶段发挥了重要作用。目前在用的NOVA系统，其基本核心框架从开始设计到今天已近十年，多年的运行实践表明该系统是一流的、可靠的，并已成为我行全部业务运行和发展的重要基础平台。但面对新的外部发展环境以及日益扩大的业务规模和管理要求，NOVA系统原有的设计思想已不适应，主要体现在系统模块化、构件化不够，耦合度高，需要升级改造。为建立起一个更加灵活、松耦合、高性能的应用系统体系，更好地满足我行未来业务快速发展的要求，总行于2007年初启动了新一代应用系统体系架构研究规划工作，组织专门队伍进行研究并借鉴业界先进经验，完成了新一代核心应用系统体系架构的初步规划，提出了17个重点研究和突破的领域，明确了今后几年的工作内容和工作步骤，力争通过3年的努力，至2010年末基本完成新一代核心应用系统架构的搭建工作。

今年是正式实施新一代核心应用系统建设的第一年，我们一定要从战略高度重视这项工作，充分认识只有建立先进的核心系统，工商银行的整体信息系统才会有质的飞跃。科技部门要制订详细的工作计划，在不影响生产运行、产品创新的前提下，做好核心应用系统的研发，认真完成好历史明细优化、信用卡应用分离、网银架构优化等既定工作。

二要加强对现有优势产品的研发，保持并扩大同业领先优势。全行产品创新工作计划和重点项目已经十分明确，信息科技部门要围绕重点目录，科学安排好今年及今后的应用项目开发工作。总体指导思想是确保优势领域地位，主打盈利产品功能更完善，更多新产品成为我行强势产品。目前，总行各业务部门的应用开发计划正在陆续制订，科技开发要突出重点，集中资源确保重点项目。今年的业务及产品创新工作不仅要确保电子银行业务的绝对市场优势，攻克三卡整合难关，加快理财新产品推出频率等，还要力争涌现出更多的亮点。各分行也要积极地推进应用产品开发，增强市场竞争力。

三要积极推动业务流程再造，优化各类柜面应用系统。按计划推进个人业务流程再造，加快“五个统一”推广应用，同时实施对公业务流程改造优化对公业务处理模式。并以此为契机，下大力气优化各类柜面应用，要从柜员的角度设计和推出更加精练、高效、便捷的柜面系统，使广大柜员从繁杂的柜面操作中解放出来，提高工作效率，减轻劳动强度。

四要稳步进行海外业务系统的研发与推广。国际化发展战略要求我们建立统一的IT系统，解决好支持多语言、多国情、多币种、多时区等诸多实际问题，任务是非常复杂和艰巨的。今年要完成境外业务系统二期（批发业务）的研发，并逐步在境外分行中推广，建立起境内外高度整合的企业和个人金融平台，实现境内外业务系统的互联互通、资源的共享共用以及业务的互动发展，为我行境外业务发展提供坚强后盾。

（三）进一步加强分行科技工作。分行的信息科技工作处在业务前沿，承上启下，连接市场和客户，面对柜员操作及设备运行中可能出现的各种问题，是科技健康发展的基础，是各项工作的落脚点和着眼点，地位十分重要。总行数据集中以后，分行科技工作的地位未变，为业务发展服务的基本职能未变，必须加强而不能削弱。事实也证明，越是重视科技的分行，业务越活跃，发展越快，效率越高。近年来各分行做了大量工作，成绩显著，为全行科技发展作出了贡献，希望大家更上一层楼。

一是加强分行生产运行管理。2007年，总行重点加强了对一级分行生产运行工作的管理，效果较好，各分行通过大量的切实的工作，确保了没有发生全辖性生产事件。但是需要引起注意的是，2007年有6家分行的二级分行发生了10起因电源故障导致的4级以上生产事件，其中有2起事件发生在同一家二级分行。希望各分行认真吸取教训，在做好一级分行本部生产运行管理工作的同时，加大对二级分行运行管理的监控力度，力争今后不再发生类似生产事件。

二是在确保推广使用好全行应用产品的同时，大力加强分行本地特色业务研发。国内市场差异大，客户需求复杂，分行科技部门要按照区域发展战略，紧跟当地市场发展要求，支持好本地业务的发展。今年总行特别强调，要大力支持分行特色业务的研发，总行在进行涉及分行的应用系统设计和研发时，在遵循统一开发平台、统一技术架构、统一版本管理的情况下，给分行提供更多的接口，给予更大的开发空间，以满足区域特色业务的需要，适应市场竞争。各分行也要在总行统一标准规范的指导下，加大资源投入，全力支持本地特色业务发展。同时，对于分行研发的优秀应用产品，总行科技部门要积极地在全行推广，减少各分行重复开发。

三是加强各类科技资源的合理使用，提高使用效益。积极配合优质服务年活动的开展，加快网点设备更新，加快 ATM、POS 机等自助设备的安装，配合做好网点改造、财富管理中心建设等工作。同时，进一步加强对 ATM 等自助设备的维护、翻修、管理工作力度，确保设备的稳定运行，并提高设备运行效率。

（四）优化科技管理流程，进一步提高科技管理水平。科技管理是永恒的课题，尤其在全行业务高速发展和经营转型的关键时期，科技部门面临着许多新变化，亟待提高管理水平，提升效率，防范风险。一是继续完善和落实各项基本管理制度，并通过不断的督促检查来减少因职责不到位形成的风险，保障稳定正常的工作秩序，创造良好的工作环境。二是继续调整和理顺信息科技部门与各业务部门、监管部门之间的关系，确保职责分明、落实到位、协作有力，共同推进全行科技工作的发展。三是做好科技工作的风险防控工作，总行信息科技部要加强与内部审计监督部门的协调配合，做好常规性的合规性检查，各分行、各中心也要对科技运行工作进行经常性检查，以确保合规作业。分管行长、部门负责人更是要成为科技管理的内行。

2007 年安永、普华永道等先后对我行进行了多次信息科技风险评价审计，对我行科技风险管理水平评价良好，认为“信息科技风险管理工作在信息安全、系统运行和操作管理方面的管理控制是有效的，全行信息科技风险的总体评价为‘可接受’”。这说明我们在信息科技方面的管理是达标的。今年，我行将接受审计署、银监会、审计公司等方面的审计和检查，其中也有信息科技方面的内容。我们要积极配合各类检查与审计，对发现的问题及时整改，要通过审计和检查促进科技管理精细化和规范化，不断提高工作水平。

（五）持续加强科技部门的基础建设。近年来我行科技竞争力不断提升，已经具备了良好的基础，但日益变化的新形势和繁重的工作任务，对科技部门的基础工作提出了更高的要求，各级领导必须高度重视加快基础建设。一是各中心要提高技术水平和能力。数据中心要进一步提升运行控制技术，提高自动化、智能化管理能力；软件开发中心要着力于软件开发的标准化、模块化与集成化建设，在技术构件和业务集成件上制定工作规划，每年拿出一批成果，尽快实现工业化开发，真正提高质量和效率。二是提高技术人员素质。这些年来尽管总行的科技人员增加很多，但总体上科技人员不足的问题尚未解决，科技人员在全行占比太低，三年工龄以下的新员工多，工作时间短，经验不足，对银行业务的理解不深入不到位，综合素质有待进一步提升。三是各分行科技基础力量仍然薄弱，对业务部门普及科技知识不够，业务人员的科技素质和科技人员的业务素质都需要进一步提升。总行立足于未来的发展，着眼于提高分行持续竞争力，要求在 2010 年一级分行本部科技人员达到 3 000 人，而目前只有 2 400 多人，今后三年每年还要增长近 200 人，平均每个分行每年要增加 5 - 10 人，各分行要高度重视这项工作。要继续加强科技队伍建设，特别是科技专家队伍的培养。要结合人力资源提升项目，建立技术序列，明确技术人员职业发展路径，调动科技人员的积极性、主动性和创造性。

同志们，2008 年是我行业务发展和经营转型的重要一年，也是实现“十一五信息科技发展战略”目标的关键一年，全行信息化建设任务繁重而艰巨。希望大家团结一致，奋力开拓，围绕全行改革发展目标，扎实深入地做好各项工作，为我行建设现代金融企业作出更大贡献。

抓住机遇拓展优质市场　调整策略提升综合收益
全面增强公司业务市场竞争能力

——在中国工商银行 2008 年公司金融业务工作会议上的讲话

王丽丽

（2008 年 2 月 23 日）

这次会议的主要任务是，认真贯彻 2008 年全行工作会议精神，总结 2007 年公司业务工作，深入分析当前形势，部署2008年公司业务工作任务，动员全行以客户为中心，克服存在困难，抓住发展机遇，调整营销策略，加快业务转型，全面提升公司业务经营业绩。下面，我讲几点意见。

一、2007年全行公司业务取得显著成绩

2007年，全行公司业务系统认真贯彻落实总行党委关于公司金融业务发展的整体战略部署，以管理、服务和创新为抓手，不断加强重点客户营销，大力拓展优质市场，加快发展高端业务，积极推动业务转型，圆满完成了年度各项经营计划，总体保持了同业领先地位，取得了较好效益，为全行经营发展作出了重要贡献。

（一）实施市场领导者战略，市场影响力和竞争力稳步提升。为巩固中国最大公司银行地位，保持和提升我行竞争优势和国际大行形象，2007年我们提出“实施市场领导者”战略。过去的一年，公司业务发挥竞争优势，总体上保持了领先地位。2007年，境内分行本外币公司贷款新增4 094亿元，余额达29 129亿元，市场占比为13.2%；全行本外币公司存款新增2 896亿元，余额达20 804亿元，市场占比为15.56%，存贷款余额与增量均为同业第一；完成对公人民币结算量400万亿元，同比增加53.84%；累计完成国际结算量4 223亿美元，同比增加45.7%；企业网银交易额85.7万亿元，同比增加134%；实现投行业务收入40.74亿元，同比增加47.74%；完成对公理财销售量1 152亿元；主承销短期融资券发行金额536.1亿元，同比增加30.47%；企业委托贷款发放额606亿元，同比增加40.92%。法人客户数新增31万个，达到272万个，其中现金管理客户数新增27 155个，达到58 563个；企业网银客户数新增20万个，达到98万个；年金业务企业客户数新增12 906个，达到13 269个，企业年金等养老金个人账户数新增151万户，达到348万户，市场占比超过50%。以上业绩充分说明，市场领导者战略实施成效显著，我行公司业务的市场影响力和竞争力稳步提升。

（二）转变经营模式与增长方式，盈利能力大幅提高。我行在稳步提升公司信贷业务盈利能力的同时，积极挖掘非信贷业务利润增长潜力，实现了经营模式和增长方式的转变。2007年，全行公司业务营业贡献和利润贡献分别为867.6亿元和681.4亿元，分别占全行的44.68%和46.33%。全年实现公司贷款利息收入1 716亿元，占全行生息资产利息收入的49.75%，同比增长近25%。公司贷款收益率达到6.32%，较2006年提高51个基点；2005年末至2007年上半年我行新增公司贷款收益率比建行高11个基点，表明公司贷款盈利能力在逐步提高。与此同时，公司业务综合化水平不断提升，非信贷业务利润增长强劲。以总行牵头营销客户为例，短期融资券、顾问类投行、现金管理、企业网银和国际结算业务的客户覆盖率分别达到10%、30%、56%、77%和53%。2007年，全行实现公司类中间业务收入107.8亿元，较上年增加63.23%，占全行中间业务收入的28.41%；公司类中间业务收入与公司贷款利息收入之比由2006年的5.1%提高到6.28%，中间业务净收入与公司贷款净利息收入之比达到12.63%，单纯依靠信贷利差收入的经营模式和增长方式进一步改善。

（三）实施重点信贷业务发展战略，信贷结构和质量持续向好。根据国家产业政策和经济发展特征，我行实施了重点信贷业务发展战略，进一步巩固了我行在优质信贷市场的领先地位，保持了较好的资产结构和资产质量。2007年，我行加强对公路、铁路、港口、石化、电力、煤炭、城建、房地产等重点行业营销力度，这些行业新增贷款2 430亿元，占全行公司贷款增量的61%。总行和部分一级（直属）分行确定的直营大客户达2 200多户，两级行直营客户贷款增量达2 000亿元，占全行贷款增量的50%。2007年我行通过艰苦竞争，获得了一批重点优质项目，贷款金额合计超过2 500亿元，包括福建宁德和辽宁红沿河核电项目各120亿元、广西龙滩水电项目45亿元、福建炼油乙烯一体化项目62亿元、南海石化项目68亿元、扬子石化一体化石化项目36亿元、上海赛科石油化工项目43亿元、广州城建项目500亿元、成都城建项目140亿元、铁道部贷款储备项目1 120亿元等。同时，累计为500多个重大项目出具有条件贷款承诺函8 000亿元，为近200个重大项目出具贷款意向书1 000亿元，为后续信贷市场竞争储备了充足的项目。小企业信贷业务成为全行新的业务增长点，再创历史新高，年末全行小企业贷款余额较年初增加710.24亿元，达2 139亿元，增长49.7%。全行公司客户结构持续优化，信贷资产质量明显提高。2007年，全行AA-级及以上公司客户贷款余额占比由年初的67.57%提高到年末的68.5%；A+级及以上客户贷款余额占比由年初的82.93%提高到年末的84.4%。公司贷款不良率下降了1.31个百分点，降至3.48%。其中，小企业贷款不良率为0.78%，较年初下降0.26个百分点；总行牵头营销客户贷款不良率为0.17%，较年初下降0.09个百分点。

（四）加快金融产品创新应用，推动公司业务在创新中转型。2007年，在信贷规模紧张的情况下，各级公司业务部门加强创新产品营销，根据不同客户特点，灵活运用结构化融资、顾问类投行、短期融资券、公司理财、现金管理、网上银行、金融衍生工具等创新型产品，主动为客户提供综合化金融服务。例如，将资产逆回购、保理、金融衍生工具、金融租赁引入结构化融资，增强了对核电等大型项目的竞标能力；创新推出“信托+理财”产品，拓展了与中石油等存款资源丰富的大型企业的业务合作；适应客户总部资源集中化趋

势，为LG电子在华企业推出集中办理贸易融资业务模式；为华为公司办理首笔无中信保保险的出口保理业务，进一步探索国际商贷新路子；为沃尔沃汽车金融公司设计了经销商融资的新业务模式；通过开展“信托+理财”140亿元、信贷资产证券化业务40亿元，释放了180亿元贷款规模，为今后更大规模推出信贷替代产品积累了宝贵经验。作为主承销商为中国铝业、中国网通等23户企业发行短期融资券536.1亿元，主承销企业财务公司金融债23亿元。利用我行国际化战略取得重大进展以及工银金融租赁有限公司开业之机，大力开展了国际化、综合化金融产品营销。产品创新不仅有效地满足了高端客户的金融需求，也大大促进了公司业务转型和收益结构优化。

（五）建立分层营销体系，充分发挥联动营销优势。2007年，全行认真贯彻扁平化营销管理战略，在实行客户分类营销基础上，进一步推进行内分层营销服务体系建设，提高了对优质客户的响应速度和服务效率。总行根据大型集团客户资源逐步集中于总部的特点，积极抓好集团客户总部营销，逐步建立和完善了总行级直营客户服务体系，与九大电力、三大石油、四大电信、三大航空、三大汽车、三大航运、三大钢铁、五大家电、四大零售、房地产十强企业、铁道部等客户关系日趋紧密，营销成果显著。年末总行牵头营销210户重点客户贷款余额达6 671亿元，占全行公司贷款的23%。在抓好集团客户总部营销的同时，总行合理分配集团总部和项目公司所在地行之间的业务市场，从管理上加强了上下联动和境内外联动。总分行联动成功营销了一大批重大项目；境内外联动协助工银亚洲赢得多家国内企业香港上市的收款行和派息行等业务，争取了中海油、中化在新加坡投资公司的贸易融资业务，总行还跨部门组织召开大型韩资企业营销工作会议，建立了以“客户为纽带、利益为动力”的境内外联动营销机制。许多分行比照总行确定了分行级直营重点客户范围，开展业务直接受理，建立重要客户优先的业务处理程序。如山东分行在省分行成立大客户金融服务部，直接受理相应客户业务；广东分行组建若干行业经理团队，负责省行级重点客户和项目营销的组织、协调、考核以及部分重大业务的直接受理；深圳分行对优质核心企业进行了个性化综合金融服务创新的有益探索；浙江分行通过组建信贷操作中心将客户经理从大量操作性事务中解放出来，专注于市场营销和业务拓展，取得了良好效果。

2007年，各级公司业务部门加强与中后台部门的沟通协调，努力促进前后台对重点客户、市场、产品收益和风险达成共识；同时，与各相关产品部门组成营销团队，为大客户制作了多个金融产品组合营销方案，效果良好。过去的一年，我行公司金融业务取得显著成绩，与全行公司业务系统的同志们付出的巨大努力和辛勤工作分不开，也与各相关部门的鼎力支持分不开，我在此代表总行党委向大家表示感谢和慰问。

当然，我们也要清醒地认识到公司业务发展中存在的主要问题。第一，我行公司存贷款业务的余额和增量与同业第二位的差距正在缩小，如何在坚持信贷稳健增长的同时，巩固第一大公司银行地位是个严峻考验。第二，虽然近两年我行新增公司贷款收益率高于建行，但整个公司贷款存量收益率仍低于建行23个基点，说明虽然我们的议价能力在逐步提高，但与主要竞争对手还有差距。第三，地区间发展不平衡的现象较严重，在重点项目信贷资源丰富的中西部地区，有些分行竞争乏力。第四，以客户为中心的营销体系不够到位，对公业务流程有待改进，服务效率有待提高。这些问题都亟待在今后的发展中予以解决。

二、充分认识当前形势给公司业务发展造成的困难和带来的机遇

从总体上看，2008年，全球经济保持增长的基本趋势未发生根本改变，我国经济较快增长的前景也依然向好，但国际国内经济金融形势发展变化很快，全球经济增长放缓迹象明显，我国经济增长由偏快转向过热的风险正在逐步积累，投资增长过快、货币信贷投放过多、通货膨胀压力增大、外贸顺差过大、人民币升值压力加大等问题仍然突出。因此，今年我行公司业务工作必须准确把握实体经济发展脉络，对经营形势的新特征作出准确判断，以确定今年全行公司业务健康发展的目标和路径。

（一）从紧货币政策将对公司信贷增长规模有所限制，同时可以促进公司信贷增长方式的转变。今年政府仍将把防止经济增长由偏快转为过热作为宏观调控的首要任务，央行货币政策调控由“适度从紧”调整为“从紧”，监管当局也将通过按季控制贷款规模来制约贷款增长。2007年全行新增本币公司贷款3 517亿元，增速为14.2%；2008年全行公司贷款增量计划为2 190亿元，增速为7.98%。由于近七年来全行公司信贷市场呈现稳定的增长趋势，而每笔业务一般要经历“市场开发、前期储备、客户营销、合约签订、分期放款”过程，如果短期内大幅降低信贷增幅，整个公司信贷的营销链会受到一定影响，给一些客户关系维护带来困难。同时，公司信贷与其他金融业务具有密不可分的关系，其所受影响还将波及中间业务，从而对全年经营计划的完成造成压力。因此，必须将信贷资源紧张的压力转化为产品创新的动力，积极主动地调整信贷增长方式，通过向客户营销短期融资券、资产证券化、信托理财等信贷替代型融资产品，在确保落实国家货币紧缩政策的前提下，最大限度地满足重要战略客户的融资需要，走出从紧货币政策环境下的业务发展新路。

（二）经济的周期性波动将提高对客户风险管理的要求，同时也为优化客户结构提供了机遇。一方面，美

国次贷危机的影响仍在蔓延，美国乃至全球经济放缓将降低其对中国出口产品的需求，而人民币升值的滞后效应也有可能在未来大幅削弱国内企业在国际市场上的竞争力，一些生产品种单一、销售渠道狭窄的企业可能因出口下降和汇率风险上升等因素导致亏损，从而危及银行信贷资产安全；另一方面，国家在行业发展、节能降耗、出口退税、房地产等方面宏观调控力度加大，物价、资产价格上涨将加大一些行业、企业的风险，有些企业的生产经营会遇到困难，商业银行信贷紧缩也将使部分企业面临流动资金紧张和资金链断裂风险，从而加大银行不良贷款反弹压力。风险管理要求的提高为我行优化公司客户结构、明确高端客户发展战略提供了机遇。为增强抗风险能力，必须把有限的资源优先配置到风险承受能力更强、现金流更加稳定、发展更有潜力的优质公司客户上，占领更多的高端客户市场份额，进一步优化公司客户结构。

（三）直接融资市场和利率市场化的发展对传统公司信贷业务产生抑制，同时也推动着多种产品创新和公司业务转型。当前，我国资本市场正经历深刻变革，同业对高端公司客户的竞争领域也已从信贷市场扩展到资本市场，从而对我行公司金融业务产生双重效应。一方面，与贷款相比，直接融资产品一般对客户更具成本优势，其发展会使银行传统公司信贷业务受到抑制，高端公司客户金融脱媒效应会更加显著；另一方面，我行公司金融业务也由此面临更多机遇。股票市场的发展为对公人民币理财产品、资产托管和IPO收款业务提供了市场；企业债券市场的活跃为债券承销、投资业务创造了空间，并提供了贷款证券化的交易平台；场外股权交易市场的兴起增加了我行开展企业并购顾问、银团贷款安排等投行业务的机会。因此，虽然直接融资市场的发展对公司信贷业务有一定挤出效应，但也将促进我行在短期融资券、资产证券化、公司理财、信托贷款、并购融资和顾问等业务领域的跨越式发展，有力推动我行公司业务从“公司信贷”向“公司金融”的战略转型，利率市场化的影响也是如此。虽然目前我国仍对贷款利率下限进行管制，而且银行“短存长贷”的结构特征使短期内基准利率的提升有利于增加公司贷款利差收益；然而从中长期看，通过培育以SHIBOR为基准的利率体系，我国利率市场化改革已进一步推进，其直接结果之一就是公司存贷利差将趋于收窄。目前，SHIBOR作为基准利率已逐渐被市场认可，在金融市场交易和产品设计中得到了较多运用，优质公司客户对衍生金融工具的认识不断深化，为我行提供利率互换等高附加值金融衍生产品服务提供了契机。

（四）区域经济发展战略的深入实施，对我行信贷业务经营格局改善提出了新的要求，同时也带来了新的机遇。东部地区是我行经济效益增长的重点地区，长三角、珠三角、环渤海等区域的中间业务收入占比超过50%，利润占比接近60%。2007年，这三个地区仍是我行信贷资源投放重点。但随着我国实体经济进入到一个新的阶段，我行区域发展需与国家区域经济发展战略进一步匹配。一方面，东部地区的信贷资源受经济梯度发展、产业转移的影响较大，持续快速发展客观上受到一定限制；另一方面，中西部地区经济欠发达，但发展潜力较大。从2007年全国固定资产投资的分地区情况看，东部地区投资比上年增长21%，中部地区增长34%，西部地区增长28%。随着国家振兴东北老工业基地、西部大开发、中部崛起等重大政策实施，东北和中西部地区将迎来历史性发展机遇。为了及时培育公司业务新的增长点，保持公司业务的持续发展后劲，我行需要从战略高度对信贷资源配置作适当调整，促进东部、中部、西部地区平衡发展。

三、2008年全行公司业务工作安排

根据总行年初工作会议确定的核心发展目标和经营计划，2008年全行公司业务的主要经营目标如下。

第一，业务发展目标：全行各项人民币贷款计划新增3 650亿元，其中公司贷款2 190亿元，包括项目贷款1 400亿元，流动资金贷款340亿元（其中小企业流动资金贷款550亿元），房地产贷款450亿元。

全年人民币公司贷款替代产品发展和存量调整计划2 700亿元，其中，承销发行短期融资券及财务公司金融债券650亿元；发放企业委托贷款600亿元；退出存量潜在风险贷款1 000亿元，清收处置不良贷款450亿元。

通过以上两项计划，力争全年为公司客户实际提供各类人民币增量融资4 890亿元。此外，还计划完成资产证券化、信托理财计划及融资租赁数百亿元。

全年计划压缩一般现汇贷款10亿美元，国际贸易融资新增和累计发放额分别为42亿美元和330亿美元。

全行各项人民币存款计划新增10 000亿元，其中，公司存款3 000亿元。各项外汇存款计划新增7亿美元，其中外汇对公存款7亿美元。

本外币结算、现金管理、电子银行、投资银行、企业年金和信用卡等各专业的营销目标按照总行正式下达的年度计划执行。

第二，效益目标：全行公司业务计划实现营业贡献1 160亿元，利润贡献800亿元，EVA470亿元。公司贷款利息收入计划2 050亿元，较上年增长近19%。在央行不调息的条件下，公司贷款收益率要争取达到6.8%，较2007年提高48个基点。公司类中间业务收入计划150亿元，较上年提高40%。

第三，质量目标：年末公司贷款不良率下降到3%以内，其中，总行牵头营销客户不良贷款率争取下降到0.15%以下；房地产贷款不良率控制在1.5%以内；国内贸易融资不良率控制在2%以内。

根据上述主要经营目标，2008年公司业务工作总体要求是，全面落实年初全行工作会议精神，抓住机遇坚定实施市场领导者战略，巩固和拓展高端客户市场，提高综合收益水平，推动区域平衡发展，加快公司业务转型，优化对公业务流程，提高风险控制能力，建设积极进取的营销文化，全面提升公司业务市场竞争能力。为此，全行公司业务系统要统一认识，振奋精神，克服困难，全力以赴抓好以下主要工作。

（一）及时调整定价策略，努力提高公司业务综合收益。在宏观调控和信贷紧缩的严峻考验下，如何提高信贷资产收益，加快公司业务转型，拓宽非信贷业务市场，提高客户综合回报，确保今年经营任务按时完成，是今年公司业务工作的首要任务。各行要高度重视综合化经营，在稳步提升信贷资产收益的同时，积极调整优化收入结构，拉长盈利高成长周期。

今年规模和资金双紧是调整贷款定价策略的良好时机，要切实加强收益管理，及时调整定价策略，努力提高贷款收益水平。对于存量贷款，要提高短期贷款的收益水平，3年期以下的到期再发放贷款原则上不得下浮利率；对于新增贷款，除特别优质的战略性客户和期限较长、收益较高（7%以上）的项目贷款可视市场竞争情况下浮一定利率外，其他新增贷款原则上不得下浮利率；对临时周转贷款，各行原则上不得下浮利率；对一般加工业贷款以及展期、再融资、重组贷款，要实行利率上浮。各一级（直属）分行可以结合本地区实际，按总行要求建立或严格利率下浮授权管理。总行对贷款收益率和综合收益水平低的分行，将考虑压缩其贷款规模，促使全行贷款向高收益、低风险地区倾斜。各行不得以换取一定的中间业务收益为由随意下浮贷款利率，要注意防止下浮利率损失大于所换取中间业务收益的现象。需要强调的是，分类调整定价策略，整体提高贷款收益率，是一项重要、紧迫而又需要管理艺术的工作。总行公司业务部门和各行要对可能影响到的客户，特别是优质大客户做好宣传和沟通工作，在集中资源确保这类大客户资金需要的同时，尽量争取它们对价格调整的理解和支持，做到银企双赢，共渡紧缩难关。

加大存款业务营销力度，改善我行筹资结构。受行紧缩货币政策影响，各行资金来源都面临一定困难，2008年同业对存款业务的竞争空前激烈。尽管我行计划本币公司存款新增3 000亿元，但截至2月20日，实际却下降了231.9亿元，形势异常严峻。因此，各行必须高度重视本外币存款业务营销，不仅要保持人民币存款余额同业第一，在存款增量上也要做到第一。各行要认真研究同业在当前存款市场上的竞争态势和新情况，坚持在合法合规的前提下，加大存款营销力度，努力增加吸收低成本负债，通过降低负债成本提高净收益。在对存款大户的营销和竞争中，要善于利用理财业务吸纳客户从各类市场回流资金，再通过扩大存款基础支撑理财业务大发展，实现客户资金在全行内部循环流转，改善存款特别是月末、季末、年末存款的稳定性，避免本币不稳、外币不足给总行造成较大的经营和成本压力。

加强中间业务营销，提高中间业务收益贡献。发展中间业务是银行避免经济周期影响的战略选择，要进一步突出中间业务在全行经营转型中的战略地位，确保全行中间业务收入增速和市场份额“双第一”，提升中间业务收入对全行利润的贡献度。一是要加快各项中间业务发展，进一步拓展收益渠道。理财业务重点加快针对公司客户的理财产品创新，使银行类理财业务成为中间业务收入新的增长点。现金管理业务和电子银行业务营销要继续发挥强大的客户关系优势，由单一的资金集中管理向综合理财业务领域延伸，避免或减少企业在资金集中管理后大规模还贷，同时增加我行理财收益。要抓住我国企业并购重组的历史机遇，通过加强企业融资与顾问类投行业务交叉销售，提升并购重组顾问、财务顾问、融资顾问等业务水平。依托我行企业年金全牌照优势，强化优势地位。积极创新黄金保证金交易产品、外汇衍生产品、结构性代客风险管理产品和以SHIBOR为基础的人民币利率衍生产品，推动资金交易服务从单币种到多币种、从基础工具到衍生工具、从单一市场到货币与资本综合市场的延伸。二是要提高中间业务议价能力，提升综合收益水平。近几年，为了营销大客户高收益的贷款业务，部分分行对一些大客户减免了中间业务手续费。现阶段，各级公司业务部门必须严格控制中间业务收费减免，将保证大客户的资金供应与合理收取中间业务手续费统筹加以考虑，积极向客户灌输收费理念，在不影响银企关系的前提下，调整中间业务收费策略，尽量提高中间业务收益。

加大交叉销售力度，提高客户综合回报。要充分发挥信贷产品的基础作用，加强传统信贷市场、货币市场、债券市场以及理财、现金管理、衍生产品等多个市场的组合产品创新，将信贷产品营销优势扩大到全方位公司业务。要利用我行丰富的法人客户资源，促进对法人客户员工特别是高端客户中高层管理人员的个人金融业务营销，并加强房地产行业公司业务和个人业务捆绑销售。利用我行多渠道进入证券、保险、租赁、信托、期货市场，努力发展成为大型综合性金融集团的契机，为客户提供“一站式”综合金融业务。

（二）抓住当前机遇，进一步巩固和拓展高端客户市场。高端公司客户经济实力雄厚、金融业务流量大、产业辐射能力强，对银行综合贡献度高，是金融同业竞争的重中之重。在当前加强宏观调控和从紧的货币政策下，中小银行难以满足客户稳定的资金需求，大银行也在调整客户策略和定价策略。种种情况表明，当前高端客户前所未有地重视与大银行的战略合作，希望合作银行能够在经济周期低谷时期提供稳定的金融服务。因此，我行要高度敏感，紧紧抓住当前机遇，巩固和竞争高端客户，进一步拓展我行优质市场。

我行资产经营规模大，但今年全行本币公司贷款增量只有2 190亿元，增幅仅为7.98%，低于全国银行业平均增长水平；而且由于我行客户群体最大，客户平均分享的信贷资源低于其他银行，不集中优势兵力，市场竞争优势不一定能完全体现出来。因此，要巩固和拓展具有战略影响的高端客户，就必须按照“竞争优质，压缩一般，退出劣质，有保有压，有进有退”原则，对公司客户进行甄别分类，将有限的宝贵资源用于高端客户市场。

今年，总行和各分行资源配置要从长远战略目标考虑，以客户战略地位和综合收益水平为重点，实行分类管理。对客户关系维护难度最大的战略型合作伙伴客户，在信贷计划分配上要力保，同时在高收益产品（例如项目贷款）上也可保持一定的利率竞争优势；对客户关系维护难度较大的重点客户，在信贷计划分配上要力保，但利率水平不得低于同业水平；对客户关系维护难度不大的一般客户，要在信贷计划分配上予以统筹兼顾，并提高利率水平；对劣质客户，要及时退出。各行要列出重点保证的战略合作伙伴客户和重要客户名单，对列入信贷计划重点保证名单的高端客户逐户走访，及早了解客户的年度需求，统筹安排全年信贷计划。与此同时，各行要高度重视引导客户需求，努力在不占用规模的信贷替代产品和中间业务上挖掘潜力，通过各种创新途径满足客户资金需要，并加快我行公司业务转型和经营结构调整。

（三）实施区域平衡发展战略，促进公司业务长远发展。长期以来，我行主要业务发展重心集中在东部沿海地区。近些年，中西部特别是西部，经济增长和固定资产投资增长均快于全国平均水平，成为大型优质项目富集地区，从而也成为商业银行新的利润增长点。因此，针对全国经济增长梯度发展和同业竞争形势的变化，我行公司业务有必要调整经营策略，在巩固和扩大东部沿海地区竞争优势的同时，深入开展中西部地区的市场培育、项目储备、人才培养、资源保障等工作，实施东中西部平衡发展战略，实现各区域机构都能力争在当地“盈利水平最高、资产质量最好、竞争发展能力最强、业务结构最优、服务水准最佳”。

东部沿海和总部经济地区分行要继续巩固和扩大竞争优势，全方位开拓市场，做大做强，确保在整个区域和各项业务领域全面确立市场第一的地位。要突出发展新兴高端业务，逐步确立国际业务比较优势，加快在先进制造业、现代服务业、高新技术产业等新领域确立金融服务优势，稳健开展小企业市场营销。北京、上海、广州、深圳等重点城市行要利用在国际、国内或区域经济中心、金融中心、贸易中心的区位优势和贴近客户总部服务的关系优势，配合总行加强总部营销，推进相关地区客户集团整体的市场营销和业务拓展，辐射带动周边机构和全系统业务发展。

中部、西部和东北地区分行要对我国经济的梯度发展具有良好的敏感度，通过把握竞争重大项目机遇，依靠资源优势加快发展。要重点推进武汉、西安、成都及长沙等省会城市、直辖市及区域重点中心城市的城建项目，以住房开发贷款为依托，联动营销住房开发贷款与个人住房贷款。在电力、煤炭、水能、矿业等资源类行业，要重点跟进主要流域的大型电站开发项目，大型煤矿、煤电一体化以及煤、电、路、港一体化项目，以及九大电力集团投资的风力发电等清洁能源项目。大力支持铁路、公路等交通枢纽建设，巩固和推进铁路营销成果转化。促进汽车、冶金行业优质客户产业链营销和并购顾问等业务营销。积极跟进新型装备制造业基地、重要技术研发与创新基地建设。总行对收益高、期限长、风险低的项目，将调配全行资源予以力保。

（四）加大金融创新力度，积极拓展信贷替代产品市场。今年，全行计划加大信贷替代产品营销，承销发行短期融资券及金融债券650亿元，企业委托贷款计划发放额600亿元，资产证券化、信托理财计划及融资租赁数百亿元。通过增加非信贷融资渠道，解决公司客户对我行的融资需求，维护好优质客户中长期合作关系。总行将尽快把上述任务分解下达各行，各行务必按质按量完成，总行将进行专项检查。

创新并推广信贷替代产品，满足客户融资需求。一是要在2007年基础上，进一步扩大信贷资产转让和资产证券化规模。总行拟将信贷替代产品创新与信贷结构调整相结合，通过合理分配资产包，促进信贷超计划严重、信贷收益较低、行业和客户结构不合理、资产质量差的分行改进工作。同时，制订有关收益和信贷计划返还方案，通过合理的利益分配调动分行积极性。二是努力扩大银团贷款在增量贷款中的比例，适当选择部分存量贷款进行银团贷款置换，通过竞争银团贷款牵头行来维护客户关系，并通过银团贷款分销释放部分贷款规模。三是在确保风险可控的前提下，加强对能够帮助客户融资但不占用信贷规模的委托贷款业务的营销。各行要加大对新客户的拓展力度，通过系统内委托贷款、专项委托贷款、现金管理项下委托贷款以及单一客户委托贷款等多种方式，做大业务量。总行将积极支持各行开发新型委托贷款产品。需要指出的是，近些年我行企业委托贷款业务量增长较快，委托代理费收入增长却远低于中间业务收入平均水平，今年各行必须严格控制手续费下浮比例和幅度，并努力提高手续费收入水平，对老客户积极争取机会，重新商谈价格；对新客户要严格执行总行标准，今年新办理的企业委托贷款手续费率原则上不能下浮。四是利用信托和多系列固定收益类理财产品及与汇率、利率、股指等指数挂钩的结构性理财产品，拓展与之挂钩的融资产品，在满足不同风险偏好和回报期望的客户理财需求的同时，缓解信贷计划紧张的压力。

抓住直接融资市场发展机遇，帮助客户拓宽融资渠道。充分利用我行客户资源、资金实力和信贷管理资源，积极营销 IPO 验资、收款行、上市收单、分红派息、并购顾问等与股票市场相关的各项业务；扩大短期融资券、企业财务公司金融债的承销发行和投资规模。需要强调的是，各行尤其要抓住贷款规模紧张，商业银行尚不能主承销的企业债、公司债因不允许银行担保而市场空间受到挤压的机遇，大力加强短期融资券营销。对于曾由我行主承销的项目，要确保我行主承销地位；对于曾由他行主承销的优质项目，在分期发行、重新备案和增发时要争取由我行主承销；对于新发行的短期融资券，要全力以赴争取先入为主。各行特别是发行资源丰富的分行，要努力实现总行提出的同业占比第一的目标，以形成我行对重点地区、重点行业、重点客户的短融承销发行优势。总行今年要对此实行严格考核，考核结果将与信贷资源分配挂钩。此外，我行还要在积极争取主承销和投资交易所市场流通的企业债和公司债等债券的同时，利用投资这两种债券以及为重点客户推荐担保人等方式，密切与客户的合作关系，并加大债券承销业务创新力度，积极争取获批主承销和投资信托计划以及商业票据连接型等高收益品种，提高债券业务收入多元化程度。

大力发展租赁业务，开辟新的盈利增长点。要充分利用工银租赁平台，将租赁业务融入公司业务整体营销，大力开展飞机、船舶、大型设备融资租赁，并通过将项目贷款中的设备融资部分转化为租赁的方式节约贷款规模，通过售后回租等方式释放原有贷款规模，为客户提供更加灵活、多元化和富有弹性的结构性融资服务方案，拓宽融资渠道，并提高我行的资产流动性，推动收入结构多元化，促进工银租赁以较快速度、较优方式做大业务规模。

同时，各行公司业务部门要积极配合有关部门做好存量潜在风险贷款退出和不良贷款清收处置等重要工作。

（五）以客户为中心，优化公司业务流程。公司业务流程改造是2008年的重点工程，对提高公司业务风险控制能力和市场反应效率至关重要。要根据高端客户的个性化特点，建立以客户为中心的系统、科学、高效、快捷的业务流程，在保证有效控制风险的前提下，最大限度地提高高端客户服务效率。

推进全过程公司业务流程优化，提高对高端客户的响应速度和服务效率。公司业务流程优化要以客户为中心，覆盖市场培育、目标客户筛选、营销计划制订、客户维护和现场营销、业务受理、尽职调查、市场价格及商务谈判、评级授信、评估审查、业务操作、售后服务等各方面。今年重点是在营销环节要构筑统一的营销平台，客户经理与产品经理要既有分工又有合作，各种金融业务都要在客户经理的统筹安排下有序进行，逐步实现多头营销向整体营销转变；在业务受理环节要按照客户分类，建立高端客户优先受理和处理制度、高端客户绿色通道等机制，优化业务处理模式，解决客户需求在某些环节滞留时间过长的问题；在授权环节除考虑经营机构经营管理水平外，也要统筹考虑客户资源分布和项目前景，通过名单制对优质客户进行单独管理和考核，确保不同地区重大优质项目市场营销；在审查审批环节要进一步整合包括尽职调查、评级、授信、评估、审批、授权、贷后管理流程，推行高端客户主动授信和优质客户授信项下融资业务核准制度，依据风险大小精简业务环节和审批层级。

优化总分行直接牵头营销业务流程，提高集团客户总部的营销层次。总行和一级（直属）分行要按照集团客户特征，优化直接营销业务流程，满足集团客户对总分行直接提供服务、对一揽子金融服务、对提高服务效率的迫切要求。首先，调整和充实总分行直接牵头营销客户数量，提高总分行对优质客户营销的集中度，推动总分行前台营销部门从管理走向经营。其次，将总分行对集团客户的统一标准服务从目前的现金管理拓展到全部公司业务，将总分行对集团客户的直接受理业务从以信贷业务为主拓展到其他公司业务。最后，要优化总分行直接牵头营销客户服务流程，在综合贡献度测算的基础上，遴选出对我行贡献度最大的部分总分行直接营销客户开始试点，进行全面的客户分析、成本收益测算和个性化服务方案制订，经有权部门审批后为高端客户提供差异化服务，实现以客户个性化需求为基础的单独授权。

（六）推进经营转型和营销体系建设，建立总分行两级直营体系。目前，按照“分层营销、分类管理”原则，各行初步搭建起了分层营销的业务架构。下一步，要将这一体制进一步推向深入，在总行和一级分行层面，进一步集中高端客户的营销职能，推动公司业务从管理走向经营，逐步完善总行和一级（直属）分行两级直接营销体系。

一级（直属）分行要建立直接营销制度，实现公司业务扁平化管理。各一级（直属）分行要将辖内跨区域经营的优质大客户纳入直接营销范围，提高营销层次，直接组织和管理辖内大客户、大项目营销，直接受理业务，改变所有业务均由支行发起的现状，并建立以户为单位的系统管理体系和考核体系，使营销目标、营销计划、营销指导意见、业务授权、操作流程、考核体系等全方位管理按户进行。随着总行授信审批体制实现垂直集中管理，建立扁平化营销体制的条件也日趋成熟，要启动推进高端客户营销的垂直集中管理，以提高对客户的响应速度和服务效率。

建立高效的公司业务协调机制和首席客户经理或派驻首席客户经理制度。各行要成立“重大营销业务领导小组"，研究重大项目和重大客户营销的对策和措施，协调跨部门的市场营销事宜，组织整合行内的营销资源，及时解决市场竞争和业务拓展中的各种问题。各行可对牵头营销高端客户任命或派驻"首席客户经理"，代表牵头行负责集团高端客户总部的业务组织、日常维护、信息沟通，组织有关分行和部门的客户经理开展业务洽谈。各产品部门客户经理在上门营销客户时，应在首席客户经理的统筹安排下进行，重大业务和多项产品的组合业务，需由首席客户经理牵头，组成团队进行营销。各分行对集团客户下属企业配置的专职客户经理要接受客户总部对应的首席客户经理的领导。

加强公司业务系统指导，进一步推进联动营销进程。总行公司业务部门要加强对全行公司业务的系统指导，根据跨国、跨地区、跨行业的集团客户特点，本着"项目属地、客户意愿、业务贡献"的主办行原则，确定重要客户和重大项目的行内主办银行和协办银行。各一级（直属）分行公司业务部门要统筹安排和精心组织辖内联动营销活动，认真研究并实行联动营销利益的合理分配与转移，确保重要客户和重大项目联动营销业务的良性发展。积极从多个途径寻求解决办法，除筹组银团、说总行将通过加强境内外客户总部营销、组织有关分行按国别进行工作研讨、组织境内分行和客户高级管理人员境外培训等，为境外分支机构创造更多的业务机会。各境内外分行也要加强联动，如在当前外汇资金趋紧的情况下，各行在严格外汇贷款准入的同时，也可对高端客户的外汇资金需求拓宽思路，多方寻求解决，除筹组银团、动员客户改借人民币、提高价格、提高关联效益要求等外，还可以考虑争取利用境外分支机构头寸、以我行担保方式推荐给代理行等。各境内分行要积极向客户宣传和推介我行的国际化战略安排、境外机构申设和并购、境外分行技术进步情况等。

（七）积极应对经济周期变化的挑战，提高市场营销的风险控制能力。在当前经济形势下，要特别警惕经济周期性波动风险，通过加强计划管理和市场指导、客户营销和产品定价、售后服务和贷后管理等环节的风险控制，继续增强客户经理风险意识，全面提高公司业务系统市场营销的管理水平。

加强信贷计划管理，引导市场营销和信贷投向。今年，总行要增强信贷调控的严肃性和权威性，制订全年序时投放计划，对贷款增量与存量收回再贷将统筹安排，做到按月掌握，按季控制，均衡投放。对超计划放贷分行将责令限期压回，并提高经济资本配置系数；继续加大贷款规模管理与利率下浮贷款比重、下浮幅度、贷款收益率和不良率等关键指标的挂钩力度。各行要严格遵守总行下达的信贷计划，按照序时投放计划，准确把握贷款投向，积极调整结构。

重视市场营销风险管理，确保资产质量持续提高。各行要积极关注经济形势变化引发的风险，切实加强前台的风险管理。重点关注汇率变动，特别是人民币升值因素对以出口销售为主的涉外经济客户经营状况的影响；资产价格上涨对客户经营成本和资金链的影响，对从紧货币政策下客户资金回笼、融资途径变化进行监测，及早采取防范措施。各行要严格控制一般客户的普通流动资金贷款，用贸易融资产品满足其基于交易的融资需求，疏导普通流动资金贷款有效分流。对业务多元化，且主要依靠银行融资高速扩张的企业集团要注意控制我行贷款同业占比。

加强售后服务和贷后管理，防范客户经营变化造成的风险。各行公司业务部门要在认真做好客户日常维护的同时，密切关注客户生产经营的变化情况，切实承担起日常贷后管理职责。要通过在业绩考核评价体系中适当增加贷后管理工作内容的考核权重，引导客户经理主动加强贷后管理。

（八）以客户为中心，建立积极进取的营销文化。积极进取的营销文化是公司业务凝聚力、创造力的重要源泉，是实现为客户提供最佳服务，为股东创造最大价值，为员工提供最多发展机会的保障。现阶段，工商银行积极进取的营销文化应该包括以下六方面内容。

要有崇尚一流、追求卓越的精神状态和勇于担当市场领导者的坚定信念。作为国内最大公司业务银行，追求最强应当是我们矢志不渝的目标。市场领导者是企业核心竞争力的具体标志，目前我行公司业务在国内多方面仍然具有领导者地位，但越来越受到来自同业的严峻挑战。我们要彻底摒弃不思进取、安于现状的精神状态，对每一个优质市场、每一个优质客户、每一个重大项目，都树立目标、抖擞精神、全力以赴，争取市场份额和综合收益占比双第一。同时，市场领导者不应仅是统计数字显示的核心业务、核心区域、核心客户市场份额，更是敢打敢拼的强烈竞争意识、舍我其谁的气魄、敢于创新的风格，既能够给同业竞争对手造成较大震撼，也能以良好的精神状态和雄厚的竞争实力赢得其尊重。

要牢固树立全行以客户为中心的经营理念。客户是银行生存和发展的基础，"以客户为中心"绝不仅仅是前台市场营销部门的事情，而应作为银行经营的核心理念，贯穿于客户服务的全部流程中，体现在市场营销、产品提供、技术支持、中后台审查审批、售后服务等每一个部门和每一个环节；贯彻在每一位员工的具体行动中，真正做到举全行之力，以最先进的技术、最适合的产品、最有效率和价值的服务满足客户，赢得市场。

要倡导"客户需求导向型"的创新文化。发挥市场部门在产品创新设计与优化过程中的独特优势和重要作用，将创新发起由后台推向前台，增强对客户金融服务需求的响应能力，使产品创新更好地贴近市场，保证创新对高端客户个性化需求的适用性和有效性。产品创新后既要重视市场推广，使创新产品快速转化为市场竞争优势；更要重视客户体验，建立创新产品的后评价制度。

要树立客户综合收益和贡献评价的全局观念。必须树立对高端客户营销的全局观念，重视对客户综合收益和贡献的评价。高端客户服务要努力就一揽子金融需求与客户签订综合服务协议，做到虽然不同业务定价有高有低，但整体综合回报较高。高端客户的营销考评体系也要以综合效益为基础，鼓励客户经理在全面分析客户需求的基础上，开展全方位公司业务营销，通过增加服务品种，提高客户对我行的依赖性和忠诚度。

市场营销部门要具备维护中长期客户关系的战略眼光和统筹能力。经济发展虽然有周期，但客户服务没有周期，绝非一时一事。重点客户服务绝不能在经济繁荣时锦上添花，在经济下行时釜底抽薪，而是必须要有战略眼光和统筹能力，无论是信贷政策制定，还是产品定价，对高端客户都要放眼长远，从长计议，综合算账。只有在资金紧张时克服困难，力保高端客户关系，才能使客户在资金宽松、同业竞争激烈时，保持对我行的高忠诚度。努力营造银企之间相互理解、相互信任、相互支持的文化氛围，保持与高端客户的中长期战略合作关系。

以人为本的客户经理管理文化。要树立"以客户为中心、以客户经理为根本"的理念，积极倡导客户经理人本文化，通过合理的职业生涯设计为客户经理创造更大的发展空间；通过改善激励改变客户经理对工作业绩关切度不足的现状；通过加大培训力度提高客户经理综合素质，增强客户经理对企业文化的认同，使"为客户提供最佳服务，为股东创造最大回报"的核心价值观"内化于心"，"外化于行"。今年，总行拟评选出200名优秀客户经理，并进行表彰。各行要重视解决客户经理数量不足的突出问题，提高营销人员比重。有条件的分行还可尝试建立操作中心或者助手制度，将客户经理从日常操作事务中解放出来，集中精力做好重点客户营销工作。

今年，面对复杂的国际国内形势，公司业务部门的责任很重，压力很大，希望大家继续发扬求实进取、锐意创新、团结一致的精神，圆满完成今年公司业务各项目标任务，努力把我行打造成为核心业务市场占有率最高，质量、效率、效益最好，综合化、国际化程度最高，客户服务竞争力最强的中国最大公司银行！

充分发挥法律专业职能优势
为加快提高我行竞争力提供优质法律保障

——在中国工商银行法律事务工作会议上的讲话

王丽丽

（2008年4月1日）

这次会议的主要任务是贯彻落实全行发展战略研讨会和年度工作会议精神，认真总结2007年全行法律事务工作，深入分析当前法律风险防控工作面临的新形势和新问题，组织动员各分行进一步加强法律事务工作，充分发挥法律专业职能优势，为加快提高我行竞争力提供优质法律保障。下面，我讲四个方面意见。

一、2007年全行法律事务工作成绩显著

2007年是工商银行境内外公开上市后的第一年，全行各级法律部门认真贯彻落实总行党委确定的全行工作指导思想和目标要求，以保障依法合规经营和防控法律风险为核心，为完善公司治理和满足上市监管要求提供法律保障，积极支持各项业务发展创新，强化诉讼案件特别是被诉案件监控管理，充分运用法律手段清收不良资产，在我行改革发展和经营管理中发挥了重要作用，各项工作均取得显著成绩。主要体现在以下几个方面。

（一）出色完成境外投资和机构申设相关法律工作。2007年我行积极推进国际化和综合化经营发展战略，先后实施了印尼哈利姆银行、澳门诚兴银行、南非标准银行等收购项目，以及购买工银亚洲股份和认股权证股权转让交易项目，申设莫斯科子行、纽约分行、悉尼分行、迪拜子行、多哈分行等分支机构，还正式成立了工银金融租赁有限公司。在开展这些工作过程中，总行法律部充分发挥法律专业职能优势，在法律尽职调查、交易方案制订、结构设计、条件安排、法律文件制作、信息披露等方面提供了有力的法律支持，认真负责地处理了很多疑难复杂的法律问题，确保了有关交易事项和工作目标顺利实现。

（二）依法规范和促进上市公司治理工作。完善公

司治理是我行上市后的一项重要任务，各级行法律部门在相关规章制度建设和制度执行方面做了大量工作：一是根据境内外上市地和银监会的有关监管规定，总行法律部结合我行实际研究制定了《中国工商银行股份有限公司关联交易管理基本规范》，报经董事会审议通过，建立了我行关联交易管理基本制度。二是各级行法律部门按照总行的要求认真做好我行关联方信息收集上报工作，经总行法律部汇总和初步确认后，提交董事会关联交易控制委员会最终确认我行关联自然人1.6万余人、关联法人近60家。三是先后为我行股东大会召开、公司信息披露、重大信息报告、战略投资者派驻人员有关保密制度建设等重要事项提供法律支持，并妥善完成了我行改制上市法律尽职调查资料销毁和移交工作。

（三）充分发挥法律咨询审查职能支持业务发展创新。2007年，全行各级法律部门处理书面咨询审查事项17万多件，出具法律意见17万多份；书面审查各种交易合同标的金额7.7万多亿元，揭示风险点21.6万多个，提出风险防范和控制措施22.5万多条；参加业务谈判2.1万多次，累计谈判时间达7.2万多小时。如果这些工作全部通过外聘律师来完成的话，我行将要支付高达数亿元的律师费用；换个角度来讲，如果没有法律部门从事这些工作的话，我行又可能会产生多少风险或者造成多少损失？所以，法律咨询审查工作不仅对防控业务风险，而且对创造利润、减少风险控制成本是发挥了重要作用的。法律咨询审查方面的业绩还表现在以下几个方面。

一是以法律专业优势支持我行产品创新、市场创新、制度创新和管理创新，积极参与有关创新设计和方案架构，认真审查和协助拟订各类创新涉及的协议文本和规章制度。二是重视国际化业务拓展相关法律工作，切实加强对相关业务的法律审查，不断提高涉外交易的法律审查水平和质量。三是加大对重点公司业务的法律支持力度，提前介入我行与重要客户开展的业务谈判，克服交易背景和结构复杂、法律关系交叉、中英文资料量大、时间要求紧迫等困难，审慎识别和提示相关法律风险。四是为个人金融业务发展提供有效法律保障，综合权衡客户权益保护、银行风险控制、方便实际操作、节约营销和管理成本、维护我行良好形象等各方面因素，协助整合和修订各类零售业务规章制度和协议文本，配合完成相关业务流程再造。五是深入分析研究新颁布法律法规对银行经营管理和相关业务的影响，根据《物权法》、《劳动合同法》等新法规及时修订完善行内有关规章制度和合同文本，主动预防和规避因新法实施可能产生的法律风险。六是积极开展法律专业指引和培训工作，各级法律部门去年共制定124份专业指引性文件，组织120余次专业培训，有效提升了全行法律风险防控能力和水平。

（四）诉讼案件管理和诉讼风险防控工作进一步加强。2007年，全行各级法律部门高度重视诉讼案件管理工作，共办理各类起诉案件1.15万件，涉及标的金额215亿余元；办理新发生被诉案件1 063件，涉及标的金额11亿余元；在已审结的1 002件被诉案件中，我行胜诉672件，通过胜诉直接避免的经济损失高达16亿元，避免损失率达76.3%。在这些起诉和被诉案件中，超过76%的案件都是由我行法律人员自行代理的，如果按市场平均价格计算，共为我行节省律师代理费6亿多元。

在加强诉讼案件管理和诉讼风险防控工作过程中，总行和各分行法律部门一是严格执行诉讼案件授权管理制度，严把诉前论证和诉讼审批关，全面调查收集相关证据材料，周密制订切实可行的诉讼方案，合理控制和减少诉讼成本，不断加强对外聘律师的监督和管理，进一步提高了全行诉讼案件管理水平和案件诉讼效益。二是注重强化被诉案件风险化解工作，重点监控和管理重大、典型或敏感性被诉案件，妥善处理了大量被诉案件，有效避免和减少了被诉案件可能造成的经济损失和声誉损失。三是定期对分支机构被诉案件情况进行统计、分析和监控，及时警示和督促被诉风险高发行和相关业务部门采取必要的措施，堵塞漏洞，化解隐患，实现被诉风险防控关口前移。四是高度重视我行剥离的自办公司债权被诉案件处理问题，总行法律部向最高人民法院、财政部和银监会多次汇报和反映情况，经过反复沟通协调，促成银监会和财政部联合印发《关于国有商业银行剥离自办公司债权有关问题的通知》，明确了有关政策，并规定资产管理公司不得对外转让国有商业银行2000年剥离的自办公司债权，为下一步各级人民法院审理此类案件，以及最高人民法院制定出台审理此类被诉案件的司法文件提供了必要的政策依据。

（五）依法清收不良资产工作再创佳绩。2007年，适应我行压降不良资产、提高资产质量的要求，全行各级法律部门积极运用各种法律手段清收不良资产，全年共收回各类资产188.86亿元。其中，收回现金129.89亿元；胜诉案件执行率达到45.23%，比2006年上升了5个百分点。取得这样优异的成绩，主要有以下几个方面的原因。

一是各分行重视加强对依法清收不良资产工作的组织领导，结合本行实际情况研究制订切实可行的清收工作计划，一些分行领导还亲自带队到基层开展调研和督促指导工作，主动与有关政府部门进行沟通和协调，现场研究解决依法清收不良资产工作中存在的困难和问题，确保不良贷款清收工作任务顺利完成。二是法律部门充分发挥专业职能优势，努力克服各方面的困难，积极主动地开展运用法律手段清收不良资产工作，想方设法减少相关费用支出，提高债权受偿率和现金清偿比例。三是总行和各分行积极探索依法清收不良资产的新方法和新途径，上下联动，相互配合，不断攻克清收难关，工作成效十分明显。

（六）积极开展商标管理和知识产权保护工作。加强商标管理对于保护业务发展创新具有积极的作用，总行法律部作为全行商标管理的牵头部门，非常重视这方面的工作，根据我行业务发展需要及时办理重要商标的境内登记注册和复审申请。同时，结合我行境外业务拓展情况认真做好核心商标境外注册申请和全球补充性注册及到期续展工作。2007 年，总行法律部共申请注册商标 137 件，复审商标 10 件，完成注册 132 件，其中完成核心商标境内注册 76 件，境外注册 31 件。此外，总行法律部还积极加强商标合法权益保护工作，针对多起涉嫌侵害我行商标权益的行为及时提出异议，并就金融产品创新遭遇“复制陷阱”相关法律问题进行深入调研，提出了知识产权保护工作建议，为下一步加强全行商标权、专利权和著作权等知识产权的统一管理打下了良好基础。

（七）尽职组织开展反洗钱工作。2007 年上半年，总行法律部继续认真履行反洗钱职责，积极推动有关业务部门和分行法律部门开展反洗钱工作，先后研究制定了《中国工商银行反洗钱基本规定》、《中国工商银行大额交易和可疑交易报告管理办法》和《关于调整完善反洗钱有关工作机制的通知》等制度文件，向总行风险管理委员会提交《关于我行反洗钱工作情况的报告》，按计划组织举办全行反洗钱培训活动，进一步提高全行反洗钱工作水平，尤其是在我行申设境外分支机构过程中承担了大量反洗钱相关工作。与此同时，各分行法律部门也认真按照总行要求，积极组织开展各项反洗钱工作，很好地完成了有关工作任务。

2007 年 6 月，考虑到反洗钱工作属于银行操作风险管理的重要内容，借鉴国内外银行业反洗钱实践经验，总行行长办公会研究决定由内控合规部牵头负责反洗钱工作。总行法律部及各分行法律部门认真落实总行的决定，尽职尽责地做好有关移交工作，确保了全行反洗钱工作不因牵头部门调整而受到任何影响。应当指出的是，全行法律部门近几年在组织开展反洗钱工作方面付出了很多心血和努力，做了大量开创性工作，取得了显著成绩，为我行依法合规开展反洗钱工作打下了坚实基础，应给予充分肯定和表扬。

回顾 2007 年全行法律事务工作，成绩十分显著，贡献非常突出，作用更加重要。这是全行各级法律部门和法律人员勤勉尽责、辛苦努力的结果，也是各级行领导关心和支持法律事务工作、有关部门密切协调配合的结果。借此机会，我代表总行党委向全行各级法律部门和法律人员表示衷心的感谢和诚挚的问候！

二、当前法律事务工作面临的形势和问题

我行改制上市以来，内部治理机制和外部经营环境均发生了许多变化。当前，全行上下正在抓紧贯彻实施总行党委和董事会制定的经营发展战略，全行改革发展的任务很重。在这样一个大的背景下，法律事务工作也面临一些新情况和新问题，对此，我们必须深入分析和正确认识，做到心中有数，妥善应对。

（一）法律咨询审查工作面临新挑战。

一是法律风险表现出多元化特点。作为一家大型的上市银行，为确保经营管理活动具有合法合规性，我行除了应遵守有关商业银行的监管法规以及银行监管部门的监管要求外，还须遵守有关上市公司的监管法规以及证券监管机构有关公司治理、关联交易、信息披露以及证券发行和交易等监管要求。同时，我行上市后还面临多方位、多层次的公司及证券法律关系，需要依法合规妥善处理股东与公司、董事会与管理层、监事会与董事会和管理层、公司与工会组织等关系，以及公司与投资者、证券交易所、证券监管机关以及证券市场相关参与者之间的关系，谨慎防范相关的法律风险。

二是法律风险具有国际化特征。作为境内外上市的公众公司，我行既要遵循我国公司法、证券法等有关监管法规，还须遵循境外上市地相关监管法规；既要接受境内证券监管部门的监管，还须接受境外上市地证券监管机构的监管。同时，我行的投资者还包括境外的战略投资者和境外中小股东，如果股东关系管理或者信息披露等方面处理不当或违反监管规定，有可能面临境外投资者在境外提起法律诉讼的风险。另外，我行正在积极推进国际化经营发展战略，在拓展国际业务、实施战略购并和构建全球经营网络过程中，许多业务事项和工作任务将不可避免地涉及不同国家的法律、法规和监管规定，相关事项产生的法律风险有可能跨越国界。如何有效应对国际化经营发展产生的法律问题，切实防控跨国监管相关法律风险，是我们面临的一个重要课题。

三是经营创新涉及的法律问题日趋复杂。根据我行综合化经营发展要求，目前我行正在构建以商业银行业务为主体、跨市场的金融服务体系，产品创新、市场创新、制度创新和管理创新步伐不断加快，在这个过程中，势必会遇到各种复杂的法律问题。同时，与综合化经营有关的金融政策、法律规则和交易规则日趋复杂，不仅需要对现有法律制度和经营模式进行合理的评估和正确的把握，甚至需要在一些法律和监管的模糊地带进行探索和突破。所以，准确界定风险边界、平衡好创新和风险防控之间的关系十分重要，这也对法律咨询审查工作提出了更高的要求。

上述新情况和新特点，对法律风险防控工作提出了新的挑战。因此，进一步提高法律咨询审查的水平和质量，不断健全和完善法律风险防控机制，切实保障我行依法合规经营管理，比以往任何时候都更加重要。

（二）被诉案件风险防控任务十分艰巨。我行 2007 年被诉案件发生数量比上年减少 182 件（减幅 14.62%），被诉金额同比减少 8.4 亿元（减幅为

42.56%），扭转了2004年以来全行被诉案件数量和金额逐年上升的不利状况，反映出我行被诉案件风险防控工作得到进一步加强，依法合规经营管理水平得到进一步提升。但是必须看到，全行被诉案件风险防控工作仍然存在一些突出问题和薄弱环节。

一是被诉案件数量、被诉金额和败诉金额较大。2005—2007年，全行共发生被诉案件3 489件，被诉金额51.5亿元；共结案3 051件，涉及被诉金额47.0亿元，虽然通过各级行法律部门和法律人员努力做好应诉工作，避免了大部分被诉损失，但全行败诉损失金额仍然有7.6亿元，其中2007年败诉金额达3.2亿元。截至2007年末，全行还有1 243件未决被诉案件，被诉标的总金额达29.4亿元，表明我行被诉案件风险化解工作任务仍十分繁重。

二是一些分行被诉风险较为突出。从2007年全行被诉案件发生数量来看，河南、陕西、北京、江苏、湖北、辽宁、吉林和广东8个分行新发生被诉案件数量较多；从败诉损失金额看，河北、河南、北京、黑龙江、内蒙古、江苏、上海、辽宁和吉林9个分行损失金额较高；从未决被诉案件情况看，河南、四川、广东、广西、辽宁、河北、山东和湖南8个分行位居前列。这些分行被诉风险较为突出的状况，值得引起重视。

三是全行被诉案件发生领域呈现多样化特征。一方面，被诉案件不仅涉及银行经营管理的各个方面，而且在房屋租赁、后勤服务等一些非银行经营管理领域也时有发生；另一方面，全行发生的被诉案件主要集中在贷款、存款、劳动人事和资产处置等业务领域，表明这些业务领域的被诉案件风险防控工作有待进一步加强。需要强调的是，年初以来我行发生了多起劳动争议被诉案件，有的分行还出现了集体劳动争议被诉案件，这些案件应诉处理的难度和复杂性十分突出。

四是由操作风险事件导致的被诉案件和败诉损失居高不下。一些分支机构及其工作人员在工作中不按照相关法律法规和规章制度办事，由于操作不当、违规操作、未履行法律或合同规定义务，甚至发生违法犯罪行为，导致我行出现大量的被诉和败诉案件。2007年，此类被诉案件和败诉损失分别占全行操作风险损失总件数和损失总金额的85.3%和95.9%。

五是对客户投诉处理不当容易引发被诉案件。我行的客户数量众多，当客户在办理银行业务过程中遇到有关问题或与我行发生争议时，往往会首先进行投诉，以求解决问题。但是，由于我行的客户投诉制度尚不健全，处理机制不够完善，加上一些基层机构和有关部门对客户投诉问题不够重视，处理不当，不仅没有及时妥善地解决客户投诉问题，甚至造成矛盾激化，导致客户由投诉转变为起诉，酿成银行被诉案件。

六是敏感性被诉案件处理难度大。一些个人客户因存款业务、银行卡业务或有关业务收费等问题而起诉银行的案件，虽然标的金额不大，但由于涉及客户面较广，问题较为敏感，往往会引起媒体和社会公众的关注，不仅给我行应诉工作造成较大的困难，而且我行一旦败诉的话，还可能对自身的形象和声誉造成不良影响，甚至引发大量类似的诉讼，形成严重的系统性风险。

（三）法律专业人员的数量和质量难以适应工作需要。近年来，由于体制机制等多方面的原因，全行法律专业人员流失现象比较严重，法律人员力量不足的问题十分突出。从2006年6月30日到2007年底一年半的时间里，全行法律专业人员数量从1 527人减少到1 332人，占目前全行从业人员的0.3%；一些重要业务领域（例如国际业务、知识产权保护、劳动人事管理等）的法律专业人员非常缺乏；很多分支机构法律人员力量严重不足，甚至出现法律岗位人员空缺现象；各分行之间法律人员配备情况差距较大，在各一级分行本部中，法律人员最多的有17人，最少的只有3－4人。由于法律专业人员匮乏，一些分支机构特别是基层行的法律风险防控工作十分薄弱，甚至存在明显的盲区和漏洞，发生法律风险的隐患很大。

另外，当前我行改革发展所面临的法律风险具有多元化、复杂化和国际化等特点，对法律风险防控工作提出了新的挑战和要求。但是，一些分支机构的法律人员专业素质不高，对新法规和新业务缺乏深入学习研究，知识结构和专业技能不适应工作要求，法律咨询审查质量不高，识别和防控法律风险的能力不强，急需通过加强业务学习和培训来进一步提高其专业素质和工作水平。

三、进一步加强法律事务工作的要求

2008年，全行工作的总体要求是：以党的十七大和中央经济工作会议精神为指导，全面落实科学发展观，认真贯彻国家宏观调控政策和金融监管要求，巩固扩大改制成果，继续完善公司治理，转变发展方式，加快金融创新，改进金融服务，千方百计提高市场竞争能力，实现各项业务的健康发展，保持经营效益持续增长，继续朝着国际一流现代金融企业的目标迈进。根据这一总体要求，各级行要进一步重视和加强法律事务工作，法律部门要尽职尽责，勇攀高峰，充分发挥法律专业职能作用，为顺利实现全行既定的工作目标和任务，加快提高我行市场竞争力提供优质法律保障。下面，我就今年需要着重做好的几方面工作提出以下要求。

（一）认真做好公司治理和上市公司法律工作。完善公司治理是提升我行竞争力的基础工程，对于满足境内外监管要求和保障我行健康发展都具有重要意义。法律部门作为提供公司治理相关法律支持的专业部门，要深入研究董事会及其专门委员会职能、监事会监督职能、高管人员履职、股东权益保护、信息披露、关联交易管理及公司社会责任等有关法律问题，为妥善解决公司治理机制运行过程中各种法律问题提供支持。要认真做好关联方信息的收集、报告和确认等有关工作，审慎识别关联交易可能产生的法律风险，为相关部门审核、审批关联交易提供法律支持，并就风险防控提出相应的意见和建议。注意加强信息披露相关法律法规、监管规章和交易所上市规则的调研工作，配合做好信息披露规章制度建设，积极参与信息披露应急处理机制及危机处理决策程序，加强对信息披露的合法合规性审查，防范因信息披露不当引发诉讼或相关法律风险。各级行法律部门要把完善公司治理的有关要求贯彻落实到日常法律工作中，注意从不同的层面和角度来促进和改善公司治理。

（二）提高法律咨询审查水平，积极支持业务发展创新。业务发展创新是提高我行竞争力的重要途径，也是法律风险防控的重要领域。各级行法律部门要进一步提高对创新业务和产品的法律咨询审查水平及风险识别能力，不断拓展工作的广度和深度，为增强创新效率和降低创新风险成本提供优质法律保障。要加强对重大项目的参与和支持力度，积极支持我行向大企业客户提供综合化、高质量的金融服务，认真研究处理相关的法律问题，提高对非格式合同协议文本的法律审查质量。要围绕打造“中国第一零售银行”战略目标，配合做好各类零售业务规章制度整合和流程再造，依法保障我行合法权益。要顺应我行加快国际化发展和综合化经营趋势，注意研究和掌握国际性金融法规、规则和交易惯例，加大对非银行金融产品和跨市场产品研发的法律支持力度。要密切跟踪了解相关法律、行政法规和监管规章修改变化情况，深入研究有关新法规对银行业务的影响，及时修订相关业务规章制度和合同文本，妥善应对新法规实施可能带来的法律风险。

（三）着力强化被诉风险防控工作，避免和减少被诉损失。信用风险、市场风险和操作风险是银行经营管理过程中面临的主要风险，这些风险都可能转化成法律风险并通过诉讼案件的形式表现出来。各行要继续严格执行诉讼案件授权管理规定，进一步提高案件管理特别是被诉案件管理的规范化程度和精细化水平，重点加强重大被诉案件和敏感性被诉案件的应诉处理工作，努力化解被诉案件造成的风险。最近，总行已将被诉风险比较突出的10个分行列为重点关注行，并专门发函督促加强被诉风险防控工作，有关分行要按照总行的要求，认真分析总结被诉案件反映出来的问题和教训，研究制定防范和化解被诉风险的工作措施，争取在今年把被诉风险和损失大幅度降下来。各行要重视年初实施的《劳动合同法》有关新规定，结合我行续签新版劳动合同书相关工作要求，深入分析劳动争议方面可能出现的新情况，提前制定切实可行的工作预案，努力减少劳动争议引发的矛盾和纠纷，避免发生集体劳动争议被诉案件。

特别需要指出的是，目前全行由操作风险事件导致的被诉和败诉案件居高不下，相关被诉案件损失已占操作风险损失的绝大部分。因此，强化被诉风险防控工作，不能仅仅停留在做好被诉案件的应诉工作层面上，这是治标不治本，必须要从防范和消除相关操作风险隐患这一根本入手。各级行管理层、内控合规部门和有关业务部门对这个问题要高度重视，正确认识，把被诉风险防控工作作为操作风险管理的重要内容来抓，进一步加强内控监督检查，严格依法合规经营管理，从根源上防止和避免因内部操作风险而导致发生被诉案件。2007年底，总行印发了《预计负债管理办法》，对被诉案件所涉预计负债事项的审批、认定和账务处理等工作提出了明确要求，各行要认真执行相关制度规定，妥善处理被诉案件造成的财务损失。目前，总行正在研究制定《因操作不当引发的被诉风险管理办法》，对因操作不当引发被诉案件风险的有关防控要求和问责机制作出具体规定，进一步健全和完善相关风险管理制度。这个办法拟在今年下半年出台执行。

（四）继续做好依法清收工作，努力提高清收成果。总行今年提出了要清收处置450亿元不良资产的总体目标，各行要继续加强对依法清收和胜诉执行工作的组织和领导，结合本行实际研究制订具体清收工作计划，落实目标和责任，采取有力措施努力提高依法清收工作成效。要突出做好不良贷款大户的依法清收处置工作，重点清收近两年胜诉未执结案件涉及的新增不良贷款、次级类不良贷款和个人类不良贷款，优先清收形成时间短、价值贬损快、回收率高的不良贷款。要充分利用一些区域性不良贷款清收处置的优惠政策，加强与当地政府、司法机关、监管部门和有关单位的沟通和协调，积极争取有利的清收处置条件。要注意诉讼手段和非诉讼手段相结合，不断改进和创新清收处置的方法和途径，千方百计扩大现金清收的数量和比例。针对我行大客户和关联企业贷款风险较为突出的情况，各行要注意做好相关贷款风险的监测和预警工作，及时完善有瑕疵的贷款担保手续，根据贷款风险状况合理把握诉讼、保全和执行时机，有效降低清收处置的时间和经济成本，切实提高我行债权受偿的实际效果。

（五）建立客户投诉管理制度，有效防控相关法律风险。客户投诉是反映银行服务和业务操作是否存在问题、漏洞或风险隐患的一面镜子。作为境内外上市的大型商业银行，如果对客户投诉不重视或处理不当，既不利于及时发现和解决自身存在的问题，又可能影响客户关系，引发诉讼风险，损害我行的形象和信誉。去年11月，总行转发了《中国银监会办公厅关于加强银行业客户投诉处理工作的通知》，提出了加强客户投诉管理的具体要求。同时，考虑到客户投诉管理是一项非常复杂的工作，涉及行内许多业务部门和各个分支机构，总行领导决定由法律部门负责我行客户投诉管理工作。应当说，这是对法律部门的信任，也是交给法律部门一项新的职责和任务。目前，总行法律部正在积极开展客户投诉管理调研工作，并将根据有关监管要求和我行实际抓紧研究制定具体办法，建立健全我行客户投诉管理制度。各行法律部门要提前做好履行客户投诉管理职责的有关准备工作，根据有关规定积极协调、督促相关业务部门和分支机构及时妥善处理客户投诉事项，防范和化解因客户投诉引发的声誉风险和法律风险，维护我行形象、信誉和客户关系；要重视客户投诉信息的统计和分析，认真研究并提示客户投诉反映的各类问题和风险，协助配合有关业务部门采取有效措施加以改进或解决，避免因我行金融产品、金融服务、规章制度或操作行为本身的缺陷引发客户投诉及相关法律风险。

（六）健全知识产权管理制度，依法维护我行相关权益。随着金融创新和科技化水平不断提高，我行拥有的商标、专利等知识产权数量越来越多，涉及境内境外登记注册等法律保护问题。加强我行知识产权管理，依法维护知识产权，对于提高我行市场竞争能力具有重要意义。目前，我行的知识产权管理制度不够健全，有关工作领域还存在一些问题。因此，要尽快研究制定符合我行实际的知识产权管理制度，规范我行知识产权注册申请、权属变更、权益维护等相关工作的具体流程，完善知识产权系统化保护机制。要进一步加强商标管理工作，根据我行金融创新需求积极协助有关业务部门规划、设计和申请注册新商标，适当扩大已注册商标的登记类别和保护范围，继续推进核心商标的境内外补充注册相关工作，确保商标注册具有前瞻性，不断提高商标管理工作水平。要密切关注我行商标权、专利权和著作权等知识产权的保护情况，收集和分析各种潜在或已经发生的侵权行为信息，依法处理侵犯我行知识产权的行为，切实做好相关知识产权的法律维权工作。

四、切实做好法律专业队伍建设工作

建立和培养一支数量充足、素质优秀的法律专业队伍，对于有效防控法律风险、支持业务发展创新、保障依法合规经营管理具有极其重要的意义。加强法律专业队伍建设这个问题几乎每年都在讲，但一直没有得到很好解决，目前全行法律队伍状况令人担忧。这里，我再强调几点要求。

（一）根据法律风险防控需要补充增加法律人员力量。法律专业人员是银行内部稀缺的人力资源。近年来，全行法律部门承担的工作任务逐年加重，但人员流失比较严重，已经在一定程度上削弱了全行法律风险防控能力。各分行要从保障我行战略发展的高度重视法律专业队伍建设，进一步增强本行法律人员力量，稳定现有法律人员队伍，加大法律人员的引进力度，通过招收大学生、系统内招聘、行外招聘等多种方式充实法律人员力量，及时补充人员流失造成的力量空缺。总行重申，各二级分行至少应配备3名以上的法律人员从事相关法律事务工作，确保法律人员力量适应法律风险防控工作需要，避免出现法律风险控制盲区。

（二）根据业务发展创新需要加强对法律人员的培训。我行境内外上市后法律环境的变化，以及我行国际化、综合化经营发展的不断推进，都对我行法律专业人员的业务素质和工作能力提出了更高的要求。各分行要对本行现有法律人员的业务素质和工作能力情况作一次全面调查摸底，研究制定进一步提高本行法律人员业务素质和工作技能的规划和方案。要结合业务发展创新情况和实际需要，加强对法律人员的业务培训和外语培训，使法律人员了解掌握金融创新相关业务知识和交易规则，不断更新和优化知识结构，进一步提高外语水平，增强涉外环境下的工作能力。法律人员自身也要增强学习的主动性和自觉性，争做学习型的专业人才；要注意在实际工作中积累经验，检验和强化学习成果，发现和总结需要加强学习的领域，实现“学”和“用”的有机结合，以更好地适应法律工作面临的新挑战和新要求。

（三）采取有效措施激励和稳定法律专业队伍。从切实加强法律专业队伍建设的实际需要出发，各行要建立健全法律专业人才的激励和培养机制，在岗位等级评定、绩效奖励等方面给予法律专业人员适当的政策倾斜，注意选拔和使用优秀的法律专业骨干，充分调动法律专业人员的工作热情和积极性。今年2月，总行人力资源部印发了《关于对取得CFA、CFP等职业资格的员工实行工资调节系数的通知》，明确规定对取得法律职业资格的法律人员实行工资调节系数政策，这对激励法律专业人员具有重要意义，各行要认真加以落实。为进一步拓宽法律人员的职业发展通道，总行今年还将在全行范围内推行法律顾问职务序列，各行要切实做好有关实施工作，鼓励法律人员在专业序列内不断提升岗位技能和层次，营造稳定人才、用好人才和有利于人才健康成长的良好环境，打造一支业务精、素质高、能力强、爱行敬业的法律专业队伍，为我行改革发展发挥更加重要的作用。

同志们，当前我行正处于加快经营转型、提高市场竞争力的重要阶段，总行党委和董事会对全行改革发展已经提出明确的战略部署和具体工作目标，全行法律事务工作面临新的机遇和挑战。希望各级行进一步重视和加强法律事务工作，各级法律部门和法律人员要发扬成绩，再接再厉，以更加积极有为的精神状态和求真务实的工作作风，努力攀登新高峰，为工商银行改革发展作出新的更大的贡献。

在中国工商银行2008年境外科技和人力资源工作会议上的讲话

王丽丽

（2008年5月8日）

今年初，我们在北京召开了国际业务工作会议，部署了2008年国际业务工作任务，姜董事长和杨行长亲自出席并讲话。今天，为了更好地实现我行的国际化战略目标和境外机构的转型发展，我们在此召开专题会议，研究和部署境外信息系统建设和人力资源提升工作。下面，我讲几点意见。

一、关于境外信息系统建设

（一）加快境外信息系统建设势在必行。1992年以来，我行境外机构从无到有，全球布局日趋完善，国际化进程不断加快。截至2007年底，我行境外机构总数已达112家，基本形成了一个覆盖主要国际金融中心和我国主要经贸往来地区的全球化服务网络，境外网络拓展的形式也由“自主申设为主”升级为“自主申设和兼并收购等其他方式并举”。经过多年发展，境外机构资产和利润占集团总额的比例均达到3%左右，这是一个很大的进步，同时也培养了一大批优秀的境外经营管理人员。

境外机构取得的上述成绩，在最近几年的媒体上已经有了很多宣传，监管机构也予以了肯定，但与国际一流金融企业相比，我行的国际化程度相对较低。目前我行境外收入占全行总收入的比例为3%左右，国际一流商业银行这一比例已达到40%左右，有的甚至更高。如果不努力拓展境外业务，这一比例不仅不会增加，还会下降，因为现在国内业务发展速度非常快。从业务领域看，部分境外机构还以银团贷款与债券投资等批发业务为主，资产业务品种单一，更缺乏直接有效的手段拓展当地市场的负债业务与中间业务，难以成为当地主流银行，部分机构甚至出现了边缘化的情况。当然，对于一家在境外经营的银行，或多或少会存在这样的问题，只是程度不同而已，在当地成为主流银行并不容易，但有些银行做得相对较好，比如一些欧资和美资银行在我国业务开展得不错，甚至这些银行在次贷危机中依靠从中国和亚洲其他国家赚取的利润弥补亏损。从科技手段看，我行整体科技水平已与国际大银行基本相当，在国内则全面处于领先水平，但在境外信息系统建设方面，由于起步较晚，科技水平相对比较落后。

可以说，过去的十多年境外机构在总行正确战略方针的指导下，充分发挥自身的主观能动性，在境外扎下了根；接下来的若干年，我行要实现的是境外机构的加速发展甚至是跨越式的发展。但是在境外同业相对于我行境外机构的科技领先优势不断拉大的情况下，境外机构是否还能仅仅依靠主观能动性实现加速发展呢？我想大家都很清楚，这肯定是不现实的。下面我想从三个方面再强调一下境外信息系统建设的重要意义。

第一，加快境外信息系统建设是满足客户全球化金融服务需要的内在要求。从企业客户需求看，随着我国外向型经济的迅速发展，“引进来”外资企业和“走出去”中资企业的数量急剧增长，我行企业客户基础越来越呈现国际化趋势。以“走出去”的中资企业为例，他们的许多金融服务依靠当地银行，但在遇到困难、需要资金的时候还是要依靠中资银行，而且很多企业希望其境外网络能与工行的境外网络实现互连，但我行目前的境外网络还不能完全覆盖客户所要求的区域，我行的境外科技系统也还不能提供这样的支持。从个人客户需求看，国内居民跨币种、跨国境的金融服务需求正在迅速增长，海外华人回国投资理财的需求也在不断扩大。在客户需求决定银行服务的竞争环境中，如果我行不能追随客户境外拓展步伐在全球范围内提供一体化的同质与优质服务，不仅不能有效开拓境外客户，也必然会丧失越来越国际化的本土客户。最近我行的非贸易结算业务遇到了Moneygram和Moneylink等汇款机构很大的挑战，这些汇款机构的竞争优势在于其遍布全球的先进网络。因此，我行要实现全球化的服务能力，就必须打造境内外统一业务处理平台，彻底改变境内外本外币业务相对分离的现状，实现境内外业务的互联互通以及境内外机构信息、产品与网络资源的共享。

第二，加快境外信息系统建设是实现境外机构转型发展、赶超同业的前提和基础。为了使境外机构逐步实现从以批发业务利差收入为主的经营模式，向批发业务、中间业务和零售业务协调发展，利差收入与收费收入并举的经营模式转变，我们必须牢牢抓住科技这个突破口。一方面，境外信息系统功能提升后，可为境外机构的业务品种创新提供系统支持，彻底改变目前境外机构业务品种单一的局面；另一方面，境外信息系统功能提升并实现和境内 NOVA 系统无缝连接后，可为内外联动业务提供强有力的支撑，境外机构将不再是业务孤岛和信息孤岛，境外机构和境内机构之间的内外联动效应将得以充分发挥，可为境外机构转型提供强大助力。

第三，加快境外信息系统建设是实现我行境外网络拓展目标的重要保障。现阶段，我行国际网络拓展正面临着难得的历史机遇。应该看到，我行目前具备良好的国际声誉和市场影响力，具备符合国际监管标准的经营实力、具备境外网络拓展的财务实力和实践经验、也具备这方面的人才，但我行还缺乏与国际化目标相匹配的全球一体化科技支持。举例来说，在境外机构申设中，信息系统是境外监管审批的重要考虑因素，甚至部分发达国家要求只有在信息系统经过监管部门验收测试后方能颁发营业执照。比如，我行纽约代表处在向美国监管机构申请升格为纽约分行时，美联储首先要求系统合格到位，然后才能谈后续的申请工作。在境外收购兼并中，信息系统是整合的关键环节，只有对信息系统实现有效整合才能为我行实现并购最终目标提供有力保障，这些都对我行境外科技系统的性能提出了更高的要求。此外，按照我行境外拓展所遵循的“物理网络与电子渠道并举”的原则，今后几年我行对境外电子银行渠道的拓展力度将逐步加大，因此，也急需开发出能对电子银行渠道提供强有力支持的境外信息系统。境外信息系统能走多远已成为决定我行国际网络拓展步伐走多快、走多远的重要因素。

（二）境外信息系统建设的现状及目标任务。

第一，普遍使用 Midas 系统但有待优化。目前除了澳门分行已在使用 FOVA 系统外，其他大部分境外机构使用的是 Midas 系统。从系统集中来看，绝大部分境外机构的 Midas 系统已集中到位于深圳的境外数据中心，由境外数据中心统一负责维护和管理。但是，目前 Midas 系统集中实现的是物理集中，并没有实现逻辑集中，与国内 NOVA 系统的数据集中相比还存在非常大的差距。从系统功能来看，Midas 系统的零售业务功能较弱，比较适用于开展批发业务的中小银行，制约了我行境外机构零售业务的拓展，比如，工银伦敦曾考虑开展信用卡业务，但由于没有系统支持，一直没有做起来。再比如，中国银行新加坡分行曾开办过信用卡业务，但后来由于系统的原因，没有办法继续开办下去。从系统的兼容性来看，Midas 系统难以与我行境内 NOVA 系统进行有机连接，制约了我行境内外统一业务平台的打造。

第二，小范围试点 FOVA 系统并已初显优势。2007 年 9 月，FOVA 系统一期版本在澳门分行成功投产，标志着我行境外系统自主开发工作取得突破性进展。FOVA 系统的投产不仅大大促进了澳门分行原有业务的发展，还支持澳门分行实现了 ATM 和网银等业务的开办，并基本实现了总行个人金融业务关于“一个账户、一个介质、一个密码和一个对账单”的“四个一”的要求。与 Midas 系统相比，FOVA 系统零售业务功能强大，比较丰富的存款、贷款、汇款和卡业务功能支持，以及对 ATM 和网银功能的支持，能有效满足境外机构拓展零售业务的需要。同时，FOVA 是我行自主开发的系统，能够实现与境内 NOVA 的无缝连接，因此，为我们提供了良好的境内外互联互通基础平台，可大大促进我行内外联动业务的发展。

第三，澳门分行实施 FOVA 经验值得借鉴。在澳门分行实施 FOVA 系统的过程中，主要有以下的几条经验值得我们学习、借鉴和推广：一是澳门分行敢于接受新生事物的精神是基本保障。澳门分行领导高度重视 FOVA 系统实施工作，克服人员少、业务繁重的巨大困难，从本行业务转型和长期利益的大局出发，始终保持高昂的斗志和长期超负荷的工作，为 FOVA 系统的试运行成功提供了基本保障。FOVA 系统投产后澳门分行业务快速发展，获得了丰厚的回报，“早投产，早受益”已为澳门分行的实践所证明。二是业务部门的大力支持是重要因素。总行各业务部门的高度重视和大力支持，快速的反应机制和顺畅的沟通协调机制以及各业务部门骨干的辛勤付出对 FOVA 系统在澳门分行的成功实施起到了十分重要的作用。三是对当地市场的细致研究是重要保证。澳门分行对当地市场和同行业务的充分调研以及对业务发展的精细规划，保证了业务需求书的高质量，使 FOVA 系统的功能与实际业务需求高度契合，成为 FOVA 系统成功实施的重要保证。四是与监管机构和关联机构的良好沟通是关键环节。FOVA 系统的实施意味新渠道的拓展和新业务的推广，牵涉澳门当地监管机构、同业、中国银联和人民银行以及许多关联第三方机构，充分的准备、良好的沟通和及时的跟踪协调是 FOVA 系统成功实施非常关键的环节。五是总行科技部门的巨大贡献是重要支撑。FOVA 系统的成功实施与总行信息科技部、数据中心和开发中心等科技部门的巨大贡献是分不开的。开发 FOVA 系统不是仅仅为澳门分行开发一个系统，而是要站在工行全球的高度开发一个系统，对总行科技部门来说也是一个新生事物，不下点决心是做不成的，总行科技部门为此投入了大量的人力。

第四，境外信息系统建设的目标任务。总行结合跨国经营战略实施需要与目前境外信息系统建设现状，提出了境外信息系统建设的目标和任务。境外信息系统建设的目标是：在三年内完成 FOVA 系统向境外营业性机构的推广工作，今年及以后新申设的机构要直接应用 FOVA 系统。境外信息系统建设的具体任务是：今年要完成 FOVA 系统二期批发业务在澳门分行的投产工作；完成 FOVA 系统向工银印尼、诚兴银行、首尔分行、新加坡分行的推广工作；要启动FOVA系统向东京分行与香港分行的推广准备工作。2009年上半年完成东京分行、香港分行和工银伦敦投产FOVA系统的工作；2009年下半年完成卢森堡分行、法兰克福分行的投产工作。2010年全面完成所有具备条件的境外机构投产FOVA系统。工银亚洲要进一步完善“两地通”项目功能，并加大市场营销力度，加速发展两地往来业务。

（三）加快境外信息系统建设的措施与要求。

一是提高认识、动员全行，切实做好FOVA系统推广工作。境外机构要站在全局高度认识FOVA系统推广对境外业务发展的长期战略价值，动员全行发扬创业攻坚精神，积极主动完成推广工作；要按照FOVA推广目标与任务详细制订推广工作计划，立即成立FOVA系统推广工作组，由机构一把手任组长，业务与科技部门共同参加，明确人员安排，指定牵头部门与推广工作协调人；要合理安排资源，通过多种途径解决人手紧张的局面，为系统推广做好人力储备；充分借鉴澳门分行推广经验，做到日常经营与系统推广相辅相成、互相促进；提前与监管机构做好沟通，根据监管法律规定早日完成推广FOVA系统的报批或报备工作；要尽快了解FOVA系统功能，安排业务骨干回到境内学习掌握FOVA系统操作，启动差异性需求梳理工作，经管理层会议讨论确定并由机构一把手签字后上报总行；要参照总行下发的有关通知要求，提早启动相关业务制度与操作规程编写与修订工作；要逐步建立FOVA系统推广周报制度与各系统运行季报制度，及时反映系统推广与运行过程中出现的问题，按时完成当地网络、设备、电视会议系统等基础设施建设工作。

二是统筹协调、各负其责，积极推进FOVA系统推广工作。为加快FOVA系统推广，总行将成立以行领导为组长的领导小组，小组成员由总行相关部门总经理与境外机构一把手组成，下设FOVA系统推广工作组，由各部指定副处级以上人员与境外机构管理层人员组成，负责具体落实领导小组的各项决策，协调FOVA系统推广各项工作，审核确认FOVA系统差异需求。

国际业务部要以境外机构发展整体战略为指导，继续做好FOVA系统推广的业务组织与协调推动工作；要做好将境外单证业务上挂总行单证中心的组织与实施工作；要尽快研究建立一支专业的产品研发团队，专职从事境外业务系统建设的需求梳理与整合，开展境外新产品研发等工作。产品创新管理部要做好项目审批、需求编写与项目验收组织等工作。电子银行部在规划境外网银需求时，要有前瞻性与引导性；要认真研究境外监管对网银安全认证的要求，争取早日实现系统推广。个人金融业务部、运行管理部、信贷管理部、金融市场部、风险管理部、银行卡业务部要统揽全局，统一规划管理境内外产品线，积极承担FOVA系统推广与本专业有关的各项工作，从总行层面对需求内容统筹把关并出具部门书面意见。由于金融市场业务功能正在开发之中，而且很快要向其他境外机构推广，为加快系统实施进度，金融市场部要尽快牵头与SUMMIT系统实施有关业务方面的各项工作，运行管理部、风险管理部与境外机构要做好配合工作。信息科技部门要配置成立专门队伍服务境外，做好项目的工程实施组织，做好系统投产各项技术准备工作，确保系统投产后稳定运行；要指导境外机构完善科技基础设施建设工作，协助境外机构早日建立电视会议系统，提前为各境外机构提供FOVA系统测试环境。

三是认真调研、合理规划，优质高效完成需求提出与系统开发工作。现阶段需求的提出要站在工行全球的高度，从境外与国内、境外与香港、境外与境外等方面思考提出产品的分享、客户信息与业务管理的一体化，要重点解决从无到有、由易到难、由简到繁、满足监管、突出共性、符合惯例。在批发业务推广方面，考虑到境外业务发展及有关机构人力情况，单证业务将先行集中到国内统一处理，金融市场、信贷业务保持境外现有模式。在系统开发方面，要按照核心系统优先，各行共有优先，监管要求优先，现有产品优先，传统产品优先，差异性需求中通行的国际惯例优先等原则开展FOVA系统差异性需求开发工作。

四是抓住机遇、尽快启动，早日完成FOVA系统推广。总行高度重视FOVA系统各项工作，在开发推广方面统一投入了大量精力，采取政策扶持与资源倾斜等措施，调动境外机构开展FOVA系统推广工作的积极性。在今年的境外机构考核指标中，已经加大FOVA系统推广的权重，鼓励境外机构早日完成推广工作；将研究考虑为境外机构配置有关人力，满足FOVA系统推广工作的需要；将考虑集中调度资金统一用于境外机构基础性建设与系统推广等工作，并考虑对先期投产FOVA系统的境外机构减免系统使用费。因此，境外机构不能等待，要抓住有利时机，尽快启动FOVA系统推广工作，高效完成FOVA系统推广的各项任务，早日实现我行FOVA系统推广的目标，为我行国际化战略实施提供强大的技术支持与系统保障。

二、关于境外机构人力资源提升项目

近年来，随着我行国际化发展战略的加快实施，境外分支机构不断增加，境外业务领域日益拓宽，境外人员数量也渐成规模。为此，总行高度重视境外机构人力资源管理问题，始终把“以人为本”、加强境外人力资源建设作为实现国际化发展战略的重要举措。在去年境内成功实施人力资源管理提升项目的基础上，总行适时地决定今年在境外机构中也全面推广人力资源项目，通过构筑全球统一的人力资源管理平台，搭建起兼顾境外实际情况的岗位、绩效、薪酬“三位一体”的人力资源管理框架，健全完善外派人员的激励约束机制，逐步形成适应新形势的境外机构人力资源管理新体制，从而全面提升境外机构人力资源管理水平，为加速推进的国际化发展战略提供强有力的人力资源支持。

自2月份项目正式启动以来，总体工作进展顺利，取得了阶段性成果。各行都成立了项目实施小组，岗位梳理整合工作已经基本完成，岗位说明书也已撰写完毕，外聘咨询顾问完成了前期访谈和调研，形成了外派人员薪酬福利改革的初步方案。5月份将进入项目实施的关键阶段，在这次会上将重点完成各境外机构总经理的岗位价值评估，在此基础上各机构自行组织完成内部外派人员岗位的等级评估，形成岗位职级管理体系框架，此外本次会议还将组织对外派人员薪酬福利改革方案进行集中讨论，通过集思广益、群策群力，进一步完善现有方案，从而确保总行党委能在充分借鉴跨国企业先进经验、广泛听取外派人员多方需求，稳妥结合工行战略需要和现实情况的基础上统筹平衡、科学决策。

最后，我还要强调一下，目前国际金融市场复杂多变，需要引起我们更多得关注和研究。2007年爆发的美国次贷危机影响范围广，持续时间长，由此产生的系统性风险引起了国际金融市场的巨幅动荡，且有可能对实体经济产生影响，加大了世界主要经济体发展前景的不确定性。为应对美国次贷危机所产生的不利影响，主要经济体中央银行不同程度地放松了货币政策，多次采取降息措施，并联手向银行系统注入了大量流动性，但还没有根本改善主要经济体金融市场信用紧缩的状况。此外，美元继续走弱，国际黄金、原油、农产品价格大幅上涨，屡创历史新高，致使各国物价持续上涨，通胀压力不断加大；日元套利交易等也加剧了国际金融市场波动。当然，最近几周也有一些不同的声音认为次贷危机已经出现稳定迹象，明年美元会停止贬值，但我个人认为这个结论为时过早。

在上述严峻的国际金融形势下，经过境内外机构的共同努力，2008年第一季度境外机构实现了资产负债业务的平稳较快增长，整体经营效益持续提升，资产质量不断提高。但是，境外机构需要关注经营环境变化所带来的影响：一是国际金融市场外汇资金持续趋紧，资金拆借利率不断走高，同时在人民币升值预期下总行外汇头寸也十分紧张，这些都对境外机构的流动性管理提出了更高的要求。二是境外机构持有的部分债券的发行体受到了美国次贷危机的影响，评级下降。境外机构的债券投资也出现了一定程度的浮亏。三是交易对手特别是金融类交易对手的风险上升，境外机构在与交易对手叙做投资类、交易类、拆放类、结算类和担保类业务时，须较美国次贷危机爆发前更为谨慎，在审批上要从严。目前，总行已经建立了有关机制，按周对境外机构的债券投资和拆放同业等情况进行分析和监测，各行要密切关注和分析，及时报告和主动采取措施，力争将上述影响降到最低限度。

认清形势　抓住机遇　加快转型
努力实现国际化战略的各项目标

——在中国工商银行境外业务工作会议上的讲话

王丽丽

(2008年10月28日·根据录音整理)

刚才，董事长作了一个非常重要的讲话，相信大家都受益匪浅。董事长对严峻的国际金融形势和复杂的外部经营环境做了全面的分析和展望，回顾了过去三年全行国际化战略实施情况，肯定了我行国际化发展取得的成果，明确了未来三年全行国际化发展方向，对各行的发展和业务定位也提出了原则要求，希望大家认真学习体会，增强危机意识，同时要盯住市场，抓住历史机遇，加快业务转型，提升盈利能力，为平稳度过金融动荡时期，为全行国际化发展，为实现我们的蓝图作出新的贡献。下面，我就境外机构的经营管理问题讲几点意见。

一、今年全行跨国经营取得了良好业绩

概括来讲，今年初以来各境外机构下大力气完善了规章制度，强化了风险管理，优化了业务结构，加快了经营转型。同时在产品创新、内外联动、系统建设等方面做了大量卓有成效的工作，通过内外联动和自身的努力拼搏，较好地应对了外部经营环境的变化，虽然受此次金融危机影响境外机构整体利润同比有所下滑，但目前来看受到的影响还是相对有限，境外机构整体资产规模稳步增长，中间业务收入再创新高，资产质量也保持了良好水平，取得了令人满意的经营业绩。具体表现在

以下几个方面。

一是机构建设步伐加快，我行全球化战略正在稳步实施。今年是我行历史上跨国经营网络布局推进速度最快的一年。年初我们完成了澳门、南非两家控股银行的收购；澳门机构整合工作正在抓紧推进；在港机构整合取得突破，9月份工商国际资产转让顺利完成并正式更名为工银国际，成为我行在港的一家新的投资银行；澳门分行、首尔分行加快了二级网络拓展步伐，在扩大业务辐射范围的同时，不断增强本地化经营能力，其他一些境外机构也已向总行提交了机构延伸的申请和计划。境外机构网络的日益壮大，为全行推进跨区域合作奠定了良好基础，也标志着我行跨国经营已迈入一个崭新阶段。

二是各项经营业绩良好，为应对复杂的外部环境奠定了基础。今年初以来，在国际债券、信贷市场持续低迷、资金市场流动性持续紧张的情况下，各境外机构一方面加强风险管理，关注市场动态，及时减持高风险债券，压缩债券投资规模，严格控制风险敞口；另一方面，积极捕捉业务机会，稳步拓展优质资产，特别是与境内机构进行联动，发展贸易融资业务，合理调整了资产业务结构，在降低业务风险的同时维持了合理收益水平。在如此严峻的形势下，许多境外机构净利润依然实现较快增长。截至9月末，境外机构实现账面利润1.75亿美元；实现中间业务收入1.49亿美元，同比增长14.5%；9月末境外机构资产余额433亿美元，较年初增长22.4%；负债余额为407亿美元，较年初增长23.2%；前9个月完成国际结算量1 377亿美元，同比增长32.5%；资产质量保持优良，不良贷款率为0.43%，较年初下降0.2个百分点；不良贷款拨备覆盖率超过100%，已接近或达到国际同业较好水平。

三是业务创新力度加大，资产负债结构显著改善。境外机构在做好传统内外联动产品的同时，积极开拓和创新业务，如澳门分行推出了"以存抵贷"模式，工银伦敦积极开展了离岸账户跨境服务，工银亚洲合理运用风险参贷方式等，都各具特色，收效良好。境外机构积极配合总行开展内外联动工作，业务逐步扩展至投资银行、资产托管、现金管理、信用卡、私人银行、资产和财富管理等各种业务领域，虽然目前占比还不大，但是我们毕竟走出了传统模式，境内外机构经营合力正在形成。目前，覆盖境内外机构千余人的内外联动联系人队伍已经建立，内外联动交流信息平台已成功投产，内外联动业务规模持续快速增长。今年前三个季度，境内外机构间共办理国际结算来去委业务近31万笔，累计达459亿美元，境内外机构间来委、去委业务量实现基本对等；境内分行密切配合境外机构，共为59家企业提供了IPO收款银行和派发股息业务，目前工银亚洲此项业务在香港市场的份额已位居第一。

同时，境外机构负债业务结构调整成效明显。今年上半年由于人民币兑美元升值速度加快，境内的外汇存款一路下滑，客户外币融资需求持续上升，使我行境内的外汇资金相对紧缺，同时国际市场外汇资金流动性也出现紧缩。为了确保我行境外机构满足当地流动性管理要求，符合当地监管规定，境外机构除向总行申请资金支持外，大力吸收外汇存款，存款余额较年初增加了57亿美元，积极开展代理行营销并取得了多个突破，签署了相关货币互换或对等拆解协议，缓解了总行的资金压力。如工银伦敦首次作为借款人向当地同业筹借1亿美元俱乐部银团贷款；卢森堡分行营销代理行获得1亿欧元承诺性拆借额度；东京分行通过双边互换协议等方式从当地银行获得2.4亿美元拆借额度；在首尔分行成功营销下，总行与新韩银行签署了1 000亿韩元对等拆借协议；等等。另外，境外机构积极配合总行工作，在监管允许的范围内尽可能采用转拆借方式从总行办理资金拆借，为避免总行承担不必要的汇兑损失作出了贡献。

四是境外系统建设取得突破，为加快发展奠定良好条件。自2007年FOVA系统一期版本在澳门分行成功投产以来，今年的系统建设进展迅速。总行相关部门组织有力、工作主动、认真负责，同时充分考虑听取境外机构意见，不断调整设计方案，从人力、财力、物力等方面给予境外机构支持，保障系统积极稳妥推广；试点境外机构负责人对FOVA高度重视，顾全大局，克服重重困难，甚至超负荷工作，保障了系统推广工作的顺利进行，为全行系统推广作出了突出贡献。目前系统各项功能仍在不断完善，零售、批发业务各项功能正逐步实现，境外网银渠道顺利推进，境外系统已初步建立起了支持多机构、多币种、多语言、多时区的系统框架，实现了与境内机构业务的互联互通，加强了信息产品与网络资源的共享，为延伸我行集团的品牌效应，促进境内外业务持续、协调、健康发展奠定了基础。总行很快会将FOVA系统在诚兴银行、首尔分行、新加坡分行、工银印尼正式投产，而且首尔、新加坡分行将率先实现境外行单证业务直接上挂到总行单证中心集中处理。

同志们，2008年是不平凡的一年，是全行跨国经营取得显著成绩的一年。上述成绩的取得，与全行国际业务战线的同志们，尤其是境外机构的同志们所付出的辛勤努力和无私奉献是分不开的，也与总行相关部门的鼎力支持和合作是分不开的，在此，我向大家表示最衷心的感谢！

二、当前经营管理中需要注意的问题

面对严峻动荡的国际金融形势，未来几年，要保持可持续增长的盈利能力，我们还面对许多问题和挑战。综观当前的外部经营环境和内部经营现状，以下几个方面的问题要引起我们的高度重视。

首先，全球金融动荡使境外机构经营管理工作面临巨大挑战和困难。刚才，董事长全面分析了当前国际国内金融经济形势及发展趋势，我行国际化发展必须要正视的困难挑战，以及全球金融格局可能面临的调整机遇，我相信大家肯定深受启发。从目前来看，全球前三大经济体都不同程度地遭遇到了发展困境。美国次贷危机滞后效应仍在蔓延，可能从金融危机发展至实体经济，“两房”相继出现财务危机导致被美国政府接管，十余家地区性银行已宣布倒闭，雷曼宣布破产保护，华盛顿互惠随之倒闭，全球多家金融机构陷入财务危机；第二季度欧元区经济出现了13年来的首次负增长；日本经济时隔一年后也再度出现负增长。主要新兴市场经济增长同样遭遇困境，业务风险随之增加。年初越南突然爆发金融危机，引发国际资本对新兴市场投资的谨慎和观望；美欧日经济放缓及国际原油、黄金等商品价格大幅动荡使得东南亚和拉美等国经济持续下滑，未来经济发展前景堪忧；“金砖四国”面临的不确定性突然增加，印度、巴西、俄罗斯同样陷入了困境。持续动荡的国际经济金融形势导致全球股票市场大幅下挫，债券市场价格持续委靡，衍生产品交易风险激增，全球金融市场对国际联合行动基本没有反应。可以说，全球金融秩序和经营环境正在发生根本性的变化，明年形势十分严峻，境外机构经营压力巨大，不容乐观，对其严重性要有充分的思想准备，千万不可有任何侥幸心理。一是风险管理任务艰巨；二是流动性风险管理压力加大；三是市场利率波动频繁，有可能导致利率倒挂现象，资产业务利差收窄对盈利增长冲击较大；四是债券投资占比约15%，市场动荡导致债券市值波动较大且持续浮亏，未来如果全球各国救市方案不起作用，市场持续悲观，一些债券评级可能还会下调，或者债券发行体出现新的信用恶化，境外机构可能还需要进一步计提坏账拨备，盈利的不确定性大大增加。

其次，境外机构加快转型已刻不容缓。目前我行市值排名全球前几位，今年上半年还成为全球最盈利的银行，几年来我们在国际上获得了很多奖项，赢得了广泛赞誉，具备了相当影响力。然而，与国际化大银行相比，我们境外机构总资产和净利润占比还很低，多年来占比一直徘徊不前，与境内业务的差距也越来越大，境外机构对全行发展的贡献有待进一步提高。同时，大部分境外机构物理网点比较单一，营销渠道十分匮乏，科技系统相对落后，好多机构还没有实现经营落地。与此同时，境内成熟的产品线尚未真正实现向境外的同步延伸，还没有把境外机构作为我行国际化产品线的销售渠道，境外机构在激烈竞争中缺乏自己的优势产品和特色服务。在我们下一个发展阶段中，转变经营模式和管理模式是必要的，也是必需的。例如，如何看待本土化经营问题？我们需要哪些条件才能加快本地化经营？只有信心和决心肯定是不够的，我们大概要解决的主要问题：一是网络建设，二是营销渠道，三是业务品种即资产负债多元化问题，四是人才。这些问题不解决，业务增长就缺乏可持续性，又由于本地客户数量有限，加上业务品种单一，服务跟不上，无法形成稳定的客户群体，加快发展就会非常困难。这一局面显然与我行国际化大银行地位不符，明年需要有明显改善，希望未来三年内能彻底扭转。

最后，业务和资源依赖性仍然较强，境外机构自主经营能力较弱状况尚未明显改善。这些年总行持续加大对境外科技、人才、资金、客户、产品等方面的支持和保障，目的就是为了指导和协助境外机构扩大自主经营，打造境外业务核心竞争力。但境外机构自主经营能力仍有待进一步提高，主要体现在：一是自主筹资能力不足。目前境外机构资产已超过430亿美元，虽然今年年初以来存款有所增加，但大部分境外机构负债业务拓展缓慢，在当地市场筹资的能力比较有限，资金来源中从总行拆借资金的占比仍然较高。二是资产负债和利率管理能力不强。由于客户基础薄弱，议价能力有限，一些机构存量资产业务利率偏低，很多还是固定利率，市场利率大幅波动对当期盈利将产生重大影响。境外机构普遍存在以短期拆借资金发展长期资产业务情况，出现市场流动性危机时的应对办法不多，只能依靠总行资金支持。三是资产结构单一，中间业务占比仍较低，中间业务收入增速低于国际同业平均水平，落后于我行集团平均增速，且中间业务收入占比也呈现下滑趋势，增长后劲不足。这种局面很不利于我行今后的发展。

三、对明年工作安排的几点意见

总而言之，明年将是境外机构经营发展史上不同寻常的一年，是各项经营管理工作和任务异常艰巨的一年，应该说大家面临的经营压力都很大。同时，明年也是我行国际化发展战略三年规划的开局之年，是充满希望的一年。下面我就明年的工作安排谈几点意见。

（一）切实转变思想观念，真正提高自主经营能力。提高自主经营能力首先体现在真正经营好风险，正确处理好风险控制与业务发展的关系，增强自身把握风险的能力。这次由次贷危机引发的国际金融危机正在全球蔓延，明年各行要真正把资产业务经营好，难度可想而知，随着人民币升值预期降低及境内客户外币融资需求下降，境外代付的业务量将大幅下降，境外机构要尽早采取措施，规划资产业务的结构。印尼、俄罗斯、悉尼、纽约、中东等新设机构，明年还要在审慎开拓业务的同时，尽快实现盈利净收益。一些机构因债券减持出现了些损失，明年除了维持正常业务发展外，还要争取减少损失、扩大盈利。应该说，每一个境外机构的经营压力都比较大，境外机构负责人要切实转变思想观念，正视主观和客观问题，抓紧部署明年各项工作安排。

要抓好网络建设，继续推进越南分行申设、泰国并购项目，利用欧洲子行牌照在法国、荷兰、比利时、意大利、西班牙等国家加快申设分行工作，依托诚兴银行在葡萄牙里斯本代表处辐射当地市场，择机实现在加拿大市场的突破。澳门两家机构要加快整合，力争明年第一季度完成，并提前做好网点整合和布局规划。中东机构应按照总行的要求，抓紧推进经营网络延伸，尽快获得全面银行牌照。其他机构也要高度重视本土网络拓展，稳步推进二级机构网络布局，逐步完善当地经营网点，明年首尔、澳门、东京、伦敦、新加坡等机构能否在这方面加快点步伐？要把增加虚拟网点作为弥补物理网点不足的根本手段。充分利用多元化的经营牌照，积极开展网上银行、信用卡等电子渠道建设，完善服务产品体系，不断提升本土经营和服务能力。

要充分利用当地代理行资源，提高代理行综合贡献度。总行国际业务部要完善代理行业务发展规划，实现我行代理行业务快速发展的新局面，每年要有计划地制定代理行拜访和回访安排，学习借鉴代理行好的做法和经验，充分挖掘我们与代理行之间的合作机遇。各境外机构要研究如何利用自身与当地代理行的地缘优势，在积极争取国际结算、贸易融资等传统业务机会的同时，在福费廷、风险参贷、资金互拆、货币互换、全球现金管理等领域谋求新的合作机会，配合总行完善代理行营销体系。

要不断夯实客户基础，大力发展存款业务，逐步增强主动负债能力。对于“走出去”和“引进来”的大型跨国企业，境外机构要配合总行为客户提供良好的金融解决方案；对于境外机构所在地以及周边区域性的大企业、中小企业，尤其是在中国境内并未设立分支机构的企业客户，境外机构要主动承担起牵头营销职能，根据各自行业和区域特点，提供专业及个性化的金融产品和服务，必要时可请求总行予以协助，要将这部分客户真正发展成为自己的客户；总行公司部门、产品部门要与境外机构逐步建立起客户及业务信息联系渠道，协助境外机构为企业提供服务方案。通过客户基础的改善增强主动负债能力，逐步扭转过分依赖总行资金拆借的局面，总行也将结合境外机构业务特点和经营现状，适当加大对存款指标的考核力度，引导大家拓宽当地负债来源。

（二）认真做好资产结构调整，提高资产收益水平。此次国际金融危机的影响有可能从金融机构蔓延到实体经济，目前大部分境外机构资产结构相对单一，业务集中度较高，不利于分散风险，也很难实现业务的可持续发展。虽然近期部分机构已成功处置不少债券，风险敞口有所降低，但境外机构仍需对现有的存量资产进行重新评估，需要对现有的资产结构进行研究，以实现可持续发展。

境外机构都要有自己的业务定位，要清晰自己的盈利模式和利润来源。一是境外机构要在现有业务范围基础上，充分挖掘自身牌照优势，积极争取扩大牌照经营范围，尤其是一些投行业务和离岸业务。有条件的机构要积极向基金、投行、保险、资产管理等业务领域扩展，经营网点较多的境外机构要拓宽零售业务领域，研究如何代理销售境内具有竞争优势的银行卡、理财、基金等产品。二是要通过积极主动的资产结构调整，确保存量和新增资产质量。明年仍要重点发展贸易融资、国际结算、投资银行、外币清算、银行卡等低风险业务，纽约分行要抓紧完成美元清算系统的建立，尽快为全行美元清算提供优质服务。三是要依托工行品牌、系统和产品的优势，结合当地市场需求，打造创新产品，为业务的可持续发展奠定基础。

在确保资产质量的基础上，要关注资产的效益问题。在当前形势下，各境外机构更要着眼于提升自己的融资议价能力，提高资产效益水平。在当前资金比较紧张、利率大幅波动的情况下，一些机构新增办理的资产业务利率仍然非常低，一些机构存量资产业务由于和客户签订了固定利率合同，也都基本没有盈利上升空间，一旦市场利率大幅上升，较低的资产收益率可能无法覆盖资金成本和汇兑损失，使当期盈利产生大幅波动。因此，各境外机构在资产业务报价时，要注意考虑资金成本、风险溢价、客户贡献度等因素，尽快提高我行资产收益率水平。

要做好资产的流动性管理工作。境外机构在办理期限较长的债券投资、银团贷款、项目融资等资产业务时，除了做好相关业务的风险评估和收益预测外，一定要考虑自身的筹资能力，做好资产负债期限匹配工作，不断提高本行流动性管理水平。

（三）提高产品服务供给能力，加快发展重点业务。境外机构在当地市场，特别是发达国家地区的成熟市场与同业同场竞技，没有丰富、过硬的产品就如同赤手空拳驰骋沙场一样，结果可想而知。同时，能不能为客户提供优质服务也很重要，离开了优质服务，产品也就失去了生命力。这些年国内一些实体企业，比如华为、中兴通讯、联想和海尔，它们也非常注重这方面的工作，它们的产品卖到什么地方，服务就跟到什么地方。我们银行本身就是提供服务的企业，更需要注重产品的服务属性，我们不断扩大境外机构经营网络，同样也是为了更好地满足客户的金融服务需要。因此，下大气力抓产品、抓服务是培育境外机构核心竞争力的重要组成部分，境外机构要一手抓产品，一手抓服务，两手都要硬。

要明确自己的产品来源与推广目标。我想，未来境外机构产品的来源上大致有三个方面：一是总行研发和设计的新产品。这类产品在研发初期就应考虑适用于境内外各类机构，如有需要可进行客户化、本地化后直接由境外机构销售。二是将境内现有成熟产品推广至境外。各境外机构要积极引导当地客户接受我行现有产品，利用供给来创造我行产品的衍生需求，借助产品来吸引客户。三是规模相对较大的境外机构可根据当地市场状况，因地制宜自行设计新产品，满足当地个性化需求。在产品推广利用上，要采用“梯次渗透、良性互动”的方式，一方面，要学习发达市场的经验为我所用，创造新的产品在中国市场上推广；另一方面，要利用比较优势，将我行在国内已有的好产品、好品牌着力在新兴市场销售，如印尼、中东、越南等地区。

要借完善联动机制之机创出业务联动新品。总行要牵头做好相关制度安排，以内外联动园地为平台，及时总结和梳理联动信息，促进境内外信息互动，整合推出联动产品，形成固化联动机制，制订营销联动计划，使内外联动机制化、常规化、产品化，针对重点客户、重点区域推出联动重点。如针对贸易、投资和跨境承包工程等不同类别企业的跨境客户营销方案，形成全行跨境客户的标准化营销指引。又如要积极推进“港澳粤深”区域内业务联动，努力成为我行内外联动的重要利润贡献区域。总行可以考虑以“港澳粤深”为试点，研究区域内联动的利益共享机制和分润机制，通过实际收益返还或考核返还等方式，充分调动境内外机构合作积极性。

“千里之行，始于足下”，要力争尽快在重点产品领域有所突破。作为全球最大的商业银行，我们在境外推广我行特色产品和服务时，要深深打上“工行”烙印，尽快打破目前境内外产品和服务相对割裂的局面，提供全球同质的统一产品和服务，不断增强产品创新能力，丰富产品体系和功能，最终打造工行全球金融超市，为客户提供“一站式”、全球化金融服务。“打造全球金融超市，为客户提供一站式的金融服务”是我们的远景目标，具体到明年，我希望境外机构以银行卡网银、投行业务作为开拓零售业务、公司业务的两个抓手，把进入银行卡市场作为加快零售业务发展的切入点，同时，加快打造我行新的投行品牌，逐步搭建起我行跨境投行业务的服务体系，真正把境内优势业务推广到境外，促进业务联动互动，深化内外联动机制，丰富境外产品和服务体系。这次会议总行特意安排了投行业务研讨会，研究讨论境外机构投行业务的客户及资源共享、投行业务合作模式、盈利模式等方面的内容，希望大家认真研究落实，我在这里就不多讲了。

（四）加强全面风险管理，严格控制业务风险。任何时候，风险管理都是与发展并行不悖的重要一环，而这场突如其来、愈演愈烈的金融震荡则更加直观强烈地提示我们，在当前加强全面风险管理尤为紧迫急切。

要前瞻性地控制并处理好风险资产，认真落实好应对金融危机的各项措施。各境外机构要保持对市场的高度敏感，建立动态高效的风险监测、处置和反应机制，加强对风险资产业务的监测，对风险较高的资产业务要尽快择机处理。要根据总行的统一部署和要求，分步骤逐步减持高危债券，减小债券风险敞口。要在满足当地监管要求的前提下，进一步细化包括债券业务市场风险的识别、计量、监测、控制和报告等在内的管理规范，完善债券业务风险管理的决策、运行、监督和管理机制，及时对各类债券计提相应的减值准备。严格控制衍生产品交易，对于结构复杂的产品，要切实掌握好各个风险点，必要时应及时处置，避免因风险蔓延而额外产生不必要的风险敞口；港澳地区办理代客债券和衍生产品交易的，要重新规范客户营销流程，充分向客户揭示业务风险，避免客户纠纷和投诉。要重新审查对金融机构的授信额度，控制好拆借资金，严格控制交易对手风险。随着危机的进一步蔓延，各境外机构同时要加强对企业信用风险的分析，尤其是对受危机影响较大行业的风险分析，风险较大的信贷业务要及时转让或退出。

要加快建立境外机构全面风险管理体系，形成集团内统一的风险管理框架。总行相关部门要在全行风险管理战略指导下，完善境外机构风险管理制度规范，研究境外机构风险管理集中化、专业化机制建设，明确总行相关部门的风险管理职责，完善各类风险报告机制及信息共享，构建覆盖境外机构所有业务、产品和活动的风险管理体系。各境外机构要按照总行制定的全面风险管理框架，结合所在地的监管要求和法律规定，制定本行的全面风险管理框架实施细则，完善各类风险的管理体系，分别设立信用风险、市场风险、操作风险管理委员会以及资产负债管理委员会，逐步建立起适合本行业务特点的风险识别、计量、管理、控制、监督、处置的全流程管理。各境外子银行、控股银行要按照当地监管要求和本行公司治理规定，由本行董事会及管理层履行风险管理各项职能，我行外派董事要将总行的风险管理战略、理念、目标和方式内化到相关风险管理工作中，确保我行集团内的风险管理战略保持一致。

（五）积极稳妥推进系统建设，完善境外机构考核体系。境外推广 FOVA 系统的目的是要建立起我行境内外统一的业务处理平台，打造我行境外机构核心竞争力，加快我行境外业务发展。刚才董事长要求我们加快系统推广进度，争取明年能全面推广，我想这个任务是非常艰巨的，但也是必需的。我们要想实现境外业务跨越式发展，这是个前提条件。我们前期系统试点为加快境外发展创造了有利的条件，总行相关部门要认真研究一下可行性，分析需要解决的问题和困难，并在明年投产时间表上进行合理安排，新设机构要力争开业就直接使用 FOVA 系统。要继续统一思想认识，正确处理好系统推广与业务发展的关系，为系统推广创建良好条件。各境外机构负责人要站在全局的高度去认识和处理系统推广与业务发展之间的关系，既要保证 FOVA 系统推广不影响业务的正常开展，也要保证业务开展不影响 FOVA 系统推广，我们力争明年完成境外机构系统推广工作。

刚才董事长已经对总行的政策支持和资源保障方面

作了明确部署，提出了具体要求，希望各相关部门予以落实。最后，我想展开讲一下境外机构财务预算和绩效考核方面的问题。财务预算管理和绩效考核管理是总行对境外机构经营管理的指挥棒，多年来引导我行境外机构按照总行确定的国际化发展战略和跨国经营工作目标开展各项经营管理工作，取得了很好的成效。作为一家上市银行，争取更多经营利润、创造更多股东价值是我们始终的经营目标，也是我们管理工作的指导原则。因此，无论是对境内机构还是境外机构，总行都加大了对经营利润、费用预算、资本回报等财务指标考核力度，而且境内外考核体系也日趋统一。从国际大银行经验来看，对于大多数单一网点和刚刚起步阶段的境外机构，如果财务指标考核压力过大，可能引导其追求短期利益，存在资产扩张冲动，甚至会通过简单购买债券等方式来增加利润，很难实现可持续发展。而目前我行跨国经营还处于初期，在确保境外机构盈利增长的同时，境外机构还需要加快完善管理制度、升级科技系统、开展内外联动、广泛拓展客户、打开当地市场及提升我行形象，并在此过程中积累自身跨国经营管理经验，培养专业人才队伍，需要把可持续发展的底子打好，基础打牢。为此，总行需要统筹兼顾境外机构的经营利润计划与经营转型任务，合理设置财务指标考核与非财务指标考核，制订差异化的考核方案。基本思路是按照各机构不同的发展阶段实施分类考核。

要实事求是地设立尽可能合理的考核指标，研究同业对比考核的可行性。在考核指标的选择上，考虑加大财务指标中的中间业务收入、存款指标、国际结算量等指标的权重，鼓励境外机构发展负债业务和中间业务；进一步完善非财务考核指标体系，尽可能涵盖境外机构系统建设、内外联动、客户营销、产品创新、零售业务、贸易融资、投行业务等业务拓展以及二级网络建设等内容。各境外机构所处经营环境不同，在客户资源、经营成本、同业竞争、监管方式等方面均存在着差异，并且发展时期与经营规模也各不相同，因此，要考虑弱化境外机构间的横向比较，增加境外机构与当地同业的经营业绩比较，尤其是将当地排名接近且经营状况信息较易获取的同业作为基准。目前总行正在实施境外机构人力资源提升项目，可考虑以境外机构所在地同业薪酬的一定百分位，作为确定境外机构薪酬的参考依据，这在客观上要求在制定境外机构考核办法时必须注意与当地同业的比较，以保持两者的有效衔接。会后，希望总行国际业务部会同财务会计部、人力资源部好好研究这个问题，我不再多讲了。

总之，明年是我行下一个跨国经营三年发展规划实施的第一个年头，也是境外机构加快业务转型的关键之年，希望大家都能明确目标，把握机遇，不畏艰难，真抓实干，全面落实和完成总行制定的跨国经营各项目标，推动工商银行国际化发展再创新的辉煌！

在2008年港澳新区域业务座谈会上的讲话

王丽丽

（2008年12月16日）

今年10月，总行召开了境外业务工作会议，姜董事长出席并作了重要讲话，深入分析了境外业务存在的问题与机遇。会后，总行国际业务部要求境外机构上报了各自的业务规划和下一步促进自身业务和全行业务发展的措施，并据此制定了未来三年境外业务发展战略规划，对境外业务发展提出了明确要求。

从目前看，境外业务正处在一个非常特殊的历史发展阶段，也处在一个非常特殊的经营环境中。虽然目前境外机构应对金融危机的总体状况还不错，但这只能说明今年前10个月的情况，而境外机构是否真正较好地应对了此次危机可能要到明年下半年才能有明确的判断。截至10月末，我行境外资产余额为418亿美元，较年初增长18%，资产质量保持良好水平，不良资产率降至0.35%，经营利润保持同比增长势头，累计实现3.4亿美元。但金融危机对境外业务的影响正逐渐显现，受9月以后债券减持和大金额计提拨备的影响，境外机构账面利润从10月开始有所下滑，其中，工银亚洲等部分机构在不同程度上受到危机影响。预计明年境外经营形势将更为严峻，因此，探索危机背景下境外经营模式和保持明年业务稳定发展的任务迫在眉睫。

基于现有的境外网络布局，港澳新区域在境外整体战略中的重要性已充分凸显。目前，港澳新机构利润贡献、资产规模和网点数量占比均高达80%左右，主导了工商银行境外业务的整体走向。剔除港澳新区域机构，我行其他境外机构与中国银行相比差距不大，今年上半年，我行港澳地区以外的境外机构净利润贡献曾超过中行。因此，未来三年我行国际化战略目标，特别是利润占比和资产占比目标能否顺利实现，很大程度上取决于港澳新区域的发展情况。受制于港澳新三地城市经济的特点，上述机构业务发展的市场腹地有限，因此积极探讨借助内外联动和外外联动，形成三点一体的区域联动合力是此次会议的一个主要议题。

近年来，在总行的政策引导下，全行内外联动工作有了良好起步，并在推动境外业务发展和经营转型方面发挥了重要作用。今年前三个季度，累计办理国际结算来去委业务约31万笔，金额459亿美元；办理预结汇业务7万笔，金额3.21亿美元，实现了业务笔数与金额的翻番；境外代付、福费廷、保理、保函、内保外贷、总行簿记等主要联动业务均保持快速增长。通过业务联动，工银亚洲IPO收款和派息业务市场份额曾在短期内超过中银香港，占居首位，工银亚洲与广东分行共同担任珠海中富实业股份有限公司27.5亿美元银团贷款牵头安排行；澳门分行中标中海油尼日利亚15亿美元融资项目；新加坡分行争揽了联想全球财物中心的2 000万美元存款业务，并与上海分行合作成功办理对中化国际新加坡有限公司1亿美元的内保外贷业务。这些案例成功经验主要在于总分行、境内外相关部门的有力联动。应该说，全行资源整合、内部挖潜的空间依然十分巨大，而能否有效利用全行资源的关键就在于各部门、各机构如何谋划和是否重视联动工作。总体来讲，境外机构规模较小，业务相对资源有限，内外联动对境外机构更为重要，比如，工银国际未来业务发展将主要取决于全行联动的水平，而工银国际的快速发展也将提升工商银行整体市场形象。工商银行不能仅满足于传统业务领域市场领先的现状，而要同时着眼于增强含金量高的新兴业务领域竞争实力，为客户提供高端服务。

今天，我们召开港澳新地区业务座谈会的目的就是结合明年严峻的经营形势，讨论具体的应对办法，提前落实项目储备，为明年业务发展夯实基础。总行公司业务部、金融市场部、投资银行部和国际业务都是落实业务联动的重要部门，要认真研究境外机构的业务联动需求。公司业务一部和国际部要认真分析境外机构联动营销需求，牵头确定一批重点营销客户名单，制订整体营销计划并督办落实。相关部门和机构要认真研究近期国务院出台的保经济增长十条措施和金融“国九条”等新政策中孕育的重大商机，如人民币区域化、人民币双边结算，以及中港发行人民币债券等政策机遇，利用工商银行已有的业务领先优势，在未来同业激烈竞争中抢占市场先机。工银亚洲和工银国际等在港机构要充分利用香港业务平台的资源、信息和多牌照优势，尽快缩小与中银香港等可比同业的差距，筹划资产管理、理财和经纪业务等运营中心，培育境外投资银行旗舰，做大做强我行投资银行业务。澳门机构要如期完成整合，并力争在港澳新区域中率先追上中国银行。港澳机构要以新型产品和服务方式吸引高端客户，优化客户结构，大力发展私人银行和财富管理业务。新加坡分行要在充分利用现有批发银行牌照的同时，尽快获得零售银行牌照，并利用地缘优势做大做强业务规划中的重点业务。

请大家畅所欲言、集思广益，为明年业务联动的发展模式与工作思路积极献言献策，争取把此次会议开成一个非常务实和富有成效的会议。

打造核心竞争能力　巩固扩大领先优势
推动机构金融业务可持续发展

——在中国工商银行机构业务工作会议上的讲话

李晓鹏

（2008年2月19日）

这次会议的主要任务是，认真贯彻落实全行发展战略研讨会和2008年工作会议精神，全面总结2007年全行机构业务工作，分析机构业务面临的形势与挑战，安排部署2008年工作，推动机构金融业务的可持续发展。下面，我讲几点意见。

一、2007年全行机构金融业务再上新台阶、作出新贡献

2007年，全行机构业务部门抓住金融市场大发展的有利契机，认真贯彻落实总行党委各项决策部署，按照“调整结构、改善质量、提高效益”的发展思路，加快创新，改进服务，实现了业务规模和效益的同步提

升，机构业务的发展迈上了新台阶。2007 年，全行机构业务营业贡献达 229 亿元，比 2006 年增长了 59%，完成全年计划任务的 122%。机构负债、中间及资产业务全面快速发展。截至 2007 年末，全行机构业务存款余额为 20 494 亿元，比年初增长了 43.6%，超额完成全年 3 000 亿元增存任务的 207%，存款增量占全行新增存款的 72%，存款增长及增量占比均创历史新高；全年累计实现机构客户中间业务收入 17.35 亿元，对全行的经营转型起到了积极的促进作用；累计开展同业拆借、股票质押贷款、信贷资产回购等各项融资业务 1 372亿元，为全行改革发展作出了新贡献。

（一）优化业务结构，积极推动经营模式的转型。2007 年，全行机构业务部门加大了结构调整力度，在提升业务发展速度和规模的同时，实现了业务结构的优化，为机构业务未来发展打下了良好的基础。

成本结构发生可喜变化。2007 年，面对央行连续六次上调存款基准利率的形势，全行机构业务部门积极营销新股验资款、机构客户活期存款等低成本负债，努力转化协议存款、机构客户定期存款等高成本负债，有效改善了负债结构。截至 2007 年末，机构活期存款占比为 78%，较年初增加了 3.3 个百分点；机构业务存款筹资成本率为 1.51%，低于全行平均存款成本 0.12 个百分点，为降低全行经营成本、提升盈利空间作出了重要贡献。

产品序列更加丰富。一方面，积极向客户推广同业支付结算代理、股票质押贷款、银期转账、代理财政支付、随军银行、资产托管等比较成熟的、有竞争力的产品，有效扩大了市场份额；另一方面，根据市场发展和客户需求的变化，积极推广网上保险、第三方存管、商业银行 IPO 收款、军队资金应急支付等具有市场发展潜力的新产品，充分挖掘和引导客户需求，抢占市场先机，拓展合作领域。

（二）抢抓时机，迎难而上，重点工作取得全面突破。2007 年，几项重点业务取得突破，业务发展成效显著。

第三方存管业务迎头赶上。第三方存管业务事关我行的客户基础和存款基础。由于历史原因，建行的先发优势较为明显，其他银行对此项业务的争夺也很激烈，因此业务发展初期，我行并无任何明显优势可言。2007 年初，我行多银行模式第三方存管尚未开始大量上线，单银行模式第三方存管客户数量仅有 70 万户左右，而建行由于 2005 年承接风险类券商超过 11 家，客户数量比我行多出 400 多万户。面对严峻的竞争形势，机构业务部门与科技、个金、电子银行等部门密切配合，不断优化业务流程，推动系统开发投产，完善制度办法，加速营销推广，业务呈现加速发展态势。特别是年中业务争夺进行到最白热化的时刻，6 月 13 日和 8 月 22 日两次全行范围的第三方存管业务推动会，进一步鼓舞了士气，明确了方向，拉开了我行第三方存管业务全面总攻的序幕。截至 2007 年末，我行第三方存管业务已实现投产合作券商 98 家，其中 35 家选择我行为主办存管银行；存管客户数量 1 496 万户，比年初我行银证转账和银证通客户总和多 708 万户；存管金额达到 3 332 亿元，比建行多 500 多亿元，第三方存管业务取得了显著的阶段性成果。可以说，上述成绩的取得是全行上下齐力同心、密切配合的结果，特别是北京、上海、江苏、浙江、广东、深圳等分行在业务推广、市场营销等方面表现突出，成绩显著。

财政招标力拔头筹。2007 年 10 月进行的中央财政国库集中支付代理银行招标项目共有 13 家银行参与，是历次财政部招标活动中参与银行最多、竞争最为激烈的一次。机构业务部及时会同有关部门精心准备，行领导也高度重视，杨行长亲自挂帅出席开标仪式，并代表我行提出了六大类共 173 条服务承诺，充分展示了工商银行作为负责任大行的气度。我行一举获得 2008—2009 年度中央财政直接支付和授权支付两项代理银行资格，巩固了市场优势地位，扩大了我行影响力，打了一场漂亮的攻坚战。

政府公务卡业务一马当先。2007 年，我行紧密追踪财政部中央预算单位公务卡改革进程，分析业务需求，制订解决方案，推进系统开发，于 7 月 1 日如期启动了中央预算单位公务卡业务，成为商业银行中首家推出该项代理业务的银行。同时，在十多家中央部委中积极开展中央预算单位公务卡产品营销活动，目前已顺利完成了三家单位的试点工作，在此业务领域牢牢确立了我行的优势地位。

银保业务奋起直追。2007 年上半年，受资本市场活跃、保险产品创新滞后、客户结构差异等综合因素影响，我行银保代销业务的整体规模和效益出现了双下滑。针对银保业务发展的严峻形势，全行机构和个金业务部门迅速展开调研，分析原因，寻找对策，于 6 月 26 日组织召开了全行首次银保业务座谈会；并以此为契机，进一步加强了银保业务的组织管理、对外营销和业务创新，及时下发了《关于进一步做好银保业务的通知》，有关专业启动市场营销竞赛活动，认真落实代理财险业务“七项工作措施”，推动服务产品和服务渠道的创新。通过多措并举、重点推进的方法，银保业务下滑的势头得到扭转。截至 2007 年末，全行实现代销保费 476 亿元，保险代销业务手续费收入 10.5 亿元，基本弥补了上半年被邮储银行、农行拉下的差距。

银期业务蓄势待发。2007 年，总行把握期货市场的发展机遇，正式成立了金融期货结算中心。由于涉及全新的业务领域，结算中心在筹建初期，既无设备系统，也没有制度办法，熟悉期货业务的人才也很紧缺。面临同业提早布局、股指期货随时都可能推出的压力，机构业务部在上海、深圳、江苏、广东分行营业部等分行的大力支持下，不到半年的时间，人员全部到岗，内控基本到位，初步形成了以《中国工商银行金融期货结算业务管理办法》、《中国工商银行金融期货结算业务风险管理办法》、《中国工商银行金融期货结算业务内控管理办法》为基础的制度框架，金融期货结算系统搭建工作基本完成，对期货公司客户的前期营销工作初见成效，为今后金融期货结算中心的正式运营打下了坚实的基础。

（三）加快创新步伐，增强机构业务核心竞争力。2007年，全行机构业务部门以全方位满足客户金融服务需求为目标，在营销模式和业务系统创新等方面取得了显著成效。

积极营造创新氛围。全行机构业务部门加强新业务学习，注重新市场调研，加快新系统研发，努力在全行机构业务战线营造鼓励创新的良好氛围。总行机构部在业务园地开辟了金融期货专栏，定期发布期货行业动态，在全行范围内组织开展了期货仿真模拟交易竞赛，并联合城市金融研究所举办了金融期货创新沙龙，将全行对金融期货业务的学习和探讨推向了新高潮；总行机构部、电子银行部对国内电话保险市场进行了联合市场调研，详细测算开办电话保险业务的成本收益情况，为进一步扩大试点范围提供了决策依据；上海、深圳、安徽、重庆等分行专门开辟了创新专栏，对新产品、新业务、新思想进行广泛宣传和报道，充分调动了广大员工参与创新的主动性。

努力创新营销模式。目前总行和大部分一级分行都建立了机构客户评价体系，根据客户资质和贡献度的不同进一步细分了客户群体和营销策略。总行下发了《关于进一步完善重点机构客户总行直接营销制度的意见》，优选了110家重点机构客户，由总行直接营销，分行也确定了辖内的重点合作客户，积极推行分层营销模式。通过捆绑营销、链式营销、整体营销的模式，充分整合了行内资源，促进了机构客户与公司个人客户、核心客户和关联客户、中间业务与资产负债业务的联动销售，带动了资产托管、信用卡、现金管理、电子银行等交叉销售业务的快速发展。

积极推动系统创新。按照“全面设计、突出重点、分步开发”的原则，大力构建覆盖面广、联动性强、处理效率高的机构业务系统。为快速响应市场需求，第三方存管和公务卡支持系统，均实现了当年立项、当年开发投产，为我行抢占市场发挥了积极的作用。为加强代理财险业务的营销管理，经过艰苦努力，全行代理财险业务系统完成了立项工作，并已进入技术开发阶段。去年初布置的五大创新平台建设工作也在稳步推进：网上保险已经实现了16家保险公司41款产品的上线销售，实现代销保费5 398万元，并在同业中率先在线销售投连险，电话保险的试点扩展至8家分行，分流了柜面销售压力，推动了“银保网上综合销售平台”的建设；“银证合作综合服务平台”建设进展顺利，除“证券公司集合理财产品”外的其他五大功能板块均已投产，其中“银证快车”累计开通客户21 983户，累计发放银证联名卡18万张，确保了我行在银证业务方面的同业领先地位；“银期合作综合服务平台”、“网上银税服务平台”均已立项，将进一步提升相关业务的市场竞争力；军队客户理财产品研发进度也在加快，目前已成功与武警签署了资金理财协议。

（四）重点突出，特色鲜明，市场营销卓有成效。2007年，全行机构业务部门开展了一系列内容丰富、特色鲜明的营销活动，进一步巩固和扩大了在重点业务、重点客户和重点区域的领先优势，取得了良好的营销效果。

营销活动形式多样。按照年初营销计划安排，全行机构业务部门联合个人金融、电子银行等相关部门，围绕六大主题，以座谈会、研讨会、劳动竞赛等多种形式，大力开展市场营销活动。在加强机构客户直接营销的同时，我行联合保险公司、券商，对共同的下游客户进行营销推广，取得了良好的市场效果。

营销活动重点突出。在合作对象的选择上，全行机构业务部门以优质客户为重点，与中国人寿、平安集团、太平洋集团等国内大型保险公司开展了多期市场推广活动，促进了银保规模的加速提升；与国泰君安、申银万国、国信证券等创新类券商加强合作，第三方存管业务取得了突破性进展。在业务产品的选择上，负债业务营销以同业存款、政府和军队存款为重点，加大营销力度，确保了我行的领先优势；代理业务以代理保险和第三方存管为重点，营销活动取得了明显成效；资产业务以股票质押贷款、信贷资产回购、同业拆借等业务为重点，有效地提升了机构业务的综合贡献。从发展区域来看，北京、上海和深圳三家分行年末机构存款余额和增量在全行占比分别为48.6%和62.3%，为机构业务发展作出了重要贡献。广东、深圳、湖南、广西、江西、山西、安徽、云南、贵州、宁波、广东分行营业部等分行抓住市场机遇，取得了机构存款增长和市场占比提升的双丰收。

（五）提升客户服务质量，巩固拓展优质客户市场。2007年是全行的“优质服务年”，各级机构业务部门进一步强化服务意识，加强作风建设，采取有效措施转变服务观念，提高服务能力，提升服务效率。陕西、重庆、天津、山西、河南、内蒙古、新疆、海南、厦门、大连等分行通过开展服务技能培训、业务知识竞赛等活动，强化了营销人员的服务意识，提高了业务素质。总行及部分分行建立了机构客户服务热线，做到了业务咨询找得到人、客户投诉及时回复、疑账及时处理解决，为巩固和拓展业务合作关系创造了条件；不少行主动派出业务专家，为客户提供银行业务培训，使客户能够及时、顺利地使用我行产品。此外，总行建立了服务质量通报制度，定期通报各分行客户服务和投诉情况，督促落实整改措施。

2007 年，总行先后两次组织开展了代理中央财政集中支付业务服务质量调查活动，分别向 800 家和 1 800多家中央预算单位进行客户满意度调查，了解客户对我行服务的总体评价，发现薄弱环节，并有针对性地组织整改工作，取得了明显成效。北京、四川、河北、宁波以及广东分行营业部也积极在辖内网点组织开展“银财通”、银行同业合作、保险产品等服务质量调查活动，调查对象达到上万人次，为进一步提升客户服务质量打下了良好基础。

（六）夯实内部基础，增强机构业务持续发展的后劲。2007 年，全行以整章建制工作为重点，进一步优化流程，完善营销体系，加强队伍建设，推动了机构业务的健康发展。

积极推进制度建设。根据银保业务监管要求，对银保业务的协议管理、销售行为严格规范，对风险控制的薄弱环节进行了强化和细化；根据业务创新的需要，对第三方存管、金融期货结算、中央预算单位公务卡、军队应急资金保障等新型业务，编写了一整套包括营销方案、管理办法、协议范本等在内的制度文件，规范了新业务操作；根据业务发展形势的变化，对代理信托计划资金收付业务管理办法进行了完善，简化了分行报批程序，提高了业务处理效率。

努力规范业务流程。全行机构业务部门从提高工作效率、防范业务风险角度出发，不断优化业务流程，进一步提高了业务管理水平。在客户营销方面，进一步理顺市场部门与产品部门的工作职能，既有分工又有协作，初步构建了“客户经理 + 产品经理”的一站式营销平台，有效地提高了客户服务效率。在业务管理方面，进一步加强了协议管理以及股票质押贷款、代理信托计划资金收付业务的授权管理，既强化了风险管理，又提高了业务效率。

加强营销体系和队伍建设。截至 2007 年末，全行已有 31 家分行成立了专门的机构业务部门，北京、深圳、江苏、广东分行营业部等分行在人员编制十分紧张的情况下，进一步充实了机构客户经理队伍，提高了机构业务的市场竞争力。山东、浙江、青岛、宁波、厦门、江苏、湖南、福建、重庆等分行根据当地情况，进一步完善了机构客户经理考核制度，充分调动了营销人员的工作积极性。2007 年，全行共组织了 5 期机构业务培训班，3 期网络远程培训班，培训人数超过 5 000 人次。这些培训起点高，覆盖面广，内容充实新颖，进一步提高了参训人员的综合素质和业务能力。

可以说，2007 年机构业务取得了突出成绩，这是机构业务战线全体员工振奋精神、团结协作、付出辛勤劳动和艰苦努力的成果。在此，我代表总行党委，向全行从事机构金融业务工作的员工表示亲切的慰问和衷心的感谢！为进一步调动全行机构业务战线同志们的工作积极性和主动性，总行组织开展了 2007 年机构业务先进单位和先进个人评选工作，根据业绩贡献，分别评选出机构业务“综合贡献奖”10 家、“专项营销奖”25 家，以及 100 名“机构业务优秀客户经理”，并决定在本次工作会议期间，对获奖单位和个人进行表彰。希望同志们以他们为榜样，努力工作，再创佳绩，为推动机构业务蓬勃发展作出新贡献！

二、2008 年机构金融业务面临的新形势和新挑战

党的十七大报告提出要进一步深化金融体制和财政体制改革，去年末召开的中央经济工作会议也对此作出了全面部署，并根据当前经济形势，明确了一系列宏观调控措施。随着外部政策环境的变化，机构业务市场也出现了一些新情况，全行机构业务面临着难得的发展机遇。

（一）我行国际金融市场地位显著提升，为机构金融业务快速发展提供了坚实的保证。上市以来，全行公司治理进一步完善，经营结构持续优化，风险管理水平大幅提高，盈利水平快速增长，股票市值、资本规模、营业收入等指标已经位居国际大型金融集团前列。全行机构业务部门要充分利用我行当前大发展的有利形势，加大对我行经营优势和市场品牌的宣传力度，切实将我行金融综合服务能力和市场形象优势，转化为在机构金融市场的竞争优势。

（二）证券市场改革继续推进，银证业务合作不断深化。下一步，创业板的推出将为国内中小型企业的快速发展提供有力的资金保障，央企整体上市将成为市场的新主线。同时，我国将允许符合条件的外商投资公司在 A 股市场上市，国内证券市场的聚集效应将会进一步提高。随着各项改革的逐步推进，资本市场将日渐迈入健康发展的轨道，将不断催生多元化的金融服务需求，银证业务合作有望继续深化。

（三）期货市场方兴未艾，银期合作将全面提速。黄金期货已于今年初挂牌上市，股指期货也有望在年内推出，未来国内期货市场将得到快速发展，原油、钢材、煤炭，甚至外汇、国债期货都有可能登上中国期货市场舞台，期货业务将与银行业务产生更多的交集。要牢牢把握期货市场发展的有利时机，特别是抓住股指期货上市的契机，确保我行成为第一批开展特别结算业务的商业银行，不断拓展我行参与期货业务的广度和深度，创造新的利润增长点。

（四）银行入股保险公司政策出台，综合化经营进程有所加快。银保业务合作由来已久，但基本上还停留在代理业务和互补业务等浅层次合作方面，此次银行入股保险公司政策的放开，允许商业银行与保险公司探索深层次股权合作，对我行大力推进综合化经营，建立以

商业银行业务为主体、跨市场的大型金融控股集团具有非常重要的意义。我们要积极把握这一历史性机遇，深入探索银保业务合作的路径与方式，为我行开展综合化经营打好基础，做好准备。

（五）政府职能公共化趋势明显，有利于拓展政府机构业务空间。2007 年，我国财政收入突破 5 万亿元。2008 年，财政收入也会保持快速增长。对于财政资金的运用，十七大报告中明确提出，要推进基本公共服务均等化，加大公共服务领域投入。我们要顺应政府职能公共化这一政策走势，把握国家经济持续向好的市场时机，抓住资金流动机遇，不断深化银政业务合作。

（六）加强国防和军队现代化建设，军队业务迎来新机遇。十七大报告中强调，国防和军队建设在中国特色社会主义事业总体布局中占有重要地位，必须站在国家安全和发展战略全局的高度，统筹经济建设和国防建设，在全面建设小康社会进程中实现富国和强军的统一。我们要把握军队改革动向，努力扩大银军合作范围，确保我行在军队业务上的领先优势。

在机构业务市场形势总体向好的同时，我行机构业务发展还面临着来自外部和内部的一系列挑战。

一是宏观政策趋于从紧。2008 年从紧的货币政策将对我行机构负债业务产生较大影响：资本市场将进入平稳发展时期，2007 年井喷式牛市行情和客户数量巨幅增长情况将会发生一些变化，加之可能的新股验资制度变革因素，完成今年同业存款增长任务面临较大挑战；银行间市场资金将呈现从紧趋势，对机构存款的争夺将更加激烈；可预见的加息措施将进一步提高机构客户资金的增值需求，加大了控制机构存款筹资成本的压力。同时，随着国库集中收付制度改革不断深化，纳入中央财政集中支付改革的资金量将不断增加，各级政府部门在商业银行的留存资金逐渐减少，将影响政府机构存款的增长速度。在上述背景下，实现存款规模的高速增长并保持较低的付息水平，难度较大。

二是同业竞争全方位展开。机构业务同业竞争日趋激烈，已经呈现全方位、多元化的特征。各行加大力度争市场、争资源、争人才，对我行的市场份额将会造成冲击。在第三方存管业务方面，尽管我行存管资金已经超过建行，但系统上线客户数量仍落在其后，2008 年对新客户的争夺将成为竞争焦点。我行代理保险业务量虽位居第一，但业务收入已经下滑至第三，落后于邮储银行和农行，2008 年必须在竞争中继续努力扭转不利局面，任务压力较大。军队业务的市场竞争尤为激烈，国内多家银行，特别是建设银行，针对军队客户开展了一系列的公关活动，争夺军队业务资源，巩固我行军队业务市场份额任务更加艰巨。同时，代理财政国库集中支付、非税收入收缴、代理信托计划资金收付等业务利润较高、优质客户资源相对集中，也是同业竞争的重点。

三是客户需求更加多元。随着机构业务市场的快速发展，机构客户对金融产品和服务的需求不断增加，对我行的创新能力提出了挑战。如何围绕客户需求，研究推广创新型产品与服务，特别是能够分流转化高成本负债的新型理财产品，是需要我们重点研究解决的问题。同时，随着同业竞争加剧，机构客户的议价意识和议价能力都在不断增强，对我行产品定价能力提出了更高的要求，如何发挥我行的技术和网点优势，开发科技含量较高、他行较难模仿的新产品是当务之急。

在这里，需要特别指出的是，除了来自外部的挑战，我行机构业务在经营管理方面还存在一些问题，必须引起大家的高度重视。

一是发展不够平衡。2007 年我行机构业务发展的总体形势是好的，但是必须清楚地认识到，地区之间的差距比较大，部分分行在当地的市场竞争力仍有不足。以同业存款为例，2007 年末我行在四大行中的市场占比达到44.77%，遥遥领先于同业，但有 31 家分行当地市场占比低于全行平均水平，有 26 家分行的市场份额还落后于建行；同业存款的增量也是如此，虽然有 31 家分行同业存款在 2007 年实现了增幅 30% 以上的快速增长，但从增量同业占比看，也有一半以上的分行不如建行。

二是对负债业务规律把握不够，应变能力不强。去年机构负债规模大幅增长的同时，机构存款的波动性也明显加大，我们对业务变化的预测、分析和把握不够及时。除了资本市场火暴、大盘新股发行等客观因素外，也反映出我们对市场资金变化规律认识不足，对客户资金变动的事前调查工作还不够充分，对大额资金变动的应对措施还不完善等问题。2008 年，国内证券市场将面临更加复杂多变的发展形势，机构负债业务的平稳发展也将面临更加严峻的挑战，这就需要我们未雨绸缪、认真应对，提前做好负债业务的布局工作。

三是机构业务的结构调整任务还很重。目前，我们做得比较好的是负债业务，但是中间业务、资产业务在机构业务营业贡献中的占比仍较小，需要加快速度发展。2007 年部分分行负债任务完成情况较好，但对中间业务的开发、营销、管理等工作积极性不高，对结构调整任务的重视程度不够，丧失了不少宝贵的市场机会。

总体来说，机构业务的发展形势是机遇与挑战并存。全行机构业务部门要增强信心、乘势而上，及时抓住市场机遇，勇于应对当前挑战，真抓实干开展工作。要继续发扬锐意进取，开拓创新的精神，应对新形势，运用新思路，采取新举措，开创机构业务工作新局面！

三、2008 年全行机构金融业务要在竞争中实现新跨越

根据机构业务市场发展形势和全行工作部署，2008

年全行机构金融业务工作的总体思路是：按照我行建设国际一流现代金融企业的战略要求，以科学发展观为指导，继续坚持“调整结构、改善质量、提高效益”的经营理念，通过突出重点、强化营销、开拓创新、严格考评，提升机构业务核心竞争力，进一步扩大在机构金融市场的领先优势，为我行的综合化经营和未来发展作出积极贡献。

2008年机构业务的主要任务目标是：各项机构业务存款较年初增加5 000亿元，其中机构客户存款较年初增加2 200亿元，同业存款较年初增加2 800亿元；各项机构业务存款日均增量达到2 500亿元；有效控制负债成本，筹资成本率保持在年初水平；中间业务收入达到30亿元，其中代理保险业务收入达到23.58亿元（其中代理财险业务收入2.58亿元），第三方存管业务收入达到1.2亿元，住房公积金归集业务收入达到0.5亿元；进一步优化客户结构、产品结构和区域结构，做精做强机构业务。

围绕上述工作思路和任务目标，全行机构业务部门要做好以下几个方面的工作。

（一）认清形势，全力抓好机构业务存款工作。2007年，全行机构业务存款增加6 222亿元，占全行新增存款的72%，成为全行最重要的资金来源之一，为全行业务发展提供了有力支持，作出了重要贡献。在全行2008年工作会议上，姜董事长指出“要强化存款基础地位，巩固和扩大市场份额”、“推进经营转型不是要不要增加存款的问题，而是以什么样的方式和怎样的成本发展存款的问题”，这些重要论断，高度概括了当前存款工作对我行经营发展的重大意义，也为我们下一步工作指明了方向。全行机构业务部门要深入理解领会董事长讲话精神，坚定信心，乘势而上，毫不动摇地把机构业务存款工作进一步做强抓好。

提高认识，深刻理解存款业务的基础地位。从银行业发展的规律看，抓住了存款，就抓住了我们安身立命的客户基础；而失去了存款，不仅意味着客户资源的流失和创新发展机会的丧失，更谈不上实现全面、协调、可持续发展。当前，针对存款业务发展的问题，存在两种思想值得注意：一种是认为在流动性过剩的环境下，存款不那么重要了，存款多少无所谓，甚至认为存款多了是个包袱；另一种是存款总量任务完成了，就不太关注各个存款项目之间的关系，掩盖了在部分市场竞争力下降的问题。这两种思想对于业务发展都是非常不利的。存款不仅是传统业务发展的基础，也是新兴业务成长的源泉，全行机构业务部门必须重新认识和深刻理解存款业务在全行转型发展中的基础地位，认清形势，统一思想，不为任何困难所惧，不为任何干扰所惑，坚定不移地把机构业务存款工作推向前进。

想方设法，全力以赴完成增存任务。2008年，全行机构业务专业承担了增加存款5 000亿元的任务，这是一个前所未有的高增长目标，增量相当于2002年末全行机构业务的存款总额，应该说完成起来有相当大的难度和压力，是对全行机构业务队伍的又一次重大考验。而从紧货币政策的实施，必将使得一些资金实力较弱的银行流动性趋紧，市场上对于存款的竞争势必更加激烈，更加白热化。在新的形势下，各分行必须做到认识早到位，目标早明确，任务早下达，措施早制定，深化考核，加强激励，想方设法完成总行下达的增存任务。各分行存款增量和市场份额都要力争当地第一；存款大行更要从大局出发，为全行多作贡献。

精耕细作，主动开展负债业务。在努力增存的同时，全行机构业务部门要继续按照“调整结构、改善质量，提高效益”的要求，通过主动负债控制存款成本。一是要有的放矢，加大对成本较低的新股验资款、政府机构存款的营销力度；重点营销活期存款，控制定期存款的比重。二是要充分利用我行的综合金融服务优势，根据不同客户的综合贡献进行差别定价；要注意存款营销的策略，不断积累和总结经验，提高议价的技巧和能力。三是要动态调整，加强负债管理的主动性，根据市场环境的变化对不同期限、不同类型的存款进行合理搭配，逐步消化成本较高的存款，努力控制筹资成本。同时，要建立机构理财业务新机制，实现存款和理财产品的有效对接，提高负债业务的贡献度。

（二）抓住重点，巩固和扩大同业竞争优势。目前，我行机构业务总体继续保持着行业内的竞争优势，在市场中具有较强的影响力。但大家也要看到，市场竞争形势的变化正在对我行的主导地位带来巨大的冲击，一些经营结构和市场定位与我行相近的大型银行已经在银证业务、银保业务、银政业务和银军业务等领域成为我行最强劲的竞争对手，部分股份制商业银行也在银银业务、银期业务等方面走在了市场前列。作为国内最大的商业银行，我行机构业务必须抓住重点业务，巩固和扩大同业竞争优势。

银保业务。要继续加强代理保险业务，以完成全年代销保险业务收入、提高我行代销业务同业占比、确保代理保险业务的市场份额居于首位为目标，采取加大市场营销力度、开展客户分类营销、适应市场变化灵活调整代销产品、积极推进网点全面开放、加速推广网上和电话保险业务等方式，继续巩固和扩大银保寿险业务的市场领先优势。代理财险业务要紧紧扣住信贷投放目标，通过对抵（质）押贷款实行名单制管理、财险纳入信贷流程管理等措施，确保今年新增和再融资的抵（质）押贷款财险业务承办率达到50%以上，其中对中小企业的承办率要达到80%以上，同时，要加强贷款客户代理保险业务的二次营销。有条件的分行要把项目贷款纳入名单制管理，以最大限度地利用我行可保资源。要在财险业务基本覆盖二级分行的基础上，今年凡办理抵（质）押贷款业务的支行都要营销财险，同时积极发展其他财产保险、单位团险、责任险等代理业务。

银证业务。要继续抓好第三方存管业务，加大对未选定主办行券商的攻坚力度，努力挖掘个人客户增长潜力，不断改善投资者服务，确保今年第三方存管客户增量市场占比达到30%以上，客户总额要超过建行。要与优质券商积极稳妥地开展同业拆借、股票质押贷款等资产类业务，探索代理销售集合理财产品，深化双方业务合作关系。

同业业务。要加快银银平台开发和推广工作；利用我行成功申办成为人民银行境内外币支付系统欧元、日元结算银行的契机，营销银行同业在我行开立结算账户；加大IPO收款、代理信托计划资金收付、代理住房公积金归集等业务的营销力度，提升银银、银信及与公积金中心合作的水平。

银政业务。全行机构业务部门要紧紧围绕存款任务目标，牢牢锁定各级财政部门和资金密集型的政府机构系统大户，确保政府机构存款持续增长，新开户数量不断扩大。各行要充分利用总行成功竞标中央财政直接支付和授权支付代理银行的契机，积极竞争地方财政直接支付、授权支付和预算外资金收入收缴代理银行资格。各一级和直属分行要至少争取到两项业务资格，并保持代理财政业务同业市场领先水平。要进一步改善和优化客户服务，切实提高政府机构客户的满意度。

银军业务。要加快推广军队网银产品和军队公务用卡，向全军推介武警系统应用我行网银产品进行系统资金监控管理的经验，提高军队服务的技术含量，以我行电子化网络平台打造军银合作的新模式。专门设计适合军队官兵个人的金融工具和理财产品，提升银军合作的综合化程度。同时，针对建行强攻军队业务的严峻形势，各级行一定要责任明确，严防死守，不能懈怠。

银期业务。要做好集中式银期转账和金融期货特别结算业务的营销工作。集中式银期转账要努力实现以下目标：100家重点营销期货公司开通率达70%，30家总行直接营销期货公司开通率达80%；选择我行办理集中式银期转账业务的个人投资者开通率达35%，选择我行办理集中式银期转账业务的机构投资者开通率达40%。金融期货结算业务方面也要取得与我行地位相称的市场份额。

（三）开拓创新，提升机构业务市场竞争力。改革创新是机构业务竞争力的源泉，是机构业务发奋图强的必由之路。我们要立足于现有基础，着眼于市场的发展变化，正视我们的差距和不足，勇于突破自我、超越对手，创造新的优势，提升机构业务市场竞争力，继续保持业务发展的高成长性。

2008年的创新工作重点：一是加快金融期货业务创新，争取金融期货特别结算会员资格，建设好“金融期货会员综合服务平台”，完善金融期货特别结算业务系统，实现金融期货结算中心与我行会计核算系统的对应；利用“银期综合业务平台”实现期货投资者网银开户、集中式银期转账网上自助注册、门户网站期货频道、网上链接期货交易等功能。二是深化银证业务创新，进一步优化第三方存管业务系统，实现资金回流畅通；加快“银证综合服务平台”建设，扩充电话银行渠道，搭建“银证期转账通”平台，使客户资金在各个市场中顺畅循环。三是加强银保业务创新，整合银保业务平台，加快银保通系统功能升级，提升保险公司产品覆盖率，优化网上保险综合销售平台，加快代理财险业务系统开发和推广，拓展电话保险，充分挖掘各种渠道的销售产能。四是强化同业合作创新，加快构建银银平台，为合作银行开放我行成熟的投资理财产品，延伸我行服务触角，扩大客户基础；开展融资性存放同业、信贷资产回购、清算透支等新型资产业务；利用股份制商业银行、城市商业银行和信托公司重组、引资、上市的契机，与之在上市收款业务上深化合作。五是深化银政业务创新，推进“网上银税服务平台”开发进程，以网上银行为渠道，实现为纳税人提供查询纳税、申报缴税、信息查询等在线服务，会同相关部门，联动营销平台功能，力争实现税务、银行和纳税人共赢的良好开端；优化“银关通”系统功能，开拓“网上担保”服务渠道，为进出口企业便捷通关提供配套服务。

（四）强化营销，全面推进各项工作。2008年，全行机构业务营销工作总的要求是：力度要大、节奏要快、内容要新、效果要好。

力度要大。对已有业务联系的客户，要毫不松懈、精心维护，不断拓宽合作领域、深化合作内涵，巩固和扩大我行的客户关系优势。对未建立联系的客户，要积极开展营销攻势，加大资源投入力度，积极进取、敢于突破。对于纳入总分行重点营销名单的客户，各分行分管行长至少要每季度走访一次，并重视对中低管理层和关键环节的维护，强化营销效果。要将营销攻势和客户回访相结合，取得可持续的营销效果。

节奏要快。要增强市场竞争嗅觉，敏锐洞察形势变化，争取在同业竞争中先想一着，先进一步，抢占业务发展的制高点。要在全国范围内建立起机构客户信息的动态反馈机制，使全行上下能够加强信息沟通与共享，做到未雨绸缪、取长补短；要及时了解客户需求，制订清晰细致的跟进计划，明确阶段目标、具体责任人、配套资源、营销方案等关键因素。对于存款较大的客户，还要建立大额资金变动报告制度，随时监测其存款变化情况，分析变动原因，稳定存款份额。

内容要新。要加快研究推广期限较短、风险较低、收益有保障的机构客户理财产品，联合证券、保险、信托等金融机构研究设计一些针对政府、军队高端个人客户的理财产品，并采取客户恳谈、功能体验、业务研讨、理财沙龙、新品推介、交叉培训等新的营销方式，提高客户满意程度。

效果要好。要提高市场营销的针对性，全面掌握竞争对手的营销策略、营销手段、营销动态，充分发挥我行资金、渠道、产品、技术、信誉等方面的优势，做到人无我有、人有我优。对于我行的优势业务，要好上加好，优上再优；对于他行的薄弱环节，要步步紧逼，重点突破。要树立营销典型，推广先进经验；定期总结存在的问题和不足，不断提高服务水平。

加强客户经理队伍建设。一是要围绕提升机构业务市场竞争能力，加快充实客户经理队伍，利用全行出台加大客户经理招聘力度和鼓励员工从事一线营销的政策契机，有效补充机构业务客户经理的数量，促进人员配备与机构业务的发展相适应。二是要努力提升队伍素质，充分利用行内外培训资源，培养一批熟悉高端、复杂业务的机构业务营销专才。三是抓好激励机制建设，加大对营销岗位的激励力度，对业绩突出的先进单位和个人及时进行表彰奖励。四是要推崇和培育积极进取的竞争意识和营销文化，倡导追求第一、不甘落后、永不满足、奋发向前的精神风貌。

（五）争先创优，打造机构业务竞争力考评机制。当前，全行机构业务工作整体而言是比较好的，但必须注意到，最近一个时期部分地区出现了重点业务竞争力下降，存款余额和增量市场占比下滑的问题。因此，机构业务要在竞争中实现新跨越，就必须保持清醒的头脑，增强忧患意识，要通过构建完整、系统的竞争力分析评价体系，科学全面地考核机构业务在各项业务、各个地区的竞争力状况，激励全行机构业务部门向市场要效益，向管理要效益，锐意进取，打造可持续的核心竞争能力。

竞争力分析评价体系的内容。将四大行市场占比作为评价各分行、各业务竞争能力的重点，突出以下指标及其权重：日均存款在当地和全行系统内的余额占比和增量占比；第三方存管、代理保险、代理财政等主要业务的新增市场份额；重点券商、保险公司、银行、信托公司、期货公司、政府机构和军队目标客户的巩固和拓展情况等。总行机构业务部要广泛吸收和积极总结全行上下的经验，努力构建系统科学的竞争力分析评价体系，争取在第一季度破题，第二季度初见成效。

建立竞争力定期通报制度。要形成制度，坚持按季度对各分行机构业务整体和重点业务的竞争力状况和排名变化进行分析通报，帮助各分行转变观念，明确业务发展不仅要看计划完成率和业务增长率，更要关注市场份额、同业和系统内比较等情况，从而找准差距、树立标杆、完善策略，切实提高市场竞争能力。

严格考核和加强督导。要通过严格的考核措施，促使全行机构业务在优势业务上继续保持领先，在劣势业务上加快追赶步伐，在核心业务领域夺回失去的市场份额。对于整体竞争力在当地排名下降，或者连续两个季度在当地四大行比较中未进入前两名的分行，分行主管行长要到总行说明情况，必要时总行要派人到分行进行专门督导。

全行上下层层推进。各分行机构业务部门要主动探索本行专业内的考评试点。环渤海经济圈、长三角经济圈和珠三角经济圈机构业务资源丰富，是我行机构业务的重点发展地区，上述地区分行要在考评机制建设方面率先起步，研究如何更加充分利用地区资源条件，加快提升机构业务的市场领先地位。其他分行也要结合当地实际，客观考核评价机构业务在同业中的竞争实力，明确自身主要竞争对手，全面掌握竞争对手的营销策略、营销手段、营销动态，制订有针对性的竞争方案，着力提高市场占比。

同志们，2008 年机构业务任务艰巨，责任重大。希望全行机构业务战线上的广大干部员工进一步振奋精神，抢抓机遇，励精图治，锐意进取，以饱满的工作热情和扎实有效的工作措施，圆满完成全年各项工作任务目标，努力推动机构业务可持续发展，为推进我行现代金融企业建设作出新的更大的贡献！

从高要求　加速发展
稳固第一年金管理机构优势地位

——在中国工商银行企业年金业务工作会议上的讲话

李晓鹏

（2008 年 2 月 20 日）

2007 年是我国企业年金发展史上具有里程碑意义的一年。国内企业经营状况良好、证券市场持续走高，为我国企业年金市场发展壮大创造了宏观基础环境；劳动保障部《关于做好原有企业年金移交工作的意见》

和国务院国资委《关于中央企业试行企业年金制度有关问题的通知》相继出台，极大地推动了我国企业年金市场快速规范发展。与此同时，经过全行企业年金业务战线同志们三年的艰苦创业，我行已在年金市场树立起卓越的业务品牌，获得了“全牌照”的业务资格，培养出一支专业而又敬业的人才队伍，为我行企业年金业务加速发展奠定了坚实基础。我行企业年金业务蓄势待发！

2008 年是企业年金管理机构增加充实后企业年金市场格局确立的关键年。为抓住这一历史发展契机，打好这场攻坚战，巩固和扩大我行第一年金管理机构的领先优势，总行决定召开本次企业年金业务工作会议。下面，我重点讲三个方面的意见。

一、2007 年我行企业年金业务全面快速发展

2007 年，在总行党委的正确指导和关怀下，全行年金业务战线的各级领导和员工积极进取、奋力拼搏，在激烈的竞争中确立了“领军者”的市场地位。

——业务快速增长，市场占比位居第一。截至 2007 年底，我行提供年金服务的客户达 13 269 家，比年初新增 12 906 家。其中，管理个人账户 347.7 万户，比年初新增 196.7 万户；托管年金基金 187.8 亿元，比年初新增 103.8 亿元。根据监管部门统计数据，我行企业年金账户管理、托管业务规模在 18 家账户管理人、10 家托管人中占比均超过 50% 以上。其中，我行账户管理业务规模超过排名第二的管理机构 278 万户，托管年金基金超过排名第二的管理机构 100 亿元，领先优势明显。

——业务全面拓展，三大市场成绩不菲。2007 年，全行在大型客户、社保存量、中小企业三大年金目标市场实现全面均衡发展，取得骄人成绩。大型客户方面，目前万人以上企业 39 家，个人账户规模占我行全部账户管理业务的 79.24%，资产规模占我行全部年金托管业务的 69.11%。2007 年底，我行成功签约中国石油天然气集团公司年金账户管理业务和托管业务，涉及职工超过 100 万人，资产达 200 亿元，是国内迄今为止最大一单年金业务。在去年完成的社保存量移交工作中，我行承接移交企业近 13 000 家，市场占比约为 84%；涉及职工近 21 万人，市场占比约为 62%；存量资金 9 亿多元，市场占比约为 45%。其中，厦门社保存量涉及企业11 400家，覆盖职工近 14 万人，年金财产近 4 亿元，无论是企业数量还是人员规模均属全国社保存量第一大单。在中小企业市场板块，目前我行万人以下客户已达1 835家（不含厦门社保存量 11 400 家），比年初增加 1 462 家，占全年新增客户数量的 97.07%。其中，与太平养老保险公司和平安养老保险公司联合开发的“智信计划”和“相伴今生计划”签约客户分别达 682 家和 347 家，累计个人账户规模达 11.8 万户，到账资金达 6.74 亿元，实现了我行企业年金大小客户的全面发展。

——业务均衡发展，诸多方面取得突破。2007 年 10 月，全行最后一家分行实现了年金业务零突破，特别是青海、宁夏、甘肃等西部经济欠发达地区在电力、石油、矿业、烟草等领域相继取得成效，我行年金业务在全国各地开花结果。全行年金账户管理和托管业务同步协调发展，同时选择我行两项业务的客户数量占比达 91.3%，比年初增长近 10 个百分点，其中万人以上企业两项业务捆绑率 47.5%，中小企业两项业务捆绑率 97.38%。截至 2007 年底，全行账户管理费按企业平均 3.28 元/人/月，较上年增长 0.15 元/人/月。剔除厦门存量部分，签约账户管理业务的 1 571 家企业中 577 家账户管理费达 5 元/人/月，占比为 36.73%；托管费率平均为 0.11%，签约托管业务的 1 536 家企业中 220 家托管费率达 0.2%，占比为 14.32%。全年实现年金业务收入 1 829.78 万元，比年初增长 1 585.61 万元，连续两年呈近 10 倍增长。

——业务创新发展，经营范围走向多元化。经前期充分准备，我行在 2007 年劳动保障部组织的两次年金管理机构资格评审中，成功获得企业年金基金法人受托资格，成为首批获得受托人资格的 3 家银行之一。同时，我行控股的工银瑞信基金管理公司也获得了投资管理人资质，使我行成为 41 家年金管理机构中具备“全牌照”资格的 3 家机构之一。企业年金受托业务资格使我行在竞争激烈的年金市场上拥有更多的话语权，也进一步拓宽了我行多元化发展的新领域。近期，我行成功中标中国网络通信集团公司企业年金账户管理业务和受托顾问业务，极大地提升了我行企业年金服务的品牌形象和市场影响力，也为我行下一步发展企业年金受托业务起到了良好的社会示范效应。

——业务协同发展，服务领域逐步综合化。年金业务的快速发展对存款、结算、银行卡、理财、电子银行等相关金融产品的促进作用逐步显现。据不完全统计，2007 年全行共与 290 家从无业务关系的企业签订了年金业务合同或协议，通过年金业务建立和巩固了优质客户关系，带动对优质企业贷款发放 30 多亿元，办理银行卡 5 万余张，开立个人网上银行 2 万余户，销售理财产品 8.5 亿元。2007 年，我行还成功将年金的运行管理模式推广至基本养老保险领域，目前共有 8 万广东社保基本养老保险个人账户交由我行管理，未来整体规模将超过 1 000 万户，年金业务的规模效应及综合化效应初见成效。

2007 年，全行上下围绕总行关于年金业务的安排部署，主要从以下几个方面展开了卓有成效的工作。

一是明确目标，认真组织和落实。经过 2005 年和 2006 年的启动和发展，我行企业年金业务在从业资格、

组织架构、管理体系、制度建设、产品创新、市场品牌、人才培养等方面完成了初步的构建和积累。在此基础上，总行于2007年初提出了“打造国内第一年金管理机构”的发展战略。这一定位不仅仅体现在市场占比上，而是对全行年金业务的组织管理和服务能力提出了更高的要求。各行围绕这一目标对原有工作进行了认真总结，并结合当前现状进一步细化了工作目标和思路。有的分行修订完善了年金业务考核办法，将年金业务指标纳入二级分行行长绩效考核；有的分行增设了年金专职机构，增配了年金专职人员；有的分行构建了纵横联动的营销团队，整合了前中后台一体的营销服务体系，开展了年金业务竞赛活动，建立了年金业务定期通报制度。总之，各行结合自身情况均不同程度完善了与实现这一目标相匹配的工作机制和组织管理体系。

二是细分市场，全力营销和拓展。由于政策调整，我国年金业务涉及存量和增量；鉴于规模差异，年金客户又有大中小之分。2007年，根据监管部门关于社保存量年金移交的紧迫性要求及我行“抓大不放小”的发展方针，总行确定了加强大型企业营销、加强社保存量争办、加强中小企业拓展的三大年金工作重点，全行针对三大市场分别实施了行之有效的营销策略和方法。

大型企业实施年金制度具有决策时间长、环节多、层次高等特点，总分行在圈定目标客户、进行名单式管理的基础上，采取了高层营销与中基层营销相结合、批量营销与一对一营销相结合、重点营销与捆绑营销相结合、总分行联动与横向协作相结合的方式，取得显著成效。2007年，全行在煤炭、烟草、石化、铁路、电信等行业均有较大突破，新签约和中标万人以上企业30家，北京、山西、陕西和江西分行新增签约中均有5万人以上企业，内蒙古、吉林、黑龙江、福建、河南、云南、贵州、新疆、海南、青岛、宁波等分行均取得当地最大单年金业务。

社保存量年金移交限定时间短、遗留问题多、复杂程度高，总行及时向全行传达了国家政策、分析了市场形势和下发了指导意见，并先后赴浙江、大连、福建、厦门等分行进行实地调研和督导。为争取存量年金，各行主动与政府及监管部门加强联系，积极与合作机构展开合作，及时部署并向政府部门提交移交方案。截至目前，我行承接了厦门、云南、贵州、山西、黑龙江、内蒙古等地区的全部社保存量，承接了浙江、福建、吉林、辽宁、青岛等省市绝大部分社保存量，承接了江西、安徽、大连、四川等地的部分存量。

中小企业是未来年金市场的主力军，2007年，全行一方面通过“1+X中小企业金融业务组合营销”活动，推进年金业务与其他业务的组合营销和交叉营销；另一方面，以集合计划产品作为实施年金分层次营销的重要手段，继2006年与太平养老保险公司联合开发了“太平工行智信企业年金计划”后，又与平安养老保险公司推出“平安工行相伴今生企业年金计划”标准化年金产品，辅以联合业务竞赛等组织推动措施，中小企业年金业务在过去一年里取得了突飞猛进的发展。其中，智信计划曾创下一周签单111家企业的纪录，充分显示出中小企业年金市场的发展潜力。大连、辽宁、贵州、江苏、浙江分行在我行与太平养老联合开展的竞赛活动中获得全年综合排名前五的好成绩，上海、苏州分行也一直位列前十名。

三是借力发展，广泛合作与沟通。在同业合作方面，2007年我行继续依托集合年金计划产品和2+2业务合作模式与养老保险公司开展了广泛而又深入的合作；与其他具备年金管理资格的同业机构保持密切的联系与沟通；与香港退休计划协会、日本住友银行、美世咨询、韬睿咨询等机构均建立了良好的交流与合作关系。2007年11月，我行取得法人受托资格，工银瑞信基金管理公司取得投资管理人资格，总行及时研究和确定了新形势下的同业合作与竞争策略，各行积极探索和实践在业务资格交叉重叠的情况下如何与同业展开积极有效的合作。

我行在培育和开拓市场的同时，积极加强与监管部门的协作配合。全行通过与各级劳动保障部门和国资委等监管机构的沟通交流，以承办、协办、参加监管机构举办的各类年金培训班、论坛等形式，进一步密切了与监管部门的关系，宣传了我行的年金业务，提高了我行的市场影响力，在营销工作中收到了事半功倍的效果。在2007年劳动保障部举办的“全国企业年金座谈会”、“企业年金、社会保障与和谐社会论坛”上，我行均作为商业银行的唯一代表在大会上发言。此外，我行还成功承办了国务院国资委央企规范年金培训班，我行的专业性和大行风范赢得了监管部门和企业界广泛的认同和赞誉。

四是完善保障，提高服务能力和水平。2007年，我行完成了账户管理信息系统的4次版本升级，投产了企业和个人网上银行年金功能二期版本，编写完成了企业年金管理系统客户版的需求，开发并投产了企业年金受托管理系统，完成了养老金业务综合管理系统规划和立项，优化完善了年金测算系统。业务系统的完善和优化，进一步提高了我行业务处理效率和风险控制水平，进一步满足了客户的个性化需求，进一步增强了我行对外服务的竞争力。

在积极推进系统建设的基础上，总行和各分行进一步建立健全企业年金业务各项规章制度，提高业务处理和管理的规范性和成熟度。2007年，总行组织编写并下发业务流程、操作指南、服务手册等指导性文件12份，制定印章、档案、内控等风险管理制度5项，先后赴5家分行进行现场调研和检查，并对部分5万人以上企业进行回访。在总结前期经验的基础上，有效规范了我行年金业务的运行管理，提高了我行年金服务的质量和水平。

为锻造一支专业而又稳定的人才队伍，总行于2007年企业年金业务工作会议上提出培养“百名年金业务金牌客户经理”项目工程，现已成功举办两期专项培训班，建立了百名年金业务金牌客户经理人才库，初步拟订了《企业年金业务金牌客户经理管理办法》。此外，依据全年培训计划，总行还举办了一期年金业务处级干部培训班，一期年金账户管理操作培训班和两期账户管理业务视频培训。各行也纷纷通过现场培训、专家授课、“企业年金园地”、远程培训等多种方式广泛开展业务知识培训和专业信息交流，不断提高从业人员的综合素质。通过坚持不懈的努力，全行已经建立起一支涵盖管理、营销、操作三个层面的年金专业队伍。

我行年金业务发展三年迈出三大步，领先的业绩来之不易，其中离不开各级领导的全力支持和相关部门的密切配合，更离不开我们在座的每一位同志和全行年金业务战线员工们的辛勤付出和努力。借此机会，我代表总行党委向大家表示衷心的感谢！

二、当前面临的形势和今后一个时期的任务

从总体上讲，当前和今后一个时期，年金业务面临的外部政策环境和市场形势是非常有利的，但竞争将会更加激烈。

一是企业年金法规政策日渐完善。在我国企业年金基本制度确定的基础上，2007年监管部门进一步完善和细化了相关政策。劳动保障部就原有年金规范、年金基金进入银行间债券市场等问题作出了明确的要求和规定，国务院国资委对中央企业规范建立年金相继下发了两个文件，有力推动了我国企业年金制度规范健康发展。目前，以期提高企业年金制度立法层次的《企业年金条例》正在酝酿制定，全国统一完整的年金税收优惠政策，以及相关配套细则均在逐步推进中。

二是我国养老保障制度正待改革。随着我国养老保障制度的改革步伐日趋加快，基本养老金、职业养老金、公务员养老金、农民工养老金等社会保障制度的建立和完善已进入政府和社会有关机构部门关注的视野或已提至议事日程，由企业自主建立的各类薪酬福利制度也将快速增长，高效率、高安全度的市场化运营模式将成为上述制度未来发展的必然趋势。这些养老金或类养老金的福利计划将给我们带来新的业务机会。

三是企业建立年金进程明显提速。经过这几年社会层面的广泛宣传，监管部门的大力推动，以及年金管理机构的积极培育，企业建立年金制度的需求日益强烈。2007年9月，国务院国资委下发通知，对中央企业建立年金制度普遍存在的问题及规范原有年金的截止时间作了规定，要求“2008年6月底前完成新的年金方案报备工作，特殊情况经允许可延至2008年底”，明显加速了中央企业规范建立年金制度的进程。目前绝大部分中央企业已启动年金建立工作，有的已完成了年金基金管理机构选择或招标工作。由于中央企业规模大、市场带动和示范效应强，整个年金市场格局在一定程度上将取决于中央企业年金市场的格局分布，因此，对于管理机构来说，2008年将是我国年金业务的爆发期，也是各行全力拼抢、确立市场地位的关键时期。

四是企业选择管理机构更为理性。年金基金管理的市场化运作模式在我国已走过近三年的历史，企业选择管理机构已不再是仅看关系和价格。年金基金管理是一项长达几十年甚至上百年的服务，不仅面对企业还要面对职工个人。随着我国年金市场的发展，企业从实践中积累的认识水平不断提高，管理机构服务的差异性也逐步显现，企业在选择管理机构时越来越理性、越来越成熟。管理机构的综合实力、服务能力、专业水平、管理经验、市场口碑日渐成为重要的考虑因素。

五是年金市场竞争格局更为复杂。劳动保障部第二批年金管理机构资格认定后，企业年金管理机构总数从29家增加到41家，资格数量从37项增加到61项，现有受托人12家，账户管理人18家，托管人10家，投资管理人21家。同一企业集团同时具备4项资格的有3家，同时具备3项资格的有5家。随着管理机构和资格数量的增加，一方面，四种管理人之间的回避制度更加严格，一个企业年金计划的受托人和托管人不得为同一个机构，投资管理人与托管人不得为关联企业；另一方面，四种角色的相互制衡与同一企业集团的多资格也直接导致同业竞争与合作关系更加错综复杂。企业年金市场是一个开放的市场，企业年金计划的运行需要四个管理主体协作完成，合作共赢、专业优势互补将是任何一家年金管理机构在市场中发展壮大的必由之路。与此同时，各管理机构之间也必然面临着无法回避的客户与业务的激烈竞争。因此，在合作中竞争、在竞争中合作将是未来年金市场永恒不变的主题。

面对难得的发展机遇和激烈的竞争挑战，我行年金业务仍存在一些亟待解决的问题。首先，对发展年金业务紧迫性的认识仍待提高。部分分行对年金市场的严峻形势、对年金业务的紧迫性认识还不够，组织推动力度有待加强，针对业务调研和日常运行中反映出来的问题缺少进一步强化管理的具体措施。其次，专职人员队伍的数量、素质和稳定性急需改善。部分分行年金从业人员更换频繁，专职人员严重不足，独立营销客户、制作服务方案、参与投标、业务系统操作的能力亟待提高。最后，基层行独立开展业务的能力亟待加强。总行和一级（直属）分行承担了大量的直接营销和直接投标的任务，囿于人力、精力等方面的限制，一定程度上影响了年金业务的加速发展和全面展开。

未来3－5年是我国年金业务发展的黄金时期。怎

样的发展思路、精神状态和工作力度，决定着全行年金业务的发展方向和市场地位。我们必须认清形势，抓住机遇，以极大的工作热情和责任心把年金业务良好的势头保持好、巩固好、发展好。今后一个时期，全行企业年金业务工作的总体发展思路是：立足已有业务基础，发挥“全牌照”资格优势，以综合效益为导向，强化市场营销、客户服务和综合竞争能力，从高要求，加速发展，在业务规模、服务能力、管理水平、综合效益上全方位稳固市场领先地位，打造国内第一年金管理机构。

在业务发展过程中，我们一定要十分重视和牢牢把握以下几个战略重点。

（一）推动四项业务全面协调发展。“全牌照”的业务资格优势，进一步拓宽了我行年金业务的发展空间和发展领域。但严格的回避制度也增加了营销和协调的工作难度。按照监管规定，符合回避制度的年金业务组合模式有三种，即三项业务捆绑的组合模式，两项业务捆绑的组合模式和单一业务模式。很明显，在这一政策背景下，全行要以综合效益最大化为导向，能抓到三项的就要全力营销三项，抓不到三项的也要确保两项。总行要求全行上下要充分发挥我行年金业务服务功能，以兼顾长远利益与近期收益为原则，权衡当期效益和未来机会，实施科学的业务组合和有效的竞争策略，推动各项业务全面协调发展。

（二）扩大业务规模领先优势。截至目前，我行年金业务规模市场占比已超过50%，初步确立了市场第一的位置，也为未来赢得市场主动奠定了基础，但这一优势能否继续保持还将取决于未来几年的业务拓展。抢占市场份额、壮大业务规模仍是我行今后一个时期年金业务发展的首要任务。要把职工人数多、经济实力强的行业性、系统性企业以及大型集团企业作为营销工作的重中之重，集中优势力量，人盯人，面对面，全力攻坚。同时，要联合其他金融机构，通过业务创新、资源互换、功能互补等方式，批量开发中小企业年金业务，以达到事半功倍的效果，进一步巩固和扩大我行年金业务的领先优势。

（三）提高年金业务综合贡献度。商业银行以盈利为目的，上市公司最终要通过资本回报实现股东利益的最大化。年金业务作为一项新业务在初期以扩大业务规模为首要任务，在确立市场绝对领先位置后，发展战略将从扩大业务规模逐步转向提高业务综合贡献度。各行在发展年金业务时要以综合效益最大化为原则，不断提高议价能力和收费水平，通过提供增值服务、提高服务技术含量等方式不断开辟增加业务收入的新渠道。同时，我行要积极发挥作为重要市场参与者的影响力，与监管部门和同业机构共同推动市场规范有序发展，不断提高行业收费水平，扩大收入空间。

（四）促进各项业务融合发展。企业年金业务是我行公司机构类业务的一种，要积极推进年金业务与其他各项业务的交叉营销和组合营销。一方面，要充分利用我行与客户业已建立起来的密切关系，为年金业务营销牵线搭桥，开辟突破口；另一方面，也要以发挥年金业务优势为切入点，为客户提供现金管理、债券买卖、理财产品、咨询顾问等各种增值服务，全面巩固、深化甚至是新建长期银企合作关系，促进其他业务的发展。

要重视企业年金业务与机构理财、个人金融、电子银行等业务的协同发展，深度挖掘客户价值。通过开发牡丹年金卡完善企业年金服务功能和内容，扩大银行卡的推广使用；通过电子银行服务优势为年金客户提供更好的年金查询、自助交易服务，推进客户使用网上银行、电话银行、自助终端等服务渠道；利用年金个人账户信息开展客户关系管理，促进个人理财产品开发，并在提供年金待遇支付服务中推介结算业务、个人理财、代理基金、代理保险等产品。

（五）拓展前沿市场业务领域。目前，企业年金基金管理采取市场化运作模式，基本养老金、公务员养老金仍由政府管理，农民工养老金正在探讨建立之中。下一步，我行要密切关注其他养老金、类养老金管理制度模式变迁，择机拓展业务领域。探索为基本养老金等各类养老金，以及以个人账户为单位进行权益信息管理的各类福利计划提供受托管理、权益信息管理（账户管理）、基金托管、投资管理、咨询顾问等服务。上述基金管理不受同一机构资格回避限制，没有法规收费上限和过度竞争带来的价格战问题，综合效益更为可观。

（六）构建更为先进科学的业务管理体系。研究并建立一套既体现业务发展工作导向，又符合长远发展战略，也符合总行整体发展规划的年金客户经理绩效考核办法，最大限度地调动各级客户经理的积极性，有效促进年金业务快速持续发展。年金业务系统是年金服务的技术基础和保障，根据实际运行中存在的问题、客户需求和年金市场的发展变化，持续优化升级我行年金业务系统，使我行业务系统功能更强大、流程更科学、运行更有效、客户更满意，不断提升我行年金服务的竞争力；建立企业年金客户管理信息平台，实现年金客户信息的科学化管理，为充分挖掘客户价值，监测、评价客户的综合贡献提供科学、完整依据。

三、2008年发展企业年金业务的几点要求

为实现我行企业年金业务发展的战略目标，2008年，企业年金业务工作的总体要求是：保持绝对领先的市场占比，保证客户满意的服务质量，积极探索业务新领域，努力提高收入贡献率。主要任务目标是：全年新增管理个人账户110万户，账户管理业务和托管业务市场占比高于50%；四项业务捆绑率不低于50%；年金

业务收入达到4 000万元。具体工作要求如下。

（一）一把手挂帅，着力加强机构建设和人才培育。企业年金业务的长期性和锁定性决定了该项业务不可再生的特点。抓住契机，加速发展，稳固我行第一年金管理机构的优势地位，是当前关系我行年金业务可持续发展的首要工作。各行要充分认识2008年年金业务工作的紧迫性和决战性，切实加强领导，将年金业务工作作为“一把手工程”，形成强有力的组织推动体系。今年，总行已将年金业务纳入分行行长绩效考核指标，各行要尽快建立健全年金业务考核管理办法，提高各级行以及前后台各类人员的积极性。

我行年金业务发展已3年有余，原有机构和人员配置已不能满足当前业务的需要，特别是我行取得法人受托资格以后，专职人员不足、专业知识需要充实的问题更加突出，已成为我行年金业务发展的瓶颈。各行要尽快完善组织机构建设，切实保证年金业务有机构、有岗位、有专人。除必要的专职营销人员以外，原则上，客户数超过50户，或累计管理个人账户达10万户以上的分行至少要配备3名专职操作人员，以保证服务质量。

各行要进一步加强年金专业人才队伍的建设，保持人员队伍的稳定性，提高人员队伍的专业素养和服务水平。各行要结合自身情况，扩大培训范围，加大培训深度和广度，重点提升一级（直属）分行在业务组织、大客户营销方面的独立能力，增强二级分行在客户营销、持续服务方面的专业能力。总行今年将出台年金业务金牌客户经理管理办法，持续开展金牌年金客户经理培训，并以此带动更多年金业务骨干人员的培养。

（二）把握重点，全力做好市场营销和拓展工作。随着中央企业原有年金规范移交工作的推进和二批年金管理机构加入市场竞争，2008年将成为新一轮企业年金市场格局的重塑年。抢抓市场份额、保持市场占比仍是今年年金业务的首要工作。各行在组织和开展年金业务营销的过程中，一是要早启动、早安排，提早确定目标市场、锁定重点客户，尽早落实部署、加快营销进程。二是要突出重点，大户不能丢。大型企业、集团企业是决定市场格局的关键。2007年我行在电力、电信、煤炭、石化等行业均取得了重大进展和突破，今年除上述行业外，中央企业、铁路、烟草、军工和邮政行业均需重点关注和加大投入。三是要有效整合资源，加强部门之间、跨地区行之间的横向协作，加强上下级行之间的纵向沟通，充分发挥全行整体合力。特别是对总部在北京的集团性客户，相关分行对各地分支机构的营销和服务不容忽视，要通过日常营销跟进，及时了解集团总部的动向和进展，并随时向总行报告。四是要针对不同客户群体采用不同的营销方式，针对不同行业、不同区域分别开展营销活动，要从手段、频率、强度和声势上加大投入，提高社会影响力。五是要加大高层营销力度。各级领导，特别是一级分行主要负责同志对重点客户营销一定要亲历亲为，做到大户到人、投标到场、协调到位。

中小企业是我国年金制度发展不可或缺的重要组成部分。各行要继续坚持“抓大不放小”的原则，一方面通过集合计划产品充分拓展中小企业年金市场；另一方面，实施分层次营销，通过总行或各行自行组织的竞赛活动充分调动二级分行以下机构及客户经理的积极性，扩大营销宣传范围。

（三）积极探索，全面启动和稳步推进受托管理业务。由于受托人具有选择其他管理机构的权力，第一批获得资格的5家法人受托机构在市场上已占据十分有利的地位，并且其中3家同时具备账户管理资格。为充分发挥我行原有年金产品的竞争优势，我行受托管理业务应采取全面启动和稳步推进的策略。全面启动就是要求各一级（直属）分行都要抓一家受托管理业务试点企业，全行争取达到40家。稳步推进就是要在加快建立和完善受托业务系统、业务运行和管理体系，建立健全受托业务管理制度和操作规程，培养受托管理业务专职队伍的基础上发展受托业务，要确保质量，树立品牌。发展受托业务和投资管理业务，既要重视增量，也不要忽视已有业务存在的机会，通过加大二次营销工作力度，寻找新的增长点。

（四）资源共享，广泛开展与同业机构的合作。在同业合作上，全行要根据新的市场竞争格局，及时调整同业合作对象、方式、内容、深度和广度，增强我行综合竞争力，扩大我行年金业务销售渠道，确保我行利益。要通过资格互补和业务互换，实现互利双赢。其中，在与养老保险公司的合作上，继续推进“2+2”业务合作模式，对于与我行有资格冲突的养老保险公司，各行要力争通过资格牵制、业务牵制、合作牵制实现“2+2”合作模式，今年我行还将扩大养老保险公司的合作范围。同时，各行要十分重视与工银瑞信基金管理公司的合作，建立利益共享机制，联合拓展企业年金投资管理业务。各行在推荐年金业务时应把工银瑞信的投资管理服务包括在内，实现全行利益最大化。

（五）加强创新和管理，保证服务质量和水平。经过几年的实践运作，年金专业服务能力和服务质量已成为检验管理机构的重要标准，很多企业将考察或咨询其他同类企业作为选择管理机构时的必要环节。企业的示范效应已成为年金管理机构业务宣传的有效途径，更是树立市场口碑和良好形象的重要渠道。同时，企业对服务的满意度还将直接影响现有客户到期合约的续签。各行一定要十分重视已签约客户的后续服务，不要只重营销而忽视服务。

全行要通过年金业务系统的持续优化、服务流程的不断改进，特别是中国国电、中国石油、中国网通等集团性企业对业务系统客户端、服务模式个性化需求的实现和满足，进一步从实践中积累和摸索经验，创新我行年金服务产品、服务手段、服务模式，提高我行年金服务的专业化、便捷化和人性化水平，形成我行年金业务的比较优势。各行要加大对业务处理和客户服务的组织管理力度，严格按照总行规定的业务流程办理日常业务，完整履行承诺义务。

（六）加强风险管理，保证业务健康规范发展。要研究企业年金业务综合管理制度和措施，按照全程监控、信息共享的思路加强受托管理、账户管理、托管三项业务的全面综合管理。根据企业年金业务发展需要，修订《企业年金业务管理暂行办法》。健全完善各项业务制度，建立实施企业年金业务检查、监督的工作机制。探索制定符合企业年金业务特点、激励约束有效、操作性强的业务考核管理办法。持续开展职业教育，切实提高业务人员的风险意识、安全意识、合规意识和保密意识。

同志们，经过三年来的艰苦创业，我行在中国企业年金市场上已取得初步胜利，收获了累累硕果，我们既要看到大家齐心协力所奠定的良好基础，看到快速增长的发展态势，坚定信心，又要正视我们所面临的严峻挑战，以强烈的使命感，从高要求，加速发展，为稳固“第一年金管理机构”的优势地位不懈努力，为实现全行建设国际一流现代金融企业的宏伟目标作出新的贡献！

在银期业务及新股发行网下申购业务营销动员会上的讲话

李晓鹏

（2008 年 3 月 19 日）

今天我们召开这次视频会议，主要部署两项重要工作，一是银期业务营销工作；二是新股发行网下申购电子化模式下对机构投资者的营销工作。

一、关于银期业务营销工作

（一）全行银期业务取得显著成效。我行银期业务自开展以来，全行上下发挥整体优势，总行各部门、总分行之间密切配合、通力合作，取得了显著成绩。

一是我行银期业务涉足领域最广。自 20 世纪 90 年代初，我行就开始与期货业开展多领域业务合作，为我国期货行业的发展壮大作出了重要贡献。目前，我行是上海期货交易所、郑州期货交易所、大连期货交易所、中国金融期货交易所 4 家交易所的保证金存管和结算银行，在上海、郑州、大连均设有期货支行，专门为所在地期货交易所服务。同时，我行是唯一一家获得上海期货交易所黄金期货自营会员资格的商业银行，也是仅有的两家黄金期货交割行之一。在各家银行中，我行是取得银期业务资格最全的商业银行。

二是银期转账业务发展迅猛。2002 年我行推出了银期转账业务，之后此项业务发展迅猛。银期转账客户数从当年末的 1 300 多户增加到 2006 年末的 30 000 多户，交易金额从 10 亿元增长到 100 多亿元。随着业务的快速发展，分散式银期转账受到地域的限制越来越不适应市场需求。为此，2006 年总行着手研发全国集中式银期转账业务系统，并于 2007 年 4 月正式投产。截至 2008 年 2 月末，已与 84 家期货公司签署了银期转账业务合作协议，其中 36 家期货公司已正式投产集中式银期转账系统。

三是金融期货结算业务筹备取得良好开端。2006 年，我行着手研究参与金融期货特别结算业务的可行性，并制订了业务开展计划。2007 年总行批准成立金融期货结算业务中心。目前，金融期货结算中心已完成了人员招聘、制度制定、系统开发等工作；与 12 家交易会员签署了仿真交易意向协议，并开展了仿真测试。此外，我行还联合广发期货公司共同举办了“工行杯”股指期货仿真交易大赛，在 42 个交易日中，大赛累计开户人数 12 266 人，市场总成交金额超过 4 655 亿元，占同期中国金融期货交易所仿真交易量的 13%。这些均为我行申请金融期货特别结算会员资格奠定了良好的基础。

四是相关部门协调有力，重点分行配合有效。在银期业务开展过程中，总分行机构业务、结算与现金管理、信息科技、个人金融业务、财务会计、人力资源等部门密切配合，精诚合作，保障了我行集中式银期转账业务系统开发、测试、投产有序进行。2007 年总行机构业务、电子银行、产品创新管理等部门还就包括银期转账预约开户、电子出入金、金融期货会员服务平台等一系列业务创新进行了深入研讨，其中大部分项目已经列入今年产品开发计划。在金融期货结算中心筹备和业务营销过程中，上海分行协助总行与中金所沟通开展营销，参与了系统需求的起草。此外，山西、浙江、江苏、福建、广东、四川和深圳等分行积极营销所在地期货公司，取得了初步成效。

在回顾成绩的同时，我们也清楚地认识到，有一些问题还需要不断改进和尽快加以解决。

关于集中式银期转账业务，目前主要存在三个问题。

一是网点资源优势没有得到发挥。从我行集中式银期转账业务统计表来看，截至2月末，我行仅有3 400个个人客户，目前还没有机构客户开户，这与我行银期转账业务实行指定开放网点模式和对投资者营销重视程度不够有密切关系。我行集中式银期转账业务只有个别大城市实行全网点开放，其他很多地区网点开放少，我行网点优势没有得到充分发挥。此外，针对该业务的柜员培训和产品宣传力度还相当薄弱，很多网点根本不知道如何开办该项业务。

二是集中式银期转账上线速度慢。我行集中式银期转账自去年投产以来，与期货公司的协议签了80多家，但上线和投产的期货公司数量仅30多家，投产上线速度有待加快。

三是业务流程和系统功能需进一步完善。尽管我行集中式银期转账系统的功能和稳定性都有很高的水准，在同业中处于领先地位，但也存在不完善之处。比如为方便投资者在证券、期货市场的资金调拨，将第三方存管与集中式银期转账整合的银证期转账系统还需要进一步开发和完善。在证券、期货市场快速发展的形势下，系统运行的稳定性尤其重要，我们还需不断地完善和提高。

在金融期货结算业务方面，目前存在的主要问题是如何加强对交易会员的营销。虽然我行在金融期货结算业务的系统、机构、制度建设上已经后来居上。但是，在营销方面，交行、民生和建行的优势还是比较明显。在我行参与仿真交易测试之前，具备中金所交易会员资格的24家期货公司就已经与其他商业银行开展了合作。相比之下，营销环节上的薄弱将影响我行向监管部门申请业务资格，并成为我行金融期货特别结算业务未来发展的瓶颈。

（二）充分认识开展银期业务的重要意义。为了开展好银期业务工作，我们要深刻认识这项业务的重要意义。我国期货市场在宏观经济环境推动下，迎来了前所未有的高速发展。据中国期货业协会统计，2007年全国商品期货成交金额为41.97万亿元，比2006年增长了95%，首次超过GDP总额。近五年来，我国商品期货市场交易量平均年增长率超过了50%，大大超出世界商品期货20%的年均增长水平。新的期货品种不断推出，扩大了期货市场规模。今年1月9日黄金期货推出后，截至2月29日共33个交易日成交金额达到3 830亿元，日均116亿元。中国期货市场已经成为了全球发展速度最快的市场之一。

特别是从国际金融期货业务发展情况来看，如果我国推出金融期货业务，其发展的潜力更为巨大。根据国际清算银行的统计，截至2007年末，金融期货交易额达到1 586万亿美元，其中，股指期货交易额达到132万亿美元，分别比上年增长26%和72%。金融期货成交规模在期货交易中的比重已从1976年的不足1%上升至目前的80%以上。

根据以上分析，总行认为，期货特别是金融期货业务将为商业银行经营转型提供难得的发展机遇。

首先，开展银期业务将推动我行综合化经营的进程。

根据监管部门的政策要求，我国商业银行参与期货市场大体上分三个步骤：第一步，充当期货保证金存管银行，为期货市场提供资金清算服务；第二步，根据中国金融期货交易所的制度设计，充当特别结算会员，代理交易会员与交易所进行结算；第三步，随着市场的发展，逐步成为期货交易所全面结算会员和做市商，从事包括衍生产品自营、结算、经纪、做市商在内的全面业务。未来的市场竞争中，我们能不能保持自己在期货市场应有的地位和影响力，在相当程度上取决于银期业务开展的水平。集中式银期转账业务和金融期货结算业务是进入这一领域的钥匙，是取得其他期货业务资格的前提。同时，金融期货结算业务又将银行、证券、保险、基金和QFII连为一体，随着业务的发展，未来金融衍生产品业务必将成为我行的核心业务之一。

更为重要的是随着银期业务发展的深入，我行还可以在业务拓展中培养储备一批金融衍生产品领域的懂市场、懂业务、会管理，能作出快速反应的专业性复合型人才队伍，他们将是我行综合化经营道路上重要的人力资源。

正是由于这一原因，姜建清董事长在2007年12月18日我行发展战略研讨会上明确提出："抓住股指期货即将推出的契机，稳步开展金融期货结算业务，加强与金融期货市场参与者的全面合作，加快银期业务创新，树立银期业务品牌。"银期业务开展的好与坏，服务水平的高与低，发展的快与慢，在同业中具不具备影响力和竞争力，将在相当程度上影响工商银行的长远发展。我们要从面临的形势和承担的历史责任高度来认识这项业务的重要性。

其次，开展银期业务将提高我行中间业务收入。2007年，我行的净手续费和佣金收入占比为13%，进步不小，但仍有很大差距。金融期货结算业务收入和银期转账手续费收入将为我行带来可观的中间业务收入。

以金融期货特别结算业务为例，根据国际、国内市场的发展现状作一个保守的估计：如果金融期货的年交易量与2007年我国商品期货成交额40.97万亿元人民币持平；市场中有5家特别结算会员，每家取得相同的市场份额；全市场有50%的交易量通过特别结算会员结算；特别结算会员手续费是交易额的十万分之三。根据以上假设，每家特别结算会员每年将有1.2亿元人民币的中间业务收入。如果金融期货达到商品期货交易量的5倍，每家特别结算会员的年业务收入将达到6亿元人民币。从全球金融期货与商品期货业务量的对比，以及全球期货交易发展的速度看，金融期货与商品期货的交易量比例将达到9:1，因此特别结算会员业务未来收入将会远远超过这个保守的预测。

发展银期业务合作不仅会给我行带来可观的直接收入，更为重要的是能够为我行带来很大的间接收益。我国开办股指期货业务之后，金融期货特别结算业务将使中金所、期货公司、基金公司、保险公司、QFII等相关客户把大量客户保证金、自营资金以及大量的客户存款存放我行，上述资金成本低廉、规模稳定，将为我行带来可观的存款利差收入。

最后，开展银期业务将提高我行产品创新水平。金融期货相关业务将为我行产品创新开辟广阔空间。我们可以在深入了解股指期货产品的基础上，设计开发更低风险、更高收益的挂钩股指期货的理财产品组合。一旦与本地股指挂钩的期货、期权产品推出，我行就有了设计挂钩股指的结构性存款产品的基础（比如挂钩沪深300指数），这将有利于我行理财产品种类的进一步丰富和理财市场的拓展。

（三）下一阶段做好银期业务的几点要求。随着银期业务的重要性日益凸显，各银行对期货公司和期货投资者等客户的争夺将进一步白热化。2008年是银期业务发展的关键一年，我行银期业务推广工作如果不能取得突破，迎头赶上，今后将很难弥补。因此，全行上下要团结协作，加大营销力度，抓住机遇，抢占市场。

一要明确目标、加强领导。总行对2008年度全行银期业务发展进行统筹规划，制定了明确的营销目标。集中式银期转账业务的发展目标是在100家重点营销期货公司中，只要期货公司条件具备，集中式银期转账业务要全部开通，选择我行办理银期转账业务的个人投资者要占全部个人银期转账市场规模的35%，选择我行办理银期转账业务的机构投资者要达到整个银期转账市场机构投资者数量的40%。

金融期货结算业务方面，在有效控制特别结算业务风险的前提下，在股指期货推出前，要增加参与我行金融期货仿真交易测试的客户数量，并在推出后，争取业务量达到全国特别结算市场业务量的25%。

总行根据银期业务工作目标制订了《2008年度银期业务营销方案》，各分行要紧紧围绕营销目标，将任务指标层层落实，研究制定详细的营销工作安排，并在营销工作中与总行密切联动。

二要细分客户，差别营销。在集中式银期转账方面，要重点抓住100家重点营销的期货公司。根据2007年期货公司交易量排名，全国177家期货公司中，前100名的期货公司占市场交易量的93%，前30名占全市场交易量的59%。因此，总行确定前100名的期货公司作为今年集中式银期转账的重点营销的客户，其中前30名的期货公司为总行重点营销的客户。

在金融期货特别结算业务方面，各分行要对本行辖区的期货公司逐一筛查，锁定目标客户，开展重点营销工作。对于已取得交易会员资格的期货公司，我们一定要全力以赴争取其成为我行的金融期货结算业务客户。对于尚未取得资格又具备潜质的期货公司，以及已选择其他银行作为合作伙伴的期货公司，应积极主动上门营销，并与之保持定期沟通，争取使其成为我行的签约客户。对于已选择我行开展仿真交易测试的期货公司，一定要做好后续跟进等服务工作，及时了解客户需求，股指期货推出后，力求使其成为我行正式特别结算业务客户。今后，基金公司、证券公司和保险公司也将成为金融期货市场的重要力量，因此，对这类公司的营销力度也要加大，要努力争取其成为仿真交易测试合作对象，并进一步使其成为我行特别结算业务客户。

三要分工负责、密切配合。全行各相关部门要明确责任、通力配合。各级机构业务部门要牵头做好银期业务合作和对期货公司的营销工作；结算与现金管理部门要做好集中式银期转账业务产品管理和功能完善工作，并且负责公司无贷户等法人期货投资者的业务推广工作；个人金融业务部门和公司业务部门要加大对个人和公司类期货投资者的银期转账业务的营销力度，取得更大的市场占比；机构业务部门、资产托管部门要合作制定保险公司、基金公司参与金融期货结算业务的操作流程，配合做好对其营销工作；机构业务、产品创新管理、电子银行、信息科技等部门要密切配合，做好银期业务创新工作。

四要加强培训，全面开放网点。集中式银期转账开展过程中，我们要充分发挥网点优势，在所有网点开通此项业务，使银期转账成为所有网点基本业务。下一步，要加强对网点柜员的业务培训，编写操作性强的培训手册，大堂经理要熟练掌握此项业务流程，加大网点宣传力度，各网点统一印发宣传折页，准确引导客户办理该项业务。对营销人员也要加大培训力度，建立营销培训与业务信息互联互通机制，帮助营销人员通过多种渠道和方式迅速、方便获得所需知识和信息。

五要明确风险管理重点，加强防范。在银期转账业务中，系统模式是稳定的，只要发起端和终端的操作没有问题，一般不会存在大的风险。而金融期货业务却不然，因为它的双向操作方式，以及特殊的保证金制度，都可以把风险放大。因此，金融期货结算中心要密切关注交易和结算中的风险点，控制交易中出现的风险；各分行要掌握本辖区内客户的详细情况，防范客户潜在的风险。

二、关于新股发行网下申购业务

（一）充分认识新股发行方式改变对我行业务所产生的影响。按照中国证监会的要求，近期将调整新股发行网下申购的业务流程，这项变革将对我行同业存款等业务产生重大影响。

网下申购是发行人和主承销商向特定机构投资者配售股票的一种渠道，特定机构投资者的申购资格由中国证监会审批。监管部门为了加强对申购机构的监控，减少新股网下发行过程中的不规范行为，化解新股发行对资金市场造成的不利影响，提高新股网下发行效率，推出了新股网下发行电子化的新方案。

新旧模式网下发行的业务流程存在较大差别。原网下申购业务模式下，主承销商起关键作用。申购投资者向主承销商询价，确认申购后通过投资者在证券业协会备案的银行结算账户汇款，款项汇入主承销商开立在指定收款行的银行结算账户中，主承销商核实投资者资格和确认资金汇入渠道。中签结果确定后，主承销商再通过结算银行进行未中签申购资金的退款划付工作。主承销商一般会指定一到两家结算银行做为收款行。在新网下申购业务模式下，投资者还是向主承销商询价，但通过沪、深证券交易所的IPO网下发行电子化平台进行；汇款依然是通过之前在中国证券业协会的备案账户发起，但通过中国证券登记结算公司（以下简称“中登公司”）与所有结算银行的资金结算系统进行。投资者的申购资金汇入中登公司的银行“机构投资者网下申购专户”中，结算银行负责核实机构投资者资格，确认资金汇入渠道，并将信息反馈给中登公司，进行申购资金的收付工作。

具体来看，新旧模式的主要区别体现在：一是业务流程基本实现电子化。旧模式几乎为全人工流程，主要依靠主承销商人工判别机构投资者资格和资金来源是否合规，结算银行也需手工退款；新模式则基本实现了电子化管理，人工干预很少，效率提高，流程规范。二是发行时参与结算银行增多。新模式下，进行网下申购的机构投资者可以选择向中登公司开立在任何一家结算银行的“机构投资者网下申购专户”中汇入申购资金，申购资金不再归集到主承销商指定的某一家或几家开户行进行验资，而是可以分散在中登公司开户的所有银行验资。三是营销对象发生变化。原网下申购模式，选择某家银行作为网下申购结算银行是由主承销商和上市公司来指定，各家银行的主要营销对象是主承销商和上市公司；实行新模式后，选择结算银行的主动权则在参与网下申购业务的机构投资者手中，投资者可以选择十几家结算银行中的任何一家作为申购资金的结算银行。因此，银行的营销对象从重点营销上市公司和主承销商改为重点营销参与网下申购的机构投资者。四是跨行汇款大幅减少。目前，中登公司在15家商业银行开立了“机构投资者网下申购专户”，除极少数投资者外，网下申购机构投资者向证券业协会报备的汇款账户会开在这15家商业银行范围内，申购汇款和未中签余款均会在同一银行系统内流转。五是核实主体改变。新模式不再由主承销商核实投资者资格和申购资金来源，而是由结算银行负责核实机构投资者的资格以及申购资金是否来自于向证券业协会报备的汇款账户。

通过以上对新旧申购模式的分析比较可以看出，实行新模式对我行的影响既有有利一面，也有不利的一面。有利之处体现在：一是我行作为中登公司的主要结算银行之一，可以参与所有新股的网下申购业务，只要我们争取申购投资者选择其在我行开立的结算账户作为备案账户发起资金收付，并争取到主承销商和上市公司的推荐与支持，就能争取更多的验资资金份额。二是我行资金汇划系统性能和资金汇划的安全性优于同业，有利于吸引更多机构投资者选择我行为申购资金汇划银行。不利之处体现在：一是参与银行增多，我行的市场份额存在因被分摊而下降的可能。二是投资者选择向证券业协会报备的汇款账户开户银行具有不确定性，我们的营销工作难度增大。

通过以上分析，显而易见，做好机构投资者网下申购电子化业务的准备工作，加大对机构投资者的营销力度，对我行业务开展具有多重意义。一是可以增加我行证券同业存款。虽然今年A股市场受周边市场的影响程度进一步加大，振荡幅度也不断提高，但预计今年新股发行数量不会少于去年，参与证券一级市场的资金也不会少于去年。所以，我行必须加大对这些机构投资者的营销力度，才能使更多的机构投资者选择通过我行的账户向中登公司进行申购款项的支付，这样可以增加我行的日均证券同业存款。二是可以树立我行在资本市场中的更佳形象。如果我行能够营销更多的机构投资者选择我行的结算平台进行网下申购业务，其资金势必通过我行的渠道进行划拨和清算，这样不仅能够增加我行的结算手续费收入。同时，还能够凸显我行在资本市场中的优势地位，有利于打造我行在银证清算领域的品牌效应，树立我行在资本市场中的良好形象。三是可以保有和扩大我行同业占比。目前，我行在机构投资者网下申购业务中的市场份额约为30%，但新的办法将重新确定这一格局。因此，我行必须加大营销力度和广度，在巩固我行的市场规模的前提下，进一步扩大此项业务的同业占比，继续保持同业领先的优势地位。

（二）做好网下申购机构投资者营销工作。

一是要明确总体目标，确保现有市场份额。2007年，上市发行的118只新股中，有55只选择我行进行网下单独或共同验资，我行参与新股验资的数量占比为46%；网下新股验资资金总量为8.19万亿元，在我行冻结2.56万亿元，占比为31%。2008年，我行将参与全部新股的网下申购验资业务，参与新股验资的数量要达到100%；要争取更多的验资资金，力争新股验资金额市场占比达到35%以上。

二是要锁定目标客户，实施针对性营销。目前网下新股申购机构投资者的备案账户大约有950个，根据中登公司的统计，此前投资者选择在我行的结算账户作为备案汇款账户的有241个，数额占比为25%。要想争取更多的验资资金，必须要争取更多的客户选择我行作为新股申购结算银行，2008年，要力争机构投资者选择我行备案账户占比达到30%以上。有资格参与网下申购机构投资者名单和备案账户情况总行将下发各分行，各行要制订详细的营销推广计划，对所有这些有资格机构投资者进行针对性营销，一方面，维护好已选择我行备案账户，并且一直通过我行办理网下申购业务的存量客户，保证这些机构投资者在网下申购业务实施电子化后继续选择我行作为结算银行，通过我行的柜面渠道或是网上银行渠道进行新股网下申购业务；另一方面，要加强对选择他行账户作为备案账户的机构投资者的营销工作，采取各种营销手段，使这些客户在新股网下发行前，选择开立在我行的账户作为网下申购的备案账户，通过我行的渠道从事网下申购业务。再有，要重视潜在客户的营销工作，对有可能获得网下申购资格的机构投资者加大营销力度，一旦这些机构投资者获得合法的资格可以参与网下申购业务，我行要积极营销他们选择工行的网上银行渠道或柜面渠道参与新股网下申购。

此外，这些客户涉及机构、公司、结算等多个部门，各分行要考虑成立由主管行长挂帅，相关部门负责人参加的联合营销小组，统筹安排，迅速开展营销工作。

三是提升我行的系统功能，建立快捷畅通的资金汇划渠道。总行机构业务、电子银行、产品创新管理、信息科技等多部门已经根据上海、深圳分行的实际情况，并结合中登公司的具体要求，开发了网下申购电子化业务系统，建立了一整套完善的流程，包括柜面交易和网上银行交易。上海分行和深圳分行作为网下申购电子化业务的主办分行也已经参加了中登公司组织的多次全网联机测试工作，及时处理了结算过程中的各种问题，开展此项业务已具备系统和技术保障。同时，各相关部门要继续通力协作，相互配合，制定网下申购电子化业务的应急措施，保证我行网下申购业务正常开展，满足机构投资者以及中登公司的各项需求。

四是各分行要有大局意识和全局观念。新股网下发行实施电子化后，网下验资将集中在上海或深圳分行进行，届时机构投资者申购资金将自各地向沪、深两地汇集。其他分行将不再承担代理主承销商进行网下申购资金的归集以及退款工作，验资款将出现向上海、深圳分行集中的趋势，但各分行千万不能掉以轻心，不要认为与己无关，因为如果你不去争取客户，投资者必然通过他行办理新股申购，势必将失去客户。同时，缴款时固然是向上海和深圳集中，但未中签的退款还是要回到开户行，只要客户不丢，利益就在。因此，各行要从全行大局出发，齐心协力、通力配合，做好客户营销工作。

五是要建立定期通报制度，发布营销进展情况。总行将及时通报机构投资者网下申购营销工作的动态，便于各分行之间的交流，实现全行整体目标。各分行要及时总结营销中好的建议并及时上报总行，便于全行推广。各分行还可以建立相应的考核机制，调动业务人员的营销积极性，及时地抢占市场。

六是上海、深圳分行要发挥业务主办行作用，带动相关分行工作。上海、深圳分行要配合总行做好人员培训和业务指导工作，让机构投资者开户行的营销及结算人员了解机构投资者网下申购业务的处理流程掌握营销技巧。此外，上海、深圳分行要配合各相关分行做好目标客户的营销工作，以点带面，促进全行业务开展。

为了做好以上两项业务，总行将在今年开展银证、银期业务竞赛，对全行在银证、银期业务营销工作中取得突出成绩的集体和个人进行表彰。希望全行都踊跃参加，有效推动业务发展。

同志们，我们一定要清醒地认识当前面临的形势，抓住机遇，团结协作，认真做好银期业务和新股网下发行电子化业务营销和推广工作，为我行综合化经营和改革发展作出新的贡献！

附图1：中国金融期货交易所的分级结算体系示意图

附图2：新股发行网下申购业务新旧模式对比

附图1

中国金融期货交易所的分级结算体系示意图

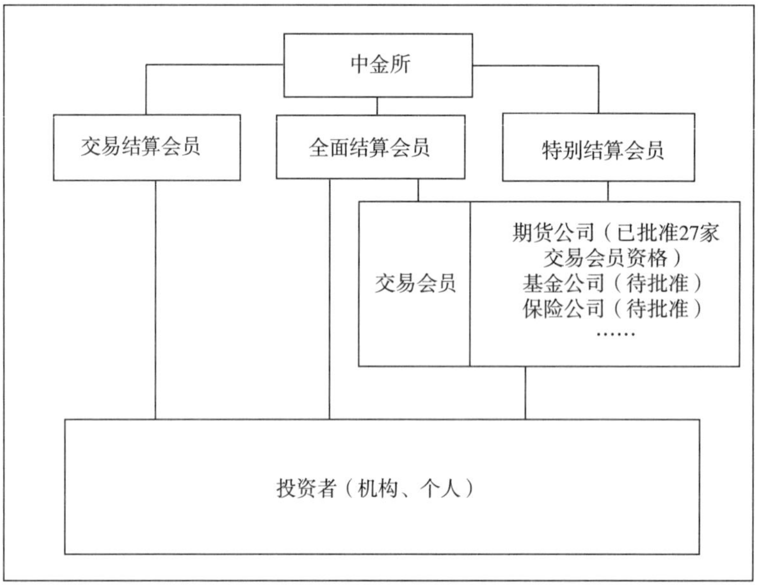

说明：

1. 特别结算会员：本身不参与股指期货的经纪业务和自营业务，但可以为非结算会员进行结算。例如，商业银行。

2. 全面结算会员：可以为自己的客户和非结算会员进行结算。例如，大型期货公司。

3. 交易结算会员：可以为自己的客户进行结算。例如，大中型期货公司。

4. 交易会员：可以从事经纪或者自营业务，不具有与交易所进行结算的资格。例如，中小型期货公司、从事期货业自营机构、基金公司、保险公司、QFII 等。

附图2

新股发行网下申购业务新旧模式对比

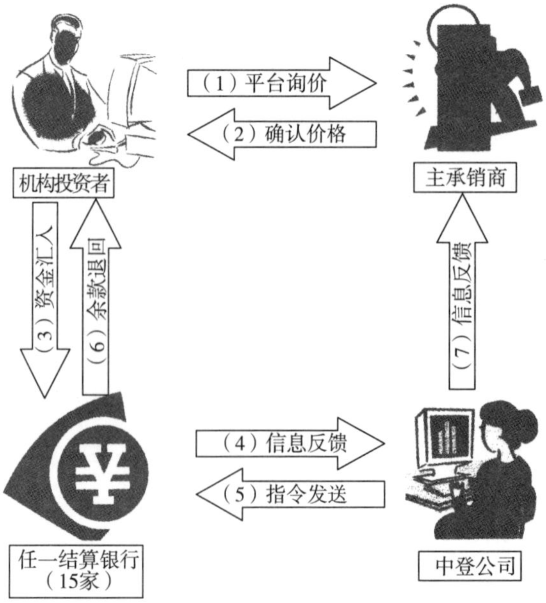

负重奋进　迎接挑战
确保投行业务同业领先优势

——在中国工商银行投资银行业务工作会议上的讲话

李晓鹏

（2008 年 3 月 28 日）

今天，我们召开 2008 年全行投行业务工作会议。会议的主要任务是，总结 2007 年工作，分析投行业务发展面临的机遇和挑战，围绕总行战略部署，按照“以收入为核心，以产品为基础，以团队为保障，全面提升投行业务核心竞争力”的主线安排今年的各项工作。下面，我讲几点意见。

一、2007 年投行业务的简要回顾

2007 年，在总行的正确领导和全行的共同努力下，全年实现投行业务收入 45 亿元，市场占比继续保持同业第一，产品创新不断推进，品牌建设成效显著，业务管理明显加强，为全行经营转型和可持续增长作出了积极贡献。

（一）实现投行收入 45 亿元，人均创收 3 000 多万元。2007 年，全行实现投行业务收入 45 亿元（含递延收入 4 亿余元），比上年增加 17 亿元，增长 63%。其中，当年实现入账收入 40.79 亿元，比上年增加 13.19 亿元，完成全年计划的 120%，在中间业务收入中的占比为 10.3%，四大行占比达到 58%，继续保持同业市场占比第一。在收入规模快速增长的同时，投行收入结构进一步优化。品牌类投行业务合计实现收入 27.38 亿元，较上年同期增长 13.42 亿元，收入额占全部投行收入的 67%；单笔收入在 50 万元以上的投行项目达1 445 个，合计收入 21.34 亿元，占全部投行收入的 52%。这几年我们一直在统计单笔收入，单笔收入 50 万元以上的大项目多了，说明我们的业务量增加了，同时也说明业务的技术含量提高了。2007 年底全行的投行人员共 110 多人，人均边际创收3 000多万元，投行业务已经成为我行边际投入最小、边际产出最大、边际效益最高的业务品种。大多数分行投行业务收入也都有显著提高，全行 37 家分行（含广东分行营业部）平均投行业务收入首次超过 1 亿元。应该说，投行收入超过 1 亿元的分行越来越多，投行业务的覆盖面越来越广，但是投行收入低于 1 亿元的分行也不少，这些分行要加把劲。在收入超亿元的分行中，浙江和山东分行投行业务收入分别达到 6.7 亿元和 4.9 亿元，在各自中间业务收入中的占比接近 30%，远远高于全行 10.3% 的平均占比。

（二）积极运作大型项目，持续提升投行品牌。全行不断加大重组并购、银团贷款、投融资顾问领域的市场拓展力度，积极推动直接投资与股权私募、企业上市发债顾问等业务的创新发展，协调行内相关部门共同做好短期融资券、资产证券化和“信托 + 理财”业务，投行品牌建设不断取得新进展。

在重组并购业务领域，在姜董事长、杨行长的亲自推动下，我行与鞍钢集团、印尼镍矿、新疆国资委成功签署并购服务协议，提供一揽子并购顾问服务。2006 年我们与宝钢签订了投行业务全面合作协议，2007 年与鞍钢签订了全面合作协议。冶金行业下一步重组并购的机会较多，要抓住这个重点。我们 2007 年在重组并购领域营销储备了一批重点项目，包括印尼棕榈园投资、五矿集团收购、高盛投资福建爱登堡等项目。同时，通过总分行联动，运作完成了银宜企业、昆明星耀、山东阳光纸业等一批重点项目，这些项目已经取得了可观的经济效益，还有一些项目正在运作过程中。

在银团贷款和结构化融资业务领域，我行以牵头行身份先后安排筹组了天津城市道路管网二期工程 125 亿元银团等一批品牌项目，既以投行为手段营销开拓了传统信贷业务市场，又利用传统业务优势发展了投行业务客户，成功实现了投行业务与信贷批发业务的互动发展。2007 年总行在迪拜组织召开中国投资论坛过程中，我们接触到了科威特投资署，他们提出了投资中国房地产的意向，考虑到一线城市房地产价格已经很高，二线城市房地产开发投资的潜力更大，我们围绕中国二线城市房地产投资机会这样一个投资主题，为科威特投资署（KIA）投资中国房地产行业制作了中英文项目建议书，建立了包含 400 余个项目的数据库，为项目下一步的进展奠定了良好基础。2007 年我们还积极围绕部分省市在经济发展战略方面的一些安排提供顾问服务，特别是我们为辽宁省政府“五点一线”项目提供高端金融顾问服务，制作金融服务报告，协助辽宁省政府赴迪拜参

加中国投资论坛进行投资推介。辽宁省政府“五点一线”项目得到了总行的高度重视，董事长亲自营销，我还陪同董事长向时任辽宁省委书记的李克强同志作了专门汇报，分管金融的鲁昕副省长还专门组团赴迪拜向中东投资者进行了投资推介，引起了国外投资者的关注。另外，我们还介入了沈阳市的部分投资项目顾问服务工作。现在这些项目都处于推进阶段，都还没有赚钱，希望今明两年内要把这些项目抓好抓实。

在股权私募和上市顾问业务领域，根据山东、广西、广东等地民营企业境外上市需求旺盛的特点，总行有针对性地组织有关分行加强了对这些地区企业上市顾问业务的营销力度，接触了十余家优秀企业，成功运作了山东群星纸业股权私募和上市顾问项目，与广西永凯糖业、广东东凌集团等客户签署股权私募和上市顾问服务协议，成功营销了内蒙古兴托重载高速公路30亿元股权私募顾问项目。

在短期融资券业务领域，在总行投行部与金融市场部、公司业务一部及相关分行的共同努力下，2007年全行主承销短期融资券23笔共计671.1亿元，超出年度计划约100亿元。其中，投行部高质量地完成了太钢不锈、浙江物产、大众交通等9家企业117亿元短期融资券的尽职调查及报备材料制作工作，为全面完成2007年的短券工作计划作出了重要贡献。

在资产管理业务领域，总行会同浙江、上海、深圳、重庆等分行推出“信托+理财”企业直接融资产品，完成“浙江交投60亿元直接融资项目”、“上海城投50亿元直接融资项目”、“深圳华侨城6.5亿元直接融资项目”和“重庆渝涪高速公路2.8亿元直接融资项目”，综合收益显著。应该说，“信托+理财”项目设计和运作，不仅提高了我们的资金业务收益，也提高了项目的技术含量，我们的顾问业务收益也比较高。经过几年的运作，我行又有一批品牌项目获得了业界的重要奖项。比如我行2006年运作的江苏无锡海力士半导体7.5亿美元银团项目在2007年初获《欧洲货币》杂志亚太区“年度制造业项目融资年奖”。从2006年到2007年，我行担任顾问协助宝钢并购八钢的项目接续入选《当代经理人》、《新华财经》等国内重要媒体评选的“十大并购事件”，这两年我行每年至少有一两个项目列入当年的重大并购项目。

（三）推动团队建设，提升服务水平。从总行层面来讲，一是积极筹建投行分析师团队。在行领导的大力支持下，在人力资源部门的积极协助下，总行成立了投行研究中心，首批15名分析师已经入职，研究中心开始试运行，已初步形成部分研究成果，并开始为常年财务顾问业务和部分投行项目的运作提供技术支持。成立投行分析师团队和建立投行研究中心是姜董事长提出来的，并且多次就此事作出重要批示，要求用新的薪酬激励机制和管理运作模式为投行业务提供技术支持。现在，研究中心的工作已经有了一个好的开始，要建好用好这支队伍还有大量艰苦的工作要做，这一点我们要有比较清醒的认识。二是启动“企业理财师”认证计划。为不断提高财务顾问业务的服务质量，深度挖掘客户的投行业务需求，投行部与总行人力资源部、教育部联合启动全行“一级企业理财师”培训、考试和资格认证工作。全行2 644名员工参加考试，经过严格筛选，798名同志成为总行认定的首批“一级企业理财师”。通过培养“企业理财师”，我们希望建立一支水平较高的投行服务队伍，切入点是考虑服务我们的常年财务顾问和投融资顾问业务，将来“企业理财师”要对所有的法人客户提供理财服务。

从分行层面来讲，黑龙江、辽宁、江西、厦门等分行根据业务发展需要及时成立了投行部，浙江、山东等分行较大幅度地扩充了投行部门的员工队伍。江苏分行推行投行业务联系人制度，各二级分行明确了分管投行业务的负责人，苏南地区分行都配置了2－5名的专业投行人才，苏中、苏北地区也设立了专门的投行业务岗位，基本形成了投行业务双层经营、矩阵化管理的经营管理模式。

（四）加强内控管理，夯实业务发展基础。近六年来，全行投行收入一直保持50%以上的高速增长，高于全行净利润的增长速度。其中，投融资顾问、常年财务顾问、间接银团三项业务构成投行收入的主要来源，2007年三项业务占全部投行收入的比重合计超过75%。重组并购、资产证券化等新业务虽然发展很快，但由于处于起步阶段，收入占比还比较低。去年，作为重要收入来源的投融资顾问等三项业务在管理上有些不够规范。总行监事会在对全行业务的检查过程中对投行业务规范发展提出了一些意见和建议，总行监察室组织的全行执法检查中也提到了投行业务的一些规范问题。大体上主要有三个方面的问题。第一个方面是以贷收费的问题，有些行贷款利率上浮的部分收益入到了投行收入中；第二个方面是间接银团买入行和卖出行会计核算不规范造成部分贷款规模绕在笼子外面的问题；第三个方面是常年财务顾问的服务水平不够高，还不能做到物有所值。这些问题值得我们重视，所以我们用了很大的精力进行规范。2007年，总行以工银办发［2007］452号印发了《关于进一步规范开展常年财务顾问、投融资顾问与间接银团业务的通知》，重申了各项管理要求，保证了三项业务的健康发展。总行还结合全行重要经营事项检查的要求，督促各分行对上述业务进行了全面的自查整改，并抽调业务骨干组成多个检查组赴部分分行进行了复查，全行投行业务操作风险管理水平显著提升，夯实了投行业务发展的基础。同时，为提高总分行承揽大型投行项目的能力，提高投行项目执行效率，合理调配全行投行业务资源，总行研究制定了《中国工商银行投资银行业务项目管理办法》和《中国工商银行投资银行项目评审委员会章程》（工银投行［2007］69号），基本建立了涵盖投行项目立项、审批、运作实施、备案、档案管理等各个环节的全过程投行项目管理流程，促进了全行投行项目营销运作水平的提高。

（五）不断开拓新领域，积极推进综合化经营。2007年，投行部门加强了对经济金融形势以及政策监管动态的研究和跟踪，不断提高对内外经营环境变化的敏感度和反应速度，积极探索开拓新的投行业务领域，大力推进我行的综合化经营，不断完善我行的投行服务功能。

一是积极推进我行收购信托公司的相关工作。加强与监管部门的沟通并取得相关支持，筛选多家潜在收购目标并进行多轮艰苦磋商，为下一步利用信托牌照发展投行业务打下良好基础。

二是积极推进我行组建产业投资基金的相关工作。调研相关产业投资基金的设立和运作情况，研究论证多份可行性报告，加强与监管部门、地方政府以及潜在合作方的沟通和协调，为工商银行可能参与的产业投资基金拿出了很多套方案。具体来讲，我们认为可以有三个方案，第一个是结合国企改革重组建立国企重组产业基金，由工商银行牵头，国资委等主管部门参加，重点解决国企并购过程中的资金投入；第二个是以成长型企业的股权私募和上市为对象的产业基金；第三个是以能源、环保、水利等特定产业为特色的产业基金。现在面临的主要是政策障碍，因为商业银行搞投资是商业银行法不允许的，所以还需要争取政策上的支持。目前已经获批的产业投资基金有6家，还有30家左右在排队，但是由于缺少商业银行的参与，资金实力和市场信誉普遍不高，不利于吸引其他社会资金参与，也不利于中国的产业投资基金健康发展。所以，商业银行的参与是必要的，不过不是简单地参与，还要成立基金管理公司参与投资管理，既要赚取投资收益，也要赚取投资管理费。而且目前很多企业对银行的资金需求不仅限于贷款，还希望银行在提供贷款前提供股本融资，商业银行参与产业投资基金也可以在这方面发挥作用。京沪高铁项目就存在这个需求。另外，商业银行现在资本金比较充裕，流动性过剩的压力也很大，债券投资带来的投资收益不能满足商业银行资金保值增值和提高盈利能力的需要，所以，允许商业银行参与产业投资基金的投资和管理既是企业的需要，也是银行的需要。虽然目前这项工作进展不大，但是我相信随着各方面认识的统一，政策上会出现有利的变化。

三是围绕私募股权基金、产业投资基金研究开发了直接投资及股权融资创新产品。为地方政府设立的省级产业投资基金和私募股权投资基金担当财务顾问，为基金提供资金募集、项目推荐、投资风险管理、基金托管等方面的综合顾问服务，积极介入高附加值的私募股权投资业务领域。应该说，虽然目前不能直接参与产业投资基金，但是2007年在相关顾问业务方面我们还是做了不少工作。

总体来说，在我行上市后的首个完整财务年度里，全行投行业务继续保持了高位快速发展的良好势头，取得了显著成绩。经过五年多的发展探索，各级行对发展投行业务的认识和积极性进一步得到提高，通过发展投行业务促进经营转型的观念已经深入人心。不少分行通过大力发展投行业务，在提高经营绩效、调整收益结构、营销高端客户、提高业务创新能力等方面都有较大的收获。2007年黑龙江、辽宁等历史包袱较重的东北地区分行一举实现扭亏，账面盈利大幅度增加，连续十几年的亏损局面得到扭转。这些行都深刻地认识到，通过大力发展间接银团等投行业务，在自身业务资源较为匮乏的情况下通过与经济发达地区分行的资源共享，在互利共赢的前提下极大地提高了自身的经营绩效，为2007年全行首次实现全部分行盈利作出了贡献。2007年我陪董事长到东北地区调研，在东北三省一市座谈会上几家行的行长都体会很深，因为这些行的资产业务中间接银团占的比重很大，盈利也很多。经济金融较为发达、同业竞争较为激烈地区的部分分行，也大都继续保持和巩固了近年来形成的投行业务市场领导地位，投行业务基本步入了质量、效益、速度协调发展的良性轨道，投行业务收入已经成为经营效益中不可或缺的重要组成部分，浙江、山东等分行投行业务收入在中间业务收入中的占比已经接近30%。部分传统业务发展空间不足的分行，充分发挥投行业务作为“敲门砖”和“切入点”的作用，在竞争高端客户、带动传统业务发展方面也都取得了许多宝贵的经验，投行业务对全行的综合贡献度也逐渐提高。总的看来，全行已经基本形成了大力发展投行业务的共识，各行根据各自的实际情况在制定投行业务发展策略、调配投行业务资源、开拓投行业务市场等方面都进行了许多卓有成效的探索，再一次证明转变观念、提高对投行业务的认识是发展投行业务的首要因素。这不仅是我行投行业务取得成功的主要原因，也是我们今后促进投行业务更快发展应该进一步坚持的基本经验。通过这次会议，我们要进一步解决这个问题，不要小看投行业务，它确确实实正在经营转型过程中发挥着重要作用，无论是困难地区亏损行、资源比较匮乏的西北、西南地区规模较小的行，还是我们已经发展不错的行，都从发展投行业务中尝到了甜头，因此，我们要从宏观上、从大局上把握这一点。

但是我们也要看到，随着内外经营环境和形势的变化，投行业务在2007年也逐渐暴露了一些问题，需要我们在今后的工作中予以充分的重视。

一是从2007年第四季度以来投行业务收入增长速度有放缓的趋势。从客观上讲，工商银行开展投行业务最早，从2002年开始，早于兄弟行3年左右。这几年，我们占据市场领先地位，持续保持超过50%的高速增长。在这种情况下，各家主要商业银行也都关注到了投行业务的重要作用，也开始按照工商银行的模式设立投行部开展投行业务，民生银行、交通银行甚至建设银行、农业银行都纷纷成立了投行部，并且显示出了强大的后发优势。从客观上讲有这样一个规律，当一个业务发展到一定的程度或者处在一个比较好的领先位置的时候，同时伴随着的是一种危机感和竞争压力。从2007年投行收入序时完成情况来看，去年全年完成投行收入41亿元，第四季度只有3亿元入账，比季度平均数少了7亿元左右，有些不太正常。另外，到2007年底，投行业务在中间业务收入中的占比也出现了下降的趋势。2007年投行业务收入占中间业务收入的10%，前年要高一点（14%），这些数字可以说明一个最基本的情况，就是我们现在的投行业务竞争压力是很大的，我们的增长速度在激烈的竞争中会有变化。如果我们的重视程度跟不上，安于现状，不能防患于未然，那就会出现“沉舟侧畔千帆过”的问题。过去五年投行业务能够实现快速增长的核心动力来自于我们各级行领导的高度关注和亲自参与，来自于我们梳理和构建了一条能够较好发挥商业银行传统优势的投行产品线，通过投行业务实践推动了“银行转型”概念的深入人心。现在，面对日趋激烈的同业竞争，我可以毫不夸张地说，我们的投行业务急切需要全行上下更加关注，投入更多的精力，调配更多的资源，拿出更多的干劲，才能持续保持我们明显的同业领先地位。

二是投行团队建设还需进一步加强。这两年投行团队建设尽管大家很重视，但是人员流失的问题也比较明显，各分行投行专职人员总数由150人下降到了111人，可能有行内调整的因素，也有跳槽到其他银行去的。压力比较大的是广东、上海、深圳等分行，这几年走的都在六七个人以上，有一些还是投行部的总经理、副总经理。我行平均1亿元投行收入所拥有的投行专职人员比率由2005年的6.6人下降到了2007年的3.8人。好处是人均投行业务收入增加了，我们不愿意看到这个好处，因为我们的业务量在大幅增加，现有的人员完全满足不了业务需要。因此，人员团队的问题已经严重影响了我行投行业务的市场开拓和业务发展。我在2007年的投行工作会议上曾专门强调过投行专业团队建设的问题。现在看来，这个问题已经显得越发突出和紧迫。完成投行收入任务当然很重要，可是如果不能培养并稳定住一支专业团队，可能很难长期保障业务的可持续发展。今年能做1 000个50万元以上的项目，明年未必能做出来，保证人员队伍，尤其是核心团队的稳定是可持续发展的一个重要课题。这几年的投行业务工作会议上，我多次提到投行业务是一项新业务，发展投行业务要有“精心培育的爱心”、“协调配合的细心”和“舍得投入的决心”，特别是杨行长这两年多次指出，投行作为一项新兴业务，要培育它，发展它，甚至在某种条件下，要给它留出一块发展天地，这些话董事长也强调过。所谓“留出一块天地”的意思就是说，在业务分类不好明确界定的情况下，最好是让投行部门去做，因为可以培养人才，可以更多地从投行特征上去发展这项业务；在能够界定清楚是投行业务的情况下，就不要争了，由投行这条线去做。至于说怎么做，是投行部牵头做还是配合做，我想都可以，但是一定要把业务发展上去，目的也是培养人才。今天我更加希望通过各位主管行长向各分行主要领导同志呼吁一下，既然过去五年投行业务为提高效益、扭亏增盈、调整结构发挥了重要作用，并期望在今后发挥更大的作用，人员投入就必须跟上去。所以，这个事情在今天会上，我要比较严肃地讲一讲。

三是投行产品线建设仍然有待推进。目前部分投行业务的营销运作在行内分工方面可能还存在着一些分歧和不同看法，部分投行业务的收入入账还没有统一归口核算，在一定程度上影响了全行投行业务的更快发展，成为导致投行业务增长乏力的又一个深层次原因。同时，其他商业银行正在利用对投行业务高度重视的优势，在业务流程和产品线的整合上采取了很多措施，下了很大功夫，我们要认真总结。

二、投行业务发展面临新的形势和机遇

2008年以来，国际国内经济环境日趋复杂，金融市场运行面临更多的不确定性，但这也给我行开展投行业务带来了一些新的机遇。

（一）宏观调控仍将加强，银行信贷持续偏紧。2007年我国经济继续保持了11.4%的高速增长，但今年经济发展将面临更多的不确定性。次贷危机、国际原油价格飙升等因素对美国乃至全球经济发展造成了冲击，人民币持续升值和劳动力成本的提高对我国出口形成不利影响。国内经济面临投资增长过快、通货膨胀压力加大等突出矛盾和问题。因此，国家把防止经济增长由偏快转为过热、防止价格由结构性上涨演变为明显通货膨胀，作为今年宏观调控的首要任务，并明确提出实行稳健的财政政策和从紧的货币政策。从紧货币政策的核心是从紧的信贷政策，银行贷款规模总量将受到严格调控，这对满足客户需求和保持银行盈利增长带来了挑战。同时，这也是投行业务发展的重要机遇期。一方面，在信贷规模受限的前提下，要保持银行利润增长和较高的资产质量，除了继续保持信贷业务稳健增长之外，加大贷款替代型直接融资产品的创新，弥补信贷规模不足的重要性更加凸显。这给银团资产转让与交易、企业资产证券化、“信托+理财”等投行产品带来了新的市场需求和发展机遇。另一方面，信贷规模趋紧在某种意义上来说也要求银行提高整体议价能力，有助于实现投行业务和传统业务的组合营销，促进常年财务顾问、投融资顾问、企业信息服务等业务的发展。因此，

希望大家高度重视，不要贻误战机，要抓住这个很好的形势。

（二）企业重组进程提速，行业整合与并购节奏加快。

第一是国内企业重组加速。过去几年中，共有95家中央企业参与了47次重组，央企数量从196家减到了150家。按照国资委的规划，到2010年，将把央企数量从150家进一步减少到80-100家，培养一批具有国际竞争力的大企业集团。这意味着未来三年内将有1/3到1/2的央企参与重组。钢铁、冶金、电信、装备制造、水泥建材等行业会在重组中走在前列，这个趋势在加速形成。

第二是外资并购频繁。在次贷危机给国际经济金融带来极大冲击的情况下，国外企业、跨国公司的并购和跨国公司对中国企业的并购会加速。

第三是国内企业走出去步伐加快。最近总行投行部也收集了一大批走出去收购的项目，这些项目要都实施的话是非常了不起的。因此，面对企业并购重组进程的加速，我们重点发展重组并购顾问等品牌业务就有一个很好的空间，问题是我们要抓住信息，抓住机遇，对这个问题要敏感，要主动，不要等企业的并购信息都出来了，我们才知道。对可能发生收购或合并交易的公司，所在地分行应该第一时间掌握这些信息，包括我们信贷部门、公司业务部门也一样要掌握这些信息。每年年初，投行部门都要和企业进行广泛的接触，特别是大户，在这个基础上提供我们的合作方案和全面合作协议。我已经连续三年到宝钢去，因为我们签订了投资银行服务协议，去了主要是谈一谈我们的想法和具体合作建议，通过面对面沟通寻找和把握合作机会。每个地区都会有资源，企业都有动作，大家要认真想一想，机遇肯定是有的。如果能把并购工作跟上去，这项品牌业务一年收入10亿元、20亿元都没问题。现在2亿多元，而前几年仅是几百万元、几千万元，因为中国的很多企业观念还没转过来，一说要搞收购兼并，特别是到国外去并购，都要请高盛、摩根士丹利。但这个思想在慢慢改变，宝钢收购八一钢厂我们就担当财务顾问了，现在五矿、鞍钢，还有其他一些企业我们正在谈，慢慢树立我们的品牌。因此，不是没有机遇，关键是抓不抓。

（三）综合化经营稳步推进，多层次资本市场建设取得突破。目前银行对综合化经营问题都有很高的期望，但要有个过程。我们相信随着十七大的召开和新一届政府工作的推进，金融改革会逐步地深入。事实上，我们已经在综合化经营上迈开了实质性步伐，拥有了一家基金公司，监管部门也支持我们去收购兼并信托公司。直接投资还没有，将来我们可能会通过国际化的进程来逐步解决。在保险领域，监管部门也有一些原则性意见，今年我们也会有一些动作。综合化经营步伐的推进，要求我们工商银行不是主要依靠传统商业银行的业务和手段，而是必须依靠投行的手段来拓展，特别是我们关注到国内资本市场去年出现了大发展，今年出现了一些波动，但总体上讲发展的趋势是肯定的。特别是，我们注意到现在直接融资比例在不断提高。这里有个数字，去年直接融资的比例由原来的18%上升到21%，比前五年多得多，前五年只有5%。最大的是股票，占13%，国债占3.6%，企业债占4.4%。直接融资市场、资本市场的发展给发挥投行业务的作用带来很大的空间，刚才提到的私募股权基金、兼并收购、股权转让、资产证券化都离不开资本市场，特别是OTC市场，就是非上市股权的交易市场。从国际经验来看，资本市场分三个层次，第一个是主板市场，第二个是创业板市场，第三个就是场外交易市场（OTC市场），也就是非上市股权的柜台交易市场。最近，经国务院批准，OTC市场将首先在天津滨海新区试点。如果有大量的非上市股权可以通过OTC市场进行交易的话，业务量会很大，我们将来业务发展的空间也很广阔，可以开展股权交易顾问业务，也可以通过一些设计促进这种产品的交易，在这方面我们有很多商机。

总而言之，今年面临的第一个主要形势是“宏观调控规模紧”，但“投行业务天地宽”。今年贷款难度和前两年不一样了，相对来讲机遇多的是投行业务。各级领导一定要把关注贷款等传统业务的这种劲头和注意力逐步地转向利用投行业务去拓展新的天地，一方面，解决规模不足的问题，满足企业的要求；另一方面，从中提高我们的价值，提高我们的收益。这是一个新的形势。第二个形势是“兼并收购步伐紧”。无论是外资企业还是中资企业，无论是走出去还是走进来，步伐都很快。因而，我们顾问业务的天地也宽了，潜力也大了，关键在重视。第三个形势就是综合化改革会有很多新的政策，资本市场发展会有新的动作。因此，我们产品创新的空间也是比较大的。

三、立足长远，迎接挑战，确保投行业务领先优势

2008年的主要工作任务是：以收入为核心，以产品为基础，以团队为保障，全面提升投行业务核心竞争力，在继续规范管理、提升服务、调整结构的前提下，确保实现境内投行业务收入68亿元（含短券承销业务收入2亿元）。各一级、直属分行（含苏州分行和广东分行营业部）要确保在当地四大行中投行收入同业占比第一的市场地位。

下面，我就今年的具体工作安排讲几点意见。

（一）总结投行业务发展经验，明确发展目标和路径。2002年以来，全行投行业务在毫无经验可循的情况下基本上是从零起步，探索出了一条适合现有政策监管框架和内外经营环境的、在商业银行体制内发展投行业务的可行路径，深化了“大力发展投行业务促进银

行转型”的经营理念，全行投行收入连续六年实现跨越式增长，形成并巩固了国内银行同业第一投资银行的市场地位，总的形势是比较好的。但是随着内外经营环境和市场竞争环境的变化，我行的投行业务面临新的发展机遇和挑战，需要我们认真总结并坚持近年来投行业务发展的基本经验，根据全行2009—2011年三年发展规划的指导思想厘清投行业务今后的发展思路，明确发展目标和发展路径，为今后三年的投行业务发展奠定坚实的基础。为此，总行专门聘请了波士顿咨询公司来做全行投行业务发展战略规划，这个项目目前进展比较顺利。

（二）建立投行业务竞争评价体系，提升投行业务市场竞争能力。今年总行提出来要考核分专业分产品线的市场占比，总行年终考核各个部门都有很多定量指标，重点是市场占比指标。因此，我们必须考核投行业务竞争力。目前有些行的同志对投行业务盲目乐观，没有看到其他商业银行增长得更快。在工商银行37家分行中，有些行在工商银行内部排名指标是非常好的，但是把这些指标放在当地同业中比，可能就不是第一了，甚至连第二也不是。因此，今年考核投行业务就是要考核市场占比。如何设计这个指标，请投行部在会议以后抓紧征求大家的意见，修订现有的投行业务考核办法，在考核评价分行“投行业务收入”、“投行业务结构优化”和“投行业务风险管理和质量控制”三类主要指标的基础上，拿出一定的分值重点考核各行投行业务的同业占比和市场竞争力。要从投行业务收入同业占比、收入增长额同业占比、投行业务贡献率、投行业务品牌建设等方面综合考虑，科学、合理地设置投行业务竞争评价体系的指标群，指导分行在优势业务上继续保持领先地位，在劣势业务上加快追赶步伐，全面提升并保持各行在当地市场的市场地位和竞争能力。要争取在4月底拿出方案，上半年就开始按季通报，及时将总行的政策导向传导为各级行经营管理的压力和动力，促进各行不断提升市场开拓和同业竞争能力。

（三）巩固四项常规业务，保障收入稳定增长。巩固和充实常年财务顾问、企业信息服务、投融资顾问和银团贷款安排管理四项常规投行业务，保障投行收入稳定增长。2008年，四项业务合计实现收入要达到48亿元。

常年财务顾问业务，要充分发挥企业理财师的作用，推动分层营销和分层服务，大力提高客户渗透率，不断提升服务档次和服务质量。

企业信息服务业务，要加强客户需求的调研和分析，不断改进和充实信息咨询业务的服务内容，调动客户经理、对公业务柜员营销企业信息服务业务的积极性，大力提高市场拓展能力。

投融资顾问业务，要在保持传统项目融资顾问业务稳定增长的基础上，重点开拓债务重组顾问和结构化融资顾问业务，不断提升投融资顾问业务的技术含量和业务附加值。要继续运用“信托＋理财”手段解决企业的融资需求，多渠道落实理财资金来源，探索市场接受程度高的信用增级方式，解决好“信托＋理财”业务转型的问题。前几年投行部门在“信托＋理财”业务上积累了很好的经验，今年还要继续开发这个产品，发展这项业务，帮助解决规模不足的问题，同时提高投行业务收入。

银团贷款业务，要提高银团贷款在新增贷款和存量贷款置换业务中的占比，提高银团议价能力和收费水平，力争将我行打造成为国内银团贷款第一大行。

（四）提升四项潜力业务，增强可持续发展能力。改善和提升重组并购、短期融资券、银团资产转让与场交易、信贷资产证券化四项潜力投行业务，增强投行可持续发展能力。2008年，四项业务合计收入要达到11亿元。

重组并购业务，关键是捕捉信息，要立足国内市场，积极参与钢铁、水泥、房地产和基础设施等行业的整合，提升为行业龙头企业服务的水平，争取年内完成1－2个具有较大市场影响力的大型项目。要充分利用我行独家参与银监会《并购贷款管理办法》起草工作的契机，适时推出我行的并购贷款管理办法和相关操作流程，争取成为首家开办并购贷款业务的银行。

短期融资券业务，总分行投行部门要继续做好短券的营销和尽职调查工作，全力维护好现有客户，积极争取他行客户续发短券的业务机会，大力挖掘尚未发券的潜在优质客户。

银团资产转让与交易业务，要尽快出台《银团资产转让与交易业务管理办法》，规范授权管理、业务流程以及会计核算，为信贷资产转让业务发展提供规范的制度保障。要尽快完成几笔示范性交易，初步搭建起信贷资产转让的信息共享和交易撮合平台。

信贷资产证券化业务，总分行投行部门要准确把握宏观调控的新形势，会同相关部门积极稳妥地推动我行信贷资产证券化业务发展，促进全行信贷结构调整和资产负债表优化。

（五）推动四项创新业务发展，拓展新的投行领域。推动企业上市顾问、企业发债顾问、资产证券化顾问、直接投资和股权私募四项创新业务的发展，拓展新的投行领域。2008年，四项业务合计实现收入要达到9亿元。

企业上市顾问业务，要找准市场定位，加强项目营销和储备，努力提高项目运作成功率，缩短项目运作周期，逐步提高上市顾问业务在全部投行收入中的占比。

企业发债顾问业务，要加强同监管机构的沟通，及时跟踪政策变化，积极争取公司债、企业债的承销资质。在我行尚未获取承销牌照之前，要积极推进与证券公司合作担当企业发债顾问的业务模式，充分利用我行的客户资源优势实现收益。

在企业资产证券化业务的发展问题上，不要因噎废食，要加强对证券市场和银行间市场中长期资产支持产品创新的跟踪，做好企业资产证券化项目储备，提高结构设计、交易定价等核心技术能力，根据政策变化及时推动业务发展。

直接投资顾问和股权私募业务，要充分发挥我行客户资源丰富的优势，加强与各类投资机构和中介机构的联系与合作，延伸我行营销直接投资顾问业务的触角。要加强与国内主要私募股权基金在基金募集、项目投资等方面的合作，积极参与、推动江西和内蒙古等省区产业投资基金的设立工作，争取成功签署业内首个私募股权基金顾问服务协议。

（六）充实投行人员，健全投行团队。

一是要充分发挥投行分析师团队的作用。要在培养巩固首批15名投行分析师队伍的基础上，将分析师团队逐步扩充到50人左右，不断拓展研究分析领域，细化研究分析方向。要进一步完善投行研究中心的运作机制，使研究中心在决策参考、项目支持等方面逐步发挥更重要的作用。要定期发布高水平的研究产品，不断扩大投行分析师团队的市场影响力，提升我行投行业务的市场品牌。

二是筹组专家委员会，完善项目运作机制。要尝试打破地域限制，组建总行统一管理的分行业、分产品、跨地域的投行专家团队，探索形成一套根据项目需要调配专家、属地分行和参与分行双赢的投行项目运作机制，考虑建立按分行专家参与度分润的项目收入分配机制。2008年核心投行专家团队要争取形成50人的规模，并在此基础上组建投行专家委员会，建立对重大投行业务机会的快速反应机制，形成集中优势兵力集团作战的能力，通过行内专家资源的共享，提高重点投行项目的成功率和执行效率。

三是继续推进投行专业序列“企业理财师”培训计划。在企业理财师资质认证过程中，要重点考查候选人从事投行服务的能力、经验和实践表现，将企业理财师团队培养成为推动常年财务顾问等基础类投行业务发展的核心团队。在2007年培训798名一级企业理财师的基础上，今年再培训和发展200名二级企业理财师和300名一级企业理财师。

四是积极推动投行团队建设。各行要根据业务发展情况配备专职投行人员，保障业务发展的基本需要。争取用两年的时间，全行建立一支500人左右的专职投行团队。

（七）抓住国际化发展机遇，推动跨境投行业务发展。2007年总行下发了《跨境投资银行业务内外联动管理办法》（工银办发［2007］578号），今年要狠抓落实，进一步整合境内外投行业务资源，建立顺畅、高效的内外联动机制，提高跨境投行业务的营销运作水平。

一是建立跨境投行业务的协调配合机制。投行部门要积极组织推动、牵头开展重大的跨境投行项目，并对境内外分支机构的跨境投行项目给予工作指导和技术支持。

二是尽快制定《跨境投资银行业务工作指引》，帮助和推动各境外分支机构分别实现投行业务零的突破。要加强与我行在港机构的业务互动，推动境外分行、子行与境内分行联合营销运作跨境投行项目。为加大业务推动力度，上半年可以组织召开一次“跨境投行业务联动工作会议”。

三是加强总分行投行部门与境外机构的人员和业务交流，培养熟悉境内外市场的综合性人才，推动跨境投行业务的发展。总行投行部可以考虑派些骨干到印尼、新加坡、伦敦、卢森堡等投行业务资源比较多的境外机构工作一年时间，帮境外机构把投行业务制度和业务基础建立起来，也欢迎境外机构同志到境内重点分行工作两三个月，探索投行业务资源开发和业务联动发展的路子。

四是推广我行为韩国大宇证券提供顾问服务的经验，加强与境外金融中介机构的合作，充分利用我行的本土优势为境外金融机构进入中国市场提供顾问服务。

总的来讲，当前工商银行的投行业务进入一个既面临激烈竞争又迎来大发展的黄金时期，同时投行业务发展又事关工商银行改革、转型和持续发展的大局。我希望通过今天这次会议，大家能够进一步增强对投行业务重要意义的认识，进一步落实几年来投行业务会议关于加强队伍建设、加强营销和产品创新、拓展新的市场领域的一系列要求，今年能够认认真真、扎扎实实地办几件事，特别是在队伍建设、产品创新和工作联动上解决一些问题，促进投行业务在今年实现快速发展。

在中国工商银行重点行机构负债企业年金资产托管业务座谈会上的讲话

李晓鹏

（2008 年 6 月 25 日 · 根据录音整理）

重点行机构负债、企业年金、资产托管业务座谈会就要结束了。会上，大家发言热烈，提出了许多建设性的意见，我听了以后感觉很振奋。今年初以来面对严峻的市场竞争和业务发展压力，大家为机构业务、托管业务、年金业务的发展作出了艰苦卓绝的努力，利用这个机会，我代表总行党委，向大家及全行从事这三项工作的同志们表示慰问和感谢。

今年初以来，我国宏观经济和金融形势发生了巨大的变化。尽管在2007 年的改革发展研讨会和今年初全国分行行长会上，我们都曾经对这些变化做过充分的分析和研究，但是今年一路走来，经过半年的工作实践，形势发展之快，变化之大，对商业银行经营影响之显著，是我们没有完全预料到的。因此，我和大家一样深深地感觉到，抓机构业务从没有像今年这么难，我行机构金融业务发展正面临着前所未有的严峻挑战。

面对这样大的变化和考验，在总行党委和管理层的领导下，经过全行员工的共同努力，上半年机构业务保持了比较平稳的发展势头。机构业务存款的同业占比仍稳居第一，在全行存款中所占比例也提高了 0. 3 个百分点，营业贡献进一步提升；第三方存管业务开户数不断增加，客户保证金与中登公司存款总和超过建行并位居同业第一，实属不易；金融期货结算业务在总行机构业务部和上海分行的密切配合下，模拟仿真交易测试进展顺利。特别是与部队的合作方面，“5 · 12”大地震发生后，总行机构业务部立即启动，积极应对，在结算与现金管理部、运行管理部等部门的支持配合下，迅速制订了抗震救灾部队金融服务方案，四川、重庆、陕西、甘肃等分行机构业务部门也立足抗震救灾的需要，为救灾部队提供了优质高效的金融服务，取得了显著的成绩，树立了良好的社会形象。成都军区专门发来感谢信，高度赞扬总行和四川分行在这次抗震救灾中给予部队的大力支持。同时，我行还夺得了军队公务卡主办银行资格，进一步巩固了业务合作关系。除了机构业务外，托管和年金业务也都取得了新的进展。因此，尽管形势很严峻，我们在工作中还存在一些问题，但从全局上讲，走到目前这一步是非常不容易的。下面我分别就机构业务、年金业务和托管业务讲几点意见。

一、关于机构业务

今年初以来，机构业务面临的形势非常严峻，总的来说忧大于喜。从客观方面概括有以下三点原因：第一，国家宏观调控增加了我们的工作难度。从 2007 年到现在，央行已经连续 15 次调整存款准备金率，连续六次调整存贷款基准利率，据有关方面统计，市场层面冻结的资金估计在 3 万亿元左右，这使市场资金面不断趋紧，商业银行特别是中小银行资金面临困难，存款的市场竞争日益白热化，对我行机构负债业务的冲击非常明显。第二，资本市场明显波动对同业存款影响很大。去年我国证券市场持续升温，大量资金流入股市，我行通过大力营销第三方存管业务，证券类存款较年初增加2 243亿元，增幅达到 180%，确保了储蓄存款向同业存款的回流。但自 2007 年 10 月以来，上证综合指数由最高时的6 124点一路下滑，跌幅接近 55%，大量证券资金又通过第三方存管等多种形式回流至储蓄存款，同业存款下降明显。第三，政府资金增支减收影响了资金供给。今年以来，全国自然灾害增多，政府进一步增加了财政资金投入，客观上减少了政府和军队存款的资金来源。

以上三点客观因素非常重要。但是，不能把机构业务当前存在的问题完全归结于客观原因，从主观上看也有三点原因：第一，对负债业务产生的新形势、新变化没有充分的思想准备，对机构负债业务的重视程度不够。从目前情况看，不同地区、不同部门对机构负债业务的重视程度还有很大的差距。特别是近几年，随着流动性过剩的出现，有些同志把流动性过剩简单地归结为存款过多，对存款重要性的认识也比较淡薄，一些基层行甚至产生了抓存款没出路、存款是包袱等思想。其实，这个问题姜董事长、杨行长在年初分行长会议上，我在年初的全行机构业务工作会议上已经讲过，但从目前看，这样的问题仍然存在。例如有些基层行上半年搞了各种竞赛，但很少把营销机构业务列入竞赛内容。因此，面对突如其来的重大变化，工作很难适应。第二，对市场利率变化应变不够敏感和及时。总体上讲，总行对市场利率变动的研究是比较及时的，机构业务部、资产负债管理部曾就定价问题写过多次调研报告和签报，行领导都有重要批示。但是在执行的效率上还是慢了一些，造成一些客户存款的转移和下降，大家对此都深感痛惜。利率是商业银行经营的生命线，也是市场竞争的核心之一，如果跟不上市场变化的步伐，就会对经营产生较大的影响。第三，应对竞争的主动性不足。今年对机构业务营销的总体要求是力度要大、节奏要快、内容要新、效果要好，我觉得还没有完全做到，反映困难的声音比较多，而积极主动克服困难想办法的行动相对较少。同样的利率水平，有些分行工作做得好，业务发展没有受到太大的影响，而有些行受到的影响就比较大。同样的一个政策，比如第三方存管业务，证券清算制度规定必须有20%的资金作为备付放在中登公司，因此，券商在我行的资金摆放比例达到80%是一个相对合理的界限，但从实际情况看，有些券商的资金摆放比例超过了80%，但是不少券商的资金则低于这一比例，甚至只有20%、30%，这个差距就很大了。这种情况说明除了利率以外，我们的工作也有问题。

总之，在目前严峻的形势下，制约机构负债业务发展的客观原因和主观原因同时存在。在客观形势无法改变的情况下，我们必须深入研究主观原因，提高自身工作的努力程度。刚才大家提的建议都很好，特别是资产负债管理部和财务会计部也提出了具体意见，我都赞成。面对严峻的形势，机构业务的发展需要全行上下共同配合、综合治理。下面，我就机构业务工作提出五点要求。

（一）切实提高认识，加强对机构业务的组织领导。对这个问题，在年初的分行长会议上，董事长曾经就存款工作讲过一句很重要的话，就是“要强化存款基础地位”。那么，存款在银行经营中所处的基础地位表现在哪些方面呢？我想，作为商业银行，如果没有存款就失去了经营的根基，就没有客户，就没有创新的基础，就没有效益来源。我们可以算三笔账：第一，抓机构存款有利于提高我行盈利水平。2007年，全行存款付息率平均是1.63%，机构存款平均付息率是1.51%，低于全行平均水平。因此，抓好机构存款有利于控制我行筹资成本，提高盈利水平。第二，抓机构存款有利于扭转我行在资金市场上净拆入的局面。今年初以来我行累计从他行拆入资金达3万亿元，日均拆入量1 000多亿元。记得在2006年路演的时候，工商银行还是人民币同业拆借市场的净拆出行，两年时间不到，我们就变成了现在的净拆入行。从资金成本来看，拆入资金的平均成本是2.89%，而同业存款的筹资成本是1.46%，即使真的将同业存款利率提高到1.89%，相比从资金市场拆入资金，我行还是能多赚到一个点的利差。第三，抓机构存款有利于维护客户资源，掌握市场竞争主动权。如果因为定价原因，导致我们在同业竞争中失去了客户，那么，当我们想重新夺回失去的客户、重新挖转存款，我们就需要付出更高的价格、更多的成本、投入更大的精力，将使我们在激烈的竞争中处于被动防守、疲于应付的局面，失去市场竞争的主动地位。

我认为，评价一家分行是否重视机构负债业务工作，有四个标准。

一是科学考核。总行今年的考核办法是经过认真研究的，当时也认为是基本合理的。但根据目前新的形势，大家认为还需要进行一些调整，主要意见归纳起来有四点。第一，提高机构负债业务在分行经营绩效考核中的权重；第二，对机构负债业务和理财业务进行捆绑考核；第三，存款时点数和存款日均数要结合在一起进行考核；第四，在注重负债成本控制的同时，根据市场变化和存款利率调整情况，对存款筹资成本考核指标值进行相应的调整。建议有关部门认真研究这些建议，考虑是否可以在下半年进行调整。各分行也要参照以上意见，根据自身情况考核，并且力度要比总行更大一些。

二是资源倾斜。机构负债业务成本低、贡献大，而且是批发业务，如果账户被挖转，就会造成大额存款流失。因此，全行要发挥各方面的资源优势，积极拓展机构负债业务。一方面，要积极拓展电子银行、银行卡、理财等业务，提高服务水平；另一方面，要加强关系维护，主要领导坚持定期走访，并尽可能安排一些有利于联络机构大户的客户经理到机构业务部门工作。同时，在营销费用上要予以保证。

三是队伍建设。关于机构客户经理队伍建设，近几年总行的要求很多，但落实不够，特别是机构负债客户经理还明显不足，希望各行能够重视和加强。请机构业务部就这一问题向人力资源部报告，在人员数量和激励措施方面积极研究相关政策。

四是主动营销。各分行要把机构负债作为一把手工程来抓，主动开展机构业务营销工作。有些分行已将重点客户分工到班子成员，我认为很好，希望其他分行能够加以借鉴。

（二）及时把握市场动向，科学调整定价策略。这个问题主要涉及总行的有关部门。从今年4月开始，总行出台了一系列办法：一是新的同业存款定价方案，二是今天下发的对六家分行同业存款定价授权，三是准备推出的特别存款。同时，对30%中长期单位定期存款比例限制也会进行调整。以上政策总行资产负债管理部做了大量工作，是有针对性的，但效果可能要逐步显现，大家要看到总行对存款定价问题的重视程度，给予充分理解。各分行要用好用活新的定价政策。对于新政策仍不能解决的问题，要及时向总行反映情况。总行要提高决策的反应速度，建立快速审批通道，对分行请示的问题，能够当天作出反应，请示行领导。希望总行资产负债管理部和机构业务部加强沟通，建立定期磋商制度，及时根据市场需要，研究调整定价策略的必要性和可行性，提高决策效率。

（三）进一步强化营销活动，确保市场领先优势。目前，我行机构业务的领先优势是存在的，但他行与我行的差距在不断缩小。在存款营销方面，工商银行有着丰富的经验和良好的传统，特别是储备了一批优秀的人才，我们不要因为认识的偏差丢掉了这支队伍，而是要进一步发挥我们的营销优势，确保市场领先地位。当前要重点做好三件事情。

一是严防死守，稳定军队存款。今年初以来其他银行，特别是建设银行下大力气挖转我行军队存款，竞争形势非常严峻。军队存款不仅是一个业务和效益问题，也是一个政治问题，要想尽一切办法稳定军队存款。对此，北京分行承担着绝对重要的任务和责任，希望北京分行肩负起这个重任，同时，各分行也要高度重视，务必做好军队客户的维护工作。“八一”建军节快到了，加上今年抗震救灾工作也需要加强与军队客户的联谊，因此，总行机构业务部要发文就“八一”前军队客户营销活动进行全面部署，加强服务和公关，强化各个层面的高层营销。重点是要抓好军队各总部、各军兵种的营销活动，档次要高一些，声势要大一些，效果要好一些，和往年要有所区别。对于七大军区，总行要牵头营销，争取在“八一”之前拜访部分七大军区客户，请机构业务部和相关分行进行安排。

二是全力以赴争取证券存款。目前，证券公司在我行存放的客户保证金存款和中登公司存款加在一起有3 870亿元，建行为3 700多亿元，我行比建行多出170多亿元，但建行今年的存款增量要高于我行。为了保持我行的业务优势，目前要做好两件事：第一，上海分行和深圳分行要紧紧抓住登记结算公司存款，不能出问题。第二，要抓好第三方存管业务，辖内第三方存管合作券商在我行资金摆放比例低于80%的分行要尽快研究，解决问题；同时，要根据券商在我行的资金摆放情况，参照市场平均费率水平，及时对第三方存管业务的收费进行相应调整。

三是下定决心夺回银保业务市场领先地位。第一季度，我行代理保险业务收入取得了市场第一的位置，但是到5月末，我们又滑下来了。请总行机构业务部门和个人金融业务部加强沟通和配合，积极研究费率调整、是否给予分行一定的专属产品定价自主权等问题，争取下半年夺回市场第一的位置。

以上三项业务是当前机构业务营销工作的重中之重。请机构业务部研究并提出下半年的具体营销方案。

（四）精心培育机构新兴业务。机构客户对金融服务的需求非常广泛，这就需要我们在关注负债的同时，注意培育机构新兴业务：一是要关注银期业务，特别是金融期货、银期转账业务，这个问题在3月的电视电话会上我已经进行了详细的阐述。二是机构客户理财业务，对于成本确实过高的存款，要想办法通过理财业务进行疏导。三是重视资产托管和企业年金业务，特别是机构客户本身的托管和年金业务一定要确保营销到我行。

（五）明确分工，建立机构业务责任制。机构客户营销难度大，要求的档次高，各分行要把机构业务作为一把手工程来抓，机构业务主管行长、各级机构业务部门均要承担起领导和主办责任，全力抓好机构负债业务。

为了进一步加强机构业务市场竞争力，保持我行的市场占比，需要进一步明确各级行的责任。在这里，我提出一个要求：如无特殊原因，凡是一年内机构业务或机构存款增量同业占比排名下降的一级分行，分行一把手应该向总行报告，主管行长要向总行写出书面检查，分行机构业务部门总经理由总行进行通报批评。同时，如果一年内全行机构业务或机构存款增量同业占比排名下降，总行机构业务部总经理也要写出书面检查，对主管副总经理进行通报批评。对于连续两年增量占比同业排名下降的分行，一把手应该向总行写出书面检查，主管行长由总行进行通报批评，并建议调整机构业务部门总经理工作。如果连续两年全行增量同业占比排名下降，对总行机构业务部总经理进行通报批评，并调整主管副总经理工作。对于基层行提出的合理要求，如果上级行有关部门没有给予及时解决，有关部门承担连带责任。如果连续两年机构业务增量同业占比排名下降，我作为主管行长，向总行党委写出检查。

同志们，当前机构业务面临的形势非常严峻，每位同志都承担着很大的责任。希望全行各级领导能够给予高度重视，更加关注机构业务，更加支持机构业务，使目前存在的各项问题早解决、快解决、解决好。有些分行工作上还有一些差距，但我相信压力会变成动力，促进我们工作取得进步。希望这次会议能够成为一次成功的研究会、鼓劲会和加油会，使下半年机构业务能有一个好的发展，推动全年任务目标的顺利完成。

二、关于企业年金业务

关于企业年金业务，我觉得整体形势还是不错的。在这里提四点要求。

第一，切实加强对年金业务的领导，提高全行对年金业务的重视程度。从目前情况看，省行层面对年金业务还比较重视，但二级分行对年金业务的重视还有差距，“等”、“靠”的思想还比较明显，不少二级分行还不知道年金业务的要害是什么，营销的重点和方法是什么。因此，加强领导、提高全行对年金业务的重视程度非常重要。从今年情况看，各级领导重视，年金业务发展就有显著成效。比如山东分行最近由一把手挂帅，营销我们的全牌照业务，效果非常明显。在几个地市，三项业务“3+1”一网打尽，全面签订协议。

第二，明确分工，上下联动。鉴于现在年金业务全面铺开，客户营销和管理的压力比较大，原则上对于职工人数在5万人以下（不含）的企业，由一级分行牵头营销，总行给予配合和支持；5万人及以上的企业，由总行牵头，包括制作标书、述标等。总行牵头营销的年金项目，由总行制定营销策略；属于分行牵头营销的，是“3+1”、“2+2”，还是只确定一项，由分行制定营销策略。

第三，进一步明确营销策略。一是产品组合策略。年初工作会上杨行长讲得很清楚，要发挥工行全牌照优势，首先是营销“3+1”，其次是“2+2”，“2+2”又首选“账管+托管”，再次为“账管+受托”、“账管+投资者管理”等。如工作中有困难，只能确定一项，要综合考虑，认真分析后再确定目标：根据企业的情况，特别是考虑企业是否有一些倾向性；考虑竞争对手情况，是否较我行具备一定的优势；考虑客户的资源情况。二是同业合作策略。现在我行已经取得了受托人资格，是否继续过去请保险公司作为受托人，我行作为账管人和托管人的策略，需要进一步研究。同时，对于银行间结盟的情况，我们也要研究是否与其他银行进行合作。原则上，对于中小企业要强力推广“3+1”业务，对于大型企业，要根据企业的具体情况制订营销方案。

第四，加强队伍建设。首先，2007年总行提出培训100名年金金牌客户经理，每年两次培训，但是听说很多人员都有变化，请各分行高度重视，尽可能保持人员稳定。其次，业务量大的分行，要增加年金业务人员。另外，有同志建议，能不能在分行成立年金中心，我原则上同意。请总行年金中心提出一个方案。

三、关于资产托管业务

经过十年的发展，目前资产托管业务在全行经营中发挥了重要的作用。尽管今年托管业务规模受证券市场影响有一些减少，但收入仍然保持增长，说明经过十年的积累，资产托管业务的效益在不断提升。下面我强调三点。

第一，要进一步完善托管队伍建设和网络服务。总行已经决定在北京、广州、杭州成立托管分部，希望按照总行要求抓紧时间挂牌。另外，要加强托管队伍建设，增加托管人员数量。

第二，要大力拓展资产托管业务品种。要在股票资产托管、保险资产托管的基础上，大力宣传和拓展产业基金、收支账户、私募股权、信托资产、特定资产管理等资产托管业务品种。要抓住市场机遇，完善管理办法。

第三，研究解决调动分行发展托管业务积极性的问题。目前，托管业务收入已经实现返还。要进一步研究存款返还问题，最好可以通过模拟返还，减少操作风险；如果不可以通过模拟返还就按原方案执行，让大家体会到开展托管业务的效益。

在中国工商银行跨境投资银行业务座谈会上的讲话

李晓鹏

（2008年10月29日·根据录音整理）

刚才，各境外机构负责人对发展跨境投行业务的经验作了很好的总结交流，也谈了体会和认识。下面我讲几点意见。

一、发展跨境投行业务潜力巨大，大家要充满信心

国内投行业务经过几年的发展已取得显著成绩，预计2008年投行收入有望达到80亿－90亿元人民币，发展势头良好。随着我行国际化战略的推广，境外机构对投行业务也越来越重视，积极性越来越高，但总体上看境内外投行资源还没有完全整合起来，为此总行提出要加强内外联动。近年来，对于发展跨境投行业务有没有前景、内外联动的潜力究竟有多大等，在行内一直是热点话题。通过今天的会议，我感觉跨境投行业务需求是旺盛的，发展潜力很巨大，业务发展完全建立在客户需求的基础上，对此我们要有信心。我曾经对国内分行讲过，发展投行业务要有三心：一是对发展要有信心，二是对结果要有恒心，三是对遇到的困难要有爱心。我希望这“三心”也能体现到境外机构投行业务的发展中去。

二、联动是发展跨境投行业务重要的保障

从境外机构的发言中可以感觉到，大家对联动是赞成的，对总行牵头组织投行业务的运作也表示拥护，甚至有强烈的需求，因此，总行投行部应该牵头办好跨境投行业务。各境外机构也要有全局观念，在联动方面迈

出新的步伐，取得新的成果，探出新的路子。大家要认真落实《关于进一步大力发展跨境投资银行业务的指导意见》中关于联动的要求，在联动方法方面有所探索和创新，建立良好的内外联动机制。只要机制建立起来，发展跨境投行业务就是很有希望的。

三、发展跨境投行业务要营销和管理并重，或者说质量和效益并重

在全球投行业务发展处于低潮，客户和市场对投行都不看好的情况下，工商银行着重强调发展跨境投行业务，就突出了建立合理的风险防范机制和在保证业务质量的前提下实现发展的重要性。境外机构要站在全行的高度发展跨境投行业务，根据自身实际情况在业务发展过程中寻找突破口。总体来说，要从资本投入少、风险小、收入高、没有牌照约束的顾问类投行业务入手；对风险相对较大，对人员素质要求较高的牌照类业务，建议先由工银国际统一牵头办理，以后再研究是不是在当地注册独立法人申请牌照开展业务。目前，工银国际从人才队伍、管理能力来讲完全能够承担起香港以外的投行业务，而且由工银国际来牵头办理牌照类投行业务，既可以发挥工银国际的优势，还能很好地防范风险。

四、进一步加强市场研究和产品开发

目前由总行投行部作为跨境投行产品开发后台，向销售部门和境外机构提供产品，从实际操作看还有一定困难。一方面，我们本身的牌照限制；另一方面，投行职能在总行并不完全集中于投行部。从产品选择看，境外机构发展投行业务还是应该首先选择低成本、低风险、高收益的顾问类业务，要充分利用我们的客户资源及信息优势，找到顾问业务的切入点。业务发展下一步会涉及的资产管理、境外私人银行管理、直接投资、基金管理等，可根据实际情况开展研究。另外，境内外机构建立信息沟通机制也非常重要，《关于进一步大力发展跨境投资银行业务的指导意见》中的第二条，“拓展业务信息来源，构建多层次的关系网络”，是我提出来的，大家要抓好落实。在信息沟通方面，投行部要和国际部协同配合，抓好信息来源，及时地让更多的国内项目信息联动反馈到我行境外机构。总之，总行会进一步研究产品开发问题，不过短期内不太可能有大的突破，但是跨境投行业务的市场调研和信息沟通工作应当有较大的改善。

另外有几个业务，今年或者明年需要大家引起重视。

一是组织境内外客户到国际金融中心进行IPO。组织境内外客户到香港、新加坡、伦敦等国际金融中心IPO，会带来很多的跨境投行业务机会，希望大家能够关注此方面的信息。尤其是境外企业在香港和欧洲发行预托凭证（HDR、EDR）的信息，如有此类业务资源要及时向工银国际推荐。

二是资源收购，或者说资源型企业的并购业务。金融危机发生以后，中央的意见很明确：把中国自己的事情办好就是对世界的最大贡献，即现在不会去大规模收购美国企业。那么中国的机遇在哪里？最近有关的专家、学者、政府官员都表示，现在是大量持有资源和资源型企业的时候。我预计资源的收购和资源型企业的并购会成为未来一两年的热点，所以希望大家关注这方面的信息，从中寻找收购、并购类顾问业务机会。

三是关注直接投资项目的信息。当前的金融危机主要起源于金融衍生产品，具体和项目对接的金融业务问题并不大。我们要抓住机遇，关注那些成长性好而现在价格非常低的行业中的直接投资项目，以提供顾问服务的方式开展直接投资业务。

总之，今天的座谈会时间较短但效率很高，突出的重点就是《关于进一步大力发展跨境投资银行业务的指导意见》中提出的六条意见。希望大家结合姜董事长和王丽丽副行长的讲话，认真研究和落实跨境投行业务的发展措施，真正把跨境投行业务工作抓好、发展好。

适应新形势　树立新观念　实现新突破
全面开创工会工作新局面

——在中国工商银行工会工作会议上的工作报告

刘立宪

（2008年3月12日）

这次会议的主要任务是，认真贯彻全总十四届五次会议和全行2008年工作会议精神，总结2007年工作，

分析当前工会工作面临的新形势，部署2008年重点任务，动员全行各级工会组织紧紧围绕提升核心竞争力的中心任务，全面落实科学发展观，创新工作形式，深化民主管理，努力开创工会工作的新局面。

下面，我代表总行工会工作委员会作工作报告。

一、2007年工会工作回顾

2007年，在总行党委和中国金融工会的领导下，各级工会紧紧围绕全行中心工作，认真履行职责，服务改革发展大局，在加强服务管理、维护员工权益、组织引导员工建功立业以及发展和谐劳动关系等方面做了大量工作，取得了较好成效。

（一）深入开展优质服务年活动，促进了服务水平的提升。首次将服务质量纳入分行行长经营绩效考评，制定专项考评办法，有力地推动了服务工作的标准化和规范化。强化服务管理，在各一级（直属）分行开展了服务现场执行能力监测检查，共检查大中城市行营业网点360个，现场测试存取款机、多媒体自助终端、“95588”专线电话等各类自助设备共计2 172台，并督导存在问题的整改。各分行监测辖属网点5 903个，覆盖率达63%以上。以推动落实《营业网点服务质量现场管理与控制手册（试行）》为基本内容，两次召开试点工作座谈会，研究改进现场服务质量和增强网点核心竞争力工作，并在全行推广北京亚运村北辰路网点支行、四川德阳分行物品定置管理做法，推进了服务标准化建设。积极落实中国银行业协会有关要求，组织开展“文明服务月”活动并获“创新奖”。在全行员工中开展“新工行、新服务、新体验”、“优质服务从我做起”以及“我们的服务质量愿景”等活动，引导广大员工树立现代金融服务理念，改善服务质量。组织开展了个人客户满意度调查，个人客户对我行服务质量总体满意度为86.33%，比上年有所提高。

（二）组织和引导广大员工争先创优，建功立业活动蓬勃开展。紧紧围绕业务工作，组织开展以改进服务、加快创新为主要内容的7项全行性竞赛活动，各级分行共组织各类业务竞赛活动7 257次，参与员工51万人次。举办了大堂经理和现金管理业务技能比赛，并通过视频直播了大堂经理业务技能总决赛实况，引起较大反响。及时总结、推广竞赛活动中的典型经验，表彰先进，发挥劳模的示范带动作用，营造出学先进、创一流、作贡献的浓厚氛围。2007年，全行共组织各类先进评选活动52次，评选总行级各类先进单位2 845个；先进个人14 025人次，有2人荣获全国“五一劳动奖章”、1个先进集体荣获全国“五一劳动奖状”；61人荣获省部级“五一劳动奖章”、16个先进集体荣获省部级“五一劳动奖状”；10名先进女员工和10个女员工先进集体分别荣获全国妇联授予的“巾帼建功标兵”、“巾帼文明岗”称号。2007年“五一”前夕，总行召开劳模座谈会，总行党委所有在家的领导出席会议并亲切接见了劳模代表。先后组织25名劳模分别参加全总、中国金融工会及总行组织的劳模休养活动，安排全辖2 714名管理人员和先进人物疗休养，其中基层劳模占81%，劳模先进的各项待遇得到了进一步落实。

（三）完善基层民主管理，系统职代会建设稳步推进。认真落实总行党委关于两年内在一级分行全部建立系统职代会的要求，2007年山西等13家分行建立并召开了系统职代会。在二级分行以下机构推行行务公开制度的基础上，修改完善相关管理办法，进一步规范行务公开的形式、内容和程序，鼓励员工积极参与，充分行使民主权利，提高了行务公开制度的可操作性和精细化管理程度。对广大员工在行务公开过程中所提的意见、建议和要求，各行认真研究，积极整改，促进了基层民主管理的落实。

（四）强化思想政治工作，员工合法权益得到更好的维护。各级工会以员工思想政治工作联系点为依托，发挥群众工作的优势，建立平等交流、双向沟通的工作机制，将开展员工思想动态调查分析工作与维护员工合法权益相结合，与推进基层民主管理相结合，与案件防范相结合，与提高服务质量相结合，营造出了员工与银行和谐发展的良好氛围，提高了思想政治工作的针对性。积极配合有关部门及时排查劳动争议和群体事件的隐患，妥善处置员工来信上访，维护员工队伍稳定。建立健全了各级劳动争议调解组织，目前，全行各级工会成立劳动争议调解/指导委员会2 971个，占应建数的97.7%，较好地发挥了工会在调解劳动争议、协调劳动关系工作中的职能作用，劳动争议纠纷呈逐年下降趋势。2007年全行各级劳动争议调解委员会受理劳动争议338件，成功调解238件，有效率达70.41%。组织开展协调劳动关系、调解劳动争议工作的专项调研，据统计，全行签订3年期及以上劳动合同的员工占到80.8%，劳动合同签订较为规范。在《员工违规行为处理暂行规定》和有关劳动用工管理制度等7个规定、办法出台前，启动征求意见的民主程序，广泛征求员工意见，收集500余条意见反馈有关部门，对于规范劳动用工制度，保障各方合法权益发挥了积极作用。全面实施送温暖工程，2007年安排特困救助金1 284万元，救助困难员工12 700名。下拨39万元专项资金慰问湖南等7个分行基层受灾员工。组织全行员工开展爱心募捐活动，共募集资金986.48万元。全行各级工会慰问困难员工达12.6万人次，慰问金额近5 000万元。通过建立特困员工救助长效机制，使特困员工经济上得到救助，精神上受到鼓舞，进一步提高了工商银行的凝聚力。

（五）加强工会组织建设，管理水平进一步提高。按照中国金融工会有关规定和总行党委的要求，就工会组织机构的设置和人员配备等提出了改进意见，进一步加强了工会自身建设。坚持加强培训，提高专兼职干部的履职能力，全行各级工会举办培训班2 122期，培训1.1万人次。坚持以目标管理考核为手段，推动各级工会改进工作，提高了管理水平。坚持依法理财，做好工会经费收缴。组织完成了工会财务集中式核算系统推广，进一步提高了全行工会财务管理水平。完成工会管理软件（二期）开发工作，印发《工会工作指南》，进一步促进了工会工作的标准化、程序化、规范化建设。

在肯定成绩的同时，我们也要清醒地看到，与建设国际一流金融企业的目标相比，与科学发展、和谐发展的要求相比，当前工会工作中依然存在着诸多不适应，主要有：一是思想观念与建设国际一流金融企业的要求还有较大差距；二是新形势下工会工作创新力度不够，思想不够活跃，眼界不够开阔；三是工会活动的方式和内容较为陈旧，需要设计出新的活动平台和渠道；四是工会组织建设有待进一步加强，工作作风有待进一步改进。以上这些问题，需要在今后的工作中认真加以解决。

二、深刻认识工会工作面临的新形势和新任务

近年来，在总行党委的正确领导下，全行认真落实科学发展观，竞争实力明显增强，主要经营指标大幅度增长，在复杂多变的市场环境下取得了可喜的经营业绩，各项业务全面进入了加速发展的新时期。同时，也要看到，目前全行经营转型尚在起步阶段，总体竞争能力还处于较低层面，制约创新发展的体制机制性障碍仍比较突出，全行竞争发展呈现出新变化与老问题并存、高成长与低效率同在的阶段性特征，深化改革，推进经营转型的任务还十分艰巨。各级工会要适应形势发展的要求，围绕全行的中心工作，以公司价值、股东回报和员工利益有机结合为出发点，引导广大员工把思想和行动统一到总行党委关于建设国际一流现代金融企业的决策部署上来，把智慧和力量统一到推动科学发展、建设和谐银行的工作上来。要正确认识工会作为党联系广大员工的桥梁和纽带的重要地位，发挥好工会作为推动改革发展的参与者、构建和谐银行的组织者、维护员工利益的代表者的重要作用。

今年正式实施的《劳动合同法》、《就业促进法》、《劳动争议调解仲裁法》等相关法律，为完善劳动合同制度、协调劳动关系、保护劳动者合法权益提供了明确而具体的法律依据，标志着我国的劳动合同制度纳入了依法规范、依法调整的法制轨道。年初召开的全行工作会议，明确了全年经营发展的指导思想、总体要求和主要工作任务，对各级工会进一步围绕中心任务，服务经营发展大局，做好自身工作，提出了新的要求。各级工会必须进一步解放思想，创新手段和方法，采取各种有效形式，引导全行员工认清自身肩负的使命，坚定改革发展的信心和决心，推动机制体制改革和转型发展，争创一流工作、一流服务、一流业绩和一流团队，充分展现主力军和主人翁的时代风采。

根据新的形势任务，总行工会经过认真研究，确定今年工会工作的总体要求是：在总行党委和中国金融工会的领导下，紧密围绕全行中心工作，全面落实科学发展观，坚持以人为本，进一步发展基层民主建设，贯彻落实《劳动合同法》、《就业促进法》、《劳动争议调解仲裁法》等相关法律法规，维护劳动关系和谐稳定，推动和谐银行建设；引导和组织广大员工深入开展建功立业活动，增强各级工会组织服务员工的能力，促进员工队伍整体素质提高，为建设国际一流现代金融企业作出应有的贡献。实现这一要求，需要我们进一步增强做好新形势下工会工作的责任感和使命感，做到“四个坚持”，谋求新的突破。

（一）坚持和谐发展，主动服从和服务于全行工作大局。服务全行大局，促进和谐发展是工会工作的基本要求。一要引导广大员工成为主动落实科学发展观的主力军。保持我行上市后的良好发展态势，解决发展中的矛盾和困难，真正实现科学发展，要求各级工会必须把广大员工进一步动员起来、组织起来，着眼于提高经营效益、加快自主创新、推进发展转型，提升发展能力和市场竞争力，广泛开展多种形式的劳动竞赛、技能练兵活动，充分调动广大员工的劳动热情，提高服务水平，争创一流业绩。要认真总结经验，创新活动方式，使之更加符合全行科学发展的要求，使员工从中增长才干，强化技能，提升素质，实现员工与企业的互利共赢。二要引导广大员工积极做优质服务的实践者。要通过树立现代金融服务理念，改造业务流程，整合分销渠道，推进经营转型，加快技术和产品创新等举措，在全行营造像抓质量和抓效益一样抓服务的氛围，以最先进的技术、最适合的产品、最有效率和价值的服务满足客户、赢得市场。三要引导广大员工自觉成为建设和谐工行的先锋。要大力营造健康和谐的文化氛围，掀起学先进、促发展、增和谐的热潮，对外处理好与客户、同业、监管机构、社会公众和投资者等利益相关群体的关系，向全社会展现工商银行良好的精神风貌和一个负责任的企业形象；对内创造一个良好的工作环境，让员工感受到尊重、关爱和信任，能在推动工商银行的发展中创造自身职业生涯的广阔发展空间。四要引导广大员工努力当好维护稳定的中坚力量。要在员工中深入开展民主法制教育，引导广大员工正确认识和对待改革中出现的各种情况和问题，善于通过理性合法的方式表达利益诉求，成为增进团结、维护稳定、促进和谐的中坚力量。

（二）坚持以人为本，积极促进员工价值和银行价值的共同成长。要以实现员工价值、发展和谐劳动关系为基础，切实维护好广大员工的合法权益，促进员工和企业的共同发展。一要突出维护好广大员工的根本利

益。建设国际一流现代金融企业，实现工商银行持续健康发展，是维护全行员工根本利益的坚实保障和重要前提。只有企业快速发展，才能从根本上实现好、维护好、发展好广大员工的权益。银行和员工之间具有根本利益的高度一致性和具体利益的相对差异性，各级工会组织必须把握这一特点，倡导和谐发展、互利共赢的理念，把维护员工合法权益作为一切工作的出发点和落脚点，为员工做好事、办实事、解难事，解决好员工最关心、最直接、最现实的利益问题。二要积极推行以职代会为基本形式的民主管理制度。要建立和丰富切合实际、适应发展、规程严谨、员工认可的可操作的民主管理制度，深化行务公开工作，组织员工参与民主决策、民主管理、民主监督，充分行使民主权利。各级工会组织要健全完善定期向党委汇报制度，对涉及员工切身利益的问题要积极提出工会的主张。二级分行以下工会每年至少召开一次职代会，确保广大员工的知情权、参与权、表达权和监督权的落实。三要把提升员工综合素质放到重要位置。广泛开展“创建学习型银行、争做知识型员工”活动，帮助员工增强学习新知识新技能的自觉性和紧迫感，努力掌握过硬的技能和本领，更好地适应当前市场竞争复杂多变、自主创新步伐加快的新形势。同时，要组织开展形式多样、丰富多彩、员工喜闻乐见的文体活动，活跃员工精神文化生活。四要着力解决困难职工的生活问题。要建立特困员工救助长效机制，关心帮助困难员工，做好排忧解难工作，特别要重点解决员工因大病医疗、子女就学、意外事故造成的特殊困难，真心实意维护好困难员工的合法权益，让他们真切感受到组织的关怀，工会的关爱。

（三）坚持改革创新，不断增强工作活力。要以完善运行机制建设为重点，为发挥工会职能作用提供制度保障。一要建立健全利益协调机制，确保广大员工共享改革发展成果。抓住签订劳动合同、推行行务公开与建立职代会三个关键环节，推动劳动关系协调机制建设。完善以职工代表大会为基本形式的民主管理制度，不断提高行务公开工作的规范化、制度化、程序化水平。各级工会要积极为员工办实事，改善员工的工作条件、劳动保障、医疗卫生和生活质量，维护女员工特殊权益。二要建立健全诉求表达机制，充分反映员工的意愿和要求。要搭建多种形式的沟通平台，把员工利益诉求纳入制度化、规范化轨道，通过深入基层、开展调查研究，健全工会信息收集、整理机制，及时掌握员工的工作、生活情况和思想动态，有针对性地向党委提出政策建议，表达员工的意愿，反映员工的呼声。三要建立健全矛盾调处机制，维护员工队伍团结稳定。各级工会要增强运用法律维权的使命感和责任感，积极维护员工合法权益，主动做好劳动争议的调解。要及时收集劳动争议信息，分析和评估矛盾苗头，完善纠纷排查工作制度；注重发挥群众组织的优势，积极做好员工思想政治工作，增强员工家园感和归属感；加强法制宣传和普法教育，教育员工通过理性合法的方式维护自身权益；主动配合有关部门处理员工群体性事件，努力把劳动关系矛盾化解在基层，解决在萌芽状态，维护员工队伍的团结和社会秩序的稳定。

（四）坚持解放思想，树立新时期工会工作的新形象。工会组织在各行经营发展中的地位，取决于工会职能作用的发挥，工会工作的效果如何，也直接关系到自身形象，关系到工会干部和全体工作人员的切身利益。各级工会干部和工作人员要牢固树立“有为才有位”和“事争一流、追求卓越”的思想观念，努力适应形势发展要求，努力把工会建设成为不断开拓进取的学习型、服务型、创新型的群众组织。一要切实加强能力建设。要着眼于提升工会整体工作效应，进一步拓展工作思路，加强调查研究，善于总结经验，树立先进典型，在围绕全行中心任务推动工作落实上大胆开拓，勇于创新，务求实效，在服务全行发展上有新突破。要把促进经营发展与维护员工权益有机统一起来，围绕建立稳定和谐的劳动关系进行大胆探索和创新，从源头上解决一些涉及员工切身利益的重大问题，在维护员工权益，完善民主管理上有新突破。要围绕建立有工行特色的企业文化体系，倡导脚踏实地、注重实效、恪尽职守、严格稳健的员工文化，将推动和谐发展与开展文明创建活动有机结合，营造健康和谐的文化氛围和良好的人才发展环境，在打造现代金融企业文化，建设和谐工行上有新突破。要进一步加强工会形象建设，加强与有关部门沟通，有效协调内外关系，把工会工作的活动空间向全行各部门、各层次和经营发展的各个环节拓展，不断提高工会工作的覆盖面，充分发挥工会职能作用，在提升工会形象上有新突破。二要切实加强作风建设。密切联系群众是工会组织的优势，也是工会作风建设的重点。各级工会组织和广大工会干部要进一步强化群众意识，牢固树立服务观念，深入基层、深入员工，深入到经营发展的第一线，以深厚的感情关心员工生活，维护员工利益，为员工真心诚意办实事，尽心竭力解难事，坚持不懈做好事，在组织员工、动员员工、依靠员工、服务员工上下功夫，切实增强工会组织的吸引力和凝聚力。在工作中，要始终保持奋发有为的精神状态、树立与时俱进的创新意识，具有强烈的事业心、使命感和责任感，切实转变工作作风，防止和克服机关化、行政化倾向。各级工会要结合自身实际建设特色工会、在改革发展中做有为工会、在广大员工中做满意工会、在对外窗口上做品牌工会，在全行工会中争当一流工会。三要切实加强组织建设和基础管理。收好、管好、用好工会经费，加强工会资产管理，进一步规范工会财务管理。加强基层工会组织建设，完善基层工会工作规则和运行机制，不断创新工作形式，在丰富内容、改进方式、严格要求、保证质量上下工夫，真正把工会组织建设成为名副其实的职工之家。

加强思想建设、组织建设、作风建设和制度建设，各级工会工作要把握好三项原则。一是党委领导、部门支持、工会运作、员工参与的原则。坚持党的领导是做好工会工作的根本保证。总行党委对工会的领导坚强有力，对工会工作和员工权益高度重视，为工会工作的开展提供了良好的环境和条件。各级工会组织要把对党负责和对员工负责统一起来，把坚持党的领导和发挥工会的主动性统一起来，在党委领导下创造性地开展工作。要建立向党委汇报工作的制度，日常工作定期汇报，特殊情况专题汇报，重大问题及时汇报，使党委随时了解工会动态，及时得到党委的指导、支持和帮助，努力形成党委领导、各部门支持、工会运作、员工积极参与的良好工作格局。二是维护员工根本利益和具体利益相统一的原则。各级工会要紧紧把握全体员工根本利益高度一致性和个体员工具体利益相对差异性的特点，把个人利益与集体利益、局部利益与整体利益、眼前利益与长远利益有机结合起来，既组织和引导员工为促进工商银行改革发展作贡献，又促进员工具体利益不断得到实现，确保劳动关系双方的协商共谋、机制共建、效益共创、利益共享，建立和发展规范有序、公正合理、互利共赢、和谐稳定的新型劳动关系。三是竭诚为广大员工服务的原则。以员工为本，维护员工合法权益，是工会的宗旨，也是工会工作的内在要求。坚持以员工为本，必须一切依靠员工，一切为了员工，把密切联系员工、竭诚为员工服务作为工作的出发点和落脚点，把员工是否满意作为衡量工作成效的重要依据。各级工会干部必须牢固树立员工利益无小事的思想，心里装着员工，凡事想着员工，切实为员工办实事、做好事、解难事，增强工商银行的凝聚力和向心力。

三、2008年工会工作目标和要求

今年工会工作的主要任务，在即将下发的工作要点中将作出具体部署，这里，我再强调几点要求。

（一）巩固“优质服务年”活动成果，提高全行服务水平。开展“优质服务年”活动以来，全行整体服务水平有了明显改观，但与激烈的市场竞争形势和不断增长的客户需求相比，提升服务能力仍是当前一项艰巨而紧迫的任务。要把“优质服务年”活动深入持久地开展下去，围绕加快服务渠道整合升级、业务流程改造、服务营销体系完善等内容，以提升核心竞争力为目标，确定提高服务水平的措施和办法。要改进服务质量专项考评，以推广营业网点服务现场质量管理与控制为突破口，继续贯彻落实《关于提高服务质量和服务能力的若干意见》，全面推进服务质量管理体系建设。要在去年“优质服务年”活动取得积极成果的基础上，今年力争再上一个大台阶，明年基本达到国内服务最好金融企业的目标。积极开展“迎奥运、讲文明、树新风”活动，以优美环境、优质服务、优良作风迎接奥运召开。

深入开展客户满意度测评工作，建立健全客户满意度监测体系，进一步提高个人客户满意度调查问卷指标制定的科学性，逐步确立以客户通讯信息库为支持的现场调查、通讯调查、电话访谈等多种方式。今年将借助“外脑”，广泛开展对个人客户和公司、机构客户的满意度调查，从服务品种、服务效率、服务质量、服务环境和服务态度等各个环节，对我行的总体服务水平和服务能力进行更为客观全面、理性公正的评估。各级工会要认真总结开展客户满意度调查的经验和做法，不断完善调查项目内容和方法手段，通过定期和不定期开展客户调查、员工调查和第三方调查，借助社会公众和客户监督，促进服务质量改善。

（二）围绕提高竞争力，开展各类竞赛和练兵比武活动。加快提高全行竞争发展能力，是在日趋激烈的竞争中应对挑战，把握主动，实现又好又快发展的战略选择，是当前和今后一个时期全行的中心任务。各级工会要按照提高核心竞争力的总体要求和目标任务，围绕提升业务创新能力、市场营销能力、品牌影响能力、客户服务能力、风险掌控能力和保障支持能力，广泛开展各种目标明确、内容丰富、重点突出、形式多样的劳动竞赛和业务技能比赛活动。为进一步促进群众性的岗位练兵、技能培训和业务技术比武活动，总行将根据各专业技术练兵和比赛情况，于今年10月组织全行综合性业务技能展演并进行视频直播。各级工会要认真做好发动实施，在全行掀起钻业务、练技术的热潮，配合有关业务部门把群众性的岗位练兵、技能培训和业务技术比武活动精心组织好，突出以技术创新、业务创新、产品创新和服务创新为重点，进一步激发广大员工的创新热情和积极性，增强员工技能素质，提高全行创新能力和市场竞争能力。

做好劳动模范及各类先进集体和个人的评选表彰工作，并进一步加大对各类先进的宣传力度，弘扬时代精神。组织好三年一次的全行“优质文明服务先进个人”和“优质文明服务先进单位”评选表彰活动。深化“巾帼文明示范岗”创建活动，根据上级工会要求和巾帼创建有关实施办法，组织开展两年一次的全行“巾帼文明示范岗、巾帼岗位标兵”评选活动，并总结各行工作情况，进行典型经验交流和表彰。

（三）广泛开展员工读书学习活动，深化全行“创争”工作。牢固树立“学习力是最本质的竞争力和最活跃的创造力”的观念，在全行大力开展群众性读书活动和“员工愿景”大讨论，向员工推荐优秀读物，激发员工多读书、读好书的热情，组织员工写读书心得、谈读书体会，不断提高员工思想道德、科学文化修养和职业技能素质。各级工会要将读书活动、“创争”活动与优质服务、业务创新和劳动竞赛、技能比赛等活动结合起来，通过开展经常性的读书交流、专题讲座、知识竞赛、业务培训和技能比赛等活动，丰富“创争”内容，巩固“创争”效果，使员工个人价值在工商银行发展中得到体现，员工个人素质在工商银行创新中得到提升。总行工会将围绕“如何做好优秀员工”的主题，组织全行性的读书心得优秀文章评选活动，并举行读书心得视频演讲会，推动全行读书学习活动的深入开展。

（四）贯彻《劳动合同法》等法律、法规，发展和谐劳动关系。要以贯彻实施《劳动合同法》、《就业促进法》、《劳动争议调解仲裁法》为契机，通过开展员工思想政治教育、劳动争议调解、监督劳动法律法规落实等工作，畅通员工维权渠道，和谐劳动关系。要通过员工思想动态调查分析，充分掌握员工思想状况变化，及时向党委汇报，正确加以引导，适时化解纷争。结合新版《劳动合同书》及相关协议书的签署工作，总行工会将会同相关部门开展《劳动合同法》执法监督检查活动，各级工会要配合做好相关工作，发现问题，分析原因，提出解决意见和建议。加强劳动争议调解工作，进一步健全各级劳动争议调解组织，完善相关制度。各级工会要密切关注员工对新的人力资源管理体系运行后的反应，既要客观反映情况，提出完善建议，又要做好教育引导工作，进一步调动和激发各层面员工的积极性，努力创建和谐稳定的劳动关系。

（五）加强职代会制度建设，推进民主管理。进一步健全职代会工作制度，不断提高职代会运作质量。在巩固基层行职代会建设成果的基础上，继续着重抓好一级（直属）分行职代会制度建设。今年要全面完成一级（直属）分行职代会的建立工作，并按规定程序开好职代会，认真落实职代会对经营计划、经营目标等重大事项的审议建议权，对涉及员工切身利益等重要议题的审议通过权。各级工会要认真做好职代会闭会期间的各项工作，抓好对职工代表提案的落实处理。总行工会将制定一级分行职代会管理制度和行务公开办法，进一步推进行务公开工作。

（六）关心员工生活，促进和谐稳定。各级工会要研究完善特困员工救助标准和实施方案，积极探索扶危济困的新方式、新途径，建立帮困基金，采取定向扶持等多种形式，使“送温暖”活动经常化、制度化、规范化。要配合有关部门落实员工带薪休假制度，继续做好全行高层、中层管理人员和劳动模范及各类先进人物疗休养工作。加强人文关怀和心理疏导，关注员工心理健康。

（七）开展员工文体活动，推进企业文化建设。按照统筹规划、整体推进、全员共建的原则，发挥工会在企业文化建设中的积极作用，用先进的企业价值理念、统一规范的行为准则、优秀的自主创新文化和以人为本的和谐环境，打造工行品牌，凝聚员工，使每一个员工都成为企业文化的践行者、宣传者和传播者。以职工之家建设为抓手，充分发挥工会组织贴近一线、贴近员工的优势，利用工会宣传教育阵地和活动场所，把组织员工开展文化体育活动作为推进企业文化建设工作的一项重要内容，寓教于乐，丰富员工业余文化生活，倡导科学健康的生活方式，满足员工精神文化需求。各级工会要结合实际，因地制宜，通过开展员工喜闻乐见、健康向上的群众性文艺活动、体育比赛、职工才艺展示和组织银企联欢、客户联谊等活动，陶冶员工情操，培育和谐理念，营造和谐氛围，融洽银企关系，增进客户感情，促进业务宣传和产品营销。

（八）加强工会基础建设，增强工会工作凝聚力。当前，我行工会在组织构架、管理体系和履职能力等方面与新形势、新任务的要求还存在许多不相适应的地方，为此，总行党委高度重视，从加强工会建设入手，多次研究如何加强和改进工会工作的意见，待意见成熟后将下发执行。各级行党委要按照意见的要求进一步加强和推进工会组织建设，结合实际设立好各级工会组织的办事机构。各一级分行工会要加强对工会组织办事机构设置情况的调研和检查监督，并及时向党委反映存在的情况和问题。要认真研究股份制公司工会工作内容和方式的创新问题，切实转变思想观念和工作作风，创新工作机制、工作方法和活动方式，以组织员工、引导员工、服务员工、维护员工合法权益为工作的着力点，加强与相关部门的协调配合，理顺关系、落实责任、讲求实效，使工会真正成为学习型、服务型、指导型的工会。进一步充实、稳定工会干部队伍，加强对专兼职工会干部和服务管理人员的培训，促进工会干部优化知识结构，进一步提高工会工作整体水平。

这次会议明确了今后一段时期工会工作的主要任务，现在关键是抓好落实，希望各级工会干部认清自己的使命，履行好自己的职责，以奋发有为的精神状态，大胆探索、锐意进取，开创工会工作新局面，在建设国际一流现代金融企业的征程中作出新的更大贡献！

深入贯彻落实科学发展观 为全行改革发展提供安全保障

——在中国工商银行保卫工作现场会上的讲话

刘立宪

（2008年3月27日·根据录音整理）

这次会议我们以现场会的形式召开，主要是为了推广一些行的好经验、好做法，便于大家相互交流、相互学习，使会议开得更形象、更直观，效果更好。会议的主要内容是总结2007年工作，贯彻全行战略发展研讨会和2008年工作会议精神，认清保卫工作面临的新形势，找准工作的落脚点和切入点，切实改进管理模式和方法，提高工作质量和水平，为全行改革发展提供持续有力的安全保障。下面，我谈三点意见。

一、2007年保卫工作取得较好成效

回顾过去的一年，全行保卫工作坚持贯彻总行党委确定的"减库、减人、减枪，管少、管好"十字方针，目标明确，措施得力，责任到位，案防有效，较好地完成了各项任务。主要表现在四个方面。

（一）守押社会化改革继续平稳发展。截至2007年末，全行有707个金库的值守、13 430个自营网点和21 772个上门收款点的押运实现了社会化，占比分别达到了57.57%、83.9%和86.84%，较年初分别提高了9.73个、9.97个和7.56个百分点。公务用枪存量由年初的2 483支降至1 405支，减幅达43.41%。全行已经有22个一级（直属）分行、23个一级分行营业部、238个二级分行实现了全辖零配枪，也就是说有四分之三的城市行彻底摆脱了守押负担和涉枪风险，可以集中精力贯彻实施城市行重点发展战略。

（二）安全防范设施建设再上新台阶。突出表现在各项重点设施改造任务基本完成。截至2007年末，全行1 288座金库的震动入侵报警和数字监控安装率分别达到了99.43%和99.02%，较年初分别提高了4.59个和1.22个百分点；16 010个营业网点的入侵报警、2路独立防区紧急报警、数字监控和防尾随联动门安装率分别达到了100%、99.94%、99.88%和98.09%，较年初提高了1.1个、6.51个、2.25个和19.74个百分点。同时，各级保卫部门在所辖营业场所升级改造中，既严格遵守国家相关安防标准和建设程序，又根据业务发展实际需求，加强与政府相关监管机关的沟通协调，保证了新（改）建工程的顺利进行和按期投入使用，为全行营销渠道的升级改造提供了有力支持。

（三）安全保卫责任体系有所完善。2007年各行以责任书为载体，进一步明确了各级机构主要负责人、主管领导、职能管理部门、专业人员和操作者的安全保卫职责，逐级分解年度工作任务，实现了责任书由原则性要求向具体化规定的转变。通过认真执行《境内分行行长保卫工作专项考评办法》，以考核促进责任的传导和落实。如福建、湖南等分行在对年度保卫工作实行量化考核的基础上，采取季度跟踪检查阶段性任务完成情况，年底进行综合评价和量化考核，考评结果直接与二级分行经营费用挂钩，与相关行领导、保卫责任人的绩效工资挂钩，有效推动各级机构把保卫工作纳入单位目标管理，形成了保卫工作齐抓共管的局面。

（四）外部案件防控措施得力效果显著。一是组织了应急演练。2007年下半年总行集中开展了一次刑事治安事件应急演练，各行均高度重视，精心组织。如重庆等分行针对辖内基层保卫负责人更新快，业务不熟等情况，通过组织现场观摩教学，以实战感受提高其专业水平；黑龙江等分行针对辖内机构较多、网点分散的情况，选择一到两个二级分行重点指导，编发了宣传教育光盘，扩大演练效果，有效促进了基层人员应急意识和能力的提升。二是加大了检查力度。特别是在全行重要经营管理事项检查工作中，各级保卫部门严格按照总行要求，按时完成了检查任务，与内控等专业部门密切配合，加大了对安全隐患的督促整改力度，确保了国庆和十七大等敏感时期全行运营安全。三是积极支持业务发展。全年各级行协同运行管理部门狠抓金库安全管理，配合个人金融、银行卡等部门加强自助机具和银行卡欺诈等犯罪案件防控，协调公安机关查封了影响电子银行业务发展的境内外假冒工行网站160余个。

总之，2007年经过各级行保卫干部的扎实工作和不懈努力，全行全年没有发生重大外部案件及事故，实现了员工零伤亡、资金零损失。在此，我代表总行党委对大家，并通过你们向工作在保卫岗位的所有同志们表

示衷心的感谢和亲切的慰问！

二、坚持以科学发展观指导保卫工作

总行在2007年底召开的全行战略发展研讨会和今年初的全行工作会上，对如何贯彻落实科学发展观，加快提升全行竞争力进行了统一部署。保卫部门贯彻这两次会议精神，就是要认清面临的形势，找准存在的问题，明确工作的重点，运用科学的理念和方法去解决各种新情况新课题，不断开创保卫工作新局面。

第一，要准确把握形势的发展变化。科学发展观的第一要义是发展。工商银行要实现更好更快发展，必须要有安全稳定的经营环境。我们应该清醒地看到，虽然全国治安形势总体稳定，但是银行面临的外部风险依然很多，案件防控的压力仍然很大。据公安部通报，2007年利用爆炸物或持枪抢劫银行机构的严重暴力犯罪案件仍呈上升趋势，针对金融机构的诈骗案件日益增多，尤其是假冒银行名义或利用银行内部管理漏洞实施的非法集资诈骗等案件，影响大，危害烈，受到社会广泛高度关注，应对处置上稍有不妥，不仅会带来资金风险，更会影响我行声誉，造成系列损失。面对复杂多变的外部社会治安形势，特别是一些超乎传统案防经验的新情况，只有准确把握外部环境的变化，时刻保持高度的职业敏感性，才能适应防范外部风险工作的需要。

第二，要看到存在的差距和不足。这几年保卫工作在许多方面取得了不错成效，但是随着全行特别是上市后经营发展的变化，以全行发展对保卫工作的要求来衡量，保卫工作还存在着一些不足。比如，面对外部风险的复杂多变，保卫部门的风险管理和应对处置能力还不强；面对全行业务的改革创新，保卫部门的跟进服务还不够；面对全行推进区域发展战略，保卫工作的分类指导还不够有力；面对全行内设机构调整和扁平化管理，保卫工作管理模式还有待改进；面对新的挑战和机遇，保卫队伍的素质还有待提高；面对全国同业的发展进步，我们原有的优势已经大大缩小等。我们只有敢于正视这些问题和挑战，有针对性地加强和改进保卫工作，才能为全行经营发展作出更大的贡献。

第三，要把保障员工生命安全放在首位。以人为本是科学发展观的核心。工商银行的经营发展离不开广大员工的共同努力，必须切实维护好员工的利益，做到员工发展和企业发展的和谐共进。要维护好员工权益，首先是要保障好他们在工作环境中的生命安全。这既是《安全生产法》、《企业事业单位内部治安保卫条例》等国家法律法规要求，也是银行落实党的十七大精神，履行社会责任，对人民群众生命安全高度负责的具体体现。各级行领导和保卫干部必须牢固树立“安全问题，生命至上”观念，把保障员工生命安全放在工作首位，绝不能以安全为代价换取经济效益。同时，也要做好对银行内客户人身安全的保障工作，用行动体现工商银行在安全上的服务，增强客户和社会对我们的信任感和满意度，树立起工商银行负责任的社会形象。

第四，必须把加强队伍建设作为工作保证。在全部保卫工作中，队伍建设是根本，也是保证。我们应该正视，全行内设机构改革、人力资源管理项目提升等工作实施后，存在基层保卫组织多数不再单设，基层保卫人员兼职多、任务重，思想出现波动等现实问题。如果不及时加以引导和解决，就会使保卫工作弱化，引发安全问题或案件隐患。各级行特别是各级行领导干部必须予以高度重视。要充分运用各种办法协调利益关系，消除不稳定因素，使保卫人员能够安心工作，以诚挚的感情感化人；要注重调动保卫人员的积极性和创造性，积极为优秀人员创造良好的职业发展机会，以事业发展留住人；要适应保卫工作管理模式转变，提升精细化和现代化水平；加强对保卫队伍的专业培训，适当补充高素质的人才，促进保卫队伍人员结构的转变，着力提高保卫队伍的整体素质，使广大保卫干部成为经营安全环境的保卫者，全行和谐建设的积极促进者。

第五，要把开展安全文化建设作为工作的基础。推进安全保卫文化建设是实现保卫工作持续健康发展的内在要求。只有建立先进健康的安全保卫文化，借助文化所特有的持续影响力、广泛渗透力和经久扩张力，引发各级管理者和广大员工安全理念的转变，形成共同的风险观，才能形成一种内在的合力推动保卫工作发展。开展安全文化建设，要注重唤起领导层的重视，依靠各级管理者的有力承诺和支持，推动安全文化的建设；要注重安全宣传教育，通过创造紧迫感、危机感，增强广大员工对安全的认知和认同，营造安全文化的氛围；要加强对群体效应的引导，以有效的激励和约束措施，创造“遵守安全行为规范有利，违反安全行为规范受罚”的管理环境，使广大员工逐步养成正确的安全行为习惯，将不遵守安全行为规范变成与群体格格不入的行为而被排斥。只有持之以恒地开展安全文化建设，做到各项工作处处、事事体现安全，形成全员的安全文化，我们的工作才能拥有牢固的基础。

三、当前需要重点加强的几项共工作

关于今年的工作，《2008年保卫工作要点》中作了比较全面和细致的部署，各行要认真抓好落实。这里，我再强调几个问题。

（一）突出抓好基层保卫责任的落实。2007年全行重要经营管理事项检查中，虽然保卫专业没有发现严重违规现象，但是基层保卫制度执行不到位、员工安全防范意识不强等“大概率、小风险”问题屡见不鲜，部分二级分行及以下机构保卫责任虚化和弱化明显。抓好保卫责任在基层的落实，是当前一项比较紧迫的任务。

抓好基层责任落实，必须完善考评，健全保卫责任机制。责任就是分内的事，就是应当完成的任务，应当做好的工作。责任制不能只是书面的规定，必须有能落在实处的措施。去年各行把责任书细化为任务书的做法很好，但还要不断完善，既要有履责要求，还要有相关考核。当前要严格依照国务院《企业事业单位内部治安保卫条例》，明晰保卫工作的责任主体，用机制绑定基层一把手和主要责任人的法规责任，使安全保卫任务和质量直接与基层机构的经营绩效相衔接；要进一步完善考核指标体系，加强对任务指标完成情况的跟踪考核，增加对责任落实等“软件”的评估内容。只有建立和实施对基层保卫责任的量化考核，对认真负责的进行奖励和表彰，对消极怠工的予以追究和惩处，才能确立起良性的责任导向，推动形成“一级抓一级，逐级负责，层层落实”的良好局面。

抓好基层责任落实，必须增强制度可行性，提高执行力。随着守押社会化改革的深入，保卫工作的主要职责转向明确责任、履职监督和推动落实。现有的保卫制度应该说比较完整了，但是为什么还会有违规操作屡禁不绝，习惯性违章屡查屡犯等现象发生？除了极少数属于恶意违规、蓄意作案外，制度不合理、不可行，监督检查不到位是重要原因。各行要按照杨凯生行长提出的“写你要做的，做你所写的，检查做过的，改正做错的”要求，进一步梳理现有规章制度，既要做到对每一项操作、每一个流程都有明确的规定，使操作者有章可循，更要保证制度的科学和合理，避免操作者有章难循。要为每项制度绘制出清晰的流程图，切实使操作者有章易循。要提高制度执行力，加强监督检查，实现有章必循。但是只求数量不求质量的检查，不但解决不了问题，还可能引起受检单位的反感和抵触，适得其反。这就要求我们必须转变检查观念，对“违章”不仅要追究还要研究，帮助基层查找存在问题的根源，确有难处的要帮助解决实际困难；要改进检查方法，充分利用科技手段，增加无接触式的检查，尽量不给受检单位添负担。只有做到每次检查都能解决一些问题，消除一些隐患，使受检单位感到增加了一分安全，才能确保基层平安。要使岗位自查形成制度，使每个员工从自我保护出发，以流程为参照自己发现隐患，消除违规，从“要我安全”转变为“我要安全”。

（二）努力提高保卫工作管理水平。多年来保卫工作取得不错的成绩，关键在于始终遵循了“减库、减人、减枪，管少、管好”十字方针。当前，“三减”已实现了阶段性目标，下一步要重点在“管少”，特别是要在“管好”上多下工夫。

实现“管好”，必须突出工作重点。保卫工作的核心职责是防控风险，必须要准确把握风险的差异性，看到不同的风险发生的几率不同、造成的损失不同。即使相同等级的风险，发生的时间地点不同，其后果和影响也会不同。要在保证总体安全稳定的同时，重点监控那些安全管理水平相对较低，风险隐患相对较多，发案概率相对较大的问题单位；要密切关注那些与业务发展关联度高，牵一发而动全身，可能影响全行或区域大局的关键单位；要突出抓好那些可能造成严重人员伤亡或资金损失，或是当地政府、监管部门和社会公众关注度高的重大风险事件防范。只有做到重点突出、讲究策略，才能分类指导，实现“管少”，才有可能做到事半功倍，最大限度地保证安全地“管好”。

实现“管好”，必须转变理念坚持创新。保卫专业也是一个需要创新的行业。许多安全防范技术都是先在银行系统使用的，新产品也层出不穷。随着金融产品的不断发展，安全防范内容也在不断演进。这就要我们通过不断创新来满足业务发展对安全服务的需求。这几年全行安防设施建设取得了明显成效，但部分分行存在着监控、报警等设备陈旧老化，性能差，故障多的问题，不适应安防工作的需要，亟须更新，升级换代。在安防设施建设上要舍得投入，有“舍”才有“得”，才能换来员工安心，经营安全。在改善“硬件”的同时，要下更大的功夫提升“软件”的水平。在银行业金融机构的安全防范设施日趋标准化，行际间的差距已经显著缩小的情况下，我们要想保持在全国同业的案防优势，降低不法分子针对我行作案的几率，就必须研究如何对现有“硬件”资源进行“整合”和“共享”，使其发挥最大的效率，创造最大的效益；研究如何针对不同风险事件的特点和规律，实行精细化的分类管理，提高风险防控能力；研究如何适应全行区域发展战略要求，结合地区业务发展实际，实行跟进式服务等。要通过在实践中的不断努力，做到把“软件”建得更硬，把“硬件”建得更强，把保卫工作的成效体现在一线员工满意、基层领导满意、党委领导满意上，体现在确保安全、促进和谐、维护稳定上。

（三）进一步规范守押社会化改革。年初发生的吉林省押运公司丢失我行款包的事件，再次证明了守押社会化是化解和转移守押风险的有效途径。同时，也充分提醒我们，明晰界定与守押公司的责任是非常必要和重要的。

规范守押合同，防范契约风险。守押社会化是一种业务流程的外包，银行与守押公司作为市场经济下的不同主体，相互之间属于法律契约关系，不可能用银行的制度去约束守押公司，因此，规范合同，明晰责任就更加重要。在当前我国的守押社会化行业尚处于初级发展阶段，政策法规环境还不成熟，行业性规范管理有待健全的情况下，我们更要认真分析守押移交后存在哪些风险点，考量发生风险的概率，评估风险的程度。要在合同中明晰界定双方责任、权利和义务，确保合同条款的完整性、严密性，做到有章可循、有据可依。总行保卫部正在与相关部门合作起草统一的守押合同文本，待完善成熟后下发。

加强履约监督，维护合法权益。守押社会化的目的是转移风险，外包要算责任账，也要算经济账。既然花钱雇用守押公司，就要监督守押公司的服务是不是到位，相关风险责任是否得以消除，花了钱是否买到了平安。应该正视的是，现阶段的确存在着守押行业市场垄断严重，守押公司行政色彩较浓等银行难以解决的问题，在这种形势下要做好对守押公司的履约监督确有一定的难度，这就要求我们更要讲究工作方法。比如要学会联合同业机构，营造统一的市场氛围；像山西分行那样有针对性地攻关，取得相关部门的支持；等等。要以《保安服务操作规程与质量控制》（GA/T594—2006）等相关法规和标准为依据，建立健全联系沟通机制，保持与守押公司之间的和谐互动，提升履约监督效率和水平，争取最大限度地维护银行权益。

（四）加强突发事件的应急管理。在不久前贵州、湖南、湖北、安徽、江西等南方部分省份发生的雨雪冰冻灾害中，我们有分支机构的保卫部门和保卫人员克服重重困难，全力保障业务安全运营，为维护当地和谐稳定作出了贡献，反映出了保卫队伍在应急处置中的重要作用。同时，这一灾害也警示我们必须时刻保持危机意识，不断推进应急管理工作，做到未雨绸缪。

加强突发事件管理，必须有完善的应急预案。抓突发事件管理必须要有科学和严密的应急预案，既要注意细化和完善各级机构、各部位、各种类型的预案，尽可能覆盖可预测的风险情况；也要确保预案的科学合理、简单易行和可适时切换，保证应急方案在各类突发情况下能够及时启动、及时运转；要根据客观情况认真组织贴近实战的应急演练，演练要注重实效，练是为了战，不是为了看，切不可将演练搞成汇报演出；要通过演练不断检验和完善预案，规范处置流程，提高员工的危机意识和处置能力；还要切实抓好应急队伍、应急值守和应急救援等保障措施的落实，确保做到有备无患。去年底国家颁布了《突发事件应对法》，总行正在按照国务院和银监会的要求研究进一步完善我行应急管理体系事宜，各行也要早做研究，早做准备。

加强突发事件管理，必须具有快速反应能力。突发事件的特征就是紧急，是已经或者即将造成重大损失的险情，能否及时把握住先机，往往决定着处置整个事件的质量。这就要求必须建立快速、灵敏的反应机制，确保做到早发现、早报告、早处置，最大限度地避免或减少损失。实践中要注意纠正两种错误做法，一种是侥幸心理，报喜不报忧，出了事先捂着，寄希望于悄悄解决，内部消化；另一种是事不关己，高高挂起。出了事特别是性质责任一时难以界定的事，不是从大局出发，而是推三阻四，以求逃脱单位责任。这两种做法的直接后果都是贻误战机，是极不负责任的行为。要看到，在传媒业高度发达的今天，简单封锁消息，不仅难以实现，往往还会引发无端猜疑，出现更大负面效果。我这里再次重申，发生了事件，必须按照先系统内后系统外的原则及时报告，瞒情不报的，都要进行问责。

加强突发事件管理，必须充分发挥专业优势。在2006年总行制定的由总体应急预案和各专项应急预案构建的全行应急管理体系框架中，保卫部门不仅负责刑事治安事件的应急管理，还承担着协同相关部门抓好灾害性事件、群体性事件等的应急处置工作，是不可或缺的重要环节。保卫部门要充分利用与公安、消防等国家应急处置部门联系紧密的优势，注意收集各类犯罪动态和案件信息，以管理人员和重要岗位人员为重点，切实加强风险警示教育，引导和促进员工增强安防意识；要配合做好对票据、银行卡、ATM等欺诈类犯罪防控，及时向相关专业和分支机构进行风险提示；在发生突发事件后，要全力采取措施保障员工生命和银行财产安全，积极协调公安机关控制事态影响，努力追缴风险资金，最大限度地避免或减少损失，充分发挥专业应急处置职能。

（五）认真做好全行奥运金融服务的安全保卫工作。距奥运会的举办还有几个月，这是一件举国关注、举世瞩目的大事，确保奥运平安是各级政府、各个行业和单位必须完成的一项重要政治任务。如果奥运期间我行发生重大案件或事故，不仅会直接损害我行的形象，甚至可能影响国家的形象。当前银行面临的安保工作形势：一是针对奥运的恐怖袭击。航空器、公共场所、公共交通、银行网点等都可能是袭击目标，目的是制造恐慌，国内东突、藏独也频有动作，已造成一定的影响，虽然得到控制，但并未杜绝。二是奥运经济活跃，可能引发针对银行的欺诈和其他形式的侵害事件。今年以来，各类票据欺诈活动明显增多，北京分行1月已成功堵截票据欺诈100多笔，金额达5 000万元。同时，最近资本市场波动较大，赚钱效应下降，使一些意图暴富的不良人员盯上了银行、款箱、ATM等，“抢劫不如炒股”虽然是个黑色幽默，但说明了资本市场活跃可吸纳部分财产类的犯罪活动，国内的治安案件增多，治安形势不容乐观。三是内部不稳定因素也可能趁机而动，制造事端。近来，一些人员出于各自的目的聚集上访现象比较突出，甚至呈现出逢节、逢会、逢庆必闹的趋势，奥运会期间很有可能会有动作。总结以上几点，国际国内、行外行内等多种因素交织，使我行奥运期间的安保形势更加复杂严峻。

面对这样的形势，我行与奥运相关的安保工作还不够严密，各级管理人员、保卫人员的警惕性还不高。前不久的检查就发现了不少的不足和问题，任何一个漏洞和疏忽，在面临外界恶意攻击时都有可能酿成大祸。因此，各行特别是北京、上海、天津、沈阳、青岛和秦皇岛等奥运赛区城市行，以及重点口岸城市、旅游城市的分行保卫部门必须予以高度重视，要按照当地政府和有关部门的统一部署，认真落实国家和地方有关创建平安奥运的要求，严防发生重大案件或事故。这里再提出两点要求：一是根据安保检查发现的问题立即进行整改，要列出时间表，明确责任人，切实整改到位；二是奥运相关行要立即制订详尽的安保计划，分解任务，加大检查力度和密度，全面检查和重点抽查相结合，确保奥运期间的安全，这也是总行党委的要求。

同时，也应该看到，这次奥运会对我行也是一次树立企业形象，提升品牌价值的大好契机。各级保卫部门要从全局出发，按照总行《奥运金融服务方案》和本行的统一安排，积极协助相关部门按时完成全行奥运前期营业场所和自助机具的布局优化改造，切实维护好奥运期间自助银行和自助机具的环境安全，保证客户的用卡安全，妥善防范和处置相关突发风险事件，全力支持和保障我行奥运金融服务方案的顺利实施。

在2008年全行案件形势分析会上的讲话

刘立宪

（2008年7月31日）

这次会议的主要内容是分析上半年全行案件形势，研究、部署下半年案件查防工作任务。案件形势分析会最近几年来每年都召开一次，每次都根据当时的情况对案防工作存在的问题和案件形势进行分析。这次会议也有它自己的特点，分析和研究了一些个案发生的原因和条件，也分析和研究了进一步夯实案防基础、强化基层案防工作的建议；既分析和研究了客户经理、大堂经理等几类发案较多岗位的案件情况和动态，也分析和研究了如何防范基层机构管理人员或部门负责人利用基建装修等进行职务犯罪的问题；既从我行今年初以来的一些案件中吸取经验和教训，提升案防工作水平，也收集并分析了其他金融机构的案件情况和特点，引以为鉴；既分析研究了国内金融行业案件形势和防范策略，还分析了国际上一些重大违规事件，如法国兴业银行、瑞士信贷银行交易员重大违规造成损失事件，给我行业务发展提供警示和借鉴；既分析和研究了案防工作的措施办法，还提出了纪检监察队伍建设等方面的想法和建议。总之，这次会议时间虽短，但内容丰富，取得了积极成果。总行杨行长专程出席这次会议，并在讨论过程中作了精彩的点评，对案防工作也作了很多深刻的分析，使会议内容更加丰富。会议结束前杨行长还要作重要讲话，这对全行的案防工作将是一次有力的促进。下面，我讲三点意见。

一、上半年全行案件查防工作基本情况

截至6月30日，全行纪检监察部门共立案查处各类案件3件，同比下降50%；涉案金额124.1万元，同比下降71.4%。此外还查处了7件违规事件，并有10件案件线索正在核查中。今年案防工作总的情况可以用四句话来概括：一是保持了案件低发态势，特别是百万元以上案件发案明显下降；二是惩防并举、重在预防的方针落实更加自觉，各级行对案防工作的重视程度和工作力度均有加强，部门间的配合更加协调；三是案防制度建设更加完善，《员工违规行为处理暂行规定》、《巡视工作暂行规定》相继出台，各分行也结合实际制定了许多制度和办法，基本构成了有工行特点的制度框架；四是发案反弹的苗头明显，案防工作压力较大，特别是商业贿赂案件占比较大。

总体来看，全行上半年案件查防工作形势不错，较好地完成了总行党委年初部署的各项工作任务。上半年全行案防工作有不少新的特点，当然这些特点不是今年上半年独有的，是我们历年来案防工作取得的一些成绩在上半年的集中表现。其中最重要、最明显的是四个方面的转变。

（一）案防工作由随机应对向全员全流程防范转变。这说明我们在案件防范的主动性方面有了较大进步，以案促防、析案定责、查缺补漏已成为各级行案防工作的主要内容。2006年总行在总结全行案防工作经验的基础上，制定并下发了《关于建立和完善案件防范工作长效机制的意见》，比较系统地提出了全行案防工作的基本思路和工作框架，明确了各部门、管理层、执行层和操作层的案防责任。以落实长效机制建设各项工作为契机，初步实现了由部门随机应对向全员全流程防范的长效机制转变。一是责任机制更加深化。根据机构改革后一些部门职能调整的实际，上半年总行修订了《案件防范工作责任制》，进一步明晰和界定了各级机构负责人和各类管理人员、监督人员的案防职责。责任制科学界定了各层级、各类别人员的案防责任，一把手负总责，分管行领导、纪委书记、各部门负责人各负其责，这样更加符合案防工作实际，有利于将案防工作与

业务发展同部署、同检查。总行纪委首次对总行专业部门负责人案防履职情况进行了检查。各行在上半年工作中都加大了对所辖管理层案防责任履职情况的监督考核。如云南、新疆等分行在督促分行本部专业部门负责人案防履职工作中，专门制定了考核办法，将案防责任履职考核与绩效、评先挂钩。在加强各级管理人员案防履职工作的同时，各行还以贯彻各专业《业务操作指南》为抓手，通过流程图标识、培训等方法，强化了一线员工案防履职责任。二是奖惩机制进一步规范。4月总行印发了《员工违规行为处理暂行规定》，将责任追究贯穿于经营决策、业务操作、内控管理等各个环节，使责任追究覆盖了领导层、管理层、操作层、监督层等各个层级，形成了较为完备的惩戒体系。为使全员了解掌握规定内容并更加自觉地遵守，总行正在全行范围内开展为期半年的“学规定 促合规”教育活动，要求将教育培训活动覆盖到所有机构和人员。至目前总行监察室已先后赴14个一级分行、直属分行培训各级机构部门以上负责人和一线网点人员12 000余人次。三是教育机制有序推进。为充分发挥教育在案件防范工作中的基础性作用，增强各级管理人员拒腐防变能力，3月初总行专门下发通知，要求各级行组织观看反映中国银行原副董事长刘金宝蜕变历程的警示教育片《诱惑的黑洞》，作为上半年党委理论学习和各级管理人员警示教育的重要内容。为使全行员工认真吸取身边的教训，总行还将近年来发生的6个典型案例拍摄成系列警示教育片，从不同角度反映了这些曾经的同事一步步走向犯罪深渊的沉痛教训，该片已进入后期制作阶段，将于近期下发全行。各行也结合实际情况开展了多种形式的教育活动。重庆分行新员工入行培训，由监察室负责讲第一课，通过对本行发生的真实案例进行深入剖析和点评，使员工深知依法合规、遵章守纪的重要性以及违法犯罪的代价，走好入行后的第一步。贵州分行在计算犯罪成本的政治、经济、名誉、家庭、友情、自由、健康七笔账的同时，重点计算了择业账，教育广大员工珍惜现有的工作机会，自觉远离犯罪。

（二）重视科技手段在案防工作中的应用，使操作风险诱发案件的风险防控由以人控为主向人机结合转变。实践证明，现代科技手段在案件防范，特别是操作风险防范中具有重要作用。近年来，在应对各种因操作风险引发的案件特别是特大案件工作中，通过业务操作的“硬控制”，有效地防范了各类风险和案件的发生。如通过升级信贷管理子系统，将全行贴现和转贴现业务全流程纳入票据计算机管理，对票据来源结构与流向、票据风险评估和预警进行全方位实时监控，遏制了票据业务案件高发的势头，我行近年来票据案件非常少，外部诈骗基本上防堵住了。过去在分析案发原因、制定整改措施时，一般情况下，更多地强调调整人员、更换岗位、加强人员之间的监督等，现在则在同步进行时，更注重完善规章制度，升级、改造系统设置，提高技术防范手段，以堵塞漏洞，达到防控案件的目的。去年以来，各行在案件防范工作中更加自觉地运用科技手段进行预警控制。如内蒙古分行研制开发了《网点柜员案件风险预警系统》，由区分行和二级分行集中监测大机返传业务处理数据，识别、分析网点柜员办理的可疑交易，及时对营业网点柜员办理特殊交易业务进行预警、控制；上海分行先后开发了《反交易业务》、《个人大额转账》、《贷款流向跟踪》等二十余个风险预警项目，监测人员通过对预警发现的风险点进行分析，有效地降低和防范了操作风险；江苏分行通过计算机对一线营业网点进行远程授权，不仅节省了人力、提高了工作效率，而且为防范授权人员的操作风险探索了新的途径。

（三）有效开展员工行为动态分析排查活动，使案件防范工作由被动防范风险向主动消除风险转变。作案人在作案之前和作案过程中，总有一些蛛丝马迹，及时发现这些可疑情形，果断采取措施，可以将案件消灭在萌芽状态，增强预防工作的主动性。近年来各行通过各种方式加强员工行为动态排查，不仅在一定程度上掌握了案防工作的主动权，也使案防工作的方式逐步从过去以防范操作风险为主向防范操作风险和道德风险并重转变，取得了明显效果。今年初以来各行采取多种措施，使这项工作不断完善，并使之规范化、制度化。如陕西分行将员工行为动态排查列入两个责任制与内控管理考核细则，上半年还结合股市震荡、抗震救灾等重点时段对基层管理人员、客户经理、营业经理等重点人员进行排查，逐步形成了思想问题早发现，疑难问题早报告，热点问题早预测，存在问题早介入，发现异常早排除的工作思路。辽宁分行通过“三个一”活动，即一次谈心、一次家访、一次评价，上半年对全辖17 605名员工进行行为动态排查，共发现重点关注人员43人，通过采取有效转化措施，消除了可能存在的隐患。

（四）突出案件查处的治本功能，通过对风险隐患的预警和提示，使案件查处工作由以查为主向查防结合、以防为主转变。在案件防范方面，总行通过对近些年案发情况、案发原因、部位以及案发趋势进行深入分析和研究，及时对下一年的主要风险业务和案发趋势进行预警提示，要求各行、各专业有针对性地做好重点防范工作。各行结合实际情况，在总行预警的主要风险业务和案发趋势的基础上，将防控责任分解落实到具体专业和岗位，采取有效措施，加大排查力度，消除风险隐患，使案件查处的治本功能得到有效发挥。在对一些具体案件、违规事件的查处中，近年来总行始终将以查促防作为工作的出发点和落脚点，对案件查处中发现的问题提出有针对性的工作建议，并通过不同方式对工作建议的落实情况进行检查督导。如上半年总行针对个别行案件查处中发现的问题，有针对性地下发了《关于进一步加强案件查防工作的通知》，进行风险提示，提出具体整改要求，并组织人员跟踪检查整改工作的落实情况。总行监察室在督查新疆伊犁分行柜员孜白旦挪用客户资金案时，根据案件暴露的一些问题，在进行调研的基础上，向区分行提出了要高度重视案件防范工作、切实加强案防队伍建设、全面落实长效机制各项措施、认真做好整改工作四项建议，之后又派员参加该行案件形势分析会。区分行党委为此召开三次会议，专门研究整改工作，制定了有效的整改措施，目前正在逐一落实整改。

上述四个方面的转变，是在总结过去案防工作经验的基础上，经过几年的摸索而形成的一种案防工作机制，在执行这种工作机制的过程中也已取得了较明显的成效。我们要坚持这些被实践证明的有效做法和经验，并在工作中不断地充实和完善，使全行的案件防范工作稳步推进。

二、目前全行案防工作存在的几个问题

今年上半年全行立案查处的案件数量虽然少，但所查违规事件多、在查案件线索多，这些案件及案件线索、违规事件暴露出全行案件查防工作中存在问题仍然不少。现把有关情况向同志们通报一下。

（一）案防警惕性有放松的倾向。近年来，我行案防工作取得了较为明显的成效，呈现出案件总量和涉案金额逐年下降的良好局面，得到了总行党委和监管部门的好评。然而，在这样的形势下，部分人员自觉不自觉地放松了警惕，案防工作热情也出现了不同程度的下降，主要表现在：一是思想认识放松。部分管理人员认为随着各项案防措施的不断完善、技防手段的不断加强，特别是一些行近几年没有发生案件，认为案防工作已经呈现出一种比较平稳的态势，于是产生了一种盲目乐观、放松警惕的心态，没有继续下工夫、花力气，深入基层抓好案防工作。二是组织推动放松。扁平化改革以后，部分基层纪检监察工作面临着机构不完善、人员配备不强的实际情况，组织推动案防工作的职能没有得到有效发挥。具体表现为有的只是形式上地将上级行的要求转发至下级机构，缺乏有效的落实措施；有的虽然落实了相关措施，但没有及时对落实情况进行监督检查。三是措施跟进放松。部分分行和部门在开办新业务、推出新产品时，没有同步研究制定配套的内控制度和案防措施，使新业务、新产品风险隐患突出。部分分行在风险点防控环节，虽然明确了防范重点，但没有及时采取措施将治理责任分解落实到具体专业、岗位和人员，使风险点治理不力。以上种种倾向，极有可能削弱案防基础，蚕食案防成果，给案防工作带来不良后果。案防工作中还有一种倾向值得我们关注：一些管理人员满足于案防文件的下发、案防制度的制定和责任状的层层签订，但这些工作并不等于责任的落实。责任状的作用不仅是明确责任，更重要的是落实责任，使各部门、各环节、各岗位对可能出现的案件诱发因素进行治理和抑制，通过责任人的合力，防范案件发生。而目前责任状却成为案发后或重大事故发生后追究责任的依据，没有全面有效地发挥其作用。应该说，案件防范的过程重于防范的结果，或者至少是同等重要的，因为过程控制是防案过程中最有效、成本最低的风险控制，发生案件再追究责任不是我们希望的。再进一步说，没发案不等于责任就落实了，运气好没发案的情况很多见。消除诱发案件的原因，控制可能的风险，化险为夷才是案防文件、制度、责任状要达到的目标。

（二）商业贿赂案件大幅度上升。近年来，全行案件总量逐年递减，而商业贿赂案件却未出现同比例下降，反而呈逐年上升态势。2004 年至 2007 年，全行贿赂案件占比分别为 15.9%、18%、22.6% 和 39.1%，今年上半年立案查处贿赂案件 1 件，但在查的案件线索多数与商业贿赂有关。从涉案人员分布情况看，既有一线柜员、客户经理，也有二线营业经理、大堂经理，既有网点负责人，还有支行行长、二级分行负责人。从贿赂的形式看，有利用银行信誉为民间借贷提供担保收受“感谢费”的，如上海金山支行综合柜员于昉鑫在接受不法企业人员贿赠的一辆价值 8 万元的小汽车后，盗用支行营业经理保管的业务公章为企业间融资借款提供担保；有为企业融资提供便利收受“好处费”的，如江苏淮安城中支行个人金融业务科副科长张文为某房地产开发公司贷款提供方便，进而收受了该公司给其的“好处费”；也有在网点装修中收受承包商礼金的，如为了维护和湖北黄冈分行财务会计部经理高峰的“良好关系”，以便获得更多的装修工程，武汉多家装修公司以拜年的名义向高峰行贿，高峰先后共收受现金 8 000余元以及价值 5 000 余元的高档礼品。发生上述商业贿赂案件，既有业务流程中制度缺失、监督缺位的内部管理问题，也有员工放松自律、滥交损友、私欲膨胀、丧失操守的因素。

（三）风险点依然是案件、违规事件的高发部位。上半年立案、在查案件线索和违规事件中，有 16 件发生在总行年初提示的 7 个风险点上，占比高达 80%。这说明一些行对风险点的治理工作还不到位，对一些案件引发的教训没有认真吸取。如 2007 年初四川乐山分行发生数据传输员毛稚里伪造客户代发工资文件数据贪污客户资金案件后，总行就及时通报案情，并将代发工资业务列入全行案件防范重要风险点予以提示；总行相关业务部门连续发出整改通知，就代理业务操作流程和代发工资由客户端加密等主要内容进一步加以规范，并列为 2007 年全行重要经营事项大检查的必查内容之一；今年 4 月，总行在修订代发工资业务流程和相关制度的基础上，又对系统功能进行优化和完善，在全行范围内推广代理业务数据传输系统，但个别分行出于怕影响客户关系等顾虑，落实总行相关规定不及时、不坚决、不

彻底，没能防止在代发工资业务中发生案件。如江西分行吉安县支行庐陵大道分理处营业经理李峤，利用兼任代发工资数据录入员的职务之便，于2007年9月至2008年6月间，采取在客户编制的代发工资数据盘中增加代发工资户和笔数或直接从代发工资内部过渡户划转资金的手段，将客户代发工资款共计42.52万元，分59笔转入以其前妻名义开立的个人账户提现据为己有。从案件暴露的问题看，案发行和相关专业部门至今仍未按总行要求使用企业端加密系统，仍由银行员工违规代替企业录入代发工资文件数据，甚至让身为营业经理的作案人兼任代发工资数据录入员，使案犯在全行重点治理整改期间持续作案9个月。

（四）治理部位因管理放松诱发案件。经过全行连续几年的重点治理，近年来反交易案件几乎再未发生，但今年却又发生了新疆伊犁分行解放路支行综合柜员孜白旦利用反交易手段挪用客户资金73.8万元案件，且作案时间从2001年8月至今年5月达7年之久。从该案发生的原因分析，诱发的主要原因是该支行管理混乱、规章制度废弛。一是授权流于形式。调阅今年3月7日作案人作案过程的监控录像发现，从上午10时至下午6时，作案人为通过反交易冲正手法挪用一客户5万元存款资金，先后多次让营业经理授权，授权人根本不看业务经办情况即随意授权，甚至在营业窗口无客户的情况下，也按作案人要求授权。二是事后监督形同虚设。涉案传票显示，作案人在实施反交易过程中，大多直接在空白存单上标注“打印机故障”字样并加盖“作废”印章，或打印小额存单加盖“作废”印章，作为大额存款反交易的原始凭证附件上传事后监督部门。而事后监督人员对诸多可疑要素没有发出过任何查询，有关业务部门在此期间前后几十次专项检查也大多走过场，发现没有冲正附件原始凭证也未予以深究，导致案件长期潜伏。

（五）理财业务违规事件多发。上半年全行先后查处理财业务违规事件4件，占所查违规事件的57.1%。如江苏泰州分行为完成基金代理销售任务，在未经客户正式书面委托的情况下，公司部负责人即以书面方式指令分行营业部擅自动用客户资金4 000万元以客户名义购买基金，引起客户不满，招致投诉；四川遂宁分行老盐关分理处主任蔡娟在向客户营销基金产品时，私自承诺投资收益，因资本市场行情动荡，其承诺不能兑现，便利用职务之便先后3次从ATM款箱中取出现金20余万元补偿客户，事发后其动用的银行资金已全部归还。上述违规问题虽未给我行造成资金损失，但都隐藏着酿成大案的现实风险，严重违规和案件只一步之遥。

三、下半年全行案件查防的主要工作任务

根据上半年全行案件查办情况，下半年各行要认真采取各种措施，加大工作力度，巩固案防成果，着重做好以下几个方面的工作。

（一）要进一步提高认识，继续推进案防长效机制建设各项工作落实。

一是要进一步提高对案件查防工作的认识。今年国内形势比较复杂，遇到的问题比较多，银行业也面临着严峻考验。在这复杂多变的形势和困难面前，各级行党委、纪委一定要从讲政治的高度维稳固本，做好案件查防的各项工作，为全行发展提供保障。要将维护稳定、确保各项业务健康发展作为第一要务，采取有效措施排除风险隐患，确保各项业务的稳健运行。

二是要继续狠抓案防长效机制各项措施的落实，夯实案防工作基础。当前要按照案防责任制的要求尽快解决一些基层机构没有将案防责任分解落实到专业部门导致案防责任悬空等突出问题。出现这种问题有主客观方面的原因。从客观方面来说，有责任不清的问题。我行这些年业务发展很快，不断有新业务、新产品、新岗位出现，原有的管理格局不断调整，容易出现责任覆盖不到的空白，我们要及时发现，主动弥补。因岗位或部门责任不清导致管理不到位酿成事故、案件的，应追究上一级岗位、部门的责任。因此，负有管理责任的部门要按照长效机制和责任制要求，把责任界定清楚，将案防责任逐一落实到操作流程的每个岗位，不留空白。责任悬空主观方面的原因是，有些部门和管理人员有意无意地规避责任，尽量将责任界定给他人、他部门，工作中推诿扯皮，使案防责任迟迟不能落实。这种态度和做法很不好。案防责任是一种控制风险的责任，如果视可能的风险于不顾，置身事外，规避自身的责任，就是最大的失职，出现问题应严肃追究其责任。上级行专业部门和基层内控监察部门要定期对流程各环节人员履职情况进行检查，上级行内控监察部门要不定期地对包括基层机构监督管理部门在内的业务流程各环节实施突击抽查，对检查发现存在违规问题的，要按照《员工违规行为处理暂行规定》予以严肃处罚。为进一步推动案防长效机制在基层的落实，年底前总行将对部分分行贯彻落实长效机制情况进行检查考评，检查情况将与行长经营绩效考核挂钩，对履职不到位，长效机制建设不力，导致辖内发生案件事故的，依据有关规定追究相关责任人的责任。

（二）要将预防商业贿赂案件作为案防工作重点。这个问题我2007年在全行案件形势分析会上重点讲过，也提出了具体要求，今年此类案件仍然多发，究其原因：一是商业贿赂案件的发现往往具有滞后性的特点。今年发生的商业贿赂案件及线索多发生在几年之前。二是社会环境中一些不良现象诱使商业贿赂案件的发生。银行从业人员尤其是管理人员手中掌握着一定的权力和资源，成为不法分子重点收买和拉拢的对象，拉拢和收买往往都以友情、朋友正常交往，满足家人所需等方式出现，使人放松警惕，稍有不慎就上钩上当，引发商业

贿赂案件。三是说明我们的工作确实还没有到位。一些行对预防商业贿赂还不够重视，对管理人员尤其是基层管理人员要求不严，使其行为失范。

因此，要下决心对商业贿赂案件进行治理。

一是要继续分层次开展反腐倡廉和案防警示教育活动。在教育活动中，对已有的实践证明具有成效的方法必须坚持，同时要根据形势变化和人们思想变化情况，及时创新教育方法。尤其要注重利用身边的案例进行警示教育，使人人知晓犯罪成本，时刻警醒自己不做不法之事、不取不义之财、不交不良之友、不沾不正之风，自觉抵御诱惑，远离职务犯罪。

二是要进一步完善制度，健全预防腐败的制度防线。要结合总行《贯彻落实实施纲要2008—2012年工作规划》制订工作计划，认真解剖近年来基层机构在贷款发放、不良资产处置、网点装修、大宗物品采购招标等方面暴露的问题，查找深层次原因，要结合行务公开工作，推进业务活动的阳光操作，充分发挥群众监督作用；进一步完善相关业务流程和风险控制措施；针对近年来基层行专业部门负责人和网点负责人职务犯罪多发的实际，制定完善专业部门负责人定期交流、责任审计的制度规定，强化纪检监察部门对机构网点负责人、重要岗位管理人员选拔任用的监督力度和用人失察失误的责任追究力度。健全和完善各项制度，从源头上防治腐败。

三是各级行纪委特别是纪委书记在预防商业贿赂案件工作中一定要切实负起责任。根据责任制要求，各级行纪委书记要对同级党委管理的人员职务犯罪预防工作负责。所以，各级行纪委书记都要用相当的精力搞好所辖领导干部的廉洁自律工作，做到心中有数，发现苗头性问题提前打招呼提醒，违纪违法的要依照有关规定从严处理。查处商业贿赂案件政策性很强，要严格区分贿赂行为和正常营销活动的区别，严格区分利用职务便利收受财物和正常礼尚往来的区别，只有严格把握好政策界限，才能将查处和防范商业贿赂工作落到实处。

（三）要继续抓好七个风险点的重点治理和防范工作。

一是要进一步明确治理的责任部门和责任人。要按照业务流程和案防长效机制建设要求，将权限卡管理、代发工资业务、信贷业务、理财业务、客户经理管理、基层机构负责人管理和员工涉赌七个风险点的治理责任分解到相关专业，对涉及多个专业部门的，要按照部门职责分工，明确风险点治理的牵头部门。各专业部门要对照本专业流程中每个操作、监督岗位制度规定，将风险点防控责任分解落实到每个岗位人员。

二是要加强监督检查。各级行专业部门要定期要求各岗位人员对落实风险点防控情况进行自查；上级行专业部门和本级行内控监察部门要组织专门力量对辖内风险点治理情况定期进行督查，随时掌握本专业风险点整改防控措施落实情况，确保各项业务稳健运行。

三是要理顺关系，落实重要岗位人员的防控措施。目前一些基层行的管理关系不顺，导致案防漏洞较多。如一些行对营业网点的管理中，个人金融部门负责营销，运行部门负责柜面业务工作的监督，但对网点人员的管理却没有哪一个具体部门负责，导致内控案防责任悬空。又如对客户经理特别是对公客户经理的管理问题，一些行至今没有明确牵头管理部门，也没有形成统一规范的对公客户经理管理办法。从全行情况看，针对客户经理工作自由度高、与客户单独接触较多、客户关系维护和营销成功率直接关系个人绩效收入等特点的监督管理办法也不多，需要下工夫研究解决。这次会议交流中提出了一些初步意见，还要在实践中研究可行性和不断完善落实。从案防的角度看，一线柜员和客户经理岗位案件多发，与管理关系不顺、责任不明，甚至具体管理缺位不无关系。因此各行要高度重视，认真理顺关系，完善管理制度，落实防范措施。

（四）要加快案件查处进度，努力完成全年案件查处任务。

一是要充实办案力量，加快案件查处进度。由于上半年在查案件线索多数与商业贿赂有关，涉案人员基本都被司法机关采取了强制措施，结案的主动权不在我们手中，发案行要加强与司法机关沟通，尽快搞清案情，在案情基本明了的情况下争取尽快结案。

二是要加大涉案资金追缴力度，尽可能挽回或降低资金损失。截至6月底，所查案件资金追缴大多停留在不动产和物资的查封上，实际追缴涉案资金较少，因此，案发行要加大追缴力度，积极与司法机关配合，抓紧对扣押物进行处置，尽量挽回资金损失。经过工作，涉案人或其家属能主动处置或退赃的，要给予支持鼓励，这比通过司法程序处理时间短、成本低。

三是要加大执纪力度，充分发挥查办案件的治本功能。各行在人员处理中要严格执行总行最近下发的《员工违规行为处理暂行规定》有关要求，严禁任何单位和个人在案件人员处理和责任追究工作中以纪代法、以情代纪。

四是严肃重大突发事件报告制度和对外信息披露制度。各级行要及时、准确地向上级行报告辖内发生的重大突发事件，以便上级行据此作出相应对策，在总行未作出决定之前任何单位和个人不得以任何形式随意对外披露事件信息。

总结上半年的案防工作，我们取得了一些成绩，也发现了一些问题。下半年案防工作情况更复杂、任务更繁重。我们要以高度的责任感和使命感，客观分析面临的案防形势，总结和借鉴好的案防经验，严肃认真地找准工作中的薄弱环节，精益求精地做好案件查防的各项工作，继续为营造全行经营发展的良好环境作出我们的贡献。

在中国工商银行2008年度巡视工作启动会上的讲话

刘立宪

（2008年8月5日·根据录音整理）

刚才，董事长的讲话对我们开展巡视工作的目的、内容、要求，包括在巡视工作中需要认真把握的一些原则都作出了明确的指示。会后，巡视组成员要认真学习、领会和把握好董事长的相关要求。下面我就巡视工作如何具体开展讲几点想法。

一、严守巡视工作纪律

第一，巡视组成员在巡视期间要专职进行巡视工作。按照中央要求和总行党委的安排，巡视是一项经常性的工作，但是根据我行是上市公司的特点，参考了中央巡视组和其他兄弟银行在巡视工作方面的情况、经验，总行党委反复考虑，认为我们可以采取一个动态的组织办法，暂时不确定巡视组的固定成员。我们现在的巡视组成员都是从各部门抽调的业务骨干，都担负着各自部门的其他工作。这种形式的好处在于可以根据工作需要对人员进行调整，比较灵活。加之，这是我行第一次开展巡视工作，带有一点摸索的性质，先积累经验，然后再逐步规范。总行党委经过研究，提出一个要求，在巡视工作期间，巡视组人员都是专职的。抽调的同志在参加巡视之后，不得兼职从事其他工作。要集中全部精力，认真搞好巡视工作。巡视结束后，经巡视办同意，巡视组成员才能回原工作岗位。请同志们把总行党委的要求向本部门领导进行转达。

第二，对参加巡视工作的同志们再提几条工作要求：一是要坚持客观公正、实事求是。在巡视过程中，我们会遇到各种各样复杂的情况，必须考虑历史、现实等复杂情况，作出实事求是的判断。二是要坚持严于律己、踏实深入。巡视工作不能浮在面上，一定要深入机关、深入基层、深入实际。巡视组成员要摆正自己的位置，不能居高临下，要谦虚谨慎、平易近人。三是克服困难，不辱使命。这次巡视历时一个月，大家无论是在生活上还是在家庭上都会产生一些困难。巡视工作任务繁重，我们的工作方式是把巡视组人员分成小组，每个小组人数不多，有一人请假，这个小组可能就无法工作了。所以，希望大家克服困难，把工作做好。

二、注意巡视工作的方式方法

第一，处理好发现问题和总结经验的关系。一方面，巡视工作中可能会发现一些问题，但是，发现问题并不是巡视工作的目的，目的是通过发现问题来促进被巡视单位的工作有所改进和提高；另一方面，巡视还要注意发现被巡视分行好的做法、好的经验和廉洁的同志。要兼顾和把握好这两个方面的关系。

第二，运用好“看、听、谈、访”等方法。“看”，主要是指看被巡视单位的档案资料、会议记录等。在看的过程中要有重点，作一些重点摘录，不能随便看看就完了。“听”，是指在巡视中我们会接触到很多员工，接到很多电话，听到很多复杂的情况，要注意分析判断，要全面客观，兼听则明，偏信则暗。“谈”，是工作量比较大的一项，要跟一级分行党委班子谈，跟二级分行主要负责人谈，还要跟一般员工谈。在谈话中，首先是要注意尽可能地个别谈，因为人家反映问题的时候都会有些想法、顾虑，应该给他们创造一个宽松的条件。其次是尽量放开谈，不要限定什么范围、要求，使得谈话人无所适从。谈话最好有专用记录本、专人保管、注意保密，以后要归档保管。“访”，要走访当地监管部门、纪委、检察机关，走访的时候要态度诚恳、谦虚，通过走访来了解具有价值的情况。把这些工作方式结合起来，才能客观、公正、全面、实事求是地了解被巡视分行的工作情况。

第三，坚持四不原则。一是不干预被巡视分行具体工作，二是不处理被巡视分行具体问题，三是不办案，四是不随便表态。

三、把握好几个具体问题

第一，对巡视中发现的需要由一级分行来处理的问题，应由巡视组组长或者由组长委托副组长正式告知被巡视分行，但是要慎重地提出处理建议，也可以不提处理建议，由分行视情况作出处理。

第二，对巡视中发现的案件线索，如果属于紧急情况，可按我行案件线索处置规定的要求，由当地分行处理，并向总行巡视办汇报；对于一般的案件线索和问题，可按照巡视工作暂行规定第十六条处理。

第三，对遇到的历史问题和现实问题要加以区分。是问题都要收集，是情况都要了解，但是工作重点应该放在本届领导班子组成之后的问题上。对于历史久远的问题，可以作为一种反映加以收集，当然，如果历史问题与现实问题有密切的关联，则另当别论。

第四，要区分哪些是原则问题，哪些是枝节问题。制度建设问题、干部廉洁问题、党性问题属于原则问题；态度差一些、人员间的小矛盾等属于枝节问题。如何判断问题的性质，要请大家根据自己的经验来把握，组内也要经常开会研究。

第五，对巡视结果的反馈，包括平时的谈话结果，凡是正式的反馈意见，一定要由巡视组组长或者副组长请示总行巡视工作领导小组同意之后才能进行。

同志们，这是我行第一次开展巡视工作，各位巡视组同志都代表总行，希望大家严于律己，通过我们的一言一行、一举一动和科学的方式方法，通过我们的吃苦耐劳、勤俭勤奋来树立总行好的形象。

高度重视　确保奥运期间全行信息系统安全平稳运行
精心组织　圆满完成今年业务灾难恢复应急演练任务

——在中国工商银行奥运期间信息系统安全保障暨业务灾难恢复应急演练动员会上的讲话

易会满

（2008 年 6 月 23 日）

还有一个多月北京奥运会就要开幕了，我们召开这次会议，主要有两个目的：一是动员全行上下统一思想，提高认识，确保奥运期间全行信息系统安全平稳运行；二是部署本年度全行业务灾难恢复应急演练工作。下面，我分别就这两项工作讲几点意见。

一、全力以赴，确保奥运期间全行信息系统安全平稳运行

（一）要充分认识奥运期间信息系统安全保障工作的重要性。北京奥运会是今年我们国家的一件大事，也是世界体育史上的一次盛会。奥运期间，将有来自约220个国家和地区的数万名运动员、教练员、政府官员和媒体记者以及800多万的境内外游客齐聚奥运城市以及相关旅游、口岸城市，这是我国银行业扩展业务和提升国际形象的历史机遇。作为国内规模最大并在国际上具有相当影响力的上市银行，我们将通过向广大境内外客户提供优质、高效、安全的金融服务，进一步提高我行的国际认知度和美誉度。为此，我行专门成立了迎奥运文明规范服务活动领导小组，全面负责我行奥运服务工作的组织协调。前不久，总行召开了奥运金融服务与个人理财业务视频会议，对做好奥运金融服务工作进行了部署。

作为全行奥运文明规范服务活动的重要内容，信息系统的安全稳定运行直接关系到我行在奥运期间能否为国内外金融消费者提供稳定可靠的金融服务，是我行核心竞争力的具体体现。长期以来，总行党委一直高度重视信息系统安全保障工作，要求将安全生产运行放在科技工作的首位，在奥运会这一敏感时期，这项工作更是重中之重，具有特别重要的意义。

近期，人民银行、银监会等监管部门也多次下发通知和召开会议，对各家银行信息系统安全保障工作提出了具体要求。可以说，国家对奥运期间银行信息系统安全保障工作的重视程度是空前的，我们身上肩负的责任和面临的压力是巨大的。因此，全行上下一定要统一思想，以高度的责任感和使命感，高标准、高起点、高要求地抓好奥运服务工作，特别是要充分认识保持奥运期间全行信息系统安全稳定运行的重要意义，采取一切必要措施，全力防范、控制和化解我行信息系统运行风险。

（二）前期全行信息系统奥运安全保障准备工作取得了阶段性进展。今年初以来，为确保奥运期间信息系统安全稳定运行，全行各级科技部门和业务部门精心组织，各项工作有条不紊地推进，取得了良好的成效。

第一，全行积极开展了信息科技奥运专项自查和检查。今年初以来，人民银行、银监会先后下发通知文件，要求商业银行开展信息科技风险奥运专项自查，并专门下发了奥运会期间银行重要信息系统的安全保障工作方案。为落实监管部门要求，总行组织全行先后于3

月和4月开展了信息科技风险奥运专项自查和信息系统安全风险自评估工作。4月25日至5月13日，总行又组成了6个检查组对各数据中心以及北京、上海等12家重点分行918个检查要点进行了信息科技专业检查暨奥运专项检查。从上述检查和评估的情况看，各中心和分行均能按照总行要求针对奥运安全保障工作制订详细的实施方案，做了大量工作，总体情况是好的。在5月底人民银行组织的针对工、农、中、建、中信五家商业银行的奥运安全保障工作现场检查中，我行的奥运安全保障工作得到了人民银行的肯定，在五家商业银行中我行发现的问题最少，获得评价最高。

但是，总行在检查中也发现了173个问题。对此，总行已于5月下旬下发了整改通知书，要求各单位从技术和管理两方面入手对发现的问题抓紧落实整改措施，在6月25日前全面完成整改工作，确保在奥运会前及时消除风险隐患。

第二，加强信息系统安全防护措施，积极应对可能发生的突发事件。有效的应急管理是应对突发事件的基础，为此，按照总行的统一要求，各单位开展了大量工作。一是各中心和分行对各项应急预案和手册逐一进行了梳理，细化应急流程，明确应急预案启动标准和各环节操作步骤，组织学习培训，该项工作按要求将在7月底前全面完成，以确保在紧急情况下，各项应急预案、流程和手册的操作性和有效性。二是考虑到我行在国内外同业的影响力以及我行网上银行业务的市场占有率，总行专门组织召开了专题会议，分析了我行网上银行可能面临的内外部安全攻击和入侵风险，明确和细化了各种防护和应急措施。三是专门安排了一次由外部第三方专业机构对我行网上银行系统的安全评测，并针对发现的风险点进行了改进。

第三，统筹规划，提前完成重要应用系统扩容。为尽量避免奥运期间系统投产可能引发的运行风险，总行年初即进行了合理规划，奥运期间将不安排重大生产变更和系统投产。同时，考虑到奥运经济因素和外部环境的不确定性因素可能带来奥运期间全行业务量的突发性增长，总行组织了对关键业务系统和网络性能容量进行详细评估，提前对各关键业务系统、网上银行、电话银行以及各分行到数据中心的网络线路进行了扩容，为应对奥运期间的业务高峰准备好了硬件条件。

第四，加大了奥运支付环境建设力度。根据银监会提供的数据显示，以往国外举办奥运会期间，外卡收单交易业务量比平时增加20－40倍，因此奥运支付环境建设是奥运金融服务中非常重要的一个方面。今年2月，总行专门组织奥运城市分行召开了加强用卡受理环境建设的工作会议。随后，科技部门与相关业务部门密切配合，采取了一系列措施，加大奥运支付环境建设力度。一是为保证奥运期间重点分行金卡系统平稳运行，实现了北京分行、福建分行金卡上收，并计划在奥运会前继续完成山东、大连、辽宁分行的金卡上收工作；同时，对总行金卡系统平台进行了优化和扩容，进一步提高了系统的稳定性。根据银联统计，5月我行的跨行交易成功率达到99.28%，超过了同业98.89%的平均水平，在国内商业银行中位于前列。二是针对我行外卡收单部分卡种的交易成功率较低的情况，总行成立了专项小组优化系统，进一步提高了外卡交易的成功率，5月外卡交易成功率较1月提高了3.85个百分点。三是继续加大了自助服务设备的投入力度，特别是加大了对涉奥分行及重点分行的自助设备投入，今年初以来已累计向涉奥分行及部分重点分行投放了约1 800台ATM和约3 300台自助终端。四是为优化奥运期间我行重点特约单位银行卡受理环境，总行组织开发了酒店MIS收单一体化系统，并于5月30日在河北秦皇岛分行成功投产，7月底前将完成在北京、上海等涉奥分行的推广工作，以进一步完善和优化我行的奥运支付环境。

（三）再接再厉，深入落实各项准备工作，切实保障奥运期间全行信息系统安全平稳运行。通过前期开展专项检查和整改、实施系统优化和扩容、加强安全防护机制建设等措施，应该说，我们已经为确保奥运期间信息系统安全稳定运行作了比较充分的准备。在此基础上，全行上下还需继续努力，再接再厉，认真细致地做好各项安全保障工作，进一步巩固我们已经取得的成果。

第一，业务部门与科技部门密切配合，共同做好各项应急准备工作。在奥运会这一特殊时期，我国面临的安全形势十分严峻，奥运期间也是各类信息安全事件易发和多发期。尽管我们已经做了大量的准备工作，但由于外部环境的不确定性，还是可能出现各种不可预测的异常情况。为此，总行成立了由杨凯生行长任组长，张福荣副行长和我任副组长，总行办公室、个人金融业务部、运行管理部、信息科技部等16个部门组成的信息系统应急领导小组，负责组织信息系统重大故障事件的应急处理、灾难备份和恢复、计算机系统的安全防护等工作，并在奥运期间统筹领导全行信息系统的安全保障工作。

各单位也要提高危机感和敏感性，充分预估内外部可能出现的各种情况，要树立应急处理意识，对于符合应急启动条件的突发事件，要及时、果断地启动应急预案，以尽快恢复系统对外提供服务。各级科技部门要做好奥运期间安全事件和安全动态的监控和预警，加强现场安全监控和二线支持力量，进一步完善制度和层层落实责任，细化内部排查，强化外来人员管理，切实加强园区和机房安全保卫。这里需要再次强调，确保信息系统安全稳定运行不仅是科技部门的职责，还需要各业务部门共同参加，各业务部门也要做好应急准备，组织制定和完善各类业务的应急预案。一旦发生信息系统紧急事件，业务部门与科技部门要共同组织对事件的影响进行评估，必要时要共同参与应急处理。各单位的有关部门要注意做好与媒体的沟通协调，以最大限度地降低重大突发事件可能对我行造成的负面影响。

在当前外部情况非常复杂的情况下，奥组委多次要求各商业银行加强信息系统安全保障工作，并提出如果奥运期间发生重大突发事件，信息系统受到攻击的可能性最大。所以，对于保障信息系统安全问题，全行上下都要保持高度警惕，要认识到一旦信息系统发生问题后，将会影响到整个金融服务，甚至影响到整个国民经济体系。

第二，严格控制奥运期间生产变更，加强生产运行监控，确保系统稳定。根据人民银行和银监会的有关要求，7月25日开始至奥运会结束，各商业银行不允许进行涉及客户服务的新系统上线、系统改造等重大生产变更。对此，总行已就有关工作进行了部署，各单位要按要求严格控制各类生产变更；对于为解决生产问题必须实施的变更要经过严格审批，做好风险评估和测试，制订完备的应急回退方案并组织做好变更实施后的验证工作。同时，奥运期间，各数据中心、分行特别是涉奥相关分行要做好重要应用系统的运行监控，加大对重要信息系统和网络的实时监测力度，提高日常巡检频度，发现异常信息要及时预警，及时解决故障隐患。奥运期间，各单位原则上不安排管理人员和关键岗位人员休假，要统筹安排好人员值班，重点加强一线值班力量，并按照高标准配置二线技术值班人员。各单位要提前安排奥运期间服务厂商的现场和远程技术支持，并与供电、电信、公安、消防等相关单位紧密联系，加强沟通协调，建立应急协调预案和联动机制，争取在奥运期间为我行提供高等级的保障和支持。

第三，抓紧解决遗留问题，不留隐患。从前期自查和检查的情况看，目前各单位还不同程度地存在一些技术和管理方面的问题。对此，全行各级科技部门要充分利用余下的一个多月时间，明确问题解决优先级，抓紧制订解决方案并进行持续跟踪，确保7月底前所有问题能够得到根本解决；对于由于客观条件限制在技术上无法完全解决的问题，也必须在管理上采取有效的规避措施，确保不留一丝隐患。

第四，圆满完成今年第二季度版本测试投产任务。按照计划，今年的第二季度版本主要内容将在7月12日投产，本次版本规模较大，测试及投产组织工作复杂，共包含了127项内容，其中牡丹e时代卡升级、工银财富卡、区域业务处理中心、手机银行、对公信贷业务流程再造等都是今年的重点项目，这些项目的投产对我行今年的业务创新和流程优化具有重要意义。在各级信息科技和业务部门的共同努力下，目前，第二季度版本正处于测试和投产准备的关键阶段，总体情况正常。但是由于7月12日的投产时间点（原计划为7月19日）临近奥运会开幕，版本投产成功与否将直接影响我行奥运期间信息系统的稳定运行。因此，各单位务必要高度重视此次投产工作，各数据中心和软件开发中心要加大资源投入，各部门、各分行要加强组织，做好协调配合，确保圆满完成本次版本投产任务。

二、提高风险防范意识和灾难恢复处理能力，圆满完成全行业务灾难恢复应急演练任务

今天我要讲的第二个主题，是即将开展的全行业务灾难恢复应急演练。作为奥运安全保障工作的一项重要内容，7月初，我行将安排一次全行范围的业务灾难恢复应急演练，这次演练是对我行信息系统应急管理水平的一次大检验。对此，我讲两点意见。

（一）经过多年努力，我行已经建立了比较完整的灾难备份和恢复体系。对于金融企业来说，无论是人为的还是自然的灾害都将会给生产运营造成极大的负面影响，甚至带来毁灭性的打击，因此，抵御各种突发灾难的能力已经成为一家金融企业稳健和持续经营的重要条件。在美国“9·11”事件发生之后，许多公司的商务资料瞬间被毁，但同样罹难的摩根斯坦利却在第二天就恢复了正常运转，这完全得益于该公司建立的数据远程灾难备份系统。可见，完善的灾备体系已经成为金融企业实现业务连续运作的重要条件之一。

在完成数据集中后，我行于2005年首家建成了国内银行业规模最大的千公里级灾难备份系统，并达到了国际灾难备份标准组织定义的六级水平；2007年，我行在此基础上实施了生产中心主机系统的同城备份工程，使我行灾备系统在容量、性能和技术等方面又有了质的飞跃。同时，我行还制订了信息系统的连续可用性计划（ITCP），形成了一套比较完整的信息系统应急和灾备管理机制。

定期组织灾难恢复应急演练，不仅是我行信息系统管理的要求，也是监管部门的监管要求。因此，从2005年开始，我行每年均例行开展一次全行业务的灾难恢复应急演练，并且每年的演练都是相当成功的，达到了预期效果，这与全行科技和业务人员的共同努力是分不开的，与科技部门和相关业务部门的精心组织是分不开的。通过定期组织业务灾难恢复应急演练，我行及时发现并解决了灾备建设中的一些问题，完善了我行的灾备系统和灾难恢复流程；同时，通过业务人员共同参与，在全行范围内培养了灾难恢复意识，锻炼了应急处理能力，保证了我行在应对重大突发性事件或灾难事件时保持业务的连续性。

此外，在科技部门和相关业务部门的共同努力下，我行在业务灾难备份建设方面也取得了重大进展，在业内率先开展了总行集中式营运中心的共享场地灾备建设，并完成了资产托管部和牡丹卡中心的灾备实施工作，成为国内托管业第一家正式实施灾备恢复演练的银行。

在刚刚揭晓的英国《银行家》科技奖2008年度评选活动中，我行荣获了“最佳业务连续性管理奖”，表明我行的灾备体系建设已经达到了国际先进水平。

（二）高度重视、积极准备，认真做好本年度业务灾难恢复应急演练工作。与往年相比，今年的应急演练具有一些新特点：一是本次演练安排在奥运会之前，是奥运期间信息系统安全保障工作的重要内容之一。通过接近实战的演练，可以锻炼全行科技和业务人员的应急处理能力，一旦奥运期间出现重大灾难事件，我们可以从容应对，快速恢复对外服务，将灾难带来的损失降至最低，从而树立我行良好的社会形象。二是年初我行对核心生产系统进行了扩容，提高了核心系统的业务处理能力。同时，重建了同城和异地灾备环境，提高了系统的可用性。此次演练将是对改造后灾备系统的一次充分验证。三是自2007年全行业务灾难恢复应急演练以来，我行先后实施了个人网银应用重构、FOVA系统推广等重点工程项目，并对部分关键业务系统进行了较大规模的优化和调整，这些系统的应用灾备功能也将通过此次演练得到进一步验证。四是演练内容进一步丰富，除了2007年实施的灾备系统切换、验证、业务补录等演练内容外，今年的灾难恢复应急演练还将增加对FOVA灾备系统的连通性和业务验证，以提高我行境外分支机构的应急处理水平。五是演练范围有所扩大，各二级分行（含营业部）都要分别安排一家对公、个人和综合性网点，各直属分行的一级支行也要分别安排一家对公、个人和综合性网点参加演练，同时，请澳门分行参加FOVA系统的演练验证。届时，全行参加本次业务灾难恢复应急演练的网点和机构数将达到1 500家左右。

因此，各单位要高度重视，认真做好相关准备工作。在这里，我提几点具体要求。

一要精心组织本次应急演练工作，将责任落实到人。各分行要按照信息系统连续性运作计划的要求对灾备组织机构人员信息进行及时更新，成立现场指挥分部，负责分行辖内参演网点演练事宜的协调安排、问题受理和反馈；演练当晚，分行现场指挥部的主要负责人员必须亲临现场进行指挥；各分行要严格按照总行下发的演练步骤和总行现场指挥部的指令做好网络切换、业务验证和业务补录等工作，并及时、完整地把每一个关键时间点的进展情况按照统一格式要求报告总行现场指挥部；在总行现场指挥部没有下达演练任务结束的指令前，灾难指挥分部和所有参演网点人员不得自行撤离；各分行在业务验证和补录过程中遇到任何问题，要及时向总行现场指挥部报告，避免由于部分问题影响整体演练进度；各相关业务部门要提前对外发布业务暂停公告。

二要认真组织好演练前的学习和培训工作。各单位要组织对总行下发的演练通知、具体安排等材料进行认真学习，制定本单位的演练操作步骤。总行信息科技部门随后会通过视频会议方式组织一次全行范围的培训，对演练具体工作进行部署并安排业务讲解，请各分行督促二级分行相关参演网点业务骨干积极参加视频培训，并在培训后在本单位范围内进行转培训。

三要做好FOVA系统的灾备演练。作为未来我行境外分支机构统一的核心业务处理系统，FOVA系统对于我行实施国际化发展战略具有重要意义，该系统于2007年率先在澳门分行成功投产，为我行的国际化发展迈出了坚实的一步。今年，境外分行首次参加全行业务灾难恢复应急演练并进行FOVA系统灾备功能的验证，总行国际业务部务必做好协调工作，组织澳门分行认真做好演练前的培训学习和各项准备工作，督促澳门分行提前建立灾难恢复工作的组织机构和指挥体系，确保本次演练工作保质保量完成。

同志们，做好奥运期间信息系统安全保障工作对我行意义重大，希望全行各级干部员工继续发扬团结协作、敢于拼搏、敢打硬仗、严谨务实的作风，精心做好各项准备工作，圆满完成本年度业务灾难恢复应急演练任务，确保奥运期间全行信息系统安全平稳运行。

高度重视　信息系统奥运安全保障成效显著
再接再厉　确保今年各项重点任务圆满完成

——在中国工商银行信息系统奥运安全保障工作总结会上的讲话

易会满

（2008年10月24日）

北京奥运会和残奥会已经圆满结束，在总行党委的高度重视和业务部门的密切配合下，经过全行各级科技部门共同努力，奥运期间全行信息系统保持安全稳定运行，应用研发和测试工作顺利推进，实现了“平安度过奥运”和“生产运行零事故”的总体目标，为我行在奥运期间为客户提供优质服务奠定了坚实的基础。

总行决定召开这次会议的目的有两个：一是总结信息系统奥运安全保障工作的成功经验，将一些好的做法和经验制度化、常态化，形成长效机制，进一步提高我行信息科技管理水平；二是部署年内各项信息科技重点工作任务，在确保年底前应用版本研发、测试和投产任务以及其他重点工作顺利完成的同时，保证全行信息系统安全稳定运行。

下面我讲三个方面的意见。

一、同心协力，圆满完成信息系统奥运安全保障工作任务

奥运期间，全行信息系统保持安全平稳运行，未发生对客户服务造成影响的安全生产事件，实现了“生产运行零事故”。全行交易量有所增长，日均交易量和高峰日交易量与奥运前相比分别提高了15%和7.4%；ATM、POS机、金卡、外卡的交易量与奥运前相比均有不同程度的增长，其中，ATM、POS机日均交易量分别增加8.69%和7.05%，金卡、外卡日均交易量分别增加5.6%和2.35%。

在业务量增长的情况下，信息系统可用性始终保持在较高水平，主要业务时段信息系统可用率达到100%，个人、对公、网银、电话银行、金卡、国际卡等关键业务应用系统主要业务时段的可用率也都达到100%；金卡交易成功率在奥运前已经达到99.25%的较高水平的基础上，进一步提高到99.37%；外卡交易成功率也有所提高。同期，各分行均未发生全辖性生产事件，全行ATM平均开机率达到95.22%的较高水平，其中有23家分行的ATM开机率保持在95%以上，北京分行达到了97.98%。

在总行党委的领导和高度重视下，全行业务部门与科技部门密切配合，经过各级科技部门特别是各奥运相关分行科技部门的共同努力，我们圆满完成了信息系统奥运安全保障工作任务。为此，全行科技人员付出了巨大努力，开展了大量卓有成效的工作。

（一）未雨绸缪，信息系统安全保障工作启动早，部署周密。从今年4月开始，人民银行和银监会等监管部门先后多次召开会议和下发文件，对商业银行信息系统奥运安全保障工作提出了总体要求。总行党委对奥运期间全行信息系统安全保障工作高度重视，多次就保障我行奥运服务和信息安全等相关工作提出要求，并在奥运前夕专门召开了全行奥运期间信息系统安全保障动员会，对有关工作作了进一步的部署。

全行各级科技部门认真贯彻落实总行党委和监管部门的工作要求。在年初的信息科技工作会议上，总行信息科技部即对奥运安全保障工作进行了部署，并于4月中旬组织各中心和奥运相关分行召开了信息系统奥运保障工作专题会议，对奥运期间我行信息系统安全保障各项具体工作进行了统一安排。各数据中心、软件开发中心和各分行特别是奥运相关分行科技部门根据总行统一部署，分别制订了具体的工作方案，在性能容量管理、信息安全防护、应急演练等方面开展了大量的准备工作。

一是积极开展性能容量评估，提前对系统、网络、设备等基础设施进行容量扩充。考虑到奥运经济因素和外部环境的不可预见性，在总行的统一安排下，各数据中心和分行科技部门从年初开始即进行了性能容量评估，并在奥运前及时完成了关键系统设备和网络的扩容，为应对奥运期间可能出现的业务高峰作好了准备。

二是进一步优化系统功能，完善用卡和支付环境建设。奥运前，软件开发中心和数据中心（上海）对金卡、外卡系统进行了优化和扩容，进一步提高了系统的稳定性、处理能力和交易成功率，并对ATM交易流程、操作步骤进行了优化整合；在总行的统一安排下，各分行纷纷加大了自助服务设备的投入力度，截至奥运前，全行累计新安装了约2 800台ATM和1 800台自助终端，并在22 000台ATM上开通了EMV芯片卡受理功能。同时，为了做好奥运期间银行卡支付环境保障，总行信息科技部会同相关业务部门先后两次下发通知文件，统一部署，组织各分行对银行卡受理设备及受理环境现状进行了检查，及时解决发现的问题；北京、河北等分行积极组织完成了酒店MIS收单一体化系统的推广，进一步优化了奥运期间我行重点特约单位银行卡受理环境。

三是加强网银系统和内网安全防护措施。为应对奥运期间可能出现的各种攻击事件，总行信息科技部5月专门组织各中心对奥运期间可能面临的内外部安全攻击和入侵风险进行了全面深入的分析，对各种防护和应急措施进行了梳理和细化。各中心按照要求组织开展了一系列准备工作，其中，数据中心（北京）认真落实总行要求，组织对网银系统攻击防护应急预案进行梳理完善和开展针对性的应急演练，并开展了专项网银安全测试，针对测试发现的风险点，数据中心（北京）和软件开发中心及时进行了改进，进一步提高了网银系统的安全防护水平。由于数据中心（北京）的防护措施有效、应急处置得当，使得8月19日发生的针对我行网银系统的外部攻击安全事件没有对网银业务造成影响。

四是认真开展信息科技奥运专项自查和检查，消除系统安全隐患。根据银监会和人民银行的要求，总行在奥运前先后在全行范围内组织开展了信息科技风险奥运专项自查，两次信息安全风险评估，以及两次重要系统等级保护安全技术测评，并结合年度信息科技检查工作，对各数据中心和软件开发中心以及北京、上海等

12家重点分行进行了信息科技专业检查暨奥运专项现场检查。针对检查和评估中发现的问题，各中心和分行信息科技部门按照总行要求从技术和管理两方面入手全面落实整改，奥运会前检查发现问题的整改率超过90%，对于技术上暂时无法整改的问题，各单位也及时从管理上采取规避解决措施，消除了信息系统安全隐患。

与往年相比，今年内外部监管部门、审计部门对我行科技部门的检查、审计工作增加了很多，给我们的工作带来了更大的压力。从审计、检查结果来看，有三点主要结论：第一，我行信息系统的安全性在国内金融业是领先的；第二，我行信息科技队伍力量是很强的；第三，数据集中后，我行信息科技的风险也相应增加了。可以说，加强信息科技风险管理是一项长期工作，任重道远。

五是积极组织应急演练，做好应对突发事件的各项准备。根据银监会有关要求，结合我行实际情况，总行组织修订并下发了《中国工商银行信息系统重大生产事件应急预案》，进一步规范了重大生产事件的组织指挥和处理流程。同时，在奥运会之前，全行各级科技部门对各类系统的应急预案进行了梳理，围绕重要信息系统和重要基础设施，以及重要服务商应急响应保障和外部应急协调机制等方面进行了427次专项应急演练，并圆满完成了年度全行业务灾难恢复应急演练，为应对奥运期间可能出现的突发事件作好准备。

加强园区安全保卫。为应对奥运期间复杂的外部环境，今年6月，总行信息科技部会同保卫部对各数据中心和软件开发中心园区的安全保卫情况进行了现场检查，针对检查发现的问题，各中心在奥运会前即完成了全部整改工作。此外，各中心和分行信息科技部结合本单位实际情况采取了一系列强化措施，会同当地公安、消防、武警等单位对中心园区和分行机房等重点区域的安全防护和消防设施进行了自查，数据中心（上海）还积极努力，争取到武警进驻中心协助进行安全保卫，确保了园区安全。

（二）措施得力，奥运期间全行信息系统安全稳定运行。在已经开展了大量准备工作的基础上，奥运会和残奥会期间，全行各级科技部门坚持“将奥运安全保障工作作为现阶段首要工作任务”的要求，始终保持高度的责任感，认真落实各项既定措施，确保了奥运期间信息系统安全稳定运行。

一是严格控制生产变更，降低系统运行风险。根据人民银行奥运期间不允许进行重大生产变更的要求，7月25日至9月20日期间，各数据中心和分行对版本投产、补丁投产、技术改造等各类生产变更进行了严格控制，不安排对生产环境可能构成潜在风险的生产变更，全行生产变更数量与奥运前相比下降了60%以上，有效降低了变更带来的风险。

二是加强信息系统运行监控和报告，及时掌握全行信息系统运行情况。奥运期间，各数据中心和分行重点加强了对关键应用系统和基础设施的监控，并通过网络监控工具，实现对奥运城市的网点连通情况、重要服务器连通情况、广域网线路延时情况等方面的实时监控。同时，奥运期间全行进一步加强了关键系统生产运行情况的简报制度，总行及时掌握了全行信息系统整体运行情况。

三是加强技术支持和人员值班安排，做好应对突发事件的准备。奥运期间，总行信息科技部、各中心和分行信息科技部全部取消了管理人员和关键岗位人员的休假，各数据中心和分行加强了一线24小时值班力量，并按照高标准配置二线技术值班人员，各级领导干部也坚持带班值守。其中，数据中心（北京）总经理室成员参加现场24小时值班，并将奥运期间ECC值班人员增加一倍，对每天的二线支持人员也作了针对性安排；软件开发中心加大了现场和远程技术支持力度，奥运期间向数据中心派出了支持小组，加强对关键应用系统的现场支持；数据中心（上海）积极为软件开发中心和数据中心（北京）提供远程技术支持环境，为实现远程支持创造了良好条件。

各奥运相关分行也及时采取了相应措施，管理人员带班值守，并增加技术人员24小时值班，加强对关键系统的监控力度。其中，北京分行成立了奥运应急支持指挥部，信息科技部各位总经理、部门经理实行24小时在岗值班，分行区域技术中心也安排人员常驻支行现场服务，缩短技术支持距离，提高对网点的维护效率，确保了对一线发生生产故障的及时响应和解决。上海分行除了安排信息科技部总经理和部门经理行政值班以及机房专项技术值班外，重点对关键平台和应用实行全天候技术监控。天津分行在原有生产运行7×24小时值班的基础上，每天安排两位二线技术支持人员进行现场支持。所有这些措施，为确保奥运期间信息系统的安全稳定运行奠定了基础。

（三）统筹兼顾，应用开发、测试和投产准备工作有序开展。奥运会期间，全行各级科技部门在认真落实既定的信息系统安全保障措施、严格控制生产变更的同时，充分利用奥运期间系统运行相对平稳的有利时机，积极推进新产品的开发、测试及投产准备工作，为下半年全行的业务创新奠定了坚实的基础。

奥运期间正值今年第三季度综合版本开发、测试的关键阶段，该版本是我行全功能银行系统推出以来规模最大的一个版本，内容多、涉及面广。其间，软件开发中心和数据中心（北京）合理安排版本的总体开发和测试计划，全面监控开发和测试质量，严格控制研发过程与进度；各重点测试分行及其他参加测试的分行积极参与，在总行的统一安排下认真进行所负责项目的测试工作，同时积极开展本地特色业务开发。各数据中心和分行信息科技部还积极组织实施针对今年第三季度版本的投产准备工作，提前安排并制订版本投产及生产变更计划，整理详细的变更、投产方案及应急工作实施流程，并协调业务部门做好参数设置、投产业务验证安排等准备工作。上述工作的有序开展，为上周末第三季度版本的成功投产创造了有利条件。

总之，奥运期间，全行各级科技部门充分发扬了团结协作、敢于拼搏、敢打硬仗、严谨务实的作风，圆满完成了信息系统奥运安全保障任务，对此，姜董事长和杨行长都给予了充分的肯定和高度评价。年底，总行将对在信息系统奥运安全保障工作中作出突出贡献的单位和人员进行表彰和奖励，这也进一步体现了总行党委对大家所取得的成绩的肯定和鼓励。在此，我代表总行党委向你们，并通过你们向全行科技人员表示衷心的祝贺和感谢!

二、总结成功经验，持续提高信息科技管理水平

本次信息系统奥运安全保障工作时间跨度长、涉及范围广、工作要求高、组织难度大，安全保障的工作力度是空前的，所取得的效果是显著的。其间，全行各级科技部门积累了丰富的经验，这些经验是我行科技管理的宝贵财富，对此全行要认真进行归纳和总结，并将其中一些做法和经验制度化、常态化，形成长效机制，持续提高我行的信息科技管理水平。

（一）继续加强对关键系统的日常运行监控和分析。奥运期间，各数据中心和相关分行重点加强了对关键系统和基础设施的运行监控，以及时掌握和了解生产运行情况，并对异常情况及时处理。各单位要总结奥运期间的成功做法，从抓好日常生产运行管理入手，继续加强对关键系统和基础设施的日常运行监控和分析，按照信息系统安全等级划分结果，在运行监控、性能容量分析、系统资源分配等方面采取分等级的管理策略。同时，对监控指标进行进一步的梳理和细化，提高系统自动化监控水平，提高主动发现异常情况的能力。

（二）继续坚持做好应急管理，根据系统环境的变化，不断完善应急手册，加强应急演练，及时启动应急预案。奥运期间，各单位根据总行统一要求，结合本单位实际，对各项应急预案、流程和手册逐一进行了梳理，开展专项应急演练，大大增强了应对突发事件的能力和信心。应急管理是一项长期工作，有效的应急管理是应对突发事件的基础，各中心和分行信息科技部要继续抓住这项工作不放松，结合应用以及系统、网络等基础设施环境不断变化的实际情况，及时对应急手册进行更新和完善，并通过演练对应急流程和操作步骤进行检验，确保在紧急情况下应急措施能有效发挥作用。

此外，各单位要加强建立及时启动应急的意识，严格执行《信息系统重大生产事件应急预案》的有关要求，对于发生在本单位的业务停止服务或交易堵塞、账务差错或延迟入账、报表数据重大差错等各类应急事件，各单位负责人要加强敏感性管理，及时、主动地启动相应的应急指挥体系，组织、协调本单位以及其他中心、分行等相关部门集中分析问题原因，评估事件影响，制订解决方案，并配合和协助业务部门采取相应的业务应急手段，尽快使事件影响得到有效控制，问题得到及时解决。

（三）继续强化信息系统安全防护措施，增强应对内外部安全风险的能力。奥运会虽然结束了，但我们面临的内外部的安全风险依然存在。数据中心（北京）等单位要继续针对网银系统强化防护措施，继续坚持和完善与电信运营商和公安部门等外部机构建立的应急联动机制，将漏洞例行化扫描等工作纳入日常安全检查范畴，不断增强我们应对内外部信息安全风险的能力。

（四）继续加强一线值班力量，进一步提高生产事件处理的时效性。奥运期间，各中心和分行普遍采取措施加强了一线值班力量，确保了生产系统发生异常情况时能够得到及时解决。各单位要继续合理调配内部资源，重点向生产一线倾斜，加强一线值班力量，不断增强一线人员现场处理问题的能力。数据中心（上海）作为全行信息系统生产运行的核心部门，要加强对一线值班和技术支持力量的配备，进一步加强对生产运行的管理。

（五）继续加强全行各科技部门之间的支持协作，共同做好生产系统运行保障。奥运期间，软件开发中心向数据中心（上海）派出现场支持小组，对一些关键应用提供现场支持，同时数据中心（上海）向数据中心（北京）和软件开发中心开放了远程技术支持环境，这些措施有力保证了奥运期间突发的生产事件能够得到及时有效的处理。各中心要继续加强支持协作，充分发挥远程技术支持环境的作用，规范和完善管理流程，进一步提高生产事件应急处理、版本投产技术支持等工作的效率。

在全行各个专业中，信息科技专业的集约化管理程度最高，同时总行层面各中心地域分布广而人员又非常集中，因此，各中心之间的支持、总分行之间的协作要不断加强，要在工作中树立加强合作、共建和谐科技的指导思想，不断完善工作机制，优化工作流程，以适应工商银行的改革发展需要。

（六）继续完善园区安全保卫措施，加强与公安、消防、供电等机构的应急联动。数据中心承担着我行核心系统的生产运行维护职能，园区的安全管理至关重要，安全保卫工作要常抓不懈。奥运期间，各中心都采取了一些强化措施，会同公安、消防等单位制定和完善了园区安全保卫的应急预案。在此基础上，各中心要进一步加强与公安、消防、供电等部门的沟通协调，将一些奥运期间的特殊保障措施转化成日常工作机制，继续

发挥作用，进一步提高数据中心园区应对突发公共安全事件的能力。

三、再接再厉，确保全行信息系统安全稳定运行，圆满完成年内各项重点工作任务

今年，我行各项业务继续保持较快增长，各项经营业绩良好，在2007年成为全球市值最大商业银行之后，今年又成为全球最赚钱的银行。作为全行核心竞争力的重要内容之一，全行各项信息科技工作也稳步推进，为我行建设国际一流现代金融企业提供了强大支撑。

今年初以来，全行信息系统始终保持安全平稳运行态势，未发生重要业务系统全局性停机事故。前三个季度，全行日均业务量为8 284万笔，高峰日业务量达到1.068亿笔，主要业务时段信息系统可用率达到99.99%，四级以上事件数量同比减少32%；面对雪灾、地震等突发性特大自然灾害，各级科技部门认真贯彻落实总行党委和人民银行、银监会的有关工作要求，快速响应，积极采取各项应对措施，保障了受灾地区机房供电和网络通讯的正常运营，为受灾地区尽早恢复营业创造了条件。前三个季度，全行应用研发工作取得重大进展，总行研发规模超过48万个功能点，私人银行、市场风险管理、业务运营风险管理、理财产品管理、新一代海外网上银行、个人客户信息整合、资本金管理、个人金融业务流程再造（二期）、WAP手机银行等一大批重点项目顺利上线，特别是刚投产的今年第三季度版本，涵盖了222个业务产品创新与经营管理项目，版本规模为历次之最，经过各中心、分行的努力与密切配合，版本投产取得了圆满成功。其间，各分行也分别推出了一大批创新产品，有力支持了本地特色业务的发展。同时，信息科技管理制度和标准规范体系进一步完善，信息科技专业高级专业认证培训及时推出，知识产权保护工作取得重大进展，今年我行新获9项专利，使我行拥有的专利数达到72项，在国内同业中遥遥领先。

与此同时，我们也必须清醒地认识到目前我们在生产运行的日常管理，应用开发、测试的效率和质量管理等方面仍然存在一些薄弱环节，需要全行各级科技部门共同努力，持续提高和改进。

此外，由于此次奥运期间变更控制时间较长（7月25日至9月20日），大量的变更及后续版本投产任务将集中到年底前的几个月内实施，因此，年底前各项信息科技任务将更加繁重，风险也更加集中。全行各级科技部门要站在为业务、为分行提供优质服务的角度，提高责任意识，加强协调配合，克服困难，迎难而上，确保年内各项重点工作按计划完成。有关年内工作的具体安排，下午信息科技部将进行详细安排，我这里先提几点具体要求。

（一）继续做好生产运行管理工作。

一是始终坚持“将确保信息系统安全稳定运行放在科技工作的首位”的指导思想，确保信息系统安全稳定运行。尽管今年以来全行安全生产形势较好，我们也取得了奥运安全保障攻坚战的胜利，但大家切不可掉以轻心，年底前各类版本投产和生产变更将十分频繁。由于全球金融危机因素，外部业务环境纷繁复杂，各级科技部门一定要牢固树立“信息系统安全运行无小事”的信念，持续强化生产运行监控和日常管理措施，切实落实总行提出的各项要求，加强制度和规范的执行力度，确保信息系统安全稳定运行。

二是认真做好生产运行管理各项基础性工作，夯实信息系统安全稳定运行的基础。近期发生的部分生产事件暴露出我们在数据备份、应急管理等生产运行的基础性工作方面还存在一些薄弱环节，这些方面的工作在制度和规范中有明确要求，总行也多次反复强调，但今年初以来问题仍有发生。希望各中心和分行科技部门主要负责人要高度重视，认认真真地沉下心来把这些基础性的工作做到位，抓出成效。近期，总行组织各中心对应用系统数据备份情况进行了自查和现场抽查，对于发现的问题，各中心要认真进行整改。

（二）正式启动新一代应用系统建设。新一代应用系统建设是我行未来三年发展战略的重要内容，是我行核心竞争力进一步提升的重要体现。2007年以来，在总行信息科技部、软件开发中心等部门的努力下，经过广泛征求总行业务部门和部分分行的意见，总行基本完成了新一代应用系统建设规划，近期将提交总行行务会审议，正式启动新一代应用系统建设。后续，科技部门要遵循“统一规划、分步推进、服务至上、成本可控、确保安全、整体联动”的原则，与业务部门密切协作，共同推进新一代应用系统建设，各中心特别是软件开发中心要积极开展规划相关项目的研发工作，主动安排好规划内容的落实，确保在2011年之前实现规划目标。

（三）做好年底前各类应用版本的研发、测试和投产工作，确保年终决算工作顺利完成。年底前我们要完成10月份版本的测试投产，同时还要做好第四季度版本的研发和测试工作。其中，第四季度版本包含了信用卡系统整合、新一代个人委托贷款核算管理系统、财务会计报告管理系统等重点项目在内的近200个项目，版本规模将超过20万个功能点，也是一个非常复杂、庞大的版本，软件开发中心和数据中心（北京）要继续发扬顽强拼搏、连续作战的精神，控制好版本开发和测试质量。此外，年内还要完成FOVA系统在诚兴银行的投产，完成在首尔分行、新加坡分行的推广，并为印尼子银行投产做好技术准备。面对时间紧、任务重的现实情况，总行各科技部门要高度重视、早做准备，软件开发中心、各数据中心要切实承担起责任，密切配合，做好各版本的研发、测试，并做好投产的各项准备工作。

在版本测试、投产过程中，各分行要按照总行要求加强协调和配合。其中，三卡整合项目对目前银行卡系

统业务处理规则和技术实现方式都进行了很大改动，分行特色业务处理需要进行相应的配合改造；银行户口项目要分批进行数据移行，各分行要精心组织，确保项目顺利推广。

今年年终决算是NOVA系统核算技术体系调整后的首次年终决算；同时，FOVA系统在2007年投产了境外零售业务的基础上，今年又投产了批发业务，并进行了大量的系统优化工作，也将面临年终决算的考验。为此，数据中心（北京）要提前制订详细周密的测试计划、完整全面地开展测试，数据中心（上海）要作好生产验证，总行信息科技部要作好统筹规划，协调各科技部门共同努力，务必确保年终决算工作顺利完成。

（四）积极推进各项重点工作。

一是持续提高生产运行管理自动化水平。提高对生产系统的监控和运行操作的自动化水平一直以来是我行在生产运行管理上的一项重点工作任务，数据中心（北京）和软件开发中心要在前期已经取得成果的基础上，进一步做好系统监控和服务管理平台的优化整合，对于已经投产的项目要做到成熟一批、推广一批，确保项目早见效益，尽早形成生产力。数据中心（上海）和其他各中心要积极配合协作，年底之前全面建成数据中心层面的主机统一集中监控平台，实现事件集成、资源监控、业务性能视图和业务影响分析等功能，切实提高主机监控水平，保障生产安全和提高问题处理效率。同时，要加强开放平台系统管理的自动化水平，年底之前各数据中心和分行要实现开放平台系统服务器用户的集中管理，建立起用户集中管理和安全审计的平台；软件开发中心要确保年底前完成对50%以上开放平台应用系统的改造，逐步实现开放平台系统批量操作的自动化；数据中心（北京）和数据中心（上海）要在年底前完成对开放平台系统服务器系统软件的集中管理和自动分发。通过以上一系列措施，逐步降低人员手工在开放平台系统操作和管理的强度。

二是进一步完善全行应急灾备体系。在全行各级科技部门的共同努力下，我行已经建立比较完备的技术灾备体系，有效降低了集中式信息系统的运营风险。随着我行业务和服务种类的持续快速增加，网银、证券等新增应用系统的重要性日益提高，局部发生灾难事件的频率和概率增大。同时，内外部审计部门对灾备建设重视程度日益提升，这些都对灾备体系的建设提出了更高的要求。前不久，总行信息科技部组织各中心对全行应用系统灾备现状进行了全面的分析，按照应用系统和业务重要性提出了灾备等级划分标准和目标建议方案，明确了后续工作计划。各中心和分行要按照统一规划和进度要求，做好基础设施和应用系统的调整改造。

今年初以来，我国部分地区连续发生的雪灾、地震等自然灾害，给我行的生产运行管理带来了新的挑战。为了进一步提高我行应对突发灾害性事件的能力，总行决定逐步建立数据中心对一级分行、一级分行对二级分行的远程监控和操作管理机制，并在年底前完成在一家分行的试点，实现正常情况下的远程检查监控和异常情况下的远程管理。数据中心（上海）和相关分行要在做好试点工作的基础上，通过积极开展演练来检验远程监控和操作的实施效果，并做好后续推广的准备工作。同时，为提高我行境外机构的科技管理水平，总行决定随着FOVA系统的推广，由境外数据中心为境外机构承担部分运行操作并提供全面的远程技术支持，境外数据中心要抓紧落实，尽快承担起相应职责。此外，总行将在年底前组织部分境外机构，开展本年度数据集中系统灾难恢复应急演练，数据中心（上海）、境外数据中心要精心组织，确保演练顺利完成。

三是认真做好全行科技基础设施建设和技术改造工作。前期，两大数据中心结合设备高速增长情况，启动了中心机房及供电系统改造工作。数据中心（上海）要在年底前抓紧完成对现有机房的基础设施改造，确保满足两年内的发展需求；数据中心（北京）也要加快对基础设施的改造进度。年底前，总行还将开展针对我行网上银行系统的内外网加速试点，部分分行需要配合试点对辖内网络进行优化和改造。同时，各分行信息科技部门要加强与业务部门密切配合，全面完成今年总行已经下达的第一批ATM的安装和投产任务，年底前要尽快完成剩余的630多台设备的安装投产任务，今年第二批2 000台ATM设备实施任务总行也将尽快下达，各分行要提前做好规划准备，加强对设备的运行维护管理，尽早发挥这些设备的使用效益。

目前，各分行ATM设备的运行管理水平有一定差异，还有12家分行ATM开机率不到95%。ATM设备的运行管理涉及环节较多（比如系统维护、加钞等），且各项管理职能分散在多个专业部门。为进一步加强ATM设备的运行管理，总行今后将考虑将ATM设备的分配计划与分行的ATM运行管理情况挂钩，分配指标向运行管理情况好的分行倾斜。希望各分行行长对此要给予高度重视，既要加快ATM设备的安装进度，更要提升ATM设备的管理维护水平。

同志们，年底前的全行科技任务十分繁重。全行各级科技部门要结合深入学习实践科学发展观活动，发扬科技人员勇于拼搏、无私奉献的工作作风，继续脚踏实地、扎扎实实地做好各项科技工作，为把我行建设成最优秀、最受尊敬的银行作出更大的贡献。

在中国工商银行第四代应用系统建设启动工作会议上的讲话

易会满
（2008 年 10 月 31 日 · 根据录音整理）

刚才信息科技部汇报了第四代应用系统的规划情况，各部门提出了很好的意见，信息科技部会后要继续征求大家的意见，更好地完善规划。关于第四代应用系统的规划建设工作，前期我与信息科技部进行了多次研究，我认为开展第四代应用系统建设主要基于以下五个方面的考虑。

一要保证我行信息科技在国内同业持续领先。前几年我行信息科技领先的一个重要标志是数据集中，而现在建行和农行也实现了数据集中，中行正在开展几个数据中心的进一步集中工作。在完成数据集中后，各行的技术平台趋于一致，因此，如何持续保持我行的核心竞争力，需要我们认真规划研究第四代应用系统，这也是我行战略发展的要求。同时，经过多年的发展，我行现有的 NOVA 系统非常庞大，系统耦合度高，风险相对集中，因此对应用系统进行梳理，降低系统耦合度，也是防范系统风险的需要。

二要真正体现以客户为中心。前几代应用系统中以产品为中心、以部门为中心的痕迹较重，还没有完全实现以客户为中心。董事长多次提到，要实现以客户为中心必须实现统一的客户视图，目前在没有实现统一客户视图的情况下，从前期信息录入到最后绩效考核的各个环节，应用系统都难以实现全行相关信息的统一。而实现统一客户视图后，类似客户管理、对账单等一系列问题都可以解决。所以，构建真正以客户为中心，是建设第四代应用系统必须关注的一个重要因素。

三要积极推进产品创新。为适应当前市场快速变化的需要包括综合化发展的需要，保持我行的核心竞争优势，第四代应用系统既要做到集中、标准、统一，又要为地方特色业务发展留有接口，满足分行特别是重点区域分行竞争市场的需要。此外，为了尽量缩短产品开发周期，必须提高系统模块化、构件化水平；必须实现产品与核算的剥离，因为核算是比较标准、统一的，而产品是因需而变、因客户而变的，而在现有系统架构下开发一个新产品，往往从前台到后台核算都要进行改变，相对延长了研发周期。因此，构建一个灵活、高效的系统架构，是我行应用创新的需要，也是综合化发展的需要。

四要提升信息系统的国际化水平。要加快 FOVA 系统的研发与推广，按照董事长要求，明年要完成除工银亚洲以外的其他各境外机构的推广，快速提高境外机构的经营管理水平。同时，要在系统研发过程中真正做到内外联动、信息共享。只有我们拥有了先进、统一的境外业务平台，才能推动我行国际化发展目标的早日实现。

五要满足我行经营管理和全面风险管理的需要。跟国际先进银行相比，我们的柜面业务系统水平是较高的，但是在全面风险管理、内部经营管理上，特别是数据的挖掘、利用方面还不够，我行在这些方面的发展空间很大，在今后三年中要不断丰富这方面的功能，推动我行经营管理水平的全面提高。

深入学习实践科学发展观 推动公司金融业务又好又快发展

——在2008年第四季度中国工商银行公司金融业务研讨会上的讲话

易会满

（2008年11月5日·根据录音整理）

当前，全行上下正在深入学习实践科学发展观，总行在这个时候分南北两片召开公司业务会议，主要任务是落实总行党委学习实践科学发展观的总体要求，动员全行公司业务部门清醒认清形势，增强忧患意识，抓住发展机遇，加快业务转型，提升经营业绩，推动公司业务科学发展。听了上次和这次片会各行发言，我深受启发，大家对问题的剖析和认识比较深刻，提出的建议很有价值。下面，我结合总行党委关于学习实践科学发展观活动的总体要求讲四个方面意见。

一、前三个季度全行公司业务取得良好业绩

今年前三个季度，全行公司业务系统认真贯彻分行行长会议精神，积极应对复杂多变的国内外经济形势，优化资源配置，加强重点客户、重点项目营销，努力拓展中小企业市场，加快结构调整，推动业务转型，巩固了良好发展态势，继续保持了同业市场领军者地位，主要成绩有五个方面。

（一）公司业务盈利强劲增长，效益与质量稳步提高。前三个季度，全行公司业务利润贡献达922亿元，其中中间业务贡献119亿元，分别较上年同期增长69%和310%。贷款收益率持续提高，由2007年同期的6.18%提高到7.57%提高1.39个百分点。贷款议价能力明显提高，贷款利率水平平均上浮2.1%，同比提高2个百分点。贷款质量持续改善，公司贷款不良率为2.94%，较年初下降0.54个百分点。

（二）公司存贷款业务持续增长。前三个季度，人民币公司存款余额为21 715亿元，较年初增加1 610亿元，增长8.01%，与同业同期增速基本持平。人民币公司存款余额同业占比15.85%，继续保持第一；公司存款增量同业占比17.21%，排名由上半年的第三位提升至第一位。境内分行外币对公存款余额为161.8亿美元，比年初增加36.3亿美元，增长28.92%。各行贷款投放安排有序，全行9月末人民币公司贷款余额为30 917亿元，较年初增加3 479亿元，完成全年计划的124%。其中，项目贷款余额为15 652亿元，较年初增加2 290亿元，完成计划的135%；流动资金贷款余额为11 908亿元，较年初增加818亿元，完成计划的154%；房地产贷款余额为3 357亿元，较年初增加371亿元，完成计划的83%。一般现汇贷款余额为116亿美元，较年初降低39亿美元，提前完成15亿元年度压降计划。

（三）业务转型加快，公司类中间业务收入迅猛增长。前三个季度，全行实现公司类中间业务收入152亿元，同比增长75%。其中投行业务收入60.89亿元，同比增长64%；资产托管业务收入16.79亿元，同比增长95%；账户管理业务收入9.01亿元，同比增长71%；人民币对公结算业务收入16.53亿元，同比增长60%；担保业务收入6.96亿元，同比增长54%；电子银行账户管理费2.44亿元，同比增长62%；银行承兑汇票业务收入1.69亿元，同比增长15%；委托贷款业务收入0.84亿元，同比增长18%。

（四）短融和中期票据承销业绩突出。共为23户企业主承销发行短融和中期票据等债务融资工具21只，金额合计702.6亿元，同比增加319.5亿元，同比增长83.40%；市场占比同业排名第一，领先第二名光大银行近4个百分点；实现债务融资工具承销费收入2.9亿元，是2007年全年的两倍。其中，为20户企业承销发行金额合计507.6亿元的短融，同比增长32.49%，主承销发行金额同业占比17.18%，排名第一，领先第二名光大银行85.6亿元；主承销中期票据注册金额为650亿元，发行金额为195亿元，市场占比分别为37.66%、26.53%，均列市场第一。

（五）结构调整力度加大，客户、行业、产品结构持续优化。截至9月末，全行法人客户较年初增加27万户，达到300万户，法人信贷客户58 619户，与年初基本持平。客户结构继续优化。其中，AA－级以上优质客户贷款增量占比达到75%，余额占比由年初的68.50%增长到68.87%；A＋级及以上客户贷款增量占比105%，余额占比由年初的84.29%提高到86.15%。

境内分行国内贸易融资累计发生额为839.25亿元，同比增加575.52亿元，同比增长218.22%；国内贸易融资余额570亿元，较年初增加385亿元，增长208.11%，促进了信贷业务结构优化。

无论是从总量与效益方面还是从结构与创新方面来说，今年前三个季度我行公司业务的发展势头还是比较好的。

二、当前公司金融业务面临的形势

目前，我行公司金融业务发展面临极为复杂的外部形势。从国际形势看，美国次贷危机已演变为全球金融危机，并开始向实体经济渗透，全球经济有陷入较大范围、较长时间衰退的可能。据IMF和世界银行预测，今年全球经济增长为2.6%－2.7%，比过去四年均值低2.2个百分点，有些国际组织的预测还要悲观一些。从国内形势看，我国经济运行中还存在一些体制性、结构性矛盾，国际金融危机和全球经济下滑也对中国经济造成了一定程度的冲击。但由于我国及时果断地实施灵活审慎的宏观经济政策，国民经济保持平稳发展，金融体系健康稳定，物价总水平涨幅得到控制，尤其是30年改革成果显著，今后仍面临新的发展起点和历史机遇，表现在产业和要素大范围转移，中西部崛起，东北振兴都为经济持久健康发展创造了良好基础。

同时，随着企业的不断成长以及我国金融体系的不断健全，大客户、大集团对金融服务的需求日益综合化、多样化、复杂化，传统的存贷款业务对其吸引力下降，这一趋势将很快从东部向中西部传导。传统业务领域产品同质化现象严重，竞争达到白热化；新型业务领域出现分化，部分股份制银行已成功塑造特色业务品牌。优质客户在多家银行之间询价，在多种融资途径中选择，对财务成本的控制日趋苛刻，与银行长期友好合作关系逐渐被利益至上原则所取代。

综上所述，从我国经济金融发展的大格局、大趋势看，我行公司金融业务面临最好的发展时期，但今明两年又是形势最不明朗、不确定因素最多、掌控难度最大的时期。如何在复杂多变的经济金融形势中，因势利导，顺势而为，趋利避害，转危为机，对全行公司金融战线同志提出了更高的要求。

（一）国际国内市场波动严峻考验信贷资产质量，但也为调整结构提供了契机。受国际国内市场波动的影响，我行部分公司信贷客户生产经营困难加大，不良贷款反弹压力增大。一是随着美国次贷危机蔓延，欧美国家消费需求出现下降，出口依存度高的企业盈利能力下降，一些受外资银行收紧流动性影响较大，负债率过高、两头在外的出口企业经营形势非常严峻。二是全球大宗商品价格剧烈波动的传导效应使企业原材料、运输价格受到较大冲击，加上劳动力成本、节能减排成本增加，产业链中成本转移能力较弱企业盈利能力下降。三是一线城市楼盘交易量大幅萎缩，部分城市房价出现下跌，市场观望气氛浓重，部分房地产企业资金链紧张。四是能源价格剧烈波动，前8个月石油、石化、电力等能源产品价格倒挂，从9月开始，又面临需求不足，相关行业经营困难。五是涉足国际期货或金融衍生产品的企业风险凸显。但这些考验同时也为适当调整信贷投向、优化公司客户结构、提高风险定价能力提供了契机。

（二）信贷规模制约公司贷款增长，但会同时促进贷款增长方式改进。从公司贷款总体规模和计划完成情况看，年底之前我行贷款规模虽然有所放松，但不宜也不可能急剧扩大，因此，必须努力转变信贷增长方式。一是提高规模使用效率，优化信贷投向，加大向高端客户和高收益业务倾斜；二是推动信贷结构调整，加快退出潜在风险客户，加大不良贷款处置力度，腾挪信贷投放空间；三是促进信贷流量管理，加快贷款收回再贷管理，通过发展“资产池”业务，把表内业务不断转化为表外业务；四是大力发展非信贷融资业务，最大限度地满足优质客户融资需求。

（三）资本市场发展和客户需求变化压缩了传统存贷业务增长空间，但也为产品创新和业务转型提供了平台。一方面，直接融资产品的不断推出加剧了金融脱媒。截至8月末，在中央国债登记结算公司与证交所托管的非金融企业债券（不含信托类产品）比年初新增2 164亿元。直接融资产品降低了企业筹资成本，抑制了企业信贷需求增长，但也为银行发展承销业务、资产托管业务提供了空间。另一方面，客户的金融需求不断升级。在资金运用方面，不断将存款转变为理财产品，提高收益水平；在资金筹集方面，除了直接融资外，还通过委贷、理财等多种方式，降低资金成本。这些新业务都将不断影响传统的银行资产和负债业务，但也为发展中间业务，提高手续费和佣金收入提供了条件。更重要的是，企业金融需求的多样化，为我行发展年金业务、托管业务、投融资顾问等业务，推动批发业务与投行业务的互动发展提供了契机。直接融资的发展以及客户需求的变化，将加快推进银行公司业务从“信用和支付中介”向“综合金融服务提供商”的转型。

（四）同业竞争使我行地区、产品、客户优势面临挑战，但也为我行加快提高综合竞争能力提供了动力。虽然我行公司存贷款规模在同业中处于领先位次，但部分地区和产品线优势下降明显。上半年，我行在7个省市的公司贷款余额同业占比第一，较年初减少2个；公司类中间业务收入在10个省市同业排名第一，较2007年减少10个。在具体品种上，担保承诺和投行业务增量和增速较建行有较大差距；国际结算增幅低于中行与建行。同时，随着利率市场化步伐加快，SHIBOR报价基准利率地位不断提高，商业银行传统存贷利差空间不断缩小。此外，我行优质公司客户基础仍需在竞争中进一步壮大，以为实现中间业务增长和公司业务转型提供保障。为此，我行必须通过提升金融创新能力，丰富公司金融产品线，寻找新的业务增长点，全力提高综合金融服务能力。

当前，挑战与机遇并存，必须要进一步树立忧患意识，既要看到成绩，更要认真寻找差距和剖析存在问题，通过加快转型适应当前的经济金融形势。

三、下一步重点工作

从年内到明年初，全行公司业务系统要紧紧围绕“坚持科学发展观，提升核心竞争力，建设国际一流现代金融企业”的主题，提高思想认识，解决突出问题，创新体制机制，促进科学发展，着力加强以下七项重点工作。

（一）准确把握周期波动中的行业变化，继续抢抓优质信贷市场。总体来看，我国经济持续增长的基本面没有改变，中央政府的宏观政策也将着力确保经济平稳较快发展，“平稳较快”将是我国经济发展在很长一段时期内的主要特征。10月21日，国务院总理温家宝主持召开国务院常务会议，核准了包括铁路、公路、机场、核电站、抽水蓄能电站等一批基础设施建设项目。同时，决定加快南水北调东线一期工程建设进度，国家依靠投资确保经济平稳增长的意图已然明朗。我行要继续抢抓优质信贷市场，着力发展受经济周期影响较小的行业，对受经济周期影响较大的行业，要将信贷投向集中在核心客户和国家重点项目上，积极调整结构。

一是大力拓展铁路行业贷款。目前，我国铁路的货运及客运供给不能全面满足需求，铁路运价明显低于公路、民航，具有一定的提价空间，而且铁路基建和铁路机车制造对钢材、水泥、电子电器、橡胶、玻璃、铝等行业的拉动效应明显。目前，国务院批复的铁路投资额已经达到2万亿元，其中在建项目的投资规模超过1.2万亿元。我行要抓住这一重要历史性机遇，大力拓展铁路信贷市场，重点推进武广、东南沿海大通道等重大铁路项目融资投放，跟进铁道部财务司机车购置贷款需求，做好贵广、海南东环铁路、哈大、兰渝等大型铁路基建项目的前期营销，密切关注京沪高速铁路项目进展，对已争取到的项目，要加快评审，加速成果转化。

二是择优支持公路、电力行业贷款。今年初以来，公路建设固定资产投资总额和增长率均出现下降，但“7918”国家高速公路网仍有相当比例尚未建成，为启动内需，国家仍将保持一定的投资水平。下一步，要优先支持列入国家高速公路网规划的项目，以及列入省交通“十一五”规划的重要省道高速公路项目，积极营销交通量饱和的改扩建项目，推进公路行业资产支持融资业务的开展。电力行业在市场煤价下跌趋势明确、电价尚有提价空间、降息周期启动等因素共同作用下，行业亏损情况将有所改善，盈利能力将有所回升。作为关系国计民生的基础性行业，大型电力集团实际运营风险较小，但其他投资主体建设的电厂易出现亏损，甚至难以持续经营。因此，我行贷款投向重点是核电、大型水电、九大电力集团投资的大机组、低能耗的电力项目。

三是稳健发展城建行业。今后一段时期，固定资产投资仍将是拉动经济增长的主旋律。灾后重建持续开展，“十一五”规划进入投资高峰，广州亚运会和上海世博会召开，十七届三中全会明确的农村改革发展将推动城镇化建设进程，都是城建行业长期看好的因素。各行要积极支持经济发达、财政实力较强的大型城市、区域中心城市，加强与当地政府及有关部门的信息沟通，重点研究项目的财政支付能力及资金拨付方式，采取有效措施加强贷后管理，引导城建客户与我行建立全面、长期、稳定的融资合作模式。

四是注重对能源行业贷款的深度挖潜，重点抓好制造业的龙头企业。受国际大宗商品价格大幅波动的影响，石油、煤炭等能源行业在今年出现了阶段性、局部性问题，但由于经济发展对能源的刚性要求，以及能源价格体制改革在即，能源行业的发展仍有较大潜力。各行要着眼长远，加强能源行业客户关系维护，继续跟踪境内大型炼油石化项目建设及投产运营的融资需求，重点营销神东、陕北等13个大型煤炭基地的大型煤矿项目。此外，我们还要关注制造业龙头企业的发展以及其中的业务机会，大力探索现代服务业的信贷进入。

五是大力发展贸易融资和票据贴现业务。在贸易融资方面，前三个季度，我行国内贸易融资业务快速增长，但区域和品种发展不平衡。下一步要从信贷业务战略转型高度，加大流动资金贷款向贸易融资的转化力度。到2009年底力争将国内贸易融资在流动资金贷款中的占比提高到20%以上；针对表内国际贸易融资余额下降的局面，各行要在提高贸易融资周转率和综合收益的基础上，继续大力发展国际贸易融资，做好人民币替代外汇资金叙做国际贸易融资业务，总行拟计划从现在到年底争取国际贸易融资余额新增30亿美元。在票据贴现业务方面，年内尤其是11月之前，各行要加大票据业务的阶段性操作，进一步扩大票据业务规模，在提高收益的同时灵活掌控关键时点的贷款规模。要多做一些不占用信贷规模、与理财业务相结合的票据，并为明年的票据业务做好储备。

（二）加快推动公司信贷向公司金融转型。全行要在科学发展观的指引下，顺应金融市场环境变化，加大对新兴业务的资源投入，积极挖掘非信贷业务利润增长潜力，以中间业务全面联结间接和直接融资两大市场，从战略高度构建创新发展的长效机制，促进我行从“第一大信贷银行”向“最强公司银行”迈进。当前要抓好三方面的工作。

第一，大力营销短期融资券和中期票据业务。前三个季度，我行在短融和中票承销发行业务上市场排名第一，但还存在一些问题。一是发行储备待充实。目前短融的储备不足400亿元，中票6月暂停前原有500亿元储备，但在暂停后部分转为短融，部分回归企业债和中长期银行贷款市场。目前中期票据发行重新开放，必须立即行动，加强营销，充实储备。二是因该项业务不属考核重点，多数分行重视不足，营销积极性不高。三是我行通道利用效率明显低于光大银行，需抓紧挖潜。

下一步，要发动全行力量，确保和扩大我行在债务融资工具承销业务的领先优势。一方面，要加大对重点地区、重点行业、重点客户营销。在区域上，应以北京、上海、山东、江苏、浙江、山西、广东等发行资源集中的地区为主；在行业上，应以国家政策支持的煤电油运等国民经济基础行业为主；在客户上，应以评级在AA级以上、注册额度30亿元以上的信贷支持类客户为主。另一方面，要抓紧丰富项目储备。短融承销既要大力开拓新资源，也要把握大量企业已注册发行额度逐步到期、市场进入新一轮注册高峰的二次营销机会，竞争非我行主承销的优质大额发行项目；中期票据承销要牢牢把握重启机会，争取先机。要注重提高承销发行服务技术含量，通过高超的报价技巧、高质量的尽职调查、高水平的市场利率分析报告和发行辅导赢得客户信赖。

第二，大力推广信贷项目池业务。"信贷项目池"业务并非仅为解决规模不足问题，也不仅是为增加中间业务收入，更重要的是推进信贷存量管理向流理管理转变，打造资本节约型发展模式，走出一条资产规模扩张并不那么快，但利润持续增长的道路。这是我行落实科学发展观、转变发展方式的具体体现，是一项重要的金融创新。

今年，我行向信托机构提供了25个共131亿元新增信贷项目，9月底前顺利组建了两批共107.86亿元的"信贷项目池"，但分行对此项业务积极性不高，推荐项目要么不符合入池条件，要么符合条件项目真正转让时又被撤回，归根结底是仅考虑短期利益。部分分行认为项目用于理财或转让后，只能获得项目安排费和托管费收入，远低于贷款利差。9月，我专门召集10家试点分行座谈，以提高思想认识，加强组织推动。在此我重申，各行必须转变思想，从战略高度认识信贷项目池对创新信贷经营模式、实现银行可持续健康发展的重要意义。各试点行要在总行规定时间内完成项目入池计划。非试点行要认真学习有关规程，结合自身经营情况积极推荐入池项目。各行必须严控风险，项目入池前要逐一核实贷款前提条件，入池后更要加强贷后管理，以贷款标准落实相关管理人职责，密切跟踪客户生产经营情况和银行信用状况，继续对客户进行贷后现场检查、非现场检查和本息催收等工作，对可能发生或已经发生的各种变化及时作出反应并报总行。

第三，创新并推广新兴融资产品，满足客户多样化融资需求。目前，我行在这方面做得还很不够，表现在对贷款业务依赖程度仍然较高，对新兴市场关注不够，反应不快，对多种综合融资模式不够熟悉，不善于利用；贷款结构不合理，单边贷款比重过高，银团贷款比重过低；委托贷款业务创新不够，议价能力不强等。

下一步，要努力扩大银团贷款在增量贷款中的比重，通过竞争牵头行来维护客户关系，通过分销释放部分贷款规模。各行要立即开展调查研究，提出增量贷款中银团贷款占比目标建议并报总行，明年总行将结合信贷计划安排、结构调整任务和分行建议等对银团贷款比重提出具体限额要求，加强考核。各行还要积极选择部分存量贷款进行银团贷款置换。要在确保风险可控的前提下，通过系统内委贷、专项委贷、现金管理项下委贷、单一客户委贷等多种方式，做大委托贷款业务。同时，严控手续费下浮比例和幅度。要积极扩大贷款类信托计划和集合资金信托计划，密切关注产业基金和创投基金发展，拓展托管业务和顾问业务。要充分利用工银租赁平台，大力开展飞机、船舶、大型设备融资租赁，通过将项目贷款中的设备融资部分转化为租赁方式节约贷款规模，通过售后回租等方式释放原有贷款规模。

（三）高度重视和大力加强公司存款业务营销。存款是银行运营的基石，一直以来都是我行传统优势，是我行巩固"信贷第一大行"和提高中间业务收入的前提和基础。但今年初以来，公司存款业务发展出现了一些突出问题。一是业务增长乏力。截至10月29日，公司存款仅比年初新增814亿元，仅完成全年任务的27.15%。二是增量波动加剧，给流动性管理带来较大压力。三是银行体系流动性仍然趋紧，存款市场竞争加剧，维护重点存款客户面临巨大压力。四是理财业务创新不足，缺乏具有竞争力的产品。五是资本市场持续低迷，大客户为追求稳定收益，存款定期化趋势明显，控制筹资成本难度加大。六是相当部分分行公司部门更习惯和重视资产业务营销，对存款业务重视不够，投入不足，疏于监测，对客户存款变化缺乏应有的敏感度。同时，部分存款科目调整后，营销任务留在公司部门，但业绩体现在其他部门，影响了公司部门营销积极性。下一步抓好存款业务刻不容缓。

第一，加强公司存款业务系统管理，巩固或夺回增量同业第一的地位。一是要将公司存款营销作为分行"一把手工程"来抓，对重点客户实行名单制管理，分行行领导和主管部门要承担主办责任，明确班子成员分工，深入一线，靠前指挥，任务落实到人，责任追究到人。二是召集相关部门组成营销领导小组，建立跨部门协调机制，尽快解决影响公司存款增长的关键问题。三是对存款额度大和综合贡献度高的客户增加资源投入，充实客户经理队伍，配备由营销和产品支持人才组成的客户经理团队。四是各分行、各部门间要加强沟通，监测客户存款流向，对因迁址、跨地区交易而发生流动的客户存款，要确保存款在我行系统内流转；对于有理财产品需求以及由我行承销中票、短融的客户，要确保客户资金在我行系统内“体内循环”。

第二，做好重点客户的针对性营销，提升存款业务竞争力。要根据重点客户需求特征，逐户制订个性化服务方案，对不同品种、不同期限存款进行合理搭配。要建立重点存款客户信息库，密切关注同业竞争动态，加强对大额存款客户的监控、预测和预警，及时掌握客户大额资金流向。要注重以资产业务、中间业务为纽带，提出贷款与存款的挂钩比例要求，并扩大结算沉淀资金存款来源。

第三，加大理财产品创新力度，提高理财产品竞争能力。法人理财产品需求日趋旺盛，在替代公司存款的同时，也成为推动业务转型和竞争他行存款的重要手段。各行要充分运用法人理财与公司存款的组合营销策略，深入分析不同客户群的产品需求偏好，积极开发与汇率、利率、黄金、股票指数挂钩的产品，向客户提供不同收益水平、风险程度和期限结构的理财选择。

第四，大力拓展新客户，开拓存款业务的新增长点。根据以往经验，新开户存款要占新增对公存款一定的比例，否则存款基础是不牢固的。在拓展新客户方面，要注重与各级工商部门的联系，及时掌握企业注册、验资信息。要把握全行大力发展贸易融资业务的契机，深化主要行业板块的产业链营销，拓展贸易融资核心企业相关上下游客户，控制上下游企业存货和收付款现金流，提高客户结算资金在我行内部循环比率。要做好企业发行股票、债券募集资金的账户营销，积极营销解禁股东客户存款业务，培育符合创业板上市条件的中小企业存款客户。

第五，完善激励考核机制，提高公司存款竞争能力。各行要采取多种措施，增加对存款增量、低成本存款比重、同业占比等关键指标的考核，并通过有针对性地开展增存竞赛等活动，充分调动员工营销积极性和主动性。

第六，努力提高低成本存款比例。要兼顾公司存款增长与付息成本控制，通过存款结构调整，提高活期存款比重，降低筹资成本。要加强对宏观调控政策走势研判，密切关注新增存款成本，以应对利率下行通道期间的存款定期化趋势。

（四）加强公司贷款计划管理。前三个季度，我行本币公司贷款增长迅速。在资本约束与风险控制约束下，各行仍须加强贷款计划的精细化管理。

一是将贷款适度增长与加快结构调整相结合。在今后相当长时间内，贷款业务仍是我行最重要的基础业务，是公司业务发展的生命线。在激烈的同业竞争下，市场营销机会稍纵即逝，要把竞争重点客户、重大项目信贷业务放在重中之重。各行对战略型重点优质客户要列出名单，充分了解其用款需求，在信贷计划上给予重点保证；对于一般客户，要积极利用利率等价格杠杆进行控制和分流；对于风险较高的客户加快退出。要注重将贷款计划的增量管理和流量管理相结合，在完善增量管理的同时，加强对包括收回再贷的流量管理。

最近，央行三次降息对我行净利息收入影响较大。各行要积极运用价格杠杆调整结构，继续严控下浮利率贷款，压低下浮幅度，提升按月结息贷款占比，对存量贷款到期再贷应重新议价；要合理确定贷款利率调整周期，近期可以加大对3－5年期固定利率贷款的发放，争取在利率进入下降通道前锁定贷款收益；加强贷款利率相关指标的监测和考核，通过价格机制筛选客户贷款需求，保证有限的信贷资源向高端客户和高回报业务倾斜。

二是积极利用非信贷融资产品满足客户信贷需求。要积极发展信贷资产转让、资产证券化、委托贷款、债券承销、银团贷款安排等业务。总行拟将分行公司新增贷款客户结构、收益结构和非信贷融资产品规模等指标，作为明年分配和调整公司贷款规模的重要依据。

三是完善小企业贷款规模专项管理。近期总行对全行小企业贷款年度计划进行综合调整，明确对调整后的小企业贷款规模实行单独管理、专项使用，对小企业贷款专项规模管理不到位、投放进度明显滞后的分行，总行将在11月和12月收回专项规模及贷款总规模，调剂给其他分行。

（五）高度重视公司贷款风险管理，注意适时调整信贷投向。9月末，全行境内分行法人贷款不良率为2.94%，较年初下降0.54个百分点，当前经济金融的不确定因素尚未对我行公司贷款质量产生显著影响。但如果经济增长持续放缓，贷款风险可能会在部分行业和企业中暴露出来，10月24日，银监会专门召开风险提示会，提示了八个方面的风险，因此，当前必须要高度重视风险管理，管好存量，把好增量，使信贷业务在经济周期波动中风险可控、质量稳定、收益良好。

第一，重点关注潜在信贷风险。在当前形势下，需要特别强调以下重点行业的信贷风险管理。一是房地产行业。要密切关注房地产企业特别是资金链较紧的房地产企业的潜在风险。我行开发贷款和个人按揭贷款余额约1万亿元，已占贷款余额的24%，加上相关上下游水泥、钢铁、玻璃等行业的贷款，占比更高。目前，房地产贷款质量面临严峻挑战，一些项目销售进度放慢、部分土地储备机构资金周转出现困难可能影响住房开发贷款和土地储备贷款按期归还；部分扩张速度过快、负债水平较高的集团客户偿债风险加大；部分分行房地产开发贷后管理不到位，关联企业互相挤占资金、未按房地产项目销售进度及时收款的情况时有发生。二是出口依存度高的行业。欧美经济濒临衰退已使纺织、钢铁、玩具、家具、五金等出口行业受到较大影响。三是电力、石化、有色金属、水泥等受经济周期影响较大的基础性、能源性行业。尽管我行在这些行业的贷款对象以规模大、资质高的企业为主，目前风险尚不明显，但也必须随时关注行业变化。以电力行业为例，电力行业贷款目前占公司贷款的11.6%，但9月全国总发电同比只增长了5%，为八年来最低增幅，一度非常紧俏的煤炭也出现压港现象。四是公路行业。公路行业贷款占公司贷款的14%，不良率同比上升0.38个百分点，民营公路客户风险开始暴露。

第二，切实加强重点领域风险管理。

一是强化客户准入管理。在客户遴选过程中，既要注重扶持优质客户，更要把握具有发展潜力的中小客户，培育客户基础。对存量客户，要关注存在短贷长用、财务杠杆率过高、过度担保、盲目扩张和从事金融衍生交易等的企业集团，防范信贷集中风险。

二是要高度关注国家宏观调控举措，加强本地区的行业性、产业性信用风险分析研究，严格按照总行有关指导意见实施信贷投放，防范政策性和系统性风险。第四季度，总行拟对房地产开发贷款实行名单制管理，总行公司业务一部将列出名单，确定重点支持、适度支持、维持和退出客户；对房价水平高、累计涨幅较大，或近期房价跌幅明显地区的分行，要加强存量贷款的监控管理，同时对新增贷款实行严格的限额管理；经济欠发达、信用环境差、市场需求小的县（市）要严格控制发放房地产贷款；要认真落实项目贷款发放条件，加强贷款资金用途监管，严格执行大额资金使用审批制，防止信贷资金资本化、串用项目和挪做他用，坚持按销售比例及时收回我行贷款。在公路行业，进一步提高公路等级标准，对优质高速公路项目，各行要审慎、合理地确定贷款期限和我行份额，对独立的一级公路项目原则上不再介入，严格控制对民营企业公路项目融资和对地区财政实力不强或银行负债已经较高的地市级及以下交通主管部门的融资。对优质电力项目，要按照项目优先、客户优先原则，先核电、水电后煤电，先16家重点营销客户、后省级投资公司的顺序，审慎把握进入，对30万千瓦以下的小火电不再进入。在钢铁行业，对有显著竞争优势的客户继续支持，对其他客户则通过调整融资品种、追加担保等降低风险。

三是今年我行理财、信托等表外业务发展很快，但还没有经历经济下行风险的考验，同时表外业务风险管理机制和经验还不够丰富，要注意防止表外风险向表内转移。

四是高度重视“关联担保圈”企业风险。企业间交叉多重担保关系构成的“担保圈”使贷款风险具有连锁性特征，增加了违约概率。目前，全行已暴露多起“关联担保圈”风险问题。总行拟下发“担保圈”名单，各行要对辖内担保圈进行清查，及时采取追加有效抵（质）押担保、更换保证人、以贸易融资产品置换、提高贷款利率等有效措施化解互保和连环担保，对无法实施上述措施的企业要分步退出。

（六）稳健发展中小企业金融业务。全行9月末小企业贷款余额2 330亿元，较年初净增190.4亿元，同比少增441亿元，仅完成全年增量计划的34.6%，同时受外部市场环境变化影响，小企业经营风险和融资风险加大。各行要进一步加强小企业规模指标、收益和风险管理，确保完成今年小企业信贷投放计划，重点做好以下几方面工作。

一是加快理念转变。发展中小企业金融业务是应对金融脱媒、利率市场化、有效分散信贷风险和实施可持续发展战略的必然选择，各行要进一步树立“小企业大市场”的营销观和发展观，加大资源投入，提高竞争能力。

二是探索专业化管理机制。有条件的地区要组建小企业业务专业化经营渠道，试点组建一批小企业金融业务特色支行或专业支行，配备专门的岗位和人员，打造高效率、全产品、一站式服务的专业化经营平台。

三是拓展中小企业客户群与产品线。今年我行小企业贸易融资存量占比仅为6.6%，第四季度各分行要努力将结算客户延伸发展为贸易融资客户，提高贸易融资占小企业新增贷款占比。

四是完善中小企业风险管理。今年初以来中小企业贷款不良额和不良率呈双上升趋势。各行要高度关注小企业主的品德和信用记录；加强对企业现金流尤其是贷款归行情况的监控；加强对抵押物权属和价值的监控，发现异常情况及时采取有效措施；加强对存量客户潜在风险鉴别，抓好一般、劣质存量客户的换手与退出。

（七）加强公司业务的系统推动。学习实践科学发展观的四项目标之一即是创新体制机制。目前，我行公司业务系统推动的体制机制上还存在诸多问题，主要表现在：一是市场部门与产品部门之间，总分行和分支机构之间的联动缺乏制度保障；二是公司信贷业务环节较多，效率较低；三是缺乏对高端客户的个性化业务授权和流程；四是客户经理的数量、素质、网络建设、激励制度等亟待加强。因此，总行在系统推动方面还要进一步加大力度，初步思路如下。

第一，建立有效的营销协调机制。目前公司客户前中后台分工较细，总分行公司业务部门要加强横向协调。各行要根据自身情况，建立有效的营销协调机制，对涉及重点客户的认定标准、具体名单、营销策略、年度营销计划、综合服务方案、投标方案、产品报价等重大事项进行跨部门协调，实行“一站式”决策。

第二，建立客户分级分层营销体系。将客户划分成总行级、一级（直属）分行级和二级分行级重点客户，上级行重点客户必须为本级行重点客户，并实行动态调整的名单制管理。为提高重点客户业务评审效率，按客户层级发起和审批信贷业务，对由此可能产生的跨层级行文现象，灵活按照管理层级和客户层级相结合的方式，批复信贷业务并组织实施。

第三，加强客户经理队伍建设。一是加强客户经理配备。总行将在调研基础上将提出配备比例和标准，各行要尽快设置客户经理操作助理岗，加强重点客户客户经理网络成员的准入管理和营销行为管理，提高首席客户经理在网络成员聘任、营销行为管理、绩效考核等方面的话语权。二是坚持公司客户经理绩效工资的发放与业绩考核直接挂钩，真正发挥专项奖励对促进重点业务和短板业务发展的作用。三是建立公司客户经理资格认证制度，加强教育培训，提升队伍素质。

第四，建立重点客户绿色通道。扩大部分重点客户授信项下授权审批制范围，各分行重点客户业务授权金额可按一定比例放大。各行对本级行重点客户实行业务优先受理和限时服务，各产品部门优先办理重点客户的个性化服务需求，有条件的分支机构还可推行专人审查机制，以提高效率。

第五，完善对分行的考核机制。一是对各级行重点客户实行“产品”与“客户”双线考核，将总行级客户营销的业绩纳入一级（直属）分行经营绩效和业务发展考核中，对二级分行有关重点客户的营销业绩进行账面考核，同时将中后台纳入捆绑考核范畴。二是对公司部门重点考核目标客户整体利润，不再过度强调考核单项产品利润贡献，对由单项产品费率减免造成产品部门利润损失进行还原考核。三是对为重点客户提供相关金融产品服务，但未获得相应成本费用补偿的分支机构，由上级行制定成本费用补偿或考核还原办法。

四、几点工作要求

总体看来，今明两年是近年来公司业务发展最难的时期，大家要未雨绸缪，做好充分的思想准备，为此，我想再对全行公司业务战线提出五点工作要求。

（一）增强工作的前瞻性和系统性，提高对全行公司业务大局的把握。各行要认真结合深入学习实践科学发展观活动，把科学发展观的核心要义与全行公司金融业务的发展有机结合起来，在发展中转型，在转型中发展。一是要增强工作的前瞻性。没有前瞻性就没有工作的主动权。在外部形势快速变化的情况下，要不断思考明天的信贷市场在哪里？明天的利润在哪里？明天的风险在哪里？要紧密关注宏观政策的调整，全面了解信贷市场的变化，敏锐把握客户新业务的需求，认真研究部分行业风险状况，进一步增强公司金融业务营销和管理的预见性、针对性和灵活性，做到营销早出击、结构早调整、风险早防范。因为一步主动、步步主动，一步被动，步步被动。一个行的落后在于观念，而不是具体的“战术”。二是要坚持重点论和两点论，辩证地分析问题、看待问题、解决问题。实现科学发展，必须讲求辩证法。在业务发展中，要处理好进与退、保与压、取与舍、快与慢的关系。要保持公司业务品种的协调发展，保持资产、负债与中间业务的协调发展，保持业务与人员素质的协调发展。要站在全局的高度，系统地思考、推动公司金融业务的发展。对任何问题，我们都不要简单化、不要一刀切，都要坚持“两点论”，辩证地看待问题，寻找发展规律。三是要灵活处理好市场与风险的关系。科学发展观第一要义是发展，但发展要讲管理条件、讲风险防范、讲资本约束。既要杜绝不顾风险、追求规模、盲目发展的倾向，又要防止教条主义、本本主义、畏缩不前的倾向，尤其在外部形势复杂多变的情况下，更要树立有所作为的竞争意识，不断创造客户需求。

（二）要树立责任意识和忧患意识，进一步增强做好公司金融业务的信心。百年一遇的金融危机仍在发展中，并有演变为经济危机之势，我国经济已出现下行趋势，明年全行利润增长面临更大压力，存贷利差缩窄，中间业务增长放缓，资产质量面临经济周期考验，GDP增速下降会带来信贷需求减弱和银行议价能力降低。公司业务作为全行主要的营销部门和创利部门，要进一步增强责任意识和忧患意识，积极应对更加激烈的同业竞争，完成更高的目标任务。

一是要加大市场营销的力度。要树立舍我其谁、敢于竞争的市场意识，各项业务既要自己和自己比，看增长速度，更要自己和对手比，看市场占比。要迎难而上，学会在宏观经济紧运行下，化外部压力为经营发展、结构调整和业务创新的动力，在公司金融各领域力争第一。二是要进一步增强发展信心。要充分发挥我行强大的客户基础、领先的科技网络和高素质的人才队伍优势，并通过持续的营销努力，把优势转变为现实的经营成果。

（三）要用创新的思维和办法，推动全行公司业务的转型发展。转型是我们的必然选择，今后如何转型主要有以下七项工作要很好地考虑。一是要把握风险本质，创造性地开发新产品、提供新服务，将我行的政策、流程和业务模式与优质客户的金融需求有效地结合起来，找准营销的着力点。信贷业务需要把握的重点是风险，我们要从风险的本质来看待企业、争取业务。在调研和听取一些汇报时，我感觉到有的行是为了满足总行的审批条件来把握风险，这个指导思想是错误的。应该反过来，在风险可控的情况下创造条件发展业务，而不是为了通过审批而做一些表面文章，到最后“本末倒置”，发生风险。二是要进一步推进公司信贷向公司金融业务转变。要以信贷业务为纽带，围绕客户需求，通过组合营销、综合营销，满足客户全方位的、一揽子的金融需求，深度挖掘客户价值。三是要进一步推动信贷余额管理向信贷流量管理转变。要发挥银行信用优势，加强表内业务向表外业务的转化，通过产品创新，让信贷资产流动起来，在多个市场的资金大循环中，以有限的信贷规模和资本金获取更高的收益。四是要进一步推动公司信贷业务向公司、个人金融业务相结合发展，拓展客户价值。我们面对的公司优质客户既是法人，也包括优质个人客户，我们应该有这方面的竞争意识。通过对公和对私产品的联动营销、交叉营销，真正把我行与客户的关系优势，转化为全方位的、公私并举的金融合作优势，提高客户综合金融贡献度。五是要以开放的心态对待市场，要更多考虑通过银团贷款、联合贷款、资产证券化等方式，以有限的规模争取最多客户和最大收益。六是要进行体制创新和机制创新。绩效考核是一种机制，分层营销是一种体制，要适应当前的形势，加快绩效考核机制和分层营销体制的完善。七是要加快产品创新来促进经营转型。

（四）加强公司业务区域发展战略研究，优化资源配置，提升公司业务核心竞争力。我国经过近三十年持续快速健康发展，经济格局、产业格局正在发生悄然变化。沿海发达城市，尤其是长三角、珠三角地区，基础设施建设已逐步完善，经济发展正面临土地、劳动力、原材料等要素资源和环境承载能力的制约，发展空间逐步受限，传统增长方式遇到瓶颈。环渤海区域、中部地区基础设施建设进程加快，资源、要素和产业跨区流入，新的信贷需求旺盛，我行区域发展战略今后也会发生变化。

一是经过这么多年，发达地区已经有比较大的信贷存量积淀，但大的基础设施投入到一定阶段后将慢慢饱和，在新的阶段还没有出现、要素市场的资产价格又很高的条件下，使得有些发达区域信贷余额增长面临新的挑战。因此，虽然发达地区投放量可能很大，但余额增加量可能是递减的，这是经济发展到一定程度以后必然会出现的。我们的区域结构调整要以全新的眼光来审视、来调研。二是各行要认真分析本区域独特的政治、经济环境和区域、行业优势，找准营销工作的切入点。沿海发达区域要把握产业升级和现代产业体系建设的新机遇，开拓现代服务业等新领域。要做好信贷流量管理，不断优化信贷品种结构，提高抵御经济周期风险的能力。环渤海以及中部地区要把握区域建设提速机遇，加大资源投入力度，不断壮大业务规模，迈上新的发展台阶。资源相对匮乏区域要坚持重点突破，在部分业务与品种上做出特色与品牌，以点带面，提升经营质态。

（五）要认真实施优质客户战略，坚持大中小并举，不断壮大客户基础。目前，公司业务面临客户基础薄弱的问题。这是各家分行要共同考虑、共同面对的战略问题，什么样的客户决定了我行有什么样的效益，也决定了我行有什么样的风险。做银行是做客户，没有客户基础的发展和壮大就谈不上业务的持续协调发展，谈不上公司经营转型问题。全行一定要坚持大中小并举，争取结算户每年增加30万－40万户，公司信贷户每年在坚持结构调整的同时，总量也要有所增加，这点目前总体还是重视不够、关注不够。

一是要注意建立科学的营销机制。对发达区域、潜力大的区域，要发挥好每一个网点的竞争力。我行贵宾理财中心的建设不能仅围绕着“个金”，也应该为公司大客户提供个性化的服务。二是要做好大客户的服务。要进一步明确大客户发展数量和业务目标，健全大客户分层营销模式，坚持客户和产品的名单式管理，做细、做深、做透大客户公司金融业务。要围绕龙头企业的资金链、物资链和产业链，创新业务品种，提高个性化服务水平。三是要做好中型客户管理。要加强对全行中型客户的分析研究，建立符合中型客户特点的管理办法，明确发展目标，落实分行责任和营销任务。要不断探索服务中型客户的产品，优化服务流程，提高对中型客户的服务效率。四是要大力发展小企业金融业务。小企业金融业务是我行的战略业务，其发展的快慢、质量的好坏，直接反映了我行信贷结构调整的成效。要加强经验总结和推广，通过营销的组织、客户经理队伍建设和激励机制建设，系统推动业务发展。

同志们，现在已近岁末，国内外形势发展变化很快，不确定性因素继续增多，公司业务责任重、任务重、压力大，各行公司业务系统要借学习实践科学发展观的东风，进一步增强责任感、使命感和紧迫感，提高思想认识，加强调查研究，抓住关键环节，解决重点问题，开创公司业务科学发展的新路子。总行公司一部、二部也要进一步转变工作作风，主动关心、主动理解分行，进一步树立为分行服务的意识，进一步提高服务效率，进一步加强全行服务营销大局的驾驭能力，为公司业务系统创造良好的工作环境，能争取更大的资源投入，提升全行公司业务的竞争力。

抓住机遇 开拓创新
努力建设国际一流商业银行风险管理体系

——在中国工商银行风险管理工作会议上的讲话

魏国雄

（2008 年 1 月 21 日·根据录音整理）

这次会议的主要任务是，认真贯彻落实全行发展战略研讨会精神，总结 2007 年风险管理工作，深入分析当前面临的形势，全面安排部署 2008 年风险管理各项工作。下面我谈三方面的意见。

一、2007 年的风险管理工作取得了显著成效

2007 年全行风险管理部门不断创新风险管理方法和措施，继续优化信贷资产质量，逐步树立了全面风险管理的理念，探索了一条适合工商银行实际的风险管理路子，初步实现了向全面风险管理的转型，圆满完成了年初制定的各项目标任务，向总行党委、董事会交出了一份令人满意的答卷。

（一）全面风险管理体系日益完善。2007 年，全行不断完善风险管理组织体系和制度体系，扎实推进了全面风险管理工作机制规范、高效运作，取得了积极成效。

初步形成了较为完整的全面风险管理制度体系。总行印发了《中国工商银行风险报告制度》，各分行相应制定了风险报告制度实施细则，对及时汇总和报告全行风险信息、更好满足全面风险管理的需要起到了积极作用。重新修订了《全面风险管理框架》，明确了风险管理组织架构、业务构成、管理流程等。修订了对辖内分支机构的考核办法。北京、上海、广东、江苏等分行结合本行实际，进一步健全和完善了各自的全面风险管理制度。

风险管理委员会运作效率进一步提升。2007 年，总行和一级分行共召开风险管理委员会会议 507 次，审议议题 874 个，其中审议重要风险管理制度 134 个，审议各类风险报告 272 篇，审议范围涉及风险管理的所有重要方面，会议组织的频率、效率和运行效果较上年均有明显提升。风险管理委员会秘书处认真履行了工作职责。通过定期编写委员会决议执行情况报告，保障了委员会的顺利运行。天津、上海、新疆等分行风险管理委员会审议了委员会运作及决议执行情况的报告。山西、浙江等分行专门审议了有关业务风险控制制度办法。山东、江西等分行持续加强了风险管理委员会秘书处工作。各二级分行均成立了风险管理委员会，并逐步开展工作。

风险报告工作实现制度化和规范化。全行按照《中国工商银行风险报告制度》的要求，积极主动地开展风险报告工作，报告质量稳步提高。全年共完成全面风险管理报告 152 篇，报告的全面性、权威性和时效性显著增强。完成专题风险报告 120 篇，选题涵盖信用风险、市场风险和操作风险等各类风险，较好地发挥了专题报告在风险评估和风险预警方面的作用。北京、上海、大连、山东和重庆等分行的全面风险管理报告内容充实；浙江、江苏、黑龙江、河北、安徽和内蒙古等分行独立完成多篇专题风险报告，较好地评估和揭示了相关领域的风险状况，提出了具有针对性的意见和措施。

全面风险管理信息支持平台建设加速步伐。随着全面风险管理信息支持平台一期、二期的成功投产，我行在国内同业中率先建成了专门支持全面风险管理工作的报表平台，实现了 38 张风险报表的自动生成。北京、江苏、广东、大连分行和广东分行营业部积极参与有关系统的测试验证工作，确保了系统按时投产运行。

（二）内部评级法工程全面推进。2007 年，非零售内部评级法二期工程各项成果陆续投入应用，使我行在国内大型商业银行中率先实现了内部评级法初级法；同时零售内部评级法工程率先启动，且主体工程基本完成。

推进非零售内部评级项目各项成果的投入运用。优化了我行的法人客户评级体系，制定或修订了 24 个客户评级办法，投产了客户评级优化系统，使我行在国内率先实现了违约概率的准确量化；建立债项评级体系，制定了覆盖 140 多个信贷品种的债项评级办法，完成了债项评级系统的开发测试；进一步完善组合评级体系，制定地区评级办法、行业评级办法、省市政府偿债能力评价办法，完成组合评级系统的开发测试；加大了内部评级结果在风险管理全流程的应用，制定了二维评级结

果在限额设定、信贷审批、贷款定价、经济资本计量中的应用方案，完成信贷审批优化系统、客户 RAROC 系统的开发测试，实现了对每笔债项和客户风险成本、占用经济资本、RAROC 和 EVA 的精确计算；积极开展各项成果推广应用的培训工作，培训人数达 1 500 人次，使管理人员经营理念逐步得以转变，相关工作人员能够正确地理解每个制度办法，熟练地操作有关业务系统。各分行积极参与内部评级制度起草和系统开发，保障了各项工作的顺利开展。

零售内部评级法项目全面启动，主体建设任务基本完成。2007 年 3 月零售内部评级法项目开工以来，各项工作按照预定计划推进。开展了零售业务数据清理分析工作，完成了新增客户申请审批、存量客户行为和催收评分模型开发，推进贷款审批和信用额度调整策略设计、监控报告体系研究和数据系统建设进程，为在贷款审批、风险监控、数据整合等方面推广应用零售业务内部评级法项目成果做好准备。

（三）承担市场风险牵头管理职能。2007 年 9 月起，总行风险管理部承担了全行市场风险的牵头管理职能，有效增强了全行市场风险管理体系的完整性和独立性。根据新的职能要求，风险管理部在做好市场风险分析报告的基础上，认真履行了市场风险管理委员会秘书处的工作职责，系统梳理了市场风险管理制度，编制了市场风险管理制度体系建设规划，着手开发市场风险管理核心系统，全行市场风险管理工作有了良好的开端。

（四）操作风险管理体系不断完善。加强了内控体系建设，全面开展了内控评价，促进了内控管理水平的提升。加强操作风险识别监测，对经营管理中的操作风险进行全面分析和预警，强化了操作风险事前事中控制。大力推行《业务操作指南》，加强了对业务制度的培训；累计完善和创新 60 余项制度，进一步健全了操作风险防范的制度体系。在全行范围内开展重要经营管理事项全面检查，对各项业务系统梳理出风险的易发环节和部位，进行拉网式排查。2007 年全行共立案查处各类案件 24 件，其中，百万元以上案件 3 件，同比分别减少 7 件和 4 件，下降 22.6% 和 57.1%；涉案金额 1 196.3万元，其中百万元以上案件涉案金额 524.7 万元，下降 70.2% 和 84.5%。内部经济案件千人发案率为 0.06，较上年下降 0.01。

（五）不良资产清收处置工作再创佳绩。2007 年，全行累计清收处置不良贷款 673.45 亿元，完成全年任务的 1.5 倍。2007 年末不良贷款余额降至 1 117.73 亿元，较年初下降259.72 亿元；不良贷款率降至 2.74%，较年初下降 1.05 个百分点，信贷资产质量进一步改善。不良贷款下降额和清收处置额在可比商业银行中均列首位。在清收处置不良贷款过程中，全行风险管理部门努力降低处置成本，提高回收率，实现拨备回拨 144.88 亿元，为全行质量与效益的双提高作出了新的贡献。山东、河北等 11 家分行清收处置额超过 20 亿元。辽宁、广东、上海、北京、天津等 29 家分行不良贷款额和不良贷款率实现双降。

大额不良贷款清收处置工作取得显著进展。全行积极创新大额不良贷款管理工作方式，强化领导挂帅清收工作机制，亿元以上不良贷款大户逐一落实到各一级（直属）分行行级领导。风险管理部门加强对大额不良贷款的监测督导与分析报告，将单户 5 000 万元（含）以上大额不良贷款全部纳入监测范围，实行名单制、滚动式管理。2007 年累计清收处置大额不良贷款 190.01 亿元，比上年多清收处置 48.15 亿元，清收处置率达 44.45%，同比提高 14.46 个百分点。截至 2007 年末，全行亿元以上大额不良贷款户 182 户、不良贷款余额 396.67 亿元，分别比年初减少 35 户和 61.57 亿元。辽宁、广东、广西等分行行领导挂帅处置大额不良贷款成效显著。天津分行全额现金收回全行前 20 大户之一的天津磁卡股份公司 6.2 亿元不良贷款。

现金清收工作卓有成效。全行坚持将现金清收作为清收处置的首要手段，通过上门催收、法律诉讼、还款免息等多种方式加大清收力度。全年累计现金清收不良贷款 302.63 亿元，占清收处置总额的 44.94%，较上年增加了 4.2 个百分点。广东、辽宁、上海三家分行不良贷款现金清收额合计达 61.97 亿元，占全行的 20.48%。

呆账核销工作积极稳妥实施。去年初总行分解下达了呆账核销计划，11 月就完成了全年计划，做到了早安排、早部署、早见效。自 2007 年下半年开始，实施了金额超过 1 亿元的大户核销方案报信用风险委员会审议的制度，进一步规范了呆账核销申报、审查和审批工作流程。全年累计核销呆账 81.22 亿元，完成全年任务的 116.03%。辽宁、河北、广东、上海和浙江等分行优先配置财务资源，认真组织核销材料，推进了呆账核销工作的均衡有序开展。

以物抵债的通道作用得到充分发挥。围绕不良抵债资产年末余额控制和两年以上账龄抵债资产处置计划，全行统筹安排抵入项目申报、抵债资产处置和损失处理工作，加快抵债资产进出周转，优化抵债资产结构。全行圆满完成了不良抵债资产余额控制计划，两年以上账龄抵债资产较年初显著下降。全年累计抵入资产 95.31 亿元，处置资产 104.50 亿元，抵债资产处置周转率为 150%，保持了 2005 年财务重组以来抵债资产快速周转的良好势头。辽宁、广东和陕西分行合计抵入资产 37.5 亿元，占全行抵入总额的 39%；上海、广西、四川等分行成功处置了一些难度比较大、账龄比较长的抵债资产。

不良贷款管理系统进一步完善。不良贷款管理系统的建设步伐明显加快，成功实现了呆账核销管理系统和抵债、不良贷款管理系统等现有系统的投产、升级工作；新系统的建设推进顺利，不良贷款管理信息系统即将发布，个人不良贷款管理系统、账销案存资产管理系统开发工作正式启动。

历史遗留问题清理工作取得新进展。至2007年末全行可疑类贷款转让交接工作总体公告率达96.83%，较年初提高1.41个百分点。系统内自办公司和股权投资清理工作进入扫尾阶段，仅余34笔，较年初减少了12笔。2000年已剥离自办公司清理完毕488户，占待清理已剥离自办公司总数的31%。长航股权处置工作取得重大突破，长航集团提前回购股权。第一批军工、部分有色企业债转股资金清算工作全面完成。云南、青岛分行在处理多年历史遗留问题上取得良好成效。

（六）不断加大风险管理专业队伍建设力度。2007年全行将风险管理专业队伍建设作为一项重要工作，加强思想引导，强化培训力度，取得良好的效果。

培训内容丰富、形式多样。全行通过现场、视频等多种形式进一步加大了风险管理业务培训力度，共举办各类风险管理业务培训班45期，培训学员约4 500人次，通过视频等形式培训学员约11 000人次，是近年来培训力度最大的一年。

不断充实风险管理队伍。各级行不断优化风险管理岗位设置，充实工作人员。北京分行成立专门机构履行全面风险管理职责，配备了9名高素质的专职人员，较好地推进了全面风险管理工作的开展。

持续加强廉洁从业和职业道德教育。全行通过风险管理业务检查、工作情况通报、业务调研等多种方式进一步强化了依法合规经营。一年来，全行风险管理专业未发现违法违纪问题，风险管理工作得以快速、持续和健康发展。

一年来，全行风险管理战线的同志们不畏艰辛，努力工作，以高度的责任心和使命感出色地完成了各项任务。在此，我代表总行向大家、并通过你们向全行风险管理战线上的同志们表示衷心的感谢。

二、当前风险管理工作面临的形势与挑战

当前，我行的风险管理与建设国际一流现代金融企业的发展目标还存在一定差距，与国际先进银行相比，我行的信贷资产质量尚需进一步提高，改善后我们的信贷资产质量还没有经受经济周期的考验，在正常类贷款中也还存在一些有潜在风险的问题贷款。全面风险管理体系刚刚建立，还有待于进一步完善。

第一，宏观经济环境的变化使我行信用风险管理面临新的挑战。2008年是宏观调控政策进一步加强，我国的经济增长速度可能有所放缓，从紧的货币政策将主要表现为银行信贷的从紧，可能出现企业贷款需求旺盛和银行信贷供给紧缺的矛盾，存量贷款的到期安排和新开工项目的融资困难等问题，一些受宏观调控影响较大行业的风险将逐渐显露。国家产业结构调整及环保政策调控力度的加大，增加了我行对“两高一资”行业、产能过剩或潜在过剩行业贷款风险控制的难度。出口退税政策的进一步调整和所得税、资源税等税制改革政策的出台，也将对相关行业的信贷风险产生影响。新形势下保持优良的信贷资产质量，需要我们不断提高信用风险控制能力与管理水平。

第二，实施《巴塞尔新资本协议》要实现由传统定性为主向定量定性相结合管理模式的转变，全行风险管理的理念、政策制度、数据支持等面临新的挑战。银监会已出台《巴塞尔新资本协议》实施规划，明确了商业银行推行新资本协议体系的时间表和监管要求。《巴塞尔新资本协议》体现了国际先进银行风险管理的最佳实践，在管理思路和理念上与传统以定性为主的管理模式存在较大的差异，全面实施《巴塞尔新资本协议》需要一个过程，需要对我行各项信贷政策制度、信贷授权以及流程按新的内部评级体系进行调整，这将是一个非常庞大的系统工程。从国际先进银行实施《新资本协议》的经验看，数据是《巴塞尔新资本协议》顺利实施的灵魂，也是内部评级法工程面临的最大挑战之一，我行的损失数据积累还没达到《巴塞尔新资本协议》中7年的要求，要实现2010年达到内部评级高级法的要求，还需加强风险损失数据的积累和收集。

第三，随着金融市场的创新发展，我行金融市场业务规模不断扩大和产品的日益复杂，全行市场风险管理水平的迅速提高面临新的挑战。银监会监管指引和《巴塞尔新资本协议》都对商业银行市场风险管理水平和达标时间提出了严格的要求，总行党委和董事会十分重视我行的市场风险管理工作。由于我行市场风险管理工作起步较晚，现有基础比较薄弱，市场风险管理体系尚未健全，市场风险计量手段和管理经验不足，专业人才缺乏。要在近一两年内迅速提高市场风险管理水平，任务十分艰巨。

第四，大额不良贷款清收处置难度增加，形成新的挑战。大额不良贷款尤其是一些集团关联客户的不良贷款，涉及利益主体多、关系较为复杂，清收处置难度较大。目前全行亿元以上大额不良贷款占全部不良贷款的比例已由2006年6月的33.38%上升到36.14%，不良贷款大额化的趋势更加明显。清收处置工作力度更需进一步加大。

第五，有效管理操作风险是全行面临的又一挑战。近年来全行立案查处的各类案件尽管总体上呈现下降趋势，然而有章不循、违规操作等诱发操作风险的事件仍大量存在，部分员工风险防范和制度执行意识还不够强，少数人员徇私舞弊的现象仍时有发生。个别业务领域操作风险的防控措施尚不到位，操作风险的各项控制措施未能充分发挥，操作风险管理的整体水平亟待提高。

第六，从业人员的知识和经验不足是提高风险管理

水平的最大挑战。机构改革和业务流程重组后，全行风险管理专业人员已由2005年6月末的约1万人降到目前的约3 000人。现有的风险管理工作人员对不良贷款清收处置有一定的经验，但全面风险管理方面的知识和经验则明显不足。这与风险管理部门向全面风险管理的转型、向风险的事前控制转型、向定性与定量相结合的风险管理转型、向集中的风险管理的转型要求相比明显存在差距，全行风险管理部门还需要进一步充实熟悉现代银行全面风险管理的人才。

尽管面临上述挑战，做好当前的风险管理工作仍有许多有利因素。近几年来，全行全面风险管理体系得到了持续的调整和优化，风险管理政策制度、计量技术、操作流程得到不断完善，风险管理工作已得到了各级行领导的高度重视，风险管理创造价值的理念得到高度认同，风险管理工作正在一个齐关心、共参与的氛围中持续推进，这是下一阶段风险管理创新发展的根本保证。

三、2008年风险管理的主要工作

总行已经明确，今后五年全行风险管理的总体规划是分阶段达到国际一流商业银行风险管理水平，即在信用风险管理方面，确保2010年底达到内部评级高级法的标准；在市场风险管理方面，力争2010年达到内部模型法的要求；在操作风险管理方面，计划2013年全面实施高级计量法。

为了实现上述规划，2008年全行风险管理主要目标任务是：

——不断强化风险集中管理理念，健全全面风险管理体系。

——积极推进非零售内部评级风险量化结果在风险管理全流程的运用。

——全面完成零售内部评级项目，加快项目成果在零售业务中的应用步伐。

——完善全行市场风险管理体系，加快市场风险管理的制度、方法和系统建设。

——启动操作风险高级计量法工作，完善操作风险监测体系。

——操作风险损失率控制在0.15%以内；内部案件千人发案率保持在0.2以内。

——全年清收处置不良贷款450亿元，其中呆账核销70亿元；年末不良贷款余额控制在1 000亿元以内，不良贷款率降至2.5%以内。

——加大大额不良贷款清收处置力度，全年清收处置5 000万元以上大额不良贷款达到年初余额的三分之一以上。

——完善不良贷款清收处置拨备回拨监测考核机制，全年实现拨备回拨85亿元。

——加快抵债资产处置进度，抵债资产年末余额控制在100亿元以内。

——加快建设独立、有效的风险信息获取机制，实现我行风险管理信息化水平的重大跨越。

——推进风险管理专业队伍建设，建立风险管理从业资格认证体系。

为实现上述目标，必须做好以下七方面工作。

（一）强化风险集中管理理念，进一步健全全面风险管理体系。风险集中管理是提高风险管理效率、降低管理成本、提升竞争力的有效手段。2008年要不断强化风险集中管理理念，加大创新力度，不断健全全面风险管理的各项工作机制。

积极构建系统的全面风险管理政策制度体系。要加快制定《风险评价办法》，推进对各分行风险状况及风险管理情况的全面评价，风险评价结果要纳入分行行长绩效考核办法。出台《风险限额管理制度》，建立起集中、规范的风险限额管理机制。

进一步完善风险管理委员会运行机制。要根据风险管理委员会审议重大风险管理事项的职能定位，进一步明确委员会审议范围。要健全风险管理委员会运行制度，提高会议频率，完善决议执行督办机制，提升委员会的运行效能。各一级（直属）分行要根据风险管理和业务经营发展需要，完善专业风险管理委员会设置，清晰界定各专业委员会之间的关系，对职能有重叠的委员会要在统筹考虑基础上进行整合。二级分行可根据实际情况不设立专业风险管理委员会，但其职责要由风险管理委员会履行，并落实专人负责风险管理委员会及秘书处工作。

不断提升风险报告水平。要积极扩展风险报告领域，完善信息获取机制，提高风险管理报告的独立性、权威性和前瞻性。建立外部专家制，提升宏观经济分析能力，拓宽信息来源渠道，提高分行风险管理报告的独立性和时效性。要建立专题风险报告的重点联系行制度，提高专题风险报告频率。完善风险报告考核通报机制，建立风险报告考核评价和反馈制度，提高报告质量。

加快构建全行统一的全面风险管理信息系统。要进一步扩充全面风险管理信息支持平台的功能，扩大数据广度，强化信息系统对风险管理决策的支撑作用。要根据当前及今后一个时期的风险管理工作需要，在有效整合行内信息系统资源基础上，加快构建全行统一的全面风险管理信息系统，使各级风险管理部门能够及时、完整、便捷地获取全行各类主要风险管理信息，不断提升全面风险管理的信息化水平。

（二）稳步推进内部评级法成果的推广应用，提高全行信用风险管理水平。内部评级结果的推广应用是一项全新的工作，在信用风险的管理理念与管理方法等方面要进行相应调整。

稳步推进非零售内部评级量化结果在风险管理全流程的应用。要建立地区、行业、产品等组合维度的授信体系，在保持客户评级审查审批独立性的前提下，推进评级授信的系统整合和流程整合。要加快推进非零售内部评级量化结果在信贷审批和授权管理中的应用，将信贷准入标准由主要依据客户信用等级调整为主要依据客户或每笔债项的风险调整后收益和经济增加值，将信贷授权主要依据融资金额调整为主要依据客户风险大小确定其占用的经济资本、预期损失以及风险调整后收益等多个维度的授权。要优化我行的监测预警体系，引入客户经济增加值、风险调整后收益、预期损失、信用等级迁移、关键指标关键区间变化等指标，使事后风险提示向事前风险预警转变。

努力提高内部评级量化结果的准确性。不断完善风险量化模型的优化和验证机制。加强违约数据和损失数据的积累工作，为模型的持续优化提供数据和系统支持。做好评级推翻客户信用等级的逐户验证工作，进一步提高客户评级结果的准确性。要积极探索开发组合风险量化模型，分析量化不同行业、产品、地区等维度之间的相关性，准确计量信贷资产组合的非预期损失。要有组织地开展地区、行业、地方政府评级以及地区行业交叉系数的审查审批工作，为客户评级工作的顺利开展提供科学准确的宏观参数。要加强对国家风险的研究，出台国家主权评级办法，协调推进境外分行《巴塞尔新资本协议》的实施。

推广应用零售内部评级法成果。2008 年要全面完成零售内部评级法项目建设任务，加快开发零售内部评级应用系统，实现零售贷款审批的自动化和科学化。尽快完成零售内部评级的各项制度办法，建立推广应用的制度体系。积极开展零售内部评级项目培训工作，完成项目在方法论、制度办法、系统等方面的知识转移，尽快熟悉和应用零售内部评级成果，提高零售信用风险管理水平。

（三）夯实市场风险管理基础，提升市场风险管理水平。全行要加快健全市场风险管理制度体系，提高市场风险计量技术，构建统一的市场风险管理技术平台，逐步建立以 VaR 为核心的、完善的市场风险限额体系，全面提升市场风险管理水平。

加快出台市场风险管理的七项制度。要抓紧修改、完善《市场风险管理政策》、《市场风险识别制度》、《市值评估制度》、《市场风险计量制度》、《市场风险限额管理制度》、《市场风险报告制度》和《重大市场风险应急管理制度》7 项制度，明确市场风险管理的职责，计量方法和管理流程，为做好市场风险管理工作提供制度保障。

加快构建市场风险管理核心系统。要搭建集中、统一的市场风险管理系统，推进市场风险管理核心系统项目的实施工作。尽快完成系统开发，加快投产应用进度，初步实现全行组合层面 VaR 计量，实现全行资金交易业务的数据集中、风险计量集中和限额管理集中。

建立市场风险计量方法与市场风险限额体系。加快完成市值评估及市场风险计量模型验证，全面实现交易账户逐日估值与报告；运用压力测试、回溯检验等方法，逐步提高市场风险计量的准确性和有效性。建立不同层级的市场风险限额体系，完善市场风险限额设定、审批、分配及报告流程，实现对全行各层级市场风险的有效监控和管理。

构建市场风险分析与报告体系。要在提高市场风险计量手段的基础上，完善市场风险报告体系，充实报表内容，规范报告路径，提高报告频率，逐步实现全行市场风险的全面分析和及时报告，确保市场风险信息的及时性、准确性和完整性。

稳步推进分行市场风险管理工作。总行将进一步完善全行市场风险管理框架，研究并明确分支机构市场风险管理职能，逐步将境内外分行市场交易业务纳入全行统一的风险管理体系，实现全行层面市场风险的有效控制与管理。

（四）进一步完善组合风险管理和压力测试工作。组合管理与压力测试是风险管理工作的重要组成部分。要加强组合风险管理，优化经济资本配置，提高资产的收益水平。要运用内部评级模型、市场风险计量模型等先进的风险计量工具，尝试开展宏观经济走势、石油等大宗商品价格波动、各种税收政策调整等因素变化对我行资产组合的影响程度，为管理层决策提供更充分的依据。要研究和建立适合我国情况的压力测试模型，建立相应的信息系统，收集相关信息，努力实现压力测试工作的自动化。

（五）不断加大操作风险防控力度，尽快启动高级计量法工作，稳步提升我行操作风险管理水平。2008 年全行操作风险管理工作同样要强化量化管理理念，通过完善识别、计量、评估、监测和报告机制，实现操作风险业务的全领域覆盖和业务操作的全过程控制。

完善操作风险识别、监测和报告机制。2008 年总行将出台操作风险损失事件专项统计制度，建立起覆盖各业务领域、具有全局性和关键性特征的操作风险监测指标体系。各分行要将操作风险一并纳入统一管理、监测范围，做到准确识别操作风险隐患，分析操作风险形成原因，减少操作风险损失。各级行要切实加强操作风险统计工作，保证工作质量，及时报送准确、完整的操作风险监测和分析报告。

建立健全操作风险检查监督和考核机制。要进一步规范操作风险监督检查工作，整合各类检查资源，共享检查监督成果，节约检查成本，提高检查效能。要加强对各项业务操作中重点、疑点和薄弱环节的持续监测分析和跟踪检查，强化对操作风险的及时监控，增强风险预警和提示功能。建立操作风险监督考核机制，保证统计数据的真实性、可靠性，对瞒报、乱报等问题给予严肃处理。

加强案件防范工作。要进一步推动案防长效机制建设各项措施的落实。继续加强商业贿赂案件的防范治理工作，从规范管理人员从业行为抓起，强化权力运行的监督约束机制。抓好重要风险点的防控，认真查找代理业务、金库、款箱业务管理和操作流程中存在的漏洞；积极开展员工行为动态排查、专项涉赌涉博彩的排查；对业务运营过程中处于关键环节、履行风险控制职责的岗位，严格执行人员交流、岗位轮换、强制休假、任期和离任审计等制度。加大案件查处工作力度，严格执行案件线索处置规定，严格案件报告制度，尽快完成所立案件的查结工作。

强化对信息系统的运用和控制。全行要切实加强信息系统的安全管理工作，保障网络、数据及用户信息的安全。要高度重视运行风险，通过优化业务流程，减少对业务系统运行的压力，降低因实时处理需求增加、交易量激增和跃升等异常现象带来的系统风险隐患。要完善科技、业务应急处理联动机制，组织应急演练，提高应变能力。

启动操作风险高级计量法工程项目。通过引入外部合作机构，组建专门项目小组，研究确定实施高级计量法的方法论和实施所需的各项条件，分析现状，找准差距，提出实施高级计量法的路线图和分年度主要工作安排。

（六）加大不良贷款清收处置创新，稳步推进信贷资产质量持续好转。全行仍要将不良贷款清收处置工作作为风险控制的一项重要内容，不断创新工作措施，努力实现不良贷款压降与促进经营效益提升的双重目标。要建立重点联系行制度，加大对不良贷款余额较大或占比较高的分行的监控。今年总行对年末不良贷款的余额不再下达计划指标，对交叉违约的贷款要纳入不良贷款管理。此外，随着宏观经济形势的变化，一些企业的资金链可能会断裂，这些都有可能导致新的不良贷款增加。各行要加强不良贷款管理，加快清收处置进度。吉林、黑龙江、辽宁、河北、新疆、河南、青海分行不良贷款率要降至5%以下；湖南、广东、陕西分行要降至3%以下。

加大对风险拨备的管理力度。要进一步做好不良贷款清收处置的精细化管理，通过增加回收率来提高清收处置工作对全行经营效益的贡献度。要确立通过不良贷款的清收处置为全行创造更多收益的观念，将清收处置实现拨备回拨纳入行长绩效考核体系，加强对不良贷款拨备计提、使用与回拨的管理，完善清收处置拨备回拨监测考核机制，全年要实现拨备回拨85亿元。

强化大额不良贷款清收处置工作。全行前20户大额不良贷款要由相关分行的一把手直接负责清收处置，工作成果要与分行行长年度绩效考核挂钩；总行将对每户确定一个联系人，成立由总行、一级分行、二级分行组成的专户清收处置小组，实行三级联动和名单制、滚动式管理。总行将建立专门的督办制度，对20个大户清收处置工作进行专项督办，并对大额不良贷款清收处置成绩突出的分行安排专项费用予以奖励。各分行要把大额不良贷款清收处置作为风险管理工作重点，将5 000万元以上的大额不良贷款都集中到一级（直属）分行进行统一的管理与清收处置。总行风险管理部要对5 000万元以上大额不良贷款清收处置工作按季通报。

进一步提升风险监测工作水平。要密切关注国家宏观调控政策和货币金融政策的调整，重点加强对贷款总量、贷款行业结构、区域结构、品种结构、重点客户、重要期限结构贷款质量的监测分析，预警潜在风险。要从贷款迁徙和“两高一资”行业、中小企业、大户等方面对贷款质量变化趋势及其对经营成果的影响程度进行监测分析。

推进呆账核销工作健康有序开展。今年总行将不再下达呆账核销计划，呆账核销资源由总行统一掌握。各分行要积极采取措施，主动开展工作，将符合条件的呆账项目尽快向总行申报核销。要继续深入领会呆账核销政策精神，规范审查审批工作，确保呆账损失证据确凿、依法合规、依据充分、追索尽职、责任明确。要及时掌握全行账销案存资产转入、销账、清收处置情况，提高账销案存资产管理水平。

继续发挥以物抵债通道作用。总行将下达抵债资产余额控制计划和两年以上账龄抵债资产处置计划，各行要确保完成。要加快清理处置存量抵债资产，选择优质资产抵入，提高抵债资产处置受偿率。处置受偿率要纳入风险管理专业考核体系，按期进行考核通报。对于现有存量不良抵债资产中损失挂账或损失已确定的项目，要及时进行账务处理，减少损失挂账。要注意防范操作风险和道德风险，严格规范以物抵债申报审查、抵债资产管理和处置工作流程。

探索创新不良贷款快速处置机制。有条件的分行要积极推行不良贷款集中管理制度，根据当地的实际，对不良贷款进行资料集中、管理集中、清收处置集中与账务处理集中，提高处置效率。各级行风险管理部门要加强与监管部门、资产管理公司和金融同业的沟通与合作，互通信息，开拓思路，用足用好各项政策，积极开展不良贷款处置创新，为快速处置不良贷款探索出新的路径。

加快系统投产应用进度，实现不良贷款管理信息化水平的新跨越。2008年不良贷款管理信息系统、个人不良贷款管理系统和账销案存资产管理系统都将投产，全行将首次实现法人、个人不良贷款、账销案存资产全程系统处理。各级行要切实做好投产的组织和培训工作，确保新系统投产顺利、运行有序高效。要充分利用系统功能，逐步推行无纸化审批，使这些系统成为全行的不良资产处置平台、信息监测平台和操作风险防控平台。

（七）加强风险管理专业队伍建设，推行岗位准入制度。风险管理的目标和要求决定了加大员工队伍建设的紧迫性，各级行要尽快提升风险管理员工的业务素质与能力。

加强风险管理岗位和从业资格管理。各级行要进一步优化风险管理岗位设置，梳理岗位职责，建立岗位层级体系。要进一步调整风险管理人员结构，各行全面风险管理员工的数量还要进一步提高，不良贷款处置任务已不是很重分行的风险管理部门要加速转型。要逐步推行风险管理专业从业资格认证制度，统一全行风险管理从业标准，推行与风险管理专业考核、选拔、晋升相挂钩的职业资格认证体系。

加强廉洁从业、职业道德教育和风险管理业务培训。要继续深入贯彻科学发展观，强化现代商业银行风险管理理念，树立正确的质量观、风险观与效益观，弘扬团队精神与敬业精神，加强廉洁从业教育，切实防范道德风险和操作风险。要加强风险管理业务培训，重点开展对分行中高级管理人员和风险管理业务骨干的培训。全行还要结合风险管理发展的形势与要求，围绕全面风险管理、内部评级、市场风险管理、操作风险管理、不良贷款清收处置等开展专题培训，全面提升从业人员的业务素质。

同志们，经过近几年的努力，我行的风险管理体系建设已经取得了显著成效。同时新阶段全行改革发展的目标对风险管理工作提出了更高的要求。全行上下一定要顺应改革发展的新形势，按照总行的战略部署，进一步坚定信心，努力拼搏，为创建国际一流商业银行风险管理的宏伟目标而不懈努力。

在中国工商银行信贷作业监督和信贷档案集中管理情况通报会上的讲话

魏国雄

（2008 年 7 月 24 日）

为贯彻落实信贷作业监督与信贷档案集中管理的各项要求，及时总结工作进展情况，研究解决存在的问题，进一步规范信贷管理和有效控制防范信贷风险，总行决定召开这次全行范围的视频通报会。下面，我讲三方面的意见。

一、信贷作业监督与档案集中管理工作的主要成绩

为严格信贷业务流程控制，规范信贷业务操作，提升信贷政策制度执行力，确保信贷业务档案资料及时、完整、合规入库，切实维护我行债权安全，2006 年 11 月组织全行启动了信贷业务的逐笔监督工作。一年多来，在各级行领导的高度重视下，总分行上下联动，认真履行信贷作业监督职能，不断完善监督流程，在确保新办理信贷业务实时监督的同时，大力推进存量信贷业务作业监督工作，信贷档案集中管理工作也得到较大推动，进一步夯实了信贷管理基础，主要体现在以下几方面。

（一）逐步完善制度体系，基本实现了信贷作业监督工作的规范化管理。信贷作业监督是一项重要的基础性工作。为实现信贷业务的精细化管理，切实保障信贷作业监督工作有章可循、合规操作，全行建立和形成了定位准确、职责清晰、流程合理、要求明确的较为系统化的信贷作业监督制度体系。总行制定的《信贷作业监督指南》明确了信贷作业监督的职能定位、监督流程、工作内容和监督重点，加强了对分行信贷作业监督工作的指导；《法人和个人信贷档案管理办法》规定了信贷业务档案内容、部门职能分工、档案移交流程和日常管理，理顺了信贷作业监督环节与相关业务部门及信贷档案管理部门的关系；《信贷作业监督工作考核管理办法》确定了信贷作业监督工作考核重点及评价指标体系，使全行信贷作业监督考核工作有章可循，强化了对各行信贷作业监督工作的管理和监督。信贷作业监督制度体系的建立，实现了信贷作业监督管理的规范化、程序化。大部分分行结合自身特点制定了相应的实施细则，取得了较好的效果。

（二）不断推出各项工作举措，丰富了信贷作业监督工作内容。为推动信贷作业监督相关制度办法的有效实施，促进信贷作业监督职能的落实，在信贷作业监督工作启动以来，总行与各分行积极探索和积累信贷作业监督的工作经验和方法，初步形成了适应我行目前信贷管理流程的信贷作业监督工作模式，包括：确定重点联系行（福建和广东分行营业部），实现“重点突破”；推广典型经验，实现“全面推进”；定期监测通报，强

化考核约束；下发整改通知，进行重点督办；开展专项检查，督促落实整改；建立反馈机制，完善制度流程；等等。建立行之有效的工作模式推动了信贷作业监督工作在全行范围的深入开展。

（三）开发应用监督系统，大大提高了信贷作业监督工作质量与效率。总行组织开发了个人和法人信贷作业监督管理系统，并根据工作实际不断进行更新与优化。在多次系统培训的基础上，上述两个系统已经分别于今年4月20日和7月13日在全行投产。总行要求各行在利用系统做好新办理信贷业务作业监督工作的同时，在9月以前完成投产前信贷作业监督信息的补录工作。随着系统的全面应用，全行信贷作业监督工作将实现在同一平台、按照统一标准、遵循统一流程进行操作，信贷作业监督考核数据将由系统自动生成，大大提高了信贷作业监督工作质量与效率。

（四）信贷业务监督率大幅提高，基本实现信贷业务逐笔实时监督。截至今年6月末，全行经信贷作业监督且合格入库的信贷业务有606.33万笔、55 186.93亿元，信贷业务监督率（按笔数和金额计算，下同）分别为99.59%和99.73%，较2007年末分别提高14.83个和7.11个百分点。其中，2008年新办理信贷业务监督率分别为97.83%和99.33%，较2007年末分别提高2.05个和1.73个百分点。可以说，全行基本上实现了对信贷业务的逐笔实时监督。

从对公业务来看，有江苏、广东、陕西、上海、北京、深圳、苏州等21家分行信贷业务监督率达到了100%；从个人业务看，有山东、海南、河南、江西、辽宁等11个行信贷业务监督率达到了100%；深圳、山东、山西、天津、辽宁、海南、河南和大连8家分行对公和个人信贷业务监督率均在规定的时间内达到了100%，在此特别提出表扬。

（五）信贷业务问题发生率明显降低，信贷基础管理逐步加强。自启动信贷作业监督工作以来，全行信贷作业监督部门日常监督累计发现21.15万笔信贷业务存在各类风险问题，共涉及金额3 296.75亿元，问题发生率（按笔数和金额计算，下同）为3.49%和5.97%。其中，2007年上半年全行信贷业务问题发生率分别为4.51%和5.28%；今年上半年上述指标分别下降至3.44%和4.49%。信贷业务问题发生率的逐渐降低，说明我行的信贷基础管理工作在逐步加强。

今年上半年，深圳（0.14%）、上海（0.43%）、陕西（0.63%）和吉林（0.78%）4家分行新办理信贷业务问题发生率都下降到1%以下。

（六）监督发现问题整改率逐步提高，风险隐患被及时化解。截至今年6月末，全行信贷作业监督发现问题整改率（按金额计算）为98.73%。其中，2008年上半年发现问题整改率为98.61%，较2007年上半年提高43.72个百分点，较2007年末提高3.23个百分点。监督发现问题的有效整改，使信贷作业环节中发现的问题得到纠正，风险隐患被及时化解。信贷作业监督发现问题整改完成较好的分行有北京、甘肃、海南、青岛、深圳和天津6家分行。

（七）信贷业务档案质量进一步提高，档案入库率稳步提升。截至今年6月末，全行当年新办理对公信贷业务档案经监督且合格入库的比率（按笔数和金额计算，下同）分别为99.57%和99.52%，较2007年上半年提高16.74个和23.79个百分点，较2007年末提高0.93个和1.65个百分点。对公信贷业务档案入库率达到100%的有北京、江苏、上海、山西、云南等21家分行。

截至今年6月末，全行当年新办理个人信贷业务档案经监督且合格入库的比率分别为97.02%和97.42%，较2007年上半年分别提高16.83个和16.76个百分点，较2007年末分别提高2.22个和1.86个百分点。个人信贷业务档案入库率达到100%的有大连、海南、江西、山西、深圳等11家分行。

（八）信贷业务档案集中管理工作基本到位，集中化程度明显提高。经过几年的努力，37家分行的627家二级分行法人信贷客户档案已全部实现集中管理，而且除2家二级分行外已全部集中到综合档案管理部门；从各类档案集中情况看，要件类、管理类档案集中率达到了100%，权证类档案集中率为97.77%，保全类档案集中率为94.58%，综合类档案集中率为86.28%。对公信贷档案集中管理达到总行要求的分行有北京、上海、浙江、黑龙江、福建、甘肃、山东、四川、辽宁、广东分行营业部等28家分行。

37家分行的674家二级分行已有87.83%的分行实现了个人信贷业务档案集中管理，已实现集中管理的分行中94.70%的分行由综合档案管理部门统一管理；从各类档案集中情况看，贷款资料类档案集中率为87.83%，合作机构类档案集中率为83.23%，权证类档案集中率为78.93%。个人信贷档案集中管理达到总行要求的分行有广东、广西、海南、河南、青岛、深圳、厦门等13家分行。

总体来看，信贷档案集中管理较好的分行有福建、甘肃、广东、广西、海南、河南、黑龙江、辽宁、青岛、山西、深圳、厦门和广东分行营业部13家分行。

应当指出，信贷作业监督工作的深入开展，为及时解决和处理大量操作性风险隐患，防范和规避信贷风险，建立和形成规范严谨的信贷文化，发挥了重要作用。

二、当前工作中存在的主要问题

（一）信贷作业环节的问题仍较突出。今年初以来，全行信贷作业监督部门共发现6 991笔、933.30亿元对公信贷业务存在各类风险问题，问题发生率（按笔数和金额计算）分别为1.93%和4.54%。其中，信贷政策制度执行存在问题涉及贷款5 266笔、719.36亿元，分别占发现问题的75.33%和77.08%，如借款合同出现漏填、错填、涂改、填写不规范，贷后检查未按规定间隔期和内容进行检查等；融资担保存在问题涉及贷款1 478笔、167.87亿元，分别占发现问题的21.14%和17.99%，如核保书或抵（质）押核实书填写不完整或不规范，保证合同或抵（质）押合同存在瑕疵或不规范等；融资前提条件未落实涉及贷款247笔、46.07亿元，分别占发现问题的3.53%和4.94%，如应签订而未签订账户监管协议或未进行专户监管，未取得借款人、股东或其他有关单位、个人的承诺先发放融资等。

今年初以来，全行信贷作业监督部门共发现31 549笔，81.03亿元个人信贷业务存在各类风险问题，问题发生率（按笔数和金额计算）分别为4.15%和4.01%。其中，政策制度执行存在问题涉及贷款26 541笔、72.87亿元，分别占发现问题的84.13%和89.94%，如贷款合同、担保合同合同要素填写不完整、不准确，未按规定流程进行贷前调查等；担保存在问题涉及贷款3 158笔、6.14亿元，分别占发现问题的10.01%和7.58%，如贷款担保未双核或核保书、抵（质）押核实书未双签，应办未办（预）抵押登记等；融资前提条件未落实涉及贷款1 850笔、2.01亿元，分别占发现问题的5.86%和2.48%，如未在贷款发放前落实（预）抵押登记手续和开发商阶段性担保等。

（二）尚有部分分行监督发现问题未完成整改。截至今年6月末，全行对公信贷作业监督发现问题整改率按金额计算为98.90%，尚有161笔、33.02亿元对公信贷业务的问题未整改完毕，其中当年新办理业务未完成整改涉及金额11.02亿元，占33.37%。尚未完成对公信贷作业监督发现问题整改的分行有16家，主要集中在以下3家分行：湖南分行（47笔、9.79亿元）、四川分行（11笔、8.49亿元）和内蒙古分行（33笔、5.75亿元），合计24.03亿元，占比为72.78%。

全行个人信贷作业监督发现问题整改率按金额计算为97.10%，全行尚有7 343笔、8.82亿元个人信贷业务的问题未整改完毕，其中当年新办理业务未完成整改涉及金额3.12亿元，占35.38%。尚未完成个人信贷作业监督发现问题整改的分行有24家，其中金额较大的有辽宁分行（3.79亿元）、湖南分行（1.16亿元）和安徽分行（0.97亿元），合计5.93亿元，占比为67.22%。

（三）少数分行新办理的信贷业务档案未及时送交监督。年初以来，全行新办理的对公和个人信贷业务档案累计送交率（按金额计算，下同）分别为99.57%和98.12%，较2007年提高1.98个和3.24个百分点。但少数分行仍存在信贷业务档案送交不及时的情况，累计送交率明显低于全行平均水平。今年初以来，新办理的对公信贷业务档案累计未送交率超过10%的分行是内蒙古分行；个人信贷业务档案资料累计未送交率超过10%的是安徽分行和贵州分行。

（四）当月办理的信贷业务档案一次性合格率有待提高。今年上半年，全行当月办理的对公信贷业务档案一次性合格入库率平均值（按笔数和金额计算）分别为95.46%和92.13%，较2007末提高5.41个和8.59个百分点。但尚有4家分行新办理信贷业务档案一次性合格率（按金额计算）在80%以下，分别是内蒙古分行（56.21%）、青海分行（57.76%）、广西分行（71.39%）和甘肃分行（72.06%）。

当月办理的个人信贷业务档案一次性合格入库率平均值分别为85.63%和84.50%（按笔数和金额计算），较2007末提高4.57个和3.38个百分点。其中，一次性合格率（按金额计算）在80%以下的共有12家分行，分别是内蒙古分行（43.37%）、青海分行（44.81%）、重庆分行（56.04%）、河北分行（56.79%）、贵州分行（69.85%）、安徽分行（70.88%）、厦门分行（70.96%）、北京分行（71.26%）、湖北分行（73.45%）、宁波分行（74.04%）、广东分行营业部（75.05%）和广西分行（79.26%）。

（五）部分行个人信贷业务档案仍未实现集中管理。截至今年6月末，全行37家一级、直属分行所辖的开办个人信贷业务的674家二级分行中，仍有12.17%的机构未实现个人信贷业务档案集中管理，其对应的12家一级、直属分行是：北京分行（31家支行均未实现集中管理，下同）、天津分行（27家支行）、宁夏分行（11家支行）、内蒙古分行（4家，包头、通辽、赤峰、呼伦贝尔分行）、河北分行（2家，营业部、廊坊分行）、湖南分行（1家，营业部）、陕西分行（1家，营业部）、四川分行（1家，绵阳分行）、新疆分行（1家，昌吉州分行）、云南分行（1家，德宏分行）、浙江分行（1家，营业部）和重庆分行（1家，市分行档案中心）。

（六）尚有部分分行未将信贷业务档案集中到综合档案部门管理。截至今年6月末，除直辖市分行、直属分行、实行扁平化管理的一级分行、苏州分行和广东分行营业部辖属支行外，已实现信贷业务档案集中管理的分行中，尚有陕西分行营业部和云南红河分行2家二级分行未将法人信贷业务客户档案集中到综合档案部门管理；尚有内蒙古乌兰察布分行、江苏无锡分行和云南临沧与红河分行4家二级分行未将个人信贷业务客户档案集中到综合档案部门管理。

（七）尚有部分类别的信贷业务档案未实现集中管理。截至今年6月末，全行37家一级、直属分行的开办法人信贷业务的627家二级分行中，尚有安徽黄山分行、吉林分行营业部与通化分行、内蒙古鄂尔多斯分行、青海6家支行、陕西分行营业部和云南分行营业部与红河分行等17家二级分行尚未实现权证类档案的集中管理；尚有内蒙古4家二级分行、宁波9家支行和苏州14家支行等27家机构尚未实现保全类档案的集中管理。

已实现个人信贷业务档案集中管理的二级分行中，尚有安徽芜湖、淮北分行，大连9家支行，贵州分行营业部、凯里分行，湖北分行营业部，吉林分行营业部、辽源、松原、通化、延边分行，江苏扬州分行，宁波17家支行，青海城西、互助支行、山东菏泽、威海、莱芜分行和苏州14家支行等56家分支机构尚未实现权证类档案的集中管理。

信贷作业与监督环节以及信贷档案管理中存在的这些问题，是信贷管理中的薄弱环节，必须要引起高度重视。

三、下一步工作思路及要求

针对工作中存在的问题，我提几点要求。

（一）提高思想认识，加强组织领导。信贷作业监督和信贷业务档案集中管理涉及信贷业务的全过程，需要各部门协同配合，这项工作既是严格信贷业务流程控制，加强信贷风险管理，提高信贷政策制度执行力的重要举措，也是增强风险意识和合规意识，养成严谨、规范的信贷作业习惯，维护银行债权安全，保障信贷业务持续健康发展的客观要求。为此，全行上下要统一思想，充分认识抓好这两项工作的重要性，切实提高工作的主动性和自觉性，以创新的思维、求真务实的工作作风，保证各项工作规范有序推进。各行要切实加强组织领导，信贷主管行长要直接抓，信贷管理部与办公室要负责具体落实。为加强信贷作业监督职能，总行将于近期下发信贷作业监督职能前移工作的具体实施方案，由信贷管理部门承担贷款审批后放款前的审核工作，确保贷款发放前落实前提条件和担保，实现信贷业务档案资料完整、合规和有效，这项工作要在9月底前落实到位。

（二）加大工作力度，实现“双百”工作目标。今年9月底前，全行法人和个人信贷业务100%要经过作业监督，法人和个人信贷业务档案100%要集中到综合档案管理部门管理。信贷管理部要加强对分支机构的帮助和指导，办公室要深入辖属分行逐家现场检查落实信贷业务档案集中管理。对新办理信贷业务档案不及时送交监督的分支机构，各行可采取停办业务、专项治理等措施进行督促，通过信贷作业监督切实消除可能存在的风险隐患问题，确保新办理信贷业务的合规、有效。各行要想办法切实解决制约各类信贷业务档案集中管理的档案库建设问题，特别是要提高权证类档案的集中程度，对集中管理确有困难的分行，报总行批准后可以分库存放，但必须集中管理。为保证工作进度，各行务必要高度重视，明确任务，落实分工，制定严格的时间进度表，采取切实有效措施，尽快完成和落实信贷作业监督与信贷档案集中管理工作的各项要求。

（三）明确责任，夯实信贷基础管理。为督促信贷作业监督发现问题的及时整改，有效防范和控制信贷业务风险，各行要建立和完善整改责任制度，严格落实整改责任人和督办责任人。对监督不到位、整改不及时导致贷款风险的，要追究监督环节和相关人员责任；对有章不循、违规操作、重要信贷档案资料缺失导致贷款损失的，要对经办行实行告诫、业务整顿等处罚。特别强调一点，今后在各种内外部检查或审计中，如果发现信贷业务档案中存在缺失、瑕疵，甚至无效等问题，首先要追究信贷作业监督环节的责任，然后再追究其他环节的责任。对信贷业务管理中发生频率高、金额大、具有普遍性的问题要进行深入剖析，找出问题的症结和解决方案，并要举一反三，预防类似问题再度发生。对信贷作业监督所揭示的政策制度方面的缺陷与不完善或信贷管理方面的问题，要及时向总行信贷管理部门反映，以便及时堵塞漏洞，不断完善和改进信贷基础管理，不断优化流程，逐步降低信贷管理问题发生率，全面提升信用风险管理水平。

对于9月底前未按照总行要求实现“双百”目标的分行，总行将对主管行长、信贷管理部门、办公室负责人和相关分支机构负责人进行告诫。对于信贷档案管理混乱、重要文本资料缺失、存在较大风险隐患的分行，总行将视情节轻重、损失大小、影响程度，对问题严重的二级分行予以综合信贷业务整顿或综合信贷业务停牌处罚，并追究有关领导和相关人员的责任。

（四）完善监测分析，强化监督考核。总行将继续对各行信贷作业监督工作开展情况进行按季考核和通报，在对公和个人作业监督系统全面投产应用后，要加强对系统数据的深入挖掘和分析，提升监测质量，丰富监测内容，进一步提高考核数据准确性。各行要加强对辖内机构作业监督工作进度的跟踪监测，督促经办行提高信贷作业监督的实时性；要加大对辖内机构信贷作业监督工作检查力度，定期通报检查情况并跟踪督促检查问题的整改落实。总行将结合全行信贷作业监督的进展情况调整优化考核指标设计，并根据考核结果实施奖罚。

（五）加强队伍建设，完善培训机制。信贷作业监督人员对信贷政策的理解程度和对业务管理办法的熟悉程度决定了信贷作业监督职能的落实和工作质量的优劣，因此，打造一支责任心强、业务能力突出、善于学习的信贷作业监督队伍对持续发挥信贷作业监督的风险屏障作用至关重要。各行要通过内部挖潜和加强培训等方式，来解决信贷作业监督人员不足和人员素质的问题。总行将探索建立适应信贷作业监督工作特点的上岗考核、资格认证和能力测试机制，科学合理地评估信贷作业监督人员岗位价值和工作业绩，充分调动其工作积极性，更好地发挥信贷作业监督职能。

总行和一级（直属）分行信贷管理部门要加强对分支机构的前中后信贷人员业务培训，使其熟悉和掌握信贷政策制度和信贷业务流程，促进全行信贷作业规范化和标准化水平的提高。特别是信贷作业环节问题较多、信贷业务档案一次性合格率较低的分行更要加强培训。由于培训不到位导致出现问题的，要追究分行信贷管理部门责任，培训到位但不按照制度操作导致出现问题的，要追究操作人员责任。而且，信贷业务人员要做到考试合格才能上岗，不能仓促上岗，信贷管理部门要把好人员素质关。

同志们，在过去一年多的时间里，大家做了大量扎实具体、富有成效的工作，全行信贷作业监督工作水平不断提升，信贷档案集中管理程度不断提高。希望各行能够认真总结经验，再接再厉，通过我们的共同努力，进一步完善信贷基础管理，降低信贷作业环节违规操作问题的发生率，提高信贷政策制度的执行力，推动全行信贷业务的持续健康发展，努力把工商银行打造成为全球最优秀的银行。

第七部分

理论研究和调研成果

执行编辑：娄可伟

理论研究和学术交流综述

总行城市金融研究所

2008年，全行理论研究和学术交流取得了丰硕成果，有力地发挥了决策支持职能，有效提升了全行的社会形象。

一、围绕加快体制机制、产品和服务创新，培育核心竞争力，策划并组织了五个方面36项重大研究课题

（一）关于工行发展战略和提升核心竞争力的相关研究《中国工商银行核心竞争力研究报告》提出了未来一个时期工行提升核心竞争力的战略目标和发展思路。《中国工商银行人才发展战略规划研究报告》提出了工行人才队伍建设的指导方针、战略途径和重要举措。《中国工商银行渠道发展研究报告》研究并提出未来三年工行渠道建设的总体思路、各类渠道发展规划目标、保障机制及工作措施，明晰未来三年全行渠道建设发展战略。《中国工商银行服务工作研究报告》对重塑工行服务优势，全面打造核心竞争力的问题进行了探讨。《中国工商银行品牌建设研究报告》系统阐述了工行品牌建设的战略导向与发展规划。《中国工商银行企业文化建设研究报告》初步勾勒了工行企业文化体系的基本框架，提出了全面推进企业文化建设的总体思路和主要措施。《中国工商银行企业社会责任研究报告》对工行履行企业社会责任的重要意义、主要成绩和不足之处进行了分析，提出了改进建议。《完善考核激励机制　推动核心竞争力提升——中国工商银行核心竞争力考核激励机制研究》提出了完善工行考核激励机制的基本思路，构建了新考核激励机制的基本框架。《中国工商银行托管服务核心竞争力研究》在总结国外托管银行发展的经验基础上，探寻了托管业务核心竞争力的一般特点。

（二）关于全球化和综合化经营的相关研究。《中国工商银行国际化发展研究报告》分析了未来几年工行国际化发展的主要思路。《工商银行全球化发展的区域战略与业务战略研究》从区域战略和业务战略的角度对工行的全球化发展给出了初步规划和实施建议。《我国资本市场走势与工商银行对策研究》就如何通过业务综合化应对我国资本市场发展带来的挑战与风险进行了探讨。《工商银行打造“全球最大人民币做市商”的规划与策略》论证了工商银行打造“全球最大人民币做市商”的条件与困难、目标与策略。《综合化经营背景下工商银行银保竞争战略研究》具体分析了银保一体化模式对各竞争力要素带来的冲击，提出综合化经营背景下，提升工行银保竞争力的具体举措。《工商银行实施国际化战略研究——基于内部审计视角的分析与思考》从内部审计的视角分析了实施国际化战略需要关注的因素，提出了稳健实施国际化战略的对策建议。《工商银行建设国际一流银行的路径研究》采用多种研究手段对国际大型商业银行特点、经验及工行建设国际一流银行的路径进行了研究。

（三）关于产品和业务模式创新的相关研究。《中国工商银行产品创新研究报告》分析了工行产品创新的现状与问题，提出了推进产品创新工作的原则、方向和重点。《银行产品评估指标体系研究与我行产品竞争力分析》研究设计了一套切实可行的银行产品竞争力评估模型。《养老金改革与工商银行企业年金业务创新研究》探讨了我国养老金制度改革方向及市场发展趋势，以及工行在养老金业务领域的创新思路。《集团客户授信管理模式创新研究》围绕集团客户信用风险的识别、计量、防范和控制，研究了授信管理模式的创新。《集中式呼叫中心管理模式研究》在分析国内主要呼叫中心的基础上，从管理架构、职能分工、具体管理内容三个角度提出了建设中国工商银行集中式呼叫中心管理模式的具体设想。《投资组合管理在财富管理业务应用中的创新研究》构建了适合不同风险偏好客户群的投资组合模型。

（四）关于营销模式和业务流程优化的相关研究。《中国工商银行公司信贷业务流程改造研究报告》提出了全面、系统的信贷业务流程改造方案。《工商银行资产负债组合优化方案》综合分析了工行资产负债组合结构特点及问题，提出下一阶段资产负债组合优化方向及相关工具手段。《公司客户综合收益管理研究》提出了公司客户综合收益模型，建立了考虑经济资本成本的综合收益率与中间业务收益结构模型。《工商银行文化创意产业融资业务经营策略研究》提出了工行文化创意产业融资业务的发展思路、工作目标及拓展建议。《经济下行背景下商业银行的信贷资产组合管理研究》建立了信贷资产组合理论的一般分析框架，有针对性地提出了现阶段经济下行背景下中国工商银行信贷资产组合策略。《公司无贷客户关系管理价值研究》提出了完善银行客户关系管理的核心工作和完善工行公司无贷户

客户关系管理的具体措施。

（五）关于完善内控与风险管理体系、提升风险管理技术的研究。《中国工商银行2009—2011年风险管理规划》提出了2009—2011年工行风险管理的指导思想、总体思路和主要目标，阐述了未来三年在全面、信用、市场、操作、流动性风险管理方面的管理举措。《工商银行国际化与综合化经营法律风险防控机制研究》就工行国际化、综合化经营法律风险防控机制的健全问题提出应对之策。《商业银行宏观信用风险管理基本架构研究》从思想和方法方面提出了管理宏观信用风险的基本架构。《工商银行信用风险组合管理研究》对信用风险组合管理的核心技术进行深入剖析，提出了建立工行信用风险组合管理体系的初步设想。《业务运行风险管理体系改革研究》从构建业务集中运营格局、完善业务运营风险过程控制、建立业务运营风险定量管理工具三个方面阐述了工行业务运营风险管理体系改革的总体框架。《工商银行反洗钱管理框架研究》提出了加快建立起国内领先、国际一流的反洗钱管理框架体系的战略构想与工作重点。《信息科技风险及对策研究》从生产运行、应用研发、信息安全三个方面深入分析了银行信息科技风险面临的挑战，提出了工行防范和控制信息科技风险的对策。《全球客户信用风险信息管理系统架构设计研究报告》就进一步加强信用风险控制和管理，构建全球统一的客户信用风险信息管理系统进行了深入分析和研究，提出了详细的系统架构设计方案和实施步骤。

除此之外，城市金融研究所还完成了11项所级重点课题的研究，分别是：《国际银行主要同业近年来运行总结和未来三年走势展望》、《救助政策和奥巴马新政能否拯救美国——解析双危机背景下的美国救助政策》、《境内信贷市场利差变动及我行的对策研究》、《花旗陷入次贷危机的原因及其对我行的启示》、《次贷危机对国际金融监管的影响及启示》、《欧洲商业银行受次贷危机的影响及未来发展趋势展望》、《工商银行综合经营战略与路径研究》、《开放进程中银行业市场结构演变及本行优劣势研究》、《中国建设银行公司金融业务竞争力研究——本行主要竞争对手研究之一》、《招商银行个人金融业务竞争力研究——本行主要竞争对手研究之二》、《工商银行同业情报工作方案研究》。这些年度课题报告在行内外均引起较好的反响。

二、完成次贷第一本专著《次贷风波启示录》的撰写和出版工作

2008年初，城市金融研究所和国际业务部完成了《次贷风波启示录》书稿的撰写和修改。出版后，该书在社会上引起了较大的反响，经出版社的反馈，在我们没有刻意进行市场宣传的情况下，该书的销售取得了很好的业绩。2008年下半年，根据董事长指示，城市金融研究所开始撰写第二本次贷专著书稿。

三、准确把握国内外市场动态，提高市场分析的及时性和准确度，为全行经营管理提供决策支持

（一）跟踪国内外经济金融市场走势，把握最新热点问题及政策法规，实现研究报告数量和质量双提升。

1. 关注国际国内经济金融走势，以季度为单位撰写了4篇《中国工商银行国际经营背景分析》和4篇《中国工商银行国内经营背景分析》，对国际国内宏观经济走势、金融市场动态进行了较为全面准确的把握和研判，并结合中国工商银行实际情况重点分析中国工商银行应关注的经营风险与市场机遇。其中，2008年上半年及全年的经营背景分析作为主参阅材料提交给工行半年及年初的全国分行长会议。

2. 2008年是国际国内经济金融局势十分复杂的一年，我们在季度背景分析的基础上，还针对当期的经济金融热点进行了连续跟踪分析，完成了16篇研究报告，包括：《美国经济会因次贷风波而衰退吗？——美国经济专题研究报告之一》、《准确把握内外形势　经济平稳增长可期》、《解析从紧的货币政策》、《关于银行体系流动性问题的探讨》、　《此轮美元贬值何时见底？——美国经济专题研究报告之二》、《在力控通胀上升风险和确保经济平稳增长之间力求平衡——兼论本轮通胀压力上升的成因、走势及调控取向》、《2008年欧元区经济增长前景剖析》、《举办2008年夏季奥运会对中国经济走势的影响分析》、《当前中国工业企业利润增长情况分析及走势预判》、《对扩大内需政策出台后宏观经济走势的分析与展望》、《不确定性明显增大　全球经济仍有望较快增长——2009—2011年国际经济金融走势分析与预测》、《经济大幅波动的可能性不大　较高通胀还需严加防控——2009—2011年中国经济金融、宏观调控及结构性改革走势分析与预测》、《次贷风波后有望回到较快增长轨道——国际银行主要同业近来运行总结和未来三年走势展望》、《救助政策和奥巴马新政能否拯救美国——解析双危机背景下的美国救助政策》、《银行间市场基准利率体系选择及Shibor运行分析》、《欧元区经济和银行业市场研究及我行未来发展规划建议》。大部分研究报告在行内外引起了较大反响。

（二）围绕全行改革发展需要开展各项研究，发布20篇研究报告。

1. 整理完善2007年度的课题研究成果，发布4篇研究报告，分别是：《工商银行百强县行竞争力状况分析》、《招商银行创新与转型发展的要点分析》、《中国工商银行品牌战略研究》和《中外银行专利及其战略比较研究》。

2. 围绕同业经营情况的比较，完成10篇研究报

告，分别是：《2007年大型国有上市银行经营业绩分析》、《2007年大型国有上市银行公司金融业务发展状况分析》、《2007年大型国有上市银行个人金融业务发展状况分析》、《2007年中型股份制银行经营业绩分析》、《2007年中型上市银行公司金融业务发展状况分析》、《2007年中型上市银行个人金融业务发展状况分析》、《2008年上半年七家中型银行经营业绩比较分析》、《2008年上半年四家大型银行经营业绩比较分析》、《三季度11家上市银行经营业绩比较分析》、《工商银行与同业主要经营指标的比较分析》。

3. 服务于三年规划的编制，完成4篇研究报告，分别是：《〈2006—2008年发展战略规划〉执行情况及主要经验》、《工行与招行个人金融业务发展状况比较》、《中国城镇化现状、特点与前景展望》和《省行营业部竞争力情况分析》。此外，我们还完成了《近五年工行与建行发展态势比较》的内部参阅材料。

4. 跟踪同业并购的动态和成效及其他情况，完成2篇研究报告，分别是《招行收购永隆案始末及效应评析》及《我国商业银行利差收入的长期决定因素和短期变动趋势分析》。

（三）追踪市场变化，研究信息时效性有所加强。

1. 根据市场变化及热点问题，完成了以下12篇研究信息：《防范金融风险警钟长鸣》、《日本央行掌门危机及其对日本经济的影响》、《欧美央行谁将率先加息?》、《人民币外升内贬探源与未来汇率走势》、《从“双率”下降看未来宏观调控政策走势》、《2008年7－8月份中国经济金融运行及货币政策新动向解读》、《三金异动：短期波动还是长期趋势？——解析2008年7－8月国际金融市场新动向》、《从雷曼兄弟的命运看美国的政策救助及次贷演化》、《7月份出口增速回升的原因及未来几个月的走势分析》、《防范通胀风险及加强流动性管理仍是政策焦点——央行年内第五次大幅上调存款准备金率简析》、《香港金融体系构成及金融市场发展现状分析》和《香港金融监管模式与法律框架分析》。

2. 服务于三年规划编制，及时反映调研中发现的情况和意见，完成5篇研究信息，分别是：《“百强县支行发展战略研讨会”会议情况报告》、《“省会城市行发展战略研讨会”会议情况报告》、《“粤深港澳一体化发展战略研讨会”会议情况报告》、《“部分中西部地区分行发展战略研讨会”会议情况报告》和《“东北地区分行未来三年发展战略研讨会”会议情况报告》。

3. 围绕同业产品创新，完成6篇研究信息，分别是：《2008年一季度同业银行理财产品动态》、《一季度同业个人金融业务创新动态》、《二季度同业银行理财产品动态》、《二季度同业个人金融业务创新动态》、《2008年上半年同业公司金融业务创新状况分析》和《三季度同业银行理财产品动态》。

4. 跟踪同业经营业绩、体制机制创新、市场拓展，完成9篇研究信息，分别是：《银行业拓展农村金融市场的动态与分析》、《汇丰拓展中国本土市场的动态跟踪》、《2007年度外资银行经营动态》、《2007年度全球金融品牌500强排名综述》、《民生银行事业部制改革动态跟踪》、《由社科院“银行理财产品评价”报告引发的争议与思考》、《我国新型农村金融机构发展状况分析》、《马骏博士谈当前经济形势对银行业的影响——银监会第八期“市场互动平台”主题报告的观点及借鉴》和《业务增长放缓　网点扩张加快——2008年在华外资银行经营态势分析》。

四、出色完成ABAG和中国国际商会的相关工作

指派专人陪同行领导出席了2008年共计四次ABAG（APEC Business Advisory Group，APEC工商咨询理事会）会议及APEC CEO峰会，每次会议前均作了大量细致的材料准备及翻译工作，会后都撰写了会议报告，以所发文形式报外交部、商务部和贸促会，并在行内网讯上及时作了相关报道，获得了外交部等有关部委及行领导的好评。城市金融研究所在2008年ABAG第三次杭州会议中作为主牵头部门，主办ABAG会议欢迎晚宴并取得了圆满成功，有效地提升了中国工商银行的国际形象。此外，还代表行领导参加了于日本东京举行的“温室气体排放及绿色信贷支持”的ABAG专题会议。

2008年12月8日，城市金融研究所指派专人代表行领导参加了中国国际商会第一届常务理事会，并于2008年12月9日代表行领导参加了2008年中国国际商会年会经济组对话会。

五、推动全行学术活动发展，强化博士后研究与学术交流

（一）开展重点课题研究工作，加大专家支持力度，推动群众性学术活动。

1. 完成了学会系统2007年度重点课题的收集及评审工作。2007年初，总行学会根据全行工作重点制定了学会系统重点课题，共完成课题及调研报告340篇。2008年上半年秘书处组织专家对完成的课题进行了评审，并根据评审结果开展了不同层面的应用。

2. 学会组织开展了全系统“提升我行竞争力”群众性大讨论活动。活动首先发动各团体会员在各级分行组织系统员工开展大讨论，通过研讨会、沙龙、征文等形式，共完成征文600余篇。为了扩大影响，加强成果应用，联合论坛编辑处编辑出版了提升中国工商银行竞争力《金融论坛》专刊；联合2个研究处，在总行网讯开辟专栏，从征文中选择摘编了作者观点及评论人点评，2008年底已刊发54篇。

3. 成功举办了第九届全国城市金融优秀论文评选。本届优秀论文评选从2008年4月开始，4－5月，由各团体会员单位组织初评。7－8月学会秘书处组织工商银行系统的专家对初评结果进行了复评，提名72篇优秀论文、52篇优秀调研报告报学术委员会终审；9－11月，学会秘书处将复评结果报学术委员会提交学术委员终审。12月1日召开学术委员会会议，参会的学术委员根据评审意见，经投票表决，最终确定出获奖结果：优秀论文一等奖2篇、二等奖10篇、优秀奖60篇；优秀调研报告一等奖2篇、二等奖10篇、优秀奖40篇。

4. 2008年4月中旬，成功召开了全国城市金融学会秘书长工作会议。会议总结了2007年度学会工作，布置2008年度学会工作安排，对优秀团体会员进行了表彰。2008年11月下旬，成功举办了全国城市金融学会秘书长培训班。

（二）对外学术交流活动进一步发展，学会“对外窗口”职能强化。

1. 2008年5月中旬，组织学术交流代表团赴日本进行学术交流。在日本期间，代表团与日本熊本学园大学进行了学术交流，就“中日两国经济发展过程中银行所起的作用”共同举办了国际学术研讨会。10月中旬，接待了日本熊本学园大学学术交流代表团。在厦门组织召开学术报告会议，日本学者分别作了《次贷危机对日本经济的影响》、《日本银行经营现状》等报告。

2. 2008年11月下旬，“第十四届两岸金融学术研讨会”在北京举行，城市金融研究所学会秘书处协助完成了中国工商银行参会代表的组织工作。2008年11月27日，组织接待了台湾金控集团董事长张秀莲为团长、台湾金管会副主任李纪珠为顾问的台湾金融代表团，并组织总行相关部门负责人与台湾代表进行座谈交流。杨凯生行长、李晓鹏副行长接见了台湾代表。

（三）强化博士后科研管理，工作站理论支持作用显著增强。

1. 各项课题顺利开展，课题质量不断提升。一是广泛征求并精心挑选博士后课题。2008年10月向十余位行内外专家寄发了课题征求函，征集到了牛锡明、王丽丽、魏国雄等行领导和陈雨露、王利明教授等行外专家的共20余项选题。经姜建清董事长、杨凯生行长等行领导审阅，最后确定了2009年度的5项博士后课题。二是组织专家对出站报告进行严格评审。各项博士后课题进展顺利，第四届博士后已于2008年6月通过出站答辩，第五届博士后的出站报告主体部分已经完成，第六届博士后开题报告也基本通过行内外导师审核。

2. 学术成果的数量、质量稳步提升。博士后人员2008年全年共撰写了35篇部室或分行内部研究报告，并按照科研管理规定，将阶段性成果以研究报告的形式发表。目前已通过行内公文系统发布了12篇研究报告和4篇研究信息。其中研究报告有：《中国资产支持证券市场：2007年回顾与发展展望》、《贷款交易与我行经营战略转型问题研究》、《商业银行分客户盈利评价的方法研究》、《海外典型场外交易市场研究及启示》、《关于房地产开发企业违约概率的压力测试》、《商业银行分客户绩效灰色评价方法的思考》、《国际收益率曲线构建方法比较及借鉴》、《汇丰集团私人银行案例研究及启示》、《中行与工行海外业务发展比较分析》、《走向终结抑或涅槃重生——雷曼破产案之法律分析》、《国际商业银行信用风险管理创新的经验教训及借鉴》、《当前我行在东北地区经营发展中的主要制约因素及发展建议——基于东北地区14家二级分行的调研报告》。研究信息有：《中国银行海外经营的案例研究及启示》、《数据挖掘在商业银行客户识别中的应用》、《金融危机“催化剂”：公允价值计量》、《本轮危机下构建国际金融新体系的思考》。

此外，还鼓励博士后人员将学术成果对外发表，以提升工行博士后科研工作站的知名度。2008年博士后人员共在《金融论坛》、《管理评论》、《经济纵横》、《银行家》、《中国城市金融》、《南方周末》等知名刊物上发表了20余篇学术论文。同时，第三部博士后研究报告集的出版发行工作顺利完成，第四部文集的编辑校对工作也基本完成。

3. 以学术论坛为平台，扩大了工作站的社会影响力。一是在总行大楼成功主办“中国商业银行博士后论坛”。2008年7月18日，银监会、人民银行、中行、建行、交行等13家金融机构博士后流动站、工作站的专家和博士后人员共70余人会聚一堂，围绕“经济波动下的银行可持续发展”展开探讨。二是积极组织参与其他博士后工作站或研究机构举办的学术论坛。2008年11月组织参加了交通银行主办的以“扩大开放下的银行业发展与风险”为主题的博士后论坛，并提交了参会论文《开放环境下我国商业银行信用风险管理创新与贷款交易》；2008年12月参加银监会主办的主题为“金融危机：银行业风险防范与金融监管”的博士后论坛，并提交参会论文《金融危机下中国商业银行如何维护海外债权——雷曼破产案之法律分析》。

六、充分发挥《中国城市金融》、《金融论坛》的宣传导向和理论研究的学术平台作用

（一）加大工作创新力度，提升行刊质量，服务于工行的改革发展。

1. 期刊宣传工作方面。宣传了中国工商银行2008年工作会议精神、宣传中国工商银行开展深入学习实践科学发展观活动、宣传中国工商银行全行上下齐心协力抗震救灾、报道了中国工商银行抗震救灾表彰暨先进事迹报告会、宣传中国工商银行围绕北京奥运会开展的各项金融服务、宣传中国工商银行积极采取应对措施抗御冰雪灾害、宣传总行一些业务部门的工作安排和部署、

宣传中国工商银行致力于开展“绿色信贷”建设，努力推进生态文明，积极支持资源节约型、环境友好型社会建设，促进经济社会发展与自然环境的和谐，继续宣传中国工商银行对客户的优质服务，在期刊上继续办好创新沙龙，发表总行有关业务部门和研究所的沙龙言论，报道了中国工商银行东北地区分行加快改革发展的新思路，宣传中部地区工商银行改革发展的成果和经验，开展对中国工商银行企业文化的宣传、宣传中国工商银行进一步改进小企业金融服务，宣传中国工商银行私人银行业务的起步和发展，充实“财经时评”的内容，在“海外视界”栏目中反映中国工商银行的国际化发展。

为纪念改革开放30周年和中国工商银行成立25周年，城市金融研究所决定编辑出版《中国城市金融》增刊。增刊刊登了我国改革开放30周年大事记，比较全面地反映了中国工商银行的改革和发展历程，介绍了工商银行总行以及各一级分行的情况。刊登了“纪念改革开放30周年、中国工商银行成立25周年征文”的获奖作品。

2. 围绕办刊开展的各项活动。一是调整了《中国城市金融》编委会委员。中国工商银行股改上市以来，总行对组织机构和部门设置进行了一定的调整，部分部室总经理的任职有所变动。为继续做好《中国城市金融》的宣传报道工作，根据总行现有部室的变动情况，2008年对编委会委员进行了适当的调整。二是为纪念我国改革开放30周年、中国工商银行成立25周年，举办“聚焦工行——2008金融新闻摄影大赛”。三是《中国城市金融》期刊被评为“抗震救灾宣传报道先进期刊”。经中宣部、民政部、新闻出版总署、中国期刊协会等有关部门的领导和专家组成的评审委员会认真评审，《中国城市金融》期刊被评为“抗震救灾宣传报道先进期刊”。于12月11日在北京召开的“抗震救灾宣传报道先进期刊表彰会”上被表彰。

（二）提升核心期刊的学术水平，推动对重点问题的深入研究，不断提高期刊学术地位。

1. 按时完成了编辑工作计划。

（1）围绕商业银行当前改革和发展中的重点、难点问题组稿。在编刊过程中，编委会注意围绕商业银行改革和发展中的重点、难点问题，如中国商业银行公司治理机制问题、商业银行流动性过剩问题、核心竞争力问题、区域发展战略问题、市场营销和风险控制问题、次贷危机问题、产品创新和管理问题等，共组织、编辑刊发论文100多篇，为工商银行的改革发展作了理论和舆论准备。

（2）与票据营业部合作，编辑出版了《金融论坛》票据增刊。共编发有关论文19篇，探讨了目前票据业务发展中存在的一些新问题，提出了许多有价值的对策建议。

2. 积极开展学术交流活动。

（1）加强与社会上学术研究机构的交流与沟通。作为协办单位，与北京大学ACOM金融信息化研究中心合作举办了“北京大学2008年个人征信体系国际学术研讨会”，并进行了宣传报道。

（2）牵头举办了“纪念改革开放30周年、中国工商银行成立25周年”征文活动。2008年是改革开放30周年，也是工商银行成立25周年。为了纪念这个历史时刻，《金融论坛》起草并刊登了“纪念改革开放30周年、中国工商银行成立25周年征文启事”，并与《金融时报》、《中国金融》等金融媒体合作，联合刊发征文启事，对收到的征文进行了登记整理。

（3）2008年是《中国人文社会科学核心期刊》、《中文核心期刊》（分别为每4年评选1次）和《中文社会科学引文索引（CSSCI）来源期刊》（每两年评选1次）评级年。根据所公布的评选结果，《金融论坛》顺利通过以上3家评级机构的评级，再次成为3大评级机构评选出的核心期刊。同时，根据中国社会科学院人文社会科学引文数据库的最新统计数据显示，在全国所有财政金融类期刊中，2002—2005年《金融论坛》的引用率排名第4位。

（4）为了进一步加大《金融论坛》国际交流和推广力度，2008年我们与中国学术期刊（光盘版）电子杂志社签订了相关协议，由该社独家负责《金融论坛》在国际国内的推广工作。

3. 加强期刊的基础建设。筹划成立了《金融论坛》理事会。为扩大《金融论坛》的社会影响，借鉴同业期刊的经验，准备在2009年建立《金融论坛》理事会。为此，2008年进行了紧张的筹备工作，起草了《〈金融论坛〉理事会章程〈草案〉》，确定理事会成员单位名单，并与所有成员单位进行了联络。2008年9月27日，《金融论坛》理事会成立大会及第一次理事会全体会议在北京召开，审议了《〈金融论坛〉理事会章程〈草案〉》，选举产生了理事会理事长、副理事长和秘书长，总结交流了《金融论坛》的办刊情况，并探讨了学术期刊未来的办刊方向和思路。

七、历经四年艰辛，《中国工商银行史》正式出版

经过近四年的努力，《中国工商银行史》于2008年底正式出版，此次出版的行史共分三册，包括1984—1993年分册、1994—2004年分册、附录分册，全书共计200多万字。行史的出版恰逢纪念我国改革开放30周年和工商银行成立25周年之际，是中国工商银行这两项纪念活动的重头戏，为此，总行专门举办了新闻发布会，邀请人民银行、银监会、新闻出版总署等单位领导以及国内著名图书馆和在京部分知名大学参加，并举行了赠书仪式。

关于花旗集团次贷损失的评析报告

总行风险管理部

2008年1月，花旗集团公布了2007年第四季度财务报告，由于出现了高达180亿美元的次贷相关损失，公司在2007年第四季度亏损98.3亿美元，每股净亏损1.99美元，这是自1998年以来花旗集团首次出现季度亏损，也是其196年历史上出现的最高亏损额，刚刚上任的CEO潘伟迪（Vikram Pandit）承认“花旗集团的财务结果显然让人无法接受，我们的表现异常糟糕……”而就在短短的两年前，其上一任CEO普林斯（Charles Prince）曾自豪地说：“我们再次成为世界上获利最丰厚的金融服务公司，在继续保持业务投资的同时，在金融服务公司中，回报给股东的资本是最多的……”

那么，是什么原因导致这家曾经是全球获利最为丰厚的银行巨头出现巨额亏损的呢？从表1中可以看到，2007年，花旗集团的金融市场与投资银行部（Markets & Banking）净收益下降了61%，其中，第四季度单季亏损109.86亿美元，这主要因为第四季度花旗集团核销了181亿美元的次级债，由此也造成花旗集团股价的大幅下跌（见图1）。

表1　　花旗集团2007年各部门财务结果　　单位：百万美元

	收入			利润		
	2007年	2006年	变化（%）	2007年	2006年	变化（%）
全球消费金融部（Global Consumer）	56 984	50 299	13	7 868	12 056	-35
金融市场与投资银行部（Markets & Banking）	10 522	27 187	-61	-5 253	7 127	—
全球财富管理部（Global Wealth Management）	12 986	10 177	28	1 974	1 444	37
另类投资部（Alternative Investments）	2 103	2 901	-28	672	1 276	-47
公司/其他（Corporate/Other）	-897	-949	5	-1 644	-654	5
花旗集团	81 698	89 615	-9	3 617	21 538	-83

资料来源：花旗集团2007年度财务报告。

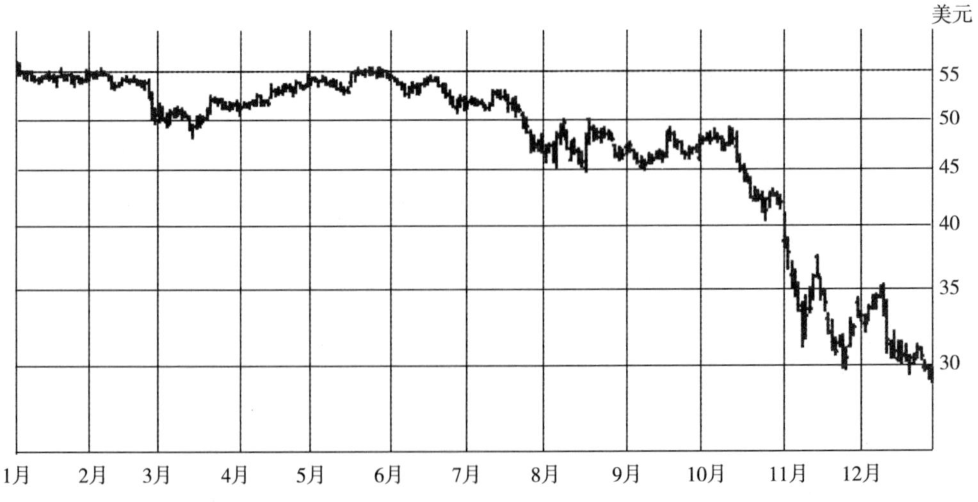

资料来源：http：//finance. yahoo. com。

图1　2007年花旗集团股价走势

一、次贷危机探源

始于2007年初的次贷危机，随着美国、欧洲、日本等各国金融机构的卷入，特别是2007年下半年花旗集团、美林集团等世界大型金融机构的巨亏，逐渐演变为继1997年亚洲金融危机之后又一次全球性的金融危机。探究此次次贷危机的根源，可以发现，美国国际收支失衡、利率上升和房地产价格下跌是造成危机的三大诱因。

（一）美国国际收支失衡导致的流动性过剩是次贷危机爆发的深层原因。亚洲金融危机之后，美国国际收支不平衡现象加剧，经常项目赤字从1998年的2 150.6亿美元迅速上升到2006年末的8 114.8亿美元，赤字上升了近4倍（见图2）。与此相对应的则是与美国贸易密切相关的国家手中所持有的美元迅速增加。美国为了弥补经常项目赤字，需要有相应的资金流入来实现国际收支的平衡，对美国贸易顺差的国家为了使手中的美元保值，客观上需要将持有的美元投资到美国，由此形成了美元的回流，其中很大部分购买了美国国债、企业债和股票，进而使美国金融市场中流动性泛滥，直接的后果就是压低了市场利率，而利率的下降则"催熟"了美国次级房贷市场。

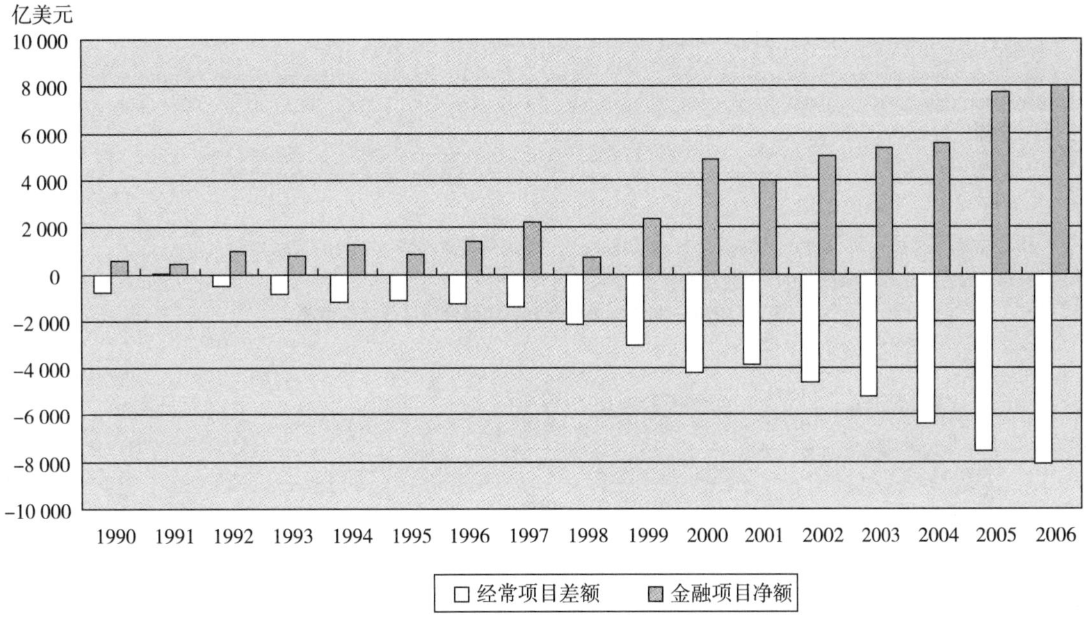

资料来源：中经数据库。

图2　1990—2006年美国国际收支情况

（二）特殊的市场条件促使次贷规模急剧膨胀。1990年以来，美国房价的走势与其利率的变化密切相关，房价上涨与低利率如影随形。2000—2004年，在境外资金大量涌入和经济增速放缓的影响下，美国联邦基金利率水平大幅下降，与此同时美国房价开始上涨。正是在这种背景下，美国次级按揭贷款和以次级按揭贷款为支持的证券化产品MBS及其相关的CDO、ABCP等得到了迅猛发展。那些原本不符合标准住房按揭贷款条件的次级按揭贷款找到了出路，次级按揭贷款公司可以不再受限于本身资质能力，而通过证券化获得源源不断的资金，进而扩大次级房贷业务量。由于次级房贷公司账面不再持有贷款，风险也随之转移到由投资者（这其中包括商业银行）承担，因而这些公司从事次级按揭贷款业务的重点已经不是贷款的质量，而是贷款的数量和规模。为了扩大规模，它们逐渐放宽授信标准，甚至不再要求借款人提供收入证明文件。

次级按揭贷款及其证券化债券的出现，满足了低利率市场条件下各类金融机构寻求获利能力更强、利率更高的产品的要求。在利益的驱使下，各类金融机构和投资者形成了完整的次级按揭贷款市场"生物链"，成为利益联合体。

（三）房地产价格下跌成为次贷危机爆发的导火索。正如所有的资产价格一样，房地产价格不可能无限制地上涨。从2004年开始，美国利率从底部反弹，联邦基金利率一路上涨到2006年最高的5.25%，利率的快速上升使那些以浮动利率抵押贷款ARM为主的次级按揭贷款还款压力大增，致使此类贷款的不良率从2004年第一季度的10.99%上升到2006年的14.44%（见图3）。随着次级按揭贷款质量的恶化，次级按揭证券化产品的风险也开始显露。次级债市场价格大幅下跌，投资于这些债券的商业银行、共同基金和投资银行损失惨重，花旗集团也未能幸免。

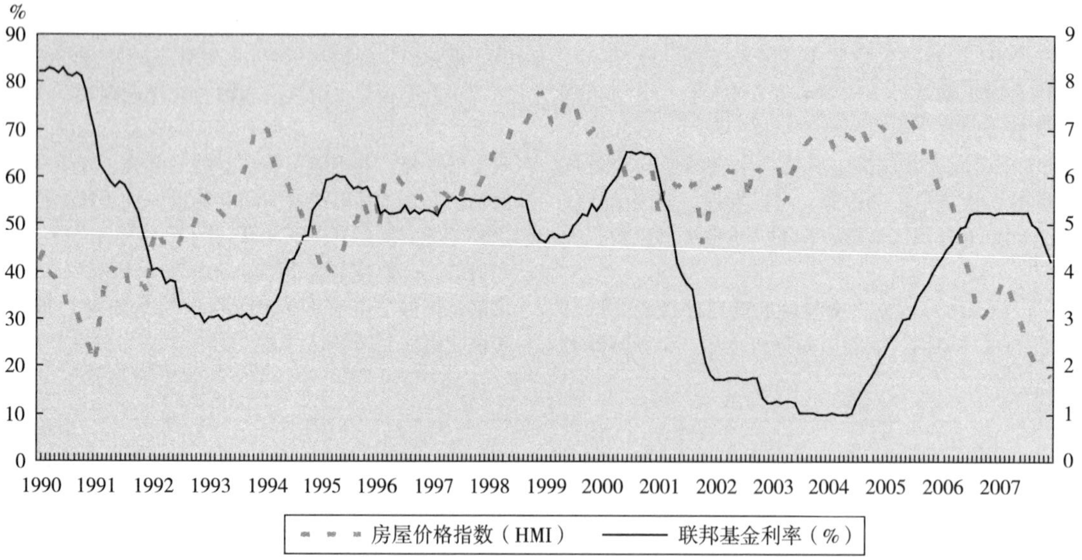

注：HMI 全称为 NAHB/Wells Fargo Housing Market Index，由美国建筑商协会（NAHB）按月公布。
资料来源：http：//www. nahb. org；中经数据库。

图3　1990—2007 年美国利率和房屋价格指数变化情况

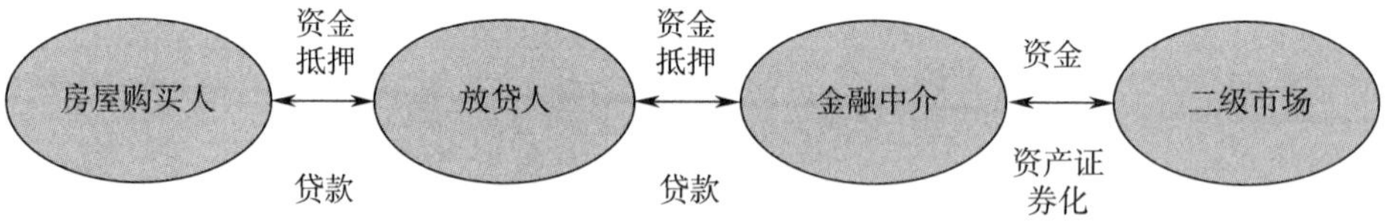

图4　美国次级债市场结构

二、花旗集团次贷损失原因及其对策

（一）“百年老店” 遭受重创。始创于 1812 年的花旗集团，是当今美国资产规模最大、全球化程度最高、业务门类最齐全的金融服务集团。在次贷危机爆发之前，花旗集团曾经是全球公认的最成功的金融服务集团之一。20 世纪末，花旗银行和旅行者集团合并后，开始了急剧扩张道路，1998—2003 年短短 6 年时间内集团年创净利润增长 3. 2 倍，总资产扩张近 1 倍，成为全球最大的金融服务实体。虽然 2003 年之后，花旗集团净利润增长放缓，但在 2005 年仍然实现了 44. 3% 的净利润增长。花旗集团在全球金融服务业盈利与成长速度最高的企业中连续占据领先地位，英国《银行家》2007 年评选的环球银行 1000 强排行中，花旗银行一级资本排名第二，总资产排名第四，市值排名第一。但 2007 年花旗集团的净利润却下降了 83. 2%，这主要是因为金融市场与投资银行部收入的大幅减少，而造成收入减少的主要原因则是对次级债券的核销，其中，最高等级的 CDO 债券核销了 143 亿美元（见表 2）。虽然花旗集团在次贷危机中遭受的损失很大程度上来自宏观经济和次债市场运行中的系统性原因，但不可否认，其自身风险管理也存在一系列问题。

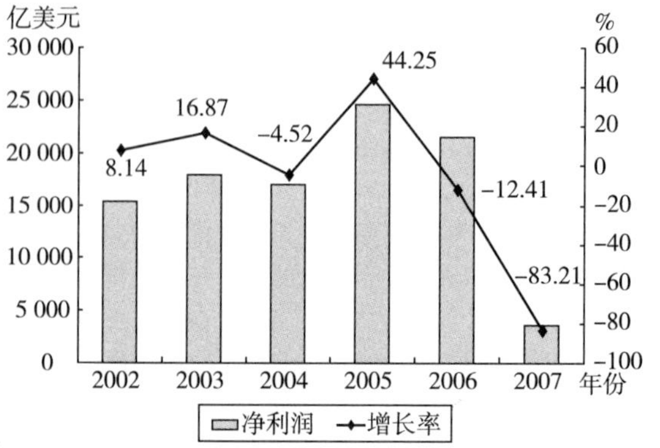

资料来源：花旗集团年报。

图5　花旗集团 2002—2007 年净利润变化情况

表2　　花旗集团所持有的次级债情况　　单位：亿美元

	第三季度末敞口	第四季度核销	第四季度出售和交易	第四季度末敞口
最高等级 CDO 债券敞口	534			398
——对冲敞口	105			105
净敞口	429	-143	8	293
——ABCP/CDO	249	-43	0	206
——高级	95	-49	3	49
——中级	83	-52	5	36
——ABS CDO-squared	2	1	0	2
对冲交易对手敞口收入		-9		
贷款和结构型债券				
总敞口	117	-29	-9	80
——周转性 CDO/ABS CDOs	27	-26	0	2
——购入以交易和证券化为目的的次级贷款	42	-2	0	40
——次级债保证的融资交易	48	-1	-9	38
敞口总计	546	-172	-1	373

资料来源：花旗集团2007年第四季度财务报告。

（二）花旗集团次贷损失原因分析。

1. 在非传统业务领域偏离了自身的风险管理理念。花旗银行前主席兼总裁沃尔特·威斯顿说过一句话："事实上银行家从事的是管理风险的行业。简单来说，这就是银行业。"2004年之后，花旗集团将以前实行的"急剧增长"战略转变为"稳健调整"战略，确立了谨慎的风险管理理念，其风险管理最高权力机构为风险管理委员会，负责对整个集团的重大风险进行检查和管理。但是，在次贷这一新兴市场上，花旗集团显然偏离了谨慎的投资理念。

需要说明的是，在次贷危机中，花旗集团的个人按揭贷款业务并未出现明显的恶化，依然保持了较好的资产质量水平。2007年末，花旗集团共持有的第一抵押贷款（First Mortgage）1 500亿美元，不良贷款率为2.54%，略低于2003年第一季度的水平；持有的第二抵押贷款（Second Mortgage）630亿美元，不良率为1.38%，为2003年以来最高，但仍在可接受的范围内，而且2007年个人按揭部门收入增加了19%。应该说，花旗集团并未像汇丰集团那样积极进入美国次级按揭贷款，在次级按揭贷款方面损失较少。

表3　　花旗集团个人抵押贷款分布

第一抵押权贷款	FICO≥660	620≤FICO<660	FICO<620
LTV≤80%	59%	6%	6%
80<LTV<90%	3%	2%	4%
LTV≥90%	8%	6%	6%
第二抵押权贷款	**FICO≥660**	**620≤FICO<660**	**FICO<620**
LTV≤80%	48%	2%	0%
80<LTV<90%	16%	1%	0%
LTV≥90%	32%	1%	0%

资料来源：花旗集团2007年度报告。

表 4　花旗集团个人抵押贷款不良率情况

第一抵押权贷款	FICO≥660	620≤FICO<660	FICO<620
LTV≤80%	1.1%	2.7%	3.6%
80<LTV<90%	1.4%	3.3%	5.4%
LTV≥90%	2.9%	6.1%	13.6%
第二抵押权贷款	FICO≥660	620≤FICO<660	FICO<620
LTV≤80%	0.4%	1.3%	2.3%
80<LTV<90%	1.4%	2.4%	4.7%
LTV≥90%	2.5%	2.9%	5.6%

资料来源：花旗集团 2007 年度报告。

而在新兴的次级债市场上，花旗集团偏离了它在传统市场上所恪守的风险管理理念。经过多次的证券化后，CDO、ABCP 等债券的市场风险和信用风险交织在一起，风险变得复杂难辨。在未能全面了解产品风险特征的情况下，花旗集团贸然进入次级债市场，直接导致花旗集团在本身并未持有过多次级按揭贷款的情况下，却因为次级按揭贷款市场的恶化而遭受巨额损失。

2. 投资者与承销商的双重角色使花旗集团损失惨重。一般来说，在证券化市场中，为了控制风险，金融机构只扮演卖家（承销商）或买家（投资者）中的一方，承销商不会成为投资者，投资者也不会承销证券。在次贷危机中，损失比较大的美林集团、瑞银集团和摩根斯坦利等投资银行均是因为所承销的债券未能卖出，被动持有而造成损失。而花旗集团却为了追求更高的收益，在作为承销商的同时，还买入了大量的 CDO。2006 年，全美共发行了 4 890 亿美元的 CDO，花旗集团承销了其中的 340 亿美元，是仅次于美林证券的第二大 CDO 承销商。同时，通过结构性投资实体，花旗集团买进了 1 000 亿美元的次级 CDO，占据全球市场的 1/4。正因为如此，在次贷危机爆发后，花旗集团率先向政府提议设立特别基金，希望通过特别基金来购买结构性投资实体手中的失败投资，以拯救市场，这其实也是在拯救花旗集团自己。

3. 对市场形势的估计过于乐观。虽然在 2006 年，就有一些次级按揭贷款机构，例如，汇丰银行在美国的次级房贷公司传出了在次贷市场遭受损失的消息，但当时并未引起美国银行界的重视，这一方面是因为在美国，金融机构的优胜劣汰十分普遍；另一方面，则主要是由于花旗集团高层对房地产市场和证券化债券市场的乐观判断，他们认为房地产价格仍然将持续向好，次级房贷市场将继续快速发展。所以，在 2006 年年报中，花旗集团认为 CDO 能够分散风险，提高收益，并大量购买相关证券化产品，其金融市场与投资银行部所持有的 CDO 从 2005 年末的 742.9 亿美元上升到了 2006 年末的 1 101.09 亿美元。而短短的几个月过后，花旗集团在 CDO 上的损失却迫使其 CEO 黯然离职。

4. 盲目追逐高收益，未有效对冲风险。在次级债市场中，花旗集团首先考虑的是获利，而不是资产的安全。根据花旗集团发言人的表述，花旗集团的 CDO 在 2007 年曾有许多天获利惊人，其中单日获利超过 1 亿美元的就超过了 55 天。而从表 2 中可以看出，花旗集团对持有的次级债的风险明显估计不足，2007 年第四季度末，次级债总敞口为 546 亿美元，其中完全对冲掉的仅为 105 亿美元，占比为 19.23%，由于剩余次级债没有进行有效的风险对冲，花旗集团在 2007 年第四季度被迫进行了巨额的核销。与此相对应的是摩根大通银行（JP Morgan Chase），作为花旗集团在美国的主要竞争对手，其在 2007 年第四季度仍然取得了较好的业绩。这主要得益于摩根大通选择性地放弃了结构性投资实体，限制了 CDO 的持有规模。而在此之前，花旗集团以“谨小慎微”闻名，摩根大通则以“大胆激进”著称。

（三）花旗集团的应对措施。在次级债遭受巨大损失之后，花旗集团再一次向世人显示了其强大的应变能力和危机处理能力，开始了大刀阔斧的改革。

2007 年 11 月，花旗集团任命投资银行业务负责人潘伟迪为新任董事长兼 CEO。2008 年 2 月，又任命布赖恩·利奇（Brian Leach）为首席风险官，并公布了一系列的注资、成本缩减和振兴计划。2008 年 1 月，新加坡、科威特和阿联酋等地的主权基金向花旗集团注资 145 亿美元；2 月，花旗计划向旗下结构性投资实体进行注资，注资额达到 33 亿美元；3 月，花旗集团公布将在未来一年内将其近 2 000 亿美元的抵押贷款组合规模减小 20%，约 450 亿美元；同时，花旗集团计划出售其非核心业务，并裁员 10%。2008 年 3 月 3 日，花旗集团董事长潘伟迪先生与中国工商银行姜建清董事长会晤时表示，花旗集团由于次贷危机受到了一定损失，面临一些困难，但是，花旗集团在其他业务领域和地区发展势头良好，他本人对花旗的未来充满信心。

对于花旗集团的这些应对措施，美国金融界表示了肯定，标准普尔在花旗集团的股票价格跌去 40% 多后，仍然将其评级定为 A 级。标准普尔认为，花旗集团拥有广泛的客户基础和多样的商业模式，其补充资本金后，依靠在全球其他地区的收益，将会顺利度过本次危机。

三、对中国工商银行的几点启示及建议

（一）高度重视宏观经济波动引发的系统性风险，坚持稳健的业务发展战略。目前，美国次贷危机中出现的流动性过剩、利率上升、房地产价格增长趋缓等问题在我国也同样存在。我国经济运行的基础尚不稳固，经济周期的下行变化可能增加银行体系的系统性风险和战

略风险，而处于风险金字塔高端的战略风险的危害程度和控制难度远大于低端的经营风险。在当前宏观经济紧缩的背景下，中国工商银行要研究分析并准确判断宏观经济走势和房地产价格拐点，在业务发展中继续坚持稳健的风险战略，制定科学合理的风险偏好，以正确指导全行各项业务发展，规避经济周期性波动引发的风险。同时，继续提高拨备水平，以增强风险抵补能力，实现可持续发展。

（二）对新业务新产品的拓展应坚持风险控制先行的原则。在次级按揭贷款证券化过程中，那些高风险的资产经过层层复杂“包装”转而变成达到BBB级以上的投资级证券产品，花旗集团等金融机构受高收益的驱使购入这些风险不明的次级债，推动次级债市场不断膨胀，投资行为演变为投机，最终带来损失。因此，中国工商银行对那些尚不了解的新业务、新产品不宜仓促进入，必须认真分析权衡这些产品和业务的收益及所承担的风险。尤其要了解金融衍生产品中基础资产的风险，要在风险可控的前提下，稳妥地推出新产品、开办新业务，不应忽视风险管理，更不能把风险管理变成投机。对于资产证券化，中国工商银行不必因噎废食，应借鉴国内外同业经验，积极稳妥地推进资产证券化试点工作，尝试通过证券化等信用衍生工具实现风险转移。

（三）及时、科学地开展市值评估，全面提高风险管理水平。在次贷危机中，外部信用评级存在的弊端也显露无遗。一些金融机构，包括一些商业银行，在2006年就已警告次级房贷可能爆发危机，但外部信用评级机构却在2007年7－8月才开始大规模降低相关债券的评级。信用评级机构不仅未能发挥其事前预警功能，反而在危机爆发后“推波助澜”。所以，中国工商银行在债券投资过程中，不能过分依赖评级机构对债券的评级，必须拥有专业人员对债券进行评价，作出独立全面的分析。同时，在所持有的债券评级被下调之后，要严格按照止损限额及时调整仓位，减少损失，避免出现债券流动性不足、无法完成交易、损失扩大的情况。

随着金融创新的深入，市场风险与信用风险已经日益交织在一起，次贷危机虽然突出表现为市场风险，但其起因却是基础资产的信用风险，这使得银行风险管理的难度越来越大，对于金融市场业务，不仅要关注持有债券的价格变化，更要关注其基础资产的信用风险。中国工商银行应及时、科学地对债券进行市值评估及市场风险计量模型验证，全面实现交易账户逐日估值与报告，完善市场风险限额设定、审批、分配及报告流程。同时，加快推进内部评级法法人项目实施和零售项目建设，提高全行信用风险量化技术和风险管理水平。

关于中国工商银行个人住房贷款效益情况的分析报告

总行个人金融业务部

2007年，中国工商银行个人住房贷款业务实现了又好又快的增长，多项业务指标创历史最好水平。贷款规模的扩大和贷款收益率的提高，为中国工商银行个人住房贷款利息收入的稳定增长、经营效益的持续增强奠定了基础。个人住房贷款以其较高的盈利能力、优良的资产质量、广阔的发展前景和良好的综合收益，对全行综合贡献度稳步提高。最近，总行利用业绩价值管理系统（PVMS）对个人住房贷款业务盈利状况进行了定量分析。

一、2007年中国工商银行实现个人住房贷款效益的基本情况

（一）营业贡献情况。根据PVMS系统核算原理，贷款产品营业贡献的计算方法是：

营业贡献＝贷款业务收入－贷款风险损失

其中：贷款业务收入＝实收利息－资产内部转移支出－营业税金及附加

贷款风险损失采用五级分类差额计提法计算报告期应提的贷款风险损失准备，即根据贷款五级分类结果及对应的通用损失概率计算贷款风险损失额，并将报告期的贷款资产风险价值增量作为当期应计提的贷款风险损失准备。

根据PVMS系统数据，2007年中国工商银行个人住房购置贷款共实现营业贡献80.80亿元（见表1）。

表1　2007年个人住房购置贷款营业贡献情况

单位：亿元

一、资产业务收入	80.94
1. 实收利息	269.63
2.（减）资产内部转移支出	173.73
3.（减）营业税金及附加	14.96
二、（减）贷款风险损失	0.14
营业贡献	80.80

资料来源：PVMS。

在PVMS系统中，个人商用房贷款包含在个人经营性贷款产品项下的中长期个人经营性贷款二级产品中进行效益核算。根据个人商用房贷款与其他中长期个人经营性贷款在期限、利率等方面的相似性，在下面的分析中采用个人商用房贷款利息收入在中长期个人经营性贷款利息收入总额中的占比，来近似计算其相应的业绩价值数据。

根据上述方法，计算得出2007年中国工商银行个人商用房贷款实现营业贡献17.81亿元。

中国工商银行个人住房贷款（含个人住房购置贷款和个人商用房贷款，下同）共实现营业贡献98.61亿元。

（二）利润贡献情况。利润贡献是在营业贡献的基础上，扣除手续费支出和费用支出后的金额。

2007年个人住房购置贷款实现利润贡献65.82亿元（见表2）。

表2　2007年个人住房购置贷款利润贡献情况

单位：亿元

营业贡献	80.80
（减）手续费支出	0.86
（减）费用总额	14.12
1. 管理性部门费用	6.91
2. 经营性部门费用	3.17
3. 网点费用	4.05
利润贡献	65.82

资料来源：PVMS。

个人商用房贷款实现利润贡献15.93亿元。

中国工商银行个人住房贷款业务共实现利润贡献81.75亿元。

（三）经济增加值情况。经济增加值是利润贡献扣除经济资本占用成本后的利润余额，综合反映了业务发展和风险成本之间的平衡关系。

2007年全行个人住房购置贷款实现经济增加值39.07亿元。

个人商用房贷款实现经济增加值6.23亿元。

全行个人住房贷款共实现经济增加值45.30亿元。

二、中国工商银行个人住房贷款效益情况的比较分析

（一）个人住房贷款与公司类贷款的效益比较。

1. 营业贡献情况。在这里，我们采用不同贷款品种2007年营业贡献占比与其日均余额占比进行比较，分析各贷款品种的效益情况，具体如图1所示。

2007年，中国工商银行个人住房购置贷款实现营业贡献80.80亿元，占全行各项贷款营业贡献总额的11.09%，比贷款日均余额占比13.63%低2.54个百分点。个人商用房贷款实现营业贡献17.81亿元，占全行各项贷款营业贡献总额的2.44%，比贷款日均余额占比2.02%高0.42个百分点。个人住房贷款实现营业贡献98.61亿元，占全行各项贷款营业贡献总额的13.53%，比贷款日均余额占比15.65%低2.12个百分点。

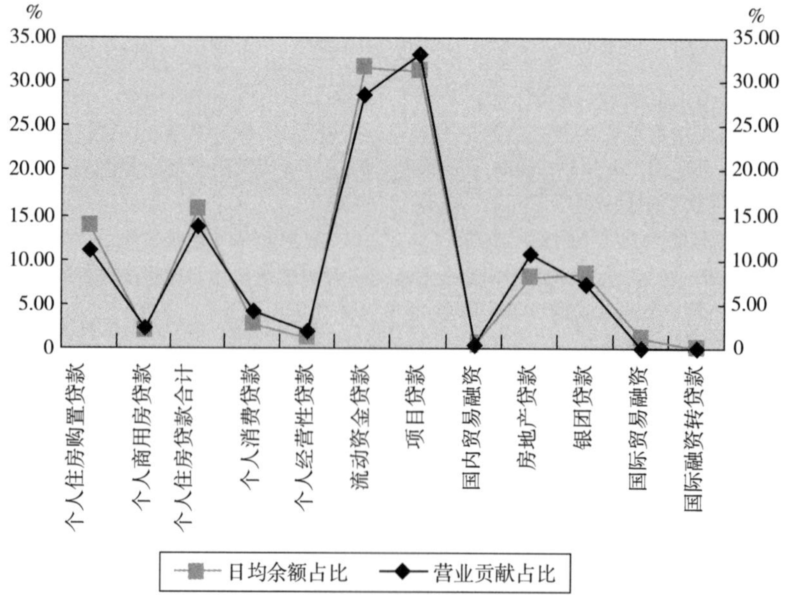

资料来源：PVMS。

图1　2007年全行各项贷款营业贡献占比与其日均余额占比情况

公司类贷款实现的营业贡献占全行各项贷款营业贡献总额的 80.22%，比贷款日均余额占比 80.73% 低 0.51 个百分点。

2. 利润贡献情况。如图 2 所示，2007 年全年个人住房购置贷款实现利润贡献 65.82 亿元，占全行各项贷款税前利润贡献总额的 10.30%，比贷款日均余额占比 13.63% 低 3.33 个百分点。个人商用房贷款实现利润贡献 15.93 亿元，占全行各项贷款税前利润贡献总额的 2.50%，比贷款日均余额占比 2.02% 高 0.48 个百分点。个人住房贷款实现利润贡献 81.75 亿元，占全行各项贷款税前利润贡献总额的 12.80%，比贷款日均余额占比 15.65% 低 2.85 个百分点。

公司类贷款利润贡献占全行各项贷款利润贡献总额的 80.96%，比贷款日均余额占比 80.73% 高 0.23 个百分点。

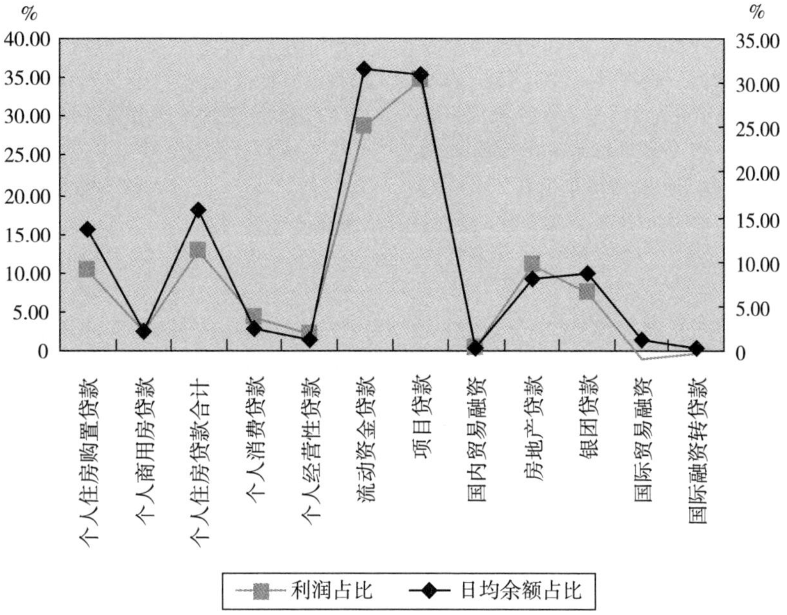

资料来源：PVMS。

图 2　全行各项贷款利润贡献与其日均余额占比情况

3. 贷款利润率情况。根据 PVMS 系统提供的产品利润和贷款平均余额数据计算，2007 年个人住房购置贷款税前利润率为 1.43%，个人商用房贷款为 2.33%，个人住房贷款为 1.54%。全行各项贷款的平均利润率为 1.89%，同期公司贷款平均利润率也为 1.89%。个人住房贷款比公司贷款和全行各项贷款的平均利润率低 0.35 个百分点（见表 3）。

表 3　2007 年个人住房贷款税前利润率情况

项目	个人住房购置贷款	个人商用房贷款	个人住房贷款合计	公司贷款	全行各项贷款
利润（亿元）	65.82	15.93	81.75	517.20	638.81
贷款平均余额（亿元）	4 617.70	683.87	5 301.57	27 357.12	33 885.84
税前平均利润率（%）	1.43	2.33	1.54	1.89	1.89

资料来源：PVMS。

4. 贷款平均收益率情况。

（1）扣除贷款风险损失前的收益率。根据 PVMS 系统提供的各项贷款产品实收利息和日均余额数据计算，2007 年在扣除贷款风险损失前，个人住房购置贷款收益率为 5.84%，个人商用房贷款收益率为 6.22%，个人住房贷款年平均收益率为 5.89%。同期公司贷款平均收益率为 6.27%，全行各项贷款的平均收益率为 6.26%。

（2）扣除贷款风险损失后的收益率。在扣除贷款风险损失后，个人住房购置贷款平均收益率为 5.84%，个人商用房贷款为 6.20%，个人住房贷款为 5.88%。公司贷款的平均收益率为 5.85%，全行各项贷款平均收益率为 5.92%。在考虑风险调整因素后，个人住房贷款收益率比公司贷款高出 0.03 个百分点（见表 4）。

表4　　2007年全行各项贷款平均收益率分析

项目	日均余额（亿元）	利息收入（亿元）	贷款风险损失（亿元）	平均收益率（%）	扣除贷款风险损失后的平均收益率（%）
个人住房贷款	5 301.57	312.18	0.32	5.89	5.88
其中：个人住房购置贷款	4 617.70	269.63	0.14	5.84	5.84
个人商用房贷款	683.87	42.55	0.18	6.22	6.20
公司贷款	27 357.12	1 714.22	113.77	6.27	5.85
全行各项贷款	33 885.84	2 120.56	114.03	6.26	5.92

资料来源：PVMS。

5. 经济增加值贡献情况。2007年，个人住房购置贷款共实现经济增加值39.07亿元，占全行各项贷款经济增加值总额的15.96%，比贷款日均余额占比高2.33个百分点。个人商用房贷款实现经济增加值6.23亿元，占全行各项贷款经济增加值总额的2.54%，比贷款日均余额占比高0.52个百分点。个人住房贷款实现经济增加值45.30亿元，占全行各项贷款经济增加值的18.50%，比贷款日均余额占比高2.85个百分点。

公司类贷款经济增加值占全行各项贷款经济增加值总额的72.57%，比贷款日均余额占比低8.16个百分点（见图3）。

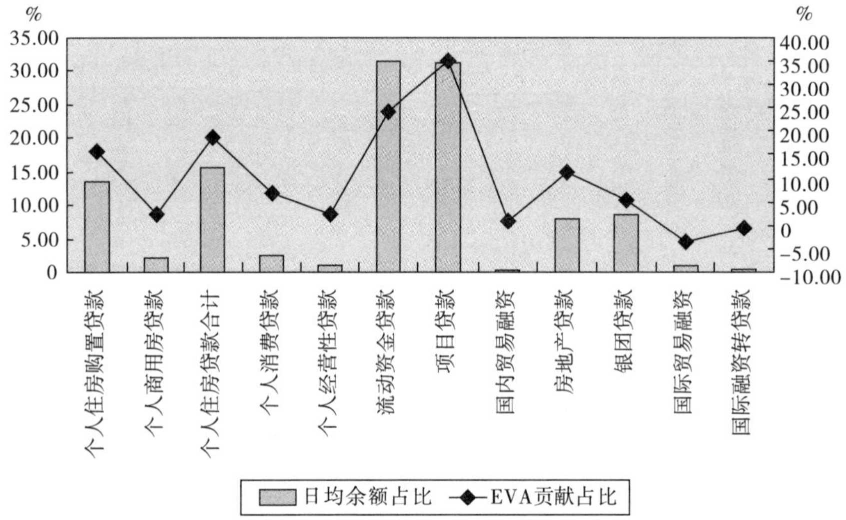

资料来源：PVMS。

图3　全行各项贷款EVA贡献占比与其日均余额占比情况

6. 经济资本回报率情况。2007年个人住房购置贷款经济资本回报率（风险调整后的净收益除以经济资本占用）① 为39.37%，个人商用房贷款经济资本回报率为26.32%，个人住房贷款经济资本回报率为35.90%（见图4）。

同期公司类贷款经济资本回报率为24.38%，全行各项贷款平均经济资本回报率为25.95%。个人住房贷款分别比公司贷款和全行各项贷款平均经济资本回报率高11.52个和9.95个百分点。

上述分析表明，中国工商银行个人住房贷款无论是与全行平均水平相比，还是与公司贷款相比，在营业贡献、利润贡献、贷款利润率和贷款收益率等名义效益指标上表现都偏低，这主要是在目前市场环境和利率政策条件下，个人住房购置贷款利率难以差异化，大量采用基准利率下浮15%定价的原因。然而，在考虑风险成本和经济资本占用等因素后，个人住房贷款真实效益回报高于全行贷款的平均水平。

（二）中国工商银行个人住房贷款的实际效益情况。目前中国工商银行在测算贷款效益时，内部资金转移价格根据贷款相应的名义期限确定。但个人住房贷款的名义期限和实际资金占用期限有较大差距，如果根据资金实际占用期限对应的内部资金价格来计算资金成本，个人住房贷款的实际效益贡献将会更高。

根据CS2002系统2007年末个人住房贷款存量数据显示，名义期限为5年以上的贷款占全部贷款余额的94.78%（见表5）。

① 未考虑所得税因素，下同。

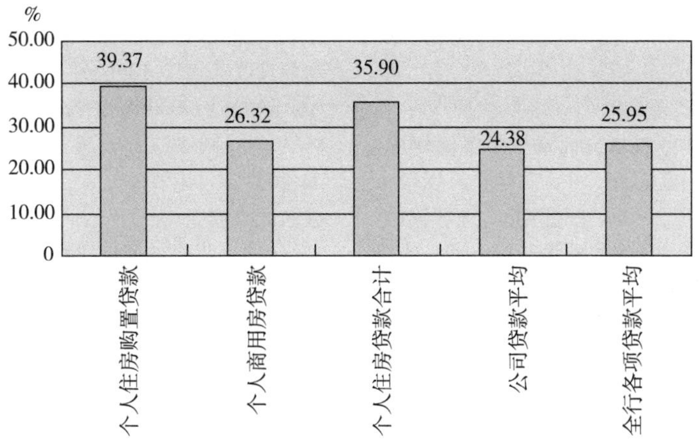

资料来源：PVMS。

图4 2007年各项贷款经济资本回报率

表5 2007年底个人住房贷款名义期限情况统计表

期限	余额（亿元）	占比（%）
1年及以下	1.43	0.02
1年至3年（含）	31.61	0.52
3年至5年（含）	284.25	4.68
5年至10年（含）	1 946.31	32.03
10年以上	3 813.83	62.75
合计	6 077.43	100.00

资料来源：CS2002。

2007年个人住房贷款适用的平均内部资金转移价格为3.70%（其中，个人住房购置贷款平均内部资金转移价格达到3.77%），这接近于8年以上期限内部资金转移价格（2007年10月份之前8年以上期限档次资产转移价格为3.78%，10月份之后为3.81%）。

事实上，个人住房贷款由于实行分期还款、提前还款率较高（2007年全年个人住房贷款提前还款累收金额为865.68亿元，占全年累收总额的66.41%），实际资金占用期限大大低于名义期限。表6为根据个人住房贷款年初余额和每年累收额对资金实际占用期限进行的粗略计算，其中2007年个人住房贷款的实际存续年限仅3.23年左右。

表6 个人住房贷款实际存续年限计算

单位：亿元，年

年份	年初余额	累收额	贷款存续期
2005年	4 124.6	1 180.9	3.49
2006年	4 457.83	1 162.4	3.84
2007年	4 744.27	1 470.52	3.23

资料来源：统计在线。

若按照资金实际占用期限，个人住房贷款内部资金转移价格为3.27%，平均内部资金成本率将降低0.43个百分点左右。照此成本计算，个人住房贷款的实际效益情况如下。

1. 营业贡献情况。个人住房购置贷款实现的营业贡献值将达到100.66亿元，个人商用房贷款将实现营业贡献20.75亿元。个人住房贷款将实现营业贡献121.41亿元，占全行各项贷款营业贡献总额的占比将上升至16.16%，提高了2.63个百分点，比贷款日均余额占比15.65%高0.51个百分点。

2. 利润贡献情况。个人住房购置贷款实现的利润贡献将达到85.68亿元，个人商用房贷款实现的利润贡献将达到18.87亿元。个人住房贷款将实现利润贡献104.55亿元，占全行各项贷款税前利润贡献总额的15.80%，比贷款日均余额占比15.65%高0.15个百分点。

3. 贷款利润率情况。个人住房购置贷款的税前利润率将上升至1.86%，个人商用房贷款税前利润率将上升至2.76%。个人住房贷款平均利润率将达到1.97%，上升0.43个百分点，比公司贷款和全行各项贷款利润率高0.08个百分点。

4. 经济增加值贡献情况。个人住房购置贷款的经济增加值贡献将达到58.93亿元，个人商用房贷款经济增加值贡献将达到9.17亿元。个人住房贷款将实现经济增加值贡献68.10亿元，占全行各项贷款经济增加值贡献的25.45%，比贷款日均余额占比15.65%高9.80个百分点。

5. 经济资本回报情况。在考虑内部资金转移价格因素后，个人住房购置贷款的经济资本回报率将进一步提升至51.25%，个人商用房贷款的经济资本回报率将提升至31.18%。个人住房贷款的经济资本回报率为47.64%，分别比公司贷款和全行各项贷款的平均经济资本回报率高23.26个和21.69个百分点。

以上数据表明，按照资金实际占用年限确定的内部资金转移价格进行测算，个人住房贷款各类效益指标都明显高于公司类贷款。

此外，个人住房贷款还在吸引、维系优质个人客户，带动其他个人金融业务发展方面发挥了重要作用。个人住房贷款对客户的锁定期长，一次营销就可以带来几年甚至十几年的稳定利息回报，在此期间，根据贡献度对个人住房贷款客户进行差异化营销，可以进一步提高中国工商银行产品在优质个人客户中的渗透力，带动其他个人金融产品，如银行卡、存款、个人结算和电子银行等业务的发展，促进零售业务竞争力的进一步提升。

三、中国工商银行个人住房贷款实现良好效益情况的原因分析

（一）贷款规模的快速增长为利息收入的大幅提升奠定了基础。2007 年底，全行个人住房贷款业务余额达到 6 077.43 亿元，比年初新增 1 333.16 亿元，增幅达 28.10%，占全行各项贷款新增总额的 36.5%，实现了业务的跨越式发展，促进了全行信贷结构的调整和利息收入的大幅提高。2007 年全年，个人住房贷款共实现利息收入 312.18 亿元，比 2006 年增长了 73.31 亿元，增幅达 30.69%，占全行各项贷款利息收入的 14.30%，同比提高 0.26 个百分点，比公司贷款利息收入增幅高 4.69 个百分点，带动了个人住房贷款综合效益的大幅提高。

（二）优良的资产质量为贷款收益率稳步提高提供了保障。中国工商银行个人住房贷款的业务规范程度不断提高，对项目进行审慎准入，对客户进行严格筛选，贷款的风险控制手段不断加强。借款人整体信用水平较高，担保充足，还款方式合理，有效防控了业务的潜在风险。2007 年末，中国工商银行个人住房不良贷款额为 61.6 亿元，不良贷款率仅为 1.01%，比全行各项贷款平均不良率低 1.91 个百分点，比公司贷款平均不良率低 2.47 个百分点。其中，个人住房购置贷款的不良率更是只有 0.78%，比 2006 年下降了 0.32 个百分点，低于全行各项贷款不良率。优良的资产质量为个人住房贷款效益的稳步提高提供了保障（见图 5）。

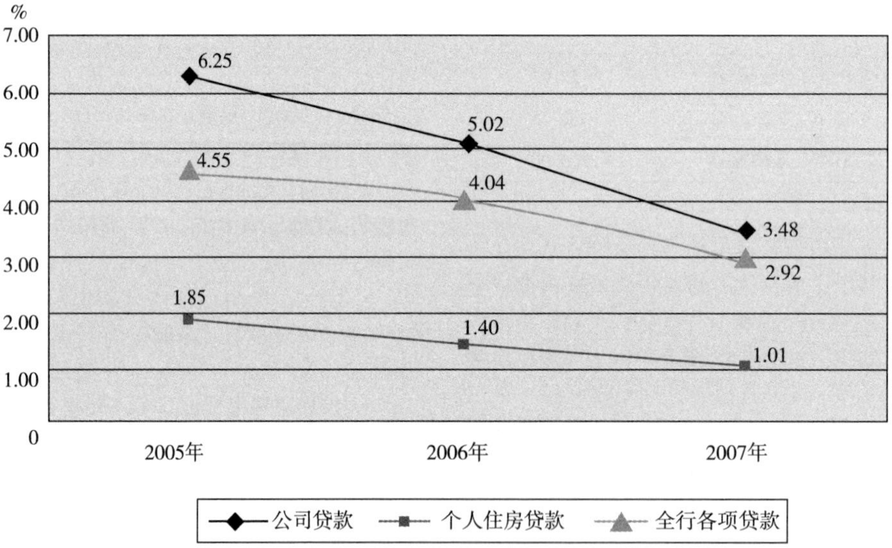

资料来源：统计在线。

图 5　个人住房贷款不良率情况

（三）较低的经济资本占用保证了较高的经济资本回报率。个人住房贷款具有两方面的特点：一是客户数量大、地域分布广、客户关联性弱、单笔贷款金额相对较小，有效地分散了风险；二是个人住房贷款以房产作抵押的担保方式，在带来充足第二还款来源的同时，对客户的还款行为具有较强的约束力，增强了客户主动还款的动力，贷款收益稳定。加之个人征信系统的全面启动，社会信用意识增强，更有助于银行解决信息不对称问题，筛选优质客户。

上面这些特点，决定了个人住房贷款具有较强的风险抵御能力和较低的经济资本占用。在《巴塞尔新资本协议》风险资本计算公式中，个人住房贷款就是作为低风险产品而占用了较低的经济资本。2007 年末，中国工商银行个人住房贷款占用经济资本 227.69 亿元，占各项贷款经济资本占用总额的 9.25%，低于贷款日均余额占比 6.4 个百分点，实现了较高的经济增加值贡

献和经济资本回报率（见图6）。

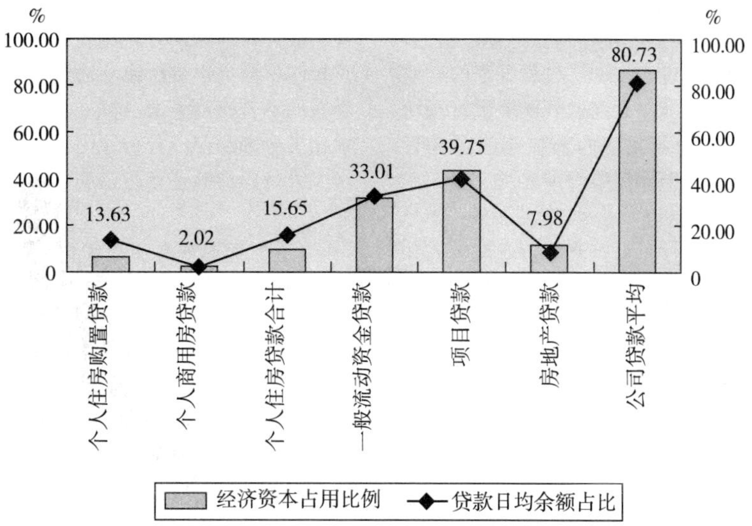

资料来源：PVMS。

图6　2007年各项贷款经济资本占用情况

市值稳定增长和股东价值最大化是现代商业银行始终追求的经营目标，风险调整后的效益状况是衡量商业银行长期盈利能力的核心要素。对一项贷款产品的效益评价要综合考虑利息收入、成本支出、风险拨备、经济资本占用等多方面因素。上述分析结果清楚地表明，尽管个人住房贷款实收利率低于公司类贷款，但由于其资金和经济资本占用少，风险损失率低，并且能够吸引和稳定优质的客户资源，派生出大量存款和中间业务收入，其实现的综合效益明显高于其他贷款。今后，随着个人住房贷款逐步实行差异化的利率政策、对第二套（含）以上房贷执行上浮利率定价，个人住房贷款的效益水平将进一步提高；随着业务操作及审批、管理标准化水平的提高，可进一步降低运作成本，个人住房贷款的效益水平也将得到进一步提升。

关于实施内控过程管理和业务流程优化的实践与思考

总行票据营业部　应俊惠

商业银行实施有效的内部控制和过程管理，是其提升核心竞争能力的重要保障之一。票据业务是一项信用风险相对低、操作风险相对高的业务，加强内控尤为重要。票据营业部2002年引入ISO 9001质量管理体系，2003年通过国际质量体系权威认证机构——英国标准协会BSI审核认证，获得“UKAS”证书，成为我国首家通过国际质量管理体系认证的银行专营机构。质量管理体系对总行票据营业部加强内部控制与过程管理发挥了重要而独特的作用。同时，总行票据营业部不断提升质量管理体系的层次和效能，由规范向效率发展，由广度向深度推进，通过引入先进的流程银行管理模式，实施票据业务流程的进一步优化。

一、对实施内控过程管理和业务流程优化的主要认识

（一）引入质量管理体系理念，加强内部控制过程管理。ISO 9001标准对一个企业应该如何建立规范的内部控制体系进行了科学、系统的描述。第一，质量管理体系“写你要做的，做你所写的，记录做过的，检查其效果，改正其不足”的PDCA核心思想与商业银行内部控制的过程管理基本原理是完全相同的；第二，质量管理体系要求的文件控制、职责权限与沟通、资源管理、产品实现、测量分析与改进等内容和商业银行内部控制的控制环境、控制措施、信息交流、监督纠正等要素也是基本一致的；第三，中国银监会在2005年颁布

的《商业银行内控评价试行办法》中提出的许多概念如管理评审、文件控制、记录、纠正措施、预防措施等，实际上都是ISO 9001标准语言的突出内容；第四，质量管理体系本身就是进行过程控制、过程管理的有效工具，商业银行可以通过实施一系列的具体质量管理活动和质量控制方法，来推动和实现内部控制的过程管理，体现标准化、规范化的操作风险管理要求。

（二）通过模板化操作，进一步实现总分部一体化经营管理。实施模板化管理，是总行票据营业部引入和实施ISO 9001质量管理体系的初衷之一。票据营业部是总分部式的跨区域、全国性的经营机构，如何将全体干部员工的思想、习惯、行为统一到一个平台上来，是总分部一体化经营管理的重要课题。通过建立质量管理体系，可把所有的业务操作流程都模板化，员工要处理或查询业务，只需要按照各类业务作业规范去操作就可以了。总分部的各项经营管理活动有了统一的行为准则、行为规范、管理语言和管理标准，避免了各分部之间由于地区差异和人为原因造成票据交易的差异化，堵住了信息不对称和标准不一致的漏洞；还可以形成统一的对外服务流程，树立票据营业部统一的对外服务形象。

（三）梳理整合现行规章制度，依托电子系统控制文件执行。ISO 9001标准要求通过建立一整套科学、系统并具备可操作性的内部管理运作制度，包括管理和工作程序、服务和操作标准，对整个业务活动过程进行控制。而中国工商银行现行的各项规章制度种类繁多，层叠交叉，缺乏系统性；不少规章制度变化过频，“补丁”文件过多；制度查询不方便，纸质文件的传递、变更、保管既费时又不够安全；有些规章制度缺乏可操作性，与业务一线的实际脱节；部分制度描述和释义存在歧义，检查人员和被检查人员往往理解不同；缺乏反馈和改进的机制。为解决上述问题，可按照质量管理体系结构要求，对现有的制度公文进行重新整合，把原来独立的各项规章制度归并到质量管理体系中，通过增加文件之间的相互接口以及相互引用使之成为完整的质量管理文件体系；并可以通过内部电子网络平台进行发布，采取覆盖式的文件版本控制方式，从根本上避免原有公文管理中因“补丁”文件造成的执行中的混乱。质量管理体系文件与现行制度公文体系相比，对流程的描述更加清晰，对部门和岗位职责的规定更加明确，对工作程序和工作记录的要求更加规范，也更加具备可操作性。

（四）运用过程方法，加强全流程的内控管理。ISO 9001标准是建立在将“所有的工作都是通过过程来完成的”认识基础上的。通过加强流程控制和岗位控制，可以达到规范化经营、精细化管理、标准化操作的要求：一是工作程序性可以更强。经营管理活动无论大小都要按照程序性要求严格执行，如需调整，必须经过适当的审批流程。二是检查方式可以更多样化。围绕质量管理体系开展的内部审核、满意度测量、管理评审等，使评价活动的方式更多，范围更广，角度更宽。三是控制手段可以更严密。通过对发现的各类不合格项和潜在的不合格项签发《纠正和预防措施报告》，可以要求相关分部和部门分析原因，采取措施，限期整改，并组织人员跟踪验证整改措施，确保各项整改措施落在实处。

（五）通过业务流程优化，进一步提高制度和体系的充分性、有效性和适宜性。流程银行是指以客户为中心，以市场为导向，强调内部主要业务条线的系统 、管理和核算，其核心是根据客户类别，将业务分设成一系列能快速反应和满足客户需求的业务流程，并在流程执行之处确立经营决策点。从总行票据营业部客户需求和转型发展实践来看，业务流程运行和管理中存在的问题主要有：一是“部门银行”仍然存在，完整的业务流程还是有部分的分割，导致协调成本和流转成本较大；二是风险管控能力还不够强，风险管理环节和措施针对性不够，针对不同类型产品和交易方式采取不同的风险控制措施不够清晰、不够到位；三是质量管理体系的主要功能还只是将现有操作流程进行固化，未充分考虑流程的效率和成本。因此，为落实总行开展业务流程优化的战略举措，进一步提升服务效率和管理能级，总行票据营业部于2007年启动并实施了业务流程优化项目，以降低日常运营成本，进一步增强市场竞争力。

二、实施内控过程管理和业务流程优化的主要做法

（一）加强组织领导，落实实施要求。作为总行票据营业部管理创新项目，质量管理体系认证和业务流程优化项目覆盖了总行票据营业部所有重要的经营管理活动，涉及每个部门和每个岗位。为此，总行票据营业部分别成立了项目领导小组、推行（执行）小组和工作小组，注意协调好内外关系，确保各项工作落实到位；还专门成立了质量管理体系研发和业务流程优化项目小组，负责有关质量管理体系和流程优化课题的研发和宣传工作。各职能小组职责的明确有效地推进了项目的按时、保质、有序进行。

（二）实施文件评级，提高文件质量。总行票据营业部按照文件的重要性和流程性，将质量管理体系文件划分为一级、二级和三级文件，对不同级别的文件实施不同的审批流程，体现文件的分类管理。同时，总行票据营业部还组织开展了质量体系文件评级工作。从整体构思、文件内容、条文表述、起草程序、体系协调、文件适用六个方面对质量体系文件进行全面评价，评价结果分为优秀级、良好级、合格级和基本合格级。通过实施对文件编制部门的文件评级，发现文件编制中存在的问题，来达到不断提高质量体系文件质量的目的。

（三）开展月度评审，提高执行力度。质量管理文件体系建立后，总行票据营业部提出了文件编写要做到“无缝衔接”，文件执行要达到“零误差”。为此，专门组织内审人员按月对总部各部门开展文件评审工作。评审内容包括编制和执行两个部分，以发现质量体系文件是否符合实际、文件是否具备可操作性、文件与文件之间是否存在矛盾、部门职责界限是否清晰、文件是否被有效执行等，从而保证质量体系文件的编写质量和执行力度。

（四）整合内部检查，提高检查效率。质量管理体系要求每年开展两次内部审核活动，以保证质量管理体系有效运行。质量管理体系内部审核工作与中国工商银行现有的内控检查、合规检查、专项检查相比，尽管检查形式和侧重点不同，但其根本目的都是加强过程管理，有效防范风险。为此，总行票据营业部将这些检查统称为“内审”，制定了统一的《内审程序》，目的是能够将每一次检查结果运用于不同的领域，避免重复检查，从而提高检查效率。这也得到了BSI公司的高度评价。BSI公司在对总行票据营业部的战略评估报告中指出：内审不仅仅关注了业务流程的符合性和有效性等方面，而且能够与风险控制和过程改进的理念相结合。

（五）开展满意度调查，改进客户服务。总行票据营业部从2003年起，连续五年每年开展一次内外部满意度调查。外部满意度是指客户对总行票据营业部整体服务的满意程度，内部满意度则是指员工对管理部门服务的满意程度。为了保证调查的专业性和客观性，总行票据营业部聘请了咨询公司实施独立的内外部满意度调查，了解和发现客户的外在需求和潜在需求，寻找改进客户服务和内部管理的机会。连续五年的满意度调查显示，客户的满意度指数在逐年提高，总体满意度指标均超过90%，达到“非常满意”的程度。客户满意度增加，经营效益也得到提升。总行票据营业部自开业以来，票据交易量和利润不断创新高，各项经营指标均超额完成总行下达的任务。

（六）实施管理评审，促进体系完善。每年初，总行票据营业部都要召开质量体系管理评审会议。出席人员为总经理班子全体成员和各分部、部门负责人。在票据营业部最高层面的会议上总结质量管理体系一年来运行情况，交流各分部、部门的质量管理体系管理经验和好的做法，分析质量管理体系运行中存在的问题，研究讨论质量管理体系发展方向和改进措施。系统的回顾、总结和分析对每年质量管理体系各项工作的顺利、务实开展有很大的指导和促进作用。

（七）跟踪整改措施，做到防微杜渐。质量管理体系的一个核心思想是持续改进。总行票据营业部实施持续改进的重要工具是《纠正和预防措施报告》。对各类质量管理活动（包括内外部检查、满意度调查、管理评审等）中发现的问题、提出的改进措施，内控部门要签发《纠正和预防措施报告》并提出整改落实期限。期限到期后，还要专门组织人员对纠正和预防措施的实施情况进行跟踪验证，确保各项整改措施能够举一反三，达到预期效果后，再经过管理者代表审批同意，才能正式关闭该报告，否则将持续跟踪，直到目标实现。

（八）逐年后续审核，增大认证压力。总行票据营业部选择的国际最著名的认证机构——英国标准协会BSI公司，现场审核非常专业和认真，并且自2004年起至今的每年6月份，都要对总行票据营业部总部和分部进行一次后续审核，尤其是其提出的审核建议对改进总行票据营业部经营管理起到增值效应。从投入产出比来看，5年中全部咨询费和认证费支出合计不过50万元，而质量管理体系在强化内控管理、形成合规文化、提高品牌效应和核心竞争力等方面影响是积极而深远的。

（九）开展流程诊断，寻求解决方案。专门组织总分部内审员和业务骨干与咨询公司一起进行流程诊断，集中编写总分部的质量管理体系文件，形成了包括质量手册、程序文件、作业指导书和表格记录的金字塔形的质量体系文件结构。业务流程优化项目正式启动后，通过集中采购程序，最终确定了项目咨询服务供应商。咨询师通过访谈总部、分部人员和系统内、外客户，积累了大量的第一手材料。项目执行小组以《票据业务操作指南》为基础，对现有的贴现和转贴现业务流程关键节点的输入输出、风险点和控制措施、辅助信息等进行详细描述，形成《基础流程节点描述表》，并与咨询师一起运用管理工具和管理原则重新梳理流程，站在第三方的角度审视问题，寻找流程优化的解决方案。

（十）设计流程优化，推广实施成果。反复讨论确定了流程优化设计的基本思路，然后对票据买入、票据卖出和研发3个一级主干流程和11个二级流程通过流程图描述的方式进行了全面的梳理和分析，提出了33个流程优化环节和优化点。正式召开业务流程优化项目评审会，确认采纳实施26个优化点，组织业务管理部门修改相关制度文件，提出业务系统开发需求，开展情况反馈和业务培训，并对项目推广实施提出要求。取得阶段性成果后，及时总结项目运行情况，提出改进建议，以进一步推进业务流程优化工作。

三、关于进一步强化内部控制的若干思考

总行票据营业部自开业以来，一直秉承“制度先行于业务，程序先行于操作”的理念，以质量管理体系为平台，打造“一本制度、一本流程”，即用制度约束行为，用流程规范操作。通过教育宣传、理念灌输、文件培训、制度考试等多种形式，强化员工的制度意识，已经逐步形成了严格按照制度文件规定执行的氛围。员工在各项具体操作中，首先要找制度依据，然后再按照制度文件规定的程序进行操作。目前，以客户为

中心的服务意识、以制度为标准的流程意识和以效益为目标的质量意识，已经内化为全体员工的自觉行动，成为总行票据营业部企业文化建设中诚信合规的重要组成部分。总行票据营业部建立和实施的质量管理体系目前已经成为行业内的知名品牌和提升总行票据营业部票据市场核心竞争力的重要手段之一。

下一步，为加快总行票据营业部战略转型、进一步巩固国内票据市场“领头羊”的地位，总行票据营业部实施的内部控制和过程管理还需要在以下几个方面关系的把握上不断提高。

（一）把握好流程文件标准化与产品服务个性化的关系。质量管理体系的基本要求是要建立标准化和流程化的质量文件体系，同时，质量管理体系的重要原则是要满足客户需求，但客户需求往往是个性化的，因此，标准化的流程与个性化的服务两者存在一定的矛盾。为此，总行票据营业部决定：一是在制定标准化的质量管理体系文件时，不仅要经过专业部门的充分论证和必要的审批流程，确保文件的有效性，同时还要尽可能地考虑到例外情况，对特殊事件也要进行规范，体现一定的灵活性；二是科学合理地安排业务转授权，转授权情况既要结合总行票据营业部的业务发展需要，又要注重被授权人的选择及其能力的培养，努力实现个性化授权。

（二）把握好质量管理体系持续改进与相对稳定的关系问题。质量管理体系要求将业务流程和管理流程予以固化，同时，质量管理体系也要求进行持续改进。但金融服务业面临市场形势不断变化，内部管理要求不断提升，因此制度文件变化频率不断增加，制度文件生命周期不断缩短，由此带来的质量管理体系的维护和改进的成本相对较大。为此，总行票据营业部打算今后在制度文件的制定时要力求有系统性和前瞻性，以后在相对稳定的前提下，持续稳健发展，降低质量管理体系改进的成本。

（三）把握好质量管理体系风险控制与效率提升的关系。总行票据营业部目前质量管理体系的主要功能还只是将现有操作流程进行固化，而未充分考虑流程的效率和成本。在制度文件制定时往往较多地考虑管理方便和风险防范，对客户需求和整体目标关注偏少，导致的结果是流程规定过细、业务处理效率相对低下。为进一步提升质量管理体系的层次和效能，总行票据营业部打算在落实业务流程优化成果的基础上，适时启动管理流程优化项目，通过完善流程银行建设，实现票据营业部经营管理的有效内控、高效运行和核心竞争力的进一步提升。

（四）把握好业务流程优化与流程银行建设的关系。流程优化、责任明晰、技能提升以及绩效管理是流程银行建设的四个方面，这四个方面互相联系、互相作用、缺一不可。目前尽管总行票据营业部实施业务流程优化项目取得了明显成效和阶段性成果，但业务流程优化目标还尚未完全落实。下一步，总行票据营业部打算在完善责任明晰、技能提升以及绩效管理的综合配套措施方面开展更多更扎实的工作，以进一步推动部门银行向流程银行转变。

（五）把握好管理流程配套与核心竞争力建设的关系。不断提升服务效率、创新能力和风险防范能力是总行票据营业部锻造核心竞争能力的关键，而流程结构体系的优化是首先需要解决的问题，为此，下一步总行票据营业部决定：一是调整组织岗位，即根据流程优化需要，调整组织与岗位设置；二是明确责任授权体系，即明确组织职责权限，完善建立责任授权体系；三是强化绩效管理考核，即结合中远期目标，完善建立绩效管理与考核机制；四是实施管理流程优化，即在授权和绩效管理体系基础上，优化管理流程。

关于拓展北京市现代服务业信贷市场的调查与思考

北京分行　王珍军

随着北京产业结构的深度调整，以现代服务业为主导的区域经济特征日益明显，现代服务业在GDP中的占比由2004年的44.3%提高到2008年的51.7%，年均增长率保持在20%左右，呈现出快速发展态势，已占据主导产业地位。因此，如何顺应北京经济结构和产业结构调整，抢占现代服务业发展先机，使北京分行的信贷经营结构与北京经济发展重点保持一致，是北京分行近年来重点思考和探索的问题之一。按照姜建清董事长提出的“北京分行要积极探索和发展现代服务业金融业务”的工作要求，我和班子其他同志一起，通过分析市场需求、了解行业特点、实地走访企业、与行业协会和政府部门座谈等方式，对北京地区现代服务业的发展现状、行业特征、市场需求以及具有代表性的重点行业开展了调查研究，就如何拓展北京市现代服务业信贷市场作了深入思考和探索实践。

一、拓展北京市现代服务业信贷市场的必要性

现代服务业是在工业化比较发达阶段产生的，依托信息技术和现代化经营理念和管理方式发展起来的、信息和知识相对密集的新兴产业。根据北京市统计局分类标准，现代服务业包含《国民经济行业分类》中的九大行业：①信息传输、计算机服务和软件业；②金融业；③房地产业；④租赁和商务服务业；⑤科学研究、技术服务和地质勘察业；⑥水利、环境和公共设施管理业；⑦教育；⑧卫生、社会保障和社会福利业；⑨文化、体育和娱乐业。

近年来，北京坚持高端、高效、高辐射力的产业发展方向，将现代服务业放在优先发展的位置，运用现代经营方式和信息技术改造传统商业、服务业。这既是调整产业结构，增强首都服务功能，建设国际大都市的客观要求，也是解决城市经济发展所面临的土地和劳动力价格上升、能源紧张、污染加重、交通拥堵、资源约束的内在要求。北京自身生产资料的结构性短缺，形成了大型制造业集中外迁以后的城市“空心化”，第三产业在产业结构调整过程中的替代效应和接续效果非常突出，2008 年末第三产业增加值已占到全市 GDP 的 73.25%，其中现代服务业快速发展，增势明显，成为拉动地区经济增长的重要引擎。这也为北京分行实施信贷结构调整和加快信贷业务发展提供了新的历史机遇和广阔的市场空间。

（一）拓展现代服务业市场是适应北京经济发展的需要。从调研的情况看，北京现代服务业发展总体呈现以下四个方面的特征。

一是行业涵盖范围广，整体发展迅速。根据北京市统计局数据显示，北京现代服务业共 9 大类行业，300 多个分支行业，产业覆盖面广。2004—2008 年，现代服务业的增加值从 2 688.5 亿元增加到 5 424.5 亿元，年均增速为 19%，分别超过传统服务业和第三产业 1.25 个和 0.45 个百分点，其增加值占地区 GDP 的比重也由 2004 年末的 44.3%提高到 2008 年末的 51.7%。

二是产业附加值高，主导行业垄断，中小企业数量多。据统计，北京市现代服务业法人单位约 14.7 万户，占三次产业总数的 42%，平均每单位实现增加值 367.3 万元，较三次产业平均值高 60 万元。其中限额以上企业 1.3 万户，仅占现代服务业企业总数的 8.7%，且大多集中在金融、房地产、城市基础设施开发运营、电信、广电等经济主导产业，具有高资本、高壁垒、国有垄断的特点；而大量以民营资本为主的中小企业多聚集在商务服务、计算机软件、文化创意等新兴行业，企业淘汰更新频率较快。

三是一批新兴产业具有较大的发展潜力。近三年来，商务服务业的增加值年均增长 24.7%；信息传输、计算机服务及软件业的增加值年均增长 23.8%；文化创意产业的增加值年均增长 19.9%。预计到 2010 年，以信息、计算机、软件、科技服务、文化创意为代表的高端产业的增加值占 GDP 的比例将超过 20%。可以预见，这些新兴行业将是带动首都经济平稳较快发展的重要力量。

四是形成了众多特色产业聚集区。北京在城市空间布局上已经形成了以中关村为代表的高技术研发服务区，以金融街、CBD 为代表的高端商务服务区，以石景山、朝阳、东城为代表的文化创意产业聚集区，以顺义、通州、大兴为代表的现代物流产业园区等。这些专业化的产业基地，在政策、信息、人才资源上集聚度高，产业辐射带动效应强，发展活力旺盛，将成为带动行业信贷市场发展的源头和基地。

（二）拓展现代服务业市场是提升北京分行信贷竞争力的需要。当前，北京分行信贷业务发展正面临着国际金融危机和国内经济周期波动性的挑战和考验。为保持全行长远可持续发展，拉长高盈利周期，北京分行必须坚持经营转型的方向，坚持结构调整的路子，不断改善资产结构、收益结构和客户结构。而积极拓展现代服务业信贷市场，不仅可以应对金融脱媒化和利率市场化带来的冲击，培育新的信贷业务增长点，而且有利于调整优化信贷结构，提升信贷市场竞争力，实现信贷业务可持续发展。

一是有利于应对金融脱媒挑战，持久保持信贷业务健康发展。近年来，大型优质企业融资渠道不断拓宽，短期融资券、中期票据、企业债券和公司债券快速发展，大型企业更多地通过资本市场获取低成本融资，对银行贷款产生了明显的替代效应，北京分行迫切需要寻找到高附加值的、发展潜力巨大的新目标行业作为信贷业务新的增长点。现代服务业作为社会经济链条中的重要一环，上游可创造产品和效益，下游可创造市场和需求，深度挖掘和积极满足现代服务业的信贷市场需求，是调整北京分行信贷经营战略和实现信贷业务长远发展的现实需要。

二是有利于优化客户结构，壮大客户基础，培育新的利润增长点。截至 2008 年末，北京分行法人有贷户仅 757 户，客户基础非常薄弱；以现代服务业为主的中小企业贷款仅占法人贷款的 23%，贷款主要集中投向大中型优质企业客户。积极拓展现代服务业优质客户，既有利于调整客户结构，减弱大客户经营波动对北京分行业务发展和盈利水平的影响，又有利于拓展新的行业领域，培育新的信贷业务增长点。

三是有利于调整信贷结构，丰富信贷产品，推进公司信贷向公司金融转型。现代服务业具有其独有的行业特性，北京分行传统的信贷产品难以完全匹配其资金需求，为现代服务业提供融资，北京分行需要加强信贷创新，加快开发适合其行业特性的融资产品和模式，将项

目开发贷款、服务贸易和供应链融资、网上结算、现金管理、财务顾问、战略顾问等紧密结合，积极调整北京分行现有信贷结构，丰富信贷品种，提高北京分行信贷产品线的适应能力，开展公司金融综合化营销，满足客户一揽子金融服务需求，提升客户依存度和综合贡献度。

四是有利于分散行业和集中度风险，有效应对经济周期波动带来的考验。截至2008年末，北京分行本外币贷款余额前十名大客户的融资合计为705.94亿元，占全行贷款总量的36.34%，贷款集中度高。同时，房地产、电力、石油石化、煤炭、民航、钢铁、电解铝、汽车等与经济周期相关性较强的行业在北京分行贷款中的占比达到42%，贷款行业集中度也非常高。积极拓展教育、医疗、文化、科研、水利、环境等受经济周期波动影响较小的现代服务行业信贷市场，改善贷款结构和行业分布，是北京分行降低贷款集中度风险和保持长远可持续发展的一项重要举措。

（三）拓展现代服务业市场是应对同业激烈竞争的需要。

随着北京现代服务业的迅速发展，北京地区银行同业纷纷加大对这一市场的投入力度，其营销策略独到，信贷模式大胆创新，并已经取得一定成效。

一是在水利、环境和公共设施管理方面，形成以政府融资平台为主体的发展格局。由于北京经济发展情况良好，各区县财政实力较强，政府融资平台企业贷款多由财政负责还款，贷款金额大但风险却相对较低。因此，北京地区各家银行纷纷确立与政府的合作关系，积极扩大合作范围，增加贷款授信额度，全力争取优质贷款项目。国家开发银行是与北京各区县融资平台企业合作最早、贷款金额较多的银行，而北京银行则是较多融资平台企业的存款行。

二是在融资租赁方面，民生银行、中信银行等股份制银行以及农业银行、中国进出口银行专门成立了租赁事业部或租赁业务处理中心，制定了《融资租赁保理管理办法》、《出口信贷型租赁业务管理办法》，积极响应行业需求。民生银行还特别推出“鼓励通过银租合作，采用租赁保理形式进入该行目前难以营销进入的通信、石油、金融等具有垄断地位的行业企业，包括主动授信客户、战略客户和优先支持类客户”，以及“借助融资租赁提高贷款收益率和增加融资安排费的营销策略”的信贷政策。

三是在现代物流方面，中行、交通银行是中远、中外运、中储这些物流行业的龙头企业的主要合作银行；深圳发展银行、中信银行在商品融资领域拥有丰富的产品体系和大量客户资源，特别是深发展的商品融资（含存货质押）业务的同业知名度高，管理经验丰富。

四是在教育卫生方面，中行于2004年通过竞标方式取得中央部属高校助学贷款的主办权，2006年又与教育部签署相关协议，取得115所中央部属高校2006—2010学年国家助学贷款资格；北京银行、建行、招行、民生银行等大多采用高层公关、赞助、服务条件优惠及宽松的信贷政策，利用较为灵活的机制，全方位挖掘营销优质客户资源。

五是在文化创意方面，以电影行业为例：①北京银行、交通银行与北京市文化创意产业促进中心签署战略合作协议，以此联动行业发展机构，提高市场宣传力度，增加合作机会。②招商银行以全程跟踪拍摄、控制贷款资金流向等方式贷款《集结号》，深圳发展银行联手中信银行贷款《夜宴》，渣打银行以预售期权做抵押贷款《满城尽带黄金甲》等，以个案介入为主，开展探索与尝试。③国家开发银行探索用“知识产权质押+专业评估+保险公司担保”的银行贷款模式，交通银行在中小企业贷款品牌“展业通”项下对文化创意行业推出“版权担保贷款”等，推动知识产权担保方式。④北京银行与华谊兄弟签订电影“打包”贷款计划，以商抵方式对万达集团发放院线建设贷款，并开展知识产权系列研究，成为行业先行者。

总之，现代服务业发展正方兴未艾，北京现代服务业的快速增长为银行业发展带来了巨大机遇，各家银行也纷纷加大了对这一新兴市场的培育、开发和竞争力度，在金融脱媒和利率市场化加快的大背景下，可以说，谁抢先进入了这一战略领域，谁就占据了未来竞争的制高点。这也决定了北京分行只有顺势而为，加快调整信贷经营策略，加大现代服务业信贷市场拓展力度，才能抓住北京地区这一巨大的市场资源，才能赢得市场竞争主动。

二、新兴现代服务业信贷市场具有特殊性

现代服务业中各行业的信息化、技术化进程不同，行业形态各异，拓展现代服务业信贷市场需要深入调研行业特征和细分市场为基础。通过深入调研后发现，北京现代服务业整体上呈现出两个明显的发展梯度。

其一是以传统产业升级为背景，基于城市公共建设、功能改造的资本密集型和垄断型现代服务业，比如水利、环境和公共设施管理、教育、医疗行业等。资本密集型和垄断型现代服务业具有“看得见”、“摸得着”、“抵得住”的特性。这类行业在运营形态上与北京分行传统产业的企业相近，信贷需求以项目开发或垄断经营为背景，与北京分行的信贷理念、风险偏好较为吻合。同时，北京分行的信贷产品大多以制造业、传统商贸业、基础设施建设等行业为设计原形，现行的流动资金贷款、贸易融资、项目贷款、房地产贷款等产品体系，与这类行业的经营特点和运营模式比较匹配。

其二是以科技进步和创新为背景，服务于城市经济发展的技术密集型和智力密集型的新兴现代服务业，比

如影视传媒、新闻出版、体育娱乐、计算机服务及软件、商务服务、咨询中介等。新兴现代服务业运营形态上与传统产业差别明显，具有“看得见”、“摸不着”、“抵不住”的特性。这类行业在信贷需求以创意型产品开发和无形服务为背景，资金需求集中出现在形成“服务能力”或“服务产品”固化的过程中，一旦服务能力形成、产品投放市场，则维护成本大大降低，基本无须融资（除非改造升级）。以网络游戏为例，在一个游戏初始开发和推广阶段，需要大量资金用于购买计算机设备和编程软件，引进技术人员，进行市场宣传促销。游戏一旦制作完成，并通过网络运营商上载到网络上以后，即可实现持续盈利，维护成本降至很低，类似的还有软件开发、动漫制作等产业。然而在技术或创意转化为“服务能力”或“服务产品”的资金投入阶段，也正是产品技术含量和创新程度、市场竞争和盈利能力、企业经营规模和抗风险能力等信贷风险因素叠加的阶段，对商业银行的风险掌控和信贷管理提出了更高的要求。

资本密集型和垄断型现代服务业的信贷风险对于银行从业者来说比较熟悉，而新兴现代服务业的外部市场环境和自身经营的特殊性，使银行预判风险的难度明显增加，给北京分行拓展该领域信贷市场带来了全新挑战。总体而言，新兴现代服务业信贷市场具有以下几个方面的特征。

（一）信息不对称，增加了银行信贷风险的预判难度。新兴现代服务业子行业纷繁复杂，专业化程度高，企业经营模式和盈利方式灵活多样，其经营业态已超出北京分行接触的常规行业范围，加之外部市场缺少对这类行业企业运作规律的公开信息，也缺少从事专业评估的权威机构等，从而产生“圈内圈外”的专业隔阂，银企之间信息不对称，信贷人员难以把握行业经营规律，加剧了道德风险和操作风险，需要在实践中不断摸索和总结。

比如，动漫行业拥有较完整的行业链条，其营运分为故事策划、动漫制作、市场营销、发行及放映、衍生产品开发等多个环节，动漫作品的最终盈利依赖于行业内各产业链条间的协作与互动。在发放贷款前，银行不仅需要了解企业自身的经营情况与实力，更要了解行业中各环节的盈利模式、成本开销、资金回收的途径与方式，锁定最终产品在销售和投放渠道，从而在整体上把握产品市场预期和控制信贷风险；在策划制作阶段，需要详细了解动漫故事的题材内容、投资背景、创作团队，政府审查许可以及前期创作进展情况；在营销发行阶段，需要关注作品获得发行许可情况、包装宣传情况、取得发行渠道情况、版权出售情况；最后还要选择机制健全、经营实力雄厚、创作团队有市场推广和策划经验、发行渠道和销售收入稳定的优质企业开展合作，同时，利用法律、经济、技术等多种手段，把信贷管理与借款人的责权利相捆绑，多角度控制信贷风险。

（二）核心资产无形化，存在“看得见、摸不着、抵不住”的特性。新兴现代服务业主要以知识、技术、创意作为生产资料，以服务为输出产品，具有“轻资产”的特征，企业资产的实物保障度不高。同时，由于服务产品的非标准化特点，其技术含量的高低不易计量，银行较难评估企业的信贷额度和市场预期价值。

比如，影视行业是将抽象的文化通过电影技术手段转化为具有经济价值的文化产品并从中盈利的行业。电影企业的主要资产就是“影片存货”和“应收票房分账款”，基本没有固定资产作保障。每部电影因为剧本体裁、编剧内容、创作团队、拍摄技术不同，相应的投资额度不同，产品质量也不同。再加上完片后的故事卖点、受众群体、上映档期、宣传力度不同，会产生票房收入的较大差异。像网络游戏、广告、软件、旅游等行业，也都是典型的“轻资产”行业，服务产出的内容各异，价值不同。这些都对银行考察和判断企业的经营状况、市场前景及盈利能力提出了更高的要求。

（三）知识产权作为贷款担保存在一定难度。我国新兴现代服务业发展处于初级阶段，人才结构性短缺，产业链不完整，知识产权保障力度较弱，已成为困扰行业发展的主要难题，特别是盗版侵权对行业的生存发展构成了较大威胁，急需建立适应产业发展要求的知识产权保护体系和产业服务模式。目前，在我国知识产权虽然可以办理正式的质押登记，但是由于市场体系不健全，知识产权的交易、评估和第三方监理机制等尚不成熟，很难就知识产权作出准确的价值评估，市场各方缺乏对市场公允价值的共识，交易市场的活跃程度低，变现能力和变现价值较难估量，这就导致知识产权担保在当前贷款担保中难以推广和操作。这也是北京分行在接触营销新闻出版、影视制作、软件服务等行业企业时遇到的普遍难题。

（四）北京分行现有的信贷产品与客户需求不易对接。北京分行现行的流动资金、贸易融资、项目贷款等信贷品种与新兴现代服务业的资金需求尚不能完全匹配，针对“服务型产品”的开发和交易，北京分行在信贷品种、业务办理条件和管理上还没有明确的管理要求。同时，新兴现代服务业企业以中小企业为主，难以提供房地产、大宗原材料或存货抵质押，也不易取得第三方保证，需要积极创新、大胆尝试，设计合适的产品。

三、北京分行拓展现代服务业信贷市场的主要做法及成效

现代服务业可观的经济规模和持续快速发展的现实，充分证明了其强大的生命力和广阔的市场前景，值得下工夫去深入研究和实践。一直以来，北京分行高度重视现代服务业在信贷经营中的战略地位，将拓展现代

服务业信贷市场作为调整信贷结构、壮大客户基础、创新信贷模式、培育新的信贷业务增长点的重要手段，把市场资源、信息资源、客户资源三者有机结合，通过抓思想解放、抓行业调研、抓市场宣传、抓营销推进，取得了阶段性成效，为加快全面进入现代服务业信贷市场奠定了基础，积累了经验。

从总体情况看，北京分行拓展现代服务业信贷市场已具备一定的信贷基础和管理经验，取得了较为明显的效果。截至2008年末，北京分行现代服务业贷款余额为743.56亿元，较2007年末增加110.61亿元，占法人客户本币贷款总量的40.12%；有贷户265户，较2007年末增加15户，占比27.32%。从贷款质量看，现代服务业贷款不良率仅为1.8%，贷款质量较好。从客户信用等级分布看，A级（含）以上客户占比83.02%，贷款占比97.47%，客户结构良好。从贷款行业分布看，房地产、城市基础设施建设、电信、广电等高资本、高壁垒或垄断行业贷款余额为698.68亿元，占比为93.96%，贷款行业集中度较高。从客户规模结构看，现代服务业贷款主要集中于少数垄断经营的集团大客户和政府融资平台，以民营资本为主的中小企业或以高新技术和文化创意为代表的新兴现代服务业贷款余额仅为11.57亿元，贷款“垒大户”现象仍较为严重。

总的来说，北京分行现代服务业信贷总量规模增长较快，贷款质量和客户结构较好，但是贷款集中度依然较高，业务结构发展仍然不平衡，需要在市场拓展过程中加大对以中小企业为主的计算机、软件、影视、商务服务、中介咨询、体育娱乐等新兴现代服务业的营销支持力度，进一步推动现代服务业信贷业务快速发展。回顾近年来特别是2008年以来的现代服务业发展过程，北京分行主要做了以下两方面工作。

（一）夯实基础，巩固优势，积极推动传统形态现代服务业信贷市场的“提升”发展。具有传统运营特点的现代服务业一直是北京分行信贷支持的重点，为大型优质客户提供良好的金融服务更是北京分行的优势所在。为继续巩固和扩大已有市场份额，推动传统形态现代服务业信贷业务跃上新台阶，在总结经验、分析优势的基础上，2008年以来，北京分行先后向支行下发了水利环境和公共设施管理（政府投融资平台）、星级酒店、公办普通高校、非营利性医院行业的营销指导意见，指导全行加强传统优势行业信贷业务的营销。

一是实行分层营销管理，重点进入水利、环境和公共设施管理行业。围绕东城、朝阳、石景山、大兴地区的文化创意产业基地，围绕顺义、通州、大兴区域物流基地等北京市产业聚集区的建设和公共设施开发项目，为北京分行后续营销入驻企业创造了有利条件。结合北京市产业布局和战略发展规划，北京分行将全市18个区县以及亦庄开发区细分为“战略区、重点区和跟随区”，分别制定相应的营销策略和进入重点。组成分支行多层次营销团队，与园区（基地）管委会、政府相关部门建立对应的沟通关系，形成分层营销、层层沟通、上下统一、快速反应的立体营销体系，及时获取市区两级政府和产业主管部门的投资重点信息，深入挖掘潜在营销资源。2008年末，北京分行向水利、环境和公共设施管理行业发放贷款余额94.98亿元，较2007年末增加30.79亿元，重点加大了对投资方向与国家产业政策相符、政府大力扶持、还款来源明确、相关手续齐备的产业园区建设和配套公共设施开发项目的贷款投放。

二是实行客户差别化管理，重点营销高星级酒店。北京分行将北京46家五星级酒店、115家四星级酒店作为营销目标，提出“积极营销五星级酒店、选择性支持四星级酒店、重点营销运营成熟的高星级酒店、审慎支持新建酒店、综合评价经营管理经验和项目现金流”的总体营销思路。2008年末，北京分行酒店业贷款余额为44.79亿元，较2007年末增加5.3亿元，贷款主要投向高星级酒店，贷款品种主要为项目开发贷款和固定资产支持融资贷款。今年初以来，北京分行利用总行调整完善固定资产支持融资政策的契机，又审批通过了王府井大饭店、王府井希尔顿酒店、赛特酒店、励骏酒店等客户的固定资产支持融资共27.25亿元，取得阶段性营销进展。

三是实行优质客户名单式管理，重点公关优质公办普通高校和非营利性三级以上医院。北京分行在充分进行市场调研的基础上，确定了26所“211工程”高校、14所教育部直属和市属重点高校，63所非营利性三级医院作为重点目标客户，并给予贷款利率下浮、中间业务收费减免等优惠政策，以推动各项业务发展。2008年北京分行对教育和医院两个行业共完成贷款审批22.72亿元，实现信贷投放14.05亿元，贷款余额为17.29亿元，比2007年增加5.15亿元，增幅达42%。特别是通过营销政策的调整，北京分行新增加了北京航空航天大学、北京邮电大学、首都经济贸易大学、北京友谊医院、宣武医院等优质信贷客户资源，巩固了与北京大学的全面合作，加快了与清华大学战略合作关系的建立，推进了校园“一卡通”、医院“一卡通”等结算产品的营销，取得了较为明显的经济效益和社会效益。

（二）寻找差距，创新模式，全力推动新兴现代服务业信贷市场的“破冰”发展。为扭转北京分行新兴现代服务业信贷市场拓展速度缓慢、信贷模式单一、竞争手段有限、创新力度不够的不利局面，北京分行积极转变观念，抛弃传统信贷思维，以务实的态度和创新的视角，虚心向市场、向客户、向同业学习先进经验。北京分行坚持在对市场进行充分调研的基础上，对新的信贷市场进行行业细分，找出其区别于传统行业的特性，设计适应市场需求的金融服务模式，找准北京分行信贷的切入点。为此，2008年以来，北京分行制定了一系列市场开发计划，加大了对市场拓展相对较慢的新兴现代服务业的调研力度，提出了融资租赁行业营销指导意见，并集中精力研究电影行业信贷风险、创新信贷管理方式，实现信贷破冰先行一步。

一是对融资租赁行业，北京分行通过长达一年的跟踪和接触营销，对融资租赁行业及银租合作模式进行了深入调研，确定了29家外资租赁公司作为营销目标，并从行业合法合规性、股东背景、技术专业性、风险控制能力等方面，提出了租赁公司的信贷准入标准。北京分行还将“银租合作”作为介入优质承租行业、维护和拓展优质承租客户的营销策略，确定了可积极营销的承租客户。在确定租赁公司目标客户和承租行业准入的基础上，提出了以专项贷款支持融资租赁公司开展对优质承租客户的设备融资租赁项目、以非专项授信融资支持综合偿债能力较强的融资租赁公司、匹配债权和债务期限管理的租赁保理业务三种适应市场需求的信贷模式，为营销该行业客户奠定了基础。

二是对影视行业，北京分行提出细分市场、细分客户、细分风险、立体评估、封闭管理的总体信贷要求。将中影集团、华谊兄弟、万达院线、保利博纳、海润影视、光线传媒等产业链完整、制发放一体、渠道控制能力强、品牌影响力大的行业领军型企业作为目标客户，进行重点营销。2009年以来，北京分行对电影行业信贷营销取得三项重大突破：为华谊兄弟公司拍摄发行《唐山大地震》、《狄仁杰》、《风声》、《追影》四部商业影片提供1.2亿元项目贷款（已发放7 000万元）；为保利博纳发行公司拍摄发行《十月围城》、《大兵小将》、《一路有你》三部商业影片提供5 500万元项目贷款（已发放500万元）；为万达院线公司建设12家多厅影院发放2亿元项目贷款，开创了系统内信贷支持电影行业的先河，成功介入了电影制作、发行、终端放映的产业链各环节。北京分行通过创新信贷管理模式，跳出对文化产业“看得见、摸不着、抵不住”的传统认识，从关注企业的有形资产转为综合考察企业创作团队、市场运作经验、品牌影响力和市场渠道控制能力，从源头上把握实质性风险，做到有的放矢、科学管理、分散风险、责任连带。在产品设计上，通过对多部影片的拍摄发行、对多家影院的建设进行打包审批，实现各影片、各影院间收入的“以丰补缺”，降低单一项目风险。在担保模式上，采用“电影版权质押+实际控制人个人连带保证”方式，控制核心产品、约束核心决策层，控制经营风险。在贷款管理上，借鉴贸易融资、房地产贷款管理经验，按照电影拍摄进度、影院建设进度发放贷款，严格监管票房分账收入，锁定资金回笼渠道，实现对收支两条线的“封闭管理”。

在金融危机的大背景之下，北京分行为电影业提供信贷支持，不仅开创了工行支持文化创意产业的先河，也引起了政府部门和相关企业的广泛关注。北京市文化局与北京分行商谈联合支持文化创意产业发展的具体目标，产业聚集区政府积极引荐园区管委会和区内企业，很多客户也改变了工商银行只做大客户的观念，提升了对北京分行信贷营销的认同感。今后北京分行将继续秉持“抓大不放小，关键在于优”的经营理念，及时总结信贷营销经验，进一步探索和完善支持文化创意产业的产品和思路，围绕重点行业、重点区域、重点客户，深入细分市场，研究产业运作模式和企业特点，分析各类企业的信贷切入方法，先试先行，继续为全行现代服务业信贷发展积累经验。

四、下一步拓展现代服务业信贷市场的工作思路与打算

现代服务业是北京分行信贷经营布局的重要组成部分，北京分行将在巩固传统服务业信贷优势的同时，借助北京新兴现代服务业市场需求逐步释放、产业后发优势明显的良好机遇，坚持按照“扎实推进、高端带动、聚集发展、创新提升”的发展思路，积极做好现代服务业的市场开发和风险管理，全力提高信贷业务市场竞争力。未来三年北京分行现代服务业信贷市场的发展目标是：到2011年，力争现代服务业客户贷款比重占到全部法人客户贷款的50%以上，努力将北京分行打造成北京地区支持现代服务业发展的领先银行。

（一）以提升优质信贷占比为目标，进一步巩固传统优势现代服务业信贷市场。具有传统运营特点的现代服务业是北京分行信贷经营的优势所在，而传统服务业的信贷市场开发还远未饱和，仍有较大的增长潜力和市场空间。北京分行将继续巩固扩大对电信、广电等垄断行业和企业的信贷市场份额，加大对水利、环境、公共设施管理行业的营销力度，深入挖掘高星级酒店、公办高校及非营利性医院等传统优质客户潜力，重点加强项目贷款营销，支持公办高校和非营利性医院基建项目改扩建工程，发展酒店固定资产支持融资业务，提高优质信贷资源市场占比。同时，北京分行将加强产品部门协作，围绕客户的整体融资计划和综合服务需求做文章，提高客户综合贡献度。对于酒店行业，积极推行全流程金融服务营销，为客户提供从开发建设到财务咨询、融资顾问、结算管理、直至稳定运营后资产支持融资的全过程和整体化的服务方案。对于公办高校和非营利性医院，要进一步夯实客户基础，提升服务层级，加大营销维护力度，并着眼于长远，综合运用存款、贷款、现金管理、网上银行、代发工资、上门收款、财务POS、“一卡通”等产品设计、产品组合，通过多种定价策略平衡收益。

（二）以提升市场竞争力为目标，全面进入新兴现代服务业信贷市场。积极拓展新兴现代服务业信贷市场对于北京分行提升信贷核心竞争力、保持信贷长期可持续发展具有重要的战略意义。为此，北京分行将结合北

京市区域产业发展规划，加强银行、企业、政府三方沟通协作，将国家大力发展的影视传媒、新闻出版、动漫网游、体育娱乐、现代物流业作为重点拓展目标，在全行范围内整合营销资源，实现对重点支行的信贷资源聚集，推动信贷业务的快速发展。

一是顺应北京产业集群化发展的战略布局，打造信贷特色支行。全面进入高端服务聚集区、高端产业园区、文化创意、现代物流等北京市六大产业功能聚集区，结合区位特点和优势，选取具有较高聚集性和辐射性的行业，以"立足区位、塑造专业"为目标，积极打造现代服务业信贷专业支行。下一步，北京分行将围绕"中关村石景山园新媒体基地"、"石景山动漫网游示范园区"、"朝阳CBD国际传媒产业聚集区"、"中关村科技园区雍和园"，将石景山、王府井、东城支行打造成为影视传媒、体育娱乐业信贷特色支行；围绕"顺义空港物流基地"、"通州马驹桥物流基地"、"西南大兴—良乡物流基地"，将顺义、通州、大兴支行打造成为现代物流业信贷特色支行；围绕"中关村软件园"、"中关村创意产业先导基地"，继续推进信息、计算机和软件业的信贷拓展。通过行业资源和客户资源的集中，加快建成一批发展新兴现代服务业信贷业务的特色支行，逐步建立一支熟悉市场、了解行业、善于辨识客户的专业信贷队伍，实现信贷资源集中化、经营管理专业化。

二是借助总部经济对服务业需求的拉动和聚拢效益，搞好两个市场开发。北京高端产业的集群式发展与总部经济的发展相辅相成，对现代服务业的发展起到共同激发和推动作用。北京分行在根据产业功能区打造特色支行的同时，也要借助总部经济对现代服务业需求的拉动和聚拢效应，围绕企业总部所需要的金融、保险、会展、法律、信息服务、教育培训、现代物流等高端现代服务"产品"，以总部作为核心客户，推进"1+N"的批发式营销，既挖掘为其提供服务的产业链客户群体，又依托企业总部的实力和信誉，实现对现代服务业客户的信贷投放，积极开发集团总部及其上下游的两个信贷市场。同时，将国内贸易融资引入服务行业，重点发展国内保理、远期信用证及项下卖方融资，借助这类产品所具有的融资成本低、优化报表的优势，利用总行允许开办异地贸易融资业务的政策，吸引总部企业把贸易融资引入交易价格谈判中，再沿着产业链和供应链，收集上下游服务贸易的交易对手名录和信用记录，不断扩大现代服务业的优质客户群。

三是围绕大型生产制造型企业和资源垄断型客户的服务链条，寻找营销切入点。制造业由于市场分工更加专业化而逐步衍生、分化出新的依托科技进步的生产性现代服务业，北京分行将依托大型制造企业的实力和信誉，在传统生产制造业向现代制造业转型发展的过程中，将外包和衍生的这部分服务企业作为营销目标，实现对现代服务业客户及其上下游企业的整体营销。同时，坚持"行业龙头客户优先进入"的原则，重点积极支持影响力较大、能够带动产业创新和集约发展、能够突出产业整体形象、具有品牌效应的大型企业集团、行业垄断型企业和有比较优势的龙头客户，充分发挥其在服务业集群中的示范带动作用，加强信贷创新，积累信贷经验，实现群体开发。

四是加强与政府产业发展主管部门的资源联动，创新文化产业信贷发展模式。北京分行计划与北京市文化创意产业领导小组办公室签署"银行支持文化创意产业发展战略合作协议"，提供信贷意向授信，加强与产业中心的联动，推动政府引荐优质客户和优质项目，并配合政府年度工作规划，借助政府贷款贴息等优惠政策，重点支持优质文化创意企业和重点项目。为解决文化创意企业融资担保难的问题，北京分行将借助《北京市文化创意产业担保专项资金管理办法》，加强与担保公司、再担保公司、评估公司的业务合作，推动构建北京市多重、联合担保网络体系，为信贷经营提供风险保障。北京分行还将结合影视业的融资模式和回款特点，与北京市文化创意产业促进中心共同探索建立影视担保机制，推动完片保证公司的建立，加强对影视剧生产的全程监理，降低影视制作阶段的融资风险。

（三）以确保稳健经营为目标，实现现代服务业信贷业务健康可持续发展。现代服务业企业经营形态复杂，盈利模式多样，在拓展信贷市场的过程中，必须将信贷创新与稳健经营紧密结合，既要敢于创新信贷思路，又要重视风险管理和控制，在营销实践中切实把握服务产品的开发主体、开发能力、销售渠道和预期价值等关键因素，在有效控制实质风险的基础上，推进信贷业务健康可持续发展。

一是充分调查研究。新兴现代服务业体系庞杂，运营形态各异，其发展依赖于其特定的市场环境和消费需求，充分开展市场调研，准确把握现代服务业的行业特点和运行规律，是开展信贷营销、有效控制风险的前提和基础。下一步，北京分行将重点调研业务发展快、潜力大、市场需求旺盛且政府鼓励的软件开发、网络信息服务、咨询中介、出版发行、文艺演出、动漫网游、体育娱乐、旅游等行业，深入总结归纳行业特征，探索与之相适应的信贷模式，成熟一个开发一个，有的放矢地拓展新兴行业信贷市场。

二是坚持选强择优。一方面坚持做大做强，积极支持行业领军型企业。例如，在文化创意产业，北京分行将重点支持东方演艺集团公司、文化节目数字制作公司、北京演艺集团以及即将组建的文化领域"航母"——中国动漫企业集团等领军型企业，支持华谊兄弟、保利博纳、万达院线等综合化经营好、市场运营能力强、品牌影响力大的优质民营企业，凭借其品牌号召力、资源凝聚力和吸引力以及对关键销售渠道的掌控力，有效控制信贷风险。另外，坚持做小做精，择优支持行业内具有核心竞争优势和可持续发展能力的优质服务企业，积极培育和开发管理者素质较高、经营能力和市场营销能力较好、财务清晰、运作规范、具有突出技术优势和长远发展规划的中小企业。

三是创新担保方式。为切实控制贷款风险，必须创新适应新兴现代服务业的融资担保模式。一方面追加核心产品的版权质押，约束技术要素；另一方面，追加实际控制人的个人担保，控制经营决策风险，以全面考量企业的诚信度。下一步，北京分行将尝试引入专业评估公司评估版权财产价值，尝试引入专业律师审核无形资产的真实性、权属和担保效力，尝试引入北京知识产权交易所等产权交易平台对版权质押贷款业务模拟处置预案，打通无形资产的风险处置渠道，确保入质的知识产权能够最大限度地实现保值增值。

四是全程控制风险。根据新兴现代服务业的普遍经营模式，在“服务产品”从设计、生产、产成、销售、变现的整个产业链中，随着产品从无到有，银行信贷风险也逐步降低，贷款越接近产品销售的终端市场，越容易控制资金回笼渠道，锁定还款来源。因此，北京分行将优先对新兴现代服务业的终端市场开展信贷营销，从源头降低贷款风险。同时，要坚持从产业链的全过程整体考察和判断企业经营风险：在生产阶段，要有稳定的技术人员，保障产品的质量及完成率；在产品推广阶段，要有稳定的销售渠道，保障产品能推向市场；在产品销售阶段，要有稳定的市场预期，保障产品收益，真正“管住”服务产品的变现渠道和资金流。

五是搞好综合服务。新兴现代服务业企业的信贷需求具有较强的阶段性特点，在技术、知识、方案转化为“服务产品”的过程中需求迫切，产品市场化以后，融资需求逐渐减弱，结算、理财等综合化金融服务需求转而增强。因此，北京分行要为新兴现代服务业客户提供包括存款、贷款、结算、现金管理、银行卡、个金业务等一揽子金融服务，整体把握企业的经营运作情况和发展变化，促进各项金融业务的协同发展，提升企业对银行的整体依存度，提高客户的忠诚度和综合贡献度。

天津分行学习科学发展观的实践探索

天津分行 华耀纲

科学发展观是党的十七大精神的灵魂和精髓，是天津分行推进各项工作、建设国际一流商业银行的指导思想。天津分行结合自身实际情况和未来发展前景，将学习科学发展观作为抢抓机遇、迎接挑战，打造区域市场领先银行的不竭动力。2008 年 4 月，分行党委就在全行党员特别是党员领导干部中开展了“解放思想、干事创业、科学发展”学习实践活动，制订了详细的活动方案，紧密围绕“找差距、定目标、促经营、抓落实”四点要求，并与创新支行领导班子的民主生活会结合，注重提升支行领导班子的经营管理能力，取得了良好效果。截至 2008 年 10 月，天津分行与总行的学习实践科学发展观活动有机结合，成为推进我行实现全面协调可持续发展的强大动力。

一、开展“解放思想、干事创业、科学发展”学习实践活动的背景

（一）天津滨海新区的开发开放、先行先试为天津分行提供了难得机遇。2006 年以来，随着天津滨海新区纳入国家发展战略，成为国家级综合配套试验区，已逐步成为我国经济最活跃的区域。特别是 2008 年 3 月，国务院批复了天津滨海新区综合配套改革试验总体方案，又一次聚集了世人目光，总体方案使得滨海新区的先行先试日渐清晰，滨海新区开发开放渐入佳境。

在滨海新区的龙头带动下，天津已经处于快速发展的历史新阶段，形成了滨海新区、中心城区、区县经济的三个层面联动发展的态势。面对这一千载难逢的历史机遇，分行各级党员领导干部如何通过解放思想，看清形势，形成共识，干事创业，加快推动天津分行的科学发展、率先发展，已成为迫切的课题。

（二）天津分行未来发展迫切需要打造一支作风过硬的干部队伍。2006 年以来，天津分行借全行股份制改造之东风，加快建立符合现代商业银行基本要求的体制机制，有力地推动了各项工作的快速发展。2007 年，分行的拨备后利润、中间业务收入、总资产净回报率、经济资本回报率和人均净回报分别是 2005 年的 2.62 倍、2.52 倍、3.1 倍、3.03 倍和 2.69 倍，提前三年实现了五年翻一番的发展目标。

骄人的成绩令人自豪，个别领导干部出现了“小富即安”、“小进则满”的骄傲情绪，只满足于自身的进步，缺乏长远发展的设想，缺少跨越发展的气魄。因此，分行各级领导干部非常有必要通过解放思想，摒弃陈旧观念，学会在同业中正视差距，在系统中衡量发

展，见贤思齐，不断进步。

（三）总行全面提升的要求迫切需要天津分行加快建设市场领先银行。姜董事长在2007年末的发展战略研讨会上指出，“东部地区机构要全面提升、率先发展”，“确保在整个区域和各项业务领域全面确立市场第一的地位”。分行近年来通过加快金融创新步伐，在总行系统内、在天津金融同业创造了多个第一。率先在总行系统内开办了68亿元的资产支持融资业务，牵头筹组了天津有史以来投资最大的基础设施项目——“天津城市道路管网配套建设二期125亿元”的银团贷款，实现了国内信用证、商品融资、“票财通”、“信托+票据”、保险资产托管等多个领域的创新突破。

但天津市作为我国第一批金融对外开放的城市，银行业竞争十分激烈，天津分行的市场竞争力虽有所提升，但与“全面确立市场第一的地位”的要求还有相当的差距，领先的优势尚不明显、领先的业务种类也不够齐全，因此，天津分行各级领导干部非常有必要通过解放思想，永争一流，通过干事创业，超越自我，全面建设市场领先银行。

二、开展“解放思想、干事创业、科学发展”学习实践活动的做法

（一）高度重视，精心安排。为在新起点上实现新跨越奠定坚实的思想基础，分行党委高度重视在全行党员特别是党员领导干部中开展“解放思想、干事创业、科学发展”学习实践活动。分行党委会议多次研究，统一思想，形成合力，整体规划活动安排，详细制订实施方案。

1. 通过党建会议，进行全行动员。2008年4月中旬，分行党委召开了全行的党建暨纪检监察会议，会上我作了题为《解放思想　凝心聚力　努力为天津分行科学发展　率先发展提供坚强保证》的报告，总结了天津分行党建工作的新成绩，号召分行立足于天津经济腾飞的大环境，置身于同业竞争异常激烈的新格局，衡量进步，正视差距，指出了天津分行在业务规模、同业排名等方面存在的问题，深挖了在思想观念、创新能力、精神面貌、工作作风等方面存在的差距和不足，要求全行积极投身于“解放思想、干事创业、科学发展”学习实践活动，在查找差距中解放思想，在真抓实干中争创一流，全面开创天津分行跨越发展的新局面。

2. 制订实施方案，细化阶段重点。2008年4月下旬，分行党委印发了《关于开展“解放思想、干事创业、科学发展”学习实践活动的实施方案》（工银津党［2008］26号），要求活动紧密围绕“找差距、定目标、促经营、抓落实”四个重点，并将活动分为“学习发动、查找问题”、“制定措施、明确规划”、“各司其职、促进经营”、“落实整改、总结提高”四个阶段，每个阶段都明确了具体的方法步骤和时间要求。分行成立活动领导小组，由我任组长，纪委书记任副组长，有关部室总经理为成员，直接推动活动的深入开展。分行网讯开辟“解放思想、干事创业、科学发展”专栏，及时报道各单位的活动开展情况，交流、推广先进经验，在全行营造良好的活动氛围。

（二）注重实效，创新方式。为使活动不走过场、取得成效，在各支行自行完成“学习发动、查找问题”和“制定措施、明确规划”两个阶段工作的基础上，经分行党委研究，2008年8月，天津分行印发了《进一步深化“解放思想、干事创业、科学发展”学习实践活动，开展“比一比，看一看”学习交流活动安排的意见》（工银津党［2008］46号），将整个活动推向了高潮。

1. 领导带队调研，进行“八比八看”。按照区别对待、分类推进的原则，分行将所辖46个支行划分为滨海新区、中心城区、新区郊县、直属支行四大板块，划分为7个小组，由分行领导班子7名成员各自带队，与同组的支行行长组成7个学习交流小组，采取听取支行班子汇报、直接与基层员工座谈，实地查看基层网点等多种形式，紧密围绕班子建设和经营发展两个重点，结合未来分行的区域发展战略，进行“八比八看”，即比领导能力、看整体合力；比政治觉悟、看事业心和责任感；比观念更新、看经营思路；比工作干劲，看工作措施；比区域经济总量，看本行规模发展的差距；比区域同业发展速度，看本行在同业中的差距；比系统内先进行，看本行的贡献度；比区域内兄弟行，看本行发展潜力。

2. 创新活动方式，做到“三个结合”。

一是与年度党员领导干部民主生活会结合。学习交流小组成员在分行领导的带领下，逐一参加小组成员所在支行的党员领导干部民主生活会，使得支行民主生活会扩大了参会范围，增加了参会人数，而且，由于小组成员均为相似区域的支行行长，容易产生共鸣，使民主生活会由以往的单向汇报、支行内沟通变为在行领导主持下的互动沟通、系统内交流，变以往支行自身查摆问题为兄弟支行共同分析原因、研究整改措施，有效提升了民主生活会的质量和效果。

二是与提高领导干部经营管理能力结合。由分行领导率队、支行行长参加的学习交流小组，使得各支行行长们亲身感受了身边支行的变化，亲眼看到了身边支行的进步，亲耳听到了身边支行的方法，第一次“零距离”地全面了解同区域兄弟支行的发展变化情况和经营管理情况，使得学习交流活动成为学习借鉴的课堂，通过这种非常具有现实意义的“案例学习”，拓展了支行管理者的经营思路，积累了实践经验，丰富了解决问题的方法，有效提高了全行中层管理人员的工作能力。

三是与体察基层实情密切干群关系结合。学习交流小组在参加支行民主生活会，听取班子汇报的基础上，

深入基层营业网点，查看网点服务状况，解决基层实际困难。通过组织召开基层员工座谈会，直接听取广大员工对分行在制度、流程、渠道等方面的意见和建议，深入了解广大员工的民情民意，较好地把握了一线员工的思想动态，为制定各项工作举措提供了最直接、最真实的第一手资料，为分行的科学决策奠定了基础，同时，也进一步密切了干群关系，激发了广大员工的工作热情。

三、开展“解放思想、干事创业、科学发展”学习实践活动的初步成效

至2008年10月，天津分行开展的“解放思想、干事创业、科学发展”学习实践活动已经与总行部署的深入学习实践科学发展观活动有机结合。全分行上至分行领导、下至基层网点员工，都积极投入到了分行的活动之中，各级领导干部的精神面貌显著改变、工作作风更加扎实，全分行上下的工作热情更加高涨、工作氛围也更加和谐，表现为打下“三个坚实基础”。

（一）为突破发展瓶颈打下坚实基础。2006年以来，天津分行不断查找差距，明确阶段性工作重点，取得了明显的进步。本外币各项贷款增量由2006年的四大行第三位跃居至2007年的同业第一，并且在2008年继续保持领先地位。人民币对公存款增量由2006年的四大行第四位跃居至2007年的第二位。中间业务收入由2006年的四大行第三位跃居至2007年的第一位。国际业务结算量由2007年的四大行第三位跃居至2008年第三季度的第二位。国际贸易融资余额由2007年的四大行第三位上升至2008年第三季度的第一位，增量由2007年四大行第二位上升至2008年第三季度的同业第一位。

尽管进步不小，但通过开展“解放思想、干事创业、科学发展”学习实践活动，使天津分行更加看到了差距和不足。在存款方面，天津分行的存款余额与天津农行在2006年相差122亿元，虽经奋力追赶，但截至2008年10月末，天津分行仍落后62亿元，位列第二位；在贷款方面，天津分行的贷款余额与天津农行在2006年相差251亿元，截至2008年10月末，还落后100亿元，位列第二位；在国际结算量方面，天津分行在四大行中的市场占比虽逐步攀升，但尚未撼动中行的市场领先地位。而且，在工作效率、服务基层等方面还存在一些亟待解决的问题。找准了差距和不足，明确了追赶目标，为天津分行今后突破发展瓶颈奠定了坚实基础。

（二）为实现三年规划打下坚实基础。2008年，天津分行以全面建设市场领先的现代商业银行为目标，研究制定了2009年至2011年的发展规划，明确提出了未来三年实现拨备前利润、资产业务增量、负债业务增量、中间业务收入、结算业务、国际贸易融资四大行占比、渠道销售能力、优质客户资源、资产质量、品牌美誉度十个同业第一的发展目标。通过开展“解放思想、干事创业、科学发展”学习实践活动，特别是进行了“八比八看”后，使得分行各级党员领导干部对本单位的发展愿望更强烈了、发展目标更清晰了、发展规划更具体了，对分行未来三年的发展蓝图也更明确了，提高了自身工作与分行目标的契合度，为分行更好地实现未来三年发展目标奠定了坚实基础。

（三）为检查整改工作打下坚实基础。天津分行开展“解放思想、干事创业、科学发展”学习实践活动以来，围绕落实科学发展观，结合各自工作分工和拟走访支行的具体情况，分行领导自定1－2个调研课题，分组带队深入支行网点，扎扎实实开展调查研究，了解行情民意，广泛听取意见建议，认真撰写调研报告。特别是通过“八比八看”，使分行领导班子更加深刻理解了“发展是第一要务”，认识到分行在敢于创新、点滴创新、主动创新方面仍有待进一步加强，认识到分行在积极落实、高效推进、讲求效果方面仍有待进一步改进，认识到分行在敢于管理、善于管理、强化管理方面仍有待进一步提高，这为分行在“比一比，看一看”之后的“改一改”阶段和学习实践科学发展观活动的分析检查和整改落实阶段的工作打下坚实基础。

四、开展“解放思想、干事创业、科学发展”学习实践活动的体会

分行党委通过在全行开展“解放思想、干事创业、科学发展”学习实践活动，对学习落实科学发展观有三点切身体会。

（一）落实科学发展观必须在查找问题上下工夫。理论只有与实际紧密结合，才能焕发出巨大力量。学习科学发展观要与单位所在区域和发展水平密切结合，在查找制约自身发展的突出问题上下工夫。切实通过“比一比，看一看”，深入基层、广泛调研、把握实情。只有找准“牵一发而动全身”的关键问题，才能集中全行力量，进行重点突破，践行科学发展。

（二）落实科学发展观必须在整改落实上下工夫。弥补差距、解决问题，是推进事业不断前进的标志。学习科学发展观要与解决实际问题密切结合，切忌纸上谈兵、坐而论道。要切实将查找的问题本着边学边改、边查边改、边整边改的原则予以解决，对于复杂问题要制订解决方案，明确责任人和时间表，真正把解决查找的问题作为推动分行发展进步的动力源泉。

（三）落实科学发展观必须在建立机制上下工夫。查找的问题在经过整改落实后，要在健全完善体制机制上下工夫，从根本上杜绝类似问题的再次出现，逐步形成保障和促进科学发展的机制体系。这既是学习科学发展观的客观要求，又是践行科学发展的内在保证。只有

不断完善符合科学发展要求的体制机制，才能真正推动分行在科学发展的光明大道上不断前进。

截至2008年11月，天津分行上下按照总行部署，周密安排，深入开展学习实践科学发展观活动，顺利进入分析检查阶段，相信通过分行半年来开展的“解放思想、干事创业、科学发展”学习实践活动，一定会使天津分行的学习科学发展观活动更加扎实、活动效果更加突出。

提升中间业务发展水平是增强市场竞争能力的核心问题

河北分行　沈立强

中间业务是一座蕴藏丰富的“金矿”，是业务发展的核心指标。从经营实践看，抓住了中间业务，就抓住了经营发展的主动权。尤其是资本充足率对传统资产业务的刚性约束使依赖利差收入的发展方式面临严峻挑战。转变发展方式，增强市场竞争能力，其核心在于提升中间业务的发展水平。牵住这个“牛鼻子”，就激活了竞争发展的引擎。

一、中间业务竞争发展的核心地位日益凸显

中间业务与资产、负债业务是现代商业银行业务的三大支柱。随着银行业经营转型步伐的加快，其发展水平、聚集能力和辐射功能正逐步增强，核心地位和作用日益显现。

（一）是银行经营发展的风向标。其主要表现在：一是业务品种多。自产生之日起，就是商业银行的一项基础性业务，从目前工商银行的发展现状看，已经从传统的收付、结算业务扩大为包括担保、管理、咨询、托管等广泛的业务集合，中间业务已达95个二级科目，涉及品种601个。二是覆盖范围广。涵盖整个经济金融市场，涉及货币、信贷、证券、期货、黄金和外汇市场，以及商品交易、资金交易和资本流动服务。经营主体多，与每一个业务部门、每一级管理机构、每一家营业网点都有直接关系。三是关联带动性强。适应了社会经济发展对银行业务的新需求，催生出最广泛的客户群体。一方面，随着经济的发展和进步，居民物质文化生活水平日益提高，个人金融需求日趋突出；另一方面，企业客户通过各种金融工具进行资产保值、盈利和控制债务风险、提高资金使用效率的需求越来越强烈。中间业务能不断满足个人和企业层出不穷的服务要求，并持续创造出新的金融需求，业务经营风向标特征明显。

（二）是效益增长的支撑。金融脱媒和利率市场化是我国宏观金融发展的主要趋势，正日益深刻地影响着传统存贷款业务发展，使得来自传统业务的利差收入逐步减少。而中间业务对于拓宽收入渠道，改善经营结构，推进经营利润的快速增长具有不可替代的作用。从河北分行情况看，2007年中间业务收入突破10亿元大关，达到10.85亿元，是上年的2.4倍，占拨备前利润比重的31%，较2006年提高11.27个百分点。2008年以来，中间业务发展步伐进一步加快，速度继续提升，前11个月实现收入13.46亿元，增长52.15%，占拨备前利润的比重的38.14%。尤为重要的是，中间业务大部分科目不占用经济资本，能够有效抵御经济周期波动对银行风险和收益带来的负面影响，发挥利润稳定器的作用。随着现有盈利模式与实现利润持续稳定增长的矛盾越来越突出，银行业正加速告别“高利差时代”。从利息收入情况看，随着短期融资券等新型融资工具不断挤占银行优质信贷市场，从大客户身上赚取较高存贷利差越来越困难。经营环境的变化，历史性地将中间业务推到了业务发展的前沿，中间业务已经成为经营效益持续稳定增长的重要支撑。

（三）是竞争能力的体现。中间业务既可为银行创造广阔的发展空间，促进与资产、负债业务的联动发展，又可以其高效的盈利性成为银行利润最大化的主要载体，是现代金融企业功能完善、服务齐全、产品丰富、竞争力强的标志。从某种意义上说，中间业务是各家商业银行参与竞争的有力武器。一是其反映了服务能力。为客户提供全面的金融产品和服务，是金融企业发展的必然趋势。中间业务发展依托信誉和品牌，核心在于产品的增值功能和服务能力。可以说，未来银行业的竞争，就是中间业务的竞争，谁赢得了中间业务发展优势，谁就占据了市场竞争的制高点。二是其反映了创新能力。中间业务发展的最直接推动力就是技术进步，先进的设备、完善的网络可以从宏观上启动银行服务体系，从微观上形成中间业务产品的差异性和服务的多样化。围绕着跨市场、跨机构、跨产品而展开的各种金融业务合作，从金融综合经营的层面展现了银行制度创新、模式创新和产品创新的新进展。各家商业银行都围绕中间业务迅速发展，进一步扩展创新空间。中间业务已经成为银行业务竞争和创新的重要领域。三是其体现

了客户维护能力。经营业务本质上是在经营客户，没有稳定的客户群作为支撑，业务发展就会成为无源之水。实践证明，客户使用中间业务的服务越多，对银行的依赖程度就越强。中间业务是扩大客户基础，优化客户结构，挖掘客户价值潜力的重要途径，是竞争发展水平的具体体现。

二、面临良好发展机遇，成长空间广阔

近几年，全行中间业务保持持续、高速增长，但与我国经济发展水平和国际一流商业银行的收入水平比，与工商银行在国际国内金融业的规模地位比，发展潜力巨大，成长空间广阔。

（一）加快发展条件充分。首先，应当看到，随着我国经济继续保持快速、稳定增长，证券、衍生产品、黄金、期货、信托等市场进入快速发展时期，金融市场体系和市场结构日益完善，为拓宽资产管理、财富管理等业务领域创造了条件。从河北经济环境看，“环京津、环渤海”区位优势正在加速转化为发展优势，目前河北经济呈现强劲崛起态势。自2005年河北省生产总值突破万亿元大关后，近三年保持了13%左右的高速增长，2007年GDP达到13 863亿元，增长12.9%。未来几年将保持GDP年均13%、财政收入15%的增幅，预计“十一五”末，GDP和财政收入将实现翻番。河北经济发展潜力的逐步释放，为加快中间业务发展提供了前所未有的广阔空间。

其次，经过几年的发展，各级行对中间业务的重视和认识程度明显提高，管理机制不断完善，组织推动、收入核算、绩效考核、收费减免管理等基础制度体系进一步健全，为中间业务快速发展提供了思想和体制机制保障。河北分行拥有大量的公司、机构和个人客户资源，并且营销渠道、网络资源和信息科技优势领先，为中间业务发展提供了客户资源和技术支持平台。从内外部发展环境看，中间业务提速发展面临着良好机遇。

（二）传统品种潜力巨大。从整体看，结算、代理、银行卡、外汇等中间业务支柱产品的快速发展，收入潜力不断释放，有效夯实了中间业务收入可持续增长的基础。从河北分行情况看，2007年四项收入合计达到8.56亿元，同比增长174.7%，高于系统四大业务平均增幅64.3%，占全部中间业务收入比重的78.93%。从代理业务发展情况看，在2008年代理基金等业务快速发展的基础上，2008年以来，进一步强化挖潜力度，把经营触角延伸至代理保险业务，实现快速增长。2008年前11个月，代理保险实现收入1.85亿元，增幅达324%，成为资本市场变化以来替代基金销售收入的第一大来源，占个金业务收入的33.05%，占全部中间业务收入的13.74%。从信用卡发展情况看，前11个月，新增发卡79万张，增长63%，发卡量的大幅增加为中间业务增添了新的收入渠道。从增长潜力看，有些品种还没有破题，有些品种收入水平还不高，增长潜力依然很大。与系统相比，间接银团贷款安排与承销等14项收入项目尚为空白，代理对公基金、外卡收单等业务收入相对落后。与省内同业比，在国际结算、结售汇等外汇中间业务方面，与具有传统优势的中行尚存一定差距；在借记卡等方面，农行发行量大，年费收入高；在代理个人基金等方面，尽管总量超过建行，但有效收入不如建行多。行际间产品发展的不平衡，与系统、同业之间的比较差距就意味着发展潜力。

（三）新兴业务空间广阔。随着客户对中间业务服务需求日益多样化的趋势，新业务逐步成为中间业务发展的主流，特别是理财、投资银行、企业年金、资产托管等新开发的品种，具有很大的快速成长和扩张空间。比如，在个人客户领域，居民理财意识唤醒及可支配收入增长有利于理财类中间业务的快速发展。从河北城镇居民收入情况看，2007年人均可支配收入11 690元，较上年增长13.4%。其中，财产性收入163.8元，增长44.3%。在对公客户领域，资本市场快速发展，面临着企业并购重组、上市带来的历史性机遇，为全面拓展资产托管、企业年金、资产及债务重组等业务带来较大发展机会，充分把握新兴市场带来的巨大市场空间，对提升中间业务发展水平意义十分重大。

（四）创新发展大有可为。工商银行具有金融服务品种丰富、电子化水平高、技术系统先进、资金结算快捷等优势，利用这些综合优势，创新发展是提高收入水平的重点。比如，在资产业务领域：据国外成熟市场的理论分析和测算，公司中间业务收入可达到公司存贷款总额的2‰以上，新增的贷款投放一般可带来1% - 1.6%的中间业务收入。从河北分行情况看，2007年末，公司存贷款总额为1 550亿元，每年新增公司贷款100亿元左右。如按上述比率匡算，公司中间业务收入理想潜在值可达3亿元，新增贷款每年可增加公司中间业务收入1亿元以上，而2007年公司类中间业务收入额仅为2.18亿元。如何依托庞大的存贷款资源和客户资源，通过创新产品，增加中间业务收入是需要研究的一个重要课题。同时，工商银行在协助政府机构归集、管理、运作资金，以及为法人客户提供理财、资金管理、电子商务等方面发展空间都有待于进一步创新发展，拓宽市场。

三、精耕细作，进一步深挖中间业务竞争发展优势

中间业务的发展水平反映了一家银行的整体竞争能力、业务创新能力、风险管理能力，是经营发展水平的综合体现。在市场竞争日趋白热化的情势下，如果中间业务发展落后，丢掉的不仅仅是收入，更意味着客户资源和业务资源的流失，意味着发展机会的丧失。因此，在新形势下，必须对中间业务实施精耕细作，全力做好

这篇大文章。

（一）以优先发展战略提升经营地位。认识决定行动，思想高度决定发展速度。推进中间业务发展，必须进一步转变观念，精心布局。一是制定发展规划。总行—省行—市行—支行层层研究制定中间业务中长期发展规划，规划期内，收入年增幅应具有较强的市场竞争发展速度，并达到“占比最高、竞争最强，与经营规模相匹配”的目标，真正确立起中间业务的支柱地位，使工商银行成为中间业务发展的引领者。二是突出发展方向。立足于挖掘市场需求，增强业务创新能力，全面实施业务创新、结构优化、品牌培育、重点区域、精细管理五大战略，加快推进中间业务从劳动密集型向智力密集型转变，从粗放增长向规模效益转变，从提价收费增收向挖掘服务品质增收转变，努力构建长期可持续发展的业务经营格局。三是强化发展举措。将中间业务作为推进经营转型、体现核心竞争力的关键指标，统一思想认识，明确任务目标，责任落实到人。首先，整合牵头部门，理顺管理职能，细化管理措施，形成齐抓共管、整体联动的业务发展格局。其次，强化分块管理。将中间业务作为优先培育的重点业务，加强条条管理和切块考核，完善纵横交错的双线管理、双线考核机制。最后，建立营销机制。把能否带来中间业务收入作为市场营销成效的重要标准，借助工商银行雄厚的资产负债业务基础带动中间业务客户群，进一步培育和拓展中间业务市场，实现中间业务对既有客户全方位覆盖、对目标客户吸引以及对客户资源价值的深度挖掘。

（二）以完善的机制激发经营活力。观念革新是基础，而机制推动是关键。在提速推进业务发展中，必须着力解决好发展的动力问题。一是改进考核机制。本着“不争计划争市场、不比同期比同业、不盯指标盯对手、不看任务看效益”的发展理念，加大中间业务在经营绩效考核评价体系中的计分权重。制定中间业务专项奖励办法，突出中间业务同业占比考核。二是推进激励机制市场化。针对目前业绩评价与贡献联系不紧密的问题，建立市场化评价办法，实现绩效与营销真正挂钩，贡献与收入挂钩，做到“谁营销，谁受益”，充分发挥激励机制的导向作用。比如，对适合全员营销、便于计价的代理基金、保险、结算现金套餐等业务，推行产品营销计价考核。三是建立问责机制。强化“无为就是失职，无功就是过”的理念，对在一定时期内，对业务发展不好、做不到应有市场份额的机构，用经济、行政等多种手段进行问责，拒绝借口，拒绝理由。

（三）以强大的合力拓展市场空间。全局发动，纵横结合，立体推进，最大限度地挖掘市场潜力。一是整体联动。中间业务涉及面广，产品相关性、交叉性强，几乎覆盖所有业务部门。因此，在营销中必须打破专业分类，改变部门之间单打独斗的局面，统筹全行资源，建立不同部门之间联动营销机制，扩大中间业务覆盖面，提高客户的忠诚度和依赖度。二是借力发展。积极主动寻求与银行同业、信托、保险、证券以及非银行金融机构的业务合作，充分调动更多的市场资源，借力发展，提高业务发展能力和水平。三是综合营销。从产品视角开展捆绑营销，比如，对贷款客户、机构客户营销时，把基金、电子银行、信用卡等产品捆绑起来进行营销，联动发展，提高营销效果；从客户视角进行捆绑营销，从一个客户延伸到多个客户，通过一个客户的营销，带动上下游客户的营销，以点带线，以线带面，实现对优质客户板块的辐射营销，形成中间业务客户链。

（四）以不断的产品创新提升竞争力。持续的业务创新是构建核心竞争力的关键，要赢得更多的市场和客户，就必须不断开发适合客户需求的新产品。一是突破一批。开展“清零工程”，即清理零收入项目，挖掘增收潜力，对规定收费项目中，有权开办但未开办、造成中间业务收入为空白的零收入项目，制订开拓发展方案，消除空白点。二是培育一批。积极发展特色产品，打造一批“卖点突出、服务规范、特色鲜明、入脑入心”的知名品牌，全面提升产品竞争能力。把个人理财、投资银行等业务打造成战略性中间业务产品，形成科学合理的产品体系。抓好代理保险、外汇交易、现金管理等市场基础较好、即期成效明显的业务，力争在业务规模、收入增长上实现突破。三是整合一批。按照市场发展前景、客户满意度、综合贡献度、产品服务进行分类整合，根据不同客户的需求对产品功能进行交叉性提升，设计、改进出一批集支付、消费、理财和信息于一体的产品，提高客户吸引力。四是储备一批。围绕结算、理财、投资银行、电子银行等领域，推出一批新品种和新的服务方案，保持在金融同业产品创新领域的市场领导者地位。

（五）以坚强的人才队伍支撑持续发展。中间业务是知识密集型业务，涉及经济、金融、贸易、法律、科技等诸多领域，是金融业的高科技“板块”，实现持续快速发展需要一支坚强的人才队伍作支撑。通过在全行开展中间业务理念、基础知识、制度办法、监管政策、营销等方面的培训，营造发展中间业务有利氛围。强化对高级管理人员培训，提高对中间业务工作重视程度，提升形势判断能力、统筹能力和创新推动能力。加强客户经理队伍建设，积极开展包括银团贷款、融资顾问业务等高技术含量、高附加值、高成长性中间业务培训，以适应新形势下营销工作的需要。完善客户经理管理办法，突出对中间业务产品的推广、维护方面的考核，使市场营销和贡献度紧密结合，充分调动客户经理营销积极性。

（六）以精细化管理保障健康运行。管理出效益，中间业务的快速发展离不开精细化管理水平的提升。一是收入管理精细化。首先，从源头上控制。进一步提高贷款议价能力，最大限度地提高收益水平。其次，从减免上控制。对纳入中间业务收费标准目录上的收费项目，做到该收则收，应收尽收，堵塞中间业务收入流失通道，确保颗粒归仓。最后，从核算上控制，坚持收支两条线原则，杜绝“跑、冒、滴、漏”。二是风险控制精细化。健全中间业务各项管理制度，做好对各类中间业务风险识别、评估、监控和报告工作，对金融衍生工具交易、担保承诺等业务，严格授权管理，构建贯穿于中间业务全过程的风险控制机制，防范道德风险和案件风险。三是服务精细化。强化服务意识，真正树立“以客户为中心”的服务理念，走进客户，贴近客户，赢得客户，培育一批中间业务优质客户群。强化分类服务，建立“营销服务中端客户、识别推介高端客户、培育潜力客户”的差异化服务流程，在细分客户的基础上，建立分层营销、分层服务体系，维护现有客户、挖掘潜力客户、拓展未来客户。

大力发展中间业务，提升收入水平，是应对激烈的银行业竞争的必然选择，也是自身生存和发展壮大的内在要求，对于进一步调整收益结构和经营结构，培育核心竞争力，把工商银行建设成为“最盈利、最优秀、最受人尊重”的银行具有重大的现实意义。

辽宁分行实行支行行长坐堂制取得多重成效

总行监察室

2007年5月，辽宁分行实行支行行长坐堂制以来，全辖285个支行678名行长和副行长，沉在一线，真坐实坐，取得了转变作风、强化管理、防范案件、改善服务和提高效益等多重成效。

一、实行支行行长坐堂制的现实背景

由于历史原因，辽宁分行经营状况和经营效益不佳。一些基层机构管理人员工作作风漂浮，员工依法合规意识比较淡薄，规章制度落实不到位，违规违纪问题比较突出，案件和事故时有发生，如2006年分行发生了4起内部经济案件，其中1起为千万元以上大案，2007年被总行确定为重点监控行。此外，一些基层机构以客户为中心的经营理念淡薄，服务意识比较差，客户投诉多，不仅影响了在社会上的形象，而且严重影响了经营发展。针对历史形成的经营效益和服务质量差、管理基础薄弱、案件事故多发的状况，2007年初，辽宁分行新一届党委领导班子结合当年总行组织开展的“优质服务年”活动，提出了抓好“效益、案防、优服”三大任务的目标。为实现这一目标，辽宁分行领导班子展开了深入调研，力求找到一条最有效的途径。在调研中，发现时任辽阳市分行东京陵支行行长崔克伟，主动转变角色，把行长室搬到支行营业室大厅坐堂办公，走出一条抓经营、抓管理、抓案防、抓服务的新路子，成效明显。辽宁分行党委认为这是实现“三大任务”目标的有效途径，决定在全辖推广实行支行行长坐堂制。

二、实行支行行长坐堂制的具体做法

（一）深入进行思想发动。2007年5月21日，辽宁分行召开全行动员大会，对在全辖实行支行行长坐堂制进行了深入动员，要求各级行领导特别是支行行长，从转变管理理念、创新工作方法、培育服务文化的高度，充分认识实行坐堂制的重要意义，把行长室搬到营业大厅，到员工中抓服务，到客户中抓营销，到网点中抓案防。各二级分行按照分行要求，进一步动员，认真抓好落实。全辖支行行长深刻认识实行坐堂制的意义，主动从行长室搬到网点营业大厅坐堂办公。

（二）明确坐堂内涵、职责和要求。分行专门制定下发了实施办法，把支行行长坐堂作为一项制度，明确其内涵、职责和要求。规定全辖所有支行均要在营业场所的大厅内设立“行长工作席”，以二级分行为单位统一制作行长工作席标识牌，配置办公设备、工作日志、客户座椅等；单点式且规模较小的支行行长必须每日坐堂、规模较大的支行实行行长和副行长轮流坐堂，多点式支行实行行长和副行长包点坐堂，新装修改建的支行不再设行长室一律在营业大厅办公。明确支行行长在坐堂中要认真执行上级行各项决策部署和规章制度，加强内控管理，落实案防措施，掌握员工行为动态，及时发现和纠正员工违规违纪行为，防范案件和事故发生；抓好服务质量管理，教育员工增强服务意识，及时处理与客户纠纷和客户投诉；审批各项业务，直接接待客户，解答客户咨询，宣传营销产品，维护和拓展客户资源。要求支行行长和副行长坐堂时，按时到岗，不脱岗，不空岗；必须着工装，佩戴胸牌，做好工作日志记载与交接等。各二级分行根据辽宁分行的管理办法，均制定了具体的实施细则。

（三）领导带头包点示范。为推动支行行长坐堂工作的顺利开展，辽宁分行和各二级分行领导均带头包点，利用节假日，经常深入所包网点检查指导，了解经营管理情况，指导解决经营管理中存在的问题。鞍山市分行除班子成员包点外，各部门负责人也进行了包点，每周一按时到包点网点参加晨训晨会，把上一周包点网点存在的问题带回市分行分析并提出解决办法。上级行领导带头包点，打消了支行行长的思想顾虑，为支行行长坐堂发挥了示范作用。

（四）加强监督和考核。2008年5月，辽宁分行成立了督导检查组，专司对全辖支行行长坐堂工作开展情况进行督导检查；各二级分行也专门成立了检查组，对辖内支行行长坐堂情况开展日常监督检查。2008年6月，辽宁分行下发了包点坐堂季报制度的通知，要求各二级分行每季度末将本季度包点坐堂工作情况报送辽宁分行。2008年5月下旬至6月中旬，辽宁分行督导检查组对7个二级分行的35个支行行长的坐堂情况进行了集中检查，通报了检查结果，对存在问题提出了整改要求。各二级分行检查组也不定期对辖内支行行长坐堂情况进行检查，及时纠正存在的问题。辽宁分行还将支行行长坐堂工作情况纳入年终对二级分行的绩效考核，对出现2人次以上违规的，扣行长绩效考核分值10分；对违规的支行行长在全辖通报批评，对多次违规经批评仍不改正的，责令所在二级分行调整其职务。

（五）积极宣传推广经验。辽宁分行在网讯上开辟专栏，推广和交流支行行长的好做法。2008年5月7日，辽宁分行通过视频形式召开了坐堂工作经验交流会，9名支行行长和二级分行领导介绍了经验。2008年9月下旬至10月上旬，经过各二级分行推荐，辽宁分行考察确定6名坐堂工作卓有成效的支行行长，组织他们到全辖巡回介绍坐堂经验，总行《金融队伍建设》2008年第12期刊载了他们的做法。通过积极宣传推广，激发了支行行长坐堂工作的热情，调动了他们坐堂工作的积极性和主动性，推进了坐堂工作的深入开展。

三、实行支行行长坐堂制的主要成效

（一）促进了工作作风、管理方式和经营理念的转变。实行支行行长坐堂制，把支行行长室搬到营业大厅，虽然空间距离不长，但却是支行行长工作作风、管理方式和经营理念的一次重大转变。通过坐堂使支行行长们走出了办公室，放下了“架子”，每天与员工们在一起，既当指挥员又当战斗员，既当管理者又当经营者，转变了过去脱离实际的工作作风。通过坐堂使支行行长们及时审批业务和解决经营管理中的问题，缩短了管理链条和工作流程，提高了工作效率，转变了过去事事坐在办公室听汇报、事事研究后再处理的管理方式。通过坐堂使支行行长们直接为客户服务，直接营销客户，树立了以客户为中心的经营理念，转变了过去等待客户上门的旧观念。实行坐堂制，为支行行长搭建了新的工作平台。

（二）有效防范了案件的发生。实行支行行长坐堂制，有利于支行行长即时掌握网点内外动态特别是员工行为动态，强化了对每一个风险点的防控和案发环节的防范，内控案防能力得到了显著提升。一年多来，支行行长在坐堂工作中成功堵截了2起内外部案件。如锦州市分行古塔大楼支行副行长李景辉堵截柜员沈岚挪用客户资金案，2008年2月5日上午，李景辉在坐堂时发现，柜员沈岚向一客户介绍并办理了“稳得利”产品，但该客户离开银行时仅拿走一张产品说明书，立即意识到有问题，当即与营业经理到监控室调看录像，确认存在问题后，马上报告市分行，并根据市分行领导的指示，立即安排专人控制住沈岚，同时组织人员对其经办的业务进行全面核查，查清并追回了其挪用客户的全部资金。再如鞍山市分行铁东支行副行长李付华堵截50万元外部诈骗案，2007年7月18日上午，一女客户到鞍山铁东支行站前储蓄所要求提取50万元定期存款，当班柜员受理时发现有冒取嫌疑，马上报告了坐堂的李付华，李付华一边安排人员稳住取款人，一边立即与存款人联系并拨打“110”报警，10分钟后存款人和警察赶到了现场，取款人真实身份被揭穿并被警察带走，原来这是一起保姆盗取主人存单、密码和身份证，企图到银行冒取存款的诈骗案件，当地各大媒体对此案的成功堵截进行了大量宣传报道，在社会上树立了工行的良好形象。

（三）服务质量明显改善。实行支行行长坐堂制，有利于支行行长真正树立以客户为中心的经营理念，想客户所想，急客户所急，主动为客户服务，用心为客户服务。一年多来，全辖服务面貌焕然一新，许多支行实现了零投诉，得到了当地监管部门和社会各界的普遍赞誉，有力提升了工行形象。通过坐堂缓解了网点排队压力，如锦州市凌河支行行长马大力在坐堂中合理配置人力资源，将二线人员调整到一线，根据客户流量随时增减窗口，要求对公现金区办理个人金融业务，大大缩短了客户排队等候时间；葫芦岛市连山支行行长赵凯在坐堂中及时将排队客户分流到非现金区、贵宾理财区和自助服务区，使客户离柜率达60%以上，有效减轻了柜面压力。通过坐堂解决了客户反映的问题，如阜新市海州支行行长耿志华坐堂8个月，共解答客户各类咨询900余次，解决各类投诉问题10余次，使客户的投诉率下降了60%；葫芦岛市连山支行行长赵凯还用自己的手机开通行长手机热线，24小时解答客户咨询和解决客户投诉。通过坐堂解决了客户的困难，如抚顺市河北支行行长高春利在坐堂中积极帮助一客户兑换3 700多枚共878.9元被烧残的硬币，客户感动地说：我用了近两个月时间跑了多家银行都没有兑换成的残币工行给兑换了，还是工行的服务好！

（四）经营效益显著提升。实行支行行长坐堂制，有利于支行行长沉在经营管理一线，了解和掌握客户的需求，主动营销客户，得到客户的信任，捕捉到市场商机。一年多来，辽宁分行许多支行的业务得到了较快发展，全行经营效益得到了显著提升。如辽阳市分行灯塔支行行长崔克伟，在坐堂中以营销金融产品为切入点，吸引客户，争揽客户，在所属灯塔储蓄所坐堂仅仅10天，就成功营销基金300万元、保险285万元，净增储蓄存款375万元，使该储蓄所在市分行组织的中间业务百日会战中获得了优秀网点的称号。鞍山市铁东支行行长李军，在坐堂中得知辽河饲料公司在他行有4个账户和上千万元的流动资金，便主动上门推介工行结算优势和宣讲企业财务集中管理好处，使其很快撤销了在他行的4个账户并转在铁东支行开设，为支行赢得了日均6 000万元的存款和累计50万元的中间业务收入。阜新市海州支行行长耿志华，因在坐堂中亲自接待了正在考察当地几家银行服务情况的一日本客户，得到了高度认可，该日本客户当即决定把其本外币两个账户全部设在海州支行；2008年前8个月，该支行行长们在坐堂中累计识别优质客户45户，直接营销储蓄存款3 608万元、对公存款4 400万元、各类人民币理财产品9 100万元、实现中间业务收入40万元，推动支行经营效益实现了历史性的突破，在市分行经营绩效考核排名中上升6个位次。

2007年，辽宁分行实现拨备后利润16亿元，同比扭亏增盈45亿元，在连续多年亏损的情况下，首次实现并大幅度扭亏为盈。2008年9月末，又实现拨备前利润13.8亿元，同比增长34%。取得成绩的原因是多方面的，实行支行行长坐堂制无疑是其中一个重要的原因。

关于进一步做好金融服务工作
全面提升吉林分行对一汽集团竞争力的调研报告

吉林分行　李安山

中国第一汽车集团公司（以下简称“一汽集团”）是我国汽车工业的摇篮，是全国规模最大、品种最全的现代化汽车整车生产及科研基地之一，是我国汽车行业首个进入世界500强的企业，现已形成重、中、轻、轿等系列产品的研发和生产能力。历经半个世纪的发展壮大，一汽集团成长为吉林省最主要的支柱型企业，其资产总量、GDP贡献率等主要经济指标在全省占有举足轻重的位置。2007年末，一汽集团资产总额1 339.5亿元，实现汽车销售140万辆，销售收入1 880亿元，利润总额117.2亿元；2008年前三个季度，集团汽车销量达108.4万辆，实现销售收入1 316亿元，利润总额69.3亿元。

作为吉林省最大的一家中直企业，一汽集团一直是各商业银行竞争的焦点。随着竞争形势的变化，针对一汽集团这样的特大型战略客户，我认为进一步从批发、零售、代理等全方位、多角度深入挖掘客户价值，全面提升服务水平和竞争能力，对于吉林分行效益可持续增长具有极其重大的战略意义。几年来，在总行的正确决策和大力支持下，吉林分行作了一些有益的探索，现将有关调研情况报告如下。

一、吉林分行在一汽集团的综合竞争力水平稳步提高

总行一直将一汽集团作为直营客户管理，2007年初总行与一汽集团再次签订了全面战略合作协议。近年来，通过主动加强沟通、实施综合化营销，吉林分行与一汽集团的战略合作伙伴关系日益紧密，市场份额逐年扩大。截至2008年11月末，一汽集团在吉林分行各项贷款余额为33.2亿元；各项存款余额为50.7亿元，其中储蓄存款余额为36.2亿元；国际国内贸易融资发生额为21.3亿元，票据贴现发生额为33.3亿元；牡丹一汽联名卡客户5.3万户，代发工资客户10.4万户，电子银行个人客户2.2万户、企业客户406户；实现中间业务收入2 692万元；长春地区围绕一汽集团本部和上下游企业结算账户开户超过100户。无论是资产、负债、中间业务，传统业务与新兴业务，还是批发业务和个人业务，吉林分行竞争力都有较大提高，并在同业中保持了多项业务存量和增量双第一的位置。

（一）提升服务效率，进一步完善一汽集团客户经理组运营模式。2006年下半年，为提升高端战略客户服务效率，吉林分行组建了一汽集团省行直通式客户经理组，针对一汽集团各项业务需求，整合业务受理、发起、调查、评估、审批等环节，建立重点战略客户业务优先办理的“绿色通道”制度，采取公司业务一站式直通服务。经过近两年时间的磨合、运行和完善，一汽集团客户经理组运行模式不断优化，业务流程更趋合理，法人融资业务和复杂业务办理效率明显提升，获得了客户的认可。同时取得了积极的经营效益，仅2008年初到11月末，吉林分行已实现利息收入2.58亿元，较2005年全年增长4 528万元，增幅为21.3%；实现公司类中间业务收入606.2万元，较2005年全年增长354万元，增幅为140.4%；实现净利润1.55亿元，较

2005年全年增长1 565万元，增幅为11.2%。

（二）打造负责任的大行形象，积极保障一汽集团融资需求。在同业竞争中，吉林分行的规模优势和资金实力一直处于绝对的领先优势。同时，吉林分行一再向企业阐明始终视其为最重要的战略客户、积极支持其加快发展的立场。特别是2008年以来随着国家宏观调控政策变化和全球金融危机的蔓延，吉林分行用实际行动履行了负责任大行的承诺。2008上半年，国家实施从紧的货币政策，并将存款准备金率提高到17.5%的历史最高水平，在其他银行特别是一些中小银行无钱可贷、无法兑现融资承诺的情况下，吉林分行累计向一汽集团发放信贷融资27.7亿元，有力地支持了其生产和发展。下半年以来，国际金融危机对汽车行业的冲击日益深化，在美欧日等汽车巨头纷纷破产或寻求政府援助的情况下，一汽集团的产销也受到较大影响。在总行作出对全国性骨干龙头企业给予帮助的决定后，吉林分行以负责任的大行态度，主动加大了对一汽集团的全面金融服务和支持力度。同时，在经营环境不利的大背景下，一汽集团也主动谋求与吉林分行的合作。2008年下半年以来吉林分行已累计向其提供融资支持64.5亿元，其中，分别为其办理国际国内贸易融资和票据贴现16亿元、31.8亿元，有利地保障其度过发展中相对困难的调整期。

（三）加强高层营销，实现高附加值和复杂业务拓展的重大突破。切实加强高层营销与总行、省分行、支行联动营销是维护高端战略客户的重要手段。每次总行领导到吉林调研，都会深入一汽集团走访，不断加深高层沟通。特别是总行各部门组成多个专家小组，多次到一汽集团调研、讲座、辅导，帮助一汽集团了解吉林分行的金融产品和创新成果，产生了很好的效果。2008年上半年，吉林分行成功竞得一汽集团企业年金业务账管和托管两项资格，就是总行和省行针对高端战略客户联动营销的典型案例。经测算，一汽集团年金业务创造的综合收益在1 000万元左右。2008年12月，经过总行领导、相关部门以及基层行的共同努力，吉林分行又成功赢得一汽集团发行的100亿元中期票据的独家主承销资格，这对于吉林分行确立市场竞争优势，开创高附加值业务发展新局面奠定了坚实的基础，预计此项业务可带来直接业务收益7 000万元左右。这些竞争优势的确立，是总行正确领导、科学决策的结果，是总行和基层行协同配合，团结奋斗的结果，在同业树立了形象，铸就了口碑。

（四）加强渠道建设，全面提高对个人客户的服务能力。目前一汽集团全国职工总数达13.2万人，其中，在长春地区的职工总数为8万人左右，一汽集团管理人员年薪在10万元以上，普通员工平均月工资3 000元以上，在当地总体上属于中高端个人客户。因而，切实做好一汽集团广大员工的对私业务是吉林分行零售业务的发展重点。近年来，吉林分行将服务渠道改善作为提升一汽集团零售业务服务能力的重要手段。一是集中精力在一汽厂区打造了3家贵宾理财中心。按照总行贵宾理财中心建设标准，进行了客户分层明确、功能分区完善的环境改造。同时，配备具有CFP、AFP认证资格的客户经理，中高端客户服务能力大幅提升。二是加强了一汽厂区网点布局调整和环境更新改造，老旧偏小的网点得到较彻底的改造，实施网点美化亮化工程，营业面貌大幅改观，综合环境和客户满意度极大提高。三是切实加强了电子银行渠道宣传和自助设备的投入，同时配备了多名大堂经理，网点排队问题获得极大缓解。

二、银行同业对一汽集团的金融服务竞争状况

由于一汽集团在我国汽车市场具有重要地位，各家银行都将其视为努力进入的重点客户，导致银行同业竞争越来越激烈。目前，一汽集团的主要合作银行以工行、中行、建行、交行四家银行为主。核心业务市场竞争情况如下。

（一）信贷融资业务方面。2005年至2008年前三个季度，一汽集团信贷融资余额分别为90.8亿元、101亿元、93.6亿元、52.2亿元，呈逐年下降趋势。吉林分行作为省内资产规模最大、业务品种最全的商业银行，在一汽集团的融资占比始终处于前列，具有较强的综合竞争优势。截至2008年11月末，吉林分行各项贷款余额为33.2亿元，同业占比30.7%，市场份额明显高于其他三家银行。在议价能力方面，目前各家商业银行对一汽集团及其所属优质企业均实行基准贷款利率下浮10%的优惠，工行吉林分行与他行无明显价格差异。

（二）公司存款和结算业务方面。在人民币存款和结算业务方面，工行与建行是一汽集团及其下属企业的主要合作银行，在一汽集团本部和全资公司领域工行吉林分行现金业务占有较大市场份额。截至2008年11月末，一汽集团在吉林分行的公司存款余额为12亿元，同业占比为40%，市场份额居第一位。目前一汽集团公司本部辖属28家全资子公司、16家控股子公司，集团公司本部既是经营决策主体，也是集团的经营管理中心、资金管理中心和投资中心。44家子公司中在吉林分行开立基本账户的29家，其中包括一汽集团本部、一汽轿车、一汽解放、一汽进出口、三大主机生产企业等。凭借强大的国内结算网络和综合业务处理平台，吉林分行正根据一汽集团的生产经营和资金管理体制，为其制订个性化的现金管理方案，如果投产成功，将进一步提升在电子银行、票据代保管、短期融资和异地票据贴现业务等方面的综合竞争力。

（三）国际业务方面。影响一汽集团国际业务的竞争因素主要有国际结算网络、业务处理时效、外汇资金价格等，目前已对其开展进口信用证、进口代收、汇

款、进口押汇、进口TT融资、进口代付、出口押汇、出口贴现、即远期结售汇、即远期外汇买卖、买入期权等业务品种。工行吉林分行的主要竞争对手是中行和建行，特别是中行在一汽集团的国际业务中保持了传统优势，市场占比在50%左右，仅此一项年创利5 000万元左右。吉林分行长期以来在一汽大众等合资企业中国际结算量较少，2006年以来通过全力营销和服务效率提升的弥补，在一汽大众、一汽进出口公司的国际结算量逐年增加，目前整个市场份额已约占30%，超过建行居第二位。

（四）票据结算及贴现业务方面。目前，一汽集团及其关联企业每年票据结算累计规模在1 700亿元左右，每年票据贴现规模超过200亿元，票据业务市场空间巨大。一汽集团票据业务主要集中在其整车企业“一汽大众”，其贴现业务呈现大批量、集中式的特点，每次贴现量达几亿元甚至十几亿元，而且时效性较强，一般要求贴现资金一日进账。2008年以来，一汽大众已累计办理票据贴现140多亿元，其中，在吉林分行贴现额为33.3亿元，市场占比为23.8%。而建设银行在一汽集团特别是一汽大众的票据业务中取得了近50%的市场份额，工行吉林分行处于一定的劣势。分析其原因，一是吉林分行营销主动性不强；二是由于建行在一汽经销商融资和票据托管业务方面占据了先机，工行吉林分行竞争的成本和难度很大；三是价格不具有竞争优势；四是单笔业务授权低，影响业务处理效率。

（五）零售业务方面。吉林分行在一汽厂区设有8家营业网点，其中新近打造3家贵宾理财中心，设有5家单一功能储蓄网点、5家24小时自助网点和25台离行式ATM，零售业务从业人员134人。2008年11月末，储蓄存款余额为36.2亿元，较年初净增长5亿元，在区域内存量和增量保持双第一。2005年吉林分行成功发行牡丹一汽联名卡7.5万张，实现了牡丹贷记卡和一汽集团内部管理卡的成功对接，目前卡均存款5 200元。近年来，通过开展优质服务年活动，吉林分行服务渠道改善、服务水平全面提升，特别是针对中高端个人客户的理财业务以及个人金融资产销售取得较大突破，2008年前11个月，涉及一汽集团的理财金账户增加461人，户均资产超过50万元，累计销售各类理财产品3.1亿元，保持了较高的市场份额。在零售业务竞争领域，工行吉林分行主要对手也是建行，尤其是一汽集团核心企业一汽大众的代发工资业务在建行代理，致使工行吉林分行在中高端个人客户竞争中处于不利地位。总体上，工行吉林分行零售业务方面目前具备较强的综合竞争实力，但在高附加值业务和传统渠道替代方面仍有较大提升空间。

作为吉林地区金融服务买方市场最重量级的大客户，一汽集团可选合作银行较多，就商业利益而言，其乐于维持各家银行竞争形势的平衡。从综合竞争结果看，工行吉林分行凭借规模、产品、品牌、渠道、人员等方面的优势，在一汽集团本部总体竞争中以相对优势胜出。同时，针对一汽集团下辖的一汽大众等合资企业，以及票据业务、国际业务等单项业务方面的竞争，工行吉林分行与可比银行互有优势，市场拓展空间较大。

三、进一步提升金融服务竞争力面临的问题

针对一汽集团的综合竞争，吉林分行虽具有优势，但其他可比银行和新进入长春地区的中小股份制银行纷纷采取高端客户市场战略，不断抢占和渗透吉林分行已有优势业务和市场份额。吉林分行在贯彻高端客户战略过程中，显现出一些与市场变化和竞争形势不相适应的瓶颈问题。

（一）价格问题。一汽集团很清楚自己对于商业银行的重要价值，所以，在办理融资业务、票据业务、国际业务等大宗业务之前，大范围地询价是其一贯做法。往往在其他可比因素变化不大的情况下，价格成为其选择合作伙伴的首要因素。而工行从总行到基层行还没有形成一致的价格共识或价格底限，特别是对于市场化程度较高的国际业务、票据业务价格往往在竞争中处于被动局面。比如，外汇资金定价机制方面、票据贴现利率价格方面吉林分行的报价往往高于可比银行，一定程度上使吉林分行丢掉了国际结算、票据结算等方面的衍生或派生业务收益，不利于在竞争中取得优势。因而，在今后的业务竞争中，吉林分行将不仅关注针对一汽集团单项业务的定价，还要根据客户的综合贡献更灵活地确定价格水平。

（二）投入问题。吉林分行在一汽集团厂区设有“中国工商银行驻一汽集团公司支行”（以下简称“一汽支行”），专门向一汽集团提供各项金融服务。综合各项业务因素分析，整个一汽集团对吉林分行年均综合效益贡献在2亿元左右，按一汽支行177人规模来看，其人均创利水平达112万元，高于全国30万元左右的人均创利水平。就经营资源投入而言，吉林分行还没有建立起高端客户的综合评价体系，目前还无法根据客户的综合贡献配置营销资源，这在一定程度上影响了基层行的营销积极性。而其他同业特别是中小银行营销资源投入机制相对灵活，使吉林分行处于竞争的不利地位。就人力资源投入而言，近几年来，虽然吉林分行不断补充大学本科生到一汽支行，但业务骨干大量被抽调到省市行或被其他股份制银行高薪挖走，面临较大的人员流失压力，因而一汽支行几年来员工总量一直保持在180人左右。同时，随着各项业务规模持续增长，特别是批发业务、复杂业务方面急需的复合型人才、高素质的营销人员短缺矛盾相对突出。

（三）技术问题。吉林分行在网络和技术方面具有较强的综合竞争优势，而一汽集团作为国内最重要

的汽车生产销售企业之一，其在经营资源集中管理、成本控制方面的个性化需求相对较多。受制于总行信息科技系统集中开发的限制，吉林分行业务平台对客户个性化需求满足程度较低。如一汽票据托管系统，2004年初企业首先向吉林分行提出业务需求，力争达到实物代保管和网上票据信息传递与共享的目的，但由于技术原因至今吉林分行仍无法实现。而建设银行针对此项业务专门派出技术开发团队，2007年已能完全满足企业要求，进而相对垄断了一汽集团大部分票据业务。目前，吉林分行正积极与一汽集团和总行相关部门密切沟通，拟针对一汽集团经营和资金管理特点制订全面现金管理方案，进一步提升吉林分行在电子银行、票据代保管、短期融资和异地票据贴现业务等方面的综合竞争力。

（四）风险问题。高端客户信用较好，政策性风险相对较小，抵御经济周期波动的能力较强。一汽集团从规模、市场地位、发展前景来看，具备高端客户和汽车行业领头者的基本特性，因而吉林分行对其总体判断是业务风险相对较小。秉持稳健经营的原则，在风险控制上采取审慎的态度是持续经营的前提，但同时涉及高端客户业务拓展和风险控制之间的平衡和取舍，对于吉林分行而言加快发展的意义显得更加紧迫。关于风险控制问题，一是总行对一汽集团的总体授信额度低于可比银行，2008年吉林分行对一汽集团授信额度为200亿元，建行为230亿元，中行为210亿元，同时集团内企业之间授信额度不可调剂。二是对集团内骨干企业以外的非核心企业融资，吉林分行限制性条款较多，而其他可比银行针对一汽非核心企业融资只要有集团担保就视同一汽集团本部融资，享受同样的利率下浮优惠，而且审批效率较高。三是对一汽下游经销商融资，吉林分行信贷政策不如他行灵活，往往要求增加“一汽集团回购”等限制性措施。

（五）服务问题。吉林分行实施一汽集团客户经理组运营模式以来，针对客户金融需求的服务效率有了较大提升，客户满意度明显上升。但随着竞争形势的变化，特别是与竞争对手比较而言，总体服务水平仍有极大提升空间。体现在三个方面：一是综合营销力度不够。前台牵头营销和省行及支行集中营销的程度相对不够。二是市场反应不灵敏。往往是企业提出金融需求吉林分行才作出市场反应，而没有真正做到以客户为中心、从客户角度出发，主动帮助客户解决实际问题。三是应对同业竞争的灵活性不够，与同业相比存在市场响应不及时的情况。

四、全方位提升针对一汽集团服务和竞争能力的举措

考虑一汽集团低风险、高收益的综合贡献，以及未来稳定可持续的成长特性及行业领头者的地位，吉林分行将进一步从批发业务、零售业务以及高附加值业务等多角度发掘客户价值，促进针对一汽集团客户服务和综合竞争能力全面提升。

（一）提高一汽支行的机构定位，纳入准二级分行管理。一汽支行作为吉林分行服务一汽集团的最直接代表，吉林分行拟将其作为准二级分行管理。一是在机构定位上，按照综合效益贡献度提升机构管理级别。依托一汽集团的整体发展，争取用两年时间将其率先打造成利润超过3亿元，甚至5亿元的支行，促其成长为吉林分行最赚钱银行的代表。二是加大业务授权力度。进一步完善一汽集团客户经理运营模式，不断提高服务效率的同时，采取差异化授权形式，加大针对一汽集团业务受理中的营销、授信、审批权限，提升市场影响力和营销话语权。三是打造一汽支行核心业务品牌，促进规模化发展。巩固已有业务优势，同时针对目前吉林分行在票据业务、国际业务等方面的不足，苦练内功、加快发展，通过品牌化、规模化发展用一到两年时间全面夺回市场份额，重新确立高收益业务市场领先地位。

（二）切实强化高层营销，跳出吉林看一汽。随着一汽集团的发展壮大，一汽已经不光是长春市、吉林省的一汽，而是全中国的一汽。所以，作为工行与其开展战略合作的关系也要跳出地域经济的传统、跳出吉林分行目前管理基础弱、风险掌控能力不高的现实，从科学发展的视角，从更高的战略角度去看待针对一汽集团的发展和竞争。一是进一步明晰高端客户发展战略。高度重视一汽集团的成长和壮大对于吉林分行经营效益提升的重要意义，业务竞争中采取与可比银行同样的价格，促进一汽集团各项业务规模化发展，同时在有效控制风险的前提下，尽可能简化流程、提高效率，确保一汽集团各项金融需求及时优先满足。二是强化高层营销和联动营销。随着一汽集团集约化经营程度的加深，总部经营、高端决策的经营特点日益清晰，客观上需要吉林分行提高营销层次，同时完善总行、分行、支行的联动营销机制，提供差异化的金融服务。三是加大授权。不能因为一汽集团位于风险掌控能力低的东北地区，就实行比同业更严格、更审慎的态度，而要从发展的角度，采取积极的态度加强市场拓展，促进吉林分行市场份额和综合效益稳步提升。

（三）公私业务并举，深度挖掘一汽集团的客户价值。针对一汽集团在长春地区8万多名员工的零售业务，特别是中高端个人客户的理财业务和私人银行业务具有广阔的市场空间，切实提升针对一汽集团批发业务服务能力和竞争水平，不仅可以稳定丰厚的业务收益，还可以对其中高级管理人员个人金融业务进行广泛而深入的辐射。因而，挖掘一汽集团客户的综合价值，必须坚持公私业务并举。一是要提升批发业务整体竞争能力，带动相关衍生业务，如一汽集团企业年金、集团

卡、电子银行等公私交叉业务的销售。二是把握个人业务发展的关键节点，实现一汽集团企业代发工资、第三方存管、灵通卡等业务规模的梯度推进，彻底拉开与竞争对手的距离。三是全力营销一汽集团本部及各子公司的中高级管理人员，促进中高端个人客户规模稳步增长。四是必须保证一汽集团厂区吉林分行零售业务渠道规模优势。2010 年网点总量达到 10 家左右，在合理规划物理渠道的基础上，加快建设层次清晰的电子银行渠道、自助设备渠道，确保针对不同类型客户群，渠道功能和满意度同业领先。

（四）加大各类资源投入力度，全方位提升竞争发展能力。综合分析各行针对一汽集团的竞争力状况，吉林分行的投入产出比是最高的，这侧面反映出吉林分行在同业竞争中投入不足的现实，为全方位提升竞争发展能力，切实加大各类经营资源投入势在必行。一是吉林分行正在着手研究针对一汽支行实施个性化考核，使员工在工资待遇方面尽可能缩小与可比银行的差距，有效稳定员工队伍。二是拟对一汽集团业务拓展中有突出贡献的员工实施特殊奖励，调动全员拓展市场的积极性和创造性。三是加快充实一汽支行高素质业务人员。一汽集团本部员工整体素质普遍较高，对银行相关业务了解相当深入，而一汽支行一方面客户经理、营销经理数量不足；另一方面，业务能力亟待提升，因而尽快淘汰冗员充实高素质业务人员是提升业务发展水平的重要手段。

（五）继续打造负责任的大行形象，全力支持一汽集团做大做强，实现银企共赢。实践证明，进一步提升对一汽集团的综合竞争力是促进吉林分行效益增长的最主要渠道之一。2008 年下半年以来，虽然全球金融危机对汽车行业的冲击日益明显，但作为国内最大的汽车整车及零部件生产销售企业之一，一汽集团整体生产销售形势仍较乐观。特别是伴随着国家拉动内需、促进经济增长宏观政策的出台，据吉林分行了解，一汽集团将加速新一轮投资规模，预计在未来 5 年内将投入 200 亿元以上建设资金进行技术改造和自主车型研发。“十一五”末期一汽集团的奋斗目标是实现“三个三”，即销售收入突破 3 000 亿元、产量突破 300 万辆、利税实现 300 亿元。同时，一汽集团的重要地位决定了未来很长一段时间国家及吉林省经济资源的配置仍将围绕其展开，作为信贷融资主体及提供全方位金融服务的大型商业银行，吉林分行将在一汽集团新一轮升级发展中发挥更大、更积极和更负责任的作用，通过支持一汽集团这样的特大型企业集团进一步做大做强，实现吉林分行经济效益和社会效益的双丰收。

关于加快黑龙江省分行发展的实践与思考

黑龙江分行　李久新

随着国家振兴东北老工业基地战略的深入推进，以及总行支持东北地区分行发展、打造新的效益增长极战略的实施，黑龙江分行迎来了难得的发展机遇。如何依据行情抓住机遇，找准定位追赶发展，是我一直思考的问题。通过坚持科学发展，控制风险，营销优质信贷资源，全力拓展中间业务，打造区域第一零售银行，完善激励机制，加强内控外防等一系列举措，2007 年一举摘掉了连续 14 年的“亏损帽子”，实现了“双盈”。

一、黑龙江分行面临的基本经营环境

黑龙江是我国重要的能源、原材料、石油化工、装备制造和商品粮基地。代表黑龙江省经济发展水平的标志是“七大”。一是产粮大省。全省耕地面积 960.1 万公顷，居全国第一位，人均占有耕地 7.7 亩，是全国平均水平的 3 倍。2007 年生产粮食 798 亿斤，向国家提供商品粮 500 亿斤，居全国第一，占全国省际间可调出商品粮总量的 50%。为国家粮食安全作出了独一无二的贡献。二是石油生产大省。2007 年原油生产占全国产量的 40%，居全国第一。2006 年又新探明储量高达 1 000亿立方米以上的天然气田，是国家重要的能源基地。三是装备工业大省。经过 50 多年的发展，汽轮机、锅炉、电机发电设备系统、大型铸锻件、轧机、数控机床、重型机床、发电机、掘进机、飞机制造、工具量具、中小轴承等产业和产品生产技术水平在国内处于领先地位。四是边贸大省。全省有 25 个国家一级口岸，2007 年进出口总额达 173 亿美元，在全国排第 11 位。其中，对俄边贸达 107 亿美元，接近全国对俄贸易总额的四分之一。五是森林大省。森林覆盖率达 43.6%，森林面积超过 20 万平方公里，居全国第一。六是生态旅游大省。有世界地质公园镜泊湖、五大连池，中俄界湖兴凯湖，丹顶鹤的故乡扎龙自然保护区，大小兴安岭原始森林，伊春毛蓝沟、垦区星罗棋布的天然湿地，北极村，雪乡及驰名中外的冰灯、冰雪大世界等。七是贡献大省。仅大庆油田一家，2007 年上缴国家税费利就达1 450亿元。

国家振兴东北老工业基地政策推出后，黑龙江省委、省政府抢抓机遇，经济发展速度逐年加快。2007年，全省实现GDP7 077亿元，按可比价格计算比上年增长12%，高于全国平均水平。经济运行连续六年增幅达到10%以上。2007年8月2日，国务院下发了《关于东北地区振兴规划的批复》，要将东北地区建设成为“综合经济发展水平较高的重要经济增长区域，具有国际竞争力的装备制造业基地，国家新型原材料和能源保障基地，国家重要的商品粮和农牧业生产基地和国家重要的技术研发与创新基地”。依据《东北地区振兴规划》，黑龙江将集中力量抓好哈电集团百万千瓦及大型风电设备、哈飞集团6吨直升机、支线飞机、大飞机部件及材料，东轻公司超大规格铝合金板带材，一重集团大型铸锻件及大型扎机，齐齐哈尔重型数控机床及功能部件、特殊钢和装备制造业用钢生产基地，大庆120万吨乙烯扩建工程，哈大齐高速铁路客运专线，哈尔滨至佳木斯及哈尔滨至牡丹江城际高速客运专线、东部地区和龙煤集团、中煤集团煤电、煤化工、煤焦钢一体化，北部有色金属开发，九三集团大豆深加工，牡丹江3 000吨多晶硅，中铝集团在佳木斯筹建3万吨海面钛等重大项目。省政府规划指出，到2010年主营业务收入超百亿元的大企业将超过20家。2010年，全省GDP将超过1万亿元，规模以上工业增加值将比2005年翻一番。

在谋划发展的同时，省委、省政府对改善金融环境予以高度重视。2006年省政府召开了全省金融工作座谈会，2007年4月，省政府又召开了全省金融工作会议，确定了黑龙江省今后一个时期的金融工作任务和措施。2008年6月在哈尔滨经济贸易洽谈会期间，举办了包括总行领导参加的金融高层论坛。一是要求各级政府积极帮助金融机构解决实际问题，要求各级法院加大对维权胜诉案件的执行力度。二是大力加强政府诚信建设，认真抓好到期信贷还款、担保、贴息等的督办落实，切实履行责任，兑现政府承诺，树立政府信誉。三是积极探索建立失信行为长期评价机制。建立失信行为处罚制度，对失信行为继续开展媒体曝光，实施限期整改，对严重失信人员取消各类社团头衔以及各级代表、委员和劳动模范资格等处罚。2007年4月的黑龙江省第十次党代会报告中也明确指出“加大对金融服务的支持力度，突出抓好诚信龙江建设，形成诚信为本、守信光荣、失信可耻的社会氛围”。省政府诚信办自2005年以来，多次在媒体对逃废银行债务的失信企业进行曝光，是对失信行为的严厉惩戒。

黑龙江省总体经济形势向好，信用、法制环境逐步改善，但与沿海发达地区相比还有很大差距。一是国有企业整体竞争力不强。二是符合贷款条件大型重点建设项目不多。三是经过两次剥离，部分企业存在等政策的心态，个别企业假借转制、资产重组、股权分立、关联企业交易等手段恶意逃废银行贷款。因此，良好金融生态环境的建立，不会一蹴而就，尚需社会各界继续作出不懈的努力。

二、黑龙江分行经营情况分析及发展定位

2008年上半年，黑龙江分行实现账面利润8.66亿元，居同业首位，在总行列第24位，同比增盈3.67亿元，完成总行年度计划的72.02%，进步幅度73.39%。净利润增长幅度在总行列第三位。省行营业部和各二级分行全部实现了拨备前和账面双盈利，取得了历史性突破。贷款收益率为6.42%，同比提高1.16个百分点。资产减值准备回拨2.66亿元，贷款损失准备余额为36.05亿元，贷款拨备覆盖率为67.06%，同比提高6.97个百分点。人民币存款比年初增加188亿元，在总行列第12位，同业增量占比为35.54%，四大行增量占比为42.6%，居同业首位。其中，储蓄存款比年初增加100.5亿元，在总行列第14位，同比增长434.4%。其中，新增储蓄加新增各类理财产品捆算210.8亿元，同比多增76.95亿元，增幅为57.5%，完成总行全年计划的58.4%；人民币理财产品共销售39.3亿元，同比增长590%。对公存款余额比年初增加80.88亿元，在总行列第9位，同比增幅为13.1%，完成总行计划的86.04%；对公存款日均余额较年初增加78.24亿元。外币对公存款比年初增加2 209万美元。各项贷款比年初增加23.65亿元，在总行列第25位；同业增量占比为6.8%，居同业第四位。实现中间业务收入3.46亿元，完成总行计划的30.45%，在总行列第21位。中间业务收入同业占比为31.91%，列第2位。有8个二级分行增幅居同业第一。清收处置不良贷款17.25亿元，完成总行年度计划的68.18%。其中，清收处置大额不良贷款12.7亿元，完成总行计划的105.83%；不良贷款余额为53.75亿元，比年初减少13.71亿元；不良贷款占比为8.43%，比年初下降2.59个百分点。其中现金清收5.45亿元，完成总行计划的61.24%。

从以上情况看，财务重组后，在全行员工的共同努力，黑龙江分行不良贷款占比大幅度下降，经营效益逐年提高，全行士气明显提升。但作为全行系统发展相对滞后的一级分行，黑龙江分行仍存在一些制约发展的困难和问题，主要可以概括为“两多三少”，即人员总量多，不良贷款多；高效资产少，优秀客户少，人均创利少。具体表现在四个“并存”上。

一是人员总量大与效率指标低下并存。一方面，经过多年的精简和分流，黑龙江分行机构总数由最多时的1 891个减少到633个，减少了67%。员工数量由35 651人，减少到16 927人，净减18 724人，减少了52%。但与经营规模相比，黑龙江分行现有从业人员仍

然偏多。另一方面，由于龙江经济发展相对滞后，自谋人员减员再就业机会受限，再减员难度大。人员总量与经营规模不匹配直接导致黑龙江分行效率指标落后。截至2007年末，黑龙江分行各项存款在总行列11位，人均存款在总行列22位；各项贷款在总行列22位，人均贷款在总行列30位；中间业务收入在总行列13位，人均中间业务收入列29位。

二是清收处置不良和控制贷款劣变的压力并存。截至2007年末，黑龙江分行不良贷款余额为67.5亿元，不良率为11.02%，在总行列第二位。在存量贷款中，关注类贷款达40.82亿元，清收不良和控制贷款劣变的压力大。贷款一旦迁徙，必然增提拨备，直接吞噬当年利润。2006年以来黑龙江分行累计清收不良贷款70亿元，不良贷款余额实际下降26亿元，贷款迁徙抵消了相当一部分不良贷款的清收成果。

三是存款总量大与有效资产少、效率指标低并存。截至2007年末，黑龙江分行存款余额为1 644亿元，贷款余额为612亿元。在全部贷款中，剔除90亿元票据贴现贷款和69亿元不良贷款，人均有效贷款只有276万元，在系统列第30位。原因在于，一方面，与经济发达地区相比，黑龙江省大型优质项目相对较少，有发展潜力的企业数量不足；另一方面，12家二级分行中有6家二级分行法人客户信贷经营资格被取消，贷款短时间实现较快增长难度较大。贷款增长受限，利息收入增长乏力。在2007年黑龙江分行营业净收入中，资金运作收入和中间业务收入占比合计达到97.8%，利差收入占比仅为2.19%。

四是经营效益相对较好和相对较差的分支行并存。行际间发展不平衡问题比较突出。从二级分行2007年经营绩效考评情况看，排名第一的鹤岗分行与排名最后的齐齐哈尔分行考评等级相差20个档次，得分相差764分，人均账面利润相差44万元，经济增加值相差30 346万元，成本收入比相差39.8个百分点，不良资产率相差12.6个百分点。

针对上述问题，2006年以来，黑龙江分行确立了以科学发展观为指导，围绕“银行增效，员工增收”目标，坚持“效益、质量、结构、效率、安全”十字方针，突出抓发展、清不良，防风险、建机制四个重点，全力改善收入结构，确保实现追赶发展”的指导思想，因地制宜，扬长避短，将可以开展的业务做好做精，将优质业务做大做强。

一是以效益为中心。提高效益，才能代表和实现员工的根本利益，才能实现股东权益的最大化。办理各类业务，都强化效益意识、核算意识、成本意识，并落实到每一项决策、每一笔交易上。对各项业务进行量本利分析，合理配置全行业务资源。

二是以保证质量为前提。速度快不等于好，规模大不等于强。发展既要有适当的增长速度、合理的规模效应、有利的市场地位，更要注重提高发展的质量和效益。推进发展、提升效益的关键是提高风险掌控能力和管理水平，建立起涵盖信用风险、市场风险、操作风险在内的全面、全程、全员的风险管理体系。风险管理是决定成败的关键，质量损耗是最大的效益损耗。牢牢树立只有风险可控，才能保持速度、规模、质量、效益协调统一的理念，实现又好又快发展。

三是以优化结构为手段。根据黑龙江分行外部经济环境，利息收入短时间内提升的空间有限。因此，要依靠自身努力，根据自身特点，办好可以开办的业务，以发展个人金融业务为重点，做大中间业务和资金业务，在严控风险的前提下，积极营销优质贷款，逐步改善黑龙江分行收入结构。力争使利息收入覆盖全部利息支出；力争使中间业务收入占各项营业收入的20%以上；依托市场利率提高的有利契机，提高资金营运效益，力争资金业务收入占比达到15%以上。

四是以合理配置人力资源为核心。做到人尽其才，才尽其用。根据各年龄段员工的特点，尽可能扬长避短，科学合理配置岗位，大力开展分层次培训、提高全员技能，将每名员工配备到最合适的岗位，并通过加强工作绩效考核，及时兑现奖励，从而盘活现有人力资源存量，充分调动不同年龄段员工的工作积极性。

五是坚持以安全为保障。切实树立内控优先的经营理念，将确保安全作为黑龙江分行开展各项工作的前提。尽管股改上市以来，全行内控管理水平得到了切实提高，但与快速变化的市场环境及创新发展的要求相比还存在一定差距，各类操作风险和经济案件防控形势依然严峻。不能有丝毫的松懈，要认真落实监管要求和内控体系建设规划，不断强化管理基础，为全行经营提供保障。

2006年以来，在实践中积累了一些体会与认识：

第一，发展是硬道理。一是只有发展才能代表员工的根本利益，提升凝聚力。作为一家多年经营落后的一级分行，必须通过追赶式发展，才能缩小与先进行的差距。二是只有发展才能树立黑龙江分行良好的社会形象，提高竞争力。作为一家大型银行，如果没有好的经营业绩，在同业竞争中就难以提升竞争力，就难以赢得广大公司、机构和个人客户的信赖。三是只有追赶发展才能在工行经营大局中占有一席之地。如果满足于迈小步式的进步，黑龙江分行与发达省分行之间的差距只能是越来越大，在总行经营“盘子”中的分量只能越来越轻。只有通过跨越式发展，才不至于掉队，才有可能缩短与发达省分行之间的差距。四是只有发展才能被地方政府所重视。银行发展离不开地方政府的支持。反过来，只有保持较好的发展水平，才能有效融入地方经济发展体系中，才能分享地方经济快速发展带来的商机。

第二，收入是硬指标。发展必须依靠收入来支撑，没有收入就没有发展。只有收入抓上来，才能把较高的成本收入比降下来，才能提高资产利润率，才能增加EVA，才能提高人均效益指标，才能提高绩效考核分值。提高收入是黑龙江分行加快发展的重要保障。

第三，位次前移是真本事。各分行都在加快发展，检验发展水平、进步幅度的标志是在全行的综合排位。排序是各项工作的综合体现，排序能清晰地展示各分行工作的努力程度和工作效果，检验出各级行领导班子的战斗力。只有进步的幅度更快，排位才能实现前移。而只有依据行情，发挥优势，用优势业务收益弥补劣势不足，并通过努力，逐步变劣势为优势，才有可能实现排序前移。

第四，内控外防是保障。工行公开发行上市后，面临着更加严格的监管环境和信息披露要求。发生各类案件不仅会给全行带来直接的经济损失，还会影响工行在资本市场的形象，必须加强内控外防，为全行发展提供安全保障。

三、下一步黑龙江分行实现追赶发展的几点思考

（一）坚持追赶发展的战略目标不动摇。尽管黑龙江分行每年都有较大进步，但目前在总行一级分行综合考评中排名仍然靠后，与一二类行仍有较大差距，这些差距又直接影响着员工的切身利益。不发展和慢发展，都会被淘汰。黑龙江分行必须增强紧迫感，将发展放在更加突出的位置，抓住机遇，追赶发展，以百折不挠的毅力，把经营搞上去。

在追赶发展的同时，必须坚持科学发展。绝不能只讲发展而不顾风险，绝不能重蹈覆辙，要脚踏实地、一步一个脚印地实现有质量和有效益的发展。

（二）坚持存款兴行的理念不动摇。存款是衡量市场竞争力的一项基础指标。抓存款就是抓生存发展的生命线。抓住存款，就抓住了客户资源，也就抓住了市场和业务收入。失去存款就失去了同业竞争地位和形象。人民银行7次提高存款准备金率后，许多中小银行已由流动性过剩转变为流动性不足，在这种情况下，谁抓存款能力强，谁就能抓住先机，抓住客户，抓到业务，抓到收入，抓出社会形象。

前不久，总行已经提高了二级分行的资金集中价格，二级分行在省行集中的存款收益将得到进一步提高。特别是6个被取消信贷经营资格的二级分行，抓好存款工作尤其重要。有了存款，可以争取总行规模支持，可以争取总行债券投资支持，可以选择做企业财务顾问、个人理财等业务，可以增加融资性同业存放，从他行开辟新的收入来源。千方百计地抓好各项存款是夯实竞争基础的需要。

（三）坚持法人优质客户营销和不良贷款清收不动摇。2008年初省行提出三类行的发展战略。省行营业部和大庆分行要率先发展，抢抓当地机遇，做大做强法人优质客户，强势推进，为全行多作贡献；鹤岗、鸡西、七台河、双鸭山分行要争取彻底解决法人不良贷款，大兴安岭分行要根据本地区优势和特色产业，扬长避短，重点突破，在市场中确立竞争优势。齐齐哈尔分行和追赶发展的5个行要倾全力清收不良贷款，下决心，排万难，横下一条心，锲而不舍，彻底解决不良贷款问题，争取早日恢复法人客户信贷经营资格或解除信贷业务停牌处罚。同时，努力开办低风险贸易融资业务，解决融资瓶颈，不等不靠，加快发展。

进一步加强存量不良贷款管理，不断优化贷款结构，使贷款保持良好状态。发现贷款劣变的必须及时、果断退出，绝不能为暂时的收息利益而不顾风险和长远发展。

（四）坚持实施第一零售银行战略不动摇。打造第一零售银行战略，是黑龙江分行赢得市场、提高市场占比和竞争力的必然选择。通过实施直通式网点提升项目，许多行、许多网点的同业竞争力大幅提升。2008年上半年全行有4个分行实现了9个第一，4个行实现了8个第一，4个行实现了7个第一，1个行实现了6个第一。黑龙江分行必须增强紧迫意识，继续领跑市场，努力实现和保持九个第一。通过考核九个第一，能够看出各行的进步与差距。可以看出谁更敢于竞争，善于竞争，谁就能在竞争中成为强者。达不到9个第一的分行要努力，争当域内同业“排头兵”，这是实现员工根本利益的需要。

（五）坚持发展中间业务和新业务不动摇。2006年以来黑龙江分行中间业务发展较快，2008年上半年黑龙江分行中间业务收入占比19.26%，占比绩效得分在系统排第8位，成为黑龙江分行不可替代的业务收入来源。黑龙江分行必须进一步理清中间业务发展思路，争取实现收入最大化。

一是巩固传统中间业务市场。黑龙江分行法人和个人客户数量居同业领先位置，传统中间业务市场空间较大，如个人汇款业务，仅七台河桃南支行日均业务量就达100多笔。而个人汇款收费上限已提高，成为中间业务收入新的增长点。又如代理和结算业务，税源不断，代理税收、财政等业务就不断。客户不断，结算业务就不断。重视传统中间业务市场，发挥传统中间业务优势，保证中间业务收入的稳步增长。

二是继续消灭中间业务空白点。资产负债表中未开办的中间业务要梳理和落实。要划分清哪些业务能办、会办而未办，哪些是能办而不会办。对能办、会办、不想办的业务，要彻底解决思想认识问题，减少中间业务的发展障碍。

三是做大做强新业务。继续“跑马圈地”，大力拓展电子银行和银行卡市场业务领域。抓住企业年金业务

良好的发展态势，继续抢抓同业市场，巩固领先优势。继续发扬奋起直追的拼搏精神，扩大第三方存管业务市场占比。继续捕捉企业票据、理财、顾问、重组、上市咨询策划等新业务信息，在12万户法人客户中寻找市场和突破口。继续抓好个人理财、黄金业务、外汇等个人金融市场业务营销。抓好这些新业务，就会赢得主动，赢得发展，赢得中间业务的领先优势。

四是发挥优势做好资金业务。黑龙江分行资金宽裕，优质法人信贷客户不足，在资金运作上下工夫，做大资金业务，可创造更多收益。在节约资金占用上下功夫，算好同业存放、备付金、库存现金管理账，节约更多资金投入营运。票据业务经济资本占用少，在贷款规模紧缺的情况下，向加快票据周转要效益，多周转，快周转，通过周转将票据业务贡献做大。

五是大力做好投行业务。跟上全行投行业务快速发展的步伐，利用资产回购等业务不占信贷规模的优势，加强行内外的沟通联系，积极捕捉商机，拓展增收渠道。

（六）坚持抓好机制建设不动摇。

一是抓好激励机制建设。黑龙江分行提出打造第一零售银行、实现9个第一的目标，以此相配套，黑龙江分行推出了“量化到产品，奖励到个人”的专项奖励，目的就是要激发员工积极性，及时激励创造效益的有功人员，最大限度地发挥专项奖励的激励作用。这一激励措施的效应已经显现，今后要进一步总结与完善。

二是抓好班子建设，提高各级党委选才任能的公信力。继续配齐配强各级领导班子，真正把政治上靠得住、工作上有本事、作风上过得硬、员工信得过的干部选拔到领导岗位，提高各级班子的领导能力和创新能力。

三是加强党风廉政建设，进一步树立党员领导干部在员工中的威信。教育领导干部在思想上牢固树立防腐拒变的防线，坚持公道正派，清正廉洁。加强党内监督，推进政务公开，集中采购，招标处置信贷及闲置非信贷资产，从源头上预防腐败问题。

四是抓企业文化建设。黑龙江分行走出经营亏损困境，靠的是一切从实际出发，真抓实干，凝心聚力抓经营的实干精神；靠的是各级管理者以身作则、率先垂范的榜样力量；靠的是员工爱岗敬业、脚踏实地的奉献精神。这其中也凝聚了黑龙江分行直面困难、战胜困难，不达目的不罢休的企业精神。下一步要围绕总行企业文化建设的总体要求，进一步提炼黑龙江分行不怕吃苦、奋发向上的文化精髓，用文化引领各行带好队伍，搞好建设，抓好经营。

五是做好思想政治工作。深入加强思想政治工作，通过树立正确的世界观、人生观、价值观、名利观，坚定理想与信念。黑龙江分行在工行股改上市后，经营形势好转，利润大幅提升，但经营基础并未夯实。在这种情况下，有的员工甚至是管理者在个人收入和待遇上提出了一些不切实际的要求。全省各级行应注重思想政治工作，及时掌握管理者及员工的思想脉搏，引导广大员工及管理者继续发扬黑龙江分行奋发图强，艰苦奋斗的精神，夯实基础，追赶发展。

（七）坚持为员工解决困难、办实事的宗旨不动摇。近几年，在总行的关怀支持下，在全行员工奋力拼搏下，黑龙江分行经营效益明显提升。为此，黑龙江分行党委确定了“银行增效、员工增收”的发展宗旨，员工增收已随着人力资源提升项目的实施得到初步体现。可以预期，在黑龙江分行经营效益逐年提升的基础上，每年为员工解决一些困难、办一些实事，会激发全行员工的积极性，对黑龙江分行升级发展将产生巨大的推动作用。

关于上海分行实施法律事务集中管理改革的调研报告

上海分行　孙持平

面对扩大开放形势下日益激烈的市场竞争和日趋严格规范的监管要求，商业银行法律风险防范任务越来越重，难度越来越高。为了更加有效地配合支持业务发展，防控业务创新和市场竞争中的各种风险，从2007年7月起，上海分行实施了法律事务集中管理改革。一年多来运行正常，收到较好效果，进一步提升了分行法律事务管理水平和工作效率，增强了核心竞争力。现将有关情况报告如下。

一、推进法律事务集中管理是商业银行实现集约化、专业化发展的要求

实施法律事务集中管理前，上海分行法律工作实行的是“总行—分行—各基层行部”三级管理模式。分行法律事务在业务上接受总行法律事务部的指导和管理，在总行的授权范围内开展具体的法律事务工作。各基层行部有自己的法律事务专职或兼职人员，具体的机构及人员设置完全由各行部自己决定。各行部法律事务

工作在业务上接受分行法律部的指导，实际工作较多地仍由各行部独立完成。这种管理模式同当时上海分行实行二级经营，各行部有较大的业务管理自主权是相适应的。但近几年来，上海分行经营格局的变化对法律工作提出了新的要求，原来三级管理模式的弊端也越来越明显。

一是经营集约化要求法律事务集中管理。从2003年3月上海分行成立国际业务营运中心以来，上海分行的风险管理、运行管理、授信管理等业务的后台管理及操作相继集中到分行。基层行部主要负责营销与客户关系维护，公司业务、中小企业业务、国际贸易融资、投行业务、机构业务、理财业务、金融市场、现金结算业务中大量的非直接客户营销型的作业被转移到了中后台，集中到了分行，相应地，大量的法律事务工作也从基层行部转向分行部室和各个业务操作中心，各部室对法律事务服务的需求也越来越大，基层法律事务相对萎缩，法律事务集中管理势在必行。

二是管理专业化要求法律事务集中管理。近几年来，上海分行认真贯彻总行“专业化经营，系统化管理”的要求，积极推进业务线改革，已经先后在黄浦南市支行、浦东开发区支行、临港地区实施批发和零售业务线的专业化经营试点，并且取得了初步成效。上海分行认为专业化是一个大的概念，不仅要体现在业务线上，而且还要体现在管理的专业化和人才的专业化等方面。如果不推进法律工作专业化和集中化，就难以更好地适应经营模式转变的需要，难以保证上海分行法律服务的专业性、统一性和一致性。

三是业务复杂化要求法律事务集中管理。上海金融市场发达，各类创新业务层出不穷，专业法律服务也不断面临新挑战新要求。从非讼法律事务工作来看，越来越多的外资企业及机构要求上海分行直接审查其所提供的英文文本，或提供英文合同或法律意见书作为重要参考依据，这对法律事务工作人员的外文素质提出了很高要求。同时，法律事务工作覆盖面也在不断拓展，如上海分行的法律文本审查涉及境外法律的明显增多，涉及的内容涵盖各种类型的民事合同。就诉讼法律事务工作而言，除了常见的因清收贷款发生的诉讼外，涉及信用卡、个人存款、票据结算、客户理财、电子银行交易、保函、人身损害赔偿等新型案件不断出现。这对法律事务队伍的从业能力提出了更高的要求。

而上海分行原有的法律事务管理模式已越来越不适应新形势新任务的要求，难以为业务发展及风险防范提供全面有效的法律支撑。

一是基层行部法律事务人员难以发挥应有作用。近些年，不少基层行部为了提高人均效率，对一些科室进行了整合。到2005年末，上海分行各基层行部中已没有独立的法律事务机构，许多行部也无专职人员从事法律事务工作，只是在名义上配有从事法律事务工作的人员。这些法律工作人员分布在各行部办公室、资产风险管理部、信贷管理部等不同的部门，很多还要承担所在部门大量的非法律事务工作，如工会、党建、资产风险管理、档案、文书、信贷管理等工作。这些部门对法律事务人员的考核以其承担本部门工作的情况为主要内容，不利于调动基层法律人员从事法律事务工作的积极性，不利于法律事务工作的正常开展。

二是基层行部法律事务工作人员的业务能力不能适应上海分行业务发展的需要。目前，业务的发展对法律工作人员的银行业务理解能力和法律功底要求越来越高，但基层法律工作人员的专业性与专业能力相对较弱，很难胜任工作要求。同时，对法律事务工作人员的培养和专业能力的提升需要长期努力才能有成果，而基层行部培训力量有限，这使得基层法律服务的质量与水平难以保证。

三是分散管理不利于上海分行法律风险防控能力的提升。法律事务集中管理改革前上海分行有三十个一级行部（比照二级分行进行管理），民事诉讼都各自为战。比如，一个中院要面对十几个行部，一个基层的黄浦法院就要管辖涉及外滩、信用卡部、黄浦、第二支行及南市支行等多家行部的诉讼案件。如果由分行层面统筹规划，整合资源，不仅有利于降低全行的诉讼成本，而且有利于增强上海分行的应诉能力。

二、上海分行推进法律事务集中管理改革的主要思路与做法

法律事务集中管理改革的主要目标是：清晰法律事务管理职责，强化法律风险防控能力；优化一级分行法律服务流程，提高专业服务效率；提高法律专业队伍的素质，提高专业服务能力。2007年5月初，上海分行正式启动集中管理改革，历时3个多月对条件成熟的29家基层行部的法律事务工作分六批实施了集中管理，在法律事务上收管理过程中，上海分行坚持统一规划，分段实施，确保业务不丢、队伍不散、交接顺利。其主要做法如下：

（一）清晰划定集中范围与步骤。集中管理的范围必须清晰，否则就会出现对一些工作要么重复管理，要么无人打理的现象。由于上海分行法律事务工作量大，如个贷诉讼业务每年都在上千笔，信用卡诉讼标的虽小，但量也非常大。对这两类案件，分别由消费信贷管理部和信用卡部牵头进行集中管理。除此之外，市分行基本集中了全行的案件管理、法律审查咨询、法律调研和培训、牵头管理全行有权机关司法协助、转授权，以及外聘律师工作。

实行法律事务集中管理后，支行不再设法律事务岗，审查咨询与案件管理工作全部由分行完成。具体上收过程实行业务与人员同步集中的方式，对于审查咨询人员，原则上初期以联系原支行为主，逐步增加其他行

部的联系任务。对案件管理人员，随同其在原支行代理或负责的存量法人类和被诉类诉讼案件同步集中，再适量分配其他案件。

在审查咨询方面为顺利实施集中管理，分行法律事务部制定了新的审查咨询工作流程、案件管理工作流程、协助执行工作流程和外聘律师管理办法（暂行），如根据新的审查咨询工作办法，省去了原来支行法律人员初审、转递、沟通及回复转交等环节，使分行法律审查咨询人员更贴近业务，提高了送审、沟通、回复的效率和工作实效。针对使用频率较高的类似条款或文本，制作示范文本，如针对信贷审批书中要求增加的常用条款，法律部制作示范条款供客户经理选用。对各类非格式合同，如租赁、采购、设备保养等，法律部提供范本供业务部门选用；对一些常见问题进行归纳整理，提供指引；对在业务咨询过程或是代理案件过程中发现的法律风险，法律部及时制作简报送发业务部门予以提示。

在案件管理方面，根据新的流程，法律事务部变间接管理为直接管理，变审批审查为直接代理，从立案、财产保全到开庭及后续的申请执行全程参与，相关当事行只要负责提供证据，履行作为当事人的必要手续。案件的集中管理使有关行部从烦琐的案件诉讼工作中解放出来，使案件管理从层层审查简化为集中代理，一站式服务。

（二）建立紧密的横向沟通联系机制。分行集约化、专业化的管理导向赋予分行各业务部室更多的业务营销与管理职能，业务部室需要的法律服务在数量上大幅增加，在难度上大幅提高，成为法律部的重要服务对象。上海分行法律部门积极配合其他业务部室参与大型项目谈判，起草、审定各类业务合同及非格式合同；针对业务部门营销外资企业的需要，还将部分相关的合同及法律文本翻译成英文，供外资客户参考；对各种新的理财业务、中间业务出具法律意见书，不仅指出了潜在的法律风险，还提出了具体的防范措施。在协助有权机关依法查询、冻结及扣划上，上海分行法律部门也注意广泛听取相关专业部室的意见，进一步整合完善了协助执行工作办法。为了搞好案件管理工作，法律事务部与风险管理部、个人金融业务部、消费信贷管理部、信贷管理部、银行卡部、计划财务部等相关部室就有关工作流程达成了共识并会签了相关的工作办法，一些管理盲区得到了初步治理，法律事务部与其他部室形成了良好的工作合力。

（三）保证对基层法律服务的质量与效率。在征求意见时，各行部对集中管理均表示支持，但也对集中后工作的便捷程度、工作效率与质量表示了担忧。为了消除基层行的这些忧虑，分行采取了有针对性的措施。

一是充分利用分行快捷的通讯方式，克服与各行部的物理空间障碍。分行法律事务部积极利用电话、Notes、传真等分行先进的通讯手段，创新沟通方式；与管理信息部联系开通在线法律论坛，落实专人负责接受在线咨询，并落实专人进行维护管理；通过电话会议的方式，满足多人同时在线进行咨询、讨论，甚至谈判等。

二是落实对口联系，加强现场服务。落实专人与各行部对口联系并将其手机公布给各行部，始终保持各行业务经理与指定法律事务联系人的通讯畅通无阻。还规定法律人员必须定期到支行提供现场法律服务、并可按支行需求不定期地到支行提供法律服务包括参加谈判、进行培训等。

三是强化服务意识。创新管理模式说到底是为了向基层行部业务发展与风险防范提供更高质量的法律服务，为此，法律部在现有流程中规定了限时服务制度；紧急事项支行可与对口联系人事先沟通，提前介入，特事特办；逐步将行部满意度作为考核的重要指标。

法律事务工作集中管理后，凡是在分行层面上可以协调的工作，均由法律事务部自行协调，无须当事行往返奔波；凡是法律事务部能够做的工作，决不推给当事行人员，如法律事务部自己代理的案件，相关的台账输入，诉讼报告均由代理人自己完成。集中管理不仅省掉了冗余的审批环节，而且通过整合分行资源，有力地推动了基层行部很多业务问题的顺利解决。

三、推进法律事务集中管理改革的主要成效

法律事务集中一年来，强化了法律事务职能，加强了法律风险控制，提升了法律工作效率，培养了法律专业人才。全行依法合规经营的能力进一步提升，法律服务对分行经营发展的支持和保障作用愈加显著，基本实现了分行预期的目标。

（一）分行法律事务职能得到了强化。集中管理后分行法律事务部从一个审批、审查、业务指导为中心的机构转变为一个直接代理案件、直接参与业务谈判、直接出具各类法律意见书、直接面对各类疑难法律问题的行内律师事务所，职能强化效果非常明显。分行法律部人数从以前的 6 人到现在的 18 人，从以前的案件管理科、咨询科到现在的综合法律事务科、对公起诉案件科、投诉被诉案件科、法律审查科和合规审查科，充实了人员和机构，实施专业化与精细化管理，对法律事务职能的落实更加到位，服务水平更高。培养了更加专业化的法律审查咨询人员，如银团、托管、理财、投行、租赁、个金等业务都有专业分工。对重大、疑难、复杂的咨询或案件组成团队，发挥集体力量。针对使用频率较高的类似条款或文本，制作示范文本，如信贷审批书中要求增加的条款，各类非格式合同，如租赁、采购、设备保养等。组织团队开展有针对性的法律调研与培训，如 2008 年分行连续组织了五场专门针对网点经理的法律培训，将理论知识与业务案例有效融合。对常见问题进行归纳整理，提供指引、制作简报等。这些措施

使分行的各项法律事务职能得到较好贯彻落实，提高了全行防范法律风险的能力。

集中前后法律事务部机构和人员配置比较

序号	集中前		集中后	
	机构	人数	机构	人数
1	总经理室	2	总经理室	2
2	案件管理科	4	综合法律事务科	3
3	咨询科	2	对公起诉案件科	4
4			投诉被诉案件科	3
5			法律审查科	3
6			合规审查科	3
合计		8人		18人

（二）为业务发展提供了更好的法律服务。职能的强化带来服务水平的提升。集中管理后，上海分行针对法律审查业务中发现的共性法律问题进行了梳理，统一审查要点和风险防范建议，如子公司为母公司担保、独立保函、涉外担保、租赁合同等，规范审查人员的审查意见。一年来，法律人员在参与的重大项目中独立审查、谈判能力凸显，如振华港机造船预付款还款保函、上海城投结构化融资项目、申通债权投资计划担保项目、典当融资证券质押账户托管项目、A15－A17高速公路银团贷款项目、“指付通”指纹支付业务等，分行法律团队的业务素质和高效敬业得到了业务部门和客户的充分肯定。从诉讼案件专业化代理来看，集中管理改革后新发生的138件公司案件中，九成案件均由法律部自行代理，大大降低了处理重大案件时对外聘律师的依赖。自行代理被诉案件47件，涉案标的达3 400.4万元，占全部被诉案件数的81%和累计被诉标的的97%。

上海分行在做大传统业务的同时，也在积极发展创新型金融产品与金融工具，大力推动理财、托管、年金、财务顾问、电子银行等业务超常规发展。在创新与竞争的市场环境中，相关产品、业务和交易活动涉及的法律问题更加错综复杂。分行法律咨询团队积极适应业务发展要求，及时研究业务创新涉及到的法律关系及权利义务，充分揭示这些发展新产品新工具中蕴含的法律风险。同时，从市场发展和促进交易的角度提出了切实可行的风险防控建议，有力地推动了上海分行结构性融资、应收账款融资、金融衍生产品、新型理财产品、资金托管业务等一大批新兴业务的高效稳健发展。

（三）提高了法律专业人员的素质和能力。集中管理后，基层行的法律事务骨干力量集中到分行，法律部结合每个人的工作特长、业务专长、个人志愿，综合考虑全行法律事务工作需要，认真规划每个人的职业生涯，最大限度地发挥每个人的工作潜力和积极性。一年来，他们的综合素质和业务能力快速提高，面对复杂法律问题敢于迎难而上，为业务稳健发展勤奋工作，成为业务精良、服务热情的行内律师。

（四）带来了可观的经济效益。集中管理带来的经济效益也非常显著。按照总行规定的人均贡献度计算方法测算，2007年法律工作人员人均贡献度达到4 099万元，是2006年的1.55倍。

一是从审查咨询工作情况看，专职咨询法律事务人员6人，每人联系5家支行和3个分行部室，在短短一年时间里，完成书面审查4 180件，同比增加52%，书面审查交易合同涉及的标的额达46 790.34亿元，达到同期的7.2倍，人均完成书面审查近700件。参与业务谈判105项，同比基本持平。揭示法律风险7 903点，同比增加133.4%。提出防范建议8 098条，同比增加89.4%。2008年上半年法律部完成书面审查2 042件，同比增加51.1%；参与业务谈判85项；揭示法律风险5 333点，同比增加207.55%；提出防范建议5 314条，同比增加150.7%。按照总行规定的人均贡献度计算方法测算，参照律师服务市场价格的最低标准（每小时800元），在2007年和2008年上半年，分行法律审查咨询有效工作时间分别达到6 514小时和3 864小时，节省律师咨询代理费分别达到521万元和309.1万元。专职咨询法律事务人员人均节省律师费分别达到86.8万元和51.5万元。

二是从案件代理情况看，集中管理改革一年来，法律事务部专职诉讼法律事务人员人均代理案件26.4件，人均代理金额1.48亿元。按照总行规定的人均贡献度计算方法测算，参照律师服务市场价格的最低标准（按照起诉案件标的的1%，被诉案件标的的3%）计算，集中管理改革以来，分行累计节省律师诉讼代理费已达1 102万元。专职诉讼法律事务人员人均节省律师费157.4万元。

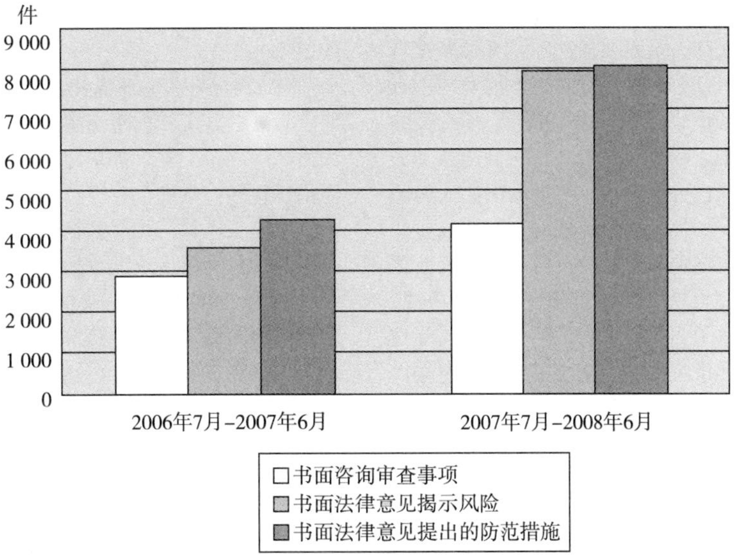

	运用法律手段收回现金资产（万元）	被诉案件避免损失额（万元）	节省律师咨询费用			节省律师代理费用			员工综合成本（万元）	诉讼费用（万元）	经济贡献总量（万元）	专职法律人员（人）	人均贡献（万元）
			有效工作时间（小时）	收费标准（元/小时）	节省律师咨询费用（万元）	直接代理案件标的额	收费标准（%）	节省律师代理费用（万元）					
集中管理前（2006 年）	141 147	1 684	6 475	800	518	119 124	1	1 191	648	1 242	142 650	54	2 642
集中管理后（2007 年）	67 339	1 882	6 514	800	521	87 063	1	871	494	439	69 680	17	4 099

四、几点体会与下一步工作打算

法律事务集中管理改革从开始谋划到具体实施已一年有余，回顾总结这一改革实践过程，有以下几点体会和思考。

一是实施法律事务集中管理是商业银行实现集约化经营的必然要求。近年来，分行按照总行转变经营模式要求，结合城市经济特点，加快了中后台业务处理集中步伐，先后实行国际业务、不良资产管理、授信审批、现金营运、财务审批等 13 个专业的集中管理，并在局部地区实施批发与零售业务专业化经营试点，都已取得预期效果，证明城市分行坚持集约经营是正确方向。法律集中管理体现了集约经营思想，主动配合和支撑了分行经营模式转变的需要，而且一年来所取得的成效进一步验证了法律事务集中管理的重要性和必要性，扩展了集约化经营管理的领域，深化了经营模式转变的内涵。

二是实施法律事务集中是强化法律事务工作地位的重要手段。法律事务工作不同于一般银行业务，它渗透到银行经营的每一个细节，大到组建银团贷款，小到客户在上海分行业务场所不小心摔坏身体都会涉及法律问题。应该说，法律事务工作在商业银行的风险防范和业务发展中正起到越来越重要的作用。然而在原来分散管理的模式下，法律事务的重要性得不到有效的重视。因此在集中过程中，分行党委提出，集中管理不能弱化管理，不仅不能减少对法律事务的投入，反而要更加注意从人力、物力及组织上保证集中管理发挥法律事务职能所必需的物质基础；集中管理不是简单的减人增效，而是要在工作的重心与质量上有新的跨越，在控制诉讼成本的同时，更好地发挥法律部门在法律审查、法律咨询等法律风险管理上的前瞻性作用。

三是实行法律事务集中管理是打造一支素质高、懂业务、能战斗的法律事务队伍的重要保证。银行法律工作的特殊性要求内部法律人员既要懂法律，又要懂银行业务，只有把二者有机结合起来，才能很好地发挥应有的作用。在分散管理的模式下，对法律事务工作人员的工作业绩和专业能力缺乏科学合理的考评机制和激励约束机制。在集中管理后，分行形成了专职的法律人员队伍，员工的业务能力有了提升空间。同时，根据银行法律事务的特殊性，研究制定相对独立于行政领导职务之外的法律专业职务聘任办法，并赋予相应的级别待遇，也为行内法律人员提供了具有专业特色的价值认同标准和职业发展空间，有利于吸引其长期稳定地在行内法律岗位工作。

上海分行的法律集中管理刚刚起步，下一步，上海分行打算在以下几个方面进一步巩固和扩大集中管理的成果。

（一）加快法律事务工作的归口统一。上海分行将继续完善和细化法律事务集中管理工作机制和流程，逐步实现全行法律事务工作集中管理的归口统一。同时，进一步提高案件管理特别是被诉案件管理的规范化程度和精细化水平。重点加强重大被诉案件和敏感性被诉案件的应诉处理工作，努力化解可能由被诉案件造成的法律风险。继续配合风险管理部门，加强对依法清收和胜诉执行工作的力度，采取有力措施努力提高依法清收工作成效。

（二）进一步构建法律风险防控体系。在法律事务集中管理后，工作的重点要从法律风险处置逐步转移到法律风险防范上来，加快建立较为完善的法律风险管理体系，包括有效的法律专业培训、法律风险报告、损失预估制度、法律工作考核机制等，以有效识别和预防法律风险，最大限度地减少损失。

（三）不断加强法律专业队伍建设。集中管理以后，法律人员可以专心从事法律工作，不但有利于提升业务水平和实战能力，而且各种人脉关系和经验也逐步形成，长期来看必将从整体上提升全行法律工作水平，并大幅降低对外聘律师的依赖程度。为进一步加强法律专业队伍建设，根据总行最近印发的有关加强法律工作考核的文件精神，结合分行实际，要抓紧研究和建立科学评价法律事务工作的考核激励办法，形成具体方案和实施细则。同时，要坚持以人为本、从思想政治、业务技术和工作生活上多方面关心和培养法律专业人才健康成长，充分发挥他们的积极性和聪明才智，不断为工商银行的改革发展作出新贡献。

关于江苏分行重要经营管理事项全面检查情况的分析与思考

江苏分行　施　刚

2007年第四季度，江苏分行按照总行要求，认真组织开展了重要经营管理事项全面检查工作。这次检查积累了大量的数据和信息，对于进一步找准内控管理深层次问题提供了有力的支撑。通过对这些数据信息的梳理分析，并给合工作调研，我对内控管理工作进行了认真思考和研究。

一、抽查发现问题分类分析

在各市分行自查的基础上，由省分行组织了16个专业、112个小组，对所有检查业务类别进行了抽查。在检查过程中，共发现问题3 952个，占总行发现问题的1.72%；其中主要是操作风险问题，合计3 313个，占比达83.8%。江苏分行对部分主要业务抽查情况进行了统计分析，涉及11个业务类别，61个业务环节，合计1 460个问题，占全部抽查发现问题的36.9%。

（一）风险级别——发生频率分析。江苏分行业务中发现问题主要是低风险高频率问题，占比达69.2%（见表1），但高风险问题占比也达到了21.6%。其中，高风险高频率问题有162个，占比11.1%，主要集中在以下9个业务环节：（1）个人客户经理禁止性规定的执行；（2）贷款融资前提条件的落实；（3）代发工资数据的传递与交接；（4）代发工资账务核对；（5）个人贷款担保；（6）个人贷后管理中心建设；（7）票据移存；（8）票据档案管理；（9）网点安防管理。

表1　业务环节风险类别——发生频率综合表

分析角度	发现问题		问题环节	
	个数	占比（%）	个数	占比（%）
低风险高频率	1 010	69.2	31	36.9
高风险高频率	162	11.1	9	10.7
高风险低频率	154	10.5	24	28.6
低风险低频率	134	9.2	20	23.8

（二）业务类别——问题成因层级分析。从检查发现问题产生原因的层级分布情况看，属管理层面原因的略高于操作层面，两类问题数分别占 52.6% 和 47.3%（见表2），但在业务类别间有所区别。问题成因主要在操作层面的有个人客户管理、运行管理、信贷管理、代发工资、电子银行、不良资产处置等方面，发生概率均超过了总体平均水平。问题成因在管理层比例较大的有代理保险、安全保卫、个人信贷和票据业务，分别达到 87.7%、82.1%、76.7% 和 68%。

表 2　　业务类别——问题成因层级分析表

业务类别	业务问题数量（个）	问题产生原因层级									
		操作层		管理层						外部因素	
				总省行		市分行		支行			
		问题数量（个）	同类业务问题占比（%）	问题数量（个）	同类业务问题占比（%）	问题数量（个）	同类业务问题占比（%）	问题数量（个）	同类业务问题占比（%）	问题数量（个）	同类业务问题占比（%）
个人客户管理	118	78	66.1	10	8.5	2	1.7	28	23.7	0	0.0
运行管理	519	338	65.1	28	5.4	45	8.7	108	20.8	0	0.0
信贷管理	86	55	64.0	0	0.0	7	8.1	24	27.9	0	0.0
代发工资	186	117	62.9	27	14.5	13	7.0	29	15.6	0	0.0
电子银行	19	10	52.6	0	0.0	3	15.8	6	31.6	0	0.0
不良资产处置	4	2	50.0	0	0.0	1	25.0	1	25.0	0	0.0
财务会计	34	16	47.1	0	0.0	18	52.9	0	0.0	0	0.0
代理保险	253	31	12.3	111	43.9	12	4.7	99	39.1	0	0.0
票据业务	47	15	31.9	12	25.5	8	17.0	12	25.5	0	0.0
安全保卫	78	14	17.9	58	74.4	6	7.7	0	0.0	0	0.0
个人信贷	116	14	12.1	24	20.7	45	38.8	20	17.2	13	11.2
合计	1 460	690	47.3	270	18.5	160	11.0	327	22.4	13	0.9

（三）发生问题层级——问题产生原因层级分析。

表 3　　发生问题层级——问题产生原因层级分析

分析角度		问题产生原因层级										问题合计（个）
		管理层						操作层		外部因素		
		总省行		市分行		支行						
		问题数量（个）	占比（%）	问题数量（个）	占比（%）	问题数量（个）	占比（%）	问题数量（个）	占比（%）	问题数量（个）	占比（%）	
发生问题层级	省分行	3	0.21	0	0.00	0	0.00	0	0.00	0	0.00	3
	市行管理层	1	0.07	46	3.15	0	0.00	0	0.00	0	0.00	47
	市行操作层	45	3.08	30	2.05	0	0.00	81	5.55	0	0.00	156
	市行管理层	0	0.00	7	0.48	52	3.56	0	0.00	0	0.00	59
	支行操作层	33	2.26	42	2.88	65	4.45	138	9.45	13	0.89	291
	网点	188	12.88	35	2.40	209	14.32	472	32.33	0	0.00	904
	合计	270	18.49	160	10.96	326	22.33	691	47.33	13	0.89	1 460

从表3可以看出，这次检查发现问题主要存在于操作层面，发现问题合计1 460个，占所有问题的92.5%，但问题产生原因在操作层面的仅691个，占比为47.33%，说明了当前内控管理中存在的主要问题，现象反映在操作层，根源还是在管理层。其中属支行管理原因的占22.33%，属总省行管理原因的占18.49%，是当前改进管理工作的重点。

二、问题成因分析

（一）内控意识不强，导致执行不到位。从统计数据看（见表4），内控意识不强引致问题有937个，占全部问题数的64.2%，是问题发生最主要的原因，说明当前员工合规经营意识仍比较薄弱，内控文化建设亟待加强。由制度执行意识不强引起的问题在所有问题中占比最大，占所有问题的47.8%，占内控意识不强导致问题的74.5%，在11个业务类别中有7个类别占比超过40%。法律风险是员工比较容易忽视的问题，也是教育培训过程中比较薄弱的环节，这次检查发现问题中有12.3%的问题是因为员工法律意识不强引起的，这一问题在代理保险、信贷管理和电子银行业务中发生较多。比如办理保险业务需要签订代理协议，并进行资格认证，但在实际工作中部分基层机构不签订协议，部分代理人员无证上岗，容易引起法律纠纷。在办理电子银行业务时，客户未要求开通对外转账功能，但柜员随意为客户开通上述功能，没有认识到需要承担的法律责任。授权执行意识不强原因占比4.1%，大部分反映在信贷管理、财务会计和代发工资业务领域。信贷管理主要是融资前提条件未落实的问题，财务会计业务主要是费用列支金额超权限问题，代发工资业务主要是未经授权擅自减免手续费问题。

表4　　问题成因分析——内控意识不强

业务类别	法律意识不强		授权执行意识不强		制度执行意识不强		合计	
	问题数（个）	占本业务类别问题比例（%）	问题数（个）	占本业务类别问题比例（%）	问题数（个）	占本业务类别问题比例（%）	问题数（个）	占本业务类别问题比例（%）
财务会计业务			4	11.7	22	64.7	26	76.4
票据业务					22	46.8	22	46.8
个人信贷业务	11	9.5			36	31.0	47	40.5
个人客户经理					57	48.3	57	48.3
信贷管理	35	40.7	29	33.7	6	7.0	70	81.4
不良资产处置					4	100.0	4	100.0
运行管理	13	2.5	10	1.9	377	72.6	400	77.1
电子银行	7	36.8			9	47.4	16	84.2
安全保卫					18	23.1	18	23.1
代发工资	6	3.2	17	9.1	121	65.1	144	77.4
代理保险	107	42.3			26	10.3	133	52.5
合计/占所有问题比例	179	12.3	60	4.1	598	47.8	937	64.2

（二）人员数量紧缺、资质不够，形成刚性制约。人员问题是列第二位的原因（见图1），该类问题共205个，占全部问题的14%。个人客户经理管理、个人信贷业务和运行管理方面（票据业务、不良资产处置管

理占比很高，但业务笔数较少）比较集中，合计问题194个，占人员因素引致问题的94.6%，这些类别问题主要发生在基层网点。

从分类情况看，人员紧缺引致的问题有133个，占比为9.1%。在个人客户经理方面，由于人员紧缺，网点往往难以配备个人客户经理；或虽然配备了客户经理，但业务量较大，难以全面落实制度要求。比如在部分网点，虽然配备了大堂经理，但由于柜员工作基本处于饱和状态，网点主任在人员无法调配时，安排大堂经理持有自助设备钥匙或密码，违反了有关规定。在运行管理方面，主要是总会计持有权限卡行使营业经理职责或兼任行政管理工作，以及非营业经理代为行使营业经理职责的问题。人员资质不够导致的问题有72个，占比为4.9%，主要为学历不符合要求，以及从业资格认证考试不及时等。

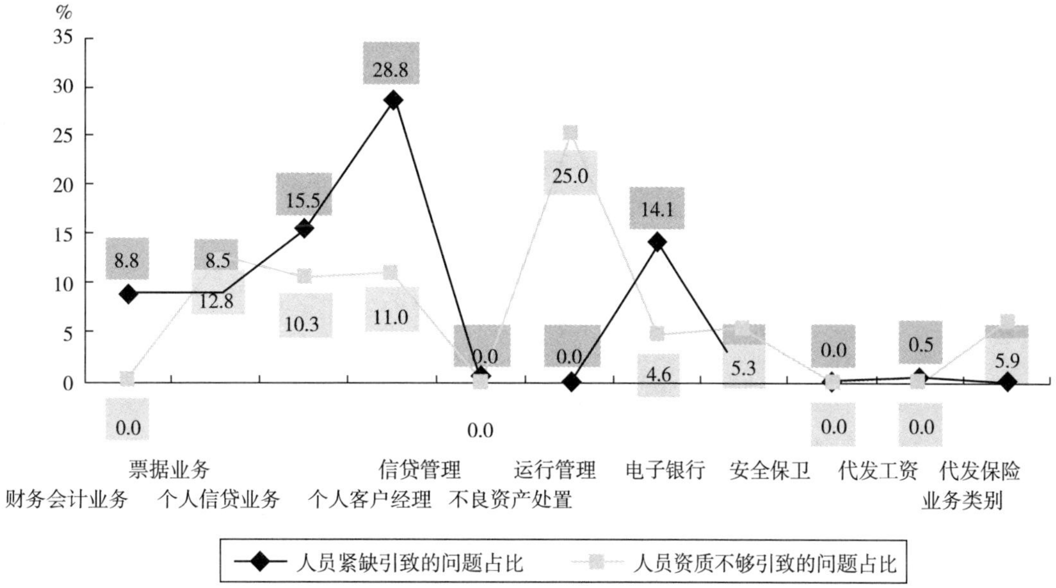

图1　制度不合理与不明确导致问题占比

（三）制度不明确、不合理，导致执行困难。制度因素在检查发现问题原因中列第三位（见图1），合计问题196个，占全部问题的13.4%。从分类情况看，由制度不明确引起的问题有133个，占比为9.1%，主要存在于个人信贷（20.7%）和代理保险业务（34.8%）。代理保险业务虽然要求基层行与保险公司进行数据核对，但没有具体流程，特别是在退保数据核对方面，没有统一规定。个人信贷业务期房按揭预登记未及时转现房抵押的问题，没有明确时间限制，且在贷款合同中没有约束条款。由制度不合理引起的问题有63个，占比为4.3%，主要在安全保卫、个人客户经理管理和运行管理业务领域。安全保卫方面，国家对网点防弹玻璃规格提出了新要求，也给予执行宽限期，但在有关制度中，未体现这一原则，检查仍按照新标准执行，基层行难以在短期内全部达到要求。运行管理业务方面，总行要求运行督导员对总会计的履职情况进行检查，但江苏分行辖二级分行总会计的职级高于运行督导员，检查职责履行往往难以落实。个人金融业务方面，个人客户经理资格考试配套组织制度不健全，考试时间不固定，且次数有限，客户经理无法适时取得任职资格。

（四）电子信息系统缺陷导致问题发生。该类问题共88个，占全部问题的6%，此类问题由于系统技术上的缺陷，要求人为地手工控制，不仅影响工作效率，而且留有风险隐患。从检查情况看（见图2），安全保卫、代发工资和代理保险业务中系统设计及硬件配备方面的问题较多。安全保卫方面，存在监控时间不足、监控数据不全、缺少探头等问题，部分硬件设备仍达不到要求。代发工资方面，由于江苏分行加密系统需在企业端电脑上设置程序，多数企业不愿意接受，造成各行数据加密操作有难度。代理保险方面，银保通系统没有做到联动销记表外账，需要在手工登记簿销号后，再手工销记系统表外账，容易出现实物与机器账或手工账不符的情况。同时，财险业务仍然依靠手工操作，未实行系统自动处理。

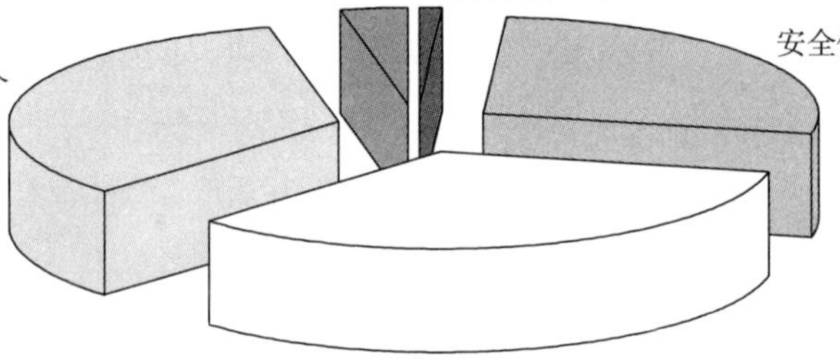

图2　电子信息系统缺陷引致问题情况

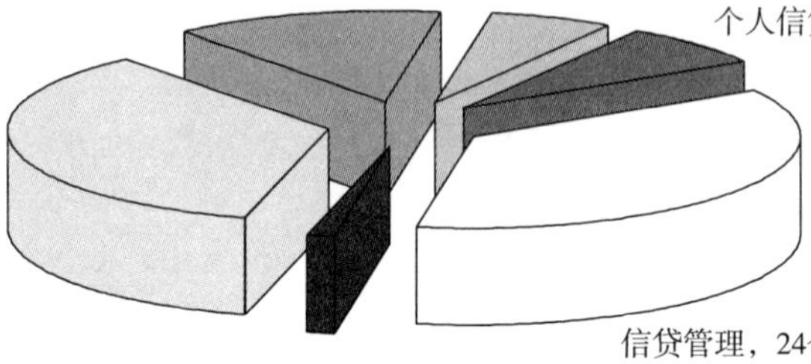

图3　考核压力导致问题情况

（五）考核压力导致基层人员违规操作。该类问题共66个，占全部问题的4.5%，主要出现在基层机构和业务经营相关专业（见图3）。在信贷管理方面，部分行为完成盈利和信贷投放目标，在条件未完全落实情况下，先发放贷款。代发工资方面，部分基层机构为完成存款任务，在企业不愿缴纳中间业务费用的情况下，未和企业签订代发工资协议，但实际履行了代发工资职责。代理保险方面，部分机构随意调整手续费收款日期，采取预收、迟收等形式调节收入指标，完成考核任务。

（六）信息传导不畅，部门协调不到位，形成内控盲区。该类问题有32个，占比为2.19%（见表5）。虽然检查中这类问题反映较少，但这类问题基本反映在管理层，而且往往是较难发现和整改的问题。向下信息传导不到位引致问题7个，主要是对基层机构新业务制度的培训不够，对上级行的要求传达不细，甚至没有传达工作要求和未转发相关制度，致使操作人员不能充分了解上级行的工作要求。部门相互协调不到位引致问题25个。票据业务主要是规模、资金、信用管理、档案管理和营销的职能散落在各个部门，没有统一的管理要求和牵头部门。代发工资业务主要是账户开立在会计部门，批量处理在个金部门，账户监控检查职能不明确。代理保险业务数据、开票涉及多个部门，在核对时没有牵头部门，容易出现数据核对不全面，以及重复开票、不开票等情况。

表5　　问题成因分析——信息传导因素

	向下信息传导不到位		部门协调不到位		合计	
	问题数（个）	占本业务类别问题比例（%）	问题数（个）	占本业务类别问题比例（%）	问题数（个）	占本业务类别问题比例（%）
票据业务			11	23.4	11	23.4
运行管理	6	1.2	3	0.6	9	1.8
代发工资	1	0.5	2	1.0	3	1.5
代理保险			9	3.5	9	3.5
合计/占所有问题比例	7	0.48	25	1.70	32	2.19

三、整改打算

（一）个人业务方面。一是完善个人信贷业务制度办法。在借款合同中增加约束性条款，明确贷款实际用途与合同约定用途不一致的，有权提前收回贷款，或处置抵（质）押物。大额贷款还款能力证明要补充个人所得税缴纳凭证或一定时期内的存款明细等资料，对收入来源不稳定及有经营实体的借款人，要补充相应的个人资产证明材料。对办理住房按揭贷款和在建工程抵押贷款的，明确房屋封顶或在建工程竣工后的三个月内要重新申请办理抵押登记手续，防范预登记失效。二是加强系统控制及监测分析。进一步完善 PCM2002 及 CS2002 系统功能，增加必要的数据分析功能。建立个人信贷监测考核系统，构建完备的个人信贷相关业务的基础数据库，重点加强对一人多贷、批量还款、贷款资金流向等方面的监测。三是加强个人信贷人员的培训。通过案例讲解、实践辅导等方式，培训《担保法》、《物权法》等法律知识，以及法人贷款业务，掌握法人企业担保能力的判断方法。重点对个人客户经理培训禁止性制度规定，增强执行意识。四是对个人客户经理任职资格严格把关，定期开展客户经理任职资格考试。

（二）票据业务方面。明确资产负债管理部为票据业务的牵头部门，协调好银票和商票的营销管理、规模管理、客户选择、审批审查要求、档案保管等事项。抓好票据档案管理制度建设，明确票据管理要件，形成统一的档案交接、移交、保管和借阅制度。实现票据系统和会计系统的相互兼容，降低手工核对工作量，对贴现票据的查询查复实现系统控制，避免先贴后查等现象发生。加强上岗人员资格认证和培训工作，确定固定的资格考试时间，杜绝无证上岗或先上岗后考试。加大业务培训力度，确保业务操作人员及时了解制度要求。

（三）运行管理方面。一是进一步细化总会计、营业经理的工作要求。明确各项检查监督工作的频率、工作日志记载内容及要求等，并细化考核方案。实行营业经理远程授权，解决人员紧张矛盾。调整运行督导员对总会计工作检查的职能。二是强化代保管箱业务管理。明确代保管箱业务由运行管理部门牵头负责，个人金融业务部门负责营销、安全保卫部门负责库房安全。撤除无发展前景的代保管箱点，对仍有发展潜力的实行组合营销，提高出租率。改进代保管箱业务系统，增加“续租起始日期”和“单位租用信息”选择项，保证实际业务发生与系统录入的一致。三是加大信息传导及培训力度。一方面对柜员加强新制度规定的信息传导，在柜员终端的学习平台上，建立信息沟通功能，需要员工知晓的内容在平台上发布，工作中遇到的问题在平台上反映，并由管理部门专人维护答复；另一方面，加强对总会计、运行督导员、营业经理的资格认证，建立考试、考核制度，有针对性地开展检查监督方法、技巧及案例分析的培训。

（四）代发工资业务方面。一是细化制度要求。规范代发工资业务交接登记簿，明确登记格式、要素及要求，定期对登记情况进行检查，规范交接登记工作。明确各类管理人员对代发工资业务检查监督的频率及具体内容。将代发工资协议纳入档案管理，把入库检查作为重要环节，促进代发工资协议的完整。二是优化系统。对代发工资数据加密功能进行改进，提高企业端加密程序的可操作性。将代发工资手续费的收取通过系统自动扣收，避免收入科目入账错误，以及少收或不收手续费的现象。三是明确职责。对代发工资业务明确结算与现金管理部门作为代发工资的牵头部门，协调好协议管理、营销管理工作，重点加强对账务核算、双人操作、账务核对的检查监督。四是加大对代发工资业务综合收益率的考核。分析代发工资单位贡献度，对综合贡献度相对较小或财务管理质量不高的客户，通过价格杠杆等方式，促使客户自行退出或选择网上代发等。

（五）代理保险业务方面。明确机构业务部门作为牵头管理部门，协调协议签订、市场营销、数据核对、手续费核算等，加强部门间的协调沟通。进一步明确市分行签订保险协议的要求。细化银保数据核对及退保数据核对流程。明确保险业务检查监督内容、频率。制定统一的代理保险业务登记簿，统一格式、内容及要求，规范操作。做好从业人员资格认证工作，组织开展一次普查，对无资格证书的从业人员，制订具体的培训计划，实施台账管理。

（六）信贷管理工作方面。一是加强市分行与省分行的信息沟通，定期反馈贷款融资前提条件的落实情况，确因客观原因无法落实的，要及时说明并办理申请变更手续。二是在加大营销力度考核的同时，加强内部管理的考核力度，如将 CM2002 系统录入的准确率纳入考核。三是定期开展信贷人员培训，重点加强业务制度、法律法规的学习。

（七）不良资产处置方面。明确各市分行风险管理部门、个人信贷贷后管理中心核销个人客户不良贷款的职能，加强部门间的联系和业务指导，保证个贷核销业务规范操作。

（八）财务会计业务方面。重点加强税务知识和税收政策的培训，强化应税事务的基础管理工作，在规范申报、合理避税的基础上，进一步压降税务成本。

（九）电子银行业务方面。对代理网点的柜员，突出企业网上银行证书管理环节、网上银行账户查询和转账授权处理流程的培训；对具有指令处理功能的代理网点柜员，突出网上银行指令处理流程的培训。

（十）安全保卫方面。明确新制度、新标准、新规定的时间界定。对守押公司履约情况建立监督制度，对守押公司不能履行合同或未能按照制度要求执行的情况，在合同中要有约束性条款。优化监控系统，提高监控技术，保证监控设备记录完整、准确。

四、几点启示

（一）进一步强化分析能力，提升精细化管理意识。内控管理要由事后检查向事前防范延伸，不仅仅要着眼于检查发现问题，更要加强细化分析，注重解决问题，为完善业务管理服务。进一步运用非现场监测手段，切实加强数据积累，强化事前、事中预警和风险识别、计量功能，提升内控管理电子化水平。

（二）建立健全内控协调联动机制，形成内控管理信息共享平台。检查中发现，对于涉及多部门的问题，难以明确责任加以解决。同时，后台管理信息分散化，重复检查多、检查整改跟踪不够。分析原因，主要是缺乏牵头落实的职能机构。下一步江苏分行将在内控组织体系上重点发挥内控管理委员会的牵头、协调和督导作用，今后对检查必须通过内控管理委员会进行统筹协调，确保专业问题检查不重复，避免检查资源的浪费；对检查后发现问题的整改情况，必须向内控管理委员会报告整改责任部门、进度安排和最终结果；涉及多个部门的业务管理问题，由内控管理委员会确定牵头部门，确保业务管理无缝衔接。在现有记分考核系统基础上，开发投产内控管理综合信息系统，从前期检查组织到后续问题录入和处理全部纳入系统平台，逐步实现信息生成的自动化和内控管理信息的共享。

（三）高度重视制度建设，形成合理的流程控制。制度因素作为本次分析中的第三大原因，是操作层面难以解决的，往往也是检查中屡查屡犯的问题。今后江苏分行将把每一次专业检查都作为制度建设的一个契机，对检查发现的问题必须进行分门别类、深入分析，对普遍性的屡查屡犯问题，更加重视从完善制度的角度进行思考，而不是简单地作为执行问题。对于在一级分行职权范围内的，明确责任，限时解决；对于在总行职权范围内的，积极向上反映。在制度制定过程中，重视自上而下和自下而上相结合，效率、服务和风险控制相结合，客户角度和自身管理角度相结合，确保制度流程建设在控制风险点的同时，更加具有可操作性。充分发挥内控合规部门的检查监督作用，将制度流程后评价作为每次专项审计的必查内容，从关注制度执行情况逐步向关注制度合理性延伸。

（四）完善内控评价考核体系，切实抓好责任落实。从问题产生原因层级看，各级管理层和操作层对问题的发生都具有一定的责任，下一步将通过落实各级机构人员的责任，形成内控管理的合力。对各级机构，将内控评价结果作为年度行长经营绩效考评的重要内容，并作为各级机构评先评优的主要依据之一，对内控评价得分较低的机构，实行评先评优一票否决。对省市支行管理层，强化内控管理纲要的落实和督促检查，建立管理人员尽责评审考核制度，逐步将尽责评审结果作为干部考核、任用、晋升的依据，促进管理人员履职意识和能力的提升。对操作层，抓好操作指南培训考核和推广应用，坚持违规违章记分考核管理，建立各级机构不良记录库和员工个人职业操守档案，将记分结果逐步作为员工年度考核、聘用、晋级的依据。

（五）坚持重点问题重点抓的原则，继续强化重要风险点的控制。将本次检查发现的所有问题作为2008年各专业案防的工作重点，其中高风险业务环节是今后一段时期案防工作的重中之重，九个高频率高风险环节则由内控和监察专业同步纳为主要监控检查对象。从检查情况看，低风险高频率环节最多，问题原因主要是内控意识不强，发生层级主要在操作层，针对这一情况，江苏分行将进一步强化执行文化的培育，通过教育培训和检查督导，转变一线人员不以为然的思想，增强“程序至上、违规必究”的执行意识。针对基层网点产生问题较多的现象，将网点内控管理建设作为今后一段时期的管理重点，探索新形势下基层网点操作风险防控的责任落实和组织架构，以及对不同层级机构的考核指标设计，更好地推进基层网点的内控案防工作。

关于在当前形势下加强信贷风险防控的思考

浙江分行　徐新桥

2008年以来，浙江分行积极应对宏观调控对全行经营带来的影响，加强信贷结构调整和风险管理工作，把握好贷款投放的节奏和结构，实现各项贷款均衡、审慎投放，切实加强行业、板块信贷风险控制，严密关注贷后风险管理，确保了全行信贷资产的持续优良。上半年浙江分行压降存量贷款45.33亿元，完成了全年计划的50.5%。加快不良贷款处置进度，累计清收、处置、转化不良贷款7.25亿元，完成全年计划的71.08%。不良贷款余额为27.47亿元，比年初下降2.02亿元，不良贷款率为0.78%，比年初下降0.11个百分点，不良率在省内大型银行中最低。辖内各二级分行不良贷款率均控制在1.5%以内，正常关注类贷款迁徙率均控制在1%以内。总体上看，信贷资产质量仍处于比较良好的状态，但是随着宏观经济发展不确定、不稳定因素明显增多，银行业经营环境发生了很大变化。能否经受住经济周期性波动的考验，持久保持信贷资产质量优良，对于浙江分行这样一个信贷资产和利差收入占大头的分行而言显得尤为关键。为此，浙江分行确立下阶段的业务经营指导思想是，坚持稳健经营方针，在拓展优质市场、加快经营转型、巩固领先优势的同时，切实增强忧患意识，审慎把握风险，加快信贷结构调整，确保资产质量优良，实现持续健康发展。

一、经营环境更趋复杂，要求更加审慎地把握风险

（一）宏观经济的不确定性要求银行从业者更加审慎地把握风险。2008 年以来，国际大宗商品价格大幅波动、美国金融危机逐步升级，我国宏观经济中也存在许多复杂矛盾和不确定因素。从浙江省情况看，整体经济处于紧运行状态，各类经济数据出现增速回落，经济运行形势严峻。一是全省 GDP 增长减速。上半年，浙江省 GDP 比 2007 年同期增长 11.4%，增幅同比回落 3.3 个百分点。二是工业增长明显放缓。全省规模以上工业增加值增长 12.2%，增幅同比回落 5.5 个百分点。三是外贸出口不振。全省出口增长 26.1%，同比回落 2.4 个百分点，规模以上企业出口交货值增长 12.4%，同比回落 11.5 个百分点。四是信贷投放减缓。全省银行机构贷款投放同比少增 578 亿元，增速同比回落 7.13 个百分点，低于“GDP + CPI” 4 个百分点。宏观经济的不确定性对银行来说意味着风险的加大。回顾国际银行业发展历程，不难发现银行业的景气周期几乎重合于或者稍滞后于宏观经济的景气周期，如我国银行业不良贷款三次大幅增加均是在经济波动、不确定因素加剧的情况下出现的。在错综复杂的国内外经济形势深刻影响银行业的经营发展，尤其是给金融资产的安全带来了严重冲击的情况下，更需要银行从业者保持高度警惕，切实加强风险防控。

（二）企业经营困难加大要求我们更加审慎地把握风险。受多重因素叠加影响，2008 年以来，浙江企业的生产经营压力增大，主要表现为成本“七要素”的全面上升和资金“七压力”的全面释放。成本“七要素”主要是指汇率、出口退税率、利率、劳动力价格、原材料价格、土地价格及环保成本“三率三价一成本”，在成本全面上升的压力下，一些成本转移能力较弱的企业特别是下游企业出现盈利下降甚至亏损。1 – 6 月份，浙江规模以上企业亏损的有 1.07 万家，亏损面达 19.6%。资金“七压力”指银行信贷增量受控导致企业贷款难，股票市场大幅回调导致资金缩水或被套，房地产调整导致资金被迫滞留退出难，企业过度扩张投资挤占正常流动资金导致资金链紧张，存货和应收款增加导致资金周转减慢拖欠增加，经营成本上升导致铺底资金占用增加，部分企业亏损导致现金流减少，上述因素多方面作用于一家企业，加剧了企业资金链断裂的风险。同时，浙江省固有的产业结构和体制机制决定了中小民营企业多、下游企业多、劳动密集型企业多、出口外销企业多，对宏观调控和市场变化非常敏感，在本轮经济波动中受到的影响更为明显，因此，我们需要更加关心企业的生产经营状况，更加审慎地加强风险管理。

（三）信贷风险事件不断显现，要求我们更加审慎地把握风险。据浙江银监局披露，2008 年来浙江省企业因资金链断裂等原因关停倒闭数量明显上升，企业主负债逃逸现象屡见不鲜。分析风险产生的原因，有的是饮鸩止渴，大量借高利贷，有的是高管违法受到制裁，有的是关联风险相互牵连，有的是经营困难资金断流，最终导致风险。从浙江分行情况看，风险总体仍在可控范围内，但趋势不容乐观。上半年，浙江分行新发生法人客户不良贷款 30 笔，余额 3.62 亿元，比 2007 年同期多 1.25 亿元；法人客户正常关注类贷款迁徙率为 0.15%，高出 2007 年同期 0.04 个百分点；法人客户关注类贷款余额为 109.21 亿元，较年初增加 18.78 亿元，其中 47.44 亿元为普通公路贷款，转化难度大。尤其值得关注的是，上半年已有 33 个贷款客户发生信贷风险事件，涉及银行融资 59.36 亿元，其中，浙江分行融资 17.7 亿元。随着宏观调控的不断深化，预计风险还将进一步暴露，可能在 2008 年第四季度或 2009 年上半年集中显现。这些风险突发性强、收回难度大，直接危及信贷资产安全，对我们的风险应变能力和风险防控能力将是严峻考验。

二、关于提高信贷风险掌控能力的有关思考

风险防控不是百米赛跑，而是马拉松比赛，比拼的是耐力，打的是持久战，要讲究战略战术，要抓住主要矛盾。在如此纷繁复杂的国内外经济环境下，加强信贷风险防控关键要处理好五方面关系。

（一）处理好“防”与“控”的关系，突出一个“早”字。防控不良贷款体现了信贷风险管理过程中的两个阶段，防与控的关系，就犹如扁鹊三兄弟治病，即是治病于病发前、病起时还是病重后。预防重于治疗，能防患于未然，胜于治乱于已成。因此，防控信贷风险，必须突出“早”字，重在提高防的能力。一是筑牢思想防线，始终对风险保持高度警觉，态度上积极主动，行动上认真负责，时时查找管理中的不足和问题，不断加强贷前、贷中和贷后管理。二是构建信息防线，在“了解你的客户”上下更大的工夫，对重要报表数据，坚持深入到企业生产、仓储、销售等各个环节严格核实、刨根问底，摸清企业的财务账。同时，加强非财务信息的收集，全面了解客户在细分行业中的地位，上、下游企业的经营状况，企业发展理念、业主品行、异常动态等，预防信息不对称衍生的风险。三是落实预

警防线，善于从纷繁复杂的企业信息中甄别风险，在瞬息万变的社会经济中发现有价值的风险信号，寻找最佳的贷款风险规避时机和手段。四是强化管理防线，细化客户分类管理，逐户制定管理措施，加强资金账户监测，密切跟踪贷款用途，分析企业还本付息意愿和能力，落实抵押担保的合法性、有效性。

（二）处理好“进”与“退”的关系，做好调整文章。贷款市场进入和退出是商业银行永恒的主题之一。进，重点是把握好动机、时机和策略。动机，就是要树立科学的发展观、业绩观，在任何情况下都要始终坚持稳健、审慎，如坚决避免为进而进、为营销而营销、只顾眼前利益不管长远发展的做法，防止埋下风险隐患。时机，就是要踏准经济发展的大势、企业发展的趋势，顺势而为，在企业发展上升期进。策略，就是确定对象、确定数量、确定方式，坚持信贷标准，好字当头、好中选优，真正将优质项目、优势企业拓展进来；坚持合理的贷款市场份额，好苹果也不全吃；坚持信贷管理要求，将贷款期限、方式和收益与客户风险相匹配。退，重点是注意适时、适度、适当。适时，就是准确把握退出的合适时机，赶在客户衰退到来前尚有变现能力时退出，使信贷退出快于客户劣变。适度，就是退出时要注意力度和节奏，尽可能防止因贷款退出导致企业资金链断裂带来的负面效应，做到“软着陆”。适当，就是因户施策，或多收少贷分步实施，渐进渐行；或看准时机一次退出，一举成功。总之，必须做到“进”得其所，在源头上注入“活水”；“退”得其时，在过程中汰劣取优，最终实现信贷结构的不断优化和资产质量的持续优良。

（三）处理好“分”与“合”的关系，解决流程问题。防控信贷风险必须加强流程管理，关键要在组织架构和业务流程上处理好分与合的关系。分，就是业务分线、岗位分离、客户分层，使各条业务线、各个层级目标明确，权责清晰，相互制衡；合就是流程归并、中台垂直、后台集中，进一步统一工作步调，集中管理职能，提高控制层级。浙江分行将按照总行的总体设想，积极探索集中化、扁平化、专业化的信贷管理模式，做到有分有合，既切实控制风险，又有效提高效率。一是建立垂直而独立的风险控制体系，实现业务线与风险控制线的彻底分离和风险的垂直管理；二是推进客户分层和一站式审批，提升客户服务层次，有效增强服务能力；三是整合业务流程，减少重复操作，并提高信贷业务流程的电子化水平；四是推进信贷放款中心建设，将贷款前提条件核准、放款前手续完备性、合规性审查职能集中到信贷放款中心，有效控制操作风险。

（四）处理好“职”与“责”的关系，重在履职尽责到位。职就是职务、岗位，责就是要求、责任。信贷管理中存在的问题，有的是因为信贷人员能力和经验不足，没有经历过经济周期波动和大的风险考验，缺少风险实战经验和感性认识；有的是因为内部事务过多牵制信贷人员精力，削弱了风险管理；但更重要的原因是一些信贷人员责任心欠缺，工作不到位所致。因此，防控信贷风险必须切实加强客户经理和全体信贷人员的履职尽责建设。一是明确前台营销人员的尽职调查规范，出台客户经理尽职调查指引，便于其工作有章可循；二是加强支行信贷科长队伍的建设，提高其管理能力，真正把好信贷风险防控第一关口；三是完善客户经理考核，设定贷后跟踪、资产质量等管理指标，并对其尽责情况进行集中监控和考核；四是加大教育培训力度，通过组织案例教育、视频培训等方式，进一步提高客户经理业务技能和风险意识；五是强化激励机制，建立与业绩紧密挂钩、与市场基本对接的薪酬激励机制，并完善监督和惩罚制度，使尽职免责、渎职问责成为浙江分行信贷文化的重要组成部分。

（五）处理好“内”与“外”的关系，严防道德风险。信贷风险不仅来自于外部环境变化和客户违约，也来自于银行内部的道德风险。防范道德风险要有规章制度等外在制约，更重要的是要强化信贷从业人员内在自律，提高道德操守，牢固构筑起风险防范的篱笆。从某种意义上说，道德操守比业务技能更重要，当每个员工都遵守道德操守的时候，责任就成为行事的准则和规范。建设良好的道德操守必须从制度和教育两个方面入手：一方面，要完善严格有效的内控机制，加强员工行为动态管理，制定并严格执行问责制度；另一方面，要大力开展道德操守教育，明确职业行为规范，强化信托责任，引导从业人员树立正确的人生观和价值观，正确处理好手中权利和肩负责任的关系。

三、浙江分行下阶段加强管理、防控风险的主要工作举措

（一）突出风险防控重点。在行业上，重点关注房地产行业、高污染行业、纺织化纤行业、担保行业的风险，开展行业调研，明确行业信贷政策；建立城建、开发区、纺织和房地产行业限额管理制度，控制行业融资总量风险。尤其是审慎发放房地产开发贷款，严格准入标准，完善名单制和资金封闭管理；加强对“两高”行业贷款政策的执行，严禁对没有依法取得排污许可证、上年度环保受到处罚、环保评级在黄色以下的客户发放贷款。在区域上，综合考虑全省各地区的经济状况、信用环境、市场需求、风险管理水平等因素，实行区域差异化的信贷准入标准和限额管理，严防各地区因行业和业务品种过度集中及放松担保等引发整体信用风险。在客户上，高度重视中型企业、集团关联大户的贷款风险防范，密切关注一些企业因扩张过快、过度融资和关联担保而引发的信贷风险，切实落实省分行大户贷款风险防控措施。同时，切实推动全行建设包括小型、中型、集团关联企业在内的完整的客户风险管理体系。

（二）加强潜在风险贷款管理。一是加快潜在风险贷款压降步伐，一户一策制订压降方案。在压降过程中，防止“退字当头”或“难字当头”两种倾向，灵活运用各种手段，采取明退与暗退相结合、强制退与协商退相结合、全部退与局部退相结合，确保完成总行下达的全年压降任务。二是加强关注三级贷款管理，提前介入，及时清收。三是深入开展风险企业和贷款的排查，重点分析排查亏损面大、贷款集中的重点行业，下半年还本付息有困难、为其他客户提供保证可能引起连锁反应、大额民间融资的客户以及为浙江分行客户提供担保的担保公司和典当行，并审视和检查贷款手续的合法有效性，对可能存在的问题争取早发现、早解决。同时，切实防范和化解突发性风险事件，在二级分行落实专人负责监管辖内风险事件，根据风险类别及时启动应急预案，提高潜在风险管理水平。

（三）重视表外融资和贸易融资风险管理。要对表外融资实行总量控制并等同表内业务纳入贷后管理，并开展一次贸易背景的真实性检查，严防企业利用表外融资套取现金挪作他用。同时，严格评估客户经营失利的风险，优选客户和业务品种，审慎办理企业自寄单证的出口发票融资业务。

（四）加快不良贷款清收转化。强化大户风险贷款处置，实行领导挂帅清收责任制，逐户落实处置预案、处置时间和处置责任人，对不良贷款余额1 000万元以上的大户的清收工作由二级分行分管行长负责，对5 000万元以上及银监会重点监测的不良大户清收处置由二级分行行长负责，亿元以上大户由省分行分管行长负责。要用活、用足呆账核销新政策，不断优化操作流程，加快核销材料组织进度，抓紧做好符合核销条件的呆账核销材料的初审和申报工作，做到应核尽核。努力缩短不良贷款账龄，抓紧逐户逐笔落实清收处置方案。加快两年以上账龄抵债资产的处置进程，抓紧制定实施处置方案。

（五）毫不放松优质信贷市场拓展。越是困难时期，越不能放松优质信贷市场和客户的拓展，这是从源头防控信贷风险的根本举措。一是推进小企业和个人贷款业务稳健发展。下半年浙江分行将切出60亿元小企业专项贷款规模，按照“细分市场、有进有退、区别对待”的原则，拓展一批优质小企业客户，确保小企业信贷业务的平稳发展。完善个人按揭信贷业务的发展策略，既严格掌握信贷政策和条件，加强借款人真实还贷能力的审查，又更加积极地营销和竞争优质客户。二是加强优质客户维护和优质项目储备工作。以省分行组建大客户部为契机进一步完善分层营销体系建设和三级联动机制，增强综合竞争和服务能力。跟进一批浙江省重点建设项目，力争成为项目主要合作银行或银团牵头行。

关于推进安徽县支行科学发展的调查与思考

安徽分行　赵鹏

安徽省是经济欠发达、处于转型期、城市化程度不高的中部省份，这样的经济环境决定了县支行在安徽分行经营中处于较为重要的地位。工行股改后，大部分县支行卸下了沉重的历史包袱。我带着如何在新的条件和形势下加快推进县支行科学发展这个问题先后到17个县支行进行了调研，对县支行的经营定位提出了指导性意见，这些意见在实践中取得了比较好的效果。但是，这些工作对于工行上市后建设现代金融企业和全行快速发展的要求来说还存在着一定的差距。为了进一步激活县支行这一“细胞”，我就安徽分行近年来县支行的发展状况及在经营管理中存在的突出问题进行了调研思考，研究了下一步的主要工作思路。

一、安徽县域经济金融环境

（一）县域经济环境。安徽下辖61个县（市）。县域面积11.4万平方公里，人口4 753万，分别占全省的81.7%和71.2%。近年来，安徽省委、省政府高度重视县域经济发展，将其作为实现安徽崛起的重要支撑。通过实施工业强县战略，加快建设现代农业，积极推进城乡统筹发展，完善扩权试点等一系列政策措施，全省县域经济活力明显增强，呈现出了良好的发展势头。一是发展速度逐年加快。县域经济主要经济指标增幅连续三年高于全省平均水平，对全省经济发展的贡献度逐年加大。2007年全省县域GDP为4 391亿元，占全省GDP的47.5%，比2007年提高了0.9个百分点，增幅为14.8%，比全省平均水平高出了0.9个百分点。二是产业结构不断优化。2007年全省县域工业增加值增长了27.8%，比2007年提高了3.8个百分点，比全省平均水平高6.1个百分点，对经济增长的贡献率达到52.9%。新增规模以上工业企业数量占全省的85.6%。第一产业比重持续下降，第二、第三产业比重达到71.1%。三是发展后劲持续增强。2007年全省县域完成固定资产投资1 633亿元，比2007年增长了62.8%。实际利用外资7.8亿美元、省外资金709亿元。实现消费品零售总额增长17.2%，比2007年提高了3.2个百分点。出口14亿美元。四是城乡居民收入稳步提高。2007年县域在岗职工平均工资为18 697元，较2007年增长了25.6%。农民人均纯收入为3 439元，增长了18.4%。安徽县域经济发展已经站在了新的历史起点，迈入了跨越发展、加速崛起的新阶段。

随着国家促进中部崛起战略的深入实施和安徽统筹城乡发展方略的扎实推进，沿海发达地区的产业和资本加速向内地转移，安徽省中心城市的辐射带动作用不断增强，县域经济发展环境日益改善，获得了诸多难得的机遇和有利条件。未来几年，安徽省县域经济发展将以农民增收、企业增效、财政增长为主要目标，以市场为导向，以工业化为核心，紧紧依托改革开放和科技创新，加速经济结构战略性调整，着力培育特色经济，主攻民营经济，发展配套经济，壮大园区经济，提升劳务经济，促进县域经济持续又好又快发展，力争到“十一五”末建成一批经济强县。安徽县域经济发展的良好前景，必然会为安徽分行县支行提供一个较为稳定的经营环境，提供更加多元的金融需求，提供创新发展的更大市场空间。

（二）县域金融环境。截至2007年末，安徽县域共有银行业金融机构8家，营业网点3 925个、从业人员36 431人，分别占全省银行业金融机构营业网点和从业人员总数的53.47%和42.45%；存贷款余额分别为2 940.86亿元和1 411.65亿元，分别占全省金融机构存贷款余额的34.98%和23.36%。随着安徽县域经济的快速发展，县域金融市场竞争也日趋激烈。一是从竞争主体来看，在县域设立营业网点的银行类金融机构主要是工、农、中、建四大商业银行，以及农村信用社和邮政储蓄银行。在县域存款业务市场中，工行安徽分行的主要竞争对手是农行、农村信用社和邮政储蓄银行，特别是农行。截至2007年末，县域农行各项存款余额占比为20.77%，当年新增额市场占比为14.83%，分别高于工行7.72个和7.06个百分点。在县域贷款业务市场中，工行安徽分行的主要竞争对手是农村信用社、农行和建行，特别是农村信用社。截至2007年末，县域农村信用社各项贷款余额占比为42.17%，当年新增额市场占比为62.95%，分别高于工行安徽分行34.49个和46.86个百分点。二是从竞争区域来看，主要集中在县城。截至2007年末，全省各县城共有银行营业网点1 179个，占全部县域营业网点的30.01%。工、中、建三家大型商业银行在县域的营业网点主要集中在县城，农行、农村信用社和邮政储蓄银行也在县城重点配置网点资源。三是从客户情况来看，大客户相对较少，大多数县的公司客户主要是中小企业客户。机构客户不仅数量有限，而且规模也普遍不大。尽管县域人口较多，个人客户数量较大，但中高端客户相对较少。四是从业务情况来看，县域银行业金融机构的业务种类基本上都是传统的存贷款业务，虽然近几年，县域银行业金融机构的中间业务快速发展，但主要一些代理类业务，其中近两年飞速发展的理财产品销售业务主要集中在四大商业银行。

二、县支行经营状况和经营中存在的主要问题

截至2007年末，安徽分行共有县支行61个（其中一级支行42个，二级支行19个），下辖营业网点147个，从业人员2 704人，分别占全行的34.5%、27.8%和20.9%。县支行不仅是安徽分行经营机构的重要组成部分，也是安徽分行业务发展的重要载体。近年来，安徽分行积极抢抓安徽县域经济蓬勃发展的有利机遇，在加快县支行改革发展方面采取了优化机构人员、明确定位、加大政策支持、强化考核激励等一系列措施，县支行自身也都牢固树立发展意识，进一步加快发展步伐，取得了良好成效。一是各项业务快速发展。截至2007年末，人民币各项存款余额为384.33亿元，比2005年末增长26.32%；占全行存款余额的25.39%，比2005年末提升0.98个百分点。各项贷款余额为109.37亿元，比2005年末增长75.24%，高于全行平均增幅41.63个百分点；占全行贷款余额的10.82%，比2005年末提升2.57个百分点。全年实现中间业务收入1.55亿元，比2005年末增长171.93%，高于全行平均增幅34.1个百分点；占全行中间业务总收入的21.44%，比2005年末提升2.69个百分点。二是盈利能力不断增强。2007年所有县支行全部实现盈利，共实现拨备后利润8.92亿元，占全行拨备后利润总额的33.42%。三是资产质量稳步提升。截至2007年末，县支行不良贷款余额为2.38亿元，不良贷款率为2.2%，比2005年末下降0.94个百分点。

经济决定金融。受安徽县域经济发展水平影响，从总体上看，安徽分行县支行经营具有以下几个特点：一是个人金融业务是县支行生存发展的重要基础。目前，县支行65.4%的存款、42.22%的贷款和74.82%的中间业务收入都来自个人金融业务。同时，个人金融业务客户众多，业务收益和经济关联度较低，抗经济周期波动的能力较强，整体收益稳定，并且随着县域居民收入的快速提高，个人金融业务发展前景很广阔。二是负债业务是县支行最主要的收入来源。2007年，安徽分行61个县支行共实现上存资金收入10.34亿元，超过贷款利息收入62.58%，占营业收入的56.26%，比贷款利息收入占营业收入的比例高出21.66个百分点。如果剔除贷款余额居前十位的县支行，这一特征更加明显，其余51个县支行共实现上存资金收入7.83亿元，超过贷款利息收入183.7%，占营业收入的66.24%，比贷款利息收入占营业收入的比例高出43.89个百分点。三是中间业务正成为重要的利润增长点。2007年末全部

县支行贷款余额比2005年末增加46.96亿元，如果按全省平均的存贷款利差4.57%来粗略测算，2007年存贷款利差收入比2005年增加2.15亿元。2007年，安徽分行全部县支行中间业务收入比2005年增加0.98亿元，相当于新增加存贷利差收入的45.58%。因此，从2006年和2007年两年情况看，县支行新增中间业务收入对利润成长的贡献与贷款业务基本相当。当然，县支行不少中间业务的发展离不开贷款业务的支撑。

尽管近年来安徽分行县支行实现了较快发展，总体经营状况明显改善，但仍然存在一些突出问题。主要表现在：一是少数县支行经营定位不够准确，在短期效益的驱动下，发展资产业务的愿望较为强烈，一定程度上存在期望迅速做大资产业务来快速提高经营效益的现象，而对县支行赖以生存的负债业务以及正快速发展的中间业务重视相对不够。同时，少数二级分行对总行将经营发展重心向城市特别是中心城市转移的战略理解不够全面和准确，导致对县支行工作的研究和指导相对不足。二是市场竞争能力还不够强。截至2007年末，安徽分行县支行各项存款余额和当年新增额在全省县域金融机构中占比分别为13.05%和7.77%，居第三和第四位，低于安徽分行存款余额和新增额同业占比4.95个和2.83个百分点。在四大商业银行中，安徽分行县支行各项存款余额和新增额占比分别为26.72%和26.64%，均居第二位，低于第一位的农行15.02个和14.49个百分点。各项贷款余额和新增额在全省县域金融机构中占比分别为7.68%和16.09%，居第三和第二位，贷款余额占比低于安徽分行贷款余额同业占比9.05个百分点。在四大商业银行中，安徽分行县支行各项贷款余额和新增额占比分别为27.36%和64.19%，居第二和第一位，其中，余额占比低于第一位的农行12.8个百分点。在61个县支行中，存款余额和当年新增额居当地四家商业银行首位的分别有12个和13个行，贷款余额和当年新增额居同业首位的分别有16个和25个行，而存贷款余额和新增额同时居同业首位的仅有3个行。三是营业网点建设不够科学合理。随着县城城区规划布局的调整，部分县支行在网点布局方面没有及时调整，在新兴城区未能及时跟进。同时，网点功能区设置不合理、设施陈旧等状况尚未得到有效改善，目前安徽分行县支行有35个营业网点是2003年以后装修改造的，只占总数的23.8%。四是人员问题矛盾突出。首先是年龄问题。目前安徽分行县支行员工平均年龄41.9岁，由于在现行体制下县支行补充新员工非常困难，未来十年左右县支行将面临人员短缺而影响业务发展。其次是人才引进难，也留不住，造成人才匮乏。再次是部分行没有从自身业务特点和市场资源出发合理安排人员，人力资源分布有待进一步优化，主要是二线人员占比相对过高。五是大多数县支行只能直接审批办理低风险信贷业务，绝大多数信贷业务需层层上报审批，业务办理效率受到一定影响。

三、推进县支行科学发展的主要思路和措施

县支行是工商银行机构网络的重要组成部分，也是构成工商银行整体经营网络优势的重要因素。从安徽省情况看，县域经济占据全省经济较大比重，并且持续快速健康发展，为各类金融业务提供了广阔的市场空间。从安徽分行近几年的经营实践看，只要思路对头、定位准确、措施得力，县支行完全能够取得较好发展，为全行发展作出较大贡献。同时，县支行业务、利润、机构和人员等都占据安徽分行相当的比重。因此，进一步开拓县域市场，加快推进县支行科学发展，也是安徽分行保持协调、可持续发展的保证。根据安徽省县域经济和金融业务需求特点，当前和今后一个时期，安徽分行加快推进县支行科学发展的主要思路是：以科学发展观为指导，以提升市场竞争力为主线，以县城为主要目标市场，以个人金融业务为支柱业务，以负债业务、低风险资产业务和中间业务为重点，进一步加大政策扶持力度，促进县支行加快创新，加强营销，强化管理，严控风险，确保各项业务在城区市场占比第一，实现各项业务又好又快发展。

（一）突出发展重点。通过开展支行行长轮训、完善考核、强化激励约束和业务督导等多种形式，灌输科学发展观，引导和促进县支行立足自身实际，进一步明确发展重点，明晰工作思路，完善工作机制，走上科学发展的道路。

一是突出发展个人金融业务。县支行要将个人金融业务作为支柱业务来发展，积极实施打造当地第一零售银行战略，确保到2009年末所有县支行均成为当地第一零售银行。省行将制定关于推进县支行打造第一零售银行的意见和县支行第一零售银行考核办法，根据县支行实际，确定个人金融资产、电子银行、银行卡业务市场占比，个人中高端客户占比，以及大个金利润和中间业务收入的增幅等核心指标作为衡量县支行第一零售银行的标准，并加强考核，定期通报，引导县支行通过提高市场竞争力，推动个人金融业务协调快速发展，努力成为当地第一零售银行。强化对大个金业务的统一领导，2008年所有县支行都确定1名行领导专管大个金业务，强化资源配置和业务发展的协调，进一步增强个人金融业务发展战略执行力。

二是做大负债业务。对商业银行来说，存款始终是一项重要的经营要素，任何时候都必须紧抓不放。对县支行来说，负债业务是最主要的收入来源，增加存款是县支行一项十分重要的工作，要集中精力，下大力气扩大负债规模，提升贡献度。二级分行除了加强对存款增长的考核外，也要注重考核存款成本，引导县支行大抓低成本存款，提高经营效益。虽然在县域安徽分行网点

已不占优势，但在城区与其他银行类金融机构基本相当，要求县支行必须确保在县城存款市场占比第一，并通过发挥工商银行品牌、服务等优势，力争在县域市场占比居首位。对储蓄存款业务，主要是积极营销代发工资业务，拓宽储蓄存款源头；着重抓好对个私经营业主、政府机关和事业单位工作人员的揽储工作；采取针对性措施，大力吸收外出务工人员的存款。对对公存款业务，主要是突出客户关系管理，做好客户的巩固、培育和发展。对现有客户，切实加强客户关系的维护，努力提高客户忠诚度，促其存款稳定增长。积极拓展新客户，密切关注新上项目、新成立单位和新注册公司等，加大账户开户营销力度，争取当地新客户的60%以上在安徽分行开户。对他行客户，列出具体名单，制订营销计划，依托安徽分行的整体优势，逐户上门公关，争取发展成为客户。对公存款的余额和增量占比要力争保持在县域市场占比第一。

三是做强中间业务。经过近几年的快速发展，中间业务正日益成为县支行重要的效益增长点。县支行必须将中间业务经营目标从稳定客户、增加存款的间接目标，向提高综合收益的直接目标转变，把中间业务作为一项增收业务来发展，确保在县域市场占比第一的位置，争取2008—2010年实现中间业务收入年均增长40%，2008年在整体上、2009年每个县支行都实现中间业务收入覆盖人力费用的目标。建立健全中间业务工作机制，加强考核激励，及时兑现奖惩，加强对县支行中间业务工作的组织推动，省行按月监测通报，年度评比表彰，并把中间业务收入完成情况作为考核支行工作的重要方面，充分调动县支行和员工抓好中间业务的积极性，促进中间业务快速发展。在抓好传统中间业务的同时，着力抓好各类新业务的发展。对传统中间业务，只要具备条件都要开办，消灭“空白点”，保持传统中间业务的持续稳定增长；对新兴中间业务，根据当地市场情况，有选择地加快发展，重点发展代理保险、理财业务、中小企业投行业务、国际业务、银行卡、电子银行等市场需求旺、收益高的品种，力争用2-3年时间实现县支行新兴中间业务收入占中间业务收入的比例达到50%以上。

四是做精资产业务。坚持抓住机遇，积极营销，确保质量，稳健发展的原则，不盲目追求市场份额和增长速度，以求做精资产业务。县支行在紧紧抓住大客户、大项目机遇的同时，重点发展个人和小企业信贷业务市场。根据当地市场发育程度和客户发展状况，有选择地拓展优质信贷业务市场。在风险可控的前提下，大力发展个人住房、个人消费和个人质押贷款业务，适度发展个人经营贷款业务。引导地处小企业发展较好区域的县支行，分析市场，紧抓机遇，积极发展小企业信贷业务。省行加强对全省小企业市场资源与客户的研究分析，选择优质板块中的优质企业，提出客户名单下发各行。县支行树立“人品为本、现金为王、押品为上、内控为先”的风险管理理念，按照客户名单开展营销，对名单以外的企业，认为确有必要进入的，由二级分行报经省行审批。重点拓展出口信用证下的卖方融资业务、基于优质大企业的国内保理和发票融资业务，适当控制非不动产抵押项下的一般流动资金贷款，优化小企业信贷产品结构。注重依托资产业务，大力开展综合营销，积极向小企业客户提供财务顾问、结算与现金管理、电子银行、银行卡等一揽子金融服务，提高其对安徽分行的综合贡献度。

（二）激发经营活力。不断完善考核办法，引导县支行明确工作努力方向，调动工作积极性。同时，适度扩大业务授权，促进县支行提高服务效率，强化服务功能，增强经营活力。

一是加强考核激励。省行统一对县支行开展考评，本着“突出重点、简便易行”的原则，尽量简化指标体系，主要考核存贷款总额回报率、经济资本回报率、人均EVA等绩效类指标，以及拨备后利润、中间业务收入、日均存贷款总额等规模类指标，按季监测，按年考评，并将考评结果作为绩效等级评定、授权授信、资源分配以及支行负责人薪酬的重要参考依据，积极引导县支行加快转变经营模式和发展方式，增强可持续发展能力。大力开展明星支行创建活动，根据县支行班子建设、绩效考评、综合管理、团队建设等情况，每年评选出若干明星县支行并予以表彰，对连续两年被评为明星支行的，在领导班子薪酬待遇等方面予以倾斜，鼓励县支行积极争先进位，促进县支行经营管理水平全面提升。

二是支持重点县支行加快发展。省行每年将部分经营贡献度较高、经营管理能力较好、市场竞争力强、主要业务指标在当地同业或系统内领先的县支行确定为重点县支行，加大政策和资源等各方面的扶持力度，促进其加快发展，提高盈利能力，增强其对全省县支行发展的引领作用。2008年已首批选择7个重点县支行，以后将逐年扩大，最终达到15个左右。通过鼓励和扶持重点县支行加快发展，力争三年内使拨备前利润超亿元的县支行达到5家。

三是适度扩大业务授权。在风险可控的前提下，适度向县支行转授业务经营管理权限。在总行和省行规定的授权范围内，有针对性地下放部分信贷业务审批权限，缩短审批链条。将金融环境好、信贷资源较丰富、信贷管理基础较好、贷款不良率较低的县支行确定为信贷重点支行，加大信贷资源配置和政策倾斜力度。优先选择经营管理基础好、市场资源丰富的县支行试点推广新业务、新产品，提高县支行市场竞争能力。

四是简化业务流程。省行根据总行的统一部署，结合自身实际，开展业务流程改造。将现有的审批体系延长到重点支行，根据重点支行业务特点，选派审批人员进驻重点支行，对公司客户低风险信贷业务和部分个人贷款业务直接由派驻人和支行行长双签审批，不再上报二级分行和省行。选择部分个人信贷业务量大、管理规范、距离二级分行较远的县支行设立个贷审批中心，切实提高个人贷款办理效率。发挥工行信息系统先进的优势，积极探索并推广网上审批，进一步提高审批效率。

（三）健全营销体系。突出重点和关键环节，着力在服务渠道、客户经理、营销模式、营销组织等方面加以改进，逐步完善营销服务体系，全面提高服务客户和业务营销的能力。

一是加强服务渠道建设。经过近几年网点撤并，目前安徽分行县支行网点总数与县域经济规模、市场竞争状况基本相称。下一步，主要是结合县域经济发展和城市建设情况，把工作的着力点转移到进一步优化网点布局和完善网点服务功能上来，及时跟进新兴城区设立网点，加快现有网点装修改造，提高网点服务和辐射能力。积极支持部分重点县支行筹建贵宾理财中心，使之尽快成为当地市场上最具竞争力的网点。加大自助设备投入，加快电子银行渠道建设，提高综合服务能力，有效分流柜面压力。

二是加强客户经理队伍建设。按照安徽分行客户经理队伍建设三年规划的要求，结合县支行业务发展重点，增强前台营销服务力量，加快建立一支量足、质优、结构合理的客户经理队伍，力争尽快使各支行客户经理占该行员工总数的比例达到20%以上。重点建设一支外勤式专职客户经理队伍，能够“走出去”开展营销，提高市场营销能力。制定客户经理工作指引，明确客户经理特别是管户客户经理的具体工作内容，加强对客户经理工作日志等工作记录的检查，督促其跑市场、搜信息、找客户、搞好营销服务，提高客户经理服务和营销工作水平。完善客户经理考核管理办法，将市场销售和服务的业绩作为考核的主要依据，试行“底薪+提成”的分配模式，加大收入与业绩挂钩力度，充分调动客户经理营销的积极性。要将营销的触角尽快伸向经济强县发达区镇的优势企业。

三是完善营销模式。以客户为中心整合各类营销资源，探索利益分享考核机制，变行政调节为利益调节，完善捆绑营销、链式营销、整体营销模式，实现各专业、各岗位联合行动，促进法人客户与个人客户、核心客户与关联客户、资产负债业务与中间业务的联动销售。充分发挥省行人才、信息、资源等优势，加强对县支行重点客户营销指导，一户一案地为重点客户制订个性化服务方案，并由省行业务部门、二级分行和支行共同组建营销队伍，指导和支持支行开展市场营销工作，有效提高营销效果。

（四）强化风险控制。县支行一直是全行风险控制的薄弱环节。股改前县支行不良贷款占比为43.98%，比全行平均水平高25.54个百分点。自1998年以来的十年里，安徽分行发生内部经济案件中有一半都发生在县支行。虽然目前县支行各项业务发展都很快，但越是发展速度快，越要加强风险防范，确保发展的质量。

一是积极防控信贷风险。依托先进的科技手段，加强对县支行信贷客户的监测分析，及时掌握客户贷款情况及变化趋势，加强对支行信贷风险防控工作的指导和支持。正确处理信贷进入与退出的关系，每年逐行下达信贷结构调整计划，加快优化信贷结构。积极实施小企业和个人信贷精品工程建设，着力加强小企业贷款流量管理，提高小企业贷款“换手率”，严格控制单户贷款累积。全面推行信贷停复牌制度，前移风险控制关口。加强不良贷款清收处置工作指导，落实支行领导挂帅清收大额不良贷款工作制度，促进县支行信贷资产质量进一步提高。

二是加强操作风险管理。强化操作风险监测分析，着重抓好重要风险点和关键环节，健全完善操作风险管理报告制度，充分运用监测结果，采取有力措施，努力从源头上控制和消除风险隐患。组建二级分行风险与质量管理中心，强化其业务运行监督职能，促进县支行业务运行质量的提升。根据业务运行质量和风险控制能力，实施对支行、网点的分类管理，加强对部分管理基础较差行的指导，有效提高县支行操作风险管理水平。

三是加强内控外防。坚持从严治行，加大对县支行内控工作检查监督力度和频度，完善问题整改机制，努力提高检查的效率和效果。继续做好县支行内控评价工作，完善评价指标设置和评价方法，促进县支行内控管理的规范化、流程化和标准化。健全案件防范工作责任制，全员逐级签订案件防范工作责任书，进一步增强员工案件防范意识，落实案件防范责任。加强员工内控行为量化考核管理，建立员工违规违章积分管理制度及员工违规处罚电子档案，实行积分管理，着力解决有章不循及制度执行中的屡查屡犯问题。切实落实重要岗位人员岗位轮换和强制休假制度。严格落实安全保卫工作责任制，加强营业场所、金库、运钞环节等防范设施建设和管理，确保安全运营。

（五）加强队伍建设。加快县支行发展，归根结底靠人。要始终坚持以人为本的管理理念，把加强队伍建设作为加快县支行发展的根本措施来抓。

一是加强领导班子建设。选拔一批优秀年轻干部充实县支行领导班子，进一步优化县支行领导班子的年龄结构和知识结构，同时，结合县支行负责人岗位特征积极开展专题培训，并督促和引导其开展自学，不断提高县支行班子领导科学发展的能力。加强县支行负责人任职管理，由省行对拟提任县支行行长人员进行任职资格审核并组织面试谈话，合格后方可向监管部门申请办理任职资格审查手续。

二是加强人力资源管理。积极构建市场反应灵敏、内部运转高效的组织机构体系，科学合理地配置人力资源，县支行原则上按“二部一室”，即营业部、市场部和办公室进行设置，城郊扁平化的县支行原则上不设内设机构，进一步压缩二线人员，充实前台柜面服务和市场营销力量。全面推进二级分行扁平化管理改革，上收县支行部分管理职能，使县支行腾出更多精力投入业务经营发展。采用送教上门等多种形式，为县支行员工提供更多的培训机会，积极满足县支行培训需求，提高培训效果，不断增强员工素质。

三是切实关心员工。真心实意帮助员工解决现实问题，并通过业务发展、增加效益不断提高员工收入。同时，关心离退休员工和内退人员生活。进一步加强民主管理，规范职工代表大会制度，增强员工的主人翁意识，充分调动和发挥广大员工的积极性，凝心聚力谋发展，确保各项经营目标的顺利实现。

抢抓机遇　乘势而上
加快对台金融业务发展步伐

福建分行　杨春林

福建省是距离台湾省最近的大陆省份，80%的台湾同胞祖籍在福建，闽台两地自古便形成了较为紧密、互补互利的经贸关系。近年来，台海局势发生了积极变化，两岸关系呈现出良好发展势头。从海协会、海基会的密切接触到迅速务实地解决包机及赴岛旅游问题，特别是台湾方面开放了从台湾经金门至大陆的通行，在福建形成实际意义上的“小三通”雏形。作为对台前沿的福建省，2008年以来出现了前所未有的发展机遇。如何牢牢把握这种机遇，融入海峡西岸经济区建设，积极做好涉台金融服务，参与推动两岸金融合作，并藉此实现自身的长足发展，是福建分行一直在思考的一项重要课题。

一、海峡西岸迎来历史最好发展时期

在过去相当长的一段时期里，受台海两岸政治形势影响，作为“前线”的福建省，尽管地处经济发展最迅速的长三角、珠三角之间，但在基础设施、项目建设、产业布局等方面相对滞后，经济发展的整体水平也相对落后于全国其他省份。大批台商纷纷向长三角、珠三角等地转移，福建对台招商的近地优势并没有得到充分发挥。近年来，福建省着眼于台海形势的发展，酝酿提出并积极推进“建设海峡西岸经济区”的战略构想，受到广泛认同，取得了显著成效。

海西战略构想得到党中央和国务院的充分肯定，“支持海峡西岸和其他台商投资相对集中地区的经济发展”写入党的十七大报告和国家“十一五”规划，上升为中央决策和国家战略的重要组成部分。随着海峡西岸经济区战略的深入实施，党中央和国务院对海峡西岸的政策支持提升到一个新的更加务实的层面，截至2007年底已有41个国家部委和中央企业，通过与福建省签署合作协议或会议纪要等形式从规划布局、项目安排、资金支持、政策措施等方面明确了对福建的支持和倾斜。近期，国务院批准设立了厦门海沧保税港区，项目预计总投资约50亿元；国家住房和城乡建设部也正式批复了《海峡西岸城市群协调发展规划》，这是继京津冀城市群之后，国家批复的又一区域城市群协调发展规划；国家发改委代国务院草拟的支持海峡西岸经济区发展的指导意见已在征求各部委意见。这些举措进一步体现了国家对海峡西岸经济区的重视和支持。

2008年以来，福建上下正以建设海峡西岸经济区为契机，努力把海峡西岸经济区建设成两岸人民交流合作的先行区，积极推动闽台经贸合作。福建将加大闽台信息、机械、石化等重点领域以及高技术产业、新兴行业对接力度；办好现有台商投资区，加快建设对台光电、机电产业园区；鼓励赴台举办各类商品展；加强台湾农民创业园基础设施建设，积极引进台湾农业良种、先进农业栽培技术、深加工设备和管理经验；拓展金马澎旅游，争取将线路延伸到台湾岛内，继续推动武夷山和阿里山、大金湖和日月潭等旅游线路对接；加强与台湾工商社团、行业中介组织的联系，推动澎湖货运往来的双向直航，发展两岸“海空联运”和“一票通”业务，继续先行先试，拓展“六求”作为，为促进祖国统一大业作出更大贡献。在前不久举办的福州第十届海交会上，福州市与台北市签署了《加强交流合作共同声明》，这是海峡两岸地方机构首次签署共同声明。泉州市成为台商新一轮投资的热点地区，在国家商务部的支持下，泉州后渚港对岸的洛秀组团将建设一个规划面积58平方公里的台商投资聚集区，主要承接台湾高端产业的大型项目。这将是继东莞、昆山之后大陆的第三个台商聚集区。

“海西”战略将对福建经济的发展起到极大的推动作用。福建迎来了基础设施建设和新项目投产的高峰期，2008年在建铁路5条，建设里程达1 200多公里，投资超过1 000亿元，规划新建铁路2 000公里，投资1 200亿元；在建高速公路里程1 400公里，投资逾1 000亿元；

规划建设5万吨以上的码头泊位75个，投资302亿元；已动工兴建宁德和福清两座核电站，续建9个大型火电和气电项目，投资超过1 000亿元；已动工兴建福建炼油乙烯一体化、中海油LNG、中石化森美成品油销售和中化重油深加工等重大石化项目，投资超过600亿元。同时福建经济发展呈加速提质趋势，GDP连续五年实现两位数增长，并高于全国平均水平，2007年全省GDP达9 160.14亿元，在全国排名第10位。

随着“海西”的集聚效应和吸引力不断加大，福建的区位优势得到新的体现。许多台商看好福建的商机，接踵而至，参与海西建设。台湾早在2005年就成为福建的第二大境外投资来源地，第一大进口来源地和第三大贸易伙伴，闽台经贸依存度已超过25%。2007年福建对台贸易进出口近70亿美元，其中福建对台进口58.22亿美元，占全省进口总额的23.75%。2008年第一季度闽台贸易继续保持良好发展态势，进出口总值增长逾四成。福建还是台资企业在大陆落地最为集中的省份之一，截至2007年福建引进台资企业约9 500家（不包括第三地转投），合同利用台资201.45亿美元，实际利用台资147.28亿美元，在各省市中名列第三位。台湾百大企业有37家在福建落户，台商投资千万美元以上项目有600多项，投资逾亿美元以上项目有15项。台商投资企业已成为海峡西岸经济发展的重要支撑力量，2006年在福建的台资企业总产值达575亿元，约占当年福建省GDP的8%；从业人员29.12万人，占福建省台、外商投资企业就业总人数的14.58%。作为在闽台资企业的杰出代表，捷联电子是福建总产值和销售收入最大的台、外商投资企业，所属的冠捷科技集团是全球最大的显示器制造商；华映光电是显示管行业全球最大的单一生产基地，单色显示管市场占有率全球第一；华阳电业是大陆第一家民营发电厂，也是福建资产总额最大的台、外商投资企业。

二、闽台金融合作及福建分行对台金融业务发展现状

随着闽台经贸、文化和人员往来的不断增加，近年来已有多项对台金融政策在福建先行先试。这些政策措施的成功实行，为扩大两岸金融交流合作积累了许多有益经验。

在货币兑换方面，早在1988年，中国银行厦门分行、福州分行与马江支行就获准开办新台币兑入业务。2003年12月，国家外汇管理局批准福州、厦门、泉州、莆田、漳州5城市的中国银行分支机构试办服务贸易和台商日常支出项目的新台币现钞兑出业务。2005年11月，经中国人民银行批准，台湾旅行社和从事对台小额贸易的台湾贸易机构可以在福建省内开立人民币账户，台湾旅行社的人民币收入可以在境内使用，也可以按规定携出或兑换成可自由兑换货币或兑换成新台币现钞出境。2008年，台湾方面已允许所有银行开展人民币与台币双向兑换业务。

在贸易结算方面，2001年11月，国家外汇管理局允许福建东山的对台小额贸易以人民币结算，并建立对台小额贸易出口收入人民币国际收支统计申报制度。2008年，这一政策已推广至全省各个对台小额贸易点。2002年7月，中国人民银行批准大陆银行与台湾地区银行建立代理行关系。自台湾当局开放了境外金融中心（OBU）和岛内银行的外汇指定分行（DBU）直接通汇业务以来，福建大部分银行已与台湾地区银行建立起通汇或代理行关系，通汇业务不断增长。福建银行业除了在汇款、托收、信用证三大传统国际结算业务上与台湾地区银行展开合作外，在国际保理、资信调查等非传统领域的业务合作也陆续展开。

在市场准入方面，尽管受制于两岸相关政策，使得台湾银行只得通过各种方式迂回地寻求在大陆新的合作渠道，但台资投资大陆银行业的步伐仍在加快。2005年9月，中国银监会批复福建省台（港、澳）独资和合资企业向所在地的农村合作金融机构入股，2008年已有8家台资企业入股福建6家农村合作金融机构。2008年台湾富邦银行通过其在香港的分行，成功收购厦门商业银行19.99%的股份。福州商业银行将特别预留5%以上股份给台湾地区银行业的参股者，福州商业银行或将改名为“两岸兄弟银行”或“海峡银行”。

相对经贸合作而言，闽台金融合作进展迟缓，明显落后于长三角和珠三角地区，2008年大陆已批准设立的台资金融机构尚无一家落户福建。金融合作深度与广度远远不能为快速成长的闽台经贸和投资交流提供有力支撑，严重制约了福建台资企业的扩容和升级。2008年以来，两岸正以务实的态度推动全面的经贸合作与发展，这将为金融的相互开放提供巨大的制度性需求。福建省已出台了相关政策文件，鼓励各类台资金融机构到福建设立机构，投资参股福建省地方金融机构或创办产业投资基金。同时，也鼓励福建省金融机构在台设立机构，实现两岸金融业双向直接交流，争取将福建新台币兑换业务试点由中行系统拓展到基层网点众多的工行、农行、建行和兴业银行，争取开办对台离岸金融市场。

在总行的正确领导及当地政府支持下，多年来福建分行始终挺立于海峡西岸经济区金融潮头，有力地支持了在闽台商投资企业的发展，捷联电子、华映光电、华阳电业、荔丰鞋业、协丰鞋业等一批台资企业成为福建分行优质客户。福建分行根据这些台资企业的特点和需求，提供差别化和个性化服务，实行诸多优惠政策，取得了明显成效。2007年至2008年4月，累计为台资企业发放本外币贷款（不含贸易融资，下同）15.18亿元，2008年4月末台资企业本外币贷款余额达7.4亿元。2007年在福建分行办理国际结算200万美元以上的台资企业有26家，合计办理国际结算量为18.38亿

美元，占福建分行国际结算总量的28%；2008年1－4月在福建分行办理国际结算200万美元以上的台资企业16家，合计办理国际结算量为10.28亿美元，占福建分行同期国际结算总量的30%。

三、对台金融服务的思考

2008年及今后一段时间，福建分行将抓住对台经贸往来新的发展机遇，及时谋划，借势而为，力争在推进闽台金融合作进程中发挥同业主导作用。

（一）争取政策支持，开办人民币与新台币兑换业务。一方面，以福建扩大新台币兑换试点为契机，争取尽早开办人民币与新台币兑换业务。计划先期选取部分有兑换资源的网点，如省分行营业部的马尾支行、长乐机场分理处，作为人民币与新台币业务的兑换试点。建议由总行确定台币定价机制，制定人民币与新台币的兑换牌价。

考虑到新台币的汇率波动较小、开办初期兑换总量不大以及福建分行调钞业务的实际情况，为尽快开办人民币与新台币的兑换业务，拟采取以下做法：先办理新台币的兑入业务，在兑入业务形成的现钞库限额内预约办理新台币兑出业务。办理兑入业务形成的美元对人民币敞口即时平盘，台币库存根据调钞安排，定期调往境外，并折算成美元入账。

考虑到今后人民币与新台币兑换业务量的不断增长，建议总行按美元对日元等货币的风险控制措施，进行综合报价平台、NOVA系统参数设置、在境外银行开立新台币账户等准备工作。

另一方面，在两岸货币流通未实现正常化之前，积极进行台湾与大陆人民币、台币清算的前瞻性准备工作，着手研究政策开放后货币流通所涉及的结算系统、调运体系、清算机制等具体问题，积极争取当地监管部门更多的政策支持，及时将相关需求上报总行。

（二）积极探索争取开办对台离岸金融业务试点。福州市于2008年着手筹建海峡西岸离岸金融市场，试行针对台资及侨资的离岸金融业务。福建分行设想在获总行和监管部门的批准后，分“三步走”试行对台离岸银行业务以支持海峡西岸经济建设。

第一步是先开办离岸负债和结算业务。离岸负债业务即允许在中国境外的台资企业和台湾同胞在福建分行开立离岸账户，等同于客户在中国境外的银行开立账户。离岸结算业务等同于客户在中国境外的银行办理汇款、托收、信用证业务、保函等结算业务。福建分行通过离岸负债和结算业务的开办可将离岸客户与在岸客户的有效协同与资源整合，实现客户境内外贸易往来结算资金零在途；离岸负债和结算业务的开办还可将集团客户境内外资金往来汇划统一纳入工行系统，使客户有效地对资金实行集中管理，加快境内外资金周转速度，提高资金使用效率。

第二步是开办离岸融资业务，将客户的在岸融资需求与离岸融资需求进行有机结合，通过离在岸背对背信用证业务、离在岸进出口押汇业务、离在岸联动保理业务等一系列“供应链”金融产品，为客户境内外业务顺利运作架起快捷通道；通过内保外贷和外保内贷业务，使跨国公司授信跨境统一使用。

第三步是全面开办离岸银行业务，即经中国人民银行批准的所有离岸银行业务，从而实现离岸金融服务和在岸金融服务的全面对接。

（三）着力解决融资瓶颈问题，创新对台资企业的金融服务手段。由于台湾现行政策的制约，许多台商在积极扩展企业规模的同时，面临融资困难。据调查显示，在福建的台资企业急需融资和有一定资金缺口的约占80%，认为从银行获取借款很困难和较为困难的高达86%。为此，在风险可控前提下，福建分行将以解决台企融资问题为突破口，带动其他对台业务发展。

1. 信贷政策方面，鉴于福建省实际情况，建议总行对大型、优质台资企业项目暂缓执行信贷限制和退出政策。

2. 针对台资企业财务信息不透明、报表失真问题，采取灵活多样的融资策略，在合理控制风险的基础上加大对台资企业的融资力度。

（1）充分发挥工行集团优势，建立台资企业全球统一授信制度。建议总行参照同业先进做法，对在大陆的台资企业、企业在台的母公司、在香港的公司评定全球授信额度，一方面可更真实地反映台资企业的经营及财务状况；另一方面可根据不同时期境内外金融产品和资金价格的变化，加强境内分行与境外分行的联动，为台资企业在大陆、香港、台湾的公司提供富有竞争力的金融产品和融资价格，实现工行集团收益最大化。

同时，针对台资企业关联交易频繁、转移定价现象突出的问题，加强风险管理，通过设置财务比率控制线、分红限制或落实房地产抵押等措施，防范台资企业过度融资和关联资金调用、转移的行为；在融资合同（协议）中设定交叉违约条款，明确若纳入统一授信范围内的集团其任何一家成员企业发生违约，福建分行有权立即停止对该集团内所有成员企业的新增融资。

（2）建立与台湾代理行的信息共享机制。建议由总行与台湾地区银行签署谅解备忘录，在互惠的原则下，建立客户信息资源库共享机制，利用台湾地区银行对台资企业的母公司了解熟悉的优势，委托调查台资企业母公司及其关联公司的资信情况。

（3）大胆尝试，多渠道拓展对台业务。针对在大陆的台资企业授信额度不足的问题以及台湾银行无法对大陆银行开立备用信用证的政策限制，建议由总行与外资银行、台湾地区银行签订三方合作协议，由外资银行转开台湾代理行的备用信用证，使台资企业母公司在台湾的信用资源能够延伸到在福建的公司，再由福建分行向台资企业提供融资服务。对于福建省引进的重大台资项目，建议总行允许福建分行积极寻找台湾地区银行，在第三地进行国际银团贷款合作。

（四）加强整合营销，进一步提升对台资企业集团客户的服务水平。及时了解台资企业尤其集团客户的特定需求，根据市场环境、客户资金状况和风险偏好，为其量身设计涵盖国际结算、贸易融资、结算现金、外汇资金、电子银行、投资银行等全方位的综合金融服务方案，如针对汇率和利率波动趋势，大力拓展代客理财和风险管理业务；针对引进大型设备的台资企业，提供设备融资租赁业务；利用网上银行的企业账户高级功能，提供资金归集、银企互联、电子商务等服务；将现金管理业务由单一的资金集中管理向综合理财业务领域延伸，在带给企业高端增值服务的同时，促进福建分行理财产品的销售等。

（五）加强捆绑营销，为台商个人提供优质服务。在福建的台商数量已有一定规模，与台资企业一样，台商个人也是不容忽视的市场资源。这些台商大多属于福建分行的优质客户，有的还是私人银行客户。福建分行将在加强对台企营销的同时，进一步加大针对台商个人的捆绑营销力度，为台商提供优质个人金融服务。

1. 建立健全台商客户的信息库，及时提供个人金融产品咨询服务。针对相当部分台商对大陆金融制度特别是个人金融产品不甚了解的情况，福建分行将借助“理财沙龙”等形式设立台商个人金融产品咨询平台，详细介绍福建分行网上银行、信用卡、个人理财等一系列配套产品，并适时跟进营销其他相关业务。

2. 开通针对台商的“绿色通道”。针对在福建的台商这一特殊的优质客户群，福建分行将在贵宾理财中心的贵宾服务区为其开辟“绿色通道”，提供专享优质金融服务。

3. 加大台商信用卡业务营销的力度。福建分行将通过与台商协会合作开通台商联名卡等方式，为在福建的台商批量开办信用卡，并给予一定的信用额度；同时，发挥福建分行网络化和电子化的优势，及时为台商提供安全、快捷的资金结算服务。

（六）积极支持重点项目建设，改善在福建台商的投资环境。“项目带动”是福建建设海峡西岸经济区的重要战略举措，对海西发展起到举足轻重的作用。此外，福建的中小企业、台资企业在经济中占重要地位，近年来呈加速发展态势。积极为项目建设、中小企业、台资企业发展提供金融服务，特别是提供融资服务，既是支持当地经济发展，履行银行社会责任的基本要求，也是福建分行实现自身发展、夺取竞争优势的难得机遇。2008年以来信贷规模趋紧，又恰逢一批重特大项目集中落地福建，此外，还必须满足其他重点客户维持基本经营所需要的一般流动资金贷款需求，以及优质个人客户的正常按揭贷款需求，面临的信贷需求压力激增。为抓住这一难得的发展机遇，福建分行将努力挖掘自身潜力，主动采取行内外银团贷款、资产证券化、短期融资券、公司债承销等方式，加大不良贷款清收处置和潜在风险贷款退出力度，合理调度信贷规模和资金结构，进一步提升融资服务和竞争拓展能力。同时，也希望总行在规模和资金上给予适度帮助，支持福建分行抓住机遇，加快发展。

2008年，海峡西岸经济区建设已迎来了非常好的发展机遇。福建分行将抢抓机遇，乘势而上，加快对台金融业务的发展步伐。同时，及时向总行报送两岸经贸及金融往来方面的信息和动态，按照总行要求积极做好对台业务的试点工作，为全行全面开展对台业务积累经验。

关于江西分行电子银行业务发展的实践与思考

江西分行　初苏华

电子银行作为一个搭载各类产品和服务的渠道，目前已经成为工商银行的一项品牌业务和标志性业务。如何将电子银行业务融入经营发展的大局，不断做大做强，使之成为全行结构调整和经营转型的推进器以及稳定和竞争客户的杀手锏，促进全行核心竞争力的提升，江西分行对此进行了一些探索。

一、江西分行电子银行业务经营思路和经营成效

电子银行是经营转型的重要措施和基本平台，是工行核心竞争力的重要组成部分，是竞争优质客户，进一步增强已有的优势，形成工行特色业务的重要手段。为此，当江西分行电子银行业务在省内同业中率先由业务导入期步入快速成长期后，省行就提出结合自身发展新情况及同业竞争新形势，将电子银行“二次创业”的具体构想融入全行改革发展大局之中，紧紧围绕“提高核心竞争力，推进经营转型”这条主线，将电子银行与传统业务发展相结合，与优质客户发展战略相结合，加大资源投入力度，深化发展内涵，把电子银行打造成为全行业务交易的主渠道、产品推广的主平台、客

户服务的大窗口。

深入实施"跑马圈地"和"精耕细作"两大战略。"跑马圈地"就是外圈客户，加大重点产品、重点业务、重点市场营销，进一步扩大市场份额；内圈业务，加快产品应用推广步伐，努力提高业务覆盖率。通过"跑马圈地"，迅速扩大电子银行客户群体，为电子银行深层次发展储备丰富的客户资源。"精耕细作"就是大力构建服务支持体系，提升电子银行业务发展质量；开展业务管理创新，防范风险，保障业务持续健康发展。

努力实现三个提升：一是提升市场影响力。以市场和客户需求为导向，以产品和服务创新为支撑，做大市场、做优产品、做好服务，在激烈的市场竞争中保持领先优势，将电子银行业务打造成为江西分行最具竞争优势的业务，企业形象的最佳代表之一。二是提升业务融合发展能力。把电子银行作为新的渠道引入各项业务领域，将电子银行作为向客户组合营销套餐中不可缺少的重要部分，协同发展电子银行和其他相关业务，拓宽服务优质客户的渠道，增强对优质客户的渗透能力，进一步稳定和扩大优质客户。三是提升综合效益。在做大市场规模、抢占市场份额的基础上，重点围绕增收创效这一目标，普及优势产品，重点推广高附加值业务，深度挖掘客户价值，提高电子银行综合创效能力。

在这种经营思路的指导下，江西分行电子银行业务取得了较好的经营成效。

（一）客户规模迅速增长。2007 年企业网上银行（以下简称"企网"）客户净增 9 698 户，其中证书版 2 173户，净增数相当于前五年的总和。2008 年 1 - 9 月企网净增 10 983 户，其中证书版 4 826 户，截至 9 月末，企网结存数 30 583 户，全省企网客户数占全行对公客户总数的比重上升到 35. 1%。企网不仅发展速度快，而且客户质量高，基本涵盖了江西分行的系统客户、存款大户和信贷客户，以及贡献度较大的其他类对公客户。

2007 年个人网上银行（以下简称"个网"）净增 44 万户，其中 U 盾户净增 4. 37 万户，同比分别增 70%、127% 的基础上，2008 年 1 - 9 月个网净增 37 万户，其中 U 盾户净增 8. 26 万户；至 9 月末，个网结存数 141 万户，个人网银中高端客户渗透率达 27. 71%。

（二）业务分流能力日益提高。2008 年电子银行交易额突破 1 万亿元，高居同业榜首。离柜业务量占比逐年快速上升，由 2006 年底的 30% 升至 2008 年 9 月末的 39. 28%，电子银行成为业务交易主渠道的格局初步形成。如果按每个网点每年平均业务笔数 39 万笔（每个网点平均 10 人、每人每天平均办理 150 笔业务、全年 260 个工作日）业务计算，电子银行相当于替代了 152 个营业网点。

（三）市场竞争能力显著增强。电子银行的先发优势不断转化为竞争优势，奠定了同业领先的地位：一是市场份额独大，据初步测算，江西分行电子银行客户存量和交易额占同业的 60% 以上，金融 e 通道等品牌广为人知，工行电子银行的领先地位被同业、广大客户以及新闻媒体广泛认同。二是产品体系完备。电子银行不仅包括了网上、电话、手机、自助终端等多个渠道，涵盖了对公和个人的信息服务类、资金流转类、投资理财类、电子商务类等几乎所有的非资产类离柜业务，产品功能同业最丰富，产品安全性被评为同业最高。三是机制保障有力。江西分行是同业最早建立电子银行专兼职队伍的银行，明确了机构职能和职责，健全了绩效评估和考核体系，初步构建了部门联动、上下配合的业务发展体系。

（四）经营综合效益大幅提升。一是直接收益迅速增长，2006 年、2007 年和 2008 年前三个季度，实现电子银行直接收入同比增速分别为 59%、73% 和 45%。二是间接效益十分可观，以 2008 年前三个季度为例，全行电子银行业务笔数达 5 951 万笔，根据总行统计口径，按电子银行业务每笔成本 0. 49 元，柜面业务每笔成本 3. 06 元计算，共节约成本 15 294 万元。另外，其在竞争优质客户、稳定和增加存款方面所发挥的作用，虽难以估算但已显而易见。

二、培育和提升电子银行竞争力的举措

（一）完善经营机制，构建整体经营格局。整合经营资源，完善管理体制和机制，有力保障了电子银行业务近三年的高速发展。一是强化考核激励。一方面，在行长经营绩效考核中，将电子银行考核分值占比从原先的 1. 25% 大幅提高到 8%，并对分行贡献度的考核方式以及离柜业务率、网上银行动户率、新功能应用推广等指标的考核分值进行了合理调整；另一方面，把电子银行发展指标纳入有关业务部门的职责和考核范围，将个人电子银行业务与大个金战略相结合，将企业电子银行与信贷和非信贷对公业务发展战略相结合，将电子银行营销业绩与各级客户经理、网点的工作业绩挂钩，有效调动了各行发展电子银行的积极性。二是重组经营管理机构。结合全行机构改革工作，在二级分行、省行营业部都组建了电子银行部，并设为一级部，建立了一个上层推动、基层拉动、部门互动的电子银行业务组织管理架构，初步形成以电子银行部门为主管、各相关部门为依托、营销前移、管理下沉的电子银行整体经营机制。三是充实从业队伍。积极调整充实队伍，在整合原科技部门机构的基础上，将一些科技人员充实到电子银行队伍，二级分行以上专职从业人数从不足 50 人增加到现在的 83 人，各支行专管员、协管员从不足百人扩充到 230 人，基本形成了一支专兼职合理搭配的电子银行从业队伍。与此同时，全行上下广泛开展了对包括电子银行新从业人员、各级客户经理、网点大堂经理、柜员在

内的全方位、多层次的业务培训，员工的电子银行业务素养明显提高。

（二）加快产品创新，提升市场竞争能力。近几年，江西分行电子银行产品应用推广的品种数量之多、工作密度之大前所未有，而且产品推广的实效性显著提高，产品功能体系基本成型，为扩大市场优势，抢占目标客户提供了有力支撑。一是成功嫁接传统柜面业务。在全省实现了网上银行、电话银行代缴移动、联通话费，网上银行代缴固定话费、小灵通话费和宽带网费；扩大代缴费渠道，在代缴费业务上不断有所突破。目前，全行电子银行渠道代理产品基本覆盖了百姓日常生活所需的各类代理业务，且主要品种的全省推广率均达100%。二是普及应用优势业务产品。对贵宾室、财务室、收费站、网上基金、BtoC等优势产品的加大应用推广力度，推进其广泛应用，创造可观的经济效益和社会效益。三是重点推广高附加值业务产品。紧密围绕大系统、大集团等重点客户发展高附加值业务，先后完成了省电信资金管控系统、江西铜业集团公司、国盛证券、江南证券、江铃公司等重点企业银企互联项目投产，增强稳定竞争优质客户的作用。仅江铜公司2007年在江西分行网上银行交易额就达610亿元，占其当年在江西分行全部结算量的93.5%，在其全部网银交易额中，六成以上通过工行网银实现。

（三）加强客户维护，打造精品服务品牌。通过加强客户维护与服务，不仅“圈”进客户，而且激活睡眠户，提高客户满意度和忠诚度。一是针对电子银行客户规模急剧扩大、系统升级频繁、产品技术含量高给客户服务带来的严峻挑战，江西分行严格按照总行要求配齐服务支持人员，做好客户回访、售后服务、操作辅导、咨询与投诉受理等工作。及时制定《电子银行服务支持管理实施细则》，明确了从省行、市行到支行网点各级机构和相关人员的职责、服务的范围和流程，以及服务的考核等内容，使得江西分行在企业网上银行新增客户连续两年突破近万户（相当于前五年总和的两倍）的情况下，动户率和户均业务笔数等质量指标不仅没有下降，反而有所提高。二是实施电子银行服务区工程。2006年以来，江西分行在总结第一批电子银行示范工程推广经验的基础上，结合贵宾理财中心和网点升级改造项目，全面开展电子银行服务区推广建设，通过不断优化服务区软硬件环境，规范服务流程，强化服务督导，加强客户分流引导工作，使服务示范区的营销主渠道，服务展示主平台，业务分流主途径的功效得到有效发挥。三年来，新增服务区267个，服务区网点总量达334个，占现有营业网点的80%，到2008年6月末，江西分行服务区网点数与实体网点数占比居系统内第三位。三是实施电话银行服务转型工程。进一步发挥“95588”中心的业务分流和客户服务优势，2007年电话银行总呼入量达196万通，同比增幅达98.5%，其中本地人工接听量为15.6万通，日均427通，同比增加了40通。与此同时，积极实施电话银行服务转型，加强主动外拨营销等新型服务，全年开展银行卡透支催收、按揭贷款催收、促销活动信息发布、网银客户回访以及高端客户节假日、生日祝福等各类回访活动，短信外拨服务218万条，同比增加3.2倍，人工外拨回访维护法人客户1 848户。这些为促进全行客户服务工作质量的提升发挥了积极作用。

（四）强化内控建设，确保业务健康发展。强化三道“风险防线”，有的放矢，切实保障全行电子银行业务健康发展。一是强化内控制度建设。为适应业务发展的新要求，江西分行制定和修订了电子银行有关检查制度和风险控制流程，并将电子银行业务制度检查正式列入了各行会计检查辅导员、支行总会计和内控部门日常性监督的职责范围。此外，针对各类电子银行突发性外部风险，统一了各行外部风险的应对办法，上报的范围、途径、时间要求和解释口径，并多次配合公安部门查封了江西境内的相关非法网站。二是强化业务监督检查。在加强对后督和会计辅导员日常性检查工作的监督的同时，建立了电子银行岗位风险责任制，实行检查人员和被检查人员双向追究制度。三是强化业务制度学习。针对电子银行知识更新快，专业人员相对较少的情况，江西分行通过业务知识考试、培训班、省行电子银行园地、远程教育网等多种途径，重点加强对总省行新推出的电子银行业务制度的学习，增强了依法合规经营的意识。

三、下一步工作措施

江西分行电子银行业务在快速发展的过程中也面临一些挑战和问题。从外部环境看，同业竞争形势日趋激烈，主要竞争对手都将电子银行作为战略发展重点，加大投入，加快发展速度，江西分行的比较优势已有所缩小；从内部业务发展情况看，经营管理体制有待进一步健全，实体渠道与虚拟渠道之间均衡性发展有待进一步提高，员工业绩考核机制有待进一步完善，对客户的售后维护有待进一步加强。这些问题在快速发展的过程中容易被忽视或被掩盖，如不尽快加以研究解决，将阻碍电子银行业务进一步发展。为此，下一步将着重做好以下工作。

（一）理念转变是前提，推进被动式发展向主动性发展转变。进一步提高和统一全行思想认识，增强紧迫感和危机感，抓住机遇，强化“创新发展、跑马圈地、精耕细作、服务至上和风险可控”的经营理念，在高起点上实现新的发展，努力扩大领先优势。拓宽工作视野，深化发展内涵，加大宣传力度和资源投入，增强工作的主动性和针对性，主动适应市场，积极竞争优质客户，充分挖掘和满足客户的电子银行个性化需求，不断提升客户服务水平，从而提高客户的满意度和忠诚度。

（二）渠道建设是基础，推进渠道割裂向渠道融合转变。渠道建设是江西分行抢占客户资源，实现增收创利的基石。下一步的重点工作之一是推进渠道融合，完善实体网点和电子银行虚实结合的服务渠道体系：一是全面实施网点功能转型，将目前的“交易型”网点改造成“复合型”网点，改进对网点的评价与考核，加大资源投入，优化电子银行服务环境，充分利用网点资源，引导客户使用电子银行，大力提高离柜业务占比。二是积极创新服务方式，提高服务创效能力。积极创新思路，发挥“95588”中心客户服务管理平台和宣传营销平台的作用；规范电子银行服务队伍工作流程，使电子银行售前、售中、售后各个环节的服务标准制度化、特色化、品牌化，将江西分行的产品优势转化为维护客户关系的有力工具；广泛深入开展电子银行服务区质量提升项目将江西分行服务区的硬实力转化为软实力，让更多的客户通过客户体验活动来增强江西分行电子银行产品的独特魅力。三是加强电子银行产品经理队伍建设，确保各级行有与本行业务规模相适应的电子银行客户和产品维护人员，加大对个人和对公客户经理的电子银行业务培训力度，全面提升全行客户经理的电子银行营销服务水平。

（三）整体联动是保障，推进专业营销向联动组合营销转变。加强电子银行业务与不同专业之间的协作配合，推进资源整合，实行捆绑考核，开展部门联合营销和产品组合营销，发挥整体功能，形成合力。一是完善考核和激励机制。贯穿外延和内涵并重的考核指导思想，既要跑马圈地，也要精耕细作，发挥考核的杠杆作用，优化资源配置。科学量化指标，细分发展目标，以价值量为考核尺度，区别对待客户发展的难易，客户价值的大小，以及产品的技术含量，建立健全面向各层次机构，各相关部门，以及各相关被考核个体的多层面、立体、交叉的电子银行考核体系。二是细分目标市场，精选营销对象。把各类产品的特点和客户群体的特点结合起来，积极进行产品梳理和整合，针对不同客户群实施电子银行与其他产品的套餐服务。在营销目标的选取上，先易后难，先大后小，先行内后行外。在产品应用上，主推高附加值产品功能，大力普及门槛低而受众面广的产品功能。

（四）产品应用是利器，推进产品增值提升向客户价值提升转变。产品创新是电子银行发展的灵魂。面对日趋激烈的竞争态势，不断加强产品开发应用工作，将工作的着眼点放在促进客户价值提升上，确保并扩大江西分行电子银行产品的同业领先优势。广泛开展同业产品分析和新兴市场、客户需求调研工作，通过多种渠道收集市场动态、客户信息，围绕客户的需求创新产品，开拓新的应用领域，不断推进客户价值的提升。

关于当前形势下发展小企业金融业务的思考

山东分行　沈荣勤

2007年以来，国内外经济金融形势复杂多变，国际金融市场持续动荡，对实体经济的影响日益显现，对我国经济尤其是小企业生产经营的影响逐渐扩大，部分小企业经营陷入困境，不时出现破产倒闭现象，引起了社会的广泛关注，也使银行小企业业务风险有所上升。在这种情况下，如何适应复杂多变的经济形势，继续推进小企业金融业务发展，是需要认真思考的问题。为此，我和省行相关部门的同志先后到临沂、潍坊、滨州、烟台等小企业集中的地区，通过抽样分析、实地考察、与小企业负责人和政府有关部门座谈等方式，对当前形势下小企业生产经营状况进行了调研，对下一步小企业金融业务的发展进行了思考。现将有关情况报告如下。

一、2007年以来小企业面临的经营形势

2007年以来，国内外经济形势急剧变化。2007年上半年，原料、燃料、动力、劳动力等生产要素价格明显上涨，人民币对美元持续升值。同时，信贷紧缩、出口退税下调等宏观调控因素叠加，小企业生产经营面临着前所未有的压力，南方部分地区甚至出现小企业大面积停产、倒闭现象。国际金融市场动荡加剧，对实体经济的影响逐步扩大，石油、钢铁、黄金、电解铜、电解铝、农产品等大宗商品价格剧烈波动，国内GDP、外贸出口、财政收入、发电量等宏观经济指标增速明显下降，小企业面临的外部环境更加复杂多变。受此影响，山东部分地区、部分行业小企业也遇到了一定的经营困难，部分企业出现了停产、倒闭现象。

但与其他地区相比，目前山东小企业整体情况相对稳定。省工商局、国税局统计数据显示，2007年前9个月全省新注册中小企业6.6万户，注销5.4万户，户数净增1.2万户；新办理税务登记企业5.8万户，注销2.6万户，虽然净增数较上年同期（4.7万户）有所下降，但仍然净增3.2万户。据人民银行滨州中心支行统计显示，2007年前9个月，全市新开立企业账户5 900

户，注销1 900户，净增4 000户，净增数与上年基本持平（2007年同期新注册7 900户，注销3 900户，净增4 000户）。1－9月份，全省出口总额538亿元，同比增长32.7%，增幅提高4.2个百分点。其中，纺织品出口总额60亿美元，同比增长20%，增幅提高7.9个百分点；水产品出口总额18亿美元，同比增长8.6%，增幅提高2.4个百分点。

为进一步了解小企业经营情况，准确把握当前形势对山东分行小企业客户的影响，山东分行从全行2 891户小企业有贷户中，选择客户集中度较高的纺织服装、食品/农产品加工、化工、木材/家具、批发零售等行业，各随机抽取了35%的样本客户，共927户（占山东分行小企业有贷户的32%），进行了样本分析。分析显示，与当前其他地区部分小企业遇到的问题相比，山东分行小企业客户整体质量较好，经营态势较为稳定。一是经营规模进一步扩大。截至2007年9月末，样本企业资产总额849亿元，同比增加166亿元，增长24.3%；负债总额347亿元，同比增加62亿元，增长21.75%；所有者权益501亿元，同比增加104亿元，增长26.2%；实现销售收入943亿元，同比增加207亿元，增长39.13%。二是经营能力有所提升。截至9月末，样本企业资产负债率为40.87%，较上年同期下降0.86个百分点；流动比率为156.74%，较上年同期提高8.29个百分点；速动比率为105.02%，较上年同期提高4.26个百分点。三是盈利能力没有明显下降。2007年前9个月，样本企业实现利润总额88亿元，同比增加18亿元，增长25.71%；销售利润率9.33%，同比下降0.32个百分点；总资产利润率10.37%，同比下降0.03个百分点。虽然销售利润率和总资产利润率同比有所下降，但总体下降幅度较小。

从上述情况看，尽管2007年以来复杂多变的经济形势，对小企业生产经营造成了一定冲击，但小企业基本面仍然比较稳定。山东分行小企业金融业务也保持了持续健康发展的良好势头。2007年9月末，山东分行小企业融资客户4 080户，较年初增加200户，其中贷款户2 891户，较年初增加104户；小企业融资余额为300.71亿元，较年初增加59.45亿元，其中贷款余额为225.36亿元，较年初增加47.74亿元，增长26.88%；小企业有贷户占全部法人客户的58.92%，较年初提高1.01个百分点；小企业贷款余额占全部法人贷款的10.29%，较年初提高3.32个百分点。从小企业贷款质量情况看，截至9月末，不良贷款余额为2.26亿元，不良率为1%，分别较年初增加1.79亿元和0.73个百分点。尽管不良额和占比较年初略有增加，但总体是风险可控的，低于总行风险控制线，也低于全部贷款的不良率。同时，这部分发生不良的贷款已经办理了较为完善的抵押担保手续，正在追索和处置过程中，预计损失率较低。

二、当前小企业遇到的困难及其原因

2008年以来，受国家宏观调控政策和国际金融危机双重影响，众多小企业遭遇经营困难，销售收入减少，企业利润下滑，资金周转紧张，还有不少小企业破产倒闭。为此，山东分行首先针对导致小企业经营困难的主要原因进行了调查分析，发现主要有以下几个方面。

一是产品市场需求明显萎缩。据有关部门统计，目前我国外贸依存度高达70%，大量中小企业为出口加工型企业，对国际市场依赖度较高。受当前国际金融危机影响，欧美日韩等我国主要出口市场消费需求萎缩，严重影响了我国中小企业产品出口。2007年前9个月，我国外贸顺差同比下降2.6%；服装行业出口增幅为8.1%，同比下降11.9个百分点，其中对美出口增幅为1.4%，同比下降28个百分点。10月28日，反映国际干散货市场景气程度的BDI指数（波罗的海干散货综合运价指数）跌破千点，收报于982点，与2007年5月的最高点11 793点相比，下降91.7%，创下6年来的新低，据悉有的船运公司已经开始调整航线、出售船舶，这反映出国际贸易步入下降通道。从山东情况看，需求萎缩对部分行业的影响已经显现，2007年1－9月份，全省胶合板出口金额同比增长6.9%，增幅较2007年同期下降26.7个百分点；塑料制品出口金额同比增长7.9%，增幅下降10.4个百分点；服装出口金额同比增长10.2%，增幅下降4.3个百分点。

二是生产要素价格剧烈波动。2007年上半年，企业原材料、劳动力等生产成本大幅上涨。同时，生产成本与产品价格的剪刀差有所扩大，导致许多小企业利润空间减少，生产经营困难。下半年以来，受国际金融危机和全球经济增长放缓影响，大宗商品价格又大幅回落，目前绝大部分石油、钢铁、有色金属、农产品价格较6月末降幅高达30%以上，带动企业产品出厂价格同步甚至以更大幅度下降，企业没有享受到成本降低带来的好处。同时，价格的剧烈波动，对相关商品的生产、流通企业造成了明显的影响。由于钢材价格下跌，聊城、泰安等地钢材市场交易量明显萎缩；许多石油炼化、成品油批发、农产品批发企业因误判价格走势，导致货物积压，资金链绷紧。

三是人民币持续升值。2007年以来，人民币对美元汇率持续攀升，累计升值达6.3%，给出口企业带来严重的汇兑损失，并使企业不敢承接远期订单。7月、8月以后，美元汇率逐步走强，人民币又对欧元、英镑、日元等货币加速升值，对欧元、英镑、日元分别较年初累计升值9%、13%和14%以上，继续对外贸企业出口产生不利影响。

四是出口退税政策调整。2007年7月国家大幅下调出口退税政策以后，553类“两高一资”产品出口退税被取消，有的还加征出口关税，2 268 类产品出口退税率下调，对大量以出口为主的中小企业造成严重冲击。以山东省为例，出口商品平均退税率由 12.5% 下降到 10.1%，全省一年因此减少退税 102.6 亿元。8 月份以来，国家又连续上调了部分劳动密集型和高技术含量、高附加值商品的出口退税率。但从实际效果看，由于出口市场的萎缩和企业盈利的下降，短期内政策效果较为有限，多方专业分析都认为政策调整的心理意义大于经济意义。

五是产品质检标准提高。2007 年下半年以来，受含铅玩具事件、“毒水饺”事件、三鹿奶粉事件等产品质量事故影响，我国产品质量管理进一步加强。同时，美、日、韩、欧盟等我国传统出口目的地也纷纷提高进口产品质检标准，合计达 20 多项，涉及奶制品、保健食品、鱼、牛肉、甲壳类、谷类、转基因产品等多种产品，导致部分企业产品积压，被迫减产、停产。2008 年前 9 个月，山东全省蔬菜出口金额同比下降 9.9%，增幅下降 17.9 个百分点；安丘市是全省蔬菜出口基地之一，2007 年末共有 50 多家出口企业，2008 年以来受出口质检要求提高（商检局要求企业配备药残自检设备，自建蔬菜生产基地）影响，有 10 家企业停止出口业务，其中 4 家已经停产。

通过调查发现，当前影响小企业经营的因素是多方面的，不同的因素影响的程度也不一样，政策调整和外部因素确实对企业的经营影响很大，但在较短的时间内不至于使企业资不抵债、破产倒闭，也不足以使银行贷款产生致命的风险。那么，一批小企业一夜之间关门倒闭，究竟是什么原因呢？对此，山东分行对 2007 年以来山东破产倒闭的部分小企业，做了进一步调查，特别是对山东分行 26 户发生不良的小企业客户，进行了逐户分析。分析显示，造成企业一夜之间破产倒闭的根本原因在于小企业自身存在的缺陷：一是产品档次低。不少小企业研发和自主创新能力不足，产品档次上不去，只能停留在低水平、同质化竞争的阶段，或者依靠代工、贴牌生产赚取微薄的利润，有的甚至主要依靠出口退税生存，一旦遇到市场变化、成本上涨、退税下降、质检标准提高等外部冲击，就只好关门倒闭。二是产品质量差。许多小企业设备简单、工艺落后、质量控制水平低，产品质量不过关。近年来，我国先后发生了多宝鱼事件、“毒饺子”事件、“毒牙膏”事件、含铅玩具事件、三鹿奶粉事件等多起严重产品质量事故，不但使肇事企业陷入生存危机，还往往连累整个行业。商务部公平贸易局报告显示，在过去 52 周（截至 2008 年 10 月 26 日，2008 年第 43 周）内，美国消费者保护委员会共召回 76 款 1 300 万只玩具，其中中国玩具占被召回玩具总数的 98.41%。三是盲目扩张。有的小企业经营者一味追求经营规模，对国家产业政策和宏观经济形势缺乏必要的敏感，在 2007 年下半年宏观经济已经出现过热苗头、国家已经开始进行宏观调控的形势下，依然不顾自身实力和政策风险，盲目扩大生产规模，甚至跨行业扩张，导致产能闲置、投资失败，有的甚至扩张尚未完成资金链已经断裂。四是过度负债。前几年我国经济持续上行，融资环境十分宽松，不少小企业对负债缺乏足够的敏感，高度依赖负债进行经营和扩张。在经济上行期，资金周转尚可持续，一旦遇到 2008 年这样的银根紧缩、经济衰退，必然导致资金链崩断。五是投机经营。近几年，随着我国经济快速发展，资本市场和房地产市场持续火暴，有的小企业经营者禁不住诱惑，不专心打造企业核心竞争力，反而挪用经营资金炒股、炒楼、炒期货，随着资本市场、房地产市场以及商品价格的急剧下滑而受到重创。六是经营者个人素质较低。有的经营者小富即安，盈利之后不用于提升企业经营，而是挥霍享受甚至参与黄、赌、毒事件，连累企业破产；有的经营者道德素养低下，法律意识淡薄，总觉得诚实经营不如坑蒙拐骗来钱快，非法集资、商业欺诈，导致企业倒闭。另外，盲目担保、股东纠纷、劳资纠纷、合作关系恶化等，也往往是企业一夜之间关门倒闭的根源之一。

针对这些现象，山东分行进一步分析发现企业倒闭之前往往都有许多前兆：一是反映在现金流上，出现拖欠工资、拖欠货款、压缩支出、变卖资产、高利贷融资等情况；二是反映在生产经营上，出现开工不足，职工放假，产品积压，销售下降等情况；三是反映在社会相关部门方面，出现拖欠税务、工商、环保等部门税费，拖欠社会保险金，拖欠水费、电费，拖欠银行贷款利息等情况；四是其他方面，出现四处借贷、股东纠纷、劳资纠纷、家庭纠纷、亲属移民，乃至企业经营者生活习惯、日常行为、个人情绪发生明显变化等情况，都可能预示着企业经营出了问题。这些风险前兆，对银行及时发现和防范风险具有至关重要的意义，需要引起高度重视。

三、下一步小企业金融业务发展的基本思路

（一）坚定不移地推进小企业发展战略。根据调查发现，尽管当前部分小企业经营遇到了许多困难，但从整体上看，小企业客户群的基本面依然稳定，小企业金融业务前景依然广阔。因此，作为一家现代化国际性的商业银行，必须立足长远，继续把发展小企业业务作为一项战略方针，坚定不移地向前推进。

一是要从思想上高度重视。小企业是国民经济的重要组成部分，是推动经济社会发展的重要力量，在扩大就业、提高居民收入、增加财政税收等方面发挥着不可替代的作用。近年来山东分行小企业业务的发展也充分证明，小企业业务是山东分行积极转变发展战略、应对“金融脱媒”现象的重要途径，是优化资产结构、分散

业务风险、提高收益水平、履行社会责任的必然选择。对发展小企业金融业务，必须从思想上给予高度重视，继续作为山东分行改革发展的一项长期战略，坚定不移地持续推进。

二是要从政策上充分倾斜。2007 年以来，山东分行深入分析内外部经营形势，把小企业业务作为当前形势下的战略方向，给予重点发展，从信贷限额、奖励政策等方面给予充分倾斜，使山东分行小企业业务在复杂多变的形势下保持了快速发展的良好势头。实践证明，这一策略是十分正确和有效的。下一步，要从战略规划、投放计划、资本占用、拨备政策等各个方面，坚持对小企业业务实行政策倾斜，充分满足业务发展的需要。

三是要大力推进“E”式营销。“E”式营销是为了充分挖掘客户潜力、提高客户综合贡献度而提出的营销理念，即围绕优质核心客户，沿着核心客户延伸出来的产业链、产品链和客户链三大链条，开展综合营销。小企业的“E”式营销，就是以核心企业上下游众多的小企业为对象，以小企业对核心企业的物流、资金流为载体，通过核心企业与上下游小企业的责任捆绑，为小企业提供融资、结算、理财以及个人业务等全方位的金融服务。山东分行的实践证明，“E”式营销对山东分行以优质核心企业为切入点，批量营销客户、增加服务品种、提高收益水平，起到了积极的作用。同时，还有利于实现交易资金封闭运行，大大提高了山东分行的风险控制能力，今后要进一步推广和完善。

四是要加快拓展客户基础。调查中也发现，并不是所有的小企业都在外部冲击面前陷入困境，事实上有相当多的小企业不但经受住了冲击，而且经营形势持续向好。这些企业，正是山东分行的优质目标客户，因此，要抓住当前的有利时机，大力加强市场拓展，积极营销有市场、有效益、有信用、管理规范、竞争力强的优质小企业，努力扩大山东分行的客户基础，为下一步经济回暖储备下优质的客户资源。当前，要结合对公结算账户营销活动，积极争揽企业开户，在提供结算服务的过程中加深对客户的了解，然后适时建立信贷关系，提供全方位的金融服务。

五是要积极探索债项授信。针对小企业生命周期短、经营波动大的特点，依托小企业的存货、应收账款等有效资产和对优质核心企业的真实交易，将企业现金流、物流作为授信的主要依据，积极探索债项授信，使信贷资金与企业经营周转相契合，使流动资金贷款真正流动起来。把小企业风险评价从以企业整体状况为主转移到整体状况与具体交易并重上来，以更加及时地反映业务风险，有效应对企业经营情况的快速变化。同时，发挥核心企业对上下游小企业的信用支持功能，降低对抵押担保的过度依赖。

（二）增强忧患意识，加强风险管理。在坚定发展小企业金融业务信心的同时也要看到，当前国际经济形势急剧变化，金融危机加剧并向实体经济蔓延，我国经济增长放缓的趋势也日益明显，更加复杂的局面、更加严峻的考验可能还在后头。对此，一定要保持清醒的头脑，增强忧患意识，高度关注宏观经济发展趋势，深入研究内外部经营环境变化，认真处理好业务发展与风险防范的关系。根据调查发现的小企业风险特点，当前，除了要进一步健全小企业经营机构、提高从业人员素质、加强风险预警体系建设、完善激励约束机制以外，要重点从信贷政策和管理制度上进行完善补充，加强风险控制。

一是要调整准入政策。在客户准入标准上，要坚持好中选优，宁缺毋滥，只能选择符合以下条件的企业：(1) 具有自主创新能力、拥有自主品牌的企业；(2) 产品附加值高、市场竞争力强的企业；(3) 产品质量稳定、质检标准合格的企业；(4) 为优质核心企业提供配套服务的上下游小企业；(5) 以满足内需为主、与人民生活密切相关、抗经济波动能力强的企业；(6) 两头在外、受国际市场价格波动影响较小的来料加工型企业；(7) 经营稳定、吸纳就业能力强的企业；(8) 符合国家和地方节能减排标准的企业等。对市场需求萎缩、产品档次低、利润率低于行业平均水平、节能减排不达标，以及盲目扩张、过度负债、存在各种风险前兆的企业，要坚决退出。在准入管理上，要加强与环保、质检等政府职能部门的沟通，准确把握国家和地方的环保、能耗、质检标准，将其作为决定客户进退取舍的必备条件。

二是要增加“三查”内容。从制度上完善“三查”（调查、审查和贷后检查）内容，除了要关注企业经营情况、节能环保情况、担保情况、现金流情况等常规内容以外，还要重点关注企业是否存在各种风险前兆，将其作为“三查”工作的必备要件，包括：企业是否拖欠职工工资，是否欠缴各种税费，对供应商付款是否及时，职工是否放假或轮岗，是否有高利贷融资，是否投资于股市、期市或房市，存货是否正常，结算是否正常，股东关系是否和谐，合作伙伴是否稳定，等等。要将上述风险前兆逐项列入调查报告和贷后检查表，在调查、审查、贷后检查工作中逐一核实。

三是要坚持“以偿定贷”原则。要始终坚持将偿还来源作为贷款发放的基本原则，即根据客户有无偿还能力，决定贷与不贷；根据客户偿还资金的多少，决定贷多贷少；根据客户偿还来源的时间，决定贷款期限；根据客户偿还能力的保证程度，决定利率高低。要坚决摒弃过分倚重抵（质）押物的“当铺文化”，在确保第一还款来源安全可靠的基础上，落实好第二还款来源，形成小企业贷款的“双保险”。

四是要完善担保手续。目前山东分行不良资产处置大多通过诉讼渠道，根据目前法律规定的办案时限，一审6个月，二审3个月，再加上强制执行，一笔逾期贷款从起诉到收回，短则数月，长则数年，致使不良资产不能得到及时处置，不断累积。在调查中发现，有的行对借款和担保合同事先办理强制执行公证，一旦借款人违约，可以直接凭公证机关出具的强制执行证书，申请法院执行，大大缩短了资产处置时间。今后，要大力推广这一做法，在借款合同、担保合同中普遍约定公证条款，办理强制执行公证，提高不良资产处置速度。

五是要优化金融生态环境。积极推动各级地方政府采取有效措施，优化金融环境，包括：建立和完善小企业贷款风险补偿机制，进一步提升银行发展小企业金融业务的积极性；规范抵押担保登记手续，减少重复登记，缩短登记时间，降低收费标准，制止搭车收费，降低交易成本；疏通资产处置通道，对银行处置抵（质）押物和抵贷资产，简化过户手续，减免相关税费，提高办事效率，加快资产处置速度。

关于河南分行资产质量状况的调查与思考

河南分行　明柱亮

河南分行经过一年来艰苦细致的努力，各项工作有了较大起色，2007年实现拨备前利润31.49亿元，在全系统位居第九位；实现拨备后利润16.95亿元，经营绩效等级同比提升四个位次。从拨备前后利润的对比中可以看出，资产质量不高已成为制约河南分行效益提升和可持续发展的最大障碍，必须痛下决心，把提升资产质量作为2008年全行各项工作的首要任务，大力开展“质量攻坚年”活动，强化信贷质量管理的全过程控制，突破质量问题的制约瓶颈，实现河南分行经营效益的根本性好转。

一、资产质量现状

截至2007年末，河南分行不良资产账面余额为74.86亿元，不良资产占比为4.02%；其中，不良贷款账面余额为65.03亿元，占比为6.12%。由于劣变加剧，虽清收处置13.71亿元，不良贷款仍呈“双升”状态。当期提取风险拨备14.54亿元，在全部经营成本中，风险成本占比高达21%，居全系统第三位。经过深入分析，感到河南分行资产质量呈以下风险特征。

（一）不良贷款余额大，占比高，且贬损严重。2007末，河南分行不良贷款余额和占比均居系统第七位，占比高出系统内平均水平3.35个百分点，在省内同业中也处于高位。从不良贷款结构看，可疑类和损失类贷款占比为74%，并且损失有进一步加大的趋势。

（二）正常存量贷款劣变突出，不良贷款反弹压力较大。尽管河南分行这几年积极清收处置了大量的不良贷款，适时进行了风险释放，但正常存量贷款的向下迁徙势头没有得到有效遏制，不良贷款前清后溢问题突出。2007年新发生不良贷款24.75亿元，关注类转入次级类20亿元。贷款发生劣变、向下迁徙，致使不良贷款余额和占比分别较年初上升11.04亿元和0.54个百分点，最终结果就是增加拨备提取，销蚀经营利润，这也是河南分行几年来盈利水平不高的主要原因。

（三）信贷风险集中度高。一是贷款客户集中度较高。客户结构呈现“二八”现象，亿元以上客户165户，占全部公司贷款客户数量的17.4%；贷款余额716.27亿元，占比为81.7%。大的贷款客户一旦出现问题，就会对贷款质量产生较大影响。2007年新发生不良贷款中，3户亿元以上客户的不良贷款占68%，而这3户企业均为集团客户。二是贷款互保关联集中度较高。河南分行互保关联贷款200.61亿元，占全部贷款的22.88%。这些企业关联关系错综复杂，如果一方发生债务纠纷，就会引起连锁反应。三是不良贷款的客户集中度较高。河南分行千万元以上不良贷款82户金额58.94亿元，占全部法人客户不良贷款的90.64%。

（四）历史遗留问题较多。河南分行的自办公司及关联企业共有239户，并已经全部停止经营。其中，195户在河南分行有贷款，金额19.26亿元。这些有贷款的自办公司中，剥离华融公司174户，金额13.75亿元。华融公司对外转让债权95户、金额5.51亿元，其中，已引发河南分行被诉案件58起，标的金额1.62亿元，很有可能面临被诉垫付风险。同时，非信贷不良资产金额大，损失率高，非信贷不良资产占非信贷资产的1.18%；预计损失5.75亿元，损失率为55.78%。

二、形成资产质量现状的原因

造成资产质量现状的原因是多方面的，归纳起来主要有以下几点。

（一）外部信用环境不优，部分地区企业逃废债问题比较突出。据《中国城市金融生态环境评价报告（2007）》显示，全国324个地市信贷资产评级中，河南17个地市有16个为“E”级，排250名以后的地市有8个，300名以后的有3个。在这样的外部信用环境下，部分地区的企业“逃废债”现象比较严重，这不仅对河南分行的正常贷款产生潜在威胁，而且也增加了不良贷款清收处置难度。如三门峡市的六大企业集团通过破产、转移资产等手段逃废银行债务，致使河南分行8.3亿元贷款形成不良。

（二）不良贷款清收处置难度大。基于外部环境的严重制约，加上前几年的不断清收，河南分行不良贷款现金清收空间日趋狭窄，依靠传统手段能清收的基本已清收回来，剩余不良贷款的清收处置难度大。据统计，河南分行有法人客户不良贷款170多户62.11亿元，其中半停产、停产、破产等企业贷款占50%，这些企业现金流量接近枯竭，并且存在相互担保、关联担保、抵押品严重贬损等诸多问题，对其依法强制扣收担保或处置抵押品，还会受到行政干预，清收效果很不理想。据测算，法人客户不良贷款回收率仅为31.22%，其中，亿元大户贷款受偿率平均为25.77%。

（三）受国家宏观调控政策影响较大。河南作为重化工业和资源驱动型的省份受国家宏观调控的影响较大。河南分行“两高”行业贷款集中度较高，占全部贷款的15%。这些贷款主要集中于钢铁、电解铝、火力发电等领域，如电解铝行业不良贷款余额高达7.05亿元，不良贷款率达28.43%；火力发电行业退出类客户多达23户，贷款余额为12.91亿元。随着国家产业结构的调整，必然对相关行业及企业的经营发展、财务状况产生直接影响，从而使河南分行在这些领域的贷款质量面临着较大风险。

（四）内部管理不够到位，风险掌控能力有待提高。从目前看，河南分行信贷管理基础依然薄弱。主要表现：一是“重贷轻管”，贷后管理粗放。二是“重进轻退”，对优质客户、优质项目竞争固然重要，但如何选择和把握合适的退出策略，往往犹豫不决，以致错失最佳退出时机。三是“从一而终”，贷款发放后一直持有到期，承担全部风险与收益，金融工具组合营销和创新不够，缺乏风险分散和提前退出的策略。四是被诉案件较多。2007年新发生被诉案件109件，被诉标的合计17 770.56万元，分别排在全系统内第一位和第二位。共有未结被诉案件291件，金额48 294.67万元。五是信贷管理责任评议机制不够健全。虽然河南分行对前中后台的职责进行了梳理和界定，但各环节的责任评议体系还不够健全。发生不良贷款时，对应承担主观责任的相关人员责任认定不实，追究力度不够，惩戒作用不明显；对无法预测或不可抗拒等客观因素，缺乏明晰的免责机制。六是个别人员制度观念和风险意识淡薄，甚至违反职业道德，违规操作业务等。

三、提升资产质量的对策

为迅速提升资产质量，河南分行把2008年作为“质量攻坚年”，并严格信贷资产质量系统管理的责任制度，全力打好质量翻身仗，努力实现清收处置不良资产40亿元以上、不良贷款率降至3%左右的目标。

（一）正确把握国家宏观调控政策和总行信贷政策，主动规避经济结构调整和周期性波动所带来的风险。认真研究国家宏观调控政策，密切关注和准确把握国家产业政策的发展变化，增强对中长期风险的预测和判断，准确把握信贷投放，主动规避宏观调控和经济发展周期性波动带来的负面影响；坚决贯彻执行总行信贷政策，结合河南的省情、行情，逐行业进行政策解读，并提出具体的实施意见和应对策略，切实提高河南分行的信贷政策执行力和风险防范能力；对火电、煤炭、水泥、开发区、纺织等行业提示准入标准，主动退出高污染高耗能客户；以“绿色信贷”建设为契机，积极主动与当地节能减排主管部门加强联系和沟通，及时了解国家节能、环保政策和标准的变化；坚持“区别对待、优中选优”的谨慎性原则，认真落实总行的“四个必须”准入条件和环保“一票否决制”；有效控制“两高”行业和资源性行业的贷款总量，同时积极捕捉“环保新政”带来的市场机会，真正把“绿色信贷”政策落到实处。

（二）着力开展“质量攻坚年”活动，全力提升资产质量。一是进一步提高不良资产清收处置在行长绩效考评中的权重，实行不良贷款大行主管行长的绩效工资与清收处置任务挂钩，引导和促使各行强力推进质量攻坚，不良贷款大行的一把手必须亲自抓不良贷款的处置工作。二是突出抓好不良贷款大户处置工作。建立健全分级负责、协调联动的不良贷款清收处置工作机制，落实领导干部挂帅清收大额不良贷款制度，亿元以上大户由省行行级领导挂帅清收，单户千万元以上的不良贷款由所在二级分行行长挂帅清收。省行风险管理部要对全行亿元以上不良贷款大户实行集中管理。三是抓好个人类不良贷款的清收处置。深入研究个人不良贷款的形成原因和表现形式，逐户确定清收处置策略，定人员、定目标、定进度、定责任，坚决遏制个人不良贷款双升势头。四是坚持多法并举，组合运用现金清收、还款免息、以物抵债、呆账核销、法律诉讼等各种手段，突出清收处置效果；创新不良贷款处置手段，探索推进不良贷款市场化处置，确保不良贷款户数减少60－70户。五是实行不良贷款准入报批制，严格信贷风险评估及缓释流程，彻底扭转事后被动管理的不利局面。六是做好非信贷不良资产处置工作。抵债资产要快进快出、加速变现；同时，全部消化委托持股，解决自办公司遗留问题，降低无息资产占用，努力提升经济资本回报率。

（三）强化信贷质量管理的全过程控制，严把存量贷款下徙关口。建立信贷资产质量系统管理的责任制度，强化信贷部门风险管理的整体意识，横向互动，纵向联动，分兵把口，逐级控制，流程管理，坚决防止存量贷款向下迁徙，形成新的不良贷款。公司业务、个人金融部门既要承担贷款营销职责，又要承担贷款的质量管理职责，随时把握客户生产经营状况和资金流量变化，对新发放的贷款以及现有五级分类中的前两类贷款质量负责，增强管严、管好贷款的主动性，绝不允许发生新的劣变；授信审批部门要结合派驻审批组的组建，加紧构建专家型的信贷审批委员会，尽快形成以专家审批为主、高效科学的审批工作机制和流程，努力从源头上防范新的风险发生；信贷管理部门要在强化非现场管理和风险预警的同时，将管理环节向上下游延伸，形成部门之间联动、现场与非现场管理的有机结合。明确二级分行行长是信贷资产质量管理的第一责任人，对贷款劣变多、管理差的行，相关贷款业务要停牌；年末仍不能收回劣变贷款的，行长和主管行长的绩效考核降一个档次。同时，成立信贷管理协调委员会，加强信贷业务各部门之间的信息沟通和协调联动，并负责对下徙贷款的认定，查找原因，分清责任，有针对性地进行预防和补救。

（四）实施有进有退战略，优化信贷结构。河南分行正常存量贷款持续劣变的主要原因是信贷客户固定化、资产长期“僵化”，“有进有退”机制的执行力度不够。按照现代商业银行发展规律，存量不活难有生机，增量不优难有后劲。因此，必须把有进有退、优化结构作为信贷工作的主线，大力实施优质客户重点发展和劣质市场主动退出战略，积极培育和拓展优质客户群，深度调整信贷结构。

在信贷进入上，努力推动由传统的信贷存量大行向信贷流量大行转变，由贷款简单持有到期向适时优化调整转变。强力推进“争大”战略，抓好高速公路、铁路、电力和能源等行业中的大客户、大项目的营销，对省行牵头营销的重点客户、重点项目，排出营销进度，落实营销团队，确保营销效果；加大对他行优质客户的竞争力度，综合运用金融产品，强力拓展优质信贷客户群。大力拓展个人信贷市场，强化房地产开发贷款与个人按揭贷款的联动营销，按1:2－1:3的比例捆绑考核，确保河南分行支持的项目和楼盘的按揭资源不流失，巩固第一按揭银行地位。把发展小企业信贷业务作为优化结构的抓手之一，在培育发展理念、搭建发展平台、完善机制措施等方面下大工夫，确保在控制风险的前提下积极拓展小企业信贷市场。在信贷退出上，牢固树立全局意识、责任意识和机遇意识，对不符合产品政策、不符合环保和节能减排要求的客户，尤其是对大额授信、行业集中度高、“两高”行业中信用评级A－级以下的客户，制订下达退出计划，落实到户、责任到人，按季考核通报，并对应退未退的贷款加大模拟计提拨备；对经济资本占用高、潜在风险大的信贷产品，分品种制订压降计划，确保尽快把高占用、高风险、低回报的贷款占比降下去，提高低占用、低风险、高回报贷款的比例。对列入退出和压降计划的客户和贷款，2008年压缩15%以上，并实行刚性控制，列入行长绩效目标考核。

（五）夯实管理基础，提升风险掌控能力。一是改进信贷业务流程。围绕支持业务发展、提升服务效率，整合信贷业务的评级、授信体系，精简冗余环节，彻底改变分割分散的评级授信模式，探索形成在授权额度内直接放款的机制。改进现行的不良贷款处置程序，在有效控制操作风险和道德风险的前提下，尽量减少不必要的重复的环节，提高清收处置效率。二是加强风险监测和分析，提高风险预警和防范能力。建立健全信贷风险预警体系，成立专业信贷分析中心，构建省行、二级分行、支行三级联动的风险监控网络；根据国家产业政策、总行信贷政策和企业生命周期设置全方位、多层次的风险预警指标体系，定期发布、传导相关政策信息和风险预警信号，确保三级行之间的信息畅通。坚持亿元贷款大户风险分析制度，定期召开由各级信贷决策者参加的大户分析会议，增强对贷款大户风险的预警和防控能力。三是强化贷后管理工作。建立健全下管一级的贷后管理监督体系，强化对分支机构信贷管理的监督检查，着力解决信贷管理中的薄弱环节。配备足够数量的专职信贷作业监督管理人员，全面强化信贷作业监督工作，确保信贷业务档案资料的完整性、合规性和有效性。同时，建立健全免责制，对无法预测或不可控制等客观因素形成风险损失的人员，经过相关程序认真评议后予以免责，以保护积极性和鼓励创造性。

（六）加快信贷业务创新，有效规避和分散信贷集中风险。一是实施产品组合营销策略。按照市场化原则，对客户的总体需求给予结构化设计，积极营销贸易融资、现金管理、投资银行、企业年金、电子银行等新业务、新产品，实现由单一的资金供给向全方位的金融服务转变。二是推行组合信用风险管理。以内部评级法工程的实施为基础，改变传统信用风险管理中简单关注单一客户、单一业务风险及收益的习惯，注重在权衡信贷组合风险及收益目标的基础上进行信贷进退和风险定价决策。三是积极探索资产管理创新机制，改变“从一而终”的经营观念和管理模式，尝试通过信贷资产证券化、信贷资产转让、信用衍生产品等手段和工具，主动调整信贷组合，有效控制组合风险，特别是要分散贷款集中度高和中长期贷款比例大的风险。四是密切关注和及时把握全省上市后备企业的上市进程、资金募集意向等信息，积极承揽企业的股权私募基金、短期融资券发行业务，通过实行主动替代策略，分散河南分行信贷风险，调整优化收益结构。五是通过资产转换、债权出售与交易等手段，积极化解关联担保和互保贷款风险，力争在1－2年内解开企业互保链。

（七）加强信贷从业人员队伍建设，积极培育先进的风险文化。一是着力抓好三支队伍建设。在客户经理队伍建设上，进一步完善管理和考核办法，把资产质量、经济增加值、客户服务和风险控制纳入客户经理核心考核指标体系当中；严格规范客户经理的行为，建立客户经理离任审计制度、工作报告制度，促使客户经理勤勉尽责和履职到位。在信贷审批专家队伍建设上，推行信贷审批资格认证制度，公开选聘信贷中高级审批人员，实行竞争上岗、持证从业；制定信贷审批人员分类考核管理办法，实行绩效挂钩，动态管理。在风险经理队伍建设上，在各部门、各级行设立风险经理岗位，制定风险经理工作规则和考核管理办法，明确其任职资格及其责任、权利和义务，以完善全面风险管理体系。二是提高信贷从业人员综合素质。构建信贷从业人员素质教育和业务培训长效机制，突出政策理论、风险观念、业务技能、职业道德和资格认证等重点，全面加大教育培训力度，通过多层次、多样化的培训，强化提升员工的风险管理理念和业务技能。三是积极培育先进的风险文化。引导员工牢固树立“风险管理创造价值”、“风险管理人人尽责”的风险管理理念，始终坚持“以资本对风险的约束为基础、业务增长与风险控制相适应、风险成本与风险收益相匹配”的风险管理原则，通过多种形式经常不断地向员工宣讲灌输，促使员工潜移默化，并自觉运用到实际工作当中，切实提升全员的风险掌控能力。

关于抓住武汉城市圈“两型社会”试验区建设机遇加快湖北分行创新发展的调查与思考

湖北分行　左新亚

继国家实施促进中部地区崛起战略之后，基于世情、国情的最新发展变化，2007 年底，国家批准武汉城市圈为全国资源节约型和环境友好型社会（以下简称“两型社会”）建设综合配套改革试验区，从而把武汉城市圈的改革发展提升到了国家战略层面。2008 年 9 月初，国务院又批准了武汉城市圈“两型社会”建设综合配套改革试验总体方案，标志着武汉城市圈综合配套改革试验进入到了一个全面实施的新阶段。目前，试验区建设各项工作正在按照国务院批复精神和省委、省政府的决策部署扎实推进。目前从这一重大战略举措的实施情况和发展前景看，湖北分行创新发展面临着新一轮难得的发展机遇。为此，我对武汉城市圈“两型社会”建设有关情况及其给湖北分行带来的市场机遇进行了调查和分析，并对如何抓住机遇加快湖北分行创新发展作了一些思考，现报告如下。

一、武汉城市圈“两型社会”试验区建设的基本情况、主要目标任务及重要意义（略）

二、武汉城市圈“两型社会”试验区建设给湖北分行创新发展带来难得的机遇

国务院在给武汉城市圈综合配套改革总体方案的批复中，不仅赋予试验区先行先试权，而且赋予武汉城市圈诸多重大利好，如允许享受国家级经济技术开发区的政策措施，促进形成有特色的产业集群；对圈域内的国有企业改革、高新技术发展、基础设施建设等争取比照执行振兴东北老工业基地的政策；争取开展大交通改革试点，构建高效协调发展的综合交通体系，提升武汉城市圈在全国交通大格局中的枢纽地位；国家积极支持试验区构建区域性金融中心、深化农村金融改革、扩大对外开放等。在武汉城市圈综改方案获批前后，国务院所属部委、省政府、城市圈内各市属和省属各部门纷纷抢抓发展机遇，积极主动采取措施推进武汉城市圈建设。省委、省政府进一步加强了城市圈建设领导力量，及时成立了领导小组办公室，组建了城市圈投融资平台（湖北省联合发展投资有限公司）。湖北银监局出台了《湖北省银行业支持武汉城市圈“两型社会”建设指导意见》，要求各金融机构加强组织领导、深入调查研究、争取上级支持，从健全组织体系、完善体制机制、改善服务方式、优化发展环境等方面积极支持武汉城市圈“两型社会”建设。人行武汉分行积极推进武汉区域金融中心建设和武汉城市圈信贷市场一体化、票据市场一体化、支付结算一体化、金融信息服务一体化建设。总之，国家批准武汉城市圈为全国“两型社会”综合配套改革试验区以来，全省上下解放思想、更新观念，推动“两型”社会改革试验的氛围越来越浓厚、措施力度日益增强，与总体方案相配套的空间、产业、综合交通、社会事业和生态环境 5 个专项规划，投资、财税、土地、环保、金融、人才支撑 6 个配套政策和综合改革三年行动计划等已经制订出台，产业转移、社会事业资源共享、城际铁路、农业产业化、商业集团连锁经营五项重点工作和规划中的一些重大项目已先期启动或进入前期准备。这些为湖北分行加快创新发展提供了难得的机遇。可以预料，随着改革的深入推进，湖北分行将迎来更多的发展机遇和更广阔的发展空间。

（一）作为改革载体的重大项目的有效实施，为湖

北分行资产业务又好又快发展提供了可靠的保障。重大项目建设是推进武汉城市圈“两型社会”改革试验的载体。省委、省政府领导高度重视城市圈项目建设，要求在重大项目建设上有新突破，以增强人民群众信心，切身感受到变化。为此，省政府围绕项目化、资金化、政策化形成了试验区建设重大项目启动清单。拟启动项目131个，投资总额11 430亿元。其中：2007年启动建设的重大项目58项，投资总额5 272亿元；启动前期工作重大项目45项，投资总规模2 164亿元；启动策划工作的重大项目28项，总投资规模3 891亿元。截至2008年8月末，湖北分行共储备铁路、城建、公路、电力等重点项目108个，涉及贷款金额1 668.27亿元（不含住房开发及土地储备项目）。这些重大项目的有效实施，为湖北分行资产业务又好又快发展提供了可靠的保障。

（二）县域经济和中小企业快速发展，为湖北分行开辟新的效益增长点提供了丰富的资源。在推进武汉城市圈试验区改革过程中，省委、省政府高度重视县域经济和中小企业发展，强调必须坚持统筹兼顾的根本办法，通过创新统筹城乡发展的体制机制，破解县域经济发展中的瓶颈制约因素，完善鼓励创业的体制机制，促进生产要素在城乡间合理流动和公共服务向农村倾斜，大力推进“工业强县”战略、“中小企业成长工程”，发展优势产业、特色经济和产业集群，湖北省县域经济发展不断加快，综合实力日益增强。2007年上半年，全省县域规模以上工业企业发展到7 081家，其中销售收入过亿元的企业593家，比2007年底增加20家；实现增加值771.8亿元，增长27.82%，高出全省规模工业增速4.72个百分点，比上年同期增速加快6.95个百分点，占全省规模工业的比重达到41.9%，其中，武汉城市圈内的36个县（市、区）共完成生产总值1 402.3亿元，同比增长15.7%，对全省县域经济增长的贡献率达到52.3%，发挥着重要的支撑作用。预计“十一五”时期全省国内生产总值过百亿元的县市区将超过15个，财政收入过10亿元的县市区将达到10个，年销售收入过30亿元的产业集群将达到30个。县域经济和中小企业的快速发展，有利于湖北分行改变客户数量不足，业务发展主要依靠为数不多的大企业、大项目的被动状况，为湖北分行开辟新的效益增长点提供了丰富的资源。

（三）城市圈一体化建设稳步推进，为湖北分行大个金业务和新业务的发展提供了广阔的市场。随着空间、产业、综合交通、社会事业和生态环境五个专项规划的全面实施，城市圈一体化建设将不断取得实质性进展，“1+8”有望融合成“1”，原来还是9个城市的居民，今后都变成“圈内人”。随着在优化结构、节能减排、自主创新等重要领域和关键环节的率先突破，重要的先进制造业基地、高新技术产业基地、优质农产品生产加工基地、现代服务业中心和综合交通运输枢纽的顺利建成，武汉城市圈将成为名副其实的区域经济中心和全国第四经济增长极。长期来看，城市圈居民的就业机会将大大增加，收入也将大幅提高，从而为湖北分行“大个金”业务发展提供广阔市场。如随着城市圈交通的便捷以及产业和市场一体化的实现，圈内居民的流动性增大，必然带来更多的现金流，为个人结算业务、银行卡业务的发展提供更大的市场；城市圈居民收入的增加和个人财富的积累，必然进一步增强居民的投资理财意识和保险意识，为发展个人理财业务带来了丰富的商机；居民消费结构升级，住房、汽车和其他大额消费需求进一步释放，将为个人消费贷款、住房按揭贷款和银行卡等业务发展提供良好的机遇。产业一体化是城市圈经济一体化的核心。随着武汉城市圈建设的推进，城市圈内产业跨行政区域流动重组将不断加强，产业结构升级进一步加快，企业并购活动将更加活跃，从而为湖北分行投资银行业务发展提供了难得的发展机遇，以常年财务顾问、政府财务顾问、企业信息服务、结构化融资、重组并购、银团贷款、间接银团、短期融资券等为主的投行产品将有更广阔的市场空间。此外，基础设施、生态环境等硬件的不断优化和政府公共服务等软件的不断完善，必然大大促进城市圈外向型经济和旅游业的发展，从而为湖北分行外汇业务、电子银行和银行卡等新业务带来更多更好的发展机遇。

（四）区域金融中心扎实构建，为湖北分行加快创新型银行建设、打造核心竞争力提供了强大的动力。把武汉建成区域金融中心，既是实现武汉率先崛起和搞好武汉城市圈“两型社会”建设的需要，也是湖北实施中部崛起战略的关键一环。武汉建设区域金融中心有着经济、区位、科教人才、历史基础等多方面优势，省委、省政府一直把构建区域金融中心作为重要目标并做了大量的准备工作。国家批准武汉城市圈为“两型社会”建设改革试验区后，明确支持武汉城市圈构建区域性金融中心，并给予政策支持。为此，省委、省政府号召举全省之力，加快武汉区域金融中心建设步伐，并制定了近期目标、远景目标及相关措施办法。近期目标是：着力增加金融机构，做大金融市场，丰富金融产品，改善金融环境，建设设施先进、信息灵敏、服务高效、融资功能和辐射能力较强的金融机构总部和区域管理总部聚集区；初步建立起武汉金融中心的框架，成为区域性的银团贷款中心、票据业务中心、资本市场中心、产权交易中心、保险业务中心、金融教育研究中心和金融后台服务中心；到“十一五”末期，武汉金融业增加值占第三产业增加值的比重达到15%左右，使金融业成为武汉的支柱产业之一。远期目标是：在未来十五年至二十年内，以增强金融资源聚集和辐射能力为主线，以改革创新为动力，以优化金融生态环境为基础，建设金融机构密集、金融市场完善、金融创新活跃、金融服务高效的现代金融服务体系。为实现上述目标，省政府将努力做好基础性和政策性工作。具体包括：一是成立城市圈金融发展协调小组，加强金融中心建设工作的研究、组织、推动和协调；二是繁荣地方经济，为金融中心建设提供经济依托；三是充分运用先行先试的改革权，推进金融创新，加快城市圈金融一体化建设；四是优化金融生态环境，确保武汉成为资金安全港；五是出台相关优惠政策，吸引国内外金融机构落户武汉、拓展业务，吸引高层次金融人才到武汉就业。随着相关政策措施的实施到位，金融中心建设的深入推进，武汉城市圈的经济、金融活力将显著增强，规模将快速扩大，金融竞争也会随之更趋激烈。这些为湖北分行加快创新发展、打造核心竞争力提供了强大的动力。如企业活力增强，创新发展加快，必然对湖北分行的金融创新发展提出更多更高的需求，进而增强湖北分行创新发展的动力；随着外资银行的进入及金融机构的增加，同业竞争将更加激烈，为在竞争中取胜，湖北分行必须加大改革创新的力度，加快打造核心竞争力。

三、抢抓机遇，创新发展，努力把湖北分行建成全行新的利润增长极

面对武汉城市圈“两型社会”建设和湖北改革发展的良好机遇，湖北分行将立足大局、把握大势、关注大事，树立强烈的政治意识、责任意识、发展意识、服务意识和创新意识，精心谋划，抢抓机遇，加快发展，努力把湖北分行建成全行新的增长极。

（一）精心组织谋划，抓牢抓好市场机遇。一是成立领导小组，完善工作机制。成立由省分行及圈域内各行行长挂帅，各业务部门组成的领导小组，落实工作专班，发挥全局优势，构建制度化的联动机制，统筹协调武汉城市圈“两型社会”建设信息收集、政策制定、措施研究、策划推动等工作。二是加强协调沟通，积极主动介入。主动与省委、省政府及相关职能部门联系，充分关注国务院和省委、省政府出台的相关政策以及规划中的重大建设项目，密切配合当地政府组织召开银企座谈会、项目对接会、产品推介会和工作交流会，掌握圈域项目投资状况和企业经营情况，了解企业的金融服务需求，抓好抓牢市场机遇。三是高度关注外资银行、股份制商业银行、地方商业银行以及汽车金融公司、金融租赁公司、企业集团财务公司等非银行金融机构设立的动态，尤其是要重点关注外资银行、股份制商业银行进驻武汉以外该类机构空白地区的情况，积极寻找与金融同业在信贷、结算、投资银行、银行卡等方面的业务合作机会。

（二）着力提升整体营销能力，巩固和扩大重大项目、重点企业市场份额。完善整体联动的市场营销机制，做到上下机构联动、部门职责联动、前中后台联动、考评机制联动、各类资源联动和业务产品联动，切实解决营销协调不够、力量分散甚至推诿扯皮、各自为政等问题，促使各级营销团队形成合力、主动竞争、深度营销。抢抓城市圈基础设施一体化建设机遇，以湖北省联合发展投资有限公司、武汉市经发投公司、地产集团、地铁集团、城投集团等大集团公司为平台，加大对轨道交通、地铁、过江隧道、城市（际）公路和两江桥梁、大型公路铁路枢纽站、港口、连接武汉城市圈“三纵五横”公路主通道、天河机场国际性航空枢纽建设等一大批重点项目的信贷资源投入；抢抓城市圈产业布局与发展一体化、环境保护与生态建设一体化机遇，围绕打造8个千亿元支柱产业和进入“万亿元俱乐部”目标，对钢铁、汽车、石化、电子信息以及装备制造业、能源环保产业、创意产业和现代物流业等产业的生产和项目融资予以倾斜。强化绿色信贷理念，加大“绿色信贷”产品供给。改善和创新节能环保领域的金融服务，建立信贷支持节能环保的长效机制，支持循环经济产业、企业和建设项目的资金需要，对节能减排、技术创新和产品升级的项目资金予以优先支持。

（三）着力提升综合服务水平，提速发展中小企业金融业务。引导各级行充分认识加快发展中小企业金融业务，对改变湖北分行业务发展过于依靠大企业、大项目状况，确保湖北分行资产业务、负债业务和中间业务全面、协调、可持续发展的重要意义，着力提升综合服务水平，抢抓城市圈建设带来的县域经济和中小企业活力增强、发展提速的良好机遇，做大做优中小企业金融业务。重点扶持一批有市场、有效益、有潜力、讲信用、管理规范的优秀中小企业和民营企业，促其不断成长壮大，形成地方新的经济亮点和湖北分行新的效益增长点。根据全省经济发展规划和产业集群建设特点，对汽车零部件、高新技术、信息通讯、物流和沿海转移产业进行重点支持。对国家切块规模实行专项管理，分解到行，适时监控，合理使用；按月分析小企业信贷资金需求，将小企业贷款规模分解落实到户，确保信贷规模使用到小企业客户；建立规模考核管理机制，对小企业贷款规模实行授权管理，对违规挪用小企业贷款规模的行为给予行政处罚；积极争取政策，始终保持小企业信贷业务发展规模和资金，确保专项贷款规模用足用好。

（四）加快推进经营转型，努力打造湖北第一零售银行。深入推进并加快完成个人金融业务“专业化经营、系统化管理”改革，实现个人金融业务统一资源配置、统一经营管理、统一宣传营销，统一归口核算，逐步建立以优质客户为重点的分层客户服务体系和以价值创造为导向的绩效考评体系，完成个人贷款、银行卡、电子银行、个人外汇等个人客户信息资源和产品线的优化整合，建立跨专业和集中统一的个人金融产品管理体系。以“零售银行”业务产品为重点，精心打造零售银行品牌，着重营销理财金账户核心品牌，打造“理财直通车”服务品牌，更好地服务中高端客户。以

基金、保险及理财产品为重点，灵活运用各种理财协议同其他金融产品的组合，为客户提供多样化的增值服务。以新业务产品为重点，以信用卡、灵通卡和电子银行业务平台为依托，积极为客户开通网上银行、电话银行等高效、快捷服务。积极推进以个人住房、个人消费和个人经营贷款为主体的个人贷款业务发展，提升个人信贷业务的整体市场份额，争取至2011年，个贷余额市场占比达到31%以上。

（五）加大改革创新力度，全面提高竞争发展能力。一是突出网点改革创新，提升网点综合竞争力。根据城市圈“两型社会”建设总体方案，结合湖北分行发展战略，重新制定圈域分支机构发展与调整规划，加快网点整合升级，推进机构扁平化、直通式管理，强化专业部门的垂直管理，压缩中间管理层次，探索能够充分释放分支行经营活力的管理模式，提高市场反应能力和管理效率，提升对客户的综合服务能力。着力打造“规模大、功能全、环境好、品牌佳、效益高、影响力大、辐射性强”的一流综合化网点，重点打造投资型、理财型、综合型等各具特色的财富管理中心和理财中心，切实增强湖北分行城市圈和其他大中城市网点的综合竞争力。二是突出流程和管理机制改革，提高整体竞争发展能力。按照有利于客户需求、创造客户价值的原则，合理规划个人和公司金融业务产品线和产品组合，将原分散在个金、银行卡、电子银行、国际业务、公司金融、会计结算等多个专业部门不同平台上而又相互分割的个人和公司金融产品，整合到统一的个人和公司业务平台上，在个人金融业务方面形成以个人理财、个人结算、个人消费、个人投资、个人外汇和银行卡为主体的相互关联、相互转换的财富管理型产品系列；在公司金融业务方面形成存款、结算、融资和投行一体化的产品方案。适应业务流程优化需要，调整内部机构设置和职能定位，前台实现大市场、大营销，后台实现标准化、专业化和信息化，形成前台有效竞争、后台保障有力的新型管理模式。三是突出产品和营销机制创新，全方位满足客户金融需求。以提高客户满意度和客户价值为目标，加快“以产品为中心”向“以客户为中心”的营销模式转换，通过实施精细化客户关系管理和差异化营销战略，调整客户发展计划，提高市场细分能力，准确定位中高端目标客户和潜力客户，根据市场竞争态势和客户需求变化，由大众化同质型营销服务向个性化多样性营销服务、由单一业务营销向链式组合营销转变，充分依托科技、网点和产品优势，积极竞争能够带来更多收入的大型企业客户、机构客户和高端零售客户市场，促进单一业务客户向多元业务客户转换，集中营销资源向大中型项目和优质重点客户倾斜，全方位满足客户个性化、多样化的金融需求。使湖北分行在中高端客户市场上占据第一，并使中高端客户数量及其业务量在湖北分行客户和业务总量中的比重有突破性的提高，逐步改变湖北分行客户总量不足、优质客户少、低端客户占用资源多及综合贡献率低的状况。四是根据深入学习实践科学发展观活动要求解放思想、创新体制机制、促进科学发展的精神，在省分行营业部选择部分支行进行全方位的经营管理体制机制改革试点，为提高省分行营业部及全行核心竞争力积累经验，加快湖北分行创新发展速度，缩短打造区域强行进程。

关于湖南分行实施“三层两线一体化”营销的实践与思考

湖南分行　吴宏波

客户是整体的，而银行的产品是分割的。如何有效整合营销资源，提高营销效率，增强在区域同业市场的竞争力，一直是我思考较多的问题。为此，我根据总行关于构建以客户为中心的大前台营销体系的要求，在湖南分行提出并实施了“三层两线一体化”营销战略，经过一年多来的实践，取得了良好成效，不仅实现了各项业务的快速发展，提高了竞争水平，而且为推进流程银行建设夯实了基础。

一、主要内容及其做法

2006年以来，湖南分行结合湖南的区域经济特点，通过认真分析自身经营状况，确立了加快转型发展的总体思路。在推动经营转型过程中，面对日趋白热化的同业竞争，为了抢占更多的市场份额，湖南分行打破以往条块分割、各自为政的营销格局，在全行实施了“三层两线一体化”营销战略，即省分行、二级分行（营业部）、支行三层联动；公司业务（含机构业务）、个人业务两线合力；本、外币业务产品一体化捆绑营销。制订下发了《“三层两线一体化”市场营销方案》，要求各级行加强组织领导和推动落实，通过整合全行营销资源，发挥整体营销优势，提高了市场反应速度和客户资源利用效率，增强了团队协作能力和市场竞争能力。

具体做法如下。

（一）深入开展个人金融业务一体化营销。个人金融业务作为一项综合性业务，产品关联度高，开展个人金融业务一体化营销，就是由个人金融业务部门牵头，各相关部门做到工作相互配合、产品相互配套、渠道相互协调，快速提高个人金融产品的市场占有率，实现对私业务和对公业务的协调发展。

1. 明确一体化营销职责。要求各级行个人金融业务部门牵好头，履好职，面向整个市场思考个人金融业务发展。一是牵头制订个人金融产品整体营销计划和方案，建立营销例会制度和信息通报制度，确立重点业务对口联系人，负责产品信息沟通，统一营销联络；二是牵头与电子银行、银行卡等相关部门组建营销团队，联合开展有针对性的营销活动；三是牵头做好客户经理的组织与管理。在客户经理的考核管理上，实行以块为主、条块结合的模式，在全行建设一支“数量充足、素质优良、管理严格、适应市场需要”的专职客户经理队伍，到目前为止，全行配备个人客户经理 1 457 名。同时，明确了相关部门的工作职责，要求电子银行、信用卡等相关部门各负其责，加强资源对接，积极配合个人金融业务部门统一开展对外营销。

2. 加强一体化渠道建设。零售业务，渠道为王。湖南分行认识到，要加快个人金融业务发展，光有产品不够，还要有遍布四面八方、高效顺畅的大渠道。大渠道不是各渠道的单打独斗，讲究的是各渠道的协调沟通和综合运用，要求的是各渠道整体功能的发挥，借助的是前台和个人客户经理的营销力量。湖南分行通过发挥营业网点、电子银行、自助银行各渠道的营销功能，突出各渠道的营销重点，同时，加强各渠道间的营销整合，实现了个人金融产品向客户的有效延伸，让客户进一家门，办多家事，提高客户的满意度和忠诚度，抢占了营销先机。

3. 推进“3 + X”捆绑营销。为了加强个人金融业务精细化营销，湖南分行在全行开展了以牡丹灵通卡、个人网上银行和信用卡为核心的“3 + X”捆绑营销活动，每年对产品开户数的总量指标、交叉营销的开户数和营业总额等主要指标进行考核。在实际营销中，遵照循序渐进原则，对没有在湖南分行开户的新客户或已经拥有一个产品的存量客户，优先营销牡丹灵通卡、信用卡或个人网上银行，实现从 0 - 1 到 1 - 3 的转换，再将分散在相关部门的重点产品筛选出来，与牡丹灵通卡、信用卡、个人网上银行相配套，形成针对不同客户的产品套餐系列，向“3 + X”标准组合推进。为了规范营销行为，达到营销效果，实行“四统一、两整合、一共享”，即统一营销计划的下达和考核、统一目标市场定位、统一客户视图和统一营销模式，整合重点产品和营销渠道，共享信息资源。通过运用新型目标管理办法，组织个人金融业务旺季大会战，用高目标带动大发展，举全行之力，做宽业务半径，做大客户规模，在竞争个人中高端客户、个人网上银行业务、代理基金销售业务等方面取得了显著成效，促进了个人金融业务的快速发展。

（二）积极推动公司业务一体化营销。湖南分行认为，对所有公司客户而言，需要贷款以及湖南分行能够发放贷款的，毕竟是少数。客户的金融需求是多方面的，光营销贷款远远不够，为此全行专题召开了公司业务一体化工作会议，在加快个人金融业务一体化营销的基础上，由公司业务部门牵头、相关业务部门紧密配合，积极推动公司业务的一体化营销。通过营销结算套餐、代理保险、银行卡、网上银行、资产托管、企业年金等多种业务产品，满足客户的多种金融需求，增强湖南分行拓展和引导市场的能力，加快经营转型步伐。

1. 明确一体化营销的主要目标。一是客户目标。每年新拓展公司客户 30 000 户（含有贷户和无贷户）；投资银行业务每年为 5 - 10 名客户提供重组并购服务，常年财务顾问或理财顾问数每年新增 350 户；机构业务每年新增客户 40 家；新增现金管理客户每年达到 500 家。二是账户目标。力争用三年时间实现对公账户翻一番。到 2009 年底，对公账户数量达到 16 万户以上。三是产品目标。所有公司客户各产品的营销目标累计占比为：投资银行业务客户数量占比达到 10%；企业网上银行证书版客户数量占比达到 50%；信用卡客户数量占比达到 50%；企业年金客户数量达到 13%；电子银行客户数量达到 90%；总行不定期组织发行的债市通、珠联币合和代客境外理财产品，每期完成总行分配任务的 120%、力争完成 150%；本外币债务风险管理计划完成 21 亿元人民币、45 亿日元，力争完成 28 亿元人民币、100 亿日元；本外币结构性存款计划完成 3.6 亿元人民币、力争完成 6.4 亿元人民币；债权融资计划完成 15 亿元人民币，力争完成 25 亿元人民币；对公存款增加 90 亿元人民币。

2. 健全一体化营销的工作机制。一是完善营销互动协调机制。建立例会制度，深化联动营销；建立省分行、二级分行、县支行三级目标信息反馈制度，及时对产品和客户信息进行整理和分析，建立信息台账，对市场信息实行动态管理；如省分行营业部汇集了省市建筑企业、长沙市规模以上企业、长沙市小巨人企业、长沙市拟上市企业、泛珠会项目等 29 类行业和板块的信息，专门编制《公司业务一体化营销目标客户名录》下发所辖各支行。二是建立市场营销督导制度。定期检查督导营销工作，建立营销工作问责制度，对落后行进行支、帮、促，推动一体化营销工作向纵深发展。省分行在网讯开辟了“一体化”营销专栏，对各部门和支行的营销进度、好的做法进行跟踪报道和推广。三是健全以产品计价为主的客户经理考核机制。全行普遍实行以产品计价为主的客户经理考核制度，对客户经理的主要收入按营销产品的质量和数量计价，变事后奖励为事前激励，以绩效换费用、业绩换收入，有效地调动客户经理营销的积极性和主动性。四是建立产品营销推介机制。统一制作标准化、专业化的营销课件，建立课件库。着力强化支行层面的一体化营销，全省各支行都配备笔记本电脑和投影仪，开展对他行开户企业的营销推介活动。特别是2007年8月以来，全行加大了营销推介力度，重点开展了“工行园区行”等金融产品推介活动，营业部、各二级分行累计举办演示推介会1 310场次，参会的客户27 937人。五是在全行建立综合业务培训机制，重点抓好客户经理的培训工作，加强综合业务知识培训和营销知识技巧的培训。全年共组织培训9 750人次。

3. 抓好一体化营销的重点工作。一是抓好电子银行、牡丹卡等规模效益型产品营销。大力发展企业网上银行客户，通过组织开展二次和多次营销，让更多的客户真正动起来，让动起来的客户更加喜欢使用工行产品。同时，加大牡丹标准卡的推广力度，大力发展联名特约商户，提高信用卡业务的市场渗透率。二是加快企业年金管理业务“跑马圈地”步伐。以省分行确定的54家企业为重点客户，根据实际需要提前介入客户，抢占企业年金管理业务的制高点。三是积极开展中小企业组合营销服务。组建营销小分队，充分运用湖南分行存款、结算、理财等各类产品，满足中小企业客户全方位的金融需求。如湖南辰州矿业股份有限公司中小板上市，通过省分行、市分行、支行的三级联动营销，11.66亿元募集资金划入怀化分行，同时销售代理保险1 272万元，企业及下属分公司、附属机构共20余户开通企业网上银行业务，覆盖率为95%，动户率为100%，向公司员工营销个人网银367户，新增银行卡1 132张。四是积极发展投资银行业务，打造重点地区、重点领域的投行精品项目。五是大力发展财产保险和法人客户理财增值服务。重点在他行还没引起足够重视的公司中小客户上下工夫，在搞好结算服务的同时，积极提供公司理财、现金管理、电子银行、商务信用卡等多项业务，实现全行结算账户三年内翻番，再增加8万户。

（三）全面促进三层的一体化。省分行、市分行、城区（县）支行三级联动，发挥工商银行的整体优势，加大对重点客户和系统大户的营销力度。先后召开了“三层两线一体化”的烟草、电力、保险会议等，由省分行率先拜访省烟草、省电力、保险省公司，然后市分行和县支行拜访和营销相应的市公司、县公司，从上至下逐环节落实上门营销、关系维护和后续服务等工作，通过三级联动，省分行到优质系统户演示营销一次业务，全省就可以营销100多次，形成1:100以上的放大效应，把抓一个、抓一把变成抓一片。同时，加强了专职客户经理队伍建设，通过发挥客户经理作用，搞好了产品的捆绑营销。对于全行性的重点客户和系统大户，由省分行领导带队主动上门营销，成功营销了潭衡高速公路、武广铁路客运专线湖南段等大型项目。潭衡高速公路项目的投融资顾问服务，创新了银企合作的新模式，荣获全国2006年度投行业务“十佳”项目。该项目投资总额为57.5亿元，项目融资36亿元，全部在湖南分行办理，且带来投资银行、非融资类人民币保函、进口信用证及外汇担保等业务，建设期内将为湖南分行带来上亿元的中间业务收入。

二、取得的成效

湖南分行通过开展“三层两线一体化”营销，加强公司客户资源和个人客户资源的整合，加强公司业务和个人业务内部产品的整合，深度挖掘资源效益，有力地推动了各项业务的全面发展。

（一）联动营销格局的初步形成，提升了整体营销水平。通过对客户的调查摸底和筛选，按规模、贡献度等指标划分客户层次，明确了省分行、二级分行和县支行三个层面牵头营销的客户，各级行根据营销职责，分别制订有针对性的营销方案和措施，形成了三层各有重点、各负其责、上下联动的整体营销格局。对于重点营销项目，省分行、二级分行、支行三级联动，上下配合，收效明显。一年多来，为省电力公司、省电信公司、省出版社、五凌公司等一批重点优质客户制订金融服务方案29个，共营销项目189个，营销贷款423.9亿元。同时，对15个项目出具贷款承诺函，承诺金额229.6亿元。重点营销了电力、交通、城市基础设施建设等行业中一批高端优质客户，如常安高速、永蓝高速、常东高速、铜湾电站、托口电站等，优化了湖南分行信贷资源配置。同时，对中部贸易博览会签约项目进行了筛选，储备了85个重点营销项目。还通过积极介入湖南核电项目、城市电网改造项目等，为信贷业务的发展储备了一批优质项目。“三层两线一体化”营销战略的实施，进一步加强了分支行、前后台、跨区域联动营销，提升了整体营销水平。

（二）业务流程的优化整合，提高了市场反应速度。在实施“三层两线一体化”营销战略过程中，湖南分行根据总行的统一部署，进行了信贷机构改革和流程重组，推进了前中后台分离的信贷流程建设。在控制风险的前提下，通过实行限时服务，建立部门跟踪单制度，提高了工作效率和反应速度。对每笔业务都明确了各环节在途所需时间，通过为优质客户提供快捷、高效的金融服务，着力增强了湖南分行贷款营销的竞争力。

（三）营销职能的有效延伸，增强了协同作战能力。“三层两线一体化”营销战略实施以来，省分行、二级分行、县支行都有了直接营销的对象，营销意识得到增强，营销职能也相应得到延伸。一年多来，由公司业务部牵头，相关部门紧密支持配合，先后与省电信公司、省电力公司、省联通公司、省新华书店、省石油公司等系统大户签订战略合作协议，拓宽了与客户的合作领域，营造了整体联动的良好氛围。2006 年 4 月，由省分行、营业部、相关二级分行和支行组成的电子银行营销小分队，短短 8 天内，辗转长沙、衡阳、怀化、湘西、常德五个地市，对五凌电力有限公司总部及所辖 7 个电站员工进行个人金融产品上门营销，取得了较好的效果。还通过为省电力公司办理农电集团账户、提供代收电费、法人账户透支业务等服务，提高了客户的忠诚度和贡献度。截至 2006 年末，省电力公司在湖南分行日均存款为 5.7 亿元；比年初增加 0.5 亿元；贷款达 24 亿元，比年初增加 13 亿元；每月通过湖南分行归集电费 8 亿多元，每月通过湖南分行网上银行支付结算 17 亿多元。由于“三层两线一体化”营销的实施，各业务部门打破了明显的专业界限，各客户经理参与了跨专业的市场营销，增强了协同作战能力，树立了湖南分行的良好服务形象。

（四）营销手段的不断创新，促进了各项业务的互动发展。全行在实施“三层两线一体化”营销战略的过程中，强化“营销无淡季”的理念，积极进行了营销手段的创新。一是组织营销小分队上门营销，选择高校、重点行业、专业市场等目标客户，积极开展以牡丹灵通卡、个人网上银行、信用卡等个人产品为主的捆绑营销；二是推行表格式的精细营销，把客户的各种金融需求摸深摸透，把湖南分行的业务产品做宽做广；三是倡导联想营销，运用发散性思维方法，由点及线，由线及面，进而联想到一个市场，不断延伸营销触角，拓展业务领域；四是开展定向组合营销，锁定大型优质企业、知名房地产企业和优质信贷大户等优势行业及单位作为目标市场，以网上银行产品、理财金账户、信用卡等作为切入口，进行定向组合营销，取得了很好的效果；五是发挥网点营销作用，通过科学调整柜员的劳动组合，加强了柜台内外的互补营销。特别是通过对公司、机构和个人三大类业务产品进行梳理，制定《业务产品表格式营销一览表》，由客户经理按图索骥逐项“打勾”主动营销，打破了公司、机构和个人业务的界限，实行业务产品的一体化营销。如湖南省新华书店集团有限公司的现金集中管理服务方案，赢得了客户的信赖和好评。现全省新华书店只在工行一家开立结算账户，全省 100 家省、市、县三级公司开通了企业网上银行，年办理结算量 25 亿多元，日均存款 5 亿多元，实现中间业务收入 110 多万元，全省新华书店系统 8 000 名员工全部通过湖南分行代发工资，每年还可增加储蓄存款 1 亿多元。通过提供一揽子金融产品服务，满足了客户的金融需求，促进了业务的良性互动发展。

2006 年，湖南分行实现拨备前利润 22.5 亿元（还原后），同比增加 7.82 亿元，完成总行计划的 118.5%，比上年增长 57%；实现账面利润 18.87 亿元，完成总行计划的 131.2%，比上年增长 66%；实现经济增加值 6.2 亿元，同比增加 4.08 亿元，完成总行计划的 189.2%；各项存款在上年高速增长的基础上继续保持较好增长势头，比年初增加 136.86 亿元；新增贷款 81.5 亿元，同比多投放 30.9 亿元；实现中间业务收入 7.67 亿元，同比增加 2.91 亿元，完成总行计划的 110.35%，增幅为 61.13%；累计代理销售基金 126.75 亿元，个人理财产品营销 14.31 亿元，代理保险 13.83 亿元；新开对公结算账户 24 221 户，完成总行计划的 111.11%；新增现金管理客户 1 910 户，是总行计划的 16 倍；发展个人网上银行客户 116.94 万户，完成总行计划的 585%；企业网上银行客户 1.58 万户，完成总行计划的 226%；交易额 10 348 亿元，完成总行计划的 164%；实现电子银行业务收入 4 096 万元，同比增加 2 323万元，完成总行计划的 152%；新增各类信用卡 51 万张，达到 66 万张，完成总行计划的 301.05%；信用卡消费额 21.16 亿元，完成总行计划的 132.25%；实现信用卡业务总收入 5 100 万元；信用卡不良率为 3%，比年初下降 1.1 个百分点；实现国际业务结算量 25.26 亿美元，完成总行计划的 120.57%；贸易融资业务量 2.4 亿美元，完成总行计划的 233.37%；国际结算和贸易融资新增客户 49 户，完成总行计划的 245%。

三、下一步工作措施

湖南分行在推进“三层两线一体化”营销中，业务市场得到了较快拓展，在一些重点区域和优质市场的竞争中取得了明显成效。但是，业务市场还很深很大，业务发展还不够均衡，需要继续从以下几方面着力。

（一）进一步完善工作机制。一是在业务流程方面，始终坚持“以客户为中心”的理念，在有效控制风险的前提下，不断加强业务流程的改造和优化，提高服务客户、开拓业务的有效性。二是在计价考核方面，适应新产品频繁推出的需要，及时调整相关产品计价考核办法，确保层层考核到位。着力建立利益驱动的长效机制，调动全行员工自觉自发，主动营销。三是在营销培训方面，课件制作力求标准化、案例化、个性化；培训内容上讲求综合性、操作性、技巧性。重点加强客户经理的培训，加强产品推介人才培训，做到业务发展到哪里，客户经理培训就延伸到哪里。四是在检查督办方面，加强“一体化”营销的巡回检查，加强“一体化”营销的进度考核，加大问责力度，鞭打慢牛，扫除经营中的落后行为，努力消除极端不平衡性，提升全行业务的发展水平。

（二）进一步加快客户扩展。通过抓账户数量的扩张，抓账户结构的改善，拓宽业务发展空间，提升业务发展质量，巩固湖南分行可持续发展的基础。在客户扩展方面，运用发散性思维，开阔视野，做到两个结合：一是增强与区域经济发展的契合度，顺应区域经济发展和居民投资需求特点，因地制宜，抓好分类指导；二是增强与潜力市场的结合度，以亟待开发的新市场、需要营销的单位和系统为方向，以潜在的优质客户群体为突破口，运用电子银行、现金管理服务等有效手段，面向整个市场找客户，挖新户。抓住湖南分行小企业试点的机遇，关注新的经济增长点，抓好中小企业客户的扩展工作。

（三）进一步创新产品营销。一方面对于规模效益型产品，像信用卡业务、电子银行业务等，抓住发展时机，利用工行先进的科技平台，发挥网点、人员和客户资源优势，继续开展深度营销；另一方面，对新产品加大市场开拓力度。积极营销宣传法人客户理财业务、投行业务、财险业务、国内贸易融资业务、企业年金业务和第三方存管业务，不断扩大产品的覆盖面，提高客户的认同度和贡献度。

（四）进一步推进业务的协调发展。一是传统业务与新兴业务协调发展。通过发挥存贷款业务的带动作用，加大新兴业务营销力度，提高中间业务收益。二是本外币业务协调发展。以提高客户的综合贡献度为目标，大力营销以资产管理、财富管理为特征的本外币理财业务，为客户提供增值服务。三是公司业务与个人客户业务协调发展。以公司业务为主体，联动营销个人业务，以现有客户和目标客户为着眼点，进行“链式”开发，开启以产业链、供应链和交易链为主线的营销服务模式，将服务从客户延伸到客户的上下游产业链，从公司拓展到公司员工，推进单一业务客户向多种业务客户转换。四是物理渠道和电子渠道的协调发展。加大重点城市、重点区域的网点改造力度，发挥电子银行的渠道分销功能，加强各渠道间的营销整合，加快产品的传递流速，实现物理渠道与电子渠道的互动发展。

四、几点启示

开展“三层两线一体化”营销，是湖南分行营销体制的重大变革，也是直面同业竞争的有益尝试。目前湖南分行还只是营销资源的初步整合，以后通过进一步加强各专业之间营销功能的整合，加强客户资源和产品资源的整合，一体化营销的作用将会更大，整体效益将进一步得到更好的体现。回顾一年来的工作，给湖南分行如下几点启示。

1. 转变观念是前提。观念决定行动，观念的转变是最根本的转变。在推动一体化营销中，湖南分行要求全行树立正确的市场竞争观，瞄准整个市场来思考问题，向市场要份额，把握发展的主动权。通过实施新型目标管理办法，引导全行在计划的制订上走出由历史经验确定增长计划的误区，在抢占市场上走出地理局限的误区，不断激发工作潜能，最终实现更高目标，产生了很好的效果。通过在全行倡导“费用要学会挣，收入要学会赚”，实施产品计价考核机制，积极调动全行员工“加油干”的积极性。湖南分行还明确指出能够接受也应该接受机构与机构之间发展中的不平衡性，但决不能接受，也不允许极端不平衡性的存在。要求各级行高度重视，将各专业、各产品线极端不好的机构找出来，扫除经营上的落后，有力提高了队伍的执行力。

2. 客户扩展是基础。客户是银行一切业务的基础，抓好了客户的扩展工作，就抓住了一切业务的源头。客户扩展既包括客户规模在数量上的扩张，也包括客户在业务品种上的扩充，以及客户结构的改善。在一体化营销中，湖南分行挖来了他行的客户，就是挖来了他行的业务。只有把开户工作做好了，才能做结算、存款、贷款等传统业务，才能跟进中间业务以及电子银行、理财产品等新型业务，拓展和引导市场的能力也就越强。这其中增加中高端客户的占比是关键，既要考虑如何挖进来，又要考虑如何服务好，从而提高客户的忠诚度和满意度。

3. 整体联动是关键。一体化营销特别强调各级行、各部门之间的协调配合和通力合作，以求有效发挥营销资源的作用。在具体营销活动中，湖南分行紧紧围绕客户中心，以加强协调配合、提高工作效率为原则，着力建立统一指挥、分级管理、信息传递渠道畅通、责权利相结合的以营销为导向的组织体系，从而保持了敏锐的市场反应能力和强大的市场竞争能力。

4. 业务产品一体化营销是目标。在经营实践中，需要进行公司和个人客户的划分，进行产品营销的有效整合，对于公司客户，要整合而不是单一营销与公司客户相关的产品；对于个人客户，要整合而不是单一营销与个人客户相关的产品，只有作为一个整体来抓，才能做大湖南分行的业务市场，特别是要注重发挥好电子银行等业务产品的竞争优势，积极开拓优质重点市场，加快发展转型步伐，提升湖南分行的整体效益。

关于广东分行实施全产品营销的实践与思考

广东分行　黄明祥

如何转变增长方式和经营模式是广东分行一直在思考的重要问题。2007 年，广东分行提出了由资金供应商向金融服务商转变的改革发展目标，并实施了全产品营销。经过2007年以来的实践，取得了良好的效果，有效促进了增长方式由资产负债收益向资产负债和交易过程收益并重的转变。现将有关情况报告如下。

一、开展全产品营销的必要性

全产品营销是一种以客户为中心、以账户为载体、以产品组合为核心，通过全面分析客户账户的特性以及资金流量、流向特点，深入挖掘同一类型客户不同层面的需求和不同类型客户的不同需求，根据客户的需求将不同产品和服务组合成各类套餐和菜单，采取“套餐+菜单”的营销方式，也是一个为客户提供涵盖资产、负债和中间业务等全方位金融服务的过程。实施全产品营销，主要出于以下几个方面的考虑。

（一）开展全产品营销是落实总行“两个转变”要求，确保广东分行结构持续优化的重要途径。广东分行按照总行“两个转变”的要求，坚持在发展中加快结构调整优化，积极推进经营转型。截至2008年第三季度，广东分行利息净收入、中间业务收入和往来净收入占比由2005年的45%、10%和38%调整为58%、19%和20.6%。但随着外部环境的不断变化，广东分行经营转型也面临着一些新的情况：一方面，受市场条件、经济资本、信贷规模、风险管理能力等方面的约束，传统上更多依靠贷款支撑利润增长的经营模式难以适应新形势发展的要求。为此，广东分行提出了实现由资金供应商向金融服务商的转变，由资产负债收益向资产负债和交易过程收益并重的“两个转变”。另一方面，近几年广东分行中间业务快速发展的一个重要因素是抓住资本市场火暴的机遇，实现了代理业务收入的高速增长，广东分行基金销售四大行占比基本保持在50%，2007年销售基金超过800亿元，代销基金等代理业务收入占广东分行当年中间业务总收入和个人中间业务收入比例分别达47.6%和72%。但随着2007年末以来我国资本市场的深度调整，前两年基金代理等业务爆炸性的增长模式无法持续。因此，从长远来看，必须通过全产品营销，才能加快培育和发展一大批受外部经济波动影响小、收益稳定、成长性好的银行自营性产品和“韭菜类”业务，才能确保业务的可持续发展和效益的可持续增长，才能尽可能降低经济周期波动对广东分行业务发展的不利影响。

（二）开展全产品营销是改进营销模式，提高营销效果的客观要求。以往以产品为中心、条块分割的营销方式，存在以下不足：一是不利于客户经理营销。目前广东分行各类产品超过1 400种，大多数客户经理往往只熟悉并主要营销本部门的产品，如公司客户经理往往主要营销贷款，对存款、电子银行、个金等其他产品的一体化推销力度不够。二是不利于对客户的整体服务。由于产品板块分割，部门各自为战，对同一个客户往往有多个层次的人员或者多个部门上门营销，导致了对客户整体服务的割裂。三是不利于发挥广东分行整体优势。过去广东分行主要以产品线为主、以部门为条块进行考核，部门和产品之间的联动没有机制保障，不利于全行整体优势的发挥和效益最大化目标的实现。因此，迫切需要创新，寻求一种能够更加方便客户经理营销、更能有效服务客户、更有利于发挥整体优势的营销模式。

（三）开展全产品营销是提升客户忠诚度和综合贡献度的有效手段。账户内涵的丰富与否，决定了这个客户对银行贡献度的高低。客户资源丰富是广东分行的比较优势。到2007年末，广东分行拥有法人账户28万户，法人客户25万户；个人账户5 417万户，个人客户2 132万户。但是由于产品覆盖率和渗透率不高，客户价值的深度挖掘仍有很大的提升空间。如中高端个人客户中，保险、纸黄金、个人住房贷款和本外币理财产品等产品覆盖率仅为1.14%、1.09%、1.64%和2.74%，信用卡渗透率仅为12.07%，第三方存管、网上银行渗透率等仅为15%和23.96%。法人客户中，工行信使、代发工资使用率仅为2.7%和6.02%，企业网银、企业电话银行、法人理财等使用率也仅在25%左右。因此，通过全产品营销，可以不断丰富账户的内涵，逐步实现对客户日常经济活动和金融行为的深度渗透，提高客户对广东分行的忠诚度和综合贡献度。

表1　　2007年末广东分行部分产品覆盖率情况　　单位：%

中高端个人客户	信用卡	基金	理财产品	保险	纸黄金	第三方存管	网银	个人住房贷款
	12.07	27.6	2.74	1.14	1.09	15	22.96	1.64
法人客户	融资业务	企业网银	企业电话银行	法人理财	工行信使	代发工资	电子回单箱	
	3	24.6	26	24	2.7	6.02	31.5	

二、全产品营销的具体做法

（一）以“套餐+菜单”为手段创新产品营销模式。为了兼顾客户普遍性和特殊性需求，广东分行借鉴餐馆菜单点菜的做法，采取“套餐+菜单”的营销模式，将产品和服务整合成多类套餐和多个菜单，其中“套餐”类业务主要满足客户对日常银行业务的共性需求，“菜单”类业务则主要满足客户的个性化需求。

对法人类客户，在“套餐”方面，针对新设企业验资注册、企业在广东分行开立新账户的账户服务及收付服务等日常需求，设计了账户管理A、B、C三种套餐；针对大型企业需求复杂的特点，设计了涵盖账户、收付服务和资金管理服务需求的现金管理套餐。在“菜单”方面，将法人类客户划分为公司类、政府类、金融同业三大类，量身定制产品菜单。针对公司类客户，设计了收付款与流动性管理、理财增值、衍生产品与风险管理、投资银行与财富管理四款菜单，分别满足客户在流动性管理、理财增值、风险控制和资产管理方面的需求；政府类客户产品菜单，重点满足客户在资金安全、便捷等方面的需求；同业类客户产品菜单，重点满足资金清算、现金管理等方面的需求。

表2　　广东分行法人类客户产品组合体系

组合类型		组合名称	目标对象	主要满足需求	主要服务产品
“套餐”类业务		账户管理A套餐	新设企业	验资、开户	账户资金证明、开户及相关业务咨询
		账户管理B套餐	已开户企业	账户基本服务	开户、账户维护、工行信使、电子回单箱、网上银行等
		账户管理C套餐	中型企业	账户服务、基本收付	B套餐+支付密码器、网上代发工资、牡丹报账易、POS机收单、支票直通车等
		现金管理服务套餐	大型企业	全国范围内资金管理	协助建立收款网络、归集收入，包括开户、收款菜单、网上银行等
“菜单”类业务	公司类	收付款和流动性管理菜单	公司类客户	流动性管理需求	委托收款、POS机收单、B2B或B2C收款、支票直通车、批量代收款、即时通（对公通存通兑）、贴现、出口保理、信用证、银行承兑汇票、全球快汇、票据托管、代理贵金属买卖、集团账户、委托贷款资金池、网上收费站、牡丹商务卡等21种产品
		理财增值菜单		理财需求	定期存款、通知存款、协定存款、国债、实物黄金、账户黄金交易、债市通法人理财、外汇结构性理财产品、企业委托贷款等
		衍生产品与风险管理菜单		风险控制需求	结售汇、货币掉期、汇率期权、结构性汇率产品、远期利率协议、利率掉期、利率期权、结构性利率互换等
		投资银行及财富管理菜单		资产管理需求	常年财务顾问、信息服务、投融资顾问、并购、债务重组、上市发债、银团贷款、资产证券化、股本融资、资产托管、年金账户管理、代理财险、受托咨询等
	政府类	政府类客户产品菜单	各地政府	资金安全、提高效率	非税系统、公务卡、银财通、定期存款、通知存款、协定存款、国债等
	同业类	金融机构类客户产品菜单	金融机构	清算、现金管理	现金管理套餐（收支两条线）、资产管理、银期转账、批量代收代付、银保通、代理委托收款、网上收费站、银行代理、货币互存等

对个人客户，根据总行将个人客户划分为私人银行客户、高端客户、中端客户、潜力客户和普通客户，主要着眼于客户的交易和财富管理两大需求，将个人金融业务产品线设计为投资理财、保险理财、融资理财和结算理财四大类，进一步明确统一个人客户视图下的全产品组合系列。

表3　　广东分行个人客户全产品组合

客户类别	金融资产	账户载体	全产品与服务组合					目标客户
			投资类	保险类	结算类	融资类	增值服务	
普通客户	5万元以下，大学以下或28岁以上	牡丹灵通卡e时代	存款、国债、基金	偏保障型人寿保险	代发工资、汇款、代收付、工行信使	质押贷款	—	普通市民

续表

客户类别	金融资产	账户载体	全产品与服务组合					目标客户
			投资类	保险类	结算类	融资类	增值服务	
潜力客户	5万元以上，大学以上，16－28岁★	牡丹灵通卡e时代	存款、基金、本行本外币理财产品	偏投资型人寿保险	牡丹贷记卡、代发工资、汇款、代收付、工行信使	助学贷款、质押贷款	理财咨询	大学生、青年职业人士
中端客户	5万(含)－20万元★★	牡丹灵通卡e时代	潜力客户产品＋QDII产品、金行家、汇市通	人寿保险、财产险	潜力客户产品＋银证转账、第三方存管、个人结售汇、旅行支票、理财协议、资信证明、保管箱	消费贷款、住房贷款、汽车贷款、经营贷款	理财咨询	高收入行业普通员工、中级专业技术人员、处级(含)以下公务员、个体工商户
中端客户	20万(含)－100万元★★★	理财金账户	同上	同上	上栏＋个人支票、银行管家服务	消费贷款、住房贷款、汽车贷款、经营贷款、信用贷款	理财策划、优先优惠服务、专属客户经理服务、特惠商户	大企业中级管理人员、中小型企业高管、高级公务员、私营企业主等
高端客户	100万(含)－1 000万元★★★★	理财金账户、白金卡	同上	同上	上栏＋信托	住房贷款、汽车贷款、经营贷款、信用贷款	综合理财服务、优先优惠服务、专属AFP客户经理服务、高级特惠商户	大型企业高管、中小型民营企业主、大型中介机构合伙人、演艺明星、体育明星
私人银行客户	1 000万元(含)以上★★★★★	私人银行	高端客户产品＋房地产、专属财富管理产品	同上	同上	住房贷款、经营贷款、信用贷款	财务顾问、委托资产管理、税务、遗产、房地产、退休咨询与计划、专属服务、高级特惠商户	世界500强企业高管、大型民营企业主、著名演艺与体育明星

（二）加强培训，明确职责。省行召开全产品营销动员大会，并通过视频、集中培训等方式，对各二级分行的行长和分管个金、公司等市场营销的副行长、各支行行长和全辖客户经理进行了轮回培训。2008年以来，省行直接面向分行客户经理培训19次，现场培训人数2 200人。各二级分行在省行轮训后认真组织再培训，使各级营销人员对各项产品组合真正做到烂熟于心，进一步提高业务人员的营销技能，为进一步推进全产品营销奠定了基础。通过培训，促使各级行加快转变观念，认识到全产品营销在满足市场和客户需求、优化收入结构、推进经营转型方面的重要意义，增强了各级行、各部门开展全产品营销的自觉性。

全产品营销是全员营销、全过程营销，涉及面广，与前中后台各部门密切相关。为此，省行明确和细化了各部门职责，由省行结算与现金管理部和个人金融业务部分别作为对公客户和个人客户全产品营销的牵头部门，负责制定业务发展、市场分析、产品设计等具体工作的协调推进；产品部门协助制订产品套餐、菜单，组织产品经理、客户经理的培训；营销管理部门负责产品营销和客户维护；运行管理部、信息科技部负责技术支持；财务会计部、人力资源部负责考核评价。

（三）多法并举，大力开展全产品营销。

一是加大账户拓展力度。加强与招商办、经贸委、发改委、工商局、人民银行、外管局等行政管理部门联系，锁定新成立企业，从源头上挖掘客户；加强市场分析和竞争对手分析，锁定当地经济支柱行业和重点客户，同时积极挖转他行客户；依托集团、行业大户，深入挖掘上下游企业客户；加强对单位账户现金流分析，关注流出流入的动态信息，挖掘单位的关联客户；加强对个人高端客户的分析，挖掘与个人客户关联的单位、企业客户资源。省行个人金融、结算与现金管理、机构、公司一部、公司二部联合开展了代发工资营销活动，对广东分行企业客户建立代发工资"名录库"，以代发工资为切入点，带动存款、银行卡、工行信使、电子银行、电话银行、第三方存管、理财等各种业务的发展。

二是实施差别营销。对无贷户，采取上门营销、集体推介等形式，向这些中小企业商户提供开户、账户管家、"电话通"、网上银行等电子化的产品。对有贷户和有贷款需求的公司客户，特别是对中小企业客户及贸易融资客户，充分利用好信贷资源，通过嵌入"融资产品主导型套餐"的方式和"1+N"的捆绑营销模式，以融资带动负债、中间业务的整体发展。同时，积极为客户提供投行服务。对机构客户，通过营销代收代付、第三方存管、银保通、银期转账等产品，争取投资资金摆放。对国际业务客户，积极推广进口代付、出口保理、转卖型福费廷、出口押汇项下风险参贷等表外国际贸易融资产品。对个人客户，针对资本市场变化，在继续抓好基金代理业务的同时，调整业务结构，加大本行理财产品、灵通快线以及保险代理的发展力度。

三是开展链式营销。以现金管理和综合服务方案作为系统集团客户和重点客户营销的切入点，推进"1+N"营销模式，在满足集团总部和重点客户核心需求的同时，关注其下属的子公司需求和上下游供应商的需求，将集团客户下属企业及与集团关联的公司客户和个人客户也作为服务对象进行整体锁定。2008年成功与碧桂园、星巴克、可口可乐等企业签订了现金管理协议，提供收款、付款、电子银行、POS机收单等一揽子综合服务。

四是创新服务渠道。积极探索金融便利店、电话POS机、电子渠道进厂区、进社区等新型营销渠道，把业务触角延伸到更广阔的服务区域。部分分行针对珠三角地区外来务工人员取现零用、汇款和了解资金安全状况等金融需求旺盛的情况，推出了"轻松三宝"套餐，主推灵通卡、电话银行、工行信使业务。同时，将企业网银、代发工资等业务捆绑营销，深入工厂大力宣传，并积极推进电子渠道进厂区，配套在工厂安装ATM和"95588"专线电话，为客户办理业务提供便利，得到了市场和企业外来务工人员的热烈反响和高度认可。

（四）加强考核引导，充分调动积极性。为了全面调动各级行、各部门开展全产品营销的积极性，广东分行制定了《全产品营销考核办法》，对二级分行和省行各部室实行量化考核，按月通报、按季考核、季末兑现、年底清算，考核结果与各分行行长及其他班子成员与省行部门总经理及其班子成员的绩效工资分配挂钩。

对二级分行，分为全产品考核奖励和重点产品营销计价奖励两部分。全产品考核奖励主要考核各行全产品整体发展水平，其中对中间业务产品分别确定权重系数计算加权中间业务净收入，按一定比例进行奖励。重点产品营销计价奖励主要鼓励各行积极拓展增长潜力大、收益水平高的产品，改善收入结构。

对省行各部室，主要考核各专业中间业务市场占比和目标计划完成情况。对前台营销部门设置"全产品收入考核指标"，对各中间业务产品部门设置"重点产品销售（或渗透率）考核指标"，根据各部门职能确定相应的计分权重，采取计分的方式，将考核结果纳入省行部室量化考核。

三、全产品营销取得的成效

（一）思想观念加快转变。通过前一阶段的工作实践，各级行对在新形势下加强全产品营销的重要性和紧迫性有了更加全面和深刻的认识，对全产品营销在满足市场和客户需求，优化收入结构、推进经营转型，促进全行经营模式和增长方式等方面的积极作用有了更加真切的体会。省行各部门之间的协调合作进一步加强，各分行、支行开展全产品营销的积极性、自觉性大大增强，为下一步深入推进全产品营销，加快经营转型奠定了坚实的思想基础。

（二）各项业务快速增长。2007年上半年，广东分行累计销售各类套餐业务超过5.1万套，各项业务在全产品营销的带动下迅速发展。一是客户拓展成效明显。截至6月末，广东分行法人结算账户比年初净增2.6万户，同比增长33%，四大行占比升至32%，跃居第一位。新增现金管理客户3 348户，同比增长240%。个人有效客户（指剔除小额客户和零余额客户）比年初增加134.6万户，其中，中高端个人客户增加14万户。二是本行理财产品销售大幅增长。上半年，基金销售收入受资本市场波动因素影响下降65%，但本行个人理财产品销售245亿元，增长2.8倍；灵通快线销售608亿元，法人理财产品销售428亿元，增长25倍。三是网上银行、电话银行、工行信使、代发工资等业务快速增长，产品覆盖率明显提升，中高端个人客户本行理财产品、信用卡、网银、保险和纸黄金等产品覆盖率分别提高2.94个、1.54个、1.01个、0.48个和0.18个百分点；法人客户工行信使、电子回单箱、企业网银和代发工资覆盖率分别提高了8.3个、5.5个、3.4个和1.8个百分点。

表 4　　广东分行 2008 年上半年全产品营销增长情况

客户类型	产品	上半年新增	同比增幅	2008 年 6 月末覆盖率	比年初
个人客户	信用卡	50.5 万张	51%	13.61%	1.54%
	代理基金	252 亿元	-65%	25.67%	-1.92%
	代理保险	65.8 亿元	110%	1.62%	0.48%
	代理国债	41.6 亿元	72%	—	—
	本行理财产品销售	245 亿元	277%	5.68%	2.94%
	灵通快线	608 亿元	—	—	—
	纸黄金	1.8 万公斤	—	1.27%	0.18%
	第三方存管	19 万户	—	15.07%	0.07%
	个人网银（证书版）	14.1 万个	42%	23.97%	1.01%
	个人网银（口令卡版）	32.5 万个	66%		
法人客户	新开账户	2.6 万个	33%	—	—
	新增现金管理客户	3 348 户	250%	—	—
	套餐销售数量	5.1 万套	—	23.4%	—
	企业网上银行	7 802 户	119%	29.40%	3.40%
	企业电话银行	4 972 户	87%	26.10%	0.10%
	企业账户管家	1.15 万元	—	8.20%	5.50%
	电子回单箱	2.49 万元	—	39.80%	8.30%
	代发工资	2 391 户	—	7.80%	1.78%
	POS 机收单	2 614 户	—	—	—
	牡丹报账易	281 户	—	—	—
	法人理财	428 亿元	2 500%	—	—

注：1. 个人客户产品覆盖率统计口径为中高端个人客户；
2. 部分产品因从 2008 年开始统计，无同比增幅数据。

（三）业务结构进一步优化。2007 年上半年，广东分行通过大力开展全产品营销，在基金销售收入受资本市场剧烈震荡大幅减少的情况下，中间业务实现收入 27.8 亿元，除基金代理以外的中间业务实现收入 23.4 亿元，同比增幅为 59%，占中间业务收入的比例为 84%，比 2007 年末提高了 31.7 个百分点。其中，结算与现金管理、国际、法人理财、公司中间业务、机构、电子银行等业务收入同比增幅均超过 60%，个人金融中间业务收入剔除基金代理后同比增幅为 54%。

经过近 2007 年以来的组织推动和工作实践，广东分行在全产品营销方面取得了初步的成效，但由于推行时间较短，目前还存在流程有待进一步优化、系统数据支持有待加强等问题，下一步广东分行将根据市场和客户需求变化，进一步完善工作机制和流程，不断改进和完善"套餐+菜单"，层层落实责任。同时，进一步加强全产品营销信息化管理，建立统一的客户经理全面考核平台，以持续深入推进全产品营销，实现总行两个转变的目标。

表 5　　2008 年 6 月末广东分行中间业务收入情况

专业	业务收入（亿元）	同比增幅（%）
结算与现金管理业务	2.61	67.06
个人金融业务	12.79	2.31
其中：剔除基金后收入	8.52	53.66
银行卡业务	1.99	34.66
国际业务	1.27	67.66
投行业务	3.61	36.76
资产负债业务	4.44	92.47
公司业务	0.53	292.66
机构业务	0.48	126.17
电子银行业务	1.53	—
合计	27.75	27.88
剔除基金后总收入	23.48	59.26

“边贸通”开创中越边贸结算新局面

广西分行　张恪理

中越边贸结算是指中国与越南的商业银行为双方边境贸易提供的银行结算业务。自20世纪90年代中期，广西区内工、农、中、建等商业银行陆续开办了此项业务。但传统的边贸结算方式落后、运作成本高、资金安全性差，难以适应日益发展的中越边境贸易结算需要。为此，从2005年初，广西分行提出探索创新网上银行边贸结算的新思路。经过两年的努力，广西分行于2007年5月在广西同业率先开通与越南工商银行的网上银行边贸结算业务，并推出了新型边贸结算服务产品“边贸通”，结束了边贸结算依靠传统手工方式的历史，开辟了电子结算新时代。

一、创新的动因

广西地处与东盟经济圈的结合部，与越南山水相连，中越经贸往来历史悠久。20世纪90年代初期，中越恢复了邦交正常化，双边政治、经济交往逐渐走上了正轨。90年代中期，广西区内各国有商业银行陆续开办了中越边贸结算业务，广西分行于1997年4月正式与越南工商银行广宁省分行开办边贸结算业务。经过十年来的发展，中越边贸结算业务得到了持续健康较快发展。随着中国—东盟经贸合作不断深化，中越边境贸易迅猛增长，双边贸易发展进一步加快，边贸结算又迎来了新的发展机遇，原有传统的手工边贸结算方式已经不适应业务发展的需要，拓展网上边贸结算业务的时机和条件已基本成熟。概括起来主要有五个方面。

（一）从市场前景看，日益发展的中越边境贸易为拓展网上银行边贸结算业务创造了良好条件。2006年，广西与越南的贸易进出口额达14.67亿美元，同比增长48.4%，占广西全区进出口总额的22%；广西边境小额贸易量达10.5亿美元，同比增长30%。作为广西连接越南及东南亚最重要的两大陆地边境口岸城市——凭祥市、东兴市，与越南贸易往来日趋频繁活跃，边贸经济快速发展。随着中国—东盟自由贸易区进程的加快，边境贸易已成为当地经济的一大特色。如凭祥市具有边贸进出口经营权的外经贸企业和小额边贸企业近百家，其对外贸易成交额约占广西对外贸易总量的15%左右，对越贸易成交额则占到广西对越贸易总量的60%以上。近年来，中国与东盟“10+1”框架的构筑与不断深化，中国—东盟博览会每年在广西南宁举办，中国—东盟政治经济交往日益加强，进一步推动了广西边贸的发展，跨境结算更趋活跃。在长期经贸发展起来的一批边贸结算客商，与广西分行保持着业务联系，这些为广西分行拓展网上银行边贸结算创造了良好条件。

（二）从客户需求看，传统落后的边贸结算方式难以适应边境贸易迅速发展需要。在较长的一段时期，中越双方的边贸结算代理行主要通过人工传递的方式来进行凭证交换，这种结算方式手段落后、结算效率低、资金安全性差。一笔边贸结算业务的处理时间最长需要2-3天，最快也需要7-8个小时，结算周期长，汇兑速度慢，客户的结算需求无法实时完成。要求银行提供安全、高效的边贸结算新产品的呼声日益高涨。

（三）从市场竞争看，迫切要求加快创新边贸结算新业务。在银行同业竞争方面，广西区内其他商业银行将边贸结算作为结算业务新的增长点，投入了更多的经营资源，边贸结算市场竞争愈演愈烈。在广西区内，继工、农、中、建四家大型银行涉足边贸结算领域外，其他股份制商业银行也纷纷与越方银行开展边贸结算合作。在客户方面，随着边贸交易的快速增长，越来越多的边贸客商纷纷要求各边贸结算主办银行提供更方便、更快捷的结算方式，提高边贸结算业务的办理效率。此外，在越南国内，出于利益的驱动，当地企业相当多的资金主要通过“地摊银行”进行结算。“地摊银行”以其明显的方便快捷以及长期以来形成的庞大客户群，对商业银行的边贸结算带来很大冲击。为了提高市场竞争力、占得更多的市场份额和发展先机，迫切需要银行加快边贸结算产品创新，保持边贸结算业务的稳定增长。

（四）从合作双方看，与越南银行机构良好互利合作关系为拓展网上边贸结算奠定了坚实基础。广西分行与越南工商银行等越方银行建立业务联系已长达十多年，双方来往密切，彼此了解，互利互信，良好的合作关系为广西分行拓展网上银行边贸结算业务打下了扎实基础。

（五）从自身管理看，多年的边贸结算服务为拓展网上银行边贸结算业务提供了丰富的经验。经过多年的发展，广西分行不断加强国际贸易结算内部管理，完善相关内控制度和操作规程，严格按照国家外汇管理局和总行的各类规范性文件办理边贸结算业务，从未出现过任何结算纠纷及其他风险问题，积累了丰富的边贸结算服务经验。

二、主要做法

为了顺应市场的需求，提高市场竞争力，2005年初，广西分行提出了以先进的电子银行为平台、加快边贸结算业务创新的发展思路，并组织力量积极推进边贸结算产品创新的相关工作。

（一）产品研发。通过产品研发，向客户提供一种通过网上银行办理跨境汇款的方法以及实现该方法的系统，目的是解决跨境汇款交易成本较高、交易周期较长、资金安全较差等问题。

技术方法是：汇出、汇入银行双方签订结算账户管理办法和边贸结算合作协议，汇出银行和汇入银行互在对方开设汇出国货币和汇入国货币同业备付金账户，在本方银行存在与该备付金账户相对应的内部账户，在双方传递的支付指令中，该内部账户即代表本方银行在对方银行开设的同业备付金账户。同时，汇出银行将备付金账户注册网上银行，并开通代理支付功能。汇出银行通过第一客户终端向网上银行服务器端发送跨境汇款的数据处理指令。网上银行服务器解析所述汇款数据处理指令，并将交易信息反馈到汇入银行第二客户终端。汇入银行通过第二客户终端对跨境汇款指令和交易数据进行确认。网上银行服务器根据所述确认信息和汇款数据处理指令，从汇出银行备付金账户扣减汇款金额到汇入银行收款客户账户。

具体业务流程是：付款客户申请跨境汇款请求→汇出银行记账处理→汇出银行向网上银行发送汇款指令→网上银行验证接收指令并转发到汇入银行→汇入银行接收指令并反馈确认信息→汇入银行通过第二客户终端下载银行入账文件→汇入银行扣减汇出银行备付金账户汇款金额到收款客户账户。

（二）选择试点银行。从有利业务开办的原则出发，广西分行首选越南工商银行作为开展网上银行边贸结算项目的第一个合作伙伴。该行是越南四大国有商业银行之一，在越南的银行业中居于主导地位。经过近19年的发展，该行凭借先进的管理理念与管理模式，成为越南国内最有影响力的商业银行之一。同时，越南工商银行也是第一家与广西分行开展边贸结算合作的越方银行，而且一直是广西分行最主要的边贸合作代理行，是理想的业务合作伙伴。

（三）确定合作意向。2005年，广西分行开始与越南工商银行接洽研究关于使用广西分行网上银行来进行边贸结算支付的方案，但是由于当时接洽的是对方的边贸结算执行行，而越南工商银行的各边贸结算执行行当时还没有具备使用网上银行的相关条件，对网上银行的认识也不到位，拓展网上银行边贸结算业务遇到了不少困难。尽管如此，广西分行并没有因此而放弃努力。2007年2月，广西分行代表团赴越南河内与越南工商银行签订新的边贸结算合作协议，利用这个机会，广西分行直接向该行推介网上银行业务，引起越南工商银行总行高层领导的重视并得到积极响应。同年3月，越南工商银行代表团回访广西分行就如何利用网上银行等新手段来开办边贸结算业务等问题进行充分的磋商与沟通，并签订项目合作备忘录，达成了合作意向，确定了时间表，推动落实开展网上银行边贸结算业务相关工作。

（四）落实开办条件。为了加快推进实施网上银行边贸结算业务的进程，广西分行多次派出工作组到越方边贸结算行对计算机软硬件情况、上网环境、安全标准等硬软件要素进行了实地考察、勘验和评估，就改进和完善软硬件环境、落实投产条件与越方进行了反复研究磋商，并提供了必要的具体技术帮助。

（五）开展业务培训。运用实地考察、现场演示、远程操作、案例讲解等多种形式对广西分行及越南工商银行芒街、谅山分行等越方边贸结算执行行业务操作人员进行技能培训。随后，广西分行又专门对分行营业部、钦州分行的员工开展业务培训，并多次派出技术小组深入双方边贸结算执行行进行现场指导，同时，通过广西分行边境分行业务人员对越方经办人员进行再培训，帮助提高操作人员工作技能，确保业务的顺利开办。

（六）规范业务管理。严格落实总行有关制度要求，结合网上银行业务与边贸结算业务的特点，有针对性地制定了网上银行边贸结算业务操作及内控管理办法。在业务试运行过程中，广西分行又根据实际情况，对相关业务管理办法进行了修订完善，确保了业务开展的制度化、规范化和风险可控。

（七）正式签订合作协议。经过中越双方的积极努力，广西分行于2007年5月22日与越南工商银行在南宁签订了《网上银行边贸结算代理行服务协议》，正式开办网上银行边贸结算业务并推出“边贸通”新产品。

（八）召开新闻发布会。在网上银行边贸结算业务试运行两个月业务已基本稳定后，为了扩大市场影响，树立起品牌效应，广西分行积极开展“边贸通”产品的推广工作，于2007年7月15日、7月18日分别在两个国家一级口岸——广西东兴市及凭祥市隆重举办“边贸通”新产品推介会，当地政府、人民银行、银监局、外汇局等相关部门和一批边贸客商出席了会议，并邀请人民日报、新华网、广西日报、广西电视台、广西新闻网等10多家主流媒体对推介会盛况进行宣传报道。《人民日报》7月16日的报道称：“中国工商银行广西分行正式推出中越边贸结算业务新产品‘边贸通’，这意味着传统的手工边贸结算方式已被先进的网上银行支付手段所代替，标志着中越边贸结算的‘高速通道’正式开通，中越边贸结算从此进入电子化新时代。”广大边贸客商纷纷表示了对“边贸通”产品的浓厚兴趣，而边境地区的金融同业则更多地表示了强烈的关注，市场反映良好。

三、工作成效

“边贸通”自2007年5月开通以来，总体运行情况良好，成绩喜人。主要体现在以下几方面。

（一）边贸结算业务迅速扩大。从广西边贸结算情况看，据统计，在广西分行未推出“边贸通”产品之前的2007年1－4月，广西银行办理边贸结算月均业务量为11 042万美元，而在广西分行推出“边贸通”产品之后，银行月均结算量上升至17 010万美元，增幅为54.04%，剔除自然增长因素，实际增长幅度约为30%。从广西分行执行情况看，自开通“边贸通”以来，广西分行与越南工商银行的边贸结算业务98%以上都通过网上银行来结算，边贸结算业务发展情况良好。据统计，2007年，广西分行边贸结算业务量突破37亿元人民币，较同期增长95%。其中，10月份办理边贸结算业务899笔，实现边贸结算业务量5.81亿元人民币，创下广西分行边贸结算单月业务量最高纪录。“边贸通”产品推出前的1－4月，广西分行月均办理业务270笔，月均业务量为1.3亿元人民币，而在使用“边贸通”产品后的5－12月，广西分行月均业务笔数为660笔，月均实现业务量3.92亿元人民币，分别比未使用“边贸通”产品之前增长了145%和201%。在同业占比上，2007年1－4月，广西分行的月均市场占比为15.94%，而5－12月的月均市场占比则达到了33%，比未使用边贸结算时的月均市场占比提高了17个百分点。10月份广西分行单月市场占比达到37.43%，这是广西分行在1997年开始办理边贸结算业务以来，首居同业第一。广西分行边贸结算执行行——东兴支行10月份也实现了42.79%的市场占比，同业排名第一。“边贸通”显著增强了广西分行市场竞争能力，对扩大边贸结算业务起到了很好的推动作用，产品创新成效凸显。

（二）边贸结算中间业务收入大幅增长。2007年，在未使用“边贸通”产品前4个月，广西分行月均边贸结算中间业务收入为9.67万元；使用“边贸通”产品后8个月，广西分行月均中间业务收入达到了24.86万元，增长了157.1%，比2006年月均收入增长了58.5%，收入增长迅猛。

（三）结算效率显著提高。相对人工交换票据的传统结算模式，网上银行边贸结算业务改变了原来的人工“跑单”交换结算方式，实现了边贸结算业务的实时清算，有效缩短并减少了交易时间和资金在途时间，大幅提升了边贸结算速度和服务效益。此外，网上银行边贸结算不受边境出入关时间限制，使边贸结算业务的处理效率得到了极大的提高。

（四）资金安全明显保障。“边贸通”实现了无纸化信息传递，有效地防止凭证汇款信息在传递过程中丢失、被截取、涂改及伪造篡改，较好地控制了潜在的操作风险和道德风险，在大幅提升边贸结算速度的同时，增强了边贸结算业务的风险防范能力，有效保障了客户资金安全。同时，还提升了越方代理行对账、结算、头寸调剂等管理效率，提高了双方边贸客户的支付信誉。

（五）运营成本有效降低。自开办网上银行边贸结算业务后，广西分行凭祥、东兴两个边贸结算执行行在车辆使用、纸质支付等方面节约了支出，开办成本显著降低；并把原来的票据交换员调整出来从事边贸结算市场营销和其他操作类工作，节省了人力成本。

四、下一步工作思路

经过努力，广西分行已与越南工商银行、越南农业与农村发展银行、越南投资发展银行、越南湄公河平原住房银行四家越南国内最大的商业银行签订了边贸结算合作协议，与越南外贸银行也将很快签订合作协议。下一步，广西分行将围绕实现“网上边贸结算同业占比第一”的目标，在继续巩固网上边贸结算业务取得良好成效的基础上，进一步加大工作力度和资源投入，做大做强网上银行边贸结算业务。

（一）继续完善网上银行边贸结算系统功能。一是加强联系电信部门，协助越南工商银行加紧改善上网环境，尽快提高业务运行能力。二是加快完善广西分行网上银行参数设置，积极向总行技术支持部门提出申请，争取尽快改进广西分行网上银行的参数设置，进一步提升服务功能和运行效率。

（二）积极拓展与越南农业与农村发展银行、越南投资发展银行的网上银行边贸结算业务。在巩固扩大与越南工商银行网上边贸结算合作成果的基础上，加快与越南农业与农村发展银行、越南投资发展银行和越南湄公河平原住房银行的合作进程。

（三）尽快开通靖西支行的边贸结算业务。广西百色靖西县的龙邦口岸是广西区内继凭祥、东兴口岸后第三大边贸口岸，人流、物流繁荣，边贸交易活跃，市场发展潜力很大。但由于广西分行靖西支行距离边境线较远，在传统的边贸结算模式下，运营成本较高。下一步，广西分行将申请总行批准靖西支行开办边贸结算业务，拓宽边贸结算发展空间，增加网上边贸结算新的业务增长点。

（四）实施边贸结算客户“积分制”管理。实行边贸行业和系统客户“积分制”管理，按照不同客户的经营特点、市场规模、管理水平、发展潜力、综合贡献度等确定核心客户，明确营销目标，实施名单制精细化营销，积极拓展占领边贸结算新的业务市场。

（五）加强“边贸通”业务宣传。进一步加大“边贸通”产品标识的媒体投放力度，加强宣传推介广西分行“边贸通”业务的先进性、独创性及优越性，提高“边贸通”的产品知名度和市场影响力。

（六）申请“边贸通”产品技术专利和商标保护。利用法律手段维护广西分行产品创新成果，巩固同业竞争优势。

关于提高海南分行资金营运效益的尝试与思考

海南分行 石琪贤

商业银行作为经营货币这一特殊商品的企业，其资金来源和结构缺乏主动可控性，必须通过资产项目的调整来实现银行三性原则的最优组合。从整体上看，资金营运水平是商业银行经营管理水平高低的重要标志。对海南分行来说，由于受规模、资金总量、市场资源的限制，如何把资金营运做活做精，把资金效益做大做高显得尤为重要。海南分行在改善资金营运中作了一些新的探索和思考。

一、理顺体制，健全机制，资金营运贡献度显著提高

近几年来，海南分行紧紧围绕总行整体发展战略，结合自身实际情况，明确提出建设“系统精而优、同业大而强”区域一流现代商业银行的奋斗目标，要求全行各项业务发展要比区域经济增长水平更高，比系统平均发展速度更快，比当地同业竞争能力更强。全行突出效益核心，健全体制机制，加快改革创新，推进结构调整，强化风险控制，提高服务水平，各项业务步入了良性发展的轨道。到 2007 年末，全行各项存款余额 378.71 亿元，比上年增加 70 亿元，增长 22.68%；各项贷款余额为 193.82 亿元，比上年增加 25.10 亿元，增长 14.88%。实现拨备后利润 5.13 亿元，比上年增加 3.12 亿元，增长 155.22%。在全国一级分行经营绩效考核排名第 16 位，绩效等级由上年的 C＋＋级提高到 B＋＋级，上升了 4 个等级。

2007 年全行经营绩效的大幅提升，主要是靠中间业务收入和资金营运（含票据收入）收入的拉动，其中，资金营运收入为 2.86 亿元，比上年增长 149.87%，贡献增长最为突出。资金营运收入中增长最快的还是票据业务，全年实现票据业务收入 1.1 亿元，比上年增长幅度高达 416.69%，票据收入占各项收入的比重由 2005 年的 1.68% 上升到 2007 年的 10.67%。票据收入之所以能够实现大幅增长，主要得益于产品结构、客户结构和收入结构的调整。通过调整产品结构，增加了系统外票据买入返售、异地票据贴现、系统外转贴现业务品种；通过调整客户结构，在牢抓优质企业客户的同时新增了金融同业间的票据业务合作，本地同业中新增了省农村信用社、省邮储银行，异地同业中新增了兴业银行、民生银行等优质同业客户，系统内加强与江苏、广东、黑龙江等票据业务大行的联系和业务合作；通过调整收入结构，异地票据业务收入大幅增长，2007 年实现收入 5 922 万元，占比为 54%，其中，异地票据贴现收入 3 283 万元，异地票据买入返售收入为 2 639 万元，占比分别达 30% 和 24%。

过去，海南分行的票据业务由于受体制、市场等因素影响，发展水平落后于先进行水平，2005 年全行票据利息收入仅为 1 216 万元。2006 年下半年，海南分行抓住总行机构改革的契机，通过转变经营理念、完善管理体制和强化考核机制等手段，狠抓资金营运特别是票据业务的发展。在经营理念上，引导全行开阔视野，拓宽思路，提高对票据业务重要性的认识，寻找多渠道、多方式的票据业务发展途径。在管理体制上，省分行本部专门设立了资产负债管理部，将原来附属营业部的票据中心归口省行直接管理，理顺了票据营运体系，从全行招聘业务能力强的员工充实队伍，开展票据资格认证培训和考试，在人力资源提升项目实施中给予票据业务营销人员在系数和等级政策上的倾斜，增强岗位吸引力，夯实票据业务发展的人才基础。在考核机制上，重点考核收益率和资金使用效率，将指标与经营管理人员挂钩，引导全行大力开展经济资本占用低的票据业务。由于措施得当，全行票据业务呈现出持续高速发展的良好态势，2006 年全行票据利息收入完成 2 640 万元（其中第四季度完成 1 312 万元），比上年增长 117.11%，在 2007 年增长 416.67% 的基础上，2008 年海南分行有信心实现票据业务收入翻番。

二、总量有限，单产偏低，可持续创利能力亟待增强

2006 年以来，海南分行的负债业务发展很快，2007 年末各项存款比上年增加 70 亿元，增幅达 22.69%，增幅排名系统第二。受规模和政策限制，资产业务增幅低于负债业务增幅，存贷比逐渐扩大。虽然近两年全行在资金营运方面取得了一些成绩，但与系统内先进行相比，与区域经济发展的良好态势相比，仍存在着较大的差距和不足。一是资金营运的规模效益还不明显。到 2007 年末，海南省全部金融机构存款余额仅

为1 854.79亿元，贷款余额为1 086.9亿元，受海南经济金融发展水平的局限，海南分行可营运的资金总量有限，营运总体收益规模还不大。二是资金营运的收益率还不高。2007年全行资金营运收益率为3.44%，仍存在较大的提升空间。三是资金营运的渠道比较单一。除了购买央行票据是2006年新投资品种外，缺乏新的资金营运渠道，且其期限结构、收益结构尚不尽科学合理，难以实现效益最大化。四是资金营运观念还比较落后，营运水平和能力还不高。特别是在市场利率走势的预判、议价定价能力的提高、边际收益的最大化等方面做得还不够。如2007年12月，市场票据贴现月利率超过了10‰，而由于海南分行前期已基本使用完信贷规模，面对客户的票据贴现需求只能望“利”兴叹。又如，由于议价能力不高，往往使资本的边际收益大打折扣。以贷款和票据为例，一笔金额1亿元、基准年利率为7.47%的1年期流动资金贷款，其实现的经济增加值（EVA）为80.31万元，在费用率、风险成本率和营业税相同的情况下，该笔贷款的EVA比一笔金额为1亿元、贴现年化利率为5.40%的本行信用票据实现的EVA多45.79万元，但如果将票据贴现利率提高0.65个百分点，即达到年利率6.05%，则该笔票据贴现获得的EVA即可与1年期流动资金贷款实现的EVA相同，其EVA的边际收益增长了2.3倍。贴现利率的小幅提高，可以带来EVA边际收益的成倍增长，反之则相反，当1年期流动资金贷款基准利率下浮10%或5%后，该笔贷款的EVA将分别减少52.92万元和26.46万元，EVA下降幅度达到66%和33%。由此可见议价水平的重要性。上述问题已成为海南分行资金营运业务发展的掣肘，如何为富余资金寻找更为有效的出路，进一步提高资金营运收入水平已成为工作中必须破解的难题。

三、开源节流，精耕细作，进一步提高资金运作能力

金融的发展与社会经济发展水平紧密相关，要运作好资金，必须对当地经济发展状况了然于胸。近年来，海南省委、省政府实施“大企业进入、大项目带动”的发展战略，区域经济发展渐入佳境，也为海南分行资金营运提供了宽阔的舞台。总行2006年实施的资金集中配置体制改革，实现了一级分行资金管理一本账，解决了以前各分行辖属分支机构的剩余资金各自使用管理、分散浪费的问题，为省分行集中人力与物力、加强资金统一规模运作、提高资金营运收益提供了平台。外部经济发展的现状与前景和内部体制机制的改革与完善，都为海南分行提高资金营运收益提供了有利条件，关键是要抓住机遇，锐意进取，应势而变，精耕细作。

（一）调整经营思路是前提。资金的高收益离不开高水平的运作。是积极进取还是按部就班，是主动运作还是被动等待，是精耕细作还是粗放经营，其最终的结果会有天壤之别。要提高资金收益，就必须调整经营思路，使其与现代商业银行的要求相适应。一是要树立大资金营运观念。商业银行的资金营运是建立在资金安全性、流动性、效益性基础上的，因此，资金营运绝不能就资金论资金，必须从全行资产负债平衡和成熟期匹配的角度综合考虑，真正做到时间和空间的错合，局部和整体的协调，规模和效率的统一。只有这样才能把握全局，实现资金收益、全行收益的最大化和可持续发展。二是要确立主动运作的理念，通过加强与总行、系统内先进行的联系和交流，积极进行品种创新和方式创新，不断拓宽收入渠道。三是要有负债运作的意识。主动负债运营的理念对于规模与总量较小的海南分行来说尤为重要，要在防范风险的前提下，根据总行的授权和支持，实行积极主动的负债营运，从而在本行的资产规模以外创造出更大的资金收益。四是要学会精细运作。资金营运人员要从大处着眼，小处入手。据测算（以海南分行为例），在总行的资金交易系统中，如果能较准确地把握每天的利率走势，合理运作，一年下来也可多增加不少资金交易收入。如2007年海南分行在资金交易系统融出的加权利率比备付金存款利率高0.23个百分点，而海南分行日均富余营运资金达7亿元，如果运用得当，可增加融出资金利息收入160多万元。又如信贷规模的调控，若充分用足用好信贷规模，同样可以增加收益。2007年海南分行充分利用票据业务的短期性和灵活性使人民币信贷规模资源得到充分有效运用，全年人民币各项贷款（含票据融资，下同）累计发放达194亿元，比上年增长70%，在人民币信贷规模仅增长14%的情况下，人民币贷款利息收入比上年增加了20%。因此，只要从点滴做起，就能聚沙成塔，集腋成裘。五是要善于扬长避短。每个行的经营由于受当地社会经济发展水平、业务结构等不同的影响，其特点也不尽相同，这就要求资金营运管理人员必须善于分析，善于化不利为有利，变小利为大利。海南分行在满足客户信贷需求的前提下，票据贴现的运作空间不大，富余资金看似没有出路，其实不然。当前，存款准备金率不断走高，许多中小股份制银行资金已捉襟见肘，急需通过卖出返售票据来弥补，只要海南分行时刻保持高度的市场敏感性，加强信息交流，提高营销能力，眼睛向外找市场，资金就会获得更高的收益。

（二）扩大资金来源是基础。存款是商业银行开展经营活动的主要资金来源，没有稳定、丰富的资金来源，银行的经营活动就会成为“无源之水，无本之木”。要做好资金营运工作，一方面要合理摆布资金头寸，科学使用资金；另一方面，要高度重视负债业务的发展，做大存款总量。一是要进一步提高流动性需求预测的准确度，建立核心存款变动模型，减少管理层级，实现省行对重点客户的直接监测，及时掌握核心客户的

资金变动趋势。二是在存款业务的竞争上，既要讲计划、讲任务，更要讲市场、讲占比。将各行存款的存量和增量同业占比作为一个重要指标纳入考核体系，并将之作为资源分配重要依据。三是深化动态资金价格体系的改革，在前期引入动态资金价格考核的基础上，进一步提高其市场匹配度和目标导向性，以完善的考核机制引导各行大力吸收低成本存款。四是要通过网点改造和服务提升，进一步激发网点的经营活力。通过公私联动营销、柜台内外联动营销，充分挖掘客户资源潜力，着力提高中高端客户的占比，不断优化存款结构。五是要主动调整负债结构，转化高成本负债。2007 年末海南分行的存款定活比为 51.99%，据测算，活期存款占比每降低 1 个百分点，就要导致利息支出增加 830 万元。因此，要通过推动各类理财产品的销售，努力将定期存款转化为能带来更多中间业务收入的其他产品，实现对中长期负债业务的主动调整。六是通过资源配置的导向，对资金的来源成本进行调控，建立资金管理部门控制、调节与各职能部门、各成本单位、各经营环节自律管理相结合的灵活、高效的管理机制，更好地发挥成本管理对资源配置的积极作用。要对现金收支规律进行更精细化的管理，全面提高后勤保障效率，适度加强库存现金考核，进一步降低现金备付率。

（三）发展票据业务是重点。票据业务的短期性和灵活性使之可与信贷业务的反周期运作，充分有效使用信贷规模，促进全行信贷的均衡投放。在信贷投放需求不足时，大力买入票据，支持保证全行信贷资产稳定持续增长；在信贷规模不足时，及时转卖票据，主动让渡规模资源保证高收益的信贷业务需求。通过规模的主动运作提高资源的使用效率，实现信贷均衡投放和票据融资业务收益增长。工商银行在我国票据市场一直占居主导地位，在票据管理体制、系统建设、市场占比、定价能力、人才等方面都具有明显优势。按照“统一管理、归口负责、专业经营、风险监控”的原则，海南分行对票据业务管理体制进行了扁平化改革，组建了独立运作的省行票据中心，理顺了管理部门与经营机构之间的关系，建立了由省行资产负债管理部、省行票据中心、各票据经营准入机构和非准入机构等组成的管理职责明确、风险防范严密、营销利益清晰的票据业务组织架构，并在业务的开拓发展中造就了一支具有较高素质的票据从业人员队伍，有力地保障了票据业务持续超常规发展。

要继续保持全行票据业务的快速发展势头，必须紧密结合自身特点，深入研究市场，做到扬长避短，应需而变，多渠道、多方式发展票据业务。一是要大力开拓本地票据市场资源。近年来海南的票据资源正以较快的速度增长，仅海南分行的优质客户一汽海马、金海浆纸、海南矿业等集团公司，每年的票据流转量就达 200 亿元以上。要把这些集团公司作为海南分行的票据目标客户，在营销上实行上下联动，在服务上为其开通“绿色服务”通道，在报价方面根据客户的综合贡献度、贴现发生额等具体情况，给予报价行更多的灵活度和议价自主权，增强其快速反应能力，以应对市场竞争。同时，要抓大不放小，重点培育一批忠诚度较高的中小企业贴现客户。二是要大力发展不占用信贷规模的票据买入返售业务。在未来几年内，预计海南分行的资金都将处于过剩状态，信贷规模的控制也会挤压票据直贴业务的发展空间。要解决资金出路，只有大力发展票据买入返售业务，实现与系统内和金融同业银行在资金、规模上的互补互惠，提高资金收益。三是要扩大异地票据合作。与内地相比，海南的票据业务竞争较为激烈，价格竞争成为抢市场最主要的手段，要做大规模，提高票据业务收益率，必须向异地合作要市场。要进一步加强与票据营业部和系统内兄弟行的票据业务合作，利用总行的票据管理平台，共享客户资源，实现优势互补下的利益共赢。四是要加快票据周转，提高票据收益率。2007 年海南分行票据年收益率为 4.41%（全国平均水平为 4%），收益率在全国排名第 19 位，仍有较大的上升空间。与信贷业务相比，票据业务具有流通性强的显著特点，若渠道畅通、运作得当，同样会产生不菲的收益。因此，要充分用好用活总行的票据移存政策，加强与本地信用联社、邮政储蓄、信托公司和人民银行的信息沟通，精心培育票据“出口”渠道，实现收益最大化。

（四）建立健全机制是动力。管理靠“法”治而不靠“人”治，发展靠机制而不靠命令，要提高资金营运收益，科学先进的管理机制至关重要。总行实行资金管理体制改革后，资金营运的职能全部上收到了省分行一级。省行的资金运作管理部门必须认真研究总行的资金价格信息，引导各行、各职能部门及时调整经营策略，扩大效益高的金融产品的生产和销售。目前，总行的资金价格是面向全国制定的，而实际上各分行间的资产负债结构又千差万别。要在此基础上制定和完善适合海南分行的内部资金计价管理办法，以资金集中配置系统为载体，运用资金价格手段，促进各行、各部门在经营过程中，注重投入产出效益，提高定价和议价能力。要强化对资金部门自身的考核，传统的备付率指标已不能全面反映、衡量资金管理部门资金营运水平高低和贡献大小，应当采用资金利用率和资金收益率等新指标对资金营运部门进行考核。只有这样，资金管理人员才能保持对市场的高度敏感性，合理摆布资金，提高资金业务的贡献度。存款是资金来源的主要渠道，因此，对存款的考核办法必须综合兼顾增量、均量和成本，通过完善的考核制度，引导各行和营业网点既关心季末、年末存款余额等任务指标，也关心存款的收益、成本和稳定性。对基层网点的考核，应增加其“营业贡献”指标，利用“分产品、分部门业绩价值管理系统”和“成本归集还原管理系统”，将资金集中配置价格和经营成本分摊的理念传导到每个员工，使大家真正明白“每项资产都要讲效益，每项负债都要讲成本”。对信贷部门则不但要考核其利润贡献，还要考核其经济增加值和经济资本回报率。

（五）强化内控防范是保障。巴林银行的衰败犹历历在目，法国兴业银行的危机又接踵而来，一家又一家“百年老店”的轰然倒下，一次又一次地提醒了银行从业者，对于金融机构来说，如果守不住风险控制这条“生命线”，发展再快、规模再大的企业也会风雨飘摇，不堪一击的。资金业务风险与其他业务风险相比，其特点往往是系统性、规模性、连锁性，甚至是灾难性的，必须特别予以重视和防控。目前海南分行资金营运的主要途径是票据业务，因此，加强票据业务全面风险管理，是保证资金营运效益稳步增长的关键。在开展票据融资业务时，既要全面准确地把握贷款与票据的信贷规模互补关系，加强票据的期限结构匹配管理，防止因持票过大、短期无法变现或急于抛出变现时造成的利息损失，又要严格遵守有关的操作流程，防范欺诈风险、操作风险和道德风险。一是要按照“全行营销，集中办理”的原则，加强票据经营机构专业化建设，严格票据准入机构的年审工作，加强合规性管理和动态调整。二是要实行资格认证制度，组织从业人员开展业务操作指南、伪假票据防控、真实贸易背景审查专题培训，增强制度执行的自觉性和各类风险的识别与防范能力。三是要加强票面及跟单资料、企业持票背景合法合理性审查，严格执行票据查询查复手续，加强对真实性贸易背景和债权债务关系的审查。四是要建立学习制度和票据案例分析工作机制，有针对性地开展警示教育，切实增强员工票据风险的防范意识。五是要对经营机构准入、制度执行、票据综合管理系统操作以及跨地区票据贴现业务等方面进行重点检查，落实检查责任制，对检查人员进行责任追究，使业务检查真正成为防范票据风险最重要的一环，及时消除风险隐患。

（六）加强队伍建设是关键。无论是资金营运观念的转变、市场营销和运作机制的完善、风险防控措施的强化，还是一支高素质的资金营运管理队伍的建设，都是达到目标不可或缺的因素。因此，要实现资金营运的目标，必须有目的地引进一些经济金融理论水平较高、实践经验较为丰富的经营管理人员；有重点地选拔一批创新意识强、营销水平高的客户经理队伍；有针对性地培养一支爱岗敬业、团结稳定的从业人员队伍。要知人善用，因材施用，明确其发展方向，有针对性地对其进行综合能力培训、业务技能培训和对应岗位实践，结合人力资源提升项目的推广，拓宽员工的纵向和横向发展空间，延长能力突出的干部和优秀专业人才的职业生涯。

关于结算与现金管理业务创新的实践与思考

重庆分行　刘卫星

一、创新的主要成效

2007年按照总行“产品综合化、服务综合化”的思路，重庆分行在结算与现金管理产品和服务方面进行了积极的探索，取得了明显成效，结算业务系统排名第八位，其中现金管理业务单项考核排名第一。

一是对公结算账户市场占比稳步提升。2007年重庆分行净增账户6 959户，较上年多增5 809户，增量同业占比为18%，增量在四大行占比为39%；对公账户存量达到35 186个，同业占比为14.4%，较上年提高0.8个百分点，四大行占比为27.6%，较上年提高1.9个百分点。

二是现金管理目标客户签约覆盖率显著提高。2007年重庆分行新增现金管理签约客户854个，增幅达344%；100万元以上公司目标客户现金管理签约覆盖率48%，较年初提高33个百分点。同时，利用重庆国资委在全市国有及控股企业加强资金集中管理、试点资金池的机遇，借助重庆分行集团账户、网上银行等产品优势，积极营销大型国有企业集团，使重庆分行成为市国有企业现金流运营周转、归集调控的主要合作银行之一。

三是中间业务收入有效增加。重庆分行成功实践了账户管理、融资服务、结算产品等业务在现金管理平台上的联动营销，使产品综合化和服务综合化成为推进客户市场业务份额提升的强有力手段，也成为增加中间业务收入的有效措施。

二、创新的主要做法

（一）创新发展思路。一是将扩大对公客户市场占比，作为重庆分行一项重点基础工作来抓，并将传统的结算和现金管理优势作为重庆分行竞争基础客户的两张王牌，全力营销对公结算账户。同时，抓住重庆统筹城乡改革发展和推进县域经济二次创业的新机遇，适时提出了县支行要在当地同业打造第一结算银行和第一现金管理银行的发展要求和目标，引导基层行大力拓展对公基础客户市场，不断巩固和增强重庆分行的竞争优势。二是在扩大基础客户市场的同时，注重通过“财智账户”核心业务品牌持续吸引和培育高端客户。在现金管理业务的发展过程中，找准“触发点”，通过政府搭台、银行唱戏的方式，快速打入重庆当地大型企业集团的现金管理业务领域。但重庆分行利用各级政府迫切需要通过加强集团资金管控，打造具有本地区、全国乃至国际竞争实力的国有或国有控股集团，积极引导重庆国资委及所属企业了解、熟悉并接受现金管理在加快企业集团发展，提高管理水平方面的重要作用，并最终达到了政府下文要求在重庆市各大型国有企业或国有控股集团中加快推行集团资金管理或集团资金池的目的，使重庆分行“财智账户”现金管理业务品牌在重庆企业集团中有了一定口碑。三是抓大不放小。重庆分行在通过现金管理竞争高端客户的同时，也注重利用现金管理的综合化服务理念更好地服务于中小客户，在扩大优势业务影响力的同时，挖掘中小客户的价值潜力并培育和发展这些客户。

（二）创新服务手段。一是以账户为载体，以结算为基础，通过纵向和横向两方面，挖掘客户潜在需求，创新产品及组合方式。从纵向上看，客户开立账户办理结算前，要注册验资；开立账户时，客户特别是民营企业有选择个性化或吉祥账号的客观需要；账户开立后，客户需要了解如何使用账户，怎样办理支付结算。从横向上看，客户需要通过账户缴纳税费，需要将该账户的信息与本单位的其他账户信息进行快速收集和整合等。上述扩散性思维，大大拓宽了重庆分行结算与现金管理业务在创新客户服务方面的思路。基于此，重庆分行设计推出了针对新成立企业极富特色的开户套餐和服务于已开户企业的结算套餐。围绕客户的开户，将开户咨询、中介推介、财务人员培训、注册验资、个性化账号选择等全流程的综合性服务整合在开户套餐中；基于客户的账户，将重要回单传真、票据知识培训、票据打印软件、差别化付费、代理收费包等个性化的服务整合在结算套餐中。通过这种针对性较强的产品组合，重庆分行将开户和支付结算这种原本同质性很强的基础服务，包装成了有工行特色、贴近客户真实需要的富有个性化和差异化的产品组合，不仅丰富了重庆分行的服务内涵，也拓宽了结算业务收费的渠道。二是通过现金管理服务协议，重庆分行在结算与现金管理业务的服务方式上逐步实现了从原来的单一结算产品推销转变到以客户现金流管理为核心的一揽子服务支持。针对结算与现金管理产品适用广泛、渗透力较强与营销对接分散、客户关注度不高的矛盾，重庆分行着力解决产品整合优化和市场营销对接的方式问题，把现金管理产品有效整合于现金管理服务方案之中，以协议的方式，实现客户现金流管理需求一点接入，并实行全方位服务的承诺。这种方式不仅客户易于接受，而且也方便重庆分行建立客户使用结算与现金管理产品档案，并为持续的客户维护和产品营销提供了银企沟通的平台。

（三）创新营销方式。一是以顾问式营销替代推销式营销。首先，发挥部门联动优势，充分利用授信评估部门在企业财务报表和现金流量分析上的专业特长，让行内的评估师对客户的财务报表进行诊断分析，尽可能找出客户在现金管理方面的薄弱环节；其次，上门为客户进行现金管理咨询或诊断，通过专业的分析，与客户一起寻找提高现金管理水平的途径和方法，争取客户的认同；再次，重庆分行专业服务团队为客户量身定做现金管理服务方案和实施步骤，并尊重客户的建议，让其有参与认同感，在此基础上，跟踪和协助客户解决方案实施过程中的具体问题，确保客户现金管理出实效。二是分类营销对接，提高营销的针对性和效率。首先，对每个优质客户的现金管理项目按照“客户经理+产品经理”的方式成立项目营销团队，负责与客户沟通，设计个性化的现金管理服务方案，全程跟踪解决实施过程中的问题，实行团体贴身服务；其次，分行业设计结算套餐或现金管理服务模板，如适用集团企业的集团二级账户、收支两条线、资金池收支两条线方案模板，适用流通企业的国内信用证贸易融资模板等，有效提高了客户经理和产品经理的营销效率；再次，设计普及版的现金管理服务协议，主要是给客户提供现金流入流出管理、现金存量管理和现金临时性缺口管理中涉及的标准产品清单，让客户在清晰的“产品集市”中根据自身需要，自主选择产品组合。同时，在协议中明确重庆分行负责该客户的产品经理和客户经理，并明确回复客户问题的时间及投诉方式。普及版现金管理协议在中小客户的大力推广，有效整合了相关产品与客户一点对接的平台，促进了重庆分行一线营销团队综合服务水平的提高。

三、创新的几点思考

（一）加快创新需要解决的几个问题。

一是重视程度不够。重庆分行虽明确将结算与现金管理业务定位于核心业务线之一，要求其在业务经营中发挥核心主导作用。然而自上而下很多方面并没有从战略高度和全局角度去认识和发展结算与现金管理业务，仅仅将结算与现金管理业务局限和定位于为客户提供基础服务的层次，以致全行对结算与现金管理业务工作的资源投入相对不足。

二是部门协调不畅。从总体上看，目前结算与现金管理专业与相关部门的分工和协作规范有序，较好地发挥了整体合力与综合优势。但从局部或具体业务来看仍存在产品与服务单打独斗、各自为战现象，造成资源浪费，削弱了全行业务竞争发展的合力。

三是创新品种较少。如现在重庆分行的现金管理产品创新基本上还停留在结算这一领域，在临时性融资、贸易融资等方面创新力度不够，缺乏突破性的进展。

四是创新人才短缺。重庆分行现有从业人员的知识结构、业务水平和从业经验还远不适应现金管理业务创新的要求。结算与现金管理产品和服务的创新需要银行人员熟悉从人民币结算到国际结算，从银行卡到电子银行，从投资业务到融资业务等多种业务知识和市场营销技巧。但由于专业管理的长期分割，重庆分行绝大多数员工只对某一类业务比较熟悉，因此，在产品的创新过程中很难根据客户需求对现有产品和服务进行有机整合。

（二）下一步创新途径和方式的思考。为了解决好制约重庆分行结算与现金管理业务创新的问题，使产品与服务创新更加充满生机与活力，重庆分行将以产品的组合设计与系统运用开发为主体，着力抓好四个方面。

1. 机制创新。结算与现金管理产品与服务创新是一个及时跟进市场的持续进程，需要上下达成共识，特别是内部经营机制的支撑。因此，涉及全行理念意识、人才培训、市场运作等机制的调整与转变。首先要经营理念市场化。“以客户为中心”的经营理念是产品与服务创新的根本。要能真正体现出市场先导、客户第一的宗旨，注重个性化、差别化服务，满足客户多样化的需求。其次要打造专业化人才。人才是创新之本。结算与现金管理业务创新必须实施专业人才战略，按照专业专做的要求，打造一支具有专业技术与市场营销相结合的专业人才队伍。再次要产品营销综合化。通过产品和服务的整合设计与营销来规避各家银行结算与现金管理业务的产品同质化问题，赢得市场竞争先机。

2. 需求创新。满足客户和市场需求是产品与服务创新的源动力。首先要充分挖掘需求。这就需要产品经理和客户经理深入了解客户和市场。一方面收集产品使用情况，不断完善产品设计和服务方式；另一方面善于捕捉客户市场信息，为产品和服务的创新提供开发依据和思路。其次要快速响应需求。畅通客户需求快速响应的通道，建立需求对接部门、产品牵头部门、业务相关部门联动机制；落实协调推进职责，相互配合、积极响应。再次要主动创造需求。充分利用重庆分行客户信息资源平台，在系统、规范、有效的客户综合贡献度评价基础上，锁定目标客户群，通过量身定做，激发客户潜在需求，创造现实需求。

3. 流程创新。精简高效的业务办理流程是结算与现金管理产品和服务创新的必备条件。结算与现金管理流程创新是一个庞大的系统工程，涉及非融资产品和融资产品以及技术系统三方面。首先，设计理念要彻底改变以我为核心的框架模式内容，建立起适应客户市场，满足客户需求的流程。其次，技术系统开发要及时跟进产品与服务创新。这就需要科技部门与业务部门通力合作，特别是要在总行统一开发的系统平台上，研发适应客户需求的应用系统，形成对产品和服务创新的强力支持。

4. 组合创新。按照产品和服务综合化的思路，实现对产品的组合设计以及一点接入、全方位服务的市场营销方式，是结算与现金管理产品创新与服务创新的重要途径。为此，针对目前的客户市场需求，结算与现金管理产品组合设计创新主要着力于三个方面。

（1）贯穿于企业物流、现金流、信息流全过程的产品组合创新。运用结算产品和贸易融资产品的组合，强化贸易链条中的企业及其现金流掌控。通过对客户贸易背景、交易对手，在行业中的信用记录、供产销环节等方面的分析与判断，形成不同的产品组合。一是结算产品与贸易融资产品的结合。以国内信用证、保理融资及其相关结算产品组合连接上下游客户群，全面跟进产品的供产销环节。二是结算产品与咨询信息相关产品组合。利用客户信息资源和银行账户信息资源为企业提供信息流服务。充分利用重庆分行金融中介的特殊地位，深入了解并挖掘企业对真实可靠信息的需求，为企业提供已有的或创新的一揽子产品和服务。

（2）渗透到企业财务管理过程的产品组合创新。通过提供现金管理服务方案，满足企业资金周转、降本增效的需求。如设计安排支付结算及其融资方式，提供富余资金的增值服务，分析评估资金的风险敞口，提出规避风险的方案等综合性服务。

（3）设计构建行业（集团）资金管理模式及其“企业银行”型的组合创新。为客户提供实现对分支机构、辖属单位进行资金归集下拨、支付掌控管理等产品和服务，满足客户对行业（集团）资金的掌控需求。

关于贵州省县级支行业务发展的调查与思考

贵州分行　黄再红

县级支行是贵州分行业务经营的基本单位，是开展市场竞争的第一战场。为有效提升县级支行的市场竞争力，加快推进县级支行均衡发展，贵州分行对辖内县级支行发展现状进行了分类调查和梳理，并对如何推动处于不同发展水平的县级支行进一步加快发展进行了深入思考。

一、贵州省县域经济发展概况

贵州省是西部地区内陆农业省份，按照行政区划，全省分为 9 个地州，共计 88 个县级行政区域。其中，县级市、县、特区行政区 78 个，非县域经济即市辖区 10 个。虽然近年来贵州省经济取得了长足发展，但受县域基础条件、地区经济差异和城乡二元结构的影响，县域经济相对落后和发展不平衡的状况仍较突出。2006 年全省生产总值 2 282 亿元，增长 11.6%；全社会固定资产投资总额为 1 197.68 亿元，增长 17.6%；财政一般预算收入 226.6 亿元，增长 24.17%，加上中央各项补助，合计收入 608.98 亿元；财政支出 610.64 亿元，增长 17.27%。全省县域 GDP 总计 1 499.12 亿元，占全省 GDP 的 66%；城市（市辖区）GDP 总计 782.88 亿元，占比为 34%。县域人口 3 538.4 万人，占全省总人口的 89.46%；城市人口 416.9 万人，占比为 10.54%。与全国各省相比，贵州省县域 GDP 和城市 GDP 总量均在全国排名靠后，但县域 GDP 在全省 GDP 的比重和县域人口在全省人口中的比重却是全国最高的省区之一。

相关部门根据生产总值、人均生产总值、地方财政收入等六项与经济增长密切相关的经济指标，采用“综合指数法”测算全省 78 个县（市、特区）的综合指数，并按照综合指数 50% 以上、30% –49%、29% 以下等区间范围划分，贵州省县（市、特区）按照发展水平可划分为以下三个层次。

表 1　　贵州省县域经济分类统计表

第一层次	南明区、云岩区、花溪区、乌当区、白云区、小河区、钟山区、汇川区、西秀区、红花岗区、遵义县、毕节市、兴义市、仁怀市、清镇市、开阳县、凯里市、盘县
第二层次	金沙县、都匀市、湄潭县、赤水市、铜仁市、修文县、桐梓县、绥阳县、福泉市、黔西县、余庆县、大方县、威宁县、息烽县、织金县、纳雍县、贵定县、平坝县、习水县、正安县、玉屏县、安龙县、六枝特区
第三层次	普定县、龙里县、水城县、瓮安县、惠水县、思南县、凤冈县、兴仁县、德江县、镇远县、松桃县、赫章县、道真县、镇宁县、独山县、罗甸县、印江县、务川县、沿河县、天柱县、荔波县、长顺县、黎平县、施秉县、贞丰县、石阡县、普安县、关岭县、榕江县、三穗县、从江县、黄平县、望谟县、晴隆县、剑河县、江口县、锦屏县、岑巩县、平塘县、麻江县、台江县、紫云县、三都水族自治县、丹寨县、册亨县、雷山县、万山特区

从表 1 可以看出，贵州省县域经济较为发达处于第一层次的仅 8 个县市，按同样标准和方法划分，省内非县域的 10 个市辖区均列第一层次；第二层次包括 23 个县（市、特区）；第三层次较为落后的县域经济共 47 个县（特区），占全省县域经济的 60%。

二、贵州分行县级支行发展状况

2007 年，贵州分行共有县级支行 87 家（含县域分理处），其中城区支行 34 家，县域支行（分理处）53 家。贵州分行县级支行与贵州县域经济发展情况对应统计如表 2 所示。

表 2　　贵州分行县级支行与县域经济对应情况

第一层次	城区支行：**南明、中华路、云岩、中西、贵溪、瑞北、白云、小河、富水、花溪、东山、金桥、乌当、万里、红花岗、京华、新华、碧云、长征、塔山、西航、黄土坡、广场、安顺分行营业部** 县域支行：**清镇、开阳、仁怀、遵义县、毕节分行营业部、杜鹃、城区、顶效、盘县、北京路**
第二层次	**息烽**、赤水、**桐梓**、余庆、**习水、平坝、桥城、匀城、福泉**、贵定、**金沙**、黔西、**大方**、威宁、**织金**、纳雍、**九龙、梵净山、玉屏、六枝、安龙**
第三层次	县域支行：**普定**、龙里、**水城**、瓮安、惠水、**兴仁**、镇远、松桃、道真、镇宁、独山、**沿河**、天柱、荔波、黎平、施秉、普安、关岭、柳川、锦屏、平塘、册亨 县域分理处：思南、德江、贞丰、望谟、晴隆、岑巩、麻江、紫云、丹寨、万山

注：表中加黑部分为重点支行。

根据贵州省县域经济发展实际，省分行党委制定了“重点区域、重点支行、重点发展”的经营策略，将非县域的10个市辖区和第一、第二两个层次的31个县（市、特区）作为业务拓展的重点区域。同时，按照“抓重点支行”的工作思路，将辖内33家城区支行和2007年度经营绩效考评排名前20位的县支行列为重点支行（表2中加黑部分）。2007年末，贵州分行各项存款、各项贷款余额分别为777.6亿元、667.09亿元，中间业务收入为5.06亿元。其中，53家重点支行各项存款、各项贷款余额分别达715.7亿元、640.4亿元，中间业务收入4.42亿元，三项主要业务指标分别占全行的92.04%、96%和87.35%。重点支行占贵州分行支行级机构总数的61%，但资产负债业务占到了全行的90%以上，是贵州分行业务发展的中坚力量。

通过在辖内支行实施重点发展策略，贵州分行一批重点支行得以迅速成长，市场竞争能力有效增强。但是，受辖内县域经济发展不平衡客观条件的制约，地处贵州省县域经济发展第三层次和第二层次的部分支行发展仍然滞后，市场竞争力亟待提高。对应各层次经济区域，贵州分行各类支行主要发展情况如下。

（一）非县域区域内支行（城区支行）发展情况。2006年统计数据显示，贵州省非县域经济区GDP总量为782.88亿元，占全省GDP总量的34%；财政一般预算收入为37.65亿元，财政支出为53.76亿元，分别占全省总量的16.6%和8.8%；区域内储蓄存款余额为825.13亿元，占全省储蓄存款总和的51.67%；区域内总人口416.9万人，人均GDP为18 779元，人均财政收入为903元，人均财政支出为1 290元，人均储蓄存款为19 792元。

在该经济区域的10个市辖区内，贵州分行设有24家县级支行，均为贵州分行重点支行。截至2006年末，该24家支行各项贷款余额为423.74亿元，占贵州分行贷款总额的71.33%；各项存款余额为423.88亿元，占贵州分行存款总额的59.36%。其中，储蓄存款余额为204.22亿元，占贵州分行储蓄存款总额的56.1%，在该区域内各家金融机构储蓄存款总量的占比为24.75%；公司存款余额为142.18亿元，机构存款余额为77.48亿元，分别占贵州分行公司和机构存款总额的65.46%和58.34%。中间业务收入为1.32亿元，占贵州分行中间业务收入总额的59.11%。其中，机构中间业务收入938万元，在贵州分行全部机构中间业务收入中的占比达71.39%。

（二）第一层次县域区域内支行发展情况。2006年，贵州省第一层次8个县域经济区GDP总量515.68亿元，占全省GDP总量的22.6%；财政一般预算收入27.07亿元，财政支出55.62亿元，分别占全省总量的11.93%和9.11%；储蓄存款余额为219.93亿元，占全省储蓄存款总和的13.77%；区域内总人口648.76万人，人均GDP 7 949元，人均财政收入416元，人均财政支出857元，人均储蓄存款3 390元。

在该经济区域的8个县市范围内，贵州分行共设有10家县级支行，全部为贵州分行重点支行。截至2006年末，该区域内各家支行各项贷款余额为61.65亿元，占贵州分行贷款总额的10.38%；各项存款余额为103.85亿元，占贵州分行存款总额的14.54%。其中，储蓄存款余额为52.24亿元，占贵州分行储蓄存款总额的14.35%，在该区域内各家金融机构储蓄存款总量的占比为23.75%；公司存款余额为36.61亿元，机构存款余额为15亿元，分别占贵州分行公司和机构存款的16.85%和11.29%。中间业务收入为2 840万元，占贵州分行中间业务收入总额的12.69%。其中，机构中间业务收入为111万元，在贵州分行全部机构中间业务收入中的占比为8.45%。

（三）第二层次县域区域内支行发展情况。2006年，贵州省第二层次23个县域经济区GDP总量为583.03亿元，占全省GDP总量的25.55%；财政一般预算收入为31.67亿元，财政支出为99.41亿元，分别占全省总量的13.96%和16.28%；储蓄存款余额为312.73亿元，占全省储蓄存款总和的19.58%；区域内总人口1 254万人，人均GDP为4 649元，人均财政收入为252.55元，人均财政支出为792.74元，人均储蓄存款为2 493.86元。

在该经济区域范围内，贵州分行设有21家县级支行，其中，15家支行为贵州分行重点支行，另外6家支行由于2007年度县支行行长经营绩效考评排名靠后，未列入贵州分行重点支行。该区域重点支行2006年末各项贷款余额为65.04亿元，占贵州分行贷款总额的10.95%；各项存款余额为92.25亿元，占贵州分行存款总额的12.92%。其中，储蓄存款余额为54.69亿元，占贵州分行储蓄存款总额的15.03%，在该区域内各家金融机构储蓄存款总量的占比为17.49%；公司存款余额为17.27亿元，机构存款余额为20.29亿元，分别占贵州分行公司和机构存款总额的7.95%和15.28%。中间业务收入为2 223万元，占贵州分行中间业务收入总额的9.93%。其中，机构中间业务收入为176万元，在贵州分行全部机构中间业务收入中的占比为13.39%。

（四）第三层次县域区域内支行发展情况。2006年，贵州省第三层次47个县域经济区GDP总量为535.89亿元，占全省GDP总量的23.48%；财政一般预算收入为28.13亿元，财政支出为143.2亿元，分别占全省总量的12.4%和23.45%；储蓄存款余额为293.84亿元，占全省储蓄存款总和的18.4%；区域内总人口1 635.56万人，人均GDP为3 276元，人均财政收入为172元，人均财政支出为876元，人均储蓄存款为1 797元。

在该经济区域范围内，贵州分行设有22个县级支行和10个县、经济特区设分理处。该区域内只有4家支行列入贵州分行重点支行，其余18家支行在2007年度县支行行长经营绩效考评中排名靠后，10家分理处未纳入行长经营绩效考评，均未列入贵州分行重点支行。与第二、第三层次经济区域内支行相比，该区域内支行及分理处等经营机构发展状况明显滞后，与全行发展水平存在较大差距。

三、加快县级支行发展的思路和措施

针对不同经济区域内资源条件的差异和县级支行发展现状，贵州分行将在继续推进重点支行全面快速发展的同时，从经济落后地区发展相对滞后县支行的实际出发，实施针对性、差异化的发展策略，推动贵州分行县级支行有重点、有特色发展，全面提升县级支行在当地金融市场的核心竞争力。

（一）突出重点，推动城区支行全面加速发展。贵州省地处西部落后地区，总体经济发展水平滞后，但非县域区域中心城市仍具备较好的经济基础，取得了一定发展规模，经济发展保持了良好势头。对商业银行而言，体现在金融资源丰富，优质客户集中，业务需求面广。贵州分行将继续重点扶持这一区域内的县级支行，充分运用得天独厚的区位优势，抢抓省、市两级资金源头、客户源头和业务源头，全面发展、做大做强资产、负债和中间业务，在壮大自身竞争能力的同时，充分发挥城市对县域经济的集聚和辐射作用，不断提高对全行各项业务发展的贡献度。一是继续以电力、交通、能源等基础设施行业大型优质集团和龙头客户为重点，以抢抓他行份额为目标，以提高议价能力和高附加值衍生业务为方向，进一步拓展和巩固贵州分行公司贷款市场地位。重点抓好公务员、企业高管等中高端个人客户，积极拓展贵州分行住房按揭、汽车消费贷款等个人信贷业务，着力扩大优质个人贷款市场份额。二是以低成本对公负债业务为主导，突出抓好公司客户货款回笼和派生存款的组织管理，大力抓好机构客户财政拨款、政府部门非税收入等资金归集。以个人负债业务为基础，充分发挥人均可支配收入高、人口密集、优质客户群体集中等优势，实现储蓄存款稳定增长，确保各项存款余额和增量保持市场占比第一。三是以庞大的客户群体为依托，巩固提高个人结算及账户管理、灵通卡、人民币对公结算、信用卡等传统优势中间业务，拓展个人理财、投资银行、资金交易等高端、高附加值中间业务，全面提升中间业务收入水平。

（二）因地制宜，促进县域支行实现特色经营。县域经济是联系宏观与微观、工业和农业、城市和乡村的桥梁和纽带。对于贵州这样一个以农业和农村经济为主的省份，县域经济更是地方经济中最重要和最具增长潜力的组成部分。十六大以来，中央把“发展壮大县域经济”作为全面建设小康社会的一项重要任务，提出了“统筹城乡经济社会发展”、“加快城镇化进程”等具体要求，加快小城镇建设、提高城镇化水平、全面建设现代化社会为县域经济发展注入了活力，带来了新的机遇，同时也为贵州分行县域支行发展创造了良好条件，提供了强大动力。贵州分行将紧密结合贵州县域经济和县级支行实际，推动欠发达区域县级支行突出抓好代理财政、非税收入、代理保险等业务，大力实施有选择、有重点、有特色的差异化经营策略。

1. 以负债业务为基础，推动各项业务联动发展。贵州省大部分县域内不存在大型优质公司客户和优质项目，并不具备拓展优质资产业务的条件，但大都拥有较好的负债业务资源，并且资金成本相对较低。因此，贵州分行要求县域支行大力抢抓辖内优质机构和个人客户，大力拓展机构负债业务和储蓄存款。在努力保持存款同业市场占比领先的同时，不断完善增存机制，实施主动负债管理，优化负债结构，进一步降低筹资成本。在积极吸收优质低成本资金、扩大负债规模的基础上，通过提供优质金融服务，形成稳定的中高端客户群体，大力营销贵州分行优势产品，带动各项产品和业务全面发展。

2. 以中间业务为重点，促进业务结构和收益结构转型。大力拓展县域支行广泛的中小客户资源，充分挖掘城镇居民金融产品和服务需求，加大产品和服务创新力度，积极拓展中间业务市场，推动县域支行加快转变经营结构，拓宽收入来源。一是通过营业柜台、宣传资料、新闻媒体等渠道大力宣传新业务、新产品，特别加大对单位财会人员、个体工商户、公务员及企业高管等高收入群体的宣传力度，采取理财沙龙、新产品推介会、职场营销等形式，提高社会公众的金融意识和对贵州分行服务、产品的认知度。二是根据县域个体经营户、外出务工人员多、资金结算频繁等特点，大力开展银行卡、网上银行、电话银行、汇款直通车、储蓄异地通、“即时通”等业务和产品，在扩大贵州分行业务覆盖面和客户面的同时，增加手续费收入和低成本负债。三是针对部分经营效益好、信用记录佳的公司客户，积极营销投资银行、企业年金、资产托管等前沿业务，提升产品和服务价值。四是充分挖掘个人优质客户资源，利用广泛办理公司客户抵（质）押贷款、个人消费贷款等业务的优势，大力发展代理保险、代理基金、第三方存管等业务，进一步延伸产品线，扩大收入渠道。五是大力开展代收水费、电费、保费、行政罚没款及代付养老金、保险金等代收代付业务，重点抓住代发工资业务源头，优先发展留存率高、代扣率高、综合效益高的代理业务品种。

3. 以机构业务为突破口，打造辖区内核心金融机构地位。一是全力抓好政府机构各项业务。据测算，每个县城及其所在地的镇两级政府至少有机关团体及事业单位120个，且这些单位资金由财政负担经费或拥有收费特权，属基本无财务风险的优质客户。贵州分行要求县域支行把政府机构客户尤其是财政部门作为对公业务和客户关系维护的重中之重，建立完善定期走访制度，支行一把手每个季度至少与县委、县政府和财政以及较大的预算单位主要领导走访交流一次，分管行长每个月至少走访主管的重要客户一次，客户经理至少每周走访主管的客户一次，并建立走访及交流内容记录，进一步巩固和密切银政关系。把积极争取代理各级国库集中支付作为银政合作的重点，建立奖罚和责任追究制度，确保代理财政预算单位“零余额”账户市场份额达到60%以上。以财政专项拨款和社保资金、住房公积金、行政罚没款、风险抵押金等非税收入的归集以及学校、医院等行政事业单位收入为重点，积极拓展政府机构负债业务。

二是大力开展代理保险业务。依托贵州分行信贷、人力、客户、科技等资源优势，以打造“百万网点”、“千万支行”为目标，着力推进代理保险业务发展。要求凡办理抵（质）押贷款的支行，必须逐笔落实贷款抵（质）押物保险的代理，落实责任到分管行领导、部门负责人和客户经理。充分发挥员工个人社会关系，积极营销机车险、家财险等财险业务。在所有营业网点全面开展代理寿险业务，将代销计划分解落实到个人，并把代销业绩纳入绩效考核，与个人收入挂钩。以中高端个人优质客户为主体，结合客户保险需求和风险偏好，重点营销投资连结保险、万能保险、分红保险、养老保险、大病保险等兼顾投资和保障功能的保险产品，同时加大保险产品与理财产品的组合营销。努力将代理保险业务发展成为县域支行的主力业务，实现收入结构和盈利模式转型。

三是积极开展代理证券业务，借助第三方存管业务系统，在拓宽个人优质客户投资渠道的同时，深度挖掘客户贡献度。

四是主动与银行同业客户开展负债业务、代理业务、银行卡、票据融资等业务的合作，不断提升合作层次。

五是加快拓展县域内优质客户企业年金和资产托管业务，在对辖内所有工商企业开展拉网式全面排查的基础上，筛选出目标客户，以规模大、效益好的单位作为第一批突破的对象，确保抢占市场先机。

4. 以个金业务为支柱，牢固树立品牌形象。充分发挥贵州分行产品和科技优势，以优质服务为核心，加快构建“大个金”发展格局，推动县域支行高标准打造区域内第一零售银行。一是着力抓好柜面服务工作，以一流服务吸引众多个人客户，不断拓展个人客户覆盖面，牢固树立当地最优金融品牌形象，进一步做强个人负债业务，确保储蓄存款在县域内市场占比第一。二是抓住县域经济持续快速发展的大好机遇，把在城市行已经得到客户普遍认同的金融产品和服务尽快引入县域市场。设立以投资理财为重点的县域金融超市，以人民币理财产品、代理保险、基金、证券、记账式国债等产品丰富县域金融市场，满足城镇居民日益多元化的金融需求，以专业的理财技能促进县域支行中间业务快速发展。三是紧紧抓住县域居民住房、购车带来的金融需求，以公务员、银行、保险、税务、电力、电信、医院、学校等优势行业职员和企业高管人员等优质群体为目标，大力开展住房按揭、消费贷款等个人信贷业务。以高效严谨的流程管理，严格控制个人贷款业务风险，确保将个人资产业务办成风险低、效益好的精品业务。

5. 以优势企业为目标，积极开辟中小企业信贷市场。中小企业是县域经济体系中的主要组成部分，重点企业和骨干项目是推动县域经济发展的重要力量。积极培育和扶持具备较大发展潜力的中小企业客户，按照“择优扶持、区别对待”的原则，重点做好产权清晰、信誉度高、效益良好的成长型重点骨干中小企业和基础设施项目、能源、交通等长线优势产业的金融服务，在风险可控的基础上加快、加大信贷支持力度，积极支持县域产业化、工业化和城镇化“三化”进程，带动县域支行优质资产业务发展。

6. 以健全机制为手段，为县域支行加快发展提供坚强保障。从推动县域支行提高经营管理水平的实际出发，在业务操作、服务质量、风险管理等方面建立一套完整、有效的运作机制，确保各项业务持续、快速、健康发展。一是建立首问负责制，即接受客户问询的人员为第一责任人；二是建立服务承诺制，即把服务质量、服务标准、办结时限等服务内容向社会公开承诺，接受大众监督，确保提供优质高效服务；三是建立限时办结制，即明确规定业务办理的时限，提高服务的效率和质量；四是建立失职追究制，即对出现因责任心不强等人为因素导致的各种差错、事故及服务投诉等，严格追究相关人员责任。

关于云南分行人力资源跨区域调整的实践与思考

云南分行　蒋玉林

云南省地处西南边疆，省内区域经济发展不平衡，行际间发展差异很大。一方面，经济欠发达地区的行人员富余；另一方面，金融资源较多地区的行人员不足。如何盘活现有人力资源存量，解决人力资源结构失衡的状况是我一直思考的问题。为此，云南分行按照总行有关人员和机构管理的规定，积极推进人力资源管理体制改革创新，成功启动并实施了人力资源跨区域调整工作，自2007年下半年开始，先后两次从昭通、楚雄两个二级分行调整了170名在岗员工到省分行营业部从事一线柜面业务服务或客户经理岗位工作，实现了人力资源从金融资源匮乏及经营效率低下地区向业务量大、经营业绩好、经营效率高的重点区域和城市行转移，为解决人力资源的结构性矛盾作了一些有益的实践和探索。

一、人力资源跨区域调整的必要性

知识经济时代，企业的竞争归根到底是人才的竞争，人才的竞争实际上就是人才制度的竞争。云南分行要建设云南省内发展最快、盈利最多、质量最好、服务最佳的一流商业银行，就必须创新人力资源管理机制，为加快培育核心竞争力提供内生动力。

（一）实施跨区域调整是全面协调发展的需要。云南地处西南边疆，省内各地经济发展极不平衡。云南分行经济相对发达、金融资源集中的省分行营业部、曲靖、红河、玉溪、大理5个二级分行业务量占了全行的70%以上。而其他11家二级分行由于地区经济基础薄弱，金融资源匮乏，经营规模小，发展难度较大。人员调整之前的2007年6月末，全行16个二级分行中人均资产总额低于800万元的有6个；人均存款余额低于1 000万元的有10个；人均贷款余额低于500万元的有4个；人均中间业务收入低于2万元的有5个；人均账面利润低于10万元的有4个。从上述数据可以看出，大多数二级分行经营效率不高，人力资本使用水平较低，人均效率和效益指标偏低。云南分行根据各二级分行所在辖区的经济和资源特点，提出了分类指导的区域发展战略，要求经济欠发达地区的行依托特色经济和产业，实施精细化发展策略，办成当地的精品行，因此，精减富余人员，提高经营效率势在必行。

（二）实施跨区域调整是深化人力资源管理的需要。深入人力资源管理，加强人力资源的战略规划与科学配置，加大人力资源开发力度，是进一步推动人才兴行战略的重要举措。在严格控制人员总量的基础上，把工作重心放到调整人力资源布局和提升队伍素质上来，形成人力资源调整与经营转型、创新发展相协调的动态优化机制。在区域结构上，积极配合全行区域发展战略的实施，进一步将人力资源配置向业务量大、经营业绩好、经营效率高的重点区域和城区行倾斜，严格控制金融资源匮乏及经营效率低下地区的人员规模，努力探索人力资源跨区域流动的有效途径。在专业结构上，积极适应转型和创新需要，重点加大新的效益增长点和新兴业务领域的人力资源投入，提高人员投入边际效益，有效解决人员总量充裕和结构性短缺的矛盾，增加人力资源的价值创造。

（三）实施跨区域调整是坚持以人为本的需要。云南分行加大绩效考核挂钩力度后，经济欠发达地区的行由于业务发展慢，人均效率和效益指标低，员工人均薪酬水平的提高比较难，工作热情和积极性受到一定影响。通过引导这些员工从经济欠发达地区行转移到经济发达的省会城市行，一方面可以较好地解决他们的薪酬和福利待遇问题，另一方面可以使他们具有更多的发展机遇和更好的职业生涯，从而最大限度地激发这些员工的工作热情和积极性，实现员工发展与企业发展的和谐共进。

（四）实施跨区域调整是提升核心竞争力的需要。省分行营业部（调入行）是云南分行业务发展的主战场，其存贷款总量、中间业务收入、营业利润等主要指标都占据了云南分行的半壁江山，对全行发展具有举足轻重的地位。但省会地区也是银行同业竞争最为激烈的地区，各家商业银行都投入了大量的人力、物力和财力争夺优质市场。相比较而言，云南分行营业部面临着人员紧缺、网点老化等制约核心竞争力提升的问题。按照总行的统一部署，云南分行已加快了网点改造的步伐，硬件水平得到了明显改善，但补充人员如果只是依靠传统的大学毕业生分配来解决，无论在数量上和质量上都远远达不到要求。因此，实施人力资源跨区域调整，有利于在最快的时间内，以最小的成本实现最好的效果，是迅速提升云南分行营业部竞争力的最佳选择。

（五）实施跨区域调整是机制体制创新的需要。机制体制的改革创新是实践科学发展观，提升核心竞争力的根本动力，只有着力解决好发展中的深层次矛盾和问题，才能增强发展活力，提升发展层次。实施跨区域调整是人力资源管理制度的创新，有利于配合人力资源提升项目的实施，探索建立内部人才市场。通过创新人员区域配置模式，在全行人员总量不增加的情况下，盘活现有人力资源存量，充分利用人力资源，将有限的人力资源配置到云南省经济发达地区和重点发展行，有利于更好地落实总行和省行的战略决策和工作部署，为加快提升我行核心竞争力、保持可持续成长的竞争优势提供机制保障。

二、人力资源跨区域调整的基本原则

云南分行实施人力资源跨区域调整的基本原则是坚持循序渐进、双向选择、择优录用、地域就近、调整的固定性与流动性相结合的原则，按计划、分步骤、有选择地统筹协调推进。

坚持个人自愿申请和组织批准的原则，不搞强迫命令和一刀切。由员工个人自愿申请，组织按规定逐级上报审批。坚持按双向选择、择优录用的原则依据员工个人的申请，经资格审查合格后由调入行进行面试和考评，择优选用。坚持按地域就近调整原则，依据人员调入行与调出行相隔地域的远近，对父母或夫妻双方有一方在调入行地区工作或生活的人员给予照顾。坚持固定调整与流动性调整相结合的原则，调整人员在经面试、考核、借用等流程，被调入行正式聘用，订立劳动合同后，若调整人员自愿在调入行长期工作，可按劳动合同的约定履行至劳动合同解除或终止。若调整人员因个人或家庭原因，在调入行工作三年以上，且在办理内部退养、解除或终止劳动合同等手续前，经本人申请，由调入行与调出行协商一致，可通过劳动合同的变更返回调出行工作。为保证工作的稳定，云南分行人力资源跨区域调整具有循序渐进的特点。全省16个二级分行中，本轮调整只涉及昭通、楚雄两个二级分行和省分行营业部。下一步将重点在二级分行内进行跨区域的人员调整、重构二级分行内设机构、深化业务流程再造等方面进行改革，进一步研究和探索人力资源管理的新举措和新方法。

三、人力资源跨区域调整的具体做法

（一）高度重视。省分行党委高度重视本次人力资源跨区域调整工作，成立了专门的工作小组，精心组织、认真研究、周密部署，确保人员区域调整工作平稳顺利完成。有关二级分行也成立了相应的工作小组，负责配合省分行人力资源部组织、协调和落实。

（二）明确对象。要确保人力资源跨区域调整工作取得实效，明确实施对象、选择调出行和调入行成为此项工作的关键。为此，省分行实施工作小组多次召开会议，研究方案，按照“两个原则”和“四个结合”的要求确定实施对象。“两个原则”即促进业务发展和保持队伍稳定；“四个结合”即结合总行有关人员和机构管理的规定、结合当地经济发展情况、结合所在行业务发展情况、结合员工思想素质状况。昭通、楚雄两个行，分别位于滇东北和滇西，属于经济欠发达地区，由于人员较多，经营规模较小，其人均资产、人均中间业务收入、人均利润等核心指标都低于全省平均水平，近几年行长经营绩效考核排名靠后，导致员工整体收入较低，员工士气低落、发展信心不足，极大地影响了市场开拓和业务发展。省分行营业部，是云南分行业务发展的主战场，金融资源丰富，经营效益好，人员相对紧缺，急需补充柜面人员和营销人员。因此，省分行最终确定了昭通、楚雄两个二级分行作为调出行，省分行营业部作为调入行。

（三）分工协作。有关二级分行间加强协调、积极配合，严格执行总行人员管理的相关制度和政策。调入行负责提供岗位、对报名人员资格进行复审，并根据岗位需求，负责面试、考评以及人员的录用等工作。调出行负责调整工作政策的宣传、报名、初审及向调入行提供人员信息等工作。

（四）扎实推进。为了确保调整工作的顺利开展，省分行党委经过认真研究，综合考虑到调整人员的资格、待遇、培训、档案、职务等各方面的具体问题，确定了人性化的实施方案，最大限度地关心和照顾调整员工的生活、学习，使调整员工能够解除后顾之忧，尽快适应新的岗位。调整工作按照公布信息、自愿报名、组织面试、择优选择、适岗培训、借用测试、正式聘用七个环节进行，充分体现了公开、公平、公正的原则。

（五）把握重点。做好人力资源跨区域调整的关键在于细化方案、把握步骤、明确重点、梳理难点。

信息公布环节。由省分行人力资源部将调入行提供的空缺岗位需求，提交给调出行，由调出行通过员工大会、文件、邮件或网讯进行公布。

报名环节。由本人填写报名表，并经所在二级分行机构负责人核实签字后，由调出行统一报省行人力资源部。

面试测试环节。由调入行组成面试小组，对报名人员进行面试，主要测试报名人员的语言表达、临场应变、实际操作、内控及风险防范能力和服务意识等。

综合考评、确定人选环节。由调入行在面试基础上，根据拟调入人员在单位的业务素质、工作能力、工作表现和工作业绩等进行综合评价。确定培训人员数量和名单。

业务培训环节。由调入行组织对拟借用的人员进行业务培训，培训期限由调入行根据实际情况确定。对培训不合格的人员调入行可退回调出行。

借用环节。对培训合格，调入行拟借用的人员，由省分行人力资源部报经省分行党委审定后，办理借用手续，借用期为半年。

聘用环节。调入行根据借用人员在借用期的表现，对借用期满并考评合格的人员，由调入行为其办理相关聘用手续。对借用期内或期满考核不合格的人员调入行可将其退回原所在机构。

（六）加强监督。在调整工作中，监察室、工会等部门人员负责调整工作的全过程监督。同时，加强群众监督和组织监督，确保调整工作的顺利进行。

四、人力资源跨区域调整的效果和经验

云南分行两次人力资源跨区域调整，合计从楚雄、昭通分行调整员工170名到省分行营业部，初步实现了“盘活人力、提高效率、节约成本、转变观念、改善服务、保持稳定”的调整目标。

（一）盘活了人力。按照省分行制定的发展战略，在继续控制人员总量的同时，将有限的人力资源重新整合配置到业务量大、经营业绩好、经营效率高的重点区域和城区行，缓解了重点行因业务创新，业务发展较快，但新的人员难以得到补充，人员紧张和对外营业柜台开放少、客户等待时间长的矛盾，有效促进了各项业

务的开拓发展，进一步提升重点区域和城市行的市场竞争力。同时，调整了金融资源匮乏及经营效率低下地区的人员规模。

（二）提高了效率。调入行在人员调整后，各项单产指标不仅没因人员增多而下降，反而因人员力量的加强、服务意识的提升、人员劳动组合、岗位设置的优化而提升。经统计，调入行（省分行营业部）人员从2007年6月的2 825人增加到2008年9月的3 050人（含2007年录用的大学生和劳务人员）后，人均存款余额、贷款余额、中间业务收入、资产总额和拨备后利润分别增加了136万元、87万元、4.46万元、247万元和23万元。同时，由于人员的增加，调入行的内控制度得到进一步落实，风险防范能力得到进一步提高。

调出行因人员减少和结构优化，人均单产指标得到大幅提升。以昭通分行为例，昭通分行人员从2007年6月的427人减少到2008年9月的328人后，全行存款余额、贷款余额、中间业务收入、资产总额和拨备后利润分别增加了68 609万元、3 953万元、458万元、66 320万元和4 874万元。同时，人均存款余额、贷款余额、中间业务收入、资产总额和拨备后利润分别增加了427万元、223万元、1.91万元、434万元和18万元。从昭通分行所在的区位、经济环境来看，人均存款余额由720万元增加到1 147万元，若按人均每年存款余额增加100万元的发展速度，至少需要4年的时间。

（三）节约了成本。一是节约了招聘成本。经测算，调入行若新录用170名员工，每年需增加应发工资、保险、公积金等人力费用1 000万元左右。同时，按现有《劳动合同法》的相关规定，调出行解除170名员工的劳动合同，需支付解除劳动合同补偿金850万元左右。二是减轻了调出行的财务压力。通过人力资源有效转出，降低了调出行的工资费用和经营费用，减轻了财务压力，从而把有限的费用投入到市场营销和业务拓展中去。三是降低了人员培训成本。调整人员都是云南分行现有在职员工，具有一定的业务素质和履职能力，熟悉云南分行相关的业务流程、内控制度、操作方法，只需对其进行短期的适岗培训后，即可独立履职，成为中坚力量，因此培训成本较低。四是节约了时间成本。若通过录用大学毕业生的方式补充人员，为调入行（省分行营业部）增加170人需4－5年的时间，通过人员跨区域调整，仅用1年的时间便完成了对重点行人力资源的配置。

（四）转变了观念。人员区域调整后，员工竞争意识和危机意识进一步提高，一方面，进一步理解和接受了“能上、能下、能进、能出”的竞争机制，为优秀人才脱颖而出创造了条件；另一方面，进一步意识到只有工商银行得到发展和壮大，自己的职业生涯、经济收入才能得到进一步的提升和增加。因此，全体员工危机感加强，更加自觉地发挥自己的主观能动性，爱岗敬业的精神进一步提高。

（五）改善了服务。调入行由于充实了人员，人员劳动组合、岗位设置得到进一步的优化和调整，各类营业经理、大堂经理、营销经理队伍的建设得到进一步完善，原来一些只能开1－2个对外营业柜台的网点，现在可以开3－4个对外营业柜台；原来因人员少未设置大堂经理的网点，现已设置了大堂经理，从而完善了服务，改善了形象。调出行人员减少后，促进了调出行经营策略的调整和转变。调出行以此次人员调整为契机，进一步加大扁平化改革力度，精减压缩二线人员，充实一线柜面人员和营销岗位，有力地促进了市场竞争力的提高。通过对现有机构网络的重新规划和建设，对低效网点进行整合撤并，对部分业务量大、效益好的精品网点进行装修改造；通过优化业务管理流程和人员劳动组合，提高了人岗匹配度，从而改善了服务质量。

（六）保持了稳定。一是由于坚持以人为本的原则，调整工作中未使任何一名员工流向社会，也未使一名员工进入待岗，涉及调整人员中人力资源离职率为零，切实做到调出的人放心，留下的人安心，实现了人心稳定。二是由于准备工作充分，调出行的业务工作保持稳定，没有因人员调出而给客户带来不便，也没有因为人员的减少而出现业务量的萎缩等情形。三是体现了工商银行对员工的人本关爱，也履行了一个国有控股大企业为国家分忧、为政府解难的职责，维护了社会和谐，提升了工商银行在政府和群众中的良好企业形象。

云南分行两次人力资源跨区域调整之所以能够取得一定的成绩，主要有以下几方面的经验。

一是总行支持是做好人员调整工作的根本保证。云南分行人力资源跨区域调整是落实科学发展观，认真贯彻落实总行人力资源改革发展思路，积极探索人力资源改革的一次全新尝试。从一开始就得到了总行的大力支持，在政策上给予了很多的指导和帮助，使云南分行的人力资源跨区域调整工作有了政策依据，也使云南分行相关工作能够快速有序推进。

二是领导重视是做好人员调整工作的重要条件。在人员调整工作中，省分行和相关二级行的党委领导非常重视，成立了由一把手任组长、相关行领导和部门负责人为成员的领导工作小组，精心组织、认真研究、周密部署，确保人员区域调整的工作平稳顺利完成。

三是以人为本是做好人员调整工作的基本原则。人力资源是金融业发展的核心资源，在人力资源跨区域调整工作中，云南分行始终坚持以人为本的工作原则，一方面将有限的人力资源吸收到发展较快、业务更加复杂的区域，使他们得到锻炼和成长，专业才能得到施展，提高了他们的心理契约预期和职业愿景；另一方面，对于中年职工也给予尽可能的关心和照管，并加强他们的培训，更新他们的知识，提高企业的协同效应，使他们能感到单位的温暖。

四是循序渐进是做好人员调整工作的基本方法。跨区域人员流动是云南分行一次人力资源的环境、利益的一次调整，其影响涉及云南分行的每一个人，尤其是昭通和楚雄两行符合条件的每一个人。金融是一项技术和专业性很强的行业，对社会经济生活的影响具有点多、面广和影响的产业链长而复杂等特点，人员调整过大过快可能会给工作带来一定的不确定性，因此，云南分行始终坚持循序渐进工作方法，极为慎重地对待工作中的每一个细节。

五、下一步的工作打算和思路

人员跨区域调整工作，是云南分行在人力资源管理工作中的一次实践和探索。人员区域调整的初步成功，证明了机制体制的改革创新是深入学习实践科学发展观的重要举措。在今后的工作中，云南分行将继续总结经验，完善改革思路，在二级分行内的跨区域调整、内设机构重组、业务流程再造等方面迈出新的步伐，积极提升人力资源的使用效率，充分发挥员工的积极性、主动性和创造性，为把云南分行建设成西部地区一流的商业银行作出新的贡献。

（一）加大人力资源跨区域调整的广度和深度。认真总结从昭通、楚雄分行实施人员跨区域调整的好经验和好做法，继续加大人力资源跨区域调整的广度和深度，积极尝试在发展水平不同的相邻二级分行之间、二级分行内县级支行和城区支行之间的人力资源调整工作，积极探索和建立内部人才市场，充分发挥市场机制在人力资源配置中的作用，实现人力资源的有效配置和合理流动，提高人力资源的使用效率。

（二）积极关心跨区域调整员工的工作和生活。人力资源跨区域调整，涉及员工切身利益，对调整交流人员，一定要做到政策严密、方法科学、步骤稳妥、工作扎实，妥善处理好各方面的利益关系，努力营造积极向上、和谐稳定的改革发展环境。人员调整后，对于调出行面临的现实是中年员工偏多，下一步要更加关注中年员工的职业发展问题，积极构建促进中年员工职业发展的机制与平台，充分发挥中年员工的积极性、主动性和创造性。对于新到调入行的员工，面临着新的工作环境和新的管理要求，调入行要关心员工的思想、生活和工作，帮助他们解决遇到的各种困难和问题，使他们尽快融入新的团队。加大教育培训力度，使员工的知识、技能、态度尽快适应新的岗位，适应业务拓展的需要，适应于市场和客户的需求。

（三）完善人力资源跨区域调整的体制和机制。以人力资源跨区域调整为契机，深化扁平化改革，积极探索提升省分行营业部、各二级分行竞争力的管理体制和机制。努力构建多通道、分序列的职业发展路径，明确员工职业发展方向，完善人才培养机制，拓宽职业发展空间，使全行人力资本得到深度挖掘。对人力资源跨区域调整实施以来的情况进行深入细致的调研，及时解决存在问题，使这一新的人力资源管理机制更加规范和完善。

（四）大力实施人力资源管理战略和规划。结合全行发展战略，着力建立适应现代商业银行管理要求的人力资源管理体制，使人力资源战略与全行发展战略相统一。充分利用人力资源管理提升项目的成果，进一步健全绩效管理体系，完善支持全行发展战略和经营目标的绩效指标体系。整合全行各机构层面、各专业条线、各类型员工的管理制度及政策，形成与岗位职级体系相匹配的、能够促进全行整体业绩提升的薪酬制度和绩效管理制度。

关于推进事权划分控制体系改革的调查和思考

陕西分行　惠　平

按照总行提出的构建运营集约化、管理一体化运行管理体系的目标，陕西分行以深化事权划分控制体系改革，建设科学高效运行支持保障平台为突破口，针对网点业务处理流程繁杂、服务效率较低、员工工作强度较大及劳动组合不尽合理等突出问题，采取规范规章制度、科学梳理岗位、优化参数控制、精简业务流程等措施，加大对授权、额度、劳动组合优化的整合力度，积极构建科学合理高效的事权划分体系，取得了初步成效。

一、陕西分行实施事权划分控制体系改革的主要做法和初步成效

事权划分控制体系在提高核算质量，规范业务操作和防范操作风险中的作用已经日益显现，今后随着全行业务创新和网点转型步伐的进一步加快，事权划分控制体系对于推进业务核算系统流程再造，提升机构网点核心竞争力的重要作用还将得到更加充分的发挥和体现。但在金融市场需求急剧扩大，前台业务量大幅增长以及业务操作系统版本多次升级的情况下，因岗位设置过

多、岗位设置标准不清晰、岗位组合不科学和业务授权交易过多等因素引发的提升服务效率与加强操作风险防范的矛盾也日益凸显，在一定程度上制约了网点核心竞争力的进一步提升。

基于对事权划分控制体系在业务运行体制中基础地位的正确认识和存在问题的认真分析，陕西分行认为要进一步推进运行管理体制的集约化、专业化和标准化建设，就必须尽快改变事权划分控制体系存在的岗位设置不规范，业务授权和柜员额度控制不合理的现象。因此，在总行运行管理等部门的悉心指导和大力支持下，陕西分行于2007年7月启动了事权划分控制体系再造工程，按照“服务客户、高效合规、谨慎周密”的原则，充分发挥参数对主导业务走向，控制具体业务处理环节，保证风险防范等刚性控制的作用，通过科学合理设置全功能银行系统的岗位编号表、交易表、岗位权限表和柜员额度表中的相应参数，对全行岗位设置及权限进行统一梳理整合，对不同业务类型、不同管理级别的营业机构设置不同的岗位，给予不同的事权划分，达到可控可管、可收可放，优化操作流程，严密内部控制，加强操作风险管理，提高服务效率的目的。经过认真深入的调查研究和周密细致的分析，陕西分行采取试点先行，逐步推广的方式，在全行范围内实施了事权划分控制体系再造工程。

（一）规范岗位设置标准，精简岗位数量。针对改革前基层分行按专业类别各自设置岗位，缺乏统一标准，岗位层次不明晰的问题，陕西分行对岗位重新梳理规范，制定了新的岗位设置原则和对应级次，建立了以4位编码为核心的岗位编号体系，4位编码分别代表“机构层次”、“业务类别”、“岗位类别”和“柜员类别”，柜员岗位描述一目了然。陕西分行还按照“着眼未来，统一规范，兼顾实际”的思路，对岗位进行整合优化。一方面，将岗位权限设置同对公业务流程和个人金融业务流程再造统筹考虑，通过合理设置岗位和柜员组合，加快推进客户分层、功能分区和业务分流步伐。如为适应网点转型的需要，在理财中心配置了非现金柜员岗位，通过开办低柜台各类综合业务，充分释放了基层网点的对个人优质客户的主动营销和服务功能。另一方面，在强调岗位权限、柜员级别设置标准规范统一的同时，注重结合基层行实际，增设了部分特色岗位。如在辖属安康分行设置了“业务中心综合经办”和“业务中心综合主管”两个岗位，将现金中心记账岗位和业务处理中心岗位合并，在有效降低人力资源成本的同时，充分发挥了现金管理和风险控制职能。改革后，共设置岗位61个，其中，省行设置16个，二级分行设置27个，营业机构设置17个。与改革前相比，岗位设置减少了28个。

（二）进一步细化柜员业务处理额度，有效降低业务授权数量。按照“内控优先、制度先行”的指导思想，在综合考虑运行效率、运行质量和风险防范的前提下，对本行特色业务按照“低风险业务放宽授权，高风险业务加强授权”的原则，适当放开了一些低风险交易的授权，同时将部分原来不需授权，但风险相对较高的交易调整为授权交易。如“对查询打印柜员日志”、“省级财政退库”等交易，由授权交易调整为不授权交易。将“挂失”、“解挂”、“信息调整”等特殊高风险业务的授权权限按照规定放到了营业经理岗位，有效控制了业务操作的风险点。

此外，充分考虑地区经济发展差异以及网点扁平化、前后台业务分离后，提升柜员业务服务效率的需要，创新性地将柜员业务处理额度细分为九级。其中，经办柜员操作额度分为1级、2级和3级（共三级），主办柜员、营业经理授权额度分为5级、6级和8级、9级（分别为两级），管理人员设7级（一级），从而使管理层在制发权限卡时，可根据网点的规模、客户资源、业务量、人员素质等因素选择适当的柜员级别，达到既满足不同网点柜员操作额度和主管授权额度的需要，又较好地控制额度风险的目的。对经济发达地区的个别规模较大的营业网点，陕西分行将网点营业经理的个人金融业务“现金”和“转账”最高授权分别调高至八级，业务授权额度分别为1 000万元和2 000万元，如遇特大客户业务需求，经过审批，还可将营业经理授权额度调至最大限度。同时，将柜员个人金融业务现金类交易个人账户取款控制额度从5万元提高到10万元，“个人账户存款”、“转账交易”控制额度从10万元提高到20万元，大幅降低了营业经理的业务授权量（见表1）。

通过以上措施，陕西分行在严控操作风险的前提下，大幅减少授权业务交易，最终确定授权交易947个，占全部交易业务比例为42%，比改革前减少了245个，占比下降了12个百分点（见表2）。由于柜员业务处理额度的大幅调增以及授权交易种类的明显下降，客户的服务响应效率明显提升。据试点行咸阳分行统计，改革前，理财金客户办理一笔业务平均时间为6分钟，而改革后则缩短到3分钟。

表1　咸阳分行事权划分控制体系再造前后20天授权量比较表

单位：笔

比较项目	对公授权量	零售授权量
实施前	18 900	26 324
实施后	16 937	22 806
增减变化	-1 963	-3 518

表2　　事权划分控制体系再造工程实施前后交易授权变化表

比较项目	交易总计（个）	授权交易（个）	不授权交易（个）	授权交易占比（%）	不授权交易占比（%）
实施前	2 226	1 192	1 034	54	46
实施后	2 226	947	1 279	42	58
增减变化		-245	+245	-12	+12

（三）优化网点劳动组合，加快推进网点功能转型。改革前，陕西分行网点普遍实行了“经办”、“主办”、“主管（营业经理）”三级操作风险控制和业务处理模式，随着近年来产品创新步伐的加快以及监督制约环节的增多，主管授权大幅增加，工作压力负荷加大。为此，部分基层行通过大量签发主办卡解决临柜人员紧缺、操作与授权不能相互兼顾的问题，三级网点柜员组织模式开始逐步向主办为主的“枣核型”演变，这不仅与综合业务系统投产之初“经办”、“主办”、“营业经理”梯次分布初衷不符，更不适应前后台业务分离、业务授权逐步集中后，“营业经理”直管“经办”的“扁平化”发展趋势。

针对上述问题，陕西分行结合网点规模大小、功能分区、人员数量和素质以及柜员业务授权等情况，确定了网点“营业经理”、“主办”、“经办”及对外窗口的配备比例。其中营业经理按每3个以上（含）对外营业窗口配一人的标准配备；每个网点配备1-4名主办柜员，根据每人日均业务量酌情增加或减少，并明确规定网点“主办”柜员人数必须少于“经办”柜员人数。经办柜员则根据网点日人均业务量确定具体数量，单一功能网点不能少于3人；多功能综合网点不能少于7人；全功能综合网点不能少于12人。通过完善制度和岗位权限的调整，将400多名不能临柜办理业务的“主办”解放出来，主办柜员以经办身份临柜时，由于其可为其他柜员进行授权（系统已经控制不能为本人进行授权），在与原劳动组合没有任何冲突的前提下，构建了更为灵活的一线临柜劳动组合。同时，由于临柜人员增加，部分网点根据忙闲时间规律实施弹性工作制。如辖属渭南分行实施改革后，在城区网点推行了新的劳动组合模式，将原来两班倒变更为正常班与插班的轮流制，通过实行新的弹性劳动组合，既分流了人员，降低了一线运行成本，又大幅提高了柜面服务效率和质量。榆林分行改革后，经办柜员由95名增加到140名，主办柜员由104名减少到49名，营业经理由59名调整为38名，调整后临柜人员增加，占人员总数的61%。随着临柜人员和网点服务窗口的增加，服务效率大为提高，有效地缓解了客户排队问题。高峰时段的客户平均等待时间较改革前降低了5-10分钟，业务处理效率提高了50%-70%。

通过事权划分控制体系改革的实施，陕西分行的网点柜员结构进一步优化，权限卡持有人员从5 535人降低到5 253人，“经办”人数增加255人，“主办”人数减少477人，营业经理减少60人，操作风险隐患进一步降低。并将282名操作人员分流充实到客户经理和营销队伍（见表3）。网点员工结构和岗位设置的不断优化，也加快了全行网点转型步伐，目前，陕西分行已建成7个财富管理中心、70个贵宾理财中心、296个一般理财网点、104个金融便利店，初步形成了结构合理，功能互补的机构网点体系。

表3　　事权划分控制体系改革实施前后柜员结构变化情况表

比较项目	柜员总计（个）	经办		主办		主管	
		人数	占比（%）	人数	占比（%）	人数	占比（%）
实施前	5 535	2 697	48.73	1 743	31.49	1 095	19.78
实施后	5 253	2 952	56.20	1 266	24.10	1 035	19.70
增减变化	-282	+255	+7.47	-477	-7.39	-60	-0.08

（四）积极实施网点运行管理标准化工程，巩固事权划分改革成果。经过事权划分控制体系改革，陕西分行已初步拟定了网点岗位设置标准、柜员业务授权和额度控制体系以及柜员组合配比原则，但在如何进一步规范岗位和账务设置标准、网点功能准确定位、加强业务流程和柜员管理等方面，又提出了更高的要求。为了巩固和深化事权划分改革成果，全面规范网点业务流程、功能定位、柜员考核、业务核算等事项管理，2008年初，陕西分行制定了《陕西省分行网点标准化工程实施方案》，提出了工程实施目标和原则，从十个方面确定了工程具体实施内容。通过标准化工程实施，使网点在功能定位、人员构成、劳动组合等方面有据可依，实现网点在业务许可、员工考核、操作管理、岗位设置等方面的可操作性。同时，通过科学梳理岗位及权限、完善岗位描述、合理设定柜员业务额度、优化整合参数控制等工作，持续推进事权划分体系优化，全面提升服务

水平和网点核心竞争力。

二、几点体会

（一）实施事权划分控制体系改革是进一步深化运行体制改革的必然选择。近年来，为了全面构建运营集约化、管理一体化的价值型运行管理体系，进一步发挥好运行管理在业务运营和业务处理中的基础平台和枢纽作用，陕西分行在构建高效的业务运行、管理和支持体系方面实施了一系列改革举措，取得了较好成效。但是受制于传统的账务处理流程以及业务分离程度、柜员组合模式的限制，一线网点偏重操作风险控制，弱化服务效率提升；柜员偏重操作技能掌握，弱化市场营销职能等问题仍相当普遍。许多基层网点出于操作风险防范角度考虑，往往将营业经理业务授权按最低限设置，业务额度参数表变更需层层上报，服务效率低，导致客户满意度下降，直接影响了网点竞争力。还有个别分行为防范操作风险，规定“主办”不能办理临柜业务，只能进行授权，无形中造成服务资源大量浪费。因此，如何在综合平衡效率和风险的前提下，加快推进网点功能转型，就成为运行体制改革中迫切需要解决的问题。而事权划分控制体系作为现行运行体制基础，选择其作为改革的突破口，不仅对解决柜面服务效率问题能起到立竿见影的效果，而且能将改革对运行体制的冲击影响控制在最小范围内。

良好的运行管理基础也为陕西分行实施事权划分控制体系改革提供了可能。近年来陕西分行不断加强参数管理工作，将参数管理权限集中上收到省行，建立了参数专职管理部门，修订完善了《业务运行重要事项核准报备管理制度》、《业务核算事权划分管理办法》等事权划分相关制度办法，对事权划分管理现状进行了多次深入调查和全面分析，这些都为陕西分行顺利推进事权划分控制体系改革奠定了良好的基础。

（二）积极适应客户市场需求发展变化是事权划分控制体系改革取得成功的关键。目前，操作风险控制只能通过柜员权限额度控制和业务授权来实现，在全行强调加强操作风险控制的情况下，对于各种业务创新产品，基层网点负责人或因业务权限限制，或对各种操作风险难以把握，往往简单地采取增加管理环节方式来加强操作风险防范，虽然有效控制了操作风险特别是内部经济案件的发生，但也影响了网点业务处理效率，直接造成了网点市场竞争力的下降。如改革前，从控制业务操作风险角度考虑，陕西分行对办理5万元以上存取款业务规定必须经营业经理逐笔授权，但随着近年来陕西省居民收入的快速提高，特别是陕北和西安等一大批高收入阶层的出现，个人客户5万元以上存取款业务大量增加，由于大部分网点的理财区未配备专职营业经理，加之营业经理自身工作负荷较大等原因，造成客户等候时间过长，部分中高端个人客户因陕西分行业务处理效率过低而流失他行。这次事权划分控制体系改革虽然已初步解决了网点业务处理效率低、员工工作强度较大及劳动组合不合理等问题，但随着时间的推移，业务处理效率与操作风险防范的矛盾还将再次出现，因此，需要不断积极适应客户市场需求和业务发展变化，通过对事权划分实施精细化、差异化管理，尽快建立科学合理的事权划分动态调整机制，根据经济发展变化和地区、客户差异制定个性化标准，最大限度地发挥现有人力资源和柜台服务功效，较好地处理好了风险与效率的关系，不断提升网点核心竞争力。

（三）科学、灵活设置参数，完善管理，加强操作风险控制，是确保事权划分控制体系再造工程能顺利实施的可靠保证。通过对岗位权限的调整，能够全面梳理陕西分行各项业务交易的权限设置，规范业务流程，以参数的硬性控制手段约束业务人员正确地执行规章制度，减少或杜绝经营管理的风险薄弱点，不断提高操作风险管理水平。通过参数表的形式对全省的岗位、级别、交易授权标志、操作额度以及柜员的操作权限进行规范，可控制所有业务在系统中的事前、事中和事后处理，是实现业务统一管理的有效媒介。各类不断优化的规章制度、业务流程和柜员管理等要素可通过参数表在系统中予以体现，使参数在建立统一、规范、科学的新岗位控制体系中有效发挥了核心和基础作用。

三、下一步深化事权划分控制体系改革的思路和措施

事权划分控制体系改革的全面实施，对提升陕西分行流程化管理水平，提高营业网点运行效率和运行质量，加快运行管理由服务核算转向服务客户，推动各级行由注重网点业务处理规模发展转向注重网点功能转型都将产生重要影响。但由于事权划分控制体系改革主要是基于现有流程基础，对现有岗位体系进行的重新梳理和调整，在对加强营业经理授权风险控制、后台业务集中后事权划分体系变化等方面还有待进一步深化。同时，事权划分控制体系改革只是运行体制改革的基础和突破口，如何巩固和扩大改革成果，还必须在更高的层面上加快推进相关配套改革。

（一）积极构建统一运行的管理体制。近年来，按照构建运行集约化、管理一体化运行体制思路，陕西分行不断加强运行机构队伍建设、统一运行制度和整合风险监控资源等项工作，建立了比较完备的三级运行机构和风险监控队伍，进一步细化了运行管理各项制度，集中组织实施和管理运行的格局正在初步形成，但由于陕西分行仍处于“部门银行”向“流程银行”转型过程中，网点运行管理部门模糊，业务流程部门分割化倾向所造成的部门缺乏协作配合意识，业务制度相互冲突等问题仍不同程度地影响着事权划分控制体系效能的发挥。为此，陕西分行将积极构建统一管理网点运行、统

一管理运行人员、统一管理运行制度、统一管理运行流程的管理体制。进一步明确运行部门为营业网点业务运行的牵头主管部门，赋予其相应的管理资源，由其对核算制度、业务流程进行统一规划、统一设计、统一管理。继续抓好业务运行核准报备管理制度的落实，明确网点运行各项业务流程变更调整都要上报本级运行管理部门审批后才能实施。各项营销制度规定涉及业务运行的，必须经运行管理部门会签同意后方可执行。进一步加强运行人员统一管理，基层行运行管理重要岗位人员变更必须征求上级运行管理部门意见，运行专业人员资格认定要由运行管理部门统一负责认定等。

（二）继续积极推进运行集约运营改革。事权划分控制体系改革仅是对现有业务处理模式的优化，要实现业务处理效率和风险控制效能较大幅度的提升，就必须在业务处理思路上进行大的创新和突破。为了强化营业网点转型步伐，近年来，按照“网点全面受理、后台集中处理”的思路，陕西分行不断加大前后台业务分离力度，2005年完成了两级“3+1”运行中心体系建设，2006年以来已将票据交换、资金清算、代理业务、本外币系统内汇划发报、网上银行汇划收发报、凭证集中配送及内部账户管理等20余种业务纳入三大中心进行处理。2007年8月，又按照总行安排，在工行系统内率先开展了跨地区集约运营改革试点，经过半年多实践，业务处理后台集中上收后的良好效应已逐步体现。至2008年末，陕西分行业务集中度已达83.3%，业务集中覆盖率达33.5%。今后，陕西分行将加快推进后台业务集中进度，将跨行支付、网银落地、部分个人金融业务等纳入区域中心集中处理，待一期和二期工程全部投产后，将80%对公业务和20%以上的个人业务集中到区域中心进行后台集中处理，通过业务受理与业务处理相分离，逐步建立起网点柜员负责服务营销受理，营业经理对少量业务授权监督，后台集中处理，对操作风险实施集中控制的全新业务处理模式。

（三）加快推进业务授权模式、柜员管理和绩效考核等配套体制改革。通过实施调增柜员业务处理额度、减少授权业务种类等措施，营业网点业务授权量明显下降，事权划分控制体系改革成效明显，但随着社会居民金融服务需求不断增加，商业银行业务品种增多，由于柜员业务授权量增加而引发的服务效率不高问题还可能再次出现，在目前营业经理授权为柜台事中风险控制手段的情况下，陕西分行将积极借鉴其他分行的成功经验，通过实施指纹授权等措施，实现事中授权效率和质量的同步提升。同时，针对事权划分控制体系改革后，柜员业务授权级别分类与人力资源管理提升项目不衔接等问题，陕西分行将在实施网点运行管理标准化工程中，统筹考虑柜员岗位工资级别与业务技能级别、核算质量以及权限卡级别的关联关系，进一步拓展柜员晋升通道，充分挖掘和激发柜员的工作潜能和积极性。配合网点功能转型，按照业务营销和柜面操作两条业务线，完善相应的员工业绩考核模式，防止出现因操作人员单纯注重业务产品营销，忽视提高业务处理效率而引发的网点排队现象。此外，进一步提高各级管理层对参数管理工作的重视程度，加强对参数管理人员培养，更好地发挥参数对业务、制度和流程的规范和控制作用。

（四）加大运行监管创新力度。事权划分控制体系改革后，网点服务效率有了明显提高，但由于授权额度的扩大，网点柜员发生业务操作风险概率进一步增加。如何建立更加有效的覆盖运行全过程的操作风险控制体系，切实防范网点单一柜员或群体性操作风险就成为必须要尽快解决的问题。下一步，陕西分行将在逐步建立统一运行风险监管体系的基础上，出台更为严格的运行质量控制标准。针对业务操作风险“屡查屡犯”问题，建立“飞行检查”、“突击检查”和网点运行安全“一票否决”制度，赋予运行管理部门对网点业务警告甚至部分业务品种停牌的权力，大幅提升运行管理部门对网点运行管理的权威性和威慑力。针对总会计、运行监督员以及营业经理本位思想倾向较为突出的问题，在对营业经理实行集中管理的基础上，将总会计、运行督导员也纳入集中委派管理范畴，聘任其相应的行政级别，将其工作业绩与网点运行质量捆绑考核，要求其定期撰写运行风险提示报告，并根据报告考核年度工作业绩。

关于甘肃分行坚持科学发展观提升核心竞争力的思考

甘肃分行　许　海

按照中央和总行党委的安排部署，甘肃分行全面开展了深入学习实践科学发展观活动。从甘肃分行实际情况看，虽然各项事业发展已经进入了“快车道”，但仍然面临着不少挑战，如何保持目前较好的发展势头并在新形势下实现更好更快发展，迫切要求甘肃分行必须始终牢固树立科学发展观，按照科学发展观的要求和方法统领全局，指导工作实践，衡量和检验工作的质量和成效。

一、坚持科学发展观是增强商业银行核心竞争力的必然选择

党的十七大报告指出："科学发展观，第一要义是发展，核心是以人为本，基本要求是全面协调可持续，根本方法是统筹兼顾。"作为商业银行，在社会资源配置中的重要地位及其风险的延后性特征，决定了在其经营管理中必须要把科学发展放在更加突出的位置。工商银行以建立最盈利、最优秀、最受尊重的现代金融企业为自己的愿景。实现这一愿景的根本要求就是要具有一流的核心竞争力。打造一流的核心竞争力是一项系统工程，需要动员全行力量，按照科学发展观的要求，把加快发展作为第一要务，坚持以人为本，通过精品银行建设，实现全面协调可持续发展。因此，全行要以科学发展观为指导，进一步增强学习实践科学发展观的自觉性和坚定性。

一是解放思想观念的要求。银行业的内外部环境随时发生着变化，发展过程中隐藏着许许多多深层次的矛盾和问题，如果不反思不解决这些矛盾和问题，不在发展理念的层面上与时俱进，更新发展观念，就很难在新的条件下提高核心竞争力，实现全面、良性、高效、快速的发展。工商银行增强竞争发展能力，就是要在新的历史起点和发展阶段，按照科学发展观的思想，与时俱进地推进思想解放，围绕什么是真正的银行、怎样办成真正的银行、实现什么样的发展、怎样更好地发展等重大问题，不断解放思想，积极探索。只有思想观念不断更新，才能形成科学发展的共识，激发科学创新的活力，才能有新的发展思路和新的改革举措，从而在科学发展的道路上阔步前进。

二是转变发展方式的要求。科学发展观要求发展是速度与质量效益相协调的发展，是与资源环境相协调的发展，是可以长期持续的发展。商业银行进一步提升核心竞争力的唯一选择就是实现经营发展战略转型，努力从规模导向型经营模式向效益导向型经营模式转变，努力从以高资本占用业务为主导的业务结构向以低资本占用业务为主导的业务结构转变。在注重资本、成本和风险约束的基础上增强盈利能力，使企业做大、做强、做精、做长、做久，在市场竞争中立于不败之地。

三是健全经营机制的要求。完善的公司治理结构是商业银行经营改革的核心内容，是实现科学发展的体制基础。商业银行核心竞争力实际上就是资源获取与转换能力、成本和风险控制能力，以及为各利益关联主体提供价值回报能力的最终体现。因此，增强核心竞争力必须把完善公司治理作为一项基础工程和根本性措施来抓，全面深化内部改革，彻底打破原有有碍科学发展的管理模式，积极完善公司治理机制，实施全面风险管理体系，建设先进高效的流程模式，推动经营发展水平上一个大的台阶。

四是坚持以人为本的要求。科学发展观的核心是以人为本，而人是商业银行事业之本，竞争之源。要提升和发展核心竞争力，必须要抓住以人为本这一核心和本质，把实现好、维护好、发展好广大员工的根本利益作为一切方针政策和各项工作的根本出发点。在经营管理中坚持尊重员工，爱护员工，关心员工，在队伍建设上更好地发现人才，培养人才，使用人才。为员工发展绘制一个美好的蓝图，并为之而努力，就能最大限度地调动干部员工的积极性、主动性、创造性，就能保持长久旺盛的生命力。

二、围绕科学发展观正确把握全行经营发展面临的现实挑战

正确认识全行面临的新形势、新任务，是甘肃分行抓住机遇、应对挑战、实现科学发展的重要前提，也是甘肃分行进一步把握全局、做好工作、提升核心竞争力的基本依据。

（一）面临思想观念方面的挑战。对甘肃分行来说，落后不仅是所处区域经济发展的落后，更主要是思想观念的落后。我们在对科学发展观的理解和认识上还不够深刻，一些党员干部对科学发展观的学习还存在着浅尝辄止的现象，少数党员干部在真学、真信、真懂和真用上还存在一些差距。贯彻落实科学发展观还存在一些问题，主要是畏难情绪比较严重，对发展业务缩手缩脚，谨小慎微怕担风险，只求稳定不求发展。自满情绪比较严重，小胜即满，小进即安，仅看到纵向的较快进步，盲视同业和系统的更快发展。

（二）面临市场竞争方面的挑战。随着社会主义市场经济的不断发展，新兴商业银行如雨后春笋，金融竞争日益激烈，工商银行面临的竞争压力越来越大。一是传统存贷款业务领先优势已不明显。2007 年前三个季度，在工、农、中、建四家金融机构中，甘肃分行存款余额占比为 30.95%，余额仅高于第二位农行 57.24 亿元（其中储蓄存款已被农行赶超且差距扩大到 51.98 亿元）。各项贷款占比为 28.75%，余额低于农行 96.63 亿元，处于第二位，贷款增量被建行赶超 7.82 亿元。二是部分新兴业务市场份额不高。前 9 个月，甘肃分行中间业务收入排名由同业第二位提升至首位，但其他行追赶步伐较紧。国际业务发展不快，外汇结算业务量仅为中国银行的 38.62%。各类个人理财产品销量落后建行 32 亿元。三是部分分支机构的市场竞争力下滑。从全辖 14 个二级分行来看（不包括矿区、场区分行），存款余额只有金昌、白银、酒泉、营业部 4 家分行保持同业第一，增量只有营业部、庆阳、甘南 3 家分行保持同业领先。贷款余额只有营业部、金昌 2 家分行位居第一，增量只有庆阳、金昌、白银、张掖、临夏 5 家分行在同业保持领先，其余各行均处于第二位以后。

（三）面临经营转型方面的挑战。一是调整业务结

构的压力。主要存在三个突出的短板，即信贷业务规模小，9月末全行存贷比仅为43.1%，低于工行系统平均水平8.31个百分点，也低于全省平均水平18.85个百分点；个人贷款业务规模小，个人贷款只有25.11亿元，比兰州银行少3亿多元，个人贷款占总贷款比重低于工行系统平均水平13.26个百分点；外汇业务规模小，外汇业务存贷款余额分别是1 399万美元和1 914万美元。二是提升效益质量的压力。第三季度末，甘肃分行效率类人均指标在全行35个一级分行和直属分行中排名靠后，其中，人均账面利润排第31位，网均账面利润排第34位，网均中间业务收入排第31位，网均存款排第34位，人均贷款排第31位，收入成本比排第34位，平均资产利润率排第29位。从甘肃分行信贷资产分类和迁徙情况看，前三个季度有1.84亿贷款劣变为不良贷款，关注等三级贷款也较年初上升0.89亿元，资产质量攻坚的任务仍十分艰巨。三是保持稳定发展的压力。尽管全行始终把内控管理作为一项长期、基础性工程贯穿到经营管理工作的每个环节，但少数领导干部和员工的依法合规意识仍然十分淡薄，违规操作行为时有发生、屡禁不止，案件隐患和苗头没有得到有效根除。全行信访稳定工作压力较大，很大程度上影响到全行抓经营管理的精力和正常的工作秩序。

（四）面临持续发展方面的挑战。2008年以来，由美国次贷危机引发的全球性金融危机愈演愈烈，并迅速向美国本土以外及实体经济领域蔓延，对实体经济形成巨大冲击。我国虽然受到的直接冲击相对较小，但对经济增长带来的负面影响也已经开始显现，经济增速持续减缓，GDP增速从第一季度的10.6%下滑到第三季度的9%。很多外向型企业和中小企业面临生存危机，一些大中型企业受需求不足影响纷纷减产，效益急剧下滑。根据甘肃省企业科学发展高峰论坛和甘肃省工业经济运行分析会等反馈的情况来看，受经济环境影响，省内骨干企业普遍出现效益大幅度下降，有些不得不减产或停产。这种经济困难加大的局面对全行进一步实现科学发展，将会产生严重的影响，形成巨大的挑战。

挑战蕴含机遇，危机是“危”和“机”的统一。面对急剧变化的、严峻的经济形势，党中央、国务院审时度势，高瞻远瞩，果断决策，对宏观经济政策作出重大调整，国家各有关部门和甘肃省政府都快速出台了许多具体有力的政策措施。总行也决定对2008年的信贷计划做适当调增。主要增加经国家批准的项目贷款、票据贴现和贸易融资。为此，甘肃分行要积极主动适应新形势、新任务和新的政策要求，善于抓住机遇和有利条件，因势利导、趋利避害，开阔思路、把握主动，以科学发展观为指导，全面提升核心竞争力，推进全行各项工作持续稳定健康发展。

三、以科学发展观为指导提升全行核心竞争力的主要举措

股改上市使工商银行站在了新的历史起点，总行已经明确提出建设国际一流现代金融企业的战略目标，走出一条规模大、效率高、结构优、可持续的科学发展道路。作为一级分行，甘肃分行决心按照总行的决策部署，进一步把全行干部员工的思想统一到科学发展观的要求上来，统一到新时期的目标任务上来，从甘肃分行的现实出发，着重通过实施四大发展战略，做好四项重点工作，强化四项保障措施，来全面促进全行核心竞争力的提升。

（一）实施四大发展战略。

一是实施“精品行”战略，提升全行整体竞争力水平。根据甘肃经济总量较小、金融资源相对匮乏的区域特点，甘肃分行必须着眼于核心竞争力的提高，进一步开阔视野，打开思路，紧紧围绕经济社会发展的新要求，依托重点城市和重点项目，注重核心市场拓展，实施精细化发展策略，努力把全行打造成为业务精品、资产精良、管理精细、队伍精干的“精品行”。

二是实施区域发展战略，促进分支机构协调发展。根据各地经济资源及客户分布情况，因地制宜，分类指导，发挥各行区域相对优势，促使各行走特色经营之路。在经济环境好、金融资源丰富的省分行营业部，要增加资源投入，全面推进资产、负债及中间业务的发展，使其成为带动全行发展的龙头行；在经济基础较好、工业企业集中的金昌、酒泉等6个城市行，要重点围绕核心企业和核心项目做强公司业务，带动相关业务的快速发展，进一步增强市场竞争能力；在经济金融资源匮乏、经营效益不高的9个二级分行，要以个人金融业务和中间业务推进其他业务发展。

三是实施经营转型战略，增强可持续发展能力。要全面优化经营结构，深入研究推进资产、负债、收益、渠道和客户等结构大调整的新思路，显著提高效率指标。在资产结构调整中，要优化非信贷资产和信贷资产比重，更好地适应区域经济结构调整升级和甘肃分行自身发展的需要；在负债结构调整中，要适应证券、保险、基金等市场的发展趋势，促进客户资金在甘肃分行体系内循环流转；在收入结构调整中，要提高非信贷利差收入占净收入的比重，进一步形成多元化的收入增长格局；在渠道结构调整中，要有效整合各渠道资源优势，提升各渠道间的交叉销售与协同服务能力；在客户结构调整中，要进一步提升中高端客户占比，增强客户的满意度、忠诚度和贡献度，巩固持续发展和效益增长的基础。

四是实施人才兴行战略，推动全员素质提高。要进一步整体规划人才队伍建设，更好地发现人才、培养人才、使用人才、引进人才和集聚人才，努力形成人才总

量、素质、结构、布局等与全行战略发展相协调的良好局面。要不断完善激励约束机制，谋划好员工职业生涯，疏通员工职业发展渠道，确保员工素质、能力与发展战略相匹配，提升人才的总体竞争力和可持续发展能力。要维护好发展好员工的切身利益，满腔热情地关心和解决员工的困难和问题，不断增强全行的凝聚力和向心力。

（二）做好四项重点工作。

一是扎实开展学习贯彻科学发展观活动。甘肃分行要按照总行党委的统一部署，把开展学习实践活动作为应对挑战、解决矛盾、统一思想的重大契机，严格按照坚持解放思想、突出实践特色、贯彻群众路线、正面教育为主的四项原则，紧紧围绕提高思想认识、解决突出问题、创新体制机制、促进科学发展的四个目标，着重抓好学习调研、分析检查和整改落实三个关键阶段，突出二级分行以上领导班子和党员领导干部这个重点，扎实推进学习实践活动的深入开展。通过学习实践活动，切实增强贯彻落实科学发展观的自觉性和坚定性，着力转变不适应、不符合科学发展要求的思想观念，着力解决影响制约科学发展的突出问题及党员干部党风党纪方面群众反映的突出问题，着力构建有利于科学发展的体制机制，提高领导科学发展、建设和谐银行的能力，使全行的工作更加符合科学发展观的要求，进一步提高现代金融企业建设的水平。

二是大力推进业务发展。打造多元化的市场领先优势。重点做大三块业务：资产业务要加强对大项目、大企业贷款的营销，巩固传统流动资金贷款优势，支持全省特色优势产业的发展。大力促进中小企业信贷业务，积极发展票据融资和贸易融资业务，增强市场竞争能力。零售业务要大力发展储蓄业务、理财业务和个人信贷业务，推行个性化、差别化服务，以优质服务促进个人金融业务的快速发展，力争储蓄存款、个人理财和个人贷款同业第一的位置。中间业务要注重建立稳步增长的长效机制，加强新业务新产品的推广，拓展中间业务新领域，培育新的收入增长点，重点发展企业年金、电子银行、贵金属交易等新兴业务，扩大中间业务的竞争优势，确保中间业务收入和增幅同业“双第一”，进一步拉大与他行的差距。

三是全面加强风险管理。实施“强基固本”策略，以健全经营安全长效机制为途径，以提高风险掌控能力、确保全行稳健经营为目标，不断完善三个体系：完善风险管理体系，进一步理顺省分行部门之间、各级行之间风险管理的职能关系，建立健全全面风险管理的组织体系和制度体系，使经营的每一层级、每一环节均处在全面风险管理的监控范围之内。完善适应现代金融企业治理要求的内审内控体系，完善和落实各专业内控管理制度，健全专业检查员队伍，把合规部门检查和专业部门检查结合起来，常规检查和专项检查结合起来，加大对重点环节、要害岗位的排查和查出问题的纠改整治，促进内控制度落实和依法合规经营。完善安全运营体系，按照案件防范责任制要求和“惩防并举、重在预防”的方针，坚持对案件防范形势的定期分析，坚持对案件风险点的检查和员工行为动态的排查，坚持案防安全教育和突发事件应急预案演练，切实防范各类案件的发生，确保全行安全稳定运营。

四是深入推进服务工作。把优质文明服务作为立行之基、兴行之本，进一步加大服务工作力度，为经营发展提供良好的服务品牌支持。重点抓好三个环节：增强服务意识，加强对全体员工服务工作的教育培训，积极引导各个机构网点和每一位员工增强做好优质文明服务工作的自觉性。注重渠道建设，根据服务工作的新要求，不断加强网点服务功能。要进一步加速重点网点升级改造进度，统筹规划物理渠道和电子渠道建设，加大自助设备投入，更新网点户外标识，形成统一明快规范的网点形象。加强服务管理，注重服务工作制度和机制建设，完善服务标准，规范服务流程。加强服务工作监督和检查考核，不断提高服务水平。

（三）强化四项保障措施。

一是转变思想观念。要引导全行干部员工按照科学发展观要求进一步解放思想，转变不适应、不符合科学发展要求的思想观念，牢固树立现代商业银行经营理念和市场观念、发展观念、竞争观念，牢固树立“没有工行竞争不来的客户，没有工行竞争不到的项目”的必胜信念，使全行各级领导班子和领导干部，在要不要科学发展、能不能科学发展、怎样实践科学发展等重大问题上形成共识，进一步更新发展观念，转变发展思路，破解发展难题，不断突破自我，不断超越对手，不断创造新的优势，解决制约业务发展的思想障碍，保证改革发展的顺利推进。

二是加强党的建设。继续深入开展“四好”班子创建活动，不断加强领导班子建设，发挥好党的政治优势，推进业务经营发展。要进一步加强党员领导干部作风建设，通过教育倡导，使全行领导干部做到“一个带头、两个深入、三个勤于”。在经营上身先士卒，模范带头，切实把心思用在谋发展上，把精力用在求实效上，把劲头用在抓工作上；在管理上深入基层、深入员工，靠前指挥，及时研究解决经营发展中的问题；在作风上勤于动脑、勤于动手、勤于动腿，认真履行职责，扎实抓好各项工作的落实。要加强党风廉政建设，促进广大党员干部遵守廉洁自律的各项规定，做到从严治党、从严治行。

三是加快改革创新。创新是竞争发展的不竭源泉和动力。要把改革创新作为增强竞争力的重要内容，紧紧围绕经济社会发展的新形势，同业竞争变化的新要求，全行改革发展的新任务，不断加大重点领域和关键环节的改革攻坚，积极探索和推进体制、机制、产品、技术、管理、文化等方面的创新，进一步增强经营活力，持久保持全行的市场领先地位、动态竞争优势和持续发展能力。

四是推进企业文化建设。企业文化是关系一个企业生存、发展、腾飞的“软实力”，是完善内部管理的“润滑剂”。全行要以精神文明建设为重点，不断丰富企业文化的内涵，全面形成营销文化、内控文化、服务文化、廉政文化及和谐文化的企业文化体系。加强企业文化建设管理，促进企业文化在全行“落地”和“深植”。

关于宁夏分行网点支行扁平化改革的探索与实践

宁夏分行　王保林

2007年5月份以来，宁夏分行稳步推进了网点支行扁平化改革。改革过程中，按照总行建设“流程银行”的要求，在原有“分行—支行—网点”组织架构基础上，通过创建网点支行体制模式，缩短管理链条，再造业务流程，建构“分行—网点支行”两级经营体制，显著提升了网点支行集约化经营能力和竞争发展水平。

一、改革前的基本状况和动因

宁夏分行在认真贯彻总行股改决策部署、加快建设现代金融企业的进程中，积极推进组织机构改革、业务流程再造以及信贷经营管理体制改革等一系列工作，建构了“分行—支行—网点”三级组织架构。改革后全行机构总数由2003年末的185家精简至2006年末的98家，并把握住了财务重组的难得机遇，使得全行资产质量状况明显改观，经营效益大幅度提升。

站在新的历史起点上，宁夏分行迎来了加快提升核心竞争力的紧迫任务。分析历史原因，由于长期积累的在效率、结构和体制等方面存在的深层次矛盾更加凸显，宁夏分行的竞争力水平还处于较低层面。一是经营效率比较低下。2006年末，宁夏分行人均资产774万元，人均新增存款61万元，人均中间业务收入2.4万元，分别低于系统内平均水平842万元、104万元和1.6万元。从区内工、农、中、建、宁夏银行五家同业情况看，宁夏分行人均资产和人均存款指标居第四位，人均净回报和人均中间业务收入指标居第三位。二是营业网点竞争力比较薄弱。2002—2006年5年间，宁夏分行网均存款增加0.6亿元，低于宁夏银行近3亿元，低于建设银行近1亿元。2006年末，宁夏分行网均存款为1.7亿元，分别低于建设银行和宁夏银行0.8亿元和3.4亿元。三是服务能力不强，市场形象亟待提高和改善，服务成为全行工作的软肋。四是经营机制急需创新，竞争活力尚未得到充分发挥。

这些矛盾和问题的实质在于宁夏分行营业网点的集约化程度不高，核心竞争力不强。为此，分行党委审时度势，按照总行关于机构扁平化改革的总体部署和要求，借鉴直属分行改革经验，确立了在首府银川市和部分具备条件的县市区域推进网点支行扁平化改革、创建“分行—网点支行”两级经营体制的构想。尝试通过创新网点支行体制模式，加快提升其竞争发展能力，保持和锻造全行可持续成长的竞争优势。

二、改革的目标原则和基本做法

经过对比分析和充分论证，2007年5月份，宁夏分行研究制订了《宁夏分行网点支行扁平化改革实施方案》和18个专业配套细化方案，在取得总行有关部门支持和广泛听取行内各方面意见的基础上，分三批推进了网点支行扁平化改革，目前已建成网点支行17家。

（一）确立总体目标和基本原则。总体目标是：推进中心城市行优先发展战略，以首府银川市为重点，逐步上收银川各支行对部分营业网点的管理职能，通过创建网点支行体制模式，实现分行对各网点支行的“直管直营”，探索建立“分行—网点支行”两级经营架构；再造业务流程，强化营销力度，提高分行风险集中控制、后台业务集中处理和集约化经营管理水平；建立配套的经营管理机制，突出网点营销与服务职能，加快提升网点支行的核心竞争力。改革坚持以市场为导向，以客户为中心，以效益为目标，以内控为基础和以人为本，循序渐进等基本原则。

（二）围绕七个环节再造网点支行。

1. 创新网点支行集约化经营体制。一是建立以行长、副行长、行长助理、综合员、大堂经理、理财经理、客户经理、营业经理、综合柜员分工协作，以各岗位为基础，岗位间既相互制约又互为补充的新型组织结构，网点支行不设内设机构。二是深化网点支行核心竞争力项目建设，按照贵宾理财中心或理财中心的渠道建设标准，分类强化网点支行的贵宾区、普通客户区以及现金区、理财区、自助区、咨询区等功能建设和作业流程。三是根据网点支行所辖区域金融资源状况，按照分类管理的原则，适时扩充其对公结算、外汇、信用卡和信贷业务等方面的业务功能。改造后网点支行经营主要定位于个人金融业务、小微型企业金融业务、无贷户企业和机构客户的结算与理财业务，配合分行做好大中型法人客户的营销及前端服务。

2. 整合优化业务流程。一是将网点支行核算与账户管理、资金汇划、票据交换、现金调拨、银企对账、事后监督等业务分别上收至分行会计业务处理中心和监督对账中心，将上门收款和ATM加钞与管理上收至分行现金营运中心，实现网点支行柜面业务处理和风险控制的规范化、标准化和流程化。二是重新梳理信贷业务流程。调整公司信贷经营管理模式，整合覆盖公司客户与机构客户、包含本币与外币、表内与表外融资业务的统一评级授信管理制度。对公司信贷业务，建立以分行公司业务部负责营销管理，公司客户经营中心负责贷前调查和贷后管理，以授信审批部为中台，以信贷管理部为后台的业务流程，网点支行负责贷款发放和账务核算。对小微型企业和个人信贷业务，建立以网点支行为前台，以分行授信审批部和各授信审批分部为中台，以信贷管理部为后台的业务流程。三是在总行测试中心的支持下，完成网点支行的数据迁移工作，实现网点支行账务核算的独立运作。

3. 搭建两级市场营销体系。改革后，分行各营销类部室主动承担对网点支行本外币资产业务、负债业务以及个人金融、电子银行、银行卡、票据及结算等业务的营销管理，直接营销分行重点客户。各网点支行依托其区位优势和客户资源，对其管理半径内优质客户实施精细化营销与维护。初步搭建起以分行专业营销部门为主导、以网点支行为触角的两级市场营销架构。

4. 建立财务管理和绩效考核管理制度。按照“全额集中、统一配置、分类管理、差别计价”和价值最大化的原则，构建了适应网点支行经营特点的资金管理体系、经济资本管理体系和财务集中制度。依托网点业绩评价系统（PASN），建立以利润为导向、全面分摊各项成本的网点支行考核指标体系和绩效考核管理制度。及时完成网点支行与原管辖行的存量实物资产移交和网点改造、办公机具配备工作。开发各类统计报表工作，使各网点支行的经营状况和经营成果能够及时准确地反映出来。

5. 健全严密的内部控制体系。坚持“内控优先”原则，加紧创建适应网点支行组织架构、业务流程和运营要求的内控案防管理体系和内控评价机制，搭建以分行合规检查中心精确检查、总会计远程实时监控、运行督导员不定期现场督查、网点支行营业经理事中过程控制等各环节紧密结合的监督检查体系，有力保障了网点支行的依法合规、风险可控、稳健经营。

6. 优先配置人力资源。在分行党委的支持下，统一调配和公开选拔网点支行的管理人才、营销人才、专业人才和操作人才，制定了网点支行岗位图谱。按照缺什么培训什么的原则，通过完善岗位资格认证、送教上门、座谈沟通指导、开展“创新沙龙”活动等手段，适时强化网点支行负责人及员工培训工作，帮助其尽快熟悉岗位要求。尤其是对支行管理人员进行了综合经营管理理论和业务技能等方面的适岗培训，在邀请清华大学职业经理人训练中心对全行中级骨干管理人员进行的“领导力与执行力”提升培训中，同步培训了17家网点支行行长。依托人力资源管理提升项目，各网点支行按照“以岗定薪、按劳分配”和业绩优先、服务至上、兼顾业务量的原则，建立灵活高效的激励机制。此外，分行主要领导每月都要集中听取网点支行汇报，并经常深入网点一线查看了解最新情况，掌握一手信息，帮助解决具体困难和问题，从而保证了网点支行业务经营的顺利开展。

7. 建立集约化的支持保障体系。重构面向网点支行的党群工团组织体系、纪检监察体系、人力资源管理体系、信息科技支持维护和安全保卫体系。将设备维护与采购、固定资产管理、宣传等职责上收分行相关职能部门，建立统一的物流配送和保障运行体系。通过建立程序便捷、渠道顺畅、反应快速、办事高效的支持保障运行机制，保证网点支行员工集中精力拓展业务。

三、改革的成效及存在的主要问题

改革后，网点支行的竞争发展已经发生了深刻的变化，竞争能力得到立竿见影的提升。

一是经营观念迅速转变。改革过程中，全行认真领会分行党委实施网点支行扁平化改革的决策内涵，深刻认识提升网点支行竞争力对于促进全行竞争发展的突出作用，全身心地投入到改革实践当中。各网点支行牢固树立竞争意识、风险意识和价值意识，加快完善内部运行机制，较好地将网点支行的体制优势转化为竞争优势。分行本部各部室（中心）切实增强服务意识、效率意识和内控意识，按照流程银行的运营要求既管理又经营，群策群力，协调推进。全行正是在“让管理链条短些、短些、再短些，与客户的距离近些、近些、再近些”这一理念创新中，认识并再造了一个个网点支行。

二是竞争发展的积极性迅速提高。各网点支行坚持以培育核心客户和新兴业务为切入点，制定详尽的业务发展计划，组建强有力的营销团队，开展富有特色的捆绑营销，迅速开创了竞争发展的新局面。如石油城支行充分发挥贵宾理财中心的辐射作用，使各项存款较改革前增加2亿元，销售理财产品4.75亿元；开发区支行向宝塔石化集团营销牡丹联名卡3 000多张，实现了全行联名卡发行的新突破；信义支行加强与南京证券公司、华泰证券的密切合作，2007年营销三方存管客户3 422户，增加存款近1.6亿元；西门支行全力跟进了对自治区政府的综合服务，并成功营销了区财政厅公务用卡项目，抢占了区内财政公务卡推广工作的制高点；盐池支行虽地处贫困干旱山区，但不甘落后，奋力赶超，2008年上半年各项存款较年初增加2.54亿元，销售理财产品1.09亿元，存量和增量市场份额双双夺回同业第一的领先地位。改革后，相当一部分网点支行的业务增长超过了自机构设立以来若干年的总和，实现了跨越式增长。

三是服务工作迅速见效。各网点支行认真贯彻“优质服务年”活动的工作部署，坚持“以营销为主导，以客户需求为中心，以优质服务为宗旨”，不断深化服务内涵，客户满意度和认知度显著提升，服务投诉大幅下降，有大批支行实现了“零投诉”。尤其是西门支行在汶川地震重大灾情发生后，在第一时间内成为宁夏红十字会社会捐款金融服务的主办银行，并以优质高效的服务赢得了社会有关方面和自治区领导的高度赞扬，树立了工商银行勇于承担社会责任的良好形象。

四是竞争能力迅速提升。2007年首批打造完成的7家网点支行7个月间各项存款增加7.61亿元，月均增幅是前5个月的15倍；销售理财产品6.82亿元，月均销售额是前5个月的1.38倍；实现中间业务收入1 141万元，月均增幅是前5个月的7.6倍。2007年6－12月，7家网点支行网均增加各项存款10 870万元，网均销售理财产品9 736万元，分别是全行其他86家营业网点平均水平的7倍和2.5倍。2008年上半年，17家网点支行共计增加各项存款6.92亿元，销售理财产品19.38亿元，在全行的结构占比分别达到52%和41%；网均增加各项存款4 070万元，网均销售理财产品11 400万元，分别是其他76家营业网点平均水平的3.4倍和3.1倍。截至6月末，17家网点支行人均存款1 169万元，人均销售理财产品451万元，分别是全行平均水平的1.6倍和2.5倍。网点支行已经打造成为具有较强竞争力的新型竞争发展力量。

网点支行体制创新所激荡出的竞争效应、辐射效应以及员工积极性和凝聚力的突变，也充分激发与调动了全行广大干部员工的创业热情，以焕然一新的精神面貌扎实落实总行的发展战略和分行党委的执行方略，使得全行的竞争发展开创了崭新的局面。2007年4月至2008年6月15个月，全行各项贷款增加30亿元，在战略性信贷市场巩固了领军者地位；各项存款增加35亿元，负债业务竞争力明显回升；新业务推广实现突破性进展，在2007年实现中间业务收入1.55亿元、增长176%的基础上，2008年上半年又实现中间业务收入0.83亿元，同比增长69.1%，中间业务净收入占营业净收入比重已达15.33%，较2007年3月末提高了8个百分点。不良贷款率由2.42%降至1.01%，没有发生案件事故。在总行对36家一级/直属分行2007年度的内控评价中，宁夏分行内控评价整体升至二级，位居第9位。2007年实现账面利润4.27亿元，增长46.13%，实现经济增加值1.83亿元，增长97.25%；2008年上半年实现账面利润3.7亿元，同比增长91.88%；实现经济增加值2.3亿元，同比增长3倍。在总行第二季度对各一级分行的经营绩效和业务发展考评中，宁夏分行考评等级为C－级，较2007年第一季度提升了4个位次，位居系统内一级分行第12位。改革创新的有益实践也使得全行人均资产达到848万元，较2006年末增长10%；年化人均中间业务收入6.6万元，同比增长175%；总资产净回报率、经济资本回报率分别提高了1.2个和19.5个百分点，成本收入比下降了19个百分点。

在实际工作中，网点支行运行中还存在一些不容忽视的问题：一是分行各部室（中心）与网点支行之间的工作流程需要进一步完善，契合度需进一步强化；二是网点支行员工综合素质与业务技能需要进一步提高，人岗匹配度需进一步提升；三是因宁夏分行在NOVA系统中按照5个地区号设置，致使核算层次和业务操作环节增加，财务核算管理模式需要进一步转变；四是内控管理工作需要进一步加强。

四、下一步改革的目标和思路

网点支行经营质态的深刻变化，验证了分行党委推进网点支行扁平化改革的决策部署是可行的。在今后工作中，宁夏分行将深入研究网点支行战略规划，认真落实总行对扁平化改革工作的总体要求与部署，总结经验，弥补不足，通过进一步提升营业网点的竞争发展能力，继续强化并不断扩展“分行—网点支行”两级经营格局，努力实现又好又快可持续发展。力争到2010年末，各网点支行人均存款达到2 000万元以上，人均中间业务收入达到8万元以上，并建设一批存款超10亿元的领军型网点支行。

（一）积极稳妥，循序渐进，加快以银川市为中心的网点支行扁平化改革步伐。按照“成熟一个建设一个”的原则，继续推进网点支行改革。争取再用一到两年时间，将银川市（含永宁、贺兰）现有营业网点全部改建成网点支行。使其真正成为集约化程度高、分销能力强、辐射半径大、业务流程高效、具有较强竞争力的新型经营平台。

（二）因地制宜，区别对待，探索银川市以外中心城市行网点支行体制模式。深入研究提升银川市以外重点区域支行的竞争力问题，采取更为灵活、更加符合实际的改革措施，加快石嘴山、吴忠、灵武、青铜峡、中卫、灵武、惠农等沿黄城市带核心区域的业务发展，在新兴工业园区、中高档居民新区和经济发展重镇优化网点布局，提升竞争力，夺回失去的业务阵地，争取和确保当地存款和中间业务的第一位置。对中宁、固原支行建构以营业室为业务处理平台，以岗位为基础的新型经营管理平台。

（三）总结经验，系统推进，进一步完善内部运作机制。进一步完善分行各部室（中心）与网点支行的工作流程和工作规范，并依托个人金融业务“系统化管理、专业化经营”和公司业务“分类竞争、分层服务”经营体制改革，完善个人金融业务部和公司业务部牵头组织、统一对外，各部门联动支持、协调配合的组合式、集约式营销机制，推进从公司、机构客户业务到其内部个人客户的延伸营销。不断研究网点支行竞争发展的新特点和新趋势，积极探索机构管理和体制创新的新路子。

关于在建设国际一流现代金融企业中发挥院校作用的思考

杭州金融研修学院　所向东

在深入学习实践科学发展观活动中，我结合近年来杭院教育培训工作情况，对中国工商银行在创建国际一流金融企业过程中院校应承担的任务进行了一些调研，并对中国工商银行院校今后如何更好地发挥作用进行了思考。

一、新时期院校应承担“六大中心”的职能

（一）培训和会议中心。培训是院校最基本和最主要的功能。杭州金融研修学院自由学历教育向岗位培训转轨以来，培训规模、质量、结构、效益每年都实现新的突破，在中国工商银行员工教育培训中发挥了积极作用。“十五”时期，杭州金融研修学院立足岗位培训共举办576期培训班，培训学员44 609人次。特别是近三年来，杭州金融研修学院培训规模不断扩大，培训人数也不断创下新高。2006年举办培训班193期，培训学员19 302人次；2007年举办培训班201期，培训学员18 107人次；2008年1－11月举办培训班185期，培训学员16 448人次。这充分反映出中国工商银行的员工培训需求存在不断扩大的趋势，院校在中国工商银行员工培训中的作用日益显著。

随着中国工商银行打造国际一流现代金融企业进程的不断推进，对人才培养提出了更高的要求，尤其是直属学院要向国际一流现代金融企业培训学院看齐，通过组织开展各级各类各序列人员培训，在中国工商银行人才战略中发挥好人力资本价值提升的基础性支持作用。要根据全行人才队伍建设分为管理、专业、营销、运行四个类别的大培训格局，不断优化培训结构、创新培训模式、提升培训效果，重点抓好五个方面的培训：一是承担各级管理人员综合性培训，提高中国工商银行分支行行长的管理水平，成为中国工商银行中高级管理人员业务管理培训基地；二是配合总行党校抓好中层党员领导干部、县（城区）支行行长理论培训，提高党员领导干部的政治素质和政策理论水平，成为中国工商银行中层党员领导干部和后备干部的领导力培训基地；三是协助总行抓好专业资格认证培训，提高中国工商银行各类专业人员的业务素质，成为总行普及专业资格认证的培训基地；四是承办全行重要业务、技术和产品的推广培训或研讨会，成为中国工商银行业务创新发展的培训、研讨、交流基地；五是充分整合资源，积极承担总行各类工作会、研讨会、交流会、技能比赛等大型会议。

（二）网络远教中心。中国工商银行员工数量庞大，在短时间内实施大规模培训必须借助现代网络科技力量。经过多年发展，网络远程培训已成为中国工商银行教育培训的重要组成部分，也是院校除课堂培训之外的另一重要培训方式。近年来，杭州金融研修学院为充分满足广大员工的学习需求，积极创新培训模式，借助全行推行岗位资格认证培训与考试的契机，自主研发网上报名系统、网上考试系统，推出分行需求旺盛的远程培训项目和课件，实现了远程培训的跨越式发展。2006年，杭州金融研修学院承办了个人信贷业务营销人员岗位资格培训项目的研发与实施工作，其中通过网络远程培训学员3 100余人次，并顺利完成了全行36 010人次的网上模拟考试组织管理成绩统计分析工作。2007年，杭州金融研修学院继续作为该项目的唯一培训点和考试点承办了初级、中级人员的课堂培训、远程培训、网上串讲直播、网上答疑、在线考试等工作，总计有44 392名客户经理参加了在线考试。同时，还承办了总行运行管理部、有关分行的网上考试工作，全年组织在线考试人数总计达94 775人次。2008年1－11月，组织承办了总行财资管理师考试（初级、中级）、个人信贷业务营销人员专业资格考试（初级、中级）等在线考试工作，参考人数达39 669人次；举办网络远程培训班37期，培训学员8 222人次。

为进一步发挥网络远程培训的作用，2008年初，杭州金融研修学院制定了远程培训三年发展规划，提出远程培训“三大体系（远程培训项目开发体系、营销

体系、技术保障体系）、两大中心（认证考试中心、网上主播中心）、一大基地（课件开发基地）”的“321”工程建设目标，力争用三年左右的时间，把杭州金融研修学院的远程培训业务发展成在同业中具有较强竞争力的品牌，再打造一个“网上杭院”，成为全行院校中规模、设施、管理、功能、质量、效果等较为领先，对总行网络大学进行有机补充的现代化网络远教中心。

（三）资格认证中心。推行从业人员专业资格认证制度是金融职业教育发展的必然趋势。为积极配合总行在主要业务领域推广实施专业资格认证制度，杭州金融研修学院不断完善专业资格认证项目需求调研、教材编写、课程设置、师资安排、课件制作、远程培训、题库建设、考试系统开发、总结评估等各环节工作，建立了规范化的项目运作流程和工作标准，整合完善网上考试系统的功能，建立与之配套的试题库，并提出了各分行考试中心建设的标准。从2006年起，中国工商银行专业资格培训、考试与认证工作由点及面迅速展开，杭州金融研修学院已顺利承办了全行个人信贷业务营销人员岗位资格初级、中级培训与考试工作，并成功开展了高级阶段的培训；承办了结算与现金管理部财资管理师岗位资格培训项目第一阶段培训与考试工作；组织承办了运行管理部参数管理人员的资格认证考试。目前正在与总行相关部门密切合作，抓紧进行多项专业岗位资格认证的准备工作。从近年来杭州金融研修学院介入专业资格培训取得的显著成效看，下一步院校应积极做好分层次的专业资格培训。作为直属学院，一是要积极承办国际资格认证培训，借鉴其运作模式，积累国际性的资格认证项目承办经验；二是要成为行内专业资格认证培训主阵地，协助总行部室重点做好高级专业资格认证项目的研发及培训、考试等一系列工作。各分行金融培训学校要积极配合总行教育部、专业部室抓好本分行范围内有关专业资格培训、考试等推广工作。通过狠抓院校资格认证中心建设，进一步加强全行国际化、标准化专业人才的培养力度。

（四）文化传播中心。目前，全行创建企业文化体系就是要谋求建立全体员工都认可的价值理念，形成工行所特有的文化“灵魂”。院校是中国工商银行各类人才的集散地，有效利用培训院校来传播中国工商银行企业文化，是中国工商银行企业文化“深植”的重要举措。通过有效的传导与沟通，在传授新知识、创新新业务、推广新技术中凸显中国工商银行人才培养理念，有利于构筑起中国工商银行先进的企业文化，促进形成共同的价值理念与目标愿景。因此，全行上下要确保企业文化建设落到实处，要充分发挥院校在人才培养过程中的文化传播功能，培养员工的忠诚度和奉献精神，切实发挥企业文化的凝心聚力作用以及对改革发展的推动作用。

（五）客户关系中心。高端客户关系管理和维护是中国工商银行经营管理战略中的重要内容。近年来，我注意到总行和有关省市分行经常与中国工商银行高端客户举行一些联谊活动，但这些活动多数是以娱乐为主，尽管活动丰富，但缺少文化内涵。我认为维护与高端客户的良好关系应该调动全行的各种资源，院校也是维护高端客户的重要资源之一，由院校来承办中国工商银行高端客户的理财咨询、专业培训、联谊联欢等半培训半休闲活动，可以提升服务的智力含量，充分发挥出中国工商银行的整体实力。

（六）国际交流中心。随着我国金融业对外开放力度的日益加大，中外金融机构间的交流与合作越来越频繁，尤其是这次美国次贷危机引起的全球金融经济动荡之后，与中国工商银行进行业务交流和学术交流的国际金融机构越来越多，院校可以发挥自身优势积极参与承担起推进国际交流这一新的任务。在经济金融较为发达的地区搭建一个与国内外金融机构进行交流的平台，可以迅速吸引频繁来往于该区域的国际、国内知名企业集团高层的关注，进一步扩大中国工商银行的国际影响力，在中国工商银行实施国际化发展战略中发挥积极的作用。

二、进一步发挥院校作用的思考

建设国际一流的现代金融企业，离不开国际一流的人才；培养国际一流的人才，离不开国际一流的院校。中国工商银行院校在承担课堂培训、网络远程培训以及开展资格认证培训与考试等方面为全行业务发展和提升员工岗位胜任能力作出了积极贡献，也积累了一定的经验。但要充分实现院校对推动全行战略规划实施的重大作用，还需要进一步整合全行院校资源，拓展院校功能，根据院校现有条件、能力、潜力，重点扶持和建设一两所国际一流的培训院校，将其打造成为中国工商银行的核心人才培训基地、高端客户关系中心、国际交流中心和企业文化传播中心，使院校成为中国工商银行实施各项战略工程的一个重要支撑。因此，我认为，今后三年，直属学院应围绕以上目标率先开展以下四个方面的工作，为其他院校改革发展探索新思路，积累好经验。

（一）研发ICBC高端品牌培训项目。中国工商银行打造国际一流现代金融企业，必须拥有一批由高级管理人员、高级专业人员组成的核心人才队伍。而核心人才队伍的培养，除了从国际化培训机构进行引智以外，我认为主要还是要依靠自己的核心人才培训项目和培训基地。中国工商银行城市金融研究机构和业务部室拥有丰富的学术研究资源、业务调研资源，院校具有专业化的培训项目运作能力和国际标准化的培训管理体系，可有效整合全行的优势资源，由直属学院联合行内研究机构或业务部门共同研发一批适合中国工商银行高级管理人员、高级专业人才的战略型、研究型、发展型、创新型培训项目，为这些核心人才提供国际前沿理论、顶尖管理理念和专业知识，并逐渐培育成为中国工商银行自有的ICBC

品牌培训项目，打造一流培训学院的核心竞争力。

（二）参与中国工商银行高端客户关系维护。高端客户关系维护是中国工商银行经营战略的重要组成部分，杭州金融研修学院将利用自身资源优势有效介入中国工商银行客户关系维护中，提升学院的功能和作用。一是利用学院师资优势，为高端客户举办个人理财、企业融资、网上银行等咨询服务以及商务礼仪、商务英语等专业培训，满足高端客户专业化、个性化培训需求。二是利用地域经济优势，将杭州金融研修学院打造成为总行或分行高端客户的联谊休闲基地和客户关系维护中心。杭州所在的长三角地区是全国经济发展的龙头之一，对外参观交流的资源十分丰富。杭州金融研修学院新院址坐落在杭州小和山高教园区，毗邻西溪湿地国家公园，三面环山，风景秀丽，周围高校院所林立，可辐射到市区外围，东有绍兴、宁波、普陀山，西有黄山，南有天台山、雁荡山，北有上海、苏州、太湖，是培训、休闲的理想之地。未来杭州金融研修学院新院址设施先进，可以为各种高端客户设计个性化的特色培训休闲方案。通过以院校为平台向高端客户提供专业化、综合化的增值服务，还可进一步提高客户对中国工商银行整体竞争力的认同感，提升优质客户与中国工商银行合作的忠诚度。

（三）推进中国工商银行国际化发展战略实施。中国工商银行作为金融企业市值世界第一的大银行，在国际金融格局的剧烈变动与重大调整中，正受到越来越多的国际关注。杭州金融研修学院地处长三角经济发达地区，杭州市也正在为打造国际化大城市而努力，应该讲杭州金融研修学院基本具备了建设国际交流中心的外部条件。近几年来，杭州金融研修学院坚持以“金融研究论坛”为平台，成功举办了“中国工商银行战略转型”、“中小企业信贷与中小企业发展”、“现代企业核心竞争力”、“后 WTO 时代金融服务——培育现代企业文化，提升核心竞争力”、“经济全球化格局中的全面风险管理”、“全面打造商业银行投资银行业务竞争力”、“绿色信贷——让人类、地球以银行为荣”共七届研讨活动，演讲嘉宾均来自国内外相关领域或政府机构的知名权威人士或高管要人，参加人员除中国工商银行各类管理人员和专业人员外，还包括浙江金融系统的所有机构负责人以及国内大型企业集团总裁，其影响力已从金融系统向其他行业渗透，从长三角地区向全国辐射，这为杭州金融研修学院打造高层次的国际交流中心打下了良好的基础。在中国工商银行实施国际化战略过程中，利用院校现有能力和经验打造国际一流的展示与交流平台正逢其时。尤其是杭州金融研修学院新院址建成后，一座集现代化、信息化、数字化，园林化、生态化于一体的新型培训基地将矗立在国内经济最为活跃的长三角地区，学院将有能力承办全行性的金融研究论坛、国际性学术交流会议等大型活动，开展国际企业间的培训合作以及高层之间的互访、研讨等交流活动。目前杭州金融研修学院正在抓紧进行新院址建设，向着打造国际学术、培训、会议交流中心的目标而努力。在总行的领导和支持下，杭州金融研修学院有信心在未来三年内打造成中国工商银行的国际交流中心。

（四）促进中国工商银行文化软实力的提升。企业文化是中国工商银行实现可持续发展的软实力，创新传播方式则是加强企业文化建设的重点之一。作为全行员工教育培训重要基地，每年到杭州金融研修学院参加面授培训的学员近 2 万人，再加上网络远程培训目前近 1 万人的规模（以后还会逐年大幅度增长），从杭州金融研修学院在近年来开发和实施的“企业文化培训项目”、“后 WTO 时代金融企业文化”论坛来看，利用培训院校来传播中国工商银行的企业文化专业性强、辐射面广、效果较好。因此，杭州金融研修学院有责任也有能力加快企业文化传播中心建设，打造中国工商银行企业文化传播的重要平台。在中国工商银行企业文化进入“落地”阶段以后，杭州金融研修学院将充分利用全行员工到杭州金融研修学院培训的有利条件，以及杭州金融研修学院深厚的文化积淀、丰富的培训经验和完善的设施资源，通过专题培训或研讨交流、课间播放宣传短片或广播、张贴标语、发放小型宣传册等多种方式和途径，积极做好中国工商银行核心价值观、战略愿景、经营理念等的宣传工作，让中国工商银行的文化理念深植员工心中，让中国工商银行的制度文化和行为文化成为员工的自觉行动。

关于拓展企业年金业务的做法与体会

厦门分行　金　胜

一、厦门分行拓展企业年金进展情况

厦门分行自 2006 年初获得总行批准开办企业年金业务资格以来，依托工商银行强大的综合实力，积极拓展企业年金业务。2006 年 6 月成功与厦门华夏国际电力公司签订第一单企业年金账户管理及基金托管业务协议，2006年底又率先在事业单位企业年金业务中取得重大进展，与厦门市公路局签约企业年金业务。

尤其值得一提的是，在总行企业年金中心的大力支持下，经过近一年坚持不懈营销，2007年底在厦门市社会保险中心原有存量企业年金基金整体移交项目激烈竞标中，厦门分行脱颖而出，一举夺得厦门原有存量企业年金基金账户管理人和托管人两项业务资格，并在后续的工作中，仅用了32个工作日，便以高效的服务全面完成了1.1万多家企业、13.87万职工原有年金个人账户的建账工作，涉及金额近4亿元。

成功签约厦门原有存量企业年金移交项目，根本上确立了厦门分行在厦门企业年金市场的领先优势。厦门分行企业年金工作得到了有关方面的肯定。2007年被总行授予企业年金业务“突出贡献奖”。经过两年来的业务探索与不懈努力，截至2008年6月底，厦门分行共为厦门市23家新建年金企业提供账户管理和基金托管服务，同时为厦门市1.1万家企业、13.85万员工的社保原有存量年金提供账户管理和基金托管服务。厦门分行的企业年金账户管理规模和基金托管规模均占同业市场第一，在厦门同业中处于领先优势。

二、厦门分行拓展企业年金业务的几点做法

（一）构建企业年金业务营销机制，突出企业年金竞争。面对企业年金资源有限，同业竞争激烈，为有效推动企业年金业务发展，抢占市场优势，厦门分行加强了企业年金工作的组织领导，一是实施“一把手工程”。分行行长、分管行长为企业年金工作“第一责任人”、“首席客户经理”，亲自组织领导企业年金业务营销推动工作。对于重点客户、重要项目，分支行领导亲力亲为，组织制订营销方案，严密部署营销工作。二是明确责任。企业年金工作任务目标由分行统一部署，并确定营销潜在目标客户名单，分行机构业务部牵头落实营销，其他部门根据各自职能分工配合营销，各支行根据区域企业年金客户资源情况参与营销。三是考虑到扁平化改革后有些支行人员较少，力量较弱，为了更好地为年金客户提供服务，分行企业年金账务核算实行集中管理，全辖企业年金账务核算统一集中到分行营业部，由营业部负责管理，实行专业化运作。四是加大企业年金业务绩效考核力度，把企业年金业务纳入支行行长经营绩效考评并加大考核力度，对营销成功的支行绩效直接给予加分，奖励按照“谁营销，奖励谁”的原则，直接兑现到员工。

（二）强化宣传攻势，树立工行年金品牌。我国企业年金起步较晚，市场“发育”不健全，企业对建立年金的认识不尽一致，重视程度也不一样。厦门不少企业对建立企业年金仍抱等待、观望态度。为培育市场，壮大规模，同时也为抢占市场先机，厦门分行自开办年金业务以来，特别加大了企业年金营销宣传攻势，多渠道、多途径加大工作力度，打造工行年金服务品牌。一是加强与企业年金管理部门的沟通与联系，积极向其宣传工行企业年金业务的特色和优势，通过企业年金管理部门对建立年金计划意向的企业进行宣传和推介，增强企业对工行年金专业服务能力的认知度和信任度。二是携手其他年金管理机构联合推介年金，增强营销效果。企业年金从计划建立到年金基金运营管理牵涉银行、保险、基金公司等。更好地为企业提供一揽子年金服务，2008年3月，厦门分行邀请了具有丰富年金管理经验的厦门平安养老保险公司，联合举办了“工行——平安企业年金恳谈会”。双方分别从账户管理人、托管人和受托人、投资管理人的角度，向厦门机电集团、厦门航空港、厦门航空公司、厦门路桥公司和厦门旅游集团等40多家厦门知名企业介绍了企业年金基金管理制度、流程和投资组合，展示了目前各自技术系统的先进性和丰富的实践经验，以及企业年金给员工、企业和政府带来的好处等。恳谈会有效地推进了企业尽快落实年金计划，增强了企业对工行年金产品的认识，扩大了工行企业年金服务的影响。三是充分利用新闻媒体，大力宣传年金业务。如从取得厦门年金市场第一单年金业务到签约厦门原有存量年金业务以及举办“工行——平安企业年金恳谈会”，厦门分行都在厦门的主流新闻媒体《厦门日报》、《厦门商报》、《厦门晚报》及厦门电视台广泛宣传报道，通过新闻报道、专项活动采访、业务宣传等形式频频亮相工行的企业年金服务，营造声势，树立工行年金服务品牌。四是上门营销演示推介，加深客户认识，推动营销进程。为了加深客户对工行企业年金服务安全性、专业性与便捷性的了解和感受，分行在向客户进行上门营销推介的同时，也不时邀请总行年金业务专家到厦门，对重点客户进行上门营销演示推介。这种做法不但让客户直接地了解工商银行年金业务的优势，增强了建立企业年金的信心，同时也促进了彼此的了解，增进了合作。

（三）整体联动，合力营销，抢占年金市场。一是强化全行企业年金竞争意识。通过分行每年企业年金工作专题会议、全行工作会议等，多渠道、多方式反复向全行强调企业年金资源“不可再生”、稳定客户作用及其对提高厦门分行竞争发展能力的战略意义，提高全行对发展企业年金业务的思想认识，引导全行加大企业年金营销竞争。二是抢先介入，持续跟进。如在获悉国家将出台政策，原有社保企业年金将实行市场化运作管理，厦门分行立刻组成营销团队，动员全行各方资源加大营销工作力度，加强与厦门市劳动和社会保障局的沟通和联系，全面了解本地原有企业年金存量情况，及时掌握政策动向和工作安排，提供服务方案。三是整体联动，合力出击，推进年金业务与其他金融产品组合捆绑营销。如将企业年金业务纳入综合营销。支行在向分行

提交客户评级、授信和审批资料时，须同时提交《企业年金营销确认表》，分行以此了解法人客户办理企业年金的意向及营销进展，并作为企业融资的前提及贷后管理的要求。对目标客户，立即将企业年金业务与资产业务、电子银行业务、银行卡业务、结算与现金管理业务等一同纳入法人客户服务方案中，实行综合营销，捆绑营销。

（四）开展同业协作，推进年金业务营销。针对企业年金管理主体多样化，商业银行难以独立开展企业年金的全部业务，为提高企业年金业务竞争力，厦门分行在拓展年金业务过程中，依据“优势互补、互利互惠”的原则，积极寻求机构合作伙伴，选择与工行业务互补、业绩突出、资源丰富的年金管理机构建立战略合作关系，共同为客户提供一站式企业年金基金管理服务。目前，厦门分行主要是与平安养老保险有限公司采取以“2+2”集合计划的服务模式共同推动年金业务发展。下一步，厦门分行将加快与太平养老、中国人寿等年金管理机构开展年金业务合作，以促进厦门分行年金业务的加快发展。

三、拓展企业年金业务的体会

在年金业务营销工作与实践中主要有以下几点体会。

一是要从全行经营战略高度来认识年金业务工作。企业年金业务是一项伴随养老体制改革应运而生的新兴金融业务，具有附加值高、收益稳定的特点。由于企业建立年金工作时间长，流程烦琐复杂，尤其是年金账户管理涉及企业员工个人工龄、职务、薪酬、缴费等大量信息，工作量大。企业一旦与商业银行建立服务关系，一般情况下，就不会轻易更换。因此，企业年金具有先入为主的特性。企业年金业务后续拉动能力强，关联辐射效应大，不但能增加商业银行的中间业务收入，改善收入结构，稳住企业客户，而且能带来稳定的个人客户，增加存款、结算等其他金融业务。企业年金资源“不可再生”和相对的稳定性，对于商业银行来说，企业年金是对客户资源、业务资源一次重新分配，谁拥有年金业务，就等于拥有了一批长期稳定的客户群，就能在市场竞争中居有利地位。因此，对企业年金业务的竞争绝不能掉以轻心，思想上要真正地把企业年金作为经营对象，战略上要把企业年金摆在全行工作首要位置，战术上要加紧企业年金业务市场开拓，抢占市场制高点。

二是要抓紧抢占市场份额，加快“跑马圈地”，扩大经营规模。厦门企业年金市场潜力很大，有大小企业6万多家，年产值上亿元的工业企业283家，单位从业人员70多万人。厦门年金市场资源丰富，竞争也很激烈。目前，厦门具有企业年金管理资格的机构众多，受托机构有7家、账户管理机构14家、资产托管机构9家、投资管理机构3家。发展企业年金业务，既要看到市场资源广阔、丰富的一面，也要看到市场竞争激烈的一面。要早动手、早行动，提前介入，提早谋划，打好基础，争取主动。要立足快动手，快行动，抓市场先机，抢市场制高点。要抓紧“跑马圈地”，扩大市场规模，确立同业领先地位。厦门分行将加强重点客户尤其是有建立年金意向企业的攻关，优先拓展职工人数多、经济实力强、建立年金意愿强的行业性、系统性企业及大型集团企业年金业务，尽快做大厦门分行企业年金规模，继续保持年金业务领跑同业。

三是要克服畏难情绪，勇于攻克难关。相较于商业银行的信贷、电子银行、银行卡等业务，企业年金业务营销周期长、见效慢，投入的时间多，工作量大。一些支行、一些员工畏难退缩，避重就轻，更愿意选择收益高、见效快且容易营销的金融业务。面对这种状况，分行一方面做好支行思想工作，给予支行正确引导；另一方面在资源配置上，在人力、物力、财力投入方面给予倾斜，适当增加年金业务投入，调动全行开拓年金业务工作的积极性。

四是要加强协调。企业年金是一项系统工程，政策性强，关系到广大企业员工的利益，受到全社会的广泛关注。企业年金牵涉面广，涉及政府、企业、银行、保险、证券等方面。在营销企业年金业务过程中，要注意协调好各方面关系，要特别争取政府年金管理部门、企业主管部门的政策支持，加强与劳动和社会保障部门、国有资产管理部门的沟通与联系。通过打造良好、持久的合作关系，了解政府年金管理部门对企业年金的政策倾向及最新的市场信息，并借助政府年金管理部门帮助厦门分行解决疑难问题，通过政府年金管理部门窗口树立厦门分行企业年金业务优质服务形象，提升厦门分行年金业务的影响力。

五是要积极开展高层次营销。企业年金作为企业薪酬福利制度的重要组成部分，与企业、与员工的切身利益息息相关。企业是否建立企业年金、建立何种类型的年金计划及在年金运营管理机构的选择上都存在很多敏感的问题。多数企业建立年金决策权也基本上掌握企业主管领导手中。因此，加强企业主管领导高层营销，能取得事半功倍的营销效果。要充分发挥自身有利优势，积极走访目标客户，积极开展高层次营销，多与企业年金主管领导交流，推进年金业务营销。

六是要以优质服务赢得客户。企业年金的竞争，其实质是商业银行服务能力、服务水平的竞争。它不但包括服务方式，还包括服务手段、服务种类、服务效率、服务态度等。只有为企业提供高效优质的服务，才能真正赢得客户，赢得业务。在同业竞争中，厦门分行必须以高效、优质服务为客户排忧解难，切实地为客户解决建立企业年金遇到的问题，要细化服务内容，完善服务手段，不断提升服务水平，才能增强客户凝聚力、向心力，不断推进厦门分行年金业务的发展。

深圳分行加快国内贸易融资业务发展的探索

深圳分行　王晓燕

近年来，深圳市分行按照总行战略部署，将大力发展贸易融资作为优化信贷结构、实现信贷业务转型的重点战略性工程，不断拓宽业务发展思路，持续优化业务流程，创新融资产品，加大营销力度，在打造区域“第一贸易融资银行”的道路上迈出了坚实一步，取得了积极、显著的效果。

一、国内贸易融资呈现良好的发展势头

（一）业务规模跨越式发展。截至2008年底，表内外国内贸易融资余额达80.8亿元，比上年增加78.3亿元，增长3.1倍。2008年全年累放额达到105.6亿元，是2007年全年累放额的12倍。

（二）客户规模快速增长。截至2008年底，国内贸易融资客户达354户，较2007年增加235户，增长了200%。

（三）融资质量保持较高水平。截至2008年底，国内贸易融资不良贷款额、不良贷款率分别为229万元、0.053%，大大低于总行2%的风险控制线，保持了较高的资产质量。

二、国内贸易融资发展的主要措施

（一）统一思想，提高认识，明确国内贸易融资业务发展战略。深圳分行在深圳同业中较早开展国内贸易融资业务。2007年以来，深圳分行将大力发展国内贸易融资业务作为公司信贷工作重点。通过支行行长会议、行务会议和专业会议等多个平台反复传导灌输，使全行上下充分认识发展国内贸易融资对开辟信贷新领域，特别是开拓中小型客户信贷市场，优化信贷结构，实现信贷业务转型具有战略意义，并确定了发展国内贸易融资业务的工作思路：一是将发展国内贸易融资业务与存量流动资金贷款改造相结合；二是围绕核心企业上下游客户开展国内贸易融资业务；三是坚持以产品创新推动业务发展。

（二）锁定目标客户，开展针对性营销。

一是改造存量目标客户。在对存量流动资金贷款和银行承兑汇票业务进行深入调查摸底的基础上，制订了流动资金贷款和银行承兑汇票的贸易融资改造计划，确定了存量客户改造名单，把符合条件的存量流动资金贷款和银行承兑汇票逐步转化为贸易融资。其中，对从事加工制造、贸易流通且应收账款金额较大的企业，要求将流动资金贷款转化为国内保理、国内发票融资等；对进货量大、对外支付金额大的企业，要求将流动资金贷款、银行承兑汇票转化为国内信用证及其项下融资。对存量客户的新增融资需求（除项目融资外），主要通过贸易融资解决。

二是重点营销目标客户。从核心企业产业链上下游企业中，重点筛选与核心企业具有1年以上稳定合作关系、年供货量达到3 000万元以上的核心企业上游供应商（含异地供应商）、有比较明确的、交易风险较低的大额订单（如政府订单或稳定的政府补贴、分行战略客户订单）的企业以及具有稳定大宗物资存储且物资由深圳分行认可的大型仓储企业进行监管的企业三类贸易融资目标客户进行批量营销。

（三）以创新推动国内贸易融资业务快速发展。

一是扩大核心企业范围，重点围绕其产业链开展国内贸易融资业务。按照总行规定的标准和程序，加快认定辖区国内贸易融资核心企业，同时，认定部分与深圳分行没有信贷关系但符合一定标准且支付能力强、信用优良的机构（如政府机构、大型医院等）或企业比照核心企业适用国内贸易融资相关政策。

二是创新“应收账款池保理融资”。为解决逐笔办理应收账款保理融资手续繁、效率低、成本高等问题，创新性地提出了应收账款池保理融资解决方案。应收账款池保理是指销货方将一家或多家购货方的多笔应收账款所形成的应收账款池转让给深圳分行，深圳分行针对此应收账款池为销货方提供融资及相关综合金融服务。办理应收账款池保理的销货方（保理申请人）实行名单制管理，客户名单由分行认定，原则上要求销货方信用等级应在A级（含）以上；购货方须为深圳分行已经认定的核心企业。

三是推行债项授信。满足总行授信管理和实施办法中规定的核心企业（或比照核心企业）的上游供应商和下游经销商（包括一般法人和小企业），在综合考虑交易风险、业务量和客户风险承担能力等因素基础上，办理国内贸易融资可采用债项授信方法核定授信额度。但原则上上游供应商与核心企业的合作时间应在1年以上，且合作关系稳定，可按单笔或循环方式核定债项授信额度。

四是分类制订授信方案。将授信方案制订与存量贷款改造相结合。对存量流动资金贷款和银行承兑汇票客

户，在授信方案中根据客户实际情况和改造潜力明确提出贸易融资转化比例要求；对新增客户和存量客户的新增融资需求（除项目融资外），力争主要通过贸易融资解决。

五是实行授信项下的授权审批制。在严格核定授信额度、落实授信使用条件和管理要求的前提下，实行授信项下的授权审批制办理业务，授权支行在转授权限内直接办理单笔融资业务。

六是灵活采用贸易真实性核实方法。贸易（应收账款）真实性核实一直是贸易融资业务发展中的一大难题。深圳分行根据客户分类管理的指导思想，按风险可控的总原则，综合考虑客户风险和交易风险，分类制定解决方法。

七是简化业务办理手续。实施表格化调查、审查报告，优化信贷档案资料归集办法，经分行认可的部分战略核心企业的上游供应商办理国内贸易融资业务，在核心企业确认应付账款或通过核心企业供应链系统确认应收账款，且在合同订单或发票原件经客户经理核实的前提下，允许借款人仅提供加盖企业签章的合同订单或发票清单归档。

（四）建立国内贸易融资工作机制。

一是联动机制。为抓住发展业务的有利时机，分行成立了以主管行长为组长的贸易融资工作领导小组，全力以赴推进贸易融资业务发展。指定分行公司业务二部作为国内贸易融资业务牵头部门，联合授信审批部、信贷管理部、公司贷款管理中心、公司一部、办公室、人力资源部、财务会计部等部门，各司其职，互相配合，研究业务创新方案和具有代表性项目的解决方案。在人员和费用上予以大力支持，在全行推广贸易融资业务。同时，要求各支行针对目标客户，落实好批量营销措施，确保尽快取得效果。分支行共同做好客户经理和二级支行行长的日常培训工作，使全行都重视这项业务，熟悉产品，准确理解和把握政策，加快业务发展。

二是合作伙伴利益共享机制。通过建立利益共享机制，加强对核心企业的营销，争取核心企业对其上下游企业在深圳分行办理贸易融资给予支持配合。对核心企业为深圳分行提供应收账款书面确认、向深圳分行开放ERP（或其他财务系统）查询功能、承诺将借款人（供应商）的应收账款支付到深圳分行专户或提前通知深圳分行借款人收款账户变更情况、向深圳分行提供供应商名录、供应商信用记录等合作行为，深圳分行可按照最高不超过融资总额的0.1%给予服务费。

三是考核与激励机制。促进国内贸易融资业务发展，加大了国内贸易融资业务考核力度，积极开展国内贸易融资业务竞赛活动，设置国内贸易融资业务专项奖励。同时，加大支行经营目标考核中的国内贸易融资业务考核的权重，进一步提高支行公司业务主管行长、客户经理国内贸易融资业务的考核计分标准。分行每月下达国内贸易融资计划，每周通报。要求每个一级支行每周要有国内贸易融资业务发生，每个开展对公业务的二级支行年内要实现国内贸易融资零的突破。

四是免责机制。作为新兴业务，全行对国内贸易融资有个认识和经验积累的过程。因此，规定在业务起步阶段，凡是按照业务流程规定和制度要求尽职操作的，出现融资风险问题，不追究个人和机构的责任。

（五）加强品牌建设。以“财智融通”作为国内贸易融资品牌，定位为解决中小企业融资难的系列产品，努力树立良好的社会形象。不断完善和丰富产品内涵，保证深圳分行国内贸易融资类产品设计和制度流程的市场领先性。制定有效的品牌宣传和推广策略，并保证适度的资源投入不断扩大品牌影响力，逐步将“财智融通”打造成深圳地区第一国内贸易融资品牌。

（六）抓好客户推介和内部培训。建立和完善信息支持手段，系统收集目标客户信息，通过各种形式的国内贸易融资业务推介会针对目标客户开展批量营销。同时，市场部门、信贷部门共同做好前中后台人员的业务培训，提高业务办理能力。

三、国内贸易融资未来发展目标和工作思路

国内贸易融资业务发展的战略目标是：加快实现从偏重传统贷款经营向偏重贸易融资经营的转变，努力将深圳分行打造成本地区“第一国内贸易融资银行”。至2011年，国内贸易融资发生额力争达到800亿元，余额达到200亿元。

（一）以不断扩大核心企业和上下游企业为手段，做大客户基础。继续实行目标客户“名单制”营销，从高附加值服务业、现代制造业、电力、轨道交通、供水、港口、物流等优势行业中，从分行战略性客户、世界500强企业、深圳200强企业中，确定贸易融资核心企业，不断扩大核心企业范围，每年增加认定核心企业10家，到2011年，实现核心企业近100家。按照筛选一些经营稳定、信誉良好、对上下游辐射能力强的企业，逐步从一级供应商拓展至二级供应商，从本地供应商扩大至全国供应商，通过集中批量营销的模式，每年发展核心企业上下游企业250家以上，到2011年，核心企业上下游融资客户超过1 000家，做大做强客户基础。

（二）以优化业务流程、创新产品为手段，提高服务能力和水平。

一是继续优化业务办理流程。不断完善债项授信、业务核准制等业务办理制度，在总行信贷政策的指导下，密切结合深圳分行的业务发展实际，切实解决国内贸易融资业务发展中存在的问题，提高产品的适应性。进一步优化贸易融资业务操作流程，简化操作办法，提高业务办理效率，满足对业务办理实效的要求。

二是不断创新产品。深入研究总行贸易融资的七种产品，结合深圳市场特点和深圳分行的目标客户定位，依托核心企业和大型仓储物流企业，重点发展保理、国内信用证、信用证议付、商品融资四大类产品。在实行“名单制”或锁定回款渠道的前提下，探索开展票据池、应收账款池融资，加快推进商品融资，满足客户需求。

（三）以完善工作机制和保障体系为手段，提高业务发展成效。

一是继续完善联动工作机制。在已经成立贸易融资发展小组的基础上，将持续完善贸易融资联动机制，实现分支行，前中后台的无缝衔接，最大限度地提高竞争市场的灵活性。

二是完善贸易融资的考核激励机制。加大贸易融资在支行考核中的占比，进一步完善支行考核管理办法和客户经理绩效工资考核标准，提高办理贸易融资业务的积极性。

三是加强品牌建设。将“财智融通”作为国内贸易融资品牌，继续完善和丰富产品内涵，制定有效的品牌宣传和推广策略，将“财智融通”打造成深圳地区第一国内贸易融资品牌。

第八部分

综合统计

执行编辑：孙清华

中国工商银行股本变动及主要股东持股情况

一、股份变动情况表

（单位：股）

	2007年12月31日		报告期内增减（+，-）	2008年12月31日	
	股份数量	比例（%）	限售期满	股份数量	比例（%）
一、有限售条件股份	277 183 845 026	83.0	-2 884 610 000	274 299 235 026	82.1
1. 国家持股	236 012 348 064	70.7	0	236 012 348 064	70.7
2. 其他内资持股	16 986 759 559	5.1	-2 884 610 000	14 102 149 559	4.2
3. 外资持股	24 184 737 403	7.2	0	24 184 737 403	7.2
二、无限售条件股份	56 835 005 000	17.0	2 884 610 000	59 719 615 000	17.9
1. 人民币普通股	12 065 390 000	3.6	2 884 610 000	14 950 000 000	4.5
2. 境外上市的外资股	44 769 615 000	13.4	0	44 769 615 000	13.4
三、股份总数	334 018 850 026	100.0	0	334 018 850 026	100.0

注：

（1）报告期内股份变动的具体情况请参见"限售股份变动情况表"。

（2）本表中"国家持股"指财政部和汇金公司持有的股份。"其他内资持股"指社保基金理事会和A股战略投资者持有的股份。"外资持股"是指境外战略投资者高盛集团、安联集团和美国运通持有的股份。"境外上市的外资股"即H股，根据中国证监会《公开发行证券的公司信息披露内容与格式准则第5号——公司股份变动报告的内容与格式》（2007年修订）中的相关内容界定。

（3）"有限售条件股份"是指股份持有人依照法律、法规规定或按承诺有转让限制的股份。

二、限售股份变动情况表

（单位：股）

股东名称	报告期初限售股数	报告期内解除限售股数	报告期内增加限售股数	报告期末限售股数	限售原因	解除限售日期
A股战略投资者	2 884 610 000	2 884 610 000	0	0	发行限售	2008年4月27日
合计	2 884 610 000	2 884 610 000	0	0	—	—

三、有限售条件股份可上市交易时间

（单位：股）

时间	限售期满新增可上市交易股份数量	有限售条件股份数量余额	无限售条件股份数量余额	说明
2009年4月28日	12 092 368 700	262 206 866 326	59 719 615 000	高盛集团、安联集团、美国运通H股
2009年6月29日	7 051 074 779	255 155 791 547	71 811 983 700	社保基金理事会H股
2009年10月20日	19 143 443 483	236 012 348 064	78 863 058 479	高盛集团、安联集团、美国运通、社保基金理事会H股
2009年10月27日	236 012 348 064	0	98 006 501 962	财政部和汇金公司A股

注：财政部和汇金公司持有的A股在获得有关部门批准转换为H股后将不受上述锁定期的限制。

四、有限售条件股东持股数量

（单位：股）

序号	有限售条件股东名称	股份类别	持有的有限售条件股份数量	可上市交易时间	新增可上市交易股份数量
1	财政部	A股	118 006 174 032	2009年10月27日	118 006 174 032
2	汇金公司	A股	118 006 174 032	2009年10月27日	118 006 174 032
3	高盛集团	H股	16 476 014 155	2009年4月28日	8 238 007 077
				2009年10月20日	8 238 007 078
4	社保基金理事会	H股	14 102 149 559	2009年6月29日	7 051 074 779
				2009年10月20日	7 051 074 780
5	DRESDNER BANK LUXEMBOURG S. A. (1)	H股	6 432 601 015	2009年4月28日	3 216 300 507
				2009年10月20日	3 216 300 508
6	美国运通	H股	1 276 122 233	2009年4月28日	638 061 116
				2009年10月20日	638 061 117

注：（1）截至2008年12月31日，DRESDNER BANK LUXEMBOURG S. A. 为安联集团全资子公司，安联集团通过其持有本行股份。

五、前10名股东持股情况

（单位：股）

股东总数	1 662 308（2008年12月31日的A+H在册股东数）					
前10名股东持股情况（以下数据来源于2008年12月31日的在册股东情况）						
股东名称	股东性质	股份类别	持股比例（%）	持股总数	持有有限售条件股份数量	质押或冻结的股份数量
汇金公司	国家股	A股	35.4	118 262 816 713	118 006 174 032	无
财政部	国家股	A股	35.3	118 006 174 032	118 006 174 032	无
香港中央结算代理人有限公司	外资	H股	13.2	44 209 789 188	0	未知
高盛集团	外资	H股	4.9	16 476 014 155	16 476 014 155	未知
社保基金理事会	其他内资	H股	4.2	14 102 149 559	14 102 149 559	未知
DRESDNER BANK LUXEMBOURG S. A. (1)	外资	H股	1.9	6 432 601 015	6 432 601 015	未知
美国运通	外资	H股	0.4	1 276 122 233	1 276 122 233	未知
中国人寿保险（集团）公司(2)—传统—普通保险产品	其他内资	A股	0.2	695 027 367	0	无
中国华融资产管理公司	其他内资	A股	0.1	480 769 000	0	无
中国人寿保险股份有限公司—传统—普通保险产品—005L—CT001沪	其他内资	A股	0.1	343 488 638	0	无

注：（1）截至2008年12月31日，DRESDNER BANK LUXEMBOURG S. A. 为安联集团全资子公司，安联集团通过其持有本行股份。

（2）中国人寿保险股份有限公司是中国人寿保险（集团）公司的控股子公司。除此之外，本行未知上述股东之间存在关联关系或一致行动关系。

六、前10名无限售条件股东持股情况（以下数据来源于2008年12月31日的在册股东情况）

（单位：股）

股东名称	持有无限售条件股份数量	股份类别
香港中央结算代理人有限公司	44 209 789 188	H股
中国人寿保险（集团）公司—传统—普通保险产品	695 027 367	A股
中国华融资产管理公司	480 769 000	A股
中国人寿保险股份有限公司—传统—普通保险产品—005L—CT001沪	343 488 638	A股
中国人寿保险股份有限公司—分红—个人分红—005L—FH002沪	296 832 643	A股
中央汇金投资有限责任公司	256 642 681	A股
易方达50指数证券投资基金	236 074 397	A股
北京美华恒润科贸有限公司	217 972 438	A股
东风汽车公司	160 256 000	A股
首都机场集团公司	160 256 000	A股

注：中国人寿保险股份有限公司是中国人寿保险（集团）公司的控股子公司。除此之外，本行未知上述股东之间存在关联关系或一致行动关系。

中国工商银行股份有限公司合并资产负债表

2008年12月31日

（除特别注明外，金额单位均为人民币百万元）

	2008年12月31日	2007年12月31日
资产：		
现金及存放中央银行款项	1 693 024	1 142 346
存放同业及其他金融机构款项	41 571	29 406
贵金属	2 819	1 134
拆出资金	126 792	170 352
以公允价值计量且其变动计入当期损益的金融资产	33 641	34 321
衍生金融资产	15 721	22 769
买入返售款项	163 493	75 880
客户贷款及垫款	4 436 011	3 957 542
可供出售金融资产	537 600	531 241
持有至到期投资	1 314 320	1 330 085
应收款项类投资	1 162 769	1 211 767
长期股权投资	28 421	172

续表

	2008年12月31日	2007年12月31日
资产：		
固定资产	79 759	76 628
在建工程	5 189	2 518
递延所得税资产	10 775	5 865
其他资产	105 749	92 262
资产合计	**9 757 654**	**8 684 288**
负债：		
同业及其他金融机构存放款项	592 607	727 609
拆入资金	53 647	77 565
以公允价值计量且其变动计入当期损益的金融负债	11 834	15 590
衍生金融负债	13 612	7 127
卖出回购款项	4 648	193 508
客户存款	8 223 446	6 898 413
应付职工薪酬	19 942	19 206
应交税费	44 979	40 867
应付次级债券及存款证	35 726	35 562
递延所得税负债	16	337
其他负债	150 059	124 252
负债合计	**9 150 516**	**8 140 036**
股东权益：		
股本	334 019	334 019
资本公积	112 243	106 207
盈余公积	24 650	13 536
一般准备	69 355	40 834
未分配利润	72 146	45 440
外币报表折算差额	（9 230）	（1 089）
归属于母公司股东的权益	603 183	538 947
少数股东权益	3 955	5 305
股东权益合计	**607 138**	**544 252**
负债及股东权益总计	**9 757 654**	**8 684 288**

中国工商银行股份有限公司合并利润表

（除特别注明外，金额单位均为百万元人民币）

	2008 年度	2007 年度
利息净收入		
利息收入	440 574	357 287
利息支出	(177 537)	(132 822)
	263 037	224 465
手续费及佣金净收入		
手续费及佣金收入	46 711	40 015
手续费及佣金支出	(2 709)	(1 656)
	44 002	38 359
投资收益	3 348	2 040
其中：对联营公司的投资收益	1 978	16
公允价值变动净损失	(71)	(128)
汇兑及汇率产品净损失	(851)	(9 457)
其他业务收入	293	277
营业收入	309 758	255 556
营业税金及附加	(18 765)	(14 511)
业务及管理费	(91 506)	(89 030)
资产减值损失	(55 528)	(37 406)
其他业务成本	(428)	(1 424)
营业支出	(166 227)	(142 371)
营业利润	143 531	113 185
加：营业外收入	2 834	3 260
减：营业外支出	(1 064)	(1 331)
税前利润	145 301	115 114
减：所得税费用	(34 150)	(33 124)
净利润	111 151	81 990
归属于：		
母公司股东	110 766	81 256
少数股东	385	734
	111 151	81 990
每股收益		
基本每股收益（人民币元）	0.33	0.24
稀释每股收益（人民币元）	0.33	0.24

中国工商银行股份有限公司合并现金流量表

（除特别注明外，金额单位均为百万元人民币）

	2008 年度	2007 年度
一、经营活动产生的现金流量		
客户存款净增加额	1 337 886	585 368
存放同业及其他金融机构款项净额	—	4 147
拆出资金净额	14 660	12 606
同业及其他金融机构存放款项净额	—	361 129
拆入资金净额	—	46 202
卖出回购款项净额	—	146 522
为交易目的而持有的投资款项净额	6 580	—
指定为以公允价值计量且其变动计入当期损益的债券投资款项净额	1 182	—
收取的利息、手续费及佣金的现金	471 854	366 582
处置抵债资产收到的现金	3 614	6 569
收取的以公允价值计量且其变动计入当期损益的债券投资收益	1 957	1 554
收到的其他与经营活动有关的现金	39 209	3 506
经营活动现金流入小计	1 876 942	1 534 185
客户贷款及垫款净增加额	(541 025)	(475 760)
存放中央银行款项净额	(262 312)	(422 734)
存放同业及其他金融机构款项净额	(859)	—
同业及其他金融机构存放款项净额	(129 524)	—
拆入资金净额	(18 735)	—
买入返售款项净额	(56 115)	(37 500)
卖出回购款项净额	(188 835)	—
为交易目的而持有的投资款项净额	—	(12 235)
指定为以公允价值计量且其变动计入当期损益的债券投资款项净额	—	(974)
以公允价值计量且其变动计入当期损益的金融负债款项净额	(6 759)	(16 559)
支付的利息、手续费及佣金的现金	(151 498)	(121 392)
支付给职工以及为职工支付的现金	(52 520)	(42 766)
支付的各项税费	(58 404)	(35 214)
支付的其他与经营活动有关的现金	(39 443)	(72 922)
经营活动现金流出小计	(1 506 029)	(1 238 056)
经营活动产生的现金流量净额	370 913	296 129
二、投资活动产生的现金流量		
收回投资收到的现金	1 127 448	1 217 425
处置联营公司所收到的现金	—	94
取得子公司所收到的现金净额	2 261	144
分得股利所收到的现金	652	74
处置固定资产、无形资产和其他长期资产收回的现金	520	2 823
投资活动现金流入小计	1 130 881	1 220 560
投资支付的现金	(1 086 048)	(1 455 833)
购买联营公司所支付的现金	(37 420)	(134)
收购少数股东权益所支付的现金	(1 783)	—

续表

	2008 年度	2007 年度
购建固定资产、无形资产和其他长期资产支付的现金	(10 975)	(7 226)
增加在建工程所支付的现金	(4 579)	(2 159)
投资活动现金流出小计	(1 140 805)	(1 465 352)
投资活动产生的现金流量净额	(9 924)	(244 792)
三、筹资活动产生的现金流量		
少数股东行使认股权所收到的现金	66	—
筹资活动现金流入小计	66	—
支付次级债券利息	(1 240)	(1 205)
分配普通股股利所支付的现金	(44 425)	(15 490)
向少数股东分配股利所支付的现金	(325)	(398)
筹资活动现金流出小计	(45 990)	(17 093)
筹资活动产生的现金流量净额	(45 924)	(17 093)
四、汇率变动对现金及现金等价物的影响	(9 461)	(7 917)
五、现金及现金等价物净变动额	305 604	26 327
加：年初现金及现金等价物余额	301 687	275 360
六、年末现金及现金等价物余额	607 291	301 687

补充资料

	2008 年度	2007 年度
1. 将净利润调节为经营活动现金流量		
净利润	111 151	81 990
资产减值损失	55 528	37 406
固定资产折旧	7 815	8 045
资产摊销	1 675	1 447
债券投资溢折价摊销	(4 345)	(13 033)
固定资产、无形资产和其他长期资产盘盈及处置净收益	(518)	(678)
投资收益	(1 601)	(468)
公允价值变动净损失	71	128
汇兑损失	30 390	9 086
已减值贷款利息冲转	(1 538)	(1 430)
递延税款	(8 539)	(5 558)
应付次级债券利息支出	1 241	1 181
经营性应收项目的增加	(845 022)	(949 189)
经营性应付项目的增加	1 024 605	1 127 202
因经营活动而产生的现金流量净额	370 913	296 129
2. 现金及现金等价物净变动情况		
现金年末余额	40 025	39 123
减：现金年初余额	39 123	31 446
加：现金等价物的年末余额	567 266	262 564
减：现金等价物的年初余额	262 564	243 914
现金及现金等价物净变动额	**305 604**	**26 327**

中国工商银行股份有限公司资本充足率情况表

（单位：百万元人民币，百分比除外）

项目	2008年12月31日	2007年12月31日
核心资本：		
股本(1)	334 019	334 019
储备(2)	205 668	148 631
少数股东权益	3 955	5 305
总核心资本	543 642	487 955
附属资本：		
贷款损失一般准备	82 834	47 979
长期次级债务	35 000	35 000
其他附属资本	4 164	11 669
总附属资本	121 998	94 648
扣除前总资本基础	665 640	582 603
扣除：		
未合并的权益投资	19 499	3 868
商誉	20 579	1 878
其他	5 529	116
资本净额	620 033	576 741
核心资本净额	510 549	484 085
加权风险资产及市场风险资本调整	4 748 893	4 405 345
核心资本充足率	10.75%	10.99%
资本充足率	13.06%	13.09%

注：(1) 监管指标按照报告当期的监管要求及会计准则进行计算，比较期数据不作追溯调整。

(2) 主要包括资本公积可计入部分、盈余公积、一般风险准备以及未分配利润可计入部分。

中国工商银行股份有限公司贷款五级分类分布情况表

（单位：百万元人民币，百分比除外）

项目	2008年12月31日		2007年12月31日	
	金额	占比（%）	金额	占比（%）
正常	4 229 609	92.51	3 728 576	91.54
关注	237 903	5.20	232 879	5.72
不良贷款	104 482	2.29	111 774	2.74
次级	37 694	0.83	38 149	0.94
可疑	55 641	1.22	62 042	1.52
损失	11 147	0.24	11 583	0.28
合计	**4 571 994**	**100.00**	**4 073 229**	**100.00**

2008 年度中国工商银行牡丹卡业务量统计表

制表部门：牡丹卡中心

业务指标	2008 年	2007 年	年增长率（%）
牡丹卡总发卡量（万张）	23 832	21 012	13.4
其中：信用卡（万张）	3 905	2 338	67.0
借记卡（万张）	19 927	18 674	6.7
牡丹卡消费额（亿元）	7 964	6 162	29.3
其中：信用卡消费额（亿元）	2 551	1 619	57.6
外卡收单年交易额（亿元）	74	78	-4.1
信用卡透支余额（亿元）	172	83	108.1
牡丹卡特约单位（家）	338 147	233 722	44.7
ATM（台）	27 467	23 420	17.3
POS（台）	277 131	180 142	53.8

2008 年度中国工商银行电子银行业务量统计表

制表部门：电子银行部

业务类别	注册客户数量			全年业务量		
	企业（万户）	个人（万户）	合计（万户）	业务笔数（万笔）	交易笔数（万笔）	交易金额（亿元）
网上银行	144.40	5 671.78	5 816.18	428 112.40	118 199.73	1 202 727.47
电话银行	115.65	4 803.49	4 919.14	115 094.63	9 494.10	29 440.09
手机银行（短信）		1 396.01	1 396.01	252.10	58.99	1.05
企业银行	2.84		2.84	3 232.31	872.01	47 864.42
ATM				315 834.68	195 543.94	17 900.84
POS 机				51 793.21	49 614.24	11 302.60
其他自助设备				59 707.59	15 021.05	6 034.68
其他电子银行业务				126 735.57	114 601.37	137 649.26
合计				1 100 762.49	503 405.43	1 452 920.41

注：注册客户数量为截至 2008 年末的存量数，业务量数据为 2008 年当年发生数。

中国工商银行员工情况表

2008年12月31日　　（单位：人）

	总计	女	学历							年龄							
			研究生		大学本科	大学大专	中专	高中	初中及以下	25岁以下	26岁至30岁	31岁至35岁	36岁至40岁	41岁至45岁	46岁至50岁	51岁至54岁	55岁以上
			博士	硕士													
合计	382 691	181 976	272	6 610	136 821	155 063	39 437	39 426	5 062	23 854	34 173	46 617	86 618	118 185	56 406	14 616	2 222
总行	2 307	870	132	990	1 054	96	11	16	8	287	732	509	254	228	127	109	61
北京市	13 623	8 336	27	815	5 475	5 339	1 003	908	56	1 062	1 805	1 493	2 587	3 641	2 237	671	127
天津市	8 324	4 408	1	52	2 496	3 161	1 120	1 405	89	547	1 028	761	1 616	2 861	1 170	322	19
河北省	20 464	8 882	1	72	6 143	8 770	2 566	2 579	333	467	1 150	2 716	5 223	7 250	3 157	458	43
山西省	14 293	6 834	0	77	3 403	6 299	1 374	2 869	271	448	1 246	2 211	3 031	4 894	1 916	473	74
内蒙古自治区	12 458	5 992	1	49	3 489	4 647	1 382	2 434	456	462	667	1 511	3 027	3 715	2 327	638	111
辽宁省	16 286	7 310	1	159	5 745	8 231	793	1 193	164	296	861	1 649	3 966	5 659	2 888	799	168
大连市	3 144	1 844	0	81	1 374	1 356	54	256	23	115	249	476	875	861	413	127	28
吉林省	12 970	6 333	2	162	4 807	4 569	1 926	1 430	74	466	1 703	1 865	2 412	3 232	2 571	661	60
黑龙江省	16 772	8 030	1	28	4 782	7 683	2 650	1 468	160	254	972	2 220	3 850	5 571	3 063	733	109
上海市	10 360	5 991	15	176	4 445	3 458	1 283	552	431	1 162	1 350	1 504	2 038	2 532	1 214	409	151
江苏省	16 319	7 062	1	243	5 058	6 702	1 292	2 777	246	548	948	1 404	3 880	5 642	2 845	874	178
苏州市	2 651	1 330	1	35	1 059	958	175	378	45	248	324	362	506	744	264	150	53
浙江省	16 739	9 445	5	237	7 069	6 236	1 584	1 325	283	3 397	2 510	2 330	2 745	3 466	1 806	434	51
宁波市	2 890	1 638	0	43	1 170	975	418	237	47	290	482	520	427	669	371	111	20
安徽省	11 766	4 516	2	56	3 998	5 164	1 319	1 098	129	141	524	1 128	2 710	4 300	2 167	694	102
福建省	8 978	3 828	1	68	3 562	3 006	1 264	913	164	352	356	838	1 963	3 486	1 463	411	109
厦门市	1 687	887	1	39	834	439	132	186	56	96	106	259	420	499	218	71	18
江西省	8 714	3 244	0	56	2 805	3 366	1 272	1 059	156	342	521	970	2 098	2 973	1 513	280	17
山东省	16 152	6 129	9	171	6 076	6 879	1 818	1 123	76	212	741	2 001	3 915	5 912	2 917	438	16
青岛市	2 776	1 332	0	64	1 024	981	373	313	21	137	274	254	418	974	613	102	4
河南省	19 259	8 875	3	112	6 292	7 651	2 656	2 449	96	310	923	3 121	5 685	6 012	2 500	646	62
湖北省	16 212	7 096	2	265	5 660	6 204	1 403	2 404	274	239	507	1 695	4 490	5 586	2 884	757	54

续表

	总计	女	学历							年龄							
			研究生		大学本科	大学大专	中专	高中	初中及以下	25岁以下	26岁至30岁	31岁至35岁	36岁至40岁	41岁至45岁	46岁至50岁	51岁至54岁	55岁以上
			博士	硕士													
湖南省	11 969	5 120	1	74	4 221	5 377	1 071	1 089	136	260	403	1 076	2 793	5 028	2 031	361	17
广东省	20 034	9 684	10	341	6 817	8 912	2 363	1 430	161	3 831	3 059	3 310	4 329	3 413	1 490	539	63
广东省营业部	9 762	6 180	7	125	4 358	3 637	1 035	567	33	2 543	2 413	1 239	1 719	1 188	473	158	29
深圳市	2 953	1 438	5	292	1 419	889	86	224	38	166	494	492	753	615	337	79	17
广西自治区	10 304	5 427	1	35	3 416	4 009	1 467	1 291	85	530	1 380	1 050	1 933	3 244	1 674	435	58
海南省	2 443	980	0	13	1 140	989	108	172	21	56	347	373	669	683	258	46	11
重庆市	5 977	2 759	1	81	1 718	2 430	970	621	156	128	355	517	1 442	1 883	974	576	102
四川省	14 836	7 444	0	244	6 074	6 530	1 177	670	141	1 297	1 668	1 851	3 572	4 090	1 763	538	57
贵州省	6 141	2 778	0	16	2 041	2 621	780	492	191	254	384	548	1 165	2 273	1 151	319	47
云南省	7 789	3 944	0	66	2 856	3 506	559	683	119	148	395	813	1 892	3 090	1 131	249	71
陕西省	10 911	4 591	10	168	3 921	5 119	352	1 275	66	195	453	1 150	3 074	4 204	1 514	296	25
甘肃省	6 746	2 842	0	25	2 915	2 854	546	367	39	106	232	530	1 803	2 905	921	222	27
青海省	2 024	1 004	0	0	660	1 036	133	173	22	10	125	198	480	995	206	9	1
宁夏自治区	2 515	1 266	0	6	857	1 157	158	315	22	102	148	180	703	951	341	90	0
新疆自治区	7 735	4 199	0	52	2 668	3 445	728	673	169	315	681	828	1 676	2 619	1 339	256	21
西藏自治区	37	4		2	34	1	0			5	7	7	10	5	3		0
长春金融研修学院	54	22	1	12	34	7	0	0	0	1	9	0	4	17	17	6	0
杭州金融研修学院	54	31	1	14	39	0	0	0	0	1	5	2	7	25	11	2	1
票据营业部	240	127	2	33	180	25	0	0	0	26	41	52	66	34	15	3	3
数据中心（北京）	820	344	5	190	586	29	6	2	2	313	278	111	64	32	12	9	1
数据中心（上海）	385	123	5	90	271	12	4	2	1	131	140	41	25	29	11	5	3
牡丹卡中心	794	516	3	47	481	238	20	4	1	379	121	116	91	42	27	11	7
软件开发中心	2551	754	13	567	1 937	32	2	0	0	1 148	981	251	113	34	16	3	5
海外数据中心	56	0	0	5	43	6	0	2	0	20	18	9	3	2	3	0	1
内部审计局	345	144	1	54	258	25	4	2	1	3	21	66	87	75	37	36	20
私人银行部	72	43	0	8	57	7	0	0	0	8	36	10	9	2	7	0	0

注：本表不包括境内主要控股公司员工和境外机构当地雇员。

中国工商银行系统机构设置情况表

2008 年 12 月 31 日

	合计	总行	总行营业部	一级分行	直属分行	二级分行	县级市支行	县支行	城区支行	二级支行	分理处	储蓄所	一级分行营业部	直属分行营业部	其他
总计	16 250	1	1	31	5	385	337	933	1 780	6 734	3 988	2 000	27	4	24
总行	2	1	1												
北京市	562			1		31		4		282	101	143			
天津市	325			1		24		3	20	185	20	72			
河北省	883			1		10	20	76	123	403	108	141	1		
山西省	478			1		10	11	54	88	220	52	41	1		
内蒙古自治区	445			1		11	8	42	58	244	45	35	1		
辽宁省	654			1		12	15	13	111	147	69	285	1		
大连市	139				1		3		13	96	12	13		1	
吉林省	364			1		8	19	10	56	144	27	98	1		
黑龙江省	603			1		12	20	34	136	3	152	244	1		
上海市	501			1		30				397	71		2		
江苏省	867			1		12	22	24	74	501	204	28	1		
苏州市	185					1	5		12	66	60	41			
浙江省	745			1		9	22	29	55	231	315	82	1		
宁波市	146				1		2	3	14	78	29	18		1	
安徽省	532			1		15	1	42	116	122	171	63	1		
福建省	422			1		7	14	38	33	239	41	48	1		
厦门市	66				1				15	47	2			1	
江西省	421			1		10	10	53	43	109	193	1	1		
山东省	872			1		15	27	50	69	153	356	200	1		
青岛市	112				1		5		13	26	27	40			
河南省	746			1		16	21	62	102	182	352	9	1		

续表

	合计	总行	总行营业部	一级分行	直属分行	二级分行	县级市支行	县支行	城区支行	二级支行	分理处	储蓄所	一级分行营业部	直属分行营业部	其他
湖北省	651			1		10	21	15	74	261	191	77	1		
湖南省	539			1		13	15	42	78	197	165	27	1		
广东省	1 006			1		19	21	39	139	618	129	40			
广东省营业部	376						3		35	334	1	2	1		
深圳市	118				1				19	97				1	
广西自治区	428			1		10	9	45	55	182	118	7	1		
海南省	107			1		2	5	5	5	88			1		
重庆市	297			1		19	4	20	14	36	145	57	1		
四川省	661			1		18	11	44	33	299	254		1		
贵州省	283			1		8	4	36	33	84	116		1		
云南省	369			1		14	4	30	30	102	144	43	1		
陕西省	491			1		9	3	46	64	106	183	78	1		
甘肃省	360			1		15	2	32	15	274	9	11	1		
青海省	86			1		1	2	4	6	22	17	33			
宁夏自治区	92			1			3	3	8	37	28	12			
新疆自治区	291			1		14	5	35	21	122	81	11	1		
西藏自治区	1			1											
长春金融研修学院	1														1
杭州金融研修学院	1														1
票据营业部	9														9
数据中心（北京）	1														1
数据中心（上海）	1														1
牡丹卡中心	5														5
软件开发中心	1														1
私人银行部	5														5

注：本表不包括境内主要控股公司和境外机构。

第九部分

大事记

执行编辑：王元元

1月

2日　姜建清董事长、杨凯生行长、王为强监事长，张福荣、张衢、王丽丽副行长，刘立宪纪委书记和总行党委委员、北京分行易会满行长出席年终决算通报会，听取2007年年终决算基本情况。傅仲君、康学军、宋志刚、王文彦、赵海英、仲建安、许善达董事，王炽曦、张炜监事，首席风险官魏国雄、董事会秘书潘功胜参加会议。

3日　内部控制自我评估项目全面展开。内部审计系统19个审计组分别对总行本部、3家总行直属机构、13家一级（直属）分行和2家境外机构开展现场评估。

山西分行与潞安矿业集团有限责任公司签署企业年金基金账户管理和托管合同。

5日　厦门分行发行图书主题联名信用卡——牡丹外图书香卡。

6日　河北分行信用卡发卡量突破100万张大关。

7日　姜建清董事长会见香港大新银行主席王守业一行，商谈有关合作事宜。董事会秘书潘功胜陪同。

7日-8日　王为强监事长参加在云南召开的中央党校中央国家机关分校金融学区会议，随后到云南分行进行调研。

8日　姜建清董事长会见美国国际集团总裁兼首席执行官马丁·苏利文（Martin J. Sullivan）一行。双方就美国次贷危机给金融市场带来的影响交换了看法，并探讨了有关合作事宜。董事会秘书潘功胜陪同。

杨凯生行长主持会议，欢迎审计署金融司副司长吕劲松带领的审计署审前调查组进驻我行，魏国雄首席风险官及总行15个相关部门负责人参加了会议。

王丽丽副行长会见华为投资控股有限公司副董事长纪平女士一行，双方就年度授信、国内贸易融资、境外融资、金融服务创新等议题进行了交流。

安徽分行与国元控股（集团）有限责任公司签订企业年金业务协议。

山东分行与农发行山东省分行签署网上银行业务合作协议。

8日-9日　张福荣副行长在京出席全行结算与现金管理业务工作会议并讲话。

8日-10日　张衢副行长在上海出席我国黄金期货正式上市仪式，并代表我行同上海期货交易所签署战略合作协议。

8日-11日　刘立宪纪委书记赴广东出席部分分行纪委书记座谈会，随后在广东分行进行调研，并慰问基层困难员工。

9日　杨凯生行长、张福荣副行长在京出席全行代理基金业务暨工银瑞信全球基金代销工作动员会并讲话。

王丽丽副行长会见国际掉期和衍生产品协会（ISDA）亚太区主管基斯·诺伊斯（Keith Noyes）一行，双方就中国市场金融衍生产品交易开展情况交换了意见，并讨论了2009年在中国举办ISDA年会的合作事宜。

王丽丽副行长会见国家开发投资公司总会计师张华一行，双方就加强业务合作交换了意见。

王丽丽副行长会见中国广东核电集团公司总经理助理兼财务部经理温劲松女士一行，双方就人民币和外汇融资形势以及中广核集团广东阳江和台山两个核电项目融资工作交换了意见。

9日-10日　王为强监事长赴四川分行进行调研。王炽曦监事陪同。

10日　杨凯生行长会见美林集团副董事长伟凯文（Kevan Watts）一行，双方就当前次贷危机下金融行业的形势和投资机会交换了意见。

王丽丽副行长、魏国雄首席风险官在京参加银监会第四季度大型银行风险管理工作座谈会。

王丽丽副行长主持召开第二次专题会议，研究澳门诚兴银行收购交割和澳门机构整合相关工作。

河南分行与永城煤电控股集团有限公司签订全面战略合作协议。

广东分行与广东省体育总会、广东省社会体育中心联合主办的“牡丹运动卡”——南粤“健康之星”挑战赛正式启动。

11日　张福荣副行长主持召开第一次专题会议，研究服务工作有关问题。

王丽丽副行长在北京出席人民银行上海银行间同业拆放利率（SHIBOR）报价工作总结会议并作题为《SHIBOR报价为基础的票据产品定价创新》报告。

银监会批准我行收购富通银行持有的工银亚洲股份（银监复［2008］21号）。

11日-14日　姜建清董事长、杨凯生行长、王为强监事长先后拜会财政部谢旭人部长、中投公司楼继伟董事长和银监会蒋定之副主席。首席风险官魏国雄、董事会秘书潘功胜陪同。

13日　全行一体化电话银行顺利完成北方、南方托管中心后台应用和数据的整合工作。

14日　党委书记姜建清同志主持召开第二次党委（扩大）会议，研究拟提交董事会第三十一次会议和监事会第十三次会议审议的有关议案和专题汇报。

杨凯生行长出席我行第一届董事会提名与薪酬委员会第七次会议，会议审议通过了《部分高级管理人员2007年度考核指标》的议案。钱颖一独立董事主持，委员会成员梁锦松、约翰·桑顿、许善达、王文彦、傅仲君董事及董事会秘书潘功胜出席。宋志刚、康学军董事，王炽曦监事及总行相关部门负责人列席。

张福荣、牛锡明副行长出席我行第一届董事会风险管理委员会第八次会议，会议审议通过了《中国工商银行股份有限公司全面风险管理框架》。梁锦松独立董事主持，委员会成员康学军、宋志刚、仲建安、克利斯多佛·科尔、约翰·桑顿、钱颖一董事出席，许善达、王文彦、傅仲君董事，王炽曦监事及总行相关部门负责人列席。

王丽丽副行长会见新加坡金鹰国际董事局主席陈江和一行，双方就货币金融市场形势等议题交换了意见。

银监会批准我行收购澳门诚兴银行股份（银监复[2008] 23号）。

14日-16日 党委书记、董事长姜建清，党委副书记、行长杨凯生，党委委员、纪委书记刘立宪在京先后参加第十七届中央纪律检查委员会第二次全体会议。

15日 姜建清董事长、杨凯生行长会见高盛集团亚洲区主席迈克尔·埃文斯（Michael Evans）、高盛集团全球风险管理委员会主席克里根（Corrigan）一行，双方回顾了两年来的战略合作情况，并就风险管理领域的合作交换了意见。首席风险官魏国雄、董事会秘书潘功胜陪同。

张衢副行长在北京出席全行电子银行业务工作会议并讲话。

16日 姜建清董事长主持召开我行第一届董事会第三十一次会议，审议通过了《关于2008年度经营计划的议案》等五项议案；并听取了《关于2007年度经营概况及2008年度主要工作安排》等六项专题汇报。董事会成员杨凯生、张福荣、牛锡明、傅仲君、康学军、宋志刚、王文彦、赵海英、仲建安、克里斯多佛·科尔、梁锦松、约翰·桑顿、钱颖一、许善达及董事会秘书潘功胜出席会议，王为强监事长，王炽曦、王道成、张炜监事，监管部门代表及总行相关部门负责人列席会议。

姜建清董事长会见高盛集团主席劳埃德·布兰克芬（Lloyd Blankfein）、高盛集团亚洲区主席迈克尔·埃文斯（Michael Evans）一行，双方就全球经济金融形势及有关合作问题交换了意见。董事会秘书潘功胜陪同。

杨凯生行长会见瑞士信贷集团全球金融机构主管维克拉姆·甘地（Vikram Gandhi）一行，双方就收购兼并、私人银行、投资银行、工银瑞信等方面的业务合作交换了意见。董事会秘书潘功胜陪同。

李晓鹏副行长会见德国北方资本集团首席财务官弗兰克·伯格（Frank Bergert）一行，双方就船舶融资、租赁产品合作等议题交换了意见。

湖北分行牡丹信用卡突破百万张。

云南分行与太平洋证券股份有限公司举行“牡丹太平洋灵通卡首发仪式”。

17日 姜建清董事长会见东亚银行集团主席李国宝先生一行，双方就业务合作情况交换了意见。董事会秘书潘功胜陪同。

张福荣副行长会见国家发改委财政金融司副司长曹文炼一行，双方就银行理财产品参与产业投资基金设立的可行性交换了意见。

张福荣副行长会见摩根富林明资产管理公司亚太区（日本除外）首席执行官许立庆一行，双方就QFII、QDII和基金销售等业务合作情况交换了意见。

张福荣副行长会见美国景顺集团总裁兼首席执行官马丁·弗纳甘（Martin Flangan）、景顺集团亚太区行政总裁罗德城一行，双方就投资者教育、美国次贷危机及全球资本市场形势交换了意见，商谈了有关合作事宜。

张衢副行长会见万盛（MISYS）公司全球首席执行官迈克·拉维尔（Mike Lawrie）一行，双方就业务合作情况交换了意见。

张衢副行长会见中国银联总裁许罗德一行，双方就业务合作情况交换了意见。

王丽丽副行长会见香港华润集团有限公司总会计师蒋伟一行，商谈有关合作事宜。

18日 姜建清董事长接受《财资》（*The Asset*）杂志专访。

姜建清董事长会见渣打银行首席执行官冼博德（Peter Sands）一行，双方就金融业发展动态及两行合作情况交换了意见。

张福荣副行长会见中国钱币学会副理事长黄锡全一行，商谈有关合作事宜。

王丽丽副行长应邀出席在北京举行的中英两国领导人会见暨中英工商峰会。

我行在《中国证券报》、《上海证券报》、《证券时报》以及上海和香港两地交易所网站刊登《中国工商银行股份有限公司2007年业绩预增公告》。

广东分行以“ICBC牡丹卡号”冠名珠江游船，并举行首航仪式。

18日-20日 王为强监事长赴辽宁分行调研，并慰问老党员、老劳模和困难职工。

19日 杨凯生行长在北京参加银监会经济金融形势通报分析会。

全功能银行系统2007年10月版本（NOVA2.5.2）和第四季度版本（NOVA2.5.3）的后续项目成功投产。

苏州分行的牡丹苏州台商联名卡正式发行。

20日 深圳分行与深圳市黄金珠宝首饰行业协会签订珠宝行业金融战略合作协议。

21日 姜建清董事长会见波士顿咨询公司全球首席执行官汉斯保罗·博克纳（Hans-Paul Buerkner）一行，双方就我行投资银行业务发展战略进行了深入交流。

党委书记姜建清同志主持召开第三次党委会议，传达学习第十七届中央纪律检查委员会第二次全体会议精神。

杨凯生行长应邀出席德意志银行第六届“中国概念论坛”并发表主题演讲。

魏国雄首席风险官在北京出席全行风险管理工作会议并讲话。

上海分行与携程旅行网共同开发的无卡收单项目顺利投产。

22 日　杨凯生行长会见大和证券 SMBC 株式会社社长吉留真一行，双方回顾了业务合作情况，并就 QFII 托管、并购顾问等议题进行了交流。

王丽丽副行长会见卡塔尔金融中心官员斯蒂芬（Stephen Lilley）一行，商谈有关合作情况。

22 日－23 日　张福荣副行长在厦门出席全行现金管理业务银企座谈会并讲话。

22 日－27 日　姜建清董事长应邀赴瑞士出席达沃斯世界经济论坛，并作为嘉宾就当前全球金融局势及对中国经济的影响、中国宏观经济走势等议题参与讨论。其间，分别会见了高盛集团主席劳埃德·布兰克芬（Lloyd Blankfein）、安永会计师事务所主席詹姆斯·特黎（James Turley）、UBS 集团全球私人银行主席韦华利（Raoul Weil）、瑞士信贷集团主席、首席执行官杜德恒（Brady Dougan）、美林集团主席约翰·赛恩（John Thain）、汇丰集团主席葛霖（Stephen Green）、普华永道会计师事务所主席沈德培（Samule Dipiazza）、花旗银行主席威廉·罗兹（William Rohdes）、美国财政部副部长罗伯特·金米特（Robert Kimmit）等国外金融同业及政府高层，并应邀出席了巴基斯坦总统穆沙拉夫举办的招待会。

23 日　牛锡明副行长在北京参加中国国际经济贸易仲裁委员会第十七届委员会第一次会议。

王为强监事长主持召开第一届监事会第十三次会议，审议通过了《监事会 2007 年工作总结及 2008 年工作计划》等五项议案。王炽曦、王道成、苗耕书、张炜监事出席，董事会秘书潘功胜及总行有关部门负责人列席。

张衢副行长在北京出席全行信息科技工作会议并讲话。

党委委员、纪委书记刘立宪在北京参加中央国家机关第二十二次党的工作会议暨第二十次纪检工作会议。

银监会批准我行收购南非标准银行集团有限公司 20% 的股权（银监复［2008］44 号）。

中国工商银行西藏分行筹备组成立。

24 日　张福荣副行长出席理财产品销售暨“灵通快线”超短期理财产品推广工作视频会议。

安徽分行与安徽省经委联合举行银企对接恳谈会暨项目签约仪式。

24 日－25 日　张福荣副行长在北京出席全行运行管理工作会议并讲话。

25 日　杨凯生行长在北京出席我行与中国中铁股份有限公司战略合作协议签字仪式并致辞，王丽丽副行长代表我行在相关协议上签字，总行党委委员、北京分行易会满行长同时出席。

杨凯生行长会见安联集团董事会亚太区负责人蔡德礼（Werner Zedelius）一行，双方就加强银保合作问题交换了意见。

张福荣副行长主持召开第七次专题会议，研究筹建私人银行业务部有关问题。

我行在《中国证券报》、《上海证券报》、《证券时报》和上海证券交易所网站刊登《中国工商银行股份有限公司关于购买富通银行所持工银亚洲股权和认股权证交易完成的公告》。交易完成后，我行持有工银亚洲现有已发行股份的 71.21%。

青岛分行香港中路阳光支行暨财富管理中心开业。

26 日　牛锡明副行长和总行党委委员、北京分行易会满行长应邀出席中石油年度财务总结会，双方就深化战略合作伙伴关系进行了深入探讨。

26 日－31 日　王丽丽副行长赴伦敦出席国际掉期与衍生交易协会董事会，并于 29 日主持召开了工银伦敦 2008 年度第一次董事会，听取了工银伦敦 2007 年经营业绩、内部审计委员会报告，审议了大额风险敞口政策、授权限额规定、审计委员会职责规定等文件。

27 日　杨凯生行长应邀出席浙江省委、省政府举办的金融业支持浙江经济社会发展恳谈会。魏国雄首席风险官陪同。

28 日　姜建清董事长赴澳门出席我行收购诚兴银行交割仪式。收购交易完成后，我行持有诚兴银行股份占其全部已发行股份的 79.9333%。中央驻澳门特别行政区联络办公室副主任李本钧、外交部驻澳门特别行政区特派员公署副特派员黄松甫、澳门特别行政区经济财政司司长谭伯源、澳门特别行政区金融管理局行政委员会主席丁连星应邀出席。董事会秘书潘功胜等参加了仪式。

张福荣副行长在北京出席人民银行支付服务与政策协商会议第一次季度例会，并介绍了我行支付业务发展情况，对如何提高支付服务安全和效率、完善支付结算法律法规提出了建设性意见。

张福荣副行长和总行党委委员、北京分行易会满行长会见铁道部财务司司长余邦利一行，双方就 2008 年我行对铁道部的整体服务方案进行了沟通。

牛锡明副行长赴大连出席辽宁红沿河核电有限公司红沿河核电项目贷款协议签约仪式。

张衢副行长会见中国电信集团公司副总经理吴安迪女士一行，双方就进一步加强战略合作关系交换了意见。

山西分行与中国联通山西分公司开展全面合作暨发行“牡丹联通联名卡”。

大连分行获得辽宁红沿河核电项目银团贷款牵头行

地位。

29日 杨凯生行长会见瑞信亚太区首席执行官凯·纳古瓦拉（Kai Nargolwala）一行，双方就业务合作情况交换了意见。

牛锡明副行长会见韩国新韩银行行长申相勋一行，双方就业务合作情况交换了意见。

青海分行研究改革发展问题。

30日 姜建清董事长、杨凯生行长、王为强监事长，张福荣、牛锡明、李晓鹏副行长，刘立宪纪委书记出席总行机关2008年春节团拜会及总行离退休人员迎春茶话会。

张福荣副行长参加国务院召开的全国处理信访突出问题及群体性事件电视电话会议。

张福荣副行长会见富国基金管理公司董事长陈敏女士及其外方股东蒙特利尔银行亚洲区总经理兼富国基金管理公司副董事长麦陈婉芬女士一行，双方就进一步加强在基金、QDII、QFII和专户理财等领域的合作交换了意见。

张衢副行长参加中纪委、财政部和人民银行联合召开的全国公务卡改革试点电视电话会议并代表我行作经验介绍。

天津分行与金融街天津置业有限公司举行“津门津塔”项目20亿元贷款业务的签约仪式。

深圳分行与房易网举行二手房自主交易服务升级暨牡丹居易卡网上业务新闻发布会。

31日 杨凯生行长会见南非标准银行集团执行委员会委员、非洲地区总裁克雷格·邦德（Craig Bond）一行，双方就共同拓展海外市场、互派工作团队、建立标准银行北京代表处等事宜交换了意见。董事会秘书潘功胜陪同。

张福荣副行长拜访中国建筑股份有限公司党组书记郭涛，双方就签署战略合作协议后的业务合作进行了深入沟通。

牛锡明副行长主持召开第四次专题会议，研究专业岗位资格培训、认证与管理问题。

李晓鹏副行长会见中国移动集团公司薛涛海副总裁一行，双方就进一步加强银企合作等问题进行了沟通。

甘肃分行具备了开办资产托管业务的资格。

1月 上海分行启动2008年“‘工’贺新禧鼠来宝”新春主题营销活动，开展了包括行家星约会、行家心约会、行家新约会、行家赢春会等系列答谢会以及服务展示、业务促销等多样化营销活动。

2月

1日－2日 全行2008年工作会议在北京召开，姜建清董事长、杨凯生行长讲话，王为强监事长主持会议，张福荣、牛锡明、张衢、王丽丽、李晓鹏副行长，刘立宪纪委书记和总行党委委员、北京分行易会满行长出席。

2日 姜建清董事长、杨凯生行长、王丽丽副行长在北京出席全行国际业务工作会议并讲话。

我行在《中国证券报》、《上海证券报》、《证券时报》和上海证券交易所网站刊登《关于获准设立多哈分行的公告》。这是中国银行业首次获准在海湾地区设立营业性机构。

大连分行与大连船舶重工集团有限公司举行企业年金业务战略合作暨牡丹重工联名卡项目签约仪式。

3日 全行人事组织工作会议在北京召开，姜建清董事长、杨凯生行长讲话，王为强监事长主持会议。张福荣、牛锡明、张衢、李晓鹏副行长，刘立宪纪委书记和总行党委委员、北京分行易会满行长出席。

四川分行在营业网点推广“五位一体”客户识别流程。

3日－4日 党委副书记、监事长王为强赴广西分行慰问遭受冰雪灾害影响的员工并调研。

4日 杨凯生行长就银行业配合做好抗灾救灾工作接受中央电视台采访。

河北分行在河北金融风云榜评选活动中荣获“2007年度支持河北经济社会发展特别贡献金融机构”称号。

5日 总行印发《关于对社会公益捐款免收中间业务手续费的通知》。

13日 牛锡明副行长主持召开第五次专题会议，研究信贷专业前中后台交叉培训和换岗问题。

牛锡明副行长主持召开第六次专题会议，研究内部评级法推广应用问题。

14日 张福荣副行长主持召开第八次专题会议，研究个人金融业务“五个统一”工程及业务流程再造实施情况。

张衢副行长会见中国联通公司副总裁李正茂一行，双方就进一步扩大业务合作进行了沟通。

15日 姜建清董事长、杨凯生行长、王为强监事长、牛锡明副行长会见国家审计署副审计长令狐安一行。魏国雄首席风险官陪同。

张福荣副行长主持召开总行操作风险管理委员会2008年第一次会议，听取了《2007年度操作风险管理报告》和《个人金融业务操作风险管理2007年工作总结暨2008年工作计划》，审议通过了《关于增补操作风险管理委员会成员单位的建议》，增补产品创新管理部、票据营业部和企业年金中心为委员会成员单位。

张福荣副行长在北京出席中国钱币学会2008年常务理事会。

牛锡明副行长应邀出席中国海洋石油总公司举办的2008年新春答谢会。

张衢副行长主持召开第九次专题会议，研究非现金自助服务终端项目实施的有关工作。

王丽丽副行长会见德意志资产管理公司亚太区首席执行官米切尔（Michele Bang）女士一行，双方就次级债资产管理、QDII 产品与理财产品合作等议题进行了交流。

17 日－19 日　党委委员、副行长张福荣在北京参加全国组织工作会议。

17 日－20 日　王丽丽副行长应邀出席福建宁德核电项目开工仪式，并作为项目主要合作方代表受到了曾培炎副总理的接见。

18 日　内蒙古分行与鄂尔多斯市政府联合召开银行政府企业座谈会。

宁夏分行制定《创建“平安品牌支行”活动三年规划》，开展争创“平安品牌支行”活动。

19 日　姜建清董事长、杨凯生行长、张衢副行长在北京出席我行与中粮集团有限公司联名发行牡丹中粮卡首发仪式，并与中粮集团董事长宁高宁、总裁于旭波一行进行了会谈。

姜建清董事长会见德意志银行集团董事长兼全球执行委员会主席阿克曼（Dr. Josef Ackermann）一行，双方就收购兼并、次贷危机、美国经济衰退对中国影响等议题进行了交流。董事会秘书潘功胜陪同。

杨凯生行长、李晓鹏副行长在北京出席全行 2007 年度机构业务、企业年金业务、第三方存管业务表彰颁奖仪式并讲话。

张福荣副行长在北京出席我行与中国人民财产保险有限公司举行的《现金管理服务协议》签约仪式，并与该公司副总裁王银成一行进行了会谈。

牛锡明副行长在北京出席全行信贷工作会议并讲话，魏国雄首席风险官主持会议。

李晓鹏副行长在北京出席全行机构业务工作会议并讲话。

河南分行与省农业发展银行开展电子银行业务合作。

20 日　姜建清董事长主持召开第十次专题会议，研究我行金融市场投资及风险管理工作。

牛锡明副行长主持召开信用风险管理委员会 2008 年第二次会议，审议通过《2007 年度信用风险管理报告》和《中国工商银行个人经营贷款风险分析报告》。

李晓鹏副行长在北京出席全行企业年金业务工作会议并讲话。

我行在国内率先推出网上交易信用支付服务，为商家和客户提供了一个更加安全快捷的电子商务交易平台。

河北分行集中式银期转账业务正式开通。

20 日－21 日　张衢副行长赴河北分行调研电子银行及银行卡业务。

21 日　杨凯生行长会见长城资产管理公司总裁赵东平一行，商谈有关合作事宜。魏国雄首席风险官陪同。

杨凯生行长会见 Citadel 公司创始人肯·格里芬（Kenneth Griffin）和贝尔斯登公司副董事长唐伟一行，双方就业务合作情况交换了意见。董事会秘书潘功胜陪同。

党委副书记、党校校长王为强，党委委员、党校副校长刘立宪、易会满在北京出席我行党校校务委员会第六次会议，听取了党校 2007 年教育培训工作总结，审议了党校 2008 年教育培训工作计划等议案。

张福荣副行长主持召开总行维护稳定工作和信访工作领导小组联席会议，传达学习全国处理信访突出问题及群体性事件电视电话会议精神。

王丽丽副行长会见深圳发展银行行长肖遂宁一行，双方就加强债券投资合作等议题进行了沟通。

苏州分行以“率先发展、改进服务、加快创新”为主题的综合劳动竞赛落下帷幕。

22 日　杨凯生行长，牛锡明、王丽丽副行长赴北京分行进行公司信贷业务流程调研。魏国雄首席风险官陪同。

张福荣副行长会见摩根大通银行副行长海迪·米勒（Heidi Miller）女士一行，双方就业务合作情况交换了意见。

刘立宪纪委书记主持召开机关党委 2008 年第一次全委会，审议通过机关党委 2008 年工作要点和 2007 年度总行机关“文明处室”名单。

西北地区首家财富管理中心——陕西咸阳分行财富管理中心开业。

23 日－24 日　王丽丽副行长在北京出席全行 2008 年公司金融业务工作会议并讲话。

25 日　党委书记姜建清同志主持召开第六次党委（扩大）会议，研究拟提交董事会第三十二次会议审议的有关议案和报告，并部署有关工作。

杨凯生行长在北京出席全行 2008 年内控合规工作会议并讲话，张福荣副行长主持会议。

王丽丽副行长应邀出席东北中小企业信用再担保股份有限公司成立大会暨揭牌仪式。

王丽丽副行长主持召开中国银行业协会自律工作委员会第一届常务委员会第五次会议，会议审议通过《中国银行业协会自律工作委员会 2007 年工作总结和 2008 年工作计划》、《中国银行业迎奥运文明规范服务系列活动方案》和《中国银行业协会自律工作委员会换届工作方案》等文件。

海南分行负责承销的海口美兰机场 7.4 亿元短期融资券在债券市场上发行。

重庆分行荣获重庆市人民政府颁发的金融贡献一等奖。

25日－27日 党委书记、董事长姜建清在北京参加中国共产党第十七届二中全会。

王为强监事长代表监事会分别向部分董事、高管反馈监事会对其2007年度履职评价意见。王炽曦监事陪同。

牛锡明副行长赴河北分行调研公司信贷业务流程。魏国雄首席风险官陪同。

25日－3月6日 李晓鹏副行长应邀赴瑞士出席国际航空高峰论坛并作主题演讲。

26日 杨凯生行长在北京出席全行财务会计工作会议并讲话，张衢副行长主持会议。

杨凯生行长、张衢副行长出席业务与产品创新管理委员会2008年第一次会议，会议审议通过了《2008年业务与产品创新计划》。

张福荣副行长在北京出席全行信访稳定工作座谈会并讲话。

张福荣副行长会见中铁股份公司副总裁兼宝盈基金董事长李建生一行，双方就业务合作情况交换了意见。

张福荣副行长出席全行外资企业现金管理业务银企座谈会并讲话，来自北京、天津、上海、江苏、广东、青岛、大连等地区的27家外资企业代表应邀参会。

王丽丽副行长在北京出席中国银行业迎奥运文明规范服务系列活动动员大会并讲话。

王丽丽副行长会见加拿大戴维斯公司合伙人彼得·蒙代尔（Peter Mundell）一行，双方就业务合作情况交换了意见。

天津分行正式开办代理个人实物黄金业务。

安徽分行与安徽省科技厅签订支持自主创新合作协议。

重庆分行与新挂牌的重庆三峡银行展开战略合作。

27日 杨凯生行长会见湖北省副省长赵斌一行，双方就经济形势及信贷政策等问题深入交换了意见。

杨凯生行长会见中国银行业协会专职副会长杨再平一行。

张福荣副行长赴杭州金融研修学院出席我行首批财资管理师培训班开班典礼并讲话。

王丽丽副行长在北京参加人民银行货币信贷形势分析会。

27日－28日 张衢副行长赴青岛出席我行奥运城市银行卡收单业务座谈会。

28日 姜建清董事长、杨凯生行长、王为强监事长在北京参加银监会大型银行监管工作会议。

姜建清董事长、杨凯生行长在北京出席全行内部审计工作会议并讲话。

姜建清董事长、杨凯生行长会见安徽省省长王三运、常务副省长孙志刚一行，双方就业务合作情况交换了意见。

张福荣、牛锡明副行长出席我行第一届董事会风险管理委员会第九次会议。会议审议通过《中国工商银行新资本协议实施规划》。梁锦松独立董事主持，委员会成员康学军、宋志刚、仲建安、克利斯多佛·科尔、约翰·桑顿、钱颖一董事及董事会秘书潘功胜出席。魏国雄首席风险官、傅仲君董事、王炽曦监事及总行相关部门负责人列席。

张福荣副行长应邀赴苏州出席2008年养老金国际研讨会。

王丽丽副行长应邀出席广西北部湾经济区发展规划介绍会。

青海分行与农业发展银行青海分行签订电子银行业务合作协议。

宁波分行举办首期“工行理财日”活动。

28日－29日 王丽丽副行长在北京出席全行资产负债管理工作会议并讲话。

29日 张福荣副行长主持召开第十二次专题会议，研究私人银行业务部筹备有关问题。

王丽丽副行长作为第一届轮值主席在北京出席中国中小企业金融服务战略合作联盟成立大会，并作年度工作报告，同时代表我行与中国中小企业协会李子彬会长共同签署了战略合作协议。

王丽丽副行长出席全行票据业务工作座谈会并讲话。

北京分行蝉联北京市银行卡市场协调委员会颁发的奥运重点区域拓展一等奖和外卡环境建设一等奖。

湖北分行开办品牌金业务。

青岛分行荣获“2007年度银联标准信用卡推广杰出贡献奖”。

29日－3月13日 杨凯生行长、王为强监事长在北京参加全国政协十一届一次会议。

2月 全行上下积极投入到抗击雨雪冰冻灾害工作中，并加大对煤炭、电力、物资等企业的信贷投入，为抗灾救灾提供金融支持。

上海分行与SHJ公司签订海外上市顾问协议。

3月

1日 广东分行投产十百千万人才工程管理决策系统（一期）版本，逐步实现人才信息的数字化管理。

3日 姜建清董事长会见花旗集团首席执行官潘迪特（Vikram Pandit）一行，双方对国际金融市场最新动态交换了看法，并就进一步拓宽双方合作领域等议题进行了交流。董事会秘书潘功胜陪同。

姜建清董事长会见卢森堡预算大臣卢克·弗利顿（Luc Frieden）一行，双方就业务合作情况交换了意见。

国家商标局向我行颁发“风华正茂”、“锦绣年华”、“博识”、“恒睿”、“睿智”、“年轻 e 代”、“风华 e 代”、“华彩 e 代”、“流金岁月”等个人金融业务商标的注册证书。我行已注册业务商标的数量达到 30 个。

3 日 -4 日　牛锡明副行长在北京出席全行教育培训工作会议并讲话。

4 日　姜建清董事长主持召开我行第一届董事会第三十二次会议，审议通过《中国工商银行新资本协议实施规划》等五项议案，并听取了《关于股东大会向董事会授权方案执行情况的汇报》等专题报告。董事会成员杨凯生、张福荣、牛锡明、傅仲君、康学军、宋志刚、王文彦、赵海英、仲建安、克利斯多佛·科尔、梁锦松、约翰·桑顿、钱颖一、许善达及董事会秘书潘功胜出席会议，魏国雄首席风险官，王炽曦、王道成、苗耕书、张炜监事，监管部门代表和总行相关部门负责人列席会议。

姜建清董事长会见盘古银行董事长陈有汉一行，双方就业务合作情况交换了意见。

牛锡明副行长会见美国《环球金融》杂志社长兼出版人约瑟夫·吉拉普托（Joseph Giarraputo）一行，并向对方介绍了我行在资产负债结构、收入结构调整方面所做的工作。

我行在《中国证券报》、《上海证券报》、《证券时报》和上海证券交易所网站刊登《关于收购标准银行集团有限公司 20% 股份交易完成的公告》。交易完成后，我行持有南非标准银行股份占该行全部已发行股份的 20%，成为该行最大的单一股东。这是迄今为止中国银行业最大的单笔对外投资，也是南非最大的外国直接投资。

4 日 -6 日　刘立宪纪委书记赴山东出席青年志愿活动与企业社会责任论坛暨中国工商银行青年爱心行动启动仪式，并为青年爱心行动揭牌，随后到山东分行进行调研。

5 日　牛锡明副行长和总行党委委员、北京分行易会满行长出席迎接审计署进驻总行和北京分行开展审计工作见面会，魏国雄首席风险官主持。审计署随后开始陆续进驻我行天津、上海、广东、四川、深圳分行，对 2007 年度资产、负债、损益情况实施全面审计。

王丽丽副行长会见日本东洋证券株式会社董事总经理筱田哲志一行，双方就投资银行和机构业务领域的合作交换了意见。

张衢副行长赴深圳出席 2008 年直属分行银行卡业务工作会议。

5 日 -6 日　牛锡明副行长在北京出席全行管理信息工作会议并讲话。

6 日　张福荣副行长主持召开第二届企业年金理事会第二次会议，审议通过选择企业年金基金管理人等四项议案，并研究了企业年金基金受托管理合同等文件。

6 日 -7 日　牛锡明副行长赴天津分行调研公司信贷业务流程。魏国雄首席风险官陪同。

7 日　姜建清董事长、张福荣副行长赴银监会向蒋定之副主席汇报有关工作。

张衢副行长主持召开第十三次专题会议，研究中石油牡丹卡业务合作事宜。

北京分行与京港地铁签署“地铁四号线 ATM 项目合作协议”。

福建分行与工银租赁合作，成功营销福建大唐宁德电厂发电设备售后回租业务。

10 日　牛锡明副行长听取安永会计师事务所对我行 2007 年度审计结果汇报。首席风险官魏国雄、董事会秘书潘功胜及总行相关部门负责人陪同。

我行成功开通专为理财金和白金卡等高端客户提供专家座席、专属咨询服务的“4006695588”电话银行贵宾服务专线。

上海分行召开黄浦地区业务线改革动员大会。

10 日 -12 日　牛锡明副行长赴浙江分行调研公司信贷业务流程。魏国雄首席风险官陪同。

11 日　全行纪检监察工作会议在北京召开，姜建清董事长、刘立宪纪委书记出席并讲话，杨凯生行长主持会议。

运行管理部清算中心荣获 2007 年度中央国家机关级“青年文明号”称号，张福荣副行长与中央国家机关团工委书记吴海英共同为“青年文明号”揭牌。

王丽丽副行长会见中国广东核电集团公司党组成员、总会计师岳林康一行，双方就中广核集团核电和风电项目融资、短期融资券等业务进行了交流。

王丽丽副行长在北京参加银监会理财业务座谈会。

12 日　姜建清董事长会见普华永道高级顾问、迪拜国际金融中心主席戴维·艾尔顿（David Eldon）一行，双方就美国次贷危机、我行发展战略、国际化经营等议题交换了意见。

张福荣副行长应邀出席欧洲金融会展公司举办的第二届中国企业现金、财资及风险管理年会并发表主题演讲。

张衢副行长赴浙江温州出席部分二级分行银行卡业务座谈暨表彰会并讲话。

纪委书记、工会工作委员会主任刘立宪在北京出席全行工会工作会议并讲话。

13 日　姜建清董事长、王丽丽副行长主持召开工银亚洲董事会（电话会议）。

姜建清董事长、杨凯生行长会见中国保险集团董事长冯晓增、财务总监郑常勇一行，双方就业务合作情况交换了意见。董事会秘书潘功胜陪同。

牛锡明副行长赴杭州金融研修学院出席高级专业人才特许金融分析师（CFA）二级考试课程培训班开班典礼。

14 日　姜建清董事长会见武汉市市长阮成发、副市长孙杰一行，双方就银行发挥金融专业优势支持地方建设情况交换了意见。

张福荣副行长赴杭州金融研修学院出席私人银行业务培训班结业典礼。

王丽丽副行长会见TCL集团股份有限公司董事长兼总裁李东生一行，双方就短期融资券、国际贸易融资、现金管理等问题交换了意见。

李晓鹏副行长出席2008年第一期创新沙龙，并为2007年度创新沙龙的“最佳场次”、“最佳主题”、“最佳演讲人”和“最佳提问”4个奖项获得者颁奖。

15日 山西分行开通全国集中式银期转账业务。

工银阿拉木图与国家开发银行驻阿拉木图工作组、哈萨克斯坦马伊纳克水电站项目公司签订了资金账户三方监管协议。

17日 杨凯生行长主持召开总行风险管理委员会2008年第1次会议，审议通过《中国工商银行股份有限公司风险管理评价办法》，听取了《宏观经济波动对我行贷款质量影响情况的压力测试报告》等六项专题汇报。张福荣、牛锡明、张衢、李晓鹏副行长，魏国雄首席风险官及25个委员部门负责人参加了会议。

张福荣副行长会见新加坡金融管理局副局长王宗智一行，双方就中国金融行业的发展、财富管理业务、人才培养、产品创新及我行新加坡分行的发展等议题进行了交流。

牛锡明副行长会见马来西亚中央银行金融领导力国际中心总裁大卫·温菲尔德（David Winfield）一行，商谈有关合作事宜。

新疆分行为新疆屯河水泥有限责任公司办理与银行间市场7天回购定盘利率FR007挂钩的人民币债务风险管理业务。

17日－18日 杨凯生行长、张福荣副行长在北京出席全行资产托管业务工作会议并讲话。

17日－19日 刘立宪纪委书记赴吉林分行就保卫安防设施建设和守押社会化改革进行调研。

18日 我行与南非标准银行集团战略合作启动会在北京召开。姜建清董事长、杨凯生行长，傅仲君、康学军、许善达董事，董事会秘书潘功胜和标准银行首席执行官杰克·马理（Jacko Maree）、全球公司与投行业务总裁罗伯特·利思（Robert Leith）、非洲区总裁克雷格·邦德（Craig Bond）、亚洲区总裁尼古拉斯·汉密尔顿（Nickolas Hamilton）出席会议。启动会标志着我行与南非标准银行的战略合作进入全面实施阶段，双方专门成立了战略合作委员会，分别由我行行长杨凯生和标准银行首席执行官杰克·马理（Jacko Maree）担任联席主席。随后，双方共同召开了新闻发布会，中央电视台、新华通讯社、彭博新闻社、路透通讯社等20多家中外媒体应邀参加。

王为强监事长分别听取安永会计师事务所关于2007年度审计情况汇报、财务会计部关于2007年度财务决算情况汇报和内部审计局关于2007年度内部控制自我评估情况汇报。王炽曦、王道成、张炜监事陪同。

张衢副行长在北京参加人民银行奥运科技风险会议。

王丽丽副行长拜会中国国电集团公司张国厚总会计师，介绍我行在短期融资券承销和债券市场方面具备的总体优势，双方还就境外发展、风电产业等议题进行了交流。

李晓鹏副行长出席工银金融租赁公司2008年度工作会议并讲话。

江苏分行与江苏电信签订战略合作暨“我的e家”联名卡协议。

18日－20日 张福荣副行长赴四川出席我行统战工作座谈会，并到四川分行调研。其间先后拜会了四川省副省长黄小祥和绵阳市委书记谭力。

19日 杨凯生行长出席我行第一届董事会提名与薪酬委员会第八次会议。会议审议通过《高级管理人员业绩考核方案》等四项议案。钱颖一独立董事主持，委员会成员梁锦松、约翰·桑顿、许善达、王文彦、傅仲君董事及董事会秘书潘功胜出席。

杨凯生行长会见中国广东核电集团公司党组成员、总会计师岳林康一行，双方就中广核集团核电项目融资工作进行了会谈。

张福荣、牛锡明副行长出席我行第一届董事会风险管理委员会第十次会议。会议听取了《关于我行2007年度风险管理报告》。梁锦松独立董事主持，委员会成员康学军、宋志刚、仲建安、克利斯多佛·科尔、约翰·桑顿、钱颖一董事及董事会秘书潘功胜出席。傅仲君、许善达董事，魏国雄首席风险官及总行相关部门负责人列席会议。

王丽丽副行长应邀出席中国电力国际有限公司电力项目融资合作签约仪式，并与该公司李小琳董事长、柳广池总经理就双方在海外业务、现金管理、清洁能源等方面开展更广泛的金融合作交换了意见。

李晓鹏副行长出席银期业务及新股发行网下申购业务营销工作视频会议。

李晓鹏副行长拜访中央汇金公司副总经理、首席风险官汪建熙，介绍我行理财产品、金融租赁等新兴业务。

宁夏分行与黄河上游水电开发有限责任公司签订战略合作协议。

20日 姜建清董事长主持召开我行第一届董事会战略委员会第五次会议，听取战略管理与投资者关系部两项专题汇报。委员会成员杨凯生、张福荣、牛锡明、傅仲君、康学军、宋志刚、王文彦、赵海英、仲建安、克利斯多佛·科尔、梁锦松、约翰·桑顿、钱颖一、许善达董事及董事会秘书潘功胜出席，王炽曦监事及总行相关部门负责人列席。

广西分行与越南湄公河平原住房银行开通边贸结算业务。

苏州分行为苏州数字电视公司开通了数字电视委托代扣业务。

20日－21日　李晓鹏副行长赴大连参加中国第一汽车集团企业年金账户管理和基金托管项目招标会，并成功竞标这两项业务。

21日　姜建清董事长在北京列席国务院第一次全体会议。

党委书记姜建清同志主持召开第八次党委（扩大）会议，传达学习国务院第一次全体会议精神，研究工会工作和共青团工作，审议拟提交董事会第三十三次会议和监事会第十四次会议的有关议案和报告。

姜建清董事长会见德意志银行股份有限公司集团副董事长科赫·威瑟（Caio Koch－Weser）一行，双方就业务合作交换了意见。

牛锡明副行长主持召开莫斯科子银行第一届董事会会议，审议通过《莫斯科子银行2008年经营发展计划》等七项议案。

福建分行首次成功办理系统内跨省代理贴现业务。

海南分行与海南新华寿险公司签订银保业务全面合作框架协议。

宁波分行与余姚市政府签订余慈统筹发展战略金融合作协议，并就明邦科技工业园项目签订贷款合同。

22日　姜建清董事长应邀出席第九届中国发展高层论坛并就中国金融业国际化发展战略发表主题演讲。

姜建清董事长会见汇丰集团主席葛霖（Stephen Green）一行，双方就金融形势和进一步加强合作等议题进行了交流。

姜建清董事长应邀出席2007年度中国企业信息化500强大会并获颁“中国企业信息化功勋奖”。我行排名2007年度“中国企业信息化500强”第一名。

全功能银行系统2008年第一季度综合版本（NOVA 2.6.0）首批项目成功投产。

24日　张福荣副行长出席私人银行与零售银行业务协调发展推进视频会议并讲话。

25日　杨凯生行长在北京参加国务院第一次廉政工作会议。

杨凯生行长受姜建清董事长委托在北京主持召开我行第一届董事会第三十三次会议，审议通过《2007年年度报告及摘要》等十五项议案，并听取了魏国雄首席风险官所作的《2007年度风险管理报告》。姜建清董事长和董事会秘书潘功胜在香港通过视频形式出席，董事会成员张福荣、牛锡明、傅仲君、康学军、宋志刚、王文彦、赵海英、仲建安、克利斯多佛·科尔、梁锦松、约翰·桑顿、钱颖一、许善达等在北京出席会议。王为强监事长，王炽曦、王道成、苗耕书、张炜监事，监管部门代表和总行相关部门负责人列席会议。

我行在京、港两地通过视频同步举行2007年度业绩发布会和投资者分析师推介会。姜建清董事长在港发表致辞，杨凯生行长在北京主持会议。牛锡明副行长和董事会秘书潘功胜分别在北京、香港两地出席，我行在北京董事、监事及总行各部门负责人列席会议，各分行行长、直属机构、内审分局班子成员及有关部门负责人通过视频会议系统收看。来自高盛、中金等投行的分析师和来自南方基金、华夏基金等基金公司的投资者应邀参加。

王为强监事长主持召开第一届监事会第十四次会议，审议通过《监事会2007年度工作报告》等五项议案。王炽曦、王道成、苗耕书、张炜监事出席。

张福荣副行长会见中国金融标准委员会主席刘鸿儒一行，双方就业务合作情况交换了意见。

我行首度向社会公开发布《中国工商银行股份有限公司企业社会责任报告（2007年度）》，内容包括经济转型的推动者、价值银行、绿色银行、爱心银行、和谐银行、诚信银行、品牌银行七个部分。

我行首度对外披露《中国工商银行股份有限公司2007年度内部控制自我评估报告》，内容包括控制环境、风险识别与评估、内部控制活动、监督评价与纠正、信息交流与反馈、内控缺陷及整改、2008年度内部控制工作计划七个方面。

25日－28日　刘立宪纪委书记赴福州出席我行保卫工作现场会并讲话。随后到福建分行调研，并拜会了福建省委常委、纪委书记陈文清。

25日－4月2日　张衢副行长赴新加坡分行和印尼子银行调研，并拜访了中国驻印尼大使兰立俊、印尼中央银行第一副行长米兰达女士及印尼文化旅游部部长耶罗·瓦芝。

26日　姜建清董事长在香港、杨凯生行长在上海分别主持召开2007年度业绩推介会暨投资者见面会，牛锡明副行长和董事会秘书潘功胜分别在上海和香港出席会议。

张福荣副行长主持召开第十七次专题会议，研究品牌建设有关问题。

王丽丽副行长会见长虹集团董事长赵勇一行，双方就加强银企合作交换了意见。

总行印发《关于成立私人银行部的通知》。

27日　姜建清董事长、杨凯生行长，张福荣、牛锡明副行长赴上海出席我行私人银行业务开业仪式。上海市屠光绍副市长、银监会监管一部董铁峰副主任、上海银监局阎庆民局长、蔡莹副局长应邀出席。私人银行业务是我行为个人金融资产在800万元人民币以上客户提供的以资产管理与顾问咨询为核心的财富管理服务。

李晓鹏副行长会见青海省副省长高云龙一行，双方就宏观经济形势和改革发展热点问题交换了意见。

我行作为发起人的“工元2008年第一期信贷资产证券化”产品在银行间市场成功发行。此单产品发行后，我行信贷资产证券化市场份额跃居同业第一。

总行印发工银任免［2008］18号文件：聘任张琪同志为私人银行部总经理，解聘其上海分行副行长职务。

28日 张福荣副行长分别会见南方基金管理公司总经理高良玉和易方达基金管理公司总裁叶俊英一行，双方就加强银基合作进行了会谈。

李晓鹏副行长出席全行投资银行业务工作会议并讲话。

北京分行首家小企业服务中心——中关村小企业服务中心正式成立。

厦门分行与平安养老厦门分公司联合举行企业年金恳谈会，向30多家知名企业详细介绍企业年金业务。

28日－4月2日 杨凯生行长、牛锡明副行长先后赴江苏、广西分行调研信贷业务流程优化。其间拜会了江苏省省长罗志军、副省长赵克志。魏国雄首席风险官陪同。

31日 姜建清董事长会见彭博新闻社主席兼财务长彼得·格劳尔（Peter T. Grauer）一行，双方对国际国内金融市场的最新动态交换了看法，并就进一步拓宽双方合作领域等议题进行了交流。

李晓鹏副行长会见美联银行集团副行长斯蒂夫·卡明斯（Steve Cummings）一行，双方就国际金融市场现状、投资银行业务合作等问题交换了意见。

李晓鹏副行长会见瑞士嘉能可国际公司首席执行官伊凡（Ivan Glasenberg）、首席财务官斯蒂芬·彼得（Stefan H. Peter）一行，双方就进一步拓宽在贸易融资、银团贷款、企业并购等领域的合作交换了意见。

总行党委中心组组织集中学习，听取机构业务部总经理胡浩（挂职担任国务院南水北调办公室中线干线工程管理局副局长）关于“南水北调工程与环境保护”的专题讲座。党委书记姜建清讲话，党委副书记王为强主持，党委委员李晓鹏、刘立宪、易会满同志及总行各部门负责人在北京参加现场学习。党委副书记杨凯生、党委委员牛锡明同志在广西分行通过视频参加学习。各一级（直属）分行、直属学院、直属机构、内审分局及二级分行班子成员在当地通过视频系统参加学习。

国家广播电影电视总局正式向我行颁发网上视频服务许可证。我行成为国内第一家可以通过互联网自主开办网上视频节目的金融机构。

江苏分行与省体育局共同举办“工商银行杯江苏奥运之星评选活动”。

山东分行与山东省商业集团签订企业年金合作协议。

云南分行与云南省农村信用社联合社签订业务合作协议。

3月 上海分行被评为2007年度“全国企业文化建设优秀单位”。

广东分行在广东地区专属发行“票财通”法人理财产品，受到广大客户欢迎，2.83亿元的募集额度几天内即销售告罄。

4月

1日 王丽丽副行长在北京出席全行法律事务工作会议并讲话。

王丽丽副行长出席工银亚洲董事会风险管理委员会（电话）会议。

李晓鹏副行长拜访中国远洋运输集团公司总会计师孙月英女士，双方就进一步推动在船舶融资、金融租赁及企业年金等领域的合作进行了交流。

山东分行发行国内首张集芯片卡与磁条卡于一体，具有医疗保险、失业保险、养老保险、工伤保险、生育保险“五保合一”功能的复合智能社会保障卡。

工银印尼与印尼文化旅游部签订合作备忘录。

1日－2日 姜建清董事长、王为强监事长在北京出席全行宣传思想暨企业文化建设工作会议并讲话。

张福荣副行长赴广州出席我行运营改革座谈会，并到广东分行调研。

2日 张福荣副行长主持召开第十八次专题会议，研究理财产品有关问题。

山西分行第四次荣获“全省政风行风评议先进行业”称号。

上海分行参加2008年上海市银行界小企业金融服务洽谈会，并隆重推出小企业金融业务品牌产品“财智融通”和“牡丹史泰博运通商务卡”。

四川分行筹备建设成都运行区域业务处理中心。

2日－3日 王为强监事长赴辽宁分行调研。

李晓鹏副行长赴上海分行调研机构业务和投资银行业务，其间分别拜访了宝钢集团副总经理马国强和国泰君安证券公司总裁陈耿，双方就进一步加强银企、银证合作交换了意见。

3日 姜建清董事长会见东亚银行主席李国宝一行，双方就业务合作情况进行了洽谈。

姜建清董事长和总行党委委员、北京分行易会满行长会见中国华能集团公司总经理李小鹏、副总经理黄永达一行，双方就进一步深化战略合作事项交换了意见。

张福荣副行长会见诺安基金管理有限公司董事长秦维舟、总经理奥成文一行，双方就进一步加强业务合作进行了交流。

牛锡明副行长参加银监会召开的支持农业和粮食生产工作（电视电话）会议。

我行资产托管业务系统与中国外汇交易中心系统成功实现直接连通，成为国内首家实现与外汇交易中心系统直接连通的托管银行。

7日 姜建清董事长接受韩国朝鲜日报社经济部次长李志勳采访。

姜建清董事长接受彭博新闻社记者威廉·麦勒（William Mellor）采访。

姜建清董事长会见瑞士信贷集团投资银行主席柯磊洛（Paul Calello）一行。

张福荣副行长主持召开第十九次专题会议，研究现金管理业务有关问题。

张福荣副行长主持召开总行保密委员会和密码工作领导小组联席会议，听取2007年全行保密和密码工作情况汇报，审议通过2008年全行保密和密码工作要点。

王丽丽副行长会见澳大利亚审慎监管局官员利·麦克马洪（Leigh McMahon）一行，双方就我行申设悉尼分行事宜交换了意见。

7日-9日 牛锡明副行长赴吉林分行调研信贷业务流程问题，并拜访了吉林省副省长竺延风，随后又到长春金融研修学院为总行高级专业人才（ACCA、CISA）培训班学员作专题报告。魏国雄首席风险官陪同。

8日 我行邀请2007年度国家最高科学技术奖获得者、中国工商银行杯2007年度“感动中国”人物闵恩泽院士作专题报告。姜建清董事长主持报告会，杨凯生行长，王为强监事长，张福荣、牛锡明副行长，刘立宪纪委书记出席。

姜建清董事长拜访中国投资有限责任公司董事长楼继伟。董事会秘书潘功胜陪同。

杨凯生行长、张衢副行长出席我行与中国网通公司在北京举行的“发卡及收单合作协议签署暨牡丹网通信用卡首发仪式”，并与中国网通公司总裁左迅生、副总经理姜正新一行进行了会谈。

王丽丽副行长出席工银亚洲董事会风险管理委员会（电话）会议。

湖南分行与全洲药业集团有限公司联合举办“牡丹全洲医药联名卡”首发仪式暨创新医药营销（电子商务）与金融产品高峰论坛。

8日-16日 张福荣副行长赴新加坡、南非调研，先后拜访了新加坡大华银行副主席兼总裁黄一宗、新加坡大华资产管理有限公司执行董事兼首席投资官张文杰和南非标准银行非洲区总裁克雷格·邦德（Craig Bond）、南非桑乐姆投资管理公司首席执行官约翰·万德·米尔维（Johan van der Merwe）。

9日 姜建清董事长、杨凯生行长主持召开第二次行务会，总结第一季度工作，布置重点工作任务。

姜建清董事长会见银监会副主席蒋定之，双方就有关工作情况交换了意见。

杨凯生行长会见西班牙桑坦德银行胡安·罗德里格斯·因西亚德董事一行，双方就各自发展战略、国际金融市场局势以及加强业务合作等议题进行了交流。董事会秘书潘功胜陪同。

王丽丽副行长会见福特汽车公司副总裁兼司库尼尔（Neil M·Schloss）一行，双方就备用银团贷款、同业借款、发行金融债券等议题进行了交流。

10日 杨凯生行长主持召开总行资产负债管理委员会2008年第一次会议，审议通过《资产负债管理委员会2008年工作计划》等三项议案，听取了《2007年度资产负债管理报告》等三项专题汇报。王丽丽副行长、魏国雄首席风险官及16个委员部门负责人出席会议。

牛锡明副行长、魏国雄首席风险官在北京参加银监会大型商业银行风险管理座谈会。

张衢副行长在北京参加银监会呆账核销和拨备计提（电视电话）会议。

张衢副行长会见银监会顾问朱李美仪、沈联涛一行，并介绍了我行信息科技的风险管理情况。

李晓鹏副行长拜访中国外运集团总裁赵沪湘，双方就商品融资、船舶融资、金融租赁、企业年金、投资银行等领域的进一步合作交换了意见。

我行在《中国证券报》、《上海证券报》、《证券时报》和上海证券交易所、香港联合交易所网站刊登《中国工商银行股份有限公司2008年第一季度业绩预增公告》。预计2008年第一季度净利润同比增幅在50%以上。

青海分行与青海省信用联社签订业务合作协议。

11日 杨凯生行长会见银监会顾问沈联涛一行，并介绍了我行资本充足率、信贷资产质量、盈利性、流动性、人才管理等方面的情况。魏国雄首席风险官参加会见。

牛锡明副行长会见天津市副市长崔津渡一行，双方就进一步拓宽合作领域等交换了意见。

张衢副行长会见迪堡公司全球高级副总裁詹姆斯（James Chen）一行，双方就进一步加强合作交换了意见。

11日-13日 姜建清董事长赴海南省主持召开我行部分分行参加的未来三年发展战略座谈会。其间作为嘉宾应邀出席了博鳌亚洲论坛“金融改革与创新”专题讨论活动，就国际金融市场危机、中国商业银行的国际化战略等话题进行了论述。分别会见了海南省常务副省长方晓宇、德勤会计师事务所全球主席奎励杰（James H. Quigley）。

12日 牛锡明副行长到设在北京银泉大厦的我行2008年高级专业人才培训学员选拔考试现场看望考生。

13日 苏州分行个人金融业务“营销会战”拉开序幕。

14日 姜建清董事长接受《华尔街日报》主编鲍

伟杰（Marcus W·Brauchli）采访。

姜建清董事长赴银监会参加有关监管情况通报会。

姜建清董事长应邀出席巴基斯坦总统穆沙拉夫访华招待午宴。

牛锡明副行长主持召开零售业务内部评级法推广应用领导小组工作会议，听取零售业务内部评级法项目成果的汇报及相关系统情况介绍。魏国雄首席风险官出席。

张衢副行长主持召开第二十次专题会议，研究电子银行中心成都分中心移交银行卡业务部管理及更名事项。

天津分行成功办理了第一笔进口信用证项下代付业务，实现与海外分行在代付业务上零的突破。

14日－18日 王丽丽副行长赴奥地利维也纳出席国际掉期及衍生工具协会（ISDA）2008年会及第二次董事会，其间分别拜访了瑞士信贷银行和奥地利中央合作银行等金融同业。

14日－25日 杨凯生行长赴墨西哥、巴西、阿根廷考察，并作为嘉宾应邀出席了世界经济论坛“中国市场：神话与现实”专题讨论会，就中国与拉美之间的贸易发展等话题进行了论述，其间分别拜访了中国驻巴西大使陈笃庆、中国驻阿根廷大使曾钢、世界经济论坛主席克劳斯·施瓦布（Klaus Schwab）、墨西哥合众国墨西哥州州长培尼亚。

15日 姜建清董事长拜访银监会主席刘明康，双方就有关工作交换了意见。

姜建清董事长会见安徽省委常委、合肥市委书记孙金龙一行，双方就进一步加强合作交换了意见。

姜建清董事长会见香港大新银行董事长王守业一行，双方就业务合作情况进行了交流。董事会秘书潘功胜陪同。

姜建清董事长、李晓鹏副行长会见辽宁省委政法委书记李峰、副省长鲁昕一行，双方就进一步拓宽合作领域等议题进行了交流。

李晓鹏副行长会见由阿联酋阿布扎比酋长国行政议会成员、计划发展部部长苏威迪（Nasser Al Sowaidi）率领的阿布扎比部长级官方代表团，双方就进一步拓宽合作领域等议题进行了交流。苏威迪同时兼任阿布扎比证券委员会主席、国家港口公司董事长、国际石油投资公司董事等重要职务。

15日－16日 王为强监事长赴天津分行调研。王炽曦监事陪同。

16日 姜建清董事长会见香港九龙仓集团主席吴光正一行，双方就有关合作事宜交换了意见。

张衢副行长会见韩国国民银行“国际化变化和革新研修”访问团一行，双方介绍了各自经营管理情况，并就进一步加强业务合作交换了意见。

李晓鹏副行长在北京出席银监会2007年度全国小企业金融服务表彰（电视电话）会议，并作为先进单位代表发言。我行是唯一获得“2007年度全国小企业金融服务先进单位”的大型商业银行。

李晓鹏副行长会见大众汽车集团公司全球融资总监伯彻（J. Boche）一行，双方就进一步加强有关合作事宜进行了会谈。

李晓鹏副行长会见中国石油化工集团公司副总经理李春光一行，双方就资金集中管理、上门收款、企业年金、大型项目融资、直接融资等业务合作进行了会谈。

李晓鹏副行长会见国家开发投资公司总会计师张华一行，双方就加强在航运金融领域内的合作交换了意见。

刘立宪纪委书记在北京参加全国维护稳定工作（电视电话）会议。

东京分行正式确认为东方航空公司的2架空中客车飞机6 400万美元租赁融资担任银团贷款代理行和担保托管行。

17日 姜建清董事长、牛锡明副行长拜访审计署刘家义审计长，双方就有关工作情况进行了交流。

张福荣副行长出席我行个人理财业务合规经营工作（视频）会议。

牛锡明副行长会见英国特许公认会计师公会（ACCA）候任会长戴维思（Richard Aitken－Davies）和行政总裁布理维（Allen Blewitt）一行，双方就有关合作事宜交换了意见。

18日 姜建清董事长在北京参加银监会第一季度经济形势通报暨奥运金融服务与安全工作（电视电话）会议。

张福荣副行长会见德国安联集团公司常务董事、安联资产管理集团总裁费伯（Joachim Faber）一行，双方就国际资本市场形势、美国次贷危机、进一步开展QFII和QDII方面的业务合作交换了意见。

张衢副行长出席我行牡丹VISA白金信用卡首发仪式。这是国内首张符合EMV标准的芯片白金卡产品。

19日－20日 全功能银行系统2008年第一季度综合版本（NOVA 2.6.0）成功投产。

20日 北京分行与共青团北京市委联合主办“2008中国工商银行杯”首都大学生辩论邀请赛。

22日 姜建清董事长听取安永会计师事务所中国区营运主席胡展云和安永合伙人姚芳关于我行2007年度财务比较分析及管理层建议的汇报。

王为强监事长出席总行党校首期“领导力、执行力”专题培训班开学仪式。

张衢副行长赴杭州出席我行一级分行营业部银行卡业务座谈会。

王丽丽副行长在北京出席中国国债协会第三次会员大会，并被选举为新一届协会副会长。

国家知识产权局授予我行申报的《一种基于虚拟

链路的客户端与银行网的通信方法及系统》为国家发明专利。此项专利通过银行端加密设备和企业客户端安全服务平台，构成了基于网络的企业资金转账的安全处理系统。至此，我行拥有的专利数量达到67个。

天津分行与中国民航大学正式签订了联名银行卡合作协议，牡丹民航大学联名信用卡是工行在天津地区第一张区域性的联名信用卡。

23日　姜建清董事长会见山东省委常委、常务副省长王仁元一行，双方就进一步加强合作交换了意见。

姜建清董事长应邀出席交通银行百年华诞庆典仪式，并代表银行同业发表致辞。

张福荣副行长出席我行迎奥运文明规范服务工作（视频）会议并讲话。

张福荣副行长会见特易购（TESCO）集团公司资金管理总监尼克（Nick Mourant）一行，双方就进一步加强业务合作交换了意见。

王丽丽副行长会见中国人民保险集团公司副总裁周树瑞一行，双方就人保集团发行次级债务及进一步扩大业务合作事宜进行了会谈。

江西分行与江西铜业集团公司签订战略合作协议。

23日-24日　牛锡明副行长应邀赴上海出席中国银行业人力资源管理国际研讨会。

23日-28日　王为强监事长参加全国政协经济委员会专题调研组赴湖北省、四川省考察。

24日　张福荣副行长赴山东出席我行零售银行业务“专业化经营、系统化改革”座谈会并讲话，随后在山东分行调研，并拜访了山东省副省长贾万志。

张衢副行长在北京出席人民银行与商业银行支付服务与政策协商第二次例会。

王丽丽副行长应邀出席由银行间市场交易商协会在北京举办的“中期票据成功发行答谢会”。

由我行牡丹卡中心主办，VISA国际组织、万事达卡国际组织和美国运通公司协办的“牡丹绽放迎盛世”专场音乐会在国家大剧院举行。

我行在《中国证券报》、《上海证券报》、《证券时报》和上海证券交易所网站刊登了《中国工商银行股份有限公司向A股战略投资者配售A股股票（锁定期18个月）上市流通的提示性公告》。

河南分行与河南龙成集团特种材料有限公司签订战略引资及境内上市项目总协调人暨财务顾问项目协议。

广东分行营业部采用“套餐+菜单”模式向客户开展全产品营销，提高产品渗透率。

25日　党委书记姜建清同志主持召开第十次党委（扩大）会议，研究拟提交董事会第三十四次会议和监事会第十五次会议审议的有关议案和专题汇报。

我行在北京推出“牡丹网龙信用卡”，这是国内首张银联标准网络游戏联名信用卡。

25日-27日　王丽丽副行长应邀赴武汉参加第三届中部投资贸易博览会举办的“万商西进”高峰论坛和金融服务推介研讨会，并发表主题演讲。随后出席了我行与武广铁路客运专线有限责任公司《银团贷款合作协议》、与合肥市建设投资控股（集团）有限公司和合肥市滨湖新区建设投资有限公司《战略合作意向协议》签约仪式。其间还分别拜访了安徽省省长王三运、副省长文海英、合肥市市长吴存荣和武汉钢铁（集团）公司总经理邓崎琳、副总经理兼总会计师彭辰。

27日　安徽分行与合肥市建设投资控股（集团）有限公司及合肥市滨湖新区建设投资有限公司签订银企战略合作协议。

28日　姜建清董事长主持召开我行第一届董事会战略委员会第六次会议，听取《关于中国工商银行2006—2008年发展战略规划（2007年度）执行报告》等两项专题汇报。委员会成员杨凯生、张福荣、傅仲君、康学军、宋志刚、王文彦、赵海英、梁锦松、约翰·桑顿、钱颖一、许善达董事及董事会秘书潘功胜出席，王炽曦监事及总行相关部门负责人列席。

宁波分行为宁波雅戈尔集团牵头组织了一笔中期流动资金银团贷款业务。

29日　姜建清董事长主持召开我行第一届董事会第三十四次会议，审议通过了《关于2008年第一季度报告的议案》等三项议案，并听取了《关于2008年第一季度经营情况的汇报》。董事会成员杨凯生、张福荣、牛锡明、傅仲君、康学军、宋志刚、王文彦、赵海英、仲建安、克利斯多佛·科尔、梁锦松、约翰·桑顿、钱颖一、许善达及董事会秘书潘功胜出席会议，王为强监事长，王炽曦、王道成、苗耕书、张炜监事，监管部门代表及总行相关部门负责人列席会议。

王为强监事长主持召开我行第一届监事会第十五次会议，审议通过《关于2008年第一季度报告的议案》，并听取了监事会办公室两项工作汇报。王炽曦、王道成、苗耕书、张炜监事出席。

苏州分行与南京海关、中国电子口岸数据中心共同签订网上支付税费（银关通）三方合作协议。

30日　党委书记姜建清同志主持召开党委领导班子会议。由中央组织部王尔乘副部长宣布重要干部任免事项：赵林同志任中国工商银行党委副书记；免去王为强同志的中国工商银行党委副书记职务；免去张衢同志的中国工商银行党委委员职务。总行党委成员杨凯生、王为强、张福荣、牛锡明、张衢、王丽丽、刘立宪、易会满同志出席，建设银行行长张建国、原副行长赵林同志参加会议。随后召开总行副总经理级以上干部大会通报了这一干部任免情况，中央组织部王尔乘副部长和姜建清董事长作了重要讲话，杨凯生行长主持大会。

姜建清董事长主持会议，欢送潘功胜同志调任中国农业银行。

姜建清董事长会见高盛集团投资银行部主席、我行非执行董事克利斯多佛·科尔（Christopher Cole），双方就有关合作事宜交换了意见。董事会秘书潘功胜陪同。

杨凯生行长主持召开我行与高盛集团 2008 年度战略合作联合指导委员会会议，与高盛集团副主席迈克尔·埃文斯（Michael Evans）、董事总经理胡祖六等一行就有关合作事宜交换了意见。魏国雄首席风险官出席。

王丽丽副行长出席在人民大会堂举行的中核集团方家山、福清核电项目工程总承包、设计分包及年度贷款合同签约仪式，并代表金融同业发表致辞。

我行在上海证券交易所、香港联合交易所网站对外披露 2008 年第一季度报告，并在《中国证券报》、《上海证券报》、《证券时报》刊登 2008 年第一季度报告（A 股），在《中国日报》刊登 2008 年第一季度报告（H 股）。

河北分行被地方政府授予“金融贡献奖”。

安徽分行开展合规建设推进年活动。

4 月 湖北分行与省农发行开展电子银行、银行卡业务的全面合作。

新疆分行制订核心竞争力指标体系评价办法。

5 月

4 日－8 日 张衢副行长赴福建、安徽分行调研，其间分别拜访了安徽省副省长唐承沛，安徽省委常委、合肥市委书记孙金龙。

5 日 我行与浙江省政府在杭州联合举办“全面打造商业银行投资银行业务竞争力”论坛活动。

黑龙江分行营销“物流一卡通”产品。

5 日－15 日 王为强监事长赴美国、俄罗斯考察。其间分别拜访了我国驻美国纽约总领事彭克玉、驻俄罗斯联邦大使刘古昌、美国运通—渣打银行副董事长比尔·布朗奇斯特（Bill Blomquist）、美国摩根大通银行副行长海蒂·米勒（Heidi Miller）女士、俄罗斯天然气工业银行副董事长亚历克斯（Alexei Obozintsev）和俄罗斯储蓄银行副董事长亚历山大（Alexander V. Zakharov）等。王炽曦、张炜监事陪同。

6 日 王丽丽副行长主持召开总行市场风险管理委员会 2008 年第一次会议，审议通过了《中国工商银行市场风险管理制度》等九项议案，听取了《中国工商银行 2007 年度市场风险分析报告》。魏国雄首席风险官和 17 个委员会部室负责人出席会议。

贵州分行与遵义钛业股份、遵义钛厂签订企业年金受托合同，实现受托资金 3 000 多万元。

大连分行与大连旅游联盟假期俱乐部所属的 23 家知名旅行社联合启动“牡丹旅游联盟卡”项目。

7 日 杨凯生行长出席我行第一届董事会提名与薪酬委员会第九次会议。会议审议通过了《关于聘任易会满先生为中国工商银行股份有限公司副行长的议案》和《关于提名谷澍先生为中国工商银行股份有限公司董事会秘书的议案》。钱颖一独立董事主持，委员会成员梁锦松、约翰·桑顿、许善达、王文彦、傅仲君董事及董事会秘书潘功胜出席。

姜建清董事长主持召开我行第一届董事会第三十五次会议，审议通过《关于聘任易会满先生为中国工商银行股份有限公司副行长的议案》和《关于聘任谷澍先生为中国工商银行股份有限公司董事会秘书的议案》；听取了战略管理与投资者关系部的有关工作汇报。董事会成员杨凯生、张福荣、牛锡明、傅仲君、康学军、宋志刚、王文彦、赵海英、仲建安、克利斯多佛·科尔、梁锦松、约翰·桑顿、钱颖一、许善达及董事会秘书潘功胜出席会议，王道成、苗耕书监事，监管部门代表及总行相关部门负责人列席会议。

我行在《中国证券报》、《上海证券报》、《证券时报》和上海证券交易所网站刊登《关于获准设立迪拜子银行的公告》。迪拜子银行——中国工商银行中东有限公司（工银中东）是中资银行在中东地区的第一家全资子银行。

我行在香港联合交易所网站刊登《委任副行长、更换公司秘书及副行长辞任的公告》。委任易会满为我行副行长；委任谷澍为我行董事会秘书、公司秘书及授权代表职务，潘功胜辞去以上职务。以上任职资格尚需银监会核准。另外，张衢因年龄原因退休，不再担任副行长职务。

河北分行接待来访的 Banco Sabadell（西班牙萨瓦德尔银行）北京代表处首席代表靳虹女士。

辽宁分行召开支行行长“包点坐堂”经验交流会，深化支行“包点坐堂”工作方式。

7 日－9 日 牛锡明副行长赴苏州主持召开部分分行小企业信贷业务座谈会。魏国雄首席风险官参加会议。

8 日 党委书记、董事长姜建清在北京参加中共中央组织部召开的国有企业贯彻落实科学发展观座谈会，并作了题为《以科学发展观统领现代金融企业建设》的书面发言。

全行青年座谈会（视频会议）在北京召开，杨凯生行长讲话，赵林副书记出席，刘立宪纪委书记主持会议。总行党委各部门、总行机关各党支部负责人、青年员工代表在主会场参加座谈会，各一级（直属）分行、直属机构、二级分行党委书记、分管青年工作的行领导及共青团干部、青年代表通过视频方式在分会场参加座谈会。

张福荣副行长赴北京分行出席奥运金融服务工作动

员（视频）会议并讲话。

张福荣副行长会见纽约梅隆银行集团副行长兼资产服务部联合首席执行官蒂莫西·基尼（Timothy F. Keaney）一行，双方对中国资本市场发展和美国次贷对全球经济影响以及加强QFII托管业务合作等议题进行了交流。

王丽丽副行长赴广州出席我行2008年境外科技和人力资源工作会议并讲话，随后到广东分行调研。

王丽丽副行长在广州主持召开第二十七次专题会议，研究澳门机构整合相关工作。

我行与VISA国际组织、百盛集团在北京共同推出国内首张非接触式支付联名信用卡——“牡丹百盛信用卡”。

9日 宁夏分行与省财政厅签订公务用卡代理协议和公务卡服务协议。

9日－10日 姜建清董事长应邀赴上海出席中国商用飞机有限公司成立大会，并会见了该公司董事长张庆伟、总经理金壮龙，双方就开展战略合作交换了意见，随后作为嘉宾出席了2008首届陆家嘴论坛，并就全球金融市场的新展望等议题发表了演讲。总行党委委员、北京分行易会满行长同时应邀出席飞机公司成立大会。

12日 姜建清董事长赴中国大连高级经理学院参加“深入贯彻落实科学发展观，推进国有重要骨干企业又好又快发展”专题研讨班。

14时28分，四川省汶川县发生8级强烈地震，我行驻震区及陕西省、甘肃省的分支机构遭受不同程度的损失，2名在职员工和3名退休人员遇难。总行与四川分行的通讯中断。姜建清董事长（在大连）、杨凯生行长（在湖南）和其他行领导通过手机短信与四川分行陈焕祥行长取得联系，慰问受灾员工，指挥抗震救灾工作。

张福荣副行长拜访中国金融教育发展基金会金融理财标准委员会会长刘鸿儒，双方就对公业务人员培训事宜交换了意见。

我行收到国家商标局核准颁发的“工行”、“工银”两个商标在7个商品类别的商标注册证。至此，我行的“工行”、“工银”核心商标已在所有商品类别（1－45类）获准商标注册，形成了全面有效的法律保护。

河南分行在“最受河南人民喜爱的十大品牌商品十佳服务单位”评选活动被评为“十佳金融单位”。

12日－13日 杨凯生行长参加全国政协调研组赴湖南省考察，其间到湖南分行调研。

13日 党委书记姜建清同志主持召开第十二次党委（扩大）会议，研究抗震救灾有关工作。会议决定，成立以杨凯生行长任组长、张福荣副行长、四川分行陈焕祥行长任副组长的抗震救灾领导小组。会议决定，要全力保证员工及金融安全，逐一排查受灾地区人员及网点情况；要采取多种措施加强金融服务，保证客户办理金融业务的需求，支持地震灾害中受损严重而又与人民生活和国民经济息息相关的行业和企业。

党委副书记、党校校长赵林，党委委员、党校副校长刘立宪、易会满出席总行党校第三期领导干部研究班开学典礼。

四川地震灾区第一家“帐篷银行”在我行都江堰支行建成。

13日－14日 张福荣副行长受总行党委委托专程赴四川分行视察指导抗震救灾工作，先后来到四川分行应急指挥中心、四川分行营业部、信用卡电话服务中心（成都）以及受灾严重的都江堰支行实地了解地震灾情，看望慰问受灾员工和家属。其间拜访了四川省副省长黄小祥，代表总行党委和全行干部员工对受灾群众表示慰问，并向四川省委省政府捐款1 200万元用于抗震救灾、重建家园。

国家审计署召开“2005—2007年度全国内部审计工作先进单位和个人”表彰大会，我行荣获“全国内部审计工作先进单位”称号。

14日 山东分行与鲁证期货有限公司签订全面业务合作协议。

青岛分行与青岛城市建设投资集团启动全面业务合作。

15日 党委书记姜建清同志主持召开第十三次党委（扩大）会议暨总行抗震救灾领导小组第二次会议，听取了总行抗震救灾领导小组关于抗震救灾有关情况及总行工作组赴四川灾区视察慰问情况的汇报，研究部署下一阶段全行抗震救灾工作。

牛锡明副行长应邀出席“第二届中印金融发展高层论坛”，并作题为“中国商业银行流动性现状及管理对策”的主题演讲。

江苏分行开展代理泰康人寿、太平人寿、太平洋人寿、新华人寿保险业务营销活动。

16日 宁波分行成功办理首笔深加工结转信用证业务。

18日 我行个人网上银行应用重构项目圆满完成，网上银行业务实现多点接入和异地灾备，提高了网上银行系统的连续性运作水平。

19日 党委书记姜建清同志主持召开第十五次党委（扩大）会议，研究拟提交董事会第三十六次会议审议的有关议案和报告，部署有关工作。

姜建清董事长主持召开总行抗震救灾领导小组第三次会议，研究部署我行抗震救灾工作。

杨凯生行长会见河南省常务副省长李克一行，双方就银行发挥金融专业优势支持地方社会经济建设情况交换了意见。

张福荣副行长在北京出席银监会“竭力做好抗震救灾银行服务工作”新闻发布会。

20日 姜建清董事长主持召开我行第一届董事会

第三十六次会议，审议通过了《关于银监会2007年现场检查整改情况的议案》等两项议案，并听取了《关于我行个人理财业务经营情况的报告》等三项专题汇报。董事会成员杨凯生、张福荣、牛锡明、傅仲君、康学军、宋志刚、王文彦、赵海英、仲建安、克利斯多佛·科尔、梁锦松、约翰·桑顿、钱颖一、许善达及董事会秘书潘功胜出席会议。赵林副书记，王为强监事长，王炽曦、王道成、张炜监事，监管部门代表及总行相关部门负责人列席会议。

姜建清董事长主持召开第二十五次专题会议，研究加强外汇存贷款管理，控制外汇敞口及汇兑损失问题。杨凯生行长、王丽丽副行长出席会议。

牛锡明副行长会见标准普尔公司年度跟踪评级小组一行，并介绍了我行经营管理情况。

21日 姜建清董事长会见奥地利中央银行候任行长埃瓦尔德·诺沃特尼（Ewald Nowotny）、奥地利驻华大使马丁·赛迪科（Martin Sadjdik）一行，双方就中东欧金融市场、奥地利养老金体制改革及未来合作机会等议题进行了交流。

张福荣副行长拜访国务院南水北调工程建设委员会办公室主任张基尧。

牛锡明副行长主持召开莫斯科子银行第一届董事会（电话）会议。

王丽丽副行长出席由我行协办、国际掉期及衍生工具协会在北京主办的“场外衍生产品的风险管理和担保品的收取——关键法律问题研讨会”。

截至5月21日，我行为地震灾区累计捐款人民币10 575万元，捐助物资价值约43.8万元人民币，其中个人捐款占捐款总额的73.7%。

天津分行成功办理了首笔深加工结转项下出口发票融资业务。

21日-30日 杨凯生行长赴南非出席南非标准银行董事会和股东大会，并考察该行的基层营业网点，其间分别拜访了中国驻南非大使钟建华、南非中央银行行长提托·姆博维尼（Tito Mboweni）、南非银行监管部主席埃罗尔·克鲁格（Errol Kruger）。

22日 张福荣副行长会见广发基金管理公司总经理林传辉一行，双方就进一步加强业务合作进行了深入沟通。

张福荣副行长出席我行打造结算与现金管理专业核心竞争力座谈会并讲话。

牛锡明副行长会见穆迪公司年度跟踪评级小组一行，并介绍了我行经营管理情况。

牛锡明副行长会见穆迪投资服务公司副总裁、高级信用评级主任颜湄之女士一行，双方就风险管理、中小企业贷款以及我行在风险压力测试方面的最新进展等问题进行了交流。

长春金融研修学院举办“中国资本市场与个人金融产品营销创新高级研修班暨2008年银行职业经理人论坛”。

23日 张福荣副行长主持召开第二十六次专题会议，研究抗震救灾工作有关问题。

北京分行与北京能源投资（集团）公司签署全面合作协议。

24日 全功能银行系统2008年第二季度版本（NOVA2.6.1）首批项目成功投产。

深圳分行举办“2008年工行杯”深圳网球精英赛。

24日-25日 姜建清董事长赴四川分行视察指导抗震救灾工作，先后来到四川分行抗震救灾指挥中心、四川分行营业部、信用卡电话服务中心（成都）以及受灾严重的德阳分行和辖属绵竹支行实地了解地震灾情，看望慰问受灾员工和家属。其间拜访了四川省副省长黄小祥，代表总行党委和全行干部员工对受灾群众表示慰问，并再次向四川省委省政府捐款2 015万元用于抗震救灾、重建家园。

25日 我行代表队在中华全国总工会主办的“全国职工学习十七大精神主题教育知识竞赛活动”中荣获冠军。

26日 张福荣副行长在北京参加银监会商业银行奥运金融服务查访工作动员及监管培训（电视电话）会议。

黑龙江分行与中国人寿黑龙江分公司启动“工行人寿永睿企业年金计划”。

26日-30日 刘立宪纪委书记赴甘肃、陕西分行视察指导抗震救灾工作，先后来到甘肃天水分行、陕西汉中分行实地了解地震灾情，看望慰问受灾员工和家属。其间拜访了甘肃省副省长泽巴足，陕西省委常委、常务副省长赵正永，代表总行党委和全行干部员工对受灾群众表示慰问。

26日-6月4日 姜建清董事长应邀先后赴美国和西班牙，出席了在美国举办的经济发展委员会颁奖典礼并领取了2008年度全球领袖奖；出席了在西班牙召开的国际货币会议2008年年会。其间分别拜访了美国财政部部长保尔森（Henry Paulson）、西班牙央行行长奥德内兹（Miguel Fernúndez Ordo ez）、美联储董事会成员凯文·沃尔什（Kevin Warsh）、花旗集团主席维克拉姆·潘迪特（Vikram Pandit）、高盛集团主席劳埃德·布兰克芬（Lloyd Blankfein）、纽约梅隆银行集团主席托马斯·雷毅（Thomas Renyi）、美国运通集团主席陈纳德（Kenneth Chenault）、桑坦德银行主席艾米利奥·博廷（Emilio Botin）和安永会计师事务所全球金融业务负责人鲍勃·斯坦（Bob Stein）等国外金融同业及政府高层。

27日 王丽丽副行长会见富通投资集团全球执行总裁吴瑞琪（Richard Wohanka）一行，双方就业务经营情况、QDII产品开发与合作等议题进行了交流。

总行党委委员、北京分行易会满行长会见铁道部总经济师、财务司司长兼清算中心主任余邦利一行，双方就宏观金融形势、债券融资及长期战略合作等议题进行了交流。

我行在《中国证券报》、《上海证券报》、《证券时报》和上海证券交易所、香港联合交易所网站刊登《工商银行关于获准设立悉尼分行的公告》。我行于5月19日获得澳大利亚审慎监管局关于我行设立悉尼分行的正式批复。

上海分行主办的上海市银行博物馆和香港历史博物馆联合举办的“从钱庄到现代银行”展览顺利闭幕。

四川地震灾区第一家“板房银行”在我行绵竹支行正式对外营业。

27日－29日　王为强监事长、牛锡明副行长参加北京市证监局举办的“北京辖区上市公司2008年度第一期董事、监事培训”。王炽曦监事同时参加。

28日　张福荣副行长在北京参加国务院战略投资者减持国有商业银行股份问题工作会议。

张福荣副行长会见银监会“流程银行”建设调研小组成员一行。

王丽丽副行长应邀出席中韩经济界演讲会。

总行党委委员、北京分行易会满行长会见国务院南水北调委员会办公室副主任张野、南水北调中线干线工程建设管理局局长石春先一行，双方就宏观经济形势、南水北调工程的整体实施进度等议题进行了交谈。

上海分行举行“金融@家—商E通”产品首发暨签约仪式。

29日　总行党委委员、北京分行易会满行长会见中国航天科工集团公司党组成员、总会计师兼航天科工财务有限责任公司董事长刘跃珍一行，双方就进一步拓宽业务合作领域等进行了交流。

5月　福建分行分别与民生人寿保险公司福建分公司、英大泰和人寿保险公司福建分公司签订合作协议。

6月

2日　杨凯生行长在北京出席我行与韩国新韩银行“资金对等拆借合作协议”签字仪式，并与新韩银行行长申相勋、新韩银行（中国）公司行长金海洙一行就进一步加强业务合作等议题交换了意见。

2日－4日　王丽丽副行长赴四川分行视察指导灾区恢复重建及金融服务工作，并到都江堰支行实地了解灾区营业情况，看望慰问受灾员工。其间先后拜访了四川省副省长黄小祥和我行重要客户，表达了总行党委和全行干部员工对灾情的关切和慰问，并表明我行会在信贷、结算等金融服务领域全力支持灾后重建工作。

2日－7日　张福荣副行长赴英国、瑞士考察。其间，先后拜访了汇丰银行全球交易银行业务主管安德鲁·龙格（Andrew Loog）、瑞士银行执行董事、代理行与贸易融资业务主管马丁·斯泰恩巴赫、特易购集团财务总监默伦特。

3日　杨凯生行长在北京参加全国人大财政经济委员会“加强金融调控情况座谈会”。

杨凯生行长主持召开总行风险管理委员会2008年第二次会议，研究我行零售业务内部评级法项目。牛锡明、李晓鹏副行长，刘立宪纪委书记，魏国雄首席风险官及25个委员部门负责人出席会议。

王为强监事长赴总行党校为第三期领导干部研究班学员作题为“美国次贷危机及影响”的专题讲座。

牛锡明副行长出席我行模拟银行建设工作推进会并讲话。

总行党委委员、北京分行易会满行长在京参加银监会召开的奥运金融服务和个人理财业务检查通报会。

4日　牛锡明副行长参加人民银行在北京召开的金融支持抗震救灾重建座谈会。

我行荣获国家金卡工程办公室颁发的中国智能卡行业权威奖项——“国家金卡工程金蚂蚁奖（最佳金融应用奖）”。

贵州分行与遵义铝业股份有限公司签订企业年金受托协议。

5日　我行2007年度股东年会在北京、香港两地通过视频形式同步召开。会议审议通过《关于2007年度董事会工作报告的议案》、《关于选举赵林先生为中国工商银行股份有限公司监事的议案》等九项议案，听取了《关于股东大会对董事会授权方案执行情况的汇报》。姜建清董事长在香港主持会议，杨凯生行长、王为强监事长出席，董事会、监事会部分成员和总行相关部门负责人列席。北京、香港两地股东及股东代表共934人参加会议。

姜建清董事长、王丽丽副行长在香港出席工银亚洲董事会会议。

杨凯生行长和总行党委委员、北京分行易会满行长出席我行奥运金融服务与个人理财业务工作会议。

杨凯生行长会见波士顿咨询公司合伙人邓俊豪、梁国权一行，听取该公司项目组对我行投行业务发展战略项目的有关汇报。

6日　姜建清董事长在香港拜访香港金管局主席任志刚、中央人民政府驻港联络办公室副主任彭清华。

杨凯生行长出席我行2008年第二期创新沙龙并作题为“对次贷风波的战略思考”的主题演讲。李晓鹏副行长主持，赵林副书记及部分董事出席。

我行在《中国证券报》、《上海证券报》、《证券时报》和上海证券交易所、香港联合交易所网站刊登《中国工商银行股份有限公司2007年度股东年会决议公告》。

总行印发工银任免［2008］61号文件：聘任杨娅丽同志为内部审计局副局长（省行行长级），解聘其内部审计局直属分局局长职务；聘任李健飞同志为内部审计局直属分局副局长（主持工作），解聘其内部审计局副局长（副厅级）职务。

7日 杨凯生行长和总行党委委员、北京分行易会满行长到北京分行营业网点调研奥运金融服务和个人理财业务销售工作。

10日 杨凯生行长、李晓鹏副行长及部分行内外专家学者在北京参加我行第四届博士后出站报告评审会，两位博士后的出站报告顺利通过了专家评审。

我行第一届监事会第十六次会议在北京召开。会议同意王为强同志辞去监事、监事长职务，并审议通过《关于选举中国工商银行股份有限公司监事长的议案》，选举赵林同志为监事长。随后，我行在《中国证券报》、《上海证券报》、《证券时报》和上海证券交易所网站刊登了《中国工商银行股份有限公司关于监事长辞任的公告》、《中国工商银行股份有限公司第一届监事会第十六次会议决议公告》（见工银发［2008］58号）。

我行发布2008年首期“工行投资理财指数”。

贵州分行与贵州益佰制药股份有限公司签订现金管理协议。

11日 杨凯生行长会见瑞士信贷集团董事长沃特·基尔霍兹（Walter Kielholz）一行，双方就次贷危机后国际金融形势等问题交换了意见。

张福荣副行长在北京参加银监会大型银行落实二套房贷政策座谈会。

我行在《中国证券报》、《上海证券报》、《证券时报》和上海证券交易所网站刊登了《关于获准在港设立独资投资银行的公告》。工银国际融资有限公司成功注册成立。

我行在《中国证券报》、《上海证券报》、《证券时报》和上海证券交易所网站刊登了《中国工商银行股份有限公司A股2007年度利润分配方案实施公告》。本次利润分配采取派发现金红利方式，每10股派发现金红利人民币1.33元（含税）。

11日－12日 李晓鹏副行长赴上海分行调研，其间分别拜访了中国海运（集团）公司总裁李绍德和上海国际集团总经理万建华，介绍了我行企业年金、资产托管、投资银行等业务的发展情况。

11日－18日 王丽丽副行长应邀赴瑞典、挪威出席国际商会第120次执行董事会会议、世界理事会会议和2008年度工商峰会，其间拜访了挪威银行执行副总裁雷夫·特克萨姆（Leif Teksum）。

12日 姜建清董事长、杨凯生行长在北京出席工银金融租赁公司与中国华能集团公司、中国船舶工业集团公司、中国船级社举行的“船舶建造及租赁项目签约仪式”并致辞，李晓鹏副行长主持签约仪式。

张福荣副行长在北京出席中国证监会、中国证券业协会召开的第二次基金代销银行联席会并致辞。

张福荣副行长在北京参加银监会银行业金融机构抗震救灾工作会议。

全国总工会授予我行四川分行营业部都江堰支行、四川德阳分行绵竹支行、四川绵阳分行高新支行、陕西汉中分行宁强县支行、甘肃陇南分行五单位“抗震救灾重建家园工人先锋号”称号。

13日 姜建清董事长在北京参加中共中央、国务院召开的省区市和中央部门主要负责同志会议。

赵林监事长拜访中央汇金公司副董事长汪建熙、总经理谢平。王炽曦监事陪同。

张福荣副行长出席我行奥运金融服务工作座谈会。北京、天津、河北、辽宁、上海、青岛分行和总行相关部门负责人参加会议。

黑龙江分行与俄罗斯联邦储蓄银行对两行即将开展的本币结算业务进行商谈。

宁波分行成功实现RET－AD总分行交易系统投产，并在当日通过该系统完成了首笔远期结汇交易。

14日 全功能银行系统2008年第二季度版本（NOVA2.6.1）第二批项目成功投产。此次版本涵盖门户网站优化项目、黄金交易二级系统、金融期货特别结算会员系统（AIX版本）等项目。

吉林分行加大不良贷款清收处置工作，提出“区别对待、抓住重点、落实责任、奖罚挂钩、突出成效”的具体要求。

15日 我行个人无效客户信息清理工作圆满完成。合计清理个人无效基本客户信息约1.26亿条，提高了我行信息系统的可用性，促进了资源合理整合。

15日－16日 牛锡明副行长赴黑龙江分行调研运行管理业务，其间应邀参加第十九届中国哈尔滨国际经济贸易洽谈会，出席了黑龙江省政府金融工作座谈会和“金融发展与黑龙江老工业基地振兴高层论坛”，并作主题演讲。

16日 李晓鹏副行长会见哈萨克斯坦金融工作者协会主席、工银阿拉木图独立董事阿罕诺夫，双方介绍了各自国家经济金融改革形势，并就工银阿拉木图经营发展有关问题交换了意见。

李晓鹏副行长在北京主持召开工银阿拉木图董事会会议，审议通过《阿拉木图子银行2007年度财务报告》。

我行在《亚洲法律事务》杂志（*Asia Legal Business*）2008年法律大奖评选中，荣获“最佳公司律师”和“最佳银行与金融服务公司律师”两项大奖。成为近年来国内商业银行中第一个获得“最佳公司律师”大奖和中资公司中第一个同时囊括这两项大奖的公司律师团队。

河南分行为郑州日产汽车有限公司办理一笔结构性远期外汇买卖业务。

湖北分行储蓄存款突破1 000亿元大关。

16日－17日　李晓鹏副行长赴天津分行调研金融租赁业务，并实地考察了天津港的建设情况，其间分别拜访了天津市副市长崔津渡和天津市银监局局长王进诚。

17日　杨凯生行长主持召开总行风险管理委员会2008年第3次会议，审议通过《中国工商银行风险限额管理制度（试行）》，听取了《我行现金营运风险管理报告》等四项专题汇报。张福荣、牛锡明副行长，魏国雄首席风险官及25个委员部门负责人参加了会议。

杨凯生行长和牛锡明、李晓鹏副行长会见中国航天科技集团公司总经理马兴瑞一行，双方就加强全面业务合作交换了意见。

牛锡明副行长出席我行离退休人员管理工作座谈会并讲话。

国家知识产权局授予我行申报的《分布式业务系统中的软件版本升级系统及其方法》为国家发明专利。此项专利通过将分布式业务系统远程版本下发和版本安装的过程分开，解决了低速网络的堵塞问题，提高了分布式业务系统版本下发的安全性、可靠性。至此，我行拥有的专利数量达到68个。

黑龙江分行与俄罗斯工业通讯银行布市分行就互建美元清算账户达成初步意向。

江苏分行开展“学规定、促合规、防案件”专题教育活动。

山东分行与聊城市36家企事业单位签订企业年金受托合同。

广东分行营业部作为主承销商，为中国海运（集团）总公司成功发行首期25亿元中期票据。

18日　姜建清董事长、杨凯生行长会见浙江省省长吕祖善一行，双方就银行发挥金融专业优势支持地方建设情况交换了意见。

我行与中国南方航空公司在北京举行“南航明珠牡丹信用卡”首发仪式。姜建清董事长和南方航空公司董事长刘绍勇出席并致辞，张福荣副行长和南方航空公司副总经理徐杰波为“南航明珠牡丹信用卡”揭幕。

杨凯生行长和总行党委委员、北京分行易会满行长出席我行与首都机场集团公司全面合作协议签约仪式。

总行党委委员、北京分行易会满行长拜访中国电信集团公司副总经理吴安迪，双方就中国电信重组进展和相关的金融业务合作交换了意见。

总行党委委员、北京分行易会满行长应邀出席中化集团财务有限责任公司在京举行的开业揭牌仪式。

山东分行与齐鲁证券有限公司签订全面业务合作协议。

19日　李晓鹏副行长会见中国五矿集团公司副总裁兼金盛人寿保险公司董事长宋玉芳一行，双方就进一步加强银保业务合作等问题交换了意见。

总行党委委员、北京分行易会满行长主持召开第二十九次专题会议，研究京津城际铁路自动售票电子结算项目有关问题。

总行党委委员、北京分行易会满行长出席铁道部2008年短期融资券第一期发行仪式。

总行党委委员、北京分行易会满行长在北京参加银监会有关商业银行奥运金融服务和个人理财业务暗访情况总结通报会。

福建分行与福建省东山澳仔山风电开发有限公司、福建晋江天然气发电有限公司、福州市水环境建设开发公司三户节能减排企业签订银企合作协议。

19日－20日　杨凯生行长、张福荣副行长赴江苏出席我行个人业务销售激励机制建设交流会和信贷业务座谈会，并在江苏分行调研。魏国雄首席风险官、总行部分部室总经理（主任）和江苏等分行及部分二级分行负责人参加会议。

牛锡明副行长赴江西分行调研，其间拜访了江西省委常委、副省长赵智勇。

20日　姜建清董事长会见法国里昂证券有限公司主席乐民信（Rob Morrison）一行，双方就国际经济走势、金融市场动态、双方未来合作等议题进行了交流。

党委副书记、党校校长赵林到总行党校与第三期领导干部研究班学员座谈。

总行党委委员、北京分行易会满行长会见中国移动集团公司副总裁薛涛海一行，双方就进一步加强银企战略合作等议题进行了交流。

北京分行ATM新增水费交纳、网络表购电、电卡信息查询及新电卡买电交易等多项新功能。

辽宁分行成功营销鞍钢股份有限公司H股分红业务6.73亿港元。

上海分行长宁新华路支行贵宾理财中心在中国证券网和上海证券报联合主办的第二届中国“金理财”评选活动中，荣获“金理财——十佳理财中心”称号。

22日　李晓鹏副行长参加我行与中央组织部联合举办的“迎奥运网球友谊赛”。

23日　姜建清董事长、王丽丽副行长会见巴基斯坦驻华大使萨尔曼·巴希尔（Salman Bashir）一行，双方就巴基斯坦宏观经济和金融市场情况以及我行国际化发展战略等议题交换了意见。

杨凯生行长，总行党委委员、北京分行易会满行长在北京出席我行奥运期间信息系统安全保障暨全行业务灾难恢复应急演练动员会并讲话。

王丽丽副行长会见法国巴黎银行集团首席运营官让·克莱蒙（Jean Clamon）一行，双方就财富管理、外汇资金交易、金融租赁等业务合作情况交换了意见。

工银伦敦正式启用清算系统，标志着有能力受理英国本地主流银行汇往中国的英镑和美元的大批量清算业务。

23日-26日 杨凯生行长赴甘肃分行视察指导灾区恢复重建及金融服务工作，先后来到地震重灾区陇南分行和天水分行实地了解灾区营业情况，看望慰问受灾员工。其间拜访了甘肃省省委书记陆浩、省长徐守盛，代表总行党委和全行干部员工对受灾群众表示慰问，并表示我行会在金融服务领域全力支持当地灾后重建工作。

24日 姜建清董事长会见英国汇丰集团执行董事欧智华（Stuart Gulliver）一行，双方就次贷危机后国际金融形势、次贷对资本市场以及银行运作模式的影响交换了意见。

张福荣副行长主持召开第三十次专题会议，研究现金管理业务有关问题。

张福荣副行长会见国家保密局联合检查组一行，听取检查组对我行计算机及移动存储介质保密检查情况的反馈意见。

总行党委委员、北京分行易会满行长会见由中国航空工业第一集团公司副总经理兼总会计师顾惠忠、中国航空工业第二集团公司副总会计师白萍带队的中国航空工业集团公司筹备组一行，双方就两家航空工业集团公司重组合并计划、加强银企全面合作等内容进行了交谈。

24日-26日 李晓鹏副行长赴广东出席“重点行机构负债、企业年金、资产托管业务座谈会”并讲话，随后在广东分行调研。其间分别拜访了广东省财政厅厅长刘昆、副厅长沈梅红和广发证券股份有限公司董事长王志伟、总裁李建勇。

25日 总行党委委员、北京分行易会满行长会见美国IBM集团全球执行副总裁尼克·多诺里奥（Nick Donofrio）一行，双方就加强战略合作关系、共同推动业务发展交换了意见。

26日 党委副书记、党校校长赵林，党委委员、党校副校长刘立宪出席总行党校第三期领导干部研究班结业典礼。

张福荣副行长拜访国家税务总局稽查局局长马毅民，双方就有关工作情况交换了意见。

王丽丽副行长会见英国金融服务局（FSA）批发银行与投资银行部总监斯蒂芬·布兰德（Stephen Bland）一行，双方就我行在英国及欧洲的发展战略、实施《巴塞尔新资本协议》的情况等内容交换了意见。

26日-27日 李晓鹏副行长赴上海分别出席工银金融租赁公司与中国东方航空股份有限公司、深圳航空有限责任公司飞机租赁项目签约仪式，并与东方航空总经理曹建雄、总会计师罗伟德，深圳航空总裁李昆、总会计师谢云双就银企双方进一步加强合作进行了交流。

27日 党委书记姜建清同志主持召开第十八次党委（扩大）会议，听取抗震救灾先进集体和先进个人评选表彰情况、创建“四好”领导班子先进集体评选表彰情况等专题汇报，研究有关议案。

姜建清董事长、杨凯生行长和总行党委委员、北京分行易会满行长会见江苏省省长罗志军、常务副省长赵克志一行，双方就进一步加强合作进行了交流。

党委书记姜建清同志主持总行党委中心组（扩大）学习，听取了全国人大财经委副主任委员、中国金融教育发展基金会理事长吴晓灵作的“解读货币政策及其走向”专题讲座。党委成员赵林、张福荣、牛锡明、王丽丽、刘立宪出席。董事会、监事会部分成员和总行有关部门负责人共同参加了学习。

牛锡明副行长出席全行管理人员反洗钱（视频）培训会，中国人民银行反洗钱局局长唐旭、中国反洗钱监测分析中心总分析师柴青山受邀分别讲授《当前我国反洗钱面临的形势及挑战》和《金融机构如何做好可疑交易的识别工作》。总行反洗钱领导小组成员部门负责人参加现场学习，各一级分行、二级分行领导班子成员和反洗钱领导小组成员部门负责人在当地通过视频参加学习。

27日-29日 杨凯生行长赴四川分行指导灾区恢复重建及金融服务工作，并出席四川分行抗震救灾先进事迹报告暨表彰大会。在四川省副省长黄小祥的陪同下，先后视察了绵阳高新支行、华丰支行、江油纪念碑分理处、火车站支行、安县支行等受灾严重的分支机构，到都江堰支行、信用卡电话服务中心（成都）、四川分行营业部实地了解灾区营业情况，看望慰问受灾员工，其间还拜访了成都市市长葛红林。

28日 总行党委委员、北京分行易会满行长应邀赴广州出席广东钢铁集团有限公司成立揭牌仪式，并与宝钢集团公司董事长徐乐江就加强广东钢铁集团及湛江钢铁项目业务合作进行了交流。

安徽分行首家牡丹信用卡VIP客户服务中心正式成立。

福建分行成功投产移动公司话费托收系统。

30日 杨凯生行长在北京参加银监会全国银行业系统抗震救灾先进集体、先进个人表彰大会。我行德阳市分行、四川都江堰支行、陕西宁强县支行被授予“全国银行业系统抗震救灾先进集体”称号，我行四川德阳绵竹汉旺支行行长吕仕洲、四川绵阳分行运行管理部员工王炯被授予“全国银行业系统抗震救灾先进个人”称号。

牛锡明副行长会见英国《欧洲货币》杂志出版人尼尔·奥斯本（Neil Osborn）一行，双方就有关合作事宜交换了意见。

王丽丽副行长会见日本日金新闻社社长木下纯男一行，双方就中国宏观经济形势、奥运之后中国经济的走向以及我行在日本市场的发展战略等议题进行了交流。

总行党委委员、北京分行易会满行长会见英国BP集团首席财务官拜伦·格罗特（Byron Grote）、亚太区及中国总裁德开瑞一行，双方就进一步加强业务合作交换了意见。

中国金融工会授予在抗震救灾中表现突出的我行四川分行营业部都江堰支行、陕西汉中分行宁强县支行"全国金融五一劳动奖状"；授予四川分行行长陈焕祥、四川德阳分行绵竹汉旺支行行长吕仕洲、甘肃陇南分行文县支行副行长兼碧口支行行长任为群"全国金融五一劳动奖章"。

中央金融团工委授予在抗震救灾中表现突出的我行成都盐市口西较场支行、四川广元分行抗震救灾青年突击队"抗震救灾先进青年集体"称号；授予四川省分行团委"抗震救灾先进团组织"称号；授予四川省分行营业部都江堰支行贵宾理财中心冉志翔"抗震救灾优秀青年"称号。

山西分行与省交通厅、省高管局联合举行公路刷卡收费启动暨"牡丹晋通卡"首发仪式。

湖北分行与长江期货公司开通集中式银期转账业务。

30日－7月2日 张福荣副行长参加北京市证监局举办的"北京辖区上市公司2008年度第二期董事、监事培训"。王文彦、康学军董事同时参加。

4月至6月 青岛分行在当地80余家中石油加油站开展了"刷牡丹中油卡，享受超值大奖"优惠促销活动。

7月

1日 我行在北京举行抗震救灾表彰暨先进事迹报告会，对抗震救灾中的23名贡献突出人员记功嘉奖，对57个抗震救灾先进集体、165名抗震救灾先进个人进行表彰。姜建清董事长作了题为《大力弘扬抗震救灾精神，夺取抗震救灾和改革发展双胜利》的重要讲话，杨凯生行长主持会议，赵林监事长宣读总行表彰和记功决定。牛锡明副行长，刘立宪纪委书记，总行党委委员、北京分行易会满行长出席。抗震救灾先进集体、先进个人代表和总行全体干部员工在总行办公大楼B3学术交流厅设立的主会场参加报告会，各一级（直属）分行、直属机构、二级分行干部员工在各地分会场通过视频方式参加报告会。

杨凯生行长会见安永会计师事务所全球金融服务部主席鲍勃·斯坦（Bob Stein）一行，双方就次贷危机的影响、发展趋势及形成的原因等进行了交流。

牛锡明副行长在北京出席我行2008年高级专业人才金融风险管理师（FRM）第一期培训班开班仪式。

王丽丽副行长在北京参加国家外汇管理局召开的外汇指定银行政策通报会。

1日－3日 李晓鹏副行长赴南昌出席我行与江西省人民政府《鄱阳湖产业投资基金财务顾问协议》签约仪式，其间分别会见了江西省省长吴新雄，江西省省委常委、省委秘书长赵智勇，副省长熊盛文和南昌铁路局局长黄桂章、总会计师熊辉敏。

2日 杨凯生行长会见南非标准银行全球企业与投行业务总裁罗伯特·利斯（Robert Leith）一行，双方就全球资源基金、外汇资金合作、直接投资等业务合作进行了交流。

总行党委委员、北京分行易会满行长会见鞍钢集团副总经理、总会计师于万源和计划财务部部长刘申一行，双方就短期融资券、企业年金等业务合作进行了交流。

总行党委委员、北京分行易会满行长拜访中国联合通信有限公司副总经理佟吉禄，双方就中国联通重组和3G建设进展以及相关的金融业务合作进行了交流。

3日 杨凯生行长主持召开第三次行长办公会议，审议《2008年度行长基本授权》和《中国工商银行案件防范工作责任制规定》。

张福荣副行长会见南非标准银行非洲企业与投行业务首席执行官戴维·芒罗（David Munro）一行，双方就结算与现金管理业务合作进行了交流，并签署了《现金管理业务合作谅解备忘录》。

牛锡明副行长出席我行配合银监会现场检查工作（视频）会议并讲话，魏国雄首席风险官主持会议。

总行党委委员、北京分行易会满行长主持召开第31次专题会议，研究海尔集团公司收购业务有关问题。

我行与中国广东核电集团有限公司签订绿色能源建设金融合作协议及内蒙古灰腾梁30万千瓦风电项目银团贷款合同。

总行印发《关于将企业年金中心更名为养老金业务部的通知》。

4日 党委书记姜建清同志主持召开第十九次党委（扩大）会议，研究我行品牌建设等有关工作。

姜建清董事长会见高盛集团副董事长麦克·埃文斯（Mike Evans）一行，双方就有关业务合作情况进行了交流。

总行党委委员、北京分行易会满行长赴数据中心（北京）现场指导2008年度全行业务灾难恢复应急演练工作。

我行在《中国证券报》、《上海证券报》、《证券时报》和上海证券交易所网站刊登了《中国工商银行股份有限公司2008年中期业绩预增公告》。预计2008年上半年净利润较2007年上半年净利润同比增幅在50%以上。

5日 杨凯生行长、刘立宪纪委书记观摩了在北京八一体工大队乒乓球馆举行的全行“迎奥运”员工乒乓球决赛，并为获奖运动员颁奖。

上海分行举办“2008中国工商银行上海黄金投资论坛”。

6日 我行与鹰皇商务科技有限公司联合推出国内首张专门服务于高尔夫爱好者的高端联名卡产品“1872牡丹信用卡”。

7日 姜建清董事长和总行党委委员、北京分行易会满行长赴上海拜访宝钢集团有限公司董事长徐乐江，双方就深化战略合作进行了交流。

杨凯生行长、牛锡明副行长会见由银监会副主席王兆星带队的小企业信贷工作调研组一行，双方就宏观经济形势、小企业经营状况以及我行开展小企业信贷业务的情况进行了座谈。

赵林监事长听取财务会计部和风险管理部有关工作情况汇报。王炽曦、王道成、苗耕书、张炜监事参加。

张福荣副行长会见华夏基金管理公司总经理范勇宏一行，双方就证券投资基金、专户理财、人民币理财等业务合作进行了交流。

李晓鹏副行长与中国石化集团公司副总经理李春光一同拜访人民银行副行长苏宁，汇报我行为中石化开发设计的以其财务公司为平台的境内资金集中管理项目。

李晓鹏副行长会见中国银行业协会专职副会长杨再平一行，双方就有关合作事宜交换了意见。

总行党委委员、北京分行易会满行长到数据中心（上海）调研。

天津分行全面开办公积金委托提取业务。

7日-11日 赵林监事长赴山东和青岛分行调研。王炽曦监事陪同。

7日-12日 姜建清董事长赴浙江、江苏及苏州分行调研小企业金融服务工作，其间分别拜访了浙江省委书记赵洪祝、省长吕祖善和江苏省省长罗志军、常务副省长赵克志等地方党政主要负责人，就有关工作交换意见。在苏州会见了迪拜国际资本公司董事长安萨利（Sameer Al Ansari）、香港第一东方投资集团董事长诸立力（Victor Chu）一行，双方共同商讨了国际经济形势以及未来合作等议题。魏国雄首席风险官陪同。

8日 杨凯生行长会见湖南省委书记张春贤和省委常委、副省长徐宪平一行，双方就进一步拓宽合作领域等议题交换了意见。

李晓鹏副行长会见摩根士丹利集团首席财务官科尔姆·凯勒尔（Colm Kelleher）一行，双方就国际经济形势、亚洲资本市场和中国经济热点等进行了交流。

辽宁分行与辽宁省旅游局、中国银联辽宁分公司发行牡丹旅游联名卡。

8日-10日 牛锡明副行长赴陕西分行调研内控合规工作，其间还分别听取了上海、陕西分行关于区域化集约运营改革试点和江苏分行关于远程授权改革试点工作的专题汇报。

9日 张福荣副行长主持召开总行操作风险管理委员会2008年第二次会议，听取了票据融资业务操作风险管理报告、票据营业部操作风险管理报告、金融期货结算中心操作风险管理工作汇报和操作风险监测指标体系修订工作报告。

张福荣副行长赴北京分行考察奥运金融服务工作。

王丽丽副行长应邀出席中国国际商会第一届常务理事会第一次会议暨纪念改革开放三十周年座谈会。

10日 杨凯生行长、李晓鹏副行长会见辽宁省副省长鲁昕一行，双方就进一步拓宽合作领域等议题交换了意见。

杨凯生行长会见联泰大都会人寿保险公司董事长沈若雷、总经理贝克俊一行，双方就进一步加深银保业务合作进行了交流。

牛锡明副行长出席我行中长期项目贷款评估业务（视频）培训会议。

总行党委委员、北京分行易会满行长和中粮集团副总裁薛国平、中国海洋石油总公司副总经理、中海信托董事长罗汉共同出席我行与中海信托股份有限公司、中粮集团有限公司在京联合举行的“工商银行·中海信托·中粮集团期酒消费+投资理财项目”签约仪式暨新闻发布会，正式推出君顶酒庄红酒收益权信托理财产品。该产品是国内首款期酒概念的理财产品。

我行与营口银行正式建立代理行关系。至此，我行已与国内80家银行机构正式建立了代理行关系。

辽宁分行作为主承销商承销鞍钢短期融资债40亿元。

江西分行与江西省盐业集团公司签订战略合作协议。

11日 杨凯生行长出席全行应税事务工作（视频）会议并讲话。

杨凯生行长、张福荣副行长出席我行业务与产品创新管理委员会2008年第二次会议。会议审议通过《产品目录管理办法》，并听取了《2008年业务与产品创新计划》上半年执行情况的汇报。

总行党委委员、北京分行易会满行长会见华为技术有限公司常务副总裁、财务总监梁华一行，双方就金融服务创新、供应链融资、境外融资、年度授信等业务合作进行了交流。

总行党委委员、北京分行易会满行长拜访中国网络通信集团公司总会计师李福申，双方就中国网通重组和3G建设进展以及相关的金融业务合作进行了交流。

12日 全功能银行系统2008年第二季度版本（NOVA 2.6.1）主体项目成功投产。本次投产版本涵盖了理财白金卡、对公信贷业务流程再造、区域业务处理中心平台等57个创新产品和116个功能升级与优化项目，涉及31个业务部门。

13日 刘立宪纪委书记在北京参加中国金融工会第三届四次全国委员会会议。

14日 姜建清董事长会见香港大新银行董事长王守业一行，双方就业务合作情况进行了交流。谷澍董事会秘书陪同。

杨凯生行长会见湖北省委常委、副省长赵斌一行，双方就进一步拓宽合作领域等议题交换了意见。

易会满副行长陪同人民银行副行长苏宁到北京分行对银行卡支付环境进行调研。

易会满副行长在北京参加银监会第二季度大型银行公司业务风险管理座谈会。谷澍董事会秘书陪同。

易会满副行长会见美国金沙集团总裁威廉·怀德（William Weidner）一行，双方就美国次贷危机对房地产市场的影响、澳门经济发展前景及双方未来的合作领域等议题进行了交流。

总行印发工银发［2008］78号文件：经董事会研究决定，谷澍同志任中国工商银行股份有限公司董事会秘书；免去潘功胜同志中国工商银行股份有限公司董事会秘书职务。

印发工银发［2008］79号文件：经董事会研究决定，易会满同志任中国工商银行股份有限公司副行长；免去张衢同志中国工商银行股份有限公司副行长职务。

印发工银党［2008］28号文件：决定免去沈如军同志中国工商银行股份有限公司北京市分行党委副书记职务。

印发工银党［2008］29号文件：决定鞠延强同志主持中国工商银行股份有限公司大连市分行党委工作。

印发工银党［2008］30号文件：决定王云桂同志任党委宣传部部长，免去其党委组织部副部长职务；免去蔡毅同志党委宣传部部长职务。

印发工银任免［2008］74号文件：决定解聘沈如军同志中国工商银行股份有限公司北京市分行副行长职务，另有任用。

印发工银任免［2008］75号文件：决定聘任胡浩同志为国际业务部总经理，解聘其机构业务部总经理职务。席德应同志主持机构业务部工作。解聘陈爱平同志国际业务部总经理职务。

印发工银任免［2008］76号文件：决定聘任谷澍同志为战略管理与投资者关系部总经理，解聘其财务会计部总经理职务；聘任沈如军同志为财务会计部总经理。解聘潘功胜同志战略管理与投资者关系部总经理职务。

印发工银任免［2008］77号文件：决定鞠延强同志主持中国工商银行股份有限公司大连市分行工作。

15日 党委书记姜建清同志主持召开第二十次党委（扩大）会议，研究拟提交董事会第三十八次会议审议的有关议案和专题汇报。

姜建清董事长会见高盛集团董事长劳埃德·布兰克芬（Lloyd Blankfein）一行，双方就国际经济走势、金融市场动态、双方合作等议题进行了交流。谷澍董事会秘书陪同。

杨凯生行长会见来我行出席“北京地区金融类上市公司公司治理座谈会”的中国证监会上市部副主任蔡建春、北京证监局局长助理杨琳一行。谷澍董事会秘书，王文彦、许善达董事，王炽曦监事参加会见。

16日 姜建清董事长、杨凯生行长、赵林监事长、牛锡明副行长会见银监会副主席蒋定之一行，汇报我行2007年度银监会现场检查整改情况。魏国雄首席风险官，谷澍董事会秘书，傅仲君、康学军、仲建安、赵海英、宋志刚、王文彦、许善达董事，王炽曦、王道成、张炜监事和总行有关部室负责人参加会见。

姜建清董事长会见安徽省委常委、合肥市委书记孙金龙一行，双方就进一步密切银政合作关系交换了意见。

姜建清董事长会见博思艾伦咨询公司全球首席执行官柏思谧（Shumeet Banerji）一行，双方就进一步拓宽合作领域等议题进行了交流。

杨凯生行长会见美国ACE保险集团董事长兼首席执行官埃文·格林伯格（Evan Greenberg）一行，双方就QFII资产托管、保险资产托管、银保业务等业务合作进行了交流。

李晓鹏副行长拜访中国再保险（集团）股份有限公司董事长刘京生、副总裁张泓，双方就加强全方位业务合作进行了交流。

我行推出《企业理财》杂志。该刊物由总行投资银行部与杭州金融研修学院联合创办，旨在及时报道企业理财及其他投资银行业务热点动态，发布投资银行部研究中心核心报告，宣传“企业理财师”及服务案例，并作为重要的增值服务之一，提供给我行常年财务顾问业务和投行业务客户。

总行印发工银任免［2008］78号文件：聘任王云桂同志为教育部总经理，解聘其人力资源部副总经理职务；解聘蔡毅同志教育部总经理职务。

印发工银任免［2008］80号文件：聘任蔡东同志为电子银行部总经理；解聘王刚同志电子银行部总经理、电子银行中心总经理职务。

16日-17日 张福荣副行长在北京参加中共中央组织部全国干部教育培训工作会议。

17日 杨凯生行长、张福荣、李晓鹏副行长出席我行2008年第三期“创新沙龙”，主题是“创新为王：银行卡与电子银行的最新发展”。中国银联公司总裁许罗德应邀参加。

赵林监事长拜访财政部副部长李勇。王炽曦监事陪同。

张福荣副行长会见中国银联公司总裁许罗德一行，

双方就业务合作情况进行了交流。

张福荣副行长会见嘉实基金公司总经理赵学军一行，双方就企业年金投资管理，基金托管、销售及专户理财产品等业务合作进行了交流。

18日 姜建清董事长、杨凯生行长在北京参加银监会2008年第二季度经济金融形势通报分析（电视电话）会议。

杨凯生行长会见浙江省委常委、宁波市委书记巴音朝鲁一行，双方就宏观经济、宁波东部新城建设和中小企业信贷等交换了意见。

李晓鹏副行长出席由我行承办的“中国商业银行博士后论坛”活动，论坛主题是“经济波动下的银行可持续发展”。13家金融机构博士后流动站、工作站的专家和博士后研究人员共70余人应邀出席。

国家知识产权局授予我行申报的新型《对账单》实用新型专利。新型对账单为一式三联，可折叠为信封，便于在封闭的情况下用机器进行打印和封装，达到了更好地保护客户隐私、节约成本、提高工作效率等效果。至此，我行拥有的专利数量达到69个。

福建分行与漳州天福、福建迅达、九牧王、诺奇、美克5家企业签订现金管理服务协议。

19日 内蒙古分行召开首届职工代表大会。

21日 全行分行行长工作会预备会议在北京召开，姜建清董事长、张福荣副行长分别讲话，杨凯生行长主持会议。

赵林监事长会见中信银行监事长王川一行，双方就业务合作情况进行了交流。王炽曦监事陪同。

张福荣副行长在北京参加银监会信访工作会议。

牛锡明副行长主持召开信用风险管理委员会2008年第五次会议，审议通过《2008年中期信贷业务信用风险管理报告》。魏国雄首席风险官出席。

牛锡明、易会满副行长会见中国石油天然气集团公司财务资产部副总会计师吕连浮一行，双方就中石油公司海外项目融资事宜进行了交流。

我行正式推出贵宾版个人网上银行。这是我行在现有网上银行基础上特别为优质客户提供的全新网上银行服务。贵宾版网银不仅包含了普通网银的全部功能与服务，还为客户提供了专属服务通道、专属服务区域、专属优惠、专属服务和专属产品。

22日 李晓鹏副行长会见全国社会保障基金理事会副理事长王忠民一行，双方就进一步深化业务合作进行了交流。

22日－23日 全行分行行长工作会议在北京召开，姜建清董事长、杨凯生行长讲话，赵林监事长主持会议。张福荣、牛锡明、王丽丽、李晓鹏副行长，刘立宪纪委书记和易会满副行长出席。

23日 姜建清董事长、李晓鹏副行长会见中国第二重型机械集团公司副总经理孙德润一行，双方就进一步深化业务合作进行了交流。

姜建清董事长会见瑞士信贷集团董事总经理、全球金融机构部主管维克拉姆·甘地（Vikram Gandhi）一行，双方就美国次贷危机下的国际金融形势、我行的国际化发展战略等议题进行了交流。谷澍董事会秘书陪同。

杨凯生行长、王丽丽副行长会见澳大利亚审慎监管局主席约翰·雷克（John Laker）一行，双方就我行悉尼分行牌照获批及开业后业务发展等议题交换了意见。

杨凯生行长主持召开第三十五次专题会议，研究运行管理改革工作。

24日 姜建清董事长会见中信集团公司总经理常振明一行，双方就进一步拓宽合作领域等进行了交流。谷澍董事会秘书陪同。

姜董事长会见美国纽约梅隆银行首席执行官罗伯特·凯利（Robert Kelly）一行，双方就资产托管业务合作进行了交流。谷澍董事会秘书陪同。

张福荣副行长主持召开总行信访工作领导小组会议，学习贯彻全国处理信访突出问题及群体性事件电视电话会议精神，研究部署奥运会期间全行信访稳定工作。

24日－25日 牛锡明副行长赴新疆分行调研。

25日 杨凯生行长作为委员会成员在北京出席银监会新资本协议高层指导委员会会议。

张福荣副行长在北京出席人民银行举行的“中国境内外币支付系统全面建成新闻发布会”，并代表我行与人民银行清算总中心签署了《境内外币支付系统清算与结算服务协议》。

张福荣副行长出席中国银联携手工商银行、农业银行、中国银行、建设银行、上海银行共同推出的“中国红”慈善信用卡首发仪式。

魏国雄首席风险官在北京出席我行信贷作业监督与信贷档案集中管理情况（视频）通报会并讲话。

我行成功推出手机银行（WAP）业务，通过WAP方式访问我行手机银行网站（wap. icbc. com. cn），即可自助办理转账汇款、缴费、基金、黄金等各类银行业务，使客户能获得更加丰富、方便、直观的银行服务。

总行印发《关于表彰“全国金融五一劳动奖状”“全国金融五一劳动奖章”获奖单位和个人的决定》。

26日－27日 杨凯生行长赴杭州金融研修学院考察我行公开选拔部分一级分行副行长、行长助理的笔试工作。

28日 姜建清董事长主持召开我行第一届董事会第三十八次会议，审议通过了《关于调整董事会对行长对外捐赠授权额度的议案》等三项议案，并听取了《关于中国工商银行公司治理建设情况的汇报》。董事会成员杨凯生、张福荣、牛锡明、傅仲君、康学军、宋志刚、王文彦、赵海英、仲建安、克利斯多佛·科尔、梁锦松、约翰·桑顿、钱颖一、许善达及谷澍董事会秘书出席会议，赵林监事长，王炽曦、王道成、苗耕书、张炜监事，监管部门代表及总行相关部门负责人列席会议。

杨凯生行长出席我行第一届董事会提名与薪酬委员会第十次会议。会议审议通过《关于提名中国工商银行股份有限公司董事候选人的议案》。钱颖一独立董事主持，委员会成员梁锦松、约翰·桑顿、许善达、王文彦、傅仲君董事及谷澍董事会秘书出席。

赵林监事长主持召开第一届监事会第十七次会议，审议通过了《关于公司治理专项活动持续整改情况报告的议案》。王炽曦、王道成、苗耕书、张炜监事出席。

李晓鹏副行长主持召开工银金融租赁公司第一届董事会第四次会议，听取租赁公司管理层关于上半年经营情况的报告，并审议通过了有关事项。

易会满副行长应邀出席中国银行业协会在北京举行的“奥运金融服务新闻发布会”。

魏国雄首席风险官在北京出席我行风险管理工作（视频）会议并讲话。

辽宁分行开展精细化管理全员活动。

28 日－29 日　张福荣副行长赴天津主持召开奥运金融服务工作座谈会。

29 日　李晓鹏副行长会见德国安联保险集团亚太部执行副总裁杜汉诗（Heinz Dollberg）一行，双方就进一步提升业务合作进行了交流。

李晓鹏副行长会见法国巴黎证券（亚洲）执行总裁及执行董事欧文（Erwin Sanft）一行，双方就国内外经济形势、次贷危机影响、中小企业发展和金融服务等议题进行了交流。

我行正式向越南国家银行递交设立河内分行的申请材料。

29 日－31 日　杨凯生行长、刘立宪纪委书记赴内蒙古出席全行案件形势分析会并调研，其间拜访了内蒙古自治区代主席巴特尔，副主席赵双连、布小林。

赵林监事长参加北京市证监局举办的“北京辖区上市公司 2008 年度第三期董事、监事培训”。苗耕书监事同时参加。

29 日－8 月 1 日　姜建清董事长应邀赴广西北海出席“2008 泛北部湾经济发展论坛”活动并发表演讲；在广西南宁主持召开了我行部分分行参加的未来三年发展战略座谈会。随后赴江西分行出席了分行党委民主生活会。其间还分别拜访了广西壮族自治区党委书记郭声琨、区主席马飚，江西省委书记苏荣、省长吴新雄。

牛锡明副行长赴深圳出席我行国内贸易融资业务专题座谈会，魏国雄首席风险官参加会议。随后又分别出席了深圳分行和广东分行党委民主生活会。

30 日　我行个人不良贷款管理系统正式在全行投产，全行个人、法人不良贷款已全面纳入专门系统管理，实现业务全程信息化处理。

31 日　张福荣副行长在北京参加人民银行召开的银行奥运信息安全保障工作会议。

李晓鹏副行长在北京参加人民银行经济金融形势分析会。

易会满副行长在北京参加银监会召开的公司业务工作会议。

辽宁分行为鞍钢鲅鱼圈钢铁项目投放 5 年期贷款 21 亿元。

8 月

1 日　杨凯生行长会见美国高盛集团投资银行部主席、我行非执行董事克利斯多佛·科尔（Christopher A. Cole）一行，双方就美国及全球经济金融形势和我行发展战略等议题进行了交流。谷澍董事会秘书陪同。

易会满副行长出席铁道部举行的京津城际铁路正式通车仪式。京津城际铁路是由我行信贷资金支持完成的首个客运专线项目。

安徽分行与安徽省烟草公司签订银行卡代理烟草销售款结算业务合作协议。

2 日　易会满副行长参加人民银行召开的加强奥运期间银行信息安全管理紧急会议。

2 日－6 日　王丽丽副行长赴杭州出席 2008 年亚太经合组织工商咨询理事会（ABAC）第三次会议及 ABAC 第二届中小企业峰会。其间先后参加了 ABAC 全会、金融经济工作组（FEWG）会议以及 APEC 金融体系能力建设顾问组会议。还应邀出席了中小企业融资论坛活动，并就中小企业融资困难、我行的中小企业金融服务以及中小企业的融资突破等问题发表演讲。

3 日　宁夏分行荣获“宁夏改革开放 30 周年行业功勋奖”。

4 日　姜建清董事长会见台北金融基金会董事长周吴添一行，双方就进一步加强业务合作进行了交流。

易会满副行长主持召开第三十七次专题会议，研究网络信息科技安全有关事宜。

我行成为国内首家个人网上银行客户超过 5 000 万户的银行。

4 日－6 日　张福荣副行长赴云南出席我行信用卡业务工作会议和个人贷款营销工作座谈会并调研，其间会见了云南省副省长曹建方。魏国雄首席风险官陪同。

5 日　姜建清董事长、刘立宪纪委书记出席总行巡视工作领导小组第一次会议暨 2008 年度巡视工作启动会，对巡视工作进行动员部署。

总行印发工银任免［2008］98 号文件：聘任韩瑞

祥同志为中国工商银行股份有限公司悉尼分行总经理。

总行印发工银任免［2008］99号文件：决定陈爱平的国内职级为省行行长级。

总行印发《关于促进小企业信贷业务稳健发展的若干意见》。

江苏分行联合14家重点券商开展为期半年的“银证选工行　财富伴您行”银证业务营销推广活动。

福建分行成功叙做两期与欧元兑美元汇率挂钩的人民币结构性理财产品，共计19家企业参与其中，合计金额超过3亿元人民币。

6日　刘立宪纪委书记在北京参加人民银行打击国际伪卡犯罪集团活动专题会议。

海南分行与雅居乐、合景泰富、恩祥地产签订银企战略合作框架协议。

7日　姜建清董事长会见新加坡大华银行集团主席黄祖耀一行，双方就国际金融形势进行了交流。

姜建清董事长、杨凯生行长会见吉林省省长韩长赋一行，双方就进一步密切合作关系等议题交换了意见。

姜建清董事长应邀出席新加坡资政李光耀访华招待午宴。

杨凯生行长主持召开第四次行长办公会议，研究个人理财业务等工作。

杨凯生行长会见美国大都会集团董事长、总裁兼首席执行官汉瑞克森（C. Robert Henrikson）一行，双方就业务合作情况及国际金融市场走势进行了交流。

杨凯生行长会见美国运通集团全球网络服务总裁高沛德（Peter Godfrey）一行，双方就次贷危机、银行卡业务合作等议题进行了交流。

我行在《中国证券报》、《上海证券报》、《证券时报》和上海证券交易所网站刊登了《工商银行关于获准设立纽约分行的公告》。美国联邦储备委员会于8月5日（美国东部时间）正式批准了我行设立纽约分行的申请，允许我行经营批发性商业银行业务。

8日　易会满副行长赴北京分行考察奥运金融服务工作。

广东分行顺利投产中海壳牌银企互联项目，中海壳牌可以在其SAP系统上处理工行相关业务。

宁波分行营业部财富管理中心正式开业。

11日　姜建清董事长会见美国华美银行总裁吴建民一行，双方就国际金融形势进行了交流。谷澍董事会秘书陪同。

党委书记姜建清同志主持召开第二十二次党委（扩大）会议，研究拟提交董事会第三十九次会议审议的有关议案和总行大楼一二期功能整合及安防、会议系统改造计划。

杨凯生行长主持召开总行风险管理委员会2008年第四次会议，审议通过2008年中期《信用风险管理报告》、《市场风险管理报告》、《操作风险管理报告》、《流动性风险管理报告》，听取了《2008年中期风险管理报告》、《资产托管业务风险管理报告》和《信用卡业务风险分析报告》。张福荣副行长、李晓鹏副行长、刘立宪纪委书记、易会满副行长、魏国雄首席风险官及25个委员部室负责人出席会议。

证监会正式批准我行客户安达国际控股有限公司（ACE INA International Holdings Ltd.）合格境外机构投资者（QFII）资格。这是我行首家美国QFII客户，也是我行首家保险公司类QFII客户。

12日　姜建清董事长会见广东省副省长宋海一行，双方就进一步密切业务合作关系等议题交换了意见。

姜建清董事长会见河北省副省长孙瑞彬一行，双方就进一步密切业务合作关系等议题交换了意见。

姜建清董事长会见美国百仕通集团董事长苏世民（Stephen Schwarzman）一行，双方就有关业务合作事宜进行了交流。谷澍董事会秘书陪同。

姜建清董事长会见智利银行副董事长安东尼克·卢克希奇（Andronico Luksic）一行，双方就南美地区经济发展状况及进一步加强两行业务合作等议题进行了交流。

杨凯生行长出席南非标准银行董事会（电话）会议。

王丽丽副行长会见加拿大皇家银行首席运营官芭芭拉·斯蒂米斯特（Barbara Stymiest）女士一行，双方就经营业绩、国际化战略及进一步加强两行业务合作等议题进行了交流。

李晓鹏副行长会见中国红十字会总会秘书长王海京一行，双方就进一步加强全面合作、规范业务操作、电子化信息服务等议题交换了意见。

13日　张福荣副行长主持召开第三十九次专题会议，研究总行一期办公大楼功能整合有关问题。

李晓鹏、易会满副行长主持召开第三十八次专题会议，研究企业年金业务重点客户营销工作。

14日　姜建清董事长、王丽丽副行长出席工银亚洲董事会（电话）会议。

14日－15日　党委委员、副行长张福荣赴河北分行出席分行党委民主生活会，其间拜访了河北省副省长孙瑞彬。

15日　杨凯生行长听取安永会计师事务所关于我行2008年度中期审计结果的汇报。谷澍董事会秘书陪同。

总行印发工银党［2008］41号文件：任命王珍军同志为中国工商银行股份有限公司北京市分行党委书记，免去易会满同志中国工商银行股份有限公司北京市分行党委书记职务。印发工银任免［2008］100号文件：聘任王珍军同志为中国工商银行股份有限公司北京市分行行长；解聘易会满同志中国工商银行股份有限公司北京市分行行长职务。

福建分行《关于积极支持“两个先行区”建设情况的报告》受到地方政府领导关注。

18 日　姜建清董事长会见瑞士信贷集团投资银行主席柯磊洛（Paul Calello）一行，双方就全球经济金融发展态势以及我行国际化发展战略等议题进行了交流。谷澍董事会秘书陪同。

赵林监事长听取安永会计师事务所关于我行2008年度中期审计结果的汇报。王炽曦、王道成、张炜监事陪同。

18 日－19 日　党委委员、副行长张福荣赴吉林分行出席分行党委民主生活会，并主持召开了部分分行结算业务座谈会。

19 日　姜建清董事长、易会满副行长赴北京分行进行未来三年发展战略专题调研。

20 日　姜建清董事长会见汇丰集团伊斯兰银行及中东北非地区首席执行官穆克塔·侯赛因（Mukhtar Hussain）一行，双方就进一步加强业务合作进行了交流。

姜建清董事长会见香港东亚银行董事长李国宝一行，双方就业务合作情况进行了交流。谷澍董事会秘书陪同。

杨凯生行长出席我行第一届董事会提名与薪酬委员会第十一次会议。会议审议了提名独立非执行董事候选人的议案。钱颖一独立董事主持，委员会成员梁锦松、约翰·桑顿、许善达、王文彦、傅仲君董事及谷澍董事会秘书出席。康学军、赵海英董事，王炽曦监事及总行相关部门负责人列席。

张福荣、牛锡明副行长出席我行第一届董事会风险管理委员会第十一次会议。会议听取了《关于我行2008年中期风险管理报告的汇报》。梁锦松独立董事主持，委员会成员康学军、宋志刚、仲建安、克利斯多佛·科尔、约翰·桑顿、钱颖一董事出席，魏国雄首席风险官、谷澍董事会秘书、赵海英董事、王炽曦监事及总行相关部门负责人列席。

张福荣副行长主持召开第四十次专题会议，研究个人信贷业务发展问题。

李晓鹏副行长会见中国海洋石油总公司总会计师兼海康人寿保险股份有限公司董事长吴孟飞一行，双方就推动银行保险业务、公司金融业务、资产托管业务合作进行了交流。

总行印发工银任免［2008］103号文件：聘任田志平同志为中国工商银行中东有限公司总经理（省行副行级）；聘任孔祥军同志为中国工商银行股份有限公司多哈分行总经理。

20 日－22 日　党委委员、纪委书记刘立宪赴苏州分行出席分行党委民主生活会并调研。

21 日　姜建清董事长主持召开我行第一届董事会第三十九次会议，审议通过了《关于2008年半年度报告及摘要的议案》等五项议案，并听取了《关于我行2008年上半年经营情况的汇报》等三项汇报。董事会成员杨凯生、张福荣、牛锡明、傅仲君、康学军、宋志刚、王文彦、赵海英、仲建安、克利斯多佛·科尔、梁锦松、约翰·桑顿、钱颖一、许善达及谷澍董事会秘书出席会议，赵林监事长，魏国雄首席风险官，王炽曦、王道成、张炜监事，监管部门代表及总行相关部门负责人列席会议。

我行在北京举行2008年度中期业绩新闻发布会和投资者分析师推介会。姜建清董事长发表致辞，杨凯生行长主持会议。魏国雄首席风险官、谷澍董事会秘书和财务会计部沈如军总经理出席。境内外50多家新闻媒体的70多位中外记者应邀参加。总行各部门负责人在主会场，各一级分行、直属分行、直属学院、直属机构、内审分局领导班子成员通过视频在分会场列席会议。

赵林监事长主持召开第一届监事会第十八次会议，审议通过了《关于提名中国工商银行股份有限公司监事候选人的议案》和《关于我行2008年半年度报告及摘要的议案》，并听取了《关于关联交易管理情况的监督报告》、《关于独立董事工作制度执行情况的监督报告》等四项汇报。王炽曦、王道成、张炜监事出席会议，谷澍董事会秘书列席会议。

张福荣副行长会见金融理财标准委员会主任刘鸿儒一行，双方就有关合作事宜进行了交流。

易会满副行长会见西班牙萨维集团总裁路易斯·德尔里维罗·阿森西奥（Luis del Rivero）一行，双方就投资银行、融资业务领域合作事宜进行了交流。

易会满副行长拜访中国出口信用保险公司副总经理梁志东，双方就海外资金汇划及融资业务合作等议题进行了交流。

总行印发工银党［2008］45号文件：免去王珍军同志党委办公室主任职务。

印发工银任免［2008］109号文件：解聘王珍军同志办公室主任职务，由高志新同志主持工作。

云南分行与云南煤化工集团有限公司进行银企座谈。

22 日　党委书记姜建清同志主持党委中心组学习，传达中央组织部部长李源潮同志在中管企业和中央金融机构主要负责人专题研讨班上的讲话精神。党委成员杨凯生、赵林、张福荣、牛锡明、王丽丽、李晓鹏、易会满同志及总行党委各部门负责人参加学习。

姜建清董事长会见印度工业信贷投资银行（ICICI）总经理昌达科赫哈（Chanda Kochhar）女士一行，双方就全球金融市场动态、两行业务合作、印度经济社会发展情况等议题进行了交流。

李晓鹏副行长会见中国银河证券股份有限公司副总裁霍肖宇一行，双方就市场营销、客户服务、电子银行、网点管理和进一步深化银证合作关系进行了交流。

我行2008年半年度报告及其摘要（A股）、2008年中期业绩公告（H股）在上海证券交易所、香港联交所对外披露，并在《中国证券报》、《上海证券报》、《证券时报》、《中国日报》刊登。上半年，我行实现税后利润648.79亿元，同比升幅达57.48%，每股收益为0.19元。

25日 牛锡明副行长出席我行配合审计署审计和银监会检查（视频）会议。魏国雄首席风险官主持会议。

大连分行启动公司业务营销模式、客户经理管理、考核分配机制等方面的改革。

25日-27日 赵林监事长赴四川分行检查指导灾后恢复重建及金融服务工作，先后来到都江堰支行、信用卡电话服务中心（成都）、四川分行营业部实地了解营业情况，看望慰问受灾员工。其间拜访了四川省副省长黄小祥，表达总行党委和全行干部员工对四川地震灾情及灾后恢复重建工作的关切，并介绍了我行支持四川灾后恢复重建等方面的情况。

25日-9月4日 总行统一派出由内部审计局、内控合规部、金融市场部、个人金融业务部、信贷管理部、风险管理部等部门人员组成的8个工作组，分赴河北、山西、吉林、上海等16家分行，协助各行配合银监会的现场检查工作。

26日 王丽丽副行长会见摩根士丹利集团亚太区主席、前全球首席经济学家斯蒂芬·罗奇（Stephen S. Roach）一行，双方就国际和中国金融市场近况进行了交流。

刘立宪纪委书记到北京分行重点奥运金融服务网点看望慰问一线员工。

我行与包商银行正式建立代理行关系。至此，我行已与国内81家银行机构正式建立了代理行关系。

26日-27日 张福荣副行长赴深圳出席我行个人代理业务工作会议和结算业务座谈会并讲话。

牛锡明副行长赴福建分行调研，并拜访了福建省副省长张志南。

27日 杨凯生行长在北京参加财政部金融资产管理公司改革发展工作小组会议。

王丽丽副行长在北京参加银监会推进小企业金融服务工作（电视电话）会议。

国家知识产权局授予我行申报的《一种用于银行的无线网络数据通信接口及方法》国家发明专利。此项专利实现了对移动银行业务和移动办公业务的集中接入和监控管理，为银行无线业务领域的拓展提供了平台支持。至此，我行拥有的专利数量达到70个。

证监会正式批准我行客户哈佛大学（The President and Fellows of Harvard College）合格境外机构投资者（QFII）资格。这是我行首家捐赠基金类QFII托管客户。

27日-28日 党委副书记、监事长赵林赴甘肃分行出席分行党委民主生活会并调研，其间拜访了甘肃省委常委、常务副省长冯健身。

27日-29日 党委委员、纪委书记刘立宪赴河南分行出席分行党委民主生活会并调研。

28日 杨凯生行长会见贵州省委常委、常务副省长王晓东一行，双方就贵州省经济运行和金融发展情况交换了意见。

杨凯生行长主持召开总行资产负债管理委员会2008年第二次会议，审议通过《2008年上半年流动性风险管理报告》和《人民币利率管理办法》，听取了《2007年资本管理报告》、《2008年上半年人民币存贷款利率分析报告》等四项专题汇报。牛锡明、王丽丽副行长，魏国雄首席风险官及16个委员部门负责人出席会议。

杨凯生行长、张福荣副行长出席我行与中国银联公司在北京举行国际业务战略合作协议签约仪式，并与中国银联公司总裁许罗德、副总裁蔡剑波一行进行了会谈。

29日-9月1日 我行在北京组织进行公开选拔部分一级分行副行长、行长助理面试。杨凯生行长、赵林监事长和张福荣、牛锡明副行长分别担任两个面试评委组的组长和副组长。面试评委包括魏国雄首席风险官、谷澍董事会秘书等。

8月 湖北分行企业年金计划顺利完成。

广东分行联手中国人寿推出人寿保险单质押贷款业务。

9月

1日 王丽丽副行长会见中国外汇交易中心总裁谢多一行，双方就我国外汇市场建设、外汇交易清算制度改革以及大型商业银行在外汇市场发展中的作用进行了交流。

我行“理财金账户”中英文商标在国家工商行政管理总局商标局成功获准注册。“理财金账户”是我行开发的针对个人理财市场的新型金融理财产品，专门面向存款在30万元以上的高端客户。

2日 刘立宪纪委书记在北京参加人民银行深化体制改革座谈会。

易会满副行长主持召开一次专题会议，研究新中实经济发展有限责任公司不良贷款问题。

3日 姜建清董事长会见新浪网首席执行官曹国伟、总编辑陈彤一行，双方就我国互联网产业发展、电子商务、网络营销传播和品牌建设等议题进行了交流。

杨凯生行长、牛锡明副行长主持召开二次专题会议，研究西藏自治区分行筹备有关事宜。

我行第一届董事会第四十次会议采用书面传签的方式，审议通过了《关于撤回拟提交股东大会审议的〈关于董事、监事2007年薪酬清算结果的议案〉的议案》。

总行印发工银党［2008］48号文件：免去杨高林同志中国工商银行股份有限公司云南省分行党委副书记职务。印发工银任免［2008］113号文件：解聘杨高林同志中国工商银行股份有限公司云南省分行副行长职务，另有任用。印发工银任免［2008］114号文件：聘任杨高林同志为内部审计局昆明分局局长。

广东分行与粤电集团签订战略合作协议，给予粤电集团300亿元人民币的信贷支持额度。

3日－4日　易会满副行长赴广州出席我行与粤电集团战略合作协议签约仪式并调研，其间先后会见了神华股份有限公司总裁凌文、TCL集团股份有限公司董事长兼总裁李东生、广州本田执行副总经理姚一鸣、碧桂园控股有限公司总裁兼执行董事崔建波等重要客户。

4日　牛锡明副行长出席我行教师节座谈会并讲话。

甘肃分行举办个人客户经理营销技能比赛。

4日－6日　党委副书记、行长杨凯生赴山东分行参加分行党委民主生活会并调研，其间会见了山东省委书记、省人大常委会主任姜异康。

5日　易会满副行长主持召开第四十三次专题会议，研究利率参数管理和利率执行有关问题。

易会满副行长拜访中国石油化工股份有限公司财务总监戴厚良，双方就中石化直接融资、企业年金、联名卡及贷款等业务合作进行了交流。

山西分行与中国邮政储蓄银行山西省分行签订战略合作协议。

广东分行营业部面向私人银行客户成功发行全国首只以信贷资产为投资品的信托理财产品。

6日　易会满副行长会见中国石化财务有限责任公司总经理张宝龙、副总经理史立明一行，双方就推进中石化财务公司现金管理、金融债、存款及融资等业务合作进行了交流。

7日－9日　易会满副行长赴河北分行调研，其间先后拜访了河北省委常委、唐山市委书记赵勇，河北钢铁集团董事长王义芳、首钢京唐钢铁公司常务副总经理王毅；出席了我行与秦皇岛港务集团有限公司全面合作框架协议签约仪式。

8日　姜建清董事长会见西班牙桑坦德集团董事长艾米利奥·博廷（Emilio Botin）一行，双方就国际金融形势和未来国际经济发展趋势进行了交流。

王丽丽副行长会见中国东方电气集团公司董事长王计一行，对方向我行赠送了“大爱无疆情系东方，抗震救灾共谱华章”锦旗，感谢我行在抗震救灾工作中给予东方电气的真诚帮助，双方还就进一步加强金融业务合作进行了交流。

王丽丽副行长会见中国广东核电集团有限公司副总会计师施兵一行，双方就中广核集团广东阳江核电项目和广东台山一期核电项目的银团融资工作情况进行了交流。

青岛分行与青岛海信集团财务中心正式启动银企互联服务业务合作。

8日－12日　李晓鹏副行长赴俄罗斯调研莫斯科子银行发展跨境投行业务情况，其间先后拜访了俄罗斯中央银行副行长梅列尼科夫（Melnikov），俄罗斯欧洲金融莫斯纳尔银行行长、管理委员会主席弗拉基米尔（V. M. Stolyarenko），南非标准银行董事总经理、欧洲区总裁马丁·博塔（Martin Botha），就组织俄罗斯企业赴香港发行HDR或IPO融资等投资银行业务进行了交流。

9日　杨凯生行长主持召开第四十四次专题会议，研究银行类理财业务有关问题。

杨凯生行长在北京出席全行应税事务工作（视频）会议并讲话，牛锡明副行长主持会议。

上海分行启动“身边银行　金喜万家”金秋主题营销活动。

10日　姜建清董事长会见中国保险集团董事长林帆、总经理宋曙光一行，双方就业务合作情况进行了交流。谷澍董事会秘书陪同。

王丽丽副行长会见国际掉期与衍生产品协会（ISDA）亚太区主管骆岚（Keith Noyes）一行，双方就ISDA协会拟于明年在中国召开年会的有关事宜交换了意见。

国家知识产权局授予我行申报的《一种网络中动态加密装置及其口令认证方法》国家发明专利。此项专利主要是防范由于木马病毒侵入客户端计算机而造成的网上银行交易风险，通过软键盘方式，可防止木马程序监控物理键盘，并在口令输入过程中进行了动态加密，有效防止了木马程序对客户交易的影响。至此，我行拥有的专利数量达到71个。

11日　姜建清董事长在安徽主持召开董事会发展战略座谈会。董事会成员杨凯生、张福荣、牛锡明、傅仲君、康学军、宋志刚、王文彦、赵海英、克利斯多佛·科尔、梁锦松、许善达及谷澍董事会秘书出席会议，赵林监事长、王炽曦监事列席会议。其间，姜建清董事长、杨凯生行长、赵林监事长、张福荣和牛锡明副行长共同拜访了安徽省省长王三运。

王丽丽副行长出席工银亚洲风险管理委员会（电话）会议。

12日　姜建清董事长会见摩根士丹利集团董事总经理、联席总裁罗伯特·斯库利（Robert Scully）一行，双方就中国目前的经济走势和发展前景、全球金融市场动荡对中国的影响等议题进行了交流。

牛锡明、易会满副行长拜访中国石油天然气集团公司总会计师王国樑，双方就理财产品、加油站上门收款、现金管理、海外融资和结算、年金服务、保险代理等多项业务合作情况进行了交流。

牛锡明副行长接受中央电视台关于我行落实银监会“区别对待、有保有压”信贷政策情况的专访。

王丽丽副行长会见花旗（中国）有限公司新任首席执行官欧兆伦一行，双方就进一步加强业务合作进行了交流。

我行在港全资子公司工商国际金融有限公司获得香港公司注册处正式批准，正式更名为“工银国际控股有限公司”（ICBC International Holdings Limited）。

15日－21日 牛锡明副行长应邀赴奥地利维也纳出席SIBOS（SWIFT International Banking Operation Symposium）2008年年会。会议期间分别会见了加拿大蒙特利尔银行执行副总裁萨拉·乔伊斯（Sara Joyce）女士、美国银行全球产品总监凯萨琳·P. 本珊特（Catherine. P. Bessant）女士等与会金融同业。随后赴俄罗斯主持召开了莫斯科子银行董事会会议，并拜访了我国驻俄罗斯大使馆、俄罗斯中央银行莫斯科大区局、俄罗斯莫斯科银行等政府和金融同业。

15日－30日 江苏分行组织开展反洗钱宣传活动、反洗钱协查工作。

16日 赵林监事长、刘立宪纪委书记出席我行首届“感动工行”员工评选活动评委工作会议，审议候选人名单并对有关工作进行研究。

我行纽约分行获得美国纽约州银行局正式颁发的营业执照，标志着纽约分行申设工作全面完成，并已获得对外营业资格。根据纽约州银行局颁发的执照，纽约分行可以经营批发性存款、贷款、贸易融资、美元清算、资金交易等银行业务。我行于1997年在美国设立纽约代表处，并于2008年8月5日获美国联邦储备委员会批准设立纽约分行。

我行与青岛城阳农村合作银行正式建立代理行关系。至此，我行已与国内82家银行机构正式建立了代理行关系。

广东分行成为系统内和当地同业中第一家信用卡发卡量突破300万张的一级分行。

四川分行为泸州老窖股份有限公司提供现金管理服务。

16日－20日 党委副书记、行长杨凯生参加中共中央组织部在大连举办的强化风险管理，增强集团公司控制力专题研讨班。

17日 姜建清董事长会见渣打银行（中国）董事会副主席博文杰（Lance Browne）一行，双方就国际金融形势及银行应该采取的应对策略进行了交流。

姜建清董事长在北京出席我行资本市场与行业分析报告会暨投资银行部研究中心启动仪式并讲话，李晓鹏副行长主持会议。

党委委员、副行长易会满赴数据中心（北京）出席党委民主生活会，并考察了中心办公楼二期建设情况。

17日－19日 党委副书记、监事长赵林赴福建分行出席分行党委民主生活会并调研，其间拜访了福建省副省长张志南。王炽曦监事陪同。

18日 姜建清董事长会见高盛集团直接投资部主管亨利·康奈尔（Henry Cornell）一行，双方就进一步加强业务合作进行了交流。

姜建清董事长会见美国马尔西科资本管理公司（Marsico Capital Management）分析师。

李晓鹏副行长主持召开第四十五次专题会议，研究中石油企业年金项目和铁道部企业年金业务营销工作。

李晓鹏副行长拜访中国华能集团公司党组书记、副总经理黄永达，双方就加强企业年金业务合作进行了交流。

刘立宪纪委书记出席总行党校第二期“领导力、执行力”专题培训班开班典礼。

辽宁分行与工银租赁合作成功为营口港务集团办理11.6亿元的回租业务。

18日－19日 张福荣副行长赴山西分行出席全行理财中心核心竞争力项目座谈会，随后与参加我行首届中高级管理人员财富管理业务培训班的学员座谈并讲话。

18日－20日 王丽丽副行长赴澳门分行和诚兴银行调研，并拜访了澳门金管局行政委员尹先龙、澳门中联办副主任高燕女士。

19日 李晓鹏副行长主持召开第四十六次专题会议，研究纪念十一届三中全会召开30周年理论研讨会暨ICBC论坛筹备工作。

李晓鹏副行长出席2008年第四期创新沙龙，主题是“股权投资与银行业务创新”。

李晓鹏副行长出席英国特许公认会计师公会（ACCA）在北京举行的进入中国发展二十周年庆祝酒会暨颁奖典礼，并代表我行与ACCA签署合作备忘录。我行作为中国首批为员工提供ACCA内部培训和发展机会的国有企业之一，荣获“ACCA合作伙伴荣誉奖”。

银监会广东监管局审核批准我行私人银行部广州分部开业。

辽宁分行成功为抚顺发电有限责任公司办理了国内双保理、无追索权的融资业务7 000万元，填补该行业务的空白。

新疆分行不良贷款大户新疆星美石油管道有限公司破产程序正式启动 。

19日－21日 党委书记、董事长姜建清在北京参加中央第一批深入学习实践科学发展观活动工作会议。

20日 总行机关2008年职工运动会在北京丰台体育中心举行。赵林监事长宣布运动会开幕，李晓鹏副行长主持开幕式，刘立宪纪委书记致开幕词。魏国雄首席风险官和傅仲君、康学军、宋志刚、仲建安董事出席了运动会开幕式。

全功能银行系统2008年第三季度版本（NOVA 2.7.0）首批项目成功投产。此次版本涵盖了西藏分行第一批业务系统、牡丹中油卡升级、核心银行系统历史明细改造、测试管理平台系统等项目。

贵州分行与西部控股有限公司签订战略协作协议。

22日 党委书记姜建清同志主持召开第二十四次党委（扩大）会议，传达学习胡锦涛总书记在全党深入学习实践科学发展观活动动员大会暨省部级主要领导干部专题研讨班上的重要讲话以及温家宝总理、习近平副主席的讲话精神，并结合实际研究制订我行学习实践科学发展观活动方案。

易会满副行长会见新加坡金鹰国际集团董事局主席陈江和一行，双方就推进国内项目融资合作进行了交流。

易会满副行长会见铁道部总经济师、财务司司长兼清算中心主任余邦利一行，双方就宏观金融形势、企业年金、京津城际铁路电子结算服务、票据融资工具及我行与铁道部的长期战略合作进行了交流。

国家知识产权局授予我行申报的《对银行ATM终端安全隐患实时预警监控的方法和系统》国家发明专利。此项专利通过检测ATM交易时特定的工作状态，对一些风险征兆进行识别和确认，利用远程监控服务器进行预警。至此，我行拥有的专利数量达到72个。

22日－27日 杨凯生行长、王丽丽副行长赴澳大利亚出席我行悉尼分行开业仪式。开业仪式于9月23日隆重举行，杨凯生行长、王丽丽副行长为悉尼分行揭牌。中国驻澳大利亚大使章均赛、澳大利亚新南威尔士州州长内森·李斯（Nathan Rees）、澳大利亚金管局副主席罗斯·琼斯（Ross Jones）、澳大利亚联邦储备银行副主席盖伊·德蒙巴尔（Guy Debelle）、中国驻悉尼总领馆、当地金融机构、中资机构和华侨代表等400余人应邀出席了开业仪式。在澳大利亚期间，杨凯生行长、王丽丽副行长还分别会见了澳大利亚联邦储备银行行长格兰·史蒂文斯（Glen Steven）和澳大利亚审慎监管局官员。

23日 姜建清董事长会见世界经济论坛主席克劳斯·施瓦布（Klaus Schwab）一行，双方就国际经济金融形势、中国银行业受次贷危机影响程度、我行经营业绩和社会责任以及即将在天津市召开的夏季达沃斯论坛的有关情况进行了交流。

姜建清董事长应邀出席新浪网金麒麟论坛活动，并就加强品牌建设，提升核心竞争力发表主旨演讲。

赵林监事长与总行党校第二期“领导力、执行力”专题培训班学员座谈。

银监会上海监管局审核批准我行私人银行部上海分部开业。

贵州分行深入盘江煤电集团公司开展“工行产品伴您行”营销活动。

23日－24日 张福荣副行长赴上海出席我行私人银行业务发展座谈会并讲话。

24日 姜建清董事长会见摩根士丹利集团亚太区主席斯蒂芬·罗奇（Stephen Roach）一行，双方就国际金融形势和业务合作情况进行了交流。

姜建清董事长会见德国德意志银行集团副主席科赫·威瑟（Caio Koch－Weser）一行，双方就国际金融形势进行了交流。

李晓鹏副行长出席我行重点行同业存款工作（视频）会议并讲话。

我行在《中国证券报》、《上海证券报》、《证券时报》和上海证券交易所网站刊登了《关于汇金公司增持本行股份的公告》。我行股东中央汇金投资有限责任公司通过上海证券交易所交易系统买入方式增持我行股份200万股。

河南分行与平顶山煤业（集团）有限责任公司签订全面战略合作协议。

25日 姜建清董事长、刘立宪纪委书记出席巡视工作领导小组第二次会议暨2008年度巡视工作汇报会，听取两个巡视组对河北和天津分行开展巡视情况的汇报。

张福荣副行长会见美国运通公司资深副总裁兼环球网络及商户业务大中华区总经理姜大伟一行，双方就信用卡业务合作情况进行了交流。

张福荣副行长主持召开第四十八次专题会议，研究代发工资业务有关问题。

易会满副行长拜访中国冶金科工集团公司总经理沈鹤庭，双方就进一步拓展现金管理、企业年金、票据结算、短期融资券等业务合作进行了交流。

25日－27日 姜建清董事长赴天津参加2008年夏季达沃斯论坛活动，就国际金融形势及中国商业银行的应对策略等问题发表演讲，并接受了中央电视台、路透社、道琼斯、CNBC的联合采访。在天津期间，姜建清董事长出席了我行与天津滨海新区建设投资集团有限公司联合举行的全面合作框架协议签约仪式，易会满副行长和天津市市长黄兴国、滨海新区管委会主任苟利军同时出席仪式。随后，在天津分行主持召开了环渤海地区未来三年发展战略座谈会。

26日 赵林监事长在北京参加银监会研究规范中央国有及国有控股企业负责人薪酬问题会议。

张福荣副行长主持召开总行操作风险管理委员会2008年第三次会议，审议通过《2008年中期操作风险管理报告》、《2008年中期业务运行操作风险管理报告》、《关于〈操作风险事件引发的被诉案件处理办法〉起草情况的报告》。

牛锡明副行长主持召开我行第二个内控三年规划（2009—2011年）编制工作启动会议。

李晓鹏副行长出席中国金融学会在北京召开的“中国金融改革开放30周年座谈会”，并在发言中回顾了我行成立以来改革发展取得的辉煌成就。

李晓鹏副行长拜访中国石油天然气集团公司总会计师王国樑，双方就中石油公司企业年金项目的组织管理、工作进展及后续工作安排情况进行了交流。

易会满副行长赴北京展览馆陪同全国政协副主席阿不来提·阿不都热西提和中国人民银行副行长苏宁参观第十六届中国国际金融展。

27日 李晓鹏副行长拜访中国再保险集团公司总经理吴高连，双方就保险公司资产托管和企业年金业务合作进行了交流。

天津分行正式投产自助终端民用电（电卡）购电充值业务。

27日-28日 姜建清董事长赴江苏主持召开长江三角洲地区未来三年发展战略座谈会，其间还拜会了江苏省常务副省长赵克志。

28日 内蒙古呼伦贝尔分行16个林区分理处移交信用联社。

江西分行与江西省公路开发总公司签订企业年金协议；与渣打银行南昌分行签订现金管理协议。

贵州分行与贵州燃气集团签订企业年金及“受托+账管”协议。

29日 牛锡明副行长参加中共中央、国务院在北京召开的北京奥运会残奥会总结表彰大会。

赵林监事长在北京参加国务院举行的2008年国庆招待会。

工银亚洲牛头角分行开业，网络增至43间。

9月 湖北分行与葛洲坝财务签订信贷资产回购协议，并办理首笔信贷资产回购业务。

釜山分行分别与区域内最具规模的釜山银行、大邱银行开始代付业务合作。

10月

6日 姜建清董事长会见香港永亨银行董事长冯钰斌一行，双方就国际金融形势及合作前景进行了交流。谷澍董事会秘书陪同。

杨凯生行长会见史密夫律师事务所全球资本市场总管帕默尔（James Palmer）一行，双方就国际经济形势和我行经营业绩、海外战略等内容进行了交流。

牛锡明、易会满副行长会见中国石油天然气集团公司总会计师王国樑、副总会计师温青山一行，双方就中期票据、理财业务、现金管理、海外结算和融资等业务合作情况进行了交流。

易会满副行长拜会中国电力投资集团公司副总经理孟振平，双方就国内电力市场前景和业务合作情况进行了交流。

7日 王丽丽副行长会见英国苏格兰皇家银行集团首席财务官卡明斯（John Cummins）一行，双方就国际金融形势和业务合作情况进行了交流。

易会满副行长会见中国银行间市场交易商协会秘书长时文朝一行，双方就宏观经济形势、银行间债券市场发展及我行债券承销业务发展情况进行了交流。

总行印发《关于成立中国工商银行股份有限公司西藏自治区分行的通知》。

杭州金融研修学院举办“绿色信贷——让人类、地球以银行为荣”金融研究论坛。

7日-9日 我行在北京召开深入学习实践科学发展观活动动员大会，会议由党委副书记、行长杨凯生主持，党委书记、董事长姜建清和中央深入学习实践科学发展观活动第23指导检查组组长胡彪同志分别作了动员讲话。在随后组织的集中学习中，党委书记、董事长姜建清作了题为《打造核心竞争力，建设国际一流现代金融企业》的专题报告，国务院研究室副主任江小涓和中央党校秦刚教授分别作了专题辅导报告。总行党委成员、高管人员，总行各部门和各一级（直属）分行、直属机构、直属学院、内审分局主要负责人在北京主会场参加会议和学习，总行全体党员和各一级（直属）分行、直属学院、直属机构副处级以上党员领导干部及各一级分行营业部、二级分行、县级支行主要负责人通过视频系统在当地分会场参加会议和学习。

8日 姜建清董事长参加在北京召开的全国抗震救灾总结表彰大会。我行四川德阳分行绵竹汉旺支行吕仕洲行长荣获“全国抗震救灾模范”荣誉称号，并参加大会。

9日 赵林监事长主持召开我行第一届监事会第十九次会议，审议通过《关于取消选举王道成先生及丁先觉先生为外部监事议案的议案》。王炽曦、王道成、张炜监事出席。

李晓鹏副行长会见中国航天科工集团公司副总经理高红卫、曹建国一行，双方就企业年金业务合作情况进行了交流。

我行主承销的中小企业短期融资券——广东宏大爆破股份有限公司短期融资券获得银行间市场交易商协会批准，首批通过银行间市场发行。

法兰克福分行首次成功举办面向欧洲银行的业务推介会，10家欧洲银行代表参加了推介会。

9日-12日 党委书记、董事长姜建清参加，党委副书记、行长杨凯生列席中国共产党第十七届中央委员会第三次全体会议。

10 日　张福荣副行长出席全行个人代理业务（视频）会议并讲话。

李晓鹏副行长会见中国邮政储蓄银行副行长吕家进一行，双方就进一步拓宽业务合作项目进行了交流。

总行印发工银党［2008］56 号文件：决定成立中国工商银行股份有限公司西藏自治区分行党委和纪委。任命黄庆惠同志为中国工商银行股份有限公司西藏自治区分行党委书记，免去其中国工商银行股份有限公司吉林省分行党委委员职务。印发工银任免［2008］122 号文件：聘任黄庆惠同志为中国工商银行股份有限公司西藏自治区分行行长；免去其中国工商银行股份有限公司吉林省分行副行长职务。

印发工银党［2008］57 号文件：任命王保林同志为中国工商银行股份有限公司宁夏回族自治区分行党委书记。印发工银任免［2008］124 号文件：聘任王保林同志为中国工商银行股份有限公司宁夏回族自治区分行行长。

上海分行成功发行首款区域性理财产品：上海南汇工业园区投资发展有限公司 14 000 万元的融资类信托计划理财产品。

12 日 –24 日　姜建清董事长、王丽丽副行长先后赴美国、阿联酋、卡塔尔出席我行纽约分行、工银中东、多哈分行开业仪式。在美国期间，姜建清董事长应邀出席了 2008 年国际货币基金组织暨世界银行年会，分别拜会了我驻美大使周文重、美国财政部部长鲍尔森（Henry Paulson）、菲律宾财政部部长特维兹（Magarito Teves）、美国前参议员米切尔（George J. Mitchell）、高盛集团主席兼首席执行官布兰克费恩（Lloyd Blankfein）、摩根士丹利集团主席兼首席执行官麦晋桁（John Mack）、JP 摩根集团主席兼首席执行官戴蒙（James Dimon）、运通公司主席兼首席执行官陈纳德（Kenneth Chenault）、美林公司主席兼首席执行官赛恩（John Thain）、美林公司副董事长麦克多诺（William McDonough）、日本瑞穗实业银行总裁兼首席执行官斋藤宏（Saito Hiroshi）、南非标准银行首席执行官马理（Jacko Maree）、巴基斯坦哈比比银行总裁兼首席执行官穆罕默德（Zakir Mahmood）、瑞士信贷集团投资银行首席执行官柯磊洛（Paul Callelo）、瑞银集团投资银行副主席格莱姆（Phil Gramm）等政府和金融机构高层，向有关各方介绍了我行的经营业绩，并就国际金融形势进行了深入的交流。

纽约分行开业仪式于 10 月 15 日隆重举行，财政部副部长李勇、人民银行副行长易纲、中国驻联合国大使张业燧、联合国副秘书长沙祖康、美国众议院前多数党领袖阿米（Richard Armey）、美国财政部副部长麦考米克（David McCormick）、美国财政部中国事务特使霍尔默（Alan Holmer）、纽约市副市长里波尔（Robert C. Liber）、纽约州银行局局长内曼（Richard Nemann）、花旗银行首席执行官罗兹（WilliamRhodes）、联想集团总裁杨元庆和诺贝尔奖获得者蒙代尔（Robert A. Mundell）等 400 余人应邀出席了开业仪式。

在阿联酋、卡塔尔期间，姜建清董事长、王丽丽副行长分别拜访了阿联酋副总统、总理、迪拜酋长马克拖姆（Sheik Maktoum）、卡塔尔财政部部长卡马尔（Yousef Kamal）、阿联酋财政部次长阿尔库瑞（AL KHOORI）、阿联酋中央银行行长苏瓦迪（Sultan Suwaidi）、迪拜世界集团、中国水利水电建设集团卡塔尔区域总部等政府、企业和金融同业主要负责人。

工银中东和多哈分行开业仪式分别于 10 月 20 日、21 日隆重举行，我驻阿联酋大使高育生、我驻迪拜总领事高有祯、阿联酋高等教育和科学研究部部长阿勒纳哈扬亲王（Sheikh Nahayan Mabarak Al Nahayan）等政府官员和中资、外资企业代表 300 余人分别应邀出席了开业仪式。

谷澍董事会秘书陪同参加了有关活动。

13 日　张福荣副行长参加银监会在北京召开的 2008 年第三季度大型银行风险管理座谈会。

牛锡明副行长拜访人民银行副行长刘士余，与中国石油天然气集团公司总会计师王国樑一同汇报中石油集团公司中期票据项目。

李晓鹏副行长出席北京大学 2008 年度奖教金颁奖大会，并向获得中国工商银行奖教金的 59 名教师颁发获奖证书。

上海分行召开奥运服务优胜表彰、迎世博 600 天行动计划动员会。

广东分行营业部全面开办银行本票业务。

14 日　杨凯生行长主持召开第三次行务会，总结分析前三个季度工作，通报我行应对国际金融危机的有关情况，布置工作任务。

14 日 –17 日　牛锡明副行长赴湖南分行主持召开我行银税信息共享试点工作座谈会并调研。

15 日　李晓鹏副行长拜会来华访问的巴基斯坦总统扎尔达里（Asif Ali Zardari）。

易会满副行长应邀出席中国联通、中国网通红筹公司合并暨中国联合网络通信有限公司成立大会。

河南分行与河南神火集团有限公司签订全面战略合作协议。

15 日、16 日　杨凯生行长、赵林监事长参加国务院在北京召开的中央国家机关保密工作会议。

张福荣副行长出席我行与用友公司和金蝶集团网上银行战略合作签约仪式，并分别与用友公司董事长王文京、金蝶集团董事局主席徐少春进行了会谈。

16 日　杨凯生行长主持召开总行风险管理委员会 2008 年第五次会议，审议通过《关于就总行持有雷曼公司债等债券计提投资减值准备的建议》。李晓鹏副行长、刘立宪纪委书记、易会满副行长，魏国雄首席风险官和25个委员部室负责人出席。

赵林监事长、张福荣副行长主持召开总行保密委员会和密码工作领导小组联席会议，传达中央国家机关保密工作会议精神，部署我行保密再检查再教育工作。

赵林监事长、李晓鹏副行长参加银监会在京召开的2008年第三季度经济金融形势通报分析（电视电话）会议。

李晓鹏副行长会见伦敦证券交易所董事总经理兼创业板总裁高睿谋（Martin Graham）一行，双方就国际金融形势及合作前景进行了交流。

海南分行与海南省洋浦开发建设控股有限公司等5家企业签订银企战略合作框架协议。

云南分行与昆明市政府举行银政合作和西坝路工程贷款项目签字仪式。

16日－18日 山东分行发行牡丹华润燃气卡、牡丹－中国太阳城卡。

17日 杨凯生行长、易会满副行长会见铁道部总经济师余邦利一行，双方就北亚集团不良贷款处置情况交换了意见。

张福荣副行长在北京主持召开个人贷款营销工作座谈会并讲话。

易会满副行长参加国家外汇管理局举办的学习实践科学发展观专题调研座谈会。

银监会北京监管局以京银监函［2008］92号文批复同意我行私人银行部北京分部开业。

18日 全功能银行系统2008年第三季度综合版本（NOVA2.7.0）成功投产。本次版本涵盖全球现金管理、财智账户创业系统、银行户口等222个业务产品创新与经营管理项目。

厦门分行冠名的“工商银行杯”厦门日报社第八届读者节隆重举行。

18日－19日 张福荣副行长应邀作为考官参加中组部在北京举行的2008年公开招聘中央企业高级经营管理人员面试考核。

18日－21日 杨凯生行长赴拉萨出席我行西藏自治区分行开业仪式。开业仪式于10月20日隆重举行，杨凯生行长和西藏自治区主席向巴平措共同为西藏自治区分行开业揭牌。西藏自治区副主席白玛才旺、宫蒲光和区人大常委会副主任周春来、区政协副主席乔元忠、区政府副秘书长戴建国、拉萨市市长多吉次珠等政府部门有关负责人应邀出席了开业仪式。其间，杨凯生行长一行拜访了西藏自治区党委书记张庆黎。

20日 赵林监事长参加国务院在北京召开的落实党风廉政建设责任制（电视电话）会议。

牛锡明副行长会见欧洲清算集团副首席执行官考贝斯（Ignace Combes）一行，双方就世界金融形势和证券托管业务合作进行了交流。

李晓鹏副行长参加人民银行在北京召开的信贷形势分析会议。

李晓鹏副行长会见美国纽约银行梅隆公司资产服务部联合首席执行官蒂莫西（Timothy F. Keaney）一行，双方就业务合作情况进行了交流。

总行在贵州凯里开展“健康快车——工商银行2008凯里光明行”探访活动。

20日－22日 易会满副行长赴深圳主持召开公司金融业务研讨会，其间分别拜访了中国广东核电集团公司总会计师岳林康、华为技术有限公司常务副总裁兼财务总监梁华、富士康科技集团公司资深副总经理兼首席财务官黄德才。

20日－27日 刘立宪纪委书记赴大连参加中组部举办的“推进公司股份制改革，不断增强中央企业的活力和竞争力”专题研讨班，随后到大连分行进行学习实践科学发展观活动专题调研，主持召开了企业文化专题座谈会。

21日 赵林监事长参加银监会在北京召开的人才引进工作会议。

牛锡明副行长听取安永华明会计师事务所关于2008年第三季度报告商定程序的汇报。

银监会深圳监管局以深银监复［2008］343号文批复同意我行私人银行部深圳分部开业。

21日－22日 张福荣副行长赴广西出席我行中高级管理人员电子银行业务培训班开班仪式并讲话。

22日 我行正式托管招商安心收益债券型证券投资基金和景顺长城公司治理股票型证券投资基金，成为行业内首个证券投资基金托管数量达百只的托管银行。

23日 党委书记姜建清同志主持召开第二十五次党委（扩大）会议，研究信贷流程重组工作和拟提交董事会审议的有关议案。

姜建清董事长拜会来华访问的印度尼西亚总统苏西洛（Susilo Bambang Yudhoyono）。谷澍董事会秘书陪同。

姜建清董事长会见东亚银行执行总经理兼财富管理主管李民斌一行，双方就有关业务合作情况进行了交流。谷澍董事会秘书陪同。

姜建清董事长会见中信集团公司副董事长兼总经理常振明、香港中信泰富集团公司主席荣智健一行，双方就有关业务合作情况进行了交流。

杨凯生行长会见美国沃尔玛百货公司总裁兼首席执行官李斯阁（Lee Scott）一行，双方就国际金融形势、各自经营情况以及进一步加强业务合作等内容进行了交流。

易会满副行长会见人民银行支付结算司司长欧阳卫民、中国石油化工集团公司财务部主任王新华一行，双方就中石化集团资金集中管理项目实施方案进行了交流。

河南分行签订石武铁路客运专线河南段资金监管协议。

24日　姜建清董事长主持召开我行第一届董事会第四十一次会议，审议通过《关于我行2008年第三季度报告的议案》等三项议案，并听取了《关于我行2008年第三季度经营情况的汇报》等两项专题汇报。董事会成员杨凯生、张福荣、牛锡明、傅仲君、康学军、宋志刚、王文彦、赵海英、仲建安、克利斯多佛·科尔、梁锦松、约翰·桑顿、钱颖一、许善达及谷澍董事会秘书出席会议，赵林监事长、魏国雄首席风险官，王炽曦、王道成、张炜监事，总行相关部门负责人及监管部门代表列席。

姜建清董事长拜会来华访问的菲律宾总统阿罗约（Gloria Macapagal Arroyo）夫人。谷澍董事会秘书陪同。

杨凯生行长、牛锡明副行长参加银监会在北京召开的房地产市场形势及有关金融风险问题座谈会。

赵林监事长主持召开第一届监事会第二十次会议，审议通过《关于我行2008年第三季度报告的议案》。王炽曦、王道成、张炜监事出席。

易会满副行长出席全行信息系统奥运安全保障工作总结会并讲话。

24日－25日　李晓鹏副行长赴河南分行调研，其间拜访了平顶山煤业集团公司董事长陈建生，双方就项目贷款、融资顾问、网上银行、资金结算等项业务进行了交流。

25日　我行2008年第三季度报告（A股、H股）在上海证券交易所、香港联交所网站对外披露，并在《中国证券报》、《上海证券报》、《证券时报》刊登。2008年7月至9月，我行实现税后利润281.98亿元，比上年同期增长24.31%，基本每股收益0.09元，比上年同期增长28.57%。2008年1月至9月，我行实现税后利润930.77亿元，基本每股收益0.28元。

河南分行中标平煤集团13万人企业年金受托管理人。

25日－26日　张福荣副行长应邀赴上海出席2008年中国金融理财师年会。

27日　党委书记姜建清同志主持召开第二十六次党委（扩大）会议，传达学习党的十七届三中全会精神，研究我行贯彻落实意见。

姜建清董事长在北京主持召开我行2008年第一次临时股东大会，会议审议通过了《关于选举环挥武先生为中国工商银行股份有限公司非执行董事的议案》、《关于发行次级债券的议案》等十六项议案。杨凯生行长、赵林监事长及董事会、监事会部分成员出席会议，总行相关部门负责人列席。出席本次临时股东大会的有表决权的股东及股东代表共计91位。

杨凯生行长会见德意志银行全球金融机构、自然资源和消费者联席主管兼董事总经理卡尔德隆（Jorge Calderon）一行，双方就国际经济和金融局势、欧美各国应对金融危机所采取的措施、危机对于中国经济的影响以及德意志银行与我行正在进行的合作项目进行了交流。谷澍董事会秘书陪同。

王丽丽副行长参加银监会在北京召开的外币债券投资减值准备工作座谈会。

李晓鹏副行长应邀出席荷兰首相巴尔克嫩德（Jan Peter Balkenende）访华欢迎午宴。

李晓鹏副行长会见英国太古（中国）有限公司主席陈南禄一行，双方就金融业、航空业的经营环境以及在航空金融领域业务合作前景进行了交流。

李晓鹏副行长会见开滦集团公司副董事长、党委副书记裴华一行，双方就进一步加强业务合作进行了交流。

天津分行正式开办代理对公实物黄金业务。

河南分行与中电投河南分公司签订全面战略合作协议。

27日－29日　党委副书记、监事长赵林赴江苏分行进行学习实践科学发展观活动专题调研，并主持召开了履行企业社会责任和加强企业文化建设专题座谈会。

27日－30日　易会满副行长赴俄罗斯出席第三届中俄经济工商界高峰论坛，并在中俄金融合作分论坛上发表主题演讲，其间代表我行与俄罗斯欧洲金融莫斯科纳尔银行签署了《关于在香港交易所首次公开发行股票（IPO）和香港预托证券（HDR）的业务发展与合作协议》，王岐山副总理和俄罗斯副总理茹科夫出席了签约仪式。随后到工银莫斯科进行了调研，并分别拜访了我驻圣彼得堡领事馆、俄罗斯中央银行、俄罗斯欧洲金融莫斯纳尔银行、俄罗斯中华总商会、一汽东欧有限公司等政府及金融同业有关负责人。

28日　杨凯生行长会见普华永道中国区金融服务部主管合伙人容显文一行，听取了普华永道关于对我行资金业务审计的汇报，并就金融危机形势进行了交流。魏国雄首席风险官陪同。

张福荣副行长出席中国银行业协会自律工作委员会第二届常务委员会第一次会议，并当选新一届自律工作委员会主任。

张福荣副行长出席私人银行部北京分部开业仪式并致辞。

王丽丽副行长会见香港利丰集团公司主席冯国经，双方就银企合作情况进行了交流。

北京分行荣获"北京奥运银行卡支付环境建设先进集体"称号。

28日－29日　姜建清董事长、王丽丽副行长出席我行2008年境外业务工作会议并讲话。

29日　姜建清董事长会见宾夕法尼亚大学沃顿商学院院长罗伯逊（Thomas Robertson）一行。

杨凯生行长会见国泰人寿保险公司董事长兼东方航

空集团公司总会计师徐昭一行，双方就国际经济形势、航空业市场动态及有关业务合作情况进行了交流。

李晓鹏副行长出席我行跨境投资银行业务座谈会并讲话。

黑龙江分行与奥地利中央合作银行哈尔滨代表处就进一步开展单证及本币结算业务达成合作意向。

甘肃分行举办防暴力抢劫应急预案演练。

29日-30日 党委书记、董事长姜建清，党委委员、副行长李晓鹏赴陕西分行进行学习实践科学发展观活动专题调研，主持召开部分分行深入学习实践科学发展观座谈会。其间拜访了陕西省委常委、常务副省长赵正永和陕西延长石油集团公司董事长沈浩。谷澍董事会秘书陪同。

党委委员、副行长张福荣赴浙江分行进行学习实践科学发展观活动专题调研，并主持召开产品创新座谈会，随后在杭州金融研修学院出席了我行个人客户经理营销技能比赛开幕式。

30日 杨凯生行长拜访中国联合网络通信公司筹备组组长常小兵，双方就进一步加强各领域业务合作进行了交流。

牛锡明副行长出席我行信贷工作（视频）会议并讲话，魏国雄首席风险官主持会议。

31日 姜建清董事长主持召开第四次行务会议，研究我行新一代业务系统建设规划工作。

党委书记姜建清同志主持召开第二十七次党委会议，听取近期市场风险和信用风险管理情况汇报。

姜建清董事长会见德国安联集团董事蔡德礼一行，双方就国际金融形势、战略投资合作和银保业务合作进行了交流。谷澍董事会秘书陪同。

张福荣副行长参加中组部在北京召开的引进境外高层次金融人才工作会议。

张福荣副行长出席我行“三卡整合”项目实施动员（视频）会议并讲话。

牛锡明副行长参加银监会在北京召开的股权贷款和项目贷款座谈会。

福建分行顺利投产多媒体自助终端跨行汇款系统、集中直连模式的跨行支付支票影像系统。

宁夏分行为神华宁煤集团梅花井煤矿项目信托业务办理6亿元“信托+理财”产品。

10月 广东分行成功实施珠海中富股份有限公司委托贷款资金池项目。

11月

3日 李晓鹏副行长参加银监会在北京召开的金融租赁公司经营形势和风险管理座谈会。

3日-5日 党委委员、副行长王丽丽赴贵州分行进行学习实践科学发展观活动专题调研，并就落实好区域发展战略、省行营业部管理体制、综合化战略、国际化战略、宏观经济波动下资产负债管理以及县域经济发展等问题进行了调研，其间拜访了贵州省常务副省长王晓东。

3日-7日 杨凯生行长随海峡两岸关系协会代表团出访台湾，拜会了国民党名誉主席连战、国民党主席吴伯雄、台湾海峡交流基金会董事长江丙坤等台湾政界和金融同业高层。

党委委员、副行长牛锡明先后赴重庆和四川分行进行学习实践科学发展观活动专题调研。在重庆组织召开了房地产信贷业务专题座谈会，在成都组织召开了房地产、电力信贷市场调研会。其间分别拜访了重庆市副市长黄奇帆、四川省副省长黄小祥、成都市市长葛红林。

4日 姜建清董事长会见高盛集团副董事长埃文斯（Mike Evans）一行，双方就金融危机对各国的影响、解决危机的政策选择、国际金融体系的变化等内容进行了交流。谷澍董事会秘书陪同。

湖南分行举行湖南省“牡丹卡杯”第二届烹饪创新菜大赛暨“牡丹美食卡”首发式。

4日-5日 党委副书记、监事长赵林，党委委员、纪委书记刘立宪赴天津分行进行学习实践科学发展观活动专题调研，主持召开了履行企业社会责任和加强企业文化建设座谈会。

4日-6日 李晓鹏副行长赴大连参加2008年国际海运（中国）年会活动。其间分别会晤了中国船级社常务副总裁高照杰、河北远洋运输集团公司副总裁齐卫众、中船重工集团贸易公司副总经理张玉环、大连船舶重工集团公司副总经理张涛热、德国北方资本集团公司董事长黎凯萌（Erck Rickmers）、加拿大赛斯潘公司首席执行官王友贵（Gerry Wang）、日本商船三井株式会社特别顾问及前副会长北条时尚等国际航运界高层。

党委委员、副行长易会满赴安徽分行进行学习实践科学发展观活动专题调研，主持召开了公司金融业务和服务工作座谈会。

5日 姜建清董事长会见荷兰阿姆斯特丹市市长科恩（Job Cohen）一行，双方就国际金融形势和加强金融合作的前景交换了意见。

6日 易会满副行长参加人民银行在北京召开的银行奥运信息安全保障工作总结会。

易会满副行长应邀出席中国石油集团公司举行的首期中期票据成功发行庆祝会并致辞。

6日-7日 党委书记、董事长姜建清赴湖北分行进行学习实践科学发展观活动专题调研，并就风险管理、绩效考核、网点建设、市场营销、员工培训等课题进行了座谈，其间拜会了湖北省委书记罗清泉、省委常委李春明、副省长赵斌。谷澍董事会秘书陪同。

张福荣副行长赴广州、深圳出席私人银行部广州和深圳分部开业仪式并致辞。

李晓鹏副行长赴香港参加第九届亚太航空金融年会活动，并到工银亚洲、工银国际进行调研，其间分别会晤了国泰航空、南方航空、中华航空、上海航空、苏格兰皇家银行、花旗银行等企业和金融同业有关负责人。

7日　党委副书记、监事长赵林参加在北京召开的中央深入学习实践科学发展观活动第23指导检查组工作会议。

我行成功竞标银行间外汇市场净额清算业务保证金保管银行，成为国内唯一一家承接代理保证金及保证券结算的银行。

7日-8日　牛锡明副行长赴杭州金融研修学院出席我行首届营业经理业务技能大赛总决赛闭幕式。

8日　杨凯生行长应邀出席中国航空工业集团公司成立挂牌仪式。

10日　姜建清董事长参加国务院在北京召开的省区市人民政府和国务院部门主要负责同志会议。

姜建清董事长主持召开第五次行务会议，传达学习国务院常务会议及省区市人民政府和国务院部门主要负责同志会议精神，研究部署我行贯彻落实意见。

易会满副行长会见美国迪堡公司董事、高级副总裁陈乐民一行，双方就进一步加强信息科技、自助业务领域的合作进行了交流。

易会满副行长会见国家电网公司总会计师李汝革一行，双方就经济金融形势和为实施国家电网投融资规划而加大直接融资、间接融资及海外业务合作进行了交流。

我行董事会以书面传签的方式审议通过了《关于银通公司股权转让的议案》。

我行首次在收购的境外子银行——诚兴银行投产FOVA系统，并在首尔分行第一家投产系统完整功能及英文版，首尔分行也成为单证业务上挂总行单证中心处理的第一家境外机构。

11日　杨凯生行长应邀出席“银行业与和谐中国——当前金融开放与发展论坛”活动并发表主题演讲。

张福荣副行长出席我行与日本JCB国际信用卡公司收单及发卡业务合作协议签约仪式。

党委委员、副行长张福荣、易会满在北京进行学习实践科学发展观活动专题调研，就渠道建设问题与北京、天津等分行负责人进行了座谈。

李晓鹏副行长会见美国波音公司高级副总裁兼波音金融公司总裁斯考隆斯基（Walt Skowronski）一行，双方就国际航空业发展形势、金融危机对航空融资及飞机租赁等业务的影响进行了交流，随后双方出席了我行与波音公司合作备忘录签字仪式。

易会满副行长出席海南省人民政府在北京召开的财经工作座谈会。

陕西分行获得陕西广播电视网络传媒股份有限公司企业年金账户管理人资格。

11日-12日　党委委员、副行长牛锡明赴内蒙古分行进行学习实践科学发展观活动专题调研，主持召开了电力、房地产行业风险座谈会和内控工作座谈会，其间拜访了内蒙古自治区副主席布小林。

11日-13日　党委副书记、行长杨凯生，党委委员、副行长王丽丽赴福建分行进行学习实践科学发展观活动专题调研，并就区域发展战略、营业部管理体制、县支行管理改革、国际业务发展、品牌建设等课题与部分分行负责人进行了座谈，其间拜访了福建省省长黄小晶、副省长张志南。

11日-21日　易会满副行长应邀赴土耳其伊斯坦布尔出席2008年度全球商业领袖论坛活动，随后赴法国考察了美国IBM公司位于法国蒙彼利埃的产品及解决方案支持中心和法国巴黎银行IT部门，并就商业银行“两地三中心”建设等内容与有关方面进行了交流，其间分别会晤了IBM全球资深副总裁范克安（Frank Kern）、法国巴黎银行高管马尔巴赫（Alain Marbach）。

12日　党委书记姜建清同志发表署名文章《坚持解放思想，推进科学发展，努力建设国际一流的现代金融企业》。

姜建清董事长、张福荣副行长会见韩国国民银行董事长兼行长姜正元和副行长吴龙国、沈炯求一行，并主持召开了两行专项业务交流会。

李晓鹏副行长会见新华人寿保险公司代理董事长兼总裁孙兵一行，双方就国际国内金融形势及深化业务合作等内容进行了交流。

13日　姜建清董事长、牛锡明副行长会见银监会首席顾问沈联涛一行。谷澍董事会秘书陪同。

张福荣副行长会见国联安基金管理公司董事长符学东、总经理许小松一行，双方就进一步加强基金销售业务和托管业务合作进行了交流。

李晓鹏副行长出席我行“如意养老”企业年金计划产品推广工作会议。

我行推出商业银行与在线旅行服务业的联名信用卡——牡丹艺龙卡。

北京分行参展第四届北京国际金融博览会，并承办小企业融资论坛专场推介会。

14日　姜建清董事长应邀出席清华大学举办的“中国企业如何应对全球金融风暴——2008清华管理全球论坛”活动，并就美国次贷危机的产生原因和发展变化、次贷危机对国际金融监管、金融创新产生的影响发表了主题演讲。论坛期间还会晤了清华大学副校长谢维和。

姜建清董事长会见美国华美协进社社长江芷若（Sara Judge McCalpin）女士一行，双方就中美经济交流的现状及前景交换了意见。

杨凯生行长在北京参加全国政协召开的房地产形势座谈会。

李晓鹏副行长出席我行与山西焦煤集团公司企业年金基金管理合同签字仪式，并与焦煤集团总经理柴久茂进行了会谈。

国家外汇管理局核准我行 QFII 客户——哈佛大学（President and Fellows of Harvard College）2 亿美元投资额度。这是监管部门 2008 年重新启动 QFII 审批以来，获得额度最多的 QFII 机构。至此，我行共有 9 家客户获得 QFII 资格，累计获批额度 13.25 亿美元。

14 日－16 日 厦门分行邀请清华大学职业经理训练中心对 100 多名管理干部开展了“重塑管理者”的培训。

15 日 全功能银行系统 2008 年 10 月版本（NOVA2.7.2）成功投产。此次版本涵盖了合作方业务前置平台试点、银财通系统优化、网点业绩核算系统优化等 27 个项目。

15 日－29 日 王丽丽副行长赴秘鲁利马出席 2008 年亚太经合组织工商咨询理事会（ABAC）第四次会议和亚太经合组织工商领导人峰会，并在金融经济工作组（FEWG）会议上就金融危机下的国际经济金融形势及政策建议和未来国际货币体系改革等问题发表了主题演讲。随后，作为胡锦涛主席的对话协调人，参加了 2008 年 ABAC 代表与 APEC 经济体领导人对话会。

17 日 姜建清董事长会见英国自由民主党财政大臣、英国上议院议员钟斯（Tim Clement－Jones）勋爵一行，双方就世界经济金融形势进行了交流。

杨凯生行长参加银监会在北京召开的全国银行业奥运金融服务总结表彰（电视电话）会议。我行荣获“中国银行业迎奥运文明规范服务系列活动组织奖”，我行北京市分行东四支行等 116 家行内单位被授予“2008 年度中国银行业文明规范服务示范单位”，其中山东分行营业部大观园支行营业室还作为模范示范网点代表在会上进行了经验介绍。

李晓鹏副行长会见瑞士信贷全球股本资本市场部主管兼董事总经理克鲁兹（Ernesto Cruz）一行，双方就国际经济形势和进一步加强两行在投资银行业务、飞机和船舶融资等方面的合作进行了交流。

青岛分行在青岛市重点项目推介暨银行授信签约仪式上向青岛国信发展（集团）有限公司等 14 家企业颁发了贷款意向书和授信协议书。

18 日 党委书记姜建清同志主持召开第二十九次党委（扩大）会议，研究《〈建立健全惩治和预防腐败体系 2008—2012 年工作规划〉的实施办法》、《关于贯彻全国落实党风廉政建设责任制会议精神的意见》和拟提交董事会审议的有关议案。

全行分行行长工作会议在北京召开，姜建清董事长作重要讲话，杨凯生行长主持会议并作总结发言。赵林监事长和张福荣、牛锡明、李晓鹏副行长、刘立宪纪委书记出席会议。会议传达了党中央、国务院关于扩大内需、支持经济增长有关会议精神，研究部署了我行具体贯彻落实措施。魏国雄首席风险官、谷澍董事会秘书和总行各部室，各一级分行、直属分行，各直属机构负责人以及各一级分行营业部总经理参加。

李晓鹏副行长会见财政部国库司司长詹静涛、副司长娄洪一行，双方就国家扩大内需、促进经济增长十项政策措施给商业银行带来的机遇以及双方在中央单位非税收入改革和公共财政改革等方面的合作交换了意见。

19 日 姜建清董事长、张福荣副行长参加银监会在北京召开的经济形势分析会。

姜建清董事长主持召开我行董事会暨董事会战略委员会会议，审议通过了《关于浙江分行购建营业部营业办公用房的议案》等两项议案，并听取了五项专题工作汇报。董事会成员杨凯生、张福荣、牛锡明、傅仲君、康学军、宋志刚、王文彦、赵海英、仲建安、克利斯多佛·科尔、梁锦松、约翰·桑顿、钱颖一、许善达及谷澍董事会秘书出席会议，赵林监事长、魏国雄首席风险官，王炽曦、张炜监事，总行相关部门负责人及监管部门代表列席。

牛锡明副行长参加商务部在北京召开的金融机构支持企业“走出去”座谈会。

牛锡明副行长会见英国石油公司集团副总裁兼全球司库桑亚尔（Dev. S. Sanyal）一行，双方就国际国内经济金融形势以及在新能源领域进一步加强合作等内容进行了交流。

李晓鹏副行长出席我行与光大银行、工银瑞信基金公司、华夏基金公司、中信证券公司举行的“如意养老 1 号”企业年金计划合作协议签字仪式。“如意养老 1 号”是我行取得企业年金基金受托人资格后发起设立的第一款标准化企业年金产品，也是我行“如意养老”品牌推出的第一款产品。

我行在《中国证券报》、《上海证券报》、《证券时报》和上海证券交易所网站刊登了《中国工商银行股份有限公司关于董事辞职的公告》。约翰·桑顿先生因其他工作需要，辞去本行独立非执行董事、董事会战略委员会委员、审计委员会委员、风险管理委员会委员、关联交易控制委员会委员、提名与薪酬委员会委员职务。上述辞职已经董事会会议审议通过并生效。

黑龙江分行与东方快捷银行就双方开展本币结算业务进行了商谈，该行提交了开立人民币账户的申请文件。

厦门分行举办“财富 价值 共赢”现金管理业务推介会。

19 日－20 日 李晓鹏副行长赴陕西出席我行与延长石油集团《战略合作协议暨备用贷款协议》签约仪

式，并与出席签字仪式的陕西省副省长吴登昌进行了会谈。随后，走访了西安铁路局和永安财产保险公司等重点客户。

19日-25日 杨凯生行长陪同中央政治局委员、全国政协副主席王刚赴吉林省考察，随后到吉林分行和长春金融研修学院调研。

20日 姜建清董事长会见中兴通讯公司董事长兼中兴能源公司董事长侯为贵一行，双方就电信和能源行业的发展及银企合作情况进行了交流。

姜建清董事长会见越南国家银行行长阮文饶（Nguyen Van Giau）一行，双方就国际经济金融形势、中越两国经济形势和深化金融合作等内容进行了交流。谷澍董事会秘书陪同。

牛锡明副行长会见卡塔尔天然气运输公司董事总经理加南（Muhammad A. Ghannam）一行，双方就加强在天然气领域及船舶融资方面的合作进行了交流。

越南国家银行行长阮文酋对北京分行进行访问，并参观8N财富中心（西部）和私人银行北京分部。

河北分行与石家庄市政府签订落实扩大内需促进经济增长全面合作协议。

青海省分行与青海华电大通发电有限公司、青海华鼎实业股份有限公司签订银企合作协议书。

厦门分行与中国电信厦门分公司联合推出“我的e家”牡丹联名信用卡。

20日-21日 党委副书记、监事长赵林赴宁夏分行进行学习实践科学发展观活动专题调研，主持召开了由部分基层分支行负责人和业务骨干参加的座谈会，其间拜访了宁夏回族自治区常务副主席齐同生。

牛锡明副行长应邀赴福建出席中核集团福建福清核电项目开工典礼。

党委委员、副行长李晓鹏赴山西分行进行学习实践科学发展观活动专题调研，主持召开了投资银行业务座谈会，其间拜访了山西省副省长陈川平，并走访了太原铁路局商谈企业年金等业务合作。

21日 姜建清董事长、张福荣副行长出席我行与铁道部全面合作协议签约仪式，并与铁道部部长刘志军、副部长陆东福、总经济师余邦利进行了会谈。

姜建清董事长、牛锡明副行长、刘立宪纪委书记出席我行在北京举行的首届营业经理业务技能大赛优秀选手展示暨颁奖典礼，并为获奖分行和选手颁发奖杯和证书。

张福荣副行长参加银监会在北京召开的个人理财业务风险提示会。

张福荣副行长出席我行加强储蓄存款工作（视频）会议并讲话。

刘立宪纪委书记应邀出席中国金融工会举办的“纪念改革开放30周年摄影展”开幕式。

山东分行与深圳证券交易所、齐鲁证券股份有限公司共同签署了《中小企业综合金融服务战略合作协议》，为促进中小企业上市融资搭建有效平台。

22日 四川分行与二重集团公司签订年金账户管理协议。

23日-24日 李晓鹏副行长赴武汉出席工银金融租赁公司与武汉地铁集团公司地铁设备租赁项目签约仪式，其间拜访了湖北省副省长田承忠、武汉市市长阮成发，走访了武汉铁路局、武广铁路客运专线公司、湖北省联合发展投资公司等重要客户。

24日 安徽分行研究部署贯彻落实扩内需保增长政策的具体措施。

24日-25日 党委委员、副行长李晓鹏赴广西分行进行学习实践科学发展观活动专题调研，主持召开了重点行机构存款业务座谈会，其间与南宁铁路局商谈了企业年金等业务合作事宜。

24日-29日 张福荣副行长赴美国访问VISA国际组织和万事达卡国际组织，考察调研金融危机中信用卡风险防控及信用卡新技术与新产品的应用，并就加强双方未来合作进行了交流。

25日 易会满副行长会见阿联酋电信财务总监萨拉姆（Salam Ali Al Sharhan）一行，双方就进一步加强在国际化进程中的业务合作进行了交流。

26日 党委书记姜建清同志主持召开第三十次党委（扩大）会议，研究2009年财务预算编制思路和利润目标。

牛锡明、易会满副行长会见银行间债券交易商协会秘书长时文朝和中国石油天然气集团公司总会计师王国樑、副总会计师温青山一行，双方就如何在市场环境下更好地为大型客户提供直接融资服务进行了交流。

李晓鹏副行长会见外汇管理局副局长李东荣一行，双方就国际经济金融形势及业务合作情况交换了意见。

26日-28日 党委书记姜建清同志主持召开深入学习实践科学发展观解放思想专题讨论会，重点围绕总行党委成员在学习调研阶段形成的《2009—2011年发展战略规划》、《竞争力研究报告》、《服务工作研究报告》、《品牌建设研究报告》、《人才发展战略规划》、《渠道发展研究报告》、《企业文化建设研究报告》、《企业社会责任研究报告》、《国际化发展研究报告》、《产品创新工作研究报告》、《风险管理研究报告》、《信贷业务流程改造研究报告》12项专题报告进行了研讨交流。党委成员杨凯生、赵林、张福荣、牛锡明、王丽丽、李晓鹏、刘立宪、易会满同志和魏国雄首席风险官、谷澍董事会秘书以及总行有关部室负责人出席会议，中央深入学习实践科学发展观活动第23指导检查组成员列席了会议。

27日 姜建清董事长、杨凯生行长、牛锡明副行长拜访审计署审计长刘家义、副审计长令狐安，就审计署对我行的审计工作交换了意见。

杨凯生行长会见山东省副省长王仁元一行，双方就加大对山东省金融支持力度和进一步加强战略合作交换了意见。

杨凯生行长、李晓鹏副行长会见以团长张秀莲（台湾银行董事长、前金管会副主任）、首席顾问李纪珠（台湾金融监管委员会副主任）、副团长兼秘书长周吴添（台北金融研究发展基金会董事长）带队参加“第十四届两岸金融学术研讨会”的台湾代表团成员一行，双方就推进两岸商业银行对共同客户的信息沟通与共享、进一步加强为大陆台资企业开展融资与结算服务、私人银行业务合作等内容进行了交流。

黑龙江分行“95588”电话呼出中心正式成立。

福建分行与省六建建设集团有限公司和中铝瑞闽铝板带有限公司两家企业签订银企合作协议书。

28日 姜建清董事长会见台湾银行董事长张秀莲女士一行，双方就银行业人才培训、网上银行发展、海峡两岸金融开放和交流等内容进行了交流。

杨凯生行长会见台湾国泰金融控股公司首席策略长李长庚一行，双方就提升两岸金融合作层次、拓宽合作领域、丰富合作内容进行了交流。

李晓鹏副行长出席工银金融租赁公司成立一周年纪念恳谈会，并致辞祝贺。

四川分行与达州市政府签订银政合作框架协议。

莫斯科子银行发放第一笔内保外贷项下的客户贷款750万美元。

29日-30日 易会满副行长应邀赴合肥出席安徽省政府主办的首届泛长三角区域金融高层论坛并发表主题演讲，其间与安徽省委书记王金山、省长王三运、常务副省长孙志刚进行了会谈。

29日 海南分行与海南省邮政商函广告局合作开发的工行网银对账单数据预处理程序投产。

30日 牛锡明副行长出席“亚洲银行业的危与机——21世纪金融年会暨银行家论坛”活动并致辞。

30日-12月1日 张福荣副行长赴杭州金融研修学院视察我行个人客户经理营销技能总决赛开展情况。

11月 山东分行牡丹卡发卡量突破200万张大关，信用卡消费额突破百亿元。

海南分行与国信（海南）龙沐湾投资控股有限公司、三亚鹿回头旅游区开发有限公司签订银企战略合作框架协议。

12月

1日 张福荣副行长会见国际财资管理专业人士协会（AFP组织）总裁凯茨（Jim Kaitz）一行，双方就国际资格认证领域的合作进行了交流。

张福荣副行长出席我行举办的国际财资管理师（ATP）首期培训班开班典礼。

牛锡明副行长拜访中国石油天然气公司财务总监周明春，双方就西气东输二线东段工程、成都千万吨级炼油等项目的融资情况进行了交流。

李晓鹏副行长会见英国航空公司首席财务官威廉斯（Keith Williams）一行，双方就国际金融形势、航空业发展及有关业务合作情况进行了交流。

“外汇金宏系统”在我行试点工作取得成功。“金宏工程”是国家重点规划建设的十二大电子政务系统之一。根据“金宏工程”外汇局子项——国际收支平衡管理信息系统的建设要求和工作计划，我行外汇金宏系统主要实现数据采集、综合查询和统计分析功能。

2日 姜建清董事长、王丽丽副行长会见国际掉期及衍生工具协会（ISDA）主席薛瓦尼（Eraj Shirvani）一行，双方就金融危机产生原因、国际衍生品市场形势以及衍生品交易监管等内容进行了交流。

杨凯生行长、易会满副行长拜访中国国电集团公司总经理朱永芃、总会计师张国厚，双方就进一步推动各领域业务合作进行了交流。

杨凯生行长主持召开发挥全行整体合力推进资产管理等子公司业务发展会议并讲话，张福荣、李晓鹏、易会满副行长出席。

山东分行与52家重点企业客户举行企业年金受托合同签字仪式。

3日 姜建清董事长参加国务院在北京召开的第三十八次常务会议。

姜建清董事长会见美国联邦储备委员会理事沃尔什（Kevin Warsh）一行，双方就国际经济金融形势和深化中美金融合作等内容交换了意见。谷澍董事会秘书陪同。

姜建清董事长会见渣打银行首席执行官冼博德（Peter Sands）一行，双方就国际国内经济金融形势和业务合作情况进行了交流。

姜建清董事长会见美国老虎资产管理公司主席、老虎基金创始人朱利安·罗伯逊（Julian Robertson）一行，双方就国际经济发展及中国市场的投资机会进行了交流。

杨凯生行长、赵林监事长会见由银监会副主席郭利根带队的经营管理和信息科技建设调研组一行。

杨凯生行长拜访中国华能集团公司总经理曹培玺，双方就宏观形势、银企进一步加强业务合作等内容进行了交流。

杨凯生行长出席我行2008年度决算工作会议并讲话。

党委委员、副行长易会满赴上海出席数据中心（上海）深入学习实践科学发展观专题民主生活会，其间出席了我行与上海市外高桥保税区新发展有限公司举行的数据中心（上海）新园区建设土地使用权转让合同签约仪式。

4日　姜建清董事长拜访中国石油天然气集团公司总经理蒋洁敏，双方就国际金融形势、金融业务合作及未来业务发展进行了交流。

王丽丽副行长会见澳大利亚审慎管理局官员麦克马洪（Leigh McMahon）一行，双方就澳洲监管政策的最新变化、我行悉尼分行业务发展等内容进行了交流。

北京分行信用卡保有量突破300万张。

4日－5日　党委委员、副行长李晓鹏赴湖南分行出席分行党委深入学习实践科学发展观专题民主生活会，其间拜访了湖南省委常委兼长沙市委书记陈润儿、湖南省副省长刘立伟，走访了方正证券等重要客户。

党委委员、纪委书记刘立宪参加中央纪委在北京召开的“纪念党的纪律检查机关恢复重建30周年暨反腐倡廉建设理论研讨会”。

易会满副行长赴浙江主持召开信息科技发展研讨会并讲话。

4日－22日　“中国工商银行纪念改革开放30周年暨工行成立25周年员工书法美术作品展示”活动在北京举行。姜建清董事长、杨凯生行长、赵林监事长、牛锡明副行长、刘立宪纪委书记出席开幕式，中国金融工会副主席王敬东、中国金融书协主席张铜彦、中国金融美协主席金刚山同时应邀出席。

5日　姜建清董事长会见俄罗斯中央银行副行长梅利尼科夫一行，双方就国际金融危机对中俄金融业的影响、中俄金融合作拓展以及工银莫斯科的发展定位等内容进行了交流。

姜建清董事长接受美国《新闻周刊》国际版编辑拉娜（Rana Faroohar）女士采访。

杨凯生行长应邀出席“2008第八届中国管理100年会暨最具价值经理人、最聚人气企业家颁奖盛典”活动，并发表主题演讲。

张福荣副行长主持召开第五十六次专题会议，研究后台中心建设有关问题。

牛锡明副行长参加人民银行在北京召开的信贷形势分析会。

王丽丽副行长会见花旗银行（中国）有限公司董事长兼花旗中国首席执行官欧兆伦一行，双方就金融局势和两行业务合作前景进行了交流。

王丽丽副行长会见华电集团公司总会计师王怀书一行，双方就国际国内经济金融形势及理财产品合作情况进行了交流。

刘立宪纪委书记参加中央纪委在北京召开的金融巡视情况综合调研座谈会。

我行推出国内第一款美食主题信用卡——牡丹美食卡。

黑龙江分行与郑州商品交易所、南华期货经纪有限公司哈尔滨营业部联合举办郑州白糖期货产品投资报告会。

重庆分行与20家市属国有重点企业签订战略合作协议。

6日　姜建清董事长会见西藏党委书记张庆黎一行，双方就西藏自治区的经济社会发展、银政合作情况交换了意见。

姜建清董事长应邀出席“开启新的三十年——2008（第七届）中国企业领袖年会”活动，并发表主题演讲。

姜建清董事长应邀出席“2008中国企业公民论坛暨2008年第五届中国最佳企业公民颁奖盛典”活动并致辞。谷澍董事会秘书陪同。

我行为中国石油天然气集团公司开发的企业年金基金客户版项目成功投产运行。该项目的投产开创了我行年金业务客户自助服务的新模式。在该模式下，授权用户通过我行企业网银渠道，登录企业年金客户端即可自助进行缴费、投资、支付等日常业务操作和审批。为我行企业年金业务的后续发展和做好大型客户服务起到了良好的示范效应。

7日　姜建清董事长、杨凯生行长、李晓鹏副行长、易会满副行长会见山东省委书记姜异康、省长姜大明一行，双方就山东省的经济社会发展和进一步加强银政合作交换了意见。

8日　姜建清董事长、杨凯生行长、易会满副行长会见湖北省委书记罗清泉、省长李鸿忠、常务副省长李宪生、政协主席王生铁一行，双方就加快湖北省的经济社会发展、加强银政合作交换了意见，并签署了《扩内需促增长，全面合作座谈会会谈纪要》。

我行与余杭农村合作银行正式建立代理行关系。至此，我行已与国内83家银行机构正式建立了代理行关系。

北京分行与首发集团签署“速通卡充值业务合作协议”。

黑龙江分行与俄罗斯亚洲太平洋银行签订美元账户协议。

8日－9日　李晓鹏副行长赴内蒙古分行调研，其间拜访了呼和浩特铁路局局长林奋强，双方就内蒙古经济发展及加强项目融资、企业年金合作等内容进行了交流。

8日－10日　姜建清董事长、杨凯生行长参加在北京召开的中央经济工作会议。

9日　王丽丽副行长应邀出席中国石油天然气集团公司中期票据发行启动会。

我行电子银行业务商标“金融@家”顺利通过商标评审委员会的复审，正式获准商标注册。

河北分行举办个人网上银行客户超200万暨新产品媒体发布会。

9日－10日 党委委员、副行长易会满赴广东出席软件开发中心党委深入学习实践科学发展观专题民主生活会，其间拜访了港珠澳大桥前期工作协调办公室主任朱永灵，应邀出席了广州市城市建设投资集团公司正式成立暨挂牌仪式和我行广东分行营业部与该公司全面合作框架协议签字仪式。

10日 牛锡明副行长会见安徽省副省长黄海嵩一行，双方就安徽省经济社会发展、银政合作情况交换了意见。

10日－11日 易会满副行长赴南宁出席广西壮族自治区成立50周年庆祝大会，并调研广西北部湾经济区发展情况。

11日 姜建清董事长应邀赴天津出席“第二届中国中小企业节”活动并发表主题演讲。

杨凯生行长会见瑞士信贷集团公司董事总经理萨勒曼（Salman Shoaib）、瑞士信贷集团中国区首席执行官张利平一行，双方就工银瑞信基金公司的合作情况进行了交流。

杨凯生行长、牛锡明副行长出席我行举办的2008年第三期董事、监事及高管人员专题讲座。康奈尔大学和长江商学院金融学教授黄明主讲了“全球金融危机——启示与应对”。

12日 党委书记姜建清同志主持召开总行党委贯彻落实科学发展观专题民主生活会。党委副书记杨凯生、赵林同志和党委成员张福荣、牛锡明、王丽丽、李晓鹏、刘立宪、易会满同志出席。中央贯彻落实科学发展观活动第23指导检查组、中央国家机关工委、中组部、中纪委有关同志参加会议。

河北分行分别中标唐钢股份托管人和开滦集团账户管理人资格。

12日－14日 易会满副行长参加国家发展和改革委员会在北京召开的全国发展和改革工作会议。

13日 杨凯生行长应邀出席“财经年会2009——预测与战略”论坛活动并发表了主题演讲。

全功能银行系统NOVA＋1.0.0版本部分项目成功投产。该版本是我行第四代应用系统的首个版本，涵盖了清算中心主机结转汇兑损益、理财产品自动化统计、银关通系统优化改造等31个项目。

14日－17日 姜建清董事长赴香港、广东调研。在香港期间，主持召开了工银亚洲董事会，并分别拜访了九龙仓集团主席吴光正、长江实业集团主席李嘉诚、恒基集团主席李兆基、新鸿基地产集团副主席郭炳联等企业高层。在广东期间，主持召开了由广东分行、分行营业部和部分二级分行负责人参加的座谈会，并到我行基层营业网点和美的集团公司、智友电气公司等企业实地调研。其间分别拜访了中央政治局委员、广东省委书记汪洋和广州市委书记朱小丹。

王丽丽副行长赴香港调研，其间出席了工银亚洲董事会，并主持召开工银亚洲风险管理委员会会议和我行港澳新区域业务座谈会。

15日 杨凯生行长主持召开总行信贷业务相关部门职能调整动员会并讲话。

我行代理个人保险业务超过1 000亿元，代理个人保险业务收入、总销售额、代理寿险销售额、代理财险销售额等四项指标均居同业第一。

总行印发《关于印发〈总行信贷业务相关部门职能调整方案〉的通知》。

吉林分行与长春市委、市政府签署100亿元授信协议。

15日－16日 牛锡明副行长赴杭州金融研修学院出席全行监督体系改革培训班开班典礼并调研。

15日－17日 党委委员、副行长李晓鹏赴四川分行出席分行党委深入学习实践科学发展观专题民主生活会，并赴基层网点实地察看灾区重建工作，看望慰问受灾员工。其间拜访了四川省副省长黄小祥，走访了成都铁路局、中铁二局等重要客户。

15日－18日 党委委员、纪委书记刘立宪赴宁波分行出席分行党委深入学习实践科学发展观专题民主生活会并调研，其间拜访了宁波市副市长苏利冕。

16日 杨凯生行长应邀出席国家开发银行股份有限公司成立大会。

杨凯生行长会见贵州省委常委、贵阳市委书记李军一行，双方就经济金融形势及政府融资平台建设等内容交换了意见。

易会满副行长会见国务院台湾事务办公室经济局局长徐莽一行，双方就金融业如何支持台资企业交换了意见。

广东分行与阳江核电有限公司签订中广核集团阳江核电项目银团贷款协议。

深圳分行成为“深圳市金融IC卡应用试点单位”。

16日－17日 杨凯生行长赴山东出席我行与山东省政府战略合作备忘录签字仪式并调研，其间会晤了山东省委书记姜异康、省长姜大明、常务副省长王仁元。

党委委员、副行长易会满赴辽宁分行出席分行党委深入学习实践科学发展观专题民主生活会，并出席了我行与本溪钢铁集团公司战略合作协议签字仪式，其间分别拜访了沈阳铁路局局长王占柱、辽宁省电力公司总经理燕福龙。

16日－21日 赵林监事长赴澳门、香港调研，并分别召开了由诚兴银行、澳门分行及工银亚洲、工银国际、香港外汇资金交易中心等机构负责人参加的业务座谈会。王炽曦、张炜监事陪同。

17日 李晓鹏副行长主持召开全行铁路系统企业年金业务（视频）会议并讲话。

吉林分行成功中标一汽集团100亿元中期票据独家主承销资格。

17 日－18 日　杨凯生行长、牛锡明副行长赴浙江出席我行与浙江省政府金融战略合作协议签字仪式并调研，其间会晤了浙江省委书记赵洪祝、省长吕祖善、常务副省长陈敏尔。

18 日　党委书记、董事长姜建清，党委委员、副行长李晓鹏参加在人民大会堂举行的中央纪念党的十一届三中全会召开 30 周年大会。谷澍董事会秘书陪同。

李晓鹏副行长出席我行在北京举行的“中国工商银行基金业务答谢酒会”并致辞。南方基金、华夏基金、广发基金、易方达基金等 43 家国内主要基金管理公司高管应邀参加。

李晓鹏副行长会见韩国友利金融集团专务朴晟穆一行，双方就进一步加强业务合作进行了交流。

青岛分行在中石油投产全国首台银行 OPT，使自助加油服务可以受理银行卡。

18 日－19 日　党委委员、副行长张福荣赴安徽分行出席分行党委深入学习实践科学发展观专题民主生活会，并赴合肥滨湖新区考察了总行拟建后台中心的选址情况，其间拜访了安徽省委常委、合肥市委书记孙金龙。

易会满副行长赴上海市分行调研，并应邀出席了上海市政府举办的金融支持上海经济社会发展座谈会暨项目签约仪式，其间拜访了上海申通地铁集团公司副总裁钱耀忠。

19 日　杨凯生行长拜访中国船舶工业集团公司总经理谭作钧，双方就宏观经济金融形势、银企加强业务合作等内容进行了交流。

牛锡明副行长听取安永华明会计师事务所关于 2008 年度审计进度及预审结果的汇报。魏国雄首席风险官及总行有关部室负责人参加会议。

上海分行上海高速公路不停车收费项目清算代理系统正式投产。

21 日　牛锡明副行长应邀出席“以责任铸就未来——2008 年度企业社会责任高峰论坛暨人民社会责任奖颁奖典礼”并致辞。谷澍董事会秘书陪同。

22 日　我行在北京举行“中国工商银行成立二十五周年成就展”启动仪式，姜建清董事长、杨凯生行长、赵林监事长和张福荣、牛锡明、李晓鹏副行长，刘立宪纪委书记，易会满副行长出席启动仪式并参观展览。

李晓鹏副行长会见富国基金总经理窦玉明一行，双方就证券投资基金、企业年金、专户理财、公司会计清算外包等业务合作情况进行了交流。

易会满副行长会见华为技术有限公司常务副总裁孟晚舟一行，双方就进一步加强业务合作、共同应对国际经济危机、共同开拓境外市场进行了交流。

董事会以书面传签的方式审议通过了《关于安联集团拟将其通过德累斯顿卢森堡银行持有的我行 H 股转让给其另一全资子公司的议案》和《关于数据中心（上海）建设新园区工程立项的议案》两项议案。

总行印发工银党［2008］67 号文件：免去袁长清同志党委组织部部长职务。印发工银任免［2008］167 号文件：解聘袁长清同志人力资源部总经理职务。

23 日　姜建清董事长、杨凯生行长参加银监会在北京举行的“中国银行业改革开放三十周年纪念大会”。

杨凯生行长、李晓鹏副行长出席财政部“中央财政非税收入收缴代理银行项目”招标会。我行成功中标，成为 2009—2010 年度中央财政非税收入收缴代理银行。

易会满副行长主持召开第五十七次专题会议，研究软件开发中心杭州研发部办公场所问题。

23 日－24 日　全行“纪念改革开放 30 周年暨中国工商银行成立 25 周年发展战略研讨会”在北京召开。姜建清董事长作了题为《践行科学发展观，提升核心竞争力，加快建设国际一流现代金融企业》的讲话，杨凯生行长作了会议总结发言。总行党委成员，董事会、监事会、高管层成员，各一级分行、直属分行行长，各直属学院、直属机构和各内审分局负责人，总行各部门总经理（主任），工银瑞信基金公司、工银金融租赁公司主要负责人参加了会议。各二级分行中层以上干部通过视频会议系统参加了大会。

24 日　李晓鹏副行长出席我行与中国石油天然气集团公司企业年金基金托管协议签约仪式，并与中石油企业年金理事会主席、集团公司总会计师王国樑进行了会谈。

我行在《中国证券报》、《上海证券报》、《证券时报》和上海证券交易所网站刊登了《中国工商银行股份有限公司关于董事任职资格获银监会核准的公告》。中国银监会已经核准高剑虹先生、李军先生、郦锡文先生担任本行董事的任职资格。王文彦先生、赵海英女士、仲建安先生不再履行本行董事职务。

吉林分行储蓄存款余额较年初增长 100.12 亿元，人民币储蓄存款余额突破 800 亿元。

25 日　姜建清董事长会见中国投资公司监事长金立群一行，双方就国际国内经济金融形势及有关业务合作情况进行了交流。谷澍董事会秘书陪同。

姜建清董事长、易会满副行长拜访国家电网公司总经理刘振亚、副总经理陈月明、总会计师李汝革，双方就电网行业未来投资与发展及有关业务合作进行了交流。

杨凯生行长、张福荣副行长出席全行个人金融业务工作会议并讲话，同时为获得第七届个人金融业务“双佳”的集体和个人颁奖。

杨凯生行长、李晓鹏副行长会见台湾中华航空公司董事长魏幸雄一行，双方就国际金融与航空市场动态进行了交流。

杨凯生行长、赵林监事长和张福荣、牛锡明、李晓鹏副行长，刘立宪纪委书记在北京出席我行个人客户经理营销技能比赛优秀选手展示活动。来自8个分行的12名优秀选手进行了团队组合营销推介、理财服务模拟等两个项目的展示。

王丽丽副行长出席我行与中国中化集团公司《国际结算与贸易融资业务集中合作框架协议》签约仪式。

李晓鹏副行长出席以“形势与展望”为主题的我行2008年第五期创新沙龙。全国人大财经委副主任吴晓灵作了题为《金融形势分析与展望》的演讲，国家发改委对外经济研究所所长张燕生重点阐述了目前我国的对外贸易形势与商业银行的应对策略，国家发改委经济研究所副所长宋立对国内经济金融形势进行了分析与展望。

上海分行与上海联合产权交易所就并购贷款业务签署合作协议。

26日 姜建清董事长应邀出席“纪念中国金融改革开放30周年——2008中国金融论坛”，并发表了主题演讲。

杨凯生行长、赵林监事长和王丽丽、李晓鹏副行长，刘立宪纪委书记在北京出席全行青年英语大赛总决赛。

张福荣副行长在北京出席“牡丹盛放二十年感恩回望——中国工商银行信用卡业务发展成就发布会”并致辞。人民银行、银监会、中国银联公司有关负责同志应邀出席发布会。

张福荣副行长出席中国金融教育发展基金会金融理财标准委员会2008年全体委员会议。

易会满副行长应邀出席中国航空工业集团财务公司和中国航空工业国际租赁公司联合举办的股东及客户答谢会，并与中航工业集团公司副总经理兼总会计师、中航财务及中航租赁董事长顾惠忠进行了会谈。

广西分行与广西农村信用社合作推出“银银通”项目，以弥补在农村地区没有网点的不足。

宁波分行与北仑金石小额贷款股份有限公司签订全面业务合作协议。

深圳分行举办“投资银行高端论坛”，万科、金地等多家重要客户参与论坛。

26日-27日 张福荣副行长在北京出席全行银行卡业务工作会议并讲话。

27日 党委委员、副行长张福荣参加中组部在北京召开的全国组织部长会议。

27日-28日 易会满副行长赴贵阳出席我行与贵阳市政府战略合作协议签约仪式，并与贵州省委常委、贵阳市委书记李军、市长袁周进行了会谈。

28日 党委副书记、监事长赵林参加中组部在北京召开的引进海外高层次人才工作会议。

李晓鹏副行长应邀出席“中国金融改革开放最具影响力50件大事暨2008中国最佳金融机构排行榜评选”结果发布活动，并作为金融机构代表发言。

29日 杨凯生行长主持召开总行风险管理委员会2008年第六次会议，审议通过《金融期货结算业务风险管理报告》、《中国工商银行2008年三季度风险管理报告》、《中国工商银行风险管理委员会2009年度工作计划》。张福荣、牛锡明、李晓鹏、易会满副行长，魏国雄首席风险官和25个委员部室负责人出席。

易会满副行长出席中国核工业集团公司与主要合作银行战略合作协议、集团化融资公约及2009年度融资合同签约仪式，并代表签约银行致辞。

黑龙江分行与中国人民财产保险股份有限公司黑龙江省分公司签订全面业务合作协议。

29日-31日 党委委员、纪委书记刘立宪赴海南分行出席分行党委深入学习实践科学发展观专题民主生活会，随后在基层网点调研服务和安全保卫工作，并到困难员工家中进行了慰问，其间拜访了海南省委常委、常务副省长方晓宇。

30日 姜建清董事长、杨凯生行长、赵林监事长拜访中国投资公司董事长楼继伟、副总经理谢平，就有关工作交换意见。

姜建清董事长、杨凯生行长、易会满副行长出席我行与中国航天科工集团公司战略合作协议签约仪式，并与出席签约仪式的航天科工集团总经理许达哲、总会计师刘跃珍进行了会谈。

《中国工商银行史》出版发行新闻发布会在总行办公大楼学术交流中心举行。此次出版的行史分为《中国工商银行史（1984—1993年）》、《中国工商银行史（1994—2004年）》和《中国工商银行史附录》三册。姜建清董事长、杨凯生行长、赵林监事长和张福荣、牛锡明、李晓鹏、易会满副行长出席发布会。老行长陈立、张肖、刘廷焕和我行历任领导班子成员王占祥、谢渡扬、肖昌秀、陈克儒、张衢、王为强同志以及人民银行副行长苏宁、银监会副主席蔡鄂生、国家新闻出版署出版管理司司长吴尚之、北京大学常务副书记吴志攀、首都图书馆馆长倪晓建、中国金融出版社社长林铁钢等政府有关部门、金融机构、大学、图书馆、出版社代表应邀出席。总行各部室总经理和行史编写组成员参加发布会。

30日-31日 杨凯生行长、易会满副行长赴广州出席我行与广东省政府金融合作协议签约仪式并调研，随后到软件开发中心广州分中心、私人银行部广州分部、广东省分行信息科技部和基层网点看望了参加年终决算工作的员工，其间会晤了广东省省长黄华华、常务副省长黄龙云、副省长宋海。

31日 姜建清董事长、赵林监事长和张福荣、牛锡明、王丽丽、李晓鹏副行长集体看望总行本部参加年终决算工作的干部员工，并通过视频会议系统慰问了在数据中心（北京）、数据中心（上海）和软件开发中心参加年终决算的工作人员。随后，姜建清董事长、赵林监事长和张福荣、牛锡明副行长一行到北京市分行营业部、南礼士路支行8^N财富中心（西部）、海淀西区支行四道口网点支行和私人银行部北京分部慰问参加年终决算工作的一线员工。

12 月　湖南分行发行牡丹泰康灵通卡、牡丹嘉禾灵通卡、牡丹人民人寿灵通卡等联名卡。

广东分行在广州 850 多台自助终端上成功投产了银旅通电子购票系统，客户能够通过网点自助终端购买广东省各大知名旅游景点电子门票。

工银中东、多哈分行成功为阿布扎比石油管线项目建设提供金融服务，开立保函金额 6 亿美元。

2008 年是工商银行发展史上值得深刻铭记的一年。面对国际国内经济形势急剧变化的严峻挑战，面对突如其来的特大自然灾害的冲击，面对奥运会对金融服务的高标准要求，全行上下认真践行科学发展观，在服务大局、应对时艰中展现了生机与活力，全面提升了经营管理水平，圆满实现了股改后首个三年发展规划的目标，以优异成绩迎来了工商银行成立 25 周年。

第十部分

附录

执行编辑：孙清华

中国工商银行党委、董事、监事及高管人员名录

党委

党委书记：姜建清
党委副书记：杨凯生、赵林
党委委员：张福荣、牛锡明、王丽丽、李晓鹏、刘立宪、易会满
纪委书记：刘立宪

董事

董事长、执行董事：姜建清
副董事长、执行董事：杨凯生
执行董事：张福荣、牛锡明
非执行董事：傅仲君、康学军、宋志刚、高剑虹、李军、郦锡文、克利斯多佛·科尔
独立非执行董事：梁锦松、钱颖一、许善达

监事

监事长：赵林
股东代表监事：王炽曦
外部监事：王道成、苗耕书
职工代表监事：张炜

高级管理人员

行长：杨凯生
副行长：张福荣、牛锡明、王丽丽、李晓鹏、易会满
首席风险官：魏国雄
董事会秘书：谷澍

总行内设机构及直属机构名录

办公室

副 主 任：高志新（主持工作）、靳晓鹏、王红千、宋立新、刘德奇

董事会办公室

主　　任：钱毅
副 主 任：洪烨、陆钦

监事会办公室

主　　任：王炽曦

财务会计部

总 经 理：沈如军
副总经理：徐坤田（兼）、王挹生、李明熙、魏茂庆、范立、张文武

资产负债管理部

总 经 理：朱长法
副总经理：韩松、何邵聪、张伟、李波

管理信息部

总 经 理：刘志刚
副总经理：胡铁川、张勇

战略管理与投资者关系部

总 经 理：谷澍
副总经理：李鹰、刘亚干、王文彬

投资银行部

总 经 理：李勇
副总经理：安丽艳、胡传军、贺西京、张都兴

金融市场部

总 经 理：徐志宏
副总经理：宋立新、唐凌云、赵传新、刘震、马续田、胡亚冰

机构业务部

副总经理：席德应（主持工作）、张聪、史其禄、胡益民

个人金融业务部

总 经 理：陈晓燕
副总经理：马方一、郭超、苑书义、徐克恩、任西明、胡亚辉

银行卡业务部

总 经 理：李卫平
副总经理：李磊、张卫东、孙洪霞、周跃东

资产托管部

总 经 理：周月秋
副总经理：王立波、王承远、肖婉如

养老金业务部

总 经 理：赵跃
副总经理：任洪琦

信贷管理部

总 经 理：刘子刚
副总经理：刘绍楚、马银华、苏宗国、连工、

赵健、聂大志、顾斌、殷红

公司业务一部

总 经 理：莫扶民
副总经理：黄梅、吕一兵、王英奎、余龙、李莉、崔勇

公司业务二部（营业部）

总 经 理：江涛
副总经理：王正龙、王一心、刘雁萍、赵桂才

授信业务部

总 经 理：赵银祥
副总经理：赵庆森、马长水、孙以洲、张泽跃、杨海涛

信用审批部

总 经 理：索绪全
副总经理：徐晶、王艳秋、李建新、李峰、杨志忠

风险管理部

总 经 理：白涛
副总经理：戴生明、季景玉、武宗选、梁登祥

结算与现金管理部

总 经 理：许燕
副总经理：杨烈、曾琪、黄叶林

运行管理部

总 经 理：牛刚
副总经理：蔡报国、宁保祺、杨棚、黎丽、毛宁

国际业务部

总 经 理：胡浩
副总经理：原擒龙（兼）、陈进、温信祥、聂长雯

内部审计局

局　长：王希全
副局长：王文彬、苏达奇、杨娅丽、仲安妮、王景华、贾伊宾

内控合规部

总 经 理：荀大志
副总经理：李林、童频、闫敏、赵建骥、王栋

法律事务部

总 经 理：张炜
副总经理：刘湘玲、李金泽、刘泽华

信息科技部

总 经 理：林晓轩
副总经理：苏文力（兼）、吕仲涛、张艳、马雁

电子银行部

总 经 理：蔡东
副总经理：王汉明、王嵩、陈静娴、龙春玲

产品创新管理部

总 经 理：王刚
副总经理：苏文力、李秀媛

人力资源部

副总经理：张兴东、张庆华、侯本旗、李宝权

教育部

总 经 理：王云桂
副总经理：刘依群、杨桂琴、邵光华

监察室

主　　任：李明天
副 主 任：王晓安、王彦斌、崔琪珍

保卫部

总 经 理：刘玉成
副总经理：任翠云

工会工作委员会

常务副主任：常瑞明
副　主　任：王铁京、杨国伟、王祥兴

系统团委

团委书记：张立军

直属党委

常务副书记：王秀山
副书记兼纪委书记：王建红

离退休人员管理部

总 经 理：冯孝凯
副总经理：李杰志

城市金融研究所

所　　长：詹向阳
副 所 长：樊志刚、周永发、刘彪、邹新

业务营运中心工程指挥部

总指挥：徐坤田

副总指挥：张汉桥

总行直属机构名录

票据营业部

总 经 理：应俊惠
副总经理：肖小和、张敬伦、卢京华

软件开发中心

总 经 理：梁礼方
副总经理：李旭风、胡德斌、郑庆华、伊劲松、吴绵顺

数据中心（北京）

总 经 理：王丽平
副总经理：王兵、司继平、翁伟勇、张颖

数据中心（上海）

总 经 理：蒋国强
副总经理：朱菲菲、刘方洲、李金浩、毛宇星

海外数据中心

总 经 理：李政朝

私人银行部

总 经 理：张琪
副总经理：张剑宇

国际结算单证中心

总 经 理：原擒龙
副总经理：华明

各一级分行、直属分行、直属学院及内部审计局各分局名录

北京分行

行　长、党委书记：王珍军
副行长、党委委员：龚萍、季爱东、王金山、张皓若、冀光恒
纪委书记、党委委员：张友芬
地　址：北京市西城区复兴门南大街2号（天银大厦B座）
邮　编：100031

天津分行

行　长、党委书记：华耀纲
副行长、党委委员：王世明、刘惠新、兰莉、孔祥国、罗勇、王建国、张希刚
纪委书记、党委委员兼工会主任：郑启喆
地　址：天津市河西区围堤道123号
邮　编：300074

河北分行

行　长、党委书记：沈立强
副行长、党委副书记：张彦欣
副行长、党委委员：毕鉴亭、刘建民、赵增学、史立军
纪委书记、党委委员：齐永田
地　址：石家庄市中山西路188号
邮　编：050051

山西分行

副行长、党委副书记：林明（主持工作）
纪委书记、党委委员：周希良
副行长、党委委员：王明贤、于晋萍、吕晋铭、郭伟
地　址：太原市迎泽大街145号
邮　编：030001

内蒙古分行

行　长、党委书记：郝彬
副行长、党委委员：崔亮、李长命、范继忠
纪委书记、党委委员兼工会主任：张素鲜
地　址：呼和浩特市锡林北路105号
邮　编：010050

辽宁分行

行　长、党委书记：朱立飞
副行长、党委委员：陈晓光、沙龙云、王中印
纪委书记、党委委员：崔国清
地　址：沈阳市和平区南京北街88号
邮　编：110001

吉林分行

行　长、党委书记：李安山
副行长、党委委员：马玉贤、张晓辛、周春晓
纪委书记、党委委员：常景恩
地　址：长春市同志街136号
邮　编：130061

黑龙江分行

行　长、党委书记：李久新
副行长、党委委员：杨进先、岳万国、杨宝金

纪委书记、党委委员兼工会主任：全同友
地　址：哈尔滨市道里区中央大街218号
邮　编：150010

上海分行

行　长、党委书记：孙持平
副行长、党委委员：李玉强、黄纪宪、顾国明、马健
纪委书记、党委委员兼工会主任：吴勇
地　址：上海市浦东大道9号
邮　编：200120

江苏分行

行　长、党委书记：施刚
副行长、党委委员：夏卫阳、万辉、朱春华、戴春林、宋建华、陈平
纪委书记、党委委员：唐金星
地　址：南京市中山南路408号
邮　编：210006

浙江分行

行　长、党委书记：徐新桥
副行长、党委委员：倪百祥、田大章、王百荣、吴翔江
纪委书记、党委委员：余素今
地　址：杭州市中河中路150号
邮　编：310009

安徽分行

行　长、党委书记：赵鹏
副行长、党委副书记：朱文信
副行长、党委委员：常真旺、梁延国、苏国庆
纪委书记、党委委员：朱洪海
地　址：合肥市芜湖路189号
邮　编：230001

福建分行

行　长、党委书记：杨春林
副行长、党委委员：胡磊、蔡治建、刘丹、谢少波、范国德
纪委书记、党委委员：黄建立
地　址：福州市古田路108号
邮　编：350005

江西分行

行　长、党委书记：初苏华
副行长、党委副书记：刘福妹
副行长、党委委员：苏南宏、罗健、叶定金、张少华
纪委书记、党委委员：何伟新
地　址：南昌市抚河北路233号
邮　编：330008

山东分行

行　长、党委书记：沈荣勤
副行长、党委副书记：董培荣
副行长、党委委员：孙建勇、夏侯静波、李明、王跃民
纪委书记、党委委员：崔方春
地　址：济南市经四路310号
邮　编：250001

河南分行

行　长、党委书记：明柱亮
副行长、党委委员：尚军、许杰、贾建强、郭瑞海、田哲
纪委书记、党委委员：姚虎
地　址：郑州市经三路99号
邮　编：450011

湖北分行

行　长、党委书记：左新亚
副行长、党委委员：宋士卿、陈新民、明道欣、王芝斌、彭正江
纪委书记、党委委员：赵斌
地　址：武汉市武昌区解放路372号
邮　编：430060

湖南分行

行　长、党委书记：吴宏波
副行长、党委委员：李世文、郑子术、詹友兴
纪委书记、党委委员兼工会主任：张业万
地　址：长沙市芙蓉中路一段619号
邮　编：410011

广东分行

行　长、党委书记：黄明祥
副行长、党委副书记兼纪委书记：邢志盈
副行长、党委委员：杨南昌、周志方、胡晔、沈晓东、乔晋声
地　址：广州市沿江西路123号
邮　编：510120

广西分行

行　长、党委书记：张恪理

副行长、党委委员：许桂北、杨永、王洪冰、杨军
纪委书记、党委委员兼工会主任：李德斌
地　址：南宁市教育路15－1号
邮　编：530022

海南分行

行　长、党委书记：石琪贤
副行长、党委委员：蔡文、王树慧、许益明
纪委书记、党委委员：陈学坤
地　址：海口市和平南路3号
邮　编：570203

四川分行

行　长、党委书记：陈焕祥
副行长、党委委员：尹尤宪、覃才广、官学清
纪委书记、党委委员：张天祥
地　址：成都总府路35号总府大厦
邮　编：610016

重庆分行

行　长、党委书记：刘卫星
副行长、党委副书记：雷玲
副行长、党委委员：陈正生、谢明
地　址：重庆市南岸区江南大道9号
邮　编：400060

贵州分行

行　长、党委书记：黄再红
副行长、党委委员：刘健、吴涛、齐跃南、黄力、张庆典
纪委书记、党委委员：马俊平
地　址：贵阳市瑞金中路41号
邮　编：550003

云南分行

行　长、党委书记：蒋玉林
副行长、党委委员：合杰、邵苏江、周玮
纪委书记、党委委员兼工会主任：陶云
地　址：昆明市青年路395号邦克大厦
邮　编：650011

陕西分行

行　长、党委书记：惠平
副行长、党委委员：张海琳、毛亚社、张晓钟
纪委书记、党委委员：杨金凯
地　址：西安市东新街395号
邮　编：710004

甘肃分行

行　长、党委书记：许海
副行长、党委委员：樊志成、吕相军、李昶、郭一民、何林
副行长、党委委员兼纪委书记：王文胜
地　址：兰州市庆阳路408号
邮　编：730030

青海分行

行　长、党委书记：李志诚
副行长、党委委员：柴海生
纪委书记、党委委员：高得文
地　址：西宁市胜利路2号
邮　编：810001

宁夏分行

行　长、党委书记：王保林
副行长、党委委员：黄岗、李平、廉智
纪委书记、党委委员：唐学文
地　址：银川市黄河东路901号
邮　编：750002

新疆分行

行　长、党委书记：吴宁锋
副行长、党委委员：袁萍、水永成、张延挺
纪委书记、党委委员：艾圣智
地　址：乌鲁木齐市人民路231号
邮　编：830002

西藏分行

行　长、党委书记：黄庆惠
副行长、党委委员：吴永强
行长助理、党委委员：李海臣
地　址：拉萨市金珠中路31号
邮　编：850000

大连分行

副行长、党委副书记：鞠延强（主持工作）
副行长、党委委员：吕维、迟维君、孙祥伟、姜晓芳
纪委书记、党委委员：孙世坚
地　址：大连市中山区中山广场5号
邮　编：116001

青岛分行

行　长、党委书记：栾建胜
副行长、党委副书记、纪委书记：赵松彪

副行长、党委委员：吴刚、程青、时辉
地　址：青岛市市南区山东路25号
邮　编：266071

宁波分行

行　长、党委书记：郁炯彦
副行长、党委委员：胡茂祥、王伟民、董继松
纪委书记、党委委员：江甬辉
地　址：宁波市中山西路218号
邮　编：315010

厦门分行

行　长、党委书记：金胜
副行长、党委委员：庄伟光、苏昆山、黄立波、曾桂华
纪委书记、党委委员兼工会主任：李烨
地　址：厦门湖滨北路17号工商银行大厦
邮　编：361012

深圳分行

行　长、党委书记：王晓燕
副行长、党委副书记：林谦
副行长、党委委员：薛鸿健、李学民
纪委书记、党委委员：郑光明
地　址：深圳市罗湖区深南东路5005号金融中心北座
邮　编：518015

苏州分行

行　长、党委书记：朱春华
副行长、党委委员：谢志华、徐正方、吴军、杨晓东
纪委书记、党委委员：周解平
地　址：苏州市间胥路88号
邮　编：215002

长春金融研修学院

院长、党委书记：李安山
常务副院长、党委副书记：李春满
副院长、党委委员：刘雨平、秦永顺
纪委书记、党委委员：郑向居
地　址：长春市二道区公平路448号
邮　编：130033

杭州金融研修学院

院长、党委书记：徐新桥
副院长、党委副书记：所向东
副院长、党委委员：王龙华、陈华蓉
地　址：杭州市文一西路70号
邮　编：310012

内部审计局各分局

直属分局

副局长：李健飞（主持工作）、孙东奎、程继光、熊燕、游彩云
地　址：北京市西城区月坛南街丙1号4层
邮　编：100045

天津分局

局　长：邱启祥
副局长：张静
地　址：天津市河西区围堤道123号26—27层
邮　编：300074

沈阳分局

局　长：李炳元
副局长：刘相勇
地　址：沈阳市和平区南京北街88号
邮　编：110001

上海分局

局　长：郑之光
副局长：邱仁尔、林跃武
地　址：上海浦东大道9号9楼
邮　编：200120

南京分局

局　长：杜宝起
副局长：黄世忠
地　址：南京市定淮门12号软件园15号南楼3层
邮　编：210013

武汉分局

局　长：庞力
副局长：周明祥、崔忠实
地　址：武汉市武昌区中南路7号中商广场写字楼A座41层
邮　编：430071

广州分局

副局长：梁向灵（主持工作）、李良茂、黄泉进
地　址：广州市昌岗东路五巷23号
邮　编：510260

成都分局

局　长：史泽友
副局长：洪维刚
地　址：成都市总府路 28 号银行大厦 4 楼
邮　编：610016

昆明分局

局　长：杨高林
副局长：石光清、相稳成
地　址：昆明市青年路 395 号邦克大厦
邮　编：650011

西安分局

局　长：娜日苏
地　址：西安市高新开发区高新路 1 号金融大厦 14 楼
邮　编：710075

各一级分行营业部机构名录

河北分行营业部

总经理、党委书记：郑晓东
地　址：石家庄市平安南大街 113 号
邮　编：050021

山西分行营业部

总经理、党委书记：赵象钰
地　址：太原市新建路 86 号
邮　编：030002

内蒙古分行营业部

总经理、党委书记：刘志忠
地　址：呼和浩特市新城东街 15 号
邮　编：010010

辽宁分行营业部

总经理、党委书记：沙龙云
地　址：沈阳市沈河区友好大街 9 号
邮　编：110013

吉林分行营业部

总经理、党委书记：张晓辛
地　址：长春市人民大街 2111 号
邮　编：130051

黑龙江分行营业部

总经理、党委书记：岳万国
地　址：哈尔滨市道里区河洛街 7 号
邮　编：150076

江苏分行营业部

总经理、党委书记：陈平
地　址：南京市中山南路 408 号
邮　编：210006

浙江分行营业部

总经理、党委书记：王百荣
地　址：杭州庆春路 90 号
邮　编：310003

安徽分行营业部

总经理、党委书记：马春龙
地　址：合肥市寿春路 211 号
邮　编：230001

福建分行营业部

总经理、党委书记：王升烽
地　址：福州市八一七中路 600 号
邮　编：350004

江西分行营业部

总经理、党委书记：周维
地　址：南昌市中山路 206 号
邮　编：330003

山东分行营业部

总经理、党委书记：王跃民
地　址：济南市历下区黑虎泉西路 57 号
邮　编：250011

河南分行营业部

总经理、党委书记：许杰
地　址：郑州市花园路 24 号
邮　编：450008

湖北分行营业部

总经理、党委书记：王芝斌
地　址：武汉市江汉路 17 号
邮　编：430021

湖南分行营业部

总经理、党委书记：李勤
地　址：长沙市五一大道 465 号

邮　编：410005

广东分行营业部

总经理、党委书记：周志方
地　址：广州市越秀区大沙头路29号工银大厦
邮　编：510100

广西分行营业部

总经理、党委副书记：农永富
地　址：南宁市民族大道38－2号
邮　编：530022

四川分行营业部

总经理、党委书记：官学清
地　址：成都市藩库街9号
邮　编：610016

贵州分行营业部

总经理、党委书记：黄力
地　址：贵阳市省府路1号
邮　编：550001

云南分行营业部

总经理、党委书记：周玮
邮　编：650011
地　址：昆明市青年路395号邦克大厦

陕西分行营业部

总经理、党委书记：张晓钟
地　址：西安市西木头市9号
邮　编：710002

甘肃分行营业部

总经理、党委书记：郭一民
地　址：兰州市庆阳路163号
邮　编：730030

新疆分行营业部

总经理、党委书记：张脉群
地　址：乌鲁木齐新民路2号
邮　编：830002

各二级分行机构名录

北京分行

东城支行
行　长、党委书记：王德斌
地　址：东城区东四十条24号
邮　编：100007

王府井支行
行　长、党委书记：刘显峰
地　址：东城区王府井大街237号
邮　编：100006

和平里支行
行　长、党委书记：李士平
地　址：东城区和平里北街14号
邮　编：100013

长安支行
行　长、党委书记：樊裕明
地　址：西城区宣内大街乙6号
邮　编：100031

新街口支行
行　长、党委书记：曲琰
地　址：西城区西直门内大街143号
邮　编：100035

南礼士路支行
行　长、党委书记：谢一平
地　址：西城区阜外大街8号
邮　编：100045

金融街支行
行　长、党委书记：马靖
地　址：西城区太平桥大街11号
邮　编：100032

地安门支行
行　长、党委书记：何长荣
地　址：朝阳区裕民路12号
邮　编：100009

崇文支行
行　长、党委书记：高平
地　址：崇文区永定门外大街86号
邮　编：100075

宣武支行
行　长、党委书记：包永康
地　址：宣武区广外南滨河路3号楼
邮　编：100055

珠市口支行

行　长、党委书记：于青
地　址：崇文区珠市口东大街15号
邮　编：100062

朝阳支行

行　长、党委书记：辛洁
地　址：朝阳区朝外大街1号
邮　编：100020

九龙山支行

行　长、党委书记：杜杰
地　址：朝阳区广渠路甲40号
邮　编：100022

亚运村支行

行　长、党委书记：苗鸿祥
地　址：朝阳区慧忠北里407号
邮　编：100012

望京支行

行　长、党委书记：周丽萍
地　址：朝阳区酒仙桥路10号
邮　编：100102

商务中心区支行

行　长、党委书记：黄焱
地　址：朝阳区东环南路2号
邮　编：100022

海淀支行

行　长、党委书记：陶锦莉
地　址：海淀区中关村东路100号
邮　编：100080

海淀西区支行

行　长、党委书记：徐天岭
地　址：海淀区北四环西路65号
邮　编：101200

中关村支行

行　长、党委书记：门月红
地　址：海淀区上地信息路2号
邮　编：100085

翠微路支行

行　长、党委书记：何平
地　址：海淀区阜成路79号
邮　编：100036

西客站支行

行　长、党委书记：张俊杰
地　址：海淀区什坊院3号
邮　编：100055

丰台支行

行　长、党委书记：苗子瑜
地　址：丰台区文体路19号
邮　编：100071

方庄支行

行　长、党委书记：田晖
地　址：丰台区芳城园三区18号楼
邮　编：100078

经济技术开发区支行

行　长、党委书记：任路平
地　址：北京经济技术开发区宏达北路12号A楼
邮　编：100176

石景山支行

行　长、党委书记：王耕欣
地　址：石景山区石景山路63号
邮　编：100043

门头沟支行

行　长、党委书记：张宁涛
地　址：门头沟区新桥大街12号
邮　编：102300

房山支行

行　长、党委书记：王凯
地　址：房山良乡西潞北大街32号
邮　编：102488

通州支行

行　长、党委书记：齐兆惠
地　址：通州区新华大街155号
邮　编：101100

大兴支行

行　长、党委书记：郭俊
地　址：大兴区兴政街24号
邮　编：102600

顺义支行

行　长、党委书记：陈雷
地　址：顺义区石园西路
邮　编：101300

昌平支行

行　长、党委书记：李彤
地　址：昌平区科技园区综合办公楼
邮　编：102200

怀柔支行

行　长、党委书记：王耀红
地　址：怀柔区商业街23号
邮　编：101400

密云支行

行　长、党委书记：李景欣
地　址：密云县鼓楼南大街
邮　编：101500

平谷支行

行　长、党委书记：马跃进
地　址：平谷区府前西街14号
邮　编：101200

延庆支行

行　长、党委书记：胡长文
地　址：延庆县延庆镇东大街37号
邮　编：102100

分行营业部

总经理：孙峰
地　址：西城区复兴门南大街2号（天银大厦B座）
邮　编：100031

天津分行

营业部

总经理、党委书记：马明
地　址：天津市和平区赤峰道12号
邮　编：300041

和平支行

行　长、党委书记：王勇利
地　址：天津市和平区解放路147号
邮　编：300040

新华支行

行　长、党委书记：张筱裛
地　址：天津市和平区西康路33号
邮　编：300051

南开支行

行　长、党委书记：苗金广
地　址：天津市南开区黄河道12号
邮　编：300101

河北支行

行　长、党委书记：侯雨生
地　址：天津市河北区滨海道69号
邮　编：300010

红桥支行

行　长、党委书记：刘中华
地　址：天津市红桥区大丰路西端
邮　编：300121

河西支行

行　长、党委书记：张希刚
地　址：天津市河西区围堤道123号
邮　编：300074

广厦支行

行　长、党委书记：吴海河
地　址：天津市河西区大沽路361号
邮　编：300202

河东支行

行　长、党委书记：顾建国
地　址：天津市河东区十一经路河东金融大厦
邮　编：300171

新技术产业园区支行

行　长、党委书记：张震宇
地　址：天津市南开区鞍山西道317号
邮　编：300192

津西支行

行　长、党总支书记：李云峰
地　址：天津市西青开发区津港公路龙府花园4号楼
邮　编：300381

塘沽分行

行　长、党委书记：于德全

地　址：天津市塘沽区新华路菜市街1号
邮　编：300450

开发区分行
行　长、党委书记：王建国
地　址：天津开发区广场东路20号滨海金融街E5AB座
邮　编：300457

保税区分行
行　长、党委书记：李华
地　址：天津港保税区天保大道176号
邮　编：300456

汉沽支行
党委书记：王健
行长：王兆毅
地　址：天津市汉沽区新开中路69号
邮　编：300480

大港支行
行　长、党委书记：张运航
地　址：天津市大港区迎宾街79号
邮　编：300270

西青支行
行　长、党总支书记：戴江
地　址：天津市西青区杨柳青新华道77号
邮　编：300380

北辰支行
行　长、党总支书记：毕堃
地　址：天津市北辰区京津路346号
邮　编：300400

东丽支行
行　长、党总支书记：王金生
地　址：天津市东丽区福山路先锋路交口
邮　编：300300

津南支行
行　长、党总支书记：朱志强
地　址：天津市津南区咸水沽镇体育场路35号
邮　编：300350

宁河支行
行　长、党总支书记：王永泰
地　址：天津市宁河县芦台镇商业道59号
邮　编：301500

武清支行
行　长、党总支书记：陈宏
地　址：天津市武清区杨村镇雍阳东道
邮　编：301700

蓟县支行
行　长、党总支书记：刘西泉
地　址：天津市蓟县兴华大街1号
邮　编：301900

宝坻支行
行　长、党总支书记：夏永爱
地　址：天津市宝坻区南关大街2号
邮　编：301800

静海支行
行　长、党总支书记：张绍俊
地　址：天津市静海县胜利大街21号
邮　编：301600

融汇支行
行　长、党总支书记：张立群
地　址：天津市和平区大同道11号
邮　编：300040

国信支行
行　长、党总支书记：徐学叶
地　址：天津市河西区围堤道123号
邮　编：300074

河北分行

邯郸分行
行　长、党委书记：沈斌
地　址：邯郸市人民东路248号
邮　编：056002

邢台分行
行　长、党委书记：王向东
地　址：邢台市郭守敬北路285号
邮　编：054000

衡水分行
行　长、党委副书记：刘维柱
地　址：衡水市人民西路321号
邮　编：053000

沧州分行

行　长、党委书记：白玉民
地　址：沧州市清池南大道13号
邮　编：061000

保定分行

行　长、党委书记：周增文
地　址：保定市东风中路1902号
邮　编：071051

廊坊分行

行　长、党委书记：李金辉
地　址：廊坊市和平路78号
邮　编：065000

唐山分行

行　长、党委书记：王琦
地　址：唐山市新华东道102号
邮　编：063000

秦皇岛分行

行　长、党委书记：李子木
地　址：秦皇岛市海港区建设大街136号
邮　编：066000

承德分行

行　长、党委书记：王爱东
地　址：承德市西大街26号
邮　编：067000

张家口分行

行　长、党委书记：赵吉国
地　址：张家口市建国路4号
邮　编：075000

山西分行

大同分行

行　长、党委书记：李裕祥
地　址：大同市新建西路44号
邮　编：037006

阳泉分行

行　长、党委书记：郑红
地　址：阳泉市德胜东街13号
邮　编：045000

长治分行

行　长、党委书记：王培明
地　址：长治市太行东街167号
邮　编：046011

晋城分行

行　长、党委书记：张强
地　址：晋城市凤台西街55号
邮　编：048026

朔州分行

行　长、党委书记：牛喜军
地　址：朔州市振华西街50号
邮　编：036000

忻州分行

行　长、党委书记：段庚清
地　址：忻州市长征西街27号
邮　编：034000

晋中分行

行　长、党委书记：郝恩源
地　址：榆次区迎宾路28号
邮　编：030600

吕梁分行

行　长、党委书记：武兴文
地　址：吕梁市永宁东路29号
邮　编：033000

临汾分行

行　长、党委书记：卫社宏
地　址：临汾市鼓楼北街44号
邮　编：041000

运城分行

行　长、党委书记：薛会民
地　址：运城市红旗东街242号
邮　编：044000

内蒙古分行

包头分行

行　长、党委书记：苏新立
地　址：包头市昆都仑区钢铁大街46号
邮　编：014010

鄂尔多斯分行

行　长、党委书记：张凤山
地　址：鄂尔多斯市东胜区满都海巷北7号
邮　编：017000

呼伦贝尔分行

副行长、党委副书记：徐国君（主持工作）

地　址：呼伦贝尔市海拉尔区伊敏大街 40 号

邮　编：021008

通辽分行

行　长、党委书记：孙帆

地　址：通辽市永清大街 0352 号

邮　编：028000

赤峰分行

行　长、党委书记：陈少君

地　址：赤峰市红山区钢铁西街 18 号

邮　编：024000

满洲里分行

行　长、党委书记：曲云军

地　址：满洲里市三道街 4 号

邮　编：021400

锡林郭勒盟分行

行　长、党委书记：王树宪

地　址：锡林浩特市宝昌路 46 号

邮　编：026000

乌兰察布分行

行　长、党委书记：云国强

地　址：乌兰察布市集宁区桥东五马路 6 号

邮　编：012000

巴彦淖尔分行

行　长、党委书记：郭金龙

地　址：巴彦淖尔市临河区胜利路 51 号

邮　编：015000

乌海分行

行　长、党委书记：吴铁桩

地　址：乌海市海渤湾区人民路 77 号

邮　编：016000

阿拉善盟分行

行　长、党委书记：乌力吉

地　址：阿拉善盟巴彦浩特额鲁特东路 5 号

邮　编：750306

乌兰浩特支行

行　长、党委书记：周庆林

地　址：乌兰浩特市兴安北大路 90 号

邮　编：137400

辽宁分行

鞍山分行

行　长、党委书记：周宝志

地　址：鞍山市铁东区二一九路 32 号

邮　编：114002

抚顺分行

行　长、党委书记：宋吉利

地　址：抚顺市新抚区中央大街东七路 4 号

邮　编：113008

本溪分行

副行长、党委副书记：刘伟（主持工作）

地　址：本溪市平山区曙光路 3 号

邮　编：117000

丹东分行

行　长、党委书记：刘德全

地　址：丹东市元宝区锦山大街 113 号

邮　编：118000

锦州分行

行　长、党委书记：高天振

地　址：锦州市凌河区解放路五段 24 – 3 号

邮　编：121000

营口分行

行　长、党委书记：邓琳

地　址：营口市站前区金牛山大街西 4 号

邮　编：115000

阜新分行

行　长、党委书记：邹明珠

地　址：阜新市海州区解放大街 8 号

邮　编：123000

辽阳分行

行　长、党委书记：张红

地　址：辽阳市文圣区中华大街 157 号

邮　编：111000

铁岭分行

行　长、党委书记：王俊生

地　址：铁岭市银州区文化大街 44 号

邮　编：112000

朝阳分行

行　长、党委书记：李爱民
地　址：朝阳市双塔区朝阳大街四段5号
邮　编：122000

盘锦分行

行　长、党委书记：杨青
地　址：盘锦市兴隆台区市府大路9号
邮　编：124010

葫芦岛分行

行　长、党委书记：丛万古
地　址：葫芦岛市龙湾区龙湾大街38号
邮　编：125000

吉林分行

吉林市分行

行　长、党委书记：于海岩
地　址：吉林市松江路9号
邮　编：132011

四平分行

行　长、党委书记：杨宗江
地　址：四平市英雄大路258号
邮　编：136001

辽源分行

行　长、党委书记：张彦辉
地　址：辽源市人民大街518号
邮　编：136200

通化分行

行　长、党委书记：蒋超
地　址：通化市滨江西路3801号
邮　编：134001

白山分行

行　长、党委书记：许永晶
地　址：白山市通江路2号
邮　编：134300

白城分行

行　长、党委书记：许家业
地　址：白城市中兴东大路10号
邮　编：137000

松原分行

行　长、党委书记：刘波
地　址：松原市长宁南街2101号
邮　编：138001

延边分行

行　长、党委书记：赵德江
地　址：延吉市河南街长白路56号
邮　编：133001

黑龙江分行

齐齐哈尔分行

行　长、党委书记：贺宪民
地　址：齐齐哈尔市龙沙区斜阳街6号
邮　编：161005

牡丹江分行

行　长、党委书记：刘文华
地　址：牡丹江市太平路115号
邮　编：157000

佳木斯分行

行　长、党委书记：赵同贵
地　址：佳木斯市保卫路105号
邮　编：154002

大庆分行

行　长、党委书记：杨秀芬
地　址：大庆市萨尔图区东风路37号
邮　编：163001

伊春分行

行　长、党委书记：徐立峰
地　址：伊春市伊春区新兴中大街78号
邮　编：153000

鸡西分行

行　长、党委书记：冯善核
地　址：鸡西市鸡冠区红旗大街19号
邮　编：158100

鹤岗分行

行　长、党委书记：宋绍发
地　址：鹤岗市工农区东解放路69号
邮　编：154101

双鸭山分行

行　长、党委书记：焦滨
地　址：双鸭山市尖山区六马路15号
邮　编：155100

七台河分行

行 长、党委书记：李万春
地 址：七台河市桃山区大同街 26 号
邮 编：154600

绥化分行

行 长、党委书记：吕云彪
地 址：绥化市中兴西路 72 号
邮 编：152001

黑河分行

行 长、党委书记：张青武
地 址：黑河市合作区通江路工行大楼
邮 编：164300

大兴安岭分行

行 长、党委书记：张余振
地 址：加格达奇区人民路 38 号
邮 编：165000

上海分行

营业部

总经理、党委书记：徐晓萍
地 址：上海市黄浦区中山东一路 24 号
邮 编：200002

第二营业部

总经理：洪晓岚
地 址：上海市即墨路 88 号
邮 编：200120

外滩支行

行 长、党总支书记：徐力
地 址：上海市黄浦区中山东二路 11 号
邮 编：200002

浦东分行

行 长、党委书记：张晴
地 址：上海市浦东南路 2024—2034 号
邮 编：200127

静安支行

行 长、党委书记：胡霄骅
地 址：上海市康定路 699 号
邮 编：200040

徐汇支行

行 长、党委书记：葛士尧
地 址：上海市广元西路 8 号
邮 编：200030

虹口支行

行 长、党委书记：钱勤新
地 址：上海市曲阳路 800 号
邮 编：200437

闸北支行

行 长、党委书记：赵家骏
地 址：上海市河南北路 485 号
邮 编：200071

卢湾支行

行 长、党委书记：黄晶
地 址：上海市淮海中路 98 号
邮 编：200021

黄浦支行

行 长、党委书记：邹慧丽
地 址：上海市四川中路 346 号
邮 编：200002

杨浦支行

行 长、党委书记：张毅
地 址：上海市控江路 1698 号
邮 编：200092

普陀支行

行 长、党委书记：徐国喜
地 址：上海市长寿路 235 号
邮 编：200060

长宁支行

行 长、党委书记：苏岳勤
地 址：上海市延安西路 895 号
邮 编：200050

宝山支行

行 长、党委书记：马钦安
地 址：上海市淞滨路 318 号
邮 编：200940

闵行支行

行 长、党委书记：王燕青
地 址：上海市莘松路 288 号
邮 编：201100

金山支行
行　长、党委书记：王卫政
地　址：上海市金山区石化卫零路558号
邮　编：200540

漕河泾开发区支行
行　长、党支部书记：徐光华
地　址：上海市宜山路900号
邮　编：200233

虹桥开发区支行
行　长、党支部书记：朱晓怡
地　址：上海市娄山关路83号
邮　编：200336

浦东开发区支行
行　长、党委书记：吴燕芬
地　址：上海市张江路639号
邮　编：200060

国际机场支行
行　长、党支部书记：孙伟
地　址：上海市浦东国际机场海天五路速航路口
邮　编：201202

嘉定支行
行　长、党总支书记：王金成
地　址：上海市清河路151号
邮　编：201800

南汇支行
行　长、党总支书记：冯羽
地　址：上海市惠南镇城南路258号
邮　编：201300

奉贤支行
行　长、党支部书记：邹冬沪
地　址：上海市南桥镇南中路48号
邮　编：201400

松江支行
行　长、党支部书记：曹琦
地　址：上海市松江区松乐路201号
邮　编：201600

青浦支行
行　长、党支部书记：吴晓春
地　址：上海市青浦区城中东路485号
邮　编：201700

崇明支行
行　长、党支部书记：王德湛
地　址：上海市城桥镇南门路158号
邮　编：202150

江苏分行

无锡分行
党委书记：徐晓岚
地　址：无锡五爱路30号
邮　编：214031

徐州分行
行　长、党委书记：耿立波
地　址：徐州市大同街31号
邮　编：221003

常州分行
行　长、党委书记：岳小勇
地　址：常州市延陵东路752号
邮　编：213003

南通分行
行　长、党委书记：王军
地　址：南通市姚港路8号
邮　编：226006

连云港分行
行　长、党委书记：张幼华
地　址：连云港市海连中路118号
邮　编：222004

淮安分行
行　长、党委书记：纪耀
地　址：淮安市淮海西路81号
邮　编：223001

盐城分行
行　长、党委书记：叶君
地　址：盐城市建军中路124号
邮　编：224001

扬州分行
行　长、党委书记：顾国庆
地　址：扬州市扬子江中路756号
邮　编：225009

镇江分行
行　长、党委书记：周乃
地　址：镇江市解放路 308 号
邮　编：212001

泰州分行
行　长、党委书记：周汇林
地　址：泰州市青年路 188 号
邮　编：225300

宿迁分行
行　长、党委书记：李明星
地　址：宿迁市洪泽湖路 71 号
邮　编：223800

胥浦支行
行　长、党委书记：李健
地　址：仪征市白沙路 8 号
邮　编：211900

浙江分行

温州分行
行　长、党委书记：应国光
地　址：温州市人民东路 2 号工行大厦
邮　编：325003

嘉兴分行
行　长、党委书记：卜克强
地　址：嘉兴市禾兴南路 269 号
邮　编：314001

湖州分行
行　长、党委书记：沈忻
地　址：湖州市红旗路 48 号
邮　编：313000

绍兴分行
行　长、党委书记：蒋伟
地　址：绍兴市胜利东路 180 号
邮　编：312000

金华分行
行　长、党委书记：赵丹蓓
地　址：金华市八一北街 595 号
邮　编：321000

衢州分行
行　长、党委书记：方必平
地　址：衢州市市区上街 96 号
邮　编：324000

台州分行
行　长、党委书记：侯念东
地　址：台州市市府大道 609 号
邮　编：318000

丽水分行
行　长、党委书记：徐晓伟
地　址：丽水市丽阳街 555 号
邮　编：323000

舟山分行
行　长、党委书记：刘岩方
地　址：舟山市定海区人民南路 16 号
邮　编：316000

安徽分行

淮北分行
行　长、党委书记：徐杰
地　址：淮北市淮海路 90 号
邮　编：235000

宿州分行
行　长、党委书记：喻尊农
地　址：宿州市淮海中路 58 号
邮　编：234000

蚌埠分行
行　长、党委书记：胡建森
地　址：蚌埠市中兴街 95 号
邮　编：233000

阜阳分行
行　长、党委书记：沈刚
地　址：阜阳市清河东路 568 号
邮　编：236032

淮南分行
行　长、党委书记：穆庆杰
地　址：淮南市田家庵区国庆中路 287 号
邮　编：232007

滁州分行
行　长、党委书记：王良琴
地　址：滁州市琅琊西路 1 号
邮　编：239000

六安分行

行　长、党委书记：杨林
地　址：六安市解放南路79号
邮　编：237000

马鞍山分行

行　长、党委书记：陈书海
地　址：马鞍山市湖南路501号（团结广场）
邮　编：243011

巢湖分行

行　长、党委书记：王剑敏
地　址：巢湖市草城街14号
邮　编：238000

芜湖分行

行　长、党委书记：姚红兵
地　址：芜湖市北京东路98号
邮　编：241000

宣城分行

行　长、党委书记：李为民
地　址：宣城市鳌峰西路76号
邮　编：242000

铜陵分行

行　长、党委书记：王洁清
地　址：铜陵市长江东路50号
邮　编：244000

池州分行

副行长、党委副书记：黄乐志（主持工作）
地　址：池州市秋浦西路117号
邮　编：247000

安庆分行

行长、党委书记：湛承云
地　址：安庆市孝肃路230号
邮　编：246004

黄山分行

副行长、党委副书记：张业生（主持工作）
地　址：黄山市屯溪区黄山东路57号
邮　编：245000

亳州支行

行　长、党委书记：张震
地　址：亳州市人民中路41号
邮　编：236800

福建分行

泉州分行

行　长、党委书记：陈建兴
地　址：泉州市温陵北路61号
邮　编：362000

漳州分行

行　长、党委书记：郑志伟
地　址：漳州市元光南路工行大楼
邮　编：363000

三明分行

行　长、党委书记：林民荣
地　址：三明市和仁新村一幢
邮　编：365000

南平分行

行　长、党委书记：张朝阳
地　址：南平市东山路2号
邮　编：353000

莆田分行

行　长、党委书记：尤瀛东
地　址：莆田市荔城大道南段968号
邮　编：351100

龙岩分行

行　长、党委书记：黄金坤
地　址：龙岩市九一南路47号
邮　编：364000

宁德分行

行　长、党委书记：张建明
地　址：宁德市蕉城南路51号
邮　编：352100

江西分行

赣州分行

行　长、党委书记：袁护平
地　址：赣州市文清路39号
邮　编：341000

宜春分行

行　长、党委书记：张毅
地　址：宜春市秀江中路219号
邮　编：336000

吉安分行

副行长、党委副书记：罗坤（主持工作）
地　址：吉安市吉州区井冈山大道103号
邮　编：343000

上饶分行

行　长、党委书记：江华柱
地　址：上饶市信州区滨江西路25号
邮　编：334000

抚州分行

行　长、党委书记：纪英武
地　址：抚州市赣东大道439号
邮　编：344000

九江分行

行　长、党委书记：胡良
地　址：九江市浔阳东路93号
邮　编：332000

景德镇分行

行　长、党委书记：李纯会
地　址：景德镇市瓷都大道1106号
邮　编：333000

萍乡分行

行　长、党委书记：邹克胜
地　址：萍乡市建设西路76号
邮　编：337000

新余分行

行　长、党委书记：张莉萍
地　址：新余市仙来东大道269号
邮　编：338000

鹰潭分行

行　长、党委书记：姜成茂
地　址：鹰潭市环城西路1号
邮　编：335000

山东分行

淄博分行

行　长、党委书记：赵玉良
地　址：淄博市金晶大道158号
邮　编：255000

烟台分行

行　长、党委书记：徐光林
地　址：烟台市芝罘区海港路1号
邮　编：264000

潍坊分行

行　长、党委书记：毛卫东
地　址：潍坊市奎文区潍州路751号（甲）
邮　编：261031

莱芜分行

副行长、党委副书记：闫小明（主持工作）
地　址：莱芜市鲁中东大街1号
邮　编：271100

东营分行

行　长、党委书记：韩继勇
地　址：东营市东营区南一路278号
邮　编：257091

威海分行

行　长、党委书记：刘志刚
地　址：威海市文化西路188号
邮　编：264209

济宁分行

行　长、党委书记：李立民
地　址：济宁市红星东路115号
邮　编：272017

泰安分行

副行长、党委副书记：姜宁（主持工作）
地　址：泰安市财源大街135号
邮　编：271000

德州分行

行　长、党委书记：李晓霞
地　址：德州市天衢中路1561号
邮　编：253016

菏泽分行

行　长、党委书记：孙长庚
地　址：菏泽市中华西路2398号
邮　编：274009

枣庄分行

行　长、党委书记：刘国强
地　址：枣庄光明中路68号
邮　编：277102

日照分行

行　长、党委书记：刘光海
地　址：日照市黄海一路43号
邮　编：276826

临沂分行

行　长、党委书记：张卫民
地　址：临沂市沂蒙路341号
邮　编：276001

聊城分行

副行长、党委副书记：亓立强（主持工作）
地　址：聊城市付花路6号
邮　编：252000

滨州分行

行　长、党委书记：范炜东
地　址：滨州市渤海七路633号
邮　编：256600

河南分行

洛阳分行

行　长、党委书记：郭自来
地　址：洛阳市中州路230号
邮　编：471000

开封分行

行　长、党委书记：王莉
地　址：开封市丁角街88号
邮　编：475000

新乡分行

行　长、党委书记：冯军伏
地　址：新乡市和平大道88号
邮　编：453003

焦作分行

副行长、党委副书记：张书宝
地　址：焦作市焦东中路23号
邮　编：454002

平顶山分行

行　长、党委书记：吴新慧
地　址：平顶山市矿工路中段37号
邮　编：467000

安阳分行

行　长、党委书记：李照明
地　址：安阳市文峰大道中段
邮　编：455000

鹤壁分行

副行长、党委副书记：王海燕
地　址：鹤壁市兴鹤大街235号
邮　编：458030

濮阳分行

行　长、党委书记：刘新锋
地　址：濮阳市建设路16号
邮　编：457000

许昌分行

行　长、党委书记：铁耀敏
地　址：许昌市七一路42号
邮　编：461000

漯河分行

行　长、党委书记：曲俊杰
地　址：漯河市黄河路中段692号
邮　编：462000

三门峡分行

行　长、党委书记：薛玉来
地　址：三门峡市崤山路42号
邮　编：472000

南阳分行

行　长、党委书记：王伟
地　址：南阳市工业路124号
邮　编：473003

驻马店分行

行　长、党委书记：余志伟
地　址：驻马店市解放路东段
邮　编：463000

商丘分行

行　长、党委书记：邢卫勇
地　址：商丘市文化东路569号
邮　编：476000

信阳分行

行　长、党委书记：刘明海
地　址：信阳市四一路41号
邮　编：464000

周口分行

副行长、党委副书记：梁光德
地　址：周口市工农路 20 号
邮　编：466000

济源支行

行　长、党总支书记：黄涛
地　址：济源市宣化东街 45 号
邮　编：454650

湖北分行

黄石分行

行　长、党委书记：陈安健
地　址：黄石市南京路 6 号
邮　编：435000

十堰分行

行　长、党委书记：梁新贵
地　址：十堰市公园路 6 号
邮　编：442000

荆州分行

行　长、党委书记：熊祖金
地　址：荆州市北京路 352 号
邮　编：434000

三峡分行

行　长、党委书记：曾沫冰
地　址：宜昌市夷陵路 89 号
邮　编：443000

襄樊分行

行　长、党委书记：班建伟
地　址：襄樊市前进东路幸福小区 55 栋
邮　编：441003

荆门分行

行　长、党委书记：周从玉
地　址：荆门市象山大道 44 号
邮　编：448000

孝感分行

行　长、党委书记：杨中林
地　址：孝感市园林二路
邮　编：432100

黄冈分行

行　长、党委书记：罗新华
地　址：黄冈市新港二路 6 号
邮　编：436800

咸宁分行

行　长、党委书记：李焕成
地　址：咸宁市淦河大道 39 号
邮　编：437100

恩施分行

行　长、党委书记：魏鹏程
地　址：恩施市舞阳大街 18 号
邮　编：445000

鄂州支行

行　长、党委书记：张迎春
地　址：鄂州市武昌大道 312 号
邮　编：436000

随州支行

行　长、党委书记：何峰
地　址：随州市烈山大道 493 号
邮　编：441300

湖南分行

株洲分行

行　长、党委书记：蒋勤
地　址：株洲市建设南路 85 号
邮　编：412000

湘潭分行

行　长、党委书记：叶鸣
地　址：湘潭市韶山中路 1 号
邮　编：411000

衡阳分行

行　长、党委书记：胡庆林
地　址：衡阳市解放路 1 号
邮　编：421001

邵阳分行

行　长、党委书记：杨爱华
地　址：邵阳市红旗路 389 号
邮　编：422000

岳阳分行

行　长、党委书记：袁异清
地　址：岳阳市南湖大道
邮　编：414000

益阳分行

行　长、党委书记：张正华
地　址：益阳市长益路38号
邮　编：413000

常德分行

行　长、党委书记：匡一先
地　址：常德市人民中路358号
邮　编：415000

永州分行

行　长、党委书记：焦成军
地　址：永州市芝山区南津南路工行大厦
邮　编：425006

郴州分行

行　长、党委书记：谢少雄
地　址：郴州市北湖路27号
邮　编：423000

娄底分行

行　长、党委书记：聂欣欣
地　址：娄底市乐坪东街7号
邮　编：417000

怀化分行

行　长、党委书记：孙兵
地　址：怀化市迎丰中路569号
邮　编：418000

湘西自治州分行

行　长、党委书记：蒋辉
地　址：吉首市人民北路3号
邮　编：416000

张家界分行

行　长、党委书记：许青
地　址：张家界市永定区回龙路29号
邮　编：427000

广东分行

珠海分行

行　长、党委书记：林耸
地　址：珠海市吉大景山路19号工商银行大厦
邮　编：519015

汕头分行

行　长、党委书记：李绍平
地　址：汕头市迎宾路东侧
邮　编：515041

韶关分行

行　长、党委书记：何自力
地　址：韶关市建国路2号
邮　编：512000

河源分行

行　长、党委书记：许长明
地　址：河源市沿江路13号
邮　编：517000

梅州分行

行　长、党委书记：陈涛
地　址：梅州市嘉应东路18号
邮　编：514021

惠州分行

行　长、党委书记：张梦虹
地　址：惠州市长寿路5号
邮　编：516001

汕尾分行

行　长、党委书记：张锦强
地　址：汕尾市四马路
邮　编：516600

东莞分行

行　长、党委书记：吴传武
地　址：东莞市莞太路胜和路段18号
邮　编：523009

中山分行

行　长、党委书记：马智崇
地　址：中山市石岐悦来南路7号
邮　编：528400

江门分行

行　长、党委书记：徐守本
地　址：江门市港口路93号
邮　编：529030

佛山分行

行　长、党委书记：卢卓雄
地　址：佛山市汾江南路85号
邮　编：528000

阳江分行

行　长、党委书记：余彬
地　址：阳江市吉祥东路6号
邮　编：529500

湛江分行

行　长、党委书记：冯达锋
地　址：湛江市康顺路29号
邮　编：524043

茂名分行

行　长、党委书记：张爱民
地　址：茂名市人民南路36号
邮　编：525000

肇庆分行

行　长、党委书记：吴伟科
地　址：肇庆市端州三路34号
邮　编：526040

清远分行

行　长、党委书记：梅超
地　址：清远市桥北一路1号
邮　编：511500

潮州分行

行　长、党委书记：谢海昌
地　址：潮州市潮州大道中段
邮　编：521000

揭阳分行

行　长、党委书记：黄培南
地　址：揭阳市东山区站前大道中段东侧
邮　编：522031

云浮分行

行　长、党委书记：吴寿强
地　址：云浮市建设北路3号
邮　编：527300

广西分行

柳州分行

行　长、党委书记：戴湖西
地　址：柳州市广雅路19号
邮　编：545001

桂林分行

副行长、党委副书记：李晓波（主持工作）
地　址：桂林市中山中路128号
邮　编：541001

梧州分行

行　长、党委书记：吴松
地　址：梧州大学路25号
邮　编：543002

玉林分行

行　长、党委书记：石经克
地　址：玉林市一环东路158号
邮　编：537000

北海分行

行　长、党委书记：冯登
地　址：北海市四川路63号
邮　编：536000

河池分行

行　长、党委书记：彭桂中
地　址：河池市新建路248号
邮　编：547000

百色分行

行　长、党委书记：吴进
地　址：百色市中山一路5号
邮　编：533000

钦州分行

行　长、党委书记：白晓阳
地　址：钦州市向阳路8号
邮　编：535000

海南分行

三亚分行

行　长、党委书记：杨若飞
地　址：三亚市解放四路工商银行大楼
邮　编：572000

洋浦分行

行　长、党委书记：华德勇
地　址：洋浦开发区洋浦工行大厦
邮　编：578101

四川分行

攀枝花分行

行　长、党委书记：祝文康
地　址：攀枝花市攀枝花大道东段492号

邮　编：617000

自贡分行

行　长、党委书记：陈雄伟

地　址：自贡市自流井区道生灏二支路1号

邮　编：643000

泸州分行

行　长、党委书记：李伟

地　址：泸州市迎晖路77号

邮　编：646000

德阳分行

行　长、党委书记：罗毅

地　址：德阳市凯江路一段33号

邮　编：618000

广元分行

行　长、党委书记：陈丹

地　址：广元市利州东路667号

邮　编：628017

绵阳分行

行　长、党委书记：陈汀

地　址：绵阳市涪城区警钟街10号

邮　编：621000

遂宁分行

行　长、党委书记：乔恒

地　址：遂宁市遂州北路159号

邮　编：629000

乐山分行

行　长、党委书记：万武

地　址：乐山市中区紫云后街10号

邮　编：614000

内江分行

行　长、党委书记：杨小平

地　址：内江市中区中央路48－52号

邮　编：641000

达州分行

行　长、党委书记：冯强

地　址：达州市南外工行大厦22楼

邮　编：635000

宜宾分行

行　长、党委书记：邱艾松

地　址：宜宾市南岸商贸路101号

邮　编：644002

南充分行

行　长、党委书记：罗光平

地　址：南充市丝绸路86号

邮　编：637000

雅安分行

行　长、党委书记：周晓保

地　址：雅安市雨城区东大街17号

邮　编：625000

凉山分行

行　长、党委书记：麻旭恒

地　址：西昌市航天大道三段28号

邮　编：615000

广安分行

行　长、党委书记：姜海清

地　址：广安市金安大道二段一号

邮　编：638000

巴中分行

行　长、党委书记：蔡谦

地　址：巴中市江北大街中段

邮　编：636600

眉山分行

行　长、党委书记：吴显仁

地　址：眉山市东坡区珠市西街138号

邮　编：620010

资阳分行

行　长、党委书记：滕世平

地　址：资阳市雁江区西门桥24号

邮　编：641300

重庆分行

万州分行

行　长、党委书记：袁兵

地　址：重庆市万州区白岩路81号

邮　编：404000

涪陵分行

行　长、党委书记：熊文迅

地　址：重庆市涪陵区兴华中路 2 号
邮　编：408000

黔江分行
行　长、党委书记：张克强
地　址：重庆市黔江区新华大道西段 1128 号
邮　编：409000

高科技支行
行　长、党委书记：曹涌涛
地　址：重庆市渝州路 54 号
邮　编：400039

朝天门支行
行长：方蕾
党委书记：邓晓秀
地　址：重庆市渝中区民族路 24 号
邮　编：400041

渝中支行
行　长、党委书记：韩忠东
地　址：重庆市渝中区民族路 177 号
邮　编：400010

江北支行
行　长、党委书记：金远明
地　址：重庆市渝北区龙溪镇加州花园 B4－4
邮　编：401147

沙坪坝支行
行　长、党委书记：钟兴华
地　址：重庆市沙坪坝区小龙坎新街 78 号
邮　编：400030

九龙坡支行
行　长、党委书记：樊雪明
地　址：重庆市九龙坡区杨家坪正街 13 号
邮　编：400050

南岸支行
行　长、党委书记：雷成亮
地　址：重庆市南岸区江南大道 9 号
邮　编：400060

大渡口支行
行　长、党委书记：胡长云
地　址：重庆市大渡口区钢花路 350 号
邮　编：400084

北碚支行
行　长、党委书记：白世友
地　址：重庆市北碚区中山路 2 号
邮　编：400700

巴南支行
行　长、党委书记：王靖川
地　址：重庆市巴南区鱼洞解放街 2 号
邮　编：401320

渝北支行
行　长、党委书记：涂明海
地　址：重庆市渝北区胜利路 53 号
邮　编：401120

永川支行
行　长、党委书记：曾涛
地　址：重庆市永川区中山大道中段 594 号
邮　编：402160

江津支行
行　长、党委书记：屈蓉
地　址：重庆江津市几江大同路小什字
邮　编：402260

合川支行
行　长、党委书记：谢红林
地　址：重庆合川市苏家街 3 号
邮　编：401520

长寿支行
行　长、党委书记：毛明富
地　址：重庆市长寿区凤城街道办事处向阳路 7 号
地　址：401220

贵州分行

遵义分行
行　长、党委书记：朱鄂清
地　址：遵义市红花岗区新华路 8 号
邮　编：563000

安顺分行
行　长、党委书记：杨德兴
地　址：安顺市东郊路 18 号
邮　编：561000

都匀分行
行　长、党委书记：吴玺

地　址：黔南州都匀市广惠路263号
邮　编：558000

凯里分行

行　长、党委书记：高跃进
地　址：凯里市北京西路31号
邮　编：556000

铜仁分行

行　长、党委书记：冯光好
地　址：铜仁市共青路37号
邮　编：554300

毕节分行

行　长、党委书记：肖健勇
地　址：毕节市麻园大道
邮　编：551700

六盘水分行

行　长、党委书记：黄文晖
地　址：六盘水市明湖路42号
邮　编：553001

兴义分行

行　长、党委书记：严发忠
地　址：兴义市沙井街33号
邮　编：562400

云南分行

曲靖分行

行　长、党委书记：何宇
地　址：曲靖市麒麟东路6号
邮　编：655000

玉溪分行

行　长、党委书记：瞿长富
地　址：玉溪市玉兴路21号
邮　编：653100

昭通分行

行　长、党委书记：黄强
地　址：昭通市昭阳区学生路123号
邮　编：657000

红河分行

行　长、党委书记：张力克
地　址：个旧市中山路58号
邮　编：661000

文山分行

行　长、党委书记：杨晓宇
地　址：文山县普阳路114号
邮　编：663000

普洱分行

行　长、党委书记：陈维方
地　址：普洱市凤新街88号
邮　编：665000

西双版纳分行

行　长、党委书记：李建伟
地　址：景洪市宣慰大街112号
邮　编：666100

临沧分行

行　长、党委书记：赵勇
地　址：临沧市临翔区后寨1号
邮　编：677000

楚雄分行

行　长、党委书记：喻明忠
地　址：楚雄市龙泉路78号
邮　编：675000

大理分行

行　长、党委书记：杨秀慧
地　址：大理州大理市下关建设西路30号
邮　编：671000

丽江分行

行　长、党委书记：杜鸣
地　址：丽江市古城区福慧路
邮　编：674100

怒江分行

行　长、党委书记：赵友斌
地　址：泸水县六库镇人民路197号
邮　编：673100

保山分行

行　长、党委书记：吴灿华
地　址：保山市隆阳区正阳北路129号
邮　编：678000

德宏分行

行　长、党委书记：刁文利
地　址：德宏州潞西市友谊路中段

邮　编：678400

香格里拉支行

行　长、党委书记：黄河静

地　址：香格里拉县长征路 71 号

邮　编：674400

陕西分行

宝鸡分行

行　长、党委书记：李可军

地　址：宝鸡市经二路 157 号

邮　编：721000

咸阳分行

行　长、党委书记：王小科

地　址：咸阳市人民路中段 37 号

邮　编：712000

铜川分行

行　长、党委书记：崔存良

地　址：铜川市红旗街 66 号

邮　编：727000

渭南分行

行　长、党委书记：王引平

地　址：渭南市前进路中段 87 号

邮　编：714000

商洛分行

行　长、党委书记：董涛

地　址：商洛市迎宾路 1 号

邮　编：726000

汉中分行

行　长、党委书记：金琦

地　址：汉中市汉台区人民路北段

邮　编：723000

安康分行

行　长、党委书记：李骏

地　址：安康市汉滨区解放路 16 号

邮　编：725000

延安分行

行　长、党委书记：宁军兴

地　址：延安市师范路 441 号

邮　编：716000

榆林分行

行　长、党委书记：李晓宏

地　址：榆林市长城西路 32 号

邮　编：719000

甘肃分行

天水分行

行　长、党委书记：杨爱军

地　址：天水市秦城区建设路 42 号

邮　编：741000

白银分行

行　长、党委书记：王贵

地　址：白银市白银区人民路 81 号

邮　编：730900

金昌分行

行　长、党委书记：屠伟谷

地　址：金昌市新华路 18 号

邮　编：737100

嘉峪关分行

行　长、党委书记：田世春

地　址：嘉峪关市新华中路 41 号

邮　编：735100

酒泉分行

行　长、党委书记：唐红武

地　址：酒泉市北大街 3 号

邮　编：735000

张掖分行

行　长、党委书记：张辉明

地　址：张掖市县府街 47 号

邮　编：734000

武威分行

行　长、党委书记：周玉龙

地　址：武威市西大街 9 号

邮　编：733000

定西分行

行　长、党委书记：张厚斌

地　址：定西市安定区大什字

邮　编：743000

平凉分行

行　长、党委书记：袁桃

地　址：平凉市西大街75号
邮　编：744000

庆阳分行
行　长、党委书记：赵兴宁
地　址：西峰市西大街232号
邮　编：745000

陇南分行
行　长、党委书记：陈卫平
地　址：陇南市武都区盘旋路006号
邮　编：746000

临夏分行
行　长、党委书记：陈力明
地　址：临夏市团结路50号
邮　编：731100

甘南分行
行　长、党委书记：王志勇
地　址：甘南州合作市东三路
邮　编：747000

矿区分行
行　长、党委书记：伊万平
地　址：兰州市85信箱乙5号
邮　编：732850

东风场区分行
行　长、党委书记：王岩刚
地　址：兰州市27支局48信箱106号
邮　编：732750

新疆分行

伊犁哈萨克自治州分行
党委书记：张家琦
地　址：伊宁市斯大林街39号
邮　编：835000

塔城分行
党委书记：王东
地　址：塔城市新华街153号
邮　编：834700

阿勒泰分行
行　长、党委书记：肖功亮
地　址：阿勒泰市金山路6号
邮　编：836500

博尔塔拉蒙古自治州分行
副行长、党委副书记：博来（主持工作）
地　址：博乐市青得里大街148号
邮　编：833400

昌吉回族自治州分行
行　长、党委书记：薛炜
地　址：昌吉市延安北路23号
邮　编：831100

哈密分行
行　长、党委书记：王鲁兵
地　址：哈密市中山北路22号
邮　编：839000

吐鲁番分行
行　长、党委书记：岳刚
地　址：吐鲁番市绿洲中路390号
邮　编：838000

巴音郭楞蒙古自治州分行
行　长、党委书记：全伟
地　址：库尔勒市石化大道工行大厦
邮　编：841000

阿克苏分行
行　长、党委书记：向福中
地　址：阿克苏市栏杆路24号
邮　编：843000

喀什分行
行　长、党委书记：文德明
地　址：喀什市人民东路1号
邮　编：844000

和田分行
行　长、党委书记：邵泽山
地　址：和田市乌鲁木齐南路2号
邮　编：848000

克拉玛依石油分行
副行长、党委副书记：乐成军（主持工作）
地　址：克拉玛依市天山路38号
邮　编：834000

石河子分行
行　长、党委书记：原渊
地　址：石河子市北四路23小区240号

邮　编：832000

第七支行

副行长、党委副书记：孟中（主持工作）
地　址：乌鲁木齐21信箱456分箱
邮　编：841700

境内控股及独资子公司名录

工银瑞信基金管理有限公司

总经理：郭特华
地　址：北京市西城区金融大街丙17号北京银行大厦8层
邮　编：100140

工银金融租赁有限公司

总裁：丛林
注册地址：天津市经济开发区广场东路20号
邮　编：300457
办公地址：北京市西城区金融大街17号北京银行大厦10层
邮　编：100140

境外机构名录

中国工商银行（亚洲）有限公司

Industrial and Commercial Bank of China (Asia) Limited
行政总裁：陈爱平
地　址：33/F, ICBC Tower, 3 Garden Road, Central, Hong Kong
邮　箱：berylchan@icbcasia.com
电　话：+852－25881188
传　真：+852－25213394
SWIFT：UBHKHKHH

工商东亚金融控股有限公司

Industrial and Commercial East Asia Finance Holdings Limited
行政总裁：张可心
地　址：26/F, ICBC Tower, 3 Garden Road, Central, Hong Kong
邮　箱：enquiry@icea.com.hk
电　话：+852－22318000
传　真：+852－28108683

工银国际控股有限公司

ICBC International Holdings Limited
行政总裁：张可心
地　址：Level 18, Three Pacific Place 1 Queen's Road East, Hong Kong
邮　箱：enquiry@icbci.com.hk
电　话：+852－26833888
传　真：+852－26833900

诚兴银行股份有限公司

Seng Heng Bank Limited
董事长：朱晓平
地　址：18th Floor, Seng Heng Bank Tower, Macau Landmark, 555 Avenida da Amizade, Macau
邮　箱：shb@shb.icbc.com.cn
电　话：+853－28555222
传　真：+853－28338064
SWIFT：SHBLMOMX

中国工商银行（印度尼西亚）有限公司

PT. Bank ICBC Indonesia
董事长：袁斌
地　址：TCT ICBC Tower, Jl. MH. Thamrin No. 81, Jakarta Pusat, Indonesia
邮　箱：icbc@icbc.co.id
电　话：+62－2131996088
传　真：+62－2131996016
SWIFT：ICBKIDJA

中国工商银行（伦敦）有限公司

Industrial and Commercial Bank of China (London) Limited
董事总经理：许金雷
地　址：36 King Street, London EC2V 8BB, UK
邮　箱：admin@icbclondon.com
电　话：+4420－73978888
传　真：+4420－73978899
SWIFT：ICBKGB2L

中国工商银行（阿拉木图）股份公司

Industrial and Commercial Bank of China (Almaty) Joint Stock Company
总经理：赵国强
地　址：110 Furmanov Avenue, Almaty, Kazakhstan, 050000
邮　箱：office@icbcalmaty.kz

电　话：+7727－2596391
传　真：+7727－2596400
SWIFT：ICBKKZKX

中国工商银行卢森堡有限公司

Industrial and Commercial Bank of China Luxembourg S. A.
总经理：高明
地　址：8－10，Avenue Marie－Thérès，L－2132 Luxembourg
B. P. 278 L－2012 Luxembourg
邮　箱：icbc@ icbc. lu
电　话：+352－2686661
传　真：+352－26866666
SWIFT：ICBKLULU

中国工商银行（莫斯科）股份公司

ZAO Industrial and Commercial Bank of China (MOSCOW)
总经理：郑卫东
地　址：Serebryanicheskaya Naberejnaya Street build. 29，First floor，room 46－1，109028，Moscow，Russia
邮　箱：info@ ms. icbc. com. cn
电　话：+7495－2873099
传　真：+7495－2873098
SWIFT：ICBKRUMM

中国工商银行（中东）有限公司

Industrial and Commercial Bank of China (Middle East) Limited
总经理：田志平
地　址：Room 401，4th Floor，West Wing，the Gate，DIFC，Dubai，U. A. E.，P. O. Box 125115
邮　箱：dboffice@ dxb. icbc. com. cn
电　话：+971－43700554
传　真：+971－43700554
SWIFT：ICBKAEAD

新加坡分行

Industrial and Commercial Bank of China Limited，Singapore Branch
总经理：徐力
地　址：6 Raffles Quay #12－01 6 Raffles Quay，Singapore 048580
邮　箱：icbcsg@ icbc. com. sg
电　话：+65－65381066
传　真：+65－65381370
SWIFT：ICBKSGSG

香港分行

Industrial and Commercial Bank of China Limited，Hong Kong Branch
总经理：库三七
地　址：33/F，ICBC Tower，3 Garden Road，Central，Hong Kong
邮　箱：berylchan@ icbcasia. com
电　话：+852－35108822
传　真：+852－25213394
SWIFT：ICBKHKHH

首尔分行

Industrial and Commercial Bank of China Limited，Seoul Branch
总经理：崔基仟
地　址：16th Floor，Taepeongno Bldg.，#310 Taepeongno2－ga，Jung－gu，Seoul，100－767，Korea
邮　箱：icbcseoul@ kr. icbc. com. cn
电　话：+822－37886670
传　真：+822－7563127
SWIFT：ICBKKRSE

釜山分行

Industrial and Commercial Bank of China Limited，Busan Branch
总经理：荆仁
地　址：1st Floor，Samsung Fire & Marine Insurance Bldg.，# 1205－22 Choryang－1dong，Dong－Gu，Busan，601－728，Korea
邮　箱：busanadmin@ kr. icbc. com. cn
电　话：+8251－4638868
传　真：+8251－4636880
SWIFT：ICBKKRSE

东京分行

Industrial and Commercial Bank of China Limited，Tokyo Branch
总经理：宋宁
地　址：2－1 Marunouchi 1－Chome，Chiyoda－Ku Tokyo，100－0005，Japan
邮　箱：icbctokyo@ icbc. co. jp
电　话：+813－52232088
传　真：+813－52198502
SWIFT：ICBKJPJT

澳门分行

Industrial and Commercial Bank of China Limited, Macau Branch

总经理：沈晓祺

地　址：Alm. Dr. Carlos D'Assumpcao, No. 411 – 417, 18 andar E, F, G, H, Edf. Dynasty Plaza, Macau

邮　箱：icbc@ icbc. com. mo

电　话：+853 – 28786338

传　真：+853 – 28786328

SWIFT：ICBKMOMX

法兰克福分行

Industrial and Commercial Bank of China Limited, Frankfurt Branch

总经理：刘金

地　址：Bockenheimer Anlage 15, 60322 Frankfurt am Main, Germany

邮　箱：icbc@ icbc – ffm. de

电　话：+4969 – 50604700

传　真：+4969 – 50604708

SWIFT：ICBKDEFF

卢森堡分行

Industrial and Commercial Bank of China Limited, Luxembourg Branch

总经理：高明

地　址：8 – 10, Avenue Marie – Thérès, L – 2132 Luxembourg Postal Address：B. P. 278 L – 2012 Luxembourg

邮　箱：icbc@ icbc. lu

电　话：+352 – 2686661

传　真：+352 – 26866666

SWIFT：ICBKLULL

悉尼分行

Industrial and Commercial Bank of China Limited, Sydney Branch

总经理：韩瑞祥

地　址：Level 1, 220 George Street, Sydney NSW 2000, Australia

邮　箱：Info@ icbc. com. au

电　话：+612 – 94755588

传　真：+612 – 92333982

SWIFT：ICBKAU2S

纽约分行

Industrial and Commercial Bank of China Limited, New York Branch

总经理：吴斌

地　址：725 Fifth Avenue, 20th Floor, New York, NY, 10022, USA

邮　箱：info@ us. 95588. com

电　话：+1 – 2128387799

传　真：+1 – 2128386688

SWIFT：ICBKUS33

多哈分行

Industrial and Commercial Bank of China Limited, Doha Branch

总经理：孔祥军

地　址：Office 1101, 11th Floor, Ministry of Economy and Commerce Building, West Bay, Doha, Qatar

邮　箱：dboffice@ dxb. icbc. com. cn, office@ doh. icbc. com. cn

电　话：+974 – 4968069

传　真：+974 – 4968080

SWIFT：ICBKQAQA

2008年度二级分行经营效益30强

地区	分行	按绩效得分排名	按实际利润排名	按人均利润排名	三项因素综合排名
江苏	常州	2	3	2	1
浙江	温州	4	1	8	2
山东	滨州	1	13	3	3
浙江	台州	9	4	9	4
浙江	舟山	3	17	4	5
江苏	无锡	13	2	10	6
浙江	金华	8	6	12	7
山东	聊城	6	18	6	8
山东	东营	7	14	11	9
山东	潍坊	11	9	14	10
浙江	绍兴	14	8	15	11
浙江	嘉兴	16	10	13	12
广东	东莞	21	7	16	13
广东	中山	12	11	23	14
山东	日照	10	34	7	15
山东	济宁	22	16	30	16

续表

地区	分行	按绩效得分排名	按实际利润排名	按人均利润排名	三项因素综合排名
浙江	湖州	26	22	25	17
山东	临沂	27	24	26	18
江苏	镇江	25	25	29	19
内蒙古	鄂尔多斯	33	29	17	19
河北	廊坊	20	23	37	21
黑龙江	鹤岗	18	42	22	22
广东	惠州	29	21	32	22
广东	珠海	24	28	33	24
广东	佛山	45	5	35	24
广东	江门	34	19	41	26
陕西	榆林	31	43	21	27
浙江	丽水	35	35	28	28
江苏	南通	55	12	38	29
浙江	衢州	40	33	34	30

2008年度城区支行经营效益40强

地区	支行	按绩效得分排名	按实际利润排名	按人均利润排名	三项因素综合排名
深圳	营业部	1	3	5	1
上海	外滩	1	7	3	2
浙江	本级业务部	7	9	5	3
北京	长安	9	4	12	4
上海	分行营业部	25	1	4	5
上海	第二营业部	5	25	6	6
北京	金融街	18	18	7	7
北京	翠微路	43	2	17	8
深圳	红围	13	32	22	9
苏州	园区	6	47	18	10
广东	一支行	21	29	21	11
宁波	鼓楼	14	52	8	12
苏州	新区	10	44	20	13
北京	地安门	30	22	28	14
山东	营业厅	45	38	1	15
北京	东城	23	12	53	16

续表

地区	支行	按绩效得分排名	按实际利润排名	按人均利润排名	三项因素综合排名
上海	虹桥	20	37	31	17
宁波	东门	15	65	9	18
上海	浦东开发区	16	17	57	19
深圳	深东	4	63	26	19
北京	和平里	22	27	46	21
深圳	南山	19	48	39	22
苏州	昆山	38	26	45	22
上海	黄浦	33	10	69	24
北京	礼士路	66	5	44	24
北京	宣武	62	8	55	26
北京	新街口	84	6	36	27
广东	北京路	32	45	54	28
深圳	上步	12	78	52	29
天津	开发	73	34	37	30
上海	南汇	49	58	41	31
江苏	直营处	17	121	10	32
浙江	众安	36	98	14	33
北京	海淀	39	20	90	34
深圳	福田	29	74	47	35
深圳	华强	11	90	50	36
广东	越秀	67	51	33	37
上海	闸北	69	13	70	38
江苏	江宁	27	91	35	39
浙江	解放路	96	30	27	40

2008年中国工商银行国际评级及获奖情况

国际评级

2008年，在国际评级公司纷纷调降全球同业的信用等级和评级前景展望的情况下，对工商银行的信用等级评级依然保持不变，与国际先进同业的差距进一步缩短。穆迪和标准普尔依然分别将工商银行的银行财务实力评级（BFSR）和长期信用评级的前景展望维持在“正面”。截至2008年末，穆迪对工行长期信用评级为“A1”，前景展望为“稳定”，银行财务实力评级（BF-SR）为“D－”，前景展望为“正面”；标准普尔对工行长期信用评级为“A－”，前景展望为“正面”，基本实力评级为“C”。

2008 年中国工商银行境内外获奖情况一览表

序号	奖项名称		颁奖机构	
	中文	英文	中文	英文
1	亚洲最佳商业银行		《21 世纪经济报道》	
2	最佳企业公民			
3	年度最佳结构性理财产品			
4	年度最佳新股申购理财产品			
5	年度最佳收益表现理财产品			
6	年度最佳风险控制理财产品			
7	人民社会责任奖		人民日报社网络中心	
8	国家级企业管理现代化创新成果一等奖		全国企业管理现代化创新成果审定委员会	
9	全国小企业金融服务先进单位		中国银监会	
10	中国企业社会责任榜：杰出企业奖		《第一财经》	
11	公司金融服务品牌奖			
12	最佳零售金融服务品牌			
13	“国有上市企业社会责任榜”百强第三名		《南方周末》	
14	“中国最佳表现公司 50”第一名		《环球企业家》	
15	中国上市公司金牛奖百强		《中国证券报》	
16	卓越成就奖		《证券时报》	
17	最佳网上银行			
18	金融机构网站十佳管理团队			
19	最佳安全性能奖			
20	中国最佳基金托管银行			
21	中国上市公司主板价值百强		《证券时报》、南方基金	
22	最具社会责任十佳上市公司奖			
23	金基金奖——十年杰出贡献奖		《上海证券报》	
24	“中国企业信息化 500 强”第一名		CECA 国家信息化测评中心	
25	最佳技术战略奖			
26	重大企业信息化建设成就奖			
27	中国最佳网上银行		中国金融认证中心（CFCA）	

续表

序号	奖项名称		颁奖机构	
	中文	英文	中文	英文
28	证券期货业科学技术奖最佳创新奖		中国证券业协会	
29	中国最佳托管银行		《数字商业时代》	
30	最佳风险管理奖		《银行家》	
31	中国A股公司最佳投资者关系管理百强		上海证券交易所、深圳证券交易所和中国上市公司投资者关系管理研究中心	
32	最佳董秘			
33	最佳IR主页			
34	联合整治银行卡违法犯罪专项行动风险防范奖		中国人民银行、中华人民共和国公安部	
35	最佳网上银行		新浪网	
36	杰出贡献奖最具影响力信用卡		腾讯网	
37	最佳信用卡			
38	网上银行最佳用户感受奖第一名		和讯网	
39	信用卡测评最佳用户体验奖			
40	中国银行业杰出服务奖			
41	中国信用卡测评最佳发卡银行			
42	中国信用卡测评技术创新奖			
43	中国信用卡测评白金卡奖			
44	银联卡特约商户拓展杰出贡献奖		中国银联	
45	银联标准卡推广杰出贡献奖			
46	银联卡跨行交易杰出贡献奖			
47	银联卡规范标准最佳推行奖			
48	最受尊敬银行		《理财周报》	
49	最佳客服信用卡品牌			
50	最具成长性信用卡品牌			
51	中国十大最佳银行理财产品			
52	最佳全球配置收益理财产品			
53	最佳银行理财投资团队			
54	最受尊敬银行			
55	最受欢迎信用卡（牡丹卡金卡）		《卓越理财》、金融界、中国广播电视台	
56	全国支持中小企业发展十佳商业银行		中国中小企业家年会组委会	

续表

序号	奖项名称		颁奖机构	
	中文	英文	中文	英文
57	中国最佳上市公司董事会奖		南开大学商学院、南开大学公司治理研究中心	
58	中国证券市场上市公司金鼎奖		中国证券市场年会组委会、证券日报社	
59	中国50家最受尊敬上市公司（第一名）		世界金融实验室、《世界企业家》、《世界经理人》周刊	
60	中国上市公司最佳董事会			
61	中国上市公司最佳董秘			
62	第四届《新财富》金牌董秘		《新财富》	
63	中国上市公司治理评价20强		中国社会科学院公司治理研究中心、上海甫瀚投资管理咨询有限公司	
64	最具创新的银行信用卡		《钱经》	
65	最佳理财银行			
66	用户最满意的银行			
67	最受欢迎的银行理财产品			
68	最具创新的银行理财产品			
69	最佳理财银行		《证券市场周刊》	
70	中资最佳人气银行			
71	最佳理财产品奖			
72	最佳上市零售银行			
73	最佳设计创新理财产品奖		金融界网站	
74	最佳债券和货币市场理财产品奖			
75	最受尊崇的信用卡（牡丹国际卡）		《华夏时报》	
76	最具产品创新理财品牌			
77	中国金融服务最具影响力品牌		中国十大影响力品牌推选组织委员会	
78	2008中国民生行动先锋		中国扶贫基金会	
79	中国红十字勋章		中国红十字会	
80	中央国家机关定点扶贫先进单位		国务院扶贫办	
81	光明功勋奖		中华健康快车基金会	
82	最受商旅精英欢迎的网上银行		《旅伴》	
83	30年中国品牌成就奖		中国品牌发展组织委员会	

续表

序号	奖项名称		颁奖机构	
	中文	英文	中文	英文
84	公安文化贡献奖		公安部	
85	信用卡优秀服务奖		搜狐网	
86	亚洲最佳银行	Bank of the Year 2008 (Asia)	《银行家》	*The Banker*
87	中国最佳银行	Bank of the Year 2008 (China)		
88	中国最佳交易奖	Deal of the Year 2008 (China)		
89	南非最佳交易奖	Deal of the Year 2008 (South Africa)		
90	最佳业务连续性管理奖	Business Continuity & Governance Project		
91	中国最佳公司贷款银行	Best Corporate Lending Bank in China	《环球金融》	*Global Finance*
92	中国最佳银行	Best Bank in China		
93	中国最佳托管银行	Best Sub – Custodian Bank in China		
94	中国最佳个人网上银行	Best Consumer Internet Bank in China		
95	中国最佳企业网上银行	Best Corporate/Institutional Internet Bank in China		
96	亚洲最佳投资管理个人网上银行	Best Investment Management Services for Consumer Banking in Asia		
97	亚洲最佳投资管理企业网上银行	Best Investment Management Services for Corporate/Institutional Banking in Asia		
98	亚洲最佳个人网上银行	Best Consumer Internet Bank in Asia/Pacific		
99	中国最佳固定收入投资组合管理奖	Best for Fixed Income Portfolio Management (China)	《欧洲货币》	*Euromoney*
100	中国最佳信托服务奖	Best for Trust Services (China)		
101	中国最佳银行	Best Bank in China		
102	中国最佳零售银行	Best Retail Bank in China	《亚洲银行家》	*The Asian Banker*
103	中国最佳大型零售银行	Best Mega Retail Bank in China		
104	中国最佳多渠道银行	Excellence in Multi Channel Distribution in China		

续表

序号	奖项名称		颁奖机构	
	中文	英文	中文	英文
105	中国最佳综合交易奖	Best Transaction Bank（China）	《财资》	*The Asset*
106	中国内地最佳托管银行	Best Domestic Custodian（China）		
107	中国最佳现金管理银行	Best Cash Management Bank（China）		
108	中国最佳本地银行	Best Domestic Bank（China）		
109	中国最佳银行	Best Bank in China	《金融亚洲》	*Finance Asia*
110	中国最佳现金管理银行	Best Cash Management Bank in China		
111	中国最佳人民币现金管理银行	Best RMB Cash Management Services（China）	《亚洲货币》	*Asiamoney*
112	中国最佳托管银行	Domestic Top Rated Provider（China）	《全球托管人》	*Global Custodian*
113	亚洲最佳银行	Banking Achievement 2008, Asia	《新兴市场》	*Emerging Markets*
114	中国最受欢迎年度报告	Best Annual Report – China: Highly Commended	Lafferty 公司	Lafferty Group
115	最佳企业管治资料披露大奖金奖	Best Corporate Governance Disclosure Awards: Gold Award	香港会计师公会	Hong Kong Institute of Certified Public Accountants
116	远见奖——年度报告：铜奖	Vision Awards——Annual Report: Bronze Award	美国媒体专业联盟	LACP
117	香港公司管治卓越奖	Hong Kong Corporate Governance Excellence Award	香港上市公司商会、香港浸会大学公司管治与金融政策研究中心	The Chamber of Hong Kong Listed Companies（CHKLC）and the Centre for Corporate Governance and Financial Policy（CCGFP）of Hong Kong Baptist University
118	最佳公司律师	China In – House Team of the Year	《亚洲法律事务》	*Asia Legal Business*
119	最佳银行与金融服务公司律师	Banking and Financial Service In – House Team of the Year		
120	中国内地最佳金融风险管理奖	Asia Risk's 2008 House of the Year, China	《亚洲风险》	*Asia Risk*
121	最佳首席风险官	Chief Risk Oifficer of the Year		
122	亚太地区石油天然气最佳项目融资大奖	Deals of the Year 2007（Asia – Pacific Downstream Oil&Gas）	《项目融资》	*Project Finance*

续表

序号	奖项名称		颁奖机构	
	中文	英文	中文	英文
123	最佳投资者关系董事长	Best Investor Relations by a Chairman	《投资者关系》	*IR Magazine*
124	最佳投资者关系首席执行官	Best Investor Relations by a CEO		
125	信用卡技术领先奖	Award for Leading Technology of Credit Card	VISA 国际组织	Visa Inc.
126	最佳白金卡	Best Platinum Card of the Year	万事达卡国际组织	MasterCard Worldwide
127	最佳产品创新奖	Best Product Innovation of the Year		
128	最佳商务卡	Best Commercial Product of the Year		
129	中国最佳呼叫中心	China Best Call Center	新加坡呼叫中心协会、马来西亚呼叫中心协会和香港呼叫中心协会	CCAS、CCAM、HKCCA
130	中国最佳呼叫中心管理人	China Best Call Center Manager		
131	亚太最佳呼叫中心	Asia – Pacific Best Call Center		

全国“五一劳动奖状”先进单位

苏州市分行
新疆自治区克拉玛依石油分行

全国“工人先锋号”先进单位

天津市分行河东支行十一经路网点支行理财中心
黑龙江省分行营业部中央大街支行个人财富管理中心
浙江省温州分行营业部
安徽省马鞍山分行团结广场支行

全国金融“五一劳动奖状”先进单位

北京市东城支行
上海市分行营业部
山东省聊城分行
深圳市分行营业部
天津市分行河东支行十一经路网点支行理财中心

全国“五一劳动奖章”先进个人

蒋灵岭	江苏省分行营业部玄武支行营业部主任
宋　蓉（女）	四川省泸州分行法人客户营销中心经理
赛堂吉（女、藏族）	青海省分行西宁市小桥支行小桥大街储蓄所主任

全国金融“五一劳动奖章”先进个人

潘亿庆（女）	北京市分行海淀西区支行副行长
李　明	天津市分行河西支行市场营销部客户经理
杜文学（女）	河北省保定分行古城支行营业经理
张海祥	山西省忻州分行九原支行行长
丰素琴（女）	内蒙古自治区乌兰察布分行集宁支行文化宫储蓄所主任
张春旭（女）	辽宁省分行营业部个人客户经理
王　光	吉林省分行营业部个人金融业务部经理
侯　波（女）	黑龙江省鹤岗分行向阳支行向秀丽储蓄所主任

蒋贤芳（女）　上海市分行斜桥支行行长
方向学　江苏省镇江分行丹阳支行行长
吴芳芳（女）　浙江省台州分行仙居支行专柜副主任
宋丽丽（女）　安徽省淮北分行汇通支行行长
郑志伟　福建省分行漳州分行行长
谢智雄　江西省赣州分行电子银行部业务主管
孟庆阳　山东省聊城分行高唐支行主任
肖黎男　河南省分行营业部解放路支行京广南路分理处主任
张金星　湖北省分行公司业务部总经理
旷元辉　湖南省分行营业部东塘支行行长
杨惠兰（女）　广东省惠州分行惠阳支行营业部副经理
温嘉彦（女）　广东省分行营业部财富管理中心理财经理
韦俊文　广西区分行电子银行部工程师
王莉莉（女）　海南省分行营业部贵宾理财中心理财经理
张建伦　重庆市分行南坪支行行长
张　岚（女）　四川省分行营业部春熙支行经理
赵爱军（女）　贵州省六盘水分行个人金融业务部经理
尚素坤（女）　云南省分行营业部副经理
刘小燕（女）　陕西省分行营业部高新支行客户经理
蒋金华（女）　青海省分行西宁城中支行理财经理
路晋文（女）　宁夏区分行授信审批部风险经理
刘亚东　新疆区分行营业部北京路支行行长
辛　伟　大连市分行银行卡中心总经理
刘　斌　青岛市分行市南区第二支行行长
叶国平　宁波市分行北仑支行高级客户经理
伍　惠（女）　深圳市分行红围支行行长
胡世明　厦门市分行鹭江支行高级客户经理
陈　敏（女）　苏州市分行张家港支行公司业务科客户经理
项　成　长春金融研修学院项目开发部主任
吴娟萍（女）　杭州金融研修学院培训发展部教师
杨念东　总行牡丹卡中心运营部总经理
赵　毅　数据中心（北京）应用部资深经理
李　刚　数据中心（上海）应用部应用一部副经理

编 务 人 员

何中顺	李　飞	荆立晶	刘国友	戈　军	郭向军	高　翀
崔雅欣	张　渠	金恒威	郝　红	方　宇	于　辉	曲　峰
韩　强	李　波	刘向明	刘　捷	李振兴	孙少轶	汪振宁
杨　超	刘好洵	徐　伟	信万里	鲁晓红	王　颢	孟庆贺
许银杰	李元超	张红玲	谷　砚	叶　辉	张　建	孙继红
李海燕	万　琪	谢海雄	张承刚	谭　鑫	谢　雯	沈春生
郭俊玲	翟　剑	曹育超	张蓓宁	张　昱	宋正凯	韩苏京
刘　钢	王　静	郭东征	严红华	李　然	郑　菊	刘永瑶
万世华	向建平	李继红	蒋　涛	秦　鹏	白　聪	苏美秀
王晓玮	李湘林	任鹏生	王忠权	刘　鹍	孙　欣	张凤利
高学朴	肖一多	任海玲	李芦生	张国俊	马政斌	刘世毅
王世杰	刘亚平	史京生	王　宣	王双庆	武春涛	李海燕
贾小芸	薛　冬	赵移冬	李宏魁	张　军	陈新征	杨　涛
孙泰敏	林　朴					